はじめに

「建築基準法」は、建築物に関する基本的な法規であって、その前身である「市街地建築物法」の一部の規定を継承しながら、建築確認の制度等を導入した新しい法律として昭和25年に制定された。

以後、その時々の社会情勢の変化、都市計画等まちづくりへの誘導又は災害等の教訓その他を踏まえて、規制の強化及び緩和について幾たびか法改正されてきた。

ところで、建築基準法においては、法の改正等によって現行の法令に適合しなくなってしまった建築物(既存不適格建築物)についても、法的にその存在を容認し、さらに、同法施行令第8章の規定の範囲内における増築・改築等をも許容している。従って、既設の建築物を増築・改築しようとする場合はもちろん、適法に維持管理していく上でも、当該建築物が建築基準法令のどの条項について既存不適格であるかどうかの把握が重要となる。すなわち、令第137条に規定する「基準時」において、当該建築物を規制する建築基準法令の規定がどのようなものであったのかを知る必要が生じるわけである。

ここに、「建築基準法令の改正経過」が把握できる資料の存在が望まれるわけだが、法改正の経過等の資料は、時の経過とともに散逸してしまいがちなので、建築基準法の改正経過を整理しておくことは大いに意義あることと考える。

私は、長年、建築確認の職務に携わるなかで、建築基準法の改正経過を整理する必要性を強く感じていたが、折しも、建築基準法は、その制定からほぼ半世紀の経過を目前とする平成10年6月12日に、

①建築確認等手続きの合理化(建築確認・検査の民間開放)
②建築規制内容の合理化(建築基準の性能規定化、連担建築物設計制度の創設)
③建築規制の実効性の確保(中間検査の導入、確認検査等に関する図書の閲覧)

を3本の柱として制定以来の大改正が行われて、建築確認・検査の民間開放や中間検査の導入の規定が平成11年5月1日から施行され、性能規定化の規定についても平成12年6月1日から施行された。

また、地方分権に伴う建築確認事務の自治事務化、行政改革に伴う中央省庁再編による建設省から国土交通省への名称変更、都市計画区域以外の区域に対する規制追加、都市再生及びシックハウス対策など、社会情勢の変化に伴う法改正も行われた。

さらにその後、「建築物の安全性及び市街地の防災機能の確保等を図るための建築基準法等の一部を改正する法律(平成16年法律第67号)」が平成17年6月1日より施行され、既存不適格建築物に関する規制の合理化が図られた。また、同時に景観法も施行され、さらには、平成17年末に発覚した「耐震強度偽装問題」は、建築確認制度の根幹を揺るがす大事件であった。これに対処し、建築確認制度に対する社会的信用を回復するために、構造計算適合性判定(ピアチェック)制度の導入を始めとする構造関係の規定を中心に、建築確認・検査の厳格化や罰則の強化その他について建築基準法の大改正が行われ、「建築物の安全性の確保を図るための建築基準法等の一部を改正する法律(平成18年法律第92号)」として平成19年6月20日から施行され、建築確認制度が大きく様変わりした。

以上の状況を機に、建築基準法令の条文等が大幅に改正されてきていることから、多数の方々が建築基準法令の改正経過の必要性を感じておられると実感していることを踏まえ、平成20年8月に「建築確認申請【条文改正経過】スーパーチェックシート」を㈱エクスナレッジから出版した。

その後の大きな法改正としては、平成23年の東日本大震災をはじめ有料老人ホーム等の火災などの災害等が発生してその経験を踏まえた法改正、平成26年法律第54号による改正、平成30年法律第67号による改正などがあり、初版以後の法改正の主なものとしては以下のものがある。

①構造設計一級建築士、設備設計一級建築士の制度化
②昇降機の安全装置等に係る規制
③建築確認手続き等の運用改善
④既存不適格建築物の増築等の緩和
⑤地震対策(給湯器転倒防止、特定天井・エレベーター等の脱落防止等)
⑥構造計算適合性判定制度の見直し(法第6条の3)
⑦構造耐力に関する規定の見直し(法第20条第2項)
⑧仮使用認定制度の民間活用(法第7条の6)
⑨木造建築関連基準の見直し(法第21条、第27条)
⑩容積率制限の合理化[老人ホーム等](法第52条第3項)
⑪新技術の円滑な導入(法第38条)
⑫事故等に対する調査体制強化(法第12条、第15条の2)
⑬移転に関する規定の整備(法第3条、第86条の7)
⑭確認申請書等の様式変更(規則第1条の3)
⑮建築物、市街地の安全性の確保
⑯既存ストックの活用
⑰木造建築物の整備の推進

こうした法改正を踏まえて、「建築確認申請【条文改正経過】スーパーチェックシート」も改訂を重ね、改元後の令和2年3月に「令和改訂版」を刊行してから早や5年が経過しようとしている。この間も規制緩和を主体とした法改正が幾たびか繰り返されてきており、最近では特に防耐火規定や既存不適格緩和が進められた一方、省エネ対策の推進を図るために法6条区分の変更及び省エネ基準適合義務化など規制強化も図られて、建築基準法も改正部分が多くなってきたため、「建築確認申請【条文改正経過】スーパーチェックシート」を再改訂し、本書(第5版)の出版に至った次第である。

前著と同様に、確認申請や定期報告等の際に既存不適格建築物の状況を把握する一助となるなど、本書が、建築関係業務に携わる方や建築行政関係者等、多くの方々に必要に応じて広く活用されることを期待してやまない。

最後に、この「建築確認申請【条文改正経過】スーパーチェックシート(第5版)」の出版に尽力いただいた㈱エクスナレッジの皆さんに厚く御礼を申し上げたい。

令和7年4月　　武藤　康正

本書の使用にあたって

1．本書の構成

（1）既存不適格建築物について
　　建築基準法の特徴でもある、既得権の保護的性格を持つ「既存不適格建築物」の根拠である法第3条などについて考え方を示したので、これを踏まえて既存建築物の増改築等を計画してほしい。

（2）chapter1　建築基準法令の主要な改正等
　　「建築基準法令の主要改正項目一覧」では、主要な改正項目を、総則、集団規定、単体規定（一般・設備・構造・防災・防火・避難）に分類して、施行年次ごとに一覧表形式で記載することにより、一目でどんな改正があったのか把握できるようにした。また、過去の主な災害（台風・地震・ビル火災）を掲載するとともに、建築基準法令に関係する他法令や関連特記事項についても明記して、改正経過の把握を深めることができるようにした。
　　したがって、改正項目だけの把握でよければ「項目一覧」を参照し、さらに詳細に条文の改正箇所を把握したいときには、chapter2の各「条文改正経過」を参照していただきたい。
　　なお、「建築基準法令の主要改正項目一覧」には、排煙設備や非常用照明の規制が開始された昭和46年以後の規定のうち、増築等をする際に既存遡及が求められる主要な項目をアミ掛けで表示してあるので、この項目に該当するかどうかを踏まえて既存遡及を検討してほしい。
　　また、続いて集団規定に係る用途地域など地域地区等の変遷を図で示してあるので、用途規制に係る既存不適格の判断の参考ともしてほしい。

（3）chapter2　建築基準法令の改正経過
　　まず、建築基準法、同施行令及び同施行規則（以下、それぞれ「法」「令」「規則」という。）の改正経過が「建築基準法令　改正年表」として一覧表で整理してある。そして、建築基準法令の条文が、制定時からどのように改正されて現行のものになったのか、法及び令について、その改正経過を具体的に理解できるようにしたものが、「条文改正経過」である。ただし、規則については制定時の条文のみの掲載に留めている。
　　なお、法・令・規則の改正について、それぞれの法律等の番号・名称・施行年月日を「改正経過」として整理するとともに、目次も掲載した。

2．chapter2「条文改正経過」に係る留意点

（1）法律等の条文は本来縦書きであるが、読みやすさを考慮して横書きとした。そのため、条文の表記では表との整合がとれなくなるので、一部表現を変えている部分がある。

  （例）「上欄」→「左欄」、「下欄」→「右欄」
    ① 令第22条の3
    ② 令第120条第1項の表
    ③ 令第129条の2の5第3項及び表

（2）同様に、条及び項の番号や数量等の数字の表記は、漢数字ではなく算用数字を用い、単位についてもカタカナではなく一般的な表記を採用した。

  （例）「第三条第一項第一号」→「第3条第1項第一号」
    「千平方メートル」→「1,000m²」
    「キログラム」→「kg」
    「センチメートル」→「cm」

（3）傍点のある文字及びルビのある文字は以下のように表記されている。

  （例）傍点のある文字→「**へい**」
    ルビのある文字→「屎（し）尿浄化槽」

（4）改正された部分は下線付きで示してある。また、条文ごと削除されたものについてはその旨を示し、点線枠で示してある。なお、条文に改正がなかったものは「略」表示がしてある。

  （例）住宅の居室は、地階に設けてはならない。
    →住宅の居室、<u>学校の教室、病院の病室又は寄宿舎の寝室</u>は、地階に設けてはならない。

   ［削除条文］住宅は、敷地の周囲の状況によつてやむを得ない場合を除く外、その1以上の居室の開口部が日照を受けることができるものでなければならない。

（5）条文番号が改正されたものについては、過去のものとして「旧」付きで表示してある。

  （例）旧　第30条　（地階における住宅の居室の禁止）

既存不適格建築物について

　建築基準法は、建築物の敷地、構造、設備及び用途に関する最低の基準を定めて、昭和25年から施行されている建築物に係る基本的な法律である。
　その建築基準法第3条においては、この法律並びにこれに基づく命令（施行令、施行規則、告示）及び条例の規定を適用しない建築物について、建築物そのものの特殊性によるもの（国宝など）と、一般建築物に関して法令等の改廃との関係によるもの（既存不適格建築物）との二つに大別して適用除外を規定している。
　まず、前者は同条第1項に規定されている。国宝などに指定又は認定された建築物は貴重な国民的財産として大切に保存すべきものであるが、建築基準法が適用されると保存のために解体修理や原形の再現をすることができなくなってしまうおそれがあることから、この法律自体の適用が除外されている。
　次に、後者は同条第2項に規定されている。建築基準法令の施行又は適用の際、既に存在する建築物あるいは現に工事中の建築物又はその敷地が新たに施行又は適用になった規定に適合しない場合には、その適合しない規定に限り適用しないという「不遡及の原則」によって一部適用除外とされている。

　建築物は一旦建築されると数十年の長期にわたって使用されるものであり、その間に法令改正等が行われることも多く、既存の建築物はその法令改正等の規定に適合しない部分を有するのが普通である。
　しかるに、既存の建築物に対してもその改正規定を全面的に適用すると、既存の適法な建築物が法令の改廃又は都市計画の決定・変更により違反建築物になってしまうという不合理な場合が生じる。
　また、その改正規定に適合させるために建築物の所有者等が蒙る経済的負担も耐え難いものになることもあり、さらには国民生活や国家経済がマヒするほどの大混乱が起こることも予測される。
　このことに鑑み、建築基準法では第3条第2項の規定により、いわゆる既得権の保護や法的安定の観点から「既存不適格建築物」の存在を容認しているのである。

　しかし、一旦既存不適格建築物となれば、以後存在する限り現行法令に適合しなくても良いというわけではない。こうした既存不適格建築物が存在することは本来的には好ましいことではないため、同条第3項第三号及び第四号において、法令の施行又は適用後に増築、改築、移転、大規模の修繕・模様替をする場合には、全面的に同法令の規定を適用することとしている。（用途を変更する場合も類似用途間を除き同様に遡及することとなる。）
　ただし、このことについても小規模な増築等を行う場合にまで全面遡及するということになれば建築物の所有者等に過大な負担を強いることになるため、法第86条の7において、既存不適格状態のままでの増築等について政令（第137条の2～16）で定める範囲内に限って緩和している。これらの緩和について、令和6年4月1日からの改正法施行により、さらに別棟みなしその他の大きな緩和が追加されて、省エネ化やストックの有効活用を円滑化することが期待されている。
　また、平成16年法律第67号により法第86条の8が追加され、既存建築物について2以上の工事に分けて工事を行って最終的に現行法令に適合させる場合の緩和（全体計画認定）についても規定されている。さらに、用途変更に伴う既存遡及についても令和元年から全体計画認定が制度化された。

　なお、法律不遡及の原則から、法令の制定又は改正に伴う経過措置が附則中に定められるのが通常であるが、建築基準法においては建築物の永続性に対処しつつ、既存不適格建築物について第3条第2項で適用を除外するとともに同条第3項の規定によって施行後の増築等を行う際には遡及することとして、本則中で一元的に整理し、あわせて建築物の構造等の特性に鑑みて第86条の7の規定により実態上の支障の調整を図っている。

　以上の背景のもとに規定された、既存不適格建築物（建築物の部分及び敷地を含む。以下同様。）に係る法第3条第2項及び第3項の適用に関して、留意すべき点は以下のとおりである。

法第3条第2項

> 2　この法律又はこれに基づく命令若しくは条例の規定の施行又は適用の際現に存する建築物若しくはその敷地又は現に建築、修繕若しくは模様替の工事中の建築物若しくはその敷地がこれらの規定に適合せず、又はこれらの規定に適合しない部分を有する場合においては、当該建築物、建築物の敷地又は建築物若しくはその敷地の部分に対しては、当該規定は、適用しない。

「この法律又はこれに基づく命令若しくは条例の規定の施行又は適用の際」とは、以下の場合を指す。
　① 建築基準法令が制定され初めて施行されたとき（昭和25年11月23日）
　② 建築基準法令の一部を改正する法律が施行されたとき
　③ 用途地域などの区域、地域又は地区に初めて指定されたとき、あるいは区域、地域又は地区の変更があったとき
　なお、法令改正等により既存不適格建築物となった始期を「基準時」といい、建築基準法施行令第137条に定義されているが、当該建築物ごと及び適合しない規定ごとにその「基準時」は異なる。

「工事中」について
　通常、根切り工事又は基礎杭打ち工事の開始時点を「工事の着手」と扱っており、地盤調査のためのボーリングの実施、既設建築物の除却、現場の仮囲い、現場への資材搬入、地鎮祭の挙行などは着工にあたらないとしているのが一般的である。この「工事の着手」以後も継続的に工事がされていることを「工事中」という。よって、確認を受けていても着工していないものは既存不適格建築物とはならない。

「これらの規定に適合せず、……当該規定は、適用しない。」について
　これらの規定に適合しない部分に限り適用除外となるのであって、これらの規定に適合する部分については当然適用されることになる。

法第3条第3項

> 3　前項の規定は、次の各号のいずれかに該当する建築物、建築物の敷地又は建築物若しくはその敷地の部分に対しては、適用しない。
> 　一　この法律又はこれに基づく命令若しくは条例を改正する法令による改正（この法律に基づく命令又は条例を廃止すると同時に新たにこれに相当する命令又は条例を制定することを含む。）後のこの法律又はこれに基づく命令若しくは条例の規定の適用の際当該規定に相当する従前の規定に違反している建築物、建築物の敷地又は建築物若しくはその敷地の部分
> 　二　都市計画区域若しくは準都市計画区域の指定若しくは変更、第一種低層住居専用地域、第二種低層住居専用地域、第一種中高層住居専用地域、第二種中高層住居専用地域、第一種住居地域、第二種住居地域、準住居地域、田園住居地域、近隣商業地域、商業地域、準工業地域、工業地域若しくは工業専用地域若しくは防火地域若しくは準防火地域に関する都市計画の決定若しくは変更、第42条第1項、第52条第2項第二号若しくは第三号若しくは第8項、第56条第1項第二号イ若しくは別表第3備考3の号の区域の指定若しくはその取消し又は第52条第1項第八号、第2項第三号若しくは第8項、第53条第1項第六号、第56条第1項第二号ニ若しくは別表第3(に)欄の5の項に掲げる数値の決定若しくは変更により、第43条第1項、第48条第1項から第14項まで、第52条第1項、第2項、第7項若しくは第8項、第53条第1項から第3項まで、第54条第1項、第55条第1項、第56条第1項、第56条の2第1項若しくは第61条に規定する建築物、建築物の敷地若しくは建築物若しくはその敷地の部分に関する制限又は第43条第3項、第43条の2、第49条から第50条まで若しくは第68条の9の規定に基づく条例に規定する建築物、建築物の敷地若しくは建築物若しくはその敷地の部分に関する制限に変更があつた場合における当該変更後の制限に相当する従前の制限に違反している建築物、建築物の敷地又は建築物若しくはその敷地の部分
> 　三　工事の着手がこの法律又はこれに基づく命令若しくは条例の規定の施行又は適用の後である増築、改築、移転、大規模の修繕又は大規模の模様替に係る建築物又はその敷地
> 　四　前号に該当する建築物又はその敷地の部分
> 　五　この法律又はこれに基づく命令若しくは条例の規定に適合するに至つた建築物、建築物の敷地又は建築物若しくはその敷地の部分

第一号について
　建築基準法が改正された場合に、既存の建築物で改正後の規定に適合しないものは、従前の相当規定に適合していたものと適合していなかったものに分けられ、後者はさらに従前から既存不適格建築物として扱われていたものと従前から違反建築物であったものとに分けられるが、従前から違反建築物であったものは第2項を適用せずに改正後の規定についても引き続いて違反建築物として扱うこととしている。
　なお、かっこ書については改正という形式ではなく、廃止してこれに代わる新しい命令又は条例を制定する形式をとる場合も改正と同様に扱うという意味である。

第二号について
　都市計画区域等、用途地域、防火地域等に関する都市計画の決定若しくは変更など、地域・地区に関する制限に変更があつた場合における当該変更後の制限に相当する従前の制限に違反している建築物も同様に引き続いて違反建築物として扱うこととしている。
　なお、都市計画の決定若しくは変更には、①新たに地域地区に指定すること、②地域地区を変更すること、③地域地区の指定を解除することの他、④地域地区を変更することなく、建蔽率や容積率などの数値を変更することも含まれる。

第三号及び第四号について
　工事の着手が改正法令の規定の施行又は適用の後である増築、改築、移転、大規模の修繕又は大規模の模様替に係る建築物は第2項の規定を適用しない、すなわち改正後の規定に適合させなければならないことを定めている。既存不適格建築物であっても増築等の機会に全面的に法の基準に適合させようという趣旨の規定である。（注）平成26年の法改正により「移転」には敷地外への移動も含まれることになった。
　なお、既存不適格建築物の大規模に至らない修繕又は模様替は、この号の対象とならないため、適合しない部分を遡及しないで工事をすることができる。
　また、用途変更については法第87条でこの法律を準用しているが、同条第3項第二号及び第三号の規定により既存不適格建築物について政令（令第137条の19）で指定する類似用途間の用途変更時の既存遡及を緩和している。

第五号について
　既存の建築物で法令の規定に適合していなかったものが、例えば既存遡及の工事を行ったことにより適合するに至った場合に、それ以後は当該適合した規定を適用して既存不適格建築物とは扱わないという趣旨の規定である。従って、従来は既存不適格建築物だったからといって元に戻したことにより当該規定に再び適合しなくなった場合は違反建築物として扱われることになる。

　以上のように「既存不適格建築物」は現行の法令の規定には適合していないが従来の法令には適合していたものであって、建築基準法第3条第2項の規定により増築等を行うまでは「あくまで違反建築物ではなく、適法な建築物」と認められたものである。このことを含め、既存不適格建築物についての理解が深まるよう図解したものが、別図「既存不適格建築物と建築基準法令の不遡及」である。
　なお、既存建築物の増改築等をしようとする場合に既存部分の検査済証がないなど、建築基準法令の規定への適合性を確認することが難しく、既存ストックの有効活用の障壁となっている現状に鑑み、「既存建築物の現況調査ガイドライン（第1版）が令和6年12月に策定・公表され、これを活用して既存建築物の確認・審査等が円滑に進行するよう期待されている。

既存不適格建築物と建築基準法令の不遡及

```
                        法令の改正等                    ・建築基準法
                   ┌────────────────────┐               ・同施行令
                   │ 法令の規定の施行又は適用 │──────        ・同施行規則
                   └────────────────────┘               ・国土交通省告示
                        │         │                     ・法に基づく条例等
              ┌─────────┘         └─────────┐
              ▼                             ▼
       ┌──────────┐              ┌──────────────────┐
       │ 既存建築物 │              │ 現に工事中(工事継続要) │
       └──────────┘              └──────────────────┘
              │                             │
              ▼←────────────────────────────┘
       ┌──────────┐    不適合    ┌──────────┐
       │ 改正後の規定 │───────────▶│ 改正前の規定 │
       └──────────┘              └──────────┘
         │適合    │違反          法律不遡及の原則の適用   │適合
         ▼        ▼                               ▼
    ┌────────┐ ┌────────┐                  ┌──────────────┐
    │ 適法建築物 │ │ 違反建築物 │                  │ 既存不適格建築物 │◀─┐
    └────────┘ └────────┘                  └──────────────┘  │
                    │ 違反是正措置             当面適法扱い │        │
                    │ (法9条)                           ▼        │
                    ▼                        ┌──────────────┐    │
               ┌────────┐                    │ 改正後の規定の適用除外 │    │
               │ 適法建築物 │                    │   (法3条2項)    │    │
               └────────┘                    └──────────────┘    │
                                                     │           │
                                                     ▼           │
                                          ┌────────────────────┐ │
                                          │ 改正法令施行後の        │ │
                                          │ 増築、改築、移転、大規模の修繕│ │
                                          │ 大規模の模様替、用途変更   │ │
                                          │ (法3条3項三号)        │ │
                                          └────────────────────┘ │
                                             │遡及      │不遡及     │
                                             ▼          ▼          │
                                       ┌────────┐ ┌──────────────┐│
                                       │ 適法建築物 │ │小規模な増築等(法86条の7)││
                                       └────────┘ │類似用途間変更(法87条3項)│┘
                                                  └──────────────┘
```

(注)単体規定に適合しない既存不適格建築物が著しく保安上危険か、著しく衛生上有害な場合、または集団規定に適合しない既存不適格建築物が公益上著しく支障となる場合は、特定行政庁は法9条の4〜11条により必要な措置を命じることができる。

Chapter 1
建築基準法令の主要な改正等

建築基準法令の主要改正項目一覧

[総則・他法令等、集団規定、単体規定（一般・設備）]

施行年次	総　則・他法令等	集団規定（防火規定を除く）	単体規定 一般・設備
昭和25年 (1950)	◎建築基準法公布・同法施行令公布 [火薬類取締法公布] [建築士法公布] [文化財保護法公布] [港湾法公布] [住宅金融公庫法公布]		
昭和26年 (1951)	[官公庁施設の建設等に関する法律公布] [高圧ガス取締法公布] [土地収用法公布] [社会福祉事業法公布]		
昭和27年 (1952)	○設計・工事監理者の定義 ○建築士資格チェック ○工事監理者選定の義務付け [宅地建物取引業法公布] [道路法公布]	○商業・防火地域内耐火建築物の建蔽率免除	
昭和29年 (1954)	[ガス事業法公布] [土地区画整理法公布]		○屎尿浄化槽
昭和30年 (1955)		[アーケード]	
昭和31年 (1956)	○指定都市の建築主事設置特例 [都市公園法公布]		
昭和32年 (1957)	○仮設店舗を仮設建築物として追加 [駐車場法公布] [水道法公布]	○公共用歩廊等の道路内建築特例許可 ○商業・準防内の耐火建築物の建蔽率緩和 ○一団地建築物の空地地区制限適用外	
昭和33年 (1958)	[下水道法公布]		
昭和34年 (1959)	○建築物の定義改正（建築設備） ○特殊建築物の範囲拡大 ○3条適用除外規定の整備 ○既存不適格の増築等制限緩和 ○違反措置規定の整備 ○定期報告・定期検査制度 ○22条区域指定手続 ○用途変更の準用規定の整備 ○工作物の準用規定整備（昇降機等） ○危害防止 [危険物の規制に関する政令公布]	○2項道路の規定整備 （1.8m未満も対象） ○前面道路とみなす計画道路 ○自動車専用道路の接道不可 ○用途地域内の工場の制限規定整備 ○危険物の用途規制 ○卸売市場等の位置の規定整備 ○特別用途地区内の条例による緩和 ○避雷設備適用高さ（ＰＨの高さ含む） ○外壁後退（空地地区） ○高架工作物内の建築物	○地階居室の無採光許容 ○教室・病室の地階禁止 ○屋外階段の幅の緩和 ○建築設備の準用 ○避雷設備ただし書 ○給排水設備の規定 ○昇降機（エレベーター） ○昇降機（エスカレーター） ○電動ダムウェーター
昭和35年 (1960)			[吊上式自動車車庫]

凡例 — ○：建築基準法令に係る主要改正項目　　　　　　：昭和46年以後の法改正により既存遡及が必要となる主な項目
　　　　［　］：関連特記事項又は他法令等　　　　　　　　：既存部分の遡及が免除される主な項目

[単体規定（構造、防災・防火・避難）、主な災害]

施行年次	単体規定 構造	単体規定 防災・防火・避難	主な災害（台風・地震・ビル火災）
昭和25年（1950）			S25.9　ジェーン台風
昭和26年（1951）			S26.10　ルース台風
昭和27年（1952）			S27.3　十勝沖地震（M8.2） S27.6　ダイナ台風
昭和29年（1954）			S29.9　洞爺丸台風
昭和30年（1955）			S30.2　カトリック修道院火災（横浜市　死者98）
昭和31年（1956）	○屋根瓦の緊結方法	○スパンドレルの規定 ○２階段設置義務の面積倍読み ○屋外階段の構造	
昭和32年（1957）			
昭和33年（1958）			S33.2　東京宝塚劇場火災（東京都千代田区　死者3） S33.9　狩野川台風
昭和34年（1959）	○柱の小径の規定強化 ○木造の壁量強化 ○補強コンクリートブロック造 ○鉄骨主要柱の被覆（令70条） ○コンクリート混和剤 ○異形鉄筋の緩和 ○軽量コンクリート ○多雪区域の指定（特定行政庁） ○構造計算特例（水平震度0.1）の廃止	○特殊建築物を法別表１で規定 ○耐火建築物（構造・面積区画） ○簡易耐火建築物（構造・面積区画） ○防火・準防火地域内の耐火建築物等 ○給水管・風道等の防火区画貫通 ○防火ダンパーの設置 ○避難規定の別棟区画 ○メゾネット住戸の緩和 ○避難階段の設置免除 ○バルコニーの手すりの設置 ○内装制限の創設 ○準不燃・難燃材料の定義 ○無窓居室の主要構造部 ○地下街の規定	S34.9　宮古島台風 　　　　伊勢湾台風
昭和35年（1960）			S35.5　チリ地震津波

[総則・他法令等、集団規定、単体規定（一般・設備）]

施行年次	総　則・他法令等	集団規定（防火規定を除く）	単 体 規 定 一般・設備
昭和36年 （1961）	［消防法施行令公布］ ［宅地造成等規制法公布］ ［電気用品取締法公布］	○商業地域内自動車修理工場の床面積緩和 ○特定街区	
昭和37年 （1962）	○審査請求制度 ○宅造擁壁の確認不要 ［行政不服審査法公布］	○住居地域内の附属車庫の緩和	
昭和38年 （1963）	［老人福祉法公布］		
昭和39年 （1964）	○危害防止強化（落下物） ［旧住宅地造成事業に関する法律公布］ ［電気事業法公布］	○車庫の容積率不算入（1/5限度） ○容積地区	○冷却塔設備 ［電波障害の防止対策］
昭和40年 （1965）	○特別区の建築主事設置		○公共下水道への接続水洗便所
昭和41年 （1966）	［流通業務市街地の整備に関する法律公布］		
昭和42年 （1967）	［液化石油ガスの保安の確保及び取引の適正化に関する法律公布］		
昭和43年 （1968）	［都市計画法公布］		
昭和44年 （1969）	［都市計画法施行令公布］ ［都市再開発法公布］ ［急傾斜地の崩壊による災害の防止に関する法律公布］	○高度利用地区	○屎尿浄化槽規定強化

凡例 ― ○：建築基準法令に係る主要改正項目　　▨▨▨：昭和46年以後の法改正により既存遡及が必要となる主な項目
　　　　［ ］：関連特記事項又は他法令等　　　　　☐☐☐：既存部分の遡及が免除される主な項目

[単体規定（構造、防災・防火・避難）、主な災害]

施行年次	単体規定		主な災害
	構　造	防災・防火・避難	（台風・地震・ビル火災）
昭和36年 (1961)		○特殊建築物の内装制限強化 ○車庫の内装制限緩和 ○スプリンクラー等（泡消他） ○耐火・簡耐要求の範囲拡大	S36.9　第2室戸台風 　　　（最大瞬間風速84.5m／s）
昭和37年 (1962)			
昭和38年 (1963)			
昭和39年 (1964)	○構造方法に関する補則 ○帳壁の緊結	○耐火時間の規定 ○高層区画の規定（11階以上） ○歩行距離の強化（15階以上） ○特別避難階段（15階以上） ○特別避難階段附室の床面積 ○内装制限の強化（高さ31m超）	S39.6　新潟地震（M7.5） 　　　　［液状化被害］
昭和40年 (1965)			S40.8　松代群発地震
昭和41年 (1966)			S41.1　金井ビル火災 　　　　（川崎市　死者12）
昭和42年 (1967)			
昭和43年 (1968)			S43.3　菊富士ホテル火災 　　　　（群馬県　死者28） S43.5　十勝沖地震（M7.9） 　　　　［RC短柱被害］ S43.11　池之坊満月城火災 　　　　（神戸市　死者30）
昭和44年 (1969)		○スプリンクラー部の1/2面積区画緩和 ○竪穴区画の創設 ○防火戸（熱感）の整備 ○風道等の不燃化 ○給水管等の間仕切壁貫通 ○避難規定の適用範囲整備 ○重複距離の規定 ○避難階居室の歩行距離 ○避難階段（地下2階） ○避難階段の外壁開口 ○特別避難階段（地下3階以下） ○特別避難階段の防火戸（乙防可） ○メゾネット住戸の緩和 ○内装制限強化 ○100㎡区画の内装免除 ○内装免除（スプリンクラー＋排煙） ○地下街の防災強化	S44.2　磐光ホテル火災 　　　　（福島県郡山市　死者30）

[総則・他法令等、集団規定、単体規定（一般・設備）]

施行年次	総　則・他法令等	集団規定（防火規定を除く）	単 体 規 定 一般・設備
昭和45年 (1970)	○建築主事設置（25万人以上の市） [建築物における衛生的環境の確保に関する法律公布] [廃棄物の処理及び清掃に関する法律公布] [水質汚濁防止法公布] [道路構造令公布]		
昭和46年 (1971)	○建築監視員 ○違反是正措置（標識設置等） ○行政代執行法適用可 ○違反措置（設計者等） ○限定行政庁建築主事 ○建築審査会委員の任命範囲拡大 ○建築計画概要書の閲覧 ○児童福祉施設等を定義 ○百貨店→物品販売店舗 [廃棄物の処理及び清掃に関する法律施行令公布]	○用途地域（1住専・2住専・近商・工専の追加） ○容積率制限全面適用(容積地区廃止) ○建蔽率（30㎡ 除外規定の撤廃） ○空地地区廃止 ○外壁後退は1住専に限定 ○高さ制限撤廃、道路斜線 ○隣地斜線 ○北側斜線（PH高さ含む） ○1住専絶対高（10m） ○位置指定道路の基準 ○用途既存不適格の増築等 　（1.5→1.2倍）	○界壁遮音 ○採光義務付け居室の限定（住宅・学校等） ○換気設備 ○劇場等・火気使用室への機械換気の義務付け ○中央管理室での換気監視 ○給水・排水の配管設備 ○昇降機規定の整備
昭和47年 (1972)	[新都市基盤整備法公布] [熱供給事業法公布] [労働安全衛生法公布]		
昭和49年 (1974)	[国土利用計画法公布]		
昭和50年 (1975)	○伝統的建造物群保存地区 ○機械駐車装置の築造面積 [大都市地域における住宅及び住宅地の供給の促進に関する特別措置法公布]	○工業専用地域の建蔽率強化 ○工作物（製造施設等）の用途規制	
昭和52年 (1977)	○類似用途規定の整備 ○仮使用承認制度（特定行政庁） ○安全上の措置の届出 ○工事中の特殊建築物に対する措置	○道路幅員の容積制限強化 （住居系4/10） ○敷地過半の容積率等按分開始 ○日影規制 ○総合設計制度の整備 ○1住専内の高さ12m認定 ○2住専内の大規模建築物禁止 ○地域・区域内外の措置（容積率等） ○1人建築協定	
昭和53年 (1978)	[特定空港周辺航空機騒音対策特別措置法公布]		

凡例 ― ○：建築基準法令に係る主要改正項目　　　　　：昭和46年以後の法改正により既存遡及が必要となる主な項目
　　　　[ ]：関連特記事項又は他法令等　　　　　　　　　：既存部分の遡及が免除される主な項目

[単体規定（構造、防災・防火・避難）、主な災害]

施行年次	単体規定		主な災害
	構造	防災・防火・避難	（台風・地震・ビル火災）
昭和45年 （1970）	[鋼構造設計規準]	[強化ポリエステル板等]	
昭和46年 （1971）	○基礎・基礎ぐい・地盤調査 ○コンクリート造布基礎 ○木造壁量強化（風圧力） ○木造柱の有効細長比 ○組積造塀（高2m以下） ○補強コンクリートブロック造の塀 ○帯筋間隔（柱接着部10cm以下） ○床版の構造 ○屋根ふき材等の緊結規定の整備 ○防腐措置（しろあり対策） [ニューマチック構造の仮設建築物] [鉄筋コンクリート構造計算基準]	○耐火・簡耐要求の範囲拡大 ○無窓居室の範囲整備 ○階段室等の面積区画・高層区画免除 ○竪穴区画緩和（一戸建て住宅） ○屋外出口の施錠装置 ○排煙設備の設置 ○中央管理室での排煙監視 ○非常用の照明装置の設置 ○非常用の進入口の設置 ○非常用の昇降機の設置 ○乗降ロビー兼用附室 ○内装制限の整備 ○不燃材料の指定	
昭和47年 （1972）			S47.5　千日デパート火災 　　　（大阪市　死者118）
昭和49年 （1974）		○防火戸（常閉・煙感）の整備 ○熱感ダンパーの設置 ○キャバレー等2階段設置強化 ○福祉施設等の2階段設置強化 ○6階以上の2階段設置義務 ○5階以下の2階段設置の整備 ○内装制限強化（天井難燃不可）	S48.11　大洋デパート火災 　　　（熊本市　死者103） S49.5　伊豆半島沖地震 　　　（M6.9）
昭和50年 （1975）	[負の摩擦力を考慮したくいの設計指針]		
昭和52年 （1977）	[コンクリートの塩分対策]		
昭和53年 （1978）		[ブロック塀の安全対策]	S53.1　伊豆大島近海地震 　　　（M7.0） S53.6　宮城県沖地震 　　　（M7.4） [ブロック塀・落下物被害]

建築基準法令の主要改正項目一覧　17

[総則・他法令等、集団規定、単体規定（一般・設備）]

施行年次	総　則・他法令等	集団規定（防火規定を除く）	単体規定 一般・設備
昭和54年 (1979)	［エネルギーの使用の合理化に関する法律公布］		
昭和55年 (1980)	［幹線道路の沿道の整備に関する法律公布］ ［自転車の安全利用の促進及び自転車駐車場の整備に関する法律公布］	○沿道整備計画	［小屋裏利用の物置］
昭和56年 (1981)		○地区計画 ○予定道路	○小学校教室の採光緩和 ○ガス配管（共同住宅） ○屎尿浄化槽の規定整備 ○煙突 ○設備・昇降機の地震対策
昭和57年 (1982)			
昭和58年 (1983)	［浄化槽法公布］		［油圧エレベーター］
昭和59年 (1984)	○木造建築士の創設 ○確認検査の特例 ○消防通知 ○定期報告の対象拡大（事務所） ○維持保全に関する準則・計画 ［電気通信事業法公布］		
昭和60年 (1985)			
昭和61年 (1986)	［確認対象法令］		床面積の算定方法］
昭和62年 (1987)	［集落地域整備法公布］	○特定道路容積率緩和 ○壁面線容積率緩和 ○駐輪場床面積の容積率除外 ○1住専高（都市計画で12m可） ○道路斜線・隣地斜線の緩和 　（後退緩和、適用距離） ○総合設計の空地規模の引き下げ ○一団地認定の整備	［ホームエレベーター］ ［トレーラーハウス］ ［高床式住宅］
昭和63年 (1988)		○集落地区計画 ○再開発地区計画	［アスベスト対策］

凡例 ─ ○：建築基準法令に係る主要改正項目　　▒▒▒：昭和46年以後の法改正により既存遡及が必要となる主な項目
　　　　［ ］：関連特記事項又は他法令等　　　　　　　　　　　：既存部分の遡及が免除される主な項目

［単体規定（構造、防災・防火・避難）、主な災害］

施行年次	単体規定 構造	単体規定 防災・防火・避難	主な災害（台風・地震・ビル火災）
昭和54年（1979）	［埋込み杭施工指針］	［建築物防災対策要綱］	
昭和55年（1980）	［テント倉庫技術基準］		S55. 8　ゴールデン地下街ガス爆発（静岡市　死者14） S55.11　川治プリンスホテル火災（栃木県　死者45）
昭和56年（1981）	○ＲＣ造布基礎緊結（指定区域） ○木造壁量強化（地震力・風圧力） ○木造３階建の壁量 ○組積造塀（高1.2m以下） ○CB塀の高さ・控壁間隔 ○高力ボルト ○帯筋比0.2％以上 ○プレキャストコンクリート造 ○耐力壁 ○鉄骨鉄筋コンクリート造 ○新耐震設計法 ○地下部分の地震力 ○エキスパンション・ジョイント ○高さ60m超は大臣認定要 ○屋上から突出する水槽等	○煙感ダンパーの設置 ［防火基準適合表示要綱］ ［高層建築物等に係る防災計画］	
昭和57年（1982）	○枠組壁工法 ［高層建築耐震計算指針］		S57. 2　ホテルニュージャパン火災（東京都千代田区　死者32） S57. 3　浦河沖地震（M7.1）
昭和58年（1983）	○壁式鉄筋コンクリート造 ○プレストレストコンクリート造 ［ＡＬＣ構造設計基準］	○パラライン防火戸を認定外	S58. 5　日本海中部地震（M7.7）
昭和59年（1984）	［地震力に対する建築物の基礎の設計指針］		S59. 9　長野県西部地震（M6.8）
昭和60年（1985）		［落下物対策］ ○ラック式倉庫等の取扱い	S60. 9　メキシコ地震（M8.1）
昭和61年（1986）	○丸太組構法 ［立体駐車場における自動車転落防止］	［ガラスを用いた開口部の安全設計指針］	S61. 2　ホテル大東館火災（静岡県　死者24）
昭和62年（1987）	○大断面構造建築物 ○地盤軟弱区域 ○壁式ラーメン鉄筋コンクリート造 ［線路上空建築物（低層）構造設計指針］ ［デッキプレート］ ［中小規模膜構造建築物］ ［特定膜構造建築物］	○防火壁の設置義務緩和 ○小屋裏隔壁の設置緩和 ○排煙設備の緩和 ○非常照明の緩和 ○内装制限の緩和（共同住宅） ○準防火地域内の木造３階許容 ○大断面構造建築物（燃えしろ設計）	S62. 3　日向灘地震（M6.6） S62. 6　老人ホーム松寿園火災（東京都東村山市　死者17） S62.12　千葉県東方沖地震（M6.7）
昭和63年（1988）		○児童福祉施設等の間仕切壁	

[総則・他法令等、集団規定、単体規定（一般・設備）]

施行年次	総　則・他法令等	集団規定（防火規定を除く）	単体規定 一般・設備
平成元年 (1989)		○特定高架道路等	[地階に設ける住宅の居室] [海洋建築物] [コンテナを利用した建築物]
平成2年 (1990)		○住宅地高度利用地区計画	
平成3年 (1991)			[1層2段の自走式自動車車庫]（建築面積） [興行場等に係る技術的基準指針]
平成4年 (1992)			
平成5年 (1993)	○建築物の定義改正（類するもの） ○保存建築物の適用除外 ○簡易な構造の建築物 ○高い開放性の建築物の建築面積 ○危害防止（基礎工機械転倒） ○建築物に関する台帳整備 ○確認申請のＯＡ化（フロッピー） [行政手続法公布]	○新用途地域（住居系細分化） ○用途地域未指定区域の建築物の形態制限 ○都市計画区域外の建築物の条例による制限 ○道路幅員6m以上指定区域 ○特別用途地区の整備 ○車庫の面積制限緩和 ○一団地認定（工区区分型認定制度） ○最低敷地面積（1低住・2低住） ○産業廃棄物処理施設の扱い	
平成6年 (1994)	○行政手続法関係 [高齢者、身体障害者等が円滑に利用できる特定建築物の建築の促進に関する法律公布]	○住宅の地階の容積率緩和	○改良便槽の認定廃止
平成7年 (1995)	[阪神大震災において応急危険度判定実施] [建築物の耐震改修の促進に関する法律公布]	○街並み誘導型地区計画 ○道路幅員容積率制限の緩和（住居系） ○住居系地域内の道路斜線緩和 ○建築協定制度の拡充	[高さ、階数の算定方法] [採光のための開口部不要の居室]
平成8年 (1996)		○沿道地区計画	
平成9年 (1997)	[密集市街地における防災街区の整備の促進に関する法律公布]	○共同住宅の共用部分容積率緩和 ○防災街区地区計画 ○高層住居誘導地区	
平成10年 (1998)			○住宅の日照確保規定の廃止

凡例 ─ ○：建築基準法令に係る主要改正項目　　▨▨▨：昭和46年以後の法改正により既存遡及が必要となる主な項目
　　　　［　］：関連特記事項又は他法令等　　　　　　　▢▢▢：既存部分の遡及が免除される主な項目

[単体規定（構造、防災・防火・避難）、主な災害]

施行年次	単体規定		主な災害
	構　造	防災・防火・避難	（台風・地震・ビル火災）
平成元年 (1989)	［アルカリ骨材反応抑制対策］ ［小屋裏利用三階建枠組壁工法建築物］	［ポリカーボネート板］ ［懸垂物安全指針］	
平成2年 (1990)		［ヘリコプターの屋上緊急離着陸場］	H 2.3　長崎屋尼崎店火災 （兵庫県尼崎市　死者15）
平成3年 (1991)			
平成4年 (1992)	［鉄骨造建築物等の品質適正化］	［懸垂物安全指針］	
平成5年 (1993)	○高力ボルト孔 ○異形鉄筋せん断補強	○準耐火構造 ○準耐火建築物 ○準耐火建築物イの層間変形角 ○木造3階建の共同住宅（防火準防外） ○消防法の危険物との整合	H 5.1　釧路沖地震（M7.8） H 5.7　北海道南西沖地震 　　　　（M7.8）
平成6年 (1994)		○小屋裏隔壁不要の畜舎等の認定廃止	H 6.1　ノースリッジ地震 　　　　（M6.8） H 6.12　三陸はるか沖地震 　　　　（M7.5）
平成7年 (1995)			H 7.1　兵庫県南部地震「阪神大震災」（M7.2）
平成8年 (1996)			
平成9年 (1997)			
平成10年 (1998)			

[総則・他法令等、集団規定、単体規定（一般・設備）]

施行年次	総　則・他法令等	集団規定（防火規定を除く）	単体規定 一般・設備
平成11年 (1999)	○指定確認検査機関の確認・検査 ○建築基準適合判定資格者 ○中間検査制度の創設 ○台帳の整備・閲覧制度の整備 　（処分の概要書の閲覧追加） ○建築計画の変更の確認 ○建築基準関係規定 ○完了検査・中間検査申請手数料 ○消防通知の範囲拡大（建築設備） ［建築物安全安心推進計画］ ［建築基準法に基づく指定資格検定機関等に関する省令公布］ ［住宅の品質確保の促進等に関する法律公布］（住宅品確法） ［地方分権の推進を図るための関係法律の整備等に関する法律公布］	○特定行政庁の許可要 　（接道義務特例・公衆便所等の道路内建築） ○連担建築物設計制度の創設	
平成12年 (2000)	○機関委任事務→自治事務 　（手数料規定の廃止） ○建築基準の性能規定化 ○国際単位系（ＳＩ）への移行 ○法38条大臣認定の廃止 ○型式適合認定制度 ○指定認定機関等 ○指定性能評価機関等 ［土砂災害警戒区域等における土砂災害防止対策の推進に関する法律公布］ ［建設工事に係る資材の再資源化等に関する法律公布］（建設リサイクル法） ［中央省庁等改革関係法施行法公布］		○居室の採光見直し 　・採光必要居室の範囲 　・採光有効面積 　　（採光補正係数） ○居室の床高・防湿方法 ○住宅等居室の地階禁止解除 ○界壁遮音の性能規定化 ○階段手摺の設置義務化 ○換気設備、浄化槽、煙突、配管設備、冷却塔、非常照明、昇降機等の性能規定化 ○建築設備の構造強度 ［小屋裏利用の物置の拡大］
平成13年 (2001)	［建設省→国土交通省名称変更］	○建ぺい率、容積率の定義 ○準都市計画区域の創設 ○道路（地下の道路を除く） ○特定用途制限地域制度の創設 ○白地地域内の建築物の制限 ○特例容積率適用区域制度の創設 ○壁面線指定における建ぺい率緩和 ○圧縮天然ガススタンドの用途規制緩和	○合併処理浄化槽
平成14年 (2002)	［都市再生特別措置法公布］	○都市再生特別地区	

凡例 — ○：建築基準法令に係る主要改正項目　　▓▓▓：昭和46年以後の法改正により既存遡及が必要となる主な項目
　　　　[ ]：関連特記事項又は他法令等　　　　　　　　　：既存部分の遡及が免除される主な項目

[単体規定（構造、防災・防火・避難）、主な災害]

施行年次	単体規定		主な災害
	構　造	防災・防火・避難	（台風・地震・ビル火災）
平成11年 (1999)		○木造3階の共同住宅（準防火地域）	H11.8　トルコ西部地震 　　　　　（M7.3） H11.9　台湾中部地震 　　　　　（M7.4）
平成12年 (2000)	○構造強度の見直し（性能規定化等） ・建築物規模別の構造方法 ・限界耐力計算の導入 ・荷重及び外力の見直し ・許容応力度及び材料強度の見直し ・建築物の基礎の仕様規定 ・木造耐震壁配置(四分割法) 　継手、仕口 ・鉄骨造の柱脚、継手、仕口 ・ＲＣ造の主筋等の継手 ・ステンレス鋼の追加 ・高さ13mを超える組積造の許容 ○指定建築材料 ○令70条関係告示の制定	○防火避難の見直し（性能規定化等） ・不燃材料等、耐火構造・防火構造等、屋根、防火設備、耐火建築物、大規模建築物主要構造部の性能規定化 ・木造の耐火構造 ・甲種乙種防火戸の名称廃止 ・耐火性能検証法、防火区画検証法 ・避難安全検証法（階、全館） ・高層区画、竪穴区画の一部緩和 ・避難階段、排煙設備、非常進入口、内装制限の規定見直し ○型式適合認定 ○準防内3階建共同住宅 ○防災計画書の手続き廃止	H12.3　有珠山噴火 H12.7　三宅島噴火 H12.10 鳥取県西部地震 　　　　　（M7.3）
平成13年 (2001)			H13.3　芸予地震（M6.7） H13.9　明星ビル火災 　　　　（東京都新宿区　死者40）
平成14年 (2002)	○アルミ合金造法定化	○昇降機の昇降路の竪穴区画 　（法38条認定の失効） ○独立自走式自動車車庫の取扱い	

［総則・他法令等、集団規定、単体規定（一般・設備）］

施行年次	総　則・他法令等	集団規定（防火規定を除く）	単体規定 一般・設備
平成15年 (2003)	○非住宅2,000㎡以上の省エネ届出	○道路幅員による容積率制限の緩和 ○建ぺい率、容積率のメニュー多様化 ○最低敷地面積制限の拡充 ○地下貯蔵の石油類無制限 ○道路、隣地、北側斜線制限の緩和 ○天空率 ○日影規制における平均地盤面からの高さ6.5m追加 ○特定防災街区整備地区	○シックハウス対策規制 ○採光緩和（商業系地域）
平成16年 (2004)	［景観法公布］	○景観重要建造物	
平成17年 (2005)	○既存不適格建築物に対する勧告、是正命令 ○既存不適格建築物に関する規制の合理化（全体計画認定） ○計画通知建物の定期検査等 ○アスベスト調査	○景観地区（美観地区の廃止） ○条例での地盤面設定（容積率関係） ○公共事業による敷地面積減少（既存不適格扱い）	○既存遡及の緩和 ○教室天井高3m以下許容
平成18年 (2006)	高齢者、身体障害者等の移動等の円滑化の促進に関する法律公布］ （バリアフリー法） ○開発許可制度の見直し ○住宅2,000㎡以上の省エネ届出		○吹付アスベスト禁止
平成19年 (2007)	［特定住宅瑕疵担保責任の履行の確保等に関する法律公布］ ○建築確認、検査の厳格化 ・確認審査等に関する指針公表（受理、審査、検査方法） ・確認審査期間の延長 ・共同住宅の中間検査義務付け ○確認検査機関の業務適正化 ○確認関係図書保存の義務付け ○建築士及び事務所の業務適正化 ○罰則の強化 ○その他の主な改正 ・確認申請書等様式の見直し ・建築士設計の添付図書省略を廃止 ・計画通知関係図書の様式を制定 ○郵政民営化	○大規模集客施設の立地制限 ○近隣商業内の劇場等の立地制限緩和 ○郵便局の用途規制	

凡例 ─ ○：建築基準法令に係る主要改正項目　　　　　：昭和46年以後の法改正により既存遡及が必要となる主な項目
　　　　［ ］：関連特記事項又は他法令等　　　　　　　　　：既存部分の遡及が免除される主な項目

[単体規定（構造、防災・防火・避難）、主な災害]

施行年次	単体規定 構造	単体規定 防災・防火・避難	主な災害（台風・地震・ビル火災）
平成15年（2003）		○２階段設置義務強化（風営店舗）	H15.9　十勝沖地震（M8.0）
平成16年（2004）			H16.10　新潟県中越地震（M6.8） H16.12　スマトラ地震津波（M8.5）
平成17年（2005）	○既存遡及の緩和 （耐震診断、独立部分） （1/2以下増築）	○既存遡及の緩和 ○シャッターの障害物感知装置義務	H17.3　福岡県西方沖地震（M7.0） H17.11　耐震偽装問題発覚
平成18年（2006）		○住宅用火災警報器の義務付け （新築）・・・消防法	H18.7　東京都港区ＥＶ事故
平成19年（2007）	○建築確認、検査の厳格化 ・構造計算適合性判定制度導入 ・構造関係規定の見直し ・工作物（H>60m）の大臣認定 ・大臣認定プログラム	非常用進入口の合わせガラス	H19.1　カラオケボックス火災 （兵庫県宝塚市　死者３） H19.3　能登半島地震（M6.9） H19.7　新潟県中越沖地震（M6.8）

[総則・他法令等、集団規定、単体規定（一般・設備）]

施行年次	総　則・他法令等	集団規定（防火規定を除く）	単体規定 一般・設備
平成20年 (2008)	[長期優良住宅の普及の促進に関する法律公布] [建築士法等の一部改正] ○構造設計一級建築士、設備設計一級建築士 ○建築士定期講習の義務付け ○全体計画期間緩和（20年） ○確認手続等の円滑化 ○定期報告制度見直し		
平成21年 (2009)	○既存不適格調書の運用	○建築基準法道路関係規定運用指針	○昇降機安全装置等規制 （戸開走行保護装置、地震時管制運転装置）
平成22年 (2010)	○建築確認手続き等の運用改善（第1弾） ・確認審査の迅速化 （補正、並行審査、軽微変更） ・申請図書の簡素化 ○建築行政マネジメント計画 ○300㎡以上の省エネ届出	○ドライクリーニング規制の許可	
平成23年 (2011)	[津波防災地域づくりに関する法律公布] ○建築確認手続き等の運用改善（第2弾） ・申請図書の簡素化	○太陽光発電設備の高さの扱い	
平成24年 (2012)	[都市の低炭素化の促進に関する法律公布] ○仮使用承認の迅速化	○防災倉庫等の容積率緩和	○エレベーター構造告示改正
平成25年 (2013)	○建築士資格確認 ○耐震診断義務付け		○給湯器転倒防止
平成26年 (2014)	○法適合状況調査（検査済証なし）のガイドライン	○EV昇降路の容積率緩和 ○水素スタンド（圧縮ガス）緩和	○階段規制の緩和（学校）
平成27年 (2015)	○ルート2主事 ○構造計算適判機関（国指定） ○仮使用認定制度（民間） ○38条大臣認定の復活 ○国の調査権限強化 ○風営法改正 [建築物のエネルギー消費性能の向上に関する法律公布]（建築物省エネ法） ○非住宅2,000㎡以上の省エネ適判	○幼保連携型認定子ども園 ○老人ホーム等の地階容積率緩和 ○福祉ホーム ○ダンスホールの用途規制緩和	○「移転」の定義変更 ○小規模倉庫の扱い

凡例 ― ○：建築基準法令に係る主要改正項目　　　　　：昭和46年以後の法改正により既存遡及が必要となる主な項目
　　　　[ ]：関連特記事項又は他法令等　　　　　　　　　：既存部分の遡及が免除される主な項目

[単体規定（構造、防災・防火・避難）、主な災害]

施行年次	単体規定 構造	単体規定 防災・防火・避難	主な災害（台風・地震・ビル火災）
平成20年 (2008)		○遊戯施設の安全確保	H20.6　岩手・宮城内陸地震（M7.2） H20.10　個室ビデオ店火災 （大阪市難波　死者16）
平成21年 (2009)	○既存遡及の緩和 （新耐震緩和、木造構造計算不要）	○住宅火気使用室の内装制限緩和	H21.3　有料老人ホーム火災 （群馬県渋川市　死者10）
平成22年 (2010)			
平成23年 (2011)			H23.3　東北地方太平洋沖地震 「東日本大震災」 （M9.0）
平成24年 (2012)	○既存不適格1/2超増築の緩和		H24.5　福山ホテル火災 （広島県福山市　死者7） H24.12　笹子トンネル天井落下 （山梨県　死者9）
平成25年 (2013)			H25.2　グループホーム火災 （長崎市　死者4） H25.10　整形外科医院火災 （福岡市　死者10）
平成26年 (2014)	○特定天井 ○ＥＶ等の脱落防止	○防火間仕切壁設置の緩和	
平成27年 (2014)	○構造計算適判制度見直し （直接申請） ○構造計算ルートの別棟化 ○既存不適格増築の適合性判定	○認定外壁へのタイル張り許容 ○排煙免除告示の緩和追加 ○木造関連基準の見直し（3階学校等の緩和、大規模木造の緩和） ○法27条の性能規定化 →特定避難時間倒壊等防止建築物 （法別表1の改正）	

建築基準法令地域要改区等の変遷　27

[総則・他法令等、集団規定、単体規定（一般・設備）]

施行年次	総則・他法令等	集団規定（防火規定を除く）	単体規定 一般・設備
平成28年 （2016）	○定期報告対象の政令指定 　（小荷物専用昇降機等） ○審査請求の前置主義撤廃	○義務教育学校 ○ナイトクラブ等の用途規制緩和 ○宿泊施設の容積緩和許可制度	○用途変更の円滑化
平成29年 （2017）	○省エネ適判義務付け 　（非住宅2,000㎡以上）	○宅配ボックス等の容積緩和 　（共用廊下等）	○非常照明（LED可）
平成30年 （2018）	○改正都市緑地法の施行 ○仮設興行場等の設置期間の延長	○田園住居地域の追加 ○老人ホーム等の共用部分容積率緩和 ○宅配ボックスの容積緩和 ○接道、日影許可の簡素化 ○袋路のみ接道（条例で制限可）	○保育室等の採光緩和
平成31年 令和元年 （2019）	○特殊建築物の範囲変更 　（100㎡超→200㎡超） 　（200㎡以下の用途変更申請不要） ○用途変更に係る全体計画認定 ○維持保全計画の範囲拡大（倉庫）	○防火・準防内の準耐火建築物等に係る建蔽率緩和（10%） ○用途許可の簡素化（コンビニ等）	○界壁小屋裏立上の緩和 ○階段の規制の緩和
令和2年 （2020）	○建築士免許要件の見直し		
令和3年 （2021）	○規制改革実施に伴う押印廃止 ○省エネ適判範囲拡大 　（非住宅300㎡以上） ［畜舎等の建築等及び利用の特例に関する法律公布］（畜舎特例法）		
令和4年 （2022）	「宅地造成及び特定盛土等規制法公布」		
令和5年 （2023）	○定期報告対象の指定範囲拡大	○建築面積不算入（倉庫等の庇）	○住宅の採光確保緩和
令和6年 （2024）	○既存不適格建築物に関する規制の緩和条項の範囲拡大 ○用途変更における遡及範囲縮小 ○建築副主事・副確認検査員制度 ○建築基準適合判定資格者 　（1級・2級） ○計画通知の民間開放 ○既存建築物の現況調査ガイドライン	○接道等規定の既存不適格増築等緩和	

凡例 ― ○：建築基準法令に係る主要改正項目　　　：昭和46年以後の法改正により既存遡及が必要となる主な項目
　　　　[ ]：関連特記事項又は他法令等　　　　　　：既存部分の遡及が免除される主な項目

[単体規定（構造、防災・防火・避難）、主な災害]

施行年次	単体規定		主な災害
	構　造	防災・防火・避難	（台風・地震・ビル火災）
平成28年 (2016)	○木構造の規制合理化 ○長周期地震動対策	○防火間仕切壁の規制合理化 　（強化天井） ○避難別棟の範囲拡大 ○特避の付室等の排煙方法見直し ○非常用進入口の設置合理化	H28. 4　熊本地震　（M6.2） H28.12　糸魚川大規模火災
平成29年 (2017)			H29. 2　大規模倉庫火災 　　　　　（埼玉）
平成30年 (2018)	○既存ブロック塀の倒壊防止啓発	○非常照明の設置緩和 　（30㎡以下の居室） ○旧法24条（木造関係）の廃止 ○小規模異種用途区画の廃止 　（旧令112条12項）	H30. 6　大阪府北部地震 　　　　　（M6.1） H30. 9　北海道胆振東部地 　　　　　震（M6.7）
平成31年 令和元年 (2019)	○積雪荷重の割増し	○防火区画防火設備作動確保 　（大規模倉庫の火災時） ○法21条、法61条等の性能規定化 ○防火地域・準防火地域の規制統合 ○法26条（防火床の追加） ○耐火要求緩和（階数３、200㎡未満）	R 1. 7　京都アニメーション 　　　　　ビル火災 　　　　　（京都市　死者36）
令和２年 (2020)		○延焼のおそれ部分の見直し ○無窓居室制限の緩和 ○小規模建築物の２直通階段緩和 ○小規模建築物の敷地内通路緩和 ○内装制限緩和（一定の天井高） ○防火区画単位の避難安全検証法 ○アトリウム部分の面積区画緩和 ○アトリウム部分の排煙設備緩和 ○異種用途区画免除（警報設備設置）	
令和3年 (2021)	○アルミ合金造緩和 　（200㎡以下構造計算不要）		R 3. 2　福島県沖地震 　　　　　（M7.3） R 3. 7　熱海伊豆山土石流 R 3.12　８階建てビル火災 　　　　　（大阪市　死者27）
令和4年 (2022)	○屋根瓦の緊結方法		
令和5年 (2023)		○耐火時間の緩和 ○無窓居室の歩行距離緩和	
令和6年 (2024)		○耐火建築物の緩和(特定主要構造部) ○3,000㎡超木造の耐火緩和 ○防火別棟（法21・26・27・61条） ○防火避難の既存遡及緩和拡大	R 6. 1　能登半島地震 　　　　　（M7.6） R 6. 9　能登半島豪雨

[総則・他法令等、集団規定、単体規定（一般・設備）]

施行年次	総　則・他法令等	集団規定（防火規定を除く）	単 体 規 定
			一般・設備
令和7年 （2025）	○省エネ適合義務（全建築物） ○法6条区分の変更 ○確認検査の特例範囲の縮小 ○二級建築士の業務範囲拡大 ○トイレ・駐車場・劇場等のバリアフリー強化 ○定期報告（防火扉等見直し）		

凡例 ― ○：建築基準法令に係る主要改正項目　　　　　：昭和46年以後の法改正により既存遡及が必要となる主な項目
　　　　［　］：関連特記事項又は他法令等　　　　　　　　：既存部分の遡及が免除される主な項目

［単体規定（構造、防災・防火・避難）、主な災害］

施行年次	単体規定		主な災害
	構　造	防災・防火・避難	（台風・地震・ビル火災）
令和7年 (2025)	○無筋基礎の禁止 ○柱の小径・壁量の強化 ○階数3以下＆高さ16m以下 　（ルート1可） ○木造（300㎡超）：構造計算要		

建築基準法令の主要改正項目一覧　31

地域、地区等の変遷

区　分	市街地建築物法関連規則等	昭和25年制定　～
用途地域等	適用区域(市街地等) 空地地区 住居地域 ------▶ 　住居専用地区 　地区外 商業地域 ------▶ 工業地域 ------▶ 　特別地区(甲種・乙種) 　地区外 適用区域外	都市計画区域 住居地域 　住居専用地区　　　　　　▶[S46廃止] 　空地地区(1～9種) 　地区外 商業地域 準工業地域 工業地域 　工業専用地区　　　　　　▶[S46廃止] 　地区外 　(S39)容積地区1～5種 無指定地域 都市計画区域外
防火地域等	防火地区(甲種・乙種) 準防火区域 その他	防火地域 準防火地域 屋根不燃区域 その他
地区等	 高度地区 美観地区	特別用途地区 高度地区 　(S44)高度利用地区 　(S36)特定街区 美観地区 建築協定区域

令和2年9月7日 現在

建築基準法

昭和46年改正 ～	平成5年改正 ～	現　行
都市計画区域	都市計画区域	都市計画区域
第1種住居専用地域	→ 第1種低層住居専用地域	→ 第1種低層住居専用地域
	→ 第2種低層住居専用地域	→ 第2種低層住居専用地域
第2種住居専用地域	→ 第1種中高層住居専用地域	→ 第1種中高層住居専用地域
	→ 第2種中高層住居専用地域	→ 第2種中高層住居専用地域
→ 住居地域	→ 第1種住居地域	→ 第1種住居地域
	→ 第2種住居地域	→ 第2種住居地域
	→ 準住居地域	→ 準住居地域
	(H30)田園住居地域	→ 田園住居地域
近隣商業地域	→ 近隣商業地域	→ 近隣商業地域
→ 商業地域	→ 商業地域	→ 商業地域
→ 準工業地域	→ 準工業地域	→ 準工業地域
→ 工業地域	→ 工業地域	→ 工業地域
工業専用地域	→ 工業専用地域	→ 工業専用地域
無指定地域	無指定地域	無指定地域
都市計画区域外	都市計画区域外	都市計画区域外
	(H13)準都市計画区域	→ 準都市計画区域
	(H13)特定用途制限地域	→ 特定用途制限地域
→ 防火地域	→ 防火地域	→ 防火地域
→ 準防火地域	→ 準防火地域	→ 準防火地域
→ 屋根不燃区域	→ 屋根不燃区域	→ 屋根不燃区域
その他	その他	その他
→ 特別用途地区	→ 特別用途地区	→ 特別用途地区
	(H17)特例容積率適用地区	→ 特例容積率適用地区
	(H9)高層住居誘導地区	→ 高層住居誘導地区
→ 高度地区	→ 高度地区	→ 高度地区
→ 高度利用地区	→ 高度利用地区	→ 高度利用地区
→ 特定街区	→ 特定街区	→ 特定街区
	(H14)都市再生特別地区	→ 都市再生特別地区
	(H26)特定用途誘導地区	→ 特定用途誘導地区
	(R2)居住環境向上用途誘導地区	→ 居住環境向上用途誘導地区
	(H15)特定防災街区整備地区	→ 特定防災街区整備地区
→ 美観地区	→ 美観地区 → (H17)景観地区	→ 景観地区・準景観地区
→ 建築協定区域	→ 建築協定区域	→ 建築協定区域
(S55)地区計画	→ 地区計画	→ 地区計画

建築基準法令地域要改区導の変遷 | 33

Chapter 2
建築基準法令の改正経過

建築基準法令　改正年表

年　次	建築基準法	同　施行令	同　施行規則
昭和25年	5月24日 法律第201号 公布	11月16日 政令第338号 公布	11月16日 建設省令第40号 公布
昭和26年	6月4日 法律第195号 改正 6月9日 法律第220号 改正 12月24日 法律第318号 改正	11月27日 政令第342号 改正 12月7日 政令第371号 改正	8月10日 建設省令第26号 改正
昭和27年	5月31日 法律第160号 改正 6月10日 法律第181号 改正 7月31日 法律第258号 改正	5月31日 政令第164号 改正 8月20日 政令第353号 改正	4月1日 建設省令第10号 改正
昭和28年	8月1日 法律第114号 改正	9月17日 政令第284号 改正	
昭和29年	4月22日 法律第72号 改正 5月20日 法律第120号 改正 5月29日 法律第131号 改正 6月1日 法律第140号 改正	6月30日 政令第183号 改正	6月1日 建設省令第18号 改正
昭和30年			5月10日 建設省令第11号 改正
昭和31年	6月12日 法律第148号 改正	6月15日 政令第185号 改正 8月21日 政令第265号 改正	2月2日 建設省令第1号 改正 8月23日 建設省令第27号 改正
昭和32年	5月15日 法律第101号 改正	5月15日 政令第99号 改正	
昭和33年	4月24日 法律第79号 改正	10月4日 政令第283号 改正 11月24日 政令第318号 改正	4月21日 建設省令第14号 改正
昭和34年	4月24日 法律第156号 改正	12月4日 政令第344号 改正	12月23日 建設省令第34号 改正
昭和35年	6月30日 法律第113号 改正 8月2日 法律第140号 改正	6月30日 政令第185号 改正 10月18日 政令第272号 改正	
昭和36年	6月5日 法律第115号 改正 11月7日 法律第191号 改正	12月2日 政令第396号 改正	
昭和37年	4月16日 法律第81号 改正 5月16日 法律第140号 改正 9月15日 法律第161号 改正	7月27日 政令第309号 改正 8月24日 政令第332号 改正	10月22日 建設省令第31号 改正
昭和38年	7月16日 法律第151号 改正		12月28日 建設省令第26号 改正
昭和39年	7月9日 法律第160号 改正 7月11日 法律第169号 改正	1月14日 政令第4号 改正 4月1日 政令第106号 改正 11月16日 政令第347号 改正	1月14日 建設省令第1号 改正 4月1日 建設省令第15号 改正
昭和40年	6月3日 法律第119号 改正		
昭和41年			3月31日 建設省令第12号 改正
昭和42年		10月26日 政令第335号 改正	
昭和43年	6月15日 法律第101号 改正		
昭和44年	6月3日 法律第38号 改正	1月23日 政令第8号 改正 6月13日 政令第158号 改正 8月26日 政令第232号 改正	6月14日 建設省令第42号 改正 11月13日 建設省令第53号 改正
昭和45年	4月14日 法律第20号 改正 6月1日 法律第109号 改正 12月25日 法律第137号 改正 12月25日 法律第141号 改正	6月10日 政令第176号 改正 12月2日 政令第333号 改正	12月23日 建設省令第27号 改正
昭和46年		6月17日 政令第188号 改正	
昭和47年	6月22日 法律第86号 改正	12月8日 政令第420号 改正	12月27日 建設省令第37号 改正
昭和48年		8月23日 政令第242号 改正	
昭和49年	6月1日 法律第67号 改正	6月10日 政令第203号 改正	

年　次	建築基準法	同　施行令	同　施行規則
昭和50年	7月1日 法律第49号　改正 7月11日 法律第59号　改正 7月16日 法律第66号　改正 7月16日 法律第67号　改正	1月9日 政令第2号　改正 10月24日 政令第304号　改正 12月27日 政令第381号　改正	3月18日 建設省令第3号　改正 12月23日 建設省令第20号　改正
昭和51年	11月15日 法律第83号　改正	8月20日 政令第228号　改正	
昭和52年		9月17日 政令第266号　改正	10月26日 建設省令第9号　改正
昭和53年	5月1日 法律第38号　改正	4月7日 政令第123号　改正 5月30日 政令第206号　改正	
昭和55年	5月1日 法律第34号　改正 5月1日 法律第35号　改正	7月14日 政令第196号　改正 10月24日 政令第273号　改正	10月25日 建設省令第12号　改正
昭和56年	5月30日 法律第58号　改正	4月24日 政令第144号　改正 7月7日 政令第248号　改正	6月1日 建設省令第9号　改正 12月18日 建設省令第19号　改正
昭和57年		11月24日 政令第302号　改正	
昭和58年	5月18日 法律第43号　改正 5月20日 法律第44号　改正		
昭和59年	5月25日 法律第47号　改正 8月14日 法律第76号　改正	2月21日 政令第15号　改正 6月29日 政令第231号　改正	3月29日 建設省令第2号　改正
昭和60年		3月15日 政令第31号　改正	
昭和61年		2月28日 政令第17号　改正 8月5日 政令第274号　改正	
昭和62年	6月2日 法律第63号　改正 6月5日 法律第66号　改正	3月25日 政令第57号　改正 10月6日 政令第348号　改正	3月25日 建設省令第5号　改正 11月6日 建設省令第25号　改正
昭和63年	5月20日 法律第49号　改正	2月23日 政令第25号　改正 4月8日 政令第89号　改正 11月11日 政令第322号　改正	
平成元年	6月28日 法律第56号　改正	11月21日 政令第309号　改正	3月27日 建設省令第3号　改正 11月21日 建設省令第17号　改正
平成2年	6月29日 法律第61号　改正 6月29日 法律第62号　改正	11月9日 政令第323号　改正 12月7日 政令第347号　改正	11月19日 建設省令第10号　改正
平成3年	4月2日 法律第24号　改正	3月13日 政令第25号　改正	
平成4年	6月26日 法律第82号　改正		
平成5年	11月12日 法律第89号　改正	5月12日 政令第170号　改正 6月30日 政令第235号　改正 12月3日 政令第385号　改正	1月26日 建設省令第1号　改正 6月21日 建設省令第8号　改正 6月30日 建設省令第14号　改正
平成6年	6月29日 法律第62号　改正	3月24日 政令第69号　改正 6月29日 政令第193号　改正 8月26日 政令第278号　改正 12月26日 政令第411号　改正	6月29日 建設省令第19号　改正
平成7年	2月26日 法律第13号　改正	5月24日 政令第214号　改正 10月18日 政令第359号　改正	5月24日 建設省令第15号　改正 12月25日 建設省令第28号　改正
平成8年	5月24日 法律第48号　改正	10月25日 政令第308号　改正	
平成9年	5月9日 法律第50号　改正 6月13日 法律第79号　改正	3月26日 政令第74号　改正 6月13日 政令第196号　改正 8月29日 政令第274号　改正 11月6日 政令第325号　改正	6月13日 建設省令第9号　改正 8月29日 建設省令第13号　改正 1月6日 建設省令第16号　改正

年　次	建築基準法	同　施行令	同　施行規則
平成10年	5月8日 法律第55号　改正 6月12日 法律第100号　改正	10月30日 政令第351号　改正 11月26日 政令第372号　改正	
平成11年	7月16日 法律第87号　改正 12月8日 法律第151号　改正 12月22日 法律第160号　改正	1月13日 政令第5号　改正 10月1日 政令第312号　改正 11月10日 政令第352号　改正 11月17日 政令第371号　改正 12月27日 政令第431号　改正	4月26日 建設省令第14号　改正
平成12年	5月19日 法律第73号　改正 5月31日 法律第91号　改正 6月2日 法律第106号　改正	4月26日 政令第211号　改正 6月7日 政令第312号　改正 9月22日 政令第434号　改正	1月31日 建設省令第10号　改正 3月31日 建設省令第19号　改正 5月31日 建設省令第26号　改正 11月20日 建設省令第41号　改正
平成13年		3月2日 政令第42号　改正 3月28日 政令第85号　改正 3月30日 政令第98号　改正 7月11日 政令第239号　改正	3月30日 国交省令第72号　改正 3月30日 国交省令第74号　改正 5月16日 国交省令第90号　改正 9月14日 国交省令第128号　改正
平成14年	4月5日 法律第22号　改正 7月12日 法律第85号　改正	5月31日 政令第191号　改正 11月7日 政令第329号　改正 11月13日 政令第331号　改正 12月26日 政令第393号　改正	5月31日 国交省令第66号　改正 12月27日 国交省令第120号　改正
平成15年	6月20日 法律第101号　改正	7月24日 政令第321号　改正 9月25日 政令第423号　改正 12月3日 政令第476号　改正 12月17日 政令第523号　改正	2月7日 国交省令第10号　改正 3月10日 国交省令第16号　改正 12月18日 国交省令第116号　改正
平成16年	5月28日 法律第61号　改正 6月2日 法律第67号　改正 6月18日 法律第111号　改正	2月6日 政令第19号　改正 3月24日 政令第59号　改正 4月21日 政令第168号　改正 6月23日 政令第210号　改正 10月27日 政令第325号　改正 12月15日 政令第399号　改正	3月31日 国交省令第34号　改正 5月27日 国交省令第67号　改正 6月18日 国交省令第70号　改正 12月15日 国交省令第99号　改正 12月15日 国交省令第101号　改正
平成17年	10月21日 法律第102号　改正 11月7日 法律第120号　改正	3月25日 政令第74号　改正 5月25日 政令第182号　改正 5月27日 政令第192号　改正 7月21日 政令第246号　改正 11月7日 政令第334号　改正	3月7日 国交省令第12号　改正 3月29日 国交省令第24号　改正 5月25日 国交省令第58号　改正 5月27日 国交省令第59号　改正
平成18年	2月10日 法律第5号　改正 4月1日 法律第30号　改正 5月31日 法律第46号　改正 6月2日 法律第50号　改正 6月7日 法律第53号　改正 6月21日 法律第92号　改正 12月20日 法律第114号　改正	9月22日 政令第308号　改正 9月22日 政令第310号　改正 9月26日 政令第320号　改正 11月6日 政令第350号　改正	3月29日 国交省令第17号　改正 4月28日 国交省令第58号　改正 5月30日 国交省令第67号　改正 9月27日 国交省令第90号　改正 9月29日 国交省令第96号　改正
平成19年	3月31日 法律第19号　改正	3月16日 政令第49号　改正 3月28日 政令第69号　改正 8月3日 政令第235号　改正	3月16日 国交省令第13号　改正 3月28日 国交省令第20号　改正 3月30日 国交省令第27号　改正 6月19日 国交省令第66号　改正 8月3日 国交省令第75号　改正

年次	建築基準法	同 施行令	同 施行規則
平成19年			9月28日 国交省令第84号 改正 11月14日 国交省令第88号 改正
平成20年	5月23日 法律第40号　改正	9月19日 政令第290号　改正 10月31日 政令第338号　改正	2月18日 国交省令第7号 改正 3月31日 国交省令第13号 改正 4月15日 国交省令第32号 改正 5月27日 国交省令第36号 改正 10月31日 国交省令第89号 改正 11月28日 国交省令第95号 改正
平成21年			5月19日 国交省令第37号 改正 10月30日 国交省令第61号 改正
平成22年			3月29日 国交省令第7号 改正
平成23年	5月2日 法律第35号　改正 8月30日 法律第105号　改正 12月14日 法律第124号　改正	1月28日 政令第10号　改正 3月30日 政令第46号　改正 8月30日 政令第282号　改正 11月28日 政令第363号　改正	4月27日 国交省令第37号 改正
平成24年	8月22日 法律第67号　改正	7月25日 政令第202号　改正 9月20日 政令第239号　改正	2月9日 国交省令第8号 改正 9月20日 国交省令第76号 改正 10月1日 国交省令第82号 改正
平成25年	5月29日 法律第20号　改正 6月14日 法律第44号　改正	7月12日 政令第217号　改正	5月30日 国交省令第49号 改正 7月12日 国交省令第61号 改正
平成26年	5月21日 法律第39号　改正 6月4日 法律第54号　改正 6月13日 法律第69号　改正 6月27日 法律第92号　改正	6月25日 政令第221号　改正 6月27日 政令第232号　改正 7月2日 政令第239号　改正 12月24日 政令第412号　改正	4月1日 国交省令第43号 改正 6月27日 国交省令第58号 改正 7月25日 国交省令第67号 改正 8月22日 国交省令第71号 改正
平成27年	6月24日 法律第45号　改正 6月26日 法律第50号　改正	1月15日 政令第6号　改正 1月21日 政令第11号　改正 1月21日 政令第13号　改正 7月17日 政令第273号　改正 11月13日 政令第382号　改正 11月26日 政令第392号　改正 12月16日 政令第421号　改正	1月29日 国交省令第5号 改正 2月10日 国交省令第8号 改正 3月27日 国交省令第13号 改正 7月17日 国交省令第54号 改正 9月25日 国交省令第71号 改正 12月1日 国交省令第81号 改正
平成28年	5月20日 法律第47号　改正 6月7日 法律第72号　改正	1月15日 政令第6号　改正 2月17日 政令第43号　改正 8月29日 政令第288号 改正	1月28日 国交省令第4号 改正 2月29日 国交省令第10号 改正 3月31日 国交省令第23号 改正 8月29日 国交省令第61号 改正 10月3日 国交省令第72号 改正 11月30日 国交省令第80号 改正
平成29年	5月12日 法律第26号　改正	3月23日 政令第40号　改正 6月14日 政令第156号　改正	3月31日 国交省令第19号 改正 8月2日 国交省令第49号 改正
平成30年	4月25日 法律第22号　改正 5月30日 法律第33号　改正 6月27日 法律第67号　改正	7月11日 政令第202号　改正 9月12日 政令第255号　改正	7月11日 国交省令第58号 改正 9月12日 国交省令第69号 改正

年　次	建築基準法	同　施行令	同　施行規則
令和元年	6月14日 法律第37号　改正	6月19日 政令第30号　　改正 6月28日 政令第44号　　改正 9月6日 政令第91号　　改正 12月11日 政令第181号　改正	5月7日 国交省令第1号　改正 6月20日 国交省令第15号 改正 6月28日 国交省令第20号 改正 9月13日 国交省令第34号 改正 10月1日 国交省令第37号 改正 12月16日 国交省令第47号 改正
令和2年	6月10日 法律第43号　改正	9月4日 政令第268号　　改正	3月6日 国交省令第13号 改正 9月4日 国交省令第74号 改正 9月4日 国交省令第75号 改正 12月23日 国交省令第98号 改正
令和3年	5月10日 法律第31号　改正 5月26日 法律第44号　改正	7月14日 政令第205号　改正 10月29日 政令第296号　改正	3月31日 国交省令第27号 改正 7月1日 国交省令第46号 改正 8月31日 国交省令第53号 改正 10月22日 国交省令第68号 改正 10月29日 国交省令第69号 改正
令和4年	5月20日 法律第44号　改正 5月27日 法律第55号　改正 6月17日 法律第68号　改正 6月17日 法律第69号　改正	5月27日 政令第203号　改正 9月2日 政令第295号　改正 11月16日 政令第351号　改正 12月14日 政令第381号　改正	1月18日 国交省令第4号　改正 2月28日 国交省令第7号　改正 5月27日 国交省令第48号 改正 12月16日 国交省令第90号 改正 12月23日 国交省令第92号 改正
令和5年	6月16日 法律第58号　改正 6月16日 法律第63号　改正	2月10日 政令第34号　　改正 4月7日 政令第163号　改正 9月13日 政令第280号　改正 9月29日 政令第293号　改正 11月10日 政令第324号　改正	2月28日 国交省令第5号　改正 3月31日 国交省令第30号 改正 12月12日 国交省令第93号 改正 12月14日 国交省令第95号 改正 12月28日 国交省令第98号 改正
令和6年	6月19日 法律第53号　改正	1月4日 政令第1号　　　改正 4月19日 政令第172号　改正 10月11日 政令第312号　改正	1月29日 国交省令第5号　改正 3月8日 国交省令第18号 改正 3月15日 国交省令第21号改正 6月28日 国交省令第68号改正 10月1日 国交省令第89号改正 10月25日 国交省令第92号改正 11月21日 国交省令第100号改正 12月27日 国交省令第111号改正

建築基準法　改正経過

制定・改正法律番号	名　　称	施行年月日
昭和25年法律第201号	建築基準法	昭和25年10月25日 昭和25年11月23日
昭和26年法律第220号	土地収用法施行法	昭和26年12月1日
昭和26年法律第318号	文化財保護法の一部を改正する法律	昭和26年12月24日
昭和26年法律第195号	建築士法の一部を改正する法律	昭和27年4月1日
昭和27年法律第160号	耐火建築促進法	昭和27年5月31日
昭和27年法律第258号	消防組織法の一部を改正する法律	昭和27年8月1日
昭和27年法律第181号	道路法施行法	昭和27年12月5日
昭和28年法律第114号	と畜場法	昭和28年8月1日
昭和29年法律第72号	清掃法	昭和29年7月1日
昭和29年法律第131号	文化財保護法の一部を改正する法律	昭和29年7月1日
昭和29年法律第140号	建設省関係法令の整理に関する法律	昭和29年6月1日
昭和29年法律第120号	土地区画整理法施行法	昭和30年4月1日
昭和31年法律第148号	地方自治法の一部を改正する法律の施行に伴う関係法律の整理に関する法律	昭和31年9月1日
昭和32年法律第101号	建築基準法の一部を改正する法律	昭和32年5月15日
昭和33年法律第79号	下水道法	昭和34年4月23日
昭和34年法律第156号	建築基準法の一部を改正する法律	昭和34年12月23日
昭和35年法律第113号	自治庁設置法の一部を改正する法律	昭和35年7月1日
昭和35年法律第140号	火薬類取締法の一部を改正する法律	昭和36年2月1日
昭和36年法律第115号	建築基準法の一部を改正する法律	昭和36年12月4日
昭和36年法律第191号	宅地造成等規制法	昭和37年2月1日
昭和37年法律第81号	駐車場法の一部を改正する法律	昭和37年4月16日
昭和37年法律第140号	行政事件訴訟法の施行に伴う関係法律の整理等に関する法律	昭和37年10月1日
昭和37年法律第161号	行政不服審査法の施行に伴う関係法律の整理等に関する法律	昭和37年10月1日
昭和38年法律第151号	建築基準法の一部を改正する法律	昭和38年7月16日 昭和39年1月15日
昭和39年法律第160号	住宅地造成事業に関する法律	昭和39年10月1日
昭和39年法律第169号	地方自治法等の一部を改正する法律	昭和40年4月1日
昭和40年法律第119号	清掃法の一部を改正する法律	昭和40年12月2日
昭和43年法律第101号	都市計画法施行法	昭和44年6月14日
昭和44年法律第38号	都市再開発法	昭和44年6月14日
昭和45年法律第109号	建築基準法の一部を改正する法律	昭和45年10月1日
昭和45年法律第20号	建築物における衛生的環境の確保に関する法律	昭和45年10月13日
昭和45年法律第109号	建築基準法の一部を改正する法律 （注）　用途地域等に関する3年間の経過措置	昭和46年1月1日
昭和45年法律第137号	廃棄物の処理及び清掃に関する法律	昭和46年9月24日
昭和45年法律第141号	下水道法の一部を改正する法律	昭和46年6月24日
昭和47年法律第86号	新都市基盤整備法	昭和47年12月20日
昭和49年法律第67号	都市計画法及び建築基準法の一部を改正する法律	昭和50年4月1日
昭和50年法律第49号	文化財保護法の一部を改正する法律	昭和50年10月1日
昭和50年法律第66号	都市再開発法の一部を改正する法律	昭和50年11月1日
昭和50年法律第67号	大都市地域における住宅地等の供給の促進に関する特別措置法	昭和50年11月1日
昭和50年法律第59号	学校教育法の一部を改正する法律	昭和51年1月11日
昭和51年法律第83号	建築基準法の一部を改正する法律	昭和52年11月1日

制定・改正法律番号	名　　　称	施行年月日
昭和53年法律第38号	地方交付税法等の一部を改正する法律	昭和53年5月1日
昭和55年法律第34号	幹線道路の沿道整備に関する法律	昭和55年10月25日
昭和55年法律第35号	都市計画法及び建築基準法の一部を改正する法律	昭和56年4月25日
昭和56年法律第58号	地方交付税法等の一部を改正する法律	昭和56年5月30日
昭和58年法律第44号	建築士法及び建築基準法の一部を改正する法律	昭和59年4月1日
昭和59年法律第47号	地方公共団体関係手数料に係る規定の合理化に関する法律	昭和59年7月1日
昭和59年法律第76号	風俗営業等取締法の一部を改正する法律	昭和60年2月13日
昭和58年法律第43号	浄化槽法	昭和60年10月1日
昭和62年法律第66号	建築基準法の一部を改正する法律	昭和62年11月16日
昭和62年法律第63号	集落地域整備法	昭和63年3月1日
昭和63年法律第49号	都市再開発法及び建築基準法の一部を改正する法律	昭和63年11月15日
平成元年法律第56号	道路法等の一部を改正する法律	平成元年11月22日
平成2年法律第61号	都市計画法及び建築基準法の一部を改正する法律	平成2年11月20日
平成2年法律第62号	大都市地域における住宅地等の供給の促進に関する特別措置法の一部を改正する法律	平成2年11月20日
平成3年法律第24号	地方自治法の一部を改正する法律	平成3年7月1日
平成4年法律第82号	都市計画法及び建築基準法の一部を改正する法律 （注）　用途地域等に関する3年間の経過措置	平成5年6月25日
平成6年法律第62号	建築基準法の一部を改正する法律	平成6年6月29日 平成6年7月29日
平成5年法律第89号	行政手続法の施行に伴う関係法律の整備に関する法律	平成6年10月1日
平成7年法律第13号	都市再開発法等の一部を改正する法律	平成7年5月25日
平成8年法律第48号	幹線道路の沿道の整備に関する法律等の一部を改正する法律	平成8年11月10日
平成9年法律第79号	都市計画法及び建築基準法の一部を改正する法律	平成9年6月13日 平成9年9月1日
平成9年法律第50号	密集市街地における防災街区の整備の促進に関する法律	平成9年11月8日
平成10年法律第100号	建築基準法の一部を改正する法律　（第9次改正）	平成10年6月12日
平成10年法律第55号	風俗営業等の規制及び業務の適正化等に関する法律の一部を改正する法律	平成11年4月1日
平成10年法律第100号	建築基準法の一部を改正する法律	平成11年5月1日
平成11年法律第87号	地方分権の推進を図るための関係法律の整備等に関する法律	平成12年4月1日
平成11年法律第151号	民法の一部を改正する法律の施行に伴う関係法律の整備等に関する法律	平成12年4月1日
平成10年法律第100号	建築基準法の一部を改正する法律	平成12年6月1日
平成11年法律第160号	中央省庁等改革関係法施行法	平成13年1月6日
平成12年法律第91号	商法等の一部を改正する法律の施行に伴う関係法律の整備に関する法律	平成13年4月1日
平成13年法律第106号	浄化槽法の一部を改正する法律	平成13年4月1日
平成12年法律第73号	都市計画法及び建築基準法の一部を改正する法律	平成13年5月18日
平成14年法律第22号	都市再生特別措置法	平成14年6月1日
平成14年法律第85号	建築基準法等の一部を改正する法律	平成15年1月1日 平成15年7月1日
平成15年法律第101号	密集市街地における防災街区の整備の促進に関する法律等の一部を改正する法律	平成15年12月19日

制定・改正法律番号	名　　称	施行年月日
平成16年法律第67号	建築物の安全性及び市街地の防災機能の確保等を図るための建築基準法等の一部を改正する法律	平成16年7月1日
平成16年法律第111号	景観法の施行に伴う関係法律の整備等に関する法律	平成16年12月17日
平成16年法律第61号	文化財保護法の一部を改正する法律	平成17年4月1日
平成16年法律第67号	建築物の安全性及び市街地の防災機能の確保等を図るための建築基準法等の一部を改正する法律	平成17年6月1日
平成16年法律第111号	景観法の施行に伴う関係法律の整備等に関する法律	平成17年6月1日
平成17年法律第120号	建築物の耐震改修の促進に関する法律の一部を改正する法律	平成18年1月26日
平成18年法律第46号	都市の秩序ある整備を図るための都市計画法等の一部を改正する法律	平成18年8月30日
平成18年法律第30号	宅地造成等規制法等の一部を改正する法律	平成18年9月30日
平成18年法律第5号	石綿による健康等に係る被害の防止のための大気汚染防止法等の一部を改正する法律	平成18年10月1日
平成18年法律第46号	都市の秩序ある整備を図るための都市計画法等の一部を改正する法律	平成18年11月30日
平成18年法律第53号	地方自治法の一部を改正する法律	平成19年4月1日
平成18年法律第92号	建築物の安全性の確保を図るための建築基準法等の一部を改正する法律	平成19年6月20日
平成19年法律第19号	都市再生特別措置法等の一部を改正する法律	平成19年9月28日
平成17年法律第102号	郵政民営化法等の施行に伴う関係法律の整備等に関する法律	平成19年10月1日
平成18年法律第46号	都市の秩序ある整備を図るための都市計画法等の一部を改正する法律	平成19年11月30日
平成20年法律第40号	地域における歴史的風致の維持及び向上に関する法律	平成20年11月4日
平成18年法律第114号	建築士法等の一部を改正する法律	平成20年11月28日
平成18年法律第50号	一般社団法人及び一般財団法人に関する法律及び公益社団法人及び公益財団法人の認定等に関する法律の施行に伴う関係法律の整備等に関する法律	平成20年12月1日
平成23年法律第35号	地方自治法の一部を改正する法律	平成23年8月1日
平成23年法律第105号	地域の自主性及び自立性を高めるための改革の推進を図るための関係法律の整備に関する法律	平成23年8月30日
平成23年法律第124号	津波防災地域づくりに関する法律の施行に伴う関係法律の整備等に関する法律	平成24年6月13日
平成25年法律第20号	建築物の耐震改修の促進に関する法律の一部を改正する法律	平成25年11月25日
平成25年法律第44号	地域の自主性及び自立性を高めるための改革の推進を図るための関係法律の整備に関する法律	平成26年4月1日
平成26年法律第54号	建築基準法の一部を改正する法律	平成26年7月1日
平成26年法律第39号	都市再生特別措置法等の一部を改正する法律	平成26年8月1日
平成24年法律第67号	子ども・子育て支援法及び就学前の子どもに関する教育、保育等の総合的な提供の推進に関する法律の一部を改正する法律の施行に伴う関係法律の整備等に関する法律	平成27年4月1日
平成26年法律第54号	建築基準法の一部を改正する法律	平成27年6月1日
平成27年法律第45号	風俗営業等の規制及び業務の適正化等に関する法律の一部を改正する法律	平成27年6月24日
平成26年法律第92号	建築士法等の一部を改正する法律	平成27年6月25日

制定・改正法律番号	名　　称	施行年月日
平成27年法律第50号	地域の自主性及び自立性を高めるための改革の推進を図るための関係法律の整備に関する法律	平成27年6月26日
平成26年法律第69号	行政不服審査法の施行に伴う関係法律の整備等に関する法律	平成28年4月1日
平成27年法律第50号	地域の自主性及び自立性を高めるための改革の推進を図るための関係法律の整備に関する法律	平成28年4月1日
平成26年法律第54号	建築基準法の一部を改正する法律	平成28年6月1日
平成28年法律第47号	地域の自主性及び自立性を高めるための改革の推進を図るための関係法律の整備に関する法律	平成28年6月1日
平成27年法律第45号	風俗営業等の規制及び業務の適正化等に関する法律の一部を改正する法律	平成28年6月23日
平成28年法律第72号	都市再生特別措置法等の一部を改正する法律	平成28年9月1日
平成29年法律第26号	都市緑地法等の一部を改正する法律	平成30年4月1日
平成30年法律第22号	都市再生特別措置法等の一部を改正する法律	平成30年7月15日
平成30年法律第67号	建築基準法の一部を改正する法律	平成30年9月25日
平成30年法律第67号	建築基準法の一部を改正する法律	令和元年6月25日
平成30年法律第33号	不正競争防止法等の一部を改正する法律	令和元年7月1日
令和元年法律第37号	成年被後見人等の権利の制限に係る措置の適正化等を図るための関係法律の整備に関する法律	令和元年9月14日 令和元年12月1日
令和2年法律第43号	都市再生特別措置法等の一部を改正する法律	令和2年9月7日
令和3年法律第44号	地域の自主性及び自立性を高めるための改革の推進を図るための関係法律の整備に関する法律	令和3年8月26日
令和3年法律第31号	特定都市河川浸水被害対策法等の一部を改正する法律	令和3年11月1日
令和4年法律第44号	地域の自主性及び自立性を高めるための改革の推進を図るための関係法律の整備に関する法律	令和4年5月31日
令和4年法律第69号	脱炭素社会の実現に資するための建築物のエネルギー消費性能の向上に関する法律等の一部を改正する法律	令和5年4月1日
令和4年法律第55号	宅地造成等規制法の一部を改正する法律	令和5年5月26日
令和4年法律第69号	脱炭素社会の実現に資するための建築物のエネルギー消費性能の向上に関する法律等の一部を改正する法律	令和6年4月1日
令和5年法律第58号	地域の自主性及び自立性を高めるための改革の推進を図るための関係法律の整備に関する法律	令和6年4月1日
令和5年法律第63号	デジタル社会の形成を図るための規制改革を推進するためのデジタル社会形成基本法等の一部を改正する法律	令和6年4月1日
令和6年法律第53号	地域の自主性及び自立性を高めるための改革の推進を図るための関係法律の整備に関する法律	令和6年11月1日
令和4年法律第69号	脱炭素社会の実現に資するための建築物のエネルギー消費性能の向上に関する法律等の一部を改正する法律	令和7年4月1日
令和4年法律第68号	刑法等の一部を改正する法律の施行に伴う関係法律の整理等に関する法律	令和7年6月1日

建築基準法

（制定：昭和25年法律第201号・施行：昭和25年11月23日）

目次

第1章　総則（第1条 — 第18条の3）

第1条	（目的）	54
第2条	（用語の定義）	54
第3条	（適用の除外）	73
第4条	（建築主事又は建築副主事）	83
第5条	（建築基準適合判定資格者検定）	85
第5条の2	（建築基準適合判定資格者検定事務を行う者の指定）	87
第5条の3	（受検手数料）	88
第5条の4	（構造計算適合判定資格者検定）	88
第5条の5	（構造計算適合判定資格者検定事務を行う者の指定等）	89
第5条の6	（建築物の設計及び工事監理）	90
第6条	（建築物の建築等に関する申請及び確認）	92
第6条の2	（国土交通大臣等の指定を受けた者による確認）	103
第6条の3	（構造計算適合性判定）	106
第6条の4	（建築物の建築に関する確認の特例）	109
第7条	（建築物に関する完了検査）	111
第7条の2	（国土交通大臣等の指定を受けた者による完了検査）	113
第7条の3	（建築物に関する中間検査）	115
第7条の4	（国土交通大臣等の指定を受けた者による中間検査）	118
第7条の5	（建築物に関する検査の特例）	120
第7条の6	（検査済証の交付を受けるまでの建築物の使用制限）	121
第8条	（維持保全）	125
第9条	（違反建築物に対する措置）	125
第9条の2	（建築監視員）	129
第9条の3	（違反建築物の設計者等に対する措置）	130
第9条の4	（保安上危険な建築物等の所有者等に対する指導及び助言）	131
第10条	（著しく保安上危険な建築物等の所有者等に対する勧告及び命令）	131
第11条	（第3章の規定に適合しない建築物に対する措置）	132
第12条	（報告、検査等）	134
第12条の2	（建築物調査員資格者証）	142
第12条の3	（建築設備等検査員資格者証）	143
第13条	（身分証明書の携帯）	144
第14条	（都道府県知事又は国土交通大臣の勧告、助言又は援助）	145
第15条	（届出及び統計）	145
第15条の2	（報告、検査等）	148
第16条	（国土交通大臣又は都道府県知事への報告）	149
第17条	（特定行政庁等に対する指示等）	149
第18条	（国、都道府県又は建築主事を置く市町村の建築物に対する確認、検査又は是正措置に関する手続の特例）	152
第18条の2	（指定構造計算適合性判定機関による構造計算適合性判定の実施）	169
第18条の3	（確認審査等に関する指針等）	170

第2章 建築物の敷地、構造及び建築設備（第19条—第41条）

第19条	（敷地の衛生及び安全）	174
第20条	（構造耐力）	174
第21条	（大規模の建築物の主要構造部等）	176
第22条	（屋根）	178
第23条	（外壁）	180
第24条	（建築物が第22条第1項の市街地の区域の内外にわたる場合の措置）	181
第25条	（大規模の木造建築物等の外壁等）	182
第26条	（防火壁等）	183
第27条	（耐火建築物等としなければならない特殊建築物）	185
第28条	（居室の採光及び換気）	189
第28条の2	（石綿その他の物質の飛散又は発散に対する衛生上の措置）	190
第29条	（地階における住宅等の居室）	191
第30条	（長屋又は共同住宅の各戸の界壁）	191
第31条	（便所）	192
第32条	（電気設備）	194
第33条	（避雷設備）	194
第34条	（昇降機）	194
第35条	（特殊建築物等の避難及び消火に関する技術的基準）	195
第35条の2	（特殊建築物等の内装）	195
第35条の3	（無窓の居室等の主要構造部）	196
第36条	（この章の規定を実施し、又は補足するため必要な技術的基準）	196
第37条	（建築材料の品質）	197
第38条	（特殊の構造方法又は建築材料）	198
第39条	（災害危険区域）	198
第40条	（地方公共団体の条例による制限の附加）	198
第41条	（市町村の条例による制限の緩和）	199

第3章 都市計画区域等における建築物の敷地、構造、建築設備及び用途

第1節 総則（第41条の2・第42条）

第41条の2	（適用区域）	201
第42条	（道路の定義）	201

第2節 建築物又はその敷地と道路又は壁面線との関係等（第43条—第47条）

第43条	（敷地等と道路との関係）	207
第43条の2	（その敷地が4m未満の道路にのみ接する建築物に対する制限の付加）	211
第44条	（道路内の建築制限）	211
第45条	（私道の変更又は廃止の制限）	213
第46条	（壁面線の指定）	213
第47条	（壁面線による建築制限）	214

第3節 建築物の用途（第48条—第51条）

第48条	（用途地域等）	214
第49条	（特別用途地区）	221
第49条の2	（特定用途制限地域）	222
第50条	（用途地域等における建築物の敷地、構造又は建築設備に対する制限）	222

Chapter 2 Contents 建築基準法 (制定：昭和25年法律第201号・施行：昭和25年11月23日)

第51条	(卸売市場等の用途に供する特殊建築物の位置)	224
第4節	建築物の敷地及び構造 (第52条―第60条)	
第52条	(容積率)	225
第53条	(建蔽率)	249
第53条の2	(建築物の敷地面積)	258
第54条	(第一種低層住居専用地域等内における外壁の後退距離)	259
第55条	(第一種低層住居専用地域等内における建築物の高さの限度)	262
第56条	(建築物の各部分の高さ)	264
第56条の2	(日影による中高層の建築物の高さの制限)	271
第57条	(高架の工作物内に設ける建築物等に対する高さの制限の緩和)	274
第57条の2	(特例容積率適用地区内における建築物の容積率の特例)	275
第57条の3	(指定の取消し)	278
第57条の4	(特例容積率適用地区内における建築物の高さの限度)	279
第57条の5	(高層住居誘導地区)	279
第58条	(高度地区)	280
第59条	(高度利用地区)	281
第59条の2	(敷地内に広い空地を有する建築物の容積率等の特例)	283
第60条	(特定街区)	285
第4節の2	都市再生特別地区、居住環境向上用途誘導地区及び特定用途誘導地区 (第60条の2―第60条の3)	
第60条の2	(都市再生特別地区)	287
第60条の2の2	(居住環境向上用途誘導地区)	289
第60条の3	(特定用途誘導地区)	290
第5節	防火地域及び準防火地域 (第61条―第66条)	
第61条	(防火地域及び準防火地域内の建築物)	291
第62条	(屋根)	296
第63条	(隣地境界線に接する外壁)	297
第64条	(看板等の防火措置)	298
第65条	(建築物が防火地域又は準防火地域の内外にわたる場合の措置)	298
第66条	(第38条の準用)	299
第5節の2	特定防災街区整備地区 (第67条・第67条の2)	
第67条	(特定防災街区整備地区)	299
第67条の2	(第38条の準用)	301
第6節	景観地区 (第68条)	
第68条		302
第7節	地区計画等の区域 (第68条の2―第68条の8)	
第68条の2	(市町村の条例に基づく制限)	304
第68条の3	(再開発等促進区等内の制限の緩和等)	311
第68条の4	(建築物の容積率の最高限度を区域の特性に応じたものと公共施設の整備の状況に応じたものとに区分して定める地区計画等の区域内における建築物の容積率の特例)	316
第68条の5	(区域を区分して建築物の容積を適正に配分する地区計画等の区域内における建築物の容積率の特例)	320
第68条の5の2	(区域を区分して建築物の容積を適正に配分する特定建築物地区整備計画等の区域内における建築物の容積率の特例)	321
第68条の5の3	(高度利用と都市機能の更新とを図る地区計画等の区域内における制限の特例)	321

第 68 条の 5 の 4	（住居と住居以外の用途とを区分して定める地区計画等の区域内における建築物の容積率の特例）	322
第 68 条の 5 の 5	（区域の特性に応じた高さ、配列及び形態を備えた建築物の整備を誘導する地区計画等の区域内における制限の特例）	324
第 68 条の 5 の 6	（地区計画等の区域内における建築物の建蔽率の特例）	325
第 68 条の 6	（道路の位置の指定に関する特例）	327
第 68 条の 7	（予定道路の指定）	330
第 68 条の 8	（建築物の敷地が地区計画等の区域の内外にわたる場合の措置）	333

第8節 都市計画区域及び準都市計画区域以外の区域内の建築物の敷地及び構造（第 68 条の 9）

第 68 条の 9		335

第3章の2 型式適合認定等（第 68 条の 10 — 第 68 条の 26）

第 68 条の 10	（型式適合認定）	336
第 68 条の 11	（型式部材等製造者の認証）	337
第 68 条の 12	（欠格条項）	337
第 68 条の 13	（認証の基準）	338
第 68 条の 14	（認証の更新）	338
第 68 条の 15	（承継）	338
第 68 条の 16	（変更の届出）	339
第 68 条の 17	（廃止の届出）	339
第 68 条の 18	（型式適合義務等）	339
第 68 条の 19	（表示等）	340
第 68 条の 20	（認証型式部材等に関する確認及び検査の特例）	340
第 68 条の 21	（認証の取消し）	342
第 68 条の 22	（外国型式部材等製造者の認証）	343
第 68 条の 23	（認証の取消し）	343
第 68 条の 24	（指定認定機関等による認定等の実施）	345
第 68 条の 25	（構造方法等の認定）	346
第 68 条の 26	（特殊構造方法等認定）	347

第4章 建築協定（第 69 条 — 第 77 条）

第 69 条	（建築協定の目的）	350
第 70 条	（建築協定の認可の申請）	351
第 71 条	（申請に係る建築協定の公告）	352
第 72 条	（公開による意見の聴取）	353
第 73 条	（建築協定の認可）	353
第 74 条	（建築協定の変更）	354
第 74 条の 2		355
第 75 条	（建築協定の効力）	356
第 75 条の 2	（建築協定の認可等の公告のあつた日以後建築協定に加わる手続等）	356
第 76 条	（建築協定の廃止）	357
第 76 条の 2	（土地の共有者等の取扱い）	357
第 76 条の 3	（建築協定の設定の特則）	358
第 77 条	（建築物の借主の地位）	358

Chapter ❷ Contents 建築基準法 (制定：昭和25年法律第201号・施行：昭和25年11月23日)

第4章の2　指定建築基準適合判定資格者検定機関等

第1節　指定建築基準適合判定資格者検定機関（第77条の2 — 第77条の17）

条文	内容	頁
第77条の2	（指定）	359
第77条の3	（欠格条項）	359
第77条の4	（指定の基準）	360
第77条の5	（指定の公示等）	360
第77条の6	（役員の選任及び解任）	361
第77条の7	（建築基準適合判定資格者検定委員）	361
第77条の8	（秘密保持義務等）	362
第77条の9	（建築基準適合判定資格者検定事務規程）	363
第77条の10	（事業計画等）	363
第77条の11	（帳簿の備付け等）	364
第77条の12	（監督命令）	364
第77条の13	（報告、検査等）	365
第77条の14	（建築基準適合判定資格者検定事務の休廃止等）	365
第77条の15	（指定の取消し等）	366
第77条の16	（国土交通大臣による建築基準適合判定資格者検定の実施）	367
第77条の17	（審査請求）	368

第1節の2　指定構造計算適合判定資格者検定機関（第77条の17の2）

条文	内容	頁
第77条の17の2		369

第2節　指定確認検査機関（第77条の18 — 第77条の35）

条文	内容	頁
第77条の18	（指定）	369
第77条の19	（欠格条項）	371
第77条の20	（指定の基準）	373
第77条の21	（指定の公示等）	376
第77条の22	（業務区域の変更）	376
第77条の23	（指定の更新）	377
第77条の24	（確認検査員又は副確認検査員）	377
第77条の25	（秘密保持義務等）	378
第77条の26	（確認検査の義務）	379
第77条の27	（確認検査業務規程）	379
第77条の28	（指定区分等の掲示等）	380
第77条の29	（帳簿の備付け等）	380
第77条の29の2	（書類の閲覧）	380
第77条の30	（監督命令）	381
第77条の31	（報告、検査等）	381
第77条の32	（照会及び指示）	383
第77条の33	（指定確認検査機関に対する配慮）	383
第77条の34	（確認検査の業務の休廃止等）	384
第77条の35	（指定の取消し等）	384

第3節　指定構造計算適合性判定機関（第77条の35の2 — 第77条の35の21）

条文	内容	頁
第77条の35の2	（指定）	387
第77条の35の3	（欠格条項）	387
第77条の35の4	（指定の基準）	389

第 77 条の 35 の 5	（指定の公示等）	391
第 77 条の 35 の 6	（業務区域の変更）	391
第 77 条の 35 の 7	（指定の更新）	391
第 77 条の 35 の 8	（委任の公示等）	392
第 77 条の 35 の 9	（構造計算適合性判定員）	392
第 77 条の 35 の 10	（秘密保持義務等）	393
第 77 条の 35 の 11	（構造計算適合性判定の義務）	393
第 77 条の 35 の 12	（構造計算適合性判定業務規程）	393
第 77 条の 35 の 13	（業務区域等の掲示等）	394
第 77 条の 35 の 14	（帳簿の備付け等）	394
第 77 条の 35 の 15	（書類の閲覧）	394
第 77 条の 35 の 16	（監督命令）	394
第 77 条の 35 の 17	（報告、検査等）	395
第 77 条の 35 の 18	（構造計算適合性判定の業務の休廃止等）	395
第 77 条の 35 の 19	（指定の取消し等）	396
第 77 条の 35 の 20	（構造計算適合性判定の委任の解除）	397
第 77 条の 35 の 21	（委任都道府県知事による構造計算適合性判定の実施）	397

第4節　指定認定機関等（第 77 条の 36 — 第 77 条の 55）

第 77 条の 36	（指定）	398
第 77 条の 37	（欠格条項）	399
第 77 条の 38	（指定の基準）	400
第 77 条の 39	（指定の公示等）	401
第 77 条の 40	（業務区域の変更）	401
第 77 条の 41	（指定の更新）	402
第 77 条の 42	（認定員）	402
第 77 条の 43	（秘密保持義務等）	403
第 77 条の 44	（認定等の義務）	403
第 77 条の 45	（認定等業務規程）	403
第 77 条の 46	（国土交通大臣への報告等）	404
第 77 条の 47	（帳簿の備付け等）	404
第 77 条の 48	（監督命令）	404
第 77 条の 49	（報告、検査等）	405
第 77 条の 50	（認定等の業務の休廃止等）	405
第 77 条の 51	（指定の取消し等）	406
第 77 条の 52	（国土交通大臣による認定等の実施）	406
第 77 条の 53	（審査請求）	407
第 77 条の 54	（承認）	408
第 77 条の 55	（承認の取消し等）	409

第5節　指定性能評価機関等（第 77 条の 56・第 77 条の 57）

| 第 77 条の 56 | （指定性能評価機関） | 410 |
| 第 77 条の 57 | （承認性能評価機関） | 412 |

第4章の3　建築基準適合判定資格者等の登録

第1節　建築基準適合判定資格者の登録（第 77 条の 58—第 77 条の 65）

| 第 77 条の 58 | （登録） | 413 |

Chapter ❷ Contents 建築基準法 (制定：昭和25年法律第201号・施行：昭和25年11月23日)

第77条の59	（欠格条項）	414
第77条の59の2		415
第77条の60	（変更の登録）	415
第77条の61	（死亡等の届出）	416
第77条の62	（登録の消除等）	417
第77条の63	（都道府県知事の経由）	419
第77条の64	（国土交通省令への委任）	419
第77条の65	（手数料）	420

第2節　構造計算適合判定資格者の登録（第77条の66）

| 第77条の66 | | 420 |

第5章　建築審査会（第78条 — 第83条）

第78条	（建築審査会）	421
第79条	（建築審査会の組織）	422
第80条	（委員の欠格条項）	423
第80条の2	（委員の解任）	424
第81条	（会長）	425
第82条	（委員の除斥）	425
第83条	（条例への委任）	425

第6章　雑則（第84条 — 第97条の6）

第84条	（被災市街地における建築制限）	427
第84条の2	（簡易な構造の建築物に対する制限の緩和）	427
第85条	（仮設建築物に対する制限の緩和）	428
第85条の2	（景観重要建造物である建築物に対する制限の緩和）	435
第85条の3	（伝統的建造物群保存地区内の制限の緩和）	436
第86条	（一の敷地とみなすこと等による制限の緩和）	437
第86条の2	（公告認定対象区域内における建築物の位置及び構造の認定等）	452
第86条の3	（一の敷地内にあるとみなされる建築物に対する高度利用地区等内における制限の特例）	456
第86条の4	（一の敷地内にあるとみなされる建築物に対する外壁の開口部に対する制限の特例）	457
第86条の5	（一の敷地とみなすこと等の認定又は許可の取消し）	459
第86条の6	（総合的設計による一団地の住宅施設についての制限の特例）	460
第86条の7	（既存の建築物に対する制限の緩和）	461
第86条の8	（既存の一の建築物について2以上の工事に分けて増築等を含む工事を行う場合の制限の緩和）	468
第86条の9	（公共事業の施行等による敷地面積の減少についての第3条等の規定の準用）	470
第87条	（用途の変更に対するこの法律の準用）	472
第87条の2	（既存の一の建築物について2以上の工事に分けて用途の変更に伴う工事を行う場合の制限の緩和）	480
第87条の3	（建築物の用途を変更して一時的に他の用途の建築物として使用する場合の制限の緩和）	480
第87条の4	（建築設備への準用）	482
第88条	（工作物への準用）	485
第89条	（工事現場における確認の表示等）	499
第90条	（工事現場の危害の防止）	499
第90条の2	（工事中の特殊建築物等に対する措置）	501
第90条の3	（工事中における安全上の措置等に関する計画の届出）	501

第91条	（建築物の敷地が区域、地域又は地区の内外にわたる場合の措置）	502
第92条	（面積、高さ及び階数の算定）	504
第92条の2	（許可の条件）	504
第93条	（許可又は確認に関する消防長等の同意等）	504
第93条の2	（書類の閲覧）	510
第93条の3	（国土交通省令への委任）	511
第94条	（不服申立て）	511
第95条		515
第96条	削除	515
第97条	（権限の委任）	516
第97条の2	（市町村の建築主事等の特例）	516
第97条の3	（特別区の特例）	518
第97条の4	（手数料）	519
第97条の5	（事務の区分）	520
第97条の6	（経過措置）	521

第7章 罰則 (第98条 — 第107条)

第98条	523
第99条	525
第100条	531
第101条	532
第102条	549
第103条	549
第104条	554
第105条	555
第106条	558
第107条	559

別表第1	耐火建築物等としなければならない特殊建築物 （第6条、第21条、第27条、第28条、第35条〜第35条の3、第90条の3関係）	564
別表第2	用途地域等内の建築物の制限　（第27条、第48条、第68条の3関係）	568
別表第3	前面道路との関係についての建築物の各部分の高さの制限　（第56条、第91条関係）	592
別表第4	日影による中高層の建築物の制限　（第56条、第56条の2関係）	597

法1条 制定：昭和25年法律第201号

建築基準法　（制定：昭和25年法律第201号　・　施行：昭和25年11月23日）

[現行]　第1章　総則
(制定：昭和25年法律第201号)　第1章　総則

[現行]　第1条　（目的）

制定：昭和25年法律第201号　　施行：昭和25年11月23日
第1条　（目的）

1　この法律は、建築物の敷地、構造、設備及び用途に関する最低の基準を定めて、国民の生命、健康及び財産の保護を図り、もつて公共の福祉の増進に資することを目的とする。

[現行]　第2条　（用語の定義）

制定：昭和25年法律第201号　　施行：昭和25年11月23日
第2条　（用語の定義）

1　この法律において下の各号に掲げる用語の意義は、それぞれ当該各号に定めるところによる。
一　建築物　土地に定着する工作物のうち、屋根及び柱若しくは壁を有するもの、これに附属する門若しくはへい、観覧のための工作物又は地下若しくは高架の工作物内に設ける事務所、店舗、興行場、倉庫その他これらに類する施設をいい、鉄道及び軌道の線路敷地内の運転保安に関する施設並びにこ線橋、プラットホームの上家、貯蔵そうその他これらに類する施設を除くものとする。
二　特殊建築物　学校、病院、劇場、観覧場、百貨店、舞踏場、公衆浴場、旅館、共同住宅、寄宿舎、工場、倉庫、自動車車庫、危険物の貯蔵場、と殺場その他これらに類する用途に供する建築物をいう。
三　建築設備　建築物に設ける電気、ガス、給水、排水、換気、暖房、冷房、消火若しくは汚物処理の設備又は煙突、昇降機若しくは避雷針をいう。
四　居室　居住、執務、作業、集会、娯楽その他これらに類する目的のために継続的に使用する室をいう。
五　主要構造部　壁、柱、床、はり、屋根又は階段をいい、建築物の構造上重要でない間仕切壁、間柱、附け柱、揚げ床、最下階の床、小ばり、ひさし、局部的な小階段、屋外階段その他これらに類する建築物の部分を除くものとする。
六　延焼のおそれのある部分　隣地境界線、道路中心線又は同一敷地内の2以上の棟（延べ面積の合計が500㎡以内の建築物は、一棟とみなす。）をなす建築物相互の外壁間の中心線から、1階にあつては3m以下、2階以上にあつては5m以下の距離にある建築物の部分をいう。但し、防火上有効な公園、広場、川等の空地若しくは水面又は耐火構造の壁その他これらに類するものに面する部分を除く。
七　耐火構造　鉄筋コンクリート造、**れん瓦造**等の構造で政令で定める耐火性能を有するものをいう。
八　防火構造　鉄網モルタル塗、しつくい塗等の構造で政令で定める防火性能を有するものをいう。
九　不燃材料　コンクリート、**れん瓦**、瓦、石綿板、鉄鋼、アルミニユーム、ガラス、モルタル、しつくいその他これらに類する不燃性の建築材料をいう。
十　設計図書　建築物の建築、修繕若しくは模様替、建築設備の設置又は工作物の築造の工事用の図面（現寸図その他これに類するものを除く。）及び仕様書をいう。
十一　建築　建築物を新築し、増築し、改築し、又は移転することをいう。
十二　大規模の修繕　建築物の主要構造部の一種以上について行う過半の修繕をいう。
十三　大規模の模様替　建築物の主要構造部の一種以上について行う過半の模様替をいう。
十四　建築主　建築、修繕若しくは模様替の工事の請負契約の註文者又は請負契約によらないで自ら建築、修繕若しくは模様替をする者をいう。
十五　設計者　設計図書を作成した者をいう。
十六　工事施工者　建築、修繕若しくは模様替の工事の請負人又は請負契約によらないで自らこれらの工事をする者をいう。
十七　都市計画　都市計画法（大正8年法律第36号）第1条に規定する都市計画をいう。
十八　都市計画区域　都市計画法第2条に規定する都市計画区域をいう。

十九　特定行政庁　建築主事を置く市町村の区域については当該市町村の長をいい、その他の市町村の区域については都道府県知事をいう。

改正：昭和26年法律第195号　　　施行：昭和27年4月1日
第2条　（用語の定義）

1　この法律において下の各号に掲げる用語の意義は、それぞれ当該各号に定めるところによる。
　一～九　略
　十　設計　建築士法（昭和25年法律第202号）第2条第4項に規定する設計をいう。
　十一　工事監理者　建築士法第2条第5項に規定する工事監理をする者をいう。
　十二　設計図書　建築物の建築、修繕若しくは模様替、建築設備の設置又は工作物の築造の工事用の図面（現寸図その他これに類するものを除く。）及び仕様書をいう。
　十三　建築　建築物を新築し、増築し、改築し、又は移転することをいう。
　十四　大規模の修繕　建築物の主要構造部の一種以上について行う過半の修繕をいう。
　十五　大規模の模様替　建築物の主要構造部の一種以上について行う過半の模様替をいう。
　十六　建築主　建築、修繕若しくは模様替の工事の請負契約の注文者又は請負契約によらないで自ら建築、修繕若しくは模様替をする者をいう。
　十七　設計者　設計図書を作成した者をいう。
　十八　工事施工者　建築、修繕若しくは模様替の工事の請負人又は請負契約によらないで自らこれらの工事をする者をいう。
　十九　都市計画　都市計画法（大正8年法律第36号）第1条に規定する都市計画をいう。
　二十　都市計画区域　都市計画法第2条に規定する都市計画区域をいう。
　二十一　特定行政庁　建築主事を置く市町村の区域については当該市町村の長をいい、その他の市町村の区域については都道府県知事をいう。

改正：昭和28年法律第114号　　　施行：昭和28年8月1日
第2条　（用語の定義）

1　この法律において下の各号に掲げる用語の意義は、それぞれ当該各号に定めるところによる。
　一　略
　二　特殊建築物　学校、病院、劇場、観覧場、百貨店、舞踏場、公衆浴場、旅館、共同住宅、寄宿舎、工場、倉庫、自動車車庫、危険物の貯蔵場、と畜場その他これらに類する用途に供する建築物をいう。
　三～二十一　略

改正：昭和31年法律第148号　　　施行：昭和31年9月1日
第2条　（用語の定義）

1　この法律において下の各号に掲げる用語の意義は、それぞれ当該各号に定めるところによる。
　一～二十　略
　二十一　特定行政庁　建築主事を置く市町村の区域については当該市町村の長をいい、その他の市町村の区域については都道府県知事をいう。但し、第97条の2第1項の指定都市の区域については、同条第3項の規定により指定都市の長が行うこととなる事務に関する限り、当該指定都市の長をもって特定行政庁とみなし、指定都市の長が行わないこととされる事務については、都道府県知事を特定行政庁とみなす。

改正：昭和34年法律第156号　　　施行：昭和34年12月23日
第2条　（用語の定義）

1　この法律において次の各号に掲げる用語の意義は、それぞれ当該各号に定めるところによる。
　一　建築物　土地に定着する工作物のうち、屋根及び柱若しくは壁を有するもの、これに附属する門若しくはへい、観覧のための工作物又は地下若しくは高架の工作物内に設ける事務所、店舗、興行場、倉庫その

法2条 改正：昭和34年法律第156号

他これらに類する施設（鉄道及び軌道の線路敷地内の運転保安に関する施設並びに跨（こ）線橋、プラットホームの上家、貯蔵槽（そう）その他これらに類する施設を除く。）をいい、建築設備を含むものとする。

二　特殊建築物　学校（各種学校を含む。以下同様とする。）、体育館、病院、劇場、観覧場、集会場、展示場、百貨店、市場、舞踏場、遊技場、公衆浴場、旅館、共同住宅、寄宿舎、下宿、工場、倉庫、自動車車庫、危険物の貯蔵場、と畜場、火葬場、汚物処理場その他これらに類する用途に供する建築物をいう。

三・四　略

五　主要構造部　壁、柱、床、はり、屋根又は階段をいい、建築物の構造上重要でない間仕切壁、間柱、附け柱、揚げ床、最下階の床、廻り舞台の床、小ばり、ひさし、局部的な小階段、屋外階段その他これらに類する建築物の部分を除くものとする。

六　延焼のおそれのある部分　隣地境界線、道路中心線又は同一敷地内の2以上の建築物（延べ面積の合計が500㎡以内の建築物は、一の建築物とみなす。）相互の外壁間の中心線から、1階にあつては3m以下、2階以上にあつては5m以下の距離にある建築物の部分をいう。ただし、防火上有効な公園、広場、川等の空地若しくは水面又は耐火構造の壁その他これらに類するものに面する部分を除く。

七　耐火構造　鉄筋コンクリート造、れんが造等の構造で政令で定める耐火性能を有するものをいう。

八　略

九　不燃材料　コンクリート、れんが、瓦、石綿板、鉄鋼、アルミニユーム、ガラス、モルタル、しつくいその他これらに類する不燃性の建築材料をいう。

九の二　耐火建築物　主要構造部を耐火構造とした建築物で、外壁の開口部で延焼のおそれのある部分に政令で定める構造の防火戸その他の防火設備を有するものをいう。

九の三　簡易耐火建築物　耐火建築物以外の建築物で、イ又はロのいずれかに該当し、外壁の開口部で延焼のおそれのある部分に政令で定める構造の防火戸その他の防火設備を有するものをいう。

　イ　外壁を耐火構造とし、かつ、屋根を不燃材料で造り、又はふき、政令で定める防火性能を有する構造としたもの

　ロ　主要構造部である柱及びはりを不燃材料で、その他の主要構造部を不燃材料又は政令で定めるこれに準ずる材料で造り、外壁の延焼のおそれのある部分、屋根及び床を政令で定める防火性能を有する構造としたもの

十・十一　略

十二　設計図書　建築物、その敷地又は第88条第1項若しくは第3項に規定する工作物に関する工事用の図面（現寸図その他これに類するものを除く。）及び仕様書をいう。

十三～十五　略

十六　建築主　建築物に関する工事の請負契約の註文者又は請負契約によらないで自らその工事をする者をいう。

十七　設計者　その者の責任において、設計図書を作成した者をいう。

十八　工事施工者　建築物、その敷地若しくは第88条第1項若しくは第3項に規定する工作物に関する工事の請負人又は請負契約によらないで自らこれらの工事をする者をいう。

十九・二十　略

二十一　特定行政庁　建築主事を置く市町村の区域については当該市町村の長をいい、その他の市町村の区域については都道府県知事をいう。ただし、第97条の2第1項の指定都市の区域については、同条第3項の規定により指定都市の長が行うこととなる事務に関する限り、当該指定都市の長をもつて特定行政庁とみなし、指定都市の長が行わないこととされる事務については、都道府県知事を特定行政庁とみなす。

改正：昭和39年法律第169号　　　施行：昭和40年4月1日
第2条　（用語の定義）

1　この法律において次の各号に掲げる用語の意義は、それぞれ当該各号に定めるところによる。

　一～二十　略

　二十一　特定行政庁　建築主事を置く市町村の区域については当該市町村の長をいい、その他の市町村の区域については都道府県知事をいう。ただし、第97条の2第1項の指定都市又は特別区の区域については、同条第3項又は第97条の3第3項の規定により指定都市又は特別区の長が行うこととなる事務に関する限

り、当該指定都市又は特別区の長をもつて特定行政庁とみなし、指定都市又は特別区の長が行わないこととされる事務については、都道府県知事を特定行政庁とみなす。

改正：昭和43年法律第101号　　　施行：昭和44年6月14日
第2条　（用語の定義）

1　この法律において次の各号に掲げる用語の意義は、それぞれ当該各号に定めるところによる。
　一～十八　略
　十九　都市計画　都市計画法（昭和43年法律第100号）第4条第1項に規定する都市計画をいう。
　二十　都市計画区域　都市計画法第4条第2項に規定する都市計画区域をいう。
　二十一　住居地域、商業地域、準工業地域、工業地域、住居専用地区、工業専用地区、特別用途地区、空地地区、高度地区、容積地区、特定街区、防火地域、準防火地域又は美観地区　それぞれ、都市計画法第8条第1項第一号から第六号までに掲げる住居地域、商業地域、準工業地域、工業地域、住居専用地区、工業専用地区、特別用途地区、空地地区、高度地区、容積地区、特定街区、防火地域、準防火地域又は美観地区をいう。
　二十二　特定行政庁　建築主事を置く市町村の区域については当該市町村の長をいい、その他の市町村の区域については都道府県知事をいう。ただし、第97条の2第1項の指定都市又は特別区の区域については、同条第3項又は第97条の3第3項の規定により指定都市又は特別区の長が行うこととなる事務に関する限り、当該指定都市又は特別区の長をもつて特定行政庁とみなし、指定都市又は特別区の長が行わないこととされる事務については、都道府県知事を特定行政庁とみなす。

改正：昭和44年法律第38号　　　施行：昭和44年6月14日
第2条　（用語の定義）

1　この法律において次の各号に掲げる用語の意義は、それぞれ当該各号に定めるところによる。
　一～二十　略
　二十一　住居地域、商業地域、準工業地域、工業地域、住居専用地区、工業専用地区、特別用途地区、空地地区、高度地区、容積地区、特定街区、防火地域、準防火地域又は美観地区　それぞれ、都市計画法第8条第1項第一号から第六号までに掲げる住居地域、商業地域、準工業地域、工業地域、住居専用地区、工業専用地区、特別用途地区、空地地区、高度地区、容積地区、高度利用地区、特定街区、防火地域、準防火地域又は美観地区をいう。
　二十二　略

改正：昭和45年法律第109号　　　施行：昭和46年1月1日
第2条　（用語の定義）

1　この法律において次の各号に掲げる用語の意義は、それぞれ当該各号に定めるところによる。
　一・二　略
　三　建築設備　建築物に設ける電気、ガス、給水、排水、換気、暖房、冷房、消火、排煙若しくは汚物処理の設備又は煙突、昇降機若しくは避雷針をいう。
　四～八　略
　九　不燃材料　コンクリート、れんが、瓦、石綿スレート、鉄鋼、アルミニユーム、ガラス、モルタル、しつくいその他これらに類する建築材料で政令で定める不燃性を有するものをいう。
　九の二～二十　略
　二十一　第一種住居専用地域、第二種住居専用地域、住居地域、近隣商業地域、商業地域、準工業地域、工業地域、工業専用地域、特別用途地区、高度地区、高度利用地区、特定街区、防火地域、準防火地域又は美観地区　それぞれ、都市計画法第8条第1項第一号から第六号までに掲げる第一種住居専用地域、第二種住居専用地域、住居地域、近隣商業地域、商業地域、準工業地域、工業地域、工業専用地域、特別用途地区、高度地区、高度利用地区、特定街区、防火地域、準防火地域又は美観地区をいう。
　二十二　特定行政庁　建築主事を置く市町村の区域については当該市町村の長をいい、その他の市町村の区

法2条　改正：昭和45年法律第109号

域については都道府県知事をいう。ただし、第97条の2第1項の市町村又は特別区の区域については、同条第4項の規定により当該市町村の長が行なうこととなる事務又は第97条の3第3項の規定により特別区の長が行なうこととなる事務に関する限り、当該市町村又は特別区の長をもつて特定行政庁とみなし、当該市町村又は特別区の長が行なわないこととされる事務については、都道府県知事を特定行政庁とみなす。

改正：昭和49年法律第67号　　　施行：昭和50年4月1日
第2条　（用語の定義）

1　この法律において次の各号に掲げる用語の意義は、それぞれ当該各号に定めるところによる。
　一～十一　略
　十二　設計図書　建築物、その敷地又は第88条第1項、第2項若しくは第4項に規定する工作物に関する工事用の図面（現寸図その他これに類するものを除く。）及び仕様書をいう。
　十三～二十二　略

改正：昭和50年法律第59号　　　施行：昭和51年1月11日
第2条　（用語の定義）

1　この法律において次の各号に掲げる用語の意義は、それぞれ当該各号に定めるところによる。
　一　略
　二　特殊建築物　学校（専修学校及び各種学校を含む。以下同様とする。）、体育館、病院、劇場、観覧場、集会場、展示場、百貨店、市場、舞踏場、遊技場、公衆浴場、旅館、共同住宅、寄宿舎、下宿、工場、倉庫、自動車車庫、危険物の貯蔵場、と畜場、火葬場、汚物処理場その他これらに類する用途に供する建築物をいう。
　三～二十二　略

改正：昭和55年法律第34号　　　施行：昭和55年10月25日
第2条　（用語の定義）

1　この法律において次の各号に掲げる用語の意義は、それぞれ当該各号に定めるところによる。
　一～十七　略
　十八　工事施工者　建築物、その敷地若しくは第88条第1項、第2項若しくは第4項に規定する工作物に関する工事の請負人又は請負契約によらないで自らこれらの工事をする者をいう。
　十九～二十一　略
　二十二　沿道整備計画　都市計画法第12条の4第1項に規定する沿道整備計画をいう。
　二十三　特定行政庁　建築主事を置く市町村の区域については当該市町村の長をいい、その他の市町村の区域については都道府県知事をいう。ただし、第97条の2第1項の市町村又は特別区の区域については、同条第4項の規定により当該市町村の長が行うこととなる事務又は第97条の3第3項の規定により特別区の長が行うこととなる事務に関する限り、当該市町村又は特別区の長をもつて特定行政庁とみなし、当該市町村又は特別区の長が行わないこととされる事務については、都道府県知事を特定行政庁とみなす。

改正：昭和55年法律第35号　　　施行：昭和56年4月25日
第2条　（用語の定義）

1　この法律において次の各号に掲げる用語の意義は、それぞれ当該各号に定めるところによる。
　一～二十一　略
　二十二　地区計画　都市計画法第12条の4第1項第一号に掲げる地区計画をいう。
　二十三　地区整備計画　都市計画法第12条の4第4項に規定する地区整備計画をいう
　二十四　沿道整備計画　都市計画法第12条の4第1項第二号に掲げる沿道整備計画をいう。
　二十五　特定行政庁　建築主事を置く市町村の区域については当該市町村の長をいい、その他の市町村の区域については都道府県知事をいう。ただし、第97条の2第1項の市町村又は特別区の区域については、同

条第4項の規定により当該市町村の長が行うこととなる事務又は第97条の3第3項の規定により特別区の長が行うこととなる事務に関する限り、当該市町村又は特別区の長をもつて特定行政庁とみなし、当該市町村又は特別区の長が行わないこととされる事務については、都道府県知事を特定行政庁とみなす。

改正：昭和58年法律第44号　　　施行：昭和59年4月1日
第2条　（用語の定義）

1　この法律において次の各号に掲げる用語の意義は、それぞれ当該各号に定めるところによる。
　一～九　略
　十　設計　建築士法（昭和25年法律第202号）第2条第5項に規定する設計をいう。
　十一　工事監理者　建築士法第2条第6項に規定する工事監理をする者をいう。
　十二～二十五　略

改正：昭和62年法律第63号　　　施行：昭和63年3月1日
第2条　（用語の定義）

1　この法律において次の各号に掲げる用語の意義は、それぞれ当該各号に定めるところによる。
　一～二十四　略
　二十五　集落地区計画　都市計画法第12条の4第1項第三号に掲げる集落地区計画をいう。
　二十六　集落地区整備計画　集落地域整備法（昭和62年法律第63号）第5条第3項に規定する集落地区整備計画をいう。
　二十七　地区計画等　都市計画法第4条第9項に規定する地区計画等をいう。
　二十八　特定行政庁　建築主事を置く市町村の区域については当該市町村の長をいい、その他の市町村の区域については都道府県知事をいう。ただし、第97条の2第1項の市町村又は特別区の区域については、同条第4項の規定により当該市町村の長が行うこととなる事務又は第97条の3第3項の規定により特別区の長が行うこととなる事務に関する限り、当該市町村又は特別区の長をもつて特定行政庁とみなし、当該市町村又は特別区の長が行わないこととされる事務については、都道府県知事を特定行政庁とみなす。

改正：昭和63年法律第49号　　　施行：昭和63年11月15日
第2条　（用語の定義）

1　この法律において次の各号に掲げる用語の意義は、それぞれ当該各号に定めるところによる。
　一～二十三　略
　二十四　再開発地区計画　都市計画法第12条の4第1項第二号に掲げる再開発地区計画をいう。
　二十五　再開発地区整備計画　都市再開発法（昭和44年法律第38号）第7条の8の2第2項第三号に規定する再開発地区整備計画をいう。
　二十六　沿道整備計画　都市計画法第12条の4第1項第三号に掲げる沿道整備計画をいう。
　二十七　集落地区計画　都市計画法第12条の4第1項第四号に掲げる集落地区計画をいう。
　二十八　集落地区整備計画　集落地域整備法（昭和62年法律第63号）第5条第3項に規定する集落地区整備計画をいう。
　二十九　地区計画等　都市計画法第4条第9項に規定する地区計画等をいう。
　三十　特定行政庁　建築主事を置く市町村の区域については当該市町村の長をいい、その他の市町村の区域については都道府県知事をいう。ただし、第97条の2第1項の市町村又は特別区の区域については、同条第4項の規定により当該市町村の長が行うこととなる事務又は第97条の3第3項の規定により特別区の長が行うこととなる事務に関する限り、当該市町村又は特別区の長をもつて特定行政庁とみなし、当該市町村又は特別区の長が行わないこととされる事務については、都道府県知事を特定行政庁とみなす。

改正：平成2年法律第61号　　　施行：平成2年11月20日
第2条　（用語の定義）

法2条　改正：平成2年法律第61号

1　この法律において次の各号に掲げる用語の意義は、それぞれ当該各号に定めるところによる。
一～二十二　略
二十三　地区整備計画　都市計画法第12条の5第2項に規定する地区整備計画をいう。
二十四　住宅地高度利用地区計画　都市計画法第12条の4第1項第二号に掲げる住宅地高度利用地区計画をいう。
二十五　住宅地高度利用地区整備計画　都市計画法第12条の6第2項第三号に規定する住宅地高度利用地区整備計画をいう。
二十六　再開発地区計画　都市計画法第12条の4第1項第三号に掲げる再開発地区計画をいう。
二十七　再開発地区整備計画　都市再開発法（昭和44年法律第38号）第7条の8の2第2項第三号に規定する再開発地区整備計画をいう。
二十八　沿道整備計画　都市計画法第12条の4第1項第四号に掲げる沿道整備計画をいう。
二十九　集落地区計画　都市計画法第12条の4第1項第五号に掲げる集落地区計画をいう。
三十　集落地区整備計画　集落地域整備法（昭和62年法律第63号）第5条第3項に規定する集落地区整備計画をいう。
三十一　地区計画等　都市計画法第4条第9項に規定する地区計画等をいう。
三十二　特定行政庁　建築主事を置く市町村の区域については当該市町村の長をいい、その他の市町村の区域については都道府県知事をいう。ただし、第97条の2第1項の市町村又は特別区の区域については、同条第4項の規定により当該市町村の長が行うこととなる事務又は第97条の3第3項の規定により特別区の長が行うこととなる事務に関する限り、当該市町村又は特別区の長をもつて特定行政庁とみなし、当該市町村又は特別区の長が行わないこととされる事務については、都道府県知事を特定行政庁とみなす。

改正：平成4年法律第82号　　　施行：平成5年6月25日
第2条　（用語の定義）

1　この法律において次の各号に掲げる用語の意義は、それぞれ当該各号に定めるところによる。
一　建築物　土地に定着する工作物のうち、屋根及び柱若しくは壁を有するもの（これに類する構造のものを含む。）、これに附属する門若しくは塀、観覧のための工作物又は地下若しくは高架の工作物内に設ける事務所、店舗、興行場、倉庫その他これらに類する施設（鉄道及び軌道の線路敷地内の運転保安に関する施設並びに跨（こ）線橋、プラットホームの上家、貯蔵槽その他これらに類する施設を除く。）をいい、建築設備を含むものとする。
二　特殊建築物　学校（専修学校及び各種学校を含む。以下同様とする。）、体育館、病院、劇場、観覧場、集会場、展示場、百貨店、市場、ダンスホール、遊技場、公衆浴場、旅館、共同住宅、寄宿舎、下宿、工場、倉庫、自動車車庫、危険物の貯蔵場、と畜場、火葬場、汚物処理場その他これらに類する用途に供する建築物をいう。
三～七　略
七の二　準耐火構造　耐火構造以外の構造であつて、耐火構造に準ずる耐火性能で政令で定めるものを有するものをいう。
八～九の二　略
九の三　準耐火建築物　耐火建築物以外の建築物で、イ又はロのいずれかに該当し、外壁の開口部で延焼のおそれのある部分に政令で定める構造の防火戸その他の防火設備を有するものをいう。
　　イ　主要構造部を準耐火構造又は準耐火構造及び耐火構造としたもの
　　ロ　イに掲げる建築物以外の建築物であつて、イに掲げるものと同等の耐火性能を有するものとして主要構造部の防火の措置その他の事項について政令で定める技術的基準に適合するもの
十～二十　略
二十一　第一種低層住居専用地域、第二種低層住居専用地域、第一種中高層住居専用地域、第二種中高層住居専用地域、第一種住居地域、第二種住居地域、準住居地域、近隣商業地域、商業地域、準工業地域、工業地域、工業専用地域、特別用途地区、高度地区、高度利用地区、特定街区、防火地域、準防火地域又は美観地区　それぞれ、都市計画法第8条第1項第一号から第六号までに掲げる第一種低層住居専用地域、第二種低層住居専用地域、第一種中高層住居専用地域、第二種中高層住居専用地域、第一種住居地域、第

二種住居地域、準住居地域、近隣商業地域、商業地域、準工業地域、工業地域、工業専用地域、特別用途地区、高度地区、高度利用地区、特定街区、防火地域、準防火地域又は美観地区をいう。
　二十二〜三十二　略

改正：平成8年法律第48号　　　施行：平成8年11月10日
第2条　（用語の定義）

1　この法律において次の各号に掲げる用語の意義は、それぞれ当該各号に定めるところによる。
　一〜二十七　略
　二十八　沿道地区計画　都市計画法第12条の4第1項第四号に掲げる沿道地区計画をいう。
　二十八の二　沿道地区整備計画　幹線道路の沿道の整備に関する法律（昭和55年法律第34号）第9条第2項に規定する沿道地区整備計画をいう。
　二十九〜三十二　略

改正：平成9年法律第79号　　　施行：平成9年9月1日
第2条　（用語の定義）

1　この法律において次の各号に掲げる用語の意義は、それぞれ当該各号に定めるところによる。
　一〜二十　略
　二十一　第一種低層住居専用地域、第二種低層住居専用地域、第一種中高層住居専用地域、第二種中高層住居専用地域、第一種住居地域、第二種住居地域、準住居地域、近隣商業地域、商業地域、準工業地域、工業地域、工業専用地域、特別用途地区、高層住居誘導地区、高度地区、高度利用地区、特定街区、防火地域、準防火地域又は美観地区　それぞれ、都市計画法第8条第1項第一号から第六号までに掲げる第一種低層住居専用地域、第二種低層住居専用地域、第一種中高層住居専用地域、第二種中高層住居専用地域、第一種住居地域、第二種住居地域、準住居地域、近隣商業地域、商業地域、準工業地域、工業地域、工業専用地域、特別用途地区、高層住居誘導地区、高度地区、高度利用地区、特定街区、防火地域、準防火地域又は美観地区をいう。
　二十二〜三十二　略

改正：平成9年法律第50号　　　施行：平成9年11月8日
第2条　（用語の定義）

1　この法律において次の各号に掲げる用語の意義は、それぞれ当該各号に定めるところによる。
　一〜二十七　略
　二十八　防災街区整備地区計画　都市計画法第12条の4第1項第四号に掲げる防災街区整備地区計画をいう。
　二十九　特定建築物地区整備計画　密集市街地における防災街区の整備の促進に関する法律（平成9年法律第49号）第32条第2項第二号に規定する特定建築物地区整備計画をいう。
　三十　防災街区整備地区整備計画　密集市街地における防災街区の整備の促進に関する法律第32条第2項第三号に規定する防災街区整備地区整備計画をいう。
　三十一　沿道地区計画　都市計画法第12条の4第1項第五号に掲げる沿道地区計画をいう。
　三十二　沿道地区整備計画　幹線道路の沿道の整備に関する法律（昭和55年法律第34号）第9条第2項に規定する沿道地区整備計画をいう。
　三十三　集落地区計画　都市計画法第12条の4第1項第六号に掲げる集落地区計画をいう。
　三十四　集落地区整備計画　集落地域整備法（昭和62年法律第63号）第5条第3項に規定する集落地区整備計画をいう。
　三十五　地区計画等　都市計画法第4条第9項に規定する地区計画等をいう。
　三十六　特定行政庁　建築主事を置く市町村の区域については当該市町村の長をいい、その他の市町村の区域については都道府県知事をいう。ただし、第97条の2第1項の市町村又は特別区の区域については、同条第4項の規定により当該市町村の長が行うこととなる事務又は第97条の3第3項の規定により特別区の

法2条　改正：平成9年法律第50号

長が行うこととなる事務に関する限り、当該市町村又は特別区の長をもつて特定行政庁とみなし、当該市町村又は特別区の長が行わないこととされる事務については、都道府県知事を特定行政庁とみなす。

改正：平成11年法律第87号　　　施行：平成12年4月1日
第2条　（用語の定義）

1　この法律において次の各号に掲げる用語の意義は、それぞれ当該各号に定めるところによる。
　一～十一　略
　十二　設計図書　建築物、その敷地又は第88条第1項から第3項までに規定する工作物に関する工事用の図面（現寸図その他これに類するものを除く。）及び仕様書をいう。
　十三～十七　略
　十八　工事施工者　建築物、その敷地若しくは第88条第1項から第3項までに規定する工作物に関する工事の請負人又は請負契約によらないで自らこれらの工事をする者をいう。
　十九～三十六　略

改正：平成10年法律第100号　　　施行：平成12年6月1日
第2条　（用語の定義）

1　この法律において次の各号に掲げる用語の意義は、それぞれ当該各号に定めるところによる。
　一～六　略
　七　耐火構造　壁、柱、床その他の建築物の部分の構造のうち、耐火性能（通常の火災が終了するまでの間当該火災による建築物の倒壊及び延焼を防止するために当該建築物の部分に必要とされる性能をいう。）に関して政令で定める技術的基準に適合する鉄筋コンクリート造、れんが造その他の構造で、建設大臣が定めた構造方法を用いるもの又は建設大臣の認定を受けたものをいう。
　七の二　準耐火構造　壁、柱、床その他の建築物の部分の構造のうち、準耐火性能（通常の火災による延焼を抑制するために当該建築物の部分に必要とされる性能をいう。第九号の三ロ及び第27条第1項において同じ。）に関して政令で定める技術的基準に適合するもので、建設大臣が定めた構造方法を用いるもの又は建設大臣の認定を受けたものをいう。
　八　防火構造　建築物の外壁又は軒裏の構造のうち、防火性能（建築物の周囲において発生する通常の火災による延焼を抑制するために当該外壁又は軒裏に必要とされる性能をいう。）に関して政令で定める技術的基準に適合する鉄網モルタル塗、しつくい塗その他の構造で、建設大臣が定めた構造方法を用いるもの又は建設大臣の認定を受けたものをいう。
　九　不燃材料　建築材料のうち、不燃性能（通常の火災時における火熱により燃焼しないことその他の政令で定める性能をいう。）に関して政令で定める技術的基準に適合するもので、建設大臣が定めたもの又は建設大臣の認定を受けたものをいう。
　九の二　耐火建築物　次に掲げる基準に適合する建築物をいう。
　　イ　その主要構造部が（1）又は（2）のいずれかに該当すること。
　　　（1）　耐火構造であること。
　　　（2）　次に掲げる性能（外壁以外の主要構造部にあつては、（i）に掲げる性能に限る。）に関して政令で定める技術的基準に適合するものであること。
　　　　　（i）　当該建築物の構造、建築設備及び用途に応じて屋内において発生が予測される火災による火熱に当該火災が終了するまで耐えること。
　　　　　（ii）　当該建築物の周囲において発生する通常の火災による火熱に当該火災が終了するまで耐えること。
　　ロ　その外壁の開口部で延焼のおそれのある部分に、防火戸その他の政令で定める防火設備（その構造が遮炎性能（通常の火災時における火炎を有効に遮るために防火設備に必要とされる性能をいう。）に関して政令で定める技術的基準に適合するもので、建設大臣が定めた構造方法を用いるもの又は建設大臣の認定を受けたものに限る。）を有すること。
　九の三　準耐火建築物　耐火建築物以外の建築物で、イ又はロのいずれかに該当し、外壁の開口部で延焼のおそれのある部分に前号ロに規定する防火設備を有するものをいう。

イ　主要構造部を準耐火構造としたもの
　　ロ　イに掲げる建築物以外の建築物であつて、イに掲げるものと同等の準耐火性能を有するものとして主要構造部の防火の措置その他の事項について政令で定める技術的基準に適合するもの
　十～三十六　略

改正：平成11年法律第160号　　　施行：平成13年1月6日
第2条　（用語の定義）

1　この法律において次の各号に掲げる用語の意義は、それぞれ当該各号に定めるところによる。
　一～六　略
　七　耐火構造　壁、柱、床その他の建築物の部分の構造のうち、耐火性能（通常の火災が終了するまでの間当該火災による建築物の倒壊及び延焼を防止するために当該建築物の部分に必要とされる性能をいう。）に関して政令で定める技術的基準に適合する鉄筋コンクリート造、れんが造その他の構造で、国土交通大臣が定めた構造方法を用いるもの又は国土交通大臣の認定を受けたものをいう。
　七の二　準耐火構造　壁、柱、床その他の建築物の部分の構造のうち、準耐火性能（通常の火災による延焼を抑制するために当該建築物の部分に必要とされる性能をいう。第九号の三ロ及び第27条第1項において同じ。）に関して政令で定める技術的基準に適合するもので、国土交通大臣が定めた構造方法を用いるもの又は国土交通大臣の認定を受けたものをいう。
　八　防火構造　建築物の外壁又は軒裏の構造のうち、防火性能（建築物の周囲において発生する通常の火災による延焼を抑制するために当該外壁又は軒裏に必要とされる性能をいう。）に関して政令で定める技術的基準に適合する鉄網モルタル塗、しつくい塗その他の構造で、国土交通大臣が定めた構造方法を用いるもの又は国土交通大臣の認定を受けたものをいう。
　九　不燃材料　建築材料のうち、不燃性能（通常の火災時における火熱により燃焼しないことその他の政令で定める性能をいう。）に関して政令で定める技術的基準に適合するもので、国土交通大臣が定めたもの又は国土交通大臣の認定を受けたものをいう。
　九の二　耐火建築物　次に掲げる基準に適合する建築物をいう。
　　イ　略
　　ロ　その外壁の開口部で延焼のおそれのある部分に、防火戸その他の政令で定める防火設備（その構造が遮炎性能（通常の火災時における火炎を有効に遮るために防火設備に必要とされる性能をいう。）に関して政令で定める技術的基準に適合するもので、国土交通大臣が定めた構造方法を用いるもの又は国土交通大臣の認定を受けたものに限る。）を有すること。
　九の三～三十六　略

改正：平成12年法律第73号　　　施行：平成13年5月18日
第2条　（用語の定義）

1　この法律において次の各号に掲げる用語の意義は、それぞれ当該各号に定めるところによる。
　一～十九　略
　二十　都市計画区域又は準都市計画区域　それぞれ、都市計画法第4条第2項に規定する都市計画区域又は準都市計画区域をいう。
　二十一　第一種低層住居専用地域、第二種低層住居専用地域、第一種中高層住居専用地域、第二種中高層住居専用地域、第一種住居地域、第二種住居地域、準住居地域、近隣商業地域、商業地域、準工業地域、工業地域、工業専用地域、特別用途地区、特定用途制限地域、高層住居誘導地区、高度地区、高度利用地区、特定街区、防火地域、準防火地域又は美観地区　それぞれ、都市計画法第8条第1項第一号から第六号までに掲げる第一種低層住居専用地域、第二種低層住居専用地域、第一種中高層住居専用地域、第二種中高層住居専用地域、第一種住居地域、第二種住居地域、準住居地域、近隣商業地域、商業地域、準工業地域、工業地域、工業専用地域、特別用途地区、特定用途制限地域、高層住居誘導地区、高度地区、高度利用地区、特定街区、防火地域、準防火地域又は美観地区をいう。
　二十二～三十六　略

法2条 改正：平成14年法律第22号

改正：平成14年法律第22号　　　施行：平成14年６月１日
第２条　（用語の定義）

1　この法律において次の各号に掲げる用語の意義は、それぞれ当該各号に定めるところによる。
　一～二十　略
　二十一　第一種低層住居専用地域、第二種低層住居専用地域、第一種中高層住居専用地域、第二種中高層住居専用地域、第一種住居地域、第二種住居地域、準住居地域、近隣商業地域、商業地域、準工業地域、工業地域、工業専用地域、特別用途地区、特定用途制限地域、高層住居誘導地区、高度地区、高度利用地区、特定街区、都市再生特別地区、防火地域、準防火地域又は美観地区　それぞれ、都市計画法第８条第１項第一号から第六号までに掲げる第一種低層住居専用地域、第二種低層住居専用地域、第一種中高層住居専用地域、第二種中高層住居専用地域、第一種住居地域、第二種住居地域、準住居地域、近隣商業地域、商業地域、準工業地域、工業地域、工業専用地域、特別用途地区、特定用途制限地域、高層住居誘導地区、高度地区、高度利用地区、特定街区、都市再生特別地区、防火地域、準防火地域又は美観地区をいう。
　二十二～三十六　略

改正：平成14年法律第85号　　　施行：平成15年１月１日
第２条　（用語の定義）

1　この法律において次の各号に掲げる用語の意義は、それぞれ当該各号に定めるところによる。
　一～二十二　略
　二十三　地区整備計画　都市計画法第12条の５第２項第三号に掲げる地区整備計画をいう。
　二十四　防災街区整備地区計画　都市計画法第12条の４第１項第二号に掲げる防災街区整備地区計画をいう。
　二十五　特定建築物地区整備計画　密集市街地における防災街区の整備の促進に関する法律（平成９年法律第49号。以下「密集市街地整備法」という。）第32条第２項第二号に規定する特定建築物地区整備計画をいう。
　二十六　防災街区整備地区整備計画　密集市街地整備法第32条第２項第三号に規定する防災街区整備地区整備計画をいう。
　二十七　沿道地区計画　都市計画法第12条の４第１項第三号に掲げる沿道地区計画をいう。
　二十八　沿道地区整備計画　幹線道路の沿道の整備に関する法律（昭和55年法律第34号。以下「沿道整備法」という。）第９条第２項第二号に掲げる沿道地区整備計画をいう。
　二十九　集落地区計画　都市計画法第12条の４第１項第四号に掲げる集落地区計画をいう。
　三十　集落地区整備計画　集落地域整備法（昭和62年法律第63号）第５条第３項に規定する集落地区整備計画をいう。
　三十一　地区計画等　都市計画法第４条第９項に規定する地区計画等をいう。
　三十二　特定行政庁　建築主事を置く市町村の区域については当該市町村の長をいい、その他の市町村の区域については都道府県知事をいう。ただし、第97条の２第１項の市町村又は特別区の区域については、同条第４項の規定により当該市町村の長が行うこととなる事務又は第97条の３第３項の規定により特別区の長が行うこととなる事務に関する限り、当該市町村又は特別区の長をもって特定行政庁とみなし、当該市町村又は特別区の長が行わないこととされる事務については、都道府県知事を特定行政庁とみなす。

改正：平成15年法律第101号　　　施行：平成15年12月19日
第２条　（用語の定義）

1　この法律において次の各号に掲げる用語の意義は、それぞれ当該各号に定めるところによる。
　一～二十　略
　二十一　第一種低層住居専用地域、第二種低層住居専用地域、第一種中高層住居専用地域、第二種中高層住居専用地域、第一種住居地域、第二種住居地域、準住居地域、近隣商業地域、商業地域、準工業地域、工業地域、工業専用地域、特別用途地区、特定用途制限地域、高層住居誘導地区、高度地区、高度利用地区、特定街区、都市再生特別地区、防火地域、準防火地域、特定防災街区整備地区又は美観地区　それぞれ、

都市計画法第8条第1項第一号から第六号までに掲げる第一種低層住居専用地域、第二種低層住居専用地域、第一種中高層住居専用地域、第二種中高層住居専用地域、第一種住居地域、第二種住居地域、準住居地域、近隣商業地域、商業地域、準工業地域、工業地域、工業専用地域、特別用途地区、特定用途制限地域、高層住居誘導地区、高度地区、高度利用地区、特定街区、都市再生特別地区、防火地域、準防火地域、特定防災街区整備地区又は美観地区をいう。
二十二～三十二　略

改正：平成16年法律第67号　　　　施行：平成17年6月1日
第2条　（用語の定義）

1　この法律において次の各号に掲げる用語の意義は、それぞれ当該各号に定めるところによる。
　一～二十　略
　二十一　第一種低層住居専用地域、第二種低層住居専用地域、第一種中高層住居専用地域、第二種中高層住居専用地域、第一種住居地域、第二種住居地域、準住居地域、近隣商業地域、商業地域、準工業地域、工業地域、工業専用地域、特別用途地区、特定用途制限地域、<u>特例容積率適用地区</u>、高層住居誘導地区、高度地区、高度利用地区、特定街区、都市再生特別地区、防火地域、準防火地域、特定防災街区整備地区又は美観地区　それぞれ、都市計画法第8条第1項第一号から第六号までに掲げる第一種低層住居専用地域、第二種低層住居専用地域、第一種中高層住居専用地域、第二種中高層住居専用地域、第一種住居地域、第二種住居地域、準住居地域、近隣商業地域、商業地域、準工業地域、工業地域、工業専用地域、特別用途地区、特定用途制限地域、<u>特例容積率適用地区</u>、高層住居誘導地区、高度地区、高度利用地区、特定街区、都市再生特別地区、防火地域、準防火地域、特定防災街区整備地区又は美観地区をいう。
　二十二～三十二　略

改正：平成16年法律第111号　　　　施行：平成17年6月1日
第2条　（用語の定義）

1　この法律において次の各号に掲げる用語の意義は、それぞれ当該各号に定めるところによる。
　一～二十　略
　二十一　第一種低層住居専用地域、第二種低層住居専用地域、第一種中高層住居専用地域、第二種中高層住居専用地域、第一種住居地域、第二種住居地域、準住居地域、近隣商業地域、商業地域、準工業地域、工業地域、工業専用地域、特別用途地区、特定用途制限地域、特例容積率適用地区、高層住居誘導地区、高度地区、高度利用地区、特定街区、都市再生特別地区、防火地域、準防火地域、特定防災街区整備地区又は<u>景観地区</u>　それぞれ、都市計画法第8条第1項第一号から第六号までに掲げる第一種低層住居専用地域、第二種低層住居専用地域、第一種中高層住居専用地域、第二種中高層住居専用地域、第一種住居地域、第二種住居地域、準住居地域、近隣商業地域、商業地域、準工業地域、工業地域、工業専用地域、特別用途地区、特定用途制限地域、特例容積率適用地区、高層住居誘導地区、高度地区、高度利用地区、特定街区、都市再生特別地区、防火地域、準防火地域、特定防災街区整備地区又は<u>景観地区</u>をいう。
　二十二～三十二　略

改正：平成18年法律第92号　　　　施行：平成19年6月20日
第2条　（用語の定義）

1　この法律において次の各号に掲げる用語の意義は、それぞれ当該各号に定めるところによる。
　一～三十一　略
　三十二　<u>プログラム　電子計算機に対する指令であつて、一の結果を得ることができるように組み合わされたものをいう。</u>
　三十三　特定行政庁　建築主事を置く市町村の区域については当該市町村の長をいい、その他の市町村の区域については都道府県知事をいう。<u>ただし、第97条の2第1項又は第97条の3第1項の規定により建築主事を置く市町村の区域内の政令で定める建築物については、都道府県知事とする。</u>

改正：平成20年法律第40号　　　施行：平成20年11月４日
第２条（用語の定義）

1　この法律において次の各号に掲げる用語の意義は、それぞれ当該各号に定めるところによる。
　一～二十六　略
　<u>二十七　歴史的風致維持向上地区計画　都市計画法第12条の４第１項第三号に掲げる歴史的風致維持向上地区計画をいう。</u>
　<u>二十八　歴史的風致維持向上地区整備計画　地域における歴史的風致の維持及び向上に関する法律（平成20年法律第40号。以下「地域歴史的風致法」という。）第31条第２項第四号に規定する歴史的風致維持向上地区整備計画をいう。</u>
　<u>二十九　沿道地区計画　都市計画法第12条の４第１項第四号に掲げる沿道地区計画をいう。</u>
　<u>三十　沿道地区整備計画　幹線道路の沿道の整備に関する法律（昭和55年法律第34号。以下「沿道整備法」という。）第９条第２項第二号に掲げる沿道地区整備計画をいう。</u>
　<u>三十一　集落地区計画　都市計画法第12条の４第１項第五号に掲げる集落地区計画をいう。</u>
　<u>三十二　集落地区整備計画　集落地域整備法（昭和62年法律第63号）第５条第３項に規定する集落地区整備計画をいう。</u>
　<u>三十三　地区計画等　都市計画法第４条第９項に規定する地区計画等をいう。</u>
　<u>三十四　プログラム　電子計算機に対する指令であつて、一の結果を得ることができるように組み合わされたものをいう。</u>
　<u>三十五　特定行政庁　建築主事を置く市町村の区域については当該市町村の長をいい、その他の市町村の区域については都道府県知事をいう。ただし、第97条の２第１項又は第97条の３第１項の規定により建築主事を置く市町村の区域内の政令で定める建築物については、都道府県知事とする。</u>

改正：平成18年法律第114号　　　施行：平成20年11月28日
第２条（用語の定義）

1　この法律において次の各号に掲げる用語の意義は、それぞれ当該各号に定めるところによる。
　一～十　略
　十一　工事監理者　建築士法<u>第２条第７項</u>に規定する工事監理をする者をいう。
　十二～十六　略
　十七　設計者　その者の責任において、設計図書を作成した者をいい、<u>建築士法第20条の２第３項又は第20条の３第３項の規定により建築物が構造関係規定（同法第20条の２第２項に規定する構造関係規定をいう。第５条の４第２項及び第６条第３項第二号において同じ。）又は設備関係規定（同法第20条の３第２項に規定する設備関係規定をいう。第５条の４第３項及び第６条第３項第三号において同じ。）に適合することを確認した構造設計一級建築士（同法第10条の２第４項に規定する構造設計一級建築士をいう。第５条の４第２項及び第６条第３項第二号において同じ。）又は設備設計一級建築士（同法第10条の２第４項に規定する設備設計一級建築士をいう。第５条の４第３項及び第６条第３項第三号において同じ。）を含むものとする。</u>
　十八～三十五　略

改正：平成23年法律第105号　　　施行：平成23年８月30日
第２条（用語の定義）

1　この法律において次の各号に掲げる用語の意義は、それぞれ当該各号に定めるところによる。
　一～二十二　略
　二十三　地区整備計画　都市計画法<u>第12条の５第２項第一号</u>に掲げる地区整備計画をいう。
　二十四　略
　二十五　特定建築物地区整備計画　密集市街地における防災街区の整備の促進に関する法律（平成９年法律第49号。以下「密集市街地整備法」という。）<u>第32条第２項第一号</u>に規定する特定建築物地区整備計画をいう。

改正：平成26年法律第54号 **法２条**

二十六　防災街区整備地区整備計画　密集市街地整備法第32条第２項第二号に規定する防災街区整備地区整備計画をいう。
二十七　略
二十八　歴史的風致維持向上地区整備計画　地域における歴史的風致の維持及び向上に関する法律（平成20年法律第40号。以下「地域歴史的風致法」という。）第31条第２項第一号に規定する歴史的風致維持向上地区整備計画をいう。
二十九　略
三十　沿道地区整備計画　幹線道路の沿道の整備に関する法律（昭和55年法律第34号。以下「沿道整備法」という。）第９条第２項第一号に掲げる沿道地区整備計画をいう。
三十一～三十五　略

改正：平成26年法律第39号　　　施行：平成26年８月１日
第２条　（用語の定義）

1　この法律において次の各号に掲げる用語の意義は、それぞれ当該各号に定めるところによる。
一～二十　略
二十一　第一種低層住居専用地域、第二種低層住居専用地域、第一種中高層住居専用地域、第二種中高層住居専用地域、第一種住居地域、第二種住居地域、準住居地域、近隣商業地域、商業地域、準工業地域、工業地域、工業専用地域、特別用途地区、特定用途制限地域、特例容積率適用地区、高層住居誘導地区、高度地区、高度利用地区、特定街区、都市再生特別地区、特定用途誘導地区、防火地域、準防火地域、特定防災街区整備地区又は景観地区　それぞれ、都市計画法第８条第１項第一号から第六号までに掲げる第一種低層住居専用地域、第二種低層住居専用地域、第一種中高層住居専用地域、第二種中高層住居専用地域、第一種住居地域、第二種住居地域、準住居地域、近隣商業地域、商業地域、準工業地域、工業地域、工業専用地域、特別用途地区、特定用途制限地域、特例容積率適用地区、高層住居誘導地区、高度地区、高度利用地区、特定街区、都市再生特別地区、特定用途誘導地区、防火地域、準防火地域、特定防災街区整備地区又は景観地区をいう。
二十二～三十五　略

改正：平成26年法律第54号　　　施行：平成27年６月１日
第２条　（用語の定義）

1　この法律において次の各号に掲げる用語の意義は、それぞれ当該各号に定めるところによる。
一～七　略
七の二　準耐火構造　壁、柱、床その他の建築物の部分の構造のうち、準耐火性能（通常の火災による延焼を抑制するために当該建築物の部分に必要とされる性能をいう。第九号の三ロにおいて同じ。）に関して政令で定める技術的基準に適合するもので、国土交通大臣が定めた構造方法を用いるもの又は国土交通大臣の認定を受けたものをいう。
八・九　略
九の二　耐火建築物　次に掲げる基準に適合する建築物をいう。
　イ　略
　ロ　その外壁の開口部で延焼のおそれのある部分に、防火戸その他の政令で定める防火設備（その構造が遮炎性能（通常の火災時における火炎を有効に遮るために防火設備に必要とされる性能をいう。第27条第１項において同じ。）に関して政令で定める技術的基準に適合するもので、国土交通大臣が定めた構造方法を用いるもの又は国土交通大臣の認定を受けたものに限る。）を有すること。
九の三～十六　略
十七　設計者　その者の責任において、設計図書を作成した者をいい、建築士法第20条の２第３項又は第20条の３第３項の規定により建築物が構造関係規定（同法第20条の２第２項に規定する構造関係規定をいう。第５条の６第２項及び第６条第３項第二号において同じ。）又は設備関係規定（同法第20条の３第２項に規定する設備関係規定をいう。第５条の６第３項及び第６条第３項第三号において同じ。）に適合することを確認した構造設計一級建築士（同法第10条の２第４項に規定する構造設計一級建築士をいう。第５条

法2条 改正：平成26年法律第54号

の6第2項及び第6条第3項第二号において同じ。）又は設備設計一級建築士（同法第10条の2第4項に規定する設備設計一級建築士をいう。第5条の6第3項及び第6条第3項第三号において同じ。）を含むものとする。
　十八～三十五　略

改正：平成26年法律第92号　　　　施行：平成27年6月25日
第2条　（用語の定義）

1　この法律において次の各号に掲げる用語の意義は、それぞれ当該各号に定めるところによる。
　一～九の三　略
　十　設計　建築士法（昭和25年法律第202号）第2条第6項に規定する設計をいう。
　十一　工事監理者　建築士法第2条第8項に規定する工事監理をする者をいう。
　十二～十六　略
　十七　設計者　その者の責任において、設計図書を作成した者をいい、建築士法第20条の2第3項又は第20条の3第3項の規定により建築物が構造関係規定（同法第20条の2第2項に規定する構造関係規定をいう。第5条の6第2項及び第6条第3項第二号において同じ。）又は設備関係規定（同法第20条の3第2項に規定する設備関係規定をいう。第5条の6第3項及び第6条第3項第三号において同じ。）に適合することを確認した構造設計一級建築士（同法第10条の2の2第4項に規定する構造設計一級建築士をいう。第5条の6第2項及び第6条第3項第二号において同じ。）又は設備設計一級建築士（同法第10条の2の2第4項に規定する設備設計一級建築士をいう。第5条の6第3項及び第6条第3項第三号において同じ。）を含むものとする。
　十八～三十五　略

改正：平成29年法律第26号　　　　施行：平成30年4月1日
第2条　（用語の定義）

1　この法律において次の各号に掲げる用語の意義は、それぞれ当該各号に定めるところによる。
　一～四　略
　五　主要構造部　壁、柱、床、はり、屋根又は階段をいい、建築物の構造上重要でない間仕切壁、間柱、付け柱、揚げ床、最下階の床、回り舞台の床、小ばり、ひさし、局部的な小階段、屋外階段その他これらに類する建築物の部分を除くものとする。
　六～十五　略
　十六　建築主　建築物に関する工事の請負契約の注文者又は請負契約によらないで自らその工事をする者をいう。
　十七～二十　略
　二十一　第一種低層住居専用地域、第二種低層住居専用地域、第一種中高層住居専用地域、第二種中高層住居専用地域、第一種住居地域、第二種住居地域、準住居地域、田園住居地域、近隣商業地域、商業地域、準工業地域、工業地域、工業専用地域、特別用途地区、特定用途制限地域、特例容積率適用地区、高層住居誘導地区、高度地区、高度利用地区、特定街区、都市再生特別地区、特定用途誘導地区、防火地域、準防火地域、特定防災街区整備地区又は景観地区　それぞれ、都市計画法第8条第1項第一号から第六号までに掲げる第一種低層住居専用地域、第二種低層住居専用地域、第一種中高層住居専用地域、第二種中高層住居専用地域、第一種住居地域、第二種住居地域、準住居地域、田園住居地域、近隣商業地域、商業地域、準工業地域、工業地域、工業専用地域、特別用途地区、特定用途制限地域、特例容積率適用地区、高層住居誘導地区、高度地区、高度利用地区、特定街区、都市再生特別地区、特定用途誘導地区、防火地域、準防火地域、特定防災街区整備地区又は景観地区をいう。
　二十二～三十五　略

改正：平成30年法律第67号　　　　施行：令和元年6月25日
第2条　（用語の定義）

改正：令和4年法律第69号 **法2条**

1　この法律において次の各号に掲げる用語の意義は、それぞれ当該各号に定めるところによる。
　一～五　略
　六　延焼のおそれのある部分　隣地境界線、道路中心線又は同一敷地内の2以上の建築物（延べ面積の合計が500㎡以内の建築物は、一の建築物とみなす。）相互の外壁間の中心線（ロにおいて「隣地境界線等」という。）から、1階にあつては3m以下、2階以上にあつては5m以下の距離にある建築物の部分をいう。ただし、次のイ又はロのいずれかに該当する部分を除く。
　　イ　防火上有効な公園、広場、川その他の空地又は水面、耐火構造の壁その他これらに類するものに面する部分
　　ロ　建築物の外壁面と隣地境界線等との角度に応じて、当該建築物の周囲において発生する通常の火災時における火熱により燃焼するおそれのないものとして国土交通大臣が定める部分
　七～三十五　略

改正：令和2年法律第43号　　　施行：令和2年9月7日
第2条　（用語の定義）

1　この法律において次の各号に掲げる用語の意義は、それぞれ当該各号に定めるところによる。
　一～二十　略
　二十一　第一種低層住居専用地域、第二種低層住居専用地域、第一種中高層住居専用地域、第二種中高層住居専用地域、第一種住居地域、第二種住居地域、準住居地域、田園住居地域、近隣商業地域、商業地域、準工業地域、工業地域、工業専用地域、特別用途地区、特定用途制限地域、特例容積率適用地区、高層住居誘導地区、高度地区、高度利用地区、特定街区、都市再生特別地区、居住環境向上用途誘導地区、特定用途誘導地区、防火地域、準防火地域、特定防災街区整備地区又は景観地区　それぞれ、都市計画法第8条第1項第一号から第六号までに掲げる第一種低層住居専用地域、第二種低層住居専用地域、第一種中高層住居専用地域、第二種中高層住居専用地域、第一種住居地域、第二種住居地域、準住居地域、田園住居地域、近隣商業地域、商業地域、準工業地域、工業地域、工業専用地域、特別用途地区、特定用途制限地域、特例容積率適用地区、高層住居誘導地区、高度地区、高度利用地区、特定街区、都市再生特別地区、居住環境向上用途誘導地区、特定用途誘導地区、防火地域、準防火地域、特定防災街区整備地区又は景観地区をいう。
　二十二～三十五　略

改正：令和3年法律第44号　　　施行：令和3年8月26日
第2条　（用語の定義）

1　この法律において次の各号に掲げる用語の意義は、それぞれ当該各号に定めるところによる。
　一～十六　略
　十七　設計者　その者の責任において、設計図書を作成した者をいい、建築士法第20条の2第3項又は第20条の3第3項の規定により建築物が構造関係規定（同法第20条の2第2項に規定する構造関係規定をいう。第5条の6第2項及び第6条第3項第二号において同じ。）又は設備関係規定（同法第20条の3第2項に規定する設備関係規定をいう。第5条の6第3項及び第6条第3項第三号において同じ。）に適合することを確認した構造設計一級建築士（同法第10条の3第4項に規定する構造設計一級建築士をいう。第5条の6第2項及び第6条第3項第二号において同じ。）又は設備設計一級建築士（同法第10条の3第4項に規定する設備設計一級建築士をいう。第5条の6第3項及び第6条第3項第三号において同じ。）を含むものとする。
　十八～三十五　略

改正：令和4年法律第69号　　　施行：令和6年4月1日
第2条　（用語の定義）

1　この法律において次の各号に掲げる用語の意義は、当該各号に定めるところによる。
　一～七　略

法2条　改正：令和4年法律第69号

　七の二　準耐火構造　壁、柱、床その他の建築物の部分の構造のうち、準耐火性能（通常の火災による延焼を抑制するために当該建築物の部分に必要とされる性能をいう。第九号の三ロ及び第26条第2項第二号において同じ。）に関して政令で定める技術的基準に適合するもので、国土交通大臣が定めた構造方法を用いるもの又は国土交通大臣の認定を受けたものをいう。
　八・九　略
　九の二　耐火建築物　次に掲げる基準に適合する建築物をいう。
　　イ　その主要構造部のうち、防火上及び避難上支障がないものとして政令で定める部分以外の部分（以下「特定主要構造部」という。）が、(1)又は(2)のいずれかに該当すること。
　　　(1)　耐火構造であること。
　　　(2)　次に掲げる性能（外壁以外の特定主要構造部にあつては、（ⅰ）に掲げる性能に限る。）に関して政令で定める技術的基準に適合するものであること。
　　　　（ⅰ）当該建築物の構造、建築設備及び用途に応じて屋内において発生が予測される火災による火熱に当該火災が終了するまで耐えること。
　　　　（ⅱ）当該建築物の周囲において発生する通常の火災による火熱に当該火災が終了するまで耐えること。
　　ロ　略
　九の三〜三十五　略

改正：令和5年法律第58号　　　施行：令和6年4月1日
第2条　（用語の定義）

1　この法律において次の各号に掲げる用語の意義は、当該各号に定めるところによる。
　一〜三十四　略
　三十五　特定行政庁　この法律の規定により建築主事又は建築副主事を置く市町村の区域については当該市町村の長をいい、その他の市町村の区域については都道府県知事をいう。ただし、第97条の2第1項若しくは第2項又は第97条の3第1項若しくは第2項の規定により建築主事又は建築副主事を置く市町村の区域内の政令で定める建築物については、都道府県知事とする。

改正：令和4年法律第69号　　　施行：令和7年4月1日
第2条　（用語の定義）

1　この法律において次の各号に掲げる用語の意義は、当該各号に定めるところによる。
　一　建築物　土地に定着する工作物のうち、屋根及び柱若しくは壁を有するもの（これに類する構造のものを含む。）、これに附属する門若しくは塀、観覧のための工作物又は地下若しくは高架の工作物内に設ける事務所、店舗、興行場、倉庫その他これらに類する施設（鉄道及び軌道の線路敷地内の運転保安に関する施設並びに跨（こ）線橋、プラットホームの上家、貯蔵槽その他これらに類する施設を除く。）をいい、建築設備を含むものとする。
　二　特殊建築物　学校（専修学校及び各種学校を含む。以下同様とする。）、体育館、病院、劇場、観覧場、集会場、展示場、百貨店、市場、ダンスホール、遊技場、公衆浴場、旅館、共同住宅、寄宿舎、下宿、工場、倉庫、自動車車庫、危険物の貯蔵場、と畜場、火葬場、汚物処理場その他これらに類する用途に供する建築物をいう。
　三　建築設備　建築物に設ける電気、ガス、給水、排水、換気、暖房、冷房、消火、排煙若しくは汚物処理の設備又は煙突、昇降機若しくは避雷針をいう。
　四　居室　居住、執務、作業、集会、娯楽その他これらに類する目的のために継続的に使用する室をいう。
　五　主要構造部　壁、柱、床、はり、屋根又は階段をいい、建築物の構造上重要でない間仕切壁、間柱、付け柱、揚げ床、最下階の床、回り舞台の床、小ばり、ひさし、局部的な小階段、屋外階段その他これらに類する建築物の部分を除くものとする。
　六　延焼のおそれのある部分　隣地境界線、道路中心線又は同一敷地内の2以上の建築物（延べ面積の合計が500㎡以内の建築物は、一の建築物とみなす。）相互の外壁間の中心線（ロにおいて「隣地境界線等」という。）から、1階にあつては3m以下、2階以上にあつては5m以下の距離にある建築物の部分をいう。

ただし、次のイ又はロのいずれかに該当する部分を除く。
  イ　防火上有効な公園、広場、川その他の空地又は水面、耐火構造の壁その他これらに類するものに面する部分
  ロ　建築物の外壁面と隣地境界線等との角度に応じて、当該建築物の周囲において発生する通常の火災時における火熱により燃焼するおそれのないものとして国土交通大臣が定める部分
七　耐火構造　壁、柱、床その他の建築物の部分の構造のうち、耐火性能（通常の火災が終了するまでの間当該火災による建築物の倒壊及び延焼を防止するために当該建築物の部分に必要とされる性能をいう。）に関して政令で定める技術的基準に適合する鉄筋コンクリート造、れんが造その他の構造で、国土交通大臣が定めた構造方法を用いるもの又は国土交通大臣の認定を受けたものをいう。
七の二　準耐火構造　壁、柱、床その他の建築物の部分の構造のうち、準耐火性能（通常の火災による延焼を抑制するために当該建築物の部分に必要とされる性能をいう。第九号の三ロ及び第26条第2項第二号において同じ。）に関して政令で定める技術的基準に適合するもので、国土交通大臣が定めた構造方法を用いるもの又は国土交通大臣の認定を受けたものをいう。
八　防火構造　建築物の外壁又は軒裏の構造のうち、防火性能（建築物の周囲において発生する通常の火災による延焼を抑制するために当該外壁又は軒裏に必要とされる性能をいう。）に関して政令で定める技術的基準に適合する鉄網モルタル塗、しっくい塗その他の構造で、国土交通大臣が定めた構造方法を用いるもの又は国土交通大臣の認定を受けたものをいう。
九　不燃材料　建築材料のうち、不燃性能（通常の火災時における火熱により燃焼しないことその他の政令で定める性能をいう。）に関して政令で定める技術的基準に適合するもので、国土交通大臣が定めたもの又は国土交通大臣の認定を受けたものをいう。
九の二　耐火建築物　次に掲げる基準に適合する建築物をいう。
  イ　その主要構造部のうち、防火上及び避難上支障がないものとして政令で定める部分以外の部分（以下「特定主要構造部」という。）が、(1)又は(2)のいずれかに該当すること。
    (1)　耐火構造であること。
    (2)　次に掲げる性能（外壁以外の特定主要構造部にあつては、(ⅰ)に掲げる性能に限る。）に関して政令で定める技術的基準に適合するものであること。
      (ⅰ)　当該建築物の構造、建築設備及び用途に応じて屋内において発生が予測される火災による火熱に当該火災が終了するまで耐えること。
      (ⅱ)　当該建築物の周囲において発生する通常の火災による火熱に当該火災が終了するまで耐えること。
  ロ　その外壁の開口部で延焼のおそれのある部分に、防火戸その他の政令で定める防火設備（その構造が遮炎性能（通常の火災時における火炎を有効に遮るために防火設備に必要とされる性能をいう。第27条第1項において同じ。）に関して政令で定める技術的基準に適合するもので、国土交通大臣が定めた構造方法を用いるもの又は国土交通大臣の認定を受けたものに限る。）を有すること。
九の三　準耐火建築物　耐火建築物以外の建築物で、イ又はロのいずれかに該当し、外壁の開口部で延焼のおそれのある部分に前号ロに規定する防火設備を有するものをいう。
  イ　主要構造部を準耐火構造としたもの
  ロ　イに掲げる建築物以外の建築物であつて、イに掲げるものと同等の準耐火性能を有するものとして主要構造部の防火の措置その他の事項について政令で定める技術的基準に適合するもの
十　設計　建築士法（昭和25年法律第202号）第2条第6項に規定する設計をいう。
十一　工事監理者　建築士法第2条第8項に規定する工事監理をする者をいう。
十二　設計図書　建築物、その敷地又は第88条第1項から第3項までに規定する工作物に関する工事用の図面（現寸図その他これに類するものを除く。）及び仕様書をいう。
十三　建築　建築物を新築し、増築し、改築し、又は移転することをいう。
十四　大規模の修繕　建築物の主要構造部の一種以上について行う過半の修繕をいう。
十五　大規模の模様替　建築物の主要構造部の一種以上について行う過半の模様替をいう。
十六　建築主　建築物に関する工事の請負契約の注文者又は請負契約によらないで自らその工事をする者をいう。
十七　設計者　その者の責任において、設計図書を作成した者をいい、建築士法第20条の2第3項又は第20条の3第3項の規定により建築物が構造関係規定（同法第20条の2第2項に規定する構造関係規定をいう。

以下同じ。）又は設備関係規定（同法第20条の３第２項に規定する設備関係規定をいう。第５条の６第３項及び第６条第３項第三号において同じ。）に適合することを確認した構造設計一級建築士（同法第10条の３第４項に規定する構造設計一級建築士をいう。以下同じ。）又は設備設計一級建築士（同法第10条の３第４項に規定する設備設計一級建築士をいう。第５条の６第３項及び同号において同じ。）を含むものとする。

十八　工事施工者　建築物、その敷地若しくは第88条第１項から第３項までに規定する工作物に関する工事の請負人又は請負契約によらないで自らこれらの工事をする者をいう。

十九　都市計画　都市計画法（昭和43年法律第100号）第４条第１項に規定する都市計画をいう。

二十　都市計画区域又は準都市計画区域　それぞれ、都市計画法第４条第２項に規定する都市計画区域又は準都市計画区域をいう。

二十一　第一種低層住居専用地域、第二種低層住居専用地域、第一種中高層住居専用地域、第二種中高層住居専用地域、第一種住居地域、第二種住居地域、準住居地域、田園住居地域、近隣商業地域、商業地域、準工業地域、工業地域、工業専用地域、特別用途地区、特定用途制限地域、特例容積率適用地区、高層住居誘導地区、高度地区、高度利用地区、特定街区、都市再生特別地区、居住環境向上用途誘導地区、特定用途誘導地区、防火地域、準防火地域、特定防災街区整備地区又は景観地区　それぞれ、都市計画法第８条第１項第一号から第六号までに掲げる第一種低層住居専用地域、第二種低層住居専用地域、第一種中高層住居専用地域、第二種中高層住居専用地域、第一種住居地域、第二種住居地域、準住居地域、田園住居地域、近隣商業地域、商業地域、準工業地域、工業地域、工業専用地域、特別用途地区、特定用途制限地域、特例容積率適用地区、高層住居誘導地区、高度地区、高度利用地区、特定街区、都市再生特別地区、居住環境向上用途誘導地区、特定用途誘導地区、防火地域、準防火地域、特定防災街区整備地区又は景観地区をいう。

二十二　地区計画　都市計画法第12条の４第１項第一号に掲げる地区計画をいう。

二十三　地区整備計画　都市計画法第12条の５第２項第一号に掲げる地区整備計画をいう。

二十四　防災街区整備地区計画　都市計画法第12条の４第１項第二号に掲げる防災街区整備地区計画をいう。

二十五　特定建築物地区整備計画　密集市街地における防災街区の整備の促進に関する法律（平成９年法律第49号。以下「密集市街地整備法」という。）第32条第２項第一号に規定する特定建築物地区整備計画をいう。

二十六　防災街区整備地区整備計画　密集市街地整備法第32条第２項第二号に規定する防災街区整備地区整備計画をいう。

二十七　歴史的風致維持向上地区計画　都市計画法第12条の４第１項第三号に掲げる歴史的風致維持向上地区計画をいう。

二十八　歴史的風致維持向上地区整備計画　地域における歴史的風致の維持及び向上に関する法律（平成20年法律第40号。以下「地域歴史的風致法」という。）第31条第２項第一号に規定する歴史的風致維持向上地区整備計画をいう。

二十九　沿道地区計画　都市計画法第12条の４第１項第四号に掲げる沿道地区計画をいう。

三十　沿道地区整備計画　幹線道路の沿道の整備に関する法律（昭和55年法律第34号。以下「沿道整備法」という。）第９条第２項第一号に掲げる沿道地区整備計画をいう。

三十一　集落地区計画　都市計画法第12条の４第１項第五号に掲げる集落地区計画をいう。

三十二　集落地区整備計画　集落地域整備法（昭和62年法律第63号）第５条第３項に規定する集落地区整備計画をいう。

三十三　地区計画等　都市計画法第４条第９項に規定する地区計画等をいう。

三十四　プログラム　電子計算機に対する指令であつて、一の結果を得ることができるように組み合わされたものをいう。

三十五　特定行政庁　この法律の規定により建築主事又は建築副主事を置く市町村の区域については当該市町村の長をいい、その他の市町村の区域については都道府県知事をいう。ただし、第97条の２第１項若しくは第２項又は第97条の３第１項若しくは第２項の規定により建築主事又は建築副主事を置く市町村の区域内の政令で定める建築物については、都道府県知事とする。

改正：昭和34年法律第156号 **法3条**

[現行]　第3条　（適用の除外）

制定：昭和25年法律第201号　　　施行：昭和25年11月23日
第3条　（適用の除外）

1　この法律並びにこれに基く命令及び条例の規定は、国宝保存法（昭和4年法律第17号）、史蹟名勝天然記念物保存法（大正8年法律第44号）又は重要美術品等の保存に関する法律（昭和8年法律第43号）の適用を受ける建築物を建築し、修繕し、又は模様替する場合には、適用しない。
2　この法律又はこれに基く命令若しくは条例の規定の施行又は適用の際現に存する建築物（以下「既存建築物」という。）については、これを増築し、若しくは改築し、又はその大規模の修繕若しくは大規模の模様替をする場合を除き、これらの規定に適合しない部分がある場合においては、当該部分に対しては、当該規定は、適用しない。
3　この法律又はこれに基く命令若しくは条例の規定の施行又は適用の際現に建築、修繕又は模様替の工事中の建築物については、これらの規定に適合しない部分がある場合においては、当該部分に対しては、当該規定は、適用しない。
4　第3章から第7章までの規定並びにこれに基く命令及び条例の規定は、都市計画区域外においては、適用しない。

改正：昭和26年法律第318号　　　施行：昭和26年12月24日
第3条　（適用の除外）

1　この法律並びにこれに基く命令及び条例の規定は、文化財保護法（昭和25年法律第214号）の規定によつて国宝、重要文化財、特別史跡名勝天然記念物若しくは史跡名勝天然記念物として指定され、若しくは仮指定され、又は旧重要美術品等の保存に関する法律（昭和8年法律第43号）の規定によつて重要美術品等として認定された建築物を建築し、修繕し、又は模様替する場合には、適用しない。
2〜4　略

改正：昭和29年法律第131号　　　施行：昭和29年7月1日
第3条　（適用の除外）

1　この法律並びにこれに基く命令及び条例の規定は、文化財保護法（昭和25年法律第214号）の規定によつて国宝、重要文化財、重要民俗資料、特別史跡名勝天然記念物若しくは史跡名勝天然記念物として指定され、若しくは仮指定され、又は旧重要美術品等の保存に関する法律（昭和8年法律第43号）の規定によつて重要美術品等として認定された建築物を建築し、修繕し、又は模様替する場合には、適用しない。
2〜4　略

改正：昭和34年法律第156号　　　施行：昭和34年12月23日
第3条　（適用の除外）

1　この法律並びにこれに基く命令及び条例の規定は、文化財保護法（昭和25年法律第214号）の規定によつて国宝、重要文化財、重要民俗資料、特別史跡名勝天然記念物若しくは史跡名勝天然記念物として指定され、若しくは仮指定され、又は旧重要美術品等の保存に関する法律（昭和8年法律第43号）の規定によつて重要美術品等として認定された建築物及びこれらの建築物であつたものの原形を再現する建築物で特定行政庁が建築審査会の同意を得てその原形の再現がやむを得ないと認めたものについては、適用しない。
2　この法律又はこれに基く命令若しくは条例の規定の施行又は適用の際現に存する建築物若しくはその敷地又は現に建築、修繕若しくは模様替の工事中の建築物若しくはその敷地がこれらの規定に適合せず、又はこれらの規定に適合しない部分を有する場合においては、当該建築物、建築物の敷地又は建築物若しくはその敷地の部分に対しては、当該規定は、適用しない。
3　前項の規定は、次の各号の一に該当する建築物、建築物の敷地又は建築物若しくはその敷地の部分に対しては、適用しない。
一　この法律又はこれに基く命令若しくは条例を改正する法令による改正（この法律に基く命令又は条例を

法3条 改正：昭和34年法律第156号

廃止すると同時に新たにこれに相当する命令又は条例を制定することを含む。）後のこの法律又はこれに基く命令若しくは条例の規定の適用の際当該規定に相当する従前の規定に違反している建築物、建築物の敷地又は建築物若しくはその敷地の部分
二　イ、ロ、ハ又はニに掲げる地域、地区等がそれぞれイ、ロ、ハ又はニに掲げる他の地域、地区等に指定されたことに因るこの法律又はこれに基く命令若しくは条例の規定の適用の際当該規定に相当する従前の地域、地区等に関するこの法律又はこれに基く命令若しくは条例の規定に違反している建築物、建築物の敷地又は建築物若しくはその敷地の部分
　　イ　住居地域、商業地域、準工業地域又は工業地域
　　ロ　別表第4（い）欄の各項に掲げる空地地区
　　ハ　防火地域又は準防火地域
　　ニ　第42条第1項に該当する道路又は第44条第2項に規定する計画道路
三　工事の着手がこの法律又はこれに基く命令若しくは条例の規定の施行又は適用の後である増築、改築、大規模の修繕又は大規模の模様替に係る建築物又はその敷地
四　前号に該当する建築物又はその敷地の部分
五　この法律又はこれに基く命令若しくは条例の規定に適合するに至つた建築物、建築物の敷地又は建築物若しくはその敷地の部分

改正：昭和36年法律第115号　　　施行：昭和36年12月4日
第3条　（適用の除外）

1・2　略
3　前項の規定は、次の各号の一に該当する建築物、建築物の敷地又は建築物若しくはその敷地の部分に対しては、適用しない。
一　略
二　イ、ロ、ハ、ニ又はホに掲げる地域、地区等がそれぞれイ、ロ、ハ、ニ又はホに掲げる他の地域、地区等に指定されたことに因るこの法律又はこれに基く命令若しくは条例の規定の適用の際当該規定に相当する従前の地域、地区等に関するこの法律又はこれに基く命令若しくは条例の規定に違反している建築物、建築物の敷地又は建築物若しくはその敷地の部分
　　イ・ロ　略
　　ハ　別表第5（い）欄の各項に掲げる特定街区
　　ニ　防火地域又は準防火地域
　　ホ　第42条第1項に該当する道路又は第44条第2項に規定する計画道路
三～五　略

改正：昭和38年法律第151号　　　施行：昭和39年1月15日
第3条　（適用の除外）

1・2　略
3　前項の規定は、次の各号の一に該当する建築物、建築物の敷地又は建築物若しくはその敷地の部分に対しては、適用しない。
一　略
二　イ、ロ、ハ、ニ又はホに掲げる地域、地区等がそれぞれイ、ロ、ハ、ニ又はホに掲げる他の地域、地区等に指定されたことに因るこの法律又はこれに基く命令若しくは条例の規定の適用の際当該規定に相当する従前の地域、地区等に関するこの法律又はこれに基く命令若しくは条例の規定に違反している建築物、建築物の敷地又は建築物若しくはその敷地の部分
　　イ・ロ　略
　　ハ　別表第5（い）欄の各項に掲げる容積地区
　　ニ・ホ　略
三～五　略

改正：昭和43年法律第101号　　　施行：昭和44年6月14日
第3条　（適用の除外）

1・2　略
3　前項の規定は、次の各号の一に該当する建築物、建築物の敷地又は建築物若しくはその敷地の部分に対しては、適用しない。
　一　略
　二　イ、ロ、ハ<u>又はニ</u>に掲げる地域、地区等がそれぞれイ、ロ、ハ<u>又はニ</u>に掲げる他の地域、地区等に指定されたことに因るこの法律又はこれに基く命令若しくは条例の規定の適用の際当該規定に相当する従前の地域、地区等に関するこの法律又はこれに基く命令若しくは条例の規定に違反している建築物、建築物の敷地又は建築物若しくはその敷地の部分
　　イ～ハ　略
　　<u>ニ　防火地域又は準防火地域</u>
　三～五　略

改正：昭和45年法律第109号　　　施行：昭和46年1月1日
第3条　（適用の除外）

1・2　略
3　前項の規定は、次の各号の一に該当する建築物、建築物の敷地又は建築物若しくはその敷地の部分に対しては、適用しない。
　一　この法律又はこれに<u>基づく</u>命令若しくは条例を改正する法令による改正（この法律に<u>基づく</u>命令又は条例を廃止すると同時に新たにこれに相当する命令又は条例を制定することを含む。）後のこの法律又はこれに<u>基づく</u>命令若しくは条例の規定の適用の際当該規定に相当する従前の規定に違反している建築物、建築物の敷地又は建築物若しくはその敷地の部分
　二　<u>第一種住居専用地域、第二種住居専用地域、住居地域、近隣商業地域、商業地域、準工業地域、工業地域若しくは工業専用地域又は防火地域若しくは準防火地域に関する都市計画の決定又は変更により、第48条第1項から第8項まで、第52条第1項、第53条第1項若しくは第2項、第54条第1項、第56条第1項、第61条若しくは第62条に規定する建築物、建築物の敷地若しくは建築物若しくはその敷地の部分に関する制限又は第49条若しくは第50条の規定に基づく条例に規定する建築物、建築物の敷地若しくは建築物若しくはその敷地の部分に関する制限に変更があつた場合における当該変更後の制限に相当する従前の制限に違反している建築物、建築物の敷地又は建築物若しくはその敷地の部分</u>
　三　工事の着手がこの法律又はこれに<u>基づく</u>命令若しくは条例の規定の施行又は適用の後である増築、改築、大規模の修繕又は大規模の模様替に係る建築物又はその敷地
　四　前号に該当する建築物又はその敷地の部分
　五　この法律又はこれに<u>基づく</u>命令若しくは条例の規定に適合するに至つた建築物、建築物の敷地又は建築物若しくはその敷地の部分

改正：昭和50年法律第49号　　　施行：昭和50年10月1日
第3条　（適用の除外）

1　この法律並びにこれに基く命令及び条例の規定は、文化財保護法（昭和25年法律第214号）の規定によつて国宝、重要文化財、<u>重要有形民俗文化財</u>、特別史跡名勝天然記念物若しくは史跡名勝天然記念物として指定され、若しくは仮指定され、又は旧重要美術品等の保存に関する法律（昭和8年法律第43号）の規定によつて重要美術品等として認定された建築物及びこれらの建築物であつたものの原形を再現する建築物で特定行政庁が建築審査会の同意を得てその原形の再現がやむを得ないと認めたものについては、適用しない。
2・3　略

改正：昭和51年法律第83号　　　施行：昭和52年11月1日

法3条　改正：昭和51年法律第83号

第3条　（適用の除外）

1・2　略
3　前項の規定は、次の各号の一に該当する建築物、建築物の敷地又は建築物若しくはその敷地の部分に対しては、適用しない。
　一　略
　二　第一種住居専用地域、第二種住居専用地域、住居地域、近隣商業地域、商業地域、準工業地域、工業地域若しくは工業専用地域若しくは防火地域若しくは準防火地域に関する都市計画の決定若しくは変更又は第52条第1項の区域の指定若しくはその取消しにより、第48条第1項から第8項まで、第52条第1項若しくは第2項、第53条第1項から第3項まで、第54条第1項、第56条第1項、第56条の2第1項、第61条若しくは第62条に規定する建築物、建築物の敷地若しくは建築物若しくはその敷地の部分に関する制限又は第49条若しくは第50条の規定に基づく条例に規定する建築物、建築物の敷地若しくは建築物若しくはその敷地の部分に関する制限に変更があつた場合における当該変更後の制限に相当する従前の制限に違反している建築物、建築物の敷地又は建築物若しくはその敷地の部分
　三～五　略

改正：昭和62年法律第66号　　　施行：昭和62年11月16日

第3条　（適用の除外）

1・2　略
3　前項の規定は、次の各号の一に該当する建築物、建築物の敷地又は建築物若しくはその敷地の部分に対しては、適用しない。
　一　略
　二　第一種住居専用地域、第二種住居専用地域、住居地域、近隣商業地域、商業地域、準工業地域、工業地域若しくは工業専用地域若しくは防火地域若しくは準防火地域に関する都市計画の決定若しくは変更又は第52条第1項の区域の指定若しくはその取消しにより、第48条第1項から第8項まで、第52条第1項若しくは第2項、第53条第1項から第3項まで、第54条第1項、第55条第1項、第56条第1項、第56条の2第1項、第61条若しくは第62条に規定する建築物、建築物の敷地若しくは建築物若しくはその敷地の部分に関する制限又は第49条若しくは第50条の規定に基づく条例に規定する建築物、建築物の敷地若しくは建築物若しくはその敷地の部分に関する制限に変更があつた場合における当該変更後の制限に相当する従前の制限に違反している建築物、建築物の敷地又は建築物若しくはその敷地の部分
　三～五　略

改正：平成4年法律第82号　　　施行：平成5年6月25日

第3条　（適用の除外）

1　この法律並びにこれに基づく命令及び条例の規定は、次の各号の一に該当する建築物については、適用しない。
　一　文化財保護法（昭和25年法律第214号）の規定によつて国宝、重要文化財、重要有形民族文化財、特別史跡名勝天然記念物又は史跡名勝天然記念物として指定され、又は仮指定された建築物
　二　旧重要美術品等の保存に関する法律（昭和8年法律第43号）の規定によつて重要美術品等として認定された建築物
　三　文化財保護法第98条第2項の条例その他の条例の定めるところにより現状変更の規制及び保存のための措置が講じられている建築物（次号において「保存建築物」という。）であつて、特定行政庁が建築審査会の同意を得て指定したもの
　四　第一号若しくは第二号に掲げる建築物又は保存建築物であつたものの原形を再現する建築物で、特定行政庁が建築審査会の同意を得てその原形の再現がやむを得ないと認めたもの
2　略
3　前項の規定は、次の各号の一に該当する建築物、建築物の敷地又は建築物若しくはその敷地の部分に対しては、適用しない。
　一　略

改正：平成9年法律第79号　**法3条**

二　都市計画区域の指定若しくは変更、第一種低層住居専用地域、第二種低層住居専用地域、第一種中高層住居専用地域、第二種中高層住居専用地域、第一種住居地域、第二種住居地域、準住居地域、近隣商業地域、商業地域、準工業地域、工業地域若しくは工業専用地域若しくは防火地域若しくは準防火地域に関する都市計画の決定若しくは変更又は<u>第42条第1項</u>、<u>第52条第1項</u>若しくは<u>第53条第1項</u>の区域の指定若しくはその取消しにより、<u>第43条第1項</u>、第48条第1項から<u>第12項</u>まで、第52条第1項若しくは第2項、第53条第1項から第3項まで、第54条第1項、第55条第1項、第56条第1項、第56条の2第1項、第61条若しくは第62条に規定する建築物、建築物の敷地若しくは建築物若しくはその敷地の部分に関する制限又は<u>第43条第2項</u>、<u>第49条</u>、<u>第50条</u>若しくは<u>第68条の9</u>の規定に基づく条例に規定する建築物、建築物の敷地若しくは建築物若しくはその敷地の部分に関する制限に変更があつた場合における当該変更後の制限に相当する従前の制限に違反している建築物、建築物の敷地又は建築物若しくはその敷地の部分

三～五　略

改正：平成6年法律第62号　　　施行：平成6年6月29日
第3条　（適用の除外）

1・2　略
3　前項の規定は、次の各号の一に該当する建築物、建築物の敷地又は建築物若しくはその敷地の部分に対しては、適用しない。
　一　略
　二　都市計画区域の指定若しくは変更、第一種低層住居専用地域、第二種低層住居専用地域、第一種中高層住居専用地域、第二種中高層住居専用地域、第一種住居地域、第二種住居地域、準住居地域、近隣商業地域、商業地域、準工業地域、工業地域若しくは工業専用地域若しくは防火地域若しくは準防火地域に関する都市計画の決定若しくは変更又は第42条第1項、第52条第1項若しくは第53条第1項の区域の指定若しくはその取消しにより、第43条第1項、第48条第1項から第12項まで、第52条第1項若しくは<u>第4項</u>、第53条第1項から第3項まで、第54条第1項、第55条第1項、第56条第1項、第56条の2第1項、第61条若しくは第62条に規定する建築物、建築物の敷地若しくは建築物若しくはその敷地の部分に関する制限又は第43条第2項、第49条、第50条若しくは第68条の9の規定に基づく条例に規定する建築物、建築物の敷地若しくは建築物若しくはその敷地の部分に関する制限に変更があつた場合における当該変更後の制限に相当する従前の制限に違反している建築物、建築物の敷地又は建築物若しくはその敷地の部分

三～五　略

改正：平成9年法律第79号　　　施行：平成9年6月13日
第3条　（適用の除外）

1・2　略
3　前項の規定は、次の各号の一に該当する建築物、建築物の敷地又は建築物若しくはその敷地の部分に対しては、適用しない。
　一　略
　二　都市計画区域の指定若しくは変更、第一種低層住居専用地域、第二種低層住居専用地域、第一種中高層住居専用地域、第二種中高層住居専用地域、第一種住居地域、第二種住居地域、準住居地域、近隣商業地域、商業地域、準工業地域、工業地域若しくは工業専用地域若しくは防火地域若しくは準防火地域に関する都市計画の決定若しくは変更又は第42条第1項、第52条第1項若しくは第53条第1項の区域の指定若しくはその取消しにより、第43条第1項、第48条第1項から第12項まで、第52条第1項若しくは<u>第5項</u>、第53条第1項から第3項まで、第54条第1項、第55条第1項、第56条第1項、第56条の2第1項、第61条若しくは第62条に規定する建築物、建築物の敷地若しくは建築物若しくはその敷地の部分に関する制限又は第43条第2項、第49条、第50条若しくは第68条の9の規定に基づく条例に規定する建築物、建築物の敷地若しくは建築物若しくはその敷地の部分に関する制限に変更があつた場合における当該変更後の制限に相当する従前の制限に違反している建築物、建築物の敷地又は建築物若しくはその敷地の部分

三～五　略

法3条 改正：平成12年法律第73号

改正：平成12年法律第73号　　　　施行：平成13年5月18日
第3条（適用の除外）

　1・2　略
　3　前項の規定は、次の各号の一に該当する建築物、建築物の敷地又は建築物若しくはその敷地の部分に対しては、適用しない。
　　一　略
　　二　都市計画区域若しくは準都市計画区域の指定若しくは変更、第一種低層住居専用地域、第二種低層住居専用地域、第一種中高層住居専用地域、第二種中高層住居専用地域、第一種住居地域、第二種住居地域、準住居地域、近隣商業地域、商業地域、準工業地域、工業地域若しくは工業専用地域若しくは防火地域若しくは準防火地域に関する都市計画の決定若しくは変更、第42条第1項若しくは第52条第1項の区域の指定若しくはその取消し又は同項第六号、第53条第1項第四号、第56条第1項第二号ニ若しくは別表第3（に）欄の5の項に掲げる数値の決定若しくは変更により、第43条第1項、第48条第1項から第12項まで、第52条第1項若しくは第5項、第53条第1項から第3項まで、第54条第1項、第55条第1項、第56条第1項、第56条の2第1項、第61条若しくは第62条に規定する建築物、建築物の敷地若しくは建築物若しくはその敷地の部分に関する制限又は第43条第2項、第49条から第50条まで若しくは第68条の9の規定に基づく条例に規定する建築物、建築物の敷地若しくは建築物若しくはその敷地の部分に関する制限に変更があつた場合における当該変更後の制限に相当する従前の制限に違反している建築物、建築物の敷地又は建築物若しくはその敷地の部分
　　三〜五　略

改正：平成14年法律第85号　　　　施行：平成15年1月1日
第3条（適用の除外）

　1・2　略
　3　前項の規定は、次の各号のいずれかに該当する建築物、建築物の敷地又は建築物若しくはその敷地の部分に対しては、適用しない。
　　一　略
　　二　都市計画区域若しくは準都市計画区域の指定若しくは変更、第一種低層住居専用地域、第二種低層住居専用地域、第一種中高層住居専用地域、第二種中高層住居専用地域、第一種住居地域、第二種住居地域、準住居地域、近隣商業地域、商業地域、準工業地域、工業地域若しくは工業専用地域若しくは防火地域若しくは準防火地域に関する都市計画の決定若しくは変更、第42条第1項、第52条第2項第二号若しくは第三号若しくは第7項、第56条第1項第二号イ若しくは別表第3備考3の号の区域の指定若しくはその取消し又は第52条第1項第六号、第2項第三号若しくは第7項、第53条第1項第六号、第56条第1項第二号ニ若しくは別表第3（に）欄の5の項に掲げる数値の決定若しくは変更により、第43条第1項、第48条第1項から第12項まで、第52条第1項、第2項、第6項若しくは第7項、第53条第1項から第3項まで、第54条第1項、第55条第1項、第56条第1項、第56条の2第1項、第61条若しくは第62条に規定する建築物、建築物の敷地若しくは建築物若しくはその敷地の部分に関する制限又は第43条第2項、第49条から第50条まで若しくは第68条の9の規定に基づく条例に規定する建築物、建築物の敷地若しくは建築物若しくはその敷地の部分に関する制限に変更があつた場合における当該変更後の制限に相当する従前の制限に違反している建築物、建築物の敷地又は建築物若しくはその敷地の部分
　　三〜五　略

改正：平成15年法律第101号　　　　施行：平成15年12月19日
第3条（適用の除外）

　1・2　略
　3　前項の規定は、次の各号のいずれかに該当する建築物、建築物の敷地又は建築物若しくはその敷地の部分に対しては、適用しない。
　　一　略

二　都市計画区域若しくは準都市計画区域の指定若しくは変更、第一種低層住居専用地域、第二種低層住居専用地域、第一種中高層住居専用地域、第二種中高層住居専用地域、第一種住居地域、第二種住居地域、準住居地域、近隣商業地域、商業地域、準工業地域、工業地域若しくは工業専用地域若しくは防火地域若しくは準防火地域に関する都市計画の決定若しくは変更、第42条第1項、第52条第2項第二号若しくは第三号若しくは第7項、第56条第1項第二号イ若しくは別表第3備考3の号の区域の指定若しくはその取消し又は第52条第1項第六号、第2項第三号若しくは第7項、第53条第1項第六号、第56条第1項第二号ニ若しくは別表第3（に）欄の5の項に掲げる数値の決定若しくは変更により、第43条第1項、第48条第1項から第12項まで、第52条第1項、第2項、第6項若しくは第7項、第53条第1項から第3項まで、第54条第1項、第55条第1項、第56条第1項、第56条の2第1項、第61条若しくは第62条に規定する建築物、建築物の敷地若しくは建築物若しくはその敷地の部分に関する制限又は第43条第2項、<u>第43条の2</u>、第49条から第50条まで若しくは第68条の9の規定に基づく条例に規定する建築物、建築物の敷地若しくは建築物若しくはその敷地の部分に関する制限に変更があつた場合における当該変更後の制限に相当する従前の制限に違反している建築物、建築物の敷地又は建築物若しくはその敷地の部分

三〜五　略

改正：平成16年法律第61号　　　施行：平成17年4月1日
第3条　（適用の除外）

1　この法律並びにこれに基づく命令及び条例の規定は、次の各号の<u>いずれか</u>に該当する建築物については、適用しない。
　一・二　略
　三　文化財保護法<u>第182条第2項</u>の条例その他の条例の定めるところにより現状変更の規制及び保存のための措置が講じられている建築物（次号において「保存建築物」という。）であつて、特定行政庁が建築審査会の同意を得て指定したもの
　四　略
2・3　略

改正：平成16年法律第67号　　　施行：平成17年6月1日
第3条　（適用の除外）

1　略
2　この法律又はこれに<u>基づく</u>命令若しくは条例の規定の施行又は適用の際現に存する建築物若しくはその敷地又は現に建築、修繕若しくは模様替の工事中の建築物若しくはその敷地がこれらの規定に適合せず、又はこれらの規定に適合しない部分を有する場合においては、当該建築物、建築物の敷地又は建築物若しくはその敷地の部分に対しては、当該規定は、適用しない。
3　前項の規定は、次の各号のいずれかに該当する建築物、建築物の敷地又は建築物若しくはその敷地の部分に対しては、適用しない。
　一　略
　二　都市計画区域若しくは準都市計画区域の指定若しくは変更、第一種低層住居専用地域、第二種低層住居専用地域、第一種中高層住居専用地域、第二種中高層住居専用地域、第一種住居地域、第二種住居地域、準住居地域、近隣商業地域、商業地域、準工業地域、工業地域若しくは工業専用地域若しくは防火地域若しくは準防火地域に関する都市計画の決定若しくは変更、第42条第1項、第52条第2項第二号若しくは第三号若しくは<u>第8項</u>、第56条第1項第二号イ若しくは別表第3備考3の号の区域の指定若しくはその取消し又は第52条第1項第六号、第2項第三号若しくは<u>第8項</u>、第53条第1項第六号、第56条第1項第二号ニ若しくは別表第3（に）欄の5の項に掲げる数値の決定若しくは変更により、第43条第1項、第48条第1項から第12項まで、第52条第1項、第2項、<u>第7項</u>若しくは<u>第8項</u>、第53条第1項から第3項まで、第54条第1項、第55条第1項、第56条第1項、第56条の2第1項、第61条若しくは第62条に規定する建築物、建築物の敷地若しくは建築物若しくはその敷地の部分に関する制限又は第43条第2項、第43条の2、第49条から第50条まで若しくは第68条の9の規定に基づく条例に規定する建築物、建築物の敷地若しくは建築物若しくはその敷地の部分に関する制限に変更があつた場合における当該変更後の制限に相当する従前の

法3条 改正：平成16年法律第67号

　　　　制限に違反している建築物、建築物の敷地又は建築物若しくはその敷地の部分
　　三～五　略

改正：平成18年法律第46号　　　施行：平成19年11月30日
第3条　（適用の除外）

1・2　略
3　前項の規定は、次の各号のいずれかに該当する建築物、建築物の敷地又は建築物若しくはその敷地の部分に対しては、適用しない。
　一　略
　二　都市計画区域若しくは準都市計画区域の指定若しくは変更、第一種低層住居専用地域、第二種低層住居専用地域、第一種中高層住居専用地域、第二種中高層住居専用地域、第一種住居地域、第二種住居地域、準住居地域、近隣商業地域、商業地域、準工業地域、工業地域若しくは工業専用地域若しくは防火地域若しくは準防火地域に関する都市計画の決定若しくは変更、第42条第1項、第52条第2項第二号若しくは第三号若しくは第8項、第56条第1項第二号イ若しくは別表第3備考3の号の区域の指定若しくはその取消し又は第52条第1項第六号、第2項第三号若しくは第8項、第53条第1項第六号、第56条第1項第二号ニ若しくは別表第3（に）欄の5の項に掲げる数値の決定若しくは変更により、第43条第1項、第48条第1項から<u>第13項</u>まで、第52条第1項、第2項、第7項若しくは第8項、第53条第1項から第3項まで、第54条第1項、第55条第1項、第56条第1項、第56条の2第1項、第61条若しくは第62条に規定する建築物、建築物の敷地若しくは建築物若しくはその敷地の部分に関する制限又は第43条第2項、第43条の2、第49条から第50条まで若しくは第68条の9の規定に基づく条例に規定する建築物、建築物の敷地若しくは建築物若しくはその敷地の部分に関する制限に変更があつた場合における当該変更後の制限に相当する従前の制限に違反している建築物、建築物の敷地又は建築物若しくはその敷地の部分
　三～五　略

改正：平成26年法律第39号　　　施行：平成26年8月1日
第3条　（適用の除外）

1・2　略
3　前項の規定は、次の各号のいずれかに該当する建築物、建築物の敷地又は建築物若しくはその敷地の部分に対しては、適用しない。
　一　略
　二　都市計画区域若しくは準都市計画区域の指定若しくは変更、第一種低層住居専用地域、第二種低層住居専用地域、第一種中高層住居専用地域、第二種中高層住居専用地域、第一種住居地域、第二種住居地域、準住居地域、近隣商業地域、商業地域、準工業地域、工業地域若しくは工業専用地域若しくは防火地域若しくは準防火地域に関する都市計画の決定若しくは変更、第42条第1項、第52条第2項第二号若しくは第三号若しくは第8項、第56条第1項第二号イ若しくは別表第3備考3の号の区域の指定若しくはその取消し又は<u>第52条第1項第七号</u>、第2項第三号若しくは第8項、第53条第1項第六号、第56条第1項第二号ニ若しくは別表第3（に）欄の5の項に掲げる数値の決定若しくは変更により、第43条第1項、第48条第1項から第13項まで、第52条第1項、第2項、第7項若しくは第8項、第53条第1項から第3項まで、第54条第1項、第55条第1項、第56条第1項、第56条の2第1項、第61条若しくは第62条に規定する建築物、建築物の敷地若しくは建築物若しくはその敷地の部分に関する制限又は第43条第2項、第43条の2、第49条から第50条まで若しくは第68条の9の規定に基づく条例に規定する建築物、建築物の敷地若しくは建築物若しくはその敷地の部分に関する制限に変更があつた場合における当該変更後の制限に相当する従前の制限に違反している建築物、建築物の敷地又は建築物若しくはその敷地の部分
　三～五　略

改正：平成26年法律第54号　　　施行：平成27年6月1日
第3条　（適用の除外）

改正：平成30年法律第67号 **法3条**

1、2　略
3　前項の規定は、次の各号のいずれかに該当する建築物、建築物の敷地又は建築物若しくはその敷地の部分に対しては、適用しない。
　一・二　略
　三　工事の着手がこの法律又はこれに基づく命令若しくは条例の規定の施行又は適用の後である増築、改築、<u>移転</u>、大規模の修繕又は大規模の模様替に係る建築物又はその敷地
　四・五　略

改正：平成29年法律第26号　　　施行：平成30年4月1日
第3条　（適用の除外）

1、2　略
3　前項の規定は、次の各号のいずれかに該当する建築物、建築物の敷地又は建築物若しくはその敷地の部分に対しては、適用しない。
　一　略
　二　都市計画区域若しくは準都市計画区域の指定若しくは変更、第一種低層住居専用地域、第二種低層住居専用地域、第一種中高層住居専用地域、第二種中高層住居専用地域、第一種住居地域、第二種住居地域、準住居地域、<u>田園住居地域</u>、近隣商業地域、商業地域、準工業地域、工業地域若しくは工業専用地域若しくは防火地域若しくは準防火地域に関する都市計画の決定若しくは変更、第42条第1項、第52条第2項第二号若しくは第三号若しくは第8項、第56条第1項第二号イ若しくは別表第3備考3の号の区域の指定若しくはその取消し又は第52条第1項第七号、第2項第三号若しくは第8項、第53条第1項第六号、第56条第1項第二号ニ若しくは別表第3（に）欄の5の項に掲げる数値の決定若しくは変更により、第43条第1項、第48条第1項から<u>第14項</u>まで、第52条第1項、第2項、第7項若しくは第8項、第53条第1項から第3項まで、第54条第1項、第55条第1項、第56条第1項、第56条の2第1項、第61条若しくは第62条に規定する建築物、建築物の敷地若しくは建築物若しくはその敷地の部分に関する制限又は第43条第2項、第43条の2、第49条から第50条まで若しくは第68条の9の規定に基づく条例に規定する建築物、建築物の敷地若しくは建築物若しくはその敷地の部分に関する制限に変更があつた場合における当該変更後の制限に相当する従前の制限に違反している建築物、建築物の敷地又は建築物若しくはその敷地の部分
　三～五　略

改正：平成30年法律第67号　　　施行：平成30年9月25日
第3条　（適用の除外）

1、2　略
3　前項の規定は、次の各号のいずれかに該当する建築物、建築物の敷地又は建築物若しくはその敷地の部分に対しては、適用しない。
　一　略
　二　都市計画区域若しくは準都市計画区域の指定若しくは変更、第一種低層住居専用地域、第二種低層住居専用地域、第一種中高層住居専用地域、第二種中高層住居専用地域、第一種住居地域、第二種住居地域、準住居地域、田園住居地域、近隣商業地域、商業地域、準工業地域、工業地域若しくは工業専用地域若しくは防火地域若しくは準防火地域に関する都市計画の決定若しくは変更、第42条第1項、第52条第2項第二号若しくは第三号若しくは第8項、第56条第1項第二号イ若しくは別表第3備考3の号の区域の指定若しくはその取消し又は第52条第1項第七号、第2項第三号若しくは第8項、第53条第1項第六号、第56条第1項第二号ニ若しくは別表第3（に）欄の5の項に掲げる数値の決定若しくは変更により、第43条第1項、第48条第1項から第14項まで、第52条第1項、第2項、第7項若しくは第8項、第53条第1項から第3項まで、第54条第1項、第55条第1項、第56条第1項、第56条の2第1項、第61条若しくは第62条に規定する建築物、建築物の敷地若しくは建築物若しくはその敷地の部分に関する制限又は<u>第43条第3項</u>、第43条の2、第49条から第50条まで若しくは第68条の9の規定に基づく条例に規定する建築物、建築物の敷地若しくは建築物若しくはその敷地の部分に関する制限に変更があつた場合における当該変更後の制限に相当する従前の制限に違反している建築物、建築物の敷地又は建築物若しくはその敷地の部分

法3条　改正：平成30年法律第67号

　三〜五　略

改正：平成30年法律第67号　　　施行：令和元年6月25日
第3条　（適用の除外）

1、2　略
3　前項の規定は、次の各号のいずれかに該当する建築物、建築物の敷地又は建築物若しくはその敷地の部分に対しては、適用しない。
　一　略
　二　都市計画区域若しくは準都市計画区域の指定若しくは変更、第一種低層住居専用地域、第二種低層住居専用地域、第一種中高層住居専用地域、第二種中高層住居専用地域、第一種住居地域、第二種住居地域、準住居地域、田園住居地域、近隣商業地域、商業地域、準工業地域、工業地域若しくは工業専用地域若しくは防火地域若しくは準防火地域に関する都市計画の決定若しくは変更、第42条第1項、第52条第2項第二号若しくは第三号若しくは第8項、第56条第1項第二号イ若しくは別表第3備考3の号の区域の指定若しくはその取消し又は第52条第1項第七号、第2項第三号若しくは第8項、第53条第1項第六号、第56条第1項第二号ニ若しくは別表第3（に）欄の5の項に掲げる数値の決定若しくは変更により、第43条第1項、第48条第1項から第14項まで、第52条第1項、第2項、第7項若しくは第8項、第53条第1項から第3項まで、第54条第1項、第55条第1項、第56条第1項、<u>第56条の2第1項若しくは第61条</u>に規定する建築物、建築物の敷地若しくは建築物若しくはその敷地の部分に関する制限又は第43条第3項、第43条の2、第49条から第50条まで若しくは第68条の9の規定に基づく条例に規定する建築物、建築物の敷地若しくは建築物若しくはその敷地の部分に関する制限に変更があつた場合における当該変更後の制限に相当する従前の制限に違反している建築物、建築物の敷地又は建築物若しくはその敷地の部分
　三〜五　略

改正：令和2年法律第43号　　　施行：令和2年9月7日
第3条　（適用の除外）

1　この法律並びにこれに基づく命令及び条例の規定は、次の各号のいずれかに該当する建築物については、適用しない。
　一　文化財保護法（昭和25年法律第214号）の規定によつて国宝、重要文化財、重要有形民俗文化財、特別史跡名勝天然記念物又は史跡名勝天然記念物として指定され、又は仮指定された建築物
　二　旧重要美術品等の保存に関する法律（昭和8年法律第43号）の規定によつて重要美術品等として認定された建築物
　三　文化財保護法第182条第2項の条例その他の条例の定めるところにより現状変更の規制及び保存のための措置が講じられている建築物（次号において「保存建築物」という。）であつて、特定行政庁が建築審査会の同意を得て指定したもの
　四　第一号若しくは第二号に掲げる建築物又は保存建築物であつたものの原形を再現する建築物で、特定行政庁が建築審査会の同意を得てその原形の再現がやむを得ないと認めたもの
2　この法律又はこれに基づく命令若しくは条例の規定の施行又は適用の際現に存する建築物若しくはその敷地又は現に建築、修繕若しくは模様替の工事中の建築物若しくはその敷地がこれらの規定に適合せず、又はこれらの規定に適合しない部分を有する場合においては、当該建築物、建築物の敷地又は建築物若しくはその敷地の部分に対しては、当該規定は、適用しない。
3　前項の規定は、次の各号のいずれかに該当する建築物、建築物の敷地又は建築物若しくはその敷地の部分に対しては、適用しない。
　一　この法律又はこれに基づく命令若しくは条例を改正する法令による改正（この法律に基づく命令又は条例を廃止すると同時に新たにこれに相当する命令又は条例を制定することを含む。）後のこの法律又はこれに基づく命令若しくは条例の規定の適用の際当該規定に相当する従前の規定に違反している建築物、建築物の敷地又は建築物若しくはその敷地の部分
　二　都市計画区域若しくは準都市計画区域の指定若しくは変更、第一種低層住居専用地域、第二種低層住居専用地域、第一種中高層住居専用地域、第二種中高層住居専用地域、第一種住居地域、第二種住居地域、

準住居地域、田園住居地域、近隣商業地域、商業地域、準工業地域、工業地域若しくは工業専用地域若しくは防火地域若しくは準防火地域に関する都市計画の決定若しくは変更、第42条第1項、第52条第2項第二号若しくは第三号若しくは第8項、第56条第1項第二号イ若しくは別表第3備考3の号の区域の指定若しくはその取消し又は第52条第1項第八号、第2項第三号若しくは第8項、第53条第1項第六号、第56条第1項第二号ニ若しくは別表第3（に）欄の5の項に掲げる数値の決定若しくは変更により、第43条第1項、第48条第1項から第14項まで、第52条第1項、第2項、第7項若しくは第8項、第53条第1項から第3項まで、第54条第1項、第55条第1項、第56条第1項、第56条の2第1項若しくは第61条に規定する建築物、建築物の敷地若しくは建築物若しくはその敷地の部分に関する制限又は第43条第3項、第43条の2、第49条から第50条まで若しくは第68条の9の規定に基づく条例に規定する建築物、建築物の敷地若しくは建築物若しくはその敷地の部分に関する制限に変更があつた場合における当該変更後の制限に相当する従前の制限に違反している建築物、建築物の敷地又は建築物若しくはその敷地の部分

三　工事の着手がこの法律又はこれに基づく命令若しくは条例の規定の施行又は適用の後である増築、改築、移転、大規模の修繕又は大規模の模様替に係る建築物又はその敷地

四　前号に該当する建築物又はその敷地の部分

五　この法律又はこれに基づく命令若しくは条例の規定に適合するに至つた建築物、建築物の敷地又は建築物若しくはその敷地の部分

［現行］　第4条　（建築主事又は建築副主事）

制定：昭和25年法律第201号　　　施行：昭和25年10月25日（第4項は11月23日）
第4条　（建築主事）

1　市町村は、その長の指揮監督の下に、第6条第1項の規定による確認に関する事務をつかさどらせるために、建築主事を置くことができる。
2　市町村は、前項の規定によつて建築主事を置こうとする場合においては、あらかじめ、その設置について、都道府県知事と協議しなければならない。
3　市町村が前項の規定による協議がととのつた場合において建築主事を置くときは、市町村の長は、建築主事が置かれる日の30日前までにその旨を公示し、且つ、これを都道府県知事に通知しなければならない。
4　都道府県は、都道府県知事の指揮監督の下に、第1項の規定によつて建築主事を置いた市町村（以下「建築主事を置く市町村」という。）の区域外における建築物に係る第6条第1項の規定による確認に関する事務をつかさどらせるために、建築主事を置かなければならない。
5　第1項及び前項の建築主事は、市町村又は都道府県の吏員で建築主事の資格検定に合格した者のうちから、それぞれ市町村の長又は都道府県知事が命ずる。
6　特定行政庁は、その所轄区域を分けて、その区域を所管する建築主事を指定することができる。

改正：昭和34年法律第156号　　　施行：昭和34年12月23日
第4条　（建築主事）

1・2　略
3　市町村が前項の規定による協議がととのつた場合において建築主事を置くときは、市町村の長は、建築主事が置かれる日の30日前までにその旨を公示し、<u>かつ</u>、これを都道府県知事に通知しなければならない。
4～6　略

改正：昭和45年法律第109号　　　施行：昭和45年10月1日
第4条　（建築主事）

1　<u>政令で指定する人口25万以上の市は、その長の指揮監督の下に、第6条第1項の規定による確認に関する事務をつかさどらせるために、建築主事を置かなければならない。</u>
2　市町村<u>（前項の市を除く。）</u>は、その長の指揮監督の下に、第6条第1項の規定による確認に関する事務をつかさどらせるために、建築主事を置くことができる。

法4条 改正：昭和45年法律第109号

3 　市町村は、前項の規定によつて建築主事を置こうとする場合においては、あらかじめ、その設置について、都道府県知事と協議しなければならない。
4 　市町村が前項の規定による協議がととのつた場合において建築主事を置くときは、市町村の長は、建築主事が置かれる日の30日前までにその旨を公示し、かつ、これを都道府県知事に通知しなければならない。
5 　都道府県は、都道府県知事の指揮監督の下に、第1項又は第2項の規定によつて建築主事を置いた市町村（第97条の2を除き、以下「建築主事を置く市町村」という。）の区域外における建築物に係る第6条第1項の規定による確認に関する事務をつかさどらせるために、建築主事を置かなければならない。
6 　第1項、第2項及び前項の建築主事は、市町村又は都道府県の吏員で建築主事の資格検定に合格した者のうちから、それぞれ市町村の長又は都道府県知事が命ずる。
7 　特定行政庁は、その所轄区域を分けて、その区域を所管する建築主事を指定することができる。

改正：平成10年法律第100号　　　施行：平成11年5月1日
第4条　（建築主事）

1〜5　略
6 　第1項、第2項及び前項の建築主事は、市町村又は都道府県の吏員で第77条の36第1項の登録を受けた者のうちから、それぞれ市町村の長又は都道府県知事が命ずる。
7　略

改正：平成11年法律第87号　　　施行：平成12年4月1日
第4条　（建築主事）

1・2　略
3 　市町村は、前項の規定によつて建築主事を置こうとする場合においては、あらかじめ、その設置について、都道府県知事に協議し、その同意を得なければならない。
4 　市町村が前項の規定による同意を得た場合において建築主事を置くときは、市町村の長は、建築主事が置かれる日の30日前までにその旨を公示し、かつ、これを都道府県知事に通知しなければならない。
5〜7　略

改正：平成10年法律第100号　　　施行：平成12年6月1日
第4条　（建築主事）

1〜5　略
6 　第1項、第2項及び前項の建築主事は、市町村又は都道府県の吏員で第77条の58第1項の登録を受けた者のうちから、それぞれ市町村の長又は都道府県知事が命ずる。
7　略

改正：平成18年法律第53号　　　施行：平成19年4月1日
第4条　（建築主事）

1〜5　略
6 　第1項、第2項及び前項の建築主事は、市町村又は都道府県の職員で第77条の58第1項の登録を受けた者のうちから、それぞれ市町村の長又は都道府県知事が命ずる。
7　略

改正：平成27年法律第50号　　　施行：平成27年6月26日
第4条　（建築主事）

1・2　略

3　市町村は、前項の規定により建築主事を置こうとする場合においては、あらかじめ、その設置について、都道府県知事に協議しなければならない。
4　市町村が前項の規定により協議して建築主事を置くときは、当該市町村の長は、建築主事が置かれる日の30日前までにその旨を公示し、かつ、これを都道府県知事に通知しなければならない。
5～7　略

改正：令和5年法律第58号　　施行：令和6年4月1日
第4条　（建築主事又は建築副主事）

1　政令で指定する人口25万以上の市は、その長の指揮監督の下に、第6条第1項の規定による確認に関する事務その他のこの法律の規定により建築主事の権限に属するものとされている事務(以下この条において「確認等事務」という。)をつかさどらせるために、建築主事を置かなければならない。
2　市町村（前項の市を除く。）は、その長の指揮監督の下に、確認等事務をつかさどらせるために、建築主事を置くことができる。
3　市町村は、前項の規定により建築主事を置こうとする場合においては、あらかじめ、その設置について、都道府県知事に協議しなければならない。
4　市町村が前項の規定により協議して建築主事を置くときは、当該市町村の長は、建築主事が置かれる日の30日前までにその旨を公示し、かつ、これを都道府県知事に通知しなければならない。
5　都道府県は、都道府県知事の指揮監督の下に、第1項又は第2項の規定によつて建築主事を置いた市町村（第97条の2を除き、以下「建築主事を置く市町村」という。）の区域外における確認等事務をつかさどらせるために、建築主事を置かなければならない。
6　第1項、第2項及び前項の建築主事は、市町村又は都道府県の職員で第77条の58第1項の登録（同条第2項の一級建築基準適合判定資格者登録簿への登録に限る。）を受けている者のうちから、それぞれ市町村の長又は都道府県知事が命ずる。
7　第1項、第2項又は第5項の規定によつて建築主事を置いた市町村又は都道府県は、当該市町村又は都道府県における確認等事務の実施体制の確保又は充実を図るため必要があると認めるときは、建築主事のほか、当該市町村の長又は都道府県知事の指揮監督の下に、確認等事務のうち建築士法第3条第1項各号に掲げる建築物（以下「大規模建築物」という。）に係るもの以外のものをつかさどらせるために、建築副主事を置くことができる。
8　前項の建築副主事は、市町村又は都道府県の職員で第77条の58第1項の登録（同条第2項の二級建築基準適合判定資格者登録簿への登録に限る。）を受けている者のうちから、それぞれ市町村の長又は都道府県知事が命ずる。
9　特定行政庁は、その所轄区域を分けて、その区域を所管する建築主事（第7項の規定によつて建築副主事を置いた場合にあつては、建築主事及び建築副主事）を指定することができる。

［現行］　第5条　（建築基準適合判定資格者検定）

制定：昭和25年法律第201号　　施行：昭和25年10月25日
第5条　（建築主事の資格検定）

1　建築主事の資格検定は、建築主事として必要な建築行政に関する知識及び経験について行う。
2　建築主事の資格検定は、建設大臣が行う。
3　建築主事の資格検定は、建築士又はこれと同等以上の実務の経験を有する者で、2年以上の建築行政に関する実務の経験を有し、又は建築の実務に関し技術上の責任のある地位にあつたものでなければ受けることができない。
4　建築主事の資格検定に関する事務をつかさどらせるために、建設省に、建築主事資格検定委員を置く。
5　建築主事資格検定委員は、建築及び行政に関し学識経験のある者のうちから、建設大臣が命ずる。
6　前各項に定めるものを除く外、建築主事の資格検定の手続及び基準その他建築主事の資格検定に関し必要な事項は、政令で定める。

法5条　改正：平成10年法律第100号

改正：平成10年法律第100号　　　施行：平成11年5月1日
第5条　（建築基準適合判定資格者検定）

1　建築基準適合判定資格者検定は、建築士の設計に係る建築物が第6条第1項の建築基準関係規定に適合するかどうかを判定するために必要な知識及び経験について行う。
2　建築基準適合判定資格者検定は、建設大臣が行う。
3　建築基準適合判定資格者検定は、一級建築士試験に合格した者で、建築行政又は第77条の18第1項の確認検査の業務その他これに類する業務で政令で定めるものに関して、2年以上の実務の経験を有するものでなければ受けることができない。
4　建築基準適合判定資格者検定に関する事務をつかさどらせるために、建設省に、建築基準適合判定資格者検定委員を置く。ただし、次条第1項の指定資格検定機関が同項の資格検定事務を行う場合においては、この限りでない。
5　建築基準適合判定資格者検定委員は、建築及び行政に関し学識経験のある者のうちから、建設大臣が命ずる。
6　建設大臣は、不正の手段によつて建築基準適合判定資格者検定を受け、又は受けようとした者に対しては、合格の決定を取り消し、又はその建築基準適合判定資格者検定を受けることを禁止することができる。
7　建設大臣は、前項又は次条第2項の規定による処分を受けた者に対し、情状により、2年以内の期間を定めて建築基準適合判定資格者検定を受けることができないものとすることができる。
8　前各項に定めるものを除くほか、建築基準適合判定資格者検定の手続及び基準その他建築基準適合判定資格者検定に関し必要な事項は、政令で定める。

改正：平成11年法律第160号　　　施行：平成13年1月6日
第5条　（建築基準適合判定資格者検定）

1　略
2　建築基準適合判定資格者検定は、国土交通大臣が行う。
3　略
4　建築基準適合判定資格者検定に関する事務をつかさどらせるために、国土交通省に、建築基準適合判定資格者検定委員を置く。ただし、次条第1項の指定資格検定機関が同項の資格検定事務を行う場合においては、この限りでない。
5　建築基準適合判定資格者検定委員は、建築及び行政に関し学識経験のある者のうちから、国土交通大臣が命ずる。
6　国土交通大臣は、不正の手段によつて建築基準適合判定資格者検定を受け、又は受けようとした者に対しては、合格の決定を取り消し、又はその建築基準適合判定資格者検定を受けることを禁止することができる。
7　国土交通大臣は、前項又は次条第2項の規定による処分を受けた者に対し、情状により、2年以内の期間を定めて建築基準適合判定資格者検定を受けることができないものとすることができる。
8　略

改正：平成26年法律第54号　　　施行：平成27年6月1日
第5条　（建築基準適合判定資格者検定）

1～3　略
4　建築基準適合判定資格者検定に関する事務をつかさどらせるために、国土交通省に、建築基準適合判定資格者検定委員を置く。ただし、次条第1項の指定建築基準適合判定資格者検定機関が同項の建築基準適合判定資格者検定事務を行う場合においては、この限りでない。
5～8　略

改正：令和5年法律第58号　　　施行：令和6年4月1日

制定：平成26年法律第54号　**法5条の2**

第5条　（建築基準適合判定資格者検定）

1　建築基準適合判定資格者検定は、建築士の設計に係る建築物が第6条第1項の建築基準関係規定に適合するかどうかを判定するために必要な知識について、国土交通大臣が行う。
2　前項の検定は、これを分けて一級建築基準適合判定資格者検定及び二級建築基準適合判定資格者検定とする。
3　一級建築基準適合判定資格者検定は、一級建築士の設計に係る建築物が第6条第1項の建築基準関係規定に適合するかどうかを判定するために必要な知識について行う。
4　二級建築基準適合判定資格者検定は、二級建築士の設計に係る建築物が第6条第1項の建築基準関係規定に適合するかどうかを判定するために必要な知識について行う。
5　一級建築基準適合判定資格者検定は、一級建築士試験に合格した者でなければ受けることができない。
6　二級建築基準適合判定資格者検定は、一級建築士試験又は二級建築士試験に合格した者でなければ受けることができない。
7　建築基準適合判定資格者検定に関する事務をつかさどらせるために、国土交通省に、建築基準適合判定資格者検定委員を置く。ただし、次条第1項の指定建築基準適合判定資格者検定機関が同項の建築基準適合判定資格者検定事務を行う場合においては、この限りでない。
8　建築基準適合判定資格者検定委員は、建築及び行政に関し学識経験のある者のうちから、国土交通大臣が命ずる。
9　国土交通大臣は、不正の手段によつて建築基準適合判定資格者検定を受け、又は受けようとした者に対しては、合格の決定を取り消し、又はその建築基準適合判定資格者検定を受けることを禁止することができる。
10　国土交通大臣は、前項又は次条第2項の規定による処分を受けた者に対し、情状により、2年以内の期間を定めて建築基準適合判定資格者検定を受けることができないものとすることができる。
11　前各項に定めるものを除くほか、建築基準適合判定資格者検定の手続及び基準その他建築基準適合判定資格者検定に関し必要な事項は、政令で定める。

[現行]　第5条の2　（建築基準適合判定資格者検定事務を行う者の指定）

制定：平成10年法律第100号　　　施行：平成11年5月1日
第5条の2　（資格検定事務を行う者の指定）

1　建設大臣は、第77条の2から第77条の5までの規定の定めるところにより指定する者（以下「指定資格検定機関」という。）に、建築基準適合判定資格者検定の実施に関する事務（以下「資格検定事務」という。）を行わせることができる。
2　指定資格検定機関は、前条第6項に規定する建設大臣の職権を行うことができる。
3　建設大臣は、第1項の規定による指定をしたときは、資格検定事務を行わないものとする。

改正：平成11年法律第160号　　　施行：平成13年1月6日
第5条の2　（資格検定事務を行う者の指定）

1　国土交通大臣は、第77条の2から第77条の5までの規定の定めるところにより指定する者（以下「指定資格検定機関」という。）に、建築基準適合判定資格者検定の実施に関する事務（以下「資格検定事務」という。）を行わせることができる。
2　指定資格検定機関は、前条第6項に規定する国土交通大臣の職権を行うことができる。
3　国土交通大臣は、第1項の規定による指定をしたときは、資格検定事務を行わないものとする。

改正：平成26年法律第54号　　　施行：平成27年6月1日
第5条の2　（建築基準適合判定資格者検定事務を行う者の指定）

1　国土交通大臣は、第77条の2から第77条の5までの規定の定めるところにより指定する者（以下「指定建築基準適合判定資格者検定機関」という。）に、建築基準適合判定資格者検定の実施に関する事務（以下「建

法5条の2 改正：平成26年法律第54号

　　築基準適合判定資格者検定事務」という。）を行わせることができる。
2　指定建築基準適合判定資格者検定機関は、前条第6項に規定する国土交通大臣の職権を行うことができる。
3　国土交通大臣は、第1項の規定による指定をしたときは、建築基準適合判定資格者検定事務を行わないものとする。

改正：令和5年法律第58号　　　施行：令和6年4月1日
第5条の2　（建築基準適合判定資格者検定事務を行う者の指定）

1　国土交通大臣は、第77条の2から第77条の5までの規定の定めるところにより指定する者（以下「指定建築基準適合判定資格者検定機関」という。）に、建築基準適合判定資格者検定の実施に関する事務（以下「建築基準適合判定資格者検定事務」という。）を行わせることができる。
2　指定建築基準適合判定資格者検定機関は、前条第9項に規定する国土交通大臣の職権を行うことができる。
3　国土交通大臣は、第1項の規定による指定をしたときは、建築基準適合判定資格者検定事務を行わないものとする。

[現行]　**第5条の3**　（受検手数料）

制定：平成10年法律第100号　　　施行：平成11年5月1日
第5条の3　（受検手数料）

1　建築基準適合判定資格者検定を受けようとする者（市町村又は都道府県の吏員である者を除く。）は、政令で定めるところにより、実費を勘案して政令で定める額の受検手数料を、国（指定資格検定機関が行う建築基準適合判定資格者検定を受けようとする者にあつては、指定資格検定機関）に納めなければならない。
2　前項の規定により指定資格検定機関に納められた受検手数料は、当該指定資格検定機関の収入とする。

改正：平成18年法律第53号　　　施行：平成19年4月1日
第5条の3　（受検手数料）

1　建築基準適合判定資格者検定を受けようとする者（市町村又は都道府県の職員である者を除く。）は、政令で定めるところにより、実費を勘案して政令で定める額の受検手数料を、国（指定資格検定機関が行う建築基準適合判定資格者検定を受けようとする者にあつては、指定資格検定機関）に納めなければならない。
2　略

改正：平成26年法律第54号　　　施行：平成27年6月1日
第5条の3　（受検手数料）

1　建築基準適合判定資格者検定を受けようとする者（市町村又は都道府県の職員である者を除く。）は、政令で定めるところにより、実費を勘案して政令で定める額の受検手数料を、国（指定建築基準適合判定資格者検定機関が行う建築基準適合判定資格者検定を受けようとする者にあつては、指定建築基準適合判定資格者検定機関）に納めなければならない。
2　前項の規定により指定建築基準適合判定資格者検定機関に納められた受検手数料は、当該指定建築基準適合判定資格者検定機関の収入とする。

[現行]　**第5条の4**　（構造計算適合判定資格者検定）

制定：平成26年法律第54号　　　施行：平成27年6月1日
第5条の4　（構造計算適合判定資格者検定）

1 構造計算適合判定資格者検定は、建築士の設計に係る建築物の計画について第6条の3第1項の構造計算適合性判定を行うために必要な知識及び経験について行う。
2 構造計算適合判定資格者検定は、国土交通大臣が行う。
3 構造計算適合判定資格者検定は、一級建築士試験に合格した者で、第6条の3第1項の構造計算適合性判定の業務その他これに類する業務で政令で定めるものに関して、5年以上の実務の経験を有するものでなければ受けることができない。
4 構造計算適合判定資格者検定に関する事務をつかさどらせるために、国土交通省に、構造計算適合判定資格者検定委員を置く。ただし、次条第1項の指定構造計算適合判定資格者検定機関が同項の構造計算適合判定資格者検定事務を行う場合においては、この限りでない。
5 第5条第5項の規定は構造計算適合判定資格者検定委員に、同条第6項から第8項までの規定は構造計算適合判定資格者検定について準用する。この場合において、同条第7項中「次条第2項」とあるのは、「第5条の5第2項において準用する第5条の2第2項」と読み替えるものとする。

改正：令和5年法律第58号　　　施行：令和6年4月1日
第5条の4　（構造計算適合判定資格者検定）

1 構造計算適合判定資格者検定は、建築士の設計に係る建築物の計画について第6条の3第1項の構造計算適合性判定を行うために必要な知識及び経験について行う。
2 構造計算適合判定資格者検定は、国土交通大臣が行う。
3 構造計算適合判定資格者検定は、一級建築士試験に合格した者で、第6条の3第1項の構造計算適合性判定の業務その他これに類する業務で政令で定めるものに関して、5年以上の実務の経験を有するものでなければ受けることができない。
4 構造計算適合判定資格者検定に関する事務をつかさどらせるために、国土交通省に、構造計算適合判定資格者検定委員を置く。ただし、次条第1項の指定構造計算適合判定資格者検定機関が同項の構造計算適合判定資格者検定事務を行う場合においては、この限りでない。
5 第5条第8項の規定は構造計算適合判定資格者検定委員に、同条第9項から第11項までの規定は構造計算適合判定資格者検定について準用する。この場合において、同条第7項中「次条第2項」とあるのは、「第5条の5第2項において準用する第5条の2第2項」と読み替えるものとする。

［現行］　第5条の5　（構造計算適合判定資格者検定事務を行う者の指定等）

制定：平成26年法律第54号　　　施行：平成27年6月1日
第5条の5　（構造計算適合判定資格者検定事務を行う者の指定等）

1 国土交通大臣は、第77条の17の2第1項及び同条第2項において準用する第77条の3から第77条の5までの規定の定めるところにより指定する者（以下「指定構造計算適合判定資格者検定機関」という。）に、構造計算適合判定資格者検定の実施に関する事務（以下「構造計算適合判定資格者検定事務」という。）を行わせることができる。
2 第5条の2第2項及び第5条の3第2項の規定は指定構造計算適合判定資格者検定機関に、第5条の2第3項の規定は構造計算適合判定資格者検定事務に、第5条の3第1項の規定は構造計算適合判定資格者検定について準用する。この場合において、第5条の2第2項中「前条第6項」とあるのは「第5条の4第5項において準用する第5条第6項」と、同条第3項中「第1項」とあるのは「第5条の5第1項」と、第5条の3第1項中「者（市町村又は都道府県の職員である者を除く。）」とあるのは「者」と読み替えるものとする。

改正：令和5年法律第58号　　　施行：令和6年4月1日
第5条の5　（構造計算適合判定資格者検定事務を行う者の指定等）

1 国土交通大臣は、第77条の17の2第1項及び同条第2項において準用する第77条の3から第77条の5までの規定の定めるところにより指定する者（以下「指定構造計算適合判定資格者検定機関」という。）に、構

法5条の5 改正：令和5年法律第58号

　　造計算適合判定資格者検定の実施に関する事務（以下「構造計算適合判定資格者検定事務」という。）を行わせることができる。
　2　第5条の2第2項及び第5条の3第2項の規定は指定構造計算適合判定資格者検定機関に、第5条の2第3項の規定は構造計算適合判定資格者検定事務に、第5条の3第1項の規定は構造計算適合判定資格者検定について準用する。この場合において、第5条の2第2項中「前条第9項」とあるのは「第5条の4第5項において準用する第5条第9項」と、同条第3項中「第1項」とあるのは「第5条の5第1項」と、第5条の3第1項中「者（市町村又は都道府県の職員である者を除く。）」とあるのは「者」と読み替えるものとする。

[現行]　第5条の6　（建築物の設計及び工事監理）

制定：昭和26年法律第195号　　　施行：昭和27年4月1日
旧　第5条の2　（建築物の設計及び工事監理）

　1　建築士法第3条又は第3条の2に規定する建築物の工事は、それぞれ当該各条に規定する建築士の設計によらなければ、することができない。
　2　建築主は、前項に規定する工事をする場合においては、それぞれ建築士法第3条又は第3条の2に規定する建築士である工事監理者を定めなければならない。
　3　前項の規定に違反した工事は、することができない。

改正：昭和58年法律第44号　　　施行：昭和59年4月1日
旧　第5条の2　（建築物の設計及び工事監理）

　1　建築士法第3条から第3条の3までに規定する建築物の工事は、それぞれ当該各条に規定する建築士の設計によらなければ、することができない。
　2　建築主は、前項に規定する工事をする場合においては、それぞれ建築士法第3条から第3条の3までに規定する建築士である工事監理者を定めなければならない。
　3　略

改正：平成10年法律第100号　　　施行：平成11年5月1日
旧　第5条の4　（建築物の設計及び工事監理）

略

改正：平成18年法律第92号　　　施行：平成19年6月20日
旧　第5条の4　（建築物の設計及び工事監理）

　1　建築士法第3条第1項（同条第2項の規定により適用される場合を含む。以下同じ。）、第3条の2第1項（同条第2項において準用する同法第3条第2項の規定により適用される場合を含む。以下同じ。）若しくは第3条の3第1項（同条第2項において準用する同法第3条第2項の規定により適用される場合を含む。以下同じ。）に規定する建築物又は同法第3条の2第3項（同法第3条の3第2項において読み替えて準用する場合を含む。以下同じ。）の規定に基づく条例に規定する建築物の工事は、それぞれ当該各条に規定する建築士の設計によらなければ、することができない。
　2　建築主は、前項に規定する工事をする場合においては、それぞれ建築士法第3条第1項、第3条の2第1項若しくは第3条の3第1項に規定する建築士又は同法第3条の2第3項の規定に基づく条例に規定する建築士である工事監理者を定めなければならない。
　3　略

改正：平成18年法律第114号　　　施行：平成20年11月28日

改正：令和4年法律第69号 **法5条の6**

旧　第5条の4　（建築物の設計及び工事監理）
1　略
2　建築士法第2条第6項に規定する構造設計図書による同法第20条の2第1項の建築物の工事は、構造設計一級建築士の構造設計（同法第2条第6項に規定する構造設計をいう。以下この項及び次条第3項第二号において同じ。）又は当該建築物が構造関係規定に適合することを構造設計一級建築士が確認した構造設計によらなければ、することができない。
3　建築士法第2条第6項に規定する設備設計図書による同法第20条の3第1項の建築物の工事は、設備設計一級建築士の設備設計（同法第2条第6項に規定する設備設計をいう。以下この項及び次条第3項第三号において同じ。）又は当該建築物が設備関係規定に適合することを設備設計一級建築士が確認した設備設計によらなければ、することができない。
4　建築主は、第1項に規定する工事をする場合においては、それぞれ建築士法第3条第1項、第3条の2第1項若しくは第3条の3第1項に規定する建築士又は同法第3条の2第3項の規定に基づく条例に規定する建築士である工事監理者を定めなければならない。
5　前項の規定に違反した工事は、することができない。

改正：平成26年法律第54号　　　施行：平成27年6月1日
第5条の6　（建築物の設計及び工事監理）

略

改正：平成26年法律第92号　　　施行：平成27年6月25日
第5条の6　（建築物の設計及び工事監理）
1　略
2　建築士法第2条第7項に規定する構造設計図書による同法第20条の2第1項の建築物の工事は、構造設計一級建築士の構造設計（同法第2条第7項に規定する構造設計をいう。以下この項及び次条第3項第二号において同じ。）又は当該建築物が構造関係規定に適合することを構造設計一級建築士が確認した構造設計によらなければ、することができない。
3　建築士法第2条第7項に規定する設備設計図書による同法第20条の3第1項の建築物の工事は、設備設計一級建築士の設備設計（同法第2条第7項に規定する設備設計をいう。以下この項及び次条第3項第三号において同じ。）又は当該建築物が設備関係規定に適合することを設備設計一級建築士が確認した設備設計によらなければ、することができない。
4・5　略

改正：令和4年法律第69号　　　施行：令和7年4月1日
第5条の6　（建築物の設計及び工事監理）
1　建築士法第3条第1項（同条第2項の規定により適用される場合を含む。以下同じ。）、第3条の2第1項（同条第2項において準用する同法第3条第2項の規定により適用される場合を含む。以下同じ。）若しくは第3条の3第1項（同条第2項において準用する同法第3条第2項の規定により適用される場合を含む。以下同じ。）に規定する建築物又は同法第3条の2第3項（同法第3条の3第2項において読み替えて準用する場合を含む。以下同じ。）の規定に基づく条例に規定する建築物の工事は、それぞれ当該各条に規定する建築士の設計によらなければ、することができない。
2　建築士法第2条第7項に規定する構造設計図書による同法第20条の2第1項の建築物の工事は、構造設計一級建築士の構造設計（同法第2条第7項に規定する構造設計をいう。以下同じ。）又は当該建築物が構造関係規定に適合することを構造設計一級建築士が確認した構造設計によらなければ、することができない。
3　建築士法第2条第7項に規定する設備設計図書による同法第20条の3第1項の建築物の工事は、設備設計一級建築士の設備設計（同法第2条第7項に規定する設備設計をいう。以下この項及び次条第3項第三号において同じ。）又は当該建築物が設備関係規定に適合することを設備設計一級建築士が確認した設備設計に

法5条の6　改正：令和4年法律第69号

　　　　よらなければ、することができない。
　　4　建築主は、第1項に規定する工事をする場合においては、それぞれ建築士法第3条第1項、第3条の2第1項若しくは第3条の3第1項に規定する建築士又は同法第3条の2第3項の規定に基づく条例に規定する建築士である工事監理者を定めなければならない。
　　5　前項の規定に違反した工事は、することができない。

[現行]　　第6条　（建築物の建築等に関する申請及び確認）

制定：昭和25年法律第201号　　　　施行：昭和25年11月23日
（第1項第四号中区域の指定に関する規定は、昭和25年10月25日）
第6条　（建築物の建築等に関する申請及び確認）

　1　建築主は、第一号から第三号までに掲げる建築物を建築しようとする場合（増築しようとする場合においては、建築物が増築後において第一号から第三号までに掲げる規模のものとなる場合を含む。）、これらの建築物の大規模の修繕若しくは大規模の模様替をしようとする場合又は第四号に掲げる建築物を建築しようとする場合においては、当該工事に着手する前に、その計画が当該建築物の敷地、構造及び建築設備に関する法律並びにこれに基く命令及び条例の規定に適合するものであることについて、確認の申請書を提出して建築主事の確認を受けなければならない。但し、防火地域及び準防火地域外において建築物を増築し、又は改築しようとする場合で、その増築又は改築に係る部分の延べ面積が10㎡以内のものについては、この限りでない。
　　一　学校、病院、診療所、劇場、映画館、演芸場、観覧場、公会堂、集会場、百貨店、マーケット、公衆浴場、ホテル、旅館、下宿、共同住宅、寄宿舎又は自動車車庫の用途に供する特殊建築物で、その用途に供する部分の延べ面積が100㎡をこえるもの
　　二　木造の建築物で3以上の階数を有し、又は延べ面積が500㎡をこえるもの
　　三　木造以外の建築物で2以上の階数を有し、又は延べ面積が200㎡をこえるもの
　　四　前各号に掲げる建築物を除く外、都市計画区域内又は都道府県知事が関係町村の意見を聞いてその区域の全部若しくは一部について指定する区域内における建築物
　2　建築主事は、前項の申請書を受理した場合においては、同項第一号から第三号までに係るものにあつてはその受理した日から21日以内に、同項第四号に係るものにあつてはその受理した日から7日以内に、申請に係る建築物の計画が当該建築物の敷地、構造及び建築設備に関する法律並びにこれに基く命令及び条例の規定に適合するかどうかを審査し、審査の結果に基いてこれらの規定に適合することを確認したときは、その旨を文書をもつて当該申請者に通知しなければならない。
　3　建築主事は、前項の場合において、申請に係る計画がこれらの規定に適合しないことを認めたとき、又は申請書の記載によつてはこれらの規定に適合するかどうかを決定することができない正当な理由があるときは、その理由をつけてその旨を文書をもつて前項の期限内に当該申請者に通知しなければならない。
　4　第1項の規定による確認を受けない同項の建築物の建築、大規模の修繕又は大規模の模様替の工事は、することができない。
　5　第1項の規定による確認の申請をしようとする者は、当該建築物の建築、修繕又は模様替に係る部分の延べ面積が100㎡以内の場合にあつては500円、その他の場合にあつては3,000円をこえない金額の範囲内において政令で定める額の手数料を、建築主事を置く市町村の区域内の建築物に係るものにあつては当該市町村に、その他の市町村の区域内の建築物に係るものにあつては都道府県に納めなければならない。
　6　第1項の規定による確認の申請書並びに第2項及び第3項の規定による通知書の様式は、建設省令で定める。

改正：昭和26年法律第195号　　　　施行：昭和27年4月1日
第6条　（建築物の建築等に関する申請及び確認）

　1　略
　2　<u>建築主事は、前項の申請書が提出された場合において、その計画が建築士法第3条又は第3条の2の規定に違反するときは、当該申請書を受理することができない。</u>

3　建築主事は、第1項の申請書を受理した場合においては、同項第一号から第三号までに係るものにあつてはその受理した日から21日以内に、同項第四号に係るものにあつてはその受理した日から7日以内に、申請に係る建築物の計画が当該建築物の敷地、構造及び建築設備に関する法律並びにこれに基く命令及び条例の規定に適合するかどうかを審査し、審査の結果に基いてこれらの規定に適合することを確認したときは、その旨を文書をもつて当該申請者に通知しなければならない。

4　建築主事は、前項の場合において、申請に係る計画がこれらの規定に適合しないことを認めたとき、又は申請書の記載によつてはこれらの規定に適合するかどうかを決定することができない正当な理由があるときは、その理由をつけてその旨を文書をもつて前項の期限内に当該申請者に通知しなければならない。

5　第1項の規定による確認を受けない同項の建築物の建築、大規模の修繕又は大規模の模様替の工事は、することができない。

6　第1項の規定による確認の申請をしようとする者は、当該建築物の建築、修繕又は模様替に係る部分の延べ面積が100㎡以内の場合にあつては500円、その他の場合にあつては3,000円をこえない金額の範囲内において政令で定める額の手数料を、建築主事を置く市町村の区域内の建築物に係るものにあつては当該市町村に、その他の市町村の区域内の建築物に係るものにあつては都道府県に納めなければならない。

7　第1項の規定による確認の申請書並びに第3項及び第4項の規定による通知書の様式は、建設省令で定める。

改正：昭和29年法律第140号　　　施行：昭和29年6月1日

第6条　（建築物の建築等に関する申請及び確認）

1　建築主は、第一号から第三号までに掲げる建築物を建築しようとする場合（増築しようとする場合においては、建築物が増築後において第一号から第三号までに掲げる規模のものとなる場合を含む。）、これらの建築物の大規模の修繕若しくは大規模の模様替をしようとする場合又は第四号に掲げる建築物を建築しようとする場合においては、当該工事に着手する前に、その計画が当該建築物の敷地、構造及び建築設備に関する法律並びにこれに基く命令及び条例の規定に適合するものであることについて、確認の申請書を提出して建築主事の確認を受けなければならない。但し、防火地域及び準防火地域外において建築物を増築し、又は改築しようとする場合で、その増築又は改築に係る部分の延べ面積が10㎡以内のものについては、この限りでない。

　一～三　略

　四　前各号に掲げる建築物を除く外、都市計画区域（都道府県知事が都市計画審議会の意見を聞いて指定する区域を除く。）内又は都道府県知事が関係町村の意見を聞いてその区域の全部若しくは一部について指定する区域内における建築物

2～7　略

改正：昭和34年法律第156号　　　施行：昭和34年12月23日

第6条　（建築物の建築等に関する申請及び確認）

1　建築主は、第一号から第三号までに掲げる建築物を建築しようとする場合（増築しようとする場合においては、建築物が増築後において第一号から第三号までに掲げる規模のものとなる場合を含む。）、これらの建築物の大規模の修繕若しくは大規模の模様替をしようとする場合又は第四号に掲げる建築物を建築しようとする場合においては、当該工事に着手する前に、その計画が当該建築物の敷地、構造及び建築設備に関する法律並びにこれに基く命令及び条例の規定に適合するものであることについて、確認の申請書を提出して建築主事の確認を受けなければならない。ただし、防火地域及び準防火地域外において建築物を増築し、改築し、又は移転しようとする場合で、その増築、改築又は移転に係る部分の床面積の合計が10㎡以内のものについては、この限りでない。

　一　学校、病院、診療所、劇場、映画館、演芸場、観覧場、公会堂、集会場、百貨店、マーケット、公衆浴場、ホテル、旅館、下宿、共同住宅、寄宿舎又は自動車車庫の用途に供する特殊建築物で、その用途に供する部分の床面積の合計が100㎡をこえるもの

　二・三　略

　四　前各号に掲げる建築物を除く外、都市計画区域（都道府県知事が都市計画審議会の意見を聞いて指定す

法6条　改正：昭和34年法律第156号

る区域を除く。）内又は都道府県知事が関係市町村の意見を聞いてその区域の全部若しくは一部について指定する区域内における建築物

2〜5　略

6　第1項の規定による確認の申請をしようとする者は、当該建築物の建築、修繕又は模様替に係る部分の床面積の合計が100㎡以内の場合にあつては1,000円、その他の場合にあつては20,000円をこえない金額の範囲内において政令で定める額の手数料を、建築主事を置く市町村の区域内の建築物に係るものにあつては当該市町村に、その他の市町村の区域内の建築物に係るものにあつては都道府県に納めなければならない。

7　第1項の規定による確認の申請をしようとする者は、申請に係る計画に第87条の2第1項の昇降機に係る部分が含まれる場合においては、前項の手数料の外、当該昇降機1基について1,000円をこえない金額の範囲内において政令で定める額の手数料を、同項の区分に従い、市町村又は都道府県に納めなければならない。

8　第1項の規定による確認の申請書並びに第3項及び第4項の規定による通知書の様式は、建設省令で定める。

改正：昭和38年法律第151号　　　施行：昭和39年1月15日
第6条　（建築物の建築等に関する申請及び確認）

1〜5　略

6　第1項の規定による確認の申請をしようとする者は、当該建築物の建築、修繕又は模様替に係る部分の床面積の合計が100㎡以内の場合にあつては1,000円、その他の場合にあつては100,000円をこえない金額の範囲内において政令で定める額の手数料を、建築主事を置く市町村の区域内の建築物に係るものにあつては当該市町村に、その他の市町村の区域内の建築物に係るものにあつては都道府県に納めなければならない。

7・8　略

改正：昭和43年法律第101号　　　施行：昭和44年6月14日
第6条　（建築物の建築等に関する申請及び確認）

1　建築主は、第一号から第三号までに掲げる建築物を建築しようとする場合（増築しようとする場合においては、建築物が増築後において第一号から第三号までに掲げる規模のものとなる場合を含む。）、これらの建築物の大規模の修繕若しくは大規模の模様替をしようとする場合又は第四号に掲げる建築物を建築しようとする場合においては、当該工事に着手する前に、その計画が当該建築物の敷地、構造及び建築設備に関する法律並びにこれに基く命令及び条例の規定に適合するものであることについて、確認の申請書を提出して建築主事の確認を受けなければならない。ただし、防火地域及び準防火地域外において建築物を増築し、改築し、又は移転しようとする場合で、その増築、改築又は移転に係る部分の床面積の合計が10㎡以内のものについては、この限りでない。

一〜三　略

四　前各号に掲げる建築物を除く外、都市計画区域（都道府県知事が都市計画地方審議会の意見を聞いて指定する区域を除く。）内又は都道府県知事が関係市町村の意見を聞いてその区域の全部若しくは一部について指定する区域内における建築物

2〜8　略

改正：昭和51年法律第83号　　　施行：昭和52年11月1日
第6条　（建築物の建築等に関する申請及び確認）

1　建築主は、第一号から第三号までに掲げる建築物を建築しようとする場合（増築しようとする場合においては、建築物が増築後において第一号から第三号までに掲げる規模のものとなる場合を含む。）、これらの建築物の大規模の修繕若しくは大規模の模様替をしようとする場合又は第四号に掲げる建築物を建築しようとする場合においては、当該工事に着手する前に、その計画が当該建築物の敷地、構造及び建築設備に関する法律並びにこれに基づく命令及び条例の規定に適合するものであることについて、確認の申請書を提出して建築主事の確認を受けなければならない。ただし、防火地域及び準防火地域外において建築物を増築し、改

築し、又は移転しようとする場合で、その増築、改築又は移転に係る部分の床面積の合計が10㎡以内のものについては、この限りでない。
一　別表第１（い）欄に掲げる用途に供する特殊建築物で、その用途に供する部分の床面積の合計が100㎡を超えるもの
二　木造の建築物で３以上の階数を有し、又は延べ面積が500㎡を超えるもの
三　木造以外の建築物で２以上の階数を有し、又は延べ面積が200㎡を超えるもの
四　前各号に掲げる建築物を除くほか、都市計画区域（都道府県知事が都市計画地方審議会の意見を聴いて指定する区域を除く。）内又は都道府県知事が関係市町村の意見を聴いてその区域の全部若しくは一部について指定する区域内における建築物

２～８　略

改正：昭和53年法律第38号　　　施行：昭和53年５月１日
第６条　（建築物の建築等に関する申請及び確認）

１～５　略
６　第１項の規定による確認の申請をしようとする者は、当該建築物の建築、修繕又は模様替に係る部分の床面積の合計が100㎡以内の場合にあつては5,000円、その他の場合にあつては300,000円を超えない金額の範囲内において政令で定める額の手数料を、建築主事を置く市町村の区域内の建築物に係るものにあつては当該市町村に、その他の市町村の区域内の建築物に係るものにあつては都道府県に納めなければならない。
７　第１項の規定による確認の申請をしようとする者は、申請に係る計画に第87条の２第１項の昇降機に係る部分が含まれる場合においては、前項の手数料のほか、当該昇降機１基について5,000円を超えない金額の範囲内において政令で定める額の手数料を、同項の区分に従い、市町村又は都道府県に納めなければならない。
８　略

改正：昭和56年法律第58号　　　施行：昭和56年５月30日
第６条　（建築物の建築等に関する申請及び確認）

１～５　略
６　第１項の規定による確認の申請をしようとする者は、当該建築物の建築、修繕又は模様替に係る部分の床面積の合計が100㎡以内の場合にあつては5,000円、その他の場合にあつては360,000円を超えない金額の範囲内において政令で定める額の手数料を、建築主事を置く市町村の区域内の建築物に係るものにあつては当該市町村に、その他の市町村の区域内の建築物に係るものにあつては都道府県に納めなければならない。
７・８　略

改正：昭和58年法律第44号　　　施行：昭和59年４月１日
第６条　（建築物の建築等に関する申請及び確認）

１　略
２　建築主事は、前項の申請書が提出された場合において、その計画が建築士法第３条から第３条の３までの規定に違反するときは、当該申請書を受理することができない。
３　建築主事は、第１項の申請書を受理した場合においては、同項第一号から第三号までに係るものにあつてはその受理した日から21日以内に、同項第四号に係るものにあつてはその受理した日から７日以内に、申請に係る建築物の計画が当該建築物の敷地、構造及び建築設備に関する法律並びにこれに基づく命令及び条例の規定に適合するかどうかを審査し、審査の結果に基づいてこれらの規定に適合することを確認したときは、その旨を文書をもつて当該申請者に通知しなければならない。
４～８　略

改正：昭和59年法律第47号　　　施行：昭和59年７月１日
第６条　（建築物の建築等に関する申請及び確認）

法6条　改正：昭和59年法律第47号

1～5　略
6　第1項の規定による確認の申請をしようとする者は、政令で定めるところにより、当該建築物の建築、修繕又は模様替に係る部分の床面積の合計に応じ、実費を勘案して政令で定める額の手数料を、建築主事を置く市町村の区域内の建築物に係るものにあつては当該市町村に、その他の市町村の区域内の建築物に係るものにあつては都道府県に納めなければならない。
7　第1項の規定による確認の申請をしようとする者は、政令で定めるところにより、申請に係る計画に第87条の2第1項の昇降機に係る部分が含まれる場合においては、前項の手数料のほか、当該昇降機1基について実費を勘案して政令で定める額の手数料を、同項の区分に従い、市町村又は都道府県に納めなければならない。
8　略

改正：昭和62年法律第66号　　施行：昭和62年11月16日
第6条　（建築物の建築等に関する申請及び確認）

1　建築主は、第一号から第三号までに掲げる建築物を建築しようとする場合（増築しようとする場合においては、建築物が増築後において第一号から第三号までに掲げる規模のものとなる場合を含む。）、これらの建築物の大規模の修繕若しくは大規模の模様替をしようとする場合又は第四号に掲げる建築物を建築しようとする場合においては、当該工事に着手する前に、その計画が当該建築物の敷地、構造及び建築設備に関する法律並びにこれに基づく命令及び条例の規定に適合するものであることについて、確認の申請書を提出して建築主事の確認を受けなければならない。ただし、防火地域及び準防火地域外において建築物を増築し、改築し、又は移転しようとする場合で、その増築、改築又は移転に係る部分の床面積の合計が10㎡以内のものについては、この限りでない。
一　略
二　木造の建築物で3以上の階数を有し、又は延べ面積が500㎡、高さが13m若しくは軒の高さが9mを超えるもの
三・四　略
2～8　略

改正：平成10年法律第100号　　施行：平成11年5月1日
第6条　（建築物の建築等に関する申請及び確認）

1　建築主は、第一号から第三号までに掲げる建築物を建築しようとする場合（増築しようとする場合においては、建築物が増築後において第一号から第三号までに掲げる規模のものとなる場合を含む。）、これらの建築物の大規模の修繕若しくは大規模の模様替をしようとする場合又は第四号に掲げる建築物を建築しようとする場合においては、当該工事に着手する前に、その計画が建築基準関係規定（この法律並びにこれに基づく命令及び条例の規定（以下「建築基準法令の規定」という。）その他建築物の敷地、構造又は建築設備に関する法律並びにこれに基づく命令及び条例の規定で政令で定めるものをいう。以下同じ。）に適合するものであることについて、確認の申請書を提出して建築主事の確認を受け、確認済証の交付を受けなければならない。当該確認を受けた建築物の計画の変更（建設省令で定める軽微な変更を除く。）をして、第一号から第三号までに掲げる建築物を建築しようとする場合（増築しようとする場合においては、建築物が増築後において第一号から第三号までに掲げる規模のものとなる場合を含む。）、これらの建築物の大規模の修繕若しくは大規模の模様替をしようとする場合又は第四号に掲げる建築物を建築しようとする場合も、同様とする。
一～三　略
四　前3号に掲げる建築物を除くほか、都市計画区域（都道府県知事が都市計画地方審議会の意見を聴いて指定する区域を除く。）内又は都道府県知事が関係市町村の意見を聴いてその区域の全部若しくは一部について指定する区域内における建築物
2　前項の規定は、防火地域及び準防火地域外において建築物を増築し、改築し、又は移転しようとする場合で、その増築、改築又は移転に係る部分の床面積の合計が10㎡以内であるときについては、適用しない。

改正：平成11年法律第160号　**法6条**

3　建築主事は、第1項の申請書が提出された場合において、その計画が建築士法第3条から第3条の3までの規定に違反するときは、当該申請書を受理することができない。

4　建築主事は、第1項の申請書を受理した場合においては、同項第一号から第三号までに係るものにあつてはその受理した日から21日以内に、同項第四号に係るものにあつてはその受理した日から7日以内に、申請に係る建築物の計画が建築基準関係規定に適合するかどうかを審査し、審査の結果に基づいて建築基準関係規定に適合することを確認したときは、当該申請者に確認済証を交付しなければならない。

5　建築主事は、前項の場合において、申請に係る計画が建築基準関係規定に適合しないことを認めたとき、又は申請書の記載によつては建築基準関係規定に適合するかどうかを決定することができない正当な理由があるときは、その旨及びその理由を記載した通知書を同項の期限内に当該申請者に交付しなければならない。

6　第1項の確認済証の交付を受けた後でなければ、同項の建築物の建築、大規模の修繕又は大規模の模様替の工事は、することができない。

7　第1項の規定による確認の申請をしようとする者は、政令で定めるところにより、当該建築物の建築、修繕又は模様替に係る部分の床面積の合計に応じ、実費を勘案して政令で定める額の手数料を、建築主事を置く市町村の区域内の建築物に係るものにあつては当該市町村に、その他の市町村の区域内の建築物に係るものにあつては都道府県に納めなければならない。

8　第1項の規定による確認の申請をしようとする者は、政令で定めるところにより、申請に係る計画に第87条の2第1項の昇降機に係る部分が含まれる場合においては、前項の手数料のほか、当該昇降機1基について実費を勘案して政令で定める額の手数料を、同項の区分に従い、市町村又は都道府県に納めなければならない。

9　第1項の規定による確認の申請書、同項の確認済証及び第5項の通知書の様式は、建設省令で定める。

改正：平成11年法律第87号　　　施行：平成12年4月1日
第6条　（建築物の建築等に関する申請及び確認）

1　建築主は、第一号から第三号までに掲げる建築物を建築しようとする場合（増築しようとする場合においては、建築物が増築後において第一号から第三号までに掲げる規模のものとなる場合を含む。）、これらの建築物の大規模の修繕若しくは大規模の模様替をしようとする場合又は第四号に掲げる建築物を建築しようとする場合においては、当該工事に着手する前に、その計画が建築基準関係規定（この法律並びにこれに基づく命令及び条例の規定（以下「建築基準法令の規定」という。）その他建築物の敷地、構造又は建築設備に関する法律並びにこれに基づく命令及び条例の規定で政令で定めるものをいう。以下同じ。）に適合するものであることについて、確認の申請書を提出して建築主事の確認を受け、確認済証の交付を受けなければならない。当該確認を受けた建築物の計画の変更（建設省令で定める軽微な変更を除く。）をして、第一号から第三号までに掲げる建築物を建築しようとする場合（増築しようとする場合においては、建築物が増築後において第一号から第三号までに掲げる規模のものとなる場合を含む。）、これらの建築物の大規模の修繕若しくは大規模の模様替をしようとする場合又は第四号に掲げる建築物を建築しようとする場合も、同様とする。

　一～三　略
　四　前3号に掲げる建築物を除くほか、都市計画区域（都道府県知事が都道府県都市計画審議会の意見を聴いて指定する区域を除く。）内又は都道府県知事が関係市町村の意見を聴いてその区域の全部若しくは一部について指定する区域内における建築物
2～6　略
7　第1項の規定による確認の申請書、同項の確認済証及び第5項の通知書の様式は、建設省令で定める。

改正：平成11年法律第160号　　　施行：平成13年1月6日
第6条　（建築物の建築等に関する申請及び確認）

1　建築主は、第一号から第三号までに掲げる建築物を建築しようとする場合（増築しようとする場合においては、建築物が増築後において第一号から第三号までに掲げる規模のものとなる場合を含む。）、これらの建築物の大規模の修繕若しくは大規模の模様替をしようとする場合又は第四号に掲げる建築物を建築しようと

法6条　改正：平成11年法律第160号

する場合においては、当該工事に着手する前に、その計画が建築基準関係規定（この法律並びにこれに基づく命令及び条例の規定（以下「建築基準法令の規定」という。）その他建築物の敷地、構造又は建築設備に関する法律並びにこれに基づく命令及び条例の規定で政令で定めるものをいう。以下同じ。）に適合するものであることについて、確認の申請書を提出して建築主事の確認を受け、確認済証の交付を受けなければならない。当該確認を受けた建築物の計画の変更（<u>国土交通省令で定める軽微な変更を除く。</u>）をして、第一号から第三号までに掲げる建築物を建築しようとする場合（増築しようとする場合においては、建築物が増築後において第一号から第三号までに掲げる規模のものとなる場合を含む。）、これらの建築物の大規模の修繕若しくは大規模の模様替をしようとする場合又は第四号に掲げる建築物を建築しようとする場合も、同様とする。
　一〜四　略
2〜6　略
7　第1項の規定による確認の申請書、同項の確認済証及び第5項の通知書の様式は、<u>国土交通省令</u>で定める。

改正：平成12年法律第73号　　　施行：平成13年5月18日
第6条　（建築物の建築等に関する申請及び確認）

1　建築主は、第一号から第三号までに掲げる建築物を建築しようとする場合（増築しようとする場合においては、建築物が増築後において第一号から第三号までに掲げる規模のものとなる場合を含む。）、これらの建築物の大規模の修繕若しくは大規模の模様替をしようとする場合又は第四号に掲げる建築物を建築しようとする場合においては、当該工事に着手する前に、その計画が建築基準関係規定（この法律並びにこれに基づく命令及び条例の規定（以下「建築基準法令の規定」という。）その他建築物の敷地、構造又は建築設備に関する法律並びにこれに基づく命令及び条例の規定で政令で定めるものをいう。以下同じ。）に適合するものであることについて、確認の申請書を提出して建築主事の確認を受け、確認済証の交付を受けなければならない。当該確認を受けた建築物の計画の変更（国土交通省令で定める軽微な変更を除く。）をして、第一号から第三号までに掲げる建築物を建築しようとする場合（増築しようとする場合においては、建築物が増築後において第一号から第三号までに掲げる規模のものとなる場合を含む。）、これらの建築物の大規模の修繕若しくは大規模の模様替をしようとする場合又は第四号に掲げる建築物を建築しようとする場合も、同様とする。
　一〜三　略
　四　前3号に掲げる建築物を除くほか、都市計画区域（都道府県知事が都道府県都市計画審議会の意見を聴いて指定する区域を除く。）<u>若しくは準都市計画区域（市町村長が市町村都市計画審議会（当該市町村に市町村都市計画審議会が置かれていないときは、当該市町村の存する都道府県の都道府県都市計画審議会）の意見を聴いて指定する区域を除く。）</u>内又は都道府県知事が関係市町村の意見を聴いてその区域の全部若しくは一部について指定する区域内における建築物
2〜7　略

改正：平成16年法律第111号　　　施行：平成17年6月1日
第6条　（建築物の建築等に関する申請及び確認）

1　建築主は、第一号から第三号までに掲げる建築物を建築しようとする場合（増築しようとする場合においては、建築物が増築後において第一号から第三号までに掲げる規模のものとなる場合を含む。）、これらの建築物の大規模の修繕若しくは大規模の模様替をしようとする場合又は第四号に掲げる建築物を建築しようとする場合においては、当該工事に着手する前に、その計画が建築基準関係規定（この法律並びにこれに基づく命令及び条例の規定（以下「建築基準法令の規定」という。）その他建築物の敷地、構造又は建築設備に関する法律並びにこれに基づく命令及び条例の規定で政令で定めるものをいう。以下同じ。）に適合するものであることについて、確認の申請書を提出して建築主事の確認を受け、確認済証の交付を受けなければならない。当該確認を受けた建築物の計画の変更（国土交通省令で定める軽微な変更を除く。）をして、第一号から第三号までに掲げる建築物を建築しようとする場合（増築しようとする場合においては、建築物が増築後において第一号から第三号までに掲げる規模のものとなる場合を含む。）、これらの建築物の大規模の修

繕若しくは大規模の模様替をしようとする場合又は第四号に掲げる建築物を建築しようとする場合も、同様とする。
　一～三　略
　四　前３号に掲げる建築物を除くほか、都市計画区域（都道府県知事が都道府県都市計画審議会の意見を聴いて指定する区域を除く。）、準都市計画区域（市町村長が市町村都市計画審議会（当該市町村に市町村都市計画審議会が置かれていないときは、当該市町村の存する都道府県の都道府県都市計画審議会）の意見を聴いて指定する区域を除く。）若しくは景観法（平成16年法律第110号）第74条第１項の準景観地区（市町村長が指定する区域を除く。）内又は都道府県知事が関係市町村の意見を聴いてその区域の全部若しくは一部について指定する区域内における建築物
２～７　略

改正：平成18年法律第46号　　　　施行：平成18年11月30日
第６条　（建築物の建築等に関する申請及び確認）

１　建築主は、第一号から第三号までに掲げる建築物を建築しようとする場合（増築しようとする場合においては、建築物が増築後において第一号から第三号までに掲げる規模のものとなる場合を含む。）、これらの建築物の大規模の修繕若しくは大規模の模様替をしようとする場合又は第四号に掲げる建築物を建築しようとする場合においては、当該工事に着手する前に、その計画が建築基準関係規定（この法律並びにこれに基づく命令及び条例の規定（以下「建築基準法令の規定」という。）その他建築物の敷地、構造又は建築設備に関する法律並びにこれに基づく命令及び条例の規定で政令で定めるものをいう。以下同じ。）に適合するものであることについて、確認の申請書を提出して建築主事の確認を受け、確認済証の交付を受けなければならない。当該確認を受けた建築物の計画の変更（国土交通省令で定める軽微な変更を除く。）をして、第一号から第三号までに掲げる建築物を建築しようとする場合（増築しようとする場合においては、建築物が増築後において第一号から第三号までに掲げる規模のものとなる場合を含む。）、これらの建築物の大規模の修繕若しくは大規模の模様替をしようとする場合又は第四号に掲げる建築物を建築しようとする場合も、同様とする。
　一～三　略
　四　前３号に掲げる建築物を除くほか、都市計画区域若しくは準都市計画区域（いずれも都道府県知事が都道府県都市計画審議会の意見を聴いて指定する区域を除く。）若しくは景観法（平成16年法律第110号）第74条第１項の準景観地区（市町村長が指定する区域を除く。）内又は都道府県知事が関係市町村の意見を聴いてその区域の全部若しくは一部について指定する区域内における建築物
２～７　略

改正：平成18年法律第92号　　　　施行：平成19年６月20日
第６条　（建築物の建築等に関する申請及び確認）

１・２　略
３　建築主事は、第１項の申請書が提出された場合において、その計画が建築士法第３条第１項、第３条の２第１項若しくは第３条の３第１項の規定又は同法第３条の２第３項の規定に基づく条例の規定に違反するときは、当該申請書を受理することができない。
４　建築主事は、第１項の申請書を受理した場合においては、同項第一号から第三号までに係るものにあつてはその受理した日から35日以内に、同項第四号に係るものにあつてはその受理した日から７日以内に、申請に係る建築物の計画が建築基準関係規定に適合するかどうかを審査し、審査の結果に基づいて建築基準関係規定に適合することを確認したときは、当該申請者に確認済証を交付しなければならない。
５　建築主事は、前項の場合において、申請に係る建築物の計画が第20条第二号又は第三号に定める基準（同条第二号イ又は第三号イの政令で定める基準に従つた構造計算で、同条第二号イに規定する方法若しくはプログラムによるもの又は同条第三号イに規定するプログラムによるものによつて確かめられる安全性を有することに係る部分に限る。次条第３項及び第18条第４項において同じ。）に適合するかどうかを審査するときは、都道府県知事の構造計算適合性判定（第20条第二号イ又は第三号イの構造計算が同条第二号イに規定する方法若しくはプログラム又は同条第三号イに規定するプログラムにより適正に行われたものであるかど

法6条 改正：平成18年法律第92号

うかの判定をいう。以下同じ。）を求めなければならない。

6　都道府県知事は、当該都道府県に置かれた建築主事から前項の構造計算適合性判定を求められた場合においては、当該建築主事を当該構造計算適合性判定に関する事務に従事させてはならない。

7　都道府県知事は、特別な構造方法の建築物の計画について第5項の構造計算適合性判定を行うに当たつて必要があると認めるときは、当該構造方法に係る構造計算に関して専門的な識見を有する者の意見を聴くものとする。

8　都道府県知事は、第5項の構造計算適合性判定を求められた場合においては、当該構造計算適合性判定を求められた日から14日以内にその結果を記載した通知書を建築主事に交付しなければならない。

9　都道府県知事は、前項の場合（第20条第二号イの構造計算が同号イに規定する方法により適正に行われたものであるかどうかの判定を求められた場合その他国土交通省令で定める場合に限る。）において、同項の期間内に建築主事に同項の通知書を交付することができない合理的な理由があるときは、35日の範囲内において、同項の期間を延長することができる。この場合においては、その旨及びその延長する期間並びにその期間を延長する理由を記載した通知書を同項の期間内に建築主事に交付しなければならない。

10　第5項の構造計算適合性判定に要する費用は、当該構造計算適合性判定を求めた建築主事が置かれた都道府県又は市町村の負担とする。

11　建築主事は、第5項の構造計算適合性判定により当該建築物の構造計算が第20条第二号イに規定する方法若しくはプログラム又は同条第三号イに規定するプログラムにより適正に行われたものであると判定された場合（次条第8項及び第18条第10項において「適合判定がされた場合」という。）に限り、第1項の規定による確認をすることができる。

12　建築主事は、第4項の場合（申請に係る建築物の計画が第20条第二号に定める基準（同号イの政令で定める基準に従つた構造計算で同号イに規定する方法によるものによつて確かめられる安全性を有することに係る部分に限る。）に適合するかどうかを審査する場合その他国土交通省令で定める場合に限る。）において、同項の期間内に当該申請者に第1項の確認済証を交付することができない合理的な理由があるときは、35日の範囲内において、第4項の期間を延長することができる。この場合においては、その旨及びその延長する期間並びにその期間を延長する理由を記載した通知書を同項の期間内に当該申請者に交付しなければならない。

13　建築主事は、第4項の場合において、申請に係る建築物の計画が建築基準関係規定に適合しないことを認めたとき、又は申請書の記載によつては建築基準関係規定に適合するかどうかを決定することができない正当な理由があるときは、その旨及びその理由を記載した通知書を同項の期間（前項の規定により第4項の期間を延長した場合にあつては、当該延長後の期間）内に当該申請者に交付しなければならない。

14　第1項の確認済証の交付を受けた後でなければ、同項の建築物の建築、大規模の修繕又は大規模の模様替の工事は、することができない。

15　第1項の規定による確認の申請書、同項の確認済証並びに第12項及び第13項の通知書の様式は、国土交通省令で定める。

改正：平成18年法律第114号　　　施行：平成20年11月28日

第6条　（建築物の建築等に関する申請及び確認）

1・2　略

3　建築主事は、第1項の申請書が提出された場合において、その計画が次の各号のいずれかに該当するときは、当該申請書を受理することができない。

一　建築士法第3条第1項、第3条の2第1項、第3条の3第1項、第20条の2第1項若しくは第20条の3第1項の規定又は同法第3条の2第3項の規定に基づく条例の規定に違反するとき。

二　構造設計一級建築士以外の一級建築士が建築士法第20条の2第1項の建築物の構造設計を行つた場合において、当該建築物が構造関係規定に適合することを構造設計一級建築士が確認した構造設計によるものでないとき。

三　設備設計一級建築士以外の一級建築士が建築士法第20条の3第1項の建築物の設備設計を行つた場合において、当該建築物が設備関係規定に適合することを設備設計一級建築士が確認した設備設計によるものでないとき。

4～15　略

改正：令和5年法律第58号 **法6条**

改正：平成26年法律第54号　　　施行：平成27年6月1日
第6条　（建築物の建築等に関する申請及び確認）

1～4　略
5　建築主事は、前項の場合において、申請に係る建築物の計画が第6条の3第1項の構造計算適合性判定を要するものであるときは、建築主から同条第7項の適合判定通知書又はその写しの提出を受けた場合に限り、第1項の規定による確認をすることができる。
6　建築主事は、第4項の場合（申請に係る建築物の計画が第6条の3第1項の特定構造計算基準（第20条第1項第二号イの政令で定める基準に従つた構造計算で同号イに規定する方法によるものによつて確かめられる安全性を有することに係る部分に限る。）に適合するかどうかを審査する場合その他国土交通省令で定める場合に限る。）において、第4項の期間内に当該申請者に第1項の確認済証を交付することができない合理的な理由があるときは、35日の範囲内において、第4項の期間を延長することができる。この場合においては、その旨及びその延長する期間並びにその期間を延長する理由を記載した通知書を同項の期間内に当該申請者に交付しなければならない。
7　建築主事は、第4項の場合において、申請に係る建築物の計画が建築基準関係規定に適合しないことを認めたとき、又は建築基準関係規定に適合するかどうかを決定することができない正当な理由があるときは、その旨及びその理由を記載した通知書を同項の期間（前項の規定により第4項の期間を延長した場合にあつては、当該延長後の期間）内に当該申請者に交付しなければならない。
8　第1項の確認済証の交付を受けた後でなければ、同項の建築物の建築、大規模の修繕又は大規模の模様替の工事は、することができない。
9　第1項の規定による確認の申請書、同項の確認済証並びに第6項及び第7項の通知書の様式は、国土交通省令で定める。

改正：平成30年法律第67号　　　施行：令和元年6月25日
第6条　（建築物の建築等に関する申請及び確認）

1　建築主は、第一号から第三号までに掲げる建築物を建築しようとする場合（増築しようとする場合においては、建築物が増築後において第一号から第三号までに掲げる規模のものとなる場合を含む。）、これらの建築物の大規模の修繕若しくは大規模の模様替をしようとする場合又は第四号に掲げる建築物を建築しようとする場合においては、当該工事に着手する前に、その計画が建築基準関係規定（この法律並びにこれに基づく命令及び条例の規定（以下「建築基準法令の規定」という。）その他建築物の敷地、構造又は建築設備に関する法律並びにこれに基づく命令及び条例の規定で政令で定めるものをいう。以下同じ。）に適合するものであることについて、確認の申請書を提出して建築主事の確認を受け、確認済証の交付を受けなければならない。当該確認を受けた建築物の計画の変更（国土交通省令で定める軽微な変更を除く。）をして、第一号から第三号までに掲げる建築物を建築しようとする場合（増築しようとする場合においては、建築物が増築後において第一号から第三号までに掲げる規模のものとなる場合を含む。）、これらの建築物の大規模の修繕若しくは大規模の模様替をしようとする場合又は第四号に掲げる建築物を建築しようとする場合も、同様とする。
　一　別表第1（い）欄に掲げる用途に供する特殊建築物で、その用途に供する部分の床面積の合計が200㎡を超えるもの
　二～四　略
2～9　略

改正：令和5年法律第58号　　　施行：令和6年4月1日
第6条　（建築物の建築等に関する申請及び確認）

1　建築主は、第一号から第三号までに掲げる建築物を建築しようとする場合（増築しようとする場合においては、建築物が増築後において第一号から第三号までに掲げる規模のものとなる場合を含む。）、これらの建築物の大規模の修繕若しくは大規模の模様替をしようとする場合又は第四号に掲げる建築物を建築しようとする場合においては、当該工事に着手する前に、その計画が建築基準関係規定（この法律並びにこれに基づ

建築基準法　条文改正経過　｜　101

法6条 改正：令和5年法律第58号

く命令及び条例の規定（以下「建築基準法令の規定」という。）その他建物の敷地、構造又は建築設備に関する法律並びにこれに基づく命令及び条例の規定で政令で定めるものをいう。以下同じ。）に適合するものであることについて、確認の申請書を提出して<u>建築主事又は建築副主事（以下「建築主事等」という。）の確認（建築副主事の確認にあつては、大規模建築物以外の建築物に係るものに限る。以下この項において同じ。）</u>を受け、確認済証の交付を受けなければならない。当該確認を受けた建築物の計画の変更（国土交通省令で定める軽微な変更を除く。）をして、第一号から第三号までに掲げる建築物を建築しようとする場合（増築しようとする場合においては、建築物が増築後において第一号から第三号までに掲げる規模のものとなる場合を含む。）、これらの建築物の大規模の修繕若しくは大規模の模様替をしようとする場合又は第四号に掲げる建築物を建築しようとする場合も、同様とする。

一～四　略

2　略

3　<u>建築主事等</u>は、第1項の申請書が提出された場合において、その計画が次の各号のいずれかに該当するときは、当該申請書を受理することができない。

一～三　略

4　<u>建築主事等</u>は、第1項の申請書を受理した場合においては、同項第一号から第三号までに係るものにあつてはその受理した日から35日以内に、同項第四号に係るものにあつてはその受理した日から7日以内に、申請に係る建築物の計画が建築基準関係規定に適合するかどうかを審査し、審査の結果に基づいて建築基準関係規定に適合することを確認したときは、当該申請者に確認済証を交付しなければならない。

5　<u>建築主事等</u>は、前項の場合において、申請に係る建築物の計画が第6条の3第1項の構造計算適合性判定を要するものであるときは、建築主から同条第7項の適合判定通知書又はその写しの提出を受けた場合に限り、第1項の規定による確認をすることができる。

6　<u>建築主事等</u>は、第4項の場合（申請に係る建築物の計画が第6条の3第1項の特定構造計算基準（第20条第1項第二号イの政令で定める基準に従つた構造計算で同号イに規定する方法によるものによつて確かめられる安全性を有することに係る部分に限る。）に適合するかどうかを審査する場合その他国土交通省令で定める場合に限る。）において、第4項の期間内に当該申請者に第1項の確認済証を交付することができない合理的な理由があるときは、35日の範囲内において、第4項の期間を延長することができる。この場合においては、その旨及びその延長する期間並びにその期間を延長する理由を記載した通知書を同項の期間内に当該申請者に交付しなければならない。

7　<u>建築主事等</u>は、第4項の場合において、申請に係る建築物の計画が建築基準関係規定に適合しないことを認めたとき、又は建築基準関係規定に適合するかどうかを決定することができない正当な理由があるときは、その旨及びその理由を記載した通知書を同項の期間（前項の規定により第4項の期間を延長した場合にあつては、当該延長後の期間）内に当該申請者に交付しなければならない。

8・9　略

改正：令和4年法律第69号　　　施行：令和7年4月1日

第6条　（建築物の建築等に関する申請及び確認）

1　建築主は、<u>第一号若しくは第二号に掲げる建築物を建築しようとする場合</u>（増築しようとする場合においては、建築物が増築後において第一号<u>又は第二号に規定する規模</u>のものとなる場合を含む。）、これらの建築物の大規模の修繕若しくは大規模の模様替をしようとする場合又は<u>第三号</u>に掲げる建築物を建築しようとする場合においては、当該工事に着手する前に、その計画が建築基準関係規定（この法律並びにこれに基づく命令及び条例の規定（以下「建築基準法令の規定」という。）その他建築物の敷地、構造又は建築設備に関する法律並びにこれに基づく命令及び条例の規定で政令で定めるものをいう。以下同じ。）に適合するものであることについて、確認の申請書を提出して建築主事又は建築副主事（以下「建築主事等」という。）の確認（建築副主事の確認にあつては、大規模建築物以外の建築物に係るものに限る。以下この項において同じ。）を受け、確認済証の交付を受けなければならない。当該確認を受けた建築物の計画の変更（国土交通省令で定める軽微な変更を除く。）をして、<u>第一号若しくは第二号に掲げる建築物を建築しようとする場合</u>（増築しようとする場合においては、建築物が増築後において第一号<u>又は</u><u>第二号に規定する規模</u>のものとなる場合を含む。）、これらの建築物の大規模の修繕若しくは大規模の模様替をしようとする場合又は<u>第三号</u>に掲げる建築物を建築しようとする場合も、同様とする。

一　別表第1（い）欄に掲げる用途に供する特殊建築物で、その用途に供する部分の床面積の合計が200㎡を超えるもの
二　前号に掲げる建築物を除くほか、2以上の階数を有し、又は延べ面積が200㎡を超える建築物
三　前2号に掲げる建築物を除くほか、都市計画区域若しくは準都市計画区域（いずれも都道府県知事が都道府県都市計画審議会の意見を聴いて指定する区域を除く。）若しくは景観法（平成16年法律第110号）第74条第1項の準景観地区（市町村長が指定する区域を除く。）内又は都道府県知事が関係市町村の意見を聴いてその区域の全部若しくは一部について指定する区域内における建築物

2　前項の規定は、防火地域及び準防火地域外において建築物を増築し、改築し、又は移転しようとする場合で、その増築、改築又は移転に係る部分の床面積の合計が10㎡以内であるときについては、適用しない。

3　建築主事等は、第1項の申請書が提出された場合において、その計画が次の各号のいずれかに該当するときは、当該申請書を受理することができない。
一　建築士法第3条第1項、第3条の2第1項、第3条の3第1項、第20条の2第1項若しくは第20条の3第1項の規定又は同法第3条の2第3項の規定に基づく条例の規定に違反するとき。
二　構造設計一級建築士以外の一級建築士が建築士法第20条の2第1項の建築物の構造設計を行つた場合において、当該建築物が構造関係規定に適合することを構造設計一級建築士が確認した構造設計によるものでないとき。
三　設備設計一級建築士以外の一級建築士が建築士法第20条の3第1項の建築物の設備設計を行つた場合において、当該建築物が設備関係規定に適合することを設備設計一級建築士が確認した設備設計によるものでないとき。

4　建築主事は、第1項の申請書を受理した場合においては、同項第一号又は第二号に係るものにあつてはその受理した日から35日以内に、同項第三号に係るものにあつてはその受理した日から7日以内に、申請に係る建築物の計画が建築基準関係規定に適合するかどうかを審査し、審査の結果に基づいて建築基準関係規定に適合することを確認したときは、当該申請者に確認済証を交付しなければならない。

5　建築主事等は、前項の場合において、申請に係る建築物の計画が第6条の3第1項の構造計算適合性判定を要するものであるときは、建築主から同条第7項の適合判定通知書又はその写しの提出を受けた場合に限り、第1項の規定による確認をすることができる。

6　建築主事は、第4項の場合（申請に係る建築物の計画が第6条の3第1項本文に規定する特定構造計算基準（第20条第1項第二号イの政令で定める基準に従つた構造計算で同号イに規定する方法によるものによつて確かめられる安全性を有することに係る部分に限る。）に適合するかどうかを審査する場合その他国土交通省令で定める場合に限る。）において、第4項の期間内に当該申請者に第1項の確認済証を交付することができない合理的な理由があるときは、35日の範囲内において、第4項の期間を延長することができる。この場合においては、その旨及びその延長する期間並びにその期間を延長する理由を記載した通知書を同項の期間内に当該申請者に交付しなければならない。

7　建築主事等は、第4項の場合において、申請に係る建築物の計画が建築基準関係規定に適合しないことを認めたとき、又は建築基準関係規定に適合するかどうかを決定することができない正当な理由があるときは、その旨及びその理由を記載した通知書を同項の期間（前項の規定により第4項の期間を延長した場合にあつては、当該延長後の期間）内に当該申請者に交付しなければならない。

8　第1項の確認済証の交付を受けた後でなければ、同項の建築物の建築、大規模の修繕又は大規模の模様替の工事は、することができない。

9　第1項の規定による確認の申請書、同項の確認済証並びに第6項及び第7項の通知書の様式は、国土交通省令で定める。

[現行]　第6条の2　（国土交通大臣等の指定を受けた者による確認）

制定：平成10年法律第100号　　　施行：平成11年5月1日
第6条の2　（建設大臣等の指定を受けた者による確認）

1　前条第1項各号に掲げる建築物の計画（建築士法第3条から第3条の3までの規定に違反するものを除く。）が建築基準関係規定に適合するものであることについて、第77条の18から第77条の21までの規定の定めるところにより建設大臣又は都道府県知事が指定した者の確認を受け、建設省令で定めるところにより確

法6条の2 制定：平成10年法律第100号

認済証の交付を受けたときは、当該確認は前条第1項の規定による確認と、当該確認済証は同項の確認済証とみなす。
2　前項の規定による指定は、2以上の都道府県の区域において同項の規定による確認の業務を行おうとする者を指定する場合にあつては建設大臣が、一の都道府県の区域において同項の規定による確認の業務を行おうとする者を指定する場合にあつては都道府県知事がするものとする。
3　第1項の規定による指定を受けた者は、同項の確認済証の交付をしたときは、建設省令で定めるところにより、その交付に係る建築物の計画に関する建設省令で定める書類を添えて、その旨を特定行政庁に報告しなければならない。
4　特定行政庁は、前項の規定による報告を受けた場合において、第1項の確認済証の交付を受けた建築物の計画が建築基準関係規定に適合しないと認めるときは、当該建築物の建築主及び当該確認済証を交付した同項の規定による指定を受けた者にその旨を通知しなければならない。この場合において、当該確認済証は、その効力を失う。
5　前項の場合において、特定行政庁は、必要に応じ、第9条第1項又は第10項の命令その他の措置を講ずるものとする。

改正：平成11年法律第160号　　　施行：平成13年1月6日
第6条の2　（国土交通大臣等の指定を受けた者による確認）

1　前条第1項各号に掲げる建築物の計画（建築士法第3条から第3条の3までの規定に違反するものを除く。）が建築基準関係規定に適合するものであることについて、第77条の18から第77条の21までの規定の定めるところにより国土交通大臣又は都道府県知事が指定した者の確認を受け、国土交通省令で定めるところにより確認済証の交付を受けたときは、当該確認は前条第1項の規定による確認と、当該確認済証は同項の確認済証とみなす。
2　前項の規定による指定は、2以上の都道府県の区域において同項の規定による確認の業務を行おうとする者を指定する場合にあつては国土交通大臣が、一の都道府県の区域において同項の規定による確認の業務を行おうとする者を指定する場合にあつては都道府県知事がするものとする。
3　第1項の規定による指定を受けた者は、同項の確認済証の交付をしたときは、国土交通省令で定めるところにより、その交付に係る建築物の計画に関する国土交通省令で定める書類を添えて、その旨を特定行政庁に報告しなければならない。
4・5　略

改正：平成18年法律第92号　　　施行：平成19年6月20日
第6条の2　（国土交通大臣等の指定を受けた者による確認）

1　前条第1項各号に掲げる建築物の計画（建築士法第3条第1項、第3条の2第1項若しくは第3条の3第1項の規定又は同法第3条の2第3項の規定に基づく条例の規定に違反するものを除く。）が建築基準関係規定に適合するものであることについて、第77条の18から第77条の21までの規定の定めるところにより国土交通大臣又は都道府県知事が指定した者の確認を受け、国土交通省令で定めるところにより確認済証の交付を受けたときは、当該確認は前条第1項の規定による確認と、当該確認済証は同項の確認済証とみなす。
2　略
3　第1項の規定による指定を受けた者は、同項の規定による確認の申請を受けた場合において、申請に係る建築物の計画が第20条第二号又は第三号に定める基準に適合するかどうかを審査するときは、都道府県知事の構造計算適合性判定を求めなければならない。
4　都道府県知事は、特別な構造方法の建築物の計画について前項の構造計算適合性判定を行うに当たつて必要があると認めるときは、当該構造方法に係る構造計算に関して専門的な識見を有する者の意見を聴くものとする。
5　都道府県知事は、第3項の構造計算適合性判定を求められた場合においては、当該構造計算適合性判定を求められた日から14日以内にその結果を記載した通知書を第1項の規定による指定を受けた者に交付しなければならない。

6　都道府県知事は、前項の場合（第20条第二号イの構造計算が同号イに規定する方法により適正に行われたものであるかどうかの判定を求められた場合その他国土交通省令で定める場合に限る。）において、同項の期間内に第1項の規定による指定を受けた者に前項の通知書を交付することができない合理的な理由があるときは、35日の範囲内において、同項の期間を延長することができる。この場合においては、その旨及びその延長する期間並びにその期間を延長する理由を記載した通知書を同項の期間内に第1項の規定による指定を受けた者に交付しなければならない。

7　第3項の構造計算適合性判定に要する費用は、当該構造計算適合性判定を求めた第1項の規定による指定を受けた者の負担とする。

8　第1項の規定による指定を受けた者は、第3項の構造計算適合性判定により適合判定がされた場合に限り、第1項の規定による確認をすることができる。

9　第1項の規定による指定を受けた者は、同項の規定による確認の申請を受けた場合において、申請に係る建築物の計画が建築基準関係規定に適合しないことを認めたとき、又は申請の内容によつては建築基準関係規定に適合するかどうかを決定することができない正当な理由があるときは、国土交通省令で定めるところにより、その旨及びその理由を記載した通知書を当該申請者に交付しなければならない。

10　第1項の規定による指定を受けた者は、同項の確認済証又は前項の通知書の交付をしたときは、国土交通省令で定める期間内に、国土交通省令で定めるところにより、確認審査報告書を作成し、当該確認済証又は当該通知書の交付に係る建築物の計画に関する国土交通省令で定める書類を添えて、これを特定行政庁に提出しなければならない。

11　特定行政庁は、前項の規定による確認審査報告書の提出を受けた場合において、第1項の確認済証の交付を受けた建築物の計画が建築基準関係規定に適合しないと認めるときは、当該建築物の建築主及び当該確認済証を交付した同項の規定による指定を受けた者にその旨を通知しなければならない。この場合において、当該確認済証は、その効力を失う。

12　前項の場合において、特定行政庁は、必要に応じ、第9条第1項又は第10項の命令その他の措置を講ずるものとする。

改正：平成18年法律第114号　　　施行：平成20年11月28日
第6条の2　（国土交通大臣等の指定を受けた者による確認）

1　前条第1項各号に掲げる建築物の計画（前条第3項各号のいずれかに該当するものを除く。）が建築基準関係規定に適合するものであることについて、第77条の18から第77条の21までの規定の定めるところにより国土交通大臣又は都道府県知事が指定した者の確認を受け、国土交通省令で定めるところにより確認済証の交付を受けたときは、当該確認は前条第1項の規定による確認と、当該確認済証は同項の確認済証とみなす。

2～12　略

改正：平成26年法律第54号　　　施行：平成27年6月1日
第6条の2　（国土交通大臣等の指定を受けた者による確認）

1　前条第1項各号に掲げる建築物の計画（前条第3項各号のいずれかに該当するものを除く。）が建築基準関係規定に適合するものであることについて、第77条の18から第77条の21までの規定の定めるところにより国土交通大臣又は都道府県知事が指定した者の確認を受け、国土交通省令で定めるところにより確認済証の交付を受けたときは、当該確認は前条第1項の規定による確認と、当該確認済証は同項の確認済証とみなす。

2　前項の規定による指定は、2以上の都道府県の区域において同項の規定による確認の業務を行おうとする者を指定する場合にあつては国土交通大臣が、一の都道府県の区域において同項の規定による確認の業務を行おうとする者を指定する場合にあつては都道府県知事がするものとする。

3　第1項の規定による指定を受けた者は、同項の規定による確認の申請を受けた場合において、申請に係る建築物の計画が次条第1項の構造計算適合性判定を要するものであるときは、建築主から同条第7項の適合判定通知書又はその写しの提出を受けた場合に限り、第1項の規定による確認をすることができる。

4　第1項の規定による指定を受けた者は、同項の規定による確認の申請を受けた場合において、申請に係る建築物の計画が建築基準関係規定に適合しないことを認めたとき、又は建築基準関係規定に適合するかどうかを決定することができない正当な理由があるときは、国土交通省令で定めるところにより、その旨及びそ

法6条の2 改正：平成26年法律第54号

　　の理由を記載した通知書を当該申請者に交付しなければならない。
5　第1項の規定による指定を受けた者は、同項の確認済証又は前項の通知書の交付をしたときは、国土交通省令で定める期間内に、国土交通省令で定めるところにより、確認審査報告書を作成し、当該確認済証又は当該通知書の交付に係る建築物の計画に関する国土交通省令で定める書類を添えて、これを特定行政庁に提出しなければならない。
6　特定行政庁は、前項の規定による確認審査報告書の提出を受けた場合において、第1項の確認済証の交付を受けた建築物の計画が建築基準関係規定に適合しないと認めるときは、当該建築物の建築主及び当該確認済証を交付した同項の規定による指定を受けた者にその旨を通知しなければならない。この場合において、当該確認済証は、その効力を失う。
7　前項の場合において、特定行政庁は、必要に応じ、第9条第1項又は第10項の命令その他の措置を講ずるものとする。

[現行]　第6条の3　（構造計算適合性判定）

制定：平成26年法律第54号　　　施行：平成27年6月1日
第6条の3　（構造計算適合性判定）

1　建築主は、第6条第1項の場合において、申請に係る建築物の計画が第20条第1項第二号若しくは第三号に定める基準（同項第二号イ又は第三号イの政令で定める基準に従つた構造計算で、同項第二号イに規定する方法若しくはプログラムによるもの又は同項第三号イに規定するプログラムによるものによつて確かめられる安全性を有することに係る部分に限る。以下「特定構造計算基準」という。）又は第3条第2項（第86条の9第1項において準用する場合を含む。）の規定により第20条の規定の適用を受けない建築物について第86条の7第1項の政令で定める範囲内において増築若しくは改築をする場合における同項の政令で定める基準（特定構造計算基準に相当する基準として政令で定めるものに限る。以下「特定増改築構造計算基準」という。）に適合するかどうかの確認審査（第6条第4項に規定する審査又は前条第1項の規定による確認のための審査をいう。以下この項において同じ。）を要するものであるときは、構造計算適合性判定（当該建築物の計画が特定構造計算基準又は特定増改築構造計算基準に適合するかどうかの判定をいう。以下同じ。）の申請書を提出して都道府県知事の構造計算適合性判定を受けなければならない。ただし、当該建築物の計画が特定構造計算基準（第20条第1項第二号イの政令で定める基準に従つた構造計算で同号イに規定する方法によるものによつて確かめられる安全性を有することに係る部分のうち確認審査が比較的容易にできるものとして政令で定めるものに限る。）又は特定増改築構造計算基準（確認審査が比較的容易にできるものとして政令で定めるものに限る。）に適合するかどうかを、構造計算に関する高度の専門的知識及び技術を有する者として国土交通省令で定める要件を備える者である建築主事が第6条第4項に規定する審査をする場合又は前条第1項の規定による指定を受けた者が当該国土交通省令で定める要件を備える者である第77条の24第1項の確認検査員に前条第1項の規定による確認のための審査をさせる場合は、この限りでない。
2　都道府県知事は、前項の申請書を受理した場合において、申請に係る建築物の計画が建築基準関係規定に適合するものであることについて当該都道府県に置かれた建築主事が第6条第1項の規定による確認をするときは、当該建築主事を当該申請に係る構造計算適合性判定に関する事務に従事させてはならない。
3　都道府県知事は、特別な構造方法の建築物の計画について第1項の構造計算適合性判定を行うに当たつて必要があると認めるときは、当該構造方法に係る構造計算に関して専門的な識見を有する者の意見を聴くものとする。
4　都道府県知事は、第1項の申請書を受理した場合においては、その受理した日から14日以内に、当該申請に係る構造計算適合性判定の結果を記載した通知書を当該申請者に交付しなければならない。
5　都道府県知事は、前項の場合（申請に係る建築物の計画が特定構造計算基準（第20条第1項第二号イの政令で定める基準に従つた構造計算で同号イに規定する方法によるものによつて確かめられる安全性を有することに係る部分に限る。）に適合するかどうかの判定の申請を受けた場合その他国土交通省令で定める場合に限る。）において、前項の期間内に当該申請者に同項の通知書を交付することができない合理的な理由があるときは、35日の範囲内において、同項の期間を延長することができる。この場合においては、その旨及びその延長する期間並びにその期間を延長する理由を記載した通知書を同項の期間内に当該申請者に交付しなければならない。

改正：令和5年法律第58号 **法6条の3**

6　都道府県知事は、第4項の場合において、申請書の記載によつては当該建築物の計画が特定構造計算基準又は特定増改築構造計算基準に適合するかどうかを決定することができない正当な理由があるときは、その旨及びその理由を記載した通知書を同項の期間（前項の規定により第4項の期間を延長した場合にあつては、当該延長後の期間）内に当該申請者に交付しなければならない。

7　建築主は、第4項の規定により同項の通知書の交付を受けた場合において、当該通知書が適合判定通知書（当該建築物の計画が特定構造計算基準又は特定増改築構造計算基準に適合するものであると判定された旨が記載された通知書をいう。以下同じ。）であるときは、第6条第1項又は前条第1項の規定による確認をする建築主事又は同項の規定による指定を受けた者に、当該適合判定通知書又はその写しを提出しなければならない。ただし、当該建築物の計画に係る第6条第7項又は前条第4項の通知書の交付を受けた場合は、この限りでない。

8　建築主は、前項の場合において、建築物の計画が第6条第1項の規定による建築主事の確認に係るものであるときは、同条第4項の期間（同条第6項の規定により同条第4項の期間が延長された場合にあつては、当該延長後の期間）の末日の3日前までに、前項の適合判定通知書又はその写しを当該建築主事に提出しなければならない。

9　第1項の規定による構造計算適合性判定の申請書及び第4項から第6項までの通知書の様式は、国土交通省令で定める。

改正：令和5年法律第58号　　　施行：令和6年4月1日
第6条の3　（構造計算適合性判定）

1　建築主は、第6条第1項の場合において、申請に係る建築物の計画が第20条第1項第二号若しくは第三号に定める基準（同項第二号イ又は第三号イの政令で定める基準に従つた構造計算で、同項第二号に規定する方法若しくはプログラムによるもの又は同項第三号イに規定するプログラムによるものによつて確かめられる安全性を有することに係る部分に限る。以下「特定構造計算基準」という。）又は第3条第2項（第86条の9第1項において準用する場合を含む。）の規定により第20条の規定の適用を受けない建築物について第86条の7第1項の政令で定める範囲内において増築若しくは改築をする場合における同項の政令で定める基準（特定構造計算基準に相当する基準として政令で定めるものに限る。以下「特定増改築構造計算基準」という。）に適合するかどうかの確認審査（第6条第4項に規定する審査又は前条第1項の規定による確認のための審査をいう。以下この項において同じ。）を要するものであるときは、構造計算適合性判定（当該建築物の計画が特定構造計算基準又は特定増改築構造計算基準に適合するかどうかの判定をいう。以下同じ。）の申請書を提出して都道府県知事の構造計算適合性判定を受けなければならない。ただし、当該建築物の計画が特定構造計算基準（第20条第1項第二号イの政令で定める基準に従つた構造計算で同号イに規定する方法によるものによつて確かめられる安全性を有することに係る部分のうち確認審査が比較的容易にできるものとして政令で定めるものに限る。）又は特定増改築構造計算基準（確認審査が比較的容易にできるものとして政令で定めるものに限る。）に適合するかどうかを、構造計算に関する高度の専門的知識及び技術を有する者として国土交通省令で定める要件を備える者である建築主事等が第6条第4項に規定する審査をする場合又は前条第1項の規定による指定を受けた者が当該国土交通省令で定める要件を備える者である第77条の24第1項の確認検査員若しくは副確認検査員に前条第1項の規定による確認のための審査をさせる場合は、この限りでない。

2　都道府県知事は、前項の申請書を受理した場合において、申請に係る建築物の計画が建築基準関係規定に適合するものであることについて当該都道府県に置かれた建築主事等が第6条第1項の規定による確認をするときは、当該建築主事等を当該申請に係る構造計算適合性判定に関する事務に従事させてはならない。

3～6　略

7　建築主は、第4項の規定により同項の通知書の交付を受けた場合において、当該通知書が適合判定通知書（当該建築物の計画が特定構造計算基準又は特定増改築構造計算基準に適合するものであると判定された旨が記載された通知書をいう。以下同じ。）であるときは、第6条第1項又は前条第1項の規定による確認をする建築主事等又は同項の規定による指定を受けた者に、当該適合判定通知書又はその写しを提出しなければならない。ただし、当該建築物の計画に係る第6条第7項又は前条第4項の通知書の交付を受けた場合は、この限りでない。

8　建築主は、前項の場合において、建築物の計画が第6条第1項の規定による建築主事等の確認に係るもの

法6条の3　改正：令和5年法律第58号

であるときは、同条第4項の期間（同条第6項の規定により同条第4項の期間が延長された場合にあつては、当該延長後の期間）の末日の3日前までに、前項の適合判定通知書又はその写しを当該建築主事等に提出しなければならない。
9　略

改正：令和4年法律第69号　　　施行：令和7年4月1日
第6条の3　（構造計算適合性判定）

1　建築主は、第6条第1項の場合において、申請に係る建築物の計画が第20条第1項第二号若しくは第三号に定める基準（同項第二号イ又は第三号イの政令で定める基準に従つた構造計算で、同項第二号イに規定する方法若しくはプログラムによるもの又は同項第三号イに規定するプログラムによるものによつて確かめられる安全性を有することに係る部分に限る。以下「特定構造計算基準」という。）又は第3条第2項（第86条の9第1項において準用する場合を含む。）の規定により第20条の規定の適用を受けない建築物について第86条の7第1項の政令で定める範囲内において増築若しくは改築をする場合における同項の政令で定める基準（特定構造計算基準に相当する基準として政令で定めるものに限る。以下「特定増改築構造計算基準」という。）に適合するかどうかの確認審査（第6条第4項に規定する審査又は前条第1項の規定による確認のための審査をいう。以下この項において同じ。）を要するものであるときは、構造計算適合性判定（当該建築物の計画が特定構造計算基準又は特定増改築構造計算基準に適合するかどうかの判定をいう。以下同じ。）の申請書を提出して都道府県知事の構造計算適合性判定を受けなければならない。ただし、当該建築物の計画に係る確認審査が次の各号に掲げる確認審査である場合において、当該確認審査を構造計算に関する高度の専門的知識及び技術を有する者として当該各号に掲げる確認審査の区分に応じて国土交通省令で定める要件を備える者である建築主事等がするとき又は前条第1項の規定による指定を受けた者が当該要件を備える者である第77条の24第1項の確認検査員若しくは副確認検査員にさせるときは、この限りでない。
　一　当該建築物の計画が特定構造計算基準のうち第20条第1項第二号イの政令で定める基準に従つた構造計算で同号イに規定する方法によるものによつて確かめられる安全性を有することに係る部分であつて確認審査が比較的容易にできるものとして政令で定めるもの又は特定増改築構造計算基準のうち確認審査が比較的容易にできるものとして政令で定めるものに適合するかどうかの確認審査
　二　当該建築物の計画（第20条第1項第四号に掲げる建築物に係るもののうち、構造設計一級建築士の構造設計に基づくもの又は当該建築物が構造関係規定に適合することを構造設計一級建築士が確認した構造設計に基づくものに限る。）が特定構造計算基準又は特定増改築構造計算基準に適合するかどうかの確認審査（前号に掲げる確認審査に該当するものを除く。）
2　都道府県知事は、前項の申請書を受理した場合において、申請に係る建築物の計画が建築基準関係規定に適合するものであることについて当該都道府県に置かれた建築主事等が第6条第1項の規定による確認をするときは、当該建築主事等を当該申請に係る構造計算適合性判定に関する事務に従事させてはならない。
3　都道府県知事は、特別な構造方法の建築物の計画について第1項の構造計算適合性判定を行うに当たつて必要があると認めるときは、当該構造方法に係る構造計算に関して専門的な識見を有する者の意見を聴くものとする。
4　都道府県知事は、第1項の申請書を受理した場合においては、その受理した日から14日以内に、当該申請に係る構造計算適合性判定の結果を記載した通知書を当該申請者に交付しなければならない。
5　都道府県知事は、前項の場合（申請に係る建築物の計画が特定構造計算基準（第20条第1項第二号イの政令で定める基準に従つた構造計算で同号イに規定する方法によるものによつて確かめられる安全性を有することに係る部分に限る。）に適合するかどうかの判定の申請を受けた場合その他国土交通省令で定める場合に限る。）において、前項の期間内に当該申請者に同項の通知書を交付することができない合理的な理由があるときは、35日の範囲内において、同項の期間を延長することができる。この場合においては、その旨及びその延長する期間並びにその期間を延長する理由を記載した通知書を同項の期間内に当該申請者に交付しなければならない。
6　都道府県知事は、第4項の場合において、申請書の記載によつては当該建築物の計画が特定構造計算基準又は特定増改築構造計算基準に適合するかどうかを決定することができない正当な理由があるときは、その旨及びその理由を記載した通知書を同項の期間（前項の規定により第4項の期間を延長した場合にあつては、当該延長後の期間）内に当該申請者に交付しなければならない。

改正：平成10年法律第100号　**法旧6条の3**

7　建築主は、第4項の規定により同項の通知書の交付を受けた場合において、当該通知書が適合判定通知書（当該建築物の計画が特定構造計算基準又は特定増改築構造計算基準に適合するものであると判定された旨が記載された通知書をいう。以下同じ。）であるときは、第6条第1項又は前条第1項の規定による確認をする建築主事等又は同項の規定による指定を受けた者に、当該適合判定通知書又はその写しを提出しなければならない。ただし、当該建築物の計画に係る第6条第7項又は前条第4項の通知書の交付を受けた場合は、この限りでない。

8　建築主は、前項の場合において、建築物の計画が第6条第1項の規定による建築主事等の確認に係るものであるときは、同条第4項の期間（同条第6項の規定により同条第4項の期間が延長された場合にあつては、当該延長後の期間）の末日の3日前までに、前項の適合判定通知書又はその写しを当該建築主事等に提出しなければならない。

9　第1項の規定による構造計算適合性判定の申請書及び第4項から第6項までの通知書の様式は、国土交通省令で定める。

[現行]　第6条の4　（建築物の建築に関する確認の特例）

制定：昭和58年法律第44号　　施行：昭和59年4月1日
旧　第6条の2　（建築物の建築に関する確認の特例）

1　次に掲げる建築物の建築（第一号に掲げる建築物にあつては、新築に限る。第7条の2、第18条第3項及び第6項並びに第93条第2項において同じ。）に対する前条の規定の適用については、同条第1項中「法律並びにこれに基づく命令及び条例の規定」とあるのは「法律並びにこれに基づく命令及び条例の規定（第2章の規定並びにこれに基づく命令及び条例の規定のうち政令で定める規定を除く。）」と、同条第3項中「法律並びにこれに基づく命令及び条例の規定」とあるのは「法律並びにこれに基づく命令及び条例の規定（第1項の政令で定める規定を除く。）」とする。
一　前条第1項第一号から第三号までに掲げる建築物のうち、建築材料及び構造方法が一体として規格化された型式（建設省令で定める基準に該当するものとして建設大臣が指定したものに限る。）の住宅
二　前条第1項第四号に掲げる建築物で建築士の設計に係るもの

2　前項の規定により読み替えて適用される前条第1項に規定する政令においては、建築士の技術水準、建築物の敷地、構造及び用途その他の事情を勘案して、建築物の区分に応じ、建築主事の審査を要しないこととしても建築物の安全上、防火上及び衛生上支障がないと認められる規定を定めるものとする。

改正：平成10年法律第100号　　施行：平成11年5月1日
旧　第6条の3　（建築物の建築に関する確認の特例）

1　次に掲げる建築物の建築（第一号に掲げる建築物にあつては、新築に限る。第7条の5、第18条第3項及び第6項並びに第93条第2項において同じ。）に対する前2条の規定の適用については、第6条第1項中「政令で定めるものをいう。以下同じ」とあるのは、「政令で定めるものをいい、建築基準法令の規定のうち政令で定める規定を除く。以下この条及び次条において同じ」とする。
一　第6条第1項第一号から第三号までに掲げる建築物のうち、建築材料及び構造方法が一体として規格化された型式（建設省令で定める基準に該当するものとして建設大臣が指定したものに限る。）の住宅
二　第6条第1項第四号に掲げる建築物で建築士の設計に係るもの

2　前項の規定により読み替えて適用される第6条第1項に規定する政令のうち建築基準法令の規定を定めるものにおいては、建築士の技術水準、建築物の敷地、構造及び用途その他の事情を勘案して、建築物の区分に応じ、建築主事の審査を要しないこととしても建築物の安全上、防火上及び衛生上支障がないと認められる規定を定めるものとする。

改正：平成10年法律第100号　　施行：平成12年6月1日
旧　第6条の3　（建築物の建築に関する確認の特例）

1　第一号若しくは第二号に掲げる建築物の建築、大規模の修繕若しくは大規模の模様替又は第三号に掲げる

法旧6条の3 改正：平成10年法律第100号

建築物の建築に対する前2条の規定の適用については、第6条第1項中「政令で定めるものをいう。以下同じ」とあるのは、「政令で定めるものをいい、建築基準法令の規定のうち政令で定める規定を除く。以下この条及び次条において同じ」とする。
- 一　第68条の10第1項の認定を受けた型式（次号において「認定型式」という。）に適合する建築材用を用いる建築物
- 二　認定型式に適合する建築物の部分を有する建築物
- 三　第6条第1項第四号に掲げる建築物の部分で建築士の設計に係わるもの

2　略

改正：平成18年法律第114号　　施行：平成20年11月28日
旧　第6条の3　（建築物の建築に関する確認の特例）

1　略

2　前項の規定により読み替えて適用される第6条第1項に規定する政令のうち建築基準法令の規定を定めるものにおいては、建築士の技術水準、建築物の敷地、構造及び用途その他の事情を勘案して、建築士及び建築物の区分に応じ、建築主事の審査を要しないこととしても建築物の安全上、防火上及び衛生上支障がないと認められる規定を定めるものとする。

改正：平成26年法律第54号　　施行：平成27年6月1日
第6条の4　（建築物の建築に関する確認の特例）

1　第一号若しくは第二号に掲げる建築物の建築、大規模の修繕若しくは大規模の模様替又は第三号に掲げる建築物の建築に対する第6条及び第6条の2の規定の適用については、第6条第1項中「政令で定めるものをいう。以下同じ」とあるのは、「政令で定めるものをいい、建築基準法令の規定のうち政令で定める規定を除く。以下この条及び次条において同じ」とする。
- 一〜三　略

2　略

改正：令和5年法律第58号　　施行：令和6年4月1日
第6条の4　（建築物の建築に関する確認の特例）

1　略

2　前項の規定により読み替えて適用される第6条第1項に規定する政令のうち建築基準法令の規定を定めるものにおいては、建築士の技術水準、建築物の敷地、構造及び用途その他の事情を勘案して、建築士及び建築物の区分に応じ、建築主事等の審査を要しないこととしても建築物の安全上、防火上及び衛生上支障がないと認められる規定を定めるものとする。

改正：令和4年法律第69号　　施行：令和7年4月1日
第6条の4　（建築物の建築に関する確認の特例）

1　第一号若しくは第二号に掲げる建築物の建築、大規模の修繕若しくは大規模の模様替又は第三号に掲げる建築物の建築に対する第6条及び第6条の2の規定の適用については、第6条第1項中「政令で定めるものをいう。以下同じ」とあるのは、「政令で定めるものをいい、建築基準法令の規定のうち政令で定める規定を除く。以下この条及び次条において同じ」とする。
- 一　第68条の10第1項の認定を受けた型式（次号において「認定型式」という。）に適合する建築材料を用いる建築物
- 二　認定型式に適合する建築物の部分を有する建築物
- 三　第6条第1項第三号に掲げる建築物で建築士の設計に係るもの

2　前項の規定により読み替えて適用される第6条第1項に規定する政令のうち建築基準法令の規定を定めるものにおいては、建築士の技術水準、建築物の敷地、構造及び用途その他の事情を勘案して、建築士及び建

築物の区分に応じ、建築主事等の審査を要しないこととしても建築物の安全上、防火上及び衛生上支障がないと認められる規定を定めるものとする。

[現行]　第7条　（建築物に関する完了検査）

制定：昭和25年法律第201号　　　施行：昭和25年11月23日
第7条　（建築物に関する検査及び使用承認）

1　建築主は、前条第1項の規定による工事を完了した場合においては、その旨を工事が完了した日から4日以内に到達するように、建築主事に文書をもつて届け出なければならない。
2　建築主事が前項の規定による届出を受理した場合においては、建築主事又はその委任を受けた当該市町村若しくは都道府県の吏員は、その届出を受理した日から7日以内に、届出に係る完了した工事が前条第1項の法律並びにこれに基く命令及び条例の規定に適合しているかどうかを検査しなければならない。
3　建築主事又はその委任を受けた当該市町村若しくは都道府県の吏員は、前項の規定による検査をした場合において、当該建築物が前条第1項の法律並びにこれに基く命令及び条例の規定に適合していることを認めたときは、当該建築物の建築主に対して検査済証を交付しなければならない。
4　前条第1項第一号から第三号までの建築物の建築主は、前項の検査済証の交付を受けた後でなければ当該建築物を使用し、又は使用させてはならない。但し、第1項の規定による届出をした日から7日を経過した場合又は建築主事が仮使用の承認をした場合においては、検査済証の交付を受ける前においても、仮に、当該建築物を使用し、又は使用させることができる。
5　第1項の規定による届出書及び第3項の規定による検査済証の様式は、建設省令で定める。

改正：昭和34年法律第156号　　　施行：昭和34年12月23日
第7条　（建築物に関する検査及び使用承認）

1　略
2　建築主事が前項の規定による届出を受理した場合においては、建築主事又はその委任を受けた当該市町村若しくは都道府県の吏員は、その届出を受理した日から7日以内に、届出に係る建築物及びその敷地が前条第1項の法律並びにこれに基く命令及び条例の規定に適合しているかどうかを検査しなければならない。
3　建築主事又はその委任を受けた当該市町村若しくは都道府県の吏員は、前項の規定による検査をした場合において、当該建築物及びその敷地が前条第1項の法律並びにこれに基く命令及び条例の規定に適合していることを認めたときは、当該建築物の建築主に対して検査済証を交付しなければならない。
4　前条第1項第一号から第三号までの建築物の建築主は、前項の検査済証の交付を受けた後でなければ当該建築物を使用し、又は使用させてはならない。ただし、第1項の規定による届出をした日から7日を経過した場合又は建築主事が仮使用の承認をした場合においては、検査済証の交付を受ける前においても、仮に、当該建築物を使用し、又は使用させることができる。
5　略

改正：昭和51年法律第83号　　　施行：昭和52年11月1日
第7条　（建築物に関する検査）

1～3　略
4　第1項の規定による届出書及び前項の規定による検査済証の様式は、建設省令で定める。

改正：昭和58年法律第44号　　　施行：昭和59年4月1日
第7条　（建築物に関する検査）

1　建築主は、第6条第1項の規定による工事を完了した場合においては、その旨を工事が完了した日から4日以内に到達するように、建築主事に文書をもつて届け出なければならない。

法7条　改正：昭和58年法律第44号

2　建築主事が前項の規定による届出を受理した場合においては、建築主事又はその委任を受けた当該市町村若しくは都道府県の吏員は、その届出を受理した日から7日以内に、届出に係る建築物及びその敷地が第6条第1項の法律並びにこれに基づく命令及び条例の規定に適合しているかどうかを検査しなければならない。

3　建築主事又はその委任を受けた当該市町村若しくは都道府県の吏員は、前項の規定による検査をした場合において、当該建築物及びその敷地が第6条第1項の法律並びにこれに基づく命令及び条例の規定に適合していることを認めたときは、当該建築物の建築主に対して検査済証を交付しなければならない。

4　略

改正：平成10年法律第100号　　　施行：平成11年5月1日
第7条　（建築物に関する完了検査）

1　建築主は、第6条第1項の規定による工事を完了したときは、建設省令で定めるところにより、建築主事の検査を申請しなければならない。

2　前項の規定による申請は、第6条第1項の規定による工事が完了した日から4日以内に建築主事に到達するように、しなければならない。ただし、申請をしなかつたことについて建設省令で定めるやむを得ない理由があるときは、この限りでない。

3　前項ただし書の場合における検査の申請は、その理由がやんだ日から4日以内に建築主事に到達するように、しなければならない。

4　建築主事が第1項の規定による申請を受理した場合においては、建築主事又はその委任を受けた当該市町村若しくは都道府県の吏員（以下この章において「建築主事等」という。）は、その申請を受理した日から7日以内に、当該工事に係る建築物及びその敷地が建築基準関係規定に適合しているかどうかを検査しなければならない。

5　建築主事等は、前項の規定による検査をした場合において、当該建築物及びその敷地が建築基準関係規定に適合していることを認めたときは、建設省令で定めるところにより、当該建築物の建築主に対して検査済証を交付しなければならない。

6　第6条第7項及び第8項の規定は、第1項の規定による申請をしようとする者について準用する。この場合において、同条第7項及び第8項中「政令で定める額」とあるのは、「政令で定める額（当該申請が第7条の3第1項の特定工程に係る建築物についてされるものである場合にあつては、特定行政庁が当該政令で定める額から政令で定めるところにより減額して定める額）」と読み替えるものとする。

改正：平成11年法律第87号　　　施行：平成12年4月1日
第7条　（建築物に関する完了検査）

1～4　略

5　建築主事等は、前項の規定による検査をした場合において、当該建築物及びその敷地が建築基準関係規定に適合していることを認めたときは、建設省令で定めるところにより、当該建築物の建築主に対して検査済証を交付しなければならない。

改正：平成11年法律第160号　　　施行：平成13年1月6日
第7条　（建築物に関する完了検査）

1　建築主は、第6条第1項の規定による工事を完了したときは、国土交通省令で定めるところにより、建築主事の検査を申請しなければならない。

2　前項の規定による申請は、第6条第1項の規定による工事が完了した日から4日以内に建築主事に到達するように、しなければならない。ただし、申請をしなかつたことについて国土交通省令で定めるやむを得ない理由があるときは、この限りでない。

3・4　略

5　建築主事等は、前項の規定による検査をした場合において、当該建築物及びその敷地が建築基準関係規定に適合していることを認めたときは、国土交通省令で定めるところにより、当該建築物の建築主に対して検

査済証を交付しなければならない。

改正：平成18年法律第53号　　　施行：平成19年４月１日
第７条　（建築物に関する完了検査）

1～3　略
4　建築主事が第１項の規定による申請を受理した場合においては、建築主事又はその委任を受けた当該市町村若しくは都道府県の職員（以下この章において「建築主事等」という。）は、その申請を受理した日から７日以内に、当該工事に係る建築物及びその敷地が建築基準関係規定に適合しているかどうかを検査しなければならない。
5　略

改正：令和５年法律第58号　　　施行：令和６年４月１日
第７条　（建築物に関する完了検査）

1　建築主は、第６条第１項の規定による工事を完了したときは、国土交通省令で定めるところにより、建築主事等の検査（建築副主事の検査にあつては、大規模建築物以外の建築物に係るものに限る。第７条の３第１項において同じ。）を申請しなければならない。
2　前項の規定による申請は、第６条第１項の規定による工事が完了した日から４日以内に建築主事等に到達するように、しなければならない。ただし、申請をしなかつたことについて国土交通省令で定めるやむを得ない理由があるときは、この限りでない。
3　前項ただし書の場合における検査の申請は、その理由がやんだ日から４日以内に建築主事等に到達するように、しなければならない。
4　建築主事等が第１項の規定による申請を受理した場合においては、建築主事等又はその委任を受けた当該市町村若しくは都道府県の職員（以下この章において「検査実施者」という。）は、その申請を受理した日から７日以内に、当該工事に係る建築物及びその敷地が建築基準関係規定に適合しているかどうかを検査しなければならない。
5　検査実施者は、前項の規定による検査をした場合において、当該建築物及びその敷地が建築基準関係規定に適合していることを認めたときは、国土交通省令で定めるところにより、当該建築物の建築主に対して検査済証を交付しなければならない。

［現行］　**第７条の２**　（国土交通大臣等の指定を受けた者による完了検査）

制定：平成10年法律第100号　　　施行：平成11年５月１日
第７条の２　（建設大臣等の指定を受けた者による完了検査）

1　第77条の18から第77条の21までの規定の定めるところにより建設大臣又は都道府県知事が指定した者が、第６条第１項の規定による工事の完了の日から４日が経過する日までに、当該工事に係る建築物及びその敷地が建築基準関係規定に適合しているかどうかの検査を引き受けた場合において、当該検査の引受けに係る工事が完了したときについては、前条第１項から第３項までの規定は、適用しない。
2　前項の規定による指定は、２以上の都道府県の区域において同項の検査の業務を行おうとする者を指定する場合にあつては建設大臣が、一の都道府県の区域において同項の検査の業務を行おうとする者を指定する場合にあつては都道府県知事がするものとする。
3　第１項の規定による指定を受けた者は、同項の規定による検査の引受けを行つたときは、建設省令で定めるところにより、その旨を証する書面を建築主に交付するとともに、その旨を建築主事に通知しなければならない。
4　第１項の規定による指定を受けた者は、同項の規定による検査の引受けを行つたときは、当該検査の引受けを行つた第６条第１項の規定による工事が完了した日又は当該検査の引受けを行つた日のいずれか遅い日から７日以内に、第１項の検査をしなければならない。
5　第１項の規定による指定を受けた者は、同項の検査をした建築物及びその敷地が建築基準関係規定に適合

法7条の2　制定：平成10年法律第100号

　　　していることを認めたときは、建設省令で定めるところにより、当該建築物の建築主に対して検査済証を交付しなければならない。この場合において、当該検査済証は、前条第5項の検査済証とみなす。
　6　第1項の規定による指定を受けた者は、建設省令で定めるところにより、同項の検査の結果を特定行政庁に報告しなければならない。
　7　特定行政庁は、前項の規定により第1項の検査をした建築物及びその敷地が建築基準関係規定に適合しない旨の報告を受けたときは、遅滞なく、第9条第1項又は第7項の規定による命令その他必要な措置を講ずるものとする。

改正：平成11年法律第160号　　　施行：平成13年1月6日
第7条の2　（国土交通大臣等の指定を受けた者による完了検査）

　1　第77条の18から第77条の21までの規定の定めるところにより<u>国土交通大臣</u>又は都道府県知事が指定した者が、第6条第1項の規定による工事の完了の日から4日が経過する日までに、当該工事に係る建築物及びその敷地が建築基準関係規定に適合しているかどうかの検査を引き受けた場合において、当該検査の引受けに係る工事が完了したときについては、前条第1項から第3項までの規定は、適用しない。
　2　前項の規定による指定は、2以上の都道府県の区域において同項の検査の業務を行おうとする者を指定する場合にあつては<u>国土交通大臣</u>が、一の都道府県の区域において同項の検査の業務を行おうとする者を指定する場合にあつては都道府県知事がするものとする。
　3　第1項の規定による指定を受けた者は、同項の規定による検査の引受けを行つたときは、<u>国土交通省令</u>で定めるところにより、その旨を証する書面を建築主に交付するとともに、その旨を建築主事に通知しなければならない。
　4　略
　5　第1項の規定による指定を受けた者は、同項の検査をした建築物及びその敷地が建築基準関係規定に適合していることを認めたときは、<u>国土交通省令</u>で定めるところにより、当該建築物の建築主に対して検査済証を交付しなければならない。この場合において、当該検査済証は、前条第5項の検査済証とみなす。
　6　第1項の規定による指定を受けた者は、<u>国土交通省令</u>で定めるところにより、同項の検査の結果を特定行政庁に報告しなければならない。
　7　略

改正：平成18年法律第92号　　　施行：平成19年6月20日
第7条の2　（国土交通大臣等の指定を受けた者による完了検査）

　1～5　略
　6　第1項の規定による指定を受けた者は、<u>同項の検査をしたときは、国土交通省令で定める期間内に</u>、国土交通省令で定めるところにより、<u>完了検査報告書を作成し、同項の検査をした建築物及びその敷地に関する国土交通省令で定める書類を添えて、</u>これを特定行政庁に提出しなければならない。
　7　特定行政庁は、前項の規定<u>による完了検査報告書の提出</u>を受けた場合において、第1項の検査をした建築物及びその敷地が建築基準関係規定に<u>適合しないと認める</u>ときは、遅滞なく、第9条第1項又は第7項の規定による命令その他必要な措置を講ずるものとする。

改正：令和5年法律第58号　　　施行：令和6年4月1日
第7条の2　（国土交通大臣等の指定を受けた者による完了検査）

　1　第77条の18から第77条の21までの規定の定めるところにより国土交通大臣又は都道府県知事が指定した者が、第6条第1項の規定による工事の完了の日から4日が経過する日までに、当該工事に係る建築物及びその敷地が建築基準関係規定に適合しているかどうかの検査を引き受けた場合において、当該検査の引受けに係る工事が完了したときについては、前条第1項から第3項までの規定は、適用しない。
　2　前項の規定による指定は、2以上の都道府県の区域において同項の検査の業務を行おうとする者を指定する場合にあつては国土交通大臣が、一の都道府県の区域において同項の検査の業務を行おうとする者を指定する場合にあつては都道府県知事がするものとする。

3　第1項の規定による指定を受けた者は、同項の規定による検査の引受けを行つたときは、国土交通省令で定めるところにより、その旨を証する書面を建築主に交付するとともに、その旨を<u>建築主事等（当該検査の引受けが大規模建築物に係るものである場合にあつては、建築主事。第7条の4第2項において同じ。）</u>に通知しなければならない。

4　第1項の規定による指定を受けた者は、同項の規定による検査の引受けを行つたときは、当該検査の引受けを行つた第6条第1項の規定による工事が完了した日又は当該検査の引受けを行つた日のいずれか遅い日から7日以内に、第1項の検査をしなければならない。

5　第1項の規定による指定を受けた者は、同項の検査をした建築物及びその敷地が建築基準関係規定に適合していることを認めたときは、国土交通省令で定めるところにより、当該建築物の建築主に対して検査済証を交付しなければならない。この場合において、当該検査済証は、前条第5項の検査済証とみなす。

6　第1項の規定による指定を受けた者は、同項の検査をしたときは、国土交通省令で定める期間内に、国土交通省令で定めるところにより、完了検査報告書を作成し、同項の検査をした建築物及びその敷地に関する国土交通省令で定める書類を添えて、これを特定行政庁に提出しなければならない。

7　特定行政庁は、前項の規定による完了検査報告書の提出を受けた場合において、第1項の検査をした建築物及びその敷地が建築基準関係規定に適合しないと認めるときは、遅滞なく、第9条第1項又は第7項の規定による命令その他必要な措置を講ずるものとする。

[現行]　第7条の3　（建築物に関する中間検査）

制定：平成10年法律第100号　　　施行：平成11年5月1日
第7条の3　（建築物に関する中間検査）

1　特定行政庁は、その地方の建築物の建築の動向又は工事に関する状況その他の事情を勘案して、区域、期間及び建築物の構造、用途又は規模を限り、建築物に関する工事の工程のうち当該工事の施工中に建築主事が建築基準関係規定に適合しているかどうかを検査することが必要なものを特定工程として指定するものとする。

2　建築主は、第6条第1項の規定による工事が特定工程を含む場合において、当該特定工程に係る工事を終えたときは、その日から4日以内に建築主事に到達するように、建設省令で定めるところにより、建築主事の検査を申請しなければならない。ただし、申請をしなかつたことについて建設省令で定めるやむを得ない理由があるときは、この限りでない。

3　前項ただし書の場合における検査の申請は、その理由がやんだ日から4日以内に建築主事に到達するように、しなければならない。

4　建築主事が第2項の規定による申請を受理した場合においては、建築主事等は、その申請を受理した日から4日以内に、当該申請に係る工事中の建築物等（建築、大規模の修繕又は大規模の模様替の工事中の建築物及びその敷地をいう。以下この章において同じ。）が建築基準関係規定に適合するかどうかを検査しなければならない。

5　建築主事等は、前項の規定による検査をした場合において、工事中の建築物等が建築基準関係規定に適合すると認めたときは、建設省令で定めるところにより、当該建築主に対して中間検査合格証を交付しなければならない。

6　特定行政庁が第1項の指定と併せて指定する特定工程後の工程に係る工事は、前項の規定による中間検査合格証の交付を受けた後でなければ、これを施工してはならない。

7　建築主事等又は前条第1項の規定による指定を受けた者は、第4項の規定による検査において建築基準関係規定に適合すると認められた工事中の建築物等について、第7条第4項、前条第1項、第4項又は次条第1項の規定による検査をするときは、第4項の規定による検査において建築基準関係規定に適合すると認められた建築物の部分及びその敷地については、これらの規定による検査をすることを要しない。

8　第6条第7項及び第8項の規定は、第2項の規定による申請をしようとする者について準用する。

9　特定行政庁は、第1項の規定による指定の必要がなくなつたと認めるときは、速やかに当該指定を解除するものとする。

10　第1項の規定による指定に関して公示その他の必要な事項は、建設省令で定める。

法7条の3 改正：平成11年法律第87号

改正：平成11年法律第87号　　施行：平成12年4月1日
第7条の3　（建築物に関する中間検査）

1～7　略
8　特定行政庁は、第1項の規定による指定の必要がなくなつたと認めるときは、速やかに当該指定を解除するものとする。
9　第1項の規定による指定に関して公示その他の必要な事項は、建設省令で定める。

改正：平成11年法律第160号　　施行：平成13年1月6日
第7条の3　（建築物に関する中間検査）

1　略
2　建築主は、第6条第1項の規定による工事が特定工程を含む場合において、当該特定工程に係る工事を終えたときは、その日から4日以内に建築主事に到達するように、国土交通省令で定めるところにより、建築主事の検査を申請しなければならない。ただし、申請をしなかつたことについて国土交通省令で定めるやむを得ない理由があるときは、この限りでない。
3・4　略
5　建築主事等は、前項の規定による検査をした場合において、工事中の建築物等が建築基準関係規定に適合すると認めたときは、国土交通省令で定めるところにより、当該建築主に対して中間検査合格証を交付しなければならない。
6～8　略
9　第1項の規定による指定に関して公示その他の必要な事項は、国土交通省令で定める。

改正：平成18年法律第92号　　施行：平成19年6月20日
第7条の3　（建築物に関する中間検査）

1　建築主は、第6条第1項の規定による工事が次の各号のいずれかに該当する工程（以下「特定工程」という。）を含む場合において、当該特定工程に係る工事を終えたときは、その都度、国土交通省令で定めるところにより、建築主事の検査を申請しなければならない。
　一　階数が3以上である共同住宅の床及びはりに鉄筋を配置する工事の工程のうち政令で定める工程
　二　前号に掲げるもののほか、特定行政庁が、その地方の建築物の建築の動向又は工事に関する状況その他の事情を勘案して、区域、期間又は建築物の構造、用途若しくは規模を限つて指定する工程
2　前項の規定による申請は、特定工程に係る工事を終えた日から4日以内に建築主事に到達するように、しなければならない。ただし、申請をしなかつたことについて国土交通省令で定めるやむを得ない理由があるときは、この限りでない。
3　略
4　建築主事が第1項の規定による申請を受理した場合においては、建築主事等は、その申請を受理した日から4日以内に、当該申請に係る工事中の建築物等（建築、大規模の修繕又は大規模の模様替の工事中の建築物及びその敷地をいう。以下この章において同じ。）について、検査前に施工された工事に係る建築物の部分及びその敷地が建築基準関係規定に適合するかどうかを検査しなければならない。
5　建築主事等は、前項の規定による検査をした場合において、工事中の建築物等が建築基準関係規定に適合することを認めたときは、国土交通省令で定めるところにより、当該建築主に対して当該特定工程に係る中間検査合格証を交付しなければならない。
6　第1項第一号の政令で定める特定工程ごとに政令で定める当該特定工程後の工程及び特定行政庁が同項第二号の指定と併せて指定する特定工程後の工程（第18条第20項において「特定工程後の工程」と総称する。）に係る工事は、前項の規定による当該特定工程に係る中間検査合格証の交付を受けた後でなければ、これを施工してはならない。
7　建築主事等又は前条第1項の規定による指定を受けた者は、第4項の規定による検査において建築基準関係規定に適合することを認められた工事中の建築物等について、第7条第4項、前条第1項、第4項又は次条第1項の規定による検査をするときは、第4項の規定による検査において建築基準関係規定に適合

することを認められた建築物の部分及びその敷地については、これらの規定による検査をすることを要しない。
8　第1項第二号の規定による指定に関して公示その他の必要な事項は、国土交通省令で定める。

改正：平成26年法律第54号　　　施行：平成27年6月1日
第7条の3　（建築物に関する中間検査）

1～5　略
6　第1項第一号の政令で定める特定工程ごとに政令で定める当該特定工程後の工程及び特定行政庁が同項第二号の指定と併せて指定する特定工程後の工程（第18条第22項において「特定工程後の工程」と総称する。）に係る工事は、前項の規定による当該特定工程に係る中間検査合格証の交付を受けた後でなければ、これを施工してはならない。
7・8　略

改正：令和5年法律第58号　　　施行：令和6年4月1日
第7条の3　（建築物に関する中間検査）

1　建築主は、第6条第1項の規定による工事が次の各号のいずれかに該当する工程（以下「特定工程」という。）を含む場合において、当該特定工程に係る工事を終えたときは、その都度、国土交通省令で定めるところにより、建築主事等の検査を申請しなければならない。
　一・二　略
2　前項の規定による申請は、特定工程に係る工事を終えた日から4日以内に建築主事等に到達するように、しなければならない。ただし、申請をしなかつたことについて国土交通省令で定めるやむを得ない理由があるときは、この限りでない。
3　前項ただし書の場合における検査の申請は、その理由がやんだ日から4日以内に建築主事等に到達するように、しなければならない。
4　建築主事等が第1項の規定による申請を受理した場合においては、検査実施者は、その申請を受理した日から4日以内に、当該申請に係る工事中の建築物等（建築、大規模の修繕又は大規模の模様替の工事中の建築物及びその敷地をいう。以下この章において同じ。）について、検査前に施工された工事に係る建築物の部分及びその敷地が建築基準関係規定に適合するかどうかを検査しなければならない。
5　検査実施者は、前項の規定による検査をした場合において、工事中の建築物等が建築基準関係規定に適合することを認めたときは、国土交通省令で定めるところにより、当該建築主に対して当該特定工程に係る中間検査合格証を交付しなければならない。
6　略
7　検査実施者又は前条第1項の規定による指定を受けた者は、第4項の規定による検査において建築基準関係規定に適合することを認められた工事中の建築物等について、第7条第4項、前条第1項、第4項又は次条第1項の規定による検査をするときは、第4項の規定による検査において建築基準関係規定に適合することを認められた建築物の部分及びその敷地については、これらの規定による検査をすることを要しない。
8　略

改正：令和6年法律第53号　　　施行：令和6年11月1日
第7条の3　（建築物に関する中間検査）

1　建築主は、第6条第1項の規定による工事が次の各号のいずれかに該当する工程（以下「特定工程」という。）を含む場合において、当該特定工程に係る工事を終えたときは、その都度、国土交通省令で定めるところにより、建築主事等の検査を申請しなければならない。
　一　階数が3以上である共同住宅の床及びはりに鉄筋を配置する工事の工程のうち政令で定める工程
　二　前号に掲げるもののほか、特定行政庁が、その地方の建築物の建築の動向又は工事に関する状況その他の事情を勘案して、区域、期間又は建築物の構造、用途若しくは規模を限つて指定する工程
2　前項の規定による申請は、特定工程に係る工事を終えた日から4日以内に建築主事等に到達するように、

法7条の3 改正：令和6年法律第53号

しなければならない。ただし、申請をしなかつたことについて国土交通省令で定めるやむを得ない理由があるときは、この限りでない。

3　前項ただし書の場合における検査の申請は、その理由がやんだ日から４日以内に建築主事等に到達するように、しなければならない。

4　建築主事等が第１項の規定による申請を受理した場合においては、検査実施者は、その申請を受理した日から４日以内に、当該申請に係る工事中の建築物等（建築、大規模の修繕又は大規模の模様替の工事中の建築物及びその敷地をいう。以下この章において同じ。）について、検査前に施工された工事に係る建築物の部分及びその敷地が建築基準関係規定に適合するかどうかを検査しなければならない。

5　検査実施者は、前項の規定による検査をした場合において、工事中の建築物等が建築基準関係規定に適合することを認めたときは、国土交通省令で定めるところにより、当該建築主に対して当該特定工程に係る中間検査合格証を交付しなければならない。

6　第１項第一号の政令で定める特定工程ごとに政令で定める当該特定工程後の工程及び特定行政庁が同項第二号の指定と併せて指定する特定工程後の工程（第18条第31項及び第35項において「特定工程後の工程」と総称する。）に係る工事は、前項の規定による当該特定工程に係る中間検査合格証の交付を受けた後でなければ、これを施工してはならない。

7　検査実施者又は前条第１項の規定による指定を受けた者は、第４項の規定による検査において建築基準関係規定に適合することを認められた工事中の建築物等について、第７条第４項、前条第１項、第４項又は次条第１項の規定による検査をするときは、第４項の規定による検査において建築基準関係規定に適合することを認められた建築物の部分及びその敷地については、これらの規定による検査をすることを要しない。

8　第１項第二号の規定による指定に関して公示その他の必要な事項は、国土交通省令で定める。

［現行］　第７条の４　（国土交通大臣等の指定を受けた者による中間検査）

制定：平成10年法律第100号　　施行：平成11年５月１日

第７条の４　（建設大臣等の指定を受けた者による中間検査）

1　第６条第１項の規定による工事が特定工程を含む場合において、第７条の２第１項の規定による指定を受けた者が当該特定工程に係る工事を終えた後の工事中の建築物等が建築基準関係規定に適合するかどうかの検査を当該工事を終えた日から４日が経過する日までに引き受けたときについては、前条第２項の規定は、適用しない。

2　第７条の２第１項の規定による指定を受けた者は、前項の規定による検査の引受けを行つたときは、建設省令で定めるところにより、その旨を証する書面を建築主に交付するとともに、その旨を建築主事に通知しなければならない。

3　第７条の２第１項の規定による指定を受けた者は、第１項の検査をした場合において、特定工程に係る工事中の建築物等が建築基準関係規定に適合すると認めたときは、建設省令で定めるところにより、当該建築主に対して中間検査合格証を交付しなければならない。

4　前項の規定により交付された中間検査合格証は、前条第５項の中間検査合格証とみなす。

5　前条第７項の規定の適用については、第３項の規定により中間検査合格証が交付された第１項の検査は、同条第５項の規定により中間検査合格証が交付された同条第４項の規定による検査とみなす。

6　第７条の２第１項の規定による指定を受けた者は、建設省令で定めるところにより、第１項の検査の結果を特定行政庁に報告しなければならない。

7　特定行政庁は、前項の規定により工事中の建築物等が建築基準関係規定に適合しない旨の報告を受けたときは、遅滞なく、第９条第１項又は第10項の規定による命令その他必要な措置を講ずるものとする。

改正：平成11年法律第160号　　施行：平成13年１月６日

第７条の４　（国土交通大臣等の指定を受けた者による中間検査）

1　略

2　第７条の２第１項の規定による指定を受けた者は、前項の規定による検査の引受けを行つたときは、国土交通省令で定めるところにより、その旨を証する書面を建築主に交付するとともに、その旨を建築主事に通

改正：令和5年法律第58号　**法7条の4**

　　知しなければならない。
3　第7条の2第1項の規定による指定を受けた者は、第1項の検査をした場合において、特定工程に係る工事中の建築物等が建築基準関係規定に適合すると認めたときは、国土交通省令で定めるところにより、当該建築主に対して中間検査合格証を交付しなければならない。
4・5　略
6　第7条の2第1項の規定による指定を受けた者は、国土交通省令で定めるところにより、第1項の検査の結果を特定行政庁に報告しなければならない。
7　略

改正：平成18年法律第92号　　　施行：平成19年6月20日
第7条の4　（国土交通大臣等の指定を受けた者による中間検査）

1　第6条第1項の規定による工事が特定工程を含む場合において、第7条の2第1項の規定による指定を受けた者が当該特定工程に係る工事を終えた後の工事中の建築物等について、検査前に施工された工事に係る建築物の部分及びその敷地が建築基準関係規定に適合するかどうかの検査を当該工事を終えた日から4日が経過する日までに引き受けたときについては、前条第1項から第3項までの規定は、適用しない。
2　略
3　第7条の2第1項の規定による指定を受けた者は、第1項の検査をした場合において、特定工程に係る工事中の建築物等が建築基準関係規定に適合することを認めたときは、国土交通省令で定めるところにより、当該建築主に対して当該特定工程に係る中間検査合格証を交付しなければならない。
4　前項の規定により交付された特定工程に係る中間検査合格証は、それぞれ、当該特定工程に係る前条第5項の中間検査合格証とみなす。
5　前条第7項の規定の適用については、第3項の規定により特定工程に係る中間検査合格証が交付された第1項の検査は、それぞれ、同条第5項の規定により当該特定工程に係る中間検査合格証が交付された同条第4項の規定による検査とみなす。
6　第7条の2第1項の規定による指定を受けた者は、第1項の検査をしたときは、国土交通省令で定める期間内に、国土交通省令で定めるところにより、中間検査報告書を作成し、同項の検査をした工事中の建築物等に関する国土交通省令で定める書類を添えて、これを特定行政庁に提出しなければならない。
7　特定行政庁は、前項の規定による中間検査報告書の提出を受けた場合において、第1項の検査をした工事中の建築物等が建築基準関係規定に適合しないと認めるときは、遅滞なく、第9条第1項又は第10項の規定による命令その他必要な措置を講ずるものとする。

改正：令和5年法律第58号　　　施行：令和6年4月1日
第7条の4　（国土交通大臣等の指定を受けた者による中間検査）

1　第6条第1項の規定による工事が特定工程を含む場合において、第7条の2第1項の規定による指定を受けた者が当該特定工程に係る工事を終えた後の工事中の建築物等について、検査前に施工された工事に係る建築物の部分及びその敷地が建築基準関係規定に適合するかどうかの検査を当該工事を終えた日から4日が経過する日までに引き受けたときについては、前条第1項から第3項までの規定は、適用しない。
2　第7条の2第1項の規定による指定を受けた者は、前項の規定による検査の引受けを行つたときは、国土交通省令で定めるところにより、その旨を証する書面を建築主に交付するとともに、その旨を建築主事等に通知しなければならない。
3　第7条の2第1項の規定による指定を受けた者は、第1項の検査をした場合において、特定工程に係る工事中の建築物等が建築基準関係規定に適合することを認めたときは、国土交通省令で定めるところにより、当該建築主に対して当該特定工程に係る中間検査合格証を交付しなければならない。
4　前項の規定により交付された特定工程に係る中間検査合格証は、それぞれ、当該特定工程に係る前条第5項の中間検査合格証とみなす。
5　前条第7項の規定の適用については、第3項の規定により特定工程に係る中間検査合格証が交付された第1項の検査は、それぞれ、同条第5項の規定により当該特定工程に係る中間検査合格証が交付された同条第4項の規定による検査とみなす。

法7条の4 改正：令和5年法律第58号

6 第7条の2第1項の規定による指定を受けた者は、第1項の検査をしたときは、国土交通省令で定める期間内に、国土交通省令で定めるところにより、中間検査報告書を作成し、同項の検査をした工事中の建築物等に関する国土交通省令で定める書類を添えて、これを特定行政庁に提出しなければならない。

7 特定行政庁は、前項の規定による中間検査報告書の提出を受けた場合において、第1項の検査をした工事中の建築物等が建築基準関係規定に適合しないと認めるときは、遅滞なく、第9条第1項又は第10項の規定による命令その他必要な措置を講ずるものとする。

[現行] 第7条の5 （建築物に関する検査の特例）

制定：昭和58年法律第44号　　　施行：昭和59年4月1日
旧　第7条の2　（建築物に関する検査の特例）

1 第6条の2第1項各号に掲げる建築物の建築の工事で、建設省令で定めるところにより建築士である工事監理者によつて設計図書のとおりに実施されたことが確認されたものに対する前条の規定の適用については、同条第2項及び第3項中「法律並びにこれに基づく命令及び条例の規定」とあるのは、「法律並びにこれに基づく命令及び条例の規定（前条第1項の規定により読み替えて適用される第6条第1項の政令で定める規定を除く。）」とする。

改正：平成10年法律第100号　　　施行：平成11年5月1日
第7条の5　（建築物に関する検査の特例）

1 第6条の3第1項各号に掲げる建築物の建築の工事で、建設省令で定めるところにより建築士である工事監理者によつて設計図書のとおりに実施されたことが確認されたものに対する第7条から前条までの規定の適用については、第7条第4項及び第5項中「建築基準関係規定」とあるのは「前条第1項の規定により読み替えて適用される第6条第1項に規定する建築基準関係規定」と、第7条の2第1項、第5項及び第7項、第7条の3第1項、第4項、第5項及び第7項並びに前条第1項、第3項及び第7項中「建築基準関係規定」とあるのは「第6条の3第1項の規定により読み替えて適用される第6条第1項に規定する建築基準関係規定」とする。

改正：平成10年法律第100号　　　施行：平成12年6月1日
第7条の5　（建築物に関する検査の特例）

1 第6条の3第1項第一号若しくは第二号に掲げる建築物の建築、大規模の修繕若しくは大規模の模様替又は同項第三号に掲げる建築物の建築の工事（同号に掲げる建築物の建築の工事にあつては、建設省令で定めるところにより建築士である工事監理者によつて設計図書のとおりに実施されたことが確認されたものに限る。）に対する第7条から前条までの規定の適用については、第7条第4項及び第5項中「建築基準関係規定」とあるのは「前条第1項の規定により読み替えて適用される第6条第1項に規定する建築基準関係規定」と、第7条の2第1項、第5項及び第7項、第7条の3第1項、第4項、第5項及び第7項並びに前条第1項、第3項及び第7項中「建築基準関係規定」とあるのは「第6条の3第1項の規定により読み替えて適用される第6条第1項に規定する建築基準関係規定」とする。

改正：平成11年法律第160号　　　施行：平成13年1月6日
第7条の5　（建築物に関する検査の特例）

1 第6条の3第1項第一号若しくは第二号に掲げる建築物の建築、大規模の修繕若しくは大規模の模様替又は同項第三号に掲げる建築物の建築の工事（同号に掲げる建築物の建築の工事にあつては、国土交通省令で定めるところにより建築士である工事監理者によつて設計図書のとおりに実施されたことが確認されたものに限る。）に対する第7条から前条までの規定の適用については、第7条第4項及び第5項中「建築基準関係規定」とあるのは「前条第1項の規定により読み替えて適用される第6条第1項に規定する建築基準関係規定」と、第7条の2第1項、第5項及び第7項、第7条の3第1項、第4項、第5項及び第7項並びに前

条第1項、第3項及び第7項中「建築基準関係規定」とあるのは「第6条の3第1項の規定により読み替えて適用される第6条第1項に規定する建築基準関係規定」とする。

改正：平成18年法律第92号　　　施行：平成19年6月20日
第7条の5　（建築物に関する検査の特例）

1　第6条の3第1項第一号若しくは第二号に掲げる建築物の建築、大規模の修繕若しくは大規模の模様替又は同項第三号に掲げる建築物の建築の工事（同号に掲げる建築物の建築の工事にあつては、国土交通省令で定めるところにより建築士である工事監理者によつて設計図書のとおりに実施されたことが確認されたものに限る。）に対する第7条から前条までの規定の適用については、第7条第4項及び第5項中「建築基準関係規定」とあるのは「前条第1項の規定により読み替えて適用される第6条第1項に規定する建築基準関係規定」と、第7条の2第1項、第5項及び第7項、第7条の3第4項、第5項及び第7項並びに前条第1項、第3項及び第7項中「建築基準関係規定」とあるのは「第6条の3第1項の規定により読み替えて適用される第6条第1項に規定する建築基準関係規定」とする。

改正：平成26年法律第54号　　　施行：平成27年6月1日
第7条の5　（建築物に関する検査の特例）

1　第6条の4第1項第一号若しくは第二号に掲げる建築物の建築、大規模の修繕若しくは大規模の模様替又は同項第三号に掲げる建築物の建築の工事（同号に掲げる建築物の建築の工事にあつては、国土交通省令で定めるところにより建築士である工事監理者によつて設計図書のとおりに実施されたことが確認されたものに限る。）に対する第7条から前条までの規定の適用については、第7条第4項及び第5項中「建築基準関係規定」とあるのは「前条第1項の規定により読み替えて適用される第6条第1項に規定する建築基準関係規定」と、第7条の2第1項、第5項及び第7項、第7条の3第4項、第5項及び第7項並びに前条第1項、第3項及び第7項中「建築基準関係規定」とあるのは「第6条の4第1項の規定により読み替えて適用される第6条第1項に規定する建築基準関係規定」とする。

[現行]　第7条の6　（検査済証の交付を受けるまでの建築物の使用制限）

制定：昭和51年法律第83号　　　施行：昭和52年11月1日
旧　第7条の2　（検査済証の交付を受けるまでの建築物の使用制限）

1　第6条第1項第一号から第三号までの建築物を新築する場合又はこれらの建築物（共同住宅以外の住宅及び居室を有しない建築物を除く。）の増築、改築、移転、大規模の修繕若しくは大規模の模様替の工事で、廊下、階段、出入口その他の避難施設、消火栓（せん）、スプリンクラーその他の消火設備、排煙設備、非常用の照明装置、非常用の昇降機若しくは防火区画で政令で定めるものに関する工事（政令で定める軽易な工事を除く。以下この項、第18条第8項及び第90条の3において「避難施設等に関する工事」という。）を含むものをする場合においては、当該建築物の建築主は、前条第3項の検査済証の交付を受けた後でなければ、当該新築に係る建築物又は当該避難施設等に関する工事に係る建築物若しくは建築物の部分を使用し、又は使用させてはならない。ただし、次の各号の一に該当する場合には、検査済証の交付を受ける前においても、仮に、当該建築物又は建築物の部分を使用し、又は使用させることができる。
　一　特定行政庁（前条第1項の規定による届出があつた後においては、建築主事）が、安全上、防火上又は避難上支障がないと認めて仮使用の承認をしたとき。
　二　前条第1項の規定による届出をした日から7日を経過したとき。
2　前項第一号の仮使用の承認の申請の手続に関し必要な事項は、建設省令で定める。

改正：昭和58年法律第44号　　　施行：昭和59年4月1日
旧　第7条の3　（検査済証の交付を受けるまでの建築物の使用制限）

1　第6条第1項第一号から第三号までの建築物を新築する場合又はこれらの建築物（共同住宅以外の住宅及び居室を有しない建築物を除く。）の増築、改築、移転、大規模の修繕若しくは大規模の模様替の工事で、

法旧7条の3　改正：昭和58年法律第44号

廊下、階段、出入口その他の避難施設、<u>消火栓</u>、スプリンクラーその他の消火設備、排煙設備、非常用の照明装置、非常用の昇降機若しくは防火区画で政令で定めるものに関する工事（政令で定める軽易な工事を除く。以下この項、第18条第8項及び第90条の3において「避難施設等に関する工事」という。）を含むものをする場合においては、当該建築物の建築主は、<u>第7条第3項</u>の検査済証の交付を受けた後でなければ、当該新築に係る建築物又は当該避難施設等に関する工事に係る建築物若しくは建築物の部分を使用し、又は使用させてはならない。ただし、次の各号の一に該当する場合には、検査済証の交付を受ける前においても、仮に、当該建築物又は建築物の部分を使用し、又は使用させることができる。
　一　特定行政庁（<u>第7条第1項</u>の規定による届出があつた後においては、建築主事）が、安全上、防火上又は避難上支障がないと認めて仮使用の承認をしたとき。
　二　<u>第7条第1項</u>の規定による届出をした日から7日を経過したとき。
2　略

改正：平成10年法律第100号　　　施行：平成11年5月1日
第7条の6　（検査済証の交付を受けるまでの建築物の使用制限）

1　第6条第1項第一号から第三号までの建築物を新築する場合又はこれらの建築物（共同住宅以外の住宅及び居室を有しない建築物を除く。）の増築、改築、移転、大規模の修繕若しくは大規模の模様替の工事で、廊下、階段、出入口その他の避難施設、消火栓、スプリンクラーその他の消火設備、排煙設備、非常用の照明装置、非常用の昇降機若しくは防火区画で政令で定めるものに関する工事（政令で定める軽易な工事を除く。以下この項、第18条<u>第13項</u>及び第90条の3において「避難施設等に関する工事」という。）を含むものをする場合においては、当該建築物の建築主は、第7条<u>第5項</u>の検査済証の交付を受けた後でなければ、当該新築に係る建築物又は当該避難施設等に関する工事に係る建築物若しくは建築物の部分を使用し、又は使用させてはならない。ただし、次の各号の一に該当する場合には、検査済証の交付を受ける前においても、仮に、当該建築物又は建築物の部分を使用し、又は使用させることができる。
　一　特定行政庁（第7条第1項の規定による<u>申請が受理</u>された後においては、建築主事）が、安全上、防火<u>上及び</u>避難上支障がないと認めて仮使用の承認をしたとき。
　二　第7条第1項の規定による<u>申請が受理された日</u>（<u>第7条の2第1項の規定による指定を受けた者が同項の規定による検査の引受けを行つた場合にあつては、当該検査の引受けに係る工事が完了した日又は当該検査の引受けを行つた日のいずれか遅い日</u>）から7日を経過したとき。
2　略

改正：平成11年法律第160号　　　施行：平成13年1月6日
第7条の6　（検査済証の交付を受けるまでの建築物の使用制限）

1　第6条第1項第一号から第三号までの建築物を新築する場合又はこれらの建築物（共同住宅以外の住宅及び居室を有しない建築物を除く。）の増築、改築、移転、大規模の修繕若しくは大規模の模様替の工事で、廊下、階段、出入口その他の避難施設、消火栓、スプリンクラーその他の消火設備、排煙設備、非常用の照明装置、非常用の昇降機若しくは防火区画で政令で定めるものに関する工事（政令で定める軽易な工事を除く。以下この項、第18条第13項及び第90条の3において「避難施設等に関する工事」という。）を含むものをする場合においては、当該建築物の建築主は、第7条第5項の検査済証の交付を受けた後でなければ、当該新築に係る建築物又は当該避難施設等に関する工事に係る建築物若しくは建築物の部分を使用し、又は使用させてはならない。ただし、次の各号の一に該当する場合には、検査済証の交付を受ける前においても、仮に、当該建築物又は建築物の部分を使用し、又は使用させることができる。
　一・二　略
2　前項第一号の仮使用の承認の申請の手続に関し必要な事項は、<u>国土交通省令</u>で定める。

改正：平成18年法律第92号　　　施行：平成19年6月20日
第7条の6　（検査済証の交付を受けるまでの建築物の使用制限）

1　第6条第1項第一号から第三号までの建築物を新築する場合又はこれらの建築物（共同住宅以外の住宅及び居室を有しない建築物を除く。）の増築、改築、移転、大規模の修繕若しくは大規模の模様替の工事で、

廊下、階段、出入口その他の避難施設、消火栓、スプリンクラーその他の消火設備、排煙設備、非常用の照明装置、非常用の昇降機若しくは防火区画で政令で定めるものに関する工事（政令で定める軽易な工事を除く。以下この項、<u>第18条第22項</u>及び第90条の３において「避難施設等に関する工事」という。）を含むものをする場合においては、当該建築物の建築主は、第７条第５項の検査済証の交付を受けた後でなければ、当該新築に係る建築物又は当該避難施設等に関する工事に係る建築物若しくは建築物の部分を使用し、又は使用させてはならない。ただし、次の<u>各号</u>のいずれかに該当する場合には、検査済証の交付を受ける前においても、仮に、当該建築物又は建築物の部分を使用し、又は使用させることができる。
　一・二　略
２　略

改正：平成26年法律第54号　　　施行：平成27年６月１日
第７条の６　（検査済証の交付を受けるまでの建築物の使用制限）

１　第６条第１項第一号から第三号までの建築物を新築する場合又はこれらの建築物（共同住宅以外の住宅及び居室を有しない建築物を除く。）の増築、改築、移転、大規模の修繕若しくは大規模の模様替の工事で、廊下、階段、出入口その他の避難施設、消火栓、スプリンクラーその他の消火設備、排煙設備、非常用の照明装置、非常用の昇降機若しくは防火区画で政令で定めるものに関する工事（政令で定める軽易な工事を除く。以下この項、<u>第18条第24項</u>及び第90条の３において「避難施設等に関する工事」という。）を含むものをする場合においては、当該建築物の建築主は、第７条第５項の検査済証の交付を受けた後でなければ、当該新築に係る建築物又は当該避難施設等に関する工事に係る建築物若しくは建築物の部分を使用し、又は使用させてはならない。ただし、次の各号のいずれかに該当する場合には、検査済証の交付を受ける前においても、仮に、当該建築物又は建築物の部分を使用し、又は使用させることができる。
　<u>一</u>　<u>特定行政庁</u>が、安全上、防火上及び避難上支障がないと<u>認めたとき</u>。
　<u>二</u>　<u>建築主事又は第７条の２第１項の規定による指定を受けた者が、安全上、防火上及び避難上支障がないものとして国土交通大臣が定める基準に適合していることを認めたとき</u>。
　三　第７条第１項の規定による申請が受理された日（第７条の２第１項の規定による指定を受けた者が同項の規定による検査の引受けを行つた場合にあつては、当該検査の引受けに係る工事が完了した日又は当該検査の引受けを行つた日のいずれか遅い日）から７日を経過したとき。
２　前項第一号<u>及び第二号</u>の規定による認定の申請の手続に関し必要な事項は、国土交通省令で定める。
<u>３　第７条の２第１項の規定による指定を受けた者は、第１項第二号の規定による認定をしたときは、国土交通省令で定める期間内に、国土交通省令で定めるところにより、仮使用認定報告書を作成し、同号の規定による認定をした建築物に関する国土交通省令で定める書類を添えて、これを特定行政庁に提出しなければならない。</u>
<u>４　特定行政庁は、前項の規定による仮使用認定報告書の提出を受けた場合において、第１項第二号の規定による認定を受けた建築物が同号の国土交通大臣が定める基準に適合しないと認めるときは、当該建築物の建築主及び当該認定を行つた第７条の２第１項の規定による指定を受けた者にその旨を通知しなければならない。この場合において、当該認定は、その効力を失う。</u>

改正：令和５年法律第58号　　　施行：令和６年４月１日
第７条の６　（検査済証の交付を受けるまでの建築物の使用制限）

１　第６条第１項第一号から第三号までの建築物を新築する場合又はこれらの建築物（共同住宅以外の住宅及び居室を有しない建築物を除く。）の増築、改築、移転、大規模の修繕若しくは大規模の模様替の工事で、廊下、階段、出入口その他の避難施設、消火栓、スプリンクラーその他の消火設備、排煙設備、非常用の照明装置、非常用の昇降機若しくは防火区画で政令で定めるものに関する工事（政令で定める軽易な工事を除く。以下この項、第18条第24項及び第90条の３において「避難施設等に関する工事」という。）を含むものをする場合においては、当該建築物の建築主は、第７条第５項の検査済証の交付を受けた後でなければ、当該新築に係る建築物又は当該避難施設等に関する工事に係る建築物若しくは建築物の部分を使用し、又は使用させてはならない。ただし、次の各号のいずれかに該当する場合には、検査済証の交付を受ける前においても、仮に、当該建築物又は建築物の部分を使用し、又は使用させることができる。
　一　略

法7条の6　改正：令和5年法律第58号

　　二　建築主事等（当該建築物又は建築物の部分が大規模建築物又はその部分に該当する場合にあつては、建築主事）又は第7条の2第1項の規定による指定を受けた者が、安全上、防火上及び避難上支障がないものとして国土交通大臣が定める基準に適合していることを認めたとき。
　　三　略
　2～4　略

改正：令和6年法律第53号　　　施行：令和6年11月1日
第7条の6　（検査済証の交付を受けるまでの建築物の使用制限）

　1　第6条第1項第一号から第三号までの建築物を新築する場合又はこれらの建築物（共同住宅以外の住宅及び居室を有しない建築物を除く。）の増築、改築、移転、大規模の修繕若しくは大規模の模様替の工事で、廊下、階段、出入口その他の避難施設、消火栓、スプリンクラーその他の消火設備、排煙設備、非常用の照明装置、非常用の昇降機若しくは防火区画で政令で定めるものに関する工事（政令で定める軽易な工事を除く。以下この項、第18条第38項及び第90条の3において「避難施設等に関する工事」という。）を含むものをする場合においては、当該建築物の建築主は、第7条第5項の検査済証の交付を受けた後でなければ、当該新築に係る建築物又は当該避難施設等に関する工事に係る建築物若しくは建築物の部分を使用し、又は使用させてはならない。ただし、次の各号のいずれかに該当する場合には、検査済証の交付を受ける前においても、仮に、当該建築物又は建築物の部分を使用し、又は使用させることができる。
　　一～三　略
　2～4　略

改正：令和4年法律第69号　　　施行：令和7年4月1日
第7条の6　（検査済証の交付を受けるまでの建築物の使用制限）

　1　第6条第1項第一号若しくは第二号に掲げる建築物を新築する場合又はこれらの建築物（共同住宅以外の住宅及び居室を有しない建築物を除く。）の増築、改築、移転、大規模の修繕若しくは大規模の模様替の工事で、廊下、階段、出入口その他の避難施設、消火栓、スプリンクラーその他の消火設備、排煙設備、非常用の照明装置、非常用の昇降機若しくは防火区画で政令で定めるものに関する工事（政令で定める軽易な工事を除く。以下この項、第18条第38項及び第90条の3において「避難施設等に関する工事」という。）を含むものをする場合においては、当該建築物の建築主は、第7条第5項の検査済証の交付を受けた後でなければ、当該新築に係る建築物又は当該避難施設等に関する工事に係る建築物若しくは建築物の部分を使用し、又は使用させてはならない。ただし、次の各号のいずれかに該当する場合には、検査済証の交付を受ける前においても、仮に、当該建築物又は建築物の部分を使用し、又は使用させることができる。
　　一　特定行政庁が、安全上、防火上及び避難上支障がないと認めたとき。
　　二　建築主事等（当該建築物又は建築物の部分が大規模建築物又はその部分に該当する場合にあつては、建築主事）又は第7条の2第1項の規定による指定を受けた者が、安全上、防火上及び避難上支障がないものとして国土交通大臣が定める基準に適合していることを認めたとき。
　　三　第7条第1項の規定による申請が受理された日（第7条の2第1項の規定による指定を受けた者が同項の規定による検査の引受けを行つた場合にあつては、当該検査の引受けに係る工事が完了した日又は当該検査の引受けを行つた日のいずれか遅い日）から7日を経過したとき。
　2　前項第一号及び第二号の規定による認定の申請の手続に関し必要な事項は、国土交通省令で定める。
　3　第7条の2第1項の規定による指定を受けた者は、第1項第二号の規定による認定をしたときは、国土交通省令で定める期間内に、国土交通省令で定めるところにより、仮使用認定報告書を作成し、同号の規定による認定をした建築物に関する国土交通省令で定める書類を添えて、これを特定行政庁に提出しなければならない。
　4　特定行政庁は、前項の規定による仮使用認定報告書の提出を受けた場合において、第1項第二号の規定による認定を受けた建築物が同号の国土交通大臣が定める基準に適合しないと認めるときは、当該建築物の建築主及び当該認定を行つた第7条の2第1項の規定による指定を受けた者にその旨を通知しなければならない。この場合において、当該認定は、その効力を失う。

[現行] 第8条 （維持保全）

制定：昭和25年法律第201号　　　施行：昭和25年11月23日
第8条　（維持保全）

1　建築物の所有者、管理者又は占有者は、その建築物の敷地、構造及び建築設備を常時適法な状態に維持するように努めなければならない。

改正：昭和58年法律第44号　　　施行：昭和59年4月1日
第8条　（維持保全）

1　略
2　第12条第1項に規定する建築物の所有者又は管理者は、その建築物の敷地、構造及び建築設備を常時適法な状態に維持するため、必要に応じ、その建築物の維持保全に関する準則又は計画を作成し、その他適切な措置を講じなければならない。この場合において、建設大臣は、当該準則又は計画の作成に関し必要な指針を定めることができる。

改正：平成11年法律第160号　　　施行：平成13年1月6日
第8条　（維持保全）

1　略
2　第12条第1項に規定する建築物の所有者又は管理者は、その建築物の敷地、構造及び建築設備を常時適法な状態に維持するため、必要に応じ、その建築物の維持保全に関する準則又は計画を作成し、その他適切な措置を講じなければならない。この場合において、国土交通大臣は、当該準則又は計画の作成に関し必要な指針を定めることができる。

改正：平成30年法律第67号　　　施行：令和元年6月25日
第8条　（維持保全）

1　建築物の所有者、管理者又は占有者は、その建築物の敷地、構造及び建築設備を常時適法な状態に維持するように努めなければならない。
2　次の各号のいずれかに該当する建築物の所有者又は管理者は、その建築物の敷地、構造及び建築設備を常時適法な状態に維持するため、必要に応じ、その建築物の維持保全に関する準則又は計画を作成し、その他適切な措置を講じなければならない。ただし、国、都道府県又は建築主事を置く市町村が所有し、又は管理する建築物については、この限りでない。
　一　特殊建築物で安全上、防火上又は衛生上特に重要であるものとして政令で定めるもの
　二　前号の特殊建築物以外の特殊建築物その他政令で定める建築物で、特定行政庁が指定するもの
3　国土交通大臣は、前項各号のいずれかに該当する建築物の所有者又は管理者による同項の準則又は計画の適確な作成に資するため、必要な指針を定めることができる。

[現行] 第9条 （違反建築物に対する措置）

制定：昭和25年法律第201号　　　施行：昭和25年11月23日
第9条　（違反建築物に対する措置）

1　特定行政庁は、この法律又はこれに基づく命令若しくは条例の規定に違反した建築物については、その建築主、建築工事の請負人（請負工事の下請人を含む。）、建築工事の現場管理者又はその所有者、管理者若しくは占有者に対して、工事の施工の停止を命じ、又は、相当の猶予期限をつけて、当該建築物の除却、移転、改築、増築、修繕、模様替、使用禁止、使用制限その他これらの規定に対する違反を是正するために必要な措置をとることを命ずることができる。
2　特定行政庁は、前項の措置を命じようとする場合においては、あらかじめ、その措置を命じようとする者

法9条　制定：昭和25年法律第201号

に対して、その命じようとする措置及びその事由を記載した通知書を交付しなければならない。

3　前項の通知書の交付を受けた者は、その交付を受けた日から3日以内に、特定行政庁に対して公開による聴聞を行うことを請求することができる。

4　特定行政庁は、前項の規定による聴聞の請求があつた場合においては、第1項の措置を命じようとする者又はその代理人の出頭を求めて、公開による聴聞を行わなければならない。

5　特定行政庁は、前項の規定による聴聞を行う場合においては、第1項の規定によつて命じようとする措置並びに聴聞の期日及び場所を、期日の2日前までに、前項に規定する者に通知するとともに、これを公告しなければならない。

6　第4項に規定する者は、聴聞に際して、証人を出席させ、且つ、自己に有利な証拠を提出することができる。

7　特定行政庁は、緊急の必要がある場合においては、前5項の規定にかかわらず、これらに定める手続によらないで、仮に、工事の施工の停止、使用禁止又は使用制限の命令をすることができる。

8　前項の命令を受けた者は、その命令を受けた日から3日以内に、特定行政庁に対して公開による聴聞を行うことを請求することができる。この場合においては、第4項から第6項までの規定を準用する。但し、聴聞は、その請求があつた日から5日以内に行わなければならない。

9　特定行政庁は、前項の聴聞の結果に基いて、第7項の規定によつて仮にした命令が不当でないと認めた場合においては、第1項の命令をすることができる。聴聞の結果、第7項の規定によつて仮にした命令が不当であると認めた場合においては、直ちに、その命令を取り消さなければならない。

改正：昭和34年法律第156号　　　施行：昭和34年12月23日
第9条　（違反建築物に対する措置）

1　特定行政庁は、この法律又はこれに基く命令若しくは条例の規定に違反した建築物又は建築物の敷地については、当該建築物の建築主、当該建築物に関する工事の請負人（請負工事の下請人を含む。）若しくは現場管理者又は当該建築物若しくは建築物の敷地の所有者、管理者若しくは占有者に対して、当該工事の施工の停止を命じ、又は、相当の猶予期限をつけて、当該建築物の除却、移転、改築、増築、修繕、模様替、使用禁止、使用制限その他これらの規定に対する違反を是正するために必要な措置をとることを命ずることができる。

2～5　略

6　第4項に規定する者は、聴聞に際して、証人を出席させ、かつ、自己に有利な証拠を提出することができる。

7　特定行政庁は、緊急の必要がある場合においては、前5項の規定にかかわらず、これらに定める手続によらないで、仮に、使用禁止又は使用制限の命令をすることができる。

8・9　略

10　特定行政庁は、この法律又はこれに基く命令若しくは条例の規定に違反することが明らかな建築、修繕又は模様替の工事中の建築物については、緊急の必要があつて第2項から第6項までに定める手続によることができない場合に限り、これらの手続によらないで、当該建築物の建築主又は当該工事の請負人（請負工事の下請人を含む。）若しくは現場管理者に対して、当該工事の施工の停止を命ずることができる。

11　第1項の規定により必要な措置を命じようとする場合において、過失がなくてその措置を命ぜられるべき者を確知することができず、かつ、その違反を放置することが著しく公益に反すると認められるときは、特定行政庁は、その者の負担において、その措置を自ら行い、又はその命じた者若しくは委任した者に行わせることができる。この場合においては、相当の期限を定めて、その措置を行うべき旨及びその期限までにその措置を行わないときは、特定行政庁又はその命じた者若しくは委任した者がその措置を行うべき旨をあらかじめ公告しなければならない。

改正：昭和36年法律第115号　　　施行：昭和36年12月4日
第9条　（違反建築物に対する措置）

1～9　略

10　特定行政庁は、この法律又はこれに基く命令若しくは条例の規定に違反することが明らかな建築、修繕又

は模様替の工事中の建築物については、緊急の必要があつて第2項から第6項までに定める手続によることができない場合に限り、これらの手続によらないで、当該建築物の建築主又は当該工事の請負人（請負工事の下請人を含む。）若しくは現場管理者に対して、当該工事の施工の停止を命ずることができる。<u>この場合において、これらの者が当該工事の現場にいないときは、当該工事に従事する者に対して、当該工事に係る作業の停止を命ずることができる。</u>
11　略

改正：昭和45年法律第109号　　　施行：昭和46年1月1日
第9条　（違反建築物に対する措置）

1～11　略
<u>12　特定行政庁は、第1項の規定により必要な措置を命じた場合において、その措置を命ぜられた者がその措置を履行しないとき、履行しても十分でないとき、又は履行しても同項の期限までに完了する見込みがないときは、行政代執行法（昭和23年法律第43号）の定めるところに従い、みずから義務者のなすべき行為をし、又は第三者をしてこれをさせることができる。</u>
<u>13　特定行政庁は、第1項又は第10項の規定による命令をした場合（建築監視員が第10項の規定による命令をした場合を含む。）においては、標識の設置その他建設省令で定める方法により、その旨を公示しなければならない。</u>
<u>14　前項の標識は、第1項又は第10項の規定による命令に係る建築物又は建築物の敷地内に設置することができる。この場合においては、第1項又は第10項の規定による命令に係る建築物又は建築物の敷地の所有者、管理者又は占有者は、当該標識の設置を拒み、又は妨げてはならない。</u>

改正：平成4年法律第82号　　　施行：平成5年6月25日
第9条　（違反建築物に対する措置）

1　特定行政庁は、この法律<u>若しくはこれに基づく命令若しくは条例の規定又はこの法律の規定に基づく許可に付した条件</u>に違反した建築物又は建築物の敷地については、当該建築物の建築主、当該建築物に関する工事の請負人（請負工事の下請人を含む。）若しくは現場管理者又は当該建築物若しくは建築物の敷地の所有者、管理者若しくは占有者に対して、当該工事の施工の停止を命じ、又は、相当の猶予期限を<u>付けて</u>、当該建築物の除却、移転、改築、増築、修繕、模様替、使用禁止、使用制限その他これらの規定<u>又は条件</u>に対する違反を是正するために必要な措置をとることを命ずることができる。
2～9　略
10　特定行政庁は、この法律<u>若しくはこれに基づく命令若しくは条例の規定又はこの法律の規定に基づく許可に付した条件</u>に違反することが明らかな建築、修繕又は模様替の工事中の建築物については、緊急の必要があつて第2項から第6項までに定める手続によることができない場合に限り、これらの手続によらないで、当該建築物の建築主又は当該工事の請負人（請負工事の下請人を含む。）若しくは現場管理者に対して、当該工事の施工の停止を命ずることができる。この場合において、これらの者が当該工事の現場にいないときは、当該工事に従事する者に対して、当該工事に係る作業の停止を命ずることができる。
11～14　略

改正：平成5年法律第89号　　　施行：平成6年10月1日
第9条　（違反建築物に対する措置）

1　略
2　特定行政庁は、前項の措置を命じようとする場合においては、あらかじめ、その措置を命じようとする者に対して、その命じようとする措置及びその事由並びに意見書の提出先及び提出期限を記載した通知書を交<u>付して、その措置を命じようとする者又はその代理人に意見書及び自己に有利な証拠を提出する機会を与え</u>なければならない。
3　前項の通知書の交付を受けた者は、その交付を受けた日から3日以内に、特定行政庁に対して、<u>意見書の提出に代えて公開による</u>意見<u>の聴取</u>を行うことを請求することができる。

法9条　改正：平成5年法律第89号

4　特定行政庁は、前項の規定による<u>意見の聴取</u>の請求があつた場合においては、第1項の措置を命じようとする者又はその代理人の出頭を求めて、公開による<u>意見の聴取</u>を行わなければならない。

5　特定行政庁は、前項の規定による<u>意見の聴取</u>を行う場合においては、第1項の規定によつて命じようとする措置並びに<u>意見の聴取</u>の期日及び場所を、期日の2日前までに、前項に規定する者に通知するとともに、これを公告しなければならない。

6　第4項に規定する者は、<u>意見の聴取</u>に際して、証人を出席させ、かつ、自己に有利な証拠を提出することができる。

7　略

8　前項の命令を受けた者は、その命令を受けた日から3日以内に、特定行政庁に対して公開による<u>意見の聴取</u>を行うことを請求することができる。この場合においては、第4項から第6項までの規定を準用する。<u>ただし、意見の聴取</u>は、その請求があつた日から5日以内に行わなければならない。

9　特定行政庁は、前項の<u>意見の聴取の結果に基づいて</u>、第7項の規定によつて仮にした命令が不当でないと認めた場合においては、第1項の命令をすることができる。<u>意見の聴取</u>の結果、第7項の規定によつて仮にした命令が不当であると認めた場合においては、直ちに、その命令を取り消さなければならない。

10〜14　略

<u>15　第1項、第7項又は第10項の規定による命令については、行政手続法（平成5年法律第88号）第3章（第12条及び第14条を除く。）の規定は、適用しない。</u>

改正：平成10年法律第100号　　　施行：平成11年5月1日

第9条　（違反建築物に対する措置）

1　特定行政庁は、<u>建築基準法令の規定</u>又はこの法律の規定に基づく許可に付した条件に違反した建築物又は建築物の敷地については、当該建築物の建築主、当該建築物に関する工事の請負人（請負工事の下請人を含む。）若しくは現場管理者又は当該建築物若しくは建築物の敷地の所有者、管理者若しくは占有者に対して、当該工事の施工の停止を命じ、又は、相当の猶予期限を付けて、当該建築物の除却、移転、改築、増築、修繕、模様替、使用禁止、使用制限その他これらの規定又は条件に対する違反を是正するために必要な措置をとることを命ずることができる。

2〜9　略

10　特定行政庁は、<u>建築基準法令の規定</u>又はこの法律の規定に基づく許可に付した条件に違反することが明らかな建築、修繕又は模様替の工事中の建築物については、緊急の必要があつて第2項から第6項までに定める手続によることができない場合に限り、これらの手続によらないで、当該建築物の建築主又は当該工事の請負人（請負工事の下請人を含む。）若しくは現場管理者に対して、当該工事の施工の停止を命ずることができる。この場合において、これらの者が当該工事の現場にいないときは、当該工事に従事する者に対して、当該工事に係る作業の停止を命ずることができる。

11〜15　略

改正：平成11年法律第160号　　　施行：平成13年1月6日

第9条　（違反建築物に対する措置）

1　特定行政庁は、建築基準法令の規定又はこの法律の規定に基づく許可に付した条件に違反した建築物又は建築物の敷地については、当該建築物の建築主、当該建築物に関する工事の請負人（請負工事の下請人を含む。）若しくは現場管理者又は当該建築物若しくは建築物の敷地の所有者、管理者若しくは占有者に対して、当該工事の施工の停止を命じ、又は、相当の猶予期限を付けて、当該建築物の除却、移転、改築、増築、修繕、模様替、使用禁止、使用制限その他これらの規定又は条件に対する違反を是正するために必要な措置をとることを命ずることができる。

2　特定行政庁は、前項の措置を命じようとする場合においては、あらかじめ、その措置を命じようとする者に対して、その命じようとする措置及びその事由並びに意見書の提出先及び提出期限を記載した通知書を交付して、その措置を命じようとする者又はその代理人に意見書及び自己に有利な証拠を提出する機会を与えなければならない。

3　前項の通知書の交付を受けた者は、その交付を受けた日から3日以内に、特定行政庁に対して、意見書の

提出に代えて公開による意見の聴取を行うことを請求することができる。
4　特定行政庁は、前項の規定による意見の聴取の請求があつた場合においては、第1項の措置を命じようとする者又はその代理人の出頭を求めて、公開による意見の聴取を行わなければならない。
5　特定行政庁は、前項の規定による意見の聴取を行う場合においては、第1項の規定によつて命じようとする措置並びに意見の聴取の期日及び場所を、期日の2日前までに、前項に規定する者に通知するとともに、これを公告しなければならない。
6　第4項に規定する者は、意見の聴取に際して、証人を出席させ、かつ、自己に有利な証拠を提出することができる。
7　特定行政庁は、緊急の必要がある場合においては、前5項の規定にかかわらず、これらに定める手続によらないで、仮に、使用禁止又は使用制限の命令をすることができる。
8　前項の命令を受けた者は、その命令を受けた日から3日以内に、特定行政庁に対して公開による意見の聴取を行うことを請求することができる。この場合においては、第4項から第6項までの規定を準用する。ただし、意見の聴取は、その請求があつた日から5日以内に行わなければならない。
9　特定行政庁は、前項の意見の聴取の結果に基づいて、第7項の規定によつて仮にした命令が不当でないと認めた場合においては、第1項の命令をすることができる。意見の聴取の結果、第7項の規定によつて仮にした命令が不当であると認めた場合においては、直ちに、その命令を取り消さなければならない。
10　特定行政庁は、建築基準法令の規定又はこの法律の規定に基づく許可に付した条件に違反することが明らかな建築、修繕又は模様替の工事中の建築物については、緊急の必要があつて第2項から第6項までに定める手続によることができない場合に限り、これらの手続によらないで、当該建築物の建築主又は当該工事の請負人（請負工事の下請人を含む。）若しくは現場管理者に対して、当該工事の施工の停止を命ずることができる。この場合において、これらの者が当該工事の現場にいないときは、当該工事に従事する者に対して、当該工事に係る作業の停止を命ずることができる。
11　第1項の規定により必要な措置を命じようとする場合において、過失がなくてその措置を命ぜられるべき者を確知することができず、かつ、その違反を放置することが著しく公益に反すると認められるときは、特定行政庁は、その者の負担において、その措置を自ら行い、又はその命じた者若しくは委任した者に行わせることができる。この場合においては、相当の期限を定めて、その措置を行うべき旨及びその期限までにその措置を行わないときは、特定行政庁又はその命じた者若しくは委任した者がその措置を行うべき旨をあらかじめ公告しなければならない。
12　特定行政庁は、第1項の規定により必要な措置を命じた場合において、その措置を命ぜられた者がその措置を履行しないとき、履行しても十分でないとき、又は履行しても同項の期限までに完了する見込みがないときは、行政代執行法（昭和23年法律第43号）の定めるところに従い、みずから義務者のなすべき行為をし、又は第三者をしてこれをさせることができる。
13　特定行政庁は、第1項又は第10項の規定による命令をした場合（建築監視員が第10項の規定による命令をした場合を含む。）においては、標識の設置その他国土交通省令で定める方法により、その旨を公示しなければならない。
14　前項の標識は、第1項又は第10項の規定による命令に係る建築物又は建築物の敷地内に設置することができる。この場合においては、第1項又は第10項の規定による命令に係る建築物又は建築物の敷地の所有者、管理者又は占有者は、当該標識の設置を拒み、又は妨げてはならない。
15　第1項、第7項又は第10項の規定による命令については、行政手続法（平成5年法律第88号）第3章（第12条及び第14条を除く。）の規定は、適用しない。

[現行]　第9条の2　（建築監視員）

制定：昭和45年法律第109号　　　施行：昭和46年1月1日
第9条の2　（建築監視員）
1　特定行政庁は、政令で定めるところにより、当該市町村又は都道府県の吏員のうちから建築監視員を命じ、前条第7項及び第10項に規定する特定行政庁の権限を行なわせることができる。

法９の２条 <small>制定：平成18年法律第53号</small>

改正：平成18年法律第53号　　　施行：平成19年４月１日
第９条の２　（建築監視員）

1　特定行政庁は、政令で定めるところにより、当該市町村又は都道府県の職員のうちから建築監視員を命じ、前条第７項及び第10項に規定する特定行政庁の権限を行なわせることができる。

［現行］　第９条の３　（違反建築物の設計者等に対する措置）

制定：昭和45年法律第109号　　　施行：昭和46年１月１日
第９条の３　（違反建築物の設計者等に対する措置）

1　特定行政庁は、第９条第１項又は第10項の規定による命令をした場合（建築監視員が同条第10項の規定による命令をした場合を含む。）においては、建設省令で定めるところにより、当該命令に係る建築物の設計者、工事監理者若しくは工事の請負人（請負工事の下請人を含む。次項において同じ。）又は当該建築物について宅地建物取引業に係る取引をした宅地建物取引業者の氏名又は名称及び住所その他建設省令で定める事項を、建築士法、建設業法（昭和24年法律第100号）又は宅地建物取引業法（昭和27年法律第176号）の定めるところによりこれらの者を監督する建設大臣又は都道府県知事に通知しなければならない。

2　建設大臣又は都道府県知事は、前項の規定による通知を受けた場合においては、遅滞なく、当該通知に係る者について、建築士法、建設業法又は宅地建物取引業法による免許又は登録の取消し、業務の停止の処分その他必要な措置を講ずるものとし、その結果を同項の規定による通知をした特定行政庁に通知しなければならない。

改正：昭和51年法律第83号　　　施行：昭和52年11月１日
第９条の３　（違反建築物の設計者等に対する措置）

1　略

2　建設大臣又は都道府県知事は、前項の規定による通知を受けた場合においては、遅滞なく、当該通知に係る者について、建築士法、建設業法又は宅地建物取引業法による免許又は許可の取消し、業務の停止の処分その他必要な措置を講ずるものとし、その結果を同項の規定による通知をした特定行政庁に通知しなければならない。

改正：昭和58年法律第43号　　　施行：昭和60年10月１日
第９条の３　（違反建築物の設計者等に対する措置）

1　特定行政庁は、第９条第１項又は第10項の規定による命令をした場合（建築監視員が同条第10項の規定による命令をした場合を含む。）においては、建設省令で定めるところにより、当該命令に係る建築物の設計者、工事監理者若しくは工事の請負人（請負工事の下請人を含む。次項において同じ。）若しくは当該建築物について宅地建物取引業に係る取引をした宅地建物取引業者又は当該命令に係る浄化槽の製造業者の氏名又は名称及び住所その他建設省令で定める事項を、建築士法、建設業法（昭和24年法律第100号）、浄化槽法（昭和58年法律第43号）又は宅地建物取引業法（昭和27年法律第176号）の定めるところによりこれらの者を監督する建設大臣又は都道府県知事に通知しなければならない。

2　建設大臣又は都道府県知事は、前項の規定による通知を受けた場合においては、遅滞なく、当該通知に係る者について、建築士法、建設業法、浄化槽法又は宅地建物取引業法による免許又は許可の取消し、業務の停止の処分その他必要な措置を講ずるものとし、その結果を同項の規定による通知をした特定行政庁に通知しなければならない。

改正：平成11年法律第160号　　　施行：平成13年１月６日
第９条の３　（違反建築物の設計者等に対する措置）

1　特定行政庁は、第９条第１項又は第10項の規定による命令をした場合（建築監視員が同条第10項の規定による命令をした場合を含む。）においては、国土交通省令で定めるところにより、当該命令に係る建築物の

設計者、工事監理者若しくは工事の請負人（請負工事の下請人を含む。次項において同じ。）若しくは当該建築物について宅地建物取引業に係る取引をした宅地建物取引業者又は当該命令に係る浄化槽の製造業者の氏名又は名称及び住所その他国土交通省令で定める事項を、建築士法、建設業法（昭和24年法律第100号）、浄化槽法（昭和58年法律第43号）又は宅地建物取引業法（昭和27年法律第176号）の定めるところによりこれらの者を監督する国土交通大臣又は都道府県知事に通知しなければならない。
2　国土交通大臣又は都道府県知事は、前項の規定による通知を受けた場合においては、遅滞なく、当該通知に係る者について、建築士法、建設業法、浄化槽法又は宅地建物取引業法による免許又は許可の取消し、業務の停止の処分その他必要な措置を講ずるものとし、その結果を同項の規定による通知をした特定行政庁に通知しなければならない。

[現行]　第9条の4　（保安上危険な建築物等の所有者等に対する指導及び助言）

制定：平成30年法律第67号　　　施行：令和元年6月25日
第9条の4　（保安上危険な建築物等の所有者等に対する指導及び助言）

1　特定行政庁は、建築物の敷地、構造又は建築設備（いずれも第3条第2項の規定により次章の規定又はこれに基づく命令若しくは条例の規定の適用を受けないものに限る。）について、損傷、腐食その他の劣化が生じ、そのまま放置すれば保安上危険となり、又は衛生上有害となるおそれがあると認める場合においては、当該建築物又はその敷地の所有者、管理者又は占有者に対して、修繕、防腐措置その他当該建築物又はその敷地の維持保全に関し必要な指導及び助言をすることができる。

[現行]　第10条　（著しく保安上危険な建築物等の所有者等に対する勧告及び命令）

制定：昭和25年法律第201号　　　施行：昭和25年11月23日
第10条　（保安上危険であり、又は衛生上有害である建築物に対する措置）

1　特定行政庁は、建築物の敷地、構造又は建築設備が第2章の規定又はこれに基く命令若しくは条例の規定に適合せず、且つ、著しく保安上危険であり、又は著しく衛生上有害であると認める場合においては、当該建築物の所有者、管理者又は占有者に対して、相当の猶予期限をつけて、その全部又は一部の除却、移転、改築、増築、修繕、模様替、使用禁止又は使用制限を命ずることができる。
2　前条第2項から第9項までの規定は、前項の措置を命ずる場合に準用する。
3　第1項の場合においては、第3条第2項の規定は、適用しない。

改正：昭和34年法律第156号　　　施行：昭和34年12月23日
第10条　（保安上危険であり、又は衛生上有害である建築物に対する措置）

1　特定行政庁は、建築物の敷地、構造又は建築設備が第3条第2項の規定により第2章の規定又はこれに基く命令若しくは条例の規定の適用を受けないが、著しく保安上危険であり、又は著しく衛生上有害であると認める場合においては、当該建築物又はその敷地の所有者、管理者又は占有者に対して、相当の猶予期限をつけて、当該建築物の除却、移転、改築、増築、修繕、模様替、使用禁止、使用制限その他保安上又は衛生上必要な措置をとることを命ずることができる。
2　前条第2項から第9項まで及び第11項の規定は、前項の場合に準用する。

改正：昭和45年法律第109号　　　施行：昭和46年1月1日
第10条　（保安上危険であり、又は衛生上有害である建築物に対する措置）

1　略
2　第9条第2項から第9項まで及び第11項から第14項までの規定は、前項の場合に準用する。

法10条　改正：平成5年法律第89号

改正：平成5年法律第89号　　　施行：平成6年10月1日
第10条　（保安上危険であり、又は衛生上有害である建築物に対する措置）

1　略
2　第9条第2項から第9項まで及び第11項から第15項までの規定は、前項の場合に準用する。

改正：平成16年法律第67号　　　施行：平成17年6月1日
第10条　（保安上危険な建築物等に対する措置）

1　特定行政庁は、第6条第1項第一号に掲げる建築物その他政令で定める建築物の敷地、構造又は建築設備（いずれも第3条第2項の規定により第2章の規定又はこれに基づく命令若しくは条例の規定の適用を受けないものに限る。）について、損傷、腐食その他の劣化が進み、そのまま放置すれば著しく保安上危険となり、又は著しく衛生上有害となるおそれがあると認める場合においては、当該建築物又はその敷地の所有者、管理者又は占有者に対して、相当の猶予期限を付けて、当該建築物の除却、移転、改築、増築、修繕、模様替、使用中止、使用制限その他保安上又は衛生上必要な措置をとることを勧告することができる。
2　特定行政庁は、前項の勧告を受けた者が正当な理由がなくてその勧告に係る措置をとらなかつた場合において、特に必要があると認めるときは、その者に対し、相当の猶予期限を付けて、その勧告に係る措置をとることを命ずることができる。
3　前項の規定による場合のほか、特定行政庁は、建築物の敷地、構造又は建築設備（いずれも第3条第2項の規定により第2章の規定又はこれに基づく命令若しくは条例の規定の適用を受けないものに限る。）が著しく保安上危険であり、又は著しく衛生上有害であると認める場合においては、当該建築物又はその敷地の所有者、管理者又は占有者に対して、相当の猶予期限を付けて、当該建築物の除却、移転、改築、増築、修繕、模様替、使用禁止、使用制限その他保安上又は衛生上必要な措置をとることを命ずることができる。
4　第9条第2項から第9項まで及び第11項から第15項までの規定は、前2項の場合に準用する。

改正：平成30年法律第67号　　　施行：令和元年6月25日
第10条　（著しく保安上危険な建築物等の所有者等に対する勧告及び命令）

1　特定行政庁は、第6条第1項第一号に掲げる建築物その他政令で定める建築物の敷地、構造又は建築設備（いずれも第3条第2項の規定により次章の規定又はこれに基づく命令若しくは条例の規定の適用を受けないものに限る。）について、損傷、腐食その他の劣化が進み、そのまま放置すれば著しく保安上危険となり、又は著しく衛生上有害となるおそれがあると認める場合においては、当該建築物又はその敷地の所有者、管理者又は占有者に対して、相当の猶予期限を付けて、当該建築物の除却、移転、改築、増築、修繕、模様替、使用中止、使用制限その他保安上又は衛生上必要な措置をとることを勧告することができる。
2　特定行政庁は、前項の勧告を受けた者が正当な理由がなくてその勧告に係る措置をとらなかつた場合において、特に必要があると認めるときは、その者に対し、相当の猶予期限を付けて、その勧告に係る措置をとることを命ずることができる。
3　前項の規定による場合のほか、特定行政庁は、建築物の敷地、構造又は建築設備（いずれも第3条第2項の規定により次章の規定又はこれに基づく命令若しくは条例の規定の適用を受けないものに限る。）が著しく保安上危険であり、又は著しく衛生上有害であると認める場合においては、当該建築物又はその敷地の所有者、管理者又は占有者に対して、相当の猶予期限を付けて、当該建築物の除却、移転、改築、増築、修繕、模様替、使用禁止、使用制限その他保安上又は衛生上必要な措置をとることを命ずることができる。
4　第9条第2項から第9項まで及び第11項から第15項までの規定は、前2項の場合に準用する。

[現行]　**第11条**　（第3章の規定に適合しない建築物に対する措置）

制定：昭和25年法律第201号　　　施行：昭和25年11月23日

改正：平成16年法律第67号 **法11条**

第11条　（第3章から第7章までの規定に適合しない建築物に対する措置）

1　特定行政庁は、既存建築物の敷地、構造又は用途が第3章から第7章までの規定又はこれに基く命令若しくは条例の規定に適合しなくなり、且つ、公益上著しく支障があると認められるに至つた場合においては、当該建築物の所在地の市町村（都の特別区の存する区域においては、都　以下本条において同様とする。）の議会の同意を得た場合に限り、当該建築物の所有者、管理者又は占有者に対して、相当の猶予期限をつけて、前条第1項に規定する措置を命ずることができる。この場合においては、当該建築物の所在地の市町村は、当該命令に基く措置によつて通常生ずべき損害を時価によつて補償しなければならない。
2　前項の場合においては、第3条第2項の規定は、適用しない。
3　第1項の規定によつて補償を受けることができる者は、その補償金額に不服がある場合においては、政令の定める手続によつて、その決定の通知を受けた日から1月以内に土地収用法（明治33年法律第29号）による収用審査会の裁決を求めることができる。
4　前項の裁決に不服がある者は、裁判所に出訴することができる。

改正：昭和26年法律第220号　　　　施行：昭和26年12月1日
第11条　（第3章から第7章までの規定に適合しない建築物に対する措置）

1・2　略
3　第1項の規定によつて補償を受けることができる者は、その補償金額に不服がある場合においては、政令の定める手続によつて、その決定の通知を受けた日から1月以内に土地収用法（昭和26年法律第219号）第94条第2項の規定による収用委員会の裁決を求めることができる。

改正：昭和34年法律第156号　　　　施行：昭和34年12月23日
第11条　（第3章の規定に適合しない建築物に対する措置）

1　特定行政庁は、建築物の敷地、構造、建築設備又は用途が第3条第2項の規定により第3章の規定又はこれに基く命令若しくは条例の規定の適用を受けないが、公益上著しく支障があると認める場合においては、当該建築物の所在地の市町村（都の特別区の存する区域においては、都　以下本条において同様とする。）の議会の同意を得た場合に限り、当該建築物の所有者、管理者又は占有者に対して、相当の猶予期限をつけて、当該建築物の除却、移転、修繕、模様替、使用禁止又は使用制限を命ずることができる。この場合においては、当該建築物の所在地の市町村は、当該命令に基く措置によつて通常生ずべき損害を時価によつて補償しなければならない。
2　前項の規定によつて補償を受けることができる者は、その補償金額に不服がある場合においては、政令の定める手続によつて、その決定の通知を受けた日から1月以内に土地収用法（昭和26年法律第219号）第94条第2項の規定による収用委員会の裁決を求めることができる。

改正：昭和39年法律第169号　　　　施行：昭和40年4月1日
第11条　（第3章の規定に適合しない建築物に対する措置）

1　特定行政庁は、建築物の敷地、構造、建築設備又は用途が第3条第2項の規定により第3章の規定又はこれに基く命令若しくは条例の規定の適用を受けないが、公益上著しく支障があると認める場合においては、当該建築物の所在地の市町村の議会の同意を得た場合に限り、当該建築物の所有者、管理者又は占有者に対して、相当の猶予期限をつけて、当該建築物の除却、移転、修繕、模様替、使用禁止又は使用制限を命ずることができる。この場合においては、当該建築物の所在地の市町村は、当該命令に基く措置によつて通常生ずべき損害を時価によつて補償しなければならない。
2　略

改正：平成16年法律第67号　　　　施行：平成17年6月1日
第11条　（第3章の規定に適合しない建築物に対する措置）

第11条 改正：平成16年法律第67号

1　特定行政庁は、建築物の敷地、構造、建築設備又は<u>用途（いずれも第３条第２項（第86条の９第１項において準用する場合を含む。）</u>の規定により第３章の規定又はこれに<u>基づく</u>命令若しくは条例の規定の適用を受けないものに限る。）が公益上著しく支障があると認める場合においては、当該建築物の所在地の市町村の議会の同意を得た場合に限り、当該建築物の所有者、管理者又は占有者に対して、相当の猶予期限を<u>付けて</u>、当該建築物の除却、移転、修繕、模様替、使用禁止又は使用制限を命ずることができる。この場合においては、当該建築物の所在地の市町村は、当該命令に<u>基づく</u>措置によつて通常生ずべき損害を時価によつて補償しなければならない。

2　前項の規定によつて補償を受けることができる者は、その補償金額に不服がある場合においては、政令の定める手続によつて、その決定の通知を受けた日から１月以内に土地収用法（昭和26年法律第219号）第94条第２項の規定による収用委員会の裁決を求めることができる。

[現行]　第12条　（報告、検査等）

制定：昭和25年法律第201号　　　施行：昭和25年11月23日
第12条　（報告、臨検、検査及び試験）

1　特定行政庁又は建築主事は、建築物の所有者、管理者若しくは占有者、建築主、建築物の設計者又は建築物に関する工事の施工者に対して、建築物の敷地、構造、設備若しくは用途又は建築工事の計画若しくは施工の状況に関する報告を求めることができる。

2　建築主事又は特定行政庁の命令若しくは建築主事の委任を受けた当該市町村若しくは都道府県の吏員は、第６条第２項、第７条第２項、第９条第１項、第10条第１項又は前条第１項の規定による確認、検査又は命令をしようとする場合においては、当該建築物又は建築工事場に立ち入り、建築物、建築設備、建築材料、設計図書その他建築工事に関係がある物件を検査し、又は試験することができる。但し、現に居住の用に供している建築物に立ち入る場合においては、あらかじめ、その居住者の承諾を得なければならない。

改正：昭和26年法律第195号　　　施行：昭和27年４月１日
第12条　（報告、臨検、検査及び試験）

1　略

2　建築主事又は特定行政庁の命令若しくは建築主事の委任を受けた当該市町村若しくは都道府県の吏員は、<u>第６条第３項</u>、第７条第２項、第９条第１項、第10条第１項又は前条第１項の規定による確認、検査又は命令をしようとする場合においては、当該建築物又は建築工事場に立ち入り、建築物、建築設備、建築材料、設計図書その他建築工事に関係がある物件を検査し、又は試験することができる。但し、現に居住の用に供している建築物に立ち入る場合においては、あらかじめ、その居住者の承諾を得なければならない。

改正：昭和34年法律第156号　　　施行：昭和34年12月23日
第12条　（<u>報告、検査等</u>）

1　第６条第１項第一号に掲げる建築物（国、都道府県及び建築主事を置く市町村の建築物を除く。）で特定行政庁が指定するものの所有者（所有者と管理者が異なる場合においては、管理者　以下第２項において同様とする。）は、当該建築物の敷地、構造及び建築設備について、建設省令で定めるところにより、定期に、その状況を、又は建築士に調査させて、その結果を特定行政庁に報告しなければならない。

2　昇降機及び第６条第１項第一号に掲げる建築物のその他の建築設備（国、都道府県及び建築主事を置く市町村の建築物に設けるものを除く。）で特定行政庁が指定するものの所有者は、当該建築設備について、建設省令で定めるところにより、定期に、建築主事又はその委任を受けた当該市町村若しくは都道府県の吏員の検査を受けなければならない。この場合において、当該市町村又は都道府県は、当該検査について、規則で定めるところにより、<u>一の建築設備につき1,000円</u>をこえない金額の範囲内において手数料を徴収するこ

改正：昭和51年法律第83号 **法12条**

> 3　特定行政庁又は建築主事は、<u>建築物若しくは建築物の敷地の所有者</u>、管理者若しくは占有者、建築主、建築物の設計者、<u>工事監理者</u>又は建築物に関する工事の施工者に対して、建築物の敷地、構造、<u>建築設備</u>若しくは用途又は<u>建築物に関する工事</u>の計画若しくは施工の状況に関する報告を求めることができる。
> 4　建築主事又は特定行政庁の命令若しくは建築主事の委任を受けた当該市町村若しくは都道府県の吏員は、第6条第3項、第7条第2項、第9条第1項<u>若しくは第10項</u>、第10条第1項又は前条第1項の規定による確認、検査又は命令をしようとする場合においては、当該建築物、<u>建築物の敷地</u>又は建築工事場に立ち入り、建築物、<u>建築物の敷地</u>、建築設備、建築材料、設計図書その他<u>建築物に関する工事</u>に関係がある物件を検査し、又は試験することができる。<u>ただし、住居</u>に立ち入る場合においては、あらかじめ、その居住者の承諾を得なければならない。

改正：昭和45年法律第109号　　施行：昭和46年1月1日
第12条　（報告、検査等）

> 1　第6条第1項第一号に掲げる建築物（国、都道府県及び建築主事を置く市町村の建築物を除く。）で特定行政庁が指定するものの所有者（所有者と管理者が異なる場合においては、管理者　以下第2項において同様とする。）は、当該建築物の敷地、構造及び建築設備について、建設省令で定めるところにより、定期に、その状況を<u>建築士又は建設大臣が定める資格を有する者に調査させて、</u>その結果を特定行政庁に報告しなければならない。
> 2　昇降機及び第6条第1項第一号に掲げる建築物のその他の建築設備（国、都道府県及び建築主事を置く市町村の建築物に設けるものを除く。）で特定行政庁が指定するものの所有者は、当該建築設備について、建設省令で定めるところにより、定期に、<u>建築士又は建設大臣が定める資格を有する者の検査を受け、</u>その結果を特定行政庁に報告しなければならない。
> 3　特定行政庁、<u>建築主事又は建築監視員</u>は、建築物若しくは建築物の敷地の所有者、管理者若しくは占有者、建築主、建築物の設計者、工事監理者又は建築物に関する工事の施工者に対して、建築物の敷地、構造、建築設備若しくは用途又は建築物に関する工事の計画若しくは施工の状況に関する報告を求めることができる。
> 4　建築主事若しくは特定行政庁の命令若しくは建築主事の委任を受けた当該市町村若しくは都道府県の<u>吏員が</u>第6条第3項、第7条第2項、第9条第1項、<u>第10項若しくは第13項</u>、第10条第1項若しくは前条第1項の規定による確認、検査、<u>命令若しくは公示</u>をしようとする場合又は建築監視員が第9条第10項の規定による命令をしようとする場合においては、当該建築物、建築物の敷地又は建築工事場に立ち入り、建築物、建築物の敷地、建築設備、建築材料、設計図書その他建築物に関する工事に関係がある物件を検査し、<u>若しくは試験し、又は建築物若しくは建築物の敷地の所有者、管理者若しくは占有者、建築主、建築物の設計者、工事監理者若しくは建築物に関する工事の施工者に対し必要な事項について質問することができる</u>。ただし、住居に立ち入る場合においては、あらかじめ、その居住者の承諾を得なければならない。

改正：昭和51年法律第83号　　施行：昭和52年11月1日
第12条　（報告、検査等）

> 1～3　略
> 4　建築主事若しくは特定行政庁の命令若しくは建築主事の委任を受けた当該市町村若しくは都道府県の吏員が第6条第3項、第7条第2項、第9条第1項、第10項若しくは第13項、第10条第1項、<u>前条第1項若しくは第90条の2第1項</u>の規定による確認、検査、命令若しくは公示をしようとする場合又は建築監視員が第9条第10項の規定による命令をしようとする場合においては、当該建築物、建築物の敷地又は建築工事場に立ち入り、建築物、建築物の敷地、建築設備、建築材料、設計図書その他建築物に関する工事に関係がある物件を検査し、若しくは試験し、又は建築物若しくは建築物の敷地の所有者、管理者若しくは占有者、建築主、建築物の設計者、工事監理者若しくは建築物に関する工事の施工者に対し必要な事項について質問することができる。ただし、住居に立ち入る場合においては、あらかじめ、その居住者の承諾を得なければならない。

法12条　改正：昭和58年法律第44号

改正：昭和58年法律第44号　　　施行：昭和59年4月1日
第12条　（報告、検査等）

1　第6条第1項第一号に掲げる建築物その他政令で定める建築物（国、都道府県及び建築主事を置く市町村の建築物を除く。）で特定行政庁が指定するものの所有者（所有者と管理者が異なる場合においては、管理者。次項において同じ。）は、当該建築物の敷地、構造及び建築設備について、建設省令で定めるところにより、定期に、その状況を一級建築士若しくは二級建築士又は建設大臣が定める資格を有する者に調査させて、その結果を特定行政庁に報告しなければならない。

2　昇降機及び第6条第1項第一号に掲げる建築物その他前項の政令で定める建築物の昇降機以外の建築設備（国、都道府県及び建築主事を置く市町村の建築物に設けるものを除く。）で特定行政庁が指定するものの所有者は、当該建築設備について、建設省令で定めるところにより、定期に、一級建築士若しくは二級建築士又は建設大臣が定める資格を有する者の検査を受け、その結果を特定行政庁に報告しなければならない。

3・4　略

改正：平成4年法律第82号　　　施行：平成5年6月25日
第12条　（報告、検査等）

1～4　略

5　特定行政庁は、必要に応じ、この法律又はこれに基づく命令若しくは条例の規定による処分に係る建築物の敷地、構造、建築設備又は用途に関する台帳の整備その他の措置を講ずるものとする。

改正：平成10年法律第100号　　　施行：平成11年5月1日
第12条　（報告、検査等）

1・2　略

3　特定行政庁、建築主事又は建築監視員は、建築物若しくは建築物の敷地の所有者、管理者若しくは占有者、建築主、設計者、工事監理者若しくは工事施工者又は第77条の21第1項の指定確認検査機関に対して、建築物の敷地、構造、建築設備若しくは用途又は建築物に関する工事の計画若しくは施工の状況に関する報告を求めることができる。

4　建築主事若しくは特定行政庁の命令若しくは建築主事の委任を受けた当該市町村若しくは都道府県の吏員が第6条第4項、第6条の2第4項、第7条第4項、第7条の3第4項、第9条第1項、第10条若しくは第13項、第10条第1項、前条第1項若しくは第90条の2第1項の規定による確認、通知、検査、命令若しくは公示をしようとする場合又は建築監視員が第9条第10項の規定による命令をしようとする場合においては、当該建築物、建築物の敷地又は建築工事場に立ち入り、建築物、建築物の敷地、建築設備、建築材料、設計図書その他建築物に関する工事に関係がある物件を検査し、若しくは試験し、又は建築物若しくは建築物の敷地の所有者、管理者若しくは占有者、建築主、設計者、工事監理者若しくは工事施工者に対し必要な事項について質問することができる。ただし、住居に立ち入る場合においては、あらかじめ、その居住者の承諾を得なければならない。

5　特定行政庁は、建築基準法令の規定による処分に係る建築物の敷地、構造、建築設備又は用途に関する台帳を整備するものとする。

6　前項の台帳の記載事項その他その整備に関し必要な事項は、建設省令で定める。

改正：平成11年法律第160号　　　施行：平成13年1月6日
第12条　（報告、検査等）

1　第6条第1項第一号に掲げる建築物その他政令で定める建築物（国、都道府県及び建築主事を置く市町村の建築物を除く。）で特定行政庁が指定するものの所有者（所有者と管理者が異なる場合においては、管理者。次項において同じ。）は、当該建築物の敷地、構造及び建築設備について、国土交通省令で定めるところにより、定期に、その状況を一級建築士若しくは二級建築士又は国土交通大臣が定める資格を有する者に

改正：平成16年法律第67号 **法12条**

　　調査させて、その結果を特定行政庁に報告しなければならない。
2　昇降機及び第6条第1項第一号に掲げる建築物その他前項の政令で定める建築物の昇降機以外の建築設備（国、都道府県及び建築主事を置く市町村の建築物に設けるものを除く。）で特定行政庁が指定するものの所有者は、当該建築設備について、国土交通省令で定めるところにより、定期に、一級建築士若しくは二級建築士又は国土交通大臣が定める資格を有する者の検査を受け、その結果を特定行政庁に報告しなければならない。
3～5　略
6　前項の台帳の記載事項その他その整備に関し必要な事項は、国土交通省令で定める。

改正：平成16年法律第67号　　　　施行：平成17年6月1日
第12条　（報告、検査等）

1　第6条第1項第一号に掲げる建築物その他政令で定める建築物（国、都道府県及び建築主事を置く市町村の建築物を除く。）で特定行政庁が指定するものの所有者（所有者と管理者が異なる場合においては、管理者。第3項において同じ。）は、当該建築物の敷地、構造及び建築設備について、国土交通省令で定めるところにより、定期に、一級建築士若しくは二級建築士又は国土交通大臣が定める資格を有する者にその状況の調査（当該建築物の敷地及び構造についての損傷、腐食その他の劣化の状況の点検を含み、当該建築物の建築設備についての第3項の検査を除く。）をさせて、その結果を特定行政庁に報告しなければならない。
2　国、都道府県又は建築主事を置く市町村の建築物（第6条第1項第一号に掲げる建築物その他前項の政令で定める建築物に限る。）の管理者である国、都道府県若しくは市町村の機関の長又はその委任を受けた者（以下この章において「国の機関の長等」という。）は、当該建築物の敷地及び構造について、国土交通省令で定めるところにより、定期に、一級建築士若しくは二級建築士又は同項の資格を有する者に、損傷、腐食その他の劣化の状況の点検をさせなければならない。
3　昇降機及び第6条第1項第一号に掲げる建築物その他第1項の政令で定める建築物の昇降機以外の建築設備（国、都道府県及び建築主事を置く市町村の建築物に設けるものを除く。）で特定行政庁が指定するものの所有者は、当該建築設備について、国土交通省令で定めるところにより、定期に、一級建築士若しくは二級建築士又は国土交通大臣が定める資格を有する者に検査（当該建築設備についての損傷、腐食その他の劣化の状況の点検を含む。）をさせて、その結果を特定行政庁に報告しなければならない。
4　国の機関の長等は、国、都道府県又は建築主事を置く市町村の建築物の昇降機及び国、都道府県又は建築主事を置く市町村の建築物（第6条第1項第一号に掲げる建築物その他第1項の政令で定める建築物に限る。）の昇降機以外の建築設備について、国土交通省令で定めるところにより、定期に、一級建築士若しくは二級建築士又は前項の資格を有する者に、損傷、腐食その他の劣化の状況の点検をさせなければならない。
5　特定行政庁、建築主事又は建築監視員は、次に掲げる者に対して、建築物の敷地、構造、建築設備若しくは用途又は建築物に関する工事の計画若しくは施工の状況に関する報告を求めることができる。
　一　建築物若しくは建築物の敷地の所有者、管理者若しくは占有者、建築主、設計者、工事監理者又は工事施工者
　二　第1項の調査、第2項若しくは前項の点検又は第3項の検査をした一級建築士若しくは二級建築士又は第1項若しくは第3項の資格を有する者
　三　第77条の21第1項の指定確認検査機関
6　建築主事又は特定行政庁の命令若しくは建築主事の委任を受けた当該市町村若しくは都道府県の吏員にあつては第6条第4項、第6条の2第4項、第7条第4項、第7条の3第4項、第9条第1項、第10項若しくは第13項、第10条第1項から第3項まで、前条第1項又は第90条の2第1項の規定の施行に必要な限度において、建築監視員にあつては第9条第10項の規定の施行に必要な限度において、当該建築物、建築物の敷地又は建築工事場に立ち入り、建築物、建築物の敷地、建築設備、建築材料、設計図書その他建築物に関する工事に関係がある物件を検査し、若しくは試験し、又は建築物若しくは建築物の敷地の所有者、管理者若しくは占有者、建築主、設計者、工事監理者若しくは工事施工者に対し必要な事項について質問することができる。ただし、住居に立ち入る場合においては、あらかじめ、その居住者の承諾を得なければならない。

法12条　改正：平成16年法律第67号

　7　特定行政庁は、建築基準法令の規定による処分に係る建築物の敷地、構造、建築設備又は用途に関する台帳を整備するものとする。
　8　前項の台帳の記載事項その他その整備に関し必要な事項は、国土交通省令で定める。

改正：平成18年法律第53号　　　施行：平成19年4月1日
第12条　（報告、検査等）

　1～5　略
　6　建築主事又は特定行政庁の命令若しくは建築主事の委任を受けた当該市町村若しくは都道府県の職員あつては第6条第4項、第6条の2第11項、第7条第4項、第7条の3第4項、第9条第1項、第10項若しくは第13項、第10条第1項から第3項まで、前条第1項又は第90条の2第1項の規定の施行に必要な限度において、建築監視員にあつては第9条第10項の規定の施行に必要な限度において、当該建築物、建築物の敷地又は建築工事場に立ち入り、建築物、建築物の敷地、建築設備、建築材料、設計図書その他建築物に関する工事に関係がある物件を検査し、若しくは試験し、又は建築物若しくは建築物の敷地の所有者、管理者若しくは占有者、建築主、設計者、工事監理者若しくは工事施工者に対し必要な事項について質問することができる。ただし、住居に立ち入る場合においては、あらかじめ、その居住者の承諾を得なければならない。
　7・8　略

改正：平成18年法律第92号　　　施行：平成19年6月20日
第12条　（報告、検査等）

　1～4　略
　5　特定行政庁、建築主事又は建築監視員は、次に掲げる者に対して、建築物の敷地、構造、建築設備若しくは用途又は建築物に関する工事の計画若しくは施工の状況に関する報告を求めることができる。
　　一～三　略
　　四　第77条の35の5第1項の指定構造計算適合性判定機関
　6　建築主事又は特定行政庁の命令若しくは建築主事の委任を受けた当該市町村若しくは都道府県の職員にあつては第6条第4項、第6条の2第11項、第7条第4項、第7条の3第4項、第9条第1項、第10項若しくは第13項、第10条第1項から第3項まで、前条第1項又は第90条の2第1項の規定の施行に必要な限度において、建築監視員にあつては第9条第10項の規定の施行に必要な限度において、当該建築物、建築物の敷地又は建築工事場に立ち入り、建築物、建築物の敷地、建築設備、建築材料、設計図書その他建築物に関する工事に関係がある物件を検査し、若しくは試験し、又は建築物若しくは建築物の敷地の所有者、管理者若しくは占有者、建築主、設計者、工事監理者若しくは工事施工者に対し必要な事項について質問することができる。ただし、住居に立ち入る場合においては、あらかじめ、その居住者の承諾を得なければならない。
　7　特定行政庁は、確認その他の建築基準法令の規定による処分並びに第1項及び第3項の規定による報告に係る建築物の敷地、構造、建築設備又は用途に関する台帳を整備し、かつ、当該台帳（当該処分及び当該報告に関する書類で国土交通省令で定めるものを含む。）を保存しなければならない。
　8　前項の台帳の記載事項その他その整備に関し必要な事項及び当該台帳（同項の国土交通省令で定める書類を含む。）の保存期間その他その保存に関し必要な事項は、国土交通省令で定める。

改正：平成26年法律第54号　　　施行：平成27年6月1日（1～4項は平成28年6月1日）
第12条　（報告、検査等）

　1　第6条第1項第一号に掲げる建築物で安全上、防火上又は衛生上特に重要であるものとして政令で定めるもの（国、都道府県及び建築主事を置く市町村の建築物（以下この項及び第3項において「国等の建築物」という。）を除く。）及び当該政令で定めるもの以外の特定建築物（同号に掲げる建築物その他政令で定める建築物をいう。以下この条において同じ。）で特定行政庁が指定するもの（国等の建築物を除く。）の所有者（所有者と管理者が異なる場合においては、管理者。第3項において同じ。）は、これらの建築物の敷地、構

造及び建築設備について、国土交通省令で定めるところにより、定期に、一級建築士若しくは二級建築士又は建築物調査員資格者証の交付を受けている者(次項及び次条第3項において「建築物調査員」という。)にその状況の調査(これらの建築物の敷地及び構造についての損傷、腐食その他の劣化の状況の点検を含み、これらの建築物の建築設備及び防火戸その他の政令で定める防火設備(以下「建築設備等」という。)についての第3項の検査を除く。)をさせて、その結果を特定行政庁に報告しなければならない。

2 国、都道府県又は建築主事を置く市町村の特定建築物の管理者である国、都道府県若しくは市町村の機関の長又はその委任を受けた者(以下この章において「国の機関の長等」という。)は、当該特定建築物の敷地及び構造について、国土交通省令で定めるところにより、定期に、一級建築士若しくは二級建築士又は建築物調査員に、損傷、腐食その他の劣化の状況の点検(当該特定建築物の防火戸その他の前項の政令で定める防火設備についての第4項の点検を除く。)をさせなければならない。

3 特定建築設備等(昇降機及び特定建築物の昇降機以外の建築設備等をいう。以下この項及び次項において同じ。)で安全上、防火上又は衛生上特に重要であるものとして政令で定めるもの(国等の建築物に設けるものを除く。)及び当該政令で定めるもの以外の特定建築設備等で特定行政庁が指定するもの(国等の建築物に設けるものを除く。)の所有者は、これらの特定建築設備等について、国土交通省令で定めるところにより、定期に、一級建築士若しくは二級建築士又は建築設備等検査員資格者証の交付を受けている者(次項及び第12条の3第2項において「建築設備等検査員」という。)に検査(これらの特定建築設備等についての損傷、腐食その他の劣化の状況の点検を含む。)をさせて、その結果を特定行政庁に報告しなければならない。

4 国の機関の長等は、国、都道府県又は建築主事を置く市町村の建築物の特定建築設備等について、国土交通省令で定めるところにより、定期に、一級建築士若しくは二級建築士又は建築設備等検査員に、損傷、腐食その他の劣化の状況の点検をさせなければならない。

5 特定行政庁、建築主事又は建築監視員は、次に掲げる者に対して、建築物の敷地、構造、建築設備若しくは用途、建築材料若しくは建築設備その他の建築物の部分(以下「建築材料等」という。)の受取若しくは引渡しの状況、建築物に関する工事の計画若しくは施工の状況又は建築物の敷地、構造若しくは建築設備に関する調査(以下「建築物に関する調査」という。)の状況に関する報告を求めることができる。
　一　建築物若しくは建築物の敷地の所有者、管理者若しくは占有者、建築主、設計者、建築材料等を製造した者、工事監理者、工事施工者又は建築物に関する調査をした者
　二　第77条の21第1項の指定確認検査機関
　三　第77条の35の5第1項の指定構造計算適合性判定機関

6 特定行政庁又は建築主事にあつては第6条第4項、第6条の2第6項、第7条第4項、第7条の3第4項、第9条第1項、第10項若しくは第13項、第10条第1項から第3項まで、前条第1項又は第90条の2第1項の規定の施行に必要な限度において、建築監視員にあつては第9条第10項の規定の施行に必要な限度において、当該建築物若しくは建築物の敷地の所有者、管理者若しくは占有者、建築主、設計者、建築材料等を製造した者、工事監理者、工事施工者又は建築物に関する調査をした者に対し、帳簿、書類その他の物件の提出を求めることができる。

7 建築主事又は特定行政庁の命令若しくは建築主事の委任を受けた当該市町村若しくは都道府県の職員にあつては第6条第4項、第6条の2第6項、第7条第4項、第7条の3第4項、第9条第1項、第10項若しくは第13項、第10条第1項から第3項まで、前条第1項又は第90条の2第1項の規定の施行に必要な限度において、建築監視員にあつては第9条第10項の規定の施行に必要な限度において、当該建築物、建築物の敷地、建築材料等を製造した者の工場、営業所、事務所、倉庫その他の事業場、建築工事場又は建築物に関する調査をした者の営業所、事務所その他の事業場に立ち入り、建築物、建築物の敷地、建築設備、建築材料、建築材料等の製造に関係がある物件、設計図書その他建築物に関する工事に関係がある物件若しくは建築物に関する調査に関係がある物件を検査し、若しくは試験し、又は建築物若しくは建築物の敷地の所有者、管理者若しくは占有者、建築主、設計者、建築材料等を製造した者、工事監理者、工事施工者若しくは建築物に関する調査をした者に対し必要な事項について質問することができる。ただし、住居に立ち入る場合においては、あらかじめ、その居住者の承諾を得なければならない。

8 特定行政庁は、確認その他の建築基準法令の規定による処分並びに第1項及び第3項の規定による報告に係る建築物の敷地、構造、建築設備又は用途に関する台帳を整備し、かつ、当該台帳(当該処分及び当該報告に関する書類で国土交通省令で定めるものを含む。)を保存しなければならない。

9 前項の台帳の記載事項その他その整備に関し必要な事項及び当該台帳(同項の国土交通省令で定める書類

法12条 改正：平成26年法律第54号

を含む。）の保存期間その他その保存に関し必要な事項は、国土交通省令で定める。

改正：平成28年法律第47号　　　施行：平成28年6月1日
第12条　（報告、検査等）

1　略
2　国、都道府県又は建築主事を置く市町村の特定建築物の管理者である国、都道府県若しくは市町村の機関の長又はその委任を受けた者（以下この章において「国の機関の長等」という。）は、当該特定建築物の敷地及び構造について、国土交通省令で定めるところにより、定期に、一級建築士若しくは二級建築士又は建築物調査員に、損傷、腐食その他の劣化の状況の点検（当該特定建築物の防火戸その他の前項の政令で定める防火設備についての第4項の点検を除く。）をさせなければならない。ただし、当該特定建築物（第6条第1項第一号に掲げる建築物で安全上、防火上又は衛生上特に重要であるものとして前項の政令で定めるもの及び同項の規定により特定行政庁が指定するものを除く。）のうち特定行政庁が安全上、防火上及び衛生上支障がないと認めて建築審査会の同意を得て指定したものについては、この限りでない。
3　略
4　国の機関の長等は、国、都道府県又は建築主事を置く市町村の建築物の特定建築設備等について、国土交通省令で定めるところにより、定期に、一級建築士若しくは二級建築士又は建築設備等検査員に、損傷、腐食その他の劣化の状況の点検をさせなければならない。ただし、当該特定建築設備等（前項の政令で定めるもの及び同項の規定により特定行政庁が指定するものを除く。）のうち特定行政庁が安全上、防火上及び衛生上支障がないと認めて建築審査会の同意を得て指定したものについては、この限りでない。
5〜9　略

改正：平成30年法律第67号　　　施行：令和元年6月25日
第12条　（報告、検査等）

1　第6条第1項第一号に掲げる建築物で安全上、防火上又は衛生上特に重要であるものとして政令で定めるもの（国、都道府県及び建築主事を置く市町村が所有し、又は管理する建築物（以下この項及び第3項において「国等の建築物」という。）を除く。）及び当該政令で定めるもの以外の特定建築物（同号に掲げる建築物その他政令で定める建築物をいう。以下この条において同じ。）で特定行政庁が指定するもの（国等の建築物を除く。）の所有者（所有者と管理者が異なる場合においては、管理者。第3項において同じ。）は、これらの建築物の敷地、構造及び建築設備について、国土交通省令で定めるところにより、定期に、一級建築士若しくは二級建築士又は建築物調査員資格者証の交付を受けている者（次項及び次条第3項において「建築物調査員」という。）にその状況の調査（これらの建築物の敷地及び構造についての損傷、腐食その他の劣化の状況の点検を含み、これらの建築物の建築設備及び防火戸その他の政令で定める防火設備（以下「建築設備等」という。）についての第3項の検査を除く。）をさせて、その結果を特定行政庁に報告しなければならない。
2　国、都道府県又は建築主事を置く市町村が所有し、又は管理する特定建築物の管理者である国、都道府県若しくは市町村の機関の長又はその委任を受けた者（以下この章において「国の機関の長等」という。）は、当該特定建築物の敷地及び構造について、国土交通省令で定めるところにより、定期に、一級建築士若しくは二級建築士又は建築物調査員に、損傷、腐食その他の劣化の状況の点検（当該特定建築物の防火戸その他の前項の政令で定める防火設備についての第4項の点検を除く。）をさせなければならない。ただし、当該特定建築物（第6条第1項第一号に掲げる建築物で安全上、防火上又は衛生上特に重要であるものとして前項の政令で定めるもの及び同項の規定により特定行政庁が指定するものを除く。）のうち特定行政庁が安全上、防火上及び衛生上支障がないと認めて建築審査会の同意を得て指定したものについては、この限りでない。
3　略
4　国の機関の長等は、国、都道府県又は建築主事を置く市町村が所有し、又は管理する建築物の特定建築設備等について、国土交通省令で定めるところにより、定期に、一級建築士若しくは二級建築士又は建築設備等検査員に、損傷、腐食その他の劣化の状況の点検をさせなければならない。ただし、当該特定建築設備等（前項の政令で定めるもの及び同項の規定により特定行政庁が指定するものを除く。）のうち特定行政庁が安

全上、防火上及び衛生上支障がないと認めて建築審査会の同意を得て指定したものについては、この限りでない。
5～9　略

改正：令和5年法律第58号　　　施行：令和6年4月1日
第12条　（報告、検査等）

1　第6条第1項第一号に掲げる建築物で安全上、防火上又は衛生上特に重要であるものとして政令で定めるもの（国、都道府県及び建築主事を置く市町村が所有し、又は管理する建築物（以下この項及び第3項において「国等の建築物」という。）を除く。）及び当該政令で定めるもの以外の特定建築物（同号に掲げる建築物その他政令で定める建築物をいう。以下この条において同じ。）で特定行政庁が指定するもの（国等の建築物を除く。）の所有者（所有者と管理者が異なる場合においては、管理者。第3項において同じ。）は、これらの建築物の敷地、構造及び建築設備について、国土交通省令で定めるところにより、定期に、一級建築士若しくは二級建築士又は建築物調査員資格者証の交付を受けている者（次項及び次条第3項において「建築物調査員」という。）にその状況の調査（これらの建築物の敷地及び構造についての損傷、腐食その他の劣化の状況の点検を含み、これらの建築物の建築設備及び防火戸その他の政令で定める防火設備（以下「建築設備等」という。）についての第3項の検査を除く。）をさせて、その結果を特定行政庁に報告しなければならない。
2　国、都道府県又は建築主事を置く市町村が所有し、又は管理する特定建築物の管理者である国、都道府県若しくは市町村の機関の長又はその委任を受けた者（以下この章において「国の機関の長等」という。）は、当該特定建築物の敷地及び構造について、国土交通省令で定めるところにより、定期に、一級建築士若しくは二級建築士又は建築物調査員に、損傷、腐食その他の劣化の状況の点検（当該特定建築物の防火戸その他の前項の政令で定める防火設備についての第4項の点検を除く。）をさせなければならない。ただし、当該特定建築物（第6条第1項第一号に掲げる建築物で安全上、防火上又は衛生上特に重要であるものとして前項の政令で定めるもの及び同項の規定により特定行政庁が指定するものを除く。）のうち特定行政庁が安全上、防火上及び衛生上支障がないと認めて建築審査会の同意を得て指定したものについては、この限りでない。
3　特定建築設備等（昇降機及び特定建築物の昇降機以外の建築設備等をいう。以下この項及び次項において同じ。）で安全上、防火上又は衛生上特に重要であるものとして政令で定めるもの（国等の建築物に設けるものを除く。）及び当該政令で定めるもの以外の特定建築設備等で特定行政庁が指定するもの（国等の建築物に設けるものを除く。）の所有者は、これらの特定建築設備等について、国土交通省令で定めるところにより、定期に、一級建築士若しくは二級建築士又は建築設備等検査員資格者証の交付を受けている者（次項及び第12条の3第2項において「建築設備等検査員」という。）に検査（これらの特定建築設備等についての損傷、腐食その他の劣化の状況の点検を含む。）をさせて、その結果を特定行政庁に報告しなければならない。
4　国の機関の長等は、国、都道府県又は建築主事を置く市町村が所有し、又は管理する建築物の特定建築設備等について、国土交通省令で定めるところにより、定期に、一級建築士若しくは二級建築士又は建築設備等検査員に、損傷、腐食その他の劣化の状況の点検をさせなければならない。ただし、当該特定建築設備等（前項の政令で定めるもの及び同項の規定により特定行政庁が指定するものを除く。）のうち特定行政庁が安全上、防火上及び衛生上支障がないと認めて建築審査会の同意を得て指定したものについては、この限りでない。
5　特定行政庁、建築主事等又は建築監視員は、次に掲げる者に対して、建築物の敷地、構造、建築設備若しくは用途、建築材料若しくは建築設備その他の建築物の部分（以下「建築材料等」という。）の受取若しくは引渡しの状況、建築物に関する工事の計画若しくは施工の状況又は建築物の敷地、構造若しくは建築設備に関する調査（以下「建築物に関する調査」という。）の状況に関する報告を求めることができる。
　一　建築物若しくは建築物の敷地の所有者、管理者若しくは占有者、建築主、設計者、建築材料等を製造した者、工事監理者、工事施工者又は建築物に関する調査をした者
　二　第77条の21第1項の指定確認検査機関
　三　第77条の35の5第1項の指定構造計算適合性判定機関
6　特定行政庁又は建築主事等にあつては第6条第4項、第6条の2第6項、第7条第4項、第7条の3第4

法12条　改正：令和5年法律第58号

項、第9条第1項、第10項若しくは第13項、第10条第1項から第3項まで、前条第1項又は第90条の2第1項の規定の施行に必要な限度において、建築監視員にあつては第9条第10項の規定の施行に必要な限度において、当該建築物若しくは建築物の敷地の所有者、管理者若しくは占有者、建築主、設計者、建築材料等を製造した者、工事監理者、工事施工者又は建築物に関する調査をした者に対し、帳簿、書類その他の物件の提出を求めることができる。

7　建築主事等又は特定行政庁の命令若しくは建築主事等の委任を受けた当該市町村若しくは都道府県の職員にあつては第6条第4項、第6条の2第6項、第7条第4項、第7条の3第4項、第9条第1項、第10項若しくは第13項、第10条第1項から第3項まで、前条第1項又は第90条の2第1項の規定の施行に必要な限度において、建築監視員にあつては第9条第10項の規定の施行に必要な限度において、当該建築物、建築物の敷地、建築材料等を製造した者の工場、営業所、事務所、倉庫その他の事業場、建築工事場又は建築物に関する調査をした者の営業所、事務所その他の事業場に立ち入り、建築物、建築物の敷地、建築設備、建築材料、建築材料等の製造に関係がある物件、設計図書その他建築物に関する工事に関係がある物件若しくは建築物に関する調査に関係がある物件を検査し、若しくは試験し、又は建築物若しくは建築物の敷地の所有者、管理者若しくは占有者、建築主、設計者、建築材料等を製造した者、工事監理者、工事施工者若しくは建築物に関する調査をした者に対し必要な事項について質問することができる。ただし、住居に立ち入る場合においては、あらかじめ、その居住者の承諾を得なければならない。

8　特定行政庁は、確認その他の建築基準法令の規定による処分並びに第1項及び第3項の規定による報告に係る建築物の敷地、構造、建築設備又は用途に関する台帳を整備し、かつ、当該台帳（当該処分及び当該報告に関する書類で国土交通省令で定めるものを含む。）を保存しなければならない。

9　前項の台帳の記載事項その他その整備に関し必要な事項及び当該台帳（同項の国土交通省令で定める書類を含む。）の保存期間その他その保存に関し必要な事項は、国土交通省令で定める。

［現行］　第12条の2　（建築物調査員資格者証）

制定：平成26年法律第54号　　　施行：平成28年6月1日

第12条の2　（建築物調査員資格者証）

1　国土交通大臣は、次の各号のいずれかに該当する者に対し、建築物調査員資格者証を交付する。
　一　前条第1項の調査及び同条第2項の点検（第3項第三号において「調査等」という。）に関する講習で国土交通省令で定めるものの課程を修了した者
　二　前号に掲げる者と同等以上の専門的知識及び能力を有すると国土交通大臣が認定した者

2　国土交通大臣は、前項の規定にかかわらず、次の各号のいずれかに該当する者に対しては、建築物調査員資格者証の交付を行わないことができる。
　一　未成年者
　二　成年被後見人又は被保佐人
　三　建築基準法令の規定により刑に処せられ、その執行を終わり、又はその執行を受けることがなくなつた日から起算して2年を経過しない者
　四　次項（第二号を除く。）の規定により建築物調査員資格者証の返納を命ぜられ、その日から起算して1年を経過しない者

3　国土交通大臣は、建築物調査員が次の各号のいずれかに該当すると認めるときは、その建築物調査員資格者証の返納を命ずることができる。
　一　この法律又はこれに基づく命令の規定に違反したとき。
　二　前項第二号又は第四号のいずれかに該当するに至つたとき。
　三　調査等に関して不誠実な行為をしたとき。
　四　偽りその他不正の手段により建築物調査員資格者証の交付を受けたとき。

4　建築物調査員資格者証の交付の手続その他建築物調査員資格者証に関し必要な事項は、国土交通省令で定める。

改正：令和元年法律第37号　　　施行：令和元年9月14日

改正：令和元年法律第37号 **法12条の3**

第12条の2（建築物調査員資格者証）

1 国土交通大臣は、次の各号のいずれかに該当する者に対し、建築物調査員資格者証を交付する。
　一 前条第1項の調査及び同条第2項の点検（<u>次項第四号及び第3項第三号</u>において「調査等」という。）に関する講習で国土交通省令で定めるものの課程を修了した者
　二 前号に掲げる者と同等以上の専門的知識及び能力を有すると国土交通大臣が認定した者
2 国土交通大臣は、前項の規定にかかわらず、次の各号のいずれかに該当する者に対しては、建築物調査員資格者証の交付を行わないことができる。
　一 未成年者
　二 建築基準法令の規定により刑に処せられ、その執行を終わり、又はその執行を受けることがなくなつた日から起算して2年を経過しない者
　三 次項（第二号を除く。）の規定により建築物調査員資格者証の返納を命ぜられ、その日から起算して1年を経過しない者
　<u>四 心身の故障により調査等の業務を適正に行うことができない者として国土交通省令で定めるもの</u>
3 国土交通大臣は、建築調査員が次の各号のいずれかに該当すると認めるときは、その建築物調査員資格者証の返納を命ずることができる。
　一 この法律又はこれに基づく命令の規定に違反したとき。
　二 前項<u>第三号</u>又は第四号のいずれかに該当するに至つたとき。
　三 調査等に関して不誠実な行為をしたとき。
　四 偽りその他不正の手段により建築物調査員資格者証の交付を受けたとき。
4 建築物調査員資格者証の交付の手続その他建築物調査員資格者証に関し必要な事項は、国土交通省令で定める。

[現行] 第12条の3 （建築設備等検査員資格者証）

制定：平成26年法律第54号　　　施行：平成28年6月1日
第12条の3（建築設備等検査員資格者証）

1 建築設備等検査員資格者証の種類は、国土交通省令で定める。
2 建築設備等検査員が第12条第3項の検査及び同条第4項の点検（次項第一号において「検査等」という。）を行うことができる建築設備等の種類は、前項の建築設備等検査員資格者証の種類に応じて国土交通省令で定める。
3 国土交通大臣は、次の各号のいずれかに該当する者に対し、建築設備等検査員資格者証を交付する。
　一 検査等に関する講習で建築設備等検査員資格者証の種類ごとに国土交通省令で定めるものの課程を修了した者
　二 前号に掲げる者と同等以上の専門的知識及び能力を有すると国土交通大臣が認定した者
4 前条第2項から第4項までの規定は、建築設備等検査員資格者証について準用する。この場合において、同条第2項中「前項」とあるのは「次条第3項」と、同条第3項第三号中「調査等」とあるのは「次条第2項に規定する検査等」と読み替えるものとする。

改正：令和元年法律第37号　　　施行：令和元年9月14日
第12条の3（建築設備等検査員資格者証）

1 建築設備等検査員資格者証の種類は、国土交通省令で定める。
2 建築設備等検査員が第12条第3項の検査及び同条第4項の点検（次項第一号において「検査等」という。）を行うことができる建築設備等の種類は、前項の建築設備等検査員資格者証の種類に応じて国土交通省令で定める。
3 国土交通大臣は、次の各号のいずれかに該当する者に対し、建築設備等検査員資格者証を交付する。
　一 検査等に関する講習で建築設備等検査員資格者証の種類ごとに国土交通省令で定めるものの課程を修了した者
　二 前号に掲げる者と同等以上の専門的知識及び能力を有すると国土交通大臣が認定した者

建築基準法　条文改正経過 | 143

法12条の3 改正：令和元年法律第37号

4 前条第2項から第4項までの規定は、建築設備等検査員資格者証について準用する。この場合において、同条第2項中「前項」とあるのは「次条第3項」と、同項第四号及び同条第3項第三号中「調査等」とあるのは「次条第2項に規定する検査等」と読み替えるものとする。

[現行] 第13条 （身分証明書の携帯）

制定：昭和25年法律第201号　　施行：昭和25年11月23日
第13条 （身分証明書の携帯）

1 建築主事又は特定行政庁の命令若しくは建築主事の委任を受けた当該市町村若しくは都道府県の吏員は、前条第2項の規定によつて建築物又は建築工事場に立ち入る場合においては、その身分を示す証票を携帯し、関係人の請求があつたときは、これを呈示しなければならない。

改正：昭和34年法律第156号　　施行：昭和34年12月23日
第13条 （身分証明書の携帯）

1 建築主事又は特定行政庁の命令若しくは建築主事の委任を受けた当該市町村若しくは都道府県の吏員は、前条第4項の規定によつて建築物、建築物の敷地又は建築工事場に立ち入る場合においては、その身分を示す証票を携帯し、関係人の請求があつたときは、これを呈示しなければならない。

改正：昭和45年法律第109号　　施行：昭和46年1月1日
第13条 （身分証明書の携帯）

1 建築主事、建築監視員若しくは特定行政庁の命令若しくは建築主事の委任を受けた当該市町村若しくは都道府県の吏員が前条第4項の規定によつて建築物、建築物の敷地若しくは建築工事場に立ち入る場合又は建築監視員が第9条の2（第90条第3項において準用する場合を含む。）の規定による権限を行使する場合においては、その身分を示す証票を携帯し、関係人の請求があつたときは、これを呈示しなければならない。

改正：平成10年法律第100号　　施行：平成10年6月12日
第13条 （身分証明書の携帯）

1 建築主事、建築監視員若しくは特定行政庁の命令若しくは建築主事の委任を受けた当該市町村若しくは都道府県の吏員が前条第4項の規定によつて建築物、建築物の敷地若しくは建築工事場に立ち入る場合又は建築監視員が第9条の2（第90条第3項において準用する場合を含む。）の規定による権限を行使する場合においては、その身分を示す証明書を携帯し、関係者に提示しなければならない。
2 前条第4項の規定による権限は、犯罪捜査のために認められたものと解釈してはならない。

改正：平成16年法律第67号　　施行：平成17年6月1日
第13条 （身分証明書の携帯）

1 建築主事、建築監視員若しくは特定行政庁の命令若しくは建築主事の委任を受けた当該市町村若しくは都道府県の吏員が前条第6項の規定によつて建築物、建築物の敷地若しくは建築工事場に立ち入る場合又は建築監視員が第9条の2（第90条第3項において準用する場合を含む。）の規定による権限を行使する場合においては、その身分を示す証明書を携帯し、関係者に提示しなければならない。
2 前条第6項の規定による権限は、犯罪捜査のために認められたものと解釈してはならない。

改正：平成18年法律第53号　　施行：平成19年4月1日
第13条 （身分証明書の携帯）

制定：昭和25年法律第201号　**法15条**

1　建築主事、建築監視員若しくは特定行政庁の命令若しくは建築主事の委任を受けた当該市町村若しくは都道府県の職員が前条第6項の規定によつて建築物、建築物の敷地若しくは建築工事場に立ち入る場合又は建築監視員が第9条の2（第90条第3項において準用する場合を含む。）の規定による権限を行使する場合においては、その身分を示す証明書を携帯し、関係者に提示しなければならない。
2　略

改正：平成26年法律第54号　　　施行：平成27年6月1日
第13条　（身分証明書の携帯）

1　建築主事、建築監視員若しくは特定行政庁の命令若しくは建築主事の委任を受けた当該市町村若しくは都道府県の職員が第12条第7項の規定によつて建築物、建築物の敷地若しくは建築工事場に立ち入る場合又は建築監視員が第9条の2（第90条第3項において準用する場合を含む。）の規定による権限を行使する場合においては、その身分を示す証明書を携帯し、関係者に提示しなければならない。
2　第12条第7項の規定による権限は、犯罪捜査のために認められたものと解釈してはならない。

改正：令和5年法律第58号　　　施行：令和6年4月1日
第13条　（身分証明書の携帯）

1　建築主事等、建築監視員若しくは特定行政庁の命令若しくは建築主事等の委任を受けた当該市町村若しくは都道府県の職員が第12条第7項の規定によつて建築物、建築物の敷地若しくは建築工事場に立ち入る場合又は建築監視員が第9条の2（第90条第3項において準用する場合を含む。）の規定による権限を行使する場合においては、その身分を示す証明書を携帯し、関係者に提示しなければならない。
2　第12条第7項の規定による権限は、犯罪捜査のために認められたものと解釈してはならない。

［現行］　第14条　（都道府県知事又は国土交通大臣の勧告、助言又は援助）

制定：昭和25年法律第201号　　　施行：昭和25年11月23日
第14条　（都道府県知事又は建設大臣の勧告、助言又は援助）

1　建築主事を置く市町村の長は、都道府県知事又は建設大臣に、都道府県知事は、建設大臣に、この法律の施行に関し必要な助言又は援助を求めることができる。
2　建設大臣は、特定行政庁に対して、都道府県知事は、建築主事を置く市町村の長に対して、この法律の施行に関し必要な勧告、助言若しくは援助をし、又は必要な参考資料を提供することができる。

改正：平成11年法律第160号　　　施行：平成13年1月6日
第14条　（都道府県知事又は国土交通大臣の勧告、助言又は援助）

1　建築主事を置く市町村の長は、都道府県知事又は国土交通大臣に、都道府県知事は、国土交通大臣に、この法律の施行に関し必要な助言又は援助を求めることができる。
2　国土交通大臣は、特定行政庁に対して、都道府県知事は、建築主事を置く市町村の長に対して、この法律の施行に関し必要な勧告、助言若しくは援助をし、又は必要な参考資料を提供することができる。

［現行］　第15条　（届出及び統計）

制定：昭和25年法律第201号　　　施行：昭和25年11月23日
第15条　（届出及び統計）

1　建築主は、建築物の建築の工事に着手しようとする場合又は建築物を除却した場合においては、その旨を都道府県知事に届け出なければならない。但し、当該建築物又は当該工事に係る部分の延べ面積が10㎡以内

法15条　制定：昭和25年法律第201号

　　である場合においては、この限りでない。
2　市町村及び特別区の長は、当該市区町村の区域内における延べ面積が10㎡をこえる建築物が火災、震災、水災、風災その他の災害に因り滅失した場合においては、都道府県知事に報告しなければならない。
3　都道府県知事は、前2項の規定による届出及び報告に基き、建築統計を作成し、これを建設大臣に送付しなければならない。
4　前3項の規定による届出、報告並びに建築統計の作成及び送付の手続は、建設省令で定める。

改正：昭和29年法律第140号　　　施行：昭和29年6月1日
第15条　（届出及び統計）
1　工事施工者が建築物の建築の工事に着手しようとする場合又は建築物の除却の工事を施工する者が建築物を除却した場合においては、これらの者は、その旨を都道府県知事に届け出なければならない。但し、当該建築物又は当該工事に係る部分の延べ面積が10㎡以内である場合においては、この限りでない。
2～4　略

改正：昭和34年法律第156号　　　施行：昭和34年12月23日
第15条　（届出及び統計）
1　建築主が建築物を建築しようとする場合又は建築物の除却の工事を施工する者が建築物を除却しようとする場合においては、これらの者は、その旨を都道府県知事に届け出なければならない。ただし、当該建築物又は当該工事に係る部分の床面積の合計が10㎡以内である場合においては、この限りでない。
2　市町村及び特別区の長は、当該市区町村の区域内における建築物が火災、震災、水災、風災その他の災害に因り滅失し、又は損壊した場合においては、都道府県知事に報告しなければならない。ただし、当該滅失した建築物又は損壊した建築物の損壊した部分の床面積の合計が10㎡以内である場合においては、この限りでない。
3・4　略

改正：平成11年法律第87号　　　施行：平成12年4月1日
第15条　（届出及び統計）
1　建築主が建築物を建築しようとする場合又は建築物の除却の工事を施工する者が建築物を除却しようとする場合においては、これらの者は、建築主事を経由して、その旨を都道府県知事に届け出なければならない。ただし、当該建築物又は当該工事に係る部分の床面積の合計が10㎡以内である場合においては、この限りでない。
2　前項の規定にかかわらず、同項の建築物の建築又は除却が第一号の耐震改修又は第二号の建替えに該当する場合における同項の届出は、それぞれ、当該各号に規定する所管行政庁が都道府県知事であるときは直接当該都道府県知事に対し、市町村の長であるときは当該市町村の長を経由して行わなければならない。
　一　建築物の耐震改修の促進に関する法律（平成7年法律第123号）第5条第1項の規定により建築物の耐震改修（増築又は改築に限る。）の計画の認定を同法第4条第1項の所管行政庁に申請する場合の当該耐震改修
　二　密集市街地における防災街区の整備の促進に関する法律第4条第1項の規定により建替計画の認定を同項の所管行政庁に申請する場合の当該建替え
3　市町村の長は、当該市町村の区域内における建築物が火災、震災、水災、風災その他の災害により滅失し、又は損壊した場合においては、都道府県知事に報告しなければならない。ただし、当該滅失した建築物又は損壊した建築物の損壊した部分の床面積の合計が10㎡以内である場合においては、この限りでない。
4　都道府県知事は、前3項の規定による届出及び報告に基づき、建築統計を作成し、これを建設大臣に送付し、かつ、関係書類を建設省令で定める期間保管しなければならない。
5　前各項の規定による届出、報告並びに建築統計の作成及び送付の手続は、建設省令で定める。

改正：平成25年法律第20号 **法15条**

改正：平成11年法律第160号　　　施行：平成13年1月6日
第15条　（届出及び統計）

1～3　略
4　都道府県知事は、前3項の規定による届出及び報告に基づき、建築統計を作成し、これを国土交通大臣に送付し、かつ、関係書類を国土交通省令で定める期間保管しなければならない。
5　前各項の規定による届出、報告並びに建築統計の作成及び送付の手続は、国土交通省令で定める。

改正：平成14年法律第85号　　　施行：平成15年1月1日
第15条　（届出及び統計）

1　略
2　前項の規定にかかわらず、同項の建築物の建築又は除却が第一号の耐震改修又は第二号の建替えに該当する場合における同項の届出は、それぞれ、当該各号に規定する所管行政庁が都道府県知事であるときは直接当該都道府県知事に対し、市町村の長であるときは当該市町村の長を経由して行わなければならない。
　一　略
　二　密集市街地整備法第4条第1項の規定により建替計画の認定を同項の所管行政庁に申請する場合の当該建替え
3～5　略

改正：平成17年法律第120号　　　施行：平成18年1月26日
第15条　（届出及び統計）

1　略
2　前項の規定にかかわらず、同項の建築物の建築又は除却が第一号の耐震改修又は第二号の建替えに該当する場合における同項の届出は、それぞれ、当該各号に規定する所管行政庁が都道府県知事であるときは直接当該都道府県知事に対し、市町村の長であるときは当該市町村の長を経由して行わなければならない。
　一　建築物の耐震改修の促進に関する法律（平成7年法律第123号）第8条第1項の規定により建築物の耐震改修（増築又は改築に限る。）の計画の認定を同法第2条第3項第4条第1項の所管行政庁に申請する場合の当該耐震改修
　二　略
3～5　略

改正：平成18年法律第92号　　　施行：平成19年6月20日
第15条　（届出及び統計）

1～3　略
4　都道府県知事は、前3項の規定による届出及び報告に基づき、建築統計を作成し、これを国土交通大臣に送付し、かつ、関係書類を国土交通省令で定める期間保存しなければならない。
5　略

改正：平成25年法律第20号　　　施行：平成25年11月25日
第15条　（届出及び統計）

1　略
2　前項の規定にかかわらず、同項の建築物の建築又は除却が第一号の耐震改修又は第二号の建替えに該当する場合における同項の届出は、それぞれ、当該各号に規定する所管行政庁が都道府県知事であるときは直接当該都道府県知事に対し、市町村の長であるときは当該市町村の長を経由して行わなければならない。
　一　建築物の耐震改修の促進に関する法律（平成7年法律第123号）第17条第1項の規定により建築物の耐震改修（増築又は改築に限る。）の計画の認定を同法第2条第3項の所管行政庁に申請する場合の当該耐

建築基準法　条文改正経過 | 147

法15条　改正：平成25年法律第20号

　　　震改修
　二　略
3〜5　略

改正：令和5年法律第58号　　　施行：令和6年4月1日
第15条　（届出及び統計）

1　建築主が建築物を建築しようとする場合又は建築物の除却の工事を施工する者が建築物を除却しようとする場合においては、これらの者は、<u>建築主事等（大規模建築物を建築し、又は除却しようとする場合にあつては、建築主事）</u>を経由して、その旨を都道府県知事に届け出なければならない。ただし、当該建築物又は当該工事に係る部分の床面積の合計が10m²以内である場合においては、この限りでない。
2　前項の規定にかかわらず、同項の建築物の建築又は除却が第一号の耐震改修又は第二号の建替えに該当する場合における同項の届出は、それぞれ、当該各号に規定する所管行政庁が都道府県知事であるときは直接当該都道府県知事に対し、市町村の長であるときは当該市町村の長を経由して行わなければならない。
　一　建築物の耐震改修の促進に関する法律（平成7年法律第123号）第17条第1項の規定により建築物の耐震改修（増築又は改築に限る。）の計画の認定を同法第2条第3項の所管行政庁に申請する場合の当該耐震改修
　二　密集市街地整備法第4条第1項の規定により建替計画の認定を同項の所管行政庁に申請する場合の当該建替え
3　市町村の長は、当該市町村の区域内における建築物が火災、震災、水災、風災その他の災害により滅失し、又は損壊した場合においては、都道府県知事に報告しなければならない。ただし、当該滅失した建築物又は損壊した建築物の損壊した部分の床面積の合計が10m²以内である場合においては、この限りでない。
4　都道府県知事は、前3項の規定による届出及び報告に基づき、建築統計を作成し、これを国土交通大臣に送付し、かつ、関係書類を国土交通省令で定める期間保存しなければならない。
5　前各項の規定による届出、報告並びに建築統計の作成及び送付の手続は、国土交通省令で定める。

[現行]　第15条の2　（報告、検査等）

制定：平成26年法律第54号　　　施行：平成27年6月1日
第15条の2　（報告、検査等）

1　国土交通大臣は、第1条の目的を達成するため特に必要があると認めるときは、建築物若しくは建築物の敷地の所有者、管理者若しくは占有者、建築主、設計者、建築材料等を製造した者、工事監理者、工事施工者、建築物に関する調査をした者若しくは第68条の10第1項の型式適合認定、第68条の25第1項の構造方法等の認定若しくは第68条の26の特殊構造方法等認定（以下この項において「型式適合認定等」という。）を受けた者に対し、建築物の敷地、構造、建築設備若しくは用途、建築材料等の受取若しくは引渡しの状況、建築物に関する工事の計画若しくは施工の状況若しくは建築物に関する調査の状況に関する報告若しくは帳簿、書類その他の物件の提出を求め、又はその職員に、建築物、建築物の敷地、建築材料等を製造した者の工場、営業所、事務所、倉庫その他の事業場、建築工事場、建築物に関する調査をした者の営業所、事務所その他の事業場若しくは型式適合認定等を受けた者の事務所その他の事業場に立ち入り、建築物、建築物の敷地、建築設備、建築材料、建築材料等の製造に関係がある物件、設計図書その他建築物に関する工事に関係がある物件、建築物に関する調査に関係がある物件若しくは型式適合認定等に関係がある物件を検査させ、若しくは試験させ、若しくは建築物若しくは建築物の敷地の所有者、管理者若しくは占有者、建築主、設計者、建築材料等を製造した者、工事監理者、工事施工者、建築物に関する調査をした者若しくは型式適合認定等を受けた者に対し必要な事項について質問させることができる。ただし、住居に立ち入る場合においては、あらかじめ、その居住者の承諾を得なければならない。
2　前項の規定により立入検査をする職員は、その身分を示す証明書を携帯し、関係者に提示しなければならない。
3　第1項の規定による権限は、犯罪捜査のために認められたものと解釈してはならない。

改正：平成3年法律第24号 **法17条**

[現行] 　第16条　（国土交通大臣又は都道府県知事への報告）

制定：昭和25年法律第201号　　　　施行：昭和25年11月23日
第16条　（建設大臣又は都道府県知事への報告）

　1　建設大臣は、特定行政庁に対して、都道府県知事は、建築主事を置く市町村の長に対して、この法律の施行に関して必要な報告又は統計の資料の提出を求めることができる。

改正：昭和31年法律第148号　　　　施行：昭和31年9月1日
第16条　（建設大臣又は都道府県知事への報告）

　1　建設大臣は、特定行政庁に対して、都道府県知事は、建築主事を置く市町村の長（第97条の2第1項の規定により建築主事を置く同条同項の指定都市の長を含む。）に対して、この法律の施行に関して必要な報告又は統計の資料の提出を求めることができる。

改正：昭和45年法律第109号　　　　施行：昭和46年1月1日
第16条　（建設大臣又は都道府県知事への報告）

　1　建設大臣は、特定行政庁に対して、都道府県知事は、建築主事を置く市町村の長に対して、この法律の施行に関して必要な報告又は統計の資料の提出を求めることができる。

改正：平成11年法律第160号　　　　施行：平成13年1月6日
第16条　（国土交通大臣又は都道府県知事への報告）

　1　国土交通大臣は、特定行政庁に対して、都道府県知事は、建築主事を置く市町村の長に対して、この法律の施行に関して必要な報告又は統計の資料の提出を求めることができる。

[現行] 　第17条　（特定行政庁等に対する指示等）

制定：昭和25年法律第201号　　　　施行：昭和25年11月23日
第17条　（特定行政庁等に対する監督）

　1　建設大臣は、都道府県の建築主事の処分がこの法律若しくはこれに基く命令の規定に違反し、又は都道府県の建築主事がこれらの規定に基く処分を怠るものがあると認める場合においては、当該都道府県知事に対して、監督上必要な措置をとることを命ずることができる。
　2　都道府県知事は、市町村の建築主事の処分がこの法律若しくはこれに基く命令の規定に違反し、又は市町村の建築主事がこれらの規定に基く処分を怠るものがあると認める場合においては、当該市町村の長に対して監督上必要な措置をとることを命ずることができる。
　3　建設大臣は、前項の場合において都道府県知事がそのすべき命令をしない場合においては、自ら同項の命令をすることができる。
　4　建設大臣は、都道府県知事がこの法律若しくはこれに基く命令の規定に違反し、又はこれらの規定に基く処分を怠るものがあると認める場合においては、地方自治法（昭和22年法律第67号）第146条の規定によつて、その行うべき事項を命令し、裁判所の裁判を請求することができる。
　5　都道府県知事は、建築主事を置く市町村の長がこの法律若しくはこれに基く命令の規定に違反し、又はこれらの規定に基く処分を怠るものがあると認める場合においては、地方自治法第146条の規定によつて、その行うべき事項を命令し、裁判所の裁判を請求し、又は確認の裁判に基いて当該市町村の長に代つて自ら当該事項を行うことができる。

改正：平成3年法律第24号　　　　施行：平成3年7月1日
第17条　（特定行政庁等に対する監督）

建築基準法　条文改正経過 | 149

法17条 改正：平成3年法律第24号

1 　建設大臣は、都道府県の建築主事の処分がこの法律若しくはこれに基く命令の規定に違反し、又は都道府県の建築主事がこれらの規定に基く処分を怠るものがあると認める場合においては、当該都道府県知事に対して、監督上必要な措置をとることを命ずることができる。
2 　都道府県知事は、市町村の建築主事の処分がこの法律若しくはこれに基く命令の規定に違反し、又は市町村の建築主事がこれらの規定に基く処分を怠るものがあると認める場合においては、当該市町村の長に対して監督上必要な措置をとることを命ずることができる。
3 　建設大臣は、前項の場合において都道府県知事がそのすべき命令をしない場合においては、自ら同項の命令をすることができる。

改正：平成11年法律第87号　　　施行：平成12年4月1日
第17条　（特定行政庁等に対する指示等）

1 　建設大臣は、都道府県若しくは市町村の建築主事の処分がこの法律若しくはこれに基づく命令の規定に違反し、又は都道府県若しくは市町村の建築主事がこれらの規定に基づく処分を怠つている場合において、国の利害に重大な関係がある建築物に関し必要があると認めるときは、当該都道府県知事又は市町村の長に対して、期限を定めて、都道府県又は市町村の建築主事に対し必要な措置を命ずべきことを指示することができる。
2 　建設大臣は、都道府県の建築主事の処分がこの法律若しくはこれに基づく命令の規定に違反し、又は都道府県の建築主事がこれらの規定に基づく処分を怠つている場合において、これらにより多数の者の生命又は身体に重大な危害が発生するおそれがあると認めるときは、当該都道府県知事に対して、期限を定めて、都道府県の建築主事に対し必要な措置を命ずべきことを指示することができる。
3 　都道府県知事は、市町村の建築主事の処分がこの法律若しくはこれに基づく命令の規定に違反し、又は市町村の建築主事がこれらの規定に基づく処分を怠つている場合において、これらにより多数の者の生命又は身体に重大な危害が発生するおそれがあると認めるときは、当該市町村の長に対して、期限を定めて、市町村の建築主事に対し必要な措置を命ずべきことを指示することができる。
4 　建設大臣は、前項の場合において都道府県知事がそのすべき指示をしないときは、自ら同項の指示をすることができる。
5 　都道府県知事又は市町村の長は、正当な理由がない限り、前各項の規定により建設大臣又は都道府県知事が行つた指示に従わなければならない。
6 　都道府県又は市町村の建築主事は、正当な理由がない限り、第1項から第4項までの規定による指示に基づく都道府県知事又は市町村の長の命令に従わなければならない。
7 　建設大臣は、都道府県知事若しくは市町村の長が正当な理由がなく、所定の期限までに、第1項の規定による指示に従わない場合又は都道府県若しくは市町村の建築主事が正当な理由がなく、所定の期限までに、第1項の規定による建設大臣の指示に基づく都道府県知事若しくは市町村の長の命令に従わない場合においては、正当な理由がないことについて政令で定める審議会の確認を得た上で、自ら当該指示に係る必要な措置をとることができる。
8 　建設大臣は、都道府県知事若しくは市町村の長がこの法律若しくはこれに基づく命令の規定に違反し、又はこれらの規定に基づく処分を怠つている場合において、国の利害に重大な関係がある建築物に関し必要があると認めるときは、当該都道府県知事又は市町村の長に対して、期限を定めて、必要な措置をとるべきことを指示することができる。
9 　建設大臣は、都道府県知事がこの法律若しくはこれに基づく命令の規定に違反し、又はこれらの規定に基づく処分を怠つている場合において、これらにより多数の者の生命又は身体に重大な危害が発生するおそれがあると認めるときは、当該都道府県知事に対して、期限を定めて、必要な措置をとるべきことを指示することができる。
10 　都道府県知事は、市町村の長がこの法律若しくはこれに基づく命令の規定に違反し、又はこれらの規定に基づく処分を怠つている場合において、これらにより多数の者の生命又は身体に重大な危害が発生するおそれがあると認めるときは、当該市町村の長に対して、期限を定めて、必要な措置をとるべきことを指示することができる。
11 　第4項及び第5項の規定は、前3項の場合について準用する。この場合において、第5項中「前各項」と

あるのは、「第8項から第10項まで又は第11項において準用する第4項」と読み替えるものとする。
<u>12</u>　建設大臣は、都道府県知事又は市町村の長が正当な理由がなく、所定の期限までに、第8項の規定による指示に従わない場合においては、正当な理由がないことについて政令で定める審議会の確認を得た上で、自ら当該指示に係る必要な措置をとることができる。

改正：平成11年法律第160号　　　施行：平成13年1月6日
第17条　（特定行政庁等に対する指示等）

1　<u>国土交通大臣</u>は、都道府県若しくは市町村の建築主事の処分がこの法律若しくはこれに基づく命令の規定に違反し、又は都道府県若しくは市町村の建築主事がこれらの規定に基づく処分を怠つている場合において、国の利害に重大な関係がある建築物に関し必要があると認めるときは、当該都道府県知事又は市町村の長に対して、期限を定めて、都道府県又は市町村の建築主事に対し必要な措置を命ずべきことを指示することができる。

2　<u>国土交通大臣</u>は、都道府県の建築主事の処分がこの法律若しくはこれに基づく命令の規定に違反し、又は都道府県の建築主事がこれらの規定に基づく処分を怠つている場合において、これらにより多数の者の生命又は身体に重大な危害が発生するおそれがあると認めるときは、当該都道府県知事に対して、期限を定めて、都道府県の建築主事に対し必要な措置を命ずべきことを指示することができる。

3　略

4　<u>国土交通大臣</u>は、前項の場合において都道府県知事がそのすべき指示をしないときは、自ら同項の指示をすることができる。

5　都道府県知事又は市町村の長は、正当な理由がない限り、前各項の規定により<u>国土交通大臣</u>又は都道府県知事が行つた指示に従わなければならない。

6　略

7　<u>国土交通大臣</u>は、都道府県知事若しくは市町村の長が正当な理由がなく、所定の期限までに、第1項の規定による指示に従わない場合又は都道府県若しくは市町村の建築主事が正当な理由がなく、所定の期限までに、第1項の規定による<u>国土交通大臣</u>の指示に基づく都道府県知事若しくは市町村の長の命令に従わない場合においては、正当な理由がないことについて<u>社会資本整備審議会</u>の確認を得た上で、自ら当該指示に係る必要な措置をとることができる。

8　<u>国土交通大臣</u>は、都道府県知事若しくは市町村の長がこの法律若しくはこれに基づく命令の規定に違反し、又はこれらの規定に基づく処分を怠つている場合において、国の利害に重大な関係がある建築物に関し必要があると認めるときは、当該都道府県知事又は市町村の長に対して、期限を定めて、必要な措置をとるべきことを指示することができる。

9　<u>国土交通大臣</u>は、都道府県知事がこの法律若しくはこれに基づく命令の規定に違反し、又はこれらの規定に基づく処分を怠つている場合において、これらにより多数の者の生命又は身体に重大な危害が発生するおそれがあると認めるときは、当該都道府県知事に対して、期限を定めて、必要な措置をとるべきことを指示することができる。

10・11　略

<u>12</u>　<u>国土交通大臣</u>は、都道府県知事又は市町村の長が正当な理由がなく、所定の期限までに、第8項の規定による指示に従わない場合においては、正当な理由がないことについて<u>社会資本整備審議会</u>の確認を得た上で、自ら当該指示に係る必要な措置をとることができる。

改正：令和5年法律第58号　　　施行：令和6年4月1日
第17条　（特定行政庁等に対する指示等）

1　国土交通大臣は、都道府県若しくは市町村の<u>建築主事等</u>の処分がこの法律若しくはこれに基づく命令の規定に違反し、又は都道府県若しくは市町村の<u>建築主事等</u>がこれらの規定に基づく処分を怠つている場合において、国の利害に重大な関係がある建築物に関し必要があると認めるときは、当該都道府県知事又は市町村の長に対して、期限を定めて、都道府県又は市町村の<u>建築主事等</u>に対し必要な措置を命ずべきことを指示することができる。

2　国土交通大臣は、都道府県の<u>建築主事等</u>の処分がこの法律若しくはこれに基づく命令の規定に違反し、又

法17条　改正：令和5年法律第58号

は都道府県の建築主事等がこれらの規定に基づく処分を怠つている場合において、これらにより多数の者の生命又は身体に重大な危害が発生するおそれがあると認めるときは、当該都道府県知事に対して、期限を定めて、都道府県の建築主事等に対し必要な措置を命ずべきことを指示することができる。

3　都道府県知事は、市町村の建築主事等の処分がこの法律若しくはこれに基づく命令の規定に違反し、又は市町村の建築主事等がこれらの規定に基づく処分を怠つている場合において、これらにより多数の者の生命又は身体に重大な危害が発生するおそれがあると認めるときは、当該市町村の長に対して、期限を定めて、市町村の建築主事等に対し必要な措置を命ずべきことを指示することができる。

4　国土交通大臣は、前項の場合において都道府県知事がそのすべき指示をしないときは、自ら同項の指示をすることができる。

5　都道府県知事又は市町村の長は、正当な理由がない限り、前各項の規定により国土交通大臣又は都道府県知事が行つた指示に従わなければならない。

6　都道府県又は市町村の建築主事等は、正当な理由がない限り、第1項から第4項までの規定による指示に基づく都道府県知事又は市町村の長の命令に従わなければならない。

7　国土交通大臣は、都道府県知事若しくは市町村の長が正当な理由がなく、所定の期限までに、第1項の規定による指示に従わない場合又は都道府県若しくは市町村の建築主事等が正当な理由がなく、所定の期限までに、同項の規定による国土交通大臣の指示に基づく都道府県知事若しくは市町村の長の命令に従わない場合においては、正当な理由がないことについて社会資本整備審議会の確認を得た上で、自ら当該指示に係る必要な措置をとることができる。

8　国土交通大臣は、都道府県知事若しくは市町村の長がこの法律若しくはこれに基づく命令の規定に違反し、又はこれらの規定に基づく処分を怠つている場合において、国の利害に重大な関係がある建築物に関し必要があると認めるときは、当該都道府県知事又は市町村の長に対して、期限を定めて、必要な措置をとるべきことを指示することができる。

9　国土交通大臣は、都道府県知事がこの法律若しくはこれに基づく命令の規定に違反し、又はこれらの規定に基づく処分を怠つている場合において、これらにより多数の者の生命又は身体に重大な危害が発生するおそれがあると認めるときは、当該都道府県知事に対して、期限を定めて、必要な措置をとるべきことを指示することができる。

10　都道府県知事は、市町村の長がこの法律若しくはこれに基づく命令の規定に違反し、又はこれらの規定に基づく処分を怠つている場合において、これらにより多数の者の生命又は身体に重大な危害が発生するおそれがあると認めるときは、当該市町村の長に対して、期限を定めて、必要な措置をとるべきことを指示することができる。

11　第4項及び第5項の規定は、前3項の場合について準用する。この場合において、第5項中「前各項」とあるのは、「第8項から第10項まで又は第11項において準用する第4項」と読み替えるものとする。

12　国土交通大臣は、都道府県知事又は市町村の長が正当な理由がなく、所定の期限までに、第8項の規定による指示に従わない場合においては、正当な理由がないことについて社会資本整備審議会の確認を得た上で、自ら当該指示に係る必要な措置をとることができる。

[現行]　第18条　（国、都道府県又は建築主事を置く市町村の建築物に対する確認、検査又は是正措置に関する手続の特例）

制定：昭和25年法律第201号　　　施行：昭和25年11月23日

第18条　（国、都道府県又は建築主事を置く市町村の建築物に対する確認、検査又は是正措置に関する手続の特例）

1　国、都道府県又は建築主事を置く市町村の建築物については、第6条、第7条、第9条及び第10条の規定は、適用しない。この場合においては、第2項から第9項までの規定に定めるところによる。

2　第6条第1項の規定によつて建築しようとする建築物の建築主が国、都道府県又は建築主事を置く市町村である場合においては、当該国、都道府県若しくは市町村の機関の長又はその委任を受けた者は、当該工事に着手する前に、その計画を建築主事に通知しなければならない。

3　建築主事は、前項の通知を受けた場合においては、第6条第2項に定める期間内に、当該通知に係る建築物の計画が当該建築物の敷地、構造及び建築設備に関する法律並びにこれに基く命令及び条例の規定に適合

するかどうかを審査し、その結果を前項の機関の長又はその委任を受けた者に通知しなければならない。
4　第2項の通知に係る建築物の工事は、前項の規定によつて当該建築物の計画が前項の法律、命令及び条例の規定に適合する旨の通知を受けた後でなければすることができない。
5　第2項の機関の長又はその委任を受けた者は、当該工事を完了した場合においては、その旨を、工事が完了した日から4日以内に到達するように、建築主事に通知しなければならない。
6　建築主事が前項の規定による通知を受けた場合においては、建築主事又はその委任を受けた当該市町村若しくは都道府県の吏員は、その通知を受けた日から7日以内に、その通知に係る完了した工事が第3項の法律並びにこれに基く命令及び条例の規定に適合しているかどうかを検査しなければならない。
7　建築主事又はその委任を受けた当該市町村若しくは都道府県の吏員は、前項の規定による検査をした場合において、当該建築物が第3項の法律並びにこれに基く命令及び条例の規定に適合していることを認めたときは、第2項の機関の長又はその委任を受けた者に対して検査済証を交付しなければならない。
8　第6条第1項第一号から第三号までの建築物については、前項の検査済証の交付を受けた後でなければ当該建築物を使用し、又は使用させてはならない。但し、第5項の規定による通知をした日から7日を経過した場合又は建築主事が仮使用の承認をした場合においては、検査済証の交付を受ける前においても、仮に当該建築物を使用し、又は使用させることができる。
9　特定行政庁は、国、都道府県又は建築主事を置く市町村の建築物が第9条第1項又は第10条第1項の規定に該当すると認める場合においては、直ちに、その旨を当該建築物を管理する機関の長に通知し、これらの規定に掲げる必要な措置をとるべきことを要請しなければならない。

改正：昭和26年法律第195号　　　施行：昭和27年4月1日
第18条　（国、都道府県又は建築主事を置く市町村の建築物に対する確認、検査又は是正措置に関する手続の特例）

1・2　略
3　建築主事は、前項の通知を受けた場合においては、第6条第3項に定める期間内に、当該通知に係る建築物の計画が当該建築物の敷地、構造及び建築設備に関する法律並びにこれに基く命令及び条例の規定に適合するかどうかを審査し、その結果を前項の機関の長又はその委任を受けた者に通知しなければならない。
4～9　略

改正：昭和34年法律第156号　　　施行：昭和34年12月23日
第18条　（国、都道府県又は建築主事を置く市町村の建築物に対する確認、検査又は是正措置に関する手続の特例）

1　国、都道府県又は建築主事を置く市町村の建築物及び建築物の敷地については、第6条、第7条、第9条及び第10条の規定は、適用しない。この場合においては、第2項から第9項までの規定に定めるところによる。
2　第6条第1項の規定によつて建築し、又は大規模の修繕若しくは大規模の模様替をしようとする建築物の建築主が国、都道府県又は建築主事を置く市町村である場合においては、当該国、都道府県若しくは市町村の機関の長又はその委任を受けた者は、当該工事に着手する前に、その計画を建築主事に通知しなければならない。
3　略
4　第2項の通知に係る建築物の建築、大規模の修繕又は大規模の模様替の工事は、前項の規定によつて当該建築物の計画が同項の法律並びにこれに基く命令及び条例の規定に適合する旨の通知を受けた後でなければすることができない。
5　略
6　建築主事が前項の規定による通知を受けた場合においては、建築主事又はその委任を受けた当該市町村若しくは都道府県の吏員は、その通知を受けた日から7日以内に、その通知に係る建築物及びその敷地が第3項の法律並びにこれに基く命令及び条例の規定に適合しているかどうかを検査しなければならない。
7　建築主事又はその委任を受けた当該市町村若しくは都道府県の吏員は、前項の規定による検査をした場合において、当該建築物及びその敷地が第3項の法律並びにこれに基く命令及び条例の規定に適合してい

法18条　改正：昭和34年法律第156号

> ることを認めたときは、第2項の機関の長又はその委任を受けた者に対して検査済証を交付しなければならない。
> 8　第6条第1項第一号から第三号までの建築物については、前項の検査済証の交付を受けた後でなければ当該建築物を使用し、又は使用させてはならない。ただし、第5項の規定による通知をした日から7日を経過した場合又は建築主事が仮使用の承認をした場合においては、検査済証の交付を受ける前においても、仮に当該建築物を使用し、又は使用させることができる。
> 9　特定行政庁は、国、都道府県又は建築主事を置く市町村の建築物又は建築物の敷地が第9条第1項又は第10条第1項の規定に該当すると認める場合においては、直ちに、その旨を当該建築物又は建築物の敷地を管理する機関の長に通知し、これらの規定に掲げる必要な措置をとるべきことを要請しなければならない。

改正：昭和45年法律第109号　　　施行：昭和46年1月1日
第18条　（国、都道府県又は建築主事を置く市町村の建築物に対する確認、検査又は是正措置に関する手続の特例）

> 1　国、都道府県又は建築主事を置く市町村の建築物及び建築物の敷地については、第6条、第7条及び第9条から第10条までの規定は、適用しない。この場合においては、第2項から第9項までの規定に定めるところによる。
> 2〜9　略

改正：昭和51年法律第83号　　　施行：昭和52年11月1日
第18条　（国、都道府県又は建築主事を置く市町村の建築物に対する確認、検査又は是正措置に関する手続の特例）

> 1　国、都道府県又は建築主事を置く市町村の建築物及び建築物の敷地については、第6条から第7条の2まで、第9条から第10条まで及び第90条の2の規定は、適用しない。この場合においては、第2項から第9項までの規定に定めるところによる。
> 2〜7　略
> 8　第6条第1項第一号から第三号までの建築物を新築する場合又はこれらの建築物（共同住宅以外の住宅及び居室を有しない建築物を除く。）の増築、改築、移転、大規模の修繕若しくは大規模の模様替の工事で避難施設等に関する工事を含むものをする場合においては、前項の検査済証の交付を受けた後でなければ、当該新築に係る建築物又は当該避難施設等に関する工事に係る建築物若しくは建築物の部分を使用し、又は使用させてはならない。ただし、次の各号の一に該当する場合には、検査済証の交付を受ける前においても、仮に、当該建築物又は建築物の部分を使用し、又は使用させることができる。
> 　一　特定行政庁（第5項の規定による通知があつた後においては、建築主事）が、安全上、防火上又は避難上支障がないと認めて仮使用の承認をしたとき。
> 　二　第5項の規定による通知をした日から7日を経過したとき。
> 9　特定行政庁は、国、都道府県又は建築主事を置く市町村の建築物又は建築物の敷地が第9条第1項、第10条第1項又は第90条の2第1項の規定に該当すると認める場合においては、直ちに、その旨を当該建築物又は建築物の敷地を管理する機関の長に通知し、これらの規定に掲げる必要な措置を採るべきことを要請しなければならない。

改正：昭和58年法律第44号　　　施行：昭和59年4月1日
第18条　（国、都道府県又は建築主事を置く市町村の建築物に対する確認、検査又は是正措置に関する手続の特例）

> 1　国、都道府県又は建築主事を置く市町村の建築物及び建築物の敷地については、第6条から第7条の3まで、第9条から第10条まで及び第90条の2の規定は、適用しない。この場合においては、第2項から第9項までの規定に定めるところによる。
> 2　略

改正：平成10年法律第100号 **法18条**

3　建築主事は、前項の通知を受けた場合においては、第6条第3項に定める期間内に、当該通知に係る建築物の計画が当該建築物の敷地、構造及び建築設備に関する法律並びにこれに基づく命令及び条例の規定（第6条の2第1項各号に掲げる建築物の建築について通知を受けた場合においては、同項の規定により読み替えて適用される第6条第1項の政令で定める規定を除く。次項において同じ。）に適合するかどうかを審査し、その結果を前項の機関の長又はその委任を受けた者に通知しなければならない。
4・5　略
6　建築主事が前項の規定による通知を受けた場合においては、建築主事又はその委任を受けた当該市町村若しくは都道府県の吏員は、その通知を受けた日から7日以内に、その通知に係る建築物及びその敷地が第3項の法律並びにこれに基づく命令及び条例の規定（第7条の2に規定する建築物の建築の工事について通知を受けた場合においては、第6条の2第1項の規定により読み替えて適用される第6条第1項の政令で定める規定を除く。次項において同じ。）に適合しているかどうかを検査しなければならない。
7～9　略

改正：平成10年法律第100号　　施行：平成11年5月1日
第18条　（国、都道府県又は建築主事を置く市町村の建築物に対する確認、検査又は是正措置に関する手続の特例）

1　国、都道府県又は建築主事を置く市町村の建築物及び建築物の敷地については、第6条から第7条の6まで、第9条から第10条まで及び第90条の2の規定は、適用しない。この場合においては、次項から第14項までの規定に定めるところによる。
2　第6条第1項の規定によつて建築し、又は大規模の修繕若しくは大規模の模様替をしようとする建築物の建築主が国、都道府県又は建築主事を置く市町村である場合においては、当該国、都道府県若しくは市町村の機関の長又はその委任を受けた者（以下この条において「国の機関の長等」という。）は、当該工事に着手する前に、その計画を建築主事に通知しなければならない。
3　建築主事は、前項の通知を受けた場合においては、第6条第4項に定める期間内に、当該通知に係る建築物の計画が建築基準関係規定（第6条の3第1項各号に掲げる建築物の建築について通知を受けた場合にあつては、同項の規定により読み替えて適用される第6条第1項に規定する建築基準関係規定。以下この項において同じ。）に適合するかどうかを審査し、審査の結果に基づいて、建築基準関係規定に適合することを認めたときにあつては当該通知をした国の機関の長等に対して確認済証を交付し、建築基準関係規定に適合しないことを認めたとき、又は建築基準関係規定に適合するかどうかを決定することができない正当な理由があるときにあつてはその旨及び理由を記載した通知書を当該通知をした国の機関の長等に対して交付しなければならない。
4　第2項の通知に係る建築物の建築、大規模の修繕又は大規模の模様替の工事は、前項の確認済証の交付を受けた後でなければすることができない。
5　国の機関の長等は、当該工事を完了した場合においては、その旨を、工事が完了した日から4日以内に到達するように、建築主事に通知しなければならない。
6　建築主事が前項の規定による通知を受けた場合においては、建築主事等は、その通知を受けた日から7日以内に、その通知に係る建築物及びその敷地が建築基準関係規定（第7条の5に規定する建築物の建築の工事について通知を受けた場合にあつては、第6条の3第1項の規定により読み替えて適用される第6条第1項に規定する建築基準関係規定。以下この条において同じ。）に適合しているかどうかを検査しなければならない。
7　建築主事等は、前項の規定による検査をした場合において、当該建築物及びその敷地が建築基準関係規定に適合していることを認めたときは、国の機関の長等に対して検査済証を交付しなければならない。
8　国の機関の長等は、当該工事が特定工程を含む場合において、当該特定工程に係る工事を終えたときは、その旨を、その日から4日以内に到達するように、建築主事に通知しなければならない。
9　建築主事が前項の規定による通知を受けた場合においては、建築主事等は、その通知を受けた日から4日以内に、当該通知に係る工事中の建築物等が建築基準関係規定に適合するかどうかを検査しなければならない。
10　建築主事等は、前項の規定による検査をした場合において、工事中の建築物等が建築基準関係規定に適合すると認めたときは、建設省令で定めるところにより、国の機関の長等に対して中間検査合格証を交付しな

法18条 改正：平成10年法律第100号

ければならない。
11　第7条の3第6項の規定により特定行政庁が指定する特定工程後の工程に係る工事は、前項の規定による中間検査合格証の交付を受けた後でなければ、これを施工してはならない。
12　建築主事等は、第9項の規定による検査において建築基準関係規定に適合すると認められた工事中の建築物等について、第6項又は第9項の規定による検査をするときは、同項の規定による検査において建築基準関係規定に適合すると認められた建築物の部分及びその敷地については、これらの規定による検査をすることを要しない。
13　第6条第1項第一号から第三号までの建築物を新築する場合又はこれらの建築物（共同住宅以外の住宅及び居室を有しない建築物を除く。）の増築、改築、移転、大規模の修繕若しくは大規模の模様替の工事で避難施設等に関する工事を含むものをする場合においては、<u>第7項</u>の検査済証の交付を受けた後でなければ、当該新築に係る建築物又は当該避難施設等に関する工事に係る建築物若しくは建築物の部分を使用し、又は使用させてはならない。ただし、次の各号の一に該当する場合には、検査済証の交付を受ける前においても、仮に、当該建築物又は建築物の部分を使用し、又は使用させることができる。
　一　特定行政庁（第5項の規定による通知があつた後においては、建築主事）が、安全上、防火上又は避難上支障がないと認めて仮使用の承認をしたとき。
　二　第5項の規定による通知をした日から7日を経過したとき。
14　特定行政庁は、国、都道府県又は建築主事を置く市町村の建築物又は建築物の敷地が第9条第1項、第10条第1項又は第90条の2第1項の規定に該当すると認める場合においては、直ちに、その旨を当該建築物又は建築物の敷地を管理する機関の長に通知し、これらの規定に掲げる必要な措置を採るべきことを要請しなければならない。

改正：平成10年法律第100号　　施行：平成12年6月1日
第18条　（国、都道府県又は建築主事を置く市町村の建築物に対する確認、検査又は是正措置に関する手続の特例）

1・2　略
3　建築主事は、前項の通知を受けた場合においては、第6条第4項に定める期間内に、当該通知に係る建築物の計画が建築基準関係規定（<u>第6条の3第1項第一号若しくは第二号に掲げる建築物の建築、大規模の修繕若しくは大規模の模様替又は同項第三号に掲げる建築物の建築について通知を受けた場合にあつては、同項の規定により読み替えて適用される第6条第1項に規定する建築基準関係規定。以下この項において同じ。）</u>に適合するかどうかを審査し、審査の結果に基づいて、建築基準関係規定に適合することを認めたときにあつては当該通知をした国の機関の長等に対して確認済証を交付し、建築基準関係規定に適合しないことを認めたとき、又は建築基準関係規定に適合するかどうかを決定することができない正当な理由があるときにあつてはその旨及び理由を記載した通知書を当該通知をした国の機関の長等に対して交付しなければならない。
4・5　略
6　建築主事が前項の規定による通知を受けた場合においては、建築主事等は、その通知を受けた日から7日以内に、その通知に係る建築物及びその敷地が建築基準関係規定（第7条の5に規定する建築物の建築、<u>大規模の修繕又は大規模の模様替の工事</u>について通知を受けた場合にあつては、第6条の3第1項の規定により読み替えて適用される第6条第1項に規定する建築基準関係規定。以下この条において同じ。）に適合しているかどうかを検査しなければならない。
7～14　略

改正：平成11年法律第160号　　施行：平成13年1月6日
第18条　（国、都道府県又は建築主事を置く市町村の建築物に対する確認、検査又は是正措置に関する手続の特例）

1～9　略
10　建築主事等は、前項の規定による検査をした場合において、工事中の建築物等が建築基準関係規定に適合すると認めたときは、<u>国土交通省令</u>で定めるところにより、国の機関の長等に対して中間検査合格証を交付

11～14　略

改正：平成16年法律第67号　　　施行：平成17年6月1日
第18条　（国、都道府県又は建築主事を置く市町村の建築物に対する確認、検査又は是正措置に関する手続の特例）

1　略
2　第6条第1項の規定によつて建築し、又は大規模の修繕若しくは大規模の模様替をしようとする建築物の建築主が国、都道府県又は建築主事を置く市町村である場合においては、当該国の機関の長等は、当該工事に着手する前に、その計画を建築主事に通知しなければならない。
3～13　略
14　特定行政庁は、国、都道府県又は建築主事を置く市町村の建築物又は建築物の敷地が第9条第1項、第10条第1項若しくは第3項又は第90条の2第1項の規定に該当すると認める場合においては、直ちに、その旨を当該建築物又は建築物の敷地を管理する国の機関の長等に通知し、これらの規定に掲げる必要な措置をとるべきことを要請しなければならない。

改正：平成18年法律第92号　　　施行：平成19年6月20日
第18条　（国、都道府県又は建築主事を置く市町村の建築物に対する確認、検査又は是正措置に関する手続の特例）

1　国、都道府県又は建築主事を置く市町村の建築物及び建築物の敷地については、第6条から第7条の6まで、第9条から第10条まで及び第90条の2の規定は、適用しない。この場合においては、次項から第23項までの規定に定めるところによる。
2　略
3　建築主事は、前項の通知を受けた場合においては、第6条第4項に定める期間内に、当該通知に係る建築物の計画が建築基準関係規定（第6条の3第1項第一号若しくは第二号に掲げる建築物の建築、大規模の修繕若しくは大規模の模様替又は同項第三号に掲げる建築物の建築について通知を受けた場合にあつては、同項の規定により読み替えて適用される第6条第1項に規定する建築基準関係規定。以下この項及び第12項において同じ。）に適合するかどうかを審査し、審査の結果に基づいて、建築基準関係規定に適合することを認めたときは、当該通知をした国の機関の長等に対して確認済証を交付しなければならない。
4　建築主事は、前項の場合において、第2項の通知に係る建築物の計画が第20条第二号又は第三号に定める基準に適合するかどうかを審査するときは、都道府県知事の構造計算適合性判定を求めなければならない。
5　都道府県知事は、当該都道府県に置かれた建築主事から前項の構造計算適合性判定を求められた場合においては、当該建築主事を当該構造計算適合性判定に関する事務に従事させてはならない。
6　都道府県知事は、特別な構造方法の建築物の計画について第4項の構造計算適合性判定を行うに当たつて必要があると認めるときは、当該構造方法に係る構造計算に関して専門的な識見を有する者の意見を聴くものとする。
7　都道府県知事は、第4項の構造計算適合性判定を求められた場合においては、当該構造計算適合性判定を求められた日から14日以内にその結果を記載した通知書を建築主事に交付しなければならない。
8　都道府県知事は、前項の場合（第20条第二号イの構造計算が同号イに規定する方法により適正に行われたものであるかどうかの判定を求められた場合その他国土交通省令で定める場合に限る。）において、同項の期間内に建築主事に同項の通知書を交付することができない合理的な理由があるときは、35日の範囲内において、同項の期間を延長することができる。この場合においては、その旨及びその延長する期間並びにその期間を延長する理由を記載した通知書を同項の期間内に建築主事に交付しなければならない。
9　第4項の構造計算適合性判定に要する費用は、当該構造計算適合性判定を求めた建築主事が置かれた都道府県又は市町村の負担とする。
10　建築主事は、第4項の構造計算適合性判定により適合判定がされた場合に限り、第3項の確認済証を交付することができる。
11　建築主事は、第3項の場合（第2項の通知に係る建築物の計画が第20条第二号に定める基準（同号イの政令で定める基準に従つた構造計算で同号イに規定する方法によるものによつて確かめられる安全性を有する

法18条　改正：平成18年法律第92号

ことに係る部分に限る。）に適合するかどうかを審査する場合その他国土交通省令で定める場合に限る。）において、第3項の期間内に当該通知をした国の機関の長等に同項の確認済証を交付することができない合理的な理由があるときは、35日の範囲内において、同項の期間を延長することができる。この場合においては、その旨及びその延長する期間並びにその期間を延長する理由を記載した通知書を同項の期間内に当該通知をした国の機関の長等に交付しなければならない。

12　建築主事は、第3項の場合において、第2項の通知に係る建築物の計画が建築基準関係規定に適合しないことを認めたとき、又は建築基準関係規定に適合するかどうかを決定することができない正当な理由があるときは、その旨及びその理由を記載した通知書を第3項の期間（前項の規定により第3項の期間を延長した場合にあつては、当該延長後の期間）内に当該通知をした国の機関の長等に交付しなければならない。

13　第2項の通知に係る建築物の建築、大規模の修繕又は大規模の模様替の工事は、第3項の確認済証の交付を受けた後でなければすることができない。

14　国の機関の長等は、当該工事を完了した場合においては、その旨を、工事が完了した日から4日以内に到達するように、建築主事に通知しなければならない。

15　建築主事が前項の規定による通知を受けた場合においては、建築主事等は、その通知を受けた日から7日以内に、その通知に係る建築物及びその敷地が建築基準関係規定（第7条の5に規定する建築物の建築、大規模の修繕又は大規模の模様替の工事について通知を受けた場合にあつては、第6条の3第1項の規定により読み替えて適用される第6条第1項に規定する建築基準関係規定。以下この条において同じ。）に適合しているかどうかを検査しなければならない。

16　建築主事等は、前項の規定による検査をした場合において、当該建築物及びその敷地が建築基準関係規定に適合していることを認めたときは、国の機関の長等に対して検査済証を交付しなければならない。

17　国の機関の長等は、当該工事が特定工程を含む場合において、当該特定工程に係る工事を終えたときは、その都度、その旨を、その日から4日以内に到達するように、建築主事に通知しなければならない。

18　建築主事が前項の規定による通知を受けた場合においては、建築主事等は、その通知を受けた日から4日以内に、当該通知に係る工事中の建築物等について、検査前に施工された工事に係る建築物の部分及びその敷地が建築基準関係規定に適合するかどうかを検査しなければならない。

19　建築主事等は、前項の規定による検査をした場合において、工事中の建築物等が建築基準関係規定に適合することを認めたときは、国土交通省令で定めるところにより、国の機関の長等に対して当該特定工程に係る中間検査合格証を交付しなければならない。

20　特定工程後の工程に係る工事は、前項の規定による当該特定工程に係る中間検査合格証の交付を受けた後でなければ、これを施工してはならない。

21　建築主事等は、第18項の規定による検査において建築基準関係規定に適合することを認められた工事中の建築物等について、第15項又は第18項の規定による検査をするときは、同項の規定による検査において建築基準関係規定に適合することを認められた建築物の部分及びその敷地については、これらの規定による検査をすることを要しない。

22　第6条第1項第一号から第三号までの建築物を新築する場合又はこれらの建築物（共同住宅以外の住宅及び居室を有しない建築物を除く。）の増築、改築、移転、大規模の修繕若しくは大規模の模様替の工事で避難施設等に関する工事を含むものをする場合においては、第16項の検査済証の交付を受けた後でなければ、当該新築に係る建築物又は当該避難施設等に関する工事に係る建築物若しくは建築物の部分を使用し、又は使用させてはならない。ただし、次の各号のいずれかに該当する場合には、検査済証の交付を受ける前においても、仮に、当該建築物又は建築物の部分を使用し、又は使用させることができる。
　一　特定行政庁（第14項の規定による通知があつた後においては、建築主事）が、安全上、防火上又は避難上支障がないと認めて仮使用の承認をしたとき。
　二　第14項の規定による通知をした日から7日を経過したとき。

23　特定行政庁は、国、都道府県又は建築主事を置く市町村の建築物又は建築物の敷地が第9条第1項、第10条第1項若しくは第3項又は第90条の2第1項の規定に該当すると認める場合においては、直ちに、その旨を当該建築物又は建築物の敷地を管理する国の機関の長等に通知し、これらの規定に掲げる必要な措置をとるべきことを要請しなければならない。

改正：平成26年法律第54号　　　施行：平成27年6月1日

改正：平成26年法律第54号　法18条

第18条　（国、都道府県又は建築主事を置く市町村の建築物に対する確認、検査又は是正措置に関する手続の特例）

1　国、都道府県又は建築主事を置く市町村の建築物及び建築物の敷地については、第６条から第７条の６まで、第９条から第10条まで及び第90条の２の規定は、適用しない。この場合においては、次項から第25項までの規定に定めるところによる。

2　略

3　建築主事は、前項の通知を受けた場合においては、第６条第４項に定める期間内に、当該通知に係る建築物の計画が建築基準関係規定（第６条の４第１項第一号若しくは第二号に掲げる建築物の建築、大規模の修繕若しくは大規模の模様替又は同項第三号に掲げる建築物の建築について通知を受けた場合にあつては、同項の規定により読み替えて適用される第６条第１項に規定する建築基準関係規定。以下この項及び第14項において同じ。）に適合するかどうかを審査し、審査の結果に基づいて、建築基準関係規定に適合することを認めたときは、当該通知をした国の機関の長等に対して確認済証を交付しなければならない。

4　国の機関の長等は、第２項の場合において、同項の通知に係る建築物の計画が特定構造計算基準又は特定増改築構造計算基準に適合するかどうかの前項に規定する審査を要するものであるときは、当該建築物の計画を都道府県知事に通知し、構造計算適合性判定を求めなければならない。ただし、当該建築物の計画が特定構造計算基準（第20条第１項第二号イの政令で定める基準に従つた構造計算で同号イに規定する方法によるものによつて確かめられる安全性を有することに係る部分のうち前項に規定する審査が比較的容易にできるものとして政令で定めるものに限る。）又は特定増改築構造計算基準（同項に規定する審査が比較的容易にできるものとして政令で定めるものに限る。）に適合するかどうかを第６条の３第１項ただし書の国土交通省令で定める要件を備える者である建築主事が前項に規定する審査をする場合は、この限りでない。

5　都道府県知事は、前項の通知を受けた場合において、当該通知に係る建築物の計画が建築基準関係規定に適合するものであることについて当該都道府県に置かれた建築主事が第３項に規定する審査をするときは、当該建築主事を当該通知に係る構造計算適合性判定に関する事務に従事させてはならない。

6　略

7　都道府県知事は、第４項の通知を受けた場合においては、その通知を受けた日から14日以内に、当該通知に係る構造計算適合性判定の結果を記載した通知書を当該通知をした国の機関の長等に交付しなければならない。

8　都道府県知事は、前項の場合（第４項の通知に係る建築物の計画が特定構造計算基準（第20条第１項第二号イの政令で定める基準に従つた構造計算で同号イに規定する方法によるものによつて確かめられる安全性を有することに係る部分に限る。）に適合するかどうかの判定を求められた場合その他国土交通省令で定める場合に限る。）において、前項の期間内に当該通知をした国の機関の長等に同項の通知書を交付することができない合理的な理由があるときは、35日の範囲内において、同項の期間を延長することができる。この場合においては、その旨及びその延長する期間並びにその期間を延長する理由を記載した通知書を同項の期間内に当該通知をした国の機関の長等に交付しなければならない。

9　都道府県知事は、第７項の場合において、第４項の通知の記載によつては当該建築物の計画が特定構造計算基準又は特定増改築構造計算基準に適合するかどうかを決定することができない正当な理由があるときは、その旨及びその理由を記載した通知書を第７項の期間（前項の規定により第７項の期間を延長した場合にあつては、当該延長後の期間）内に当該通知をした国の機関の長等に交付しなければならない。

10　国の機関の長等は、第７項の規定により同項の通知書の交付を受けた場合において、当該通知書が適合判定通知書であるときは、第３項の規定による審査をする建築主事に、当該適合判定通知書又はその写しを提出しなければならない。ただし、当該建築物の計画に係る第14項の通知書の交付を受けた場合は、この限りでない。

11　国の機関の長等は、前項の場合において第３項の期間（第13項の規定により第３項の期間が延長された場合にあつては、当該延長後の期間）の末日の３日前までに、前項の適合判定通知書又はその写しを当該建築主事に提出しなければならない。

12　建築主事は、第３項の場合において、第２項の通知に係る建築物の計画が第４項の構造計算適合性判定を要するものであるときは、当該通知をした国の機関の長等から第10項の適合判定通知書又はその写しの提出を受けた場合に限り、第３項の確認済証を交付することができる。

13　建築主事は、第３項の場合（第２項の通知に係る建築物の計画が特定構造計算基準（第20条第１項第二号

建築基準法　条文改正経過　｜　159

法18条　改正：平成26年法律第54号

イの政令で定める基準に従つた構造計算で同号イに規定する方法によるものによつて確かめられる安全性を有することに係る部分に限る。）に適合するかどうかを審査する場合その他国土交通省令で定める場合に限る。）において、第3項の期間内に当該通知をした国の機関の長等に同項の確認済証を交付することができない合理的な理由があるときは、35日の範囲内において、同項の期間を延長することができる。この場合においては、その旨及びその延長する期間並びにその期間を延長する理由を記載した通知書を同項の期間内に当該通知をした国の機関の長等に交付しなければならない。

14　建築主事は、第3項の場合において、第2項の通知に係る建築物の計画が建築基準関係規定に適合しないことを認めたとき、又は建築基準関係規定に適合するかどうかを決定することができない正当な理由があるときは、その旨及びその理由を記載した通知書を第3項の期間（前項の規定により第3項の期間を延長した場合にあつては、当該延長後の期間）内に当該通知をした国の機関の長等に交付しなければならない。

15　第2項の通知に係る建築物の建築、大規模の修繕又は大規模の模様替の工事は、第3項の確認済証の交付を受けた後でなければすることができない。

16　国の機関の長等は、当該工事を完了した場合においては、その旨を、工事が完了した日から4日以内に到達するように、建築主事に通知しなければならない。

17　建築主事が前項の規定による通知を受けた場合においては、建築主事等は、その通知を受けた日から7日以内に、その通知に係る建築物及びその敷地が建築基準関係規定（第7条の5に規定する建築物の建築、大規模の修繕又は大規模の模様替の工事について通知を受けた場合にあつては、第6条の4第1項の規定により読み替えて適用される第6条第1項に規定する建築基準関係規定。以下この条において同じ。）に適合しているかどうかを検査しなければならない。

18　建築主事等は、前項の規定による検査をした場合において、当該建築物及びその敷地が建築基準関係規定に適合していることを認めたときは、国の機関の長等に対して検査済証を交付しなければならない。

19　国の機関の長等は、当該工事が特定工程を含む場合において、当該特定工程に係る工事を終えたときは、その都度、その旨を、その日から4日以内に到達するように、建築主事に通知しなければならない。

20　建築主事が前項の規定による通知を受けた場合においては、建築主事等は、その通知を受けた日から4日以内に、当該通知に係る工事中の建築物等について、検査前に施工された工事に係る建築物の部分及びその敷地が建築基準関係規定に適合するかどうかを検査しなければならない。

21　建築主事等は、前項の規定による検査をした場合において、工事中の建築物等が建築基準関係規定に適合することを認めたときは、国土交通省令で定めるところにより、国の機関の長等に対して当該特定工程に係る中間検査合格証を交付しなければならない。

22　特定工程後の工程に係る工事は、前項の規定による当該特定工程に係る中間検査合格証の交付を受けた後でなければ、これを施工してはならない。

23　建築主事等は、第20項の規定による検査において建築基準関係規定に適合することを認められた工事中の建築物等について、第17項又は第20項の規定による検査をするときは、同項の規定による検査において建築基準関係規定に適合することを認められた建築物の部分及びその敷地については、これらの規定による検査をすることを要しない。

24　第6条第1項第一号から第三号までの建築物を新築する場合又はこれらの建築物（共同住宅以外の住宅及び居室を有しない建築物を除く。）の増築、改築、移転、大規模の修繕若しくは大規模の模様替の工事で避難施設等に関する工事を含むものをする場合においては、第18項の検査済証の交付を受けた後でなければ、当該新築に係る建築物又は当該避難施設等に関する工事に係る建築物若しくは建築物の部分を使用し、又は使用させてはならない。ただし、次の各号のいずれかに該当する場合には、検査済証の交付を受ける前においても、仮に、当該建築物又は建築物の部分を使用し、又は使用させることができる。

一　特定行政庁が、安全上、防火上又は避難上支障がないと認めたとき。
二　建築主事が、安全上、防火上及び避難上支障がないものとして国土交通大臣が定める基準に適合していることを認めたとき。
三　第16項の規定による通知をした日から7日を経過したとき。

25　特定行政庁は、国、都道府県又は建築主事を置く市町村の建築物又は建築物の敷地が第9条第1項、第10条第1項若しくは第3項又は第90条の2第1項の規定に該当すると認める場合においては、直ちに、その旨を当該建築物又は建築物の敷地を管理する国の機関の長等に通知し、これらの規定に掲げる必要な措置をとるべきことを要請しなければならない。

改正：令和5年法律第58号 **法18条**

第18条　（国、都道府県又は建築主事を置く市町村の建築物に対する確認、検査又は是正措置に関する手続の特例）

1　略
2　第6条第1項の規定によつて建築し、又は大規模の修繕若しくは大規模の模様替をしようとする建築物の建築主が国、都道府県又は建築主事を置く市町村である場合においては、当該国の機関の長等は、当該工事に着手する前に、その計画を建築主事に通知しなければならない。ただし、防火地域及び準防火地域外において建築物を増築し、改築し、又は移転しようとする場合（当該増築、改築又は移転に係る部分の床面積の合計が10㎡以内である場合に限る。）においては、この限りでない。
3～25　略

改正：平成30年法律第67号　　施行：令和元年6月25日

第18条　（国、都道府県又は建築主事を置く市町村の建築物に対する確認、検査又は是正措置に関する手続の特例）

1　国、都道府県又は建築主事を置く市町村の建築物及び建築物の敷地については、第6条から第7条の6まで、第9条から第9条の3まで、第10条及び第90条の2の規定は、適用しない。この場合においては、次項から第25項までの規定に定めるところによる。
2～25　略

改正：令和5年法律第58号　　施行：令和6年4月1日

第18条　（国、都道府県又は建築主事を置く市町村の建築物に対する確認、検査又は是正措置に関する手続の特例）

1　略
2　第6条第1項の規定によつて建築し、又は大規模の修繕若しくは大規模の模様替をしようとする建築物の建築主が国、都道府県又は建築主事を置く市町村である場合においては、当該国の機関の長等は、当該工事に着手する前に、その計画を建築主事等（当該計画が大規模建築物に係るものである場合にあつては、建築主事）に通知しなければならない。ただし、防火地域及び準防火地域外において建築物を増築し、改築し、又は移転しようとする場合（当該増築、改築又は移転に係る部分の床面積の合計が10㎡以内である場合に限る。）においては、この限りでない。
3　建築主事等は、前項の通知を受けた場合においては、第6条第4項に定める期間内に、当該通知に係る建築物の計画が建築基準関係規定（第6条の4第1項第一号若しくは第二号に掲げる建築物の建築、大規模の修繕若しくは大規模の模様替又は同項第三号に掲げる建築物の建築について通知を受けた場合にあつては、同項の規定により読み替えて適用される第6条第1項に規定する建築基準関係規定。以下この項及び第14項において同じ。）に適合するかどうかを審査し、審査の結果に基づいて、建築基準関係規定に適合することを認めたときは、当該通知をした国の機関の長等に対して確認済証を交付しなければならない。
4　国の機関の長等は、第2項の場合において、同項の通知に係る建築物の計画が特定構造計算基準又は特定増改築構造計算基準に適合するかどうかの前項に規定する審査を要するものであるときは、当該建築物の計画を都道府県知事に通知し、構造計算適合性判定を求めなければならない。ただし、当該建築物の計画が特定構造計算基準（第20条第1項第二号イの政令で定める基準に従つた構造計算で同号イに規定する方法によるものによつて確かめられる安全性を有することに係る部分のうち前項に規定する審査が比較的容易にできるものとして政令で定めるものに限る。）又は特定増改築構造計算基準（同項に規定する審査が比較的容易にできるものとして政令で定めるものに限る。）に適合するかどうかを第6条の3第1項ただし書の国土交通省令で定める要件を備える者である建築主事等が前項に規定する審査をする場合は、この限りでない。
5　都道府県知事は、前項の通知を受けた場合において、当該通知に係る建築物の計画が建築基準関係規定に適合するものであることについて当該都道府県に置かれた建築主事等が第3項に規定する審査をするときは、当該建築主事等を当該通知に係る構造計算適合性判定に関する事務に従事させてはならない。
6～9　略
10　国の機関の長等は、第7項の規定により同項の通知書の交付を受けた場合において、当該通知書が適合判

法18条 改正：令和5年法律第58号

定通知書であるときは、第3項の規定による審査をする建築主事等に、当該適合判定通知書又はその写しを提出しなければならない。ただし、当該建築物の計画に係る第14項の通知書の交付を受けた場合は、この限りでない。

11 　国の機関の長等は、前項の場合において第3項の期間（第13項の規定により第3項の期間が延長された場合にあつては、当該延長後の期間）の末日の3日前までに、前項の適合判定通知書又はその写しを当該建築主事等に提出しなければならない。

12 　建築主事等は、第3項の場合において、第2項の通知に係る建築物の計画が第4項の構造計算適合性判定を要するものであるときは、当該通知をした国の機関の長等から第10項の適合判定通知書又はその写しの提出を受けた場合に限り、第3項の確認済証を交付することができる。

13 　建築主事等は、第3項の場合（第2項の通知に係る建築物の計画が特定構造計算基準（第20条第1項第二号イの政令で定める基準に従つた構造計算で同号イに規定する方法によるものによつて確かめられる安全性を有することに係る部分に限る。）に適合するかどうかを審査する場合その他国土交通省令で定める場合に限る。）において、第3項の期間内に当該通知をした国の機関の長等に同項の確認済証を交付することができない合理的な理由があるときは、35日の範囲内において、同項の期間を延長することができる。この場合においては、その旨及びその延長する期間並びにその期間を延長する理由を記載した通知書を同項の期間内に当該通知をした国の機関の長等に交付しなければならない。

14 　建築主事等は、第3項の場合において、第2項の通知に係る建築物の計画が建築基準関係規定に適合しないことを認めたとき、又は建築基準関係規定に適合するかどうかを決定することができない正当な理由があるときは、その旨及びその理由を記載した通知書を第3項の期間（前項の規定により第3項の期間を延長した場合にあつては、当該延長後の期間）内に当該通知をした国の機関の長等に交付しなければならない。

15 　略

16 　国の機関の長等は、当該工事を完了した場合においては、その旨を、工事が完了した日から4日以内に到達するように、建築主事等（当該工事が大規模建築物に係るものである場合にあつては、建築主事。第19項において同じ。）に通知しなければならない。

17 　建築主事等が前項の規定による通知を受けた場合においては、検査実施者は、その通知を受けた日から7日以内に、その通知に係る建築物及びその敷地が建築基準関係規定（第7条の5に規定する建築物の建築、大規模の修繕又は大規模の模様替の工事について通知を受けた場合にあつては、第6条の4第1項の規定により読み替えて適用される第6条第1項に規定する建築基準関係規定。以下この条において同じ。）に適合しているかどうかを検査しなければならない。

18 　検査実施者は、前項の規定による検査をした場合において、当該建築物及びその敷地が建築基準関係規定に適合していることを認めたときは、国の機関の長等に対して検査済証を交付しなければならない。

19 　国の機関の長等は、当該工事が特定工程を含む場合において、当該特定工程に係る工事を終えたときは、その都度、その旨を、その日から4日以内に到達するように、建築主事等に通知しなければならない。

20 　建築主事等が前項の規定による通知を受けた場合においては、検査実施者は、その通知を受けた日から4日以内に、当該通知に係る工事中の建築物等について、検査前に施工された工事に係る建築物の部分及びその敷地が建築基準関係規定に適合するかどうかを検査しなければならない。

21 　検査実施者は、前項の規定による検査をした場合において、工事中の建築物等が建築基準関係規定に適合することを認めたときは、国土交通省令で定めるところにより、国の機関の長等に対して当該特定工程に係る中間検査合格証を交付しなければならない。

22 　略

23 　検査実施者は、第20項の規定による検査において建築基準関係規定に適合することを認められた工事中の建築物等について、第17項又は第20項の規定による検査をするときは、同項の規定による検査において建築基準関係規定に適合することを認められた建築物の部分及びその敷地については、これらの規定による検査をすることを要しない。

24 　第6条第1項第一号から第三号までの建築物を新築する場合又はこれらの建築物（共同住宅以外の住宅及び居室を有しない建築物を除く。）の増築、改築、移転、大規模の修繕若しくは大規模の模様替の工事で避難施設等に関する工事を含むものをする場合においては、第18項の検査済証の交付を受けた後でなければ、当該新築に係る建築物又は当該避難施設等に関する工事に係る建築物若しくは建築物の部分を使用し、又は使用させてはならない。ただし、次の各号のいずれかに該当する場合には、検査証の交付を受ける前においても、仮に、当該建築物又は建築物の部分を使用し、又は使用させることができる。

一　略
　二　建築主事等（当該建築物又は建築物の部分が大規模建築物又はその部分に該当する場合にあつては、建築主事）が、安全上、防火上及び避難上支障がないものとして国土交通大臣が定める基準に適合していることを認めたとき。
　三　略
25　略

改正：令和6年法律第53号　　施行：令和6年11月1日
第18条　（国、都道府県又は建築主事を置く市町村の建築物に対する確認、検査又は是正措置に関する手続の特例）

1　国、都道府県又は建築主事を置く市町村の建築物及び建築物の敷地については、第6条から第7条の6まで、第9条から第9条の3まで、第10条及び第90条の2の規定は、適用しない。この場合においては、次項から第41項までの規定に定めるところによる。
2　略
3　建築主事等は、前項の通知を受けた場合においては、第6条第4項に定める期間内に、当該通知に係る建築物の計画が建築基準関係規定（第6条の4第1項第一号若しくは第二号に掲げる建築物の建築、大規模の修繕若しくは大規模の模様替又は同項第三号に掲げる建築物の建築について通知を受けた場合にあつては、同項の規定により読み替えて適用される第6条第1項に規定する建築基準関係規定。以下この項、次項、第15項、第16項及び第19項において同じ。）に適合するかどうかを審査し、審査の結果に基づいて、建築基準関係規定に適合することを認めたときは、当該通知をした国の機関の長等に対して確認済証を交付しなければならない。
4　国の機関の長等が第2項の規定による通知をしなければならない場合において、国の機関の長等が同項の計画を当該計画に係る工事に着手する前に第6条の2第1項の規定による指定を受けた者に通知したときは、当該者は、当該計画が建築基準関係規定に適合するかどうかを審査し、審査の結果に基づいて、建築基準関係規定に適合することを認めたときは、当該通知をした国の機関の長等に対して確認済証を交付しなければならない。この場合においては、前2項の規定は、適用しない。
5　国の機関の長等は、前2項の場合において、第2項又は前項の通知に係る建築物の計画が特定構造計算基準又は特定増改築構造計算基準に適合するかどうかの審査（以下この項において「審査」という。）を要するものであるときは、当該建築物の計画を都道府県知事に通知し、構造計算適合性判定を求めなければならない。ただし、当該建築物の計画に係る審査が、特定構造計算基準のうち第20条第1項第二号イの政令で定める基準に従つた構造計算で同号イに規定する方法によるものによつて確かめられる安全性を有することに係る部分であつて審査が比較的容易にできるものとして政令で定めるもの又は特定増改築構造計算基準のうち審査が比較的容易にできるものとして政令で定めるものに限る。）に適合するかどうかの審査である場合において、当該審査を構造計算に関する高度の専門的知識及び技術を有する者として国土交通省令で定める要件を備える者である建築主事等がするとき又は第6条の2第1項の規定による指定を受けた者が当該要件を備える者である第77条の24第1項の確認検査員若しくは副確認検査員にさせるときは、この限りでない。
6　都道府県知事は、前項の通知を受けた場合において、当該通知に係る建築物の計画が建築基準関係規定に適合するものであることについて当該都道府県に置かれた建築主事等が第3項に規定する審査をするときは、当該建築主事等を当該通知に係る構造計算適合性判定に関する事務に従事させてはならない。
7　都道府県知事は、特別な構造方法の建築物の計画について第5項の構造計算適合性判定を行うに当たつて必要があると認めるときは、当該構造方法に係る構造計算に関して専門的な識見を有する者の意見を聴くものとする。
8　都道府県知事は、第5項の通知を受けた場合においては、その通知を受けた日から14日以内に、当該通知に係る構造計算適合性判定の結果を記載した通知書を当該通知をした国の機関の長等に交付しなければならない。
9　都道府県知事は、前項の場合（第5項の通知に係る建築物の計画が特定構造計算基準（第20条第1項第二号イの政令で定める基準に従つた構造計算で同号イに規定する方法によるものによつて確かめられる安全性を有することに係る部分に限る。）に適合するかどうかの判定を求められた場合その他国土交通省令で定める場合に限る。）において、前項の期間内に当該通知をした国の機関の長等に同項の通知書を交付すること

ができない合理的な理由があるときは、35日の範囲内において、同項の期間を延長することができる。この場合においては、その旨及びその延長する期間並びにその期間を延長する理由を記載した通知書を同項の期間内に当該通知をした国の機関の長等に交付しなければならない。

10　都道府県知事は、第8項の場合において、第5項の通知の記載によつては当該建築物の計画が特定構造計算基準又は特定増改築構造計算基準に適合するかどうかを決定することができない正当な理由があるときは、その旨及びその理由を記載した通知書を第8項の期間（前項の規定により第8項の期間を延長した場合にあつては、当該延長後の期間）内に当該通知をした国の機関の長等に交付しなければならない。

11　国の機関の長等は、第8項の規定により同項の通知書の交付を受けた場合において、当該通知書が適合判定通知書であるときは、第3項又は第4項の規定による審査をする建築主事等又は第6条の2第1項の規定による指定を受けた者に、当該適合判定通知書又はその写しを提出しなければならない。ただし、当該建築物の計画に係る第15項又は第16項の通知書の交付を受けた場合は、この限りでない。

12　前項の場合において、同項の規定による適合判定通知書又はその写しの建築主事等への提出は第3項の期間（第14項の規定により第3項の期間が延長された場合にあつては、当該延長後の期間）の末日の3日前までにしなければならない。

13　建築主事等又は第6条の2第1項の規定による指定を受けた者は、第3項又は第4項の場合において、第2項又は第4項の通知に係る建築物の計画が第5項の構造計算適合性判定を要するものであるときは、当該通知をした国の機関の長等から第11項の適合判定通知書又はその写しの提出を受けた場合に限り、第3項又は第4項の確認済証を交付することができる。

14　建築主事等は、第3項の場合（第2項の通知に係る建築物の計画が特定構造計算基準（第20条第1項第二号イの政令で定める基準に従つた構造計算で同号イに規定する方法によるものによつて確かめられる安全性を有することに係る部分に限る。）に適合するかどうかを審査する場合その他国土交通省令で定める場合に限る。）において、第3項の期間内に当該通知をした国の機関の長等に同項の確認済証を交付することができない合理的な理由があるときは、35日の範囲内において、同項の期間を延長することができる。この場合においては、その旨及びその延長する期間並びにその期間を延長する理由を記載した通知書を同項の期間内に当該通知をした国の機関の長等に交付しなければならない。

15　建築主事等は、第3項の場合において、第2項の通知に係る建築物の計画が建築基準関係規定に適合しないことを認めたとき、又は建築基準関係規定に適合するかどうかを決定することができない正当な理由があるときは、その旨及びその理由を記載した通知書を第3項の期間（前項の規定により第3項の期間を延長した場合にあつては、当該延長後の期間）内に当該通知をした国の機関の長等に交付しなければならない。

16　第6条の2第1項の規定による指定を受けた者は、第4項の場合において、同項の通知に係る建築物の計画が建築基準関係規定に適合しないことを認めたとき、又は建築基準関係規定に適合するかどうかを決定することができない正当な理由があるときは、国土交通省令で定めるところにより、その旨及びその理由を記載した通知書を当該通知をした国の機関の長等に交付しなければならない。

17　第2項又は第4項の通知に係る建築物の建築、大規模の修繕又は大規模の模様替の工事は、第3項又は第4項の確認済証の交付を受けた後でなければすることができない。

18　第6条の2第1項の規定による指定を受けた者は、第4項の確認済証又は第16項の通知書の交付をしたときは、国土交通省令で定める期間内に、国土交通省令で定めるところにより、審査報告書を作成し、当該確認済証又は当該通知書の交付に係る建築物の計画に関する国土交通省令で定める書類を添えて、これを特定行政庁に提出しなければならない。

19　特定行政庁は、前項の規定による審査報告書の提出を受けた場合において、第4項の確認済証の交付を受けた建築物の計画が建築基準関係規定に適合しないと認めるときは、国の機関の長等及び当該確認済証を交付した第6条の2第1項の規定による指定を受けた者にその旨を通知しなければならない。

20　国の機関の長等は、第17項の工事を完了した場合においては、その旨を、工事が完了した日から4日以内に到達するように、建築主事等（当該工事が大規模建築物に係るものである場合にあつては、建築主事。第28項において同じ。）に通知しなければならない。

21　建築主事等が前項の規定による通知を受けた場合においては、検査実施者は、その通知を受けた日から7日以内に、その通知に係る建築物及びその敷地が建築基準関係規定（第7条の5に規定する建築物の建築、大規模の修繕又は大規模の模様替の工事について通知を受けた場合にあつては、第6条の4第1項の規定により読み替えて適用される第6条第1項に規定する建築基準関係規定。以下この条において同じ。）に適合しているかどうかを検査しなければならない。

22　検査実施者は、前項の規定による検査をした場合において、当該建築物及びその敷地が建築基準関係規定に適合していることを認めたときは、国の機関の長等に対して検査済証を交付しなければならない。

23　第20項の規定は、第7条の2第1項の規定による指定を受けた者が、第17項の工事の完了の日から4日が経過する日までに、当該工事に係る建築物及びその敷地が建築基準関係規定に適合しているかどうかの検査を引き受けた場合において、当該検査の引受けに係る工事が完了したときについては、適用しない。

24　第7条の2第1項の規定による指定を受けた者は、前項の規定による検査の引受けを行つたときは、国土交通省令で定めるところにより、その旨を証する書面を国の機関の長等に交付しなければならない。

25　第7条の2第1項の規定による指定を受けた者は、第23項の規定による検査の引受けを行つたときは、当該検査の引受けを行つた第17項の工事が完了した日又は当該検査の引受けを行つた日のいずれか遅い日から7日以内に、第23項の検査をしなければならない。

26　第7条の2第1項の規定による指定を受けた者は、第23項の検査をした建築物及びその敷地が建築基準関係規定に適合していることを認めたときは、国土交通省令で定めるところにより、国の機関の長等に対して検査済証を交付しなければならない。

27　第7条の2第1項の規定による指定を受けた者は、第23項の検査をしたときは、国土交通省令で定める期間内に、国土交通省令で定めるところにより、完了検査報告書を作成し、同項の検査をした建築物及びその敷地に関する国土交通省令で定める書類を添えて、これを特定行政庁に提出しなければならない。

28　国の機関の長等は、第17項の工事が特定工程を含む場合において、当該特定工程に係る工事を終えたときは、その都度、その旨を、その日から4日以内に到達するように、建築主事等に通知しなければならない。

29　建築主事等が前項の規定による通知を受けた場合においては、検査実施者は、その通知を受けた日から4日以内に、当該通知に係る工事中の建築物等について、検査前に施工された工事に係る建築物の部分及びその敷地が建築基準関係規定に適合するかどうかを検査しなければならない。

30　検査実施者は、前項の規定による検査をした場合において、工事中の建築物等が建築基準関係規定に適合することを認めたときは、国土交通省令で定めるところにより、国の機関の長等に対して当該特定工程に係る中間検査合格証を交付しなければならない。

31　特定工程後の工程に係る工事は、前項の規定による当該特定工程に係る中間検査合格証の交付を受けた後でなければ、これを施工してはならない。

32　第28項及び前項の規定は、第17項の工事が特定工程を含む場合において、第7条の2第1項の規定による指定を受けた者が当該特定工程に係る工事を終えた後の工事中の建築物等について、検査前に施工された工事に係る建築物の部分及びその敷地が建築基準関係規定に適合するかどうかの検査を当該工事を終えた日から4日が経過する日までに引き受けたときについては、適用しない。

33　第7条の2第1項の規定による指定を受けた者は、前項の規定による検査の引受けを行つたときは、国土交通省令で定めるところにより、その旨を証する書面を国の機関の長等に交付しなければならない。

34　第7条の2第1項の規定による指定を受けた者は、第32項の検査をした場合において、特定工程に係る工事中の建築物等が建築基準関係規定に適合することを認めたときは、国土交通省令で定めるところにより、国の機関の長等に対して当該特定工程に係る中間検査合格証を交付しなければならない。

35　第32項の規定による検査に係る特定工程後の工程に係る工事は、前項の規定による当該特定工程に係る中間検査合格証の交付を受けた後でなければ、これを施工してはならない。

36　第7条の2第1項の規定による指定を受けた者は、第32項の検査をしたときは、国土交通省令で定める期間内に、国土交通省令で定めるところにより、中間検査報告書を作成し、同項の検査をした工事中の建築物等に関する国土交通省令で定める書類を添えて、これを特定行政庁に提出しなければならない。

37　検査実施者又は第7条の2第1項の規定による指定を受けた者は、第29項又は第32項の規定による検査において建築基準関係規定に適合することを認められた工事中の建築物等について、第21項、第23項、第29項又は第32項の規定による検査をするときは、第29項又は第32項の規定による検査において建築基準関係規定に適合することを認められた建築物の部分及びその敷地については、第21項、第23項、第29項又は第32項の規定による検査をすることを要しない。

38　第6条第1項第一号から第三号までの建築物を新築する場合又はこれらの建築物（共同住宅以外の住宅及び居室を有しない建築物を除く。）の増築、改築、移転、大規模の修繕若しくは大規模の模様替の工事で避難施設等に関する工事を含むものをする場合においては、第22項又は第26項の検査済証の交付を受けた後でなければ、当該新築に係る建築物又は当該避難施設等に関する工事に係る建築物若しくは建築物の部分を使用し、又は使用させてはならない。ただし、次の各号のいずれかに該当する場合には、検査済証の交付を受

法18条 改正：令和6年法律第53号

ける前においても、仮に、当該建築物又は建築物の部分を使用し、又は使用させることができる。
一　特定行政庁が、安全上、防火上又は避難上支障がないと認めたとき。
二　建築主事等（当該建築物又は建築物の部分が大規模建築物又はその部分に該当する場合にあつては、建築主事）又は第7条の2第1項の規定による指定を受けた者が、安全上、防火上及び避難上支障がないものとして国土交通大臣が定める基準に適合していることを認めたとき。
三　第20項の規定による通知をした日（第7条の2第1項の規定による指定を受けた者が第23項の規定による検査の引受けを行つた場合にあつては、当該検査の引受けに係る工事が完了した日又は当該検査の引受けを行つた日のいずれか遅い日）から7日を経過したとき。

39　第7条の2第1項の規定による指定を受けた者は、前項第二号の規定による認定をしたときは、国土交通省令で定める期間内に、国土交通省令で定めるところにより、仮使用認定報告書を作成し、同号の規定による認定をした建築物に関する国土交通省令で定める書類を添えて、これを特定行政庁に提出しなければならない。

40　特定行政庁は、前項の規定による仮使用認定報告書の提出を受けた場合において、第38項第二号の規定による認定を受けた建築物が同号の国土交通大臣が定める基準に適合しないと認めるときは、国の機関の長等及び当該認定を行つた第7条の2第1項の規定による指定を受けた者にその旨を通知しなければならない。

41　特定行政庁は、国、都道府県又は建築主事を置く市町村の建築物又は建築物の敷地が第9条第1項、第10条第1項若しくは第3項又は第90条の2第1項の規定に該当すると認める場合においては、直ちに、その旨を当該建築物又は建築物の敷地を管理する国の機関の長等に通知し、これらの規定に掲げる必要な措置をとるべきことを要請しなければならない。

改正：令和4年法律第69号　　施行：令和7年4月1日
第18条（国、都道府県又は建築主事を置く市町村の建築物に対する確認、検査又は是正措置に関する手続の特例）

1　国、都道府県又は建築主事を置く市町村の建築物及び建築物の敷地については、第6条から第7条の6まで、第9条から第9条の3まで、第10条及び第90条の2の規定は、適用しない。この場合においては、次項から第41項までの規定に定めるところによる。

2　第6条第1項の規定によつて建築し、又は大規模の修繕若しくは大規模の模様替をしようとする建築物の建築主が国、都道府県又は建築主事を置く市町村である場合においては、当該国の機関の長等は、当該工事に着手する前に、その計画を建築主事等（当該計画が大規模建築物に係るものである場合にあつては、建築主事）に通知しなければならない。ただし、防火地域及び準防火地域外において建築物を増築し、改築し、又は移転しようとする場合（当該増築、改築又は移転に係る部分の床面積の合計が10㎡以内である場合に限る。）においては、この限りでない。

3　建築主事等は、前項の通知を受けた場合においては、第6条第4項に定める期間内に、当該通知に係る建築物の計画が建築基準関係規定（第6条の4第1項第一号若しくは第二号に掲げる建築物の建築、大規模の修繕若しくは大規模の模様替又は同項第三号に掲げる建築物の建築について通知を受けた場合にあつては、同項の規定により読み替えて適用される第6条第1項に規定する建築基準関係規定。以下この項、次項、第15項、第16項及び第19項において同じ。）に適合するかどうかを審査し、審査の結果に基づいて、建築基準関係規定に適合することを認めたときは、当該通知をした国の機関の長等に対して確認済証を交付しなければならない。

4　国の機関の長等が第2項の規定による通知をしなければならない場合において、国の機関の長等が同項の計画を当該計画に係る工事に着手する前に第6条の2第1項の規定による指定を受けた者に通知したときは、当該者は、当該計画が建築基準関係規定に適合するかどうかを審査し、審査の結果に基づいて、建築基準関係規定に適合することを認めたときは、当該通知をした国の機関の長等に対して確認済証を交付しなければならない。この場合においては、前2項の規定は、適用しない。

5　国の機関の長等は、前2項の場合において、第2項又は第4項の通知に係る建築物の計画が特定構造計算基準又は特定増改築構造計算基準に適合するかどうかの審査（以下この項及び次項において「審査」という。）を要するものであるときは、当該建築物の計画を都道府県知事に通知し、構造計算適合性判定を求めなければならない。ただし、当該建築物の計画に係る審査が次の各号に掲げる審査である場合において、当該審査を構造計算に関する高度の専門的知識及び技術を有する者として当該各号に掲げる審査の区分に応じて国土

交通省令で定める要件を備える者である建築主事等がするとき又は第6条の2第1項の規定による指定を受けた者が当該要件を備える者である第77条の24第1項の確認検査員若しくは副確認検査員にさせるときは、この限りでない。

　二　当該建築物の計画が特定構造計算基準のうち第20条第1項第二号イの政令で定める基準に従つた構造計算で同号イに規定する方法によるものによつて確かめられる安全性を有することに係る部分であつて審査が比較的容易にできるものとして政令で定めるもの又は特定増改築構造計算基準のうち審査が比較的容易にできるものとして政令で定めるものに適合するかどうかの審査

　三　当該建築物の計画（第20条第1項第四号に掲げる建築物に係るもののうち、構造設計一級建築士の構造設計に基づくもの又は当該建築物が構造関係規定に適合することを構造設計一級建築士が確認した構造設計に基づくものに限る。）が特定構造計算基準又は特定増改築構造計算基準に適合するかどうかの審査（前号に掲げる審査に該当するものを除く。）

6　都道府県知事は、前項の通知を受けた場合において、当該通知に係る建築物の計画が建築基準関係規定に適合するものであることについて当該都道府県に置かれた建築主事等が審査をするときは、当該建築主事等を当該通知に係る構造計算適合性判定に関する事務に従事させてはならない。

7　都道府県知事は、特別な構造方法の建築物の計画について第5項の構造計算適合性判定を行うに当たつて必要があると認めるときは、当該構造方法に係る構造計算に関して専門的な識見を有する者の意見を聴くものとする。

8　都道府県知事は、第5項の通知を受けた場合においては、その通知を受けた日から14日以内に、当該通知に係る構造計算適合性判定の結果を記載した通知書を当該通知をした国の機関の長等に交付しなければならない。

9　都道府県知事は、前項の場合（第5項の通知に係る建築物の計画が特定構造計算基準（第20条第1項第二号イの政令で定める基準に従つた構造計算で同号イに規定する方法によるものによつて確かめられる安全性を有することに係る部分に限る。）に適合するかどうかの判定を求められた場合その他国土交通省令で定める場合に限る。）において、前項の期間内に当該通知をした国の機関の長等に同項の通知書を交付することができない合理的な理由があるときは、35日の範囲内において、同項の期間を延長することができる。この場合においては、その旨及びその延長する期間並びにその期間を延長する理由を記載した通知書を同項の期間内に当該通知をした国の機関の長等に交付しなければならない。

10　都道府県知事は、第8項の場合において、第5項の通知の記載によつては当該建築物の計画が特定構造計算基準又は特定増改築構造計算基準に適合するかどうかを決定することができない正当な理由があるときは、その旨及びその理由を記載した通知書を第7項の期間（前項の規定により第7項の期間を延長した場合にあつては、当該延長後の期間）内に当該通知をした国の機関の長等に交付しなければならない。

11　国の機関の長等は、第8項の規定により同項の通知書の交付を受けた場合において、当該通知書が適合判定通知書であるときは、第3項又は第4項の規定による審査をする建築主事等又は第6条の2第1項の規定による指定を受けた者に、当該適合判定通知書又はその写しを提出しなければならない。ただし、当該建築物の計画に係る第15項又は第16項の通知書の交付を受けた場合は、この限りでない。

12　前項の場合において、同項の規定による適合判定通知書又はその写しの建築主事等への提出は第3項の期間（第14項の規定により第3項の期間が延長された場合にあつては、当該延長後の期間）の末日の3日前までにしなければならない。

13　建築主事等又は第6条の2第1項の規定による指定を受けた者は、第3項又は第4項の場合において、第2項又は第4項の通知に係る建築物の計画が第5項の構造計算適合性判定を要するものであるときは、当該通知をした国の機関の長等から第11項の適合判定通知書又はその写しの提出を受けた場合に限り、第3項の確認済証を交付することができる。

14　建築主事等は、第3項の場合（第2項の通知に係る建築物の計画が特定構造計算基準（第20条第1項第二号イの政令で定める基準に従つた構造計算で同号イに規定する方法によるものによつて確かめられる安全性を有することに係る部分に限る。）に適合するかどうかを審査する場合その他国土交通省令で定める場合に限る。）において、第3項の期間内に当該通知をした国の機関の長等に同項の確認済証を交付することができない合理的な理由があるときは、35日の範囲内において、同項の期間を延長することができる。この場合においては、その旨及びその延長する期間並びにその期間を延長する理由を記載した通知書を同項の期間内に当該通知をした国の機関の長等に交付しなければならない。

15　建築主事等は、第3項の場合において、第2項の通知に係る建築物の計画が建築基準関係規定に適合しな

法18条　改正：令和4年法律第69号

いことを認めたとき、又は建築基準関係規定に適合するかどうかを決定することができない正当な理由があるときは、その旨及びその理由を記載した通知書を第３項の期間（前項の規定により第３項の期間を延長した場合にあつては、当該延長後の期間）内に当該通知をした国の機関の長等に交付しなければならない。

16　第６条の２第１項の規定による指定を受けた者は、第４項の場合において、同項の通知に係る建築物の計画が建築基準関係規定に適合しないことを認めたとき、又は建築基準関係規定に適合するかどうかを決定することができない正当な理由があるときは、国土交通省令で定めるところにより、その旨及びその理由を記載した通知書を当該通知をした国の機関の長等に交付しなければならない。

17　第２項又は第４項の通知に係る建築物の建築、大規模の修繕又は大規模の模様替の工事は、第３項又は第４項の確認済証の交付を受けた後でなければすることができない。

18　第６条の２第１項の規定による指定を受けた者は、第４項の確認済証又は第16項の通知書の交付をしたときは、国土交通省令で定める期間内に、国土交通省令で定めるところにより、審査報告書を作成し、当該確認済証又は当該通知書の交付に係る建築物の計画に関する国土交通省令で定める書類を添えて、これを特定行政庁に提出しなければならない。

19　特定行政庁は、前項の規定による審査報告書の提出を受けた場合において、第４項の確認済証の交付を受けた建築物の計画が建築基準関係規定に適合しないと認めるときは、国の機関の長等及び当該確認済証を交付した第６条の２第１項の規定による指定を受けた者にその旨を通知しなければならない。

20　国の機関の長等は、第17項の工事を完了した場合においては、その旨を、工事が完了した日から４日以内に到達するように、建築主事等（当該工事が大規模建築物に係るものである場合にあつては、建築主事。第28項において同じ。）に通知しなければならない。

21　建築主事等が前項の規定による通知を受けた場合においては、検査実施者は、その通知を受けた日から７日以内に、その通知に係る建築物及びその敷地が建築基準関係規定（第７条の５に規定する建築物の建築、大規模の修繕又は大規模の模様替の工事について通知を受けた場合にあつては、第６条の４第１項の規定により読み替えて適用される第６条第１項に規定する建築基準関係規定。以下この条において同じ。）に適合しているかどうかを検査しなければならない。

22　検査実施者は、前項の規定による検査をした場合において、当該建築物及びその敷地が建築基準関係規定に適合していることを認めたときは、国の機関の長等に対して検査済証を交付しなければならない。

23　第20項の規定は、第７条の２第１項の規定による指定を受けた者が、第17項の工事の完了の日から４日が経過する日までに、当該工事に係る建築物及びその敷地が建築基準関係規定に適合しているかどうかの検査を引き受けた場合において、当該検査の引受けに係る工事が完了したときについては、適用しない。

24　第７条の２第１項の規定による指定を受けた者は、前項の規定による検査の引受けを行つたときは、国土交通省令で定めるところにより、その旨を証する書面を国の機関の長等に交付しなければならない。

25　第７条の２第１項の規定による指定を受けた者は、第23項の規定による検査の引受けを行つたときは、当該検査の引受けを行つた第17項の工事が完了した日又は当該検査の引受けを行つた日のいずれか遅い日から７日以内に、第23項の検査をしなければならない。

26　第７条の２第１項の規定による指定を受けた者は、第23項の検査をした建築物及びその敷地が建築基準関係規定に適合していることを認めたときは、国土交通省令で定めるところにより、国の機関の長等に対して検査済証を交付しなければならない。

27　第７条の２第１項の規定による指定を受けた者は、第23項の検査をしたときは、国土交通省令で定める期間内に、国土交通省令で定めるところにより、完了検査報告書を作成し、同項の検査をした建築物及びその敷地に関する国土交通省令で定める書類を添えて、これを特定行政庁に提出しなければならない。

28　国の機関の長等は、第17項の工事が特定工程を含む場合において、当該特定工程に係る工事を終えたときは、その都度、その旨を、その日から４日以内に到達するように、建築主事等に通知しなければならない。

29　建築主事等が前項の規定による通知を受けた場合においては、検査実施者は、その通知を受けた日から４日以内に、当該通知に係る工事中の建築物等について、検査前に施工された工事に係る建築物の部分及びその敷地が建築基準関係規定に適合するかどうかを検査しなければならない。

30　検査実施者は、前項の規定による検査をした場合において、工事中の建築物等が建築基準関係規定に適合することを認めたときは、国土交通省令で定めるところにより、国の機関の長等に対して当該特定工程に係る中間検査合格証を交付しなければならない。

31　特定工程後の工程に係る工事は、前項の規定による当該特定工程に係る中間検査合格証の交付を受けた後でなければ、これを施工してはならない。

32　第28項及び前項の規定は、第17項の工事が特定工程を含む場合において、第7条の2第1項の規定による指定を受けた者が当該特定工程に係る工事を終えた後の工事中の建築物等について、検査前に施工された工事に係る建築物の部分及びその敷地が建築基準関係規定に適合するかどうかの検査を当該工事を終えた日から4日が経過する日までに引き受けたときについては、適用しない。

33　第7条の2第1項の規定による指定を受けた者は、前項の規定による検査の引受けを行つたときは、国土交通省令で定めるところにより、その旨を証する書面を国の機関の長等に交付しなければならない。

34　第7条の2第1項の規定による指定を受けた者は、第32項の検査をした場合において、特定工程に係る工事中の建築物等が建築基準関係規定に適合することを認めたときは、国土交通省令で定めるところにより、国の機関の長等に対して当該特定工程に係る中間検査合格証を交付しなければならない。

35　第32項の規定による検査に係る特定工程後の工程に係る工事は、前項の規定による当該特定工程に係る中間検査合格証の交付を受けた後でなければ、これを施工してはならない。

36　第7条の2第1項の規定による指定を受けた者は、第32項の検査をしたときは、国土交通省令で定める期間内に、国土交通省令で定めるところにより、中間検査報告書を作成し、同項の検査をした工事中の建築物等に関する国土交通省令で定める書類を添えて、これを特定行政庁に提出しなければならない。

37　検査実施者又は第7条の2第1項の規定による指定を受けた者は、第29項又は第32項の規定による検査において建築基準関係規定に適合することを認められた工事中の建築物等について、第21項、第23項、第29項又は第32項の規定による検査をするときは、第29項又は第32項の規定による検査において建築基準関係規定に適合することを認められた建築物の部分及びその敷地については、第21項、第23項、第29項又は第32項の規定による検査をすることを要しない。

38　第6条第1項第一号若しくは第二号に掲げる建築物を新築する場合又はこれらの建築物（共同住宅以外の住宅及び居室を有しない建築物を除く。）の増築、改築、移転、大規模の修繕若しくは大規模の模様替の工事で避難施設等に関する工事を含むものをする場合においては、第22項又は第26項の検査済証の交付を受けた後でなければ、当該新築に係る建築物又は当該避難施設等に関する工事に係る建築物若しくは建築物の部分を使用し、又は使用させてはならない。ただし、次の各号のいずれかに該当する場合には、検査済証の交付を受ける前においても、仮に、当該建築物又は建築物の部分を使用し、又は使用させることができる。

一　特定行政庁が、安全上、防火上又は避難上支障がないと認めたとき。

二　建築主事等（当該建築物又は建築物の部分が大規模建築物又はその部分に該当する場合にあつては、建築主事）又は第7条の2第1項の規定による指定を受けた者が、安全上、防火上及び避難上支障がないものとして国土交通大臣が定める基準に適合していることを認めたとき。

三　第20項の規定による通知をした日（第7条の2第1項の規定による指定を受けた者が第23項の規定による検査の引受けを行つた場合にあつては、当該検査の引受けに係る工事が完了した日又は当該検査の引受けを行つた日のいずれか遅い日）から7日を経過したとき。

39　第7条の2第1項の規定による指定を受けた者は、前項第二号の規定による認定をしたときは、国土交通省令で定める期間内に、国土交通省令で定めるところにより、仮使用認定報告書を作成し、同号の規定による認定をした建築物に関する国土交通省令で定める書類を添えて、これを特定行政庁に提出しなければならない。

40　特定行政庁は、前項の規定による仮使用認定報告書の提出を受けた場合において、第38項第二号の規定による認定を受けた建築物が同号の国土交通大臣が定める基準に適合しないと認めるときは、国の機関の長等及び当該認定を行つた第7条の2第1項の規定による指定を受けた者にその旨を通知しなければならない。

41　特定行政庁は、国、都道府県又は建築主事を置く市町村の建築物又は建築物の敷地が第9条第1項、第10条第1項若しくは第3項又は第90条の2第1項の規定に該当すると認める場合においては、直ちに、その旨を当該建築物又は建築物の敷地を管理する国の機関の長等に通知し、これらの規定に掲げる必要な措置をとるべきことを要請しなければならない。

[現行]　第18条の2　（指定構造計算適合性判定機関による構造計算適合性判定の実施）

制定：平成18年法律第92号　　　施行：平成19年6月20日

第18条の2　（指定構造計算適合性判定機関による構造計算適合性判定の実施）

1　都道府県知事は、第77条の35の2から第77条の35の5までの規定の定めるところにより指定する者に、第

法18条の2　制定：平成18年法律第92号

6条第5項、第6条の2第3項及び前条第4項の構造計算適合性判定の全部又は一部を行わせることができる。
2　都道府県知事は、前項の規定による指定をしたときは、当該指定を受けた者が行う構造計算適合性判定を行わないものとする。
3　第1項の規定による指定を受けた者が構造計算適合性判定を行う場合における第6条第5項及び第7項から第9項まで、第6条の2第3項から第6項まで並びに前条第4項及び第6項から第8項までの規定の適用については、これらの規定中「都道府県知事」とあるのは、「第18条の2第1項の規定による指定を受けた者」とする。

改正：平成26年法律第54号　　施行：平成27年6月1日
第18条の2　（指定構造計算適合性判定機関による構造計算適合性判定の実施）

1　都道府県知事は、第77条の35の2から第77条の35の5までの規定の定めるところにより国土交通大臣又は都道府県知事が指定する者に、第6条の3第1項及び前条第4項の構造計算適合性判定の全部又は一部を行わせることができる。
2　前項の規定による指定は、2以上の都道府県の区域において同項の規定による構造計算適合性判定の業務を行おうとする者を指定する場合にあつては国土交通大臣が、一の都道府県の区域において同項の規定による構造計算適合性判定の業務を行おうとする者を指定する場合にあつては都道府県知事がするものとする。
3　都道府県知事は、第1項の規定による指定を受けた者に構造計算適合性判定の全部又は一部を行わせることとしたときは、当該構造計算適合性判定の全部又は一部を行わないものとする。
4　第1項の規定による指定を受けた者が構造計算適合性判定を行う場合における第6条の3第1項及び第3項から第6項まで並びに前条第4項及び第6項から第9項までの規定の適用については、これらの規定中「都道府県知事」とあるのは、「第18条の2第1項の規定による指定を受けた者」とする。

改正：令和6年法律第53号　　施行：令和6年11月1日
第18条の2　（指定構造計算適合性判定機関による構造計算適合性判定の実施）

1　都道府県知事は、第77条の35の2から第77条の35の5までの規定の定めるところにより国土交通大臣又は都道府県知事が指定する者に、第6条の3第1項及び前条第5項の構造計算適合性判定の全部又は一部を行わせることができる。
2　前項の規定による指定は、2以上の都道府県の区域において同項の規定による構造計算適合性判定の業務を行おうとする者を指定する場合にあつては国土交通大臣が、一の都道府県の区域において同項の規定による構造計算適合性判定の業務を行おうとする者を指定する場合にあつては都道府県知事がするものとする。
3　都道府県知事は、第1項の規定による指定を受けた者に構造計算適合性判定の全部又は一部を行わせることとしたときは、当該構造計算適合性判定の全部又は一部を行わないものとする。
4　第1項の規定による指定を受けた者が構造計算適合性判定を行う場合における第6条の3第1項及び第3項から第6項まで並びに前条第5項及び第7項から第10項までの規定の適用については、これらの規定中「都道府県知事」とあるのは、「第18条の2第1項の規定による指定を受けた者」とする。

［現行］　第18条の3　（確認審査等に関する指針等）

制定：平成18年法律第92号　　施行：平成19年6月20日
第18条の3　（確認審査等に関する指針等）

1　国土交通大臣は、第6条第4項及び第18条第3項（これらの規定を第87条第1項、第87条の2並びに第88条第1項及び第2項において準用する場合を含む。）に規定する審査、第6条の2第1項（第87条第1項、第87条の2並びに第88条第1項及び第2項において準用する場合を含む。）の規定による確認のための審査、第6条第5項、第6条の2第3項及び第18条第4項に規定する構造計算適合性判定、第7条第4項、第7条の2第1項及び第18条第15項（これらの規定を第87条の2並びに第88条第1項及び第2項において準用する場合を含む。）の規定による検査並びに第7条の3第4項、第7条の4第1項及び第18条第18項（これらの

規定を第87条の2及び第88条第1項において準用する場合を含む。）の規定による検査（以下この条及び第77条の62第2項第一号において「確認審査等」という。）の公正かつ適確な実施を確保するため、確認審査等に関する指針を定めなければならない。
2　国土交通大臣は、前項の指針を定め、又はこれを変更したときは、遅滞なく、これを公表しなければならない。
3　確認審査等は、前項の規定により公表された第1項の指針に従つて行わなければならない。

改正：平成26年法律第54号　　　施行：平成27年6月1日
第18条の3　（確認審査等に関する指針等）

1　国土交通大臣は、第6条第4項及び第18条第3項（これらの規定を第87条第1項、第87条の2並びに第88条第1項及び第2項において準用する場合を含む。）に規定する審査、第6条の2第1項（第87条第1項、第87条の2並びに第88条第1項及び第2項において準用する場合を含む。）の規定による確認のための審査、<u>第6条の3第1項</u>及び第18条第4項に規定する構造計算適合性判定、第7条第4項、第7条の2第1項及び<u>第18条第17項</u>（これらの規定を第87条の2並びに第88条第1項及び第2項において準用する場合を含む。）の規定による検査並びに第7条の3第4項、第7条の4第1項及び<u>第18条第20項</u>（これらの規定を第87条の2及び第88条第1項において準用する場合を含む。）の規定による検査（以下この条及び第77条の62第2項第一号において「確認審査等」という。）の公正かつ適確な実施を確保するため、確認審査等に関する指針を定めなければならない。
2・3　略

改正：平成30年法律第67号　　　施行：令和元年6月25日
第18条の3　（確認審査等に関する指針等）

1　国土交通大臣は、第6条第4項及び第18条第3項（これらの規定を第87条第1項、<u>第87条の4</u>並びに第88条第1項及び第2項において準用する場合を含む。）に規定する審査、第6条の2第1項（第87条第1項、<u>第87条の4</u>並びに第88条第1項及び第2項において準用する場合を含む。）の規定による確認のための審査、第6条の3第1項及び第18条第4項に規定する構造計算適合性判定、第7条第4項、第7条の2第1項及び第18条第17項（これらの規定を<u>第87条の4</u>並びに第88条第1項及び第2項において準用する場合を含む。）の規定による検査並びに第7条の3第4項、第7条の4第1項及び第18条第20項（これらの規定を<u>第87条の4</u>及び第88条第1項において準用する場合を含む。）の規定による検査（以下この条及び第77条の62第2項第一号において「確認審査等」という。）の公正かつ適確な実施を確保するため、確認審査等に関する指針を定めなければならない。
2・3　略

改正：令和元年法律第37号　　　施行：令和元年9月14日
第18条の3　（確認審査等に関する指針等）

1　国土交通大臣は、第6条第4項及び第18条第3項（これらの規定を第87条第1項、第87条の4並びに第88条第1項及び第2項において準用する場合を含む。）に規定する審査、第6条の2第1項（第87条第1項、第87条の4並びに第88条第1項及び第2項において準用する場合を含む。）の規定による確認のための審査、第6条の3第1項及び第18条第4項に規定する構造計算適合性判定、第7条第4項、第7条の2第1項及び第18条第17項（これらの規定を第87条の4並びに第88条第1項及び第2項において準用する場合を含む。）の規定による検査並びに第7条の3第4項、第7条の4第1項及び第18条第20項（これらの規定を第87条の4及び第88条第1項において準用する場合を含む。）の規定による検査（以下この条及び第77条の62第2項<u>第三号</u>において「確認審査等」という。）の公正かつ適確な実施を確保するため、確認審査等に関する指針を定めなければならない。
2・3　略

法18条の3 改正：令和6年法律第53号

改正：令和6年法律第53号　　　施行：令和6年11月1日
第18条の3（確認審査等に関する指針等）

1 　国土交通大臣は、第6条第4項並びに第18条第3項及び第4項（これらの規定を第87条第1項、第87条の4並びに第88条第1項及び第2項において準用する場合を含む。）に規定する審査、第6条の2第1項（第87条第1項、第87条の4並びに第88条第1項及び第2項において準用する場合を含む。）の規定による確認のための審査、第6条の3第1項及び第18条第5項に規定する構造計算適合性判定、第7条第4項、第7条の2第1項並びに第18条第21項及び第23項（これらの規定を第87条の4並びに第88条第1項及び第2項において準用する場合を含む。）の規定による検査並びに第7条の3第4項、第7条の4第1項並びに第18条第29項及び第32項（これらの規定を第87条の4及び第88条第1項において準用する場合を含む。）の規定による検査（以下この条及び第77条の62第2項第三号において「確認審査等」という。）の公正かつ適確な実施を確保するため、確認審査等に関する指針を定めなければならない。

2 　国土交通大臣は、前項の指針を定め、又はこれを変更したときは、遅滞なく、これを公表しなければならない。

3 　確認審査等は、前項の規定により公表された第1項の指針に従つて行わなければならない。

法19条　制定：昭和25年法律第201号

[現行]　第2章　建築物の敷地、構造及び建築設備
（制定：昭和25年法律第201号）　第2章　建築物の敷地、構造及び建築設備

[現行]　第19条　（敷地の衛生及び安全）

制定：昭和25年法律第201号　　　施行：昭和25年11月23日
第19条　（敷地の衛生及び安全）

1　建築物の敷地は、これに接する道の境より高くなければならず、建築物の地盤面は、これに接する周囲の土地より高くなければならない。但し、敷地内の排水に支障がない場合又は建築物の用途により防湿の必要がない場合においては、この限りでない。
2　湿潤な土地、出水のおそれの多い土地又はごみその他これに類する物で埋め立てられた土地に建築物を建築する場合においては、盛土、地盤の改良その他衛生上又は安全上必要な措置を講じなければならない。
3　建築物の敷地には、雨水及び汚水を排出し、又は処理するための適当な下水管、下水溝又はためますその他これらに類する施設をしなければならない。
4　がけ崩れ、地すべり等のおそれのある土地に建築物の敷地を造成する場合においては、擁壁の設置その他安全上適当な措置を講じなければならない。

改正：昭和34年法律第156号　　　施行：昭和34年12月23日
第19条　（敷地の衛生及び安全）

1　建築物の敷地は、これに接する道の境より高くなければならず、建築物の地盤面は、これに接する周囲の土地より高くなければならない。<u>ただし</u>、敷地内の排水に支障がない場合又は建築物の用途により防湿の必要がない場合においては、この限りでない。
2　湿潤な土地、出水のおそれの多い土地又はごみその他これに類する物で埋め立てられた土地に建築物を建築する場合においては、盛土、地盤の改良その他衛生上又は安全上必要な措置を講じなければならない。
3　建築物の敷地には、雨水及び汚水を排出し、又は処理するための適当な下水管、下水溝又はためますその他これらに類する施設をしなければならない。
4　<u>建築物ががけ崩れ等による被害を受けるおそれのある場合においては</u>、擁壁の設置その他安全上適当な措置を講じなければならない。

[現行]　第20条　（構造耐力）

制定：昭和25年法律第201号　　　施行：昭和25年11月23日
第20条　（構造耐力）

1　建築物は、自重、積載荷重、積雪、風圧、土圧及び水圧並びに地震その他の震動及び衝撃に対して安全な構造でなければならない。
2　第6条第1項第二号又は第三号に掲げる建築物に関する設計図書の作成にあたつては、構造計算によつて、その構造が安全であることを確かめなければならない。

改正：平成10年法律第100号　　　施行：平成12年6月1日
第20条　（構造耐力）

<u>1　建築物は、自重、積載荷重、積雪、風圧、土圧及び水圧並びに地震その他の震動及び衝撃に対して安全な構造のものとして、次に定める基準に適合するものでなければならない。
　一　建築物の安全上必要な構造方法に関して政令で定める技術的基準に適合すること。
　二　次に掲げる建築物にあつては、前号に定めるもののほか、政令で定める基準に従つた構造計算によつて確かめられる安全性を有すること。
　　イ　第6条第1項第二号又は第三号に掲げる建築物
　　ロ　イに掲げるもののほか、高さが13m又は軒の高さが9mを超える建築物で、その主要構造部（床、屋</u>

根及び階段を除く。）を石造、れんが造、コンクリートブロック造、無筋コンクリート造その他これらに類する構造としたもの

改正：平成18年法律第92号　　　施行：平成19年6月20日
第20条　（構造耐力）

1　建築物は、自重、積載荷重、積雪荷重、風圧、土圧及び水圧並びに地震その他の震動及び衝撃に対して安全な構造のものとして、次の各号に掲げる建築物の区分に応じ、それぞれ当該各号に定める基準に適合するものでなければならない。
　一　高さが60mを超える建築物　当該建築物の安全上必要な構造方法に関して政令で定める技術的基準に適合するものであること。この場合において、その構造方法は、荷重及び外力によつて建築物の各部分に連続的に生ずる力及び変形を把握することその他の政令で定める基準に従つた構造計算によつて安全性が確かめられたものとして国土交通大臣の認定を受けたものであること。
　二　高さが60m以下の建築物のうち、第6条第1項第二号に掲げる建築物（高さが13m又は軒の高さが9mを超えるものに限る。）又は同項第三号に掲げる建築物（地階を除く階数が4以上である鉄骨造の建築物、高さが20mを超える鉄筋コンクリート造又は鉄骨鉄筋コンクリート造の建築物その他これらの建築物に準ずるものとして政令で定める建築物に限る。）　次に掲げる基準のいずれかに適合するものであること。
　　イ　当該建築物の安全上必要な構造方法に関して政令で定める技術的基準に適合すること。この場合において、その構造方法は、地震力によつて建築物の地上部分の各階に生ずる水平方向の変形を把握することその他の政令で定める基準に従つた構造計算で、国土交通大臣が定めた方法によるもの又は国土交通大臣の認定を受けたプログラムによるものによつて確かめられる安全性を有すること。
　　ロ　前号に定める基準に適合すること。
　三　高さが60m以下の建築物のうち、第6条第1項第二号又は第三号に掲げる建築物その他その主要構造部（床、屋根及び階段を除く。）を石造、れんが造、コンクリートブロック造、無筋コンクリート造その他これらに類する構造とした建築物で高さが13m又は軒の高さが9mを超えるもの（前号に掲げる建築物を除く。）　次に掲げる基準のいずれかに適合するものであること。
　　イ　当該建築物の安全上必要な構造方法に関して政令で定める技術的基準に適合すること。この場合において、その構造方法は、構造耐力上主要な部分ごとに応力度が許容応力度を超えないことを確かめることその他の政令で定める基準に従つた構造計算で、国土交通大臣が定めた方法によるもの又は国土交通大臣の認定を受けたプログラムによるものによつて確かめられる安全性を有すること。
　　ロ　前2号に定める基準のいずれかに適合すること。
　四　前3号に掲げる建築物以外の建築物　次に掲げる基準のいずれかに適合するものであること。
　　イ　当該建築物の安全上必要な構造方法に関して政令で定める技術的基準に適合すること。
　　ロ　前3号に定める基準のいずれかに適合すること。

改正：平成26年法律第54号　　　施行：平成27年6月1日
第20条　（構造耐力）

1　略
2　前項に規定する基準の適用上一の建築物であつても別の建築物とみなすことができる部分として政令で定める部分が2以上ある建築物の当該建築物の部分は、同項の規定の適用については、それぞれ別の建築物とみなす。

改正：令和4年法律第69号　　　施行：令和7年4月1日
第20条　（構造耐力）

1　建築物は、自重、積載荷重、積雪荷重、風圧、土圧及び水圧並びに地震その他の震動及び衝撃に対して安全な構造のものとして、次の各号に掲げる建築物の区分に応じ、当該各号に定める基準に適合するものでなければならない。
　一　高さが60mを超える建築物　当該建築物の安全上必要な構造方法に関して政令で定める技術的基準に適

法20条　改正：令和4年法律第69号

合するものであること。この場合において、その構造方法は、荷重及び外力によつて建築物の各部分に連続的に生ずる力及び変形を把握することその他の政令で定める基準に従つた構造計算によつて安全性が確かめられたものとして国土交通大臣の認定を受けたものであること。

二　高さが60m以下の建築物のうち、木造の建築物（地階を除く階数が4以上であるもの又は高さが16mを超えるものに限る。）又は木造以外の建築物（地階を除く階数が4以上である鉄骨造の建築物、高さが20mを超える鉄筋コンクリート造又は鉄骨鉄筋コンクリート造の建築物その他これらの建築物に準ずるものとして政令で定める建築物に限る。）　次に掲げる基準のいずれかに適合するものであること。

　イ　当該建築物の安全上必要な構造方法に関して政令で定める技術的基準に適合すること。この場合において、その構造方法は、地震力によつて建築物の地上部分の各階に生ずる水平方向の変形を把握することその他の政令で定める基準に従つた構造計算で、国土交通大臣が定めた方法によるもの又は国土交通大臣の認定を受けたプログラムによるものによつて確かめられる安全性を有すること。

　ロ　前号に定める基準に適合すること。

三　高さが60m以下の建築物（前号に掲げる建築物を除く。）のうち、第6条第1項第一号又は第二号に掲げる建築物（木造の建築物にあつては、地階を除く階数が3以上であるもの又は延べ面積が300㎡を超えるものに限る。）　次に掲げる基準のいずれかに適合するものであること。

　イ　当該建築物の安全上必要な構造方法に関して政令で定める技術的基準に適合すること。この場合において、その構造方法は、構造耐力上主要な部分ごとに応力度が許容応力度を超えないことを確かめることその他の政令で定める基準に従つた構造計算で、国土交通大臣が定めた方法によるもの又は国土交通大臣の認定を受けたプログラムによるものによつて確かめられる安全性を有すること。

　ロ　前2号に定める基準のいずれかに適合すること。

四　前3号に掲げる建築物以外の建築物　次に掲げる基準のいずれかに適合するものであること。

　イ　当該建築物の安全上必要な構造方法に関して政令で定める技術的基準に適合すること。

　ロ　前3号に定める基準のいずれかに適合すること。

2　前項に規定する基準の適用上一の建築物であつても別の建築物とみなすことができる部分として政令で定める部分が2以上ある建築物の当該建築物の部分は、同項の規定の適用については、それぞれ別の建築物とみなす。

[現行]　第21条　（大規模の建築物の主要構造部等）

制定：昭和25年法律第201号　　施行：昭和25年11月23日

第21条　（大規模の建築物の主要構造部）

1　高さ13m、軒の高さ9m又は延べ面積3,000㎡をこえる建築物は、主要構造部（床、屋根及び階段を除く。）を木造としてはならない。

2　高さ13m又は軒の高さ9mをこえる建築物は、主要構造部（床、屋根及び階段を除く。）を石造、れん瓦造、コンクリートブロック造、無筋コンクリート造その他これらに類する構造としてはならない。但し、特別の補強をし、且つ、構造計算によつて、その構造が安全であることを確かめた場合においては、この限りでない。

改正：昭和34年法律第156号　　施行：昭和34年12月23日

第21条　（大規模の建築物の主要構造部）

1　略

2　高さ13m又は軒の高さ9mをこえる建築物は、主要構造部（床、屋根及び階段を除く。）を石造、れんが造、コンクリートブロック造、無筋コンクリート造その他これらに類する構造としてはならない。ただし、特別の補強をし、かつ、構造計算によつて、その構造が安全であることを確かめた場合においては、この限りでない。

改正：昭和62年法律第66号　　施行：昭和62年11月16日

改正：平成30年法律第67号　**法21条**

第21条　（大規模の建築物の主要構造部）

1　高さが13m又は軒の高さが９mを超える建築物は、主要構造部（床、屋根及び階段を除く。）を木造としてはならない。ただし、構造方法、主要構造部の防火の措置その他の事項について安全上及び防火上必要な政令で定める技術的基準に適合する建築物（政令で定める用途に供するものを除く。）は、この限りでない。

2　延べ面積が3,000㎡を超える建築物は、主要構造部（床、屋根及び階段を除く。）を木造としてはならない。

3　高さが13m又は軒の高さが９mを超える建築物は、主要構造部（床、屋根及び階段を除く。）を石造、れんが造、コンクリートブロック造、無筋コンクリート造その他これらに類する構造としてはならない。ただし、特別の補強をし、かつ、構造計算によって、その構造が安全であることを確かめた場合においては、この限りでない。

改正：平成10年法律第100号　　　施行：平成12年６月１日

第21条　（大規模の建築物の主要構造部）

1　高さが13m又は軒の高さが９mを超える建築物（その主要構造部（床、屋根及び階段を除く。）の政令で定める部分の全部又は一部に木材、プラスチックその他の可燃材料を用いたものに限る。）は、第２条第九号の二イに掲げる基準に適合するものとしなければならない。ただし、構造方法、主要構造部の防火の措置その他の事項について防火上必要な政令で定める技術的基準に適合する建築物（政令で定める用途に供するものを除く。）は、この限りでない。

2　延べ面積が3,000㎡を超える建築物（その主要構造部（床、屋根及び階段を除く。）の前項の政令で定める部分の全部又は一部に木材、プラスチックその他の可燃材料を用いたものに限る。）は、第２条第九号の二イに掲げる基準に適合するものとしなければならない。

改正：平成26年法律第54号　　　施行：平成27年６月１日

第21条　（大規模の建築物の主要構造部等）

1　略

2　延べ面積が3,000㎡を超える建築物（その主要構造部（床、屋根及び階段を除く。）の前項の政令で定める部分の全部又は一部に木材、プラスチックその他の可燃材料を用いたものに限る。）は、次の各号のいずれかに適合するものとしなければならない。

一　第２条第九号の二イに掲げる基準に適合するものであること。

二　壁、柱、床その他の建築物の部分又は防火戸その他の政令で定める防火設備（以下この号において「壁等」という。）のうち、通常の火災による延焼を防止するために当該壁等に必要とされる性能に関して政令で定める技術的基準に適合するもので、国土交通大臣が定めた構造方法を用いるもの又は国土交通大臣の認定を受けたものによつて有効に区画し、かつ、各区画の床面積の合計をそれぞれ3,000㎡以内としたものであること。

改正：平成30年法律第67号　　　施行：令和元年６月25日

第21条　（大規模の建築物の主要構造部等）

1　次の各号のいずれかに該当する建築物（その主要構造部（床、屋根及び階段を除く。）の政令で定める部分の全部又は一部に木材、プラスチックその他の可燃材料を用いたものに限る。）は、その主要構造部を通常火災終了時間（建築物の構造、建築設備及び用途に応じて通常の火災が消火の措置により終了するまでに通常要する時間をいう。）が経過するまでの間当該火災による建築物の倒壊及び延焼を防止するために主要構造部に必要とされる性能に関して政令で定める技術的基準に適合するもので、国土交通大臣が定めた構造方法を用いるもの又は国土交通大臣の認定を受けたものとしなければならない。ただし、その周囲に延焼防止上有効な空地で政令で定める技術的基準に適合するものを有する建築物については、この限りでない。

一　地階を除く階数が４以上である建築物

二　高さが16mを超える建築物

法21条 改正：平成30年法律第67号

　　三　別表第1(い)欄(5)項又は(6)項に掲げる用途に供する特殊建築物で、高さが13mを超えるもの
２　略

改正：令和４年法律第69号　　　　施行：令和６年４月１日
第21条　（大規模の建築物の主要構造部等）

１　次の各号のいずれかに該当する建築物（その主要構造部（床、屋根及び階段を除く。）の政令で定める部分の全部又は一部に木材、プラスチックその他の可燃材料を用いたものに限る。）は、その<u>特定主要構造部</u>を通常火災終了時間（建築物の構造、建築設備及び用途に応じて通常の火災が消火の措置により終了するまでに通常要する時間をいう。）が経過するまでの間当該火災による建築物の倒壊及び延焼を防止するために<u>特定主要構造部</u>に必要とされる性能に関して政令で定める技術的基準に適合するもので、国土交通大臣が定めた構造方法を用いるもの又は国土交通大臣の認定を受けたものとしなければならない。ただし、その周囲に延焼防止上有効な空地で政令で定める技術的基準に適合するものを有する建築物については、この限りでない。
　　一　地階を除く階数が４以上である建築物
　　二　高さが16mを超える建築物
　　三　別表第1(い)欄(5)項又は(6)項に掲げる用途に供する特殊建築物で、高さが13mを超えるもの
２　延べ面積が3,000㎡を超える建築物（その主要構造部（床、屋根及び階段を除く。）の前項の政令で定める部分の全部又は一部に木材、プラスチックその他の可燃材料を用いたものに限る。）は、<u>その壁、柱、床その他の建築物の部分又は防火戸その他の政令で定める防火設備を通常の火災時における火熱が当該建築物の周囲に防火上有害な影響を及ぼすことを防止するためにこれらに必要とされる性能に関して政令で定める技術的基準に適合するもので、国土交通大臣が定めた構造方法を用いるもの又は国土交通大臣の認定を受けたものとしなければならない。</u>
３　<u>前２項に規定する基準の適用上一の建築物であつても別の建築物とみなすことができる部分として政令で定める部分が２以上ある建築物の当該建築物の部分は、これらの規定の適用については、それぞれ別の建築物とみなす。</u>

[現行]　**第22条　（屋根）**

制定：昭和25年法律第201号　　　　施行：昭和25年11月23日
（区域、地域又は地区の指定に関する規定は、昭和25年10月25日）
第22条　（屋根）

１　特定行政庁が防火地域及び準防火地域以外の市街地について関係市町村の同意を得て指定する区域内においては、建築物の屋根は、不燃材料で造り、又はふかなければならない。但し、茶室、あづまやその他これらに類する建築物又は延べ面積が10㎡以内の物置、納屋その他これらに類する建築物の屋根の延焼のおそれのある部分以外の部分については、この限りでない。

改正：昭和34年法律第156号　　　　施行：昭和34年12月23日
第22条　（屋根）

１　特定行政庁が防火地域及び準防火地域以外の<u>市街地について指定する区域内においては、耐火建築物及び簡易耐火建築物以外</u>の建築物の屋根は、不燃材料で造り、又はふかなければならない。<u>ただし、茶室、あずまや</u>その他これらに類する建築物又は延べ面積が10㎡以内の物置、納屋その他これらに類する建築物の屋根の延焼のおそれのある部分以外の部分については、この限りでない。
２　<u>特定行政庁は、前項の規定による指定をする場合においては、あらかじめ、都市計画区域内にある区域については都市計画審議会の意見を聞き、その他の区域については関係市町村の同意を得なければならない。</u>

改正：平成11年法律第160号 **法22条**

改正：昭和43年法律第101号　　　　施行：昭和44年６月14日
第22条　（屋根）

1　略
2　特定行政庁は、前項の規定による指定をする場合においては、あらかじめ、都市計画区域内にある区域については<u>都市計画地方審議会</u>の意見を聞き、その他の区域については関係市町村の同意を得なければならない。

改正：平成４年法律第82号　　　　施行：平成５年６月25日
第22条　（屋根）

1　特定行政庁が防火地域及び準防火地域以外の市街地について指定する区域内においては、耐火建築物及び<u>準耐火建築物</u>以外の建築物の屋根は、不燃材料で造り、又はふかなければならない。ただし、茶室、あずまやその他これらに類する建築物又は延べ面積が10㎡以内の物置、納屋その他これらに類する建築物の屋根の延焼のおそれのある部分以外の部分については、この限りでない。
2　略

改正：平成11年法律第87号　　　　施行：平成12年４月１日
第22条　（屋根）

1　略
2　特定行政庁は、前項の規定による指定をする場合においては、あらかじめ、都市計画区域内にある区域については<u>都道府県都市計画審議会（市町村都市計画審議会が置かれている市町村の長たる特定行政庁が行う場合にあつては、当該市町村都市計画審議会。第51条を除き、以下同じ。）</u>の意見を<u>聴き</u>、その他の区域については関係市町村の同意を得なければならない。

改正：平成10年法律第100号　　　　施行：平成12年６月１日
第22条　（屋根）

1　特定行政庁が防火地域及び準防火地域以外の市街地について指定する<u>区域内にある建築物の屋根の構造は、通常の火災を想定した火の粉による建築物の火災の発生を防止するために屋根に必要とされる性能に関して建築物の構造及び用途の区分に応じて政令で定める技術的基準に適合するもので、建設大臣が定めた構造方法を用いるもの又は建設大臣の認定を受けたものとしなければならない。</u>ただし、茶室、あずまやその他これらに類する建築物又は延べ面積が10㎡以内の物置、納屋その他これらに類する建築物の屋根の延焼のおそれのある部分以外の部分については、この限りでない。
2　略

改正：平成11年法律第160号　　　　施行：平成13年１月６日
第22条　（屋根）

1　特定行政庁が防火地域及び準防火地域以外の市街地について指定する区域内にある建築物の屋根の構造は、通常の火災を想定した火の粉による建築物の火災の発生を防止するために屋根に必要とされる性能に関して建築物の構造及び用途の区分に応じて政令で定める技術的基準に適合するもので、<u>国土交通大臣</u>が定めた構造方法を用いるもの又は<u>国土交通大臣</u>の認定を受けたものとしなければならない。ただし、茶室、あずまやその他これらに類する建築物又は延べ面積が10㎡以内の物置、納屋その他これらに類する建築物の屋根の延焼のおそれのある部分以外の部分については、この限りでない。
2　特定行政庁は、前項の規定による指定をする場合においては、あらかじめ、都市計画区域内にある区域については都道府県都市計画審議会（市町村都市計画審議会が置かれている市町村の長たる特定行政庁が行う場合にあつては、当該市町村都市計画審議会。第51条を除き、以下同じ。）の意見を聴き、その他の区域については関係市町村の同意を得なければならない。

法23条　制定：昭和25年法律第201号

[現行]　第23条　（外壁）

制定：昭和25年法律第201号　　　施行：昭和25年11月23日
第23条　（外壁）

1　前条の市街地の区域内にある木造の建築物は、その外壁のうち、延焼のおそれのある部分を土塗壁とし、又は延焼防止についてこれと同等以上の効力を有する構造としなければならない。

改正：昭和34年法律第156号　　　施行：昭和34年12月23日
第23条　（外壁）

1　前条第1項の市街地の区域内にある木造の建築物は、その外壁のうち、延焼のおそれのある部分を土塗壁とし、又は延焼防止についてこれと同等以上の効力を有する構造としなければならない。

改正：平成4年法律第82号　　　施行：平成5年6月25日
第23条　（外壁）

1　前条第1項の市街地の区域内にある木造の建築物（準耐火建築物を除く。第25条及び第62条第2項において同じ。）は、その外壁のうち、延焼のおそれのある部分を土塗壁とし、又は延焼防止についてこれと同等以上の効力を有する構造としなければならない。

改正：平成10年法律第100号　　　施行：平成12年6月1日
第23条　（外壁）

1　前条第1項の市街地の区域内にある建築物（その主要構造部の第21条第1項の政令で定める部分が木材、プラスチックその他の可燃材料で造られたもの（次条、第25条及び第62条第2項において「木造建築物等」という。）に限る。）は、その外壁で延焼のおそれのある部分の構造を、準防火性能（建築物の周囲において発生する通常の火災による延焼の抑制に一定の効果を発揮するために外壁に必要とされる性能をいう。）に関して政令で定める技術的基準に適合する土塗壁その他の構造で、建設大臣が定めた構造方法を用いるもの又は建設大臣の認定を受けたものとしなければならない。

改正：平成11年法律第160号　　　施行：平成13年1月6日
第23条　（外壁）

1　前条第1項の市街地の区域内にある建築物（その主要構造部の第21条第1項の政令で定める部分が木材、プラスチックその他の可燃材料で造られたもの（次条、第25条及び第62条第2項において「木造建築物等」という。）に限る。）は、その外壁で延焼のおそれのある部分の構造を、準防火性能（建築物の周囲において発生する通常の火災による延焼の抑制に一定の効果を発揮するために外壁に必要とされる性能をいう。）に関して政令で定める技術的基準に適合する土塗壁その他の構造で、国土交通大臣が定めた構造方法を用いるもの又は国土交通大臣の認定を受けたものとしなければならない。

改正：平成30年法律第67号　　　施行：平成30年9月25日
第23条　（外壁）

1　前条第1項の市街地の区域内にある建築物（その主要構造部の第21条第1項の政令で定める部分が木材、プラスチックその他の可燃材料で造られたもの（第25条及び第62条第2項において「木造建築物等」という。）に限る。）は、その外壁で延焼のおそれのある部分の構造を、準防火性能（建築物の周囲において発生する通常の火災による延焼の抑制に一定の効果を発揮するために外壁に必要とされる性能をいう。）に関して政令で定める技術的基準に適合する土塗壁その他の構造で、国土交通大臣が定めた構造方法を用いるもの又は国土交通大臣の認定を受けたものとしなければならない。

制定：昭和25年法律第201号 **法旧24条**

改正：平成30年法律第67号　　　施行：令和元年6月25日
第23条　（外壁）

> 1　前条第1項の市街地の区域内にある建築物（その主要構造部の第21条第1項の政令で定める部分が木材、プラスチックその他の可燃材料で造られたもの（第25条及び第61条において「木造建築物等」という。）に限る。）は、その外壁で延焼のおそれのある部分の構造を、準防火性能（建築物の周囲において発生する通常の火災による延焼の抑制に一定の効果を発揮するために外壁に必要とされる性能をいう。）に関して政令で定める技術的基準に適合する土塗壁その他の構造で、国土交通大臣が定めた構造方法を用いるもの又は国土交通大臣の認定を受けたものとしなければならない。

改正：令和4年法律第69号　　　施行：令和6年4月1日
第23条　（外壁）

> 1　前条第1項の市街地の区域内にある建築物（その主要構造部の第21条第1項の政令で定める部分が木材、プラスチックその他の可燃材料で造られたもの（第25条及び第61条第1項において「木造建築物等」という。）に限る。）は、その外壁で延焼のおそれのある部分の構造を、準防火性能（建築物の周囲において発生する通常の火災による延焼の抑制に一定の効果を発揮するために外壁に必要とされる性能をいう。）に関して政令で定める技術的基準に適合する土塗壁その他の構造で、国土交通大臣が定めた構造方法を用いるもの又は国土交通大臣の認定を受けたものとしなければならない。

[現行] **第24条　（建築物が第22条第1項の市街地の区域の内外にわたる場合の措置）**

制定：昭和51年法律第83号　　　施行：昭和52年11月1日
旧　**第24条の2　（建築物が第22条第1項の市街地の区域の内外にわたる場合の措置）**

> 1　建築物が第22条第1項の市街地の区域の内外にわたる場合においては、その全部について同項の市街地の区域内の建築物に関する規定を適用する。

改正：平成30年法律第67号　　　施行：平成30年9月25日
第24条　（建築物が第22条第1項の市街地の区域の内外にわたる場合の措置）

> 1　建築物が第22条第1項の市街地の区域の内外にわたる場合においては、その全部について同項の市街地の区域内の建築物に関する規定を適用する。

[削除条文]

制定：昭和25年法律第201号　　　施行：昭和25年11月23日
旧　**第24条　（木造の特殊建築物の外壁等）**

> 1　第22条の市街地の区域内にある木造の特殊建築物で、下の各号の一に該当するものは、その外壁及び軒裏で延焼のおそれのある部分を防火構造としなければならない。
> 　一　学校、劇場、映画館、演芸場、観覧場、公会堂、集会場、マーケツト、公衆浴場又は自動車車庫の用途に供するもの
> 　二　百貨店、共同住宅、寄宿舎、病院又は倉庫の用途に供するもので、階数が2であり、且つ、その用途に供する部分の床面積の合計が200㎡をこえるもの
> 2　前項の区域内にある木造の特殊建築物で、下の各号の一に該当するものは、その壁及び天井（天井のない場合においては、屋根）の室内に面する部分を防火構造とし、又は不燃材料、木毛セメント板その他これらに類するものでおおい、若しくは防火塗料で塗装しなければならない。
> 　一　劇場、映画館、演芸場、観覧場、公会堂又は集会場の用途に供するもので、その客席の床面積の合計が100㎡をこえるもの

法旧24条 制定：昭和25年法律第201号

　二　共同住宅、寄宿舎又は病院の用途に供するもので、その用途に供する部分の床面積の合計が200㎡をこえるもの
　三　自動車車庫の用途に供するもの

改正：昭和34年法律第156号　　　施行：昭和34年12月23日
旧　第24条　（木造の特殊建築物の外壁等）

　1　第22条第1項の市街地の区域内にある木造の特殊建築物で、次の各号の一に該当するものは、その外壁及び軒裏で延焼のおそれのある部分を防火構造としなければならない。
　　一　略
　　二　百貨店、共同住宅、寄宿舎、病院又は倉庫の用途に供するもので、階数が2であり、かつ、その用途に供する部分の床面積の合計が200㎡をこえるもの

改正：昭和36年法律第115号　　　施行：昭和36年12月4日
旧　第24条　（木造の特殊建築物の外壁等）

　1　第22条第1項の市街地の区域内にある木造の特殊建築物で、次の各号の一に該当するものは、その外壁及び軒裏で延焼のおそれのある部分を防火構造としなければならない。
　　一　学校、劇場、映画館、演芸場、観覧場、公会堂、集会場、マーケット又は公衆浴場の用途に供するもの
　　二　自動車車庫の用途に供するもので、その用途に供する部分の床面積の合計が50㎡をこえるもの
　　三　百貨店、共同住宅、寄宿舎、病院又は倉庫の用途に供するもので、階数が2であり、かつ、その用途に供する部分の床面積の合計が200㎡をこえるもの

改正：平成4年法律第82号　　　施行：平成5年6月25日
旧　第24条　（木造の特殊建築物の外壁等）

　1　第22条第1項の市街地の区域内にある木造の特殊建築物（準耐火建築物を除く。）で、次の各号の一に該当するものは、その外壁及び軒裏で延焼のおそれのある部分を防火構造としなければならない。
　　一～三　略

改正：平成10年法律第100号　　　施行：平成12年6月1日
旧　第24条　（木造建築物等である特殊建築物の外壁等）

　1　第22条第1項の市街地の区域内にある木造建築物等である特殊建築物で、次の各号の一に該当するものは、その外壁及び軒裏で延焼のおそれのある部分を防火構造としなければならない。
　　一　学校、劇場、映画館、演芸場、観覧場、公会堂、集会場、マーケット又は公衆浴場の用途に供するもの
　　二　自動車車庫の用途に供するもので、その用途に供する部分の床面積の合計が50㎡を超えるもの
　　三　百貨店、共同住宅、寄宿舎、病院又は倉庫の用途に供するもので、階数が2であり、かつ、その用途に供する部分の床面積の合計が200㎡を超えるもの

改正：平成30年法律第67号　　　施行：平成30年9月25日
旧　第24条　（木造建築物等である特殊建築物の外壁等）　削除

[現行]　第25条　（大規模の木造建築物等の外壁等）

制定：昭和25年法律第201号　　　施行：昭和25年11月23日
第25条　（大規模の木造建築物の外壁等）

　1　延べ面積（同一敷地内に2以上の棟をなす木造の建築物がある場合においては、その延べ面積の合計）が1,000㎡をこえる木造の建築物は、その外壁及び軒裏で延焼のおそれのある部分を防火構造とし、その屋根

を不燃材料で造り、又はふかなければならない

改正：昭和34年法律第156号　　　施行：昭和34年12月23日
第25条　（大規模の木造建築物の外壁等）

1　延べ面積（同一敷地内に<u>2以上の木造</u>の建築物がある場合においては、その延べ面積の合計）が1,000㎡をこえる木造の建築物は、その外壁及び軒裏で延焼のおそれのある部分を防火構造とし、その屋根を不燃材料で造り、又はふかなければならない。

改正：平成10年法律第100号　　　施行：平成12年6月1日
第25条　（大規模の<u>木造建築物等</u>の外壁等）

1　延べ面積（同一敷地内に2以上の<u>木造建築物等</u>がある場合においては、その延べ面積の合計）が1,000㎡を<u>超える木造建築物等</u>は、その外壁及び軒裏で延焼のおそれのある部分を防火構造とし、<u>その屋根の構造を第22条第1項に規定する構造</u>としなければならない。

[現行]　第26条　（防火壁等）

制定：昭和25年法律第201号　　　施行：昭和25年11月23日
第26条　（防火壁）

1　延べ面積が1,000㎡をこえる建築物は、防火上有効な構造の防火壁によつて有効に区画し、且つ、各区画の延べ面積を1,000㎡以内としなければならない。但し、建築物の主要構造部が耐火構造であり、又は不燃材料で造られている場合においては、この限りでない。

改正：昭和34年法律第156号　　　施行：昭和34年12月23日
第26条　（防火壁）

1　延べ面積が1,000㎡をこえる建築物は、防火上有効な構造の防火壁によつて有効に区画し、<u>かつ、各区画の床面積の合計をそれぞれ</u>1,000㎡以内としなければならない。<u>ただし、耐火建築物若しくは簡易耐火建築物又は卸売市場の上家若しくは機械製作工場で主要構造部が不燃材料で造られたものその他これらに類する構造でこれらと同等以上に火災の発生のおそれの少ない用途に供するものについては、この限りでない。</u>

改正：昭和62年法律第66号　　　施行：昭和62年11月16日
第26条　（防火壁）

1　延べ面積が1,000㎡を<u>超える</u>建築物は、防火上有効な構造の防火壁によつて有効に区画し、かつ、各区画の床面積の合計をそれぞれ1,000㎡以内としなければならない。<u>ただし、次の各号の一に該当する建築物については、この限りでない。</u>
<u>一　耐火建築物又は簡易耐火建築物</u>
<u>二　卸売市場の上家、機械製作工場その他これらと同等以上に火災の発生のおそれが少ない用途に供する建築物で、イ又はロのいずれかに該当するもの</u>
　<u>イ　主要構造部が不燃材料で造られたものその他これに類する構造のもの</u>
　<u>ロ　構造方法、主要構造部の防火の措置その他の事項について防火上必要な政令で定める技術的基準に適合するもの</u>
<u>三　畜舎その他の政令で定める用途に供する建築物で、その周辺地域が農業上の利用に供され、又はこれと同様の状況にあつて、特定行政庁がその構造及び用途並びに周囲の状況により避難上及び延焼防止上支障がないと認めるもの</u>

法26条　改正：平成4年法律第82号

改正：平成4年法律第82号　　　施行：平成5年6月25日
第26条　（防火壁）

1　延べ面積が1,000㎡を超える建築物は、防火上有効な構造の防火壁によつて有効に区画し、かつ、各区画の床面積の合計をそれぞれ1,000㎡以内としなければならない。ただし、次の各号の一に該当する建築物については、この限りでない。
　一　耐火建築物又は<u>準耐火建築物</u>
　二・三　略

改正：平成6年法律第62号　　　施行：平成6年7月29日
第26条　（防火壁）

1　延べ面積が1,000㎡を超える建築物は、防火上有効な構造の防火壁によつて有効に区画し、かつ、各区画の床面積の合計をそれぞれ1,000㎡以内としなければならない。ただし、次の各号の一に該当する建築物については、この限りでない。
　一・二　略
　三　畜舎その他の政令で定める用途に供する建築物で、その周辺地域が農業上の利用に供され、又はこれと同様の状況に<u>あつて、その構造及び用途並びに周囲の状況に関し</u>避難上及び延焼防止上支障<u>がないものとして建設大臣が</u>定める基準に<u>適合するもの</u>

改正：平成11年法律第160号　　　施行：平成13年1月6日
第26条　（防火壁）

1　延べ面積が1,000㎡を超える建築物は、防火上有効な構造の防火壁によつて有効に区画し、かつ、各区画の床面積の合計をそれぞれ1,000㎡以内としなければならない。ただし、次の各号の一に該当する建築物については、この限りでない。
　一・二　略
　三　畜舎その他の政令で定める用途に供する建築物で、その周辺地域が農業上の利用に供され、又はこれと同様の状況にあつて、その構造及び用途並びに周囲の状況に関し避難上及び延焼防止上支障がないものとして<u>国土交通大臣</u>が定める基準に適合するもの

改正：平成30年法律第67号　　　施行：令和元年6月25日
第26条　（<u>防火壁等</u>）

1　延べ面積が1,000㎡を超える建築物は、防火上有効な構造の防火壁<u>又は防火床</u>によつて有効に区画し、かつ、各区画の床面積の合計をそれぞれ1,000㎡以内としなければならない。ただし、次の各号の<u>いずれか</u>に該当する建築物については、この限りでない。
　一　略
　二　卸売市場の上家、機械製作工場その他これらと同等以上に火災の発生のおそれが少ない用途に供する建築物で、<u>次のイ又はロのいずれかに該当するもの</u>
　　イ　主要構造部が不燃材料で造られたものその他これに類する構造のもの
　　ロ　構造方法、主要構造部の防火の措置その他の事項について防火上必要な政令で定める技術的基準に適合するもの
　三　略

改正：令和4年法律第69号　　　施行：令和6年4月1日
第26条　（防火壁等）

1　延べ面積が1,000㎡を超える建築物は、防火上有効な構造の防火壁又は防火床によつて有効に区画し、かつ、<u>各区画における</u>床面積の合計をそれぞれ1,000㎡以内としなければならない。ただし、次の各号のいずれか

に該当する建築物については、この限りでない。
一　耐火建築物又は準耐火建築物
二　卸売市場の上家、機械製作工場その他これらと同等以上に火災の発生のおそれが少ない用途に供する建築物で、次のイ又はロのいずれかに該当するもの
　イ　主要構造部が不燃材料で造られたものその他これに類する構造のもの
　ロ　構造方法、主要構造部の防火の措置その他の事項について防火上必要な政令で定める技術的基準に適合するもの
三　畜舎その他の政令で定める用途に供する建築物で、その周辺地域が農業上の利用に供され、又はこれと同様の状況にあつて、その構造及び用途並びに周囲の状況に関し避難上及び延焼防止上支障がないものとして国土交通大臣が定める基準に適合するもの

2　防火上有効な構造の防火壁又は防火床によつて他の部分と有効に区画されている部分（以下この項において「特定部分」という。）を有する建築物であつて、当該建築物の特定部分が次の各号のいずれかに該当し、かつ、当該特定部分の外壁の開口部で延焼のおそれのある部分に第2条第九号のニのロに規定する防火設備を有するものに係る前項の規定の適用については、当該建築物の特定部分及び他の部分をそれぞれ別の建築物とみなし、かつ、当該特定部分を同項第一号に該当する建築物とみなす。
一　当該特定部分の特定主要構造部が耐火構造であるもの又は第2条第九号のニイ(2)に規定する性能と同等の性能を有するものとして国土交通大臣が定める基準に適合するもの
二　当該特定部分の主要構造部が準耐火構造であるもの又はこれと同等の準耐火性能を有するものとして国土交通大臣が定める基準に適合するもの（前号に該当するものを除く。）

[現行]　第27条　（耐火建築物等としなければならない特殊建築物）

制定：昭和25年法律第201号　　　施行：昭和25年11月23日
第27条　（特殊建築物の耐火構造）

1　下の各号の一に該当する特殊建築物は、主要構造部を耐火構造としなければならない。但し、延べ面積が50㎡以内の平家建の附属建築物で外壁及び軒裏を防火構造としたもの、第六号の建築物の屋根で不燃材料で造られたもの又は舞台の床は、この限りでない。
一　劇場、映画館、演芸場、観覧場、公会堂又は集会場の用途に供するもので、その客席の床面積の合計が200㎡（屋外観覧席にあつては、1,000㎡）をこえるもの
二　建築物の2階を病院、共同住宅、寄宿舎、下宿又は倉庫の用途に供するもので、その用途に供する部分の床面積の合計が400㎡をこえるもの
三　建築物の3階以上の階を学校、病院、劇場、映画館、演芸場、観覧場、公会堂、集会場、共同住宅、寄宿舎又は下宿の用途に供するもの
四　建築物の3階以上の階を百貨店、市場、展覧会場、舞踏場、遊技場又は倉庫の用途に供するもので、その用途に供する部分の床面積の合計が200㎡をこえるもの
五　自動車車庫の用途に供するもので、その用途に供する部分の床面積の合計が300㎡をこえるもの
六　別表第1（は）項二号に掲げる危険物の貯蔵場又は処理場の用途に供するもの（貯蔵又は処理に係る危険物の数量が政令で定める限度をこえないものを除く。）

改正：昭和34年法律第156号　　　施行：昭和34年12月23日
第27条　（耐火建築物又は簡易耐火建築物としなければならない特殊建築物）

1　次の各号の一に該当する特殊建築物は、耐火建築物としなければならない。
一　別表第1（ろ）欄に掲げる階を同表（い）欄の当該各項に掲げる用途に供するもの
二　別表第1（い）欄に掲げる用途に供するもので、その用途に供する部分（同表（1）項の場合にあつては客席、（5）項の場合にあつては3階以上の部分に限る。）の床面積の合計が同表（は）欄の当該各項に該当するもの
三　劇場、映画館又は演芸場の用途に供するもので、主階が1階にないもの

2　次の各号の一に該当する特殊建築物は、耐火建築物又は簡易耐火建築物（別表第1（い）欄（6）項に掲

法27条　改正：昭和34年法律第156号

　　げる用途に供するものにあつては、第２条第九号の三イに該当する簡易耐火建築物を除く。）としなければ
　　ならない。
　　一　別表第１（い）欄に掲げる用途に供するもので、その用途に供する部分（同表（２）項及び（４）項の
　　　場合にあつては２階の部分に限り、かつ、病院についてはその部分に患者の収容施設がある場合に限る。）
　　　の床面積の合計が同表（に）欄の当該各項に該当するもの
　　二　別表第２（い）項第八号に規定する危険物の貯蔵又は処理場の用途に供するもの（貯蔵又は処理に係
　　　る危険物の数量が政令で定める限度をこえないものを除く。）

改正：昭和51年法律第83号　　　　施行：昭和52年11月１日
第27条　（耐火建築物又は簡易耐火建築物としなければならない特殊建築物）

1　略
2　次の各号の一に該当する特殊建築物は、耐火建築物又は簡易耐火建築物（別表第１（い）欄（６）項に掲
　げる用途に供するものにあつては、第２条第九号の三イに該当する簡易耐火建築物を除く。）としなければ
　ならない。
　一　別表第１（い）欄に掲げる用途に供するもので、その用途に供する部分（同表（２）項及び（４）項の
　　場合にあつては２階の部分に限り、かつ、<u>病院及び診療所</u>についてはその部分に患者の収容施設がある場
　　合に限る。）の床面積の合計が同表（に）欄の当該各項に該当するもの
　二　<u>別表第２（は）項第六号</u>に規定する危険物の貯蔵場又は処理場の用途に供するもの（貯蔵又は処理に係
　　る危険物の数量が政令で定める限度を<u>超えない</u>ものを除く。）

改正：平成４年法律第82号　　　　施行：平成５年６月25日
第27条　（耐火建築物又は<u>準耐火建築物</u>としなければならない特殊建築物）

1　次の各号の一に該当する特殊建築物は、耐火建築物としなければならない。<u>ただし、地階を除く階数が３
　で、３階を下宿、共同住宅又は寄宿舎の用途に供するもの（３階の一部を別表第１（い）欄に掲げる用途
　（下宿、共同住宅及び寄宿舎を除く。）に供するもの及び第二号又は第三号に該当するものを除く。）のうち
　防火地域及び準防火地域以外の区域内にあるものにあつては、第２条第九号の三イに該当する準耐火建築物
　（主要構造部の耐火性能その他の事項について政令で定める技術的基準に適合するものに限る。）とすること
　ができる。</u>
　一～三　略
2　次の各号の一に該当する特殊建築物は、耐火建築物<u>又は準耐火建築物</u>（別表第１（い）欄（６）項に掲げ
　る用途に供するものにあつては、<u>第２条第九号の三ロに該当する準耐火建築物のうち政令で定めるものを除
　く。</u>）としなければならない。
　一　略
　二　別表第２（と）項第四号に規定する危険物<u>（安全上及び防火上支障がないものとして政令で定めるもの
　　を除く。以下この号において同じ。）</u>の貯蔵場又は処理場の用途に供するもの（貯蔵又は処理に係る危険
　　物の数量が政令で定める限度を超えないものを除く。）

改正：平成10年法律第100号　　　　施行：平成11年５月１日
第27条　（耐火建築物又は準耐火建築物としなければならない特殊建築物）

1　次の各号の一に該当する特殊建築物は、耐火建築物としなければならない。ただし、地階を除く階数が３
　で、３階を下宿、共同住宅又は寄宿舎の用途に供するもの（３階の一部を別表第１（い）欄に掲げる用途
　（下宿、共同住宅及び寄宿舎を除く。）に供するもの及び第二号又は第三号に該当するものを除く。）のうち
　<u>防火地域以外</u>の区域内にあるものにあつては、第２条第九号の三イに該当する準耐火建築物（主要構造部の
　耐火性能その他の事項について、<u>準防火地域の内外の別に応じて</u>政令で定める技術的基準に適合するものに
　限る。）とすることができる。
　一　略
　二　別表第１（い）欄に掲げる用途に供するもので、その用途に供する部分（同表（１）項の場合にあつて

は客席、同表（5）項の場合にあつては3階以上の部分に限る。）の床面積の合計が同表（は）欄の当該各項に該当するもの
　三　略
2　略

改正：平成10年法律第100号　　　施行：平成12年6月1日
第27条　（耐火建築物又は準耐火建築物としなければならない特殊建築物）

1　次の各号の一に該当する特殊建築物は、耐火建築物としなければならない。ただし、地階を除く階数が3で、3階を下宿、共同住宅又は寄宿舎の用途に供するもの（3階の一部を別表第1（い）欄に掲げる用途（下宿、共同住宅及び寄宿舎を除く。）に供するもの及び第二号又は第三号に該当するものを除く。）のうち防火地域以外の区域内にあるものにあつては、第2条第九号の三イに該当する準耐火建築物（主要構造部の準耐火性能その他の事項について、準防火地域の内外の別に応じて政令で定める技術的基準に適合するものに限る。）とすることができる。
　一～三　略
2　略

改正：平成26年法律第54号　　　施行：平成27年6月1日
第27条　（耐火建築物等としなければならない特殊建築物）

1　次の各号のいずれかに該当する特殊建築物は、その主要構造部を当該特殊建築物に存する者の全てが当該特殊建築物から地上までの避難を終了するまでの間通常の火災による建築物の倒壊及び延焼を防止するために主要構造部に必要とされる性能に関して政令で定める技術的基準に適合するもので、国土交通大臣が定めた構造方法を用いるもの又は国土交通大臣の認定を受けたものとし、かつ、その外壁の開口部であつて建築物の他の部分から当該開口部へ延焼するおそれがあるものとして政令で定めるものに、防火戸その他の政令で定める防火設備（その構造が遮炎性能に関して政令で定める技術的基準に適合するもので、国土交通大臣が定めた構造方法を用いるもの又は国土交通大臣の認定を受けたものに限る。）を設けなければならない。
　一　別表第1（ろ）欄に掲げる階を同表（い）欄（1）項から（4）項までに掲げる用途に供するもの
　二　別表第1（い）欄（1）項から（4）項までに掲げる用途に供するもので、その用途に供する部分（同表（1）項の場合にあつては客席、同表（2）項及び（4）項の場合にあつては2階の部分に限り、かつ、病院及び診療所についてはその部分に患者の収容施設がある場合に限る。）の床面積の合計が同表（は）欄の当該各項に該当するもの
　三　別表第1（い）欄（4）項に掲げる用途に供するもので、その用途に供する部分の床面積の合計が3,000㎡以上のもの
　四　劇場、映画館又は演芸場の用途に供するもので、主階が1階にないもの
2　次の各号のいずれかに該当する特殊建築物は、耐火建築物としなければならない。
　一　別表第1（い）欄（5）項に掲げる用途に供するもので、その用途に供する3階以上の部分の床面積の合計が同表（は）欄（5）項に該当するもの
　二　別表第1（ろ）欄（6）項に掲げる階を同表（い）欄（6）項に掲げる用途に供するもの
3　次の各号のいずれかに該当する特殊建築物は、耐火建築物又は準耐火建築物（別表第1（い）欄（6）項に掲げる用途に供するものにあつては、第2条第九号の三ロに該当する準耐火建築物のうち政令で定めるものを除く。）としなければならない。
　一　別表第1（い）欄（5）項及び（6）項に掲げる用途に供するもので、その用途に供する部分の床面積の合計が同表（に）欄の当該各項に該当するもの
　二　略

改正：平成30年法律第67号　　　施行：令和元年6月25日
第27条　（耐火建築物等としなければならない特殊建築物）

法27条 改正：平成30年法律第67号

1 次の各号のいずれかに該当する特殊建築物は、その主要構造部を当該特殊建築物に存する者の全てが当該特殊建築物から地上までの避難を終了するまでの間通常の火災による建築物の倒壊及び延焼を防止するために主要構造部に必要とされる性能に関して政令で定める技術的基準に適合するもので、国土交通大臣が定めた構造方法を用いるもの又は国土交通大臣の認定を受けたものとし、かつ、その外壁の開口部であつて建築物の他の部分から当該開口部へ延焼するおそれがあるものとして政令で定めるものに、防火戸その他の政令で定める防火設備（その構造が遮炎性能に関して政令で定める技術的基準に適合するもので、国土交通大臣が定めた構造方法を用いるもの又は国土交通大臣の認定を受けたものに限る。）を設けなければならない。
　一　別表第1（ろ）欄に掲げる階を同表（い）欄（1）項から（4）項までに掲げる用途に供するもの<u>（階数が3で延べ面積が200㎡未満のもの（同表（ろ）欄に掲げる階を同表（い）欄（2）項に掲げる用途で政令で定めるものに供するものにあつては、政令で定める技術的基準に従つて警報設備を設けたものに限る。）を除く。）</u>
　二・三　略
　四　劇場、映画館又は演芸場の用途に供するもので、主階が１階にないもの<u>（階数が３以下で延べ面積が200㎡未満のものを除く。）</u>
2　略
3　次の各号のいずれかに該当する特殊建築物は、耐火建築物又は準耐火建築物（別表第1（い）欄（6）項に掲げる用途に供するものにあつては、第２条第九号の三ロに該当する準耐火建築物のうち政令で定めるものを除く。）としなければならない。
　一　別表第1（い）欄（5）<u>項又は</u>（6）項に掲げる用途に供するもので、その用途に供する部分の床面積の合計が同表（に）欄の当該各項に該当するもの
　二　略

改正：令和４年法律第69号　　　施行：令和６年４月１日
第27条（耐火建築物等としなければならない特殊建築物）

1　次の各号のいずれかに該当する特殊建築物は、その<u>特定主要構造部</u>を当該特殊建築物に存する者の全てが当該特殊建築物から地上までの避難を終了するまでの間通常の火災による建築物の倒壊及び延焼を防止するために<u>特定主要構造部</u>に必要とされる性能に関して政令で定める技術的基準に適合するもので、国土交通大臣が定めた構造方法を用いるもの又は国土交通大臣の認定を受けたものとし、かつ、その外壁の開口部であつて建築物の他の部分から当該開口部へ延焼するおそれがあるものとして政令で定めるものに、防火戸その他の政令で定める防火設備（その構造が遮炎性能に関して政令で定める技術的基準に適合するもので、国土交通大臣が定めた構造方法を用いるもの又は国土交通大臣の認定を受けたものに限る。）を設けなければならない。
　一　別表第1（ろ）欄に掲げる階を同表（い）欄（1）項から（4）項までに掲げる用途に供するもの（階数が3で延べ面積が200㎡未満のもの（同表（ろ）欄に掲げる階を同表（い）欄（2）項に掲げる用途で政令で定めるものに供するものにあつては、政令で定める技術的基準に従つて警報設備を設けたものに限る。）を除く。）
　二　別表第1（い）欄（1）項から（4）項までに掲げる用途に供するもので、その用途に供する部分（同表（1）項の場合にあつては客席、同表（2）項及び（4）項の場合にあつては２階の部分に限り、かつ、病院及び診療所についてはその部分に患者の収容施設がある場合に限る。）の床面積の合計が同表（は）欄の当該各項に該当するもの
　三　別表第1（い）欄（4）項に掲げる用途に供するもので、その用途に供する部分の床面積の合計が3,000㎡以上のもの
　四　劇場、映画館又は演芸場の用途に供するもので、主階が１階にないもの（階数が３以下で延べ面積が200㎡未満のものを除く。）
2　次の各号のいずれかに該当する特殊建築物は、耐火建築物としなければならない。
　一　別表第1（い）欄（5）項に掲げる用途に供するもので、その用途に供する３階以上の部分の床面積の合計が同表（は）欄（5）項に該当するもの

二　別表第1（ろ）欄（6）項に掲げる階を同表（い）欄（6）項に掲げる用途に供するもの
　3　次の各号のいずれかに該当する特殊建築物は、耐火建築物又は準耐火建築物（別表第1（い）欄（6）項に掲げる用途に供するものにあつては、第2条第九号の三ロに該当する準耐火建築物のうち政令で定めるものを除く。）としなければならない。
　　一　別表第1（い）欄（5）項又は（6）項に掲げる用途に供するもので、その用途に供する部分の床面積の合計が同表（に）欄の当該各項に該当するもの
　　二　別表第2（と）項第四号に規定する危険物（安全上及び防火上支障がないものとして政令で定めるものを除く。以下この号において同じ。）の貯蔵場又は処理場の用途に供するもの（貯蔵又は処理に係る危険物の数量が政令で定める限度を超えないものを除く。）
　4　前3項に規定する基準の適用上一の建築物であつても別の建築物とみなすことができる部分として政令で定める部分が2以上ある建築物の当該建築物の部分は、これらの規定の適用については、それぞれ別の建築物とみなす。

[現行]　第28条　（居室の採光及び換気）

制定：昭和25年法律第201号　　　施行：昭和25年11月23日
第28条　（居室の採光及び換気）

　1　居室の窓その他の開口部で採光に有効な部分の面積は、その居室の床面積に対して、住宅にあつては7分の1以上、学校、病院、診療所、寄宿舎又は下宿にあつては5分の1から10分の1までの間において政令で定める割合以上、その他の建築物にあつては10分の1以上でなければならない。但し、映画館、地下工作物内に設ける事務所、店舗その他これらに類するものの居室については、この限りでない。
　2　居室の窓その他の開口部で換気に有効な部分の面積は、その居室の床面積に対して、20分の1以上でなければならない。但し、適当な換気装置があつて衛生上支障がない場合においては、この限りでない。
　3　ふすま、障子その他随時開放することができるもので仕切られた2室は、前2項の規定の適用については、1室とみなす。

改正：昭和34年法律第156号　　　施行：昭和34年12月23日
第28条　（居室の採光及び換気）

　1　居室には採光のための窓その他の開口部を設け、その採光に有効な部分の面積は、その居室の床面積に対して、住宅にあつては7分の1以上、学校、病院、診療所、寄宿舎又は下宿にあつては5分の1から10分の1までの間において政令で定める割合以上、その他の建築物にあつては10分の1以上としなければならない。ただし、地階若しくは地下工作物内に設ける居室その他これらに類する居室又は映画館の客席、温湿度調整を必要とする作業を行う作業室その他用途上やむを得ない居室については、この限りでない。
　2　居室には換気のための窓その他の開口部を設け、その換気に有効な部分の面積は、その居室の床面積に対して、20分の1以上としなければならない。ただし、適当な換気装置があつて衛生上支障がない場合においては、この限りでない。
　3　略

改正：昭和45年法律第109号　　　施行：昭和46年1月1日
第28条　（居室の採光及び換気）

　1　住宅、学校、病院、診療所、寄宿舎、下宿その他これらに類する建築物で政令で定めるものの居室には採光のための窓その他の開口部を設け、その採光に有効な部分の面積は、その居室の床面積に対して、住宅にあつては7分の1以上、その他の建築物にあつては5分の1から10分の1までの間において政令で定める割合以上としなければならない。ただし、地階若しくは地下工作物内に設ける居室その他これらに類する居室又は温湿度調整を必要とする作業を行なう作業室その他用途上やむを得ない居室については、この限りでない。
　2　居室には換気のための窓その他の開口部を設け、その換気に有効な部分の面積は、その居室の床面積に対

法28条　改正：昭和45年法律第109号

して、20分の1以上としなければならない。ただし、政令で定める技術的基準に従つて換気設備を設けた場合においては、この限りでない。
3　別表第1（い）欄（1）項に掲げる用途に供する特殊建築物の居室又は建築物の調理室、浴室その他の室でかまど、こんろその他火を使用する設備若しくは器具を設けたもの（政令で定めるものを除く。）には、政令で定める技術的基準に従つて、換気設備を設けなければならない。
4　ふすま、障子その他随時開放することができるもので仕切られた2室は、前3項の規定の適用については、1室とみなす。

改正：平成10年法律第100号　　　施行：平成12年6月1日
第28条　（居室の採光及び換気）

1　住宅、学校、病院、診療所、寄宿舎、下宿その他これらに類する建築物で政令で定めるものの居室（居住のための居室、学校の教室、病院の病室その他これらに類するものとして政令で定めるものに限る。）には、採光のための窓その他の開口部を設け、その採光に有効な部分の面積は、その居室の床面積に対して、住宅にあつては7分の1以上、その他の建築物にあつては5分の1から10分の1までの間において政令で定める割合以上としなければならない。ただし、地階若しくは地下工作物内に設ける居室その他これらに類する居室又は温湿度調整を必要とする作業を行う作業室その他用途上やむを得ない居室については、この限りでない。
2～4　略

改正：令和4年法律第69号　　　施行：令和5年4月1日
第28条　（居室の採光及び換気）

1　住宅、学校、病院、診療所、寄宿舎、下宿その他これらに類する建築物で政令で定めるものの居室（居住のための居室、学校の教室、病院の病室その他これらに類するものとして政令で定めるものに限る。）には、採光のための窓その他の開口部を設け、その採光に有効な部分の面積は、その居室の床面積に対して、5分の1から10分の1までの間において居室の種類に応じ政令で定める割合以上としなければならない。ただし、地階若しくは地下工作物内に設ける居室その他これらに類する居室又は温湿度調整を必要とする作業を行う作業室その他用途上やむを得ない居室については、この限りでない。
2　居室には換気のための窓その他の開口部を設け、その換気に有効な部分の面積は、その居室の床面積に対して、20分の1以上としなければならない。ただし、政令で定める技術的基準に従つて換気設備を設けた場合においては、この限りでない。
3　別表第1（い）欄（1）項に掲げる用途に供する特殊建築物の居室又は建築物の調理室、浴室その他の室でかまど、こんろその他火を使用する設備若しくは器具を設けたもの（政令で定めるものを除く。）には、政令で定める技術的基準に従つて、換気設備を設けなければならない。
4　ふすま、障子その他随時開放することができるもので仕切られた2室は、前3項の規定の適用については、1室とみなす。

［現行］　第28条の2　（石綿その他の物質の飛散又は発散に対する衛生上の措置）

制定：平成14年法律第85号　　　施行：平成15年7月1日
第28条の2　（居室内における化学物質の発散に対する衛生上の措置）

1　居室を有する建築物は、その居室内において政令で定める化学物質の発散による衛生上の支障がないよう、建築材料及び換気設備について政令で定める技術的基準に適合するものとしなければならない。

改正：平成18年法律第5号　　　施行：平成18年10月1日
第28条の2　（石綿その他の物質の飛散又は発散に対する衛生上の措置）

1　建築物は、石綿その他の物質の建築材料からの飛散又は発散による衛生上の支障がないよう、次に掲げる

基準に適合するものとしなければならない。
二　建築材料に石綿その他の著しく衛生上有害なものとして政令で定める物質（次号及び第三号において「石綿等」という。）を添加しないこと。
二　石綿等をあらかじめ添加した建築材料（石綿等を飛散又は発散させるおそれがないものとして国土交通大臣が定めたもの又は国土交通大臣の認定を受けたものを除く。）を使用しないこと。
三　居室を有する建築物にあつては、前2号に定めるもののほか、石綿等以外の物質でその居室内において衛生上の支障を生ずるおそれがあるものとして政令で定める物質の区分に応じ、建築材料及び換気設備について政令で定める技術的基準に適合すること。

[現行]　第29条　（地階における住宅等の居室）

制定：昭和25年法律第201号　　　施行：昭和25年11月23日
旧　第30条　（地階における住宅の居室の禁止）

1　住宅の居室は、地階に設けてはならない。但し、居室の前面に空堀がある場合その他衛生上支障がない場合においては、この限りでない。

改正：昭和34年法律第156号　　　施行：昭和34年12月23日
旧　第30条　（地階における住宅等の居室の禁止）

1　住宅の居室、学校の教室、病院の病室又は寄宿舎の寝室は、地階に設けてはならない。ただし、居室の前面にからぼりがある場合その他衛生上支障がない場合においては、この限りでない。

改正：平成10年法律第100号　　　施行：平成10年6月12日
第29条　（地階における住宅等の居室の禁止）

略

改正：平成10年法律第100号　　　施行：平成12年6月1日
第29条　（地階における住宅等の居室）

1　住宅の居室、学校の教室、病院の病室又は寄宿舎の寝室で地階に設けるものは、壁及び床の防湿の措置その他の事項について衛生上必要な政令で定める技術的基準に適合するものとしなければならない。

[削除条文]

制定：昭和25年法律第201号　　　施行：昭和25年11月23日
旧　第29条　（住宅の居室の日照）

1　住宅は、敷地の周囲の状況によつてやむを得ない場合を除く外、その1以上の居室の開口部が日照を受けることができるものでなければならない。

改正：平成10年法律第100号　　　施行：平成10年6月12日
旧　第29条　（住宅の居室の日照）　削除

[現行]　第30条　（長屋又は共同住宅の各戸の界壁）

制定：昭和45年法律第109号　　　施行：昭和46年1月1日
旧　第30条の2　（長屋又は共同住宅の各戸の界壁）

法30条　制定：昭和45年法律第109号

> 1　長屋又は共同住宅の各戸の界壁は、政令で定める技術的基準に従つて、遮（しや）音上有効な構造としなければならない。

改正：平成10年法律第100号　　施行：平成10年6月12日
第30条（長屋又は共同住宅の各戸の界壁）

> 略

改正：平成10年法律第100号　　施行：平成12年6月1日
第30条（長屋又は共同住宅の各戸の界壁）

> 1　長屋又は共同住宅の各戸の界壁は、小屋裏又は天井裏に達するものとするほか、その構造を遮音性能（隣接する住戸からの日常生活に伴い生ずる音を衛生上支障がないように低減するために界壁に必要とされる性能をいう。）に関して政令で定める技術的基準に適合するもので、建設大臣が定めた構造方法を用いるもの又は建設大臣の認定を受けたものとしなければならない。

改正：平成11年法律第160号　　施行：平成13年1月6日
第30条（長屋又は共同住宅の各戸の界壁）

> 1　長屋又は共同住宅の各戸の界壁は、小屋裏又は天井裏に達するものとするほか、その構造を遮音性能（隣接する住戸からの日常生活に伴い生ずる音を衛生上支障がないように低減するために界壁に必要とされる性能をいう。）に関して政令で定める技術的基準に適合するもので、国土交通大臣が定めた構造方法を用いるもの又は国土交通大臣の認定を受けたものとしなければならない。

改正：平成30年法律第67号　　施行：令和元年6月25日
第30条（長屋又は共同住宅の各戸の界壁）

> 1　長屋又は共同住宅の各戸の界壁は、次に掲げる基準に適合するものとしなければならない。
> 　一　その構造が、隣接する住戸からの日常生活に伴い生ずる音を衛生上支障がないように低減するために界壁に必要とされる性能に関して政令で定める技術的基準に適合するもので、国土交通大臣が定めた構造方法を用いるもの又は国土交通大臣の認定を受けたものであること。
> 　二　小屋裏又は天井裏に達するものであること。
> 2　前項第二号の規定は、長屋又は共同住宅の天井の構造が、隣接する住戸からの日常生活に伴い生ずる音を衛生上支障がないように低減するために天井に必要とされる性能に関して政令で定める技術的基準に適合するもので、国土交通大臣が定めた構造方法を用いるもの又は国土交通大臣の認定を受けたものである場合においては、適用しない。

[現行]　第31条（便所）

制定：昭和25年法律第201号　　施行：昭和25年11月23日
第31条（便所）

> 1　汚物処理の設備を有する下水道を利用することができる区域内においては、便所は、くみ取便所としてはならない。
> 2　便所から排出する汚物を前項の下水道以外に放流しようとする場合においては、衛生上支障がない構造の汚物処理そうを設けなければならない。
> 3　第1項の下水道及び区域は、特定行政庁が指定する。

改正：昭和29年法律第72号　　施行：昭和29年7月1日

改正：平成11年法律第160号　**法31条**

第31条　（便所）
1　略
2　便所から排出する汚物を前項の下水道以外に放流しようとする場合においては、衛生上支障がない構造の<u>し尿浄化そう</u>を設けなければならない。
3　略

改正：昭和33年法律第79号　　　施行：昭和34年4月23日
第31条　（便所）
1　<u>下水道法（昭和33年法律第79号）第2条第七号に規定する処理区域内においては、便所は、くみ取便所としてはならない。</u>
2　便所から排出する汚物を<u>下水道法第2条第五号に規定する終末処理場を有する公共下水道</u>以外に放流しようとする場合においては、衛生上支障がない構造のし尿浄化そうを設けなければならない。

改正：昭和34年法律第156号　　　施行：昭和34年12月23日
第31条　（便所）
1　略
2　便所から排出する汚物を下水道法第2条第五号に規定する終末処理場を有する公共下水道以外に放流しようとする場合においては、衛生上支障がない構造の<u>屎（し）尿浄化槽（そう）</u>を設けなければならない。

改正：昭和40年法律第119号　　　施行：昭和40年12月2日
第31条　（便所）
1　下水道法（昭和33年法律第79号）第2条第七号に規定する処理区域内においては、便所は、<u>水洗便所（汚水管が下水道法第2条第三号に規定する公共下水道で同条第五号に規定する終末処理場を有するものに連結されたものに限る。）以外の便所としてはならない。</u>
2　略

改正：昭和45年法律第141号　　　施行：昭和46年6月24日
第31条　（便所）
1　下水道法（昭和33年法律第79号）第2条<u>第八号</u>に規定する処理区域内においては、便所は、水洗便所（汚水管が下水道法第2条第三号に規定する<u>公共下水道に連結</u>されたものに限る。）以外の便所としてはならない。
2　便所から排出する汚物を下水道法第2条<u>第六号</u>に規定する終末処理場を有する公共下水道以外に放流しようとする場合においては、衛生上支障がない構造の屎（し）尿浄化槽（そう）を設けなければならない。

改正：平成10年法律第100号　　　施行：平成12年6月1日
第31条　（便所）
1　略
2　便所から排出する汚物を下水道法第2条第六号に規定する終末処理場を有する公共下水道以外に放流しようとする場合においては、<u>屎（し）尿浄化槽（その構造が汚物処理性能（当該汚物を衛生上支障がないように処理するために屎（し）尿浄化槽に必要とされる性能をいう。）に関して政令で定める技術的基準に適合するもので、建設大臣が定めた構造方法を用いるもの又は建設大臣の認定を受けたものに限る。）</u>を設けなければならない。

改正：平成11年法律第160号　　　施行：平成13年1月6日

法31条 改正：平成11年法律第160号

第31条　（便所）

1　下水道法（昭和33年法律第79号）第2条第八号に規定する処理区域内においては、便所は、水洗便所（汚水管が下水道法第2条第三号に規定する公共下水道に連結されたものに限る。）以外の便所としてはならない。

2　便所から排出する汚物を下水道法第2条第六号に規定する終末処理場を有する公共下水道以外に放流しようとする場合においては、屎（し）尿浄化槽（その構造が汚物処理性能（当該汚物を衛生上支障がないように処理するために屎（し）尿浄化槽に必要とされる性能をいう。）に関して政令で定める技術的基準に適合するもので、<u>国土交通大臣</u>が定めた構造方法を用いるもの又は<u>国土交通大臣</u>の認定を受けたものに限る。）を設けなければならない。

[現行]　第32条　（電気設備）

制定：昭和25年法律第201号　　施行：昭和25年11月23日
第32条　（電気設備）

1　建築物の電気設備は、法律又はこれに基く命令の規定で電気工作物に係る建築物の安全及び防火に関するものの定める工法によつて設けなければならない。

[現行]　第33条　（避雷設備）

制定：昭和25年法律第201号　　施行：昭和25年11月23日
第33条　（避雷設備）

1　高さ20mをこえる建築物には、有効に避雷設備を設けなければならない。

改正：昭和34年法律第156号　　施行：昭和34年12月23日
第33条　（避雷設備）

1　高さ20mをこえる建築物には、有効に避雷設備を設けなければならない。<u>ただし、周囲の状況によつて安全上支障がない場合においては、この限りでない。</u>

[現行]　第34条　（昇降機）

制定：昭和25年法律第201号　　施行：昭和25年11月23日
第34条　（昇降機）

1　建築物に設ける昇降機は、安全な構造で、且つ、その昇降路の周壁及び開口部は、防火上支障がない構造でなければならない。

改正：昭和34年法律第156号　　施行：昭和34年12月23日
第34条　（昇降機）

1　建築物に設ける昇降機は、安全な構造で、<u>かつ</u>、その昇降路の周壁及び開口部は、防火上支障がない構造でなければならない。

改正：昭和45年法律第109号　　施行：昭和46年1月1日
第34条　（昇降機）

1　建築物に設ける昇降機は、安全な構造で、かつ、その昇降路の周壁及び開口部は、防火上支障がない構造

改正：昭和38年法律第151号 **法35条の2**

　2　高さ31mをこえる建築物（政令で定めるものを除く。）には、非常用の昇降機を設けなければならない。

[現行]　第35条　（特殊建築物等の避難及び消火に関する技術的基準）

制定：昭和25年法律第201号　　　施行：昭和25年11月23日
第35条　（特殊建築物等の避難及び消火に関する技術的基準）

　1　学校、病院、劇場、映画館、演芸場、観覧場、公会堂、百貨店、ホテル、旅館、下宿、共同住宅若しくは寄宿舎の用途に供する特殊建築物又は延べ面積（同一敷地内に２以上の棟をなす建築物がある場合においては、その延べ面積の合計）が1,000㎡をこえる建築物については、廊下、階段、出入口その他の避難施設、消火せん、スプリンクラー、貯水そうその他の消火設備並びに敷地内の避難上及び消火上必要な通路は、政令で定める技術的基準に従つて、避難上及び消火上支障がないようにしなければならない。

改正：昭和34年法律第156号　　　施行：昭和34年12月23日
第35条　（特殊建築物等の避難及び消火に関する技術的基準）

　1　別表第1（い）欄（1）項から（4）項までに掲げる用途に供する特殊建築物、階数が3以上である建築物、第28条第1項ただし書に規定する居室を有する建築物又は延べ面積（同一敷地内に2以上の建築物がある場合においては、その延べ面積の合計）が1,000㎡をこえる建築物については、廊下、階段、出入口その他の避難施設、消火栓（せん）、スプリンクラー、貯水槽（そう）その他の消火設備並びに敷地内の避難上及び消火上必要な通路は、政令で定める技術的基準に従つて、避難上及び消火上支障がないようにしなければならない。

改正：昭和45年法律第109号　　　施行：昭和46年1月1日
第35条　（特殊建築物等の避難及び消火に関する技術的基準）

　1　別表第1（い）欄（1）項から（4）項までに掲げる用途に供する特殊建築物、階数が3以上である建築物、政令で定める窓その他の開口部を有しない居室を有する建築物又は延べ面積（同一敷地内に2以上の建築物がある場合においては、その延べ面積の合計）が1,000㎡をこえる建築物については、廊下、階段、出入口その他の避難施設、消火栓（せん）、スプリンクラー、貯水槽（そう）その他の消火設備、排煙設備、非常用の照明装置及び進入口並びに敷地内の避難上及び消火上必要な通路は、政令で定める技術的基準に従つて、避難上及び消火上支障がないようにしなければならない。

[現行]　第35条の2　（特殊建築物等の内装）

制定：昭和34年法律第156号　　　施行：昭和34年12月23日
第35条の2　（特殊建築物等の内装）

　1　別表第1（い）欄に掲げる用途に供する特殊建築物又は第28条第1項ただし書に規定する居室は、政令で定めるものを除き、政令で定める技術的基準に従つて、その壁及び天井（天井のない場合においては、屋根）の室内に面する部分の仕上げを防火上支障がないようにしなければならない。

改正：昭和38年法律第151号　　　施行：昭和39年1月15日
第35条の2　（特殊建築物等の内装）

　1　別表第1（い）欄に掲げる用途に供する特殊建築物、高さ31mをこえる建築物又は第28条第1項ただし書に規定する居室は、政令で定めるものを除き、政令で定める技術的基準に従つて、その壁及び天井（天井のない場合においては、屋根）の室内に面する部分の仕上げを防火上支障がないようにしなければならない。

法35条の2　改正：昭和45年法律第109号

改正：昭和45年法律第109号　　　施行：昭和46年1月1日
第35条の2　（特殊建築物等の内装）

1　別表第1（い）欄に掲げる用途に供する特殊建築物、階数が3以上である建築物、政令で定める窓その他の開口部を有しない居室を有する建築物、延べ面積が1,000㎡をこえる建築物又は建築物の調理室、浴室その他の室でかまど、こんろその他火を使用する設備若しくは器具を設けたものは、政令で定めるものを除き、政令で定める技術的基準に従つて、その壁及び天井（天井のない場合においては、屋根）の室内に面する部分の仕上げを防火上支障がないようにしなければならない。

[現行]　第35条の3　（無窓の居室等の主要構造部）

制定：昭和34年法律第156号　　　施行：昭和34年12月23日
第35条の3　（無窓の居室等の主要構造部）

1　第28条第1項ただし書に規定する居室で同項本文の規定に適合しないものは、その居室を区画する主要構造部を耐火構造とし、又は不燃材料で造らなければならない。ただし、別表第1（い）欄（1）項に掲げる用途に供するものについては、この限りでない。

改正：昭和45年法律第109号　　　施行：昭和46年1月1日
第35条の3　（無窓の居室等の主要構造部）

1　政令で定める窓その他の開口部を有しない居室は、その居室を区画する主要構造部を耐火構造とし、又は不燃材料で造らなければならない。ただし、別表第1（い）欄（1）項に掲げる用途に供するものについては、この限りでない。

[現行]　第36条　（この章の規定を実施し、又は補足するため必要な技術的基準）

制定：昭和25年法律第201号　　　施行：昭和25年11月23日
第36条　（この章の規定を実施し、又は補足するため必要な技術的基準）

1　建築物の安全上必要な構造方法及び構造計算の方法、居室の採光面積、天井及び床の高さ、床の防湿方法、階段及び便所の構造、防火壁、防火区画、消火設備及び避雷設備の設置及び構造、給水、排水その他の配管設備の工法並びに煙突及び昇降機の構造に関して、この章の規定を実施し、又は補足するために安全上、防火上及び衛生上必要な技術的基準は、政令で定める。

改正：昭和34年法律第156号　　　施行：昭和34年12月23日
第36条　（この章の規定を実施し、又は補足するため必要な技術的基準）

1　建築物の安全上必要な構造方法及び構造計算の方法、居室の採光面積、天井及び床の高さ、床の防湿方法、階段の構造、便所、防火壁、防火区画、消火設備、避雷設備及び給水、排水その他の配管設備の設置及び構造並びに煙突及び昇降機の構造に関して、この章の規定を実施し、又は補足するために安全上、防火上及び衛生上必要な技術的基準は、政令で定める。

改正：平成10年法律第100号　　　施行：平成12年6月1日
第36条　（この章の規定を実施し、又は補足するため必要な技術的基準）

1　居室の採光面積、天井及び床の高さ、床の防湿方法、階段の構造、便所、防火壁、防火区画、消火設備、避雷設備及び給水、排水その他の配管設備の設置及び構造並びに煙突及び昇降機の構造に関して、この章の規定を実施し、又は補足するために安全上、防火上及び衛生上必要な技術的基準は、政令で定める。

改正：平成11年法律第160号 **法37条**

改正：平成12年法律第106号　　　施行：平成13年4月1日
第36条　（この章の規定を実施し、又は補足するため必要な技術的基準）

1　居室の採光面積、天井及び床の高さ、床の防湿方法、階段の構造、便所、防火壁、防火区画、消火設備、避雷設備及び給水、排水その他の配管設備の設置及び構造並びに浄化槽、煙突及び昇降機の構造に関して、この章の規定を実施し、又は補足するために安全上、防火上及び衛生上必要な技術的基準は、政令で定める。

改正：平成30年法律第67号　　　施行：令和元年6月25日
第36条　（この章の規定を実施し、又は補足するため必要な技術的基準）

1　居室の採光面積、天井及び床の高さ、床の防湿方法、階段の構造、便所、防火壁、防火床、防火区画、消火設備、避雷設備及び給水、排水その他の配管設備の設置及び構造並びに浄化槽、煙突及び昇降機の構造に関して、この章の規定を実施し、又は補足するために安全上、防火上及び衛生上必要な技術的基準は、政令で定める。

[現行]　第37条　（建築材料の品質）

制定：昭和25年法律第201号　　　施行：昭和25年11月23日
第37条　（建築材料の品質）

1　建築物の基礎及び主要構造部に使用する鋼材、セメントその他の建築材料の品質は、建設大臣の指定する日本工業規格に適合するものでなければならない。

改正：昭和45年法律第109号　　　施行：昭和46年1月1日
第37条　（建築材料の品質）

1　建築物の基礎、主要構造部その他安全上、防火上又は衛生上重要である政令で定める部分に使用する鋼材、セメントその他の建築材料の品質は、建設大臣の指定する日本工業規格又は日本農林規格に適合するものでなければならない。

改正：平成10年法律第100号　　　施行：平成12年6月1日
第37条　（建築材料の品質）

1　建築物の基礎、主要構造部その他安全上、防火上又は衛生上重要である政令で定める部分に使用する木材、鋼材、コンクリートその他の建築材料として建設大臣が定めるもの（以下この条において「指定建築材料」という。）は、次の各号の一に該当するものでなければならない。
一　その品質が、指定建築材料ごとに建設大臣の指定する日本工業規格又は日本農林規格に適合するもの
二　前号に掲げるもののほか、指定建築材料ごとに建設大臣が定める安全上、防火上又は衛生上必要な品質に関する技術的基準に適合するものであることについて建設大臣の認定を受けたもの

改正：平成11年法律第160号　　　施行：平成13年1月6日
第37条　（建築材料の品質）

1　建築物の基礎、主要構造部その他安全上、防火上又は衛生上重要である政令で定める部分に使用する木材、鋼材、コンクリートその他の建築材料として国土交通大臣が定めるもの（以下この条において「指定建築材料」という。）は、次の各号の一に該当するものでなければならない。
一　その品質が、指定建築材料ごとに国土交通大臣の指定する日本工業規格又は日本農林規格に適合するもの
二　前号に掲げるもののほか、指定建築材料ごとに国土交通大臣が定める安全上、防火上又は衛生上必要な

法37条 改正：平成11年法律第160号

　　　品質に関する技術的基準に適合するものであることについて国土交通大臣の認定を受けたもの

改正：平成30年法律第33号　　　施行：令和元年7月1日
第37条　（建築材料の品質）
1　建築物の基礎、主要構造部その他安全上、防火上又は衛生上重要である政令で定める部分に使用する木材、鋼材、コンクリートその他の建築材料として国土交通大臣が定めるもの（以下この条において「指定建築材料」という。）は、次の各号のいずれかに該当するものでなければならない。
一　その品質が、指定建築材料ごとに国土交通大臣の指定する日本産業規格又は日本農林規格に適合するもの
二　前号に掲げるもののほか、指定建築材料ごとに国土交通大臣が定める安全上、防火上又は衛生上必要な品質に関する技術的基準に適合するものであることについて国土交通大臣の認定を受けたもの

[現行]　第38条　（特殊の構造方法又は建築材料）

制定：平成26年法律第54号　　　施行：平成27年6月1日
第38条　（特殊の構造方法又は建築材料）
1　この章の規定及びこれに基づく命令の規定は、その予想しない特殊の構造方法又は建築材料を用いる建築物については、国土交通大臣がその構造方法又は建築材料がこれらの規定に適合するものと同等以上の効力があると認める場合においては、適用しない。

[削除条文]

制定：昭和25年法律第201号　　　施行：昭和25年11月23日
旧　第38条　（特殊の材料又は構法）
1　この章の規定又はこれに基く命令若しくは条例の規定は、その予想しない特殊の建築材料又は構造方法を用いる建築物については、建設大臣がその建築材料又は構造方法がこれらの規定によるものと同等以上の効力があると認める場合においては、適用しない。

改正：平成10年法律第100号　　　施行：平成12年6月1日
旧　第38条　（特殊の材料又は構法）　削除

[現行]　第39条　（災害危険区域）

制定：昭和25年法律第201号　　　施行：昭和25年11月23日
第39条　（災害危険区域）
1　地方公共団体は、条例で、津波、高潮、出水等による危険の著しい区域を災害危険区域として指定することができる。
2　災害危険区域内における住居の用に供する建築物の建築の禁止その他建築物の建築に関する制限で災害防止上必要なものは、前項の条例で定める。

[現行]　第40条　（地方公共団体の条例による制限の附加）

制定：昭和25年法律第201号　　　施行：昭和25年11月23日
第40条　（地方公共団体の条例による制限の附加）
1　地方公共団体は、その地方の気候若しくは風土の特殊性又は特殊建築物の用途若しくは規模に因り、この

章の規定又はこれに基く命令の規定のみによつては建築物の安全、防火又は衛生の目的を充分に達し難いと認める場合においては、条例で、建築物の敷地、構造又は建築設備に関して安全上、防火上又は衛生上必要な制限を附加することができる。

[現行]　第41条　（市町村の条例による制限の緩和）

制定：昭和25年法律第201号　　　　施行：昭和25年11月23日
第41条　（町村の条例による制限の緩和）

1　第6条第1項第四号の区域外においては、町村は、土地の状況に因り必要と認める場合においては、建設大臣の承認を得て、条例で、区域を限り、第19条、第21条第1項、第28条から第30条まで及び第36条の規定の全部若しくは一部を適用せず、又はこれらの規定による制限を緩和することができる。但し、第6条第1項第一号及び第三号の建築物については、この限りでない。

改正：昭和34年法律第156号　　　　施行：昭和34年12月23日
第41条　（市町村の条例による制限の緩和）

1　第6条第1項第四号の区域外においては、市町村は、土地の状況に因り必要と認める場合においては、建設大臣の承認を得て、条例で、区域を限り、第19条、第21条第1項、第28条から第30条まで及び第36条の規定の全部若しくは一部を適用せず、又はこれらの規定による制限を緩和することができる。ただし、第6条第1項第一号及び第三号の建築物については、この限りでない。

改正：昭和62年法律第66号　　　　施行：昭和62年11月16日
第41条　（市町村の条例による制限の緩和）

1　第6条第1項第四号の区域外においては、市町村は、土地の状況により必要と認める場合においては、建設大臣の承認を得て、条例で、区域を限り、第19条、第21条第1項及び第2項、第28条から第30条まで並びに第36条の規定の全部若しくは一部を適用せず、又はこれらの規定による制限を緩和することができる。ただし、第6条第1項第一号及び第三号の建築物については、この限りでない。

改正：平成10年法律第100号　　　　施行：平成10年6月12日
第41条　（市町村の条例による制限の緩和）

1　第6条第1項第四号の区域外においては、市町村は、土地の状況により必要と認める場合においては、建設大臣の承認を得て、条例で、区域を限り、第19条、第21条第1項及び第2項、第28条、第29条並びに第36条の規定の全部若しくは一部を適用せず、又はこれらの規定による制限を緩和することができる。ただし、第6条第1項第一号及び第三号の建築物については、この限りでない。

改正：平成10年法律第100号　　　　施行：平成12年6月1日
第41条　（市町村の条例による制限の緩和）

1　第6条第1項第四号の区域外においては、市町村は、土地の状況により必要と認める場合においては、建設大臣の承認を得て、条例で、区域を限り、第19条、第21条、第28条、第29条及び第36条の規定の全部若しくは一部を適用せず、又はこれらの規定による制限を緩和することができる。ただし、第6条第1項第一号及び第三号の建築物については、この限りでない。

改正：平成11年法律第160号　　　　施行：平成13年1月6日
第41条　（市町村の条例による制限の緩和）

1　第6条第1項第四号の区域外においては、市町村は、土地の状況により必要と認める場合においては、国

法41条　改正：平成11年法律第160号

土交通大臣の承認を得て、条例で、区域を限り、第19条、第21条、第28条、第29条及び第36条の規定の全部若しくは一部を適用せず、又はこれらの規定による制限を緩和することができる。ただし、第６条第１項第一号及び第三号の建築物については、この限りでない。

改正：令和４年法律第69号　　　施行：令和７年４月１日
第41条　（市町村の条例による制限の緩和）

1　第６条第１項第三号の区域外においては、市町村は、土地の状況により必要と認める場合においては、国土交通大臣の承認を得て、条例で、区域を限り、第19条、第21条、第28条、第29条及び第36条の規定の全部若しくは一部を適用せず、又はこれらの規定による制限を緩和することができる。ただし、第６条第１項第一号に掲げる建築物及び同項第二号に掲げる建築物（木造以外の建築物に限る。）については、この限りでない。

改正：昭和27年法律第181号 **法42条**

[現行]　第3章　都市計画区域等における建築物の敷地、構造、建築設備及び用途
（制定：昭和25年法律第201号）　第3章　道路及び壁面線
（改正：昭和34年法律第156号）　第3章　都市計画区域内の建築物の敷地、構造及び建築設備
（改正：平成4年法律第82号）　第3章　都市計画区域等における建築物の敷地、構造及び建築設備
（改正：平成12年法律第73号）　第3章　都市計画区域等における建築物の敷地、構造、建築設備及び用途

[現行]　第1節　総則
（制定：昭和34年法律第156号）　第1節　総則

[現行]　第41条の2　（適用区域）

制定：昭和34年法律第156号　　　施行：昭和34年12月23日
第41条の2　（適用区域）
1　この章の規定は、都市計画区域内に限り、適用する。

改正：平成4年法律第82号　　　施行：平成5年6月25日
第41条の2　（適用区域）
1　この章（第8節を除く。）の規定は、都市計画区域内に限り、適用する。

改正：平成12年法律第73号　　　施行：平成13年5月18日
第41条の2　（適用区域）
1　この章（第8節を除く。）の規定は、都市計画区域及び準都市計画区域内に限り、適用する。

[現行]　第42条　（道路の定義）

制定：昭和25年法律第201号　　　施行：昭和25年11月23日
第42条　（道路の定義）
1　この章及び第5章の規定において「道路」とは、下の各号の一に該当する幅員4m以上のものをいう。
　一　道路法（大正8年法律第58号）第1条にいう道路
　二　都市計画法によつて築造した道路
　三　この章及び第5章の規定が適用されるに至つた際現に存在する道
　四　道路法又は都市計画法による新設又は変更の事業計画のある道路で、2年以内にその事業が執行される予定のものとして特定行政庁が指定したもの
　五　土地を建築物の敷地として利用するため、道路法又は都市計画法によらないで築造する道で、これを築造しようとする者が特定行政庁からその位置の指定を受けたもの
2　この章及び第5章の規定が適用されるに至つた際現に建築物が立ち並んでいる幅員4m未満1.8m以上の道で、特定行政庁の指定したものは、前項の規定にかかわらず、同項の道路とみなし、その中心線からの水平距離2mの線をその道路の境界線とみなす。

改正：昭和27年法律第181号　　　施行：昭和27年12月5日
第42条　（道路の定義）
1　この章及び第5章の規定において「道路」とは、下の各号の一に該当する幅員4m以上のものをいう。
　一　道路法（昭和27年法律第180号）による道路
　二～五　略
2　略

建築基準法　条文改正経過 | 201

改正：昭和34年法律第156号　　　　施行：昭和34年12月23日
第42条　（道路の定義）

1　この章の規定において「道路」とは、次の各号の一に該当する幅員４ｍ以上のものをいう。
　一　略
　二　都市計画法又は土地区画整理法（昭和29年法律第119号）による道路
　三　この章の規定が適用されるに至つた際現に存在する道
　四　道路法、都市計画法又は土地区画整理法による新設又は変更の事業計画のある道路で、２年以内にその事業が執行される予定のものとして特定行政庁が指定したもの
　五　土地を建築物の敷地として利用するため、道路法、都市計画法又は土地区画整理法によらないで築造する道で、これを築造しようとする者が特定行政庁からその位置の指定を受けたもの
2　この章の規定が適用されるに至つた際現に建築物が立ち並んでいる幅員４ｍ未満の道で、特定行政庁の指定したものは、前項の規定にかかわらず、同項の道路とみなし、その中心線からの水平距離２ｍの線をその道路の境界線とみなす。ただし、当該道がその中心線からの水平距離２ｍ未満でがけ地、川、線路敷地その他これらに類するものに沿う場合においては、当該がけ地等の道の側の境界線及びその境界線から道の側に水平距離４ｍの線をその道路の境界線とみなす。
3　特定行政庁は、土地の状況に因りやむを得ない場合においては、前項の規定にかかわらず、同項に規定する中心線からの水平距離については２ｍ未満1.35ｍ以上の範囲内において、同項に規定するがけ地等の境界線からの水平距離については４ｍ未満2.7ｍ以上の範囲内において、別にその水平距離を指定することができる。
4　特定行政庁は、第２項の規定により幅員1.8ｍ未満の道を指定する場合又は前項の規定により別に水平距離を指定する場合においては、あらかじめ、建築審査会の同意を得なければならない。

改正：昭和39年法律第160号　　　　施行：昭和39年10月１日
第42条　（道路の定義）

1　この章の規定において「道路」とは、次の各号の一に該当する幅員４ｍ以上のものをいう。
　一　略
　二　都市計画法、土地区画整理法（昭和29年法律第119号）又は住宅地造成事業に関する法律（昭和39年法律第160号）による道路
　三・四　略
　五　土地を建築物の敷地として利用するため、道路法、都市計画法、土地区画整理法又は住宅地造成事業に関する法律によらないで築造する道で、これを築造しようとする者が特定行政庁からその位置の指定を受けたもの
2～4　略

改正：昭和43年法律第101号　　　　施行：昭和44年６月14日
第42条　（道路の定義）

1　この章の規定において「道路」とは、次の各号の一に該当する幅員４ｍ以上のものをいう。
　一　略
　二　都市計画法、土地区画整理法（昭和29年法律第119号）又は旧住宅地造成事業に関する法律（昭和39年法律第160号）による道路
　三・四　略
　五　土地を建築物の敷地として利用するため、道路法、都市計画法又は土地区画整理法によらないで築造する道で、これを築造しようとする者が特定行政庁からその位置の指定を受けたもの
2～4　略

改正：昭和44年法律第38号　　　　施行：昭和44年６月14日

改正：昭和50年法律第67号 **法42条**

第42条　（道路の定義）

1　この章の規定において「道路」とは、次の各号の一に該当する幅員4m以上のものをいう。
　一　略
　二　都市計画法、土地区画整理法（昭和29年法律第119号）、旧住宅地造成事業に関する法律（昭和39年法律第160号）又は都市再開発法（昭和44年法律第38号）による道路
　三　略
　四　道路法、都市計画法、土地区画整理法又は都市再開発法による新設又は変更の事業計画のある道路で、2年以内にその事業が執行される予定のものとして特定行政庁が指定したもの
　五　土地を建築物の敷地として利用するため、道路法、都市計画法、土地区画整理法又は都市再開発法によらないで築造する道で、これを築造しようとする者が特定行政庁からその位置の指定を受けたもの
2～4　略

改正：昭和45年法律第109号　　　施行：昭和46年1月1日

第42条　（道路の定義）

1　この章の規定において「道路」とは、次の各号の一に該当する幅員4m以上のものをいう。
　一～四　略
　五　土地を建築物の敷地として利用するため、道路法、都市計画法、土地区画整理法又は都市再開発法によらないで築造する政令で定める基準に適合する道で、これを築造しようとする者が特定行政庁からその位置の指定を受けたもの
2～4　略

改正：昭和47年法律第86号　　　施行：昭和47年12月20日

第42条　（道路の定義）

1　この章の規定において「道路」とは、次の各号の一に該当する幅員4m以上のものをいう。
　一　略
　二　都市計画法、土地区画整理法（昭和29年法律第119号）、旧住宅地造成事業に関する法律（昭和39年法律第160号）、都市再開発法（昭和44年法律第38号）又は新都市基盤整備法（昭和47年法律第86号）による道路
　三　略
　四　道路法、都市計画法、土地区画整理法、都市再開発法又は新都市基盤整備法による新設又は変更の事業計画のある道路で、2年以内にその事業が執行される予定のものとして特定行政庁が指定したもの
　五　土地を建築物の敷地として利用するため、道路法、都市計画法、土地区画整理法、都市再開発法又は新都市基盤整備法によらないで築造する政令で定める基準に適合する道で、これを築造しようとする者が特定行政庁からその位置の指定を受けたもの
2～4　略

改正：昭和50年法律第67号　　　施行：昭和50年11月1日

第42条　（道路の定義）

1　この章の規定において「道路」とは、次の各号の一に該当する幅員4m以上のものをいう。
　一　略
　二　都市計画法、土地区画整理法（昭和29年法律第119号）、旧住宅地造成事業に関する法律（昭和39年法律第160号）、都市再開発法（昭和44年法律第38号）、新都市基盤整備法（昭和47年法律第86号）又は大都市地域における住宅地等の供給の促進に関する特別措置法（昭和50年法律第67号）による道路
　三　略
　四　道路法、都市計画法、土地区画整理法、都市再開発法、新都市基盤整備法又は大都市地域における住宅地等の供給の促進に関する特別措置法による新設又は変更の事業計画のある道路で、2年以内にその事業

法42条 改正：昭和50年法律第67号

　　　が執行される予定のものとして特定行政庁が指定したもの
　五　土地を建築物の敷地として利用するため、道路法、都市計画法、土地区画整理法、都市再開発法、<u>新都市基盤整備法又は大都市地域における住宅地等の供給の促進に関する特別措置法</u>によらないで築造する政令で定める基準に適合する道で、これを築造しようとする者が特定行政庁からその位置の指定を受けたもの
　2〜4　略

改正：昭和63年法律第49号　　　施行：昭和63年11月15日
第42条　（道路の定義）

1　この章の規定において「道路」とは、次の各号の一に該当する幅員4m以上のものをいう。
　一　略
　二　都市計画法、土地区画整理法（昭和29年法律第119号）、旧住宅地造成事業に関する法律（昭和39年法律第160号<u>）、都市再開発法</u>、新都市基盤整備法（昭和47年法律第86号）又は大都市地域における住宅地等の供給の促進に関する特別措置法（昭和50年法律第67号）による道路
　三〜五　略
　2〜4　略

改正：平成2年法律第62号　　　施行：平成2年11月20日
第42条　（道路の定義）

1　この章の規定において「道路」とは、次の各号の一に該当する幅員4m以上のものをいう。
　一　略
　二　都市計画法、土地区画整理法（昭和29年法律第119号）、旧住宅地造成事業に関する法律（昭和39年法律第160号）、都市再開発法、新都市基盤整備法（昭和47年法律第86号）又は大都市地域における<u>住宅及び住宅地の供給の</u>促進に関する特別措置法（昭和50年法律第67号）による道路
　三　略
　四　道路法、都市計画法、土地区画整理法、都市再開発法、新都市基盤整備法又は大都市地域における<u>住宅及び住宅地</u>の供給の促進に関する特別措置法による新設又は変更の事業計画のある道路で、2年以内にその事業が執行される予定のものとして特定行政庁が指定したもの
　五　土地を建築物の敷地として利用するため、道路法、都市計画法、土地区画整理法、都市再開発法、新都市基盤整備法又は大都市地域における<u>住宅及び住宅地</u>の供給の促進に関する特別措置法によらないで築造する政令で定める基準に適合する道で、これを築造しようとする者が特定行政庁からその位置の指定を受けたもの
　2〜4　略

改正：平成4年法律第82号　　　施行：平成5年6月25日
第42条　（道路の定義）

1　この章の規定において「道路」とは、次の各号の一に該当する幅員4m<u>（特定行政庁がその地方の気候若しくは風土の特殊性又は土地の状況により必要と認めて都市計画地方審議会の議を経て指定する区域内においては、6m。次項及び第3項において同じ。）</u>以上のものをいう。
　一〜五　略
2　この章の規定が適用されるに至つた際現に建築物が立ち並んでいる幅員4m未満の道で、特定行政庁の指定したものは、前項の規定にかかわらず、同項の道路とみなし、その中心線からの水平距離<u>2m（前項の規定により指定された区域内においては、3m（特定行政庁が周囲の状況により避難及び通行の安全上支障がないと認める場合は、2m）。以下この項及び次項において同じ。）</u>の線をその道路の境界線とみなす。ただし、当該道がその中心線からの水平距離2m未満でがけ地、川、線路敷地その他これらに類するものに沿う場合においては、当該がけ地等の道の側の境界線及びその境界線から道の側に水平距離4mの線をその道路の境界線とみなす。

3 略
4 第1項の区域内の幅員6m未満の道（第一号又は第二号に該当する道にあつては、幅員4m以上のものに限る。）で、特定行政庁が次の各号の一に該当すると認めて指定したものは、同項の規定にかかわらず、同項の道路とみなす。
　一　周囲の状況により避難及び通行の安全上支障がないと認められる道
　二　地区計画等に定められた道の配置及び規模に即して築造される道
　三　第1項の区域が指定された際現に道路とされていた道
5　前項第三号に該当すると認めて特定行政庁が指定した幅員4m未満の道については、第2項の規定にかかわらず、第1項の区域が指定された際道路の境界線とみなされていた線をその道路の境界線とみなす。
6　特定行政庁は、第2項の規定により幅員1.8m未満の道を指定する場合又は第3項の規定により別に水平距離を指定する場合においては、あらかじめ、建築審査会の同意を得なければならない。

改正：平成9年法律第50号　　施行：平成9年11月8日
第42条　（道路の定義）

1～3　略
4　第1項の区域内の幅員6m未満の道（第一号又は第二号に該当する道にあつては、幅員4m以上のものに限る。）で、特定行政庁が次の各号の一に該当すると認めて指定したものは、同項の規定にかかわらず、同項の道路とみなす。
　一　略
　二　地区計画等に定められた道の配置及び規模又はその区域に即して築造される道
　三　略
5・6　略

改正：平成11年法律第87号　　施行：平成12年4月1日
第42条　（道路の定義）

1　この章の規定において「道路」とは、次の各号の一に該当する幅員4m（特定行政庁がその地方の気候若しくは風土の特殊性又は土地の状況により必要と認めて都道府県都市計画審議会の議を経て指定する区域内においては、6m。次項及び第3項において同じ。）以上のものをいう。
　一～五　略
2～6　略

改正：平成12年法律第73号　　施行：平成13年5月18日
第42条　（道路の定義）

1　この章の規定において「道路」とは、次の各号の一に該当する幅員4m（特定行政庁がその地方の気候若しくは風土の特殊性又は土地の状況により必要と認めて都道府県都市計画審議会の議を経て指定する区域内においては、6m。次項及び第3項において同じ。）以上のもの（地下におけるものを除く。）をいう。
　一～五　略
2～6　略

改正：平成14年法律第85号　　施行：平成15年1月1日
第42条　（道路の定義）

1　この章の規定において「道路」とは、次の各号の一に該当する幅員4m（特定行政庁がその地方の気候若しくは風土の特殊性又は土地の状況により必要と認めて都道府県都市計画審議会の議を経て指定する区域内においては、6m。次項及び第3項において同じ。）以上のもの（地下におけるものを除く。）をいう。
　一　略
　二　都市計画法、土地区画整理法（昭和29年法律第119号）、旧住宅地造成事業に関する法律（昭和39年法律

法42条　改正：平成14年法律第85号

第160号)、都市再開発法（昭和44年法律第38号）、新都市基盤整備法（昭和47年法律第86号）又は大都市地域における住宅及び住宅地の供給の促進に関する特別措置法（昭和50年法律第67号）による道路
　三～五　略
2～6　略

改正：平成15年法律第101号　　　施行：平成15年12月19日
第42条　（道路の定義）

1　この章の規定において「道路」とは、次の各号の一に該当する幅員4ｍ（特定行政庁がその地方の気候若しくは風土の特殊性又は土地の状況により必要と認めて都道府県都市計画審議会の議を経て指定する区域内においては、6ｍ。次項及び第3項において同じ。）以上のもの（地下におけるものを除く。）をいう。
　一　略
　二　都市計画法、土地区画整理法（昭和29年法律第119号）、旧住宅地造成事業に関する法律（昭和39年法律第160号）、都市再開発法（昭和44年法律第38号）、新都市基盤整備法（昭和47年法律第86号）、大都市地域における住宅及び住宅地の供給の促進に関する特別措置法（昭和50年法律第67号）又は密集市街地整備法（第6章に限る。以下この項において同じ。）による道路
　三　略
　四　道路法、都市計画法、土地区画整理法、都市再開発法、新都市基盤整備法、大都市地域における住宅及び住宅地の供給の促進に関する特別措置法又は密集市街地整備法による新設又は変更の事業計画のある道路で、2年以内にその事業が執行される予定のものとして特定行政庁が指定したもの
　五　土地を建築物の敷地として利用するため、道路法、都市計画法、土地区画整理法、都市再開発法、新都市基盤整備法、大都市地域における住宅及び住宅地の供給の促進に関する特別措置法又は密集市街地整備法によらないで築造する政令で定める基準に適合する道で、これを築造しようとする者が特定行政庁からその位置の指定を受けたもの
2～6　略

改正：平成30年法律第67号　　　施行：平成30年9月25日
第42条　（道路の定義）

1　この章の規定において「道路」とは、次の各号のいずれかに該当する幅員4ｍ（特定行政庁がその地方の気候若しくは風土の特殊性又は土地の状況により必要と認めて都道府県都市計画審議会の議を経て指定する区域内においては、6ｍ。次項及び第3項において同じ。）以上のもの（地下におけるものを除く。）をいう。
　一　道路法（昭和27年法律第180号）による道路
　二　都市計画法、土地区画整理法（昭和29年法律第119号）、旧住宅地造成事業に関する法律（昭和39年法律第160号）、都市再開発法（昭和44年法律第38号）、新都市基盤整備法（昭和47年法律第86号）、大都市地域における住宅及び住宅地の供給の促進に関する特別措置法（昭和50年法律第67号）又は密集市街地整備法（第6章に限る。以下この項において同じ。）による道路
　三　都市計画区域若しくは準都市計画区域の指定若しくは変更又は第68条の9第1項の規定に基づく条例の制定若しくは改正によりこの章の規定が適用されるに至つた際現に存在する道
　四　道路法、都市計画法、土地区画整理法、都市再開発法、新都市基盤整備法、大都市地域における住宅及び住宅地の供給の促進に関する特別措置法又は密集市街地整備法による新設又は変更の事業計画のある道路で、2年以内にその事業が執行される予定のものとして特定行政庁が指定したもの
　五　土地を建築物の敷地として利用するため、道路法、都市計画法、土地区画整理法、都市再開発法、新都市基盤整備法、大都市地域における住宅及び住宅地の供給の促進に関する特別措置法又は密集市街地整備法によらないで築造する政令で定める基準に適合する道で、これを築造しようとする者が特定行政庁からその位置の指定を受けたもの
2　都市計画区域若しくは準都市計画区域の指定若しくは変更又は第68条の9第1項の規定に基づく条例の制定若しくは改正によりこの章の規定が適用されるに至つた際現に建築物が立ち並んでいる幅員4ｍ未満の道で、特定行政庁の指定したものは、前項の規定にかかわらず、同項の道路とみなし、その中心線からの水平距離2ｍ（同項の規定により指定された区域内においては、3ｍ（特定行政庁が周囲の状況により避難及び

通行の安全上支障がないと認める場合は、2m）。以下この項及び次項において同じ。）の線をその道路の境界線とみなす。ただし、当該道がその中心線からの水平距離2m未満で崖地、川、線路敷地その他これらに類するものに沿う場合においては、当該崖地等の道の側の境界線及びその境界線から道の側に水平距離4mの線をその道路の境界線とみなす。

3　特定行政庁は、土地の状況に因りやむを得ない場合においては、前項の規定にかかわらず、同項に規定する中心線からの水平距離については2m未満1.35m以上の範囲内において、同項に規定するがけ地等の境界線からの水平距離については4m未満2.7m以上の範囲内において、別にその水平距離を指定することができる。

4　第1項の区域内の幅員6m未満の道（第一号又は第二号に該当する道にあつては、幅員4m以上のものに限る。）で、特定行政庁が次の各号の一に該当すると認めて指定したものは、同項の規定にかかわらず、同項の道路とみなす。
　一　周囲の状況により避難及び通行の安全上支障がないと認められる道
　二　地区計画等に定められた道の配置及び規模又はその区域に即して築造される道
　三　第1項の区域が指定された際現に道路とされていた道

5　前項第三号に該当すると認めて特定行政庁が指定した幅員4m未満の道については、第2項の規定にかかわらず、第1項の区域が指定された際道路の境界線とみなされていた線をその道路の境界線とみなす。

6　特定行政庁は、第2項の規定により幅員1.8m未満の道を指定する場合又は第3項の規定により別に水平距離を指定する場合においては、あらかじめ、建築審査会の同意を得なければならない。

[現行]　第2節　建築物又はその敷地と道路又は壁面線との関係等

（制定：昭和34年法律第156号）　　第2節　建築物又はその敷地と道路又は壁面線との関係
（改正：平成15年法律第101号）　　第2節　建築物又はその敷地と道路又は壁面線との関係等

[現行]　第43条　（敷地等と道路との関係）

制定：昭和25年法律第201号　　　　施行：昭和25年11月23日
第43条　（敷地と道路との関係）

1　建築物の敷地は、道路に2m以上接しなければならない。但し、建築物の周囲に広い空地があり、その他これと同様の状況にある場合で安全上支障がないときは、この限りでない。
2　地方公共団体は、第35条に規定する建築物又は自動車車庫の敷地が接しなければならない道路の幅員、その敷地が道路に接する部分の長さその他その敷地と道路との関係についてこれらの建築物の用途又は規模の特殊性に因り、前項の規定によつては避難又は通行の安全の目的を充分に達し難いと認める場合においては、条例で、必要な制限を附加することができる。

改正：昭和34年法律第156号　　　　施行：昭和34年12月23日
第43条　（敷地等と道路との関係）

1　建築物の敷地は、道路（自動車のみの交通の用に供するものを除く。以下第44条を除き、同様とする。）に2m以上接しなければならない。ただし、建築物の周囲に広い空地があり、その他これと同様の状況にある場合で安全上支障がないときは、この限りでない。
2　地方公共団体は、第35条に規定する建築物又は自動車車庫若しくは自動車修理工場の敷地が接しなければならない道路の幅員、その敷地が道路に接する部分の長さその他その敷地又は建築物と道路との関係についてこれらの建築物の用途又は規模の特殊性に因り、前項の規定によつては避難又は通行の安全の目的を充分に達し難いと認める場合においては、条例で、必要な制限を附加することができる。

改正：昭和45年法律第109号　　　　施行：昭和46年1月1日
第43条　（敷地等と道路との関係）

1　略

法43条　改正：昭和45年法律第109号

2　地方公共団体は、特殊建築物、階数が３以上である建築物、政令で定める窓その他の開口部を有しない居室を有する建築物又は延べ面積（同一敷地内に２以上の建築物がある場合においては、その延べ面積の合計）が1,000㎡をこえる建築物の敷地が接しなければならない道路の幅員、その敷地が道路に接する部分の長さその他その敷地又は建築物と道路との関係についてこれらの建築物の用途又は規模の特殊性により、前項の規定によつては避難又は通行の安全の目的を充分に達し難いと認める場合においては、条例で、必要な制限を附加することができる。

改正：平成元年法律第56号　　　施行：平成元年11月22日
第43条　（敷地等と道路との関係）

1　建築物の敷地は、道路（次に掲げるものを除く。次条第１項を除き、以下同じ。）に２m以上接しなければならない。ただし、建築物の周囲に広い空地があり、その他これと同様の状況にある場合で安全上支障がないときは、この限りでない。
　一　自動車のみの交通の用に供する道路
　二　高架の道路その他の道路であつて自動車の沿道への出入りができない構造のものとして政令で定める基準に該当するもの（次条第１項において「特定高架道路等」という。）で、地区計画又は再開発地区計画の区域（地区整備計画又は再開発地区整備計画が定められている区域のうち都市計画法第12条の４第６項又は都市再開発法第７条の８の２第４項の規定により建築物その他の工作物の敷地として併せて利用すべき区域として定められている区域に限る。次条第１項において同じ。）内のもの
2　略

改正：平成２年法律第61号　　　施行：平成２年11月20日
第43条　（敷地等と道路との関係）

1　建築物の敷地は、道路（次に掲げるものを除く。次条第１項を除き、以下同じ。）に２m以上接しなければならない。ただし、建築物の周囲に広い空地があり、その他これと同様の状況にある場合で安全上支障がないときは、この限りでない。
　一　略
　二　高架の道路その他の道路であつて自動車の沿道への出入りができない構造のものとして政令で定める基準に該当するもの（次条第１項において「特定高架道路等」という。）で、地区計画又は再開発地区計画の区域（地区整備計画又は再開発地区整備計画が定められている区域のうち都市計画法第12条の５第５項又は都市再開発法第７条の８の２第４項の規定により建築物その他の工作物の敷地として併せて利用すべき区域として定められている区域に限る。次条第１項において同じ。）内のもの
2　略

改正：平成７年法律第13号　　　施行：平成７年５月25日
第43条　（敷地等と道路との関係）

1　建築物の敷地は、道路（次に掲げるものを除く。次条第１項を除き、以下同じ。）に２m以上接しなければならない。ただし、建築物の周囲に広い空地があり、その他これと同様の状況にある場合で安全上支障がないときは、この限りでない。
　一　略
　二　高架の道路その他の道路であつて自動車の沿道への出入りができない構造のものとして政令で定める基準に該当するもの（次条第１項において「特定高架道路等」という。）で、地区計画又は再開発地区計画の区域（地区整備計画又は再開発地区整備計画が定められている区域のうち都市計画法第12条の５第８項又は都市再開発法第７条の８の２第４項の規定により建築物その他の工作物の敷地として併せて利用すべき区域として定められている区域に限る。次条第１項において同じ。）内のもの
2　略

改正：平成16年法律第67号 **法43条**

改正：平成10年法律第100号　　　施行：平成11年5月1日
第43条 （敷地等と道路との関係）

1　建築物の敷地は、道路（次に掲げるものを除く。次条第1項を除き、以下同じ。）に2m以上接しなければならない。ただし、その敷地の周囲に広い空地を有する建築物その他の<u>建設省令</u>で定める基準に適合する建築物で、特定行政庁が交通上、安全上、防火上及び衛生上支障がないと認めて建築審査会の同意を得て許可したものについては、この限りでない。
　一・二　略
2　略

改正：平成11年法律第160号　　　施行：平成13年1月6日
第43条 （敷地等と道路との関係）

1　建築物の敷地は、道路（次に掲げるものを除く。次条第1項を除き、以下同じ。）に2m以上接しなければならない。ただし、その敷地の周囲に広い空地を有する建築物その他の<u>国土交通省令</u>で定める基準に適合する建築物で、特定行政庁が交通上、安全上、防火上及び衛生上支障がないと認めて建築審査会の同意を得て許可したものについては、この限りでない。
　一・二　略
2　略

改正：平成12年法律第73号　　　施行：平成13年5月18日
第43条 （敷地等と道路との関係）

1　略
2　地方公共団体は、特殊建築物、階数が3以上である建築物、政令で定める窓その他の開口部を有しない居室を有する建築物又は延べ面積（同一敷地内に2以上の建築物がある場合においては、その延べ面積の合計。<u>第4節、第7節及び別表第3において同じ。</u>）が1,000㎡を超える建築物の敷地が接しなければならない道路の幅員、その敷地が道路に接する部分の長さその他その敷地又は建築物と道路との関係についてこれらの建築物の用途又は規模の特殊性により、前項の規定によつては避難又は通行の安全の目的を充分に達し難いと認める場合においては、条例で、必要な制限を<u>付加</u>することができる。

改正：平成14年法律第85号　　　施行：平成15年1月1日
第43条 （敷地等と道路との関係）

1　建築物の敷地は、道路（次に掲げるものを除く。次条第1項を除き、以下同じ。）に2m以上接しなければならない。ただし、その敷地の周囲に広い空地を有する建築物その他の国土交通省令で定める基準に適合する建築物で、特定行政庁が交通上、安全上、防火上及び衛生上支障がないと認めて建築審査会の同意を得て許可したものについては、この限りでない。
　一　略
　二　高架の道路その他の道路であつて自動車の沿道への出入りができない構造のものとして政令で定める基準に該当するもの（次条第1項において「特定高架道路等」という。）で、<u>地区計画の区域（地区整備計画が定められている区域のうち都市計画法<u>第12条の11</u>の規定により建築物その他の工作物の敷地として併せて利用すべき区域として定められている区域に限る。次条第1項において同じ。）内のもの</u>
2　略

改正：平成16年法律第67号　　　施行：平成17年6月1日
第43条 （敷地等と道路との関係）

1　建築物の敷地は、道路（次に掲げるものを除く。<u>第44条第1項</u>を除き、以下同じ。）に2m以上接しなければならない。ただし、その敷地の周囲に広い空地を有する建築物その他の国土交通省令で定める基準に適

法43条　改正：平成16年法律第67号

合する建築物で、特定行政庁が交通上、安全上、防火上及び衛生上支障がないと認めて建築審査会の同意を得て許可したものについては、この限りでない。
　一　略
　二　高架の道路その他の道路であつて自動車の沿道への出入りができない構造のものとして政令で定める基準に該当するもの（第44条第1項第三号において「特定高架道路等」という。）で、地区計画の区域（地区整備計画が定められている区域のうち都市計画法第12条の11の規定により建築物その他の工作物の敷地として併せて利用すべき区域として定められている区域に限る。同号において同じ。）内のもの
2　略

改正：平成30年法律第22号　　　施行：平成30年7月15日
第43条　（敷地等と道路との関係）

1　建築物の敷地は、道路（次に掲げるものを除く。第44条第1項を除き、以下同じ。）に2m以上接しなければならない。ただし、その敷地の周囲に広い空地を有する建築物その他の国土交通省令で定める基準に適合する建築物で、特定行政庁が交通上、安全上、防火上及び衛生上支障がないと認めて建築審査会の同意を得て許可したものについては、この限りでない。
　一　略
　二　地区計画の区域（地区整備計画が定められている区域のうち都市計画法第12条の11の規定により建築物その他の工作物の敷地として併せて利用すべき区域として定められている区域に限る。）内の道路
2　略

改正：平成30年法律第67号　　　施行：平成30年9月25日
第43条　（敷地等と道路との関係）

1　建築物の敷地は、道路（次に掲げるものを除く。第44条第1項を除き、以下同じ。）に2m以上接しなければならない。
　一　自動車のみの交通の用に供する道路
　二　地区計画の区域（地区整備計画が定められている区域のうち都市計画法第12条の11の規定により建築物その他の工作物の敷地として併せて利用すべき区域として定められている区域に限る。）内の道路
2　前項の規定は、次の各号のいずれかに該当する建築物については、適用しない。
　一　その敷地が幅員4m以上の道（道路に該当するものを除き、避難及び通行の安全上必要な国土交通省令で定める基準に適合するものに限る。）に2m以上接する建築物のうち、利用者が少数であるものとしてその用途及び規模に関し国土交通省令で定める基準に適合するもので、特定行政庁が交通上、安全上、防火上及び衛生上支障がないと認めるもの
　二　その敷地の周囲に広い空地を有する建築物その他の国土交通省令で定める基準に適合する建築物で、特定行政庁が交通上、安全上、防火上及び衛生上支障がないと認めて建築審査会の同意を得て許可したもの
3　地方公共団体は、次の各号のいずれかに該当する建築物について、その用途、規模又は位置の特殊性により、第1項の規定によつては避難又は通行の安全の目的を十分に達成することが困難であると認めるときは、条例で、その敷地が接しなければならない道路の幅員、その敷地が道路に接する部分の長さその他その敷地又は建築物と道路との関係に関して必要な制限を付加することができる。
　一　特殊建築物
　二　階数が3以上である建築物
　三　政令で定める窓その他の開口部を有しない居室を有する建築物
　四　延べ面積（同一敷地内に2以上の建築物がある場合にあつては、その延べ面積の合計。次号、第4節、第7節及び別表第3において同じ。）が1,000㎡を超える建築物
　五　その敷地が袋路状道路（その一端のみが他の道路に接続したものをいう。）にのみ接する建築物で、延べ面積が150㎡を超えるもの（一戸建ての住宅を除く。）

改正：昭和34年法律第156号 **法44条**

[現行]　第43条の2　（その敷地が4m未満の道路にのみ接する建築物に対する制限の付加）

制定：平成15年法律第101号　　　施行：平成15年12月19日
第43条の2　（その敷地が4m未満の道路にのみ接する建築物に対する制限の付加）

1　地方公共団体は、交通上、安全上、防火上又は衛生上必要があると認めるときは、その敷地が第42条第3項の規定により水平距離が指定された道路にのみ2m（前条第2項に規定する建築物で同項の条例によりその敷地が道路に接する部分の長さの制限が付加されているものにあつては、当該長さ）以上接する建築物について、条例で、その敷地、構造、建築設備又は用途に関して必要な制限を付加することができる。

改正：平成30年法律第67号　　　施行：平成30年9月25日
第43条の2　（その敷地が4m未満の道路にのみ接する建築物に対する制限の付加）

1　地方公共団体は、交通上、安全上、防火上又は衛生上必要があると認めるときは、その敷地が第42条第3項の規定により水平距離が指定された道路にのみ2m（<u>前条第3項各号のいずれかに該当する建築物で同項</u>の条例によりその敷地が道路に接する部分の長さの制限が付加されているものにあつては、当該長さ）以上接する建築物について、条例で、その敷地、構造、建築設備又は用途に関して必要な制限を付加することができる。

[現行]　第44条　（道路内の建築制限）

制定：昭和25年法律第201号　　　施行：昭和25年11月23日
第44条　（道路及び計画道路内の建築制限）

1　建築物又は敷地を造成するための擁壁は、道路内に、又は道路に突き出して建築し、又は築造してはならない。但し、地盤面下に建築するもの又は公衆便所、巡査派出所、公共用歩廊その他これらに類する公益上必要な建築物で通行上支障がないものについては、この限りでない。
2　都市計画として決定して内閣の認可を受けた計画道路（第42条第1項第四号に該当するものを除く。）内においては、下の各号に該当する建築物で、容易に移転し、又は除却することができるものでなければ、建築してはならない。
一　階数が2以下で、且つ、地階を有しないこと。
二　主要構造部が木造、鉄骨造、コンクリートブロック造その他これらに類する構造であること。

改正：昭和32年法律第101号　　　施行：昭和32年5月15日
第44条　（道路及び計画道路内の建築制限）

1　建築物又は敷地を造成するための擁壁は、道路内に、又は道路に突き出して建築し、又は築造してはならない。但し、地盤面下に建築するもの<u>若しくは</u>公衆便所、巡査派出所その他これらに類する公益上必要な建築物で通行上支障がないもの<u>又は公共用歩廊その他政令で定める建築物で特定行政庁が安全上、防火上若しくは衛生上他の建築物の利便を妨げ、その他周囲の環境を害するおそれがないと認めて許可したもの</u>については、この限りでない。
2　略
3　<u>特定行政庁は、第1項但書の規定による許可をする場合においては、あらかじめ、建築審査会の同意を得なければならない。</u>

改正：昭和34年法律第156号　　　施行：昭和34年12月23日
第44条　（道路及び計画道路内の建築制限）

1　建築物又は敷地を造成するための擁壁は、道路内に、又は道路に突き出して建築し、又は築造してはならない。<u>ただし</u>、地盤面下に建築するもの若しくは公衆便所、巡査派出所その他これらに類する公益上必要な建築物で通行上支障がないもの又は公共用歩廊その他政令で定める建築物で特定行政庁が安全上若

建築基準法　条文改正経過 | 211

法44条　改正：昭和34年法律第156号

しくは衛生上他の建築物の利便を妨げ、その他周囲の環境を害するおそれがないと認めて許可したものについては、この限りでない。
2　都市計画として決定して内閣の認可を受けた計画道路（第42条第1項第四号に該当するものを除く。）内においては、次の各号に該当する建築物で、容易に移転し、又は除却することができるものでなければ、建築してはならない。
　一　階数が2以下で、かつ、地階を有しないこと。
　二　略
3　特定行政庁は、第1項ただし書の規定による許可をする場合においては、あらかじめ、建築審査会の同意を得なければならない。

改正：昭和43年法律第101号　　　施行：昭和44年6月14日
第44条　（道路内の建築制限）

1　略
2　特定行政庁は、前項ただし書の規定による許可をする場合においては、あらかじめ、建築審査会の同意を得なければならない。

改正：平成元年法律第56号　　　施行：平成元年11月22日
第44条　（道路内の建築制限）

1　建築物又は敷地を造成するための擁壁は、道路内に、又は道路に突き出して建築し、又は築造してはならない。ただし、次の各号の一に該当する建築物については、この限りでない。
　一　地盤面下に設ける建築物
　二　公衆便所、巡査派出所その他これらに類する公益上必要な建築物で通行上支障がないもの
　三　地区計画又は再開発地区計画の区域内の自動車のみの交通の用に供する道路又は特定高架道路等の上空又は路面下に設ける建築物のうち、当該地区計画又は再開発地区計画の内容に適合し、かつ、政令で定める基準に適合するものであつて特定行政庁が安全上、防火上及び衛生上支障がないと認めるもの
　四　公共用歩廊その他政令で定める建築物で特定行政庁が安全上、防火上及び衛生上他の建築物の利便を妨げ、その他周囲の環境を害するおそれがないと認めて許可したもの
2　特定行政庁は、前項第四号の規定による許可をする場合においては、あらかじめ、建築審査会の同意を得なければならない。

改正：平成10年法律第100号　　　施行：平成11年5月1日
第44条　（道路内の建築制限）

1　建築物又は敷地を造成するための擁壁は、道路内に、又は道路に突き出して建築し、又は築造してはならない。ただし、次の各号の一に該当する建築物については、この限りでない。
　一　略
　二　公衆便所、巡査派出所その他これらに類する公益上必要な建築物で特定行政庁が通行上支障がないと認めて建築審査会の同意を得て許可したもの
　三・四　略
2　略

改正：平成14年法律第85号　　　施行：平成15年1月1日
第44条　（道路内の建築制限）

1　建築物又は敷地を造成するための擁壁は、道路内に、又は道路に突き出して建築し、又は築造してはならない。ただし、次の各号のいずれかに該当する建築物については、この限りでない。
　一・二　略
　三　地区計画の区域内の自動車のみの交通の用に供する道路又は特定高架道路等の上空又は路面下に設ける

建築物のうち、当該地区計画の内容に適合し、かつ、政令で定める基準に適合するものであつて特定行政庁が安全上、防火上及び衛生上支障がないと認めるもの
　四　略
2　略

改正：平成30年法律第22号　　　　施行：平成30年7月15日
第44条　（道路内の建築制限）

1　建築物又は敷地を造成するための擁壁は、道路内に、又は道路に突き出して建築し、又は築造してはならない。ただし、次の各号のいずれかに該当する建築物については、この限りでない。
　一　地盤面下に設ける建築物
　二　公衆便所、巡査派出所その他これらに類する公益上必要な建築物で特定行政庁が通行上支障がないと認めて建築審査会の同意を得て許可したもの
　三　第43条第1項第二号の道路の上空又は路面下に設ける建築物のうち、当該道路に係る地区計画の内容に適合し、かつ、政令で定める基準に適合するものであつて特定行政庁が安全上、防火上及び衛生上支障がないと認めるもの
　四　公共用歩廊その他政令で定める建築物で特定行政庁が安全上、防火上及び衛生上他の建築物の利便を妨げ、その他周囲の環境を害するおそれがないと認めて許可したもの
2　特定行政庁は、前項第四号の規定による許可をする場合においては、あらかじめ、建築審査会の同意を得なければならない。

[現行]　第45条　（私道の変更又は廃止の制限）

制定：昭和25年法律第201号　　　　施行：昭和25年11月23日
第45条　（私道の変更又は廃止の制限）

1　私道の変更又は廃止によつて、その道路に接する敷地が第43条第1項の規定又は同条第2項の規定に基く条例の規定に抵触することとなる場合においては、特定行政庁は、その私道の変更又は廃止を禁止し、又は制限することができる。
2　第9条第2項から第6項までの規定は、前項の措置を命ずる場合に準用する。

改正：平成5年法律第89号　　　　施行：平成6年10月1日
第45条　（私道の変更又は廃止の制限）

1　略
2　第9条第2項から第6項まで及び第15項の規定は、前項の措置を命ずる場合に準用する。

改正：平成30年法律第67号　　　　施行：平成30年9月25日
第45条　（私道の変更又は廃止の制限）

1　私道の変更又は廃止によつて、その道路に接する敷地が第43条第1項の規定又は同条第3項の規定に基づく条例の規定に抵触することとなる場合においては、特定行政庁は、その私道の変更又は廃止を禁止し、又は制限することができる。
2　第9条第2項から第6項まで及び第15項の規定は、前項の措置を命ずる場合に準用する。

[現行]　第46条　（壁面線の指定）

制定：昭和25年法律第201号　　　　施行：昭和25年10月25日
第46条　（壁面線の指定）

法46条　制定：昭和25年法律第201号

> 1　特定行政庁は、街区内における建築物の位置を整えその環境の向上を図るために必要があると認める場合においては、建築審査会の同意を得て、壁面線を指定することができる。この場合においては、あらかじめ、その指定に利害関係を有する者の出頭を求めて公開による聴聞を行わなければならない。
> 2　前項の規定による聴聞を行う場合においては、同項の規定による指定の計画並びに聴聞の期日及び場所を期日の3日前までに公告しなければならない。
> 3　特定行政庁は、第1項の規定による指定をした場合においては、遅滞なく、その旨を公告しなければならない。

改正：平成5年法律第89号　　　施行：平成6年10月1日
第46条　（壁面線の指定）

> 1　特定行政庁は、街区内における建築物の位置を整えその環境の向上を図るために必要があると認める場合においては、建築審査会の同意を得て、壁面線を指定することができる。この場合においては、あらかじめ、その指定に利害関係を有する者の出頭を求めて公開による意見の聴取を行わなければならない。
> 2　前項の規定による意見の聴取を行う場合においては、同項の規定による指定の計画並びに意見の聴取の期日及び場所を期日の3日前までに公告しなければならない。
> 3　特定行政庁は、第1項の規定による指定をした場合においては、遅滞なく、その旨を公告しなければならない。

［現行］　第47条　（壁面線による建築制限）

制定：昭和25年法律第201号　　　施行：昭和25年11月23日
第47条　（壁面線による建築制限）

> 1　建築物の壁又はこれに代る柱は、壁面線を越えて建築してはならない。但し、地盤面下の部分又は高さ2m以下の門若しくはへいについては、この限りでない。

改正：昭和34年法律第156号　　　施行：昭和34年12月23日
第47条　（壁面線による建築制限）

> 1　建築物の壁若しくはこれに代る柱又は高さ2mをこえる門若しくはへいは、壁面線を越えて建築してはならない。ただし、地盤面下の部分又は特定行政庁が建築審査会の同意を得て許可した歩廊の柱その他これに類するものについては、この限りでない。

［現行］　第3節　建築物の用途

（制定：昭和25年法律第201号）　旧　第4章　用途地域
（改正：昭和34年法律第156号）　第3節　用途地域
（改正：平成12年法律第73号）　　第3節　建築物の用途

［現行］　第48条　（用途地域等）

制定：昭和25年法律第201号　　　施行：昭和25年11月23日
（第48条、第50条第1項、第3項及び第5項中地域又は地区の指定に関する規定は、昭和25年10月25日）
旧　第48条　（用途地域）

> 1　建設大臣は、都市計画区域内において、都市計画法の定める手続によつて、都市計画の施設として住居地域、商業地域、準工業地域又は工業地域（以下「用途地域」と総称する。）を指定することができる。
> 2　建設大臣は、前項の規定による指定をする場合においては、関係市町村の申出に基いてしなければならない。

改正：昭和34年法律第156号　**法旧49条**

3　厚生大臣は、必要があると認める場合においては、用途地域の指定について、建設大臣に対して意見を述べることができる。

旧　第49条　（用途地域内の建築制限）

1　住居地域内においては、別表第1（い）項に掲げる建築物は、建築してはならない。但し、特定行政庁が住居の安寧を害するおそれがないと認め、又は公益上やむを得ないと認めて許可した場合においては、この限りでない。
2　商業地域内においては、別表第1（ろ）項に掲げる建築物は、建築してはならない。但し、特定行政庁が商業の利便を害するおそれがないと認め、又は公益上やむを得ないと認めて許可した場合においては、この限りでない。
3　準工業地域内においては、別表第1（は）項に掲げる建築物は、建築してはならない。但し、特定行政庁が安全上若しくは防火上の危険の度若しくは衛生上の有害の度が低いと認め、又は公益上やむを得ないと認めて許可した場合においては、この限りでない。
4　工業地域内においては、学校、病院、劇場、映画館、演芸場、料理店又は旅館の用途に供する建築物は、建築してはならない。但し、特定行政庁が工業の利便上又は公益上必要と認めて許可した場合においては、この限りでない。

旧　第50条　（専用地区）

1　建設大臣は、住居の環境を保護するため必要と認める場合においては、都市計画法の定める手続によつて、都市計画の施設として住居地域内に、住居専用地区を指定することができる。
2　前項の地区内においては、別表第2（い）項に掲げる建築物以外の建築物は、建築してはならない。但し、特定行政庁が住居の環境を害するおそれがないと認め、又は公益上やむを得ないと認めて許可した場合においては、この限りでない。
3　建設大臣は、工業の利便を増進するため必要と認める場合においては、都市計画法の定める手続によつて、都市計画の施設として工業地域内に、工業専用地区を指定することができる。
4　前項の地区内においては、別表第2（ろ）項に掲げる建築物は、建築してはならない。但し、特定行政庁が工業の利便を害するおそれがないと認め、又は公益上やむを得ないと認めて許可した場合においては、この限りでない。
5　第48条第2項の規定は、第1項又は第3項の規定による指定をする場合に準用する。

旧　第54条　（聴聞及び建築審査会の同意）

1　特定行政庁は、第49条各項但書、第50条第2項但書若しくは第4項但書又は前条第1項の規定による許可をする場合においては、あらかじめ、その許可に利害関係を有する者の出頭を求めて公開による聴聞を行い、且つ、建築審査会の同意を得なければならない。
2　第46条第2項の規定は、前項の規定による聴聞を行う場合に準用する。

改正：昭和34年法律第156号　　　施行：昭和34年12月23日

旧　第48条　（用途地域）

略

旧　第49条　（用途地域内の建築制限）

1　住居地域内においては、<u>別表第2</u>（い）項に掲げる建築物は、建築してはならない。<u>ただし</u>、特定行政庁が住居の安寧を害するおそれがないと認め、又は公益上やむを得ないと認めて許可した場合においては、この限りでない。
2　商業地域内においては、<u>別表第2</u>（ろ）項に掲げる建築物は、建築してはならない。<u>ただし</u>、特定行政庁が商業の利便を害するおそれがないと認め、又は公益上やむを得ないと認めて許可した場合においては、この限りでない。
3　準工業地域内においては、<u>別表第2</u>（は）項に掲げる建築物は、建築してはならない。<u>ただし</u>、特定行政庁が安全上若しくは防火上の危険の度若しくは衛生上の有害の度が低いと認め、又は公益上やむを得ないと認めて許可した場合においては、この限りでない。

法旧49条　改正：昭和34年法律第156号

　4　工業地域内においては、学校、病院、劇場、映画館、演芸場、料理店、ホテル又は旅館の用途に供する建築物は、建築してはならない。ただし、特定行政庁が工業の利便上又は公益上必要と認めて許可した場合においては、この限りでない。
　5　第50条第2項ただし書又は同条第4項ただし書の規定による許可を受けた場合においては、第1項ただし書又は前項ただし書の規定による許可を受けたものとみなす。

旧　第50条　（専用地区）

　1　略
　2　前項の地区内においては、別表第3（い）項に掲げる建築物以外の建築物は、建築してはならない。ただし、特定行政庁が住居の環境を害するおそれがないと認め、又は公益上やむを得ないと認めて許可した場合においては、この限りでない。
　3　略
　4　前項の地区内においては、別表第3（ろ）項に掲げる建築物は、建築してはならない。ただし、特定行政庁が工業の利便を害するおそれがないと認め、又は公益上やむを得ないと認めて許可した場合においては、この限りでない。
　5　略

旧　第51条　（聴聞及び建築審査会の同意）

　1　特定行政庁は、第49条第1項ただし書、第2項ただし書、第3項ただし書若しくは第4項ただし書又は前条第2項ただし書若しくは第4項ただし書の規定による許可をする場合においては、あらかじめ、その許可に利害関係を有する者の出頭を求めて公開による聴聞を行い、かつ、建築審査会の同意を得なければならない。
　2　第46条第2項の規定は、前項の規定による聴聞を行う場合に準用する。

改正：昭和43年法律第101号　　　施行：昭和44年6月14日

旧　第49条　（用途地域）　　旧第48条を削除

　1～4　略
　5　第50条第1項ただし書又は同条第2項ただし書の規定による許可を受けた場合においては、第1項ただし書又は前項ただし書の規定による許可を受けたものとみなす。

旧　第50条　（専用地区）

　1　住居専用地区内においては、別表第3（い）項に掲げる建築物以外の建築物は、建築してはならない。ただし、特定行政庁が住居の環境を害するおそれがないと認め、又は公益上やむを得ないと認めて許可した場合においては、この限りでない。
　2　工業専用地区内においては、別表第3（ろ）項に掲げる建築物は、建築してはならない。ただし、特定行政庁が工業の利便を害するおそれがないと認め、又は公益上やむを得ないと認めて許可した場合においては、この限りでない。

旧　第51条　（聴聞及び建築審査会の同意）

　1　特定行政庁は、第49条第1項ただし書、第2項ただし書、第3項ただし書若しくは第4項ただし書又は前条第1項ただし書若しくは第2項ただし書の規定による許可をする場合においては、あらかじめ、その許可に利害関係を有する者の出頭を求めて公開による聴聞を行い、かつ、建築審査会の同意を得なければならない。
　2　略

改正：昭和45年法律第109号　　　施行：昭和46年1月1日

第48条　（用途地域）

　1　第一種住居専用地域内においては、別表第2（い）項に掲げる建築物以外の建築物は、建築してはならない。ただし、特定行政庁が低層住宅に係る良好な住居の環境を害するおそれがないと認め、又は公益上やむ

を得ないと認めて許可した場合においては、この限りでない。
2　第二種住居専用地域内においては、別表第2（ろ）項に掲げる建築物は、建築してはならない。ただし、特定行政庁が中高層住宅に係る良好な住居の環境を害するおそれがないと認め、又は公益上やむを得ないと認めて許可した場合においては、この限りでない。
3　住居地域内においては、別表第2（は）項に掲げる建築物は、建築してはならない。ただし、特定行政庁が住居の環境を害するおそれがないと認め、又は公益上やむを得ないと認めて許可した場合においては、この限りでない。
4　近隣商業地域内においては、別表第2（に）項に掲げる建築物は、建築してはならない。ただし、特定行政庁が近隣の住宅地の住民に対する日用品の供給を行なうことを主たる内容とする商業その他の業務の利便及び当該住宅地の環境を害するおそれがないと認め、又は公益上やむを得ないと認めて許可した場合においては、この限りでない。
5　商業地域内においては、別表第2（ほ）項に掲げる建築物は、建築してはならない。ただし、特定行政庁が商業の利便を害するおそれがないと認め、又は公益上やむを得ないと認めて許可した場合においては、この限りでない。
6　準工業地域内においては、別表第2（へ）項に掲げる建築物は、建築してはならない。ただし、特定行政庁が安全上若しくは防火上の危険の度若しくは衛生上の有害の度が低いと認め、又は公益上やむを得ないと認めて許可した場合においては、この限りでない。
7　工業地域内においては、別表第2（と）項に掲げる建築物は、建築してはならない。ただし、特定行政庁が工業の利便上又は公益上必要と認めて許可した場合においては、この限りでない。
8　工業専用地域内においては、別表第2（ち）項に掲げる建築物は、建築してはならない。ただし、特定行政庁が工業の利便を害するおそれがないと認め、又は公益上やむを得ないと認めて許可した場合においては、この限りでない。
9　特定行政庁は、第1項ただし書、第2項ただし書、第3項ただし書、第4項ただし書、第5項ただし書、第6項ただし書、第7項ただし書又は前項ただし書の規定による許可をする場合においては、あらかじめ、その許可に利害関係を有する者の出頭を求めて公開による聴聞を行ない、かつ、建築審査会の同意を得なければならない。
10　特定行政庁は、前項の規定による聴聞を行なう場合においては、その許可しようとする建築物の建築の計画並びに聴聞の期日及び場所を期日の3日前までに公告しなければならない。

改正：平成4年法律第82号　　　施行：平成5年6月25日
第48条　（用途地域）

1　第一種低層住居専用地域内においては、別表第2（い）項に掲げる建築物以外の建築物は、建築してはならない。ただし、特定行政庁が第一種低層住居専用地域における良好な住居の環境を害するおそれがないと認め、又は公益上やむを得ないと認めて許可した場合においては、この限りでない。
2　第二種低層住居専用地域内においては、別表第2（ろ）項に掲げる建築物以外の建築物は、建築してはならない。ただし、特定行政庁が第二種低層住居専用地域における良好な住居の環境を害するおそれがないと認め、又は公益上やむを得ないと認めて許可した場合においては、この限りでない。
3　第一種中高層住居専用地域内においては、別表第2（は）項に掲げる建築物以外の建築物は、建築してはならない。ただし、特定行政庁が第一種中高層住居専用地域における良好な住居の環境を害するおそれがないと認め、又は公益上やむを得ないと認めて許可した場合においては、この限りでない。
4　第二種中高層住居専用地域内においては、別表第2（に）項に掲げる建築物は、建築してはならない。ただし、特定行政庁が第二種中高層住居専用地域における良好な住居の環境を害するおそれがないと認め、又は公益上やむを得ないと認めて許可した場合においては、この限りでない。
5　第一種住居地域内においては、別表第2（ほ）項に掲げる建築物は、建築してはならない。ただし、特定行政庁が第一種住居地域における住居の環境を害するおそれがないと認め、又は公益上やむを得ないと認めて許可した場合においては、この限りでない。
6　第二種住居地域内においては、別表第2（へ）項に掲げる建築物は、建築してはならない。ただし、特定行政庁が第二種住居地域における住居の環境を害するおそれがないと認め、又は公益上やむを得ないと認めて許可した場合においては、この限りでない。

法48条 改正：平成4年法律第82号

7　準住居地域内においては、別表第２（と）項に掲げる建築物は、建築してはならない。ただし、特定行政庁が準住居地域における住居の環境を害するおそれがないと認め、又は公益上やむを得ないと認めて許可した場合においては、この限りでない。

8　近隣商業地域内においては、別表第２（ち）項に掲げる建築物は、建築してはならない。ただし、特定行政庁が近隣の住宅地の住民に対する日用品の供給を行うことを主たる内容とする商業その他の業務の利便及び当該住宅地の環境を害するおそれがないと認め、又は公益上やむを得ないと認めて許可した場合においては、この限りでない。

9　商業地域内においては、別表第２（り）項に掲げる建築物は、建築してはならない。ただし、特定行政庁が商業の利便を害するおそれがないと認め、又は公益上やむを得ないと認めて許可した場合においては、この限りでない。

10　準工業地域内においては、別表第２（ぬ）項に掲げる建築物は、建築してはならない。ただし、特定行政庁が安全上若しくは防火上の危険の度若しくは衛生上の有害の度が低いと認め、又は公益上やむを得ないと認めて許可した場合においては、この限りでない。

11　工業地域内においては、別表第２（る）項に掲げる建築物は、建築してはならない。ただし、特定行政庁が工業の利便上又は公益上必要と認めて許可した場合においては、この限りでない。

12　工業専用地域内においては、別表第２（を）項に掲げる建築物は、建築してはならない。ただし、特定行政庁が工業の利便を害するおそれがないと認め、又は公益上やむを得ないと認めて許可した場合においては、この限りでない。

13　特定行政庁は、前各項のただし書の規定による許可をする場合においては、あらかじめ、その許可に利害関係を有する者の出頭を求めて公開による聴聞を行い、かつ、建築審査会の同意を得なければならない。ただし、前各項のただし書の規定による許可を受けた建築物の増築、改築又は移転（これらのうち、政令で定める場合に限る。）について許可をする場合においては、この限りでない。

14　特定行政庁は、前項の規定による聴聞を行う場合においては、その許可しようとする建築物の建築の計画並びに聴聞の期日及び場所を期日の３日前までに公告しなければならない。

改正：平成５年法律第89号　　　施行：平成６年10月１日
第48条　（用途地域）

1～12　略

13　特定行政庁は、前各項のただし書の規定による許可をする場合においては、あらかじめ、その許可に利害関係を有する者の出頭を求めて公開による意見の聴取を行い、かつ、建築審査会の同意を得なければならない。ただし、前各項のただし書の規定による許可を受けた建築物の増築、改築又は移転（これらのうち、政令で定める場合に限る。）について許可をする場合においては、この限りでない。

14　特定行政庁は、前項の規定による意見の聴取を行う場合においては、その許可しようとする建築物の建築の計画並びに意見の聴取の期日及び場所を期日の３日前までに公告しなければならない。

改正：平成18年法律第46号　　　施行：平成19年11月30日
第48条　（用途地域等）

1～12　略

13　第一種低層住居専用地域、第二種低層住居専用地域、第一種中高層住居専用地域、第二種中高層住居専用地域、第一種住居地域、第二種住居地域、準住居地域、近隣商業地域、商業地域、準工業地域、工業地域又は工業専用地域（以下「用途地域」と総称する。）の指定のない区域（都市計画法第７条第１項に規定する市街化調整区域を除く。）内においては、別表第２（わ）項に掲げる建築物は、建築してはならない。ただし、特定行政庁が当該区域における適正かつ合理的な土地利用及び環境の保全を図る上で支障がないと認め、又は公益上やむを得ないと認めて許可した場合においては、この限りでない。

14　特定行政庁は、前各項のただし書の規定による許可をする場合においては、あらかじめ、その許可に利害関係を有する者の出頭を求めて公開による意見の聴取を行い、かつ、建築審査会の同意を得なければならない。ただし、前各項のただし書の規定による許可を受けた建築物の増築、改築又は移転（これらのうち、政令で定める場合に限る。）について許可をする場合においては、この限りでない。

15　特定行政庁は、前項の規定による意見の聴取を行う場合においては、その許可しようとする建築物の建築の計画並びに意見の聴取の期日及び場所を期日の3日前までに公告しなければならない。

改正：平成29年法律第26号　　　施行：平成30年4月1日
第48条　（用途地域等）

1～7　略
8　田園住居地域内においては、別表第2（ち）項に掲げる建築物以外の建築物は、建築してはならない。ただし、特定行政庁が農業の利便及び田園住居地域における良好な住居の環境を害するおそれがないと認め、又は公益上やむを得ないと認めて許可した場合においては、この限りでない。
9　近隣商業地域内においては、別表第2（り）項に掲げる建築物は、建築してはならない。ただし、特定行政庁が近隣の住宅地の住民に対する日用品の供給を行うことを主たる内容とする商業その他の業務の利便及び当該住宅地の環境を害するおそれがないと認め、又は公益上やむを得ないと認めて許可した場合においては、この限りでない。
10　商業地域内においては、別表第2（ぬ）項に掲げる建築物は、建築してはならない。ただし、特定行政庁が商業の利便を害するおそれがないと認め、又は公益上やむを得ないと認めて許可した場合においては、この限りでない。
11　準工業地域内においては、別表第2（る）項に掲げる建築物は、建築してはならない。ただし、特定行政庁が安全上若しくは防火上の危険の度若しくは衛生上の有害の度が低いと認め、又は公益上やむを得ないと認めて許可した場合においては、この限りでない。
12　工業地域内においては、別表第2（を）項に掲げる建築物は、建築してはならない。ただし、特定行政庁が工業の利便上又は公益上必要と認めて許可した場合においては、この限りでない。
13　工業専用地域内においては、別表第2（わ）項に掲げる建築物は、建築してはならない。ただし、特定行政庁が工業の利便を害するおそれがないと認め、又は公益上やむを得ないと認めて許可した場合においては、この限りでない。
14　第一種低層住居専用地域、第二種低層住居専用地域、第一種中高層住居専用地域、第二種中高層住居専用地域、第一種住居地域、第二種住居地域、準住居地域、田園住居地域、近隣商業地域、商業地域、準工業地域、工業地域又は工業専用地域（以下「用途地域」と総称する。）の指定のない区域（都市計画法第7条第1項に規定する市街化調整区域を除く。）内においては、別表第2（か）項に掲げる建築物は、建築してはならない。ただし、特定行政庁が当該区域における適正かつ合理的な土地利用及び環境の保全を図る上で支障がないと認め、又は公益上やむを得ないと認めて許可した場合においては、この限りでない。
15　特定行政庁は、前各項のただし書の規定による許可をする場合においては、あらかじめ、その許可に利害関係を有する者の出頭を求めて公開による意見の聴取を行い、かつ、建築審査会の同意を得なければならない。ただし、前各項のただし書の規定による許可を受けた建築物の増築、改築又は移転（これらのうち、政令で定める場合に限る。）について許可をする場合においては、この限りでない。
16　特定行政庁は、前項の規定による意見の聴取を行う場合においては、その許可しようとする建築物の建築の計画並びに意見の聴取の期日及び場所を期日の3日前までに公告しなければならない。

改正：平成30年法律第67号　　　施行：令和元年6月25日
第48条　（用途地域等）

1　第一種低層住居専用地域内においては、別表第2（い）項に掲げる建築物以外の建築物は、建築してはならない。ただし、特定行政庁が第一種低層住居専用地域における良好な住居の環境を害するおそれがないと認め、又は公益上やむを得ないと認めて許可した場合においては、この限りでない。
2　第二種低層住居専用地域内においては、別表第2（ろ）項に掲げる建築物以外の建築物は、建築してはならない。ただし、特定行政庁が第二種低層住居専用地域における良好な住居の環境を害するおそれがないと認め、又は公益上やむを得ないと認めて許可した場合においては、この限りでない。
3　第一種中高層住居専用地域内においては、別表第2（は）項に掲げる建築物以外の建築物は、建築してはならない。ただし、特定行政庁が第一種中高層住居専用地域における良好な住居の環境を害するおそれがないと認め、又は公益上やむを得ないと認めて許可した場合においては、この限りでない。

法48条 改正：平成30年法律第67号

4　第二種中高層住居専用地域内においては、別表第2（に）項に掲げる建築物は、建築してはならない。ただし、特定行政庁が第二種中高層住居専用地域における良好な住居の環境を害するおそれがないと認め、又は公益上やむを得ないと認めて許可した場合においては、この限りでない。

5　第一種住居地域内においては、別表第2（ほ）項に掲げる建築物は、建築してはならない。ただし、特定行政庁が第一種住居地域における住居の環境を害するおそれがないと認め、又は公益上やむを得ないと認めて許可した場合においては、この限りでない。

6　第二種住居地域内においては、別表第2（へ）項に掲げる建築物は、建築してはならない。ただし、特定行政庁が第二種住居地域における住居の環境を害するおそれがないと認め、又は公益上やむを得ないと認めて許可した場合においては、この限りでない。

7　準住居地域内においては、別表第2（と）項に掲げる建築物は、建築してはならない。ただし、特定行政庁が準住居地域における住居の環境を害するおそれがないと認め、又は公益上やむを得ないと認めて許可した場合においては、この限りでない。

8　田園住居地域内においては、別表第2（ち）項に掲げる建築物以外の建築物は、建築してはならない。ただし、特定行政庁が農業の利便及び田園住居地域における良好な住居の環境を害するおそれがないと認め、又は公益上やむを得ないと認めて許可した場合においては、この限りでない。

9　近隣商業地域内においては、別表第2（り）項に掲げる建築物は、建築してはならない。ただし、特定行政庁が近隣の住宅地の住民に対する日用品の供給を行うことを主たる内容とする商業その他の業務の利便及び当該住宅地の環境を害するおそれがないと認め、又は公益上やむを得ないと認めて許可した場合においては、この限りでない。

10　商業地域内においては、別表第2（ぬ）項に掲げる建築物は、建築してはならない。ただし、特定行政庁が商業の利便を害するおそれがないと認め、又は公益上やむを得ないと認めて許可した場合においては、この限りでない。

11　準工業地域内においては、別表第2（る）項に掲げる建築物は、建築してはならない。ただし、特定行政庁が安全上若しくは防火上の危険の度若しくは衛生上の有害の度が低いと認め、又は公益上やむを得ないと認めて許可した場合においては、この限りでない。

12　工業地域内においては、別表第2（を）項に掲げる建築物は、建築してはならない。ただし、特定行政庁が工業の利便上又は公益上必要と認めて許可した場合においては、この限りでない。

13　工業専用地域内においては、別表第2（わ）項に掲げる建築物は、建築してはならない。ただし、特定行政庁が工業の利便を害するおそれがないと認め、又は公益上やむを得ないと認めて許可した場合においては、この限りでない。

14　第一種低層住居専用地域、第二種低層住居専用地域、第一種中高層住居専用地域、第二種中高層住居専用地域、第一種住居地域、第二種住居地域、準住居地域、田園住居地域、近隣商業地域、商業地域、準工業地域、工業地域又は工業専用地域（以下「用途地域」と総称する。）の指定のない区域（都市計画法第7条第1項に規定する市街化調整区域を除く。）内においては、別表第2（か）項に掲げる建築物は、建築してはならない。ただし、特定行政庁が当該区域における適正かつ合理的な土地利用及び環境の保全を図る上で支障がないと認め、又は公益上やむを得ないと認めて許可した場合においては、この限りでない。

15　特定行政庁は、前各項のただし書の規定による許可（次項において「特例許可」という。）をする場合においては、あらかじめ、その許可に利害関係を有する者の出頭を求めて公開により意見を聴取し、かつ、建築審査会の同意を得なければならない。

16　前項の規定にかかわらず、特定行政庁は、第一号に該当する場合においては同項の規定による意見の聴取及び同意の取得を要せず、第二号に該当する場合においては同項の規定による同意の取得を要しない。
　一　特例許可を受けた建築物の増築、改築又は移転（これらのうち、政令で定める場合に限る。）について特例許可をする場合
　二　日常生活に必要な政令で定める建築物で、騒音又は振動の発生その他の事象による住居の環境の悪化を防止するために必要な国土交通省令で定める措置が講じられているものの建築について特例許可（第1項から第7項までの規定のただし書の規定によるものに限る。）をする場合

17　特定行政庁は、第15項の規定により意見を聴取する場合においては、その許可しようとする建築物の建築の計画並びに意見の聴取の期日及び場所を期日の3日前までに公告しなければならない。

[現行] 第49条 （特別用途地区）

制定：昭和25年法律第201号　　　施行：昭和25年11月23日
（第1項及び第2項中地区の指定に関する規定は、昭和25年10月25日）
旧　第52条　（特別用途地区）

> 1　建設大臣は、都市計画上必要があると認める場合においては、都市計画法の定める手続によつて、都市計画の施設として、用途地域内に、特別工業地区、文教地区その他政令で定める特別用途地区を指定することができる。
> 2　第48条第2項の規定は、前項の規定による指定をする場合に準用する。
> 3　特別用途地区内においては、第49条並びに第50条第2項及び第4項の規定に定めるものを除く外、その地区の指定の目的のためにする建築物の建築の制限又は禁止に関して必要な規定は、地方公共団体の条例で定める。

改正：昭和34年法律第156号　　　施行：昭和34年12月23日
旧　第52条　（特別用途地区）

> 1・2　略
> 3　特別用途地区内においては、<u>第49条第1項から第4項まで</u>並びに第50条第2項及び第4項の規定に定めるものを除く外、その地区の指定の目的のためにする建築物の建築の制限又は禁止に関して必要な規定は、地方公共団体の条例で定める。
> <u>4　特別用途地区内においては、地方公共団体は、その地区の指定の目的のために必要と認める場合においては、建設大臣の承認を得て、条例で、第49条第1項から第4項まで又は第50条第2項若しくは第4項の規定による制限を緩和することができる。</u>

改正：昭和43年法律第101号　　　施行：昭和44年6月14日
旧　第52条　（特別用途地区）

> <u>1</u>　特別用途地区内においては、第49条第1項から第4項まで<u>及び第50条の規定</u>に定めるものを除く外、その地区の指定の目的のためにする建築物の建築の制限又は禁止に関して必要な規定は、地方公共団体の条例で定める。
> <u>2</u>　特別用途地区内においては、地方公共団体は、その地区の指定の目的のために必要と認める場合においては、建設大臣の承認を得て、条例で、第49条第1項から第4項まで又は<u>第50条の規定</u>による制限を緩和することができる。

改正：昭和45年法律第109号　　　施行：昭和46年1月1日
第49条　（特別用途地区）

> 1　特別用途地区内においては、<u>前条第1項から第8項まで</u>に定めるものを<u>除くほか</u>、その地区の指定の目的のためにする建築物の建築の制限又は禁止に関して必要な規定は、地方公共団体の条例で定める。
> 2　特別用途地区内においては、地方公共団体は、その地区の指定の目的のために必要と認める場合においては、建設大臣の承認を得て、条例で、<u>前条第1項から第8項までの規定</u>による制限を緩和することができる。

改正：平成4年法律第82号　　　施行：平成5年6月25日
第49条　（特別用途地区）

> 1　特別用途地区内においては、前条第1項から<u>第12項</u>までに定めるものを除くほか、その地区の指定の目的のためにする建築物の建築の制限又は禁止に関して必要な規定は、地方公共団体の条例で定める。
> 2　特別用途地区内においては、地方公共団体は、その地区の指定の目的のために必要と認める場合においては、建設大臣の承認を得て、条例で、前条第1項から<u>第12項</u>までの規定による制限を緩和することができ

法49条 改正：平成4年法律第82号

改正：平成11年法律第160号　　　施行：平成13年1月6日
第49条　（特別用途地区）

1　略
2　特別用途地区内においては、地方公共団体は、その地区の指定の目的のために必要と認める場合においては、国土交通大臣の承認を得て、条例で、前条第1項から第12項までの規定による制限を緩和することができる。

改正：平成29年法律第26号　　　施行：平成30年4月1日
第49条　（特別用途地区）

1　特別用途地区内においては、前条第1項から第13項までに定めるものを除くほか、その地区の指定の目的のためにする建築物の建築の制限又は禁止に関して必要な規定は、地方公共団体の条例で定める。
2　特別用途地区内においては、地方公共団体は、その地区の指定の目的のために必要と認める場合においては、国土交通大臣の承認を得て、条例で、前条第1項から第13項までの規定による制限を緩和することができる。

[現行]　第49条の2　（特定用途制限地域）

制定：平成12年法律第73号　　　施行：平成13年5月18日
第49条の2　（特定用途制限地域）

1　特定用途制限地域内における建築物の用途の制限は、当該特定用途制限地域に関する都市計画に即し、政令で定める基準に従い、地方公共団体の条例で定める。

[現行]　第50条　（用途地域等における建築物の敷地、構造又は建築設備に対する制限）

制定：昭和34年法律第156号　　　施行：昭和34年12月23日
旧　**第53条　（用途地域等における建築物の敷地、構造又は建築設備に対する制限）**

1　用途地域、住居専用地区若しくは工業専用地区又は特別用途地区内における建築物の敷地、構造又は建築設備に関する制限で当該地域又は地区の指定の目的のために必要なものは、地方公共団体の条例で定める。

改正：昭和43年法律第101号　　　施行：昭和44年6月14日
旧　**第53条　（用途地域等における建築物の敷地、構造又は建築設備に対する制限）**

1　住居地域、商業地域、準工業地域若しくは工業地域（以下第55条第1項において「用途地域」と総称する。）、住居専用地区若しくは工業専用地区又は特別用途地区内における建築物の敷地、構造又は建築設備に関する制限で当該地域又は地区の指定の目的のために必要なものは、地方公共団体の条例で定める。

改正：昭和45年法律第109号　　　施行：昭和46年1月1日
第50条　（用途地域等における建築物の敷地、構造又は建築設備に対する制限）

1　第一種住居専用地域、第二種住居専用地域、住居地域、近隣商業地域、商業地域、準工業地域、工業地域若しくは工業専用地域（以下「用途地域」と総称する。）又は特別用途地区内における建築物の敷地、構造又は建築設備に関する制限で当該地域又は地区の指定の目的のために必要なものは、地方公共団体の条例で定める。

改正：令和2年法律第43号 **法50条**

改正：平成４年法律第82号　　　施行：平成５年６月25日
第50条　（用途地域等における建築物の敷地、構造又は建築設備に対する制限）

1　<u>第一種低層住居専用地域、第二種低層住居専用地域、第一種中高層住居専用地域、第二種中高層住居専用地域、第一種住居地域、第二種住居地域、準住居地域</u>、近隣商業地域、商業地域、準工業地域、工業地域若しくは工業専用地域（以下「用途地域」と総称する。）又は特別用途地区内における建築物の敷地、構造又は建築設備に関する制限で当該地域又は地区の指定の目的のために必要なものは、地方公共団体の条例で定める。

改正：平成12年法律第73号　　　施行：平成13年５月18日
第50条　（用途地域等における建築物の敷地、構造又は建築設備に対する制限）

1　第一種低層住居専用地域、第二種低層住居専用地域、第一種中高層住居専用地域、第二種中高層住居専用地域、第一種住居地域、第二種住居地域、準住居地域、近隣商業地域、商業地域、準工業地域、工業地域若しくは工業専用地域（以下「用途地域」と総称する。）、<u>特別用途地区又は特定用途制限地域</u>内における建築物の敷地、構造又は建築設備に関する制限で当該地域又は地区の指定の目的のために必要なものは、地方公共団体の条例で定める。

改正：平成14年法律第22号　　　施行：平成14年６月１日
第50条　（用途地域等における建築物の敷地、構造又は建築設備に対する制限）

1　第一種低層住居専用地域、第二種低層住居専用地域、第一種中高層住居専用地域、第二種中高層住居専用地域、第一種住居地域、第二種住居地域、準住居地域、近隣商業地域、商業地域、準工業地域、工業地域若しくは工業専用地域（以下「用途地域」と総称する。）、特別用途地区<u>、特定用途制限地域又は都市再生特別地区</u>内における建築物の敷地、構造又は建築設備に関する制限で当該地域又は地区の指定の目的のために必要なものは、地方公共団体の条例で定める。

改正：平成18年法律第46号　　　施行：平成19年11月30日
第50条　（用途地域等における建築物の敷地、構造又は建築設備に対する制限）

1　<u>用途地域、</u>特別用途地区、特定用途制限地域又は都市再生特別地区内における建築物の敷地、構造又は建築設備に関する制限で当該地域又は地区の指定の目的のために必要なものは、地方公共団体の条例で定める。

改正：平成26年法律第39号　　　施行：平成26年８月１日
第50条　（用途地域等における建築物の敷地、構造又は建築設備に対する制限）

1　用途地域、特別用途地区、特定用途制限地域<u>、都市再生特別地区又は特定用途誘導地区</u>内における建築物の敷地、構造又は建築設備に関する制限で当該地域又は地区の指定の目的のために必要なものは、地方公共団体の条例で定める。

改正：令和２年法律第43号　　　施行：令和２年９月７日
第50条　（用途地域等における建築物の敷地、構造又は建築設備に対する制限）

1　用途地域、特別用途地区、特定用途制限地域、都市再生特別地区<u>、居住環境向上用途誘導地区</u>又は特定用途誘導地区内における建築物の敷地、構造又は建築設備に関する制限で当該地域又は地区の指定の目的のために必要なものは、地方公共団体の条例で定める。

建築基準法　条文改正経過

法旧53条　制定：昭和25年法律第201号

[現行]　第51条　（卸売市場等の用途に供する特殊建築物の位置）

制定：昭和25年法律第201号　　施行：昭和25年11月23日
旧　第53条　（特殊建築物の位置）

1　火葬場、と殺場、卸売市場、伝染病院、ごみ焼却場又は汚物処理場の用途に供する建築物は、その敷地の位置について特定行政庁の許可を受けなければ、建築してはならない。但し、都市計画の施設としてその位置が決定しているものについては、この限りでない。
2　特定行政庁は、都市計画上支障があると認める場合においては、前項の許可をしないことができる。

改正：昭和28年法律第114号　　施行：昭和28年8月1日
旧　第53条　（特殊建築物の位置）

1　火葬場、と畜場、卸売市場、伝染病院、ごみ焼却場又は汚物処理場の用途に供する建築物は、その敷地の位置について特定行政庁の許可を受けなければ、建築してはならない。但し、都市計画の施設としてその位置が決定しているものについては、この限りでない。
2　特定行政庁は、都市計画上支障があると認める場合においては、前項の許可をしないことができる。

改正：昭和34年法律第156号　　施行：昭和34年12月23日
旧　第54条　（卸売市場等の用途に供する特殊建築物の位置）

1　卸売市場、と畜場、火葬場、汚物処理場又はごみ焼却場の用途に供する建築物は、都市計画の施設としてその敷地の位置が決定しているものでなければ、新築し、又は増築してはならない。ただし、特定行政庁が都市計画審議会の議を経てその敷地の位置が都市計画上支障がないと認めて許可した場合又は政令で定める規模の範囲内において新築し、若しくは増築する場合においては、この限りでない。

改正：昭和43年法律第101号　　施行：昭和44年6月14日
旧　第54条　（卸売市場等の用途に供する特殊建築物の位置）

1　卸売市場、と畜場、火葬場、汚物処理場又はごみ焼却場の用途に供する建築物は、都市計画においてその敷地の位置が決定しているものでなければ、新築し、又は増築してはならない。ただし、特定行政庁が都市計画地方審議会の議を経てその敷地の位置が都市計画上支障がないと認めて許可した場合又は政令で定める規模の範囲内において新築し、若しくは増築する場合においては、この限りでない。

改正：昭和45年法律第109号　　施行：昭和46年1月1日
第51条　（卸売市場等の用途に供する特殊建築物の位置）

略

改正：昭和45年法律第137号　　施行：昭和46年9月24日
第51条　（卸売市場等の用途に供する特殊建築物の位置）

1　卸売市場、火葬場又はと畜場、汚物処理場、ごみ焼却場その他の処理施設の用途に供する建築物は、都市計画においてその敷地の位置が決定しているものでなければ、新築し、又は増築してはならない。ただし、特定行政庁が都市計画地方審議会の議を経てその敷地の位置が都市計画上支障がないと認めて許可した場合又は政令で定める規模の範囲内において新築し、若しくは増築する場合においては、この限りでない。

改正：平成11年法律第87号　　施行：平成12年4月1日
第51条　（卸売市場等の用途に供する特殊建築物の位置）

1　卸売市場、火葬場又はと畜場、汚物処理場、ごみ焼却場その他の処理施設の用途に供する建築物は、都市

計画においてその敷地の位置が決定しているものでなければ、新築し、又は増築してはならない。ただし、特定行政庁が都道府県都市計画審議会（その敷地の位置を都市計画に定めるべき者が市町村であり、かつ、その敷地が所在する市町村に市町村都市計画審議会が置かれている場合にあつては、当該市町村都市計画審議会）の議を経てその敷地の位置が都市計画上支障がないと認めて許可した場合又は政令で定める規模の範囲内において新築し、若しくは増築する場合においては、この限りでない。

改正：平成12年法律第73号　　　施行：平成13年５月18日
第51条　（卸売市場等の用途に供する特殊建築物の位置）

1　都市計画区域内においては、卸売市場、火葬場又はと畜場、汚物処理場、ごみ焼却場その他の処理施設の用途に供する建築物は、都市計画においてその敷地の位置が決定しているものでなければ、新築し、又は増築してはならない。ただし、特定行政庁が都道府県都市計画審議会（その敷地の位置を都市計画に定めるべき者が市町村であり、かつ、その敷地が所在する市町村に市町村都市計画審議会が置かれている場合にあつては、当該市町村都市計画審議会）の議を経てその敷地の位置が都市計画上支障がないと認めて許可した場合又は政令で定める規模の範囲内において新築し、若しくは増築する場合においては、この限りでない。

改正：平成16年法律第67号　　　施行：平成16年７月１日
第51条　（卸売市場等の用途に供する特殊建築物の位置）

1　都市計画区域内においては、卸売市場、火葬場又はと畜場、汚物処理場、ごみ焼却場その他政令で定める処理施設の用途に供する建築物は、都市計画においてその敷地の位置が決定しているものでなければ、新築し、又は増築してはならない。ただし、特定行政庁が都道府県都市計画審議会（その敷地の位置を都市計画に定めるべき者が市町村であり、かつ、その敷地が所在する市町村に市町村都市計画審議会が置かれている場合にあつては、当該市町村都市計画審議会）の議を経てその敷地の位置が都市計画上支障がないと認めて許可した場合又は政令で定める規模の範囲内において新築し、若しくは増築する場合においては、この限りでない。

[現行]　第４節　建築物の敷地及び構造

（制定：昭和25年法律第201号）　　旧　第５章　建築物の面積、高さ及び敷地内の空地
（改正：昭和34年法律第156号）　　第４節　建築物の面積、高さ及び敷地内の空地
（改正：平成12年法律第73号）　　　第４節　建築物の敷地及び構造

[現行]　第52条　（容積率）

制定：昭和45年法律第109号　　　施行：昭和46年１月１日
第52条　（延べ面積の敷地面積に対する割合）

1　建築物の延べ面積（同一敷地内に２以上の建築物がある場合においては、その延べ面積の合計。以下この節において同じ。）の敷地面積に対する割合は、次の各号に掲げる区分に従い、当該各号に掲げる数値以下であり、かつ、当該建築物の前面道路（前面道路が２以上あるときは、その幅員の最大のもの。以下この項において同じ。）が12m未満である場合においては、当該前面道路の幅員のメートルの数値に10分の６を乗じたもの以下でなければならない。
一　第一種住居専用地域内の建築物
　　10分の５、10分の６、10分の８、10分の10、10分の15又は10分の20のうち当該地域に関する都市計画において定められたもの
二　第二種住居専用地域、住居地域、近隣商業地域、準工業地域、工業地域又は工業専用地域内の建築物
　　10分の20、10分の30又は10分の40のうち当該地域に関する都市計画において定められたもの
三　商業地域内の建築物
　　10分の40、10分の50、10分の60、10分の70、10分の80、10分の90又は10分の100のうち当該地域に関

法52条 制定：昭和45年法律第109号

する都市計画において定められたもの
　四　用途地域の指定のない区域内の建築物
　　　10分の40
2　建築物の敷地が都市計画において定められた計画道路（第42条第1項第四号に該当するものを除くものとし、以下この項において「計画道路」という。）に接する場合又は当該敷地内に計画道路がある場合において、特定行政庁が交通上、安全上、防火上及び衛生上支障がないと認めて許可した建築物については、当該計画道路を前項の前面道路とみなして、同項の規定を適用するものとする。この場合において、同項中「敷地面積」とあるのは、「敷地のうち計画道路（第42条第1項第四号に該当するものを除く。）に係る部分を除いた部分の面積」とする。
3　次の各号の一に該当する建築物で、特定行政庁が交通上、安全上、防火上及び衛生上支障がないと認めて許可したものの延べ面積の敷地面積に対する割合は、第1項の規定にかかわらず、その許可の範囲内において、同項の規定による限度をこえるものとすることができる。
　一　同一敷地内の建築物の機械室その他これに類する部分の床面積の合計の建築物の延べ面積に対する割合が著しく大きい場合におけるその敷地内の建築物
　二　その敷地の周囲に広い公園、広場、道路その他の空地を有する建築物
　三　その敷地内に政令で定める空地を有し、かつ、その敷地面積が政令で定める規模以上である建築物
4　第44条第2項の規定は、前2項の規定による許可をする場合に準用する。

改正：昭和51年法律第83号　　　施行：昭和52年11月1日
第52条　（延べ面積の敷地面積に対する割合）

1　建築物の延べ面積（同一敷地内に2以上の建築物がある場合においては、その延べ面積の合計。以下この節において同じ。）の敷地面積に対する割合は、次の各号に掲げる区分に従い、当該各号に掲げる数値以下であり、かつ、当該建築物の前面道路（前面道路が2以上あるときは、その幅員の最大のもの。以下この項において同じ。）の幅員が12m未満である場合においては、当該前面道路の幅員のメートルの数値に、第一種住居専用地域、第二種住居専用地域若しくは住居地域又は特定行政庁が都市計画地方審議会の議を経て指定する区域内にある建築物にあつては10分の4を、その他の建築物にあつては10分の6を乗じたもの以下でなければならない。
　一　略
　二　第二種住居専用地域内の建築物
　　　10分の10、10分の15、10分の20又は10分の30のうち当該地域に関する都市計画において定められたもの
　三　住居地域、近隣商業地域、準工業地域、工業地域又は工業専用地域内の建築物
　　　10分の20、10分の30又は10分の40のうち当該地域に関する都市計画において定められたもの
　四　商業地域内の建築物
　　　10分の40、10分の50、10分の60、10分の70、10分の80、10分の90又は10分の100のうち当該地域に関する都市計画において定められたもの
　五　用途地域の指定のない区域内の建築物
　　　10分の40
2　建築物の敷地が前項の規定による建築物の延べ面積の敷地面積に対する割合に関する制限を受ける地域又は区域の2以上にわたる場合においては、当該建築物の延べ面積の敷地面積に対する割合は、同項の規定による当該各地域又は区域内の建築物の延べ面積の敷地面積に対する割合の限度にその敷地の当該地域又は区域内にある各部分の面積の敷地面積に対する割合を乗じて得たものの合計以下でなければならない。
3　建築物の敷地が都市計画において定められた計画道路（第42条第1項第四号に該当するものを除くものとし、以下この項において「計画道路」という。）に接する場合又は当該敷地内に計画道路がある場合において、特定行政庁が交通上、安全上、防火上及び衛生上支障がないと認めて許可した建築物については、当該計画道路を第1項の前面道路とみなして、前2項の規定を適用するものとする。この場合においては、当該敷地のうち計画道路に係る部分の面積は、敷地面積又は敷地の部分の面積に算入しないものとする。
4　次の各号の一に該当する建築物で、特定行政庁が交通上、安全上、防火上及び衛生上支障がないと認めて許可したものの延べ面積の敷地面積に対する割合は、第1項及び第2項の規定にかかわらず、その許可の範

囲内において、これらの規定による限度を超えるものとすることができる。
一　同一敷地内の建築物の機械室その他これに類する部分の床面積の合計の建築物の延べ面積に対する割合が著しく大きい場合におけるその敷地内の建築物
二　その敷地の周囲に広い公園、広場、道路その他の空地を有する建築物
5　第44条第2項の規定は、前2項の規定による許可をする場合に準用する。

改正：昭和62年法律第66号　　施行：昭和62年11月16日
第52条　（延べ面積の敷地面積に対する割合）

1・2　略
3　建築物の敷地が、幅員15m以上の道路（以下この項において「特定道路」という。）に接続する幅員6m以上12m未満の前面道路のうち当該特定道路からの延長が70m以内の部分において接する場合における当該建築物に対する前2項の規定の適用については、第1項中「幅員」とあるのは、「幅員（第3項の特定道路に接続する同項の前面道路のうち当該特定道路からの延長が70m以内の部分にあつては、その幅員に、当該特定道路から当該建築物の敷地が接する当該前面道路の部分までの延長に応じて政令で定める数値を加えたもの）」とする。
4　建築物の敷地が都市計画において定められた計画道路（第42条第1項第四号に該当するものを除くものとし、以下この項において「計画道路」という。）に接する場合又は当該敷地内に計画道路がある場合において、特定行政庁が交通上、安全上、防火上及び衛生上支障がないと認めて許可した建築物については、当該計画道路を第1項の前面道路とみなして、前3項の規定を適用するものとする。この場合においては、当該敷地のうち計画道路に係る部分の面積は、敷地面積又は敷地の部分の面積に算入しないものとする。
5　前面道路の境界線又はその反対側の境界線からそれぞれ後退して壁面線の指定がある場合において、特定行政庁が次に掲げる基準に適合すると認めて許可した建築物については、当該前面道路の境界線又はその反対側の境界線は、それぞれ当該壁面線にあるものとみなして、第1項から第3項までの規定を適用するものとする。この場合においては、当該建築物の敷地のうち前面道路と壁面線との間の部分の面積は、敷地面積又は敷地の部分の面積に算入しないものとする。
一　当該建築物がある街区内における土地利用の状況等からみて、その街区内において、前面道路と壁面線との間の敷地の部分が当該前面道路と一体的かつ連続的に有効な空地として確保されており、又は確保されることが確実と見込まれること。
二　交通上、安全上、防火上及び衛生上支障がないこと。
6　次の各号の一に該当する建築物で、特定行政庁が交通上、安全上、防火上及び衛生上支障がないと認めて許可したものの延べ面積の敷地面積に対する割合は、第1項から第3項までの規定にかかわらず、その許可の範囲内において、これらの規定による限度を超えるものとすることができる。
一　同一敷地内の建築物の機械室その他これに類する部分の床面積の合計の建築物の延べ面積に対する割合が著しく大きい場合におけるその敷地内の建築物
二　その敷地の周囲に広い公園、広場、道路その他の空地を有する建築物
7　第44条第2項の規定は、前3項の規定による許可をする場合に準用する。

改正：平成4年法律第82号　　施行：平成5年6月25日
第52条　（延べ面積の敷地面積に対する割合）

1　建築物の延べ面積（同一敷地内に2以上の建築物がある場合においては、その延べ面積の合計。以下この節において同じ。）の敷地面積に対する割合は、次の各号に掲げる区分に従い、当該各号に掲げる数値以下であり、かつ、当該建築物の前面道路（前面道路が2以上あるときは、その幅員の最大のもの。以下この項において同じ。）の幅員が12m未満である場合においては、当該前面道路の幅員のメートルの数値に、第一種低層住居専用地域、第二種低層住居専用地域、第一種中高層住居専用地域、第二種中高層住居専用地域、第一種住居地域、第二種住居地域若しくは準住居地域又は特定行政庁が都市計画地方審議会の議を経て指定する区域内にある建築物にあつては10分の4を、その他の建築物にあつては10分の6を乗じたもの以下でなければならない。
一　第一種低層住居専用地域又は第二種低層住居専用地域内の建築物

法52条 改正：平成4年法律第82号

　　　10分の5、10分の6、10分の8、10分の10、10分の15又は10分の20のうち当該地域に関する都市計画において定められたもの
　二　第一種中高層住居専用地域又は第二種中高層住居専用地域内の建築物
　　　10分の10、10分の15、10分の20又は10分の30のうち当該地域に関する都市計画において定められたもの
　三　第一種住居地域、第二種住居地域、準住居地域、近隣商業地域、準工業地域、工業地域又は工業専用地域内の建築物
　　　10分の20、10分の30又は10分の40のうち当該地域に関する都市計画において定められたもの
　四　商業地域内の建築物
　　　10分の20、10分の30、10分の40、10分の50、10分の60、10分の70、10分の80、10分の90又は10分の100のうち当該地域に関する都市計画において定められたもの
　五　用途地域の指定のない区域内の建築物
　　　10分の40（特定行政庁が都市計画地方審議会の議を経て指定する区域内にある建築物にあつては、10分の10、10分の20又は10分の30のうち特定行政庁が都市計画地方審議会の議を経て定めるもの）
2〜7　略

改正：平成6年法律第62号　　　施行：平成6年6月29日
第52条　（延べ面積の敷地面積に対する割合）

1　略
2　前項、第4項及び第8項、第59条第1項及び第3項、第59条の2第1項、第60条第1項、第68条の3（第2項第一号イ並びに第3項ただし書及び第二号ロを除く。）、第68条の4第1項、第68条の5第1項、第68条の8、第68条の9並びに第86条第9項に規定する建築物の延べ面積（第59条第1項及び第68条の9に規定するものについては、建築物の延べ面積の敷地面積に対する割合の最高限度に係る場合に限る。）には、建築物の地階でその天井が地盤面からの高さ1m以下にあるものの住宅の用途に供する部分の床面積（当該床面積が当該建築物の住宅の用途に供する部分の床面積の合計の3分の1を超える場合においては、当該建築物の住宅の用途に供する部分の床面積の合計の3分の1）は、算入しないものとする。
3　前項の地盤面とは、建築物が周囲の地面と接する位置の平均の高さにおける水平面をいい、その接する位置の高低差が3mを超える場合においては、その高低差3m以内ごとの平均の高さにおける水平面をいう。
4　建築物の敷地が第1項の規定による建築物の延べ面積の敷地面積に対する割合に関する制限を受ける地域又は区域の2以上にわたる場合においては、当該建築物の延べ面積の敷地面積に対する割合は、同項の規定による当該各地域又は区域内の建築物の延べ面積の敷地面積に対する割合の限度にその敷地の当該地域又は区域内にある各部分の面積の敷地面積に対する割合を乗じて得たものの合計以下でなければならない。
5　建築物の敷地が、幅員15m以上の道路（以下この項において「特定道路」という。）に接続する幅員6m以上12m未満の前面道路のうち当該特定道路からの延長が70m以内の部分において接する場合における当該建築物に対する前各項の規定の適用については、第1項中「幅員」とあるのは、「幅員（第5項の特定道路に接続する同項の前面道路のうち当該特定道路からの延長が70m以内の部分にあつては、その幅員に、当該特定道路から当該建築物の敷地が接する当該前面道路の部分までの延長に応じて政令で定める数値を加えたもの）」とする。
6　建築物の敷地が都市計画において定められた計画道路（第42条第1項第四号に該当するものを除くものとし、以下この項において「計画道路」という。）に接する場合又は当該敷地内に計画道路がある場合において、特定行政庁が交通上、安全上、防火上及び衛生上支障がないと認めて許可した建築物については、当該計画道路を第1項の前面道路とみなして、前各項の規定を適用するものとする。この場合においては、当該敷地のうち計画道路に係る部分の面積は、敷地面積又は敷地の部分の面積に算入しないものとする。
7　前面道路の境界線又はその反対側の境界線からそれぞれ後退して壁面線の指定がある場合において、特定行政庁が次に掲げる基準に適合すると認めて許可した建築物については、当該前面道路の境界線又はその反対側の境界線は、それぞれ当該壁面線にあるものとみなして、第1項から第5項までの規定を適用するものとする。この場合においては、当該建築物の敷地のうち前面道路と壁面線との間の部分の面積は、敷地面積又は敷地の部分の面積に算入しないものとする。

一　当該建築物がある街区内における土地利用の状況等からみて、その街区内において、前面道路と壁面線との間の敷地の部分が当該前面道路と一体的かつ連続的に有効な空地として確保されており、又は確保されることが確実と見込まれること。
　二　交通上、安全上、防火上及び衛生上支障がないこと。
8　次の各号の一に該当する建築物で、特定行政庁が交通上、安全上、防火上及び衛生上支障がないと認めて許可したものの延べ面積の敷地面積に対する割合は、第1項から<u>第5項</u>までの規定にかかわらず、その許可の範囲内において、これらの規定による限度を超えるものとすることができる。
　一　同一敷地内の建築物の機械室その他これに類する部分の床面積の合計の建築物の延べ面積に対する割合が著しく大きい場合におけるその敷地内の建築物
　二　その敷地の周囲に広い公園、広場、道路その他の空地を有する建築物
9　第44条第2項の規定は、前3項の規定による許可をする場合に準用する。

改正：平成7年法律第13号　　　施行：平成7年5月25日
第52条　（延べ面積の敷地面積に対する割合）

1　建築物の延べ面積（同一敷地内に2以上の建築物がある場合においては、その延べ面積の合計。以下この節において同じ。）の敷地面積に対する割合は、次の各号に掲げる区分に従い、当該各号に掲げる数値以下であり、かつ、当該建築物の前面道路（前面道路が2以上あるときは、その幅員の最大のもの。以下<u>この項及び第8項ただし書</u>において同じ。）の幅員が12m未満である場合においては、当該前面道路の幅員のメートルの数値に、第一種低層住居専用地域、第二種低層住居専用地域、第一種中高層住居専用地域、第二種中高層住居専用地域、第一種住居地域、第二種住居地域若しくは準住居地域又は特定行政庁が都市計画地方審議会の議を経て指定する区域内にある建築物にあつては10分の4を、その他の建築物にあつては10分の6を乗じたもの以下でなければならない。
　一～五　略
2　前項、第4項、<u>第8項及び第10項</u>、第59条第1項及び第3項、第59条の2第1項、第60条第1項、第68条の3（第2項第一号イ並びに第3項ただし書及び第二号ロを除く。）、第68条の4第1項、第68条の5第1項、第68条の8、第68条の9並びに第86条第9項に規定する建築物の延べ面積（第59条第1項及び第68条の9に規定するものについては、建築物の延べ面積の敷地面積に対する割合の最高限度に係る場合に限る。）には、建築物の地階でその天井が地盤面からの高さ1m以下にあるものの住宅の用途に供する部分の床面積（当該床面積が当該建築物の住宅の用途に供する部分の床面積の合計の3分の1を超える場合においては、当該建築物の住宅の用途に供する部分の床面積の合計の3分の1）は、算入しないものとする。
3～7　略
8　<u>第一種低層住居専用地域、第二種低層住居専用地域、第一種中高層住居専用地域、第二種中高層住居専用地域、第一種住居地域、第二種住居地域若しくは準住居地域又は第1項各号列記以外の部分の規定に基づき特定行政庁が都市計画地方審議会の議を経て指定する区域内で、前面道路の境界線から後退して壁面線の指定がある場合又は第68条の2第1項の規定に基づく条例で定める壁面の位置の制限（道路に面する建築物の壁又はこれに代わる柱の位置及び道路に面する高さ2mを超える門又は塀の位置を制限するものに限る。）がある場合において、当該壁面線又は当該壁面の位置の制限として定められた限度の線（以下この項及び次項において「壁面線等」という。）を越えない建築物（ひさしその他の建築物の部分で政令で定めるものを除く。）については、当該前面道路の境界線は、当該壁面線等にあるものとみなして、第1項から第5項までの規定を適用することができる。ただし、建築物の延べ面積の敷地面積に対する割合は、当該前面道路の幅員のメートルの数値に10分の6を乗じたもの以下でなければならない。</u>
9　<u>前項の場合においては、当該建築物の敷地のうち前面道路と壁面線等との間の部分の面積は、敷地面積又は敷地の部分の面積に算入しないものとする。</u>
10　次の各号の一に該当する建築物で、特定行政庁が交通上、安全上、防火上及び衛生上支障がないと認めて許可したものの延べ面積の敷地面積に対する割合は、第1項から第5項までの規定にかかわらず、その許可の範囲内において、これらの規定による限度を超えるものとすることができる。
　一　同一敷地内の建築物の機械室その他これに類する部分の床面積の合計の建築物の延べ面積に対する割合が著しく大きい場合におけるその敷地内の建築物
　二　その敷地の周囲に広い公園、広場、道路その他の空地を有する建築物

法52条　改正：平成7年法律第13号

<u>11</u>　第44条第2項の規定は、<u>第6項、第7項又は前項</u>の規定による許可をする場合に準用する。

改正：平成9年法律第79号　　　　施行：平成9年9月1日
第52条　（延べ面積の敷地面積に対する割合）

1　建築物の延べ面積（同一敷地内に2以上の建築物がある場合においては、その延べ面積の合計。以下この節において同じ。）の敷地面積に対する割合は、次の各号に掲げる区分に従い、当該各号に掲げる数値以下であり、かつ、当該建築物の前面道路（前面道路が2以上あるときは、その幅員の最大のもの。以下この項及び<u>第9項</u>ただし書において同じ。）の幅員が12m未満である場合においては、当該前面道路の幅員のメートルの数値に、第一種低層住居専用地域、第二種低層住居専用地域、第一種中高層住居専用地域<u>若しくは第二種中高層住居専用地域内の建築物、第一種住居地域、第二種住居地域若しくは準住居地域内の建築物（第五号に掲げる建築物を除く。）</u>又は特定行政庁が都市計画地方審議会の議を経て指定する<u>区域内の建築物</u>にあつては10分の4を、その他の建築物にあつては10分の6を乗じたもの以下でなければならない。ただし、当該建築物が第五号に掲げる建築物である場合において、次項の規定により建築物の延べ面積の算定に当たりその床面積が当該建築物の延べ面積に算入されない部分を有するときは、当該部分の床面積を含む当該建築物の延べ面積の敷地面積に対する割合は、当該建築物がある第一種住居地域、第二種住居地域、準住居地域、近隣商業地域又は準工業地域に関する都市計画において定められた第三号に掲げる数値の1.5倍以下でなければならない。

　　一・二　略
　　三　第一種住居地域、第二種住居地域、準住居地域、近隣商業地域若しくは準工業地域内の建築物（第五号に掲げる建築物を除く。）又は工業地域若しくは工業専用地域内の建築物
　　　　　10分の20、10分の30又は10分の40のうち当該地域に関する都市計画において定められたもの
　　四　略
　　五　高層住居誘導地区内の建築物であつて、その住宅の用途に供する部分の床面積の合計がその延べ面積の3分の2以上であるもの（当該高層住居誘導地区に関する都市計画において建築物の敷地面積の最低限度が定められたときは、その敷地面積が当該最低限度以上のものに限る。第56条第1項第二号ハ及び別表第3の4の項において同じ。）
　　　　　当該建築物がある第一種住居地域、第二種住居地域、準住居地域、近隣商業地域又は準工業地域に関する都市計画において定められた第三号に掲げる数値から、その1.5倍以下で当該建築物の住宅の用途に供する部分の床面積の合計のその延べ面積に対する割合に応じて政令で定める方法により算出した数値までの範囲内で、当該高層住居誘導地区に関する都市計画において定められたもの
　　六　用途地域の指定のない区域内の建築物
　　　　　10分の40（特定行政庁が都市計画地方審議会の議を経て指定する区域内にある建築物にあつては、10分の10、10分の20又は10分の30のうち特定行政庁が都市計画地方審議会の議を経て定めるもの）

2　<u>前項（ただし書及び第五号を除く。）、第5項、第9項及び第11項</u>、第59条第1項及び第3項、第59条の2第1項、第60条第1項、第68条の3（第2項第一号イ並びに第3項ただし書及び第二号ロを除く。）、第68条の4第1項、第68条の5第1項、<u>第68条の5の2（第一号イを除く。第4項において同じ。）</u>、第68条の8、第68条の9並びに第86条第9項に規定する建築物の延べ面積（第59条第1項及び第68条の9に規定するものについては、建築物の延べ面積の敷地面積に対する割合の最高限度に係る場合に<u>限る。第4項において同じ。</u>）には、建築物の地階でその天井が地盤面からの高さ1m以下にあるものの住宅の用途に供する部分の床面積（当該床面積が当該建築物の住宅の用途に供する部分の床面積の合計の3分の1を超える場合においては、当該建築物の住宅の用途に供する部分の床面積の合計の3分の1）は、算入しないものとする。

3　略

4　<u>第1項（第五号を除く。）、次項、第9項及び第11項</u>、第59条第1項及び第3項、第59条の2第1項、第60条第1項、第68条の3（第2項第一号イ及び第3項第二号ロを除く。）、第68条の4第1項、第68条の5第1項、第68条の5の2、第68条の8、第68条の9並びに第86条第9項に規定する建築物の延べ面積には、共同住宅の共用の廊下又は階段の用に供する部分の床面積は、算入しないものとする。

5　建築物の敷地が第1項の規定による建築物の延べ面積の敷地面積に対する割合に関する制限を受ける地域、<u>地区又は区域</u>の2以上にわたる場合においては、当該建築物の延べ面積の敷地面積に対する割合は、同項の規定による当該各地域、<u>地区又は区域</u>内の建築物の延べ面積の敷地面積に対する割合の限度にその敷地

の当該地域、地区又は区域内にある各部分の面積の敷地面積に対する割合を乗じて得たものの合計以下でなければならない。

6　建築物の敷地が、幅員15m以上の道路（以下この項において「特定道路」という。）に接続する幅員6m以上12m未満の前面道路のうち当該特定道路からの延長が70m以内の部分において接する場合における当該建築物に対する前各項の規定の適用については、第1項中「幅員」とあるのは、「幅員（第6項の特定道路に接続する同項の前面道路のうち当該特定道路からの延長が70m以内の部分にあつては、その幅員に、当該特定道路から当該建築物の敷地が接する当該前面道路の部分までの延長に応じて政令で定める数値を加えたもの）」とする。

7　建築物の敷地が都市計画において定められた計画道路（第42条第1項第四号に該当するものを除くものとし、以下この項において「計画道路」という。）に接する場合又は当該敷地内に計画道路がある場合において、特定行政庁が交通上、安全上、防火上及び衛生上支障がないと認めて許可した建築物については、当該計画道路を第1項の前面道路とみなして、前各項の規定を適用するものとする。この場合においては、当該敷地のうち計画道路に係る部分の面積は、敷地面積又は敷地の部分の面積に算入しないものとする。

8　前面道路の境界線又はその反対側の境界線からそれぞれ後退して壁面線の指定がある場合において、特定行政庁が次に掲げる基準に適合すると認めて許可した建築物については、当該前面道路の境界線又はその反対側の境界線は、それぞれ当該壁面線にあるものとみなして、第1項から第6項までの規定を適用するものとする。この場合においては、当該建築物の敷地のうち前面道路と壁面線との間の部分の面積は、敷地面積又は敷地の部分の面積に算入しないものとする。
　一　当該建築物がある街区内における土地利用の状況等からみて、その街区内において、前面道路と壁面線との間の敷地の部分が当該前面道路と一体的かつ連続的に有効な空地として確保されており、又は確保されることが確実と見込まれること。
　二　交通上、安全上、防火上及び衛生上支障がないこと。

9　第一種低層住居専用地域、第二種低層住居専用地域、第一種中高層住居専用地域、第二種中高層住居専用地域、第一種住居地域、第二種住居地域若しくは準住居地域又は第1項各号列記以外の部分の規定に基づき特定行政庁が都市計画地方審議会の議を経て指定する区域内で、前面道路の境界線から後退して壁面線の指定がある場合又は第68条の2第1項の規定に基づく条例で定める壁面の位置の制限（道路に面する建築物の壁又はこれに代わる柱の位置及び道路に面する高さ2mを超える門又は塀の位置を制限するものに限る。）がある場合において、当該壁面線又は当該壁面の位置の制限として定められた限度の線（以下この項及び次項において「壁面線等」という。）を越えない建築物（ひさしその他の建築物の部分で政令で定めるものを除く。）については、当該前面道路の境界線は、当該壁面線等にあるものとみなして、第1項から第6項までの規定を適用することができる。ただし、建築物の延べ面積の敷地面積に対する割合は、当該前面道路の幅員のメートルの数値に10分の6を乗じたもの以下でなければならない。

10　前項の場合においては、当該建築物の敷地のうち前面道路と壁面線等との間の部分の面積は、敷地面積又は敷地の部分の面積に算入しないものとする。

11　次の各号の一に該当する建築物で、特定行政庁が交通上、安全上、防火上及び衛生上支障がないと認めて許可したものの延べ面積の敷地面積に対する割合は、第1項から第6項までの規定にかかわらず、その許可の範囲内において、これらの規定による限度を超えるものとすることができる。
　一　同一敷地内の建築物の機械室その他これに類する部分の床面積の合計の建築物の延べ面積に対する割合が著しく大きい場合におけるその敷地内の建築物
　二　その敷地の周囲に広い公園、広場、道路その他の空地を有する建築物

12　第44条第2項の規定は、第7項、第8項又は前項の規定による許可をする場合に準用する。

改正：平成9年法律第50号　　　施行：平成9年11月8日
第52条　（延べ面積の敷地面積に対する割合）
　1　略
　2　前項（ただし書及び第五号を除く。）、第5項、第9項及び第11項、第59条第1項及び第3項、第59条の2第1項、第60条第1項、第68条の3（第2項第一号イ並びに第3項ただし書及び第二号ロを除く。）、第68条の4第1項、第68条の5第1項、第68条の5の2（第一号イを除く。第4項において同じ。）、第68条の8、第68条の9並びに第86条第10項に規定する建築物の延べ面積（第59条第1項及び第68条の9に規定するもの

についてば、建築物の延べ面積の敷地面積に対する割合の最高限度に係る場合に限る。第4項において同じ。）には、建築物の地階でその天井が地盤面からの高さ1m以下にあるものの住宅の用途に供する部分の床面積（当該床面積が当該建築物の住宅の用途に供する部分の床面積の合計の3分の1を超える場合においては、当該建築物の住宅の用途に供する部分の床面積の合計の3分の1）は、算入しないものとする。
3～12　略

改正：平成10年法律第100号　　　施行：平成11年5月1日
第52条　（延べ面積の敷地面積に対する割合）

1　略
2　前項（ただし書及び第五号を除く。）、第5項、第9項及び第11項、第59条第1項及び第3項、第59条の2第1項、第60条第1項、第68条の3（第2項第一号イ並びに第3項ただし書及び第二号ロを除く。）、第68条の4第1項、第68条の5第1項、第68条の5の2（第一号イを除く。第4項において同じ。）、第68条の8、第68条の9並びに<u>第86条の6第1項</u>に規定する建築物の延べ面積（第59条第1項及び第68条の9に規定するものについては、建築物の延べ面積の敷地面積に対する割合の最高限度に係る場合に限る。第4項において同じ。）には、建築物の地階でその天井が地盤面からの高さ1m以下にあるものの住宅の用途に供する部分の床面積（当該床面積が当該建築物の住宅の用途に供する部分の床面積の合計の3分の1を超える場合においては、当該建築物の住宅の用途に供する部分の床面積の合計の3分の1）は、算入しないものとする。
3　略
4　第1項（第五号を除く。）、次項、第9項及び第11項、第59条第1項及び第3項、第59条の2第1項、第60条第1項、第68条の3（第2項第一号イ及び第3項第二号ロを除く。）、第68条の4第1項、第68条の5第1項、第68条の5の2、第68条の8、第68条の9並びに<u>第86条の6第1項</u>に規定する建築物の延べ面積には、共同住宅の共用の廊下又は階段の用に供する部分の床面積は、算入しないものとする。
5～12　略

改正：平成11年法律第87号　　　施行：平成12年4月1日
第52条　（延べ面積の敷地面積に対する割合）

1　建築物の延べ面積（同一敷地内に2以上の建築物がある場合においては、その延べ面積の合計。以下この節において同じ。）の敷地面積に対する割合は、次の各号に掲げる区分に従い、当該各号に掲げる数値以下であり、かつ、当該建築物の前面道路（前面道路が2以上あるときは、その幅員の最大のもの。以下この項及び第9項ただし書において同じ。）の幅員が12m未満である場合においては、当該前面道路の幅員のメートルの数値に、第一種低層住居専用地域、第二種低層住居専用地域、第一種中高層住居専用地域若しくは第二種中高層住居専用地域内の建築物、第一種住居地域、第二種住居地域若しくは準住居地域内の建築物（第五号に掲げる建築物を除く。）又は特定行政庁が<u>都道府県都市計画審議会</u>の議を経て指定する区域内の建築物にあつては10分の4を、その他の建築物にあつては10分の6を乗じたもの以下でなければならない。ただし、当該建築物が第五号に掲げる建築物である場合において、次項の規定により建築物の延べ面積の算定に当たりその床面積が当該建築物の延べ面積に算入されない部分を有するときは、当該部分の床面積を含む当該建築物の延べ面積の敷地面積に対する割合は、当該建築物がある第一種住居地域、第二種住居地域、準住居地域、近隣商業地域又は準工業地域に関する都市計画において定められた第三号に掲げる数値の1.5倍以下でなければならない。
一～五　略
六　用途地域の指定のない区域内の建築物
　　　10分の40（特定行政庁が<u>都道府県都市計画審議会</u>の議を経て指定する区域内にある建築物にあつては、10分の10、10分の20又は10分の30のうち特定行政庁が<u>都道府県都市計画審議会</u>の議を経て定めるもの）
2～8　略
9　第一種低層住居専用地域、第二種低層住居専用地域、第一種中高層住居専用地域、第二種中高層住居専用地域、第一種住居地域、第二種住居地域若しくは準住居地域又は第1項各号列記以外の部分の規定に基づき特定行政庁が<u>都道府県都市計画審議会</u>の議を経て指定する区域内で、前面道路の境界線から後退して壁面線の指定がある場合又は第68条の2第1項の規定に基づく条例で定める壁面の位置の制限（道路に面する建築

改正：平成12年法律第73号 **法52条**

物の壁又はこれに代わる柱の位置及び道路に面する高さ２ｍを超える門又は塀の位置を制限するものに限る。）がある場合において、当該壁面線又は当該壁面の位置の制限として定められた限度の線（以下この項及び次項において「壁面線等」という。）を越えない建築物（ひさしその他の建築物の部分で政令で定めるものを除く。）については、当該前面道路の境界線は、当該壁面線等にあるものとみなして、第１項から第６項までの規定を適用することができる。ただし、建築物の延べ面積の敷地面積に対する割合は、当該前面道路の幅員のメートルの数値に10分の６を乗じたもの以下でなければならない。
10〜12　略

改正：平成12年法律第73号　　　施行：平成13年５月18日
第52条　（容積率）

1　建築物の延べ面積の敷地面積に対する割合（以下「容積率」という。）は、次の各号に掲げる区分に従い、当該各号に掲げる数値以下であり、かつ、当該建築物の前面道路（前面道路が２以上あるときは、その幅員の最大のもの。以下この項及び第９項ただし書において同じ。）の幅員が12ｍ未満である場合においては、当該前面道路の幅員のメートルの数値に、第一種低層住居専用地域、第二種低層住居専用地域、第一種中高層住居専用地域若しくは第二種中高層住居専用地域内の建築物、第一種住居地域、第二種住居地域若しくは準住居地域内の建築物（第五号に掲げる建築物を除く。）又は特定行政庁が都道府県都市計画審議会の議を経て指定する区域内の建築物にあつては10分の４を、その他の建築物にあつては10分の６を乗じたもの以下でなければならない。ただし、当該建築物が第五号に掲げる建築物である場合において、次項の規定により建築物の延べ面積の算定に当たりその床面積が当該建築物の延べ面積に算入されない部分を有するときは、当該部分の床面積を含む当該建築物の容積率は、当該建築物がある第一種住居地域、第二種住居地域、準住居地域、近隣商業地域又は準工業地域に関する都市計画において定められた第三号に掲げる数値の1.5倍以下でなければならない。
一〜五　略
六　用途地域の指定のない区域内の建築物
　　10分の５、10分の８、10分の10、10分の20、10分の30又は10分の40のうち、特定行政庁が土地利用の状況等を考慮し当該区域を区分して都道府県都市計画審議会の議を経て定めるもの

2　前項（ただし書及び第五号を除く。）、第５項、第９項及び第11項、第59条第１項及び第３項、第59条の２第１項、第60条第１項、第68条の３（第２項第一号イ並びに第３項ただし書及び第二号ロを除く。）、第68条の４第１項、第68条の５第１項、第68条の５の２（第一号イを除く。第４項において同じ。）、第68条の８、第68条の９並びに第86条の６第１項に規定する建築物の容積率（第59条第１項及び第68条の９に規定するものについては、建築物の容積率の最高限度に係る場合に限る。第４項において同じ。）の算定の基礎となる延べ面積には、建築物の地階でその天井が地盤面からの高さ１ｍ以下にあるものの住宅の用途に供する部分の床面積（当該床面積が当該建築物の住宅の用途に供する部分の床面積の合計の３分の１を超える場合においては、当該建築物の住宅の用途に供する部分の床面積の合計の３分の１）は、算入しないものとする。

3　略

4　第１項（第五号を除く。）、次項、第９項及び第11項、第59条第１項及び第３項、第59条の２第１項、第60条第１項、第68条の３（第２項第一号イ及び第３項第二号ロを除く。）、第68条の４第１項、第68条の５第１項、第68条の５の２、第68条の８、第68条の９並びに第86条の６第１項に規定する建築物の容積率の算定の基礎となる延べ面積には、共同住宅の共用の廊下又は階段の用に供する部分の床面積は、算入しないものとする。

5　建築物の敷地が第１項の規定による建築物の容積率に関する制限を受ける地域、地区又は区域の２以上にわたる場合においては、当該建築物の容積率は、同項の規定による当該各地域、地区又は区域内の建築物の容積率の限度にその敷地の当該地域、地区又は区域内にある各部分の面積の敷地面積に対する割合を乗じて得たものの合計以下でなければならない。

6〜8　略

9　第一種低層住居専用地域、第二種低層住居専用地域、第一種中高層住居専用地域、第二種中高層住居専用地域、第一種住居地域、第二種住居地域若しくは準住居地域又は第１項各号列記以外の部分の規定に基づき特定行政庁が都道府県都市計画審議会の議を経て指定する区域内で、前面道路の境界線から後退して壁面線の指定がある場合又は第68条の２第１項の規定に基づく条例で定める壁面の位置の制限（道路に面する建築

法52条　改正：平成12年法律第73号

物の壁又はこれに代わる柱の位置及び道路に面する高さ２ｍを超える門又は塀の位置を制限するものに限る。）がある場合において、当該壁面線又は当該壁面の位置の制限として定められた限度の線（以下この項及び次項において「壁面線等」という。）を越えない建築物（ひさしその他の建築物の部分で政令で定めるものを除く。）については、当該前面道路の境界線は、当該壁面線等にあるものとみなして、第１項から第６項までの規定を適用することができる。ただし、建築物の容積率は、当該前面道路の幅員のメートルの数値に10分の６を乗じたもの以下でなければならない。

10　略

11　次の各号の一に該当する建築物で、特定行政庁が交通上、安全上、防火上及び衛生上支障がないと認めて許可したものの容積率は、第１項から第６項までの規定にかかわらず、その許可の範囲内において、これらの規定による限度を超えるものとすることができる。
　一・二　略

12　略

改正：平成14年法律第22号　　　　施行：平成14年６月１日

第52条　（容積率）

1　略

2　前項（ただし書及び第五号を除く。）、第５項、第９項及び第11項、第59条第１項及び第３項、第59条の２第１項、第60条第１項、第60条の２第１項及び第４項、第68条の３（第２項第一号イ並びに第３項ただし書及び第二号ロを除く。）、第68条の４第１項、第68条の５第１項、第68条の５の２（第一号イを除く。第４項において同じ。）、第68条の８、第68条の９並びに第86条の６第１項に規定する建築物の容積率（第59条第１項、第60条の２第１項及び第68条の９に規定するものについては、建築物の容積率の最高限度に係る場合に限る。第４項において同じ。）の算定の基礎となる延べ面積には、建築物の地階でその天井が地盤面からの高さ１ｍ以下にあるものの住宅の用途に供する部分の床面積（当該床面積が当該建築物の住宅の用途に供する部分の床面積の合計の３分の１を超える場合においては、当該建築物の住宅の用途に供する部分の床面積の合計の３分の１）は、算入しないものとする。

3　略

4　第１項（第五号を除く。）、次項、第９項及び第11項、第59条第１項及び第３項、第59条の２第１項、第60条第１項、第60条の２第１項及び第４項、第68条の３（第２項第一号イ及び第３項第二号ロを除く。）、第68条の４第１項、第68条の５第１項、第68条の５の２、第68条の８、第68条の９並びに第86条の６第１項に規定する建築物の容積率の算定の基礎となる延べ面積には、共同住宅の共用の廊下又は階段の用に供する部分の床面積は、算入しないものとする。

5～12　略

改正：平成14年法律第85号　　　　施行：平成15年１月１日

第52条　（容積率）

1　建築物の延べ面積の敷地面積に対する割合（以下「容積率」という。）は、次の各号に掲げる区分に従い、当該各号に定める数値以下でなければならない。ただし、当該建築物が第五号に掲げる建築物である場合において、第３項の規定により建築物の延べ面積の算定に当たりその床面積が当該建築物の延べ面積に算入されない部分を有するときは、当該部分の床面積を含む当該建築物の容積率は、当該建築物がある第一種住居地域、第二種住居地域、準住居地域、近隣商業地域又は準工業地域に関する都市計画において定められた第二号に定める数値の1.5倍以下でなければならない。
　一　略
　二　第一種中高層住居専用地域若しくは第二種中高層住居専用地域内の建築物又は第一種住居地域、第二種住居地域、準住居地域、近隣商業地域若しくは準工業地域内の建築物（第五号に掲げる建築物を除く。）
　　　　10分の10、10分の15、10分の20、10分の30、10分の40又は10分の50のうち当該地域に関する都市計画において定められたもの
　三　商業地域内の建築物
　　　　10分の20、10分の30、10分の40、10分の50、10分の60、10分の70、10分の80、10分の90、10分の100、

10分の110、10分の120又は10分の130のうち当該地域に関する都市計画において定められたもの
　四　工業地域又は工業専用地域内の建築物
　　　10分の10、10分の15、10分の20、10分の30又は10分の40のうち当該地域に関する都市計画において定められたもの
　五　高層住居誘導地区内の建築物であつて、その住宅の用途に供する部分の床面積の合計がその延べ面積の3分の2以上であるもの（当該高層住居誘導地区に関する都市計画において建築物の敷地面積の最低限度が定められたときは、その敷地面積が当該最低限度以上のものに限る。第56条第1項第二号ハ及び別表第3の4の項において同じ。）
　　　当該建築物がある第一種住居地域、第二種住居地域、準住居地域、近隣商業地域又は準工業地域に関する都市計画において定められた第二号に定める数値から、その1.5倍以下で当該建築物の住宅の用途に供する部分の床面積の合計のその延べ面積に対する割合に応じて政令で定める方法により算出した数値までの範囲内で、当該高層住居誘導地区に関する都市計画において定められたもの
　六　略
2　前項に定めるもののほか、前面道路（前面道路が2以上あるときは、その幅員の最大のもの。以下この項及び第11項において同じ。）の幅員が12m未満である建築物の容積率は、当該前面道路の幅員のメートルの数値に、次の各号に掲げる区分に従い、当該各号に定める数値を乗じたもの以下でなければならない。
　一　第一種低層住居専用地域又は第二種低層住居専用地域内の建築物
　　　10分の4
　二　第一種中高層住居専用地域若しくは第二種中高層住居専用地域内の建築物又は第一種住居地域、第二種住居地域若しくは準住居地域内の建築物（前項第五号に掲げる建築物を除く。）
　　　10分の4（特定行政庁が都道府県都市計画審議会の議を経て指定する区域内の建築物にあつては、10分の6）
　三　その他の建築物
　　　10分の6（特定行政庁が都道府県都市計画審議会の議を経て指定する区域内の建築物にあつては、10分の4又は10分の8のうち特定行政庁が都道府県都市計画審議会の議を経て定めるもの）
3　第1項（ただし書を除く。）、前項、第6項、第11項及び第13項、第52条の2第3項第二号、第52条の3第2項、第59条第1項及び第3項、第59条の2第1項、第60条第1項、第60条の2第1項及び第4項、第68条の3第1項、第68条の4、第68条の5（第一号イを除く。第5項において同じ。）、第68条の5の2第1項（第一号ロを除く。第5項において同じ。）、第68条の5の3（ただし書及び第一号ロを除く。）、第68条の5の4第1項第一号ロ、第68条の8、第68条の9、第86条第3項及び第4項、第86条の2第2項及び第3項、第86条の5第3項並びに第86条の6第1項に規定する建築物の容積率（第59条第1項、第60条の2第1項及び第4項、第68条の9、第86条第3項及び第4項、第86条の2第2項及び第3項、第86条の5第3項に規定するものについては、建築物の容積率の最高限度に係る場合に限る。第5項において同じ。）の算定の基礎となる延べ面積には、建築物の地階でその天井が地盤面からの高さ1m以下にあるものの住宅の用途に供する部分の床面積（当該床面積が当該建築物の住宅の用途に供する部分の床面積の合計の3分の1を超える場合においては、当該建築物の住宅の用途に供する部分の床面積の合計の3分の1）は、算入しないものとする。
4　前項の地盤面とは、建築物が周囲の地面と接する位置の平均の高さにおける水平面をいい、その接する位置の高低差が3mを超える場合においては、その高低差3m以内ごとの平均の高さにおける水平面をいう。
5　第1項、第2項、次項、第11項及び第13項、第52条の2第3項第二号、第52条の3第2項、第59条第1項及び第3項、第59条の2第1項、第60条第1項、第60条の2第1項及び第4項、第68条の3第1項、第68条の4、第68条の5、第68条の5の2第1項、第68条の5の3（第一号ロを除く。）、第68条の5の4第1項第一号ロ、第68条の8、第68条の9、第86条第3項及び第4項、第86条の2第2項及び第3項、第86条の5第3項並びに第86条の6第1項に規定する建築物の容積率の算定の基礎となる延べ面積には、共同住宅の共用の廊下又は階段の用に供する部分の床面積は、算入しないものとする。
6　建築物の敷地が第1項及び第2項の規定による建築物の容積率に関する制限を受ける地域、地区又は区域の2以上にわたる場合においては、当該建築物の容積率は、第1項及び第2項の規定による当該各地域、地区又は区域内の建築物の容積率の限度にその敷地の当該地域、地区又は区域内にある各部分の面積の敷地面積に対する割合を乗じて得たものの合計以下でなければならない。
7　その全部又は一部を住宅の用途に供する建築物であつて次に掲げる条件に該当するものについては、当該建築物がある地域に関する都市計画において定められた第1項第二号又は第三号に定める数値の1.5倍以下

法52条 改正：平成14年法律第85号

　　で当該建築物の住宅の用途に供する部分の床面積の合計のその延べ面積に対する割合に応じて政令で定める方法により算出した数値（特定行政庁が都道府県都市計画審議会の議を経て指定する区域内にあつては、当該都市計画において定められた数値から当該算出した数値までの範囲内で特定行政庁が都道府県都市計画審議会の議を経て別に定めた数値）を同項第二号又は第三号に定める数値とみなして、同項及び第3項から前項までの規定を適用する。ただし、当該建築物が第3項の規定により建築物の延べ面積の算定に当たりその床面積が当該建築物の延べ面積に算入されない部分を有するときは、当該部分の床面積を含む当該建築物の容積率は、当該建築物がある地域に関する都市計画において定められた第1項第二号又は第三号に定める数値の1.5倍以下でなければならない。

　一　第一種住居地域、第二種住居地域、準住居地域、近隣商業地域若しくは準工業地域（高層住居誘導地区及び特定行政庁が都道府県都市計画審議会の議を経て指定する区域を除く。）又は商業地域（特定行政庁が都道府県都市計画審議会の議を経て指定する区域を除く。）内にあること。

　二　その敷地内に政令で定める規模以上の空地（道路に接して有効な部分が政令で定める規模以上であるものに限る。）を有し、かつ、その敷地面積が政令で定める規模以上であること。

8　建築物の敷地が、幅員15m以上の道路（以下この項において「特定道路」という。）に接続する幅員6m以上12m未満の前面道路のうち当該特定道路からの延長が70m以内の部分において接する場合における当該建築物に対する第2項から第6項までの規定の適用については、第2項中「幅員」とあるのは、「幅員（第8項の特定道路に接続する同項の前面道路のうち当該特定道路からの延長が70m以内の部分にあつては、その幅員に、当該特定道路から当該建築物の敷地が接する当該前面道路の部分までの延長に応じて政令で定める数値を加えたもの）」とする。

9　建築物の敷地が都市計画において定められた計画道路（第42条第1項第四号に該当するものを除くものとし、以下この項において「計画道路」という。）に接する場合又は当該敷地内に計画道路がある場合において、特定行政庁が交通上、安全上、防火上及び衛生上支障がないと認めて許可した建築物については、当該計画道路を第2項の前面道路とみなして、同項から第6項まで及び前項の規定を適用するものとする。この場合においては、当該敷地のうち計画道路に係る部分の面積は、敷地面積又は敷地の部分の面積に算入しないものとする。

10　前面道路の境界線又はその反対側の境界線からそれぞれ後退して壁面線の指定がある場合において、特定行政庁が次に掲げる基準に適合すると認めて許可した建築物については、当該前面道路の境界線又はその反対側の境界線は、それぞれ当該壁面線にあるものとみなして、第2項から第6項まで及び第8項の規定を適用するものとする。この場合においては、当該建築物の敷地のうち前面道路と壁面線との間の部分の面積は、敷地面積又は敷地の部分の面積に算入しないものとする。

　一　当該建築物がある街区内における土地利用の状況等からみて、その街区内において、前面道路と壁面線との間の敷地の部分が当該前面道路と一体的かつ連続的に有効な空地として確保されており、又は確保されることが確実と見込まれること。

　二　交通上、安全上、防火上及び衛生上支障がないこと。

11　第2項各号の規定により前面道路の幅員のメートルの数値に乗ずる数値が10分の4とされている建築物で、前面道路の境界線から後退して壁面線の指定がある場合又は第68条の2第1項の規定に基づく条例で定める壁面の位置の制限（道路に面する建築物の壁又はこれに代わる柱の位置及び道路に面する高さ2mを超える門又は塀の位置を制限するものに限る。）がある場合において当該壁面線又は当該壁面の位置の制限として定められた限度の線（以下この項及び次項において「壁面線等」という。）を越えないもの（ひさしその他の建築物の部分で政令で定めるものを除く。）については、当該前面道路の境界線は、当該壁面線等にあるものとみなして、第2項から第6項まで及び第8項の規定を適用することができる。ただし、建築物の容積率は、当該前面道路の幅員のメートルの数値に10分の6を乗じたもの以下でなければならない。

12　前項の場合においては、当該建築物の敷地のうち前面道路と壁面線等との間の部分の面積は、敷地面積又は敷地の部分の面積に算入しないものとする。

13　次の各号のいずれかに該当する建築物で、特定行政庁が交通上、安全上、防火上及び衛生上支障がないと認めて許可したものの容積率は、第1項から第8項までの規定にかかわらず、その許可の範囲内において、これらの規定による限度を超えるものとすることができる。

　一　同一敷地内の建築物の機械室その他これに類する部分の床面積の合計の建築物の延べ面積に対する割合が著しく大きい場合におけるその敷地内の建築物

　二　その敷地の周囲に広い公園、広場、道路その他の空地を有する建築物

14 第44条第2項の規定は、第9項、第10項又は前項の規定による許可をする場合に準用する。

改正：平成15年法律第101号　　　施行：平成15年12月19日
第52条　（容積率）

1・2　略
3　第1項（ただし書を除く。）、前項、第6項、第11項及び第13項、第52条の2第3項第二号、第52条の3第2項、第59条第1項及び第3項、第59条の2第1項、第60条第1項、第60条の2第1項及び第4項、第68条の3第1項、第68条の4、第68条の5（第一号イを除く。第5項において同じ。）、第68条の5の2第1項（第一号ロを除く。第5項において同じ。）、第68条の5の3（ただし書及び第一号ロを除く。）、第68条の5の4第1項第一号ロ、第68条の8、第68条の9、第86条第3項及び第4項、第86条の2第2項及び第3項、第86条の5第3項並びに第86条の6第1項に規定する建築物の容積率（第59条第1項、第60条の2第1項及び第68条の9に規定するものについては、建築物の容積率の最高限度に係る場合に限る。第5項において同じ。）の算定の基礎となる延べ面積には、建築物の地階でその天井が地盤面からの高さ1m以下にあるものの住宅の用途に供する部分の床面積（当該床面積が当該建築物の住宅の用途に供する部分の床面積の合計の3分の1を超える場合においては、当該建築物の住宅の用途に供する部分の床面積の合計の3分の1）は、算入しないものとする。
4～14　略

改正：平成16年法律第111号　　　施行：平成17年6月1日
第52条　（容積率）

1・2　略
3　第1項（ただし書を除く。）、前項、第7項、第12項及び第14項、第57条の2第3項第二号、第57条の3第2項、第59条第1項及び第3項、第59条の2第1項、第60条第1項、第60条の2第1項及び第4項、第68条の3第1項、第68条の4、第68条の5（第一号イを除く。第6項において同じ。）、第68条の5の2第1項（第一号ロを除く。第6項において同じ。）、第68条の5の3（ただし書及び第一号ロを除く。）、第68条の5の4第1項第一号ロ、第68条の8、第68条の9第1項、第86条第3項及び第4項、第86条の2第2項及び第3項、第86条の5第3項並びに第86条の6第1項に規定する建築物の容積率（第59条第1項、第60条の2第1項及び第68条の9第1項に規定するものについては、建築物の容積率の最高限度に係る場合に限る。第6項において同じ。）の算定の基礎となる延べ面積には、建築物の地階でその天井が地盤面からの高さ1m以下にあるものの住宅の用途に供する部分（共同住宅の共用の廊下又は階段の用に供する部分を除く。以下この項において同じ。）の床面積（当該床面積が当該建築物の住宅の用途に供する部分の床面積の合計の3分の1を超える場合においては、当該建築物の住宅の用途に供する部分の床面積の合計の3分の1）は、算入しないものとする。
4　略
5　第1項、第2項、次項、第12項及び第14項、第57条の2第3項第二号、第57条の3第2項、第59条第1項及び第3項、第59条の2第1項、第60条第1項、第60条の2第1項及び第4項、第68条の3第1項、第68条の4、第68条の5、第68条の5の2第1項、第68条の5の3（第一号ロを除く。）、第68条の5の4第1項第一号ロ、第68条の8、第68条の9第1項、第86条第3項及び第4項、第86条の2第2項及び第3項、第86条の5第3項並びに第86条の6第1項に規定する建築物の容積率の算定の基礎となる延べ面積には、共同住宅の共用の廊下又は階段の用に供する部分の床面積は、算入しないものとする。
7～14　略

改正：平成16年法律第67号　　　施行：平成17年6月1日
第52条　（容積率）

1　略
2　前項に定めるもののほか、前面道路（前面道路が2以上あるときは、その幅員の最大のもの。以下この項及び第12項において同じ。）の幅員が12m未満である建築物の容積率は、当該前面道路の幅員のメートルの

法52条　改正：平成16年法律第67号

数値に、次の各号に掲げる区分に従い、当該各号に定める数値を乗じたもの以下でなければならない。
　一～三　略
3　第1項（ただし書を除く。）、前項、第7項、第12項及び第14項、第57条の2第3項第二号、第57条の3第2項、第59条第1項及び第3項、第59条の2第1項、第60条第1項、第60条の2第1項及び第4項、第68条の3第1項、第68条の4、第68条の5（第一号イを除く。第6項において同じ。）、第68条の5の2第1項（第一号ロを除く。第6項において同じ。）、第68条の5の3（ただし書及び第一号ロを除く。）、第68条の5の4第1項第一号ロ、第68条の8、第68条の9第1項、第86条第3項及び第4項、第86条の2第2項及び第3項、第86条の5第3項並びに第86条の6第1項に規定する建築物の容積率（第59条第1項、第60条の2第1項及び第68条の9第1項に規定するものについては、建築物の容積率の最高限度に係る場合に限る。第6項において同じ。）の算定の基礎となる延べ面積には、建築物の地階でその天井が地盤面からの高さ1m以下にあるものの住宅の用途に供する部分（共同住宅の共用の廊下又は階段の用に供する部分を除く。以下この項において同じ。）の床面積（当該床面積が当該建築物の住宅の用途に供する部分の床面積の合計の3分の1を超える場合においては、当該建築物の住宅の用途に供する部分の床面積の合計の3分の1）は、算入しないものとする。
4　略
5　地方公共団体は、土地の状況等により必要と認める場合においては、前項の規定にかかわらず、政令で定める基準に従い、条例で、区域を限り、第3項の地盤面を別に定めることができる。
6　第1項、第2項、次項、第12項及び第14項、第57条の2第3項第二号、第57条の3第2項、第59条第1項及び第3項、第59条の2第1項、第60条第1項、第60条の2第1項及び第4項、第68条の3第1項、第68条の4、第68条の5、第68条の5の2第1項、第68条の5の3（第一号ロを除く。）、第68条の5の4第1項第一号ロ、第68条の8、第68条の9第1項、第86条第3項及び第4項、第86条の2第2項及び第3項、第86条の5第3項並びに第86条の6第1項に規定する建築物の容積率の算定の基礎となる延べ面積には、共同住宅の共用の廊下又は階段の用に供する部分の床面積は、算入しないものとする。
7　建築物の敷地が第1項及び第2項の規定による建築物の容積率に関する制限を受ける地域、地区又は区域の2以上にわたる場合においては、当該建築物の容積率は、第1項及び第2項の規定による当該各地域、地区又は区域内の建築物の容積率の限度にその敷地の当該地域、地区又は区域内にある各部分の面積の敷地面積に対する割合を乗じて得たものの合計以下でなければならない。
8　その全部又は一部を住宅の用途に供する建築物であつて次に掲げる条件に該当するものについては、当該建築物がある地域に関する都市計画において定められた第1項第二号又は第三号に定める数値の1.5倍以下で当該建築物の住宅の用途に供する部分の床面積の合計のその延べ面積に対する割合に応じて政令で定める方法により算出した数値（特定行政庁が都道府県都市計画審議会の議を経て指定する区域内にあつては、当該都市計画において定められた数値から当該算出した数値までの範囲内で特定行政庁が都道府県都市計画審議会の議を経て別に定めた数値）を同項第二号又は第三号に定める数値とみなして、同項及び第3項から前項までの規定を適用する。ただし、当該建築物が第3項の規定により建築物の延べ面積の算定に当たりその床面積が当該建築物の延べ面積に算入されない部分を有するときは、当該部分の床面積を含む当該建築物の容積率は、当該建築物がある地域に関する都市計画において定められた第1項第二号又は第三号に定める数値の1.5倍以下でなければならない。
　一　第一種住居地域、第二種住居地域、準住居地域、近隣商業地域若しくは準工業地域（高層住居誘導地区及び特定行政庁が都道府県都市計画審議会の議を経て指定する区域を除く。）又は商業地域（特定行政庁が都道府県都市計画審議会の議を経て指定する区域を除く。）内にあること。
　二　その敷地内に政令で定める規模以上の空地（道路に接して有効な部分が政令で定める規模以上であるものに限る。）を有し、かつ、その敷地面積が政令で定める規模以上であること。
9　建築物の敷地が、幅員15m以上の道路（以下この項において「特定道路」という。）に接続する幅員6m以上12m未満の前面道路のうち当該特定道路からの延長が70m以内の部分において接する場合における当該建築物に対する第2項から第7項までの規定の適用については、第2項中「幅員」とあるのは、「幅員（第9項の特定道路に接続する同項の前面道路のうち当該特定道路からの延長が70m以内の部分にあつては、その幅員に、当該特定道路から当該建築物の敷地が接する当該前面道路の部分までの延長に応じて政令で定める数値を加えたもの）」とする。
10　建築物の敷地が都市計画において定められた計画道路（第42条第1項第四号に該当するものを除くものとし、以下この項において「計画道路」という。）に接する場合又は当該敷地内に計画道路がある場合において、

特定行政庁が交通上、安全上、防火上及び衛生上支障がないと認めて許可した建築物については、当該計画道路を第2項の前面道路とみなして、同項から第7項まで及び前項の規定を適用するものとする。この場合においては、当該敷地のうち計画道路に係る部分の面積は、敷地面積又は敷地の部分の面積に算入しないものとする。

11 前面道路の境界線又はその反対側の境界線からそれぞれ後退して壁面線の指定がある場合において、特定行政庁が次に掲げる基準に適合すると認めて許可した建築物については、当該前面道路の境界線又はその反対側の境界線は、それぞれ当該壁面線にあるものとみなして、第2項から第7項まで及び第9項の規定を適用するものとする。この場合においては、当該建築物の敷地のうち前面道路と壁面線との間の部分の面積は、敷地面積又は敷地の部分の面積に算入しないものとする。
　一　当該建築物がある街区内における土地利用の状況等からみて、その街区内において、前面道路と壁面線との間の敷地の部分が当該前面道路と一体的かつ連続的に有効な空地として確保されており、又は確保されることが確実と見込まれること。
　二　交通上、安全上、防火上及び衛生上支障がないこと。

12 第2項各号の規定により前面道路の幅員のメートルの数値に乗ずる数値が10分の4とされている建築物で、前面道路の境界線から後退して壁面線の指定がある場合又は第68条の2第1項の規定に基づく条例で定める壁面の位置の制限（道路に面する建築物の壁又はこれに代わる柱の位置及び道路に面する高さ2mを超える門又は塀の位置を制限するものに限る。）がある場合において当該壁面線又は当該壁面の位置の制限として定められた限度の線（以下この項及び次項において「壁面線等」という。）を越えないもの（ひさしその他の建築物の部分で政令で定めるものを除く。）については、当該前面道路の境界線は、当該壁面線等にあるものとみなして、第2項から第7項まで及び第9項の規定を適用することができる。ただし、建築物の容積率は、当該前面道路の幅員のメートルの数値に10分の6を乗じたもの以下でなければならない。

13 前項の場合においては、当該建築物の敷地のうち前面道路と壁面線等との間の部分の面積は、敷地面積又は敷地の部分の面積に算入しないものとする。

14 次の各号のいずれかに該当する建築物で、特定行政庁が交通上、安全上、防火上及び衛生上支障がないと認めて許可したものの容積率は、第1項から第9項までの規定にかかわらず、その許可の範囲内において、これらの規定による限度を超えるものとすることができる。
　一　同一敷地内の建築物の機械室その他これに類する部分の床面積の合計の建築物の延べ面積に対する割合が著しく大きい場合におけるその敷地内の建築物
　二　その敷地の周囲に広い公園、広場、道路その他の空地を有する建築物

15 第44条第2項の規定は、第10項、第11項又は前項の規定による許可をする場合に準用する。

改正：平成19年法律第19号　　　施行：平成19年9月28日
第52条　（容積率）
1・2　略
3　第1項（ただし書を除く。）、前項、第7項、第12項及び第14項、第57条の2第3項第二号、第57条の3第2項、第59条第1項及び第3項、第59条の2第1項、第60条第1項、第60条の2第1項及び第4項、第68条の3第1項、第68条の4、第68条の5（第二号イを除く。第6項において同じ。）、第68条の5の2（第二号イを除く。第6項において同じ。）、第68条の5の3第1項（第一号ロを除く。第6項において同じ。）、第68条の5の4（ただし書及び第一号ロを除く。）、第68条の5の5第1項第一号ロ、第68条の8、第68条の9第1項、第86条第3項及び第4項、第86条の2第2項及び第3項、第86条の5第3項並びに第86条の6第1項に規定する建築物の容積率（第59条第1項、第60条の2第1項及び第68条の9第1項に規定するものについては、建築物の容積率の最高限度に係る場合に限る。第6項において同じ。）の算定の基礎となる延べ面積には、建築物の地階でその天井が地盤面からの高さ1m以下にあるものの住宅の用途に供する部分（共同住宅の共用の廊下又は階段の用に供する部分を除く。以下この項において同じ。）の床面積（当該床面積が当該建築物の住宅の用途に供する部分の床面積の合計の3分の1を超える場合においては、当該建築物の住宅の用途に供する部分の床面積の合計の3分の1）は、算入しないものとする。

4・5　略
6　第1項、第2項、次項、第12項及び第14項、第57条の2第3項第二号、第57条の3第2項、第59条第1項及び第3項、第59条の2第1項、第60条第1項、第60条の2第1項及び第4項、第68条の3第1項、第68条

法52条　改正：平成19年法律第19号

の4、第68条の5、第68条の5の2、第68条の5の3第1項、第68条の5の4（第一号ロを除く。）、第68条の5の5第1項第一号ロ、第68条の8、第68条の9第1項、第86条第3項及び第4項、第86条の2第2項及び第3項、第86条の5第3項並びに第86条の6第1項に規定する建築物の容積率の算定の基礎となる延べ面積には、共同住宅の共用の廊下又は階段の用に供する部分の床面積は、算入しないものとする。

7～15　略

改正：平成26年法律第39号　　施行：平成26年8月1日
第52条　（容積率）

1　建築物の延べ面積の敷地面積に対する割合（以下「容積率」という。）は、次の各号に掲げる区分に従い、当該各号に定める数値以下でなければならない。ただし、当該建築物が第五号に掲げる建築物である場合において、第3項の規定により建築物の延べ面積の算定に当たりその床面積が当該建築物の延べ面積に算入されない部分を有するときは、当該部分の床面積を含む当該建築物の容積率は、当該建築物がある第一種住居地域、第二種住居地域、準住居地域、近隣商業地域又は準工業地域に関する都市計画において定められた第二号に定める数値の1.5倍以下でなければならない。

一　第一種低層住居専用地域又は第二種低層住居専用地域内の建築物（第六号に掲げる建築物を除く。）
　　　10分の5、10分の6、10分の8、10分の10、10分の15又は10分の20のうち当該地域に関する都市計画において定められたもの

二　第一種中高層住居専用地域若しくは第二種中高層住居専用地域内の建築物（第六号に掲げる建築物を除く。）又は第一種住居地域、第二種住居地域、準住居地域、近隣商業地域若しくは準工業地域内の建築物（第五号及び第六号に掲げる建築物を除く。）
　　　10分の10、10分の15、10分の20、10分の30、10分の40又は10分の50のうち当該地域に関する都市計画において定められたもの

三　商業地域内の建築物（第六号に掲げる建築物を除く。）
　　　10分の20、10分の30、10分の40、10分の50、10分の60、10分の70、10分の80、10分の90、10分の100、10分の110、10分の120又は10分の130のうち当該地域に関する都市計画において定められたもの

四　工業地域内の建築物（第六号に掲げる建築物を除く。）又は工業専用地域内の建築物
　　　10分の10、10分の15、10分の20、10分の30又は10分の40のうち当該地域に関する都市計画において定められたもの

五　高層住居誘導地区内の建築物（第六号に掲げる建築物を除く。）であつて、その住宅の用に供する部分の床面積の合計がその延べ面積の3分の2以上であるもの（当該高層住居誘導地区に関する都市計画において建築物の敷地面積の最低限度が定められたときは、その敷地面積が当該最低限度以上のものに限る。）
　　　当該建築物がある第一種住居地域、第二種住居地域、準住居地域、近隣商業地域又は準工業地域に関する都市計画において定められた第二号に定める数値から、その1.5倍以下で当該建築物の住宅の用途に供する部分の床面積の合計のその延べ面積に対する割合に応じて政令で定める方法により算出した数値までの範囲内で、当該高層住居誘導地区に関する都市計画において定められたもの

六　特定用途誘導地区内の建築物であつて、その全部又は一部を当該特定用途誘導地区に関する都市計画において定められた誘導すべき用途に供するもの
　　　当該特定用途誘導地区に関する都市計画において定められた数値

七　用途地域の指定のない区域内の建築物
　　　10分の5、10分の8、10分の10、10分の20、10分の30又は10分の40のうち、特定行政庁が土地利用の状況等を考慮し当該区域を区分して都道府県都市計画審議会の議を経て定めるもの

2　前項に定めるもののほか、前面道路（前面道路が2以上あるときは、その幅員の最大のもの。以下この項及び第12項において同じ。）の幅員が12m未満である建築物の容積率は、当該前面道路の幅員のメートルの数値に、次の各号に掲げる区分に従い、当該各号に定める数値を乗じたもの以下でなければならない。
一　略
二　第一種中高層住居専用地域若しくは第二種中高層住居専用地域内の建築物又は第一種住居地域、第二種住居地域若しくは準住居地域内の建築物（高層住居誘導地区内の建築物であつて、その住宅の用に供する部分の床面積の合計がその延べ面積の3分の2以上であるもの（当該高層住居誘導地区に関する都市計画において建築物の敷地面積の最低限度が定められたときは、その敷地面積が当該最低限度以上のものに

改正：平成29年法律第26号　**法52条**

限る。第56条第１項第二号ハ及び別表第３の４の項において同じ。）を除く。）
　　　　10分の４（特定行政庁が都道府県都市計画審議会の議を経て指定する区域内の建築物にあつては、10分の６）
　三　略
３〜７　略
８　その全部又は一部を住宅の用途に供する建築物（特定用途誘導地区内の建築物であつて、その一部を当該特定用途誘導地区に関する都市計画において定められた誘導すべき用途に供するものを除く。）であつて次に掲げる条件に該当するものについては、当該建築物がある地域に関する都市計画において定められた第１項第二号又は第三号に定める数値の１．５倍以下で当該建築物の住宅の用途に供する部分の床面積の合計のその延べ面積に対する割合に応じて政令で定める方法により算出した数値（特定行政庁が都道府県都市計画審議会の議を経て指定する区域内にあつては、当該都市計画において定められた数値から当該算出した数値までの範囲内で特定行政庁が都道府県都市計画審議会の議を経て別に定めた数値）を同項第二号又は第三号に定める数値とみなして、同項及び第３項から前項までの規定を適用する。ただし、当該建築物が第３項の規定により建築物の延べ面積の算定に当たりその床面積が当該建築物の延べ面積に算入されない部分を有するときは、当該部分の床面積を含む当該建築物の容積率は、当該建築物がある地域に関する都市計画において定められた第１項第二号又は第三号に定める数値の１．５倍以下でなければならない。
　一・二　略
９〜15　略

改正：平成26年法律第54号　　　施行：平成27年６月１日（６項は平成26年７月１日）
第52条　（容積率）

１・２　略
３　第１項（ただし書を除く。）、前項、第７項、第12項及び第14項、第57条の２第３項第二号、第57条の３第２項、第59条第１項及び第３項、第59条の２第１項、第60条第１項、第60条の２第１項及び第４項、第68条の３第１項、第68条の４、第68条の５（第二号イを除く。第６項において同じ。）、第68条の５の２（第二号イを除く。第６項において同じ。）、第68条の５の３第１項（第一号ロを除く。第６項において同じ。）、第68条の５の４（ただし書及び第一号ロを除く。）、第68条の５の５第１項第一号ロ、第68条の８、第68条の９第１項、第86条第３項及び第４項、第86条の２第２項及び第３項、第86条の５第３項並びに第86条の６第１項に規定する建築物の容積率（第59条第１項、第60条の２第１項及び第68条の９第１項に規定するものについては、建築物の容積率の最高限度に係る場合に限る。第６項において同じ。）の算定の基礎となる延べ面積には、建築物の地階でその天井が地盤面からの高さ１ｍ以下にあるものの住宅又は老人ホーム、福祉ホームその他これらに類するもの（以下この項において「老人ホーム等」という。）の用途に供する部分（第６項の政令で定める昇降機の昇降路の部分又は共同住宅の共用の廊下若しくは階段の用に供する部分を除く。以下この項において同じ。）の床面積（当該床面積が当該建築物の住宅及び老人ホーム等の用途に供する部分の床面積の合計の３分の１を超える場合においては、当該建築物の住宅及び老人ホーム等の用途に供する部分の床面積の合計の３分の１）は、算入しないものとする。
４・５　略
６　第１項、第２項、次項、第12項及び第14項、第57条の２第３項第二号、第57条の３第２項、第59条第１項及び第３項、第59条の２第１項、第60条第１項、第60条の２第１項及び第４項、第68条の３第１項、第68条の４、第68条の５、第68条の５の２、第68条の５の３第１項、第68条の５の４（第一号ロを除く。）、第68条の５の５第１項第一号ロ、第68条の８、第68条の９第１項、第86条第３項及び第４項、第86条の２第２項及び第３項、第86条の５第３項並びに第86条の６第１項に規定する建築物の容積率の算定の基礎となる延べ面積には、政令で定める昇降機の昇降路の部分又は共同住宅の共用の廊下若しくは階段の用に供する部分の床面積は、算入しないものとする。
７〜15　略

改正：平成29年法律第26号　　　施行：平成30年４月１日
第52条　（容積率）

法52条　改正：平成29年法律第26号

1　建築物の延べ面積の敷地面積に対する割合（以下「容積率」という。）は、次の各号に掲げる区分に従い、当該各号に定める数値以下でなければならない。ただし、当該建築物が第五号に掲げる建築物である場合において、第3項の規定により建築物の延べ面積の算定に当たりその床面積が当該建築物の延べ面積に算入されない部分を有するときは、当該部分の床面積を含む当該建築物の容積率は、当該建築物がある第一種住居地域、第二種住居地域、準住居地域、近隣商業地域又は準工業地域に関する都市計画において定められた第二号に定める数値の1.5倍以下でなければならない。
　一　第一種低層住居専用地域、第二種低層住居専用地域又は田園住居地域内の建築物（第六号に掲げる建築物を除く。）
　　　　10分の5、10分の6、10分の8、10分の10、10分の15又は10分の20のうち当該地域に関する都市計画において定められたもの
　二～七　略
2　前項に定めるもののほか、前面道路（前面道路が2以上あるときは、その幅員の最大のもの。以下この項及び第12項において同じ。）の幅員が12m未満である建築物の容積率は、当該前面道路の幅員のメートルの数値に、次の各号に掲げる区分に従い、当該各号に定める数値を乗じたもの以下でなければならない。
　一　第一種低層住居専用地域、第二種低層住居専用地域又は田園住居地域内の建築物
　　　　10分の4
　二・三　略
3～15　略

改正：平成30年法律第67号　　　施行：平成30年9月25日
第52条　（容積率）

1・2　略
3　第1項（ただし書を除く。）、前項、第7項、第12項及び第14項、第57条の2第3項第二号、第57条の3第2項、第59条第1項及び第3項、第59条の2第1項、第60条第1項、第60条の2第1項及び第4項、第68条の3第1項、第68条の4、第68条の5（第二号イを除く。第6項において同じ。）、第68条の5の2（第二号イを除く。第6項において同じ。）、第68条の5の3第1項（第一号ロを除く。第6項において同じ。）、第68条の5の4（ただし書及び第一号ロを除く。）、第68条の5の5第1項第一号ロ、第68条の8、第68条の9第1項、第86条第3項及び第4項、第86条の2第2項及び第3項、第86条の5第3項並びに第86条の6第1項に規定する建築物の容積率（第59条第1項、第60条の2第1項及び第68条の9第1項に規定するものについては、建築物の容積率の最高限度に係る場合に限る。第6項において同じ。）の算定の基礎となる延べ面積には、建築物の地階でその天井が地盤面からの高さ1m以下にあるものの住宅又は老人ホーム、福祉ホームその他これらに類するもの（以下この項及び第6項において「老人ホーム等」という。）の用途に供する部分（第6項の政令で定める昇降機の昇降路の部分又は共同住宅若しくは老人ホーム等の共用の廊下若しくは階段の用に供する部分を除く。以下この項において同じ。）の床面積（当該床面積が当該建築物の住宅及び老人ホーム等の用途に供する部分の床面積の合計の3分の1を超える場合においては、当該建築物の住宅及び老人ホーム等の用途に供する部分の床面積の合計の3分の1）は、算入しないものとする。
4・5　略
6　第1項、第2項、次項、第12項及び第14項、第57条の2第3項第二号、第57条の3第2項、第59条第1項及び第3項、第59条の2第1項、第60条第1項、第60条の2第1項及び第4項、第68条の3第1項、第68条の4、第68条の5、第68条の5の2、第68条の5の3第1項、第68条の5の4（第一号ロを除く。）、第68条の5の5第1項第一号ロ、第68条の8、第68条の9第1項、第86条第3項及び第4項、第86条の2第2項及び第3項、第86条の5第3項並びに第86条の6第1項に規定する建築物の容積率の算定の基礎となる延べ面積には、政令で定める昇降機の昇降路の部分又は共同住宅若しくは老人ホーム等の共用の廊下若しくは階段の用に供する部分の床面積は、算入しないものとする。
7～15　略

改正：令和2年法律第43号　　　施行：令和2年9月7日
第52条　（容積率）

1　建築物の延べ面積の敷地面積に対する割合（以下「容積率」という。）は、次の各号に掲げる区分に従い、当該各号に定める数値以下でなければならない。ただし、当該建築物が第五号に掲げる建築物である場合において、第3項の規定により建築物の延べ面積の算定に当たりその床面積が当該建築物の延べ面積に算入されない部分を有するときは、当該部分の床面積を含む当該建築物の容積率は、当該建築物がある第一種住居地域、第二種住居地域、準住居地域、近隣商業地域又は準工業地域に関する都市計画において定められた第二号に定める数値の1.5倍以下でなければならない。

　一　第一種低層住居専用地域、第二種低層住居専用地域又は田園住居地域内の建築物（第六号及び第七号に掲げる建築物を除く。）
　　　　10分の5、10分の6、10分の8、10分の10、10分の15又は10分の20のうち当該地域に関する都市計画において定められたもの

　二　第一種中高層住居専用地域若しくは第二種中高層住居専用地域内の建築物（第六号及び第七号に掲げる建築物を除く。）又は第一種住居地域、第二種住居地域、準住居地域、近隣商業地域若しくは準工業地域内の建築物（第五号から第七号までに掲げる建築物を除く。）
　　　　10分の10、10分の15、10分の20、10分の30、10分の40又は10分の50のうち当該地域に関する都市計画において定められたもの

　三　商業地域内の建築物（第六号及び第七号に掲げる建築物を除く。）
　　　　10分の20、10分の30、10分の40、10分の50、10分の60、10分の70、10分の80、10分の90、10分の100、10分の110、10分の120又は10分の130のうち当該地域に関する都市計画において定められたもの

　四　工業地域内の建築物（第六号及び第七号に掲げる建築物を除く。）又は工業専用地域内の建築物
　　　　10分の10、10分の15、10分の20、10分の30又は10分の40のうち当該地域に関する都市計画において定められたもの

　五　高層住居誘導地区内の建築物（第七号に掲げる建築物を除く。）であつて、その住宅の用途に供する部分の床面積の合計がその延べ面積の3分の2以上であるもの（当該高層住居誘導地区に関する都市計画において建築物の敷地面積の最低限度が定められたときは、その敷地面積が当該最低限度以上のものに限る。）
　　　　当該建築物がある第一種住居地域、第二種住居地域、準住居地域、近隣商業地域又は準工業地域に関する都市計画において定められた第二号に定める数値から、その1.5倍以下で当該建築物の住宅の用途に供する部分の床面積の合計のその延べ面積に対する割合に応じて政令で定める方法により算出した数値までの範囲内で、当該高層住居誘導地区に関する都市計画において定められたもの

　六　居住環境向上用途誘導地区内の建築物であつて、その全部又は一部を当該居住環境向上用途誘導地区に関する都市計画において定められた誘導すべき用途に供するもの
　　　　当該居住環境向上用途誘導地区に関する都市計画において定められた数値

　七　特定用途誘導地区内の建築物であつて、その全部又は一部を当該特定用途誘導地区に関する都市計画において定められた誘導すべき用途に供するもの
　　　　当該特定用途誘導地区に関する都市計画において定められた数値

　八　用途地域の指定のない区域内の建築物
　　　　10分の5、10分の8、10分の10、10分の20、10分の30又は10分の40のうち、特定行政庁が土地利用の状況等を考慮し当該区域を区分して都道府県都市計画審議会の議を経て定めるもの

2～7　略

8　その全部又は一部を住宅の用途に供する建築物（「居住環境向上用途誘導地区内の建築物であつてその一部を当該居住環境向上用途誘導地区に関する都市計画において定められた誘導すべき用途に供するもの及び特定用途誘導地区内の建築物であつてその一部を当該特定用途誘導地区に関する都市計画において定められた誘導すべき用途に供するものを除く。）であつて次に掲げる条件に該当するものについては、当該建築物がある地域に関する都市計画において定められた第1項第二号又は第三号に定める数値の1.5倍以下で当該建築物の住宅の用途に供する部分の床面積の合計のその延べ面積に対する割合に応じて政令で定める方法により算出した数値（特定行政庁が都道府県都市計画審議会の議を経て指定する区域内にあつては、当該都市計画において定められた数値から当該算出した数値までの範囲内で特定行政庁が都道府県都市計画審議会の議を経て別に定めた数値）を同項第二号又は第三号に定める数値とみなして、同項及び第3項から前項までの規定を適用する。ただし、当該建築物が第3項の規定により建築物の延べ面積の算定に当たりその床面積が当該建築物の延べ面積に算入されない部分を有するときは、当該部分の床面積を含む当該建築物の容積率

法52条　改正：令和2年法律第43号

は、当該建築物がある地域に関する都市計画において定められた第1項第二号又は第三号に定める数値の1.5倍以下でなければならない。
　一・二　略
9～15　略

改正：令和4年法律第69号　　　施行：令和5年4月1日
第52条　（容積率）

1・2　略
3　第1項（ただし書を除く。）、前項、第7項、第12項及び第14項、第57条の2第3項第二号、第57条の3第2項、第59条第1項及び第3項、第59条の2第1項、第60条第1項、第60条の2第1項及び第4項、第68条の3第1項、第68条の4、第68条の5（第二号イを除く。第6項において同じ。）、第68条の5の2（第二号イを除く。第6項において同じ。）、第68条の5の3第1項（第一号ロを除く。第6項において同じ。）、第68条の5の4（ただし書及び第一号ロを除く。）、第68条の5の5第1項第一号ロ、第68条の8、第68条の9第1項、第86条第3項及び第4項、第86条の2第2項及び第3項、第86条の5第3項並びに第86条の6第1項に規定する建築物の容積率（第59条第1項、第60条の2第1項及び第68条の9第1項に規定するものについては、建築物の容積率の最高限度に係る場合に限る。第6項において同じ。）の算定の基礎となる延べ面積には、建築物の地階でその天井が地盤面からの高さ1m以下にあるものの住宅又は老人ホーム、福祉ホームその他これに類するもの（以下この項並びに第6項第二号及び第三号において「老人ホーム等」という。）の用途に供する部分（第6項各号に掲げる建築物の部分を除く。以下この項において同じ。）の床面積（当該床面積が当該建築物の住宅及び老人ホーム等の用途に供する部分の床面積の合計の3分の1を超える場合においては、当該建築物の住宅及び老人ホーム等の用途に供する部分の床面積の合計の3分の1）は、算入しないものとする。
4・5　略
6　第1項、第2項、次項、第12項及び第14項、第57条の2第3項第二号、第57条の3第2項、第59条第1項及び第3項、第59条の2第1項、第60条第1項、第60条の2第1項及び第4項、第68条の3第1項、第68条の4、第68条の5、第68条の5の2、第68条の5の3第1項、第68条の5の4（第一号ロを除く。）、第68条の5の5第1項第一号ロ、第68条の8、第68条の9第1項、第86条第3項及び第4項、第86条の2第2項及び第3項、第86条の5第3項並びに第86条の6第1項に規定する建築物の容積率の算定の基礎となる延べ面積には、次に掲げる建築物の部分の床面積は、算入しないものとする。
　一　政令で定める昇降機の昇降路の部分
　二　共同住宅又は老人ホーム等の共用の廊下若しくは階段の用に供する部分
　三　住宅又は老人ホーム等に設ける機械室その他これに類する建築物の部分（給湯設備その他の国土交通省令で定める建築設備を設置するためのものであつて、市街地の環境を害するおそれがないものとして国土交通省令で定める基準に適合するものに限る。）で、特定行政庁が交通上、安全上、防火上及び衛生上支障がないと認めるもの
7～13　略
14　次の各号のいずれかに該当する建築物で、特定行政庁が交通上、安全上、防火上及び衛生上支障がないと認めて許可したものの容積率は、第1項から第9項までの規定にかかわらず、その許可の範囲内において、これらの規定による限度を超えるものとすることができる。
　一・二　略
　三　建築物のエネルギー消費性能（建築物のエネルギー消費性能の向上に関する法律（平成27年法律第53号）第2条第1項第二号に規定するエネルギー消費性能をいう。次条第5項第四号において同じ。）の向上のため必要な外壁に関する工事その他の屋外に面する建築物の部分に関する工事を行う建築物で構造上やむを得ないものとして国土交通省令で定めるもの
15　第44条第2項の規定は、第10項、第11項又は前項の規定による許可をする場合に準用する。

改正：令和4年法律第69号　　　施行：令和6年4月1日
第52条　（容積率）

1　建築物の延べ面積の敷地面積に対する割合（以下「容積率」という。）は、次の各号に掲げる区分に従い、当該各号に定める数値以下でなければならない。ただし、当該建築物が第五号に掲げる建築物である場合において、第3項の規定により建築物の延べ面積の算定に当たりその床面積が当該建築物の延べ面積に算入されない部分を有するときは、当該部分の床面積を含む当該建築物の容積率は、当該建築物がある第一種住居地域、第二種住居地域、準住居地域、近隣商業地域又は準工業地域に関する都市計画において定められた第二号に定める数値の1.5倍以下でなければならない。

　一　第一種低層住居専用地域、第二種低層住居専用地域又は田園住居地域内の建築物（第六号及び第七号に掲げる建築物を除く。）
　　　　10分の5、10分の6、10分の8、10分の10、10分の15又は10分の20のうち当該地域に関する都市計画において定められたもの

　二　第一種中高層住居専用地域若しくは第二種中高層住居専用地域内の建築物（第六号及び第七号に掲げる建築物を除く。）又は第一種住居地域、第二種住居地域、準住居地域、近隣商業地域若しくは準工業地域内の建築物（第五号から第七号までに掲げる建築物を除く。）
　　　　10分の10、10分の15、10分の20、10分の30、10分の40又は10分の50のうち当該地域に関する都市計画において定められたもの

　三　商業地域内の建築物（第六号及び第七号に掲げる建築物を除く。）
　　　　10分の20、10分の30、10分の40、10分の50、10分の60、10分の70、10分の80、10分の90、10分の100、10分の110、10分の120又は10分の130のうち当該地域に関する都市計画において定められたもの

　四　工業地域内の建築物（第六号及び第七号に掲げる建築物を除く。）又は工業専用地域内の建築物
　　　　10分の10、10分の15、10分の20、10分の30又は10分の40のうち当該地域に関する都市計画において定められたもの

　五　高層住居誘導地区内の建築物（第七号に掲げる建築物を除く。）であつて、その住宅の用途に供する部分の床面積の合計がその延べ面積の3分の2以上であるもの（当該高層住居誘導地区に関する都市計画において建築物の敷地面積の最低限度が定められたときは、その敷地面積が当該最低限度以上のものに限る。）
　　　　当該建築物がある第一種住居地域、第二種住居地域、準住居地域、近隣商業地域又は準工業地域に関する都市計画において定められた第二号に定める数値から、その1.5倍以下で当該建築物の住宅の用途に供する部分の床面積の合計のその延べ面積に対する割合に応じて政令で定める方法により算出した数値までの範囲内で、当該高層住居誘導地区に関する都市計画において定められたもの

　六　居住環境向上用途誘導地区内の建築物であつて、その全部又は一部を当該居住環境向上用途誘導地区に関する都市計画において定められた誘導すべき用途に供するもの
　　　　当該居住環境向上用途誘導地区に関する都市計画において定められた数値

　七　特定用途誘導地区内の建築物であつて、その全部又は一部を当該特定用途誘導地区に関する都市計画において定められた誘導すべき用途に供するもの
　　　　当該特定用途誘導地区に関する都市計画において定められた数値

　八　用途地域の指定のない区域内の建築物
　　　　10分の5、10分の8、10分の10、10分の20、10分の30又は10分の40のうち、特定行政庁が土地利用の状況等を考慮し当該区域を区分して都道府県都市計画審議会の議を経て定めるもの

2　前項に定めるもののほか、前面道路（前面道路が2以上あるときは、その幅員の最大のもの。以下この項及び第12項において同じ。）の幅員が12m未満である建築物の容積率は、当該前面道路の幅員のメートルの数値に、次の各号に掲げる区分に従い、当該各号に定める数値を乗じたもの以下でなければならない。

　一　第一種低層住居専用地域、第二種低層住居専用地域又は田園住居地域内の建築物
　　　　10分の4

　二　第一種中高層住居専用地域若しくは第二種中高層住居専用地域内の建築物又は第一種住居地域、第二種住居地域若しくは準住居地域内の建築物（高層住居誘導地区内の建築物であつて、その住宅の用途に供する部分の床面積の合計がその延べ面積の3分の2以上であるもの（当該高層住居誘導地区に関する都市計画において建築物の敷地面積の最低限度が定められたときは、その敷地面積が当該最低限度以上のものに限る。第56条第1項第二号ハ及び別表第3の4の項において同じ。）を除く。）
　　　　10分の4（特定行政庁が都道府県都市計画審議会の議を経て指定する区域内の建築物にあつては、10分の6）

法52条　改正：令和4年法律第69号

　　三　その他の建築物
　　　　10分の6（特定行政庁が都道府県都市計画審議会の議を経て指定する区域内の建築物にあつては、10分の4又は10分の8のうち特定行政庁が都道府県都市計画審議会の議を経て定めるもの）

3　第1項（ただし書を除く。）、前項、第7項、第12項及び第14項、第57条の2第3項第二号、第57条の3第2項、第59条第1項及び第3項、第59条の2第1項、第60条第1項、第60条の2第1項及び第4項、第68条の3第1項、第68条の4、第68条の5（第二号イを除く。第6項において同じ。）、第68条の5の2（第二号イを除く。第6項において同じ。）、第68条の5の3第1項（第一号ロを除く。第6項において同じ。）、第68条の5の4（ただし書及び第一号ロを除く。）、第68条の5の5第1項第一号ロ、第68条の8、第68条の9第1項、第86条第3項及び第4項、第86条の2第2項及び第3項、第86条の5第3項並びに第86条の6第1項に規定する建築物の容積率（第59条第1項、第60条の2第1項及び第68条の9第1項に規定するものについては、建築物の容積率の最高限度に係る場合に限る。第6項において同じ。）の算定の基礎となる延べ面積には、建築物の地階でその天井が地盤面からの高さ1m以下にあるものの住宅又は老人ホーム、福祉ホームその他これらに類するもの（以下この項並びに第6項第二号及び第三号において「老人ホーム等」という。）の用途に供する部分（第6項各号に掲げる建築物の部分を除く。以下この項において同じ。）の床面積（当該床面積が当該建築物の住宅及び老人ホーム等の用途に供する部分の床面積の合計の3分の1を超える場合においては、当該建築物の住宅及び老人ホーム等の用途に供する部分の床面積の合計の3分の1）は、算入しないものとする。

4　前項の地盤面とは、建築物が周囲の地面と接する位置の平均の高さにおける水平面をいい、その接する位置の高低差が3mを超える場合においては、その高低差3m以内ごとの平均の高さにおける水平面をいう。

5　地方公共団体は、土地の状況等により必要と認める場合においては、前項の規定にかかわらず、政令で定める基準に従い、条例で、区域を限り、第3項の地盤面を別に定めることができる。

6　第1項、第2項、次項、第12項及び第14項、第57条の2第3項第二号、第57条の3第2項、第59条第1項及び第3項、第59条の2第1項、第60条第1項、第60条の2第1項及び第4項、第68条の3第1項、第68条の4、第68条の5、第68条の5の2、第68条の5の3第1項、第68条の5の4（第一号ロを除く。）、第68条の5の5第1項第一号ロ、第68条の8、第68条の9第1項、第86条第3項及び第4項、第86条の2第2項及び第3項、第86条の5第3項並びに第86条の6第1項に規定する建築物の容積率の算定の基礎となる延べ面積には、次に掲げる建築物の部分の床面積は、算入しないものとする。

　一　政令で定める昇降機の昇降路の部分
　二　共同住宅又は老人ホーム等の共用の廊下若しくは階段の用に供する部分
　三　住宅又は老人ホーム等に設ける機械室その他これに類する建築物の部分（給湯設備その他の国土交通省令で定める建築設備を設置するためのものであつて、市街地の環境を害するおそれがないものとして国土交通省令で定める基準に適合するものに限る。）で、特定行政庁が交通上、安全上、防火上及び衛生上支障がないと認めるもの

7　建築物の敷地が第1項及び第2項の規定による建築物の容積率に関する制限を受ける地域、地区又は区域の2以上にわたる場合においては、当該建築物の容積率は、第1項及び第2項の規定による当該各地域、地区又は区域内の建築物の容積率の限度にその敷地の当該地域、地区又は区域内にある各部分の面積の敷地面積に対する割合を乗じて得たものの合計以下でなければならない。

8　その全部又は一部を住宅の用途に供する建築物（「居住環境向上用途誘導地区内の建築物であつてその一部を当該居住環境向上用途誘導地区に関する都市計画において定められた誘導すべき用途に供するもの及び特定用途誘導地区内の建築物であつてその一部を当該特定用途誘導地区に関する都市計画において定められた誘導すべき用途に供するものを除く。）であつて次に掲げる条件に該当するものについては、当該建築物がある地域に関する都市計画において定められた第1項第二号又は第三号に定める数値の1.5倍以下で当該建築物の住宅の用途に供する部分の床面積の合計のその延べ面積に対する割合に応じて政令で定める方法により算出した数値（特定行政庁が都道府県都市計画審議会の議を経て指定する区域内にあつては、当該都市計画において定められた数値から当該算出した数値までの範囲内で特定行政庁が都道府県都市計画審議会の議を経て別に定めた数値）を同項第二号又は第三号に定める数値とみなして、同項及び第3項から前項までの規定を適用する。ただし、当該建築物が第3項の規定により建築物の延べ面積の算定に当たりその床面積が当該建築物の延べ面積に算入されない部分を有するときは、当該部分の床面積を含む当該建築物の容積率は、当該建築物がある地域に関する都市計画において定められた第1項第二号又は第三号に定める数値の1.5倍以下でなければならない。

一　第一種住居地域、第二種住居地域、準住居地域、近隣商業地域若しくは準工業地域（高層住居誘導地区及び特定行政庁が都道府県都市計画審議会の議を経て指定する区域を除く。）又は商業地域（特定行政庁が都道府県都市計画審議会の議を経て指定する区域を除く。）内にあること。
　二　その敷地内に政令で定める規模以上の空地（道路に接して有効な部分が政令で定める規模以上であるものに限る。）を有し、かつ、その敷地面積が政令で定める規模以上であること。
9　建築物の敷地が、幅員15m以上の道路（以下この項において「特定道路」という。）に接続する幅員6m以上12m未満の前面道路のうち当該特定道路からの延長が70m以内の部分において接する場合における当該建築物に対する第2項から第7項までの規定の適用については、第2項中「幅員」とあるのは、「幅員（第9項の特定道路に接続する同項の前面道路のうち当該特定道路からの延長が70m以内の部分にあつては、その幅員に、当該特定道路から当該建築物の敷地が接する当該前面道路の部分までの延長に応じて政令で定める数値を加えたもの）」とする。
10　建築物の敷地が都市計画において定められた計画道路（第42条第1項第四号に該当するものを除くものとし、以下この項において「計画道路」という。）に接する場合又は当該敷地内に計画道路がある場合において、特定行政庁が交通上、安全上、防火上及び衛生上支障がないと認めて許可した建築物については、当該計画道路を第2項の前面道路とみなして、同項から第7項まで及び前項の規定を適用するものとする。この場合においては、当該敷地のうち計画道路に係る部分の面積は、敷地面積又は敷地の部分の面積に算入しないものとする。
11　前面道路の境界線又はその反対側の境界線からそれぞれ後退して壁面線の指定がある場合において、特定行政庁が次に掲げる基準に適合すると認めて許可した建築物については、当該前面道路の境界線又はその反対側の境界線は、それぞれ当該壁面線にあるものとみなして、第2項から第7項まで及び第9項の規定を適用するものとする。この場合においては、当該建築物の敷地のうち前面道路と壁面線との間の部分の面積は、敷地面積又は敷地の部分の面積に算入しないものとする。
　一　当該建築物がある街区内における土地利用の状況等からみて、その街区内において、前面道路と壁面線との間の敷地の部分が当該前面道路と一体的かつ連続的に有効な空地として確保されており、又は確保されることが確実と見込まれること。
　二　交通上、安全上、防火上及び衛生上支障がないこと。
12　第2項各号の規定により前面道路の幅員のメートルの数値に乗ずる数値が10分の4とされている建築物で、前面道路の境界線から後退して壁面線の指定がある場合又は第68条の2第1項の規定に基づく条例で定める壁面の位置の制限（道路に面する建築物の壁又はこれに代わる柱の位置及び道路に面する高さ2mを超える門又は塀の位置を制限するものに限る。）がある場合において当該壁面線又は当該壁面の位置の制限として定められた限度の線（以下この項及び次項において「壁面線等」という。）を越えないもの（ひさしその他の建築物の部分で政令で定めるものを除く。）については、当該前面道路の境界線は、当該壁面線等にあるものとみなして、第2項から第7項まで及び第9項の規定を適用することができる。ただし、建築物の容積率は、当該前面道路の幅員のメートルの数値に10分の6を乗じたもの以下でなければならない。
13　前項の場合においては、当該建築物の敷地のうち前面道路と壁面線等との間の部分の面積は、敷地面積又は敷地の部分の面積に算入しないものとする。
14　次の各号のいずれかに該当する建築物で、特定行政庁が交通上、安全上、防火上及び衛生上支障がないと認めて許可したものの容積率は、第1項から第9項までの規定にかかわらず、その許可の範囲内において、これらの規定による限度を超えるものとすることができる。
　一　同一敷地内の建築物の機械室その他これに類する部分の床面積の合計の建築物の延べ面積に対する割合が著しく大きい場合におけるその敷地内の建築物
　二　その敷地の周囲に広い公園、広場、道路その他の空地を有する建築物
　三　建築物のエネルギー消費性能（建築物のエネルギー消費性能の向上等に関する法律（平成27年法律第53号）第2条第1項第二号に規定するエネルギー消費性能をいう。次条第5項第四号において同じ。）の向上のため必要な外壁に関する工事その他の屋外に面する建築物の部分に関する工事を行う建築物で構造上やむを得ないものとして国土交通省令で定めるもの
15　第44条第2項の規定は、第10項、第11項又は前項の規定による許可をする場合に準用する。

法旧59条の2 制定：昭和38年法律第151号

[削除条文]

制定：昭和38年法律第151号　　　施行：昭和39年1月15日
旧　第59条の2　（容積地区）

1　建設大臣は、都市計画上又は土地利用上必要があると認める場合においては、都市計画法の定める手続によつて、都市計画の施設として、別表第5（い）欄の各項に掲げる容積地区を指定することができる。
2　別表第5（い）欄の各項に掲げる容積地区内においては、建築物の延べ面積の敷地面積に対する割合は、同表（ろ）欄の当該各項に掲げる限度以下であり、かつ、当該建築物の前面道路（2以上あるときは、その幅員の最大なもの。以下この項において同じ。）が12m未満である場合においては、当該前面道路の幅員のメートルの数値に10分の6を乗じたもの以下でなければならない。
3　建築物の敷地が第44条第2項に規定する計画道路（以下この項において、「計画道路」という。）に接する場合又は当該敷地内に計画道路がある場合において、特定行政庁が交通上、安全上、防火上及び衛生上支障がないと認めて許可した建築物については、当該計画道路を前項の前面道路とみなして、同項の規定を適用するものとする。この場合において、同項中「敷地面積」とあるのは、「敷地のうち計画道路に係る部分を除いた部分の面積」とする。
4　次の各号の一に該当する建築物で、特定行政庁が交通上、安全上、防火上及び衛生上支障がないと認めて許可したものの延べ面積の敷地面積に対する割合は、第2項の規定にかかわらず、その許可の限度内において、同項の規定による限度をこえるものとすることができる。
　一　同一敷地内の建築物の機械室その他これに類する部分の床面積の合計の建築物の延べ面積に対する割合が著しく大きい場合におけるその敷地内の建築物
　二　その敷地の周囲に広い公園、広場、道路その他の空地を有する建築物
　三　その敷地内に当該地方公共団体の条例で定める規模以上の空地を有し、かつ、その敷地面積が当該条例で定める規模以上である建築物
5・6　略　（高さ関係）
7　第48条第2項の規定は、第1項の規定による指定をする場合に、第57条第3項の規定は第3項及び第4項の規定による許可をする場合に準用する。
8　略　（高さ関係）

旧　別表第5　容積地区の種別及び容積地区内の建築物の制限

（い）	（ろ）
容積地区の種別	延べ面積の敷地面積に対する割合
第一種容積地区	10分の10以下
第二種容積地区	10分の20以下
第三種容積地区	10分の30以下
第四種容積地区	10分の40以下
第五種容積地区	10分の50以下
第六種容積地区	10分の60以下
第七種容積地区	10分の70以下
第八種容積地区	10分の80以下
第九種容積地区	10分の90以下
第十種容積地区	10分の100以下

改正：昭和43年法律第101号　　　施行：昭和44年6月14日

改正：昭和27年法律第160号　**法旧55条**

旧　第59条の2　（容積地区）

1　別表第5（い）欄の各項に掲げる容積地区内においては、建築物の延べ面積の敷地面積に対する割合は、同表（ろ）欄の当該各項に掲げる限度以下であり、かつ、当該建築物の前面道路（2以上あるときは、その幅員の最大なもの。以下この項において同じ。）が12m未満である場合においては、当該前面道路の幅員のメートルの数値に10分の6を乗じたもの以下でなければならない。

2　建築物の敷地が都市計画において定められた計画道路（第42条第1項第四号に該当するものを除くものとし、以下この項において、「計画道路」という。）に接する場合又は当該敷地内に計画道路がある場合において、特定行政庁が交通上、安全上、防火上及び衛生上支障がないと認めて許可した建築物については、当該計画道路を前項の前面道路とみなして、同項の規定を適用するものとする。この場合において、同項中「敷地面積」とあるのは、「敷地のうち計画道路に係る部分を除いた部分の面積」とする。

3　次の各号の一に該当する建築物で、特定行政庁が交通上、安全上、防火上及び衛生上支障がないと認めて許可したものの延べ面積の敷地面積に対する割合は、第1項の規定にかかわらず、その許可の限度内において、同項の規定による限度をこえるものとすることができる。

一　同一敷地内の建築物の機械室その他これに類する部分の床面積の合計の建築物の延べ面積に対する割合が著しく大きい場合におけるその敷地内の建築物
二　その敷地の周囲に広い公園、広場、道路その他の空地を有する建築物
三　その敷地内に当該地方公共団体の条例で定める規模以上の空地を有し、かつ、その敷地面積が当該条例で定める規模以上である建築物

4・5　略　（高さ関係）

6　第57条第3項の規定は第2項及び第3項の規定による許可をする場合に準用する。

7　略　（高さ関係）

改正：昭和45年法律第109号　　　施行：昭和46年1月1日
旧　第59条の2　（容積地区）　削除

[現行]　第53条　（建蔽率）

制定：昭和25年法律第201号　　　施行：昭和25年11月23日
旧　第55条　（建築面積の敷地面積に対する割合）

1　建築物の建築面積（同一敷地内に2以上の棟をなす建築物がある場合においては、その建築面積の合計とする。以下この章において同様とする。）は住居地域内、準工業地域内又は工業地域内においては、敷地面積から30㎡を引いたものの10分の6を、商業地域内又は用途地域の指定のない区域内においては、敷地面積の10分の7を、それぞれこえてはならない。但し、公衆便所、巡査派出所、公共用歩廊その他これらに類するものについては、この限りでない。

2　前項の規定の適用については、第一号又は第二号のいずれかに該当する建築物に対しては、同項中「10分の6」とあるのは「10分の7」と、「10分の7」とあるのは「10分の8」とそれぞれ読み替え、第一号及び第二号に該当する建築物に対しては、同項中「10分の6」とあるのは「10分の8」と、「10分の7」とあるのは「10分の9」とそれぞれ読み替えるものとする。

一　防火地域内にある建築物で、主要構造部が耐火構造のもの
二　街区の角にある敷地又はこれに準ずる敷地で、特定行政庁が指定するものの内にある建築物

改正：昭和27年法律第160号　　　施行：昭和27年5月31日
旧　第55条　（建築面積の敷地面積に対する割合）

1　建築物の建築面積（同一敷地内に2以上の棟をなす建築物がある場合においては、その建築面積の合計とする。以下この章において同様とする。）は住居地域内、準工業地域内又は工業地域内においては、敷地面積から30㎡を引いたものの10分の6を、商業地域内又は用途地域の指定のない区域内においては、敷地面積の10分の7を、それぞれこえてはならない。但し、下の各号の一に該当する建築物については、この限りで

法旧55条 改正：昭和27年法律第160号

> ない。
> 　一　商業地域内で、且つ、防火地域内にある耐火建築物で、主要構造部が耐火構造のもの
> 　二　巡査派出所、公衆便所、公共用歩廊その他これらに類するもの
> 2　住居地域内、準工業地域内又は工業地域内で、且つ、防火地域内又は準防火地域内においては、建築物の建築面積は、前項の規定にかかわらず、敷地面積の10分の6以内とすることができる。
> 3　前2項の規定の適用については、第一号又は第二号のいずれかに該当する建築物に対しては、これらの項中「10分の6」とあるのは「10分の7」と、「10分の7」とあるのは「10分の8」とそれぞれ読み替え、第一号及び第二号に該当する建築物に対しては、これらの項中「10分の6」とあるのは「10分の8」と、「10分の7」とあるのは「10分の9」とそれぞれ読み替えるものとする。
> 　一・二　略

改正：昭和32年法律第101号　　　施行：昭和32年5月15日
旧　第55条　（建築面積の敷地面積に対する割合）

> 1・2　略
> 3　前2項の規定の適用については、第一号又は第二号のいずれかに該当する建築物に対しては、これらの項中「10分の6」とあるのは「10分の7」と、「10分の7」とあるのは「10分の8」とそれぞれ読み替え、第一号及び第二号に該当する建築物に対しては、これらの項中「10分の6」とあるのは「10分の8」と、「10分の7」とあるのは「10分の9」とそれぞれ読み替えるものとする。
> 　一　商業地域内で、且つ、準防火地域内にある建築物で、主要構造部が耐火構造のもの又は商業地域外で、且つ、防火地域内にある建築物で、主要構造部が耐火構造のもの
> 　二　略
> 4　建築物の敷地が防火地域又は準防火地域とこれらの地域として指定されていない区域にわたる場合において、その敷地内の建築物の全部がそれぞれ第61条、第63条及び第64条又は第62条から第64条までの規定に適合するものであるときは、当該建築物がそれぞれ防火地域又は準防火地域内にあるものとみなして、前3項の規定を適用する。
> 5　建築物の敷地が防火地域及び準防火地域にわたる場合において、その敷地内の建築物の全部が、第61条、第63条及び第64条の規定に適合するものであるときは、防火地域内にあるものとみなし、その他のときは準防火地域内にあるものとみなし、それぞれ第1項から第3項までの規定を適用する。

改正：昭和34年法律第156号　　　施行：昭和34年12月23日
旧　第55条　（建築面積の敷地面積に対する割合）

> 1　建築物の建築面積（同一敷地内に2以上の建築物がある場合においては、その建築面積の合計とする。以下この節において同様とする。）は住居地域内、準工業地域内又は工業地域内においては、敷地面積から30㎡を引いたものの10分の6を、商業地域内又は用途地域の指定のない区域内においては、敷地面積の10分の7を、それぞれこえてはならない。ただし、次の各号の一に該当する建築物については、この限りでない。
> 　一　商業地域内で、かつ、防火地域内にある耐火建築物
> 　二　略
> 　三　公園、広場、道路、川その他これらに類するものの内にある建築物で安全上、防火上及び衛生上支障がないもの
> 2　住居地域内、準工業地域内又は工業地域内で、かつ、防火地域内若しくは準防火地域内又は過小宅地が多い等土地の状況に因りやむを得ない場合で特定行政庁が建設大臣の承認を得て第22条第1項の市街地の区域について指定する区域内においては、建築物の建築面積は、前項の規定にかかわらず、敷地面積の10分の6以内とすることができる。
> 3　前2項の規定の適用については、第一号又は第二号のいずれかに該当する建築物に対しては、これらの項中「10分の6」とあるのは「10分の7」と、「10分の7」とあるのは「10分の8」とそれぞれ読み替え、第一号及び第二号に該当する建築物に対しては、これらの項中「10分の6」とあるのは「10分の8」と、「10分の7」とあるのは「10分の9」とそれぞれ読み替えるものとする。

一　商業地域内で、かつ、準防火地域内にある耐火建築物又は商業地域外で、かつ、防火地域内にある耐火建築物
　二　略
4・5　略

改正：昭和44年法律第38号　　　施行：昭和44年6月14日
旧　第55条　（建築面積の敷地面積に対する割合）

1　建築物の建築面積（同一敷地内に2以上の建築物がある場合においては、その建築面積の合計とする。以下第59条の3第1項を除き、この節において同様とする。）は住居地域内、準工業地域内又は工業地域内においては、敷地面積から30㎡を引いたものの10分の6を、商業地域又は用途地域の指定のない区域内においては、敷地面積の10分の7を、それぞれこえてはならない。ただし、次の各号の一に該当する建築物については、この限りでない。
　一　商業地域内で、かつ、防火地域内にある耐火建築物
　二　巡査派出所、公衆便所、公共用歩廊その他これらに類するもの
　三　公園、広場、道路、川その他これらに類するものの内にある建築物で安全上、防火上及び衛生上支障がないもの
2〜5　略

改正：昭和45年法律第109号　　　施行：昭和46年1月1日
第53条　（建築面積の敷地面積に対する割合）

1　建築物の建築面積（同一敷地内に2以上の建築物がある場合においては、その建築面積の合計。第59条第1項を除き、以下この節において同じ。）の敷地面積に対する割合は、次の各号に掲げる区分に従い、当該各号に掲げる数値をこえてはならない。
　一　第一種住居専用地域内の建築物
　　　　10分の3、10分の4、10分の5又は10分の6のうち当該地域に関する都市計画において定められたもの
　二　第二種住居専用地域、住居地域、準工業地域、工業地域又は工業専用地域内の建築物
　　　　10分6
　三　近隣商業地域又は商業地域内の建築物
　　　　10分の8
　四　用途地域の指定のない区域内の建築物
　　　　10分の7
2　前項の規定の適用については、第一号又は第二号のいずれかに該当する建築物にあつては同項各号に掲げる数値に10分の1を加えたものをもつて当該各号に掲げる数値とし、第一号及び第二号に該当する建築物にあつては同項各号に掲げる数値に10分の2を加えたものをもつて当該各号に掲げる数値とする。
　一　近隣商業地域及び商業地域外で、かつ、防火地域内にある耐火建築物
　二　街区のかどにある敷地又はこれに準ずる敷地で特定行政庁が指定するものの内にある建築
3　前2項の規定は、次の各号の一に該当する建築物については、適用しない。
　一　近隣商業地域及び商業地域内で、かつ、防火地域内にある耐火建築物
　二　巡査派出所、公衆便所、公共用歩廊その他これらに類するもの
　三　公園、広場、道路、川その他これらに類するものの内にある建築物で安全上、防火上及び衛生上支障がないもの
4　建築物の敷地が防火地域の内外にわたる場合において、その敷地内の建築物の全部が耐火建築物であるときは、その敷地は、すべて防火地域内にあるものとみなして、第2項又は前項第一号の規定を適用する。

改正：昭和49年法律第67号　　　施行：昭和50年4月1日
第53条　（建築面積の敷地面積に対する割合）

法53条 改正：昭和49年法律第67号

1 建築物の建築面積（同一敷地内に2以上の建築物がある場合においては、その建築面積の合計。第59条第1項を除き、以下この節において同じ。）の敷地面積に対する割合は、次の各号に掲げる区分に従い、当該各号に掲げる数値をこえてはならない。
　一　第一種住居専用地域又は工業専用地域内の建築物
　　　10分の3、10分の4、10分の5又は10分の6のうち当該地域に関する都市計画において定められたもの
　二　第二種住居専用地域、住居地域、準工業地域又は工業地域内の建築物
　　　10分6
　三・四　略
2〜4　略

改正：昭和51年法律第83号　　施行：昭和52年11月1日
第53条　（建築面積の敷地面積に対する割合）

1 建築物の建築面積（同一敷地内に2以上の建築物がある場合においては、その建築面積の合計。第59条第1項を除き、以下この節において同じ。）の敷地面積に対する割合は、次の各号に掲げる区分に従い、当該各号に掲げる数値を超えてはならない。
　一　第一種住居専用地域、第二種住居専用地域又は工業専用地域内の建築物
　　　10分の3、10分の4、10分の5又は10分の6のうち当該地域に関する都市計画において定められたもの
　二　住居地域、準工業地域又は工業地域内の建築物
　　　10分6
　三・四　略
2 建築物の敷地が前項の規定による建築物の建築面積の敷地面積に対する割合に関する制限を受ける地域又は区域の2以上にわたる場合においては、当該建築物の建築面積の敷地面積に対する割合は、同項の規定による当該各地域又は区域内の建築物の建築面積の敷地面積に対する割合の限度にその敷地の当該地域又は区域内にある各部分の面積の敷地面積に対する割合を乗じて得たものの合計以下でなければならない。
3 前2項の規定の適用については、第一号又は第二号のいずれかに該当する建築物にあつては第1項各号に掲げる数値に10分の1を加えたものをもつて当該各号に掲げる数値とし、第一号及び第二号に該当する建築物にあつては同項各号に掲げる数値に10分の2を加えたものをもつて当該各号に掲げる数値とする。
　一　近隣商業地域及び商業地域外で、かつ、防火地域内にある耐火建築物
　二　街区の角にある敷地又はこれに準ずる敷地で特定行政庁が指定するものの内にある建築物
4 前3項の規定は、次の各号の一に該当する建築物については、適用しない。
　一　近隣商業地域及び商業地域内で、かつ、防火地域内にある耐火建築物
　二　巡査派出所、公衆便所、公共用歩廊その他これらに類するもの
　三　公園、広場、道路、川その他これらに類するものの内にある建築物で安全上、防火上及び衛生上支障がないもの
5 建築物の敷地が防火地域の内外にわたる場合において、その敷地内の建築物の全部が耐火建築物であるときは、その敷地は、すべて防火地域内にあるものとみなして、第3項第一号又は前項第一号の規定を適用する。

改正：平成4年法律第82号　　施行：平成5年6月25日
第53条　（建築面積の敷地面積に対する割合）

1 建築物の建築面積（同一敷地内に2以上の建築物がある場合においては、その建築面積の合計。第59条第1項を除き、以下この節において同じ。）の敷地面積に対する割合は、次の各号に掲げる区分に従い、当該各号に掲げる数値を超えてはならない。
　一　第一種低層住居専用地域、第二種低層住居専用地域、第一種中高層住居専用地域、第二種中高層住居専用地域又は工業専用地域内の建築物

10分の3、10分の4、10分の5又は10分の6のうち当該地域に関する都市計画において定められたもの
二　第一種住居地域、第二種住居地域、準住居地域、準工業地域又は工業地域内の建築物
　　10分6
三　略
四　用途地域の指定のない区域内の建築物
　　10分の7（特定行政庁が都市計画地方審議会の議を経て指定する区域内にある建築物にあつては、10分の5又は10分の6のうち特定行政庁が都市計画地方審議会の議を経て定めるもの）
2～5　略

改正：平成10年法律第100号　　　施行：平成11年5月1日
第53条　（建築面積の敷地面積に対する割合）

1～3　略
4　前3項の規定は、次の各号の一に該当する建築物については、適用しない。
　一・二　略
　三　公園、広場、道路、川その他これらに類するものの内にある建築物で特定行政庁が安全上、防火上及び衛生上支障がないと認めて建築審査会の同意を得て許可したもの
5　略

改正：平成11年法律第87号　　　施行：平成12年4月1日
第53条　（建築面積の敷地面積に対する割合）

1　建築物の建築面積（同一敷地内に2以上の建築物がある場合においては、その建築面積の合計。第59条第1項を除き、以下この節において同じ。）の敷地面積に対する割合は、次の各号に掲げる区分に従い、当該各号に掲げる数値を超えてはならない。
　一～三　略
　四　用途地域の指定のない区域内の建築物
　　　10分の7（特定行政庁が都道府県都市計画審議会の議を経て指定する区域内にある建築物にあつては、10分の5又は10分の6のうち特定行政庁が都道府県都市計画審議会の議を経て定めるもの）
2～5　略

改正：平成12年法律第73号　　　施行：平成13年5月18日
第53条　（建ぺい率）

1　建築物の建築面積（同一敷地内に2以上の建築物がある場合においては、その建築面積の合計）の敷地面積に対する割合（以下「建ぺい率」という。）は、次の各号に掲げる区分に従い、当該各号に掲げる数値を超えてはならない。
　一～三　略
　四　用途地域の指定のない区域内の建築物
　　　10分の3、10分の4、10分の5、10分の6又は10分の7のうち、特定行政庁が土地利用の状況等を考慮し当該区域を区分して都道府県都市計画審議会の議を経て定めるもの
2　建築物の敷地が前項の規定による建築物の建ぺい率に関する制限を受ける地域又は区域の2以上にわたる場合においては、当該建築物の建ぺい率は、同項の規定による当該各地域又は区域内の建築物の建ぺい率の限度にその敷地の当該地域又は区域内にある各部分の面積の敷地面積に対する割合を乗じて得たものの合計以下でなければならない。
3　略
4　隣地境界線から後退して壁面線の指定がある場合又は第68条の2第1項の規定に基づく条例で定める壁面の位置の制限（隣地境界線に面する建築物の壁又はこれに代わる柱の位置及び隣地境界線に面する高さ2mを超える門又は塀の位置を制限するものに限る。）がある場合において、当該壁面線又は壁面の位置

法53条　改正：平成12年法律第73号

　の制限として定められた限度の線を越えない建築物（ひさしその他の建築物の部分で政令で定めるものを除く。）で、特定行政庁が安全上、防火上及び衛生上支障がないと認めて許可したものの建ぺい率は、前３項の規定にかかわらず、その許可の範囲内において、前３項の規定による限度を超えるものとすることができる。

5　前各項の規定は、次の各号の一に該当する建築物については、適用しない。
　一・二　略
　三　公園、広場、道路、川その他これらに類するものの内にある建築物で特定行政庁が安全上、防火上及び衛生上支障がないと認めて許可したもの

6　建築物の敷地が防火地域の内外にわたる場合において、その敷地内の建築物の全部が耐火建築物であるときは、その敷地は、すべて防火地域内にあるものとみなして、第３項第一号又は前項第一号の規定を適用する。

7　第44条第２項の規定は、第４項又は第５項第三号の規定による許可をする場合に準用する。

改正：平成14年法律第85号　　　　施行：平成15年１月１日
第53条　（建ぺい率）

1　建築物の建築面積（同一敷地内に２以上の建築物がある場合においては、その建築面積の合計）の敷地面積に対する割合（以下「建ぺい率」という。）は、次の各号に掲げる区分に従い、当該各号に定める数値を超えてはならない。
　一　略
　二　第一種住居地域、第二種住居地域、準住居地域又は準工業地域内の建築物
　　　10分の５、10分の６又は10分の８のうち当該地域に関する都市計画において定められたもの
　三　近隣商業地域内の建築物
　　　10分の６又は10分の８のうち当該地域に関する都市計画において定められたもの
　四　商業地域内の建築物
　　　10分の８
　五　工業地域内の建築物
　　　10分の５又は10分の６のうち当該地域に関する都市計画において定められたもの
　六　用途地域の指定のない区域内の建築物
　　　10分の３、10分の４、10分の５、10分の６又は10分の７のうち、特定行政庁が土地利用の状況等を考慮し当該区域を区分して都道府県都市計画審議会の議を経て定めるもの

2　略

3　前２項の規定の適用については、第一号又は第二号のいずれかに該当する建築物にあつては第１項各号に定める数値に10分の１を加えたものをもつて当該各号に定める数値とし、第一号及び第二号に該当する建築物にあつては同項各号に定める数値に10分の２を加えたものをもつて当該各号に定める数値とする。
　一　第１項第二号から第四号までの規定により建ぺい率の限度が10分の８とされている地域外で、かつ、防火地域内にある耐火建築物
　二　略

4　略

5　前各項の規定は、次の各号のいずれかに該当する建築物については、適用しない。
　一　第１項第二号から第四号までの規定により建ぺい率の限度が10分の８とされている地域内で、かつ、防火地域内にある耐火建築物
　二・三　略

6・7　略

改正：平成29年法律第26号　　　　施行：平成30年４月１日
第53条　（建蔽率）

1　建築物の建築面積（同一敷地内に２以上の建築物がある場合においては、その建築面積の合計）の敷地面積に対する割合（以下「建蔽率」という。）は、次の各号に掲げる区分に従い、当該各号に定める数値を超

改正：平成30年法律第67号　**法53条**

えてはならない。
一　第一種低層住居専用地域、第二種低層住居専用地域、第一種中高層住居専用地域、第二種中高層住居専用地域、田園住居地域又は工業専用地域内の建築物
　　　10分の3、10分の4、10分の5又は10分の6のうち当該地域に関する都市計画において定められたもの
二～六　略
2　建築物の敷地が前項の規定による建築物の建蔽率に関する制限を受ける地域又は区域の2以上にわたる場合においては、当該建築物の建蔽率は、同項の規定による当該各地域又は区域内の建築物の建蔽率の限度にその敷地の当該地域又は区域内にある各部分の面積の敷地面積に対する割合を乗じて得たものの合計以下でなければならない。
3　前2項の規定の適用については、第一号又は第二号のいずれかに該当する建築物にあつては第1項各号に定める数値に10分の1を加えたものをもつて当該各号に定める数値とし、第一号及び第二号に該当する建築物にあつては同項各号に定める数値に10分の2を加えたものをもつて当該各号に定める数値とする。
一　第1項第二号から第四号までの規定により建蔽率の限度が10分の8とされている地域外で、かつ、防火地域内にある耐火建築物
二　略
4　隣地境界線から後退して壁面線の指定がある場合又は第68条の2第1項の規定に基づく条例で定める壁面の位置の制限（隣地境界線に面する建築物の壁又はこれに代わる柱の位置及び隣地境界線に面する高さ2mを超える門又は塀の位置を制限するものに限る。）がある場合において、当該壁面線又は壁面の位置の制限として定められた限度の線を越えない建築物（ひさしその他の建築物の部分で政令で定めるものを除く。）で、特定行政庁が安全上、防火上及び衛生上支障がないと認めて許可したものの建蔽率は、前3項の規定にかかわらず、その許可の範囲内において、前3項の規定による限度を超えるものとすることができる。
5　前各項の規定は、次の各号のいずれかに該当する建築物については、適用しない。
一　第1項第二号から第四号までの規定により建蔽率の限度が10分の8とされている地域内で、かつ、防火地域内にある耐火建築物
二・三　略
6・7　略

改正：平成30年法律第67号　　　施行：令和元年6月25日
第53条　（建蔽率）

1・2　略
3　前2項の規定の適用については、第一号又は第二号のいずれかに該当する建築物にあつては第1項各号に定める数値に10分の1を加えたものをもつて当該各号に定める数値とし、第一号及び第二号に該当する建築物にあつては同項各号に定める数値に10分の2を加えたものをもつて当該各号に定める数値とする。
一　防火地域（第1項第二号から第四号までの規定により建蔽率の限度が10分の8とされている地域を除く。）内にあるイに該当する建築物又は準防火地域内にあるイ若しくはロのいずれかに該当する建築物
　　イ　耐火建築物又はこれと同等以上の延焼防止性能（通常の火災による周囲への延焼を防止するために壁、柱、床その他の建築物の部分及び防火戸その他の政令で定める防火設備に必要とされる性能をいう。ロにおいて同じ。）を有するものとして政令で定める建築物（以下この条及び第67条第1項において「耐火建築物等」という。）
　　ロ　準耐火建築物又はこれと同等以上の延焼防止性能を有するものとして政令で定める建築物（耐火建築物等を除く。第8項及び第67条第1項において「準耐火建築物等」という。）
二　街区の角にある敷地又はこれに準ずる敷地で特定行政庁が指定するものの内にある建築物
4　隣地境界線から後退して壁面線の指定がある場合又は第68条の2第1項の規定に基づく条例で定める壁面の位置の制限（隣地境界線に面する建築物の壁又はこれに代わる柱の位置及び隣地境界線に面する高さ2mを超える門又は塀の位置を制限するものに限る。）がある場合において、当該壁面線又は壁面の位置の制限として定められた限度の線を越えない建築物（ひさしその他の建築物の部分で政令で定めるものを除く。次項において同じ。）で、特定行政庁が安全上、防火上及び衛生上支障がないと認めて許可したものの建蔽率は、前3項の規定にかかわらず、その許可の範囲内において、前3項の規定による限度を超えるものとすることができる。

法53条　改正：平成30年法律第67号

5　次の各号のいずれかに該当する建築物で、特定行政庁が安全上、防火上及び衛生上支障がないと認めて許可したものの建蔽率は、第1項から第3項までの規定にかかわらず、その許可の範囲内において、これらの規定による限度を超えるものとすることができる。
　一　特定行政庁が街区における避難上及び消火上必要な機能の確保を図るため必要と認めて前面道路の境界線から後退して壁面線を指定した場合における、当該壁面線を越えない建築物
　二　特定防災街区整備地区に関する都市計画において特定防災機能（密集市街地整備法第2条第三号に規定する特定防災機能をいう。次号において同じ。）の確保を図るため必要な壁面の位置の制限（道路に面する建築物の壁又はこれに代わる柱の位置及び道路に面する高さ2mを超える門又は塀の位置を制限するものに限る。同号において同じ。）が定められた場合における、当該壁面の位置の制限として定められた限度の線を越えない建築物
　三　第68条の2第1項の規定に基づく条例において防災街区整備地区計画の区域（特定建築物地区整備計画又は防災街区整備地区整備計画が定められている区域に限る。）における特定防災機能の確保を図るため必要な壁面の位置の制限が定められた場合における、当該壁面の位置の制限として定められた限度の線を越えない建築物

6　前各項の規定は、次の各号のいずれかに該当する建築物については、適用しない。
　一　防火地域（第1項第二号から第四号までの規定により建蔽率の限度が10分の8とされている地域に限る。）内にある耐火建築物等
　二　巡査派出所、公衆便所、公共用歩廊その他これらに類するもの
　三　公園、広場、道路、川その他これらに類するものの内にある建築物で特定行政庁が安全上、防火上及び衛生上支障がないと認めて許可したもの

7　建築物の敷地が防火地域の内外にわたる場合において、その敷地内の建築物の全部が耐火建築物等であるときは、その敷地は、全て防火地域内にあるものとみなして、第3項第一号又は前項第一号の規定を適用する。

8　建築物の敷地が準防火地域と防火地域及び準防火地域以外の区域とにわたる場合において、その敷地内の建築物の全部が耐火建築物等又は準耐火建築物等であるときは、その敷地は、全て準防火地域内にあるものとみなして、第3項第一号の規定を適用する。

9　第44条第2項の規定は、第4項、第5項又は第6項第三号の規定による許可をする場合に準用する。

改正：令和4年法律第69号　　　施行：令和5年4月1日
第53条　（建蔽率）

1　建築物の建築面積（同一敷地内に2以上の建築物がある場合においては、その建築面積の合計）の敷地面積に対する割合（以下「建蔽率」という。）は、次の各号に掲げる区分に従い、当該各号に定める数値を超えてはならない。
　一　第一種低層住居専用地域、第二種低層住居専用地域、第一種中高層住居専用地域、第二種中高層住居専用地域、田園住居地域又は工業専用地域内の建築物
　　　10分の3、10分の4、10分の5又は10分の6のうち当該地域に関する都市計画において定められたもの
　二　第一種住居地域、第二種住居地域、準住居地域又は準工業地域内の建築物
　　　10分の5、10分の6又は10分の8のうち当該地域に関する都市計画において定められたもの
　三　近隣商業地域内の建築物
　　　10分の6又は10分の8のうち当該地域に関する都市計画において定められたもの
　四　商業地域内の建築物
　　　10分の8
　五　工業地域内の建築物
　　　10分の5又は10分の6のうち当該地域に関する都市計画において定められたもの
　六　用途地域の指定のない区域内の建築物
　　　10分の3、10分の4、10分の5、10分の6又は10分の7のうち、特定行政庁が土地利用の状況等を考慮し当該区域を区分して都道府県都市計画審議会の議を経て定めるもの

2　建築物の敷地が前項の規定による建築物の建蔽率に関する制限を受ける地域又は区域の2以上にわたる場

合においては、当該建築物の建蔽率は、同項の規定による当該各地域又は区域内の建築物の建蔽率の限度にその敷地の当該地域又は区域内にある各部分の面積の敷地面積に対する割合を乗じて得たものの合計以下でなければならない。

3　前2項の規定の適用については、第一号又は第二号のいずれかに該当する建築物にあつては第1項各号に定める数値に10分の1を加えたものをもつて当該各号に定める数値とし、第一号及び第二号に該当する建築物にあつては同項各号に定める数値に10分の2を加えたものをもつて当該各号に定める数値とする。

　一　防火地域（第1項第二号から第四号までの規定により建蔽率の限度が10分の8とされている地域を除く。）内にあるイに該当する建築物又は準防火地域内にあるイ若しくはロのいずれかに該当する建築物
　　イ　耐火建築物又はこれと同等以上の延焼防止性能（通常の火災による周囲への延焼を防止するために壁、柱、床その他の建築物の部分及び防火戸その他の政令で定める防火設備に必要とされる性能をいう。ロにおいて同じ。）を有するものとして政令で定める建築物（以下この条及び第67条第1項において「耐火建築物等」という。）
　　ロ　準耐火建築物又はこれと同等以上の延焼防止性能を有するものとして政令で定める建築物（耐火建築物等を除く。第8項及び第67条第1項において「準耐火建築物等」という。）
　二　街区の角にある敷地又はこれに準ずる敷地で特定行政庁が指定するものの内にある建築物

4　隣地境界線から後退して壁面線の指定がある場合又は第68条の2第1項の規定に基づく条例で定める壁面の位置の制限（隣地境界線に面する建築物の壁又はこれに代わる柱の位置及び隣地境界線に面する高さ2mを超える門又は塀の位置を制限するものに限る。）がある場合において、当該壁面線又は壁面の位置の制限として定められた限度の線を越えない建築物（ひさしその他の建築物の部分で政令で定めるものを除く。次項において同じ。）で、特定行政庁が安全上、防火上及び衛生上支障がないと認めて許可したものの建蔽率は、前3項の規定にかかわらず、その許可の範囲内において、前3項の規定による限度を超えるものとすることができる。

5　次の各号のいずれかに該当する建築物で、特定行政庁が安全上、防火上及び衛生上支障がないと認めて許可したものの建蔽率は、第1項から第3項までの規定にかかわらず、その許可の範囲内において、これらの規定による限度を超えるものとすることができる。

　一　特定行政庁が街区における避難上及び消火上必要な機能の確保を図るため必要と認めて前面道路の境界線から後退して壁面線を指定した場合における、当該壁面線を越えない建築物
　二　特定防災街区整備地区に関する都市計画において特定防災機能（密集市街地整備法第2条第三号に規定する特定防災機能をいう。次号において同じ。）の確保を図るため必要な壁面の位置の制限（道路に面する建築物の壁又はこれに代わる柱の位置及び道路に面する高さ2mを超える門又は塀の位置を制限するものに限る。同号において同じ。）が定められた場合における、当該壁面の位置の制限として定められた限度の線を越えない建築物
　三　第68条の2第1項の規定に基づく条例において防災街区整備地区計画の区域（特定建築物地区整備計画又は防災街区整備地区整備計画が定められている区域に限る。）における特定防災機能の確保を図るため必要な壁面の位置の制限が定められた場合における、当該壁面の位置の制限として定められた限度の線を越えない建築物
　四　<u>建築物のエネルギー消費性能の向上のため必要な外壁に関する工事その他の屋外に面する建築物の部分に関する工事を行う建築物で構造上やむを得ないものとして国土交通省令で定めるもの</u>

6　前各項の規定は、次の各号のいずれかに該当する建築物については、適用しない。
　一　防火地域（第1項第二号から第四号までの規定により建蔽率の限度が10分の8とされている地域に限る。）内にある耐火建築物等
　二　巡査派出所、公衆便所、公共用歩廊その他これらに類するもの
　三　公園、広場、道路、川その他これらに類するものの内にある建築物で特定行政庁が安全上、防火上及び衛生上支障がないと認めて許可したもの

7　建築物の敷地が防火地域の内外にわたる場合において、その敷地内の建築物の全部が耐火建築物等であるときは、その敷地は、全て防火地域内にあるものとみなして、第3項第一号又は前項第一号の規定を適用する。

8　建築物の敷地が準防火地域と防火地域及び準防火地域以外の区域とにわたる場合において、その敷地内の建築物の全部が耐火建築物等又は準耐火建築物等であるときは、その敷地は、全て準防火地域内にあるものとみなして、第3項第一号の規定を適用する。

法53条　改正：令和4年法律第69号

9　第44条第2項の規定は、第4項、第5項又は第6項第三号の規定による許可をする場合に準用する。

[現行]　第53条の2　（建築物の敷地面積）

制定：平成14年法律第85号　　　施行：平成15年1月1日
第53条の2　（建築物の敷地面積）

1　建築物の敷地面積は、用途地域に関する都市計画において建築物の敷地面積の最低限度が定められたときは、当該最低限度以上でなければならない。ただし、次の各号のいずれかに該当する建築物の敷地については、この限りでない。
　一　前条第5項第一号に掲げる建築物
　二　公衆便所、巡査派出所その他これらに類する建築物で公益上必要なもの
　三　その敷地の周囲に広い公園、広場、道路その他の空地を有する建築物であつて、特定行政庁が市街地の環境を害するおそれがないと認めて許可したもの
　四　特定行政庁が用途上又は構造上やむを得ないと認めて許可したもの
2　前項の都市計画において建築物の敷地面積の最低限度を定める場合においては、その最低限度は、200㎡を超えてはならない。
3　第1項の都市計画において建築物の敷地面積の最低限度が定められ、又は変更された際、現に建築物の敷地として使用されている土地で同項の規定に適合しないもの又は現に存する所有権その他の権利に基づいて建築物の敷地として使用するならば同項の規定に適合しないこととなる土地について、その全部を一の敷地として使用する場合においては、同項の規定は、適用しない。ただし、次の各号のいずれかに該当する土地については、この限りでない。
　一　第1項の都市計画における建築物の敷地面積の最低限度が変更された際、建築物の敷地面積の最低限度に関する従前の制限に違反していた建築物の敷地又は所有権その他の権利に基づいて建築物の敷地として使用するならば当該制限に違反することとなつた土地
　二　第1項の規定に適合するに至つた建築物の敷地又は所有権その他の権利に基づいて建築物の敷地として使用するならば同項の規定に適合するに至つた土地
4　第44条第2項の規定は、第1項第三号又は第四号の規定による許可をする場合に準用する。

改正：平成30年法律第67号　　　施行：令和元年6月25日
第53条の2　（建築物の敷地面積）

1　建築物の敷地面積は、用途地域に関する都市計画において建築物の敷地面積の最低限度が定められたときは、当該最低限度以上でなければならない。ただし、次の各号のいずれかに該当する建築物の敷地については、この限りでない。
　一　<u>前条第6項第一号</u>に掲げる建築物
　二　公衆便所、巡査派出所その他これらに類する建築物で公益上必要なもの
　三　その敷地の周囲に広い公園、広場、道路その他の空地を有する建築物であつて、特定行政庁が市街地の環境を害するおそれがないと認めて許可したもの
　四　特定行政庁が用途上又は構造上やむを得ないと認めて許可したもの
2　前項の都市計画において建築物の敷地面積の最低限度を定める場合においては、その最低限度は、200㎡を超えてはならない。
3　第1項の都市計画において建築物の敷地面積の最低限度が定められ、又は変更された際、現に建築物の敷地として使用されている土地で同項の規定に適合しないもの又は現に存する所有権その他の権利に基づいて建築物の敷地として使用するならば同項の規定に適合しないこととなる土地について、その全部を一の敷地として使用する場合においては、同項の規定は、適用しない。ただし、次の各号のいずれかに該当する土地については、この限りでない。
　一　第1項の都市計画における建築物の敷地面積の最低限度が変更された際、建築物の敷地面積の最低限度に関する従前の制限に違反していた建築物の敷地又は所有権その他の権利に基づいて建築物の敷地として使用するならば当該制限に違反することとなつた土地

二　第1項の規定に適合するに至つた建築物の敷地又は所有権その他の権利に基づいて建築物の敷地として使用するならば同項の規定に適合するに至つた土地
4　第44条第2項の規定は、第1項第三号又は第四号の規定による許可をする場合に準用する。

[削除条文]

制定：平成4年法律第82号　　施行：平成5年6月25日
旧　第54条の2　（第一種低層住居専用地域又は第二種低層住居専用地域内における建築物の敷地面積）

1　第一種低層住居専用地域又は第二種低層住居専用地域内においては、建築物の敷地面積は、当該地域に関する都市計画において建築物の敷地面積の最低限度が定められたときは、当該最低限度以上でなければならない。ただし、次の各号の一に該当する建築物の敷地については、この限りでない。
　一　公衆便所、巡査派出所その他これらに類する建築物で公益上必要なもの
　二　その敷地の周囲に広い公園、広場、道路その他の空地を有する建築物であつて、特定行政庁が低層住宅に係る良好な住居の環境を害するおそれがないと認めて建築審査会の同意を得て許可したもの
2　前項の都市計画において建築物の敷地面積の最低限度を定める場合においては、その最低限度は、200㎡を超えてはならない。
3　第1項の都市計画において建築物の敷地面積の最低限度が定められ、又は変更された際、現に建築物の敷地として使用されている土地で同項の規定に適合しないもの又は現に存する所有権その他の権利に基づいて建築物の敷地として使用するならば同項の規定に適合しないこととなる土地について、その全部を一の敷地として使用する場合においては、同項の規定は、適用しない。ただし、次の各号の一に該当する土地については、この限りでない。
　一　第1項の都市計画における建築物の敷地面積の最低限度が変更された際、建築物の敷地面積の最低限度に関する従前の制限に違反していた建築物の敷地又は所有権その他の権利に基づいて建築物の敷地として使用するならば当該制限に違反することとなつた土地
　二　第1項の規定に適合するに至つた建築物の敷地又は所有権その他の権利に基づいて建築物の敷地として使用するならば同項の規定に適合するに至つた土地

改正：平成14年法律第85号　　施行：平成15年1月1日
旧　第54条の2　（第一種低層住居専用地域又は第二種低層住居専用地域内における建築物の敷地面積）　削除

[現行]　第54条　（第一種低層住居専用地域等内における外壁の後退距離）

制定：昭和45年法律第109号　　施行：昭和46年1月1日
第54条　（第一種住居専用地域内における外壁の後退距離）

1　第一種住居専用地域内においては、建築物の外壁又はこれに代わる柱の面から敷地境界線までの距離（以下この条及び第86条第4項において「外壁の後退距離」という。）は、当該地域に関する都市計画において外壁の後退距離の限度が定められた場合においては、政令で定める場合を除き、当該限度以上でなければならない。
2　前項の都市計画において外壁の後退距離の限度を定める場合においては、その限度は、1.5m又は1mとする。

改正：昭和62年法律第66号　　施行：昭和62年11月16日
第54条　（第一種住居専用地域内における外壁の後退距離）

1　第一種住居専用地域内においては、建築物の外壁又はこれに代わる柱の面から敷地境界線までの距離（以下この条及び第86条第8項において「外壁の後退距離」という。）は、当該地域に関する都市計画において外壁の後退距離の限度が定められた場合においては、政令で定める場合を除き、当該限度以上でなければな

法54条 改正：昭和62年法律第66号

らない。
2　略

改正：平成4年法律第82号　　　施行：平成5年6月25日
第54条　（第一種低層住居専用地域又は第二種低層住居専用地域内における外壁の後退距離）

1　第一種低層住居専用地域又は第二種低層住居専用地域内においては、建築物の外壁又はこれに代わる柱の面から敷地境界線までの距離（以下この条及び第86条第9項において「外壁の後退距離」という。）は、当該地域に関する都市計画において外壁の後退距離の限度が定められた場合においては、政令で定める場合を除き、当該限度以上でなければならない。
2　略

改正：平成9年法律第50号　　　施行：平成9年11月8日
第54条　（第一種低層住居専用地域又は第二種低層住居専用地域内における外壁の後退距離）

1　第一種低層住居専用地域又は第二種低層住居専用地域内においては、建築物の外壁又はこれに代わる柱の面から敷地境界線までの距離（以下この条及び第86条第10項において「外壁の後退距離」という。）は、当該地域に関する都市計画において外壁の後退距離の限度が定められた場合においては、政令で定める場合を除き、当該限度以上でなければならない。
2　略

改正：平成10年法律第100号　　　施行：平成11年5月1日
第54条　（第一種低層住居専用地域又は第二種低層住居専用地域内における外壁の後退距離）

1　第一種低層住居専用地域又は第二種低層住居専用地域内においては、建築物の外壁又はこれに代わる柱の面から敷地境界線までの距離（以下この条及び第86条の6第1項において「外壁の後退距離」という。）は、当該地域に関する都市計画において外壁の後退距離の限度が定められた場合においては、政令で定める場合を除き、当該限度以上でなければならない。
2　略

改正：平成29年法律第26号　　　施行：平成30年4月1日
第54条　（第一種低層住居専用地域等内における外壁の後退距離）

1　第一種低層住居専用地域、第二種低層住居専用地域又は田園住居地域内においては、建築物の外壁又はこれに代わる柱の面から敷地境界線までの距離（以下この条及び第86条の6第1項において「外壁の後退距離」という。）は、当該地域に関する都市計画において外壁の後退距離の限度が定められた場合においては、政令で定める場合を除き、当該限度以上でなければならない。
2　前項の都市計画において外壁の後退距離の限度を定める場合においては、その限度は、1.5m又は1mとする。

［削除条文］

制定：昭和25年法律第201号　　　施行：昭和25年11月23日
（第1項及び第2項地区の指定に関する規定は、昭和25年10月25日）
旧　第56条　（空地地区）

1　建設大臣は、住居の環境を保護するため必要と認める場合においては、都市計画法の定める手続によつて、都市計画の施設として、住居地域内に、別表第3（い）欄の各項に掲げる空地地区を指定することができる。
2　第48条第2項の規定は、前項の規定による指定をする場合に準用する。

3　別表第3（い）欄の各項に掲げる空地地区内においては、建築物の延べ面積（同一敷地内に2以上の棟をなす建築物がある場合においては、その延べ面積の合計）の敷地面積に対する割合は、同表の（ろ）欄の当該各項に掲げる限度以下、建築物の建築面積の敷地面積に対する割合は、同表の（は）欄の当該各項に掲げる限度以下でなければならない。
4　別表第3（い）欄の各項に掲げる空地地区内においては、建築物の外壁又はこれに代る柱の面から敷地境界線までの距離は、同表（に）欄の当該各項に掲げる限度以上でなければならない。

旧　別表第3　空地地区の種別及び空地地区内の建築物の制限

1　建設大臣は、住居の環境を保護するため必要と認める場合においては、都市計画法の定める手続によって、都市計画の施設として、住居地域内に、別表第3（い）欄の各項に掲げる空地地区を指定することができる。

（い）	（ろ）	（は）	（に）
空地地区の種別	延べ面積の敷地面積に対する割合	建築面積の敷地面積に対する割合	外壁又はこれに代る柱から敷地境界線までの面の距離
第一種空地地区	10分の2以下		1.5m　以上
第二種空地地区	10分の3以下		1.5m　以上
第三種空地地区	10分の4以下		1 m　以上
第四種空地地区	10分の5以下		
第五種空地地区	10分の6以下		
第六種空地地区		10分の2以下	1.5m　以上
第七種空地地区		10分の3以下	1.5m　以上
第八種空地地区		10分の4以下	
第九種空地地区		10分の5以下	

改正：昭和34年法律第156号　　　　施行：昭和34年12月23日
旧　第56条　（空地地区）

1　建設大臣は、住居の環境を保護するため必要と認める場合においては、都市計画法の定める手続によって、都市計画の施設として、住居地域内に、<u>別表第4</u>（い）欄の各項に掲げる空地地区を指定することができる。
2　略
3　<u>別表第4</u>（い）欄の各項に掲げる空地地区内においては、建築物の延べ面積（同一敷地内に<u>2以上の建築物</u>がある場合においては、その延べ面積の合計）の敷地面積に対する割合は、同表の（ろ）欄の当該各項に掲げる限度以下、建築物の建築面積の敷地面積に対する割合は、同表の（は）欄の当該各項に掲げる限度以下でなければならない。
4　<u>別表第4</u>（い）欄の各項に掲げる空地地区内においては、建築物の外壁又はこれに代る柱の面から敷地境界線までの距離は、<u>当該外壁又は柱が公園、広場、道路その他の空地に面する場合その他政令で定める場合を除き</u>、同表（に）欄の当該各項に掲げる限度以上でなければならない。

旧　別表第4　空地地区の種別及び空地地区内の建築物の制限　［表　略］

改正：昭和38年法律第151号　　　　施行：昭和39年1月15日
旧　第56条　（空地地区）

1・2　略
3　別表第4（い）欄の各項に掲げる空地地区内においては、建築物の延べ面積（同一敷地内に2以上の建築物がある場合においては、その延べ面積の<u>合計。以下この節において同じ。）</u>の敷地面積に対する割合は、同表の（ろ）欄の当該各項に掲げる限度以下、建築物の建築面積の敷地面積に対する割合は、同表の（は）

法旧56条　改正：昭和38年法律第151号

　　欄の当該各項に掲げる限度以下でなければならない。
　4　略

旧　別表第4　空地地区の種別及び空地地区内の建築物の制限　　［表　略］

改正：昭和43年法律第101号　　　施行：昭和44年6月14日
旧　第56条　（空地地区）

1　別表第4（い）欄の各項に掲げる空地地区内においては、建築物の延べ面積（同一敷地内に2以上の建築物がある場合においては、その延べ面積の合計。以下この節において同じ。）の敷地面積に対する割合は、同表の（ろ）欄の当該各項に掲げる限度以下、建築物の建築面積の敷地面積に対する割合は、同表の（は）欄の当該各項に掲げる限度以下でなければならない。
2　別表第4（い）欄の各項に掲げる空地地区内においては、建築物の外壁又はこれに代る柱の面から敷地境界線までの距離は、当該外壁又は柱が公園、広場、道路その他の空地に面する場合その他政令で定める場合を除き、同表の（に）欄の当該各項に掲げる限度以上でなければならない。

旧　別表第4　空地地区の種別及び空地地区内の建築物の制限　　［表　略］

改正：昭和45年法律第109号　　　施行：昭和46年1月1日
旧　第56条　（空地地区）　削除
旧　別表第4　空地地区の種別及び空地地区内の建築物の制限　　削除

［現行］　第55条　（第一種低層住居専用地域等内における建築物の高さの限度）

制定：昭和45年法律第109号　　　施行：昭和46年1月1日
第55条　（第一種住居専用地域内における建築物の高さの限度）

1　第一種住居専用地域内においては、建築物の高さは、10mをこえてはならない。ただし、次の各号の一に該当する建築物については、この限りでない。
　一　その敷地の周囲に広い公園、広場、道路その他の空地を有する建築物であつて、低層住宅に係る良好な住居の環境を害するおそれがないと認めて特定行政庁が許可したもの
　二　学校その他の建築物であつて、その用途によつてやむを得ないと認めて特定行政庁が許可したもの
　三　その敷地内に政令で定める空地を有し、かつ、その敷地面積が政令で定める規模以上である建築物であつて、低層住宅に係る良好な住居の環境を害するおそれがないと認めて特定行政庁が許可したもの
2　第44条第2項の規定は、前項各号の規定による許可をする場合に準用する。

改正：昭和51年法律第83号　　　施行：昭和52年11月1日
第55条　（第一種住居専用地域内における建築物の高さの限度）

1　第一種住居専用地域内においては、建築物の高さは、10mを超えてはならない。
2　前項の規定は、次の各号の一に該当する建築物については、適用しない。この場合において、第三号に掲げる建築物は、その高さが12m以下のものでなければならない。
　一　その敷地の周囲に広い公園、広場、道路その他の空地を有する建築物であつて、低層住宅に係る良好な住居の環境を害するおそれがないと認めて特定行政庁が許可したもの
　二　学校その他の建築物であつて、その用途によつてやむを得ないと認めて特定行政庁が許可したもの
　三　その敷地内に政令で定める空地を有し、かつ、その敷地面積が政令で定める規模以上である建築物であつて、特定行政庁が低層住宅に係る良好な住居の環境を害するおそれがないと認めるもの
3　第44条第2項の規定は、前項第一号又は第二号の規定による許可をする場合に準用する。

改正：昭和62年法律第66号　　　施行：昭和62年11月16日

改正：令和4年法律第69号　**法55条**

第55条　（第一種住居専用地域内における建築物の高さの限度）
1　第一種住居専用地域内においては、建築物の高さは、10m又は12mのうち当該地域に関する都市計画において定められた建築物の高さの限度を超えてはならない。
2　前項の都市計画において建築物の高さの限度が10mと定められた第一種住居専用地域内においては、その敷地内に政令で定める空地を有し、かつ、その敷地面積が政令で定める規模以上である建築物であつて、特定行政庁が低層住宅に係る良好な住居の環境を害するおそれがないと認めるものの高さの限度は、同項の規定にかかわらず、12mとする。
3　前2項の規定は、次の各号の一に該当する建築物については、適用しない。
　一　その敷地の周囲に広い公園、広場、道路その他の空地を有する建築物であつて、低層住宅に係る良好な住居の環境を害するおそれがないと認めて特定行政庁が許可したもの
　二　学校その他の建築物であつて、その用途によつてやむを得ないと認めて特定行政庁が許可したもの
4　第44条第2項の規定は、前項各号の規定による許可をする場合に準用する。

改正：平成4年法律第82号　　施行：平成5年6月25日
第55条　（第一種低層住居専用地域又は第二種低層住居専用地域内における建築物の高さの限度）
1　第一種低層住居専用地域又は第二種低層住居専用地域内においては、建築物の高さは、10m又は12mのうち当該地域に関する都市計画において定められた建築物の高さの限度を超えてはならない。
2　前項の都市計画において建築物の高さの限度が10mと定められた第一種低層住居専用地域又は第二種低層住居専用地域内においては、その敷地内に政令で定める空地を有し、かつ、その敷地面積が政令で定める規模以上である建築物であつて、特定行政庁が低層住宅に係る良好な住居の環境を害するおそれがないと認めるものの高さの限度は、同項の規定にかかわらず、12mとする。
3・4　略

改正：平成29年法律第26号　　施行：平成30年4月1日
第55条　（第一種低層住居専用地域等内における建築物の高さの限度）
1　第一種低層住居専用地域、第二種低層住居専用地域又は田園住居地域内においては、建築物の高さは、10m又は12mのうち当該地域に関する都市計画において定められた建築物の高さの限度を超えてはならない。
2　前項の都市計画において建築物の高さの限度が10mと定められた第一種低層住居専用地域、第二種低層住居専用地域又は田園住居地域内においては、その敷地内に政令で定める空地を有し、かつ、その敷地面積が政令で定める規模以上である建築物であつて、特定行政庁が低層住宅に係る良好な住居の環境を害するおそれがないと認めるものの高さの限度は、同項の規定にかかわらず、12mとする。
3・4　略

改正：令和4年法律第69号　　施行：令和5年4月1日
第55条　（第一種低層住居専用地域等内における建築物の高さの限度）
1　第一種低層住居専用地域、第二種低層住居専用地域又は田園住居地域内においては、建築物の高さは、10m又は12mのうち当該地域に関する都市計画において定められた建築物の高さの限度を超えてはならない。
2　前項の都市計画において建築物の高さの限度が10mと定められた第一種低層住居専用地域、第二種低層住居専用地域又は田園住居地域内においては、その敷地内に政令で定める空地を有し、かつ、その敷地面積が政令で定める規模以上である建築物であつて、特定行政庁が低層住宅に係る良好な住居の環境を害するおそれがないと認めるものの高さの限度は、同項の規定にかかわらず、12mとする。
3　再生可能エネルギー源（太陽光、風力その他非化石エネルギー源のうち、エネルギー源として永続的に利用することができると認められるものをいう。第58条第2項において同じ。）の利用に資する設備の設置のため必要な屋根に関する工事その他の屋外に面する建築物の部分に関する工事を行う建築物で構造上やむを得ないものとして国土交通省令で定めるものであつて、特定行政庁が低層住宅に係る良好な住居の環境を害するおそれがないと認めて許可したものの高さは、前2項の規定にかかわらず、その許可の範囲内において、

法55条　改正：令和4年法律第69号

これらの規定による限度を超えるものとすることができる。
4　第1項及び第2項の規定は、次の各号のいずれかに該当する建築物については、適用しない。
一　その敷地の周囲に広い公園、広場、道路その他の空地を有する建築物であつて、低層住宅に係る良好な住居の環境を害するおそれがないと認めて特定行政庁が許可したもの
二　学校その他の建築物であつて、その用途によつてやむを得ないと認めて特定行政庁が許可したもの
5　第44条第2項の規定は、第3項又は前項各号の規定による許可をする場合について準用する。

[現行]　第56条　（建築物の各部分の高さ）

制定：昭和45年法律第109号　　　施行：昭和46年1月1日

第56条　（建築物の各部分の高さ）

1　建築物の各部分の高さは、次の各号に掲げるもの以下としなければならない。
一　当該部分から前面道路の反対側の境界線までの水平距離に、次に掲げる区分に従い、イ、ロ又はハに掲げる数値を乗じて得たもの
　イ　第一種住居専用地域、第二種住居専用地域又は住居地域内の建築物
　　　1.25
　ロ　近隣商業地域、商業地域、準工業地域、工業地域又は工業専用地域内の建築物
　　　1.5
　ハ　用途地域の指定のない区域内の建築物
　　　1.5
二　当該部分から隣地境界線までの水平距離に、次に掲げる区分に従い、イ、ロ又はハに掲げる数値を乗じて得たものに、イに掲げる建築物にあつては20mを、ロ又はハに掲げる建築物にあつては31mを加えたもの
　イ　第二種住居専用地域又は住居地域内の建築物
　　　1.25
　ロ　近隣商業地域、商業地域、準工業地域、工業地域又は工業専用地域内の建築物
　　　2.5
　ハ　用途地域の指定のない区域内の建築物
　　　2.5
三　第一種住居専用地域内又は第二種住居専用地域内においては、当該部分から前面道路の反対側の境界線又は隣地境界線までの真北方向の水平距離に1.25を乗じて得たものに、第一種住居専用地域内の建築物にあつては5mを、第二種住居専用地域内の建築物にあつては10mを加えたもの
2　建築物の敷地が2以上の道路に接し、又は公園、広場、川若しくは海その他これらに類するものに接する場合、建築物の敷地とこれに接する道路若しくは隣地との高低の差が著しい場合その他特別の事情がある場合における前項の規定の適用の緩和に関する措置は、政令で定める。
3　その敷地内に政令で定める空地を有し、かつ、その敷地面積が政令で定める規模以上である建築物で、特定行政庁が交通上、安全上、防火上及び衛生上支障がないと認めて許可したものの各部分の高さは、前2項の規定にかかわらず、その許可の範囲内において、これらの規定による限度をこえるものとすることができる。
4　第44条第2項の規定は、前項の規定による許可をする場合に準用する。

改正：昭和51年法律第83号　　　施行：昭和52年11月1日

第56条　（建築物の各部分の高さ）

1　建築物の各部分の高さは、次の各号に掲げるもの以下としなければならない。
一・二　略
三　第一種住居専用地域内又は第二種住居専用地域（次条第1項の規定に基づく条例で別表第3の2の項に規定する（1）、（2）又は（3）の号が指定されているものを除く。）内においては、当該部分から前面道路の反対側の境界線又は隣地境界線までの真北方向の水平距離に1.25を乗じて得たものに、第一種住居

専用地域内の建築物にあつては5mを、第二種住居専用地域内の建築物にあつては10mを加えたもの
2 建築物が前項の地域又は区域の2以上にわたる場合においては、同項各号中「建築物」とあるのは、「建築物の部分」とする。
3 建築物の敷地が2以上の道路に接し、又は公園、広場、川若しくは海その他これらに類するものに接する場合、建築物の敷地とこれに接する道路若しくは隣地との高低の差が著しい場合その他特別の事情がある場合における前2項の規定の適用の緩和に関する措置は、政令で定める。

改正：昭和62年法律第66号　　　施行：昭和62年11月16日
第56条　（建築物の各部分の高さ）

1 建築物の各部分の高さは、次の各号に掲げるもの以下としなければならない。
　一　別表第3（い）欄及び（ろ）欄に掲げる地域又は区域及び割合の限度の区分に応じ、前面道路の反対側の境界線からの水平距離が同表（は）欄に掲げる距離以下の範囲内においては、当該部分から前面道路の反対側の境界線までの水平距離に、同表（に）欄に掲げる数値を乗じて得たもの
　二　当該部分から隣地境界線までの水平距離に、次に掲げる区分に従い、イに掲げる建築物で高さが20mを超える部分を有するもの又はロ若しくはハに掲げる建築物で高さが31mを超える部分を有するものにあつては、それぞれその部分から隣地境界線までの水平距離のうち最小のものに相当する距離を加えたものに、イ、ロ又はハに掲げる数値を乗じて得たものに、イに掲げる建築物にあつては20mを、ロ又はハに掲げる建築物にあつては31mを加えたもの
　　　イ〜ハ　略
　三　第一種住居専用地域内又は第二種住居専用地域（次条第1項の規定に基づく条例で別表第4の2の項に規定する（1）、（2）又は（3）の号が指定されているものを除く。）内においては、当該部分から前面道路の反対側の境界線又は隣地境界線までの真北方向の水平距離に1.25を乗じて得たものに、第一種住居専用地域内の建築物にあつては5mを、第二種住居専用地域内の建築物にあつては10mを加えたもの
2 前面道路の境界線から後退した建築物に対する前項第一号の規定の適用については、同号中「前面道路の反対側の境界線」とあるのは、「前面道路の反対側の境界線から当該建築物の後退距離（当該建築物（地盤面下の部分その他政令で定める部分を除く。）から前面道路の境界線までの水平距離のうち最小のものをいう。）に相当する距離だけ外側の線」とする。
3 建築物が第1項第二号及び第三号の地域又は区域の2以上にわたる場合においては、これらの規定中「建築物」とあるのは、「建築物の部分」とする。
4 建築物の敷地が2以上の道路に接し、又は公園、広場、川若しくは海その他これらに類するものに接する場合、建築物の敷地とこれに接する道路若しくは隣地との高低の差が著しい場合その他特別の事情がある場合における前3項の規定の適用の緩和に関する措置は、政令で定める。

改正：平成4年法律第82号　　　施行：平成5年6月25日
第56条　（建築物の各部分の高さ）

1 建築物の各部分の高さは、次に掲げるもの以下としなければならない。
　一　略
　二　当該部分から隣地境界線までの水平距離に、次に掲げる区分に従い、イに掲げる建築物で高さが20mを超える部分を有するもの又はロ若しくはハに掲げる建築物で高さが31mを超える部分を有するものにあつては、それぞれその部分から隣地境界線までの水平距離のうち最小のものに相当する距離を加えたものに、イ、ロ又はハに掲げる数値を乗じて得たものに、イに掲げる建築物にあつては20mを、ロ又はハに掲げる建築物にあつては31mを加えたもの
　　　イ　第一種中高層住居専用地域、第二種中高層住居専用地域、第一種住居地域、第二種住居地域又は準住居地域内の建築物
　　　　　1.25
　　　ロ　近隣商業地域、商業地域、準工業地域、工業地域又は工業専用地域内の建築物
　　　　　2.5
　　　ハ　用途地域の指定のない区域内の建築物

法56条　改正：平成4年法律第82号

　　　　2.5
　三　第一種低層住居専用地域若しくは第二種低層住居専用地域内又は第一種中高層住居専用地域若しくは第二種中高層住居専用地域（次条第1項の規定に基づく条例で別表第4の2の項に規定する（1）、（2）又は（3）の号が指定されているものを除く。）内においては、当該部分から前面道路の反対側の境界線又は隣地境界線までの真北方向の水平距離に1.25を乗じて得たものに、第一種低層住居専用地域又は第二種低層住居専用地域内の建築物にあつては5mを、第一種中高層住居専用地域又は第二種中高層住居専用地域内の建築物にあつては10mを加えたもの

2～4　略

改正：平成7年法律第13号　　　　施行：平成7年5月25日
第56条　（建築物の各部分の高さ）

1・2　略
3　第一種中高層住居専用地域、第二種中高層住居専用地域、第一種住居地域、第二種住居地域又は準住居地域内における前面道路の幅員が12m以上である建築物に対する別表第3の規定の適用については、同表（に）欄中「1.25」とあるのは、「1.25（前面道路の反対側の境界線からの水平距離が前面道路の幅員に1.25を乗じて得たもの以上の区域内においては、1.5）」とする。
4　前項に規定する建築物で前面道路の境界線から後退したものに対する同項の規定の適用については、同項中「前面道路の反対側の境界線」とあるのは「前面道路の反対側の境界線から当該建築物の後退距離（当該建築物（地盤面下の部分その他政令で定める部分を除く。）から前面道路の境界線までの水平距離のうち最小のものをいう。以下この表において同じ。）に相当する距離だけ外側の線」と、「前面道路の幅員に」とあるのは「、前面道路の幅員に、当該建築物の後退距離に2を乗じて得たものを加えたものに」とすることができる。
5　建築物が第1項第二号及び第三号の地域又は区域の2以上にわたる場合においては、これらの規定中「建築物」とあるのは、「建築物の部分」とする。
6　建築物の敷地が2以上の道路に接し、又は公園、広場、川若しくは海その他これらに類するものに接する場合、建築物の敷地とこれに接する道路若しくは隣地との高低の差が著しい場合その他特別の事情がある場合における前各項の規定の適用の緩和に関する措置は、政令で定める。

改正：平成9年法律第79号　　　　施行：平成9年9月1日
第56条　（建築物の各部分の高さ）

1　建築物の各部分の高さは、次に掲げるもの以下としなければならない。
　一　別表第3（い）欄及び（ろ）欄に掲げる地域、地区又は区域及び割合の限度の区分に応じ、前面道路の反対側の境界線からの水平距離が同表（は）欄に掲げる距離以下の範囲内においては、当該部分から前面道路の反対側の境界線までの水平距離に、同表（に）欄に掲げる数値を乗じて得たもの
　二　当該部分から隣地境界線までの水平距離に、次に掲げる区分に従い、イに掲げる建築物で高さが20mを超える部分を有するもの又はロ、ハ若しくはニに掲げる建築物で高さが31mを超える部分を有するものにあつては、それぞれその部分から隣地境界線までの水平距離のうち最小のものに相当する距離を加えたものに、イ、ロ、ハ又はニに掲げる数値を乗じて得たものに、イに掲げる建築物にあつては20mを、ロ、ハ又はニに掲げる建築物にあつては31mを加えたもの
　　イ　第一種中高層住居専用地域若しくは第二種中高層住居専用地域内の建築物又は第一種住居地域、第二種住居地域若しくは準住居地域内の建築物（ハに掲げる建築物を除く。）
　　　　1.25
　　ロ　近隣商業地域若しくは準工業地域内の建築物（ハに掲げる建築物を除く。）又は商業地域、工業地域若しくは工業専用地域内の建築物
　　　　2.5
　　ハ　高層住居誘導地区内の建築物であつて、その住宅の用途に供する部分の床面積の合計がその延べ面積の3分の2以上であるもの
　　　　2.5

ニ　用途地域の指定のない区域内の建築物
　　　　　　2.5
　　三　略
２〜４　略
５　建築物が第１項第二号及び第三号の地域、地区又は区域の２以上にわたる場合においては、これらの規定中「建築物」とあるのは、「建築物の部分」とする。
６　略

改正：平成12年法律第73号　　　　施行：平成13年５月18日
第56条　（建築物の各部分の高さ）

１　建築物の各部分の高さは、次に掲げるもの以下としなければならない。
　　一　別表第３（い）欄及び（ろ）欄に掲げる地域、地区又は区域及び容積率の限度の区分に応じ、前面道路の反対側の境界線からの水平距離が同表（は）欄に掲げる距離以下の範囲内においては、当該部分から前面道路の反対側の境界線までの水平距離に、同表（に）欄に掲げる数値を乗じて得たもの
　　二　当該部分から隣地境界線までの水平距離に、次に掲げる区分に従い、次に掲げる数値が1.25と定められている建築物で高さが20mを超える部分を有するもの又は次に掲げる数値が2.5と定められている建築物で高さが31mを超える部分を有するものにあつては、それぞれその部分から隣地境界線までの水平距離のうち最小のものに相当する距離を加えたものに、イ、ロ、ハ又はニに掲げる数値を乗じて得たものに、次に掲げる数値が1.25と定められている建築物にあつては20mを、次に掲げる数値が2.5と定められている建築物にあつては31mを加えたもの
　　　イ〜ハ　略
　　　ニ　用途地域の指定のない区域内の建築物
　　　　　　1.25又は2.5のうち、特定行政庁が土地利用の状況等を考慮し当該区域を区分して都道府県都市計画審議会の議を経て定めるもの
　　三　略
２〜６　略

改正：平成14年法律第85号　　　　施行：平成15年１月１日
第56条　（建築物の各部分の高さ）

１　建築物の各部分の高さは、次に掲げるもの以下としなければならない。
　　一　略
　　二　当該部分から隣地境界線までの水平距離に、次に掲げる区分に従い、イ若しくはニに定める数値が1.25とされている建築物で高さが20mを超える部分を有するもの又はイからニまでに定める数値が2.5とされている建築物（ロ及びハに掲げる建築物で、特定行政庁が都道府県都市計画審議会の議を経て指定する区域内にあるものを除く。以下この号及び第７項第二号において同じ。）で高さが31mを超える部分を有するものにあつては、それぞれその部分から隣地境界線までの水平距離のうち最小のものに相当する距離を加えたものに、イからニまでに定める数値を乗じて得たものに、イ又はニに定める数値が1.25とされている建築物にあつては20mを、イからニまでに定める数値が2.5とされている建築物にあつては31mを加えたもの
　　　イ　第一種中高層住居専用地域若しくは第二種中高層住居専用地域内の建築物又は第一種住居地域、第二種住居地域若しくは準住居地域内の建築物（ハに掲げる建築物を除く。）
　　　　　　1.25（第52条第１項第二号の規定により容積率の限度が10分の30以下とされている第一種中高層住居専用地域及び第二種中高層住居専用地域以外の地域のうち、特定行政庁が都道府県都市計画審議会の議を経て指定する区域内の建築物にあつては、2.5）
　　　ロ〜ニ　略
　　三　第一種低層住居専用地域若しくは第二種低層住居専用地域内又は第一種中高層住居専用地域若しくは第二種中高層住居専用地域（次条第１項の規定に基づく条例で別表第４の２の項に規定する（１）、（２）又は（３）の号が指定されているものを除く。以下この号及び第７項第三号において同じ。）内においては、

法56条　改正：平成14年法律第85号

　　当該部分から前面道路の反対側の境界線又は隣地境界線までの真北方向の水平距離に1.25を乗じて得たものに、第一種低層住居専用地域又は第二種低層住居専用地域内の建築物にあつては5mを、第一種中高層住居専用地域又は第二種中高層住居専用地域内の建築物にあつては10mを加えたもの

2～6　略

7　次の各号のいずれかに掲げる規定によりその高さが制限された場合にそれぞれ当該各号に定める位置において確保される採光、通風等と同程度以上の採光、通風等が当該位置において確保されるものとして政令で定める基準に適合する建築物については、それぞれ当該各号に掲げる規定は、適用しない。

　一　第1項第一号、第2項から第4項まで及び前項（同号の規定の適用の緩和に係る部分に限る。）
　　　前面道路の反対側の境界線上の政令で定める位置
　二　第1項第二号、第5項及び前項（同号の規定の適用の緩和に係る部分に限る。）
　　　隣地境界線からの水平距離が、第1項第二号イ又はニに定める数値が1.25とされている建築物にあつては16m、第1項第二号イからニまでに定める数値が2.5とされている建築物にあつては12.4mだけ外側の線上の政令で定める位置
　三　第1項第三号、第5項及び前項（同号の規定の適用の緩和に係る部分に限る。）
　　　隣地境界線から真北方向への水平距離が、第一種低層住居専用地域又は第二種低層住居専用地域内の建築物にあつては4m、第一種中高層住居専用地域又は第二種中高層住居専用地域内の建築物にあつては8mだけ外側の線上の政令で定める位置

改正：平成29年法律第26号　　　施行：平成30年4月1日
第56条　（建築物の各部分の高さ）

1　建築物の各部分の高さは、次に掲げるもの以下としなければならない。
　一　別表第3（い）欄及び（ろ）欄に掲げる地域、地区又は区域及び容積率の限度の区分に応じ、前面道路の反対側の境界線からの水平距離が同表（は）欄に掲げる距離以下の範囲内においては、当該部分から前面道路の反対側の境界線までの水平距離に、同表（に）欄に掲げる数値を乗じて得たもの
　二　当該部分から隣地境界線までの水平距離に、次に掲げる区分に従い、イ若しくはニに定める数値が1.25とされている建築物で高さが20mを超える部分を有するもの又はイからニまでに定める数値が2.5とされている建築物（ロ及びハに掲げる建築物で、特定行政庁が都道府県都市計画審議会の議を経て指定する区域内にあるものを除く。以下この号及び第7項第二号において同じ。）で高さが31mを超える部分を有するものにあつては、それぞれその部分から隣地境界線までの水平距離のうち最小のものに相当する距離を加えたものに、イからニまでに定める数値を乗じて得たものに、イ又はニに定める数値が1.25とされている建築物にあつては20mを、イからニまでに定める数値が2.5とされている建築物にあつては31mを加えたもの
　　イ　第一種中高層住居専用地域若しくは第二種中高層住居専用地域内の建築物又は第一種住居地域、第二種住居地域若しくは準住居地域内の建築物（ハに掲げる建築物を除く。）
　　　　1.25（第52条第1項第二号の規定により容積率の限度が10分の30以下とされている第一種中高層住居専用地域及び第二種中高層住居専用地域以外の地域のうち、特定行政庁が都道府県都市計画審議会の議を経て指定する区域内の建築物にあつては、2.5）
　　ロ　近隣商業地域若しくは準工業地域内の建築物（ハに掲げる建築物を除く。）又は商業地域、工業地域若しくは工業専用地域内の建築物
　　　　2.5
　　ハ　高層住居誘導地区内の建築物であつて、その住宅の用途に供する部分の床面積の合計がその延べ面積の3分の2以上であるもの
　　　　2.5
　　ニ　用途地域の指定のない区域内の建築物
　　　　1.25又は2.5のうち、特定行政庁が土地利用の状況等を考慮し当該区域を区分して都道府県都市計画審議会の議を経て定めるもの
　三　第一種低層住居専用地域、第二種低層住居専用地域若しくは田園住居地域内又は第一種中高層住居専用地域若しくは第二種中高層住居専用地域（次条第1項の規定に基づく条例で別表第4の2の項に規定する（1）、（2）又は（3）の号が指定されているものを除く。以下この号及び第7項第三号において同じ。）

内においては、当該部分から前面道路の反対側の境界線又は隣地境界線までの真北方向の水平距離に1.25を乗じて得たものに、第一種低層住居専用地域、第二種低層住居専用地域又は田園住居地域内の建築物にあつては5mを、第一種中高層住居専用地域又は第二種中高層住居専用地域内の建築物にあつては10mを加えたもの

2　前面道路の境界線から後退した建築物に対する前項第一号の規定の適用については、同号中「前面道路の反対側の境界線」とあるのは、「前面道路の反対側の境界線から当該建築物の後退距離（当該建築物（地盤面下の部分その他政令で定める部分を除く。）から前面道路の境界線までの水平距離のうち最小のものをいう。）に相当する距離だけ外側の線」とする。

3　第一種中高層住居専用地域、第二種中高層住居専用地域、第一種住居地域、第二種住居地域又は準住居地域内における前面道路の幅員が12m以上である建築物に対する別表第3の規定の適用については、同表（に）欄中「1.25」とあるのは、「1.25（前面道路の反対側の境界線からの水平距離が前面道路の幅員に1.25を乗じて得たもの以上の区域内においては、1.5）」とする。

4　前項に規定する建築物で前面道路の境界線から後退したものに対する同項の規定の適用については、同項中「前面道路の反対側の境界線」とあるのは「前面道路の反対側の境界線から当該建築物の後退距離（当該建築物（地盤面下の部分その他政令で定める部分を除く。）から前面道路の境界線までの水平距離のうち最小のものをいう。以下この表において同じ。）に相当する距離だけ外側の線」と、「前面道路の幅員に」とあるのは「、前面道路の幅員に、当該建築物の後退距離に2を乗じて得たものを加えたものに」とすることができる。

5　建築物が第1項第二号及び第三号の地域、地区又は区域の2以上にわたる場合においては、これらの規定中「建築物」とあるのは、「建築物の部分」とする。

6　建築物の敷地が2以上の道路に接し、又は公園、広場、川若しくは海その他これらに類するものに接する場合、建築物の敷地とこれに接する道路若しくは隣地との高低の差が著しい場合その他特別の事情がある場合における前各項の規定の適用の緩和に関する措置は、政令で定める。

7　次の各号のいずれかに掲げる規定によりその高さが制限された場合にそれぞれ当該各号に定める位置において確保される採光、通風等と同程度以上の採光、通風等が当該位置において確保されるものとして政令で定める基準に適合する建築物については、それぞれ当該各号に掲げる規定は、適用しない。
　一　第1項第一号、第2項から第4項まで及び前項（同号の規定の適用の緩和に係る部分に限る。）
　　　前面道路の反対側の境界線上の政令で定める位置
　二　第1項第二号、第5項及び前項（同号の規定の適用の緩和に係る部分に限る。）
　　　隣地境界線からの水平距離が、第1項第二号イ又はニに定める数値が1.25とされている建築物にあつては16m、第1項第二号イからニまでに定める数値が2.5とされている建築物にあつては12.4mだけ外側の線上の政令で定める位置
　三　第1項第三号、第5項及び前項（同号の規定の適用の緩和に係る部分に限る。）
　　　隣地境界線から真北方向への水平距離が、第一種低層住居専用地域、第二種低層住居専用地域又は田園住居地域内の建築物にあつては4m、第一種中高層住居専用地域又は第二種中高層住居専用地域内の建築物にあつては8mだけ外側の線上の政令で定める位置

[削除条文]

制定：昭和25年法律第201号　　　施行：昭和25年11月23日
旧　第57条　（高さの限度）

1　建築物の高さは、住居地域内においては20mを、住居地域外においては31mをこえてはならない。但し、下の各号の一に該当する場合において、特定行政庁の許可を受けたときは、この限りでない。
　一　建築物の周囲に広い公園、広場、道路その他の空地があつて、通行上、安全上、防火上及び衛生上支障がないと認める場合
　二　工業用の建築物その他の建築物でその用途によつてやむを得ないと認める場合
2　特定行政庁は、前項但書の規定による許可をする場合においては、あらかじめ、建築審査会の同意を得なければならない。

法旧57条　制定：昭和25年法律第201号

旧　**第58条**　（道路の幅員と建築物の高さとの関係）

1　建築物の各部分の高さは、その部分から前面道路の反対側の境界線までの水平距離の1.5倍以下で、且つ、その道路の幅員の1.5倍に8mを加えたもの以下としなければならない。
2　住居地域内における建築物に対する前項の規定の適用については、「1.5倍」とあるのは「1.25倍」と読み替えるものとする。
3　建築物の敷地が2以上の道路に接し、又は公園、広場、川若しくは海その他これらに類するものに接する場合、建築物の敷地とこれに接する道路との高低の差が著しい場合その他特別の場合における前2項の規定の適用の緩和に関する措置は、政令で定める。

改正：昭和34年法律第156号　　　施行：昭和34年12月23日
旧　**第57条**　（高さの限度）

1　建築物の高さは、住居地域内においては20mを、住居地域外においては31mをこえてはならない。ただし、次の各号の一に該当する場合において、特定行政庁の許可を受けたときは、この限りでない。
　一　建築物の周囲に広い公園、広場、道路その他の空地がある場合等であつて、交通上、安全上、防火上及び衛生上支障がないと認める場合
　二　略
2　前項本文に規定する高さをこえる高さについて第58条第4項の規定による許可を受けた場合においては、前項ただし書の規定による許可を受けたものとみなす。
3　特定行政庁は、第1項ただし書の規定による許可をする場合においては、あらかじめ、建築審査会の同意を得なければならない。

旧　**第58条**　（道路の幅員と建築物の高さとの関係）

1　建築物の各部分の高さは、次の各号に掲げるもの以下としなければならない。
　一　当該部分から前面道路の反対側の境界線までの水平距離の1.5倍
　二　前面道路の幅員の1.5倍に8mを加えたもの
2・3　略
4　前条第1項各号の一に該当する場合においては、建築物の各部分の高さは、前3項の規定にかかわらず、特定行政庁の許可を受けて、第1項第一号に掲げる高さ（その高さについて前項の政令で緩和された場合においては、当該緩和された高さ）の範囲内において第1項第二号に掲げる高さ（その高さについて前項の政令で緩和された場合においては、当該緩和された高さ）をこえるものとすることができる。
5　第1項第二号に掲げる高さをこえる高さについて前条第1項ただし書の規定による許可を受けた場合においては、前項の規定による許可を受けたものとみなす。
6　前条第3項の規定は、第4項の規定による許可をする場合に準用する。

改正：昭和45年法律第109号　　　施行：昭和46年1月1日
旧　**第57条**　（高さの限度）　削除
旧　**第58条**　（道路の幅員と建築物の高さとの関係）　削除

[削除条文]

制定：昭和38年法律第151号　　　施行：昭和39年1月15日
旧　**第59条の2**　（容積地区）

1～4　略　（延べ面積関係）
5　別表第5（い）欄の各項に掲げる容積地区内においては、建築物の各部分の高さは、次の各号に掲げるもの以下でなければならない。
　一　住居地域内においては、当該部分から隣地境界線までの水平距離の1.25倍に20mを加えたもの

二　住居地域外においては、当該部分から隣地境界線までの水平距離の2.5倍に31mを加えたもの
6　建築物の敷地が公園、広場、川又は海その他これらに類するものに接する場合、建築物の敷地と隣地との高低の差が著しい場合その他隣地に関し特別の事情がある場合における当該隣地との関係についての前項の規定の適用の緩和に関する措置は、政令で定める。
7　略　（延べ面積関係）
8　別表第5（い）欄の各項に掲げる容積地区内の建築物については、第57条及び第58条第1項第二号の規定は、適用しない。

改正：昭和43年法律第101号　　　施行：昭和44年6月14日
旧　第59条の2　（容積地区）

1～3　略　（延べ面積関係）
4　別表第5（い）欄の各項に掲げる容積地区内においては、建築物の各部分の高さは、次の各号に掲げるもの以下でなければならない。
　一　住居地域内においては、当該部分から隣地境界線までの水平距離の1.25倍に20mを加えたもの
　二　住居地域外においては、当該部分から隣地境界線までの水平距離の2.5倍に31mを加えたもの
5　建築物の敷地が公園、広場、川又は海その他これらに類するものに接する場合、建築物の敷地と隣地との高低の差が著しい場合その他隣地に関し特別の事情がある場合における当該隣地との関係についての前項の規定の適用の緩和に関する措置は、政令で定める。
6　略　（延べ面積関係）
7　別表第5（い）欄の各項に掲げる容積地区内の建築物については、第57条及び第58条第1項第二号の規定は、適用しない。

改正：昭和45年法律第109号　　　施行：昭和46年1月1日
旧　第59条の2　（容積地区）　削除

[現行]　第56条の2　（日影による中高層の建築物の高さの制限）

制定：昭和51年法律第83号　　　施行：昭和52年11月1日
第56条の2　（日影による中高層の建築物の高さの制限）

1　別表第3（い）欄の各項に掲げる地域の全部又は一部で地方公共団体の条例で指定する区域（以下この条において「対象区域」という。）内にある同表（ろ）欄の当該各項に掲げる建築物は、冬至日の真太陽時による午前8時から午後4時まで（道の区域内にあつては、午前9時から午後3時まで）の間において、それぞれ、同表（は）欄の各項に掲げる平均地盤面からの高さの水平面（対象区域外の部分及び当該建築物の敷地内の部分を除く。）に、敷地境界線からの水平距離が5mを超える範囲において、同表（に）欄の（1）、（2）又は（3）の号（同表の3の項にあつては、（1）又は（2）の号）のうちから地方公共団体がその地方の気候及び風土、土地利用の状況等を勘案して条例で指定する号に掲げる時間以上日影となる部分を生じさせることのないものとしなければならない。ただし、特定行政庁が土地の状況等により周囲の居住環境を害するおそれがないと認めて建築審査会の同意を得て許可した場合においては、この限りでない。
2　同一の敷地内に2以上の建築物がある場合においては、これらの建築物を一の建築物とみなして、前項の規定を適用する。
3　建築物の敷地が道路、川又は海その他これらに類するものに接する場合、建築物の敷地とこれに接する隣地との高低差が著しい場合その他これらに類する特別の事情がある場合における第1項本文の規定の適用の緩和に関する措置は、政令で定める。
4　対象区域外にある高さが10mを超える建築物で、冬至日において、対象区域内の土地に日影を生じさせるものは、当該対象区域内にある建築物とみなして、第1項の規定を適用する。
5　建築物が第1項の規定による日影時間の制限の異なる区域の内外にわたる場合又は建築物が、冬至日にお

法56条の2　制定：昭和51年法律第83号

いて、対象区域のうち当該建築物がある区域外の土地に日影を生じさせる場合における同項の規定の適用に関し必要な事項は、政令で定める。

改正：昭和62年法律第66号　　施行：昭和62年11月16日
第56条の2　（日影による中高層の建築物の高さの制限）

1　別表第4（い）欄の各項に掲げる地域の全部又は一部で地方公共団体の条例で指定する区域（以下この条において「対象区域」という。）内にある同表（ろ）欄の当該各項に掲げる建築物は、冬至日の真太陽時による午前8時から午後4時まで（道の区域内にあつては、午前9時から午後3時まで）の間において、それぞれ、同表（は）欄の各項に掲げる平均地盤面からの高さの水平面（対象区域外の部分及び当該建築物の敷地内の部分を除く。）に、敷地境界線からの水平距離が5mを超える範囲において、同表（に）欄の（1）、（2）又は（3）の号（同表の3の項にあつては、（1）又は（2）の号）のうちから地方公共団体がその地方の気候及び風土、土地利用の状況等を勘案して条例で指定する号に掲げる時間以上日影となる部分を生じさせることのないものとしなければならない。ただし、特定行政庁が土地の状況等により周囲の居住環境を害するおそれがないと認めて建築審査会の同意を得て許可した場合においては、この限りでない。

2～5　略

改正：平成4年法律第82号　　施行：平成5年6月25日
第56条の2　（日影による中高層の建築物の高さの制限）

1　別表第4（い）欄の各項に掲げる地域<u>又は区域</u>の全部又は一部で地方公共団体の条例で指定する区域（以下この条において「対象区域」という。）内にある同表（ろ）欄の当該各項に掲げる建築物は、冬至日の真太陽時による午前8時から午後4時まで（道の区域内にあつては、午前9時から午後3時まで）の間において、それぞれ、同表（は）欄の各項に掲げる平均地盤面からの高さの水平面（対象区域外の部分及び当該建築物の敷地内の部分を除く。）に、敷地境界線からの水平距離が5mを超える範囲において、同表（に）欄の（1）、（2）又は（3）の号（<u>同表の3又は4の項</u>にあつては、（1）又は（2）の号）のうちから地方公共団体がその地方の気候及び風土、土地利用の状況等を勘案して条例で指定する号に掲げる時間以上日影となる部分を生じさせることのないものとしなければならない。ただし、特定行政庁が土地の状況等により周囲の居住環境を害するおそれがないと認めて建築審査会の同意を得て許可した場合においては、この限りでない。

2～5　略

改正：平成12年法律第73号　　施行：平成13年5月18日
第56条の2　（日影による中高層の建築物の高さの制限）

1　別表第4（い）欄の各項に掲げる地域又は区域の全部又は一部で地方公共団体の条例で指定する区域（以下この条において「対象区域」という。）内にある同表（ろ）欄の当該各項<u>（4の項にあつては、同項イ又はロのうちから地方公共団体がその地方の気候及び風土、当該区域の土地利用の状況等を勘案して条例で指定するもの）</u>に掲げる建築物は、冬至日の真太陽時による午前8時から午後4時まで（道の区域内にあつては、午前9時から午後3時まで）の間において、それぞれ、同表（は）欄の各項<u>（4の項にあつては、同項イ又はロ）</u>に掲げる平均地盤面からの高さの水平面（対象区域外の部分及び当該建築物の敷地内の部分を除く。）に、敷地境界線からの水平距離が5mを超える範囲において、同表（に）欄の（1）、（2）又は（3）の号（同表の<u>3の項</u>にあつては、（1）又は（2）の号）のうちから地方公共団体がその地方の気候及び風土、土地利用の状況等を勘案して条例で指定する号に掲げる時間以上日影となる部分を生じさせることのないものとしなければならない。ただし、特定行政庁が土地の状況等により周囲の居住環境を害するおそれがないと認めて建築審査会の同意を得て許可した場合においては、この限りでない。

2～5　略

改正：平成30年法律第67号　**法56条の2**

改正：平成14年法律第22号　　　施行：平成14年6月1日
第56条の2　（日影による中高層の建築物の高さの制限）

1　別表第4（い）欄の各項に掲げる地域又は区域の全部又は一部で地方公共団体の条例で指定する区域（以下この条において「対象区域」という。）内にある同表（ろ）欄の当該各項（4の項にあつては、同項イ又はロのうちから地方公共団体がその地方の気候及び風土、当該区域の土地利用の状況等を勘案して条例で指定するもの）に掲げる建築物は、冬至日の真太陽時による午前8時から午後4時まで（道の区域内にあつては、午前9時から午後3時まで）の間において、それぞれ、同表（は）欄の各項（4の項にあつては、同項イ又はロ）に掲げる平均地盤面からの高さの水平面（対象区域外の部分、<u>都市再生特別地区内の部分</u>及び当該建築物の敷地内の部分を除く。）に、敷地境界線からの水平距離が5mを超える範囲において、同表（に）欄の（1）、（2）又は（3）の号（同表の3の項にあつては、（1）又は（2）の号）のうちから地方公共団体がその地方の気候及び風土、土地利用の状況等を勘案して条例で指定する号に掲げる時間以上日影となる部分を生じさせることのないものとしなければならない。ただし、特定行政庁が土地の状況等により周囲の居住環境を害するおそれがないと認めて建築審査会の同意を得て許可した場合においては、この限りでない。

2～5　略

改正：平成14年法律第85号　　　施行：平成15年1月1日
第56条の2　（日影による中高層の建築物の高さの制限）

1　別表第4（い）欄の各項に掲げる地域又は区域の全部又は一部で地方公共団体の条例で指定する区域（以下この条において「対象区域」という。）内にある同表（ろ）欄の当該各項（4の項にあつては、同項イ又はロのうちから地方公共団体がその地方の気候及び風土、当該区域の土地利用の状況等を勘案して条例で指定するもの）に掲げる建築物は、冬至日の真太陽時による午前8時から午後4時まで（道の区域内にあつては、午前9時から午後3時まで）の間において、それぞれ、同表（は）欄の各項（4の項にあつては、同項イ又はロ）に掲げる平均地盤面からの高さ<u>（2の項及び3の項にあつては、当該各項に掲げる平均地盤面からの高さのうちから地方公共団体が当該区域の土地利用の状況等を勘案して条例で指定するもの）</u>の水平面（対象区域外の部分、<u>高層住居誘導地区内の部分</u>、都市再生特別地区内の部分及び当該建築物の敷地内の部分を除く。）に、敷地境界線からの水平距離が5mを超える範囲において、同表（に）欄の（1）、（2）又は（3）の号（同表の3の項にあつては、（1）又は（2）の号）のうちから地方公共団体がその地方の気候及び風土、土地利用の状況等を勘案して条例で指定する号に掲げる時間以上日影となる部分を生じさせることのないものとしなければならない。ただし、特定行政庁が土地の状況等により周囲の居住環境を害するおそれがないと認めて建築審査会の同意を得て許可した場合においては、この限りでない。

2～5　略

改正：平成30年法律第67号　　　施行：平成30年9月25日
第56条の2　（日影による中高層の建築物の高さの制限）

1　別表第4（い）欄の各項に掲げる地域又は区域の全部又は一部で地方公共団体の条例で指定する区域（以下この条において「対象区域」という。）内にある同表（ろ）欄の当該各項（4の項にあつては、同項イ又はロのうちから地方公共団体がその地方の気候及び風土、当該区域の土地利用の状況等を勘案して条例で指定するもの）に掲げる建築物は、冬至日の真太陽時による午前8時から午後4時まで（道の区域内にあつては、午前9時から午後3時まで）の間において、それぞれ、同表（は）欄の各項（4の項にあつては、同項イ又はロ）に掲げる平均地盤面からの高さ（2の項及び3の項にあつては、当該各項に掲げる平均地盤面からの高さのうちから地方公共団体が当該区域の土地利用の状況等を勘案して条例で指定するもの）の水平面（対象区域外の部分、高層住居誘導地区内の部分、都市再生特別地区内の部分及び当該建築物の敷地内の部分を除く。）に、敷地境界線からの水平距離が5mを超える範囲において、同表（に）欄の（1）、（2）又は（3）の号（同表の3の項にあつては、（1）又は（2）の号）のうちから地方公共団体がその地方の気候及び風土、土地利用の状況等を勘案して条例で指定する号に掲げる時間以上日影となる部分を生じさせる

法56条の2　改正：平成30年法律第67号

ことのないものとしなければならない。ただし、特定行政庁が土地の状況等により周囲の居住環境を害するおそれがないと認めて建築審査会の同意を得て許可した場合又は当該許可を受けた建築物を周囲の居住環境を害するおそれがないものとして政令で定める位置及び規模の範囲内において増築し、改築し、若しくは移転する場合においては、この限りでない。
2 　同一の敷地内に2以上の建築物がある場合においては、これらの建築物を一の建築物とみなして、前項の規定を適用する。
3 　建築物の敷地が道路、川又は海その他これらに類するものに接する場合、建築物の敷地とこれに接する隣地との高低差が著しい場合その他これらに類する特別の事情がある場合における第1項本文の規定の適用の緩和に関する措置は、政令で定める。
4 　対象区域外にある高さが10mを超える建築物で、冬至日において、対象区域内の土地に日影を生じさせるものは、当該対象区域内にある建築物とみなして、第1項の規定を適用する。
5 　建築物が第1項の規定による日影時間の制限の異なる区域の内外にわたる場合又は建築物が、冬至日において、対象区域のうち当該建築物がある区域外の土地に日影を生じさせる場合における同項の規定の適用に関し必要な事項は、政令で定める。

[現行]　第57条　（高架の工作物内に設ける建築物等に対する高さの制限の緩和）

制定：昭和34年法律第156号　　　施行：昭和34年12月23日
旧　第58条の2　（高架の工作物内に設ける建築物等に対する高さの制限の緩和）
1 　高架の工作物内に設ける建築物で特定行政庁が周囲の状況により交通上、安全上、防火上及び衛生上支障がないと認めるものについては、前2条の規定は、適用しない。
2 　道路内にある建築物（高架の道路の路面下に設けるものを除く。）については、前条の規定は、適用しない。

改正：昭和45年法律第109号　　　施行：昭和46年1月1日
第57条　（高架の工作物内に設ける建築物等に対する高さの制限の緩和）
1 　略
2 　道路内にある建築物（高架の道路の路面下に設けるものを除く。）については、前条第1項第一号の規定は、適用しない。

改正：昭和51年法律第83号　　　施行：昭和52年11月1日
第57条　（高架の工作物内に設ける建築物等に対する高さの制限の緩和）
1 　高架の工作物内に設ける建築物で特定行政庁が周囲の状況により交通上、安全上、防火上及び衛生上支障がないと認めるものについては、前3条の規定は、適用しない。
2 　道路内にある建築物（高架の道路の路面下に設けるものを除く。）については、第56条第1項第一号の規定は、適用しない。

改正：昭和62年法律第66号　　　施行：昭和62年11月16日
第57条　（高架の工作物内に設ける建築物等に対する高さの制限の緩和）
1 　略
2 　道路内にある建築物（高架の道路の路面下に設けるものを除く。）については、第56条第1項第一号及び第2項の規定は、適用しない。

改正：平成7年法律第13号　　　施行：平成7年5月25日
第57条　（高架の工作物内に設ける建築物等に対する高さの制限の緩和）

制定：平成12年法律第73号　**法旧52条の2**

1　高架の工作物内に設ける建築物で特定行政庁が周囲の状況により交通上、安全上、防火上及び衛生上支障がないと認めるものについては、前3条の規定は、適用しない。
2　道路内にある建築物（高架の道路の路面下に設けるものを除く。）については、第56条第1項第一号及び第2項から第4項までの規定は、適用しない。

[現行]　第57条の2　（特例容積率適用地区内における建築物の容積率の特例）

制定：平成12年法律第73号　　　施行：平成13年5月18日
旧　第52条の2　（特例容積率適用区域内の容積率の特例）

1　商業地域に関する都市計画において、この条の定めるところにより特別の容積率を適用することができる区域（以下この項において「特例容積率適用区域」という。）が定められたときは、当該特例容積率適用区域内の2以上の敷地（建築物の敷地となるべき土地及び当該特例容積率適用区域の内外にわたる敷地であつてその過半が当該特例容積率適用区域に属するものを含む。以下この項において同じ。）に係る土地について所有権若しくは建築物の所有を目的とする地上権若しくは賃借権（臨時設備その他一時使用のため設定されたことが明らかなものを除く。以下「借地権」という。）を有する者又はこれらの者の同意を得た者は、1人で、又は数人共同して、特定行政庁に対し、国土交通省令で定めるところにより、当該2以上の敷地（以下この条及び次条において「特例敷地」という。）のそれぞれに適用される特別の容積率（以下この条において「特例容積率」という。）の限度の指定を申請することができる。
2　前項の規定による申請をしようとする者は、申請者及び同項の規定による同意をした者以外に当該申請に係る特例敷地について政令で定める利害関係を有する者があるときは、あらかじめ、これらの者の同意を得なければならない。
3　特定行政庁は、第1項の規定による申請が次に掲げる要件に該当すると認めるときは、当該申請に基づき、特例敷地のそれぞれに適用される特例容積率の限度を指定するものとする。
一　申請に係るそれぞれの特例敷地の敷地面積に申請に係るそれぞれの特例容積率の限度を乗じて得た数値の合計が、当該それぞれの特例敷地の敷地面積に前条第1項各号（第五号を除く。以下この号において同じ。）の規定によるそれぞれの建築物の容積率（当該特例敷地について現に次項の規定により特例容積率の限度が公告されているときは、当該特例容積率。以下この号において「基準容積率」という。）の限度を乗じて得た数値の合計以下であること。この場合において、当該それぞれの特例敷地が基準容積率に関する制限を受ける地域、地区又は区域の2以上にわたるときの当該基準容積率の限度は、前条第1項各号の規定による当該各地域、地区又は区域内の建築物の容積率の限度にその特例敷地の当該地域、地区又は区域内にある各部分の面積の敷地面積に対する割合を乗じて得たものの合計とする。
二　申請に係るそれぞれの特例容積率の限度が、申請に係るそれぞれの特例敷地内に現に存する建築物の容積率以上であること。
三　申請に係るそれぞれの特例容積率の限度が、申請に係るそれぞれの特例敷地における建築物の利用上の必要性、周囲の状況等を考慮して、当該それぞれの特例敷地にふさわしい容積を備えた建築物が建築されることにより当該それぞれの特例敷地の土地が適正かつ合理的な利用形態となるよう定められていること。この場合において、申請に係る特例容積率の限度のうち前条第1項から第6項までの規定による限度を超えるものにあつては、当該特例容積率の限度に適合して建築される建築物が交通上、安全上、防火上及び衛生上支障がないものとなるよう定められていること。
4　特定行政庁は、前項の規定による指定をしたときは、遅滞なく、特例容積率の限度、特例敷地の位置その他国土交通省令で定める事項を公告するとともに、国土交通省令で定める事項を表示した図書をその事務所に備えて、一般の縦覧に供さなければならない。
5　第3項の規定による指定は、前項の規定による公告によつて、その効力を生ずる。
6　第4項の規定により特例容積率の限度が公告されたときは、当該特例敷地内の建築物については、当該特例容積率の限度を前条第1項各号に掲げる数値とみなして、同条の規定を適用する。
7　第4項の規定により公告された特例敷地のいずれかについて第1項の規定による申請があつた場合において、特定行政庁が当該申請に係る第3項の指定（以下この項において「新規指定」という。）をしたときは、当該特例敷地についての第3項の規定による従前の指定は、新規指定に係る第4項の規定による公告があつた日から将来に向かつて、その効力を失う。

法旧52条の2 改正：平成14年法律第85号

改正：平成14年法律第85号　　　施行：平成15年1月1日
旧　第52条の2　（特例容積率適用区域内の容積率の特例）

1・2　略
3　特定行政庁は、第1項の規定による申請が次に掲げる要件に該当すると認めるときは、当該申請に基づき、特例敷地のそれぞれに適用される特例容積率の限度を指定するものとする。
一・二　略
三　申請に係るそれぞれの特例容積率の限度が、申請に係るそれぞれの特例敷地における建築物の利用上の必要性、周囲の状況等を考慮して、当該それぞれの特例敷地にふさわしい容積を備えた建築物が建築されることにより当該それぞれの特例敷地の土地が適正かつ合理的な利用形態となるよう定められていること。この場合において、申請に係る特例容積率の限度のうち前条第1項及び第3項から第7項までの規定による限度を超えるものにあつては、当該特例容積率の限度に適合して建築される建築物が交通上、安全上、防火上及び衛生上支障がないものとなるよう定められていること。
4～7　略

改正：平成16年法律第67号　　　施行：平成17年6月1日
第57条の2　（特例容積率適用地区内における建築物の容積率の特例）

1　特例容積率適用地区内の2以上の敷地（建築物の敷地となるべき土地及び当該特例容積率適用地区の内外にわたる敷地であつてその過半が当該特例容積率適用地区に属するものを含む。以下この項において同じ。）に係る土地について所有権若しくは建築物の所有を目的とする地上権若しくは賃借権（臨時設備その他一時使用のため設定されたことが明らかなものを除く。以下「借地権」という。）を有する者又はこれらの者の同意を得た者は、1人で、又は数人が共同して、特定行政庁に対し、国土交通省令で定めるところにより、当該2以上の敷地（以下この条及び次条において「特例敷地」という。）のそれぞれに適用される特別の容積率（以下この条及び第60条の2第4項において「特例容積率」という。）の限度の指定を申請することができる。
2　略
3　特定行政庁は、第1項の規定による申請が次の各号に掲げる要件のいずれにも該当すると認めるときは、当該申請に基づき、特例敷地のそれぞれに適用される特例容積率の限度を指定するものとする。
一　申請に係るそれぞれの特例敷地の敷地面積に申請に係るそれぞれの特例容積率の限度を乗じて得た数値の合計が、当該それぞれの特例敷地の敷地面積に第52条第1項各号（第五号を除く。以下この号において同じ。）の規定によるそれぞれの建築物の容積率（当該特例敷地について現に次項の規定により特例容積率の限度が公告されているときは、当該特例容積率。以下この号において「基準容積率」という。）の限度を乗じて得た数値の合計以下であること。この場合において、当該それぞれの特例敷地が基準容積率に関する制限を受ける地域又は区域の2以上にわたるときの当該基準容積率の限度は、同条第1項各号の規定による当該各地域又は区域内の建築物の容積率の限度にその特例敷地の当該地域又は区域内にある各部分の面積の敷地面積に対する割合を乗じて得たものの合計とする。
二　申請に係るそれぞれの特例容積率の限度が、申請に係るそれぞれの特例敷地内に現に存する建築物の容積率又は現に建築の工事中の建築物の計画上の容積率以上であること。
三　申請に係るそれぞれの特例容積率の限度が、申請に係るそれぞれの特例敷地における建築物の利用上の必要性、周囲の状況等を考慮して、当該それぞれの特例敷地にふさわしい容積を備えた建築物が建築されることにより当該それぞれの特例敷地の土地が適正かつ合理的な利用形態となるよう定められていること。この場合において、申請に係る特例容積率の限度のうち第52条第1項及び第3項から第8項までの規定による限度を超えるものにあつては、当該特例容積率の限度に適合して建築される建築物が交通上、安全上、防火上及び衛生上支障がないものとなるよう定められていること。
4・5　略
6　第4項の規定により特例容積率の限度が公告されたときは、当該特例敷地内の建築物については、当該特例容積率の限度を第52条第1項各号に掲げる数値とみなして、同条の規定を適用する。
7　略

改正：令和2年法律第43号 **法57条の2**

改正：平成26年法律第39号　　　施行：平成26年8月1日
第57条の2　（特例容積率適用地区内における建築物の容積率の特例）

1・2　略
3　特定行政庁は、第1項の規定による申請が次の各号に掲げる要件のいずれにも該当すると認めるときは、当該申請に基づき、特例敷地のそれぞれに適用される特例容積率の限度を指定するものとする。
　一　申請に係るそれぞれの特例敷地の敷地面積に申請に係るそれぞれの特例容積率の限度を乗じて得た数値の合計が、当該それぞれの特例敷地の敷地面積に第52条第1項各号（第五号及び第六号を除く。以下この号において同じ。）の規定によるそれぞれの建築物の容積率（当該特例敷地について現に次項の規定により特例容積率の限度が公告されているときは、当該特例容積率。以下この号において「基準容積率」という。）の限度を乗じて得た数値の合計以下であること。この場合において、当該それぞれの特例敷地が基準容積率に関する制限を受ける地域又は区域の2以上にわたるときの当該基準容積率の限度は、同条第1項各号の規定による当該各地域又は区域内の建築物の容積率の限度にその特例敷地の当該地域又は区域内にある各部分の面積の敷地面積に対する割合を乗じて得たものの合計とする。
　二・三　略
4～7　略

改正：令和2年法律第43号　　　施行：令和2年9月7日
第57条の2　（特例容積率適用地区内における建築物の容積率の特例）

1　特例容積率適用地区内の2以上の敷地（建築物の敷地となるべき土地及び当該特例容積率適用地区の内外にわたる敷地であつてその過半が当該特例容積率適用地区に属するものを含む。以下この項において同じ。）に係る土地について所有権若しくは建築物の所有を目的とする地上権若しくは賃借権（臨時設備その他一時使用のため設定されたことが明らかなものを除く。以下「借地権」という。）を有する者又はこれらの者の同意を得た者は、1人で、又は数人が共同して、特定行政庁に対し、国土交通省令で定めるところにより、当該2以上の敷地（以下この条及び次条において「特例敷地」という。）のそれぞれに適用される特別の容積率（以下この条及び第60条の2第4項において「特例容積率」という。）の限度の指定を申請することができる。
2　前項の規定による申請をしようとする者は、申請者及び同項の規定による同意をした者以外に当該申請に係る特例敷地について政令で定める利害関係を有する者があるときは、あらかじめ、これらの者の同意を得なければならない。
3　特定行政庁は、第1項の規定による申請が次の各号に掲げる要件のいずれにも該当すると認めるときは、当該申請に基づき、特例敷地のそれぞれに適用される特例容積率の限度を指定するものとする。
　一　申請に係るそれぞれの特例敷地の敷地面積に申請に係るそれぞれの特例容積率の限度を乗じて得た数値の合計が、当該それぞれの特例敷地の敷地面積に第52条第1項各号（第五号から第七号までを除く。以下この号において同じ。）の規定によるそれぞれの建築物の容積率（当該特例敷地について現に次項の規定により特例容積率の限度が公告されているときは、当該特例容積率。以下この号において「基準容積率」という。）の限度を乗じて得た数値の合計以下であること。この場合において、当該それぞれの特例敷地が基準容積率に関する制限を受ける地域又は区域の2以上にわたるときの当該基準容積率の限度は、同条第1項各号の規定による当該各地域又は区域内の建築物の容積率の限度にその特例敷地の当該地域又は区域内にある各部分の面積の敷地面積に対する割合を乗じて得たものの合計とする。
　二　申請に係るそれぞれの特例容積率の限度が、申請に係るそれぞれの特例敷地内に現に存する建築物の容積率又は現に建築の工事中の建築物の計画上の容積率以上であること。
　三　申請に係るそれぞれの特例容積率の限度が、申請に係るそれぞれの特例敷地における建築物の利用上の必要性、周囲の状況等を考慮して、当該それぞれの特例敷地にふさわしい容積を備えた建築物が建築されることにより当該それぞれの特例敷地の土地が適正かつ合理的な利用形態となるよう定められていること。この場合において、申請に係る特例容積率の限度のうち第52条第1項及び第3項から第8項までの規定による限度を超えるものにあつては、当該特例容積率の限度に適合して建築される建築物が交通上、安全上、防火上及び衛生上支障がないものとなるよう定められていること。
4　特定行政庁は、前項の規定による指定をしたときは、遅滞なく、特例容積率の限度、特例敷地の位置その

法57条の2　改正：令和2年法律第43号

他国土交通省令で定める事項を公告するとともに、国土交通省令で定める事項を表示した図書をその事務所に備えて、一般の縦覧に供さなければならない。
5　第3項の規定による指定は、前項の規定による公告によつて、その効力を生ずる。
6　第4項の規定により特例容積率の限度が公告されたときは、当該特例敷地内の建築物については、当該特例容積率の限度を第52条第1項各号に掲げる数値とみなして、同条の規定を適用する。
7　第4項の規定により公告された特例敷地のいずれかについて第1項の規定による申請があつた場合において、特定行政庁が当該申請に係る第3項の指定（以下この項において「新規指定」という。）をしたときは、当該特例敷地についての第3項の規定による従前の指定は、新規指定に係る第4項の規定による公告があつた日から将来に向かつて、その効力を失う。

[現行]　第57条の3　（指定の取消し）

制定：平成12年法律第73号　　　施行：平成13年5月18日
旧　第52条の3　（指定の取消し）

1　前条第4項の規定により公告された特例敷地である土地について所有権又は借地権を有する者は、その全員の合意により、同条第3項の指定の取消しを特定行政庁に申請することができる。この場合においては、あらかじめ、当該特例敷地について政令で定める利害関係を有する者の同意を得なければならない。
2　前項の規定による申請を受けた特定行政庁は、当該申請に係るそれぞれの特例敷地内に現に存する建築物の容積率が第52条第1項から第6項までの規定による限度以下であるときその他当該建築物の構造が交通上、安全上、防火上及び衛生上支障がないと認めるときは、当該申請に係る指定を取り消すものとする。
3　特定行政庁は、前項の規定による取消しをしたときは、遅滞なく、国土交通省令で定めるところにより、その旨を公告しなければならない。
4　第2項の規定による取消しは、前項の規定による公告によつて、その効力を生ずる。
5　前2項に定めるもののほか、第2項の規定による指定の取消しについて必要な事項は、国土交通省令で定める。

改正：平成14年法律第85号　　　施行：平成15年1月1日
旧　第52条の3　（指定の取消し）

1　略
2　前項の規定による申請を受けた特定行政庁は、当該申請に係るそれぞれの特例敷地内に現に存する建築物の容積率が第52条第1項から第8項までの規定による限度以下であるときその他当該建築物の構造が交通上、安全上、防火上及び衛生上支障がないと認めるときは、当該申請に係る指定を取り消すものとする。
3〜5　略

改正：平成16年法律第67号　　　施行：平成17年6月1日
第57条の3　（指定の取消し）

1　前条第4項の規定により公告された特例敷地である土地について所有権又は借地権を有する者は、その全員の合意により、同条第3項の指定の取消しを特定行政庁に申請することができる。この場合においては、あらかじめ、当該特例敷地について政令で定める利害関係を有する者の同意を得なければならない。
2　前項の規定による申請を受けた特定行政庁は、当該申請に係るそれぞれの特例敷地内に現に存する建築物の容積率又は現に建築の工事中の建築物の計画上の容積率が第52条第1項から第9項までの規定による限度以下であるとき、その他当該建築物の構造が交通上、安全上、防火上及び衛生上支障がないと認めるときは、当該申請に係る指定を取り消すものとする。
3　特定行政庁は、前項の規定による取消しをしたときは、遅滞なく、国土交通省令で定めるところにより、その旨を公告しなければならない。
4　第2項の規定による取消しは、前項の規定による公告によつて、その効力を生ずる。
5　前2項に定めるもののほか、第2項の規定による指定の取消しについて必要な事項は、国土交通省令で定

改正：平成14年法律第85号 **法旧57条の2**

める。

[現行]　第57条の4　（特例容積率適用地区内における建築物の高さの限度）

制定：平成16年法律第67号　　　施行：平成17年6月1日
第57条の4　（特例容積率適用地区内における建築物の高さの限度）
1　特例容積率適用地区内においては、建築物の高さは、特例容積率適用地区に関する都市計画において建築物の高さの最高限度が定められたときは、当該最高限度以下でなければならない。ただし、特定行政庁が用途上又は構造上やむを得ないと認めて許可したものについては、この限りでない。
2　第44条第2項の規定は、前項ただし書の規定による許可をする場合に準用する。

[現行]　第57条の5　（高層住居誘導地区）

制定：平成9年法律第79号　　　施行：平成9年9月1日
旧　第57条の2　（高層住居誘導地区）
1　高層住居誘導地区内においては、建築物の建築面積の敷地面積に対する割合は、高層住居誘導地区に関する都市計画において建築物の建築面積の敷地面積に対する割合の最高限度が定められたときは、当該最高限度以下でなければならない。
2　前項の場合において、建築物の敷地が高層住居誘導地区の内外にわたるときは、当該高層住居誘導地区に関する都市計画において定められた建築物の建築面積の敷地面積に対する割合の最高限度を、当該建築物の当該高層住居誘導地区内にある部分に係る第53条第1項の規定による建築物の建築面積の敷地面積に対する割合の限度とみなして、同条第2項の規定を適用する。
3　高層住居誘導地区に関する都市計画において建築物の敷地面積の最低限度が定められた場合については、第54条の2第1項及び第3項の規定を準用する。この場合において、同条第1項中「第一種低層住居専用地域又は第二種低層住居専用地域内においては、建築物の敷地面積は、当該地域」とあるのは「高層住居誘導地区内においては、建築物の敷地面積は、高層住居誘導地区」と、同項第二号中「低層住宅に係る良好な住居」とあるのは「市街地」と読み替えるものとする。
4　高層住居誘導地区内の建築物については、第56条の2（第4項を除く。）の規定は、適用しない。

改正：平成12年法律第73号　　　施行：平成13年5月18日
旧　第57条の2　（高層住居誘導地区）
1　高層住居誘導地区内においては、建築物の<u>建ぺい率</u>は、高層住居誘導地区に関する都市計画において建築物の<u>建ぺい率</u>の最高限度が定められたときは、当該最高限度以下でなければならない。
2　前項の場合において、建築物の敷地が高層住居誘導地区の内外にわたるときは、当該高層住居誘導地区に関する都市計画において定められた建築物の<u>建ぺい率</u>の最高限度を、当該建築物の当該高層住居誘導地区内にある部分に係る第53条第1項の規定による建築物の<u>建ぺい率</u>の限度とみなして、同条第2項の規定を適用する。
3・4　略

改正：平成14年法律第85号　　　施行：平成15年1月1日
旧　第57条の2　（高層住居誘導地区）
1・2　略
3　高層住居誘導地区に関する都市計画において建築物の敷地面積の最低限度が定められた場合については、<u>第53条の2（第2項を除く。）</u>の規定を準用する。この場合において、同条第1項中<u>「用途地域」</u>とあるのは、<u>「高層住居誘導地区」</u>と読み替えるものとする。
4　高層住居誘導地区内の建築物については、第56条の2第1項に規定する対象区域外にある建築物とみなし

建築基準法　条文改正経過　| 279

法旧57条の2　改正：平成14年法律第85号

て、同条の規定を適用する。この場合における同条第４項の規定の適用については、同項中「対象区域内の土地」とあるのは、「対象区域（高層住居誘導地区を除く。）内の土地」とする。

改正：平成16年法律第67号　　施行：平成17年６月１日
第57条の５　（高層住居誘導地区）
略

改正：平成29年法律第26号　　施行：平成30年４月１日
第57条の５　（高層住居誘導地区）
1　高層住居誘導地区内においては、建築物の建蔽率は、高層住居誘導地区に関する都市計画において建築物の建蔽率の最高限度が定められたときは、当該最高限度以下でなければならない。
2　前項の場合において、建築物の敷地が高層住居誘導地区の内外にわたるときは、当該高層住居誘導地区に関する都市計画において定められた建築物の建蔽率の最高限度を、当該建築物の当該高層住居誘導地区内にある部分に係る第53条第１項の規定による建築物の建蔽率の限度とみなして、同条第２項の規定を適用する。
3　高層住居誘導地区に関する都市計画において建築物の敷地面積の最低限度が定められた場合については、第53条の２（第２項を除く。）の規定を準用する。この場合において、同条第１項中「用途地域」とあるのは、「高層住居誘導地区」と読み替えるものとする。
4　高層住居誘導地区内の建築物については、第56条の２第１項に規定する対象区域外にある建築物とみなして、同条の規定を適用する。この場合における同条第４項の規定の適用については、同項中「対象区域内の土地」とあるのは、「対象区域（高層住居誘導地区を除く。）内の土地」とする。

［現行］　第58条　（高度地区）

制定：昭和25年法律第201号　　施行：昭和25年11月23日
（地区の指定に関する規定は、昭和25年10月25日）
旧　第59条　（高度地区）
1　建設大臣は、都市計画上又は土地利用上必要があると認める場合においては、都市計画法の定める手続によつて、都市計画の施設として高度地区を指定し、その地区内における建築物の高さの最高限度又は最低限度を定めることができる。
2　第48条第２項の規定は、前項の規定による指定をする場合に準用する。

改正：昭和43年法律第101号　　施行：昭和44年６月14日
旧　第59条　（高度地区）
1　高度地区内においては、建築物の高さは、高度地区に関する都市計画において定められた内容に適合するものでなければならない。

改正：昭和45年法律第109号　　施行：昭和46年１月１日
第58条　（高度地区）
1　高度地区内においては、建築物の高さは、高度地区に関する都市計画において定められた内容に適合するものでなければならない。

改正：令和４年法律第69号　　施行：令和５年４月１日
第58条　（高度地区）
1　高度地区内においては、建築物の高さは、高度地区に関する都市計画において定められた内容に適合する

ものでなければならない。
2　前項の都市計画において建築物の高さの最高限度が定められた高度地区内においては、再生可能エネルギー源の利用に資する設備の設置のため必要な屋根に関する工事その他の屋外に面する建築物の部分に関する工事を行う建築物で構造上やむを得ないものとして国土交通省令で定めるものであつて、特定行政庁が市街地の環境を害するおそれがないと認めて許可したものの高さは、同項の規定にかかわらず、その許可の範囲内において、当該最高限度を超えるものとすることができる。
3　第44条第2項の規定は、前項の規定による許可をする場合について準用する。

[現行]　第59条　（高度利用地区）

制定：昭和44年法律第38号　　　施行：昭和44年6月14日
旧　第59条の3　（高度利用地区）
1　高度利用地区内においては、建築物の延べ面積の敷地面積に対する割合及び建築物の建築面積は、高度利用地区に関する都市計画において定められた内容に適合するものでなければならない。ただし、次の各号の一に該当する建築物については、この限りでない。
　一　主要構造部が木造、鉄骨造、コンクリートブロック造その他これらに類する構造であつて、階数が2以下で、かつ、地階を有しない建築物で、容易に移転し、又は除却することができるもの
　二　公衆便所、巡査派出所その他これらに類する建築物で、公益上必要なもの
　三　学校、駅舎、卸売市場その他これらに類する公益上必要な建築物で、特定行政庁が用途上又は構造上やむを得ないと認めて許可したもの
2　高度利用地区内においては、敷地内に道路に接して有効な空地が確保されていること等により、特定行政庁が、交通上、安全上、防火上及び衛生上支障がないと認めて許可した建築物については、第58条第1項第一号の規定は、適用しない。
3　第57条第3項の規定は、第1項第三号又は前項の規定による許可をする場合に準用する。

改正：昭和45年法律第109号　　　施行：昭和46年1月1日
第59条　（高度利用地区）
1　略
2　高度利用地区内においては、敷地内に道路に接して有効な空地が確保されていること等により、特定行政庁が、交通上、安全上、防火上及び衛生上支障がないと認めて許可した建築物については、第56条第1項第一号の規定は、適用しない。
3　第44条第2項の規定は、第1項第三号又は前項の規定による許可をする場合に準用する。

改正：昭和50年法律第66号　　　施行：昭和50年11月1日
第59条　（高度利用地区）
1　高度利用地区内においては、建築物の延べ面積の敷地面積に対する割合、建築物の建築面積の敷地面積に対する割合及び建築物の建築面積は、高度利用地区に関する都市計画において定められた内容に適合するものでなければならない。ただし、次の各号の一に該当する建築物については、この限りでない。
　一～三　略
2　高度利用地区内においては、建築物の壁又はこれに代わる柱は、建築物の地盤面下の部分及び建設大臣が指定する歩廊の柱その他これに類するものを除き、高度利用地区に関する都市計画において定められた壁面の位置の制限に反して建築してはならない。ただし、前項各号の一に該当する建築物については、この限りでない。
3　高度利用地区内の建築物については、当該高度利用地区に関する都市計画において定められた建築物の延べ面積の敷地面積に対する割合の最高限度を第52条第1項各号に掲げる数値とみなして、同条の規定を適用する。
4　高度利用地区内においては、敷地内に道路に接して有効な空地が確保されていること等により、特定行政

法59条　改正：昭和50年法律第66号

庁が、交通上、安全上、防火上及び衛生上支障がないと認めて許可した建築物については、第56条第１項第一号の規定は、適用しない。
5　第44条第２項の規定は、第１項第三号又は前項の規定による許可をする場合に準用する。

改正：昭和62年法律第66号　　　施行：昭和62年11月16日
第59条　（高度利用地区）

1～3　略
4　高度利用地区内においては、敷地内に道路に接して有効な空地が確保されていること等により、特定行政庁が、交通上、安全上、防火上及び衛生上支障がないと認めて許可した建築物については、第56条第１項第一号及び第２項の規定は、適用しない。
5　略

改正：平成２年法律第61号　　　施行：平成２年11月20日
第59条　（高度利用地区）

1　高度利用地区内においては、建築物の延べ面積の敷地面積に対する割合、建築物の建築面積（同一敷地内に２以上の建築物がある場合においては、その建築面積の合計）の敷地面積に対する割合及び建築物の建築面積は、高度利用地区に関する都市計画において定められた内容に適合するものでなければならない。ただし、次の各号の一に該当する建築物については、この限りでない。
　一～三　略
2～5　略

改正：平成７年法律第13号　　　施行：平成７年５月25日
第59条　（高度利用地区）

1～3　略
4　高度利用地区内においては、敷地内に道路に接して有効な空地が確保されていること等により、特定行政庁が、交通上、安全上、防火上及び衛生上支障がないと認めて許可した建築物については、第56条第１項第一号及び第２項から第４項までの規定は、適用しない。
5　略

改正：平成11年法律第160号　　　施行：平成13年１月６日
第59条　（高度利用地区）

1　略
2　高度利用地区内においては、建築物の壁又はこれに代わる柱は、建築物の地盤面下の部分及び国土交通大臣が指定する歩廊の柱その他これに類するものを除き、高度利用地区に関する都市計画において定められた壁面の位置の制限に反して建築してはならない。ただし、前項各号の一に該当する建築物については、この限りでない。
3～5　略

改正：平成12年法律第73号　　　施行：平成13年５月18日
第59条　（高度利用地区）

1　高度利用地区内においては、建築物の容積率及び建ぺい率並びに建築物の建築面積（同一敷地内に２以上の建築物がある場合においては、それぞれの建築面積）は、高度利用地区に関する都市計画において定められた内容に適合するものでなければならない。ただし、次の各号の一に該当する建築物については、この限りでない。
　一～三　略

改正：昭和62年法律第66号 **法59条の2**

2　略
3　高度利用地区内の建築物については、当該高度利用地区に関する都市計画において定められた建築物の容積率の最高限度を第52条第1項各号に掲げる数値とみなして、同条の規定を適用する。
4・5　略

改正：平成29年法律第26号　　　施行：平成30年4月1日
第59条　（高度利用地区）

1　高度利用地区内においては、建築物の容積率及び建蔽率並びに建築物の建築面積（同一敷地内に2以上の建築物がある場合においては、それぞれの建築面積）は、高度利用地区に関する都市計画において定められた内容に適合するものでなければならない。ただし、次の各号のいずれかに該当する建築物については、この限りでない。
　一　主要構造部が木造、鉄骨造、コンクリートブロック造その他これらに類する構造であつて、階数が2以下で、かつ、地階を有しない建築物で、容易に移転し、又は除却することができるもの
　二　公衆便所、巡査派出所その他これらに類する建築物で、公益上必要なもの
　三　学校、駅舎、卸売市場その他これらに類する公益上必要な建築物で、特定行政庁が用途上又は構造上やむを得ないと認めて許可したもの
2　高度利用地区内においては、建築物の壁又はこれに代わる柱は、建築物の地盤面下の部分及び国土交通大臣が指定する歩廊の柱その他これに類するものを除き、高度利用地区に関する都市計画において定められた壁面の位置の制限に反して建築してはならない。ただし、前項各号の一に該当する建築物については、この限りでない。
3　高度利用地区内の建築物については、当該高度利用地区に関する都市計画において定められた建築物の容積率の最高限度を第52条第1項各号に掲げる数値とみなして、同条の規定を適用する。
4　高度利用地区内においては、敷地内に道路に接して有効な空地が確保されていること等により、特定行政庁が、交通上、安全上、防火上及び衛生上支障がないと認めて許可した建築物については、第56条第1項第一号及び第2項から第4項までの規定は、適用しない。
5　第44条第2項の規定は、第1項第三号又は前項の規定による許可をする場合に準用する。

[現行]　第59条の2　（敷地内に広い空地を有する建築物の容積率等の特例）

制定：昭和51年法律第83号　　　施行：昭和52年11月1日
第59条の2　（敷地内に広い空地を有する建築物の延べ面積の敷地面積に対する割合等の特例）

1　その敷地内に政令で定める空地を有し、かつ、その敷地面積が政令で定める規模以上である建築物で、特定行政庁が交通上、安全上、防火上及び衛生上支障がなく、かつ、その建築面積の敷地面積に対する割合、延べ面積の敷地面積に対する割合及び各部分の高さについて総合的な配慮がなされていることにより市街地の環境の整備改善に資すると認めて許可したものの延べ面積の敷地面積に対する割合又は各部分の高さは、その許可の範囲内において、第52条第1項及び第2項、第55条第1項又は第56条の規定による限度を超えるものとすることができる。
2　第44条第2項の規定は、前項の規定による許可をする場合に準用する。

改正：昭和62年法律第66号　　　施行：昭和62年11月16日
第59条の2　（敷地内に広い空地を有する建築物の延べ面積の敷地面積に対する割合等の特例）

1　その敷地内に政令で定める空地を有し、かつ、その敷地面積が政令で定める規模以上である建築物で、特定行政庁が交通上、安全上、防火上及び衛生上支障がなく、かつ、その建築面積の敷地面積に対する割合、延べ面積の敷地面積に対する割合及び各部分の高さについて総合的な配慮がなされていることにより市街地の環境の整備改善に資すると認めて許可したものの延べ面積の敷地面積に対する割合又は各部分の高さは、その許可の範囲内において、第52条第1項から第3項まで、第55条第1項又は第56条の規定による限度を超えるものとすることができる。

法59条の2 改正：昭和62年法律第66号

2　略

改正：平成6年法律第62号　　　施行：平成6年6月29日
第59条の2　（敷地内に広い空地を有する建築物の延べ面積の敷地面積に対する割合等の特例）

1　その敷地内に政令で定める空地を有し、かつ、その敷地面積が政令で定める規模以上である建築物で、特定行政庁が交通上、安全上、防火上及び衛生上支障がなく、かつ、その建築面積の敷地面積に対する割合、延べ面積の敷地面積に対する割合及び各部分の高さについて総合的な配慮がなされていることにより市街地の環境の整備改善に資すると認めて許可したものの延べ面積の敷地面積に対する割合又は各部分の高さは、その許可の範囲内において、第52条第1項から<u>第5項</u>まで、第55条第1項又は第56条の規定による限度を超えるものとすることができる。

2　略

改正：平成9年法律第79号　　　施行：平成9年6月13日
第59条の2　（敷地内に広い空地を有する建築物の延べ面積の敷地面積に対する割合等の特例）

1　その敷地内に政令で定める空地を有し、かつ、その敷地面積が政令で定める規模以上である建築物で、特定行政庁が交通上、安全上、防火上及び衛生上支障がなく、かつ、その建築面積の敷地面積に対する割合、延べ面積の敷地面積に対する割合及び各部分の高さについて総合的な配慮がなされていることにより市街地の環境の整備改善に資すると認めて許可したものの延べ面積の敷地面積に対する割合又は各部分の高さは、その許可の範囲内において、第52条第1項から<u>第6項</u>まで、第55条第1項又は第56条の規定による限度を超えるものとすることができる。

2　略

改正：平成12年法律第73号　　　施行：平成13年5月18日
第59条の2　（敷地内に広い空地を有する建築物の容積率等の特例）

1　その敷地内に政令で定める空地を有し、かつ、その敷地面積が政令で定める規模以上である建築物で、特定行政庁が交通上、安全上、防火上及び衛生上支障がなく、かつ、その<u>建ぺい率</u>、<u>容積率</u>及び各部分の高さについて総合的な配慮がなされていることにより市街地の環境の整備改善に資すると認めて許可したものの<u>容積率</u>又は各部分の高さは、その許可の範囲内において、第52条第1項から第6項まで、第55条第1項又は第56条の規定による限度を超えるものとすることができる。

2　略

改正：平成14年法律第85号　　　施行：平成15年1月1日
第59条の2　（敷地内に広い空地を有する建築物の容積率等の特例）

1　その敷地内に政令で定める空地を有し、かつ、その敷地面積が政令で定める規模以上である建築物で、特定行政庁が交通上、安全上、防火上及び衛生上支障がなく、かつ、その建ぺい率、容積率及び各部分の高さについて総合的な配慮がなされていることにより市街地の環境の整備改善に資すると認めて許可したものの容積率又は各部分の高さは、その許可の範囲内において、第52条第1項から<u>第8項まで、第52条の2第6項</u>、第55条第1項又は第56条の規定による限度を超えるものとすることができる。

2　略

改正：平成16年法律第67号　　　施行：平成17年6月1日
第59条の2　（敷地内に広い空地を有する建築物の容積率等の特例）

1　その敷地内に政令で定める空地を有し、かつ、その敷地面積が政令で定める規模以上である建築物で、特定行政庁が交通上、安全上、防火上及び衛生上支障がなく、かつ、その建ぺい率、容積率及び各部分の高さについて総合的な配慮がなされていることにより市街地の環境の整備改善に資すると認めて許可したものの

改正：昭和38年法律第151号　**法旧59条の3**

容積率又は各部分の高さは、その許可の範囲内において、第52条第1項から第9項まで、第55条第1項、第56条又は第57条の2第6項の規定による限度を超えるものとすることができる。
2　略

改正：平成29年法律第26号　　　施行：平成30年4月1日

第59条の2　（敷地内に広い空地を有する建築物の容積率等の特例）

1　その敷地内に政令で定める空地を有し、かつ、その敷地面積が政令で定める規模以上である建築物で、特定行政庁が交通上、安全上、防火上及び衛生上支障がなく、かつ、その建蔽率、容積率及び各部分の高さについて総合的な配慮がなされていることにより市街地の環境の整備改善に資すると認めて許可したものの容積率又は各部分の高さは、その許可の範囲内において、第52条第1項から第9項まで、第55条第1項、第56条又は第57条の2第6項の規定による限度を超えるものとすることができる。
2　第44条第2項の規定は、前項の規定による許可をする場合に準用する。

[現行]　**第60条　（特定街区）**

制定：昭和36年法律第115号　　　施行：昭和36年12月4日
旧　**第59条の2　（特定街区）**

1　建設大臣は、都市計画上市街地の整備改善を図るため必要があると認める場合においては、住宅地区改良法（昭和35年法律第84号）第2条第3項に規定する改良地区、防災建築街区造成法（昭和36年法律第110号）第2条第三号に規定する防災建築街区その他その土地の区域において建築物及びその敷地の整備が行なわれる地区又は街区について、都市計画法の定める手続により、都市計画の施設として、その街区内における建築物の高さの最高限度及び壁面の位置の制限を定めて、別表第5（い）欄の各項に掲げる特定街区を指定することができる。
2　第48条第2項の規定は、前項の規定による指定をする場合に準用する。この場合において、関係市町村の申出は、政令で定める利害関係を有する者の同意を得てするものとする。
3　別表第5（い）欄の各項に掲げる特定街区内においては、建築物の延べ面積（同一敷地内に2以上の建築物がある場合においては、その延べ面積の合計）の敷地面積に対する割合は、同表（ろ）欄の当該各項に掲げる限度以下でなければならない。
4　別表第5（い）欄の各項に掲げる特定街区内においては、第1項の規定により定められた高さをこえて建築物を建築し、又は建築物の地盤面下の部分及び建設大臣が指定する歩廊の柱その他これに類するものを除き、同項の規定により定められた壁面の位置の制限に反して建築物の壁若しくはこれに代わる柱を建築してはならない。
5　別表第5（い）欄の各項に掲げる特定街区内の建築物については、前6条の規定は、適用しない。

旧　**別表第5　特定街区の種別及び特定街区内の建築物の制限**

（い）	（ろ）
特定街区の種別	延べ面積の敷地面積に対する割合
第一種特定街区	10分の10以下
第二種特定街区	10分の20以下
第三種特定街区	10分の30以下
第四種特定街区	10分の40以下
第五種特定街区	10分の50以下
第六種特定街区	10分の60以下

改正：昭和38年法律第151号　　　施行：昭和39年1月15日

法旧59条の3　改正：昭和38年法律第151号

旧　**第59条の3**　（特定街区）
1　建設大臣は、都市計画上市街地の整備改善を図るため必要があると認める場合においては、住宅地区改良法（昭和35年法律第84号）第2条第3項に規定する改良地区、防災建築街区造成法（昭和36年法律第110号）第2条第三号に規定する防災建築街区その他その土地の区域において建築物及びその敷地の整備が行なわれる地区又は街区について、都市計画法の定める手続により、都市計画の施設として、その街区内における建築物の延べ面積の敷地面積に対する割合並びに建築物の高さの最高限度及び壁面の位置の制限を定めて、特定街区を指定することができる。
2　略
3　特定街区内においては、建築物の延べ面積の敷地面積に対する割合及び建築物の高さは、これらについて第1項の規定により定められた限度以下でなければならない。
4　特定街区内においては、建築物の壁又はこれに代わる柱は、建築物の地盤面下の部分及び建設大臣が指定する歩廊の柱その他これに類するものを除き、第1項の規定により定められた壁面の位置の制限に反して建築してはならない。
5　特定街区内の建築物については、前7条の規定は、適用しない。

改正：昭和43年法律第101号　　　施行：昭和44年6月14日
旧　**第59条の3**　（特定街区）
1　特定街区内においては、建築物の延べ面積の敷地面積に対する割合及び建築物の高さは、特定街区に関する都市計画において定められた限度以下でなければならない。
2　特定街区内においては、建築物の壁又はこれに代わる柱は、建築物の地盤面下の部分及び建設大臣が指定する歩廊の柱その他これに類するものを除き、特定街区に関する都市計画において定められた壁面の位置の制限に反して建築してはならない。
3　特定街区内の建築物については、前7条の規定は、適用しない。

改正：昭和44年法律第38号　　　施行：昭和44年6月14日
旧　**第59条の4**　（特定街区）
1・2　略
3　特定街区内の建築物については、前8条の規定は、適用しない。

改正：昭和45年法律第109号　　　施行：昭和46年1月1日
第60条　（特定街区）
略

改正：昭和51年法律第83号　　　施行：昭和52年11月1日
第60条　（特定街区）
1・2　略
3　特定街区内の建築物については、第52条から前条までの規定は、適用しない。

改正：平成11年法律第160号　　　施行：平成13年1月6日
第60条　（特定街区）
1　略
2　特定街区内においては、建築物の壁又はこれに代わる柱は、建築物の地盤面下の部分及び国土交通大臣が指定する歩廊の柱その他これに類するものを除き、特定街区に関する都市計画において定められた壁面の位置の制限に反して建築してはならない。

制定：平成14年法律第22号 **法60条の2**

```
3　略
```

改正：平成12年法律第73号　　　　施行：平成13年5月18日
第60条　（特定街区）

> 1　特定街区内においては、建築物の容積率及び高さは、特定街区に関する都市計画において定められた限度以下でなければならない。
> 2・3　略

改正：平成26年法律第39号　　　　施行：平成26年8月1日
第60条　（特定街区）

> 1・2　略
> 3　特定街区内の建築物については、第52条から前条まで及び第60条の3第1項の規定は、適用しない。

改正：平成28年法律第72号　　　　施行：平成28年9月1日
第60条　（特定街区）

> 1　特定街区内においては、建築物の容積率及び高さは、特定街区に関する都市計画において定められた限度以下でなければならない。
> 2　特定街区内においては、建築物の壁又はこれに代わる柱は、建築物の地盤面下の部分及び国土交通大臣が指定する歩廊の柱その他これに類するものを除き、特定街区に関する都市計画において定められた壁面の位置の制限に反して建築してはならない。
> 3　特定街区内の建築物については、第52条から前条まで並びに第60条の3第1項及び第2項の規定は、適用しない。

[現行]　第4節の2　都市再生特別地区、居住環境向上用途誘導地区及び特定用途誘導地区

（制定：平成14年法律第22号）　第4節の2　都市再生特別地区
（改正：平成26年法律第39号）　第4節の2　都市再生特別地区及び特定用途誘導地区
（改正：令和2年法律第43号）　第4節の2　都市再生特別地区、居住環境向上用途誘導地区及び特定用途誘導地区

[現行]　第60条の2　（都市再生特別地区）

制定：平成14年法律第22号　　　　施行：平成14年6月1日
第60条の2　（都市再生特別地区）

> 1　都市再生特別地区内においては、建築物の容積率及び建ぺい率、建築物の建築面積（同一敷地内に2以上の建築物がある場合においては、それぞれの建築面積）並びに建築物の高さは、都市再生特別地区に関する都市計画において定められた内容に適合するものでなければならない。ただし、次の各号のいずれかに該当する建築物については、この限りでない。
> 　一　主要構造部が木造、鉄骨造、コンクリートブロック造その他これらに類する構造であつて、階数が2以下で、かつ、地階を有しない建築物で、容易に移転し、又は除却することができるもの
> 　二　公衆便所、巡査派出所その他これらに類する建築物で、公益上必要なもの
> 　三　学校、駅舎、卸売市場その他これらに類する公益上必要な建築物で、特定行政庁が用途上又は構造上やむを得ないと認めて許可したもの
> 2　都市再生特別地区内においては、建築物の壁又はこれに代わる柱は、建築物の地盤面下の部分及び国土交通大臣が指定する歩廊の柱その他これに類するものを除き、都市再生特別地区に関する都市計画において定められた壁面の位置の制限に反して建築してはならない。ただし、前項各号のいずれかに該当する建築物については、この限りでない。

法60条の2　制定：平成14年法律第22号

3　都市再生特別地区に関する都市計画において定められた誘導すべき用途に供する建築物については、第48条及び第49条の規定は、適用しない。
4　都市再生特別地区内の建築物については、当該都市再生特別地区に関する都市計画において定められた建築物の容積率の最高限度を第52条第1項各号に掲げる数値とみなして、同条の規定を適用する。
5　都市再生特別地区内の建築物については、第56条及び第58条の規定は、適用しない。
6　都市再生特別地区内の建築物については、第56条の2第1項に規定する対象区域外にある建築物とみなして、同条の規定を適用する。この場合における同条第4項の規定の適用については、同項中「対象区域内の土地」とあるのは、「対象区域（都市再生特別地区を除く。）内の土地」とする。
7　第44条第2項の規定は、第1項第三号の規定による許可をする場合に準用する。

改正：平成16年法律第67号　　　施行：平成17年6月1日
第60条の2　（都市再生特別地区）

1～3　略
4　都市再生特別地区内の建築物については、当該都市再生特別地区に関する都市計画において定められた建築物の容積率の最高限度を第52条第1項各号に掲げる数値<u>（第57条の2第6項の規定により当該数値とみなされる特例容積率の限度の数値を含む。）</u>とみなして、<u>第52条</u>の規定を適用する。
5　都市再生特別地区内の建築物については、第56条、<u>第57条の4</u>及び第58条の規定は、適用しない。
6・7　略

改正：平成18年法律第46号　　　施行：平成18年8月30日
第60条の2　（都市再生特別地区）

1・2　略
3　都市再生特別地区に関する都市計画において定められた誘導すべき用途に供する建築物については、<u>第48条から第49条の2まで</u>の規定は、適用しない。
4～7　略

改正：平成26年法律第39号　　　施行：平成26年8月1日
第60条の2　（都市再生特別地区）

1～4　略
5　都市再生特別地区内の建築物については、第56条、第57条の4、<u>第58条及び次条第1項</u>の規定は、適用しない。
6・7　略

改正：平成28年法律第72号　　　施行：平成28年9月1日
第60条の2　（都市再生特別地区）

1～4　略
5　都市再生特別地区内の建築物については、第56条、第57条の4、第58条及び<u>次条第2項</u>の規定は、適用しない。
6・7　略

改正：平成29年法律第26号　　　施行：平成30年4月1日
第60条の2　（都市再生特別地区）

1　都市再生特別地区内においては、建築物の容積率及び<u>建蔽率</u>、建築物の建築面積（同一敷地内に2以上の建築物がある場合においては、それぞれの建築面積）並びに建築物の高さは、都市再生特別地区に関する都市計画において定められた内容に適合するものでなければならない。ただし、次の各号のいずれかに該当す

る建築物については、この限りでない。
　一～三　略
２～７　略

改正：令和２年法律第43号　　　施行：令和２年９月７日
第60条の２　（都市再生特別地区）

1　都市再生特別地区内においては、建築物の容積率及び建蔽率、建築物の建築面積（同一敷地内に２以上の建築物がある場合においては、それぞれの建築面積）並びに建築物の高さは、都市再生特別地区に関する都市計画において定められた内容に適合するものでなければならない。ただし、次の各号のいずれかに該当する建築物については、この限りでない。
　一　主要構造部が木造、鉄骨造、コンクリートブロック造その他これらに類する構造であつて、階数が２以下で、かつ、地階を有しない建築物で、容易に移転し、又は除却することができるもの
　二　公衆便所、巡査派出所その他これらに類する建築物で、公益上必要なもの
　三　学校、駅舎、卸売市場その他これらに類する公益上必要な建築物で、特定行政庁が用途上又は構造上やむを得ないと認めて許可したもの
2　都市再生特別地区内においては、建築物の壁又はこれに代わる柱は、建築物の地盤面下の部分及び国土交通大臣が指定する歩廊の柱その他これに類するものを除き、都市再生特別地区に関する都市計画において定められた壁面の位置の制限に反して建築してはならない。ただし、前項各号のいずれかに該当する建築物については、この限りでない。
3　都市再生特別地区に関する都市計画において定められた誘導すべき用途に供する建築物については、第48条から第49条の２までの規定は、適用しない。
4　都市再生特別地区内の建築物については、当該都市再生特別地区に関する都市計画において定められた建築物の容積率の最高限度を第52条第１項各号に掲げる数値（第57条の２第６項の規定により当該数値とみなされる特例容積率の限度の数値を含む。）とみなして、第52条の規定を適用する。
5　都市再生特別地区内の建築物については、第56条、第57条の４、第58条及び第60条の３第２項の規定は、適用しない。
6　都市再生特別地区内の建築物については、第56条の２第１項に規定する対象区域外にある建築物とみなして、同条の規定を適用する。この場合における同条第４項の規定の適用については、同項中「対象区域内の土地」とあるのは、「対象区域（都市再生特別地区を除く。）内の土地」とする。
7　第44条第２項の規定は、第１項第三号の規定による許可をする場合に準用する。

［現行］　第60条の２の２　（居住環境向上用途誘導地区）

制定：令和２年法律第43号　　　施行：令和２年９月７日
第60条の２の２　（居住環境向上用途誘導地区））

1　居住環境向上用途誘導地区内においては、建築物の建蔽率は、居住環境向上用途誘導地区に関する都市計画において建築物の建蔽率の最高限度が定められたときは、当該最高限度以下でなければならない。ただし、次の各号のいずれかに該当する建築物については、この限りでない。
　一　公衆便所、巡査派出所その他これらに類する建築物で、公益上必要なもの
　二　学校、駅舎、卸売市場その他これらに類する公益上必要な建築物で、特定行政庁が用途上又は構造上やむを得ないと認めて許可したもの
2　居住環境向上用途誘導地区内においては、建築物の壁又はこれに代わる柱は、居住環境向上用途誘導地区に関する都市計画において壁面の位置の制限が定められたときは、建築物の地盤面下の部分及び国土交通大臣が指定する歩廊の柱その他これに類するものを除き、当該壁面の位置の制限に反して建築してはならない。ただし、前項各号のいずれかに該当する建築物については、この限りでない。
3　居住環境向上用途誘導地区内においては、建築物の高さは、居住環境向上用途誘導地区に関する都市計画において建築物の高さの最高限度が定められたときは、当該最高限度以下でなければならない。ただし、特定行政庁が用途上又は構造上やむを得ないと認めて許可したものについては、この限りでない。

法60条の2の2 制定：令和2年法律第43号

4　居住環境向上用途誘導地区内においては、地方公共団体は、その地区の指定の目的のために必要と認める場合においては、国土交通大臣の承認を得て、条例で、第48条第1項から第13項までの規定による制限を緩和することができる。
5　第44条第2項の規定は、第1項第二号又は第3項ただし書の規定による許可をする場合に準用する。

[現行]　第60条の3　（特定用途誘導地区）

制定：平成26年法律第39号　　　施行：平成26年8月1日
第60条の3　（特定用途誘導地区）

1　特定用途誘導地区内においては、建築物の高さは、特定用途誘導地区に関する都市計画において建築物の高さの最高限度が定められたときは、当該最高限度以下でなければならない。ただし、特定行政庁が用途上又は構造上やむを得ないと認めて許可したものについては、この限りでない。
2　特定用途誘導地区内においては、地方公共団体は、その地区の指定の目的のために必要と認める場合においては、国土交通大臣の承認を得て、条例で、第48条第1項から第12項までの規定による制限を緩和することができる。
3　第44条第2項の規定は、第1項ただし書の規定による許可をする場合に準用する。

改正：平成28年法律第72号　　　施行：平成28年9月1日
第60条の3　（特定用途誘導地区）

1　特定用途誘導地区内においては、建築物の容積率及び建築物の建築面積（同一敷地内に2以上の建築物がある場合においては、それぞれの建築面積）は、特定用途誘導地区に関する都市計画において建築物の容積率の最低限度及び建築物の建築面積の最低限度が定められたときは、それぞれ、これらの最低限度以上でなければならない。ただし、次の各号のいずれかに該当する建築物については、この限りでない。
　一　主要構造部が木造、鉄骨造、コンクリートブロック造その他これらに類する構造であつて、階数が2以下で、かつ、地階を有しない建築物で、容易に移転し、又は除却することができるもの
　二　公衆便所、巡査派出所その他これらに類する建築物で、公益上必要なもの
　三　学校、駅舎、卸売市場その他これらに類する公益上必要な建築物で、特定行政庁が用途上又は構造上やむを得ないと認めて許可したもの
2　特定用途誘導地区内においては、建築物の高さは、特定用途誘導地区に関する都市計画において建築物の高さの最高限度が定められたときは、当該最高限度以下でなければならない。ただし、特定行政庁が用途上又は構造上やむを得ないと認めて許可したものについては、この限りでない。
3　特定用途誘導地区内においては、地方公共団体は、その地区の指定の目的のために必要と認める場合においては、国土交通大臣の承認を得て、条例で、第48条第1項から第12項までの規定による制限を緩和することができる。
4　第44条第2項の規定は、第1項第三号又は第2項ただし書の規定による許可をする場合に準用する。

改正：平成29年法律第26号　　　施行：平成30年4月1日
第60条の3　（特定用途誘導地区）

1　特定用途誘導地区内においては、建築物の容積率及び建築物の建築面積（同一敷地内に2以上の建築物がある場合においては、それぞれの建築面積）は、特定用途誘導地区に関する都市計画において建築物の容積率の最低限度及び建築物の建築面積の最低限度が定められたときは、それぞれ、これらの最低限度以上でなければならない。ただし、次の各号のいずれかに該当する建築物については、この限りでない。
　一　主要構造部が木造、鉄骨造、コンクリートブロック造その他これらに類する構造であつて、階数が2以下で、かつ、地階を有しない建築物で、容易に移転し、又は除却することができるもの
　二　公衆便所、巡査派出所その他これらに類する建築物で、公益上必要なもの
　三　学校、駅舎、卸売市場その他これらに類する公益上必要な建築物で、特定行政庁が用途上又は構造上やむを得ないと認めて許可したもの

改正：昭和27年法律第160号 **法旧62条**

2　特定用途誘導地区内においては、建築物の高さは、特定用途誘導地区に関する都市計画において建築物の高さの最高限度が定められたときは、当該最高限度以下でなければならない。ただし、特定行政庁が用途上又は構造上やむを得ないと認めて許可したものについては、この限りでない。
3　特定用途誘導地区内においては、地方公共団体は、その地区の指定の目的のために必要と認める場合においては、国土交通大臣の承認を得て、条例で、第48条第1項から第13項までの規定による制限を緩和することができる。
4　第44条第2項の規定は、第1項第三号又は第2項ただし書の規定による許可をする場合に準用する。

[現行]　第5節　防火地域及び準防火地域

(制定：昭和25年法律第201号)　旧　第6章　防火地域
(改正：昭和34年法律第156号)　第5節　防火地域
(改正：平成30年法律第67号)　第5節　防火地域及び準防火地域

[現行]　第61条　（防火地域及び準防火地域内の建築物）

制定：昭和25年法律第201号　　　施行：昭和25年11月23日
（第60条中地域の指定に関する規定は、昭和25年10月25日）
旧　第60条　（防火地域又は準防火地域の指定）

1　建設大臣は、都市計画区域内において、都市計画法の定める手続によつて、都市計画の施設として、防火地域又は準防火地域を指定することができる。
2　第48条第2項の規定は、前項の規定による指定をする場合に準用する。
3　建設大臣は、第1項の規定による指定をする場合においては、あらかじめ、国家消防庁長官の意見を聞かなければならない。

第61条　（防火地域内の建築物）

1　防火地域内においては、延べ面積が100㎡をこえる建築物の主要構造部及びその他の建築物の外壁は、耐火構造としなければならない。但し、下の各号の一に該当するものは、この限りでない。
一　延べ面積が50㎡以内の平家建の附属建築物で、外壁及び軒裏が防火構造のもの
二　卸売市場の上家その他これに類する建築物で、主要構造部が不燃材料で造られたもの
三　高さ2mをこえる門又はへいで不燃材料で造り、又はおおわれたもの
四　高さ2m以下の門又はへい

旧　第62条　（準防火地域内の建築物）

1　準防火地域にある建築物で、階数が3以上であり、又は延べ面積が500㎡をこえるものは、主要構造部を耐火構造としなければならない。但し、前条第二号に該当するものは、この限りでない。
2　準防火地域内にある木造の建築物は、その外壁及び軒裏で延焼のおそれのある部分を防火構造としなければならない。但し、前条第四号に該当するものは、この限りでない。

改正：昭和27年法律第160号　　　施行：昭和27年5月31日
旧　第60条　（防火地域又は準防火地域の指定）

略

第61条　（防火地域内の建築物）

略

旧　第62条　（準防火地域内の建築物）

1　準防火地域にある建築物で、階数が3以上であり、又は延べ面積が500㎡をこえるものは、主要構造部を耐火構造としなければならない。但し、第61条第二号に該当するものは、この限りでない。

法旧62条 改正：昭和27年法律第160号

2　準防火地域内にある木造の建築物は、その外壁及び軒裏で延焼のおそれのある部分を防火構造としなければならない。但し、<u>第61条第四号</u>に該当するものは、この限りでない。

改正：昭和27年法律第258号　　　施行：昭和27年8月1日
旧　第60条　（防火地域又は準防火地域の指定）

　1・2　略
　3　建設大臣は、第1項の規定による指定をする場合においては、あらかじめ、<u>国家消防本部長</u>の意見を聞かなければならない。

第61条　（防火地域内の建築物）

略

旧　第62条　（準防火地域内の建築物）

略

改正：昭和34年法律第156号　　　施行：昭和34年12月23日
旧　第60条　（防火地域又は準防火地域の指定）

略

第61条　（防火地域内の建築物）

　1　防火地域内においては、<u>階数が3以上であり、又は延べ面積が100㎡をこえる建築物は耐火建築物とし</u>、その他の建築物は耐火建築物又は簡易耐火建築物としなければならない。ただし、次の各号の一に該当するものは、この限りでない。
　　一　略
　　二　<u>卸売市場の上家又は機械製作工場で主要構造部が不燃材料で造られたものその他これらに類する構造でこれらと同等以上に火災の発生のおそれの少ない用途に供するもの</u>
　　三　高さ2mをこえる門又は<u>へい</u>で不燃材料で造り、又はおおわれたもの
　　四　高さ2m以下の門又は<u>へい</u>

旧　第62条　（準防火地域内の建築物）

　1　準防火地域内においては、地階を除く階数が4以上である建築物又は延べ面積が1,500㎡をこえる建築物は<u>耐火建築物とし、地階を除く階数が3である建築物又は延べ面積が500㎡をこえ1,500㎡以下の建築物は耐火建築物又は簡易耐火建築物としなければならない。ただし、前条第二号に該当するものは、この限りでない。</u>
　2　準防火地域内にある木造の建築物は、その外壁及び軒裏で延焼のおそれのある部分を防火構造とし、<u>これに附属する高さ2mをこえる門又はへいで当該門又はへいが建築物の1階であるとした場合に延焼のおそれのある部分に該当する部分を不燃材料で造り、又はおおわなければならない。</u>

改正：昭和35年法律第113号　　　施行：昭和35年7月1日
旧　第60条　（防火地域又は準防火地域の指定）

　1・2　略
　3　建設大臣は、第1項の規定による指定をする場合においては、あらかじめ、<u>消防庁長官</u>の意見を聞かなければならない。

第61条　（防火地域内の建築物）

略

旧　第62条　（準防火地域内の建築物）

略

改正：昭和43年法律第101号　　　施行：昭和44年6月14日
旧　第60条　（防火地域又は準防火地域の指定）　　削除
第61条　（防火地域内の建築物）

略

旧　第62条　（準防火地域内の建築物）

略

改正：昭和62年法律第66号　　　施行：昭和62年11月16日
第61条　（防火地域内の建築物）

略

旧　第62条　（準防火地域内の建築物）

1　準防火地域内においては、地階を除く階数が4以上である建築物又は延べ面積が1,500㎡を超える建築物は耐火建築物とし、延べ面積が500㎡を超え1,500㎡以下の建築物は耐火建築物又は簡易耐火建築物とし、地階を除く階数が3である建築物は耐火建築物、簡易耐火建築物又は外壁の開口部の構造及び面積、主要構造部の防火の措置その他の事項について防火上必要な政令で定める技術的基準に適合する建築物としなければならない。ただし、前条第二号に該当するものは、この限りでない。
2　略

改正：平成4年法律第82号　　　施行：平成5年6月25日
第61条　（防火地域内の建築物）

1　防火地域内においては、階数が3以上であり、又は延べ面積が100㎡を超える建築物は耐火建築物とし、その他の建築物は耐火建築物又は準耐火建築物としなければならない。ただし、次の各号の一に該当するものは、この限りでない。
　一・二　略
　三　高さ2mを超える門又は塀で不燃材料で造り、又は覆われたもの
　四　高さ2m以下の門又は塀

旧　第62条　（準防火地域内の建築物）

1　準防火地域内においては、地階を除く階数が4以上である建築物又は延べ面積が1,500㎡を超える建築物は耐火建築物とし、延べ面積が500㎡を超え1,500㎡以下の建築物は耐火建築物又は準耐火建築物とし、地階を除く階数が3である建築物は耐火建築物、準耐火建築物又は外壁の開口部の構造及び面積、主要構造部の防火の措置その他の事項について防火上必要な政令で定める技術的基準に適合する建築物としなければならない。ただし、前条第二号に該当するものは、この限りでない。
2　略

改正：平成10年法律第100号　　　施行：平成12年6月1日
第61条　（防火地域内の建築物）

1　防火地域内においては、階数が3以上であり、又は延べ面積が100㎡を超える建築物は耐火建築物とし、その他の建築物は耐火建築物又は準耐火建築物としなければならない。ただし、次の各号の一に該当するものは、この限りでない。
　一　延べ面積が50㎡以内の平家建の附属建築物で、外壁及び軒裏が防火構造のもの
　二　卸売市場の上家又は機械製作工場で主要構造部が不燃材料で造られたものその他これらに類する構造でこれらと同等以上に火災の発生のおそれの少ない用途に供するもの
　三　高さ2mを超える門又は塀で不燃材料で造り、又は覆われたもの
　四　高さ2m以下の門又は塀

法61条 改正：平成10年法律第100号

旧　第62条　（準防火地域内の建築物）

1　準防火地域内においては、地階を除く階数が４以上である建築物又は延べ面積が1,500㎡を超える建築物は耐火建築物とし、延べ面積が500㎡を超え1,500㎡以下の建築物は耐火建築物又は準耐火建築物とし、地階を除く階数が３である建築物は耐火建築物、準耐火建築物又は外壁の開口部の構造及び面積、主要構造部の防火の措置その他の事項について防火上必要な政令で定める技術的基準に適合する建築物としなければならない。ただし、前条第二号に該当するものは、この限りでない。

2　準防火地域内にある<u>木造建築物等</u>は、その外壁及び軒裏で延焼のおそれのある部分を防火構造とし、これに附属する高さ２mを<u>超える</u>門又は<u>塀</u>で当該門又は<u>塀</u>が建築物の１階であるとした場合に延焼のおそれのある部分に該当する部分を不燃材料で造り、又はおおわなければならない。

改正：平成30年法律第67号　　　　施行：令和元年６月25日
第61条　（防火地域及び準防火地域内の建築物）

1　防火地域又は準防火地域内にある建築物は、その外壁の開口部で延焼のおそれのある部分に防火戸その他の政令で定める防火設備を設け、かつ、壁、柱、床その他の建築物の部分及び当該防火設備を通常の火災による周囲への延焼を防止するためにこれらに必要とされる性能に関して防火地域及び準防火地域の別並びに建築物の規模に応じて政令で定める技術的基準に適合するもので、国土交通大臣が定めた構造方法を用いるもの又は国土交通大臣の認定を受けたものとしなければならない。ただし、門又は塀で、高さ２m以下のもの又は準防火地域内にある建築物（木造建築物等を除く。）に附属するものについては、この限りでない。

旧　第62条　（準防火地域内の建築物）　　　削除

改正：令和４年法律第69号　　　　施行：令和６年４月１日
第61条　（防火地域及び準防火地域内の建築物）

1　防火地域又は準防火地域内にある建築物は、その外壁の開口部で延焼のおそれのある部分に防火戸その他の政令で定める防火設備を設け、かつ、壁、柱、床その他の建築物の部分及び当該防火設備を通常の火災による周囲への延焼を防止するためにこれらに必要とされる性能に関して防火地域及び準防火地域の別並びに建築物の規模に応じて政令で定める技術的基準に適合するもので、国土交通大臣が定めた構造方法を用いるもの又は国土交通大臣の認定を受けたものとしなければならない。ただし、門又は塀で、高さ２m以下のもの又は準防火地域内にある建築物（木造建築物等を除く。）に附属するものについては、この限りでない。

2　前項に規定する基準の適用上一の建築物であつても別の建築物とみなすことができる部分として政令で定める部分が２以上ある建築物の当該建築物の部分は、同項の規定の適用については、それぞれ別の建築物とみなす。

[削除条文]

制定：昭和27年法律第160号　　　　施行：昭和27年５月31日
旧　第61条の２　（防火地域内における既存建築物に対する制限の緩和）

1　既存建築物で前条の規定に適合しないものを、政令で定める範囲内において、増築し、又は改築する場合においては、第３条の規定にかかわらず、前条の規定は適用しない。

改正：昭和34年法律第156号　　　　施行：昭和34年12月23日
旧　第61条の２　（防火地域内における既存建築物に対する制限の緩和）　　　削除

[削除条文]

制定：昭和25年法律第201号　　　　施行：昭和25年11月23日
旧　第62条　（準防火地域内の建築物）

1　準防火地域にある建築物で、階数が3以上であり、又は延べ面積が500㎡をこえるものは、主要構造部を耐火構造としなければならない。但し、前条第二号に該当するものは、この限りでない。
2　準防火地域内にある木造の建築物は、その外壁及び軒裏で延焼のおそれのある部分を防火構造としなければならない。但し、前条第四号に該当するものは、この限りでない。

改正：昭和27年法律第160号　　　　施行：昭和27年5月31日
旧　第62条　（準防火地域内の建築物）

1　準防火地域にある建築物で、階数が3以上であり、又は延べ面積が500㎡をこえるものは、主要構造部を耐火構造としなければならない。但し、第61条第二号に該当するものは、この限りでない。
2　準防火地域内にある木造の建築物は、その外壁及び軒裏で延焼のおそれのある部分を防火構造としなければならない。但し、第61条第四号に該当するものは、この限りでない。

改正：昭和34年法律第156号　　　　施行：昭和34年12月23日
旧　第62条　（準防火地域内の建築物）

1　準防火地域内においては、地階を除く階数が4以上である建築物又は延べ面積が1,500㎡をこえる建築物は耐火建築物とし、地階を除く階数が3である建築物又は延べ面積が500㎡をこえ1,500㎡以下の建築物は耐火建築物又は簡易耐火建築物としなければならない。ただし、前条第二号に該当するものは、この限りでない。
2　準防火地域内にある木造の建築物は、その外壁及び軒裏で延焼のおそれのある部分を防火構造とし、これに附属する高さ2mをこえる門又はへいで当該門又はへいが建築物の1階であるとした場合に延焼のおそれのある部分に該当する部分を不燃材料で造り、又はおおわなければならない。

改正：昭和62年法律第66号　　　　施行：昭和62年11月16日
旧　第62条　（準防火地域内の建築物）

1　準防火地域内においては、地階を除く階数が4以上である建築物又は延べ面積が1,500㎡を超える建築物は耐火建築物とし、延べ面積が500㎡を超え1,500㎡以下の建築物は耐火建築物又は簡易耐火建築物とし、地階を除く階数が3である建築物は耐火建築物、簡易耐火建築物又は外壁の開口部の構造及び面積、主要構造部の防火の措置その他の事項について防火上必要な政令で定める技術的基準に適合する建築物としなければならない。ただし、前条第二号に該当するものは、この限りでない。
2　略

改正：平成4年法律第82号　　　　施行：平成5年6月25日
旧　第62条　（準防火地域内の建築物）

1　準防火地域内においては、地階を除く階数が4以上である建築物又は延べ面積が1,500㎡を超える建築物は耐火建築物とし、延べ面積が500㎡を超え1,500㎡以下の建築物は耐火建築物又は準耐火建築物とし、地階を除く階数が3である建築物は耐火建築物、準耐火建築物又は外壁の開口部の構造及び面積、主要構造部の防火の措置その他の事項について防火上必要な政令で定める技術的基準に適合する建築物としなければならない。ただし、前条第二号に該当するものは、この限りでない。
2　略

改正：平成10年法律第100号　　　　施行：平成12年6月1日

法旧62条　改正：平成10年法律第100号

旧　第62条　（準防火地域内の建築物）

1　準防火地域内においては、地階を除く階数が4以上である建築物又は延べ面積が1,500㎡を超える建築物は耐火建築物とし、延べ面積が500㎡を超え1,500㎡以下の建築物は耐火建築物又は準耐火建築物とし、地階を除く階数が3である建築物は耐火建築物、準耐火建築物又は外壁の開口部の構造及び面積、主要構造部の防火の措置その他の事項について防火上必要な政令で定める技術的基準に適合する建築物としなければならない。ただし、前条第二号に該当するものは、この限りでない。

2　準防火地域内にある木造建築物等は、その外壁及び軒裏で延焼のおそれのある部分を防火構造とし、これに附属する高さ2mを超える門又は塀で当該門又は塀が建築物の1階であるとした場合に延焼のおそれのある部分に該当する部分を不燃材料で造り、又はおおわなければならない。

改正：平成30年法律第67号　　　施行：令和元年6月25日

旧　第62条　（準防火地域内の建築物）　削除

[現行]　第62条　（屋根）

制定：昭和25年法律第201号　　　施行：昭和25年11月23日

旧　第63条　（屋根）

1　防火地域又は準防火地域内においては、建築物の屋根で耐火構造でないものは、不燃材料で造り、又はふかなければならない。

改正：平成4年法律第82号　　　施行：平成5年6月25日

旧　第63条　（屋根）

1　防火地域又は準防火地域内においては、建築物の屋根で耐火構造又は準耐火構造でないものは、不燃材料で造り、又はふかなければならない。

改正：平成10年法律第100号　　　施行：平成12年6月1日

旧　第63条　（屋根）

1　防火地域又は準防火地域内の建築物の屋根の構造は、市街地における火災を想定した火の粉による建築物の火災の発生を防止するために屋根に必要とされる性能に関して建築物の構造及び用途の区分に応じて政令で定める技術的基準に適合するもので、建設大臣が定めた構造方法を用いるもの又は建設大臣の認定を受けたものとしなければならない。

改正：平成11年法律第160号　　　施行：平成13年1月6日

旧　第63条　（屋根）

1　防火地域又は準防火地域内の建築物の屋根の構造は、市街地における火災を想定した火の粉による建築物の火災の発生を防止するために屋根に必要とされる性能に関して建築物の構造及び用途の区分に応じて政令で定める技術的基準に適合するもので、国土交通大臣が定めた構造方法を用いるもの又は国土交通大臣の認定を受けたものとしなければならない。

改正：平成30年法律第67号　　　施行：令和元年6月25日

第62条　（屋根）

1　防火地域又は準防火地域内の建築物の屋根の構造は、市街地における火災を想定した火の粉による建築物の火災の発生を防止するために屋根に必要とされる性能に関して建築物の構造及び用途の区分に応じて政令

で定める技術的基準に適合するもので、国土交通大臣が定めた構造方法を用いるもの又は国土交通大臣の認定を受けたものとしなければならない。

[削除条文]

制定：昭和25年法律第201号　　　施行：昭和25年11月23日
旧　第64条　（開口部の防火戸）

1　防火地域又は準防火地域内にある建築物は、その外壁の開口部で延焼のおそれのある部分に、政令で定める構造の防火戸その他の防火設備を設けなければならない。

改正：昭和34年法律第156号　　　施行：昭和34年12月23日
旧　第64条　（開口部の防火戸）

1　防火地域又は準防火地域内にある建築物で、耐火建築物及び簡易耐火建築物以外のものは、その外壁の開口部で延焼のおそれのある部分に、政令で定める構造の防火戸その他の防火設備を設けなければならない。

改正：平成4年法律第82号　　　施行：平成5年6月25日
旧　第64条　（開口部の防火戸）

1　防火地域又は準防火地域内にある建築物で、耐火建築物及び準耐火建築物以外のものは、その外壁の開口部で延焼のおそれのある部分に、政令で定める構造の防火戸その他の防火設備を設けなければならない。

改正：平成10年法律第100号　　　施行：平成12年6月1日
旧　第64条　（外壁の開口部の防火戸）

1　防火地域又は準防火地域内にある建築物は、その外壁の開口部で延焼のおそれのある部分に、防火戸その他の政令で定める防火設備（その構造が準遮炎性能（建築物の周囲において発生する通常の火災時における火炎を有効に遮るために防火設備に必要とされる性能をいう。）に関して政令で定める技術的基準に適合するもので、建設大臣が定めた構造方法を用いるもの又は建設大臣の認定を受けたものに限る。）を設けなければならない。

改正：平成11年法律第160号　　　施行：平成13年1月6日
旧　第64条　（外壁の開口部の防火戸）

1　防火地域又は準防火地域内にある建築物は、その外壁の開口部で延焼のおそれのある部分に、防火戸その他の政令で定める防火設備（その構造が準遮炎性能（建築物の周囲において発生する通常の火災時における火炎を有効に遮るために防火設備に必要とされる性能をいう。）に関して政令で定める技術的基準に適合するもので、国土交通大臣が定めた構造方法を用いるもの又は国土交通大臣の認定を受けたものに限る。）を設けなければならない。

改正：平成30年法律第67号　　　施行：令和元年6月25日
旧　第64条　（外壁の開口部の防火戸）　削除

[現行]　第63条　（隣地境界線に接する外壁）

制定：昭和25年法律第201号　　　施行：昭和25年11月23日
旧　第65条　（隣地境界線に接する外壁）

法旧65条　制定：昭和25年法律第201号

> 1　防火地域又は準防火地域内にある建築物で、外壁が耐火構造のものについては、その外壁を隣地境界線に接して設けることができる。

改正：平成30年法律第67号　　　施行：令和元年6月25日
第63条　（隣地境界線に接する外壁）

> 1　防火地域又は準防火地域内にある建築物で、外壁が耐火構造のものについては、その外壁を隣地境界線に接して設けることができる。

［現行］　第64条　（看板等の防火措置）

制定：昭和25年法律第201号　　　施行：昭和25年11月23日
旧　第66条　（看板等の防火措置）

> 1　防火地域内にある看板、広告塔、装飾塔その他これらに類する工作物で、建築物の屋上に設けるもの又は高さ3mをこえるものは、その主要な部分を不燃材料で造り、又はおおわなければならない。

改正：平成30年法律第67号　　　施行：令和元年6月25日
第64条　（看板等の防火措置）

> 1　防火地域内にある看板、広告塔、装飾塔その他これらに類する工作物で、建築物の屋上に設けるもの又は高さ3mを超えるものは、その主要な部分を不燃材料で造り、又は覆わなければならない。

［現行］　第65条　（建築物が防火地域又は準防火地域の内外にわたる場合の措置）

制定：昭和25年法律第201号　　　施行：昭和25年11月23日
旧　第67条　（建築物が防火地域又は準防火地域の内外にわたる場合の措置）

> 1　建築物が防火地域又は準防火地域とこれらの地域として指定されていない区域にわたる場合においては、その全部についてそれぞれ防火地域又は準防火地域内の建築物に関する規定を適用する。但し、その建築物が防火地域又は準防火地域外において防火壁で区画されている場合においては、その防火壁外の部分については、この限りでない。
> 2　建築物が防火地域及び準防火地域にわたる場合においては、その全部について防火地域内の建築物に関する規定を適用する。但し、建築物が防火地域外において防火壁で区画されている場合においては、その防火壁外の部分については、準防火地域内の建築物に関する規定を適用する。

改正：昭和34年法律第156号　　　施行：昭和34年12月23日
旧　第67条　（建築物が防火地域又は準防火地域の内外にわたる場合の措置）

> 1　建築物が防火地域又は準防火地域とこれらの地域として指定されていない区域にわたる場合においては、その全部についてそれぞれ防火地域又は準防火地域内の建築物に関する規定を適用する。ただし、その建築物が防火地域又は準防火地域外において防火壁で区画されている場合においては、その防火壁外の部分については、この限りでない。
> 2　建築物が防火地域及び準防火地域にわたる場合においては、その全部について防火地域内の建築物に関する規定を適用する。ただし、建築物が防火地域外において防火壁で区画されている場合においては、その防火壁外の部分については、準防火地域内の建築物に関する規定を適用する。

改正：平成30年法律第67号　　　施行：令和元年6月25日
第65条　（建築物が防火地域又は準防火地域の内外にわたる場合の措置）

制定：平成15年法律第101号　**法旧67条の2**

1　建築物が防火地域又は準防火地域とこれらの地域として指定されていない区域にわたる場合においては、その全部についてそれぞれ防火地域又は準防火地域内の建築物に関する規定を適用する。ただし、その建築物が防火地域又は準防火地域外において防火壁で区画されている場合においては、その防火壁外の部分については、この限りでない。
2　建築物防火地域及び準防火地域にわたる場合においては、その全部について防火地域内の建築物に関する規定を適用する。ただし、建築物が防火地域外において防火壁で区画されている場合においては、その防火壁外の部分については、準防火地域内の建築物に関する規定を適用する。

[現行]　第66条　（第38条の準用）

制定：平成26年法律第54号　　　施行：平成27年6月1日
旧　第67条の2　（第38条の準用）

1　第38条の規定は、その予想しない特殊の構造方法又は建築材料を用いる建築物に対するこの節の規定及びこれに基づく命令の規定の適用について準用する。

改正：平成30年法律第67号　　　施行：令和元年6月25日
第66条　（第38条の準用）

1　第38条の規定は、その予想しない特殊の構造方法又は建築材料を用いる建築物に対するこの節の規定及びこれに基づく命令の規定の適用について準用する。

[現行]　第5節の2　特定防災街区整備地区
（制定：平成15年法律第101号）　第5節の2　特定防災街区整備地区

[現行]　第67条　（特定防災街区整備地区）

制定：平成15年法律第101号　　　施行：平成15年12月19日
旧　第67条の2　（特定防災街区整備地区）

1　特定防災街区整備地区内にある建築物は、耐火建築物又は準耐火建築物としなければならない。ただし、第61条各号のいずれかに該当するものは、この限りでない。
2　建築物が特定防災街区整備地区と特定防災街区整備地区として指定されていない区域にわたる場合においては、その全部について、前項の規定を適用する。ただし、その建築物が特定防災街区整備地区外において防火壁で区画されている場合においては、その防火壁外の部分については、この限りでない。
3　特定防災街区整備地区内においては、建築物の敷地面積は、特定防災街区整備地区に関する都市計画において定められた建築物の敷地面積の最低限度以上でなければならない。ただし、次の各号のいずれかに該当する建築物の敷地については、この限りでない。
一　公衆便所、巡査派出所その他これらに類する建築物で公益上必要なもの
二　特定行政庁が用途上又は構造上やむを得ないと認めて許可したもの
4　第53条の2第3項の規定は、前項の都市計画において建築物の敷地面積の最低限度が定められ、又は変更された場合に準用する。この場合において、同条第3項中「第1項」とあるのは、「第67条の2第3項」と読み替えるものとする。
5　特定防災街区整備地区内においては、建築物の壁又はこれに代わる柱は、特定防災街区整備地区に関する都市計画において壁面の位置の制限が定められたときは、建築物の地盤面下の部分を除き、当該壁面の位置の制限に反して建築してはならない。ただし、次の各号のいずれかに該当する建築物については、この限りでない。
一　第3項第一号に掲げる建築物
二　学校、駅舎、卸売市場その他これらに類する公益上必要な建築物で、特定行政庁が用途上又は構造上や

法旧67条の2　制定：平成15年法律第101号

　　　むを得ないと認めて許可したもの
6　特定防災街区整備地区内においては、その敷地が防災都市計画施設（密集市街地整備法第31条第2項に規定する防災都市計画施設をいう。以下この条において同じ。）に接する建築物の防災都市計画施設に係る間口率（防災都市計画施設に面する部分の長さの敷地の当該防災都市計画施設に接する部分の長さに対する割合をいう。以下この条において同じ。）及び高さは、特定防災街区整備地区に関する都市計画において建築物の防災都市計画施設に係る間口率の最低限度及び建築物の高さの最低限度が定められたときは、それぞれ、これらの最低限度以上でなければならない。
7　前項の場合においては、同項に規定する建築物の高さの最低限度より低い高さの建築物の部分（同項に規定する建築物の防災都市計画施設に係る間口率の最低限度を超える部分を除く。）は、空隙（げき）のない壁が設けられる等防火上有効な構造としなければならない。
8　前2項の建築物の防災都市計画施設に係る間口率及び高さの算定に関し必要な事項は、政令で定める。
9　前3項の規定は、次の各号のいずれかに該当する建築物については、適用しない。
　一　第3項第一号に掲げる建築物
　二　学校、駅舎、卸売市場その他これらに類する公益上必要な建築物で、特定行政庁が用途上又は構造上やむを得ないと認めて許可したもの
10　第44条第2項の規定は、第3項第二号、第5項第二号又は前項第二号の規定による許可をする場合に準用する。

改正：平成26年法律第54号　　　施行：平成27年6月1日
旧　第67条の3　（特定防災街区整備地区）

1～3　略
4　第53条の2第3項の規定は、前項の都市計画において建築物の敷地面積の最低限度が定められ、又は変更された場合に準用する。この場合において、同条第3項中「<u>第1項</u>」とあるのは、「<u>第67条の3第3項</u>」と読み替えるものとする。
5・6　略
7　前項の場合においては、同項に規定する建築物の高さの最低限度より低い高さの建築物の部分（同項に規定する建築物の防災都市計画施設に係る間口率の最低限度を超える部分を除く。）は、<u>空隙のない壁が設けられる等防火上有効な構造</u>としなければならない。
8～10　略

改正：平成30年法律第67号　　　施行：令和元年6月25日
第67条　（特定防災街区整備地区）

1　特定防災街区整備地区内にある建築物は、<u>耐火建築物等又は準耐火建築物等</u>としなければならない。<u>ただし、次の各号のいずれかに該当する建築物については、この限りでない。</u>
　<u>一　延べ面積が50㎡以内の平家建ての附属建築物で、外壁及び軒裏が防火構造のもの</u>
　<u>二　卸売市場の上家、機械製作工場その他これらと同等以上に火災の発生のおそれが少ない用途に供する建築物で、主要構造部が不燃材料で造られたものその他これに類する構造のもの</u>
　<u>三　高さ2mを超える門又は塀で、不燃材料で造られ、又は覆われたもの</u>
　<u>四　高さ2m以下の門又は塀</u>
2　建築物が特定防災街区整備地区と特定防災街区整備地区として指定されていない区域にわたる場合においては、その全部について、前項の規定を適用する。ただし、その建築物が特定防災街区整備地区外において防火壁で区画されている場合においては、その防火壁外の部分については、この限りでない。
3　特定防災街区整備地区内においては、建築物の敷地面積は、特定防災街区整備地区に関する都市計画において定められた建築物の敷地面積の最低限度以上でなければならない。ただし、次の各号のいずれかに該当する建築物の敷地については、この限りでない。
　一　公衆便所、巡査派出所その他これらに類する建築物で公益上必要なもの
　二　特定行政庁が用途上又は構造上やむを得ないと認めて許可したもの
4　第53条の2第3項の規定は、前項の都市計画において建築物の敷地面積の最低限度が定められ、又は変更

改正：平成10年法律第100号　**法旧67条の2**

された場合に準用する。この場合において、同条第3項中「第1項」とあるのは、「第67条第3項」と読み替えるものとする。
5　特定防災街区整備地区内においては、建築物の壁又はこれに代わる柱は、特定防災街区整備地区に関する都市計画において壁面の位置の制限が定められたときは、建築物の地盤面下の部分を除き、当該壁面の位置の制限に反して建築してはならない。ただし、次の各号のいずれかに該当する建築物については、この限りでない。
　一　第3項第一号に掲げる建築物
　二　学校、駅舎、卸売市場その他これらに類する公益上必要な建築物で、特定行政庁が用途上又は構造上やむを得ないと認めて許可したもの
6　特定防災街区整備地区内においては、その敷地が防災都市計画施設（密集市街地整備法第31条第2項に規定する防災都市計画施設をいう。以下この条において同じ。）に接する建築物の防災都市計画施設に係る間口率（防災都市計画施設に面する部分の長さの敷地の当該防災都市計画施設に接する部分の長さに対する割合をいう。以下この条において同じ。）及び高さは、特定防災街区整備地区に関する都市計画において建築物の防災都市計画施設に係る間口率の最低限度及び建築物の高さの最低限度が定められたときは、それぞれ、これらの最低限度以上でなければならない。
7　前項の場合においては、同項に規定する建築物の高さの最低限度より低い高さの建築物の部分（同項に規定する建築物の防災都市計画施設に係る間口率の最低限度を超える部分を除く。）は、空隙のない壁が設けられる等防火上有効な構造としなければならない。
8　前2項の建築物の防災都市計画施設に係る間口率及び高さの算定に関し必要な事項は、政令で定める。
9　前3項の規定は、次の各号のいずれかに該当する建築物については、適用しない。
　一　第3項第一号に掲げる建築物
　二　学校、駅舎、卸売市場その他これらに類する公益上必要な建築物で、特定行政庁が用途上又は構造上やむを得ないと認めて許可したもの
10　第44条第2項の規定は、第3項第二号、第5項第二号又は前項第二号の規定による許可をする場合に準用する。

[現行]　第67条の2　（第38条の準用）

制定：平成26年法律第54号　　　施行：平成27年6月1日
旧　第67条の4　（第38条の準用）
1　第38条の規定は、その予想しない特殊の構造方法又は建築材料を用いる建築物に対する前条第1項及び第2項の規定の適用について準用する。

改正：平成30年法律第67号　　　施行：令和元年6月25日
第67条の2　（第38条の準用）
1　第38条の規定は、その予想しない特殊の構造方法又は建築材料を用いる建築物に対する前条第1項及び第2項の規定の適用について準用する。

[削除条文]

制定：昭和36年法律第115号　　　施行：昭和36年12月4日
旧　第67条の2　（第38条の準用）
1　第38条の規定は、予想しない特殊の建築材料又は構造方法を用いる建築物に対するこの節の規定又はこれに基づく命令の規定の適用について準用する。

改正：平成10年法律第100号　　　施行：平成12年6月1日

法旧67条の2 改正：平成10年法律第100号

旧　第67条の2　（第38条の準用）　削除

[現行]　第6節　景観地区

（制定：昭和25年法律第201号）　旧　第7章　美観地区
（改正：昭和34年法律第156号）　第6節　美観地区
（改正：平成16年法律第111号）　第6節　景観地区

[現行]　第68条

制定：昭和25年法律第201号　　　施行：昭和25年11月23日
（第1項及び第2項中地区の指定に関する規定は、昭和25年10月25日）
第68条　（美観地区）

1　建設大臣は、市街地の美観を維持するため必要があると認める場合においては、都市計画法の定める手続によつて、都市計画の施設として、都市計画区域内に美観地区を指定することができる。
2　第48条第2項の規定は、前項の規定による指定をする場合に準用する。
3　美観地区内における建築物の敷地、構造又は建築設備に関する制限で美観の保持のために必要なものは、地方公共団体の条例で定める。

改正：昭和43年法律第101号　　　施行：昭和44年6月14日
第68条　（美観地区）

1　美観地区内における建築物の敷地、構造又は建築設備に関する制限で美観の保持のために必要なものは、地方公共団体の条例で定める。

改正：平成16年法律第111号　　　施行：平成17年6月1日
第68条　（景観地区）

1　景観地区内においては、建築物の高さは、景観地区に関する都市計画において建築物の高さの最高限度又は最低限度が定められたときは、当該最高限度以下又は当該最低限度以上でなければならない。ただし、次の各号のいずれかに該当する建築物については、この限りでない。
　一　公衆便所、巡査派出所その他これらに類する建築物で、公益上必要なもの
　二　特定行政庁が用途上又は構造上やむを得ないと認めて許可したもの
2　景観地区内においては、建築物の壁又はこれに代わる柱は、景観地区に関する都市計画において壁面の位置の制限が定められたときは、建築物の地盤面下の部分を除き、当該壁面の位置の制限に反して建築してはならない。ただし、次の各号のいずれかに該当する建築物については、この限りでない。
　一　前項第一号に掲げる建築物
　二　学校、駅舎、卸売市場その他これらに類する公益上必要な建築物で、特定行政庁が用途上又は構造上やむを得ないと認めて許可したもの
3　景観地区内においては、建築物の敷地面積は、景観地区に関する都市計画において建築物の敷地面積の最低限度が定められたときは、当該最低限度以上でなければならない。ただし、次の各号のいずれかに該当する建築物の敷地については、この限りでない。
　一　第1項第一号に掲げる建築物
　二　特定行政庁が用途上又は構造上やむを得ないと認めて許可したもの
4　第53条の2第3項の規定は、前項の都市計画において建築物の敷地面積の最低限度が定められ、又は変更された場合に準用する。この場合において、同条第3項中「第1項」とあるのは、「第68条第3項」と読み替えるものとする。

5　景観地区に関する都市計画において建築物の高さの最高限度、壁面の位置の制限（道路に面する壁面の位置を制限するものを含むものに限る。）及び建築物の敷地面積の最低限度が定められている景観地区（景観法第72条第2項の景観地区工作物制限条例で、壁面後退区域（当該壁面の位置の制限として定められた限度の線と敷地境界線との間の土地の区域をいう。）における工作物（土地に定着する工作物以外のものを含む。）の設置の制限（当該壁面後退区域において連続的に有効な空地を確保するため必要なものを含むものに限る。）が定められている区域に限る。）内の建築物で、当該景観地区に関する都市計画の内容に適合し、かつ、敷地内に有効な空地が確保されていること等により、特定行政庁が交通上、安全上、防火上及び衛生上支障がないと認めるものについては、第56条の規定は、適用しない。
6　第44条第2項の規定は、第1項第二号、第2項第二号又は第3項第二号の規定による許可をする場合に準用する。

改正：平成26年法律第54号　　　　施行：平成27年6月1日
第68条

1　景観地区内においては、建築物の高さは、景観地区に関する都市計画において建築物の高さの最高限度又は最低限度が定められたときは、当該最高限度以下又は当該最低限度以上でなければならない。ただし、次の各号のいずれかに該当する建築物については、この限りでない。
　一　公衆便所、巡査派出所その他これらに類する建築物で、公益上必要なもの
　二　特定行政庁が用途上又は構造上やむを得ないと認めて許可したもの
2　景観地区内においては、建築物の壁又はこれに代わる柱は、景観地区に関する都市計画において壁面の位置の制限が定められたときは、建築物の地盤面下の部分を除き、当該壁面の位置の制限に反して建築してはならない。ただし、次の各号のいずれかに該当する建築物については、この限りでない。
　一　前項第一号に掲げる建築物
　二　学校、駅舎、卸売市場その他これらに類する公益上必要な建築物で、特定行政庁が用途上又は構造上やむを得ないと認めて許可したもの
3　景観地区内においては、建築物の敷地面積は、景観地区に関する都市計画において建築物の敷地面積の最低限度が定められたときは、当該最低限度以上でなければならない。ただし、次の各号のいずれかに該当する建築物の敷地については、この限りでない。
　一　第1項第一号に掲げる建築物
　二　特定行政庁が用途上又は構造上やむを得ないと認めて許可したもの
4　第53条の2第3項の規定は、前項の都市計画において建築物の敷地面積の最低限度が定められ、又は変更された場合に準用する。この場合において、同条第3項中「第1項」とあるのは、「第68条第3項」と読み替えるものとする。
5　景観地区に関する都市計画において建築物の高さの最高限度、壁面の位置の制限（道路に面する壁面の位置を制限するものを含むものに限る。）及び建築物の敷地面積の最低限度が定められている景観地区（景観法第72条第2項の景観地区工作物制限条例で、壁面後退区域（当該壁面の位置の制限として定められた限度の線と敷地境界線との間の土地の区域をいう。）における工作物（土地に定着する工作物以外のものを含む。）の設置の制限（当該壁面後退区域において連続的に有効な空地を確保するため必要なものを含むものに限る。）が定められている区域に限る。）内の建築物で、当該景観地区に関する都市計画の内容に適合し、かつ、敷地内に有効な空地が確保されていること等により、特定行政庁が交通上、安全上、防火上及び衛生上支障がないと認めるものについては、第56条の規定は、適用しない。
6　第44条第2項の規定は、第1項第二号、第2項第二号又は第3項第二号の規定による許可をする場合に準用する。

法68条の2　制定：昭和55年法律第34号

[現行]　第7節　地区計画等の区域

(制定：昭和55年法律第34号)　第7節　地区計画等の区域

[現行]　第68条の2　(市町村の条例に基づく制限)

制定：昭和55年法律34号　　　施行：昭和55年10月25日
第68条の2　(市町村の条例に基づく制限)

1　市町村は、沿道整備計画の区域内において、建築物の敷地、構造、建築設備又は用途に関する事項で当該沿道整備計画の内容として定められたものを、条例で、これらに関する制限として定めることができる。
2　前項の規定による制限は、建築物の利用上の必要性、当該区域内における土地利用の状況等を考慮し、適正な都市機能と健全な都市環境を確保するため合理的に必要と認められる限度において、同項に規定する事項のうち特に重要な事項につき、政令で定める基準に従い、行うものとする。

改正：昭和55年法律第35号　　　施行：昭和56年4月25日
第68条の2　(市町村の条例に基づく制限)

1　市町村は、<u>地区計画又は沿道整備計画の区域（地区計画の区域にあつては、地区整備計画が定められている区域に限る。以下この節において「地区計画等の区域」という。）</u>内において、建築物の敷地、構造、建築設備又は用途に関する事項で<u>当該地区計画又は沿道整備計画</u>の内容として定められたものを、条例で、これらに関する制限として定めることができる。
2　略
<u>3　第1項の規定に基づく条例で建築物の敷地面積に関する制限を定める場合においては、当該条例に、当該条例の規定の施行又は適用の際、現に建築物の敷地として使用されている土地で当該規定に適合しないもの又は現に存する所有権その他の権利に基づいて建築物の敷地として使用するならば当該規定に適合しないこととなる土地について、その全部を一の敷地として使用する場合の適用の除外に関する規定（第3条第3項第一号及び第五号の規定に相当する規定を含む。）を定めるものとする。</u>

改正：昭和62年法律第63号　　　施行：昭和63年3月1日
第68条の2　(市町村の条例に基づく制限)

1　市町村は、<u>地区計画等</u>の区域（<u>地区計画又は集落地区計画</u>の区域にあつては、<u>地区整備計画又は集落地区整備計画</u>が定められている区域に限る。）内において、建築物の敷地、構造、建築設備又は用途に関する事項で当該<u>地区計画等</u>の内容として定められたものを、条例で、これらに関する制限として定めることができる。
2　前項の規定による制限は、建築物の利用上の必要性、当該区域内における土地利用の状況等を考慮し、<u>地区計画又は沿道整備計画の区域にあつては適正な都市機能と健全な都市環境を確保するため、集落地区計画の区域にあつては当該集落地区計画の区域の特性にふさわしい良好な居住環境の確保と適正な土地利用を図るため、それぞれ</u>合理的に必要と認められる限度において、同項に規定する事項のうち特に重要な事項につき、政令で定める基準に従い、行うものとする。
3　略

改正：昭和63年法律第49号　　　施行：昭和63年11月15日
第68条の2　(市町村の条例に基づく制限)

1　市町村は、地区計画等の区域（地区計画、<u>再開発地区計画</u>又は集落地区計画の区域にあつては、地区整備計画、<u>再開発地区整備計画</u>又は集落地区整備計画が定められている区域に限る。）内において、建築物の敷地、構造、建築設備又は用途に関する事項で当該地区計画等の内容として定められたものを、条例で、これらに関する制限として定めることができる。
2　前項の規定による制限は、建築物の利用上の必要性、当該区域内における土地利用の状況等を考慮し、地

区計画、再開発地区計画又は沿道整備計画の区域にあつては適正な都市機能と健全な都市環境を確保するため、集落地区計画の区域にあつては当該集落地区計画の区域の特性にふさわしい良好な居住環境の確保と適正な土地利用を図るため、それぞれ合理的に必要と認められる限度において、同項に規定する事項のうち特に重要な事項につき、政令で定める基準に従い、行うものとする。
3　略

改正：平成2年法律第61号　　　施行：平成2年11月20日
第68条の2　（市町村の条例に基づく制限）

1　市町村は、地区計画等の区域（地区計画、住宅地高度利用地区計画、再開発地区計画又は集落地区計画の区域にあつては、地区整備計画、住宅地高度利用地区整備計画、再開発地区整備計画又は集落地区整備計画が定められている区域に限る。）内において、建築物の敷地、構造、建築設備又は用途に関する事項で当該地区計画等の内容として定められたものを、条例で、これらに関する制限として定めることができる。
2　前項の規定による制限は、建築物の利用上の必要性、当該区域内における土地利用の状況等を考慮し、地区計画、住宅地高度利用地区計画、再開発地区計画又は沿道整備計画の区域にあつては適正な都市機能と健全な都市環境を確保するため、集落地区計画の区域にあつては当該集落地区計画の区域の特性にふさわしい良好な居住環境の確保と適正な土地利用を図るため、それぞれ合理的に必要と認められる限度において、同項に規定する事項のうち特に重要な事項につき、政令で定める基準に従い、行うものとする。
3　略

改正：平成8年法律第48号　　　施行：平成8年11月10日
第68条の2　（市町村の条例に基づく制限）

1　市町村は、地区計画等の区域（地区整備計画、住宅地高度利用地区整備計画、再開発地区整備計画、沿道地区整備計画又は集落地区整備計画が定められている区域に限る。）内において、建築物の敷地、構造、建築設備又は用途に関する事項で当該地区計画等の内容として定められたものを、条例で、これらに関する制限として定めることができる。
2　前項の規定による制限は、建築物の利用上の必要性、当該区域内における土地利用の状況等を考慮し、地区計画、住宅地高度利用地区計画、再開発地区計画又は沿道地区計画の区域にあつては適正な都市機能と健全な都市環境を確保するため、集落地区計画の区域にあつては当該集落地区計画の区域の特性にふさわしい良好な居住環境の確保と適正な土地利用を図るため、それぞれ合理的に必要と認められる限度において、同項に規定する事項のうち特に重要な事項につき、政令で定める基準に従い、行うものとする。
3　略

改正：平成9年法律第50号　　　施行：平成9年11月8日
第68条の2　（市町村の条例に基づく制限）

1　市町村は、地区計画等の区域（地区整備計画、住宅地高度利用地区整備計画、再開発地区整備計画、特定建築物地区整備計画、防災街区整備地区整備計画、沿道地区整備計画又は集落地区整備計画が定められている区域に限る。）内において、建築物の敷地、構造、建築設備又は用途に関する事項で当該地区計画等の内容として定められたものを、条例で、これらに関する制限として定めることができる。
2　前項の規定による制限は、建築物の利用上の必要性、当該区域内における土地利用の状況等を考慮し、地区計画、住宅地高度利用地区計画、再開発地区計画、防災街区整備地区計画又は沿道地区計画の区域にあつては適正な都市機能と健全な都市環境を確保するため、集落地区計画の区域にあつては当該集落地区計画の区域の特性にふさわしい良好な居住環境の確保と適正な土地利用を図るため、それぞれ合理的に必要と認められる限度において、同項に規定する事項のうち特に重要な事項につき、政令で定める基準に従い、行うものとする。
3　略
4　第1項の規定に基づく条例で建築物の構造に関する防火上必要な制限を定める場合においては、当該条例に、第67条の規定の例により、当該制限を受ける区域の内外にわたる建築物についての当該制限に係る規定

法68条の2 改正：平成9年法律第50号

の適用に関する措置を定めるものとする。

改正：平成14年法律第85号　　　　施行：平成15年1月1日
第68条の2　（市町村の条例に基づく制限）

1　市町村は、地区計画等の区域（<u>地区整備計画、特定建築物地区整備計画、防災街区整備地区整備計画、沿道地区整備計画又は集落地区整備計画（以下「地区整備計画等」という。）</u>が定められている区域に限る。）内において、建築物の敷地、構造、建築設備又は用途に関する事項で当該地区計画等の内容として定められたものを、条例で、これらに関する制限として定めることができる。

2　前項の規定による制限は、建築物の利用上の必要性、当該区域内における土地利用の状況等を考慮し、<u>地区計画、防災街区整備地区計画又は沿道地区計画</u>の区域にあつては適正な都市機能と健全な都市環境を確保するため、集落地区計画の区域にあつては当該集落地区計画の区域の特性にふさわしい良好な居住環境の確保と適正な土地利用を図るため、それぞれ合理的に必要と認められる限度において、同項に規定する事項のうち特に重要な事項につき、政令で定める基準に従い、行うものとする。

3・4　略

5　<u>市町村は、用途地域における用途の制限を補完し、当該地区計画等（集落地区計画を除く。）の区域の特性にふさわしい土地利用の増進等の目的を達成するため必要と認める場合においては、国土交通大臣の承認を得て、第1項の規定に基づく条例で、第48条第1項から第12項までの規定による制限を緩和することができる。</u>

改正：平成20年法律第40号　　　　施行：平成20年11月4日
第68条の2　（市町村の条例に基づく制限）

1　市町村は、地区計画等の区域（地区整備計画、特定建築物地区整備計画、防災街区整備地区整備計画、<u>歴史的風致維持向上地区整備計画</u>、沿道地区整備計画又は集落地区整備計画（以下「地区整備計画等」という。）が定められている区域に限る。）内において、建築物の敷地、構造、建築設備又は用途に関する事項で当該地区計画等の内容として定められたものを、条例で、これらに関する制限として定めることができる。

2　前項の規定による制限は、建築物の利用上の必要性、当該区域内における土地利用の状況等を考慮し、地区計画、防災街区整備地区計画、<u>歴史的風致維持向上地区計画</u>又は沿道地区計画の区域にあつては適正な都市機能と健全な都市環境を確保するため、集落地区計画の区域にあつては当該集落地区計画の区域の特性にふさわしい良好な居住環境の確保と適正な土地利用を図るため、それぞれ合理的に必要と認められる限度において、同項に規定する事項のうち特に重要な事項につき、政令で定める基準に従い、行うものとする。

3～5　略

改正：平成29年法律第26号　　　　施行：平成30年4月1日
第68条の2　（市町村の条例に基づく制限）

1～4　略

5　市町村は、用途地域における用途の制限を補完し、当該地区計画等（集落地区計画を除く。）の区域の特性にふさわしい土地利用の増進等の目的を達成するため必要と認める場合においては、国土交通大臣の承認を得て、第1項の規定に基づく条例で、第48条第1項から<u>第13項</u>までの規定による制限を緩和することができる。

改正：平成30年法律第67号　　　　施行：令和元年6月25日
第68条の2　（市町村の条例に基づく制限）

1　市町村は、地区計画等の区域（地区整備計画、特定建築物地区整備計画、防災街区整備地区整備計画、歴史的風致維持向上地区整備計画、沿道地区整備計画又は集落地区整備計画（以下「地区整備計画等」という。）が定められている区域に限る。）内において、建築物の敷地、構造、建築設備又は用途に関する事項で当該地区計画等の内容として定められたものを、条例で、これらに関する制限として定めることができる。

改正：平成4年法律第82号　**法旧68条の3**

2　前項の規定による制限は、建築物の利用上の必要性、当該区域内における土地利用の状況等を考慮し、地区計画、防災街区整備地区計画、歴史的風致維持向上地区計画又は沿道地区計画の区域にあつては適正な都市機能と健全な都市環境を確保するため、集落地区計画の区域にあつては当該集落地区計画の区域の特性にふさわしい良好な居住環境の確保と適正な土地利用を図るため、それぞれ合理的に必要と認められる限度において、同項に規定する事項のうち特に重要な事項につき、政令で定める基準に従い、行うものとする。
3　第1項の規定に基づく条例で建築物の敷地面積に関する制限を定める場合においては、当該条例に、当該条例の規定の施行又は適用の際、現に建築物の敷地として使用されている土地で当該規定に適合しないもの又は現に存する所有権その他の権利に基づいて建築物の敷地として使用するならば当該規定に適合しないこととなる土地について、その全部を一の敷地として使用する場合の適用の除外に関する規定（第3条第3項第一号及び第五号の規定に相当する規定を含む。）を定めるものとする。
4　第1項の規定に基づく条例で建築物の構造に関する防火上必要な制限を定める場合においては、当該条例に、第65条の規定の例により、当該制限を受ける区域の内外にわたる建築物についての当該制限に係る規定の適用に関する措置を定めるものとする。
5　市町村は、用途地域における用途の制限を補完し、当該地区計画等（集落地区計画を除く。）の区域の特性にふさわしい土地利用の増進等の目的を達成するため必要と認める場合においては、国土交通大臣の承認を得て、第1項の規定に基づく条例で、第48条第1項から第13項までの規定による制限を緩和することができる。

[削除条文]

制定：平成2年法律第61号　　　施行：平成2年11月20日
旧　第68条の3　（地区計画の区域内における建築物の延べ面積の敷地面積に対する割合の特例）

1　次に掲げる条件に該当する地区計画の区域内にあるその全部又は一部を住宅の用途に供する建築物については、当該地区計画において定められた建築物の延べ面積（同一敷地内に2以上の建築物がある場合においては、その延べ面積の合計。以下この節において同じ。）の敷地面積に対する割合の最高限度を第52条第1項第三号又は第四号に掲げる数値とみなして、同条の規定を適用する。
　一　当該区域が住居地域、近隣商業地域、商業地域又は準工業地域内にあること。
　二　地区整備計画が定められている区域のうち、次に掲げる事項が定められている区域であること。
　　イ　建築物の延べ面積の敷地面積に対する割合の最高限度（その全部又は一部を住宅の用途に供する建築物に係るものの数値が、それ以外の建築物に係るものの数値以上で、かつ、第52条第1項第三号又は第四号に掲げる数値以上その1.5倍以下で定められているものに限る。）
　　ロ　建築物の延べ面積の敷地面積に対する割合の最低限度
　　ハ　建築物の敷地面積の最低限度
　　ニ　壁面の位置の制限（道路に面する壁面の位置を制限するものを含むものに限る。）
　三　前条第1項の規定に基づく条例で、前号ロからニまでに掲げる事項に関する制限が定められている区域であること。

改正：平成4年法律第82号　　　施行：平成5年6月25日
旧　第68条の3　（地区計画の区域内における建築物の延べ面積の敷地面積に対する割合の特例）

1　次に掲げる条件に該当する地区計画の区域内にある建築物で、当該地区計画の内容（地区整備計画において定められた当該地区整備計画の区域内の公共施設の整備の状況に応じた建築物の延べ面積（同一敷地内に2以上の建築物がある場合においては、その延べ面積の合計。以下この節において同じ。）の敷地面積に対する割合の最高限度を除く。）に適合し、かつ、特定行政庁が交通上、安全上、防火上及び衛生上支障がないと認めるものについては、当該地区計画において定められた地区整備計画の区域内の公共施設の整備の状況に応じた建築物の延べ面積の敷地面積に対する割合の最高限度に関する第二号の条例の規定は、適用しない。
　一　地区整備計画が定められている区域のうち、次に掲げる事項が定められている区域であること。
　　イ　地区施設（都市計画法第12条の5第2項に規定する地区施設をいう。第86条第2項第一号において同

法旧68条の3　改正：平成4年法律第82号

じ。）の配置及び規模
　　　ロ　建築物の延べ面積の敷地面積に対する割合の最高限度（地区整備計画の区域の特性に応じたものの数値が当該地区整備計画の区域内の公共施設の整備の状況に応じたものの数値を超えて定められているものに限る。）
　　二　前条第1項の規定に基づく条例で、前号ロに掲げる事項に関する制限が定められている区域であること。
2　次に掲げる条件に該当する地区計画の区域内にある建築物については、当該地区計画において定められた建築物の延べ面積の敷地面積に対する割合の最高限度を第52条第1項第一号、第二号、第三号又は第四号に掲げる数値とみなして、同条の規定を適用する。
　　一　地区整備計画（都市計画法第12条の5第5項の規定により、地区整備計画の区域を区分して建築物の延べ面積の敷地面積に対する割合の最高限度が定められているものに限る。）が定められている土地の区域のうち、次に掲げる事項が定められている区域であること。
　　　イ　建築物の延べ面積の敷地面積に対する割合の最低限度
　　　ロ　建築物の敷地面積の最低限度
　　　ハ　壁面の位置の制限（道路に面する壁面の位置を制限するものを含むものに限る。）
　　二　前条第1項の規定に基づく条例で、前号に掲げる事項に関する制限が定められている区域であること。
3　次に掲げる条件に該当する地区計画の区域内にあるその全部又は一部を住宅の用途に供する建築物については、当該地区計画において定められた建築物の延べ面積の敷地面積に対する割合の最高限度を第52条第1項第三号又は第四号に掲げる数値とみなして、同条の規定を適用する。
　　一　当該区域が第一種住居地域、第二種住居地域、準住居地域、近隣商業地域、商業地域又は準工業地域内にあること。
　　二　地区整備計画が定められている区域のうち、次に掲げる事項が定められている区域であること。
　　　イ　建築物の延べ面積の敷地面積に対する割合の最高限度（その全部又は一部を住宅の用途に供する建築物に係るものの数値が、それ以外の建築物に係るものの数値以上で、かつ、第52条第1項第三号又は第四号に掲げる数値以上その1.5倍以下で定められているものに限る。）
　　　ロ　建築物の延べ面積の敷地面積に対する割合の最低限度
　　　ハ　建築物の敷地面積の最低限度
　　　ニ　壁面の位置の制限（道路に面する壁面の位置を制限するものを含むものに限る。）
　　三　前条第1項の規定に基づく条例で、前号ロからニまでに掲げる事項に関する制限が定められている区域であること。

改正：平成6年法律第62号　　　施行：平成6年6月29日
旧　第68条の3　（地区計画の区域内における建築物の延べ面積の敷地面積に対する割合の特例）

1・2　略
3　次に掲げる条件に該当する地区計画の区域内にあるその全部又は一部を住宅の用途に供する建築物については、当該地区計画において定められた建築物の延べ面積の敷地面積に対する割合の最高限度を第52条第1項第三号又は第四号に掲げる数値とみなして、同条の規定を適用する。ただし、当該建築物が同条第2項の規定により建築物の延べ面積の算定に当たりその床面積が当該建築物の延べ面積に算入されない部分を有するときは、当該部分の床面積を含む当該建築物の延べ面積の敷地面積に対する割合は、当該建築物がある地域に関する都市計画において定められた同条第1項第三号又は第四号に掲げる数値の1.5倍以下でなければならない。
　　一～三　略

改正：平成7年法律第13号　　　施行：平成7年5月25日
旧　第68条の3　（地区計画の区域内における制限の特例）

1～3　略
4　次に掲げる条件に該当する地区計画の区域内にある建築物で、当該地区計画の内容に適合し、かつ、特定行政庁が交通上、安全上、防火上及び衛生上支障がないと認めるものに対する第52条第1項の規定の適用については、同項中「数値以下であり、かつ、当該建築物の前面道路（前面道路が2以上あるときは、その幅

員の最大のもの。以下この項及び第8項ただし書において同じ。）の幅員が12m未満である場合においては、当該前面道路の幅員のメートルの数値に、第一種低層住居専用地域、第二種低層住居専用地域、第一種中高層住居専用地域、第二種中高層住居専用地域、第一種住居地域、第二種住居地域若しくは準住居地域又は特定行政庁が都市計画地方審議会の議を経て指定する区域内にある建築物にあつては10分の4を、その他の建築物にあつては10分の6を乗じたもの以下」とあるのは、「数値以下」とする。
 二　地区整備計画が定められている区域のうち、次に掲げる事項が定められている区域であること。
  イ　建築物の延べ面積の敷地面積に対する割合の最高限度
  ロ　建築物の敷地面積の最低限度
  ハ　壁面の位置の制限（道路に面する壁面の位置を制限するものを含むものに限る。）
  ニ　建築物の高さの最高限度
  ホ　都市計画法第12条の5第7項後段の規定による壁面の位置の制限として定められた限度の線と敷地境界線との間の土地の区域における工作物の設置の制限
 三　前条第1項の規定に基づく条例で、前号ロからニまでに掲げる事項に関する制限が定められている区域であること。
5　前項第一号ロからホまでに掲げる事項が定められており、かつ、前条第1項の規定に基づく条例で前項第一号ロからニまでに掲げる事項に関する制限が定められている地区計画の区域内にある建築物で、当該地区計画の内容に適合し、かつ、敷地内に有効な空地が確保されていること等により、特定行政庁が交通上、安全上、防火上及び衛生上支障がないと認めるものについては、第56条の規定は、適用しない。

改正：平成9年法律第79号　　　施行：平成9年9月1日
旧　第68条の3　（地区計画の区域内における制限の特例）

1～3　略
4　次に掲げる条件に該当する地区計画の区域内にある建築物で、当該地区計画の内容に適合し、かつ、特定行政庁が交通上、安全上、防火上及び衛生上支障がないと認めるものに対する第52条第1項の規定の適用については、同項中「数値以下であり、かつ、当該建築物の前面道路（前面道路が2以上あるときは、その幅員の最大のもの。以下この項及び第9項ただし書において同じ。）の幅員が12m未満である場合においては、当該前面道路の幅員のメートルの数値に、第一種低層住居専用地域、第二種低層住居専用地域、第一種中高層住居専用地域若しくは第二種中高層住居専用地域内の建築物、第一種住居地域、第二種住居地域若しくは準住居地域内の建築物（第五号に掲げる建築物を除く。）又は特定行政庁が都市計画地方審議会の議を経て指定する区域内の建築物にあつては10分の4を、その他の建築物にあつては10分の6を乗じたもの以下」とあるのは、「数値以下」とする。
 一・二　略
5　略

改正：平成10年法律第100号　　　施行：平成11年5月1日
旧　第68条の3　（地区計画の区域内における制限の特例）

1　次に掲げる条件に該当する地区計画の区域内にある建築物で、当該地区計画の内容（地区整備計画において定められた当該地区整備計画の区域内の公共施設の整備の状況に応じた建築物の延べ面積（同一敷地内に2以上の建築物がある場合においては、その延べ面積の合計。以下この節において同じ。）の敷地面積に対する割合の最高限度を除く。）に適合し、かつ、特定行政庁が交通上、安全上、防火上及び衛生上支障がないと認めるものについては、当該地区計画において定められた地区整備計画の区域内の公共施設の整備の状況に応じた建築物の延べ面積の敷地面積に対する割合の最高限度に関する第二号の条例の規定は、適用しない。
 一　地区整備計画が定められている区域のうち、次に掲げる事項が定められている区域であること。
  イ　地区施設（都市計画法第12条の5第2項に規定する地区施設をいう。第86条第4項第一号において同じ。）の配置及び規模
  ロ　建築物の延べ面積の敷地面積に対する割合の最高限度（地区整備計画の区域の特性に応じたものの数値が当該地区整備計画の区域内の公共施設の整備の状況に応じたものの数値を超えて定められているも

法旧68条の3　改正：平成10年法律第100号

　　　のに限る。)
　　二　略
　2～5　略

改正：平成11年法律第87号　　　　施行：平成12年4月1日
旧　第68条の3　（地区計画の区域内における制限の特例）

　1～3　略
　4　次に掲げる条件に該当する地区計画の区域内にある建築物で、当該地区計画の内容に適合し、かつ、特定行政庁が交通上、安全上、防火上及び衛生上支障がないと認めるものに対する第52条第1項の規定の適用については、同項中「数値以下であり、かつ、当該建築物の前面道路（前面道路が2以上あるときは、その幅員の最大のもの。以下この項及び第9項ただし書において同じ。）の幅員が12m未満である場合においては、当該前面道路の幅員のメートルの数値に、第一種低層住居専用地域、第二種低層住居専用地域、第一種中高層住居専用地域若しくは第二種中高層住居専用地域内の建築物、第一種住居地域、第二種住居地域若しくは準住居地域内の建築物（第五号に掲げる建築物を除く。）又は特定行政庁が都道府県都市計画審議会の議を経て指定する区域内の建築物にあつては10分の4を、その他の建築物にあつては10分の6を乗じたもの以下」とあるのは、「数値以下」とする。
　　一・二　略
　5　略

改正：平成12年法律第73号　　　　施行：平成13年5月18日
旧　第68条の3　（地区計画の区域内における制限の特例）

　1　次に掲げる条件に該当する地区計画の区域内にある建築物で、当該地区計画の内容（地区整備計画において定められた当該地区整備計画の区域内の公共施設の整備の状況に応じた建築物の容積率の最高限度を除く。）に適合し、かつ、特定行政庁が交通上、安全上、防火上及び衛生上支障がないと認めるものについては、当該地区計画において定められた地区整備計画の区域内の公共施設の整備の状況に応じた建築物の容積率の最高限度に関する第二号の条例の規定は、適用しない。
　　一　地区整備計画が定められている区域のうち、次に掲げる事項が定められている区域であること。
　　　イ　地区施設（都市計画法第12条の5第2項に規定する地区施設をいう。第86条第4項第一号において同じ。）の配置及び規模
　　　ロ　建築物の容積率の最高限度（地区整備計画の区域の特性に応じたものの数値が当該地区整備計画の区域内の公共施設の整備の状況に応じたものの数値を超えて定められているものに限る。）
　　二　前条第1項の規定に基づく条例で、前号ロに掲げる事項に関する制限が定められている区域であること。
　2　次に掲げる条件に該当する地区計画の区域内にある建築物については、当該地区計画において定められた建築物の容積率の最高限度を第52条第1項第一号、第二号、第三号又は第四号に掲げる数値とみなして、同条の規定を適用する。
　　一　地区整備計画（都市計画法第12条の5第5項の規定により、地区整備計画の区域を区分して建築物の容積率の最高限度が定められているものに限る。）が定められている土地の区域のうち、次に掲げる事項が定められている区域であること。
　　　イ　建築物の容積率の最低限度
　　　ロ　建築物の敷地面積の最低限度
　　　ハ　壁面の位置の制限（道路に面する壁面の位置を制限するものを含むものに限る。）
　　二　前条第1項の規定に基づく条例で、前号に掲げる事項に関する制限が定められている区域であること。
　3　次に掲げる条件に該当する地区計画の区域内にあるその全部又は一部を住宅の用途に供する建築物については、当該地区計画において定められた建築物の容積率の最高限度を第52条第1項第三号又は第四号に掲げる数値とみなして、同条の規定を適用する。ただし、当該建築物が同条第2項の規定により建築物の延べ面積の算定に当たりその床面積が当該建築物の延べ面積に算入されない部分を有するときは、当該部分の床面積を含む当該建築物の容積率は、当該建築物がある地域に関する都市計画において定められた同条第1項第三号又は第四号に掲げる数値の1.5倍以下でなければならない。

一　当該区域が第一種住居地域、第二種住居地域、準住居地域、近隣商業地域、商業地域又は準工業地域内にあること。
　二　地区整備計画が定められている区域のうち、次に掲げる事項が定められている区域であること。
　　イ　建築物の容積率の最高限度（その全部又は一部を住宅の用途に供する建築物に係るものの数値が、それ以外の建築物に係るものの数値以上で、かつ、第52条第1項第三号又は第四号に掲げる数値以上その1.5倍以下で定められているものに限る。）
　　ロ　建築物の容積率の最低限度
　　ハ　建築物の敷地面積の最低限度
　　ニ　壁面の位置の制限（道路に面する壁面の位置を制限するものを含むものに限る。）
　三　前条第1項の規定に基づく条例で、前号ロからニまでに掲げる事項に関する制限が定められている区域であること。
4　次に掲げる条件に該当する地区計画の区域内にある建築物で、当該地区計画の内容に適合し、かつ、特定行政庁が交通上、安全上、防火上及び衛生上支障がないと認めるものに対する第52条第1項の規定の適用については、同項中「数値以下であり、かつ、当該建築物の前面道路（前面道路が2以上あるときは、その幅員の最大のもの。以下この項及び第9項ただし書において同じ。）の幅員が12m未満である場合においては、当該前面道路の幅員のメートルの数値に、第一種低層住居専用地域、第二種低層住居専用地域、第一種中高層住居専用地域若しくは第二種中高層住居専用地域内の建築物、第一種住居地域、第二種住居地域若しくは準住居地域内の建築物（第五号に掲げる建築物を除く。）又は特定行政庁が都道府県都市計画審議会の議を経て指定する区域内の建築物にあつては10分の4を、その他の建築物にあつては10分の6を乗じたもの以下」とあるのは、「数値以下」とする。
　一　地区整備計画が定められている区域のうち、次に掲げる事項が定められている区域であること。
　　イ　建築物の容積率の最高限度
　　ロ　建築物の敷地面積の最低限度
　　ハ　壁面の位置の制限（道路に面する壁面の位置を制限するものを含むものに限る。）
　　ニ　建築物の高さの最高限度
　　ホ　都市計画法第12条の5第7項後段の規定による壁面の位置の制限として定められた限度の線と敷地境界線との間の土地の区域における工作物の設置の制限
　二　前条第1項の規定に基づく条例で、前号ロからニまでに掲げる事項に関する制限が定められている区域であること。
5　前項第一号ロからホまでに掲げる事項が定められており、かつ、前条第1項の規定に基づく条例で前項第一号ロからニまでに掲げる事項に関する制限が定められている地区計画の区域内にある建築物で、当該地区計画の内容に適合し、かつ、敷地内に有効な空地が確保されていること等により、特定行政庁が交通上、安全上、防火上及び衛生上支障がないと認めるものについては、第56条の規定は、適用しない。

改正：平成14年法律第85号　　　施行：平成15年1月1日
旧　第68条の3　（地区計画の区域内における制限の特例）　削除

[現行]　第68条の3　（再開発等促進区等内の制限の緩和等）

制定：平成2年法律第61号　　　施行：平成2年11月20日
旧　第68条の4　（住宅地高度利用地区計画の区域内の制限の緩和等）
1　住宅地高度利用地区計画の区域（住宅地高度利用地区整備計画が定められている区域のうち建築物の延べ面積の敷地面積に対する割合の最高限度が定められている区域に限る。）内においては、当該住宅地高度利用地区計画の内容に適合する建築物で、特定行政庁が交通上、安全上、防火上及び衛生上支障がないと認めるものについては、第52条の規定は、適用しない。
2　住宅地高度利用地区計画の区域（住宅地高度利用地区整備計画が定められている区域のうち当該住宅地高度利用地区整備計画において10分の6以下の数値で建築物の建築面積（同一敷地内に2以上の建築物がある場合においては、その建築面積の合計。以下この節において同じ。）の敷地面積に対する割合の最高限度が

法旧68条の4 制定：平成2年法律第61号

定められている区域に限る。）内においては、当該住宅地高度利用地区計画の内容に適合する建築物で、特定行政庁が交通上、安全上、防火上及び衛生上支障がないと認めるものについては、第53条第1項から第3項まで及び第5項の規定は、適用しない。

3　住宅地高度利用地区計画の区域（住宅地高度利用地区整備計画が定められている区域のうち20m以下の高さで建築物の高さの最高限度が定められている区域に限る。）内においては、当該住宅地高度利用地区計画の内容に適合し、かつ、その敷地面積が政令で定める規模以上の建築物であつて特定行政庁が交通上、安全上、防火上及び衛生上支障がないと認めるものについては、第55条第1項及び第2項の規定は、適用しない。

4　住宅地高度利用地区計画の区域（住宅地高度利用地区整備計画が定められている区域に限る。第6項において同じ。）内においては、敷地内に有効な空地が確保されていること等により、特定行政庁が交通上、安全上、防火上及び衛生上支障がないと認めて許可した建築物については、第56条の規定は、適用しない。

5　第44条第2項の規定は、前項の規定による許可をする場合に準用する。

6　住宅地高度利用地区計画の区域内の建築物に対する第48条第1項及び第2項（第87条第2項又は第3項においてこれらの規定を準用する場合を含む。）の規定の適用については、第48条第1項ただし書及び第2項ただし書中「又は公益上やむを得ない」とあるのは「公益上やむを得ないと認め、又は住宅地高度利用地区計画において定められた土地利用に関する基本方針に適合し、かつ、当該住宅地高度利用地区計画の区域における業務の利便の増進上やむを得ない」とする。

改正：平成4年法律第82号　　　　施行：平成5年6月25日
旧　第68条の4　（住宅地高度利用地区計画の区域内の制限の緩和等）

1～5　略

6　住宅地高度利用地区計画の区域内の建築物に対する第48条第1項から第4項まで（第87条第2項又は第3項においてこれらの規定を準用する場合を含む。）の規定の適用については、第48条第1項から第4項までの規定中「又は公益上やむを得ない」とあるのは「公益上やむを得ないと認め、又は住宅地高度利用地区計画において定められた土地利用に関する基本方針に適合し、かつ、当該住宅地高度利用地区計画の区域における業務の利便の増進上やむを得ない」とする。

改正：平成12年法律第73号　　　　施行：平成13年5月18日
旧　第68条の4　（住宅地高度利用地区計画の区域内の制限の緩和等）

1　住宅地高度利用地区計画の区域（住宅地高度利用地区整備計画が定められている区域のうち建築物の容積率の最高限度が定められている区域に限る。）内においては、当該住宅地高度利用地区計画の内容に適合する建築物で、特定行政庁が交通上、安全上、防火上及び衛生上支障がないと認めるものについては、第52条の規定は、適用しない。

2　住宅地高度利用地区計画の区域（住宅地高度利用地区整備計画が定められている区域のうち当該住宅地高度利用地区整備計画において10分の6以下の数値で建築物の建ぺい率の最高限度が定められている区域に限る。）内においては、当該住宅地高度利用地区計画の内容に適合する建築物で、特定行政庁が交通上、安全上、防火上及び衛生上支障がないと認めるものについては、第53条第1項から第3項まで及び第6項の規定は、適用しない。

3～6　略

改正：平成14年法律第85号　　　　施行：平成15年1月1日
第68条の3　（再開発等促進区等内の制限の緩和等）

1　地区計画又は沿道地区計画の区域のうち再開発等促進区（都市計画法第12条の5第3項に規定する再開発等促進区をいう。以下同じ。）又は沿道再開発等促進区（沿道整備法第9条第3項に規定する沿道再開発等促進区をいう。以下同じ。）で地区整備計画又は沿道地区整備計画が定められている区域のうち建築物の容積率の最高限度が定められている区域内においては、当該地区計画又は沿道地区計画の内容に適合する建築物で、特定行政庁が交通上、安全上、防火上及び衛生上支障がないと認めるものについては、第52条の規定

改正：平成18年法律第46号 **法68条の3**

2　地区計画又は沿道地区計画の区域のうち再開発等促進区又は沿道再開発等促進区（地区整備計画又は沿道地区整備計画が定められている区域のうち当該地区整備計画又は沿道地区整備計画において10分の6以下の数値で建築物の建ぺい率の最高限度が定められている区域に限る。）内においては、当該地区計画又は沿道地区計画の内容に適合する建築物で、特定行政庁が交通上、安全上、防火上及び衛生上支障がないと認めるものについては、第53条第1項から第3項まで及び第6項の規定は、適用しない。

3　地区計画又は沿道地区計画の区域のうち再開発等促進区又は沿道再開発等促進区（地区整備計画又は沿道地区整備計画が定められている区域のうち20m以下の高さで建築物の高さの最高限度が定められている区域に限る。）内においては、当該地区計画又は沿道地区計画の内容に適合し、かつ、その敷地面積が政令で定める規模以上の建築物であつて特定行政庁が交通上、安全上、防火上及び衛生上支障がないと認めるものについては、第55条第1項及び第2項の規定は、適用しない。

4　地区計画又は沿道地区計画の区域のうち再開発等促進区又は沿道再開発等促進区（地区整備計画又は沿道地区整備計画が定められている区域に限る。第6項において同じ。）内においては、敷地内に有効な空地が確保されていること等により、特定行政庁が交通上、安全上、防火上及び衛生上支障がないと認めて許可した建築物については、第56条の規定は、適用しない。

5　略

6　地区計画又は沿道地区計画の区域のうち再開発等促進区又は沿道再開発等促進区内の建築物に対する第48条第1項から第12項まで（第87条第2項又は第3項においてこれらの規定を準用する場合を含む。）の規定の適用については、第48条第1項から第10項まで及び第12項中「又は公益上やむを得ない」とあるのは「公益上やむを得ないと認め、又は地区計画若しくは沿道地区計画において定められた土地利用に関する基本方針に適合し、かつ、当該地区計画若しくは沿道地区計画の区域における業務の利便の増進上やむを得ない」と、同条第11項中「工業の利便上又は公益上必要」とあるのは「工業の利便上若しくは公益上必要と認め、又は地区計画若しくは沿道地区計画において定められた土地利用に関する基本方針に適合し、かつ、当該地区計画若しくは沿道地区計画の区域における業務の利便の増進上やむを得ない」とする。

改正：平成18年法律第92号　　　施行：平成19年6月20日
第68条の3　（再開発等促進区等内の制限の緩和等）

1～5　略

6　地区計画又は沿道地区計画の区域のうち再開発等促進区又は沿道再開発等促進区内の建築物に対する第48条第1項から第12項まで（これらの規定を第87条第2項又は第3項において準用する場合を含む。）の規定の適用については、第48条第1項から第10項まで及び第12項中「又は公益上やむを得ない」とあるのは「公益上やむを得ないと認め、又は地区計画若しくは沿道地区計画において定められた土地利用に関する基本方針に適合し、かつ、当該地区計画若しくは沿道地区計画の区域における業務の利便の増進上やむを得ない」と、同条第11項中「工業の利便上又は公益上必要」とあるのは「工業の利便上若しくは公益上必要と認め、又は地区計画若しくは沿道地区計画において定められた土地利用に関する基本方針に適合し、かつ、当該地区計画若しくは沿道地区計画の区域における業務の利便の増進上やむを得ない」とする。

改正：平成18年法律第46号　　　施行：平成19年11月30日
第68条の3　（再開発等促進区等内の制限の緩和等）

1～6　略

7　地区計画の区域のうち開発整備促進区（都市計画法第12条の5第4項に規定する開発整備促進区をいう。以下同じ。）で地区整備計画が定められているものの区域（当該地区整備計画において同法第12条の12の土地の区域として定められている区域に限る。）内においては、別表第2（わ）項に掲げる建築物のうち当該地区整備計画の内容に適合するもので、特定行政庁が交通上、安全上、防火上及び衛生上支障がないと認めるものについては、第48条第6項、第7項、第11項及び第13項の規定は、適用しない。

8　地区計画の区域のうち開発整備促進区（地区整備計画が定められている区域に限る。）内の建築物（前項の建築物を除く。）に対する第48条第6項、第7項、第11項及び第13項（これらの規定を第87条第2項又は第3項において準用する場合を含む。）の規定の適用については、第48条第6項、第7項及び第13項中「又

法68条の3　改正：平成18年法律第46号

は公益上やむを得ない」とあるのは「公益上やむを得ないと認め、又は地区計画において定められた土地利用に関する基本方針に適合し、かつ、当該地区計画の区域における商業その他の業務の利便の増進上やむを得ない」と、同条第11項中「工業の利便上又は公益上必要」とあるのは「工業の利便上若しくは公益上必要と認め、又は地区計画において定められた土地利用に関する基本方針に適合し、かつ、当該地区計画の区域における商業その他の業務の利便の増進上やむを得ない」とする。

改正：平成20年法律第40号　　　施行：平成20年11月4日
第68条の3　（再開発等促進区等内の制限の緩和等）

1～8　略
9　歴史的風致維持向上地区計画の区域（歴史的風致維持向上地区整備計画が定められている区域に限る。）内の建築物に対する第48条第1項から第12項まで（これらの規定を第87条第2項又は第3項において準用する場合を含む。）の規定の適用については、第48条第1項から第10項まで及び第12項中「又は公益上やむを得ない」とあるのは「公益上やむを得ないと認め、又は歴史的風致維持向上地区計画において定められた土地利用に関する基本方針に適合し、かつ、当該歴史的風致維持向上地区計画の区域における歴史的風致（地域歴史的風致法第1条に規定する歴史的風致をいう。）の維持及び向上を図る上でやむを得ない」と、同条第11項中「工業の利便上又は公益上必要」とあるのは「工業の利便上若しくは公益上必要と認め、又は歴史的風致維持向上地区計画において定められた土地利用に関する基本方針に適合し、かつ、当該歴史的風致維持向上地区計画の区域における歴史的風致（地域歴史的風致法第1条に規定する歴史的風致をいう。）の維持及び向上を図る上でやむを得ない」とする。

改正：平成29年法律第26号　　　施行：平成30年4月1日
第68条の3　（再開発等促進区等内の制限の緩和等）

1　略
2　地区計画又は沿道地区計画の区域のうち再開発等促進区又は沿道再開発等促進区（地区整備計画又は沿道地区整備計画が定められている区域のうち当該地区整備計画又は沿道地区整備計画において10分の6以下の数値で建築物の建蔽率の最高限度が定められている区域に限る。）内においては、当該地区計画又は沿道地区計画の内容に適合する建築物で、特定行政庁が交通上、安全上、防火上及び衛生上支障がないと認めるものについては、第53条第1項から第3項まで及び第6項の規定は、適用しない。
3～5　略
6　地区計画又は沿道地区計画の区域のうち再開発等促進区又は沿道再開発等促進区内の建築物に対する第48条第1項から第13項まで（これらの規定を第87条第2項又は第3項において準用する場合を含む。）の規定の適用については、第48条第1項から第11項まで及び第13項中「又は公益上やむを得ない」とあるのは「公益上やむを得ないと認め、又は地区計画若しくは沿道地区計画において定められた土地利用に関する基本方針に適合し、かつ、当該地区計画若しくは沿道地区計画の区域における業務の利便の増進上やむを得ない」と、同条第12項中「工業の利便上又は公益上必要」とあるのは「工業の利便上若しくは公益上必要と認め、又は地区計画若しくは沿道地区計画において定められた土地利用に関する基本方針に適合し、かつ、当該地区計画若しくは沿道地区計画の区域における業務の利便の増進上やむを得ない」とする。
7　地区計画の区域のうち開発整備促進区（都市計画法第12条の5第4項に規定する開発整備促進区をいう。以下同じ。）で地区整備計画が定められているものの区域（当該地区整備計画において同法第12条の12の土地の区域として定められている区域に限る。）内においては、別表第2（か）項に掲げる建築物のうち当該地区整備計画の内容に適合するもので、特定行政庁が交通上、安全上、防火上及び衛生上支障がないと認めるものについては、第48条第6項、第7項、第12項及び第14項の規定は、適用しない。
8　地区計画の区域のうち開発整備促進区（地区整備計画が定められている区域に限る。）内の建築物（前項の建築物を除く。）に対する第48条第6項、第7項、第12項及び第14項（これらの規定を第87条第2項又は第3項において準用する場合を含む。）の規定の適用については、第48条第6項、第7項及び第14項中「又は公益上やむを得ない」とあるのは「公益上やむを得ないと認め、又は地区計画において定められた土地利用に関する基本方針に適合し、かつ、当該地区計画の区域における商業その他の業務の利便の増進上やむを得ない」と、同条第12項中「工業の利便上又は公益上必要」とあるのは「工業の利便上若しくは公益上必要

と認め、又は地区計画において定められた土地利用に関する基本方針に適合し、かつ、当該地区計画の区域における商業その他の業務の利便の増進上やむを得ない」とする。
9 　歴史的風致維持向上地区計画の区域（歴史的風致維持向上地区整備計画が定められている区域に限る。）内の建築物に対する第48条第１項から第13項まで（これらの規定を第87条第２項又は第３項において準用する場合を含む。）の規定の適用については、第48条第１項から第11項まで及び第13項中「又は公益上やむを得ない」とあるのは「公益上やむを得ないと認め、又は歴史的風致維持向上地区計画において定められた土地利用に関する基本方針に適合し、かつ、当該歴史的風致維持向上地区計画の区域における歴史的風致（地域歴史的風致法第１条に規定する歴史的風致をいう。）の維持及び向上を図る上でやむを得ない」と、同条第12項中「工業の利便上又は公益上必要」とあるのは「工業の利便上若しくは公益上必要と認め、又は歴史的風致維持向上地区計画において定められた土地利用に関する基本方針に適合し、かつ、当該歴史的風致維持向上地区計画の区域における歴史的風致（地域歴史的風致法第１条に規定する歴史的風致をいう。）の維持及び向上を図る上でやむを得ない」とする。

改正：平成30年法律第67号　　　　施行：令和元年６月25日
第68条の３　（再開発等促進区等内の制限の緩和等）
1 　地区計画又は沿道地区計画の区域のうち再開発等促進区（都市計画法第12条の５第３項に規定する再開発等促進区をいう。以下同じ。）又は沿道再開発等促進区（沿道整備法第９条第３項に規定する沿道再開発等促進区をいう。以下同じ。）で地区整備計画又は沿道地区整備計画が定められている区域のうち建築物の容積率の最高限度が定められている区域内においては、当該地区計画又は沿道地区計画の内容に適合する建築物で、特定行政庁が交通上、安全上、防火上及び衛生上支障がないと認めるものについては、第52条の規定は、適用しない。
2 　地区計画又は沿道地区計画の区域のうち再開発等促進区又は沿道再開発等促進区（地区整備計画又は沿道地区整備計画が定められている区域のうち当該地区整備計画又は沿道地区整備計画において10分の６以下の数値で建築物の建蔽率の最高限度が定められている区域に限る。）内においては、当該地区計画又は沿道地区計画の内容に適合する建築物で、特定行政庁が交通上、安全上、防火上及び衛生上支障がないと認めるものについては、第53条第１項から第３項まで、第７項及び第８項の規定は、適用しない。
3 　地区計画又は沿道地区計画の区域のうち再開発等促進区又は沿道再開発等促進区（地区整備計画又は沿道地区整備計画が定められている区域のうち20m以下の高さで建築物の高さの最高限度が定められている区域に限る。）内においては、当該地区計画又は沿道地区計画の内容に適合し、かつ、その敷地面積が政令で定める規模以上の建築物であつて特定行政庁が交通上、安全上、防火上及び衛生上支障がないと認めるものについては、第55条第１項及び第２項の規定は、適用しない。
4 　地区計画又は沿道地区計画の区域のうち再開発等促進区又は沿道再開発等促進区（地区整備計画又は沿道地区整備計画が定められている区域に限る。第６項において同じ。）内においては、敷地内に有効な空地が確保されていること等により、特定行政庁が交通上、安全上、防火上及び衛生上支障がないと認めて許可した建築物については、第56条の規定は、適用しない。
5 　第44条第２項の規定は、前項の規定による許可をする場合に準用する。
6 　地区計画又は沿道地区計画の区域のうち再開発等促進区又は沿道再開発等促進区内の建築物に対する第48条第１項から第13項まで（これらの規定を第87条第２項又は第３項において準用する場合を含む。）の規定の適用については、第48条第１項から第11項まで及び第13項中「又は公益上やむを得ない」とあるのは「公益上やむを得ないと認め、又は地区計画若しくは沿道地区計画において定められた土地利用に関する基本方針に適合し、かつ、当該地区計画若しくは沿道地区計画の区域における業務の利便の増進上やむを得ない」と、同条第12項中「工業の利便上又は公益上必要」とあるのは「工業の利便上若しくは公益上必要と認め、又は地区計画若しくは沿道地区計画において定められた土地利用に関する基本方針に適合し、かつ、当該地区計画若しくは沿道地区計画の区域における業務の利便の増進上やむを得ない」とする。
7 　地区計画の区域のうち開発整備促進区（都市計画法第12条の５第４項に規定する開発整備促進区をいう。以下同じ。）で地区整備計画が定められているものの区域（当該地区整備計画において同法第12条の12の土地の区域として定められている区域に限る。）内においては、別表第２（か）項に掲げる建築物のうち当該地区整備計画の内容に適合するもので、特定行政庁が交通上、安全上、防火上及び衛生上支障がないと認めるものについては、第48条第６項、第７項、第12項及び第14項の規定は、適用しない。

法68条の3　改正：平成30年法律第67号

8　地区計画の区域のうち開発整備促進区（地区整備計画が定められている区域に限る。）内の建築物（前項の建築物を除く。）に対する第48条第6項、第7項、第12項及び第14項（これらの規定を第87条第2項又は第3項において準用する場合を含む。）の規定の適用については、第48条第6項、第7項及び第14項中「又は公益上やむを得ない」とあるのは「公益上やむを得ないと認め、又は地区計画において定められた土地利用に関する基本方針に適合し、かつ、当該地区計画の区域における商業その他の業務の利便の増進上やむを得ない」と、同条第12項中「工業の利便上又は公益上必要」とあるのは「工業の利便上若しくは公益上必要と認め、又は地区計画において定められた土地利用に関する基本方針に適合し、かつ、当該地区計画の区域における商業その他の業務の利便の増進上やむを得ない」とする。

9　歴史的風致維持向上地区計画の区域（歴史的風致維持向上地区整備計画が定められている区域に限る。）内の建築物に対する第48条第1項から第13項まで（これらの規定を第87条第2項又は第3項において準用する場合を含む。）の規定の適用については、第48条第1項から第11項まで及び第13項中「又は公益上やむを得ない」とあるのは「公益上やむを得ないと認め、又は歴史的風致維持向上地区計画において定められた土地利用に関する基本方針に適合し、かつ、当該歴史的風致維持向上地区計画の区域における歴史的風致（地域歴史的風致法第1条に規定する歴史的風致をいう。）の維持及び向上を図る上でやむを得ない」と、同条第12項中「工業の利便上又は公益上必要」とあるのは「工業の利便上若しくは公益上必要と認め、又は歴史的風致維持向上地区計画において定められた土地利用に関する基本方針に適合し、かつ、当該歴史的風致維持向上地区計画の区域における歴史的風致（地域歴史的風致法第1条に規定する歴史的風致をいう。）の維持及び向上を図る上でやむを得ない」とする。

[現行]　第68条の4　（建築物の容積率の最高限度を区域の特性に応じたものと公共施設の整備の状況に応じたものとに区分して定める地区計画等の区域内における建築物の容積率の特例）

制定：平成14年法律第85号　　　施行：平成15年1月1日
第68条の4　（建築物の容積率の最高限度を区域の特性に応じたものと公共施設の整備の状況に応じたものとに区分して定める地区計画等の区域内における建築物の容積率の特例）

1　次に掲げる条件に該当する地区計画等（集落地区計画を除く。以下この条において同じ。）の区域内にある建築物で、当該地区計画等の内容（都市計画法第12条の6第二号、密集市街地整備法第32条の2第二号又は沿道整備法第9条の2第二号の規定による公共施設の整備の状況に応じた建築物の容積率の最高限度（以下この条において「公共施設の整備の状況に応じた建築物の容積率の最高限度」という。）を除く。）に適合し、かつ、特定行政庁が交通上、安全上、防火上及び衛生上支障がないと認めるものについては、公共施設の整備の状況に応じた建築物の容積率の最高限度に関する第二号の条例の規定は、適用しない。
　一　地区整備計画等（集落地区整備計画を除く。）が定められている区域のうち、次に掲げる事項が定められている区域であること。
　　イ　都市計画法第12条の6、密集市街地整備法第32条の2又は沿道整備法第9条の2の規定による区域の特性に応じたものと公共施設の整備の状況に応じたものとに区分した建築物の容積率の最高限度
　　ロ　地区施設等（地区整備計画の区域にあつては都市計画法第12条の5第2項第三号に規定する地区施設又は同条第4項第二号に規定する施設、特定建築物地区整備計画の区域にあつては密集市街地整備法第32条第2項第二号に規定する地区防災施設（以下単に「地区防災施設」という。）、防災街区整備地区整備計画の区域にあつては地区防災施設又は同項第三号に規定する地区施設、沿道地区整備計画の区域にあつては沿道整備法第9条第2項第二号に規定する沿道地区施設又は同条第4項第二号に規定する施設をいう。以下同じ。）の配置及び規模
　二　第68条の2第1項の規定に基づく条例で、前号イに掲げる事項に関する制限が定められている区域であること。

改正：平成19年法律第19号　　　施行：平成19年9月28日
第68条の4　（建築物の容積率の最高限度を区域の特性に応じたものと公共施設の整備の状況に応じたものとに区分して定める地区計画等の区域内における建築物の容積率の特例）

1　次に掲げる条件に該当する地区計画等（集落地区計画を除き、防災街区整備地区計画にあつては、密集市

街地整備法第32条第2項第二号に規定する地区防災施設(以下単に「地区防災施設」という。)の区域が定められているものに限る。以下この条において同じ。)の区域内にある建築物で、当該地区計画等の内容(都市計画法第12条の6第二号、密集市街地整備法第32条の2第二号又は沿道整備法第9条の2第二号の規定による公共施設の整備の状況に応じた建築物の容積率の最高限度(以下この条において「公共施設の整備の状況に応じた建築物の容積率の最高限度」という。)を除く。)に適合し、かつ、特定行政庁が交通上、安全上、防火上及び衛生上支障がないと認めるものについては、公共施設の整備の状況に応じた建築物の容積率の最高限度に関する第二号の条例の規定は、適用しない。
一　地区整備計画等(集落地区整備計画を除く。)が定められている区域のうち、次に掲げる事項が定められている区域であること。
　　イ　略
　　ロ　(1)から(3)までに掲げる区域の区分に従い、当該(1)から(3)までに定める施設の配置及び規模
　　　(1)　地区整備計画の区域　都市計画法第12条の5第2項第三号に規定する地区施設又は同条第4項第二号に規定する施設
　　　(2)　防災街区整備地区整備計画の区域　密集市街地整備法第32条第2項第三号に規定する地区施設
　　　(3)　沿道地区整備計画の区域　沿道整備法第9条第2項第二号に規定する沿道地区施設又は同条第4項第二号に規定する施設
二　略

改正：平成18年法律第46号　　　施行：平成19年11月30日
第68条の4　(建築物の容積率の最高限度を区域の特性に応じたものと公共施設の整備の状況に応じたものとに区分して定める地区計画等の区域内における建築物の容積率の特例)

1　次に掲げる条件に該当する地区計画等(集落地区計画を除き、防災街区整備地区計画にあつては、密集市街地整備法第32条第2項第二号に規定する地区防災施設(以下単に「地区防災施設」という。)の区域が定められているものに限る。以下この条において同じ。)の区域内にある建築物で、当該地区計画等の内容(都市計画法第12条の6第二号、密集市街地整備法第32条の2第二号又は沿道整備法第9条の2第二号の規定による公共施設の整備の状況に応じた建築物の容積率の最高限度(以下この条において「公共施設の整備の状況に応じた建築物の容積率の最高限度」という。)を除く。)に適合し、かつ、特定行政庁が交通上、安全上、防火上及び衛生上支障がないと認めるものについては、公共施設の整備の状況に応じた建築物の容積率の最高限度に関する第二号の条例の規定は、適用しない。
一　地区整備計画等(集落地区整備計画を除く。)が定められている区域のうち、次に掲げる事項が定められている区域であること。
　　イ　略
　　ロ　(1)から(3)までに掲げる区域の区分に従い、当該(1)から(3)までに定める施設の配置及び規模
　　　(1)　地区整備計画の区域　都市計画法第12条の5第2項第三号に規定する地区施設又は同条<u>第5項第二号</u>に規定する施設
　　　(2)・(3)　略
二　略

改正：平成20年法律第40号　　　施行：平成20年11月4日
第68条の4　(建築物の容積率の最高限度を区域の特性に応じたものと公共施設の整備の状況に応じたものとに区分して定める地区計画等の区域内における建築物の容積率の特例)

1　次に掲げる条件に該当する<u>地区計画、防災街区整備地区計画又は沿道地区計画</u>(防災街区整備地区計画にあつては、密集市街地整備法第32条第2項第二号に規定する地区防災施設(以下単に「地区防災施設」という。)の区域が定められているものに限る。以下この条において同じ。)の区域内にある建築物で、<u>当該地区計画、防災街区整備地区計画又は沿道地区計画</u>の内容(都市計画法第12条の6第二号、密集市街地整備法第32条の2第二号又は沿道整備法第9条の2第二号の規定による公共施設の整備の状況に応じた建築物の容積

法68条の4　改正：平成20年法律第40号

率の最高限度（以下この条において「公共施設の整備の状況に応じた建築物の容積率の最高限度」という。）を除く。）に適合し、かつ、特定行政庁が交通上、安全上、防火上及び衛生上支障がないと認めるものについては、公共施設の整備の状況に応じた建築物の容積率の最高限度に関する第二号の条例の規定は、適用しない。
一　地区整備計画、特定建築物地区整備計画、防災街区整備地区整備計画又は沿道地区整備計画が定められている区域のうち、次に掲げる事項が定められている区域であること。
　イ・ロ　略
二　略

改正：平成23年法律第105号　　　　施行：平成23年８月30日
第68条の4　（建築物の容積率の最高限度を区域の特性に応じたものと公共施設の整備の状況に応じたものとに区分して定める地区計画等の区域内における建築物の容積率の特例）

1　次に掲げる条件に該当する地区計画、防災街区整備地区計画又は沿道地区計画（防災街区整備地区計画にあつては、密集市街地整備法第32条第２項第一号に規定する地区防災施設（以下単に「地区防災施設」という。）の区域が定められているものに限る。以下この条において同じ。）の区域内にある建築物で、当該地区計画、防災街区整備地区計画又は沿道地区計画の内容（都市計画法第12条の６第二号、密集市街地整備法第32条の２第二号又は沿道整備法第９条の２第二号の規定による公共施設の整備の状況に応じた建築物の容積率の最高限度（以下この条において「公共施設の整備の状況に応じた建築物の容積率の最高限度」という。）を除く。）に適合し、かつ、特定行政庁が交通上、安全上、防火上及び衛生上支障がないと認めるものについては、公共施設の整備の状況に応じた建築物の容積率の最高限度に関する第二号の条例の規定は、適用しない。
一　地区整備計画、特定建築物地区整備計画、防災街区整備地区整備計画又は沿道地区整備計画が定められている区域のうち、次に掲げる事項が定められている区域であること。
　イ　都市計画法第12条の６、密集市街地整備法第32条の２又は沿道整備法第９条の２の規定による区域の特性に応じたものと公共施設の整備の状況に応じたものとに区分した建築物の容積率の最高限度
　ロ　（1）から（3）までに掲げる区域の区分に従い、当該（1）から（3）までに定める施設の配置及び規模
　　（1）　地区整備計画の区域　　都市計画法第12条の５第２項第一号に規定する地区施設又は同条第５項第一号に規定する施設
　　（2）　防災街区整備地区整備計画の区域　　密集市街地整備法第32条第２項第二号に規定する地区施設
　　（3）　沿道地区整備計画の区域　　沿道整備法第９条第２項第一号に規定する沿道地区施設又は同条第４項第一号に規定する施設
二　第68条の２第１項の規定に基づく条例で、前号イに掲げる事項に関する制限が定められている区域であること。

［削除条文］

制定：昭和63年法律第49号　　　　施行：昭和63年11月15日
旧　第68条の3　（再開発地区計画の区域内の制限の緩和等）

1　再開発地区計画の区域（再開発地区整備計画が定められている区域のうち建築物の延べ面積の敷地面積に対する割合の最高限度が定められている区域に限る。）内においては、当該再開発地区計画の内容に適合する建築物で、特定行政庁が交通上、安全上、防火上及び衛生上支障がないと認めるものについては、第52条の規定は、適用しない。
2　再開発地区計画の区域（再開発地区整備計画が定められている区域に限る。第４項において同じ。）内においては、敷地内に有効な空地が確保されていること等により、特定行政庁が交通上、安全上、防火上及び衛生上支障がないと認めて許可した建築物については、第56条の規定は、適用しない。
3　第44条第２項の規定は、前項の規定による許可をする場合に準用する。
4　再開発地区計画の区域内の建築物に対する第48条第２項から第８項まで（第87条第２項又は第３項におい

てこれらの規定を準用する場合を含む。）の規定の適用については、第48条第2項ただし書、第3項ただし書、第4項ただし書、第5項ただし書、第6項ただし書及び第8項ただし書中「又は公益上やむを得ない」とあるのは「公益上やむを得ないと認め、又は再開発地区計画に関する都市計画において定められた土地利用に関する基本方針に適合し、かつ、当該再開発地区計画の区域における業務の利便の増進上やむを得ない」と、同条第7項ただし書中「工業の利便上又は公益上必要」とあるのは「工業の利便上若しくは公益上必要と認め、又は再開発地区計画に関する都市計画において定められた土地利用に関する基本方針に適合し、かつ、当該再開発地区計画の区域における業務の利便の増進上やむを得ない」とする。

改正：平成2年法律第61号　　　施行：平成2年11月20日
旧　第68条の5　（再開発地区計画の区域内の制限の緩和等）

略

改正：平成4年法律第82号　　　施行：平成5年6月25日
旧　第68条の5　（再開発地区計画の区域内の制限の緩和等）

1～3　略
4　再開発地区計画の区域内の建築物に対する第48条第3項から第12項まで（第87条第2項又は第3項においてこれらの規定を準用する場合を含む。）の規定の適用については、第48条第3項から第10項まで及び第12項中「又は公益上やむを得ない」とあるのは「公益上やむを得ないと認め、又は再開発地区計画に関する都市計画において定められた土地利用に関する基本方針に適合し、かつ、当該再開発地区計画の区域における業務の利便の増進上やむを得ない」と、同条第11項中「工業の利便上又は公益上必要」とあるのは「工業の利便上若しくは公益上必要と認め、又は再開発地区計画に関する都市計画において定められた土地利用に関する基本方針に適合し、かつ、当該再開発地区計画の区域における業務の利便の増進上やむを得ない」とする。

改正：平成12年法律第73号　　　施行：平成13年5月18日
旧　第68条の5　（再開発地区計画の区域内の制限の緩和等）

1　再開発地区計画の区域（再開発地区整備計画が定められている区域のうち建築物の容積率の最高限度が定められている区域に限る。）内においては、当該再開発地区計画の内容に適合する建築物で、特定行政庁が交通上、安全上、防火上及び衛生上支障がないと認めるものについては、第52条の規定は、適用しない。
2　再開発地区計画の区域（再開発地区整備計画が定められている区域に限る。第4項において同じ。）内においては、敷地内に有効な空地が確保されていること等により、特定行政庁が交通上、安全上、防火上及び衛生上支障がないと認めて許可した建築物については、第56条の規定は、適用しない。
3　第44条第2項の規定は、前項の規定による許可をする場合に準用する。
4　再開発地区計画の区域内の建築物に対する第48条第3項から第12項まで（第87条第2項又は第3項においてこれらの規定を準用する場合を含む。）の規定の適用については、第48条第3項から第10項まで及び第12項中「又は公益上やむを得ない」とあるのは「公益上やむを得ないと認め、又は再開発地区計画に関する都市計画において定められた土地利用に関する基本方針に適合し、かつ、当該再開発地区計画の区域における業務の利便の増進上やむを得ない」と、同条第11項中「工業の利便上又は公益上必要」とあるのは「工業の利便上若しくは公益上必要と認め、又は再開発地区計画に関する都市計画において定められた土地利用に関する基本方針に適合し、かつ、当該再開発地区計画の区域における業務の利便の増進上やむを得ない」とする。

改正：平成14年法律第85号　　　施行：平成15年1月1日
旧　第68条の5　（再開発地区計画の区域内の制限の緩和等）　削除

法旧68条の5の2　改正：平成8年法律第48号

[現行]　第68条の5　（区域を区分して建築物の容積を適正に配分する地区計画等の区域内における建築物の容積率の特例）

制定：平成8年法律第48号　　　施行：平成8年11月10日

旧　第68条の5の2　（沿道地区計画の区域内における建築物の延べ面積の敷地面積に対する割合の特例）

1　次に掲げる条件に該当する沿道地区計画の区域内にある建築物については、当該沿道地区計画において定められた建築物の延べ面積の敷地面積に対する割合の最高限度を第52条第1項第一号、第二号、第三号又は第四号に掲げる数値とみなして、同条の規定を適用する。
　一　沿道地区整備計画（幹線道路の沿道の整備に関する法律第9条第3項の規定により、沿道地区整備計画の区域を区分して建築物の延べ面積の敷地面積に対する割合の最高限度が定められているものに限る。）が定められている土地の区域のうち、次に掲げる事項が定められている区域であること。
　　イ　建築物の延べ面積の敷地面積に対する割合の最低限度
　　ロ　建築物の敷地面積の最低限度
　　ハ　壁面の位置の制限（道路に面する壁面の位置を制限するものを含むものに限る。）
　二　第68条の2第1項の規定に基づく条例で、前号に掲げる事項に関する制限が定められている区域であること。

改正：平成12年法律第73号　　　施行：平成13年5月18日

旧　第68条の5の2　（沿道地区計画の区域内における建築物の容積率の特例）

1　次に掲げる条件に該当する沿道地区計画の区域内にある建築物については、当該沿道地区計画において定められた建築物の容積率の最高限度を第52条第1項第一号、第二号、第三号又は第四号に掲げる数値とみなして、同条の規定を適用する。
　一　沿道地区整備計画（幹線道路の沿道の整備に関する法律第9条第3項の規定により、沿道地区整備計画の区域を区分して建築物の容積率の最高限度が定められているものに限る。）が定められている土地の区域のうち、次に掲げる事項が定められている区域であること。
　　イ　建築物の容積率の最低限度
　　ロ　建築物の敷地面積の最低限度
　　ハ　壁面の位置の制限（道路に面する壁面の位置を制限するものを含むものに限る。）
　二　第68条の2第1項の規定に基づく条例で、前号に掲げる事項に関する制限が定められている区域であること。

改正：平成14年法律第85号　　　施行：平成15年1月1日

第68条の5　（区域を区分して建築物の容積を適正に配分する地区計画等の区域内における建築物の容積率の特例）

1　次に掲げる条件に該当する地区計画又は沿道地区計画の区域内にある建築物については、当該地区計画又は沿道地区計画において定められた建築物の容積率の最高限度を第52条第1項第一号から第四号までに定める数値とみなして、同条の規定を適用する。
　一　地区整備計画又は沿道地区整備計画（都市計画法第12条の7又は沿道整備法第9条の3の規定により、地区整備計画又は沿道地区整備計画の区域を区分して建築物の容積率の最高限度が定められているものに限る。）が定められている土地の区域のうち、次に掲げる事項が定められている区域であること。
　　イ〜ハ　略
　二　略

改正：平成19年法律第19号　　　施行：平成19年9月28日

第68条の5　（区域を区分して建築物の容積を適正に配分する地区計画等の区域内における建築物の容積率の特例）

制定：平成14年法律第85号　**法旧68条の5の2**

1　次に掲げる条件に該当する地区計画又は沿道地区計画の区域内にある建築物については、当該地区計画又は沿道地区計画において定められた建築物の容積率の最高限度を第52条第1項第一号から第四号までに定める数値とみなして、同条の規定を適用する。
　一　地区整備計画又は沿道地区整備計画（都市計画法第12条の7又は沿道整備法第9条の3の規定により、地区整備計画又は沿道地区整備計画の区域を区分して建築物の容積率の最高限度が定められているものに限る。）が定められている区域であること。
　二　前号の建築物の容積率の最高限度が当該区域に係る用途地域において定められた建築物の容積率を超えるものとして定められている区域にあつては、地区整備計画又は沿道地区整備計画において次に掲げる事項が定められており、かつ、第68条の2第1項の規定に基づく条例でこれらの事項に関する制限が定められている区域であること。
　　イ　建築物の容積率の最低限度
　　ロ　建築物の敷地面積の最低限度
　　ハ　壁面の位置の制限（道路に面する壁面の位置を制限するものを含むものに限る。）

[現行]　第68条の5の2　（区域を区分して建築物の容積を適正に配分する特定建築物地区整備計画等の区域内における建築物の容積率の特例）

制定：平成19年法律第19号　　　施行：平成19年9月28日
第68条の5の2　（区域を区分して建築物の容積を適正に配分する特定建築物地区整備計画等の区域内における建築物の容積率の特例）

1　次に掲げる条件に該当する防災街区整備地区計画の区域内にある建築物（第二号に規定する区域内の建築物にあつては、防災街区整備地区計画の内容に適合する建築物で、特定行政庁が交通上、安全上、防火上及び衛生上支障がないと認めるものに限る。）については、当該防災街区整備地区計画において定められた建築物の容積率の最高限度を第52条第1項第一号から第四号までに定める数値とみなして、同条の規定を適用する。
　一　特定建築物地区整備計画及び防災街区整備地区整備計画（いずれも密集市街地整備法第32条の3第1項の規定により、その区域をそれぞれ区分し、又は区分しないで建築物の容積率の最高限度が定められているものに限る。）が定められている区域であること。
　二　前号の建築物の容積率の最高限度が当該区域に係る用途地域において定められた建築物の容積率を超えるものとして定められている区域にあつては、特定建築物地区整備計画において次に掲げる事項が定められており、かつ、第68条の2第1項の規定に基づく条例でこれらの事項に関する制限が定められている区域であること。
　　イ　建築物の容積率の最低限度
　　ロ　建築物の敷地面積の最低限度
　　ハ　壁面の位置の制限（道路に面する壁面の位置を制限するものを含むものに限る。）

[現行]　第68条の5の3　（高度利用と都市機能の更新とを図る地区計画等の区域内における制限の特例）

制定：平成14年法律第85号　　　施行：平成15年1月1日
旧　第68条の5の2　（高度利用と都市機能の更新とを図る地区計画等の区域内における制限の特例）

1　次に掲げる条件に該当する地区計画又は沿道地区計画の区域内にある建築物については、当該地区計画又は沿道地区計画において定められた建築物の容積率の最高限度を第52条第1項各号に定める数値とみなして、同条の規定を適用する。
　一　都市計画法第12条の8又は沿道整備法第9条の4の規定により、次に掲げる事項が定められている地区整備計画又は沿道地区整備計画の区域であること。
　　イ　建築物の容積率の最高限度
　　ロ　建築物の容積率の最低限度（沿道地区整備計画において沿道整備法第9条第6項第二号の建築物の沿

法旧68条の5の2　制定：平成14年法律第85号

　　道整備道路に係る間口率の最低限度及び建築物の高さの最低限度が定められている場合にあつては、これらの最低限度）、建築物の建ぺい率の最高限度、建築物の建築面積の最低限度及び壁面の位置の制限（壁面の位置の制限にあつては、市街地の環境の向上を図るため必要な場合に限る。）
　二　第68条の2第1項の規定に基づく条例で、前号ロに掲げる事項（壁面の位置の制限にあつては、地区整備計画又は沿道地区整備計画に定められたものに限る。）に関する制限が定められている区域であること。
2　前項各号に掲げる条件に該当する地区計画又は沿道地区計画の区域内においては、敷地内に道路に接して有効な空地が確保されていること等により、特定行政庁が、交通上、安全上、防火上及び衛生上支障がないと認めて許可した建築物については、第56条第1項第一号及び第2項から第4項までの規定は、適用しない。
3　第44条第2項の規定は、前項の規定による許可をする場合に準用する。

改正：平成19年法律第19号　　　施行：平成19年9月28日
第68条の5の3　（高度利用と都市機能の更新とを図る地区計画等の区域内における制限の特例）

1　次に掲げる条件に該当する地区計画又は沿道地区計画の区域内にある建築物については、当該地区計画又は沿道地区計画において定められた建築物の容積率の最高限度を<u>第52条第1項第二号から第四号までに定める数値</u>とみなして、同条の規定を適用する。
　一・二　略
2・3　略

改正：平成29年法律第26号　　　施行：平成30年4月1日
第68条の5の3　（高度利用と都市機能の更新とを図る地区計画等の区域内における制限の特例）

1　次に掲げる条件に該当する地区計画又は沿道地区計画の区域内にある建築物については、当該地区計画又は沿道地区計画において定められた建築物の容積率の最高限度を第52条第1項第二号から第四号までに定める数値とみなして、同条の規定を適用する。
　一　都市計画法第12条の8又は沿道整備法第9条の4の規定により、次に掲げる事項が定められている地区整備計画又は沿道地区整備計画の区域であること。
　　イ　建築物の容積率の最高限度
　　ロ　建築物の容積率の最低限度（沿道地区整備計画において沿道整備法第9条第6項第二号の建築物の沿道整備道路に係る間口率の最低限度及び建築物の高さの最低限度が定められている場合にあつては、これらの最低限度）、建築物の<u>建蔽率</u>の最高限度、建築物の建築面積の最低限度及び壁面の位置の制限（壁面の位置の制限にあつては、市街地の環境の向上を図るため必要な場合に限る。）
　二　第68条の2第1項の規定に基づく条例で、前号ロに掲げる事項（壁面の位置の制限にあつては、地区整備計画又は沿道地区整備計画に定められたものに限る。）に関する制限が定められている区域であること。
2　前項各号に掲げる条件に該当する地区計画又は沿道地区計画の区域内においては、敷地内に道路に接して有効な空地が確保されていること等により、特定行政庁が、交通上、安全上、防火上及び衛生上支障がないと認めて許可した建築物については、第56条第1項第一号及び第2項から第4項までの規定は、適用しない。
3　第44条第2項の規定は、前項の規定による許可をする場合に準用する。

[現行]　**第68条の5の4**　（住居と住居以外の用途とを区分して定める地区計画等の区域内における建築物の容積率の特例）

制定：平成14年法律第85号　　　施行：平成15年1月1日
旧　第68条の5の3　（住居と住居以外の用途とを区分して定める地区計画等の区域内における建築物の容積率の特例）

1　次に掲げる条件に該当する地区計画等（集落地区計画を除く。以下この条において同じ。）の区域内にあるその全部又は一部を住宅の用途に供する建築物については、当該地区計画等において定められた建築物の容積率の最高限度を第52条第1項第二号又は第三号に定める数値とみなして、同条の規定を適用する。ただ

改正：平成20年法律第40号 **法68条の5の4**

し、当該建築物が同条第3項の規定により建築物の延べ面積の算定に当たりその床面積が当該建築物の延べ面積に算入されない部分を有するときは、当該部分の床面積を含む当該建築物の容積率は、当該建築物がある地域に関する都市計画において定められた同条第1項第二号又は第三号に定める数値の1.5倍以下でなければならない。
一　次に掲げる事項が定められている地区整備計画等（集落地区整備計画を除く。）の区域であること。
　イ　建築物の容積率の最高限度（都市計画法第12条の9、密集市街地整備法第32条の3又は沿道整備法第9条の5の規定により、それぞれ都市計画法第12条の9第一号、密集市街地整備法第32条の3第一号又は沿道整備法第9条の5第一号に掲げるものの数値が第52条第1項第二号又は第三号に定める数値以上その1.5倍以下で定められているものに限る。）
　ロ　建築物の容積率の最低限度
　ハ　建築物の敷地面積の最低限度
　ニ　壁面の位置の制限（道路に面する壁面の位置を制限するものを含むものに限る。）
二　第68条の2第1項の規定に基づく条例で、前号ロからニまでに掲げる事項に関する制限が定められている区域であること。
三　当該区域が第一種住居地域、第二種住居地域、準住居地域、近隣商業地域、商業地域又は準工業地域内にあること。

改正：平成16年法律第67号　　施行：平成17年6月1日
旧　第68条の5の3　（住居と住居以外の用途とを区分して定める地区計画等の区域内における建築物の容積率の特例）

1　次に掲げる条件に該当する地区計画等（集落地区計画を除く。以下この条において同じ。）の区域内にあるその全部又は一部を住宅の用途に供する建築物については、当該地区計画等において定められた建築物の容積率の最高限度を第52条第1項第二号又は第三号に定める数値とみなして、同条（第8項を除く。）の規定を適用する。ただし、当該建築物が同条第3項の規定により建築物の延べ面積の算定に当たりその床面積が当該建築物の延べ面積に算入されない部分を有するときは、当該部分の床面積を含む当該建築物の容積率は、当該建築物がある地域に関する都市計画において定められた同条第1項第二号又は第三号に定める数値の1.5倍以下でなければならない。
一～三　略

改正：平成19年法律第19号　　施行：平成19年9月28日
第68条の5の4　（住居と住居以外の用途とを区分して定める地区計画等の区域内における建築物の容積率の特例）

1　次に掲げる条件に該当する地区計画等（集落地区計画を除く。以下この条において同じ。）の区域内にあるその全部又は一部を住宅の用途に供する建築物については、当該地区計画等において定められた建築物の容積率の最高限度を第52条第1項第二号又は第三号に定める数値とみなして、同条（第8項を除く。）の規定を適用する。ただし、当該建築物が同条第3項の規定により建築物の延べ面積の算定に当たりその床面積が当該建築物の延べ面積に算入されない部分を有するときは、当該部分の床面積を含む当該建築物の容積率は、当該建築物がある地域に関する都市計画において定められた同条第1項第二号又は第三号に定める数値の1.5倍以下でなければならない。
一　次に掲げる事項が定められている地区整備計画等（集落地区整備計画を除く。）の区域であること。
　イ　建築物の容積率の最高限度（都市計画法第12条の9、密集市街地整備法第32条の4又は沿道整備法第9条の5の規定により、それぞれ都市計画法第12条の9第一号、密集市街地整備法第32条の4第一号又は沿道整備法第9条の5第一号に掲げるものの数値が第52条第1項第二号又は第三号に定める数値以上その1.5倍以下で定められているものに限る。）
　ロ～ニ　略
二・三　略

改正：平成20年法律第40号　　施行：平成20年11月4日

法68条の5の4 改正：平成20年法律第40号

第68条の5の4 （住居と住居以外の用途とを区分して定める地区計画等の区域内における建築物の容積率の特例）

1 次に掲げる条件に該当する地区計画、防災街区整備地区計画又は沿道地区計画の区域内にあるその全部又は一部を住宅の用途に供する建築物については、当該地区計画、防災街区整備地区計画又は沿道地区計画において定められた建築物の容積率の最高限度を第52条第1項第二号又は第三号に定める数値とみなして、同条（第8項を除く。）の規定を適用する。ただし、当該建築物が同条第3項の規定により建築物の延べ面積の算定に当たりその床面積が当該建築物の延べ面積に算入されない部分を有するときは、当該部分の床面積を含む当該建築物の容積率は、当該建築物がある地域に関する都市計画において定められた同条第1項第二号又は第三号に定める数値の1.5倍以下でなければならない。
　一　次に掲げる事項が定められている地区整備計画、特定建築物地区整備計画、防災街区整備地区整備計画又は沿道地区整備計画の区域であること。
　　イ　建築物の容積率の最高限度（都市計画法第12条の9、密集市街地整備法第32条の4又は沿道整備法第9条の5の規定により、それぞれ都市計画法第12条の9第一号、密集市街地整備法第32条の4第一号又は沿道整備法第9条の5第一号に掲げるものの数値が第52条第1項第二号又は第三号に定める数値以上その1.5倍以下で定められているものに限る。）
　　ロ　建築物の容積率の最低限度
　　ハ　建築物の敷地面積の最低限度
　　ニ　壁面の位置の制限（道路に面する壁面の位置を制限するものを含むものに限る。）
　二　第68条の2第1項の規定に基づく条例で、前号ロからニまでに掲げる事項に関する制限が定められている区域であること。
　三　当該区域が第一種住居地域、第二種住居地域、準住居地域、近隣商業地域、商業地域又は準工業地域内にあること。

[現行] **第68条の5の5**　（区域の特性に応じた高さ、配列及び形態を備えた建築物の整備を誘導する地区計画等の区域内における制限の特例）

制定：平成14年法律第85号　　　施行：平成15年1月1日
旧　**第68条の5の4**　（区域の特性に応じた高さ、配列及び形態を備えた建築物の整備を誘導する地区計画等の区域内における制限の特例）

1 次に掲げる条件に該当する地区計画等（集落地区計画を除く。以下この条において同じ。）の区域内の建築物で、当該地区計画等の内容に適合し、かつ、特定行政庁が交通上、安全上、防火上及び衛生上支障がないと認めるものについては、第52条第2項の規定は、適用しない。
　一　次に掲げる事項が定められている地区整備計画等（集落地区整備計画を除く。）の区域であること。
　　イ　都市計画法第12条の10、密集市街地整備法第32条の4又は沿道整備法第9条の6の規定による壁面の位置の制限、壁面後退区域（壁面の位置の制限として定められた限度の線と敷地境界線との間の土地の区域をいう。以下この条において同じ。）における工作物の設置の制限及び建築物の高さの最高限度
　　ロ　建築物の容積率の最高限度
　　ハ　建築物の敷地面積の最低限度
　二　第68条の2第1項の規定に基づく条例で、前号イ及びハに掲げる事項（壁面後退区域における工作物の設置の制限を除く。）に関する制限が定められている区域であること。
2 前項第一号イ及びハに掲げる事項が定められており、かつ、第68条の2第1項の規定に基づく条例で前項第一号イ及びハに掲げる事項（壁面後退区域における工作物の設置の制限を除く。）に関する制限が定められている地区計画等の区域内にある建築物で、当該地区計画等の内容に適合し、かつ、敷地内に有効な空地が確保されていること等により、特定行政庁が交通上、安全上、防火上及び衛生上支障がないと認めるものについては、第56条の規定は、適用しない。

改正：平成19年法律第19号　　　施行：平成19年9月28日
第68条の5の5　（区域の特性に応じた高さ、配列及び形態を備えた建築物の整備を誘導する地区計画等の区域内における制限の特例）

制定：平成14年法律第85号　**法旧68条の5の5**

1　次に掲げる条件に該当する地区計画等（集落地区計画を除く。以下この条において同じ。）の区域内の建築物で、当該地区計画等の内容に適合し、かつ、特定行政庁が交通上、安全上、防火上及び衛生上支障がないと認めるものについては、第52条第2項の規定は、適用しない。
　一　次に掲げる事項が定められている地区整備計画等（集落地区整備計画を除く。）の区域であること。
　　イ　都市計画法第12条の10、密集市街地整備法第32条の5又は沿道整備法第9条の6の規定による壁面の位置の制限、壁面後退区域（壁面の位置の制限として定められた限度の線と敷地境界線との間の土地の区域をいう。以下この条において同じ。）における工作物の設置の制限及び建築物の高さの最高限度
　　ロ・ハ　略
　二　略
2　略

改正：平成20年法律第40号　　　施行：平成20年11月4日
第68条の5の5　（区域の特性に応じた高さ、配列及び形態を備えた建築物の整備を誘導する地区計画等の区域内における制限の特例）

1　次に掲げる条件に該当する地区計画等（集落地区計画を除く。以下この条において同じ。）の区域内の建築物で、当該地区計画等の内容に適合し、かつ、特定行政庁が交通上、安全上、防火上及び衛生上支障がないと認めるものについては、第52条第2項の規定は、適用しない。
　一　次に掲げる事項が定められている地区整備計画等（集落地区整備計画を除く。）の区域であること。
　　イ　都市計画法第12条の10、密集市街地整備法第32条の5、地域歴史的風致法第32条又は沿道整備法第9条の6の規定による壁面の位置の制限、壁面後退区域（壁面の位置の制限として定められた限度の線と敷地境界線との間の土地の区域をいう。以下この条において同じ。）における工作物の設置の制限及び建築物の高さの最高限度
　　ロ　建築物の容積率の最高限度
　　ハ　建築物の敷地面積の最低限度
　二　第68条の2第1項の規定に基づく条例で、前号イ及びハに掲げる事項（壁面後退区域における工作物の設置の制限を除く。）に関する制限が定められている区域であること。
2　前項第一号イ及びハに掲げる事項が定められており、かつ、第68条の2第1項の規定に基づく条例で前項第一号イ及びハに掲げる事項（壁面後退区域における工作物の設置の制限を除く。）に関する制限が定められている地区計画等の区域内にある建築物で、当該地区計画等の内容に適合し、かつ、敷地内に有効な空地が確保されていること等により、特定行政庁が交通上、安全上、防火上及び衛生上支障がないと認めるものについては、第56条の規定は、適用しない。

［現行］　第68条の5の6　（地区計画等の区域内における建築物の建蔽率の特例）

制定：平成14年法律第85号　　　施行：平成15年1月1日
旧　第68条の5の5　（地区計画等の区域内における建築物の建ぺい率の特例）

1　次に掲げる条件に該当する地区計画等（集落地区計画を除く。）の区域内の建築物については、第一号イに掲げる地区施設等の下にある部分で、特定行政庁が交通上、安全上、防火上及び衛生上支障がないと認めるものの建築面積は、第53条第1項及び第2項、第57条の2第1項及び第2項、第59条第1項、第59条の2第1項、第60条の2第1項、第68条の8、第86条第3項及び第4項、第86条の2第2項及び第3項、第86条の5第3項並びに第86条の6第1項に規定する建築物の建ぺい率の算定の基礎となる建築面積に算入しない。
　一　地区整備計画等（集落地区整備計画を除く。）が定められている区域のうち、次に掲げる事項が定められている区域であること。
　　イ　その配置が地盤面の上に定められている通路その他の公共空地である地区施設等
　　ロ　壁面の位置の制限（イの地区施設等に面する壁面の位置を制限するものを含むものに限る。）
　二　第68条の2第1項の規定に基づく条例で、前号ロに掲げる事項に関する制限が定められている区域であ

法旧68条の5の5   制定：平成14年法律第85号

ること。

改正：平成16年法律第67号　　　施行：平成17年6月1日
旧　第68条の5の5　（地区計画等の区域内における建築物の建ぺい率の特例）

> 1　次に掲げる条件に該当する地区計画等（集落地区計画を除く。）の区域内の建築物については、第一号イに掲げる地区施設等の下にある部分で、特定行政庁が交通上、安全上、防火上及び衛生上支障がないと認めるものの建築面積は、第53条第1項及び第2項、<u>第57条の5第1項及び第2項</u>、第59条第1項、第59条の2第1項、第60条の2第1項、第68条の8、第86条第3項及び第4項、第86条の2第2項及び第3項、第86条の5第3項並びに第86条の6第1項に規定する建築物の建ぺい率の算定の基礎となる建築面積に算入しない。
> 　一・二　略

改正：平成19年法律第19号　　　施行：平成19年9月28日
第68条の5の6　（地区計画等の区域内における建築物の建ぺい率の特例）

> 1　次に掲げる条件に該当する地区計画等（集落地区計画を除く。）の区域内の建築物については、第一号イに掲げる地区施設等の下にある部分で、特定行政庁が交通上、安全上、防火上及び衛生上支障がないと認めるものの建築面積は、第53条第1項及び第2項、第57条の5第1項及び第2項、第59条第1項、第59条の2第1項、第60条の2第1項、第68条の8、第86条第3項及び第4項、第86条の2第2項及び第3項、第86条の5第3項並びに第86条の6第1項に規定する建築物の建ぺい率の算定の基礎となる建築面積に算入しない。
> 　一　地区整備計画等（集落地区整備計画を除く。）が定められている区域のうち、次に掲げる事項が定められている区域であること。
> 　　イ　その配置が地盤面の上に定められている通路その他の公共空地である地区施設等（第68条の4第一号ロに規定する施設<u>又は地区防災施設をいう。以下同じ。）</u>
> 　　ロ　略
> 　二　略

改正：平成20年法律第40号　　　施行：平成20年11月4日
第68条の5の6　（地区計画等の区域内における建築物の建ぺい率の特例）

> 1　次に掲げる条件に該当する地区計画等（集落地区計画を除く。）の区域内の建築物については、第一号イに掲げる地区施設等の下にある部分で、特定行政庁が交通上、安全上、防火上及び衛生上支障がないと認めるものの建築面積は、第53条第1項及び第2項、第57条の5第1項及び第2項、第59条第1項、第59条の2第1項、第60条の2第1項、第68条の8、第86条第3項及び第4項、第86条の2第2項及び第3項、第86条の5第3項並びに第86条の6第1項に規定する建築物の建ぺい率の算定の基礎となる建築面積に算入しない。
> 　一　地区整備計画等（集落地区整備計画を除く。）が定められている区域のうち、次に掲げる事項が定められている区域であること。
> 　　イ　その配置が地盤面の上に定められている通路その他の公共空地である地区施設等（第68条の4第一号ロに規定する施設、<u>地域歴史的風致法第31条第2項第四号に規定する地区施設</u>又は地区防災施設をいう。以下同じ。）
> 　　ロ　略
> 　二　略

改正：平成23年法律第105号　　　施行：平成23年8月30日
第68条の5の6　（地区計画等の区域内における建築物の建ぺい率の特例）

> 1　次に掲げる条件に該当する地区計画等（集落地区計画を除く。）の区域内の建築物については、第一号イに

改正：昭和63年法律第49号　**法旧68条の4**

掲げる地区施設等の下にある部分で、特定行政庁が交通上、安全上、防火上及び衛生上支障がないと認めるものの建築面積は、第53条第1項及び第2項、第57条の5第1項及び第2項、第59条第1項、第59条の2第1項、第60条の2第1項、第68条の8、第86条第3項及び第4項、第86条の2第2項及び第3項、第86条の5第3項並びに第86条の6第1項に規定する建築物の建ぺい率の算定の基礎となる建築面積に算入しない。
一　地区整備計画等（集落地区整備計画を除く。）が定められている区域のうち、次に掲げる事項が定められている区域であること。
　イ　その配置が地盤面の上に定められている通路その他の公共空地である地区施設等（第68条の4第一号ロに規定する施設、地域歴史的風致法第31条第2項第一号に規定する地区施設又は地区防災施設をいう。以下同じ。）
　ロ　略
二　略

改正：平成29年法律第26号　　　施行：平成30年4月1日
第68条の5の6　（地区計画等の区域内における建築物の建蔽率の特例）

1　次に掲げる条件に該当する地区計画等（集落地区計画を除く。）の区域内の建築物については、第一号イに掲げる地区施設等の下にある部分で、特定行政庁が交通上、安全上、防火上及び衛生上支障がないと認めるものの建築面積は、第53条第1項及び第2項、第57条の5第1項及び第2項、第59条第1項、第59条の2第1項、第60条の2第1項、第68条の8、第86条第3項及び第4項、第86条の2第2項及び第3項、第86条の5第3項並びに第86条の6第1項に規定する建築物の建蔽率の算定の基礎となる建築面積に算入しない。
一　地区整備計画等（集落地区整備計画を除く。）が定められている区域のうち、次に掲げる事項が定められている区域であること。
　イ　その配置が地盤面の上に定められている通路その他の公共空地である地区施設等（第68条の4第一号ロに規定する施設、地域歴史的風致法第31条第2項第一号に規定する地区施設又は地区防災施設をいう。以下同じ。）
　ロ　壁面の位置の制限（イの地区施設等に面する壁面の位置を制限するものを含むものに限る。）
二　第68条の2第1項の規定に基づく条例で、前号ロに掲げる事項に関する制限が定められている区域であること。

[現行]　第68条の6　（道路の位置の指定に関する特例）

制定：昭和55年法律第35号　　　施行：昭和56年4月25日
旧　**第68条の3**　（道路の位置の指定に関する特例）

1　地区計画又は沿道整備計画に道の配置及び規模が定められている場合には、当該地区計画等の区域における第42条第1項第五号の規定による位置の指定は、これらの計画に定められた道の配置に即して行わなければならない。ただし、建築物の敷地として利用しようとする土地の位置と現に存する道路の位置との関係その他の事由によりこれにより難いと認められる場合においては、この限りでない。

改正：昭和62年法律第63号　　　施行：昭和63年3月1日
旧　**第68条の3**（道路の位置の指定に関する特例）

1　地区計画等に道の配置及び規模が定められている場合には、当該地区計画等の区域における第42条第1項第五号の規定による位置の指定は、地区計画等に定められた道の配置に即して行わなければならない。ただし、建築物の敷地として利用しようとする土地の位置と現に存する道路の位置との関係その他の事由によりこれにより難いと認められる場合においては、この限りでない。

改正：昭和63年法律第49号　　　施行：昭和63年11月15日
旧　**第68条の4**　（道路の位置の指定に関する特例）

法旧68条の4　改正：昭和63年法律第49号

1　地区計画等に道の配置及び規模が定められている場合には、当該地区計画等の区域（地区計画又は集落地区計画の区域にあつては、地区整備計画又は集落地区整備計画が定められている区域に限る。次条第1項において同じ。）における第42条第1項第五号の規定による位置の指定は、地区計画等に定められた道の配置に即して行わなければならない。ただし、建築物の敷地として利用しようとする土地の位置と現に存する道路の位置との関係その他の事由によりこれにより難いと認められる場合においては、この限りでない。

改正：平成2年法律第61号　　　施行：平成2年11月20日
第68条の6　（道路の位置の指定に関する特例）

略

改正：平成8年法律第48号　　　施行：平成8年11月10日
第68条の6　（道路の位置の指定に関する特例）

1　地区計画等に道の配置及び規模が定められている場合には、当該地区計画等の区域（地区計画、沿道地区計画又は集落地区計画の区域にあつては地区整備計画、沿道地区整備計画又は集落地区整備計画が定められている区域に限り、住宅地高度利用地区計画又は再開発地区計画の区域にあつては都市計画法第12条の6第2項第二号に規定する施設の配置及び規模若しくは住宅地高度利用地区整備計画が定められている区域又は都市再開発法第7条の8の2第2項第二号に規定する施設の配置及び規模若しくは再開発地区整備計画が定められている区域に限る。次条第1項において同じ。）における第42条第1項第五号の規定による位置の指定は、地区計画等に定められた道の配置に即して行わなければならない。ただし、建築物の敷地として利用しようとする土地の位置と現に存する道路の位置との関係その他の事由によりこれにより難いと認められる場合においては、この限りでない。

改正：平成9年法律第50号　　　施行：平成9年11月8日
第68条の6　（道路の位置の指定に関する特例）

1　地区計画等に道の配置及び規模又はその区域が定められている場合には、当該地区計画等の区域（地区計画、沿道地区計画又は集落地区計画の区域にあつては地区整備計画、沿道地区整備計画又は集落地区整備計画が定められている区域に、住宅地高度利用地区計画又は再開発地区計画の区域にあつては都市計画法第12条の6第2項第二号に規定する施設の配置及び規模若しくは住宅地高度利用地区整備計画が定められている区域又は都市再開発法第7条の8の2第2項第二号に規定する施設の配置及び規模若しくは再開発地区整備計画が定められている区域に、防災街区整備地区計画の区域にあつては密集市街地における防災街区の整備の促進に関する法律第32条第2項第二号に規定する地区防災施設（第86条第3項第二号において「地区防災施設」という。）の区域又は防災街区整備地区整備計画が定められている区域に限る。次条第1項において同じ。）における第42条第1項第五号の規定による位置の指定は、地区計画等に定められた道の配置又はその区域に即して行わなければならない。ただし、建築物の敷地として利用しようとする土地の位置と現に存する道路の位置との関係その他の事由によりこれにより難いと認められる場合においては、この限りでない。

改正：平成10年法律第100号　　　施行：平成11年5月1日
第68条の6　（道路の位置の指定に関する特例）

1　地区計画等に道の配置及び規模又はその区域が定められている場合には、当該地区計画等の区域（地区計画、沿道地区計画又は集落地区計画の区域にあつては地区整備計画、沿道地区整備計画又は集落地区整備計画が定められている区域に、住宅地高度利用地区計画又は再開発地区計画の区域にあつては都市計画法第12条の6第2項第二号に規定する施設の配置及び規模若しくは住宅地高度利用地区整備計画が定められている区域又は都市再開発法第7条の8の2第2項第二号に規定する施設の配置及び規模若しくは再開発地区整備計画が定められている区域に、防災街区整備地区計画の区域にあつては密集市街地における防災街区の整備

の促進に関する法律第32条第2項第二号に規定する地区防災施設（第86条第5項第二号において「地区防災施設」という。）の区域又は防災街区整備地区整備計画が定められている区域に限る。次条第1項において同じ。）における第42条第1項第五号の規定による位置の指定は、地区計画等に定められた道の配置又はその区域に即して行わなければならない。ただし、建築物の敷地として利用しようとする土地の位置と現に存する道路の位置との関係その他の事由によりこれにより難いと認められる場合においては、この限りでない。

改正：平成14年法律第85号　　　施行：平成15年1月1日
第68条の6　（道路の位置の指定に関する特例）

1　地区計画等に道の配置及び規模又はその区域が定められている場合には、当該地区計画等の区域（次の各号に掲げる地区計画等の区分に応じて、当該各号に定める事項が定められている区域に限る。次条第1項において同じ。）における第42条第1項第五号の規定による位置の指定は、地区計画等に定められた道の配置又はその区域に即して行わなければならない。ただし、建築物の敷地として利用しようとする土地の位置と現に存する道路の位置との関係その他の事由によりこれにより難いと認められる場合においては、この限りでない。
　一　地区計画　再開発等促進区（都市計画法第12条の5第4項第二号に規定する施設の配置及び規模が定められているものに限る。）又は地区整備計画
　二　防災街区整備地区計画　地区防災施設の区域又は防災街区整備地区整備計画
　三　沿道地区計画　沿道再開発等促進区（沿道整備法第9条第4項第二号に規定する施設の配置及び規模が定められているものに限る。）又は沿道地区整備計画
　四　集落地区計画　集落地区整備計画

改正：平成18年法律第46号　　　施行：平成19年11月30日
第68条の6　（道路の位置の指定に関する特例）

1　地区計画等に道の配置及び規模又はその区域が定められている場合には、当該地区計画等の区域（次の各号に掲げる地区計画等の区分に応じて、当該各号に定める事項が定められている区域に限る。次条第1項において同じ。）における第42条第1項第五号の規定による位置の指定は、地区計画等に定められた道の配置又はその区域に即して行わなければならない。ただし、建築物の敷地として利用しようとする土地の位置と現に存する道路の位置との関係その他の事由によりこれにより難いと認められる場合においては、この限りでない。
　一　地区計画　再開発等促進区若しくは開発整備促進区（いずれも都市計画法第12条の5第5項第二号に規定する施設の配置及び規模が定められているものに限る。）又は地区整備計画
　二～四　略

改正：平成20年法律第40号　　　施行：平成20年11月4日
第68条の6　（道路の位置の指定に関する特例）

1　地区計画等に道の配置及び規模又はその区域が定められている場合には、当該地区計画等の区域（次の各号に掲げる地区計画等の区分に応じて、当該各号に定める事項が定められている区域に限る。次条第1項において同じ。）における第42条第1項第五号の規定による位置の指定は、地区計画等に定められた道の配置又はその区域に即して行わなければならない。ただし、建築物の敷地として利用しようとする土地の位置と現に存する道路の位置との関係その他の事由によりこれにより難いと認められる場合においては、この限りでない。
　一・二　略
　三　歴史的風致維持向上地区計画　歴史的風致維持向上地区整備計画
　四　沿道地区計画　沿道再開発等促進区（沿道整備法第9条第4項第二号に規定する施設の配置及び規模が定められているものに限る。）又は沿道地区整備計画
　五　集落地区計画　集落地区整備計画

法68条の6 改正：平成23年法律第105号

改正：平成23年法律第105号　　　施行：平成23年8月30日
第68条の6　（道路の位置の指定に関する特例）

1　地区計画等に道の配置及び規模又はその区域が定められている場合には、当該地区計画等の区域（次の各号に掲げる地区計画等の区分に応じて、当該各号に定める事項が定められている区域に限る。次条第1項において同じ。）における第42条第1項第五号の規定による位置の指定は、地区計画等に定められた道の配置又はその区域に即して行わなければならない。ただし、建築物の敷地として利用しようとする土地の位置と現に存する道路の位置との関係その他の事由によりこれにより難いと認められる場合においては、この限りでない。
　一　地区計画　再開発等促進区若しくは開発整備促進区（いずれも都市計画法第12条の5第5項第一号に規定する施設の配置及び規模が定められているものに限る。）又は地区整備計画
　二　防災街区整備地区計画　地区防災施設の区域又は防災街区整備地区整備計画
　三　歴史的風致維持向上地区計画　歴史的風致維持向上地区整備計画
　四　沿道地区計画　沿道再開発等促進区（沿道整備法第9条第4項第一号に規定する施設の配置及び規模が定められているものに限る。）又は沿道地区整備計画
　五　集落地区計画　集落地区整備計画

[現行]　第68条の7　（予定道路の指定）

制定：昭和55年法律第35号　　　施行：昭和56年4月25日
旧　第68条の4　（予定道路の指定）

1　特定行政庁は、地区計画又は沿道整備計画に道の配置及び規模が定められている場合で、次の各号の一に該当するときは、当該地区計画等の区域において、これらの計画に定められた道の配置及び規模に即して、政令で定める基準に従い、予定道路の指定を行うことができる。ただし、第二号又は第三号に該当する場合で当該指定に伴う制限により当該指定の際現に当該予定道路の敷地となる土地を含む土地について所有権その他の権利を有する者が当該土地をその権利に基づいて利用することが著しく妨げられることとなるときは、この限りでない。
　一　当該指定について、当該予定道路の敷地となる土地の所有者その他の政令で定める利害関係を有する者の同意を得たとき。
　二　土地区画整理法による土地区画整理事業又はこれに準ずる事業により主要な区画道路が整備された区域において、当該指定に係る道が新たに当該区画道路に接続した細街路網を一体的に形成するものであるとき。
　三　地区計画又は沿道整備計画においてその配置及び規模が定められた道の相当部分の整備が既に行われている場合で、整備の行われていない道の部分に建築物の建築等が行われることにより整備された道の機能を著しく阻害するおそれがあるとき。
2　特定行政庁は、前項の規定により予定道路の指定を行う場合（同項第一号に該当する場合を除く。）においては、あらかじめ、建築審査会の同意を得なければならない。
3　第46条第1項後段、第2項及び第3項の規定は、前項に規定する場合について準用する。
4　第1項の規定により予定道路が指定された場合においては、当該予定道路を第42条第1項に規定する道路とみなして、第44条の規定を適用する。

改正：昭和62年法律第63号　　　施行：昭和63年3月1日
旧　第68条の4　（予定道路の指定）

1　特定行政庁は、地区計画等に道の配置及び規模が定められている場合で、次の各号の一に該当するときは、当該地区計画等の区域において、地区計画等に定められた道の配置及び規模に即して、政令で定める基準に従い、予定道路の指定を行うことができる。ただし、第二号又は第三号に該当する場合で当該指定に伴う制限により当該指定の際現に当該予定道路の敷地となる土地を含む土地について所有権その他の権利を有する者が当該土地をその権利に基づいて利用することが著しく妨げられることとなるときは、この限りでない。

改正：平成9年法律第79号　**法68条の7**

　一・二　略
　三　地区計画等においてその配置及び規模が定められた道の相当部分の整備が既に行われている場合で、整備の行われていない道の部分に建築物の建築等が行われることにより整備された道の機能を著しく阻害するおそれがあるとき。
2～4　略

改正：昭和63年法律第49号　　　施行：昭和63年11月15日
旧　<u>第68条の5</u>　（予定道路の指定）

略

改正：平成2年法律第61号　　　施行：平成2年11月20日
<u>第68条の7</u>　（予定道路の指定）

略

改正：平成4年法律第82号　　　施行：平成5年6月25日
第68条の7　（予定道路の指定）

1～4　略
<u>5　第1項の規定により予定道路が指定された場合において、建築物の敷地が予定道路に接するとき又は当該敷地内に予定道路があるときは、特定行政庁が交通上、安全上、防火上及び衛生上支障がないと認めて許可した建築物については、当該予定道路を第52条第1項の前面道路とみなして、同項から同条第3項までの規定を適用するものとする。この場合においては、当該敷地のうち予定道路に係る部分の面積は、敷地面積又は敷地の部分の面積に算入しないものとする。</u>
<u>6　第44条第2項の規定は、前項の規定による許可をする場合に準用する。</u>

改正：平成6年法律第62号　　　施行：平成6年6月29日
第68条の7　（予定道路の指定）

1～4　略
5　第1項の規定により予定道路が指定された場合において、建築物の敷地が予定道路に接するとき又は当該敷地内に予定道路があるときは、特定行政庁が交通上、安全上、防火上及び衛生上支障がないと認めて許可した建築物については、当該予定道路を第52条第1項の前面道路とみなして、同項から同条<u>第5項</u>までの規定を適用するものとする。この場合においては、当該敷地のうち予定道路に係る部分の面積は、敷地面積又は敷地の部分の面積に算入しないものとする。
6　略

改正：平成9年法律第79号　　　施行：平成9年6月13日
第68条の7　（予定道路の指定）

1～4　略
5　第1項の規定により予定道路が指定された場合において、建築物の敷地が予定道路に接するとき又は当該敷地内に予定道路があるときは、特定行政庁が交通上、安全上、防火上及び衛生上支障がないと認めて許可した建築物については、当該予定道路を第52条第1項の前面道路とみなして、同項から同条<u>第6項</u>までの規定を適用するものとする。この場合においては、当該敷地のうち予定道路に係る部分の面積は、敷地面積又は敷地の部分の面積に算入しないものとする。
6　略

法68条の7　改正：平成9年法律第50号

改正：平成9年法律第50号　　　施行：平成9年11月8日
第68条の7　（予定道路の指定）

1　特定行政庁は、地区計画等に道の配置及び規模又はその区域が定められている場合で、次の各号の一に該当するときは、当該地区計画等の区域において、地区計画等に定められた道の配置及び規模又はその区域に即して、政令で定める基準に従い、予定道路の指定を行うことができる。ただし、第二号又は第三号に該当する場合で当該指定に伴う制限により当該指定の際現に当該予定道路の敷地となる土地を含む土地について所有権その他の権利を有する者が当該土地をその権利に基づいて利用することが著しく妨げられることとなるときは、この限りでない。
　一・二　略
　三　地区計画等においてその配置及び規模又はその区域が定められた道の相当部分の整備が既に行われている場合で、整備の行われていない道の部分に建築物の建築等が行われることにより整備された道の機能を著しく阻害するおそれがあるとき。
2～6　略

改正：平成14年法律第85号　　　施行：平成15年1月1日
第68条の7　（予定道路の指定）

1～4　略
5　第1項の規定により予定道路が指定された場合において、建築物の敷地が予定道路に接するとき又は当該敷地内に予定道路があるときは、特定行政庁が交通上、安全上、防火上及び衛生上支障がないと認めて許可した建築物については、当該予定道路を<u>第52条第2項</u>の前面道路とみなして、同項から同条第6項まで<u>及び第8項</u>の規定を適用するものとする。この場合においては、当該敷地のうち予定道路に係る部分の面積は、敷地面積又は敷地の部分の面積に算入しないものとする。
6　略

改正：平成16年法律第67号　　　施行：平成17年6月1日
第68条の7　（予定道路の指定）

1　特定行政庁は、地区計画等に道の配置及び規模又はその区域が定められている場合で、次の各号の一に該当するときは、当該地区計画等の区域において、地区計画等に定められた道の配置及び規模又はその区域に即して、政令で定める基準に従い、予定道路の指定を行うことができる。ただし、第二号又は第三号に該当する場合で当該指定に伴う制限により当該指定の際現に当該予定道路の敷地となる土地を含む土地について所有権その他の権利を有する者が当該土地をその権利に基づいて利用することが著しく妨げられることとなるときは、この限りでない。
　一　当該指定について、当該予定道路の敷地となる土地の所有者その他の政令で定める利害関係を有する者の同意を得たとき。
　二　土地区画整理法による土地区画整理事業又はこれに準ずる事業により主要な区画道路が整備された区域において、当該指定に係る道が新たに当該区画道路に接続した細街路網を一体的に形成するものであるとき。
　三　地区計画等においてその配置及び規模又はその区域が定められた道の相当部分の整備が既に行われている場合で、整備の行われていない道の部分に建築物の建築等が行われることにより整備された道の機能を著しく阻害するおそれがあるとき。
2　特定行政庁は、前項の規定により予定道路の指定を行う場合（同項第一号に該当する場合を除く。）においては、あらかじめ、建築審査会の同意を得なければならない。
3　第46条第1項後段、第2項及び第3項の規定は、前項に規定する場合について準用する。
4　第1項の規定により予定道路が指定された場合においては、当該予定道路を第42条第1項に規定する道路とみなして、第44条の規定を適用する。
5　第1項の規定により予定道路が指定された場合において、建築物の敷地が予定道路に接するとき又は当該敷地内に予定道路があるときは、特定行政庁が交通上、安全上、防火上及び衛生上支障がないと認めて許可

した建築物については、当該予定道路を第52条第2項の前面道路とみなして、同項から同条第7項まで及び第9項の規定を適用するものとする。この場合においては、当該敷地のうち予定道路に係る部分の面積は、敷地面積又は敷地の部分の面積に算入しないものとする。

6　第44条第2項の規定は、前項の規定による許可をする場合に準用する。

[現行]　第68条の8　（建築物の敷地が地区計画等の区域の内外にわたる場合の措置）

制定：昭和55年法律第35号　　　施行：昭和56年4月25日
旧　第68条の5　（建築物の敷地が地区計画等の区域の内外にわたる場合の措置）

1　第68条の2第1項の規定に基づく条例で建築物の延べ面積の敷地面積に対する割合の最高限度又は建築物の建築面積の敷地面積に対する割合の最高限度が定められた場合において、建築物の敷地が当該条例による制限を受ける区域の内外にわたるときは、当該条例で定められた建築物の延べ面積の敷地面積に対する割合の最高限度又は建築物の建築面積の敷地面積に対する割合の最高限度を、それぞれ第52条第1項の規定による建築物の延べ面積の敷地面積に対する割合の限度又は第53条第1項の規定による建築物の建築面積の敷地面積に対する割合の限度とみなして、第52条第2項、第4項及び第5項又は第53条第2項及び第4項の規定を適用する。

改正：昭和62年法律第66号　　　施行：昭和62年11月16日
旧　第68条の5　（建築物の敷地が地区計画等の区域の内外にわたる場合の措置）

1　第68条の2第1項の規定に基づく条例で建築物の延べ面積の敷地面積に対する割合の最高限度又は建築物の建築面積の敷地面積に対する割合の最高限度が定められた場合において、建築物の敷地が当該条例による制限を受ける区域の内外にわたるときは、当該条例で定められた建築物の延べ面積の敷地面積に対する割合の最高限度又は建築物の建築面積の敷地面積に対する割合の最高限度を、それぞれ第52条第1項の規定による建築物の延べ面積の敷地面積に対する割合の限度又は第53条第1項の規定による建築物の建築面積の敷地面積に対する割合の限度とみなして、第52条第2項、第6項及び第7項又は第53条第2項及び第4項の規定を適用する。

改正：昭和63年法律第49号　　　施行：昭和63年11月15日
旧　第68条の6　（建築物の敷地が地区計画等の区域の内外にわたる場合の措置）

略

改正：平成2年法律第61号　　　施行：平成2年11月20日
第68条の8　（建築物の敷地が地区計画等の区域の内外にわたる場合の措置）

略

改正：平成6年法律第62号　　　施行：平成6年6月29日
第68条の8　（建築物の敷地が地区計画等の区域の内外にわたる場合の措置）

1　第68条の2第1項の規定に基づく条例で建築物の延べ面積の敷地面積に対する割合の最高限度又は建築物の建築面積の敷地面積に対する割合の最高限度が定められた場合において、建築物の敷地が当該条例による制限を受ける区域の内外にわたるときは、当該条例で定められた建築物の延べ面積の敷地面積に対する割合の最高限度又は建築物の建築面積の敷地面積に対する割合の最高限度を、それぞれ第52条第1項の規定による建築物の延べ面積の敷地面積に対する割合の限度又は第53条第1項の規定による建築物の建築面積の敷地面積に対する割合の限度とみなして、第52条第4項、第8項及び第9項又は第53条第2項及び第4項の規定を適用する。

法68条の8 改正：平成7年法律第13号

改正：平成7年法律第13号　　　施行：平成7年5月25日
第68条の8　（建築物の敷地が地区計画等の区域の内外にわたる場合の措置）

1　第68条の2第1項の規定に基づく条例で建築物の延べ面積の敷地面積に対する割合の最高限度又は建築物の建築面積の敷地面積に対する割合の最高限度が定められた場合において、建築物の敷地が当該条例による制限を受ける区域の内外にわたるときは、当該条例で定められた建築物の延べ面積の敷地面積に対する割合の最高限度又は建築物の建築面積の敷地面積に対する割合の最高限度を、それぞれ第52条第1項の規定による建築物の延べ面積の敷地面積に対する割合の限度又は第53条第1項の規定による建築物の建築面積の敷地面積に対する割合の限度とみなして、第52条第4項、<u>第10項及び第11項</u>又は第53条第2項及び第4項の規定を適用する。

改正：平成9年法律第79号　　　施行：平成9年6月13日
第68条の8　（建築物の敷地が地区計画等の区域の内外にわたる場合の措置）

1　第68条の2第1項の規定に基づく条例で建築物の延べ面積の敷地面積に対する割合の最高限度又は建築物の建築面積の敷地面積に対する割合の最高限度が定められた場合において、建築物の敷地が当該条例による制限を受ける区域の内外にわたるときは、当該条例で定められた建築物の延べ面積の敷地面積に対する割合の最高限度又は建築物の建築面積の敷地面積に対する割合の最高限度を、<u>それぞれ当該建築物の当該条例による制限を受ける区域内にある部分に係る</u>第52条第1項の規定による建築物の延べ面積の敷地面積に対する割合の限度又は第53条第1項の規定による建築物の建築面積の敷地面積に対する割合の限度とみなして、<u>第52条第5項、第11項及び第12項</u>又は第53条第2項及び第4項の規定を適用する。

改正：平成12年法律第73号　　　施行：平成13年5月18日
第68条の8　（建築物の敷地が地区計画等の区域の内外にわたる場合の措置）

1　第68条の2第1項の規定に基づく条例で建築物の<u>容積率</u>の最高限度又は建築物の<u>建ぺい率</u>の最高限度が定められた場合において、建築物の敷地が当該条例による制限を受ける区域の内外にわたるときは、当該条例で定められた建築物の<u>容積率</u>の最高限度又は建築物の<u>建ぺい率</u>の最高限度を、それぞれ当該建築物の当該条例による制限を受ける区域内にある部分に係る第52条第1項の規定による建築物の<u>容積率</u>の限度又は第53条第1項の規定による建築物の<u>建ぺい率</u>の限度とみなして、第52条第5項、第11項及び第12項又は第53条第2項、<u>第4項及び第5項</u>の規定を適用する。

改正：平成14年法律第85号　　　施行：平成15年1月1日
第68条の8　（建築物の敷地が地区計画等の区域の内外にわたる場合の措置）

1　第68条の2第1項の規定に基づく条例で建築物の容積率の最高限度又は建築物の建ぺい率の最高限度が定められた場合において、建築物の敷地が当該条例による制限を受ける区域の内外にわたるときは、当該条例で定められた建築物の容積率の最高限度又は建築物の建ぺい率の最高限度を、それぞれ当該建築物の当該条例による制限を受ける区域内にある部分に係る第52条<u>第1項及び第2項</u>の規定による建築物の容積率の限度又は第53条第1項の規定による建築物の建ぺい率の限度とみなして、<u>第52条第6項、第13項及び第14項</u>又は第53条第2項、第4項及び第5項の規定を適用する。

改正：平成16年法律第67号　　　施行：平成17年6月1日
第68条の8　（建築物の敷地が地区計画等の区域の内外にわたる場合の措置）

1　第68条の2第1項の規定に基づく条例で建築物の容積率の最高限度又は建築物の建ぺい率の最高限度が定められた場合において、建築物の敷地が当該条例による制限を受ける区域の内外にわたるときは、当該条例で定められた建築物の容積率の最高限度又は建築物の建ぺい率の最高限度を、それぞれ当該建築物の当該条例による制限を受ける区域内にある部分に係る第52条第1項及び第2項の規定による建築物の容積率の限度又は第53条第1項の規定による建築物の建ぺい率の限度とみなして、<u>第52条第7項、第14項及び第15項</u>又は

改正：平成16年法律第111号 **法68条の9**

改正：平成29年法律第26号　　　施行：平成30年4月1日
第68条の8　（建築物の敷地が地区計画等の区域の内外にわたる場合の措置）

1　第68条の2第1項の規定に基づく条例で建築物の容積率の最高限度又は建築物の<u>建蔽率</u>の最高限度が定められた場合において、建築物の敷地が当該条例による制限を受ける区域の内外にわたるときは、当該条例で定められた建築物の容積率の最高限度又は建築物の<u>建蔽率</u>の最高限度を、それぞれ当該建築物の当該条例による制限を受ける区域内にある部分に係る第52条第1項及び第2項の規定による建築物の容積率の限度又は第53条第1項の規定による建築物の<u>建蔽率</u>の限度とみなして、第52条第7項、第14項及び第15項又は第53条第2項、第4項及び第5項の規定を適用する。

改正：平成30年法律第67号　　　施行：令和元年6月25日
第68条の8　（建築物の敷地が地区計画等の区域の内外にわたる場合の措置）

1　第68条の2第1項の規定に基づく条例で建築物の容積率の最高限度又は建築物の建蔽率の最高限度が定められた場合において、建築物の敷地が当該条例による制限を受ける区域の内外にわたるときは、当該条例で定められた建築物の容積率の最高限度又は建築物の建蔽率の最高限度を、それぞれ当該建築物の当該条例による制限を受ける区域内にある部分に係る第52条第1項及び第2項の規定による建築物の容積率の限度又は第53条第1項の規定による建築物の建蔽率の限度とみなして、第52条第7項、第14項及び第15項又は第53条第2項及び<u>第4項から第6項までの規定</u>を適用する。

[現行]　第8節　都市計画区域及び準都市計画区域以外の区域内の建築物の敷地及び構造

（制定：平成4年法律第82号）　　　第8節　都市計画区域以外の区域内の建築物の敷地及び構造
（改正：平成12年法律第73号）　　　第8節　都市計画区域及び準都市計画区域以外の区域内の建築物の敷地及び構造

[現行]　第68条の9

制定：平成4年法律第82号　　　施行：平成5年6月25日
第68条の9　（都市計画区域以外の区域内の建築物に係る制限）

1　第6条第1項第四号の規定に基づき、都道府県知事が関係市町村の意見を聴いて指定する区域内においては、地方公共団体は、当該区域内における土地利用の状況等を考慮し、適正かつ合理的な土地利用を図るため必要と認めるときは、政令で定める基準に従い、条例で、建築物又はその敷地と道路との関係、建築物の延べ面積の敷地面積に対する割合、建築物の高さその他の建築物の敷地又は構造に関して必要な制限を定めることができる。

改正：平成12年法律第73号　　　施行：平成13年5月18日
第68条の9　（都市計画区域及び準都市計画区域以外の区域内の建築物に係る制限）

1　第6条第1項第四号の規定に基づき、都道府県知事が関係市町村の意見を聴いて指定する区域内においては、地方公共団体は、当該区域内における土地利用の状況等を考慮し、適正かつ合理的な土地利用を図るため必要と認めるときは、政令で定める基準に従い、条例で、建築物又はその敷地と道路との関係、建築物の<u>容積率</u>、建築物の高さその他の建築物の敷地又は構造に関して必要な制限を定めることができる。

改正：平成16年法律第111号　　　施行：平成17年6月1日
第68条の9　（都市計画区域及び準都市計画区域以外の区域内の建築物に係る制限）

1　略

法68条の9　改正：平成16年法律第111号

　2　景観法第74条第1項の準景観地区内においては、市町村は、良好な景観の保全を図るため必要があると認めるときは、政令で定める基準に従い、条例で、建築物の高さ、壁面の位置その他の建築物の構造又は敷地に関して必要な制限を定めることができる。

改正：平成26年法律第54号　　　　施行：平成27年6月1日
第68条の9

略

改正：令和4年法律第69号　　　　施行：令和7年4月1日
第68条の9

　1　第6条第1項第三号の規定に基づき、都道府県知事が関係市町村の意見を聴いて指定する区域内においては、地方公共団体は、当該区域内における土地利用の状況等を考慮し、適正かつ合理的な土地利用を図るため必要と認めるときは、政令で定める基準に従い、条例で、建築物又はその敷地と道路との関係、建築物の容積率、建築物の高さその他の建築物の敷地又は構造に関して必要な制限を定めることができる。
　2　景観法第74条第1項の準景観地区内においては、市町村は、良好な景観の保全を図るため必要があると認めるときは、政令で定める基準に従い、条例で、建築物の高さ、壁面の位置その他の建築物の構造又は敷地に関して必要な制限を定めることができる。

[現行]　**第3章の2　型式適合認定等**
（制定：平成10年法律第100号）　第3章の2　型式適合認定等

[現行]　**第68条の10　（型式適合認定）**

制定：平成10年法律第100号　　　　施行：平成12年6月1日
第68条の10　（型式適合認定）

　1　建設大臣は、申請により、建築材料又は主要構造部、建築設備その他の建築物の部分で、政令で定めるものの型式が、前3章の規定又はこれに基づく命令の規定（第68条の26第1項の構造方法等の認定の内容を含む。）のうち当該建築材料又は建築物の部分の構造上の基準その他の技術的基準に関する政令で定める一連の規定に適合するものであることの認定（以下「型式適合認定」という。）を行うことができる。
　2　型式適合認定の申請の手続その他型式適合認定に関し必要な事項は、建設省令で定める。

改正：平成11年法律第160号　　　　施行：平成13年1月6日
第68条の10　（型式適合認定）

　1　国土交通大臣は、申請により、建築材料又は主要構造部、建築設備その他の建築物の部分で、政令で定めるものの型式が、前3章の規定又はこれに基づく命令の規定（第68条の26第1項の構造方法等の認定の内容を含む。）のうち当該建築材料又は建築物の部分の構造上の基準その他の技術的基準に関する政令で定める一連の規定に適合するものであることの認定（以下「型式適合認定」という。）を行うことができる。
　2　型式適合認定の申請の手続その他型式適合認定に関し必要な事項は、国土交通省令で定める。

改正：平成26年法律第54号　　　　施行：平成27年6月1日
第68条の10　（型式適合認定）

　1　国土交通大臣は、申請により、建築材料又は主要構造部、建築設備その他の建築物の部分で、政令で定めるものの型式が、前3章の規定又はこれに基づく命令の規定（第68条の25第1項の構造方法等の認定の内容を含む。）のうち当該建築材料又は建築物の部分の構造上の基準その他の技術的基準に関する政令で定める一連の規定に適合するものであることの認定（以下「型式適合認定」という。）を行うことができる。

2　型式適合認定の申請の手続その他型式適合認定に関し必要な事項は、国土交通省令で定める。

[現行]　第68条の11　（型式部材等製造者の認証）

制定：平成10年法律第100号　　　施行：平成12年6月1日
第68条の11　（型式部材等製造者の認証）

1　建設大臣は、申請により、規格化された型式の建築材料、建築物の部分又は建築物で、建設省令で定めるもの（以下この章において「型式部材等」という。）の製造又は新築（以下この章において単に「製造」という。）をする者について、当該型式部材等の製造者としての認証を行う。
2　前項の申請をしようとする者は、建設省令で定めるところにより、建設省令で定める事項を記載した申請書を提出して、これを行わなければならない。
3　建設大臣は、第1項の規定による認証をしたときは、建設省令で定めるところにより、その旨を公示しなければならない。

改正：平成11年法律第160号　　　施行：平成13年1月6日
第68条の11　（型式部材等製造者の認証）

1　国土交通大臣は、申請により、規格化された型式の建築材料、建築物の部分又は建築物で、国土交通省令で定めるもの（以下この章において「型式部材等」という。）の製造又は新築（以下この章において単に「製造」という。）をする者について、当該型式部材等の製造者としての認証を行う。
2　前項の申請をしようとする者は、国土交通省令で定めるところにより、国土交通省令で定める事項を記載した申請書を提出して、これを行わなければならない。
3　国土交通大臣は、第1項の規定による認証をしたときは、国土交通省令で定めるところにより、その旨を公示しなければならない。

[現行]　第68条の12　（欠格条項）

制定：平成10年法律第100号　　　施行：平成12年6月1日
第68条の12　（欠格条項）

1　次の各号の一に該当する者は、前条第1項の規定による認証を受けることができない。
一　建築基準法令の規定により刑に処せられ、その執行を終わり、又は執行を受けることがなくなつた日から起算して2年を経過しない者
二　第68条の22第1項若しくは第2項又は第68条の24第1項若しくは第2項の規定により認証を取り消され、その取消しの日から起算して2年を経過しない者
三　法人であつて、その役員のうちに前2号の一に該当する者があるもの

改正：平成26年法律第54号　　　施行：平成27年6月1日
第68条の12　（欠格条項）

1　次の各号のいずれかに該当する者は、前条第1項の規定による認証を受けることができない。
一　建築基準法令の規定により刑に処せられ、その執行を終わり、又は執行を受けることがなくなつた日から起算して2年を経過しない者
二　第68条の21第1項若しくは第2項又は第68条の23第1項若しくは第2項の規定により認証を取り消され、その取消しの日から起算して2年を経過しない者
三　法人であつて、その役員のうちに前2号のいずれかに該当する者があるもの

法68条の13　制定：平成10年法律第100号

[現行]　第68条の13　（認証の基準）

制定：平成10年法律第100号　　　施行：平成12年６月１日
第68条の13　（認証の基準）

1　建設大臣は、第68条の11第１項の申請が次に掲げる基準に適合していると認めるときは、同項の規定による認証をしなければならない。
一　申請に係る型式部材等の型式で型式部材等の種類ごとに建設省令で定めるものが型式適合認定を受けたものであること。
二　申請に係る型式部材等の製造設備、検査設備、検査方法、品質管理方法その他品質保持に必要な技術的生産条件が建設省令で定める技術的基準に適合していると認められること。

改正：平成11年法律第160号　　　施行：平成13年１月６日
第68条の13　（認証の基準）

1　<u>国土交通大臣</u>は、第68条の11第１項の申請が次に掲げる基準に適合していると認めるときは、同項の規定による認証をしなければならない。
一　申請に係る型式部材等の型式で型式部材等の種類ごとに<u>国土交通省令</u>で定めるものが型式適合認定を受けたものであること。
二　申請に係る型式部材等の製造設備、検査設備、検査方法、品質管理方法その他品質保持に必要な技術的生産条件が<u>国土交通省令</u>で定める技術的基準に適合していると認められること。

[現行]　第68条の14　（認証の更新）

制定：平成10年法律第100号　　　施行：平成12年６月１日
第68条の14　（認証の更新）

1　第68条の11第１項の規定による認証は、５年以上10年以内において政令で定める期間ごとにその更新を受けなければ、その期間の経過によつて、その効力を失う。
2　第68条の11第２項及び前２条の規定は、前項の認証の更新の場合について準用する。

[現行]　第68条の15　（承継）

制定：平成10年法律第100号　　　施行：平成12年６月１日
第68条の15　（承継）

1　第68条の11第１項の認証を受けた者（以下この章において「認証型式部材等製造者」という。）が当該認証に係る型式部材等の製造の事業の全部を譲渡し、又は認証型式部材等製造者について相続若しくは合併があつたときは、その事業の全部を譲り受けた者又は相続人（相続人が２人以上ある場合において、その全員の同意により当該事業を承継すべき相続人を選定したときは、その者。以下この条において同じ。）若しくは合併後存続する法人若しくは合併により設立した法人は、その認証型式部材等製造者の地位を承継する。ただし、当該事業の全部を譲り受けた者又は相続人若しくは合併後存続する法人若しくは合併により設立した法人が第68条の12各号の一に該当するときは、この限りでない。

改正：平成12年法律第91号　　　施行：平成13年４月１日
第68条の15　（承継）

1　第68条の11第１項の認証を受けた者（以下この章において「認証型式部材等製造者」という。）が当該認証に係る型式部材等の製造の事業の全部を譲渡し、又は認証型式部材等製造者について<u>相続、合併若しくは分割（当該認証に係る型式部材等の製造の事業の全部を承継させるものに限る。）</u>があつたときは、その事業の全部を譲り受けた者又は相続人（相続人が２人以上ある場合において、その全員の同意により当該事業

を承継すべき相続人を選定したときは、その者。以下この条において同じ。)、合併後存続する法人若しくは合併により設立した法人若しくは分割によりその事業の全部を承継した法人は、その認証型式部材等製造者の地位を承継する。ただし、当該事業の全部を譲り受けた者又は相続人、合併後存続する法人若しくは合併により設立した法人若しくは分割により当該事業の全部を承継した法人が第68条の12各号のいずれかに該当するときは、この限りでない。

［現行］　第68条の16　（変更の届出）

制定：平成10年法律第100号　　　施行：平成12年6月1日
第68条の16　（変更の届出）

1　認証型式部材等製造者は、第68条の11第2項の建設省令で定める事項に変更（建設省令で定める軽微なものを除く。）があつたときは、建設省令で定めるところにより、その旨を建設大臣に届け出なければならない。

改正：平成11年法律第160号　　　施行：平成13年1月6日
第68条の16　（変更の届出）

1　認証型式部材等製造者は、第68条の11第2項の国土交通省令で定める事項に変更（国土交通省令で定める軽微なものを除く。）があつたときは、国土交通省令で定めるところにより、その旨を国土交通大臣に届け出なければならない。

［現行］　第68条の17　（廃止の届出）

制定：平成10年法律第100号　　　施行：平成12年6月1日
第68条の17　（廃止の届出）

1　認証型式部材等製造者は、当該認証に係る型式部材等の製造の事業を廃止しようとするときは、建設省令で定めるところにより、あらかじめ、その旨を建設大臣に届け出なければならない。
2　前項の規定による届出があつたときは、当該届出に係る第68条の11第1項の規定による認証は、その効力を失う。
3　建設大臣は、第1項の規定による届出があつたときは、その旨を公示しなければならない。

改正：平成11年法律第160号　　　施行：平成13年1月6日
第68条の17　（廃止の届出）

1　認証型式部材等製造者は、当該認証に係る型式部材等の製造の事業を廃止しようとするときは、国土交通省令で定めるところにより、あらかじめ、その旨を国土交通大臣に届け出なければならない。
2　前項の規定による届出があつたときは、当該届出に係る第68条の11第1項の規定による認証は、その効力を失う。
3　国土交通大臣は、第1項の規定による届出があつたときは、その旨を公示しなければならない。

［現行］　第68条の18　（型式適合義務等）

制定：平成10年法律第100号　　　施行：平成12年6月1日
第68条の18　（型式適合義務等）

1　認証型式部材等製造者は、その認証に係る型式部材等の製造をするときは、当該型式部材等がその認証に係る型式に適合するようにしなければならない。ただし、輸出のため当該型式部材等の製造をする場合、試験的に当該型式部材等の製造をする場合その他の建設省令で定める場合は、この限りでない。

法68条の18 制定：平成10年法律第100号

> 2 認証型式部材等製造者は、建設省令で定めるところにより、製造をする当該認証に係る型式部材等について検査を行い、その検査記録を作成し、これを保存しなければならない。

改正：平成11年法律第160号　　施行：平成13年1月6日
第68条の18　（型式適合義務等）

> 1 認証型式部材等製造者は、その認証に係る型式部材等の製造をするときは、当該型式部材等がその認証に係る型式に適合するようにしなければならない。ただし、輸出のため当該型式部材等の製造をする場合、試験的に当該型式部材等の製造をする場合その他の<u>国土交通省令</u>で定める場合は、この限りでない。
> 2 認証型式部材等製造者は、<u>国土交通省令</u>で定めるところにより、製造をする当該認証に係る型式部材等について検査を行い、その検査記録を作成し、これを保存しなければならない。

[現行]　**第68条の19　（表示等）**

制定：平成10年法律第100号　　施行：平成12年6月1日
第68条の19　（表示等）

> 1 認証型式部材等製造者は、その認証に係る型式部材等の製造をしたときは、これに当該型式部材等が認証型式部材等製造者が製造をした型式部材等であることを示す建設省令で定める方式による特別な表示を付することができる。
> 2 何人も、前項の規定による場合を除くほか、建築材料、建築物の部分又は建築物に、同項の表示又はこれと紛らわしい表示を付してはならない。

改正：平成11年法律第160号　　施行：平成13年1月6日
第68条の19　（表示等）

> 1 認証型式部材等製造者は、その認証に係る型式部材等の製造をしたときは、これに当該型式部材等が認証型式部材等製造者が製造をした型式部材等であることを示す<u>国土交通省令</u>で定める方式による特別な表示を付することができる。
> 2 何人も、前項の規定による場合を除くほか、建築材料、建築物の部分又は建築物に、同項の表示又はこれと紛らわしい表示を付してはならない。

[現行]　**第68条の20　（認証型式部材等に関する確認及び検査の特例）**

制定：平成10年法律第100号　　施行：平成12年6月1日
第68条の20　（認証型式部材等に関する確認及び検査の特例）

> 1 認証型式部材等製造者が製造をするその認証に係る型式部材等（以下この章において「認証型式部材等」という。）は、第6条第4項に規定する審査、第6条の2第1項の規定による確認のための審査又は第18条第3項に規定する審査において、その認証に係る型式に適合するものとみなす。
> 2 建築物以外の認証型式部材等で前条第1項の表示を付したもの及び建築物である認証型式部材等でその新築の工事が建設省令で定めるところにより建築士である工事監理者によつて設計図書のとおり実施されたことが確認されたものは、第7条第4項、第7条の2第1項、第7条の3第4項、第7条の4第1項又は第18条第6項若しくは第9項の規定による検査において、その認証に係る型式に適合するものとみなす。

改正：平成11年法律第160号　　施行：平成13年1月6日
第68条の20　（認証型式部材等に関する確認及び検査の特例）

> 1 略
> 2 建築物以外の認証型式部材等で前条第1項の表示を付したもの及び建築物である認証型式部材等でその

新築の工事が国土交通省令で定めるところにより建築士である工事監理者によつて設計図書のとおり実施されたことが確認されたものは、第7条第4項、第7条の2第1項、第7条の3第4項、第7条の4第1項又は第18条第6項若しくは第9項の規定による検査において、その認証に係る型式に適合するものとみなす。

改正：平成18年法律第92号　　　施行：平成19年6月20日
第68条の20　（認証型式部材等に関する確認及び検査の特例）

1　略
2　建築物以外の認証型式部材等で前条第1項の表示を付したもの及び建築物である認証型式部材等でその新築の工事が国土交通省令で定めるところにより建築士である工事監理者によつて設計図書のとおり実施されたことが確認されたものは、第7条第4項、第7条の2第1項、第7条の3第4項、第7条の4第1項又は第18条<u>第15項</u>若しくは<u>第18項</u>の規定による検査において、その認証に係る型式に適合するものとみなす。

改正：平成26年法律第54号　　　施行：平成27年6月1日
第68条の20　（認証型式部材等に関する確認及び検査の特例）

1　略
2　建築物以外の認証型式部材等で前条第1項の表示を付したもの及び建築物である認証型式部材等でその新築の工事が国土交通省令で定めるところにより建築士である工事監理者によつて設計図書のとおり実施されたことが確認されたものは、第7条第4項、第7条の2第1項、第7条の3第4項、第7条の4第1項又は<u>第18条第17項</u>若しくは<u>第20項</u>の規定による検査において、その認証に係る型式に適合するものとみなす。

改正：令和6年法律第53号　　　施行：令和6年11月1日
第68条の20　（認証型式部材等に関する確認及び検査の特例）

1　認証型式部材等製造者が製造をするその認証に係る型式部材等（以下この章において「認証型式部材等」という。）は、第6条第4項に規定する審査、第6条の2第1項の規定による確認のための審査又は第18条第3項<u>若しくは第4項</u>に規定する審査において、その認証に係る型式に適合するものとみなす。
2　建築物以外の認証型式部材等で前条第1項の表示を付したもの及び建築物である認証型式部材等でその新築の工事が国土交通省令で定めるところにより建築士である工事監理者によつて設計図書のとおり実施されたことが確認されたものは、第7条第4項、第7条の2第1項、第7条の3第4項、第7条の4第1項又は<u>第18条第21項、第23項、第29項若しくは第32項</u>の規定による検査において、その認証に係る型式に適合するものとみなす。

[削除条文]

制定：平成10年法律第100号　　　施行：平成12年6月1日
旧　第68条の21　（報告、検査等）

1　建設大臣は、この法律の施行に必要な限度において、認証型式部材等製造者に対しその業務に関し必要な報告を求め、又はその職員に、認証型式部材等製造者の工場、営業所、事務所、倉庫その他の事業場に立ち入り、認証型式部材等の製造設備若しくは検査設備、帳簿、書類その他の物件を検査させ、若しくは関係者に質問させることができる。
2　前項の規定により立入検査をする職員は、その身分を示す証明書を携帯し、関係者に提示しなければならない。
3　第1項の規定による権限は、犯罪捜査のために認められたものと解釈してはならない。

改正：平成11年法律第160号　　　施行：平成13年1月6日

法旧68条の21　改正：平成11年法律第160号

旧　第68条の21　（報告、検査等）

1　国土交通大臣は、この法律の施行に必要な限度において、認証型式部材等製造者に対しその業務に関し必要な報告を求め、又はその職員に、認証型式部材等製造者の工場、営業所、事務所、倉庫その他の事業場に立ち入り、認証型式部材等の製造設備若しくは検査設備、帳簿、書類その他の物件を検査させ、若しくは関係者に質問させることができる。
2　前項の規定により立入検査をする職員は、その身分を示す証明書を携帯し、関係者に提示しなければならない。
3　第1項の規定による権限は、犯罪捜査のために認められたものと解釈してはならない。

改正：平成26年法律第54号　　　施行：平成27年6月1日
旧　第68条の21　（報告、検査等）　削除

[現行]　第68条の21　（認証の取消し）

制定：平成10年法律第100号　　　施行：平成12年6月1日
旧　第68条の22　（認証の取消し）

1　建設大臣は、認証型式部材等製造者が次の各号の一に該当するときは、その認証を取り消さなければならない。
　一　第68条の12第一号又は第三号に該当するに至つたとき。
　二　当該認証に係る型式適合認定が取り消されたとき。
2　建設大臣は、認証型式部材等製造者が次の各号の一に該当するときは、その認証を取り消すことができる。
　一　第68条の16、第68条の18又は第68条の19第2項の規定に違反したとき。
　二　認証型式部材等の製造設備、検査設備、検査方法、品質管理方法その他品質保持に必要な技術的生産条件が、第68条の13第二号の建設省令で定める技術的基準に適合していないと認めるとき。
　三　不正な手段により認証を受けたとき。
3　建設大臣は、前2項の規定により認証を取り消したときは、建設省令で定めるところにより、その旨を公示しなければならない。

改正：平成11年法律第160号　　　施行：平成13年1月6日
旧　第68条の22　（認証の取消し）

1　国土交通大臣は、認証型式部材等製造者が次の各号の一に該当するときは、その認証を取り消さなければならない。
　一・二　略
2　国土交通大臣は、認証型式部材等製造者が次の各号の一に該当するときは、その認証を取り消すことができる。
　一　略
　二　認証型式部材等の製造設備、検査設備、検査方法、品質管理方法その他品質保持に必要な技術的生産条件が、第68条の13第二号の国土交通省令で定める技術的基準に適合していないと認めるとき。
　三　略
3　国土交通大臣は、前2項の規定により認証を取り消したときは、国土交通省令で定めるところにより、その旨を公示しなければならない。

改正：平成26年法律第54号　　　施行：平成27年6月1日
第68条の21　（認証の取消し）

1　国土交通大臣は、認証型式部材等製造者が次の各号のいずれかに該当するときは、その認証を取り消さな

ければならない。
一　第68条の12第一号又は第三号に該当するに至つたとき。
二　当該認証に係る型式適合認定が取り消されたとき。
2　国土交通大臣は、認証型式部材等製造者が次の各号のいずれかに該当するときは、その認証を取り消すことができる。
一　第68条の16、第68条の18又は第68条の19第２項の規定に違反したとき。
二　認証型式部材等の製造設備、検査設備、検査方法、品質管理方法その他品質保持に必要な技術的生産条件が、第68条の13第二号の国土交通省令で定める技術的基準に適合していないと認めるとき。
三　不正な手段により認証を受けたとき。
3　国土交通大臣は、前２項の規定により認証を取り消したときは、国土交通省令で定めるところにより、その旨を公示しなければならない。

[現行]　第68条の22　（外国型式部材等製造者の認証）

制定：平成10年法律第100号　　　施行：平成12年６月１日
旧　第68条の23　（外国型式部材等製造者の認証）

1　建設大臣は、申請により、外国において本邦に輸出される型式部材等の製造をする者について、当該型式部材等の外国製造者としての認証を行う。
2　第68条の11第２項及び第３項並びに第68条の12から第68条の14までの規定は前項の認証に、第68条の15から第68条の19まで及び第68条の21の規定は同項の認証を受けた者（以下この章において「認証外国型式部材等製造者」という。）に、第68条の20の規定は認証外国型式部材等製造者が製造をする型式部材等に準用する。この場合において、第68条の19第２項中「何人も」とあるのは「認証外国型式部材等製造者は」と、「建築材料」とあるのは「本邦に輸出される建築材料」と読み替えるものとする。

改正：平成11年法律第160号　　　施行：平成13年１月６日
旧　第68条の23　（外国型式部材等製造者の認証）

1　国土交通大臣は、申請により、外国において本邦に輸出される型式部材等の製造をする者について、当該型式部材等の外国製造者としての認証を行う。
2　略

改正：平成26年法律第54号　　　施行：平成27年６月１日
第68条の22　（外国型式部材等製造者の認証）

1　国土交通大臣は、申請により、外国において本邦に輸出される型式部材等の製造をする者について、当該型式部材等の外国製造者としての認証を行う。
2　第68条の11第２項及び第３項並びに第68条の12から第68条の14までの規定は前項の認証に、第68条の15から第68条の19までの規定は同項の認証を受けた者（以下この章において「認証外国型式部材等製造者」という。）に、第68条の20の規定は認証外国型式部材等製造者が製造をする型式部材等に準用する。この場合において、第68条の19第２項中「何人も」とあるのは「認証外国型式部材等製造者は」と、「建築材料」とあるのは「本邦に輸出される建築材料」と読み替えるものとする。

[現行]　第68条の23　（認証の取消し）

制定：平成10年法律第100号　　　施行：平成12年６月１日
旧　第68条の24　（認証の取消し）

1　建設大臣は、認証外国型式部材等製造者が次の各号の一に該当するときは、その認証を取り消さなければならない。

法旧68条の24　制定：平成10年法律第100号

　　一　前条第2項において準用する第68条の12第一号又は第三号に該当するに至つたとき。
　　二　当該認証に係る型式適合認定が取り消されたとき。
2　建設大臣は、認証外国型式部材等製造者が次の各号の一に該当するときは、その認証を取り消すことができる。
　　一　前条第2項において準用する第68条の16、第68条の18又は第68条の19第2項の規定に違反したとき。
　　二　認証に係る型式部材等の製造設備、検査設備、検査方法、品質管理方法その他品質保持に必要な技術的生産条件が、前条第2項において準用する第68条の13第二号の建設省令で定める技術的基準に適合していないと認めるとき。
　　三　不正な手段により認証を受けたとき。
　　四　前条第2項において準用する第68条の21第1項の規定による報告をせず、又は虚偽の報告をしたとき。
　　五　前条第2項において準用する第68条の21第1項の規定による検査を拒み、妨げ、若しくは忌避し、又は同項の規定による質問に対して答弁をせず、若しくは虚偽の答弁をしたとき。
　　六　第4項の規定による費用の負担をしないとき。
3　建設大臣は、前2項の規定により認証を取り消したときは、建設省令で定めるところにより、その旨を公示しなければならない。
4　前条第2項において準用する第68条の21第1項の規定による検査に要する費用（政令で定めるものに限る。）は、当該検査を受ける認証外国型式部材等製造者の負担とする。

改正：平成11年法律第160号　　　施行：平成13年1月6日
旧　第68条の24　（認証の取消し）

1　<u>国土交通大臣</u>は、認証外国型式部材等製造者が次の各号の一に該当するときは、その認証を取り消さなければならない。
　　一・二　略
2　<u>国土交通大臣</u>は、認証外国型式部材等製造者が次の各号の一に該当するときは、その認証を取り消すことができる。
　　一　略
　　二　認証に係る型式部材等の製造設備、検査設備、検査方法、品質管理方法その他品質保持に必要な技術的生産条件が、前条第2項において準用する第68条の13第二号の<u>国土交通省令</u>で定める技術的基準に適合していないと認めるとき。
　　三～六　略
3　<u>国土交通大臣</u>は、前2項の規定により認証を取り消したときは、<u>国土交通省令</u>で定めるところにより、その旨を公示しなければならない。
4　略

改正：平成26年法律第54号　　　施行：平成27年6月1日
第68条の23　（認証の取消し）

1　国土交通大臣は、認証外国型式部材等製造者が次の各号の<u>いずれか</u>に該当するときは、その認証を取り消さなければならない。
　　一　前条第2項において準用する第68条の12第一号又は第三号に該当するに至つたとき。
　　二　当該認証に係る型式適合認定が取り消されたとき。
2　国土交通大臣は、認証外国型式部材等製造者が次の各号の<u>いずれか</u>に該当するときは、その認証を取り消すことができる。
　　一　前条第2項において準用する第68条の16、第68条の18又は第68条の19第2項の規定に違反したとき。
　　二　認証に係る型式部材等の製造設備、検査設備、検査方法、品質管理方法その他品質保持に必要な技術的生産条件が、前条第2項において準用する第68条の13第二号の国土交通省令で定める技術的基準に適合していないと認めるとき。
　　三　不正な手段により認証を受けたとき。

四　第15条の2第1項の規定による報告若しくは物件の提出をせず、又は虚偽の報告若しくは虚偽の物件の提出をしたとき。
　　五　第15条の2第1項の規定による検査若しくは試験を拒み、妨げ、若しくは忌避し、又は同項の規定による質問に対して答弁をせず、若しくは虚偽の答弁をしたとき。
　　六　第4項の規定による費用の負担をしないとき。
　3　国土交通大臣は、前2項の規定により認証を取り消したときは、国土交通省令で定めるところにより、その旨を公示しなければならない。
　4　第15条の2第1項の規定による検査又は試験に要する費用（政令で定めるものに限る。）は、当該検査又は試験を受ける認証外国型式部材等製造者の負担とする。

[現行]　第68条の24　（指定認定機関等による認定等の実施）

制定：平成10年法律第100号　　　施行：平成12年6月1日
旧　第68条の25　（指定認定機関等による認定等の実施）

1　建設大臣は、第77条の36から第77条の39までの規定の定めるところにより指定する者に、型式適合認定又は第68条の11第1項若しくは第68条の23第1項の規定による認証、第68条の14第1項（第68条の23第2項において準用する場合を含む。）の認証の更新及び第68条の11第3項（第68条の23第2項において準用する場合を含む。）の規定による公示（以下「認定等」という。）の全部又は一部を行わせることができる。
2　建設大臣は、前項の規定による指定をしたときは、当該指定を受けた者が行う認定等を行わないものとする。
3　建設大臣は、第77条の54の規定の定めるところにより承認する者に、認定等（外国において事業を行う者の申請に基づき行うものに限る。）の全部又は一部を行わせることができる。

改正：平成11年法律第160号　　　施行：平成13年1月6日
旧　第68条の25　（指定認定機関等による認定等の実施）

1　国土交通大臣は、第77条の36から第77条の39までの規定の定めるところにより指定する者に、型式適合認定又は第68条の11第1項若しくは第68条の23第1項の規定による認証、第68条の14第1項（第68条の23第2項において準用する場合を含む。）の認証の更新及び第68条の11第3項（第68条の23第2項において準用する場合を含む。）の規定による公示（以下「認定等」という。）の全部又は一部を行わせることができる。
2　国土交通大臣は、前項の規定による指定をしたときは、当該指定を受けた者が行う認定等を行わないものとする。
3　国土交通大臣は、第77条の54の規定の定めるところにより承認する者に、認定等（外国において事業を行う者の申請に基づき行うものに限る。）の全部又は一部を行わせることができる。

改正：平成26年法律第54号　　　施行：平成27年6月1日
第68条の24　（指定認定機関等による認定等の実施）

1　国土交通大臣は、第77条の36から第77条の39までの規定の定めるところにより指定する者に、型式適合認定又は第68条の11第1項若しくは第68条の22第1項の規定による認証、第68条の14第1項（第68条の22第2項において準用する場合を含む。）の認証の更新及び第68条の11第3項（第68条の22第2項において準用する場合を含む。）の規定による公示（以下「認定等」という。）の全部又は一部を行わせることができる。
2　国土交通大臣は、前項の規定による指定をしたときは、当該指定を受けた者が行う認定等を行わないものとする。
3　国土交通大臣は、第77条の54の規定の定めるところにより承認する者に、認定等（外国において事業を行う者の申請に基づき行うものに限る。）の全部又は一部を行わせることができる。

法旧68条の26　制定：平成10年法律第100号

[現行]　第68条の25　（構造方法等の認定）

制定：平成10年法律第100号　　　施行：平成12年6月1日
旧　第68条の26　（構造方法等の認定）

1　構造方法等の認定（前3章の規定又はこれに基づく命令の規定で、建築物の構造上の基準その他の技術的基準に関するものに基づき建設大臣がする構造方法又は建築材料に係る認定をいう。以下同じ。）の申請をしようとする者は、建設省令で定めるところにより、建設省令で定める事項を記載した申請書を建設大臣に提出して、これをしなければならない。
2　建設大臣は、構造方法等の認定のための審査に当たつては、審査に係る構造方法又は建築材料の性能に関する評価（以下この条において単に「評価」という。）に基づきこれを行うものとする。
3　建設大臣は、第77条の56の規定の定めるところにより指定する者に、構造方法等の認定のための審査に必要な評価の全部又は一部を行わせることができる。
4　建設大臣は、前項の規定による指定をしたときは、当該指定を受けた者が行う評価を行わないものとする。
5　建設大臣が第3項の規定による指定をした場合において、当該指定に係る構造方法等の認定の申請をしようとする者は、第7項の規定により申請する場合を除き、第3項の規定による指定を受けた者が作成した当該申請に係る構造方法又は建築材料の性能に関する評価書（以下この条において「性能評価書」という。）を第1項の申請書に添えて、これをしなければならない。この場合において、建設大臣は、当該性能評価書に基づき構造方法等の認定のための審査を行うものとする。
6　建設大臣は、第77条の57の規定の定めるところにより承認する者に、構造方法等の認定のための審査に必要な評価（外国において事業を行う者の申請に基づき行うものに限る。）の全部又は一部を行わせることができる。
7　外国において事業を行う者は、前項の承認を受けた者が作成した性能評価書を第1項の申請書に添えて構造方法等の認定を申請することができる。この場合において、建設大臣は、当該性能評価書に基づき構造方法等の認定のための審査を行うものとする。

改正：平成11年法律第160号　　　施行：平成13年1月6日
旧　第68条の26　（構造方法等の認定）

1　構造方法等の認定（前3章の規定又はこれに基づく命令の規定で、建築物の構造上の基準その他の技術的基準に関するものに基づき国土交通大臣がする構造方法又は建築材料に係る認定をいう。以下同じ。）の申請をしようとする者は、国土交通省令で定めるところにより、国土交通省令で定める事項を記載した申請書を国土交通大臣に提出して、これをしなければならない。
2　国土交通大臣は、構造方法等の認定のための審査に当たつては、審査に係る構造方法又は建築材料の性能に関する評価（以下この条において単に「評価」という。）に基づきこれを行うものとする。
3　国土交通大臣は、第77条の56の規定の定めるところにより指定する者に、構造方法等の認定のための審査に必要な評価の全部又は一部を行わせることができる。
4　国土交通大臣は、前項の規定による指定をしたときは、当該指定を受けた者が行う評価を行わないものとする。
5　国土交通大臣が第3項の規定による指定をした場合において、当該指定に係る構造方法等の認定の申請をしようとする者は、第7項の規定により申請する場合を除き、第3項の規定による指定を受けた者が作成した当該申請に係る構造方法又は建築材料の性能に関する評価書（以下この条において「性能評価書」という。）を第1項の申請書に添えて、これをしなければならない。この場合において、国土交通大臣は、当該性能評価書に基づき構造方法等の認定のための審査を行うものとする。
6　国土交通大臣は、第77条の57の規定の定めるところにより承認する者に、構造方法等の認定のための審査に必要な評価（外国において事業を行う者の申請に基づき行うものに限る。）の全部又は一部を行わせることができる。
7　外国において事業を行う者は、前項の承認を受けた者が作成した性能評価書を第1項の申請書に添えて構造方法等の認定を申請することができる。この場合において、国土交通大臣は、当該性能評価書に基づき構造方法等の認定のための審査を行うものとする。

制定：平成26年法律第54号 **法68条の26**

改正：平成18年法律第92号　　施行：平成19年6月20日
旧　第68条の26　（構造方法等の認定）

1　構造方法等の認定（前3章の規定又はこれに基づく命令の規定で、建築物の構造上の基準その他の技術的基準に関するものに基づき国土交通大臣がする構造方法、<u>建築材料又はプログラム</u>に係る認定をいう。以下同じ。）の申請をしようとする者は、国土交通省令で定めるところにより、国土交通省令で定める事項を記載した申請書を国土交通大臣に提出して、これをしなければならない。
2　国土交通大臣は、構造方法等の認定のための審査に当たつては、審査に係る構造方法、<u>建築材料又はプログラム</u>の性能に関する評価（以下この条において単に「評価」という。）に基づきこれを行うものとする。
3・4　略
5　国土交通大臣が第3項の規定による指定をした場合において、当該指定に係る構造方法等の認定の申請をしようとする者は、第7項の規定により申請する場合を除き、第3項の規定による指定を受けた者が作成した当該申請に係る構造方法、<u>建築材料又はプログラム</u>の性能に関する評価書（以下この条において「性能評価書」という。）を第1項の申請書に添えて、これをしなければならない。この場合において、国土交通大臣は、当該性能評価書に基づき構造方法等の認定のための審査を行うものとする。
6・7　略

改正：平成26年法律第54号　　施行：平成27年6月1日
第68条の25　（構造方法等の認定）

1　構造方法等の認定（前3章の規定又はこれに基づく命令の規定で、建築物の構造上の基準その他の技術的基準に関するものに基づき国土交通大臣がする構造方法、建築材料又はプログラムに係る認定をいう。以下同じ。）の申請をしようとする者は、国土交通省令で定めるところにより、国土交通省令で定める事項を記載した申請書を国土交通大臣に提出して、これをしなければならない。
2　国土交通大臣は、構造方法等の認定のための審査に当たつては、審査に係る構造方法、建築材料又はプログラムの性能に関する評価（以下この条において単に「評価」という。）に基づきこれを行うものとする。
3　国土交通大臣は、第77条の56の規定の定めるところにより指定する者に、構造方法等の認定のための審査に必要な評価の全部又は一部を行わせることができる。
4　国土交通大臣は、前項の規定による指定をしたときは、当該指定を受けた者が行う評価を行わないものとする。
5　国土交通大臣が第3項の規定による指定をした場合において、当該指定に係る構造方法等の認定の申請をしようとする者は、第7項の規定により申請する場合を除き、第3項の規定による指定を受けた者が作成した当該申請に係る構造方法、建築材料又はプログラムの性能に関する評価書（以下この条において「性能評価書」という。）を第1項の申請書に添えて、これをしなければならない。この場合において、国土交通大臣は、当該性能評価書に基づき構造方法等の認定のための審査を行うものとする。
6　国土交通大臣は、第77条の57の規定の定めるところにより承認する者に、構造方法等の認定のための審査に必要な評価（外国において事業を行う者の申請に基づき行うものに限る。）の全部又は一部を行わせることができる。
7　外国において事業を行う者は、前項の承認を受けた者が作成した性能評価書を第1項の申請書に添えて構造方法等の認定を申請することができる。この場合において、国土交通大臣は、当該性能評価書に基づき構造方法等の認定のための審査を行うものとする。

[現行]　第68条の26　（特殊構造方法等認定）

制定：平成26年法律第54号　　施行：平成27年6月1日
第68条の26　（特殊構造方法等認定）

1　特殊構造方法等認定（第38条（第67条の2及び第67条の4において準用する場合を含む。）の規定による認定をいう。以下同じ。）の申請をしようとする者は、国土交通省令で定めるところにより、国土交通省令

建築基準法　条文改正経過　｜　347

法68条の26 制定：平成26年法律第54号

で定める事項を記載した申請書を国土交通大臣に提出して、これをしなければならない。

改正：平成30年法律第67号　　　施行：令和元年6月25日

第68条の26（特殊構造方法等認定）

1　特殊構造方法等認定（第38条（第66条及び第67条の2において準用する場合を含む。）の規定による認定をいう。以下同じ。）の申請をしようとする者は、国土交通省令で定めるところにより、国土交通省令で定める事項を記載した申請書を国土交通大臣に提出して、これをしなければならない。

法69条 制定：昭和25年法律第201号

[現行]　第4章　建築協定

(制定：昭和25年法律第201号)　旧　第8章　建築協定
(改正：昭和34年法律第156号)　第4章　建築協定

[現行]　第69条　（建築協定の目的）

制定：昭和25年法律第201号　　　施行：昭和25年11月23日
第69条　（建築協定の目的）

1　市町村（都の特別区の存する区域においては、都）は、その区域の一部について、住宅地としての環境又は商店街としての利便を高度に維持増進する等建築物の利用を増進し、且つ、土地の環境を改善するために必要と認める場合においては、土地の所有権者並びに建築物の所有を目的とする地上権者及び賃借権者（以下「土地の所有権者等」と総称する。）が当該権利の目的となつている土地について一定の区域を定め、その区域内における建築物の敷地、位置、構造、形態、意匠又は建築設備に関する基準を協定することができる旨を、条例で、定めることができる。

改正：昭和34年法律第156号　　　施行：昭和34年12月23日
第69条　（建築協定の目的）

1　市町村（都の特別区の存する区域においては、都）は、その区域の一部について、住宅地としての環境又は商店街としての利便を高度に維持増進する等建築物の利用を増進し、かつ、土地の環境を改善するために必要と認める場合においては、土地の所有権者並びに建築物の所有を目的とする地上権者及び賃借権者（以下「土地の所有権者等」と総称する。）が当該権利の目的となつている土地について一定の区域を定め、その区域内における建築物の敷地、位置、構造、形態、意匠又は建築設備に関する基準を協定することができる旨を、条例で、定めることができる。

改正：昭和36年法律第115号　　　施行：昭和36年12月4日
第69条　（建築協定の目的）

1　市町村（都の特別区の存する区域においては、都）は、その区域の一部について、住宅地としての環境又は商店街としての利便を高度に維持増進する等建築物の利用を増進し、かつ、土地の環境を改善するために必要と認める場合においては、土地の所有権者並びに建築物の所有を目的とする地上権者及び賃借権者（以下「土地の所有権者等」と総称する。）が当該権利の目的となつている土地について一定の区域を定め、その区域内における建築物の敷地、位置、構造、用途、形態、意匠又は建築設備に関する基準を協定することができる旨を、条例で、定めることができる。

改正：昭和39年法律第169号　　　施行：昭和40年4月1日
第69条　（建築協定の目的）

1　市町村は、その区域の一部について、住宅地としての環境又は商店街としての利便を高度に維持増進する等建築物の利用を増進し、かつ、土地の環境を改善するために必要と認める場合においては、土地の所有権者並びに建築物の所有を目的とする地上権者及び賃借権者（以下「土地の所有権者等」と総称する。）が当該権利の目的となつている土地について一定の区域を定め、その区域内における建築物の敷地、位置、構造、用途、形態、意匠又は建築設備に関する基準を協定することができる旨を、条例で、定めることができる。

改正：昭和51年法律第83号　　　施行：昭和52年11月1日
第69条　（建築協定の目的）

1　市町村は、その区域の一部について、住宅地としての環境又は商店街としての利便を高度に維持増進する

等建築物の利用を増進し、かつ、土地の環境を改善するために必要と認める場合においては、土地の所有者及び建築物の所有を目的とする地上権又は賃借権（臨時設備その他一時使用のため設定されたことが明らかなものを除く。以下「借地権」という。）を有する者（以下「土地の所有者等」と総称する。）が当該土地について一定の区域を定め、その区域内における建築物の敷地、位置、構造、用途、形態、意匠又は建築設備に関する基準についての協定（以下「建築協定」という。）を締結することができる旨を、条例で、定めることができる。

改正：平成7年法律第13号　　施行：平成7年5月25日
第69条　（建築協定の目的）

1　市町村は、その区域の一部について、住宅地としての環境又は商店街としての利便を高度に維持増進する等建築物の利用を増進し、かつ、土地の環境を改善するために必要と認める場合においては、土地の所有者及び建築物の所有を目的とする地上権又は賃借権（臨時設備その他一時使用のため設定されたことが明らかなものを除く。以下「借地権」という。）を有する者（土地区画整理法第98条第1項（大都市地域における住宅及び住宅地の供給の促進に関する特別措置法第83条において準用する場合を含む。次条第3項、第74条の2第1項及び第2項並びに第75条の2第1項、第2項及び第5項において同じ。）の規定により仮換地として指定された土地にあつては、当該土地に対応する従前の土地の所有者及び借地権を有する者。以下「土地の所有者等」と総称する。）が当該土地について一定の区域を定め、その区域内における建築物の敷地、位置、構造、用途、形態、意匠又は建築設備に関する基準についての協定（以下「建築協定」という。）を締結することができる旨を、条例で、定めることができる。

改正：平成12年法律第73号　　施行：平成13年5月18日
第69条　（建築協定の目的）

1　市町村は、その区域の一部について、住宅地としての環境又は商店街としての利便を高度に維持増進する等建築物の利用を増進し、かつ、土地の環境を改善するために必要と認める場合においては、土地の所有者及び借地権を有する者（土地区画整理法第98条第1項（大都市地域における住宅及び住宅地の供給の促進に関する特別措置法第83条において準用する場合を含む。次条第3項、第74条の2第1項及び第2項並びに第75条の2第1項、第2項及び第5項において同じ。）の規定により仮換地として指定された土地にあつては、当該土地に対応する従前の土地の所有者及び借地権を有する者。以下「土地の所有者等」と総称する。）が当該土地について一定の区域を定め、その区域内における建築物の敷地、位置、構造、用途、形態、意匠又は建築設備に関する基準についての協定（以下「建築協定」という。）を締結することができる旨を、条例で、定めることができる。

［現行］　第70条　（建築協定の認可の申請）

制定：昭和25年法律第201号　　施行：昭和25年11月23日
第70条　（建築協定の認可の申請）

1　前条の規定による建築物に関する協定（以下「建築協定」という。）をしようとする者は、その全員の合意によつて、協定の目的となつている土地の区域（以下「建築協定区域」という。）、建築物に関する基準、協定の有効期間及び協定違反があつた場合の措置を定めた建築協定書を作成し、その代表者によつて、これを特定行政庁に提出し、その認可を受けなければならない。
2　前項の規定によつて建築協定書を提出する場合において、当該建築協定区域が建築主事を置く市町村の区域外にあるときは、その所在地の市町村（特別区を含む。以下この章において同様とする。）の長を経由しなければならない。

改正：昭和39年法律第169号　　施行：昭和40年4月1日
第70条　（建築協定の認可の申請）

法70条 改正：昭和39年法律第169号

> 1　略
> 2　前項の規定によつて建築協定書を提出する場合において、当該建築協定区域が建築主事を置く市町村の区域外にあるときは、その所在地の<u>市町村の長</u>を経由しなければならない。

改正：昭和51年法律第83号　　　施行：昭和52年11月1日
第70条　（建築協定の認可の申請）

> 1　前条の規定による<u>建築協定</u>を締結しようとする<u>土地の所有者等</u>は、協定の目的となつている土地の区域（以下「建築協定区域」という。）、建築物に関する基準、協定の有効期間及び協定違反があつた場合の措置を定めた建築協定書を作成し、その代表者によつて、これを特定行政庁に提出し、その認可を受けなければならない。
> 2　<u>前項の建築協定書については、土地の所有者等の全員の合意がなければならない。ただし、当該建築協定区域内に借地権の目的となつている土地がある場合においては、当該借地権の目的となつている土地の所有者以外の土地の所有者等の全員の合意があれば足りる。</u>
> 3　第1項の規定によつて建築協定書を提出する場合において、当該建築協定区域が建築主事を置く市町村の区域外にあるときは、その所在地の市町村の長を経由しなければならない。

改正：平成7年法律第13号　　　施行：平成7年5月25日
第70条　（建築協定の認可の申請）

> 1　前条の規定による建築協定を締結しようとする土地の所有者等は、協定の目的となつている土地の区域（以下「建築協定区域」という。）、建築物に関する基準、協定の有効期間及び協定違反があつた場合の措置を定めた建築協定書を作成し、その代表者によつて、これを特定行政庁に提出し、その認可を受けなければならない。
> 2　<u>前項の建築協定書においては、同項に規定するもののほか、前条の条例で定める区域内の土地のうち、建築協定区域に隣接した土地であつて、建築協定区域の一部とすることにより建築物の利用の増進及び土地の環境の改善に資するものとして建築協定区域の土地となることを当該建築協定区域内の土地の所有者等が希望するもの（以下「建築協定区域隣接地」という。）を定めることができる。</u>
> 3　<u>第1項の建築協定書については、土地の所有者等の全員の合意がなければならない。ただし、当該建築協定区域内の土地（土地区画整理法第98条第1項の規定により仮換地として指定された土地にあつては、当該土地に対応する従前の土地）</u>に借地権の目的となつている土地がある場合においては、当該借地権の目的となつている土地の所有者以外の土地の所有者等の全員の合意があれば足りる。
> 4　第1項の規定によつて建築協定書を提出する場合において、当該建築協定区域が建築主事を置く市町村の区域外にあるときは、その所在地の市町村の長を経由しなければならない。

［現行］　第71条　（申請に係る建築協定の公告）

制定：昭和25年法律第201号　　　施行：昭和25年11月23日
第71条　（申請に係る建築協定の公告）

> 1　市町村の長は、前条の規定による建築協定書の提出があつた場合においては、遅滞なく、その旨を公告し、20日以上の相当の期間を定めて、これを関係人の縦覧に供さなければならない。

改正：昭和51年法律第83号　　　施行：昭和52年11月1日
第71条　（申請に係る建築協定の公告）

> 1　市町村の長は、<u>前条第1項又は第3項</u>の規定による建築協定書の提出があつた場合においては、遅滞なく、その旨を公告し、20日以上の相当の期間を定めて、これを関係人の縦覧に供さなければならない。

改正：平成7年法律第13号　　　　施行：平成7年5月25日
第71条　（申請に係る建築協定の公告）

　1　市町村の長は、前条第1項又は第4項の規定による建築協定書の提出があつた場合においては、遅滞なく、その旨を公告し、20日以上の相当の期間を定めて、これを関係人の縦覧に供さなければならない。

[現行]　第72条　（公開による意見の聴取）

制定：昭和25年法律第201号　　　　施行：昭和25年11月23日
第72条　（公開による聴聞）

　1　市町村の長は、前条の縦覧期間の満了後、関係人の出頭を求めて公開による聴聞を行わなければならない。
　2　建築主事を置く市町村以外の市町村の長は、前項の聴聞をした後、遅滞なく、当該建築協定書を、これに対する意見及び前項の規定による聴聞の記録を添えて、都道府県知事に送付しなければならない。

改正：平成5年法律第89号　　　　施行：平成6年10月1日
第72条　（公開による意見の聴取）

　1　市町村の長は、前条の縦覧期間の満了後、関係人の出頭を求めて公開による意見の聴取を行わなければならない。
　2　建築主事を置く市町村以外の市町村の長は、前項の意見の聴取をした後、遅滞なく、当該建築協定書を、これに対する意見及び前項の規定による意見の聴取の記録を添えて、都道府県知事に送付しなければならない。

改正：平成25年法律第44号　　　　施行：平成26年4月1日
第72条　（公開による意見の聴取）

　1　市町村の長は、前条の縦覧期間の満了後、関係人の出頭を求めて公開による意見の聴取を行わなければならない。
　2　建築主事を置く市町村以外の市町村の長は、前項の意見の聴取をした後、遅滞なく、当該建築協定書を、同項の規定による意見の聴取の記録を添えて、都道府県知事に送付しなければならない。この場合において、当該市町村の長は、当該建築協定書の内容について意見があるときは、その意見を付さなければならない。

[現行]　第73条　（建築協定の認可）

制定：昭和25年法律第201号　　　　施行：昭和25年11月23日
第73条　（建築協定の認可）

　1　特定行政庁は、当該建築協定がその目的となつている土地又は建築物の利用を不当に制限するものでなく、且つ、第69条の目的に合致するものであると認めるときは、当該建築協定を認可しなければならない。
　2　特定行政庁は、前項の認可をした場合においては、遅滞なく、その旨を公告しなければならない。この場合において、当該建築協定が建築主事を置く市町村の区域外の区域に係るものであるときは、都道府県知事は、その認可した建築協定に係る建築協定書の写1通を当該建築協定区域の所在地の市町村の長に送付しなければならない。
　3　第1項の規定による認可をした市町村の長又は前項の規定によつて建築協定書の写の送付を受けた市町村の長は、その建築協定書を当該市町村の事務所に備えて、一般の縦覧に供さなければならない。

改正：昭和34年法律第156号　　　　施行：昭和34年12月23日

法73条　改正：昭和34年法律第156号

第73条　（建築協定の認可）
1　特定行政庁は、当該建築協定がその目的となつている土地又は建築物の利用を不当に制限するものでなく、かつ、第69条の目的に合致するものであると認めるときは、当該建築協定を認可しなければならない。
2・3　略

改正：平成7年法律第13号　　　施行：平成7年5月25日
第73条　（建築協定の認可）
1　特定行政庁は、当該建築協定の認可の申請が、次に掲げる条件に該当するときは、当該建築協定を認可しなければならない。
　一　建築協定の目的となつている土地又は建築物の利用を不当に制限するものでないこと。
　二　第69条の目的に合致するものであること。
　三　建築協定において建築協定区域隣接地を定める場合には、その区域の境界が明確に定められていることその他の建築協定区域隣接地について建設省令で定める基準に適合するものであること。
2　特定行政庁は、前項の認可をした場合においては、遅滞なく、その旨を公告しなければならない。この場合において、当該建築協定が建築主事を置く市町村の区域外の区域に係るものであるときは、都道府県知事は、その認可した建築協定に係る建築協定書の写し1通を当該建築協定区域及び建築協定区域隣接地の所在地の市町村の長に送付しなければならない。
3　略

改正：平成11年法律第160号　　　施行：平成13年1月6日
第73条　（建築協定の認可）
1　特定行政庁は、当該建築協定の認可の申請が、次に掲げる条件に該当するときは、当該建築協定を認可しなければならない。
　一　建築協定の目的となつている土地又は建築物の利用を不当に制限するものでないこと。
　二　第69条の目的に合致するものであること。
　三　建築協定において建築協定区域隣接地を定める場合には、その区域の境界が明確に定められていることその他の建築協定区域隣接地について国土交通省令で定める基準に適合するものであること。
2　特定行政庁は、前項の認可をした場合においては、遅滞なく、その旨を公告しなければならない。この場合において、当該建築協定が建築主事を置く市町村の区域外の区域に係るものであるときは、都道府県知事は、その認可した建築協定に係る建築協定書の写し1通を当該建築協定区域及び建築協定区域隣接地の所在地の市町村の長に送付しなければならない。
3　第1項の規定による認可をした市町村の長又は前項の規定によつて建築協定書の写の送付を受けた市町村の長は、その建築協定書を当該市町村の事務所に備えて、一般の縦覧に供さなければならない。

[現行]　第74条　（建築協定の変更）

制定：昭和25年法律第201号　　　施行：昭和25年11月23日
第74条　（建築協定の変更）
1　建築協定区域内における土地の所有権者等は、前条第1項の規定による認可を受けた建築協定に係る建築協定区域、建築物に関する基準、有効期間又は協定違反があつた場合の措置を変更しようとする場合においては、その全員の合意をもつてその旨を定め、これを特定行政庁に申請してその認可を受けなければならない。
2　前4条の規定は、前項の認可の手続に準用する。

改正：昭和51年法律第83号　　　施行：昭和52年11月1日

改正:平成7年法律第13号 **法74条の2**

第74条 (建築協定の変更)
1 建築協定区域内における<u>土地の所有者等</u>は、前条第1項の規定による認可を受けた建築協定に係る建築協定区域、建築物に関する基準、有効期間又は協定違反があつた場合の措置を変更しようとする場合においては、<u>その旨を定め</u>、これを特定行政庁に申請してその認可を受けなければならない。
2 略

改正:平成7年法律第13号　　施行:平成7年5月25日
第74条 (建築協定の変更)
1 建築協定区域内における土地の所有者<u>等(当該建築協定の効力が及ばない者を除く。)</u>は、前条第1項の規定による認可を受けた建築協定に係る建築協定区域、建築物に関する基準、<u>有効期間、協定違反があつた場合の措置又は建築協定区域隣接地</u>を変更しようとする場合においては、その旨を定め、これを特定行政庁に申請してその認可を受けなければならない。
2 前4条の規定は、前項の認可の手続に準用する。

[現行]　第74条の2

制定:昭和51年法律第83号　　施行:昭和52年11月1日
第74条の2
1 建築協定区域内の土地で当該建築協定の効力が及ばない者の所有するものの全部又は一部について借地権が消滅した場合においては、その借地権の目的となつていた土地は、当該建築協定区域から除かれるものとする。
2 前項の場合においては、当該借地権を有していた者は、遅滞なく、その旨を特定行政庁に届け出なければならない。
3 特定行政庁は、前項の規定による届出があつた場合その他第1項の規定により同項に規定する土地が当該建築協定区域から除かれたことを知つた場合においては、遅滞なく、その旨を公告しなければならない。

改正:平成7年法律第13号　　施行:平成7年5月25日
第74条の2
1 建築協定区域内の<u>土地(土地区画整理法第98条第1項の規定により仮換地として指定された土地にあつては、当該土地に対応する従前の土地)</u>で当該建築協定の効力が及ばない者の所有するものの全部又は一部について借地権が消滅した場合においては、その借地権の目的となつていた<u>土地(同項の規定により仮換地として指定された土地に対応する従前の土地にあつては、当該土地についての仮換地として指定された土地)</u>は、当該建築協定区域から除かれるものとする。
2 <u>建築協定区域内の土地で土地区画整理法第98条第1項の規定により仮換地として指定されたものが、同法第86条第1項の換地計画又は大都市地域における住宅及び住宅地の供給の促進に関する特別措置法第72条第1項の換地計画において当該土地に対応する従前の土地についての換地として定められず、かつ、土地区画整理法第91条第3項(大都市地域における住宅及び住宅地の供給の促進に関する特別措置法第82条において準用する場合を含む。)の規定により当該土地に対応する従前の土地の所有者に対してその共有持分を与えるように定められた土地としても定められなかつたときは、当該土地は、土地区画整理法第103条第4項(大都市地域における住宅及び住宅地の供給の促進に関する特別措置法第83条において準用する場合を含む。)の公告があつた日が終了した時において当該建築協定区域から除かれるものとする。</u>
3 <u>前2項</u>の場合においては、当該借地権を有していた<u>者又は当該仮換地として指定されていた土地に対応する従前の土地に係る土地の所有者等(当該建築協定の効力が及ばない者を除く。)</u>は、遅滞なく、その旨を特定行政庁に届け出なければならない。
4 特定行政庁は、前項の規定による届出があつた場合その他<u>第1項又は第2項</u>の規定により<u>建築協定区域内の土地</u>が当該建築協定区域から除かれたことを知つた場合においては、遅滞なく、その旨を公告しなければ

法74条の2　改正：平成7年法律第13号

[現行]　第75条　（建築協定の効力）

制定：昭和25年法律第201号　　　施行：昭和25年11月23日
第75条　（建築協定の効力）

1　第73条第2項又はこれを準用する前条第2項の規定による認可の公告のあつた建築協定は、その公告のあつた日以後において当該建築協定区域内の土地の所有権者等となつた者に対しても、その効力があるものとする。

改正：昭和51年法律第83号　　　施行：昭和52年11月1日
第75条　（建築協定の効力）

1　第73条第2項又はこれを準用する<u>第74条第2項</u>の規定による認可の公告<u>（次条において「建築協定の認可等の公告」という。）</u>のあつた建築協定は、その公告のあつた日以後において当該建築協定区域内の<u>土地の所有者等となつた者（当該建築協定について第70条第2項又はこれを準用する第74条第2項の規定による合意をしなかつた者の有する土地の所有権を承継した者を除く。）</u>に対しても、その効力があるものとする。

改正：平成7年法律第13号　　　施行：平成7年5月25日
第75条　（建築協定の効力）

1　第73条第2項又はこれを準用する第74条第2項の規定による認可の公告（次条において「建築協定の認可等の公告」という。）のあつた建築協定は、その公告のあつた日以後において当該建築協定区域内の土地の所有者等となつた者（当該建築協定について第70条<u>第3項</u>又はこれを準用する第74条第2項の規定による合意をしなかつた者の有する土地の所有権を承継した者を除く。）に対しても、その効力があるものとする。

[現行]　第75条の2　（建築協定の認可等の公告のあつた日以後建築協定に加わる手続等）

制定：昭和51年法律第83号　　　施行：昭和52年11月1日
第75条の2　（建築協定の認可等の公告のあつた日以後建築協定に加わる手続等）

1　建築協定区域内の土地の所有者で当該建築協定の効力が及ばないものは、建築協定の認可等の公告のあつた日以後いつでも、特定行政庁に対して書面でその意思を表示することによつて、当該建築協定に加わることができる。
2　第73条第2項及び第3項の規定は、前項の規定による意思の表示があつた場合に準用する。
3　建築協定は、第1項の規定により当該建築協定に加わつた者がその時において所有していた当該建築協定区域内の土地について、前項において準用する第73条第2項の規定による公告のあつた日以後において土地の所有者等となつた者（前条の規定の適用がある者を除く。）に対しても、その効力があるものとする。

改正：平成7年法律第13号　　　施行：平成7年5月25日
第75条の2　（建築協定の認可等の公告のあつた日以後建築協定に加わる手続等）

1　建築協定区域内の土地の所有者<u>（土地区画整理法第98条第1項の規定により仮換地として指定された土地にあつては、当該土地に対応する従前の土地の所有者）</u>で当該建築協定の効力が及ばないものは、建築協定の認可等の公告のあつた日以後いつでも、特定行政庁に対して書面でその意思を表示することによつて、当該建築協定に加わることができる。

2　建築協定区域隣接地の区域内の土地に係る土地の所有者等は、建築協定の認可等の公告のあつた日以後いつでも、当該土地に係る土地の所有者等の全員の合意により、特定行政庁に対して書面でその意思を表示することによって、建築協定に加わることができる。ただし、当該土地（土地区画整理法第98条第1項の規定により仮換地として指定された土地にあつては、当該土地に対応する従前の土地）の区域内に借地権の目的となつている土地がある場合においては、当該借地権の目的となつている土地の所有者以外の土地の所有者等の全員の合意があれば足りる。
3　建築協定区域隣接地の区域内の土地に係る土地の所有者等で前項の意思を表示したものに係る土地の区域は、その意思の表示があつた時以後、建築協定区域の一部となるものとする。
4　第73条第2項及び第3項の規定は、第1項又は第2項の規定による意思の表示があつた場合に準用する。
5　建築協定は、第1項又は第2項の規定により当該建築協定に加わつた者がその時において所有し、又は借地権を有していた当該建築協定区域内の土地（土地区画整理法第98条第1項の規定により仮換地として指定された土地にあつては、当該土地に対応する従前の土地）について、前項において準用する第73条第2項の規定による公告のあつた日以後において土地の所有者等となつた者（当該建築協定について第2項の規定による合意をしなかつた者の有する土地の所有権を承継した者及び前条の規定の適用がある者を除く。）に対しても、その効力があるものとする。

[現行]　第76条　（建築協定の廃止）

制定：昭和25年法律第201号　　施行：昭和25年11月23日
第76条　（建築協定の廃止）

1　建築協定区域内の土地の所有権者等は、第73条第1項の規定による認可を受けた建築協定を廃止しようとする場合においては、その過半数の合意をもつてその旨を定め、これを特定行政庁に申請してその認可を受けなければならない。
2　特定行政庁は、前項の認可をした場合においては、遅滞なく、その旨を公告しなければならない。

改正：昭和51年法律第83号　　施行：昭和52年11月1日
第76条　（建築協定の廃止）

1　建築協定区域内の土地の所有者等（当該建築協定の効力が及ばない者を除く。）は、第73条第1項の規定による認可を受けた建築協定を廃止しようとする場合においては、その過半数の合意をもつてその旨を定め、これを特定行政庁に申請してその認可を受けなければならない。
2　特定行政庁は、前項の認可をした場合においては、遅滞なく、その旨を公告しなければならない。

[現行]　第76条の2　（土地の共有者等の取扱い）

制定：昭和51年法律第83号　　施行：昭和52年11月1日
第76条の2　（土地の共有者等の取扱い）

1　土地の共有者又は共同借地権者は、第70条第2項（第74条第2項において準用する場合を含む。）、第75条の2第1項及び前条第1項の規定の適用については、合わせて一の所有者又は借地権者とみなす。

改正：平成7年法律第13号　　施行：平成7年5月25日
第76条の2　（土地の共有者等の取扱い）

1　土地の共有者又は共同借地権者は、第70条第3項（第74条第2項において準用する場合を含む。）、第75条の2第1項及び第2項並びに前条第1項の規定の適用については、合わせて一の所有者又は借地権者とみなす。

法76条の3 制定：昭和51年法律第83号

[現行] 第76条の3 （建築協定の設定の特則）

制定：昭和51年法律第83号　　　施行：昭和52年11月1日
第76条の3　（建築協定の設定の特則）

1　第69条の条例で定める区域内における土地で、一の所有者以外に土地の所有者等が存しないものの所有者は、当該土地の区域を建築協定区域とする建築協定を定めることができる。
2　前項の規定による建築協定を定めようとする者は、建築協定区域、建築物に関する基準、協定の有効期間及び協定違反があつた場合の措置を定めた建築協定書を作成し、これを特定行政庁に提出して、その認可を受けなければならない。
3　第70条第3項及び第71条から第73条までの規定は、前項の認可の手続に準用する。
4　第2項の規定による認可を受けた建築協定は、認可の日から起算して1年以内において当該建築協定区域内の土地に2以上の土地の所有者等が存することとなつた時から、第73条第2項の規定による認可の公告のあつた建築協定と同一の効力を有する建築協定となる。
5　第74条及び第76条の規定は、前項の規定により第73条第2項の規定による認可の公告のあつた建築協定と同一の効力を有する建築協定となつた建築協定の変更又は廃止について準用する。

改正：平成7年法律第13号　　　施行：平成7年5月25日
第76条の3　（建築協定の設定の特則）

1　第69条の条例で定める区域内における土地で、一の所有者以外に土地の所有者等が存しないものの所有者は、当該土地の区域を建築協定区域とする建築協定を定めることができる。
2　前項の規定による建築協定を定めようとする者は、建築協定区域、建築物に関する基準、協定の有効期間及び協定違反があつた場合の措置を定めた建築協定書を作成し、これを特定行政庁に提出して、その認可を受けなければならない。
3　前項の建築協定書においては、同項に規定するもののほか、建築協定区域隣接地を定めることができる。
4　第70条第4項及び第71条から第73条までの規定は、第2項の認可の手続に準用する。
5　第2項の規定による認可を受けた建築協定は、認可の日から起算して3年以内において当該建築協定区域内の土地に2以上の土地の所有者等が存することとなつた時から、第73条第2項の規定による認可の公告のあつた建築協定と同一の効力を有する建築協定となる。
6　第74条及び第76条の規定は、前項の規定により第73条第2項の規定による認可の公告のあつた建築協定と同一の効力を有する建築協定となつた建築協定の変更又は廃止について準用する。

[現行] 第77条 （建築物の借主の地位）

制定：昭和25年法律第201号　　　施行：昭和25年11月23日
第77条　（建築物の借主の地位）

1　建築協定の目的となつている建築物に関する基準が建築物の借主の権限に係る場合においては、その建築協定については、当該建築物の借主は、土地の所有権者等とみなす。

改正：昭和51年法律第83号　　　施行：昭和52年11月1日
第77条　（建築物の借主の地位）

1　建築協定の目的となつている建築物に関する基準が建築物の借主の権限に係る場合においては、その建築協定については、当該建築物の借主は、土地の所有者等とみなす。

改正：平成18年法律第50号 **法77条の3**

[現行] 第4章の2　指定建築基準適合判定資格者検定機関等
(制定：平成10年法律第100号)　第4章の2　指定資格検定機関等
(改正：平成26年法律第54号)　　第4章の2　指定建築基準適合判定資格者検定機関等

[現行] 第1節　指定建築基準適合判定資格者検定機関
(制定：平成10年法律第100号)　第1節　指定資格検定機関
(改正：平成26年法律第54号)　　第1節　指定建築基準適合判定資格者検定機関

[現行] 第77条の2　（指定）

制定：平成10年法律第100号　　施行：平成11年5月1日
第77条の2　（指定）

1　第5条の2第1項の規定による指定は、一を限り、資格検定事務を行おうとする者の申請により行う。

改正：平成26年法律第54号　　施行：平成27年6月1日
第77条の2　（指定）

1　第5条の2第1項の規定による指定は、一を限り、建築基準適合判定資格者検定事務を行おうとする者の申請により行う。

[現行] 第77条の3　（欠格条項）

制定：平成10年法律第100号　　施行：平成11年5月1日
第77条の3　（欠格条項）

1　次の各号の一に該当する者は、第5条の2第1項の規定による指定を受けることができない。
　一　民法（明治29年法律第89号）第34条の規定により設立された法人以外の者
　二　建築基準法令の規定により刑に処せられ、その執行を終わり、又は執行を受けることがなくなつた日から起算して2年を経過しない者
　三　第77条の15第1項又は第2項の規定により指定を取り消され、その取消しの日から起算して2年を経過しない者
　四　その役員のうちに、イ又はロのいずれかに該当する者がある者
　　イ　第二号に該当する者
　　ロ　第77条の6第2項の規定による命令により解任され、その解任の日から起算して2年を経過しない者

改正：平成18年法律第50号　　施行：平成20年12月1日
第77条の3　（欠格条項）

1　次の各号のいずれかに該当する者は、第5条の2第1項の規定による指定を受けることができない。
　一　一般社団法人又は一般財団法人以外の者
　二　建築基準法令の規定により刑に処せられ、その執行を終わり、又は執行を受けることがなくなつた日から起算して2年を経過しない者
　三　第77条の15第1項又は第2項の規定により指定を取り消され、その取消しの日から起算して2年を経過しない者
　四　その役員のうちに、イ又はロのいずれかに該当する者がある者
　　イ　第二号に該当する者
　　ロ　第77条の6第2項の規定による命令により解任され、その解任の日から起算して2年を経過しない者

法77条の4　制定：平成10年法律第100号

[現行]　第77条の4　（指定の基準）

制定：平成10年法律第100号　　　施行：平成11年5月1日
第77条の4　（指定の基準）

1　建設大臣は、第5条の2第1項の規定による指定の申請が次に掲げる基準に適合していると認めるときでなければ、その指定をしてはならない。
　一　職員（第77条の7第1項の資格検定委員を含む。）、設備、資格検定事務の実施の方法その他の事項についての資格検定事務の実施に関する計画が、資格検定事務の適確な実施のために適切なものであること。
　二　前号の資格検定事務の実施に関する計画を適確に実施するに足りる経理的及び技術的な基礎を有するものであること。
　三　資格検定事務以外の業務を行つている場合には、その業務を行うことによつて資格検定事務の公正な実施に支障を及ぼすおそれがないものであること。

改正：平成11年法律第160号　　　施行：平成13年1月6日
第77条の4　（指定の基準）

1　<u>国土交通大臣</u>は、第5条の2第1項の規定による指定の申請が次に掲げる基準に適合していると認めるときでなければ、その指定をしてはならない。
　一～三　略

改正：平成26年法律第54号　　　施行：平成27年6月1日
第77条の4　（指定の基準）

1　国土交通大臣は、第5条の2第1項の規定による指定の申請が次に掲げる基準に適合していると認めるときでなければ、その指定をしてはならない。
　一　職員（第77条の7第1項の<u>建築基準適合判定資格者検定委員</u>を含む。）、設備、<u>建築基準適合判定資格者検定事務</u>の実施の方法その他の事項についての<u>建築基準適合判定資格者検定事務</u>の実施に関する計画が、<u>建築基準適合判定資格者検定事務</u>の適確な実施のために適切なものであること。
　二　前号の<u>建築基準適合判定資格者検定事務</u>の実施に関する計画を適確に実施するに足りる経理的及び技術的な基礎を有するものであること。
　三　<u>建築基準適合判定資格者検定事務</u>以外の業務を行つている場合には、その業務を行うことによつて<u>建築基準適合判定資格者検定事務</u>の公正な実施に支障を及ぼすおそれがないものであること。

[現行]　第77条の5　（指定の公示等）

制定：平成10年法律第100号　　　施行：平成11年5月1日
第77条の5　（指定の公示等）

1　建設大臣は、第5条の2第1項の規定による指定をしたときは、指定資格検定機関の名称及び住所、資格検定事務を行う事務所の所在地並びに資格検定事務の開始の日を公示しなければならない。
2　指定資格検定機関は、その名称若しくは住所又は資格検定事務を行う事務所の所在地を変更しようとするときは、変更しようとする日の2週間前までに、その旨を建設大臣に届け出なければならない。
3　建設大臣は、前項の規定による届出があつたときは、その旨を公示しなければならない。

改正：平成11年法律第160号　　　施行：平成13年1月6日
第77条の5　（指定の公示等）

1　<u>国土交通大臣</u>は、第5条の2第1項の規定による指定をしたときは、指定資格検定機関の名称及び住所、資格検定事務を行う事務所の所在地並びに資格検定事務の開始の日を公示しなければならない。
2　指定資格検定機関は、その名称若しくは住所又は資格検定事務を行う事務所の所在地を変更しようとする

ときは、変更しようとする日の２週間前までに、その旨を国土交通大臣に届け出なければならない。
3 　国土交通大臣は、前項の規定による届出があつたときは、その旨を公示しなければならない。

改正：平成26年法律第54号　　　施行：平成27年６月１日
第77条の５　（指定の公示等）
1 　国土交通大臣は、第５条の２第１項の規定による指定をしたときは、指定建築基準適合判定資格者検定機関の名称及び住所、建築基準適合判定資格者検定事務を行う事務所の所在地並びに建築基準適合判定資格者検定事務の開始の日を公示しなければならない。
2 　指定建築基準適合判定資格者検定機関は、その名称若しくは住所又は建築基準適合判定資格者検定事務を行う事務所の所在地を変更しようとするときは、変更しようとする日の２週間前までに、その旨を国土交通大臣に届け出なければならない。
3 　国土交通大臣は、前項の規定による届出があつたときは、その旨を公示しなければならない。

[現行]　第77条の６　（役員の選任及び解任）

制定：平成10年法律第100号　　　施行：平成11年５月１日
第77条の６　（役員の選任及び解任）
1 　指定資格検定機関の役員の選任及び解任は、建設大臣の認可を受けなければ、その効力を生じない。
2 　建設大臣は、指定資格検定機関の役員が、第77条の９第１項の認可を受けた資格検定事務規程に違反したとき、又は資格検定事務に関し著しく不適当な行為をしたときは、指定資格検定機関に対し、その役員を解任すべきことを命ずることができる。

改正：平成11年法律第160号　　　施行：平成13年１月６日
第77条の６　（役員の選任及び解任）
1 　指定資格検定機関の役員の選任及び解任は、国土交通大臣の認可を受けなければ、その効力を生じない。
2 　国土交通大臣は、指定資格検定機関の役員が、第77条の９第１項の認可を受けた資格検定事務規程に違反したとき、又は資格検定事務に関し著しく不適当な行為をしたときは、指定資格検定機関に対し、その役員を解任すべきことを命ずることができる。

改正：平成26年法律第54号　　　施行：平成27年６月１日
第77条の６　（役員の選任及び解任）
1 　指定建築基準適合判定資格者検定機関の役員の選任及び解任は、国土交通大臣の認可を受けなければ、その効力を生じない。
2 　国土交通大臣は、指定建築基準適合判定資格者検定機関の役員が、第77条の９第１項の認可を受けた建築基準適合判定資格者検定事務規程に違反したとき、又は建築基準適合判定資格者検定事務に関し著しく不適当な行為をしたときは、指定建築基準適合判定資格者検定機関に対し、その役員を解任すべきことを命ずることができる。

[現行]　第77条の７　（建築基準適合判定資格者検定委員）

制定：平成10年法律第100号　　　施行：平成11年５月１日
第77条の７　（資格検定委員）
1 　指定資格検定機関は、資格検定の問題の作成及び採点を資格検定委員に行わせなければならない。
2 　資格検定委員は、建築及び行政に関し学識経験のある者のうちから選任しなければならない。
3 　指定資格検定機関は、資格検定委員を選任し、又は解任したときは、建設省令で定めるところにより、そ

法77条の7　制定：平成10年法律第100号

　　　の旨を建設大臣に届け出なければならない。
　4　建設大臣は、資格検定委員が、第77条の9第1項の認可を受けた資格検定事務規程に違反したとき、又は資格検定事務に関し著しく不適当な行為をしたときは、指定資格検定機関に対し、その資格検定委員を解任すべきことを命ずることができる。

改正：平成11年法律第160号　　　施行：平成13年1月6日
第77条の7　（資格検定委員）

　1・2　略
　3　指定資格検定機関は、資格検定委員を選任し、又は解任したときは、<u>国土交通省令</u>で定めるところにより、その旨を<u>国土交通大臣</u>に届け出なければならない。
　4　<u>国土交通大臣</u>は、資格検定委員が、第77条の9第1項の認可を受けた資格検定事務規程に違反したとき、又は資格検定事務に関し著しく不適当な行為をしたときは、指定資格検定機関に対し、その資格検定委員を解任すべきことを命ずることができる。

改正：平成26年法律第54号　　　施行：平成27年6月1日
第77条の7　（建築基準適合判定資格者検定委員）

　1　<u>指定建築基準適合判定資格者検定機関</u>は、<u>建築基準適合判定資格者検定</u>の問題の作成及び採点を<u>建築基準適合判定資格者検定委員</u>に行わせなければならない。
　2　<u>建築基準適合判定資格者検定委員</u>は、建築及び行政に関し学識経験のある者のうちから選任しなければならない。
　3　<u>指定建築基準適合判定資格者検定機関</u>は、<u>建築基準適合判定資格者検定委員</u>を選任し、又は解任したときは、国土交通省令で定めるところにより、その旨を国土交通大臣に届け出なければならない。
　4　国土交通大臣は、<u>建築基準適合判定資格者検定委員</u>が、第77条の9第1項の認可を受けた<u>建築基準適合判定資格者検定事務規程</u>に違反したとき、又は<u>建築基準適合判定資格者検定事務</u>に関し著しく不適当な行為をしたときは、<u>指定建築基準適合判定資格者検定機関</u>に対し、その<u>建築基準適合判定資格者検定委員</u>を解任すべきことを命ずることができる。

[現行]　第77条の8　（秘密保持義務等）

制定：平成10年法律第100号　　　施行：平成11年5月1日
第77条の8　（秘密保持義務等）

　1　指定資格検定機関の役員及び職員（資格検定委員を含む。第3項において同じ。）並びにこれらの職にあつた者は、資格検定事務に関して知り得た秘密を漏らしてはならない。
　2　前項に定めるもののほか、資格検定委員は、資格検定の問題の作成及び採点に当たつて、厳正を保持し不正な行為のないようにしなければならない。
　3　資格検定事務に従事する指定資格検定機関の役員及び職員は、刑法（明治40年法律第45号）その他の罰則の適用については、法令により公務に従事する職員とみなす。

改正：平成26年法律第54号　　　施行：平成27年6月1日
第77条の8　（秘密保持義務等）

　1　<u>指定建築基準適合判定資格者検定機関</u>の役員及び職員（<u>建築基準適合判定資格者検定委員</u>を含む。第3項において同じ。）並びにこれらの職にあつた者は、<u>建築基準適合判定資格者検定事務</u>に関して知り得た秘密を漏らしてはならない。
　2　前項に定めるもののほか、<u>建築基準適合判定資格者検定委員</u>は、<u>建築基準適合判定資格者検定</u>の問題の作成及び採点に当たつて、厳正を保持し不正な行為のないようにしなければならない。
　3　<u>建築基準適合判定資格者検定事務</u>に従事する<u>指定建築基準適合判定資格者検定機関</u>の役員及び職員は、刑

改正：平成11年法律第160号　**法77条の10**

> 法（明治40年法律第45号）その他の罰則の適用については、法令により公務に従事する職員とみなす。

[現行]　第77条の9　（建築基準適合判定資格者検定事務規程）

制定：平成10年法律第100号　　　施行：平成11年5月1日
第77条の9　（資格検定事務規程）
1　指定資格検定機関は、資格検定事務の実施に関する規程（以下この節において「資格検定事務規程」という。）を定め、建設大臣の認可を受けなければならない。これを変更しようとするときも、同様とする。
2　資格検定事務規程で定めるべき事項は、建設省令で定める。
3　建設大臣は、第1項の認可をした資格検定事務規程が資格検定事務の公正かつ適確な実施上不適当となつたと認めるときは、その資格検定事務規程を変更すべきことを命ずることができる。

改正：平成11年法律第160号　　　施行：平成13年1月6日
第77条の9　（資格検定事務規程）
1　指定資格検定機関は、資格検定事務の実施に関する規程（以下この節において「資格検定事務規程」という。）を定め、国土交通大臣の認可を受けなければならない。これを変更しようとするときも、同様とする。
2　資格検定事務規程で定めるべき事項は、国土交通省令で定める。
3　国土交通大臣は、第1項の認可をした資格検定事務規程が資格検定事務の公正かつ適確な実施上不適当となつたと認めるときは、その資格検定事務規程を変更すべきことを命ずることができる。

改正：平成26年法律第54号　　　施行：平成27年6月1日
第77条の9　（建築基準適合判定資格者検定事務規程）
1　指定建築基準適合判定資格者検定機関は、建築基準適合判定資格者検定事務の実施に関する規程（以下この節において「建築基準適合判定資格者検定事務規程」という。）を定め、国土交通大臣の認可を受けなければならない。これを変更しようとするときも、同様とする。
2　建築基準適合判定資格者検定事務規程で定めるべき事項は、国土交通省令で定める。
3　国土交通大臣は、第1項の認可をした建築基準適合判定資格者検定事務規程が建築基準適合判定資格者検定事務の公正かつ適確な実施上不適当となつたと認めるときは、その建築基準適合判定資格者検定事務規程を変更すべきことを命ずることができる。

[現行]　第77条の10　（事業計画等）

制定：平成10年法律第100号　　　施行：平成11年5月1日
第77条の10　（事業計画等）
1　指定資格検定機関は、毎事業年度、事業計画及び収支予算を作成し、当該事業年度の開始前に（指定を受けた日の属する事業年度にあつては、その指定を受けた後遅滞なく）、建設大臣の認可を受けなければならない。これを変更しようとするときも、同様とする。
2　指定資格検定機関は、毎事業年度、事業報告書及び収支決算書を作成し、当該事業年度の終了後3月以内に建設大臣に提出しなければならない。

改正：平成11年法律第160号　　　施行：平成13年1月6日
第77条の10　（事業計画等）
1　指定資格検定機関は、毎事業年度、事業計画及び収支予算を作成し、当該事業年度の開始前に（指定を受けた日の属する事業年度にあつては、その指定を受けた後遅滞なく）、国土交通大臣の認可を受けなければ

建築基準法　条文改正経過 | 363

法77条の10 改正：平成11年法律第160号

　　ならない。これを変更しようとするときも、同様とする。
　２　指定資格検定機関は、毎事業年度、事業報告書及び収支決算書を作成し、当該事業年度の終了後３月以内に国土交通大臣に提出しなければならない。

改正：平成26年法律第54号　　　施行：平成27年６月１日
第77条の10　（事業計画等）

　１　指定建築基準適合判定資格者検定機関は、毎事業年度、事業計画及び収支予算を作成し、当該事業年度の開始前に（指定を受けた日の属する事業年度にあつては、その指定を受けた後遅滞なく）、国土交通大臣の認可を受けなければならない。これを変更しようとするときも、同様とする。
　２　指定建築基準適合判定資格者検定機関は、毎事業年度、事業報告書及び収支決算書を作成し、当該事業年度の終了後３月以内に国土交通大臣に提出しなければならない。

［現行］　第77条の11　（帳簿の備付け等）

制定：平成10年法律第100号　　　施行：平成11年５月１日
第77条の11　（帳簿の備付け等）

　１　指定資格検定機関は、建設省令で定めるところにより、資格検定事務に関する事項で建設省令で定めるものを記載した帳簿を備え付け、これを保存しなければならない。

改正：平成11年法律第160号　　　施行：平成13年１月６日
第77条の11　（帳簿の備付け等）

　１　指定資格検定機関は、国土交通省令で定めるところにより、資格検定事務に関する事項で国土交通省令で定めるものを記載した帳簿を備え付け、これを保存しなければならない。

改正：平成26年法律第54号　　　施行：平成27年６月１日
第77条の11　（帳簿の備付け等）

　１　指定建築基準適合判定資格者検定機関は、国土交通省令で定めるところにより、建築基準適合判定資格者検定事務に関する事項で国土交通省令で定めるものを記載した帳簿を備え付け、これを保存しなければならない。

［現行］　第77条の12　（監督命令）

制定：平成10年法律第100号　　　施行：平成11年５月１日
第77条の12　（監督命令）

　１　建設大臣は、資格検定事務の公正かつ適確な実施を確保するため必要があると認めるときは、指定資格検定機関に対し、資格検定事務に関し監督上必要な命令をすることができる。

改正：平成11年法律第160号　　　施行：平成13年１月６日
第77条の12　（監督命令）

　１　国土交通大臣は、資格検定事務の公正かつ適確な実施を確保するため必要があると認めるときは、指定資格検定機関に対し、資格検定事務に関し監督上必要な命令をすることができる。

改正：平成26年法律第54号　　　施行：平成27年６月１日

第77条の12　（監督命令）
1　国土交通大臣は、建築基準適合判定資格者検定事務の公正かつ適確な実施を確保するため必要があると認めるときは、指定建築基準適合判定資格者検定機関に対し、建築基準適合判定資格者検定事務に関し監督上必要な命令をすることができる。

[現行]　第77条の13　（報告、検査等）

制定：平成10年法律第100号　　　　施行：平成11年５月１日
第77条の13　（報告、検査等）
1　建設大臣は、資格検定事務の公正かつ適確な実施を確保するため必要があると認めるときは、指定資格検定機関に対し資格検定事務に関し必要な報告を求め、又はその職員に、指定資格検定機関の事務所に立ち入り、資格検定事務の状況若しくは設備、帳簿、書類その他の物件を検査させ、若しくは関係者に質問させることができる。
2　前項の規定により立入検査をする職員は、その身分を示す証明書を携帯し、関係者に提示しなければならない。
3　第１項の規定による権限は、犯罪捜査のために認められたものと解釈してはならない。

改正：平成10年法律第100号　　　　施行：平成12年６月１日
第77条の13　（報告、検査等）
1　略
2　第68条の21第２項及び第３項の規定は、前項の場合について準用する。

改正：平成11年法律第160号　　　　施行：平成13年１月６日
第77条の13　（報告、検査等）
1　国土交通大臣は、資格検定事務の公正かつ適確な実施を確保するため必要があると認めるときは、指定資格検定機関に対し資格検定事務に関し必要な報告を求め、又はその職員に、指定資格検定機関の事務所に立ち入り、資格検定事務の状況若しくは設備、帳簿、書類その他の物件を検査させ、若しくは関係者に質問させることができる。
2　略

改正：平成26年法律第54号　　　　施行：平成27年６月１日
第77条の13　（報告、検査等）
1　国土交通大臣は、建築基準適合判定資格者検定事務の公正かつ適確な実施を確保するため必要があると認めるときは、指定建築基準適合判定資格者検定機関に対し建築基準適合判定資格者検定事務に関し必要な報告を求め、又はその職員に、指定建築基準適合判定資格者検定機関の事務所に立ち入り、建築基準適合判定資格者検定事務の状況若しくは設備、帳簿、書類その他の物件を検査させ、若しくは関係者に質問させることができる。
2　第15条の２第２項及び第３項の規定は、前項の場合について準用する。

[現行]　第77条の14　（建築基準適合判定資格者検定事務の休廃止等）

制定：平成10年法律第100号　　　　施行：平成11年５月１日
第77条の14　（資格検定事務の休廃止等）
1　指定資格検定機関は、建設大臣の許可を受けなければ、資格検定事務の全部又は一部を休止し、又は廃止

法77条の14 　制定：平成10年法律第100号

> してはならない。
> 2 　建設大臣が前項の規定により資格検定事務の全部の廃止を許可したときは、当該許可に係る指定は、その効力を失う。
> 3 　建設大臣は、第1項の許可をしたときは、その旨を公示しなければならない。

改正：平成11年法律第160号　　　施行：平成13年1月6日
第77条の14　（資格検定事務の休廃止等）

> 1 　指定資格検定機関は、<u>国土交通大臣</u>の許可を受けなければ、資格検定事務の全部又は一部を休止し、又は廃止してはならない。
> 2 　<u>国土交通大臣</u>が前項の規定により資格検定事務の全部の廃止を許可したときは、当該許可に係る指定は、その効力を失う。
> 3 　<u>国土交通大臣</u>は、第1項の許可をしたときは、その旨を公示しなければならない。

改正：平成26年法律第54号　　　施行：平成27年6月1日
第77条の14　（<u>建築基準適合判定資格者検定事務の休廃止等</u>）

> 1 　<u>指定建築基準適合判定資格者検定機関</u>は、国土交通大臣の許可を受けなければ、<u>建築基準適合判定資格者検定事務</u>の全部又は一部を休止し、又は廃止してはならない。
> 2 　国土交通大臣が前項の規定により<u>建築基準適合判定資格者検定事務</u>の全部の廃止を許可したときは、当該許可に係る指定は、その効力を失う。
> 3 　国土交通大臣は、第1項の許可をしたときは、その旨を公示しなければならない。

[現行]　第77条の15　（指定の取消し等）

制定：平成10年法律第100号　　　施行：平成11年5月1日
第77条の15　（指定の取消し等）

> 1 　建設大臣は、指定資格検定機関が第77条の3第一号、第二号又は第四号のいずれかに該当するに至つたときは、その指定を取り消さなければならない。
> 2 　建設大臣は、指定資格検定機関が次の各号の一に該当するときは、その指定を取り消し、又は期間を定めて資格検定事務の全部若しくは一部の停止を命ずることができる。
> 　一　第77条の5第2項、第77条の7第1項から第3項まで、第77条の10、第77条の11又は前条第1項の規定に違反したとき。
> 　二　第77条の9第1項の認可を受けた資格検定事務規程によらないで資格検定事務を行つたとき。
> 　三　第77条の6第2項、第77条の7第4項、第77条の9第3項又は第77条の12の規定による命令に違反したとき。
> 　四　第77条の4各号に掲げる基準に適合していないと認めるとき。
> 　五　その役員又は資格検定委員が、資格検定事務に関し著しく不適当な行為をしたとき
> 　六　不正な手段により指定を受けたとき。
> 3 　建設大臣は、前2項の規定により指定を取り消し、又は前項の規定により資格検定事務の全部若しくは一部の停止を命じたときは、その旨を公示しなければならない。

改正：平成11年法律第160号　　　施行：平成13年1月6日
第77条の15　（指定の取消し等）

> 1 　<u>国土交通大臣</u>は、指定資格検定機関が第77条の3第一号、第二号又は第四号のいずれかに該当するに至つたときは、その指定を取り消さなければならない。
> 2 　<u>国土交通大臣</u>は、指定資格検定機関が次の各号の一に該当するときは、その指定を取り消し、又は期間を定めて資格検定事務の全部若しくは一部の停止を命ずることができる。

一～六　略
3　国土交通大臣は、前2項の規定により指定を取り消し、又は前項の規定により資格検定事務の全部若しくは一部の停止を命じたときは、その旨を公示しなければならない。

改正：平成26年法律第54号　　　　施行：平成27年6月1日
第77条の15　（指定の取消し等）

1　国土交通大臣は、指定建築基準適合判定資格者検定機関が第77条の3第一号、第二号又は第四号のいずれかに該当するに至つたときは、その指定を取り消さなければならない。
2　国土交通大臣は、指定建築基準適合判定資格者検定機関が次の各号のいずれかに該当するときは、その指定を取り消し、又は期間を定めて建築基準適合判定資格者検定事務の全部若しくは一部の停止を命ずることができる。
　一　第77条の5第2項、第77条の7第1項から第3項まで、第77条の10、第77条の11又は前条第1項の規定に違反したとき。
　二　第77条の9第1項の認可を受けた建築基準適合判定資格者検定事務規程によらないで建築基準適合判定資格者検定事務を行つたとき。
　三　第77条の6第2項、第77条の7第4項、第77条の9第3項又は第77条の12の規定による命令に違反したとき。
　四　第77条の4各号に掲げる基準に適合していないと認めるとき。
　五　その役員又は建築基準適合判定資格者検定委員が、建築基準適合判定資格者検定事務に関し著しく不適当な行為をしたとき
　六　不正な手段により指定を受けたとき。
3　国土交通大臣は、前2項の規定により指定を取り消し、又は前項の規定により建築基準適合判定資格者検定事務の全部若しくは一部の停止を命じたときは、その旨を公示しなければならない。

[現行]　第77条の16　（国土交通大臣による建築基準適合判定資格者検定の実施）

制定：平成10年法律第100号　　　　施行：平成11年5月1日
第77条の16　（建設大臣による資格検定の実施）

1　建設大臣は、指定資格検定機関が第77条の14第1項の規定により資格検定事務の全部若しくは一部を休止したとき、前条第2項の規定により指定資格検定機関に対し資格検定事務の全部若しくは一部の停止を命じたとき、又は指定資格検定機関が天災その他の事由により資格検定事務の全部若しくは一部を実施することが困難となつた場合において必要があると認めるときは、第5条の2第3項の規定にかかわらず、資格検定事務の全部又は一部を自ら行うものとする。
2　建設大臣は、前項の規定により資格検定事務を行い、又は同項の規定により行つている資格検定事務を行わないこととしようとするときは、あらかじめ、その旨を公示しなければならない。
3　建設大臣が、第1項の規定により資格検定事務を行うこととし、第77条の14第1項の規定により資格検定事務の廃止を許可し、又は前条第1項若しくは第2項の規定により指定を取り消した場合における資格検定事務の引継ぎその他の必要な事項は、建設省令で定める。

改正：平成11年法律第160号　　　　施行：平成13年1月6日
第77条の16　（国土交通大臣による資格検定の実施）

1　国土交通大臣は、指定資格検定機関が第77条の14第1項の規定により資格検定事務の全部若しくは一部を休止したとき、前条第2項の規定により指定資格検定機関に対し資格検定事務の全部若しくは一部の停止を命じたとき、又は指定資格検定機関が天災その他の事由により資格検定事務の全部若しくは一部を実施することが困難となつた場合において必要があると認めるときは、第5条の2第3項の規定にかかわらず、資格検定事務の全部又は一部を自ら行うものとする。
2　国土交通大臣は、前項の規定により資格検定事務を行い、又は同項の規定により行つている資格検定事務

法77条の16　改正：平成11年法律第160号

を行わないこととしようとするときは、あらかじめ、その旨を公示しなければならない。
3　国土交通大臣が、第1項の規定により資格検定事務を行うこととし、第77条の14第1項の規定により資格検定事務の廃止を許可し、又は前条第1項若しくは第2項の規定により指定を取り消した場合における資格検定事務の引継ぎその他の必要な事項は、国土交通省令で定める。

改正：平成26年法律第54号　　　施行：平成27年6月1日
第77条の16　（国土交通大臣による建築基準適合判定資格者検定の実施）

1　国土交通大臣は、指定建築基準適合判定資格者検定機関が第77条の14第1項の規定により建築基準適合判定資格者検定事務の全部若しくは一部を休止したとき、前条第2項の規定により指定建築基準適合判定資格者検定機関に対し建築基準適合判定資格者検定事務の全部若しくは一部の停止を命じたとき、又は指定建築基準適合判定資格者検定機関が天災その他の事由により建築基準適合判定資格者検定事務の全部若しくは一部を実施することが困難となつた場合において必要があると認めるときは、第5条の2第3項の規定にかかわらず、建築基準適合判定資格者検定事務の全部又は一部を自ら行うものとする。
2　国土交通大臣は、前項の規定により建築基準適合判定資格者検定事務を行い、又は同項の規定により行つている建築基準適合判定資格者検定事務を行わないこととしようとするときは、あらかじめ、その旨を公示しなければならない。
3　国土交通大臣が、第1項の規定により建築基準適合判定資格者検定事務を行うこととし、第77条の14第1項の規定により建築基準適合判定資格者検定事務の廃止を許可し、又は前条第1項若しくは第2項の規定により指定を取り消した場合における建築基準適合判定資格者検定事務の引継ぎその他の必要な事項は、国土交通省令で定める。

[現行]　**第77条の17**　（審査請求）

制定：平成10年法律第100号　　　施行：平成11年5月1日
第77条の17　（審査請求）

1　指定資格検定機関が行う資格検定事務に係る処分又はその不作為（行政不服審査法（昭和37年法律第160号）第2条第2項に規定する不作為をいう。以下同じ。）については、建設大臣に対し、同法による審査請求をすることができる。

改正：平成11年法律第160号　　　施行：平成13年1月6日
第77条の17　（審査請求）

1　指定資格検定機関が行う資格検定事務に係る処分又はその不作為（行政不服審査法（昭和37年法律第160号）第2条第2項に規定する不作為をいう。以下同じ。）については、国土交通大臣に対し、同法による審査請求をすることができる。

改正：平成26年法律第54号　　　施行：平成27年6月1日
第77条の17　（審査請求）

1　指定建築基準適合判定資格者検定機関が行う建築基準適合判定資格者検定事務に係る処分又はその不作為（行政不服審査法（昭和37年法律第160号）第2条第2項に規定する不作為をいう。以下同じ。）については、国土交通大臣に対し、同法による審査請求をすることができる。

改正：平成26年法律第69号　　　施行：平成28年4月1日
第77条の17　（審査請求）

1　指定建築基準適合判定資格者検定機関が行う建築基準適合判定資格者検定事務に係る処分又はその不作為については、国土交通大臣に対し、審査請求をすることができる。この場合において、国土交通大臣は、行

改正：平成10年法律第100号 **法77条の18**

政不服審査法（平成26年法律第68号）第25条第２項及び第３項、第46条第１項及び第２項、第47条並びに第49条第３項の規定の適用については、指定建築基準適合判定資格者検定機関の上級行政庁とみなす。

[現行]　第１節の２　指定構造計算適合判定資格者検定機関
（制定：平成26年法律第54号）　第１節の２　指定構造計算適合判定資格者検定機関

[現行]　第77条の17の２

制定：平成26年法律第54号　　　　施行：平成27年６月１日
第77条の17の２

1　第５条の５第１項の規定による指定は、一を限り、構造計算適合判定資格者検定事務を行おうとする者の申請により行う。
2　第77条の３、第77条の４及び第77条の５第１項の規定は第５条の５第１項の規定による指定に、第77条の５第２項及び第３項並びに第77条の６から第77条の16までの規定は指定構造計算適合判定資格者検定機関に、前条の規定は指定構造計算適合判定資格者検定機関が行う構造計算適合判定資格者検定事務について準用する。この場合において、第77条の16第１項中「第５条の２第３項」とあるのは、「第５条の５第２項において準用する第５条の２第３項」と読み替えるものとする。

[現行]　第２節　指定確認検査機関
（制定：平成10年法律第100号）　第２節　指定確認検査機関

[現行]　第77条の18　（指定）

制定：平成10年法律第100号　　　　施行：平成11年５月１日
第77条の18　（指定）

1　第６条の２第１項（第87条第１項、第87条の２第１項又は第88条第１項若しくは第２項において準用する場合を含む。以下この項において同じ。）又は第７条の２第１項（第87条の２第１項又は第88条第１項若しくは第２項において準用する場合を含む。以下この項において同じ。）の規定による指定（以下この節において単に「指定」という。）は、第６条の２第１項の規定による確認又は第７条の２第１項及び第７条の４第１項（第87条の２第１項又は第88条第１項において準用する場合を含む。）の検査（以下この節、第77条の40第２項及び第７章において「確認検査」という。）の業務を行おうとする者の申請により行う。
2　前項の申請は、建設省令で定めるところにより、建設省令で定める区分に従い、確認検査の業務を行う区域（以下この節において「業務区域」という。）を定めてしなければならない。

改正：平成11年法律第87号　　　　施行：平成12年４月１日
第77条の18　（指定）

1　第６条の２第１項（第87条第１項、<u>第87条の２</u>又は第88条第１項若しくは第２項において準用する場合を含む。以下この項において同じ。）又は第７条の２第１項（<u>第87条の２</u>又は第88条第１項若しくは第２項において準用する場合を含む。以下この項において同じ。）の規定による指定（以下この節において単に「指定」という。）は、第６条の２第１項の規定による確認又は第７条の２第１項及び第７条の４第１項（<u>第87条の２又は第88条第１項</u>において準用する場合を含む。）の検査（以下この節、第77条の40第２項及び第７章において「確認検査」という。）の業務を行おうとする者の申請により行う。
2　略

改正：平成10年法律第100号　　　　施行：平成12年６月１日

建築基準法　条文改正経過 | 369

法77条の18　改正：平成10年法律第100号

第77条の18　（指定）
1　第6条の2第1項（第87条第1項、第87条の2又は第88条第1項若しくは第2項において準用する場合を含む。以下この項において同じ。）又は第7条の2第1項（第87条の2又は第88条第1項若しくは第2項において準用する場合を含む。以下この項において同じ。）の規定による指定（以下この節において単に「指定」という。）は、第6条の2第1項の規定による確認又は第7条の2第1項及び第7条の4第1項（第87条の2又は第88条第1項において準用する場合を含む。）の検査（以下この節、<u>77条の62第2項及び第7章</u>において「確認検査」という。）の業務を行おうとする者の申請により行う。
2　略

改正：平成11年法律第160号　　　施行：平成13年1月6日
第77条の18　（指定）
1　略
2　前項の申請は、<u>国土交通省令</u>で定めるところにより、<u>国土交通省令</u>で定める区分に従い、確認検査の業務を行う区域（以下この節において「業務区域」という。）を定めてしなければならない。

改正：平成18年法律第92号　　　施行：平成19年6月20日
第77条の18　（指定）
1　第6条の2第1項（第87条第1項、第87条の2又は第88条第1項若しくは第2項において準用する場合を含む。以下この項において同じ。）又は第7条の2第1項（第87条の2又は第88条第1項若しくは第2項において準用する場合を含む。以下この項において同じ。）の規定による指定（以下この節において単に「指定」という。）は、第6条の2第1項の規定による確認又は第7条の2第1項及び第7条の4第1項（第87条の2又は第88条第1項において準用する場合を含む。）の検査（<u>以下「確認検査」</u>という。）の業務を行おうとする者の申請により行う。
2　略
<u>3　国土交通大臣又は都道府県知事は、指定をしようとするときは、あらかじめ、業務区域を所轄する特定行政庁（都道府県知事にあつては、当該都道府県知事を除く。）の意見を聴かなければならない。</u>

改正：平成26年法律第54号　　　施行：平成27年6月1日
第77条の18　（指定）
1　第6条の2第1項（第87条第1項、第87条の2又は第88条第1項若しくは第2項において準用する場合を含む。以下この項において同じ。）又は第7条の2第1項（第87条の2又は第88条第1項若しくは第2項において準用する場合を含む。以下この項において同じ。）の規定による指定（以下この節において単に「指定」という。）は、第6条の2第1項の規定による確認又は第7条の2第1項及び第7条の4第1項（第87条の2又は第88条第1項において準用する場合を含む。）の検査<u>並びに第7条の6第1項第二号（第87条の2又は第88条第1項若しくは第2項において準用する場合を含む。）の規定による認定</u>（以下「確認検査」という。）の業務を行おうとする者の申請により行う。
2・3　略

改正：平成30年法律第67号　　　施行：令和元年6月25日
第77条の18　（指定）
1　第6条の2第1項（第87条第1項、<u>第87条の4</u>又は第88条第1項若しくは第2項において準用する場合を含む。以下この項において同じ。）又は第7条の2第1項（<u>第87条の4</u>又は第88条第1項若しくは第2項において準用する場合を含む。以下この項において同じ。）の規定による指定（以下この節において単に「指定」という。）は、第6条の2第1項の規定による確認又は第7条の2第1項及び第7条の4第1項（<u>第87条の4</u>又は第88条第1項において準用する場合を含む。）の検査並びに第7条の6第1項第二号（<u>第87条の4又は第88条第1項若しく</u>

は第2項において準用する場合を含む。）の規定による認定（以下「確認検査」という。）の業務を行おうとする者の申請により行う。
2・3　略

改正：令和5年法律第58号　　　施行：令和6年4月1日
第77条の18　（指定）
1　略
2　前項の申請は、国土交通省令で定めるところにより、国土交通省令で定める確認検査の業務の区分（以下この節において「指定区分」という。）に従い、確認検査の業務を行う区域（以下この節において「業務区域」という。）を定めてしなければならない。
3　略

改正：令和6年法律第53号　　　施行：令和6年11月1日
第77条の18　（指定）
1　第6条の2第1項（第87条第1項、第87条の4又は第88条第1項若しくは第2項において準用する場合を含む。以下この項において同じ。）又は第7条の2第1項（第87条の4又は第88条第1項若しくは第2項において準用する場合を含む。以下この項において同じ。）の規定による指定（以下この節において「指定」という。）は、第6条の2第1項の規定による確認及び第18条第4項（第87条第1項、第87条の4又は第88条第1項若しくは第2項において準用する場合を含む。）の規定による審査又は第7条の2第1項、第7条の4第1項（第87条の4又は第88条第1項において準用する場合を含む。）、第18条第23項（第87条の4又は第88条第1項若しくは第2項において準用する場合を含む。）及び第18条第32項（第87条の4又は第88条第1項において準用する場合を含む。）の検査並びに第7条の6第1項第二号及び第18条第38項第二号（これらの規定を第87条の4又は第88条第1項若しくは第2項において準用する場合を含む。）の規定による認定（以下「確認検査」という。）の業務を行おうとする者の申請により行う。
2　前項の申請は、国土交通省令で定めるところにより、国土交通省令で定める確認検査の業務の区分（以下この節において「指定区分」という。）に従い、確認検査の業務を行う区域（以下この節において「業務区域」という。）を定めてしなければならない。
3　国土交通大臣又は都道府県知事は、指定をしようとするときは、あらかじめ、業務区域を所轄する特定行政庁（都道府県知事にあつては、当該都道府県知事を除く。）の意見を聴かなければならない。

[現行]　第77条の19　（欠格条項）

制定：平成10年法律第100号　　　施行：平成11年5月1日
第77条の19　（欠格条項）
1　次の各号の一に該当する者は、指定を受けることができない。
　一　未成年者、禁治産者又は準禁治産者
　二　破産者で復権を得ないもの
　三　禁錮（こ）以上の刑に処せられ、又は建築基準法令の規定により刑に処せられ、その執行を終わり、又は執行を受けることがなくなつた日から起算して2年を経過しない者
　四　第77条の35第1項又は第2項の規定により指定を取り消され、その取消しの日から起算して2年を経過しない者
　五　第77条の40第2項の規定により第77条の36第1項の登録を消除され、その消除の日から起算して2年を経過しない者
　六　建築士法第7条第三号又は第23条の4第1項第二号に該当する者
　七　公務員で懲戒免職の処分を受け、その処分の日から起算して2年を経過しない者
　八　法人であつて、その役員のうちに前各号の一に該当する者があるもの

法77条の19　改正：平成11年法律第151号

改正：平成11年法律第151号　　　施行：平成12年4月1日
第77条の19　（欠格条項）

1　次の各号のいずれかに該当する者は、指定を受けることができない。
　一　未成年者、成年被後見人又は被保佐人
　二〜七　略
　八　法人であつて、その役員のうちに前各号のいずれかに該当する者があるもの

改正：平成10年法律第100号　　　施行：平成12年6月1日
第77条の19　（欠格条項）

1　次の各号のいずれかに該当する者は、指定を受けることができない。
　一〜四　略
　五　第77条の62第2項の規定により第77条の58第1項の登録を消除され、その消除の日から起算して2年を経過しない者
　六〜八　略

改正：平成18年法律第92号　　　施行：平成19年6月20日
第77条の19　（欠格条項）

1　次の各号のいずれかに該当する者は、指定を受けることができない。
　一　略
　二　破産手続開始の決定を受けて復権を得ない者
　三　禁錮（こ）以上の刑に処せられ、又は建築基準法令の規定により刑に処せられ、その執行を終わり、又は執行を受けることがなくなつた日から起算して5年を経過しない者
　四　第77条の35第1項又は第2項の規定により指定を取り消され、その取消しの日から起算して5年を経過しない者
　五　第77条の35の14第2項の規定により第77条の35の2に規定する指定を取り消され、その取消しの日から起算して5年を経過しない者
　六　第77条の62第2項の規定により第77条の58第1項の登録を消除され、その消除の日から起算して5年を経過しない者
　七　建築士法第7条第五号又は第23条の4第1項第三号に該当する者
　八　公務員で懲戒免職の処分を受け、その処分の日から起算して3年を経過しない者
　九　法人であつて、その役員のうちに前各号のいずれかに該当する者があるもの
　十　その者の親会社等（その者の経営を実質的に支配することが可能となる関係にあるものとして政令で定める者をいう。以下同じ。）が前各号のいずれかに該当する者

改正：平成26年法律第54号　　　施行：平成27年6月1日
第77条の19　（欠格条項）

1　次の各号のいずれかに該当する者は、指定を受けることができない。
　一・二　略
　三　禁錮以上の刑に処せられ、又は建築基準法令の規定により刑に処せられ、その執行を終わり、又は執行を受けることがなくなつた日から起算して5年を経過しない者
　四　略
　五　第77条の35の19第2項の規定により第77条の35の2第1項に規定する指定を取り消され、その取消しの日から起算して5年を経過しない者
　六　第77条の62第2項（第77条の66第2項において準用する場合を含む。）の規定により第77条の58第1項又は第77条の66第1項の登録を消除され、その消除の日から起算して5年を経過しない者
　七〜十　略

制定：平成10年法律第100号 **法77条の20**

改正：令和元年法律第37号　　　施行：令和元年9月14日
第77条の19　（欠格条項）

1　次の各号のいずれかに該当する者は、指定を受けることができない。
　一　<u>未成年者</u>
　二～八　略
　<u>九　心身の故障により確認検査の業務を適正に行うことができない者として国土交通省令で定めるもの</u>
　<u>十</u>　法人であつて、その役員のうちに前各号のいずれかに該当する者があるもの
　<u>十一</u>　その者の親会社等（その者の経営を実質的に支配することが可能となる関係にあるものとして政令で定める者をいう。以下同じ。）が前各号のいずれかに該当する者

改正：令和元年法律第37号　　　施行：令和元年12月1日
第77条の19　（欠格条項）

1　次の各号のいずれかに該当する者は、指定を受けることができない。
　一～六　略
　七　建築士法第7条<u>第四号</u>又は第23条の4第1項第三号に該当する者
　八～十一　略

改正：令和4年法律第68号　　　施行：令和7年6月1日
第77条の19　（欠格条項）

1　次の各号のいずれかに該当する者は、指定を受けることができない。
　一　未成年者
　二　破産手続開始の決定を受けて復権を得ない者
　三　<u>拘禁刑</u>以上の刑に処せられ、又は建築基準法令の規定により刑に処せられ、その執行を終わり、又は執行を受けることがなくなつた日から起算して5年を経過しない者
　四　第77条の35第1項又は第2項の規定により指定を取り消され、その取消しの日から起算して5年を経過しない者
　五　第77条の35の19第2項の規定により第77条の35の2第1項に規定する指定を取り消され、その取消しの日から起算して5年を経過しない者
　六　第77条の62第2項（第77条の66第2項において準用する場合を含む。）の規定により第77条の58第1項又は第77条の66第1項の登録を消除され、その消除の日から起算して5年を経過しない者
　七　建築士法第7条第四号又は第23条の4第1項第三号に該当する者
　八　公務員で懲戒免職の処分を受け、その処分の日から起算して3年を経過しない者
　九　心身の故障により確認検査の業務を適正に行うことができない者として国土交通省令で定めるもの
　十　法人であつて、その役員のうちに前各号のいずれかに該当する者があるもの
　十一　その者の親会社等（その者の経営を実質的に支配することが可能となる関係にあるものとして政令で定める者をいう。以下同じ。）が前各号のいずれかに該当する者

[現行]　第77条の20　（指定の基準）

制定：平成10年法律第100号　　　施行：平成11年5月1日
第77条の20　（指定の基準）

1　建設大臣又は都道府県知事は、指定の申請が次に掲げる基準に適合していると認めるときでなければ、指定をしてはならない。
　一　第77条の24第1項の確認検査員（職員である者に限る。）の数が、確認検査を行おうとする建築物の種類、規模及び数に応じて建設省令で定める数以上であること。
　二　前号に規定するほか、職員、確認検査の業務の実施の方法その他の事項についての確認検査の業務の実

法77条の20 制定：平成10年法律第100号

施に関する計画が、確認検査の業務の適確な実施のために適切なものであること。
三　前号の確認検査の業務の実施に関する計画を適確に実施するに足りる経理的基礎を有するものであること。
四　法人にあつては役員、法人の種類に応じて建設省令で定める構成員又は職員（第77条の24第1項の確認検査員を含む。以下この号において同じ。）の構成が、法人以外の者にあつてはその者及びその職員の構成が、確認検査の業務の公正な実施に支障を及ぼすおそれがないものであること。
五　確認検査の業務以外の業務を行つている場合には、その業務を行うことによつて確認検査の業務の公正な実施に支障を及ぼすおそれがないものであること。
六　前各号に定めるもののほか、確認検査の業務を行うにつき十分な適格性を有するものであること。

改正：平成11年法律第160号　　施行：平成13年1月6日
第77条の20　（指定の基準）

1　国土交通大臣又は都道府県知事は、指定の申請が次に掲げる基準に適合していると認めるときでなければ、指定をしてはならない。
一　第77条の24第1項の確認検査員（職員である者に限る。）の数が、確認検査を行おうとする建築物の種類、規模及び数に応じて国土交通省令で定める数以上であること。
二・三　略
四　法人にあつては役員、法人の種類に応じて国土交通省令で定める構成員又は職員（第77条の24第1項の確認検査員を含む。以下この号において同じ。）の構成が、法人以外の者にあつてはその者及びその職員の構成が、確認検査の業務の公正な実施に支障を及ぼすおそれがないものであること。
五・六　略

改正：平成18年法律第92号　　施行：平成19年6月20日
第77条の20　（指定の基準）

1　国土交通大臣又は都道府県知事は、指定の申請が次に掲げる基準に適合していると認めるときでなければ、指定をしてはならない。
一　第77条の24第1項の確認検査員（常勤の職員である者に限る。）の数が、確認検査を行おうとする建築物の種類、規模及び数に応じて国土交通省令で定める数以上であること。
二　前号に定めるもののほか、職員、確認検査の業務の実施の方法その他の事項についての確認検査の業務の実施に関する計画が、確認検査の業務の適確な実施のために適切なものであること。
三　その者の有する財産の評価額（その者が法人である場合にあつては、資本金、基本金その他これらに準ずるものの額）が国土交通省令で定める額以上であること。
四　前号に定めるもののほか、第二号の確認検査の業務の実施に関する計画を適確に実施するに足りる経理的基礎を有するものであること。
五　法人にあつては役員、法人の種類に応じて国土交通省令で定める構成員又は職員（第77条の24第1項の確認検査員を含む。以下この号において同じ。）の構成が、法人以外の者にあつてはその者及びその職員の構成が、確認検査の業務の公正な実施に支障を及ぼすおそれがないものであること。
六　その者又はその者の親会社等が確認検査の業務以外の業務を行つている場合には、その業務を行うことによつて確認検査の業務の公正な実施に支障を及ぼすおそれがないものであること。
七　前各号に定めるもののほか、確認検査の業務を行うにつき十分な適格性を有するものであること。

改正：平成26年法律第54号　　施行：平成27年6月1日
第77条の20　（指定の基準）

1　国土交通大臣又は都道府県知事は、指定の申請が次に掲げる基準に適合していると認めるときでなければ、指定をしてはならない。
一～五　略
六　その者又はその者の親会社等が第77条の35の5第1項の指定構造計算適合性判定機関である場合には、

当該指定構造計算適合性判定機関に対してされた第18条の2第4項の規定により読み替えて適用される第6条の3第1項の規定による構造計算適合性判定の申請に係る建築物の計画について、第6条の2第1項の規定による確認をしないものであること。
　七　前号に定めるもののほか、その者又はその者の親会社等が確認検査の業務以外の業務を行っている場合には、その業務を行うことによつて確認検査の業務の公正な実施に支障を及ぼすおそれがないものであること。
　八　前各号に定めるもののほか、確認検査の業務を行うにつき十分な適格性を有するものであること。

改正：令和5年法律第58号　　　施行：令和6年4月1日
第77条の20　（指定の基準）

1　国土交通大臣又は都道府県知事は、指定の申請が次に掲げる基準に適合していると認めるときでなければ、指定をしてはならない。
　一　第77条の24第1項の確認検査員又は副確認検査員（いずれも常勤の職員である者に限る。）の数が、指定区分ごとに確認検査を行おうとする建築物の種類、規模及び数に応じて国土交通省令で定める数以上であること。
　二～四　略
　五　法人にあつては役員、法人の種類に応じて国土交通省令で定める構成員又は職員（第77条の24第1項の確認検査員又は副確認検査員を含む。以下この号において同じ。）の構成が、法人以外の者にあつてはその者及びその職員の構成が、確認検査の業務の公正な実施に支障を及ぼすおそれがないものであること。
　六～八　略

改正：令和6年法律第53号　　　施行：令和6年11月1日
第77条の20　（指定の基準）

1　国土交通大臣又は都道府県知事は、指定の申請が次に掲げる基準に適合していると認めるときでなければ、指定をしてはならない。
　一　第77条の24第1項の確認検査員又は副確認検査員（いずれも常勤の職員である者に限る。）の数が、指定区分ごとに確認検査を行おうとする建築物の種類、規模及び数に応じて国土交通省令で定める数以上であること。
　二　前号に定めるもののほか、職員、確認検査の業務の実施の方法その他の事項についての確認検査の業務の実施に関する計画が、確認検査の業務の適確な実施のために適切なものであること。
　三　その者の有する財産の評価額（その者が法人である場合にあつては、資本金、基本金その他これらに準ずるものの額）が国土交通省令で定める額以上であること。
　四　前号に定めるもののほか、第二号の確認検査の業務の実施に関する計画を適確に実施するに足りる経理的基礎を有するものであること。
　五　法人にあつては役員、法人の種類に応じて国土交通省令で定める構成員又は職員（第77条の24第1項の確認検査員又は副確認検査員を含む。以下この号において同じ。）の構成が、法人以外の者にあつてはその者及びその職員の構成が、確認検査の業務の公正な実施に支障を及ぼすおそれがないものであること。
　六　その者又はその者の親会社等が第77条の35の5第1項の指定構造計算適合性判定機関である場合には、当該指定構造計算適合性判定機関に対してされた第18条の2第4項の規定により読み替えて適用される第6条の3第1項又は第18条第5項の規定による構造計算適合性判定の申請又は求めに係る建築物の計画について、第6条の2第1項の規定による確認又は第18条第4項の規定による審査をしないものであること。
　七　前号に定めるもののほか、その者又はその者の親会社等が確認検査の業務以外の業務を行っている場合には、その業務を行うことによつて確認検査の業務の公正な実施に支障を及ぼすおそれがないものであること。
　八　前各号に定めるもののほか、確認検査の業務を行うにつき十分な適格性を有するものであること。

法77条の21　制定：平成10年法律第100号

[現行]　第77条の21　（指定の公示等）

制定：平成10年法律第100号　　　施行：平成11年5月1日
第77条の21　（指定の公示等）

1　建設大臣又は都道府県知事は、指定をしたときは、指定を受けた者（以下「指定確認検査機関」という。）の名称及び住所、指定の区分、業務区域並びに確認検査の業務を行う事務所の所在地を公示しなければならない。
2　指定確認検査機関は、その名称若しくは住所又は確認検査の業務を行う事務所の所在地を変更しようとするときは、変更しようとする日の2週間前までに、その指定をした建設大臣又は都道府県知事（以下この節において「建設大臣等」という。）にその旨を届け出なければならない。
3　建設大臣等は、前項の規定による届出があつたときは、その旨を公示しなければならない。

改正：平成11年法律第160号　　　施行：平成13年1月6日
第77条の21　（指定の公示等）

1　<u>国土交通大臣</u>又は都道府県知事は、指定をしたときは、指定を受けた者（以下「指定確認検査機関」という。）の名称及び住所、指定の区分、業務区域並びに確認検査の業務を行う事務所の所在地を公示しなければならない。
2　指定確認検査機関は、その名称若しくは住所又は確認検査の業務を行う事務所の所在地を変更しようとするときは、変更しようとする日の2週間前までに、その指定をした<u>国土交通大臣</u>又は都道府県知事（以下この節において「<u>国土交通大臣</u>等」という。）にその旨を届け出なければならない。
3　<u>国土交通大臣</u>等は、前項の規定による届出があつたときは、その旨を公示しなければならない。

改正：令和5年法律第58号　　　施行：令和6年4月1日
第77条の21　（指定の公示等）

1　国土交通大臣又は都道府県知事は、指定をしたときは、指定を受けた者（以下「指定確認検査機関」という。）の名称及び住所、<u>指定区分（当該指定確認検査機関が第77条の24第1項の確認検査員を選任しないものである場合にあつては、指定区分及びその旨。第77条の28において同じ。）</u>、業務区域並びに確認検査の業務を行う事務所の所在地を公示しなければならない。
2　指定確認検査機関は、その名称若しくは住所又は確認検査の業務を行う事務所の所在地を変更しようとするときは、変更しようとする日の2週間前までに、その指定をした国土交通大臣又は都道府県知事（以下この節において「国土交通大臣等」という。）にその旨を届け出なければならない。
3　国土交通大臣等は、<u>前項又は第77条の24第4項</u>の規定による<u>届出（同項の規定による届出にあつては、同条第1項の確認検査員を選任していない指定確認検査機関が同項の確認検査員を選任した場合又は同項の確認検査員及び副確認検査員を選任している指定確認検査機関が当該確認検査員の全てを解任した場合におけるものに限る。）</u>があつたときは、その旨を公示しなければならない。

[現行]　第77条の22　（業務区域の変更）

制定：平成10年法律第100号　　　施行：平成11年5月1日
第77条の22　（業務区域の変更）

1　指定確認検査機関は、業務区域を増加しようとするときは、建設大臣等の認可を受けなければならない。
2　指定確認検査機関は、業務区域を減少したときは、建設省令で定めるところにより、その旨を建設大臣等に届け出なければならない。
3　第77条の20第一号から第三号までの規定は、第1項の認可について準用する。
4　建設大臣等は、第1項の認可をしたとき又は第2項の規定による届出があつたときは、その旨を公示しなければならない。

改正：平成10年法律第100号 **法77条の24**

改正：平成11年法律第160号　　　施行：平成13年1月6日
第77条の22　（業務区域の変更）

1　指定確認検査機関は、業務区域を増加しようとするときは、<u>国土交通大臣等</u>の認可を受けなければならない。
2　指定確認検査機関は、業務区域を減少したときは、<u>国土交通省令</u>で定めるところにより、その旨を<u>国土交通大臣等</u>に届け出なければならない。
3　略
4　<u>国土交通大臣等</u>は、第1項の認可をしたとき又は第2項の規定による届出があつたときは、その旨を公示しなければならない。

改正：平成18年法律第92号　　　施行：平成19年6月20日
第77条の22　（業務区域の変更）

1　指定確認検査機関は、業務区域を増加しようとするときは、国土交通大臣等の認可を受けなければならない。
2　指定確認検査機関は、業務区域を減少したときは、国土交通省令で定めるところにより、その旨を国土交通大臣等に届け出なければならない。
3　<u>第77条の18第3項及び第77条の20第一号から第四号までの規定は、第1項の認可について準用する。この場合において、第77条の18第3項中「業務区域」とあるのは、「増加しようとする業務区域」と読み替えるものとする。</u>
4　国土交通大臣等は、第1項の認可をしたとき又は第2項の規定による届出があつたときは、その旨を公示しなければならない。

[現行]　第77条の23　（指定の更新）

制定：平成10年法律第100号　　　施行：平成11年5月1日
第77条の23　（指定の更新）

1　指定は、5年以上10年以内において政令で定める期間ごとにその更新を受けなければ、その期間の経過によつて、その効力を失う。
2　第77条の18から第77条の20までの規定は、前項の指定の更新の場合について準用する。

[現行]　第77条の24　（確認検査員又は副確認検査員）

制定：平成10年法律第100号　　　施行：平成11年5月1日
第77条の24　（確認検査員）

1　指定確認検査機関は、確認検査を行うときは、建設省令で定める方法に従い、確認検査員に確認検査を実施させなければならない。
2　確認検査員は、第77条の36第1項の登録を受けた者のうちから、選任しなければならない。
3　指定確認検査機関は、確認検査員を選任し、又は解任したときは、建設省令で定めるところにより、その旨を建設大臣等に届け出なければならない。
4　建設大臣等は、確認検査員の在任により指定確認検査機関が第77条の20第四号に掲げる基準に適合しなくなつたときは、指定確認検査機関に対し、その確認検査員を解任すべきことを命ずることができる。

改正：平成10年法律第100号　　　施行：平成12年6月1日
第77条の24　（確認検査員）

1　略
2　確認検査員は、<u>第77条の58第1項</u>の登録を受けた者のうちから、選任しなければならない。

法77条の24 改正：平成10年法律第100号

3・4　略

改正：平成11年法律第160号　　　施行：平成13年1月6日
第77条の24　（確認検査員）

1　指定確認検査機関は、確認検査を行うときは、<u>国土交通省令</u>で定める方法に従い、確認検査員に確認検査を実施させなければならない。
2　略
3　指定確認検査機関は、確認検査員を選任し、又は解任したときは、<u>国土交通省令</u>で定めるところにより、その旨を<u>国土交通大臣等</u>に届け出なければならない。
4　<u>国土交通大臣等</u>は、確認検査員の在任により指定確認検査機関が第77条の20第四号に掲げる基準に適合しなくなつたときは、指定確認検査機関に対し、その確認検査員を解任すべきことを命ずることができる。

改正：平成18年法律第92号　　　施行：平成19年6月20日
第77条の24　（確認検査員）

1　指定確認検査機関は、確認検査を行うときは、<u>確認検査員に確認検査を実施させなければならない。</u>
2・3　略
4　国土交通大臣等は、確認検査員の在任により指定確認検査機関が第77条の20<u>第五号</u>に掲げる基準に適合しなくなつたときは、指定確認検査機関に対し、その確認検査員を解任すべきことを命ずることができる。

改正：令和5年法律第58号　　　施行：令和6年4月1日
第77条の24　（確認検査員又は副確認検査員）

1　指定確認検査機関は、確認検査を行うときは、<u>確認検査員又は副確認検査員（当該確認検査が大規模建築物に係るものである場合にあつては、確認検査員）</u>に確認検査を実施させなければならない。
2　<u>確認検査員は、第77条の58第1項の登録（同条第2項の一級建築基準適合判定資格者登録簿への登録に限る。）を受けている者のうちから、選任しなければならない。</u>
3　<u>副確認検査員は、第77条の58第1項の登録（同条第2項の二級建築基準適合判定資格者登録簿への登録に限る。）を受けている者のうちから、選任しなければならない。</u>
4　指定確認検査機関は、<u>確認検査員又は副確認検査員</u>を選任し、又は解任したときは、国土交通省令で定めるところにより、その旨を国土交通大臣等に届け出なければならない。
5　国土交通大臣等は、<u>確認検査員又は副確認検査員</u>の在任により指定確認検査機関が第77条の20第五号に掲げる基準に適合しなくなつたときは、指定確認検査機関に対し、その確認検査員を解任すべきことを命ずることができる。

[現行]　第77条の25　（秘密保持義務等）

制定：平成10年法律第100号　　　施行：平成11年5月1日
第77条の25　（秘密保持義務等）

1　指定確認検査機関（その者が法人である場合にあつては、その役員。次項において同じ。）及びその職員（確認検査員を含む。次項において同じ。）並びにこれらの者であつた者は、確認検査の業務に関して知り得た秘密を漏らし、又は自己の利益のために使用してはならない。
2　指定確認検査機関及びその職員で確認検査の業務に従事するものは、刑法その他の罰則の適用については、法令により公務に従事する職員とみなす。

改正：平成18年法律第92号　　　施行：平成19年6月20日
第77条の25　（秘密保持義務等）

改正：平成11年法律第160号 **法77条の27**

> 1　指定確認検査機関（その者が法人である場合にあつては、その役員。次項において同じ。）及びその職員（確認検査員を含む。次項において同じ。）並びにこれらの者であつた者は、確認検査の業務に関して知り得た秘密を漏らし、又は盗用してはならない。
> 2　略

改正：令和5年法律第58号　　　施行：令和6年4月1日
第77条の25　（秘密保持義務等）

> 1　指定確認検査機関（その者が法人である場合にあつては、その役員。次項において同じ。）及びその職員（確認検査員又は副確認検査員を含む。同項において同じ。）並びにこれらの者であつた者は、確認検査の業務に関して知り得た秘密を漏らし、又は盗用してはならない。
> 2　指定確認検査機関及びその職員で確認検査の業務に従事するものは、刑法その他の罰則の適用については、法令により公務に従事する職員とみなす。

[現行]　第77条の26　（確認検査の義務）

制定：平成10年法律第100号　　　施行：平成11年5月1日
第77条の26　（確認検査の義務）

> 1　指定確認検査機関は、確認検査を行うべきことを求められたときは、正当な理由がある場合を除き、遅滞なく、確認検査を行わなければならない。

改正：令和5年法律第58号　　　施行：令和6年4月1日
第77条の26　（確認検査の義務）

> 1　指定確認検査機関は、確認検査を行うべきことを求められたときは、当該確認検査が大規模建築物に係るものである場合において当該指定確認検査機関が確認検査員を選任しないものであることその他の正当な理由がある場合を除き、遅滞なく、確認検査を行わなければならない。

[現行]　第77条の27　（確認検査業務規程）

制定：平成10年法律第100号　　　施行：平成11年5月1日
第77条の27　（確認検査業務規程）

> 1　指定確認検査機関は、確認検査の業務に関する規程（以下この節において「確認検査業務規程」という。）を定め、建設大臣等の認可を受けなければならない。これを変更しようとするときも、同様とする。
> 2　確認検査業務規程で定めるべき事項は、建設省令で定める。
> 3　建設大臣等は、第1項の認可をした確認検査業務規程が確認検査の公正かつ適確な実施上不適当となつたと認めるときは、その確認検査業務規程を変更すべきことを命ずることができる。

改正：平成11年法律第160号　　　施行：平成13年1月6日
第77条の27　（確認検査業務規程）

> 1　指定確認検査機関は、確認検査の業務に関する規程（以下この節において「確認検査業務規程」という。）を定め、国土交通大臣等の認可を受けなければならない。これを変更しようとするときも、同様とする。
> 2　確認検査業務規程で定めるべき事項は、国土交通省令で定める。
> 3　国土交通大臣等は、第1項の認可をした確認検査業務規程が確認検査の公正かつ適確な実施上不適当となつたと認めるときは、その確認検査業務規程を変更すべきことを命ずることができる。

法77条の28　制定：平成10年法律第100号

[現行]　第77条の28　（指定区分等の掲示等）

制定：平成10年法律第100号　　　施行：平成11年5月1日
第77条の28　（指定区分等の掲示）
1　指定確認検査機関は、建設省令で定めるところにより、指定の区分、業務区域その他建設省令で定める事項を、その事務所において公衆に見やすいように掲示しなければならない。

改正：平成11年法律第160号　　　施行：平成13年1月6日
第77条の28　（指定区分等の掲示）
1　指定確認検査機関は、国土交通省令で定めるところにより、指定の区分、業務区域その他国土交通省令で定める事項を、その事務所において公衆に見やすいように掲示しなければならない。

改正：令和5年法律第58号　　　施行：令和6年4月1日
第77条の28　（指定区分等の掲示）
1　指定確認検査機関は、国土交通省令で定めるところにより、指定区分、業務区域その他国土交通省令で定める事項を、その事務所において公衆に見やすいように掲示しなければならない。

改正：令和5年法律第63号　　　施行：令和6年4月1日
第77条の28　（指定区分等の掲示等）
1　指定確認検査機関は、国土交通省令で定めるところにより、指定区分、業務区域その他国土交通省令で定める事項について、その事務所において公衆に見やすいように掲示するとともに、電気通信回線に接続して行う自動公衆送信（公衆によつて直接受信されることを目的として公衆からの求めに応じ自動的に送信を行うことをいい、放送又は有線放送に該当するものを除く。第77条の35の13において同じ。）により公衆の閲覧に供しなければならない。

[現行]　第77条の29　（帳簿の備付け等）

制定：平成10年法律第100号　　　施行：平成11年5月1日
第77条の29　（帳簿の備付け等）
1　指定確認検査機関は、建設省令で定めるところにより、確認検査の業務に関する事項で建設省令で定めるものを記載した帳簿を備え付け、これを保存しなければならない。
2　前項に定めるもののほか、指定確認検査機関は、建設省令で定めるところにより、確認検査の業務に関する書類で建設省令で定めるものを保存しなければならない。

改正：平成11年法律第160号　　　施行：平成13年1月6日
第77条の29　（帳簿の備付け等）
1　指定確認検査機関は、国土交通省令で定めるところにより、確認検査の業務に関する事項で国土交通省令で定めるものを記載した帳簿を備え付け、これを保存しなければならない。
2　前項に定めるもののほか、指定確認検査機関は、国土交通省令で定めるところにより、確認検査の業務に関する書類で国土交通省令で定めるものを保存しなければならない。

[現行]　第77条の29の2　（書類の閲覧）

制定：平成18年法律第92号　　　施行：平成19年6月20日

第77条の29の2　(書類の閲覧)

制定：平成10年法律第100号

第77条の29の2　(書類の閲覧)

1　指定確認検査機関は、国土交通省令で定めるところにより、確認検査の業務を行う事務所に次に掲げる書類を備え置き、第6条の2第1項の規定による確認を受けようとする者その他の関係者の求めに応じ、これを閲覧させなければならない。
一　当該指定確認検査機関の業務の実績を記載した書類
二　確認検査員の氏名及び略歴を記載した書類
三　確認検査の業務に関し生じた損害を賠償するために必要な金額を担保するための保険契約の締結その他の措置を講じている場合にあつては、その内容を記載した書類
四　その他指定確認検査機関の業務及び財務に関する書類で国土交通省令で定めるもの

改正：令和5年法律第58号　　施行：令和6年4月1日

第77条の29の2　(書類の閲覧)

1　指定確認検査機関は、国土交通省令で定めるところにより、確認検査の業務を行う事務所に次に掲げる書類を備え置き、第6条の2第1項の規定による確認を受けようとする者その他の関係者の求めに応じ、これを閲覧させなければならない。
一　当該指定確認検査機関の業務の実績を記載した書類
二　<u>確認検査員又は副確認検査員</u>の氏名及び略歴を記載した書類
三　確認検査の業務に関し生じた損害を賠償するために必要な金額を担保するための保険契約の締結その他の措置を講じている場合にあつては、その内容を記載した書類
四　その他指定確認検査機関の業務及び財務に関する書類で国土交通省令で定めるもの

[現行]　第77条の30　(監督命令)

制定：平成10年法律第100号　　施行：平成11年5月1日

第77条の30　(監督命令)

1　建設大臣等は、確認検査の業務の公正かつ適確な実施を確保するため必要があると認めるときは、その指定に係る指定確認検査機関に対し、確認検査の業務に関し監督上必要な命令をすることができる。

改正：平成11年法律第160号　　施行：平成13年1月6日

第77条の30　(監督命令)

1　<u>国土交通大臣等</u>は、確認検査の業務の公正かつ適確な実施を確保するため必要があると認めるときは、その指定に係る指定確認検査機関に対し、確認検査の業務に関し監督上必要な命令をすることができる。

改正：平成18年法律第92号　　施行：平成19年6月20日

第77条の30　(監督命令)

1　国土交通大臣等は、確認検査の業務の公正かつ適確な実施を確保するため必要があると認めるときは、その指定に係る指定確認検査機関に対し、確認検査の業務に関し監督上必要な命令をすることができる。
<u>2　国土交通大臣等は、前項の規定による命令をしたときは、国土交通省令で定めるところにより、その旨を公示しなければならない。</u>

[現行]　第77条の31　(報告、検査等)

制定：平成10年法律第100号　　施行：平成11年5月1日

第77条の31　(報告、検査等)

1　建設大臣等は、確認検査の業務の公正かつ適確な実施を確保するため必要があると認めるときは、その指

法77条の31 制定：平成10年法律第100号

定に係る指定確認検査機関に対し確認検査の業務に関し必要な報告を求め、又はその職員に、指定確認検査機関の事務所に立ち入り、確認検査の業務の状況若しくは帳簿、書類その他の物件を検査させ、若しくは関係者に質問させることができる。
2　第77条の13第2項及び第3項の規定は、前項の場合について準用する。

改正：平成10年法律第100号　　　施行：平成12年6月1日
第77条の31　（報告、検査等）

1　略
2　第68条の21第2項及び第3項の規定は、前項の場合について準用する。

改正：平成11年法律第160号　　　施行：平成13年1月6日
第77条の31　（報告、検査等）

1　国土交通大臣等は、確認検査の業務の公正かつ適確な実施を確保するため必要があると認めるときは、その指定に係る指定確認検査機関に対し確認検査の業務に関し必要な報告を求め、又はその職員に、指定確認検査機関の事務所に立ち入り、確認検査の業務の状況若しくは帳簿、書類その他の物件を検査させ、若しくは関係者に質問させることができる。
2　略

改正：平成18年法律第92号　　　施行：平成19年6月20日
第77条の31　（報告、検査等）

1　略
2　特定行政庁は、その指揮監督の下にある建築主事が第6条第1項の規定による確認をする権限を有する建築物の確認検査の適正な実施を確保するため必要があると認めるときは、その職員に、指定確認検査機関の事務所に立ち入り、確認検査の業務の状況若しくは帳簿、書類その他の物件を検査させ、又は関係者に質問させることができる。
3　特定行政庁は、前項の規定による立入検査の結果、当該指定確認検査機関が、確認検査業務規程に違反する行為をし、又は確認検査の業務に関し著しく不適当な行為をした事実があると認めるときは、国土交通省令で定めるところにより、その旨を国土交通大臣等に報告しなければならない。
4　前項の規定による報告を受けた場合において、国土交通大臣等は、必要に応じ、第77条の35第2項の規定による確認検査の業務の全部又は一部の停止命令その他の措置を講ずるものとする。
5　第68条の21第2項及び第3項の規定は、第1項及び第2項の場合について準用する。

改正：平成26年法律第54号　　　施行：平成27年6月1日
第77条の31　（報告、検査等）

1～4　略
5　第15条の2第2項及び第3項の規定は、第1項及び第2項の場合について準用する。

改正：令和5年法律第58号　　　施行：令和6年4月1日
第77条の31　（報告、検査等）

1　略
2　特定行政庁は、その指揮監督の下にある建築主事等が第6条第1項の規定による確認をする権限を有する建築物の確認検査の適正な実施を確保するため必要があると認めるときは、その職員に、指定確認検査機関の事務所に立ち入り、確認検査の業務の状況若しくは帳簿、書類その他の物件を検査させ、又は関係者に質問させることができる。
3～5　略

改正：令和6年法律第53号　　　施行：令和6年11月1日
第77条の31　（報告、検査等）

1　国土交通大臣等は、確認検査の業務の公正かつ適確な実施を確保するため必要があると認めるときは、その指定に係る指定確認検査機関に対し確認検査の業務に関し必要な報告を求め、又はその職員に、指定確認検査機関の事務所に立ち入り、確認検査の業務の状況若しくは帳簿、書類その他の物件を検査させ、若しくは関係者に質問させることができる。
2　特定行政庁は、その指揮監督の下にある建築主事等が確認その他の建築基準法令の規定による処分をする権限を有する建築物の確認検査の適正な実施を確保するため必要があると認めるときは、その職員に、指定確認検査機関の事務所に立ち入り、確認検査の業務の状況若しくは帳簿、書類その他の物件を検査させ、又は関係者に質問させることができる。
3　特定行政庁は、前項の規定による立入検査の結果、当該指定確認検査機関が、確認検査業務規程に違反する行為をし、又は確認検査の業務に関し著しく不適当な行為をした事実があると認めるときは、国土交通省令で定めるところにより、その旨を国土交通大臣等に報告しなければならない。
4　前項の規定による報告を受けた場合において、国土交通大臣等は、必要に応じ、第77条の35第2項の規定による確認検査の業務の全部又は一部の停止命令その他の措置を講ずるものとする。
5　第15条の2第2項及び第3項の規定は、第1項及び第2項の場合について準用する。

[現行]　第77条の32　（照会及び指示）

制定：平成10年法律第100号　　　施行：平成11年5月1日
第77条の32　（照会及び指示）

1　指定確認検査機関は、確認検査の適正な実施のため必要な事項について、特定行政庁に照会することができる。この場合において、当該特定行政庁は、当該照会をした者に対して、照会に係る事項の通知その他必要な措置を講ずるものとする。
2　特定行政庁は、その指揮監督の下にある建築主事が第6条第1項の規定による確認をする権限を有する建築物について、指定確認検査機関に対し、その確認検査の適正な実施のため必要な措置をとるべきことを指示することができる。

改正：平成18年法律第92号　　　施行：平成19年6月20日
第77条の32　（照会及び指示）

1　指定確認検査機関は、確認検査の適正な実施のため必要な事項について、特定行政庁に照会することができる。この場合において、当該特定行政庁は、当該照会をした者に対して、照会に係る事項の通知その他必要な措置を講ずるものとする。
2　特定行政庁は、前条第2項に規定する建築物の確認検査の適正な実施を確保するため必要があると認めるときは、指定確認検査機関に対し、当該確認検査の適正な実施のために必要な措置をとるべきことを指示することができる。

[現行]　第77条の33　（指定確認検査機関に対する配慮）

制定：平成10年法律第100号　　　施行：平成11年5月1日
第77条の33　（指定確認検査機関に対する配慮）

1　建設大臣及び地方公共団体は、指定確認検査機関に対して、確認検査の業務の適確な実施に必要な情報の提供その他の必要な配慮をするものとする。

改正：平成11年法律第160号　　　施行：平成13年1月6日

法77条の33　改正：平成11年法律第160号

第77条の33　（指定確認検査機関に対する配慮）

1　国土交通大臣及び地方公共団体は、指定確認検査機関に対して、確認検査の業務の適確な実施に必要な情報の提供その他の必要な配慮をするものとする。

[現行]　第77条の34　（確認検査の業務の休廃止等）

制定：平成10年法律第100号　　　施行：平成11年5月1日
第77条の34　（確認検査の業務の休廃止等）

1　指定確認検査機関は、確認検査の業務の全部又は一部を休止し、又は廃止しようとするときは、建設省令で定めるところにより、あらかじめ、その旨を建設大臣等に届け出なければならない。
2　前項の規定により確認検査の業務の全部を廃止しようとする届出があつたときは、当該届出に係る指定は、その効力を失う。
3　建設大臣等は、第1項の規定による届出があつたときは、その旨を公示しなければならない。

改正：平成11年法律第160号　　　施行：平成13年1月6日
第77条の34　（確認検査の業務の休廃止等）

1　指定確認検査機関は、確認検査の業務の全部又は一部を休止し、又は廃止しようとするときは、国土交通省令で定めるところにより、あらかじめ、その旨を国土交通大臣等に届け出なければならない。
2　前項の規定により確認検査の業務の全部を廃止しようとする届出があつたときは、当該届出に係る指定は、その効力を失う。
3　国土交通大臣等は、第1項の規定による届出があつたときは、その旨を公示しなければならない。

[現行]　第77条の35　（指定の取消し等）

制定：平成10年法律第100号　　　施行：平成11年5月1日
第77条の35　（指定の取消し等）

1　建設大臣等は、その指定に係る指定確認検査機関が第77条の19各号（第四号を除く。）の一に該当するに至つたときは、その指定を取り消さなければならない。
2　建設大臣等は、その指定に係る指定確認検査機関が次の各号の一に該当するときは、その指定を取り消し、又は期間を定めて確認検査の業務の全部若しくは一部の停止を命ずることができる。
　一　第6条の2第3項（第87条第1項、第87条の2第1項又は第88条第1項若しくは第2項において準用する場合を含む。）、第7条の2第3項から第6項まで（第87条の2第1項又は第88条第1項若しくは第2項においてこれらの規定を準用する場合を含む。）、第7条の4第2項、第3項若しくは第6項（第87条の2第1項又は第88条第1項においてこれらの規定を準用する場合を含む。）、第77条の21第2項、第77条の22第1項若しくは第2項、第77条の24第1項から第3項まで、第77条の26、第77条の28、第77条の29又は前条第1項の規定に違反したとき。
　二　第77条の27第1項の認可を受けた確認検査業務規程によらないで確認検査を行つたとき。
　三　第77条の24第4項、第77条の27第3項又は第77条の30の規定による命令に違反したとき。
　四　第77条の20各号に掲げる基準に適合していないと認めるとき。
　五　確認検査の業務に関し著しく不適当な行為をしたとき、又はその業務に従事する確認検査員若しくは法人にあつてはその役員が、確認検査の業務に関し著しく不適当な行為をしたとき。
　六　不正な手段により指定を受けたとき。
3　建設大臣等は、前2項の規定により指定を取り消し、又は前項の規定により確認検査の業務の全部若しくは一部の停止を命じたときは、その旨を公示しなければならない。

改正：平成11年法律第87号　　　　施行：平成12年4月1日
第77条の35　（指定の取消し等）
1　略
2　建設大臣等は、その指定に係る指定確認検査機関が次の各号の一に該当するときは、その指定を取り消し、又は期間を定めて確認検査の業務の全部若しくは一部の停止を命ずることができる。
　一　第6条の2第3項（第87条第1項、<u>第87条の2</u>又は第88条第1項若しくは第2項において準用する場合を含む。）、第7条の2第3項から第6項まで（<u>第87条の2</u>又は第88条第1項若しくは第2項においてこれらの規定を準用する場合を含む。）、第7条の4第2項、第3項若しくは第6項（<u>第87条の2</u>又は第88条第1項においてこれらの規定を準用する場合を含む。）、第77条の21第2項、第77条の22第1項若しくは第2項、第77条の24第1項から第3項まで、第77条の26、第77条の28、第77条の29又は前条第1項の規定に違反したとき。
　二～六　略
3　略

改正：平成11年法律第160号　　　　施行：平成13年1月6日
第77条の35　（指定の取消し等）
1　<u>国土交通大臣等</u>は、その指定に係る指定確認検査機関が第77条の19各号（第四号を除く。）の一に該当するに至つたときは、その指定を取り消さなければならない。
2　<u>国土交通大臣等</u>は、その指定に係る指定確認検査機関が次の各号の一に該当するときは、その指定を取り消し、又は期間を定めて確認検査の業務の全部若しくは一部の停止を命ずることができる。
　一～六　略
3　<u>国土交通大臣等</u>は、前2項の規定により指定を取り消し、又は前項の規定により確認検査の業務の全部若しくは一部の停止を命じたときは、その旨を公示しなければならない。

改正：平成18年法律第92号　　　　施行：平成19年6月20日
第77条の35　（指定の取消し等）
1　国土交通大臣等は、その指定に係る指定確認検査機関が第77条の19各号（第四号を除く。）<u>のいずれか</u>に該当するに至つたときは、その指定を取り消さなければならない。
2　国土交通大臣等は、その指定に係る指定確認検査機関が次の各号の<u>いずれか</u>に該当するときは、その指定を取り消し、又は期間を定めて確認検査の業務の全部若しくは一部の停止を命ずることができる。
　一　<u>第6条の2第9項若しくは第10項</u>（これらの規定を第87条第1項、第87条の2又は第88条第1項若しくは第2項において準用する場合を含む。）、第7条の2第3項から第6項まで<u>（これらの規定を第87条の2又は第88条第1項若しくは第2項において準用する場合を含む。）</u>、第7条の4第2項、第3項若しくは第6項<u>（これらの規定を第87条の2又は第88条第1項において準用する場合を含む。）</u>、<u>第18条の3第3項、第77条の21第2項</u>、第77条の22第1項若しくは第2項、第77条の24第1項から第3項まで、第77条の26、第77条の28から<u>第77条の29の2</u>まで又は前条第1項の規定に違反したとき。
　二　略
　三　第77条の24第4項、第77条の27第3項又は<u>第77条の30第1項</u>の規定による命令に違反したとき。
　四～六　略
3　略

改正：平成26年法律第54号　　　　施行：平成27年6月1日
第77条の35　（指定の取消し等）
1　略
2　国土交通大臣等は、その指定に係る指定確認検査機関が次の各号のいずれかに該当するときは、その指定を取り消し、又は期間を定めて確認検査の業務の全部若しくは一部の停止を命ずることができる。

法77条の35　改正：平成26年法律第54号

　一　第6条の2第4項若しくは第5項（これらの規定を第87条第1項、第87条の2又は第88条第1項若しくは第2項において準用する場合を含む。）、第7条の2第3項から第6項まで（これらの規定を第87条の2又は第88条第1項若しくは第2項において準用する場合を含む。）、第7条の4第2項、第3項若しくは第6項（これらの規定を第87条の2又は第88条第1項において準用する場合を含む。）、第7条の6第3項（第87条の2又は第88条第1項若しくは第2項において準用する場合を含む。）、第18条の3第3項、第77条の21第2項、第77条の22第1項若しくは第2項、第77条の24第1項から第3項まで、第77条の26、第77条の28から第77条の29の2まで又は前条第1項の規定に違反したとき。
　二～六　略
3　略

改正：平成30年法律第67号　　施行：令和元年6月25日
第77条の35　（指定の取消し等）

1　略
2　国土交通大臣等は、その指定に係る指定確認検査機関が次の各号のいずれかに該当するときは、その指定を取り消し、又は期間を定めて確認検査の業務の全部若しくは一部の停止を命ずることができる。
　一　第6条の2第4項若しくは第5項（これらの規定を第87条第1項、第87条の4又は第88条第1項若しくは第2項において準用する場合を含む。）、第7条の2第3項から第6項まで（これらの規定を第87条の4又は第88条第1項若しくは第2項において準用する場合を含む。）、第7条の4第2項、第3項若しくは第6項（これらの規定を第87条の4又は第88条第1項において準用する場合を含む。）、第7条の6第3項（第87条の4又は第88条第1項若しくは第2項において準用する場合を含む。）、第18条の3第3項、第77条の21第2項、第77条の22第1項若しくは第2項、第77条の24第1項から第3項まで、第77条の26、第77条の28から第77条の29の2まで又は前条第1項の規定に違反したとき。
　二～六　略
3　略

改正：令和5年法律第58号　　施行：令和6年4月1日
第77条の35　（指定の取消し等）

1　略
2　国土交通大臣等は、その指定に係る指定確認検査機関が次の各号のいずれかに該当するときは、その指定を取り消し、又は期間を定めて確認検査の業務の全部若しくは一部の停止を命ずることができる。
　一　第6条の2第4項若しくは第5項（これらの規定を第87条第1項、第87条の4又は第88条第1項若しくは第2項において準用する場合を含む。）、第7条の2第3項から第6項まで（これらの規定を第87条の4又は第88条第1項若しくは第2項において準用する場合を含む。）、第7条の4第2項、第3項若しくは第6項（これらの規定を第87条の4又は第88条第1項において準用する場合を含む。）、第7条の6第3項（第87条の4又は第88条第1項若しくは第2項において準用する場合を含む。）、第18条の3第3項、第77条の21第2項、第77条の22第1項若しくは第2項、第77条の24第1項から第4項まで、第77条の26、第77条の28から第77条の29の2まで又は前条第1項の規定に違反したとき。
　二　略
　三　第77条の24第5項、第77条の27第3項又は第77条の30第1項の規定による命令に違反したとき。
　四　略
　五　確認検査の業務に関し著しく不適当な行為をしたとき、又はその業務に従事する確認検査員若しくは副確認検査員若しくは法人にあつてはその役員が、確認検査の業務に関し著しく不適当な行為をしたとき。
　六　略
3　略

改正：令和6年法律第53号　　施行：令和6年11月1日
第77条の35　（指定の取消し等）

制定：平成18年法律第92号　**法77条の35の3**

1　国土交通大臣等は、その指定に係る指定確認検査機関が第77条の19各号（第四号を除く。）のいずれかに該当するに至つたときは、その指定を取り消さなければならない。
2　国土交通大臣等は、その指定に係る指定確認検査機関が次の各号のいずれかに該当するときは、その指定を取り消し、又は期間を定めて確認検査の業務の全部若しくは一部の停止を命ずることができる。
　一　第6条の2第4項若しくは第5項（これらの規定を第87条第1項、第87条の4又は第88条第1項若しくは第2項において準用する場合を含む。）、第7条の2第3項から第6項まで（これらの規定を第87条の4又は第88条第1項若しくは第2項において準用する場合を含む。）、第7条の4第2項、第3項若しくは第6項（これらの規定を第87条の4又は第88条第1項において準用する場合を含む。）、第7条の6第3項（第87条の4又は第88条第1項若しくは第2項において準用する場合を含む。）、第18条第16項若しくは第18項（これらの規定を第87条第1項、第87条の4又は第88条第1項若しくは第2項において準用する場合を含む。）、第18条第24項から第27項まで（これらの規定を第87条の4又は第88条第1項若しくは第2項において準用する場合を含む。）、第18条第33項、第34項若しくは第36項（これらの規定を第87条の4又は第88条第1項において準用する場合を含む。）、第18条第39項（第87条の4又は第88条第1項若しくは第2項において準用する場合を含む。）、第18条の3第3項、第77条の21第2項、第77条の22第1項若しくは第2項、第77条の24第1項から第4項まで、第77条の26、第77条の28から第77条の29の2まで又は前条第1項の規定に違反したとき。
　二　第77条の27第1項の認可を受けた確認検査業務規程によらないで確認検査を行つたとき。
　三　第77条の24第5項、第77条の27第3項又は第77条の30第1項の規定による命令に違反したとき。
　四　第77条の20各号に掲げる基準に適合していないと認めるとき。
　五　確認検査の業務に関し著しく不適当な行為をしたとき、又はその業務に従事する確認検査員若しくは副確認検査員若しくは法人にあつてはその役員が、確認検査の業務に関し著しく不適当な行為をしたとき。
　六　不正な手段により指定を受けたとき。
3　国土交通大臣等は、前2項の規定により指定を取り消し、又は前項の規定により確認検査の業務の全部若しくは一部の停止を命じたときは、その旨を公示しなければならない。

[現行]　第3節　指定構造計算適合性判定機関
（制定：平成18年法律第92号）　　第3節　指定構造計算適合性判定機関

[現行]　第77条の35の2　（指定）

制定：平成18年法律第92号　　　施行：平成19年6月20日
第77条の35の2　（指定）

1　第18条の2第1項の規定による指定（以下この節において単に「指定」という。）は、構造計算適合性判定の業務を行おうとする者の申請により行う。

改正：平成26年法律第54号　　　施行：平成27年6月1日
第77条の35の2　（指定）

1　第18条の2第1項の規定による指定（以下この節において単に「指定」という。）は、構造計算適合性判定の業務を行おうとする者の申請により行う。
2　前項の申請は、国土交通省令で定めるところにより、構造計算適合性判定の業務を行う区域（以下この節において「業務区域」という。）を定めてしなければならない。
3　国土交通大臣は、指定をしようとするときは、あらかじめ、業務区域を所轄する都道府県知事の意見を聴かなければならない。

[現行]　第77条の35の3　（欠格条項）

制定：平成18年法律第92号　　　施行：平成19年6月20日

法旧77条の35の3　制定：平成18年法律第92号

第77条の35の3　（欠格条項）
1　次の各号のいずれかに該当する者は、指定を受けることができない。
　一　未成年者、成年被後見人又は被保佐人
　二　破産手続開始の決定を受けて復権を得ない者
　三　禁錮（こ）以上の刑に処せられ、又は建築基準法令の規定により刑に処せられ、その執行を終わり、又は執行を受けることがなくなつた日から起算して5年を経過しない者
　四　第77条の35第2項の規定により第77条の18第1項に規定する指定を取り消され、その取消しの日から起算して5年を経過しない者
　五　第77条の35の14第1項又は第2項の規定により指定を取り消され、その取消しの日から起算して5年を経過しない者
　六　第77条の62第2項の規定により第77条の58第1項の登録を消除され、その消除の日から起算して5年を経過しない者
　七　建築士法第7条第五号又は第23条の4第1項第三号に該当する者
　八　公務員で懲戒免職の処分を受け、その処分の日から起算して3年を経過しない者
　九　法人であつて、その役員のうちに前各号のいずれかに該当する者があるもの
　十　その者の親会社等が前各号のいずれかに該当する者

改正：平成26年法律第54号　　　施行：平成27年6月1日
第77条の35の3　（欠格条項）
1　次の各号のいずれかに該当する者は、指定を受けることができない。
　一・二　略
　三　<u>禁錮</u>以上の刑に処せられ、又は建築基準法令の規定により刑に処せられ、その執行を終わり、又は執行を受けることがなくなつた日から起算して5年を経過しない者
　四　略
　五　<u>第77条の35の19第1項</u>又は第2項の規定により指定を取り消され、その取消しの日から起算して5年を経過しない者
　六　第77条の62第2項<u>（第77条の66第2項において準用する場合を含む。）</u>の規定により第77条の58第1項<u>又は第77条の66第1項</u>の登録を消除され、その消除の日から起算して5年を経過しない者
　七～十　略

改正：令和元年法律第37号　　　施行：令和元年9月14日
第77条の35の3　（欠格条項）
1　次の各号のいずれかに該当する者は、指定を受けることができない。
　一　<u>未成年者</u>
　二～八　略
　<u>九　心身の故障により構造計算適合性判定の業務を適正に行うことができない者として国土交通省令で定めるもの</u>
　<u>十</u>　法人であつて、その役員のうちに前各号のいずれかに該当する者があるもの
　<u>十一</u>　その者の親会社等が前各号のいずれかに該当する者

改正：令和元年法律第37号　　　施行：令和元年12月1日
第77条の35の3　（欠格条項）
1　次の各号のいずれかに該当する者は、指定を受けることができない。
　一～六　略
　七　建築士法第7条<u>第四号</u>又は第23条の4第1項第三号に該当する者
　八～十一　略

改正：平成26年法律第54号 **法77条の35の4**

改正：令和4年法律第68号　　　施行：令和7年6月1日
第77条の35の3　（欠格条項）

1　次の各号のいずれかに該当する者は、指定を受けることができない。
　一　未成年者
　二　破産手続開始の決定を受けて復権を得ない者
　三　拘禁刑以上の刑に処せられ、又は建築基準法令の規定により刑に処せられ、その執行を終わり、又は執行を受けることがなくなつた日から起算して5年を経過しない者
　四　第77条の35第2項の規定により第77条の18第1項に規定する指定を取り消され、その取消しの日から起算して5年を経過しない者
　五　第77条の35の19第1項又は第2項の規定により指定を取り消され、その取消しの日から起算して5年を経過しない者
　六　第77条の62第2項（第77条の66第2項において準用する場合を含む。）の規定により第77条の58第1項又は第77条の66第1項の登録を消除され、その消除の日から起算して5年を経過しない者
　七　建築士法第7条第四号又は第23条の4第1項第三号に該当する者
　八　公務員で懲戒免職の処分を受け、その処分の日から起算して3年を経過しない者
　九　心身の故障により構造計算適合性判定の業務を適正に行うことができない者として国土交通省令で定めるもの
　十　法人であつて、その役員のうちに前各号のいずれかに該当する者があるもの
　十一　その者の親会社等が前各号のいずれかに該当する者

[現行]　第77条の35の4　（指定の基準）

制定：平成18年法律第92号　　　施行：平成19年6月20日
第77条の35の4　（指定の基準）

1　都道府県知事は、指定の申請が次に掲げる基準に適合していると認めるときでなければ、指定をしてはならない。
　一　職員（第77条の35の7第1項の構造計算適合性判定員を含む。第三号において同じ。）、設備、構造計算適合性判定の業務の実施の方法その他の事項についての構造計算適合性判定の業務の実施に関する計画が、構造計算適合性判定の業務の適確な実施のために適切なものであること。
　二　前号の構造計算適合性判定の業務の実施に関する計画を適確に実施するに足りる経理的及び技術的な基礎を有するものであること。
　三　法人にあつては役員、第77条の20第五号の国土交通省令で定める構成員又は職員の構成が、法人以外の者にあつてはその者及びその職員の構成が、構造計算適合性判定の業務の公正な実施に支障を及ぼすおそれがないものであること。
　四　その者又はその者の親会社等が指定確認検査機関である場合には、第18条の2第3項の規定により読み替えて適用される第6条の2第3項の規定により当該指定確認検査機関が求めなければならない構造計算適合性判定を行わないものであること。
　五　前号に定めるもののほか、その者又はその者の親会社等が構造計算適合性判定の業務以外の業務を行っている場合には、その業務を行うことによつて構造計算適合性判定の業務の公正な実施に支障を及ぼすおそれがないものであること。
　六　前各号に定めるもののほか、構造計算適合性判定の業務を行うにつき十分な適格性を有するものであること。

改正：平成26年法律第54号　　　施行：平成27年6月1日
第77条の35の4　（指定の基準）

1　<u>国土交通大臣又は</u>都道府県知事は、指定の申請が次に掲げる基準に適合していると認めるときでなければ、指定をしてはならない。

法77条の35の4　改正：平成26年法律第54号

二　第77条の35の9第1項の構造計算適合性判定員（職員である者に限る。）の数が、構造計算適合性判定を行おうとする建築物の規模及び数に応じて国土交通省令で定める数以上であること。

二　前号に定めるもののほか、職員、設備、構造計算適合性判定の業務の実施の方法その他の事項についての構造計算適合性判定の業務の実施に関する計画が、構造計算適合性判定の業務の適確な実施のために適切なものであること。

三　その者の有する財産の評価額（その者が法人である場合にあつては、資本金、基本金その他これらに準ずるものの額）が国土交通省令で定める額以上であること。

四　前号に定めるもののほか、第二号の構造計算適合性判定の業務の実施に関する計画を適確に実施するに足りる経理的基礎を有するものであること。

五　法人にあつては役員、第77条の20第五号の国土交通省令で定める構成員又は職員（第77条の35の9第1項の構造計算適合性判定員を含む。以下この号において同じ。）の構成が、法人以外の者にあつてはその者及びその職員の構成が、構造計算適合性判定の業務の公正な実施に支障を及ぼすおそれがないものであること。

六　その者又はその者の親会社等が指定確認検査機関である場合には、当該指定確認検査機関に対してされた第6条の2第1項の規定による確認の申請に係る建築物の計画について、第18条の2第4項の規定により読み替えて適用される第6条の3第1項の規定による構造計算適合性判定を行わないものであること。

七　前号に定めるもののほか、その者又はその者の親会社等が構造計算適合性判定の業務以外の業務を行つている場合には、その業務を行うことによつて構造計算適合性判定の業務の公正な実施に支障を及ぼすおそれがないものであること。

八　前各号に定めるもののほか、構造計算適合性判定の業務を行うにつき十分な適格性を有するものであること。

改正：令和6年法律第53号　　施行：令和6年11月1日

第77条の35の4　（指定の基準）

1　国土交通大臣又は都道府県知事は、指定の申請が次に掲げる基準に適合していると認めるときでなければ、指定をしてはならない。

一　第77条の35の9第1項の構造計算適合性判定員（職員である者に限る。）の数が、構造計算適合性判定を行おうとする建築物の規模及び数に応じて国土交通省令で定める数以上であること。

二　前号に定めるもののほか、職員、設備、構造計算適合性判定の業務の実施の方法その他の事項についての構造計算適合性判定の業務の実施に関する計画が、構造計算適合性判定の業務の適確な実施のために適切なものであること。

三　その者の有する財産の評価額（その者が法人である場合にあつては、資本金、基本金その他これらに準ずるものの額）が国土交通省令で定める額以上であること。

四　前号に定めるもののほか、第二号の構造計算適合性判定の業務の実施に関する計画を適確に実施するに足りる経理的基礎を有するものであること。

五　法人にあつては役員、第77条の20第五号の国土交通省令で定める構成員又は職員（第77条の35の9第1項の構造計算適合性判定員を含む。以下この号において同じ。）の構成が、法人以外の者にあつてはその者及びその職員の構成が、構造計算適合性判定の業務の公正な実施に支障を及ぼすおそれがないものであること。

六　その者又はその者の親会社等が指定確認検査機関である場合には、当該指定確認検査機関に対してされた第6条の2第1項の規定による確認の申請又は第18条第4項の規定による通知に係る建築物の計画について、第18条の2第4項の規定により読み替えて適用される第6条の3第1項又は第18条第5項の規定による構造計算適合性判定を行わないものであること。

七　前号に定めるもののほか、その者又はその者の親会社等が構造計算適合性判定の業務以外の業務を行つている場合には、その業務を行うことによつて構造計算適合性判定の業務の公正な実施に支障を及ぼすおそれがないものであること。

八　前各号に定めるもののほか、構造計算適合性判定の業務を行うにつき十分な適格性を有するものであること。

[現行] 第77条の35の5 （指定の公示等）

制定：平成18年法律第92号　　施行：平成19年6月20日
第77条の35の5 （指定の公示等）

1 　都道府県知事は、指定をしたときは、指定を受けた者（以下この節及び第100条において「指定構造計算適合性判定機関」という。）の名称及び住所、構造計算適合性判定の業務を行う事務所の所在地並びに構造計算適合性判定の業務の開始の日を公示しなければならない。
2 　指定構造計算適合性判定機関は、その名称若しくは住所又は構造計算適合性判定の業務を行う事務所の所在地を変更しようとするときは、変更しようとする日の2週間前までに、その旨を都道府県知事に届け出なければならない。
3 　都道府県知事は、前項の規定による届出があつたときは、その旨を公示しなければならない。

改正：平成26年法律第54号　　施行：平成27年6月1日
第77条の35の5 （指定の公示等）

1 　国土交通大臣又は都道府県知事は、指定をしたときは、指定を受けた者（以下この節及び第100条において「指定構造計算適合性判定機関」という。）の名称及び住所並びに業務区域を公示しなければならない。
2 　指定構造計算適合性判定機関は、その名称又は住所を変更しようとするときは、変更しようとする日の2週間前までに、その指定をした国土交通大臣又は都道府県知事（以下この節において「国土交通大臣等」という。）にその旨を届け出なければならない。
3 　国土交通大臣等は、前項の規定による届出があつたときは、その旨を公示しなければならない。

[現行] 第77条の35の6 （業務区域の変更）

制定：平成26年法律第54号　　施行：平成27年6月1日
第77条の35の6 （業務区域の変更）

1 　指定構造計算適合性判定機関は、業務区域を増加し、又は減少しようとするときは、国土交通大臣等の認可を受けなければならない。
2 　国土交通大臣は、指定構造計算適合性判定機関が業務区域を減少しようとするときは、当該業務区域の減少により構造計算適合性判定の業務の適正かつ確実な実施が損なわれるおそれがないと認めるときでなければ、前項の認可をしてはならない。
3 　第77条の35の2第3項及び第77条の35の4第一号から第四号までの規定は、第1項の認可について準用する。この場合において、第77条の35の2第3項中「業務区域」とあるのは、「増加し、又は減少しようとする業務区域」と読み替えるものとする。
4 　国土交通大臣等は、第1項の認可をしたときは、その旨を公示しなければならない。

[現行] 第77条の35の7 （指定の更新）

制定：平成18年法律第92号　　施行：平成19年6月20日
旧　第77条の35の6 （指定の更新）

1 　指定は、5年以上10年以内において政令で定める期間ごとにその更新を受けなければ、その期間の経過によつて、その効力を失う。
2 　第77条の35の2から第77条の35の4までの規定は、前項の指定の更新の場合について準用する。

改正：平成26年法律第54号　　施行：平成27年6月1日
第77条の35の7 （指定の更新）

1 　指定は、5年以上10年以内において政令で定める期間ごとにその更新を受けなければ、その期間の経過に

法旧77条の35の7　改正：平成26年法律第54号

よつて、その効力を失う。
2　第77条の35の2から第77条の35の4までの規定は、前項の指定の更新の場合について準用する。

[現行]　第77条の35の8　（委任の公示等）

制定：平成26年法律第54号　　　　施行：平成27年6月1日
第77条の35の8　（委任の公示等）

1　第18条の2第1項の規定により指定構造計算適合性判定機関にその構造計算適合性判定を行わせることとした都道府県知事（以下「委任都道府県知事」という。）は、当該指定構造計算適合性判定機関の名称及び住所、業務区域並びに当該構造計算適合性判定の業務を行う事務所の所在地並びに当該指定構造計算適合性判定機関に行わせることとした構造計算適合性判定の業務及び当該構造計算適合性判定の業務の開始の日を公示しなければならない。
2　国土交通大臣の指定に係る指定構造計算適合性判定機関は、その名称又は住所を変更しようとするときは委任都道府県知事に、構造計算適合性判定の業務を行う事務所の所在地を変更しようとするときは関係委任都道府県知事に、それぞれ、変更しようとする日の2週間前までに、その旨を届け出なければならない。
3　都道府県知事の指定に係る指定構造計算適合性判定機関は、構造計算適合性判定の業務を行う事務所の所在地を変更しようとするときは、変更しようとする日の2週間前までに、その旨を委任都道府県知事に届け出なければならない。
4　委任都道府県知事は、前2項の規定による届出があつたときは、その旨を公示しなければならない。

[現行]　第77条の35の9　（構造計算適合性判定員）

制定：平成18年法律第92号　　　　施行：平成19年6月20日
旧　第77条の35の7　（構造計算適合性判定員）

1　指定構造計算適合性判定機関は、構造計算適合性判定を行うときは、構造計算適合性判定員に構造計算適合性判定を実施させなければならない。
2　構造計算適合性判定員は、建築に関する専門的知識及び技術を有する者として国土交通省令で定める要件を備える者のうちから選任しなければならない。
3　指定構造計算適合性判定機関は、構造計算適合性判定員を選任し、又は解任したときは、国土交通省令で定めるところにより、その旨を都道府県知事に届け出なければならない。
4　都道府県知事は、構造計算適合性判定員が、第77条の35の9第1項の認可を受けた構造計算適合性判定業務規程に違反したとき、構造計算適合性判定の業務に関し著しく不適当な行為をしたとき、又はその在任により指定構造計算適合性判定機関が第77条の35の4第三号に掲げる基準に適合しなくなつたときは、指定構造計算適合性判定機関に対し、その構造計算適合性判定員を解任すべきことを命ずることができる。

改正：平成26年法律第54号　　　　施行：平成27年6月1日
第77条の35の9　（構造計算適合性判定員）

1　指定構造計算適合性判定機関は、構造計算適合性判定を行うときは、構造計算適合性判定員に構造計算適合性判定を実施させなければならない。
2　構造計算適合性判定員は、第77条の66第1項の登録を受けた者のうちから選任しなければならない。
3　指定構造計算適合性判定機関は、構造計算適合性判定員を選任し、又は解任したときは、国土交通省令で定めるところにより、その旨を国土交通大臣等に届け出なければならない。
4　国土交通大臣等は、構造計算適合性判定員の在任により指定構造計算適合性判定機関が第77条の35の4第五号に掲げる基準に適合しなくなつたときは、指定構造計算適合性判定機関に対し、その構造計算適合性判定員を解任すべきことを命ずることができる。

改正：平成26年法律第54号 **法77条の35の12**

[現行]　第77条の35の10　（秘密保持義務等）

制定：平成18年法律第92号　　　施行：平成19年6月20日
旧　第77条の35の8　（秘密保持義務等）
1　指定構造計算適合性判定機関（その者が法人である場合にあつては、その役員。次項において同じ。）及びその職員（構造計算適合性判定員を含む。次項において同じ。）並びにこれらの者であつた者は、構造計算適合性判定の業務に関して知り得た秘密を漏らし、又は盗用してはならない。
2　指定構造計算適合性判定機関及びその職員で構造計算適合性判定の業務に従事するものは、刑法その他の罰則の適用については、法令により公務に従事する職員とみなす。

改正：平成26年法律第54号　　　施行：平成27年6月1日
第77条の35の10　（秘密保持義務等）
1　指定構造計算適合性判定機関（その者が法人である場合にあつては、その役員。次項において同じ。）及びその職員（構造計算適合性判定員を含む。次項において同じ。）並びにこれらの者であつた者は、構造計算適合性判定の業務に関して知り得た秘密を漏らし、又は盗用してはならない。
2　指定構造計算適合性判定機関及びその職員で構造計算適合性判定の業務に従事するものは、刑法その他の罰則の適用については、法令により公務に従事する職員とみなす。

[現行]　第77条の35の11　（構造計算適合性判定の義務）

制定：平成26年法律第54号　　　施行：平成27年6月1日
第77条の35の11　（構造計算適合性判定の義務）
1　指定構造計算適合性判定機関は、構造計算適合性判定を行うべきことを求められたときは、正当な理由がある場合を除き、遅滞なく、構造計算適合性判定を行わなければならない。

[現行]　第77条の35の12　（構造計算適合性判定業務規程）

制定：平成18年法律第92号　　　施行：平成19年6月20日
旧　第77条の35の9　（構造計算適合性判定業務規程）
1　指定構造計算適合性判定機関は、構造計算適合性判定の業務に関する規程（以下この節において「構造計算適合性判定業務規程」という。）を定め、都道府県知事の認可を受けなければならない。これを変更しようとするときも、同様とする。
2　構造計算適合性判定業務規程で定めるべき事項は、国土交通省令で定める。
3　都道府県知事は、第1項の認可をした構造計算適合性判定業務規程が構造計算適合性判定の公正かつ適確な実施上不適当となつたと認めるときは、その構造計算適合性判定業務規程を変更すべきことを命ずることができる。

改正：平成26年法律第54号　　　施行：平成27年6月1日
第77条の35の12　（構造計算適合性判定業務規程）
1　指定構造計算適合性判定機関は、構造計算適合性判定の業務に関する規程（以下この節において「構造計算適合性判定業務規程」という。）を定め、国土交通大臣等の認可を受けなければならない。これを変更しようとするときも、同様とする。
2　構造計算適合性判定業務規程で定めるべき事項は、国土交通省令で定める。
3　国土交通大臣等は、第1項の認可をした構造計算適合性判定業務規程が構造計算適合性判定の公正かつ適確な実施上不適当となつたと認めるときは、その構造計算適合性判定業務規程を変更すべきことを命ずることができる。

法77条の35の13 制定：平成26年法律第54号

[現行]　第77条の35の13　（業務区域等の掲示等）

制定：平成26年法律第54号　　　施行：平成27年6月1日
第77条の35の13　（業務区域等の掲示）

1　指定構造計算適合性判定機関は、国土交通省令で定めるところにより、業務区域その他国土交通省令で定める事項を、その事務所において公衆に見やすいように掲示しなければならない。

改正：令和5年法律第63号　　　施行：令和6年4月1日
第77条の35の13　（業務区域等の掲示等）

1　指定構造計算適合性判定機関は、国土交通省令で定めるところにより、業務区域その他国土交通省令で定める事項について、その事務所において公衆に見やすいように掲示するとともに、電気通信回線に接続して行う自動公衆送信により公衆の閲覧に供しなければならない。

[現行]　第77条の35の14　（帳簿の備付け等）

制定：平成18年法律第92号　　　施行：平成19年6月20日
旧　第77条の35の10　（帳簿の備付け等）

1　指定構造計算適合性判定機関は、国土交通省令で定めるところにより、構造計算適合性判定の業務に関する事項で国土交通省令で定めるものを記載した帳簿を備え付け、これを保存しなければならない。
2　前項に定めるもののほか、指定構造計算適合性判定機関は、国土交通省令で定めるところにより、構造計算適合性判定の業務に関する書類で国土交通省令で定めるものを保存しなければならない。

改正：平成26年法律第54号　　　施行：平成27年6月1日
第77条の35の14　（帳簿の備付け等）

1　指定構造計算適合性判定機関は、国土交通省令で定めるところにより、構造計算適合性判定の業務に関する事項で国土交通省令で定めるものを記載した帳簿を備え付け、これを保存しなければならない。
2　前項に定めるもののほか、指定構造計算適合性判定機関は、国土交通省令で定めるところにより、構造計算適合性判定の業務に関する書類で国土交通省令で定めるものを保存しなければならない。

[現行]　第77条の35の15　（書類の閲覧）

制定：平成26年法律第54号　　　施行：平成27年6月1日
第77条の35の15　（書類の閲覧）

1　指定構造計算適合性判定機関は、国土交通省令で定めるところにより、構造計算適合性判定の業務を行う事務所に次に掲げる書類を備え置き、構造計算適合性判定を受けようとする者その他の関係者の求めに応じ、これを閲覧させなければならない。
　一　当該指定構造計算適合性判定機関の業務の実績を記載した書類
　二　構造計算適合性判定員の氏名及び略歴を記載した書類
　三　構造計算適合性判定の業務に関し生じた損害を賠償するために必要な金額を担保するための保険契約の締結その他の措置を講じている場合にあつては、その内容を記載した書類
　四　その他指定構造計算適合性判定機関の業務及び財務に関する書類で国土交通省令で定めるもの

[現行]　第77条の35の16　（監督命令）

制定：平成18年法律第92号　　　施行：平成19年6月20日

制定：平成18年法律第92号　**法旧77条の35の13**

旧　第77条の35の11　（監督命令）

1　都道府県知事は、構造計算適合性判定の業務の公正かつ適確な実施を確保するため必要があると認めるときは、指定構造計算適合性判定機関に対し、構造計算適合性判定の業務に関し監督上必要な命令をすることができる。

改正：平成26年法律第54号　　　施行：平成27年6月1日
第77条の35の16　（監督命令）

1　国土交通大臣等は、構造計算適合性判定の業務の公正かつ適確な実施を確保するため必要があると認めるときは、その指定に係る指定構造計算適合性判定機関に対し、構造計算適合性判定の業務に関し監督上必要な命令をすることができる。
2　国土交通大臣等は、前項の規定による命令をしたときは、国土交通省令で定めるところにより、その旨を公示しなければならない。

[現行]　第77条の35の17　（報告、検査等）

制定：平成18年法律第92号　　　施行：平成19年6月20日
旧　第77条の35の12　（報告、検査等）

1　都道府県知事は、構造計算適合性判定の業務の公正かつ適確な実施を確保するため必要があると認めるときは、指定構造計算適合性判定機関に対し構造計算適合性判定の業務に関し必要な報告を求め、又はその職員に、指定構造計算適合性判定機関の事務所に立ち入り、構造計算適合性判定の業務の状況若しくは設備、帳簿、書類その他の物件を検査させ、若しくは関係者に質問させることができる。
2　第68条の21第2項及び第3項の規定は、前項の場合について準用する。

改正：平成26年法律第54号　　　施行：平成27年6月1日
第77条の35の17　（報告、検査等）

1　国土交通大臣等又は委任都道府県知事は、構造計算適合性判定の業務の公正かつ適確な実施を確保するため必要があると認めるときは、国土交通大臣等にあつてはその指定に係る指定構造計算適合性判定機関に対し、委任都道府県知事にあつてはその構造計算適合性判定を行わせることとした指定構造計算適合性判定機関に対し、構造計算適合性判定の業務に関し必要な報告を求め、又はその職員に、指定構造計算適合性判定機関の事務所に立ち入り、構造計算適合性判定の業務の状況若しくは設備、帳簿、書類その他の物件を検査させ、若しくは関係者に質問させることができる。
2　委任都道府県知事は、前項の規定による立入検査の結果、当該指定構造計算適合性判定機関（国土交通大臣の指定に係る者に限る。）が、構造計算適合性判定業務規程に違反する行為をし、又は構造計算適合性判定の業務に関し著しく不適当な行為をした事実があると認めるときは、国土交通省令で定めるところにより、その旨を国土交通大臣に報告しなければならない。
3　前項の規定による報告を受けた場合において、国土交通大臣は、必要に応じ、第77条の35の19第2項の規定による構造計算適合性判定の業務の全部又は一部の停止命令その他の措置を講ずるものとする。
4　第15条の2第2項及び第3項の規定は、第1項の場合について準用する。

[現行]　第77条の35の18　（構造計算適合性判定の業務の休廃止等）

制定：平成18年法律第92号　　　施行：平成19年6月20日
旧　第77条の35の13　（構造計算適合性判定の業務の休廃止等）

1　指定構造計算適合性判定機関は、都道府県知事の許可を受けなければ、構造計算適合性判定の業務の全部又は一部を休止し、又は廃止してはならない。

法旧77条の35の13　制定：平成18年法律第92号

2　都道府県知事が前項の規定により構造計算適合性判定の業務の全部の廃止を許可したときは、当該許可に係る指定は、その効力を失う。
3　都道府県知事は、第1項の許可をしたときは、その旨を公示しなければならない。

改正：平成26年法律第54号　　施行：平成27年6月1日
第77条の35の18　（構造計算適合性判定の業務の休廃止等）

1　指定構造計算適合性判定機関は、国土交通大臣等の許可を受けなければ、構造計算適合性判定の業務の全部又は一部を休止し、又は廃止してはならない。
2　国土交通大臣は、指定構造計算適合性判定機関の構造計算適合性判定の業務の全部又は一部の休止又は廃止により構造計算適合性判定の業務の適正かつ確実な実施が損なわれるおそれがないと認めるときでなければ、前項の許可をしてはならない。
3　国土交通大臣は、第1項の許可をしようとするときは、関係委任都道府県知事の意見を聴かなければならない。
4　国土交通大臣等が第1項の規定により構造計算適合性判定の業務の全部の廃止を許可したときは、当該許可に係る指定は、その効力を失う。
5　国土交通大臣等は、第1項の許可をしたときは、その旨を公示しなければならない。

[現行]　第77条の35の19　（指定の取消し等）

制定：平成18年法律第92号　　施行：平成19年6月20日
旧　第77条の35の14　（指定の取消し等）

1　都道府県知事は、指定構造計算適合性判定機関が第77条の35の3各号（第五号を除く。）のいずれかに該当するに至つたときは、その指定を取り消さなければならない。
2　都道府県知事は、指定構造計算適合性判定機関が次の各号のいずれかに該当するときは、その指定を取り消し、又は期間を定めて構造計算適合性判定の業務の全部若しくは一部の停止を命ずることができる。
　一　第18条の2第3項の規定により読み替えて適用される第6条第8項若しくは第9項、第6条の2第5項若しくは第6項若しくは第18条第7項若しくは第8項の規定又は第18条の3第3項、第77条の35の5第2項、第77条の35の7第1項から第3項まで、第77条の35の10若しくは前条第1項の規定に違反したとき。
　二　第77条の35の9第1項の認可を受けた構造計算適合性判定業務規程によらないで構造計算適合性判定を行つたとき。
　三　第77条の35の7第4項、第77条の35の9第3項又は第77条の35の11の規定による命令に違反したとき。
　四　第77条の35の4各号に掲げる基準に適合していないと認めるとき。
　五　構造計算適合性判定の業務に関し著しく不適当な行為をしたとき、又はその業務に従事する構造計算適合性判定員若しくは法人にあつてはその役員が、構造計算適合性判定の業務に関し著しく不適当な行為をしたとき。
　六　不正な手段により指定を受けたとき。
3　都道府県知事は、前2項の規定により指定を取り消し、又は前項の規定により構造計算適合性判定の業務の全部若しくは一部の停止を命じたときは、その旨を公示しなければならない。

改正：平成26年法律第54号　　施行：平成27年6月1日
第77条の35の19　（指定の取消し等）

1　国土交通大臣等は、その指定に係る指定構造計算適合性判定機関が第77条の35の3各号（第五号を除く。）のいずれかに該当するに至つたときは、その指定を取り消さなければならない。
2　国土交通大臣等は、その指定に係る指定構造計算適合性判定機関が次の各号のいずれかに該当するときは、その指定を取り消し、又は期間を定めて構造計算適合性判定の業務の全部若しくは一部の停止を命ずることができる。

制定：平成18年法律第92号　**法旧77条の35の15**

　　一　<u>第18条の2第4項の規定により読み替えて適用される</u><u>第6条の3第4項から第6項まで</u>若しくは<u>第18条第7項から第9項まで</u>の規定又は第18条の3第3項、第77条の35の5第2項、<u>第77条の35の6第1項</u>、<u>第77条の35の8第2項</u>若しくは第3項、<u>第77条の35の9第1項から第3項まで</u>、<u>第77条の35の11</u>、<u>第77条の35の13から第77条の35の15まで</u>若しくは前条第1項の規定に違反したとき。
　　二　<u>第77条の35の12第1項</u>の認可を受けた構造計算適合性判定業務規程によらないで構造計算適合性判定を行つたとき。
　　三　<u>第77条の35の9第4項</u>、<u>第77条の35の12第3項</u>又は<u>第77条の35の16第1項</u>の規定による命令に違反したとき。
　　四～六　略
　3　<u>国土交通大臣等</u>は、前2項の規定により指定を取り消し、又は前項の規定により構造計算適合性判定の業務の全部若しくは一部の停止を命じたときは、その旨を<u>公示するとともに、国土交通大臣にあつては関係都道府県知事に通知</u>しなければならない。

改正：令和6年法律第53号　　　施行：令和6年11月1日
第77条の35の19　（指定の取消し等）

　1　国土交通大臣等は、その指定に係る指定構造計算適合性判定機関が第77条の35の3各号（第五号を除く。）のいずれかに該当するに至つたときは、その指定を取り消さなければならない。
　2　国土交通大臣等は、その指定に係る指定構造計算適合性判定機関が次の各号のいずれかに該当するときは、その指定を取り消し、又は期間を定めて構造計算適合性判定の業務の全部若しくは一部の停止を命ずることができる。
　　一　第18条の2第4項の規定により読み替えて適用される第6条の3第4項から第6項まで若しくは<u>第18条第8項から第10項まで</u>の規定又は第18条の3第3項、第77条の35の5第2項、第77条の35の6第1項、第77条の35の8第2項若しくは第3項、第77条の35の9第1項から第3項まで、第77条の35の11、第77条の35の13から第77条の35の15まで若しくは前条第1項の規定に違反したとき。
　　二　第77条の35の12第1項の認可を受けた構造計算適合性判定業務規程によらないで構造計算適合性判定を行つたとき。
　　三　第77条の35の9第4項、第77条の35の12第3項又は第77条の35の16第1項の規定による命令に違反したとき。
　　四　第77条の35の4各号に掲げる基準に適合していないと認めるとき。
　　五　構造計算適合性判定の業務に関し著しく不適当な行為をしたとき、又はその業務に従事する構造計算適合性判定員若しくは法人にあつてはその役員が、構造計算適合性判定の業務に関し著しく不適当な行為をしたとき。
　　六　不正な手段により指定を受けたとき。
　3　国土交通大臣等は、前2項の規定により指定を取り消し、又は前項の規定により構造計算適合性判定の業務の全部若しくは一部の停止を命じたときは、その旨を公示するとともに、国土交通大臣にあつては関係都道府県知事に通知しなければならない。

[現行]　第77条の35の20　（構造計算適合性判定の委任の解除）

制定：平成26年法律第54号　　　施行：平成27年6月1日
第77条の35の20　（構造計算適合性判定の委任の解除）

　1　委任都道府県知事は、指定構造計算適合性判定機関に構造計算適合性判定の全部又は一部を行わせないこととするときは、その6月前までに、その旨を指定構造計算適合性判定機関に通知しなければならない。
　2　委任都道府県知事は、指定構造計算適合性判定機関に構造計算適合性判定の全部又は一部を行わせないこととしたときは、その旨を公示しなければならない。

[現行]　第77条の35の21　（委任都道府県知事による構造計算適合性判定の実施）

制定：平成18年法律第92号　　　施行：平成19年6月20日

法旧77条の35の15　制定：平成18年法律第92号

> 旧　第77条の35の15　（都道府県知事による構造計算適合性判定の実施）
> 1　都道府県知事は、指定構造計算適合性判定機関が次の各号のいずれかに該当するときは、第18条の2第2項の規定にかかわらず、当該指定構造計算適合性判定機関が休止し、停止を命じられ、又は実施することが困難となつた構造計算適合性判定の業務のうち他の指定構造計算適合性判定機関によつて行われないものを自ら行うものとする。
> 　一　第77条の35の13第1項の規定により構造計算適合性判定の業務の全部又は一部を休止したとき。
> 　二　前条第2項の規定により構造計算適合性判定の業務の全部又は一部の停止を命じられたとき。
> 　三　天災その他の事由により構造計算適合性判定の業務の全部又は一部を実施することが困難となつた場合において都道府県知事が必要があると認めるとき。
> 2　都道府県知事は、前項の規定により構造計算適合性判定の業務を行い、又は同項の規定により行つている構造計算適合性判定の業務を行わないこととしようとするときは、あらかじめ、その旨を公示しなければならない。
> 3　都道府県知事が、第1項の規定により構造計算適合性判定の業務を行うこととし、第77条の35の13第1項の規定により構造計算適合性判定の業務の廃止を許可し、又は前条第1項若しくは第2項の規定により指定を取り消した場合における構造計算適合性判定の業務の引継ぎその他の必要な事項は、国土交通省令で定める。

改正：平成26年法律第54号　　施行：平成27年6月1日
第77条の35の21　（<u>委任</u>都道府県知事による構造計算適合性判定の実施）

> 1　<u>委任</u>都道府県知事は、指定構造計算適合性判定機関が次の各号のいずれかに該当するときは、<u>第18条の2第3項</u>の規定にかかわらず、当該指定構造計算適合性判定機関が休止し、停止を命じられ、又は実施することが困難となつた構造計算適合性判定の業務のうち他の指定構造計算適合性判定機関によつて行われないものを自ら行うものとする。
> 　一　<u>第77条の35の18第1項</u>の規定により構造計算適合性判定の業務の全部又は一部を休止したとき。
> 　二　<u>第77条の35の19第2項</u>の規定により構造計算適合性判定の業務の全部又は一部の停止を命じられたとき。
> 　三　天災その他の事由により構造計算適合性判定の業務の全部又は一部を実施することが困難となつた場合において<u>委任</u>都道府県知事が必要があると認めるとき。
> 2　<u>委任</u>都道府県知事は、前項の規定により構造計算適合性判定の業務を行い、又は同項の規定により行つている構造計算適合性判定の業務を行わないこととしようとするときは、あらかじめ、その旨を公示しなければならない。
> 3　<u>委任</u>都道府県知事が、第1項の規定により構造計算適合性判定の業務を行うこととし、<u>又は国土交通大臣等が第77条の35の6第1項の規定により業務区域の減少を認可し、第77条の35の18第1項</u>の規定により構造計算適合性判定の業務の廃止を許可し、<u>若しくは第77条の35の19第1項</u>若しくは第2項の規定により指定を取り消した場合における構造計算適合性判定の業務の引継ぎその他の必要な事項は、国土交通省令で定める。

[現行]　第4節　指定認定機関等
（制定：平成10年法律第100号）　　旧　第3節　指定認定機関等
（改正：平成18年法律第92号）　　<u>第4節</u>　指定認定機関等

[現行]　第77条の36　（指定）

制定：平成10年法律第100号　　施行：平成12年6月1日
第77条の36　（指定）

> 1　第68条の25第1項（第88条第1項において準用する場合を含む。）の規定による指定（以下この節において単に「指定」という。）は、認定等を行おうとする者（外国にある事務所により行おうとする者を除く。）の申請により行う。

2　前項の申請は、建設省令で定めるところにより、建設省令で定める区分に従い、認定等の業務を行う区域（以下この節において「業務区域」という。）を定めてしなければならない。

改正：平成11年法律第160号　　　施行：平成13年1月6日
第77条の36　（指定）
1　略
2　前項の申請は、<u>国土交通省令</u>で定めるところにより、<u>国土交通省令</u>で定める区分に従い、認定等の業務を行う区域（以下この節において「業務区域」という。）を定めてしなければならない。

改正：平成26年法律第54号　　　施行：平成27年6月1日
第77条の36　（指定）
1　<u>第68条の24第1項</u>（第88条第1項において準用する場合を含む。）の規定による指定（以下この節において単に「指定」という。）は、認定等を行おうとする者（外国にある事務所により行おうとする者を除く。）の申請により行う。
2　前項の申請は、国土交通省令で定めるところにより、国土交通省令で定める区分に従い、認定等の業務を行う区域（以下この節において「業務区域」という。）を定めてしなければならない。

[現行]　第77条の37　（欠格条項）

制定：平成10年法律第100号　　　施行：平成12年6月1日
第77条の37　（欠格条項）
1　次の各号のいずれかに該当する者は、指定を受けることができない。
　一　未成年者、成年被後見人又は被保佐人
　二　破産者で復権を得ないもの
　三　禁錮（こ）以上の刑に処せられ、又は建築基準法令の規定により刑に処せられ、その執行を終わり、又は執行を受けることがなくなつた日から起算して2年を経過しない者
　四　第77条の51第1項若しくは第2項の規定により指定を取り消され、又は第77条の55第1項若しくは第2項の規定により承認を取り消され、その取消しの日から起算して2年を経過しない者
　五　法人であつて、その役員のうちに前各号のいずれかに該当する者があるもの

改正：平成18年法律第92号　　　施行：平成19年6月20日
第77条の37　（欠格条項）
1　次の各号のいずれかに該当する者は、指定を受けることができない。
　一　略
　二　<u>破産手続開始の決定を受けて復権を得ない者</u>
　三～五　略

改正：令和元年法律第37号　　　施行：令和元年9月14日
第77条の37　（欠格条項）
1　次の各号のいずれかに該当する者は、指定を受けることができない。
　一　<u>未成年者</u>
　二　略
　三　<u>禁錮</u>以上の刑に処せられ、又は建築基準法令の規定により刑に処せられ、その執行を終わり、又は執行を受けることがなくなつた日から起算して2年を経過しない者
　四　略

法77条の37 改正：令和元年法律第37号

　五　心身の故障により認定等の業務を適正に行うことができない者として国土交通省令で定めるもの
　六　法人であつて、その役員のうちに前各号のいずれかに該当する者があるもの

改正：令和4年法律第68号　　　施行：令和7年6月1日
第77条の37　（欠格条項）

1　次の各号のいずれかに該当する者は、指定を受けることができない。
　一　未成年者
　二　破産手続開始の決定を受けて復権を得ない者
　三　<u>拘禁刑</u>以上の刑に処せられ、又は建築基準法令の規定により刑に処せられ、その執行を終わり、又は執行を受けることがなくなつた日から起算して2年を経過しない者
　四　第77条の51第1項若しくは第2項の規定により指定を取り消され、又は第77条の55第1項若しくは第2項の規定により承認を取り消され、その取消しの日から起算して2年を経過しない者
　五　心身の故障により認定等の業務を適正に行うことができない者として国土交通省令で定めるもの
　六　法人であつて、その役員のうちに前各号のいずれかに該当する者があるもの

[現行]　**第77条の38　（指定の基準）**

制定：平成10年法律第100号　　　施行：平成12年6月1日
第77条の38　（指定の基準）

1　建設大臣は、指定の申請が次に掲げる基準に適合していると認めるときでなければ、指定をしてはならない。
　一　職員（第77条の42第1項の認定員を含む。第三号において同じ。）、設備、認定等の業務の実施の方法その他の事項についての認定等の業務の実施に関する計画が、認定等の業務の適確な実施のために適切なものであること。
　二　前号の認定等の業務の実施に関する計画を適確に実施するに足りる経理的及び技術的な基礎を有するものであること。
　三　法人にあつては役員、第77条の20第四号の建設省令で定める構成員又は職員の構成が、法人以外の者にあつてはその者及びその職員の構成が、認定等の業務の公正な実施に支障を及ぼすおそれがないものであること。
　四　認定等の業務以外の業務を行つている場合には、その業務を行うことによつて認定等の業務の公正な実施に支障を及ぼすおそれがないものであること。
　五　前各号に定めるもののほか、認定等の業務を行うにつき十分な適格性を有するものであること。

改正：平成11年法律第160号　　　施行：平成13年1月6日
第77条の38　（指定の基準）

1　<u>国土交通大臣</u>は、指定の申請が次に掲げる基準に適合していると認めるときでなければ、指定をしてはならない。
　一・二　略
　三　法人にあつては役員、第77条の20第四号の<u>国土交通省令</u>で定める構成員又は職員の構成が、法人以外の者にあつてはその者及びその職員の構成が、認定等の業務の公正な実施に支障を及ぼすおそれがないものであること。
　四・五　略

改正：平成18年法律第92号　　　施行：平成19年6月20日
第77条の38　（指定の基準）

1　国土交通大臣は、指定の申請が次に掲げる基準に適合していると認めるときでなければ、指定をしてはな

らない。
一　職員（第77条の42第１項の認定員を含む。第三号において同じ。）、設備、認定等の業務の実施の方法その他の事項についての認定等の業務の実施に関する計画が、認定等の業務の適確な実施のために適切なものであること。
二　前号の認定等の業務の実施に関する計画を適確に実施するに足りる経理的及び技術的な基礎を有するものであること。
三　法人にあつては役員、第77条の20第五号の国土交通省令で定める構成員又は職員の構成が、法人以外の者にあつてはその者及びその職員の構成が、認定等の業務の公正な実施に支障を及ぼすおそれがないものであること。
四　認定等の業務以外の業務を行つている場合には、その業務を行うことによつて認定等の業務の公正な実施に支障を及ぼすおそれがないものであること。
五　前各号に定めるもののほか、認定等の業務を行うにつき十分な適格性を有するものであること。

[現行]　第77条の39　（指定の公示等）

制定：平成10年法律第100号　　　施行：平成12年６月１日
第77条の39　（指定の公示等）

１　建設大臣は、指定をしたときは、指定を受けた者（以下この節及び第97条の４において「指定認定機関」という。）の名称及び住所、指定の区分、業務区域、認定等の業務を行う事務所の所在地並びに認定等の業務の開始の日を公示しなければならない。
２　指定認定機関は、その名称若しくは住所又は認定等の業務を行う事務所の所在地を変更しようとするときは、変更しようとする日の２週間前までに、その旨を建設大臣に届け出なければならない。
３　建設大臣は、前項の規定による届出があつたときは、その旨を公示しなければならない。

改正：平成11年法律第160号　　　施行：平成13年１月６日
第77条の39　（指定の公示等）

１　国土交通大臣は、指定をしたときは、指定を受けた者（以下この節及び第97条の４において「指定認定機関」という。）の名称及び住所、指定の区分、業務区域、認定等の業務を行う事務所の所在地並びに認定等の業務の開始の日を公示しなければならない。
２　指定認定機関は、その名称若しくは住所又は認定等の業務を行う事務所の所在地を変更しようとするときは、変更しようとする日の２週間前までに、その旨を国土交通大臣に届け出なければならない。
３　国土交通大臣は、前項の規定による届出があつたときは、その旨を公示しなければならない。

改正：平成18年法律第92号　　　施行：平成19年６月20日
第77条の39　（指定の公示等）

１　国土交通大臣は、指定をしたときは、指定を受けた者（以下この節、第97条の４及び第100条において「指定認定機関」という。）の名称及び住所、指定の区分、業務区域、認定等の業務を行う事務所の所在地並びに認定等の業務の開始の日を公示しなければならない。
２　指定認定機関は、その名称若しくは住所又は認定等の業務を行う事務所の所在地を変更しようとするときは、変更しようとする日の２週間前までに、その旨を国土交通大臣に届け出なければならない。
３　国土交通大臣は、前項の規定による届出があつたときは、その旨を公示しなければならない。

[現行]　第77条の40　（業務区域の変更）

制定：平成10年法律第100号　　　施行：平成12年６月１日
第77条の40　（業務区域の変更）

法77条の40　制定：平成10年法律第100号

1　指定認定機関は、業務区域を増加し、又は減少しようとするときは、建設大臣の許可を受けなければならない。
2　第77条の38第一号及び第二号の規定は、前項の許可について準用する。
3　建設大臣は、第1項の許可をしたときは、その旨を公示しなければならない。

改正：平成11年法律第160号　　　施行：平成13年1月6日
第77条の40　（業務区域の変更）

1　指定認定機関は、業務区域を増加し、又は減少しようとするときは、<u>国土交通大臣</u>の許可を受けなければならない。
2　第77条の38第一号及び第二号の規定は、前項の許可について準用する。
3　<u>国土交通大臣</u>は、第1項の許可をしたときは、その旨を公示しなければならない。

[現行]　第77条の41　（指定の更新）

制定：平成10年法律第100号　　　施行：平成12年6月1日
第77条の41　（指定の更新）

1　指定は、5年以上10年以内において政令で定める期間ごとにその更新を受けなければ、その期間の経過によつて、その効力を失う。
2　第77条の36から第77条の38までの規定は、前項の指定の更新の場合について準用する。

[現行]　第77条の42　（認定員）

制定：平成10年法律第100号　　　施行：平成12年6月1日
第77条の42　（認定員）

1　指定認定機関は、認定等を行うときは、建設省令で定める方法に従い、認定員に認定等を実施させなければならない。
2　認定員は、建築技術に関して優れた識見を有する者として建設省令で定める要件を備える者のうちから選任しなければならない。
3　指定認定機関は、認定員を選任し、又は解任したときは、建設省令で定めるところにより、その旨を建設大臣に届け出なければならない。
4　建設大臣は、認定員が、第77条の45第1項の認可を受けた認定等業務規程に違反したとき、認定等の業務に関し著しく不適当な行為をしたとき、又はその在任により指定認定機関が第77条の38第三号に掲げる基準に適合しなくなつたときは、指定認定機関に対し、その認定員を解任すべきことを命ずることができる。

改正：平成11年法律第160号　　　施行：平成13年1月6日
第77条の42　（認定員）

1　指定認定機関は、認定等を行うときは、<u>国土交通省令</u>で定める方法に従い、認定員に認定等を実施させなければならない。
2　認定員は、建築技術に関して優れた識見を有する者として<u>国土交通省令</u>で定める要件を備える者のうちから選任しなければならない。
3　指定認定機関は、認定員を選任し、又は解任したときは、<u>国土交通省令</u>で定めるところにより、その旨を<u>国土交通大臣</u>に届け出なければならない。
4　<u>国土交通大臣</u>は、認定員が、第77条の45第1項の認可を受けた認定等業務規程に違反したとき、認定等の業務に関し著しく不適当な行為をしたとき、又はその在任により指定認定機関が第77条の38第三号に掲げる基準に適合しなくなつたときは、指定認定機関に対し、その認定員を解任すべきことを命ずることができ

る。

[現行]　第77条の43　（秘密保持義務等）

制定：平成10年法律第100号　　　施行：平成12年6月1日
第77条の43　（秘密保持義務等）

1　指定認定機関（その者が法人である場合にあつては、その役員。次項において同じ。）及びその職員（認定員を含む。次項において同じ。）並びにこれらの者であつた者は、認定等の業務に関して知り得た秘密を漏らし、又は自己の利益のために使用してはならない。
2　指定認定機関及びその職員で認定等の業務に従事するものは、刑法その他の罰則の適用については、法令により公務に従事する職員とみなす。

改正：平成18年法律第92号　　　施行：平成19年6月20日
第77条の43　（秘密保持義務等）

1　指定認定機関（その者が法人である場合にあつては、その役員。次項において同じ。）及びその職員（認定員を含む。次項において同じ。）並びにこれらの者であつた者は、認定等の業務に関して知り得た秘密を漏らし、又は盗用してはならない。
2　指定認定機関及びその職員で認定等の業務に従事するものは、刑法その他の罰則の適用については、法令により公務に従事する職員とみなす。

[現行]　第77条の44　（認定等の義務）

制定：平成10年法律第100号　　　施行：平成12年6月1日
第77条の44　（認定等の義務）

1　指定認定機関は、認定等を行うべきことを求められたときは、正当な理由がある場合を除き、遅滞なく、認定等を行わなければならない。

[現行]　第77条の45　（認定等業務規程）

制定：平成10年法律第100号　　　施行：平成12年6月1日
第77条の45　（認定等業務規程）

1　指定認定機関は、認定等の業務に関する規程（以下この節において「認定等業務規程」という。）を定め、建設大臣の認可を受けなければならない。これを変更しようとするときも、同様とする。
2　認定等業務規程で定めるべき事項は、建設省令で定める。
3　建設大臣は、第1項の認可をした認定等業務規程が認定等の公正かつ適確な実施上不適当となつたと認めるときは、その認定等業務規程を変更すべきことを命ずることができる。

改正：平成11年法律第160号　　　施行：平成13年1月6日
第77条の45　（認定等業務規程）

1　指定認定機関は、認定等の業務に関する規程（以下この節において「認定等業務規程」という。）を定め、国土交通大臣の認可を受けなければならない。これを変更しようとするときも、同様とする。
2　認定等業務規程で定めるべき事項は、国土交通省令で定める。
3　国土交通大臣は、第1項の認可をした認定等業務規程が認定等の公正かつ適確な実施上不適当となつたと認めるときは、その認定等業務規程を変更すべきことを命ずることができる。

法77条の46　制定：平成10年法律第100号

［現行］　第77条の46　（国土交通大臣への報告等）

制定：平成10年法律第100号　　　施行：平成12年6月1日
第77条の46　（建設大臣への報告等）

1　指定認定機関は、認定等を行つたときは、建設省令で定めるところにより、建設大臣に報告しなければならない。
2　建設大臣は、前項の規定による報告を受けた場合において、指定認定機関が行つた型式適合認定を受けた型式が第1章、第2章（第88条第1項において準用する場合を含む。）若しくは第3章の規定又はこれに基づく命令の規定に適合しないと認めるときは、当該型式適合認定を受けた者及び当該型式適合認定を行つた指定認定機関にその旨を通知しなければならない。この場合において、当該型式適合認定は、その効力を失う。

改正：平成11年法律第160号　　　施行：平成13年1月6日
第77条の46　（国土交通大臣への報告等）

1　指定認定機関は、認定等を行つたときは、<u>国土交通省令</u>で定めるところにより、<u>国土交通大臣</u>に報告しなければならない。
2　<u>国土交通大臣</u>は、前項の規定による報告を受けた場合において、指定認定機関が行つた型式適合認定を受けた型式が第1章、第2章（第88条第1項において準用する場合を含む。）若しくは第3章の規定又はこれに基づく命令の規定に適合しないと認めるときは、当該型式適合認定を受けた者及び当該型式適合認定を行つた指定認定機関にその旨を通知しなければならない。この場合において、当該型式適合認定は、その効力を失う。

［現行］　第77条の47　（帳簿の備付け等）

制定：平成10年法律第100号　　　施行：平成12年6月1日
第77条の47　（帳簿の備付け等）

1　指定認定機関は、建設省令で定めるところにより、認定等の業務に関する事項で建設省令で定めるものを記載した帳簿を備え付け、これを保存しなければならない。
2　前項に定めるもののほか、指定認定機関は、建設省令で定めるところにより、認定等の業務に関する書類で建設省令で定めるものを保存しなければならない。

改正：平成11年法律第160号　　　施行：平成13年1月6日
第77条の47　（帳簿の備付け等）

1　指定認定機関は、<u>国土交通省令</u>で定めるところにより、認定等の業務に関する事項で<u>国土交通省令</u>で定めるものを記載した帳簿を備え付け、これを保存しなければならない。
2　前項に定めるもののほか、指定認定機関は、<u>国土交通省令</u>で定めるところにより、認定等の業務に関する書類で<u>国土交通省令</u>で定めるものを保存しなければならない。

［現行］　第77条の48　（監督命令）

制定：平成10年法律第100号　　　施行：平成12年6月1日
第77条の48　（監督命令）

1　建設大臣は、認定等の業務の公正かつ適確な実施を確保するため必要があると認めるときは、指定認定機関に対し、認定等の業務に関し監督上必要な命令をすることができる。

改正：平成11年法律第160号　　　　施行：平成13年1月6日
第77条の48　（監督命令）

> 1　国土交通大臣は、認定等の業務の公正かつ適確な実施を確保するため必要があると認めるときは、指定認定機関に対し、認定等の業務に関し監督上必要な命令をすることができる。

[現行]　第77条の49　（報告、検査等）

制定：平成10年法律第100号　　　　施行：平成12年6月1日
第77条の49　（報告、検査等）

> 1　建設大臣は、認定等の業務の公正かつ適確な実施を確保するため必要があると認めるときは、指定認定機関に対し認定等の業務に関し必要な報告を求め、又はその職員に、指定認定機関の事務所に立ち入り、認定等の業務の状況若しくは設備、帳簿、書類その他の物件を検査させ、若しくは関係者に質問させることができる。
> 2　第68条の21第2項及び第3項の規定は、前項の場合について準用する。

改正：平成11年法律第160号　　　　施行：平成13年1月6日
第77条の49　（報告、検査等）

> 1　国土交通大臣は、認定等の業務の公正かつ適確な実施を確保するため必要があると認めるときは、指定認定機関に対し認定等の業務に関し必要な報告を求め、又はその職員に、指定認定機関の事務所に立ち入り、認定等の業務の状況若しくは設備、帳簿、書類その他の物件を検査させ、若しくは関係者に質問させることができる。
> 2　略

改正：平成26年法律第54号　　　　施行：平成27年6月1日
第77条の49　（報告、検査等）

> 1　国土交通大臣は、認定等の業務の公正かつ適確な実施を確保するため必要があると認めるときは、指定認定機関に対し認定等の業務に関し必要な報告を求め、又はその職員に、指定認定機関の事務所に立ち入り、認定等の業務の状況若しくは設備、帳簿、書類その他の物件を検査させ、若しくは関係者に質問させることができる。
> 2　第15条の2第2項及び第3項の規定は、前項の場合について準用する。

[現行]　第77条の50　（認定等の業務の休廃止等）

制定：平成10年法律第100号　　　　施行：平成12年6月1日
第77条の50　（認定等の業務の休廃止等）

> 1　指定認定機関は、建設大臣の許可を受けなければ、認定等の業務の全部又は一部を休止し、又は廃止してはならない。
> 2　建設大臣が前項の規定により認定等の業務の全部の廃止を許可したときは、当該許可に係る指定は、その効力を失う。
> 3　建設大臣は、第1項の許可をしたときは、その旨を公示しなければならない。

改正：平成11年法律第160号　　　　施行：平成13年1月6日
第77条の50　（認定等の業務の休廃止等）

> 1　指定認定機関は、国土交通大臣の許可を受けなければ、認定等の業務の全部又は一部を休止し、又は廃止

法77条の50　改正：平成11年法律第160号

してはならない。
2　<u>国土交通大臣</u>が前項の規定により認定等の業務の全部の廃止を許可したときは、当該許可に係る指定は、その効力を失う。
3　<u>国土交通大臣</u>は、第1項の許可をしたときは、その旨を公示しなければならない。

[現行]　第77条の51　（指定の取消し等）

制定：平成10年法律第100号　　　施行：平成12年6月1日
第77条の51　（指定の取消し等）

1　建設大臣は、指定認定機関が第77条の37各号（第四号を除く。）の一に該当するに至つたときは、その指定を取り消さなければならない。
2　建設大臣は、指定認定機関が次の各号の一に該当するときは、その指定を取り消し、又は期間を定めて認定等の業務の全部若しくは一部の停止を命ずることができる。
　一　第77条の39第2項、第77条の40第1項、第77条の42第1項から第3項まで、第77条の44、第77条の46第1項、第77条の47又は前条第1項の規定に違反したとき。
　二　第77条の45第1項の認可を受けた認定等業務規程によらないで認定等を行つたとき。
　三　第77条の42第4項、第77条の45第3項又は第77条の48の規定による命令に違反したとき。
　四　第77条の38各号に掲げる基準に適合していないと認めるとき。
　五　認定等の業務に関し著しく不適当な行為をしたとき、又はその業務に従事する認定員若しくは法人にあつてはその役員が、認定等の業務に関し著しく不適当な行為をしたとき。
　六　不正な手段により指定を受けたとき。
3　建設大臣は、前2項の規定により指定を取り消し、又は前項の規定による認定等の業務の全部若しくは一部の停止を命じたときは、その旨を公示しなければならない。

改正：平成11年法律第160号　　　施行：平成13年1月6日
第77条の51　（指定の取消し等）

1　<u>国土交通大臣</u>は、指定認定機関が第77条の37各号（第四号を除く。）の一に該当するに至つたときは、その指定を取り消さなければならない。
2　<u>国土交通大臣</u>は、指定認定機関が次の各号の一に該当するときは、その指定を取り消し、又は期間を定めて認定等の業務の全部若しくは一部の停止を命ずることができる。
　一　第77条の39第2項、第77条の40第1項、第77条の42第1項から第3項まで、第77条の44、第77条の46第1項、第77条の47又は前条第1項の規定に違反したとき。
　二　第77条の45第1項の認可を受けた認定等業務規程によらないで認定等を行つたとき。
　三　第77条の42第4項、第77条の45第3項又は第77条の48の規定による命令に違反したとき。
　四　第77条の38各号に掲げる基準に適合していないと認めるとき。
　五　認定等の業務に関し著しく不適当な行為をしたとき、又はその業務に従事する認定員若しくは法人にあつてはその役員が、認定等の業務に関し著しく不適当な行為をしたとき。
　六　不正な手段により指定を受けたとき。
3　<u>国土交通大臣</u>は、前2項の規定により指定を取り消し、又は前項の規定による認定等の業務の全部若しくは一部の停止を命じたときは、その旨を公示しなければならない。

[現行]　第77条の52　（国土交通大臣による認定等の実施）

制定：平成10年法律第100号　　　施行：平成12年6月1日
第77条の52　（建設大臣による認定等の実施）

1　建設大臣は、指定認定機関が次の各号の一に該当するときは、第68条の25第2項の規定にかかわらず、当該指定認定機関が休止し、停止を命じられ、又は実施することが困難となつた認定等の業務のうち他の指定

認定機関によつて行われないものを自ら行うものとする。
一　第77条の50第１項の規定により認定等の業務の全部又は一部を休止したとき。
二　前条第２項の規定により認定等の業務の全部又は一部の停止を命じられたとき。
三　天災その他の事由により認定等の業務の全部又は一部を実施することが困難となつた場合において建設大臣が必要があると認めるとき。
2　建設大臣は、前項の規定により認定等の業務を行い、又は同項の規定により行つている認定等の業務を行わないこととしようとするときは、あらかじめ、その旨を公示しなければならない。
3　建設大臣が、第１項の規定により認定等の業務を行うこととし、第77条の40第１項の規定により業務区域の減少を許可し、第77条の50第１項の規定により認定等の業務の廃止を許可し、又は前条第１項若しくは第２項の規定により指定を取り消した場合における認定等の業務の引継ぎその他の必要な事項は、建設省令で定める。

改正：平成11年法律第160号　　　施行：平成13年１月６日
第77条の52　（国土交通大臣による認定等の実施）

1　国土交通大臣は、指定認定機関が次の各号の一に該当するときは、第68条の25第２項の規定にかかわらず、当該指定認定機関が休止し、停止を命じられ、又は実施することが困難となつた認定等の業務のうち他の指定認定機関によつて行われないものを自ら行うものとする。
一・二　略
三　天災その他の事由により認定等の業務の全部又は一部を実施することが困難となつた場合において国土交通大臣が必要があると認めるとき。
2　国土交通大臣は、前項の規定により認定等の業務を行い、又は同項の規定により行つている認定等の業務を行わないこととしようとするときは、あらかじめ、その旨を公示しなければならない。
3　国土交通大臣が、第１項の規定により認定等の業務を行うこととし、第77条の40第１項の規定により業務区域の減少を許可し、第77条の50第１項の規定により認定等の業務の廃止を許可し、又は前条第１項若しくは第２項の規定により指定を取り消した場合における認定等の業務の引継ぎその他の必要な事項は、国土交通省令で定める。

改正：平成26年法律第54号　　　施行：平成27年６月１日
第77条の52　（国土交通大臣による認定等の実施）

1　国土交通大臣は、指定認定機関が次の各号のいずれかに該当するときは、第68条の24第２項の規定にかかわらず、当該指定認定機関が休止し、停止を命じられ、又は実施することが困難となつた認定等の業務のうち他の指定認定機関によつて行われないものを自ら行うものとする。
一　第77条の50第１項の規定により認定等の業務の全部又は一部を休止したとき。
二　前条第２項の規定により認定等の業務の全部又は一部の停止を命じられたとき。
三　天災その他の事由により認定等の業務の全部又は一部を実施することが困難となつた場合において国土交通大臣が必要があると認めるとき。
2　国土交通大臣は、前項の規定により認定等の業務を行い、又は同項の規定により行つている認定等の業務を行わないこととしようとするときは、あらかじめ、その旨を公示しなければならない。
3　国土交通大臣が、第１項の規定により認定等の業務を行うこととし、第77条の40第１項の規定により業務区域の減少を許可し、第77条の50第１項の規定により認定等の業務の廃止を許可し、又は前条第１項若しくは第２項の規定により指定を取り消した場合における認定等の業務の引継ぎその他の必要な事項は、国土交通省令で定める。

［現行］　第77条の53　（審査請求）

制定：平成10年法律第100号　　　施行：平成12年６月１日
第77条の53　（審査請求）

法77条の53　制定：平成10年法律第100号

1　この法律の規定による指定認定機関の行う処分又はその不作為については、建設大臣に対し、行政不服審査法による審査請求をすることができる。

改正：平成11年法律第160号　　施行：平成13年1月6日
第77条の53　（審査請求）

1　この法律の規定による指定認定機関の行う処分又はその不作為については、国土交通大臣に対し、行政不服審査法による審査請求をすることができる。

改正：平成26年法律第69号　　施行：平成28年4月1日
第77条の53　（審査請求）

1　この法律の規定による指定認定機関の行う処分又はその不作為については、国土交通大臣に対し、審査請求をすることができる。この場合において、国土交通大臣は、行政不服審査法第25条第2項及び第3項、第46条第1項及び第2項、第47条並びに第49条第3項の規定の適用については、指定認定機関の上級行政庁とみなす。

[現行]　第77条の54　（承認）

制定：平成10年法律第100号　　施行：平成12年6月1日
第77条の54　（承認）

1　第68条の25第3項（第88条第1項において準用する場合を含む。以下この条において同じ。）の規定による承認は、認定等を行おうとする者（外国にある事務所により行おうとする者に限る。）の申請により行う。

2　第77条の36第2項の規定は前項の申請に、第77条の37、第77条の38、第77条の39第1項及び第77条の41の規定は第68条の25第3項の規定による承認に、第77条の22、第77条の34、第77条の39第2項及び第3項、第77条の42、第77条の44、第77条の45、第77条の46第1項並びに第77条の47から第77条の49までの規定は第68条の25第3項の規定による承認を受けた者（以下この条、次条及び第97条の4において「承認認定機関」という。）に、第77条の46第2項の規定は承認認定機関が行つた認定等について準用する。この場合において、第77条の22第1項、第2項及び第4項並びに第77条の34第1項及び第3項中「建設大臣等」とあるのは「建設大臣」と、第77条の22第3項中「第77条の20第一号から第三号までの規定」とあるのは「第77条の38第一号及び第二号の規定」と、第77条の42第4項及び第77条の45第3項中「命ずる」とあるのは「請求する」と、第77条の48中「命令」とあるのは「請求」と読み替えるものとする。

改正：平成11年法律第160号　　施行：平成13年1月6日
第77条の54　（承認）

1　略

2　第77条の36第2項の規定は前項の申請に、第77条の37、第77条の38、第77条の39第1項及び第77条の41の規定は第68条の25第3項の規定による承認に、第77条の22、第77条の34、第77条の39第2項及び第3項、第77条の42、第77条の44、第77条の45、第77条の46第1項並びに第77条の47から第77条の49までの規定は第68条の25第3項の規定による承認を受けた者（以下この条、次条及び第97条の4において「承認認定機関」という。）に、第77条の46第2項の規定は承認認定機関が行つた認定等について準用する。この場合において、第77条の22第1項、第2項及び第4項並びに第77条の34第1項及び第3項中「国土交通大臣等」とあるのは「国土交通大臣」と、第77条の22第3項中「第77条の20第一号から第三号までの規定」とあるのは「第77条の38第一号及び第二号の規定」と、第77条の42第4項及び第77条の45第3項中「命ずる」とあるのは「請求する」と、第77条の48中「命令」とあるのは「請求」と読み替えるものとする。

制定：平成10年法律第100号 **法77条の55**

改正：平成18年法律第92号　　　施行：平成19年6月20日
第77条の54　（承認）

1　略
2　第77条の36第2項の規定は前項の申請に、第77条の37、第77条の38、第77条の39第1項及び第77条の41の規定は第68条の25第3項の規定による承認に、<u>第77条の22（第3項後段を除く。）</u>、第77条の34、第77条の39第2項及び第3項、第77条の42、第77条の44、第77条の45、第77条の46第1項並びに第77条の47から第77条の49までの規定は第68条の25第3項の規定による承認を受けた者（以下この条、次条及び第97条の4において「承認認定機関」という。）に、第77条の46第2項の規定は承認認定機関が行つた認定等について準用する。この場合において、第77条の22第1項、第2項及び第4項並びに第77条の34第1項及び第3項中「国土交通大臣等」とあるのは「国土交通大臣」と、<u>第77条の22第3項前段中「第77条の18第3項及び第77条の20第一号から<u>第四号</u>までの規定」</u>とあるのは「第77条の38第一号及び第二号の規定」と、第77条の42第4項及び第77条の45第3項中「命ずる」とあるのは「請求する」と、第77条の48中「命令」とあるのは「請求」と読み替えるものとする。

改正：平成26年法律第54号　　　施行：平成27年6月1日
第77条の54　（承認）

1　<u>第68条の24第3項</u>（第88条第1項において準用する場合を含む。以下この条において同じ。）の規定による承認は、認定等を行おうとする者（外国にある事務所により行おうとする者に限る。）の申請により行う。
2　第77条の36第2項の規定は前項の申請に、第77条の37、第77条の38、第77条の39第1項及び第77条の41の規定は<u>第68条の24第3項</u>の規定による承認に、第77条の22（第3項後段を除く。）、第77条の34、第77条の39第2項及び第3項、第77条の42、第77条の44、第77条の45、第77条の46第1項並びに第77条の47から第77条の49までの規定は<u>第68条の24第3項</u>の規定による承認を受けた者（以下この条、次条及び第97条の4において「承認認定機関」という。）に、第77条の46第2項の規定は承認認定機関が行つた認定等について準用する。この場合において、第77条の22第1項、第2項及び第4項並びに第77条の34第1項及び第3項中「国土交通大臣等」とあるのは「国土交通大臣」と、第77条の22第3項前段中「第77条の18第3項及び第77条の20第一号から第四号までの規定」とあるのは「第77条の38第一号及び第二号の規定」と、第77条の42第4項及び第77条の45第3項中「命ずる」とあるのは「請求する」と、第77条の48中「命令」とあるのは「請求」と読み替えるものとする。

[現行]　第77条の55　（承認の取消し等）

制定：平成10年法律第100号　　　施行：平成12年6月1日
第77条の55　（承認の取消し等）

1　建設大臣は、承認認定機関が前条第2項において準用する第77条の37各号（第四号を除く。）の一に該当するに至つたときは、その承認を取り消さなければならない。
2　建設大臣は、承認認定機関が次の各号の一に該当するときは、その承認を取り消すことができる。
一　前条第2項において準用する第77条の22第1項若しくは第2項、第77条の34第1項、第77条の39第2項、第77条の42第1項から第3項まで、第77条の44、第77条の46第1項又は第77条の47の規定に違反したとき。
二　前条第2項において準用する第77条の45第1項の認可を受けた認定等業務規程によらないで認定等を行つたとき。
三　前条第2項において準用する第77条の42第4項、第77条の45第3項又は第77条の48の規定による請求に応じなかつたとき。
四　前条第2項において準用する第77条の38各号に掲げる基準に適合していないと認めるとき。
五　認定等の業務に関し著しく不適当な行為をしたとき、又はその業務に従事する認定員若しくは法人にあつてはその役員が、認定等の業務に関し著しく不適当な行為をしたとき。
六　不正な手段により承認を受けたとき。
七　建設大臣が、承認認定機関が前各号の一に該当すると認めて、期間を定めて認定等の業務の全部又は一

法77条の55　制定：平成10年法律第100号

　　　　部の停止の請求をした場合において、その請求に応じなかつたとき。
　　八　前条第２項において準用する第77条の49第１項の規定による報告をせず、又は虚偽の報告をしたとき。
　　九　前条第２項において準用する第77条の49第１項の規定による検査を拒み、妨げ、若しくは忌避し、又は同項の規定による質問に対して答弁をせず、若しくは虚偽の答弁をしたとき。
　　十　次項の規定による費用の負担をしないとき。
　３　前条第２項において準用する第77条の49第１項の規定による検査に要する費用（政令で定めるものに限る。）は、当該検査を受ける承認認定機関の負担とする。

改正：平成11年法律第160号　　　施行：平成13年１月６日
第77条の55　（承認の取消し等）

１　国土交通大臣は、承認認定機関が前条第２項において準用する第77条の37各号（第四号を除く。）の一に該当するに至つたときは、その承認を取り消さなければならない。
２　国土交通大臣は、承認認定機関が次の各号の一に該当するときは、その承認を取り消すことができる。
　一　前条第２項において準用する第77条の22第１項若しくは第２項、第77条の34第１項、第77条の39第２項、第77条の42第１項から第３項まで、第77条の44、第77条の46第１項又は第77条の47の規定に違反したとき。
　二　前条第２項において準用する第77条の45第１項の認可を受けた認定等業務規程によらないで認定等を行つたとき。
　三　前条第２項において準用する第77条の42第４項、第77条の45第３項又は第77条の48の規定による請求に応じなかつたとき。
　四　前条第２項において準用する第77条の38各号に掲げる基準に適合していないと認めるとき。
　五　認定等の業務に関し著しく不適当な行為をしたとき、又はその業務に従事する認定員若しくは法人にあつてはその役員が、認定等の業務に関し著しく不適当な行為をしたとき。
　六　不正な手段により承認を受けたとき。
　七　国土交通大臣が、承認認定機関が前各号の一に該当すると認めて、期間を定めて認定等の業務の全部又は一部の停止の請求をした場合において、その請求に応じなかつたとき。
　八　前条第２項において準用する第77条の49第１項の規定による報告をせず、又は虚偽の報告をしたとき。
　九　前条第２項において準用する第77条の49第１項の規定による検査を拒み、妨げ、若しくは忌避し、又は同項の規定による質問に対して答弁をせず、若しくは虚偽の答弁をしたとき。
　十　次項の規定による費用の負担をしないとき。
３　前条第２項において準用する第77条の49第１項の規定による検査に要する費用（政令で定めるものに限る。）は、当該検査を受ける承認認定機関の負担とする。

[現行]　第５節　指定性能評価機関等
（制定：平成10年法律第100号）　　　旧　第４節　指定性能評価機関等
（改正：平成18年法律第92号）　　　　第５節　指定性能評価機関等

[現行]　第77条の56　（指定性能評価機関）

制定：平成10年法律第100号　　　施行：平成12年６月１日
第77条の56　（指定性能評価機関）

１　第68条の26第３項（第88条第１項において準用する場合を含む。以下この条において同じ。）の規定による指定は、第68条の26第３項の評価（以下「性能評価」という。）を行おうとする者（外国にある事務所により行おうとする者を除く。）の申請により行う。
２　第77条の36第２項の規定は前項の申請に、第77条の37、第77条の38、第77条の39第１項及び第77条の41の規定は第68条の26第３項の規定による指定に、第77条の39第２項及び第３項、第77条の40、第77条の42から第77条の45まで並びに第77条の47から第77条の52までの規定は前項の規定による指定を受けた者（以下この条、第97条の４及び第101条において「指定性能評価機関」という。）に、第77条の53の規定は指定性能評価

機関が行つた性能評価について準用する。この場合において、第77条の38第一号、第77条の42、第77条の43第1項及び第77条の51第2項第五号中「認定員」とあるのは「評価員」と、第77条の51第2項第一号中「第77条の46第1項、第77条の47」とあるのは「第77条の47」と、第77条の53中「処分」とあるのは「処分(性能評価の結果を除く。)」と読み替えるものとする。

改正：平成18年法律第92号　　施行：平成19年6月20日
第77条の56　（指定性能評価機関）

1　略
2　第77条の36第2項の規定は前項の申請に、第77条の37、第77条の38、第77条の39第1項及び第77条の41の規定は第68条の26第3項の規定による指定に、第77条の39第2項及び第3項、第77条の40、第77条の42から第77条の45まで並びに第77条の47から第77条の52までの規定は前項の規定による指定を受けた者（以下この条、第97条の4及び第100条において「指定性能評価機関」という。）に、第77条の53の規定は指定性能評価機関が行つた性能評価について準用する。この場合において、第77条の38第一号、第77条の42、第77条の43第1項及び第77条の51第2項第五号中「認定員」とあるのは「評価員」と、第77条の51第2項第一号中「第77条の46第1項、第77条の47」とあるのは「第77条の47」と、第77条の53中「処分」とあるのは「処分(性能評価の結果を除く。)」と読み替えるものとする。

改正：平成26年法律第54号　　施行：平成27年6月1日
第77条の56　（指定性能評価機関）

1　第68条の25第3項（第88条第1項において準用する場合を含む。以下この条において同じ。）の規定による指定は、第68条の25第3項の評価（以下「性能評価」という。）を行おうとする者（外国にある事務所により行おうとする者を除く。）の申請により行う。
2　第77条の36第2項の規定は前項の申請に、第77条の37、第77条の38、第77条の39第1項及び第77条の41の規定は第68条の25第3項の規定による指定に、第77条の39第2項及び第3項、第77条の40、第77条の42から第77条の45まで並びに第77条の47から第77条の52までの規定は前項の規定による指定を受けた者（以下この条、第97条の4及び第100条において「指定性能評価機関」という。）に、第77条の53の規定は指定性能評価機関が行つた性能評価について準用する。この場合において、第77条の38第一号、第77条の42、第77条の43第1項及び第77条の51第2項第五号中「認定員」とあるのは「評価員」と、第77条の51第2項第一号中「第77条の46第1項、第77条の47」とあるのは「第77条の47」と、第77条の53中「処分」とあるのは「処分(性能評価の結果を除く。)」と読み替えるものとする。

改正：平成26年法律第69号　　施行：平成28年4月1日
第77条の56　（指定性能評価機関）

1　第68条の25第3項（第88条第1項において準用する場合を含む。以下この条において同じ。）の規定による指定は、第68条の25第3項の評価（以下「性能評価」という。）を行おうとする者（外国にある事務所により行おうとする者を除く。）の申請により行う。
2　第77条の36第2項の規定は前項の申請に、第77条の37、第77条の38、第77条の39第1項及び第77条の41の規定は第68条の25第3項の規定による指定に、第77条の39第2項及び第3項、第77条の40、第77条の42から第77条の45まで並びに第77条の47から第77条の52までの規定は前項の規定による指定を受けた者（以下この条、第97条の4及び第100条において「指定性能評価機関」という。）に、第77条の53の規定は指定性能評価機関の行う性能評価又はその不作為について準用する。この場合において、第77条の38第一号、第77条の42、第77条の43第1項及び第77条の51第2項第五号中「認定員」とあるのは「評価員」と、同項第一号中「第77条の46第1項、第77条の47」とあるのは「第77条の47」と、第77条の53中「処分」とあるのは「処分(性能評価の結果を除く。)」と読み替えるものとする。

法77条の57　制定：平成10年法律第100号

[現行]　第77条の57　（承認性能評価機関）

制定：平成10年法律第100号　　　施行：平成12年6月1日

第77条の57　（承認性能評価機関）

1　第68条の26第6項（第88条第1項において準用する場合を含む。以下この条において同じ。）の規定による承認は、性能評価を行おうとする者（外国にある事務所により行おうとする者に限る。）の申請により行う。

2　第77条の36第2項の規定は前項の申請に、第77条の37、第77条の38、第77条の39第1項及び第77条の41の規定は第68条の26第6項の規定による承認に、第77条の22、第77条の34、第77条の39第2項及び第3項、第77条の42、第77条の44、第77条の45、第77条の47から第77条の49まで並びに第77条の55の規定は第68条の26第6項の規定による承認を受けた者（第97条の4において「承認性能評価機関」という。）について準用する。この場合において、第77条の22第1項、第2項及び第4項並びに第77条の34第1項及び第3項中「建設大臣等」とあるのは「建設大臣」と、第77条の22第3項中「第77条の20第一号から第三号までの規定」とあるのは「第77条の38第一号及び第二号の規定」と、第77条の38第一号、第77条の42及び第77条の55第2項第五号中「認定員」とあるのは「評価員」と、第77条の42第4項及び第77条の45第3項中「命ずる」とあるのは「請求する」と、第77条の48中「命令」とあるのは「請求」と、第77条の55第2項第一号中「第77条の46第1項、第77条の47」とあるのは「第77条の47」と読み替えるものとする。

改正：平成11年法律第160号　　　施行：平成13年1月6日

第77条の57　（承認性能評価機関）

1　略

2　第77条の36第2項の規定は前項の申請に、第77条の37、第77条の38、第77条の39第1項及び第77条の41の規定は第68条の26第6項の規定による承認に、第77条の22、第77条の34、第77条の39第2項及び第3項、第77条の42、第77条の44、第77条の45、第77条の47から第77条の49まで並びに第77条の55の規定は第68条の26第6項の規定による承認を受けた者（第97条の4において「承認性能評価機関」という。）について準用する。この場合において、第77条の22第1項、第2項及び第4項並びに第77条の34第1項及び第3項中「国土交通大臣等」とあるのは「国土交通大臣」と、第77条の22第3項中「第77条の20第一号から第三号までの規定」とあるのは「第77条の38第一号及び第二号の規定」と、第77条の38第一号、第77条の42及び第77条の55第2項第五号中「認定員」とあるのは「評価員」と、第77条の42第4項及び第77条の45第3項中「命ずる」とあるのは「請求する」と、第77条の48中「命令」とあるのは「請求」と、第77条の55第2項第一号中「第77条の46第1項、第77条の47」とあるのは「第77条の47」と読み替えるものとする。

改正：平成18年法律第92号　　　施行：平成19年6月20日

第77条の57　（承認性能評価機関）

1　略

2　第77条の36第2項の規定は前項の申請に、第77条の37、第77条の38、第77条の39第1項及び第77条の41の規定は第68条の26第6項の規定による承認に、<u>第77条の22（第3項後段を除く。）</u>、第77条の34、第77条の39第2項及び第3項、第77条の42、第77条の44、第77条の45、第77条の47から第77条の49まで並びに第77条の55の規定は第68条の26第6項の規定による承認を受けた者（第97条の4において「承認性能評価機関」という。）について準用する。この場合において、第77条の22第1項、第2項及び第4項並びに第77条の34第1項及び第3項中「国土交通大臣等」とあるのは「国土交通大臣」と、<u>第77条の22第3項前段中「第77条の18第3項及び第77条の20第一号から第四号までの規定」</u>とあるのは「第77条の38第一号及び第二号の規定」と、第77条の38第一号、第77条の42及び第77条の55第2項第五号中「認定員」とあるのは「評価員」と、第77条の42第4項及び第77条の45第3項中「命ずる」とあるのは「請求する」と、第77条の48中「命令」とあるのは「請求」と、第77条の55第2項第一号中「<u>、第77条の46第1項又は第77条の47</u>」とあるのは「<u>又は第77条の47</u>」と読み替えるものとする。

改正：平成26年法律第54号　　　　施行：平成27年6月1日
第77条の57　（承認性能評価機関）

1　第68条の25第6項（第88条第1項において準用する場合を含む。以下この条において同じ。）の規定による承認は、性能評価を行おうとする者（外国にある事務所により行おうとする者に限る。）の申請により行う。
2　第77条の36第2項の規定は前項の申請に、第77条の37、第77条の38、第77条の39第1項及び第77条の41の規定は第68条の25第6項の規定による承認に、第77条の22（第3項後段を除く。）、第77条の34、第77条の39第2項及び第3項、第77条の42、第77条の44、第77条の45、第77条の47から第77条の49まで並びに第77条の55の規定は第68条の25第6項の規定による承認を受けた者（第97条の4において「承認性能評価機関」という。）について準用する。この場合において、第77条の22第1項、第2項及び第4項並びに第77条の34第1項及び第3項中「国土交通大臣等」とあるのは「国土交通大臣」と、第77条の22第3項前段中「第77条の18第3項及び第77条の20第一号から第四号までの規定」とあるのは「第77条の38第一号及び第二号の規定」と、第77条の38第一号、第77条の42及び第77条の55第2項第五号中「認定員」とあるのは「評価員」と、第77条の42第4項及び第77条の45第3項中「命ずる」とあるのは「請求する」と、第77条の48中「命令」とあるのは「請求」と、第77条の55第2項第一号中「、第77条の46第1項又は第77条の47」とあるのは「又は第77条の47」と読み替えるものとする。

[現行]　第4章の3　建築基準適合判定資格者等の登録
（制定：平成10年法律第100号）　第4章の3　建築基準適合判定資格者の登録
（改正：平成26年法律第54号）　　第4章の3　建築基準適合判定資格者等の登録

[現行]　第1節　建築基準適合判定資格者の登録
（制定：平成26年法律第54号）　第1節　建築基準適合判定資格者の登録

[現行]　第77条の58　（登録）

制定：平成10年法律第100号　　　　施行：平成11年5月1日
旧　第77条の36　（登録）

1　建築基準適合判定資格者検定に合格した者は、建設大臣の登録を受けることができる。
2　前項の登録は、建設大臣が建築基準適合判定資格者登録簿に、氏名、生年月日、住所その他の建設省令で定める事項を登載してするものとする。

改正：平成10年法律第100号　　　　施行：平成12年6月1日
第77条の58　（登録）

略

改正：平成11年法律第160号　　　　施行：平成13年1月6日
第77条の58　（登録）

1　建築基準適合判定資格者検定に合格した者は、国土交通大臣の登録を受けることができる。
2　前項の登録は、国土交通大臣が建築基準適合判定資格者登録簿に、氏名、生年月日、住所その他の国土交通省令で定める事項を登載してするものとする。

改正：令和5年法律第58号　　　　施行：令和6年4月1日
第77条の58　（登録）

1　建築基準適合判定資格者検定に合格した者で、建築行政又は確認検査の業務その他これに類する業務で国土交通省令で定めるものに関して2年以上の実務の経験を有するものは、国土交通大臣の登録を受けること

法77条の58 改正：令和5年法律第58号

　　ができる。
2　前項の登録は、<u>国土交通大臣が</u>、一級建築基準適合判定資格者検定に合格して当該登録を受ける者にあつては一級建築基準適合判定資格者登録簿に、二級建築基準適合判定資格者検定に合格して当該登録を受ける者にあつては二級建築基準適合判定資格者登録簿に、それぞれ氏名、生年月日、住所その他の国土交通省令で定める事項を登載してするものとする。

[現行]　第77条の59　（欠格条項）

<u>制定</u>：平成10年法律第100号　　　施行：平成11年5月1日
旧　第77条の37　（欠格条項）

1　次の各号の一に該当する者は、前条第1項の登録を受けることができない。
　一　未成年者
　二　禁治産者又は準禁治産者
　三　禁錮（こ）以上の刑に処せられ、又は建築基準法令の規定若しくは建築士法の規定により刑に処せられ、その執行を終わり、又は執行を受けることがなくなつた日から起算して2年を経過しない者
　四　第77条の40第2項の規定による登録の消除の処分を受け、その処分の日から起算して2年を経過しない者
　五　建築士法第7条第三号に該当する者
　六　公務員で懲戒免職の処分を受け、その処分の日から起算して2年を経過しない者

改正：平成11年法律第151号　　　施行：平成12年4月1日
旧　第77条の37　（欠格条項）

1　次の<u>各号のいずれか</u>に該当する者は、前条第1項の登録を受けることができない。
　一　略
　二　<u>成年被後見人</u>又は<u>被保佐人</u>
　三〜六　略

改正：平成10年法律第100号　　　施行：平成12年6月1日
第77条の59　（欠格条項）

1　次の各号のいずれかに該当する者は、前条第1項の登録を受けることができない。
　一〜三　略
　四　<u>第77条の62第2項</u>の規定による登録の消除の処分を受け、その処分の日から起算して2年を経過しない者
　五・六　略

改正：平成18年法律第92号　　　施行：平成19年6月20日
第77条の59　（欠格条項）

1　次の各号のいずれかに該当する者は、前条第1項の登録を受けることができない。
　一〜三　略
　四　<u>第77条の62第1項第四号又は第2項の規定により前条第1項の登録を消除され、その消除の日から起算して5年を経過しない者</u>
　<u>五</u>　<u>第77条の62第2項の規定により確認検査の業務を行うことを禁止され、その禁止の期間中に同条第1項第一号の規定により前条第1項の登録を消除され、まだその期間が経過しない者</u>
　<u>六</u>　建築士法第7条<u>第五号</u>に該当する者
　<u>七</u>　公務員で懲戒免職の処分を受け、その処分の日から起算して<u>3年</u>を経過しない者

制定：平成10年法律第100号 **法77条の60**

改正：令和元年法律第37号　　　施行：令和元年9月14日
第77条の59　（欠格条項）

1　次の各号のいずれかに該当する者は、前条第1項の登録を受けることができない。
　一　略
　二　<u>禁錮</u>以上の刑に処せられ、又は建築基準法令の規定若しくは建築士法の規定により刑に処せられ、その執行を終わり、又は執行を受けることがなくなつた日から起算して5年を経過しない者
　三　第77条の62第1項第四号又は<u>第2項第三号から第五号まで</u>の規定により前条第1項の登録を消除され、その消除の日から起算して5年を経過しない者
　四　第77条の62<u>第2項第三号から第五号まで</u>の規定により確認検査の業務を行うことを禁止され、その禁止の期間中に同条第1項第一号の規定により前条第1項の登録を消除され、まだその期間が経過しない者
　五　建築士法第7条第五号に該当する者
　六　公務員で懲戒免職の処分を受け、その処分の日から起算して3年を経過しない者

改正：令和元年法律第37号　　　施行：令和元年12月1日
第77条の59　（欠格条項）

1　次の各号のいずれかに該当する者は、前条第1項の登録を受けることができない。
　一〜四　略
　五　建築士法第7条<u>第四号</u>に該当する者
　六　略

改正：令和4年法律第68号　　　施行：令和7年6月1日
第77条の59　（欠格条項）

1　次の各号のいずれかに該当する者は、前条第1項の登録を受けることができない。
　一　未成年者
　二　<u>拘禁刑</u>以上の刑に処せられ、又は建築基準法令の規定若しくは建築士法の規定により刑に処せられ、その執行を終わり、又は執行を受けることがなくなつた日から起算して5年を経過しない者
　三　第77条の62第1項第四号又は第2項第三号から第五号までの規定により前条第1項の登録を消除され、その消除の日から起算して5年を経過しない者
　四　第77条の62第2項第三号から第五号までの規定により確認検査の業務を行うことを禁止され、その禁止の期間中に同条第1項第一号の規定により前条第1項の登録を消除され、まだその期間が経過しない者
　五　建築士法第7条第四号に該当する者
　六　公務員で懲戒免職の処分を受け、その処分の日から起算して3年を経過しない者

[現行]　第77条の59の2

制定：令和元年法律第37号　　　施行：令和元年9月14日
第77条の59の2

1　国土交通大臣は、心身の故障により確認検査の業務を適正に行うことができない者として国土交通省令で定めるものについては第77条の58第1項の登録をしないことができる。

[現行]　第77条の60　（変更の登録）

制定：平成10年法律第100号　　　施行：平成11年5月1日
旧　第77条の38　（変更の登録）

1　第77条の36第1項の登録を受けている者（次条及び第77条の40第2項において「建築基準適合判定資格者」

法77条の60　制定：平成10年法律第100号

という。）は、当該登録を受けている事項で建設省令で定めるものに変更があつたときは、建設省令で定めるところにより、変更の登録を申請しなければならない。

改正：平成10年法律第100号　　　施行：平成12年6月1日
第77条の60　（変更の登録）

1　第77条の58第1項の登録を受けている者（次条及び第77条の62第2項において「建築基準適合判定資格者」という。）は、当該登録を受けている事項で建設省令で定めるものに変更があつたときは、建設省令で定めるところにより、変更の登録を申請しなければならない。

改正：平成11年法律第160号　　　施行：平成13年1月6日
第77条の60　（変更の登録）

1　第77条の58第1項の登録を受けている者（次条及び第77条の62第2項において「建築基準適合判定資格者」という。）は、当該登録を受けている事項で国土交通省令で定めるものに変更があつたときは、国土交通省令で定めるところにより、変更の登録を申請しなければならない。

[現行]　第77条の61　（死亡等の届出）

制定：平成10年法律第100号　　　施行：平成11年5月1日
旧　第77条の39　（死亡等の届出）

1　建築基準適合判定資格者が次の各号の一に該当するときは、当該各号に定める者は、当該建築基準適合判定資格者が当該各号に該当するに至つた日（第一号の場合にあつては、その事実を知つた日）から30日以内に、建設大臣にその旨を届け出なければならない。
一　死亡したとき。　相続人
二　第77条の37第二号に該当するに至つたとき。　後見人又は保佐人
三　第77条の37第三号、第五号又は第六号に該当するに至つたとき。　本人

改正：平成11年法律第151号　　　施行：平成12年4月1日
旧　第77条の39　（死亡等の届出）

1　建築基準適合判定資格者が次の各号のいずれかに該当するときは、当該各号に定める者は、当該建築基準適合判定資格者が当該各号に該当するに至つた日（第一号の場合にあつては、その事実を知つた日）から30日以内に、建設大臣にその旨を届け出なければならない。
一　略
二　第77条の37第二号に該当するに至つたとき。　成年後見人又は保佐人
三　略

改正：平成10年法律第100号　　　施行：平成12年6月1日
第77条の61　（死亡等の届出）

1　建築基準適合判定資格者が次の各号のいずれかに該当するときは、当該各号に定める者は、当該建築基準適合判定資格者が当該各号に該当するに至つた日（第一号の場合にあつては、その事実を知つた日）から30日以内に、建設大臣にその旨を届け出なければならない。
一　略
二　第77条の59第二号に該当するに至つたとき。　成年後見人又は保佐人
三　第77条の59第三号、第五号又は第六号に該当するに至つたとき。　本人

改正：平成11年法律第160号　　　施行：平成13年1月6日

改正：平成10年法律第100号 **法77条の62**

第77条の61　（死亡等の届出）
1　建築基準適合判定資格者が次の各号のいずれかに該当するときは、当該各号に定める者は、当該建築基準適合判定資格者が当該各号に該当するに至つた日（第一号の場合にあつては、その事実を知つた日）から30日以内に、国土交通大臣にその旨を届け出なければならない。
　一～三　略

改正：平成18年法律第92号　　　施行：平成19年6月20日
第77条の61　（死亡等の届出）
1　建築基準適合判定資格者が次の各号のいずれかに該当するときは、当該各号に定める者は、当該建築基準適合判定資格者が当該各号に該当するに至つた日（第一号の場合にあつては、その事実を知つた日）から30日以内に、国土交通大臣にその旨を届け出なければならない。
　一　死亡したとき　相続人
　二　第77条の59第二号に該当するに至つたとき　成年被後見人又は保佐人
　三　第77条の59第三号、第六号又は第七号に該当するに至つたとき　本人

改正：令和元年法律第37号　　　施行：令和元年9月14日
第77条の61　（死亡等の届出）
1　建築基準適合判定資格者が次の各号のいずれかに該当するときは、当該各号に定める者は、当該建築基準適合判定資格者が当該各号に該当するに至つた日（第一号の場合にあつては、その事実を知つた日）から30日以内に、国土交通大臣にその旨を届け出なければならない。
　一　死亡したとき　相続人
　二　第77条の59第二号、第五号又は第六号に該当するに至つたとき　本人
　三　心身の故障により確認検査の業務を適正に行うことができない場合に該当するものとして国土交通省令で定める場合に該当するに至つたとき　本人又はその法定代理人若しくは同居の親族

［現行］　第77条の62　（登録の消除等）

制定：平成10年法律第100号　　　施行：平成11年5月1日
旧　第77条の40　（登録の消除等）
1　建設大臣は、次の各号の一に掲げる場合は、第77条の36第1項の登録を消除しなければならない。
　一　本人から登録の消除の申請があつたとき。
　二　前条の規定による届出があつたとき。
　三　前条の規定による届出がなくて同条各号の一に該当する事実が判明したとき。
　四　不正な手段により登録を受けたとき。
　五　第5条第6項又は第5条の2第2項の規定により、建築基準適合判定資格者検定の合格の決定を取り消されたとき。
2　建設大臣は、建築基準適合判定資格者が次の各号の一に該当するときは、1年以内の期間を定めて確認検査の業務を行うことを禁止し、又はその登録を消除することができる。
　一　第77条の27第1項の認可を受けた確認検査業務規程に違反したとき。
　二　確認検査の業務に関し著しく不適当な行為をしたとき。

改正：平成10年法律第100号　　　施行：平成12年6月1日
第77条の62　（登録の消除等）
1　建設大臣は、次の各号の一に掲げる場合は、第77条の58第1項の登録を消除しなければならない。
　一～五　略

建築基準法　条文改正経過 | 417

法77条の62　改正：平成10年法律第100号

2　略

改正：平成11年法律第160号　　施行：平成13年1月6日
第77条の62　（登録の消除等）

1　国土交通大臣は、次の各号の一に掲げる場合は、第77条の58第1項の登録を消除しなければならない。
　一〜五　略
2　国土交通大臣は、建築基準適合判定資格者が次の各号の一に該当するときは、1年以内の期間を定めて確認検査の業務を行うことを禁止し、又はその登録を消除することができる。
　一・二　略

改正：平成18年法律第92号　　施行：平成19年6月20日
第77条の62　（登録の消除等）

1　国土交通大臣は、次の各号の<u>いずれか</u>に掲げる場合は、第77条の58第1項の登録を消除しなければならない。
　一・二　略
　三　<u>前条の規定による届出がなくて同条各号のいずれかに該当する事実が判明したとき。</u>
　四・五　略
2　国土交通大臣は、建築基準適合判定資格者が次の各号の<u>いずれか</u>に該当するときは、1年以内の期間を定めて確認検査の業務を行うことを禁止し、又はその登録を消除することができる。
　一　<u>第18条の3第3項の規定に違反して、確認審査等を実施したとき。</u>
　二　第77条の27第1項の認可を受けた確認検査業務規程に違反したとき。
　三　確認検査の業務に関し著しく不適当な行為をしたとき。
3　<u>国土交通大臣は、前2項の規定による処分をしたときは、国土交通省令で定めるところにより、その旨を公告しなければならない。</u>

改正：令和元年法律第37号　　施行：令和元年9月14日
第77条の62　（登録の消除等）

1　国土交通大臣は、次の各号のいずれかに掲げる場合は、第77条の58第1項の登録を消除しなければならない。
　一　略
　二　<u>前条（第三号に係る部分を除く。次号において同じ。）</u>の規定による届出があつたとき。
　三　前条の規定による届出がなくて<u>同条第一号又は第二号</u>に該当する事実が判明したとき。
　四・五　略
2　国土交通大臣は、建築基準適合判定資格者が次の各号のいずれかに該当するときは、1年以内の期間を定めて確認検査の業務を行うことを禁止し、又はその登録を消除することができる。
　一　<u>前条（第三号に係る部分を除く。次号において同じ。）の規定による届出があつたとき。</u>
　二　<u>前条の規定による届出がなくて同条第三号に該当する事実が判明したとき。</u>
　三　第18条の3第3項の規定に違反して、確認審査等を実施したとき。
　四　第77条の27第1項の認可を受けた確認検査業務規程に違反したとき。
　五　確認検査の業務に関し著しく不適当な行為をしたとき。
3　略

改正：令和5年法律第58号　　施行：令和6年4月1日
第77条の62　（登録の消除等）

1　国土交通大臣は、次の各号のいずれかに掲げる場合は、第77条の58第1項の登録を消除しなければならない。
　一　本人から登録の消除の申請があつたとき。
　二　前条（第三号に係る部分を除く。次号において同じ。）の規定による届出があつたとき。
　三　前条の規定による届出がなくて同条第一号又は第二号に該当する事実が判明したとき。

改正：平成11年法律第87号　**法旧77条の42**

　　四　不正な手段により登録を受けたとき。
　　五　第5条第9項又は第5条の2第2項の規定により、建築基準適合判定資格者検定の合格の決定を取り消されたとき。
　2　国土交通大臣は、建築基準適合判定資格者が次の各号のいずれかに該当するときは、1年以内の期間を定めて確認検査の業務を行うことを禁止し、又はその登録を消除することができる。
　　一　前条（第三号に係る部分を除く。次号において同じ。）の規定による届出があつたとき。
　　二　前条の規定による届出がなくて同条第三号に該当する事実が判明したとき。
　　三　第18条の3第3項の規定に違反して、確認審査等を実施したとき。
　　四　第77条の27第1項の認可を受けた確認検査業務規程に違反したとき。
　　五　確認検査の業務に関し著しく不適当な行為をしたとき。
　3　国土交通大臣は、前2項の規定による処分をしたときは、国土交通省令で定めるところにより、その旨を公告しなければならない。

[現行]　第77条の63　（都道府県知事の経由）

制定：平成11年法律第87号　　施行：平成12年4月1日
旧　第77条の41　（都道府県知事の経由）

　1　第77条の36第1項の登録の申請、登録証の交付、訂正、再交付及び返納その他の同項の登録に関する建設大臣への書類の提出は、住所地又は勤務地の都道府県知事を経由して行わなければならない。
　2　登録証の交付及び再交付その他の第77条の36第1項の登録に関する建設大臣の書類の交付は、住所地又は勤務地の都道府県知事を経由して行うものとする。

改正：平成10年法律第100号　　施行：平成12年6月1日
第77条の63　（都道府県知事の経由）

　1　第77条の58第1項の登録の申請、登録証の交付、訂正、再交付及び返納その他の同項の登録に関する建設大臣への書類の提出は、住所地又は勤務地の都道府県知事を経由して行わなければならない。
　2　登録証の交付及び再交付その他の第77条の58第1項の登録に関する建設大臣の書類の交付は、住所地又は勤務地の都道府県知事を経由して行うものとする。

改正：平成11年法律第160号　　施行：平成13年1月6日
第77条の63　（都道府県知事の経由）

　1　第77条の58第1項の登録の申請、登録証の交付、訂正、再交付及び返納その他の同項の登録に関する国土交通大臣への書類の提出は、住所地又は勤務地の都道府県知事を経由して行わなければならない。
　2　登録証の交付及び再交付その他の第77条の58第1項の登録に関する国土交通大臣の書類の交付は、住所地又は勤務地の都道府県知事を経由して行うものとする。

[現行]　第77条の64　（国土交通省令への委任）

制定：平成10年法律第100号　　施行：平成11年5月1日
旧　第77条の41　（省令への委任）

　1　第77条の36から前条までに規定するもののほか、第77条の36第1項の登録の申請、登録証の交付、訂正、再交付及び返納その他の同項の登録に関する事項は、建設省令で定める。

改正：平成11年法律第87号　　施行：平成12年4月1日
旧　第77条の42　（省令への委任）

略

法77条の64　改正：平成10年法律第100号

改正：平成10年法律第100号　　　施行：平成12年6月1日
第77条の64　（省令への委任）

1　第77条の58から前条までに規定するもののほか、第77条の58第1項の登録の申請、登録証の交付、訂正、再交付及び返納その他の同項の登録に関する事項は、建設省令で定める。

改正：平成11年法律第160号　　　施行：平成13年1月6日
第77条の64　（国土交通省令への委任）

1　第77条の58から前条までに規定するもののほか、第77条の58第1項の登録の申請、登録証の交付、訂正、再交付及び返納その他の同項の登録に関する事項は、国土交通省令で定める。

[現行]　第77条の65　（手数料）

制定：平成10年法律第100号　　　施行：平成11年5月1日
旧　第77条の42　（手数料）

1　第77条の36第1項の登録又は登録証の訂正若しくは再交付の申請をしようとする者（市町村又は都道府県の吏員である者を除く。）は、政令で定めるところにより、実費を勘案して政令で定める額の手数料を国に納めなければならない。

改正：平成11年法律第87号　　　施行：平成12年4月1日
旧　第77条の43　（手数料）

略

改正：平成10年法律第100号　　　施行：平成12年6月1日
第77条の65　（手数料）

1　第77条の58第1項の登録又は登録証の訂正若しくは再交付の申請をしようとする者（市町村又は都道府県の吏員である者を除く。）は、政令で定めるところにより、実費を勘案して政令で定める額の手数料を国に納めなければならない。

改正：平成18年法律第53号　　　施行：平成19年4月1日
第77条の65　（手数料）

1　第77条の58第1項の登録又は登録証の訂正若しくは再交付の申請をしようとする者（市町村又は都道府県の職員である者を除く。）は、政令で定めるところにより、実費を勘案して政令で定める額の手数料を国に納めなければならない。

[現行]　第2節　構造計算適合判定資格者の登録
（制定：平成26年法律第54号）　第2節　構造計算適合判定資格者の登録

[現行]　第77条の66

制定：平成26年法律第54号　　　施行：平成27年6月1日
第77条の66

1　構造計算適合判定資格者検定に合格した者又はこれと同等以上の知識及び経験を有する者として国土交通省令で定める者は、国土交通大臣の登録を受けることができる。

2　第77条の58第2項、第77条の59、第77条の62第1項及び第3項（同条第1項に係る部分に限る。）並びに第77条の63から前条までの規定は前項の登録に、第77条の60、第77条の61並びに第77条の62第2項及び第3項（同条第2項に係る部分に限る。）の規定は前項の登録を受けている者について準用する。この場合において、第77条の59第五号及び第77条の62第2項第三号中「確認検査」とあるのは「構造計算適合性判定」と、同条第1項第五号中「第5条第6項又は第5条の2第2項」とあるのは「第5条の4第5項において準用する第5条第6項又は第5条の5第2項において準用する第5条の2第2項」と、同条第2項中「定めて確認検査」とあるのは「定めて構造計算適合性判定」と、同項第二号中「第77条の27第1項」とあるのは「第77条の35の12第1項」と、「確認検査業務規程」とあるのは「構造計算適合性判定業務規程」と、前条中「者（市町村又は都道府県の職員である者を除く。）」とあるのは「者」と読み替えるものとする。

改正：令和元年法律第37号　　　施行：令和元年9月14日
第77条の66
1　構造計算適合判定資格者検定に合格した者又はこれと同等以上の知識及び経験を有する者として国土交通省令で定める者は、国土交通大臣の登録を受けることができる。
2　第77条の58第2項、第77条の59、<u>第77条の59の2</u>、第77条の62第1項及び第3項（同条第1項に係る部分に限る。）並びに第77条の63から前条までの規定は前項の登録に、第77条の60、第77条の61並びに第77条の62第2項及び第3項（同条第2項に係る部分に限る。）の規定は前項の登録を受けている者について準用する。この場合において、<u>第77条の59第四号、第77条の59の2</u>、<u>第77条の61第三号及び第77条の62第2項第五号</u>中「確認検査」とあるのは「構造計算適合性判定」と、同条第1項第五号中「第5条第6項又は第5条の2第2項」とあるのは「第5条の4第5項において準用する第5条第6項又は第5条の5第2項において準用する第5条の2第2項」と、同条第2項中「定めて確認検査」とあるのは「定めて構造計算適合性判定」と、<u>同項第四号</u>中「第77条の27第1項」とあるのは「第77条の35の12第1項」と、「確認検査業務規程」とあるのは「構造計算適合性判定業務規程」と、前条中「者（市町村又は都道府県の職員である者を除く。）」とあるのは「者」と読み替えるものとする。

改正：令和5年法律第58号　　　施行：令和6年4月1日
第77条の66
1　構造計算適合判定資格者検定に合格した者又はこれと同等以上の知識及び経験を有する者として国土交通省令で定める者は、国土交通大臣の登録を受けることができる。
2　第77条の58第2項、第77条の59、第77条の59の2、第77条の62第1項及び第3項（同条第1項に係る部分に限る。）並びに第77条の63から前条までの規定は前項の登録に、第77条の60、第77条の61並びに第77条の62第2項及び第3項（同条第2項に係る部分に限る。）の規定は前項の登録を受けている者について準用する。この場合において、第77条の59第四号、第77条の59の2、第77条の61第三号及び第77条の62第2項第五号中「確認検査」とあるのは「構造計算適合性判定」と、同条第1項第五号中「<u>第5条第9項</u>又は第5条の2第2項」とあるのは「第5条の4第5項において準用する<u>第5条第9項</u>又は第5条の5第2項において準用する第5条の2第2項」と、同条第2項中「定めて確認検査」とあるのは「定めて構造計算適合性判定」と、同項第四号中「第77条の27第1項」とあるのは「第77条の35の12第1項」と、「確認検査業務規程」とあるのは「構造計算適合性判定業務規程」と、前条中「者（市町村又は都道府県の職員である者を除く。）」とあるのは「者」と読み替えるものとする。

[現行]　第5章　建築審査会
（<u>制定</u>：昭和25年法律第201号）　旧　第9章　建築審査会
（<u>改正</u>：昭和34年法律第156号）　<u>第5章</u>　建築審査会

[現行]　第78条　（建築審査会）

<u>制定</u>：昭和25年法律第201号　　　施行：昭和25年10月25日
第78条　（建築審査会）

法78条   制定：昭和25年法律第201号

> 1　この法律に規定する裁定及び同意についての議決を行わせるとともに、特定行政庁の諮問に応じて、この法律の施行に関する重要事項を調査審議させるために、建築主事を置く市町村及び都道府県に、建築審査会を置く。
> 2　建築審査会は、前項に規定する事務を行う外、この法律の施行に関する事項について、関係行政機関に対し建議することができる。

改正：昭和37年法律第161号　　　施行：昭和37年10月１日
第78条　（建築審査会）

> 1　この法律に規定する<u>同意及び第94条第１項の審査請求に対する裁決</u>についての議決を行わせるとともに、特定行政庁の諮問に応じて、この法律の施行に関する重要事項を調査審議させるために、建築主事を置く市町村及び都道府県に、建築審査会を置く。
> 2　略

改正：平成26年法律第69号　　　施行：平成28年４月１日
第78条　（建築審査会）

> 1　この法律に規定する同意及び<u>第94条第１項前段</u>の審査請求に対する裁決についての議決を行わせるとともに、特定行政庁の諮問に応じて、この法律の施行に関する重要事項を調査審議させるために、建築主事を置く市町村及び都道府県に、建築審査会を置く。
> 2　建築審査会は、前項に規定する事務を行う外、この法律の施行に関する事項について、関係行政機関に対し建議することができる。

［現行］　第79条　（建築審査会の組織）

制定：昭和25年法律第201号　　　施行：昭和25年10月25日
第79条　（建築審査会の組織）

> 1　建築審査会は、委員５人又は７人をもつて、組織する。
> 2　建築審査会の委員は、建築、都市計画、公衆衛生又は行政に関し学識経験のある者のうちから、市町村にあつてはその長が、都道府県にあつては都道府県知事が、それぞれ当該市町村又は都道府県の議会の同意を得て、命ずる。但し、建築に関し学識経験のある者のうちから命ぜられる委員の数は、委員の総数の２分の１を下ることができない。
> 3　市町村の建築審査会の委員と都道府県の建築審査会の委員とは、兼ねることができない。

改正：昭和34年法律第156号　　　施行：昭和34年12月23日
第79条　（建築審査会の組織）

> 1　略
> <u>2</u>　建築審査会の委員は、建築、都市計画、公衆衛生又は行政に関し学識経験のある者のうちから、市町村にあつてはその長が、都道府県にあつては都道府県知事が、それぞれ当該市町村又は都道府県の議会の同意を得て、命ずる。<u>ただし</u>、建築に関し学識経験のある者のうちから命ぜられる委員の数は、委員の総数の２分の１を下ることができない。

改正：昭和45年法律第109号　　　施行：昭和45年10月１日
第79条　（建築審査会の組織）

> 1　略
> <u>2　委員は、法律、経済、建築、都市計画、公衆衛生又は行政に関しすぐれた経験と知識を有し、公共の福祉</u>

に関し公正な判断をすることができる者のうちから、市町村長又は都道府県知事が任命する。

改正：平成25年法律第44号　　　施行：平成26年4月1日
第79条　（建築審査会の組織）
1　建築審査会は、委員5人以上をもつて、組織する。
2　委員は、法律、経済、建築、都市計画、公衆衛生又は行政に関しすぐれた経験と知識を有し、公共の福祉に関し公正な判断をすることができる者のうちから、市町村長又は都道府県知事が任命する。

[削除条文]

制定：昭和25年法律第201号　　　施行：昭和25年10月25日
旧　第80条　（委員の任期）
1　委員の任期は、2年とする。但し、補欠の委員の任期は、前任者の残任期間とする。
2　委員は、再任されることができる。

改正：昭和34年法律第156号　　　施行：昭和34年12月23日
旧　第80条　（委員の任期）
1　委員の任期は、2年とする。ただし、補欠の委員の任期は、前任者の残任期間とする。
2　委員は、再任されることができる。
3　委員は、任期が満了した場合においては、後任の委員が任命されるまでその職務を行う。

改正：平成27年法律第50号　　　施行：平成28年4月1日
旧　第80条　（委員の任期）　削除

[現行]　第80条　（委員の欠格条項）

制定：昭和34年法律第156号　　　施行：昭和34年12月23日
旧　第80条の2　（委員の欠格条項）
1　次の各号の一に該当する者は、委員となることができない。
　一　禁治産者若しくは準禁治産者又は破産者で復権を得ない者
　二　禁錮（こ）以上の刑に処せられ、その執行を終るまで又はその執行を受けることがなくなるまでの者

改正：平成11年法律第151号　　　施行：平成12年4月1日
旧　第80条の2　（委員の欠格条項）
1　次の各号のいずれかに該当する者は、委員となることができない。
　一　破産者で復権を得ない者
　二　禁錮（こ）以上の刑に処せられ、その執行を終わるまで又はその執行を受けることがなくなるまでの者

改正：平成18年法律第92号　　　施行：平成19年6月20日
旧　第80条の2　（委員の欠格条項）
1　次の各号のいずれかに該当する者は、委員となることができない。
　一　破産手続開始の決定を受けて復権を得ない者
　二　略

法旧80条の2　改正：平成27年法律第50号

改正：平成27年法律第50号　　施行：平成27年6月26日
旧　第80条の2　（委員の欠格条項）

1　次の各号のいずれかに該当する者は、委員となることができない。
　一　略
　二　<u>禁錮</u>以上の刑に処せられ、その執行を終わるまで又はその執行を受けることがなくなるまでの者

改正：平成27年法律第50号　　施行：平成28年4月1日
<u>第80条</u>　（委員の欠格条項）

略

改正：令和4年法律第68号　　施行：令和7年6月1日
第80条　（委員の欠格条項）

1　次の各号のいずれかに該当する者は、委員となることができない。
　一　破産手続開始の決定を受けて復権を得ない者
　二　<u>拘禁刑</u>以上の刑に処せられ、その執行を終わるまで又はその執行を受けることがなくなるまでの者

[現行]　第80条の2　（委員の解任）

制定：昭和34年法律第156号　　施行：昭和34年12月23日
旧　第80条の3　（委員の解任）

1　市町村長又は都道府県知事は、それぞれその任命に係る委員が前条各号の一に該当するに至つた場合においては、その委員を解任しなければならない。
2　市町村長又は都道府県知事は、それぞれその任命に係る委員が次の各号の一に該当する場合においては、その委員を解任することができる。
　一　心身の故障のため職務の執行に堪えないと認められる場合
　二　職務上の義務違反その他委員たるに適しない非行があると認められる場合

改正：平成27年法律第50号　　施行：平成27年6月26日
旧　第80条の3　（委員の解任）

1　略
2　市町村長又は都道府県知事は、それぞれその任命に係る委員が次の各号の<u>いずれか</u>に該当する場合においては、その委員を解任することができる。
　一・二　略

改正：平成27年法律第50号　　施行：平成28年4月1日
<u>第80条の2</u>　（委員の解任）

1　市町村長又は都道府県知事は、それぞれその任命に係る委員が前条各号の一に該当するに至つた場合においては、その委員を解任しなければならない。
2　市町村長又は都道府県知事は、それぞれその任命に係る委員が次の各号のいずれかに該当する場合においては、その委員を解任することができる。
　一　心身の故障のため職務の執行に堪えないと認められる場合
　二　職務上の義務違反その他委員たるに適しない非行があると認められる場合

[現行]　第81条　（会長）

制定：昭和25年法律第201号　　　施行：昭和25年10月25日
第81条　（会長）

1　建築審査会に会長を置く。会長は、委員が互選する。
2　会長は、会務を総理し、建築審査会を代表する。
3　会長に事故があるときは、委員のうちからあらかじめ互選された者が、その職務を代理する。

[現行]　第82条　（委員の除斥）

制定：昭和25年法律第201号　　　施行：昭和25年10月25日
第82条　（委員の除斥）

1　委員は、自己又は3親等以内の親族の利害に関係のある事件については、この法律に規定する裁定又は同意に関する議事に加わることができない。

改正：昭和38年法律第151号　　　施行：昭和38年7月16日
第82条　（委員の除斥）

1　委員は、自己又は3親等以内の親族の利害に関係のある事件については、この法律に規定する同意又は第94条第1項の審査請求に対する裁決に関する議事に加わることができない。

改正：平成26年法律第69号　　　施行：平成28年4月1日
第82条　（委員の除斥）

1　委員は、自己又は3親等以内の親族の利害に関係のある事件については、この法律に規定する同意又は第94条第1項前段の審査請求に対する裁決に関する議事に加わることができない。

[現行]　第83条　（条例への委任）

制定：昭和25年法律第201号　　　施行：昭和25年10月25日
第83条　（条例への委任）

1　この章に規定するものを除く外、建築審査会の組織、議事並びに委員の報酬及び費用弁償その他建築審査会に関して必要な事項は、条例で定める。

改正：平成27年法律第50号　　　施行：平成28年4月1日
第83条　（条例への委任）

1　この章に規定するものを除くほか、建築審査会の組織、議事並びに委員の任期、報酬及び費用弁償その他建築審査会に関して必要な事項は、条例で定める。この場合において、委員の任期については、国土交通省令で定める基準を参酌するものとする。

改正：平成15年法律第101号 **法84条の2**

[現行] 第6章　雑則
(制定：昭和25年法律第201号)　旧　第10章　雑則
(改正：昭和34年法律第156号)　第6章　雑則

[現行] 第84条　（被災市街地における建築制限）

制定：昭和25年法律第201号　　施行：昭和25年11月23日
第84条　（被災市街地における建築制限）

1　特定行政庁は、市街地に災害のあつた場合において都市計画又は都市計画法第12条に規定する土地区画整理のため必要があると認めるときは、区域を指定し、災害が発生した日から1月以内の期間を限り、その区域内における建築物の建築を制限し、又は禁止することができる。
2　特定行政庁は、建設大臣の承認を得た場合においては、更に1月をこえない範囲内において前項の期間を延長することができる。

改正：昭和29年法律第120号　　施行：昭和30年4月1日
第84条　（被災市街地における建築制限）

1　特定行政庁は、市街地に災害のあつた場合において都市計画又は都市計画法第12条に規定する土地区画整理事業のため必要があると認めるときは、区域を指定し、災害が発生した日から1月以内の期間を限り、その区域内における建築物の建築を制限し、又は禁止することができる。
2　略

改正：昭和34年法律第156号　　施行：昭和34年12月23日
第84条　（被災市街地における建築制限）

1　特定行政庁は、市街地に災害のあつた場合において都市計画又は土地区画整理法による土地区画整理事業のため必要があると認めるときは、区域を指定し、災害が発生した日から1月以内の期間を限り、その区域内における建築物の建築を制限し、又は禁止することができる。
2　略

改正：平成11年法律第87号　　施行：平成12年4月1日
第84条　（被災市街地における建築制限）

1　特定行政庁は、市街地に災害のあつた場合において都市計画又は土地区画整理法による土地区画整理事業のため必要があると認めるときは、区域を指定し、災害が発生した日から1月以内の期間を限り、その区域内における建築物の建築を制限し、又は禁止することができる。
2　特定行政庁は、更に1月を超えない範囲内において前項の期間を延長することができる。

[現行] 第84条の2　（簡易な構造の建築物に対する制限の緩和）

制定：平成4年法律第82号　　施行：平成5年6月25日
第84条の2　（簡易な構造の建築物に対する制限の緩和）

1　壁を有しない自動車車庫、屋根を帆布としたスポーツの練習場その他の政令で指定する簡易な構造の建築物又は建築物の部分で、政令で定める基準に適合するものについては、第22条から第26条まで、第27条第2項、第35条の2及び第61条から第64条までの規定は、適用しない。

改正：平成15年法律第101号　　施行：平成15年12月19日
第84条の2　（簡易な構造の建築物に対する制限の緩和）

法84条の2　改正：平成15年法律第101号

1　壁を有しない自動車車庫、屋根を帆布としたスポーツの練習場その他の政令で指定する簡易な構造の建築物又は建築物の部分で、政令で定める基準に適合するものについては、第22条から第26条まで、第27条第2項、第35条の2、第61条から第64条まで及び第67条の2第1項の規定は、適用しない。

改正：平成26年法律第54号　　　施行：平成27年6月1日
第84条の2　（簡易な構造の建築物に対する制限の緩和）

1　壁を有しない自動車車庫、屋根を帆布としたスポーツの練習場その他の政令で指定する簡易な構造の建築物又は建築物の部分で、政令で定める基準に適合するものについては、第22条から第26条まで、第27条第1項及び第3項、第35条の2、第61条から第64条まで並びに第67条の3第1項の規定は、適用しない。

改正：平成30年法律第67号　　　施行：令和元年6月25日
第84条の2　（簡易な構造の建築物に対する制限の緩和）

1　壁を有しない自動車車庫、屋根を帆布としたスポーツの練習場その他の政令で指定する簡易な構造の建築物又は建築物の部分で、政令で定める基準に適合するものについては、第22条から第26条まで、第27条第1項及び第3項、第35条の2、第61条、第62条並びに第67条第1項の規定は、適用しない。

[現行]　第85条　（仮設建築物に対する制限の緩和）

制定：昭和25年法律第201号　　　施行：昭和25年11月23日
第85条　（仮設建築物に対する制限の緩和）

1　非常災害があつた場合において、その発生した区域又はこれに隣接する区域で特定行政庁が建設大臣の承認を得て指定するものの内においては、災害に因り破損した建築物の応急の修繕又は下の各号の一に該当する応急仮設建築物の建築でその災害が発生した日から1月以内にその工事に着手するものについては、この法律並びにこれに基く命令及び条例の規定は、適用しない。但し、防火地域内に建築する場合については、この限りでない。
　一　国、地方公共団体又は日本赤十字社が災害救助のために建築するもの
　二　被災者が自ら使用するために建築するもので延べ面積が30㎡以内のもの
2　災害があつた場合において建築する停車場、郵便局、官公署その他これらに類する公益上必要な用途に供する応急仮設建築物又は工事を施工するために現場に設ける事務所、下小屋、材料置場その他これらに類する仮設建築物については、第6条、第7条、第15条、第19条、第21条から第23条まで、第26条、第31条、第33条、第35条、第36条中第19条、第21条、第26条、第31条、第33条及び第35条に関する部分、第37条、第39条並びに第40条の規定並びに第3章から第7章までの規定は、適用しない。但し、防火地域又は準防火地域内にある延べ面積が50㎡をこえるものについては、第22条の規定の適用があるものとする。
3　前2項の応急仮設建築物を建築した者は、その建築工事を完了した後3月をこえて当該建築物を存続しようとする場合においては、特定行政庁の許可を受けなければならない。この場合において、特定行政庁は、安全上、防火上及び衛生上支障がないと認めるときは、2年以内の期間を限つて、その許可をすることができる。
4　特定行政庁は、仮設興行場、博覧会建築物その他これらに類する仮設建築物について安全上、防火上及び衛生上支障がないと認める場合においては、1月以内の期間を定めてその建築を許可することができる。この場合においては、第21条から第27条まで及び第31条の規定並びに第3章から第6章までの規定は、適用しない。
5　特定行政庁は、前項の仮設建築物について安全上、防火上及び衛生上支障がないものと認める場合においては、1月をこえ6月以内の期間を定めてその建築を許可することができる。この場合においては、第21条、第22条、第26条、第27条及び第31条の規定並びに第3章から第6章までの規定は、適用しない。

改正：昭和32年法律第101号　　　施行：昭和32年5月15日

改正：昭和45年法律第109号　**法85条**

第85条　（仮設建築物に対する制限の緩和）
1～3　略
4　特定行政庁は、仮設興行場、博覧会建築物、仮設店舗その他これらに類する仮設建築物について安全上、防火上及び衛生上支障がないと認める場合においては、1月以内の期間を定めてその建築を許可することができる。この場合においては、第21条から第27条まで及び第31条の規定並びに第3章から第6章までの規定は、適用しない。
5　特定行政庁は、前項の仮設建築物について安全上、防火上及び衛生上支障がないものと認める場合においては、1月をこえ6月以内の期間（建築物の工事を施工するためその工事期間中当該従前の建築物に代えて必要となる仮設店舗その他の仮設建築物については、特定行政庁が当該工事の施工上必要と認める期間）を定めてその建築を許可することができる。この場合においては、第21条、第22条、第26条、第27条及び第31条の規定並びに第3章から第6章までの規定は、適用しない。

改正：昭和34年法律第156号　　　施行：昭和34年12月23日
第85条　（仮設建築物に対する制限の緩和）
1　非常災害があつた場合において、その発生した区域又はこれに隣接する区域で特定行政庁が建設大臣の承認を得て指定するものの内においては、災害に因り破損した建築物の応急の修繕又は次の各号の一に該当する応急仮設建築物の建築でその災害が発生した日から1月以内にその工事に着手するものについては、この法律並びにこれに基く命令及び条例の規定は、適用しない。ただし、防火地域内に建築する場合については、この限りでない。
　一・二　略
2　災害があつた場合において建築する停車場、郵便局、官公署その他これらに類する公益上必要な用途に供する応急仮設建築物又は工事を施工するために現場に設ける事務所、下小屋、材料置場その他これらに類する仮設建築物については、第6条、第7条、第12条第1項及び第2項、第15条、第18条（第9項を除く。）、第19条、第21条から第23条まで、第26条、第31条、第33条、第35条、第36条中第19条、第21条、第26条、第31条、第33条及び第35条に関する部分、第37条、第39条並びに第40条の規定並びに第3章の規定は、適用しない。ただし、防火地域又は準防火地域内にある延べ面積が50㎡をこえるものについては、第63条の規定の適用があるものとする。
3　略
4　特定行政庁は、仮設興行場、博覧会建築物、仮設店舗その他これらに類する仮設建築物について安全上、防火上及び衛生上支障がないと認める場合においては、6月以内の期間（建築物の工事を施工するためその工事期間中当該従前の建築物に替えて必要となる仮設店舗その他の仮設建築物については、特定行政庁が当該工事の施工上必要と認める期間）を定めてその建築を許可することができる。この場合においては、第12条第1項及び第2項、第21条から第27条まで、第31条、第35条の2並びに第35条の3の規定並びに第3章（第6節を除く。）の規定は、適用しない。

改正：昭和38年法律第151号　　　施行：昭和38年7月16日
第85条　（仮設建築物に対する制限の緩和）
1　非常災害があつた場合において、その発生した区域又はこれに隣接する区域で特定行政庁が都道府県知事の承認を得て指定するものの内においては、災害に因り破損した建築物の応急の修繕又は次の各号の一に該当する応急仮設建築物の建築でその災害が発生した日から1月以内にその工事に着手するものについては、この法律並びにこれに基く命令及び条例の規定は、適用しない。ただし、防火地域内に建築する場合については、この限りでない。
　一・二　略
2～4　略

改正：昭和45年法律第109号　　　施行：昭和46年1月1日

法85条　改正：昭和45年法律第109号

第85条　（仮設建築物に対する制限の緩和）
1　略
2　災害があつた場合において建築する停車場、郵便局、官公署その他これらに類する公益上必要な用途に供する応急仮設建築物又は工事を施工するために現場に設ける事務所、下小屋、材料置場その他これらに類する仮設建築物については、第6条、第7条、第12条第1項及び第2項、第15条、第18条（第9項を除く。）、第19条、第21条から第23条まで、第26条、第31条、第33条、<u>第34条第2項、第35条</u>、第36条中第19条、第21条、第26条、第31条、第33条、<u>第34条第2項及び第35条</u>に関する部分、第37条、第39条並びに第40条の規定並びに第3章の規定は、適用しない。ただし、防火地域又は準防火地域内にある延べ面積が50㎡をこえるものについては、第63条の規定の適用があるものとする。
3　略
4　特定行政庁は、仮設興行場、博覧会建築物、仮設店舗その他これらに類する仮設建築物について安全上、防火上及び衛生上支障がないと認める場合においては、<u>1年以内の期間</u>（建築物の工事を施工するためその工事期間中当該従前の建築物に替えて必要となる仮設店舗その他の仮設建築物については、特定行政庁が当該工事の施工上必要と認める期間）を定めてその建築を許可することができる。この場合においては、第12条第1項及び第2項、第21条から第27条まで、第31条、<u>第34条第2項</u>、第35条の2並びに第35条の3の規定並びに第3章（第6節を除く。）の規定は、適用しない。

改正：昭和51年法律第83号　　　施行：昭和52年11月1日
第85条　（仮設建築物に対する制限の緩和）
1　略
2　災害があつた場合において建築する停車場、郵便局、官公署その他これらに類する公益上必要な用途に供する応急仮設建築物又は工事を施工するために現場に設ける事務所、下小屋、材料置場その他これらに類する仮設建築物については、第6条から<u>第7条の2</u>まで、第12条第1項及び第2項、第15条、第18条（第9項を除く。）、第19条、第21条から第23条まで、第26条、第31条、第33条、第34条第2項、第35条、第36条中第19条、第21条、第26条、第31条、第33条、第34条第2項及び第35条に関する部分、第37条、第39条並びに第40条の規定並びに第3章の規定は、適用しない。ただし、防火地域又は準防火地域内にある延べ面積が50㎡を<u>超える</u>ものについては、第63条の規定の適用があるものとする。
3・4　略

改正：昭和58年法律第44号　　　施行：昭和59年4月1日
第85条　（仮設建築物に対する制限の緩和）
1　略
2　災害があつた場合において建築する停車場、郵便局、官公署その他これらに類する公益上必要な用途に供する応急仮設建築物又は工事を施工するために現場に設ける事務所、下小屋、材料置場その他これらに類する仮設建築物については、第6条から<u>第7条の3</u>まで、第12条第1項及び第2項、第15条、第18条（第9項を除く。）、第19条、第21条から第23条まで、第26条、第31条、第33条、第34条第2項、第35条、第36条中第19条、第21条、第26条、第31条、第33条、第34条第2項及び第35条に関する部分、第37条、第39条並びに第40条の規定並びに第3章の規定は、適用しない。ただし、防火地域又は準防火地域内にある延べ面積が50㎡を超えるものについては、第63条の規定の適用があるものとする。
3・4　略

改正：平成10年法律第100号　　　施行：平成11年5月1日
第85条　（仮設建築物に対する制限の緩和）
1　非常災害があつた場合において、その発生した区域又はこれに隣接する区域で特定行政庁が都道府県知事の承認を得て指定するものの内においては、<u>災害により破損した建築物の応急の修繕又は次の各号の一に該当する応急仮設建築物の建築でその災害が発生した日から1月以内にその工事に着手するものについ</u>

改正：平成16年法律第67号　**法85条**

ては、建築基準法令の規定は、適用しない。ただし、防火地域内に建築する場合については、この限りでない。
　一・二　略
2　災害があつた場合において建築する停車場、郵便局、官公署その他これらに類する公益上必要な用途に供する応急仮設建築物又は工事を施工するために現場に設ける事務所、下小屋、材料置場その他これらに類する仮設建築物については、第6条から第7条の6まで、第12条第1項及び第2項、第15条、第18条（第14項を除く。）、第19条、第21条から第23条まで、第26条、第31条、第33条、第34条第2項、第35条、第36条中第19条、第21条、第26条、第31条、第33条、第34条第2項及び第35条に関する部分、第37条、第39条並びに第40条の規定並びに第3章の規定は、適用しない。ただし、防火地域又は準防火地域内にある延べ面積が50㎡を超えるものについては、第63条の規定の適用があるものとする。
3・4　略

改正：平成11年法律第87号　　　施行：平成12年4月1日
第85条　（仮設建築物に対する制限の緩和）

1　非常災害があつた場合において、その発生した区域又はこれに隣接する区域で特定行政庁が指定するものの内においては、災害により破損した建築物の応急の修繕又は次の各号の一に該当する応急仮設建築物の建築でその災害が発生した日から1月以内にその工事に着手するものについては、建築基準法令の規定は、適用しない。ただし、防火地域内に建築する場合については、この限りでない。
　一・二　略
2～4　略

改正：平成16年法律第111号　　　施行：平成17年6月1日
第85条　（仮設建築物に対する制限の緩和）

1～3　略
4　特定行政庁は、仮設興行場、博覧会建築物、仮設店舗その他これらに類する仮設建築物について安全上、防火上及び衛生上支障がないと認める場合においては、1年以内の期間（建築物の工事を施工するためその工事期間中当該従前の建築物に替えて必要となる仮設店舗その他の仮設建築物については、特定行政庁が当該工事の施工上必要と認める期間）を定めてその建築を許可することができる。この場合においては、第12条第1項から第4項まで、第21条から第27条まで、第31条、第34条第2項、第35条の2及び第35条の3の規定並びに第3章の規定は、適用しない。

改正：平成16年法律第67号　　　施行：平成17年6月1日
第85条　（仮設建築物に対する制限の緩和）

1　略
2　災害があつた場合において建築する停車場、郵便局、官公署その他これらに類する公益上必要な用途に供する応急仮設建築物又は工事を施工するために現場に設ける事務所、下小屋、材料置場その他これらに類する仮設建築物については、第6条から第7条の6まで、第12条第1項から第4項まで、第15条、第18条（第14項を除く。）、第19条、第21条から第23条まで、第26条、第31条、第33条、第34条第2項、第35条、第36条（第19条、第21条、第26条、第31条、第33条、第34条第2項及び第35条に係る部分に限る。）、第37条、第39条及び第40条の規定並びに第3章の規定は、適用しない。ただし、防火地域又は準防火地域内にある延べ面積が50㎡を超えるものについては、第63条の規定の適用があるものとする。
3　前2項の応急仮設建築物を建築した者は、その建築工事を完了した後3月を超えて当該建築物を存続しようとする場合においては、その超えることとなる日前に、特定行政庁の許可を受けなければならない。ただし、当該許可の申請をした場合において、その超えることとなる日前に当該申請に対する処分がされないときは、当該処分がされるまでの間は、なお当該建築物を存続することができる。
4　特定行政庁は、前項の許可の申請があつた場合において、安全上、防火上及び衛生上支障がないと認めるときは、2年以内の期間を限つて、その許可をすることができる。

法85条　改正：平成16年法律第67号

5　特定行政庁は、仮設興行場、博覧会建築物、仮設店舗その他これらに類する仮設建築物について安全上、防火上及び衛生上支障がないと認める場合においては、1年以内の期間（建築物の工事を施工するためその工事期間中当該従前の建築物に替えて必要となる仮設店舗その他の仮設建築物については、特定行政庁が当該工事の施工上必要と認める期間）を定めてその建築を許可することができる。この場合においては、第12条第1項から第4項まで、第21条から第27条まで、第31条、第34条第2項、第35条の2及び第35条の3の規定並びに第3章の規定は、適用しない。

改正：平成18年法律第92号　　　施行：平成19年6月20日
第85条　（仮設建築物に対する制限の緩和）

1　非常災害があつた場合において、その発生した区域又はこれに隣接する区域で特定行政庁が指定するものの内においては、災害により破損した建築物の応急の修繕又は次の各号のいずれかに該当する応急仮設建築物の建築でその災害が発生した日から1月以内にその工事に着手するものについては、建築基準法令の規定は、適用しない。ただし、防火地域内に建築する場合については、この限りでない。
　一・二　略
2　災害があつた場合において建築する停車場、郵便局、官公署その他これらに類する公益上必要な用途に供する応急仮設建築物又は工事を施工するために現場に設ける事務所、下小屋、材料置場その他これらに類する仮設建築物については、第6条から第7条の6まで、第12条第1項から第4項まで、第15条、第18条（第23項を除く。）、第19条、第21条から第23条まで、第26条、第31条、第33条、第34条第2項、第35条、第36条（第19条、第21条、第26条、第31条、第33条、第34条第2項及び第35条に係る部分に限る。）、第37条、第39条及び第40条の規定並びに第3章の規定は、適用しない。ただし、防火地域又は準防火地域内にある延べ面積が50㎡を超えるものについては、第63条の規定の適用があるものとする。
3～5　略

改正：平成17年法律第102号　　　施行：平成19年10月1日
第85条　（仮設建築物に対する制限の緩和）

1　略
2　災害があつた場合において建築する停車場、官公署その他これらに類する公益上必要な用途に供する応急仮設建築物又は工事を施工するために現場に設ける事務所、下小屋、材料置場その他これらに類する仮設建築物については、第6条から第7条の6まで、第12条第1項から第4項まで、第15条、第18条（第23項を除く。）、第19条、第21条から第23条まで、第26条、第31条、第33条、第34条第2項、第35条、第36条（第19条、第21条、第26条、第31条、第33条、第34条第2項及び第35条に係る部分に限る。）、第37条、第39条及び第40条の規定並びに第3章の規定は、適用しない。ただし、防火地域又は準防火地域内にある延べ面積が50㎡を超えるものについては、第63条の規定の適用があるものとする。
3～5　略

改正：平成26年法律第54号　　　施行：平成27年6月1日
第85条　（仮設建築物に対する制限の緩和）

1　略
2　災害があつた場合において建築する停車場、官公署その他これらに類する公益上必要な用途に供する応急仮設建築物又は工事を施工するために現場に設ける事務所、下小屋、材料置場その他これらに類する仮設建築物については、第6条から第7条の6まで、第12条第1項から第4項まで、第15条、第18条（第25項を除く。）、第19条、第21条から第23条まで、第26条、第31条、第33条、第34条第2項、第35条、第36条（第19条、第21条、第26条、第31条、第33条、第34条第2項及び第35条に係る部分に限る。）、第37条、第39条及び第40条の規定並びに第3章の規定は、適用しない。ただし、防火地域又は準防火地域内にある延べ面積が50㎡を超えるものについては、第63条の規定の適用があるものとする。
3～5　略

改正：令和4年法律第44号 **法85条**

改正：平成30年法律第67号　　　施行：平成30年9月25日
第85条　（仮設建築物に対する制限の緩和）

1・2　略
3　前2項の応急仮設建築物を建築した者は、その建築工事を完了した後3月を超えて当該建築物を<u>存続させ
ようとする場合</u>においては、その超えることとなる日前に、特定行政庁の許可を受けなければならない。ただ
し、当該許可の申請をした場合において、その超えることとなる日前に当該申請に対する処分がされない
ときは、当該処分がされるまでの間は、なお当該建築物を<u>存続させる</u>ことができる。
4　略
5　特定行政庁は、仮設興行場、博覧会建築物、仮設店舗その他これらに類する仮設建築物<u>（次項及び第101
条第1項第十号において「仮設興行場等」という。）</u>について安全上、防火上及び衛生上支障がないと認め
る場合においては、1年以内の期間（建築物の工事を施工するためその工事期間中当該従前の建築物に<u>代え
て</u>必要となる仮設店舗その他の仮設建築物については、特定行政庁が当該工事の施工上必要と認める期間）
を定めてその建築を許可することができる。この場合においては、第12条第1項から第4項まで、第21条
から第27条まで、第31条、第34条第2項、<u>第35条の2、第35条の3</u>及び第37条の規定並びに第3章の規定は、
適用しない。
<u>6　特定行政庁は、国際的な規模の会議又は競技会の用に供することその他の理由により1年を超えて使用す
る特別の必要がある仮設興行場等について、安全上、防火上及び衛生上支障がなく、かつ、公益上やむを得
ないと認める場合においては、前項の規定にかかわらず、当該仮設興行場等の使用上必要と認める期間を定
めてその建築を許可することができる。この場合においては、同項後段の規定を準用する。
7　特定行政庁は、前項の規定による許可をする場合においては、あらかじめ、建築審査会の同意を得なけれ
ばならない。</u>

改正：平成30年法律第67号　　　施行：令和元年6月25日
第85条　（仮設建築物に対する制限の緩和）

1　非常災害があつた場合において、<u>非常災害区域等（非常災害が発生した区域又はこれに隣接する区域で特
定行政庁が指定するものをいう。第87条の3第1項において同じ。）</u>内においては、災害により破損した建築
物の応急の修繕又は次の各号のいずれかに該当する応急仮設建築物の建築でその災害が発生した日から1月
以内にその工事に着手するものについては、建築基準法令の規定は、適用しない。ただし、防火地域内に建
築する場合については、この限りでない。
一　国、地方公共団体又は日本赤十字社が災害救助のために建築するもの
二　被災者が自ら使用するために建築するもので延べ面積が30㎡以内のもの
2　災害があつた場合において建築する停車場、官公署その他これらに類する公益上必要な用途に供する応急
仮設建築物又は工事を施工するために現場に設ける事務所、下小屋、材料置場その他これらに類する仮設建
築物については、第6条から第7条の6まで、第12条第1項から第4項まで、第15条、第18条（第25項を除く。）、
第19条、第21条から第23条まで、第26条、第31条、第33条、第34条第2項、第35条、第36条（第19条、第21条、
第26条、第31条、第33条、第34条第2項及び第35条に係る部分に限る。）、第37条、第39条及び第40条の規定
並びに第3章の規定は、適用しない。ただし、防火地域又は準防火地域内にある延べ面積が50㎡を超えるも
のについては、<u>第62条</u>の規定の適用があるものとする。
3～7　略

改正：令和4年法律第44号　　　施行：令和4年5月31日
第85条　（仮設建築物に対する制限の緩和）

1～4　略
<u>5　特定行政庁は、被災者の需要に応ずるに足りる適当な建築物が不足することその他の理由により前項に規
定する期間を超えて使用する特別の必要がある応急仮設建築物について、安全上、防火上及び衛生上支障が
なく、かつ、公益上やむを得ないと認める場合においては、同項の規定にかかわらず、更に1年を超えない
範囲内において同項の規定による許可の期間を延長することができる。被災者の需要に応ずるに足りる適当</u>

建築基準法　条文改正経過 | 433

法85条　改正：令和4年法律第44号

な建築物が不足することその他の理由により当該延長に係る期間を超えて使用する特別の必要がある応急仮設建築物についても、同様とする。

6　特定行政庁は、仮設興行場、博覧会建築物、仮設店舗その他これらに類する仮設建築物（次項及び第101条第1項第十号において「仮設興行場等」という。）について安全上、防火上及び衛生上支障がないと認める場合においては、1年以内の期間（建築物の工事を施工するためその工事期間中当該従前の建築物に代えて必要となる仮設店舗その他の仮設建築物については、特定行政庁が当該工事の施工上必要と認める期間）を定めてその建築を許可することができる。この場合においては、第12条第1項から第4項まで、第21条から第27条まで、第31条、第34条第2項、第35条の2、第35条の3及び第37条の規定並びに第3章の規定は、適用しない。

7　特定行政庁は、国際的な規模の会議又は競技会の用に供することその他の理由により1年を超えて使用する特別の必要がある仮設興行場等について、安全上、防火上及び衛生上支障がなく、かつ、公益上やむを得ないと認める場合においては、前項の規定にかかわらず、当該仮設興行場等の使用上必要と認める期間を定めてその建築を許可することができる。この場合においては、同項後段の規定を準用する。

8　特定行政庁は、第5項の規定により許可の期間を延長する場合又は前項の規定による許可をする場合においては、あらかじめ、建築審査会の同意を得なければならない。ただし、官公署、病院、学校その他の公益上特に必要なものとして国土交通省令で定める用途に供する応急仮設建築物について第5項の規定により許可の期間を延長する場合は、この限りでない。

改正：令和6年法律第53号　　　施行：令和6年11月1日
第85条　（仮設建築物に対する制限の緩和）

1　非常災害があつた場合において、非常災害区域等（非常災害が発生した区域又はこれに隣接する区域で特定行政庁が指定するものをいう。第87条の3第1項において同じ。）内においては、災害により破損した建築物の応急の修繕又は次の各号のいずれかに該当する応急仮設建築物の建築でその災害が発生した日から1月以内にその工事に着手するものについては、建築基準法令の規定は、適用しない。ただし、防火地域内に建築する場合については、この限りでない。
　一　国、地方公共団体又は日本赤十字社が災害救助のために建築するもの
　二　被災者が自ら使用するために建築するもので延べ面積が30㎡以内のもの

2　災害があつた場合において建築する停車場、官公署その他これらに類する公益上必要な用途に供する応急仮設建築物又は工事を施工するために現場に設ける事務所、下小屋、材料置場その他これらに類する仮設建築物については、第6条から第7条の6まで、第12条第1項から第4項まで、第15条、第18条（第41項を除く。）、第19条、第21条から第23条まで、第26条、第31条、第33条、第34条第2項、第35条、第36条（第19条、第21条、第26条、第31条、第33条、第34条第2項及び第35条に係る部分に限る。）、第37条、第39条及び第40条の規定並びに第3章の規定は、適用しない。ただし、防火地域又は準防火地域内にある延べ面積が50㎡を超えるものについては、第62条の規定の適用があるものとする。

3　前2項の応急仮設建築物を建築した者は、その建築工事を完了した後3月を超えて当該建築物を存続させようとする場合においては、その超えることとなる日前に、特定行政庁の許可を受けなければならない。ただし、当該許可の申請をした場合において、その超えることとなる日前に当該申請に対する処分がされないときは、当該処分がされるまでの間は、なお当該建築物を存続させることができる。

4　特定行政庁は、前項の許可の申請があつた場合において、安全上、防火上及び衛生上支障がないと認めるときは、2年以内の期間を限つて、その許可をすることができる。

5　特定行政庁は、被災者の需要に応ずるに足りる適当な建築物が不足することその他の理由により前項に規定する期間を超えて使用する特別の必要がある応急仮設建築物について、安全上、防火上及び衛生上支障がなく、かつ、公益上やむを得ないと認める場合においては、同項の規定にかかわらず、更に1年を超えない範囲内において同項の規定による許可の期間を延長することができる。被災者の需要に応ずるに足りる適当な建築物が不足することその他の理由により当該延長に係る期間を超えて使用する特別の必要がある応急仮設建築物についても、同様とする。

6　特定行政庁は、仮設興行場、博覧会建築物、仮設店舗その他これらに類する仮設建築物（次項及び第101条第1項第十号において「仮設興行場等」という。）について安全上、防火上及び衛生上支障がないと認める場合においては、1年以内の期間（建築物の工事を施工するためその工事期間中当該従前の建築物に代えて

必要となる仮設店舗その他の仮設建築物については、特定行政庁が当該工事の施工上必要と認める期間）を定めてその建築を許可することができる。この場合においては、第12条第1項から第4項まで、第21条から第27条まで、第31条、第34条第2項、第35条の2、第35条の3及び第37条の規定並びに第3章の規定は、適用しない。

7　特定行政庁は、国際的な規模の会議又は競技会の用に供することその他の理由により1年を超えて使用する特別の必要がある仮設興行場等について、安全上、防火上及び衛生上支障がなく、かつ、公益上やむを得ないと認める場合においては、前項の規定にかかわらず、当該仮設興行場等の使用上必要と認める期間を定めてその建築を許可することができる。この場合においては、同項後段の規定を準用する。

8　特定行政庁は、第5項の規定により許可の期間を延長する場合又は前項の規定による許可をする場合においては、あらかじめ、建築審査会の同意を得なければならない。ただし、官公署、病院、学校その他の公益上特に必要なものとして国土交通省令で定める用途に供する応急仮設建築物について第5項の規定により許可の期間を延長する場合は、この限りでない。

[現行]　第85条の2　（景観重要建造物である建築物に対する制限の緩和）

制定：平成16年法律第111号　　　施行：平成16年12月17日
第85条の2　（景観重要建造物である建築物に対する制限の緩和）

1　景観法（平成16年法律第110号）第19条第1項の規定により景観重要建造物として指定された建築物のうち、良好な景観の保全のためその位置又は構造をその状態において保存すべきものについては、市町村は、同法第22条及び第25条の規定の施行のため必要と認める場合においては、国土交通大臣の承認を得て、条例で、第21条から第25条まで、第28条、第43条、第44条、第47条、第52条、第53条、第54条から第56条の2まで、第58条、第61条から第64条まで並びに第67条の2第1項及び第5項から第7項までの規定の全部若しくは一部を適用せず、又はこれらの規定による制限を緩和することができる。

改正：平成16年法律第111号　　　平成17年6月1日
第85条の2　（景観重要建造物である建築物に対する制限の緩和）

1　景観法第19条第1項の規定により景観重要建造物として指定された建築物のうち、良好な景観の保全のためその位置又は構造をその状態において保存すべきものについては、市町村は、同法第22条及び第25条の規定の施行のため必要と認める場合においては、国土交通大臣の承認を得て、条例で、第21条から第25条まで、第28条、第43条、第44条、第47条、第52条、第53条、第54条から第56条の2まで、第58条、第61条から第64条まで、第67条の2第1項及び第5項から第7項まで並びに第68条第1項及び第2項の規定の全部若しくは一部を適用せず、又はこれらの規定による制限を緩和することができる。

改正：平成26年法律第54号　　　施行：平成27年6月1日
第85条の2　（景観重要建造物である建築物に対する制限の緩和）

1　景観法第19条第1項の規定により景観重要建造物として指定された建築物のうち、良好な景観の保全のためその位置又は構造をその状態において保存すべきものについては、市町村は、同法第22条及び第25条の規定の施行のため必要と認める場合においては、国土交通大臣の承認を得て、条例で、第21条から第25条まで、第28条、第43条、第44条、第47条、第52条、第53条、第54条から第56条の2まで、第58条、第61条から第64条まで、第67条の3第1項及び第5項から第7項まで並びに第68条第1項及び第2項の規定の全部若しくは一部を適用せず、又はこれらの規定による制限を緩和することができる。

改正：平成30年法律第67号　　　施行：令和元年6月25日
第85条の2　（景観重要建造物である建築物に対する制限の緩和）

1　景観法第19条第1項の規定により景観重要建造物として指定された建築物のうち、良好な景観の保全のためその位置又は構造をその状態において保存すべきものについては、市町村は、同法第22条及び第25条の規

法85条の2　改正：平成30年法律第67号

定の施行のため必要と認める場合においては、国土交通大臣の承認を得て、条例で、第21条から第25条まで、第28条、第43条、第44条、第47条、第52条、第53条、第54条から第56条の2まで、第58条、第61条、<u>第62条、第67条第1項及び第5項から第7項まで</u>並びに第68条第1項及び第2項の規定の全部若しくは一部を適用せず、又はこれらの規定による制限を緩和することができる。

[現行]　第85条の3　（伝統的建造物群保存地区内の制限の緩和）

制定：昭和50年法律第49号　　　　施行：昭和50年10月1日
旧　第85条の2　（伝統的建造物群保存地区内の制限の緩和）

1　文化財保護法第83条の3第1項又は第2項の伝統的建造物群保存地区内においては、市町村は、同条第1項後段（同条第2項後段において準用する場合を含む。）の条例において定められた現状変更の規制及び保存のための措置を確保するため必要と認める場合においては、建設大臣の承認を得て、条例で、第21条から第25条まで、第28条、第43条、第44条、第52条、第53条、第55条、第56条及び第61条から第64条までの規定の全部若しくは一部を適用せず、又はこれらの規定による制限を緩和することができる。

改正：平成11年法律第160号　　　　施行：平成13年1月6日
旧　第85条の2　（伝統的建造物群保存地区内の制限の緩和）

1　文化財保護法第83条の3第1項又は第2項の伝統的建造物群保存地区内においては、市町村は、同条第1項後段（同条第2項後段において準用する場合を含む。）の条例において定められた現状変更の規制及び保存のための措置を確保するため必要と認める場合においては、<u>国土交通大臣</u>の承認を得て、条例で、第21条から第25条まで、第28条、第43条、第44条、第52条、第53条、第55条、第56条及び第61条から第64条までの規定の全部若しくは一部を適用せず、又はこれらの規定による制限を緩和することができる。

改正：平成15年法律第101号　　　　施行：平成15年12月19日
旧　第85条の2　（伝統的建造物群保存地区内の制限の緩和）

1　文化財保護法第83条の3第1項又は第2項の伝統的建造物群保存地区内においては、市町村は、同条第1項後段（同条第2項後段において準用する場合を含む。）の条例において定められた現状変更の規制及び保存のための措置を確保するため必要と認める場合においては、国土交通大臣の承認を得て、条例で、第21条から第25条まで、<u>第28条</u>、第43条、第44条、第52条、第53条、第55条、第56条、<u>第61条から第64条まで及び第67条の2第1項</u>の規定の全部若しくは一部を適用せず、又はこれらの規定による制限を緩和することができる。

改正：平成16年法律第111号　　　　施行：平成16年12月17日
第85条の3　（伝統的建造物群保存地区内の制限の緩和）

1　文化財保護法第83条の3第1項又は第2項の伝統的建造物群保存地区内においては、市町村は、同条第1項後段（同条第2項後段において準用する場合を含む。）の条例において定められた現状変更の規制及び保存のための措置を確保するため必要と認める場合においては、国土交通大臣の承認を得て、条例で、第21条から第25条まで、第28条、第43条、第44条、第52条、第53条、第55条、第56条、第61条から第64条まで及び第67条の2第1項の規定の全部若しくは一部を適用せず、又はこれらの規定による制限を緩和することができる。

改正：平成16年法律第61号　　　　施行：平成17年4月1日
第85条の3　（伝統的建造物群保存地区内の制限の緩和）

1　文化財保護法<u>第143条第1項</u>又は第2項の伝統的建造物群保存地区内においては、市町村は、同条第1項後段（同条第2項後段において準用する場合を含む。）の条例において定められた現状変更の規制及び保存

のための措置を確保するため必要と認める場合においては、国土交通大臣の承認を得て、条例で、第21条から第25条まで、第28条、第43条、第44条、第52条、第53条、第55条、第56条、第61条から第64条まで及び第67条の2第1項の規定の全部若しくは一部を適用せず、又はこれらの規定による制限を緩和することができる。

改正：平成26年法律第54号　　　施行：平成27年6月1日
第85条の3　（伝統的建造物群保存地区内の制限の緩和）

1　文化財保護法第143条第1項又は第2項の伝統的建造物群保存地区内においては、市町村は、同条第1項後段（同条第2項後段において準用する場合を含む。）の条例において定められた現状変更の規制及び保存のための措置を確保するため必要と認める場合においては、国土交通大臣の承認を得て、条例で、第21条から第25条まで、第28条、第43条、第44条、第52条、第53条、第55条、第56条、第61条から第64条まで及び<u>第67条の3第1項</u>の規定の全部若しくは一部を適用せず、又はこれらの規定による制限を緩和することができる。

改正：平成30年法律第67号　　　施行：令和元年6月25日
第85条の3　（伝統的建造物群保存地区内の制限の緩和）

1　文化財保護法第143条第1項又は第2項の伝統的建造物群保存地区内においては、市町村は、同条第1項後段（同条第2項後段において準用する場合を含む。）の条例において定められた現状変更の規制及び保存のための措置を確保するため必要と認める場合においては、国土交通大臣の承認を得て、条例で、第21条から第25条まで、第28条、第43条、第44条、第52条、第53条、第55条、第56条、第61条、<u>第62条、第67条第1項</u>の規定の全部若しくは一部を適用せず、又はこれらの規定による制限を緩和することができる。

［現行］　第86条　（一の敷地とみなすこと等による制限の緩和）

制定：昭和25年法律第201号　　　施行：昭和25年11月23日
第86条　（一街区内における総合的設計による建築物の取扱）

1　一街区内に2以上の構えをなす建築物を綜合的設計によつて建築する場合において、特定行政庁がその各建築物の位置及び構造が安全上、防火上及び衛生上支障がないと認めるものについては、第23条、第43条、第56条第3項若しくは第4項、第58条、第62条第2項又は第64条の規定を適用する場合においては、これらの建築物は、同一敷地内にあるものとみなす。

改正：昭和32年法律第101号　　　施行：昭和32年5月15日
第86条　（総合的設計による一団地の建築物の取扱）

1　<u>一団地内</u>に2以上の構えをなす建築物を総合的設計によつて建築する場合において、特定行政庁がその各建築物の位置及び構造が安全上、防火上及び衛生上支障がないと認めるものについては、第23条、第43条、第56条第3項若しくは第4項、第58条、第62条第2項又は第64条の規定を適用する場合においては、これらの建築物は、同一敷地内にあるものとみなす。
2　<u>一団地の住宅経営に関する都市計画を決定する場合においては、空地地区については、別表第3（い）欄に掲げる空地地区の種別に応じて、同表に掲げる延べ面積の敷地面積に対する割合、建築面積の敷地面積に対する割合及び外壁又はこれに代る柱の面から敷地境界線までの距離と異なるこれらの割合及び距離の基準を定めることができる。</u>
3　<u>前項の都市計画に基き建築物を総合的設計によつて建築する場合において、当該建築物が同項の規定により当該都市計画に定められた基準に適合しており、且つ、特定行政庁がその各建築物の位置及び構造が当該空地地区内の住居の環境の保護に支障がないと認めるときは、当該建築物については、第56条第3項及び第4項の規定は、適用しない。</u>

法86条　改正：昭和34年法律第156号

改正：昭和34年法律第156号　　　施行：昭和34年12月23日
第86条　（総合的設計による一団地の建築物の取扱）

1　略
2　<u>一団地に2以上の構えをなす建築物で、主要構造部が耐火構造であるもの又は第2条第九号の三イ若しくはロのいずれかに該当するものを総合的設計によつて建築する場合において、特定行政庁がその各建築物の位置及び構造が防火上支障がないと認めるものについては、第27条、第62条第1項又は第64条の規定を適用する場合においては、主要構造部が耐火構造である建築物は耐火建築物と、第2条第九号の三イ又はロのいずれかに該当する建築物は簡易耐火建築物とみなす。</u>
3　一団地の住宅経営に関する都市計画を決定する場合においては、空地地区については、<u>別表第4</u>（い）欄に掲げる空地地区の種別に応じて、同表に掲げる延べ面積の敷地面積に対する割合、建築面積の敷地面積に対する割合及び外壁又はこれに代る柱の面から敷地境界線までの距離と異なるこれらの割合及び距離の基準を定めることができる。
4　前項の都市計画に基き建築物を総合的設計によつて建築する場合において、当該建築物が同項の規定により当該都市計画に定められた基準に適合しており、<u>かつ</u>、特定行政庁がその各建築物の位置及び構造が当該空地地区内の住居の環境の保護に支障がないと認めるときは、当該建築物については、第56条第3項及び第4項の規定は、適用しない。

改正：昭和36年法律第115号　　　施行：昭和36年12月4日
第86条　（総合的設計による一団地の建築物の取扱）

1　一団地内に2以上の構えをなす建築物を総合的設計によつて建築する場合において、特定行政庁がその各建築物の位置及び構造が安全上、防火上及び衛生上支障がないと認めるものについては、第23条、第43条、第56条第3項若しくは第4項、第58条、<u>第59条の2第3項</u>、第62条第2項又は第64条の規定を適用する場合においては、これらの建築物は、同一敷地内にあるものとみなす。
2〜4　略

改正：昭和38年法律第151号　　　施行：昭和39年1月15日
第86条　（総合的設計による一団地の建築物の取扱）

1　一団地内に2以上の構えをなす建築物を総合的設計によつて建築する場合において、特定行政庁がその各建築物の位置及び構造が安全上、防火上及び衛生上支障がないと認めるものについては、第23条、第43条、第56条第3項若しくは第4項、第58条、<u>第59条の2第2項から第6項まで</u>、<u>第59条の3第3項</u>、第62条第2項又は第64条の規定を適用する場合においては、これらの建築物は、同一敷地内にあるものとみなす。
2〜4　略

改正：昭和43年法律第101号　　　施行：昭和44年6月14日
第86条　（総合的設計による一団地の建築物の取扱）

1　一団地内に2以上の構えをなす建築物を総合的設計によつて建築する場合において、特定行政庁がその各建築物の位置及び構造が安全上、防火上及び衛生上支障がないと認めるものについては、第23条、第43条、<u>第56条</u>、<u>第58条</u>、第59条の2<u>第1項から第5項まで</u>、<u>第59条の3第1項</u>、第62条第2項又は第64条の規定を適用する場合においては、これらの建築物は、同一敷地内にあるものとみなす。
2　略
3　<u>一団地の住宅施設に関する都市計画を定める場合においては、空地地区については、別表第4</u>（い）欄に掲げる空地地区の種別に応じて、同表に掲げる延べ面積の敷地面積に対する割合、建築面積の敷地面積に対する割合及び外壁又はこれに代る柱の面から敷地境界線までの距離と異なるこれらの割合及び距離の基準を定めることができる。
4　前項の都市計画に基き建築物を総合的設計によつて建築する場合において、当該建築物が同項の規定により当該都市計画に定められた基準に適合しており、かつ、特定行政庁がその各建築物の位置及び構造が当該

空地地区内の住居の環境の保護に支障がないと認めるときは、当該建築物については、第56条の規定は、適用しない。

改正：昭和44年法律第38号　　　施行：昭和44年６月14日
第86条　（総合的設計による一団地の建築物の取扱）

1　一団地内に２以上の構えをなす建築物を総合的設計によつて建築する場合において、特定行政庁がその各建築物の位置及び構造が安全上、防火上及び衛生上支障がないと認めるものについては、第23条、第43条、第56条、第58条、第59条の２第１項から第５項まで、第59条の３第１項、第59条の４第１項、第62条第２項又は第64条の規定を適用する場合においては、これらの建築物は、同一敷地内にあるものとみなす。
2　前項の規定により同一敷地内にあるものとみなされる２以上の構えをなす建築物は、第59条の３第１項の規定を適用する場合おいては、これを一の建築物とみなす。
3　一団地に２以上の構えをなす建築物で、主要構造部が耐火構造であるもの又は第２条第九号の三イ若しくはロのいずれかに該当するものを総合的設計によつて建築する場合において、特定行政庁がその各建築物の位置及び構造が防火上支障がないと認めるものについては、第27条、第62条第１項又は第64条の規定を適用する場合においては、主要構造部が耐火構造である建築物は耐火建築物と、第２条第九号の三イ又はロのいずれかに該当する建築物は簡易耐火建築物とみなす。
4　一団地の住宅施設に関する都市計画を定める場合においては、空地地区については、別表第４（い）欄に掲げる空地地区の種別に応じて、同表に掲げる延べ面積の敷地面積に対する割合、建築面積の敷地面積に対する割合及び外壁又はこれに代る柱の面から敷地境界線までの距離と異なるこれらの割合及び距離の基準を定めることができる。
5　前項の都市計画に基き建築物を総合的設計によつて建築する場合において、当該建築物が同項の規定により当該都市計画に定められた基準に適合しており、かつ、特定行政庁がその各建築物の位置及び構造が当該空地地区内の住居の環境の保護に支障がないと認めるときは、当該建築物については、第56条の規定は、適用しない。

改正：昭和45年法律第109号　　　施行：昭和46年１月１日
第86条　（総合的設計による一団地の建築物の取扱い）

1　一団地内に２以上の構えをなす建築物を総合的設計によつて建築する場合において、特定行政庁がその各建築物の位置及び構造が安全上、防火上及び衛生上支障がないと認めるものについては、第23条、第43条、第52条第１項から第３項まで、第53条第１項第一号、第54条第１項、第56条第１項から第３項まで、第59条第１項、第60条第１項、第62条第２項又は第64条の規定を適用する場合においては、これらの建築物は、同一敷地内にあるものとみなす。
2　前項の規定により同一敷地内にあるものとみなされる２以上の構えをなす建築物は、第59条第１項の規定を適用する場合おいては、これを一の建築物とみなす。
3　略
4　一団地の住宅施設に関する都市計画を定める場合においては、第一種住居専用地域については、第52条第１項第一号に規定する延べ面積（同一敷地内に２以上の建築物がある場合においては、その延べ面積の合計）の敷地面積に対する割合、第53条第１項第一号に規定する建築面積（同一敷地内に２以上の建築物がある場合においては、その建築面積の合計）の敷地面積に対する割合、第54条第２項に規定する外壁の後退距離及び第55条第１項に規定する建築物の高さと異なるこれらの割合、距離及び高さの基準を定めることができる。
5　前項の都市計画に基づき建築物を総合的設計によつて建築する場合において、当該建築物が同項の規定により当該都市計画に定められた基準に適合しており、かつ、特定行政庁がその各建築物の位置及び構造が当該第一種住居専用地域内の住居の環境の保護に支障がないと認めるときは、当該建築物については、第52条第１項第一号、第53条第１項第一号、第54条第１項及び第55条第１項の規定は、適用しない。

改正：昭和51年法律第83号　　　施行：昭和52年11月１日

法86条　改正：昭和51年法律第83号

第86条　（総合的設計による一団地の建築物の取扱い）

1　一団地内に2以上の構えをなす建築物を総合的設計によつて建築する場合において、特定行政庁がその各建築物の位置及び構造が安全上、防火上及び衛生上支障がないと認めるものについては、第23条、第43条、<u>第52条第1項から第4項まで</u>、第53条第1項第一号、第54条第1項、<u>第55条第2項第三号</u>、第56条第1項若しくは第3項、第56条の2第1項から第3項まで、第59条第1項、<u>第59条の2第1項</u>、第60条第1項、第62条第2項又は第64条の規定を適用する場合においては、これらの建築物は、同一敷地内にあるものとみなす。

2〜5　略

改正：昭和62年法律第66号　　　　施行：昭和62年11月16日

第86条　（総合的設計による一団地の建築物の取扱い）

1　一団地内に2以上の構えをなす建築物を総合的設計によつて建築する場合において、特定行政庁がその各建築物の位置及び構造が安全上、防火上及び衛生上支障がないと認めるものについては、第23条、第43条、第52条第1項から<u>第6項</u>まで、第53条第1項第一号、第54条第1項、<u>第55条第2項</u>、第56条第1項、<u>第2項</u>若しくは<u>第4項</u>、第56条の2第1項から第3項まで、第59条第1項、第59条の2第1項、第60条第1項、第62条第2項又は第64条の規定を適用する場合においては、これらの建築物は、同一敷地内にあるものとみなす。

2　特定行政庁は、前項の規定により同一敷地内にあるものとみなされる2以上の構えをなす建築物（以下この条において「総合的設計による同一敷地内建築物」という。）について建築主事が第6条第3項又は第18条第3項の規定による通知をしたときは、遅滞なく、これらの建築物について、建設省令で定める事項を公告しなければならない。

3　前項の規定による公告があつた日以後、総合的設計による同一敷地内建築物に係る一団地内において総合的設計による同一敷地内建築物以外の建築物を建築しようとする者は、建設省令で定めるところにより、当該建築物の位置及び構造が当該一団地内の他の建築物の位置及び構造との関係において安全上、防火上及び衛生上支障がない旨の特定行政庁の認定を受けなければならない。

4　第1項の規定は、前項の規定による認定を受けた建築物及び当該一団地内の他の建築物について準用する。

5　総合的設計による同一敷地内建築物に係る一団地内に第3項の規定による認定を受けた建築物がある場合における同項の規定の適用については、当該建築物を総合的設計による同一敷地内建築物とみなす。

6　第1項（第4項において準用する場合を含む。）の規定により同一敷地内にあるものとみなされる2以上の構えをなす建築物は、第59条第1項の規定を適用する場合おいては、これを一の建築物とみなす。

7　一団地に2以上の構えをなす建築物で、主要構造部が耐火構造であるもの又は第2条第九号の三イ若しくはロのいずれかに該当するものを総合的設計によつて建築する場合において、特定行政庁がその各建築物の位置及び構造が防火上支障がないと認めるものについては、第27条、第62条第1項又は第64条の規定を適用する場合においては、主要構造部が耐火構造である建築物は耐火建築物と、第2条第九号の三イ又はロのいずれかに該当する建築物は簡易耐火建築物とみなす。

8　一団地の住宅施設に関する都市計画を定める場合においては、第一種住居専用地域については、第52条第1項第一号に規定する延べ面積（同一敷地内に2以上の建築物がある場合においては、その延べ面積の合計）の敷地面積に対する割合、第53条第1項第一号に規定する建築面積（同一敷地内に2以上の建築物がある場合においては、その建築面積の合計）の敷地面積に対する割合、第54条第2項に規定する外壁の後退距離及び第55条第1項に規定する建築物の高さと異なるこれらの割合、距離及び高さの基準を定めることができる。

9　前項の都市計画に基づき建築物を総合的設計によつて建築する場合において、当該建築物が同項の規定により当該都市計画に定められた基準に適合しており、かつ、特定行政庁がその各建築物の位置及び構造が当該第一種住居専用地域内の住居の環境の保護に支障がないと認めるときは、当該建築物については、第52条第1項第一号、第53条第1項第一号、第54条第1項及び第55条第1項の規定は、適用しない。

改正：昭和63年法律第49号　　　　施行：昭和63年11月15日

改正：平成4年法律第82号　**法86条**

第86条　（総合的設計による一団地の建築物の取扱い）
1　一団地内に2以上の構えをなす建築物を総合的設計によつて建築する場合において、特定行政庁がその各建築物の位置及び構造が安全上、防火上及び衛生上支障がないと認めるものについては、第23条、第43条、第52条第1項から第6項まで、第53条第1項第1号、第54条第1項、第55条第2項、第56条第1項、第2項若しくは第4項、第56条の2第1項から第3項まで、第59条第1項、第59条の2第1項、第60条第1項、第62条第2項、<u>第64条又は第68条の3第1項</u>の規定を適用する場合においては、これらの建築物は、同一敷地内にあるものとみなす。
2〜9　略

改正：平成2年法律第61号　　　　施行：平成2年11月20日
第86条　（総合的設計による一団地の建築物の取扱い）
1　一団地内に2以上の構えをなす建築物を総合的設計によつて建築する場合において、特定行政庁がその各建築物の位置及び構造が安全上、防火上及び衛生上支障がないと認めるものについては、第23条、第43条、第52条第1項から第6項まで、第53条第1項第1号、第54条第1項、第55条第2項、第56条第1項、第2項若しくは第4項、第56条の2第1項から第3項まで、第59条第1項、第59条の2第1項、第60条第1項、第62条第2項、第64条、<u>第68条の4第1項から第3項まで又は第68条の5第1項</u>の規定を適用する場合においては、これらの建築物は、同一敷地内にあるものとみなす。
2〜9　略

改正：平成4年法律第82号　　　　施行：平成5年6月25日
第86条　（総合的設計による一団地の建築物の取扱い）
1　一団地内に2以上の構えを成す建築物を総合的設計によつて建築する場合において、特定行政庁がその各建築物の位置及び構造が安全上、防火上及び衛生上支障がないと認めるものについては、第23条、第43条、第52条第1項から第6項まで、<u>第53条第1項</u>、第54条第1項、第55条第2項、第56条第1項、第2項若しくは第4項、第56条の2第1項から第3項まで、第59条第1項、第59条の2第1項、第60条第1項、第62条第2項、第64条、第68条の4第1項から第3項まで又は第68条の5第1項の規定を適用する場合においては、これらの建築物は、同一敷地内にあるものとみなす。
2　<u>前項の場合において、次に掲げる条件に該当する地区計画の区域内の建築物については、一団地内に2以上の構えを成す建築物の総合的設計による建築を、工区を分けて行うことができる。</u>
　<u>一　地区整備計画が定められている区域のうち、次に掲げる事項が定められている区域であること。</u>
　　<u>イ　地区施設の配置及び規模</u>
　　<u>ロ　壁面の位置の制限（地区施設に面する壁面の位置を制限するものを含むものに限る。）</u>
　<u>二　第68条の2第1項の規定に基づく条例で、前号ロに掲げる事項に関する制限が定められている区域であること。</u>
3　特定行政庁は、<u>第1項</u>の規定により同一敷地内にあるものとみなされる2以上の構えを<u>成す</u>建築物（以下この条において「総合的設計による同一敷地内建築物」という。）について建築主事が第6条第3項又は第18条第3項の規定による通知をしたときは、遅滞なく、これらの建築物について、建設省令で定める事項を<u>公告するとともに、建設省令で定める事項を表示した図書をその事務所に備えて、一般の縦覧に供さなければならない。</u>
4　前項の規定による公告があつた日以後、総合的設計による同一敷地内建築物に係る一団地内において総合的設計による同一敷地内建築物以外の建築物を建築しようとする者は、建設省令で定めるところにより、当該建築物の位置及び構造が当該一団地内の他の建築物の位置及び構造との関係において安全上、防火上及び衛生上支障がない旨の特定行政庁の認定を受けなければならない。
5　第1項の規定は、前項の規定による認定を受けた建築物及び当該一団地内の他の建築物について準用する。
6　総合的設計による同一敷地内建築物に係る一団地内に<u>第4項</u>の規定による認定を受けた建築物がある場合における同項の規定の適用については、当該建築物を総合的設計による同一敷地内建築物とみなす。
7　第1項（<u>第5項</u>において準用する場合を含む。）の規定により同一敷地内にあるものとみなされる2以上

法86条　改正：平成4年法律第82号

の構えを成す建築物は、第59条第1項の規定を適用する場合おいては、これを一の建築物とみなす。

8　一団地に2以上の構えを成す建築物で、主要構造部が耐火構造であるもの又は第2条第九号の三イ若しくはロのいずれかに該当するものを総合的設計によつて建築する場合において、特定行政庁がその各建築物の位置及び構造が防火上支障がないと認めるものについては、第27条、第62条第1項又は第64条の規定を適用する場合においては、主要構造部が耐火構造である建築物は耐火建築物と、第2条第九号の三イ又はロのいずれかに該当する建築物は準耐火建築物とみなす。

9　一団地の住宅施設に関する都市計画を定める場合においては、第一種低層住居専用地域又は第二種低層住居専用地域については、第52条第1項第一号に規定する延べ面積（同一敷地内に2以上の建築物がある場合においては、その延べ面積の合計）の敷地面積に対する割合、第53条第1項第一号に規定する建築面積（同一敷地内に2以上の建築物がある場合においては、その建築面積の合計）の敷地面積に対する割合、第54条第2項に規定する外壁の後退距離及び第55条第1項に規定する建築物の高さと異なるこれらの割合、距離及び高さの基準を定めることができる。

10　前項の都市計画に基づき建築物を総合的設計によつて建築する場合において、当該建築物が同項の規定により当該都市計画に定められた基準に適合しており、かつ、特定行政庁がその各建築物の位置及び構造が当該第一種低層住居専用地域又は第二種低層住居専用地域内の住居の環境の保護に支障がないと認めるときは、当該建築物については、第52条第1項第一号、第53条第1項第一号、第54条第1項及び第55条第1項の規定は、適用しない。

改正：平成6年法律第62号　　　施行：平成6年6月29日
第86条　（総合的設計による一団地の建築物の取扱い）

1　一団地内に2以上の構えを成す建築物を総合的設計によつて建築する場合において、特定行政庁がその各建築物の位置及び構造が安全上、防火上及び衛生上支障がないと認めるものについては、第23条、第43条、第52条第1項から第8項まで、第53条第1項、第54条第1項、第55条第2項、第56条第1項、第2項若しくは第4項、第56条の2第1項から第3項まで、第59条第1項、第59条の2第1項、第60条第1項、第62条第2項、第64条、第68条の4第1項から第3項まで又は第68条の5第1項の規定を適用する場合においては、これらの建築物は、同一敷地内にあるものとみなす。

2〜10　略

改正：平成7年法律第13号　　　施行：平成7年5月25日
第86条　（総合的設計による一団地の建築物の取扱い）

1　一団地内に2以上の構えを成す建築物を総合的設計によつて建築する場合において、特定行政庁がその各建築物の位置及び構造が安全上、防火上及び衛生上支障がないと認めるものについては、第23条、第43条、第52条第1項から第10項まで、第53条第1項、第54条第1項、第55条第2項、第56条第1項から第4項まで若しくは第6項、第56条の2第1項から第3項まで、第59条第1項、第59条の2第1項、第60条第1項、第62条第2項、第64条、第68条の4第1項から第3項まで又は第68条の5第1項の規定を適用する場合においては、これらの建築物は、同一敷地内にあるものとみなす。

2〜10　略

改正：平成9年法律第79号　　　施行：平成9年6月13日
第86条　（総合的設計による一団地の建築物の取扱い）

1　一団地内に2以上の構えを成す建築物を総合的設計によつて建築する場合において、特定行政庁がその各建築物の位置及び構造が安全上、防火上及び衛生上支障がないと認めるものについては、第23条、第43条、第52条第1項から第11項まで、第53条第1項、第54条第1項、第55条第2項、第56条第1項から第4項まで若しくは第6項、第56条の2第1項から第3項まで、第59条第1項、第59条の2第1項、第60条第1項、第62条第2項、第64条、第68条の4第1項から第3項まで又は第68条の5第1項の規定を適用する場合においては、これらの建築物は、同一敷地内にあるものとみなす。

2〜10　略

改正：平成9年法律第50号　　　施行：平成9年11月8日
第86条　（総合的設計による一団地の建築物の取扱い）

1・2　略
3　第1項の場合において、次のいずれかに該当する防災街区整備地区計画の区域（第68条の2第1項の規定に基づく条例で次の各号に規定する壁面の位置の制限が定められている区域に限る。）内の建築物については、一団地内に2以上の構えを成す建築物の総合的設計による建築を、工区を分けて行うことができる。
　一　防災街区整備地区整備計画が定められている区域のうち、次に掲げる事項が定められている区域であること。
　　イ　密集市街地における防災街区の整備の促進に関する法律第32条第2項第三号に規定する地区施設の配置及び規模
　　ロ　壁面の位置の制限（イに規定する地区施設に面する壁面の位置を制限するものを含むものに限る。）
　二　地区防災施設（密集市街地における防災街区の整備の促進に関する法律第32条第2項第二号に規定する特定地区防災施設（次号において「特定地区防災施設」という。）を除く。）の区域及び防災街区整備地区整備計画が定められている区域のうち壁面の位置の制限（当該地区防災施設に面する壁面の位置を制限するものを含むものに限る。）が定められている区域であること。
　三　特定地区防災施設の区域及び特定建築物地区整備計画が定められている区域のうち壁面の位置の制限（当該特定地区防災施設に面する壁面の位置を制限するものを含むものに限る。）が定められている区域であること。
4　特定行政庁は、第1項の規定により同一敷地内にあるものとみなされる2以上の構えを成す建築物（以下この条において「総合的設計による同一敷地内建築物」という。）について建築主事が第6条第3項又は第18条第3項の規定による通知をしたときは、遅滞なく、これらの建築物について、建設省令で定める事項を公告するとともに、建設省令で定める事項を表示した図書をその事務所に備えて、一般の縦覧に供さなければならない。
5　前項の規定による公告があつた日以後、総合的設計による同一敷地内建築物に係る一団地内において総合的設計による同一敷地内建築物以外の建築物を建築しようとする者は、建設省令で定めるところにより、当該建築物の位置及び構造が当該一団地内の他の建築物の位置及び構造との関係において安全上、防火上及び衛生上支障がない旨の特定行政庁の認定を受けなければならない。
6　第1項の規定は、前項の規定による認定を受けた建築物及び当該一団地内の他の建築物について準用する。
7　総合的設計による同一敷地内建築物に係る一団地内に第5項の規定による認定を受けた建築物がある場合における同項の規定の適用については、当該建築物を総合的設計による同一敷地内建築物とみなす。
8　第1項（第6項において準用する場合を含む。）の規定により同一敷地内にあるものとみなされる2以上の構えを成す建築物は、第59条第1項の規定を適用する場合おいては、これを一の建築物とみなす。
9　一団地に2以上の構えを成す建築物で、主要構造部が耐火構造であるもの又は第2条第九号の三イ若しくはロのいずれかに該当するものを総合的設計によつて建築する場合において、特定行政庁がその各建築物の位置及び構造が防火上支障がないと認めるものについては、第27条、第62条第1項又は第64条の規定を適用する場合においては、主要構造部が耐火構造である建築物は耐火建築物と、第2条第九号の三イ又はロのいずれかに該当する建築物は準耐火建築物とみなす。
10　一団地の住宅施設に関する都市計画を定める場合においては、第一種低層住居専用地域又は第二種低層住居専用地域については、第52条第1項第一号に規定する延べ面積（同一敷地内に2以上の建築物がある場合においては、その延べ面積の合計）の敷地面積に対する割合、第53条第1項第一号に規定する建築面積（同一敷地内に2以上の建築物がある場合においては、その建築面積の合計）の敷地面積に対する割合、第54条第2項に規定する外壁の後退距離及び第55条第1項に規定する建築物の高さと異なるこれらの割合、距離及び高さの基準を定めることができる。
11　前項の都市計画に基づき建築物を総合的設計によつて建築する場合において、当該建築物が同項の規定により当該都市計画に定められた基準に適合しており、かつ、特定行政庁がその各建築物の位置及び構造が当該第一種低層住居専用地域又は第二種低層住居専用地域内の住居の環境の保護に支障がないと認めるときは、当該建築物については、第52条第1項第一号、第53条第1項第一号、第54条第1項及び第55条第1項の規定は、適用しない。

法86条　改正：平成10年法律第100号

改正：平成10年法律第100号　　　施行：平成11年5月1日
第86条　（一定の複数建築物に対する制限の特例）

1　一団地（その内に第6項の規定により現に公告されている他の対象区域があるときは、当該他の対象区域の全部を含むものに限る。）内に2以上の構えを成す建築物で総合的設計によつて建築されるもののうち、建設省令で定めるところにより、特定行政庁がその各建築物の位置及び構造が安全上、防火上及び衛生上支障がないと認めるものに対する第23条、第43条、第52条第1項から第11項まで、第53条第1項若しくは第2項、第54条第1項、第55条第2項、第56条第1項から第4項まで若しくは第6項、第56条の2第1項から第3項まで、第59条第1項、第59条の2第1項、第60条第1項、第62条第2項、第64条、第68条の4第1項から第3項まで又は第68条の5第1項の規定（次項において「特例対象規定」という。）の適用については、これらの建築物は、同一敷地内にあるものとみなす。

2　一定の一団の土地の区域（その内に第6項の規定により現に公告されている他の対象区域があるときは、当該他の対象区域の全部を含むものに限る。）内に現に存する建築物の位置及び構造を前提として、安全上、防火上及び衛生上必要な建設省令で定める基準に従い総合的見地からした設計によつて当該区域内に建築物が建築される場合において、建設省令で定めるところにより、特定行政庁がその位置及び構造が安全上、防火上及び衛生上支障がないと認める当該区域内に存することとなる各建築物に対する特例対象規定の適用については、これらの建築物は、同一敷地内にあるものとみなす。

3　第1項又は前項の規定による認定を申請しようとする者は、建設省令で定めるところにより、対象区域（第1項の一団地又は前項の一定の一団の土地の区域をいう。以下同じ。）内の各建築物の位置及び構造に関する計画を策定して提出するとともに、その者以外に当該対象区域の内にある土地について所有権又は借地権を有する者があるときは、当該計画について、あらかじめ、これらの者の同意を得なければならない。

4　第1項の場合において、次に掲げる条件に該当する地区計画の区域内の建築物については、一団地内に2以上の構えを成す建築物の総合的設計による建築を、工区を分けて行うことができる。
　一　地区整備計画が定められている区域のうち、次に掲げる事項が定められている区域であること。
　　イ　地区施設の配置及び規模
　　ロ　壁面の位置の制限（地区施設に面する壁面の位置を制限するものを含むものに限る。）
　二　第68条の2第1項の規定に基づく条例で、前号ロに掲げる事項に関する制限が定められている区域であること。

5　第1項の場合において、次のいずれかに該当する防災街区整備地区計画の区域（第68条の2第1項の規定に基づく条例で次の各号に規定する壁面の位置の制限が定められている区域に限る。）内の建築物については、一団地内に2以上の構えを成す建築物の総合的設計による建築を、工区を分けて行うことができる。
　一　防災街区整備地区整備計画が定められている区域のうち、次に掲げる事項が定められている区域であること。
　　イ　密集市街地における防災街区の整備の促進に関する法律第32条第2項第三号に規定する地区施設の配置及び規模
　　ロ　壁面の位置の制限（イに規定する地区施設に面する壁面の位置を制限するものを含むものに限る。）
　二　地区防災施設（密集市街地における防災街区の整備の促進に関する法律第32条第2項第二号に規定する特定地区防災施設（次号において「特定地区防災施設」という。）を除く。）の区域及び防災街区整備地区整備計画が定められている区域のうち壁面の位置の制限（当該地区防災施設に面する壁面の位置を制限するものを含むものに限る。）が定められている区域であること。
　三　特定地区防災施設の区域及び特定建築物地区整備計画が定められている区域のうち壁面の位置の制限（当該特定地区防災施設に面する壁面の位置を制限するものを含むものに限る。）が定められている区域であること。

6　特定行政庁は、第1項又は第2項の規定による認定をしたときは、遅滞なく、当該認定に係る第3項の計画に関して、対象区域その他建設省令で定める事項を公告するとともに、対象区域、各建築物の位置その他建設省令で定める事項を表示した図書をその事務所に備えて、一般の縦覧に供さなければならない。

7　第1項又は第2項の規定による認定は、前項の規定による公告によつて、その効力を生ずる。

8　第6項の規定により公告された対象区域（以下「公告対象区域」という。）の全部を含む土地の区域内の各建築物の位置及び構造について第1項又は第2項の規定による認定の申請があつた場合において、特定行政庁が当該申請に係る第1項又は第2項の規定による認定（以下この項において「新規認定」という。）を

したときは、当該公告対象区域内の各建築物の位置及び構造についての第1項若しくは第2項又は次条第1項の規定による従前の認定は、新規認定に係る第6項の規定による公告があつた日から将来に向かつて、その効力を失う。

改正：平成11年法律第160号　　　施行：平成13年1月6日
第86条　（一定の複数建築物に対する制限の特例）

1　一団地（その内に第6項の規定により現に公告されている他の対象区域があるときは、当該他の対象区域の全部を含むものに限る。）内に2以上の構えを成す建築物で総合的設計によつて建築されるもののうち、国土交通省令で定めるところにより、特定行政庁がその各建築物の位置及び構造が安全上、防火上及び衛生上支障がないと認めるものに対する第23条、第43条、第52条第1項から第11項まで、第53条第1項若しくは第2項、第54条第1項、第55条第2項、第56条第1項から第4項まで若しくは第6項、第56条の2第1項から第3項まで、第59条第1項、第59条の2第1項、第60条第1項、第62条第2項、第64条、第68条の4第1項から第3項まで又は第68条の5第1項の規定（次項において「特例対象規定」という。）の適用については、これらの建築物は、同一敷地内にあるものとみなす。

2　一定の一団の土地の区域（その内に第6項の規定により現に公告されている他の対象区域があるときは、当該他の対象区域の全部を含むものに限る。）内に現に存する建築物の位置及び構造を前提として、安全上、防火上及び衛生上必要な国土交通省令で定める基準に従い総合的見地からした設計によつて当該区域内に建築物が建築される場合において、国土交通省令で定めるところにより、特定行政庁がその位置及び構造が安全上、防火上及び衛生上支障がないと認める当該区域内に存することとなる各建築物に対する特例対象規定の適用については、これらの建築物は、同一敷地内にあるものとみなす。

3　第1項又は前項の規定による認定を申請しようとする者は、国土交通省令で定めるところにより、対象区域（第1項の一団地又は前項の一定の一団の土地の区域をいう。以下同じ。）内の各建築物の位置及び構造に関する計画を策定して提出するとともに、その者以外に当該対象区域の内にある土地について所有権又は借地権を有する者があるときは、当該計画について、あらかじめ、これらの者の同意を得なければならない。

4・5　略

6　特定行政庁は、第1項又は第2項の規定による認定をしたときは、遅滞なく、当該認定に係る第3項の計画に関して、対象区域その他国土交通省令で定める事項を公告するとともに、対象区域、各建築物の位置その他国土交通省令で定める事項を表示した図書をその事務所に備えて、一般の縦覧に供さなければならない。

7・8　略

改正：平成12年法律第73号　　　施行：平成13年5月18日
第86条　（一定の複数建築物に対する制限の特例）

1　一団地（その内に第6項の規定により現に公告されている他の対象区域があるときは、当該他の対象区域の全部を含むものに限る。）内に2以上の構えを成す建築物で総合的設計によつて建築されるもののうち、国土交通省令で定めるところにより、特定行政庁がその各建築物の位置及び構造が安全上、防火上及び衛生上支障がないと認めるものに対する第23条、第43条、第52条第1項から第11項まで、第52条の2、第52条の3第1項から第4項まで、第53条第1項若しくは第2項、第54条第1項、第55条第2項、第56条第1項から第4項まで若しくは第6項、第56条の2第1項から第3項まで、第59条第1項、第59条の2第1項、第60条第1項、第62条第2項、第64条、第68条の4第1項から第3項まで又は第68条の5第1項の規定（次項において「特例対象規定」という。）の適用については、これらの建築物は、同一敷地内にあるものとみなす。

2～8　略

改正：平成14年法律第22号　　　施行：平成14年6月1日
第86条　（一定の複数建築物に対する制限の特例）

法86条 改正：平成14年法律第22号

1　一団地（その内に第6項の規定により現に公告されている他の対象区域があるときは、当該他の対象区域の全部を含むものに限る。）内に2以上の構えを成す建築物で総合的設計によつて建築されるもののうち、国土交通省令で定めるところにより、特定行政庁がその各建築物の位置及び構造が安全上、防火上及び衛生上支障がないと認めるものに対する第23条、第43条、第52条第1項から第11項まで、第52条の2、第52条の3第1項から第4項まで、第53条第1項若しくは第2項、第54条第1項、第55条第2項、第56条第1項から第4項まで若しくは第6項、第56条の2第1項から第3項まで、第59条第1項、第59条の2第1項、第60条第1項、第60条の2第1項、第62条第2項、第64条、第68条の4第1項から第3項まで又は第68条の5第1項の規定（次項において「特例対象規定」という。）の適用については、これらの建築物は、同一敷地内にあるものとみなす。

2～8　略

改正：平成14年法律第85号　　　施行：平成15年1月1日
第86条　（一定の複数建築物に対する制限の特例）

1　一団地（その内に第8項の規定により現に公告されている他の対象区域があるときは、当該他の対象区域の全部を含むものに限る。）内に2以上の構えを成す建築物で総合的設計によつて建築されるもののうち、国土交通省令で定めるところにより、特定行政庁がその各建築物の位置及び構造が安全上、防火上及び衛生上支障がないと認めるものに対する第23条、第43条、第52条第1項から第13項まで、第52条の2、第52条の3第1項から第4項まで、第53条第1項若しくは第2項、第54条第1項、第55条第2項、第56条第1項から第4項まで若しくは第6項、第56条の2第1項から第3項まで、第59条第1項、第59条の2第1項、第60条第1項、第60条の2第1項、第62条第2項、第64条又は第68条の3第1項から第3項までの規定（次項から第4項までにおいて「特例対象規定」という。）の適用については、これらの建築物は、同一敷地内にあるものとみなす。

2　一定の一団の土地の区域（その内に第8項の規定により現に公告されている他の対象区域があるときは、当該他の対象区域の全部を含むものに限る。）内に現に存する建築物の位置及び構造を前提として、安全上、防火上及び衛生上必要な国土交通省令で定める基準に従い総合的見地からした設計によつて当該区域内に建築物が建築される場合において、国土交通省令で定めるところにより、特定行政庁がその位置及び構造が安全上、防火上及び衛生上支障がないと認める当該区域内に存することとなる各建築物に対する特例対象規定の適用については、これらの建築物は、同一敷地内にあるものとみなす。

3　政令で定める空地を有し、かつ、面積が政令で定める規模以上である一団地（その内に第8項の規定により現に公告されている他の対象区域があるときは、当該他の対象区域の全部を含むものに限る。）内に2以上の構えを成す建築物で総合的設計によつて建築されるもののうち、国土交通省令で定めるところにより、特定行政庁が、各建築物の位置及び建ぺい率、容積率、各部分の高さその他の構造について、交通上、安全上、防火上及び衛生上支障がなく、かつ、総合的な配慮がなされていることにより市街地の環境の整備改善に資すると認めて許可したものについては、特例対象規定（第59条の2第1項を除く。）の適用について、これらの建築物を同一敷地内にあるものとみなすとともに、これらの建築物の容積率又は各部分の高さを、その許可の範囲内において、これらの建築物が同一敷地内にあるものとして適用する第52条第1項から第8項まで、第52条の2第6項若しくは第56条又は第55条第1項の規定による限度を超えるものとすることができる。

4　その面積が政令で定める規模以上である一定の一団の土地の区域（その内に第8項の規定により現に公告されている他の対象区域があるときは、当該他の対象区域の全部を含むものに限る。）内に現に存する建築物の位置及び建ぺい率、容積率、各部分の高さその他の構造を前提として、交通上、安全上、防火上及び衛生上必要な国土交通省令で定める基準に従い総合的見地からした設計によつて当該区域内に建築物が建築され、かつ、当該区域内に政令で定める空地を有する場合において、国土交通省令で定めるところにより、特定行政庁が、その建築物の位置及び建ぺい率、容積率、各部分の高さその他の構造について、交通上、安全上、防火上及び衛生上支障がなく、かつ、総合的な配慮がなされていることにより市街地の環境の整備改善に資すると認めて許可したときは、当該区域内に存することとなる各建築物に対する特例対象規定（第59条の2第1項を除く。）の適用について、これらの建築物を同一敷地内にあるものとみなすとともに、建築される建築物の容積率又は各部分の高さを、その許可の範囲内において、これらの建築物が同一敷地内にあるものとして適用する第52条第1項から第8項まで、第52条の2第6項若しくは第56条又は第55条第1項の規

定による限度を超えるものとすることができる。
5　第44条第2項の規定は、前2項の規定による許可をする場合に準用する。
6　第1項から第4項までの規定による認定又は許可を申請しようとする者は、国土交通省令で定めるところにより、対象区域（第1項若しくは第3項の一団地又は第2項若しくは第4項の一定の一団の土地の区域をいう。以下同じ。）内の各建築物の位置及び構造に関する計画を策定して提出するとともに、その者以外に当該対象区域の内にある土地について所有権又は借地権を有する者があるときは、当該計画について、あらかじめ、これらの者の同意を得なければならない。
7　第1項又は第3項の場合において、次に掲げる条件に該当する地区計画等（集落地区計画を除く。）の区域内の建築物については、一団地内に2以上の構えを成す建築物の総合的設計による建築を、工区を分けて行うことができる。
　一　地区整備計画等（集落地区整備計画を除く。）が定められている区域のうち、次に掲げる事項が定められている区域であること。
　　イ　地区施設等の配置及び規模
　　ロ　壁面の位置の制限（地区施設等に面する壁面の位置を制限するものを含むものに限る。）
　二　第68条の2第1項の規定に基づく条例で、前号ロに掲げる事項に関する制限が定められている区域であること。
8　特定行政庁は、第1項から第4項までの規定による認定又は許可をしたときは、遅滞なく、当該認定又は許可に係る第6項の計画に関して、対象区域その他国土交通省令で定める事項を公告するとともに、対象区域、各建築物の位置その他国土交通省令で定める事項を表示した図書をその事務所に備えて、一般の縦覧に供さなければならない。
9　第1項から第4項までの規定による認定又は許可は、前項の規定による公告によつて、その効力を生ずる。
10　第8項の規定により公告された対象区域（以下「公告対象区域」という。）の全部を含む土地の区域内の各建築物の位置及び構造について第1項から第4項までの規定による認定又は許可の申請があつた場合において、特定行政庁が当該申請に係る第1項若しくは第2項の規定による認定（以下この項において「新規認定」という。）又は第3項若しくは第4項の規定による許可（以下この項において「新規許可」という。）をしたときは、当該公告対象区域内の各建築物の位置及び構造についての第1項若しくは第2項若しくは次条第1項の規定による従前の認定又は第3項若しくは第4項若しくは次条第2項若しくは第3項の規定による従前の許可は、新規認定又は新規許可に係る第8項の規定による公告があつた日から将来に向かつて、その効力を失う。

改正：平成15年法律第101号　　　施行：平成15年12月19日
第86条　（一定の複数建築物に対する制限の特例）

1　一団地（その内に第8項の規定により現に公告されている他の対象区域があるときは、当該他の対象区域の全部を含むものに限る。）内に2以上の構えを成す建築物で総合的設計によつて建築されるもののうち、国土交通省令で定めるところにより、特定行政庁がその各建築物の位置及び構造が安全上、防火上及び衛生上支障がないと認めるものに対する第23条、第43条、第52条第1項から第13項まで、第52条の2、第52条の3第1項から第4項まで、第53条第1項若しくは第2項、第54条第1項、第55条第2項、第56条第1項から第4項まで、第6項若しくは第7項、第56条の2第1項から第3項まで、第59条第1項、第59条の2第1項、第60条第1項、第60条の2第1項、第62条第2項、第64条又は第68条の3第1項から第3項までの規定（次項から第4項までにおいて「特例対象規定」という。）の適用については、これらの建築物は、同一敷地内にあるものとみなす。
2・3　略
4　その面積が政令で定める規模以上である一定の一団の土地の区域（その内に第8項の規定により現に公告されている他の対象区域があるときは、当該他の対象区域の全部を含むものに限る。）内に現に存する建築物の位置及び建ぺい率、容積率、各部分の高さその他の構造を前提として、安全上、防火上及び衛生上必要な国土交通省令で定める基準に従い総合的見地からした設計によつて当該区域内に建築物が建築され、かつ、当該区域内に政令で定める空地を有する場合において、国土交通省令で定めるところにより、特定行政庁が、その建築物の位置及び建ぺい率、容積率、各部分の高さその他の構造について、交通上、安全上、防火上及び衛生上支障がなく、かつ、総合的な配慮がなされていることにより市街地の環境の整備改善に資すると認

法86条　改正：平成15年法律第101号

めて許可したときは、当該区域内に存することとなる各建築物に対する特例対象規定（第59条の2第1項を除く。）の適用について、これらの建築物を同一敷地内にあるものとみなすとともに、建築される建築物の容積率又は各部分の高さを、その許可の範囲内において、これらの建築物が同一敷地内にあるものとして適用する第52条第1項から第8項まで、第52条の2第6項若しくは第56条又は第55条第1項の規定による限度を超えるものとすることができる。

5～10　略

改正：平成16年法律第67号　　　施行：平成17年6月1日
第86条　（一の敷地とみなすこと等による制限の緩和）

1　建築物の敷地又は建築物の敷地以外の土地で2以上のものが一団地を形成している場合において、当該一団地（その内に第8項の規定により現に公告されている他の対象区域があるときは、当該他の対象区域の全部を含むものに限る。以下この項、第6項及び第7項において同じ。）内に建築される一又は2以上の構えを成す建築物（2以上の構えを成すものにあつては、総合的設計によつて建築されるものに限る。以下この項及び第3項において「1又は2以上の建築物」という。）のうち、国土交通省令で定めるところにより、特定行政庁が当該1又は2以上の建築物の位置及び構造が安全上、防火上及び衛生上支障がないと認めるものに対する第23条、第43条、第52条第1項から第14項まで、第53条第1項若しくは第2項、第54条第1項、第55条第2項、第56条第1項から第4項まで、第6項若しくは第7項、第56条の2第1項から第3項まで、第57条の2、第57条の3第1項から第4項まで、第59条第1項、第59条の2第1項、第60条第1項、第60条の2第1項、第62条第2項、第64条又は第68条の3第1項から第3項までの規定（次項から第4項までにおいて「特例対象規定」という。）の適用については、当該一団地を当該1又は2以上の建築物の一の敷地とみなす。

2　一定の一団の土地の区域（その内に第8項の規定により現に公告されている他の対象区域があるときは、当該他の対象区域の全部を含むものに限る。以下この項及び第6項において同じ。）内に現に存する建築物の位置及び構造を前提として、安全上、防火上及び衛生上必要な国土交通省令で定める基準に従い総合的見地からした設計によつて当該区域内に建築物が建築される場合において、国土交通省令で定めるところにより、特定行政庁がその位置及び構造が安全上、防火上及び衛生上支障がないと認める当該区域内に存することとなる各建築物に対する特例対象規定の適用については、当該一定の一団の土地の区域をこれらの建築物の一の敷地とみなす。

3　建築物の敷地又は建築物の敷地以外の土地で2以上のものが、政令で定める空地を有し、かつ、面積が政令で定める規模以上である一団地を形成している場合において、当該一団地（その内に第8項の規定により現に公告されている他の対象区域があるときは、当該他の対象区域の全部を含むものに限る。以下この項、第6項、第7項及び次条第8項において同じ。）内に建築される1又は2以上の建築物のうち、国土交通省令で定めるところにより、特定行政庁が、当該1又は2以上の建築物の位置及び建ぺい率、容積率、各部分の高さその他の構造について、交通上、安全上、防火上及び衛生上支障がなく、かつ、総合的な配慮がなされていることにより市街地の環境の整備改善に資すると認めて許可したものについては、特例対象規定（第59条の2第1項を除く。）の適用について、当該一団地を当該1又は2以上の建築物の一の敷地とみなすとともに、当該建築物の各部分の高さ又は容積率を、その許可の範囲内において、第55条第1項の規定又は当該一団地を一の敷地とみなして適用する第52条第1項から第9項まで、第56条若しくは第57条の2第6項の規定による限度を超えるものとすることができる。

4　その面積が政令で定める規模以上である一定の一団の土地の区域（その内に第8項の規定により現に公告されている他の対象区域があるときは、当該他の対象区域の全部を含むものに限る。以下この項、第6項及び次条第8項において同じ。）内に現に存する建築物の位置及び建ぺい率、容積率、各部分の高さその他の構造を前提として、安全上、防火上及び衛生上必要な国土交通省令で定める基準に従い総合的見地からした設計によつて当該区域内に建築物が建築され、かつ、当該区域内に政令で定める空地を有する場合において、国土交通省令で定めるところにより、特定行政庁が、その建築物の位置及び建ぺい率、容積率、各部分の高さその他の構造について、交通上、安全上、防火上及び衛生上支障がなく、かつ、総合的な配慮がなされていることにより市街地の環境の整備改善に資すると認めて許可したときは、当該区域内に存することとなる各建築物に対する特例対象規定（第59条の2第1項を除く。）の適用について、当該一定の一団の土地の区域をこれらの建築物の一の敷地とみなすとともに、建築される建築物の各部分の高さ又は容積率を、その許

可の範囲内において、第55条第1項の規定又は当該一定の一団の土地の区域を一の敷地とみなして適用する第52条第1項から第9項まで、第56条若しくは第57条の2第6項の規定による限度を超えるものとすることができる。

5　略
6　第1項から第4項までの規定による認定又は許可を申請しようとする者は、国土交通省令で定めるところにより、対象区域（第1項若しくは第3項の一団地又は第2項若しくは第4項の一定の一団の土地の区域をいう。以下同じ。）内の建築物の位置及び構造に関する計画を策定して提出するとともに、その者以外に当該対象区域の内にある土地について所有権又は借地権を有する者があるときは、当該計画について、あらかじめ、これらの者の同意を得なければならない。
7　略
8　特定行政庁は、第1項から第4項までの規定による認定又は許可をしたときは、遅滞なく、当該認定又は許可に係る第6項の計画に関して、対象区域その他国土交通省令で定める事項を公告するとともに、対象区域、建築物の位置その他国土交通省令で定める事項を表示した図書をその事務所に備えて、一般の縦覧に供さなければならない。
9　略
10　第8項の規定により公告された対象区域（以下「公告対象区域」という。）の全部を含む土地の区域内の建築物の位置及び構造について第1項から第4項までの規定による認定又は許可の申請があった場合において、特定行政庁が当該申請に係る第1項若しくは第2項の規定による認定（以下この項において「新規認定」という。）又は第3項若しくは第4項の規定による許可（以下この項において「新規許可」という。）をしたときは、当該公告対象区域内の建築物の位置及び構造についての第1項若しくは第2項若しくは次条第1項の規定による従前の認定又は第3項若しくは第4項若しくは次条第2項若しくは第3項の規定による従前の許可は、新規認定又は新規許可に係る第8項の規定による公告があった日から将来に向かって、その効力を失う。

改正：平成28年法律第72号　　　　施行：平成28年9月1日
第86条　（一の敷地とみなすこと等による制限の緩和）

1　建築物の敷地又は建築物の敷地以外の土地で2以上のものが一団地を形成している場合において、当該一団地（その内に第8項の規定により現に公告されている他の対象区域があるときは、当該他の対象区域の全部を含むものに限る。以下この項、第6項及び第7項において同じ。）内に建築される1又は2以上の構えを成す建築物（2以上の構えを成すものにあつては、総合的設計によって建築されるものに限る。以下この項及び第3項において「1又は2以上の建築物」という。）のうち、国土交通省令で定めるところにより、特定行政庁が当該1又は2以上の建築物の位置及び構造が安全上、防火上及び衛生上支障がないと認めるものに対する第23条、第43条、第52条第1項から第14項まで、第53条第1項若しくは第2項、第54条第1項、第55条第2項、第56条第1項から第4項まで、第6項若しくは第7項、第56条の2第1項から第3項まで、第57条の2、第57条の3第1項から第4項まで、第59条第1項、第59条の2第1項、第60条第1項、第60条の2第1項、第60条の3第1項、第62条第2項、第64条又は第68条の3第1項から第3項までの規定（次項から第4項までにおいて「特例対象規定」という。）の適用については、当該一団地を当該1又は2以上の建築物の一の敷地とみなす。
2〜10　略

改正：平成29年法律第26号　　　　施行：平成30年4月1日
第86条　（一の敷地とみなすこと等による制限の緩和）

1・2　略
3　建築物の敷地又は建築物の敷地以外の土地で2以上のものが、政令で定める空地を有し、かつ、面積が政令で定める規模以上である一団地を形成している場合において、当該一団地（その内に第8項の規定により現に公告されている他の対象区域があるときは、当該他の対象区域の全部を含むものに限る。以下この項、第6項、第7項及び次条第8項において同じ。）内に建築される1又は2以上の建築物のうち、国土交通省令で定めるところにより、特定行政庁が、当該1又は2以上の建築物の位置及び建蔽率、容積率、各部分の

法86条 改正：平成29年法律第26号

　高さその他の構造について、交通上、安全上、防火上及び衛生上支障がなく、かつ、総合的な配慮がなされていることにより市街地の環境の整備改善に資すると認めて許可したものについては、特例対象規定（第59条の2第1項を除く。）の適用について、当該一団地を当該1又は2以上の建築物の一の敷地とみなすとともに、当該建築物の各部分の高さ又は容積率を、その許可の範囲内において、第55条第1項の規定又は当該一団地を一の敷地とみなして適用する第52条第1項から第9項まで、第56条若しくは第57条の2第6項の規定による限度を超えるものとすることができる。

4　その面積が政令で定める規模以上である一定の一団の土地の区域（その内に第8項の規定により現に公告されている他の対象区域があるときは、当該他の対象区域の全部を含むものに限る。以下この項、第6項及び次条第8項において同じ。）内に現に存する建築物の位置及び建蔽率、容積率、各部分の高さその他の構造を前提として、安全上、防火上及び衛生上必要な国土交通省令で定める基準に従い総合的見地からした設計によつて当該区域内に建築物が建築され、かつ、当該区域内に政令で定める空地を有する場合において、国土交通省令で定めるところにより、特定行政庁が、その建築物の位置及び建蔽率、容積率、各部分の高さその他の構造について、交通上、安全上、防火上及び衛生上支障がなく、かつ、総合的な配慮がなされていることにより市街地の環境の整備改善に資すると認めて許可したときは、当該区域内に存することとなる各建築物に対する特例対象規定（第59条の2第1項を除く。）の適用について、当該一定の一団の土地の区域をこれらの建築物の一の敷地とみなすとともに、建築される建築物の各部分の高さ又は容積率を、その許可の範囲内において、第55条第1項の規定又は当該一定の一団の土地の区域を一の敷地とみなして適用する第52条第1項から第9項まで、第56条若しくは第57条の2第6項の規定による限度を超えるものとすることができる。

5〜10　略

改正：平成30年法律第67号　　施行：令和元年6月25日
第86条　（一の敷地とみなすこと等による制限の緩和）

1　建築物の敷地又は建築物の敷地以外の土地で2以上のものが一団地を形成している場合において、当該一団地（その内に第8項の規定により現に公告されている他の対象区域があるときは、当該他の対象区域の全部を含むものに限る。以下この項、第6項及び第7項において同じ。）内に建築される1又は2以上の構えを成す建築物（2以上の構えを成すものにあつては、総合的設計によつて建築されるものに限る。以下この項及び第3項において「1又は2以上の建築物」という。）のうち、国土交通省令で定めるところにより、特定行政庁が当該1又は2以上の建築物の位置及び構造が安全上、防火上及び衛生上支障がないと認めるものに対する第23条、第43条、第52条第1項から第14項まで、第53条第1項若しくは第2項、第54条第1項、第55条第2項、第56条第1項から第4項まで、第6項若しくは第7項、第56条の2第1項から第3項まで、第57条の2、第57条の3第1項から第4項まで、第59条第1項、第59条の2第1項、第60条第1項、第60条の2第1項、第60条の3第1項、第61条又は第68条の3第1項から第3項までの規定（次項から第4項までにおいて「特例対象規定」という。）の適用については、当該一団地を当該1又は2以上の建築物の一の敷地とみなす。

2〜10　略

改正：令和2年法律第43号　　施行：令和2年9月7日
第86条　（一の敷地とみなすこと等による制限の緩和）

1　建築物の敷地又は建築物の敷地以外の土地で2以上のものが一団地を形成している場合において、当該一団地（その内に第8項の規定により現に公告されている他の対象区域があるときは、当該他の対象区域の全部を含むものに限る。以下この項、第6項及び第7項において同じ。）内に建築される1又は2以上の構えを成す建築物（2以上の構えを成すものにあつては、総合的設計によつて建築されるものに限る。以下この項及び第3項において「1又は2以上の建築物」という。）のうち、国土交通省令で定めるところにより、特定行政庁が当該1又は2以上の建築物の位置及び構造が安全上、防火上及び衛生上支障がないと認めるものに対する第23条、第43条、第52条第1項から第14項まで、第53条第1項若しくは第2項、第54条第1項、第55条第2項、第56条第1項から第4項まで、第6項若しくは第7項、第56条の2第1項から第3項まで、第57条の2、第57条の3第1項から第4項まで、第59条第1項、第59条の2第1項、第60条第1項、第60条の2第1項、第60条の2の2第1項、第60条の3第1項、第61条又は第68条の3第1項から第3項までの規定（次項から第4項までにおいて「特例対象

改正：令和4年法律第69号

規定」という。）の適用については、当該一団地を当該1又は2以上の建築物の一の敷地とみなす。
2～10　略

改正：令和4年法律第69号　　　　施行：令和5年4月1日
第86条　（一の敷地とみなすこと等による制限の緩和）

1　建築物の敷地又は建築物の敷地以外の土地で2以上のものが一団地を形成している場合において、当該一団地（その内に第8項の規定により現に公告されている他の対象区域があるときは、当該他の対象区域の全部を含むものに限る。以下この項、第6項及び第7項において同じ。）内において建築、大規模の修繕又は大規模の模様替（以下この条及び第86条の4において「建築等」という。）をする1又は2以上の構えを成す建築物（2以上の構えを成すものにあつては、総合的設計によつて建築等をするものに限る。以下この項及び第3項において「1又は2以上の建築物」という。）について、国土交通省令で定めるところにより、特定行政庁が当該1又は2以上の建築物の位置及び構造が安全上、防火上及び衛生上支障がないと認めるときは、当該1又は2以上の建築物に対する第23条、第43条、第52条第1項から第14項まで、第53条第1項若しくは第2項、第54条第1項、第55条第2項、第56条第1項から第4項まで、第6項若しくは第7項、第56条の2第1項から第3項まで、第57条の2、第57条の3第1項から第4項まで、第59条第1項、第59条の2第1項、第60条第1項、第60条の2第1項、第60条の2の2第1項、第60条の3第1項、第61条又は第68条の3第1項から第3項までの規定（次項から第4項までにおいて「特例対象規定」という。）の適用については、当該一団地を当該1又は2以上の建築物の一の敷地とみなす。

2　一定の一団の土地の区域（その内に第8項の規定により現に公告されている他の対象区域があるときは、当該他の対象区域の全部を含むものに限る。以下この項及び第6項において同じ。）内に現に存する建築物の位置及び構造を前提として、安全上、防火上及び衛生上必要な国土交通省令で定める基準に従い総合的見地からした設計によつて当該区域内において建築物の建築等をする場合において、国土交通省令で定めるところにより、特定行政庁がその位置及び構造が安全上、防火上及び衛生上支障がないと認めるときは、当該区域内における各建築物に対する特例対象規定の適用については、当該一定の一団の土地の区域をこれらの建築物の一の敷地とみなす。

3　建築物の敷地又は建築物の敷地以外の土地で2以上のものが、政令で定める空地を有し、かつ、面積が政令で定める規模以上である一団地を形成している場合において、当該一団地（その内に第8項の規定により現に公告されている他の対象区域があるときは、当該他の対象区域の全部を含むものに限る。以下この項、第6項、第7項及び次条第8項において同じ。）内において建築等をする1又は2以上の建築物について、国土交通省令で定めるところにより、特定行政庁が、当該1又は2以上の建築物の位置及び建蔽率、容積率、各部分の高さその他の構造について、交通上、安全上、防火上及び衛生上支障がなく、かつ、総合的な配慮がなされていることにより市街地の環境の整備改善に資すると認めて許可したときは、当該1又は2以上の建築物に対する特例対象規定（第59条の2第1項を除く。）の適用について、当該一団地を当該1又は2以上の建築物の一の敷地とみなすとともに、当該1又は2以上の建築物の各部分の高さ又は容積率を、その許可の範囲内において、第55条第1項の規定又は当該一団地を一の敷地とみなして適用する第52条第1項から第9項まで、第56条若しくは第57条の2第6項の規定による限度を超えるものとすることができる。

4　その面積が政令で定める規模以上である一定の一団の土地の区域（その内に第8項の規定により現に公告されている他の対象区域があるときは、当該他の対象区域の全部を含むものに限る。以下この項、第6項及び次条第8項において同じ。）内に現に存する建築物の位置及び建蔽率、容積率、各部分の高さその他の構造を前提として、安全上、防火上及び衛生上必要な国土交通省令で定める基準に従い総合的見地からした設計によつて当該区域内において建築物の建築等をし、かつ、当該区域内に政令で定める空地を有する場合において、国土交通省令で定めるところにより、特定行政庁が、その建築物の位置及び建蔽率、容積率、各部分の高さその他の構造について、交通上、安全上、防火上及び衛生上支障がなく、かつ、総合的な配慮がなされていることにより市街地の環境の整備改善に資すると認めて許可したときは、当該区域内における各建築物に対する特例対象規定（第59条の2第1項を除く。）の適用について、当該一定の一団の土地の区域をこれらの建築物の一の敷地とみなすとともに、当該建築等をする建築物の各部分の高さ又は容積率を、その許可の範囲内において、第55条第1項の規定又は当該一定の一団の土地の区域を一の敷地とみなして適用する第52条第1項から第9項まで、第56条若しくは第57条の2第6項の規定による限度を超えるものとすることができる。

法86条　改正：令和4年法律第69号

5　第44条第2項の規定は、前2項の規定による許可をする場合に準用する。

6　第1項から第4項までの規定による認定又は許可を申請する者は、国土交通省令で定めるところにより、対象区域（第1項若しくは第3項の一団地又は第2項若しくは第4項の一定の一団の土地の区域をいう。以下同じ。）内の建築物の位置及び構造に関する計画を策定して提出するとともに、その者以外に当該対象区域の内にある土地について所有権又は借地権を有する者があるときは、当該計画について、あらかじめ、これらの者の同意を得なければならない。

7　第1項又は第3項の場合において、次に掲げる条件に該当する地区計画等（集落地区計画を除く。）の区域内の建築物については、一団地内に2以上の構えを成す建築物の総合的設計による建築等を、工区を分けて行うことができる。
　一　地区整備計画等（集落地区整備計画を除く。）が定められている区域のうち、次に掲げる事項が定められている区域であること。
　　イ　地区施設等の配置及び規模
　　ロ　壁面の位置の制限（地区施設等に面する壁面の位置を制限するものを含むものに限る。）
　二　第68条の2第1項の規定に基づく条例で、前号ロに掲げる事項に関する制限が定められている区域であること。

8　特定行政庁は、第1項から第4項までの規定による認定又は許可をしたときは、遅滞なく、当該認定又は許可に係る第6項の計画に関して、対象区域その他国土交通省令で定める事項を公告するとともに、対象区域、建築物の位置その他国土交通省令で定める事項を表示した図書をその事務所に備えて、一般の縦覧に供さなければならない。

9　第1項から第4項までの規定による認定又は許可は、前項の規定による公告によつて、その効力を生ずる。

10　第8項の規定により公告された対象区域（以下「公告対象区域」という。）の全部を含む土地の区域内の建築物の位置及び構造について第1項から第4項までの規定による認定又は許可の申請があつた場合において、特定行政庁が当該申請に係る第1項若しくは第2項の規定による認定（以下この項において「新規認定」という。）又は第3項若しくは第4項の規定による許可（以下この項において「新規許可」という。）をしたときは、当該公告対象区域内の建築物の位置及び構造についての第1項若しくは第2項若しくは次条第1項の規定による従前の認定又は第3項若しくは第4項若しくは次条第2項若しくは第3項の規定による従前の許可は、新規認定又は新規許可に係る第8項の規定による公告があつた日から将来に向かつて、その効力を失う。

[現行]　第86条の2　（公告認定対象区域内における建築物の位置及び構造の認定等）

制定：平成10年法律第100号　　　施行：平成11年5月1日
第86条の2　（公告対象区域内における同一敷地内建築物以外の建築物の位置及び構造の認定）

1　公告対象区域内において、前条第1項又は第2項の規定により同一敷地内にあるものとみなされる建築物（以下「同一敷地内建築物」という。）以外の建築物を建築しようとする者は、建設省令で定めるところにより、当該建築物の位置及び構造が当該公告対象区域内の他の同一敷地内建築物の位置及び構造との関係において安全上、防火上及び衛生上支障がない旨の特定行政庁の認定を受けなければならない。

2　特定行政庁は、前項の認定をしたときは、遅滞なく、建設省令で定めるところにより、その旨を公告するとともに、前条第6項の図書の表示する事項について所要の変更をしなければならない。

3　前条第7項の規定は、第1項の認定について準用する。

4　前条第1項又は第2項の規定は、公告対象区域内の第1項の規定による認定を受けた建築物及び当該建築物以外の当該公告対象区域内の建築物について準用する。

5　公告対象区域内に第1項の規定による認定を受けた建築物がある場合における同項の規定の適用については、当該建築物を同一敷地内建築物とみなす。

改正：平成11年法律第160号　　　施行：平成13年1月6日
第86条の2　（公告対象区域内における同一敷地内建築物以外の建築物の位置及び構造の認定）

1　公告対象区域内において、前条第1項又は第2項の規定により同一敷地内にあるものとみなされる建築物（以下「同一敷地内建築物」という。）以外の建築物を建築しようとする者は、国土交通省令で定めるところ

により、当該建築物の位置及び構造が当該公告対象区域内の他の同一敷地内建築物の位置及び構造との関係において安全上、防火上及び衛生上支障がない旨の特定行政庁の認定を受けなければならない。
2 　特定行政庁は、前項の認定をしたときは、遅滞なく、国土交通省令で定めるところにより、その旨を公告するとともに、前条第6項の図書の表示する事項について所要の変更をしなければならない。
3～5　略

改正：平成14年法律第85号　　　施行：平成15年1月1日
第86条の2　（公告認定対象区域内における同一敷地内認定建築物以外の建築物の位置及び構造の認定等）

1 　公告認定対象区域（前条第1項又は第2項の規定による認定に係る公告対象区域をいう。以下同じ。）内において、前条第1項又は第2項の規定により同一敷地内にあるものとみなされる建築物（以下「同一敷地内認定建築物」という。）以外の建築物を建築しようとする者は、国土交通省令で定めるところにより、当該建築物の位置及び構造が当該公告認定対象区域内の他の同一敷地内認定建築物の位置及び構造との関係において安全上、防火上及び衛生上支障がない旨の特定行政庁の認定を受けなければならない。
2 　同一敷地内認定建築物以外の建築物を、面積が政令で定める規模以上である公告認定対象区域内に建築しようとする場合（当該区域内に政令で定める空地を有することとなる場合に限る。）において、国土交通省令で定めるところにより、特定行政庁が、当該建築物の位置及び建ぺい率、容積率、各部分の高さその他の構造について、他の同一敷地内認定建築物の位置及び建ぺい率、容積率、各部分の高さその他の構造との関係において、交通上、安全上、防火上及び衛生上支障がなく、かつ、市街地の環境の整備改善に資すると認めて許可したときは、当該建築物の容積率又は各部分の高さを、その許可の範囲内において、当該建築物及び同一敷地内認定建築物が同一敷地内にあるものとみなして適用される第52条第1項から第8項まで、第52条の2第6項若しくは第56条又は第55条第1項の規定による限度を超えるものとすることができる。この場合において、前項の規定は、適用しない。
3 　公告許可対象区域（前条第3項又は第4項の規定による許可に係る公告対象区域をいう。以下同じ。）内において、同条第3項又は第4項の規定により同一敷地内にあるものとみなされる建築物（以下「同一敷地内許可建築物」という。）以外の建築物を建築しようとする者は、国土交通省令で定めるところにより、特定行政庁の許可を受けなければならない。この場合において、特定行政庁は、当該建築物が、その位置及び建ぺい率、容積率、各部分の高さその他の構造について、他の同一敷地内許可建築物の位置及び建ぺい率、容積率、各部分の高さその他の構造との関係において、交通上、安全上、防火上及び衛生上支障がなく、かつ、市街地の環境の整備改善を阻害することがないと認めるとともに、当該区域内に前条第3項又は第4項の政令で定める空地を維持することとなると認める場合に限り、許可するものとする。
4 　第2項の規定による許可を申請しようとする者は、その者以外に公告認定対象区域内にある土地について所有権又は借地権を有する者があるときは、建築物に関する計画について、あらかじめ、これらの者の同意を得なければならない。
5 　第44条第2項の規定は、第2項又は第3項の規定による許可をする場合に準用する。
6 　特定行政庁は、第1項から第3項までの規定による認定又は許可をしたときは、遅滞なく、国土交通省令で定めるところにより、その旨を公告するとともに、前条第8項の図書の表示する事項について所要の変更をしなければならない。
7 　前条第9項の規定は、第1項から第3項までの規定による認定又は許可について準用する。
8 　公告対象区域内の第1項の規定による認定又は第2項若しくは第3項の規定による許可を受けた建築物及び当該建築物以外の当該公告対象区域内の建築物については、それぞれ、前条第1項若しくは第2項の規定又は同条第3項若しくは第4項（第2項の規定による許可に係るものにあつては、同条第3項又は第4項中各建築物を同一敷地内にあるものとみなす部分に限る。）の規定を準用する。
9 　公告認定対象区域内に第1項の規定による認定を受けた建築物がある場合における同項の規定の適用については、当該建築物を同一敷地内認定建築物とみなす。
10　第2項の規定による許可に係る第6項の公告があつた公告認定対象区域は、その日以後は、公告許可対象区域とみなす。
11　前項に規定する公告許可対象区域内における第3項の規定の適用については、第2項の規定による許可を受けた建築物及び当該建築物以外の当該公告許可対象区域内の建築物を同一敷地内許可建築物とみなす。
12　公告許可対象区域内に第3項の規定による許可を受けた建築物がある場合における同項の規定の適用につ

法86条の2 改正：平成14年法律第85号

いては、当該建築物を同一敷地内許可建築物とみなす。

改正：平成16年法律第67号　　施行：平成17年6月1日
第86条の2　（公告認定対象区域内における一敷地内認定建築物以外の建築物の位置及び構造の認定等）

1　公告認定対象区域（前条第1項又は第2項の規定による認定に係る公告対象区域をいう。以下同じ。）内において、同条第1項又は第2項の規定により一の敷地内にあるものとみなされる建築物（以下「一敷地内認定建築物」という。）以外の建築物を建築しようとする者は、国土交通省令で定めるところにより、当該建築物の位置及び構造が当該公告認定対象区域内の他の一敷地内認定建築物の位置及び構造との関係において安全上、防火上及び衛生上支障がない旨の特定行政庁の認定を受けなければならない。

2　一敷地内認定建築物以外の建築物を、面積が政令で定める規模以上である公告認定対象区域内に建築しようとする場合（当該区域内に政令で定める空地を有することとなる場合に限る。）において、国土交通省令で定めるところにより、特定行政庁が、当該建築物の位置及び建ぺい率、容積率、各部分の高さその他の構造について、他の一敷地内認定建築物の位置及び建ぺい率、容積率、各部分の高さその他の構造との関係において、交通上、安全上、防火上及び衛生上支障がなく、かつ、市街地の環境の整備改善に資すると認めて許可したときは、当該建築物の各部分の高さ又は容積率を、その許可の範囲内において、第55条第1項の規定又は当該公告認定対象区域を一の敷地とみなして適用される第52条第1項から第9項まで、第56条若しくは第57条の2第6項の規定による限度を超えるものとすることができる。この場合において、前項の規定は、適用しない。

3　公告許可対象区域（前条第3項又は第4項の規定による許可に係る公告対象区域をいう。以下同じ。）内において、同条第3項又は第4項の規定により一の敷地内にあるものとみなされる建築物（以下「一敷地内許可建築物」という。）以外の建築物を建築しようとする者は、国土交通省令で定めるところにより、特定行政庁の許可を受けなければならない。この場合において、特定行政庁は、当該建築物が、その位置及び建ぺい率、容積率、各部分の高さその他の構造について、他の一敷地内許可建築物の位置及び建ぺい率、容積率、各部分の高さその他の構造との関係において、交通上、安全上、防火上及び衛生上支障がなく、かつ、市街地の環境の整備改善を阻害することがないと認めるとともに、当該区域内に前条第3項又は第4項の政令で定める空地を維持することとなると認める場合に限り、許可するものとする。

4～7　略

8　公告対象区域内の第1項の規定による認定又は第2項若しくは第3項の規定による許可を受けた建築物及び当該建築物以外の当該公告対象区域内の建築物については、それぞれ、前条第1項若しくは第2項の規定又は同条第3項若しくは第4項（第2項の規定による許可に係るものにあつては、同条第3項又は第4項中一団地又は一定の一団の土地の区域を一の敷地とみなす部分に限る。）の規定を準用する。

9　公告認定対象区域内に第1項の規定による認定を受けた建築物がある場合における同項又は第2項の規定の適用については、当該建築物を一敷地内認定建築物とみなす。

10　略

11　前項に規定する公告許可対象区域内における第3項の規定の適用については、第2項の規定による許可を受けた建築物及び当該建築物以外の当該公告許可対象区域内の建築物を一敷地内許可建築物とみなす。

12　公告許可対象区域内に第3項の規定による許可を受けた建築物がある場合における同項の規定の適用については、当該建築物を一敷地内許可建築物とみなす。

改正：平成29年法律第26号　　施行：平成30年4月1日
第86条の2　（公告認定対象区域内における一敷地内認定建築物以外の建築物の位置及び構造の認定等）

1　略

2　一敷地内認定建築物以外の建築物を、面積が政令で定める規模以上である公告認定対象区域内に建築しようとする場合（当該区域内に政令で定める空地を有することとなる場合に限る。）において、国土交通省令で定めるところにより、特定行政庁が、当該建築物の位置及び建蔽率、容積率、各部分の高さその他の構造について、他の一敷地内認定建築物の位置及び建蔽率、容積率、各部分の高さその他の構造との関係において、交通上、安全上、防火上及び衛生上支障がなく、かつ、市街地の環境の整備改善に資すると認めて許可したときは、当該建築物の各部分の高さ又は容積率を、その許可の範囲内において、第55条第1項の規定又

は当該公告認定対象区域を一の敷地とみなして適用される第52条第1項から第9項まで、第56条若しくは第57条の2第6項の規定による限度を超えるものとすることができる。この場合において、前項の規定は、適用しない。

3　公告許可対象区域（前条第3項又は第4項の規定による許可に係る公告対象区域をいう。以下同じ。）内において、同条第3項又は第4項の規定により一の敷地内にあるものとみなされる建築物（以下「一敷地内許可建築物」という。）以外の建築物を建築しようとする者は、国土交通省令で定めるところにより、特定行政庁の許可を受けなければならない。この場合において、特定行政庁は、当該建築物が、その位置及び建蔽率、容積率、各部分の高さその他の構造について、他の一敷地内許可建築物の位置及び建蔽率、容積率、各部分の高さその他の構造との関係において、交通上、安全上、防火上及び衛生上支障がなく、かつ、市街地の環境の整備改善を阻害することがないと認めるとともに、当該区域内に同条第3項又は第4項の政令で定める空地を維持することとなると認める場合に限り、許可するものとする。

4～12　略

改正：令和4年法律第69号　　施行：令和5年4月1日
第86条の2（公告認定対象区域内における建築物の位置及び構造の認定等）

1　公告認定対象区域（前条第1項又は第2項の規定による認定に係る公告対象区域をいう。以下同じ。）内において、同条第1項又は第2項の規定により一の敷地内にあるものとみなされる建築物（以下「一敷地内認定建築物」という。）以外の建築物を新築し、又は一敷地内認定建築物について増築、改築、移転、大規模の修繕若しくは大規模の模様替(位置又は構造の変更を伴うものに限る。以下この項から第3項までにおいて「増築等」という。）をしようとする者は、国土交通省令で定めるところにより、当該新築又は増築等に係る建築物の位置及び構造が当該公告認定対象区域内の他の一敷地内認定建築物の位置及び構造との関係において安全上、防火上及び衛生上支障がない旨の特定行政庁の認定を受けなければならない。

2　面積が政令で定める規模以上である公告認定対象区域内において一敷地内認定建築物以外の建築物を新築し、又は一敷地内認定建築物について増築等をしようとする場合（当該区域内に政令で定める空地を有することとなる場合に限る。）において、国土交通省令で定めるところにより、特定行政庁が、当該新築又は増築等に係る建築物の位置及び建蔽率、容積率、各部分の高さその他の構造について、他の一敷地内認定建築物の位置及び建蔽率、容積率、各部分の高さその他の構造との関係において、交通上、安全上、防火上及び衛生上支障がなく、かつ、市街地の環境の整備改善に資すると認めて許可したときは、当該新築又は増築等に係る建築物の各部分の高さ又は容積率を、その許可の範囲内において、第55条第1項の規定又は当該公告認定対象区域を一の敷地とみなして適用される第52条第1項から第9項まで、第56条若しくは第57条の2第6項の規定による限度を超えるものとすることができる。この場合において、前項の規定は、適用しない。

3　公告許可対象区域（前条第3項又は第4項の規定による許可に係る公告対象区域をいう。以下同じ。）内において、同条第3項又は第4項の規定により一の敷地内にあるものとみなされる建築物（以下「一敷地内許可建築物」という。）以外の建築物を新築し、又は一敷地内許可建築物について増築等をしようとする者は、国土交通省令で定めるところにより、特定行政庁の許可を受けなければならない。この場合において、特定行政庁は、当該新築又は増築等に係る建築物が、その位置及び建蔽率、容積率、各部分の高さその他の構造について、他の一敷地内許可建築物の位置及び建蔽率、容積率、各部分の高さその他の構造との関係において、交通上、安全上、防火上及び衛生上支障がなく、かつ、市街地の環境の整備改善を阻害することがないと認めるとともに、当該区域内に同条第3項又は第4項の政令で定める空地を維持することとなると認める場合に限り、許可するものとする。

4　第2項の規定による許可を申請する者は、その者以外に公告認定対象区域内にある土地について所有権又は借地権を有する者があるときは、建築物に関する計画について、あらかじめ、これらの者の同意を得なければならない。

5　第44条第2項の規定は、第2項又は第3項の規定による許可をする場合に準用する。

6　特定行政庁は、第1項から第3項までの規定による認定又は許可をしたときは、遅滞なく、国土交通省令で定めるところにより、その旨を公告するとともに、前条第8項の図書の表示する事項について所要の変更をしなければならない。

7　前条第9項の規定は、第1項から第3項までの規定による認定又は許可について準用する。

8　公告対象区域内の第1項の規定による認定又は第2項若しくは第3項の規定による許可を受けた建築物及び

法86条の2　改正：令和4年法律第69号

　　同条第3項若しくは第4項（第2項の規定による許可に係るものにあつては、同条第3項又は第4項中一団地又は一定の一団の土地の区域を一の敷地とみなす部分に限る。）の規定を準用する。
9　公告認定対象区域内に第1項の規定による認定を受けた建築物がある場合における同項又は第2項の規定の適用については、当該建築物を一敷地内認定建築物とみなす。
10　第2項の規定による許可に係る第6項の公告があつた公告認定対象区域は、その日以後は、公告許可対象区域とみなす。
11　前項に規定する公告許可対象区域内における第3項の規定の適用については、第2項の規定による許可を受けた建築物及び当該建築物以外の当該公告許可対象区域内の建築物を一敷地内許可建築物とみなす。
12　公告許可対象区域内に第3項の規定による許可を受けた建築物がある場合における同項の規定の適用については、当該建築物を一敷地内許可建築物とみなす。

[現行]　第86条の3　（一の敷地内にあるとみなされる建築物に対する高度利用地区等内における制限の特例）

制定：平成10年法律第100号　　　施行：平成11年5月1日
第86条の3　（一定の複数建築物に対する高度利用地区内における制限の特例）

1　第86条第1項又は第2項（前条第4項においてこれらの規定を準用する場合を含む。）の規定により同一敷地内にあるものとみなされる建築物は、第59条第1項の規定を適用する場合においては、これを一の建築物とみなす。

改正：平成14年法律第22号　　　施行：平成14年6月1日
第86条の3　（一定の複数建築物に対する<u>高度利用地区又は都市再生特別地区</u>内における制限の特例）

1　第86条第1項又は第2項（前条第4項においてこれらの規定を準用する場合を含む。）の規定により同一敷地内にあるものとみなされる建築物は、<u>第59条第1項又は第60条の2第1項</u>の規定を適用する場合においては、これを一の建築物とみなす。

改正：平成14年法律第85号　　　施行：平成15年1月1日
第86条の3　（一定の複数建築物に対する高度利用地区又は都市再生特別地区内における制限の特例）

1　<u>第86条第1項から第4項まで（前条第8項においてこれらの規定を準用する場合を含む。）</u>の規定により同一敷地内にあるものとみなされる建築物は、第59条第1項又は第60条の2第1項の規定を適用する場合においては、これを一の建築物とみなす。

改正：平成16年法律第67号　　　施行：平成17年6月1日
第86条の3　（<u>一の敷地内にあるとみなされる建築物に対する高度利用地区又は都市再生特別地区内における制限の特例</u>）

1　第86条第1項から第4項まで（前条第8項においてこれらの規定を準用する場合を含む。）の規定により<u>一の敷地内</u>にあるものとみなされる建築物は、第59条第1項又は第60条の2第1項の規定を適用する場合においては、これを一の建築物とみなす。

改正：平成18年法律第92号　　　施行：平成19年6月20日
第86条の3　（一の敷地内にあるとみなされる建築物に対する高度利用地区又は都市再生特別地区内における制限の特例）

1　第86条第1項から第4項まで（<u>これらの規定を前条第8項において準用する場合を含む。</u>）の規定により一の敷地内にあるものとみなされる建築物は、第59条第1項又は第60条の2第1項の規定を適用する場合においては、これを一の建築物とみなす。

改正：平成14年法律第85号　**法86条の4**

改正：平成28年法律第72号　　　　施行：平成28年9月1日
第86条の3　（一の敷地内にあるとみなされる建築物に対する<u>高度利用地区等内</u>における制限の特例）

1　第86条第1項から第4項まで（これらの規定を前条第8項において準用する場合を含む。）の規定により一の敷地内にあるものとみなされる建築物は、第59条第1項、<u>第60条の2第1項又は第60条の3第1項</u>の規定を適用する場合においては、これを一の建築物とみなす。

[現行]　第86条の4　（一の敷地内にあるとみなされる建築物に対する外壁の開口部に対する制限の特例）

制定：平成10年法律第100号　　　　施行：平成11年5月1日
第86条の4　（一定の複数建築物に対する外壁の開口部に対する制限の特例）

1　次の各号の一に該当する建築物について第27条、第62条第1項又は第64条の規定を適用する場合においては、第一号イに該当する建築物は耐火建築物と、同号ロに該当する建築物は準耐火建築物とみなす。
　一　第86条第1項の規定による認定を受けて建築する建築物で、次のいずれかに該当するもの
　　イ　主要構造部が耐火構造であるもの
　　ロ　第2条第九号の三イ又はロのいずれかに該当するもの
　二　第86条第2項の規定による認定を受けて建築する建築物で、前号イ又はロのいずれかに該当するもの（当該認定に係る公告対象区域内に現に存する建築物が、同号イ又はロのいずれかに該当するものである場合に限る。）
　三　第86条の2第1項の規定による認定を受けて建築する建築物で、第一号イ又はロのいずれかに該当するもの（当該認定に係る公告対象区域内の他の同一敷地内建築物が、同号イ又はロのいずれかに該当するものである場合に限る。）

改正：平成10年法律第100号　　　　施行：平成12年6月1日
第86条の4　（一定の複数建築物に対する外壁の開口部に対する制限の特例）

1　次の各号の一に該当する建築物について第27条又は第62条第1項の規定を適用する場合においては、第一号イに該当する建築物は耐火建築物と、同号ロに該当する建築物は準耐火建築物とみなす。
　一　第86条第1項の規定による認定を受けて建築する建築物で、次のいずれかに該当するもの
　　イ　<u>第2条第九号の二イに該当するもの</u>
　　ロ　第2条第九号の三イ又はロのいずれかに該当するもの
　二・三　略
<u>2　前項各号の一に該当する建築物については、第64条の規定は、適用しない。</u>

改正：平成14年法律第85号　　　　施行：平成15年1月1日
第86条の4　（一定の複数建築物に対する外壁の開口部に対する制限の特例）

1　次の各号の<u>いずれか</u>に該当する建築物について第27条又は第62条第1項の規定を適用する場合においては、第一号イに該当する建築物は耐火建築物と、同号ロに該当する建築物は準耐火建築物とみなす。
　一　第86条第1項<u>又は第3項</u>の規定による認定<u>又は許可</u>を受けて建築する建築物で、次のいずれかに該当するもの
　　イ　第2条第九号の二イに該当するもの
　　ロ　第2条第九号の三イ又はロのいずれかに該当するもの
　二　第86条第2項<u>又は第4項</u>の規定による認定<u>又は許可</u>を受けて建築する建築物で、前号イ又はロのいずれかに該当するもの（当該認定<u>又は許可</u>に係る公告対象区域内に現に存する建築物が、同号イ又はロのいずれかに該当するものである場合に限る。）
　三　第86条の2第1項<u>から第3項</u>までの規定による認定<u>又は許可</u>を受けて建築する建築物で、第一号イ又はロのいずれかに該当するもの（当該認定<u>又は許可</u>に係る公告対象区域内の他の<u>同一敷地内認定建築物又は同一敷地内許可建築物</u>が、同号イ又はロのいずれかに該当するものである場合に限る。）

法86条の4　改正：平成14年法律第85号

　2　略

改正：平成15年法律第101号　　　施行：平成15年12月19日
第86条の4　（一定の複数建築物に対する外壁の開口部に対する制限の特例）

　1　次の各号のいずれかに該当する建築物について第27条、第62条第1項又は第67条の2第1項の規定を適用する場合においては、第一号イに該当する建築物は耐火建築物と、同号ロに該当する建築物は準耐火建築物とみなす。
　　一〜三　略
　2　略

改正：平成16年法律第67号　　　施行：平成17年6月1日
第86条の4　（一の敷地内にあるとみなされる建築物に対する外壁の開口部に対する制限の特例）

　1　次の各号のいずれかに該当する建築物について第27条、第62条第1項又は第67条の2第1項の規定を適用する場合においては、第一号イに該当する建築物は耐火建築物と、同号ロに該当する建築物は準耐火建築物とみなす。
　　一・二　略
　　三　第86条の2第1項から第3項までの規定による認定又は許可を受けて建築する建築物で、第一号イ又はロのいずれかに該当するもの（当該認定又は許可に係る公告対象区域内の他の一敷地内認定建築物又は一敷地内許可建築物が、同号イ又はロのいずれかに該当するものである場合に限る。）
　2　略

改正：平成26年法律第54号　　　施行：平成27年6月1日
第86条の4　（一の敷地内にあるとみなされる建築物に対する外壁の開口部に対する制限の特例）

　1　次の各号のいずれかに該当する建築物について第27条第2項若しくは第3項、第62条第1項又は第67条の3第1項の規定を適用する場合においては、第一号イに該当する建築物は耐火建築物と、同号ロに該当する建築物は準耐火建築物とみなす。
　　一〜三　略
　2　略

改正：平成30年法律第67号　　　施行：令和元年6月25日
第86条の4　（一の敷地内にあるとみなされる建築物に対する外壁の開口部に対する制限の特例）

　1　次の各号のいずれかに該当する建築物について第27条第2項若しくは第3項又は第67条第1項の規定を適用する場合においては、第一号イに該当する建築物は耐火建築物と、同号ロに該当する建築物は準耐火建築物とみなす。
　　一〜三　略

改正：令和4年法律第69号　　　施行：令和5年4月1日
第86条の4　（一の敷地内にあるとみなされる建築物に対する外壁の開口部に対する制限の特例）

　1　次の各号のいずれかに該当する建築物について第27条第2項若しくは第3項又は第67条第1項の規定を適用する場合においては、第一号イに該当する建築物は耐火建築物と、同号ロに該当する建築物は準耐火建築物とみなす。
　　一　第86条第1項又は第3項の規定による認定又は許可を受けて建築等をする建築物で、次のいずれかに該当するもの
　　　イ　第2条第九号の二イに該当するもの
　　　ロ　第2条第九号の三イ又はロのいずれかに該当するもの

二　第86条第2項又は第4項の規定による認定又は許可を受けて建築等をする建築物で、前号イ又はロのいずれかに該当するもの（当該認定又は許可に係る公告対象区域内に現に存する建築物が、同号イ又はロのいずれかに該当するものである場合に限る。）
三　第86条の2第1項から第3項までの規定による認定又は許可を受けて建築等をする建築物で、第一号イ又はロのいずれかに該当するもの（当該認定又は許可に係る公告対象区域内の他の一敷地内認定建築物又は一敷地内許可建築物が、同号イ又はロのいずれかに該当するものである場合に限る。）

[現行]　第86条の5　（一の敷地とみなすこと等の認定又は許可の取消し）

制定：平成10年法律第100号　　　施行：平成11年5月1日
第86条の5　（一定の複数建築物の認定の取消し）
1　公告対象区域内の土地について所有権又は借地権を有する者は、その全員の合意により、当該公告対象区域内の建築物に係る第86条第1項若しくは第2項又は第86条の2第1項の規定による認定の取消しを特定行政庁に申請することができる。
2　前項の規定による申請を受けた特定行政庁は、当該申請に係る公告対象区域内の各建築物の位置及び構造が安全上、防火上及び衛生上支障がないと認めるときは、当該申請に係る認定を取り消すものとする。
3　特定行政庁は、前項の規定による取消しをしたときは、遅滞なく、建設省令で定めるところにより、その旨を公告しなければならない。
4　第2項の規定による取消しは、前項の規定による公告によつて、その効力を生ずる。
5　前2項に定めるもののほか、第2項の規定による認定の取消しについて必要な事項は、建設省令で定める。

改正：平成11年法律第160号　　　施行：平成13年1月6日
第86条の5　（一定の複数建築物の認定の取消し）
1・2　略
3　特定行政庁は、前項の規定による取消しをしたときは、遅滞なく、国土交通省令で定めるところにより、その旨を公告しなければならない。
4　略
5　前2項に定めるもののほか、第2項の規定による認定の取消しについて必要な事項は、国土交通省令で定める。

改正：平成14年法律第85号　　　施行：平成15年1月1日
第86条の5　（一定の複数建築物の認定又は許可の取消し）
1　公告対象区域内の土地について所有権又は借地権を有する者は、その全員の合意により、当該公告対象区域内の建築物に係る第86条第1項若しくは第2項若しくは第86条の2第1項の規定による認定又は第86条第3項若しくは第4項若しくは第86条の2第2項若しくは第3項の規定による許可の取消しを特定行政庁に申請することができる。
2　前項の規定による認定の取消しの申請を受けた特定行政庁は、当該申請に係る公告認定対象区域内の各建築物の位置及び構造が安全上、防火上及び衛生上支障がないと認めるときは、当該申請に係る認定を取り消すものとする。
3　第1項の規定による許可の取消しの申請を受けた特定行政庁は、当該申請に係る公告許可対象区域内の各建築物の位置及び建ぺい率、容積率、各部分の高さその他の構造について、交通上、安全上、防火上及び衛生上支障がなく、かつ、市街地の環境の整備改善を阻害することがないと認めるときは、当該申請に係る許可を取り消すものとする。
4　特定行政庁は、前2項の規定による取消しをしたときは、遅滞なく、国土交通省令で定めるところにより、その旨を公告しなければならない。
5　第2項又は第3項の規定による取消しは、前項の規定による公告によつて、その効力を生ずる。
6　前2項に定めるもののほか、第2項又は第3項の規定による認定又は許可の取消しについて必要な事項は、

法86条の5　改正：平成14年法律第85号

国土交通省令で定める。

改正：平成16年法律第67号　　施行：平成17年6月1日
第86条の5　（一の敷地とみなすこと等の認定又は許可の取消し）

1　略
2　前項の規定による認定の取消しの申請を受けた特定行政庁は、当該申請に係る公告認定対象区域内の建築物の位置及び構造が安全上、防火上及び衛生上支障がないと認めるときは、当該申請に係る認定を取り消すものとする。
3　第1項の規定による許可の取消しの申請を受けた特定行政庁は、当該申請に係る公告許可対象区域内の建築物の位置及び建ぺい率、容積率、各部分の高さその他の構造について、交通上、安全上、防火上及び衛生上支障がなく、かつ、市街地の環境の整備改善を阻害することがないと認めるときは、当該申請に係る許可を取り消すものとする。
4～6　略

改正：平成29年法律第26号　　施行：平成30年4月1日
第86条の5　（一の敷地とみなすこと等の認定又は許可の取消し）

1　公告対象区域内の土地について所有権又は借地権を有する者は、その全員の合意により、当該公告対象区域内の建築物に係る第86条第1項若しくは第2項若しくは第86条の2第1項の規定による認定又は第86条第3項若しくは第4項若しくは第86条の2第2項若しくは第3項の規定による許可の取消しを特定行政庁に申請することができる。
2　前項の規定による認定の取消しの申請を受けた特定行政庁は、当該申請に係る公告認定対象区域内の建築物の位置及び構造が安全上、防火上及び衛生上支障がないと認めるときは、当該申請に係る認定を取り消すものとする。
3　第1項の規定による許可の取消しの申請を受けた特定行政庁は、当該申請に係る公告許可対象区域内の建築物の位置及び建蔽率、容積率、各部分の高さその他の構造について、交通上、安全上、防火上及び衛生上支障がなく、かつ、市街地の環境の整備改善を阻害することがないと認めるときは、当該申請に係る許可を取り消すものとする。
4　特定行政庁は、前2項の規定による取消しをしたときは、遅滞なく、国土交通省令で定めるところにより、その旨を公告しなければならない。
5　第2項又は第3項の規定による取消しは、前項の規定による公告によつて、その効力を生ずる。
6　前項に定めるもののほか、第2項又は第3項の規定による認定又は許可の取消しについて必要な事項は、国土交通省令で定める。

[現行]　第86条の6　（総合的設計による一団地の住宅施設についての制限の特例）

制定：平成10年法律第100号　　施行：平成11年5月1日
第86条の6　（総合的設計による一団地の住宅施設についての制限の特例）

1　一団地の住宅施設に関する都市計画を定める場合においては、第一種低層住居専用地域又は第二種低層住居専用地域については、第52条第1項第一号に規定する延べ面積（同一敷地内に2以上の建築物がある場合においては、その延べ面積の合計）の敷地面積に対する割合、第53条第1項第一号に規定する建築面積（同一敷地内に2以上の建築物がある場合においては、その建築面積の合計）の敷地面積に対する割合、第54条第2項に規定する外壁の後退距離及び第55条第1項に規定する建築物の高さと異なるこれらの割合、距離及び高さの基準を定めることができる。
2　前項の都市計画に基づき建築物を総合的設計によつて建築する場合において、当該建築物が同項の規定により当該都市計画に定められた基準に適合しており、かつ、特定行政庁がその各建築物の位置及び構造が当該第一種低層住居専用地域又は第二種低層住居専用地域内の住居の環境の保護に支障がないと認めるときは、当該建築物については、第52条第1項第一号、第53条第1項第一号、第54条第1項及び第55条第1項の

規定は、適用しない。

改正：平成12年法律第73号　　　施行：平成13年5月18日
第86条の6　（総合的設計による一団地の住宅施設についての制限の特例）

1　一団地の住宅施設に関する都市計画を定める場合においては、第一種低層住居専用地域又は第二種低層住居専用地域については、第52条第1項第一号に規定する容積率、第53条第1項第一号に規定する建ぺい率、第54条第2項に規定する外壁の後退距離及び第55条第1項に規定する建築物の高さと異なる容積率、建ぺい率、距離及び高さの基準を定めることができる。
2　略

改正：平成29年法律第26号　　　施行：平成30年4月1日
第86条の6　（総合的設計による一団地の住宅施設についての制限の特例）

1　一団地の住宅施設に関する都市計画を定める場合においては、第一種低層住居専用地域、第二種低層住居専用地域又は田園住居地域については、第52条第1項第一号に規定する容積率、第53条第1項第一号に規定する建蔽率、第54条第2項に規定する外壁の後退距離及び第55条第1項に規定する建築物の高さと異なる容積率、建蔽率、距離及び高さの基準を定めることができる。
2　前項の都市計画に基づき建築物を総合的設計によって建築する場合において、当該建築物が同項の規定により当該都市計画に定められた基準に適合しており、かつ、特定行政庁がその各建築物の位置及び構造が当該第一種低層住居専用地域、第二種低層住居専用地域又は田園住居地域内の住居の環境の保護に支障がないと認めるときは、当該建築物については、第52条第1項第一号、第53条第1項第一号、第54条第1項及び第55条第1項の規定は、適用しない。

［現行］　第86条の7　（既存の建築物に対する制限の緩和）

制定：昭和34年法律第156号　　　施行：昭和34年12月23日
旧　第86条の2　（既存の建築物に対する制限の緩和）

1　第3条第2項の規定により第26条、第27条、第49条第1項から第4項まで、第50条第2項若しくは第4項、第61条又は第62条第1項の規定の適用を受けない建築物について政令で定める範囲内において増築、改築、大規模の修繕又は大規模の模様替をする場合においては、第3条第3項第三号及び第四号の規定にかかわらず、これらの規定は、適用しない。

改正：昭和38年法律第151号　　　施行：昭和39年1月15日
旧　第86条の2　（既存の建築物に対する制限の緩和）

1　第3条第2項の規定により第26条、第27条、第49条第1項から第4項まで、第50条第2項若しくは第4項、第59条の2第2項、第61条又は第62条第1項の規定の適用を受けない建築物について政令で定める範囲内において増築、改築、大規模の修繕又は大規模の模様替をする場合においては、第3条第3項第三号及び第四号の規定にかかわらず、これらの規定は、適用しない。

改正：昭和43年法律第101号　　　施行：昭和44年6月14日
旧　第86条の2　（既存の建築物に対する制限の緩和）

1　第3条第2項の規定により第26条、第27条、第49条第1項から第4項まで、第50条、第59条の2第1項、第61条又は第62条第1項の規定の適用を受けない建築物について政令で定める範囲内において増築、改築、大規模の修繕又は大規模の模様替をする場合においては、第3条第3項第三号及び第四号の規定にかかわらず、これらの規定は、適用しない。

法旧86条の2　改正：昭和44年法律第38号

改正：昭和44年法律第38号　　　　施行：昭和44年6月14日
旧　第86条の2　（既存の建築物に対する制限の緩和）

> 1　第3条第2項の規定により第26条、第27条、第49条第1項から第4項まで、第50条、第59条の2第1項、第59条の3第1項、第61条又は第62条第1項の規定の適用を受けない建築物について政令で定める範囲内において増築、改築、大規模の修繕又は大規模の模様替をする場合においては、第3条第3項第三号及び第四号の規定にかかわらず、これらの規定は、適用しない。

改正：昭和45年法律第109号　　　施行：昭和46年1月1日
旧　第86条の2　（既存の建築物に対する制限の緩和）

> 1　第3条第2項の規定により第26条、第27条、第30条の2、第34条第2項、第48条第1項から第8項まで、第52条第1項、第59条第1項、第61条又は第62条第1項の規定の適用を受けない建築物について政令で定める範囲内において増築、改築、大規模の修繕又は大規模の模様替をする場合においては、第3条第3項第三号及び第四号の規定にかかわらず、これらの規定は、適用しない。

改正：昭和51年法律第83号　　　　施行：昭和52年11月1日
旧　第86条の2　（既存の建築物に対する制限の緩和）

> 1　第3条第2項の規定により第26条、第27条、第30条の2、第34条第2項、第48条第1項から第8項まで、第52条第1項若しくは第2項、第59条第1項（建築物の建築面積の敷地面積に対する割合に係る部分を除く。）、第61条又は第62条第1項の規定の適用を受けない建築物について政令で定める範囲内において増築、改築、大規模の修繕又は大規模の模様替をする場合においては、第3条第3項第三号及び第四号の規定にかかわらず、これらの規定は、適用しない。

改正：昭和62年法律第66号　　　　施行：昭和62年11月16日
旧　第86条の2　（既存の建築物に対する制限の緩和）

> 1　第3条第2項の規定により第26条、第27条、第30条の2、第34条第2項、第48条第1項から第8項まで、第52条第1項から第3項まで、第59条第1項（建築物の建築面積の敷地面積に対する割合に係る部分を除く。）、第61条又は第62条第1項の規定の適用を受けない建築物について政令で定める範囲内において増築、改築、大規模の修繕又は大規模の模様替をする場合においては、第3条第3項第三号及び第四号の規定にかかわらず、これらの規定は、適用しない。

改正：平成4年法律第82号　　　　 施行：平成5年6月25日
旧　第86条の2　（既存の建築物に対する制限の緩和）

> 1　第3条第2項の規定により第26条、第27条、第30条の2、第34条第2項、第48条第1項から第12項まで、第52条第1項から第3項まで、第59条第1項（建築物の建築面積の敷地面積に対する割合に係る部分を除く。）、第61条又は第62条第1項の規定の適用を受けない建築物について政令で定める範囲内において増築、改築、大規模の修繕又は大規模の模様替をする場合においては、第3条第3項第三号及び第四号の規定にかかわらず、これらの規定は、適用しない。

改正：平成6年法律第62号　　　　 施行：平成6年6月29日
旧　第86条の2　（既存の建築物に対する制限の緩和）

> 1　第3条第2項の規定により第26条、第27条、第30条の2、第34条第2項、第48条第1項から第12項まで、第52条第1項から第5項まで、第59条第1項（建築物の建築面積の敷地面積に対する割合に係る部分を除く。）、第61条又は第62条第1項の規定の適用を受けない建築物について政令で定める範囲内において増築、改築、大規模の修繕又は大規模の模様替をする場合においては、第3条第3項第三号及び第四号の規定にか

かわらず、これらの規定は、適用しない。

改正：平成9年法律第79号　　　施行：平成9年6月13日
旧　第86条の2　（既存の建築物に対する制限の緩和）

1　第3条第2項の規定により第26条、第27条、第30条の2、第34条第2項、第48条第1項から第12項まで、第52条第1項から<u>第6項</u>まで、第59条第1項（建築物の建築面積の敷地面積に対する割合に係る部分を除く。）、第61条又は第62条第1項の規定の適用を受けない建築物について政令で定める範囲内において増築、改築、大規模の修繕又は大規模の模様替をする場合においては、第3条第3項第三号及び第四号の規定にかかわらず、これらの規定は、適用しない。

改正：平成10年法律第100号　　　施行：平成10年6月12日
旧　第86条の2　（既存の建築物に対する制限の緩和）

1　第3条第2項の規定により第26条、第27条、<u>第30条</u>、第34条第2項、第48条第1項から第12項まで、第52条第1項から第6項まで、第59条第1項（建築物の建築面積の敷地面積に対する割合に係る部分を除く。）、第61条又は第62条第1項の規定の適用を受けない建築物について政令で定める範囲内において増築、改築、大規模の修繕又は大規模の模様替をする場合においては、第3条第3項第三号及び第四号の規定にかかわらず、これらの規定は、適用しない。

改正：平成10年法律第100号　　　施行：平成11年5月1日
<u>第86条の7</u>　（既存の建築物に対する制限の緩和）

略

改正：平成12年法律第73号　　　施行：平成13年5月18日
第86条の7　（既存の建築物に対する制限の緩和）

1　第3条第2項の規定により第26条、第27条、第30条、第34条第2項、第48条第1項から第12項まで、第52条第1項から第6項まで、第59条第1項（建築物の<u>建ぺい率</u>に係る部分を除く。）、第61条又は第62条第1項の規定の適用を受けない建築物について政令で定める範囲内において増築、改築、大規模の修繕又は大規模の模様替をする場合においては、第3条第3項第三号及び第四号の規定にかかわらず、これらの規定は、適用しない。

改正：平成14年法律第22号　　　施行：平成14年6月1日
第86条の7　（既存の建築物に対する制限の緩和）

1　第3条第2項の規定により第26条、第27条、第30条、第34条第2項、第48条第1項から第12項まで、第52条第1項から第6項まで、第59条第1項（建築物の建ぺい率に係る部分を除く。）、<u>第60条の2第1項（建築物の建ぺい率及び高さに係る部分を除く。）</u>、第61条又は第62条第1項の規定の適用を受けない建築物について政令で定める範囲内において増築、改築、大規模の修繕又は大規模の模様替をする場合においては、第3条第3項第三号及び第四号の規定にかかわらず、これらの規定は、適用しない。

改正：平成14年法律第85号　　　施行：平成15年1月1日
第86条の7　（既存の建築物に対する制限の緩和）

1　第3条第2項の規定により第26条、第27条、第30条、第34条第2項、第48条第1項から第12項まで、第52条第1項から<u>第8項</u>まで、第59条第1項（建築物の建ぺい率に係る部分を除く。）、第60条の2第1項（建築物の建ぺい率及び高さに係る部分を除く。）、第61条又は第62条第1項の規定の適用を受けない建築物について政令で定める範囲内において増築、改築、大規模の修繕又は大規模の模様替をする場合においては、第3

法86条の7　改正：平成14年法律第85号

条第3項第三号及び第四号の規定にかかわらず、これらの規定は、適用しない。

改正：平成15年法律第101号　　　施行：平成15年12月19日
第86条の7　（既存の建築物に対する制限の緩和）

1　第3条第2項の規定により第26条、第27条、第30条、第34条第2項、第48条第1項から第12項まで、第52条第1項から第8項まで、第59条第1項（建築物の建ぺい率に係る部分を除く。）、第60条の2第1項（建築物の建ぺい率及び高さに係る部分を除く。）、第61条、第62条第1項又は第67条の2第1項の規定の適用を受けない建築物について政令で定める範囲内において増築、改築、大規模の修繕又は大規模の模様替をする場合においては、第3条第3項第三号及び第四号の規定にかかわらず、これらの規定は、適用しない。

改正：平成16年法律第67号　　　施行：平成17年6月1日
第86条の7　（既存の建築物に対する制限の緩和）

1　第3条第2項（第86条の9第1項において準用する場合を含む。以下この条、次条及び第87条において同じ。）の規定により第20条、第26条、第27条、第30条、第34条第2項、第47条、第48条第1項から第12項まで、第51条、第52条第1項、第2項若しくは第7項、第53条第1項若しくは第2項、第54条第1項、第55条第1項、第56条第1項、第56条の2第1項、第57条の4第1項、第57条の5第1項、第58条、第59条第1項若しくは第2項、第60条第1項若しくは第2項、第60条の2第1項若しくは第2項、第61条、第62条第1項、第67条の2第1項若しくは第5項から第7項まで又は第68条第1項若しくは第2項の規定の適用を受けない建築物について政令で定める範囲内において増築、改築、大規模の修繕又は大規模の模様替（以下この条及び次条において「増築等」という。）をする場合においては、第3条第3項第三号及び第四号の規定にかかわらず、これらの規定は、適用しない。

2　第3条第2項の規定により第20条又は第35条（同条の技術的基準のうち政令で定めるものに係る部分に限る。以下この項及び第87条第4項において同じ。）の規定の適用を受けない建築物であつて、第20条又は第35条に規定する基準の適用上一の建築物であつても別の建築物とみなすことができる部分として政令で定める部分（以下この項において「独立部分」という。）が2以上あるものについて増築等をする場合においては、第3条第3項第三号及び第四号の規定にかかわらず、当該増築等をする独立部分以外の独立部分に対しては、これらの規定は、適用しない。

3　第3条第2項の規定により第28条、第28条の2（同条の技術的基準のうち政令で定めるものに係る部分に限る。）、第29条から第32条まで、第34条第1項、第35条の3又は第36条（防火壁、防火区画、消火設備及び避雷設備の設置及び構造に係る部分を除く。）の規定の適用を受けない建築物について増築等をする場合においては、第3条第3項第三号及び第四号の規定にかかわらず、当該増築等をする部分以外の部分に対しては、これらの規定は、適用しない。

改正：平成18年法律第5号　　　施行：平成18年10月1日
第86条の7　（既存の建築物に対する制限の緩和）

1　第3条第2項（第86条の9第1項において準用する場合を含む。以下この条、次条及び第87条において同じ。）の規定により第20条、第26条、第27条、第28条の2（同条各号に掲げる基準のうち政令で定めるものに係る部分に限る。）、第30条、第34条第2項、第47条、第48条第1項から第12項まで、第51条、第52条第1項、第2項若しくは第7項、第53条第1項若しくは第2項、第54条第1項、第55条第1項、第56条第1項、第56条の2第1項、第57条の4第1項、第57条の5第1項、第58条、第59条第1項若しくは第2項、第60条第1項若しくは第2項、第60条の2第1項若しくは第2項、第61条、第62条第1項、第67条の2第1項若しくは第5項から第7項まで又は第68条第1項若しくは第2項の規定の適用を受けない建築物について政令で定める範囲内において増築、改築、大規模の修繕又は大規模の模様替（以下この条及び次条において「増築等」という。）をする場合においては、第3条第3項第三号及び第四号の規定にかかわらず、これらの規定は、適用しない。

2　略

3　第3条第2項の規定により第28条、第28条の2（同条各号に掲げる基準のうち政令で定めるものに係る部

分に限る。)、第29条から第32条まで、第34条第1項、第35条の3又は第36条（防火壁、防火区画、消火設備及び避雷設備の設置及び構造に係る部分を除く。）の規定の適用を受けない建築物について増築等をする場合においては、第3条第3項第三号及び第四号の規定にかかわらず、当該増築等をする部分以外の部分に対しては、これらの規定は、適用しない。

改正：平成18年法律第46号　　　施行：平成19年11月30日
第86条の7　（既存の建築物に対する制限の緩和）

1　第3条第2項（第86条の9第1項において準用する場合を含む。以下この条、次条及び第87条において同じ。）の規定により第20条、第26条、第27条、第28条の2（同条各号に掲げる基準のうち政令で定めるものに係る部分に限る。）、第30条、第34条第2項、第47条、第48条第1項から第13項まで、第51条、第52条第1項、第2項若しくは第7項、第53条第1項若しくは第2項、第54条第1項、第55条第1項、第56条第1項、第56条の2第1項、第57条の4第1項、第57条の5第1項、第58条、第59条第1項若しくは第2項、第60条第1項若しくは第2項、第60条の2第1項若しくは第2項、第61条、第62条第1項、第67条の2第1項若しくは第5項から第7項まで又は第68条第1項若しくは第2項の規定の適用を受けない建築物について政令で定める範囲内において増築、改築、大規模の修繕又は大規模の模様替（以下この条及び次条において「増築等」という。）をする場合においては、第3条第3項第三号及び第四号の規定にかかわらず、これらの規定は、適用しない。
2・3　略

改正：平成26年法律第39号　　　施行：平成26年8月1日
第86条の7　（既存の建築物に対する制限の緩和）

1　第3条第2項（第86条の9第1項において準用する場合を含む。以下この条、次条及び第87条において同じ。）の規定により第20条、第26条、第27条、第28条の2（同条各号に掲げる基準のうち政令で定めるものに係る部分に限る。）、第30条、第34条第2項、第47条、第48条第1項から第13項まで、第51条、第52条第1項、第2項若しくは第7項、第53条第1項若しくは第2項、第54条第1項、第55条第1項、第56条第1項、第56条の2第1項、第57条の4第1項、第57条の5第1項、第58条、第59条第1項若しくは第2項、第60条第1項若しくは第2項、第60条の2第1項若しくは第2項、第60条の3第1項、第61条、第62条第1項、第67条の2第1項若しくは第5項から第7項まで又は第68条第1項若しくは第2項の規定の適用を受けない建築物について政令で定める範囲内において増築、改築、大規模の修繕又は大規模の模様替（以下この条及び次条において「増築等」という。）をする場合においては、第3条第3項第三号及び第四号の規定にかかわらず、これらの規定は、適用しない。
2・3　略

改正：平成26年法律第54号　　　施行：平成27年6月1日
第86条の7　（既存の建築物に対する制限の緩和）

1　第3条第2項（第86条の9第1項において準用する場合を含む。以下この条、次条及び第87条において同じ。）の規定により第20条、第26条、第27条、第28条の2（同条各号に掲げる基準のうち政令で定めるものに係る部分に限る。）、第30条、第34条第2項、第47条、第48条第1項から第13項まで、第51条、第52条第1項、第2項若しくは第7項、第53条第1項若しくは第2項、第54条第1項、第55条第1項、第56条第1項、第56条の2第1項、第57条の4第1項、第57条の5第1項、第58条、第59条第1項若しくは第2項、第60条第1項若しくは第2項、第60条の2第1項若しくは第2項、第60条の3第1項、第61条、第62条第1項、第67条の3第1項若しくは第5項から第7項まで又は第68条第1項若しくは第2項の規定の適用を受けない建築物について政令で定める範囲内において増築、改築、大規模の修繕又は大規模の模様替（以下この条及び次条において「増築等」という。）をする場合（第3条第2項の規定により第20条の規定の適用を受けない建築物について当該政令で定める範囲内において増築又は改築をする場合にあつては、当該増築又は改築後の建築物の構造方法が政令で定める基準に適合する場合に限る。）においては、第3条第3項第三号及び第四号の規定にかかわらず、これらの規定は、適用しない。

法86条の7　改正：平成26年法律第54号

2・3　略
4　第3条第2項の規定により建築基準法令の規定の適用を受けない建築物について政令で定める範囲内において移転をする場合においては、同条第3項第三号及び第四号の規定にかかわらず、建築基準法令の規定は、適用しない。

改正：平成28年法律第72号　　　施行：平成28年9月1日
第86条の7　（既存の建築物に対する制限の緩和）

1　第3条第2項（第86条の9第1項において準用する場合を含む。以下この条、次条及び第87条において同じ。）の規定により第20条、第26条、第27条、第28条の2（同条各号に掲げる基準のうち政令で定めるものに係る部分に限る。）、第30条、第34条第2項、第47条、第48条第1項から第13項まで、第51条、第52条第1項、第2項若しくは第7項、第53条第1項若しくは第2項、第54条第1項、第55条第1項、第56条第1項、第56条の2第1項、第57条の4第1項、第57条の5第1項、第58条、第59条第1項若しくは第2項、第60条第1項若しくは第2項、第60条の2第1項若しくは第2項、<u>第60条の3第1項若しくは第2項</u>、第61条、第62条第1項、第67条の3第1項若しくは第5項から第7項まで又は第68条第1項若しくは第2項の規定の適用を受けない建築物について政令で定める範囲内において増築、改築、大規模の修繕又は大規模の模様替（以下この条及び次条において「増築等」という。）をする場合（第3条第2項の規定により第20条の規定の適用を受けない建築物について当該政令で定める範囲内において増築又は改築をする場合にあつては、当該増築又は改築後の建築物の構造方法が政令で定める基準に適合する場合に限る。）においては、第3条第3項第三号及び第四号の規定にかかわらず、これらの規定は、適用しない。
2～4　略

改正：平成29年法律第26号　　　施行：平成30年4月1日
第86条の7　（既存の建築物に対する制限の緩和）

1　第3条第2項（第86条の9第1項において準用する場合を含む。以下この条、次条及び第87条において同じ。）の規定により第20条、第26条、第27条、第28条の2（同条各号に掲げる基準のうち政令で定めるものに係る部分に限る。）、第30条、第34条第2項、第47条、第48条第1項から<u>第14項</u>まで、第51条、第52条第1項、第2項若しくは第7項、第53条第1項若しくは第2項、第54条第1項、第55条第1項、第56条第1項、第56条の2第1項、第57条の4第1項、第57条の5第1項、第58条、第59条第1項若しくは第2項、第60条第1項若しくは第2項、第60条の2第1項若しくは第2項、第60条の3第1項若しくは第2項、第61条、第62条第1項、第67条の3第1項若しくは第5項から第7項まで又は第68条第1項若しくは第2項の規定の適用を受けない建築物について政令で定める範囲内において増築、改築、大規模の修繕又は大規模の模様替（以下この条及び次条において「増築等」という。）をする場合（第3条第2項の規定により第20条の規定の適用を受けない建築物について当該政令で定める範囲内において増築又は改築をする場合にあつては、当該増築又は改築後の建築物の構造方法が政令で定める基準に適合する場合に限る。）においては、第3条第3項第三号及び第四号の規定にかかわらず、これらの規定は、適用しない。
2～4　略

改正：平成30年法律第67号　　　施行：令和元年6月25日
第86条の7　（既存の建築物に対する制限の緩和）

1　第3条第2項（第86条の9第1項において準用する場合を含む。以下この条、次条、<u>第87条及び第87条の2</u>において同じ。）の規定により第20条、第26条、第27条、第28条の2（同条各号に掲げる基準のうち政令で定めるものに係る部分に限る。）、第30条、第34条第2項、第47条、第48条第1項から第14項まで、第51条、第52条第1項、第2項若しくは第7項、第53条第1項若しくは第2項、第54条第1項、第55条第1項、第56条第1項、第56条の2第1項、第57条の4第1項、第57条の5第1項、第58条、第59条第1項若しくは第2項、第60条第1項若しくは第2項、第60条の2第1項若しくは第2項、第60条の3第1項若しくは第2項、第61条、<u>第67条第1項若しくは第5項から第7項まで</u>又は第68条第1項若しくは第2項の規定の適用を受けない建築物について政令で定める範囲内において増築、改築、大規模の修繕又は大規模の模様替（以下この条及び次条において「増築等」という。）

改正：令和2年法律第43号　　　施行：令和2年9月7日
第86条の7　（既存の建築物に対する制限の緩和）

1　第3条第2項（第86条の9第1項において準用する場合を含む。以下この条、次条、第87条及び第87条の2において同じ。）の規定により第20条、第26条、第27条、第28条の2（同条各号に掲げる基準のうち政令で定めるものに係る部分に限る。）、第30条、第34条第2項、第47条、第48条第1項から第14項まで、第51条、第52条第1項、第2項若しくは第7項、第53条第1項若しくは第2項、第54条第1項、第55条第1項、第56条第1項、第56条の2第1項、第57条の4第1項、第57条の5第1項、第58条、第59条第1項若しくは第2項、第60条第1項若しくは第2項、第60条の2第1項若しくは第2項、<u>第60条の2の2第1項から第3項まで</u>、第60条の3第1項若しくは第2項、第61条、第67条第1項若しくは第5項から第7項まで又は第68条第1項若しくは第2項の規定の適用を受けない建築物について政令で定める範囲内において増築、改築、大規模の修繕又は大規模の模様替（以下この条及び次条において「増築等」という。）をする場合（第3条第2項の規定により第20条の規定の適用を受けない建築物について当該政令で定める範囲内において増築又は改築をする場合にあつては、当該増築又は改築後の建築物の構造方法が政令で定める基準に適合する場合に限る。）においては、第3条第3項第三号及び第四号の規定にかかわらず、これらの規定は、適用しない。

2　略

3　第3条第2項の規定により第28条、第28条の2（同条各号に掲げる基準のうち政令で定めるものに係る部分に限る。）、第29条から第32条まで、第34条第1項、第35条の3又は第36条（防火壁、<u>防火床</u>、防火区画、消火設備及び避雷設備の設置及び構造に係る部分を除く。）の規定の適用を受けない建築物について増築等をする場合においては、第3条第3項第三号及び第四号の規定にかかわらず、当該増築等をする部分以外の部分に対しては、これらの規定は、適用しない。

4　略

改正：令和4年法律第69号　　　施行：令和5年4月1日
第86条の7　（既存の建築物に対する制限の緩和）

1　第3条第2項（第86条の9第1項において準用する場合を含む。以下この条、次条、第87条及び第87条の2において同じ。）の規定により第20条、第26条、第27条、第28条の2（同条各号に掲げる基準のうち政令で定めるものに係る部分に限る。）、第30条、第34条第2項、第47条、第48条第1項から第14項まで、第51条、第52条第1項、第2項若しくは第7項、第53条第1項若しくは第2項、第54条第1項、第55条第1項、第56条第1項、第56条の2第1項、第57条の4第1項、第57条の5第1項、<u>第58条第1項</u>、第59条第1項若しくは第2項、第60条第1項若しくは第2項、第60条の2第1項若しくは第2項、第60条の2の2第1項から第3項まで、第60条の3第1項若しくは第2項、第61条、第67条第1項若しくは第5項から第7項まで又は第68条第1項若しくは第2項の規定の適用を受けない建築物について政令で定める範囲内において増築、改築、大規模の修繕又は大規模の模様替（以下この条及び次条において「増築等」という。）をする場合（第3条第2項の規定により第20条の規定の適用を受けない建築物について当該政令で定める範囲内において増築又は改築をする場合にあつては、当該増築又は改築後の建築物の構造方法が政令で定める基準に適合する場合に限る。）においては、<u>第3条第3項（第三号及び第四号に係る部分に限る。以下この条において同じ。）</u>の規定にかかわらず、これらの規定は、適用しない。

2　第3条第2項の規定により第20条又は第35条（同条の技術的基準のうち政令で定めるものに係る部分に限る。以下この項及び第87条第4項において同じ。）の規定の適用を受けない建築物であつて、第20条又は第35条に規定する基準の適用上一の建築物であつても別の建築物とみなすことができる部分として政令で定める部分（以下この項において「独立部分」という。）が2以上あるものについて増築等をする場合においては、<u>第3条第3項</u>の規定にかかわらず、当該増築等をする独立部分以外の独立部分に対しては、これらの規定は、適用

法86条の7　改正：令和4年法律第69号

　　しない。
3　第3条第2項の規定により第28条、第28条の2（同条各号に掲げる基準のうち政令で定めるものに係る部分に限る。）、第29条から第32条まで、第34条第1項、第35条の3又は第36条（防火壁、防火床、防火区画、消火設備及び避雷設備の設置及び構造に係る部分を除く。）の規定の適用を受けない建築物について増築等をする場合においては、第3条第3項の規定にかかわらず、当該増築等をする部分以外の部分に対しては、これらの規定は、適用しない。
4　第3条第2項の規定により建築基準法令の規定の適用を受けない建築物について政令で定める範囲内において移転をする場合においては、同条第3項の規定にかかわらず、建築基準法令の規定は、適用しない。

改正：令和4年法律第69号　　　施行：令和6年4月1日
第86条の7　（既存の建築物に対する制限の緩和）

1　第3条第2項（第86条の9第1項において準用する場合を含む。以下この条、次条、第87条及び第87条の2において同じ。）の規定により第20条、第21条、第22条第1項、第23条、第25条から第27条まで、第28条の2（同条第一号及び第二号に掲げる基準に係る部分に限る。）、第30条、第34条第2項、第35条（同条の階段、出入口その他の避難施設及び排煙設備に関する技術的基準のうち政令で定めるもの（次項及び第87条第4項において「階段等に関する技術的基準」という。）並びに第35条の敷地内の避難上及び消火上必要な通路に関する技術的基準のうち政令で定めるものに係る部分に限る。）、第36条（同条の防火壁及び防火区画の設置及び構造に関する技術的基準のうち政令で定めるもの（次項において「防火壁等に関する技術的基準」という。）に係る部分に限る。）、第43条第1項、第44条第1項、第47条、第48条第1項から第14項まで、第51条、第52条第1項、第2項若しくは第7項、第53条第1項若しくは第2項、第54条第1項、第55条第1項、第56条第1項、第56条の2第1項、第57条の4第1項、第57条の5第1項、第58条第1項、第59条第1項若しくは第2項、第60条第1項若しくは第2項、第60条の2第1項若しくは第2項、第60条の2の2第1項から第3項まで、第60条の3第1項若しくは第2項、第61条、第62条、第67条第1項若しくは第5項から第7項まで又は第68条第1項若しくは第2項の規定の適用を受けない建築物について政令で定める範囲内において増築、改築、大規模の修繕又は大規模の模様替（以下この条及び次条において「増築等」という。）をする場合（第3条第2項の規定により第20条の規定の適用を受けない建築物について当該政令で定める範囲内において増築又は改築をする場合にあつては、当該増築又は改築後の建築物の構造方法が政令で定める基準に適合する場合に限る。）においては、第3条第3項（第三号及び第四号に係る部分に限る。以下この条において同じ。）の規定にかかわらず、これらの規定は、適用しない。
2　第3条第2項の規定により第20条、第21条、第23条、第26条、第27条、第35条（階段等に関する技術的基準に係る部分に限る。）、第36条（防火壁等に関する技術的基準（政令で定める防火区画に係る部分を除く。）に係る部分に限る。）又は第61条の規定の適用を受けない建築物であつて、これらの規定に規定する基準の適用上一の建築物であつても別の建築物とみなすことができる部分として政令で定める部分（以下この項において「独立部分」という。）が2以上あるものについて増築等をする場合においては、第3条第3項の規定にかかわらず、当該増築等をする独立部分以外の独立部分に対しては、これらの規定は、適用しない。
3　第3条第2項の規定により第28条、第28条の2（同条第三号に掲げる基準のうち政令で定めるものに係る部分に限る。）、第29条から第32条まで、第34条第1項、第35条（同条の廊下並びに非常用の照明装置及び進入口に関する技術的基準のうち政令で定めるもの（第87条第4項において「廊下等に関する技術的基準」という。）に係る部分に限る。）、第35条の2、第35条の3、第36条（防火壁、防火床、防火区画、消火設備及び避雷設備の設置及び構造に係る部分を除く。）又は第37条の規定の適用を受けない建築物について増築等をする場合においては、第3条第3項の規定にかかわらず、当該増築等をする部分以外の部分に対しては、これらの規定は、適用しない。
4　第3条第2項の規定により建築基準法令の規定の適用を受けない建築物について政令で定める範囲内において移転をする場合においては、同条第3項の規定にかかわらず、建築基準法令の規定は、適用しない。

[現行]　第86条の8　（既存の一の建築物について2以上の工事に分けて増築等を含む工事を行う場合の制限の緩和）

制定：平成16年法律第67号　　　施行：平成17年6月1日

改正：平成30年法律第67号　**法86条の8**

第86条の8　（既存の一の建築物について2以上の工事に分けて工事を行う場合の制限の緩和）

1　第3条第2項の規定によりこの法律又はこれに基づく命令若しくは条例の規定の適用を受けない一の建築物について2以上の工事に分けて増築等を含む工事を行う場合において、特定行政庁が当該2以上の工事の全体計画が次に掲げる基準に適合すると認めたときにおける同項及び同条第3項の規定の適用については、同条第2項中「建築、修繕若しくは模様替の工事中の」とあるのは「第86条の8第1項の認定を受けた全体計画に係る2以上の工事の工事中若しくはこれらの工事の間の」と、同条第3項中「適用しない」とあるのは「適用しない。ただし、第三号又は第四号に該当するものにあつては、第86条の8第1項の認定を受けた全体計画に係る2以上の工事のうち最後の工事に着手するまでは、この限りでない」と、同項第三号中「工事」とあるのは「最初の工事」と、「増築、改築、大規模の修繕又は大規模の模様替」とあるのは「第86条の8第1項の認定を受けた全体計画に係る2以上の工事」とする。
　一　一の建築物の増築等を含む工事を2以上の工事に分けて行うことが当該建築物の利用状況その他の事情によりやむを得ないものであること。
　二　全体計画に係るすべての工事の完了後において、当該全体計画に係る建築物及び建築物の敷地が建築基準法令の規定に適合することとなること。
　三　全体計画に係るいずれの工事の完了後においても、当該全体計画に係る建築物及び建築物の敷地について、交通上の支障、安全上、防火上及び避難上の危険性並びに衛生上及び市街地の環境の保全上の有害性が増大しないものであること。
2　前項の認定の申請の手続その他当該認定に関し必要な事項は、国土交通省令で定める。
3　第1項の認定を受けた全体計画に係る工事の建築主（以下この条において「認定建築主」という。）は、当該認定を受けた全体計画の変更（国土交通省令で定める軽微な変更を除く。）をしようとするときは、特定行政庁の認定を受けなければならない。前2項の規定は、この場合に準用する。
4　特定行政庁は、認定建築主に対し、第1項の認定を受けた全体計画（前項の規定による変更の認定があつたときは、その変更後のもの。次項において同じ。）に係る工事の状況について報告を求めることができる。
5　特定行政庁は、認定建築主が第1項の認定を受けた全体計画に従つて工事を行つていないと認めるときは、当該認定建築主に対し、相当の猶予期限を付けて、その改善に必要な措置をとるべきことを命ずることができる。
6　特定行政庁は、認定建築主が前項の命令に違反したときは、第1項又は第3項の認定を取り消すことができる。

改正：平成26年法律第54号　　　施行：平成27年6月1日
第86条の8　（既存の一の建築物について2以上の工事に分けて工事を行う場合の制限の緩和）

1　第3条第2項の規定によりこの法律又はこれに基づく命令若しくは条例の規定の適用を受けない一の建築物について2以上の工事に分けて増築等を含む工事を行う場合において、特定行政庁が当該2以上の工事の全体計画が次に掲げる基準に適合すると認めたときにおける同項及び同条第3項の規定の適用については、同条第2項中「建築、修繕若しくは模様替の工事中の」とあるのは「第86条の8第1項の認定を受けた全体計画に係る2以上の工事の工事中若しくはこれらの工事の間の」と、同条第3項中「適用しない」とあるのは「適用しない。ただし、第三号又は第四号に該当するものにあつては、第86条の8第1項の認定を受けた全体計画に係る2以上の工事のうち最後の工事に着手するまでは、この限りでない」と、同項第三号中「工事」とあるのは「最初の工事」と、「増築、改築、<u>移転</u>、大規模の修繕又は大規模の模様替」とあるのは「第86条の8第1項の認定を受けた全体計画に係る2以上の工事」とする。
　一　略
　二　全体計画に係る<u>全て</u>の工事の完了後において、当該全体計画に係る建築物及び建築物の敷地が建築基準法令の規定に適合することとなること。
　三　略
2〜6　略

改正：平成30年法律第67号　　　施行：令和元年6月25日
第86条の8　（既存の一の建築物について2以上の工事に分けて<u>増築等を含む</u>工事を行う場合の制限の緩和）

法86条の8　改正：平成30年法律第67号

1　第3条第2項の規定によりこの法律又はこれに基づく命令若しくは条例の規定の適用を受けない一の建築物について2以上の工事に分けて増築等を含む工事を行う場合において、特定行政庁が当該2以上の工事の全体計画が次に掲げる基準に適合すると認めたときにおける同項及び同条第3項の規定の適用については、同条第2項中「建築、修繕若しくは模様替の工事中の」とあるのは「第86条の8第1項の認定を受けた全体計画に係る2以上の工事の工事中若しくはこれらの工事の間の」と、同条第3項中「適用しない」とあるのは「適用しない。ただし、第三号又は第四号に該当するものにあつては、第86条の8第1項の認定を受けた全体計画に係る2以上の工事のうち最後の工事に着手するまでは、この限りでない」と、同項第三号中「工事」とあるのは「最初の工事」と、「増築、改築、移転、大規模の修繕又は大規模の模様替」とあるのは「第86条の8第1項の認定を受けた全体計画に係る2以上の工事」とする。
　一　一の建築物の増築等を含む工事を2以上の工事に分けて行うことが当該建築物の利用状況その他の事情によりやむを得ないものであること。
　二　全体計画に係る全ての工事の完了後において、当該全体計画に係る建築物及び建築物の敷地が建築基準法令の規定に適合することとなること。
　三　全体計画に係るいずれの工事の完了後においても、当該全体計画に係る建築物及び建築物の敷地について、交通上の支障、安全上、防火上及び避難上の危険性並びに衛生上及び市街地の環境の保全上の有害性が増大しないものであること。
2　前項の認定の申請の手続その他当該認定に関し必要な事項は、国土交通省令で定める。
3　第1項の認定を受けた全体計画に係る工事の建築主（以下この条において「認定建築主」という。）は、当該認定を受けた全体計画の変更（国土交通省令で定める軽微な変更を除く。）をしようとするときは、特定行政庁の認定を受けなければならない。前2項の規定は、この場合に準用する。
4　特定行政庁は、認定建築主に対し、第1項の認定を受けた全体計画（前項の規定による変更の認定があつたときは、その変更後のもの。次項において同じ。）に係る工事の状況について報告を求めることができる。
5　特定行政庁は、認定建築主が第1項の認定を受けた全体計画に従つて工事を行つていないと認めるときは、当該認定建築主に対し、相当の猶予期限を付けて、その改善に必要な措置をとるべきことを命ずることができる。
6　特定行政庁は、認定建築主が前項の命令に違反したときは、第1項又は第3項の認定を取り消すことができる。

[現行]　第86条の9　（公共事業の施行等による敷地面積の減少についての第3条等の規定の準用）

制定：平成16年法律第67号　　　施行：平成17年6月1日
第86条の9　（公共事業の施行等による敷地面積の減少についての第3条等の規定の準用）

1　第3条第2項及び第3項（第一号及び第二号を除く。）の規定は、次に掲げる事業の施行の際現に存する建築物若しくはその敷地又は現に建築、修繕若しくは模様替の工事中の建築物若しくはその敷地が、当該事業の施行によるこれらの建築物の敷地面積の減少により、この法律若しくはこれに基づく命令若しくは条例の規定に適合しないこととなつた場合又はこれらの規定に適合しない部分を有するに至つた場合について準用する。この場合において、同項第三号中「この法律又はこれに基づく命令若しくは条例の規定の施行又は適用」とあるのは、「第86条の9第1項各号に掲げる事業の施行による建築物の敷地面積の減少」と読み替えるものとする。
　一　土地収用法第3条各号に掲げるものに関する事業若しくは都市計画法の規定により土地を収用し、若しくは使用することができる都市計画事業又はこれらの事業に係る土地収用法第16条に規定する関連事業
　二　その他前号の事業に準ずる事業で政令で定めるもの
2　第53条の2第3項（第57条の5第3項、第67条の2第4項及び第68条第4項において準用する場合を含む。以下この項において同じ。）の規定は、前項各号に掲げる事業の施行による面積の減少により、当該事業の施行の際現に建築物の敷地として使用されている土地で第53条の2第1項（第57条の5第3項において準用する場合を含む。）、第67条の2第3項若しくは第68条第3項の規定に適合しなくなるもの又は当該事業の施行の際現に存する所有権その他の権利に基づいて建築物の敷地として使用するならばこれらの規定に適合しないこととなる土地について準用する。この場合において、第53条の2第3項中「同項の規定は」とあるのは「第1項、第67条の2第3項又は第68条第3項の規定は」と、同項第一号中「第1項の都市計画における

建築物の敷地面積の最低限度が変更された際、」とあるのは「第86条の９第１項各号に掲げる事業の施行により面積が減少した際、当該面積の減少がなくとも」と、「従前の制限」とあるのは「制限」と、同項第二号中「第１項」とあるのは「第１項（第57条の５第３項において準用する場合を含む。）、第67条の２第３項若しくは第68条第３項」と、「同項」とあるのは「これら」と読み替えるものとする。

改正：平成26年法律第54号　　　施行：平成27年６月１日
第86条の９　（公共事業の施行等による敷地面積の減少についての第３条等の規定の準用）

１　略
２　第53条の２第３項（第57条の５第３項、<u>第67条の３第４項</u>及び第68条第４項において準用する場合を含む。以下この項において同じ。）の規定は、前項各号に掲げる事業の施行による面積の減少により、当該事業の施行の際現に建築物の敷地として使用されている土地で第53条の２第１項（第57条の５第３項において準用する場合を含む。）、<u>第67条の３第３項</u>若しくは第68条第３項の規定に適合しなくなるもの又は当該事業の施行の際現に存する所有権その他の権利に基づいて建築物の敷地として使用するならばこれらの規定に適合しないこととなる土地について準用する。この場合において、第53条の２第３項中「同項の規定は」とあるのは「第１項、<u>第67条の３第３項</u>又は第68条第３項の規定は」と、同項第一号中「第１項の都市計画における建築物の敷地面積の最低限度が変更された際、」とあるのは「第86条の９第１項各号に掲げる事業の施行により面積が減少した際、当該面積の減少がなくとも」と、「従前の制限」とあるのは「制限」と、同項第二号中「第１項」とあるのは「第１項（第57条の５第３項において準用する場合を含む。）、<u>第67条の３第３項</u>若しくは第68条第３項」と、「同項」とあるのは「これら」と読み替えるものとする。

改正：平成30年法律第67号　　　施行：令和元年６月25日
第86条の９　（公共事業の施行等による敷地面積の減少についての第３条等の規定の準用）

１　第３条第２項及び第３項（第一号及び第二号を除く。）の規定は、次に掲げる事業の施行の際現に存する建築物若しくはその敷地又は現に建築、修繕若しくは模様替の工事中の建築物若しくはその敷地が、当該事業の施行によるこれらの建築物の敷地面積の減少により、この法律若しくはこれに基づく命令若しくは条例の規定に適合しないこととなつた場合又はこれらの規定に適合しない部分を有するに至つた場合について準用する。この場合において、同項第三号中「この法律又はこれに基づく命令若しくは条例の規定の施行又は適用」とあるのは、「第86条の９第１項各号に掲げる事業の施行による建築物の敷地面積の減少」と読み替えるものとする。
　一　土地収用法第３条各号に掲げるものに関する事業若しくは都市計画法の規定により土地を収用し、若しくは使用することができる都市計画事業又はこれらの事業に係る土地収用法第16条に規定する関連事業
　二　その他前号の事業に準ずる事業で政令で定めるもの
２　第53条の２第３項（第57条の５第３項、<u>第67条第４項</u>及び第68条第４項において準用する場合を含む。以下この項において同じ。）の規定は、前項各号に掲げる事業の施行による面積の減少により、当該事業の施行の際現に建築物の敷地として使用されている土地で第53条の２第１項（第57条の５第３項において準用する場合を含む。）、<u>第67条第３項</u>若しくは第68条第３項の規定に適合しなくなるもの又は当該事業の施行の際現に存する所有権その他の権利に基づいて建築物の敷地として使用するならばこれらの規定に適合しないこととなる土地について準用する。この場合において、第53条の２第３項中「同項の規定は」とあるのは「第１項、<u>第67条第３項</u>又は第68条第３項の規定は」と、同項第一号中「第１項の都市計画における建築物の敷地面積の最低限度が変更された際、」とあるのは「第86条の９第１項各号に掲げる事業の施行により面積が減少した際、当該面積の減少がなくとも」と、「従前の制限」とあるのは「制限」と、同項第二号中「第１項」とあるのは「第１項（第57条の５第３項において準用する場合を含む。）、<u>第67条第３項</u>若しくは第68条第３項」と、「同項」とあるのは「これら」と読み替えるものとする。

[削除条文]

制定：昭和25年法律第201号　　　施行：昭和25年11月23日

法旧51条 制定：昭和25年法律第201号

旧　第51条　（用途地域又は専用地区内における既存建築物に対する制限の緩和）

1　既存建築物で第49条又は前条第2項若しくは第4項の規定に適合しないものは、これらの規定（第87条第2項において準用する場合を含む。）にかかわらず、政令で定める範囲内において、増築し、改築し、又はその用途を変更することができる。

改正：昭和34年法律第156号　　　施行：昭和34年12月23日
旧　第51条　（用途地域又は専用地区内における既存建築物に対する制限の緩和）　　　削除

[削除条文]

制定：昭和27年法律第160号　　　施行：昭和27年5月31日
旧　第61条の2　（防火地域内における既存建築物に対する制限の緩和）

1　既存建築物で、前条の規定に適合しないものを、政令で定める範囲内において、増築し、又は改築する場合においては、第3条の規定にかかわらず、前条の規定は、適用しない。

改正：昭和34年法律第156号　　　施行：昭和34年12月23日
旧　第61条の2　（防火地域内における既存建築物に対する制限の緩和）　　　削除

[現行]　第87条　（用途の変更に対するこの法律の準用）

制定：昭和25年法律第201号　　　施行：昭和25年11月23日
第87条　（用途の変更に対するこの法律の適用）

1　建築物の用途を変更して第6条第1項第一号の特殊建築物のいずれかとする場合においては、当該用途の変更を同号の建築物を建築するものとみなして、同条及び第7条第1項の規定を準用する。
2　建築物の用途を変更する場合においては、当該建築物を建築するものとみなして、第24条、第27条、第28条第1項、第29条、第30条、第35条、第36条中第28条第1項及び第35条に関する部分、第49条、第50条第2項若しくは第4項若しくは第53条の規定又は第39条、第40条、第43条第2項若しくは第52条第3項の規定に基く条例の規定を準用する。但し、当該用途の変更が政令で指定する類似の用途相互間におけるものであつて、且つ、建築物の模様替をしない場合又はその模様替が大規模でない場合においては、この限りでない。

改正：昭和34年法律第156号　　　施行：昭和34年12月23日
第87条　（用途の変更に対するこの法律の準用）

1　建築物の用途を変更して第6条第1項第一号の特殊建築物のいずれかとする場合においては、同条（第2項及び第7項を除く。）、第7条第1項及び第18条第1項から第5項までの規定を準用する。
2　建築物（第3項の建築物を除く。）の用途を変更する場合においては、第49条、第50条第2項及び第4項並びに第54条の規定並びに第39条、第40条、第43条第2項、第52条第3項及び第4項並びに第53条の規定に基く条例の規定を準用する。
3　第3条第2項の規定により第24条、第27条、第28条第1項、第29条、第30条、第35条から第35条の3まで、第36条中第28条第1項若しくは第35条に関する部分、第49条第1項から第4項まで、第50条第2項若しくは第4項若しくは第54条の規定又は第39条、第40条、第43条第2項、第52条第3項若しくは第4項若しくは第53条の規定に基く条例の規定の適用を受けない建築物の用途を変更する場合においては、次の各号の一に該当する場合を除き、これらの規定を準用する。
一　増築、改築、大規模の修繕又は大規模の模様替をする場合
二　当該用途の変更が政令で指定する類似の用途相互間におけるものであつて、かつ、建築物の修繕若しく

改正：昭和55年法律第34号 **法87条**

　　　は模様替をしない場合又はその修繕若しくは模様替が大規模でない場合
　三　第49条第1項から第4項まで又は第50条第2項若しくは第4項の規定に関しては、用途の変更が政令で定める範囲内である場合

改正：昭和43年法律第101号　　　施行：昭和44年6月14日
第87条　（用途の変更に対するこの法律の準用）
1　略
2　建築物（第3項の建築物を除く。）の用途を変更する場合においては、第49条、<u>第50条及び第54条</u>の規定並びに第39条、第40条、第43条第2項、<u>第52条及び第53条</u>の規定に基く条例の規定を準用する。
3　第3条第2項の規定により第24条、第27条、第28条第1項、第29条、第30条、第35条から第35条の3まで、第36条中第28条第1項若しくは第35条に関する部分、第49条第1項から第4項まで、<u>第50条若しくは第54条</u>の規定又は第39条、第40条、第43条第2項、<u>第52条若しくは第53条</u>の規定に基く条例の規定の適用を受けない建築物の用途を変更する場合においては、次の各号の一に該当する場合を除き、これらの規定を準用する。
　一〜三　略

改正：昭和45年法律第109号　　　施行：昭和46年1月1日
第87条　（用途の変更に対するこの法律の準用）
1　略
2　建築物（第3項の建築物を除く。）の用途を変更する場合においては、<u>第48条第1項から第8項まで及び第51条</u>の規定並びに<u>第39条第2項</u>、第40条、第43条第2項、<u>第49条及び第50条</u>の規定に基づく条例の規定を準用する。
3　第3条第2項の規定により第24条、第27条、<u>第28条第1項若しくは第3項</u>、<u>第29条から第30条の2まで</u>、第35条から第35条の3まで、第36条中第28条第1項若しくは第35条に関する部分、<u>第48条第1項から第8項まで若しくは第51条</u>の規定又は<u>第39条第2項</u>、第40条、第43条第2項、<u>第49条若しくは第50条</u>の規定に基づく条例の規定の適用を受けない建築物の用途を変更する場合においては、次の各号の一に該当する場合を除き、これらの規定を準用する。
　一・二　略
　三　<u>第48条第1項から第8項まで</u>の規定に関しては、用途の変更が政令で定める範囲内である場合

改正：昭和51年法律第83号　　　施行：昭和52年11月1日
第87条　（用途の変更に対するこの法律の準用）
1　建築物の用途を変更して第6条第1項第一号の特殊建築物のいずれかとする場合<u>（当該用途の変更が政令で指定する類似の用途相互間におけるものである場合を除く。）</u>においては、同条（第2項及び第7項を除く。）、第7条第1項及び第18条第1項から第5項までの規定を準用する。
2・3　略

改正：昭和55年法律第34号　　　施行：昭和55年10月25日
第87条　（用途の変更に対するこの法律の準用）
1　略
2　建築物（第3項の建築物を除く。）の用途を変更する場合においては、第48条第1項から第8項まで及び第51条の規定並びに第39条第2項、第40条、第43条第2項、第49条、<u>第50条及び第68条の2第1項</u>の規定に基づく条例の規定を準用する。
3　第3条第2項の規定により第24条、第27条、第28条第1項若しくは第3項、第29条から第30条の2まで、第35条から第35条の3まで、第36条中第28条第1項若しくは第35条に関する部分、第48条第1項から第8項まで若しくは第51条の規定又は第39条第2項、第40条、第43条第2項、第49条、<u>第50条若しくは第68条の2</u>

法87条 改正：昭和55年法律第34号

第1項の規定に基づく条例の規定の適用を受けない建築物の用途を変更する場合においては、次の各号の一に該当する場合を除き、これらの規定を準用する。
一～三　略

改正：平成4年法律第82号　　　施行：平成5年6月25日
第87条　（用途の変更に対するこの法律の準用）

1　略
2　建築物（次項の建築物を除く。）の用途を変更する場合においては、第48条第1項から第12項まで及び第51条の規定並びに第39条第2項、第40条、第43条第2項、第49条、第50条、第68条の2第1項及び第68条の9の規定に基づく条例の規定を準用する。
3　第3条第2項の規定により第24条、第27条、第28条第1項若しくは第3項、第29条から第30条の2まで、第35条から第35条の3まで、第36条中第28条第1項若しくは第35条に関する部分、第48条第1項から第12項まで若しくは第51条の規定又は第39条第2項、第40条、第43条第2項、第49条、第50条、第68条の2第1項若しくは第68条の9の規定に基づく条例の規定の適用を受けない建築物の用途を変更する場合においては、次の各号の一に該当する場合を除き、これらの規定を準用する。
一・二　略
三　第48条第1項から第12項までの規定に関しては、用途の変更が政令で定める範囲内である場合

改正：平成10年法律第100号　　　施行：平成10年6月12日
第87条　（用途の変更に対するこの法律の準用）

1・2　略
3　第3条第2項の規定により第24条、第27条、第28条第1項若しくは第3項、第29条、第30条、第35条から第35条の3まで、第36条中第28条第1項若しくは第35条に関する部分、第48条第1項から第12項まで若しくは第51条の規定又は第39条第2項、第40条、第43条第2項、第49条、第50条、第68条の2第1項若しくは第68条の9の規定に基づく条例の規定の適用を受けない建築物の用途を変更する場合においては、次の各号の一に該当する場合を除き、これらの規定を準用する。
一～三　略

改正：平成10年法律第100号　　　施行：平成11年5月1日
第87条　（用途の変更に対するこの法律の準用）

1　建築物の用途を変更して第6条第1項第一号の特殊建築物のいずれかとする場合（当該用途の変更が政令で指定する類似の用途相互間におけるものである場合を除く。）においては、同条（第3項及び第8項を除く。）、第6条の2、第7条第1項及び第18条第1項から第5項までの規定を準用する。この場合において、第7条第1項中「建築主事の検査を申請しなければならない」とあるのは、「建築主事に届け出なければならない」と読み替えるものとする。
2・3　略

改正：平成11年法律第87号　　　施行：平成12年4月1日
第87条　（用途の変更に対するこの法律の準用）

1　建築物の用途を変更して第6条第1項第一号の特殊建築物のいずれかとする場合（当該用途の変更が政令で指定する類似の用途相互間におけるものである場合を除く。）においては、同条（第3項を除く。）、第6条の2、第7条第1項及び第18条第1項から第5項までの規定を準用する。この場合において、第7条第1項中「建築主事の検査を申請しなければならない」とあるのは、「建築主事に届け出なければならない」と読み替えるものとする。
2・3　略

改正：平成10年法律第100号　　　施行：平成12年6月1日
第87条　（用途の変更に対するこの法律の準用）

1　建築物の用途を変更して第6条第1項第一号の特殊建築物のいずれかとする場合（当該用途の変更が政令で指定する類似の用途相互間におけるものである場合を除く。）においては、同条（第3項を除く。）、第6条の2、<u>第6条の3（第1項第一号及び第二号の建築物に係る部分に限る。）</u>、第7条第1項及び第18条第1項から第5項までの規定を準用する。この場合において、第7条第1項中「建築主事の検査を申請しなければならない」とあるのは、「建築主事に届け出なければならない」と読み替えるものとする。

2・3　略

改正：平成12年法律第73号　　　施行：平成13年5月18日
第87条　（用途の変更に対するこの法律の準用）

1　略

2　建築物（次項の建築物を除く。）の用途を変更する場合においては、第48条第1項から第12項まで及び第51条の規定並びに第39条第2項、第40条、第43条第2項、<u>第49条から第50条まで</u>、第68条の2第1項及び第68条の9の規定に基づく条例の規定を準用する。

3　第3条第2項の規定により第24条、第27条、第28条第1項若しくは第3項、第29条、第30条、第35条から第35条の3まで、第36条中第28条第1項若しくは第35条に関する部分、第48条第1項から第12項まで若しくは第51条の規定又は第39条第2項、第40条、第43条第2項、<u>第49条から第50条まで</u>、第68条の2第1項若しくは第68条の9の規定に基づく条例の規定の適用を受けない建築物の用途を変更する場合においては、次の各号の一に該当する場合を除き、これらの規定を準用する。

一〜三　略

改正：平成14年法律第22号　　　施行：平成14年6月1日
第87条　（用途の変更に対するこの法律の準用）

1　略

2　建築物（次項の建築物を除く。）の用途を変更する場合においては、第48条第1項から第12項まで、<u>第51条及び第60条の2第3項</u>の規定並びに第39条第2項、第40条、第43条第2項、第49条から第50条まで、第68条の2第1項及び第68条の9の規定に基づく条例の規定を準用する。

3　略

改正：平成14年法律第85号　　　施行：平成15年1月1日
第87条　（用途の変更に対するこの法律の準用）

1　略

2　建築物（次項の建築物を除く。）の用途を変更する場合においては、第48条第1項から第12項まで、第51条及び第60条の2第3項の規定並びに第39条第2項、第40条、第43条第2項、第49条から第50条まで、第68条の2第1項<u>及び第5項並びに</u>第68条の9の規定に基づく条例の規定を準用する。

3　略

改正：平成15年法律第101号　　　施行：平成15年12月19日
第87条　（用途の変更に対するこの法律の準用）

1　略

2　建築物（次項の建築物を除く。）の用途を変更する場合においては、第48条第1項から第12項まで、第51条及び第60条の2第3項の規定並びに第39条第2項、第40条、第43条第2項、<u>第43条の2</u>、第49条から第50条まで、第68条の2第1項及び第5項並びに第68条の9の規定に基づく条例の規定を準用する。

3　第3条第2項の規定により第24条、第27条、第28条第1項若しくは第3項、第29条、第30条、第35条から

法87条　改正：平成15年法律第101号

第35条の3まで、第36条中第28条第1項若しくは第35条に関する部分、第48条第1項から第12項まで若しくは第51条の規定又は第39条第2項、第40条、第43条第2項、<u>第43条の2</u>、第49条から第50条まで、第68条の2第1項若しくは第68条の9の規定に基づく条例の規定の適用を受けない建築物の用途を変更する場合においては、次の各号の<u>いずれかに該当する場合を除き</u>、これらの規定を準用する。
一～三　略

改正：平成16年法律第111号　　　施行：平成17年6月1日
第87条　（用途の変更に対するこの法律の準用）

1　略
2　建築物（次項の建築物を除く。）の用途を変更する場合においては、第48条第1項から第12項まで、第51条及び第60条の2第3項の規定並びに第39条第2項、第40条、第43条第2項、第43条の2、第49条から第50条まで、第68条の2第1項及び第5項並びに<u>第68条の9第1項</u>の規定に基づく条例の規定を準用する。
3　第3条第2項の規定により第24条、第27条、第28条第1項若しくは第3項、第29条、第30条、第35条から第35条の3まで、第36条中第28条第1項若しくは第35条に関する部分、第48条第1項から第12項まで若しくは第51条の規定又は第39条第2項、第40条、第43条第2項、第43条の2、第49条から第50条まで、第68条の2第1項若しくは<u>第68条の9第1項</u>の規定に基づく条例の規定の適用を受けない建築物の用途を変更する場合においては、次の各号のいずれかに該当する場合を除き、これらの規定を準用する。
一～三　略

改正：平成16年法律第67号　　　施行：平成17年6月1日
第87条　（用途の変更に対するこの法律の準用）

1～3　略
<u>4</u>　<u>第86条の7第2項（第35条に係る部分に限る。）及び第86条の7第3項（第28条第1項若しくは第3項、第29条、第30条、第35条の3又は第36条（居室の採光面積に係る部分に限る。以下この項において同じ。）に係る部分に限る。）の規定は、第3条第2項の規定により第28条第1項若しくは第3項、第29条、第30条、第35条、第35条の3又は第36条の規定の適用を受けない建築物の用途を変更する場合について準用する。この場合において、第86条の7第2項及び第3項中「増築等」とあるのは「用途の変更」と、「第3条第3項第三号及び第四号」とあるのは「第87条第3項」と読み替えるものとする。</u>

改正：平成18年法律第92号　　　施行：平成19年6月20日
第87条　（用途の変更に対するこの法律の準用）

1　建築物の用途を変更して第6条第1項第一号の特殊建築物のいずれかとする場合（当該用途の変更が政令で指定する類似の用途相互間におけるものである場合を除く。）においては、同条（第3項及び第5項から<u>第12項まで</u>を除く。）、第6条の2<u>（第3項から第8項までを除く。）</u>、第6条の3（第1項第一号及び第二号の建築物に係る部分に限る。）、第7条第1項並びに第18条第1項から<u>第3項まで</u>及び<u>第12項</u>から<u>第14項</u>までの規定を準用する。この場合において、第7条第1項中「建築主事の検査を申請しなければならない」とあるのは、「建築主事に届け出なければならない」と読み替えるものとする。
2～4　略

改正：平成18年法律第46号　　　施行：平成19年11月30日
第87条　（用途の変更に対するこの法律の準用）

1　略
2　建築物（次項の建築物を除く。）の用途を変更する場合においては、第48条第1項から<u>第13項</u>まで、第51条、<u>第60条の2第3項及び第68条の3第7項</u>の規定並びに第39条第2項、第40条、第43条第2項、第43条の2、第49条から第50条まで、第68条の2第1項及び第5項並びに第68条の9第1項の規定に基づく条例の規定を準用する。

改正：平成29年法律第26号　**法87条**

3　第3条第2項の規定により第24条、第27条、第28条第1項若しくは第3項、第29条、第30条、第35条から第35条の3まで、第36条中第28条第1項若しくは第35条に関する部分、第48条第1項から第13項まで若しくは第51条の規定又は第39条第2項、第40条、第43条第2項、第43条の2、第49条から第50条まで、第68条の2第1項若しくは第68条の9第1項の規定に基づく条例の規定の適用を受けない建築物の用途を変更する場合においては、次の各号のいずれかに該当する場合を除き、これらの規定を準用する。
　一・二　略
　三　第48条第1項から第13項までの規定に関しては、用途の変更が政令で定める範囲内である場合
4　略

改正：平成26年法律第39号　　　　施行：平成26年8月1日
第87条　（用途の変更に対するこの法律の準用）

1　略
2　建築物（次項の建築物を除く。）の用途を変更する場合においては、第48条第1項から第13項まで、第51条、第60条の2第3項及び第68条の3第7項の規定並びに第39条第2項、第40条、第43条第2項、第43条の2、第49条から第50条まで、第60条の3第2項、第68条の2第1項及び第5項並びに第68条の9第1項の規定に基づく条例の規定を準用する。
3・4　略

改正：平成26年法律第54号　　　　施行：平成27年6月1日
第87条　（用途の変更に対するこの法律の準用）

1　建築物の用途を変更して第6条第1項第一号の特殊建築物のいずれかとする場合（当該用途の変更が政令で指定する類似の用途相互間におけるものである場合を除く。）においては、同条（第3項、第5項及び第6項を除く。）、第6条の2（第3項を除く。）、第6条の4（第1項第一号及び第二号の建築物に係る部分に限る。）、第7条第1項並びに第18条第1項から第3項まで及び第14項から第16項までの規定を準用する。この場合において、第7条第1項中「建築主事の検査を申請しなければならない」とあるのは、「建築主事に届け出なければならない」と読み替えるものとする。
2～4　略

改正：平成28年法律第72号　　　　施行：平成28年9月1日
第87条　（用途の変更に対するこの法律の準用）

1　略
2　建築物（次項の建築物を除く。）の用途を変更する場合においては、第48条第1項から第13項まで、第51条、第60条の2第3項及び第68条の3第7項の規定並びに第39条第2項、第40条、第43条第2項、第43条の2、第49条から第50条まで、第60条の3第3項、第68条の2第1項及び第5項並びに第68条の9第1項の規定に基づく条例の規定を準用する。
3・4　略

改正：平成29年法律第26号　　　　施行：平成30年4月1日
第87条　（用途の変更に対するこの法律の準用）

1　略
2　建築物（次項の建築物を除く。）の用途を変更する場合においては、第48条第1項から第14項まで、第51条、第60条の2第3項及び第68条の3第7項の規定並びに第39条第2項、第40条、第43条第2項、第43条の2、第49条から第50条まで、第60条の3第3項、第68条の2第1項及び第5項並びに第68条の9第1項の規定に基づく条例の規定を準用する。
3　第3条第2項の規定により第24条、第27条、第28条第1項若しくは第3項、第29条、第30条、第35条から第35条の3まで、第36条中第28条第1項若しくは第35条に関する部分、第48条第1項から第14項まで若しく

法87条　改正：平成29年法律第26号

は第51条の規定又は第39条第２項、第40条、第43条第２項、第43条の２、第49条から第50条まで、第68条の２第１項若しくは第68条の９第１項の規定に基づく条例の規定の適用を受けない建築物の用途を変更する場合においては、次の各号のいずれかに該当する場合を除き、これらの規定を準用する。
　一・二　略
　三　第48条第１項から<u>第14項</u>までの規定に関しては、用途の変更が政令で定める範囲内である場合
４　略

改正：平成30年法律第67号　　　施行：平成30年９月25日
第87条　（用途の変更に対するこの法律の準用）

１　略
２　建築物（次項の建築物を除く。）の用途を変更する場合においては、第48条第１項から第14項まで、第51条、第60条の２第３項及び第68条の３第７項の規定並びに第39条第２項、第40条、第43条第３項、第43条の２、第49条から第50条まで、第60条の３第３項、第68条の２第１項及び第５項並びに第68条の９第１項の規定に基づく条例の規定を準用する。
３　第３条第２項の規定により<u>第27条</u>、第28条第１項若しくは第３項、第29条、第30条、第35条から第35条の３まで、第36条中第28条第１項若しくは第35条に関する部分、第48条第１項から第14項まで若しくは第51条の規定又は第39条第２項、第40条、<u>第43条第３項</u>、第43条の２、第49条から第50条まで、第68条の２第１項若しくは第68条の９第１項の規定に基づく条例の規定の適用を受けない建築物の用途を変更する場合においては、次の各号のいずれかに該当する場合を除き、これらの規定を準用する。
　一～三　略
４　略

改正：平成30年法律第67号　　　施行：令和元年６月25日
第87条　（用途の変更に対するこの法律の準用）

１・２　略
３　第3条第2項の規定により第27条、第28条第1項若しくは第3項、第29条、第30条、第35条から第35条の3まで、第36条中第28条第1項若しくは第35条に関する部分、第48条第1項から第14項まで若しくは第51条の規定又は第39条第2項、第40条、第43条第3項、第43条の2、第49条から第50条まで、第68条の2第1項若しくは第68条の9第1項の規定に基づく条例の規定<u>（次条第1項において「第27条等の規定」という。）</u>の適用を受けない建築物の用途を変更する場合においては、次の各号のいずれかに該当する場合を除き、これらの規定を準用する。
　一～三　略
４　略

改正：令和２年法律第43号　　　施行：令和２年９月７日
第87条　（用途の変更に対するこの法律の準用）

１　略
２　建築物（次項の建築物を除く。）の用途を変更する場合においては、第48条第１項から第14項まで、第51条、第60条の２第３項及び第68条の３第７項の規定並びに第39条第２項、第40条、第43条第３項、第43条の２、第49条から第50条まで、<u>第60条の２の２第４項</u>、第60条の３第３項、第68条の２第１項及び第５項並びに第68条の９第１項の規定に基づく条例の規定を準用する。
３・４　略

改正：令和４年法律第69号　　　施行：令和５年４月１日
第87条　（用途の変更に対するこの法律の準用）

１～３　略

4 第86条の7第2項（第35条に係る部分に限る。）及び第86条の7第3項（第28条第1項若しくは第3項、第29条、第30条、第35条の3又は第36条（居室の採光面積に係る部分に限る。以下この項において同じ。）に係る部分に限る。）の規定は、第3条第2項の規定により第28条第1項若しくは第3項、第29条、第30条、第35条、第35条の3又は第36条の規定の適用を受けない建築物の用途を変更する場合について準用する。この場合において、第86条の7第2項及び第3項中「増築等」とあるのは「用途の変更」と、「第3条第3項」とあるのは「第87条第3項」と読み替えるものとする。

改正：令和4年法律第69号　　　施行：令和6年4月1日
第87条　（用途の変更に対するこの法律の準用）

1～3　略
4　第86条の7第2項（第27条又は第35条（階段等に関する技術的基準に係る部分に限る。）に係る部分に限る。）及び第86条の7第3項（第28条第1項若しくは第3項、第29条、第30条、第35条（廊下等に関する技術的基準に係る部分に限る。）、第35条の2、第35条の3又は第36条（居室の採光面積に係る部分に限る。以下この項において同じ。）に係る部分に限る。）の規定は、第3条第2項の規定により第27条、第28条第1項若しくは第3項、第29条、第30条、第35条（階段等に関する技術的基準及び廊下等に関する技術的基準に係る部分に限る。）又は第35条の2から第36条までの規定の適用を受けない建築物の用途を変更する場合について準用する。この場合において、第86条の7第2項及び第3項中「増築等」とあるのは「用途の変更」と、「第3条第3項」とあるのは「第87条第3項」と読み替えるものとする。

改正：令和5年法律第58号　　　施行：令和6年4月1日
第87条　（用途の変更に対するこの法律の準用）

1　建築物の用途を変更して第6条第1項第一号の特殊建築物のいずれかとする場合（当該用途の変更が政令で指定する類似の用途相互間におけるものである場合を除く。）においては、同条（第3項、第5項及び第6項を除く。）、第6条の2（第3項を除く。）、第6条の4（第1項第一号及び第二号の建築物に係る部分に限る。）、第7条第1項並びに第18条第1項から第3項まで及び第14項から第16項までの規定を準用する。この場合において、第7条第1項中「建築主事等の検査（建築副主事の検査にあつては、大規模建築物以外の建築物に係るものに限る。第7条の3第1項において同じ。）を申請しなければならない」とあるのは、「建築主事等（当該用途の変更が大規模建築物に係るものである場合にあつては、建築主事）に届け出なければならない」と読み替えるものとする。
2～4　略

改正：令和6年法律第53号　　　施行：令和6年11月1日
第87条　（用途の変更に対するこの法律の準用）

1　建築物の用途を変更して第6条第1項第一号の特殊建築物のいずれかとする場合（当該用途の変更が政令で指定する類似の用途相互間におけるものである場合を除く。）においては、同条（第3項、第5項及び第6項を除く。）、第6条の2（第3項を除く。）、第6条の4（第1項第一号及び第二号の建築物に係る部分に限る。）、第7条第1項並びに第18条第1項から第4項まで及び第15項から第20項までの規定を準用する。この場合において、第7条第1項中「建築主事等の検査（建築副主事の検査にあつては、大規模建築物以外の建築物に係るものに限る。第7条の3第1項において同じ。）を申請しなければならない」とあるのは、「建築主事等（当該用途の変更が大規模建築物に係るものである場合にあつては、建築主事）に届け出なければならない」と読み替えるものとする。
2　建築物（次項の建築物を除く。）の用途を変更する場合においては、第48条第1項から第14項まで、第51条、第60条の2第3項及び第68条の3第7項の規定並びに第39条第2項、第40条、第43条第3項、第43条の2、第49条から第50条まで、第60条の2の2第4項、第60条の3第3項、第68条の2第1項及び第5項並びに第68条の9第1項の規定に基づく条例の規定を準用する。
3　第3条第2項の規定により第27条、第28条第1項若しくは第3項、第29条、第30条、第35条から第35条の3まで、第36条中第28条第1項若しくは第35条に関する部分、第48条第1項から第14項まで若しくは第51条の規定又は

法87条　改正：令和6年法律第53号

第39条第2項、第40条、第43条第3項、第43条の2、第49条から第50条まで、第68条の2第1項若しくは第68条の9第1項の規定に基づく条例の規定（次条第1項において「第27条等の規定」という。）の適用を受けない建築物の用途を変更する場合においては、次の各号のいずれかに該当する場合を除き、これらの規定を準用する。
一　増築、改築、大規模の修繕又は大規模の模様替をする場合
二　当該用途の変更が政令で指定する類似の用途相互間におけるものであつて、かつ、建築物の修繕若しくは模様替をしない場合又はその修繕若しくは模様替が大規模でない場合
三　第48条第1項から第14項までの規定に関しては、用途の変更が政令で定める範囲内である場合

4　第86条の7第2項（第27条又は第35条（階段等に関する技術的基準に係る部分に限る。）に係る部分に限る。）及び第86条の7第3項（第28条第1項若しくは第3項、第29条、第30条、第35条（廊下等に関する技術的基準に係る部分に限る。）、第35条の2、第35条の3又は第36条（居室の採光面積に係る部分に限る。以下この項において同じ。）に係る部分に限る。）の規定は、第3条第2項の規定により第27条、第28条第1項若しくは第3項、第29条、第30条、第35条（階段等に関する技術的基準及び廊下等に関する技術的基準に係る部分に限る。）又は第35条の2から第36条までの規定の適用を受けない建築物の用途を変更する場合について準用する。この場合において、第86条の7第2項及び第3項中「増築等」とあるのは「用途の変更」と、「第3条第3項」とあるのは「第87条第3項」と読み替えるものとする。

[現行]　第87条の2　（既存の一の建築物について2以上の工事に分けて用途の変更に伴う工事を行う場合の制限の緩和）

制定：平成30年法律第67号　　　施行：令和元年6月25日
第87条の2　（既存の一の建築物について2以上の工事に分けて用途の変更に伴う工事を行う場合の制限の緩和）

1　第3条第2項の規定により第27条等の規定の適用を受けない一の建築物について2以上の工事に分けて用途の変更に伴う工事を行う場合（第86条の8第1項に規定する場合に該当する場合を除く。）において、特定行政庁が当該2以上の工事の全体計画が次に掲げる基準に適合すると認めたときにおける第3条第2項及び前条第3項の規定の適用については、第3条第2項中「建築、修繕若しくは模様替の工事中の」とあるのは「第87条の2第1項の認定を受けた全体計画に係る2以上の工事の工事中若しくはこれらの工事の間の」と、前条第3項中「準用する」とあるのは「準用する。ただし、次条第1項の認定を受けた全体計画に係る2以上の工事のうち最後の工事に着手するまでは、この限りでない」とする。
一　一の建築物の用途の変更に伴う工事を2以上の工事に分けて行うことが当該建築物の利用状況その他の事情によりやむを得ないものであること。
二　全体計画に係る全ての工事の完了後において、当該全体計画に係る建築物及び建築物の敷地が建築基準法令の規定に適合することとなること。
三　全体計画に係るいずれの工事の完了後においても、当該全体計画に係る建築物及び建築物の敷地について、交通上の支障、安全上、防火上及び避難上の危険性並びに衛生上及び市街地の環境の保全上の有害性が増大しないものであること。
2　第86条の8第2項から第6項までの規定は、前項の認定について準用する。

[現行]　第87条の3　（建築物の用途を変更して一時的に他の用途の建築物として使用する場合の制限の緩和）

制定：平成30年法律第67号　　　施行：令和元年6月25日
第87条の3　（建築物の用途を変更して一時的に他の用途の建築物として使用する場合の制限の緩和）

1　非常災害があつた場合において、非常災害区域等内にある建築物の用途を変更して災害救助用建築物（住宅、病院その他これらに類する建築物で、国、地方公共団体又は日本赤十字社が災害救助のために使用するものをいう。第3項及び第101条第1項第十六号において同じ。）として使用するとき（その災害が発生した日から1月以内に当該用途の変更に着手するときに限る。）における当該災害救助用建築物については、建築基準法令の規定は、適用しない。ただし、非常災害区域等のうち防火地域内にある建築物については、こ

の限りでない。
2　災害があつた場合において、建築物の用途を変更して公益的建築物（学校、集会場その他これらに類する公益上必要な用途に供する建築物をいう。次項及び第101条第1項第十六号において同じ。）として使用するときにおける当該公益的建築物については、第12条第1項から第4項まで、第21条、第22条、第26条、第30条、第34条第2項、第35条、第36条（第21条、第26条、第34条第2項及び第35条に係る部分に限る。）、第39条、第40条、第3章並びに第87条第1項及び第2項の規定は、適用しない。
3　建築物の用途を変更して第1項の災害救助用建築物又は前項の公益的建築物とした者は、その用途の変更を完了した後3月を超えて当該建築物を引き続き災害救助用建築物又は公益的建築物として使用しようとする場合においては、その超えることとなる日前に、特定行政庁の許可を受けなければならない。ただし、当該許可の申請をした場合において、その超えることとなる日前に当該申請に対する処分がされないときは、当該処分がされるまでの間は、当該建築物を引き続き災害救助用建築物又は公益的建築物として使用することができる。
4　特定行政庁は、前項の許可の申請があつた場合において、安全上、防火上及び衛生上支障がないと認めるときは、2年以内の期間を限つて、その許可をすることができる。
5　特定行政庁は、建築物の用途を変更して興行場等（興行場、博覧会建築物、店舗その他これらに類する建築物をいう。以下同じ。）とする場合における当該興行場等について安全上、防火上及び衛生上支障がないと認めるときは、1年以内の期間（建築物の用途を変更して代替建築物（建築物の工事を施工するためその工事期間中当該従前の建築物に代えて使用する興行場、店舗その他これらに類する建築物をいう。）とする場合における当該代替建築物については、特定行政庁が当該工事の施工上必要と認める期間）を定めて、当該建築物を興行場等として使用することを許可することができる。この場合においては、第12条第1項から第4項まで、第21条、第22条、第24条、第26条、第27条、第34条第2項、第35条の2、第35条の3、第3章及び第87条第2項の規定は、適用しない。
6　特定行政庁は、建築物の用途を変更して特別興行場等（国際的な規模の会議又は競技会の用に供することその他の理由により1年を超えて使用する特別の必要がある興行場等をいう。以下この項において同じ。）とする場合における当該特別興行場等について、安全上、防火上及び衛生上支障がなく、かつ、公益上やむを得ないと認めるときは、前項の規定にかかわらず、当該特別興行場等の使用上必要と認める期間を定めて、当該建築物を特別興行場等として使用することを許可することができる。この場合においては、同項後段の規定を準用する。
7　特定行政庁は、前項の規定による許可をする場合においては、あらかじめ、建築審査会の同意を得なければならない。

改正：令和4年法律第44号　　　施行：令和4年5月31日
第87条の3　（建築物の用途を変更して一時的に他の用途の建築物として使用する場合の制限の緩和）
1　非常災害があつた場合において、非常災害区域等内にある建築物の用途を変更して災害救助用建築物（住宅、病院その他これらに類する建築物で、国、地方公共団体又は日本赤十字社が災害救助のために使用するものをいう。<u>以下この条及び</u>第101条第1項第十六号において同じ。）として使用するとき（その災害が発生した日から1月以内に当該用途の変更に着手するときに限る。）における当該災害救助用建築物については、建築基準法令の規定は、適用しない。ただし、非常災害区域等のうち防火地域内にある建築物については、この限りでない。
2　災害があつた場合において、建築物の用途を変更して公益的建築物（学校、集会場その他これらに類する公益上必要な用途に供する建築物をいう。<u>以下この条及び</u>第101条第1項第十六号において同じ。）として使用するときにおける当該公益的建築物については、第12条第1項から第4項まで、第21条、第22条、第26条、第30条、第34条第2項、第35条、第36条（第21条、第26条、第34条第2項及び第35条に係る部分に限る。）、第39条、第40条、第3章並びに第87条第1項及び第2項の規定は、適用しない。
3　建築物の用途を変更して第1項の災害救助用建築物又は前項の公益的建築物とした者は、その用途の変更を完了した後3月を超えて当該建築物を引き続き災害救助用建築物又は公益的建築物として使用しようとする場合においては、その超えることとなる日前に、特定行政庁の許可を受けなければならない。ただし、当該許可の申請をした場合において、その超えることとなる日前に当該申請に対する処分がされないときは、当該処分がされるまでの間は、当該建築物を引き続き災害救助用建築物又は公益的建築物として使用するこ

法87条の3　改正：令和4年法律第44号

とができる。

4　特定行政庁は、前項の許可の申請があつた場合において、安全上、防火上及び衛生上支障がないと認めるときは、2年以内の期間を限つて、その許可をすることができる。

5　特定行政庁は、被災者の需要に応ずるに足りる適当な建築物が不足することその他の理由により前項に規定する期間を超えて使用する特別の必要がある災害救助用建築物又は公益的建築物について、安全上、防火上及び衛生上支障がなく、かつ、公益上やむを得ないと認める場合においては、同項の規定にかかわらず、更に1年を超えない範囲内において同項の規定による許可の期間を延長することができる。被災者の需要に応ずるに足りる適当な建築物が不足することその他の理由により当該延長に係る期間を超えて使用する特別の必要がある災害救助用建築物又は公益的建築物についても、同様とする。

6　特定行政庁は、建築物の用途を変更して興行場等（興行場、博覧会建築物、店舗その他これらに類する建築物をいう。以下同じ。）とする場合における当該興行場等について安全上、防火上及び衛生上支障がないと認めるときは、1年以内の期間（建築物の用途を変更して代替建築物（建築物の工事を施工するためその工事期間中当該従前の建築物に代えて使用する興行場、店舗その他これらに類する建築物をいう。）とする場合における当該代替建築物については、特定行政庁が当該工事の施工上必要と認める期間）を定めて、当該建築物を興行場等として使用することを許可することができる。この場合においては、第12条第1項から第4項まで、第21条、第22条、第24条、第26条、第27条、第34条第2項、第35条の2、第35条の3、第3章及び第87条第2項の規定は、適用しない。

7　特定行政庁は、建築物の用途を変更して特別興行場等（国際的な規模の会議又は競技会の用に供することその他の理由により1年を超えて使用する特別の必要がある興行場等をいう。以下この項において同じ。）とする場合における当該特別興行場等について、安全上、防火上及び衛生上支障がなく、かつ、公益上やむを得ないと認めるときは、前項の規定にかかわらず、当該特別興行場等の使用上必要と認める期間を定めて、当該建築物を特別興行場等として使用することを許可することができる。この場合においては、同項後段の規定を準用する。

8　特定行政庁は第5項の規定により許可の期間を延長する場合又は前項の規定による許可をする場合においては、あらかじめ、建築審査会の同意を得なければならない。ただし、病院、学校その他の公益上特に必要なものとして国土交通省令で定める用途に供する災害救助用建築物又は公益的建築物について第5項の規定により許可の期間を延長する場合は、この限りでない。

[現行]　第87条の4　（建築設備への準用）

制定：昭和34年法律第156号　　施行：昭和34年12月23日
旧　第87条の2　（建築設備への準用）

1　政令で指定する昇降機その他の建築設備を第6条第1項第一号から第三号までに掲げる建築物に設ける場合においては、同項（前条第1項において準用する場合を含む。）の規定による確認又は第18条第2項（前条第1項において準用する場合を含む。）の規定による通知を要する場合を除き、第6条（第2項、第6項及び第7項を除く。）、第7条、第18条（第9項を除く。）、第89条及び第90条の規定を準用する。この場合において、第6条第3項中「同項第一号から第三号までに係るものにあつてはその受理した日から21日以内に、同項第四号に係るものにあつてはその受理した日から7日以内に」とあるのは、「その受理した日から7日以内に」と読み替えるものとする。

2　前項において準用する第6条第1項の規定による確認の申請をしようとする者は、一の建築設備について1,000円をこえない金額の範囲内において政令で定める額の手数料を、建築主事を置く市町村の区域内の建築設備に係るものにあつては当該市町村に、その他の市町村の区域内の建築設備に係るものにあつては都道府県に納めなければならない。

改正：昭和51年法律第83号　　施行：昭和52年11月1日
旧　第87条の2　（建築設備への準用）

1　政令で指定する昇降機その他の建築設備を第6条第1項第一号から第三号までに掲げる建築物に設ける場合においては、同項（前条第1項において準用する場合を含む。）の規定による確認又は第18条第2項（前

改正：平成10年法律第100号 **法旧87条の2**

条第1項において準用する場合を含む。）の規定による通知を要する場合を除き、第6条（第2項、第6項及び第7項を除く。）、第7条、<u>第7条の2</u>、第18条（第9項を除く。）、第89条及び第90条から<u>第90条の3ま</u>での規定を準用する。この場合において、第6条第3項中「同項第一号から第三号までに係るものにあつてはその受理した日から21日以内に、同項第四号に係るものにあつてはその受理した日から7日以内に」とあるのは、「その受理した日から7日以内に」と読み替えるものとする。
2　略

改正：昭和53年法律第38号　　　施行：昭和53年5月1日
旧　第87条の2　（建築設備への準用）

1　略
2　前項において準用する第6条第1項の規定による確認の申請をしようとする者は、一の建築設備について<u>5,000円を超えない金額の範囲内において</u>政令で定める額の手数料を、建築主事を置く市町村の区域内の建築設備に係るものにあつては当該市町村に、その他の市町村の区域内の建築設備に係るものにあつては都道府県に納めなければならない。

改正：昭和58年法律第44号　　　施行：昭和59年4月1日
旧　第87条の2　（建築設備への準用）

1　政令で指定する昇降機その他の建築設備を第6条第1項第一号から第三号までに掲げる建築物に設ける場合においては、同項（前条第1項において準用する場合を含む。）の規定による確認又は第18条第2項（前条第1項において準用する場合を含む。）の規定による通知を要する場合を除き、第6条（第2項、第6項及び第7項を除く。）、第7条、<u>第7条の3</u>、第18条（第9項を除く。）、第89条及び第90条から第90条の3までの規定を準用する。この場合において、第6条第3項中「同項第一号から第三号までに係るものにあつてはその受理した日から21日以内に、同項第四号に係るものにあつてはその受理した日から7日以内に」とあるのは、「その受理した日から7日以内に」と読み替えるものとする。
2　略

改正：昭和59年法律第47号　　　施行：昭和59年7月1日
旧　第87条の2　（建築設備への準用）

1　略
2　前項において準用する第6条第1項の規定による確認の申請をしようとする者は、<u>政令で定めるところにより、</u>一の建築設備について<u>実費を勘案して</u>政令で定める額の手数料を、建築主事を置く市町村の区域内の建築設備に係るものにあつては当該市町村に、その他の市町村の区域内の建築設備に係るものにあつては都道府県に納めなければならない。

改正：平成10年法律第100号　　　施行：平成11年5月1日
旧　第87条の2　（建築設備への準用）

1　政令で指定する昇降機その他の建築設備を第6条第1項第一号から第三号までに掲げる建築物に設ける場合においては、同項（前条第1項において準用する場合を含む。）の規定による確認又は第18条第2項（前条第1項において準用する場合を含む。）の規定による通知を要する場合を除き、第6条（<u>第3項、第7項及び第8項</u>を除く。）、<u>第6条の2</u>、第7条（<u>第6項</u>を除く。）、第7条の2、第7条の3（<u>第8項</u>を除く。）、<u>第7条の4</u>、<u>第7条の6</u>、第18条（<u>第14項</u>を除く。）及び第89条から第90条の3までの規定を準用する。この場合において、第6条<u>第4項</u>中「同項第一号から第三号までに係るものにあつてはその受理した日から21日以内に、同項第四号に係るものにあつてはその受理した日から7日以内に」とあるのは、「その受理した日から7日以内に」と読み替えるものとする。
2　前項において準用する第6条第1項の規定による確認の申請<u>又は前項</u>において準用する<u>第7条第1項若しくは第7条の3第2項の規定による申請</u>をしようとする者は、政令で定めるところにより、一の建築設備に

法旧87条の2　改正：平成10年法律第100号

ついて実費を勘案して政令で定める額の手数料を、建築主事を置く市町村の区域内の建築設備に係るものにあつては当該市町村に、その他の市町村の区域内の建築設備に係るものにあつては都道府県に納めなければならない。

改正：平成11年法律第87号　　　施行：平成12年4月1日
旧　第87条の2　（建築設備への準用）

1　政令で指定する昇降機その他の建築設備を第6条第1項第一号から第三号までに掲げる建築物に設ける場合においては、同項（前条第1項において準用する場合を含む。）の規定による確認又は第18条第2項（前条第1項において準用する場合を含む。）の規定による通知を要する場合を除き、第6条（<u>第3項を除く。</u>）、第6条の2、<u>第7条、第7条の2、第7条の3</u>、第7条の4、第7条の6、第18条（第14項を除く。）及び第89条から第90条の3までの規定を準用する。この場合において、第6条第4項中「同項第一号から第三号までに係るものにあつてはその受理した日から21日以内に、同項第四号に係るものにあつてはその受理した日から7日以内に」とあるのは、「その受理した日から7日以内に」と読み替えるものとする。

改正：平成10年法律第100号　　　施行：平成12年6月1日
旧　第87条の2　（建築設備への準用）

1　政令で指定する昇降機その他の建築設備を第6条第1項第一号から第三号までに掲げる建築物に設ける場合においては、同項（前条第1項において準用する場合を含む。）の規定による確認又は第18条第2項（前条第1項において準用する場合を含む。）の規定による通知を要する場合を除き、第6条（第3項を除く。）、第6条の2、<u>第6条の3（第1項第一号及び第二号の建築物に係る部分に限る。）</u>、第7条、第7条の2、第7条の3、第7条の4、<u>第7条の5（第6条の3第1項第一号及び第二号の建築物に係る部分に限る。）</u>、第7条の6、第18条（第14項を除く。）及び第89条から第90条の3までの規定を準用する。この場合において、第6条第4項中「同項第一号から第三号までに係るものにあつてはその受理した日から21日以内に、同項第四号に係るものにあつてはその受理した日から7日以内に」とあるのは、「その受理した日から7日以内に」と読み替えるものとする。

改正：平成18年法律第92号　　　施行：平成19年6月20日
旧　第87条の2　（建築設備への準用）

1　政令で指定する昇降機その他の建築設備を第6条第1項第一号から第三号までに掲げる建築物に設ける場合においては、同項（前条第1項において準用する場合を含む。）の規定による確認又は第18条第2項（前条第1項において準用する場合を含む。）の規定による通知を要する場合を除き、第6条（<u>第3項及び第5項から第12項までを除く。</u>）、第6条の2<u>（第3項から第8項までを除く。）</u>、第6条の3（第1項第一号及び第二号の建築物に係る部分に限る。）、第7条<u>から第7条の4まで</u>、第7条の5（第6条の3第1項第一号及び第二号の建築物に係る部分に限る。）、第7条の6、第18条（<u>第4項から第11項まで及び第23項</u>を除く。）及び第89条から第90条の3までの規定を準用する。この場合において、第6条第4項中「同項第一号から第三号までに係るものにあつてはその受理した日から<u>35</u>日以内に、同項第四号に係るものにあつてはその受理した日から7日以内に」とあるのは、「その受理した日から7日以内に」と読み替えるものとする。

改正：平成26年法律第54号　　　施行：平成27年6月1日
旧　第87条の2　（建築設備への準用）

1　政令で指定する昇降機その他の建築設備を第6条第1項第一号から第三号までに掲げる建築物に設ける場合においては、同項（前条第1項において準用する場合を含む。）の規定による確認又は第18条第2項（前条第1項において準用する場合を含む。）の規定による通知を要する場合を除き、第6条（<u>第3項、第5項及び第6項を除く。</u>）、第6条の2（<u>第3項を除く。</u>）、<u>第6条の4（第1項第一号及び第二号の建築物に係る部分に限る。）</u>、第7条から第7条の4まで、第7条の5（<u>第6条の4第1項第一号</u>及び第二号の建築物に係

る部分に限る。)、第7条の6、第18条(第4項から第13項まで及び第25項を除く。)及び第89条から第90条の3までの規定を準用する。この場合において、第6条第4項中「同項第一号から第三号までに係るものにあつてはその受理した日から35日以内に、同項第四号に係るものにあつてはその受理した日から7日以内に」とあるのは、「その受理した日から7日以内に」と読み替えるものとする。

改正:平成30年法律第67号　　　施行:令和元年6月25日
第87条の4　(建築設備への準用)

1　政令で指定する昇降機その他の建築設備を第6条第1項第一号から第三号までに掲げる建築物に設ける場合においては、同項(第87条第1項において準用する場合を含む。)の規定による確認又は第18条第2項(第87条第1項において準用する場合を含む。)の規定による通知を要する場合を除き、第6条(第3項、第5項及び第6項を除く。)、第6条の2(第3項を除く。)、第6条の4(第1項第一号及び第二号の建築物に係る部分に限る。)、第7条から第7条の4まで、第7条の5(第6条の4第1項第一号及び第二号の建築物に係る部分に限る。)、第7条の6、第18条(第4項から第13項まで及び第25項を除く。)及び第89条から第90条の3までの規定を準用する。この場合において、第6条第4項中「同項第一号から第三号までに係るものにあつてはその受理した日から35日以内に、同項第四号に係るものにあつてはその受理した日から7日以内に」とあるのは、「その受理した日から7日以内に」と読み替えるものとする。

改正:令和6年法律第53号　　　施行:令和6年11月1日
第87条の4　(建築設備への準用)

1　政令で指定する昇降機その他の建築設備を第6条第1項第一号から第三号までに掲げる建築物に設ける場合においては、同項(第87条第1項において準用する場合を含む。)の規定による確認又は第18条第2項(第87条第1項において準用する場合を含む。)の規定による通知を要する場合を除き、第6条(第3項、第5項及び第6項を除く。)、第6条の2(第3項を除く。)、第6条の4(第1項第一号及び第二号の建築物に係る部分に限る。)、第7条から第7条の4まで、第7条の5(第6条の4第1項第一号及び第二号の建築物に係る部分に限る。)、第7条の6、第18条(第5項から第14項まで及び第41項を除く。)及び第89条から第90条の3までの規定を準用する。この場合において、第6条第4項中「同項第一号から第三号までに係るものにあつてはその受理した日から35日以内に、同項第四号に係るものにあつてはその受理した日から7日以内に」とあるのは、「その受理した日から7日以内に」と読み替えるものとする。

改正:令和4年法律第69号　　　施行:令和7年4月1日
第87条の4　(建築設備への準用)

1　政令で指定する昇降機その他の建築設備を第6条第1項第一号又は第二号に掲げる建築物に設ける場合においては、同項(第87条第1項において準用する場合を含む。)の規定による確認又は第18条第2項(第87条第1項において準用する場合を含む。)の規定による通知を要する場合を除き、第6条(第3項、第5項及び第6項を除く。)、第6条の2(第3項を除く。)、第6条の4(第1項第一号及び第二号の建築物に係る部分に限る。)、第7条から第7条の4まで、第7条の5(第6条の4第1項第一号及び第二号の建築物に係る部分に限る。)、第7条の6、第18条(第5項から第14項まで及び第41項を除く。)及び第89条から第90条の3までの規定を準用する。この場合において、第6条第4項中「同項第一号又は第二号に係るものにあつてはその受理した日から35日以内に、同項第三号に係るものにあつてはその受理した日から7日以内に」とあるのは、「その受理した日から7日以内に」と読み替えるものとする。

[現行]　第88条　(工作物への準用)

制定:昭和25年法律第201号　　　施行:昭和25年11月23日
第88条　(工作物への準用)

1　煙突、広告塔、高架水そう、擁壁その他これらに類する工作物で政令で指定するものについては、その築

法88条　制定：昭和25年法律第201号

　　造を第6条第1項第四号の建築物の建築とみなして、第6条から第13条まで、第18条、第20条、第32条、第33条、第36条中第20条及び第33条に関する部分、第37条、第38条、第40条、第89条並びに第90条の規定を準用する。
2　第8条から第13条まで及び第18条の規定は、第66条に規定する工作物について準用する。

改正：昭和34年法律第156号　　　施行：昭和34年12月23日
第88条　（工作物への準用）

1　煙突、広告塔、高架水槽（そう）、擁壁その他これらに類する工作物で政令で指定するもの及び昇降機、ウオーターシユート、飛行塔その他これらに類する工作物で政令で指定するもの（以下本項において「昇降機等」という。）については、第3条、第6条（第2項、第6項及び第7項を除くものとし、第1項及び第3項は、昇降機等については第1項第一号から第三号までの建築物に係る部分、その他のものについては同項第四号の建築物に係る部分とする。）、第7条（第4項を除く。）、第8条から第11条まで、第12条第3項及び第4項、第13条、第18条（第8項を除く。）、第20条、第32条から第34条まで、第36条中第20条、第33条及び第34条に関する部分、第37条、第38条、第40条、前条、第89条並びに第90条の規定を、昇降機等については、第7条第4項、第12条第1項及び第2項並びに第18条第8項の規定を準用する。
2　前条第2項の規定は、前項において準用する第6条第1項の規定による確認の申請について準用する。
3　第3条、第8条から第13条まで並びに第18条第1項及び第9項の規定は、第66条に規定する工作物について準用する。

改正：昭和36年法律第191号　　　施行：昭和37年2月1日
第88条　（工作物への準用）

1～3　略
4　第1項中第6条、第7条、第18条（第1項及び第9項を除く。）及び第89条に係る部分は、宅地造成等規制法（昭和36年法律第191号）第8条第1項の規定による許可を受けなければならない場合の擁壁については、適用しない。

改正：昭和45年法律第109号　　　施行：昭和46年1月1日
第88条　（工作物への準用）

1　煙突、広告塔、高架水槽（そう）、擁壁その他これらに類する工作物で政令で指定するもの及び昇降機、ウオーターシユート、飛行塔その他これらに類する工作物で政令で指定するもの（以下本項において「昇降機等」という。）については、第3条、第6条（第2項、第6項及び第7項を除くものとし、第1項及び第3項は、昇降機等については第1項第一号から第三号までの建築物に係る部分、その他のものについては同項第四号の建築物に係る部分とする。）、第7条（第4項を除く。）、第8条から第11条まで、第12条第3項及び第4項、第13条、第18条（第8項を除く。）、第20条、第32条、第33条、第34条第1項、第36条中第20条、第33条及び第34条第1項に関する部分、第37条、第38条、第40条、前条、第89条並びに第90条の規定を、昇降機等については、第7条第4項、第12条第1項及び第2項並びに第18条第8項の規定を準用する。
2～4　略

改正：昭和49年法律第67号　　　施行：昭和50年4月1日
第88条　（工作物への準用）

1　略
2　製造施設、貯蔵施設、遊戯施設等の工作物で政令で指定するものについては、第3条、第6条（第2項、第6項及び第7項を除くものとし、第1項及び第3項は、第1項第一号から第三号までの建築物に係る部分とする。）、第7条から第9条の3まで、第11条、第12条第3項及び第4項、第13条、第18条、第48条から第51条まで、第86条の2中第48条第1項から第8項までに関する部分、第87条第2項及び第3項中第48条第1

改正：昭和58年法律第44号 **法88条**

　項から第8項まで及び第49条から第51条までに関する部分、前条、第89条、第91条並びに第93条の2の規定を準用する。この場合において、第6条第1項ただし書及び別表第2中「床面積の合計」とあるのは「築造面積」と読み替えるものとする。
3　前条第2項の規定は、前2項において準用する第6条第1項の規定による確認の申請について準用する。
4　第3条、第8条から第13条まで並びに第18条第1項及び第9項の規定は、第66条に規定する工作物について準用する。
5　第1項中第6条、第7条、第18条（第1項及び第9項を除く。）及び第89条に係る部分は、宅地造成等規制法（昭和36年法律第191号）第8条第1項の規定による許可を受けなければならない場合の擁壁については、適用しない。

改正：昭和51年法律第83号　　　施行：昭和52年11月1日
第88条　（工作物への準用）

1　煙突、広告塔、高架水槽（そう）、擁壁その他これらに類する工作物で政令で指定するもの及び昇降機、ウオーターシユート、飛行塔その他これらに類する工作物で政令で指定するもの（以下本項において「昇降機等」という。）については、第3条、第6条（第2項、第6項及び第7項を除くものとし、第1項及び第3項は、昇降機等については第1項第一号から第三号までの建築物に係る部分、その他のものについては同項第四号の建築物に係る部分とする。）、第7条、第8条から第11条まで、第12条第3項及び第4項、第13条、第18条（第8項を除く。）、第20条、第32条、第33条、第34条第1項、第36条中第20条、第33条及び第34条第1項に関する部分、第37条、第38条、第40条、前条、第89条並びに第90条の規定を、昇降機等については、第7条の2、第12条第1項及び第2項並びに第18条第8項の規定を準用する。
2〜5　略

改正：昭和55年法律第34号　　　施行：昭和55年10月25日
第88条　（工作物への準用）

1　略
2　製造施設、貯蔵施設、遊戯施設等の工作物で政令で指定するものについては、第3条、第6条（第2項、第6項及び第7項を除くものとし、第1項及び第3項は、第1項第一号から第三号までの建築物に係る部分とする。）、第7条から第9条の3まで、第11条、第12条第3項及び第4項、第13条、第18条、第48条から第51条まで、第68条の2第1項、第86条の2中第48条第1項から第8項までに関する部分、第87条第2項及び第3項中第48条第1項から第8項まで、第49条から第51条まで及び第68条の2第1項に関する部分、前条、第89条、第91条並びに第93条の2の規定を準用する。この場合において、第6条第1項ただし書及び別表第2中「床面積の合計」とあるのは「築造面積」と、第68条の2第1項中「敷地、構造、建築設備又は用途」とあるのは「用途」と読み替えるものとする。
3〜5　略

改正：昭和58年法律第44号　　　施行：昭和59年4月1日
第88条　（工作物への準用）

1　煙突、広告塔、高架水槽、擁壁その他これらに類する工作物で政令で指定するもの及び昇降機、ウオーターシユート、飛行塔その他これらに類する工作物で政令で指定するもの（以下本項において「昇降機等」という。）については、第3条、第6条（第2項、第6項及び第7項を除くものとし、第1項及び第3項は、昇降機等については第1項第一号から第三号までの建築物に係る部分、その他のものについては同項第四号の建築物に係る部分とする。）、第7条、第8条から第11条まで、第12条第3項及び第4項、第13条、第18条（第8項を除く。）、第20条、第32条、第33条、第34条第1項、第36条中第20条、第33条及び第34条第1項に関する部分、第37条、第38条、第40条、前条、第89条並びに第90条の規定を、昇降機等については、第7条の3、第12条第1項及び第2項並びに第18条第8項の規定を準用する。
2　製造施設、貯蔵施設、遊戯施設等の工作物で政令で指定するものについては、第3条、第6条（第2項、第6項及び第7項を除くものとし、第1項及び第3項は、第1項第一号から第三号までの建築物に係る部分

法88条　改正：昭和58年法律第44号

とする。）、第7条、第7条の3から第9条の3まで、第11、第12条第3項及び第4項、第13条、第18条、第48条から第51条まで、第68条の2第1項、第86条の2中第48条第1項から第8項までに関する部分、第87条第2項及び第3項中第48条第1項から第8項まで、第49条から第51条まで及び第68条の2第1項に関する部分、前条、第89条、第91条並びに第93条の2の規定を準用する。この場合において、第6条第1項ただし書及び別表第2中「床面積の合計」とあるのは「築造面積」と、第68条の2第1項中「敷地、構造、建築設備又は用途」とあるのは「用途」と読み替えるものとする。

3～5　略

改正：昭和63年法律第49号　　　施行：昭和63年11月15日
第88条　（工作物への準用）

1　略
2　製造施設、貯蔵施設、遊戯施設等の工作物で政令で指定するものについては、第3条、第6条（第2項、第6項及び第7項を除くものとし、第1項及び第3項は、第1項第一号から第三号までの建築物に係る部分とする。）、第7条、第7条の3から第9条の3まで、第11、第12条第3項及び第4項、第13条、第18条、第48条から第51条まで、第68条の2第1項、第68条の3第4項、第86条の2中第48条第1項から第8項までに関する部分、第87条第2項及び第3項中第48条第1項から第8項まで、第49条から第51条まで及び第68条の2第1項に関する部分、前条、第89条、第91条並びに第93条の2の規定を準用する。この場合において、第6条第1項ただし書及び別表第2中「床面積の合計」とあるのは「築造面積」と、第68条の2第1項中「敷地、構造、建築設備又は用途」とあるのは「用途」と読み替えるものとする。

3～5　略

改正：平成2年法律第61号　　　施行：平成2年11月20日
第88条　（工作物への準用）

1　煙突、広告塔、高架水槽、擁壁その他これらに類する工作物で政令で指定するもの及び昇降機、ウォーターシュート、飛行塔その他これらに類する工作物で政令で指定するもの（以下この項において「昇降機等」という。）については、第3条、第6条（第2項、第6項及び第7項を除くものとし、第1項及び第3項は、昇降機等については第1項第一号から第三号までの建築物に係る部分、その他のものについては同項第四号の建築物に係る部分とする。）、第7条、第8条から第11条まで、第12条第3項及び第4項、第13条、第18条（第8項を除く。）、第20条、第32条、第33条、第34条第1項、第36条中第20条、第33条及び第34条第1項に関する部分、第37条、第38条、第40条、前条、次条並びに第90条の規定を、昇降機等については、第7条の3、第12条第1項及び第2項並びに第18条第8項の規定を準用する。
2　製造施設、貯蔵施設、遊戯施設等の工作物で政令で指定するものについては、第3条、第6条（第2項、第6項及び第7項を除くものとし、第1項及び第3項は、第1項第一号から第三号までの建築物に係る部分とする。）、第7条、第7条の3から第9条の3まで、第11、第12条第3項及び第4項、第13条、第18条、第48条から第51条まで、第68条の2第1項、第68条の4第6項、第68条の5第4項、第86条の2中第48条第1項から第8項までに関する部分、第87条第2項及び第3項中第48条第1項から第8項まで、第49条から第51条まで及び第68条の2第1項に関する部分、前条、次条、第91条並びに第93条の2の規定を準用する。この場合において、第6条第1項ただし書及び別表第2中「床面積の合計」とあるのは「築造面積」と、第68条の2第1項中「敷地、構造、建築設備又は用途」とあるのは「用途」と読み替えるものとする。
3・4　略
5　第1項中第6条、第7条、第18条（第1項及び第9項を除く。）及び次条に係る部分は、宅地造成等規制法（昭和36年法律第191号）第8条第1項の規定による許可を受けなければならない場合の擁壁については、適用しない。

改正：平成4年法律第82号　　　施行：平成5年6月25日
第88条　（工作物への準用）

改正：平成10年法律第100号　　法88条

1　煙突、広告塔、高架水槽、擁壁その他これらに類する工作物で政令で指定するもの及び昇降機、ウォーターシュート、飛行塔その他これらに類する工作物で政令で指定するもの（以下この項において「昇降機等」という。）については、第3条、第6条（第2項、第6項及び第7項を除くものとし、第1項及び第3項は、昇降機等については第1項第一号から第三号までの建築物に係る部分、その他のものについては同項第四号の建築物に係る部分とする。）、第7条、第8条から第11条まで、第12条第3項から第5項まで、第13条、第18条（第8項を除く。）、第20条、第32条、第33条、第34条第1項、第36条中第20条、第33条及び第34条第1項に関する部分、第37条、第38条、第40条、前条、次条並びに第90条の規定を、昇降機等については、第7条の3、第12条第1項及び第2項並びに第18条第8項の規定を準用する。

2　製造施設、貯蔵施設、遊戯施設等の工作物で政令で指定するものについては、第3条、第6条（第2項、第6項及び第7項を除くものとし、第1項及び第3項は、第1項第一号から第三号までの建築物に係る部分とする。）、第7条、第7条の3から第9条の3まで、第11条、第12条第3項から第5項まで、第13条、第18条、第48条から第51条まで、第68条の2第1項、第68条の4第6項、第68条の5第4項、第86条の2中第48条第1項から第12項までに関する部分、第87条第2項及び第3項中第48条第1項から第12項まで、第49条から第51条まで及び第68条の2第1項に関する部分、前条、次条、第91条、第92条の2並びに第93条の2の規定を準用する。この場合において、第6条第1項ただし書及び別表第2中「床面積の合計」とあるのは「築造面積」と、第68条の2第1項中「敷地、構造、建築設備又は用途」とあるのは「用途」と読み替えるものとする。

3～5　略

改正：平成10年法律第100号　　　　施行：平成11年5月1日
第88条　（工作物への準用）

1　煙突、広告塔、高架水槽、擁壁その他これらに類する工作物で政令で指定するもの及び昇降機、ウォーターシュート、飛行塔その他これらに類する工作物で政令で指定するもの（以下この項において「昇降機等」という。）については、第3条、第6条（第3項、第7項及び第8項を除くものとし、第1項及び第4項は、昇降機等については第1項第一号から第三号までの建築物に係る部分、その他のものについては同項第四号の建築物に係る部分に限る。）、第6条の2、第7条（第6項を除く。）、第7条の2、第7条の3（第8項を除く。）、第7条の4、第8条から第11条まで、第12条第3項から第6項まで、第13条、第18条（第13項を除く。）、第20条、第32条、第33条、第34条第1項、第36条中第20条、第33条及び第34条第1項に関する部分、第37条、第38条、第40条、前条、次条並びに第90条の規定を、昇降機等については、第7条の6、第12条第1項及び第2項並びに第18条第13項の規定を準用する。

2　製造施設、貯蔵施設、遊戯施設等の工作物で政令で指定するものについては、第3条、第6条（第3項、第7項及び第8項を除くものとし、第1項及び第4項は、第1項第一号から第三号までの建築物に係る部分に限る。）、第6条の2、第7条（第6項を除く。）、第7条の2、第7条の6から第9条の3まで、第11条、第12条第3項から第6項まで、第13条、第18条（第8項から第12項までを除く。）、第48条から第51条まで、第68条の2第1項、第68条の4第6項、第68条の5第4項、第86条の7中第48条第1項から第12項までに関する部分、第87条第2項及び第3項中第48条第1項から第12項まで、第49条から第51条まで及び第68条の2第1項に関する部分、前条、次条、第91条、第92条の2並びに第93条の2の規定を準用する。この場合において、第6条第2項及び別表第2中「床面積の合計」とあるのは「築造面積」と、第68条の2第1項中「敷地、構造、建築設備又は用途」とあるのは「用途」と読み替えるものとする。

3　前条第2項の規定は、前2項において準用する第6条第1項の規定による確認の申請、前2項において準用する第7条第1項の規定による申請及び第1項において準用する第7条の3第2項の規定による申請について準用する。

4　第3条、第8条から第13条まで並びに第18条第1項及び第14項の規定は、第66条に規定する工作物について準用する。

5　第1項中第6条、第6条の2、第7条から第7条の4まで、第18条（第1項及び第14項を除く。）及び次条に係る部分は、宅地造成等規制法（昭和36年法律第191号）第8条第1項の規定による許可を受けなければならない場合の擁壁については、適用しない。

法88条　改正：平成11年法律第87号

改正：平成11年法律第87号　　　　施行：平成12年4月1日
第88条　（工作物への準用）

1　煙突、広告塔、高架水槽、擁壁その他これらに類する工作物で政令で指定するもの及び昇降機、ウォーターシュート、飛行塔その他これらに類する工作物で政令で指定するもの（以下この項において「昇降機等」という。）については、第3条、第6条（第3項を除くものとし、第1項及び第4項は、昇降機等については第1項第一号から第三号までの建築物に係る部分、その他のものについては同項第四号の建築物に係る部分に限る。）、第6条の2、第7条、第7条の2、第7条の3、第7条の4、第8条から第11条まで、第12条第3項から第6項まで、第13条、第18条（第13項を除く。）、第20条、第32条、第33条、第34条第1項、第36条中第20条、第33条及び第34条第1項に関する部分、第37条、第38条、第40条、前条、次条並びに第90条の規定を、昇降機等については、第7条の6、第12条第1項及び第2項並びに第18条第13項の規定を準用する。

2　製造施設、貯蔵施設、遊戯施設等の工作物で政令で指定するものについては、第3条、第6条（第3項を除くものとし、第1項及び第4項は、第1項第一号から第三号までの建築物に係る部分に限る。）、第6条の2、第7条、第7条の2、第7条の6から第9条の3まで、第11条、第12条第3項から第6項まで、第13条、第18条（第8項から第12項までを除く。）、第48条から第51条まで、第68条の2第1項、第68条の4第6項、第68条の5第4項、第86条の7中第48条第1項から第12項までに関する部分、第87条第2項及び第3項中第48条第1項から第12項まで、第49条から第51条まで及び第68条の2第1項に関する部分、前条、次条、第91条、第92条の2並びに第93条の2の規定を準用する。この場合において、第6条第2項及び別表第2中「床面積の合計」とあるのは「築造面積」と、第68条の2第1項中「敷地、構造、建築設備又は用途」とあるのは「用途」と読み替えるものとする。

3　第3条、第8条から第13条まで並びに第18条第1項及び第14項の規定は、第66条に規定する工作物について準用する。

4　第1項中第6条、第6条の2、第7条から第7条の4まで、第18条（第1項及び第14項を除く。）及び次条に係る部分は、宅地造成等規制法（昭和36年法律第191号）第8条第1項の規定による許可を受けなければならない場合の擁壁については、適用しない。

改正：平成10年法律第100号　　　　施行：平成12年6月1日
第88条　（工作物への準用）

1　煙突、広告塔、高架水槽、擁壁その他これらに類する工作物で政令で指定するもの及び昇降機、ウォーターシュート、飛行塔その他これらに類する工作物で政令で指定するもの（以下この項において「昇降機等」という。）については、第3条、第6条（第3項を除くものとし、第1項及び第4項は、昇降機等については第1項第一号から第三号までの建築物に係る部分、その他のものについては同項第四号の建築物に係る部分に限る。）、第6条の2、第6条の3（第1項第一号及び第二号の建築物に係る部分に限る。）、第7条、第7条の2、第7条の3、第7条の4、第7条の5（第6条の3第1項第一号及び第二号の建築物に係る部分に限る。）、第8条から第11条まで、第12条第3項から第6項まで、第13条、第18条（第13項を除く。）、第20条、第32条、第33条、第34条第1項、第36条中第33条及び第34条第1項に関する部分、第37条、第40条、第3章の2（第68条の20第2項については、同項に規定する建築物以外の認証型式部材等に係る部分に限る。）、前条、次条並びに第90条の規定を、昇降機等については、第7条の6、第12条第1項及び第2項並びに第18条第13項の規定を準用する。

2・3　略

4　第1項中第6条から第7条の5まで、第18条（第1項及び第14項を除く。）及び次条に係る部分は、宅地造成等規制法（昭和36年法律第191号）第8条第1項の規定による許可を受けなければならない場合の擁壁については、適用しない。

改正：平成14年法律第22号　　　　施行：平成14年6月1日
第88条　（工作物への準用）

1　略

改正:平成16年法律第67号 **法88条**

2 製造施設、貯蔵施設、遊戯施設等の工作物で政令で指定するものについては、第3条、第6条（第3項を除くものとし、第1項及び第4項は、第1項第一号から第三号までの建築物に係る部分に限る。）、第6条の2、第7条、第7条の2、第7条の6から第9条の3まで、第11条、第12条第3項から第6項まで、第13条、第18条（第8項から第12項までを除く。）、第48条から第51条まで、<u>第60条の2第3項</u>、第68条の2第1項、第68条の4第6項、第68条の5第4項、第86条の7中48条第1項から第12項までに関する部分、<u>第87条第2項中第48条第1項から第12項まで、第49条から第51条まで、第60条の2第3項及び第68条の2第1項に関する部分、第87条第3項中第48条第1項から第12項まで、第49条から第51条まで及び第68条の2第1項に関する部分</u>、前条、次条、第91条、第92条の2並びに第93条の2の規定を準用する。この場合において、第6条第2項及び別表第2中「床面積の合計」とあるのは「築造面積」と、第68条の2第1項中「敷地、構造、建築設備又は用途」とあるのは「用途」と読み替えるものとする。

3・4 略

改正:平成14年法律第85号　　施行:平成15年1月1日
第88条　（工作物への準用）

1 略

2 製造施設、貯蔵施設、遊戯施設等の工作物で政令で指定するものについては、第3条、第6条（第3項を除くものとし、第1項及び第4項は、第1項第一号から第三号までの建築物に係る部分に限る。）、第6条の2、第7条、第7条の2、第7条の6から第9条の3まで、第11条、第12条第3項から第6項まで、第13条、第18条（第8項から第12項までを除く。）、第48条から第51条まで、第60条の2第3項、第68条の2第1項<u>及び第5項、第68条の3第6項</u>、第86条の7中48条第1項から第12項までに関する部分、第87条第2項中第48条第1項から第12項まで、第49条から第51条まで、第60条の2第3項<u>並びに第68条の2第1項及び第5項</u>に関する部分、第87条第3項中第48条第1項から第12項まで、第49条から第51条まで及び第68条の2第1項に関する部分、前条、次条、第91条、第92条の2並びに第93条の2の規定を準用する。この場合において、第6条第2項及び別表第2中「床面積の合計」とあるのは「築造面積」と、第68条の2第1項中「敷地、構造、建築設備又は用途」とあるのは「用途」と読み替えるものとする。

3・4 略

改正:平成16年法律第67号　　施行:平成17年6月1日
第88条　（工作物への準用）

1 煙突、広告塔、高架水槽、擁壁その他これらに類する工作物で政令で指定するもの及び昇降機、ウォーターシュート、飛行塔その他これらに類する工作物で政令で指定するもの（以下この項において「昇降機等」という。）については、第3条、第6条（第3項を除くものとし、第1項及び第4項は、昇降機等については第1項第一号から第三号までの建築物に係る部分、その他のものについては同項第四号の建築物に係る部分に限る。）、第6条の2、第6条の3（第1項第一号及び第二号の建築物に係る部分に限る。）、第7条、第7条の2、第7条の3、第7条の4、第7条の5（第6条の3第1項第一号及び第二号の建築物に係る部分に限る。）、第8条から第11条まで、<u>第12条第5項から第8項まで</u>、第13条、第18条（第13項を除く。）、第20条、第32条、第33条、第34条第1項、<u>第36条（避雷設備及び昇降機に係る部分に限る。）</u>、第37条、第40条、第3章の2（第68条の20第2項については、同項に規定する建築物以外の認証型式部材等に係る部分に限る。）、<u>第86条の7第2項（第20条に係る部分に限る。）</u>、第86条の7第3項（第32条、第34条第1項及び第36条<u>（昇降機に係る部分に限る。）に係る部分に限る。</u>）、前条、次条及び第90条の規定を、昇降機等については、第7条の6、<u>第12条第1項から第4項まで</u>及び第18条第13項の規定を準用する。

2 製造施設、貯蔵施設、遊戯施設等の工作物で政令で指定するものについては、第3条、第6条（第3項を除くものとし、第1項及び第4項は、第1項第一号から第三号までの建築物に係る部分に限る。）、第6条の2、第7条、第7条の2、第7条の6から第9条の3まで、第11条、<u>第12条第5項から第8項まで</u>、第13条、第18条（第8項から第12項までを除く。）、第48条から第51条まで、第60条の2第3項、第68条の2第1項及び第5項、第68条の3第6項、<u>第86条の7第1項</u>（第48条第1項から第12項まで<u>及び第51条に係る部分に限る。</u>）、<u>第87条第2項</u>（第48条第1項から第12項まで、第49条から第51条まで、第60条の2第3項並びに第68条の2第1項<u>及び第5項に係る部分に限る。</u>）、第87条第3項（第48条第1項から第12項ま

法88条　改正：平成16年法律第67号

で、第49条から第51条まで及び第68条の2第1項に係る部分に限る。）、前条、次条、第91条、第92条の2並びに第93条の2の規定を準用する。この場合において、第6条第2項及び別表第2中「床面積の合計」とあるのは「築造面積」と、第68条の2第1項中「敷地、構造、建築設備又は用途」とあるのは「用途」と読み替えるものとする。

3・4　略

改正：平成18年法律第30号　　　施行：平成18年9月30日
第88条　（工作物への準用）

1～3　略

4　第1項中第6条から第7条の5まで、第18条（第1項及び第14項を除く。）及び次条に係る部分は、宅地造成等規制法（昭和36年法律第191号）第8条第1項本文若しくは第12条第1項又は都市計画法第29条第1項若しくは第2項若しくは第35条の2第1項本文の規定による許可を受けなければならない場合の擁壁については、適用しない。

改正：平成18年法律第5号　　　施行：平成18年10月1日
第88条　（工作物への準用）

1　煙突、広告塔、高架水槽、擁壁その他これらに類する工作物で政令で指定するもの及び昇降機、ウォーターシュート、飛行塔その他これらに類する工作物で政令で指定するもの（以下この項において「昇降機等」という。）については、第3条、第6条（第3項を除くものとし、第1項及び第4項は、昇降機等については第1項第一号から第三号までの建築物に係る部分、その他のものについては同項第四号の建築物に係る部分に限る。）、第6条の2、第6条の3（第1項第一号及び第二号の建築物に係る部分に限る。）、第7条、第7条の2、第7条の3、第7条の4、第7条の5（第6条の3第1項第一号及び第二号の建築物に係る部分に限る。）、第8条から第11条まで、第12条第5項から第8項まで、第13条、第18条（第13項を除く。）、第20条、第28条の2（同条各号に掲げる基準のうち政令で定めるものに係る部分に限る。）、第32条、第33条、第34条第1項、第36条（避雷設備及び昇降機に係る部分に限る。）、第37条、第40条、第3章の2（第68条の20第2項については、同項に規定する建築物以外の認証型式部材等に係る部分に限る。）、第86条の7第1項（第28条の2（第86条の7第1項の政令で定める基準に係る部分に限る。）に係る部分に限る。）、第86条の7第2項（第20条に係る部分に限る。）、第86条の7第3項（第32条、第34条第1項及び第36条（昇降機に係る部分に限る。）に係る部分に限る。）、前条、次条及び第90条の規定を、昇降機等については、第7条の6、第12条第1項から第4項まで及び第18条第13項の規定を準用する。

2～4　略

改正：平成18年法律第92号　　　施行：平成19年6月20日
第88条　（工作物への準用）

1　煙突、広告塔、高架水槽、擁壁その他これらに類する工作物で政令で指定するもの及び昇降機、ウォーターシュート、飛行塔その他これらに類する工作物で政令で指定するもの（以下この項において「昇降機等」という。）については、第3条、第6条（第3項及び第5項から第12項までを除くものとし、第1項及び第4項は、昇降機等については第1項第一号から第三号までの建築物に係る部分、その他のものについては同項第四号の建築物に係る部分に限る。）、第6条の2（第3項から第8項までを除く。）、第6条の3（第1項第一号及び第二号の建築物に係る部分に限る。）、第7条から第7条の4まで、第7条の5（第6条の3第1項第一号及び第二号の建築物に係る部分に限る。）、第8条から第11条まで、第12条第5項（第四号を除く。）及び第6項から第8項まで、第13条、第18条（第4項から第11項まで及び第22項を除く。）、第20条、第28条の2（同条各号に掲げる基準のうち政令で定めるものに係る部分に限る。）、第32条、第33条、第34条第1項、第36条（避雷設備及び昇降機に係る部分に限る。）、第37条、第40条、第3章の2（第68条の20第2項については、同項に規定する建築物以外の認証型式部材等に係る部分に限る。）、第86条の7第1項（第28条の2（第86条の7第1項の政令で定める基準に係る部分に限る。）に係る部分に限る。）、第86条の7第2項（第20条に係る部分に限る。）、第86条の7第3項（第32条、第34条第1項及び第36条（昇降機に係る部分に限る。）

改正：平成20年法律第40号　法88条

に係る部分に限る。）、前条、次条並びに第90条の規定を、昇降機等については、第7条の6、第12条第1項から第4項まで及び第18条第22項の規定を準用する。この場合において、第20条中「次の各号に掲げる建築物の区分に応じ、それぞれ当該各号に定める基準」とあるのは、「政令で定める技術的基準」と読み替えるものとする。

2　製造施設、貯蔵施設、遊戯施設等の工作物で政令で指定するものについては、第3条、第6条（第3項及び第5項から第12項までを除くものとし、第1項及び第4項は、第1項第一号から第三号までの建築物に係る部分に限る。）、第6条の2（第3項から第8項までを除く。）、第7条、第7条の2、第7条の6から第9条の3まで、第11条、第12条第5項（第四号を除く。）及び第6項から第8項まで、第13条、第18条（第4項から第11項まで及び第17項から第21項までを除く。）、第48条から第51条まで、第60条の2第3項、第68条の2第1項及び第5項、第68条の3第6項、第86条の7第1項（第48条第1項から第12項まで及び第51条に係る部分に限る。）、第87条第2項（第48条第1項から第12項まで、第49条から第51条まで、第60条の2第3項並びに第68条の2第1項及び第5項に係る部分に限る。）、第87条第3項（第48条第1項から第12項まで、第49条から第51条まで及び第68条の2第1項に係る部分に限る。）、前条、次条、第91条、第92条の2並びに第93条の2の規定を準用する。この場合において、第6条第2項及び別表第2中「床面積の合計」とあるのは「築造面積」と、第68条の2第1項中「敷地、構造、建築設備又は用途」とあるのは「用途」と読み替えるものとする。

3　第3条、第8条から第11条まで、第12条（第5項第四号を除く。）、第13条並びに第18条第1項及び第23項の規定は、第66条に規定する工作物について準用する。

4　第1項中第6条から第7条の5まで、第18条（第1項及び第23項を除く。）及び次条に係る部分は、宅地造成等規制法（昭和36年法律第191号）第8条第1項本文若しくは第12条第1項又は都市計画法第29条第1項若しくは第2項若しくは第35条の2第1項本文の規定による許可を受けなければならない場合の擁壁については、適用しない。

改正：平成18年法律第46号　　　施行：平成19年11月30日
第88条　（工作物への準用）

1　略
2　製造施設、貯蔵施設、遊戯施設等の工作物で政令で指定するものについては、第3条、第6条（第3項及び第5項から第12項までを除くものとし、第1項及び第4項は、第1項第一号から第三号までの建築物に係る部分に限る。）、第6条の2（第3項から第8項までを除く。）、第7条、第7条の2、第7条の6から第9条の3まで、第11条、第12条第5項（第四号を除く。）及び第6項から第8項まで、第13条、第18条（第4項から第11項まで及び第17項から第21項までを除く。）、第48条から第51条まで、第60条の2第3項、第68条の2第1項及び第5項、第68条の3第6項から第8項まで、第86条の7第1項（第48条第1項から第13項まで及び第51条に係る部分に限る。）、第87条第2項（第48条第1項から第13項まで、第49条から第51条まで、第60条の2第3項並びに第68条の2第1項及び第5項に係る部分に限る。）、第87条第3項（第48条第1項から第13項まで、第49条から第51条まで及び第68条の2第1項に係る部分に限る。）、前条、次条、第91条、第92条の2並びに第93条の2の規定を準用する。この場合において、第6条第2項及び別表第2中「床面積の合計」とあるのは「築造面積」と、第68条の2第1項中「敷地、構造、建築設備又は用途」とあるのは「用途」と読み替えるものとする。
3・4　略

改正：平成20年法律第40号　　　施行：平成20年11月4日
第88条　（工作物への準用）

1　略
2　製造施設、貯蔵施設、遊戯施設等の工作物で政令で指定するものについては、第3条、第6条（第3項及び第5項から第12項までを除くものとし、第1項及び第4項は、第1項第一号から第三号までの建築物に係る部分に限る。）、第6条の2（第3項から第8項までを除く。）、第7条、第7条の2、第7条の6から第9条の3まで、第11条、第12条第5項（第四号を除く。）及び第6項から第8項まで、第13条、第18条（第4項から第11項まで及び第17項から第21項までを除く。）、第48条から第51条まで、第60条の2第3項、第68条

法88条　改正：平成20年法律第40号

の2第1項及び第5項、第68条の3第6項から第9項まで、第86条の7第1項（第48条第1項から第13項まで及び第51条に係る部分に限る。）、第87条第2項（第48条第1項から第13項まで、第49条から第51条まで、第60条の2第3項並びに第68条の2第1項及び第5項に係る部分に限る。）、第87条第3項（第48条第1項から第13項まで、第49条から第51条まで及び第68条の2第1項に係る部分に限る。）、前条、次条、第91条、第92条の2並びに第93条の2の規定を準用する。この場合において、第6条第2項及び別表第2中「床面積の合計」とあるのは「築造面積」と、第68条の2第1項中「敷地、構造、建築設備又は用途」とあるのは「用途」と読み替えるものとする。

3・4　略

改正：平成23年法律第124号　　　施行：平成24年6月13日

第88条　（工作物への準用）

1～3　略

4　第1項中第6条から第7条の5まで、第18条（第1項及び第23項を除く。）及び次条に係る部分は、宅地造成等規制法（昭和36年法律第191号）第8条第1項本文若しくは第12条第1項、都市計画法第29条第1項若しくは第2項若しくは第35条の2第1項本文又は津波防災地域づくりに関する法律（平成23年法律第123号）第73条第1項若しくは第78条第1項の規定による許可を受けなければならない場合の擁壁については、適用しない。

改正：平成26年法律第39号　　　施行：平成26年8月1日

第88条　（工作物への準用）

1　略

2　製造施設、貯蔵施設、遊戯施設等の工作物で政令で指定するものについては、第3条、第6条（第3項及び第5項から第12項までを除くものとし、第1項及び第4項は、第1項第一号から第三号までの建築物に係る部分に限る。）、第6条の2（第3項から第8項までを除く。）、第7条、第7条の2、第7条の6から第9条の3まで、第11条、第12条第5項（第四号を除く。）及び第6項から第8項まで、第13条、第18条（第4項から第11項まで及び第17項から第21項までを除く。）、第48条から第51条まで、第60条の2第3項、第60条の3第2項、第68条の2第1項及び第5項、第68条の3第6項から第9項まで、第86条の7第1項（第48条第1項から第13項まで及び第51条に係る部分に限る。）、第87条第2項（第48条第1項から第13項まで、第49条から第51条まで、第60条の2第3項、第60条の3第2項並びに第68条の2第1項及び第5項に係る部分に限る。）、第87条第3項（第48条第1項から第13項まで、第49条から第51条まで及び第68条の2第1項に係る部分に限る。）、前条、次条、第91条、第92条の2並びに第93条の2の規定を準用する。この場合において、第6条第2項及び別表第2中「床面積の合計」とあるのは「築造面積」と、第68条の2第1項中「敷地、構造、建築設備又は用途」とあるのは「用途」と読み替えるものとする。

3・4　略

改正：平成26年法律第54号　　　施行：平成27年6月1日（1項の一部、3項の一部は平成28年6月1日）

第88条　（工作物への準用）

1　煙突、広告塔、高架水槽、擁壁その他これらに類する工作物で政令で指定するもの及び昇降機、ウォーターシュート、飛行塔その他これらに類する工作物で政令で指定するもの（以下この項において「昇降機等」という。）については、第3条、第6条（第3項、第5項及び第6項を除くものとし、第1項及び第4項は、昇降機等については第1項第一号から第三号までの建築物に係る部分、その他のものについては同項第四号の建築物に係る部分に限る。）、第6条の2（第3項を除く。）、第6条の4（第1項第一号及び第二号の建築物に係る部分に限る。）、第7条から第7条の4まで、第7条の5（第6条の4第1項第一号及び第二号の建築物に係る部分に限る。）、第8条から第11条まで、第12条第5項（第三号を除く。）及び第6項から第9項まで、第13条、第15条の2、第18条（第4項から第13項まで及び第24項を除く。）、第20条、第28条の2（同条各号に掲げる基準のうち政令で定めるものに係る部分に限る。）、第32条、第33条、第34条第1項、第36条（避雷設備及び昇降機に係る部分に限る。）、第37条、第38条、第40条、第3章の2（第68条の20第2項につ

改正：平成29年法律第26号　法88条

いては、同項に規定する建築物以外の認証型式部材等に係る部分に限る。）、第86条の7第1項（第28条の2（第86条の7第1項の政令で定める基準に係る部分に限る。）に係る部分に限る。）、第86条の7第2項（第20条に係る部分に限る。）、第86条の7第3項（第32条、第34条第1項及び第36条（昇降機に係る部分に限る。）に係る部分に限る。）、前条、次条並びに第90条の規定を、昇降機等については、第7条の6、第12条第1項から第4項まで、第12条の2、第12条の3及び第18条第24項の規定を準用する。この場合において、第20条第1項中「次の各号に掲げる建築物の区分に応じ、それぞれ当該各号に定める基準」とあるのは、「政令で定める技術的基準」と読み替えるものとする。

2　製造施設、貯蔵施設、遊戯施設等の工作物で政令で指定するものについては、第3条、第6条（第3項、第5項及び第6項を除くものとし、第1項及び第4項は、第1項第一号から第三号までの建築物に係る部分に限る。）、第6条の2（第3項を除く。）、第7条、第7条の2、第7条の6から第9条の3まで、第11条、第12条第5項（第三号を除く。）及び第6項から第9項まで、第13条、第15条の2、第18条（第4項から第13項まで及び第19項から第23項までを除く。）、第48条から第51条まで、第60条の2第3項、第60条の3第2項、第68条の2第1項及び第5項、第68条の3第6項から第9項まで、第86条の7第1項（第48条第1項から第13項まで及び第51条に係る部分に限る。）、第87条第2項（第48条第1項から第13項まで、第49条から第51条まで、第60条の2第3項、第60条の3第2項並びに第68条の2第1項及び第5項に係る部分に限る。）、第87条第3項（第48条第1項から第13項まで、第49条から第51条まで及び第68条の2第1項に係る部分に限る。）、前条、次条、第91条、第92条の2並びに第93条の2の規定を準用する。この場合において、第6条第2項及び別表第2中「床面積の合計」とあるのは「築造面積」と、第68条の2第1項中「敷地、構造、建築設備又は用途」とあるのは「用途」と読み替えるものとする。

3　第3条、第8条から第11条まで、第12条（第5項第三号を除く。）、第12条の2、第12条の3、第13条、第15条の2並びに第18条第1項及び第25項の規定は、第66条に規定する工作物について準用する。

4　第1項中第6条から第7条の5まで、第18条（第1項及び第25項を除く。）及び次条に係る部分は、宅地造成等規制法（昭和36年法律第191号）第8条第1項本文若しくは第12条第1項、都市計画法第29条第1項若しくは第2項若しくは第35条の2第1項本文又は津波防災地域づくりに関する法律（平成23年法律第123号）第73条第1項若しくは第78条第1項の規定による許可を受けなければならない場合の擁壁については、適用しない。

改正：平成28年法律第72号　　施行：平成28年9月1日
第88条　（工作物への準用）

1　略
2　製造施設、貯蔵施設、遊戯施設等の工作物で政令で指定するものについては、第3条、第6条（第3項、第5項及び第6項を除くものとし、第1項及び第4項は、第1項第一号から第三号までの建築物に係る部分に限る。）、第6条の2（第3項を除く。）、第7条、第7条の2、第7条の6から第9条の3まで、第11条、第12条第5項（第三号を除く。）及び第6項から第9項まで、第13条、第15条の2、第18条（第4項から第13項まで及び第19項から第23項までを除く。）、第48条から第51条まで、第60条の2第3項、第60条の3第3項、第68条の2第1項及び第5項、第68条の3第6項から第9項まで、第86条の7第1項（第48条第1項から第13項まで及び第51条に係る部分に限る。）、第87条第2項（第48条第1項から第13項まで、第49条から第51条まで、第60条の2第3項、第60条の3第3項並びに第68条の2第1項及び第5項に係る部分に限る。）、第87条第3項（第48条第1項から第13項まで、第49条から第51条まで及び第68条の2第1項に係る部分に限る。）、前条、次条、第91条、第92条の2並びに第93条の2の規定を準用する。この場合において、第6条第2項及び別表第2中「床面積の合計」とあるのは「築造面積」と、第68条の2第1項中「敷地、構造、建築設備又は用途」とあるのは「用途」と読み替えるものとする。
3・4　略

改正：平成29年法律第26号　　施行：平成30年4月1日
第88条　（工作物への準用）

1　略
2　製造施設、貯蔵施設、遊戯施設等の工作物で政令で指定するものについては、第3条、第6条（第3項、

建築基準法　条文改正経過 | 495

法88条 改正：平成29年法律第26号

第5項及び第6項を除くものとし、第1項及び第4項は、第1項第一号から第三号までの建築物に係る部分に限る。）、第6条の2（第3項を除く。）、第7条、第7条の2、第7条の6から第9条の3まで、第11条、第12条第5項（第三号を除く。）及び第6項から第9項まで、第13条、第15条の2、第18条（第4項から第13項まで及び第19項から第23項までを除く。）、第48条から第51条まで、第60条の2第3項、第60条の3第3項、第68条の2第1項及び第5項、第68条の3第6項から第9項まで、第86条の7第1項（<u>第48条第1項から第14項まで及び第51条に係る部分に限る。</u>）、第87条第2項（<u>第48条第1項から第14項まで</u>、第49条から第51条まで、第60条の2第3項、第60条の3第3項並びに第68条の2第1項及び第5項に係る部分に限る。）、第87条第3項（<u>第48条第1項から第14項</u>まで、第49条から第51条まで及び第68条の2第1項に係る部分に限る。）、前条、次条、第91条、第92条の2並びに第93条の2の規定を準用する。この場合において、第6条第2項及び別表第2中「床面積の合計」とあるのは「築造面積」と、第68条の2第1項中「敷地、構造、建築設備又は用途」とあるのは「用途」と読み替えるものとする。

3・4　略

改正：平成30年法律第67号　　　施行：令和元年6月25日
第88条　（工作物への準用）

1・2　略
3　第3条、第8条から第11条まで、第12条（第5項第三号を除く。）、第12条の2、第12条の3、第13条、第15条の2並びに第18条第1項及び第25項の規定は、<u>第64条</u>に規定する工作物について準用する。
4　略

改正：令和2年法律第43号　　　施行：令和2年9月7日
第88条　（工作物への準用）

1　略
2　製造施設、貯蔵施設、遊戯施設等の工作物で政令で指定するものについては、第3条、第6条（第3項、第5項及び第6項を除くものとし、第1項及び第4項は、第1項第一号から第三号までの建築物に係る部分に限る。）、第6条の2（第3項を除く。）、第7条、第7条の2、第7条の6から第9条の3まで、第11条、第12条第5項（第三号を除く。）及び第6項から第9項まで、第13条、第15条の2、第18条（第4項から第13項まで及び第19項から第23項までを除く。）、第48条から第51条まで、第60条の2第3項、<u>第60条の2の2第4項</u>、第60条の3第3項、第68条の2第1項及び第5項、第68条の3第6項から第9項まで、第86条の7第1項（第48条第1項から第14項まで及び第51条に係る部分に限る。）、第87条第2項（第48条第1項から第14項まで、第49条から第51条まで、第60条の2第3項、<u>第60条の2の2第4項</u>、第60条の3第3項並びに第68条の2第1項及び第5項に係る部分に限る。）、第87条第3項（第48条第1項から第14項まで、第49条から第51条まで及び第68条の2第1項に係る部分に限る。）、前条、次条、第91条、第92条の2並びに第93条の2の規定を準用する。この場合において、第6条第2項及び別表第2中「床面積の合計」とあるのは「築造面積」と、第68条の2第1項中「敷地、構造、建築設備又は用途」とあるのは「用途」と読み替えるものとする。

3・4　略

改正：令和3年法律第31号　　　施行：令和3年11月1日
第88条　（工作物への準用）

1～3　略
4　第1項中第6条から第7条の5まで、第18条（第1項及び第25項を除く。）及び次条に係る部分は、宅地造成等規制法（昭和36年法律第191号）第8条第1項本文若しくは第12条第1項、都市計画法第29条第1項若しくは第2項若しくは第35条の2第1項本文、<u>特定都市河川浸水被害対策法（平成15年法律第77号）第57条第1項若しくは第62条第1項又は</u>津波防災地域づくりに関する法律（平成23年法律第123号）第73条第1項若しくは第78条第1項の規定による許可を受けなければならない場合の擁壁については、適用しない。

改正：令和4年法律第55号　　　施行：令和5年5月26日

第88条　(工作物への準用)

1～3　略

4　第1項中第6条から第7条の5まで、第18条（第1項及び第25項を除く。）及び次条に係る部分は、宅地造成及び特定盛土等規制法（昭和36年法律第191号）第12条第1項、第16条第1項、第30条第1項若しくは第35条第1項、都市計画法第29条第1項若しくは第2項若しくは第35条の2第1項本文、特定都市河川浸水被害対策法（平成15年法律第77号）第57条第1項若しくは第62条第1項又は津波防災地域づくりに関する法律（平成23年法律第123号）第73条第1項若しくは第78条第1項の規定による許可を受けなければならない場合の擁壁については、適用しない。

改正：令和4年法律第69号　　施行：令和6年4月1日

第88条　(工作物への準用)

1　煙突、広告塔、高架水槽、擁壁その他これらに類する工作物で政令で指定するもの及び昇降機、ウォーターシュート、飛行塔その他これらに類する工作物で政令で指定するもの（以下この項において「昇降機等」という。）については、第3条、第6条（第3項、第5項及び第6項を除くものとし、第1項及び第4項は、昇降機等については第1項第一号から第三号までの建築物に係る部分、その他のものについては同項第四号の建築物に係る部分に限る。）、第6条の2（第3項を除く。）、第6条の4（第1項第一号及び第二号の建築物に係る部分に限る。）、第7条から第7条の4まで、第7条の5(第6条の4第1項第一号及び第二号の建築物に係る部分に限る。)、第8条から第11条まで、第12条第5項（第三号を除く。）及び第6項から第9項まで、第13条、第15条の2、第18条（第4項から第13項まで及び第24項を除く。）、第20条、第28条の2（同条各号に掲げる基準のうち政令で定めるものに係る部分に限る。）、第32条、第33条、第34条第1項、第36条（避雷設備及び昇降機に係る部分に限る。）、第37条、第38条、第40条、第3章の2（第68条の20第2項については、同項に規定する建築物以外の認証型式部材等に係る部分に限る。）、第86条の7第1項（第28条の2（同条第一号及び第二号に掲げる基準に係る部分に限る。）、第86条の7第2項（第20条に係る部分に限る。）、第86条の7第3項（第32条、第34条第1項、第36条（昇降機に係る部分に限る。）及び第37条に係る部分に限る。）、前条、次条並びに第90条の規定を、昇降機等については、第7条の6、第12条第1項から第4項まで、第12条の2、第12条の3及び第18条第24項の規定を準用する。この場合において、第20条第1項中「次の各号に掲げる建築物の区分に応じ、それぞれ当該各号に定める基準」とあるのは、「政令で定める技術的基準」と読み替えるものとする。

2～4　略

改正：令和6年法律第53号　　施行：令和6年11月1日

第88条　(工作物への準用)

1　煙突、広告塔、高架水槽、擁壁その他これらに類する工作物で政令で指定するもの及び昇降機、ウォーターシュート、飛行塔その他これらに類する工作物で政令で指定するもの（以下この項において「昇降機等」という。）については、第3条、第6条（第3項、第5項及び第6項を除くものとし、第1項及び第4項は、昇降機等については第1項第一号から第三号までの建築物に係る部分、その他のものについては同項第四号の建築物に係る部分に限る。）、第6条の2（第3項を除く。）、第6条の4（第1項第一号及び第二号の建築物に係る部分に限る。）、第7条から第7条の4まで、第7条の5(第6条の4第1項第一号及び第二号の建築物に係る部分に限る。)、第8条から第11条まで、第12条第5項（第三号を除く。）及び第6項から第9項まで、第13条、第15条の2、第18条（第5項から第14項まで及び第38項から第40項までを除く。）、第20条、第28条の2（同条各号に掲げる基準のうち政令で定めるものに係る部分に限る。）、第32条、第33条、第34条第1項、第36条（避雷設備及び昇降機に係る部分に限る。）、第37条、第38条、第40条、第3章の2（第68条の20第2項については、同項に規定する建築物以外の認証型式部材等に係る部分に限る。）、第86条の7第1項（第28条の2（同条第一号及び第二号に掲げる基準に係る部分に限る。）に係る部分に限る。）、第86条の7第2項（第20条に係る部分に限る。）、第86条の7第3項（第32条、第34条第1項、第36条（昇降機に係る部分に限る。）及び第37条に係る部分に限る。）、前条、次条並びに第90条の規定を、昇降機等については、第7条の6、第12条第1項から第4項まで、第12条の2、第12条の3及び第18条第38項から第40項までの規定を準用する。この場合において、第20条第1項中「次の各号に掲げる建築物の区分に応じ、それぞれ当該各号に定める基準」とあるのは、「政令で定める技術的

法88条 改正：令和6年法律第53号

基準」と読み替えるものとする。

2　製造施設、貯蔵施設、遊戯施設等の工作物で政令で指定するものについては、第3条、第6条（第3項、第5項及び第6項を除くものとし、第1項及び第4項は、第1項第一号から第三号までの建築物に係る部分に限る。）、第6条の2（第3項を除く。）、第7条、第7条の2、第7条の6から第9条の3まで、第11条、第12条第5項（第三号を除く。）及び第6項から第9項まで、第13条、第15条の2、第18条（<u>第5項から第14項まで及び第28項から第37項まで</u>を除く。）、第48条から第51条まで、第60条の2第3項、第60条の2の2第4項、第60条の3第3項、第68条の2第1項及び第5項、第68条の3第6項から第9項まで、第86条の7第1項（第48条第1項から第14項まで及び第51条に係る部分に限る。）、第87条第2項（第48条第1項から第14項まで、第49条から第51条まで、第60条の2第3項、第60条の2の2第4項、第60条の3第3項並びに第68条の2第1項及び第5項に係る部分に限る。）、第87条第3項（第48条第1項から第14項まで、第49条から第51条まで及び第68条の2第1項に係る部分に限る。）、前条、次条、第91条、第92条の2並びに第93条の2の規定を準用する。この場合において、第6条第2項及び別表第2中「床面積の合計」とあるのは「築造面積」と、第68条の2第1項中「敷地、構造、建築設備又は用途」とあるのは「用途」と読み替えるものとする。

3　第3条、第8条から第11条まで、第12条（第5項第三号を除く。）、第12条の2、第12条の3、第13条、第15条の2並びに第18条第1項及び<u>第41項</u>の規定は、第64条に規定する工作物について準用する。

4　第1項中第6条から第7条の5まで、第18条（第1項及び<u>第41項</u>を除く。）及び次条に係る部分は、宅地造成及び特定盛土等規制法（昭和36年法律第191号）第12条第1項、第16条第1項、第30条第1項若しくは第35条第1項、都市計画法第29条第1項若しくは第2項若しくは第35条の2第1項本文、特定都市河川浸水被害対策法（平成15年法律第77号）第57条第1項若しくは第62条第1項又は津波防災地域づくりに関する法律（平成23年法律第123号）第73条第1項若しくは第78条第1項の規定による許可を受けなければならない場合の擁壁については、適用しない。

改正：令和4年法律第69号　　　施行：令和7年4月1日
第88条　（工作物への準用）

1　煙突、広告塔、高架水槽、擁壁その他これらに類する工作物で政令で指定するもの及び昇降機、ウォーターシュート、飛行塔その他これらに類する工作物で政令で指定するもの（以下この項において「昇降機等」という。）については、第3条、第6条（第3項、第5項及び第6項を除くものとし、第1項及び第4項は、昇降機等については第1項第一号<u>又は第二号</u>の建築物に係る部分、その他のものについては<u>同項第三号</u>の建築物に係る部分に限る。）、第6条の2（第3項を除く。）、第6条の4（第1項第一号及び第二号の建築物に係る部分に限る。）、第7条から第7条の4まで、第7条の5（第6条の4第1項第一号及び第二号の建築物に係る部分に限る。）、第8条から第11条まで、第12条第5項（第三号を除く。）及び第6項から第9項まで、第13条、第15条の2、第18条（第5項から第14項まで及び第38項から第40項までを除く。）、第20条、第28条の2（同条各号に掲げる基準のうち政令で定めるものに係る部分に限る。）、第32条、第33条、第34条第1項、第36条（避難設備及び昇降機に係る部分に限る。）、第37条、第38条、第40条、第3章の2（第68条の20第2項については、同項に規定する建築物以外の認証型式部材等に係る部分に限る。）、第86条の7第1項（第28条の2（同条第一号及び第二号に掲げる基準に係る部分に限る。）に係る部分に限る。）、第86条の7第2項（第20条に係る部分に限る。）、第86条の7第3項（第32条、第34条第1項、第36条（昇降機に係る部分に限る。）及び第37条に係る部分に限る。）、前条、次条並びに第90条の規定を、昇降機等については、第7条の6、第12条第1項から第4項まで、第12条の2、第12条の3及び第18条第38項から第40項までの規定を準用する。この場合において、第20条第1項中「次の各号に掲げる建築物の区分に応じ、<u>当該各号</u>に定める基準」とあるのは、「政令で定める技術的基準」と読み替えるものとする。

2　製造施設、貯蔵施設、遊戯施設等の工作物で政令で指定するものについては、第3条、第6条（第3項、第5項及び第6項を除くものとし、第1項及び第4項は、第1項第一号<u>又は第二号</u>の建築物に係る部分に限る。）、第6条の2（第3項を除く。）、第7条、第7条の2、第7条の6から第9条の3まで、第11条、第12条第5項（第三号を除く。）及び第6項から第9項まで、第13条、第15条の2、第18条（第5項から第14項まで及び第28項から第37項までを除く。）、第48条から第51条まで、第60条の2第3項、第60条の2の2第4項、第60条の3第3項、第68条の2第1項及び第5項、第68条の3第6項から第9項まで、第86条の7第1項（第48条第1項から第14項まで及び第51条に係る部分に限る。）、第87条第2項（第48条第1項から第14項まで、第49条から第51条まで、第60条の2第3項、第60条の2の2第4項、第60条の3第3項並びに第68条の2第1項及び第5項に係る部分に限る。）、第87条

第3項（第48条第1項から第14項まで、第49条から第51条まで及び第68条の2第1項に係る部分に限る。）、前条、次条、第91条、第92条の2並びに第93条の2の規定を準用する。この場合において、第6条第2項及び別表第2中「床面積の合計」とあるのは「築造面積」と、第68条の2第1項中「敷地、構造、建築設備又は用途」とあるのは「用途」と読み替えるものとする。

3　第3条、第8条から第11条まで、第12条（第5項第三号を除く。）、第12条の2、第12条の3、第13条、第15条の2並びに第18条第1項及び第41項の規定は、第64条に規定する工作物について準用する。

4　第1項中第6条から第7条の5まで、第18条（第1項及び第41項を除く。）及び次条に係る部分は、宅地造成及び特定盛土等規制法（昭和36年法律第191号）第12条第1項、第16条第1項、第30条第1項若しくは第35条第1項、都市計画法第29条第1項若しくは第2項若しくは第35条の2第1項本文、特定都市河川浸水被害対策法（平成15年法律第77号）第57条第1項若しくは第62条第1項又は津波防災地域づくりに関する法律（平成23年法律第123号）第73条第1項若しくは第78条第1項の規定による許可を受けなければならない場合の擁壁については、適用しない。

[現行]　第89条　（工事現場における確認の表示等）

制定：昭和25年法律第201号　　施行：昭和25年11月23日
第89条　（工事現場における確認の表示等）

1　第6条第1項の建築工事の施工者は、当該工事現場の見易い場所に、建設省令で定める様式によつて、建築主、設計者、工事施工者及び工事の現場管理者の氏名又は名称並びに当該工事に係る同項の確認があつた旨の表示をしなければならない。

2　第6条第1項の建築工事の施工者は、当該工事に係る設計図書を当該工事現場に備えておかなければならない。

改正：昭和34年法律第156号　　施行：昭和34年12月23日
第89条　（工事現場における確認の表示等）

1　第6条第1項の建築、大規模の修繕又は大規模の模様替の工事の施工者は、当該工事現場の見易い場所に、建設省令で定める様式によつて、建築主、設計者、工事施工者及び工事の現場管理者の氏名又は名称並びに当該工事に係る同項の確認があつた旨の表示をしなければならない。

2　第6条第1項の建築、大規模の修繕又は大規模の模様替の工事の施工者は、当該工事に係る設計図書を当該工事現場に備えておかなければならない。

改正：平成11年法律第160号　　施行：平成13年1月6日
第89条　（工事現場における確認の表示等）

1　第6条第1項の建築、大規模の修繕又は大規模の模様替の工事の施工者は、当該工事現場の見易い場所に、国土交通省令で定める様式によつて、建築主、設計者、工事施工者及び工事の現場管理者の氏名又は名称並びに当該工事に係る同項の確認があつた旨の表示をしなければならない。

2　第6条第1項の建築、大規模の修繕又は大規模の模様替の工事の施工者は、当該工事に係る設計図書を当該工事現場に備えておかなければならない。

[現行]　第90条　（工事現場の危害の防止）

制定：昭和25年法律第201号　　施行：昭和25年11月23日
第90条　（工事現場の危害の防止）

1　建築物の建築、修繕、模様替又は除却のための工事の施工者は、当該工事の施工に伴う地盤の崩落、建築物又は工事用の工作物の倒壊等による危害を防止するために必要な措置を講じなければならない。

法90条　制定：昭和25年法律第201号

　2　前項の措置の技術的基準は、政令で定める。

改正：昭和34年法律第156号　　　施行：昭和34年12月23日
第90条　（工事現場の危害の防止）

　1・2　略
　3　第3条第2項及び第3項、第9条並びに第18条第1項及び第9項の規定は、第1項の工事の施工について準用する。

改正：昭和45年法律第109号　　　施行：昭和46年1月1日
第90条　（工事現場の危害の防止）

　1・2　略
　3　第3条第2項及び第3項、第9条（第13項及び第14項を除く。）、第9条の2、第9条の3（設計者及び宅地建物取引業者に係る部分を除く。）並びに第18条第1項及び第9項の規定は、第1項の工事の施工について準用する。

改正：平成10年法律第100号　　　施行：平成11年5月1日
第90条　（工事現場の危害の防止）

　1・2　略
　3　第3条第2項及び第3項、第9条（第13項及び第14項を除く。）、第9条の2、第9条の3（設計者及び宅地建物取引業者に係る部分を除く。）並びに第18条第1項及び第14項の規定は、第1項の工事の施工について準用する。

改正：平成18年法律第92号　　　施行：平成19年6月20日
第90条　（工事現場の危害の防止）

　1・2　略
　3　第3条第2項及び第3項、第9条（第13項及び第14項を除く。）、第9条の2、第9条の3（設計者及び宅地建物取引業者に係る部分を除く。）並びに第18条第1項及び第23項の規定は、第1項の工事の施工について準用する。

改正：平成26年法律第54号　　　施行：平成27年6月1日
第90条　（工事現場の危害の防止）

　1・2　略
　3　第3条第2項及び第3項、第9条（第13項及び第14項を除く。）、第9条の2、第9条の3（設計者及び宅地建物取引業者に係る部分を除く。）並びに第18条第1項及び第25項の規定は、第1項の工事の施工について準用する。

改正：令和6年法律第53号　　　施行：令和6年11月1日
第90条　（工事現場の危害の防止）

　1　建築物の建築、修繕、模様替又は除却のための工事の施工者は、当該工事の施工に伴う地盤の崩落、建築物又は工事用の工作物の倒壊等による危害を防止するために必要な措置を講じなければならない。
　2　前項の措置の技術的基準は、政令で定める。
　3　第3条第2項及び第3項、第9条（第13項及び第14項を除く。）、第9条の2、第9条の3（設計者及び宅地建物取引業者に係る部分を除く。）並びに第18条第1項及び第41項の規定は、第1項の工事の施工について準用する。

[現行] 第90条の2 （工事中の特殊建築物等に対する措置）

制定：昭和51年法律第83号　　　施行：昭和52年11月1日
第90条の2　（工事中の特殊建築物等に対する措置）

1　特定行政庁は、第9条又は第10条の規定による場合のほか、建築、修繕若しくは模様替又は除却の工事の施工中に使用されている第6条第1項第一号から第三号までの建築物が、安全上、防火上又は避難上著しく支障があると認める場合においては、当該建築物の建築主又は所有者、管理者若しくは占有者に対して、相当の猶予期限を付けて、当該建築物の使用禁止、使用制限その他安全上、防火上又は避難上必要な措置を採ることを命ずることができる。
2　第9条第2項から第9項まで及び第11項から第14項までの規定は、前項の場合に準用する。

改正：平成5年法律第89号　　　施行：平成6年10月1日
第90条の2　（工事中の特殊建築物等に対する措置）

1　略
2　第9条第2項から第9項まで及び第11項から第15項までの規定は、前項の場合に準用する。

改正：令和4年法律第69号　　　施行：令和7年4月1日
第90条の2　（工事中の特殊建築物等に対する措置）

1　特定行政庁は、第9条又は第10条の規定による場合のほか、建築、修繕若しくは模様替又は除却の工事の施工中に使用されている第6条第1項第一号又は第二号に掲げる建築物が、安全上、防火上又は避難上著しく支障があると認める場合においては、当該建築物の建築主又は所有者、管理者若しくは占有者に対して、相当の猶予期限を付けて、当該建築物の使用禁止、使用制限その他安全上、防火上又は避難上必要な措置を採ることを命ずることができる。
2　第9条第2項から第9項まで及び第11項から第15項までの規定は、前項の場合に準用する。

[現行] 第90条の3 （工事中における安全上の措置等に関する計画の届出）

制定：昭和51年法律第83号　　　施行：昭和52年11月1日
第90条の3　（工事中における安全上の措置等に関する計画の届出）

1　別表第1（い）欄の（1）項、（2）項及び（4）項に掲げる用途に供する建築物並びに地下の工作物内に設ける建築物で政令で定めるものの新築の工事又はこれらの建築物に係る避難施設等に関する工事の施工中において当該建築物を使用し、又は使用させる場合においては、当該建築主は、建設省令で定めるところにより、あらかじめ、当該工事の施工中における当該建築物の安全上、防火上又は避難上の措置に関する計画を作成して特定行政庁に届け出なければならない。

改正：平成11年法律第160号　　　施行：平成13年1月6日
第90条の3　（工事中における安全上の措置等に関する計画の届出）

1　別表第1（い）欄の（1）項、（2）項及び（4）項に掲げる用途に供する建築物並びに地下の工作物内に設ける建築物で政令で定めるものの新築の工事又はこれらの建築物に係る避難施設等に関する工事の施工中において当該建築物を使用し、又は使用させる場合においては、当該建築主は、国土交通省令で定めるところにより、あらかじめ、当該工事の施工中における当該建築物の安全上、防火上又は避難上の措置に関する計画を作成して特定行政庁に届け出なければならない。

法91条　制定：昭和25年法律第201号

[現行]　第91条　（建築物の敷地が区域、地域又は地区の内外にわたる場合の措置）

制定：昭和25年法律第201号　　　施行：昭和25年11月23日
第91条　（建築物の敷地が区域、地域又は地区の内外にわたる場合の措置）

1　建築物の敷地がこの法律の規定による建築物の敷地、構造又は建築設備に関する禁止又は制限を受ける区域、地域（防火地域及び準防火地域を除く。以下本条において同様とする。）又は地区の内外にわたる場合においては、その建築物又はその敷地の全部について敷地の過半の属する区域、地域又は地区内の建築物に関するこの法律又はこれに基く命令の規定を適用する。

改正：昭和34年法律第156号　　　施行：昭和34年12月23日
第91条　（建築物の敷地が区域、地域又は地区の内外にわたる場合の措置）

1　建築物の敷地がこの法律の規定による建築物の敷地、構造、建築設備又は用途に関する禁止又は制限を受ける区域、地域（防火地域及び準防火地域を除く。以下本条において同様とする。）又は地区（高度地区を除く。以下本条において同様とする。）の内外にわたる場合においては、その建築物又はその敷地の全部について敷地の過半の属する区域、地域又は地区内の建築物に関するこの法律又はこれに基く命令の規定を適用する。

改正：昭和51年法律第83号　　　施行：昭和52年11月1日
第91条　（建築物の敷地が区域、地域又は地区の内外にわたる場合の措置）

1　建築物の敷地がこの法律の規定（第52条から第56条の2までの規定を除く。以下この条において同じ。）による建築物の敷地、構造、建築設備又は用途に関する禁止又は制限を受ける区域（第22条第1項の市街地の区域を除く。以下この条において同じ。）、地域（防火地域及び準防火地域を除く。以下この条において同じ。）又は地区（高度地区を除く。以下この条において同じ。）の内外にわたる場合においては、その建築物又はその敷地の全部について敷地の過半の属する区域、地域又は地区内の建築物に関するこの法律の規定又はこの法律に基づく命令の規定を適用する。

改正：昭和62年法律第66号　　　施行：昭和62年11月16日
第91条　（建築物の敷地が区域、地域又は地区の内外にわたる場合の措置）

1　建築物の敷地がこの法律の規定（第52条から第56条の2まで及び別表第3の規定を除く。以下この条において同じ。）による建築物の敷地、構造、建築設備又は用途に関する禁止又は制限を受ける区域（第22条第1項の市街地の区域を除く。以下この条において同じ。）、地域（防火地域及び準防火地域を除く。以下この条において同じ。）又は地区（高度地区を除く。以下この条において同じ。）の内外にわたる場合においては、その建築物又はその敷地の全部について敷地の過半の属する区域、地域又は地区内の建築物に関するこの法律の規定又はこの法律に基づく命令の規定を適用する。

改正：平成4年法律第82号　　　施行：平成5年6月25日
第91条　（建築物の敷地が区域、地域又は地区の内外にわたる場合の措置）

1　建築物の敷地がこの法律の規定（第52条から第54条まで、第55条から第56条の2まで及び別表第3の規定を除く。以下この条において同じ。）による建築物の敷地、構造、建築設備又は用途に関する禁止又は制限を受ける区域（第22条第1項の市街地の区域を除く。以下この条において同じ。）、地域（防火地域及び準防火地域を除く。以下この条において同じ。）又は地区（高度地区を除く。以下この条において同じ。）の内外にわたる場合においては、その建築物又はその敷地の全部について敷地の過半の属する区域、地域又は地区内の建築物に関するこの法律の規定又はこの法律に基づく命令の規定を適用する。

改正：平成14年法律第85号　　　施行：平成15年1月1日

改正：平成30年法律第67号 **法91条**

> **第91条** （建築物の敷地が区域、地域又は地区の内外にわたる場合の措置）
>
> 1　建築物の敷地がこの法律の規定（第52条から第53条まで、第54条から第56条の2まで及び別表第3の規定を除く。以下この条において同じ。）による建築物の敷地、構造、建築設備又は用途に関する禁止又は制限を受ける区域（第22条第1項の市街地の区域を除く。以下この条において同じ。）、地域（防火地域及び準防火地域を除く。以下この条において同じ。）又は地区（高度地区を除く。以下この条において同じ。）の内外にわたる場合においては、その建築物又はその敷地の全部について敷地の過半の属する区域、地域又は地区内の建築物に関するこの法律の規定又はこの法律に基づく命令の規定を適用する。

改正：平成15年法律第101号　　施行：平成15年12月19日
> **第91条** （建築物の敷地が区域、地域又は地区の内外にわたる場合の措置）
>
> 1　建築物の敷地がこの法律の規定（第52条から第53条まで、第54条から第56条の2まで、第67条の2第1項及び第2項並びに別表第3の規定を除く。以下この条において同じ。）による建築物の敷地、構造、建築設備又は用途に関する禁止又は制限を受ける区域（第22条第1項の市街地の区域を除く。以下この条において同じ。）、地域（防火地域及び準防火地域を除く。以下この条において同じ。）又は地区（高度地区を除く。以下この条において同じ。）の内外にわたる場合においては、その建築物又はその敷地の全部について敷地の過半の属する区域、地域又は地区内の建築物に関するこの法律の規定又はこの法律に基づく命令の規定を適用する。

改正：平成16年法律第67号　　施行：平成17年6月1日
> **第91条** （建築物の敷地が区域、地域又は地区の内外にわたる場合の措置）
>
> 1　建築物の敷地がこの法律の規定（第52条、第53条、第54条から第56条の2まで、第57条の2、第57条の3、第67条の2第1項及び第2項並びに別表第3の規定を除く。以下この条において同じ。）による建築物の敷地、構造、建築設備又は用途に関する禁止又は制限を受ける区域（第22条第1項の市街地の区域を除く。以下この条において同じ。）、地域（防火地域及び準防火地域を除く。以下この条において同じ。）又は地区（高度地区を除く。以下この条において同じ。）の内外にわたる場合においては、その建築物又はその敷地の全部について敷地の過半の属する区域、地域又は地区内の建築物に関するこの法律の規定又はこの法律に基づく命令の規定を適用する。

改正：平成26年法律第54号　　施行：平成27年6月1日
> **第91条** （建築物の敷地が区域、地域又は地区の内外にわたる場合の措置）
>
> 1　建築物の敷地がこの法律の規定（第52条、第53条、第54条から第56条の2まで、第57条の2、第57条の3、第67条の3第1項及び第2項並びに別表第3の規定を除く。以下この条において同じ。）による建築物の敷地、構造、建築設備又は用途に関する禁止又は制限を受ける区域（第22条第1項の市街地の区域を除く。以下この条において同じ。）、地域（防火地域及び準防火地域を除く。以下この条において同じ。）又は地区（高度地区を除く。以下この条において同じ。）の内外にわたる場合においては、その建築物又はその敷地の全部について敷地の過半の属する区域、地域又は地区内の建築物に関するこの法律の規定又はこの法律に基づく命令の規定を適用する。

改正：平成30年法律第67号　　施行：令和元年6月25日
> **第91条** （建築物の敷地が区域、地域又は地区の内外にわたる場合の措置）
>
> 1　建築物の敷地がこの法律の規定（第52条、第53条、第54条から第56条の2まで、第57条の2、第57条の3、第67条第1項及び第2項並びに別表第3の規定を除く。以下この条において同じ。）による建築物の敷地、構造、建築設備又は用途に関する禁止又は制限を受ける区域（第22条第1項の市街地の区域を除く。以下この条において同じ。）、地域（防火地域及び準防火地域を除く。以下この条において同じ。）又は地区（高度地区を除く。以下この条において同じ。）の内外にわたる場合においては、その建築物又はその敷地の全部

法93条　改正：平成30年法律第67号

について敷地の過半の属する区域、地域又は地区内の建築物に関するこの法律の規定又はこの法律に基づく命令の規定を適用する。

［現行］　第92条　（面積、高さ及び階数の算定）

制定：昭和25年法律第201号　　　施行：昭和25年11月23日
第92条　（面積、高さ及び階数の算定）
1　建築物の敷地面積、建築面積、延べ面積、床面積及び高さ、建築物の軒、天井及び床の高さ並びに建築物の階数の算定方法は、政令で定める。

改正：昭和49年法律第67号　　　施行：昭和50年4月1日
第92条　（面積、高さ及び階数の算定）
1　建築物の敷地面積、建築面積、延べ面積、床面積及び高さ、建築物の軒、天井及び床の高さ、<u>建築物の階数並びに工作物の築造面積</u>の算定方法は、政令で定める。

［現行］　第92条の2　（許可の条件）

制定：平成4年法律第82号　　　施行：平成5年6月25日
第92条の2　（許可の条件）
1　この法律の規定による許可には、建築物又は建築物の敷地を交通上、安全上、防火上又は衛生上支障がないものとするための条件その他必要な条件を付することができる。この場合において、その条件は、当該許可を受けた者に不当な義務を課するものであつてはならない。

［現行］　第93条　（許可又は確認に関する消防長等の同意等）

制定：昭和25年法律第201号　　　施行：昭和25年11月23日
第93条　（許可又は確認に関する消防長等の同意等）
1　特定行政庁又は建築主事は、この法律の規定による許可又は確認をする場合においては、当該許可又は確認に係る建築物の工事施工地又は所在地を管轄する消防長又は消防署長の同意を得なければ、当該許可又は確認をすることができない。
2　消防長又は消防署長は、前項の規定によつて同意を求められた場合においては、当該建築物の計画が法律又はこれに基く命令若しくは条例の規定で建築物の防火に関するものに違反しないものであるときは、第6条第1項第四号に係る場合にあつては、同意を求められた日から3日以内に、その他の場合にあつては、同意を求められた日から7日以内に同意を与えてその旨を当該特定行政庁又は建築主事に通知しなければならない。この場合において、消防長又は消防署長は、同意することができない事由があると認めるときは、これらの期限内に、その事由を当該特定行政庁又は建築主事に通知しなければならない。
3　建築主事は、第18条第2項の規定による通知を受けた場合においては、遅滞なく、これを当該通知に係る建築物の工事施工地又は所在地を管轄する消防長又は消防署長に通知しなければならない。
4　保健所長は、必要があると認める場合においては、この法律の規定による許可又は確認について、特定行政庁又は建築主事に対して意見を述べることができる。

改正：昭和29年法律第72号　　　施行：昭和29年7月1日
第93条　（許可又は確認に関する消防長等の同意等）
1～3　略
<u>4　建築主事は、第31条第2項に規定するし尿浄化そうに関して第6条第1項の規定による確認申請書を受理</u>

した場合においては、遅滞なく、これを当該申請に係る建築物の工事施工地又は所在地を管轄する保健所長に通知しなければならない。
5　保健所長は、必要があると認める場合においては、この法律の規定による許可又は確認について、特定行政庁又は建築主事に対して意見を述べることができる。

改正：昭和34年法律第156号　　　施行：昭和34年12月23日
第93条　（許可又は確認に関する消防長等の同意等）

1　略
2　消防長又は消防署長は、前項の規定によつて同意を求められた場合においては、当該建築物の計画が法律又はこれに基く命令若しくは条例の規定で建築物の防火に関するものに違反しないものであるときは、第6条第1項第四号又は第87条の2に係る場合にあつては、同意を求められた日から3日以内に、その他の場合にあつては、同意を求められた日から7日以内に同意を与えてその旨を当該特定行政庁又は建築主事に通知しなければならない。この場合において、消防長又は消防署長は、同意することができない事由があると認めるときは、これらの期限内に、その事由を当該特定行政庁又は建築主事に通知しなければならない。
3　建築主事は、第18条第2項（第87条第1項又は第87条の2第1項において準用する場合を含む。）の規定による通知を受けた場合においては、遅滞なく、これを当該通知に係る建築物の工事施工地又は所在地を管轄する消防長又は消防署長に通知しなければならない。
4　建築主事は、第31条第2項に規定する屎（し）尿浄化槽（そう）に関して第6条第1項（第87条第1項において準用する場合を含む。）の規定による確認申請書を受理し、又は第18条第2項（第87条第1項において準用する場合を含む。）の規定による通知を受けた場合においては、遅滞なく、これを当該申請又は通知に係る建築物の工事施工地又は所在地を管轄する保健所長に通知しなければならない。
5　略

改正：昭和45年法律第20号　　　施行：昭和45年10月13日
第93条　（許可又は確認に関する消防長等の同意等）

1～3　略
4　建築主事は、第31条第2項に規定する屎（し）尿浄化槽（そう）又は建築物における衛生的環境の確保に関する法律（昭和45年法律第20号）第2条第1項に規定する特定建築物に該当する建築物に関して第6条第1項（第87条第1項において準用する場合を含む。）の規定による確認申請書を受理し、又は第18条第2項（第87条第1項において準用する場合を含む。）の規定による通知を受けた場合においては、遅滞なく、これを当該申請又は通知に係る建築物の工事施工地又は所在地を管轄する保健所長に通知しなければならない。
5　略

改正：昭和58年法律第44号　　　施行：昭和59年4月1日
第93条　（許可又は確認に関する消防長等の同意等）

1　特定行政庁又は建築主事は、この法律の規定による許可又は確認をする場合においては、当該許可又は確認に係る建築物の工事施工地又は所在地を管轄する消防長又は消防署長の同意を得なければ、当該許可又は確認をすることができない。ただし、確認に係る建築物が防火地域及び準防火地域以外の区域内における住宅（長屋、共同住宅その他政令で定める住宅を除く。）である場合においては、この限りでない。
2　消防長又は消防署長は、前項の規定によつて同意を求められた場合においては、当該建築物の計画が法律又はこれに基づく命令若しくは条例の規定（建築主事が第6条の2第1項各号に掲げる建築物の建築について確認する場合において同意を求められたときは、同項の規定により読み替えて適用される第6条第1項の政令で定める規定を除く。）で建築物の防火に関するものに違反しないものであるときは、第6条第1項第四号又は第87条の2に係る場合にあつては、同意を求められた日から3日以内に、その他の場合にあつては、同意を求められた日から7日以内に同意を与えてその旨を当該特定行政庁又は建築主事に通知しなければな

法93条　改正：昭和58年法律第44号

らない。この場合において、消防長又は消防署長は、同意することができない事由があると認めるときは、これらの期限内に、その事由を当該特定行政庁又は建築主事に通知しなければならない。

3　建築主事は、<u>第１項ただし書の場合において第６条第１項の規定による確認申請書を受理したとき</u>又は第18条第２項（第87条第１項又は第87条の２第１項において準用する場合を含む。）の規定による通知を受けた場合においては、遅滞なく、これを<u>当該申請又は通知</u>に係る建築物の工事施工地又は所在地を管轄する消防長又は消防署長に通知しなければならない。

4　建築主事は、第31条第２項に規定する<u>屎（し）尿浄化槽</u>又は建築物における衛生的環境の確保に関する法律（昭和45年法律第20号）第２条第１項に規定する特定建築物に該当する建築物に関して第６条第１項（第87条第１項において準用する場合を含む。）の規定による確認申請書を受理し、又は第18条第２項（第87条第１項において準用する場合を含む。）の規定による通知を受けた場合においては、遅滞なく、これを当該申請又は通知に係る建築物の工事施工地又は所在地を管轄する保健所長に通知しなければならない。

5　略

改正：平成10年法律第100号　　施行：平成11年５月１日

第93条　（許可又は確認に関する消防長等の同意等）

1　特定行政庁、<u>建築主事又は指定確認検査機関</u>は、この法律の規定による許可又は確認をする場合においては、当該許可又は確認に係る建築物の工事施工地又は所在地を管轄する消防長<u>（消防本部を置かない市町村にあつては、市町村長。以下同じ。）</u>又は消防署長の同意を得なければ、当該許可又は確認をすることができない。ただし、確認に係る建築物が防火地域及び準防火地域以外の区域内における住宅（長屋、共同住宅その他政令で定める住宅を除く。）である場合<u>又は建築主事若しくは指定確認検査機関が第87条の２第１項において準用する第６条第１項若しくは第６条の２第１項の規定による確認をする場合</u>においては、この限りでない。

2　消防長又は消防署長は、前項の規定によつて同意を求められた場合においては、当該建築物の計画が法律又はこれに基づく命令若しくは条例の規定（<u>建築主事又は指定確認検査機関が第６条の３第１項各号に掲げる建築物の建築について確認する場合において同意を求められたときは、同項の規定により読み替えて適用される第６条第１項の政令で定める建築基準法令の規定を除く。</u>）で建築物の防火に関するものに違反しないものであるときは、第６条第１項<u>第四号</u>に係る場合にあつては、同意を求められた日から３日以内に、その他の場合にあつては、同意を求められた日から７日以内に同意を与えてその旨を当該特定行政庁、<u>建築主事又は指定確認検査機関</u>に通知しなければならない。この場合において、消防長又は消防署長は、同意することができない事由があると認めるときは、これらの期限内に、その事由を当該特定行政庁、<u>建築主事又は指定確認検査機関</u>に通知しなければならない。

3　<u>建築主事又は指定確認検査機関</u>は、第１項ただし書の場合において第６条第１項<u>（第87条の２第１項において準用する場合を含む。）</u>の規定による確認申請書を受理したとき<u>若しくは第６条の２第１項（第87条の２第１項において準用する場合を含む。）の規定による確認の申請を受けたとき</u>又は第18条第２項（第87条第１項又は第87条の２第１項において準用する場合を含む。）の規定による通知を受けた場合においては、遅滞なく、これを当該申請又は通知に係る建築物の工事施工地又は所在地を管轄する消防長又は消防署長に通知しなければならない。

4　<u>建築主事又は指定確認検査機関</u>は、第31条第２項に規定する屎（し）尿浄化槽又は建築物における衛生的環境の確保に関する法律（昭和45年法律第20号）第２条第１項に規定する特定建築物に該当する建築物に関して、<u>第６条第１項</u>（第87条第１項において準用する場合を含む。）の規定による<u>確認の申請書を受理した場合、第６条の２第１項（第87条第１項において準用する場合を含む。）の規定による確認の申請を受けた場合</u>又は第18条第２項（第87条第１項において準用する場合を含む。）の規定による通知を受けた場合においては、遅滞なく、これを当該申請又は通知に係る建築物の工事施工地又は所在地を管轄する保健所長に通知しなければならない。

5　保健所長は、必要があると認める場合においては、この法律の規定による許可又は確認について、特定行政庁、<u>建築主事又は指定確認検査機関</u>に対して意見を述べることができる。

改正：平成11年法律第87号　　施行：平成12年４月１日

改正：平成10年法律第100号　**法93条**

第93条　（許可又は確認に関する消防長等の同意等）

1　特定行政庁、建築主事又は指定確認検査機関は、この法律の規定による許可又は確認をする場合においては、当該許可又は確認に係る建築物の工事施工地又は所在地を管轄する消防長（消防本部を置かない市町村にあつては、市町村長。以下同じ。）又は消防署長の同意を得なければ、当該許可又は確認をすることができない。ただし、確認に係る建築物が防火地域及び準防火地域以外の区域内における住宅（長屋、共同住宅その他政令で定める住宅を除く。）である場合又は建築主事若しくは指定確認検査機関が<u>第87条の2</u>において準用する第6条第1項若しくは第6条の2第1項の規定による確認をする場合においては、この限りでない。

2　略

3　建築主事又は指定確認検査機関は、第1項ただし書の場合において第6条第1項（<u>第87条の2において準用する場合を含む。</u>）の規定による確認申請書を受理したとき若しくは第6条の2第1項（<u>第87条の2において準用する場合を含む。</u>）の規定による確認の申請を受けたとき又は第18条第2項（第87条第1項又は<u>第87条の2において準用する場合を含む。</u>）の規定による通知を受けた場合においては、遅滞なく、これを当該申請又は通知に係る建築物の工事施工地又は所在地を管轄する消防長又は消防署長に通知しなければならない。

4・5　略

改正：平成10年法律第100号　　　施行：平成12年6月1日

第93条　（許可又は確認に関する消防長等の同意等）

1　略

2　消防長又は消防署長は、前項の規定によつて同意を求められた場合においては、当該建築物の計画が法律又はこれに基づく命令若しくは条例の規定（建築主事又は指定確認検査機関が<u>第6条の3第1項第一号若しくは第二号に掲げる建築物の建築、大規模の修繕、大規模の模様替若しくは用途の変更又は同項第三号に掲げる建築物の建築について確認する場合において同意を求められたときは、同項の規定により読み替えて適用される第6条第1項の政令で定める建築基準法令の規定を除く。</u>）で建築物の防火に関するものに違反しないものであるときは、第6条第1項第四号に係る場合にあつては、同意を求められた日から3日以内に、その他の場合にあつては、同意を求められた日から7日以内に同意を与えてその旨を当該特定行政庁、建築主事又は指定確認検査機関に通知しなければならない。この場合において、消防長又は消防署長は、同意することができない事由があると認めるときは、これらの期限内に、その事由を当該特定行政庁、建築主事又は指定確認検査機関に通知しなければならない。

3　<u>第68条の20第1項（第68条の23第2項において準用する場合を含む。）の規定は、消防長又は消防署長が第1項の規定によつて同意を求められた場合に行う審査について準用する。</u>

4　建築主事又は指定確認検査機関は、第1項ただし書の場合において第6条第1項（第87条の2において準用する場合を含む。）の規定による確認申請書を受理したとき若しくは第6条の2第1項（第87条の2において準用する場合を含む。）の規定による確認の申請を受けたとき又は第18条第2項（第87条第1項又は第87条の2において準用する場合を含む。）の規定による通知を受けた場合においては、遅滞なく、これを当該申請又は通知に係る建築物の工事施工地又は所在地を管轄する消防長又は消防署長に通知しなければならない。

5　建築主事又は指定確認検査機関は、第31条第2項に規定する屎（し）尿浄化槽又は建築物における衛生的環境の確保に関する法律（昭和45年法律第20号）第2条第1項に規定する特定建築物に該当する建築物に関して、第6条第1項（第87条第1項において準用する場合を含む。）の規定による確認の申請書を受理した場合、第6条の2第1項（第87条第1項において準用する場合を含む。）の規定による確認の申請を受けた場合又は第18条第2項（第87条第1項において準用する場合を含む。）の規定による通知を受けた場合においては、遅滞なく、これを当該申請又は通知に係る建築物の工事施工地又は所在地を管轄する保健所長に通知しなければならない。

6　保健所長は、必要があると認める場合においては、この法律の規定による許可又は確認について、特定行政庁、建築主事又は指定確認検査機関に対して意見を述べることができる。

法93条 改正：平成26年法律第54号

改正：平成26年法律第54号　　　施行：平成27年6月1日
第93条　（許可又は確認に関する消防長等の同意等）

1　略
2　消防長又は消防署長は、前項の規定によつて同意を求められた場合においては、当該建築物の計画が法律又はこれに基づく命令若しくは条例の規定（建築主事又は指定確認検査機関が第6条の4第1項第一号若しくは第二号に掲げる建築物の建築、大規模の修繕、大規模の模様替若しくは用途の変更又は同項第三号に掲げる建築物の建築について確認する場合において同意を求められたときは、同項の規定により読み替えて適用される第6条第1項の政令で定める建築基準法令の規定を除く。）で建築物の防火に関するものに違反しないものであるときは、同項第四号に係る場合にあつては、同意を求められた日から3日以内に、その他の場合にあつては、同意を求められた日から7日以内に同意を与えてその旨を当該特定行政庁、建築主事又は指定確認検査機関に通知しなければならない。この場合において、消防長又は消防署長は、同意することができない事由があると認めるときは、これらの期限内に、その事由を当該特定行政庁、建築主事又は指定確認検査機関に通知しなければならない。
3　第68条の20第1項（第68条の22第2項において準用する場合を含む。）の規定は、消防長又は消防署長が第1項の規定によつて同意を求められた場合に行う審査について準用する。
4～6　略

改正：平成30年法律第67号　　　施行：令和元年6月25日
第93条　（許可又は確認に関する消防長等の同意等）

1　特定行政庁、建築主事又は指定確認検査機関は、この法律の規定による許可又は確認をする場合においては、当該許可又は確認に係る建築物の工事施工地又は所在地を管轄する消防長（消防本部を置かない市町村にあつては、市町村長。以下同じ。）又は消防署長の同意を得なければ、当該許可又は確認をすることができない。ただし、確認に係る建築物が防火地域及び準防火地域以外の区域内における住宅（長屋、共同住宅その他政令で定める住宅を除く。）である場合又は建築主事若しくは指定確認検査機関が第87条の4において準用する第6条第1項若しくは第6条の2第1項の規定による確認をする場合においては、この限りでない。
2・3　略
4　建築主事又は指定確認検査機関は、第1項ただし書の場合において第6条第1項（第87条の4において準用する場合を含む。）の規定による確認申請書を受理したとき若しくは第6条の2第1項（第87条の4において準用する場合を含む。）の規定による確認の申請を受けたとき又は第18条第2項（第87条第1項又は第87条の4において準用する場合を含む。）の規定による通知を受けた場合においては、遅滞なく、これを当該申請又は通知に係る建築物の工事施工地又は所在地を管轄する消防長又は消防署長に通知しなければならない。
5・6　略

改正：令和5年法律第58号　　　施行：令和6年4月1日
第93条　（許可又は確認に関する消防長等の同意等）

1　特定行政庁、建築主事等又は指定確認検査機関は、この法律の規定による許可又は確認をする場合においては、当該許可又は確認に係る建築物の工事施工地又は所在地を管轄する消防長（消防本部を置かない市町村にあつては、市町村長。以下同じ。）又は消防署長の同意を得なければ、当該許可又は確認をすることができない。ただし、確認に係る建築物が防火地域及び準防火地域以外の区域内における住宅（長屋、共同住宅その他政令で定める住宅を除く。）である場合又は建築主事等若しくは指定確認検査機関が第87条の4において準用する第6条第1項若しくは第6条の2第1項の規定による確認をする場合においては、この限りでない。
2　消防長又は消防署長は、前項の規定によつて同意を求められた場合においては、当該建築物の計画が法律又はこれに基づく命令若しくは条例の規定（建築主事等又は指定確認検査機関が第6条の4第1項第一号若しくは第二号に掲げる建築物の建築、大規模の修繕、大規模の模様替若しくは用途の変更又は同項第三号に掲げる建築物の建築について確認する場合において同意を求められたときは、同項の規定により読み替えて適用される第6条第1項の政令で定める建築基準法令の規定を除く。）で建築物の防火に関するものに違反しないものであるときは、同項第四号に係る場合にあつては、同意を求められた日から3日以内に、その他の

場合にあつては、同意を求められた日から7日以内に同意を与えてその旨を当該特定行政庁、<u>建築主事等</u>又は指定確認検査機関に通知しなければならない。この場合において、消防長又は消防署長は、同意することができない事由があると認めるときは、これらの期限内に、その事由を当該特定行政庁、<u>建築主事等</u>又は指定確認検査機関に通知しなければならない。

3　略

4　<u>建築主事等</u>又は指定確認検査機関は、第1項ただし書の場合において第6条第1項（第87条の4において準用する場合を含む。）の規定による確認申請書を受理したとき若しくは第6条の2第1項（第87条の4において準用する場合を含む。）の規定による確認の申請を受けたとき又は第18条第2項（第87条第1項又は第87条の4において準用する場合を含む。）の規定による通知を受けた場合においては、遅滞なく、これを当該申請又は通知に係る建築物の工事施工地又は所在地を管轄する消防長又は消防署長に通知しなければならない。

5　<u>建築主事等</u>又は指定確認検査機関は、第31条第2項に規定する屎（し）尿浄化槽又は建築物における衛生的環境の確保に関する法律（昭和45年法律第20号）第2条第1項に規定する特定建築物に該当する建築物に関して、第6条第1項（第87条第1項において準用する場合を含む。）の規定による確認の申請書を受理した場合、第6条の2第1項（第87条第1項において準用する場合を含む。）の規定による確認の申請を受けた場合又は第18条第2項（第87条第1項において準用する場合を含む。）の規定による通知を受けた場合においては、遅滞なく、これを当該申請又は通知に係る建築物の工事施工地又は所在地を管轄する保健所長に通知しなければならない。

6　保健所長は、必要があると認める場合においては、この法律の規定による許可又は確認について、特定行政庁、<u>建築主事等</u>又は指定確認検査機関に対して意見を述べることができる。

改正：令和6年法律第53号　　　施行：令和6年11月1日

第93条　（許可又は確認に関する消防長等の同意等）

1～3　略

4　建築主事等又は指定確認検査機関は、第1項ただし書の場合において第6条第1項（第87条の4において準用する場合を含む。）の規定による確認申請書を受理したとき若しくは第6条の2第1項（第87条の4において準用する場合を含む。）の規定による確認の申請を受けたとき又は<u>第18条第2項若しくは第4項（これらの規定を第87条第1項又は第87条の4において準用する場合を含む。</u>）の規定による通知を受けた場合においては、遅滞なく、これを当該申請又は通知に係る建築物の工事施工地又は所在地を管轄する消防長又は消防署長に通知しなければならない。

5　建築主事等又は指定確認検査機関は、第31条第2項に規定する屎（し）尿浄化槽又は建築物における衛生的環境の確保に関する法律（昭和45年法律第20号）第2条第1項に規定する特定建築物に該当する建築物に関して、第6条第1項（第87条第1項において準用する場合を含む。）の規定による確認の申請書を受理した場合、第6条の2第1項（第87条第1項において準用する場合を含む。）の規定による確認の申請を受けた場合又は<u>第18条第2項若しくは第4項</u>（これらの規定を第87条第1項において準用する場合を含む。）の規定による通知を受けた場合においては、遅滞なく、これを当該申請又は通知に係る建築物の工事施工地又は所在地を管轄する保健所長に通知しなければならない。

6　略

改正：令和4年法律第69号　　　施行：令和7年4月1日

第93条　（許可又は確認に関する消防長等の同意等）

1　特定行政庁、建築主事等又は指定確認検査機関は、この法律の規定による許可又は確認をする場合においては、当該許可又は確認に係る建築物の工事施工地又は所在地を管轄する消防長（消防本部を置かない市町村にあつては、市町村長。以下同じ。）又は消防署長の同意を得なければ、当該許可又は確認をすることができない。ただし、確認に係る建築物が防火地域及び準防火地域以外の区域内における住宅（長屋、共同住宅その他政令で定める住宅を除く。）である場合又は建築主事等若しくは指定確認検査機関が第87条の4において準用する第6条第1項若しくは第6条の2第1項の規定による確認をする場合においては、この限りでない。

2　消防長又は消防署長は、前項の規定によつて同意を求められた場合においては、当該建築物の計画が法律又はこれに基づく命令若しくは条例の規定（建築主事等又は指定確認検査機関が第6条の4第1項第一号若し

法93条　改正：令和4年法律第69号

くは第二号に掲げる建築物の建築、大規模の修繕、大規模の模様替若しくは用途の変更又は同項第三号に掲げる建築物の建築について確認する場合において同意を求められたときは、同項の規定により読み替えて適用される第6条第1項の政令で定める建築基準法令の規定を除く。）で建築物の防火に関するものに違反しないものであるときは、<u>第6条第1項第三号</u>に係る場合にあつては、同意を求められた日から3日以内に、その他の場合にあつては、同意を求められた日から7日以内に同意を与えてその旨を当該特定行政庁、建築主事等又は指定確認検査機関に通知しなければならない。この場合において、消防長又は消防署長は、同意することができない事由があると認めるときは、これらの期限内に、その事由を当該特定行政庁、建築主事等又は指定確認検査機関に通知しなければならない。

3　第68条の20第1項（第68条の22第2項において準用する場合を含む。）の規定は、消防長又は消防署長が第1項の規定によつて同意を求められた場合に行う審査について準用する。

4　建築主事等又は指定確認検査機関は、第1項ただし書の場合において第6条第1項（第87条の4において準用する場合を含む。）の規定による確認申請書を受理したとき若しくは第6条の2第1項（第87条の4において準用する場合を含む。）の規定による確認の申請を受けたとき又は第18条第2項若しくは第4項（これらの規定を第87条第1項又は第87条の4において準用する場合を含む。）の規定による通知を受けた場合においては、遅滞なく、これを当該申請又は通知に係る建築物の工事施工地又は所在地を管轄する消防長又は消防署長に通知しなければならない。

5　建築主事等又は指定確認検査機関は、第31条第2項に規定する屎（し）尿浄化槽又は建築物における衛生的環境の確保に関する法律（昭和45年法律第20号）第2条第1項に規定する特定建築物に該当する建築物に関して、第6条第1項（第87条第1項において準用する場合を含む。）の規定による確認の申請書を受理した場合、第6条の2第1項（第87条第1項において準用する場合を含む。）の規定による確認の申請を受けた場合又は第18条第2項若しくは第4項（これらの規定を第87条第1項において準用する場合を含む。）の規定による通知を受けた場合においては、遅滞なく、これを当該申請又は通知に係る建築物の工事施工地又は所在地を管轄する保健所長に通知しなければならない。

6　保健所長は、必要があると認める場合においては、この法律の規定による許可又は確認について、特定行政庁、建築主事等又は指定確認検査機関に対して意見を述べることができる。

［現行］　第93条の2　（書類の閲覧）

制定：昭和45年法律第109号　　　施行：昭和46年1月1日
第93条の2　（確認の申請書に関する図書の閲覧）

1　特定行政庁は、確認の申請書に関する図書のうち、当該確認の申請に係る計画が建築物の敷地に関する法律並びにこれに基づく命令及び条例の規定に適合するものであることを表示している図書であつて建設省令で定めるものについては、建設省令で定めるところにより、閲覧の請求があつた場合には、これを閲覧させなければならない。

改正：平成10年法律第100号　　　施行：平成11年5月1日
第93条の2　（書類の閲覧）

1　特定行政庁は、<u>確認その他の建築基準法令の規定による処分に関する書類</u>のうち、<u>当該処分に係る建築物又はその計画が建築基準関係規定に適合するものであることを表示している書類</u>であつて建設省令で定めるものについては、建設省令で定めるところにより、閲覧の請求があつた場合には、これを閲覧させなければならない。

改正：平成11年法律第160号　　　施行：平成13年1月6日
第93条の2　（書類の閲覧）

1　特定行政庁は、確認その他の建築基準法令の規定による処分に関する書類のうち、当該処分に係る建築物又はその計画が建築基準関係規定に適合するものであることを表示している書類であつて<u>国土交通省令</u>で定めるものについては、<u>国土交通省令</u>で定めるところにより、閲覧の請求があつた場合には、これを閲覧させ

改正：平成16年法律第67号　　　施行：平成17年6月1日
第93条の2　（書類の閲覧）

1　特定行政庁は、確認その他の建築基準法令の規定による処分並びに第12条第1項及び第3項の規定による報告に関する書類のうち、当該処分若しくは報告に係る建築物若しくは建築物の敷地の所有者、管理者若しくは占有者又は第三者の権利利益を不当に侵害するおそれがないものとして国土交通省令で定めるものについては、国土交通省令で定めるところにより、閲覧の請求があつた場合には、これを閲覧させなければならない。

[現行]　第93条の3　（国土交通省令への委任）

制定：平成10年法律第100号　　　施行：平成11年5月1日
第93条の3　（建設省令への委任）

1　この法律に定めるもののほか、この法律の規定に基づく許可その他の処分に関する手続その他この法律の実施のため必要な事項は、建設省令で定める。

改正：平成11年法律第160号　　　施行：平成13年1月6日
第93条の3　（国土交通省令への委任）

1　この法律に定めるもののほか、この法律の規定に基づく許可その他の処分に関する手続その他この法律の実施のため必要な事項は、国土交通省令で定める。

[現行]　第94条　（不服申立て）

制定：昭和25年法律第201号　　　施行：昭和25年11月23日
第94条　（異議の申立）

1　特定行政庁又は建築主事がこの法律又はこれに基く命令若しくは条例の規定に基いてした処分について、又はこれらの規定に基く処分をしないことについて不服がある者は、当該市町村又は都道府県の建築審査会に、文書をもつて、異議の申立をすることができる。
2　前項の規定による異議の申立は、同項の処分を受けた日から20日以内にしなければならない。
3　建築審査会は、第1項の規定による異議の申立を受理した場合においては、その申立を受理した日から20日以内に、裁定をしなければならない。
4　建築審査会は、前項の裁定を行う場合においては、あらかじめ、異議の申立をした者、特定行政庁、建築主事その他の関係人又はこれらの者の代理人の出頭を求めて、公開による口頭審査を行わなければならない。
5　建築審査会は、第3項の規定による裁定をした場合においては、その裁定をした日から7日以内に、異議の申立をした者及び特定行政庁又は建築主事に、文書をもつて、これを通知しなければならない。
6　特定行政庁又は建築主事は、前項の規定による裁定の通知を受けた場合において、その行つた処分を変更し、若しくは取り消し、又は行わなかつた処分を行う必要があると認めるときは、その通知を受けた日から7日以内に、その行つた処分を変更し、若しくは取り消し、又はその行わなかつた処分をし、その旨を異議の申立をした者に通知しなければならない。

改正：昭和34年法律第156号　　　施行：昭和34年12月23日
第94条　（異議の申立）

1・2　略

法94条 改正：昭和34年法律第156号

 3 建築審査会は、第1項の規定による異議の申立を受理した場合においては、その申立を受理した日から<u>1月</u>以内に、裁定をしなければならない。
 4～6 略

改正：昭和37年法律第161号 施行：昭和37年10月1日
第94条　（不服申立て）

 1 <u>この法律又はこれに基づく命令若しくは条例の規定による特定行政庁又は建築主事の処分又はこれに係る不作為（行政不服審査法（昭和37年法律第160号）第2条第2項に規定する不作為をいう。）についての審査請求は、当該市町村又は都道府県の建築審査会に対してするものとする。</u>
 2 建築審査会は、<u>前項の規定による審査請求</u>を受理した場合においては、<u>審査請求</u>を受理した日から1月以内に、<u>裁決</u>をしなければならない。
 3 建築審査会は、前項の<u>裁決</u>を行う場合においては、あらかじめ、<u>審査請求人</u>、特定行政庁、建築主事その他の関係人又はこれらの者の代理人の出頭を求めて、公開による口頭審査を行わなければならない。

改正：昭和45年法律第109号 施行：昭和46年1月1日
第94条　（不服申立て）

 1 この法律又はこれに基づく命令若しくは条例の規定による特定行政庁、<u>建築主事又は建築監視員</u>の処分又はこれに係る不作為（行政不服審査法（昭和37年法律第160号）第2条第2項に規定する不作為をいう。<u>第97条の2第5項において同じ。</u>）についての審査請求は、当該市町村又は都道府県の建築審査会に対してするものとする。
 2 略
 3 建築審査会は、前項の裁決を<u>行なう</u>場合においては、あらかじめ、審査請求人、特定行政庁、建築主事<u>、建築監視員</u>その他の関係人又はこれらの者の代理人の出頭を求めて、公開による口頭審査を<u>行なわなければ</u>ならない。

改正：平成10年法律第100号 施行：平成11年5月1日
第94条　（不服申立て）

 1 <u>建築基準法令の規定</u>による特定行政庁、<u>建築主事若しくは建築監視員又は指定確認検査機関</u>の処分又はこれに係る<u>不作為についての</u>審査請求は、<u>同法第3条第2項に規定する処分庁又は不作為庁が、特定行政庁、建築主事又は建築監視員である場合にあつては当該市町村又は都道府県の建築審査会に、指定確認検査機関である場合にあつては当該処分又は不作為に係る建築物又は工作物について第6条第1項（第87条第1項、第87条の2第1項又は第88条第1項若しくは第2項において準用する場合を含む。）の規定による確認をする権限を有する建築主事が置かれた市町村又は都道府県</u>の建築審査会に対してするものとする。
 2 略
 3 建築審査会は、前項の裁決を<u>行う</u>場合においては、あらかじめ、審査請求人、特定行政庁、建築主事、建築監視員、<u>指定確認検査機関</u>その他の関係人又はこれらの者の代理人の出頭を求めて、公開による口頭審査を<u>行わなければならない。</u>

改正：平成11年法律第87号 施行：平成12年4月1日
第94条　（不服申立て）

 1 建築基準法令の規定による特定行政庁、建築主事若しくは建築監視員又は指定確認検査機関の処分又はこれに係る<u>不作為に不服がある者は、行政不服審査法</u>第3条第2項に規定する処分庁又は不作為庁が、特定行政庁、建築主事又は建築監視員である場合にあつては当該市町村又は都道府県の建築審査会に、指定確認検査機関である場合にあつては当該処分又は不作為に係る建築物又は工作物について第6条第1項（第87条第1項、<u>第87条の2</u>又は第88条第1項若しくは第2項において準用する場合を含む。）の規定による確認をする権限を有する建築主事が置かれた市町村又は都道府県の建築審査会に対して<u>審査請求をすることができ</u>

る。
2・3　略

改正：平成26年法律第54号　　　施行：平成27年6月1日
第94条　（不服申立て）

1　建築基準法令の規定による特定行政庁、建築主事若しくは建築監視員、都道府県知事、指定確認検査機関又は指定構造計算適合性判定機関の処分又はこれに係る不作為に不服がある者は、行政不服審査法第3条第2項に規定する処分庁又は不作為庁が、特定行政庁、建築主事若しくは建築監視員又は都道府県知事である場合にあつては当該市町村又は都道府県の建築審査会に、指定確認検査機関である場合にあつては当該処分又は不作為に係る建築物又は工作物について第6条第1項（第87条第1項、第87条の2又は第88条第1項若しくは第2項において準用する場合を含む。）の規定による確認をする権限を有する建築主事が置かれた市町村又は都道府県の建築審査会に、指定構造計算適合性判定機関である場合にあつては第18条の2第1項の規定により当該指定構造計算適合性判定機関にその構造計算適合性判定を行わせた都道府県知事が統括する都道府県の建築審査会に対して審査請求をすることができる。
2　略
3　建築審査会は、前項の裁決を行う場合においては、あらかじめ、審査請求人、特定行政庁、建築主事、建築監視員、都道府県知事、指定確認検査機関、指定構造計算適合性判定機関その他の関係人又はこれらの者の代理人の出頭を求めて、公開による口頭審査を行わなければならない。

改正：平成26年法律第69号　　　施行：平成28年4月1日
第94条　（不服申立て）

1　建築基準法令の規定による特定行政庁、建築主事若しくは建築監視員、都道府県知事、指定確認検査機関又は指定構造計算適合性判定機関の処分又はその不作為についての審査請求は、行政不服審査法第4条第一号に規定する処分庁又は不作為庁が、特定行政庁、建築主事若しくは建築監視員又は都道府県知事である場合にあつては当該市町村又は都道府県の建築審査会に、指定確認検査機関である場合にあつては当該処分又は不作為に係る建築物又は工作物について第6条第1項（第87条第1項、第87条の2又は第88条第1項若しくは第2項において準用する場合を含む。）の規定による確認をする権限を有する建築主事が置かれた市町村又は都道府県の建築審査会に、指定構造計算適合性判定機関である場合にあつては第18条の2第1項の規定により当該指定構造計算適合性判定機関にその構造計算適合性判定を行わせた都道府県知事が統括する都道府県の建築審査会に対してするものとする。この場合において、不作為についての審査請求は、建築審査会に代えて、当該不作為庁が、特定行政庁、建築主事、建築監視員又は都道府県知事である場合にあつては当該市町村の長又は都道府県知事に、指定確認検査機関である場合にあつては当該指定確認検査機関に、指定構造計算適合性判定機関である場合にあつては当該指定構造計算適合性判定機関に対してすることもできる。
2　建築審査会は、前項前段の規定による審査請求がされた場合においては、当該審査請求がされた日（行政不服審査法第23条の規定により不備を補正すべきことを命じた場合にあつては、当該不備が補正された日）から1月以内に、裁決をしなければならない。
3　建築審査会は、前項の裁決を行う場合においては、行政不服審査法第24条の規定により当該審査請求を却下する場合を除き、あらかじめ、審査請求人、特定行政庁、建築主事、建築監視員、都道府県知事、指定確認検査機関、指定構造計算適合性判定機関その他の関係人又はこれらの者の代理人の出頭を求めて、公開による口頭審査を行わなければならない。
4　第1項前段の規定による審査請求については、行政不服審査法第31条の規定は適用せず、前項の口頭審査については、同法第9条第3項の規定により読み替えられた同法第31条第2項から第5項までの規定を準用する。

改正：平成30年法律第67号　　　施行：令和元年6月25日
第94条　（不服申立て）

法94条　改正：平成30年法律第67号

1　建築基準法令の規定による特定行政庁、建築主事若しくは建築監視員、都道府県知事、指定確認検査機関又は指定構造計算適合性判定機関の処分又はその不作為についての審査請求は、行政不服審査法第4条第一号に規定する処分庁又は不作為庁が、特定行政庁、建築主事若しくは建築監視員又は都道府県知事である場合にあつては当該市町村又は都道府県の建築審査会に、指定確認検査機関である場合にあつては当該処分又は不作為に係る建築物又は工作物について第6条第1項（第87条第1項、<u>第87条の4</u>又は第88条第1項若しくは第2項において準用する場合を含む。）の規定による確認をする権限を有する建築主事が置かれた市町村又は都道府県の建築審査会に、指定構造計算適合性判定機関である場合にあつては第18条の2第1項の規定により当該指定構造計算適合性判定機関にその構造計算適合性判定を行わせた都道府県知事が統括する都道府県の建築審査会に対してするものとする。この場合において、不作為についての審査請求は、建築審査会に代えて、当該不作為庁が、特定行政庁、建築主事、建築監視員又は都道府県知事である場合にあつては当該市町村の長又は都道府県知事に、指定確認検査機関である場合にあつては当該指定確認検査機関に、指定構造計算適合性判定機関である場合にあつては当該指定構造計算適合性判定機関に対してすることもできる。

2～4　略

改正：令和5年法律第58号　　　施行：令和6年4月1日
第94条　（不服申立て）

1　建築基準法令の規定による特定行政庁、<u>建築主事等</u>若しくは建築監視員、都道府県知事、指定確認検査機関又は指定構造計算適合性判定機関の処分又はその不作為についての審査請求は、行政不服審査法第4条第一号に規定する処分庁又は不作為庁が、特定行政庁、<u>建築主事等</u>若しくは建築監視員又は都道府県知事である場合にあつては当該市町村又は都道府県の建築審査会に、指定確認検査機関である場合にあつては当該処分又は不作為に係る建築物又は工作物について第6条第1項（第87条第1項、第87条の4又は第88条第1項若しくは第2項において準用する場合を含む。）の規定による確認をする権限を有する<u>建築主事等</u>が置かれた市町村又は都道府県の建築審査会に、指定構造計算適合性判定機関である場合にあつては第18条の2第1項の規定により当該指定構造計算適合性判定機関にその構造計算適合性判定を行わせた都道府県知事が統括する都道府県の建築審査会に対してするものとする。この場合において、不作為についての審査請求は、建築審査会に代えて、当該不作為庁が、特定行政庁、<u>建築主事等</u>、建築監視員又は都道府県知事である場合にあつては当該市町村の長又は都道府県知事に、指定確認検査機関である場合にあつては当該指定確認検査機関に、指定構造計算適合性判定機関である場合にあつては当該指定構造計算適合性判定機関に対してすることもできる。

2　略

3　建築審査会は、前項の裁決を行う場合においては、行政不服審査法第24条の規定により当該審査請求を却下する場合を除き、あらかじめ、審査請求人、特定行政庁、<u>建築主事等</u>、建築監視員、都道府県知事、指定確認検査機関、指定構造計算適合性判定機関その他の関係人又はこれらの者の代理人の出頭を求めて、公開による口頭審査を行わなければならない。

改正：令和6年法律第53号　　　施行：令和6年11月1日
第94条　（不服申立て）

1　建築基準法令の規定による特定行政庁、建築主事等若しくは建築監視員、都道府県知事、指定確認検査機関又は指定構造計算適合性判定機関の処分又はその不作為についての審査請求は、行政不服審査法第4条第一号に規定する処分庁又は不作為庁が、特定行政庁、建築主事等若しくは建築監視員又は都道府県知事である場合にあつては当該市町村又は都道府県の建築審査会に、指定確認検査機関である場合にあつては当該処分又は不作為に係る建築物又は工作物について<u>確認その他の建築基準法令の規定による処分</u>をする権限を有する建築主事等が置かれた市町村又は都道府県の建築審査会に、指定構造計算適合性判定機関である場合にあつては第18条の2第1項の規定により当該指定構造計算適合性判定機関にその構造計算適合性判定を行わせた都道府県知事が統括する都道府県の建築審査会に対してするものとする。この場合において、不作為についての審査請求は、建築審査会に代えて、当該不作為庁が、特定行政庁、建築主事等、建築監視員又は都道府県知事である場合にあつては当該市町村の長又は都道府県知事に、指定確認検査機関である場合にあつては当該指定確認検査機関に、指定構造計算適合性判定機関である場合にあつては当該指定構造計算適合性判

定機関に対してすることもできる。
2　建築審査会は、前項前段の規定による審査請求がされた場合においては、当該審査請求がされた日（行政不服審査法第23条の規定により不備を補正すべきことを命じた場合にあつては、当該不備が補正された日）から1月以内に、裁決をしなければならない。
3　建築審査会は、前項の裁決を行う場合においては、行政不服審査法第24条の規定により当該審査請求を却下する場合を除き、あらかじめ、審査請求人、特定行政庁、建築主事等、建築監視員、都道府県知事、指定確認検査機関、指定構造計算適合性判定機関その他の関係人又はこれらの者の代理人の出頭を求めて、公開による口頭審査を行わなければならない。
4　第1項前段の規定による審査請求については、行政不服審査法第31条の規定は適用せず、前項の口頭審査については、同法第9条第3項の規定により読み替えられた同法第31条第2項から第5項までの規定を準用する。

[現行]　第95条

制定：昭和25年法律第201号　　　施行：昭和25年11月23日
第95条　（訴願）
1　前条第1項の規定によつて異議の申立をした者は、同条第3項の規定による裁定に不服がある場合又は特定行政庁若しくは建築主事が裁定に従わない場合においては、同条第5項の規定による通知を受けた日から1月以内に、建設大臣に訴願することができる。

改正：昭和37年法律第161号　　　施行：昭和37年10月1日
第95条
1　建築審査会の裁決に不服がある者は、建設大臣に対して再審査請求をすることができる。

改正：平成11年法律第160号　　　施行：平成13年1月6日
第95条
1　建築審査会の裁決に不服がある者は、国土交通大臣に対して再審査請求をすることができる。

[現行]　第96条　削除

[削除条文]

制定：昭和25年法律第201号　　　施行：昭和25年11月23日
旧　**第96条**　（この法律の規定と出訴権との関係）
1　この法律又はこれに基く命令若しくは条例の規定は、これらに基いて建設大臣、都道府県知事、市町村若しくは特別区の長又は建築主事のした処分に不服がある者の裁判所に出訴する権利を妨げるものと解釈してはならない。

改正：昭和37年法律第140号　　　施行：昭和37年10月1日
旧　**第96条**　（審査請求と訴訟との関係）
1　第94条第1項に規定する処分の取消しの訴えは、当該処分についての審査請求に対する建築審査会の裁決を経た後でなければ、提起することができない。

改正：平成26年法律第69号　　　施行：平成28年4月1日

法旧96条 改正：平成26年法律第69号

旧　第96条　（審査請求と訴訟との関係）　削除

[現行]　第97条　（権限の委任）

制定：平成11年法律第160号　　　施行：平成13年1月6日
旧　第96条の2　（権限の委任）

1　この法律に規定する国土交通大臣の権限は、国土交通省令で定めるところにより、その一部を地方整備局長又は北海道開発局長に委任することができる。

改正：平成23年法律第35号　　　施行：平成23年8月1日
第97条　（権限の委任）

1　この法律に規定する国土交通大臣の権限は、国土交通省令で定めるところにより、その一部を地方整備局長又は北海道開発局長に委任することができる。

[削除条文]

制定：昭和25年法律第201号　　　施行：昭和25年11月23日
旧　第97条　（地方公共団体の組合に対するこの法律の適用）

1　この法律又はこれに基く命令の規定の適用については、全部事務組合は市町村と、役場事務組合の執行機関は市町村の長とみなす。

改正：平成23年法律第35号　　　施行：平成23年8月1日
旧　第97条　（地方公共団体の組合に対するこの法律の適用）　削除

[現行]　第97条の2　（市町村の建築主事等の特例）

制定：昭和31年法律第148号　　　施行：昭和31年9月1日
第97条の2　（大都市の特例）

1　地方自治法第252条の19第1項の指定都市（以下本条中「指定都市」という。）においては、第4条第1項の規定による外、指定都市の長の指揮監督の下に、この法律中建築主事の権限に属するものとされている事務で政令で定めるものをつかさどらせるために、建築主事を置くことができる。この場合においては、この法律中建築主事に関する規定は、指定都市が置く建築主事に適用があるものとする。
2　前項の規定は、指定都市に置かれる建築主事の権限に属しない指定都市の区域における事務をつかさどらせるために、都道府県が都道府県知事の指揮監督の下に建築主事を置くことを妨げるものではない。
3　この法律中都道府県知事たる特定行政庁の権限に属する事務で政令で定めるものは、政令で定めるところにより、指定都市の長が行うものとする。この場合においては、この法律中都道府県知事たる特定行政庁に関する規定は、指定都市の長に関する規定として指定都市の長に適用があるものとする。

改正：昭和45年法律第109号　　　施行：昭和46年1月1日
第97条の2　（市町村の建築主事等の特例）

1　第4条第1項の市以外の市又は町村においては、同条第2項の規定によるほか、当該市町村の長の指揮監督の下に、この法律中建築主事の権限に属するものとされている事務で政令で定めるものをつかさどらせるために、建築主事を置くことができる。この場合においては、この法律中建築主事に関する規定は、当該市

町村が置く建築主事に適用があるものとする。
2　第4条第3項及び第4項の規定は、前項の市町村が同項の規定により建築主事を置く場合に準用する。
3　第1項の規定により建築主事を置く市町村は、同項の規定により建築主事が行なうこととなる事務に関する限り、この法律の規定（政令で定めるものを除く。）の適用については、第4条第5項に規定する建築主事を置く市町村とみなす。
4　この法律中都道府県知事たる特定行政庁の権限に属する事務で政令で定めるものは、政令で定めるところにより、第1項の規定により建築主事を置く市町村の長が行なうものとする。この場合においては、この法律中都道府県知事たる特定行政庁に関する規定は、当該市町村の長に関する規定として当該市町村の長に適用があるものとする。
5　この法律又はこれに基づく命令若しくは条例の規定による第1項の規定により建築主事を置く市町村の長たる特定行政庁、同項の建築主事又は当該特定行政庁が命じた建築監視員の処分又はこれに係る不作為についての審査請求は、当該市町村に建築審査会が置かれていないときは、当該市町村を包括する都道府県の建築審査会に対してするものとする。

改正：平成10年法律第100号　　　施行：平成11年5月1日
第97条の2　（市町村の建築主事等の特例）

1～4　略
5　第1項の規定により建築主事を置く市町村の長たる特定行政庁、同項の建築主事又は当該特定行政庁が命じた建築監視員の建築基準法令の規定による処分又はこれに係る不作為についての審査請求は、当該市町村に建築審査会が置かれていないときは、当該市町村を包括する都道府県の建築審査会に対してするものとする。

改正：平成11年法律第87号　　　施行：平成12年4月1日
第97条の2　（市町村の建築主事等の特例）

1・2　略
3　第1項の規定により建築主事を置く市町村は、同項の規定により建築主事が行うこととなる事務に関する限り、この法律の規定の適用については、第4条第5項に規定する建築主事を置く市町村とみなす。この場合において、第78条第1項中「置く」とあるのは、「置くことができる」とする。
4　略
5　第1項の規定により建築主事を置く市町村の長たる特定行政庁、同項の建築主事又は当該特定行政庁が命じた建築監視員の建築基準法令の規定による処分又はこれに係る不作為に不服がある者は、当該市町村に建築審査会が置かれていないときは、当該市町村を包括する都道府県の建築審査会に対して審査請求をすることができる。

改正：平成26年法律第69号　　　施行：平成28年4月1日
第97条の2　（市町村の建築主事等の特例）

1～4　略
5　第1項の規定により建築主事を置く市町村の長たる特定行政庁、同項の建築主事又は当該特定行政庁が命じた建築監視員の建築基準法令の規定による処分又はその不作為についての審査請求は、当該市町村に建築審査会が置かれていないときは、当該市町村を包括する都道府県の建築審査会に対してするものとする。この場合において、不作為についての審査請求は、建築審査会に代えて、当該不作為に係る市町村の長に対してすることもできる。

改正：令和5年法律第58号　　　施行：令和6年4月1日
第97条の2　（市町村の建築主事等の特例）

1　第4条第1項の市以外の市又は町村においては、同条第2項の規定によるほか、当該市町村の長の指揮監督

法97条の2 改正：令和5年法律第58号

の下に、この法律中建築主事の権限に属するものとされている事務で政令で定めるものをつかさどらせるために、建築主事を置くことができる。この場合においては、この法律中建築主事に関する規定は、当該市町村が置く建築主事に適用があるものとする。

2 　前項の市町村においては、第4条第7項の規定によるほか、当該市町村の長の指揮監督の下に、この法律中建築副主事の権限に属するものとされている事務で政令で定めるものをつかさどらせるために、建築副主事を置くことができる。この場合においては、この法律中建築副主事に関する規定は、当該市町村が置く建築副主事に適用があるものとする。

3 　第4条第3項及び第4項の規定は、前2項の市町村がこれらの規定により建築主事等を置く場合に準用する。

4 　第1項又は第2項の規定により建築主事等を置く市町村は、これらの規定により建築主事等が行うこととなる事務に関する限り、この法律の規定の適用については、第4条第5項に規定する建築主事を置く市町村とみなす。この場合において、第78条第1項中「置く」とあるのは、「置くことができる」とする。

5 　この法律中都道府県知事たる特定行政庁の権限に属する事務で政令で定めるものは、政令で定めるところにより、第1項又は第2項の規定により建築主事等を置く市町村の長が行うものとする。この場合においては、この法律中都道府県知事たる特定行政庁に関する規定は、当該市町村の長に関する規定として当該市町村の長に適用があるものとする。

6 　第1項若しくは第2項の規定により建築主事等を置く市町村の長たる特定行政庁、当該建築主事等又は当該特定行政庁が命じた建築監視員の建築基準法令の規定による処分又はその不作為についての審査請求は、当該市町村に建築審査会が置かれていないときは、当該市町村を包括する都道府県の建築審査会に対してするものとする。この場合において、不作為についての審査請求は、建築審査会に代えて、当該不作為に係る市町村の長に対してすることもできる。

[現行] 　第97条の3　（特別区の特例）

制定：昭和39年法律第169号　　　施行：昭和40年4月1日
第97条の3　（特別区の特例）

1 　特別区においては、第4条第1項の規定によるほか、特別区の長の指揮監督の下に、この法律中建築主事の権限に属するものとされている事務で政令で定めるものをつかさどらせるために、建築主事を置くことができる。この場合においては、この法律中建築主事に関する規定は、特別区が置く建築主事に適用があるものとする。

2 　前項の規定は、特別区に置かれる建築主事の権限に属しない特別区の区域における事務をつかさどらせるために、都が都知事の指揮監督の下に建築主事を置くことを妨げるものではない。

3 　この法律中都道府県知事たる特定行政庁の権限に属する事務で政令で定めるものは、政令で定めるところにより、特別区の長が行なうものとする。この場合においては、この法律中都道府県知事たる特定行政庁に関する規定は、特別区の長に関する規定として特別区の長に適用があるものとする。

改正：昭和45年法律第109号　　　施行：昭和46年1月1日
第97条の3　（特別区の特例）

1 　特別区においては、第4条第2項の規定によるほか、特別区の長の指揮監督の下に、この法律中建築主事の権限に属するものとされている事務で政令で定めるものをつかさどらせるために、建築主事を置くことができる。この場合においては、この法律中建築主事に関する規定は、特別区が置く建築主事に適用があるものとする。

2・3　略

改正：平成27年法律第50号　　　施行：平成27年6月26日
第97条の3　（特別区の特例）

1～3　略

改正：平成11年法律第160号 **法97条の4**

4　特別区が第4条第2項の規定により建築主事を置こうとする場合における同条第3項及び第4項の規定の適用については、同条第3項中「協議しなければ」とあるのは「協議し、その同意を得なければ」と、同条第4項中「により協議して」とあるのは「による同意を得た場合において」とする。

改正：令和5年法律第58号　　　施行：令和6年4月1日
第97条の3　（特別区の特例）

1　特別区においては、第4条第2項の規定によるほか、特別区の長の指揮監督の下に、この法律中建築主事の権限に属するものとされている事務で政令で定めるものをつかさどらせるために、建築主事を置くことができる。この場合においては、この法律中建築主事に関する規定は、特別区が置く建築主事に適用があるものとする。
2　前項の規定により建築主事を置く特別区においては、当該特別区における同項に規定する事務の実施体制の確保又は充実を図るため必要があると認めるときは、当該特別区の長の指揮監督の下に、この法律中建築副主事の権限に属するものとされている事務で政令で定めるものをつかさどらせるために、建築副主事を置くことができる。この場合においては、この法律中建築副主事に関する規定は、当該特別区が置く建築副主事に適用があるものとする。
3　前2項の規定は、特別区に置かれる建築主事等の権限に属しない特別区の区域における事務をつかさどらせるために、都が都知事の指揮監督の下に建築主事等を置くことを妨げるものではない。
4　この法律中都道府県知事たる特定行政庁の権限に属する事務で政令で定めるものは、政令で定めるところにより、特別区の長が行うものとする。この場合においては、この法律中都道府県知事たる特定行政庁に関する規定は、特別区の長に関する規定として特別区の長に適用があるものとする。
5　特別区が第4条第2項の規定により建築主事を置こうとする場合における同条第3項及び第4項の規定の適用については、同条第3項中「協議しなければ」とあるのは「協議し、その同意を得なければ」と、同条第4項中「により協議して」とあるのは「による同意を得た場合において」とする。

[現行]　第97条の4　（手数料）

制定：平成10年法律第100号　　　施行：平成12年6月1日
第97条の4　（手数料）

1　建設大臣が行う次に掲げる処分の申請をしようとする者は、建設省令で定めるところにより、実費を勘案して建設省令で定める額の手数料を国に納めなければならない。
　一　構造方法等の認定
　二　型式適合認定
　三　第68条の11第1項の認証又はその更新
　四　第68条の23第1項の認証又はその更新
2　指定認定機関、承認認定機関、指定性能評価機関又は承認性能評価機関が行う前項第二号から第四号までに掲げる処分又は性能評価の申請をしようとする者は、建設省令で定めるところにより、実費を勘案して建設省令で定める額の手数料を当該指定認定機関、承認認定機関、指定性能評価機関又は承認性能評価機関に納めなければならない。
3　前項の規定により指定認定機関、承認認定機関、指定性能評価機関又は承認性能評価機関に納められた手数料は、当該指定認定機関、承認認定機関、指定性能評価機関又は承認性能評価機関の収入とする。

改正：平成11年法律第160号　　　施行：平成13年1月6日
第97条の4　（手数料）

1　国土交通大臣が行う次に掲げる処分の申請をしようとする者は、国土交通省令で定めるところにより、実費を勘案して国土交通省令で定める額の手数料を国に納めなければならない。
　一～四　略
2　指定認定機関、承認認定機関、指定性能評価機関又は承認性能評価機関が行う前項第二号から第四号まで

法97条の4　改正：平成11年法律第160号

に掲げる処分又は性能評価の申請をしようとする者は、国土交通省令で定めるところにより、実費を勘案して国土交通省令で定める額の手数料を当該指定認定機関、承認認定機関、指定性能評価機関又は承認性能評価機関に納めなければならない。
3　略

改正：平成26年法律第54号　　　施行：平成27年6月1日
第97条の4　（手数料）

1　国土交通大臣が行う次に掲げる処分の申請をしようとする者は、国土交通省令で定めるところにより、実費を勘案して国土交通省令で定める額の手数料を国に納めなければならない。
　一　構造方法等の認定
　二　特殊構造方法等認定
　三　型式適合認定
　四　第68条の11第1項の認証又はその更新
　五　第68条の22第1項の認証又はその更新
2　指定認定機関、承認認定機関、指定性能評価機関又は承認性能評価機関が行う前項第三号から第五号までに掲げる処分又は性能評価の申請をしようとする者は、国土交通省令で定めるところにより、実費を勘案して国土交通省令で定める額の手数料を当該指定認定機関、承認認定機関、指定性能評価機関又は承認性能評価機関に納めなければならない。
3　前項の規定により指定認定機関、承認認定機関、指定性能評価機関又は承認性能評価機関に納められた手数料は、当該指定認定機関、承認認定機関、指定性能評価機関又は承認性能評価機関の収入とする。

[現行]　第97条の5　（事務の区分）

制定：平成11年法律第87号　　　施行：平成12年4月1日
旧　第97条の4　（事務の区分）

1　第15条第4項、第16条及び第77条の63の規定により都道府県が処理することとされている事務並びに第15条第1項から第3項までの規定により市町村が処理することとされている事務は、地方自治法（昭和22年法律第67号）第2条第9項第一号に規定する第一号法定受託事務とする。
2　第70条第4項（第74条第2項（第76条の3第6項において準用する場合を含む。以下この項において同じ。）及び第76条の3第4項において準用する場合を含む。）、第71条（第74条第2項及び第76条の3第4項において準用する場合を含む。）、第72条（同条第2項の規定により建築協定書に意見を添える事務に係る部分を除き、第74条第2項及び第76条の3第4項において準用する場合を含む。）及び第73条第3項（第74条第2項、第75条の2第4項及び第76条の3第4項において準用する場合を含む。）の規定により市町村（建築主事を置かない市町村に限る。）が処理することとされている事務は、地方自治法第2条第9項第二号に規定する第二号法定受託事務とする。

改正：平成10年法律第100号　　　施行：平成12年6月1日
第97条の5　（事務の区分）

略

改正：平成25年法律第44号　　　施行：平成26年4月1日
第97条の5　（事務の区分）

1　略
2　第70条第4項（第74条第2項（第76条の3第6項において準用する場合を含む。以下この項において同じ。）及び第76条の3第4項において準用する場合を含む。）、第71条（第74条第2項及び第76条の3第4項において準用する場合を含む。）、第72条（同条第2項の規定により建築協定書に意見を付する事務に係る部分を除き、

第74条第2項及び第76条の3第4項において準用する場合を含む。）及び第73条第3項（第74条第2項、第75条の2第4項及び第76条の3第4項において準用する場合を含む。）の規定により市町村（建築主事を置かない市町村に限る。）が処理することとされている事務は、地方自治法第2条第9項第二号に規定する第二号法定受託事務とする。

改正：令和5年法律第58号　　施行：令和6年4月1日
第97条の5　（事務の区分）

1　第15条第4項、第16条及び第77条の63の規定により都道府県が処理することとされている事務並びに第15条第1項から第3項までの規定により市町村が処理することとされている事務は、地方自治法（昭和22年法律第67号）第2条第9項第一号に規定する第一号法定受託事務とする。
2　第70条第4項（第74条第2項（第76条の3第6項において準用する場合を含む。以下この項において同じ。）及び第76条の3第4項において準用する場合を含む。）、第71条（第74条第2項及び第76条の3第4項において準用する場合を含む。）、第72条（同条第2項の規定により建築協定書に意見を付する事務に係る部分を除き、第74条第2項及び第76条の3第4項において準用する場合を含む。）及び第73条第3項（第74条第2項、第75条の2第4項及び第76条の3第4項において準用する場合を含む。）の規定により市町村（建築主事等を置かない市町村に限る。）が処理することとされている事務は、地方自治法第2条第9項第二号に規定する第二号法定受託事務とする。

[現行]　第97条の6　（経過措置）

制定：昭和55年法律第35号　　施行：昭和56年4月25日
旧　第97条の4　（経過措置）

1　この法律の規定に基づき命令を制定し、又は改廃する場合においては、その命令で、その制定又は改廃に伴い合理的に必要と判断される範囲内において、所要の経過措置（罰則に関する経過措置を含む。）を定めることができる。

改正：平成11年法律第87号　　施行：平成12年4月1日
旧　第97条の5　（経過措置）

略

改正：平成10年法律第100号　　施行：平成12年6月1日
第97条の6　（経過措置）

1　この法律の規定に基づき命令を制定し、又は改廃する場合においては、その命令で、その制定又は改廃に伴い合理的に必要と判断される範囲内において、所要の経過措置（罰則に関する経過措置を含む。）を定めることができる。

改正：平成26年法律第54号 **法98条**

[現行]　第7章　罰則
（制定：昭和25年法律第201号）　旧　第11章　罰則
（改正：昭和34年法律第156号）　第7章　罰則

[現行]　第98条

制定：平成16年法律第67号　　施行：平成17年6月1日
第98条

1　第9条第1項又は第10項前段（第88条第1項から第3項まで又は第90条第3項においてこれらの規定を準用する場合を含む。）の規定による特定行政庁又は建築監視員の命令に違反した者は、1年以下の懲役又は300万円以下の罰金に処する。

改正：平成18年法律第92号　　施行：平成19年6月20日
第98条

1　次の各号のいずれかに該当する者は、3年以下の懲役又は300万円以下の罰金に処する。
　一　第9条第1項又は第10項前段（これらの規定を第88条第1項から第3項まで又は第90条第3項において準用する場合を含む。）の規定による特定行政庁又は建築監視員の命令に違反した者
　二　第20条（第一号から第三号までに係る部分に限る。）、第21条、第26条、第27条、第35条又は第35条の2の規定に違反した場合における当該建築物又は建築設備の設計者（設計図書を用いないで工事を施工し、又は設計図書に従わないで工事を施工した場合においては、当該建築物又は建築設備の工事施工者）
　三　第36条（防火壁及び防火区画の設置及び構造に係る部分に限る。）の規定に基づく政令の規定に違反した場合における当該建築物の設計者（設計図書を用いないで工事を施工し、又は設計図書に従わないで工事を施工した場合においては、当該建築物の工事施工者）
　四　第87条第3項において準用する第27条、第35条又は第35条の2の規定に違反した場合における当該建築物の所有者、管理者又は占有者
　五　第87条第3項において準用する第36条（防火壁及び防火区画の設置及び構造に関して、第35条の規定を実施し、又は補足するために安全上及び防火上必要な技術的基準に係る部分に限る。）の規定に基づく政令の規定に違反した場合における当該建築物の所有者、管理者又は占有者
2　前項第二号又は第三号に規定する違反があつた場合において、その違反が建築主又は建築設備の設置者の故意によるものであるときは、当該設計者又は工事施工者を罰するほか、当該建築主又は建築設備の設置者に対して同項の刑を科する。

改正：平成26年法律第54号　　施行：平成27年6月1日
第98条

1　次の各号のいずれかに該当する者は、3年以下の懲役又は300万円以下の罰金に処する。
　一　略
　二　第20条（<u>第1項第一号</u>から第三号までに係る部分に限る。）、第21条、第26条、第27条、第35条又は第35条の2の規定に違反した場合における当該建築物又は建築設備の設計者（<u>設計図書に記載された認定建築材料等（型式適合認定に係る型式の建築材料若しくは建築物の部分、構造方法等の認定に係る構造方法を用いる建築物の部分若しくは建築材料又は特殊構造方法等認定に係る特殊の構造方法を用いる建築物の部分若しくは特殊の建築材料をいう。以下同じ。）の全部又は一部として当該認定建築材料等の全部又は一部と異なる建築材料又は建築物の部分を引き渡した場合においては当該建築材料又は建築物の部分を引き渡した者</u>、設計図書を用いないで工事を施工し、又は設計図書に従わないで工事を施工した場合<u>（設計図書に記載された認定建築材料等と異なる建築材料又は建築物の部分を引き渡された場合において、当該建築材料又は建築物の部分を使用して工事を施工した場合を除く。）</u>においては当該建築物又は建築設備の工事施工者）
　三　第36条（防火壁及び防火区画の設置及び構造に係る部分に限る。）の規定に基づく政令の規定に違反した場合における当該建築物の設計者（<u>設計図書に記載された認定建築材料等の全部又は一部として当該認</u>

法98条　改正：平成26年法律第54号

定建築材料等の全部又は一部と異なる建築材料又は建築物の部分を引き渡した場合においては当該建築材料又は建築物の部分を引き渡した者、設計図書を用いないで工事を施工し、又は設計図書に従わないで工事を施工した場合（設計図書に記載された認定建築材料等と異なる建築材料又は建築物の部分を引き渡された場合において、当該建築材料又は建築物の部分を使用して工事を施工した場合を除く。）においては、当該建築物の工事施工者）

　四・五　略
2　略

改正：平成30年法律第67号　　　施行：令和元年6月25日

第98条

1　次の各号のいずれかに該当する者は、3年以下の懲役又は300万円以下の罰金に処する。
　一・二　略
　三　第36条（防火壁、防火床及び防火区画の設置及び構造に係る部分に限る。）の規定に基づく政令の規定に違反した場合における当該建築物の設計者（設計図書に記載された認定建築材料等の全部又は一部として当該認定建築材料等の全部又は一部と異なる建築材料又は建築物の部分を引き渡した場合においては当該建築材料又は建築物の部分を引き渡した者、設計図書を用いないで工事を施工し、又は設計図書に従わないで工事を施工した場合（設計図書に記載された認定建築材料等と異なる建築材料又は建築物の部分を引き渡された場合において、当該建築材料又は建築物の部分を使用して工事を施工した場合を除く。）においては当該建築物の工事施工者）
　四　略
　五　第87条第3項において準用する第36条（防火壁、防火床及び防火区画の設置及び構造に関して、第35条の規定を実施し、又は補足するために安全上及び防火上必要な技術的基準に係る部分に限る。）の規定に基づく政令の規定に違反した場合における当該建築物の所有者、管理者又は占有者
2　略

改正：令和4年法律第68号　　　施行：令和7年6月1日

第98条

1　次の各号のいずれかに該当する者は、3年以下の拘禁刑又は300万円以下の罰金に処する。
　一　第9条第1項又は第10項前段（これらの規定を第88条第1項から第3項まで又は第90条第3項において準用する場合を含む。）の規定による特定行政庁又は建築監視員の命令に違反した者
　二　第20条（第1項第一号から第三号までに係る部分に限る。）、第21条、第26条、第27条、第35条又は第35条の2の規定に違反した場合における当該建築物又は建築設備の設計者（設計図書に記載された認定建築材料等（型式適合認定に係る型式の建築材料若しくは建築物の部分、構造方法等の認定に係る構造方法を用いる建築物の部分若しくは建築材料又は特殊構造方法等認定に係る特殊の構造方法を用いる建築物の部分若しくは特殊の建築材料をいう。以下同じ。）の全部又は一部として当該認定建築材料等の全部又は一部と異なる建築材料又は建築物の部分を引き渡した場合においては当該建築材料又は建築物の部分を引き渡した者、設計図書を用いないで工事を施工し、又は設計図書に従わないで工事を施工した場合（設計図書に記載された認定建築材料等と異なる建築材料又は建築物の部分を引き渡された場合において、当該建築材料又は建築物の部分を使用して工事を施工した場合を除く。）においては当該建築物又は建築設備の工事施工者）
　三　第36条（防火壁、防火床及び防火区画の設置及び構造に係る部分に限る。）の規定に基づく政令の規定に違反した場合における当該建築物の設計者（設計図書に記載された認定建築材料等の全部又は一部として当該認定建築材料等の全部又は一部と異なる建築材料又は建築物の部分を引き渡した場合においては当該建築材料又は建築物の部分を引き渡した者、設計図書を用いないで工事を施工し、又は設計図書に従わないで工事を施工した場合（設計図書に記載された認定建築材料等と異なる建築材料又は建築物の部分を引き渡された場合において、当該建築材料又は建築物の部分を使用して工事を施工した場合を除く。）においては当該建築物の工事施工者）
　四　第87条第3項において準用する第27条、第35条又は第35条の2の規定に違反した場合における当該建築物

五　第87条第3項において準用する第36条（防火壁、防火床及び防火区画の設置及び構造に関して、第35条の規定を実施し、又は補足するために安全上及び防火上必要な技術的基準に係る部分に限る。）の規定に基づく政令の規定に違反した場合における当該建築物の所有者、管理者又は占有者
2　前項第二号又は第三号に規定する違反があつた場合において、その違反が建築主又は建築設備の設置者の故意によるものであるときは、当該設計者又は工事施工者を罰するほか、当該建築主又は建築設備の設置者に対して同項の刑を科する。

[現行]　第99条

制定：昭和25年法律第201号　　　施行：昭和25年11月23日
旧　第98条

1　第9条第1項（第88条において準用する場合を含む。）の規定による特定行政庁の命令に違反した者は、10万円以下の罰金に処する。

改正：昭和34年法律第156号　　　施行：昭和34年12月23日
旧　第98条

1　第9条第1項又は第10項（第88条第1項若しくは第3項又は第90条第3項においてこれらの規定を準用する場合を含む。）の規定による特定行政庁の命令に違反した者は、6月以下の懲役又は10万円以下の罰金に処する。

改正：昭和36年法律第115号　　　施行：昭和36年12月4日
旧　第98条

1　第9条第1項又は第10項前段（第88条第1項若しくは第3項又は第90条第3項においてこれらの規定を準用する場合を含む。）の規定による特定行政庁の命令に違反した者は、6月以下の懲役又は10万円以下の罰金に処する。

改正：昭和45年法律第109号　　　施行：昭和46年1月1日
旧　第98条

1　第9条第1項又は第10項前段（第88条第1項若しくは第3項又は第90条第3項においてこれらの規定を準用する場合を含む。）の規定による特定行政庁又は建築監視員の命令に違反した者は、6月以下の懲役又は10万円以下の罰金に処する。

改正：昭和49年法律第67号　　　施行：昭和50年4月1日
旧　第98条

1　第9条第1項又は第10項前段（第88条第1項、第2項若しくは第4項又は第90条第3項においてこれらの規定を準用する場合を含む。）の規定による特定行政庁又は建築監視員の命令に違反した者は、1年以下の懲役又は20万円以下の罰金に処する。

改正：昭和62年法律第66号　　　施行：昭和62年11月16日
旧　第98条

1　第9条第1項又は第10項前段（第88条第1項、第2項若しくは第4項又は第90条第3項においてこれらの規定を準用する場合を含む。）の規定による特定行政庁又は建築監視員の命令に違反した者は、1年以下の懲役又は30万円以下の罰金に処する。

法旧98条　改正：平成10年法律第100号

改正：平成10年法律第100号　　　施行：平成11年5月1日
旧　第98条

1　次の各号の一に該当する者は、1年以下の懲役又は50万円以下の罰金に処する。
　一　第9条第1項又は第10項前段（第88条第1項、第2項若しくは第4項又は第90条第3項においてこれらの規定を準用する場合を含む。）の規定による特定行政庁又は建築監視員の命令に違反した者
　二　第77条の8第1項の規定に違反してその職務に関して知り得た秘密を漏らした者又は同条第2項の規定に違反して事前に資格検定の問題を漏らした者
　三　第77条の8第2項の規定に違反して、不正の採点をした者
　四　第77条の25第1項の規定に違反して、その職務に関して知り得た秘密を漏らし、又は自己の利益のために使用した者
　五　第77条の15第2項、第77条の35第2項の規定による資格検定事務又は確認検査の業務の停止の命令に違反した者
　六　第77条の40第2項の規定による禁止に違反して、確認検査の業務を行つた者

改正：平成11年法律第87号　　　施行：平成12年4月1日
旧　第98条

1　次の各号の一に該当する者は、1年以下の懲役又は50万円以下の罰金に処する。
　一　第9条第1項又は第10項前段（第88条第1項から第3項まで又は第90条第3項においてこれらの規定を準用する場合を含む。）の規定による特定行政庁又は建築監視員の命令に違反した者
　二～六　略

改正：平成10年法律第100号　　　施行：平成12年6月1日
旧　第98条

1　次の各号の一に該当する者は、1年以下の懲役又は50万円以下の罰金に処する。
　一～三　略
　四　第77条の25第1項又は第77条の43第1項（第77条の56第2項において準用する場合を含む。）の規定に違反して、その職務に関して知り得た秘密を漏らし、又は自己の利益のために使用した者
　五　第77条の15第2項、第77条の35第2項又は第77条の51第2項（第77条の56第2項において準用する場合を含む。）の規定による資格検定事務又は確認検査、認定等若しくは性能評価の業務の停止の命令に違反した者
　六　第77条の62第2項の規定による禁止に違反して、確認検査の業務を行つた者

改正：平成16年法律第67号　　　施行：平成17年6月1日
第99条

1　次の各号のいずれかに該当する者は、1年以下の懲役又は50万円以下の罰金に処する。
　一　第77条の8第1項の規定に違反してその職務に関して知り得た秘密を漏らした者又は同条第2項の規定に違反して事前に資格検定の問題を漏らした者
　二　第77条の8第2項の規定に違反して、不正の採点をした者
　三　第77条の25第1項又は第77条の43第1項（第77条の56第2項において準用する場合を含む。）の規定に違反して、その職務に関して知り得た秘密を漏らし、又は自己の利益のために使用した者
　四　第77条の15第2項、第77条の35第2項又は第77条の51第2項（第77条の56第2項において準用する場合を含む。）の規定による資格検定事務又は確認検査、認定等若しくは性能評価の業務の停止の命令に違反した者
　五　第77条の62第2項の規定による禁止に違反して、確認検査の業務を行つた者

改正：平成18年法律第92号　　　　施行：平成19年6月20日
第99条

1　次の各号のいずれかに該当する者は、1年以下の懲役又は100万円以下の罰金に処する。
　一　第6条第1項（第87条第1項、第87条の2又は第88条第1項若しくは第2項において準用する場合を含む。）、第7条の6第1項（第87条の2又は第88条第2項において準用する場合を含む。）又は第68条の19第2項（第88条第1項において準用する場合を含む。）の規定に違反した者
　二　第6条第14項（第87条の2又は第88条第1項若しくは第2項において準用する場合を含む。）又は第7条の3第6項（第87条の2又は第88条第1項において準用する場合を含む。）の規定に違反した場合における当該建築物、工作物又は建築設備の工事施工者
　三　第7条第2項若しくは第3項（これらの規定を第87条の2又は第88条第1項若しくは第2項において準用する場合を含む。）又は第7条の3第2項若しくは第3項（これらの規定を第87条の2又は第88条第1項において準用する場合を含む。）の期限内に第7条第1項（第87条の2又は第88条第1項若しくは第2項において準用する場合を含む。）又は第7条の3第1項（第87条の2又は第88条第1項において準用する場合を含む。）の規定による申請をせず、又は虚偽の申請をした者
　四　第9条第10項後段（第88条第1項から第3項まで又は第90条第3項において準用する場合を含む。）、第10条第2項若しくは第3項（これらの規定を第88条第1項又は第3項において準用する場合を含む。）、第11条第1項（第88条第1項から第3項までにおいて準用する場合を含む。）又は第90条の2第1項の規定による特定行政庁又は建築監視員の命令に違反した者
　五　第20条（第四号に係る部分に限る。）、第22条第1項、第23条、第24条、第25条、第28条第3項、第28条の2（第88条第1項において準用する場合を含む。）、第32条（第88条第1項において準用する場合を含む。）、第33条（第88条第1項において準用する場合を含む。）、第34条第1項（第88条第1項において準用する場合を含む。）、第34条第2項、第35条の3、第37条（第88条第1項において準用する場合を含む。）、第61条から第64条まで、第66条、第67条の2第1項又は第88条第1項において準用する第20条の規定に違反した場合における当該建築物、工作物又は建築設備の設計者（設計図書を用いないで工事を施工し、又は設計図書に従わないで工事を施工した場合においては、当該建築物、工作物又は建築設備の工事施工者）
　六　第36条（消火設備、避雷設備及び給水、排水その他の配管設備の設置及び構造並びに煙突及び昇降機の構造に係る部分に限り、第88条第1項において準用する場合を含む。）の規定に基づく政令の規定に違反した場合における当該建築物、工作物又は建築設備の設計者（設計図書を用いないで工事を施工し、又は設計図書に従わないで工事を施工した場合においては、当該建築物、工作物又は建築設備の工事施工者）
　七　第77条の8第1項の規定に違反して、その職務に関して知り得た秘密を漏らした者
　八　第77条の8第2項の規定に違反して、事前に資格検定の問題を漏らし、又は不正の採点をした者
　九　第77条の25第1項、第77条の35の8第1項又は第77条の43第1項（第77条の56第2項において準用する場合を含む。）の規定に違反して、その職務に関して知り得た秘密を漏らし、又は盗用した者
　十　第77条の35第2項の規定による確認検査の業務の停止の命令に違反した者
　十一　第77条の62第2項の規定による禁止に違反して、確認検査の業務を行つた者
　十二　第87条第3項において準用する第24条、第28条第3項又は第35条の3の規定に違反した場合における当該建築物の所有者、管理者又は占有者
　十三　第87条第3項において準用する第36条（消火設備の設置及び構造に関して、第35条の規定を実施し、又は補足するために安全上及び防火上必要な技術的基準に係る部分に限る。）の規定に基づく政令の規定に違反した場合における当該建築物の所有者、管理者又は占有者
2　前項第五号又は第六号に規定する違反があつた場合において、その違反が建築主、工作物の築造主又は建築設備の設置者の故意によるものであるときは、当該設計者又は工事施工者を罰するほか、当該建築主、工作物の築造主又は建築設備の設置者に対して同項の刑を科する。

改正：平成26年法律第54号　　　　施行：平成27年6月1日
第99条

1　次の各号のいずれかに該当する者は、1年以下の懲役又は100万円以下の罰金に処する。
　一　略

法99条 改正：平成26年法律第54号

二　第6条第8項（第87条の2又は第88条第1項若しくは第2項において準用する場合を含む。）又は第7条の3第6項（第87条の2又は第88条第1項において準用する場合を含む。）の規定に違反した場合における当該建築物、工作物又は建築設備の工事施工者

三・四　略

五　第12条第5項（第一号に係る部分に限る。）又は第15条の2第1項（これらの規定を第88条第1項から第3項までにおいて準用する場合を含む。）の規定による報告をせず、又は虚偽の報告をした者

六　第12条第6項又は第15条の2第1項（これらの規定を第88条第1項から第3項までにおいて準用する場合を含む。）の規定による物件の提出をせず、又は虚偽の物件の提出をした者

七　第12条第7項又は第15条の2第1項（これらの規定を第88条第1項から第3項までにおいて準用する場合を含む。）の規定による検査若しくは試験を拒み、妨げ、若しくは忌避し、又は質問に対して答弁せず、若しくは虚偽の答弁をした者

八　第20条（第1項第四号に係る部分に限る。）、第22条第1項、第23条、第24条、第25条、第28条第3項、第28条の2（第88条第1項において準用する場合を含む。）、第32条（第88条第1項において準用する場合を含む。）、第33条（第88条第1項において準用する場合を含む。）、第34条第1項（第88条第1項において準用する場合を含む。）、第34条第2項、第35条の3、第37条（第88条第1項において準用する場合を含む。）、第61条から第64条まで、第66条、第67条の3第1項又は第88条第1項において準用する第20条の規定に違反した場合における当該建築物、工作物又は建築設備の設計者（設計図書に記載された認定建築材料等の全部又は一部として当該認定建築材料等の全部又は一部と異なる建築材料又は建築物の部分を引き渡した場合においては当該建築材料又は建築物の部分を引き渡した者、設計図書を用いないで工事を施工し、又は設計図書に従わないで工事を施工した場合（設計図書に記載された認定建築材料等と異なる建築材料又は建築物の部分を引き渡された場合において、当該建築材料又は建築物の部分を使用して工事を施工した場合を除く。）においては当該建築物、工作物又は建築設備の工事施工者）

九　第36条（消火設備、避雷設備及び給水、排水その他の配管設備の設置及び構造並びに煙突及び昇降機の構造に係る部分に限り、第88条第1項において準用する場合を含む。）の規定に基づく政令の規定に違反した場合における当該建築物、工作物又は建築設備の設計者（設計図書に記載された認定建築材料等の全部又は一部として当該認定建築材料等の全部又は一部と異なる建築材料又は建築物の部分を引き渡した場合においては当該建築材料又は建築物の部分を引き渡した者、設計図書を用いないで工事を施工し、又は設計図書に従わないで工事を施工した場合（設計図書に記載された認定建築材料等と異なる建築材料又は建築物の部分を引き渡された場合において、当該建築材料又は建築物の部分を使用して工事を施工した場合を除く。）においては当該建築物、工作物又は建築設備の工事施工者）

十　第77条の8第1項（第77条の17の2第2項において準用する場合を含む。）の規定に違反して、その職務に関して知り得た秘密を漏らした者

十一　第77条の8第2項（第77条の17の2第2項において準用する場合を含む。）の規定に違反して、事前に建築基準適合判定資格者検定若しくは構造計算適合判定資格者検定の問題を漏らし、又は不正の採点をした者

十二　第77条の25第1項、第77条の35の10第1項又は第77条の43第1項（第77条の56第2項において準用する場合を含む。）の規定に違反して、その職務に関して知り得た秘密を漏らし、又は盗用した者

十三　第77条の35第2項の規定による確認検査の業務の停止の命令に違反した者

十四　第77条の62第2項（第77条の66第2項において準用する場合を含む。）の規定による禁止に違反して、確認検査又は構造計算適合性判定の業務を行つた者

十五　第87条第3項において準用する第24条、第28条第3項又は第35条の3の規定に違反した場合における当該建築物の所有者、管理者又は占有者

十六　第87条第3項において準用する第36条（消火設備の設置及び構造に関して、第35条の規定を実施し、又は補足するために安全上及び防火上必要な技術的基準に係る部分に限る。）の規定に基づく政令の規定に違反した場合における当該建築物の所有者、管理者又は占有者

2　前項第八号又は第九号に規定する違反があつた場合において、その違反が建築主、工作物の築造主又は建築設備の設置者の故意によるものであるときは、当該設計者又は工事施工者を罰するほか、当該建築主、工作物の築造主又は建築設備の設置者に対して同項の刑を科する。

改正：平成30年法律第67号　　　施行：平成30年9月25日
第99条

1　次の各号のいずれかに該当する者は、1年以下の懲役又は100万円以下の罰金に処する。
　一～七　略
　八　第20条（第1項第四号に係る部分に限る。）、第22条第1項、<u>第23条、第25条</u>、第28条第3項、第28条の2（第88条第1項において準用する場合を含む。）、第32条（第88条第1項において準用する場合を含む。）、第33条（第88条第1項において準用する場合を含む。）、第34条第1項（第88条第1項において準用する場合を含む。）、第34条第2項、第35条の3、第37条（第88条第1項において準用する場合を含む。）、第61条から第64条まで、第66条、第67条の3第1項又は第88条第1項において準用する第20条の規定に違反した場合における当該建築物、工作物又は建築設備の設計者（設計図書に記載された認定建築材料等の全部又は一部として当該認定建築材料等の全部又は一部と異なる建築材料又は建築物の部分を引き渡した場合においては当該建築材料又は建築物の部分を引き渡した者、設計図書を用いないで工事を施工し、又は設計図書に従わないで工事を施工した場合（設計図書に記載された認定建築材料等と異なる建築材料又は建築物の部分を引き渡された場合において、当該建築材料又は建築物の部分を使用して工事を施工した場合を除く。）においては当該建築物、工作物又は建築設備の工事施工者）
　九～十四　略
　十五　第87条第3項において<u>準用</u>する<u>第28条第3項</u>又は第35条の3の規定に違反した場合における当該建築物の所有者、管理者又は占有者
　十六　略
2　略

改正：平成30年法律第67号　　　施行：令和元年6月25日
第99条

1　次の各号のいずれかに該当する者は、1年以下の懲役又は100万円以下の罰金に処する。
　一　第6条第1項（第87条第1項、<u>第87条の4</u>又は第88条第1項若しくは第2項において準用する場合を含む。）、第7条の6第1項（<u>第87条の4</u>又は第88条第2項において準用する場合を含む。）又は第68条の19第2項（第88条第1項において準用する場合を含む。）の規定に違反した者
　二　第6条第8項（<u>第87条の4</u>又は第88条第1項若しくは第2項において準用する場合を含む。）又は第7条の3第6項（<u>第87条の4</u>又は第88条第1項において準用する場合を含む。）の規定に違反した場合における当該建築物、工作物又は建築設備の工事施工者
　三　第7条第2項若しくは第3項（これらの規定を<u>第87条の4</u>又は第88条第1項若しくは第2項において準用する場合を含む。）又は第7条の3第2項若しくは第3項（これらの規定を<u>第87条の4</u>又は第88条第1項において準用する場合を含む。）の期限内に第7条第1項（<u>第87条の4</u>又は第88条第1項若しくは第2項において準用する場合を含む。）又は第7条の3第1項（<u>第87条の4</u>又は第88条第1項において準用する場合を含む。）の規定による申請をせず、又は虚偽の申請をした者
　四～七　略
　八　第20条（第1項第四号に係る部分に限る。）、第22条第1項、第23条、第25条、第28条第3項、第28条の2（第88条第1項において準用する場合を含む。）、第32条（第88条第1項において準用する場合を含む。）、第33条（第88条第1項において準用する場合を含む。）、第34条第1項（第88条第1項において準用する場合を含む。）、第34条第2項、第35条の3、第37条（第88条第1項において準用する場合を含む。）、第61条、<u>第62条、第64条、第67条第1項</u>又は第88条第1項において準用する第20条の規定に違反した場合における当該建築物、工作物又は建築設備の設計者（設計図書に記載された認定建築材料等の全部又は一部として当該認定建築材料等の全部又は一部と異なる建築材料又は建築物の部分を引き渡した場合においては当該建築材料又は建築物の部分を引き渡した者、設計図書を用いないで工事を施工し、又は設計図書に従わないで工事を施工した場合（設計図書に記載された認定建築材料等と異なる建築材料又は建築物の部分を引き渡された場合において、当該建築材料又は建築物の部分を使用して工事を施工した場合を除く。）においては当該建築物、工作物又は建築設備の工事施工者）
　九～十六　略

法99条 改正：平成30年法律第67号

2　略

改正：令和4年法律第68号　　　施行：令和7年6月1日

第99条

1　次の各号のいずれかに該当する者は、1年以下の拘禁刑又は100万円以下の罰金に処する。

一　第6条第1項（第87条第1項、第87条の4又は第88条第1項若しくは第2項において準用する場合を含む。）、第7条の6第1項（第87条の4又は第88条第2項において準用する場合を含む。）又は第68条の19第2項（第88条第1項において準用する場合を含む。）の規定に違反した者

二　第6条第8項（第87条の4又は第88条第1項若しくは第2項において準用する場合を含む。）又は第7条の3第6項（第87条の4又は第88条第1項において準用する場合を含む。）の規定に違反した場合における当該建築物、工作物又は建築設備の工事施工者

三　第7条第2項若しくは第3項（これらの規定を第87条の4又は第88条第1項若しくは第2項において準用する場合を含む。）又は第7条の3第2項若しくは第3項（これらの規定を第87条の4又は第88条第1項において準用する場合を含む。）の期限内に第7条第1項（第87条の4又は第88条第1項若しくは第2項において準用する場合を含む。）又は第7条の3第1項（第87条の4又は第88条第1項において準用する場合を含む。）の規定による申請をせず、又は虚偽の申請をした者

四　第9条第10項後段（第88条第1項から第3項まで又は第90条第3項において準用する場合を含む。）、第10条第2項若しくは第3項（これらの規定を第88条第1項又は第3項において準用する場合を含む。）、第11条第1項（第88条第1項から第3項までにおいて準用する場合を含む。）又は第90条の2第1項の規定による特定行政庁又は建築監視員の命令に違反した者

五　第12条第5項（第一号に係る部分に限る。）又は第15条の2第1項（これらの規定を第88条第1項から第3項までにおいて準用する場合を含む。）の規定による報告をせず、又は虚偽の報告をした者

六　第12条第6項又は第15条の2第1項（これらの規定を第88条第1項から第3項までにおいて準用する場合を含む。）の規定による物件の提出をせず、又は虚偽の物件の提出をした者

七　第12条第7項又は第15条の2第1項（これらの規定を第88条第1項から第3項までにおいて準用する場合を含む。）の規定による検査若しくは試験を拒み、妨げ、若しくは忌避し、又は質問に対して答弁せず、若しくは虚偽の答弁をした者

八　第20条（第1項第四号に係る部分に限る。）、第22条第1項、第23条、第25条、第28条第3項、第28条の2（第88条第1項において準用する場合を含む。）、第32条（第88条第1項において準用する場合を含む。）、第33条（第88条第1項において準用する場合を含む。）、第34条第1項（第88条第1項において準用する場合を含む。）、第34条第2項、第35条の3、第37条（第88条第1項において準用する場合を含む。）、第61条、第62条、第64条、第67条第1項又は第88条第1項において準用する第20条の規定に違反した場合における当該建築物、工作物又は建築設備の設計者（設計図書に記載された認定建築材料等の全部又は一部として当該認定建築材料等の全部又は一部と異なる建築材料又は建築物の部分を引き渡した場合においては当該建築材料又は建築物の部分を引き渡した者、設計図書を用いないで工事を施工し、又は設計図書に従わないで工事を施工した場合（設計図書に記載された認定建築材料等と異なる建築材料又は建築物の部分を引き渡された場合において、当該建築材料又は建築物の部分を使用して工事を施工した場合を除く。）においては当該建築物、工作物又は建築設備の工事施工者）

九　第36条（消火設備、避雷設備及び給水、排水その他の配管設備の設置及び構造並びに煙突及び昇降機の構造に係る部分に限り、第88条第1項において準用する場合を含む。）の規定に基づく政令の規定に違反した場合における当該建築物、工作物又は建築設備の設計者（設計図書に記載された認定建築材料等の全部又は一部として当該認定建築材料等の全部又は一部と異なる建築材料又は建築物の部分を引き渡した場合においては当該建築材料又は建築物の部分を引き渡した者、設計図書を用いないで工事を施工し、又は設計図書に従わないで工事を施工した場合（設計図書に記載された認定建築材料等と異なる建築材料又は建築物の部分を引き渡された場合において、当該建築材料又は建築物の部分を使用して工事を施工した場合を除く。）においては当該建築物、工作物又は建築設備の工事施工者）

十　第77条の8第1項（第77条の17の2第2項において準用する場合を含む。）の規定に違反して、その職務に関して知り得た秘密を漏らした者

築基準適合判定資格者検定若しくは構造計算適合判定資格者検定の問題を漏らし、又は不正の採点をした者

十二　第77条の25第1項、第77条の35の10第1項又は第77条の43第1項（第77条の56第2項において準用する場合を含む。）の規定に違反して、その職務に関して知り得た秘密を漏らし、又は盗用した者

十三　第77条の35第2項の規定による確認検査の業務の停止の命令に違反した者

十四　第77条の62第2項（第77条の66第2項において準用する場合を含む。）の規定による禁止に違反して、確認検査又は構造計算適合性判定の業務を行つた者

十五　第87条第3項において準用する第28条第3項又は第35条の3の規定に違反した場合における当該建築物の所有者、管理者又は占有者

十六　第87条第3項において準用する第36条（消火設備の設置及び構造に関して、第35条の規定を実施し、又は補足するために安全上及び防火上必要な技術的基準に係る部分に限る。）の規定に基づく政令の規定に違反した場合における当該建築物の所有者、管理者又は占有者

2　前項第八号又は第九号に規定する違反があつた場合において、その違反が建築主、工作物の築造主又は建築設備の設置者の故意によるものであるときは、当該設計者又は工事施工者を罰するほか、当該建築主、工作物の築造主又は建築設備の設置者に対して同項の刑を科する。

[現行]　第100条

制定：平成16年法律第67号　　　施行：平成17年6月1日
第100条

1　第10条第2項若しくは第3項（第88条第1項又は第3項においてこれらの規定を準用する場合を含む。）、第11条第1項（第88条第1項から第3項までにおいて準用する場合を含む。）又は第90条の2第1項の規定による特定行政庁又は建築監視員の命令に違反した者は、100万円以下の罰金に処する。

改正：平成18年法律第92号　　　施行：平成19年6月20日
第100条

1　第77条の15第2項、第77条の35の14第2項又は第77条の51第2項（第77条の56第2項において準用する場合を含む。）の規定による資格検定事務又は構造計算適合性判定、認定等若しくは性能評価の業務の停止の命令に違反したときは、その違反行為をした指定資格検定機関の役員若しくは職員（資格検定委員を含む。）又は指定構造計算適合性判定機関、指定認定機関若しくは指定性能評価機関（いずれもその者が法人である場合にあつては、その役員）若しくはその職員（構造計算適合性判定員、認定員及び評価員を含む。）（第103条において「指定資格検定機関等の役員等」という。）は、1年以下の懲役又は100万円以下の罰金に処する。

改正：平成26年法律第54号　　　施行：平成27年6月1日
第100条

1　第77条の15第2項（第77条の17の2第2項において準用する場合を含む。）、第77条の35の19第2項又は第77条の51第2項（第77条の56第2項において準用する場合を含む。）の規定による建築基準適合判定資格者検定事務、構造計算適合判定資格者検定事務又は構造計算適合性判定、認定等若しくは性能評価の業務の停止の命令に違反したときは、その違反行為をした指定建築基準適合判定資格者検定機関若しくは指定構造計算適合判定資格者検定機関の役員若しくは職員（建築基準適合判定資格者検定委員及び構造計算適合判定資格者検定委員を含む。）又は指定構造計算適合性判定機関、指定認定機関若しくは指定性能評価機関（いずれもその者が法人である場合にあつては、その役員）若しくはその職員（構造計算適合性判定員、認定員及び評価員を含む。）（第104条において「指定建築基準適合判定資格者検定機関等の役員等」という。）は、1年以下の懲役又は100万円以下の罰金に処する。

法100条 改正：令和4年法律第68号

改正：令和4年法律第68号　　　施行：令和7年6月1日
第100条

1　第77条の15第2項（第77条の17の2第2項において準用する場合を含む。）、第77条の35の19第2項又は第77条の51第2項（第77条の56第2項において準用する場合を含む。）の規定による建築基準適合判定資格者検定事務、構造計算適合判定資格者検定事務又は構造計算適合性判定、認定等若しくは性能評価の業務の停止の命令に違反したときは、その違反行為をした指定建築基準適合判定資格者検定機関若しくは指定構造計算適合判定資格者検定機関の役員若しくは職員（建築基準適合判定資格者検定委員及び構造計算適合判定資格者検定委員を含む。）又は指定構造計算適合性判定機関、指定認定機関若しくは指定性能評価機関（いずれもその者が法人である場合にあつては、その役員）若しくはその職員（構造計算適合性判定員、認定員及び評価員を含む。）（第104条において「指定建築基準適合判定資格者検定機関等の役員等」という。）は、1年以下の拘禁刑又は100万円以下の罰金に処する。

[現行]　第101条

制定：昭和25年法律第201号　　　施行：昭和25年11月23日
旧　第99条

1　下の各号の一に該当する者は、5万円以下の罰金に処する。
　一　第6条第1項（第87条第1項又は第88条第1項において準用する場合を含む。）又は第90条第1項（第88条第1項において準用する場合を含む。）の規定に違反した者
　二　第10条第1項又は第11条第1項（第88条においてこれらの規定を準用する場合を含む。）の規定による特定行政庁の命令に違反した者
　三　第6条第4項（第88条第1項において準用する場合を含む。）の規定に違反した場合における当該建築物又は工作物の工事施工者
　四　第19条、第20条（第88条第1項において準用する場合を含む。）、第21条から第27条まで、第28条第1項若しくは第2項、第31条第1項若しくは第2項、第32条（第88条第1項において準用する場合を含む。）、第33条（第88条第1項において準用する場合を含む。）、第34条、第35条、第37条（第88条第1項において準用する場合を含む。）、第43条第1項、第44条、第47条、第55条第1項、第56条第3項若しくは第4項、第57条第1項、第58条第1項、第61条から第64条まで又は第66条の規定に違反した場合における当該建築物、工作物又は建築設備の設計者（設計図書を用いないで工事を施工し、又は設計図書に従わないで工事を施工した場合においては、当該建築物、工作物又は建築設備の工事施工者）
　五　第36条の規定に基く政令の規定に違反した場合における当該建築物又は建築設備の設計者（設計図書を用いないで工事を施工し、又は設計図書に従わないで工事を施工した場合においては、当該建築物又は建築設備の工事施工者）
　六　第49条、第50条第2項若しくは第4項又は第53条第1項の規定に違反した場合における当該建築物の建築主
　七　第59条第1項の規定による制限に違反した場合における当該建築物の設計者（設計図書を用いないで工事を施工し、又は設計図書に従わないで工事を施工した場合においては、当該建築物の工事施工者）
　八　第85条第3項、第4項又は第5項の規定に違反した場合における当該建築物の建築主
　九　第84条第1項の規定による制限又は禁止に違反した場合における当該建築物の建築主
　十　第87条第2項において準用する第24条、第27条、第28条第1項、第35条、第49条、第50条第2項若しくは第4項又は第53条第1項の規定に違反した場合における当該建築物の所有者、管理者又は占有者
　十一　第87条第2項において準用する第36条中第28条第1項又は第35条に関する部分の規定に違反した場合における当該建築物の所有者、管理者又は占有者

2　前項第四号、第五号又は第七号に規定する違反があつた場合において、その違反が建築主、工作物の築造主又は建築設備の設置者の故意によるものであるときは、当該設計者又は工事施工者を罰する外、当該建築主、工作物の築造主又は建築設備の設置者に対して同項の刑を科する。

改正：昭和27年法律第160号 **法旧99条**

改正：昭和26年法律第195号　　　施行：昭和27年4月1日
旧　第99条

1　下の各号の一に該当する者は、5万円以下の罰金に処する。
　二　<u>第5条の2第1項又は第3項の規定に違反した場合における当該建築物の工事施工者</u>
　二　第6条第1項（第87条第1項又は第88条第1項において準用する場合を含む。）又は第90条第1項（第88条第1項において準用する場合を含む。）の規定に違反した者
　三　第10条第1項又は第11条第1項（第88条においてこれらの規定を準用する場合を含む。）の規定による特定行政庁の命令に違反した者
　四　第6条<u>第5項</u>（第88条第1項において準用する場合を含む。）の規定に違反した場合における当該建築物又は工作物の工事施工者
　五　第19条、第20条（第88条第1項において準用する場合を含む。）、第21条から第27条まで、第28条第1項若しくは第2項、第31条第1項若しくは第2項、第32条（第88条第1項において準用する場合を含む。）、第33条（第88条第1項において準用する場合を含む。）、第34条、第35条、第37条（第88条第1項において準用する場合を含む。）、第43条第1項、第44条、第47条、第55条第1項、第56条第3項若しくは第4項、第57条第1項、第58条第1項、第61条から第64条まで又は第66条の規定に違反した場合における当該建築物、工作物又は建築設備の設計者（設計図書を用いないで工事を施工し、又は設計図書に従わないで工事を施工した場合においては、当該建築物、工作物又は建築設備の工事施工者）
　六　第36条の規定に基く政令の規定に違反した場合における当該建築物又は建築設備の設計者（設計図書を用いないで工事を施工し、又は設計図書に従わないで工事を施工した場合においては、当該建築物又は建築設備の工事施工者）
　七　第49条、第50条第2項若しくは第4項又は第53条第1項の規定に違反した場合における当該建築物の建築主
　八　第59条第1項の規定による制限に違反した場合における当該建築物の設計者（設計図書を用いないで工事を施工し、又は設計図書に従わないで工事を施工した場合においては、当該建築物の工事施工者）
　九　第85条第3項、第4項又は第5項の規定に違反した場合における当該建築物の建築主
　十　第84条第1項の規定による制限又は禁止に違反した場合における当該建築物の建築主
　十一　第87条第2項において準用する第24条、第27条、第28条第1項、第35条、第49条、第50条第2項若しくは第4項又は第53条第1項の規定に違反した場合における当該建築物の所有者、管理者又は占有者
　十二　第87条第2項において準用する第36条中第28条第1項又は第35条に関する部分の規定に違反した場合における当該建築物の所有者、管理者又は占有者
2　略

改正：昭和27年法律第160号　　　施行：昭和27年5月31日
旧　第99条

1　下の各号の一に該当する者は、5万円以下の罰金に処する。
　一～四　略
　五　第19条、第20条（第88条第1項において準用する場合を含む。）、第21条から第27条まで、第28条第1項若しくは第2項、第31条第1項若しくは第2項、第32条（第88条第1項において準用する場合を含む。）、第33条（第88条第1項において準用する場合を含む。）、第34条、第35条、第37条（第88条第1項において準用する場合を含む。）、第43条第1項、第44条、第47条、第55条第1項、第56条第3項若しくは第4項、第57条第1項、第58条第1項、<u>第61条、第62条から第64条まで</u>又は第66条の規定に違反した場合における当該建築物、工作物又は建築設備の設計者（設計図書を用いないで工事を施工し、又は設計図書に従わないで工事を施工した場合においては、当該建築物、工作物又は建築設備の工事施工者）
　六～十二　略
2　前項<u>第五号、第六号又は第八号</u>に規定する違反があつた場合において、その違反が建築主、工作物の築造主又は建築設備の設置者の故意によるものであるときは、当該設計者又は工事施工者を罰する外、当該建築主、工作物の築造主又は建築設備の設置者に対して同項の刑を科する。

法旧99条　改正：昭和34年法律第156号

改正：昭和34年法律第156号　　　施行：昭和34年12月23日
旧　第99条

1　次の各号の一に該当する者は、5万円以下の罰金に処する。
　一　略
　二　第6条第1項（第87条第1項、第87条の2第1項又は第88条第1項において準用する場合を含む。）又は第90条第1項（第87条の2第1項又は第88条第1項において準用する場合を含む。）の規定に違反した者
　三　第10条第1項又は第11条第1項（第88条第1項又は第3項においてこれらの規定を準用する場合を含む。）の規定による特定行政庁の命令に違反した者
　四　第6条第5項（第87条の2第1項又は第88条第1項において準用する場合を含む。）の規定に違反した場合における当該建築物又は工作物の工事施工者
　五　第19条、第20条（第88条第1項において準用する場合を含む。）、第21条、第22条第1項、第23条から第27条まで、第28条第1項若しくは第2項、第31条第1項若しくは第2項、第32条（第88条第1項において準用する場合を含む。）、第33条（第88条第1項において準用する場合を含む。）、第34条（第88条第1項において準用する場合を含む。）、第35条から第35条の3まで、第37条（第88条第1項において準用する場合を含む。）、第43条第1項、第44条、第47条、第55条第1項、第56条第3項若しくは第4項、第57条第1項、第58条第1項、第61条、第62条から第64条まで又は第66条の規定に違反した場合における当該建築物、工作物又は建築設備の設計者（設計図書を用いないで工事を施工し、又は設計図書に従わないで工事を施工した場合においては、当該建築物、工作物又は建築設備の工事施工者）
　六　第36条（第88条第1項において準用する場合を含む。）の規定に基く政令の規定に違反した場合における当該建築物、工作物又は建築設備の設計者（設計図書を用いないで工事を施工し、又は設計図書に従わないで工事を施工した場合においては、当該建築物、工作物又は建築設備の工事施工者）
　七　第49条第1項から第4項まで、第50条第2項若しくは第4項又は第54条の規定に違反した場合における当該建築物の建築主
　八　略
　九　第85条第3項又は第4項の規定に違反した場合における当該建築物の建築主
　十　略
　十一　第87条第2項又は第3項において準用する第24条、第27条、第28条第1項、第35条から第35条の3まで、第49条第1項から第4項まで、第50条第2項若しくは第4項又は第54条の規定に違反した場合における当該建築物の所有者、管理者又は占有者
　十二　略
2　略

改正：昭和36年法律第115号　　　施行：昭和36年12月4日
旧　第99条

1　次の各号の一に該当する者は、5万円以下の罰金に処する。
　一・二　略
　三　第9条第10項後段（第88条第1項若しくは第3項又は第90条第3項において準用する場合を含む。）又は第10条第1項若しくは第11条第1項（第88条第1項又は第3項においてこれらの規定を準用する場合を含む。）の規定による特定行政庁の命令に違反した者
　四　略
　五　第19条、第20条（第88条第1項において準用する場合を含む。）、第21条、第22条第1項、第23条から第27条まで、第28条第1項若しくは第2項、第31条第1項若しくは第2項、第32条（第88条第1項において準用する場合を含む。）、第33条（第88条第1項において準用する場合を含む。）、第34条（第88条第1項において準用する場合を含む。）、第35条から第35条の3まで、第37条（第88条第1項において準用する場合を含む。）、第43条第1項、第44条、第47条、第55条第1項、第56条第3項若しくは第4項、第57条第1項、第58条第1項、第59条の2第3項若しくは第4項、第61条、第62条から第64条まで又は第66条の規定に違反した場合における当該建築物、工作物又は建築設備の設計者（設計図書を用いないで工事を施工し、又

は設計図書に従わないで工事を施工した場合においては、当該建築物、工作物又は建築設備の工事施工者）
　六～十二　略
2　略

改正：昭和38年法律第151号　　　施行：昭和39年１月15日
（第１項第十二号の改正規定は、昭和38年７月16日）
旧　第99条

1　次の各号の一に該当する者は、５万円以下の罰金に処する。
　一～四　略
　五　第19条、第20条（第88条第１項において準用する場合を含む。）、第21条、第22条第１項、第23条から第27条まで、第28条第１項若しくは第２項、第31条第１項若しくは第２項、第32条（第88条第１項において準用する場合を含む。）、第33条（第88条第１項において準用する場合を含む。）、第34条（第88条第１項において準用する場合を含む。）、第35条から第35条の３まで、第37条（第88条第１項において準用する場合を含む。）、第43条第１項、第44条、第47条、第55条第１項、第56条第３項若しくは第４項、第57条第１項、第58条第１項、<u>第59条の２第２項若しくは第５項、第59条の３第３項若しくは第４項</u>、第61条、第62条から第64条まで又は第66条の規定に違反した場合における当該建築物、工作物又は建築設備の設計者（設計図書を用いないで工事を施工し、又は設計図書に従わないで工事を施工した場合においては、当該建築物、工作物又は建築設備の工事施工者）
　六～十一　略
　十二　第87条<u>第３項</u>において準用する第36条中第28条第１項又は第35条に関する部分の規定に違反した場合における当該建築物の所有者、管理者又は占有者
2　略

改正：昭和43年法律第101号　　　施行：昭和44年６月14日
旧　第99条

1　次の各号の一に該当する者は、５万円以下の罰金に処する。
　一～四　略
　五　第19条、第20条（第88条第１項において準用する場合を含む。）、第21条、第22条第１項、第23条から第27条まで、第28条第１項若しくは第２項、第31条第１項若しくは第２項、第32条（第88条第１項において準用する場合を含む。）、第33条（第88条第１項において準用する場合を含む。）、第34条（第88条第１項において準用する場合を含む。）、第35条から第35条の３まで、第37条（第88条第１項において準用する場合を含む。）、第43条第１項、第44条、第47条、第55条第１項、<u>第56条</u>、第57条第１項、第58条第１項、第59条の２<u>第１項若しくは第４項</u>、第59条の３<u>第１項若しくは第２項</u>、第61条、第62条から第64条まで又は第66条の規定に違反した場合における当該建築物、工作物又は建築設備の設計者（設計図書を用いないで工事を施工し、又は設計図書に従わないで工事を施工した場合においては、当該建築物、工作物又は建築設備の工事施工者）
　六　略
　七　第49条第１項から第４項まで、<u>第50条</u>又は第54条の規定に違反した場合における当該建築物の建築主
　八　<u>第59条の規定</u>による制限に違反した場合における当該建築物の設計者（設計図書を用いないで工事を施工し、又は設計図書に従わないで工事を施工した場合においては、当該建築物の工事施工者）
　九・十　略
　十一　第87条第２項又は第３項において準用する第24条、第27条、第28条第１項、第35条から第35条の３まで、第49条第１項から第４項まで、<u>第50条</u>又は第54条の規定に違反した場合における当該建築物の所有者、管理者又は占有者
　十二　略
2　略

法旧99条　改正：昭和44年法律第38号

改正：昭和44年法律第38号　　　施行：昭和44年６月14日
旧　第99条

1　次の各号の一に該当する者は、５万円以下の罰金に処する。
　一〜四　略
　五　第19条、第20条（第88条第１項において準用する場合を含む。）、第21条、第22条第１項、第23条から第27条まで、第28条第１項若しくは第２項、第31条第１項若しくは第２項、第32条（第88条第１項において準用する場合を含む。）、第33条（第88条第１項において準用する場合を含む。）、第34条（第88条第１項において準用する場合を含む。）、第35条から第35条の３まで、第37条（第88条第１項において準用する場合を含む。）、第43条第１項、第44条、第47条、第55条第１項、第56条、第57条第１項、第58条第１項、第59条の２第１項若しくは第４項、<u>第59条の３第１項、第59条の４第１項若しくは第２項</u>、第61条、第62条から第64条まで又は第66条の規定に違反した場合における当該建築物、工作物又は建築設備の設計者（設計図書を用いないで工事を施工し、又は設計図書に従わないで工事を施工した場合においては、当該建築物、工作物又は建築設備の工事施工者）
　六〜十二　略
2　略

改正：昭和45年法律第109号　　　施行：昭和46年１月１日
旧　第99条

1　次の各号の一に該当する者は、５万円以下の罰金に処する。
　一・二　略
　三　第９条第10項後段（第88条第１項若しくは第３項又は第90条第３項において準用する場合を含む。）又は第10条第１項若しくは第11条第１項（第88条第１項又は第３項においてこれらの規定を準用する場合を含む。）の規定による特定行政庁<u>又は建築監視員</u>の命令に違反した者
　四　略
　五　第19条、第20条（第88条第１項において準用する場合を含む。）、第21条、第22条第１項、第23条から第27条まで、第28条<u>第１項から第３項</u>まで、第31条第１項若しくは第２項、第32条（第88条第１項において準用する場合を含む。）、第33条（第88条第１項において準用する場合を含む。）、第34条<u>第１項（第88条第１項において準用する場合を含む。）、第34条第２項</u>、第35条から第35条の３まで、第37条（第88条第１項において準用する場合を含む。）、第43条第１項、第44条、第47条、<u>第52条第１項、第53条第１項、第54条第１項、</u>第55条第１項、第56条<u>第１項</u>、第59条第１項、<u>第60条第１項若しくは第２項</u>、第61条、第62条から第64条まで又は第66条の規定に違反した場合における当該建築物、工作物又は建築設備の設計者（設計図書を用いないで工事を施工し、又は設計図書に従わないで工事を施工した場合においては、当該建築物、工作物又は建築設備の工事施工者）
　六　第36条（第88条第１項において準用する場合を含む。）の規定に<u>基づく政令</u>の規定に違反した場合における当該建築物、工作物又は建築設備の設計者（設計図書を用いないで工事を施工し、又は設計図書に従わないで工事を施工した場合においては、当該建築物、工作物又は建築設備の工事施工者）
　七　<u>第48条第１項から第８項まで又は第51条</u>の規定に違反した場合における当該建築物の建築主
　八　<u>第58条</u>の規定による制限に違反した場合における当該建築物の設計者（設計図書を用いないで工事を施工し、又は設計図書に従わないで工事を施工した場合においては、当該建築物の工事施工者）
　九・十　略
　十一　第87条第２項又は第３項において準用する第24条、第27条、第28条第１項<u>若しくは第３項</u>、第35条から第35条の３まで、<u>第48条第１項から第８項まで又は第51条</u>の規定に違反した場合における当該建築物の所有者、管理者又は占有者
　十二　略
2　略

改正：昭和49年法律第67号　　　施行：昭和50年４月１日

改正：昭和51年法律第83号 **法旧99条**

旧　第99条

1　次の各号の一に該当する者は、<u>10万円</u>以下の罰金に処する。
　一　略
　二　第6条第1項（第87条第1項、第87条の2第1項又は第88条第1項<u>若しくは第2項</u>において準用する場合を含む。）又は第90条第1項（第87条の2第1項又は第88条第1項において準用する場合を含む。）の規定に違反した者
　三　第9条第10項後段（第88条第1項、<u>第2項若しくは第4項</u>又は第90条第3項において準用する場合を含む。）、<u>第10条第1項（第88条第1項又は第4項において準用する場合を含む。）又は第11条第1項（第88条第1項、第2項又は第4項において準用する</u>場合を含む。）の規定による特定行政庁又は建築監視員の命令に違反した者
　四　第6条第5項（第87条の2第1項又は第88条第1項<u>若しくは第2項</u>において準用する場合を含む。）の規定に違反した場合における当該建築物又は工作物の工事施工者
　五・六　略
　七　第48条第1項から第8項まで又は第51条<u>（第88条第2項においてこれらの規定を準用する場合を含む。）</u>の規定に違反した場合における当該建築物<u>又は工作物</u>の建築主又は築造主
　八～十一　略
　<u>十二　第88条第2項において準用する第87条第2項又は第3項中第48条第1項から第8項まで又は第51条に関する部分の規定に違反した場合における当該工作物の所有者、管理者又は占有者</u>
　<u>十三</u>　第87条第2項において準用する第36条中第28条第1項又は第35条に関する部分の規定に違反した場合における当該建築物の所有者、管理者又は占有者
2　略

改正：昭和50年法律第66号　　　施行：昭和50年11月1日

旧　第99条

1　次の各号の一に該当する者は、10万円以下の罰金に処する。
　一～四　略
　五　第19条、第20条（第88条第1項において準用する場合を含む。）、第21条、第22条第1項、第23条から第27条まで、第28条第1項から第3項まで、第31条第1項若しくは第2項、第32条（第88条第1項において準用する場合を含む。）、第33条（第88条第1項において準用する場合を含む。）、第34条第1項（第88条第1項において準用する場合を含む。）、第34条第2項、第35条から第35条の3まで、第37条（第88条第1項において準用する場合を含む。）、第43条第1項、第44条、第47条、第52条第1項、第53条第1項、第54条第1項、第55条第1項、第56条第1項、第59条第1項若しくは第2項、第60条第1項若しくは第2項、第61条、第62条から第64条まで又は第66条の規定に違反した場合における当該建築物、工作物又は建築設備の設計者（設計図書を用いないで工事を施工し、又は設計図書に従わないで工事を施工した場合においては、当該建築物、工作物又は建築設備の工事施工者）
　六～十三　略
2　略

改正：昭和51年法律第83号　　　施行：昭和52年11月1日

旧　第99条

1　次の各号の一に該当する者は、10万円以下の罰金に処する。
　一　略
　二　第6条第1項（第87条第1項、第87条の2第1項又は第88条第1項若しくは第2項において準用する場合を含む。）、<u>第7条の2第1項（第87条の2第1項又は第88条第1項若しくは第2項において準用する場合を含む。）</u>又は第90条第1項（第87条の2第1項又は第88条第1項において準用する場合を含む。）の規定に違反した者
　三　第9条第10項後段（第88条第1項、第2項若しくは第4項又は第90条第3項において準用する場合を含

法旧99条 改正：昭和51年法律第83号

　む。）、第10条第1項（第88条第1項又は第4項において準用する場合を含む。）、第11条第1項（第88条第1項、第2項又は第4項において準用する場合を含む。）又は第90条の2第1項の規定による特定行政庁又は建築監視員の命令に違反した者
　四　略
　五　第19条、第20条（第88条第1項において準用する場合を含む。）、第21条、第22条第1項、第23条、第24条、第25条から第27条まで、第28条第1項から第3項まで、第31条第1項若しくは第2項、第32条（第88条第1項において準用する場合を含む。）、第33条（第88条第1項において準用する場合を含む。）、第34条第1項（第88条第1項において準用する場合を含む。）、第34条第2項、第35条から第35条の3まで、第37条（第88条第1項において準用する場合を含む。）、第43条第1項、第44条、第47条、第52条第1項若しくは第2項、第53条第1項若しくは第2項、第54条第1項、第55条第1項、第56条第1項、第56条の2第1項、第59条第1項若しくは第2項、第60条第1項若しくは第2項、第61条、第62条から第64条まで又は第66条の規定に違反した場合における当該建築物、工作物又は建築設備の設計者（設計図書を用いないで工事を施工し、又は設計図書に従わないで工事を施工した場合においては、当該建築物、工作物又は建築設備の工事施工者）
　六～十三　略
2　略

改正：昭和58年法律第44号　　　施行：昭和59年4月1日
旧　第99条

1　次の各号の一に該当する者は、10万円以下の罰金に処する。
　一　略
　二　第6条第1項（第87条第1項、第87条の2第1項又は第88条第1項若しくは第2項において準用する場合を含む。）、第7条の3第1項（第87条の2第1項又は第88条第1項若しくは第2項において準用する場合を含む。）又は第90条第1項（第87条の2第1項又は第88条第1項において準用する場合を含む。）の規定に違反した者
　三～十三　略
2　略

改正：昭和62年法律第66号　　　施行：昭和62年11月16日
旧　第99条

1　次の各号の一に該当する者は、20万円以下の罰金に処する。
　一～十三　略
2　略

改正：平成4年法律第82号　　　施行：平成5年6月25日
旧　第99条

1　次の各号の一に該当する者は、20万円以下の罰金に処する。
　一～四　略
　五　第19条、第20条（第88条第1項において準用する場合を含む。）、第21条、第22条第1項、第23条、第24条、第25条から第27条まで、第28条第1項から第3項まで、第31条第1項若しくは第2項、第32条（第88条第1項において準用する場合を含む。）、第33条（第88条第1項において準用する場合を含む。）、第34条第1項（第88条第1項において準用する場合を含む。）、第34条第2項、第35条から第35条の3まで、第37条（第88条第1項において準用する場合を含む。）、第43条第1項、第44条、第47条、第52条第1項若しくは第2項、第53条第1項若しくは第2項、第54条第1項、第54条の2第1項、第55条第1項、第56条第1項、第56条の2第1項、第59条第1項若しくは第2項、第60条第1項若しくは第2項、第61条、第62条から第64条まで又は第66条の規定に違反した場合における当該建築物、工作物又は建築設備の設計者（設計図書を用いないで工事を施工し、又は設計図書に従わないで工事を施工した場合においては、当該建築物、

工作物又は建築設備の工事施工者）
　六　略
　七　第48条第1項から<u>第12項</u>まで又は第51条（第88条第2項においてこれらの規定を準用する場合を含む。）の規定に違反した場合における当該建築物又は工作物の建築主又は築造主
　八〜十　略
　十一　第87条第2項又は第3項において準用する第24条、第27条、第28条第1項若しくは第3項、第35条から第35条の3まで、第48条第1項から<u>第12項</u>まで又は第51条の規定に違反した場合における当該建築物の所有者、管理者又は占有者
　十二　第88条第2項において準用する第87条第2項又は第3項中第48条第1項から<u>第12項</u>まで又は第51条に関する部分の規定に違反した場合における当該工作物の所有者、管理者又は占有者
　十三　略
2　略

改正：平成6年法律第62号　　　施行：平成6年6月29日
旧　第99条

1　次の各号の一に該当する者は、20万円以下の罰金に処する。
　一〜四　略
　五　第19条、第20条（第88条第1項において準用する場合を含む。）、第21条、第22条第1項、第23条、第24条、第25条から第27条まで、第28条第1項から第3項まで、第31条第1項若しくは第2項、第32条（第88条第1項において準用する場合を含む。）、第33条（第88条第1項において準用する場合を含む。）、第34条第1項（第88条第1項において準用する場合を含む。）、第34条第2項、第35条から第35条の3まで、第37条（第88条第1項において準用する場合を含む。）、第43条第1項、第44条、第47条、第52条第1項若しくは<u>第4項</u>、第53条第1項若しくは第2項、第54条第1項、第54条の2第1項、第55条第1項、第56条第1項、第56条の2第1項、第59条第1項若しくは第2項、第60条第1項若しくは第2項、<u>第61条から第64条</u>まで又は第66条の規定に違反した場合における当該建築物、工作物又は建築設備の設計者（設計図書を用いないで工事を施工し、又は設計図書に従わないで工事を施工した場合においては、当該建築物、工作物又は建築設備の工事施工者）
　六〜十三　略
2　略

改正：平成9年法律第79号　　　施行：平成9年9月1日
旧　第99条

1　次の各号の一に該当する者は、20万円以下の罰金に処する。
　一〜四　略
　五　第19条、第20条（第88条第1項において準用する場合を含む。）、第21条、第22条第1項、第23条、第24条、第25条から第27条まで、第28条第1項から第3項まで、第31条第1項若しくは第2項、第32条（第88条第1項において準用する場合を含む。）、第33条（第88条第1項において準用する場合を含む。）、第34条第1項（第88条第1項において準用する場合を含む。）、第34条第2項、第35条から第35条の3まで、第37条（第88条第1項において準用する場合を含む。）、第43条第1項、第44条、第47条、第52条第1項若しくは<u>第5項</u>、第53条第1項若しくは第2項、第54条第1項、第54条の2第1項<u>（第57条の2第3項において準用する場合を含む。）</u>、第55条第1項、第56条第1項、第56条の2第1項、<u>第57条の2第1項</u>、第59条第1項若しくは第2項、第60条第1項若しくは第2項、第61条から第64条まで又は第66条の規定に違反した場合における当該建築物、工作物又は建築設備の設計者（設計図書を用いないで工事を施工し、又は設計図書に従わないで工事を施工した場合においては、当該建築物、工作物又は建築設備の工事施工者）
　六〜十三　略
2　略

法旧99条　改正：平成10年法律第100号

改正：平成10年法律第100号　　　施行：平成11年5月1日
旧　第99条

1　次の各号の一に該当する者は、30万円以下の罰金に処する。
　一　第5条の4第1項又は第3項の規定に違反した場合における当該建築物の工事施工者
　二　第6条第1項（第87条第1項、第87条の2第1項又は第88条第1項若しくは第2項において準用する場合を含む。）、第7条の6第1項（第87条の2第1項又は第88条第2項において準用する場合を含む。）又は第90条第1項（第87条の2第1項又は第88条第1項において準用する場合を含む。）の規定に違反した者
　三　略
　四　第6条第6項（第87条の2第1項又は第88条第1項若しくは第2項において準用する場合を含む。）又は第7条の3第6項（第87条の2第1項又は第88条第1項において準用する場合を含む。）の規定に違反した場合における当該建築物、工作物又は建築設備の工事施工者
　五～十三　略
2　略

改正：平成11年法律第87号　　　施行：平成12年4月1日
旧　第99条

1　次の各号の一に該当する者は、30万円以下の罰金に処する。
　一　略
　二　第6条第1項（第87条第1項、第87条の2又は第88条第1項若しくは第2項において準用する場合を含む。）、第7条の6第1項（第87条の2又は第88条第2項において準用する場合を含む。）又は第90条第1項（第87条の2又は第88条第1項において準用する場合を含む。）の規定に違反した者
　三　第9条第10項後段（第88条第1項から第3項まで又は第90条第3項において準用する場合を含む。）、第10条第1項（第88条第1項又は第3項において準用する場合を含む。）、第11条第1項（第88条第1項から第3項までにおいて準用する場合を含む。）又は第90条の2第1項の規定による特定行政庁又は建築監視員の命令に違反した者
　四　第6条第6項（第87条の2又は第88条第1項若しくは第2項において準用する場合を含む。）又は第7条の3第6項（第87条の2又は第88条第1項において準用する場合を含む。）の規定に違反した場合における当該建築物、工作物又は建築設備の工事施工者
　五～十三　略
2　略

改正：平成10年法律第100号　　　施行：平成12年6月1日
旧　第99条

1　次の各号の一に該当する者は、30万円以下の罰金に処する。
　一　略
　二　第6条第1項（第87条第1項、第87条の2又は第88条第1項若しくは第2項において準用する場合を含む。）、第7条の6第1項（第87条の2又は第88条第2項において準用する場合を含む。）、第68条の19第2項（第88条第1項において準用する場合を含む。）又は第90条第1項（第87条の2又は第88条第1項において準用する場合を含む。）の規定に違反した者
　三～八　略
　九　第68条の18第2項（第88条第1項において準用する場合を含む。）の規定に違反して、検査を行わず、検査記録を作成せず、虚偽の検査記録を作成し、又は検査記録を保存しなかつた者
　十　第85条第3項又は第4項の規定に違反した場合における当該建築物の建築主
　十一　第84条第1項の規定による制限又は禁止に違反した場合における当該建築物の建築主
　十二　第87条第2項又は第3項において準用する第24条、第27条、第28条第1項若しくは第3項、第35条から第35条の3まで、第48条第1項から第12項まで又は第51条の規定に違反した場合における当該建築物の

所有者、管理者又は占有者
十三　第88条第2項において準用する第87条第2項又は第3項中第48条第1項から第12項まで又は第51条に関する部分の規定に違反した場合における当該工作物の所有者、管理者又は占有者
十四　第87条第3項において準用する第36条中第28条第1項又は第35条に関する部分の規定に違反した場合における当該建築物の所有者、管理者又は占有者
2　略

改正：平成14年法律第22号　　　施行：平成14年6月1日
旧　第99条

1　次の各号のいずれかに該当する者は、30万円以下の罰金に処する。
　一〜四　略
　五　第19条、第20条（第88条第1項において準用する場合を含む。）、第21条、第22条第1項、第23条、第24条、第25条から第27条まで、第28条第1項から第3項まで、第31条第1項若しくは第2項、第32条（第88条第1項において準用する場合を含む。）、第33条（第88条第1項において準用する場合を含む。）、第34条第1項（第88条第1項において準用する場合を含む。）、第34条第2項、第35条から第35条の3まで、第37条（第88条第1項において準用する場合を含む。）、第43条第1項、第44条、第47条、第52条第1項若しくは第5項、第53条第1項若しくは第2項、第54条第1項、第54条の2第1項（第57条の2第3項において準用する場合を含む。）、第55条第1項、第56条第1項、第56条の2第1項、第57条の2第1項、第59条第1項若しくは第2項、第60条第1項若しくは第2項、第60条の2第1項若しくは第2項、第61条から第64条まで又は第66条の規定に違反した場合における当該建築物、工作物又は建築設備の設計者（設計図書を用いないで工事を施工し、又は設計図書に従わないで工事を施工した場合においては、当該建築物、工作物又は建築設備の工事施工者）
　六〜十四　略
2　略

改正：平成14年法律第85号　　　施行：平成15年1月1日
旧　第99条

1　次の各号のいずれかに該当する者は、30万円以下の罰金に処する。
　一〜四　略
　五　第19条、第20条（第88条第1項において準用する場合を含む。）、第21条、第22条第1項、第23条、第24条、第25条から第27条まで、第28条第1項から第3項まで、第28条の2、第31条第1項若しくは第2項、第32条（第88条第1項において準用する場合を含む。）、第33条（第88条第1項において準用する場合を含む。）、第34条第1項（第88条第1項において準用する場合を含む。）、第34条第2項、第35条から第35条の3まで、第37条（第88条第1項において準用する場合を含む。）、第43条第1項、第44条、第47条、第52条第1項、第2項若しくは第6項、第53条第1項若しくは第2項、第53条の2第1項（第57条の2第3項において準用する場合を含む。）、第54条第1項、第55条第1項、第56条第1項、第56条の2第1項、第57条の2第1項、第59条第1項若しくは第2項、第60条第1項若しくは第2項、第60条の2第1項若しくは第2項、第61条から第64条まで又は第66条の規定に違反した場合における当該建築物、工作物又は建築設備の設計者（設計図書を用いないで工事を施工し、又は設計図書に従わないで工事を施工した場合においては、当該建築物、工作物又は建築設備の工事施工者）
　六〜十四　略
2　略

改正：平成15年法律第101号　　　施行：平成15年12月19日
旧　第99条

1　次の各号のいずれかに該当する者は、30万円以下の罰金に処する。
　一〜四　略

法旧99条 改正：平成15年法律第101号

　　五　第19条、第20条（第88条第１項において準用する場合を含む。）、第21条、第22条第１項、第23条、第24条、第25条から第27条まで、第28条第１項から第３項まで、第28条の２、第31条第１項若しくは第２項、第32条（第88条第１項において準用する場合を含む。）、第33条（第88条第１項において準用する場合を含む。）、第34条第１項（第88条第１項において準用する場合を含む。）、第34条第２項、第35条から第35条の３まで、第37条（第88条第１項において準用する場合を含む。）、第43条第１項、第44条、第47条、第52条第１項、第２項若しくは第６項、第53条第１項若しくは第２項、第53条の２第１項（第57条の２第３項において準用する場合を含む。）、第54条第１項、第55条第１項、第56条第１項、第56条の２第１項、第57条の２第１項、第59条第１項若しくは第２項、第60条第１項若しくは第２項、第60条の２第１項若しくは第２項、第61条から第64条まで、<u>第66条又は第67条の２第１項</u>、第３項若しくは第５項から第７項までの規定に違反した場合における当該建築物、工作物又は建築設備の設計者（設計図書を用いないで工事を施工し、又は設計図書に従わないで工事を施工した場合においては、当該建築物、工作物又は建築設備の工事施工者）

　　六～十四　略

　２　略

改正：平成16年法律第111号　　　施行：平成17年６月１日
旧　第99条

１　次の各号のいずれかに該当する者は、30万円以下の罰金に処する。

　　一～四　略

　　五　第19条、第20条（第88条第１項において準用する場合を含む。）、第21条、第22条第１項、第23条、第24条、第25条から第27条まで、第28条第１項から第３項まで、第28条の２、第31条第１項若しくは第２項、第32条（第88条第１項において準用する場合を含む。）、第33条（第88条第１項において準用する場合を含む。）、第34条第１項（第88条第１項において準用する場合を含む。）、第34条第２項、第35条から第35条の３まで、第37条（第88条第１項において準用する場合を含む。）、第43条第１項、第44条、第47条、第52条第１項、第２項若しくは第６項、第53条第１項若しくは第２項、第53条の２第１項（第57条の２第３項において準用する場合を含む。）、第54条第１項、第55条第１項、第56条第１項、第56条の２第１項、第57条の２第１項、第59条第１項若しくは第２項、第60条第１項若しくは第２項、第60条の２第１項若しくは第２項、第61条から第64条まで、第66条、<u>第67条の２第１項</u>、第３項若しくは第５項から第７項まで<u>又は第68条第１項から第３項まで</u>の規定に違反した場合における当該建築物、工作物又は建築設備の設計者（設計図書を用いないで工事を施工し、又は設計図書に従わないで工事を施工した場合においては、当該建築物、工作物又は建築設備の工事施工者）

　　六～十四　略

　２　略

改正：平成16年法律第67号　　　施行：平成17年６月１日
第101条

１　次の各号のいずれかに該当する者は、<u>50万円</u>以下の罰金に処する。

　　一・二　略

　　三　第９条第10項後段（第88条第１項から第３項まで<u>及び</u>第90条第３項において準用する場合を<u>含む。）</u>の<u>規定</u>による特定行政庁又は建築監視員の命令に違反した者

　　四　略

　　五　<u>第12条第１項又は第３項（第88条第１項又は第３項においてこれらの規定を準用する場合を含む。）の規定による報告をせず、又は虚偽の報告をした者</u>

　　六　第19条、第20条（第88条第１項において準用する場合を含む。）、第21条、第22条第１項、第23条、第24条、第25条から第27条まで、第28条第１項から第３項まで、第28条の２、第31条第１項若しくは第２項、第32条（第88条第１項において準用する場合を含む。）、第33条（第88条第１項において準用する場合を含む。）、第34条第１項（第88条第１項において準用する場合を含む。）、第34条第２項、第35条から第35条の３まで、第37条（第88条第１項において準用する場合を含む。）、第43条第１項、第44条、第47条、第52条

第1項、第2項若しくは第7項、第53条第1項若しくは第2項、第53条の2第1項（第57条の5第3項において準用する場合を含む。）、第54条第1項、第55条第1項、第56条第1項、第56条の2第1項、第57条の4第1項、第57条の5第1項、第59条第1項若しくは第2項、第60条第1項若しくは第2項、第60条の2第1項若しくは第2項、第61条から第64条まで、第66条、第67条の2第1項、第3項若しくは第5項から第7項まで又は第68条第1項から第3項までの規定に違反した場合における当該建築物、工作物又は建築設備の設計者（設計図書を用いないで工事を施工し、又は設計図書に従わないで工事を施工した場合においては、当該建築物、工作物又は建築設備の工事施工者）

七　第36条（第88条第1項において準用する場合を含む。）の規定に基づく政令の規定に違反した場合における当該建築物、工作物又は建築設備の設計者（設計図書を用いないで工事を施工し、又は設計図書に従わないで工事を施工した場合においては、当該建築物、工作物又は建築設備の工事施工者）

八　第48条第1項から第12項まで又は第51条（第88条第2項においてこれらの規定を準用する場合を含む。）の規定に違反した場合における当該建築物又は工作物の建築主又は築造主

九　第58条の規定による制限に違反した場合における当該建築物の設計者（設計図書を用いないで工事を施工し、又は設計図書に従わないで工事を施工した場合においては、当該建築物の工事施工者）

十　第68条の18第2項（第88条第1項において準用する場合を含む。）の規定に違反して、検査を行わず、検査記録を作成せず、虚偽の検査記録を作成し、又は検査記録を保存しなかつた者

十一　第85条第3項又は第5項の規定に違反した場合における当該建築物の建築主

十二　第84条第1項の規定による制限又は禁止に違反した場合における当該建築物の建築主

十三　第87条第2項又は第3項において準用する第24条、第27条、第28条第1項若しくは第3項、第35条から第35条の3まで、第48条第1項から第12項まで又は第51条の規定に違反した場合における当該建築物の所有者、管理者又は占有者

十四　第88条第2項において準用する第87条第2項又は第3項中第48条第1項から第12項まで又は第51条に関する部分の規定に違反した場合における当該工作物の所有者、管理者又は占有者

十五　第87条第3項において準用する第36条中第28条第1項又は第35条に関する部分の規定に違反した場合における当該建築物の所有者、管理者又は占有者

2　略

改正：平成18年法律第46号　　　　施行：平成18年8月30日、平成18年11月30日

第101条

1　次の各号のいずれかに該当する者は、50万円以下の罰金に処する。

一～七　略

八　第48条第1項から第13項まで又は第51条（第88条第2項においてこれらの規定を準用する場合を含む。）の規定に違反した場合における当該建築物又は工作物の建築主又は築造主

九～十二　略

十三　第87条第2項又は第3項において準用する第24条、第27条、第28条第1項若しくは第3項、第35条から第35条の3まで、第48条第1項から第13項まで又は第51条の規定に違反した場合における当該建築物の所有者、管理者又は占有者

十四　第88条第2項において準用する第87条第2項又は第3項中第48条第1項から第13項まで又は第51条に関する部分の規定に違反した場合における当該工作物の所有者、管理者又は占有者

十五　略

2　前項第六号、第七号又は第九号に規定する違反があつた場合において、その違反が建築主、工作物の築造主又は建築設備の設置者の故意によるものであるときは、当該設計者又は工事施工者を罰するほか、当該建築主、工作物の築造主又は建築設備の設置者に対して同項の刑を科する。

改正：平成18年法律第5号　　　　施行：平成18年10月1日

第101条

1　次の各号のいずれかに該当する者は、50万円以下の罰金に処する。

一～五　略

法101条　改正：平成18年法律第5号

　六　第19条、第20条（第88条第1項において準用する場合を含む。）、第21条、第22条第1項、第23条、第24条、第25条から第27条まで、第28条第1項から第3項まで、第28条の2（第88条第1項において準用する場合を含む。）、第31条第1項若しくは第2項、第32条（第88条第1項において準用する場合を含む。）、第33条（第88条第1項において準用する場合を含む。）、第34条第1項（第88条第1項において準用する場合を含む。）、第34条第2項、第35条から第35条の3まで、第37条（第88条第1項において準用する場合を含む。）、第43条第1項、第44条、第47条、第52条第1項、第2項若しくは第7項、第53条第1項若しくは第2項、第53条の2第1項（第57条の5第3項において準用する場合を含む。）、第54条第1項、第55条第1項、第56条第1項、第56条の2第1項、第57条の4第1項、第57条の5第1項、第59条第1項若しくは第2項、第60条第1項若しくは第2項、第60条の2第1項若しくは第2項、第61条から第64条まで、第66条、第67条の2第1項、第3項若しくは第5項から第7項まで又は第68条第1項から第3項までの規定に違反した場合における当該建築物、工作物又は建築設備の設計者（設計図書を用いないで工事を施工し、又は設計図書に従わないで工事を施工した場合においては、当該建築物、工作物又は建築設備の工事施工者）

　七～十五　略

2　略

改正：平成18年法律第92号　　　施行：平成19年6月20日
第101条

1　次の各号のいずれかに該当する者は、100万円以下の罰金に処する。
　一　第5条の4第1項又は第3項の規定に違反した場合における当該建築物の工事施工者
　二　第12条第1項又は第3項（これらの規定を第88条第1項又は第3項において準用する場合を含む。）の規定による報告をせず、又は虚偽の報告をした者
　三　第19条、第28条第1項若しくは第2項、第31条、第43条第1項、第44条第1項、第47条、第52条第1項、第2項若しくは第7項、第53条第1項若しくは第2項、第53条の2第1項（第57条の5第3項において準用する場合を含む。）、第54条第1項、第55条第1項、第56条第1項、第56条の2第1項、第57条の4第1項、第57条の5第1項、第59条第1項若しくは第2項、第60条第1項若しくは第2項、第60条の2第1項若しくは第2項、第67条の2第3項若しくは第5項から第7項まで又は第68条第1項から第3項までの規定に違反した場合における当該建築物又は建築設備の設計者（設計図書を用いないで工事を施工し、又は設計図書に従わないで工事を施工した場合においては、当該建築物又は建築設備の工事施工者）
　四　第36条（居室の採光面積、天井及び床の高さ、床の防湿方法、階段の構造、便所の設置及び構造並びに浄化槽の構造に係る部分に限る。）の規定に基づく政令の規定に違反した場合における当該建築物又は建築設備の設計者（設計図書を用いないで工事を施工し、又は設計図書に従わないで工事を施工した場合においては、当該建築物又は建築設備の工事施工者）
　五　第48条第1項から第13項まで又は第51条（これらの規定を第88条第2項において準用する場合を含む。）の規定に違反した場合における当該建築物又は工作物の建築主又は築造主
　六　第58条の規定による制限に違反した場合における当該建築物の設計者（設計図書を用いないで工事を施工し、又は設計図書に従わないで工事を施工した場合においては、当該建築物の工事施工者）
　七　第68条の18第2項（第88条第1項において準用する場合を含む。）の規定に違反して、検査を行わず、検査記録を作成せず、虚偽の検査記録を作成し、又は検査記録を保存しなかつた者
　八　第85条第3項又は第5項の規定に違反した場合における当該建築物の建築主
　九　第84条第1項の規定による制限又は禁止に違反した場合における当該建築物の建築主
　十　第87条第2項又は第3項において準用する第28条第1項、第48条第1項から第13項まで又は第51条の規定に違反した場合における当該建築物の所有者、管理者又は占有者
　十一　第88条第2項において準用する第87条第2項又は第3項において準用する第48条第1項から第13項まで又は第51条の規定に違反した場合における当該工作物の所有者、管理者又は占有者
　十二　第87条第3項において準用する第36条（居室の採光面積及び階段の構造に関して、第28条第1項又は第35条の規定を実施し、又は補足するために安全上、防火上及び衛生上必要な技術的基準に係る部分に限る。）の規定に基づく政令の規定に違反した場合における当該建築物の所有者、管理者又は占有者
　十三　第90条第1項（第87条の2又は第88条第1項において準用する場合を含む。）の規定に違反した者

2　前項第三号、第四号又は第六号に規定する違反があつた場合において、その違反が建築主又は建築設備の

改正：平成18年法律第114号　　　　施行：平成20年11月28日
第101条

1　次の各号のいずれかに該当する者は、100万円以下の罰金に処する。
　一　第5条の4第1項から第3項まで又は第5項の規定に違反した場合における当該建築物の工事施工者
　二〜十三　略
2　略

設置者の故意によるものであるときは、当該設計者又は工事施工者を罰するほか、当該建築主又は建築設備の設置者に対して同項の刑を科する。

改正：平成26年法律第39号　　　　施行：平成26年8月1日
第101条

1　次の各号のいずれかに該当する者は、100万円以下の罰金に処する。
　一・二　略
　三　第19条、第28条第1項若しくは第2項、第31条、第43条第1項、第44条第1項、第47条、第52条第1項、第2項若しくは第7項、第53条第1項若しくは第2項、第53条の2第1項（第57条の5第3項において準用する場合を含む。）、第54条第1項、第55条第1項、第56条第1項、第56条の2第1項、第57条の4第1項、第57条の5第1項、第59条第1項若しくは第2項、第60条第1項若しくは第2項、第60条の2第1項若しくは第2項、第60条の3第1項、第67条の2第3項若しくは第5項から第7項まで又は第68条第1項から第3項までの規定に違反した場合における当該建築物又は建築設備の設計者（設計図書を用いないで工事を施工し、又は設計図書に従わないで工事を施工した場合においては、当該建築物又は建築設備の工事施工者）
　四〜十三　略
2　略

改正：平成26年法律第54号　　　　施行：平成27年6月1日
第101条

1　次の各号のいずれかに該当する者は、100万円以下の罰金に処する。
　一　第5条の6第1項から第3項まで又は第5項の規定に違反した場合における当該建築物の工事施工者
　二　第12条第1項若しくは第3項（これらの規定を第88条第1項又は第3項において準用する場合を含む。）又は第5項（第二号に係る部分に限り、第88条第1項から第3項までにおいて準用する場合を含む。）の規定による報告をせず、又は虚偽の報告をした者
　三　第19条、第28条第1項若しくは第2項、第31条、第43条第1項、第44条第1項、第47条、第52条第1項、第2項若しくは第7項、第53条第1項若しくは第2項、第53条の2第1項（第57条の5第3項において準用する場合を含む。）、第54条第1項、第55条第1項、第56条第1項、第56条の2第1項、第57条の4第1項、第57条の5第1項、第59条第1項若しくは第2項、第60条第1項若しくは第2項、第60条の2第1項若しくは第2項、第60条の3第1項、第67条の3第3項若しくは第5項から第7項まで又は第68条第1項から第3項までの規定に違反した場合における当該建築物又は建築設備の設計者（設計図書に記載された認定建築材料等の全部又は一部として当該認定建築材料等の全部又は一部と異なる建築材料又は建築物の部分を引き渡した場合においては当該建築材料又は建築物の部分を引き渡した者、設計図書を用いないで工事を施工し、又は設計図書に従わないで工事を施工した場合（設計図書に記載された認定建築材料等と異なる建築材料又は建築物の部分を引き渡された場合において、当該建築材料又は建築物の部分を使用して工事を施工した場合を除く。）においては当該建築物又は建築設備の工事施工者）
　四　第36条（居室の採光面積、天井及び床の高さ、床の防湿方法、階段の構造、便所の設置及び構造並びに浄化槽の構造に係る部分に限る。）の規定に基づく政令の規定に違反した場合における当該建築物又は建築設備の設計者（設計図書に記載された認定建築材料等の全部又は一部として当該認定建築材料等の全部

法101条　改正：平成26年法律第54号

又は一部と異なる建築材料又は建築物の部分を引き渡した場合においては当該建築材料又は建築物の部分を引き渡した者、設計図書を用いないで工事を施工し、又は設計図書に従わないで工事を施工した場合（設計図書に記載された認定建築材料等と異なる建築材料又は建築物の部分を引き渡された場合において、当該建築材料又は建築物の部分を使用して工事を施工した場合を除く。）においては当該建築物又は建築設備の工事施工者）

　　五～十三　略

２　略

改正：平成28年法律第72号　　　施行：平成28年9月1日
第101条

1　次の各号のいずれかに該当する者は、100万円以下の罰金に処する。

　　一・二　略

　　三　第19条、第28条第1項若しくは第2項、第31条、第43条第1項、第44条第1項、第47条、第52条第1項、第2項若しくは第7項、第53条第1項若しくは第2項、第53条の2第1項（第57条の5第3項において準用する場合を含む。）、第54条第1項、第55条第1項、第56条第1項、第56条の2第1項、第57条の4第1項、第57条の5第1項、第59条第1項若しくは第2項、第60条第1項若しくは第2項、第60条の2第1項若しくは第2項、第60条の3第1項若しくは第2項、第67条の3第3項若しくは第5項から第7項まで又は第68条第1項から第3項までの規定に違反した場合における当該建築物又は建築設備の設計者（設計図書に記載された認定建築材料等の全部又は一部として当該認定建築材料等の全部又は一部と異なる建築材料又は建築物の部分を引き渡した場合においては当該建築材料又は建築物の部分を引き渡した者、設計図書を用いないで工事を施工し、又は設計図書に従わないで工事を施工した場合（設計図書に記載された認定建築材料等と異なる建築材料又は建築物の部分を引き渡された場合において、当該建築材料又は建築物の部分を使用して工事を施工した場合を除く。）においては当該建築物又は建築設備の工事施工者）

　　四～十三　略

２　略

改正：平成29年法律第26号　　　施行：平成30年4月1日
第101条

1　次の各号のいずれかに該当する者は、100万円以下の罰金に処する。

　　一～四　略

　　五　第48条第1項から第14項まで又は第51条（これらの規定を第88条第2項において準用する場合を含む。）の規定に違反した場合における当該建築物又は工作物の建築主又は築造主

　　六～九　略

　　十　第87条第2項又は第3項において準用する第28条第1項、第48条第1項から第14項まで又は第51条の規定に違反した場合における当該建築物の所有者、管理者又は占有者

　　十一　第88条第2項において準用する第87条第2項又は第3項において準用する第48条第1項から第14項まで又は第51条の規定に違反した場合における当該工作物の所有者、管理者又は占有者

　　十二・十三　略

２　略

改正：平成30年法律第67号　　　施行：平成30年9月25日
第101条

1　次の各号のいずれかに該当する者は、100万円以下の罰金に処する。

　　一～七　略

　　八　第85条第3項の規定に違反した場合における当該建築物の建築主

　　九　第85条第4項の規定により特定行政庁が定めた期間を超えて応急仮設建築物を存続させた場合における当該建築物の所有者、管理者又は占有者

十　第85条第5項又は第6項の規定により特定行政庁が定めた期間を超えて仮設興行場等を存続させた場合における当該建築物の所有者、管理者又は占有者

十一　第84条第1項の規定による制限又は禁止に違反した場合における当該建築物の建築主

十二　第87条第2項又は第3項において準用する第28条第1項、第48条第1項から第14項まで又は第51条の規定に違反した場合における当該建築物の所有者、管理者又は占有者

十三　第88条第2項において準用する第87条第2項又は第3項において準用する第48条第1項から第14項まで又は第51条の規定に違反した場合における当該工作物の所有者、管理者又は占有者

十四　第87条第3項において準用する第36条（居室の採光面積及び階段の構造に関して、第28条第1項又は第35条の規定を実施し、又は補足するために安全上、防火上及び衛生上必要な技術的基準に係る部分に限る。）の規定に基づく政令の規定に違反した場合における当該建築物の所有者、管理者又は占有者

十五　第90条第1項（第87条の2又は第88条第1項において準用する場合を含む。）の規定に違反した者

2　略

改正：平成30年法律第67号　　　施行：令和元年6月25日
第101条

1　次の各号のいずれかに該当する者は、100万円以下の罰金に処する。
　一～十四　略
　十五　第87条の3第3項の規定に違反した場合における当該建築物の所有者、管理者又は占有者
　十六　第87条の3第4項の規定により特定行政庁が定めた期間を超えて当該建築物を災害救助用建築物又は公益的建築物として使用した場合における当該建築物の所有者、管理者又は占有者
　十七　第87条の3第5項又は第6項の規定により特定行政庁が定めた期間を超えて当該建築物を興行場等として使用した場合における当該建築物の所有者、管理者又は占有者
　十八　第90条第1項（第87条の4又は第88条第1項において準用する場合を含む。）の規定に違反した者

2　略

改正：令和2年法律第43号　　　施行：令和2年9月7日
第101条

1　次の各号のいずれかに該当する者は、100万円以下の罰金に処する。
　一・二　略
　三　第19条、第28条第1項若しくは第2項、第31条、第43条第1項、第44条第1項、第47条、第52条第1項、第2項若しくは第7項、第53条第1項若しくは第2項、第53条の2第1項（第57条の5第3項において準用する場合を含む。）、第54条第1項、第55条第1項、第56条第1項、第56条の2第1項、第57条の4第1項、第57条の5第1項、第59条第1項若しくは第2項、第60条第1項若しくは第2項、第60条の2第1項若しくは第2項、第60条の2の2第1項から第3項まで若しくは第2項、第60条の3第1項若しくは第2項、第67条第3項若しくは第5項から第7項まで又は第68条第1項から第3項までの規定に違反した場合における当該建築物又は建築設備の設計者（設計図書に記載された認定建築材料等の全部又は一部として当該認定建築材料等の全部又は一部と異なる建築材料又は建築物の部分を引き渡した場合においては当該建築材料又は建築物の部分を引き渡した者、設計図書を用いないで工事を施工し、又は設計図書に従わないで工事を施工した場合（設計図書に記載された認定建築材料等と異なる建築材料又は建築物の部分を引き渡された場合において、当該建築材料又は建築物の部分を使用して工事を施工した場合を除く。）においては当該建築物又は建築設備の工事施工者）
　四～十八　略

2　略

改正：令和4年法律第44号　　　施行：令和4年5月31日
第101条

1　次の各号のいずれかに該当する者は、100万円以下の罰金に処する。

法101条　改正：令和4年法律第44号

　一～八　略
　九　第85条第4項又は第5項の規定により特定行政庁が定めた期間を超えて応急仮設建築物を存続させた場合における当該建築物の所有者、管理者又は占有者
　十　第85条第6項又は第7項の規定により特定行政庁が定めた期間を超えて仮設興行場等を存続させた場合における当該建築物の所有者、管理者又は占有者
　十一～十五　略
　十六　第87条の3第4項又は第5項の規定により特定行政庁が定めた期間を超えて当該建築物を災害救助用建築物又は公益的建築物として使用した場合における当該建築物の所有者、管理者又は占有者
　十七　第87条の3第6項又は第7項の規定により特定行政庁が定めた期間を超えて当該建築物を興行場等として使用した場合における当該建築物の所有者、管理者又は占有者
　十八　略
２　略

改正：令和4年法律第69号　　　施行：令和5年4月1日
第101条

１　次の各号のいずれかに該当する者は、100万円以下の罰金に処する。
　一　第5条の6第1項から第3項まで又は第5項の規定に違反した場合における当該建築物の工事施工者
　二　第12条第1項若しくは第3項（これらの規定を第88条第1項又は第3項において準用する場合を含む。）又は第5項（第二号に係る部分に限り、第88条第1項から第3項までにおいて準用する場合を含む。）の規定による報告をせず、又は虚偽の報告をした者
　三　第19条、第28条第1項若しくは第2項、第31条、第43条第1項、第44条第1項、第47条、第52条第1項、第2項若しくは第7項、第53条第1項若しくは第2項、第53条の2第1項（第57条の5第3項において準用する場合を含む。）、第54条第1項、第55条第1項、第56条第1項、第56条の2第1項、第57条の4第1項、第57条の5第1項、第59条第1項若しくは第2項、第60条第1項若しくは第2項、第60条の2第1項若しくは第2項、第60条の2の2第1項から第3項まで若しくは第2項、第60条の3第1項若しくは第2項、第67条第3項若しくは第5項から第7項まで又は第68条第1項から第3項までの規定に違反した場合における当該建築物又は建築設備の設計者（設計図書に記載された認定建築材料等の全部又は一部として当該認定建築材料等の全部又は一部と異なる建築材料又は建築物の部分を引き渡した場合においては当該建築材料又は建築物の部分を引き渡した者、設計図書を用いないで工事を施工し、又は設計図書に従わないで工事を施工した場合（設計図書に記載された認定建築材料等と異なる建築材料又は建築物の部分を引き渡された場合において、当該建築材料又は建築物の部分を使用して工事を施工した場合を除く。）においては当該建築物又は建築設備の工事施工者）
　四　第36条（居室の採光面積、天井及び床の高さ、床の防湿方法、階段の構造、便所の設置及び構造並びに浄化槽の構造に係る部分に限る。）の規定に基づく政令の規定に違反した場合における当該建築物又は建築設備の設計者（設計図書に記載された認定建築材料等の全部又は一部として当該認定建築材料等の全部又は一部と異なる建築材料又は建築物の部分を引き渡した場合においては当該建築材料又は建築物の部分を引き渡した者、設計図書を用いないで工事を施工し、又は設計図書に従わないで工事を施工した場合（設計図書に記載された認定建築材料等と異なる建築材料又は建築物の部分を引き渡された場合において、当該建築材料又は建築物の部分を使用して工事を施工した場合を除く。）においては当該建築物又は建築設備の工事施工者）
　五　第48条第1項から第14項まで又は第51条（これらの規定を第88条第2項において準用する場合を含む。）の規定に違反した場合における当該建築物又は工作物の建築主又は築造主
　六　第58条第1項の規定による制限に違反した場合における当該建築物の設計者（設計図書を用いないで工事を施工し、又は設計図書に従わないで工事を施工した場合においては、当該建築物の工事施工者）
　七　第68条の18第2項（第88条第1項において準用する場合を含む。）の規定に違反して、検査を行わず、検査記録を作成せず、虚偽の検査記録を作成し、又は検査記録を保存しなかつた者
　八　第85条第3項の規定に違反した場合における当該建築物の建築主
　九　第85条第4項又は第5項の規定により特定行政庁が定めた期間を超えて応急仮設建築物を存続させた場合における当該建築物の所有者、管理者又は占有者

改正：昭和34年法律第156号 **法旧100条**

　　十　第85条第6項又は第7項の規定により特定行政庁が定めた期間を超えて仮設興行場等を存続させた場合における当該建築物の所有者、管理者又は占有者
　　十一　第84条第1項の規定による制限又は禁止に違反した場合における当該建築物の建築主
　　十二　第87条第2項又は第3項において準用する第28条第1項、第48条第1項から第14項まで又は第51条の規定に違反した場合における当該建築物の所有者、管理者又は占有者
　　十三　第88条第2項において準用する第87条第2項又は第3項において準用する第48条第1項から第14項まで又は第51条の規定に違反した場合における当該工作物の所有者、管理者又は占有者
　　十四　第87条第3項において準用する第36条（居室の採光面積及び階段の構造に関して、第28条第1項又は第35条の規定を実施し、又は補足するために安全上、防火上及び衛生上必要な技術的基準に係る部分に限る。）の規定に基づく政令の規定に違反した場合における当該建築物の所有者、管理者又は占有者
　　十五　第87条の3第3項の規定に違反した場合における当該建築物の所有者、管理者又は占有者
　　十六　第87条の3第4項又は第5項の規定により特定行政庁が定めた期間を超えて当該建築物を災害救助用建築物又は公益的建築物として使用した場合における当該建築物の所有者、管理者又は占有者
　　十七　第87条の3第6項又は第7項の規定により特定行政庁が定めた期間を超えて当該建築物を興行場等として使用した場合における当該建築物の所有者、管理者又は占有者
　　十八　第90条第1項（第87条の4又は第88条第1項において準用する場合を含む。）の規定に違反した者
　2　前項第三号、第四号又は第六号に規定する違反があつた場合において、その違反が建築主又は建築設備の設置者の故意によるものであるときは、当該設計者又は工事施工者を罰するほか、当該建築主又は建築設備の設置者に対して同項の刑を科する。

[現行]　第102条

制定：平成26年法律第54号　　　　施行：平成27年6月1日
第102条
　1　第12条第5項（第三号に係る部分に限る。）の規定による報告をせず、又は虚偽の報告をしたときは、その違反行為をした指定構造計算適合性判定機関（その者が法人である場合にあつては、その役員）又はその職員（構造計算適合性判定員を含む。）は、100万円以下の罰金に処する。

[現行]　第103条

制定：昭和25年法律第201号　　　　施行：昭和25年11月23日
旧　第100条
　1　下の各号の一に該当する者は、1万円以下の罰金に処する。
　　一　第7条第1項（第87条第1項又は第88条第1項において準用する場合を含む。）又は第15条第1項の規定による届出をせず、又は虚偽の届出をした者
　　二　第7条第4項又は第89条の規定に違反した者
　　三　第12条第1項（第88条において準用する場合を含む。）の規定による報告をせず、又は虚偽の報告をした者
　　四　第12条第2項（第88条において準用する場合を含む。）の規定による立入、検査又は試験を拒み、妨げ、又は忌避した者

改正：昭和34年法律第156号　　　　施行：昭和34年12月23日
旧　第100条
　1　次の各号の一に該当する者は、1万円以下の罰金に処する。
　　一　第7条第1項（第87条第1項、第87条の2第1項又は第88条第1項において準用する場合を含む。）又は第15条第1項の規定による届出をせず、又は虚偽の届出をした者
　　二　第7条第4項又は第89条（第87条の2第1項又は第88条第1項においてこれらの規定を準用する場合を

法旧100条　改正：昭和34年法律第156号

　　　含む。）の規定に違反した者
　三　第12条第1項又は第3項（第88条第1項又は第3項においてこれらの規定を準用する場合を含む。）の規定による報告をせず、又は虚偽の報告をした者
　四　第12条第2項又は第4項（第88条第1項又は第3項においてこれらの規定を準用する場合を含む。）の規定による立入、検査又は試験を拒み、妨げ、又は忌避した者

改正：昭和45年法律第109号　　　施行：昭和46年1月1日
旧　第100条

1　次の各号の一に該当する者は、1万円以下の罰金に処する。
　一・二　略
　三　第12条第1項から第3項まで（第88条第1項又は第3項においてこれらの規定を準用する場合を含む。）の規定による報告をせず、又は虚偽の報告をした者
　四　第12条第4項（第88条第1項又は第4項において準用する場合を含む。）の規定による立入、検査又は試験を拒み、妨げ、又は忌避した者
　五　第12条第4項（第88条第1項又は第3項において準用する場合を含む。）の規定による質問に対して答弁せず、又は虚偽の答弁をした者

改正：昭和49年法律第67号　　　施行：昭和50年4月1日
旧　第100条

1　次の各号の一に該当する者は、3万円以下の罰金に処する。
　一　第7条第1項（第87条第1項、第87条の2第1項又は第88条第1項若しくは第2項において準用する場合を含む。）又は第15条第1項の規定による届出をせず、又は虚偽の届出をした者
　二　第7条第4項又は第89条（第87条の2第1項又は第88条第1項若しくは第2項においてこれらの規定を準用する場合を含む。）の規定に違反した者
　三　第12条第1項若しくは第2項（第88条第1項又は第4項においてこれらの規定を準用する場合を含む。）又は第12条第3項（第88条第1項、第2項又は第4項において準用する場合を含む。）の規定による報告をせず、又は虚偽の報告をした者
　四　第12条第4項（第88条第1項、第2項又は第4項において準用する場合を含む。）の規定による立入、検査又は試験を拒み、妨げ、又は忌避した者
　五　第12条第4項（第88条第1項、第2項又は第4項において準用する場合を含む。）の規定による質問に対して答弁せず、又は虚偽の答弁をした者

改正：昭和51年法律第83号　　　施行：昭和52年11月1日
旧　第100条

1　次の各号の一に該当する者は、3万円以下の罰金に処する。
　一　略
　二　第89条（第87条の2第1項又は第88条第1項若しくは第2項において準用する場合を含む。）の規定に違反した者
　三～五　略

改正：昭和62年法律第66号　　　施行：昭和62年11月16日
旧　第100条

1　次の各号の一に該当する者は、10万円以下の罰金に処する。
　一～五　略

改正：平成10年法律第100号　　　施行：平成11年5月1日
旧　第100条

1　次の各号の一に該当する者は、20万円以下の罰金に処する。
　一　第7条第1項（第87条の2第1項又は第88条第1項若しくは第2項において準用する場合を含む。）又は第7条の3第2項（第87条の2第1項又は第88条第1項において準用する場合を含む。）の規定による申請をせず、又は虚偽の申請をした者
　二　第15条第1項の規定又は第87条第1項において読み替えて準用する第7条第1項の規定による届出をせず、又は虚偽の届出をした者
　三　第77条の29第2項又は第89条（第87条の2第1項又は第88条第1項若しくは第2項において準用する場合を含む。）の規定に違反した者
　四　第12条第1項若しくは第2項（第88条第1項又は第4項においてこれらの規定を準用する場合を含む。）、第12条第3項（第88条第1項、第2項又は第4項において準用する場合を含む。）、第77条の13第1項又は第77条の31第1項の規定による報告をせず、又は虚偽の報告をした者
　五　第12条第4項（第88条第1項、第2項又は第4項において準用する場合を含む。）の規定による検査又は試験を拒み、妨げ、又は忌避した者
　六　第77条の13第1項又は第77条の31第1項の規定による検査を拒み、妨げ、又は忌避した者
　七　第12条第4項（第88条第1項、第2項又は第4項において準用する場合を含む。）、第77条の13第1項又は第77条の31第1項の規定による質問に対して答弁せず、又は虚偽の答弁をした者
　八　第77条の11又は第77条の29第1項の規定に違反して帳簿を備え付けず、帳簿に記載せず、若しくは帳簿に虚偽の記載をし、又は帳簿を保存しなかつた者
　九　第77条の14第1項の許可を受けないで資格検定事務の全部を廃止した者
　十　第77条の34第1項の規定による届出をしないで確認検査の業務の全部を廃止し、又は虚偽の届出をした者

改正：平成11年法律第87号　　　施行：平成12年4月1日
旧　第100条

1　次の各号の一に該当する者は、20万円以下の罰金に処する。
　一　第7条第1項（第87条の2又は第88条第1項若しくは第2項において準用する場合を含む。）又は第7条の3第2項（第87条の2又は第88条第1項において準用する場合を含む。）の規定による申請をせず、又は虚偽の申請をした者
　二　略
　三　第77条の29第2項又は第89条（第87条の2又は第88条第1項若しくは第2項において準用する場合を含む。）の規定に違反した者
　四　第12条第1項若しくは第2項（第88条第1項又は第3項においてこれらの規定を準用する場合を含む。）、第12条第3項（第88条第1項から第3項までにおいて準用する場合を含む。）、第77条の13第1項又は第77条の31第1項の規定による報告をせず、又は虚偽の報告をした者
　五　第12条第4項（第88条第1項から第3項までにおいて準用する場合を含む。）の規定による検査又は試験を拒み、妨げ、又は忌避した者
　六　略
　七　第12条第4項（第88条第1項から第3項までにおいて準用する場合を含む。）、第77条の13第1項又は第77条の31第1項の規定による質問に対して答弁せず、又は虚偽の答弁をした者
　八～十　略

改正：平成10年法律第100号　　　施行：平成12年6月1日
旧　第100条

1　次の各号の一に該当する者は、20万円以下の罰金に処する。
　一・二　略
　三　第77条の29第2項、第77条の47第2項（第77条の56第2項において準用する場合を含む。）又は第89条（第

法旧100条　改正：平成10年法律第100号

　　87条の２又は第88条第１項若しくは第２項において準用する場合を含む。）の規定に違反した者
四　第12条第１項若しくは第２項(第88条第１項又は第３項においてこれらの規定を準用する場合を含む。)、第12条第３項（第88条第１項から第３項までにおいて準用する場合を含む。)、<u>第68条の21第１項（第88条第１項において準用する場合を含む。)、第77条の13第１項、第77条の31第１項又は第77条の49第１項（第77条の56第２項において準用する場合を含む。）</u>の規定による報告をせず、又は虚偽の報告をした者
五　略
六　<u>第68条の21第１項（第88条第１項において準用する場合を含む。)、第77条の13第１項、第77条の31第１項又は第77条の49第１項（第77条の56第２項において準用する場合を含む。）</u>の規定による検査を拒み、妨げ、又は忌避した者
七　第12条第４項（第88条第１項から第３項までにおいて準用する場合を含む。)、<u>第68条の21第１項（第88条第１項において準用する場合を含む。)、第77条の13第１項、第77条の31第１項又は第77条の49第１項（第77条の56第２項において準用する場合を含む。）</u>の規定による質問に対して答弁せず、又は虚偽の答弁をした者
八　<u>第77条の11、第77条の29第１項又は第77条の47第１項(第77条の56第２項において準用する場合を含む。)</u>の規定に違反して帳簿を備え付けず、帳簿に記載せず、若しくは帳簿に虚偽の記載をし、又は帳簿を保存しなかつた者
九　<u>第77条の14第１項又は第77条の50第１項（第77条の56第２項において準用する場合を含む。)</u>の許可を受けないで資格検定事務又は認定等若しくは性能評価の業務の全部を廃止した者
十　略

改正：平成16年法律第67号　　　施行：平成17年６月１日
旧　**第102条**

1　次の各号のいずれかに該当する者は、<u>30万円</u>以下の罰金に処する。
一～三　略
四　<u>第12条第５項</u>（第88条第１項から第３項までにおいて準用する場合を含む。)、第68条の21第１項（第88条第１項において準用する場合を含む。)、第77条の13第１項、第77条の31第１項、<u>第77条の49第１項（第77条の56第２項において準用する場合を含む。）</u>又は第86条の８第４項の規定による報告をせず、又は虚偽の報告をした者
五　<u>第12条第６項</u>（第88条第１項から第３項までにおいて準用する場合を含む。）の規定による検査又は試験を拒み、妨げ、又は忌避した者
六　略
七　<u>第12条第６項</u>（第88条第１項から第３項までにおいて準用する場合を含む。)、第68条の21第１項（第88条第１項において準用する場合を含む。)、第77条の13第１項、第77条の31第１項又は第77条の49第１項（第77条の56第２項において準用する場合を含む。）の規定による質問に対して答弁せず、又は虚偽の答弁をした者
八～十　略

改正：平成18年法律第92号　　　施行：平成19年６月20日
旧　**第102条**

1　次の各号のいずれかに該当する者は、<u>50万円</u>以下の罰金に処する。
一　<u>第６条の２第10項</u>（第87条第１項、第87条の２又は第88条第１項若しくは第２項において準用する場合を含む。)、第７条の２第６項(第87条の２又は第88条第１項若しくは第２項において準用する場合を含む。）又は第７条の４第６項（第87条の２又は第88条第１項において準用する場合を含む。）の規定による報告書若しくは添付書類の提出をせず、又は虚偽の報告書若しくは添付書類の提出をした者
二　略
三　<u>第77条の29第２項又は第89条</u>（第87条の２又は第88条第１項若しくは第２項において準用する場合を含む。）の規定に違反した者
四　第12条第５項（<u>第四号を除き、</u>第88条第１項から第３項までにおいて準用する場合を含む。)、第68条の

21第1項（第88条第1項において準用する場合を含む。）、第77条の31第1項又は第86条の8第4項の規定による報告をせず、又は虚偽の報告をした者
　五　第12条第6項（第88条第1項から第3項までにおいて準用する場合を含む。）の規定による検査又は試験を拒み、妨げ、又は忌避した者
　六　第68条の21第1項（第88条第1項において準用する場合を含む。）又は第77条の31第1項若しくは第2項の規定による検査を拒み、妨げ、又は忌避した者
　七　第12条第6項（第88条第1項から第3項までにおいて準用する場合を含む。）、第68条の21第1項（第88条第1項において準用する場合を含む。）又は第77条の31第1項若しくは第2項の規定による質問に対して答弁せず、又は虚偽の答弁をした者
　八　第77条の29第1項の規定に違反して、帳簿を備え付けず、帳簿に記載せず、若しくは帳簿に虚偽の記載をし、又は帳簿を保存しなかつた者
　九　第77条の34第1項の規定による届出をしないで確認検査の業務の全部を廃止し、又は虚偽の届出をした者

改正：平成26年法律第54号　　　施行：平成27年6月1日
第103条
1　次の各号のいずれかに該当する者は、50万円以下の罰金に処する。
　一　第6条の2第5項（第87条第1項、第87条の2又は第88条第1項若しくは第2項において準用する場合を含む。）、第7条の2第6項（第87条の2又は第88条第1項若しくは第2項において準用する場合を含む。）、第7条の4第6項（第87条の2又は第88条第1項において準用する場合を含む。）又は第7条の6第3項（第87条の2又は第88条第1項若しくは第2項において準用する場合を含む。）の規定による報告書若しくは添付書類の提出をせず、又は虚偽の報告書若しくは添付書類の提出をした者
　二・三　略
　四　第77条の31第1項又は第86条の8第4項の規定による報告をせず、又は虚偽の報告をした者
　五　第77条の31第1項又は第2項の規定による検査を拒み、妨げ、又は忌避した者
　六　第77条の31第1項又は第2項の規定による質問に対して答弁せず、又は虚偽の答弁をした者
　七　第77条の29第1項の規定に違反して、帳簿を備え付けず、帳簿に記載せず、若しくは帳簿に虚偽の記載をし、又は帳簿を保存しなかつた者
　八　第77条の34第1項の規定による届出をしないで確認検査の業務の全部を廃止し、又は虚偽の届出をした者

改正：平成30年法律第67号　　　施行：令和元年6月25日
第103条
1　次の各号のいずれかに該当する者は、50万円以下の罰金に処する。
　一　第6条の2第5項（第87条第1項、第87条の4又は第88条第1項若しくは第2項において準用する場合を含む。）、第7条の2第6項（第87条の4又は第88条第1項若しくは第2項において準用する場合を含む。）、第7条の4第6項（第87条の4又は第88条第1項において準用する場合を含む。）又は第7条の6第3項（第87条の4又は第88条第1項若しくは第2項において準用する場合を含む。）の規定による報告書若しくは添付書類の提出をせず、又は虚偽の報告書若しくは添付書類の提出をした者
　二　略
　三　第77条の29第2項又は第89条（第87条の4又は第88条第1項若しくは第2項において準用する場合を含む。）の規定に違反した者
　四　第77条の31第1項又は第86条の8第4項（第87条の2第2項において準用する場合を含む。）の規定による報告をせず、又は虚偽の報告をした者
　五～八　略

改正：令和6年法律第53号　　　施行：令和6年11月1日
第103条

法103条 改正：令和6年法律第53号

1 次の各号のいずれかに該当する者は、50万円以下の罰金に処する。
　一　第6条の2第5項（第87条第1項、第87条の4又は第88条第1項若しくは第2項において準用する場合を含む。）、第7条の2第6項（第87条の4又は第88条第1項若しくは第2項において準用する場合を含む。）、第7条の4第6項（第87条の4又は第88条第1項において準用する場合を含む。）、<u>第7条の6第3項（第87条の4又は第88条第1項若しくは第2項において準用する場合を含む。）、第18条第18項（第87条第1項、第87条の4又は第88条第1項若しくは第2項において準用する場合を含む。）、第18条第27項（第87条の4又は第88条第1項若しくは第2項において準用する場合を含む。）、第18条第36項（第87条の4又は第88条第1項において準用する場合を含む。）又は第18条第39項（第87条の4又は第88条第1項若しくは第2項において準用する場合を含む。）</u>の規定による報告書若しくは添付書類の提出をせず、又は虚偽の報告書若しくは添付書類の提出をした者
　二　第15条第1項の規定又は第87条第1項において読み替えて準用する第7条第1項の規定による届出をせず、又は虚偽の届出をした者
　三　第77条の29第2項又は第89条（第87条の4又は第88条第1項若しくは第2項において準用する場合を含む。）の規定に違反した者
　四　第77条の31第1項又は第86条の8第4項（第87条の2第2項において準用する場合を含む。）の規定による報告をせず、又は虚偽の報告をした者
　五　第77条の31第1項又は第2項の規定による検査を拒み、妨げ、又は忌避した者
　六　第77条の31第1項又は第2項の規定による質問に対して答弁せず、又は虚偽の答弁をした者
　七　第77条の29第1項の規定に違反して、帳簿を備え付けず、帳簿に記載せず、若しくは帳簿に虚偽の記載をし、又は帳簿を保存しなかつた者
　八　第77条の34第1項の規定による届出をしないで確認検査の業務の全部を廃止し、又は虚偽の届出をした者

[現行]　第104条

制定：平成18年法律第92号　　　施行：平成19年6月20日
旧　第103条

1 次の各号のいずれかに該当するときは、その違反行為をした指定資格検定機関等の役員等は、50万円以下の罰金に処する。
　一　第12条第5項（第四号に係る部分に限る。）、第77条の13第1項、第77条の35の12第1項又は第77条の49第1項（第77条の56第2項において準用する場合を含む。）の規定による報告をせず、又は虚偽の報告をしたとき。
　二　第77条の11、第77条の35の10第1項又は第77条の47第1項（第77条の56第2項において準用する場合を含む。）の規定に違反して、帳簿を備え付けず、帳簿に記載せず、若しくは帳簿に虚偽の記載をし、又は帳簿を保存しなかつたとき。
　三　第77条の13第1項、第77条の35の12第1項又は第77条の49第1項（第77条の56第2項において準用する場合を含む。）の規定による検査を拒み、妨げ、若しくは忌避し、又は質問に対して答弁せず、若しくは虚偽の答弁をしたとき。
　四　第77条の14第1項、第77条の35の13第1項又は第77条の50第1項（第77条の56第2項において準用する場合を含む。）の許可を受けないで資格検定事務又は構造計算適合性判定、認定等若しくは性能評価の業務の全部を廃止したとき。
　五　第77条の35の10第2項又は第77条の47第2項（第77条の56第2項において準用する場合を含む。）の規定に違反したとき。

改正：平成26年法律第54号　　　施行：平成27年6月1日
第104条

1 次の各号のいずれかに該当するときは、その違反行為をした<u>指定建築基準適合判定資格者検定機関等の役員等</u>は、50万円以下の罰金に処する。
　一　<u>第77条の13第1項（第77条の17の2第2項において準用する場合を含む。）、第77条の35の17第1項又は</u>

改正：平成10年法律第100号　**法旧101条**

二　第77条の11（第77条の17の2第2項において準用する場合を含む。）、第77条の35の14第1項又は第77条の47第1項（第77条の56第2項において準用する場合を含む。）の規定に違反して、帳簿を備え付けず、帳簿に記載せず、若しくは帳簿に虚偽の記載をし、又は帳簿を保存しなかつたとき。
三　第77条の13第1項（第77条の17の2第2項において準用する場合を含む。）、第77条の35の17第1項又は第77条の49第1項（第77条の56第2項において準用する場合を含む。）の規定による検査を拒み、妨げ、若しくは忌避し、又は質問に対して答弁せず、若しくは虚偽の答弁をしたとき。
四　第77条の14第1項（第77条の17の2第2項において準用する場合を含む。）、第77条の35の18第1項又は第77条の50第1項（第77条の56第2項において準用する場合を含む。）の許可を受けないで建築基準適合判定資格者検定事務、構造計算適合判定資格者検定事務又は構造計算適合性判定、認定等若しくは性能評価の業務の全部を廃止したとき。
五　第77条の35の14第2項又は第77条の47第2項（第77条の56第2項において準用する場合を含む。）の規定に違反したとき。

[現行]　第105条

制定：昭和25年法律第201号　　　施行：昭和25年11月23日
旧　第101条

1　法人の代表者又は法人若しくは人の代理人、使用人その他の従業者がその法人又は人の業務に関して、前3条の違反行為をした場合においては、その行為者を罰する外、その法人又は人に対して各本条の刑を科する。但し、法人又は人の代理人、使用人その他の従業者の当該違反行為を防止するため、当該業務に対し、相当の注意及び監督が盡されたことの証明があつたときは、その法人又は人については、この限りでない。

改正：昭和34年法律第156号　　　施行：昭和34年12月23日
旧　第101条

1　法人の代表者又は法人若しくは人の代理人、使用人その他の従業者がその法人又は人の業務に関して、前3条の違反行為をした場合においては、その行為者を罰する外、その法人又は人に対して各本条の罰金刑を科する。ただし、法人又は人の代理人、使用人その他の従業者の当該違反行為を防止するため、当該業務に対し、相当の注意及び監督が尽されたことの証明があつたときは、その法人又は人については、この限りでない。

改正：平成10年法律第100号　　　施行：平成11年5月1日
旧　第101条

1　法人（指定資格検定機関を除く。以下この条において同じ。）の代表者又は法人若しくは人の代理人、使用人その他の従業者がその法人又は人の業務に関して、前3条の違反行為をした場合においては、その行為者を罰するほか、その法人又は人に対して各本条の罰金刑を科する。

改正：平成10年法律第100号　　　施行：平成12年6月1日
旧　第101条

1　法人（指定資格検定機関、指定認定機関及び指定性能評価機関を除く。以下この条において同じ。）の代表者又は法人若しくは人の代理人、使用人その他の従業者がその法人又は人の業務に関して、前3条の違反行為をした場合においては、その行為者を罰するほか、その法人又は人に対して各本条の罰金刑を科する。

法旧103条　改正：平成16年法律第67号

改正：平成16年法律第67号　　　　施行：平成17年6月1日
旧　第103条

1　法人（指定資格検定機関、指定認定機関及び指定性能評価機関を除く。以下この条において同じ。）の代表者又は法人若しくは人の代理人、使用人その他の従業者がその法人又は人の業務に関して、次の各号に掲げる規定の違反行為をした場合においては、その行為者を罰するほか、その法人に対して当該各号に定める罰金刑を、その人に対して各本条の罰金刑を科する。
　　一　第98条（第19条第4項、第20条、第21条、第22条第1項、第23条、第24条、第25条から第27条まで、第28条第3項、第28条の2、第32条から第35条の3まで、第36条（防火壁、防火区画、消火設備、避難設備及び給水、排水その他の配管設備の設置及び構造並びに煙突及び昇降機の構造に係る部分に限る。）、第37条、第61条から第64条まで、第66条又は第67条の2第1項、第3項若しくは第5項から第7項までの規定に違反する第6条第1項第一号に掲げる建築物その他政令で定める建築物又は当該建築物の敷地に関してされた第9条第1項又は第10項前段（第90条第3項においてこれらの規定を準用する場合を含む。）の規定による命令の違反に係る部分に限る。）　1億円以下の罰金刑
　　二　第98条（前号に係る部分を除く。）及び第99条から前条まで　各本条の罰金刑

改正：平成18年法律第92号　　　　施行：平成19年6月20日
旧　第104条

1　法人の代表者又は法人若しくは人の代理人、使用人その他の従業者がその法人又は人の業務に関して、次の各号に掲げる規定の違反行為をした場合においては、その行為者を罰するほか、その法人に対して当該各号に定める罰金刑を、その人に対して各本条の罰金刑を科する。
　　一　第98条第1項第一号（第19条第4項、第20条、第21条、第22条第1項、第23条、第24条、第25条から第27条まで、第28条第3項、第28条の2、第32条から第35条の3まで、第36条（防火壁、防火区画、消火設備、避難設備及び給水、排水その他の配管設備の設置及び構造並びに煙突及び昇降機の構造に係る部分に限る。）、第37条、第61条から第64条まで、第66条又は第67条の2第1項、第3項若しくは第5項から第7項までの規定に違反する特殊建築物等（第6条第1項第一号に掲げる建築物その他多数の者が利用するものとして政令で定める建築物をいう。以下この条において同じ。）又は当該特殊建築物等の敷地に関してされた第9条第1項又は第10項前段（これらの規定を第90条第3項において準用する場合を含む。）の規定による命令の違反に係る部分に限る。）、第98条（第1項第一号を除き、特殊建築物等に係る部分に限る。）並びに第99条第1項第五号、第六号、第十二号及び第十三号並びに第2項（特殊建築物等に係る部分に限る。）　1億円以下の罰金刑
　　二　第98条（前号に係る部分を除く。）、第99条第1項第一号から第四号まで、第五号及び第六号（特殊建築物等に係る部分を除く。）、第九号（第77条の25第1項に係る部分に限る。）、第十号、第十一号並びに第十二号及び第十三号（特殊建築物等に係る部分を除く。）並びに第2項（特殊建築物等に係る部分を除く。）、第101条並びに第102条　各本条の罰金刑

改正：平成26年法律第54号　　　　施行：平成27年6月1日
第105条

1　法人の代表者又は法人若しくは人の代理人、使用人その他の従業者がその法人又は人の業務に関して、次の各号に掲げる規定の違反行為をした場合においては、その行為者を罰するほか、その法人に対して当該各号に定める罰金刑を、その人に対して各本条の罰金刑を科する。
　　一　第98条第1項第一号（第19条第4項、第20条、第21条、第22条第1項、第23条、第24条、第25条から第27条まで、第28条第3項、第28条の2、第32条から第35条の3まで、第36条（防火壁、防火区画、消火設備、避難設備及び給水、排水その他の配管設備の設置及び構造並びに煙突及び昇降機の構造に係る部分に限る。）、第37条、第61条から第64条まで、第66条又は第67条の3第1項、第3項若しくは第5項から第7項までの規定に違反する特殊建築物等（第6条第1項第一号に掲げる建築物その他多数の者が利用するものとして政令で定める建築物をいう。以下この条において同じ。）又は当該特殊建築物等の敷地に関してされた第9条第1項又は第10項前段（これらの規定を第90条第3項において準用する場合を含む。）の規

改正：平成30年法律第67号 **法105条**

定による命令の違反に係る部分に限る。）、第98条（第１項第一号を除き、特殊建築物等に係る部分に限る。）並びに第99条第１項第八号、第九号、第十五号及び第十六号並びに第２項（特殊建築物等に係る部分に限る。）　１億円以下の罰金刑
二　第98条（前号に係る部分を除く。）、第99条第１項第一号から第七号まで、第八号及び第九号（特殊建築物等に係る部分を除く。）、第十二号（第77条の25第１項に係る部分に限る。）、第十三号、第十四号並びに第十五号及び第十六号（特殊建築物等に係る部分を除く。）並びに第２項（特殊建築物等に係る部分を除く。）、第101条並びに第103条　各本条の罰金刑

改正：平成30年法律第67号　　　施行：平成30年９月25日
第105条
1　法人の代表者又は法人若しくは人の代理人、使用人その他の従業者がその法人又は人の業務に関して、次の各号に掲げる規定の違反行為をした場合においては、その行為者を罰するほか、その法人に対して当該各号に定める罰金刑を、その人に対して各本条の罰金刑を科する。
一　第98条第１項第一号（第19条第４項、第20条、第21条、第22条第１項、第23条、第25条から第27条まで、第28条第３項、第28条の２、第32条から第35条の３まで、第36条（防火壁、防火区画、消火設備、避雷設備及び給水、排水その他の配管設備の設置及び構造並びに煙突及び昇降機の構造に係る部分に限る。）、第37条、第61条から第64条まで、第66条又は第67条の３第１項、第３項若しくは第５項から第７項までの規定に違反する特殊建築物等（第６条第１項第一号に掲げる建築物その他多数の者が利用するものとして政令で定める建築物をいう。以下この条において同じ。）又は当該特殊建築物等の敷地に関してされた第９条第１項又は第10項前段（これらの規定を第90条第３項において準用する場合を含む。）の規定による命令の違反に係る部分に限る。）、第98条（第１項第一号を除き、特殊建築物等に係る部分に限る。）並びに第99条第１項第八号、第九号、第十五号及び第十六号並びに第２項（特殊建築物等に係る部分に限る。）　１億円以下の罰金刑
二　略

改正：平成30年法律第67号　　　施行：令和元年６月25日
第105条
1　法人の代表者又は法人若しくは人の代理人、使用人その他の従業者がその法人又は人の業務に関して、次の各号に掲げる規定の違反行為をした場合においては、その行為者を罰するほか、その法人に対して当該各号に定める罰金刑を、その人に対して各本条の罰金刑を科する。
一　第98条第１項第一号（第19条第４項、第20条、第21条、第22条第１項、第23条、第25条から第27条まで、第28条第３項、第28条の２、第32条から第35条の３まで、第36条（防火壁、防火床、防火区画、消火設備、避雷設備及び給水、排水その他の配管設備の設置及び構造並びに煙突及び昇降機の構造に係る部分に限る。）、第37条、第61条、第62条、第64条又は第67条第１項、第３項若しくは第５項から第７項までの規定に違反する特殊建築物等（第６条第１項第一号に掲げる建築物その他多数の者が利用するものとして政令で定める建築物をいう。以下この条において同じ。）又は当該特殊建築物等の敷地に関してされた第９条第１項又は第10項前段（これらの規定を第90条第３項において準用する場合を含む。）の規定による命令の違反に係る部分に限る。）、第98条（第１項第一号を除き、特殊建築物等に係る部分に限る。）並びに第99条第１項第八号、第九号、第十五号及び第十六号並びに第２項（特殊建築物等に係る部分に限る。）　１億円以下の罰金刑
二　第98条（前号に係る部分を除く。）、第99条第１項第一号から第七号まで、第八号及び第九号（特殊建築物等に係る部分を除く。）、第十二号（第77条の25第１項に係る部分に限る。）、第十三号、第十四号並びに第十五号及び第十六号（特殊建築物等に係る部分を除く。）並びに第２項（特殊建築物等に係る部分を除く。）、第101条並びに第103条　各本条の罰金刑

法旧102条　制定：平成10年法律第100号

[削除条文]

制定：平成10年法律第100号　　　施行：平成11年５月１日
旧　第102条

> 1　第77条の39の規定による届出をせず、又は虚偽の届出をした者は、10万円以下の過料に処する。

改正：平成10年法律第100号　　　施行：平成12年６月１日
旧　第102条

> 1　<u>第68条の16若しくは第68条の17第１項（第88条第１項においてこれらの規定を準用する場合を含む。）又は第77条の61</u>の規定による届出をせず、又は虚偽の届出をした者は、10万円以下の過料に処する。

改正：平成16年法律第67号　　　施行：平成17年６月１日
旧　<u>第104条</u>

> 1　第68条の16若しくは第68条の17第１項（第88条第１項においてこれらの規定を準用する場合を含む。）又は第77条の61の規定による届出をせず、又は虚偽の届出をした者は、<u>30万円</u>以下の過料に処する。

改正：平成18年法律第92号　　　施行：平成19年６月20日
旧　第104条　削除

[現行]　第106条

制定：平成18年法律第92号　　　施行：平成19年６月20日
旧　第105条

> 1　次の各号のいずれかに該当する者は、30万円以下の過料に処する。
> 一　第68条の16若しくは第68条の17第１項（これらの規定を第88条第１項において準用する場合を含む。）又は第77条の61の規定による届出をせず、又は虚偽の届出をした者
> 二　第77条の29の２の規定に違反して、書類を備え置かず、若しくは関係者の求めに応じて閲覧させず、又は書類に虚偽の記載をし、若しくは虚偽の記載のある書類を関係者に閲覧させた者

改正：平成26年法律第54号　　　施行：平成27年６月１日（１項は平成28年６月１日）
第106条

> 1　次の各号のいずれかに該当する者は、30万円以下の過料に処する。
> <u>一　第12条の２第３項（第12条の３第３項において準用する場合を含む。）の規定による命令に違反した者</u>
> <u>二</u>　第68条の16若しくは第68条の17第１項（これらの規定を第88条第１項において準用する場合を含む。）又は第77条の61<u>（第77条の66第２項において準用する場合を含む。）</u>の規定による届出をせず、又は虚偽の届出をした者
> <u>三</u>　第77条の29の２の規定に違反して、書類を備え置かず、若しくは関係者の求めに応じて閲覧させず、又は書類に虚偽の記載をし、若しくは虚偽の記載のある書類を関係者に閲覧させた者
> <u>2　第77条の35の15の規定に違反して、書類を備え置かず、若しくは関係者の求めに応じて閲覧させず、又は書類に虚偽の記載をし、若しくは虚偽の記載のある書類を関係者に閲覧させた指定構造計算適合性判定機関（その者が法人である場合にあつては、その役員）又はその職員は、30万円以下の過料に処する。</u>

改正：平成30年法律第67号　　　施行：平成30年９月25日
第106条

改正：昭和45年法律第109号 **法旧102条**

1　次の各号のいずれかに該当する者は、30万円以下の過料に処する。
　一　第12条の2第3項（第12条の3第4項（第88条第1項において準用する場合を含む。）又は第88条第1項において準用する場合を含む。）の規定による命令に違反した者
　二・三　略
2　略

改正：令和元年法律第37号　　　施行：令和元年9月14日
第106条

1　次の各号のいずれかに該当する者は、30万円以下の過料に処する。
　一　第12条の2第3項（第12条の3第4項（第88条第1項において準用する場合を含む。）又は第88条第1項において準用する場合を含む。）の規定による命令に違反した者
　二　第68条の16若しくは第68条の17第1項（これらの規定を第88条第1項において準用する場合を含む。）又は第77条の61（第三号を除き、第77条の66第2項において準用する場合を含む。）の規定による届出をせず、又は虚偽の届出をした者
　三　第77条の29の2の規定に違反して、書類を備え置かず、若しくは関係者の求めに応じて閲覧させず、又は書類に虚偽の記載をし、若しくは虚偽の記載のある書類を関係者に閲覧させた者
2　第77条の35の15の規定に違反して、書類を備え置かず、若しくは関係者の求めに応じて閲覧させず、又は書類に虚偽の記載をし、若しくは虚偽の記載のある書類を関係者に閲覧させた指定構造計算適合性判定機関（その者が法人である場合にあつては、その役員）又はその職員は、30万円以下の過料に処する。

[現行]　**第107条**

制定：昭和25年法律第201号　　　施行：昭和25年11月23日
旧　**第102条**

1　第39条第2項、第40条、第43条第2項、第52条第3項（第87条第2項において準用する場合を含む。）又は第68条第3項の規定に基く条例には、これに違反した者に対し、5万円以下の罰金に処する旨の規定を設けることができる。

改正：昭和34年法律第156号　　　施行：昭和34年12月23日
旧　**第102条**

1　第39条第2項、第40条、第43条第2項、第52条第3項若しくは第53条（第87条第2項においてこれらの規定を準用する場合を含む。）又は第68条第3項の規定に基く条例には、これに違反した者に対し、5万円以下の罰金に処する旨の規定を設けることができる。

改正：昭和43年法律第101号　　　施行：昭和44年6月14日
旧　**第102条**

1　第39条第2項、第40条、第43条第2項、第52条第1項若しくは第53条（第87条第2項においてこれらの規定を準用する場合を含む。）又は第68条の規定に基く条例には、これに違反した者に対し、5万円以下の罰金に処する旨の規定を設けることができる。

改正：昭和45年法律第109号　　　施行：昭和46年1月1日
旧　**第102条**

1　第39条第2項、第40条、第43条第2項、第49条第1項若しくは第50条（第87条第2項においてこれらの規定を準用する場合を含む。）又は第68条の規定に基づく条例には、これに違反した者に対し、5万円以下の罰金に処する旨の規定を設けることができる。

法旧102条 改正：昭和49年法律第67号

改正：昭和49年法律第67号　　　施行：昭和50年4月1日
旧　第102条

1　第39条第2項、第40条<u>若しくは第43条第2項（第87条第2項においてこれらの規定を準用する場合を含む。）、第49条第1項（第87条第2項又は第88条第2項において準用する場合を含む。）、第50条（第87条第2項又は第88条第2項において準用する場合を含む。）</u>又は第68条の規定に基づく条例には、これに違反した者に対し、<u>10万円以下の罰金に処する旨の規定を設けることができる。</u>

改正：昭和55年法律34号　　　施行：昭和55年10月25日
旧　第102条

1　第39条第2項、第40条若しくは第43条第2項（第87条第2項においてこれらの規定を準用する場合を含む。）、第49条第1項（第87条第2項又は第88条第2項において準用する場合を含む。）、第50条（第87条第2項又は第88条第2項において準用する場合を含む。）、<u>第68条又は第68条の2第1項（第87条第2項又は第88条第2項において準用する場合を含む。）</u>の規定に基づく条例には、これに違反した者に対し、10万円以下の罰金に処する旨の規定を設けることができる。

改正：昭和62年法律第66号　　　施行：昭和62年11月16日
旧　第102条

1　第39条第2項、第40条若しくは第43条第2項（第87条第2項においてこれらの規定を準用する場合を含む。）、第49条第1項（第87条第2項又は第88条第2項において準用する場合を含む。）、第50条（第87条第2項又は第88条第2項において準用する場合を含む。）、第68条又は第68条の2第1項（第87条第2項又は第88条第2項において準用する場合を含む。）の規定に基づく条例には、これに違反した者に対し、<u>20万円以下の罰金に処する旨の規定を設けることができる。</u>

改正：平成4年法律第82号　　　施行：平成5年6月25日
旧　第102条

1　第39条第2項、第40条若しくは第43条第2項（第87条第2項においてこれらの規定を準用する場合を含む。）、第49条第1項（第87条第2項又は第88条第2項において準用する場合を含む。）、第50条（第87条第2項又は第88条第2項において準用する場合を含む。）、第68条、<u>第68条の2第1項（第87条第2項又は第88条第2項において準用する場合を含む。）又は第68条の9（第87条第2項において準用する場合を含む。）</u>の規定に基づく条例には、これに違反した者に対し、20万円以下の罰金に処する旨の規定を設けることができる。

改正：平成10年法律第100号　　　施行：平成11年5月1日
旧　<u>第103条</u>

略

改正：平成12年法律第73号　　　施行：平成13年5月18日
旧　<u>第103条</u>

1　第39条第2項、第40条若しくは第43条第2項（第87条第2項においてこれらの規定を準用する場合を含む。）、第49条第1項（第87条第2項又は第88条第2項において準用する場合を含む。）<u>、第49条の2（第87条第2項又は第88条第2項において準用する場合を含む。）</u>、第50条（第87条第2項又は第88条第2項において準用する場合を含む。）、第68条、第68条の2第1項（第87条第2項又は第88条第2項において準用する場合を含む。）又は第68条の9（第87条第2項において準用する場合を含む。）の規定に基づく条例には、これに違反した者に対し、20万円以下の罰金に処する旨の規定を設けることができる。

改正：平成26年法律第54号 **法107条**

改正：平成15年法律第101号　　　施行：平成15年12月19日
旧　第103条

1　第39条第2項、第40条若しくは第43条第2項（第87条第2項においてこれらの規定を準用する場合を含む。）、<u>第43条の2（第87条第2項において準用する場合を含む。）</u>、第49条第1項（第87条第2項又は第88条第2項において準用する場合を含む。）、第49条の2（第87条第2項又は第88条第2項において準用する場合を含む。）、第50条（第87条第2項又は第88条第2項において準用する場合を含む。）、第68条、第68条の2第1項（第87条第2項又は第88条第2項において準用する場合を含む。）又は第68条の9（第87条第2項において準用する場合を含む。）の規定に基づく条例には、これに違反した者に対し、20万円以下の罰金に処する旨の規定を設けることができる。

改正：平成16年法律第111号　　　施行：平成17年6月1日
旧　第103条

1　第39条第2項、第40条若しくは第43条第2項（第87条第2項においてこれらの規定を準用する場合を含む。）、第43条の2（第87条第2項において準用する場合を含む。）、第49条第1項（第87条第2項又は第88条第2項において準用する場合を含む。）、第49条の2（第87条第2項又は第88条第2項において準用する場合を含む。）、第50条（第87条第2項又は第88条第2項において準用する場合を含む<u>。）、第68条の2第1項（第87条第2項又は第88条第2項において準用する場合を含む。）、第68条の9第1項（第87条第2項において準用する場合を含む。）</u>又は第68条の9第2項の規定に基づく条例には、これに違反した者に対し、20万円以下の罰金に処する旨の規定を設けることができる。

改正：平成16年法律第67号　　　施行：平成17年6月1日
旧　第105条

1　第39条第2項、第40条若しくは第43条第2項（第87条第2項においてこれらの規定を準用する場合を含む。）、第43条の2（第87条第2項において準用する場合を含む。）、第49条第1項（第87条第2項又は第88条第2項において準用する場合を含む。）、第49条の2（第87条第2項又は第88条第2項において準用する場合を含む。）、第50条（第87条第2項又は第88条第2項において準用する場合を含む。）、第68条の2第1項（第87条第2項又は第88条第2項において準用する場合を含む。）、第68条の9第1項（第87条第2項において準用する場合を含む。）又は第68条の9第2項の規定に基づく条例には、これに違反した者に対し、<u>50万円</u>以下の罰金に処する旨の規定を設けることができる。

改正：平成18年法律第92号　　　施行：平成19年6月20日
旧　第106条

1　第39条第2項、第40条若しくは第43条第2項（<u>これらの規定を第87条第2項において準用</u>する場合を含む。）、第43条の2（第87条第2項において準用する場合を含む。）、第49条第1項（第87条第2項又は第88条第2項において準用する場合を含む。）、第49条の2（第87条第2項又は第88条第2項において準用する場合を含む。）、第50条（第87条第2項又は第88条第2項において準用する場合を含む。）、第68条の2第1項（第87条第2項又は第88条第2項において準用する場合を含む。）、第68条の9第1項（第87条第2項において準用する場合を含む。）又は第68条の9第2項の規定に基づく条例には、これに違反した者に対し、50万円以下の罰金に処する旨の規定を設けることができる。

改正：平成26年法律第54号　　　施行：平成27年6月1日
第107条

1　略

法107条 改正：平成30年法律第67号

改正：平成30年法律第67号　　施行：平成30年9月25日

第107条

1　第39条第2項、第40条若しくは<u>第43条第3項</u>（これらの規定を第87条第2項において準用する場合を含む。）、第43条の2（第87条第2項において準用する場合を含む。）、第49条第1項（第87条第2項又は第88条第2項において準用する場合を含む。）、第49条の2（第87条第2項又は第88条第2項において準用する場合を含む。）、第50条（第87条第2項又は第88条第2項において準用する場合を含む。）、第68条の2第1項（第87条第2項又は第88条第2項において準用する場合を含む。）、第68条の9第1項（第87条第2項において準用する場合を含む。）又は第68条の9第2項の規定に基づく条例には、これに違反した者に対し、50万円以下の罰金に処する旨の規定を設けることができる。

法別表第1

[現行] 別表第１　耐火建築物等としなければならない特殊建築物

制定：昭和34年法律第156号　　　施行：昭和34年12月23日

別表第１　耐火建築物又は簡易耐火建築物としなければならない特殊建築物

	(い)	(ろ)	(は)	(に)
	用　　途	(い)欄の用途に供する階	(い)欄の用途に供する部分（(1)項の場合にあつては客席、(5)項の場合にあつては３階以上の部分に限る。）の床面積の合計	(い)欄の用途に供する部分（(2)項及び(4)項の場合にあつては２階の部分に限り、かつ、病院についてはその部分に患者の収容施設がある場合に限る。）の床面積の合計
(1)	劇場、映画館、演芸場、観覧場、公会堂又は集会場	3階以上の階	200㎡（屋外観覧席にあつては、1,000㎡）以上	
(2)	病院、ホテル、旅館、下宿、共同住宅、寄宿舎又は養老院	3階以上の階		300㎡以上
(3)	学校又は体育館	3階以上の階		2,000㎡以上
(4)	百貨店、マーケット、展示場、舞踏場又は遊技場	3階以上の階	3,000㎡以上	500㎡以上
(5)	倉庫		200㎡以上	1,500㎡以上
(6)	自動車車庫	3階以上の階		150㎡以上

改正：昭和36年法律第115号　　　施行：昭和36年12月4日

別表第１　耐火建築物又は簡易耐火建築物としなければならない特殊建築物

	(い)	(ろ)	(は)	(に)
	用　　途	(い)欄の用途に供する階	(い)欄の用途に供する部分（(1)項の場合にあつては客席、(5)項の場合にあつては３階以上の部分に限る。）の床面積の合計	(い)欄の用途に供する部分（(2)項及び(4)項の場合にあつては２階の部分に限り、かつ、病院についてはその部分に患者の収容施設がある場合に限る。）の床面積の合計
(1)～(3)	略			
(4)	百貨店、マーケット、展示場、<u>キャバレー、カフエー、ナイトクラブ、バー、</u>舞踏場又は遊技場	3階以上の階	3,000㎡以上	500㎡以上
(5)	略			
(6)	自動車車庫<u>又は自動車修理工場</u>	3階以上の階		150㎡以上

改正：昭和45年法律第109号　　　施行：昭和46年1月1日

別表第１　耐火建築物又は簡易耐火建築物としなければならない特殊建築物

	(い)	(ろ)	(は)	(に)
	用　　途	(い)欄の用途に	(い)欄の用途に供する部分（(1)項の場合にあつ	(い)欄の用途に供する部分（(2)項及び(4)項

	（い）	（ろ）	（は）	（に）
	用　　途	（い）欄の用途に供する階	（い）欄の用途に供する部分（（１）項の場合にあつては客席、（５）項の場合にあつては３階以上の部分に限る。）の床面積の合計	（い）欄の用途に供する部分（（２）項及び（４）項の場合にあつては２階の部分に限り、かつ、病院についてはその部分に患者の収容施設がある場合に限る。）の床面積の合計
（１）	劇場、映画館、演芸場、観覧場、公会堂、集会場その他これらに類するもので政令で定めるもの	３階以上の階	200㎡（屋外観覧席にあつては、1,000㎡）以上	
（２）	病院、ホテル、旅館、下宿、共同住宅、寄宿舎、養老院その他これらに類するもので政令で定めるもの	３階以上の階		300㎡以上
（３）	学校、体育館その他これらに類するもので政令で定めるもの	３階以上の階		2,000㎡以上
（４）	百貨店、マーケット、展示場、キヤバレー、カフエー、ナイトクラブ、バー、舞踏場、遊技場その他これらに類するもので政令で定めるもの	３階以上の階	3,000㎡以上	500㎡以上
（５）	倉庫その他これに類するもので政令で定めるもの		200㎡以上	1,500㎡以上
（６）	自動車車庫、自動車修理工場その他これらに類するもので政令で定めるもの	３階以上の階		150㎡以上

改正：昭和51年法律第83号　　　施行：昭和52年11月１日

別表第１　耐火建築物又は簡易耐火建築物としなければならない特殊建築物

	（い）	（ろ）	（は）	（に）
	用　　途	（い）欄の用途に供する階	（い）欄の用途に供する部分（（１）項の場合にあつては客席、（５）項の場合にあつては３階以上の部分に限る。）の床面積の合計	（い）欄の用途に供する部分（（２）項及び（４）項の場合にあつては２階の部分に限り、かつ、病院及び診療所についてはその部分に患者の収容施設がある場合に限る。）の床面積の合計
（１）	略			
（２）	病院、診療所（患者の収容施設があるものに限る。）、ホテル、旅館、下宿、共同住宅、寄宿舎、養老院その他これらに類するもので政令で定めるもの	３階以上の階		300㎡以上
（３）～（６）　略				

改正：昭和62年法律第66号　　　施行：昭和62年11月16日

法別表第1

別表第1　耐火建築物又は簡易耐火建築物としなければならない特殊建築物
　　　　　（第6条、第27条、第28条、第35条～第35条の3、第90条の3関係）

［表　略］

改正：平成4年法律第82号　　　施行：平成5年6月25日

別表第1　耐火建築物又は準耐火建築物としなければならない特殊建築物
　　　　　（第6条、第27条、第28条、第35条～第35条の3、第90条の3関係）

	（い）	（ろ）	（は）	（に）
	用　　途	（い）欄の用途に供する階	（い）欄の用途に供する部分（（1）項の場合にあつては客席、（5）項の場合にあつては3階以上の部分に限る。）の床面積の合計	（い）欄の用途に供する部分（（2）項及び（4）項の場合にあつては2階の部分に限り、かつ、病院及び診療所についてはその部分に患者の収容施設がある場合に限る。）の床面積の合計
（1）	略			
（2）	病院、診療所（患者の収容施設があるものに限る。）、ホテル、旅館、下宿、共同住宅、寄宿舎その他これらに類するもので政令で定めるもの	3階以上の階		300㎡以上
（3）	略			
（4）	百貨店、マーケット、展示場、キャバレー、カフェー、ナイトクラブ、バー、ダンスホール、遊技場その他これらに類するもので政令で定めるもの	3階以上の階	3,000㎡以上	500㎡以上
（5）・（6）	略			

改正：平成26年法律第54号　　　施行：平成27年6月1日

別表第1　耐火建築物等としなければならない特殊建築物
　　　　　（第6条、第27条、第28条、第35条～第35条の3、第90条の3関係）

	（い）	（ろ）	（は）	（に）
	用　　途	（い）欄の用途に供する階	（い）欄の用途に供する部分（（1）項の場合にあつては客席、（2）項及び（4）項の場合にあつては2階、（5）項の場合にあつては3階以上の部分に限り、かつ、病院及び診療所についてはその部分に患者の収容施設がある場合に限る。）の床面積の合計	（い）欄の用途に供する部分の床面積の合計
（1）	略			
（2）	病院、診療所（患者の収容施設があるものに	3階以上の階	300㎡以上	

	（い）	（ろ）	（は）	（に）
	限る。）、ホテル、旅館、下宿、共同住宅、寄宿舎その他これらに類するもので政令で定めるもの			
（３）	学校、体育館その他これらに類するもので政令で定めるもの	3階以上の階	2,000㎡以上	
（４）	百貨店、マーケット、展示場、キャバレー、カフェー、ナイトクラブ、バー、ダンスホール、遊技場その他これらに類するもので政令で定めるもの	3階以上の階	500㎡以上	
（５）、（６）略				

改正：平成30年法律第67号　　　施行：令和元年6月25日

別表第1　耐火建築物等としなければならない特殊建築物
　　　　（第6条、第21条、第27条、第28条、第35条～第35条の3、第90条の3関係）

	（い）	（ろ）	（は）	（に）
	用　　途	（い）欄の用途に供する階	（い）欄の用途に供する部分（（１）項の場合にあつては客席、（２）項及び（４）項の場合にあつては２階、（５）項の場合にあつては３階以上の部分に限り、かつ、病院及び診療所についてはその部分に患者の収容施設がある場合に限る。）の床面積の合計	（い）欄の用途に供する部分の床面積の合計
（１）	劇場、映画館、演芸場、観覧場、公会堂、集会場その他これらに類するもので政令で定めるもの	3階以上の階	200㎡（屋外観覧席にあつては、1,000㎡）以上	
（２）	病院、診療所（患者の収容施設があるものに限る。）、ホテル、旅館、下宿、共同住宅、寄宿舎その他これらに類するもので政令で定めるもの	3階以上の階	300㎡以上	
（３）	学校、体育館その他これらに類するもので政令で定めるもの	3階以上の階	2,000㎡以上	
（４）	百貨店、マーケット、展示場、キャバレー、カフェー、ナイトクラブ、バー、ダンスホール、遊技場その他こ	3階以上の階	500㎡以上	

法別表第1

	れらに類するもので政令で定めるもの			
（5）	倉庫その他これに類するもので政令で定めるもの		200㎡以上	1,500㎡以上
（6）	自動車車庫、自動車修理工場その他これらに類するもので政令で定めるもの	3階以上の階		150㎡以上

[現行]　別表第2　用途地域等内の建築物の制限

制定：昭和25年法律第201号　　　　施行：昭和25年11月23日
旧　別表第1　用途地域内の建築物の制限

（い）	住居地域内に建築してはならない建築物	一　（ろ）項及び（は）項に掲げるもの 二　原動機を使用する工場で作業場の床面積の合計が50㎡をこえるもの 三　下の各号に掲げる事業を営む工場 　（1）容量10リットル以上30リットル以下のアセチレンガス発生器を用いる金属の工作 　（2）馬力数の合計が0.25以下の原動機を使用する塗料の吹付 　（3）原動機を使用する2台以下の研ま機による金属の乾燥研ま（工具研まを除く。） 　（4）コルク、エボナイト又は合成樹脂の粉砕又は乾燥研まで原動機を使用するもの 　（5）木材の引割若しくはかんな削り、裁縫、機織、ねん糸、組ひも、編物、製袋又はやすりの目立で馬力数の合計が1をこえる原動機を使用するもの 　（6）印刷、製針又は石材の引割で馬力数の合計が2をこえる原動機を使用するもの 四　床面積の合計が50㎡をこえる自動車車庫 五　劇場、映画館、演芸場又は観覧場 六　待合、キヤバレー、舞踏場その他これらに類するもの 七　倉庫業を営む倉庫
（ろ）	商業地域内に建築してはならない建築物	一　（は）項に掲げるもの 二　原動機を使用する工場で作業場の床面積の合計が150㎡をこえるもの（日刊新聞の印刷所を除く。） 三　下の各号に掲げる事業を営む工場 　（1）がん具用普通火工品の製造 　（2）アセチレンガスを用いる金属の工作（アセチレンガス発生器の容量30リットル以下のもの又は溶解アセチレンガスを用いるものを除く。） 　（3）引火性溶剤を用いるドライクリーニング又はドライダイイング 　（4）セルロイドの加熱加工又は機械のこぎりを使用する加工 　（5）印刷用インキ又は絵具の製造 　（6）馬力数の合計が0.25をこえる原動機を使用する塗料の吹付 　（7）亜硫酸ガスを用いる物品の漂白 　（8）骨炭その他動物質炭の製造 　（9）羽又は毛の洗じよう、染色又は漂白 　（10）ぼろ、くず綿、くず紙、くず糸、くず毛その他これらに類するものの消毒、選別、洗じよう又は漂白 　（11）製綿、古綿の再製、起毛、反毛又はフエルトの製造で原動機を使用

			するもの
			（12）骨、角、きば、ひずめ若しくは貝がらの引割若しくは乾燥研ま又は３台以上の研ま機による金属の乾燥研まで原動機を使用するもの
			（13）鉱物、岩石、土砂、硫黄、金属、ガラス、れん瓦、陶じ器、骨又は貝がらの粉砕で原動機を使用するもの
			（14）墨、懐炉灰又はれん炭の製造
			（15）活字又は金属工芸品の鋳造（印刷所における活字の鋳造を除く。）
			（16）瓦、れん瓦、土器、陶じ器、人造と石、るつぼ又はほうろう鉄器の製造
			（17）ガラスの製造又は砂吹
			（18）動力つちを使用する金属の鍛造
（は）	準工業地域内に建築してはならない建築物		一　下の各号に掲げる事業を営む工場
			（１）火薬類取締法（昭和25年法律第149号）の火薬類の製造
			（２）塩素酸塩類、過塩素酸塩類、硝酸塩類、黄りん、赤りん、硫化りん、金属カリウム、金属ナトリウム、マグネシユーム、過酸化水素水、過酸化カリ、過酸化ソーダ、過酸化バリウム、二硫化炭素、メタノール、アルコール、エーテル、アセトン、さく酸エステル類、ニトロセルローズ、ベンゾール、トルオール、キシロール、ピクリン酸、ピクリン酸塩類、テレピン油又は石油類の製造
			（３）マッチの製造
			（４）セルロイドの製造
			（５）ニトロセルローズ製品の製造
			（６）ビスコース製品の製造
			（７）合成染料若しくはその中間物、顔料又は塗料の製造（うるし又は水性塗料の製造を除く。）
			（８）溶剤を用いるゴム製品又は芳香油の製造
			（９）乾燥油又は溶剤を用いる擬革紙布又は防水紙布の製造
			（10）溶剤を用いる塗料の加熱乾燥又は焼付
			（11）石炭ガス類又はコークスの製造
			（12）圧縮ガス又は液化ガスの製造（製氷又は冷凍を目的とするものを除く。）
			（13）塩素、臭素、ヨード、硫黄、塩化硫黄、ふつ化水素酸、塩酸、硝酸、硫酸、りん酸、か性カリ、か性ソーダ、アンモニア水、炭酸カリ、洗たくソーダ、ソーダ灰、さらし粉、次硝酸そう鉛、亜硫酸塩類、チオ硫酸塩類、ひ素化合物、鉛化合物、バリウム化合物、銅化合物、水銀化合物、シヤン化合物、クロロホルム、四塩化炭素、ホルマリン、ズルホナール、グリセリン、イヒチオールズルホン酸アンモン、さく酸、石炭酸、安息香酸、タンニン酸、アセトアニリド、アスピリン又はグアヤコールの製造
			（14）たん白質の加水分解による製品の製造
			（15）油脂の採取、硬化又は加熱加工
			（16）石けん、フアクチス又は合成樹脂の製造
			（17）肥料の製造
			（18）製紙
			（19）製革、にかわの製造又は毛皮若しくは骨の精製
			（20）アスフアルトの精製
			（21）アスフアルト、コールタール、木タール、石油蒸りゆう産物又はその残渣を原料とする製造
			（22）セメント、石こう、消石灰、生石灰又はカーバイドの製造

法別表第2

		(23) 金属の溶融又は精れん（活字又は金属工芸品の製造を目的とするものを除く。） (24) 電気用カーボンの製造 (25) 金属厚板又は形鋼の工作でびよう打又は孔埋作業を伴うもの (26) 鉄釘類又は鋼球の製造 (27) 伸線、伸管又はロールを用いる金属の圧延 二　一号（1）号、（2）号、（3）号、（4）号及び（12）号の物品、可燃性ガス又はカーバイドの貯蔵又は処理に供するもの

旧　別表第2　専用地区内の建築物の制限

（い）	住居専用地区内に建築することができる建築物	一　住宅又は住宅で事務所、店舗その他これらに類する用途を兼ねるもの 二　共同住宅、寄宿舎又は下宿 三　学校、図書館その他これらに類するもの 四　神社、寺院、教会その他これらに類するもの 五　養育院、託児所その他これらに類するもの 六　公衆浴場 七　診療所 八　前各号の建築物に附属するもの
（ろ）	工業専用地区内に建築してはならない建築物	一　住宅 二　共同住宅、寄宿舎、下宿又は旅館 三　物品販売業を営む店舗 四　料理店又は飲食店 五　待合、キヤバレーその他これらに類するもの 六　劇場、映画館、演芸場又は観覧場 七　学校、図書館その他これらに類するもの

改正：昭和34年法律第156号　　　施行：昭和34年12月23日

別表第2　用途地域内の建築物の制限

（い）	住居地域内に建築してはならない建築物	一・二　略 三　次の各号に掲げる事業を営む工場 （1）容量10リットル以上30リットル以下のアセチレンガス発生器を用いる金属の工作 (1の2) 印刷用インキの製造 （2）出力の合計が0.75kw以下の原動機を使用する塗料の吹付 (2の2) 原動機を使用する魚肉の練製品の製造 （3）原動機を使用する2台以下の研磨（ま）機による金属の乾燥研磨（ま）（工具研磨（ま）を除く。） （4）コルク、エボナイト又は合成樹脂の粉砕又は乾燥研磨（ま）で原動機を使用するもの (4の2) 厚さ0.5mm以上の金属板のつち打加工（金属工芸品の製造を目的とするものを除く。）又は原動機を使用する金属のプレス若しくは切断（機械のこぎりを使用するものを除く。） (4の3) 印刷用平版の研磨（ま） (4の4) 糖衣機を使用する菓子の製造 (4の5) 原動機を使用するセメント製品の製造 (4の6) 撚（ねん）線、金網の製造又は直線機を使用する金属線の加工で出力の合計が0.75kwをこえる原動機を使用するもの （5）木材の引割若しくはかんな削り、裁縫、機織、撚（ねん）糸、組ひも、

		編物、製袋又はやすりの目立で<u>出力の合計が0.75kwをこえる</u>原動機を使用するもの （６）印刷、製針又は石材の引割で<u>出力の合計が1.5kwをこえる</u>原動機を使用するもの <u>（７）出力の合計が2.5kwをこえる原動機を使用する製粉</u> 四～七　略 <u>八　（は）項第一号（１）から（４）まで若しくは（12）の物品、可燃性ガス又はカーバイド（以下この表において「危険物」という。）の貯蔵又は処理に供するもので政令で定めるもの</u>
（ろ）	商業地域内に建築してはならない建築物	一・二　略 三　次の各号に掲げる事業を営む工場 （１）玩（がん）具用煙火の製造 （２）アセチレンガスを用いる金属の工作（アセチレンガス発生器の容量30リットル以下のもの又は溶解アセチレンガスを用いるものを除く。） （３）引火性溶剤を用いるドライクリーニング<u>、ドライダイイング又は塗料の加熱乾燥若しくは焼付（赤外線を用いるものを除く。）</u> （４）セルロイドの加熱加工又は機械のこぎりを使用する加工 （５）<u>絵具の製造</u> （６）<u>出力の合計が0.75kwをこえる</u>原動機を使用する塗料の吹付 （７）亜硫酸ガスを用いる物品の漂白 （８）骨炭その他動物質炭の製造 <u>（８の２）せつけんの製造</u> <u>（８の３）魚粉又は魚粉を原料とする飼料の製造</u> <u>（８の４）手すき紙の製造</u> （９）羽又は毛の<u>洗浄</u>、染色又は漂白 （10）ぼろ、くず綿、くず紙、くず糸、くず毛その他これらに類するものの消毒、選別、<u>洗浄</u>又は漂白 （11）製綿、古綿の再製、起毛、反毛又はフエルトの製造で原動機を使用するもの （12）骨、角、きば、ひずめ若しくは貝がらの引割若しくは乾燥<u>研磨（ま）</u>又は３台以上の<u>研磨（ま）</u>機による金属の乾燥<u>研磨（ま）</u>で原動機を使用するもの （13）鉱物、岩石、土砂、硫黄、金属、ガラス、<u>れんが</u>、<u>陶磁器</u>、骨又は貝がらの粉砕で原動機を使用するもの <u>（13の２）レデイミクストコンクリートの製造又はセメントの袋詰で出力の合計が2.5kwをこえる原動機を使用するもの</u> （14）墨、懐炉灰又はれん炭の製造 （15）活字若しくは金属工芸品の鋳造又は金属の溶融で容量の合計が50リットルをこえないるつぼ又はかまを使用するもの（印刷所における活字の鋳造を除く。） （16）瓦、<u>れんが</u>、土器、<u>陶磁器</u>、<u>人造砥（と）</u>石、るつぼ又はほうろう鉄器の製造 （17）ガラスの製造又は砂吹 <u>（17の２）金属の溶射又は砂吹</u> <u>（17の３）鉄板の波付加工</u> <u>（17の４）ドラムかんの洗浄又は再生</u> （18）<u>スプリングハンマーを使用する金属の鍛造</u> <u>（19）伸線、伸管又はロールを用いる金属の圧延で出力の合計が４kw以下の原動機を使用するもの</u>

法別表第2

（は）	準工業地域内に建築してはならない建築物	四　危険物の貯蔵又は処理に供するもので政令で定めるもの 一　次の各号に掲げる事業を営む工場 （1）火薬類取締法（昭和25年法律第149号）の火薬類の製造 （2）塩素酸塩類、過塩素酸塩類、硝酸塩類、<u>黄燐（りん）</u>、<u>赤燐（りん）</u>、<u>硫化燐（りん）</u>、金属カリウム、金属ナトリウム、マグネシユーム、過酸化水素水、過酸化カリ、過酸化ソーダ、過酸化バリウム、二硫化炭素、メタノール、アルコール、エーテル、アセトン、<u>酢（さく）酸エステル類</u>、ニトロセルローズ、ベンゾール、トルオール、キシロール、ピクリン酸、ピクリン酸塩類、テレピン油又は石油類の製造 （3）マッチの製造 （4）セルロイドの製造 （5）ニトロセルローズ製品の製造 （6）ビスコース製品の製造 （7）合成染料若しくはその中間物、顔料又は塗料の製造（うるし又は水性塗料の製造を除く。） （8）<u>引火性溶剤</u>を用いるゴム製品又は芳香油の製造 （9）乾燥油又は<u>引火性溶剤</u>を用いる擬革紙布又は防水紙布の製造 （10）<u>木材を原料とする活性炭の製造（水蒸気法によるものを除く。）</u> （11）石炭ガス類又はコークスの製造 （12）圧縮ガス又は液化ガスの製造（製氷又は冷凍を目的とするものを除く。） （13）塩素、臭素、ヨード、硫黄、塩化硫黄、<u>弗（ふつ）化水素酸</u>、塩酸、硝酸、硫酸、<u>燐（りん）酸</u>、<u>苛（か）性カリ</u>、<u>苛（か）性ソーダ</u>、アンモニア水、炭酸カリ、<u>せんたくソーダ</u>、ソーダ灰、さらし粉、<u>次硝酸蒼（そう）鉛</u>、亜硫酸塩類、チオ硫酸塩類、<u>砒（ひ）素化合物</u>、鉛化合物、バリウム化合物、銅化合物、水銀化合物、シアン化合物、<u>クロールズルホン酸</u>、クロロホルム、四塩化炭素、ホルマリン、ズルホナール、グリセリン、イヒチオールズルホン酸アンモン、<u>酢（さく）酸</u>、石炭酸、安息香酸、タンニン酸、アセトアニリド、アスピリン又はグアヤコールの製造 （14）<u>たんぱく質</u>の加水分解による製品の製造 （15）油脂の採取、硬化又は加熱加工<u>（化粧品の製造を除く。）</u> （16）<u>フアクチス</u>又は合成樹脂の製造 （17）肥料の製造 （18）製紙<u>（手すき紙の製造を除く。）</u>又はパルプの製造 （19）製革、にかわの製造又は毛皮若しくは骨の精製 （20）アスフアルトの精製 （21）アスフアルト、コールタール、木タール、<u>石油蒸溜（りゆう）産物</u>又はその残りかすを原料とする製造 （22）セメント、<u>石膏（こう）</u>消石灰、生石灰又はカーバイドの製造 （23）金属の溶融又は精練（容量の合計が50リットルをこえないつぼ若しくはかまを使用するもの又は活字若しくは金属工芸品の製造を目的とするものを除く。） （24）電気用カーボンの製造又は黒鉛の粉砕 （25）金属厚板又は形鋼の工作で<u>原動機を使用するはつり作業（グラインダーを用いるものを除く。）</u>、びよう打作業又は孔埋作業を伴うもの （26）鉄釘類又は鋼球の製造 （27）伸線、伸管又はロールを用いる金属の圧延で<u>出力の合計が4kwをこえる原動機を使用するもの</u>

		（28）動力つち（スプリングハンマーを除く。）を使用する金属の鍛造 （29）動物の臓器又ははいせつ物を原料とする医薬品の製造 二　危険物の貯蔵又は処理に供するもので政令で定めるもの

旧　別表第3　専用地区内の建築物の制限

（い）	住居専用地区内に建築することができる建築物	一～七　略 八　前各号の建築物に附属するもの（政令で定める畜舎を除く。）
（ろ）	工業専用地区内に建築してはならない建築物	一　略 二　共同住宅、寄宿舎、下宿、ホテル又は旅館 三～七　略 八　病院

改正：昭和35年法律第140号　　　施行：昭和36年2月1日

別表第2　用途地域内の建築物の制限

（い）	略	
（ろ）	商業地域内に建築してはならない建築物	一・二　略 三　次の各号に掲げる事業を営む工場 （1）玩（がん）具煙火の製造 （2）～（19）　略 四　略
（は）	準工業地域内に建築してはならない建築物	一　次の各号に掲げる事業を営む工場 （1）火薬類取締法（昭和25年法律第149号）の火薬類（玩（がん）具煙火を除く。）の製造 （2）～（29）　略 二　略

旧　別表第3　専用地区内の建築物の制限　略

改正：昭和36年法律第115号　　　施行：昭和36年12月4日

別表第2　用途地域内の建築物の制限

（い）	略	
（ろ）	商業地域内に建築してはならない建築物	一　略 二　原動機を使用する工場で作業場の床面積の合計が150㎡をこえるもの（日刊新聞の印刷所及び作業場の床面積の合計が300㎡をこえない自動車修理工場を除く。） 三・四　略
（は）	略	

旧　別表第3　専用地区内の建築物の制限　略

改正：昭和37年法律第81号　　　施行：昭和37年4月16日

別表第2　用途地域内の建築物の制限

（い）	住居地域内に建築してはならない建築物	一～三　略 四　床面積の合計が50㎡をこえる自動車車庫（建築物に附属するもので政令で定めるもの又は都市計画として決定されたものを除く。）

法別表第2

		五～八 略
	（ろ）・（は） 略	

旧　別表第3　専用地区内の建築物の制限　略

改正：昭和45年法律第109号　　　施行：昭和46年1月1日
別表第2　用途地域内の建築物の制限
［表改定］

（い）	第一種住居専用地域内に建築することができる建築物	一　住宅 二　住宅で事務所、店舗その他これらに類する用途を兼ねるもののうち政令で定めるもの 三　共同住宅、寄宿舎又は下宿 四　学校（大学、高等専門学校及び各種学校を除く。）、図書館その他これらに類するもの 五　神社、寺院、教会その他これらに類するもの 六　養老院、託児所その他これらに類するもの 七　公衆浴場（風俗営業等取締法（昭和23年法律第122号）第4条の4第1項の個室付浴場業（以下この表において「個室付浴場業」という。）に係るものを除く。） 八　診療所 九　巡査派出所、公衆電話所その他これらに類する政令で定める公益上必要な建築物 十　前各号の建築物に附属するもの（政令で定めるものを除く。）
（ろ）	第二種住居専用地域内に建築してはならない建築物	一　（は）項第四号から第六号まで及び（に）項第二号から第四号までに掲げるもの 二　工場（政令で定めるものを除く。） 三　ボーリング場、スケート場又は水泳場 四　まあじやん屋、ぱちんこ屋、射的場、その他これらに類するもの 五　ホテル又は旅館 六　自動車教習所 七　政令で定める規模の畜舎
（は）	住居地域内に建築してはならない建築物	一　（に）項に掲げるもの 二　原動機を使用する工場で作業場の床面積の合計が50㎡をこえるもの 三　次の各号に掲げる事業を営む工場 （1）容量10リットル以上30リットル以下のアセチレンガス発生器を用いる金属の工作 （1の2）印刷用インキの製造 （2）出力の合計が0.75kw以下の原動機を使用する塗料の吹付 （2の2）原動機を使用する魚肉の練製品の製造 （3）原動機を使用する2台以下の研磨（ま）機による金属の乾燥研磨（ま）（工具研磨（ま）を除く。） （4）コルク、エボナイト又は合成樹脂の粉砕又は乾燥研磨（ま）で原動機を使用するもの （4の2）厚さ0.5mm以上の金属板のつち打加工（金属工芸品の製造を目的とするものを除く。）又は原動機を使用する金属のプレス若しくは切断（機械のこぎりを使用するものを除く。） （4の3）印刷用平版の研磨（ま） （4の4）糖衣機を使用する菓子の製造

			（4の5）原動機を使用するセメント製品の製造
			（4の6）撚（ねん）線、金網の製造又は直線機を使用する金属線の加工で出力の合計が0.75kwをこえる原動機を使用するもの
			（5）木材の引割若しくはかんな削り、裁縫、機織、撚（ねん）糸、組ひも、編物、製袋又はやすりの目立で出力の合計が0.75kwをこえる原動機を使用するもの
			（6）製針又は石材の引割で出力の合計が1.5kwをこえる原動機を使用するもの
			（7）出力の合計が2.5kwをこえる原動機を使用する製粉
			（8）合成樹脂の射出成形加工
			（9）出力の合計が10kwをこえる原動機を使用する金属の切削
			（10）めっき
			（11）原動機の出力の合計が1.5kwをこえる空気圧縮機を使用する作業
			（12）原動機を使用する印刷
		四	床面積の合計が50㎡をこえる自動車車庫（建築物に附属するもので政令で定めるもの又は都市計画として決定されたものを除く。）
		五	倉庫業を営む倉庫
		六	（へ）項第一号（1）から（4）まで若しくは（12）の物品、可燃性ガス又はカーバイド（以下この表において「危険物」という。）の貯蔵又は処理に供するもので政令で定めるもの
（に）	近隣商業地域内に建築してはならない建築物	一	（ほ）項に掲げるもの
		二	劇場、映画館、演芸場又は観覧場
		三	待合、料理店、キヤバレー、舞踏場その他これらに類するもの
		四	個室付浴場業に係る公衆浴場
（ほ）	商業地域内に建築してはならない建築物	一	（へ）項に掲げるもの
		二	原動機を使用する工場で作業場の床面積の合計が150㎡をこえるもの（日刊新聞の印刷所及び作業場の床面積の合計が300㎡をこえない自動車修理工場を除く。）
		三	次の各号に掲げる事業を営む工場
			（1）玩（がん）具煙火の製造
			（2）アセチレンガスを用いる金属の工作（アセチレンガス発生器の容量30リットル以下のもの又は溶解アセチレンガスを用いるものを除く。）
			（3）引火性溶剤を用いるドライクリーニング、ドライダイイング又は塗料の加熱乾燥若しくは焼付（赤外線を用いるものを除く。）
			（4）セルロイドの加熱加工又は機械のこぎりを使用する加工
			（5）絵具の製造
			（6）出力の合計が0.75kwをこえる原動機を使用する塗料の吹付
			（7）亜硫酸ガスを用いる物品の漂白
			（8）骨炭その他動物質炭の製造
			（8の2）せつけんの製造
			（8の3）魚粉又は魚粉を原料とする飼料の製造
			（8の4）手すき紙の製造
			（9）羽又は毛の洗浄、染色又は漂白
			（10）ぼろ、くず綿、くず紙、くず糸、くず毛その他これらに類するものの消毒、選別、洗浄又は漂白
			（11）製綿、古綿の再製、起毛、反毛又はフエルトの製造で原動機を使用するもの
			（12）骨、角、きば、ひずめ若しくは貝がらの引割若しくは乾燥研磨（ま）又は3台以上の研磨（ま）機による金属の乾燥研磨（ま）で原動機を

法別表第2

		使用するもの （13）鉱物、岩石、土砂、硫黄、金属、ガラス、れんが、陶磁器、骨又は貝がらの粉砕で原動機を使用するもの （13の2）レデイミクストコンクリートの製造又はセメントの袋詰で出力の合計が2.5kwをこえる原動機を使用するもの （14）墨、懐炉灰又はれん炭の製造 （15）活字若しくは金属工芸品の鋳造又は金属の溶融で容量の合計が50リットルをこえないつぼ又はかまを使用するもの（印刷所における活字の鋳造を除く。） （16）瓦、れんが、土器、陶磁器、人造砥（と）石、るつぼ又はほうろう鉄器の製造 （17）ガラスの製造又は砂吹 （17の2）金属の溶射又は砂吹 （17の3）鉄板の波付加工 （17の4）ドラムかんの洗浄又は再生 （18）スプリングハンマーを使用する金属の鍛造 （19）伸線、伸管又はロールを用いる金属の圧延で出力の合計が4kw以下の原動機を使用するもの 四 危険物の貯蔵又は処理に供するもので政令で定めるもの
（へ）	準工業地域内に建築してはならない建築物	一 次の各号に掲げる事業を営む工場 （1）火薬類取締法（昭和25年法律第149号）の火薬類（玩（がん）具煙火を除く。）の製造 （2）塩素酸塩類、過塩素酸塩類、硝酸塩類、黄燐（りん）、赤燐（りん）、硫化燐（りん）、金属カリウム、金属ナトリウム、マグネシユーム、過酸化水素水、過酸化カリ、過酸化ソーダ、過酸化バリウム、二硫化炭素、メタノール、アルコール、エーテル、アセトン、酢（さく）酸エステル類、ニトロセルローズ、ベンゾール、トルオール、キシロール、ピクリン酸、ピクリン酸塩類、テレピン油又は石油類の製造 （3）マッチの製造 （4）セルロイドの製造 （5）ニトロセルローズ製品の製造 （6）ビスコース製品の製造 （7）合成染料若しくはその中間物、顔料又は塗料の製造（うるし又は水性塗料の製造を除く。） （8）引火性溶剤を用いるゴム製品又は芳香油の製造 （9）乾燥油又は引火性溶剤を用いる擬革紙布又は防水紙布の製造 （10）木材を原料とする活性炭の製造（水蒸気法によるものを除く。） （11）石炭ガス類又はコークスの製造 （12）圧縮ガス又は液化ガスの製造（製氷又は冷凍を目的とするものを除く。） （13）塩素、臭素、ヨード、硫黄、塩化硫黄、弗（ふつ）化水素酸、塩酸、硝酸、硫酸、燐（りん）酸、苛（か）性カリ、苛（か）性ソーダ、アンモニア水、炭酸カリ、せんたくソーダ、ソーダ灰、さらし粉、次硝酸蒼（そう）鉛、亜硫酸塩類、チオ硫酸塩類、砒（ひ）素化合物、鉛化合物、バリウム化合物、銅化合物、水銀化合物、シアン化合物、クロールズルホン酸、クロロホルム、四塩化炭素、ホルマリン、ズルホナール、グリセリン、イヒチオールズルホン酸アンモン、酢（さく）酸、石炭酸、安息香酸、タンニン酸、アセトアニリド、アスピリン又はグアヤコールの製造

		（14）たんぱく質の加水分解による製品の製造
		（15）油脂の採取、硬化又は加熱加工（化粧品の製造を除く。）
		（16）フアクチス又は合成樹脂の製造
		（17）肥料の製造
		（18）製紙（手すき紙の製造を除く。）又はパルプの製造
		（19）製革、にかわの製造又は毛皮若しくは骨の精製
		（20）アスフアルトの精製
		（21）アスフアルト、コールタール、木タール、石油蒸溜（りゆう）産物又はその残りかすを原料とする製造
		（22）セメント、石膏（こう）、消石灰、生石灰又はカーバイドの製造
		（23）金属の溶融又は精練（容量の合計が50リットルをこえないるつぼ若しくはかまを使用するもの又は活字若しくは金属工芸品の製造を目的とするものを除く。）
		（24）電気用カーボンの製造又は黒鉛の粉砕
		（25）金属厚板又は形鋼の工作で原動機を使用するはつり作業（グラインダーを用いるものを除く。）、びよう打作業又は孔埋作業を伴うもの
		（26）鉄釘類又は鋼球の製造
		（27）伸線、伸管又はロールを用いる金属の圧延で出力の合計が4kwをこえる原動機を使用するもの
		（28）動力つち（スプリングハンマーを除く。）を使用する金属の鍛造
		（29）動物の臓器又ははいせつ物を原料とする医薬品の製造
		二　危険物の貯蔵又は処理に供するもので政令で定めるもの
(と)	工業地域内に建築してはならない建築物	一　ホテル又は旅館 二　待合、料理店、キヤバレー、舞踏場その他これらに類するもの 三　個室付浴場業に係る公衆浴場 四　劇場、映画館、演芸場又は観覧場 五　学校 六　病院
(ち)	工業専用地域内に建築してはならない建築物	一　(と)項に掲げるもの 二　住宅 三　共同住宅、寄宿舎又は下宿 四　物品販売業を営む店舗又は飲食店 五　図書館、博物館その他これらに類するもの 六　ボーリング場、スケート場又は水泳場 七　まあじやん屋、ぱちんこ屋、射的場その他これらに類するもの

旧　別表第3　専用地区内の建築物の制限　　［削除］

改正：昭和50年法律第59号　　　施行：昭和51年1月11日
別表第2　用途地域内の建築物の制限

(い)	第一種住居専用地域内に建築することができる建築物	一～三　略 四　学校（大学、高等専門学校、専修学校及び各種学校を除く。）、図書館その他これらに類するもの 五～十　略
(ろ)～(ち)　略		

改正：昭和51年法律第83号　　　施行：昭和52年11月1日
別表第2　用途地域内の建築物の制限

法別表第2

(い)	略	
(ろ)	第二種住居専用地域内に建築してはならない建築物	一～七　略 八　3階以上の部分を(い)項に掲げる建築物以外の建築物の用途に供するもの（政令で定めるものを除く。） 九　(い)項に掲げる建築物以外の建築物の用途に供するものでその用途に供する部分の床面積の合計が1,500㎡を超えるもの（政令で定めるものを除く。）
(は)～(ち)	略	

改正：昭和59年法律第76号　　　施行：昭和60年2月13日

別表第2　用途地域内の建築物の制限

(い)	第一種住居専用地域内に建築することができる建築物	一～六　略 七　公衆浴場（風俗営業等の規制及び業務の適正化等に関する法律（昭和23年法律第122号）第2条第4項第一号に該当する営業（以下この表において「個室付浴場業」という。）に係るものを除く。） 八～十　略
(ろ)～(ち)	略	

改正：昭和62年法律第66号　　　施行：昭和62年11月16日

別表第2　用途地域内の建築物の制限（第27条、第48条関係）
［表　略］

改正：平成4年法律第82号　　　施行：平成5年6月25日

別表第2　用途地域内の建築物の制限（第27条、第48条関係）
［表改定］

(い)	第一種低層住居専用地域内に建築することができる建築物	一～五　略 六　老人ホーム、保育所、身体障害者福祉ホームその他これらに類するもの 七～十　略
(ろ)	第二種低層住居専用地域内に建築することができる建築物	一　(い)項第一号から第九号までに掲げるもの 二　店舗、飲食店その他これらに類する用途に供するもののうち政令で定めるものでその用途に供する部分の床面積の合計が150㎡以内のもの（3階以上の部分をその用途に供するものを除く。） 三　前2号の建築物に附属するもの（政令で定めるものを除く。）
(は)	第一種中高層住居専用地域内に建築することができる建築物	一　(い)項第一号から第九号までに掲げるもの 二　大学、高等専門学校、専修学校その他これらに類するもの 三　病院 四　老人福祉センター、児童厚生施設その他これらに類するもの 五　店舗、飲食店その他これらに類する用途に供するもののうち政令で定めるものでその用途に供する部分の床面積の合計が500㎡以内のもの（3階以上の部分をその用途に供するものを除く。） 六　自動車車庫で床面積の合計が300㎡以内のもの又は都市計画として決定されたもの（3階以上の部分をその用途に供するものを除く。） 七　公益上必要な建築物で政令で定めるもの 八　前各号の建築物に附属するもの（政令で定めるものを除く。）
(に)	第二種中高層住	一　(ほ)項第二号及び第三号、(へ)項第三号から第五号まで、(と)項第四

	居専用地域内に建築してはならない建築物	号並びに（ち）項第三号及び第四号に掲げるもの 二　工場（政令で定めるものを除く。） 三　ボーリング場、スケート場、水泳場その他これらに類する政令で定める運動施設 四　ホテル又は旅館 五　自動車教習所 六　政令で定める規模の畜舎 七　3階以上の部分を（は）項に掲げる建築物以外の建築物の用途に供するもの（政令で定めるものを除く。） 八　（は）項に掲げる建築物以外の建築物の用途に供するものでその用途に供する部分の床面積の合計が1,500 ㎡を超えるもの（政令で定めるものを除く。）
（に）	第二種中高層住居専用地域内に建築してはならない建築物	一　（ほ）項第二号及び第三号、（へ）項第三号から第五号まで、（と）項第四号並びに（ち）項第三号及び第四号に掲げるもの 二　工場（政令で定めるものを除く。） 三　ボーリング場、スケート場、水泳場その他これらに類する政令で定める運動施設 四　ホテル又は旅館 五　自動車教習所 六　政令で定める規模の畜舎 七　3階以上の部分を（は）項に掲げる建築物以外の建築物の用途に供するもの（政令で定めるものを除く。） 八　（は）項に掲げる建築物以外の建築物の用途に供するものでその用途に供する部分の床面積の合計が1,500 ㎡を超えるもの（政令で定めるものを除く。）
（ほ）	第一種住居地域内に建築してはならない建築物	一　（へ）項に掲げるもの 二　マージャン屋、ぱちんこ屋、射的場、勝馬投票券発売所、場外車券売場その他これらに類するもの 三　カラオケボックスその他これに類するもの 四　（は）項に掲げる建築物以外の建築物の用途に供するものでその用途に供する部分の床面積の合計が3,000 ㎡を超えるもの（政令で定めるものを除く。）
（へ）	第二種住居地域内に建築してはならない建築物	一　（と）項第三号及び第四号並びに（ち）項第一号、第三号及び第四号に掲げるもの 二　原動機を使用する工場で作業場の床面積の合計が50 ㎡を超えるもの 三　劇場、映画館、演芸場又は観覧場 四　自動車車庫で床面積の合計が300 ㎡を超えるもの又は3階以上の部分にあるもの（建築物に附属するもので政令で定めるもの又は都市計画として決定されたものを除く。） 五　倉庫業を営む倉庫
（と）	準住居地域内に建築してはならない建築物	一　（ち）項に掲げるもの 二　原動機を使用する工場で作業場の床面積の合計が50 ㎡を超えるもの（作業場の床面積の合計が150 ㎡を超えない自動車修理工場を除く。） 三　次に掲げる事業（特殊の機械の使用その他の特殊の方法による事業であつて住居の環境を害するおそれがないものとして政令で定めるものを除く。）を営む工場 　（1）容量10リットル以上30リットル以下のアセチレンガス発生器を用いる金属の工作 　（1の2）印刷用インキの製造

法別表第2

		（2）出力の合計が0.75kw以下の原動機を使用する塗料の吹付 （2の2）原動機を使用する魚肉の練製品の製造 （3）原動機を使用する2台以下の研磨（ま）機による金属の乾燥研磨（ま）（工具研磨（ま）を除く。） （4）コルク、エボナイト若しくは合成樹脂の粉砕若しくは乾燥研磨又は木材の粉砕で原動機を使用するもの （4の2）厚さ0.5mm以上の金属板のつち打加工（金属工芸品の製造を目的とするものを除く。）又は原動機を使用する金属のプレス（液圧プレスのうち矯正プレスを使用するものを除く。）若しくはせん断 （4の3）印刷用平版の研磨（ま） （4の4）糖衣機を使用する製品の製造 （4の5）原動機を使用するセメント製品の製造 （4の6）ワイヤーフォーミングマシンを使用する金属線の加工で出力の合計が0.75kwを超える原動機を使用するもの （5）木材の引割若しくはかんな削り、裁縫、機織、撚（ねん）糸、組ひも、編物、製袋又はやすりの目立で出力の合計が0.75kwをこえる原動機を使用するもの （6）製針又は石材の引割で出力の合計が1.5kwをこえる原動機を使用するもの （7）出力の合計が2.5kwをこえる原動機を使用する製粉 （8）合成樹脂の射出成形加工 （9）出力の合計が10kwをこえる原動機を使用する金属の切削 （10）めつき （11）原動機の出力の合計が1.5kwをこえる空気圧縮機を使用する作業 （12）原動機を使用する印刷 （13）ベンディングマシン（ロール式のものに限る。）を使用する金属の加工 （14）タンブラーを使用する金属の加工 （15）ゴム練用又は合成樹脂練用のロール機（カレンダーロール機を除く。）を使用する作業 （16）（1）から（15）までに掲げるもののほか、安全上若しくは防火上の危険の度又は衛生上若しくは健康上の有害の度が高いことにより、住居の環境を保護する上で支障があるものとして政令で定める事業 四　（ぬ）項第一号（1）から（3）まで、（11）又は（12）の物品（（り）項第四号及び（ぬ）項第二号において「危険物」という。）の貯蔵又は処理に供するもので政令で定めるもの
（ち）	近隣商業地域内に建築してはならない建築物	一　（り）項に掲げるもの 二　劇場、映画館、演芸場又は観覧場のうち客席の部分の床面積の合計が200㎡以上のもの 三　キャバレー、料理店、ナイトクラブ、ダンスホールその他これらに類するもの 四　個室付浴場業に係る公衆浴場その他これに類する政令で定めるもの
（り）	商業地域内に建築してはならない建築物	一　（ぬ）項第一号及び第二号に掲げるもの 二　原動機を使用する工場で作業場の床面積の合計が150㎡をこえるもの（日刊新聞の印刷所及び作業場の床面積の合計が300㎡をこえない自動車修理工場を除く。） 三　次に掲げる事業（特殊の機械の使用その他の特殊の方法による事業であつて商業その他の業務の利便を害するおそれがないものとして政令で定めるものを除く。）を営む工場 　（1）玩（がん）具煙火の製造

		（2）アセチレンガスを用いる金属の工作（アセチレンガス発生器の容量30リットル以下のもの又は溶解アセチレンガスを用いるものを除く。）
		（3）引火性溶剤を用いるドライクリーニング、ドライダイイング又は塗料の加熱乾燥若しくは焼付（赤外線を用いるものを除く。）
		（4）セルロイドの加熱加工又は機械のこぎりを使用する加工
		（5）絵具又は水性塗料の製造
		（6）出力の合計が0.75kwをこえる原動機を使用する塗料の吹付
		（7）亜硫酸ガスを用いる物品の漂白
		（8）骨炭その他動物質炭の製造
		（8の2）せつけんの製造
		（8の3）魚粉、フェザーミール、肉骨粉、肉粉若しくは血粉又はこれらを原料とする飼料の製造
		（8の4）手すき紙の製造
		（9）羽又は毛の洗浄、染色又は漂白
		（10）ぼろ、くず綿、くず紙、くず糸、くず毛その他これらに類するものの消毒、選別、洗浄又は漂白
		（11）製綿、古綿の再製、起毛、せん毛、反毛又はフェルトの製造で原動機を使用するもの
		（12）骨、角、きば、ひずめ若しくは貝がらの引割若しくは乾燥研磨（ま）又は3台以上の研磨（ま）機による金属の乾燥研磨（ま）で原動機を使用するもの
		（13）鉱物、岩石、土砂、コンクリート、アスファルト・コンクリート、硫黄、金属、ガラス、れんが、陶磁器、骨又は貝殻の粉砕で原動機を使用するもの
		（13の2）レデイミクストコンクリートの製造又はセメントの袋詰で出力の合計が2.5kwをこえる原動機を使用するもの
		（14）墨、懐炉灰又はれん炭の製造
		（15）活字若しくは金属工芸品の鋳造又は金属の溶融で容量の合計が50リットルをこえないるつぼ又はかまを使用するもの（印刷所における活字の鋳造を除く。）
		（16）瓦、れんが、土器、陶磁器、人造砥（と）石、るつぼ又はほうろう鉄器の製造
		（17）ガラスの製造又は砂吹
		（17の2）金属の溶射又は砂吹
		（17の3）鉄板の波付加工
		（17の4）ドラムかんの洗浄又は再生
		（18）スプリングハンマーを使用する金属の鍛造
		（19）伸線、伸管又はロールを用いる金属の圧延で出力の合計が4kw以下の原動機を使用するもの
		（20）（1）から（19）までに掲げるもののほか、安全上若しくは防火上の危険の度又は衛生上若しくは健康上の有害の度が高いことにより、商業その他の業務の利便を増進する上で支障があるものとして政令で定める事業
		四　危険物の貯蔵又は処理に供するもので政令で定めるもの
（ぬ）	準工業地域内に建築してはならない建築物	一　次に掲げる事業（特殊の機械の使用その他の特殊の方法による事業であつて環境の悪化をもたらすおそれのない工業の利便を害するおそれがないものとして政令で定めるものを除く。）を営む工場
		（1）火薬類取締法（昭和25年法律第149号）の火薬類（玩（がん）具煙火を除く。）の製造

法別表第2

（2）消防法（昭和23年法律第186号）第2条第7項に規定する危険物の製造（政令で定めるものを除く。）
（3）マッチの製造
（4）ニトロセルロース製品の製造
（5）ビスコース製品、アセテート又は銅アンモニアレーヨンの製造
（6）合成染料若しくはその中間物、顔料又は塗料の製造（漆又は水性塗料の製造を除く。）
（7）引火性溶剤を用いるゴム製品又は芳香油の製造
（8）乾燥油又は引火性溶剤を用いる擬革紙布又は防水紙布の製造
（9）木材を原料とする活性炭の製造（水蒸気法によるものを除く。）
（10）石炭ガス類又はコークスの製造
（11）可燃性ガスの製造（政令で定めるものを除く。）
（12）圧縮ガス又は液化ガスの製造（製氷又は冷凍を目的とするものを除く。）
（13）塩素、臭素、ヨード、硫黄、塩化硫黄、弗（ふつ）化水素酸、塩酸、硝酸、硫酸、燐（りん）酸、苛（か）性カリ、苛（か）性ソーダ、アンモニア水、炭酸カリ、せんたくソーダ、ソーダ灰、さらし粉、次硝酸蒼（そう）鉛、亜硫酸塩類、チオ硫酸塩類、砒（ひ）素化合物、鉛化合物、バリウム化合物、銅化合物、水銀化合物、シアン化合物、クロールズルホン酸、クロロホルム、四塩化炭素、ホルマリン、ズルホナール、グリセリン、イヒチオールズルホン酸アンモン、酢（さく）酸、石炭酸、安息香酸、タンニン酸、アセトアニリド、アスピリン又はグアヤコールの製造
（14）たんぱく質の加水分解による製品の製造
（15）油脂の採取、硬化又は加熱加工（化粧品の製造を除く。）
（16）ファクチス、合成樹脂、合成ゴム又は合成繊維の製造
（17）肥料の製造
（18）製紙（手すき紙の製造を除く。）又はパルプの製造
（19）製革、にかわの製造又は毛皮若しくは骨の精製
（20）アスファルトの精製
（21）アスファルト、コールタール、木タール、石油蒸溜（りゆう）産物又はその残りかすを原料とする製造
（22）セメント、石膏（こう）、消石灰、生石灰又はカーバイドの製造
（23）金属の溶融又は精練（容量の合計が50リットルをこえないるつぼ若しくはかまを使用するもの又は活字若しくは金属工芸品の製造を目的とするものを除く。）
（24）炭素粉を原料とする炭素製品若しくは黒鉛製品の製造又は黒鉛の粉砕
（25）金属厚板又は形鋼の工作で原動機を使用するはつり作業（グラインダーを用いるものを除く。）、びよう打作業又は孔埋作業を伴うもの
（26）鉄釘類又は鋼球の製造
（27）伸線、伸管又はロールを用いる金属の圧延で出力の合計が4kwをこえる原動機を使用するもの
（28）鍛造機（スプリングハンマーを除く。）を使用する金属の鍛造
（29）動物の臓器又ははいせつ物を原料とする医薬品の製造
（30）石綿を含有する製品の製造又は粉砕
（31）（1）から（30）までに掲げるもののほか、安全上若しくは防火上の危険の度又は衛生上若しくは健康上の有害の度が高いことにより、環境の悪化をもたらすおそれのない工業の利便を増進する上で支障があるものとして政令で定める事業

		二　危険物の貯蔵又は処理に供するもので政令で定めるもの 三　個室付浴場業に係る公衆浴場その他これに類する政令で定めるもの
(る)	工業地域内に建築してはならない建築物	一　(ぬ)項第三号に掲げるもの 二　ホテル又は旅館 三　キャバレー、料理店、ナイトクラブ、ダンスホールその他これらに類するもの 四　劇場、映画館、演芸場又は観覧場 五　学校 六　病院
(を)	工業専用地域内に建築してはならない建築物	一　(る)項に掲げるもの 二　住宅 三　共同住宅、寄宿舎又は下宿 四　老人ホーム、身体障害者福祉ホームその他これらに類するもの 五　物品販売業を営む店舗又は飲食店 六　図書館、博物館その他これらに類するもの 七　ボーリング場、スケート場、水泳場その他これらに類する政令で定める運動施設 八　マージャン屋、ぱちんこ屋、射的場、勝馬投票券発売所、場外車券売場その他これらに類するもの

改正：平成10年法律第55号　　　　施行：平成11年4月1日

別表第2　用途地域内の建築物の制限（第27条、第48条関係）

(い)	第一種低層住居専用地域内に建築することができる建築物	一～六　略 七　公衆浴場（風俗営業等の規制及び業務の適正化等に関する法律（昭和23年法律第122号）第2条第6項第一号に該当する営業（以下この表において「個室付浴場業」という。）に係るものを除く。） 八～十　略
(ろ)～(を)　略		

改正：平成18年法律第46号　　　　施行：平成19年11月30日

別表第2　用途地域等内の建築物の制限（第27条、第48条、第68条の3関係）

(い)～(は)　略		
(に)	第二種中高層住居専用地域内に建築してはならない建築物	一　(ほ)項第二号及び第三号、(へ)項第三号から第五号まで、(と)項第四号並びに(ち)項第二号及び第三号に掲げるもの 二～八　略
(ほ)	第一種住居地域内に建築してはならない建築物	一　(へ)項第一号から第五号までに掲げるもの 二～四　略
(へ)	第二種住居地域内に建築してはならない建築物	一　(と)項第三号及び第四号並びに(ち)項に掲げるもの 二～五　略 六　店舗、飲食店、展示場、遊技場、勝馬投票券発売所、場外車券売場その他これらに類する用途で政令で定めるものに供する建築物でその用途に供する部分の床面積の合計が10,000㎡を超えるもの
(と)	準住居地域内に建築してはならない建築物	一～四　略 五　劇場、映画館、演芸場又は観覧場のうち客席の部分の床面積の合計が200㎡以上のもの

法別表第２

		六　前号に掲げるもののほか、劇場、映画館、演芸場若しくは観覧場又は店舗、飲食店、展示場、遊技場、勝馬投票券発売所、場外車券売場その他これらに類する用途で政令で定めるものに供する建築物でその用途に供する部分（劇場、映画館、演芸場又は観覧場の用途に供する部分にあつては、客席の部分に限る。）の床面積の合計が10,000㎡を超えるもの
（ち）	近隣商業地域内に建築してはならない建築物	一　（り）項に掲げるもの 二　キャバレー、料理店、ナイトクラブ、ダンスホールその他これらに類するもの 三　個室付浴場業に係る公衆浴場その他これに類する政令で定めるもの
（り）・（ぬ）	略	
（る）	工業地域内に建築してはならない建築物	一～六　略 七　店舗、飲食店、展示場、遊技場、勝馬投票券発売所、場外車券売場その他これらに類する用途で政令で定めるものに供する建築物でその用途に供する部分の床面積の合計が10,000㎡を超えるもの
（を）	略	
（わ）	用途地域の指定のない区域（都市計画法第７条第１項に規定する市街化調整区域を除く。）内に建築してはならない建築物	劇場、映画館、演芸場若しくは観覧場又は店舗、飲食店、展示場、遊技場、勝馬投票券発売所、場外車券売場その他これらに類する用途で政令で定めるものに供する建築物でその用途に供する部分（劇場、映画館、演芸場又は観覧場の用途に供する部分にあつては、客席の部分に限る。）の床面積の合計が10,000㎡を超えるもの

改正：平成24年法律第67号　　　　施行：平成27年４月１日

別表第２　用途地域等内の建築物の制限（第27条、第48条、第68条の３関係）

（い）～（は）	略	
（る）	工業地域内に建築してはならない建築物	一～四　略 五　学校（幼保連携型認定こども園を除く。） 六・七　略
（を）・（わ）	略	

改正：平成26年法律第54号　　　　施行：平成27年６月１日

別表第２　用途地域等内の建築物の制限（第27条、第48条、第68条の３関係）

（い）	第一種低層住居専用地域内に建築することができる建築物	一～五　略 六　老人ホーム、保育所、福祉ホームその他これらに類するもの 七～十　略
（ろ）～（る）	略	
（を）	工業専用地域内に建築してはならない建築物	一　（る）項に掲げるもの 二　住宅 三　共同住宅、寄宿舎又は下宿 四　老人ホーム、福祉ホームその他これらに類するもの 五　物品販売業を営む店舗又は飲食店 六　図書館、博物館その他これらに類するもの 七　ボーリング場、スケート場、水泳場その他これらに類する政令で定める運動施設

		八　マージャン屋、ぱちんこ屋、射的場、勝馬投票券発売所、場外車券売場その他これらに類するもの
（わ）	略	

改正：平成27年法律第45号　　　施行：平成27年6月24日
別表第2　用途地域等内の建築物の制限（第27条、第48条、第68条の3関係）

（い）～（と）　略		
（ち）	近隣商業地域内に建築してはならない建築物	一　略 二　キャバレー、料理店、ナイトクラブその他これらに類するもの 三　略
（り）・（ぬ）　略		
（る）	工業地域内に建築してはならない建築物	一・二　略 三　キャバレー、料理店、ナイトクラブその他これらに類するもの 四～七　略
（を）・（わ）　略		

改正：平成27年法律第45号　　　施行：平成28年6月23日
別表第2　用途地域等内の建築物の制限（第27条、第48条、第68条の3関係）

（い）～（ほ）　略		
（へ）	第二種住居地域内に建築してはならない建築物	一・二　略 三　劇場、映画館、演芸場若しくは観覧場又はナイトクラブその他これに類する政令で定めるもの 四～六　略
（と）	準住居地域内に建築してはならない建築物	一・二　略 三　次に掲げる事業（特殊の機械の使用その他の特殊の方法による事業であつて住居の環境を害するおそれがないものとして政令で定めるものを除く。）を営む工場 （1）容量10リットル以上30リットル以下のアセチレンガス発生器を用いる金属の工作 （1の2）印刷用インキの製造 （2）出力の合計が0.75kw以下の原動機を使用する塗料の吹付 （2の2）原動機を使用する魚肉の練製品の製造 （3）原動機を使用する2台以下の研磨機による金属の乾燥研磨（工具研磨を除く。） （4）コルク、エボナイト若しくは合成樹脂の粉砕若しくは乾燥研磨又は木材の粉砕で原動機を使用するもの （4の2）厚さ0.5mm以上の金属板のつち打加工（金属工芸品の製造を目的とするものを除く。）又は原動機を使用する金属のプレス（液圧プレスのうち矯正プレスを使用するものを除く。）若しくはせん断 （4の3）印刷用平版の研磨 （4の4）糖衣機を使用する製品の製造 （4の5）原動機を使用するセメント製品の製造 （4の6）ワイヤーフォーミングマシンを使用する金属線の加工で出力の合計が0.75kwを超える原動機を使用するもの （5）木材の引割若しくはかんな削り、裁縫、機織、撚（ねん）糸、組ひも、編物、製袋又はやすりの目立で出力の合計が0.75kwを超える原動機を

法別表第2

		使用するもの （6）製針又は石材の引割で出力の合計が1.5kwを超える原動機を使用するもの （7）出力の合計が2.5kwを超える原動機を使用する製粉 （8）合成樹脂の射出成形加工 （9）出力の合計が10kwを超える原動機を使用する金属の切削 （10）メッキ （11）原動機の出力の合計が1.5kwを超える空気圧縮機を使用する作業 （12）原動機を使用する印刷 （13）ベンディングマシン（ロール式のものに限る。）を使用する金属の加工 （14）タンブラーを使用する金属の加工 （15）ゴム練用又は合成樹脂練用のロール機（カレンダーロール機を除く。）を使用する作業 （16）（1）から（15）までに掲げるもののほか、安全上若しくは防火上の危険の度又は衛生上若しくは健康上の有害の度が高いことにより、住居の環境を保護する上で支障があるものとして政令で定める事業 四　略 五　劇場、映画館、演芸場若しくは観覧場のうち客席の部分の床面積の合計が200㎡以上のもの又はナイトクラブその他これに類する用途で政令で定めるものに供する建築物でその用途に供する部分の床面積の合計が200㎡以上のもの 六　前号に掲げるもののほか、劇場、映画館、演芸場若しくは観覧場、ナイトクラブその他これに類する用途で政令で定めるもの又は店舗、飲食店、展示場、遊技場、勝馬投票券発売所、場外車券売場その他これらに類する用途で政令で定めるものに供する建築物でその用途に供する部分（劇場、映画館、演芸場又は観覧場の用途に供する部分にあつては、客席の部分に限る。）の床面積の合計が10,000㎡を超えるもの
（ち）	近隣商業地域内に建築してはならない建築物	一　略 二　キャバレー、料理店その他これらに類するもの 三　略
（り）・（ぬ）	略	
（る）	工業地域内に建築してはならない建築物	一・二　略 三　キャバレー、料理店その他これらに類するもの 四　劇場、映画館、演芸場若しくは観覧場又はナイトクラブその他これに類する政令で定めるもの 五～七　略
（を）	略	
（わ）	用途地域の指定のない区域（都市計画法第7条第1項に規定する市街化調整区域を除く。）内に建築してはならない建築物	劇場、映画館、演芸場若しくは観覧場、ナイトクラブその他これに類する用途で政令で定めるもの又は店舗、飲食店、展示場、遊技場、勝馬投票券発売所、場外車券売場その他これらに類する用途で政令で定めるものに供する建築物でその用途に供する部分（劇場、映画館、演芸場又は観覧場の用途に供する部分にあつては、客席の部分に限る。）の床面積の合計が10,000㎡を超えるもの

法別表第2

改正：平成29年法律第26号　　　施行：平成30年4月1日

別表第2　用途地域等内の建築物の制限（第27条、第48条、第68条の3関係）

（い）	第一種低層住居専用地域内に建築することができる建築物	一　住宅 二　住宅で事務所、店舗その他これらに類する用途を兼ねるもののうち政令で定めるもの 三　共同住宅、寄宿舎又は下宿 四　学校（大学、高等専門学校、専修学校及び各種学校を除く。）、図書館その他これらに類するもの 五　神社、寺院、教会その他これらに類するもの 六　老人ホーム、保育所、福祉ホームその他これらに類するもの 七　公衆浴場（風俗営業等の規制及び業務の適正化等に関する法律（昭和23年法律第122号）第2条第6項第一号に該当する営業（以下この表において「個室付浴場業」という。）に係るものを除く。） 八　診療所 九　巡査派出所、公衆電話所その他これらに類する政令で定める公益上必要な建築物 十　前各号の建築物に附属するもの（政令で定めるものを除く。）
（ろ）	第二種低層住居専用地域内に建築することができる建築物	一　（い）項第一号から第九号までに掲げるもの 二　店舗、飲食店その他これらに類する用途に供するもののうち政令で定めるものでその用途に供する部分の床面積の合計が150㎡以内のもの（3階以上の部分をその用途に供するものを除く。） 三　前2号の建築物に附属するもの（政令で定めるものを除く。）
（は）	第一種中高層住居専用地域内に建築することができる建築物	一　（い）項第一号から第九号までに掲げるもの 二　大学、高等専門学校、専修学校その他これらに類するもの 三　病院 四　老人福祉センター、児童厚生施設その他これらに類するもの 五　店舗、飲食店その他これらに類する用途に供するもののうち政令で定めるものでその用途に供する部分の床面積の合計が500㎡以内のもの（3階以上の部分をその用途に供するものを除く。） 六　自動車車庫で床面積の合計が300㎡以内のもの又は都市計画として決定されたもの（3階以上の部分をその用途に供するものを除く。） 七　公益上必要な建築物で政令で定めるもの 八　前各号の建築物に附属するもの（政令で定めるものを除く。）
（に）	第二種中高層住居専用地域内に建築してはならない建築物	一　（ほ）項第二号及び第三号、（へ）項第三号から第五号まで、（と）項第四号並びに（り）項第二号及び第三号に掲げるもの 二　工場（政令で定めるものを除く。） 三　ボーリング場、スケート場、水泳場その他これらに類する政令で定める運動施設 四　ホテル又は旅館 五　自動車教習所 六　政令で定める規模の畜舎 七　3階以上の部分を（は）項に掲げる建築物以外の建築物の用途に供するもの（政令で定めるものを除く。） 八　（は）項に掲げる建築物以外の建築物の用途に供するものでその用途に供する部分の床面積の合計が1,500㎡を超えるもの（政令で定めるものを除く。）
（ほ）	第一種住居地域内に建築してはならない建築物	一　（へ）項第一号から第五号までに掲げるもの 二　マージャン屋、ぱちんこ屋、射的場、勝馬投票券発売所、場外車券売場その他これらに類するもの

法別表第2

		三　カラオケボックスその他これに類するもの 四　（は）項に掲げる建築物以外の建築物の用途に供するものでその用途に供する部分の床面積の合計が3,000㎡を超えるもの（政令で定めるものを除く。）
（へ）	第二種住居地域内に建築してはならない建築物	一　（と）項第三号及び第四号並びに（り）項に掲げるもの 二　原動機を使用する工場で作業場の床面積の合計が50㎡を超えるもの 三　劇場、映画館、演芸場若しくは観覧場又はナイトクラブその他これに類する政令で定めるもの 四　自動車車庫で床面積の合計が300㎡を超えるもの又は3階以上の部分にあるもの（建築物に附属するもので政令で定めるもの又は都市計画として決定されたものを除く。） 五　倉庫業を営む倉庫 六　店舗、飲食店、展示場、遊技場、勝馬投票券発売所、場外車券売場その他これらに類する用途で政令で定めるものに供する建築物でその用途に供する部分の床面積の合計が10,000㎡を超えるもの
（と）	準住居地域内に建築してはならない建築物	一　（り）項に掲げるもの 二　原動機を使用する工場で作業場の床面積の合計が50㎡を超えるもの（作業場の床面積の合計が150㎡を超えない自動車修理工場を除く。） 三　次に掲げる事業（特殊の機械の使用その他の特殊の方法による事業であつて住居の環境を害するおそれがないものとして政令で定めるものを除く。）を営む工場 　（1）容量10リットル以上30リットル以下のアセチレンガス発生器を用いる金属の工作 　（1の2）印刷用インキの製造 　（2）出力の合計が0.75ｋｗ以下の原動機を使用する塗料の吹付 　（2の2）原動機を使用する魚肉の練製品の製造 　（3）原動機を使用する2台以下の研磨機による金属の乾燥研磨（工具研磨を除く。） 　（4）コルク、エボナイト若しくは合成樹脂の粉砕若しくは乾燥研磨又は木材の粉砕で原動機を使用するもの 　（4の2）厚さ0.5ｍｍ以上の金属板のつち打加工（金属工芸品の製造を目的とするものを除く。）又は原動機を使用する金属のプレス（液圧プレスのうち矯正プレスを使用するものを除く。）若しくはせん断 　（4の3）印刷用平版の研磨 　（4の4）糖衣機を使用する製品の製造 　（4の5）原動機を使用するセメント製品の製造 　（4の6）ワイヤーフォーミングマシンを使用する金属線の加工で出力の合計が0.75ｋｗを超える原動機を使用するもの 　（5）木材の引割若しくはかんな削り、裁縫、機織、撚（ねん）糸、組ひも、編物、製袋又はやすりの目立で出力の合計が0.75ｋｗを超える原動機を使用するもの 　（6）製針又は石材の引割で出力の合計が1.5ｋｗを超える原動機を使用するもの 　（7）出力の合計が2.5ｋｗを超える原動機を使用する製粉 　（8）合成樹脂の射出成形加工 　（9）出力の合計が10ｋｗを超える原動機を使用する金属の切削 　（10）メッキ 　（11）原動機の出力の合計が1.5ｋｗを超える空気圧縮機を使用する作業 　（12）原動機を使用する印刷

		（13）ベンディングマシン（ロール式のものに限る。）を使用する金属の加工
		（14）タンブラーを使用する金属の加工
		（15）ゴム練用又は合成樹脂練用のロール機（カレンダーロール機を除く。）を使用する作業
		（16）（1）から（15）までに掲げるもののほか、安全上若しくは防火上の危険の度又は衛生上若しくは健康上の有害の度が高いことにより、住居の環境を保護する上で支障があるものとして政令で定める事業
		四　(る)項第一号（1）から（3）まで、（11）又は（12）の物品（(ぬ)項第四号及び(る)項第二号において「危険物」という。）の貯蔵又は処理に供するもので政令で定めるもの
		五　劇場、映画館、演芸場若しくは観覧場のうち客席の部分の床面積の合計が200㎡以上のもの又はナイトクラブその他これに類する用途で政令で定めるものに供する建築物でその用途に供する部分の床面積の合計が200㎡以上のもの
		六　前号に掲げるもののほか、劇場、映画館、演芸場若しくは観覧場、ナイトクラブその他これに類する用途で政令で定めるもの又は店舗、飲食店、展示場、遊技場、勝馬投票券発売所、場外車券売場その他これらに類する用途で政令で定めるものに供する建築物でその用途に供する部分（劇場、映画館、演芸場又は観覧場の用途に供する部分にあつては、客席の部分に限る。）の床面積の合計が10,000㎡を超えるもの
（ち）	田園住居地域内に建築することができる建築物	一　(い)項第一号から第九号までに掲げるもの
		二　農産物の生産、集荷、処理又は貯蔵に供するもの（政令で定めるものを除く。）
		三　農業の生産資材の貯蔵に供するもの
		四　地域で生産された農産物の販売を主たる目的とする店舗その他の農業の利便を増進するために必要な店舗、飲食店その他これらに類する用途に供するもののうち政令で定めるものでその用途に供する部分の床面積の合計が500㎡以内のもの（3階以上の部分をその用途に供するものを除く。）
		五　前号に掲げるもののほか、店舗、飲食店その他これらに類する用途に供するもののうち政令で定めるものでその用途に供する部分の床面積の合計が150㎡以内のもの（3階以上の部分をその用途に供するものを除く。）
		六　前各号の建築物に附属するもの（政令で定めるものを除く。）
（り）	近隣商業地域内に建築してはならない建築物	一　(ぬ)項に掲げるもの
		二　キャバレー、料理店その他これらに類するもの
		三　個室付浴場業に係る公衆浴場その他これに類する政令で定めるもの
（ぬ）	商業地域内に建築してはならない建築物	一　(る)項第一号及び第二号に掲げるもの
		二　原動機を使用する工場で作業場の床面積の合計が150㎡を超えるもの（日刊新聞の印刷所及び作業場の床面積の合計が300㎡を超えない自動車修理工場を除く。）
		三　次に掲げる事業（特殊の機械の使用その他の特殊の方法による事業であつて商業その他の業務の利便を害するおそれがないものとして政令で定めるものを除く。）を営む工場
		（1）玩具煙火の製造
		（2）アセチレンガスを用いる金属の工作（アセチレンガス発生器の容量30リットル以下のもの又は溶解アセチレンガスを用いるものを除く。）
		（3）引火性溶剤を用いるドライクリーニング、ドライダイイング又は塗料の加熱乾燥若しくは焼付（赤外線を用いるものを除く。）

法別表第2

		（4）セルロイドの加熱加工又は機械のこぎりを使用する加工 （5）絵具又は水性塗料の製造 （6）出力の合計が0.75ｋｗを超える原動機を使用する塗料の吹付 （7）亜硫酸ガスを用いる物品の漂白 （8）骨炭その他動物質炭の製造 （8の2）せっけんの製造 （8の3）魚粉、フェザーミール、肉骨粉、肉粉若しくは血粉又はこれらを原料とする飼料の製造 （8の4）手すき紙の製造 （9）羽又は毛の洗浄、染色又は漂白 （10）ぼろ、くず綿、くず紙、くず糸、くず毛その他これらに類するものの消毒、選別、洗浄又は漂白 （11）製綿、古綿の再製、起毛、せん毛、反毛又はフェルトの製造で原動機を使用するもの （12）骨、角、牙、ひづめ若しくは貝殻の引割若しくは乾燥研磨又は3台以上の研磨機による金属の乾燥研磨で原動機を使用するもの （13）鉱物、岩石、土砂、コンクリート、アスファルト・コンクリート、硫黄、金属、ガラス、れんが、陶磁器、骨又は貝殻の粉砕で原動機を使用するもの （13の2）レディーミクストコンクリートの製造又はセメントの袋詰で出力の合計が2.5ｋｗを超える原動機を使用するもの （14）墨、懐炉灰又はれん炭の製造 （15）活字若しくは金属工芸品の鋳造又は金属の溶融で容量の合計が50リットルを超えないるつぼ又は窯を使用するもの（印刷所における活字の鋳造を除く。） （16）瓦、れんが、土器、陶磁器、人造砥（と）石、るつぼ又はほうろう鉄器の製造 （17）ガラスの製造又は砂吹 （17の2）金属の溶射又は砂吹 （17の3）鉄板の波付加工 （17の4）ドラム缶の洗浄又は再生 （18）スプリングハンマーを使用する金属の鍛造 （19）伸線、伸管又はロールを用いる金属の圧延で出力の合計が4ｋｗ以下の原動機を使用するもの （20）（1）から（19）までに掲げるもののほか、安全上若しくは防火上の危険の度又は衛生上若しくは健康上の有害の度が高いことにより、商業その他の業務の利便を増進する上で支障があるものとして政令で定める事業 四　危険物の貯蔵又は処理に供するもので政令で定めるもの
（る）	準工業地域内に建築してはならない建築物	一　次に掲げる事業（特殊の機械の使用その他の特殊の方法による事業であつて環境の悪化をもたらすおそれのない工業の利便を害するおそれがないものとして政令で定めるものを除く。）を営む工場 （1）火薬類取締法（昭和25年法律第149号）の火薬類（玩具煙火を除く。）の製造 （2）消防法（昭和23年法律第186号）第2条第7項に規定する危険物の製造（政令で定めるものを除く。） （3）マッチの製造 （4）ニトロセルロース製品の製造 （5）ビスコース製品、アセテート又は銅アンモニアレーヨンの製造

		(6)	合成染料若しくはその中間物、顔料又は塗料の製造（漆又は水性塗料の製造を除く。）
		(7)	引火性溶剤を用いるゴム製品又は芳香油の製造
		(8)	乾燥油又は引火性溶剤を用いる擬革紙布又は防水紙布の製造
		(9)	木材を原料とする活性炭の製造（水蒸気法によるものを除く。）
		(10)	石炭ガス類又はコークスの製造
		(11)	可燃性ガスの製造（政令で定めるものを除く。）
		(12)	圧縮ガス又は液化ガスの製造（製氷又は冷凍を目的とするものを除く。）
		(13)	塩素、臭素、ヨード、硫黄、塩化硫黄、弗（ふつ）化水素酸、塩酸、硝酸、硫酸、燐（りん）酸、<u>苛性カリ</u>、<u>苛性ソーダ</u>、アンモニア水、炭酸カリ、<u>洗濯ソーダ</u>、ソーダ灰、さらし粉、次硝酸蒼（そう）鉛、亜硫酸塩類、チオ硫酸塩類、砒（ひ）素化合物、鉛化合物、バリウム化合物、銅化合物、水銀化合物、<u>シアン化合物</u>、クロールズルホン酸、クロロホルム、四塩化炭素、ホルマリン、ズルホナール、グリセリン、イヒチオールズルホン酸アンモン、<u>酢酸</u>、石炭酸、安息香酸、タンニン酸、アセトアニリド、アスピリン又はグアヤコールの製造
		(14)	たんぱく質の加水分解による製品の製造
		(15)	油脂の採取、硬化又は加熱加工（化粧品の製造を除く。）
		(16)	ファクチス、合成樹脂、合成ゴム又は合成繊維の製造
		(17)	肥料の製造
		(18)	製紙（手すき紙の製造を除く。）又はパルプの製造
		(19)	製革、にかわの製造又は毛皮若しくは骨の精製
		(20)	<u>アスファルト</u>の精製
		(21)	<u>アスファルト</u>、コールタール、木タール、石油蒸溜（りゅう）産物又はその残りかすを原料とする製造
		(22)	セメント、石膏（こう）、消石灰、生石灰又はカーバイドの製造
		(23)	金属の溶融又は精練（容量の合計が<u>50リットルを超えない</u>るつぼ若しくは<u>窯</u>を使用するもの又は活字若しくは金属工芸品の製造を目的とするものを除く。）
		(24)	炭素粉を原料とする炭素製品若しくは黒鉛製品の製造又は黒鉛の粉砕
		(25)	金属厚板又は形鋼の工作で原動機を使用するはつり作業（グラインダーを用いるものを除く。）、びよう打作業又は<u>孔（あな）埋作業を伴う</u>もの
		(26)	鉄釘類又は鋼球の製造
		(27)	伸線、伸管又はロールを用いる金属の圧延で出力の合計が<u>4 k w を超える</u>原動機を使用するもの
		(28)	鍛造機（スプリングハンマーを除く。）を使用する金属の鍛造
		(29)	動物の臓器又は<u>排せつ物</u>を原料とする医薬品の製造
		(30)	石綿を含有する製品の製造又は粉砕
		(31)	（1）から（30）までに掲げるもののほか、安全上若しくは防火上の危険の度又は衛生上若しくは健康上の有害の度が高いことにより、環境の悪化をもたらすおそれのない工業の利便を増進する上で支障があるものとして政令で定める事業
		二	危険物の貯蔵又は処理に供するもので政令で定めるもの
		三	個室付浴場業に係る公衆浴場その他これに類する政令で定めるもの
（を）	工業地域内に建築してはならな	一	<u>（る）</u>項第三号に掲げるもの
		二	ホテル又は旅館

法別表第2

	い建築物	三　キャバレー、料理店その他これらに類するもの 四　劇場、映画館、演芸場若しくは観覧場又はナイトクラブその他これに類する政令で定めるもの 五　学校（幼保連携型認定こども園を除く。） 六　病院 七　店舗、飲食店、展示場、遊技場、勝馬投票券発売所、場外車券売場その他これらに類する用途で政令で定めるものに供する建築物でその用途に供する部分の床面積の合計が10,000㎡を超えるもの
（わ）	工業専用地域内に建築してはならない建築物	一　（を）項に掲げるもの 二　住宅 三　共同住宅、寄宿舎又は下宿 四　老人ホーム、福祉ホームその他これらに類するもの 五　物品販売業を営む店舗又は飲食店 六　図書館、博物館その他これらに類するもの 七　ボーリング場、スケート場、水泳場その他これらに類する政令で定める運動施設 八　マージャン屋、ぱちんこ屋、射的場、勝馬投票券発売所、場外車券売場その他これらに類するもの
（か）	用途地域の指定のない区域（都市計画法第7条第1項に規定する市街化調整区域を除く。）内に建築してはならない建築物	劇場、映画館、演芸場若しくは観覧場、ナイトクラブその他これに類する用途で政令で定めるもの又は店舗、飲食店、展示場、遊技場、勝馬投票券発売所、場外車券売場その他これらに類する用途で政令で定めるものに供する建築物でその用途に供する部分（劇場、映画館、演芸場又は観覧場の用途に供する部分にあつては、客席の部分に限る。）の床面積の合計が10,000㎡を超えるもの

[現行]　別表第3　前面道路との関係についての建築物の各部分の高さの制限

制定：昭和62年法律第66号　　　施行：昭和62年11月16日

別表第3　前面道路との関係についての建築物の各部分の高さの制限（第56条、第91条関係）

	（い）	（ろ）	（は）	（に）
	建築物がある地域又は区域	第52条第1項から第3項までの規定による延べ面積の敷地面積に対する割合の限度	距離	数値
1	第一種住居専用地域、第二種住居専用地域又は住居地域内の建築物	10分の20以下の場合	20m	1.25
		10分の20を超え、10分の30以下の場合	25m	
		10分の30を超える場合	30m	
2	近隣商業地域又は商業地域内の建築物	10分の40以下の場合	20m	1.5
		10分の40を超え、10分の60以下の場合	25m	
		10分の60を超え、10分の80以下の場合	30m	
		10分の80を超える場合	35m	
3	準工業地域、工業地域又は工業専用地域内の建築物	10分の20以下の場合	20m	1.5
		10分の20を超え、10分の30以下の場合	25m	
		10分の30を超える場合	30m	
4	用途地域の指定のない区域内の建築物	10分の20以下の場合	20m	1.5
		10分の20を超え、10分の30以下の場合	25m	

| | | 10分の30を超える場合 | 30m | |

備考
1　建築物がこの表（い）欄に掲げる地域又は区域の2以上にわたる場合においては、同欄中「建築物」とあるのは、「建築物の部分」とする。
2　建築物の敷地がこの表（い）欄に掲げる地域又は区域の2以上にわたる場合における同表（は）欄に掲げる距離の適用に関し必要な事項は、政令で定める。

改正：平成4年法律第82号　　　施行：平成5年6月25日

別表第3　前面道路との関係についての建築物の各部分の高さの制限（第56条、第91条関係）

	（い）	（ろ）	（は）	（に）
	建築物がある地域又は区域	第52条第1項から第3項までの規定による延べ面積の敷地面積に対する割合の限度	距離	数値
1	第一種低層住居専用地域、第二種低層住居専用地域、第一種中高層住居専用地域、第二種中高層住居専用地域、第一種住居地域、第二種住居地域又は準住居地域内の建築物	10分の20以下の場合	20m	1.25
		10分の20を超え、10分の30以下の場合	25m	
		10分の30を超える場合	30m	
2	略			
3	略			
4	略			

備考　略

改正：平成7年法律第13号　　　施行：平成7年5月25日

別表第3　前面道路との関係についての建築物の各部分の高さの制限（第56条、第91条関係）

	（い）	（ろ）	（は）	（に）
	建築物がある地域又は区域	第52条第1項、第4項及び第5項の規定による延べ面積の敷地面積に対する割合の限度	距離	数値
1	略			
2	略			
3	略			
4	略			

備考　略

改正：平成9年法律第79号　　　施行：平成9年9月1日

別表第3　前面道路との関係についての建築物の各部分の高さの制限（第56条、第91条関係）

	（い）	（ろ）	（は）	（に）
	建築物がある地域、地区又は区域	第52条第1項、第5項及び第6項の規定による延べ面積の敷地面積に対する割合の限度	距離	数値
1	第一種低層住居専用地域、第二種低層住居専用地域、	10分の20以下の場合	20m	1.25

法別表第3

	第一種中高層住居専用地域若しくは第二種中高層住居専用地域内の建築物又は第一種住居地域、第二種住居地域若しくは準住居地域内の建築物（4の項に掲げる建築物を除く。）	10分の20を超え、10分の30以下の場合	25m	
		10分の30を超える場合	30m	
2	略			
3	準工業地域内の建築物（4の項に掲げる建築物を除く。）又は工業地域若しくは工業専用地域内の建築物	10分の20以下の場合	20m	1.5
		10分の20を超え、10分の30以下の場合	25m	
		10分の30を超える場合	30m	
4	第一種住居地域、第二種住居地域、準住居地域又は準工業地域内について定められた高層住居誘導地区内の建築物であつて、その住宅の用途に供する部分の床面積の合計がその延べ面積の3分の2以上であるもの		35m	1.5
5	用途地域の指定のない区域内の建築物	10分の20以下の場合	20m	1.5
		10分の20を超え、10分の30以下の場合	25m	
		10分の30を超える場合	30m	

備考
1　建築物がこの表（い）欄に掲げる地域、地区又は区域の2以上にわたる場合においては、同欄中「建築物」とあるのは、「建築物の部分」とする。
2　建築物の敷地がこの表（い）欄に掲げる地域、地区又は区域の2以上にわたる場合における同表（は）欄に掲げる距離の適用に関し必要な事項は、政令で定める。

改正：平成12年法律第73号　　　施行：平成13年5月18日

別表第3　前面道路との関係についての建築物の各部分の高さの制限（第56条、第91条関係）

	（い）	（ろ）	（は）	（に）
	建築物がある地域、地区又は区域	第52条第1項、第5項及び第6項の規定による容積率の限度	距離	数値
1	略			
2	略			
3	略			
4	略			
5	用途地域の指定のない区域内の建築物	10分の20以下の場合	20m	1.25又は1.5のうち、特定行政庁が土地利用の状況等を考慮し当該区域を区分して都道府県都市計画審議会の
		10分の20を超え、10分の30以下の場合	25m	
		10分の30を超える場合	30m	

				議を経て定めるもの
備考　略				

改正：平成14年法律第85号　　　施行：平成15年1月1日
別表第3　前面道路との関係についての建築物の各部分の高さの制限（第56条、第91条関係）

		（い）	（ろ）	（は）	（に）
		建築物がある地域、地区又は区域	第52条第1項、第2項、第6項及び第8項の規定による容積率の限度	距離	数値
1		第一種低層住居専用地域、第二種低層住居専用地域、第一種中高層住居専用地域若しくは第二種中高層住居専用地域内の建築物又は第一種住居地域、第二種住居地域若しくは準住居地域内の建築物（4の項に掲げる建築物を除く。）	10分の20以下の場合	20m	1.25
			10分の20を超え、10分の30以下の場合	25m	
			10分の30を超え、10分の40以下の場合	30m	
			10分の40を超える場合	35m	
2		近隣商業地域又は商業地域内の建築物	10分の40以下の場合	20m	1.5
			10分の40を超え、10分の60以下の場合	25m	
			10分の60を超え、10分の80以下の場合	30m	
			10分の80を超え、10分の100以下の場合	35m	
			10分の100を超え、10分の110以下の場合	40m	
			10分の110を超え、10分の120以下の場合	45m	
			10分の120を超える場合	50m	
3		準工業地域内の建築物（4の項に掲げる建築物を除く。）又は工業地域若しくは工業専用地域内の建築物	10分の20以下の場合	20m	1.5
			10分の20を超え、10分の30以下の場合	25m	
			10分の30を超え、10分の40以下の場合	30m	
			10分の40を超える場合	35m	
4		略			
5		略			

備考
1・2　略
3　この表（い）欄1の項に掲げる第一種中高層住居専用地域若しくは第二種中高層住居専用地域（第52条第1項第二号の規定により、容積率の限度が10分の40以上とされている地域に限る。）又は第一種住居地域、第二種住居地域若しくは準住居地域のうち、特定行政庁が都道府県都市計画審議会の議を経て指定する区域内の建築物については、（は）欄1の項中「25m」とあるのは「20m」と、「30m」とあるのは「25m」と、「35m」とあるのは「30m」と、（に）欄1の項中「1.25」とあるのは「1.5」とする。

改正：平成16年法律第67号　　　施行：平成17年6月1日
別表第3　前面道路との関係についての建築物の各部分の高さの制限（第56条、第91条関係）

	（い）	（ろ）	（は）	（に）
	建築物がある地域、地区又は区域	第52条第1項、第2項、第7項及び第9項の規定による容積率の限度	距離	数値

法別表第3

1	略
2	略
3	略
4	略
5	略
備考	略

改正：平成29年法律第26号　　　施行：平成30年4月1日

別表第3　前面道路との関係についての建築物の各部分の高さの制限（第56条、第91条関係）

	（い）	（ろ）	（は）	（に）
	建築物がある地域、地区又は区域	第52条第1項、第2項、第7項及び第9項の規定による容積率の限度	距離	数値
1	第一種低層住居専用地域、第二種低層住居専用地域、第一種中高層住居専用地域、第二種中高層住居専用地域若しくは田園住居地域内の建築物又は第一種住居地域、第二種住居地域若しくは準住居地域内の建築物（4の項に掲げる建築物を除く。）	10分の20以下の場合	20m	1.25
		10分の20を超え、10分の30以下の場合	25m	
		10分の30を超え、10分の40以下の場合	30m	
		10分の40を超える場合	35m	
2	近隣商業地域又は商業地域内の建築物	10分の40以下の場合	20m	1.5
		10分の40を超え、10分の60以下の場合	25m	
		10分の60を超え、10分の80以下の場合	30m	
		10分の80を超え、10分の100以下の場合	35m	
		10分の100を超え、10分の110以下の場合	40m	
		10分の110を超え、10分の120以下の場合	45m	
		10分の120を超える場合	50m	
3	準工業地域内の建築物（4の項に掲げる建築物を除く。）又は工業地域若しくは工業専用地域内の建築物	10分の20以下の場合	20m	1.5
		10分の20を超え、10分の30以下の場合	25m	
		10分の30を超え、10分の40以下の場合	30m	
		10分の40を超える場合	35m	
4	第一種住居地域、第二種住居地域、準住居地域又は準工業地域内について定められた高層住居誘導地区内の建築物であつて、その住宅の用途に供する部分の床面積の合計がその延べ面積の3分の2以上であるもの		35m	1.5
5	用途地域の指定のない区域内の建築物	10分の20以下の場合	20m	1.25又は1.5のうち、特定行政庁が土地利用の状況等を考慮し当該区
		10分の20を超え、10分の30以下の場合	25m	
		10分の30を超える場合	30m	

				域を区分して都道府県都市計画審議会の議を経て定めるもの

備考
1 建築物がこの表（い）欄に掲げる地域、地区又は区域の2以上にわたる場合においては、同欄中「建築物」とあるのは、「建築物の部分」とする。
2 建築物の敷地がこの表（い）欄に掲げる地域、地区又は区域の2以上にわたる場合における同表（は）欄に掲げる距離の適用に関し必要な事項は、政令で定める。
3 この表（い）欄1の項に掲げる第一種中高層住居専用地域若しくは第二種中高層住居専用地域（第52条第1項第二号の規定により、容積率の限度が10分の40以上とされている地域に限る。）又は第一種住居地域、第二種住居地域若しくは準住居地域のうち、特定行政庁が都道府県都市計画審議会の議を経て指定する区域内の建築物については、（は）欄1の項中「25m」とあるのは「20m」と、「30m」とあるのは「25m」と、「35m」とあるのは「30m」と、（に）欄1の項中「1.25」とあるのは「1.5」とする。

[現行] 別表第4　日影による中高層の建築物の制限

制定：昭和51年法律第83号　　施行：昭和52年11月1日

旧　別表第3　日影による中高層の建築物の制限

	（い）地　域	（ろ）制限を受ける建築物	（は）平均地盤面からの高さ	（に）敷地境界線からの水平距離が10m以内の範囲における日影時間		（に）敷地境界線からの水平距離が10mを超える範囲における日影時間
1	第一種住居専用地域	軒の高さが7mを超える建築物又は地階を除く階数が3以上の建築物	1.5m	（1）	3時間（道の区域内にあつては、2時間）	2時間（道の区域内にあつては、1.5時間）
				（2）	4時間（道の区域内にあつては、3時間）	2.5時間（道の区域内にあつては、2時間）
				（3）	5時間（道の区域内にあつては、4時間）	3時間（道の区域内にあつては、2.5時間）
2	第二種住居専用地域	高さが10mを超える建築物	4m	（1）	3時間（道の区域内にあつては、2時間）	2時間（道の区域内にあつては、1.5時間）
				（2）	4時間（道の区域内にあつては、3時間）	2.5時間（道の区域内にあつては、2時間）
				（3）	5時間（道の区域内にあつては、4時間）	3時間（道の区域内にあつては、2.5時間）
3	住居地域、近隣商業地域又は準工業地域	高さが10mを超える建築物	4m	（1）	4時間（道の区域内にあつては、3時間）	2.5時間（道の区域内にあつては、2時間）
				（2）	5時間（道の区域内にあつては、4時間）	3時間（道の区域内にあつては、2.5時間）

この表において、平均地盤面からの高さとは、当該建築物が周囲の地面と接する位置の平均の高さにおける水平面からの高さをいうものとする。

改正：昭和62年法律第66号　　施行：昭和62年11月16日

法別表第4

別表第4　日影による中高層の建築物の制限（第56条、第56条の2関係）
（表）　略

改正：平成4年法律第82号　　　施行：平成5年6月25日
別表第4　日影による中高層の建築物の制限（第56条、第56条の2関係）
［表改定］

	(い) 地域又は区域	(ろ) 制限を受ける建築物	(は) 平均地盤面からの高さ	(に)	敷地境界線からの水平距離が10m以内の範囲における日影時間	敷地境界線からの水平距離が10mを超える範囲における日影時間
1	第一種低層住居専用地域又は第二種低層住居専用地域	軒の高さが7mを超える建築物又は地階を除く階数が3以上の建築物	1.5m	(1)	3時間（道の区域内にあつては、2時間）	2時間（道の区域内にあつては、1.5時間）
				(2)	4時間（道の区域内にあつては、3時間）	2.5時間（道の区域内にあつては、2時間）
				(3)	5時間（道の区域内にあつては、4時間）	3時間（道の区域内にあつては、2.5時間）
2	第一種中高層住居専用地域又は第二種中高層住居専用地域	高さが10mを超える建築物	4m	(1)	3時間（道の区域内にあつては、2時間）	2時間（道の区域内にあつては、1.5時間）
				(2)	4時間（道の区域内にあつては、3時間）	2.5時間（道の区域内にあつては、2時間）
				(3)	5時間（道の区域内にあつては、4時間）	3時間（道の区域内にあつては、2.5時間）
3	第一種住居地域、第二種住居地域、準住居地域、近隣商業地域又は準工業地域	高さが10mを超える建築物	4m	(1)	4時間（道の区域内にあつては、3時間）	2.5時間（道の区域内にあつては、2時間）
				(2)	5時間（道の区域内にあつては、4時間）	3時間（道の区域内にあつては、2.5時間）
4	用途地域の指定のない区域	高さが10mを超える建築物	4m	(1)	4時間（道の区域内にあつては、3時間）	2.5時間（道の区域内にあつては、2時間）
				(2)	5時間（道の区域内にあつては、4時間）	3時間（道の区域内にあつては、2.5時間

備考　略

改正：平成12年法律第73号　　　施行：平成13年5月18日
別表第4　日影による中高層の建築物の制限（第56条、第56条の2関係）

	(い) 地域又は区域	(ろ) 制限を受ける建築物		(は) 平均地盤面からの高さ	(に)	敷地境界線からの水平距離が10m以内の範囲における日影時間	敷地境界線からの水平距離が10mを超える範囲における日影時間
1	略						
2	略						
3	略						
4	用途地域の指定のない	イ	軒の高さが7mを超える	1.5m	(1)	3時間（道の区域内にあつては、2時間）	2時間（道の区域内にあつては、1.5時間）

法別表第4

	区域		建築物又は地階を除く階数が3以上の建築物		（2）	4時間（道の区域内にあつては、3時間）	2.5時間（道の区域内にあつては、2時間）
					（3）	5時間（道の区域内にあつては、4時間）	3時間（道の区域内にあつては、2.5時間）
		ロ	高さが10mを超える建築物	4m	（1）	3時間（道の区域内にあつては、2時間）	2時間（道の区域内にあつては、1.5時間）
					（2）	4時間（道の区域内にあつては、3時間）	2.5時間（道の区域内にあつては、2時間）
					（3）	5時間（道の区域内にあつては、4時間）	3時間（道の区域内にあつては、2.5時間）

　この表において、平均地盤面からの高さとは、当該建築物が周囲の地面と接する位置の平均の高さにおける水平面からの高さをいうものとする。

改正：平成14年法律第85号　　　施行：平成15年1月1日

別表第4　日影による中高層の建築物の制限（第56条、第56条の2関係）

	（い）	（ろ）	（は）	（に）		
	地域又は区域	制限を受ける建築物	平均地盤面からの高さ		敷地境界線からの水平距離が10m以内の範囲における日影時間	敷地境界線からの水平距離が10mを超える範囲における日影時間
1	略					
2	第一種中高層住居専用地域又は第二種中高層住居専用地域	高さが10mを超える建築物	4m又は6.5m	（1）	3時間（道の区域内にあつては、2時間）	2時間（道の区域内にあつては、1.5時間）
				（2）	4時間（道の区域内にあつては、3時間）	2.5時間（道の区域内にあつては、2時間）
				（3）	5時間（道の区域内にあつては、4時間）	3時間（道の区域内にあつては、2.5時間）
3	第一種住居地域、第二種住居地域、準住居地域、近隣商業地域又は準工業地域	高さが10mを超える建築物	4m又は6.5m	（1）	4時間（道の区域内にあつては、3時間）	2.5時間（道の区域内にあつては、2時間）
				（2）	5時間（道の区域内にあつては、4時間）	3時間（道の区域内にあつては、2.5時間）
4	略					

　この表において、平均地盤面からの高さとは、当該建築物が周囲の地面と接する位置の平均の高さにおける水平面からの高さをいうものとする。

改正：平成29年法律第26号　　　施行：平成30年4月1日

別表第4　日影による中高層の建築物の制限（第56条、第56条の2関係）

	（い）	（ろ）	（は）	（に）		
	地域又は区域	制限を受ける建築物	平均地盤面からの高さ		敷地境界線からの水平距離が10m以内の範囲における日影時間	敷地境界線からの水平距離が10mを超える範囲における日影時間
1	第一種低層住居専用地	軒の高さが7mを超える建	1.5m	（1）	3時間（道の区域内にあつては、2時間）	2時間（道の区域内にあつては、1.5時間）

法別表第4

	域、第二種低層住居専用地域又は田園住居地域	築物又は地階を除く階数が3以上の建築物		（2）	4時間（道の区域内にあつては、3時間）	2.5時間（道の区域内にあつては、2時間）
				（3）	5時間（道の区域内にあつては、4時間）	3時間（道の区域内にあつては、2.5時間）
2	第一種中高層住居専用地域又は第二種中高層住居専用地域	高さが10mを超える建築物	4m又は6.5m	（1）	3時間（道の区域内にあつては、2時間）	2時間（道の区域内にあつては、1.5時間）
				（2）	4時間（道の区域内にあつては、3時間）	2.5時間（道の区域内にあつては、2時間）
				（3）	5時間（道の区域内にあつては、4時間）	3時間（道の区域内にあつては、2.5時間）
3	第一種住居地域、第二種住居地域、準住居地域、近隣商業地域又は準工業地域	高さが10mを超える建築物	4m又は6.5m	（1）	4時間（道の区域内にあつては、3時間）	2.5時間（道の区域内にあつては、2時間）
				（2）	5時間（道の区域内にあつては、4時間）	3時間（道の区域内にあつては、2.5時間）
4	用途地域の指定のない区域	イ	軒の高さが7mを超える建築物又は地階を除く階数が3以上の建築物	1.5m	（1）	3時間（道の区域内にあつては、2時間）	2時間（道の区域内にあつては、1.5時間）
					（2）	4時間（道の区域内にあつては、3時間）	2.5時間（道の区域内にあつては、2時間）
					（3）	5時間（道の区域内にあつては、4時間）	3時間（道の区域内にあつては、2.5時間）
		ロ	高さが10mを超える建築物	4m	（1）	3時間（道の区域内にあつては、2時間）	2時間（道の区域内にあつては、1.5時間）
					（2）	4時間（道の区域内にあつては、3時間）	2.5時間（道の区域内にあつては、2時間）
					（3）	5時間（道の区域内にあつては、4時間）	3時間（道の区域内にあつては、2.5時間）

この表において、平均地盤面からの高さとは、当該建築物が周囲の地面と接する位置の平均の高さにおける水平面からの高さをいうものとする。

建築基準法施行令　改正経過

制定・改正政令番号	名　　称	施行年月日
昭和25年政令第338号	建築基準法施行令	昭和25年11月16日 昭和25年11月23日
昭和26年政令第342号	土地収用法施行令	昭和26年12月1日
昭和26年政令第371号	建築基準法施行令の一部を改正する政令	昭和26年12月7日
昭和27年政令第164号	建築基準法施行令の一部を改正する政令	昭和27年5月31日
昭和27年政令第353号	建築基準法施行令及び消防用機械器具等検定手数料令の一部を改正する政令	昭和27年8月20日
昭和28年政令第284号	建築基準法施行令の一部を改正する政令	昭和28年9月17日
昭和29年政令第183号	清掃法施行令の一部を改正する政令	昭和29年7月1日
昭和31年政令第185号	建築基準法施行令の一部を改正する政令	昭和31年7月1日
昭和31年政令第265号	地方自治法の一部を改正する法律及び地方自治法の一部を改正する法律の施行に伴う関係法律の整理に関する法律の施行に伴う関係政令等の整理に関する政令	昭和31年9月1日
昭和32年政令第99号	建築基準法施行令の一部を改正する政令	昭和32年5月15日
昭和33年政令第318号	道路法施行令の一部を改正する政令	昭和33年11月24日
昭和33年政令第283号	建築基準法施行令の一部を改正する政令	昭和34年1月1日
昭和34年政令第344号	建築基準法施行令の一部を改正する政令	昭和34年12月23日
昭和35年政令第185号	自治庁設置法の一部を改正する法律の施行に伴う関係政令の整理に関する政令	昭和35年7月1日
昭和35年政令第272号	火薬類取締法施行令の一部を改正する政令	昭和36年2月1日
昭和36年政令第396号	建築基準法施行令等の一部を改正する政令	昭和36年12月4日
昭和37年政令第309号	建築基準法施行令の一部を改正する政令	昭和37年7月27日
昭和37年政令第332号	建築基準法施行令の一部を改正する政令	昭和37年8月24日
昭和39年政令第4号	建築基準法施行令の一部を改正する政令	昭和39年1月15日
昭和39年政令第106号	建築士法施行令及び建築基準法施行令の一部を改正する政令	昭和39年4月1日
昭和39年政令第347号	地方自治法施行令等の一部を改正する政令	昭和40年4月1日
昭和42年政令第335号	道路法施行令及び道路整備特別措置法施行令の一部を改正する政令	昭和42年10月26日
昭和44年政令第8号	建築基準法施行令の一部を改正する政令	昭和44年5月1日
昭和44年政令第158号	都市計画法施行令	昭和44年6月14日
昭和44年政令第232号	都市再開発法施行令	昭和44年8月26日
昭和45年政令第176号	公共用水域の水質の保全に関する法律施行令等の一部を改正する政令	昭和45年6月10日
昭和45年政令第333号	建築基準法施行令の一部を改正する政令 （注）用途地域等に関する3年間の経過措置	昭和46年1月1日
昭和46年政令第188号	水質汚濁防止法施行令	昭和46年6月24日
昭和47年政令第420号	熱供給事業法施行令	昭和47年12月20日
昭和48年政令第242号	建築基準法施行令の一部を改正する政令	昭和48年8月23日
昭和48年政令第242号	建築基準法施行令の一部を改正する政令	昭和49年1月1日
昭和49年政令第203号	地方自治法施行令の一部を改正する政令	昭和50年4月1日
昭和50年政令第2号	都市計画法施行令及び建築基準法施行令の一部を改正する政令	昭和50年4月1日
昭和50年政令第304号	都市再開発法施行令の一部を改正する政令	昭和50年11月1日
昭和50年政令第381号	学校教育法施行令等の一部を改正する政令	昭和51年1月11日
昭和51年政令第228号	都市公園法施行令等の一部を改正する政令	昭和51年8月23日
昭和52年政令第266号	建築基準法施行令の一部を改正する政令	昭和52年11月1日

制定・改正政令番号	名　　称	施行年月日
昭和53年政令第123号	水道法施行令の一部を改正する政令	昭和53年5月1日 昭和53年6月23日
昭和53年政令第206号	建築基準法施行令及び建築士法施行令の一部を改正する政令	昭和53年7月1日
昭和55年政令第196号	建築基準法施行令の一部を改正する政令	昭和55年10月1日
昭和55年政令第273号	幹線道路の沿道の整備に関する法律施行令	昭和55年10月25日
昭和56年政令第144号	都市計画法施行令及び建築基準法施行令の一部を改正する政令	昭和56年4月25日
昭和55年政令第196号	建築基準法施行令の一部を改正する政令	昭和56年6月1日
昭和56年政令第248号	建築基準法施行令等の一部を改正する政令	昭和56年8月1日
昭和57年政令第302号	建築基準法施行令の一部を改正する政令	昭和57年11月24日
昭和57年政令第302号	建築基準法施行令の一部を改正する政令	昭和58年4月1日
昭和59年政令第15号	建築基準法施行令及び消防法施行令の一部を改正する政令	昭和59年4月1日
昭和59年政令第231号	建築基準法施行令等の一部を改正する政令	昭和59年7月1日
昭和60年政令第31号	日本電信電話株式会社法、電気通信事業法及び日本電信電話株式会社法及び電気通信事業法の施行に伴う関係法律の整備等に関する法律の施行に伴う関係政令の整理等に関する政令	昭和60年4月1日
昭和61年政令第17号	ガス事業法施行令の一部を改正する政令	昭和61年3月1日
昭和61年政令第274号	消防法施行令の一部を改正する政令	昭和61年12月1日
昭和62年政令第57号	測量法施行令等の一部を改正する政令	昭和62年4月1日
昭和62年政令第348号	建築基準法施行令の一部を改正する政令	昭和62年11月16日
昭和63年政令第25号	集落地域整備法施行令	昭和63年3月1日
昭和62年政令第348号	建築基準法施行令の一部を改正する政令	昭和63年4月1日
昭和63年政令第89号	精神衛生法等の一部を改正する法律の施行に伴う関係政令の整備に関する政令	昭和63年7月1日
昭和63年政令第322号	都市再開発法及び建築基準法の一部を改正する法律の施行に伴う関係政令の整備に関する政令	昭和63年11月15日
平成元年政令第309号	道路法施行令等の一部を改正する政令	平成元年11月22日
平成2年政令第323号	都市計画法及び建築基準法の一部を改正する法律の施行に伴う関係政令の整備に関する政令	平成2年11月20日
平成2年政令第347号	老人福祉法の一部を改正する法律の一部の施行に伴う関係政令の整備に関する政令	平成3年1月1日
平成3年政令第25号	測量法施行令等の一部を改正する政令	平成3年4月1日
平成5年政令第170号	都市計画法施行令及び建築基準法施行令の一部を改正する政令 （注）用途地域等に関する3年間の経過措置	平成5年6月25日
平成5年政令第235号	都市公園法施行令の一部を改正する政令	平成5年6月30日
平成5年政令第385号	廃棄物の処理及び清掃に関する法律施行令及び海洋汚染及び海上災害の防止に関する法律施行令の一部を改正する政令	平成5年12月15日
平成6年政令第69号	測量法施行令等の一部を改正する政令	平成6年4月1日
平成6年政令第193号	建築基準法施行令及び地方公共団体手数料令の一部を改正する政令	平成6年6月29日
平成6年政令第278号	建築基準法施行令の一部を改正する政令	平成6年8月26日 平成6年11月26日
平成6年政令第411号	ガス事業法施行令の一部を改正する政令	平成7年3月1日
平成7年政令第214号	都市計画法施行令及び建築基準法施行令の一部を改正する政令	平成7年5月25日
平成7年政令第359号	電気事業法施行令の一部を改正する政令	平成7年12月1日
平成8年政令第308号	幹線道路の沿道の整備に関する法律施行令等の一部を改正する政令	平成8年11月10日

制定・改正政令番号	名　　称	施行年月日
平成9年政令第74号	測量法施行令等の一部を改正する政令	平成9年4月1日
平成9年政令第196号	都市計画法及び建築基準法の一部を改正する法律の一部の施行に伴う関係政令の整理等に関する政令	平成9年6月13日
平成9年政令第274号	都市計画法及び建築基準法の一部を改正する法律の施行に伴う関係政令の整備に関する政令	平成9年9月1日
平成9年政令第325号	密集市街地における防災街区の整備の促進に関する法律及び密集市街地における防災街区の整備の促進に関する法律の施行に伴う関係法律の整備等に関する法律の施行に伴う関係政令の整備に関する政令	平成9年11月8日
平成10年政令第351号	学校教育法等の一部改正する法律の施行に伴う関係政令の整備に関する整備に関する政令	平成11年4月1日
平成10年政令第372号	精神薄弱の用語の整理のための関係政令の一部を改正する政令	平成11年4月1日
平成11年政令第5号	建築基準法の一部を改正する法律の一部の施行に伴う関係政令の整備等に関する政令	平成11年5月1日
平成11年政令第371号	ガス事業法施行令の一部を改正する政令	平成11年11月19日
平成11年政令第431号	電気事業法施行令の一部を改正する政令	平成12年3月21日
平成11年政令第312号	地方自治法施行令等の一部を改正する政令	平成12年4月1日
平成11年政令第352号	地方分権の推進を図るための関係法律の整備等に関する法律の施行に伴う建設省関係政令の整備等に関する政令	平成12年4月1日
平成12年政令第211号	建築基準法施行令の一部を改正する政令	平成12年6月1日
平成12年政令第312号	中央省庁等改革のための国土交通省関係政令等の整備に関する政令	平成13年1月6日
平成12年政令第434号	通商産業省関係の基準・認証制度等の整理及び合理化に関する法律の一部の施行に伴う関係政令等の整備に関する政令	平成13年4月1日
平成13年政令第42号	建築基準法施行令の一部を改正する政令	平成13年4月1日
平成13年政令第85号	建築基準法施行令の一部を改正する政令	平成13年4月1日
平成13年政令第98号	都市計画法及び建築基準法の一部を改正する法律の施行に伴う関係政令の整備に関する政令	平成13年5月18日
平成13年政令第239号	廃棄物の処理及び清掃に関する法律施行令の一部を改正する政令	平成13年7月15日
平成14年政令第191号	都市再生特別措置法の施行に伴う関係政令の整備等に関する政令	平成14年6月1日
平成14年政令第331号	建築基準法等の一部を改正する法律の施行に伴う関係政令の整備等に関する政令	平成15年1月1日
平成14年政令第329号	地方分権の推進のための条例に委任する事項の整理に関する政令	平成15年4月1日
平成14年政令第393号	建築基準法施行令の一部を改正する政令	平成15年7月1日
平成15年政令第321号	道路構造令の一部を改正する政令	平成15年7月24日
平成15年政令第423号	建築基準法施行令の一部を改正する政令	平成15年9月25日
平成15年政令第523号	密集市街地における防災街区の整備の促進に関する法律等の一部を改正する法律の施行に伴う関係政令の整備等に関する政令	平成15年12月19日
平成15年政令第476号	電気事業法及びガス事業法の一部を改正する等の法律の施行に伴う関係政令の整備に関する政令	平成16年4月1日
平成16年政令第59号	電気通信事業法及び日本電信電話株式会社等に関する法律の一部を改正する法律の一部の施行に伴う関係政令の整備に関する政令	平成16年4月1日
平成16年政令第168号	特定都市河川浸水被害対策法施行令	平成16年5月15日
平成16年政令第19号	消防法施行令の一部を改正する政令	平成16年6月1日

制定・改正政令番号	名　　称	施行年月日
平成16年政令第210号	建築基準法施行令の一部を改正する政令	平成16年7月1日 平成16年10月1日
平成16年政令第399号	景観法及び景観法の施行に伴う関係法律の整備等に関する法律の施行に伴う関係政令の整備等に関する政令	平成16年12月17日
平成17年政令第74号	建築基準法施行令の一部を改正する政令	平成17年3月25日
平成17年政令第182号	景観法及び景観法の施行に伴う関係法律の整備等に関する法律の施行に伴う関係政令の整備に関する政令	平成17年6月1日
平成17年政令第192号	建築物の安全性及び市街地の防災機能の確保等を図るための建築基準法等の一部を改正する法律の施行に伴う関係政令の整備等に関する政令	平成17年6月1日
平成17年政令第334号	建築基準法施行令の一部を改正する政令	平成17年11月7日
平成17年政令第246号	建築基準法施行令の一部を改正する政令	平成17年12月1日
平成17年政令第246号	建築基準法施行令の一部を改正する政令	平成18年2月1日
平成16年政令第325号	消防法及び石油コンビナート等災害防止法の一部を改正する法律の一部の施行に伴う関係政令の整備に関する政令	平成18年6月1日
平成18年政令第310号	宅地造成等規制法等の一部を改正する法律の施行に伴う関係政令の整備に関する政令	平成18年9月30日
平成18年政令第308号	建築基準法施行令の一部を改正する政令	平成18年10月1日
平成18年政令第320号	障害者自立支援法の一部の施行に伴う関係政令の整備に関する政令	平成18年10月1日
平成19年政令第69号	学校教育法の一部を改正する法律の施行に伴う関係政令の整備に関する政令	平成19年4月1日
平成19年政令第49号	建築物の安全性の確保を図るための建築基準法等の一部を改正する法律の施行に伴う関係政令の整備に関する政令	平成19年6月20日
平成19年政令第235号	郵政民営化法等の施行に伴う関係政令の整備等に関する政令	平成19年10月1日
平成18年政令第350号	都市の秩序ある整備を図るための都市計画法等の一部を改正する法律の施行に伴う関係政令の整備に関する政令	平成19年11月30日
平成20年政令第338号	地域における歴史的風致の維持及び向上に関する法律の施行に伴う関係政令の整備に関する政令	平成20年11月4日
平成20年政令第290号	建築基準法施行令の一部を改正する政令	平成21年9月28日
平成23年政令第10号	土砂災害警戒区域等における土砂災害防止対策の推進に関する法律施行令の一部を改正する政令	平成23年5月1日
平成23年政令第46号	建築基準法施行令の一部を改正する政令	平成23年5月1日
平成23年政令第282号	地域の自主性及び自立性を高めるための改革の推進を図るための関係法律の整備に関する法律の施行に伴う国土交通省関係政令等の整備に関する政令	平成23年8月30日
平成23年政令第46号	建築基準法施行令の一部を改正する政令	平成23年10月1日
平成23年政令第363号	地域の自主性及び自立性を高めるための改革の推進を図るための関係法律の整備に関する法律の一部の施行に伴う国土交通省関係政令等の整備に関する政令	平成24年4月1日
平成24年政令第239号	建築基準法施行令の一部を改正する政令	平成24年9月20日
平成24年政令第202号	郵政民営化法等の一部を改正する等の法律の施行に伴う関係政令の整備等に関する政令	平成24年10月1日
平成25年政令第217号	建築基準法施行令の一部を改正する政令	平成26年4月1日

制定・改正政令番号	名　　称	施行年月日
平成26年政令第221号	道路法等の一部を改正する法律の施行に伴う関係政令の整理に関する政令	平成26年6月30日
平成26年政令第232号	建築基準法施行令の一部を改正する政令	平成26年7月1日
平成26年政令第239号	都市再生特別措置法等の一部を改正する法律の施行に伴う関係政令の整備に関する政令	平成26年8月1日
平成27年政令第6号	土砂災害警戒区域等における土砂災害防止対策の推進に関する法律の一部を改正する法律の施行に伴う関係政令の整理に関する政令	平成27年1月18日
平成26年政令第412号	子ども・子育て支援法等の施行に伴う関係政令の整備に関する政令	平成27年4月1日
平成27年政令第11号	建築基準法の一部を改正する法律の施行に伴う関係政令の整備に関する政令	平成27年6月1日
平成27年政令第13号	建築士法施行令及び建築基準法施行令の一部を改正する政令	平成27年6月25日
平成27年政令第273号	水防法等の一部を改正する法律の施行に伴う関係政令の整備に関する政令	平成27年7月19日
平成27年政令第392号	行政不服審査法及び行政不服審査法の施行に伴う関係法律の整備等に関する法律の施行に伴う関係政令の整備に関する政令	平成28年4月1日
平成27年政令第421号	学校教育法等の一部を改正する法律の施行に伴う関係政令の整備に関する政令	平成28年4月1日
平成28年政令第43号	電気事業法等の一部を改正する法律の施行に伴う関係政令の整備及び経過措置に関する政令	平成28年4月1日
平成28年政令第6号	建築基準法施行令及び地方自治法施行令の一部を改正する政令	平成28年6月1日
平成27年政令第382号	風俗営業等の規制及び業務の適正化等に関する法律の一部を改正する法律の施行に伴う関係政令の整備に関する政令	平成28年6月23日
平成28年政令第288号	都市再生特別措置法等の一部を改正する法律の施行に伴う関係政令の整備に関する政令	平成28年9月1日
平成29年政令第40号	電気事業法等の一部を改正する等の法律の一部の施行に伴う関係政令の整備及び経過措置に関する政令	平成29年4月1日
平成29年政令第156号	都市緑地法等の一部を改正する法律の施行に伴う関係政令の整備等に関する政令	平成30年4月1日
平成30年政令第202号	都市再生特別措置法等の一部を改正する法律の施行に伴う関係政令の整備に関する政令	平成30年7月15日
平成30年政令第255号	建築基準法の一部を改正する法律の一部の施行に伴う関係政令の整備等に関する政令	平成30年9月25日
令和元年政令第30号	建築基準法の一部を改正する法律の施行に伴う関係政令の整備等に関する政令	令和元年6月25日
令和元年政令第44号	不正競争防止法等の一部を改正する法律の施行に伴う関係政令の整理に関する政令	令和元年7月1日
令和元年政令第91号	成年被後見人等の権利の制限に係る措置の適正化等を図るための関係法律の整備に関する法律の施行に伴う国土交通省関係政令の整理等に関する政令	令和元年9月14日
令和元年政令第181号	建築基準法施行令の一部を改正する政令	
令和2年政令第268号	都市再生特別措置法等の一部を改正する法律の施行に伴う関係政令の整備等に関する政令	令和2年4月1日 令和2年9月7日

制定・改正政令番号	名　称	施行年月日
令和3年政令第205号	特定都市河川浸水被害対策法等の一部を改正する法律の一部の施行に伴う関係政令の整備に関する政令	令和3年7月15日
令和3年政令第296号	特定都市河川浸水被害対策法等の一部を改正する法律の施行に伴う関係政令の整備等に関する政令	令和3年11月1日
令和4年政令第203号	地域の自主性及び自立性を高めるための改革の推進を図るための関係法律の整備に関する法律の一部の施行に伴う関係政令の整備に関する政令	令和4年5月31日
令和4年政令第295号	建築基準法施行令の一部を改正する政令	令和4年10月1日
令和4年政令第381号	港湾法の一部を改正する法律の施行に伴う関係政令の整備に関する政令	令和4年12月16日
令和4年政令第351号	脱炭素社会の実現に資するための建築物のエネルギー消費性能の向上に関する法律等の一部を改正する法律の一部の施行に伴う関係政令の整備に関する政令	令和5年4月1日
令和5年政令第34号	建築基準法施行令の一部を改正する政令	令和5年4月1日
令和4年政令第393号	宅地造成等規制法の一部を改正する法律の施行に伴う関係政令の整備に関する政令	令和5年5月26日
令和5年政令第163号	困難な問題を抱える女性への支援に関する法律の施行に伴う関係政令の整備に関する政令	令和6年4月1日
令和5年政令第280号	脱炭素社会の実現に資するための建築物のエネルギー消費性能の向上に関する法律等の一部を改正する法律の一部の施行に伴う関係政令の整備等に関する政令	令和6年4月1日
令和5年政令第293号	地域の自主性及び自立性を高めるための改革の推進を図るための関係法律の整備に関する法律の一部の施行に伴う関係政令の整備に関する政令	令和6年4月1日
令和5年政令第324号	道路法施行令及び建築基準法施行令の一部を改正する政令	令和6年4月1日
令和6年政令第312号	地域の自主性及び自立性を高めるための改革の推進を図るための関係法律の整備に関する法律の一部の施行に伴う関係政令の整備に関する政令	令和6年11月1日
令和6年政令第1号	水質汚濁防止法施行令及び建築基準法施行令の一部を改正する政令	令和7年4月1日
令和6年政令第172号	脱炭素社会の実現に資するための建築物のエネルギー消費性能の向上に関する法律等の一部を改正する法律の施行に伴う関係政令の整備等に関する政令	令和7年4月1日

Chapter 2 Contents

建築基準法施行令
(制定：昭和25年政令第338号・施行：昭和25年11月23日)

目次
第1章 総則

第1節 用語の定義等（第1条 — 第2条の2）
第1条	（用語の定義）	620
第2条	（面積、高さ等の算定方法）	622
第2条の2	（都道府県知事が特定行政庁となる建築物）	634

第2節 建築基準適合判定資格者検定（第3条 — 第8条の3）
第3条	（建築基準適合判定資格者検定の基準）	636
第4条	（建築基準適合判定資格者検定の方法）	636
第5条	（建築基準適合判定資格者検定の施行）	638
第6条	（合格公告及び通知）	638
第7条	（建築基準適合判定資格者検定委員の定員）	639
第8条	（建築基準適合判定資格者検定委員の勤務）	639
第8条の2	（受検の申込み）	640
第8条の3	（受検手数料）	640

第2節の2 構造計算適合判定資格者検定（第8条の4 — 第8条の6）
第8条の4	（受検資格）	641
第8条の5	（構造計算適合判定資格者検定の基準等）	641
第8条の6	（受検手数料）	642

第2節の3 建築基準関係規定（第9条）
第9条		643

第2節の4 特定増改築構造計算基準等（第9条の2・第9条の3）
第9条の2	（特定増改築構造計算基準）	647
第9条の3	（確認審査が比較的容易にできる特定構造計算基準及び特定増改築構造計算基準）	647

第3節 建築物の建築に関する確認の特例（第10条）
第10条		648

第3節の2 中間検査合格証の交付を受けるまでの共同住宅に関する工事の施工制限（第11条・第12条）
第11条	（工事を終えたときに中間検査を申請しなければならない工程）	665
第12条	（中間検査合格証の交付を受けるまで施工してはならない工程）	665

第3節の3 検査済証の交付を受けるまでの建築物の使用制限（第13条・第13条の2）
第13条	（避難施設等の範囲）	665
第13条の2	（避難施設等に関する工事に含まれない軽易な工事）	667

第3節の4 維持保全に関する準則の作成等を要する建築物（第13条の3）
第13条の3		667

第3節の5 建築監視員（第14条）
第14条		668

第3節の6 勧告の対象となる建築物（第14条の2）
第14条の2		669

第4節	損失補償（第15条）	
第15条	（収用委員会の裁決の申請手続）······	669

第5節	定期報告を要する建築物等（第16条―第18条）	
第16条	······	671
第17条・第18条	削除······	673

第2章　一般構造

第1節	採光に必要な開口部（第19条・第20条）	
第19条	（居室の採光）······	674
第20条	（有効面積の算定方法）······	679

第1節の2	開口部の少ない建築物等の換気設備（第20条の2・第20条の3）	
第20条の2	（換気設備の技術的基準）······	685
第20条の3	（火を使用する室に設けなければならない換気設備等）······	691

第1節の3	石綿その他の物質の飛散又は発散に対する衛生上の措置（第20条の4―第20条の9）	
第20条の4	（著しく衛生上有害な物質）······	696
第20条の5	（居室内において衛生上の支障を生ずるおそれがある物質）······	696
第20条の6	（居室を有する建築物の建築材料についてのクロルピリホスに関する技術的基準）······	696
第20条の7	（居室を有する建築物の建築材料についてのホルムアルデヒドに関する技術的基準）······	697
第20条の8	（居室を有する建築物の換気設備についてのホルムアルデヒドに関する技術的基準）······	701
第20条の9	（居室を有する建築物のホルムアルデヒドに関する技術的基準の特例）······	703

第2節	居室の天井の高さ、床の高さ及び防湿方法（第21条・第22条）	
第21条	（居室の天井の高さ）······	703
第22条	（居室の床の高さ及び防湿方法）······	705

第2節の2	地階における住宅等の居室の防湿の措置等（第22条の2）	
第22条の2	（地階における住宅等の居室の技術的基準）······	705

第2節の3	長屋又は共同住宅の界壁の遮音構造等（第22条の3）	
第22条の3	······	706

第3節	階段（第23条―第27条）	
第23条	（階段及びその踊場の幅並びに階段の蹴上げ及び踏面の寸法）······	707
第24条	（踊場の位置及び踏幅）······	710
第25条	（階段等の手すり等）······	710
第26条	（階段に代わる傾斜路）······	711
第27条	（特殊の用途に専用する階段）······	712

第4節	便所（第28条―第35条）	
第28条	（便所の採光及び換気）······	712
第29条	（くみ取便所の構造）······	712
第30条	（特殊建築物及び特定区域の便所の構造）······	713
第31条	（改良便槽）······	715
第32条	（法第31条第2項等の規定に基づく汚物処理性能に関する技術的基準）······	716
第33条	（漏水検査）······	723
第34条	（便所と井戸との距離）······	723
第35条	（合併処理浄化槽の構造）······	724

Chapter 2 Contents 建築基準法施行令 （制定：昭和25年政令第338号・施行：昭和25年11月23日）

第3章 構造強度

第1節 総則（第36条 — 第36条の4）

第36条	（構造方法に関する技術的基準）	724
第36条の2	（地階を除く階数が4以上である鉄骨造の建築物等に準ずる建築物）	727
第36条の3	（構造設計の原則）	728
第36条の4	（別の建築物とみなすことができる部分）	729

第2節 構造部材等（第37条 — 第39条）

第37条	（構造部材の耐久）	729
第38条	（基礎）	730
第39条	（屋根ふき材等）	731

第3節 木造（第40条 — 第50条）

第40条	（適用の範囲）	733
第41条	（木材）	733
第42条	（土台及び基礎）	733
第43条	（柱の小径）	735
第44条	（はり等の横架材）	740
第45条	（筋かい）	740
第46条	（構造耐力上必要な軸組等）	741
第47条	（構造耐力上主要な部分である継手又は仕口）	749
第48条	削除	750
第49条	（外壁内部等の防腐措置等）	753
第50条	削除	754

第4節 組積造（第51条 — 第62条）

第51条	（適用の範囲）	754
第52条	（組積造の施工）	755
第53条	削除	756
第54条	（壁の長さ）	757
第55条	（壁の厚さ）	757
第56条	（臥梁（がりよう））	758
第57条	（開口部）	758
第58条	（壁のみぞ）	759
第59条	（鉄骨組積造である壁）	760
第59条の2	（補強を要する組積造）	760
第60条	（手すり又は手すり壁）	760
第61条	（組積造のへい）	760
第62条	（構造耐力上主要な部分等のささえ）	761

第4節の2 補強コンクリートブロツク造（第62条の2 — 第62条の8）

第62条の2	（適用の範囲）	762
第62条の3	削除	762
第62条の4	（耐力壁）	762
第62条の5	（臥梁（がりよう））	763
第62条の6	（目地及び空胴部）	764
第62条の7	（帳壁）	764
第62条の8	（塀）	764

第 5 節	鉄骨造（第 63 条 — 第 70 条）	
第 63 条	（適用の範囲）	766
第 64 条	（材料）	766
第 65 条	（圧縮材の有効細長比）	766
第 66 条	（柱の脚部）	767
第 67 条	（接合）	767
第 68 条	（高力ボルト、ボルト及びリベット）	770
第 69 条	（斜材、壁等の配置）	772
第 70 条	（柱の防火被覆）	772

第 6 節	鉄筋コンクリート造（第 71 条 — 第 79 条）	
第 71 条	（適用の範囲）	773
第 72 条	（コンクリートの材料）	774
第 73 条	（鉄筋の継手及び定着）	775
第 74 条	（コンクリートの強度）	777
第 75 条	（コンクリートの養生）	779
第 76 条	（型わく及び支柱の除去）	779
第 77 条	（柱の構造）	780
第 77 条の 2	（床版の構造）	782
第 78 条	（はりの構造）	783
第 78 条の 2	（耐力壁）	784
第 79 条	（鉄筋のかぶり厚さ）	785

第 6 節の 2	鉄骨鉄筋コンクリート造（第 79 条の 2 — 第 79 条の 4）	
第 79 条の 2	（適用の範囲）	786
第 79 条の 3	（鉄骨のかぶり厚さ）	787
第 79 条の 4	（鉄骨鉄筋コンクリート造に対する第 5 節及び第 6 節の規定の準用）	787

第 7 節	無筋コンクリート造（第 80 条）	
第 80 条	（無筋コンクリート造に対する第 4 節及び第 6 節の規定の準用）	788

第 7 節の 2	構造方法に関する補則（第 80 条の 2・第 80 条の 3）	
第 80 条の 2	（構造方法に関する補則）	788
第 80 条の 3	（土砂災害特別警戒区域内における居室を有する建築物の構造方法）	789

第 8 節	構造計算	

第 1 款	総則（第 81 条）	
第 81 条		791

第 1 款の 2	保有水平耐力計算（第 82 条—第 82 条の 4）	
第 82 条	（保有水平耐力計算）	794
第 82 条の 2	（層間変形角）	798
第 82 条の 3	（保有水平耐力）	799
第 82 条の 4	（屋根ふき材等の構造計算）	801

第 1 款の 3	限界耐力計算（第 82 条の 5）	
第 82 条の 5		802

第 1 款の 4	許容応力度等計算（第 82 条の 6）	
第 82 条の 6		808

Chapter 2 Contents 建築基準法施行令 (制定：昭和25年政令第338号・施行：昭和25年11月23日)

第2款 荷重及び外力 (第83条 — 第88条)

第83条	(荷重及び外力の種類)	812
第84条	(固定荷重)	812
第85条	(積載荷重)	818
第86条	(積雪荷重)	820
第87条	(風圧力)	822
第88条	(地震力)	825

第3款 許容応力度 (第89条 — 第94条)

第89条	(木材)	829
第90条	(鋼材等)	833
第91条	(コンクリート)	840
第92条	(溶接)	842
第92条の2	(高力ボルト接合)	844
第93条	(地盤及び基礎ぐい)	845
第94条	(補則)	849

第4款 材料強度 (第95条 — 第106条)

第95条	(木材)	849
第96条	(鋼材等)	851
第97条	(コンクリート)	854
第98条	(溶接)	855
第99条	(補則)	856
第100条〜第106条 削除		860

第4章 耐火構造、準耐火構造、防火構造、防火区画等 (第107条 — 第116条)

第107条	(耐火性能に関する技術的基準)	866
第107条の2	(準耐火性能に関する技術的基準)	872
第108条	(防火性能に関する技術的基準)	874
第108条の2	(不燃性能及びその技術的基準)	876
第108条の3	(主要構造部のうち防火上及び避難上支障がない部分)	877
第108条の4	(耐火建築物の特定主要構造部に関する技術的基準)	877
第109条	(防火戸その他の防火設備)	884
第109条の2	(遮炎性能に関する技術的基準)	887
第109条の2の2	(主要構造部を準耐火構造とした建築物等の層間変形角)	887
第109条の3	(主要構造部を準耐火構造とした建築物と同等の耐火性能を有する建築物の技術的基準)	888
第109条の4	(法第21条第1項の政令で定める部分)	890
第109条の5	(大規模の建築物の特定主要構造部の性能に関する技術的基準)	890
第109条の6	(延焼防止上有効な空地の技術的基準)	892
第109条の7	(大規模の建築物の壁、柱、床その他の部分又は防火設備の性能に関する技術的基準)	892
第109条の8	(別の建築物とみなすことができる部分)	892
第109条の9	(法第22条第1項の市街地の区域内にある建築物の屋根の性能に関する技術的基準)	893
第109条の10	(準防火性能に関する技術的基準)	894
第110条	(法第27条第1項に規定する特殊建築物の特定主要構造部の性能に関する技術的基準)	895
第110条の2	(延焼するおそれがある外壁の開口部)	897
第110条の3	(法第27条第1項に規定する特殊建築物の防火設備の遮炎性能に関する技術的基準)	897
第110条の4	(警報設備を設けた場合に耐火建築物等とすることを要しないこととなる用途)	898

第 110 条の 5	（警報設備の技術的基準）	898
第 111 条	（窓その他の開口部を有しない居室等）	900
第 112 条	（防火区画）	901
第 113 条	（木造等の建築物の防火壁及び防火床）	925
第 114 条	（建築物の界壁、間仕切壁及び隔壁）	929
第 115 条	（建築物に設ける煙突）	934
第 115 条の 2	（防火壁又は防火床の設置を要しない建築物に関する技術的基準等）	937
第 115 条の 3	（耐火建築物等としなければならない特殊建築物）	944
第 115 条の 4	（自動車車庫等の用途に供してはならない準耐火建築物）	945
第 116 条	（危険物の数量）	945

第 5 章　避難施設等

第 1 節　総則（第 116 条の 2）

第 116 条の 2	（窓その他の開口部を有しない居室等）	952

第 2 節　廊下、避難階段及び出入口（第 117 条 — 第 126 条）

第 117 条	（適用の範囲）	952
第 118 条	（客席からの出口の戸）	954
第 119 条	（廊下の幅）	954
第 120 条	（直通階段の設置）	955
第 121 条	（2 以上の直通階段を設ける場合）	959
第 121 条の 2	（屋外階段の構造）	964
第 122 条	（避難階段の設置）	964
第 123 条	（避難階段及び特別避難階段の構造）	966
第 123 条の 2	（共同住宅の住戸の床面積の算定等）	974
第 124 条	（物品販売業を営む店舗における避難階段等の幅）	975
第 125 条	（屋外への出口）	976
第 125 条の 2	（屋外への出口等の施錠装置の構造等）	977
第 126 条	（屋上広場等）	978

第 3 節　排煙設備（第 126 条の 2・第 126 条の 3）

第 126 条の 2	（設置）	978
第 126 条の 3	（構造）	982

第 4 節　非常用の照明装置（第 126 条の 4・第 126 条の 5）

第 126 条の 4	（設置）	984
第 126 条の 5	（構造）	985

第 5 節　非常用の進入口（第 126 条の 6・第 126 条の 7）

第 126 条の 6	（設置）	986
第 126 条の 7	（構造）	987

第 6 節　敷地内の避難上及び消火上必要な通路等（第 127 条 — 第 128 条の 3）

第 127 条	（適用の範囲）	988
第 128 条	（敷地内の通路）	988
第 128 条の 2	（大規模な木造等の建築物の敷地内における通路）	989
第 128 条の 3	（地下街）	990

Chapter 2 Contents 建築基準法施行令 （制定：昭和 25 年政令第 338 号・施行：昭和 25 年 11 月 23 日）

第 5 章の 2　特殊建築物等の内装 （第 128 条の 3 の 2 ― 第 128 条の 6）

第 128 条の 3 の 2	（制限を受ける窓その他の開口部を有しない居室）	996
第 128 条の 4	（制限を受けない特殊建築物等）	996
第 128 条の 5	（特殊建築物等の内装）	1002
第 128 条の 6	（別の建築物とみなすことができる部分）	1010

第 5 章の 3　避難上の安全の検証 （第 128 条の 7 ― 第 129 条の 2 の 2）

第 128 条の 7	（避難上の安全の検証を行う区画部分に対する基準の適用）	1010
第 129 条	（避難上の安全の検証を行う建築物の階に対する基準の適用）	1013
第 129 条の 2	（避難上の安全の検証を行う建築物に対する基準の適用）	1018
第 129 条の 2 の 2	（別の建築物とみなす部分）	1023

第 5 章の 4　建築設備等

第 1 節　建築設備の構造強度 （第 129 条の 2 の 3）

| 第 129 条の 2 の 3 | | 1025 |

第 1 節の 2　給水、排水その他の配管設備 （第 129 条の 2 の 4 ― 第 129 条の 2 の 6）

第 129 条の 2 の 4	（給水、排水その他の配管設備の設置及び構造）	1027
第 129 条の 2 の 5	（換気設備）	1034
第 129 条の 2 の 6	（冷却塔設備）	1038

第 2 節　昇降機 （第 129 条の 3 ― 第 129 条の 13 の 3）

第 129 条の 3	（適用の範囲）	1039
第 129 条の 4	（エレベーターの構造上主要な部分）	1041
第 129 条の 5	（エレベーターの荷重）	1046
第 129 条の 6	（エレベーターのかごの構造）	1047
第 129 条の 7	（エレベーターの昇降路の構造）	1049
第 129 条の 8	（エレベーターの駆動装置及び制御器）	1052
第 129 条の 9	（エレベーターの機械室）	1053
第 129 条の 10	（エレベーターの安全装置）	1054
第 129 条の 11	（適用の除外）	1056
第 129 条の 12	（エスカレーターの構造）	1057
第 129 条の 13	（小荷物専用昇降機の構造）	1061
第 129 条の 13 の 2	（非常用の昇降機の設置を要しない建築物）	1063
第 129 条の 13 の 3	（非常用の昇降機の設置及び構造）	1065

第 3 節　避雷設備 （第 129 条の 14・第 129 条の 15）

| 第 129 条の 14 | （設置） | 1071 |
| 第 129 条の 15 | （構造） | 1071 |

第 6 章　建築物の用途 （第 130 条 ― 第 130 条の 9 の 8）

第 130 条	（用途地域の制限に適合しない建築物の増築等の許可に当たり意見の聴取等を要しない場合等）	1072
第 130 条の 2	（特定用途制限地域内において条例で定める制限）	1073
第 130 条の 2 の 2	（位置の制限を受ける処理施設）	1074
第 130 条の 2 の 3	（卸売市場等の用途に供する特殊建築物の位置に対する制限の緩和）	1074
第 130 条の 3	（第一種低層住居専用地域内に建築することができる兼用住宅）	1081

第130条の4	（第一種低層住居専用地域内に建築することができる公益上必要な建築物）	1083
第130条の5	（第一種低層住居専用地域等内に建築してはならない附属建築物）	1087
第130条の5の2	（第二種低層住居専用地域及び田園住居地域内に建築することができる店舗、飲食店等の建築物）	1088
第130条の5の3	（第一種中高層住居専用地域内に建築することができる店舗、飲食店等の建築物）	1089
第130条の5の4	（第一種中高層住居専用地域内に建築することができる公益上必要な建築物）	1089
第130条の5の5	（第一種中高層住居専用地域内に建築してはならない附属建築物）	1090
第130条の6	（第二種中高層住居専用地域内に建築することができる工場）	1090
第130条の6の2	（第二種中高層住居専用地域及び工業専用地域内に建築してはならない運動施設）	1091
第130条の7	（第二種中高層住居専用地域内に建築してはならない畜舎）	1091
第130条の7の2	（第一種住居地域内に建築することができる大規模な建築物）	1092
第130条の7の3	（第二種住居地域及び工業地域内に建築してはならない建築物）	1094
第130条の8	（第二種住居地域内に建築することができる附属自動車庫）	1094
第130条の8の2	（第二種住居地域等内に建築してはならない建築物の店舗、飲食店等に類する用途）	1095
第130条の8の3	（準住居地域内で営むことができる特殊の方法による事業）	1096
第130条の9	（危険物の貯蔵又は処理に供する建築物）	1096
第130条の9の2	（準住居地域及び用途地域の指定のない区域内に建築してはならない建築物のナイトクラブに類する用途）	1103
第130条の9の3	（田園住居地域内に建築してはならない建築物）	1104
第130条の9の4	（田園住居地域内に建築することができる農業の利便を増進するために必要な店舗、飲食店等の建築物）	1104
第130条の9の5	（近隣商業地域及び準工業地域内に建築してはならない建築物）	1104
第130条の9の6	（商業地域内で営んではならない事業）	1105
第130条の9の7	（準工業地域内で営むことができる特殊の方法による事業）	1105
第130条の9の8	（準工業地域内で営むことができる可燃性ガスの製造）	1107

第7章　建築物の各部分の高さ等（第130条の10 ― 第136条）

第130条の10	（第一種低層住居専用地域等内における建築物の高さの制限の緩和に係る敷地内の空地等）	1108
第130条の11	（建築物の敷地が2以上の地域、地区又は区域にわたる場合の法別表第3（は）欄に掲げる距離の適用の特例）	1109
第130条の12	（前面道路との関係についての建築物の各部分の高さの制限に係る建築物の後退距離の算定の特例）	1109
第131条	（前面道路との関係についての建築物の各部分の高さの制限の緩和）	1110
第131条の2	（前面道路とみなす道路等）	1111
第132条	（2以上の前面道路がある場合）	1113
第133条	削除	1114
第134条	（前面道路の反対側に公園、広場、水面その他これらに類するものがある場合）	1114
第135条	削除	1115
第135条の2	（道路面と敷地の地盤面に高低差がある場合）	1116
第135条の3	（隣地との関係についての建築物の各部分の高さの制限の緩和）	1117
第135条の4	（北側の前面道路又は隣地との関係についての建築物の各部分の高さの制限の緩和）	1119
第135条の5	（天空率）	1120
第135条の6	（前面道路との関係についての建築物の各部分の高さの制限を適用しない建築物の基準等）	1121
第135条の7	（隣地との関係についての建築物の各部分の高さの制限を適用しない建築物の基準等）	1122
第135条の8	（北側の隣地との関係についての建築物の各部分の高さの制限を適用しない建築物の基準等）	1122
第135条の9	（法第56条第7項第一号の政令で定める位置）	1123
第135条の10	（法第56条第7項第二号の政令で定める位置）	1123

Chapter 2 Contents 建築基準法施行令 (制定：昭和25年政令第338号・施行：昭和25年11月23日)

第135条の11	（法第56条第7項第三号の政令で定める位置）	1124
第135条の12	（日影による中高層の建築物の高さの制限の適用除外等）	1125
第135条の13	（建築物が日影時間の制限の異なる区域の内外にわたる場合等の措置）	1126
第135条の14	（高層住居誘導地区内の建築物及び法第52条第8項に規定する建築物の容積率の上限の数値の算出方法）	1127
第135条の15	（条例で地盤面を別に定める場合の基準）	1128
第135条の16	（容積率の算定の基礎となる延べ面積に昇降路の部分の床面積を算入しない昇降機）	1128
第135条の17	（敷地内の空地の規模等）	1129
第135条の18	（容積率の制限について前面道路の幅員に加算する数値）	1131
第135条の19	（容積率の算定に当たり建築物から除かれる部分）	1133
第135条の20	（耐火建築物と同等以上の延焼防止性能を有する建築物等）	1134
第135条の21	（建蔽率の制限の緩和に当たり建築物から除かれる部分）	1135
第135条の22	（第一種低層住居専用地域等内における外壁の後退距離に対する制限の緩和）	1135
第135条の23	（特例容積率の限度の指定の申請について同意を得るべき利害関係者）	1137
第135条の24	（特例容積率の限度の指定の取消しの申請について同意を得るべき利害関係者）	1138
第136条	（敷地内の空地及び敷地面積の規模）	1138

第7章の2 防火地域又は準防火地域内の建築物（第136条の2 — 第136条の2の3）

第136条の2	（防火地域又は準防火地域内の建築物の壁、柱、床その他の部分及び防火設備の性能に関する技術的基準）	1143
第136条の2の2	（防火地域又は準防火地域内の建築物の屋根の性能に関する技術的基準）	1148
第136条の2の3	削除	1149

第7章の2の2 特定防災街区整備地区内の建築物（第136条の2の4）

| 第136条の2の4 | （建築物の防災都市計画施設に係る間口率及び高さの算定） | 1149 |

第7章の3 地区計画等の区域（第136条の2の5 — 第136条の2の8）

第136条の2の5	（地区計画等の区域内において条例で定める制限）	1150
第136条の2の6	（再開発等促進区等内において高さの制限の緩和を受ける建築物の敷地面積の規模）	1167
第136条の2の7	（予定道路の指定の基準）	1168
第136条の2の8	（予定道路の指定について同意を得るべき利害関係者）	1169

第7章の4 都市計画区域及び準都市計画区域以外の区域内の建築物の敷地及び構造（第136条の2の9・第136条の2の10）

第136条の2の9	（都道府県知事が指定する区域内の建築物に係る制限）	1170
第136条の2の10	（準景観地区内の建築物に係る制限）	1172

第7章の5 型式適合認定等（第136条の2の11 — 第136条の2の13）

第136条の2の11	（型式適合認定の対象とする建築物の部分及び一連の規定）	1173
第136条の2の12	（型式部材等製造者等に係る認証の有効期間）	1183
第136条の2の13	（認証外国型式部材等製造者の工場等における検査等に要する費用の負担）	1184

第7章の6 指定確認検査機関等（第136条の2の14 — 第136条の2の18）

第136条の2の14	（親会社等）	1185
第136条の2の15	（指定確認検査機関に係る指定の有効期間）	1186

第 136 条の 2 の 16	（指定構造計算適合性判定機関に係る指定の有効期間）………………………………	1186
第 136 条の 2 の 17	（指定認定機関等に係る指定等の有効期間）………………………………………………	1186
第 136 条の 2 の 18	（承認認定機関等の事務所における検査に要する費用の負担）……………………	1187

第 7 章の 7　建築基準適合判定資格者等の登録手数料（第 136 条の 2 の 19）

| 第 136 条の 2 の 19 | ……………………………………………………………………………………………………… | 1188 |

第 7 章の 8　工事現場の危害の防止（第 136 条の 2 の 20 ― 第 136 条の 8）

第 136 条の 2 の 20	（仮囲い）…………………………………………………………………………………………	1189
第 136 条の 3	（根切り工事、山留め工事等を行う場合の危害の防止）………………………………	1190
第 136 条の 4	（基礎工事用機械等の転倒による危害の防止）………………………………………	1193
第 136 条の 5	（落下物に対する防護）………………………………………………………………………	1194
第 136 条の 6	（建て方）…………………………………………………………………………………………	1195
第 136 条の 7	（工事用材料の集積）…………………………………………………………………………	1196
第 136 条の 8	（火災の防止）…………………………………………………………………………………	1196

第 7 章の 9　簡易な構造の建築物に対する制限の緩和（第 136 条の 9 ― 第 136 条の 11）

第 136 条の 9	（簡易な構造の建築物の指定）………………………………………………………………	1197
第 136 条の 10	（簡易な構造の建築物の基準）………………………………………………………………	1198
第 136 条の 11	（防火区画等に関する規定の適用の除外）………………………………………………	1201

第 7 章の 10　一の敷地とみなすこと等による制限の緩和（第 136 条の 12）

| 第 136 条の 12 | （一団地内の空地及び一団地の面積の規模）…………………………………………… | 1201 |

第 8 章　既存の建築物に対する制限の緩和等（第 137 条 ― 第 137 条の 19）

第 137 条	（基準時）…………………………………………………………………………………………	1201
第 137 条の 2	（構造耐力関係）………………………………………………………………………………	1207
第 137 条の 2 の 2	（大規模の建築物の主要構造部等関係）…………………………………………………	1211
第 137 条の 2 の 3	（屋根関係）………………………………………………………………………………………	1212
第 137 条の 2 の 4	（外壁関係）………………………………………………………………………………………	1212
第 137 条の 2 の 5	（大規模の木造建築物等の外壁等関係）…………………………………………………	1212
第 137 条の 3	（防火壁及び防火床関係）……………………………………………………………………	1213
第 137 条の 4	（耐火建築物等としなければならない特殊建築物関係）……………………………	1213
第 137 条の 4 の 2	（石綿関係）………………………………………………………………………………………	1214
第 137 条の 5	（長屋又は共同住宅の各戸の界壁関係）…………………………………………………	1215
第 137 条の 6	（非常用の昇降機関係）………………………………………………………………………	1215
第 137 条の 6 の 2	（階段等関係）…………………………………………………………………………………	1216
第 137 条の 6 の 3	（敷地内の避難上及び消火上必要な通路関係）………………………………………	1217
第 137 条の 6 の 4	（防火壁及び防火区画関係）………………………………………………………………	1217
第 137 条の 7	（用途地域等関係）……………………………………………………………………………	1217
第 137 条の 8	（容積率関係）…………………………………………………………………………………	1222
第 137 条の 9	（高度利用地区等関係）………………………………………………………………………	1226
第 137 条の 10	（防火地域関係）………………………………………………………………………………	1228
第 137 条の 11	（準防火地域関係）……………………………………………………………………………	1231
第 137 条の 11 の 2	（防火地域及び準防火地域内の建築物の屋根関係）…………………………………	1233

建築基準法施行令　目次　│　617

Chapter 2 Contents 建築基準法施行令 (制定：昭和25年政令第338号・施行：昭和25年11月23日)

第137条の11の3	（特定防災街区整備地区関係）	1233
第137条の12	（大規模の修繕又は大規模の模様替）	1233
第137条の13	（技術的基準から除かれる防火区画）	1239
第137条の14	（独立部分）	1239
第137条の15	（増築等をする部分以外の部分に対して適用されない基準）	1242
第137条の16	（移転）	1242
第137条の17	（公共事業の施行等による敷地面積の減少について法第3条等の規定を準用する事業）	1242
第137条の18	（建築物の用途を変更して特殊建築物とする場合に建築主事の確認等を要しない類似の用途）	1243
第137条の19	（建築物の用途を変更する場合に法第27条等の規定を準用しない類似の用途等）	1243

第9章 工作物 （第138条 — 第144条の2の4）

第138条	（工作物の指定等）	1249
第138条の2	（工作物に関する確認の特例）	1257
第138条の3	（維持保全に関する準則の作成等を要する昇降機等）	1257
第139条	（煙突及び煙突の支線）	1258
第140条	（鉄筋コンクリート造の柱等）	1263
第141条	（広告塔又は高架水槽等）	1266
第142条	（擁壁）	1269
第143条	（乗用エレベーター又はエスカレーター）	1272
第144条	（遊戯施設）	1274
第144条の2	（型式適合認定の対象とする工作物の部分及び一連の規定）	1282
第144条の2の2	（製造施設、貯蔵施設、遊戯施設等）	1285
第144条の2の3	（処理施設）	1287
第144条の2の4	（特定用途制限地域内の工作物）	1287

第10章 雑則 （第144条の3 — 第150条）

第144条の3	（安全上、防火上又は衛生上重要である建築物の部分）	1288
第144条の4	（道に関する基準）	1291
第144条の5	（窓その他の開口部を有しない居室）	1293
第145条	（道路内に建築することができる建築物に関する基準等）	1295
第146条	（確認等を要する建築設備）	1301
第147条	（仮設建築物等に対する制限の緩和）	1303
第147条の2	（工事中における安全上の措置等に関する計画の届出を要する建築物）	1307
第147条の3	（消防長等の同意を要する住宅）	1308
第147条の4	（映像等の送受信による通話の方法による口頭審査）	1308
第147条の5	（権限の委任）	1309
第148条	（市町村の建築主事等の特例）	1309
第149条	（特別区の特例）	1321
第150条	（両罰規定の対象となる多数の者が利用する建築物）	1337

附則

令1条 制定：昭和25年政令第338号

建築基準法施行令（制定：昭和25年政令第338号 ・ 施行：昭和25年11月23日）

[現行] 第1章　総則
(制定：昭和25年政令第338号)　第1章　総則

[現行] 第1節　用語の定義等
(制定：昭和25年政令第338号)　第1節　用語の定義及び算定方法
(改正：平成19年政令第49号)　第1節　<u>用語の定義等</u>

[現行]　第1条　（用語の定義）

制定：昭和25年政令第338号　　　施行：昭和25年11月23日
第1条　（用語の定義）

1　この政令において下の各号に掲げる用語の意義は、それぞれ当該各号に定めるところによる。
　一　敷地　一の建築物又は用途上不可分の関係にある2以上の建築物のある一団の土地をいう。
　二　地階　床が地盤面下にある階で、床面から地盤面までの高さがその階の天井の高さの3分の1以上のものをいう。
　三　構造耐力上主要な部分　壁、柱、小屋組、土台、斜材（筋かい、方づえ、火打材その他これらに類するものをいう。）又は横架材（はり、けたその他これらに類するものをいう。）で、建築物の自重若しくは積載荷重、積雪、風圧、土圧若しくは水圧又は地震その他の震動若しくは衝撃をささえるものをいう。
　四　耐水材料　れん瓦、石、人造石、コンクリート、アスファルト、陶じ器、ガラスその他これらに類する耐水性の建築材料をいう。

改正：昭和34年政令第344号　　　施行：昭和34年12月23日
第1条　（用語の定義）

1　この政令において<u>次の</u>各号に掲げる用語の意義は、それぞれ当該各号に定めるところによる。
　一・二　略
　三　構造耐力上主要な部分　<u>基礎、基礎ぐい、</u>壁、柱、小屋組、土台、斜材（筋かい、方づえ、火打材その他これらに類するものをいう。）<u>、床版、屋根版又は</u>横架材（はり、けたその他これらに類するものをいう。）で、建築物の自重若しくは積載荷重、積雪、風圧、土圧若しくは水圧又は地震その他の震動若しくは衝撃をささえるものをいう。
　四　耐水材料　れんが、石、人造石、コンクリート、アスファルト、<u>陶磁器</u>、ガラスその他これらに類する耐水性の建築材料をいう。
　<u>五　準不燃材料</u>　木毛セメント板、石膏（こう）板その他の建築材料で不燃材料に準ずる防火性能を有するものとして建設大臣が指定するものをいう。
　<u>六　難燃材料</u>　難燃合板、難燃繊維板、難燃プラスチック板その他の建築材料で難燃性を有するものとして建設大臣が指定するものをいう。

改正：昭和45年政令第333号　　　施行：昭和46年1月1日
第1条　（用語の定義）

1　この政令において次の各号に掲げる用語の意義は、それぞれ当該各号に定めるところによる。
　一〜四　略
　五　準不燃材料　木毛セメント板、<u>石膏（こう）ボード</u>その他の建築材料で不燃材料に準ずる防火性能を有するものとして建設大臣が指定するものをいう。
　六　略

改正：平成12年政令第211号　　　施行：平成12年6月1日
第1条　（用語の定義）

1　この政令において次の各号に掲げる用語の意義は、それぞれ当該各号に定めるところによる。
　一・二　略
　三　構造耐力上主要な部分　基礎、基礎ぐい、壁、柱、小屋組、土台、斜材（筋かい、方づえ、火打材その他これらに類するものをいう。）、床版、屋根版又は横架材（はり、けたその他これらに類するものをいう。）で、建築物の自重若しくは積載荷重、積雪、風圧、土圧若しくは水圧又は地震その他の震動若しくは衝撃を<u>支える</u>ものをいう。
　四　耐水材料　れんが、石、人造石、コンクリート、<u>アスファルト</u>、陶磁器、ガラスその他これらに類する耐水性の建築材料をいう。
　五　準不燃材料　建築材料のうち、通常の火災による火熱が加えられた場合に、加熱開始後10分間第108条の2各号（建築物の外部の仕上げに用いるものにあつては、同条第一号及び第二号）に掲げる要件を満たしているものとして、建設大臣が定めたもの又は建設大臣の認定を受けたものをいう。
　六　難燃材料　建築材料のうち、通常の火災による火熱が加えられた場合に、加熱開始後5分間第108条の2各号（建築物の外部の仕上げに用いるものにあつては、同条第一号及び第二号）に掲げる要件を満たしているものとして、建設大臣が定めたもの又は建設大臣の認定を受けたものをいう。

改正：平成12年政令第312号　　　施行：平成13年1月6日
第1条　（用語の定義）

1　この政令において次の各号に掲げる用語の意義は、それぞれ当該各号に定めるところによる。
　一～四　略
　五　準不燃材料　建築材料のうち、通常の火災による火熱が加えられた場合に、加熱開始後10分間第108条の2各号（建築物の外部の仕上げに用いるものにあつては、同条第一号及び第二号）に掲げる要件を満たしているものとして、<u>国土交通大臣</u>が定めたもの又は<u>国土交通大臣</u>の認定を受けたものをいう。
　六　難燃材料　建築材料のうち、通常の火災による火熱が加えられた場合に、加熱開始後5分間第108条の2各号（建築物の外部の仕上げに用いるものにあつては、同条第一号及び第二号）に掲げる要件を満たしているものとして、<u>国土交通大臣</u>が定めたもの又は<u>国土交通大臣</u>の認定を受けたものをいう。

改正：平成19年政令第49号　　　施行：平成19年6月20日
第1条　（用語の定義）

1　この政令において次の各号に掲げる用語の意義は、それぞれ当該各号に定めるところによる。
　一　敷地　一の建築物又は用途上不可分の関係にある2以上の建築物のある一団の土地をいう。
　二　地階　床が地盤面下にある階で、床面から地盤面までの高さがその階の天井の高さの3分の1以上のものをいう。
　三　構造耐力上主要な部分　基礎、基礎ぐい、壁、柱、小屋組、土台、斜材（筋かい、方づえ、火打材その他これらに類するものをいう。）、床版、屋根版又は横架材（はり、けたその他これらに類するものをいう。）で、建築物の自重若しくは積載荷重、<u>積雪荷重</u>、風圧、土圧若しくは水圧又は地震その他の震動若しくは衝撃を支えるものをいう。
　四　耐水材料　れんが、石、人造石、コンクリート、アスファルト、陶磁器、ガラスその他これらに類する耐水性の建築材料をいう。
　五　準不燃材料　建築材料のうち、通常の火災による火熱が加えられた場合に、加熱開始後10分間第108条の2各号（建築物の外部の仕上げに用いるものにあつては、同条第一号及び第二号）に掲げる要件を満たしているものとして、国土交通大臣が定めたもの又は国土交通大臣の認定を受けたものをいう。
　六　難燃材料　建築材料のうち、通常の火災による火熱が加えられた場合に、加熱開始後5分間第108条の2各号（建築物の外部の仕上げに用いるものにあつては、同条第一号及び第二号）に掲げる要件を満たしているものとして、国土交通大臣が定めたもの又は国土交通大臣の認定を受けたものをいう。

令2条 制定：昭和25年政令第338号

[現行]　第2条　（面積、高さ等の算定方法）

制定：昭和25年政令第338号　　　施行：昭和25年11月23日
第2条　（面積、高さ等の算定方法）
1　下の各号に掲げる面積、高さ及び階数の算定方法は、それぞれ当該各号に定めるところによる。
　一　敷地面積　敷地の水平投影面積による。但し、建築基準法（以下「法」という。）第42条第2項の規定によつて道路の境界線とみなされる線と道との間の部分の敷地は、算入しない。この政令において下の各号に掲げる用語の意義は、それぞれ当該各号に定めるところによる。
　二　建築面積　建築物（地階で地盤面上1m以下にある部分を除く。）の外壁又はこれに代る柱の中心線（軒、ひさし、はね出し縁その他これらに類するもので当該中心線から水平距離1m以上突き出たものがある場合においては、その端から水平距離1m後退した線）で囲まれた部分の水平投影面積による。
　三　床面積　建築物の各階又はその一部で壁その他の区画の中心線で囲まれた部分の水平投影面積による。
　四　延べ面積　建築物の各階の床面積の合計による。但し、法第56条第3項の場合においては、地階の床面積は、算入しない。
　五　建築物の高さ　地盤面からの高さによる。但し、下のイ、ロ又はハの一に該当する場合においては、それぞれイ、ロ又はハに定めるところによる。
　　イ　法第57条又は法第58条の規定による高さの算定については、前面道路の路面の中心からの高さによる。
　　ロ　階段室、昇降機塔、装飾塔、物見塔、屋窓その他これらに類する建築物の屋上部分の水平投影面積の合計が当該建築物の建築面積の8分の1以内の場合においては、その部分の高さは、12mまでは、当該建築物の高さに算入しない。
　　ハ　棟飾、防火壁の屋上突出部その他これらに類する屋上突出物は、当該建築物の高さに算入しない。
　六　軒の高さ　地盤面から建築物の小屋組又はこれに代る横架材を支持する壁、敷げた又は柱の上端までの高さによる。
　七　階数　昇降機塔、装飾塔、物見塔その他これらに類する建築物の屋上部分又は地階の倉庫、機械室その他これらに類する建築物の部分で、水平投影面積の合計がそれぞれ当該建築物の建築面積の8分の1以下のものは、当該建築物の階数に算入しない。又、建築物の一部が吹抜きとなつている場合、建築物の敷地が斜面又は段地である場合その他建築物の部分によつて階数を異にする場合においては、これらの階数のうち最大なものによる。
2　前項第二号、第五号又は第六号の「地盤面」とは、建築物が周囲の地面と接する位置の平均の高さにおける水平面をいい、その接する位置の高低差が3mをこえる場合においては、その高低差3m以内ごとの平均の高さにおける水平面をいう。
3　第1項第五号ロ又は第七号の場合における水平投影面積の算定方法は、同項第二号の建築面積の算定方法によるものとする。

改正：昭和34年政令第344号　　　施行：昭和34年12月23日
第2条　（面積、高さ等の算定方法）
1　次の各号に掲げる面積、高さ及び階数の算定方法は、それぞれ当該各号に定めるところによる。
　一　敷地面積　敷地の水平投影面積による。ただし、建築基準法（以下「法」という。）第42条第2項又は第3項の規定によつて道路の境界線とみなされる線と道との間の部分の敷地は、算入しない。
　二・三　略
　四　延べ面積　建築物の各階の床面積の合計による。ただし、法第56条第3項の場合においては、地階の床面積は、算入しない。
　五　建築物の高さ　地盤面からの高さによる。ただし、次のイ、ロ又はハの一に該当する場合においては、それぞれイ、ロ又はハに定めるところによる。
　　イ　略
　　ロ　法第33条の場合を除き、階段室、昇降機塔、装飾塔、物見塔、屋窓その他これらに類する建築物の屋上部分の水平投影面積の合計が当該建築物の建築面積の8分の1以内の場合においては、その部分の高さは、12mまでは、当該建築物の高さに算入しない。
　　ハ　むね飾、防火壁の屋上突出部その他これらに類する屋上突出物は、当該建築物の高さに算入しない。

改正：昭和36年政令第396号　　　　施行：昭和36年12月4日
第2条　（面積、高さ等の算定方法）

> 1　次の各号に掲げる面積、高さ及び階数の算定方法は、それぞれ当該各号に定めるところによる。
> 　一～三　略
> 　四　延べ面積　建築物の各階の床面積の合計による。ただし、法第56条第3項<u>又は法第59条の2第3項</u>の場合においては、地階の床面積は、算入しない。
> 　五～七　略
> 2・3　略

改正：昭和39年政令第4号　　　　施行：昭和39年1月15日
第2条　（面積、高さ等の算定方法）

> 1　次の各号に掲げる面積、高さ及び階数の算定方法は、それぞれ当該各号に定めるところによる。
> 　一～三　略
> 　四　延べ面積　建築物の各階の床面積の合計による。ただし、<u>法第56条第3項の場合においては地階の床面積を、法第59条の2第2項及び第4項並びに法第59条の3第3項の場合においては自動車車庫その他のもつぱら自動車の停留又は駐車のための施設（誘導車路、操車場所及び乗降場を含む。）の用途に供する部分の床面積を算入しない。</u>
> 　五～七　略
> 2　略
> <u>3　第1項第四号ただし書の規定は、同項に規定するもつぱら自動車の停留又は駐車のための施設の用途に供する部分の床面積については、当該敷地内の建築物の各階の床面積の合計（同一敷地内に2以上の建築物がある場合においては、それらの建築物の各階の床面積の合計の和）の5分の1を限度として適用するものとする。</u>
> <u>4　第1項第五号ロ又は第七号の場合における水平投影面積の算定方法は、同項第二号の建築面積の算定方法によるものとする。</u>

改正：昭和44年政令第158号　　　　施行：昭和44年6月14日
第2条　（面積、高さ等の算定方法）

> 1　次の各号に掲げる面積、高さ及び階数の算定方法は、それぞれ当該各号に定めるところによる。
> 　一～三　略
> 　四　延べ面積　建築物の各階の床面積の合計による。ただし、法第56条<u>第1項</u>の場合においては地階の床面積を、法第59条の2<u>第1項</u>及び<u>第3項</u>並びに法第59条の3<u>第1項</u>の場合においては自動車車庫その他のもつぱら自動車の停留又は駐車のための施設（誘導車路、操車場所及び乗降場を含む。）の用途に供する部分の床面積を算入しない。
> 　五～七　略
> 2～4　略

改正：昭和44年政令第232号　　　　施行：昭和44年8月26日
第2条　（面積、高さ等の算定方法）

> 1　次の各号に掲げる面積、高さ及び階数の算定方法は、それぞれ当該各号に定めるところによる。
> 　一～三　略
> 　四　延べ面積　建築物の各階の床面積の合計による。ただし、法第56条第1項の場合においては地階の床面積を、法第59条の2第1項及び第3項並びに<u>法第59条の4</u>第1項の場合においては自動車車庫その他のも

令2条　改正：昭和44年政令第232号

　　　つぱら自動車の停留又は駐車のための施設（誘導車路、操車場所及び乗降場を含む。）の用途に供する部分の床面積を算入しない。
　　五〜七　略
　2〜4　略

改正：昭和45年政令第333号　　　施行：昭和46年1月1日
第2条　（面積、高さ等の算定方法）

1　次の各号に掲げる面積、高さ及び階数の算定方法は、それぞれ当該各号に定めるところによる。
　一　略
　二　建築面積　建築物（地階で地盤面上1m以下にある部分を除く。）の外壁又はこれに<u>代わる柱の中心線</u>（軒、ひさし、はね出し縁その他これらに類するもので当該中心線から水平距離1m以上突き出したものがある場合においては、その端から水平距離1m後退した線）で囲まれた部分の水平投影面積による。
　三　略
　四　延べ面積　建築物の各階の床面積の合計による。ただし、<u>法第52条第1項及び第3項並びに法第60条第1項</u>の場合においては自動車車庫その他のもつぱら自動車の停留又は駐車のための施設（誘導車路、操車場所及び乗降場を含む。）の用途に供する部分の床面積を算入しない。
　五　建築物の高さ　地盤面からの高さによる。ただし、次のイ、ロ又はハの一に該当する場合においては、それぞれイ、ロ又はハに定めるところによる。
　　イ　<u>法第56条第1項第一号</u>の規定による高さの算定については、前面道路の路面の中心からの高さによる。
　　ロ　<u>法第33条</u>、法第56条第1項第三号及び法第58条（北側の前面道路又は隣地との関係についての建築物の各部分の高さの最高限度が定められている場合において、その高さを算定するときに限る。）の場合を除き、階段室、昇降機塔、装飾塔、物見塔、屋窓その他これらに類する建築物の屋上部分の水平投影面積の合計が当該建築物の建築面積の8分の1以内の場合においては、その部分の高さは、12m（<u>法第55条第1項の場合には、5m</u>）までは、当該建築物の高さに算入しない。
　　ハ　略
　六　軒の高さ　地盤面から建築物の小屋組又はこれに<u>代わる横架材</u>を支持する壁、敷げた又は柱の上端までの高さによる。
　七　階数　昇降機塔、装飾塔、物見塔その他これらに類する建築物の屋上部分又は地階の倉庫、機械室その他これらに類する建築物の部分で、水平投影面積の合計がそれぞれ当該建築物の建築面積の8分の1以下のものは、当該建築物の階数に算入しない。<u>また、</u>建築物の一部が吹抜きとなつている場合、建築物の敷地が斜面又は段地である場合その他建築物の部分によつて階数を異にする場合においては、これらの階数のうち最大なものによる。
　2〜4　略

改正：昭和50年政令第2号　　　施行：昭和50年4月1日
第2条　（面積、高さ等の算定方法）

1　次の各号に掲げる面積、高さ及び階数の算定方法は、それぞれ当該各号に定めるところによる。
　一〜四　略
　<u>五　築造面積　工作物の水平投影面積による。ただし、建設大臣が別に算定方法を定めた工作物については、その算定方法による。</u>
　<u>六</u>　建築物の高さ　地盤面からの高さによる。ただし、次のイ、ロ又はハの一に該当する場合においては、それぞれイ、ロ又はハに定めるところによる。
　　イ　法第56条第1項第一号の規定による高さの算定については、前面道路の路面の中心からの高さによる。
　　ロ　法第33条、法第56条第1項第三号及び法第58条（北側の前面道路又は隣地との関係についての建築物の各部分の高さの最高限度が定められている場合において、その高さを算定するときに限る。）の場合を除き、階段室、昇降機塔、装飾塔、物見塔、屋窓その他これらに類する建築物の屋上部分の水平投影面積の合計が当該建築物の建築面積の8分の1以内の場合においては、その部分の高さは、12m（法第55条第1項の場合には、5m）までは、当該建築物の高さに算入しない。

ハ　むね飾、防火壁の屋上突出部その他これらに類する屋上突出物は、当該建築物の高さに算入しない。
　七　軒の高さ　地盤面から建築物の小屋組又はこれに代わる横架材を支持する壁、敷げた又は柱の上端までの高さによる。
　八　階数　昇降機塔、装飾塔、物見塔その他これらに類する建築物の屋上部分又は地階の倉庫、機械室その他これらに類する建築物の部分で、水平投影面積の合計がそれぞれ当該建築物の建築面積の8分の1以下のものは、当該建築物の階数に算入しない。また、建築物の一部が吹抜きとなつている場合、建築物の敷地が斜面又は段地である場合その他建築物の部分によつて階数を異にする場合においては、これらの階数のうち最大なものによる。
2　前項第二号、第六号又は第七号の「地盤面」とは、建築物が周囲の地面と接する位置の平均の高さにおける水平面をいい、その接する位置の高低差が3mをこえる場合においては、その高低差3m以内ごとの平均の高さにおける水平面をいう。
3　略
4　第1項第六号ロ又は第八号の場合における水平投影面積の算定方法は、同項第二号の建築面積の算定方法によるものとする。

改正：昭和50年政令第304号　　　施行：昭和50年11月1日
第2条　（面積、高さ等の算定方法）

1　次の各号に掲げる面積、高さ及び階数の算定方法は、それぞれ当該各号に定めるところによる。
　一～三　略
　四　延べ面積　建築物の各階の床面積の合計による。ただし、法第52条第1項及び第3項、法第59条第1項（建築物の延べ面積の敷地面積に対する割合の最高限度に係る部分に限る。）並びに法第60条第1項の場合においては自動車車庫その他のもつぱら自動車の停留又は駐車のための施設（誘導車路、操車場所及び乗降場を含む。）の用途に供する部分の床面積を算入しない。
　五～八　略
2～4　略

改正：昭和52年政令第266号　　　施行：昭和52年11月1日
第2条　（面積、高さ等の算定方法）

1　次の各号に掲げる面積、高さ及び階数の算定方法は、それぞれ当該各号に定めるところによる。
　一～三　略
　四　延べ面積　建築物の各階の床面積の合計による。ただし、法第52条第1項、第2項及び第4項、法第59条第1項（建築物の延べ面積の敷地面積に対する割合の最高限度に係る部分に限る。）、法第59条の2第1項並びに法第60条第1項の場合においては自動車車庫その他の専ら自動車の停留又は駐車のための施設（誘導車路、操車場所及び乗降場を含む。）の用途に供する部分の床面積を算入しない。
　五　略
　六　建築物の高さ　地盤面からの高さによる。ただし、次のイ、ロ又はハの一に該当する場合においては、それぞれイ、ロ又はハに定めるところによる。
　　イ　略
　　ロ　法第33条、法第56条第1項第三号及び法第58条（北側の前面道路又は隣地との関係についての建築物の各部分の高さの最高限度が定められている場合において、その高さを算定するときに限る。）の場合を除き、階段室、昇降機塔、装飾塔、物見塔、屋窓その他これらに類する建築物の屋上部分の水平投影面積の合計が当該建築物の建築面積の8分の1以内の場合においては、その部分の高さは、12m（法第55条第1項及び第2項、法第56条の2第4項、法第59条の2第1項（法第55条第1項に係る部分に限る。）並びに法別表第3（ろ）欄2の項及び3の項の場合には、5m）までは、当該建築物の高さに算入しない。
　　ハ　略
　七・八　略
2～4　略

令2条 改正：昭和62年政令第348号

改正：昭和62年政令第348号　　施行：昭和62年11月16日
第２条　（面積、高さ等の算定方法）

1　次の各号に掲げる面積、高さ及び階数の算定方法は、それぞれ当該各号に定めるところによる。
　一～三　略
　四　延べ面積　建築物の各階の床面積の合計による。ただし、法第52条第１項、第２項及び<u>第６項</u>、法第59条第１項（建築物の延べ面積の敷地面積に対する割合の最高限度に係る部分に限る。）、法第59条の２第１項並びに法第60条第１項の場合においては、<u>自動車車庫その他の専ら自動車又は自転車の停留又は駐車のための施設</u>（誘導車路、操車場所及び乗降場を含む。）の用途に供する部分の床面積を算入しない。
　五　略
　六　建築物の高さ　地盤面からの高さによる。ただし、次のイ、ロ又はハの一に該当する場合においては、それぞれイ、ロ又はハに定めるところによる。
　　イ　<u>法第56条第１項第一号の規定及び第130条の12の規定</u>による高さの算定については、前面道路の路面の中心からの高さによる。
　　ロ　法第33条、法第56条第１項第三号及び法第58条（北側の前面道路又は隣地との関係についての建築物の各部分の高さの最高限度が定められている場合において、その高さを算定するときに限る。）の場合を除き、階段室、昇降機塔、装飾塔、物見塔、屋窓その他これらに類する建築物の屋上部分の水平投影面積の合計が当該建築物の建築面積の８分の１以内の場合においては、その部分の高さは、12m（法第55条第１項及び第２項、法第56条の２第４項、法第59条の２第１項（法第55条第１項に係る部分に限る。）並びに<u>法別表第４</u>（ろ）欄２の項及び３の項の場合には、５m）までは、当該建築物の高さに算入しない。
　　ハ　略
　七　軒の高さ　地盤面<u>（第130条の12第一号イの場合には、前面道路の路面の中心）</u>から建築物の小屋組又はこれに代わる横架材を支持する壁、敷げた又は柱の上端までの高さによる。
　八　略
2　略
3　第１項第四号ただし書の規定は、同項に規定する<u>専ら自動車又は自転車の停留又は駐車のための施設</u>の用途に供する部分の床面積については、当該敷地内の建築物の各階の床面積の合計（同一敷地内に２以上の建築物がある場合においては、それらの建築物の各階の床面積の合計の和）の５分の１を限度として適用するものとする。
4　略

改正：平成５年政令第170号　　施行：平成５年６月25日
第２条　（面積、高さ等の算定方法）

1　次の各号に掲げる面積、高さ及び階数の算定方法は、それぞれ当該各号に定めるところによる。
　一　敷地面積　敷地の水平投影面積による。ただし、建築基準法（以下「法」という。）<u>第42条第２項、第３項又は第５項の規定</u>によつて道路の境界線とみなされる線と道との間の部分の敷地は、算入しない。
　二　建築面積　建築物（地階で地盤面上１m以下にある部分を除く。<u>以下この号において同じ。</u>）の外壁又はこれに代わる柱の中心線（軒、ひさし、はね出し縁その他これらに類するもので当該中心線から水平距離１m以上突き出たものがある場合においては、その端から水平距離１m後退した線）で囲まれた部分の水平投影面積による。<u>ただし、建設大臣が高い開放性を有すると認めて指定する構造の建築物又はその部分については、その端から水平距離１m以内の部分の水平投影面積は、当該建築物の建築面積に算入しない。</u>
　三～五　略
　六　建築物の高さ　地盤面からの高さによる。ただし、次のイ、ロ又はハの一に該当する場合においては、それぞれイ、ロ又はハに定めるところによる。
　　イ　略
　　ロ　法第33条、法第56条第１項第三号及び法第58条（北側の前面道路又は隣地との関係についての建築物の各部分の高さの最高限度が定められている場合において、その高さを算定するときに限る。）の場合を除き、階段室、昇降機塔、装飾塔、物見塔、屋窓その他これらに類する建築物の屋上部分の水平投影

面積の合計が当該建築物の建築面積の8分の1以内の場合においては、その部分の高さは、12m（法第55条第1項及び第2項、法第56条の2第4項、法第59条の2第1項（法第55条第1項に係る部分に限る。）並びに法別表第4（ろ）欄2の項、<u>3の項及び4の項</u>の場合には、5m）までは、当該建築物の高さに算入しない。
　　ハ　略
　　七・八　略
　2～4　略

改正：平成6年政令第193号　　　　施行：平成6年6月29日
第2条　（面積、高さ等の算定方法）
　1　次の各号に掲げる面積、高さ及び階数の算定方法は、それぞれ当該各号に定めるところによる。
　　一～三　略
　　四　延べ面積　建築物の各階の床面積の合計による。ただし、法第52条第1項、<u>第4項及び第8項</u>、法第59条第1項（建築物の延べ面積の敷地面積に対する割合の最高限度に係る部分に限る。）<u>及び第3項</u>、法第59条の2第1項並びに法第60条第1項の場合においては、自動車車庫その他の専ら自動車又は自転車の停留又は駐車のための施設（誘導車路、操車場所及び乗降場を含む。）の用途に供する部分の床面積を算入しない。
　　五～八　略
　2～4　略

改正：平成7年政令第214号　　　　施行：平成7年5月25日
第2条　（面積、高さ等の算定方法）
　1　次の各号に掲げる面積、高さ及び階数の算定方法は、それぞれ当該各号に定めるところによる。
　　一～三　略
　　四　延べ面積　建築物の各階の床面積の合計による。ただし、法第52条第1項、第4項及び<u>第10項</u>、法第59条第1項（建築物の延べ面積の敷地面積に対する割合の最高限度に係る部分に限る。）及び第3項、法第59条の2第1項並びに法第60条第1項の場合においては、自動車車庫その他の専ら自動車又は自転車の停留又は駐車のための施設（誘導車路、操車場所及び乗降場を含む。）の用途に供する部分の床面積を算入しない。
　　五　略
　　六　建築物の高さ　地盤面からの高さによる。ただし、次のイ、ロ又はハの一に該当する場合においては、それぞれイ、ロ又はハに定めるところによる。
　　　イ　法第56条第1項第一号の規定<u>並びに第130条の12及び第135条の4の5</u>の規定による高さの算定については、前面道路の路面の中心からの高さによる。
　　　ロ　略
　　　ハ　<u>棟飾</u>、防火壁の屋上突出部その他これらに類する屋上突出物は、当該建築物の高さに算入しない。
　　七・八　略
　2～4　略

改正：平成9年政令第196号　　　　施行：平成9年6月13日
第2条　（面積、高さ等の算定方法）
　1　次の各号に掲げる面積、高さ及び階数の算定方法は、それぞれ当該各号に定めるところによる。
　　一～三　略
　　四　延べ面積　建築物の各階の床面積の合計による。ただし、法第52条第1項、<u>第5項、第9項及び第11項</u>、法第59条第1項（建築物の延べ面積の敷地面積に対する割合の最高限度に係る部分に限る。）及び第3項、法第59条の2第1項並びに法第60条第1項の場合においては、自動車車庫その他の専ら自動車又は自転車の停留又は駐車のための施設（誘導車路、操車場所及び乗降場を含む。）の用途に供する部分の床面積を

令2条 改正：平成9年政令第196号

算入しない。
　　五～八　略
２～４　略

改正：平成9年政令第274号　　　施行：平成9年9月1日
第2条　（面積、高さ等の算定方法）

1　次の各号に掲げる面積、高さ及び階数の算定方法は、それぞれ当該各号に定めるところによる。
　　一～五　略
　　六　建築物の高さ　地盤面からの高さによる。ただし、次のイ、ロ又はハの一に該当する場合においては、それぞれイ、ロ又はハに定めるところによる。
　　　イ　法第56条第1項第一号の規定並びに第130条の12及び<u>第135条の4の6</u>の規定による高さの算定については、前面道路の路面の中心からの高さによる。
　　　ロ・ハ　略
　　七・八　略
２～４　略

改正：平成12年政令第312号　　　施行：平成13年1月6日
第2条　（面積、高さ等の算定方法）

1　次の各号に掲げる面積、高さ及び階数の算定方法は、それぞれ当該各号に定めるところによる。
　　一　略
　　二　建築面積　建築物（地階で地盤面上1m以下にある部分を除く。以下この号において同じ。）の外壁又はこれに代わる柱の中心線（軒、ひさし、はね出し縁その他これらに類するもので当該中心線から水平距離1m以上突き出たものがある場合においては、その端から水平距離1m後退した線）で囲まれた部分の水平投影面積による。ただし、<u>国土交通大臣</u>が高い開放性を有すると認めて指定する構造の建築物又はその部分については、その端から水平距離1m以内の部分の水平投影面積は、当該建築物の建築面積に算入しない。
　　三・四　略
　　五　築造面積　工作物の水平投影面積による。ただし、<u>国土交通大臣</u>が別に算定方法を定めた工作物については、その算定方法による。
　　六～八　略
２～４　略

改正：平成13年政令第98号　　　施行：平成13年5月18日
第2条　（面積、高さ等の算定方法）

1　次の各号に掲げる面積、高さ及び階数の算定方法は、それぞれ当該各号に定めるところによる。
　　一～三　略
　　四　延べ面積　建築物の各階の床面積の合計による。ただし、<u>法第52条第1項に規定する延べ面積（法第59条第1項（建築物の容積率の最低限度に係る部分に限る。）、法第68条の3第2項第一号イ及び第3項第二号ロ並びに法第68条の5の2第一号イに規定する建築物の容積率の算定の基礎となる延べ面積を除く。）</u>には、自動車車庫その他の専ら自動車又は自転車の停留又は駐車のための施設（誘導車路、操車場所及び乗降場を含む。）の用途に供する部分の床面積を算入しない。
　　五　略
　　六　建築物の高さ　地盤面からの高さによる。ただし、次の<u>イ</u>、ロ又はハのいずれかに該当する場合においては、それぞれイ、ロ又はハに定めるところによる。
　　　イ　略
　　　ロ　法第33条、法第56条第1項第三号及び法第58条（北側の前面道路又は隣地との関係についての建築物の各部分の高さの最高限度が定められている場合において、その高さを算定するときに限る。）の場合を除き、階段室、昇降機塔、装飾塔、物見塔、屋窓その他これらに類する建築物の屋上部分の水平投影

面積の合計が当該建築物の建築面積の8分の1以内の場合においては、その部分の高さは、12m（法第55条第1項及び第2項、法第56条の2第4項、法第59条の2第1項（法第55条第1項に係る部分に限る。）並びに法別表第4（ろ）欄2の項、3の項及び<u>4の項ロ</u>の場合には、5m）までは、当該建築物の高さに算入しない。
　　ハ　略
　七・八　略
2～4　略

改正：平成14年政令第191号　　　　施行：平成14年6月1日
第2条　（面積、高さ等の算定方法）
1　次の各号に掲げる面積、高さ及び階数の算定方法は、それぞれ当該各号に定めるところによる。
　一～三　略
　四　延べ面積　建築物の各階の床面積の合計による。ただし、法第52条第1項に規定する延べ面積（法第59条第1項（建築物の容積率の最低限度に係る部分に限る。）、<u>法第60条の2第1項（建築物の容積率の最低限度に係る部分に限る。）</u>、法第68条の3第2項第一号イ及び第3項第二号ロ並びに法第68条の5の2第一号イに規定する建築物の容積率の算定の基礎となる延べ面積を除く。）には、自動車車庫その他の専ら自動車又は自転車の停留又は駐車のための施設（誘導車路、操車場所及び乗降場を含む。）の用途に供する部分の床面積を算入しない。
　五～八　略
2～4　略

改正：平成14年政令第331号　　　　施行：平成15年1月1日
第2条　（面積、高さ等の算定方法）
1　次の各号に掲げる面積、高さ及び階数の算定方法は、それぞれ当該各号に定めるところによる。
　一～三　略
　四　延べ面積　建築物の各階の床面積の合計による。ただし、法第52条第1項に規定する延べ面積（<u>建築物の容積率の最低限度に関する規制に係る当該容積率の算定の基礎となる延べ面積を除く。</u>）には、自動車車庫その他の専ら自動車又は自転車の停留又は駐車のための施設（誘導車路、操車場所及び乗降場を含む。）の用途に供する部分の床面積を算入しない。
　五　略
　六　建築物の高さ　地盤面からの高さによる。ただし、次のイ、ロ又はハのいずれかに該当する場合においては、それぞれイ、ロ又はハに定めるところによる。
　　イ　法第56条第1項第一号の規定並びに第130条の12及び<u>第135条の17</u>の規定による高さの算定については、前面道路の路面の中心からの高さによる。
　　ロ・ハ　略
　七・八　略
2～4　略

改正：平成17年政令第192号　　　　施行：平成17年6月1日
第2条　（面積、高さ等の算定方法）
1　次の各号に掲げる面積、高さ及び階数の算定方法は、それぞれ当該各号に定めるところによる。
　一～五　略
　六　建築物の高さ　地盤面からの高さによる。ただし、次のイ、ロ又はハのいずれかに該当する場合においては、それぞれイ、ロ又はハに定めるところによる。
　　イ　法第56条第1項第一号の規定並びに第130条の12及び<u>第135条の18</u>の規定による高さの算定については、前面道路の路面の中心からの高さによる。
　　ロ　<u>法第33条及び法第56条第1項第三号に規定する高さ並びに法第57条の4第1項及び法第58条に規定す</u>

令2条 改正：平成17年政令第192号

　　　る高さ（北側の前面道路又は隣地との関係についての建築物の各部分の高さの最高限度が定められている場合におけるその高さに限る。）を算定する場合を除き、階段室、昇降機塔、装飾塔、物見塔、屋窓その他これらに類する建築物の屋上部分の水平投影面積の合計が当該建築物の建築面積の8分の1以内の場合においては、その部分の高さは、12m（法第55条第1項及び第2項、法第56条の2第4項、法第59条の2第1項（法第55条第1項に係る部分に限る。）並びに法別表第4（ろ）欄2の項、3の項及び4の項ロの場合には、5m）までは、当該建築物の高さに算入しない。
　　ハ　略
　七・八　略
2　前項第二号、第六号又は第七号の「地盤面」とは、建築物が周囲の地面と接する位置の平均の高さにおける水平面をいい、その接する位置の高低差が3mを超える場合においては、その高低差3m以内ごとの平均の高さにおける水平面をいう。
3・4　略

改正：平成24年政令第239号　　　施行：平成24年9月20日
第2条　（面積、高さ等の算定方法）

1　次の各号に掲げる面積、高さ及び階数の算定方法は、それぞれ当該各号に定めるところによる。
　一～三　略
　四　延べ面積　建築物の各階の床面積の合計による。ただし、法第52条第1項に規定する延べ面積（建築物の容積率の最低限度に関する規制に係る当該容積率の算定の基礎となる延べ面積を除く。）には、次に掲げる建築物の部分の床面積を算入しない。
　　イ　自動車車庫その他の専ら自動車又は自転車の停留又は駐車のための施設（誘導車路、操車場所及び乗降場を含む。）の用途に供する部分（第3項第一号及び第137条の8において「自動車車庫等部分」という。）
　　ロ　専ら防災のために設ける備蓄倉庫の用途に供する部分（第3項第二号及び第137条の8において「備蓄倉庫部分」という。）
　　ハ　蓄電池（床に据え付けるものに限る。）を設ける部分（第3項第三号及び第137条の8において「蓄電池設置部分」という。）
　　ニ　自家発電設備を設ける部分（第3項第四号及び第137条の8において「自家発電設備設置部分」という。）
　　ホ　貯水槽を設ける部分（第3項第五号及び第137条の8において「貯水槽設置部分」という。）
　五～八　略
2　略
3　第1項第四号ただし書の規定は、次の各号に掲げる建築物の部分の区分に応じ、当該敷地内の建築物の各階の床面積の合計（同一敷地内に2以上の建築物がある場合においては、それらの建築物の各階の床面積の合計の和）に当該各号に定める割合を乗じて得た面積を限度として適用するものとする。
　一　自動車車庫等部分　5分の1
　二　備蓄倉庫部分　50分の1
　三　蓄電池設置部分　50分の1
　四　自家発電設備設置部分　100分の1
　五　貯水槽設置部分　100分の1
4　略

改正：平成26年政令第232号　　　施行：平成26年7月1日
第2条　（面積、高さ等の算定方法）

1　次の各号に掲げる面積、高さ及び階数の算定方法は、それぞれ当該各号に定めるところによる。
　一～五　略
　六　建築物の高さ　地盤面からの高さによる。ただし、次のイ、ロ又はハのいずれかに該当する場合においては、それぞれイ、ロ又はハに定めるところによる。
　　イ　法第56条第1項第一号の規定並びに第130条の12及び第135条の19の規定による高さの算定について

は、前面道路の路面の中心からの高さによる。
　　ロ・ハ　略
　七　軒の高さ　地盤面（第130条の12第一号イの場合には、前面道路の路面の中心）から建築物の小屋組又はこれに代わる横架材を支持する壁、敷桁又は柱の上端までの高さによる。
　八　略
2〜4　略

改正：平成26年政令第239号　　　施行：平成26年8月1日
第2条　（面積、高さ等の算定方法）

1　次の各号に掲げる面積、高さ及び階数の算定方法は、それぞれ当該各号に定めるところによる。
　一〜五　略
　六　建築物の高さ　地盤面からの高さによる。ただし、次のイ、ロ又はハのいずれかに該当する場合においては、それぞれイ、ロ又はハに定めるところによる。
　　イ　略
　　ロ　法第33条及び法第56条第1項第三号に規定する高さ並びに法第57条の4第1項、<u>法第58条及び法第60条の3第1項</u>に規定する高さ（北側の前面道路又は隣地との関係についての建築物の各部分の高さの最高限度が定められている場合におけるその高さに限る。）を算定する場合を除き、階段室、昇降機塔、装飾塔、物見塔、屋窓その他これらに類する建築物の屋上部分の水平投影面積の合計が当該建築物の建築面積の8分の1以内の場合においては、その部分の高さは、12m（法第55条第1項及び第2項、法第56条の2第4項、法第59条の2第1項（法第55条第1項に係る部分に限る。）並びに法別表第4（ろ）欄2の項、3の項及び4の項ロの場合には、5m）までは、当該建築物の高さに算入しない。
　　ハ　略
　七・八　略
2〜4　略

改正：平成28年政令第288号　　　施行：平成28年9月1日
第2条　（面積、高さ等の算定方法）

1　次の各号に掲げる面積、高さ及び階数の算定方法は、それぞれ当該各号に定めるところによる。
　一〜五　略
　六　建築物の高さ　地盤面からの高さによる。ただし、次のイ、ロ又はハのいずれかに該当する場合においては、それぞれイ、ロ又はハに定めるところによる。
　　イ　略
　　ロ　法第33条及び法第56条第1項第三号に規定する高さ並びに法第57条の4第1項、法第58条及び<u>法第60条の3第2項</u>に規定する高さ（北側の前面道路又は隣地との関係についての建築物の各部分の高さの最高限度が定められている場合におけるその高さに限る。）を算定する場合を除き、階段室、昇降機塔、装飾塔、物見塔、屋窓その他これらに類する建築物の屋上部分の水平投影面積の合計が当該建築物の建築面積の8分の1以内の場合においては、その部分の高さは、12m（法第55条第1項及び第2項、法第56条の2第4項、法第59条の2第1項（法第55条第1項に係る部分に限る。）並びに法別表第4（ろ）欄2の項、3の項及び4の項ロの場合には、5m）までは、当該建築物の高さに算入しない。
　　ハ　略
　七・八　略
2〜4　略

改正：平成30年政令第255号　　　施行：平成30年9月25日
第2条　（面積、高さ等の算定方法）

1　次の各号に掲げる面積、高さ及び階数の算定方法は、それぞれ当該各号に定めるところによる。
　一〜三　略

令2条 改正：平成30年政令第255号

> 四　延べ面積　建築物の各階の床面積の合計による。ただし、法第52条第1項に規定する延べ面積（建築物の容積率の最低限度に関する規制に係る当該容積率の算定の基礎となる延べ面積を除く。）には、次に掲げる建築物の部分の床面積を算入しない。
> 　　イ～ホ　略
> 　　ヘ　<u>宅配ボックス（配達された物品（荷受人が不在その他の事由により受け取ることができないものに限る。）の一時保管のための荷受箱をいう。）を設ける部分（第3項第六号及び第137条の8において「宅配ボックス設置部分」という。）</u>
> 　五～八　略
> 2　略
> 3　第1項第四号ただし書の規定は、次の各号に掲げる建築物の部分の区分に応じ、当該敷地内の建築物の各階の床面積の合計（同一敷地内に2以上の建築物がある場合においては、それらの建築物の各階の床面積の合計の和）に当該各号に定める割合を乗じて得た面積を限度として適用するものとする。
> 　一～五　略
> 　<u>六　宅配ボックス設置部分　100分の1</u>
> 4　略

改正：令和2年政令第268号　　　施行：令和2年9月7日
第2条（面積、高さ等の算定方法）

> 1　次の各号に掲げる面積、高さ及び階数の算定方法は、<u>当該各号に定めるところによる。</u>
> 　一～五　略
> 　六　建築物の高さ　地盤面からの高さによる。ただし、次のイ、ロ又はハのいずれかに該当する場合においては、それぞれイ、ロ又はハに定めるところによる。
> 　　イ　略
> 　　ロ　法第33条及び法第56条第1項第三号に規定する高さ並びに法第57条の4第1項、<u>法第58条第1項及び第2項</u>、法第60条の2の2第3項並びに<u>法第60条の3第2項</u>に規定する高さ（北側の前面道路又は隣地との関係についての建築物の各部分の高さの最高限度が定められている場合におけるその高さに限る。）を算定する場合を除き、階段室、昇降機塔、装飾塔、物見塔、屋窓その他これらに類する建築物の屋上部分の水平投影面積の合計が当該建築物の建築面積の8分の1以内の場合においては、その部分の高さは、12m（<u>法第55条第1項から第3項まで</u>、法第56条の2第4項、法第59条の2第1項（法第55条第1項に係る部分に限る。）並びに法別表第4（ろ）欄2の項、3の項及び4の項ロの場合には、5m）までは、当該建築物の高さに算入しない。
> 　　ハ　略
> 　七・八　略
> 2～4　略

改正：令和4年政令第351号　　　施行：令和5年4月1日
第2条（面積、高さ等の算定方法）

> 1　次の各号に掲げる面積、高さ及び階数の算定方法は、当該各号に定めるところによる。
> 　一～五　略
> 　六　建築物の高さ　地盤面からの高さによる。ただし、次のイ、ロ又はハのいずれかに該当する場合においては、それぞれイ、ロ又はハに定めるところによる。
> 　　イ　略
> 　　ロ　法第33条及び法第56条第1項第三号に規定する高さ並びに法第57条の4第1項、法第58条第1項及び第2項、法第60条の2の2第3項並びに法第60条の3第2項に規定する高さ（北側の前面道路又は隣地との関係についての建築物の各部分の高さの最高限度が定められている場合におけるその高さに限る。）を算定する場合を除き、階段室、昇降機塔、装飾塔、物見塔、屋窓その他これらに類する建築物の屋上部分の水平投影面積の合計が当該建築物の建築面積の8分の1以内の場合においては、その部分の高さは、12m（法第55条第1項から第3項まで、法第56条の2第4項、法第59条の2第1項（法第55条第1項に係る部分に

限る。）並びに法別表第4（ろ）欄2の項、3の項及び4の項ロの場合には、5m）までは、当該建築物の高さに算入しない。
　　ハ　略
　七・八　略
2〜4　略

改正：令和5年政令第34号　　　施行：令和5年4月1日
第2条　（面積、高さ等の算定方法）
1　次の各号に掲げる面積、高さ及び階数の算定方法は、当該各号に定めるところによる。
　一　敷地面積　敷地の水平投影面積による。ただし、建築基準法（以下「法」という。）第42条第2項、第3項又は第5項の規定によつて道路の境界線とみなされる線と道との間の部分の敷地は、算入しない。
　二　建築面積　建築物（地階で地盤面上1m以下にある部分を除く。以下この号において同じ。）の外壁又はこれに代わる柱の中心線（軒、ひさし、はね出し縁その他これらに類するもの(以下この号において「軒等」という。)で当該中心線から水平距離1m以上突き出たもの(建築物の建蔽率の算定の基礎となる建築面積を算定する場合に限り、工場又は倉庫の用途に供する建築物において専ら貨物の積卸しその他これに類する業務のために設ける軒等でその端と敷地境界線との間の敷地の部分に有効な空地が確保されていることその他の理由により安全上、防火上及び衛生上支障がないものとして国土交通大臣が定める軒等(以下この号において「特例軒等」という。)のうち当該中心線から突き出た距離が水平距離1m以上5m未満のものであるものを除く。)がある場合においては、その端から水平距離1m後退した線(建築物の建蔽率の算定の基礎となる建築面積を算定する場合に限り、特例軒等のうち当該中心線から水平距離5m以上突き出たものにあつては、その端から水平距離5m以内で当該特例軒等の構造に応じて国土交通大臣が定める距離後退した線)で囲まれた部分の水平投影面積による。ただし、国土交通大臣が高い開放性を有すると認めて指定する構造の建築物又はその部分については、当該建築物又はその部分の端から水平距離1m以内の部分の水平投影面積は、当該建築物の建築面積に算入しない。
　三　床面積　建築物の各階又はその一部で壁その他の区画の中心線で囲まれた部分の水平投影面積による。
　四　延べ面積　建築物の各階の床面積の合計による。ただし、法第52条第1項に規定する延べ面積（建築物の容積率の最低限度に関する規制に係る当該容積率の算定の基礎となる延べ面積を除く。）には、次に掲げる建築物の部分の床面積を算入しない。
　　イ　自動車車庫その他の専ら自動車又は自転車の停留又は駐車のための施設（誘導車路、操車場所及び乗降場を含む。）の用途に供する部分（第3項第一号及び第137条の8において「自動車車庫等部分」という。）
　　ロ　専ら防災のために設ける備蓄倉庫の用途に供する部分（第3項第二号及び第137条の8において「備蓄倉庫部分」という。）
　　ハ　蓄電池（床に据え付けるものに限る。）を設ける部分（第3項第三号及び第137条の8において「蓄電池設置部分」という。）
　　ニ　自家発電設備を設ける部分（第3項第四号及び第137条の8において「自家発電設備設置部分」という。）
　　ホ　貯水槽を設ける部分（第3項第五号及び第137条の8において「貯水槽設置部分」という。）
　　ヘ　宅配ボックス（配達された物品（荷受人が不在その他の事由により受け取ることができないものに限る。）の一時保管のための荷受箱をいう。）を設ける部分（第3項第六号及び第137条の8において「宅配ボックス設置部分」という。）
　五　築造面積　工作物の水平投影面積による。ただし、国土交通大臣が別に算定方法を定めた工作物については、その算定方法による。
　六　建築物の高さ　地盤面からの高さによる。ただし、次のイ、ロ又はハのいずれかに該当する場合においては、それぞれイ、ロ又はハに定めるところによる。
　　イ　法第56条第1項第一号の規定並びに第130条の12及び第135条の19の規定による高さの算定については、前面道路の路面の中心からの高さによる。
　　ロ　法第33条及び法第56条第1項第三号に規定する高さ並びに法第57条の4第1項、法第58条第1項及び第2項、法第60条の2の2第3項並びに法第60条の3第2項に規定する高さ（北側の前面道路又は隣地

令2条 改正：令和5年政令第34号

との関係についての建築物の各部分の高さの最高限度が定められている場合におけるその高さに限る。）を算定する場合を除き、階段室、昇降機塔、装飾塔、物見塔、屋窓その他これらに類する建築物の屋上部分の水平投影面積の合計が当該建築物の建築面積の8分の1以内の場合においては、その部分の高さは、12m（法第55条第1項から第3項まで、法第56条の2第4項、法第59条の2第1項（法第55条第1項に係る部分に限る。）並びに法別表第4（ろ）欄2の項、3の項及び4の項ロの場合には、5m）までは、当該建築物の高さに算入しない。

　　ハ　棟飾、防火壁の屋上突出部その他これらに類する屋上突出物は、当該建築物の高さに算入しない。

　七　軒の高さ　地盤面（第130条の12第一号イの場合には、前面道路の路面の中心）から建築物の小屋組又はこれに代わる横架材を支持する壁、敷桁又は柱の上端までの高さによる。

　八　階数　昇降機塔、装飾塔、物見塔その他これらに類する建築物の屋上部分又は地階の倉庫、機械室その他これらに類する建築物の部分で、水平投影面積の合計がそれぞれ当該建築物の建築面積の8分の1以下のものは、当該建築物の階数に算入しない。また、建築物の一部が吹抜きとなつている場合、建築物の敷地が斜面又は段地である場合その他建築物の部分によつて階数を異にする場合においては、これらの階数のうち最大なものによる。

2　前項第二号、第六号又は第七号の「地盤面」とは、建築物が周囲の地面と接する位置の平均の高さにおける水平面をいい、その接する位置の高低差が3mを超える場合においては、その高低差3m以内ごとの平均の高さにおける水平面をいう。

3　第1項第四号ただし書の規定は、次の各号に掲げる建築物の部分の区分に応じ、当該敷地内の建築物の各階の床面積の合計（同一敷地内に2以上の建築物がある場合においては、それらの建築物の各階の床面積の合計の和）に当該各号に定める割合を乗じて得た面積を限度として適用するものとする。

　一　自動車車庫等部分　5分の1
　二　備蓄倉庫部分　50分の1
　三　蓄電池設置部分　50分の1
　四　自家発電設備設置部分　100分の1
　五　貯水槽設置部分　100分の1
　六　宅配ボックス設置部分　100分の1

4　第1項第六号ロ又は第八号の場合における水平投影面積の算定方法は、同項第二号の建築面積の算定方法によるものとする。

[現行]　第2条の2　（都道府県知事が特定行政庁となる建築物）

制定：平成19年政令第49号　　　施行：平成19年6月20日
第2条の2　（都道府県知事が特定行政庁となる建築物）

1　法第2条第三十三号ただし書の政令で定める建築物のうち法第97条の2第1項の規定により建築主事を置く市町村の区域内のものは、第148条第1項に規定する建築物以外の建築物とする。
2　法第2条第三十三号ただし書の政令で定める建築物のうち法第97条の3第1項の規定により建築主事を置く特別区の区域内のものは、第149条第1項に規定する建築物とする。

改正：平成20年政令第338号　　　施行：平成20年11月4日
第2条の2　（都道府県知事が特定行政庁となる建築物）

1　法第2条<u>第三十五号</u>ただし書の政令で定める建築物のうち法第97条の2第1項の規定により建築主事を置く市町村の区域内のものは、第148条第1項に規定する建築物以外の建築物とする。
2　法第2条<u>第三十五号</u>ただし書の政令で定める建築物のうち法第97条の3第1項の規定により建築主事を置く特別区の区域内のものは、第149条第1項に規定する建築物とする。

改正：令和5年政令第293号　　　施行：令和6年4月1日
第2条の2　（都道府県知事が特定行政庁となる建築物）

改正：平成19年政令第49号 **令旧２条の３**

> 1　法第２条第三十五号ただし書の政令で定める建築物のうち法第97条の２第１項又は第２項の規定により建築主事又は建築副主事を置く市町村の区域内のものは、第148条第１項に規定する建築物以外の建築物とする。
> 2　法第２条第三十五号ただし書の政令で定める建築物のうち法第97条の３第１項又は第２項の規定により建築主事又は建築副主事を置く特別区の区域内のものは、第149条第１項に規定する建築物とする。

[現行]　第２節　建築基準適合判定資格者検定

(制定：昭和25年政令第338号)　　第２節　建築主事の資格検定
(改正：平成11年政令第５号)　　　第２節　建築基準適合判定資格者検定

[削除条文]

制定：平成11年政令第５号　　　施行：平成11年５月１日
旧　第２条の２　（受検資格）

> 1　法第5条第３項に規定する政令で定める業務は、次のとおりとする。
> 　一　建築審査会の委員として行う業務
> 　二　学校教育法（昭和22年法律第26号）による大学（短期大学を除く。）の学部、専攻科又は大学院において教授又は助教授として建築に関する教育又は研究を行う業務
> 　三　建築物の敷地、構造及び建築設備の安全上、防火上又は衛生上の観点からする審査又は検査の業務（法第77条の18第１項の確認検査の業務（以下「確認検査の業務」という。）を除く。）であつて建設大臣が確認検査の業務と同等以上の知識及び能力を要すると認めたもの

改正：平成12年政令第312号　　施行：平成13年１月６日
旧　第２条の２　（受検資格）

> 1　法第5条第３項に規定する政令で定める業務は、次のとおりとする。
> 　一・二　略
> 　三　建築物の敷地、構造及び建築設備の安全上、防火上又は衛生上の観点からする審査又は検査の業務（法第77条の18第１項の確認検査の業務（以下「確認検査の業務」という。）を除く。）であつて国土交通大臣が確認検査の業務と同等以上の知識及び能力を要すると認めたもの

改正：平成19年政令第69号　　施行：平成19年４月１日
旧　第２条の２　（受検資格）

> 1　法第5条第３項に規定する政令で定める業務は、次のとおりとする。
> 　一　略
> 　二　学校教育法（昭和22年法律第26号）による大学（短期大学を除く。）の学部、専攻科又は大学院において教授又は准教授として建築に関する教育又は研究を行う業務
> 　三　略

改正：平成19年政令第49号　　施行：平成19年６月20日
旧　第２条の３　（受検資格）

> 1　法第5条第３項に規定する政令で定める業務は、次のとおりとする。
> 　一　建築審査会の委員として行う業務
> 　二　学校教育法（昭和22年法律第26号）による大学（短期大学を除く。）の学部、専攻科又は大学院において教授又は准教授として建築に関する教育又は研究を行う業務
> 　三　建築物の敷地、構造及び建築設備の安全上、防火上又は衛生上の観点からする審査又は検査の業務（法第77条の18第１項の確認検査の業務（以下「確認検査の業務」という。）を除く。）であつて国土交通大臣

令旧2条の3 改正：平成19年政令第49号

> が確認検査の業務と同等以上の知識及び能力を要すると認めたもの

改正：令和5年政令第293号　　施行：令和6年4月1日
旧　第2条の3　（受検資格）　削除

[現行]　第3条　（建築基準適合判定資格者検定の基準）

制定：昭和25年政令第338号　　施行：昭和25年11月16日
第3条　（資格検定の基準）

> 1　法第5条の規定による建築主事の資格検定（以下「資格検定」という。）は、法第6条第1項の規定による確認をするために必要な建築技術及び法令に関する知識及び経験について行う。

改正：昭和45年政令第333号　　施行：昭和46年1月1日
第3条　（資格検定の基準）

> 1　法第5条の規定による建築主事の資格検定（以下「資格検定」という。）は、法第6条第1項の規定による確認をするために必要な建築技術及び法令に関する知識及び経験について行なう。

改正：平成11年政令第5号　　施行：平成11年5月1日
第3条　（建築基準適合判定資格者検定の基準）

> 1　法第5条の規定による建築基準適合判定資格者検定は、法第6条第1項又は法第6条の2第1項の規定による確認をするために必要な知識及び経験について行う。

改正：令和5年政令第293号　　施行：令和6年4月1日
第3条　（建築基準適合判定資格者検定の基準）

> 1　法第5条の規定による建築基準適合判定資格者検定は、法第6条第1項又は法第6条の2第1項の規定による確認をするために必要な知識について行う。

[現行]　第4条　（建築基準適合判定資格者検定の方法）

制定：昭和25年政令第338号　　施行：昭和25年11月16日
第4条　（資格検定の方法）

> 1　資格検定は、経歴審査及び考査によつて行う。
> 2　前項の経歴審査は、建築行政又は建築工事に関する実務の経歴について行う。
> 3　第1項の考査は、下の各号に掲げる科目について行う。但し、一級建築士の資格を有する者については、第一号から第五号までに掲げる科目を免除する。
> 　一　建築設計
> 　二　建築計画
> 　三　建築構造
> 　四　建築材料
> 　五　建築施工
> 　六　建築基準法及びこれに基く命令
> 　七　都市計画法（大正8年法律第36号）及び消防法（昭和23年法律第186号）並びにこれらに基く命令の概要
> 　八　前2号以外の建築行政に必要な知識

改正：昭和34年政令第344号　　　施行：昭和34年12月23日
第4条　（資格検定の方法）

1・2　略
3　第1項の考査は、次の各号に掲げる科目について行う。ただし、一級建築士の資格を有する者については、第一号から第五号までに掲げる科目を免除する。
　一〜八　略

改正：昭和44年政令第158号　　　施行：昭和44年6月14日
第4条　（資格検定の方法）

1・2　略
3　第1項の考査は、次の各号に掲げる科目について行う。ただし、一級建築士の資格を有する者については、第一号から第五号までに掲げる科目を免除する。
　一〜六　略
　七　都市計画法（昭和43年法律第100号）及び消防法（昭和23年法律第186号）並びにこれらに基く命令の概要
　八　略

改正：昭和45年政令第333号　　　施行：昭和46年1月1日
第4条　（資格検定の方法）

1　資格検定は、経歴審査及び考査によつて行なう。
2　前項の経歴審査は、建築行政又は建築工事に関する実務の経歴について行なう。
3　第1項の考査は、次の各号に掲げる科目について行なう。ただし、一級建築士の資格を有する者については、第一号から第五号までに掲げる科目を免除する。
　一〜五　略
　六　建築基準法及びこれに基づく命令
　七　都市計画法（昭和43年法律第100号）及び消防法（昭和23年法律第186号）並びにこれらに基づく命令の概要
　八　略

改正：平成11年政令第5号　　　施行：平成11年5月1日
第4条　（建築基準適合判定資格者検定の方法）

1　建築基準適合判定資格者検定は、経歴審査及び考査によつて行う。
2　前項の経歴審査は、建築行政又は確認検査の業務若しくは第2条の2各号に掲げる業務に関する実務の経歴について行う。
3　第1項の考査は、法第6条第1項の建築基準関係規定に関する知識について行う。

改正：平成19年政令第49号　　　施行：平成19年6月20日
第4条　（建築基準適合判定資格者検定の方法）

1　略
2　前項の経歴審査は、建築行政又は確認検査の業務若しくは第2条の3各号に掲げる業務に関する実務の経歴について行う。
3　略

改正：令和5年政令第293号　　　施行：令和6年4月1日

令4条 改正：令和5年政令第293号

第4条 （建築基準適合判定資格者検定の方法）
1　建築基準適合判定資格者検定は、考査によつて行う。
2　前項の考査は、法第6条第1項の建築基準関係規定に関する知識について行う。

[現行]　第5条　（建築基準適合判定資格者検定の施行）

制定：昭和25年政令第338号　　　施行：昭和25年11月16日
第5条 （資格検定の施行）
1　資格検定は、毎年1回以上行う。
2　資格検定の期日及び場所は、建設大臣が、あらかじめ、官報で公告する。

改正：昭和45年政令第333号　　　施行：昭和46年1月1日
第5条 （資格検定の施行）
1　資格検定は、毎年1回以上行なう。
2　略

改正：平成11年政令第5号　　　施行：平成11年5月1日
第5条 （建築基準適合判定資格者検定の施行）
1　建築基準適合判定資格者検定は、毎年1回以上行う。
2　建築基準適合判定資格者検定の期日及び場所は、建設大臣が、あらかじめ、官報で公告する。

改正：平成12年政令第312号　　　施行：平成13年1月6日
第5条 （建築基準適合判定資格者検定の施行）
1　略
2　建築基準適合判定資格者検定の期日及び場所は、国土交通大臣が、あらかじめ、官報で公告する。

改正：令和5年政令第293号　　　施行：令和6年4月1日
第5条 （建築基準適合判定資格者検定の施行）
1　建築基準適合判定資格者検定は、一級建築基準適合判定資格者検定又は二級建築基準適合判定資格者検定のそれぞれにつき、毎年1回以上行う。
2　建築基準適合判定資格者検定の期日及び場所は、国土交通大臣が、あらかじめ、官報で公告する。

[現行]　第6条　（合格公告及び通知）

制定：昭和25年政令第338号　　　施行：昭和25年11月16日
第5条 （建築基準適合判定資格者検定の施行）
1　建設大臣は、資格検定に合格した者には、建築主事資格検定合格証書を交付する。

改正：平成11年政令第5号　　　施行：平成11年5月1日
第6条 （合格公告及び通知）
1　建設大臣（法第5条の2第1項の指定があつたときは、同項の指定資格検定機関（以下「指定資格検定機関」という。））は、建築基準適合判定資格者検定に合格した者の氏名を公告し、合格した者にその旨を通知

改正：平成12年政令第312号　　　施行：平成13年1月6日
第6条　（合格公告及び通知）

> 1　国土交通大臣（法第5条の2第1項の指定があつたときは、同項の指定資格検定機関（以下「指定資格検定機関」という。））は、建築基準適合判定資格者検定に合格した者の氏名を公告し、合格した者にその旨を通知する。

改正：平成27年政令第11号　　　施行：平成27年6月1日
第6条　（合格公告及び通知）

> 1　国土交通大臣（法第5条の2第1項の指定があつたときは、同項の指定建築基準適合判定資格者検定機関（以下「指定建築基準適合判定資格者検定機関」という。））は、建築基準適合判定資格者検定に合格した者の氏名を公告し、合格した者にその旨を通知する。

[現行]　第7条　（建築基準適合判定資格者検定委員の定員）

制定：昭和25年政令第338号　　　施行：昭和25年11月16日
第7条　（資格検定委員の定員）

> 1　建築主事資格検定委員の数は、10人以内とする。

改正：平成11年政令第5号　　　施行：平成11年5月1日
第7条　（建築基準適合判定資格者検定委員の定員）

> 1　建築基準適合判定資格者検定委員の数は、10人以内とする。

改正：令和5年政令第293号　　　施行：令和6年4月1日
第7条　（建築基準適合判定資格者検定委員の定員）

> 1　建築基準適合判定資格者検定委員の数は、一級建築基準適合判定資格者検定又は二級建築基準適合判定資格者検定に関する事務のそれぞれにつき、10人以内とする。

[現行]　第8条　（建築基準適合判定資格者検定委員の勤務）

制定：昭和25年政令第338号　　　施行：昭和25年11月16日
第8条　（資格検定委員の勤務）

> 1　建築主事資格検定委員は、非常勤とする。

改正：平成11年政令第5号　　　施行：平成11年5月1日
第8条　（建築基準適合判定資格者検定委員の勤務）

> 1　建築基準適合判定資格者検定委員は、非常勤とする。

令8条の2　制定：平成11年政令第5号

[現行]　第8条の2　（受検の申込み）

制定：平成11年政令第5号　　　施行：平成11年5月1日
第8条の2　（受検の申込み）
1　建築基準適合判定資格者検定（指定資格検定機関が行うものを除く。）の受検の申込みは、住所地又は勤務地の都道府県知事を経由して行わなければならない。

改正：平成11年政令第352号　　　施行：平成12年4月1日
第8条の2　（受検の申込み）
1　略
2　<u>前項の規定により都道府県が処理することとされている事務は、地方自治法（昭和22年法律第67号）第2条第9項第一号に規定する第一号法定受託事務とする。</u>

改正：平成27年政令第11号　　　施行：平成27年6月1日
第8条の2　（受検の申込み）
1　建築基準適合判定資格者検定（<u>指定建築基準適合判定資格者検定機関</u>が行うものを除く。）の受検の申込みは、住所地又は勤務地の都道府県知事を経由して行わなければならない。
2　前項の規定により都道府県が処理することとされている事務は、地方自治法（昭和22年法律第67号）第2条第9項第一号に規定する第一号法定受託事務とする。

[現行]　第8条の3　（受検手数料）

制定：平成11年政令第5号　　　施行：平成11年5月1日
第8条の3　（受検手数料）
1　法第5条の3第1項の受検手数料の額は、30,000円とする。
2　前項の受検手数料は、これを納付した者が検定を受けなかつた場合においても、返還しない。
3　建築基準適合判定資格者検定の受検手数料であつて指定資格検定機関に納付するものの納付の方法は、法第77条の9第1項の資格検定事務規程の定めるところによる。

改正：平成27年政令第11号　　　施行：平成27年6月1日
第8条の3　（受検手数料）
1・2　略
3　建築基準適合判定資格者検定の受検手数料であつて<u>指定建築基準適合判定資格者検定機関</u>に納付するものの納付の方法は、法第77条の9第1項の<u>建築基準適合判定資格者検定事務規程</u>の定めるところによる。

改正：令和5年政令第293号　　　施行：令和6年4月1日
第8条の3　（受検手数料）
1　法第5条の3第1項の受検手数料の額は、<u>一級建築基準適合判定資格者検定又は二級建築基準適合判定資格者検定のそれぞれにつき27,000円</u>とする。
2　前項の受検手数料は、これを納付した者が検定を受けなかつた場合においても、返還しない。
3　建築基準適合判定資格者検定の受検手数料であつて指定建築基準適合判定資格者検定機関に納付するものの納付の方法は、法第77条の9第1項の建築基準適合判定資格者検定事務規程の定めるところによる。

[現行] 第2節の2　構造計算適合判定資格者検定
(制定：平成27年政令第11号)　第2節の2　構造計算適合判定資格者検定

[現行]　第8条の4　(受検資格)

制定：平成27年政令第11号　　　　施行：平成27年6月1日
第8条の4　(受検資格)

1　法第5条の4第3項の政令で定める業務は、次のとおりとする。
一　建築士法(昭和25年法律第202号)第2条第6項に規定する構造設計の業務
二　法第6条第4項若しくは法第18条第3項に規定する審査又は法第6条の2第1項の規定による確認のための審査の業務(法第20条第1項に規定する基準に適合するかどうかの審査の業務を含むものに限る。)
三　建築物の構造の安全上の観点からする審査の業務(法第6条の3第1項の構造計算適合性判定の業務を除く。)であつて国土交通大臣が同項の構造計算適合性判定の業務と同等以上の知識及び能力を要すると認めたもの

改正：平成27年政令第13号　　　　施行：平成27年6月25日
第8条の4　(受検資格)

1　法第5条の4第3項の政令で定める業務は、次のとおりとする。
一　建築士法(昭和25年法律第202号)<u>第2条第7項</u>に規定する構造設計の業務
二・三　略

改正：令和6年政令第312号　　　　施行：令和6年11月1日
第8条の4　(受検資格)

1　法第5条の4第3項の政令で定める業務は、次のとおりとする。
一　建築士法(昭和25年法律第202号)第2条第7項に規定する構造設計の業務
二　法第6条第4項若しくは法第18条第3項<u>若しくは第4項</u>に規定する審査又は法第6条の2第1項の規定による確認のための審査の業務(法第20条第1項に規定する基準に適合するかどうかの審査の業務を含むものに限る。)
三　建築物の構造の安全上の観点からする審査の業務(法第6条の3第1項の構造計算適合性判定の業務を除く。)であつて国土交通大臣が同項の構造計算適合性判定の業務と同等以上の知識及び能力を要すると認めたもの

[現行]　第8条の5　(構造計算適合判定資格者検定の基準等)

制定：平成27年政令第11号　　　　施行：平成27年6月1日
第8条の5　(構造計算適合判定資格者検定の基準等)

1　法第5条の4の規定による構造計算適合判定資格者検定は、建築士の設計に係る建築物の計画が法第6条の3第1項に規定する特定構造計算基準又は特定増改築構造計算基準に適合するかどうかの審査をするために必要な知識及び経験について行う。
2　第4条から第6条まで及び第8条の2の規定は構造計算適合判定資格者検定に、第7条及び第8条の規定は構造計算適合判定資格者検定委員について準用する。この場合において、第4条第2項中「建築行政又は確認検査の業務若しくは第2条の3各号に掲げる業務」とあるのは「法第6条の3第1項の構造計算適合性判定の業務又は第8条の4各号に掲げる業務」と、同条第3項中「第6条第1項の建築基準関係規定」とあるのは「第6条の3第1項に規定する特定構造計算基準及び特定増改築構造計算基準」と、第5条第1項中「毎年」とあるのは「3年に」と、第6条中「第5条の2第1項」とあるのは「第5条の5第1項」と読み替えるものとする。

令8条の5 改正：令和5年政令第293号

改正：令和5年政令第293号　　　施行：令和6年4月1日
第8条の5　（構造計算適合判定資格者検定の基準等）

1　法第5条の4の規定による構造計算適合判定資格者検定は、建築士の設計に係る建築物の計画が法第6条の3第1項に規定する特定構造計算基準又は特定増改築構造計算基準に適合するかどうかの審査をするために必要な知識及び経験について行う。
2　構造計算適合判定資格者検定は、経歴審査及び考査によって行う。
3　前項の経歴審査は、法第6条の3第1項の構造計算適合性判定の業務又は前条各号に掲げる業務に関する実務の経歴について行う。
4　第2項の考査は、法第6条の3第1項に規定する特定構造計算基準及び特定増改築構造計算基準に関する知識について行う。
5　第5条、第6条及び第8条の2の規定は構造計算適合判定資格者検定に、第7条及び第8条の規定は構造計算適合判定資格者検定委員について準用する。この場合において、第5条第1項中「一級建築基準適合判定資格者検定又は二級建築基準適合判定資格者検定のそれぞれにつき、毎年」とあるのは「3年に」と、第6条中「第5条の2第1項」とあるのは「第5条の5第1項」と、第7条中「数は、一級建築基準適合判定資格者検定又は二級建築基準適合判定資格者検定に関する事務のそれぞれにつき」とあるのは「数は」と読み替えるものとする。

[現行]　第8条の6　（受検手数料）

制定：平成27年政令第11号　　　施行：平成27年6月1日
第8条の6　（受検手数料）

1　法第5条の5第2項において準用する法第5条の3第1項の受検手数料の額は、34,000円とする。
2　第8条の3第2項及び第3項の規定は、前項の受検手数料について準用する。この場合において、同条第3項中「第77条の9第1項」とあるのは、「第77条の17の2第2項において準用する法第77条の9第1項」と読み替えるものとする。

改正：令和元年政令第181号　　　施行：令和2年4月1日
第8条の6　（受検手数料）

1　法第5条の5第2項において準用する法第5条の3第1項の受検手数料の額は、35,000円とする。
2　第8条の3第2項及び第3項の規定は、前項の受検手数料について準用する。この場合において、同条第3項中「第77条の9第1項」とあるのは、「第77条の17の2第2項において準用する法第77条の9第1項」と読み替えるものとする。

[削除条文]

制定：昭和25年政令第338号　　　施行：昭和25年11月16日
旧　第9条　（省令への委任）

1　資格検定の申込に関する手続は、建設省令で定める。

改正：昭和45年政令第333号　　　施行：昭和46年1月1日
旧　第9条　（省令への委任）

1　資格検定の申込みに関する手続は、建設省令で定める。

改正：平成11年政令第5号　　　施行：平成11年5月1日
旧　第9条　（省令への委任）　削除

改正：平成13年政令第98号 **令9条**

[現行] 第2節の3　建築基準関係規定
(制定：平成11年政令第5号)　第2節の2　建築基準関係規定
(改正：平成27年政令第11号)　第2節の3　建築基準関係規定

[現行]　第9条

制定：平成11年政令第5号　　　施行：平成11年5月1日
第9条　（建築基準関係規定）

1　法第6条第1項（法第87条第1項、法第87条の2第1項並びに法第88条第1項及び第2項において準用する場合を含む。）の政令で定める規定は、次に掲げる法律の規定並びにこれらの規定に基づく命令及び条例の規定で建築物の敷地、構造又は建築設備に係るものとする。
　一　消防法（昭和23年法律第186号）第9条、第15条及び第17条
　二　屋外広告物法（昭和24年法律第189号）第6条
　三　港湾法（昭和25年法律第218号）第40条第1項
　四　高圧ガス保安法（昭和26年法律第204号）第24条
　五　ガス事業法（昭和29年法律第51号）第40条の4
　六　駐車場法（昭和32年法律第106号）第20条
　七　水道法（昭和32年法律第177号）第16条
　八　下水道法（昭和33年法律第79号）第10条第1項及び第3項並びに第30条第1項
　九　宅地造成等規制法（昭和36年法律第191号）第8条第1項
　十　流通業務市街地の整備に関する法律（昭和41年法律第110号）第5条第1項
　十一　液化石油ガスの保安の確保及び取引の適正化に関する法律（昭和42年法律第149号）第38条の2
　十二　都市計画法（昭和43年法律第100号）第29条、第35条の2第1項（同法附則第5項において準用する場合を含む。）、第41条第2項（同法第35条の2第4項及び附則第5項において準用する場合を含む。）、第42条（同法第53条第2項及び附則第5項において準用する場合を含む。）、第43条第1項、第53条第1項及び附則第4項
　十三　特定空港周辺航空機騒音対策特別措置法（昭和53年法律第26号）第5条第1項から第3項まで（同条第5項において準用する場合を含む。）
　十四　自転車の安全利用の促進及び自転車等の駐車対策の総合的推進に関する法律（昭和55年法律第87号）第5条第4項

改正：平成11年政令第352号　　　施行：平成12年4月1日
第9条　（建築基準関係規定）

1　法第6条第1項（法第87条第1項、法第87条の2並びに法第88条第1項及び第2項において準用する場合を含む。）の政令で定める規定は、次に掲げる法律の規定並びにこれらの規定に基づく命令及び条例の規定で建築物の敷地、構造又は建築設備に係るものとする。
　一～十四　略

改正：平成13年政令第42号　　　施行：平成13年4月1日
第9条　（建築基準関係規定）

1　法第6条第1項（法第87条第1項、法第87条の2並びに法第88条第1項及び第2項において準用する場合を含む。）の政令で定める規定は、次に掲げる法律の規定並びにこれらの規定に基づく命令及び条例の規定で建築物の敷地、構造又は建築設備に係るものとする。
　一～十四　略
　十五　浄化槽法（昭和58年法律第43号）第3条の2第1項

改正：平成13年政令第98号　　　施行：平成13年5月18日

令9条 改正：平成13年政令第98号

第9条　（建築基準関係規定）
1　法第6条第1項（法第87条第1項、法第87条の2並びに法第88条第1項及び第2項において準用する場合を含む。）の政令で定める規定は、次に掲げる法律の規定並びにこれらの規定に基づく命令及び条例の規定で建築物の敷地、構造又は建築設備に係るものとする。
　一～十一　略
　十二　都市計画法（昭和43年法律第100号）<u>第29条第1項及び第2項、第35条の2第1項、第41条第2項（同法第35条の2第4項において準用する場合を含む。）、第42条（同法第53条第2項において準用する場合を含む。）、第43条第1項並びに第53条第1項</u>
　十三～十五　略

改正：平成16年政令第168号　　　施行：平成16年5月15日
第9条　（建築基準関係規定）
1　法第6条第1項（法第87条第1項、法第87条の2並びに法第88条第1項及び第2項において準用する場合を含む。）の政令で定める規定は、次に掲げる法律の規定並びにこれらの規定に基づく命令及び条例の規定で建築物の敷地、構造又は建築設備に係るものとする。
　一～十五　略
　<u>十六　特定都市河川浸水被害対策法（平成15年法律第77号）第8条</u>

改正：平成16年政令第399号　　　施行：平成16年12月17日
第9条　（建築基準関係規定）
1　法第6条第1項（法第87条第1項、法第87条の2並びに法第88条第1項及び第2項において準用する場合を含む。）の政令で定める規定は、次に掲げる法律の規定並びにこれらの規定に基づく命令及び条例の規定で建築物の敷地、構造又は建築設備に係るものとする。
　一　略
　二　屋外広告物法（昭和24年法律第189号）<u>第3条から第5条まで（広告物の表示及び広告物を掲出する物件の設置の禁止又は制限に係る部分に限る。）</u>
　三～十六　略

改正：平成16年政令第325号　　　施行：平成18年6月1日
第9条　（建築基準関係規定）
1　法第6条第1項（法第87条第1項、法第87条の2並びに法第88条第1項及び第2項において準用する場合を含む。）の政令で定める規定は、次に掲げる法律の規定並びにこれらの規定に基づく命令及び条例の規定で建築物の敷地、構造又は建築設備に係るものとする。
　一　消防法（昭和23年法律第186号）第9条、<u>第9条の2</u>、第15条及び第17条
　二～十六　略

改正：平成18年政令第310号　　　施行：平成18年9月30日
第9条　（建築基準関係規定）
1　法第6条第1項（法第87条第1項、法第87条の2並びに法第88条第1項及び第2項において準用する場合を含む。）の政令で定める規定は、次に掲げる法律の規定並びにこれらの規定に基づく命令及び条例の規定で建築物の敷地、構造又は建築設備に係るものとする。
　一～八　略
　九　宅地造成等規制法（昭和36年法律第191号）第8条第1項<u>及び第12条第1項</u>
　十一～十六　略

改正：平成23年政令第363号　　　　施行：平成24年４月１日
第９条　（建築基準関係規定）

１　法第６条第１項（法第87条第１項、法第87条の２並びに法第88条第１項及び第２項において準用する場合を含む。）の政令で定める規定は、次に掲げる法律の規定並びにこれらの規定に基づく命令及び条例の規定で建築物の敷地、構造又は建築設備に係るものとする。
　一～十一　略
　十二　都市計画法（昭和43年法律第100号）第29条第１項及び第２項、第35条の２第１項、第41条第２項（同法35条の２第４項において準用する場合を含む。）、<u>第42条、第43条第１項、第53条第１項並びに同条第２項において準用する同法第52条の２第２項</u>
　十三～十六　略

改正：平成27年政令第273号　　　　施行：平成27年７月19日
第９条　（建築基準関係規定）

１　法第６条第１項（法第87条第１項、法第87条の２<u>（法第88条第１項及び第２項において準用する場合を含む。）</u>並びに法第88条第１項及び第２項において準用する場合を含む。）の政令で定める規定は、次に掲げる法律の規定並びにこれらの規定に基づく命令及び条例の規定で建築物の敷地、構造又は建築設備に係るものとする。
　一～七　略
　八　下水道法（昭和33年法律第79号）第10条第１項及び第３項、<u>第25条の２</u>並びに第30条第１項
　九～十六　略

改正：平成29年政令第40号　　　　施行：平成29年４月１日
第９条　（建築基準関係規定）

１　法第６条第１項（法第87条第１項、法第87条の２（法第88条第１項及び第２項において準用する場合を含む。）並びに法第88条第１項及び第２項において準用する場合を含む。）の政令で定める規定は、次に掲げる法律の規定並びにこれらの規定に基づく命令及び条例の規定で建築物の敷地、構造又は建築設備に係るものとする。
　一～四　略
　五　ガス事業法（昭和29年法律第51号）<u>第162条</u>
　六～十六　略

改正：令和元年政令第30号　　　　施行：令和元年６月25日
第９条

１　法第６条第１項（法第87条第１項、<u>法第87条の４</u>（法第88条第１項及び第２項において準用する場合を含む。）並びに法第88条第１項及び第２項において準用する場合を含む。）の政令で定める規定は、次に掲げる法律の規定並びにこれらの規定に基づく命令及び条例の規定で建築物の敷地、構造又は建築設備に係るものとする。
　一～十一　略
　十二　都市計画法（昭和43年法律第100号）第29条第１項及び第２項、第35条の２第１項、第41条第２項（同法35条の２第４項において準用する場合を含む。）、第42条、第43条第１項<u>並びに第53条第１項</u>並びに同条第２項において準用する同法第52条の２第２項
　十三～十六　略

改正：令和３年政令第296号　　　　施行：令和３年11月１日
第９条

１　法第６条第１項（法第87条第１項、法第87条の４（法第88条第１項及び第２項において準用する場合を含む。）

令9条 改正：令和3年政令第296号

並びに法第88条第1項及び第2項において準用する場合を含む。）の政令で定める規定は、次に掲げる法律の規定並びにこれらの規定に基づく命令及び条例の規定で建築物の敷地、構造又は建築設備に係るものとする。
　一～十五　略
　十六　特定都市河川浸水被害対策法（平成15年法律第77号）第10条

改正：令和4年政令第381号　　　施行：令和4年12月16日
第9条

1　法第6条第1項(法第87条第1項、法第87条の4（法第88条第1項及び第2項において準用する場合を含む。）並びに法第88条第1項及び第2項において準用する場合を含む。）の政令で定める規定は、次に掲げる法律の規定並びにこれらの規定に基づく命令及び条例の規定で建築物の敷地、構造又は建築設備に係るものとする。
　一・二　略
　三　港湾法（昭和25年法律第218号）第40条第1項（同法第50条の5第2項の規定により読み替えて適用する場合を含む。）
　四・五　略
　六　駐車場法（昭和32年法律第106号）第20条（都市再生特別措置法（平成14年法律第22号）第19条の14、第62条の12及び第107条並びに都市の低炭素化の促進に関する法律（平成24年法律第84号）第20条の規定により読み替えて適用する場合を含む。）
　七～十一　略
　十二　都市計画法（昭和43年法律第100号）第29条第1項及び第2項、第35条の2第1項、第41条第2項（同法第35条の2第4項において準用する場合を含む。）、第42条、第43条第1項並びに第53条第1項（都市再生特別措置法第36条の4の規定により読み替えて適用する場合を含む。）並びに都市計画法第53条第2項において準用する同法第52条の2第2項
　十三～十六　略

改正：令和4年政令第393号　　　施行：令和5年5月26日
第9条

1　法第6条第1項(法第87条第1項、法第87条の4（法第88条第1項及び第2項において準用する場合を含む。）並びに法第88条第1項及び第2項において準用する場合を含む。）の政令で定める規定は、次に掲げる法律の規定並びにこれらの規定に基づく命令及び条例の規定で建築物の敷地、構造又は建築設備に係るものとする。
　一　消防法（昭和23年法律第186号）第9条、第9条の2、第15条及び第17条
　二　屋外広告物法（昭和24年法律第189号）第3条から第5条まで（広告物の表示及び広告物を掲出する物件の設置の禁止又は制限に係る部分に限る。）
　三　港湾法（昭和25年法律第218号）第40条第1項（同法第50条の5第2項の規定により読み替えて適用する場合を含む。）
　四　高圧ガス保安法（昭和26年法律第204号）第24条
　五　ガス事業法（昭和29年法律第51号）第162条
　六　駐車場法（昭和32年法律第106号）第20条（都市再生特別措置法（平成14年法律第22号）第19条の14、第62条の12及び第107条並びに都市の低炭素化の促進に関する法律（平成24年法律第84号）第20条の規定により読み替えて適用する場合を含む。）
　七　水道法（昭和32年法律第177号）第16条
　八　下水道法（昭和33年法律第79号）第10条第1項及び第3項、第25条の2並びに第30条第1項
　九　宅地造成及び特定盛土等規制法（昭和36年法律第191号）第12条第1項、第16条第1項、第30条第1項及び第35条第1項
　十　流通業務市街地の整備に関する法律（昭和41年法律第110号）第5条第1項
　十一　液化石油ガスの保安の確保及び取引の適正化に関する法律（昭和42年法律第149号）第38条の2

十二　都市計画法（昭和43年法律第100号）第29条第１項及び第２項、第35条の２第１項、第41条第２項（同法第35条の２第４項において準用する場合を含む。）、第42条、第43条第１項並びに第53条第１項（都市再生特別措置法第36条の４の規定により読み替えて適用する場合を含む。）並びに都市計画法第53条第２項において準用する同法第52条の２第２項

十三　特定空港周辺航空機騒音対策特別措置法（昭和53年法律第26号）第５条第１項から第３項まで（同条第５項において準用する場合を含む。）

十四　自転車の安全利用の促進及び自転車等の駐車対策の総合的推進に関する法律（昭和55年法律第87号）第５条第４項

十五　浄化槽法（昭和58年法律第43号）第３条の２第１項

十六　特定都市河川浸水被害対策法（平成15年法律第77号）第10条

［現行］　第２節の４　特定増改築構造計算基準等
（制定：平成27年政令第11号）　第２節の４　特定増改築構造計算基準等

［現行］　第９条の２　（特定増改築構造計算基準）

制定：平成27年政令第11号　　　施行：平成27年６月１日
第９条の２　（特定増改築構造計算基準）
１　法第６条の３第１項本文の政令で定める基準は、第81条第２項又は第３項に規定する基準に従つた構造計算で、法第20条第１項第二号イに規定する方法若しくはプログラムによるもの又は同項第三号イに規定するプログラムによるものによつて確かめられる安全性を有することとする。

［現行］　第９条の３　（確認審査が比較的容易にできる特定構造計算基準及び特定増改築構造計算基準）

制定：平成27年政令第11号　　　施行：平成27年６月１日
第９条の３　（確認審査が比較的容易にできる特定構造計算基準及び特定増改築構造計算基準）
１　法第６条の３第１項ただし書の政令で定める特定構造計算基準及び特定増改築構造計算基準並びに法第18条第４項ただし書の政令で定める特定構造計算基準及び特定増改築構造計算基準は、第81条第２項第二号イに掲げる構造計算で、法第20条第１項第二号イに規定する方法によるものによつて確かめられる安全性を有することとする。

改正：令和６年政令第312号　　　施行：令和６年11月１日
第９条の３　（確認審査が比較的容易にできる特定構造計算基準及び特定増改築構造計算基準）
１　法第６条の３第１項ただし書の政令で定める特定構造計算基準及び特定増改築構造計算基準並びに法<u>第18条第５項</u>ただし書の政令で定める特定構造計算基準及び特定増改築構造計算基準は、第81条第２項第二号イに掲げる構造計算で、法第20条第１項第二号イに規定する方法によるものによつて確かめられる安全性を有することとする。

改正：令和６年政令第172号　　　施行：令和７年４月１日
第９条の３　（確認審査が比較的容易にできる特定構造計算基準及び特定増改築構造計算基準）
１　法<u>第６条の３第１項第一号</u>の政令で定める特定構造計算基準及び特定増改築構造計算基準並びに法<u>第18条第５項第一号</u>の政令で定める特定構造計算基準及び特定増改築構造計算基準は、第81条第２項第二号イに掲げる構造計算で、法第20条第１項第二号イに規定する方法によるものによつて確かめられる安全性を有することとする。

令10条 制定：昭和59年政令第15号

[現行] 第3節　建築物の建築に関する確認の特例
（制定：昭和59年政令第15号）　　旧　第3節の2　建築物の建築に関する確認の特例
（改正：平成19年政令第49号）　　<u>第3節</u>　建築物の建築に関する確認の特例

[現行]　第10条

制定：昭和59年政令第15号　　　　施行：昭和59年4月1日
旧　第13条の2　（建築物の建築に関する確認の特例）

1　法第6条の2第1項の規定により読み替えて適用される法第6条第1項の政令で定める規定は、次の各号に掲げる建築物の区分に応じ、それぞれ当該各号に定める規定とする。
　一　法第6条の2第1項第一号に掲げる住宅のうち一戸建ての住宅　次のイからハまでに定める規定
　　イ　法第20条から法第23条まで、法第24条の2から法第30条まで、法第31条第1項、法第32条、法第33条、法第35条から法第35条の3まで及び法第37条の規定
　　ロ　第2章（第32条を除く。）、第3章（第80条の2にあつては、建設大臣が定めた安全上必要な技術的基準のうちその指定する基準に係る部分に限る。）、第4章から第5章の2まで、第5章の3（第2節を除く。）及び第144条の3の規定
　　ハ　法第39条から法第41条までの規定に基づく条例の規定のうち特定行政庁が法第6条の2第2項の規定の趣旨により規則で定める規定
　二　法第6条の2第1項第一号に掲げる住宅のうち長屋又は共同住宅　次のイからハまでに定める規定
　　イ　法第20条第1項、法第21条、法第28条第1項及び第2項、法第29条から法第30条の2まで、法第31条第1項、法第32条、法第33条並びに法第37条の規定
　　ロ　第2章（第20条の4及び第32条を除く。）、第3章（第81条及び第93条を除き、第80条の2にあつては建設大臣が定めた安全上必要な技術的基準のうちその指定する基準に係る部分に限る。）、第119条、第5章の3（第129条の2第1項第六号及び第七号並びに第2節を除く。）及び第144条の3の規定
　　ハ　法第39条から法第41条までの規定に基づく条例の規定のうち特定行政庁が法第6条の2第2項の規定の趣旨により規則で定める規定
　三　法第6条の2第1項第二号に掲げる建築物のうち防火地域及び準防火地域以外の区域内における一戸建ての住宅（住宅の用途以外の用途に供する部分の床面積の合計が、延べ面積の2分の1以上であるもの又は50㎡を超えるものを除く。）　次のイからハまでに定める規定
　　イ　法第20条から法第25条まで、法第27条から法第30条まで、法第31条第1項、法第32条、法第33条、法第35条から法第35条の3まで及び法第37条の規定
　　ロ　第2章（第32条を除く。）、第3章（第80条の2にあつては、建設大臣が定めた安全上必要な技術的基準のうちその指定する基準に係る部分に限る。）、第4章から第5章の2まで、第5章の3（第2節を除く。）及び第144条の3の規定
　　ハ　法第39条から法第41条までの規定に基づく条例の規定のうち特定行政庁が法第6条の2第2項の規定の趣旨により規則で定める規定
　四　法第6条の2第1項第二号に掲げる建築物のうち前号の一戸建ての住宅以外の建築物　次のイからハまでに定める規定
　　イ　法第20条、法第21条、法第28条第1項及び第2項、法第29条から法第30条の2まで、法第31条第1項、法第32条、法第33条並びに法第37条の規定
　　ロ　第2章（第20条の4及び第32条を除く。）、第3章（第80条の2にあつては、建設大臣が定めた安全上必要な技術的基準のうちその指定する基準に係る部分に限る。）、第119条、第5章の3（第129条の2第1項第六号及び第七号並びに第2節を除く。）及び第144条の3の規定
　　ハ　法第39条から法第41条までの規定に基づく条例の規定のうち特定行政庁が法第6条の2第2項の規定の趣旨により規則で定める規定

改正：昭和62年政令第348号　　　施行：昭和62年11月16日
旧　第13条の2　（建築物の建築に関する確認の特例）

1　法第6条の2第1項の規定により読み替えて適用される法第6条第1項の政令で定める規定は、次の各号

に掲げる建築物の区分に応じ、それぞれ当該各号に定める規定とする。
一 法第6条の2第1項第一号に掲げる住宅のうち一戸建ての住宅　次のイからハまでに定める規定
　イ 略
　ロ 第2章（第32条を除く。）、第3章（第80条の2にあつては、建設大臣が定めた安全上必要な技術的基準のうちその指定する基準に係る部分に限る。）、第4章から第5章の3まで、第5章の4（第2節を除く。）及び第144条の3の規定
　ハ 略
二 法第6条の2第1項第一号に掲げる住宅のうち長屋又は共同住宅　次のイからハまでに定める規定
　イ 法第20条第1項、法第21条第2項及び第3項、法第28条第1項及び第2項、法第29条から法第30条の2まで、法第31条第1項、法第32条、法第33条並びに法第37条の規定
　ロ 第2章（第20条の4及び第32条を除く。）、第3章（第81条及び第93条を除き、第80条の2にあつては建設大臣が定めた安全上必要な技術的基準のうちその指定する基準に係る部分に限る。）、第119条、第5章の4（第129条の2の2第1項第六号及び第七号並びに第2節を除く。）及び第144条の3の規定
　ハ 略
三 法第6条の2第1項第二号に掲げる建築物のうち防火地域及び準防火地域以外の区域内における一戸建ての住宅（住宅の用途以外の用途に供する部分の床面積の合計が、延べ面積の2分の1以上であるもの又は50㎡を超えるものを除く。）　次のイからハまでに定める規定
　イ 略
　ロ 第2章（第32条を除く。）、第3章（第80条の2にあつては、建設大臣が定めた安全上必要な技術的基準のうちその指定する基準に係る部分に限る。）、第4章から第5章の2まで、第5章の4（第2節を除く。）及び第144条の3の規定
　ハ 略
四 法第6条の2第1項第二号に掲げる建築物のうち前号の一戸建ての住宅以外の建築物　次のイからハまでに定める規定
　イ 略
　ロ 第2章（第20条の4及び第32条を除く。）、第3章（第80条の2にあつては、建設大臣が定めた安全上必要な技術的基準のうちその指定する基準に係る部分に限る。）、第119条、第5章の4（第129条の2の2第1項第六号及び第七号並びに第2節を除く。）及び第144条の3の規定
　ハ 略

改正：平成11年政令第5号　　　施行：平成11年5月1日
旧　第13条の2　（建築物の建築に関する確認の特例）

1　法第6条の3第1項の規定により読み替えて適用される法第6条第1項の政令で定める規定は、次の各号に掲げる建築物の区分に応じ、それぞれ当該各号に定める規定とする。
一 法第6条の3第1項第一号に掲げる住宅のうち一戸建ての住宅　次のイからハまでに定める規定
　イ 法第20条から法第23条まで、法第24条の2から法第29条まで、法第31条第1項、法第32条、法第33条、法第35条から法第35条の3まで及び法第37条の規定
　ロ 略
　ハ 法第39条から法第41条までの規定に基づく条例の規定のうち特定行政庁が法第6条の3第2項の規定の趣旨により規則で定める規定
二 法第6条の3第1項第一号に掲げる住宅のうち長屋又は共同住宅　次のイからハまでに定める規定
　イ 法第20条第1項、法第21条第2項及び第3項、法第28条第1項及び第2項、法第29条、法第30条、法第31条第1項、法第32条、法第33条並びに法第37条の規定
　ロ 略
　ハ 法第39条から法第41条までの規定に基づく条例の規定のうち特定行政庁が法第6条の3第2項の規定の趣旨により規則で定める規定
三 法第6条の3第1項第二号に掲げる建築物のうち防火地域及び準防火地域以外の区域内における一戸建ての住宅（住宅の用途以外の用途に供する部分の床面積の合計が、延べ面積の2分の1以上であるもの又は50㎡を超えるものを除く。）　次のイからハまでに定める規定

令旧13条の2　改正：平成11年政令第5号

　　　イ　法第20条から法第25条まで、法第27条から法第29条まで、法第31条第1項、法第32条、法第33条、法第35条から法第35条の3まで及び法第37条の規定
　　　ロ　略
　　　ハ　法第39条から法第41条までの規定に基づく条例の規定のうち特定行政庁が法第6条の3第2項の規定の趣旨により規則で定める規定
　　四　法第6条の3第1項第二号に掲げる建築物のうち前号の一戸建ての住宅以外の建築物　次のイからハまでに定める規定
　　　イ　法第20条、法第21条、法第28条第1項及び第2項、法第29条、法第30条、法第31条第1項、法第32条、法第33条並びに法第37条の規定
　　　ロ　略
　　　ハ　法第39条から法第41条までの規定に基づく条例の規定のうち特定行政庁が法第6条の3第2項の規定の趣旨により規則で定める規定

改正：平成12年政令第211号　　　施行：平成12年6月1日
旧　第13条の2　（建築物の建築に関する確認の特例）

1　法第6条の3第1項の規定により読み替えて適用される法第6条第1項（法第87条第1項及び法第87条の2において準用する場合を含む。）の政令で定める規定は、次の各号（法第87条第1項において準用する場合にあつては第一号及び第二号、法第87条の2において準用する場合にあつては第二号。以下この条において同じ。）に掲げる建築物の区分に応じ、それぞれ当該各号に定める規定とする。
　一　法第6条の3第1項第二号に掲げる建築物のうち、その認定型式に適合する建築物の部分が第136条の2の9第一号に掲げるものであるもの　同号に掲げる規定
　二　法第6条の3第1項第二号に掲げる建築物のうち、その認定型式に適合する建築物の部分が第136条の2の9第二号の表の建築物の部分の欄の各項に掲げるものであるもの　同表の一連の規定の欄の当該各項に掲げる規定（これらの規定中建築物の部分の構造に係る部分が、当該認定型式に適合する建築物の部分に適用される場合に限る。）
　三　法第6条の3第1項第三号に掲げる建築物のうち防火地域及び準防火地域以外の区域内における一戸建ての住宅（住宅の用途以外の用途に供する部分の床面積の合計が、延べ面積の2分の1以上であるもの又は50㎡を超えるものを除く。）　次に定める規定
　　　イ　略
　　　ロ　第2章（第32条を除く。）、第3章（第8節を除き、第80条の2にあつては建設大臣が定めた安全上必要な技術的基準のうちその指定する基準に係る部分に限る。）、第4章から第5章の2まで、第5章の4（第2節を除く。）及び第144条の3の規定
　　　ハ　略
　　四　法第6条の3第1項第三号に掲げる建築物のうち前号の一戸建ての住宅以外の建築物　次に定める規定
　　　イ　略
　　　ロ　第2章（第20条の3及び第32条を除く。）、第3章（第8節を除き、第80条の2にあつては建設大臣が定めた安全上必要な技術的基準のうちその指定する基準に係る部分に限る。）、第119条、第5章の4（第129条の2の5第1項第六号及び第七号並びに第2節を除く。）及び第144条の3の規定
　　　ハ　略

改正：平成12年政令第312号　　　施行：平成13年1月6日
旧　第13条の2　（建築物の建築に関する確認の特例）

1　法第6条の3第1項の規定により読み替えて適用される法第6条第1項（法第87条第1項及び法第87条の2において準用する場合を含む。）の政令で定める規定は、次の各号（法第87条第1項において準用する場合にあつては第一号及び第二号、法第87条の2において準用する場合にあつては第二号。以下この条において同じ。）に掲げる建築物の区分に応じ、それぞれ当該各号に定める規定とする。
　一・二　略
　三　法第6条の3第1項第三号に掲げる建築物のうち防火地域及び準防火地域以外の区域内における一戸建

ての住宅（住宅の用途以外の用途に供する部分の床面積の合計が、延べ面積の2分の1以上であるもの又は50㎡を超えるものを除く。）　次に定める規定
　　　イ　略
　　　ロ　第2章（第32条を除く。）、第3章（第8節を除き、第80条の2にあつては国土交通大臣が定めた安全上必要な技術的基準のうちその指定する基準に係る部分に限る。）、第4章から第5章の2まで、第5章の4（第2節を除く。）及び第144条の3の規定
　　　ハ　略
　　四　法第6条の3第1項第三号に掲げる建築物のうち前号の一戸建ての住宅以外の建築物　次に定める規定
　　　イ　略
　　　ロ　第2章（第20条の3及び第32条を除く。）、第3章（第8節を除き、第80条の2にあつては国土交通大臣が定めた安全上必要な技術的基準のうちその指定する基準に係る部分に限る。）、第119条、第5章の4（第129条の2の5第1項第六号及び第七号並びに第2節を除く。）及び第144条の3の規定
　　　ハ　略

改正：平成13年政令第42号　　　施行：平成13年4月1日
旧　第13条の2　（建築物の建築に関する確認の特例）

1　法第6条の3第1項の規定により読み替えて適用される法第6条第1項（法第87条第1項及び法第87条の2において準用する場合を含む。）の政令で定める規定は、次の各号（法第87条第1項において準用する場合にあつては第一号及び第二号、法第87条の2において準用する場合にあつては第二号。以下この条において同じ。）に掲げる建築物の区分に応じ、それぞれ当該各号に定める規定とする。
　　一・二　略
　　三　法第6条の3第1項第三号に掲げる建築物のうち防火地域及び準防火地域以外の区域内における一戸建ての住宅（住宅の用途以外の用途に供する部分の床面積の合計が、延べ面積の2分の1以上であるもの又は50㎡を超えるものを除く。）　次に定める規定
　　　イ　略
　　　ロ　第2章（第32条及び第35条を除く。）、第3章（第8節を除き、第80条の2にあつては国土交通大臣が定めた安全上必要な技術的基準のうちその指定する基準に係る部分に限る。）、第4章から第5章の2まで、第5章の4（第2節を除く。）及び第144条の3の規定
　　　ハ　略
　　四　法第6条の3第1項第三号に掲げる建築物のうち前号の一戸建ての住宅以外の建築物　次に定める規定
　　　イ　略
　　　ロ　第2章（第20条の3、第32条及び第35条を除く。）、第3章（第8節を除き、第80条の2にあつては国土交通大臣が定めた安全上必要な技術的基準のうちその指定する基準に係る部分に限る。）、第119条、第5章の4（第129条の2の5第1項第六号及び第七号並びに第2節を除く。）及び第144条の3の規定
　　　ハ　略

改正：平成14年政令第393号　　　施行：平成15年1月1日
旧　第13条の2　（建築物の建築に関する確認の特例）

1　法第6条の3第1項の規定により読み替えて適用される法第6条第1項（法第87条第1項及び法第87条の2において準用する場合を含む。）の政令で定める規定は、次の各号（法第87条第1項において準用する場合にあつては第一号及び第二号、法第87条の2において準用する場合にあつては第二号。以下この条において同じ。）に掲げる建築物の区分に応じ、それぞれ当該各号に定める規定とする。
　　一・二　略
　　三　法第6条の3第1項第三号に掲げる建築物のうち防火地域及び準防火地域以外の区域内における一戸建ての住宅（住宅の用途以外の用途に供する部分の床面積の合計が、延べ面積の2分の1以上であるもの又は50㎡を超えるものを除く。）　次に定める規定
　　　イ　法第20条から法第25条まで、法第27条、法第28条、法第29条、法第31条第1項、法第32条、法第33条、法第35条から法第35条の3まで及び法第37条の規定

令旧13条の2　改正：平成14年政令第393号

　　　ロ　第2章（<u>第1節の3</u>、第32条及び第35条を除く。）、第3章（第8節を除き、第80条の2にあつては国土交通大臣が定めた安全上必要な技術的基準のうちその指定する基準に係る部分に限る。）、第4章から第5章の2まで、第5章の4（第2節を除く。）及び第144条の3の規定
　　　ハ　略
　　四　法第6条の3第1項第三号に掲げる建築物のうち前号の一戸建ての住宅以外の建築物　次に定める規定
　　　イ　略
　　　ロ　第2章（第20条の3、<u>第1節の3</u>、第32条及び第35条を除く。）、第3章（第8節を除き、第80条の2にあつては国土交通大臣が定めた安全上必要な技術的基準のうちその指定する基準に係る部分に限る。）、第119条、第5章の4（第129条の2の5第1項第六号及び第七号並びに第2節を除く。）及び第144条の3の規定
　　　ハ　略

改正：平成15年政令第523号　　　施行：平成15年12月19日
旧　第13条の2　（建築物の建築に関する確認の特例）

1　法第6条の3第1項の規定により読み替えて適用される法第6条第1項（法第87条第1項及び法第87条の2において準用する場合を含む。）の政令で定める規定は、次の各号（法第87条第1項において準用する場合にあつては第一号及び第二号、法第87条の2において準用する場合にあつては第二号。以下この条において同じ。）に掲げる建築物の区分に応じ、それぞれ当該各号に定める規定とする。
　一　法第6条の3第1項第二号に掲げる建築物のうち、その認定型式に適合する建築物の部分が<u>第136条の2の10第一号</u>に掲げるものであるもの　同号に掲げる規定
　二　法第6条の3第1項第二号に掲げる建築物のうち、その認定型式に適合する建築物の部分が<u>第136条の2の10第二号</u>の表の建築物の部分の欄の各項に掲げるものであるもの　同表の一連の規定の欄の当該各項に掲げる規定（これらの規定中建築物の部分の構造に係る部分が、当該認定型式に適合する建築物の部分に適用される場合に限る。）
　三・四　略

改正：平成17年政令第182号　　　施行：平成17年6月1日
旧　第13条の2　（建築物の建築に関する確認の特例）

1　法第6条の3第1項の規定により読み替えて適用される法第6条第1項（法第87条第1項及び法第87条の2において準用する場合を含む。）の政令で定める規定は、次の各号（法第87条第1項において準用する場合にあつては第一号及び第二号、法第87条の2において準用する場合にあつては第二号。以下この条において同じ。）に掲げる建築物の区分に応じ、それぞれ当該各号に定める規定とする。
　一　法第6条の3第1項第二号に掲げる建築物のうち、その認定型式に適合する建築物の部分が<u>第136条の2の11第一号</u>に掲げるものであるもの　同号に掲げる規定
　二　法第6条の3第1項第二号に掲げる建築物のうち、その認定型式に適合する建築物の部分が<u>第136条の2の11第二号</u>の表の建築物の部分の欄の各項に掲げるものであるもの　同表の一連の規定の欄の当該各項に掲げる規定（これらの規定中建築物の部分の構造に係る部分が、当該認定型式に適合する建築物の部分に適用される場合に限る。）
　三・四　略

改正：平成19年政令第49号　　　施行：平成19年6月20日
第10条

1　法第6条の3第1項の規定により読み替えて適用される法第6条第1項（法第87条第1項及び法第87条の2において準用する場合を含む。）の政令で定める規定は、次の各号（法第87条第1項において準用する場合にあつては第一号及び第二号、法第87条の2において準用する場合にあつては第二号。以下この条において同じ。）に掲げる建築物の区分に応じ、それぞれ当該各号に定める規定とする。
　一・二　略

三　法第6条の3第1項第三号に掲げる建築物のうち防火地域及び準防火地域以外の区域内における一戸建ての住宅（住宅の用途以外の用途に供する部分の床面積の合計が、延べ面積の2分の1以上であるもの又は50㎡を超えるものを除く。）　次に定める規定
　　イ　法第20条（第四号イに係る部分に限る。）、法第21条から法第25条まで、法第27条、法第28条、法第29条、法第31条第1項、法第32条、法第33条、法第35条から法第35条の3まで及び法第37条の規定
　　ロ　次章（第1節の3、第32条及び第35条を除く。）、第3章（第8節を除き、第80条の2にあつては国土交通大臣が定めた安全上必要な技術的基準のうちその指定する基準に係る部分に限る。）、第4章から第5章の2まで、第5章の4（第2節を除く。）及び第144条の3の規定
　　ハ　略
四　法第6条の3第1項第三号に掲げる建築物のうち前号の一戸建ての住宅以外の建築物　次に定める規定
　　イ　法第20条（第四号イに係る部分に限る。）、法第21条、法第28条第1項及び第2項、法第29条、法第30条、法第31条第1項、法第32条、法第33条並びに法第37条の規定
　　ロ　次章（第20条の3、第1節の3、第32条及び第35条を除く。）、第3章（第8節を除き、第80条の2にあつては国土交通大臣が定めた安全上必要な技術的基準のうちその指定する基準に係る部分に限る。）、第119条、第5章の4（第129条の2の5第1項第六号及び第七号並びに第2節を除く。）及び第144条の3の規定
　　ハ　略

改正：平成27年政令第11号　　　施行：平成27年6月1日
第10条

1　法第6条の4第1項の規定により読み替えて適用される法第6条第1項（法第87条第1項及び法第87条の2において準用する場合を含む。）の政令で定める規定は、次の各号（法第87条第1項において準用する場合にあつては第一号及び第二号、法第87条の2において準用する場合にあつては第二号。以下この条において同じ。）に掲げる建築物の区分に応じ、それぞれ当該各号に定める規定とする。
一　法第6条の4第1項第二号に掲げる建築物のうち、その認定型式に適合する建築物の部分が第136条の2の11第一号に掲げるものであるもの　同号に掲げる規定
二　法第6条の4第1項第二号に掲げる建築物のうち、その認定型式に適合する建築物の部分が第136条の2の11第二号の表の建築物の部分の欄の各項に掲げるものであるもの　同表の一連の規定の欄の当該各項に掲げる規定（これらの規定中建築物の部分の構造に係る部分が、当該認定型式に適合する建築物の部分に適用される場合に限る。）
三　法第6条の4第1項第三号に掲げる建築物のうち防火地域及び準防火地域以外の区域内における一戸建ての住宅（住宅の用途以外の用途に供する部分の床面積の合計が、延べ面積の2分の1以上であるもの又は50㎡を超えるものを除く。）　次に定める規定
　　イ　法第20条（第1項第四号イに係る部分に限る。）、法第21条から法第25条まで、法第27条、法第28条、法第29条、法第31条第1項、法第32条、法第33条、法第35条から法第35条の3まで及び法第37条の規定
　　ロ　略
　　ハ　法第39条から法第41条までの規定に基づく条例の規定のうち特定行政庁が法第6条の4第2項の規定の趣旨により規則で定める規定
四　法第6条の4第1項第三号に掲げる建築物のうち前号の一戸建ての住宅以外の建築物　次に定める規定
　　イ　法第20条（第1項第四号イに係る部分に限る。）、法第21条、法第28条第1項及び第2項、法第29条、法第30条、法第31条第1項、法第32条、法第33条並びに法第37条の規定
　　ロ　略
　　ハ　法第39条から法第41条までの規定に基づく条例の規定のうち特定行政庁が法第6条の4第2項の規定の趣旨により規則で定める規定

改正：平成28年政令第6号　　　施行：平成28年6月1日
第10条

令10条 改正：平成28年政令第6号

1　法第6条の4第1項の規定により読み替えて適用される法第6条第1項（法第87条第1項及び法第87条の2において準用する場合を含む。）の政令で定める規定は、次の各号（法第87条第1項において準用する場合にあつては第一号及び第二号、法第87条の2において準用する場合にあつては第二号。以下この条において同じ。）に掲げる建築物の区分に応じ、それぞれ当該各号に定める規定とする。
　一　法第6条の4第1項第二号に掲げる建築物のうち、その認定型式に適合する建築物の部分が第136条の2の11第一号に掲げるものであるもの　その認定型式が、同号イに掲げる全ての規定に適合するものであることの認定を受けたものである場合にあつては同号イに掲げる全ての規定、同号ロに掲げる全ての規定に適合するものであることの認定を受けたものである場合にあつては同号ロに掲げる全ての規定
　二〜四　略

改正：令和元年政令第30号　　　施行：令和元年6月25日
第10条

1　法第6条の4第1項の規定により読み替えて適用される法第6条第1項（法第87条第1項及び法第87条の4において準用する場合を含む。）の政令で定める規定は、次の各号（法第87条第1項において準用する場合にあつては第一号及び第二号、法第87条の4において準用する場合にあつては同号。以下この条において同じ。）に掲げる建築物の区分に応じ、それぞれ当該各号に定める規定とする。
　一　法第6条の4第1項第二号に掲げる建築物のうち、その認定型式に適合する建築物の部分が第136条の2の11第一号に掲げるものであるもの　その認定型式が、同号イに掲げる全ての規定に適合するものであることの認定を受けたものである場合にあつては同号イに掲げる全ての規定、同号ロに掲げる全ての規定に適合するものであることの認定を受けたものである場合にあつては同号ロに掲げる全ての規定
　二　法第6条の4第1項第二号に掲げる建築物のうち、その認定型式に適合する建築物の部分が第136条の2の11第二号の表の建築物の部分の欄の各項に掲げるものであるもの　同表の一連の規定の欄の当該各項に掲げる規定（これらの規定中建築物の部分の構造に係る部分が、当該認定型式に適合する建築物の部分に適用される場合に限る。）
　三　法第6条の4第1項第三号に掲げる建築物のうち防火地域及び準防火地域以外の区域内における一戸建ての住宅（住宅の用途以外の用途に供する部分の床面積の合計が、延べ面積の2分の1以上であるもの又は50㎡を超えるものを除く。）　次に定める規定
　　イ　法第20条（第1項第四号イに係る部分に限る。）、法第21条から法第25条まで、法第27条、法第28条、法第29条、法第31条第1項、法第32条、法第33条、法第35条から法第35条の3まで及び法第37条の規定
　　ロ　次章（第1節の3、第32条及び第35条を除く。）、第3章（第8節を除き、第80条の2にあつては国土交通大臣が定めた安全上必要な技術的基準のうちその指定する基準に係る部分に限る。）、第4章から第5章の2まで、第5章の4（第2節を除く。）及び第144条の3の規定
　　ハ　法第39条から法第41条までの規定に基づく条例の規定のうち特定行政庁が法第6条の4第2項の規定の趣旨により規則で定める規定
　四　法第6条の4第1項第三号に掲げる建築物のうち前号の一戸建ての住宅以外の建築物　次に定める規定
　　イ　法第20条（第1項第四号イに係る部分に限る。）、法第21条、法第28条第1項及び第2項、法第29条、法第30条、法第31条第1項、法第32条、法第33条並びに法第37条の規定
　　ロ　次章（第20条の3、第1節の3、第32条及び第35条を除く。）、第3章（第8節を除き、第80条の2にあつては国土交通大臣が定めた安全上必要な技術的基準のうちその指定する基準に係る部分に限る。）、第119条、第5章の4（第129条の2の4第1項第六号及び第七号並びに第2節を除く。）及び第144条の3の規定
　　ハ　法第39条から法第41条までの規定に基づく条例の規定のうち特定行政庁が法第6条の4第2項の規定の趣旨により規則で定める規定

旧　第3節　削除
(制定：昭和25年政令第338号)　　　第3節　確認申請手数料
(改正：平成11年政令第5号)　　　　第3節　確認申請手数料等
(改正：平成11年政令第352号)　　　第3節　削除

[削除条文]

制定：昭和25年政令第338号　　　施行：昭和25年11月23日
旧　第10条　（建築物に関する確認申請手数料）

1　法第6条第5項（法第87条第1項において準用する場合を含む。）に規定する確認申請手数料の額は、確認申請1件につき、下の表に掲げる通りとする。

延べ面積の合計	手数料の額
20㎡以内のもの	200円
20㎡をこえ、100㎡以内のもの	500円
100㎡をこえ、200㎡以内のもの	700円
200㎡をこえ、300㎡以内のもの	1,000円
300㎡をこえ、500㎡以内のもの	1,500円
500㎡をこえ、700㎡以内のもの	2,000円
700㎡をこえ、1,000㎡以内のもの	2,500円
1,000㎡をこえるもの	3,000円

2　前項の表の延べ面積の合計は、建築物を建築する場合においては、当該建築に係る部分の延べ面積について算定し、建築物の大規模の修繕若しくは模様替をし、又は用途を変更する場合においては、当該修繕、模様替又は用途の変更に係る部分の延べ面積の2分の1について算定する。

改正：昭和27年政令第164号　　　施行：昭和27年5月31日
旧　第10条　（建築物に関する確認申請手数料）

1　法第6条第6項（法第87条第1項において準用する場合を含む。）に規定する確認申請手数料の額は、確認申請1件につき、下の表に掲げる通りとする。
　［表　略］
2　略

改正：昭和34年政令第344号　　　施行：昭和34年12月23日
旧　第10条　（建築物に関する確認申請手数料）

1　法第6条第6項（法第87条第1項において準用する場合を含む。）に規定する確認申請手数料の額は、確認申請1件につき、次の表に掲げる通りとする。

床面積の合計	手数料の額
30㎡以内のもの	200円
30㎡をこえ、60㎡以内のもの	500円
60㎡をこえ、100㎡以内のもの	1,000円
100㎡をこえ、200㎡以内のもの	2,000円
200㎡をこえ、500㎡以内のもの	3,000円
500㎡をこえ、1,000㎡以内のもの	5,000円
1,000㎡をこえ、2,000㎡以内のもの	7,000円
2,000㎡をこえ、5,000㎡以内のもの	10,000円
5,000㎡をこえ、10,000㎡以内のもの	15,000円
10,000㎡をこえるもの	20,000円

2　前項の表の床面積の合計は、建築物を建築する場合（移転する場合を除く。）においては、当該建築に係

令旧10条 改正：昭和34年政令第344号

る部分の<u>床面積</u>について算定し、<u>建築物を移転し、その大規模の修繕若しくは大規模の模様替をし、又はその用途を変更する場合においては、当該移転、修繕、模様替又は用途の変更に係る部分の床面積</u>の２分の１について算定する。

改正：昭和39年政令第4号　　　施行：昭和39年1月15日

旧　第10条　（建築物に関する確認申請手数料）

1　法第6条第6項（法第87条第1項において準用する場合を含む。）に規定する確認申請手数料の額は、確認申請1件につき、次の表に掲げる通りとする。

床　面　積　の　合　計	手数料の額
10,000㎡以内のもの	略
<u>10,000㎡をこえ、20,000㎡以内のもの</u>	<u>20,000円</u>
<u>20,000㎡をこえ、50,000㎡以内のもの</u>	<u>30,000円</u>
<u>50,000㎡をこえ、100,000㎡以内のもの</u>	<u>50,000円</u>
<u>100,000㎡をこえ、200,000㎡以内のもの</u>	<u>70,000円</u>
<u>200,000㎡をこえるもの</u>	<u>100,000円</u>

2　略

改正：昭和45年政令第333号　　　施行：昭和46年1月1日

旧　第10条　（建築物に関する確認申請手数料）

1　法第6条第6項（法第87条第1項において準用する場合を含む。）に規定する確認申請手数料の額は、確認申請1件につき、次の表に掲げる<u>とおり</u>とする。

　［表改定］

床　面　積　の　合　計	手数料の額
30㎡以内のもの	500円
30㎡をこえ、100㎡以内のもの	1,000円
100㎡をこえ、500㎡以内のもの	3,000円
500㎡をこえ、2,000㎡以内のもの	7,000円
2,000㎡をこえ、10,000㎡以内のもの	30,000円
10,000㎡をこえ、50,000㎡以内のもの	50,000円
50,000㎡をこえるもの	100,000円

2　略

改正：昭和53年政令第206号　　　施行：昭和53年7月1日

旧　第10条　（建築物に関する確認申請手数料）

1　法第6条第6項（法第87条第1項において準用する場合を含む。）に規定する確認申請手数料の額は、確認申請1件につき、次の表に掲げるとおりとする。

　［表改定］

床　面　積　の　合　計	手数料の額
30㎡以内のもの	1,500円
30㎡をこえ、100㎡以内のもの	3,000円
100㎡をこえ、200㎡以内のもの	6,000円
200㎡をこえ、500㎡以内のもの	9,000円
500㎡をこえ、2,000㎡以内のもの	21,000円
2,000㎡をこえ、10,000㎡以内のもの	90,000円
10,000㎡をこえ、50,000㎡以内のもの	150,000円

50,000㎡をこえるもの	300,000円

2　略

改正：昭和55年政令第196号　　　施行：昭和55年10月1日
旧　第10条　（建築物に関する確認申請手数料）

1　法第6条第6項（法第87条第1項において準用する場合を含む。）に規定する確認申請手数料の額は、確認申請1件につき、次の表に掲げるとおりとする。

床　面　積　の　合　計	手数料の額
30㎡以内のもの	3,000円
30㎡を超え、100㎡以内のもの	5,000円
100㎡を超え、200㎡以内のもの	6,000円
200㎡を超え、500㎡以内のもの	9,000円
500㎡を超え、2,000㎡以内のもの	21,000円
2,000㎡を超え、10,000㎡以内のもの	90,000円
10,000㎡を超え、50,000㎡以内のもの	150,000円
50,000㎡を超えるもの	300,000円

2　略

改正：昭和56年政令第248号　　　施行：昭和56年8月1日
旧　第10条　（建築物に関する確認申請手数料）

1　法第6条第6項（法第87条第1項において準用する場合を含む。）に規定する確認申請手数料の額は、確認申請1件につき、次の表に掲げるとおりとする。
　　［表改定］

床　面　積　の　合　計	手数料の額
30㎡以内のもの	3,000円
30㎡を超え、100㎡以内のもの	5,000円
100㎡を超え、200㎡以内のもの	8,000円
200㎡を超え、500㎡以内のもの	12,000円
500㎡を超え、1,000㎡以内のもの	26,000円
1,000㎡を超え、2,000㎡以内のもの	38,000円
2,000㎡を超え、10,000㎡以内のもの	110,000円
10,000㎡を超え、50,000㎡以内のもの	180,000円
50,000㎡を超えるもの	360,000円

2　略

改正：昭和59年政令第231号　　　施行：昭和59年7月1日
旧　第10条　（建築物に関する確認申請手数料）

1　法第6条第6項（法第87条第1項において準用する場合を含む。）に規定する確認申請手数料の額は、確認申請1件につき、次の表に掲げるとおりとする。

床　面　積　の　合　計	手数料の額
30㎡以内のもの	5,000円
30㎡を超え、100㎡以内のもの	7,000円
100㎡を超え、200㎡以内のもの	10,000円
200㎡を超え、500㎡以内のもの	14,000円

令旧10条 改正：昭和59年政令第231号

500㎡を超え、1,000㎡以内のもの	30,000円
1,000㎡を超え、2,000㎡以内のもの	45,000円
2,000㎡を超え、10,000㎡以内のもの	130,000円
10,000㎡を超え、50,000㎡以内のもの	210,000円
50,000㎡を超えるもの	420,000円

2　略

改正：昭和62年政令第57号　　施行：昭和62年4月1日
旧　第10条　（建築物に関する確認申請手数料）

1　法第6条第6項（法第87条第1項において準用する場合を含む。）に規定する確認申請手数料の額は、確認申請1件につき、次の表に掲げるとおりとする。

床　面　積　の　合　計	手数料の額
30㎡以内のもの	6,000円
30㎡を超え、100㎡以内のもの	8,000円
100㎡を超え、200㎡以内のもの	12,000円
200㎡を超え、500㎡以内のもの	17,000円
500㎡を超え、1,000㎡以内のもの	35,000円
1,000㎡を超え、2,000㎡以内のもの	52,000円
2,000㎡を超え、10,000㎡以内のもの	150,000円
10,000㎡を超え、50,000㎡以内のもの	250,000円
50,000㎡を超えるもの	490,000円

2　略

改正：平成3年政令第25号　　施行：平成3年4月1日
旧　第10条　（建築物に関する確認申請手数料）

1　法第6条第6項（法第87条第1項において準用する場合を含む。）に規定する確認申請手数料の額は、確認申請1件につき、次の表に掲げるとおりとする。

床　面　積　の　合　計	手数料の額
30㎡以内のもの	7,000円
30㎡を超え、100㎡以内のもの	10,000円
100㎡を超え、200㎡以内のもの	14,000円
200㎡を超え、500㎡以内のもの	20,000円
500㎡を超え、1,000㎡以内のもの	42,000円
1,000㎡を超え、2,000㎡以内のもの	63,000円
2,000㎡を超え、10,000㎡以内のもの	180,000円
10,000㎡を超え、50,000㎡以内のもの	300,000円
50,000㎡を超えるもの	590,000円

2　略

改正：平成6年政令第69号　　施行：平成6年4月1日
旧　第10条　（建築物に関する確認申請手数料）

1　法第6条第6項（法第87条第1項において準用する場合を含む。）に規定する確認申請手数料の額は、確認申請1件につき、次の表に掲げるとおりとする。

改正：平成11年政令第5号 **令旧10条**

床　面　積　の　合　計	手数料の額
30㎡以内のもの	8,000円
30㎡を超え、100㎡以内のもの	12,000円
100㎡を超え、200㎡以内のもの	16,000円
200㎡を超え、500㎡以内のもの	24,000円
500㎡を超え、1,000㎡以内のもの	50,000円
1,000㎡を超え、2,000㎡以内のもの	74,000円
2,000㎡を超え、10,000㎡以内のもの	210,000円
10,000㎡を超え、50,000㎡以内のもの	350,000円
50,000㎡を超えるもの	700,000円

2　略

改正：平成9年政令第74号　　　施行：平成9年4月1日

旧　第10条　（建築物に関する確認申請手数料）

1　法第6条第6項（法第87条第1項において準用する場合を含む。）に規定する確認申請手数料の額は、確認申請1件につき、次の表に掲げるとおりとする。

床　面　積　の　合　計	手数料の額
30㎡以内のもの	8,000円
30㎡を超え、100㎡以内のもの	17,000円
100㎡を超え、200㎡以内のもの	24,000円
200㎡を超え、500㎡以内のもの	24,000円
500㎡を超え、1,000㎡以内のもの	50,000円
1,000㎡を超え、2,000㎡以内のもの	75,000円
2,000㎡を超え、10,000㎡以内のもの	220,000円
10,000㎡を超え、50,000㎡以内のもの	360,000円
50,000㎡を超えるもの	710,000円

2　略

改正：平成11年政令第5号　　　施行：平成11年5月1日

旧　第10条　（建築物に関する確認申請手数料）

1　法第6条第7項（法第87条第1項において準用する場合を含む。）に規定する確認申請手数料の額は、確認申請1件につき、次の表に掲げるとおりとする。

床　面　積　の　合　計	手数料の額
30㎡以内のもの	5,000円
30㎡を超え、100㎡以内のもの	9,000円
100㎡を超え、200㎡以内のもの	14,000円
200㎡を超え、500㎡以内のもの	19,000円
500㎡を超え、1,000㎡以内のもの	34,000円
1,000㎡を超え、2,000㎡以内のもの	48,000円
2,000㎡を超え、10,000㎡以内のもの	140,000円
10,000㎡を超え、50,000㎡以内のもの	240,000円
50,000㎡を超えるもの	460,000円

2　前項の表の床面積の合計は、次の各号に掲げる場合の区分に応じ、当該各号に定める面積について算定する。

一　建築物を建築する場合（次号に掲げる場合及び移転する場合を除く。）　当該建築に係る部分の床面積

二　確認を受けた建築物の計画の変更をして建築物を建築する場合（移転する場合を除く。）　当該計画の

令旧10条　改正：平成11年政令第5号

変更に係る部分の床面積の２分の１（床面積の増加する部分にあつては、当該増加する部分の床面積）
三　建築物を移転し、その大規模の修繕若しくは大規模の模様替をし、又はその用途を変更する場合（次号に掲げる場合を除く。）　当該移転、修繕、模様替又は用途の変更に係る部分の床面積の２分の１
四　確認を受けた建築物の計画の変更をして建築物を移転し、その大規模の修繕若しくは大規模の模様替をし、又はその用途を変更する場合　当該計画の変更に係る部分の床面積の２分の１

改正：平成11年政令第352号　　　　施行：平成12年４月１日
旧　第10条　（建築物に関する確認申請手数料）　削除

[削除条文]

制定：昭和25年政令第338号　　　　施行：昭和25年11月23日
旧　第11条　（工作物に関する確認申請手数料）
　１　第138条に規定する工作物に関する確認申請手数料の額は、工作物の確認申請１件につき、500円とする。

改正：昭和34年政令第344号　　　　施行：昭和34年12月23日
旧　第11条　（建築設備及び工作物に関する確認申請手数料）
　１　法第６条第７項又は法第87条の２第２項（法第88条第２項において準用する場合を含む。）に規定する確認申請手数料の額は、1,000円（電動ダムウエーターについては、500円）とする。

改正：昭和50年政令第２号　　　　施行：昭和50年４月１日
旧　第11条　（建築設備及び工作物に関する確認申請手数料）
　１　法第６条第７項又は法第87条の２第２項（法第88条第３項において準用する場合を含む。）に規定する確認申請手数料の額は、1,000円（電動ダムウエーターについては、500円）とする。

改正：昭和53年政令第206号　　　　施行：昭和53年７月１日
旧　第11条　（建築設備及び工作物に関する確認申請手数料）
　１　法第６条第７項又は法第87条の２第２項（法第88条第３項において準用する場合を含む。）に規定する確認申請手数料の額は、5,000円（電動ダムウエーターについては、2,500円）とする。

改正：昭和59年政令第231号　　　　施行：昭和59年７月１日
旧　第11条　（建築設備及び工作物に関する確認申請手数料）
　１　法第６条第７項又は法第87条の２第２項（法第88条第３項において準用する場合を含む。）に規定する確認申請手数料の額は、10,000円（電動ダムウエーターについては、5,000円）とする。

改正：昭和62年政令第57号　　　　施行：昭和62年４月１日
旧　第11条　（建築設備及び工作物に関する確認申請手数料）
　１　法第６条第７項又は法第87条の２第２項に規定する確認申請手数料の額は、12,000円（電動ダムウエーターについては、6,000円）とする。
　２　法第88条第３項において準用する法第87条の２第２項に規定する確認申請手数料の額は、10,000円とする。

改正：平成３年政令第25号　　　　施行：平成３年４月１日
旧　第11条　（建築設備及び工作物に関する確認申請手数料）

制定：平成11年政令第5号 **令旧12条**

1 法第6条第7項又は法第87条の2第2項に規定する確認申請手数料の額は、14,000円（電動ダムウエーターについては、7,000円）とする。
2 略

改正：平成6年政令第69号　　　施行：平成6年4月1日
旧　第11条　（建築設備及び工作物に関する確認申請手数料）

1 法第6条第7項又は法第87条の2第2項に規定する確認申請手数料の額は、17,000円（電動ダムウエーターについては、8,000円）とする。
2 法第88条第3項において準用する法第87条の2第2項に規定する確認申請手数料の額は、12,000円とする。

改正：平成11年政令第5号　　　施行：平成11年5月1日
旧　第11条　（建築設備及び工作物に関する確認申請手数料）

1 法第6条第8項又は法第87条の2第2項に規定する確認申請手数料の額は、次の各号に掲げる場合の区分に応じ、当該各号に定める額とする。
　一　建築設備を設置する場合（次号に掲げる場合を除く。）　9,000円（電動ダムウエーターについては、4,000円）
　二　確認を受けた建築設備の計画の変更をして建築設備をを設置する場合　5,000円（電動ダムウエーターについては、3,000円）
2 法第88条第3項において準用する法第87条の2第2項に規定する確認申請手数料の額は、次の各号に掲げる場合の区分に応じ、当該各号に定める額とする。
　一　工作物を築造する場合（次号に掲げる場合を除く。）　8,000円
　二　確認を受けた工作物の計画の変更をして工作物を築造する場合　4,000円

改正：平成11年政令第352号　　　施行：平成12年4月1日
旧　第11条　（建築設備及び工作物に関する確認申請手数料）　削除

[削除条文]

制定：昭和25年政令第338号　　　施行：昭和25年11月23日
旧　第12条　（建築物及び工作物に関する確認申請をあわせてする場合における確認申請手数料）

1 建築物に関する確認申請及び工作物に関する確認申請をあわせて一の確認申請書によつてする場合における確認申請手数料の額は、当該建築物に関する第10条の規定による確認申請手数料の額による。但し、その額が500円以下である場合においては、500円とする。

改正：昭和34年政令第344号　　　施行：昭和34年12月23日
旧　第12条　（建築物及び工作物に関する確認申請をあわせてする場合における確認申請手数料）　削除

[削除条文]

制定：平成11年政令第5号　　　施行：平成11年5月1日
旧　第12条　（建築物に関する完了検査申請手数料）

1 法第7条第6項において準用する法第6条第7項において規定する完了検査申請手数料の額は、完了検査申請1件につき、次の表に掲げるとおりとする。

令旧12条 制定：平成11年政令第5号

床面積の合計	手数料の額
30㎡以内のもの	10,000円
30㎡を超え、100㎡以内のもの	12,000円
100㎡を超え、200㎡以内のもの	16,000円
200㎡を超え、500㎡以内のもの	22,000円
500㎡を超え、1,000㎡以内のもの	36,000円
1,000㎡を超え、2,000㎡以内のもの	50,000円
2,000㎡を超え、10,000㎡以内のもの	120,000円
10,000㎡を超え、50,000㎡以内のもの	190,000円
50,000㎡を超えるもの	380,000円

2　前項の表の床面積の合計は、建築物を建築した場合（移転した場合を除く。）にあつては当該建築に係る部分の床面積について算定し、建築物を移転し、又はその大規模の修繕若しくは大規模の模様替をした場合にあつては当該移転、修繕又は模様替に係る部分の床面積の2分の1について算定する。

改正：平成11年政令第352号　　　施行：平成12年4月1日
旧　第12条　（建築物に関する完了検査申請手数料）　削除

[削除条文]

制定：平成11年政令第5号　　　施行：平成11年5月1日
旧　第12条の2　（建築設備及び工作物に関する完了検査申請手数料）

1　法第7条第6項において準用する法第6条第8項又は法第87条の2第2項に規定する完了検査申請手数料の額は、13,000円（電動ダムウエーターについては、8,000円）とする。
2　法第88条第3項において準用する法第87条の2第2項に規定する完了検査申請手数料の額は、9,000円とする。

改正：平成11年政令第352号　　　施行：平成12年4月1日
旧　第12条の2　（建築設備及び工作物に関する完了検査申請手数料）　削除

[削除条文]

制定：平成11年政令第5号　　　施行：平成11年5月1日
旧　第12条の3　（特定行政庁が減額して定める建築物に関する完了検査申請手数料）

1　法第7条第6項において読み替えて準用する法第6条第7項の規定により特定行政庁が減額して定める完了検査申請手数料の額は、完了検査申請1件につき、次の表の左欄に掲げる床面積の合計の区分に応じて同表の右欄に定める額を超えない範囲内で、第12条第1項の完了検査申請手数料の額から完了検査において検査すべき事項のうち中間検査において検査した事項の検査に要する費用を減額した額として特定行政庁が当該地方公共団体の規則で定める額とする。

床面積の合計	手数料の額
30㎡以内のもの	9,000円
30㎡を超え、100㎡以内のもの	11,000円
100㎡を超え、200㎡以内のもの	15,000円
200㎡を超え、500㎡以内のもの	21,000円
500㎡を超え、1,000㎡以内のもの	35,000円
1,000㎡を超え、2,000㎡以内のもの	47,000円
2,000㎡を超え、10,000㎡以内のもの	110,000円

10,000㎡を超え、50,000㎡以内のもの	180,000円
50,000㎡を超えるもの	370,000円

2　第12条第2項の規定は、前項の表の床面積の算定について準用する。

改正：平成11年政令第352号　　　施行：平成12年4月1日
旧　第12条の3　（特定行政庁が減額して定める建築物に関する完了検査申請手数料）　削除

[削除条文]

制定：平成11年政令第5号　　　施行：平成11年5月1日
旧　第12条の4　（特定行政庁が減額して定める昇降機に関する完了検査申請手数料）

1　法第7条第6項において読み替えて準用する法第6条第8項の規定により特定行政庁が減額して定める完了検査申請手数料の額は、12,000円（電動ダムウエーターについては、8,000円）を超えない範囲内で、第12条の2第1項の完了検査申請手数料の額から完了検査において検査すべき事項のうち中間検査において検査した事項の検査に要する費用を減額した額として特定行政庁が当該地方公共団体の規則で定める額とする。

改正：平成11年政令第352号　　　施行：平成12年4月1日
旧　第12条の4　（特定行政庁が減額して定める昇降機に関する完了検査申請手数料）　削除

[削除条文]

制定：平成11年政令第5号　　　施行：平成11年5月1日
旧　第12条の5　（建築物に関する中間検査申請手数料）

1　法第7条の3第8項において準用する法第6条第7項に規定する中間検査申請手数料の額は、中間検査申請1件につき、次の表の左欄に掲げる床面積の合計の区分に応じて同表の右欄に定める額を超えない範囲内で、中間検査において検査する事項の検査に要する費用の額として特定行政庁が当該地方公共団体の規則で定める額とする。

中間検査を行う部分の床面積の合計	手数料の上限額
30㎡以内のもの	9,000円
30㎡を超え、100㎡以内のもの	11,000円
100㎡を超え、200㎡以内のもの	15,000円
200㎡を超え、500㎡以内のもの	20,000円
500㎡を超え、1,000㎡以内のもの	33,000円
1,000㎡を超え、2,000㎡以内のもの	45,000円
2,000㎡を超え、10,000㎡以内のもの	100,000円
10,000㎡を超え、50,000㎡以内のもの	160,000円
50,000㎡を超えるもの	330,000円

改正：平成11年政令第352号　　　施行：平成12年4月1日
旧　第12条の5　（建築物に関する中間検査申請手数料）　削除

[削除条文]

制定：平成11年政令第5号　　　施行：平成11年5月1日
旧　第12条の6　（建築設備及び工作物に関する中間検査申請手数料）

令旧12条の6 制定：平成11年政令第5号

> 1　法第7条の3第8項において準用する法第6条第8項又は法第87条の2第2項に規定する中間検査申請手数料の額は、12,000円（電動ダムウエーターについては、8,000円）を超えない範囲内で、中間検査において検査する事項の検査に要する費用の額として特定行政庁が当該地方公共団体の規則で定める額とする。
> 2　法第88条第3項において準用する法第87条の2第2項に規定する中間検査申請手数料の額は、9,000円を超えない範囲内で、中間検査において検査する事項の検査に要する費用の額として特定行政庁が当該地方公共団体の規則で定める額とする。

改正：平成11年政令第352号　　　施行：平成12年4月1日
旧　第12条の6　（建築設備及び工作物に関する中間検査申請手数料）　削除

[削除条文]

制定：昭和25年政令第338号　　　施行：昭和25年11月23日
旧　第13条　（確認申請手数料の減額）

> 1　特定行政庁は、公益上必要があると認める場合又は災害その他特別の事由があると認める場合においては、前3条の規定にかかわらず、当該地方公共団体の規則で定めるところにより確認申請手数料を減額することができる。

改正：昭和34年政令第344号　　　施行：昭和34年12月23日
旧　第13条　（確認申請手数料の減免）

> 1　特定行政庁は、公益上必要があると認める場合、総合的設計による一団地の住宅経営に関する場合又は災害その他特別の事由があると認める場合においては、第10条及び第11条の規定にかかわらず、当該地方公共団体の規則で定めるところにより確認申請手数料を減額し、又は免除することができる。

改正：昭和44年政令第158号　　　施行：昭和44年6月14日
旧　第13条　（確認申請手数料の減免）

> 1　特定行政庁は、公益上必要があると認める場合、総合的設計による一団地の住宅施設に関する場合又は災害その他特別の事由があると認める場合においては、第10条及び第11条の規定にかかわらず、当該地方公共団体の規則で定めるところにより確認申請手数料を減額し、又は免除することができる。

改正：平成11年政令第5号　　　施行：平成11年5月1日
旧　第13条　（確認申請手数料等の減免）

> 1　特定行政庁は、公益上必要があると認める場合、総合的設計による一団地の住宅施設に関する場合又は災害その他特別の事由があると認める場合においては、第10条から前条までの規定にかかわらず、当該地方公共団体の規則で定めるところにより確認申請手数料、完了検査申請手数料及び中間検査申請手数料を減額し、又は免除することができる。

改正：平成11年政令第352号　　　施行：平成12年4月1日
旧　第13条　（確認申請手数料等の減免）　削除

[削除条文]

制定：昭和25年政令第338号　　　施行：昭和25年11月23日
旧　第14条　（確認申請手数料の納入方法）

| 1　確認申請手数料の納入方法は、当該地方公共団体の規則で定める。 |

改正：昭和39年政令第106号　　　　施行：昭和39年4月1日
旧　第14条　（確認申請手数料の納入方法）　削除

[現行]　第3節の2　中間検査合格証の交付を受けるまでの共同住宅に関する工事の施工制限
（制定：平成19年政令第49号）　第3節の2　中間検査合格証の交付を受けるまでの共同住宅に関する工事の施工制限

[現行]　第11条　（工事を終えたときに中間検査を申請しなければならない工程）

制定：平成19年政令第49号　　　　施行：平成19年6月20日
第11条　（工事を終えたときに中間検査を申請しなければならない工程）
| 1　法第7条の3第1項第一号の政令で定める工程は、2階の床及びこれを支持するはりに鉄筋を配置する工事の工程とする。 |

[現行]　第12条　（中間検査合格証の交付を受けるまで施工してはならない工程）

制定：平成19年政令第49号　　　　施行：平成19年6月20日
第12条　（中間検査合格証の交付を受けるまで施工してはならない工程）
| 1　法第7条の3第6項の政令で定める特定工程後の工程のうち前条に規定する工程に係るものは、2階の床及びこれを支持するはりに配置された鉄筋をコンクリートその他これに類するもので覆う工事の工程とする。 |

[現行]　第3節の3　検査済証の交付を受けるまでの建築物の使用制限
（制定：昭和52年政令第266号）　　　第3節の2　検査済証の交付を受けるまでの建築物の使用制限
（改正：昭和59年政令第15号）　　　第3節の3　検査済証の交付を受けるまでの建築物の使用制限

[現行]　第13条　（避難施設等の範囲）

制定：昭和52年政令第266号　　　　施行：昭和52年11月1日
旧　第13条の2　（避難施設等の範囲）
1　法第7条の2第1項の政令で定める避難施設、消火設備、排煙設備、非常用の照明装置、非常用の昇降機又は防火区画（以下この条及び次条において「避難施設等」という。）は、次の各号に掲げるもの（当該工事に係る避難施設等がないものとした場合に第112条、第5章第2節から第4節まで、第128条の3、第129条の13の3又は消防法施行令（昭和36年政令第37号）第12条から第15条までの規定による技術的基準に適合している建築物に係る当該避難施設等を除く。）とする。
　一　避難階（直接地上へ通ずる出入口のある階をいう。以下同じ。）以外の階にあつては居室から第120条又は第121条の直通階段に、避難階にあつては階段又は居室から屋外への出口に通ずる出入口及び廊下その他の通路
　二　第118条の客席からの出口の戸、第120条又は第121条の直通階段、同条第3項ただし書の避難上有効なバルコニー、屋外通路その他これらに類するもの、第125条の屋外への出口及び第126条第2項の屋上広場
　三　第128条の3第1項の地下街の各構えが接する地下道及び同条第4項の地下道への出入口
　四　スプリンクラー設備、水噴霧消火設備又は泡（あわ）消火設備で自動式のもの
　五　第126条の2第1項の排煙設備
　六　第126条の4の非常用の照明装置

令旧13条の2　制定：昭和52年政令第266号

　　七　第129条の13の3の非常用の昇降機
　　八　第112条（第128条の3第5項において準用する場合を含む。）又は第128条の3第2項若しくは第3項の防火区画

改正：昭和59年政令第15号　　　施行：昭和59年4月1日
旧　第13条の3　（避難施設等の範囲）

1　法第7条の3第1項の政令で定める避難施設、消火設備、排煙設備、非常用の照明装置、非常用の昇降機又は防火区画（以下この条及び次条において「避難施設等」という。）は、次の各号に掲げるもの（当該工事に係る避難施設等がないものとした場合に第112条、第5章第2節から第4節まで、第128条の3、第129条の13の3又は消防法施行令（昭和36年政令第37号）第12条から第15条までの規定による技術的基準に適合している建築物に係る当該避難施設等を除く。）とする。
　　一～八　略

改正：平成11年政令第5号　　　施行：平成11年5月1日
旧　第13条の3　（避難施設等の範囲）

1　法第7条の6第1項の政令で定める避難施設、消火設備、排煙設備、非常用の照明装置、非常用の昇降機又は防火区画（以下この条及び次条において「避難施設等」という。）は、次の各号に掲げるもの（当該工事に係る避難施設等がないものとした場合に第112条、第5章第2節から第4節まで、第128条の3、第129条の13の3又は消防法施行令（昭和36年政令第37号）第12条から第15条までの規定による技術的基準に適合している建築物に係る当該避難施設等を除く。）とする。
　　一～八　略

改正：平成19年政令第49号　　　施行：平成19年6月20日
第13条　（避難施設等の範囲）

1　法第7条の6第1項の政令で定める避難施設、消火設備、排煙設備、非常用の照明装置、非常用の昇降機又は防火区画（以下この条及び次条において「避難施設等」という。）は、次に掲げるもの（当該工事に係る避難施設等がないものとした場合に第112条、第5章第2節から第4節まで、第128条の3、第129条の13の3又は消防法施行令（昭和36年政令第37号）第12条から第15条までの規定による技術的基準に適合している建築物に係る当該避難施設等を除く。）とする。
　　一～三　略
　　四　スプリンクラー設備、水噴霧消火設備又は泡消火設備で自動式のもの
　　五～八　略

改正：令和5年政令第280号　　　施行：令和6年4月1日
第13条　（避難施設等の範囲）

1　法第7条の6第1項の政令で定める避難施設、消火設備、排煙設備、非常用の照明装置、非常用の昇降機又は防火区画（以下この条及び次条において「避難施設等」という。）は、次に掲げるもの（当該工事に係る避難施設等がないものとした場合に第112条、第5章第2節から第4節まで、第128条の3、第129条の13の3又は消防法施行令（昭和36年政令第37号）第12条から第15条までの規定による技術的基準に適合している建築物に係る当該避難施設等を除く。）とする。
　　一　避難階（直接地上へ通ずる出入口のある階をいう。以下同じ。）以外の階にあつては居室から第120条又は第121条の直通階段に、避難階にあつては階段又は居室から屋外への出口に通ずる出入口及び廊下その他の通路
　　二　第118条の客席からの出口の戸、第120条又は第121条の直通階段、同条第3項ただし書の避難上有効なバルコニー、屋外通路その他これらに類するもの、第125条の屋外への出口及び第126条第2項の屋上広場
　　三　第128条の3第1項の地下街の各構えが接する地下道及び同条第4項の地下道への出入口

制定：令和元年政令第30号 **令13条の3**

　四　スプリンクラー設備、水噴霧消火設備又は泡消火設備で自動式のもの
　五　第126条の2第1項の排煙設備
　六　第126条の4第1項の非常用の照明装置
　七　第129条の13の3の非常用の昇降機
　八　第112条（第128条の3第5項において準用する場合を含む。）又は第128条の3第2項若しくは第3項の防火区画

[現行]　第13条の2　（避難施設等に関する工事に含まれない軽易な工事）

制定：昭和52年政令第266号　　　施行：昭和52年11月1日
旧　第13条の3　（避難施設等に関する工事に含まれない軽易な工事）

　1　法第7条の2第1項の政令で定める軽易な工事は、バルコニーの手すりの塗装の工事、出入口又は屋外への出口の戸に用いるガラスの取替えの工事、非常用の照明装置に用いる照明カバーの取替えの工事その他当該避難施設等の機能の確保に支障を及ぼさないことが明らかな工事とする。

改正：昭和59年政令第15号　　　施行：昭和59年4月1日
旧　第13条の4　（避難施設等に関する工事に含まれない軽易な工事）

　1　法第7条の3第1項の政令で定める軽易な工事は、バルコニーの手すりの塗装の工事、出入口又は屋外への出口の戸に用いるガラスの取替えの工事、非常用の照明装置に用いる照明カバーの取替えの工事その他当該避難施設等の機能の確保に支障を及ぼさないことが明らかな工事とする。

改正：平成11年政令第5号　　　施行：平成11年5月1日
旧　第13条の4　（避難施設等に関する工事に含まれない軽易な工事）

　1　法第7条の6第1項の政令で定める軽易な工事は、バルコニーの手すりの塗装の工事、出入口又は屋外への出口の戸に用いるガラスの取替えの工事、非常用の照明装置に用いる照明カバーの取替えの工事その他当該避難施設等の機能の確保に支障を及ぼさないことが明らかな工事とする。

改正：平成19年政令第49号　　　施行：平成19年6月20日
第13条の2　（避難施設等に関する工事に含まれない軽易な工事）

　1　法第7条の6第1項の政令で定める軽易な工事は、バルコニーの手すりの塗装の工事、出入口又は屋外への出口の戸に用いるガラスの取替えの工事、非常用の照明装置に用いる照明カバーの取替えの工事その他当該避難施設等の機能の確保に支障を及ぼさないことが明らかな工事とする。

[現行]　第3節の4　維持保全に関する準則の作成等を要する建築物
（制定：令和元年政令第30号）　第3節の4　維持保全に関する準則の作成等を要する建築物

[現行]　第13条の3

制定：令和元年政令第30号　　　施行：令和元年6月25日
第13条の3

　1　法第8条第2項第一号の政令で定める特殊建築物は、次に掲げるものとする。
　一　法別表第1（い）欄（1）項から（4）項までに掲げる用途に供する特殊建築物でその用途に供する部分の床面積の合計が100㎡を超えるもの（当該床面積の合計が200㎡以下のものにあつては、階数が3以上のものに限る。）
　二　法別表第1（い）欄（5）項又は（6）項に掲げる用途に供する特殊建築物でその用途に供する部分の

令13条の3   制定：令和元年政令第30号

　　床面積の合計が3,000㎡を超えるもの
2　法第8条第2項第二号の政令で定める建築物は、事務所その他これに類する用途に供する建築物（特殊建築物を除く。）のうち階数が5以上で延べ面積が1,000㎡を超えるものとする。

改正：令和5年政令第34号　　　　施行：令和5年4月1日
第13条の3
1　法第8条第2項第一号の政令で定める特殊建築物は、次に掲げるものとする。
　一　法別表第1（い）欄（1）項から（4）項までに掲げる用途に供する特殊建築物でその用途に供する部分の床面積の合計が100㎡を超えるもの（当該床面積の合計が200㎡以下のものにあつては、階数が3以上のものに限る。）
　二　法別表第1（い）欄（5）項又は（6）項に掲げる用途に供する特殊建築物でその用途に供する部分の床面積の合計が3,000㎡を超えるもの
2　法第8条第2項第二号の政令で定める建築物は、事務所その他これに類する用途に供する建築物（特殊建築物を除く。）のうち階数が<u>3以上</u>で延べ面積が<u>200㎡</u>を超えるものとする。

[現行]　第3節の5　建築監視員
（制定：昭和45年政令第333号）　　第3節の2　建築監視員
（改正：昭和52年政令第266号）　　<u>第3節の3</u>　建築監視員
（改正：昭和59年政令第15号）　　<u>第3節の4</u>　建築監視員
（改正：令和元年政令第30号）　　<u>第3節の5</u>　建築監視員

[現行]　第14条

制定：昭和45年政令第333号　　　　施行：昭和46年1月1日
第14条　（建築監視員の資格）
1　建築監視員は、次の各号の一に該当する者でなければならない。
　一　3年以上の建築行政に関する実務の経験を有する者
　二　建築士で1年以上の建築行政に関する実務の経験を有する者
　三　建築の実務に関し技術上の責任のある地位にあつた建築士で建設大臣が前各号の一に該当する者と同等以上の建築行政に関する知識及び能力を有すると認めたもの

改正：平成12年政令第312号　　　　施行：平成13年1月6日
第14条　（建築監視員の資格）
1　建築監視員は、次の各号の一に該当する者でなければならない。
　一・二　略
　三　建築の実務に関し技術上の責任のある地位にあつた建築士で<u>国土交通大臣</u>が前各号の一に該当する者と同等以上の建築行政に関する知識及び能力を有すると認めたもの

改正：令和元年政令第30号　　　　施行：令和元年6月25日
第14条
1　建築監視員は、次の各号の<u>いずれか</u>に該当する者でなければならない。
　一　3年以上の建築行政に関する実務の経験を有する者
　二　建築士で1年以上の建築行政に関する実務の経験を有する者
　三　建築の実務に関し技術上の責任のある地位にあつた建築士で国土交通大臣が<u>前2号のいずれか</u>に該当する者と同等以上の建築行政に関する知識及び能力を有すると認めたもの

[現行] 第3節の6　勧告の対象となる建築物
(制定：令和元年政令第30号)　第3節の6　勧告の対象となる建築物

[現行]　第14条の2

制定：令和元年政令第30号　　　　施行：令和元年6月25日
第14条の2

1　法第10条第1項の政令で定める建築物は、次に掲げるものとする。
　一　法別表第1（い）欄に掲げる用途に供する特殊建築物のうち階数が3以上でその用途に供する部分の床面積の合計が100㎡を超え200㎡以下のもの
　二　事務所その他これに類する用途に供する建築物（法第6条第1項第一号に掲げる建築物を除く。）のうち階数が5以上で延べ面積が1,000㎡を超えるもの

改正：令和5年政令第34号　　　　施行：令和5年4月1日
第14条の2

1　法第10条第1項の政令で定める建築物は、次に掲げるものとする。
　一　法別表第1（い）欄に掲げる用途に供する特殊建築物のうち階数が3以上でその用途に供する部分の床面積の合計が100㎡を超え200㎡以下のもの
　二　事務所その他これに類する用途に供する建築物（法第6条第1項第一号に掲げる建築物を除く。）のうち階数が3以上で延べ面積が200㎡を超えるもの

[削除条文]

制定：平成17年政令第192号　第3節の5　保安上危険な建築物等に対する措置
改正：令和元年政令第30号　　　　施行：令和元年6月25日
旧　第3節の5　保安上危険な建築物等に対する措置　削除

制定：平成17年政令第192号　　　　施行：平成17年6月1日
旧　第14条の2　（勧告の対象となる建築物）

1　法第10条第1項の政令で定める建築物は、事務所その他これに類する用途に供する建築物（法第6条第1項第一号に掲げる建築物を除く。）のうち、次の各号のいずれにも該当するものとする。
　一　階数が5以上である建築物
　二　延べ面積が1,000㎡を超える建築物

改正：令和元年政令第30号　　　　施行：令和元年6月25日
旧　第14条の2　（勧告の対象となる建築物）　削除

[現行] 第4節　損失補償
(制定：昭和25年政令第338号)　第4節　損失補償

[現行]　第15条　（収用委員会の裁決の申請手続）

制定：昭和25年政令第338号　　　　施行：昭和25年11月23日
第15条　（収用審査会の裁決の申請手続）

1　法第11条第3項（法第88条において準用する場合を含む。）の規定によつて収用審査会の裁決を求めようとする者（以下「申請者」という。）は、左に掲げる事項を記載した申請書を、当該建築物の所在地を管轄

令15条 制定：昭和25年政令第338号

する都道府県知事を経由して、収用審査会に提出しなければならない。
一　申請者の住所及び氏名
二　当該建築物の所在地
三　当該建築物について申請者の有する権利
四　当該建築物の用途及び構造の概要、附近見取図、配置図並びに各階平面図。但し、命ぜられた措置に関係がない部分は、省略することができる。
五　法第11条第1項の規定によつて特定行政庁が命じた措置
六　通知を受けた補償金額及びその通知を受領した年月日
七　通知を受けた補償金額を不服とする理由並びに申請者が求める補償金額及びその内訳
八　前各号に掲げるものを除く外、申請者が必要と認める事項
2　申請者は、前項の規定によつて申請書を提出する場合においては、その写1通を同項の都道府県知事に提出しなければならない。

改正：昭和26年政令第342号　　　施行：昭和26年12月1日
第15条　（収用審査会の裁決の申請手続）

1　補償金額について不服がある者が、法第11条第3項（法第88条において準用する場合を含む。）の規定によつて収用委員会の裁決を求めようとする場合においては、土地収用法（昭和26年法律第219号）第94条第3項の規定による裁決申請書には、同項各号の規定にかかわらず、左に掲げる事項を記載しなければならない。
一～八　略

改正：昭和34年政令第344号　　　施行：昭和34年12月23日
第15条　（収用審査会の裁決の申請手続）

1　補償金額について不服がある者が、法第11条第2項（法第88条第1項又は第3項において準用する場合を含む。）の規定によつて収用委員会の裁決を求めようとする場合においては、土地収用法（昭和26年法律第219号）第94条第3項の規定による裁決申請書には、同項各号の規定にかかわらず、次の各号に掲げる事項を記載しなければならない。
一　略
二　当該建築物又は工作物の所在地
三　当該建築物又は工作物について申請者の有する権利
四　当該建築物又は工作物の用途及び構造の概要、附近見取図、配置図並びに各階平面図。ただし、命ぜられた措置に関係がない部分は、省略することができる。
五　法第11条第1項（法第88条第1項又は第3項において準用する場合を含む。）の規定によつて特定行政庁が命じた措置
六～八　略

改正：昭和45年政令第333号　　　施行：昭和46年1月1日
第15条　（収用委員会の裁決の申請手続）

1　補償金額について不服がある者が、法第11条第2項（法第88条第1項又は第3項において準用する場合を含む。）の規定によつて収用委員会の裁決を求めようとする場合においては、土地収用法（昭和26年法律第219号）第94条第3項の規定による裁決申請書には、同項各号の規定にかかわらず、次の各号に掲げる事項を記載しなければならない。
一～七　略
八　前各号に掲げるものを除くほか、申請者が必要と認める事項

改正：昭和50年政令第2号　　　施行：昭和50年4月1日

改正:平成28年政令第6号 **令16条**

第15条 (収用委員会の裁決の申請手続)

1 補償金額について不服がある者が、法第11条第2項(法第88条第1項、第2項又は第4項において準用する場合を含む。)の規定によつて収用委員会の裁決を求めようとする場合においては、土地収用法(昭和26年法律第219号)第94条第3項の規定による裁決申請書には、同項各号の規定にかかわらず、次の各号に掲げる事項を記載しなければならない。
　一〜四　略
　五　法第11条第1項(法第88条第1項、第2項又は第4項において準用する場合を含む。)の規定によつて特定行政庁が命じた措置
　六〜八　略

改正:平成11年政令第352号　　　施行:平成12年4月1日

第15条 (収用委員会の裁決の申請手続)

1 補償金額について不服がある者が、法第11条第2項(法第88条第1項から第3項までにおいて準用する場合を含む。)の規定によつて収用委員会の裁決を求めようとする場合においては、土地収用法(昭和26年法律第219号)第94条第3項の規定による裁決申請書には、同項各号の規定にかかわらず、次の各号に掲げる事項を記載しなければならない。
　一　申請者の住所及び氏名
　二　当該建築物又は工作物の所在地
　三　当該建築物又は工作物について申請者の有する権利
　四　当該建築物又は工作物の用途及び構造の概要、附近見取図、配置図並びに各階平面図。ただし、命ぜられた措置に関係がない部分は、省略することができる。
　五　法第11条第1項(法第88条第1項から第3項までにおいて準用する場合を含む。)の規定によつて特定行政庁が命じた措置
　六　通知を受けた補償金額及びその通知を受領した年月日
　七　通知を受けた補償金額を不服とする理由並びに申請者が求める補償金額及びその内訳
　八　前各号に掲げるものを除くほか、申請者が必要と認める事項

[現行]　第5節　定期報告を要する建築物等
(制定:昭和59年政令第15号)　　第5節　定期報告を要する建築物
(改正:平成28年政令第6号)　　第5節　定期報告を要する建築物等

[現行]　第16条

制定:昭和59年政令第15号　　　施行:昭和59年4月1日

第16条 (定期報告を要する建築物)

1 法第12条第1項の政令で定める建築物は、事務所その他これに類する用途に供する建築物(法第6条第1項第一号に掲げる建築物を除く。)のうち、階数が5以上で延べ面積が1,000㎡を超える建築物とする。

改正:平成17年政令第192号　　　施行:平成17年6月1日

第16条 (定期報告を要する建築物)

1 法第12条第1項の政令で定める建築物は、第14条の2に規定する建築物とする。

改正:平成28年政令第6号　　　施行:平成28年6月1日

第16条 (定期報告を要する建築物等)

1 法第12条第1項の安全上、防火上又は衛生上特に重要であるものとして政令で定める建築物は、次に掲げるもの(避難階以外の階を法別表第1(い)欄(1)項から(4)項までに掲げる用途に供しないことその

令16条 改正：平成28年政令第6号

他の理由により通常の火災時において避難上著しい支障が生ずるおそれの少ないものとして国土交通大臣が定めるものを除く。）とする。
　一　地階又は3階以上の階を法別表第1（い）欄（1）項に掲げる用途に供する建築物及び当該用途に供する部分（客席の部分に限る。）の床面積の合計が100㎡以上の建築物
　二　劇場、映画館又は演芸場の用途に供する建築物で、主階が1階にないもの
　三　地階又は3階以上の階を法別表第1（い）欄（2）項に掲げる用途に供する建築物及び当該用途に供する部分の床面積の合計が200㎡以上の建築物
　四　3階以上の階を法別表第1（い）欄（3）項に掲げる用途に供する建築物及び当該用途に供する部分の床面積の合計が2,000㎡以上の建築物
　五　地階又は3階以上の階を法別表第1（い）欄（4）項に掲げる用途に供する建築物及び当該用途に供する部分の床面積の合計が200㎡以上の建築物
2　法第12条第1項の政令で定める建築物は、第14条の2に規定する建築物とする。
3　法第12条第3項の政令で定める特定建築設備等は、次に掲げるものとする。
　一　第129条の3第1項各号に掲げる昇降機（使用頻度が低く劣化が生じにくいことその他の理由により人が危害を受けるおそれのある事故が発生するおそれの少ないものとして国土交通大臣が定めるものを除く。）
　二　防火設備のうち、法第6条第1項第一号に掲げる建築物で第1項各号に掲げるものに設けるもの（常時閉鎖をした状態にあることその他の理由により通常の火災時において避難上著しい支障が生ずるおそれの少ないものとして国土交通大臣が定めるものを除く。）

改正：令和元年政令第30号　　　施行：令和元年6月25日
第16条

1　法第12条第1項の安全上、防火上又は衛生上特に重要であるものとして政令で定める建築物は、次に掲げるもの（避難階以外の階を法別表第1（い）欄（1）項から（4）項までに掲げる用途に供しないことその他の理由により通常の火災時において避難上著しい支障が生ずるおそれの少ないものとして国土交通大臣が定めるものを除く。）とする。
　一　地階又は3階以上の階を法別表第1（い）欄（1）項に掲げる用途に供する建築物及び当該用途に供する部分（客席の部分に限る。）の床面積の合計が100㎡以上の建築物
　二　劇場、映画館又は演芸場の用途に供する建築物で、主階が1階にないもの
　三　法別表第1（い）欄（2）項又は（4）項に掲げる用途に供する建築物
　四　3階以上の階を法別表第1（い）欄（3）項に掲げる用途に供する建築物及び当該用途に供する部分の床面積の合計が2,000㎡以上の建築物
2　法第12条第1項の政令で定める建築物は、第14条の2に規定する建築物とする。
3　法第12条第3項の政令で定める特定建築設備等は、次に掲げるものとする。
　一　第129条の3第1項各号に掲げる昇降機（使用頻度が低く劣化が生じにくいことその他の理由により人が危害を受けるおそれのある事故が発生するおそれの少ないものとして国土交通大臣が定めるものを除く。）
　二　防火設備のうち、法第6条第1項第一号に掲げる建築物で第1項各号に掲げるものに設けるもの（常時閉鎖をした状態にあることその他の理由により通常の火災時において避難上著しい支障が生ずるおそれの少ないものとして国土交通大臣が定めるものを除く。）

［削除条文］

制定：昭和25年政令第338号　　　施行：昭和25年11月23日
旧　第16条　（意見書の提出）

1　都道府県知事は、前条第2項の規定によつて申請書の写を受理した場合においては、遅滞なく、これを当該建築物の所在する市町村の長に送付しなければならない。
2　前項の規定による申請書の写の送付を受けた市町村の長は、これを受理した日から10日以内に、当該申請

に対する意見書を収用審査会に提出しなければならない。

改正：昭和26年政令第342号　　　施行：昭和26年12月1日
旧　第16条　（意見書の提出）　削除

[現行]　第17条　削除

[削除条文]

制定：昭和25年政令第338号　　　施行：昭和25年11月23日
旧　第17条　（収用審査会の開会）

> 1　都道府県知事は、第15条の規定による申請書の提出があつた日から、2週間をこえ1月をこえない期間内において、収用審査会を開かなければならない。

改正：昭和26年政令第342号　　　施行：昭和26年12月1日
旧　第17条　（収用審査会の開会）　削除

[削除条文]

（制定：平成11年政令第352号）　　　第6節　建設大臣がとる必要な措置
（改正：平成12年政令第312号）　　　第6節　建設大臣がとる必要な措置　削除

制定：平成11年政令第352号　　　施行：平成12年4月1日
旧　第17条　（建設大臣が必要な措置をとる際に確認を得るべき審議会）

> 1　法第17条第7項及び第12項の政令で定める審議会は、建築審議会とする。

改正：平成12年政令第312号　　　施行：平成13年1月6日
旧　第17条　（建設大臣が必要な措置をとる際に確認を得るべき審議会）　削除

[現行]　第18条　削除

[削除条文]

制定：昭和25年政令第338号　　　施行：昭和25年11月23日
旧　第18条　（裁決書の謄本の送達）

> 1　都道府県知事は、収用審査会から裁決の報告を受けた場合においては、裁決書の謄本を申請者及び当該建築物の所在する市町村の長に送達しなければならない。

改正：昭和26年政令第342号　　　施行：昭和26年12月1日
旧　第18条　（裁決書の謄本の送達）　削除

令19条 制定：昭和25年政令第338号

[現行] 第2章　一般構造
（制定：昭和25年政令第338号）　第2章　一般構造

[現行] 第1節　採光に必要な開口部
（制定：昭和25年政令第338号）　第1節　採光に必要な開口部

[現行] 第19条　（居室の採光）

制定：昭和25年政令第338号　　　施行：昭和25年11月23日
第19条　（学校、病院、寄宿舎等の居室の採光）

1　法第28条第1項に規定する学校、病院、診療所、寄宿舎又は下宿における居室の窓その他の開口部で採光に有効な部分の面積のその床面積に対する割合は、それぞれ左の表に掲げる割合以上でなければならない。

居室の種類		割合
(1)	小学校、中学校又は高等学校の教室	5分の1
(2)	病院又は診療所の病室	7分の1
(3)	寄宿舎の寝室又は下宿の宿泊室	
(4)	学校、病院、診療所、寄宿舎又は下宿の(1)から10分の1(3)までに掲げる居室以外の居室	10分の1

改正：昭和34年政令第344号　　　施行：昭和34年12月23日
第19条　（学校、病院、寄宿舎等の居室の採光）

1　法第28条第1項に規定する学校、病院、診療所、寄宿舎又は下宿における居室の窓その他の開口部で採光に有効な部分の面積のその床面積に対する割合は、それぞれ次の表に掲げる割合以上でなければならない。

居室の種類		割合
(1)	小学校、中学校又は高等学校の教室	5分の1
(2)	病院又は診療所の病室	7分の1
(3)	寄宿舎の寝室又は下宿の宿泊室	
(4)	学校、病院、診療所、寄宿舎又は下宿の(1)から10分の1(3)までに掲げる居室以外の居室	10分の1

改正：昭和45年政令第333号　　　施行：昭和46年1月1日
第19条　（学校、病院、児童福祉施設等の居室の採光）

1　法第28条第1項の規定により政令で定める建築物は、次の各号に掲げるものとする。
　一　児童福祉施設、助産所、身体障害者更生援護施設（補装具製作施設、点字図書館及び点字出版施設を除く。）、保護施設（医療保護施設を除く。）、婦人保護施設、精神薄弱者援護施設、老人福祉施設、有料老人ホーム又は母子保健施設（以下「児童福祉施設等」という。）
　二　隣保館
2　法第28条第1項に規定する学校等における居室の窓その他の開口部で採光に有効な部分の面積のその床面積に対する割合は、それぞれ次の表に掲げる割合以上でなければならない。
　［表改定］

居室の種類		割合
(1)	幼稚園、小学校、中学校又は高等学校の教室	5分の1
(2)	保育所の保育室	
(3)	病院又は診療所の病室	7分の1
(4)	寄宿舎の寝室又は下宿の宿泊室	

(5)	児童福祉施設等（保育所を除く。）の主たる用途に供する居室	
(6)	学校、病院、診療所、寄宿舎、下宿又は児童福祉施設等の(1)から(5)までに掲げる居室以外の居室	10分の1
(7)	隣保館の居室	

改正：昭和55年政令第196号　　　施行：昭和56年6月1日
第19条　（学校、病院、児童福祉施設等の居室の採光）
1　略
2　法第28条第1項に規定する学校等における居室の窓その他の開口部で採光に有効な部分の面積のその床面積に対する割合は、それぞれ次の表に掲げる割合以上でなければならない。ただし、同表の（1）から（5）までに掲げる居室で、建設大臣が定める基準に従い、照明設備の設置、有効な採光方法の確保その他これらに準ずる措置が講じられているものにあつては、それぞれ同表に掲げる割合から10分の1までの範囲内において建設大臣が別に定める割合以上とすることができる。
　　［表　略］

改正：昭和63年政令第89号　　　施行：昭和63年7月1日
第19条　（学校、病院、児童福祉施設等の居室の採光）
1　法第28条第1項の規定により政令で定める建築物は、次の各号に掲げるものとする。
　一　児童福祉施設、助産所、身体障害者更生援護施設（補装具製作施設、点字図書館及び点字出版施設を除く。）、精神障害者社会復帰施設、保護施設（医療保護施設を除く。）、婦人保護施設、精神薄弱者援護施設、老人福祉施設、有料老人ホーム又は母子保健施設（以下「児童福祉施設等」という。）
　二　略
2　略

改正：平成2年政令第347号　　　施行：平成3年1月1日
第19条　（学校、病院、児童福祉施設等の居室の採光）
1　法第28条第1項の規定により政令で定める建築物は、次の各号に掲げるものとする。
　一　児童福祉施設、助産所、身体障害者更生援護施設（補装具製作施設及び視聴覚障害者情報提供施設を除く。）、精神障害者社会復帰施設、保護施設（医療保護施設を除く。）、婦人保護施設、精神薄弱者援護施設、老人福祉施設、有料老人ホーム又は母子保健施設（以下「児童福祉施設等」という。）
　二　略
2　略

改正：平成10年政令第351号　　　施行：平成11年4月1日
第19条　（学校、病院、児童福祉施設等の居室の採光）
1　略
2　法第28条第1項に規定する学校等における居室の窓その他の開口部で採光に有効な部分の面積のその床面積に対する割合は、それぞれ次の表に掲げる割合以上でなければならない。ただし、同表の（1）から（5）までに掲げる居室で、建設大臣が定める基準に従い、照明設備の設置、有効な採光方法の確保その他これらに準ずる措置が講じられているものにあつては、それぞれ同表に掲げる割合から10分の1までの範囲内において建設大臣が別に定める割合以上とすることができる。

居室の種類	割合
（1）　幼稚園、小学校、中学校、高等学校又は中等教育学校の教室	5分の1
（2）　保育所の保育室	
(3)～(7)　略	

令19条 改正：平成10年政令第372号

改正：平成10年政令第372号　　　施行：平成11年4月1日
第19条 （学校、病院、児童福祉施設等の居室の採光）

1　法第28条第1項の規定により政令で定める建築物は、次の各号に掲げるものとする。
　一　児童福祉施設、助産所、身体障害者更生援護施設（補装具製作施設及び視聴覚障害者情報提供施設を除く。）、精神障害者社会復帰施設、保護施設（医療保護施設を除く。）、婦人保護施設、知的障害者援護施設、老人福祉施設、有料老人ホーム又は母子保健施設（以下「児童福祉施設等」という。）
　二　略
2　略

改正：平成12年政令第211号　　　施行：平成12年6月1日
第19条 （学校、病院、児童福祉施設等の居室の採光）

1　法第28条第1項（法第87条第3項において準用する場合を含む。以下この条及び次条において同じ。）の政令で定める建築物は、児童福祉施設、助産所、身体障害者更生援護施設（補装具製作施設及び視聴覚障害者情報提供施設を除く。）、精神障害者社会復帰施設、保護施設（医療保護施設を除く。）、婦人保護施設、知的障害者援護施設、老人福祉施設、有料老人ホーム又は母子保健施設（以下「児童福祉施設等」という。）とする。
2　法第28条第1項の政令で定める居室は、次に掲げるものとする。
　一　保育所の保育室
　二　診療所の病室
　三　児童福祉施設等の寝室（入所する者の使用するものに限る。）
　四　児童福祉施設等（保育所を除く。）の居室のうちこれらに入所し、又は通う者に対する保育、訓練、日常生活に必要な便宜の供与その他これらに類する目的のために使用されるもの
　五　病院、診療所及び児童福祉施設等の居室のうち入院患者又は入所する者の談話、娯楽その他これらに類する目的のために使用されるもの
3　法第28条第1項に規定する学校等における居室の窓その他の開口部で採光に有効な部分の面積のその床面積に対する割合は、それぞれ次の表に掲げる割合以上でなければならない。ただし、同表の（1）から（5）までに掲げる居室で、建設大臣が定める基準に従い、照明設備の設置、有効な採光方法の確保その他これらに準ずる措置が講じられているものにあつては、それぞれ同表に掲げる割合から10分の1までの範囲内において建設大臣が別に定める割合以上とすることができる。

居室の種類		割合
（1）	幼稚園、小学校、中学校、高等学校又は中等教育学校の教室	5分の1
（2）	前項第一号に掲げる居室	
（3）	病院又は診療所の病室	7分の1
（4）	寄宿舎の寝室又は下宿の宿泊室	
（5）	前項第三号及び第四号に掲げる居室	
（6）	（1）に掲げる学校以外の学校の教室	10分の1
（7）	前項第五号に掲げる居室	

改正：平成12年政令第312号　　　施行：平成13年1月6日
第19条 （学校、病院、児童福祉施設等の居室の採光）

1・2　略
3　法第28条第1項に規定する学校等における居室の窓その他の開口部で採光に有効な部分の面積のその床面積に対する割合は、それぞれ次の表に掲げる割合以上でなければならない。ただし、同表の（1）から（5）までに掲げる居室で、国土交通大臣が定める基準に従い、照明設備の設置、有効な採光方法の確保その他これらに準ずる措置が講じられているものにあつては、それぞれ同表に掲げる割合から10分の1までの範囲内において国土交通大臣が別に定める割合以上とすることができる。
　［表　略］

改正：平成18年政令第320号　　　施行：平成18年10月1日
第19条　（学校、病院、児童福祉施設等の居室の採光）

1　法第28条第1項（法第87条第3項において準用する場合を含む。以下この条及び次条において同じ。）の政令で定める建築物は、児童福祉施設、助産所、身体障害者社会参加支援施設（補装具製作施設及び視聴覚障害者情報提供施設を除く。）、保護施設（医療保護施設を除く。）、婦人保護施設、老人福祉施設、有料老人ホーム、母子保健施設、障害者支援施設、地域活動支援センター、福祉ホーム又は障害福祉サービス事業（生活介護、自立訓練、就労移行支援又は就労継続支援を行う事業に限る。）の用に供する施設（以下「児童福祉施設等」という。）とする。
2・3　略

改正：平成26年政令第412号　　　施行：平成27年4月1日
第19条　（学校、病院、児童福祉施設等の居室の採光）

1　法第28条第1項（法第87条第3項において準用する場合を含む。以下この条及び次条において同じ。）の政令で定める建築物は、児童福祉施設（幼保連携型認定こども園を除く。）、助産所、身体障害者社会参加支援施設（補装具製作施設及び視聴覚障害者情報提供施設を除く。）、保護施設（医療保護施設を除く。）、婦人保護施設、老人福祉施設、有料老人ホーム、母子保健施設、障害者支援施設、地域活動支援センター、福祉ホーム又は障害福祉サービス事業（生活介護、自立訓練、就労移行支援又は就労継続支援を行う事業に限る。）の用に供する施設（以下「児童福祉施設等」という。）とする。
2　法第28条第1項の政令で定める居室は、次に掲げるものとする。
　一　保育所及び幼保連携型認定こども園の保育室
　二～五　略
3　法第28条第1項に規定する学校等における居室の窓その他の開口部で採光に有効な部分の面積のその床面積に対する割合は、それぞれ次の表に掲げる割合以上でなければならない。ただし、同表の（1）から（5）までに掲げる居室で、国土交通大臣が定める基準に従い、照明設備の設置、有効な採光方法の確保その他これらに準ずる措置が講じられているものにあつては、それぞれ同表に掲げる割合から10分の1までの範囲内において国土交通大臣が別に定める割合以上とすることができる。

居室の種類		割合
（1）	幼稚園、小学校、中学校、高等学校、中等教育学校又は幼保連携型認定こども園の教室	5分の1
（2）	前項第一号に掲げる居室	
(3)～(7)　略		

改正：平成27年政令第421号　　　施行：平成28年4月1日
第19条　（学校、病院、児童福祉施設等の居室の採光）

1・2　略
3　法第28条第1項に規定する学校等における居室の窓その他の開口部で採光に有効な部分の面積のその床面積に対する割合は、それぞれ次の表に掲げる割合以上でなければならない。ただし、同表の（1）から（5）までに掲げる居室で、国土交通大臣が定める基準に従い、照明設備の設置、有効な採光方法の確保その他これらに準ずる措置が講じられているものにあつては、それぞれ同表に掲げる割合から10分の1までの範囲内において国土交通大臣が別に定める割合以上とすることができる。

居室の種類		割合
（1）	幼稚園、小学校、中学校、義務教育学校、高等学校、中等教育学校又は幼保連携型認定こども園の教室	5分の1
（2）	前項第一号に掲げる居室	
(3)～(7)　略		

令19条　改正：令和4年政令第351号

改正：令和4年政令第351号　　　施行：令和5年4月1日

第19条　（居室の採光）

1・2　略

3　法第28条第1項の政令で定める割合は、次の表の左欄に掲げる居室の種類の区分に応じ、それぞれ同表の右欄に掲げる割合とする。ただし、同表の（1）の項から（6）の項までの左欄に掲げる居室のうち、国土交通大臣が定める基準に従い、照明設備の設置、有効な採光方法の確保その他これらに準ずる措置が講じられているものにあつては、それぞれ同表の右欄に掲げる割合から10分の1までの範囲内において国土交通大臣が別に定める割合とする。

居室の種類		割合
（1）	幼稚園、小学校、中学校、義務教育学校、高等学校、中等教育学校又は幼保連携型認定こども園の教室	5分の1
（2）	前項第一号に掲げる居室	
（3）	住宅の居住のための居室	7分の1
（4）	病院又は診療所の病室	
（5）	寄宿舎の寝室又は下宿の宿泊室	
（6）	前項第三号及び第四号に掲げる居室	
（7）	（1）の項に掲げる学校以外の学校の教室	10分の1
（8）	前項第五号に掲げる居室	

改正：令和5年政令第163号　　　施行：令和6年4月1日

第19条　（居室の採光）

1　法第28条第1項(法第87条第3項において準用する場合を含む。以下この条及び次条において同じ。)の政令で定める建築物は、児童福祉施設(幼保連携型認定こども園を除く。)、助産所、身体障害者社会参加支援施設(補装具製作施設及び視聴覚障害者情報提供施設を除く。)、保護施設(医療保護施設を除く。)、女性自立支援施設、老人福祉施設、有料老人ホーム、母子保健施設、障害者支援施設、地域活動支援センター、福祉ホーム又は障害福祉サービス事業(生活介護、自立訓練、就労移行支援又は就労継続支援を行う事業に限る。)の用に供する施設(以下「児童福祉施設等」という。)とする。

2　法第28条第1項の政令で定める居室は、次に掲げるものとする。
一　保育所及び幼保連携型認定こども園の保育室
二　診療所の病室
三　児童福祉施設等の寝室（入所する者の使用するものに限る。）
四　児童福祉施設等（保育所を除く。）の居室のうちこれらに入所し、又は通う者に対する保育、訓練、日常生活に必要な便宜の供与その他これらに類する目的のために使用されるもの
五　病院、診療所及び児童福祉施設等の居室のうち入院患者又は入所する者の談話、娯楽その他これらに類する目的のために使用されるもの

3　法第28条第1項の政令で定める割合は、次の表の左欄に掲げる居室の種類の区分に応じ、それぞれ同表の右欄に掲げる割合とする。ただし、同表の(1)の項から(6)の項までの左欄に掲げる居室のうち、国土交通大臣が定める基準に従い、照明設備の設置、有効な採光方法の確保その他これらに準ずる措置が講じられているものにあつては、それぞれ同表の右欄に掲げる割合から10分の1までの範囲内において国土交通大臣が別に定める割合とする。

居室の種類		割合
（1）	幼稚園、小学校、中学校、義務教育学校、高等学校、中等教育学校又は幼保連携型認定こども園の教室	5分の1
（2）	前項第一号に掲げる居室	
（3）	住宅の居住のための居室	7分の1
（4）	病院又は診療所の病室	
（5）	寄宿舎の寝室又は下宿の宿泊室	
（6）	前項第三号及び第四号に掲げる居室	

（7）	（1）の項に掲げる学校以外の学校の教室	10分の1
（8）	前項第五号に掲げる居室	

[現行] 第20条 （有効面積の算定方法）

制定：昭和25年政令第338号　　　施行：昭和25年11月23日
第20条　（有効面積の算定方法）

1　法第28条第1項に規定する居室の窓その他の開口部（以下この条において「開口部」という。）で採光に有効な部分の面積は、下の各号の一に該当する開口部の部分について算定する。
　一　隣地境界線又は同一敷地内の他の建築物若しくは当該建築物の他の部分に面する開口部の部分で、その開口部の直上にある建築物の各部分（開口部の直上垂直面から後退し、又は突出する部分がある場合においては、その部分を含み、半透明のひさしその他採光上支障のないひさしがある場合においては、これを除くものとする。）からその部分の面する隣地境界線又は同一敷地内の他の建築物若しくは当該建築物の他の部分の対向部までの水平距離を、その部分から開口部までの垂直距離で除した割合が下の表に掲げる割合以上であるもの

地　域　又　は　区　域	割　合
（1）　住居地域	10分の4
（2）　工業地域又は準工業地域	10分の2.5
（3）　商業地域又は用途地域の指定のない区域	10分の2

　二　前号の表の（2）又は（3）の地域又は区域内における隣地境界線又は同一敷地内の他の建築物若しくは当該建築物の他の部分に面する開口部の部分で、同号に規定する水平距離が5ｍ以上あるもの
　三　道（都市計画区域内においては、法第42条に規定する道路をいう。以下同様とする。）、公園、広場、川その他これらに類する空地又は水面に面するもの
2　天窓の採光に有効な部分の面積は、法第28条第1項の規定の適用に関しては、その面積の3倍の面積を有するものとみなす。
3　開口部の外側に幅90ｃｍ以上の縁側（ぬれ縁を除く。）その他これに類するものがある場合においては、その採光に有効な部分の面積は、法第28条第1項の規定の適用に関しては、その面積の10分の7の面積を有するものとみなす。

改正：昭和34年政令第344号　　　施行：昭和34年12月23日
第20条　（有効面積の算定方法）

1　法第28条第1項に規定する居室の窓その他の開口部（以下この条において「開口部」という。）で採光に有効な部分の面積は、<u>次</u>の各号の一に該当する開口部の部分について算定する。
　一　隣地境界線又は同一敷地内の他の建築物若しくは当該建築物の他の部分に面する開口部の部分で、その開口部の直上にある建築物の各部分（開口部の直上垂直面から後退し、又は突出する部分がある場合においては、その部分を含み、半透明のひさしその他採光上支障のないひさしがある場合においては、これを除くものとする。）からその部分の面する隣地境界線又は同一敷地内の他の建築物若しくは当該建築物の他の部分の対向部までの水平距離を、その部分から開口部までの垂直距離で除した割合が<u>次</u>の表に掲げる割合以上であるもの
　　［表　略］
　二・三　略
2・3　略

改正：昭和45年政令第333号　　　施行：昭和46年1月1日
第20条　（有効面積の算定方法）

1　法第28条第1項に規定する居室の窓その他の開口部（以下この条において「開口部」という。）で採光に

令20条 改正：昭和45年政令第333号

　有効な部分の面積は、次の各号の一に該当する開口部の部分について算定する。
　一　隣地境界線又は同一敷地内の他の建築物若しくは当該建築物の他の部分に面する開口部の部分で、その開口部の直上にある建築物の各部分（開口部の直上垂直面から後退し、又は突出する部分がある場合においては、その部分を含み、半透明のひさしその他採光上支障のないひさしがある場合においては、これを除くものとする。）からその部分の面する隣地境界線又は同一敷地内の他の建築物若しくは当該建築物の他の部分の対向部までの水平距離を、その部分から開口部までの垂直距離で除した割合が次の表に掲げる割合以上であるもの

	地　域　又　は　区　域	割　　合
（1）	第一種住居専用地域、第二種住居専用地域又は住居地域	10分の4
（2）	準工業地域、工業地域又は工業専用地域	10分の2.5
（3）	近隣商業地域、商業地域又は用途地域の指定のない区域	10分の2

　二　略
　三　道（都市計画区域内においては、法第42条に規定する道路をいう。第144条の3を除き、以下同じ。）、公園、広場、川その他これらに類する空地又は水面に面するもの
2・3　略

改正：昭和50年政令第2号　　　施行：昭和50年4月1日
第20条　（有効面積の算定方法）

1　法第28条第1項に規定する居室の窓その他の開口部（以下この条において「開口部」という。）で採光に有効な部分の面積は、次の各号の一に該当する開口部の部分について算定する。
　一・二　略
　三　道（都市計画区域内においては、法第42条に規定する道路をいう。第144条の4を除き、以下同じ。）、公園、広場、川その他これらに類する空地又は水面に面するもの
2・3　略

改正：平成5年政令第170号　　　施行：平成5年6月25日
第20条　（有効面積の算定方法）

1　法第28条第1項に規定する居室の窓その他の開口部（以下この条において「開口部」という。）で採光に有効な部分の面積は、次の各号の一に該当する開口部の部分について算定する。
　一　隣地境界線又は同一敷地内の他の建築物若しくは当該建築物の他の部分に面する開口部の部分で、その開口部の直上にある建築物の各部分（開口部の直上垂直面から後退し、又は突出する部分がある場合においては、その部分を含み、半透明のひさしその他採光上支障のないひさしがある場合においては、これを除くものとする。）からその部分の面する隣地境界線又は同一敷地内の他の建築物若しくは当該建築物の他の部分の対向部までの水平距離を、その部分から開口部までの垂直距離で除した割合が次の表に掲げる割合以上であるもの

	地　域　又　は　区　域	割　　合
（1）	第一種低層住居専用地域、第二種低層住居専用地域、第一種中高層住居専用地域、第二種中高層住居専用地域、第一種住居地域、第二種住居地域又は準住居地域	10分の4
（2）・（3）　略		

　二・三　略
2・3　略

改正：平成11年政令第5号　　　施行：平成11年5月1日
第20条　（有効面積の算定方法）

改正：平成12年政令第211号　**令20条**

1　法第28条第1項に規定する居室の窓その他の開口部（以下この条において「開口部」という。）で採光に有効な部分の面積は、次の各号の一に該当する開口部の部分について算定する。
　一　隣地境界線（法第86条第8項に規定する公告対象区域（以下「公告対象区域」という。）内の建築物にあつては、当該公告対象区域内の他の法第86条の2第1項に規定する同一敷地内建築物（同条第5項の規定により同一敷地内建築物とみなされるものを含む。以下この号において「同一敷地内建築物」という。）との隣地境界線を除く。以下この項において同じ。）又は同一敷地内の他の建築物（公告対象区域内の建築物にあつては、当該公告対象区域内の他の同一敷地内建築物を含む。以下この項において同じ。）若しくは当該建築物の他の部分に面する開口部の部分で、その開口部の直上にある建築物の各部分（開口部の直上垂直面から後退し、又は突出する部分がある場合においては、その部分を含み、半透明のひさしその他採光上支障のないひさしがある場合においては、これを除くものとする。）からその部分の面する隣地境界線又は同一敷地内の他の建築物若しくは当該建築物の他の部分の対向部までの水平距離を、その部分から開口部までの垂直距離で除した割合が次の表に掲げる割合以上であるもの
　　［表　略］
　二・三　略
2・3　略

改正：平成12年政令第211号　　　施行：平成12年6月1日
第20条　（有効面積の算定方法）

1　法第28条第1項に規定する居室の窓その他の開口部（以下この条において「開口部」という。）で採光に有効な部分の面積は、当該居室の開口部ごとの面積に、それぞれ採光補正係数を乗じて得た面積を合計して算定するものとする。ただし、建設大臣が別に算定方法を定めた建築物の開口部については、その算定方法によることができる。
2　前項の採光補正係数は、次の各号に掲げる地域又は区域の区分に応じ、それぞれ当該各号に定めるところにより計算した数値（天窓にあつては当該数値に3.0を乗じて得た数値、その外側に幅90cm以上の縁側（ぬれ縁を除く。）その他これに類するものがある開口部にあつては当該数値に0.7を乗じて得た数値）とする。ただし、採光補正係数が3.0を超えるときは、3.0を限度とする。
　一　第一種低層住居専用地域、第二種低層住居専用地域、第一種中高層住居専用地域、第二種中高層住居専用地域、第一種住居地域、第二種住居地域又は準住居地域　隣地境界線（法第86条第8項に規定する公告対象区域（以下「公告対象区域」という。）内の建築物にあつては、当該公告対象区域内の他の法第86条の2第1項に規定する同一敷地内建築物（同条第5項の規定により同一敷地内建築物とみなされるものを含む。以下この号において「同一敷地内建築物」という。）との隣地境界線を除く。以下この号において同じ。）又は同一敷地内の他の建築物（公告対象区域内の建築物にあつては、当該公告対象区域内の他の同一敷地内建築物を含む。以下この号において同じ。）若しくは当該建築物の他の部分に面する開口部の部分で、その開口部の直上にある建築物の各部分（開口部の直上垂直面から後退し、又は突出する部分がある場合においては、その部分を含み、半透明のひさしその他採光上支障のないひさしがある場合においては、これを除くものとする。）からその部分の面する隣地境界線（開口部が、道（都市計画区域内においては、法第42条に規定する道路をいう。第144条の4を除き、以下同じ。）に面する場合にあつては当該道の反対側の境界線とし、公園、広場、川その他これらに類する空地又は水面に面する場合にあつては当該公園、広場、川その他これらに類する空地又は水面の幅の2分の1だけ隣地境界線の外側にある線とする。）又は同一敷地内の他の建築物若しくは当該建築物の他の部分の対向部までの水平距離（以下この項において「水平距離」という。）を、その部分から開口部の中心までの垂直距離で除した数値のうちの最も小さい数値（以下「採光関係比率」という。）に6.0を乗じた数値から1.4を減じて得た算定値（次のイからハまでに掲げる場合にあつては、それぞれイからハまでに定める数値）
　　イ　開口部が道に面する場合であつて、当該算定値が1.0未満となる場合　1.0
　　ロ　開口部が道に面しない場合であつて、水平距離が7m以上であり、かつ、当該算定値が1.0未満となる場合　1.0
　　ハ　開口部が道に面しない場合であつて、水平距離が7m未満であり、かつ、当該算定値が負数となる場合　0
　二　準工業地域、工業地域又は工業専用地域　採光関係比率に8.0を乗じた数値から1.0を減じて得た算定値（次のイからハまでに掲げる場合にあつては、それぞれイからハまでに定める数値）
　　イ　開口部が道に面する場合であつて、当該算定値が1.0未満となる場合　1.0

令20条　改正：平成12年政令第211号

　　ロ　開口部が道に面しない場合であつて、水平距離が５m以上であり、かつ、当該算定値が1.0未満となる場合　1.0
　　ハ　開口部が道に面しない場合であつて、水平距離が５m未満であり、かつ、当該算定値が負数となる場合　0
　三　近隣商業地域、商業地域又は用途地域の指定のない区域　採光関係比率に10を乗じた数値から1.0を減じて得た算定値（次のイからハまでに掲げる場合にあつては、それぞれイからハまでに定める数値）
　　イ　開口部が道に面する場合であつて、当該算定値が1.0未満となる場合　1.0
　　ロ　開口部が道に面しない場合であつて、水平距離が４m以上であり、かつ、当該算定値が1.0未満となる場合　1.0
　　ハ　開口部が道に面しない場合であつて、水平距離が４m未満であり、かつ、当該算定値が負数となる場合　0

改正：平成12年政令第312号　　　施行：平成13年１月６日
第20条　（有効面積の算定方法）

1　法第28条第１項に規定する居室の窓その他の開口部（以下この条において「開口部」という。）で採光に有効な部分の面積は、当該居室の開口部ごとの面積に、それぞれ採光補正係数を乗じて得た面積を合計して算定するものとする。ただし、<u>国土交通大臣</u>が別に算定方法を定めた建築物の開口部については、その算定方法によることができる。
2　略

改正：平成13年政令第98号　　　施行：平成13年５月18日
第20条　（有効面積の算定方法）

1　略
2　前項の採光補正係数は、次の各号に掲げる地域又は区域の区分に応じ、それぞれ当該各号に定めるところにより計算した数値（天窓にあつては当該数値に3.0を乗じて得た数値、その外側に幅90ｃm以上の縁側（ぬれ縁を除く。）その他これに類するものがある開口部にあつては当該数値に0.7を乗じて得た数値）とする。ただし、採光補正係数が3.0を超えるときは、3.0を限度とする。
　一　第一種低層住居専用地域、第二種低層住居専用地域、第一種中高層住居専用地域、第二種中高層住居専用地域、第一種住居地域、第二種住居地域又は準住居地域　隣地境界線（法第86条第８項に規定する公告対象区域（以下「公告対象区域」という。）内の建築物にあつては、当該公告対象区域内の他の法第86条の２第１項に規定する同一敷地内建築物（同条第５項の規定により同一敷地内建築物とみなされるものを含む。以下この号において「同一敷地内建築物」という。）との隣地境界線を除く。以下この号において同じ。）又は同一敷地内の他の建築物（公告対象区域内の建築物にあつては、当該公告対象区域内の他の同一敷地内建築物を含む。以下この号において同じ。）若しくは当該建築物の他の部分に面する開口部の部分で、その開口部の直上にある建築物の各部分（開口部の直上垂直面から後退し、又は突出する部分がある場合においては、その部分を含み、半透明のひさしその他採光上支障のないひさしがある場合においては、これを除くものとする。）からその部分の面する隣地境界線（開口部が、道（都市計画区域又は準都市計画区域内においては、法第42条に規定する道路をいう。第144条の４を除き、以下同じ。）に面する場合にあつては当該道の反対側の境界線とし、公園、広場、川その他これらに類する空地又は水面に面する場合にあつては当該公園、広場、川その他これらに類する空地又は水面の幅の２分の１だけ隣地境界線の外側にある線とする。）又は同一敷地内の他の建築物若しくは当該建築物の他の部分の対向部までの水平距離（以下この項において「水平距離」という。）を、その部分から開口部の中心までの垂直距離で除した数値のうちの最も小さい数値（以下「採光関係比率」という。）に6.0を乗じた数値から1.4を減じて得た算定値（次のイからハまでに掲げる場合にあつては、それぞれイからハまでに定める数値）
　　イ～ハ　略
　二・三　略

改正：平成14年政令第331号　　　施行：平成15年１月１日
第20条　（有効面積の算定方法）

改正：平成17年政令第192号　　**令20条**

1　略
2　前項の採光補正係数は、次の各号に掲げる地域又は区域の区分に応じ、それぞれ当該各号に定めるところにより計算した数値（天窓にあつては当該数値に3.0を乗じて得た数値、その外側に幅90ｃｍ以上の縁側（ぬれ縁を除く。）その他これに類するものがある開口部にあつては当該数値に0.7を乗じて得た数値）とする。ただし、採光補正係数が3.0を超えるときは、3.0を限度とする。
　一　第一種低層住居専用地域、第二種低層住居専用地域、第一種中高層住居専用地域、第二種中高層住居専用地域、第一種住居地域、第二種住居地域又は準住居地域　隣地境界線（法第86条<u>第10項</u>に規定する公告対象区域（以下「公告対象区域」という。）内の建築物にあつては、当該公告対象区域内の他の法第86条の２第１項に規定する<u>同一敷地内認定建築物</u>（同条第９項の規定により<u>同一敷地内認定建築物</u>とみなされるものを含む。以下この号において<u>「同一敷地内認定建築物」</u>という。）又は同条第３項に規定する<u>同一敷地内許可建築物</u>（同条第11項又は第12項の規定により<u>同一敷地内許可建築物</u>とみなされるものを含む。以下この号において<u>「同一敷地内許可建築物」</u>という。）との隣地境界線を除く。以下この号において同じ。）又は同一敷地内の他の建築物（公告対象区域内の建築物にあつては、当該公告対象区域内の<u>他の同一敷地内認定建築物又は同一敷地内許可建築物</u>を含む。以下この号において同じ。）若しくは当該建築物の他の部分に面する開口部の部分で、その開口部の直上にある建築物の各部分（開口部の直上垂直面から後退し、又は突出する部分がある場合においては、その部分を含み、半透明のひさしその他採光上支障のないひさしがある場合においては、これを除くものとする。）からその部分の面する隣地境界線（開口部が、道（都市計画区域又は準都市計画区域内においては、法第42条に規定する道路をいう。第144条の４を除き、以下同じ。）に面する場合にあつては当該道の反対側の境界線とし、公園、広場、川その他これらに類する空地又は水面に面する場合にあつては当該公園、広場、川その他これらに類する空地又は水面の幅の２分の１だけ隣地境界線の外側にある線とする。）又は同一敷地内の他の建築物若しくは当該建築物の他の部分の対向部までの水平距離（以下この項において「水平距離」という。）を、その部分から開口部の中心までの垂直距離で除した数値のうちの最も小さい数値（以下「採光関係比率」という。）に6.0を乗じた数値から1.4を減じて得た算定値（次のイからハまでに掲げる場合にあつては、それぞれイからハまでに定める数値）
　　イ～ハ　略
　二・三　略

改正：平成17年政令第192号　　施行：平成17年６月１日
第20条　（有効面積の算定方法）

1　略
2　前項の採光補正係数は、次の各号に掲げる地域又は区域の区分に応じ、それぞれ当該各号に定めるところにより計算した数値（天窓にあつては当該数値に3.0を乗じて得た数値、その外側に幅90ｃｍ以上の縁側（ぬれ縁を除く。）その他これに類するものがある開口部にあつては当該数値に0.7を乗じて得た数値）とする。ただし、採光補正係数が3.0を超えるときは、3.0を限度とする。
　一　第一種低層住居専用地域、第二種低層住居専用地域、第一種中高層住居専用地域、第二種中高層住居専用地域、第一種住居地域、第二種住居地域又は準住居地域　隣地境界線（法第86条第10項に規定する公告対象区域（以下「公告対象区域」という。）内の建築物にあつては、当該公告対象区域内の他の法第86条の２第１項に規定する<u>一敷地内認定建築物</u>（同条第９項の規定により<u>一敷地内認定建築物</u>とみなされるものを含む。以下この号において<u>「一敷地内認定建築物」</u>という。）又は同条第３項に規定する<u>一敷地内許可建築物</u>（同条第11項又は第12項の規定により<u>一敷地内許可建築物</u>とみなされるものを含む。以下この号において<u>「一敷地内許可建築物」</u>という。）との隣地境界線を除く。以下この号において同じ。）又は同一敷地内の他の建築物（公告対象区域内の建築物にあつては、当該公告対象区域内の<u>一敷地内認定建築物又は一敷地内許可建築物</u>を含む。以下この号において同じ。）若しくは当該建築物の他の部分に面する開口部の部分で、その開口部の直上にある建築物の各部分（開口部の直上垂直面から後退し、又は突出する部分がある場合においては、その部分を含み、半透明のひさしその他採光上支障のないひさしがある場合においては、これを除くものとする。）からその部分の面する隣地境界線（開口部が、道（都市計画区域又は準都市計画区域内においては、法第42条に規定する道路をいう。第144条の４を除き、以下同じ。）

令20条　改正：平成17年政令第192号

に面する場合にあつては当該道の反対側の境界線とし、公園、広場、川その他これらに類する空地又は水面に面する場合にあつては当該公園、広場、川その他これらに類する空地又は水面の幅の2分の1だけ隣地境界線の外側にある線とする。）又は同一敷地内の他の建築物若しくは当該建築物の他の部分の対向部までの水平距離（以下この項において「水平距離」という。）を、その部分から開口部の中心までの垂直距離で除した数値のうちの最も小さい数値（以下「採光関係比率」という。）に6.0を乗じた数値から1.4を減じて得た算定値（次のイからハまでに掲げる場合にあつては、それぞれイからハまでに定める数値）
　　　イ～ハ　略
　　二・三　略

改正：平成29年政令第156号　　　　施行：平成30年4月1日
第20条　（有効面積の算定方法）

1　法第28条第1項に規定する居室の窓その他の開口部（以下この条において「開口部」という。）で採光に有効な部分の面積は、当該居室の開口部ごとの面積に、それぞれ採光補正係数を乗じて得た面積を合計して算定するものとする。ただし、国土交通大臣が別に算定方法を定めた建築物の開口部については、その算定方法によることができる。

2　前項の採光補正係数は、次の各号に掲げる地域又は区域の区分に応じ、それぞれ当該各号に定めるところにより計算した数値（天窓にあつては当該数値に3.0を乗じて得た数値、その外側に幅90cm以上の縁側（ぬれ縁を除く。）その他これに類するものがある開口部にあつては当該数値に0.7を乗じて得た数値）とする。ただし、採光補正係数が3.0を超えるときは、3.0を限度とする。

　一　第一種低層住居専用地域、第二種低層住居専用地域、第一種中高層住居専用地域、第二種中高層住居専用地域、第一種住居地域、第二種住居地域、準住居地域又は田園住居地域　隣地境界線（法第86条第10項に規定する公告対象区域（以下「公告対象区域」という。）内の建築物にあつては、当該公告対象区域内の他の法第86条の2第1項に規定する一敷地内認定建築物（同条第9項の規定により一敷地内認定建築物とみなされるものを含む。以下この号において「一敷地内認定建築物」という。）又は同条第3項に規定する一敷地内許可建築物（同条第11項又は第12項の規定により一敷地内許可建築物とみなされるものを含む。以下この号において「一敷地内許可建築物」という。）との隣地境界線を除く。以下この号において同じ。）又は同一敷地内の他の建築物（公告対象区域内の建築物にあつては、当該公告対象区域内の他の一敷地内認定建築物又は一敷地内許可建築物を含む。以下この号において同じ。）若しくは当該建築物の他の部分に面する開口部の部分で、その開口部の直上にある建築物の各部分（開口部の直上垂直面から後退し、又は突出する部分がある場合においては、その部分を含み、半透明のひさしその他採光上支障のないひさしがある場合においては、これを除くものとする。）からその部分の面する隣地境界線（開口部が、道（都市計画区域又は準都市計画区域内においては、法第42条に規定する道路をいう。第144条の4を除き、以下同じ。）に面する場合にあつては当該道の反対側の境界線とし、公園、広場、川その他これらに類する空地又は水面に面する場合にあつては当該公園、広場、川その他これらに類する空地又は水面の幅の2分の1だけ隣地境界線の外側にある線とする。）又は同一敷地内の他の建築物若しくは当該建築物の他の部分の対向部までの水平距離（以下この項において「水平距離」という。）を、その部分から開口部の中心までの垂直距離で除した数値のうちの最も小さい数値（以下「採光関係比率」という。）に6.0を乗じた数値から1.4を減じて得た算定値（次のイからハまでに掲げる場合にあつては、それぞれイからハまでに定める数値）
　　　イ　開口部が道に面する場合であつて、当該算定値が1.0未満となる場合　1.0
　　　ロ　開口部が道に面しない場合であつて、水平距離が7m以上であり、かつ、当該算定値が1.0未満となる場合　1.0
　　　ハ　開口部が道に面しない場合であつて、水平距離が7m未満であり、かつ、当該算定値が負数となる場合　0
　二　準工業地域、工業地域又は工業専用地域　採光関係比率に8.0を乗じた数値から1.0を減じて得た算定値（次のイからハまでに掲げる場合にあつては、それぞれイからハまでに定める数値）
　　　イ　開口部が道に面する場合であつて、当該算定値が1.0未満となる場合　1.0
　　　ロ　開口部が道に面しない場合であつて、水平距離が5m以上であり、かつ、当該算定値が1.0未満となる場合　1.0

ハ　開口部が道に面しない場合であつて、水平距離が５m未満であり、かつ、当該算定値が負数となる場合　0
三　近隣商業地域、商業地域又は用途地域の指定のない区域　採光関係比率に10を乗じた数値から1.0を減じて得た算定値（次のイからハまでに掲げる場合にあつては、それぞれイからハまでに定める数値）
　イ　開口部が道に面する場合であつて、当該算定値が1.0未満となる場合　1.0
　ロ　開口部が道に面しない場合であつて、水平距離が４m以上であり、かつ、当該算定値が1.0未満となる場合　1.0
　ハ　開口部が道に面しない場合であつて、水平距離が４m未満であり、かつ、当該算定値が負数となる場合　0

[現行]　第１節の２　開口部の少ない建築物等の換気設備
（制定：昭和45年政令第333号）　　第１節の２　換気設備
（改正：平成14年政令第393号）　　第１節の２　開口部の少ない建築物等の換気設備

[現行]　第20条の２　（換気設備の技術的基準）

制定：昭和45年政令第333号　　　施行：昭和46年１月１日
第20条の２　（換気設備の技術的基準）

1　法第28条第２項ただし書の規定により政令で定める技術的基準は、次のとおりとする。
　一　自然換気設備にあつては、第129条の２の２第１項の規定によるほか、次のイからニまでに定める構造とすること。
　　イ　排気筒は、不燃材料で造ること。
　　ロ　排気筒の有効断面積は、次の式によつて計算した数値以上とすること。

$$AV = \frac{Af}{250\sqrt{h}}$$

　　　この式において、AV，Af及びhは、それぞれ次の数値を表わすものとする。
　　　AV　　排気筒の有効断面積（単位　㎡）
　　　Af　　居室の床面積（当該居室が換気上有効な窓その他の開口部を有する場合においては、当該開口部の換気上有効な面積に20を乗じて得た面積を当該居室の床面積から減じた面積）（単位　㎡）
　　　h　　給気口の中心から排気筒の頂部の外気に開放された部分の中心までの高さ（単位　m）
　　ハ　給気口及び排気口の有効開口面積は、ロに規定する排気筒の有効断面積以上とすること。
　　ニ　イからハまでに定めるもののほか、建設大臣が衛生上有効な換気を確保するために必要があると認めて定める構造とすること。
　二　機械換気設備（中央管理方式の空気調和設備（空気を浄化し、その温度、湿度及び流量を調節して供給（排出を含む。）をすることができる設備をいう。）を除く。以下同じ。）にあつては、第129条の２の２第２項の規定によるほか、次のイからニまでに定める構造とすること。
　　イ　有効換気量は、次の式によつて計算した数値以上とすること。

$$V = \frac{20Af}{N}$$

　　　この式において、V，Af及びNは、それぞれ次の数値を表わすものとする。
　　　V　　有効換気量（単位　k／時間）
　　　Af　　居室の床面積（当該居室が換気上有効な窓その他の開口部を有する場合においては、当該開口部の換気上有効な面積に20を乗じて得た面積を当該居室の床面積から減じた面積）（単位　㎡）

令20条の2 制定：昭和45年政令第333号

　　　　　N　　実況に応じた1人当たりの占有面積（10をこえるときは、10とする。）（単位　㎡）
　　ロ　一の機械換気設備が2以上の居室その他の建築物の部分に係る場合にあつては、当該換気設備の有効換気量は、当該2以上の居室その他の建築物の部分のそれぞれについて必要な有効換気量の合計以上とすること。
　　ハ　法第34条第2項に規定する建築物又は各構えの床面積の合計が1,000㎡をこえる地下街に設ける機械換気設備（一の居室その他の建築物の部分のみに係るものを除く。）の制御及び作動状態の監視は、当該建築物、同一敷地内の他の建築物又は一団地内の他の建築物の内にある管理事務所、守衛所その他常時当該建築物を管理する者が勤務する場所で避難階（直接地上へ通ずる出入口のある階をいう。以下同じ。）又はその直上階若しくは直下階に設けたもの（以下「中央管理室」という。）において行なうことができるものとすること。
　　ニ　イからハまでに定めるもののほか、建設大臣が衛生上有効な換気を確保するために必要があると認めて定める構造とすること。
　三　中央管理方式の空気調和設備にあつては、第129条の2の2第3項の規定によるほか、次のイ及びロ（法第34条第2項に規定する建築物以外の建築物又は各構えの床面積の合計が1,000㎡以内の地下街に設けるものにあつては、イを除く。）に定める構造とすること。
　　イ　空気調和設備の制御及び作動状態の監視は、中央管理室において行なうことができるものとすること。
　　ロ　イに定めるもののほか、建設大臣が衛生上有効な換気を確保するために必要があると認めて定める構造とすること。

改正：昭和52年政令第266号　　　施行：昭和52年11月1日
第20条の2　（換気設備の技術的基準）

1　法第28条第2項ただし書の規定により政令で定める技術的基準は、次のとおりとする。
　一　略
　二　機械換気設備（中央管理方式の空気調和設備（空気を浄化し、その温度、湿度及び流量を調節して供給（排出を含む。）をすることができる設備をいう。）を除く。以下同じ。）にあつては、第129条の2の2第2項の規定によるほか、次のイからニまでに定める構造とすること。
　　イ　有効換気量は、次の式によつて計算した数値以上とすること。

$$V = \frac{20Af}{N}$$

　　　この式において、V，Af及びNは、それぞれ次の数値を表すものとする。
　　　　V　　有効換気量（単位　k／時間）
　　　　Af　 居室の床面積（当該居室が換気上有効な窓その他の開口部を有する場合においては、当該開口部の換気上有効な面積に20を乗じて得た面積を当該居室の床面積から減じた面積）（単位　㎡）
　　　　N　　実況に応じた1人当たりの占有面積（10を超えるときは、10とする。）（単位　㎡）
　　ロ　略
　　ハ　法第34条第2項に規定する建築物又は各構えの床面積の合計が1,000㎡を超える地下街に設ける機械換気設備（一の居室その他の建築物の部分のみに係るものを除く。）の制御及び作動状態の監視は、当該建築物、同一敷地内の他の建築物又は一団地内の他の建築物の内にある管理事務所、守衛所その他常時当該建築物を管理する者が勤務する場所で避難階又はその直上階若しくは直下階に設けたもの（以下「中央管理室」という。）において行うことができるものとすること。
　　ニ　略
　三　略

改正：昭和62年政令第348号　　　施行：昭和62年11月16日
第20条の2　（換気設備の技術的基準）

1　法第28条第2項ただし書の規定により政令で定める技術的基準は、次のとおりとする。

一　自然換気設備にあつては、第129条の2の3第1項の規定によるほか、次のイからニまでに定める構造とすること。
　　イ　略
　　ロ　排気筒の有効断面積は、次の式によつて計算した数値以上とすること。

$$AV = \frac{Af}{250\sqrt{h}}$$

　　　　この式において、AV、Af及びhは、それぞれ次の数値を表すものとする。
　　　　AV　　排気筒の有効断面積（単位　㎡）
　　　　Af　　居室の床面積（当該居室が換気上有効な窓その他の開口部を有する場合においては、当該開口部の換気上有効な面積に20を乗じて得た面積を当該居室の床面積から減じた面積）（単位　㎡）
　　　　h　　給気口の中心から排気筒の頂部の外気に開放された部分の中心までの高さ）（単位　m）
　　ハ・ニ　略
　二　機械換気設備（中央管理方式の空気調和設備（空気を浄化し、その温度、湿度及び流量を調節して供給（排出を含む。）をすることができる設備をいう。）を除く。以下同じ。）にあつては、第129条の2の3第2項の規定によるほか、次のイからニまでに定める構造とすること。
　　イ～ニ　略
　三　中央管理方式の空気調和設備にあつては、第129条の2の3第3項の規定によるほか、次のイ及びロ（法第34条第2項に規定する建築物以外の建築物又は各構えの床面積の合計が1,000㎡以内の地下街に設けるものにあつては、イを除く。）に定める構造とすること。
　　イ　空気調和設備の制御及び作動状態の監視は、中央管理室において行うことができるものとすること。
　　ロ　略

改正：平成12年政令第211号　　　　施行：平成12年6月1日
第20条の2　（換気設備の技術的基準）

1　法第28条第2項ただし書の政令で定める技術的基準及び同条第3項（法第87条第3項において準用する場合を含む。次条第1項において同じ。）の政令で定める特殊建築物（以下この条において「特殊建築物」という。）の居室に設ける換気設備の技術的基準は、次のとおりとする。
　一　換気設備の構造は、次のイからニまで（特殊建築物の居室に設ける換気設備にあつては、ロからニまで）のいずれかに適合するものであること。
　　イ　自然換気設備にあつては、第129条の2の6第1項の規定によるほか、次に定める構造とすること。
　　　(1)　排気筒の有効断面積は、次の式によつて計算した数値以上とすること。

$$AV = \frac{Af}{250\sqrt{h}}$$

　　　　この式において、AV、Af及びhは、それぞれ次の数値を表すものとする。
　　　　AV　　排気筒の有効断面積（単位　㎡）
　　　　Af　　居室の床面積（当該居室が換気上有効な窓その他の開口部を有する場合においては、当該開口部の換気上有効な面積に20を乗じて得た面積を当該居室の床面積から減じた面積）（単位　㎡）
　　　　h　　給気口の中心から排気筒の頂部の外気に開放された部分の中心までの高さ（単位　m）
　　　(2)　給気口及び排気口の有効開口面積は、(1)に規定する排気筒の有効断面積以上とすること。
　　　(3)　(1)及び(2)に定めるもののほか、衛生上有効な換気を確保することができるものとして建設大臣が定めた構造方法を用いる構造とすること。
　　ロ　機械換気設備（中央管理方式の空気調和設備（空気を浄化し、その温度、湿度及び流量を調節して供給（排出を含む。）をすることができる設備をいう。）を除く。以下同じ。）にあつては、第129条の2の

令20条の2　改正：平成12年政令第211号

  6　第2項の規定によるほか、次に定める構造とすること。
  （1）　有効換気量は、次の式によつて計算した数値以上とすること。

$$V = \frac{20Af}{N}$$

   この式において、V，Af及びNは、それぞれ次の数値を表すものとする。
   V　有効換気量（単位　k／時間）
   Af　　居室の床面積（特殊建築物の居室以外の居室が換気上有効な窓その他の開口部を有する場合においては、当該開口部の換気上有効な面積に20を乗じて得た面積を当該居室の床面積から減じた面積）（単位　㎡）
   N　　実況に応じた1人当たりの占有面積（特殊建築物の居室にあつては、3を超えるときは3と、その他の居室にあつては、10を超えるときは10とする。）（単位　㎡）
  （2）　一の機械換気設備が2以上の居室その他の建築物の部分に係る場合にあつては、当該換気設備の有効換気量は、当該2以上の居室その他の建築物の部分のそれぞれについて必要な有効換気量の合計以上とすること。
  （3）　（1）及び（2）に定めるもののほか、衛生上有効な換気を確保することができるものとして建設大臣が定めた構造方法を用いる構造とすること。
 ハ　中央管理方式の空気調和設備にあつては、第129条の2の6第3項の規定によるほか、衛生上有効な換気を確保することができるものとして建設大臣が定めた構造方法を用いる構造とすること。
 ニ　イからハまでに掲げる構造とした換気設備以外の設備にあつては、次に掲げる基準に適合するものとして、建設大臣の認定を受けたものとすること。
  （1）　当該居室で想定される通常の使用状態において、当該居室内の人が通常活動することが想定される空間の炭酸ガスの含有率をおおむね100万分の1,000以下に、当該空間の一酸化炭素の含有率をおおむね100万分の10以下に保つ換気ができるものであること。
  （2）　給気口及び排気口から雨水又はねずみ、ほこりその他衛生上有害なものが入らないものであること。
  （3）　風道から発散する物質及びその表面に付着する物質によつて居室の内部の空気が汚染されないものであること。
  （4）　中央管理方式の空気調和設備にあつては、第129条の2の6第3項の表の（1）及び（4）から（6）までに掲げる基準に適合するものであること。
二　法第34条第2項に規定する建築物又は各構えの床面積の合計が1,000㎡を超える地下街に設ける機械換気設備（一の居室その他の建築物の部分のみに係るものを除く。）及び中央管理方式の空気調和設備の制御及び作動状態の監視は、当該建築物、同一敷地内の他の建築物又は一団地内の他の建築物の内にある管理事務所、守衛所その他常時当該建築物を管理する者が勤務する場所で避難階又はその直上階若しくは直下階に設けたもの（以下「中央管理室」という。）において行うことができるものであること。

改正：平成12年政令第312号　　　　施行：平成13年1月6日
第20条の2　（換気設備の技術的基準）

1　法第28条第2項ただし書の政令で定める技術的基準及び同条第3項（法第87条第3項において準用する場合を含む。次条第1項において同じ。）の政令で定める特殊建築物（以下この条において「特殊建築物」という。）の居室に設ける換気設備の技術的基準は、次のとおりとする。
一　換気設備の構造は、次のイからニまで（特殊建築物の居室に設ける換気設備にあつては、ロからニまで）のいずれかに適合するものであること。
 イ　自然換気設備にあつては、第129条の2の6第1項の規定によるほか、次に定める構造とすること。
  （1）・（2）　略
  （3）　（1）及び（2）に定めるもののほか、衛生上有効な換気を確保することができるものとして国土交通大臣が定めた構造方法を用いる構造とすること。
 ロ　略

（1）・（2）略
　　　（3）　（1）及び（2）に定めるもののほか、衛生上有効な換気を確保することができるものとして国土交通大臣が定めた構造方法を用いる構造とすること。
　　ハ　中央管理方式の空気調和設備にあつては、第129条の2の6第3項の規定によるほか、衛生上有効な換気を確保することができるものとして国土交通大臣が定めた構造方法を用いる構造とすること。
　　ニ　イからハまでに掲げる構造とした換気設備以外の設備にあつては、次に掲げる基準に適合するものとして、国土交通大臣の認定を受けたものとすること。
　　　（1）〜（4）略
　二　略

改正：令和元年政令第30号　　　施行：令和元年6月25日

第20条の2　（換気設備の技術的基準）

1　法第28条第2項ただし書の政令で定める技術的基準及び同条第3項（法第87条第3項において準用する場合を含む。次条第1項において同じ。）の政令で定める特殊建築物（第一号において「特殊建築物」という。）の居室に設ける換気設備の技術的基準は、次のとおりとする。
　一　換気設備の構造は、次のイからニまで（特殊建築物の居室に設ける換気設備にあつては、ロからニまで）のいずれかに適合するものであること。
　　イ　自然換気設備にあつては、第129条の2の5第1項の規定によるほか、次に定める構造とすること。
　　　（1）〜（3）略
　　ロ　機械換気設備（中央管理方式の空気調和設備（空気を浄化し、その温度、湿度及び流量を調節して供給（排出を含む。）をすることができる設備をいう。）を除く。以下同じ。）にあつては、第129条の2の5第2項の規定によるほか、次に定める構造とすること。
　　　（1）〜（3）略
　　ハ　中央管理方式の空気調和設備にあつては、第129条の2の5第3項の規定によるほか、衛生上有効な換気を確保することができるものとして国土交通大臣が定めた構造方法を用いる構造とすること。
　　ニ　イからハまでに掲げる構造とした換気設備以外の設備にあつては、次に掲げる基準に適合するものとして、国土交通大臣の認定を受けたものとすること。
　　　（1）〜（3）略
　　　（4）　中央管理方式の空気調和設備にあつては、第129条の2の5第3項の表の（1）及び（4）から（6）までに掲げる基準に適合するものであること。
　二　略

改正：令和5年政令第34号　　　施行：令和5年4月1日

第20条の2　（換気設備の技術的基準）

1　法第28条第2項ただし書の政令で定める技術的基準及び同条第3項（法第87条第3項において準用する場合を含む。以下この条及び次条第1項において同じ。）の政令で定める法第28条第3項に規定する特殊建築物（第一号において「特殊建築物」という。）の居室に設ける換気設備の技術的基準は、次に掲げるものとする。
　一　換気設備の構造は、次のイからニまで（特殊建築物の居室に設ける換気設備にあつては、ロからニまで）のいずれかに適合するものであること。
　　イ　自然換気設備にあつては、第129条の2の5第1項の規定によるほか、次に掲げる構造とすること。
　　　（1）　排気筒の有効断面積（平方メートルで表した面積とする。）が、次の式によつて計算した必要有効断面積以上であること。

$$AV = \frac{Af}{250\sqrt{h}}$$

令20条の2　改正：令和5年政令第34号

　　　　この式において、Ａｖ，Ａｆ及びｈは、それぞれ次の数値を表すものとする。
　　　Ａｖ　　必要有効断面積（単位　㎡）
　　　Ａｆ　　居室の床面積（当該居室が換気上有効な窓その他の開口部を有する場合においては、当該開口部の換気上有効な面積に20を乗じて得た面積を当該居室の床面積から減じた面積）（単位　㎡）
　　　ｈ　　　当該開口部の換気上有効な面積に20を乗じて得た面積を当該居室の床面積から減じた積）（単位　㎡）給気口の中心から排気筒の頂部の外気に開放された部分の中心までの高さ（単位　ｍ）
　　（2）　給気口及び排気口の有効開口面積（平方メートルで表した面積とする。）が、（1）の式によつて計算した必要有効断面積以上であること。
　　（3）　（1）及び（2）に掲げるもののほか、衛生上有効な換気を確保することができるものとして国土交通大臣が定めた構造方法を用いるものであること。
　　ロ　機械換気設備（中央管理方式の空気調和設備（空気を浄化し、その温度、湿度及び流量を調節して供給（排出を含む。）をすることができる設備をいう。以下同じ。）を除く。以下同じ。）にあつては、第129条の2の5第2項の規定によるほか、次に掲げる構造とすること。
　　（1）　有効換気量（立方メートル毎時で表した量とする。(2)において同じ。）が、次の式によつて計算した必要有効換気量以上であること。

$$V = \frac{20Af}{N}$$

　　　　この式において、Ｖ，Ａｆ及びＮは、それぞれ次の数値を表すものとする。
　　　Ｖ　　必要有効換気量（単位　㎡／時間）
　　　Ａｆ　　居室の床面積（特殊建築物の居室以外の居室が換気上有効な窓その他の開口部を有する場合においては、当該開口部の換気上有効な面積に20を乗じて得た面積を当該居室の床面積から減じた面積）（単位　㎡）
　　　Ｎ　　実況に応じた1人当たりの占有面積（特殊建築物の居室にあつては、3を超えるときは3と、その他の居室にあつては、10を超えるときは10とする。）（単位　㎡）
　　（2）　一の機械換気設備が2以上の居室に係る場合にあつては、当該換気設備の有効換気量が、当該2以上の居室その他の建築物の部分のそれぞれの必要有効換気量の合計以上であること。
　　（3）　（1）及び（2）に掲げるもののほか、衛生上有効な換気を確保することができるものとして国土交通大臣が定めた構造方法を用いるものであること。
　　ハ　中央管理方式の空気調和設備にあつては、第129条の2の5第3項の規定によるほか、衛生上有効な換気を確保することができるものとして国土交通大臣が定めた構造方法を用いるものとすること。
　　ニ　イからハまでに掲げる構造とした換気設備以外の換気設備にあつては、次に掲げる基準に適合するものとして、国土交通大臣の認定を受けたものとすること。
　　（1）　当該居室で想定される通常の使用状態において、当該居室内の人が通常活動することが想定される空間の炭酸ガスの含有率をおおむね100万分の1,000以下に、当該空間の一酸化炭素の含有率をおおむね100万分の6以下に保つ換気ができるものであること。
　　（2）　給気口及び排気口には、雨水の侵入又はねずみ、ほこりその他衛生上有害なものの侵入を防ぐための設備を設けること。
　　（3）　風道から発散する物質及びその表面に付着する物質によつて居室の内部の空気が汚染されないものであること。
　　（4）　中央管理方式の空気調和設備にあつては、第129条の2の5第3項の表の（1）の項及び（4）の項から（6）の項までの中欄に掲げる事項がそれぞれ同表の右欄に掲げる基準に適合するものであること。
　二　法第34条第2項に規定する建築物又は各構えの床面積の合計が1,000㎡を超える地下街に設ける機械換気設備（一の居室のみに係るものを除く。）又は中央管理方式の空気調和設備にあつては、これらの制御及び作動状態の監視を中央管理室（当該建築物、同一敷地内の他の建築物又は一団地内の他の建築物の内にある管理事務所、守衛所その他常時当該建築物を管理する者が勤務する場所で避難階又はその直上階若

しくは直下階に設けたものをいう。以下同じ。）において行うことができるものであること。

[現行] 第20条の3 （火を使用する室に設けなければならない換気設備等）

制定：昭和45年政令第333号　　　施行：昭和46年1月1日

旧　第20条の3　（集会場、火を使用する室等に設けなければならない換気設備等）

1　法第28条第3項に規定する特殊建築物の居室に設ける換気設備は、機械換気設備又は中央管理方式の空気調和設備でなければならない。
2　前条第二号の規定は前項の機械換気設備について、同条第三号の規定は前項の中央管理方式の空気調和設備について準用する。この場合において、同条第二号中「居室の床面積（当該居室が換気上有効な窓その他の開口部を有する場合においては、当該開口部の換気上有効な面積に20を乗じて得た面積を当該居室の床面積から減じた面積）」とあるのは「居室の床面積」と、「10をこえるときは、10とする」とあるのは「3をこえるときは、3とする」と読み替えるものとする。

旧　第20条の4

1　法第28条第3項の規定により政令で定める室は、次の各号に掲げるものとする。
　一　火を使用する設備又は器具で直接屋外から空気を取り入れ、かつ、廃ガスその他の生成物を直接屋外に排出する構造を有するものその他室内の空気を汚染するおそれがないものを設けた室
　二　床面積の合計が100㎡以内の住宅又は住戸に設けられた調理室（発熱量の合計が1時間につき10,000kcal以下の火を使用する設備又は器具を設けたものに限る。）で、当該調理室の床面積の10分の1（0.8㎡未満のときは、0.8㎡とする。）以上の有効開口面積を有する窓その他の開口部を換気上有効に設けたもの
2　建築物の調理室、浴室、その他の室でかまど、こんろその他火を使用する設備又は器具を設けたもの（前項に規定するものを除く。以下この項及び第129条の2の2において「換気設備を設けるべき調理室等」という。）に設ける換気設備は、次の各号に定める構造としなければならない。
　一　給気口は、換気設備を設けるべき調理室等の天井の高さの2分の1以下の高さの位置（煙突を設ける場合又は換気上有効な排気のための換気扇その他これに類するものを設ける場合には、適当な位置）に設け、かつ、火を使用する設備又は器具の燃焼を妨げないように設けること。
　二　排気口は、換気設備を設けるべき調理室等の天井又は天井から下方80cm以内の高さの位置（煙突又は排気フードを有する排気筒を設ける場合には、適当な位置）に設け、かつ、直接外気に開放し、又は排気筒に直結すること。
　三　給気口の有効開口面積又は給気筒の有効断面積は、建設大臣が定める数値以上とすること。
　四　排気口の有効開口面積又は排気筒の有効断面積は、排気口又は排気筒に換気上有効な排気のための換気扇その他これに類するものを設ける場合を除き、建設大臣が定める数値以上とすること。
　五　火を使用する設備又は器具に煙突（第115条第1項第七号及び第八号の規定が適用される煙突を除く。）を設ける場合においては、その有効断面積は、当該煙突に換気上有効な換気扇その他これに類するものを設ける場合を除き、建設大臣が定める数値以上とすること。
　六　火を使用する設備又は器具の近くに排気フードを有する排気筒を設ける場合においては、排気フードは、不燃材料で造るものとし、排気筒の有効断面積は、当該排気筒に換気上有効な換気扇その他これに類するものを設ける場合を除き、建設大臣が定める数値以上とすること。
　七　直接外気に開放された排気口又は排気筒の頂部は、外気の流れによつて排気が妨げられない構造とすること。
　八　前各号に定めるもののほか、建設大臣が衛生上有効な換気を確保するために必要があると認めて定める構造とすること。

改正：昭和52年政令第266号　　　施行：昭和52年11月1日

旧　第20条の3　（集会場、火を使用する室等に設けなければならない換気設備等）

略

令旧20条の3　改正：昭和52年政令第266号

旧　第20条の4

1　法第28条第3項の規定により政令で定める室は、次の各号に掲げるものとする。
　一　火を使用する設備又は器具で直接屋外から空気を取り入れ、かつ、廃ガスその他の生成物を直接屋外に排出する構造を有するものその他室内の空気を汚染するおそれがないもの（以下この項及び次項において「密閉式燃焼器具等」という。）以外の火を使用する設備又は器具を設けていない室
　二　床面積の合計が100㎡以内の住宅又は住戸に設けられた調理室（発熱量の合計（密閉式燃焼器具等又は煙突を設けた設備若しくは器具に係るものを除く。次号において同じ。）が1時間につき10,000kcal以下の火を使用する設備又は器具を設けたものに限る。）で、当該調理室の床面積の10分の1（0.8㎡未満のときは、0.8㎡とする。）以上の有効開口面積を有する窓その他の開口部を換気上有効に設けたもの
　三　発熱量の合計が1時間につき5,000kcal以下の火を使用する設備又は器具を設けた室（調理室を除く。）で換気上有効な開口部を設けたもの

2　建築物の調理室、浴室、その他の室でかまど、こんろその他火を使用する設備又は器具を設けたもの（前項に規定するものを除く。以下この項及び第129条の2の2において「換気設備を設けるべき調理室等」という。）に設ける換気設備は、次の各号に定める構造としなければならない。
　一　略
　二　排気口は、換気設備を設けるべき調理室等の天井又は天井から下方80cm以内の高さの位置（煙突又は排気フードを有する排気筒を設ける場合には、適当な位置）に設け、かつ、換気上有効な排気のための換気扇その他これに類するものを設けて、直接外気に開放し、若しくは排気筒に直結し、又は排気上有効な立上り部分を有する排気筒に直結すること。
　三・四　略
　五　ふろがま又は発熱量が1時間につき10,000kcalを超える火を使用する設備若しくは器具（密閉式燃焼器具等を除く。）を設けた換気設備を設けるべき調理室等には、当該ふろがま又は設備若しくは器具に接続して煙突を設けること。ただし、用途上、構造上その他の理由によりこれによることが著しく困難である場合において、排気フードを有する排気筒を設けたときは、この限りでない。
　六　火を使用する設備又は器具に煙突（第115条第1項第七号及び第八号の規定が適用される煙突を除く。）を設ける場合においては、その有効断面積は、当該煙突に換気上有効な換気扇その他これに類するものを設ける場合を除き、建設大臣が定める数値以上とすること。
　七　火を使用する設備又は器具の近くに排気フードを有する排気筒を設ける場合においては、排気フードは、不燃材料で造るものとし、排気筒の有効断面積は、当該排気筒に換気上有効な換気扇その他これに類するものを設ける場合を除き、建設大臣が定める数値以上とすること。
　八　直接外気に開放された排気口又は排気筒の頂部は、外気の流れによつて排気が妨げられない構造とすること。
　九　前各号に定めるもののほか、建設大臣が衛生上有効な換気を確保するために必要があると認めて定める構造とすること。

改正：昭和55年政令第196号　　施行：昭和56年6月1日
旧　第20条の3　（集会場、火を使用する室等に設けなければならない換気設備等）

略

旧　第20条の4

1　略
2　建築物の調理室、浴室、その他の室でかまど、こんろその他火を使用する設備又は器具を設けたもの（前項に規定するものを除く。以下この項及び第129条の2の2において「換気設備を設けるべき調理室等」という。）に設ける換気設備は、次の各号に定める構造としなければならない。
　一～五　略
　六　火を使用する設備又は器具に煙突（第115条第1項第八号の規定が適用される煙突を除く。）を設ける場合においては、その有効断面積は、当該煙突に換気上有効な換気扇その他これに類するものを設ける場合を除き、建設大臣が定める数値以上とすること。
　七～九　略

改正：平成12年政令第211号　**令20条の3**

改正：昭和62年政令第348号　　　施行：昭和62年11月16日
旧　第20条の3　（集会場、火を使用する室等に設けなければならない換気設備等）

略

旧　第20条の4

1　略
2　建築物の調理室、浴室、その他の室でかまど、こんろその他火を使用する設備又は器具を設けたもの（前項に規定するものを除く。以下この項及び第129条の2の3において「換気設備を設けるべき調理室等」という。）に設ける換気設備は、次の各号に定める構造としなければならない。
　一～九　略

改正：平成12年政令第211号　　　施行：平成12年6月1日
第20条の3　（火を使用する室に設けなければならない換気設備等）

1　法第28条第3項の規定により政令で定める室は、次に掲げるものとする。
　一　略
　二　床面積の合計が100㎡以内の住宅又は住戸に設けられた調理室（発熱量の合計（密閉式燃焼器具等又は煙突を設けた設備若しくは器具に係るものを除く。次号において同じ。）が12kw以下の火を使用する設備又は器具を設けたものに限る。）で、当該調理室の床面積の10分の1（0.8㎡未満のときは、0.8㎡とする。）以上の有効開口面積を有する窓その他の開口部を換気上有効に設けたもの
　三　発熱量の合計が6kw以下の火を使用する設備又は器具を設けた室（調理室を除く。）で換気上有効な開口部を設けたもの
2　建築物の調理室、浴室、その他の室でかまど、こんろその他火を使用する設備又は器具を設けたもの（前項に規定するものを除く。以下この項及び第129条の2の6において「換気設備を設けるべき調理室等」という。）に設ける換気設備は、次に定める構造としなければならない。
　一　換気設備の構造は、次のイ又はロのいずれかに適合するものとすること。
　　イ　次に掲げる基準に適合すること。
　　　（1）　給気口は、換気設備を設けるべき調理室等の天井の高さの2分の1以下の高さの位置（煙突を設ける場合又は換気上有効な排気のための換気扇その他これに類するもの（以下この号において「換気扇等」という。）を設ける場合には、適当な位置に設けること。
　　　（2）　排気口は、換気設備を設けるべき調理室等の天井又は天井から下方80cm以内の高さの位置（煙突又は排気フードを有する排気筒を設ける場合には、適当な位置）に設け、かつ、換気扇等を設けて、直接外気に開放し、若しくは排気筒に直結し、又は排気上有効な立上り部分を有する排気筒に直結すること。
　　　（3）　給気口の有効開口面積又は給気筒の有効断面積は、建設大臣が定める数値以上とすること。
　　　（4）　排気口又は排気筒に換気扇等を設ける場合にあつては、その有効換気量は建設大臣が定める数値以上とし、換気扇等を設けない場合にあつては、排気口の有効開口面積又は排気筒の有効断面積は建設大臣が定める数値以上とすること。
　　　（5）　ふろがま又は発熱量が12kwを超える火を使用する設備若しくは器具（密閉式燃焼器具等を除く。）を設けた換気設備を設けるべき調理室等には、当該ふろがま又は設備若しくは器具に接続して煙突を設けること。ただし、用途上、構造上その他の理由によりこれによることが著しく困難である場合において、排気フードを有する排気筒を設けたときは、この限りでない。
　　　（6）　火を使用する設備又は器具に煙突（第115条第1項第七号の規定が適用される煙突を除く。）を設ける場合において、煙突に換気扇等を設ける場合にあつてはその有効換気量は建設大臣が定める数値以上とし、換気扇等を設けない場合にあつては煙突の有効断面積は建設大臣が定める数値以上とすること。
　　　（7）　火を使用する設備又は器具の近くに排気フードを有する排気筒を設ける場合において、排気筒に換気扇等を設ける場合にあつてはその有効換気量は建設大臣が定める数値以上とし、換気扇等を設けない場合にあつては排気筒の有効断面積は建設大臣が定める数値以上とすること。
　　　（8）　直接外気に開放された排気口又は排気筒の頂部は、外気の流れによつて排気が妨げられない構造とすること。

令20条の3　改正：平成12年政令第211号

　　ロ　火を使用する設備又は器具の通常の使用状態において、異常な燃焼が生じないよう当該居室内の酸素の含有率をおおむね20.5％以上に保つ換気ができるものとして、建設大臣の認定を受けたものとすること。
　二　給気口は、火を使用する設備又は器具の燃焼を妨げないように設けること。
　三　排気口及びこれに接続する排気筒並びに煙突の構造は、当該居室に廃ガスその他の生成物を逆流させず、かつ、他の室に廃ガスその他の生成物を漏らさないものとして建設大臣が定めた構造方法を用いるものとすること。
　四　火を使用する設備又は器具の近くに排気フードを有する排気筒を設ける場合においては、排気フードは、不燃材料で造ること。

旧　第20条の4　削除

改正：平成12年政令第312号　　　　施行：平成13年1月6日
第20条の3　（火を使用する室に設けなければならない換気設備等）

1　略
2　建築物の調理室、浴室、その他の室でかまど、こんろその他火を使用する設備又は器具を設けたもの（前項に規定するものを除く。以下この項及び第129条の2の6において「換気設備を設けるべき調理室等」という。）に設ける換気設備は、次に定める構造としなければならない。
　一　換気設備の構造は、次のイ又はロのいずれかに適合するものとすること。
　　イ　次に掲げる基準に適合すること。
　　　（1）　給気口は、換気設備を設けるべき調理室等の天井の高さの2分の1以下の高さの位置（煙突を設ける場合又は換気上有効な排気のための換気扇その他これに類するもの（以下この号において「換気扇等」という。）を設ける場合には、適当な位置）に設けること。
　　　（2）　排気口は、換気設備を設けるべき調理室等の天井又は天井から下方80cm以内の高さの位置（煙突又は排気フードを有する排気筒を設ける場合には、適当な位置）に設け、かつ、換気扇等を設けて、直接外気に開放し、若しくは排気筒に直結し、又は排気上有効な立上り部分を有する排気筒に直結すること。
　　　（3）　給気口の有効開口面積又は給気筒の有効断面積は、国土交通大臣が定める数値以上とすること。
　　　（4）　排気口又は排気筒に換気扇等を設ける場合にあつては、その有効換気量は国土交通大臣が定める数値以上とし、換気扇等を設けない場合にあつては、排気口の有効開口面積又は排気筒の有効断面積は国土交通大臣が定める数値以上とすること。
　　　（5）　ふろがま又は発熱量が12kwを超える火を使用する設備若しくは器具（密閉式燃焼器具等を除く。）を設けた換気設備を設けるべき調理室等には、当該ふろがま又は設備若しくは器具に接続して煙突を設けること。ただし、用途上、構造上その他の理由によりこれによることが著しく困難である場合において、排気フードを有する排気筒を設けたときは、この限りでない。
　　　（6）　火を使用する設備又は器具に煙突（第115条第1項第七号の規定が適用される煙突を除く。）を設ける場合において、煙突に換気扇等を設ける場合にあつてはその有効換気量は国土交通大臣が定める数値以上とし、換気扇等を設けない場合にあつては煙突の有効断面積は国土交通大臣が定める数値以上とすること。
　　　（7）　火を使用する設備又は器具の近くに排気フードを有する排気筒を設ける場合において、排気筒に換気扇等を設ける場合にあつてはその有効換気量は国土交通大臣が定める数値以上とし、換気扇等を設けない場合にあつては排気筒の有効断面積は国土交通大臣が定める数値以上とすること。
　　　（8）　直接外気に開放された排気口又は排気筒の頂部は、外気の流れによつて排気が妨げられない構造とすること。
　　ロ　火を使用する設備又は器具の通常の使用状態において、異常な燃焼が生じないよう当該居室内の酸素の含有率をおおむね20.5％以上に保つ換気ができるものとして、国土交通大臣の認定を受けたものとすること。
　二　略
　三　排気口及びこれに接続する排気筒並びに煙突の構造は、当該居室に廃ガスその他の生成物を逆流させず、かつ、他の室に廃ガスその他の生成物を漏らさないものとして国土交通大臣が定めた構造方法を用いるものとすること。

四　略

改正：平成17年政令第192号　　　施行：平成17年6月1日
第20条の3　（火を使用する室に設けなければならない換気設備等）

1　略
2　建築物の調理室、浴室、その他の室でかまど、こんろその他火を使用する設備又は器具を設けたもの（前項に規定するものを除く。以下この項及び第129条の2の6において「換気設備を設けるべき調理室等」という。）に設ける換気設備は、次に定める構造としなければならない。
一　換気設備の構造は、次のイ又はロのいずれかに適合するものとすること。
　イ　略
　ロ　火を使用する設備又は器具の通常の使用状態において、異常な燃焼が生じないよう当該室内の酸素の含有率をおおむね20.5％以上に保つ換気ができるものとして、国土交通大臣の認定を受けたものとすること。
二　略
三　排気口及びこれに接続する排気筒並びに煙突の構造は、当該室に廃ガスその他の生成物を逆流させず、かつ、他の室に廃ガスその他の生成物を漏らさないものとして国土交通大臣が定めた構造方法を用いるものとすること。
四　略

改正：令和元年政令第30号　　　施行：令和元年6月25日
第20条の3　（火を使用する室に設けなければならない換気設備等）

1　法第28条第3項の規定により政令で定める室は、次に掲げるものとする。
一　火を使用する設備又は器具で直接屋外から空気を取り入れ、かつ、廃ガスその他の生成物を直接屋外に排出する構造を有するものその他室内の空気を汚染するおそれがないもの（以下この項及び次項において「密閉式燃焼器具等」という。）以外の火を使用する設備又は器具を設けていない室
二　床面積の合計が100㎡以内の住宅又は住戸に設けられた調理室（発熱量の合計（密閉式燃焼器具等又は煙突を設けた設備若しくは器具に係るものを除く。次号において同じ。）が12kw以下の火を使用する設備又は器具を設けたものに限る。）で、当該調理室の床面積の10分の1（0.8㎡未満のときは、0.8㎡とする。）以上の有効開口面積を有する窓その他の開口部を換気上有効に設けたもの
三　発熱量の合計が6kw以下の火を使用する設備又は器具を設けた室（調理室を除く。）で換気上有効な開口部を設けたもの
2　建築物の調理室、浴室、その他の室でかまど、こんろその他火を使用する設備又は器具を設けたもの（前項に規定するものを除く。第一号イ及び第129条の2の5第1項において「換気設備を設けるべき調理室等」という。）に設ける換気設備は、次に定める構造としなければならない。
一　換気設備の構造は、次のイ又はロのいずれかに適合するものとすること。
　イ　次に掲げる基準に適合すること。
　　（1）　給気口は、換気設備を設けるべき調理室等の天井の高さの2分の1以下の高さの位置（煙突を設ける場合又は換気上有効な排気のための換気扇その他これに類するもの（以下このイにおいて「換気扇等」という。）を設ける場合には、適当な位置）に設けること。
　　（2）　排気口は、換気設備を設けるべき調理室等の天井又は天井から下方80cm以内の高さの位置（煙突又は排気フードを有する排気筒を設ける場合には、適当な位置）に設け、かつ、換気扇等を設けて、直接外気に開放し、若しくは排気筒に直結し、又は排気上有効な立上り部分を有する排気筒に直結すること。
　　（3）　給気口の有効開口面積又は給気筒の有効断面積は、国土交通大臣が定める数値以上とすること。
　　（4）　排気口又は排気筒に換気扇等を設ける場合にあつては、その有効換気量は国土交通大臣が定める数値以上とし、換気扇等を設けない場合にあつては、排気口の有効開口面積又は排気筒の有効断面積は国土交通大臣が定める数値以上とすること。
　　（5）　風呂釜又は発熱量が12kwを超える火を使用する設備若しくは器具（密閉式燃焼器具等を除く。）を設けた換気設備を設けるべき調理室等には、当該風呂釜又は設備若しくは器具に接続し

令20条の3 改正：令和元年政令第30号

て煙突を設けること。ただし、用途上、構造上その他の理由によりこれによることが著しく困難である場合において、排気フードを有する排気筒を設けたときは、この限りでない。
- （6）　火を使用する設備又は器具に煙突（第115条第1項第七号の規定が適用される煙突を除く。）を設ける場合において、煙突に換気扇等を設ける場合にあつてはその有効換気量は国土交通大臣が定める数値以上とし、換気扇等を設けない場合にあつては煙突の有効断面積は国土交通大臣が定める数値以上とすること。
- （7）　火を使用する設備又は器具の近くに排気フードを有する排気筒を設ける場合において、排気筒に換気扇等を設ける場合にあつてはその有効換気量は国土交通大臣が定める数値以上とし、換気扇等を設けない場合にあつては排気筒の有効断面積は国土交通大臣が定める数値以上とすること。
- （8）　直接外気に開放された排気口又は排気筒の頂部は、外気の流れによつて排気が妨げられない構造とすること。
- ロ　火を使用する設備又は器具の通常の使用状態において、異常な燃焼が生じないよう当該室内の酸素の含有率をおおむね20.5％以上に保つ換気ができるものとして、国土交通大臣の認定を受けたものとすること。
- 二　給気口は、火を使用する設備又は器具の燃焼を妨げないように設けること。
- 三　排気口及びこれに接続する排気筒並びに煙突の構造は、当該室に廃ガスその他の生成物を逆流させず、かつ、他の室に廃ガスその他の生成物を漏らさないものとして国土交通大臣が定めた構造方法を用いるものとすること。
- 四　火を使用する設備又は器具の近くに排気フードを有する排気筒を設ける場合においては、排気フードは、不燃材料で造ること。

[現行] **第1節の3　石綿その他の物質の飛散又は発散に対する衛生上の措置**
（制定：平成14年政令第393号）　　　第1節の3　居室内における化学物質の発散に対する衛生上の措置
（改正：平成18年政令第308号）　　　第1節の3　石綿その他の物質の飛散又は発散に対する衛生上の措置

[現行]　**第20条の4　（著しく衛生上有害な物質）**

制定：平成14年政令第393号　　　施行：平成15年7月1日
第20条の4　（発散により衛生上の支障を生じさせるおそれのある化学物質）
　1　法第28条の2の政令で定める化学物質は、クロルピリホス及びホルムアルデヒドとする。

改正：平成18年政令第308号　　　施行：平成18年10月1日
第20条の4　（著しく衛生上有害な物質）
　1　法第28条の2第一号（法第88条第1項において準用する場合を含む。）の政令で定める物質は、石綿とする。

[現行]　**第20条の5　（居室内において衛生上の支障を生ずるおそれがある物質）**

制定：平成18年政令第308号　　　施行：平成18年10月1日
第20条の5　（居室内において衛生上の支障を生ずるおそれがある物質）
　1　法第28条の2第三号の政令で定める物質は、クロルピリホス及びホルムアルデヒドとする。

[現行]　**第20条の6　（居室を有する建築物の建築材料についてのクロルピリホスに関する技術的基準）**

制定：平成18年政令第308号　　　施行：平成18年10月1日
第20条の6　（居室を有する建築物の建築材料についてのクロルピリホスに関する技術的基準）

制定：平成14年政令第393号 **令旧20条の5**

1　建築材料についてのクロルピリホスに関する法第28条の2第三号の政令で定める技術的基準は、次のとおりとする。
一　建築材料にクロルピリホスを添加しないこと。
二　クロルピリホスをあらかじめ添加した建築材料（添加したときから長期間経過していることその他の理由によりクロルピリホスを発散させるおそれがないものとして国土交通大臣が定めたものを除く。）を使用しないこと。

[現行]　第20条の7　（居室を有する建築物の建築材料についてのホルムアルデヒドに関する技術的基準）

制定：平成14年政令第393号　　　施行：平成15年7月1日
旧　第20条の5　（化学物質の発散に対する衛生上の措置に関する技術的基準）

1　法第28条の2の政令で定める技術的基準で建築材料に係るものは、次のとおりとする。
一　建築材料にクロルピリホスを添加しないこと。
二　クロルピリホスをあらかじめ添加した建築材料を用いないこと。ただし、その添加から長期間経過していることその他の理由によりクロルピリホスを発散するおそれがないものとして国土交通大臣が定める建築材料については、この限りでない。
三　居室（常時開放された開口部を通じてこれと相互に通気が確保される廊下その他の建築物の部分を含む。以下この節において同じ。）の壁、床及び天井（天井のない場合においては、屋根）並びにこれらの開口部に設ける戸その他の建具の室内に面する部分（回り縁、窓台その他これらに類する部分を除く。以下この条において「内装」という。）の仕上げには、夏季においてその表面積1㎡につき毎時0.12mgを超える量のホルムアルデヒドを発散するものとして国土交通大臣が定める建築材料（以下この条において「第一種ホルムアルデヒド発散建築材料」という。）を用いないこと。
四　居室の内装の仕上げに、夏季においてその表面積1㎡につき毎時0.02mgを超え0.12mg以下の量のホルムアルデヒドを発散するものとして国土交通大臣が定める建築材料（以下この条において「第二種ホルムアルデヒド発散建築材料」という。）又は夏季においてその表面積1㎡につき毎時0.005mgを超え0.02mg以下の量のホルムアルデヒドを発散するものとして国土交通大臣が定める建築材料（以下この条において「第三種ホルムアルデヒド発散建築材料」という。）を用いるときは、それぞれ、第二種ホルムアルデヒド発散建築材料を用いる内装の仕上げの部分の面積に次の表（1）の項に定める数値を乗じて得た面積又は第三種ホルムアルデヒド発散建築材料を用いる内装の仕上げの部分の面積に同表（2）の項に定める数値を乗じて得た面積（居室の内装の仕上げに第二種ホルムアルデヒド発散建築材料及び第三種ホルムアルデヒド発散建築材料を用いるときは、これらの面積の合計）が、当該居室の床面積を超えないこと。

	住宅等の居室		住宅等の居室以外の居室		
	換気回数が0.7以上の機械換気設備を設け、又はこれに相当する換気が確保されるものとして、国土交通大臣が定めた構造方法を用い、若しくは国土交通大臣の認定を受けた居室	その他の居室	換気回数が0.7以上の機械換気設備を設け、又はこれに相当する換気が確保されるものとして、国土交通大臣が定めた構造方法を用い、若しくは国土交通大臣の認定を受けた居室	換気回数が0.5以上0.7未満の機械換気設備を設け、又はこれに相当する換気が確保されるものとして、国土交通大臣が定めた構造方法を用い、若しくは国土交通大臣の認定を受けた居室	その他の居室
（1）	1.2	2.8	0.88	1.4	3.0
（2）	0.20	0.50	0.15	0.25	0.50

備考
一　この表において、住宅等の居室とは、住宅の居室並びに下宿の宿泊室、寄宿舎の寝室及び家具その他これに類する物品の販売業を営む店舗の売場（常時開放された開口部を通じてこれらと相互に

令旧20条の5 制定：平成14年政令第393号

通気が確保される廊下その他の建築物の部分を含む。）をいうものとする。
二 この表において、換気回数とは、次の式によつて計算した数値をいうものとする。

$$n = \frac{V}{Ah}$$

この式において、n，V，A及びhは、それぞれ次の数値を表すものとする。
n　　1時間当たりの換気回数
V　　機械換気設備の有効換気量（次条第1項第一号ロに規定する方式を用いる機械換気設備で同号ロ（1）から（3）までに掲げる構造とするものにあつては、同号ロ（1）に規定する有効換気換算量）（単位　㎥／時間）
A　　居室の床面積（単位　㎡）
h　　居室の天井の高さ（単位　m）

2　第一種ホルムアルデヒド発散建築材料のうち、夏季においてその表面積1㎡につき毎時0.12mgを超える量のホルムアルデヒドを発散しないものとして国土交通大臣の認定を受けたもの（次項及び第4項の規定により国土交通大臣の認定を受けたものを除く。）については、第二種ホルムアルデヒド発散建築材料に該当するものとみなす。

3　第一種ホルムアルデヒド発散建築材料又は第二種ホルムアルデヒド発散建築材料のうち、夏季においてその表面積1㎡につき毎時0.02mgを超える量のホルムアルデヒドを発散しないものとして国土交通大臣の認定を受けたもの（次項の規定により国土交通大臣の認定を受けたものを除く。）については、第三種ホルムアルデヒド発散建築材料に該当するものとみなす。

4　第一種ホルムアルデヒド発散建築材料、第二種ホルムアルデヒド発散建築材料又は第三種ホルムアルデヒド発散建築材料のうち、夏季においてその表面積1㎡につき毎時0.005mgを超える量のホルムアルデヒドを発散しないものとして国土交通大臣の認定を受けたものについては、これらの建築材料に該当しないものとみなす。

5　次条第1項第一号ハに掲げる基準に適合する中央管理方式の空気調和設備を設ける建築物の居室については、第1項第三号及び第四号の規定は、適用しない。

改正：平成18年政令第308号　　　施行：平成18年10月1日
第20条の7　（居室を有する建築物の建築材料についてのホルムアルデヒドに関する技術的基準）

1　建築材料についてのホルムアルデヒドに関する法第28条の2第三号の政令で定める技術的基準は、次のとおりとする。
一　居室（常時開放された開口部を通じてこれと相互に通気が確保される廊下その他の建築物の部分を含む。以下この節において同じ。）の壁、床及び天井（天井のない場合においては、屋根）並びにこれらの開口部に設ける戸その他の建具の室内に面する部分（回り縁、窓台その他これらに類する部分を除く。以下この条において「内装」という。）の仕上げには、夏季においてその表面積1㎡につき毎時0.12mgを超える量のホルムアルデヒドを発散させるものとして国土交通大臣が定める建築材料（以下この条において「第一種ホルムアルデヒド発散建築材料」という。）を使用しないこと。
二　居室の内装の仕上げに、夏季においてその表面積1㎡につき毎時0.02mgを超え0.12mg以下の量のホルムアルデヒドを発散させるものとして国土交通大臣が定める建築材料（以下この条において「第二種ホルムアルデヒド発散建築材料」という。）又は夏季においてその表面積1㎡につき毎時0.005mgを超え0.02mg以下の量のホルムアルデヒドを発散させるものとして国土交通大臣が定める建築材料（以下この条において「第三種ホルムアルデヒド発散建築材料」という。）を使用するときは、それぞれ、第二種ホルムアルデヒド発散建築材料を使用する内装の仕上げの部分の面積に次の表（1）の項に定める数値を乗じて得た面積又は第三種ホルムアルデヒド発散建築材料を使用する内装の仕上げの部分の面積に同表（2）の項に定める数値を乗じて得た面積（居室の内装の仕上げに第二種ホルムアルデヒド発散建築材料及び第三種ホルムアルデヒド発散建築材料を使用するときは、これらの面積の合計）が、当該居室の床面積を超えないこと

[表　略]
2　第一種ホルムアルデヒド発散建築材料のうち、夏季においてその表面積1㎡につき毎時0.12mgを超える量のホルムアルデヒドを発散させないものとして国土交通大臣の認定を受けたもの（次項及び第4項の規定により国土交通大臣の認定を受けたものを除く。）については、第二種ホルムアルデヒド発散建築材料に該当するものとみなす。
3　第一種ホルムアルデヒド発散建築材料又は第二種ホルムアルデヒド発散建築材料のうち、夏季においてその表面積1㎡につき毎時0.02mgを超える量のホルムアルデヒドを発散させないものとして国土交通大臣の認定を受けたもの（次項の規定により国土交通大臣の認定を受けたものを除く。）については、第三種ホルムアルデヒド発散建築材料に該当するものとみなす。
4　第一種ホルムアルデヒド発散建築材料、第二種ホルムアルデヒド発散建築材料又は第三種ホルムアルデヒド発散建築材料のうち、夏季においてその表面積1㎡につき毎時0.005mgを超える量のホルムアルデヒドを発散させないものとして国土交通大臣の認定を受けたものについては、これらの建築材料に該当しないものとみなす。
5　次条第1項第一号ハに掲げる基準に適合する中央管理方式の空気調和設備を設ける建築物の居室については、第1項の規定は、適用しない。

改正：平成28年政令第6号　　　施行：平成28年6月1日
第20条の7　（居室を有する建築物の建築材料についてのホルムアルデヒドに関する技術的基準）
1　建築材料についてのホルムアルデヒドに関する法第28条の2第三号の政令で定める技術的基準は、次のとおりとする。
　一　居室（常時開放された開口部を通じてこれと相互に通気が確保される廊下その他の建築物の部分を含む。以下この節において同じ。）の壁、床及び天井（天井のない場合においては、屋根）並びにこれらの開口部に設ける戸その他の建具の室内に面する部分（回り縁、窓台その他これらに類する部分を除く。以下この条及び第108条の3第1項第一号において「内装」という。）の仕上げには、夏季においてその表面積1㎡につき毎時0.12mgを超える量のホルムアルデヒドを発散させるものとして国土交通大臣が定める建築材料（以下この条において「第一種ホルムアルデヒド発散建築材料」という。）を使用しないこと。
　二　略
2～5　略

改正：令和5年政令第280号　　　施行：令和6年4月1日
第20条の7　（居室を有する建築物の建築材料についてのホルムアルデヒドに関する技術的基準）
1　建築材料についてのホルムアルデヒドに関する法第28条の2第三号の政令で定める技術的基準は、次のとおりとする。
　一　居室（常時開放された開口部を通じてこれと相互に通気が確保される廊下その他の建築物の部分を含む。以下この節において同じ。）の壁、床及び天井（天井のない場合においては、屋根）並びにこれらの開口部に設ける戸その他の建具の室内に面する部分（回り縁、窓台その他これらに類する部分を除く。以下この条、第108条の4第1項第一号及び第109条の8第二号において「内装」という。）の仕上げには、夏季においてその表面積1㎡につき毎時0.12mgを超える量のホルムアルデヒドを発散させるものとして国土交通大臣が定める建築材料（以下この条において「第一種ホルムアルデヒド発散建築材料」という。）を使用しないこと。
　二　居室の内装の仕上げに、夏季においてその表面積1㎡につき毎時0.02mgを超え0.12mg以下の量のホルムアルデヒドを発散させるものとして国土交通大臣が定める建築材料（以下この条において「第二種ホルムアルデヒド発散建築材料」という。）又は夏季においてその表面積1㎡につき毎時0.005mgを超え0.02mg以下の量のホルムアルデヒドを発散させるものとして国土交通大臣が定める建築材料（以下この条において「第三種ホルムアルデヒド発散建築材料」という。）を使用するときは、それぞれ、第二種ホルムアルデヒド発散建築材料を使用する内装の仕上げの部分の面積に次の表（1）の項に定める数値を乗じて得た面積又は第三種ホルムアルデヒド発散建築材料を使用する内装の仕上げの部分の面積に同表（2）の項に定める数値を乗じて得た面積（居室の内装の仕上げに第二種ホルムアルデヒド発散建築材料及び第三種ホルムアルデヒド発散建築材料を使用するときは、これらの面積の合計）が、当該居室の床面積を超

令20条の7　改正：令和5年政令第280号

えないこと。

	住宅等の居室		住宅等の居室以外の居室		
	換気回数が0.7以上の機械換気設備を設け、又はこれに相当する換気が確保されるものとして、国土交通大臣が定めた構造方法を用い、若しくは国土交通大臣の認定を受けた居室	その他の居室	換気回数が0.7以上の機械換気設備を設け、又はこれに相当する換気が確保されるものとして、国土交通大臣が定めた構造方法を用い、若しくは国土交通大臣の認定を受けた居室	換気回数が0.5以上0.7未満の機械換気設備を設け、又はこれに相当する換気が確保されるものとして、国土交通大臣が定めた構造方法を用い、若しくは国土交通大臣の認定を受けた居室	その他の居室
（1）	1.2	2.8	0.88	1.4	3.0
（2）	0.20	0.50	0.15	0.25	0.50

備考
一　この表において、住宅等の居室とは、住宅の居室並びに下宿の宿泊室、寄宿舎の寝室及び家具その他これに類する物品の販売業を営む店舗の売場（常時開放された開口部を通じてこれらと相互に通気が確保される廊下その他の建築物の部分を含む。）をいうものとする。

二　この表において、換気回数とは、次の式によって計算した数値をいうものとする。

$$n = \frac{V}{Ah}$$

この式において、n，V，A及びhは、それぞれ次の数値を表すものとする。
　n　1時間当たりの換気回数
　V　機械換気設備の有効換気量（次条第1項第一号ロに規定する方式を用いる機械換気設備で同号ロ（1）から（3）までに掲げる構造とするものにあつては、同号ロ（1）に規定する有効換気換算量）（単位　㎥／時間）
　A　居室の床面積（単位　㎡）
　h　居室の天井の高さ（単位　m）

2　第一種ホルムアルデヒド発散建築材料のうち、夏季においてその表面積1㎡につき毎時0.12mgを超える量のホルムアルデヒドを発散させないものとして国土交通大臣の認定を受けたもの（次項及び第4項の規定により国土交通大臣の認定を受けたものを除く。）については、第二種ホルムアルデヒド発散建築材料に該当するものとみなす。

3　第一種ホルムアルデヒド発散建築材料又は第二種ホルムアルデヒド発散建築材料のうち、夏季においてその表面積1㎡につき毎時0.02mgを超える量のホルムアルデヒドを発散させないものとして国土交通大臣の認定を受けたもの（次項の規定により国土交通大臣の認定を受けたものを除く。）については、第三種ホルムアルデヒド発散建築材料に該当するものとみなす。

4　第一種ホルムアルデヒド発散建築材料、第二種ホルムアルデヒド発散建築材料又は第三種ホルムアルデヒド発散建築材料のうち、夏季においてその表面積1㎡につき毎時0.005mgを超える量のホルムアルデヒドを発散させないものとして国土交通大臣の認定を受けたものについては、これらの建築材料に該当しないものとみなす。

5　次条第1項第一号ハに掲げる基準に適合する中央管理方式の空気調和設備を設ける建築物の居室については、第1項の規定は、適用しない。

[現行] 第20条の8 （居室を有する建築物の換気設備についてのホルムアルデヒドに関する技術的基準）

制定：平成14年政令第393号　　　施行：平成15年7月1日
旧　第20条の6

1　法第28条の2の政令で定める技術的基準で換気設備に係るものは、次のとおりとする。
　一　居室には、次のいずれかに適合する構造の換気設備を設けること。
　　イ　機械換気設備（ロに規定する方式を用いるものでロ（1）から（3）までに掲げる構造とするものを除く。）にあつては、第129条の2の6第2項の規定によるほか、次に掲げる構造とすること。
　　　（1）　有効換気量（㎥／時間で表した量とする。（2）において同じ。）が、次の式によつて計算した必要有効換気量以上であること。
　　　　　Vr ＝ nAh
　　　　　この式において、Ｖｒ，ｎ，Ａ及びｈは、それぞれ次の数値を表すものとする。
　　　　　Ｖｒ　必要有効換気量（単位　㎥／時間）
　　　　　ｎ　　前条第1項第四号の表備考1の号に規定する住宅等の居室（次項において単に「住宅等の居室」という。）にあつては0.5、その他の居室にあつては0.3
　　　　　Ａ　　居室の床面積（単位　㎡）
　　　　　ｈ　　居室の天井の高さ（単位　m）
　　　（2）　一の機械換気設備が2以上の居室に係る場合にあつては、当該換気設備の有効換気量が、当該2以上の居室のそれぞれの必要有効換気量の合計以上であること。
　　　（3）　（1）及び（2）に掲げるもののほか、ホルムアルデヒドの発散による衛生上の支障がないようにするために必要な換気を確保することができるものとして、国土交通大臣が定めた構造方法を用いるものであること。
　　ロ　居室内の空気を浄化して供給する方式を用いる機械換気設備にあつては、第129条の2の6第2項の規定によるほか、次に掲げる構造とすること。
　　　（1）　次の式によつて計算した有効換気換算量がイ（1）の式によつて計算した必要有効換気量以上であるものとして、国土交通大臣が定めた構造方法を用いるもの又は国土交通大臣の認定を受けたものであること。

$$Vq = Q\frac{C - Cp}{C} + V$$

　　　　　この式において、Ｖｑ，Ｑ，Ｃ，Ｃｐ及びＶは、それぞれ次の数値を表すものとする。
　　　　　Ｖｑ　有効換気換算量（単位　㎥／時間）
　　　　　Ｑ　　浄化して供給する空気の量（単位　㎥／時間）
　　　　　Ｃ　　浄化前の空気に含まれるホルムアルデヒドの量（単位　mg／㎥）
　　　　　Ｃｐ　浄化して供給する空気に含まれるホルムアルデヒドの量（単位　mg／㎥）
　　　　　Ｖ　　有効換気量（単位　㎥／時間）
　　　（2）　一の機械換気設備が2以上の居室に係る場合にあつては、当該換気設備の有効換気換算量が、当該2以上の居室のそれぞれの必要有効換気量の合計以上であること。
　　　（3）　（1）及び（2）に掲げるもののほか、ホルムアルデヒドの発散による衛生上の支障がないようにするために必要な換気を確保することができるものとして、国土交通大臣が定めた構造方法を用いるものであること。
　　ハ　中央管理方式の空気調和設備にあつては、第129条の2の6第3項の規定によるほか、ホルムアルデヒドの発散による衛生上の支障がないようにするために必要な換気を確保することができるものとして、国土交通大臣が定めた構造方法を用いる構造又は国土交通大臣の認定を受けた構造とすること。
　二　法第34条第2項に規定する建築物又は各構えの床面積の合計が1,000㎡を超える地下街に設ける機械換気設備（一の居室のみに係るものを除く。）又は中央管理方式の空気調和設備にあつては、これらの制御及び作動状態の監視を中央管理室において行うことができるものとすること。
2　前項の規定は、同項に規定する基準に適合する換気設備を設ける住宅等の居室又はその他の居室とそれぞれ同等以上にホルムアルデヒドの発散による衛生上の支障がないようにするために必要な換気を確保することができるものとして、国土交通大臣が定めた構造方法を用いる住宅等の居室若しくはその他の居室又は国

令20条の8　制定：平成14年政令第393号

土交通大臣の認定を受けた住宅等の居室若しくはその他の居室については、適用しない。

改正：平成18年政令第308号　　　施行：平成18年10月1日
第20条の8　（居室を有する建築物の換気設備についてのホルムアルデヒドに関する技術的基準）

1　換気設備についてのホルムアルデヒドに関する法第28条の2第三号の政令で定める技術的基準は、次のとおりとする。
　一　居室には、次のいずれかに適合する構造の換気設備を設けること。
　　イ　機械換気設備（ロに規定する方式を用いるものでロ（1）から（3）までに掲げる構造とするものを除く。）にあつては、第129条の2の6第2項の規定によるほか、次に掲げる構造とすること。
　　　（1）　有効換気量（k／時間で表した量とする。（2）において同じ。）が、次の式によつて計算した必要有効換気量以上であること。
　　　　　　　Vr ＝ nAh
　　　　この式において、Ｖｒ，ｎ，Ａ及びｈは、それぞれ次の数値を表すものとする。
　　　　　Ｖｒ　必要有効換気量（単位　㎥／時間）
　　　　　ｎ　前条第1項第二号の表備考1の号に規定する住宅等の居室（次項において単に「住宅等の居室」という。）にあつては0.5、その他の居室にあつては0.3
　　　　　Ａ　居室の床面積（単位　㎡）
　　　　　ｈ　居室の天井の高さ（単位　m）
　　　（2）・（3）　略
　　ロ・ハ　略
　二　略
2　略

改正：令和元年政令第30号　　　施行：令和元年6月25日
第20条の8　（居室を有する建築物の換気設備についてのホルムアルデヒドに関する技術的基準）

1　換気設備についてのホルムアルデヒドに関する法第28条の2第三号の政令で定める技術的基準は、次のとおりとする。
　一　居室には、次のいずれかに適合する構造の換気設備を設けること。
　　イ　機械換気設備（ロに規定する方式を用いるものでロ（1）から（3）までに掲げる構造とするものを除く。）にあつては、<u>第129条の2の5第2項</u>の規定によるほか、次に掲げる構造とすること。
　　　（1）　有効換気量（k／時間で表した量とする。（2）において同じ。）が、次の式によつて計算した必要有効換気量以上であること。
　　　　　　　Vr ＝ nAh
　　　　この式において、Ｖｒ，ｎ，Ａ及びｈは、それぞれ次の数値を表すものとする。
　　　　　Ｖｒ　必要有効換気量（単位　㎥／時間）
　　　　　ｎ　前条第1項第二号の表備考1の号に規定する住宅等の居室（次項において単に「住宅等の居室」という。）にあつては0.5、その他の居室にあつては0.3
　　　　　Ａ　居室の床面積（単位　㎡）
　　　　　ｈ　居室の天井の高さ（単位　m）
　　　（2）　一の機械換気設備が2以上の居室に係る場合にあつては、当該換気設備の有効換気量が、当該2以上の居室のそれぞれの必要有効換気量の合計以上であること。
　　　（3）　（1）及び（2）に掲げるもののほか、ホルムアルデヒドの発散による衛生上の支障がないようにするために必要な換気を確保することができるものとして、国土交通大臣が定めた構造方法を用いるものであること。
　　ロ　居室内の空気を浄化して供給する方式を用いる機械換気設備にあつては、<u>第129条の2の5第2項</u>の規定によるほか、次に掲げる構造とすること。
　　　（1）　次の式によつて計算した有効換気換算量がイ（1）の式によつて計算した必要有効換気量以上であるものとして、国土交通大臣が定めた構造方法を用いるもの又は国土交通大臣の認定を受け

たものであること。

$$Vq = Q\frac{C - Cp}{C} + V$$

この式において、Ｖｑ，Ｑ，Ｃ，Ｃｐ及びＶは、それぞれ次の数値を表すものとする。
Ｖｑ　有効換気換算量（単位　㎥／時間）
Ｑ　　浄化して供給する空気の量（単位　㎥／時間）
Ｃ　　浄化前の空気に含まれるホルムアルデヒドの量（単位　ｍｇ／㎥）
Ｃｐ　浄化して供給する空気に含まれるホルムアルデヒドの量（単位　ｍｇ／㎥）
Ｖ　　有効換気量（単位　㎥／時間）
（2）　一の機械換気設備が2以上の居室に係る場合にあつては、当該換気設備の有効換気換算量が、当該2以上の居室のそれぞれの必要有効換気量の合計以上であること。
（3）　（1）及び（2）に掲げるもののほか、ホルムアルデヒドの発散による衛生上の支障がないようにするために必要な換気を確保することができるものとして、国土交通大臣が定めた構造方法を用いるものであること。
ハ　中央管理方式の空気調和設備にあつては、第129条の2の5第3項の規定によるほか、ホルムアルデヒドの発散による衛生上の支障がないようにするために必要な換気を確保することができるものとして、国土交通大臣が定めた構造方法を用いる構造又は国土交通大臣の認定を受けた構造とすること。
二　法第34条第2項に規定する建築物又は各構えの床面積の合計が1,000㎡を超える地下街に設ける機械換気設備（一の居室のみに係るものを除く。）又は中央管理方式の空気調和設備にあつては、これらの制御及び作動状態の監視を中央管理室において行うことができるものとすること。
2　前項の規定は、同項に規定する基準に適合する換気設備を設ける住宅等の居室又はその他の居室とそれぞれ同等以上にホルムアルデヒドの発散による衛生上の支障がないようにするために必要な換気を確保することができるものとして、国土交通大臣が定めた構造方法を用いる住宅等の居室若しくはその他の居室又は国土交通大臣の認定を受けた住宅等の居室若しくはその他の居室については、適用しない。

［現行］　第20条の9　（居室を有する建築物のホルムアルデヒドに関する技術的基準の特例）

制定：平成14年政令第393号　　　施行：平成15年7月1日
旧　第20条の7

1　前2条（第20条の5第1項第一号及び第二号を除く。）の規定は、1年を通じて、当該居室内の人が通常活動することが想定される空間のホルムアルデヒドの量を空気1kにつきおおむね0.1mg以下に保つことができるものとして、国土交通大臣の認定を受けた居室については、適用しない。

改正：平成18年政令第308号　　　施行：平成18年10月1日
第20条の9　（居室を有する建築物のホルムアルデヒドに関する技術的基準の特例）

1　前2条の規定は、1年を通じて、当該居室内の人が通常活動することが想定される空間のホルムアルデヒドの量を空気1kにつきおおむね0.1mg以下に保つことができるものとして、国土交通大臣の認定を受けた居室については、適用しない。

［現行］第2節　居室の天井の高さ、床の高さ及び防湿方法
（制定：昭和25年政令第338号）　第2節　居室の天井の高さ、床の高さ及び防湿方法

［現行］　第21条　（居室の天井の高さ）

制定：昭和25年政令第338号　　　施行：昭和25年11月23日

令21条 制定：昭和25年政令第338号

第21条　（居室の天井の高さ）
1　居室の天井の高さは、2.1m以上でなければならない。
2　学校（各種学校及び幼稚園を除く。）の教室でその床面積が50㎡をこえるものにあつては、天井の高さは、前項の規定にかかわらず、3m以上でなければならない。
3　劇場、映画館、演芸場、観覧場、公会堂又は集会場の客席でその床面積が200㎡をこえるものにあつては、天井の高さは、第1項の規定にかかわらず、4m以上でなければならない。但し、機械換気装置を設ける場合においては、この限りでない。
4　前各項の天井の高さは、室の床面から測り、1室で天井の高さの異なる部分がある場合においては、その平均の高さによるものとする。

改正：昭和34年政令第344号　　施行：昭和34年12月23日
第21条　（居室の天井の高さ）

1・2　略
3　劇場、映画館、演芸場、観覧場、公会堂又は集会場の客席でその床面積が200㎡をこえるものにあつては、天井の高さは、第1項の規定にかかわらず、4m以上でなければならない。ただし、機械換気装置を設ける場合においては、この限りでない。
4　略

改正：昭和45年政令第333号　　施行：昭和46年1月1日
第21条　（居室の天井の高さ）

1・2　略
3　前各項の天井の高さは、室の床面から測り、1室で天井の高さの異なる部分がある場合においては、その平均の高さによるものとする。

改正：昭和50年政令第381号　　施行：昭和51年1月11日
第21条　（居室の天井の高さ）

1　略
2　学校（専修学校、各種学校及び幼稚園を除く。）の教室でその床面積が50㎡を超えるものにあつては、天井の高さは、前項の規定にかかわらず、3m以上でなければならない。
3　略

改正：平成15年政令第423号　　施行：平成15年9月25日
第21条　（居室の天井の高さ）

1　略
2　学校（大学、専修学校、各種学校及び幼稚園を除く。）の教室でその床面積が50㎡を超えるものにあつては、天井の高さは、前項の規定にかかわらず、3m以上でなければならない。
3　略

改正：平成17年政令第334号　　施行：平成17年11月7日
第21条　（居室の天井の高さ）

1　居室の天井の高さは、2.1m以上でなければならない。
2　前項の天井の高さは、室の床面から測り、1室で天井の高さの異なる部分がある場合においては、その平均の高さによるものとする。

制定：平成12年政令第211号 **令22条の2**

[現行] 第22条 （居室の床の高さ及び防湿方法）

制定：昭和25年政令第338号　　施行：昭和25年11月23日
第22条　（居室の床の高さ及び防湿方法）

1　最下階の居室の床が木造である場合における床の高さ及び防湿方法は、下の各号に定めるところによらなければならない。但し、床下をコンクリート、たたきその他これらに類する材料でおおう等防湿上有効な措置を講じた場合においては、この限りでない。
　一　床の高さは、直下の地面からその床の上面まで45cm以上とすること。
　二　外壁の床下部分には、壁の長さ５m以下ごとに、面積300cm²以上の換気孔を設け、これにねずみの侵入を防ぐための設備をすること。

改正：昭和34年政令第344号　　施行：昭和34年12月23日
第22条　（居室の床の高さ及び防湿方法）

1　最下階の居室の床が木造である場合における床の高さ及び防湿方法は、次の各号に定めるところによらなければならない。ただし、床下をコンクリート、たたきその他これらに類する材料でおおう等防湿上有効な措置を講じた場合においては、この限りでない。
　一・二　略

改正：平成12年政令第211号　　施行：平成12年6月1日
第22条　（居室の床の高さ及び防湿方法）

1　最下階の居室の床が木造である場合における床の高さ及び防湿方法は、次の各号に定めるところによらなければならない。ただし、床下をコンクリート、たたきその他これらに類する材料で覆う場合及び当該最下階の居室の床の構造が、地面から発生する水蒸気によつて腐食しないものとして、建設大臣の認定を受けたものである場合においては、この限りでない。
　一・二　略

改正：平成12年政令第312号　　施行：平成13年1月6日
第22条　（居室の床の高さ及び防湿方法）

1　最下階の居室の床が木造である場合における床の高さ及び防湿方法は、次の各号に定めるところによらなければならない。ただし、床下をコンクリート、たたきその他これらに類する材料で覆う場合及び当該最下階の居室の床の構造が、地面から発生する水蒸気によつて腐食しないものとして、国土交通大臣の認定を受けたものである場合においては、この限りでない。
　一　床の高さは、直下の地面からその床の上面まで45cm以上とすること。
　二　外壁の床下部分には、壁の長さ５m以下ごとに、面積300cm²以上の換気孔を設け、これにねずみの侵入を防ぐための設備をすること。

[現行] 第2節の2　地階における住宅等の居室の防湿の措置等
（制定：平成12年政令第211号）　第2節の2　地階における住宅等の居室の防湿の措置等

[現行] 第22条の2　（地階における住宅等の居室の技術的基準）

制定：平成12年政令第211号　　施行：平成12年6月1日
第22条の2　（地階における住宅等の居室の技術的基準）

1　法第29条（法第87条第3項において準用する場合を含む。）の政令で定める技術的基準は、次に掲げるものとする。

令22条の2　制定：平成12年政令第211号

　一　居室が、次のイからハまでのいずれかに該当すること。
　　イ　建設大臣が定めるところにより、からぼりその他の空地に面する開口部が設けられていること。
　　ロ　第20条の2に規定する技術的基準に適合する換気設備が設けられていること。
　　ハ　居室内の湿度を調節する設備が設けられていること。
　二　直接土に接する外壁、床及び屋根又はこれらの部分（以下この号において「外壁等」という。）の構造が、次のイ又はロのいずれかに適合するものであること。
　　イ　外壁等の構造が、次の（1）又は（2）のいずれか（屋根又は屋根の部分にあつては、（1））に適合するものであること。ただし、外壁等のうち常水面以上の部分にあつては、耐水材料で造り、かつ、材料の接合部及びコンクリートの打継ぎをする部分に防水の措置を講ずる場合においては、この限りでない。
　　　（1）　外壁等にあつては、建設大臣が定めるところにより、直接土に接する部分に、水の浸透を防止するための防水層を設けること。
　　　（2）　外壁又は床にあつては、直接土に接する部分を耐水材料で造り、かつ、直接土に接する部分と居室に面する部分の間に居室内への水の浸透を防止するための空隙（げき）（当該空隙（げき）に浸透した水を有効に排出するための設備が設けられているものに限る。）を設けること。
　　ロ　外壁等の構造が、外壁等の直接土に接する部分から居室内に水が浸透しないものとして、建設大臣の認定を受けたものであること。

改正：平成12年政令第312号　　　施行：平成13年1月6日
第22条の2　（地階における住宅等の居室の技術的基準）

1　法第29条（法第87条第3項において準用する場合を含む。）の政令で定める技術的基準は、次に掲げるものとする。
　一　居室が、次のイからハまでのいずれかに該当すること。
　　イ　<u>国土交通大臣</u>が定めるところにより、からぼりその他の空地に面する開口部が設けられていること。
　　ロ　第20条の2に規定する技術的基準に適合する換気設備が設けられていること。
　　ハ　居室内の湿度を調節する設備が設けられていること。
　二　直接土に接する外壁、床及び屋根又はこれらの部分（以下この号において「外壁等」という。）の構造が、次のイ又はロのいずれかに適合するものであること。
　　イ　外壁等の構造が、次の（1）又は（2）のいずれか（屋根又は屋根の部分にあつては、（1））に適合するものであること。ただし、外壁等のうち常水面以上の部分にあつては、耐水材料で造り、かつ、材料の接合部及びコンクリートの打継ぎをする部分に防水の措置を講ずる場合においては、この限りでない。
　　　（1）　外壁等にあつては、<u>国土交通大臣</u>が定めるところにより、直接土に接する部分に、水の浸透を防止するための防水層を設けること。
　　　（2）　外壁又は床にあつては、直接土に接する部分を耐水材料で造り、かつ、直接土に接する部分と居室に面する部分の間に居室内への水の浸透を防止するための空隙（げき）（当該空隙（げき）に浸透した水を有効に排出するための設備が設けられているものに限る。）を設けること。
　　ロ　外壁等の構造が、外壁等の直接土に接する部分から居室内に水が浸透しないものとして、<u>国土交通大臣</u>の認定を受けたものであること。

[現行]　第2節の3　長屋又は共同住宅の界壁の遮音構造等
（<u>制定：昭和45年政令第333号</u>）　　旧　第2節の2　長屋又は共同住宅の界壁の遮（しや）音構造
（<u>改正：平成12年政令第211号</u>）　　<u>第2節の3</u>　長屋又は共同住宅の界壁の<u>遮音構造</u>
（<u>改正：令和元年政令第30号</u>）　　第2節の3　長屋又は共同住宅の界壁の<u>遮音構造等</u>

[現行]　第22条の3

<u>制定：昭和45年政令第333号</u>　　　施行：昭和46年1月1日
旧　第22条の2　（長屋又は共同住宅の界壁の遮（しや）音構造）

1　長屋又は共同住宅の各戸の界壁（以下この条において「界壁」という。）は、遮（しや）音上有害な空隙

（げき）のない構造とし、小屋裏又は天井裏に達せしめなければならない。
2　界壁は、前項の規定によるほか、次の各号の一に定める構造としなければならない。
一　間柱及び胴縁その他の下地（以下この条において「下地等」という。）を有しない界壁にあつては、次のイ又はロのいずれかに該当する構造とすること。
　　イ　鉄筋コンクリート造、鉄骨鉄筋コンクリート造又は鉄骨コンクリート造で厚さが10cm以上であること。
　　ロ　コンクリートブロック造、無筋コンクリート造、れんが造又は石造で肉厚及び仕上げ材料の厚さの合計が10cm以上であること。
二　下地等を有する界壁にあつては、下地等を堅固な構造とし、かつ、下地等の両面を第108条第二号イからニまでの一に該当する仕上げとした厚さが13cm以上の大壁造とすること。
三　建設大臣が次の表の左欄に掲げる振動数の音に対する透過損失がそれぞれ同表の右欄に掲げる数値以上であると認めて指定する構造とすること。

振動数　（単位　Hz）	透過損失　（単位　dB）
125	25
500	40
2,000	50

改正：平成12年政令第211号　　　施行：平成12年6月1日
第22条の3　（遮音性能に関する技術的基準）

1　法第30条（法第87条第3項において準用する場合を含む。）の政令で定める技術的基準は、次の表の左欄に掲げる振動数の音に対する透過損失がそれぞれ同表の右欄に掲げる数値以上であることとする。
　［表　略］

改正：令和元年政令第30号　　　施行：令和元年6月25日
第22条の3

1　法第30条第1項第一号（法第87条第3項において準用する場合を含む。）の政令で定める技術的基準は、次の表の左欄に掲げる振動数の音に対する透過損失がそれぞれ同表の右欄に掲げる数値以上であることとする。

振動数　（単位　Hz）	透過損失　（単位　dB）
125	25
500	40
2,000	50

2　第30条第2項（法第87条第3項において準用する場合を含む。）の政令で定める技術的基準は、前項に規定する基準とする。

[現行]　第3節　階段
（制定：昭和25年政令第338号）　第3節　階段

[現行]　第23条　（階段及びその踊場の幅並びに階段の蹴上げ及び踏面の寸法）

制定：昭和25年政令第338号　　　施行：昭和25年11月23日
第23条　（階段及びその踊場の幅並びに階段のけあげ及び踏面の寸法）

1　階段及びその踊場の幅並びに階段のけあげ及び踏面の寸法は、下の表によらなければならない。但し、屋外階段の幅は60cm以上、住宅の階段（共同住宅の共用の階段を除く。）のけあげは23cm以下、踏面は15cm以上とすることができる。

令23条　制定：昭和25年政令第338号

階段の種別		踊場の幅（単位　cm）	蹴上げの寸法（単位　cm）	踏面の寸法（単位　cm）
（1）	小学校における児童用のもの	140以上	16以下	26以上
（2）	中学校若しくは高等学校における生徒用のもの又は百貨店、劇場、映画館、演芸場、観覧場、公会堂若しくは集会場における客用のもの	140以上	18以下	26以上
（3）	直上階の居室の床面積の合計が200㎡をこえる地上階又は居室の床面積の合計が100㎡をこえる地階におけるもの	120以上	20以下	24以上
（4）	（1）から（3）までに掲げる階段以外のもの	75以上	22以下	21以上

2　廻り階段の部分における踏面の寸法は、踏面の狭い方の端から30cmの位置において測るものとする。

改正：昭和34年政令第344号　　　施行：昭和34年12月23日
第23条　（階段及びその踊場の幅並びに階段のけあげ及び踏面の寸法）

1　階段及びその踊場の幅並びに階段のけあげ及び踏面の寸法は、<u>次の表によらなければならない。ただし、屋外階段の幅は、第120条又は第121条の規定による直通階段にあつては90cm以上、その他のものにあつては60cm以上、住宅の階段（共同住宅の共用の階段を除く。）のけあげは23cm以下、踏面は15cm以上とすることができる。</u>

階段の種別		階段及びその踊場の幅（単位　cm）	蹴上げの寸法（単位　cm）	踏面の寸法（単位　cm）
（1）・（2）	略			
（3）	直上階の居室の床面積の合計が200㎡をこえる地上階又は居室の床面積の合計が100㎡をこえる地階<u>若しくは地下工作物内</u>におけるもの	120以上	20以下	24以上
（4）	略			

2　<u>回り</u>階段の部分における踏面の寸法は、踏面の狭い方の端から30ｃｍの位置において測るものとする。

改正：昭和45年政令第333号　　　施行：昭和46年1月1日
第23条　（階段及びその踊場の幅並びに階段のけあげ及び踏面の寸法）

1　階段及びその踊場の幅並びに階段のけあげ及び踏面の寸法は、次の表によらなければならない。ただし、屋外階段の幅は、第120条又は第121条の規定による直通階段にあつては90cm以上、その他のものにあつては60cm以上、住宅の階段（共同住宅の共用の階段を除く。）のけあげは23cm以下、踏面は15cm以上とすることができる。

階段の種別		階段及びその踊場の幅（単位　cm）	蹴上げの寸法（単位　cm）	踏面の寸法（単位　cm）
（1）	略			
（2）	中学校若しくは高等学校における生徒用のもの又は物品販売業（物品加工修理業を含む。以下同じ。）を営む店舗で床面積の合計が<u>1,500㎡をこえるもの</u>、劇場、映画館、演芸場、観覧場、公会堂若しくは集会場における客用のもの	140以上	18以下	26以上
（3）・（4）	略			

2　略

改正:平成5年政令第170号　　施行:昭和5年6月25日
第23条　(階段及びその踊場の幅並びに階段のけあげ及び踏面の寸法)

1　階段及びその踊場の幅並びに階段のけあげ及び踏面の寸法は、次の表によらなければならない。ただし、屋外階段の幅は、第120条又は第121条の規定による直通階段にあつては90cm以上、その他のものにあつては60cm以上、住宅の階段(共同住宅の共用の階段を除く。)のけあげは23cm以下、踏面は15cm以上とすることができる。

階段の種別	階段及びその踊場の幅 (単位 cm)	蹴上げの寸法 (単位 cm)	踏面の寸法 (単位 cm)
(1) 略			
(2) 中学校若しくは高等学校における生徒用のもの又は物品販売業(物品加工修理業を含む。第130条の5の3を除く、以下同じ。)を営む店舗で床面積の合計が1,500㎡を超えるもの、劇場、映画館、演芸場、観覧場、公会堂若しくは集会場における客用のもの	140以上	18以下	26以上
(3)・(4) 略			

2　略

改正:平成10年政令第351号　　施行:昭和11年4月1日
第23条　(階段及びその踊場の幅並びに階段のけあげ及び踏面の寸法)

1　階段及びその踊場の幅並びに階段のけあげ及び踏面の寸法は、次の表によらなければならない。ただし、屋外階段の幅は、第120条又は第121条の規定による直通階段にあつては90cm以上、その他のものにあつては60cm以上、住宅の階段(共同住宅の共用の階段を除く。)のけあげは23cm以下、踏面は15cm以上とすることができる。

階段の種別	階段及びその踊場の幅 (単位 cm)	蹴上げの寸法 (単位 cm)	踏面の寸法 (単位 cm)
(1) 略			
(2) 中学校、高等学校若しくは中等教育学校における生徒用のもの又は物品販売業(物品加工修理業を含む。第130条の5の3を除き、以下同じ。)を営む店舗で床面積の合計が1,500㎡を超えるもの、劇場、映画館、演芸場、観覧場、公会堂若しくは集会場における客用のもの	140以上	18以下	26以上
(3)・(4) 略			

2　略

改正:平成12年政令第211号　　施行:平成12年6月1日
第23条　(階段及びその踊場の幅並びに階段のけあげ及び踏面の寸法)

1・2　略
3　階段及びその踊場に手すり及び階段の昇降を安全に行うための設備でその高さが50cm以下のもの(以下この項において「手すり等」という。)が設けられた場合における第1項の階段及びその踊場の幅は、手すり等の幅が10cmを限度として、ないものとみなして算定する。

改正:平成26年政令第232号　　施行:平成26年7月1日
第23条　(階段及びその踊場の幅並びに階段のけあげ及び踏面の寸法)

1〜3　略

令23条 改正：平成26年政令第232号

4　第1項の規定は、同項の規定に適合する階段と同等以上に昇降を安全に行うことができるものとして国土交通大臣が定めた構造方法を用いる階段については、適用しない。

改正：平成27年政令第421号　　　施行：平成28年4月1日
第23条　（階段及びその踊場の幅並びに階段の蹴上げ及び踏面の寸法）

1　階段及びその踊場の幅並びに階段の蹴上げ及び踏面の寸法は、次の表によらなければならない。ただし、屋外階段の幅は、第120条又は第121条の規定による直通階段にあつては90cm以上、その他のものにあつては60cm以上、住宅の階段（共同住宅の共用の階段を除く。）の蹴上げは23cm以下、踏面は15cm以上とすることができる。

	階段の種別	階段及びその踊場の幅（単位　cm）	蹴上げの寸法（単位　cm）	踏面の寸法（単位　cm）
（1）	小学校（義務教育学校の前期課程を含む。）における児童用のもの	140以上	16以下	26以上
（2）	中学校（義務教育学校の後期課程を含む。）、高等学校若しくは中等教育学校における生徒用のもの又は物品販売業（物品加工修理業を含む。第130条の5の3を除き、以下同じ。）を営む店舗で床面積の合計が1,500㎡を超えるもの、劇場、映画館、演芸場、観覧場、公会堂若しくは集会場における客用のもの	140以上	18以下	26以上
（3）	直上階の居室の床面積の合計が200㎡を超える地上階又は居室の床面積の合計が100㎡を超える地階若しくは地下工作物内におけるもの	120以上	20以下	24以上
（4）	（1）から（3）までに掲げる階段以外のもの	75以上	22以下	21以上

2　回り階段の部分における踏面の寸法は、踏面の狭い方の端から30cmの位置において測るものとする。
3　階段及びその踊場に手すり及び階段の昇降を安全に行うための設備でその高さが50cm以下のもの（以下この項において「手すり等」という。）が設けられた場合における第1項の階段及びその踊場の幅は、手すり等の幅が10cmを限度として、ないものとみなして算定する。
4　第1項の規定は、同項の規定に適合する階段と同等以上に昇降を安全に行うことができるものとして国土交通大臣が定めた構造方法を用いる階段については、適用しない。

［現行］　第24条　（踊場の位置及び踏幅）

制定：昭和25年政令第338号　　　施行：昭和25年11月23日
第24条　（踊場の位置及び踏幅）

1　前条第1項の表の（1）又は（2）に該当する階段でその高さが3mをこえるものにあつては高さ3m以内ごとに、その他の階段でその高さが4mをこえるものにあつては高さ4m以内ごとに踊場を設けなければならない。
2　前項の規定によつて設ける直階段の踊場の踏幅は、1.2m以上としなければならない。

［現行］　第25条　（階段等の手すり等）

制定：昭和25年政令第338号　　　施行：昭和25年11月23日
第25条　（階段及びその踊場の手すり）

改正：昭和45年政令第333号 **令26条**

1　階段及びその踊場の両側に側壁又はこれに代るものがない場合においては、手すりを設けなければならない。
2　階段の幅が3mをこえる場合においては、中間に手すりを設けなければならない。但し、けあげが15cm以下で、且つ、踏面が30cm以上のものにあつては、この限りでない。
3　前2項の規定は、高さ1m以下の階段の部分には、適用しない。

改正：昭和34年政令第344号　　　施行：昭和34年12月23日
第25条　（階段及びその踊場の手すり）

1　略
2　階段の幅が3mをこえる場合においては、中間に手すりを設けなければならない。ただし、けあげが15cm以下で、かつ、踏面が30cm以上のものにあつては、この限りでない。
3　略

改正：昭和45年政令第333号　　　施行：昭和46年1月1日
第25条　（階段及びその踊場の手すり）

1　階段及びその踊場の両側に側壁又はこれに代わるものがない場合においては、手すりを設けなければならない。
2・3　略

改正：平成12年政令第211号　　　施行：平成12年6月1日
第25条　（階段等の手すり等）

1　階段には、手すりを設けなければならない。
2　階段及びその踊場の両側（手すりが設けられた側を除く。）には、側壁又はこれに代わるものを設けなければならない。
3　階段の幅が3mをこえる場合においては、中間に手すりを設けなければならない。ただし、けあげが15cm以下で、かつ、踏面が30cm以上のものにあつては、この限りでない。
4　前3項の規定は、高さ1m以下の階段の部分には、適用しない。

[現行]　第26条　（階段に代る傾斜路）

制定：昭和25年政令第338号　　　施行：昭和25年11月23日
第26条　（階段に代る傾斜路）

1　階段に代る傾斜路は、下の各号に定めるところによらなければならない。
　一　こう配は、8分の1をこえないこと。
　二　表面は、粗面とし、又はすべりにくい材料で仕上げること。
2　前3条の規定（けあげ及び踏面に関する部分を除く。）は、前項の傾斜路に準用する

改正：昭和34年政令第344号　　　施行：昭和34年12月23日
第26条　（階段に代る傾斜路）

1　階段に代る傾斜路は、次の各号に定めるところによらなければならない。
　一　勾（こう）配は、8分の1をこえないこと。
　二　略
2　略

改正：昭和45年政令第333号　　　施行：昭和46年1月1日
第26条　（階段に代わる傾斜路）

令26条 改正：昭和45年政令第333号

1　階段に代わる傾斜路は、次の各号に定めるところによらなければならない。
一　勾（こう）配は、8分の1をこえないこと。
二　表面は、粗面とし、又はすべりにくい材料で仕上げること。
2　前3条の規定（けあげ及び踏面に関する部分を除く。）は、前項の傾斜路に準用する。

[現行]　第27条　（特殊の用途に専用する階段）

制定：昭和25年政令第338号　　　施行：昭和25年11月23日
第27条　（特殊の用途に専用する階段）

1　第23条から第25条までの規定は、昇降機機械室用階段、物見塔用階段その他特殊の用途に専用する階段には、適用しない。

[現行]　第4節　便所

（制定：昭和25年政令第338号）　　第4節　便所及び下水
（改正：昭和33年政令第283号）　　第4節　便所

[現行]　第28条　（便所の採光及び換気）

制定：昭和25年政令第338号　　　施行：昭和25年11月23日
第28条　（便所の採光及び換気）

1　便所には、採光及び換気のため直接外気に接する窓を設けなければならない。但し、水洗便所で、これに代る設備をした場合においては、この限りでない。

改正：昭和34年政令第344号　　　施行：昭和34年12月23日
第28条　（便所の採光及び換気）

1　便所には、採光及び換気のため直接外気に接する窓を設けなければならない。ただし、水洗便所で、これに代る設備をした場合においては、この限りでない。

改正：昭和45年政令第333号　　　施行：昭和46年1月1日
第28条　（便所の採光及び換気）

1　便所には、採光及び換気のため直接外気に接する窓を設けなければならない。ただし、水洗便所で、これに代わる設備をした場合においては、この限りでない。

[現行]　第29条　（くみ取便所の構造）

制定：昭和25年政令第338号　　　施行：昭和25年11月23日
第29条　（くみ取便所の構造）

1　くみ取便所は、下の各号に定める構造としなければならない。
一　小便器からの汚水管、便そう及びその上口の周囲は、耐水材料で造り、浸透質の耐水材料で造る場合においては、防水モルタル塗その他これに類する有効な防水の措置を講じて漏水しない構造とすること。
二　便所の床下は、耐水材料で他の部分と区画すること。
三　くみ取口は、直接道路に面しないようにし、その下端を地盤面上10cm以上とし、且つ、これに密閉することができるふたを取りつけること。
四　くみ取口の前方及び左右それぞれ30cmまでの部分の地盤面は、コンクリート、たたきその他これらに

類する材料でおおうこと。

改正：昭和34年政令第344号　　　施行：昭和34年12月23日
第29条　（くみ取便所の構造）

1　くみ取便所は、<u>次の</u>各号に定める構造としなければならない。
　一　小便器からの汚水管、<u>便槽（そう）</u>及びその上口の周囲は、耐水材料で造り、浸透質の耐水材料で造る場合においては、防水モルタル塗その他これに類する有効な防水の措置を講じて漏水しない構造とすること。
　二　便所の床下は、耐水材料で他の部分と区画すること。
　三　くみ取口は、直接道路に面しないようにし、その下端を地盤面上10cm以上とし、<u>かつ</u>、これに密閉することができるふたを取りつけること。
　四　くみ取口の前方及び左右それぞれ30cmまでの部分の地盤面は、コンクリート、たたきその他これらに類する材料でおおうこと。

改正：平成12年政令第211号　　　施行：平成12年6月1日
第29条　（くみ取便所の構造）

<u>1　くみ取便所の構造は、次に掲げる基準に適合するものとして、建設大臣が定めた構造方法を用いるもの又は建設大臣の認定を受けたものとしなければならない。</u>
　<u>一　屎（し）尿に接する部分から漏水しないものであること。</u>
　<u>二　屎（し）尿の臭気（便器その他構造上やむを得ないものから漏れるものを除く。）が、建築物の他の部分（便所の床下を除く。）又は屋外に漏れないものであること。</u>
　<u>三　便槽に、雨水、土砂等が流入しないものであること。</u>

改正：平成12年政令第312号　　　施行：平成13年1月6日
第29条　（くみ取便所の構造）

1　くみ取便所の構造は、次に掲げる基準に適合するものとして、<u>国土交通大臣</u>が定めた構造方法を用いるもの又は<u>国土交通大臣</u>の認定を受けたものとしなければならない。
　一　屎（し）尿に接する部分から漏水しないものであること。
　二　屎（し）尿の臭気（便器その他構造上やむを得ないものから漏れるものを除く。）が、建築物の他の部分（便所の床下を除く。）又は屋外に漏れないものであること。
　三　便槽に、雨水、土砂等が流入しないものであること。

[現行]　第30条　（特殊建築物及び特定区域の便所の構造）

制定：昭和25年政令第338号　　　施行：昭和25年11月23日
第30条　（特殊建築物及び特定区域の便所の構造）

1　都市計画区域内における学校、病院、劇場、映画館、演芸場、観覧場、公会堂、集会場、百貨店、ホテル、旅館、寄宿舎、停車場その他地方公共団体が条例で指定する用途に供する建築物の便所及び公衆便所は、下の各号に定める構造としなければならない。
　一　不浸透質の便器を設けること。
　二　小便器から便そうまで不浸透質の汚水管で連絡すること。
　三　水洗便所以外の便所（便所の出入口に密閉することができる戸がない場合においては、大便所）の窓その他換気のための開口部には、はえを防ぐための金網を張ること。
2　地方公共団体は、前項に掲げる用途の建築物又は条例で指定する区域内の建築物のくみ取便所の便そうを第31条の改良便そうとすることが衛生上必要であり、且つ、これを有効に維持することができると認められる場合においては、当該条例で、これを改良便そうとしなければならない旨の規定を設けることができる。

令30条　改正：昭和34年政令第344号

改正：昭和34年政令第344号　　　施行：昭和34年12月23日
第30条　（特殊建築物及び特定区域の便所の構造）

1　都市計画区域内における学校、病院、劇場、映画館、演芸場、観覧場、公会堂、集会場、百貨店、ホテル、旅館、寄宿舎、停車場その他地方公共団体が条例で指定する用途に供する建築物の便所及び公衆便所は、次の各号に定める構造としなければならない。
　一　略
　二　小便器から便槽（そう）まで不浸透質の汚水管で連絡すること。
　三　略
2　地方公共団体は、前項に掲げる用途の建築物又は条例で指定する区域内の建築物のくみ取便所の便槽（そう）を第31条の改良便槽（そう）とすることが衛生上必要であり、かつ、これを有効に維持することができると認められる場合においては、当該条例で、これを改良便槽（そう）としなければならない旨の規定を設けることができる。

改正：平成12年政令第211号　　　施行：平成12年6月1日
第30条　（特殊建築物及び特定区域の便所の構造）

1　都市計画区域内における学校、病院、劇場、映画館、演芸場、観覧場、公会堂、集会場、百貨店、ホテル、旅館、寄宿舎、停車場その他地方公共団体が条例で指定する用途に供する建築物の便所及び公衆便所の構造は、前条各号に掲げる基準及び次に掲げる基準に適合するものとして、建設大臣が定めた構造方法を用いるもの又は建設大臣の認定を受けたものとしなければならない。
　一　便器及び小便器から便槽までの汚水管が、汚水を浸透させないものであること。
　二　水洗便所以外の大便所にあつては、窓その他換気のための開口部からはえが入らないものであること。
2　地方公共団体は、前項に掲げる用途の建築物又は条例で指定する区域内の建築物のくみ取便所の便槽を次条の改良便槽とすることが衛生上必要であり、かつ、これを有効に維持することができると認められる場合においては、当該条例で、これを改良便槽としなければならない旨の規定を設けることができる。

改正：平成12年政令第312号　　　施行：平成13年1月6日
第30条　（特殊建築物及び特定区域の便所の構造）

1　都市計画区域内における学校、病院、劇場、映画館、演芸場、観覧場、公会堂、集会場、百貨店、ホテル、旅館、寄宿舎、停車場その他地方公共団体が条例で指定する用途に供する建築物の便所及び公衆便所の構造は、前条各号に掲げる基準及び次に掲げる基準に適合するものとして、国土交通大臣が定めた構造方法を用いるもの又は国土交通大臣の認定を受けたものとしなければならない。
　一・二　略
2　略

改正：平成13年政令第98号　　　施行：平成13年5月18日
第30条　（特殊建築物及び特定区域の便所の構造）

1　都市計画区域又は準都市計画区域内における学校、病院、劇場、映画館、演芸場、観覧場、公会堂、集会場、百貨店、ホテル、旅館、寄宿舎、停車場その他地方公共団体が条例で指定する用途に供する建築物の便所及び公衆便所の構造は、前条各号に掲げる基準及び次に掲げる基準に適合するものとして、国土交通大臣が定めた構造方法を用いるもの又は国土交通大臣の認定を受けたものとしなければならない。
　一　便器及び小便器から便槽までの汚水管が、汚水を浸透させないものであること。
　二　水洗便所以外の大便所にあつては、窓その他換気のための開口部からはえが入らないものであること。
2　地方公共団体は、前項に掲げる用途の建築物又は条例で指定する区域内の建築物のくみ取便所の便槽を次条の改良便槽とすることが衛生上必要であり、かつ、これを有効に維持することができると認められる場合においては、当該条例で、これを改良便槽としなければならない旨の規定を設けることができる。

改正：平成6年政令第278号　**令31条**

[現行]　第31条　（改良便槽）

制定：昭和25年政令第338号　　施行：昭和25年11月23日
第31条　（改良便そう）

1　改良便そうは、下の各号に定める構造としなければならない。但し、特殊な構造によるもので、特定行政庁がこれと同等以上に衛生上の効果があると認めるものは、この限りでない。
一　便そうは、貯りゅうそう及びくみ取そうを組み合わせた構造とすること。
二　便そうの天井、底、周壁及び隔壁は、耐水材料で造り、防水モルタル塗その他これに類する有効な防水の措置を講じて漏水しないものとすること。
三　貯りゅうそうは、2そう以上に区分し、汚水を貯りゅうする部分の深さは80cm以上とし、その容積は0.75k以上で、且つ、100日以上貯りゅうできるようにすること。
四　貯りゅうそうには、掃除するために必要な大きさの孔を設け、且つ、これに密閉することができるふたを設けること。
五　小便器からの汚水管は、その先端を貯りゅうそうの汚水面下40cm以上の位置にそう入すること。

改正：昭和34年政令第344号　　施行：昭和34年12月23日
第31条　（改良便槽（そう））

1　改良便槽（そう）は、次の各号に定める構造としなければならない。ただし、特殊な構造によるもので、特定行政庁がこれと同等以上に衛生上の効果があると認めるものは、この限りでない。
一　便槽（そう）は、貯溜（りゆう）槽（そう）及びくみ取槽（そう）を組み合わせた構造とすること。
二　便槽（そう）の天井、底、周壁及び隔壁は、耐水材料で造り、防水モルタル塗その他これに類する有効な防水の措置を講じて漏水しないものとすること。
三　貯溜（りゆう）槽（そう）は、2槽（そう）以上に区分し、汚水を貯溜（りゆう）する部分の深さは80cm以上とし、その容積は0.75k以上で、かつ、100日以上貯溜（りゆう）できるようにすること。
四　貯溜（りゆう）槽（そう）には、掃除するために必要な大きさの孔を設け、かつ、これに密閉することができるふたを設けること。
五　小便器からの汚水管は、その先端を貯溜（りゆう）槽（そう）の汚水面下40cm以上の深さに差し入れること。

改正：昭和45年政令第333号　　施行：昭和46年1月1日
第31条　（改良便槽（そう））

1　改良便槽（そう）は、次の各号に定める構造としなければならない。ただし、特殊な構造によるもので、特定行政庁がこれと同等以上に衛生上の効果があると認めるものは、この限りでない。
一～三　略
四　貯溜（りゆう）槽（そう）には、掃除するために必要な大きさの穴を設け、かつ、これに密閉することができるふたを設けること。
五　略

改正：平成6年政令第278号　　施行：平成6年11月26日
第31条　（改良便槽）

1　改良便槽は、次に定める構造としなければならない。ただし、特殊な構造によるもので、これと同等以上に衛生上の効果があるものとして建設大臣が定める基準に適合するものは、この限りでない。
一　便槽は、貯留槽及びくみ取槽を組み合わせた構造とすること。
二　便槽の天井、底、周壁及び隔壁は、耐水材料で造り、防水モルタル塗その他これに類する有効な防水の措置を講じて漏水しないものとすること。
三　貯留槽は、2槽以上に区分し、汚水を貯留する部分の深さは80cm以上とし、その容積は0.75k以上で、かつ、100日以上貯留できるようにすること。
四　貯留槽には、掃除するために必要な大きさの穴を設け、かつ、これに密閉することができるふたを設けること。

令31条　改正：平成6年政令第278号

　　五　小便器からの汚水管は、その先端を貯留槽の汚水面下40cm以上の深さに差し入れること。

改正：平成12年政令第211号　　施行：平成12年6月1日
第31条　（改良便槽）
1　改良便槽は、次に定める構造としなければならない。
　一・二　略
　三　貯留槽は、2槽以上に区分し、汚水を貯留する部分の深さは80cm以上とし、その容積は0.75k以上で、かつ、100日以上（建設大臣が定めるところにより汚水の温度の低下を防止するための措置が講じられたものにあつては、その容積は0.6k以上で、かつ、80日以上）貯留できるようにすること。
　四・五　略

改正：平成12年政令第312号　　施行：平成13年1月6日
第31条　（改良便槽）
1　改良便槽は、次に定める構造としなければならない。
　一　便槽は、貯留槽及びくみ取槽を組み合わせた構造とすること。
　二　便槽の天井、底、周壁及び隔壁は、耐水材料で造り、防水モルタル塗その他これに類する有効な防水の措置を講じて漏水しないものとすること。
　三　貯留槽は、2槽以上に区分し、汚水を貯留する部分の深さは80cm以上とし、その容積は0.75k以上で、かつ、100日以上（国土交通大臣が定めるところにより汚水の温度の低下を防止するための措置が講じられたものにあつては、その容積は0.6k以上で、かつ、80日以上）貯留できるようにすること。
　四　貯留槽には、掃除するために必要な大きさの穴を設け、かつ、これに密閉することができるふたを設けること。
　五　小便器からの汚水管は、その先端を貯留槽の汚水面下40cm以上の深さに差し入れること。

[現行]　**第32条**　（法第31条第2項等の規定に基づく汚物処理性能に関する技術的基準）

制定：昭和25年政令第338号　　施行：昭和25年11月23日
第32条　（水洗便所の汚物処理そう）
1　法第31条第2項に規定する汚物処理そうは、汚物を衛生上支障のない程度に浄化して放流することができるように、下の各号に定める構造としなければならない。但し、特殊な構造によるもので、特定行政庁がこれと同等以上に浄化することができると認めるものは、この限りでない。
　一　汚物処理そうは、腐敗そう、酸化そう及び消毒そうをその順序に組み合わせた構造とすること。
　二　汚物処理そうの天井、底、周壁及び隔壁は、耐水材料で造り、防水モルタル塗その他これに類する有効な防水の措置を講じて漏水しないものとすること。
　三　腐敗そう、酸化そう及び消毒そうには、それぞれ内径40cm以上のマンホールを設け、且つ、これに密閉することができる耐水材料又は鋳鉄で造られたふたを設けること。
　四　腐敗そうは、沈でん分離そう及び予備ろ過そうを組み合わせた構造とすること。
　五　腐敗そうの汚水を貯りゅうする部分の深さは、1.2m以上とし、その容積は、当該水洗便所の使用人員15人分までは、0.75k以上とし、使用人員の増加に比例して増大すること。
　六　酸化そうは、散布ろ過床式とし、排気管及び送気口を設ける等通気設備をすること。
　七　酸化そうの散水といの下面と砕石層の上面との距離は10cm以上、砕石層の厚さは90cm以上、砕石層の体積は腐敗そうの汚水を貯りゅうする部分の容積の2分の1以上、砕石受の下面とそう底との距離は10cm以上とすること。

改正：昭和29年政令第183号　　施行：昭和29年7月1日
第32条　（水洗便所のし尿浄化そう）
1　法第31条第2項に規定するし尿浄化そうは、汚物を衛生上支障のない程度に浄化して放流することができ

るように、下の各号に定める構造としなければならない。但し、特殊な構造によるもので、特定行政庁がこれと同等以上に浄化することができると認めるものは、この限りでない。
一　し尿浄化そうは、腐敗そう、酸化そう及び消毒そうをその順序に組み合わせた構造とすること。
二　し尿浄化そうの天井、底、周壁及び隔壁は、耐水材料で造り、防水モルタル塗その他これに類する有効な防水の措置を講じて漏水しないものとすること。
三～七　略

改正：昭和34年政令第344号　　　施行：昭和34年12月23日
第32条　（水洗便所の屎（し）尿浄化槽（そう））

1　法第31条第2項に規定する屎（し）尿浄化槽（そう）は、汚物を衛生上支障のない程度に浄化して放流することができるように、次の各号に定める構造としなければならない。ただし、特殊な構造によるもので、特定行政庁がこれと同等以上に浄化することができると認めるものは、この限りでない。
一　屎（し）尿浄化槽（そう）は、腐敗槽（そう）、酸化槽（そう）及び消毒槽（そう）をその順序に組み合わせた構造とすること。
二　屎（し）尿浄化槽（そう）の天井、底、周壁及び隔壁は、耐水材料で造り、防水モルタル塗その他これに類する有効な防水の措置を講じて漏水しないものとすること。
三　腐敗槽（そう）、酸化槽（そう）及び消毒槽（そう）には、それぞれ内径40cm以上のマンホールを設け、かつ、これに密閉することができる耐水材料又は鋳鉄で造られたふたを設けること。
四　腐敗槽（そう）は、沈殿分離槽（そう）及び予備濾（ろ）過槽（そう）を組み合わせた構造とすること。
五　腐敗槽（そう）の汚水を貯溜（りゅう）する部分の深さは、1.2m以上とし、その容積は、当該水洗便所の使用人員20人までは、1k以上とし、使用人員の増加に比例して増大すること。
六　酸化槽（そう）は、散布濾（ろ）過床式とし、排気管及び送気口を設ける等通気設備をすること。
七　酸化槽（そう）の散水といの下面と砕石層の上面との距離は10cm以上、砕石層の厚さは90cm以上、砕石層の体積は腐敗槽（そう）の汚水を貯溜（りゅう）する部分の容積の2分の1以上、砕石受の下面と槽（そう）底との距離は10cm以上とすること。

改正：昭和44年政令第8号　　　施行：昭和44年5月1日
第32条　（水洗便所の屎（し）尿浄化槽（そう））

1　法第31条第2項に規定する屎（し）尿浄化槽（そう）は、次の表に掲げる区域及び処理対象人員の区分に応じ、建設大臣が、通常の使用状態において、同表に定める性能を有し、かつ、衛生上支障がないと認めて指定する構造としなければならない。
［表新設］

屎（し）尿浄化槽（そう）を設ける区域	処理対象人員（単位　人）	性能　生物化学的酸素要求量の除去率（単位　％）	屎（し）尿浄化槽（そう）からの放流水の生物化学的酸素要求量（単位　mg／リットル）
特定行政庁が衛生上特に支障があると認めて規則で指定する区域	100以下	65以上	90以下
	101以上 500以下	70以上	60以下
	501以上	85以上	30以下
特定行政庁が衛生上特に支障がないと認めて規則で指定する区域		55以上	120以下
その他の区域	500以下	65以上	90以下
	501以上 2,000以下	70以上	60以下

令32条　改正：昭和44年政令第8号

	2,001以上	85以上	30以下

　二　この表における処理対象人員の算定は、建設大臣の定める方法により行なうものとする。
　三　この表において、生物化学的酸素要求量の除去率とは、屎（し）尿浄化槽（そう）への流入水の生物化学的酸素要求量の数値から屎（し）尿浄化槽（そう）からの放流水の生物化学的酸素要求量の数値を減じた数値を屎（し）尿浄化槽（そう）への流入水の生物化学的酸素要求量の数値で除して得た割合をいうものとする。

2　特定行政庁が地下浸透方式により汚物を処理することとしても衛生上支障がないと認めて規則で指定する区域内に設ける当該方式に係る法第31条第2項に規定する屎（し）尿浄化槽（そう）は、前項の規定にかかわらず、建設大臣が、通常の使用状態において、次の表に定める性能を有し、かつ、衛生上支障がないと認めて指定する構造とすることができる。
［表新設］

性		能
一次処理装置による浮遊物質量の除去率　（単位　％）	一次処理装置からの流出水に含まれる浮遊物質量（単位　mg／リットル）	地下浸透能力
55以上	250以下	一次処理装置からの流出水が滞留しない程度のものであること。

　この表において、一次処理装置による浮遊物質量の除去率とは、一次処理装置への流入水に含まれる浮遊物質量の数値から一次処理装置からの流出水に含まれる浮遊物質量の数値を減じた数値を一次処理装置への流入水に含まれる浮遊物質量の数値で除して得た割合をいうものとする。

3　次の各号に掲げる場合における汚物処理性能に関する技術的基準は、第1項の規定にかかわらず、通常の使用状態において、汚物を当該各号に定める基準に適合するよう処理する性能及び同項第二号に掲げる性能を有するものであることとする。
　一　水質汚濁防止法（昭和45年法律第138号）第3条第1項又は第3項の規定による排水基準により、屎（し）尿浄化槽又は合併処理浄化槽からの放流水について、第1項第一号の表に掲げる生物化学的酸素要求量に関する基準より厳しい基準が定められ、又は生物化学的酸素要求量以外の項目に関しても基準が定められている場合　当該排水基準
　二　浄化槽法第4条第1項の規定による技術上の基準により、屎（し）尿浄化槽又は合併処理浄化槽からの放流水について、第1項第一号の表に掲げる生物化学的酸素要求量に関する基準より厳しい基準が定められ、又は生物化学的酸素要求量以外の項目に関しても基準が定められている場合　当該技術上の基準

改正：昭和45年政令第176号　　施行：昭和45年6月10日
第32条　（水洗便所の屎（し）尿浄化槽（そう））

1・2　略
3　公共用水域の水質の保全に関する法律（昭和33年法律第181号）第5条第2項の規定により、指定水域に放流水を排出する屎（し）尿浄化槽（そう）に関して、第1項の表に掲げる生物化学的酸素要求量についての基準よりきびしい水質基準が定められ、又は生物化学的酸素要求量以外の項目についても水質基準が定められているときは、当該屎（し）尿浄化槽（そう）は、同項の規定にかかわらず、建設大臣が、通常の使用状態において、屎（し）尿を当該水質基準に適合するよう処理する性能を有し、かつ、衛生上支障がないと認めて指定する構造としなければならない。

改正：昭和46年政令第188号　　施行：昭和46年6月24日
第32条　（水洗便所の屎（し）尿浄化槽（そう））

1・2　略

3 水質汚濁防止法（昭和45年法律第138号）第3条第1項又は第3項の規定により、同法第2条第1項に規定する公共用水域に放流水を排出する屎（し）尿浄化槽（そう）に関して、第1項の表に掲げる生物化学的酸素要求量についての基準よりきびしい排水基準が定められ、又は生物化学的酸素要求量以外の項目についても排水基準が定められているときは、当該屎（し）尿浄化槽（そう）は、同項の規定にかかわらず、建設大臣が、通常の使用状態において、屎（し）尿を当該排水基準に適合するよう処理する性能を有し、かつ、衛生上支障がないと認めて指定する構造としなければならない。

改正：昭和55年政令第196号　　　施行：昭和56年6月1日
第32条　（水洗便所の屎（し）尿浄化槽（そう））

1　法第31条第2項に規定する屎（し）尿浄化槽（そう）は、次の表に掲げる区域及び処理対象人員の区分に応じ、建設大臣が、通常の使用状態において、同表に定める性能を有し、かつ、衛生上支障がないと認めて指定する構造としなければならない。

屎（し）尿浄化槽（そう）を設ける区域	処理対象人員（単位　人）	性　　能	
		生物化学的酸素要求量の除去率（単位　％）	屎（し）尿浄化槽（そう）からの放流水の生物化学的酸素要求量（単位　mg／リットル）
特定行政庁が衛生上特に支障があると認めて規則で指定する区域	50以下	65以上	90以下
	51以上500以下	70以上	60以下
	501以上	85以上	30以下
特定行政庁が衛生上特に支障がないと認めて規則で指定する区域		略	
その他の区域		略	

一　この表における処理対象人員の算定は、建設大臣の定める方法により行うものとする。
二　略

2・3　略

改正：平成12年政令第211号　　　施行：平成12年6月1日
第32条　（汚物処理性能に関する技術的基準）

1　屎（し）尿浄化槽の法第31条第2項の政令で定める技術的基準は、次のとおりとする。
一　通常の使用状態において、次の表に掲げる区域及び処理対象人員の区分に応じ、それぞれ同表に定める性能を有するものであること。

屎（し）尿浄化槽を設ける区域	処理対象人員（単位　人）	性　　能	
		生物化学的酸素要求量の除去率（単位　％）	屎（し）尿浄化槽からの放流水の生物化学的酸素要求量（単位　mg／リットル）
特定行政庁が衛生上特に支障があると認めて規則で指定する区域		略	
特定行政庁が衛生上特に支障がないと認めて規則で指定する区域		略	
その他の区域		略	

一　この表における処理対象人員の算定は、建設大臣が定める方法により行うものとする。
二　この表において、生物化学的酸素要求量の除去率とは、屎（し）尿浄化槽への流入水の生物化学的

令32条 改正：平成12年政令第211号

酸素要求量の数値から屎（し）尿浄化槽からの放流水の生物化学的酸素要求量の数値を減じた数値を屎（し）尿浄化槽への流入水の生物化学的酸素要求量の数値で除して得た割合をいうものとする。

　二　排出水に含まれる大腸菌群数が、1 ckにつき3,000個以下とする性能を有するものであること。

2　特定行政庁が地下浸透方式により汚物を処理することとしても衛生上支障がないと認めて規則で指定する区域内に設ける当該方式に係る屎（し）尿浄化槽の法第31条第2項の政令で定める技術的基準は、前項の規定にかかわらず、通常の使用状態において、次の表に定める性能及び同項第二号に掲げる性能を有するものであることとする。
　［表　略］

3　水質汚濁防止法（昭和45年法律第138号）第3条第1項又は第3項の規定により、同法第2条第1項に規定する公共用水域に放流水を排出する屎（し）尿浄化槽に関して、第1項の表に掲げる生物化学的酸素要求量についての基準より厳しい排水基準が定められ、又は生物化学的酸素要求量以外の項目についても排水基準が定められている場合における屎（し）尿浄化槽の法第31条第2項の政令で定める技術的基準は、第1項の規定にかかわらず、通常の使用状態において、屎（し）尿を当該排水基準に適合するよう処理する性能及び同項第二号に掲げる性能を有するものであることとする。

改正：平成12年政令第312号　　　施行：平成13年1月6日
第32条　（汚物処理性能に関する技術的基準）

1　屎（し）尿浄化槽の法第31条第2項の政令で定める技術的基準は、次のとおりとする。
　一　通常の使用状態において、次の表に掲げる区域及び処理対象人員の区分に応じ、それぞれ同表に定める性能を有するものであること。

屎（し）尿浄化槽を設ける区域	処理対象人員（単位　人）	性　　能	
		生物化学的酸素要求量の除去率（単位　％）	屎（し）尿浄化槽からの放流水の生物化学的酸素要求量（単位　mg／リットル）
特定行政庁が衛生上特に支障があると認めて規則で指定する区域		略	
特定行政庁が衛生上特に支障がないと認めて規則で指定する区域		略	
その他の区域		略	

　　一　この表における処理対象人員の算定は、国土交通大臣が定める方法により行うものとする。
　　二　略
　二　略

2・3　略

改正：平成13年政令第42号　　　施行：平成13年4月1日
第32条　（法第31条第2項等の規定に基づく汚物処理性能に関する技術的基準）

1　屎（し）尿浄化槽の法第31条第2項の政令で定める技術的基準及び合併処理浄化槽（屎（し）尿と併せて雑排水を処理する浄化槽をいう。以下同じ。）について法第36条の規定により定めるべき構造に関する技術的基準のうち処理性能に関するもの（以下「汚物処理性能に関する技術的基準」と総称する。）は、次のとおりとする。
　一　通常の使用状態において、次の表に掲げる区域及び処理対象人員の区分に応じ、それぞれ同表に定める性能を有するものであること。

屎（し）尿浄化槽又は合併処理浄化槽を設ける区域	処理対象人員（単位　人）	性　　能	
		生物化学的酸素要求量の除去率（単位　％）	屎（し）尿浄化槽又は合併処理浄化槽からの放流水の生物化学的酸素要求量

		(単位　mg／リットル)
特定行政庁が衛生上特に支障があると認めて規則で指定する区域	略	
特定行政庁が衛生上特に支障がないと認めて規則で指定する区域	略	
その他の区域	略	

　一　略
　二　この表において、生物化学的酸素要求量の除去率とは、屎（し）尿浄化槽又は合併処理浄化槽への流入水の生物化学的酸素要求量の数値から屎（し）尿浄化槽又は合併処理浄化槽からの放流水の生物化学的酸素要求量の数値を減じた数値を屎（し）尿浄化槽又は合併処理浄化槽への流入水の生物化学的酸素要求量の数値で除して得た割合をいうものとする。

　二　略

2　特定行政庁が地下浸透方式により汚物（便所から排出する汚物をいい、これと併せて雑排水を処理する場合にあつては雑排水を含む。次項及び第35条第１項において同じ。）を処理することとしても衛生上支障がないと認めて規則で指定する区域内に設ける当該方式に係る汚物処理性能に関する技術的基準は、前項の規定にかかわらず、通常の使用状態において、次の表に定める性能及び同項第二号に掲げる性能を有するものであることとする。
　［表　略］

3　水質汚濁防止法（昭和45年法律第138号）第３条第１項又は第３項の規定により、同法第２条第１項に規定する公共用水域に放流水を排出する屎（し）尿浄化槽又は合併処理浄化槽に関して、第１項の表に掲げる生物化学的酸素要求量についての基準より厳しい排水基準が定められ、又は生物化学的酸素要求量以外の項目についても排水基準が定められている場合における汚物処理性能に関する技術的基準は、第１項の規定にかかわらず、通常の使用状態において、汚物を当該排水基準に適合するよう処理する性能及び同項第二号に掲げる性能を有するものであることとする。

改正：平成17年政令第246号　　　施行：平成18年２月１日

第32条　（法第31条第２項等の規定に基づく汚物処理性能に関する技術的基準）

1　屎（し）尿浄化槽の法第31条第２項の政令で定める技術的基準及び合併処理浄化槽（屎（し）尿と併せて雑排水を処理する浄化槽をいう。以下同じ。）について法第36条の規定により定めるべき構造に関する技術的基準のうち処理性能に関するもの（以下「汚物処理性能に関する技術的基準」と総称する。）は、次のとおりとする。
　一　略
　二　放流水に含まれる大腸菌群数が、1cm^{3}につき3,000個以下とする性能を有するものであること。
2　略
3　次の各号に掲げる場合における汚物処理性能に関する技術的基準は、第１項の規定にかかわらず、通常の使用状態において、汚物を当該各号に定める基準に適合するよう処理する性能及び同項第二号に掲げる性能を有するものであることとする。
　一　水質汚濁防止法（昭和45年法律第138号）第３条第１項又は第３項の規定による排水基準により、屎（し）尿浄化槽又は合併処理浄化槽からの放流水について、第１項第一号の表に掲げる生物化学的酸素要求量に関する基準より厳しい基準が定められ、又は生物化学的酸素要求量以外の項目に関しても基準が定められている場合　当該排水基準
　二　浄化槽法第４条第１項の規定による技術上の基準により、屎（し）尿浄化槽又は合併処理浄化槽からの放流水について、第１項第一号の表に掲げる生物化学的酸素要求量に関する基準より厳しい基準が定められ、又は生物化学的酸素要求量以外の項目に関しても基準が定められている場合　当該技術上の基準

改正：令和６年政令第１号　　　施行：令和７年４月１日

令32条　改正：令和6年政令第1号

第32条　（法第31条第２項等の規定に基づく汚物処理性能に関する技術的基準）

1　屎（し）尿浄化槽の法第31条第２項の政令で定める技術的基準及び合併処理浄化槽（屎（し）尿と併せて雑排水を処理する浄化槽をいう。以下同じ。）について法第36条の規定により定めるべき構造に関する技術的基準のうち処理性能に関するもの（以下「汚物処理性能に関する技術的基準」と総称する。）は、次のとおりとする。

　一　通常の使用状態において、次の表に掲げる区域及び処理対象人員の区分に応じ、それぞれ同表に定める性能を有するものであること。

屎（し）尿浄化槽又は合併処理浄化槽を設ける区域	処理対象人員（単位　人）	性　　　能	
^	^	生物化学的酸素要求量の除去率（単位　％）	屎（し）尿浄化槽又は合併処理浄化槽からの放流水の生物化学的酸素要求量（単位　mg／リットル）
特定行政庁が衛生上特に支障があると認めて規則で指定する区域	50以下	65以上	90以下
^	51以上500以下	70以上	60以下
^	501以上	85以上	30以下
特定行政庁が衛生上特に支障がないと認めて規則で指定する区域		55以上	120以下
その他の区域	500以下	65以上	90以下
^	501以上2,000以下	70以上	60以下
^	2,001以上	85以上	30以下

　　一　この表における処理対象人員の算定は、国土交通大臣が定める方法により行うものとする。
　　二　この表において、生物化学的酸素要求量の除去率とは、屎（し）尿浄化槽又は合併処理浄化槽への流入水の生物化学的酸素要求量の数値から屎（し）尿浄化槽又は合併処理浄化槽からの放流水の生物化学的酸素要求量の数値を減じた数値を屎（し）尿浄化槽又は合併処理浄化槽への流入水の生物化学的酸素要求量の数値で除して得た割合をいうものとする。

　二　放流水に含まれる大腸菌数が、１ミリリットルにつき800コロニー形成単位以下とする性能を有するものであること。

2　特定行政庁が地下浸透方式により汚物（便所から排出する汚物をいい、これと併せて雑排水を処理する場合にあつては雑排水を含む。次項及び第35条第１項において同じ。）を処理することとしても衛生上支障がないと認めて規則で指定する区域内に設ける当該方式に係る汚物処理性能に関する技術的基準は、前項の規定にかかわらず、通常の使用状態において、次の表に定める性能及び同項第二号に掲げる性能を有するものであることとする。

性　　　　能		
一次処理装置による浮遊物質量の除去率（単位　％）	一次処理装置からの流出水に含まれる浮遊物質量（単位　mg／リットル）	地下浸透能力
55以上	250以下	一次処理装置からの流出水が滞留しない程度のものであること。

　　この表において、一次処理装置による浮遊物質量の除去率とは、一次処理装置への流入水に含まれる浮遊物質量の数値から一次処理装置からの流出水に含まれる浮遊物質量の数値を減じた数値を一次処理装置への流入水に含まれる浮遊物質量の数値で除して得た割合をいうものとする。

3　次の各号に掲げる場合における汚物処理性能に関する技術的基準は、第１項の規定にかかわらず、通常の使用状態において、汚物を当該各号に定める基準に適合するよう処理する性能及び同項第二号に掲げる性能

を有するものであることとする。
一　水質汚濁防止法（昭和45年法律第138号）第３条第１項又は第３項の規定による排水基準により、屎（し）尿浄化槽又は合併処理浄化槽からの放流水について、第１項第一号の表に掲げる生物化学的酸素要求量に関する基準より厳しい基準が定められ、又は生物化学的酸素要求量以外の項目に関しても基準が定められている場合　当該排水基準
二　浄化槽法第４条第１項の規定による技術上の基準により、屎（し）尿浄化槽又は合併処理浄化槽からの放流水について、第１項第一号の表に掲げる生物化学的酸素要求量に関する基準より厳しい基準が定められ、又は生物化学的酸素要求量以外の項目に関しても基準が定められている場合　当該技術上の基準

[現行]　第33条　（漏水検査）

制定：昭和25年政令第338号　　　　　施行：昭和25年11月23日
第33条　（漏水検査）

1　第31条の改良便そう及び前条の汚物処理そうは、満水して24時間以上漏水しないことを確かめなければならない。

改正：昭和29年政令第183号　　　　　施行：昭和29年７月１日
第33条　（漏水検査）

1　第31条の改良便そう及び前条のし尿浄化そうは、満水して24時間以上漏水しないことを確かめなければならない。

改正：昭和34年政令第344号　　　　　施行：昭和34年12月23日
第33条　（漏水検査）

1　第31条の改良便槽（そう）及び前条の屎（し）尿浄化槽（そう）は、満水して24時間以上漏水しないことを確かめなければならない。

改正：平成13年政令第42号　　　　　施行：平成13年４月１日
第33条　（漏水検査）

1　第31条の改良便槽並びに前条の屎（し）尿浄化槽及び合併処理浄化槽は、満水して24時間以上漏水しないことを確かめなければならない。

[現行]　第34条　（便所と井戸との距離）

制定：昭和25年政令第338号　　　　　施行：昭和25年11月23日
第34条　（便所と井戸との距離）

1　くみ取便所の便そうは、井戸から５ｍ以上離して設けなければならない。但し、地盤面下３ｍ以上埋設した閉鎖式井戸で、その導水管が不浸透質で造られている場合又は導水管に内径25cm以下の外管があつて導水管及び外管が共に不浸透質で造られている場合においては、1.8ｍ以上とすることができる。

改正：昭和34年政令第344号　　　　　施行：昭和34年12月23日
第34条　（便所と井戸との距離）

1　くみ取便所の便槽（そう）は、井戸から５ｍ以上離して設けなければならない。ただし、地盤面下３ｍ以上埋設した閉鎖式井戸で、その導水管が外管を有せず、かつ、不浸透質で造られている場合又はその導水管が内径25cm以下の外管を有し、かつ、導水管及び外管が共に不浸透質で造られている場合においては、1.8

令旧35条　改正：昭和34年政令第344号

m以上とすることができる。

[削除条文]

制定：昭和25年政令第338号　　　施行：昭和25年11月23日
旧　第35条　（下水管等の材料）

1　法第19条第3項に規定する下水管、下水溝又はためますその他これらに類する施設は、耐水材料又は鋳鉄で造らなければならない。

改正：昭和33年政令第283号　　　施行：昭和34年1月1日
旧　第35条　（下水管等の材料）　削除

[現行]　第35条　（合併処理浄化槽の構造）

制定：平成13年政令第42号　　　施行：平成13年4月1日
第35条　（合併処理浄化槽の構造）

1　合併処理浄化槽の構造は、排出する汚物を下水道法第2条第六号に規定する終末処理場を有する公共下水道以外に放流しようとする場合においては、第32条の汚物処理性能に関する技術的基準に適合するもので、国土交通大臣が定めた構造方法を用いるもの又は国土交通大臣の認定を受けたものとしなければならない。
2　その構造が前項の規定に適合する合併処理浄化槽を設けた場合は、法第31条第2項の規定に適合するものとみなす。

[現行]　第3章　構造強度
（制定：昭和25年政令第338号）　第3章　構造強度

[現行]　第1節　総則
（制定：昭和25年政令第338号）　第1節　総則

[現行]　第36条　（構造方法に関する技術的基準）

制定：平成12年政令第211号　　　施行：平成12年6月1日
第36条　（構造方法に関する技術的基準）

1　法第20条第一号の政令で定める技術的基準（建築設備に係る技術的基準を除く。）は、この節から第7節の2までに定めるところによる。
2　法第20条第二号に掲げる建築物以外の建築物の構造方法は、次の各号のいずれかに該当するものとしなければならない。
　一　この節から第7節の2までの規定に適合する構造方法
　二　耐久性等関係規定（この条から第37条まで、第38条第1項、第5項及び第6項、第39条第1項、第41条、第49条、第70条、第72条（第79条の4及び第80条において準用する場合を含む。）、第74条から第76条まで（第79条の4及び第80条において準用する場合を含む。）、第79条（第79条の4において準用する場合を含む。）、第79条の3並びに第80条の2の規定（建設大臣が定めた安全上必要な技術的基準のうちその指定する基準に係る部分に限る。）をいう。）に適合し、かつ、第82条の6に規定する限界耐力計算又は第81条第1項ただし書に規定する構造計算（建設大臣が限界耐力計算による場合と同等以上に安全さを確かめることができるものとして指定したものに限る。）によつて安全性が確かめられた構造方法
　三　耐久性等関係規定に適合し、かつ、第81条の2の規定により建設大臣が定める基準に従つた構造計算によつて安全性が確かめられたものとして建設大臣の認定を受けた構造方法

3　法第20条第二号に掲げる建築物（高さが60mを超える建築物（次項、第81条及び第81条の2において「超高層建築物」という。）を除く。）の構造方法は、次の各号のいずれかに該当するものとしなければならない。
　一　この節から第7節の2までの規定に適合し、かつ、第82条に規定する許容応力度等計算又は第81条第1項ただし書に規定する構造計算によつて安全性が確かめられた構造方法
　二　前項第二号又は第三号に掲げる構造方法
4　超高層建築物の構造方法は、耐久性等関係規定に適合し、かつ、第81条の2の規定により建設大臣が定める基準に従つた構造計算によつて安全性が確かめられたものとして建設大臣の認定を受けたものとしなければならない。

改正：平成12年政令第312号　　　施行：平成13年1月6日
第36条　（構造方法に関する技術的基準）
1　略
2　法第20条第二号に掲げる建築物以外の建築物の構造方法は、次の各号のいずれかに該当するものとしなければならない。
　一　略
　二　耐久性等関係規定（この条から第37条まで、第38条第1項、第5項及び第6項、第39条第1項、第41条、第49条、第70条、第72条（第79条の4及び第80条において準用する場合を含む。）、第74条から第76条まで（第79条の4及び第80条において準用する場合を含む。）、第79条（第79条の4において準用する場合を含む。）、第79条の3並びに第80条の2の規定（<u>国土交通大臣</u>が定めた安全上必要な技術的基準のうちその指定する基準に係る部分に限る。）をいう。）に適合し、かつ、第82条の6に規定する限界耐力計算又は第81条第1項ただし書に規定する構造計算（<u>国土交通大臣</u>が限界耐力計算による場合と同等以上に安全さを確かめることができるものとして指定したものに限る。）によつて安全性が確かめられた構造方法
　三　耐久性等関係規定に適合し、かつ、第81条の2の規定により<u>国土交通大臣</u>が定める基準に従つた構造計算によつて安全性が確かめられたものとして<u>国土交通大臣</u>の認定を受けた構造方法
3　略
4　超高層建築物の構造方法は、耐久性等関係規定に適合し、かつ、第81条の2の規定により<u>国土交通大臣</u>が定める基準に従つた構造計算によつて安全性が確かめられたものとして<u>国土交通大臣</u>の認定を受けたものとしなければならない。

改正：平成13年政令第42号　　　施行：平成13年4月1日
第36条　（構造方法に関する技術的基準）
1　略
2　法第20条第二号に掲げる建築物以外の建築物の構造方法は、次の各号のいずれかに該当するものとしなければならない。
　一　略
　二　耐久性等関係規定（この条から第37条まで、第38条第1項、第5項及び第6項、第39条第1項、第41条、第49条、第70条、第72条（第79条の4及び第80条において準用する場合を含む。）、第74条から第76条まで（第79条の4及び第80条において準用する場合を含む。）、第79条（第79条の4において準用する場合を含む。）、第79条の3並びに第80条の2の規定（国土交通大臣が定めた安全上必要な技術的基準のうちその指定する基準に係る部分に限る。）をいう。<u>以下この条において同じ。</u>）に適合し、かつ、第82条の6に規定する限界耐力計算又は第81条第1項ただし書に規定する構造計算（国土交通大臣が限界耐力計算による場合と同等以上に安全さを確かめることができるものとして指定したものに限る。）によつて安全性が確かめられた構造方法
　三　略
3・4　略

令36条 改正：平成17年政令第192号

改正：平成17年政令第192号　　　施行：平成17年6月1日
第36条　（構造方法に関する技術的基準）

1　略
2　法第20条第二号に掲げる建築物以外の建築物の構造方法は、次の各号のいずれかに該当するものとしなければならない。
　一　略
　二　耐久性等関係規定（この条から第37条まで、第38条第1項、第5項及び第6項、第39条第1項、第41条、第49条、第70条、第72条（第79条の4及び第80条において準用する場合を含む。）、第74条から第76条まで（第79条の4及び第80条において準用する場合を含む。）、第79条（第79条の4において準用する場合を含む。）、第79条の3並びに第80条の2の規定（国土交通大臣が定めた安全上必要な技術的基準のうちその指定する基準に係る部分に限る。）をいう。以下この条及び第137条の2第一号イにおいて同じ。）に適合し、かつ、第82条の6に規定する限界耐力計算又は第81条第1項ただし書に規定する構造計算（国土交通大臣が限界耐力計算による場合と同等以上に安全さを確かめることができるものとして指定したものに限る。）によって安全性が確かめられた構造方法
　三　略
3　法第20条第二号イ又はロに掲げる建築物（高さが60mを超える建築物（次項、第81条、第81条の2及び第137条の2において「超高層建築物」という。）を除く。）の構造方法は、次の各号のいずれかに該当するものとしなければならない。
　一・二　略
4　略

改正：平成19年政令第49号　　　施行：平成19年6月20日
第36条　（構造方法に関する技術的基準）

1　法第20条第一号の政令で定める技術的基準（建築設備に係る技術的基準を除く。）は、耐久性等関係規定（この条から第37条まで、第38条第1項、第5項及び第6項、第39条第1項、第41条、第49条、第70条、第72条（第79条の4及び第80条において準用する場合を含む。）、第74条から第76条まで（これらの規定を第79条の4及び第80条において準用する場合を含む。）、第79条（第79条の4において準用する場合を含む。）、第79条の3並びに第80条の2（国土交通大臣が定めた安全上必要な技術的基準のうちその指定する基準に係る部分に限る。）の規定をいう。以下同じ。）に適合する構造方法を用いることとする。
2　法第20条第二号イの政令で定める技術的基準（建築設備に係る技術的基準を除く。）は、次の各号に掲げる場合の区分に応じ、それぞれ当該各号に定める構造方法を用いることとする。
　一　第81条第2項第一号イに掲げる構造計算によつて安全性を確かめる場合　この節から第4節の2まで、第5節（第67条第1項（同項各号に掲げる措置に係る部分を除く。）及び第68条第4項（これらの規定を第79条の4において準用する場合を含む。）を除く。）、第6節（第73条、第77条第二号から第六号まで、第77条の2第2項、第78条（プレキャスト鉄筋コンクリートで造られたはりで2以上の部材を組み合わせるものの接合部に適用される場合に限る。）及び第78条の2第1項第三号（これらの規定を第79条の4において準用する場合を含む。）を除く。）、第6節の2、第80条及び第7節の2（第80条の2（国土交通大臣が定めた安全上必要な技術的基準のうちその指定する基準に係る部分に限る。）を除く。）の規定に適合する構造方法
　二　第81条第2項第一号ロに掲げる構造計算によつて安全性を確かめる場合　耐久性等関係規定に適合する構造方法
　三　第81条第2項第二号イに掲げる構造計算によつて安全性を確かめる場合　この節から第7節の2までの規定に適合する構造方法
3　法第20条第三号イ及び第四号イの政令で定める技術的基準（建築設備に係る技術的基準を除く。）は、この節から第7節の2までの規定に適合する構造方法を用いることとする。

改正：平成25年政令第217号　　　施行：平成26年4月1日
第36条　（構造方法に関する技術的基準）

1　法第20条第一号の政令で定める技術的基準（建築設備に係る技術的基準を除く。）は、耐久性等関係規定（この条から第37条まで、第38条第1項、第5項及び第6項、第39条第1項及び第4項、第41条、第49条、第70条、第72条（第79条の4及び第80条において準用する場合を含む。）、第74条から第76条まで（これらの規定を第79条の4及び第80条において準用する場合を含む。）、第79条（第79条の4において準用する場合を含む。）、第79条の3並びに第80条の2（国土交通大臣が定めた安全上必要な技術的基準のうちその指定する基準に係る部分に限る。）の規定をいう。以下同じ。）に適合する構造方法を用いることとする。
2・3　略

改正：平成27年政令第11号　　　施行：平成27年6月1日
第36条　（構造方法に関する技術的基準）

1　法第20条第1項第一号の政令で定める技術的基準（建築設備に係る技術的基準を除く。）は、耐久性等関係規定（この条から第36条の3まで、第37条、第38条第1項、第5項及び第6項、第39条第1項及び第4項、第41条、第49条、第70条、第72条（第79条の4及び第80条において準用する場合を含む。）、第74条から第76条まで（これらの規定を第79条の4及び第80条において準用する場合を含む。）、第79条（第79条の4において準用する場合を含む。）、第79条の3並びに第80条の2（国土交通大臣が定めた安全上必要な技術的基準のうちその指定する基準に係る部分に限る。）の規定をいう。以下同じ。）に適合する構造方法を用いることとする。
2　法第20条第1項第二号イの政令で定める技術的基準（建築設備に係る技術的基準を除く。）は、次の各号に掲げる場合の区分に応じ、それぞれ当該各号に定める構造方法を用いることとする。
　一　第81条第2項第一号イに掲げる構造計算によつて安全性を確かめる場合　この節から第4節の2まで、第5節（第67条第1項（同項各号に掲げる措置に係る部分を除く。）及び第68条第4項（これらの規定を第79条の4において準用する場合を含む。）を除く。）、第6節（第73条、第77条第二号から第六号まで、第77条の2第2項、第78条（プレキャスト鉄筋コンクリートで造られたはりで2以上の部材を組み合わせるものの接合部に適用される場合に限る。）及び第78条の2第1項第三号（これらの規定を第79条の4において準用する場合を含む。）を除く。）、第6節の2、第80条及び第7節の2（第80条の2（国土交通大臣が定めた安全上必要な技術的基準のうちその指定する基準に係る部分に限る。）を除く。）の規定に適合する構造方法
　二　第81条第2項第一号ロに掲げる構造計算によつて安全性を確かめる場合　耐久性等関係規定に適合する構造方法
　三　第81条第2項第二号イに掲げる構造計算によつて安全性を確かめる場合　この節から第7節の2までの規定に適合する構造方法
3　法第20条第1項第三号イ及び第四号イの政令で定める技術的基準（建築設備に係る技術的基準を除く。）は、この節から第7節の2までの規定に適合する構造方法を用いることとする。

［現行］　第36条の2　（地階を除く階数が4以上である鉄骨造の建築物等に準ずる建築物）

制定：平成19年政令第49号　　　施行：平成19年6月20日
第36条の2　（地階を除く階数が4以上である鉄骨造の建築物等に準ずる建築物）

1　法第20条第二号の政令で定める建築物は、次に掲げる建築物とする。
　一　地階を除く階数が4以上である組積造又は補強コンクリートブロック造の建築物
　二　地階を除く階数が3以下である鉄骨造の建築物であつて、高さが13m又は軒の高さが9mを超えるもの
　三　鉄筋コンクリート造と鉄骨鉄筋コンクリート造とを併用する建築物であつて、高さが20mを超えるもの
　四　木造、組積造、補強コンクリートブロック造若しくは鉄骨造のうち2以上の構造を併用する建築物又はこれらの構造のうち1以上の構造と鉄筋コンクリート造若しくは鉄骨鉄筋コンクリート造とを併用する建築物であつて、次のイ又はロのいずれかに該当するもの
　　イ　地階を除く階数が4以上である建築物
　　ロ　高さが13m又は軒の高さが9mを超える建築物
　五　前各号に掲げるもののほか、その安全性を確かめるために地震力によつて地上部分の各階に生ずる水平方向の変形を把握することが必要であるものとして、構造又は規模を限つて国土交通大臣が指定する建築

令36条の2　制定：平成19年政令第49号

　　　物

改正：平成27年政令第11号　　　施行：平成27年6月1日
第36条の2　（地階を除く階数が4以上である鉄骨造の建築物等に準ずる建築物）

1　法第20条第1項第二号の政令で定める建築物は、次に掲げる建築物とする。
　一～五　略

改正：令和6年政令第172号　　　施行：令和7年4月1日
第36条の2　（地階を除く階数が4以上である鉄骨造の建築物等に準ずる建築物）

1　法第20条第1項第二号の政令で定める建築物は、次に掲げる建築物とする。
　一　地階を除く階数が4以上である組積造又は補強コンクリートブロック造の建築物
　二　地階を除く階数が3以下である鉄骨造の建築物であつて、<u>高さが16mを超えるもの</u>
　三　鉄筋コンクリート造と鉄骨鉄筋コンクリート造とを併用する建築物であつて、高さが20mを超えるもの
　四　木造、組積造、補強コンクリートブロック造若しくは鉄骨造のうち2以上の構造を併用する建築物又はこれらの構造のうち1以上の構造と鉄筋コンクリート造若しくは鉄骨鉄筋コンクリート造とを併用する建築物であつて、次のイ又はロのいずれかに該当するもの
　　イ　地階を除く階数が4以上である建築物
　　ロ　<u>高さが16mを超える建築物</u>
　五　前各号に掲げるもののほか、その安全性を確かめるために地震力によつて地上部分の各階に生ずる水平方向の変形を把握することが必要であるものとして、構造又は規模を限つて国土交通大臣が指定する建築物

[現行]　**第36条の3**　（構造設計の原則）

制定：昭和25年政令第338号　　　施行：昭和25年11月23日
旧　**第36条**　（構造設計の原則）

1　建築物の構造設計に当たつては、その構造の種別に応じて柱、はり、床、壁等を有効に配置して、建築物全体が、これに作用する自重、積載荷重、積雪、風圧、土圧及び水圧並びに地震その他の震動及び衝撃に対して、一様に構造耐力上安全であるようにすべきものとする。
2　構造耐力上主要な部分である壁は、建築物の用途上支障がない限り、建築物に作用する水平力に耐えるように、つりあいよく配置すべきものとする。
3　建築物の主要構造部には、使用上の支障となる変形が生じないような剛性をもたすべきものとする。
4　建築物の基礎は、その地盤の不同沈下又は凍上に対し構造耐力上安全なものとすべきものとする。

改正：昭和45年政令第333号　　　施行：昭和46年1月1日
旧　**第36条**　（構造設計の原則）

1　建築物の構造設計に当たつては、<u>その用途、規模及び構造の種別並びに土地の状況に応じて</u>柱、はり、床、壁等を有効に配置して、建築物全体が、これに作用する自重、積載荷重、積雪、風圧、土圧及び水圧並びに地震その他の震動及び衝撃に対して、一様に構造耐力上安全であるようにすべきものとする。
2　構造耐力上<u>主要な部分</u>は、建築物に作用する水平力に耐えるように、つりあいよく配置すべきものとする。
3　建築物の<u>構造耐力上主要な部分</u>には、使用上の支障となる<u>変形又は振動が生じないような剛性及び瞬間的破壊が生じないような靱（じん）性</u>をもたすべきものとする。

改正：平成12年政令第211号　　　施行：平成12年6月1日
旧　<u>**第36条の2**</u>　（構造設計の原則）

略

改正：平成19年政令第49号　　　施行：平成19年6月20日
第36条の3　（構造設計の原則）

> 1　建築物の構造設計に当たつては、その用途、規模及び構造の種別並びに土地の状況に応じて柱、はり、床、壁等を有効に配置して、建築物全体が、これに作用する自重、積載荷重、<u>積雪荷重</u>、風圧、土圧及び水圧並びに地震その他の震動及び衝撃に対して、一様に構造耐力上安全であるようにすべきものとする。
> 2　構造耐力上主要な部分は、建築物に作用する水平力に耐えるように、<u>釣合い良く配置</u>すべきものとする。
> 3　建築物の構造耐力上主要な部分には、使用上の支障となる変形又は振動が生じないような剛性及び瞬間的破壊が生じないような靱（じん）性をもたすべきものとする。

［現行］　第36条の4　（別の建築物とみなすことができる部分）

制定：平成27年政令第11号　　　施行：平成27年6月1日
第36条の4　（別の建築物とみなすことができる部分）

> 1　法第20条第2項（法第88条第1項において準用する場合を含む。）の政令で定める部分は、建築物の2以上の部分がエキスパンションジョイントその他の相互に応力を伝えない構造方法のみで接している場合における当該建築物の部分とする。

［現行］　第2節　構造部材等
（<u>制定</u>：昭和25年政令第338号）　第2節　構造部材等

［現行］　第37条　（構造部材の耐久）

制定：昭和25年政令第338号　　　施行：昭和25年11月23日
第37条　（構造部材の耐久）

> 1　構造耐力上主要な部分に使用する木材でれん瓦、コンクリート、土その他これらに類する抱水性の物に接する部分（真壁又は土蔵造の壁に接する部分を除く。）には、防腐塗料を塗布し、又はこれと同等以上の効果を有する防腐のための措置を講じなければならない。
> 2　建築物の壁で直接土に接する部分は、門、へい、物置、納屋その他これらに類する建築物における場合を除き、耐水材料で造らなければならない。
> 3　建築物の基礎に木ぐいを使用する場合においては、その木ぐいは、平家建の木造の建築物に使用する場合を除き、常水面下にあるようにしなければならない。

旧　第38条　（摩損の防止）

> 1　建築物の構造部分で特に摩損のおそれの多いものは、摩損しにくい材料で造り、又はおおう等使用上常時支障がないようにしなければならない。

改正：昭和34年政令第344号　　　施行：昭和34年12月23日
第37条　（構造部材の耐久）

> 1　構造耐力上主要な部分に使用する木材で<u>れんが</u>、コンクリート、土その他これらに類する抱水性の物に接する部分（真壁又は土蔵造の壁に接する部分を除く。）には、<u>防腐剤</u>を塗布し、又はこれと同等以上の効果を有する防腐のための措置を講じなければならない。
> 2　建築物の壁で直接土に接する部分は、門、<u>へい</u>、物置、納屋その他これらに類する建築物における場合を除き、耐水材料で造らなければならない。

令37条 改正：昭和34年政令第344号

3　略

旧　第38条　（摩損の防止）

1　構造耐力上主要な部分に使用する木材でれんが、コンクリート、土その他これらに類する抱水性の物に接する部分（真壁又は土蔵造の壁に接する部分を除く。）には、防腐剤を塗布し、又はこれと同等以上の効果を有する防腐のための措置を講じなければならない。

2　建築物の壁で直接土に接する部分は、門、へい、物置、納屋その他これらに類する建築物における場合を除き、耐水材料で造らなければならない。

3　建築物の基礎に木ぐいを使用する場合においては、その木ぐいは、平家建の木造の建築物に使用する場合を除き、常水面下にあるようにしなければならない。

改正：昭和45年政令第333号　　施行：昭和46年1月1日

第37条　（構造部材の耐久）

1　構造耐力上主要な部分で特に腐食、腐朽又は摩損のおそれのあるものには、腐食、腐朽若しくは摩損しにくい材料又は有効なさび止め、防腐若しくは摩損防止のための措置をした材料を使用しなければならない。

旧　第38条　（摩損の防止）　削除

[現行]　第38条　（基礎）

制定：昭和45年政令第333号　　施行：昭和46年1月1日

第38条　（基礎）

1　建築物の基礎は、建築物に作用する荷重及び外力を安全に地盤に伝え、かつ、地盤の沈下又は変形に対して構造耐力上安全なものとしなければならない。

2　建築物には、異なる構造方法による基礎を併用してはならない。ただし、建築物の構造、形態及び地盤の状況を考慮した構造計算又は実験によつて構造耐力上安全であることが確かめられた場合においては、この限りでない。

3　高さ13m又は延べ面積3,000㎡をこえる建築物で、当該建築物に作用する荷重が最下階の床面積1㎡につき10トンをこえるものの基礎の底部（基礎ぐいを使用する場合にあつては、当該基礎ぐいの先端）は、良好な地盤に達していなければならない。ただし、建築物の構造、形態及び地盤の状況を考慮した構造計算又は実験によつて構造耐力上安全であることが確かめられた場合においては、この限りでない。

4　打撃、圧力又は振動により設けられる基礎ぐいは、それを設ける際に作用する打撃力その他の外力に対して構造耐力上安全なものでなければならない。

5　建築物の基礎に木ぐいを使用する場合においては、その木ぐいは、平家建の木造の建築物に使用する場合を除き、常水面下にあるようにしなければならない。

改正：平成12年政令第211号　　施行：平成12年6月1日

第38条　（基礎）

1　略

2　建築物には、異なる構造方法による基礎を併用してはならない。

3　建築物の基礎の構造は、建築物の構造、形態及び地盤の状況を考慮して建設大臣が定めた構造方法を用いるものとしなければならない。この場合において、高さ13m又は延べ面積3,000㎡を超える建築物で、当該建築物に作用する荷重が最下階の床面積1㎡につき100kNを超えるものにあつては、基礎の底部（基礎ぐいを使用する場合にあつては、当該基礎ぐいの先端）を良好な地盤に達することとしなければならない。

4　前2項の規定は、建築物の基礎について建設大臣が定める基準に従つた構造計算によつて構造耐力上安全であることが確かめられた場合においては、適用しない。

5　打撃、圧力又は振動により設けられる基礎ぐいは、それを設ける際に作用する打撃力その他の外力に対して構造耐力上安全なものでなければならない。

6 建築物の基礎に木ぐいを使用する場合においては、その木ぐいは、平家建の木造の建築物に使用する場合を除き、常水面下にあるようにしなければならない。

改正：平成12年政令第312号　　　施行：平成13年1月6日
第38条　（基礎）

1 建築物の基礎は、建築物に作用する荷重及び外力を安全に地盤に伝え、かつ、地盤の沈下又は変形に対して構造耐力上安全なものとしなければならない。
2 建築物には、異なる構造方法による基礎を併用してはならない。
3 建築物の基礎の構造は、建築物の構造、形態及び地盤の状況を考慮して<u>国土交通大臣</u>が定めた構造方法を用いるものとしなければならない。この場合において、高さ13m又は延べ面積3,000㎡を超える建築物で、当該建築物に作用する荷重が最下階の床面積1㎡につき100kNを超えるものにあつては、基礎の底部（基礎ぐいを使用する場合にあつては、当該基礎ぐいの先端）を良好な地盤に達することとしなければならない。
4 前2項の規定は、建築物の基礎について<u>国土交通大臣</u>が定める基準に従つた構造計算によつて構造耐力上安全であることが確かめられた場合においては、適用しない。
5 打撃、圧力又は振動により設けられる基礎ぐいは、それを設ける際に作用する打撃力その他の外力に対して構造耐力上安全なものでなければならない。
6 建築物の基礎に木ぐいを使用する場合においては、その木ぐいは、平家建の木造の建築物に使用する場合を除き、常水面下にあるようにしなければならない。

[現行]　第39条　（屋根ふき材等）

制定：昭和25年政令第338号　　　施行：昭和25年11月23日
第39条　（帳壁及び屋根瓦等の緊結）

1 帳壁は、軸組に緊結しなければならない。
2 屋根瓦は、軒及びけらばから2枚通り以上を1枚ごとに、その他の部分にあつては登り5枚以下おきに1枚ごとに、銅線、鉄線、くぎ等で下地に緊結し、又はこれと同等の効力を有する方法ではく落しないように、ふかなければならない。
3 建築物に取り付ける飾石、テラコツタその他これらに類するものは、ボルト、かすがいその他の金物で軸組又は壁に緊結しなければならない。

改正：昭和31年政令第185号　　　施行：昭和31年7月1日
第39条　（帳壁及び屋根瓦等の緊結）

1 略
2 屋根瓦は、軒及びけらばから2枚通り以上を1枚ごとに、その他の部分<u>のうち棟にあつては1枚おきごとに</u>、銅線、鉄線、くぎ等で下地に緊結し、又はこれと同等の効力を有する方法ではく落しないように、ふかなければならない。
3 略

改正：昭和34年政令第344号　　　施行：昭和34年12月23日
第39条　（帳壁及び屋根瓦等の緊結）

1 略
2 屋根瓦は、軒及びけらばから2枚通り<u>まで</u>を1枚ごとに、その他の部分のうち<u>むね</u>にあつては1枚おきごとに、銅線、鉄線、くぎ等で下地に緊結し、又はこれと同等<u>以上</u>の効力を有する方法で<u>はがれ落ちない</u>ように、ふかなければならない。
3 略

令39条 改正：昭和39年政令第4号

改正：昭和39年政令第4号　　　施行：昭和39年1月15日
第39条　（屋根瓦等の緊結）
1　屋根瓦は、軒及びけらばから2枚通りまでを1枚ごとに、その他の部分のうちむねにあつては1枚おきごとに、銅線、鉄線、くぎ等で下地に緊結し、又はこれと同等以上の効力を有する方法ではがれ落ちないように、ふかなければならない。
2　建築物に取り付ける飾石、テラコツタその他これらに類するものは、ボルト、かすがいその他の金物で軸組又は壁に緊結しなければならない。

制定：昭和39年政令第4号　　　施行：昭和39年1月15日
旧　**第39条の2　（帳壁の緊結等）**
1　帳壁は、構造耐力上主要な部分に緊結し、地震力、風圧力その他の水平力によつて脱落しない構造としなければならない。
2　屋外に面する帳壁は、建設大臣の定める基準に従つて安全上支障のない構造としなければならない。

改正：昭和45年政令第333号　　　施行：昭和46年1月1日
第39条　（屋根ふき材等の緊結）
1　屋根ふき材、内装材、外装材、帳壁その他これらに類する建築物の部分及び広告塔、装飾塔その他建築物の屋外に取り付けるものは、風圧並びに地震その他の震動及び衝撃によつて脱落しないようにしなければならない。
2　屋根ふき材、外装材及び屋外に面する帳壁は、建設大臣の定める基準に従つて安全上支障のないようにしなければならない。

旧　**第39条の2　（帳壁の緊結等）　削除**

改正：平成12年政令第211号　　　施行：平成12年6月1日
第39条　（屋根ふき材等の緊結）
1　略
2　屋根ふき材、外装材及び屋外に面する帳壁の構造は、構造耐力上安全なものとして建設大臣が定めた構造方法を用いるものとしなければならない。

改正：平成12年政令第312号　　　施行：平成13年1月6日
第39条　（屋根ふき材等）
1　略
2　屋根ふき材、外装材及び屋外に面する帳壁の構造は、構造耐力上安全なものとして国土交通大臣が定めた構造方法を用いるものとしなければならない。

改正：平成25年政令第217号　　　施行：平成26年4月1日
第39条　（屋根ふき材等）
1　屋根ふき材、内装材、外装材、帳壁その他これらに類する建築物の部分及び広告塔、装飾塔その他建築物の屋外に取り付けるものは、風圧並びに地震その他の震動及び衝撃によつて脱落しないようにしなければならない。
2　屋根ふき材、外装材及び屋外に面する帳壁の構造は、構造耐力上安全なものとして国土交通大臣が定めた構造方法を用いるものとしなければならない。
3　特定天井（脱落によつて重大な危害を生ずるおそれがあるものとして国土交通大臣が定める天井をいう。以下同じ。）の構造は、構造耐力上安全なものとして、国土交通大臣が定めた構造方法を用いるもの又は国土交通大臣の認定を受けたものとしなければならない。
4　特定天井で特に腐食、腐朽その他の劣化のおそれのあるものには、腐食、腐朽その他の劣化しにくい材料

又は有効なさび止め、防腐その他の劣化防止のための措置をした材料を使用しなければならない。

[削除条文]

制定：昭和55年政令第196号　　　施行：昭和56年6月1日
旧　第39条の2　（屋上から突出する水槽（そう）等）

1　屋上から突出する水槽（そう）、煙突その他これらに類するものは、建設大臣の定める基準に従つて風圧並びに地震その他の震動及び衝撃に対して構造耐力上安全なものとしなければならない。

改正：平成12年政令第211号　　　施行：平成12年6月1日
旧　第39条の2　（屋上から突出する水槽（そう）等）　削除

[現行]　第3節　木造
（制定：昭和25年政令第338号）　第3節　木造

[現行]　第40条　（適用の範囲）

制定：昭和25年政令第338号　　　施行：昭和25年11月23日
第40条　（適用の範囲）

1　この節の規定は、木造の建築物又は木造と組積造その他の構造とを併用する建築物の木造の構造部分に適用する。但し、茶室、あずまやその他これらに類する建築物又は延べ面積が10㎡以内の物置、納屋その他これらに類する建築物については、適用しない。

改正：昭和34年政令第344号　　　施行：昭和34年12月23日
第40条　（適用の範囲）

1　この節の規定は、木造の建築物又は木造と組積造その他の構造とを併用する建築物の木造の構造部分に適用する。ただし、茶室、あずまやその他これらに類する建築物又は延べ面積が10㎡以内の物置、納屋その他これらに類する建築物については、適用しない。

[現行]　第41条　（木材）

制定：昭和25年政令第338号　　　施行：昭和25年11月23日
第41条　（木材）

1　構造耐力上主要な部分に使用する木材の品質は、節、腐れ、繊維の傾斜、丸身等による耐力上の欠点がないものでなければならない。

[現行]　第42条　（土台及び基礎）

制定：昭和25年政令第338号　　　施行：昭和25年11月23日
第42条　（土台）

1　構造耐力上主要な部分である柱で最下階の部分に使用するものの下部には、土台を設けなければならない。但し、柱を基礎に緊結した場合又は平家建の建築物で足固めを使用した場合においては、この限りでない。
2　土台は、基礎に緊結しなければならない。但し、平家建の建築物で延べ面積が50㎡以内のものについては、この限りでない。

令42条　改正：昭和34年政令第344号

改正：昭和34年政令第344号　　　施行：昭和34年12月23日
第42条　（土台）

1　構造耐力上主要な部分である柱で最下階の部分に使用するものの下部には、土台を設けなければならない。ただし、柱を基礎に緊結した場合又は平家建の建築物で足固めを使用した場合においては、この限りでない。
2　土台は、基礎に緊結しなければならない。ただし、平家建の建築物で延べ面積が50㎡以内のものについては、この限りでない。

改正：昭和45年政令第333号　　　施行：昭和46年1月1日
第42条　（土台）

1　略
2　土台は、一体の鉄筋コンクリート造又は無筋コンクリート造の布基礎に緊結しなければならない。ただし、平家建の建築物で延べ面積が50㎡以内のものについては、この限りでない。

改正：昭和55年政令第196号　　　施行：昭和56年6月1日
第42条　（土台及び基礎）

1　構造耐力上主要な部分である柱で最下階の部分に使用するものの下部には、土台を設けなければならない。ただし、当該柱を基礎に緊結した場合又は平家建の建築物で足固めを使用した場合（特定行政庁が第88条第2項の規定によつて指定した区域内においては、当該柱を一体の鉄筋コンクリート造の布基礎に緊結した場合に限る。）においては、この限りでない。
2　土台は、一体の鉄筋コンクリート造又は無筋コンクリート造の布基礎（前項の区域内においては、一体の鉄筋コンクリート造の布基礎）に緊結しなければならない。ただし、当該区域外における平家建の建築物で延べ面積が50㎡以内のものについては、この限りでない。

改正：昭和62年政令第348号　　　施行：昭和62年11月16日
第42条　（土台及び基礎）

1　構造耐力上主要な部分である柱で最下階の部分に使用するものの下部には、土台を設けなければならない。ただし、当該柱を基礎に緊結した場合又は平家建ての建築物で足固めを使用した場合（地盤が軟弱な区域として特定行政庁が建設大臣の定める基準に基づいて規則で指定する区域内においては、当該柱を一体の鉄筋コンクリート造の布基礎に緊結した場合に限る。）においては、この限りでない。
2　土台は、一体の鉄筋コンクリート造又は無筋コンクリート造の布基礎（前項ただし書の規定によつて指定した区域内においては、一体の鉄筋コンクリート造の布基礎）に緊結しなければならない。ただし、当該区域外における平家建ての建築物で延べ面積が50㎡以内のものについては、この限りでない。

改正：平成12年政令第211号　　　施行：平成12年6月1日
第42条　（土台及び基礎）

1　構造耐力上主要な部分である柱で最下階の部分に使用するものの下部には、土台を設けなければならない。ただし、当該柱を基礎に緊結した場合又は平家建ての建築物で足固めを使用した場合（地盤が軟弱な区域として特定行政庁が建設大臣の定める基準に基づいて規則で指定する区域内においては、当該柱を基礎に緊結した場合に限る。）においては、この限りでない。
2　土台は、基礎に緊結しなければならない。ただし、前項ただし書の規定によつて指定した区域外における平家建ての建築物で延べ面積が50㎡以内のものについては、この限りでない。

改正：平成12年政令第312号　　　施行：平成13年1月6日
第42条　（土台及び基礎）

1　構造耐力上主要な部分である柱で最下階の部分に使用するものの下部には、土台を設けなければならない。ただし、当該柱を基礎に緊結した場合又は平家建ての建築物で足固めを使用した場合（地盤が軟弱な区域として特定行政庁が国土交通大臣の定める基準に基づいて規則で指定する区域内においては、当該柱を基礎に緊結した場合に限る。）においては、この限りでない。
2　略

改正：平成28年政令第６号　　　施行：平成28年６月１日
第42条　（土台及び基礎）

1　構造耐力上主要な部分である柱で最下階の部分に使用するものの下部には、土台を設けなければならない。ただし、次の各号のいずれかに該当する場合においては、この限りでない。
　一　当該柱を基礎に緊結した場合
　二　平家建ての建築物（地盤が軟弱な区域として特定行政庁が国土交通大臣の定める基準に基づいて規則で指定する区域内にあるものを除く。次項において同じ。）で足固めを使用した場合
　三　当該柱と基礎とをだぼ継ぎその他の国土交通大臣が定める構造方法により接合し、かつ、当該柱に構造耐力上支障のある引張応力が生じないことが国土交通大臣が定める方法によつて確かめられた場合
2　土台は、基礎に緊結しなければならない。ただし、平家建ての建築物で延べ面積が50㎡以内のものについては、この限りでない。

[現行]　第43条　（柱の小径）

制定：昭和25年政令第338号　　　施行：昭和25年11月23日
第43条　（柱の小径）

1　構造耐力上主要な部分である柱の小径は、これに接着する土台、足固め、胴差、はり、けたその他の構造耐力上主要な部分である横架材の相互間の垂直距離に対して、下の表に掲げる割合以上のものでなければならない。

建築物	柱	張り間方向又はけた行方向に相互の間隔が10ｍ以上の柱又は学校、病院、劇場、映画館、演芸場、観覧場、公会堂、集会場、百貨店、公衆浴場若しくは寄宿舎の用途に供する建築物の柱			左欄以外の柱		
			最上階又は階数が1の建築物の柱	最上階の直下階の柱	その他の階の柱	最上階又は階数が1の建築物の柱	最上階の直下階の柱	その他の階の柱
(1)	第86条第3項の規定によつて特定行政庁が指定する多雪区域における建築物又は木骨れん瓦造、木骨石造、土蔵造その他これらに類する壁の重量が特に大きい建築物における場合	22分の1	20分の1	18分の1	25分の1	22分の1	20分の1
	(1)に該当しない場合で屋根を金属						

(2)	板、石板、石綿板、木板その他これらに類する軽い材料でふいた建築物における場合	30分の1	25分の1	22分の1	35分の1	30分の1	25分の1
(3)	(1)及び(2)に該当しない場合	25分の1	22分の1	20分の1	30分の1	25分の1	22分の1

2　法第41条の規定によつて、条例で、法第21条第1項の規定の全部若しくは一部を適用せず、又は同項の規定による制限を緩和する場合においては、当該条例で、柱の小径の横架材の相互間の垂直距離に対する割合を補足する規定を設けなければならない。

3　前2項の規定による柱の小径に基いて算定した柱の所要断面積の3分の1以上を欠き取る場合においては、その部分を補強しなければならない。

4　階数が2以上の建築物におけるすみ柱又はこれに準ずる柱は、通し柱としなければならない。但し、接合部を通し柱と同等以上の耐力を有するように補強した場合においては、この限りでない。

改正：昭和31年政令第185号　　　施行：昭和31年7月1日

第43条　（柱の小径）

1　構造耐力上主要な部分である柱の小径は、これに接着する土台、足固め、胴差、はり、けたその他の構造耐力上主要な部分である横架材の相互間の垂直距離に対して、下の表に掲げる割合以上のものでなければならない。但し、柱の有効細長比を考慮した構造計算によつて構造耐力上安全であることが確かめられた場合においては、この限りでない。

［表　略］

改正：昭和34年政令第344号　　　施行：昭和34年12月23日

第43条　（柱の小径）

1　構造耐力上主要な部分である柱の張り間方向及びけた行方向の小径は、それぞれの方向でその柱に接着する土台、足固め、胴差、はり、けたその他の構造耐力上主要な部分である横架材の相互間の垂直距離に対して、次の表に掲げる割合以上のものでなければならない。ただし、柱の有効細長比（断面の最小二次率半径に対する座屈長さの比をいう。以下同様とする。）を考慮した構造計算によつて構造耐力上安全であることが確かめられた場合においては、この限りでない。

［表改定］

建築物	柱	張り間方向又はけた行方向に相互の間隔が10m以上の柱又は学校、劇場、映画館、演芸場、観覧場、公会堂、集会場、百貨店若しくは公衆浴場の用途に供する建築物の柱		左　欄　以　外　の　柱	
		最上階又は階数が1の建築物の柱	その他の階の柱	最上階又は階数が1の建築物の柱	その他の階の柱
(1)	土蔵造の建築物その他これに類する壁の重量が特に大きい建築物	22分の1	20分の1	25分の1	22分の1
	(1)に掲げる建築物以外の建築物で屋根を金属				

			25分の1	33分の1	30分の1
(2)	属板、石板、石綿スレート、木板その他これらに類する軽い材料でふいたもの	30分の1			
(3)	(1)及び(2)に掲げる建築物以外の建築物	25分の1	22分の1	30分の1	28分の1

2　地階を除く階数が2をこえる建築物の1階の構造耐力上主要な部分である柱の張り間方向及びけた行方向の小径は、13.5cmを下つてはならない。
3　法第41条の規定によつて、条例で、法第21条第1項の規定の全部若しくは一部を適用せず、又は同項の規定による制限を緩和する場合においては、当該条例で、柱の小径の横架材の相互間の垂直距離に対する割合を補足する規定を設けなければならない。
4　前3項の規定による柱の小径に基いて算定した柱の所要断面積の3分の1以上を欠き取る場合においては、その部分を補強しなければならない。
5　階数が2以上の建築物におけるすみ柱又はこれに準ずる柱は、通し柱としなければならない。ただし、接合部を通し柱と同等以上の耐力を有するように補強した場合においては、この限りでない。

改正：昭和45年政令第333号　　施行：昭和46年1月1日
第43条　（柱の小径）

1　構造耐力上主要な部分である柱の張り間方向及びけた行方向の小径は、それぞれの方向でその柱に接着する土台、足固め、胴差、はり、けたその他の構造耐力上主要な部分である横架材の相互間の垂直距離に対して、次の表に掲げる割合以上のものでなければならない。ただし、柱の有効細長比（断面の最小二次率半径に対する座屈長さの比をいう。以下同じ。）を考慮した構造計算によつて構造耐力上安全であることが確かめられた場合においては、この限りでない。

柱 建築物	張り間方向又はけた行方向に相互の間隔が10m以上の柱又は学校、保育所、劇場、映画館、演芸場、観覧場、公会堂、集会場、物品販売業を営む店舗（床面積の合計が10㎡以内のものを除く。）若しくは公衆浴場の用途に供する建築物の柱		左欄以外の柱	
	最上階又は階数が1の建築物の柱	その他の階の柱	最上階又は階数が1の建築物の柱	その他の階の柱
(1)～(3)	略			

2・3　略
4　前3項の規定による柱の小径に基づいて算定した柱の所要断面積の3分の1以上を欠き取る場合においては、その部分を補強しなければならない。
5　略
6　構造耐力上主要な部分である柱の有効細長比は、150以下としなければならない。

改正：昭和62年政令第348号　　施行：昭和62年11月16日
第43条　（柱の小径）

1　略
2　地階を除く階数が2を超える建築物の1階の構造耐力上主要な部分である柱の張り間方向及びけた行方向の小径は、13.5cmを下回つてはならない。ただし、当該柱と土台又は基礎及び当該柱とはり、けたその他

令43条　改正：昭和62年政令第348号

の横架材とをそれぞれボルト締その他これに類する構造方法により緊結し、かつ、構造計算又は実験によつて構造耐力上安全であることが確かめられた場合においては、この限りでない。

3　法第41条の規定によつて、条例で、法第21条第１項及び第２項の規定の全部若しくは一部を適用せず、又はこれらの規定による制限を緩和する場合においては、当該条例で、柱の小径の横架材の相互間の垂直距離に対する割合を補足する規定を設けなければならない。

4～6　略

改正：平成12年政令第211号　　施行：平成12年６月１日

第43条　（柱の小径）

1　構造耐力上主要な部分である柱の張り間方向及びけた行方向の小径は、それぞれの方向でその柱に接着する土台、足固め、胴差、はり、けたその他の構造耐力上主要な部分である横架材の相互間の垂直距離に対して、次の表に掲げる割合以上のものでなければならない。ただし、建設大臣が定める基準に従つた構造計算によつて構造耐力上安全であることが確かめられた場合においては、この限りでない。

　［表　略］

2　地階を除く階数が２を超える建築物の１階の構造耐力上主要な部分である柱の張り間方向及びけた行方向の小径は、13.5cmを下回つてはならない。ただし、当該柱と土台又は基礎及び当該柱とはり、けたその他の横架材とをそれぞれボルト締その他これに類する構造方法により緊結し、かつ、建設大臣が定める基準に従つた構造計算によつて構造耐力上安全であることが確かめられた場合においては、この限りでない。

3～5　略

6　構造耐力上主要な部分である柱の有効細長比（断面の最小二次率半径に対する座屈長さの比をいう。以下同じ。）は、150以下としなければならない。

改正：平成12年政令第312号　　施行：平成13年１月６日

第43条　（柱の小径）

1　構造耐力上主要な部分である柱の張り間方向及びけた行方向の小径は、それぞれの方向でその柱に接着する土台、足固め、胴差、はり、けたその他の構造耐力上主要な部分である横架材の相互間の垂直距離に対して、次の表に掲げる割合以上のものでなければならない。ただし、国土交通大臣が定める基準に従つた構造計算によつて構造耐力上安全であることが確かめられた場合においては、この限りでない。

　［表　略］

2　地階を除く階数が２を超える建築物の１階の構造耐力上主要な部分である柱の張り間方向及びけた行方向の小径は、13.5cmを下回つてはならない。ただし、当該柱と土台又は基礎及び当該柱とはり、けたその他の横架材とをそれぞれボルト締その他これに類する構造方法により緊結し、かつ、国土交通大臣が定める基準に従つた構造計算によつて構造耐力上安全であることが確かめられた場合においては、この限りでない。

3～6　略

改正：平成16年政令第210号　　施行：平成16年10月１日

第43条　（柱の小径）

1　構造耐力上主要な部分である柱の張り間方向及びけた行方向の小径は、それぞれの方向でその柱に接着する土台、足固め、胴差、はり、けたその他の構造耐力上主要な部分である横架材の相互間の垂直距離に対して、次の表に掲げる割合以上のものでなければならない。ただし、国土交通大臣が定める基準に従つた構造計算によつて構造耐力上安全であることが確かめられた場合においては、この限りでない。

柱	張り間方向又はけた行方向に相互の間隔が10m以上の柱又は学校、保育所、劇場、映画館、演芸場、観覧場、公会堂、集会場、物品販売業を営む店舗（床面積の合計が10㎡以内のものを除	左　欄　以　外　の　柱

建築物		く。）若しくは公衆浴場の用途に供する建築物の柱			
		最上階又は階数が1の建築物の柱	その他の階の柱	最上階又は階数が1の建築物の柱	その他の階の柱
（1）	土蔵造の建築物その他これに類する壁の重量が特に大きい建築物	22分の1	20分の1	25分の1	22分の1
（2）	(1)に掲げる建築物以外の建築物で屋根を金属板、石板、木板その他これらに類する軽い材料でふいたもの	30分の1	25分の1	33分の1	30分の1
（3）	(1)及び(2)に掲げる建築物以外の建築物	25分の1	22分の1	30分の1	28分の1

2～6 略

改正：令和6年政令第172号　　　施行：令和7年4月1日
第43条　（柱の小径）

1　構造耐力上主要な部分である柱の張り間方向及び桁行方向の小径は、それぞれの方向でその柱に接着する土台、足固め、胴差、はり、桁その他の構造耐力上主要な部分である横架材の相互間の垂直距離に対して、建築物の用途及び規模並びに屋根、外壁その他の建築物の部分の構造に応じて国土交通大臣が定める割合以上のものでなければならない。

2　地階を除く階数が2を超える建築物の1階の構造耐力上主要な部分である柱の張り間方向及び桁行方向の小径は、13.5cmを下回つてはならない。ただし、当該柱と土台又は基礎及び当該柱とはり、桁その他の横架材とをそれぞれボルト締その他これに類する構造方法により緊結し、かつ、国土交通大臣が定める基準に従つた構造計算によつて構造耐力上安全であることが確かめられた場合においては、この限りでない。

3　法第41条の規定によつて、条例で、法第21条第1項及び第2項の規定の全部若しくは一部を適用せず、又はこれらの規定による制限を緩和する場合においては、当該条例で、柱の小径の横架材の相互間の垂直距離に対する割合を補足する規定を設けなければならない。

4　前3項の規定による柱の小径に基づいて算定した柱の所要断面積の3分の1以上を欠き取る場合においては、その部分を補強しなければならない。

5　階数が2以上の建築物における隅柱又はこれに準ずる柱は、通し柱としなければならない。ただし、接合部を通し柱と同等以上の耐力を有するように補強した場合においては、この限りでない。

6　構造耐力上主要な部分である柱の有効細長比（断面の最小二次率半径に対する座屈長さの比をいう。以下同じ。）は、150以下としなければならない。

令45条 制定：昭和25年政令第338号

[現行]　第44条　（はり等の横架材）

制定：昭和25年政令第338号　　　施行：昭和25年11月23日

第44条　（はり等の横架材）

1　はり、けたその他の横架材には、その中央部附近の下側に耐力上支障のある欠込みをしてはならない。

[現行]　第45条　（筋かい）

制定：昭和25年政令第338号　　　施行：昭和25年11月23日

第45条　（筋かい及びその仕口）

1　引張り力を負担する筋かいには、その接する柱の五つ割以上の木材又は径9mm以上の鉄筋若しくはこれと同等の強度を有するその他の鉄材を使用しなければならない。
2　圧縮力を負担する筋かいには、その接する柱の三つ割以上の木材を使用しなければならない。
3　筋かいは、その端部を、柱とはりその他の横架材との仕口に接近して、ボルト、かすがい、くぎその他の金物で緊結しなければならない。
4　筋かいには、欠込みをしてはならない。

改正：昭和34年政令第344号　　　施行：昭和34年12月23日

第45条　（筋かい）

1　<u>引張り力を負担する筋かいは、厚さ1.5cmで幅9cmの木材若しくは径9mmの鉄筋を使用したもの又はこれらと同等以上の耐力を有するものとしなければならない。</u>
2　<u>圧縮力を負担する筋かいは、その接する柱の三つ割の木材を使用したもの又はこれと同等以上の耐力を有するものとしなければならない。</u>
3　略
4　筋かいには、欠込みをしてはならない。<u>ただし、筋かいをたすき掛けにするためにやむを得ない場合においては、この限りでない。</u>

改正：昭和45年政令第333号　　　施行：昭和46年1月1日

第45条　（筋かい）

1～3　略
4　筋かいには、欠込みをしてはならない。ただし、筋かいをたすき掛けにするためにやむを得ない場合において、<u>必要な補強を行なつたときは、この限りでない。</u>

改正：昭和55年政令第196号　　　施行：昭和56年6月1日

第45条　（筋かい）

1　略
2　圧縮力を負担する筋かいは、<u>厚さ3cmで幅9cmの木材を使用したもの又はこれと同等以上の耐力を有するものとしなければならない。</u>
3・4　略

改正：平成12年政令第211号　　　施行：平成12年6月1日

第45条　（筋かい）

1　引張り力を負担する筋かいは、厚さ<u>1.5cm以上</u>で幅<u>9cm以上</u>の木材<u>又は径9mm以上</u>の鉄筋を使用した<u>ものとしなければならない。</u>
2　圧縮力を負担する筋かいは、厚さ<u>3cm以上</u>で幅9cm以上の木材を使用した<u>ものとしなければならない。</u>

3・4　略

改正：令和６年政令第172号　　施行：令和７年４月１日
第45条　（筋かい）

1　<u>引張力</u>を負担する筋かいは、厚さ1.5ｃｍ以上で幅9ｃｍ以上の木材<u>若しくは</u>径9ｍｍ以上の鉄筋<u>又はこれらと同等以上に引張力を負担することができる材料として国土交通大臣が定めたもの若しくは国土交通大臣の認定を受けたもの</u>を使用したものとしなければならない。
2　圧縮力を負担する筋かいは、厚さ３ｃｍ以上で幅9ｃｍ以上の木材又は<u>これと同等以上に圧縮力を負担することができる材料として国土交通大臣が定めたもの若しくは国土交通大臣の認定を受けたもの</u>を使用したものとしなければならない。
3　筋かいは、その両端の端部を、<u>柱又ははりその他の横架材に、</u>ボルト、かすがい、くぎその他の金物で緊結しなければならない。<u>この場合において、そのいずれか一方の端部を緊結する位置は、当該柱と当該横架材との仕口の部分でなければならない。</u>
4　筋かいには、欠込みをしてはならない。ただし、筋かいをたすき掛けにするためにやむを得ない場合において、必要な補強を<u>行つた</u>ときは、この限りでない。

[現行]　第46条　（構造耐力上必要な軸組等）

制定：昭和25年政令第338号　　施行：昭和25年11月23日
第46条　（構造耐力上必要な軸組等）

1　構造耐力上主要な部分である壁、柱及び横架材を木造とした建築物にあつては、すべての方向の水平力に対して安全であるように、各階の張り間方向及びけた行方向に、それぞれ壁又は筋かいを入れた軸組をつりあいよく配置しなければならない。但し、方づえ、控柱又は控壁があつて構造耐力上支障がない場合においては、この限りでない。
2　床組及び小屋ばり組の隅角には火打材を使用し、小屋組には振れ止めを設けなければならない。
3　階数が２以上又は延べ面積が50㎡をこえる木造の建築物においては、第１項の規定によつて各階の張り間方向及びけた行方向に配置する壁又は筋かいを入れた軸組の長さは、その階の床面積1㎡につき、それぞれ下の表に掲げる数値以上としなければならない。但し、特定行政庁が第88条第３項の規定によつて水平震度を0.3以上と指定した区域内における場合においては、その数値のそれぞれ２倍以上としなければならない。

階 建築物	最上階又は階数が１の建築物 （単位　cm）	最上階の直下階 （単位　cm）	その他の階 （単位　cm）
第43条第１項の表の（１）又は（３）に該当する場合	12	16	20
第43条第１項の表の（２）に該当する場合	8	12	16

4　前項の規定による軸組の長さのうち、その２分の１以上は、筋かいを入れた軸組でなければならない。
5　前２項の規定の適用に関しては、下の表に掲げる軸組は、その長さに（１）から（７）までに掲げるそれぞれの倍率を乗じて得た数値の長さを有するものとみなす。

軸　　組　　の　　種　　類		倍　　率
（１）	軸組の柱の五つ割以上の木材又は径９ｍｍ以上の鉄筋若しくはこれと同等の強度を有するその他の鉄材の筋かいを入れた軸組	1
（２）	軸組の柱の三つ割以上の木材又は径12ｍｍ以上の鉄筋若しくはこれと同等の強度を有するその他の鉄材の筋かいを入れた軸組	2
（３）	軸組の柱の二つ割以上の木材又は径16ｍｍ以上の鉄筋若しくはこれと同等の強度を有するその他の鉄材の筋かいを入れた軸組	3
（４）	軸組の柱と同じ寸法の木材の筋かいを入れた軸組	4

令46条 制定：昭和25年政令第338号

（5）	（1）から（4）までに掲げる筋かいをたすき掛けに入れた軸組	（1）から（4）までのそれぞれの数値の2倍
（6）	土塗壁、木ずりしつくい壁又はこれらに類する壁を設けた軸組	0.5
（7）	（1）から（5）までに掲げる筋かいと（6）に掲げる壁とを併用した軸組	（1）から（5）までのそれぞれの数値と（6）の数値との和

改正：昭和26年政令第371号　　施行：昭和26年12月7日

第46条　（構造耐力上必要な軸組等）

1～4　略

5　前2項の規定の適用に関しては、下の表に掲げる軸組は、その長さに（1）から（7）までに掲げるそれぞれの倍率を乗じて得た数値の長さを有するものとみなす。

軸　組　の　種　類	倍　率
（1）～（5）　略	
（6）	土塗壁で裏返塗りをしたもの、木ずりしつくい壁又はこれらに類する壁を設けた軸組	0.5
（7）　略	

改正：昭和34年政令第344号　　施行：昭和34年12月23日

第46条　（構造耐力上必要な軸組等）

1　構造耐力上主要な部分である壁、柱及び横架材を木造とした建築物にあつては、すべての方向の水平力に対して安全であるように、各階の張り間方向及びけた行方向に、それぞれ壁を設け又は筋かいを入れた軸組をつりあいよく配置しなければならない。ただし、方づえ（その接着する柱が添木等によつて補強されているものに限る。）、控柱又は控壁があつて構造耐力上支障がない場合においては、この限りでない。

2　床組及び小屋ばり組の隅（ぐう）角には火打材を使用し、小屋組には振れ止めを設けなければならない。

3　階数が2以上又は延べ面積が50㎡をこえる木造の建築物においては、第1項の規定によつて各階の張り間方向及びけた行方向に配置する壁を設け又は筋かいを入れた軸組は、それぞれの方向につき、次の表1の軸組の種類の欄に掲げる区分に応じて当該軸組の長さに同表の倍率の欄に掲げる数値を乗じて得た長さの合計を、その階の床面積1㎡につき次の表2に掲げる数値以上としなければならない。ただし、特定行政庁が第88条第3項の規定によつて水平震度を0.3以上と指定した区域内における場合においては、その数値のそれぞれ1.5倍以上としなければならない。

　　1　［表改定］

	軸　組　の　種　類	倍　率
（1）	土塗壁で裏返塗りをしないものを設けた軸組	0.5
（2）	土塗壁で裏返塗りをしたもの又はこれに類する壁を設けた軸組	1
（3）	木ずりその他これに類するものを柱及び間柱の片面に打ちつけた壁を設けた軸組	1.5
（4）	軸組の柱の三つ割の木材若しくは径12mmの鉄筋又はこれらと同等以上の耐力を有する筋かいを入れた軸組	3
（5）	軸組の柱と同寸の木材の筋かいを入れた軸組	4.5
（6）	（2）から（4）までに掲げる筋かいをたすき掛けに入れた軸組	（2）から（4）までのそれぞれの数値の2倍
（7）	（5）に掲げる筋かいをたすき掛けに入れた軸組	6
（8）	（1）から（4）までに掲げる壁と（2）から（7）までに掲げる筋かいとを併用した軸組	（1）から（4）までのそれぞれの数値と（2）から（7）までのそれぞれの数値との和

2 ［表新設］

	最上階又は階数が1の建築物 （単位　cm）	最上階の直下階 （単位　cm）	その他の階 （単位　cm）
第43条第1項の表の(1)又は(3)に掲げる建築物	15	24	33
第43条第1項の表の(2)に掲げる建築物	12	21	30

改正：昭和45年政令第333号　　施行：昭和46年1月1日

第46条　（構造耐力上必要な軸組等）

1・2　略
3　階数が2以上又は延べ面積が50㎡をこえる木造の建築物においては、第1項の規定によつて各階の張り間方向及びけた行方向に配置する壁を設け又は筋かいを入れた軸組は、それぞれの方向につき、次の表1の軸組の種類の欄に掲げる区分に応じて当該軸組の長さに同表の倍率の欄に掲げる数値を乗じて得た長さの合計を、その階の床面積に次の表2に掲げる数値（特定行政庁が第88条第3項の規定によつて水平震度を0.3以上と指定した区域内における場合においては、表2に掲げる数値のそれぞれ1.5倍以上とした数値）を乗じて得た数値以上で、かつ、その階（その階より上の階がある場合においては、当該上の階を含む。）の見付面積（張り間方向又はけた行方向の鉛直投影面積をいう。以下同じ。）に次の表3に掲げる数値を乗じて得た数値以上としなければならない。

1　［表　略］
2

建築物＼階	最上階又は階数が1の建築物 （単位　cm／㎡）	最上階の直下階 （単位　cm／㎡）	その他の階 （単位　cm／㎡）
第43条第1項の表の（1）又は（3）に掲げる建築物	15	24	33
第43条第1項の表の（2）に掲げる建築物	12	21	30

3　［表新設］

	階	見付面積に乗ずる数値 （単位　cm／㎡）
（1）	最上階又は階数が1の建築物	30
（2）	その他の階	45

改正：昭和55年政令第196号　　施行：昭和56年6月1日

第46条　（構造耐力上必要な軸組等）

1　略
2　床組及び小屋ばり組の隅（ぐう）角には火打材を使用し、小屋組には振れ止めを設けなければならない。ただし、構造計算又は実験によつて構造耐力上安全であることが確かめられた場合においては、この限りでない。
3　階数が2以上又は延べ面積が50㎡を超える木造の建築物においては、第1項の規定によつて各階の張り間方向及びけた行方向に配置する壁を設け又は筋かいを入れた軸組は、それぞれの方向につき、次の表1の軸組の種類の欄に掲げる区分に応じて当該軸組の長さに同表の倍率の欄に掲げる数値を乗じて得た長さの合計

令46条 改正：昭和55年政令第196号

を、その階の床面積に次の表2に掲げる数値（特定行政庁が第88条第2項の規定によつて指定した区域内における場合においては、表2に掲げる数値のそれぞれ1.5倍とした数値）を乗じて得た数値以上で、かつ、その階（その階より上の階がある場合においては、当該上の階を含む。）の見付面積（張り間方向又はけた行方向の鉛直投影面積をいう。以下同じ。）からその階の床面からの高さが1.35m以下の部分の見付面積を減じたものに次の表3に掲げる数値を乗じて得た数値以上としなければならない。

1 ［表改定］

	軸組の種類	倍率
（1）	土塗壁又は木ずりその他これに類するものを柱及び間柱の片面に打ち付けた壁を設けた軸組	0.5
（2）	木ずりその他これに類するものを柱及び間柱の両面に打ち付けた壁を設けた軸組 厚さ1.5cmで幅9cmの木材若しくは径9mmの鉄筋又はこれらと同等以上の耐力を有する筋かいを入れた軸組	1
（3）	厚さ3cmで幅9cmの木材又はこれと同等以上の耐力を有する筋かいを入れた軸組	1.5
（4）	厚さ4.5cmで幅9cmの木材又はこれと同等以上の耐力を有する筋かいを入れた軸組	2
（5）	9cm角の木材又はこれと同等以上の耐力を有する筋かいを入れた軸組	3
（6）	（2）から（4）までに掲げる筋かいをたすき掛けに入れた軸組	（2）から（4）までのそれぞれの数値の2倍
（7）	（5）に掲げる筋かいをたすき掛けに入れた軸組	5
（8）	その他建設大臣が（1）から（7）までに掲げる軸組と同等以上の耐力を有するものと認めて定める軸組	0.5から5までの範囲内において建設大臣が定める数値
（9）	（1）又は（2）に掲げる壁と（2）から（6）までに掲げる筋かいとを併用した軸組	（1）又は（2）のそれぞれの数値と（2）から（6）までのそれぞれの数値との和

2 ［表改定］

建築物	階の床面積に乗ずる数値（単位 cm/㎡）					
	階数が1の建築物	階数が2の建築物の1階	階数が2の建築物の2階	階数が3の建築物の1階	階数が3の建築物の2階	階数が3の建築物の3階
第43条第1項の表の（1）又は（3）に掲げる建築物	15	33	21	50	39	24
第43条第1項の表の（2）に掲げる建築物	11	29	15	46	34	18

この表における階数の算定については、地階の部分の階数は、算入しないものとする。

3 ［表改定］

	区域	見付面積に乗ずる数値（単位 cm/㎡）
（1）	特定行政庁がその地方における過去の風の記録を考慮してしばしば強い風が吹くと認めて規則で指定する区域	50を超え、75以下の範囲内において特定行政庁がその地方における風の状況に応じて規則で定める数値

| （2） | （1）に掲げる区域以外の区域 | 50 |

改正：昭和62年政令第348号　　　施行：昭和62年11月16日
第46条　（構造耐力上必要な軸組等）
1　構造耐力上主要な部分である壁、柱及び横架材を木造とした建築物にあつては、すべての方向の水平力に対して安全であるように、各階の張り間方向及びけた行方向に、それぞれ壁を設け又は筋かいを入れた軸組を釣合い良く配置しなければならない。
2　前項の規定は、次の各号の一に該当する木造の建築物又は建築物の構造部分については、適用しない。
　一　次のイからホまでに掲げる基準に適合するもの
　　イ　構造耐力上主要な部分である柱及び横架材（間柱、小ばりその他これらに類するものを除く。以下この号において同じ。）に使用する集成材その他の木材の品質が、当該柱及び横架材の強度及び耐久性に関し建設大臣の定める基準に適合していること。
　　ロ　構造耐力上主要な部分である柱の脚部が、一体の鉄筋コンクリート造の布基礎に緊結している土台に緊結し、又は鉄筋コンクリート造の基礎に緊結していること。
　　ハ　構造耐力上主要な部分である柱及び横架材が次に掲げる基準に適合していること。ただし、2以上の部材を組み合わせるものであつて、構造計算又は実験によつて構造耐力上安全であることが確かめられたものについては、この限りでない。
　　　（1）　小径が15cm以上であること。
　　　（2）　木材の繊維方向と直交する断面の面積が300cm²以上であること。
　　ニ　構造耐力上主要な部分である継手又は仕口が、構造計算又は実験によつてその部分の存在応力を伝えるように緊結していることが確かめられたものであること。
　　ホ　イからニまでに掲げるもののほか、建設大臣の定める基準に従つた構造計算によつて、構造耐力上安全であることが確かめられた構造であること。
　二　方づえ（その接着する柱が添木等によつて補強されているものに限る。）、控柱又は控壁があつて構造耐力上支障がないもの
3　床組及び小屋ばり組の隅角には火打材を使用し、小屋組には振れ止めを設けなければならない。ただし、構造計算又は実験によつて構造耐力上安全であることが確かめられた場合においては、この限りでない。
4　階数が2以上又は延べ面積が50m²を超える木造の建築物においては、第1項の規定によつて各階の張り間方向及びけた行方向に配置する壁を設け又は筋かいを入れた軸組は、それぞれの方向につき、次の表1の軸組の種類の欄に掲げる区分に応じて当該軸組の長さに同表の倍率の欄に掲げる数値を乗じて得た長さの合計を、その階の床面積に次の表2に掲げる数値（特定行政庁が第88条第2項の規定によつて指定した区域内における場合においては、表2に掲げる数値のそれぞれ1.5倍とした数値）を乗じて得た数値以上で、かつ、その階（その階より上の階がある場合においては、当該上の階を含む。）の見付面積（張り間方向又はけた行方向の鉛直投影面積をいう。以下同じ。）からその階の床面からの高さが1.35m以下の部分の見付面積を減じたものに次の表3に掲げる数値を乗じて得た数値以上としなければならない。
　1～3　［表　略］

改正：平成12年政令第211号　　　施行：平成12年6月1日
第46条　（構造耐力上必要な軸組等）
1　略
2　前項の規定は、次の各号のいずれかに該当する木造の建築物又は建築物の構造部分については、適用しない。
　一　次に掲げる基準に適合するもの
　　イ・ロ　略
　　ハ　イ及びロに掲げるもののほか、建設大臣が定める基準に従つた構造計算によつて、構造耐力上安全であることが確かめられた構造であること。
　二　略
3　床組及び小屋ばり組の隅角には火打材を使用し、小屋組には振れ止めを設けなければならない。ただし、

令46条　改正：平成12年政令第211号

建設大臣が定める基準に従つた構造計算によつて構造耐力上安全であることが確かめられた場合においては、この限りでない。

4　階数が2以上又は延べ面積が50㎡を超える木造の建築物においては、第1項の規定によつて各階の張り間方向及びけた行方向に配置する壁を設け又は筋かいを入れた軸組を、それぞれの方向につき、次の表1の軸組の種類の欄に掲げる区分に応じて当該軸組の長さに同表の倍率の欄に掲げる数値を乗じて得た長さの合計が、その階の床面積（その階又は上の階の小屋裏、天井裏その他これらに類する部分に物置等を設ける場合にあつては、当該物置等の床面積及び高さに応じて建設大臣が定める面積をその階の床面積に加えた面積）に次の表2に掲げる数値（特定行政庁が第88条第2項の規定によつて指定した区域内における場合においては、表2に掲げる数値のそれぞれ1.5倍とした数値）を乗じて得た数値以上で、かつ、その階（その階より上の階がある場合においては、当該上の階を含む。）の見付面積（張り間方向又はけた行方向の鉛直投影面積をいう。以下同じ。）からその階の床面からの高さが1.35m以下の部分の見付面積を減じたものに次の表3に掲げる数値を乗じて得た数値以上となるように、建設大臣が定める基準に従つて設置しなければならない。

1

	軸組の種類	倍率
(1)	略	略
(2)	木ずりその他これに類するものを柱及び間柱の両面に打ち付けた壁を設けた軸組 厚さ1.5cm以上で幅9cm以上の木材又は径9mm以上の鉄筋の筋かいを入れた軸組	1
(3)	厚さ3cm以上で幅9cm以上の木材の筋かいを入れた軸組	1.5
(4)	厚さ4.5cm以上で幅9cm以上の木材の筋かいを入れた軸組	2
(5)	9cm角以上の木材の筋かいを入れた軸組	3
(6)・(7)	略	略
(8)	その他(1)から(7)までに掲げる軸組と同等以上の耐力を有するものとして建設大臣が定めた構造方法を用いるもの又は建設大臣の認定を受けたもの	0.5から5までの範囲内において建設大臣が定める数値
(9)	略	略

2・3　［表　略］

改正：平成12年政令第312号　　　施行：平成13年1月6日
第46条　（構造耐力上必要な軸組等）

1　略
2　前項の規定は、次の各号のいずれかに該当する木造の建築物又は建築物の構造部分については、適用しない。
　一　次に掲げる基準に適合するもの
　　イ　構造耐力上主要な部分である柱及び横架材（間柱、小ばりその他これらに類するものを除く。以下この号において同じ。）に使用する集成材その他の木材の品質が、当該柱及び横架材の強度及び耐久性に関し国土交通大臣の定める基準に適合していること。
　　ロ　略
　　ハ　イ及びロに掲げるもののほか、国土交通大臣が定める基準に従つた構造計算によつて、構造耐力上安全であることが確かめられた構造であること。
　二　略
3　床組及び小屋ばり組の隅角には火打材を使用し、小屋組には振れ止めを設けなければならない。ただし、国土交通大臣が定める基準に従つた構造計算によつて構造耐力上安全であることが確かめられた場合においては、この限りでない。
4　階数が2以上又は延べ面積が50㎡を超える木造の建築物においては、第1項の規定によつて各階の張り間方向及びけた行方向に配置する壁を設け又は筋かいを入れた軸組を、それぞれの方向につき、次の表1の軸組の種類の欄に掲げる区分に応じて当該軸組の長さに同表の倍率の欄に掲げる数値を乗じて得た長さの合計

が、その階の床面積（その階又は上の階の小屋裏、天井裏その他これらに類する部分に物置等を設ける場合にあつては、当該物置等の床面積及び高さに応じて国土交通大臣が定める面積をその階の床面積に加えた面積）に次の表２に掲げる数値（特定行政庁が第88条第２項の規定によつて指定した区域内における場合においては、表２に掲げる数値のそれぞれ1.5倍とした数値）を乗じて得た数値以上で、かつ、その階（その階より上の階がある場合においては、当該上の階を含む。）の見付面積（張り間方向又はけた行方向の鉛直投影面積をいう。以下同じ。）からその階の床面からの高さが1.35m以下の部分の見付面積を減じたものに次の表３に掲げる数値を乗じて得た数値以上となるように、国土交通大臣が定める基準に従つて設置しなければならない。

1

	軸　組　の　種　類	倍　率
(1)～(7)	略	略
(8)	その他(1)から(7)までに掲げる軸組と同等以上の耐力を有するものとして国土交通大臣が定めた構造方法を用いるもの又は国土交通大臣の認定を受けたもの	0.5から5までの範囲内において国土交通大臣が定める数値
(9)	略	略

2・3　[略]

改正：平成28年政令第6号　　　施行：平成28年6月1日

第46条　（構造耐力上必要な軸組等）

1・2　略

3　床組及び小屋ばり組には木板その他これに類するものを国土交通大臣が定める基準に従つて打ち付け、小屋組には振れ止めを設けなければならない。ただし、国土交通大臣が定める基準に従つた構造計算によつて構造耐力上安全であることが確かめられた場合においては、この限りでない。

4　階数が２以上又は延べ面積が50㎡を超える木造の建築物においては、第１項の規定によつて各階の張り間方向及びけた行方向に配置する壁を設け又は筋かいを入れた軸組を、それぞれの方向につき、次の表１の軸組の種類の欄に掲げる区分に応じて当該軸組の長さに同表の倍率の欄に掲げる数値を乗じて得た長さの合計が、その階の床面積（その階又は上の階の小屋裏、天井裏その他これらに類する部分に物置等を設ける場合にあつては、当該物置等の床面積及び高さに応じて国土交通大臣が定める面積をその階の床面積に加えた面積）に次の表２に掲げる数値（特定行政庁が第88条第２項の規定によつて指定した区域内における場合においては、表２に掲げる数値のそれぞれ1.5倍とした数値）を乗じて得た数値以上で、かつ、その階（その階より上の階がある場合においては、当該上の階を含む。）の見付面積（張り間方向又はけた行方向の鉛直投影面積をいう。以下同じ。）からその階の床面からの高さが1.35m以下の部分の見付面積を減じたものに次の表３に掲げる数値を乗じて得た数値以上となるように、国土交通大臣が定める基準に従つて設置しなければならない。

1

	軸　組　の　種　類	倍　率
(1)	土塗壁又は木ずりその他これに類するものを柱及び間柱の片面に打ち付けた壁を設けた軸組	0.5
(2)	木ずりその他これに類するものを柱及び間柱の両面に打ち付けた壁を設けた軸組 厚さ1.5ｃｍ以上で幅９ｃｍ以上の木材又は径9ｍｍ以上の鉄筋の筋かいを入れた軸組	1
(3)	厚さ3ｃｍ以上で幅９ｃｍ以上の木材の筋かいを入れた軸組	1.5
(4)	厚さ4.5ｃｍ以上で幅９ｃｍ以上の木材の筋かいを入れた軸組	2
(5)	9ｃｍ角以上の木材の筋かいを入れた軸組	3
(6)	(2)から(4)までに掲げる筋かいをたすき掛けに入れた軸組	(2)から(4)までのそれぞれの数値の2倍
(7)	(5)に掲げる筋かいをたすき掛けに入れた軸組	5

令46条 改正：平成28年政令第6号

(6)	(2)から(4)までに掲げる筋かいをたすき掛けに入れた軸組	(2)から(4)までのそれぞれの数値の2倍
(7)	(5)に掲げる筋かいをたすき掛けに入れた軸組	5
(8)	その他(1)から(7)までに掲げる軸組と同等以上の耐力を有するものとして国土交通大臣が定めた構造方法を用いるもの又は国土交通大臣の認定を受けたもの	0.5から5までの範囲内において国土交通大臣が定める数値
(9)	(1)又は(2)に掲げる壁と(2)から(6)までに掲げる筋かいとを併用した軸組	(1)又は(2)のそれぞれの数値と(2)から(6)までのそれぞれの数値との和

2

建築物	階の床面積に乗ずる数値　（単位　cm／㎡）					
	階数が1の建築物	階数が2の建築物の1階	階数が2の建築物の2階	階数が3の建築物の1階	階数が3の建築物の2階	階数が3の建築物の3階
第43条第1項の表の(1)又は(3)に掲げる建築物	15	33	21	50	39	24
第43条第1項の表の(2)に掲げる建築物	11	29	15	46	34	18

この表における階数の算定については、地階の部分の階数は、算入しないものとする。

3

	区域	見付面積に乗ずる数値（単位　cm／㎡）
(1)	特定行政庁がその地方における過去の風の記録を考慮してしばしば強い風が吹くと認めて規則で指定する区域	50を超え、75以下の範囲内において特定行政庁がその地方における風の状況に応じて規則で定める数値
(2)	(1)に掲げる区域以外の区域	50

改正：令和6年政令第172号　　　施行：令和7年4月1日
第46条　（構造耐力上必要な軸組等）

1　構造耐力上主要な部分である壁、柱及び横架材を木造とした建築物にあつては、<u>全て</u>の方向の水平力に対して安全であるように、各階の張り間方向及び<u>桁行方向</u>に、それぞれ壁を設け又は筋かいを入れた軸組を釣合い良く配置しなければならない。

2　前項の規定は、次の各号のいずれかに該当する木造の建築物又は建築物の構造部分については、適用しない。
　一　次に掲げる基準に適合するもの
　　イ　構造耐力上主要な部分である柱及び横架材（間柱、小ばりその他これらに類するものを除く。以下この号において同じ。）に使用する集成材その他の木材の品質が、当該柱及び横架材の強度及び耐久性に関し国土交通大臣の定める基準に適合していること。
　　ロ　構造耐力上主要な部分である柱の脚部が、一体の鉄筋コンクリート造の布基礎に緊結している土台に緊結し、又は鉄筋コンクリート造の基礎に緊結していること。
　　ハ　イ及びロに掲げるもののほか、国土交通大臣が定める基準に従つた構造計算によつて、構造耐力上安全であることが確かめられた構造であること。
　二　方づえ（その接着する柱が<u>添木</u>その他これに類するものによつて補強されているものに限る。）、控柱

又は控壁があつて構造耐力上支障がないもの
3　床組及び小屋ばり組には木板その他これに類するものを国土交通大臣が定める基準に従つて打ち付け、小屋組には振れ止めを設けなければならない。ただし、国土交通大臣が定める基準に従つた構造計算によつて構造耐力上安全であることが確かめられた場合においては、この限りでない。
4　階数が2以上又は延べ面積が50m²を超える木造の建築物においては、第1項の規定により配置する軸組は、当該建築物の各階に作用する水平力により構造耐力上支障のある変形又は破壊が生じないよう木材、鉄筋その他必要な強度を有する材料を使用した壁又は筋かいが有効に設けられたものとして国土交通大臣が定めた構造方法を用いるもの又は国土交通大臣の認定を受けたものを、当該建築物が地震及び風圧に対して構造耐力上安全なものとなるように国土交通大臣が定める基準に従つて設置するものでなければならない。

[現行]　第47条　（構造耐力上主要な部分である継手又は仕口）

制定：昭和25年政令第338号　　施行：昭和25年11月23日
第47条　（構造耐力上主要な部分である継手又は仕口）
1　構造耐力上主要な部分である継手又は仕口は、ボルト締、かすがい打、込みせん打その他これらに類する構造方法によりその部分の存在応力を伝えるように緊結しなければならない。

改正：昭和34年政令第344号　　施行：昭和34年12月23日
第47条　（構造耐力上主要な部分である継手又は仕口）
1　構造耐力上主要な部分である継手又は仕口は、ボルト締、かすがい打、込み栓（せん）打その他これらに類する構造方法によりその部分の存在応力を伝えるように緊結しなければならない。

改正：昭和45年政令第333号　　施行：昭和46年1月1日
第47条　（構造耐力上主要な部分である継手又は仕口）
1　略
2　前項の規定によるボルト締には、ボルトの径に応じ有効な大きさと厚さを有する座金を使用しなければならない。

改正：昭和55年政令第196号　　施行：昭和56年6月1日
第47条　（構造耐力上主要な部分である継手又は仕口）
1　構造耐力上主要な部分である継手又は仕口は、ボルト締、かすがい打、込み栓（せん）打その他これらに類する構造方法によりその部分の存在応力を伝えるように緊結しなければならない。この場合において、横架材の丈が大きいこと、柱と鉄骨の横架材とが剛に接合していること等により柱に構造耐力上支障のある局部応力が生ずるおそれがあるときは、当該柱を添木等によつて補強しなければならない。
2　略

改正：昭和62年政令第348号　　施行：昭和62年11月16日
第47条　（構造耐力上主要な部分である継手又は仕口）
1　構造耐力上主要な部分である継手又は仕口は、ボルト締、かすがい打、込み栓打その他の構造方法によりその部分の存在応力を伝えるように緊結しなければならない。この場合において、横架材の丈が大きいこと、柱と鉄骨の横架材とが剛に接合していること等により柱に構造耐力上支障のある局部応力が生ずるおそれがあるときは、当該柱を添木等によつて補強しなければならない。
2　略

令47条　改正：平成12年政令第211号

改正：平成12年政令第211号　　　施行：平成12年６月１日
第47条　（構造耐力上主要な部分である継手又は仕口）

　１　構造耐力上主要な部分である継手又は仕口は、ボルト締、かすがい打、込み栓打その他の建設大臣が定める構造方法によりその部分の存在応力を伝えるように緊結しなければならない。この場合において、横架材の丈が大きいこと、柱と鉄骨の横架材とが剛に接合していること等により柱に構造耐力上支障のある局部応力が生ずるおそれがあるときは、当該柱を添木等によつて補強しなければならない。
　２　略

改正：平成12年政令第312号　　　施行：平成13年１月６日
第47条　（構造耐力上主要な部分である継手又は仕口）

　１　構造耐力上主要な部分である継手又は仕口は、ボルト締、かすがい打、込み栓打その他の国土交通大臣が定める構造方法によりその部分の存在応力を伝えるように緊結しなければならない。この場合において、横架材の丈が大きいこと、柱と鉄骨の横架材とが剛に接合していること等により柱に構造耐力上支障のある局部応力が生ずるおそれがあるときは、当該柱を添木等によつて補強しなければならない。
　２　前項の規定によるボルト締には、ボルトの径に応じ有効な大きさと厚さを有する座金を使用しなければならない。

［現行］　第48条　削除

［削除条文］

制定：昭和25年政令第338号　　　施行：昭和25年11月23日
第48条　（小学校又は中学校の木造の校舎）

　１　小学校又は中学校における壁、柱及び横架材を木造とした校舎は、日本建築規格「木造小学校（建築1302）」第12条又は「木造中学校（建築1303）」第13条に適合する場合を除く外、下の各号に定めるところによらなければならない。但し、特殊な構造方法による校舎又は教室その他の室の規模が小さい校舎で、特定行政庁が、これらの規格又は各号の規定による場合と同等以上の耐力を有すると認めるものについては、この限りでない。
　一　外壁には、第46条第５項の表の（３）に掲げる筋かいを使用すること。
　二　けた行が12mをこえる場合においては、けた行方向の間隔12m以内ごとに第46条第５項の表の（３）に掲げる筋かいを使用した通し壁の間仕切壁を設けること。但し、これと同等以上の耐力を有するように控柱又は控壁を適当な間隔に設けた場合においては、この限りでない。
　三　けた行方向の間隔２m（屋内運動場その他規模が大きい室においては、４m）以内ごとに柱、はり及び小屋組を配置し、柱の二つ割以上の方づえを使用して、柱とはり又は小屋組とを緊結すること。
　四　構造耐力上主要な部分である柱は、15ｃm角以上又はこれと同等の強度を有するものとすること。

改正：昭和31年政令第185号　　　施行：昭和31年７月１日
第48条　（学校の木造の校舎）

　１　学校における壁、柱及び横架材を木造とした校舎は、日本工業規格Ａ3301（木造学校建物）に適合する場合を除く外、下の各号に定めるところによらなければならない。但し、特殊な構造方法による校舎又は教室その他の室の床面積が50㎡以下の校舎で、特定行政庁が、当該規格又各号の規定による場合と同等以上の耐力を有すると認めるものについては、この限りでない。
　一～三　略
　四　構造耐力上主要な部分である柱は、２階建の２階若しくは平屋建にあつては13.5ｃm角以上、２階建の１階にあつては15ｃm角以上（２本の柱を合わせて用いる場合においては、それぞれ13.5ｃm角以上）又はこれらと同等の強度を有するものとすること。

改正：昭和34年政令第344号　　　施行：昭和34年12月23日
第48条　（学校の木造の校舎）

1　学校における壁、柱及び横架材を木造とした校舎は、日本工業規格Ａ3301（木造学校建物）に適合する場合を除く外、次の各号に定めるところによらなければならない。ただし、特殊な構造方法による校舎又は教室その他の室の床面積が50㎡以下の校舎で、特定行政庁が、当該規格又は各号の規定による場合と同等以上の耐力を有すると認めるものについては、この限りでない。
　一　外壁には、第46条第３項の表１の（４）に掲げる筋かいを使用すること。
　二　けた行が12mをこえる場合においては、けた行方向の間隔12m以内ごとに第46条第３項の表１の（４）に掲げる筋かいを使用した通し壁の間仕切壁を設けること。ただし、これと同等以上の耐力を有するように控柱又は控壁を適当な間隔に設けた場合においては、この限りでない。
　三　けた行方向の間隔２ｍ（屋内運動場その他規模が大きい室においては、４ｍ）以内ごとに柱、はり及び小屋組を配置し、柱とはり又は小屋組とを緊結すること。
　四　構造耐力上主要な部分である柱は、13.5ｃｍ角のもの（２階建の１階の柱で、張り間方向又はけた行方向に相互の間隔が４ｍ以上のものについては、13.5ｃｍ角の柱を２本合わせて用いたもの又は15ｃｍ角のもの）又はこれと同等以上の耐力を有するものとすること。

改正：昭和39年政令第４号　　　施行：昭和39年１月15日
第48条　（学校の木造の校舎）

1　学校における壁、柱及び横架材を木造とした校舎は、日本工業規格Ａ3301（木造校舎の構造設計標準）に適合する場合を除く外、次の各号に定めるところによらなければならない。ただし、特殊な構造方法による校舎又は教室その他の室の床面積が50㎡以下の校舎で、特定行政庁が、当該規格又は各号の規定による場合と同等以上の耐力を有すると認めるものについては、この限りでない。
　一～四　略

改正：昭和45年政令第333号　　　施行：昭和46年１月１日
第48条　（学校の木造の校舎）

1　学校における壁、柱及び横架材を木造とした校舎は、建設大臣の指定する日本工業規格に適合する場合を除くほか、次の各号に定めるところによらなければならない。ただし、特殊な構造方法による校舎又は教室その他の室の床面積が50㎡以下の校舎で、特定行政庁が、当該規格又は各号の規定による場合と同等以上の耐力を有すると認めるものについては、この限りでない。
　一～四　略

改正：昭和55年政令第196号　　　施行：昭和56年６月１日
第48条　（学校の木造の校舎）

1　学校における壁、柱及び横架材を木造とした校舎は、建設大臣の指定する日本工業規格に適合する場合を除くほか、次の各号に定めるところによらなければならない。ただし、特殊な構造方法による校舎又は教室その他の室の床面積が50㎡以下の校舎で、特定行政庁が、当該規格又は各号の規定による場合と同等以上の耐力を有すると認めるものについては、この限りでない。
　一　外壁には、第46条第３項の表１の（５）に掲げる筋かいを使用すること。
　二　けた行が12mを超える場合においては、けた行方向の間隔12m以内ごとに第46条第３項の表１の（５）に掲げる筋かいを使用した通し壁の間仕切壁を設けること。ただし、これと同等以上の耐力を有するように控柱又は控壁を適当な間隔に設けた場合においては、この限りでない。
　三・四　略

改正：昭和62年政令第348号　　　施行：昭和62年11月16日
第48条　（学校の木造の校舎）

1　学校における壁、柱及び横架材を木造とした校舎は、次に掲げるところによらなければならない。
　一　外壁には、第46条第4項の表1の（5）に掲げる筋かいを使用すること。
　二　けた行が12mを超える場合においては、けた行方向の間隔12m以内ごとに第46条第4項の表1の（5）に掲げる筋かいを使用した通し壁の間仕切壁を設けること。ただし、これと同等以上の耐力を有するように控柱又は控壁を適当な間隔に設けた場合においては、この限りでない。
　三・四　略
2　前項の規定は、次の各号の一に該当する校舎については、適用しない。
　一　第46条第2項第一号イからホまでに掲げる基準に適合するもの
　二　建設大臣の指定する日本工業規格に適合するもの
　三　特殊な構造方法による校舎又は教室その他の室の床面積が50㎡以下の校舎で、特定行政庁が、前項各号の規定又は前号の規格による場合と同等以上の耐力を有すると認めるもの

改正：平成12年政令第211号　　　施行：平成12年6月1日
第48条　（学校の木造の校舎）

1　学校における壁、柱及び横架材を木造とした校舎は、次に掲げるところによらなければならない。
　一　略
　二　けた行が12mを超える場合においては、けた行方向の間隔12m以内ごとに第46条第4項の表1の（5）に掲げる筋かいを使用した通し壁の間仕切壁を設けること。ただし、控柱又は控壁を適当な間隔に設け、建設大臣が定める基準に従つた構造計算によつて構造耐力上安全であることが確かめられた場合においては、この限りでない。
　三　略
　四　構造耐力上主要な部分である柱は、13.5cm角以上のもの（2階建ての1階の柱で、張り間方向又はけた行方向に相互の間隔が4m以上のものについては、13.5cm角以上の柱を2本合わせて用いたもの又は15cm角以上のもの）とすること。
2　前項の規定は、次の各号のいずれかに該当する校舎については、適用しない。
　一　第46条第2項第一号に掲げる基準に適合するもの
　二　建設大臣が指定する日本工業規格に適合するもの

改正：平成12年政令第312号　　　施行：平成13年1月6日
第48条　（学校の木造の校舎）

1　学校における壁、柱及び横架材を木造とした校舎は、次に掲げるところによらなければならない。
　一　略
　二　けた行が12mを超える場合においては、けた行方向の間隔12m以内ごとに第46条第4項の表1の（5）に掲げる筋かいを使用した通し壁の間仕切壁を設けること。ただし、控柱又は控壁を適当な間隔に設け、国土交通大臣が定める基準に従つた構造計算によつて構造耐力上安全であることが確かめられた場合においては、この限りでない。
　三・四　略
2　前項の規定は、次の各号のいずれかに該当する校舎については、適用しない。
　一　略
　二　国土交通大臣が指定する日本工業規格に適合するもの

改正：令和元年政令第44号　　　施行：令和元年7月1日
第48条　（学校の木造の校舎）

1　学校における壁、柱及び横架材を木造とした校舎は、次に掲げるところによらなければならない。
　一　外壁には、第46条第4項の表1の（5）に掲げる筋かいを使用すること。

二　桁行が12mを超える場合においては、桁行方向の間隔12m以内ごとに第46条第４項の表１の（５）に掲げる筋かいを使用した通し壁の間仕切壁を設けること。ただし、控柱又は控壁を適当な間隔に設け、国土交通大臣が定める基準に従つた構造計算によつて構造耐力上安全であることが確かめられた場合においては、この限りでない。
三　桁行方向の間隔２ｍ（屋内運動場その他規模が大きい室においては、４ｍ）以内ごとに柱、はり及び小屋組を配置し、柱とはり又は小屋組とを緊結すること。
四　構造耐力上主要な部分である柱は、13.5ｃｍ角以上のもの（２階建ての１階の柱で、張り間方向又は桁行方向に相互の間隔が４ｍ以上のものについては、13.5ｃｍ角以上の柱を２本合わせて用いたもの又は15ｃｍ角以上のもの）とすること。
２　前項の規定は、次の各号のいずれかに該当する校舎については、適用しない。
一　第46条第２項第一号に掲げる基準に適合するもの
二　国土交通大臣が指定する日本産業規格に適合するもの

改正：令和６年政令第172号　　　施行：令和７年４月１日
旧　第48条　（学校の木造の校舎）　削除

[現行]　第49条　（外壁内部等の防腐措置等）

制定：昭和25年政令第338号　　　施行：昭和25年11月23日
第49条　（外壁内部の防腐措置）

１　木造の外壁の全部又は一部が鉄網モルタル塗、張り石造その他軸組が腐りやすい構造である場合においては、その部分の下地に防水紙を使用し、且つ、地面から１ｍ以内にある部分の柱、筋かい及び土台には、クレオソートその他の防腐剤を塗布しなければならない。但し、その部分の壁の内部に通気できる構造とした場合においては、この限りでない。

改正：昭和34年政令第344号　　　施行：昭和34年12月23日
第49条　（外壁内部の防腐措置）

１　木造の外壁の全部又は一部が鉄網モルタル塗、張り石造その他軸組が腐りやすい構造である場合においては、その部分の下地に防水紙を使用し、かつ、地面から１ｍ以内にある部分の柱、筋かい及び土台には、防腐剤を塗布しなければならない。ただし、これと同等以上の効果を有する防腐のための措置を講じた場合においては、この限りでない。

改正：昭和45年政令第333号　　　施行：昭和46年１月１日
第49条　（外壁内部等の防腐措置等）

１　木造の外壁のうち、鉄網モルタル塗その他軸組が腐りやすい構造である部分の下地には、防水紙その他これに類するものを使用しなければならない。
２　構造耐力上主要な部分である柱、筋かい及び土台のうち、地面から１ｍ以内の部分には、有効な防腐措置を講ずるとともに、必要に応じて、しろありその他の虫による害を防ぐための措置を講じなければならない。

令51条 制定：昭和25年政令第338号

[現行]　第50条　削除

[削除条文]

制定：昭和25年政令第338号　　　施行：昭和25年11月23日
旧　第50条　（張り石等）

1　張り石（張り瓦その他これらに類するものを含む。以下この条において同様とする。）で木造の軸組をおおう構造の建築物にあつては、張り石の厚さは、地面から1m以内の部分を除き、5cm以下としなければならない。
2　前項の建築物の張り石で厚さが1.5cmをこえるものは、かすがい、銅線その他これらに類する腐りにくい金物で脱落しないように軸組に緊結しなければならない。

改正：昭和45年政令第333号　　　施行：昭和46年1月1日
旧　第50条　（張り石等）　削除

[現行]　第4節　組積造
（制定：昭和25年政令第338号）　第4節　組積造

[現行]　第51条　（適用の範囲）

制定：昭和25年政令第338号　　　施行：昭和25年11月23日
第51条　（適用の範囲）

1　この節の規定は、れん瓦造、石造、コンクリートブロック造その他の組積造の建築物又は組積造と木造その他の構造とを併用する建築物の組積造の構造部分に適用する。但し、鉄筋又は鉄骨によつて補強された部分で、構造計算又は実験によつて、この節の規定に適合するものと同等以上の耐力を有することが確かめられたものについては、適用しない。
2　高さが4m以下で、且つ、延べ面積が20㎡以内の建築物については、この節の規定中第55条第2項及び第56条の規定は、適用しない。
3　構造耐力上主要な部分でない間仕切壁で高さが2m以下のものについては、この節の規定中この条から第53条まで、第55条第6項及び第62条の規定に限り適用する。

改正：昭和34年政令第344号　　　施行：昭和34年12月23日
第51条　（適用の範囲）

1　この節の規定は、れんが造、石造、コンクリートブロック造その他の組積造（補強コンクリートブロック造を除く。以下この項において同様とする。）の建築物又は組積造と木造その他の構造とを併用する建築物の組積造の構造部分に適用する。ただし、鉄筋又は鉄骨によつて補強された部分で、構造計算又は実験によつて、この節の規定に適合するものと同等以上の耐力を有することが確かめられたものについては、適用しない。
2　高さが4m以下で、かつ、延べ面積が20㎡以内の建築物については、この節の規定中第55条第2項及び第56条の規定は、適用しない。
3　構造耐力上主要な部分でない間仕切壁で高さが2m以下のものについては、この節の規定中第52条、第53条及び第55条第5項の規定に限り適用する。

改正：昭和45年政令第333号　　　施行：昭和46年1月1日
第51条　（適用の範囲）

1　この節の規定は、れんが造、石造、コンクリートブロック造その他の組積造（補強コンクリートブロツ

ク造を除く。以下この項において同じ。）の建築物又は組積造と木造その他の構造とを併用する建築物の組積造の構造部分に適用する。ただし、鉄筋又は鉄骨によつて補強された部分で、構造計算又は実験によつて、この節の規定に適合するものと同等以上の耐力を有することが確かめられたものについては、適用しない。
2・3　略

改正：平成12年政令第211号　　　　施行：平成12年6月1日
第51条　（適用の範囲）

1　この節の規定は、れんが造、石造、コンクリートブロック造その他の組積造（補強コンクリートブロック造を除く。以下この項及び第4項において同じ。）の建築物又は組積造と木造その他の構造とを併用する建築物の組積造の構造部分に適用する。ただし、高さ13m以下であり、かつ、軒の高さが9m以下の建築物の部分で、鉄筋、鉄骨又は鉄筋コンクリートによつて補強され、かつ、建設大臣が定める基準に従つた構造計算によつて構造耐力上安全であることが確かめられたものについては、適用しない。
2　略
3　構造耐力上主要な部分でない間仕切壁で高さが2m以下のものについては、この節の規定中第52条及び第55条第5項の規定に限り適用する。
4　れんが造、石造、コンクリートブロック造その他の組積造の建築物（高さ13m又は軒の高さが9mを超えるものに限る。）又は組積造と木造その他の構造とを併用する建築物（高さ13m又は軒の高さが9mを超えるものに限る。）については、この節の規定中第59条の2に限り適用する。

改正：平成12年政令第312号　　　　施行：平成13年1月6日
第51条　（適用の範囲）

1　この節の規定は、れんが造、石造、コンクリートブロック造その他の組積造（補強コンクリートブロック造を除く。以下この項及び第4項において同じ。）の建築物又は組積造と木造その他の構造とを併用する建築物の組積造の構造部分に適用する。ただし、高さ13m以下であり、かつ、軒の高さが9m以下の建築物の部分で、鉄筋、鉄骨又は鉄筋コンクリートによつて補強され、かつ、国土交通大臣が定める基準に従つた構造計算によつて構造耐力上安全であることが確かめられたものについては、適用しない。
2　高さが4m以下で、かつ、延べ面積が20㎡以内の建築物については、この節の規定中第55条第2項及び第56条の規定は、適用しない。
3　構造耐力上主要な部分でない間仕切壁で高さが2m以下のものについては、この節の規定中第52条及び第55条第5項の規定に限り適用する。
4　れんが造、石造、コンクリートブロック造その他の組積造の建築物（高さ13m又は軒の高さが9mを超えるものに限る。）又は組積造と木造その他の構造とを併用する建築物（高さ13m又は軒の高さが9mを超えるものに限る。）については、この節の規定中第59条の2に限り適用する。

［現行］　**第52条　（組積造の施工）**

制定：昭和25年政令第338号　　　　施行：昭和25年11月23日
第52条　（組積造の施工）

1　組積造に使用するれん瓦、石、コンクリートブロツクその他の組積材は、組積するに当つて充分に水洗いをしなければならない。
2　組積材は、その目地塗面の全部にモルタルが行きわたるように組積しなければならない。
3　前項のモルタルは、セメントモルタルでセメントと砂との容積比が1対3のもの若しくはこれと同等以上の強度を有するもの又は石灰入りセメントモルタルでセメントと石灰と砂との容積比が1対2対5のもの若しくはこれと同等以上の強度を有するものとしなければならない。
4　組積材は、芋目地ができないように組積しなければならない。

令52条 改正：昭和34年政令第344号

改正：昭和34年政令第344号　　　施行：昭和34年12月23日
第52条　（組積造の施工）

1　組積造に使用する<u>れんが</u>、石、コンクリートブロックその他の組積材は、組積するに当つて充分に水洗いをしなければならない。
2～4　略

改正：昭和45年政令第333号　　　施行：昭和46年1月1日
第52条　（組積造の施工）

1　組積造に使用するれんが、石、コンクリートブロックその他の組積材は、組積するに<u>当たつて</u>充分に水洗いをしなければならない。
2　組積材は、その目地塗面の全部にモルタルが行きわたるように組積しなければならない。
3　前項のモルタルは、セメントモルタルでセメントと砂との容積比が1対3のもの若しくはこれと同等以上の強度を有するもの又は石灰入りセメントモルタルでセメントと石灰と砂との容積比が1対2対5のもの若しくはこれと同等以上の強度を有するものとしなければならない。
4　組積材は、芋目地ができないように組積しなければならない。

[現行]　第53条　削除

[削除条文]

<u>制定</u>：昭和25年政令第338号　　　施行：昭和25年11月23日
旧　第53条　（基礎）

1　組積造の壁の基礎は、一体の鉄筋コンクリート造又は無筋コンクリート造としなければならない。

改正：昭和45年政令第333号　　　施行：昭和46年1月1日
旧　第53条　（基礎）

1　組積造の壁の基礎は、一体の鉄筋コンクリート造又は無筋コンクリート造<u>の布基礎</u>としなければならない。

改正：昭和55年政令第196号　　　施行：昭和56年6月1日
旧　第53条　（基礎）

1　組積造の壁の基礎は、一体の鉄筋コンクリート造又は無筋コンクリート造の布基礎<u>（特定行政庁が第88条第2項の規定によつて指定した区域内においては、一体の鉄筋コンクリート造の布基礎）</u>としなければならない。

改正：昭和62年政令第348号　　　施行：昭和62年11月16日
旧　第53条　（基礎）

1　組積造の壁の基礎は、一体の鉄筋コンクリート造又は無筋コンクリート造の布基礎（特定行政庁が<u>第42条第1項ただし書</u>の規定によつて指定した区域内においては、一体の鉄筋コンクリート造の布基礎）としなければならない。

改正：平成12年政令第211号　　　施行：平成12年6月1日
旧　第53条　（基礎）　削除

[現行] 第54条 （壁の長さ）

制定：昭和25年政令第338号　　　施行：昭和25年11月23日

第54条　（壁の長さ）

1　組積造の壁の長さは、10m以下としなければならない。
2　前項の壁の長さは、その壁に相隣つて接着する２つの壁（控壁でその基礎の部分における長さが、控壁の接着する壁の高さの３分の１以上のものを含む。以下この節において「対隣壁」という。）がその壁に接着する部分間の中心距離をいう。

[現行] 第55条 （壁の厚さ）

制定：昭和25年政令第338号　　　施行：昭和25年11月23日

第55条　（壁の厚さ）

1　組積造の壁の厚さ（仕上材料の厚さを含まないものとする。以下この節において同様とする。）は、その建築物の階数及びその壁の長さ（前条第２項の壁の長さをいう。以下この節において同様とする。）に応じて、それぞれ下の表の数値以上としなければならない。

壁の長さ 建築物の階数	５m以下の場合 （単位　cm）	５mをこえる場合 （単位　cm）
階数が２以上の建築物	30	40
階数が１の建築物	20	30

2　組積造の各階の壁の厚さは、その階の壁の高さの15分の１以上としなければならない。
3　組積造の間仕切壁の壁の厚さは、前２項の規定による壁の厚さより10cm以下を減らすことができる。但し、20cm以下としてはならない。
4　石造又は石と他の組積材とを併用する組積造の壁の厚さは、前３項の規定による壁の厚さにその10分の２を加えた数値以上としなければならない。但し、鉄骨組積造の壁については、この限りでない。
5　組積造の壁を二重壁とする場合においては、前４項の規定は、そのいずれか一方の壁について適用する。
6　組積造の各階の壁の厚さは、その上にある壁の厚さより薄くしてはならない。
7　鉄骨造、鉄筋コンクリート造又は鉄骨鉄筋コンクリート造の建築物における組積造の帳壁は、この条の規定の適用については、間仕切壁とみなす。

改正：昭和34年政令第344号　　　施行：昭和34年12月23日

第55条　（壁の厚さ）

1　組積造の壁の厚さ（仕上材料の厚さを含まないものとする。以下この節において同様とする。）は、その建築物の階数及びその壁の長さ（前条第２項の壁の長さをいう。以下この節において同様とする。）に応じて、それぞれ次の表の数値以上としなければならない。
　［表　略］
2　略
3　組積造の間仕切壁の壁の厚さは、前２項の規定による壁の厚さより10cm以下を減らすことができる。ただし、20cm以下としてはならない。
4　組積造の壁を二重壁とする場合においては、前３項の規定は、そのいずれか一方の壁について適用する。
5　組積造の各階の壁の厚さは、その上にある壁の厚さより薄くしてはならない。
6　鉄骨造、鉄筋コンクリート造又は鉄骨鉄筋コンクリート造の建築物における組積造の帳壁は、この条の規定の適用については、間仕切壁とみなす。

改正：昭和45年政令第333号　　　施行：昭和46年１月１日

第55条　（壁の厚さ）

令55条 改正：昭和45年政令第333号

1　組積造の壁の厚さ（仕上材料の厚さを含まないものとする。以下この節において同じ。）は、その建築物の階数及びその壁の長さ（前条第2項の壁の長さをいう。以下この節において同じ。）に応じて、それぞれ次の表の数値以上としなければならない。

建築物の階数＼壁の長さ	5m以下の場合（単位　cm）	5mをこえる場合（単位　cm）
階数が2以上の建築物	30	40
階数が1の建築物	20	30

2　組積造の各階の壁の厚さは、その階の壁の高さの15分の1以上としなければならない。
3　組積造の間仕切壁の壁の厚さは、前2項の規定による壁の厚さより10cm以下を減らすことができる。ただし、20cm以下としてはならない。
4　組積造の壁を二重壁とする場合においては、前3項の規定は、そのいずれか一方の壁について適用する。
5　組積造の各階の壁の厚さは、その上にある壁の厚さより薄くしてはならない。
6　鉄骨造、鉄筋コンクリート造又は鉄骨鉄筋コンクリート造の建築物における組積造の帳壁は、この条の規定の適用については、間仕切壁とみなす。

[現行]　第56条　（臥梁（がりよう））

制定：昭和25年政令第338号　　　施行：昭和25年11月23日
第56条　（がりよう）

1　組積造の壁には、その各階の壁頂（切妻壁がある場合においては、その切妻壁の壁頂）に鉄骨造又は鉄筋コンクリート造のがりようを設けなければならない。但し、その壁頂に鉄筋コンクリート造の屋根版、床版等が接着する場合又は階数が1の建築物で壁の厚さが壁の高さの10分の1以上の場合若しくは壁の長さが5m以下の場合においては、この限りでない。

改正：昭和34年政令第344号　　　施行：昭和34年12月23日
第56条　（臥梁（がりよう））

1　組積造の壁には、その各階の壁頂（切妻壁がある場合においては、その切妻壁の壁頂）に鉄骨造又は鉄筋コンクリート造の臥梁（がりよう）を設けなければならない。ただし、その壁頂に鉄筋コンクリート造の屋根版、床版等が接着する場合又は階数が1の建築物で壁の厚さが壁の高さの10分の1以上の場合若しくは壁の長さが5m以下の場合においては、この限りでない。

[現行]　第57条　（開口部）

制定：昭和25年政令第338号　　　施行：昭和25年11月23日
第57条　（開口部）

1　組積造の壁における窓、出入口その他の開口部は、下の各号に定めるところによらなければならない。
　一　各階の対隣壁によつて区画された各々の壁における開口部の幅の総和は、その壁の長さの2分の1以下とすること。
　二　各階における開口部の幅の総和は、その階における壁の長さの総和の3分の1以下とすること。
　三　一の開口部とその直上にある開口部との垂直距離は、60cm以上とすること。
2　組積造の壁の各階における開口部相互間又は開口部と対隣壁の中心との水平距離は、その壁の厚さの2倍以上としなければならない。但し、開口部周囲を鉄骨又は鉄筋コンクリートで補強した場合においては、この限りでない。
3　幅が1mをこえる開口部の上部には、鉄筋コンクリート造のまぐさを設けなければならない。
4　組積造のはね出し窓又ははね出し縁は、鉄骨又は鉄筋コンクリートで補強しなければならない。
5　壁付暖炉の組積造の炉胸は、暖炉及び煙突を充分に支持するに足る基礎の上に造り、且つ、上部を積出し

改正：昭和34年政令第344号　　　　　　　　　　　　　　　　　　　　　令58条

としない構造とし、木造の建築物に設ける場合においては、更に鉄材で補強しなければならない。

改正：昭和34年政令第344号　　　施行：昭和34年12月23日
第57条　（開口部）

1　組積造の壁における窓、出入口その他の開口部は、<u>次の各号</u>に定めるところによらなければならない。
　一～三　略
2　組積造の壁の各階における開口部相互間又は開口部と対隣壁の中心との水平距離は、その壁の厚さの2倍以上としなければならない。<u>ただし</u>、開口部周囲を鉄骨又は鉄筋コンクリートで補強した場合においては、この限りでない。
3・4　略
5　壁付暖炉の組積造の炉胸は、暖炉及び煙突を充分に支持するに足る基礎の上に造り、<u>かつ</u>、上部を積出しとしない構造とし、木造の建築物に設ける場合においては、更に鉄材で補強しなければならない。

改正：昭和45年政令第333号　　　施行：昭和46年1月1日
第57条　（開口部）

1　組積造の壁における窓、出入口その他の開口部は、次の各号に定めるところによらなければならない。
　一　各階の対隣壁によつて区画された<u>おのおの</u>の壁における開口部の幅の総和は、その壁の長さの2分の1以下とすること。
　二・三　略
2～5　略

改正：昭和55年政令第196号　　　施行：昭和56年6月1日
第57条　（開口部）

1　組積造の壁における窓、出入口その他の開口部は、次の各号に定めるところによらなければならない。
　一　各階の対隣壁によつて区画されたおのおのの壁における開口部の幅の総和は、その壁の長さの2分の1以下とすること。
　二　各階における開口部の幅の総和は、その階における壁の長さの総和の3分の1以下とすること。
　三　一の開口部とその直上にある開口部との垂直距離は、60cm以上とすること。
2　組積造の壁の各階における開口部相互間又は開口部と対隣壁の中心との水平距離は、その壁の厚さの2倍以上としなければならない。ただし、開口部周囲を鉄骨又は鉄筋コンクリートで補強した場合においては、この限りでない。
3　幅が1mをこえる開口部の上部には、鉄筋コンクリート造のまぐさを設けなければならない。
4　組積造のはね出し窓又ははね出し縁は、鉄骨又は鉄筋コンクリートで補強しなければならない。
5　壁付暖炉の組積造の炉胸は、暖炉及び煙突を充分に支持するに<u>足る</u>基礎の上に造り、かつ、上部を積出しとしない構造とし、木造の建築物に設ける場合においては、更に<u>鋼材</u>で補強しなければならない。

[現行]　第58条　（壁のみぞ）

制定：昭和25年政令第338号　　　施行：昭和25年11月23日
第58条　（壁のみぞ）

1　組積造の壁に、その階の壁の高さの4分の3以上連続した縦壁みぞを設ける場合においては、その深さは壁の厚さの3分の1以下とし、横壁みぞを設ける場合においては、その深さは壁の厚さの3分の1以下で、且つ、長さを3m以下としなければならない。

改正：昭和34年政令第344号　　　施行：昭和34年12月23日
第58条　（壁のみぞ）

令58条 改正：昭和34年政令第344号

1　組積造の壁に、その階の壁の高さの4分の3以上連続した縦壁みぞを設ける場合においては、その深さは壁の厚さの3分の1以下とし、横壁みぞを設ける場合においては、その深さは壁の厚さの3分の1以下で、<u>かつ</u>、長さを3m以下としなければならない。

[現行]　第59条　（鉄骨組積造である壁）

制定：昭和25年政令第338号　　　施行：昭和25年11月23日
第59条　（木骨組積造又は鉄骨組積造である壁）

1　木骨組積造又は鉄骨組積造である壁の組積造の部分は、木骨又は鉄骨の軸組にボルト、かすがいその他の金物で緊結しなければならない。

改正：昭和34年政令第344号　　　施行：昭和34年12月23日
第59条　（鉄骨組積造である壁）

1　<u>鉄骨組積造である壁の組積造の部分は</u>、<u>鉄骨</u>の軸組にボルト、かすがいその他の金物で緊結しなければならない。

[現行]　第59条の2　（補強を要する組積造）

制定：平成12年政令第211号　　　施行：平成12年6月1日
第59条の2　（補強を要する組積造）

1　高さ13m又は軒の高さが9mを超える建築物にあつては、建設大臣が定める構造方法により、鉄筋、鉄骨又は鉄筋コンクリートによつて補強しなければならない。

改正：平成12年政令第312号　　　施行：平成13年1月6日
第59条の2　（補強を要する組積造）

1　高さ13m又は軒の高さが9mを超える建築物にあつては、<u>国土交通大臣</u>が定める構造方法により、鉄筋、鉄骨又は鉄筋コンクリートによつて補強しなければならない。

[現行]　第60条　（手すり又は手すり壁）

制定：昭和25年政令第338号　　　施行：昭和25年11月23日
第60条　（手すり又は手すり壁）

1　手すり又は手すり壁は、組積造としてはならない。但し、これらの頂部に鉄筋コンクリート造のがりようを設けた場合においては、この限りでない。

改正：昭和34年政令第344号　　　施行：昭和34年12月23日
第60条　（手すり又は手すり壁）

1　手すり又は手すり壁は、組積造としてはならない。<u>ただし</u>、これらの頂部に鉄筋コンクリート造の<u>臥梁（がりよう）</u>を設けた場合においては、この限りでない。

[現行]　第61条　（組積造のへい）

制定：昭和25年政令第338号　　　施行：昭和25年11月23日
第61条　（組積造の**へい**）

改正：昭和34年政令第344号　**令62条**

1　組積造のへいは、下の各号に定めるところによらなければならない。
　一　高さは３m以下とすること。
　二　各部分の壁の厚さは、その部分から壁頂までの垂直距離の10分の１以上とすること。
　三　長さ４m以下ごとに、壁面からその部分における壁の厚さの1.5倍以上突出した控壁（木造のものを除く。）を設けること。但し、その部分における壁の厚さが前号の規定による壁の厚さの1.5倍以上ある場合においては、この限りでない。

改正：昭和34年政令第344号　　　施行：昭和34年12月23日
第61条　（組積造のへい）

1　組積造の<u>へい</u>は、<u>次</u>の各号に定めるところによらなければならない。
　一・二　略
　三　長さ４m以下ごとに、壁面からその部分における壁の厚さの1.5倍以上突出した控壁（木造のものを除く。）を設けること。<u>ただし</u>、その部分における壁の厚さが前号の規定による壁の厚さの1.5倍以上ある場合においては、この限りでない。

改正：昭和45年政令第333号　　　施行：昭和46年１月１日
第61条　（組積造のへい）

1　組積造のへいは、次の各号に定めるところによらなければならない。
　一　高さは<u>２m</u>以下とすること。
　二・三　略
　<u>四　基礎の根入れの深さは、20cm以上とすること。</u>

改正：昭和55年政令第196号　　　施行：昭和56年６月１日
第61条　（組積造のへい）

1　組積造のへいは、次の各号に定めるところによらなければならない。
　一　高さは<u>1.2m</u>以下とすること。
　二　各部分の壁の厚さは、その部分から壁頂までの垂直距離の10分の１以上とすること。
　三　長さ４m以下ごとに、壁面からその部分における壁の厚さの1.5倍以上突出した控壁（木造のものを除く。）を設けること。ただし、その部分における壁の厚さが前号の規定による壁の厚さの1.5倍以上ある場合においては、この限りでない。
　四　基礎の根入れの深さは、20cm以上とすること。

[現行]　第62条　（構造耐力上主要な部分等のささえ）

制定：昭和25年政令第338号　　　施行：昭和25年11月23日
第62条　（構造耐力上主要な部分のささえ）

1　組積造である構造耐力上主要な部分は、木造の構造部分でささえてはならない。

改正：昭和34年政令第344号　　　施行：昭和34年12月23日
第62条　（構造耐力上主要な<u>部分等</u>のささえ）

1　組積造である構造耐力上主要な部分<u>又</u>は構造耐力上主要な部分でない組積造の壁で高さが２mをこえる<u>もの</u>は、木造の構造部分でささえてはならない。

令62条の2 制定：昭和34年政令第344号

[現行] 第4節の2　補強コンクリートブロツク造
(制定：昭和34年政令第344号)　第4節の2　補強コンクリートブロツク造

[現行] 第62条の2　（適用の範囲）

制定：昭和34年政令第344号　　　施行：昭和34年12月23日
第62条の2　（適用の範囲）

1　この節の規定は、補強コンクリートブロツク造の建築物又は補強コンクリートブロツク造と鉄筋コンクリート造その他の構造とを併用する建築物の補強コンクリートブロツク造の構造部分に適用する。
2　高さが4m以下で、かつ、延べ面積が20㎡以内の建築物については、この節の規定中第62条の6及び第62条の7の規定に限り適用する。

[現行] 第62条の3　削除

[削除条文]

制定：昭和34年政令第344号　　　施行：昭和34年12月23日
旧　第62条の3　（基礎）

1　補強コンクリートブロツク造の耐力壁の基礎は、一体の鉄筋コンクリート造の布基礎としなければならない。ただし、鉄筋コンクリート造の基礎ばりを有効に設けた場合においては、この限りでない。

改正：平成12年政令第211号　　　施行：平成12年6月1日
旧　第62条の3　（基礎）　削除

[現行] 第62条の4　（耐力壁）

制定：昭和34年政令第344号　　　施行：昭和34年12月23日
第62条の4　（耐力壁）

1　各階の補強コンクリートブロツク造の耐力壁の中心線により囲まれた部分の水平投影面積は、60㎡以下としなければならない。
2　各階の張り間方向及びけた行方向に配置する補強コンクリートブロツク造の耐力壁の長さのそれぞれの方向についての合計は、その階の床面積1㎡につき15cm以上としなければならない。
3　補強コンクリートブロツク造の耐力壁の厚さは、15cm以上で、かつ、その耐力壁に作用するこれと直角な方向の水平力に対する構造耐力上主要な支点間の水平距離（以下第62条の5第2項において「耐力壁の水平力に対する支点間の距離」という。）の50分の1以上としなければならない。
4　補強コンクリートブロツク造の耐力壁は、その端部及び隅（ぐう）角部に径12mmの鉄筋を縦に配置する外、径9mmの鉄筋を縦横に80cmの間隔で配置したもの又は鉄筋を縦横に配置してこれと同等以上の耐力を有するものとしなければならない。
5　補強コンクリートブロツク造の耐力壁は、前項の規定による縦筋の末端をかぎ状に折り曲げてその縦筋の径の40倍以上基礎又は基礎ばり及び臥梁（がりよう）又は屋根版に定着する等の方法により、これらと互にその存在応力を伝えることができる構造としなければならない。
6　第4項の規定による横筋は、次の各号に定めるところによらなければならない。
一　末端は、かぎ状に折り曲げること。
二　継手の重ね長さは、溶接する場合を除き、径の25倍以上とすること。
三　補強コンクリートブロツク造の耐力壁の端部が他の耐力壁又は構造耐力上主要な部分である柱に接着する場合には、横筋の末端をこれらに定着するものとし、これらの鉄筋に溶接する場合を除き、定着される部分の長さを径の25倍以上とすること。

制定：昭和34年政令第344号 **令62条の5**

改正：昭和45年政令第333号　　　施行：昭和46年1月1日
第62条の4　（耐力壁）

1～3　略
4　補強コンクリートブロック造の耐力壁は、その端部及び隅（ぐう）角部に径12mmの鉄筋を縦に配置するほか、径9mmの鉄筋を縦横に80cmの間隔で配置したもの又は鉄筋を縦横に配置してこれと同等以上の耐力を有するものとしなければならない。
5　補強コンクリートブロック造の耐力壁は、前項の規定による縦筋の末端をかぎ状に折り曲げてその縦筋の径の40倍以上基礎又は基礎ばり及び臥梁（がりよう）又は屋根版に定着する等の方法により、これらと互いにその存在応力を伝えることができる構造としなければならない。
6　略

改正：昭和55年政令第196号　　　施行：昭和56年6月1日
第62条の4　（耐力壁）

1～5　略
6　第4項の規定による横筋は、次の各号に定めるところによらなければならない。
　一　末端は、かぎ状に折り曲げること。ただし、補強コンクリートブロック造の耐力壁の端部以外の部分における異形鉄筋の末端にあつては、この限りでない。
　二・三　略

改正：平成12年政令第211号　　　施行：平成12年6月1日
第62条の4　（耐力壁）

1　各階の補強コンクリートブロック造の耐力壁の中心線により囲まれた部分の水平投影面積は、60㎡以下としなければならない。
2　各階の張り間方向及びけた行方向に配置する補強コンクリートブロック造の耐力壁の長さのそれぞれの方向についての合計は、その階の床面積1㎡につき15cm以上としなければならない。
3　補強コンクリートブロック造の耐力壁の厚さは、15cm以上で、かつ、その耐力壁に作用するこれと直角な方向の水平力に対する構造耐力上主要な支点間の水平距離（以下第62条の5第2項において「耐力壁の水平力に対する支点間の距離」という。）の50分の1以上としなければならない。
4　補強コンクリートブロック造の耐力壁は、その端部及び隅角部に径12mm以上の鉄筋を縦に配置するほか、径9mm以上の鉄筋を縦横に80cm以内の間隔で配置したものとしなければならない。
5　補強コンクリートブロック造の耐力壁は、前項の規定による縦筋の末端をかぎ状に折り曲げてその縦筋の径の40倍以上基礎又は基礎ばり及び臥梁（がりよう）又は屋根版に定着する等の方法により、これらと互いにその存在応力を伝えることができる構造としなければならない。
6　第4項の規定による横筋は、次の各号に定めるところによらなければならない。
　一　末端は、かぎ状に折り曲げること。ただし、補強コンクリートブロック造の耐力壁の端部以外の部分における異形鉄筋の末端にあつては、この限りでない。
　二　継手の重ね長さは、溶接する場合を除き、径の25倍以上とすること。
　三　補強コンクリートブロック造の耐力壁の端部が他の耐力壁又は構造耐力上主要な部分である柱に接着する場合には、横筋の末端をこれらに定着するものとし、これらの鉄筋に溶接する場合を除き、定着される部分の長さを径の25倍以上とすること。

[現行]　第62条の5　（臥梁（がりよう））

制定：昭和34年政令第344号　　　施行：昭和34年12月23日
第62条の5　（臥梁（がりよう））

1　補強コンクリートブロック造の耐力壁には、その各階の壁頂に鉄筋コンクリート造の臥梁（がりよう）を

令62条の5　制定：昭和34年政令第344号

設けなければならない。ただし、階数が１の建築物で、その壁頂に鉄筋コンクリート造の屋根版が接着する場合においては、この限りでない。
2　臥梁（がりよう）の有効幅は、20cm以上で、かつ、耐力壁の水平力に対する支点間の距離の20分の１以上としなければならない。

［現行］　第62条の6　（目地及び空胴部）

制定：昭和34年政令第344号　　　施行：昭和34年12月23日
第62条の6　（目地及び空胴部）
1　コンクリートブロックは、その目地塗面の全部にモルタルが行きわたるように組積し、鉄筋を入れた空胴部及び縦目地に接する空胴部は、モルタル又はコンクリートで埋めなければならない。
2　補強コンクリートブロック造の耐力壁、門又はへいの縦筋は、溶接する場合を除き、コンクリートブロックの空胴部内で継いではならない。

改正：昭和55年政令第196号　　　施行：昭和56年6月1日
第62条の6　（目地及び空胴部）
1　コンクリートブロックは、その目地塗面の全部にモルタルが行きわたるように組積し、鉄筋を入れた空胴部及び縦目地に接する空胴部は、モルタル又はコンクリートで埋めなければならない。
2　補強コンクリートブロック造の耐力壁、門又はへいの縦筋は、コンクリートブロックの空胴部内で継いではならない。ただし、溶接接合その他これと同等以上の強度を有する接合方法による場合においては、この限りでない。

［現行］　第62条の7　（帳壁）

制定：昭和34年政令第344号　　　施行：昭和34年12月23日
第62条の7　（帳壁）
1　補強コンクリートブロック造の帳壁は、鉄筋で、木造及び組積造（補強コンクリートブロック造を除く。）以外の構造耐力上主要な部分に緊結し、地震力、風圧力その他の水平力によつて脱落しない構造としなければならない。

改正：昭和39年政令第4号　　　施行：昭和39年1月15日
第62条の7　（帳壁）
1　補強コンクリートブロック造の帳壁は、鉄筋で、木造及び組積造（補強コンクリートブロック造を除く。）以外の構造耐力上主要な部分に緊結しなければならない。

［現行］　第62条の8　（塀）

制定：昭和45年政令第333号　　　施行：昭和46年1月1日
第62条の8　（へい）
1　補強コンクリートブロック造のへいは、次の各号（高さ1.2m以下のへいにあつては、第五号及び第七号を除く。）に定めるところによらなければならない。ただし、構造計算によつて構造耐力上安全であることが確かめられた場合においては、この限りでない。
一　高さは３m以下とすること。
二　壁の厚さは、15cm（高さ２m以下のへいにあつては、10cm）以上とすること。
三　壁頂及び基礎には横に、壁の端部及び隅（ぐう）角部には縦に、それぞれ径９mm以上の鉄筋を配置す

四　壁内には、径9mm以上の鉄筋を縦横に80cm以下の間隔で配置すること。
　　五　長さ3.2m以下ごとに、径9mm以上の鉄筋を配置した控壁で基礎の部分において壁面から高さの5分の1以上突出したものを設けること。
　　六　第三号及び第四号の規定により配置する鉄筋の末端は、かぎ状に折り曲げて、縦筋にあつては壁頂及び基礎の横筋に、横筋にあつてはこれらの縦筋に、それぞれかぎかけして定着すること。
　　七　基礎のたけは、35cm以上とし、根入れの深さは30cm以上とすること。

改正：昭和55年政令第196号　　　施行：昭和56年6月1日
第62条の8　（へい）

1　補強コンクリートブロック造のへいは、次の各号（高さ1.2m以下のへいにあつては、第五号及び第七号を除く。）に定めるところによらなければならない。ただし、構造計算又は実験によつて構造耐力上安全であることが確かめられた場合においては、この限りでない。
　　一　高さは2.2m以下とすること。
　　二　壁の厚さは、15cm（高さ2m以下のへいにあつては、10cm）以上とすること。
　　三　壁頂及び基礎には横に、壁の端部及び隅（ぐう）角部には縦に、それぞれ径9mm以上の鉄筋を配置すること。
　　四　壁内には、径9mm以上の鉄筋を縦横に80cm以下の間隔で配置すること。
　　五　長さ3.4m以下ごとに、径9mm以上の鉄筋を配置した控壁で基礎の部分において壁面から高さの5分の1以上突出したものを設けること。
　　六　第三号及び第四号の規定により配置する鉄筋の末端は、かぎ状に折り曲げて、縦筋にあつては壁頂及び基礎の横筋に、横筋にあつてはこれらの縦筋に、それぞれかぎ掛けして定着すること。ただし、縦筋をその径の40倍以上基礎に定着させる場合にあつては、縦筋の末端は、基礎の横筋にかぎ掛けしないことができる。
　　七　基礎の丈は、35cm以上とし、根入れの深さは30cm以上とすること。

改正：平成12年政令第211号　　　施行：平成12年6月1日
第62条の8　（塀）

1　補強コンクリートブロック造の塀は、次の各号（高さ1.2m以下の塀にあつては、第五号及び第七号を除く。）に定めるところによらなければならない。ただし、建設大臣が定める基準に従つた構造計算によつて構造耐力上安全であることが確かめられた場合においては、この限りでない。
　　一　略
　　二　壁の厚さは、15cm（高さ2m以下の塀にあつては、10cm）以上とすること。
　　三　壁頂及び基礎には横に、壁の端部及び隅角部には縦に、それぞれ径9mm以上の鉄筋を配置すること。
　　四～七　略

改正：平成12年政令第312号　　　施行：平成13年1月6日
第62条の8　（塀）

1　補強コンクリートブロック造の塀は、次の各号（高さ1.2m以下の塀にあつては、第五号及び第七号を除く。）に定めるところによらなければならない。ただし、国土交通大臣が定める基準に従つた構造計算によつて構造耐力上安全であることが確かめられた場合においては、この限りでない。
　　一　高さは2.2m以下とすること。
　　二　壁の厚さは、15cm（高さ2m以下の塀にあつては、10cm）以上とすること。
　　三　壁頂及び基礎には横に、壁の端部及び隅角部には縦に、それぞれ径9mm以上の鉄筋を配置すること。
　　四　壁内には、径9mm以上の鉄筋を縦横に80cm以下の間隔で配置すること。
　　五　長さ3.4m以下ごとに、径9mm以上の鉄筋を配置した控壁で基礎の部分において壁面から高さの5分の1以上突出したものを設けること。

令62条の8　改正：平成12年政令第312号

　　六　第三号及び第四号の規定により配置する鉄筋の末端は、かぎ状に折り曲げて、縦筋にあつては壁頂及び基礎の横筋に、横筋にあつてはこれらの縦筋に、それぞれかぎ掛けして定着すること。ただし、縦筋をその径の40倍以上基礎に定着させる場合にあつては、縦筋の末端は、基礎の横筋にかぎ掛けしないことができる。
　　七　基礎の丈は、35cm以上とし、根入れの深さは30cm以上とすること。

[現行]　第5節　鉄骨造
(<u>制定</u>：昭和25年政令第338号)　　第５節　鉄骨造

[現行]　第63条　（適用の範囲）

<u>制定</u>：昭和25年政令第338号　　　施行：昭和25年11月23日
第63条　（適用の範囲）
　1　この節の規定は、鉄骨造若しくは鉄骨鉄筋コンクリート造の建築物又はこれらの構造と組積造その他の構造とを併用する建築物の鉄骨造の構造部分に適用する。

改正：昭和55年政令第196号　　　施行：昭和56年６月１日
第63条　（適用の範囲）
　1　この節の規定は、<u>鉄骨造の建築物又は鉄骨造と鉄筋コンクリート造</u>その他の構造とを併用する建築物の鉄骨造の構造部分に適用する。

[現行]　第64条　（材料）

<u>制定</u>：昭和25年政令第338号　　　施行：昭和25年11月23日
第64条　（材料）
　1　鋳鉄は、圧縮応力又は接触応力以外の応力が存在する部分には、使用してはならない。

改正：平成12年政令第211号　　　施行：平成12年６月１日
第64条　（材料）
　<u>1　鉄骨造の建築物の構造耐力上主要な部分の材料は、炭素鋼若しくはステンレス鋼（この節において「鋼材」という。）又は鋳鉄としなければならない。</u>
　2　鋳鉄は、圧縮応力又は接触応力以外の応力が存在する部分には、使用してはならない。

[現行]　第65条　（圧縮材の有効細長比）

<u>制定</u>：昭和25年政令第338号　　　施行：昭和25年11月23日
第65条　（圧縮材の有効細長比）
　1　構造耐力上主要な部分である鋼材の圧縮材（圧縮力を負担する部材をいう。以下同様とする。）の有効細長比（断面の最小二次率半径に対するざ屈長さの比をいう。以下同様とする。）は、柱にあつては200以下、柱以外のものにあつては250以下としなければならない。

改正：昭和34年政令第344号　　　施行：昭和34年12月23日
第65条　（圧縮材の有効細長比）
　1　構造耐力上主要な部分である鋼材の圧縮材（圧縮力を負担する部材をいう。以下同様とする。）の<u>有効細長比</u>は、柱にあつては200以下、柱以外のものにあつては250以下としなければならない。

改正：昭和45年政令第333号　　　　施行：昭和46年１月１日
第65条　（圧縮材の有効細長比）

1　構造耐力上主要な部分である鋼材の圧縮材（圧縮力を負担する部材をいう。以下同じ。）の有効細長比は、柱にあつては200以下、柱以外のものにあつては250以下としなければならない。

[現行]　第66条　（柱の脚部）

制定：昭和25年政令第338号　　　　施行：昭和25年11月23日
第66条　（柱の脚部）

1　構造耐力上主要な部分である柱の脚部は、基礎にアンカーボルトで緊結しなければならない。但し、特別な構造によつて基礎に緊結する場合又は滑節構造である場合においては、この限りでない。

改正：昭和34年政令第344号　　　　施行：昭和34年12月23日
第66条　（柱の脚部）

1　構造耐力上主要な部分である柱の脚部は、基礎にアンカーボルトで緊結しなければならない。ただし、特別な構造によつて基礎に緊結する場合又は滑節構造である場合においては、この限りでない。

改正：平成12年政令第211号　　　　施行：平成12年６月１日
第66条　（柱の脚部）

1　構造耐力上主要な部分である柱の脚部は、建設大臣が定める基準に従つたアンカーボルトによる緊結その他の構造方法により基礎に緊結しなければならない。ただし、滑節構造である場合においては、この限りでない。

改正：平成12年政令第312号　　　　施行：平成13年１月６日
第66条　（柱の脚部）

1　構造耐力上主要な部分である柱の脚部は、国土交通大臣が定める基準に従つたアンカーボルトによる緊結その他の構造方法により基礎に緊結しなければならない。ただし、滑節構造である場合においては、この限りでない。

[現行]　第67条　（接合）

制定：昭和25年政令第338号　　　　施行：昭和25年11月23日
第67条　（接合）

1　構造耐力上主要な部分である鋼材を接合するには、リベット打又は溶接によらなければならない。但し、下の各号の一に該当する場合においては、ボルトを使用して接合することができる。
　一　建築物の構造部分に使用する鋼材の重量の合計が10トン以下で、且つ、ボルトがゆるまないようにコンクリートで埋め込み、又はナットの部分を溶接し、若しくはナットを二重に使用する場合
　二　リベット打又は溶接作業が著しく困難な部分を接合する場合
2　構造耐力上主要な部分である継手又は仕口は、添板リベット打又は溶接によつてその箇所の存在応力を伝えることができる構造としなければならない。この場合において、柱の端面を削り仕上げとし、密着する構造とした継手又は仕口で引張り応力が生じないものは、その部分の圧縮力及び曲げモーメントの４分の１（柱の脚部においては、２分の１）以内を接触面から伝えている構造とみなすことができる。

改正：昭和34年政令第344号　　　　施行：昭和34年12月23日

令67条 改正：昭和34年政令第344号

第67条　（接合）

1　構造耐力上主要な部分である鋼材を接合するには、リベット打（構造耐力上主要な部分である継手又は仕口にあつては、添板リベット打）又は溶接によらなければならない。ただし、次の各号の一に該当する場合においては、ボルトを使用して接合することができる。
　一　軒の高さが9m以下で、かつ、張り間が13m以下の建築物について、ボルトがゆるまないようにコンクリートで埋め込み、又はナットの部分を溶接し、若しくはナットを二重に使用する場合
　二　略

2　構造耐力上主要な部分である継手又は仕口は、その部分の存在応力を伝えることができる構造としなければならない。この場合において、柱の端面を削り仕上げとし、密着する構造とした継手又は仕口で引張り応力が生じないものは、その部分の圧縮力及び曲げモーメントの4分の1（柱の脚部においては、2分の1）以内を接触面から伝えている構造とみなすことができる。

改正：昭和45年政令第333号　　　施行：昭和46年1月1日

第67条　（接合）

1　構造耐力上主要な部分である鋼材を接合するには、リベット打（構造耐力上主要な部分である継手又は仕口にあつては、添板リベット打）又は溶接によらなければならない。ただし、軒の高さが9m以下で、かつ、張り間が13m以下の建築物（延べ面積が3,000㎡をこえるものを除く。）について、ボルトがゆるまないようにコンクリートで埋め込む場合、ナットの部分を溶接し、又はナットを二重に使用する場合その他これらと同等以上の効力を有する戻り止めをする場合においては、ボルトを使用して接合によることができる。

2　略

改正：昭和55年政令第196号　　　施行：昭和56年6月1日

第67条　（接合）

1　構造耐力上主要な部分である鋼材の接合は、高力ボルト接合、溶接接合又はリベット接合（構造耐力上主要な部分である継手又は仕口に係るリベット接合にあつては、添板リベット接合）によらなければならない。ただし、軒の高さが9m以下で、かつ、張り間が13m以下の建築物（延べ面積が3,000㎡を超えるものを除く。）について、ボルトが緩まないようにコンクリートで埋め込む場合、ナットの部分を溶接し、又はナットを二重に使用する場合その他これらと同等以上の効力を有する戻り止めをする場合においては、ボルト接合によることができる。

2　略

改正：平成12年政令第211号　　　施行：平成12年6月1日

第67条　（接合）

1　構造耐力上主要な部分である鋼材の接合は、接合される鋼材が炭素鋼である場合は、高力ボルト接合、溶接接合又はリベット接合（構造耐力上主要な部分である継手又は仕口に係るリベット接合にあつては、添板リベット接合）に、接合される鋼材がステンレス鋼である場合は、高力ボルト接合又は溶接接合に、それぞれよらなければならない。ただし、軒の高さが9m以下で、かつ、張り間が13m以下の建築物（延べ面積が3,000㎡を超えるものを除く。）について、ボルトが緩まないようにコンクリートで埋め込む場合、ナットの部分を溶接し、又はナットを二重に使用する場合その他これらと同等以上の効力を有する戻り止めをする場合においては、ボルト接合によることができる。

2　構造耐力上主要な部分である継手又は仕口の構造は、その部分の存在応力を伝えることができるものとして建設大臣が定めた構造方法を用いるものとしなければならない。この場合において、柱の端面を削り仕上げとし、密着する構造とした継手又は仕口で引張り応力が生じないものは、その部分の圧縮力及び曲げモーメントの4分の1（柱の脚部においては、2分の1）以内を接触面から伝えている構造とみなすことができる。

改正：平成12年政令第312号　　　施行：平成13年1月6日
第67条　（接合）

1　略
2　構造耐力上主要な部分である継手又は仕口の構造は、その部分の存在応力を伝えることができるものとして国土交通大臣が定めた構造方法を用いるものとしなければならない。この場合において、柱の端面を削り仕上げとし、密着する構造とした継手又は仕口で引張り応力が生じないものは、その部分の圧縮力及び曲げモーメントの4分の1（柱の脚部においては、2分の1）以内を接触面から伝えている構造とみなすことができる。

改正：平成14年政令第393号　　　施行：平成15年7月1日
第67条　（接合）

1　構造耐力上主要な部分である鋼材の接合は、接合される鋼材が炭素鋼である場合は高力ボルト接合、溶接接合若しくはリベット接合（構造耐力上主要な部分である継手又は仕口に係るリベット接合にあつては、添板リベット接合）又はこれらと同等以上の効力を有するものとして国土交通大臣の認定を受けた接合方法に、接合される鋼材がステンレス鋼である場合は高力ボルト接合若しくは溶接接合又はこれらと同等以上の効力を有するものとして国土交通大臣の認定を受けた接合方法に、それぞれよらなければならない。ただし、次に掲げる建築物については、ボルト接合（ボルトが緩まないようにコンクリートで埋め込む場合、ナットの部分を溶接し、又はナットを二重に使用する場合その他これらと同等以上の効力を有する戻り止めをする場合に限る。第二号において同じ。）によることができる。
　一　軒の高さが9m以下で、かつ、張り間が13m以下の建築物（延べ面積が3,000㎡を超えるものを除く。）
　二　前号に掲げるもののほか、ボルト接合によつても国土交通大臣が定める基準に従つた構造計算によつて安全であることが確かめられた建築物
2　構造耐力上主要な部分である継手又は仕口の構造は、その部分の存在応力を伝えることができるものとして、国土交通大臣が定めた構造方法を用いるもの又は国土交通大臣の認定を受けたものとしなければならない。この場合において、柱の端面を削り仕上げとし、密着する構造とした継手又は仕口で引張り応力が生じないものは、その部分の圧縮力及び曲げモーメントの4分の1（柱の脚部においては、2分の1）以内を接触面から伝えている構造とみなすことができる。

改正：平成19年政令第49号　　　施行：平成19年6月20日
第67条　（接合）

1　構造耐力上主要な部分である鋼材の接合は、ボルトが緩まないように次の各号のいずれかに該当する措置を講じたボルト接合（延べ面積が3,000㎡を超える建築物又は軒の高さが9mを超え、若しくは張り間が13mを超える建築物であつて、接合される鋼材が炭素鋼であるときは高力ボルト接合、溶接接合若しくはリベット接合（構造耐力上主要な部分である継手又は仕口に係るリベット接合にあつては、添板リベット接合）又はこれらと同等以上の効力を有するものとして国土交通大臣の認定を受けた接合方法、接合される鋼材がステンレス鋼であるときは高力ボルト接合若しくは溶接接合又はこれらと同等以上の効力を有するものとして国土交通大臣の認定を受けた接合方法）によらなければならない。
　一　当該ボルトをコンクリートで埋め込むこと。
　二　当該ボルトに使用するナットの部分を溶接すること。
　三　当該ボルトにナットを二重に使用すること。
　四　前3号に掲げるもののほか、これらと同等以上の効力を有する戻り止めをすること。
2　略

改正：平成23年政令第46号　　　施行：平成23年5月1日
第67条　（接合）

1　構造耐力上主要な部分である鋼材の接合は、接合される鋼材が炭素鋼であるときは高力ボルト接合、溶接接合若しくはリベット接合（構造耐力上主要な部分である継手又は仕口に係るリベット接合にあつては、添板リベット接合）又はこれらと同等以上の効力を有するものとして国土交通大臣の認定を受けた接合方法に、

令67条　改正：平成23年政令第46号

接合される鋼材がステンレス鋼であるときは高力ボルト接合若しくは溶接接合又はこれらと同等以上の効力を有するものとして国土交通大臣の認定を受けた接合方法に、それぞれよらなければならない。ただし、軒の高さが9m以下で、かつ、張り間が13m以下の建築物（延べ面積が3,000㎡を超えるものを除く。）にあつては、ボルトが緩まないように次の各号のいずれかに該当する措置を講じたボルト接合によることができる。
一～四　略
2　略

改正：令和6年政令第172号　　　施行：令和7年4月1日
第67条　（接合）

1　構造耐力上主要な部分である鋼材の接合は、接合される鋼材が炭素鋼であるときは高力ボルト接合、溶接接合若しくはリベット接合（構造耐力上主要な部分である継手又は仕口に係るリベット接合にあつては、添板リベット接合）又はこれらと同等以上の効力を有するものとして国土交通大臣の認定を受けた接合方法に、接合される鋼材がステンレス鋼であるときは高力ボルト接合若しくは溶接接合又はこれらと同等以上の効力を有するものとして国土交通大臣の認定を受けた接合方法に、それぞれよらなければならない。ただし、軒の高さが9m以下で、かつ、張り間が13m以下の建築物（延べ面積が3,000㎡を超えるものを除く。）その他その規模及び構造に関し安全上支障がないものとして国土交通大臣が定める基準に適合する建築物にあつては、ボルトが緩まないように次の各号のいずれかに該当する措置を講じたボルト接合によることができる。
一　当該ボルトをコンクリートで埋め込むこと。
二　当該ボルトに使用するナットの部分を溶接すること。
三　当該ボルトにナットを二重に使用すること。
四　前3号に掲げるもののほか、これらと同等以上の効力を有する戻り止めをすること。
2　構造耐力上主要な部分である継手又は仕口の構造は、その部分の存在応力を伝えることができるものとして、国土交通大臣が定めた構造方法を用いるもの又は国土交通大臣の認定を受けたものとしなければならない。この場合において、柱の端面を削り仕上げとし、密着する構造とした継手又は仕口で引張応力が生じないものは、その部分の圧縮力及び曲げモーメントの4分の1（柱の脚部においては、2分の1）以内を接触面から伝えている構造とみなすことができる。

[現行]　第68条　（高力ボルト、ボルト及びリベット）

制定：昭和25年政令第338号　　　施行：昭和25年11月23日
第68条　（リベット及びボルト）

1　リベット又はボルトの相互間の中心距離は、その径の2.5倍以上としなければならない。
2　リベットは、リベット孔に充分充てんするように打たなければならない。
3　ボルト孔の径は、ボルトの径より0.5mm以上大きくしてはならない。

改正：昭和34年政令第344号　　　施行：昭和34年12月23日
第68条　（リベット及びボルト）

1　略
2　リベットは、リベット孔に充分埋まるように打たなければならない。
3　略

改正：昭和45年政令第333号　　　施行：昭和46年1月1日
第68条　（リベット及びボルト）

1・2　略
3　ボルト孔の径は、ボルトの径より1mmをこえ、かつ、構造耐力上支障がない場合においては、ボルト孔の径をボルトの径より1.5mmまで大きくすることができる。

改正：昭和55年政令第196号　　　施行：昭和56年６月１日
第68条　（高力ボルト、ボルト及びリベット）

1　高力ボルト、ボルト又はリベットの相互間の中心距離は、その径の2.5倍以上としなければならない。
2　高力ボルト孔又はボルト孔（以下この項において「高力ボルト孔等」という。）の径は、高力ボルト又はボルト（以下この項において「高力ボルト等」という。）の径より１mmを超えて大きくしてはならない。ただし、高力ボルト等の径が20mm以上であり、かつ、構造耐力上支障がない場合においては、高力ボルト孔等の径を高力ボルト等の径より1.5mmまで大きくすることができる。
3　リベットは、リベット孔に充分埋まるように打たなければならない。

改正：平成５年政令第170号　　　施行：昭和５年６月25日
第68条　（高力ボルト、ボルト及びリベット）

1　略
2　高力ボルト孔の径は、高力ボルトの径より２mmを超えて大きくしてはならない。ただし、高力ボルトの径が27mm以上であり、かつ、構造耐力上支障がない場合においては、高力ボルト孔の径を高力ボルトの径より３mmまで大きくすることができる。
3　ボルト孔の径は、ボルトの径より１mmを超えて大きくしてはならない。ただし、ボルトの径が20mm以上であり、かつ、構造耐力上支障がない場合においては、ボルト孔の径をボルトの径より1.5mmまで大きくすることができる。
4　リベットは、リベット孔に充分埋まるように打たなければならない。

改正：平成14年政令第393号　　　施行：平成15年７月１日
第68条　（高力ボルト、ボルト及びリベット）

1・2　略
3　前項の規定は、同項の規定に適合する高力ボルト接合と同等以上の効力を有するものとして国土交通大臣の認定を受けた高力ボルト接合については、適用しない。
4　ボルト孔の径は、ボルトの径より１mmを超えて大きくしてはならない。ただし、ボルトの径が20mm以上であり、かつ、構造耐力上支障がない場合においては、ボルト孔の径をボルトの径より1.5mmまで大きくすることができる。
5　前項の規定は、国土交通大臣が定める基準に従つた構造計算によつて安全であることが確かめられた場合においては、適用しない。
6　リベットは、リベット孔に充分埋まるように打たなければならない。

改正：平成19年政令第49号　　　施行：平成19年６月20日
第68条　（高力ボルト、ボルト及びリベット）

1　高力ボルト、ボルト又はリベットの相互間の中心距離は、その径の2.5倍以上としなければならない。
2　高力ボルト孔の径は、高力ボルトの径より２mmを超えて大きくしてはならない。ただし、高力ボルトの径が27mm以上であり、かつ、構造耐力上支障がない場合においては、高力ボルト孔の径を高力ボルトの径より３mmまで大きくすることができる。
3　前項の規定は、同項の規定に適合する高力ボルト接合と同等以上の効力を有するものとして国土交通大臣の認定を受けた高力ボルト接合については、適用しない。
4　ボルト孔の径は、ボルトの径より１mmを超えて大きくしてはならない。ただし、ボルトの径が20mm以上であり、かつ、構造耐力上支障がない場合においては、ボルト孔の径をボルトの径より1.5mmまで大きくすることができる。
5　リベットは、リベット孔に充分埋まるように打たなければならない。

令69条　制定：昭和25年政令第338号

[現行]　第69条　（斜材、壁等の配置）

制定：昭和25年政令第338号　　　施行：昭和25年11月23日
第69条　（斜材、壁等の配置）

　1　軸組、床組及び小屋ばり組には、構造計算によつて構造耐力上安全であることが確かめられた場合を除き、鉄骨若しくは鉄筋の斜材又は鉄筋コンクリート造の壁、屋根版若しくは床版をつりあいよく配置しなければならない。

改正：平成12年政令第211号　　　施行：平成12年6月1日
第69条　（斜材、壁等の配置）

　1　軸組、床組及び小屋ばり組には、すべての方向の水平力に対して安全であるように、建設大臣が定める基準に従つた構造計算によつて構造耐力上安全であることが確かめられた場合を除き、形鋼、棒鋼若しくは構造用ケーブルの斜材又は鉄筋コンクリート造の壁、屋根版若しくは床版を釣合い良く配置しなければならない。

改正：平成12年政令第312号　　　施行：平成13年1月6日
第69条　（斜材、壁等の配置）

　1　軸組、床組及び小屋ばり組には、すべての方向の水平力に対して安全であるように、国土交通大臣が定める基準に従つた構造計算によつて構造耐力上安全であることが確かめられた場合を除き、形鋼、棒鋼若しくは構造用ケーブルの斜材又は鉄筋コンクリート造の壁、屋根版若しくは床版を釣合い良く配置しなければならない。

[現行]　第70条　（柱の防火被覆）

制定：昭和34年政令第344号　　　施行：昭和34年12月23日
旧　第70条の2　（柱の防火被覆）

　1　地階を除く階数が3以上の建築物にあつては、一の柱のみの火熱による耐力の低下によつて建築物全体が容易に倒壊するおそれがある場合においては、当該柱は、モルタルその他の断熱性のある材料で被覆しなければならない。

改正：昭和45年政令第333号　　　施行：昭和46年1月1日
第70条　（柱の防火被覆）

　1　地階を除く階数が3以上の建築物にあつては、一の柱のみの火熱による耐力の低下によつて建築物全体が容易に倒壊するおそれがある場合においては、当該柱は、モルタルその他の断熱性のある材料で被覆しなければならない。

改正：平成12年政令第211号　　　施行：平成12年6月1日
第70条　（柱の防火被覆）

　1　地階を除く階数が3以上の建築物（法第2条第九号の二イに掲げる基準に適合する建築物及び同条第九号の三イに該当する建築物を除く。）にあつては、一の柱のみの火熱による耐力の低下によつて建築物全体が容易に倒壊するおそれがある場合として建設大臣が定める場合においては、当該柱の構造は、通常の火災による火熱が加えられた場合に、加熱開始後30分間構造耐力上支障のある変形、溶融、破壊その他の損傷を生じないものとして建設大臣が定めた構造方法を用いるもの又は建設大臣の認定を受けたものとしなければならない。

改正：平成12年政令第312号　　　施行：平成13年1月6日

第70条　（柱の防火被覆）

1　地階を除く階数が3以上の建築物（法第2条第九号の二イに掲げる基準に適合する建築物及び同条第九号の三イに該当する建築物を除く。）にあつては、一の柱のみの火熱による耐力の低下によつて建築物全体が容易に倒壊するおそれがある場合として<u>国土交通大臣</u>が定める場合においては、当該柱の構造は、通常の火災による火熱が加えられた場合に、加熱開始後30分間構造耐力上支障のある変形、溶融、破壊その他の損傷を生じないものとして<u>国土交通大臣</u>が定めた構造方法を用いるもの又は<u>国土交通大臣</u>の認定を受けたものとしなければならない。

［削除条文］

<u>制定</u>：昭和25年政令第338号　　　施行：昭和25年11月23日
旧　第70条　（構造部材のさび止め）

1　構造耐力上主要な部分に使用する鉄材は、さび止め塗料を塗布し、又はコンクリート若しくは鉄をさびさせない軽量コンクリートに埋め込まなければならない。

改正：昭和27年政令第164号　　　施行：昭和27年5月31日
旧　第70条　（構造部材のさび止め）

1　構造耐力上主要な部分に使用する鉄材は、さび止め塗料を塗布し、<u>又は鉄をさびさせるおそれのないコンクリート</u>に埋め込まなければならない。

改正：昭和34年政令第344号　　　施行：昭和34年12月23日
旧　第70条　（<u>さび止め</u>）

1　<u>構造耐力上主要な部分に使用する鉄材は、コンクリートに埋め込む場合を除き、さび止め塗料を塗布する等有効なさび止めのための処置を講じなければならない。</u>

改正：昭和45年政令第333号　　　施行：昭和46年1月1日
旧　第70条　（さび止め）　削除

［現行］第6節　鉄筋コンクリート造
（<u>制定</u>：昭和25年政令第338号）　第6節　鉄筋コンクリート造

［現行］　第71条　（適用の範囲）

<u>制定</u>：昭和25年政令第338号　　　施行：昭和25年11月23日
第71条　（適用の範囲）

1　この節の規定は、鉄筋コンクリート造若しくは鉄骨鉄筋コンクリート造の建築物又はこれらの構造と組積造その他の構造とを併用する建築物の鉄筋コンクリート造の構造部分に適用する。
2　高さが4m以下で、且つ、延べ面積が30㎡以内の建築物又は高さが3m以下の<u>へい</u>については、この節の規定中第72条、第75条及び第79条に限り適用する。

改正：昭和34年政令第344号　　　施行：昭和34年12月23日
第71条　（適用の範囲）

1　略

令72条　改正：昭和34年政令第344号

2　高さが4m以下で、かつ、延べ面積が30㎡以内の建築物又は高さが3m以下のへいについては、この節の規定中第72条、第75条及び第79条の規定に限り適用する。

改正：昭和55年政令第196号　　　施行：昭和56年6月1日
第71条　（適用の範囲）

1　この節の規定は、鉄筋コンクリート造の建築物又は鉄筋コンクリート造と鉄骨造その他の構造とを併用する建築物の鉄筋コンクリート造の構造部分に適用する。
2　高さが4m以下で、かつ、延べ面積が30㎡以内の建築物又は高さが3m以下のへいについては、この節の規定中第72条、第75条及び第79条の規定に限り適用する。

[現行]　第72条　（コンクリートの材料）

制定：昭和25年政令第338号　　　施行：昭和25年11月23日
第72条　（コンクリートの材料）

1　鉄筋コンクリート造に使用するコンクリートの材料は、下の各号に定めるところによらなければならない。
　一　砂、砂利、砕石及び水は、鉄筋をさびさせ、又はコンクリートの凝結を妨げるような酸、塩、有機物又はでい土を含まないこと。
　二　砂利又は砕石は、硬質で、且つ、鉄筋相互間及び鉄筋とせき板との間を容易に通る大きさであること。

改正：昭和34年政令第344号　　　施行：昭和34年12月23日
第72条　（コンクリートの材料）

1　鉄筋コンクリート造に使用するコンクリートの材料は、次の各号に定めるところによらなければならない。
　一　骨材、水及び混和剤は、鉄筋をさびさせ、又はコンクリートの凝結を妨げるような酸、塩、有機物又は泥土を含まないこと。
　二　骨材は、鉄筋相互間及び鉄筋とせき板との間を容易に通る大きさであること。

改正：昭和45年政令第333号　　　施行：昭和46年1月1日
第72条　（コンクリートの材料）

1　鉄筋コンクリート造に使用するコンクリートの材料は、次の各号に定めるところによらなければならない。
　一　骨材、水及び混和剤は、鉄筋をさびさせ、又はコンクリートの凝結及び硬化を妨げるような酸、塩、有機物又は泥土を含まないこと。
　二　骨材は、鉄筋相互間及び鉄筋とせき板との間を容易に通る大きさとし、かつ、必要な強度を有すること。

改正：昭和55年政令第196号　　　施行：昭和56年6月1日
第72条　（コンクリートの材料）

1　鉄筋コンクリート造に使用するコンクリートの材料は、次の各号に定めるところによらなければならない。
　一　骨材、水及び混和材料は、鉄筋をさびさせ、又はコンクリートの凝結及び硬化を妨げるような酸、塩、有機物又は泥土を含まないこと。
　二　骨材は、鉄筋相互間及び鉄筋とせき板との間を容易に通る大きさであること。
　三　骨材は、適切な粒度及び粒形のもので、かつ、当該コンクリートに必要な強度、耐久性及び耐火性が得られるものであること。

改正：昭和55年政令第196号 **令73条**

[現行] 第73条 （鉄筋の継手及び定着）

制定：昭和25年政令第338号　　施行：昭和25年11月23日
第73条　（鉄筋の継手及び定着）

1　鉄筋の末端は、鈎状に折り曲げて、コンクリートから抜け出ないように定着しなければならない。
2　主筋の継手は、構造部材における引張り力の最も小さい部分に設け、継手の重ね長さは、溶接する場合を除き、主筋の径（径の異なる主筋をつなぐ場合においては、細い主筋の径。以下この条において同様とする。）の25倍以上としなければならない。但し、主筋の継手を引張り力の最も小さい部分に設けることができない場合においては、その重ね長さを主筋の径の40倍以上としなければならない。
3　柱に取り付けるはりの引張り鉄筋は、柱の主筋に溶接する場合を除き、柱に定着される部分の長さをその径の40倍以上としなければならない。

改正：昭和34年政令第344号　　施行：昭和34年12月23日
第73条　（鉄筋の継手及び定着）

1　鉄筋の末端は、<u>かぎ</u>状に折り曲げて、コンクリートから抜け出ないように定着しなければならない。<u>ただし、次の各号に掲げる部分以外の部分に使用する異形鉄筋にあつては、その末端を折り曲げないことができる。</u>
　<u>一　柱及びはり（基礎ばりを除く。）の出すみ部分</u>
　<u>二　煙突</u>
2　主筋の継手は、構造部材における引張り力の最も小さい部分に設け、継手の重ね長さは、溶接する場合を除き、主筋の径（径の異なる主筋をつなぐ場合においては、細い主筋の径。以下この条において同様とする。）の25倍以上としなければならない。<u>ただし</u>、主筋の継手を引張り力の最も小さい部分に設けることができない場合においては、その重ね長さを主筋の径の40倍以上としなければならない。
3　略
4　<u>軽量骨材を使用する鉄筋コンクリート造について前2項の規定を適用する場合には、これらの項中「25倍」とあるのは「30倍」と、「40倍」とあるのは「50倍」とする。</u>
5　<u>前3項の規定は、実験又は附着力を考慮した構造計算によつて安全であることが確かめられた場合においては、適用しない。</u>

改正：昭和45年政令第333号　　施行：昭和46年1月1日
第73条　（鉄筋の継手及び定着）

1　略
2　主筋の継手は、構造部材における引張り力の最も小さい部分に設け、継手の重ね長さは、溶接する場合を除き、主筋の径（径の異なる主筋をつなぐ場合においては、細い主筋の径。以下この条において<u>同じ</u>。）の25倍以上としなければならない。ただし、主筋の継手を引張り力の最も小さい部分に設けることができない場合においては、その重ね長さを主筋の径の40倍以上としなければならない。
3〜5　略

改正：昭和55年政令第196号　　施行：昭和56年6月1日
第73条　（鉄筋の継手及び定着）

1　略
2　<u>主筋又は耐力壁の鉄筋（以下この項において「主筋等」という。）</u>の継手は、構造部材における<u>引張力</u>の最も小さい部分に設け、継手の<u>重ね長さは、主筋等</u>の径（径の異なる<u>主筋等</u>をつなぐ場合においては、細い<u>主筋等の径</u>。以下この条において同じ。）の25倍以上としなければならない。ただし、<u>主筋等</u>の継手を<u>引張力</u>の最も小さい部分に設けることができない場合においては、その重ね長さを<u>主筋等</u>の径の40倍以上としなければならない。
3・4　略

令73条 改正：昭和55年政令第196号

5 前各項の規定は、実験又は付着力を考慮した構造計算によつて安全であることが確かめられた場合においては、適用しない。

改正：平成12年政令第211号　　　施行：平成12年6月1日
第73条　（鉄筋の継手及び定着）

1 略
2 主筋又は耐力壁の鉄筋（以下この項において「主筋等」という。）の継手の重ね長さは、継手を構造部材における引張力の最も小さい部分に設ける場合にあつては、主筋等の径（径の異なる主筋等をつなぐ場合にあつては、細い主筋等の径。以下この条において同じ。）の25倍以上とし、継手を引張り力の最も小さい部分以外の部分に設ける場合にあつては、主筋等の径の40倍以上としなければならない。ただし、建設大臣が定めた構造方法を用いる継手にあつては、この限りでない。
3・4 略
5 前各項の規定は、建設大臣が定める基準に従つた構造計算によつて安全であることが確かめられた場合においては、適用しない。

改正：平成12年政令第312号　　　施行：平成13年1月6日
第73条　（鉄筋の継手及び定着）

1 略
2 主筋又は耐力壁の鉄筋（以下この項において「主筋等」という。）の継手の重ね長さは、継手を構造部材における引張力の最も小さい部分に設ける場合にあつては、主筋等の径（径の異なる主筋等をつなぐ場合にあつては、細い主筋等の径。以下この条において同じ。）の25倍以上とし、継手を引張り力の最も小さい部分以外の部分に設ける場合にあつては、主筋等の径の40倍以上としなければならない。ただし、国土交通大臣が定めた構造方法を用いる継手にあつては、この限りでない。
3・4 略
5 前各項の規定は、国土交通大臣が定める基準に従つた構造計算によつて安全であることが確かめられた場合においては、適用しない。

改正：平成19年政令第49号　　　施行：平成19年6月20日
第73条　（鉄筋の継手及び定着）

1～3 略
4 軽量骨材を使用する鉄筋コンクリート造について前2項の規定を適用する場合には、これらの項中「25倍」とあるのは「30倍」と、「40倍」とあるのは「50倍」とする。

改正：平成23年政令第46号　　　施行：平成23年5月1日
第73条　（鉄筋の継手及び定着）

1・2 略
3 柱に取り付けるはりの引張り鉄筋は、柱の主筋に溶接する場合を除き、柱に定着される部分の長さをその径の40倍以上としなければならない。ただし、国土交通大臣が定める基準に従つた構造計算によつて構造耐力上安全であることが確かめられた場合においては、この限りでない。
4 略

改正：令和6年政令第172号　　　施行：令和7年4月1日
第73条　（鉄筋の継手及び定着）

1 鉄筋の末端は、かぎ状に折り曲げて、コンクリートから抜け出ないように定着しなければならない。ただし、次の各号に掲げる部分以外の部分に使用する異形鉄筋にあつては、その末端を折り曲げないことができ

る。
一　柱及びはり（基礎ばりを除く。）の出すみ部分
二　煙突
2　主筋又は耐力壁の鉄筋（以下この項において「主筋等」という。）の継手の重ね長さは、継手を構造部材における引張力の最も小さい部分に設ける場合にあつては、主筋等の径（径の異なる主筋等をつなぐ場合にあつては、細い主筋等の径。以下この項において同じ。）の25倍以上とし、継手を引張力の最も小さい部分以外の部分に設ける場合にあつては、主筋等の径の40倍以上としなければならない。ただし、国土交通大臣が定めた構造方法を用いる継手にあつては、この限りでない。
3　柱に取り付けるはりの引張鉄筋は、柱の主筋に溶接する場合を除き、柱に定着される部分の長さをその径の40倍以上としなければならない。ただし、国土交通大臣が定める基準に従つた構造計算によつて構造耐力上安全であることが確かめられた場合においては、この限りでない。
4　軽量骨材を使用する鉄筋コンクリート造について前2項の規定を適用する場合には、これらの項中「25倍」とあるのは「30倍」と、「40倍」とあるのは「50倍」とする。

[現行]　第74条　（コンクリートの強度）

制定：昭和25年政令第338号　　　施行：昭和25年11月23日
第74条　（コンクリートの調合）

1　鉄筋コンクリート造に使用するコンクリートの4週圧縮強度は、1cm²につき90kg以上でなければならない。
2　コンクリートの水セメント比は、その構造耐力上必要な強度に応じて下の表の式によつて求めた数値以下としなければならない。但し、日本工業規格A1108（コンクリートの圧縮強度試験方法）による強度試験によつて定める場合においては、この限りでない。

普通ポルトランドセメントの場合	$X = \dfrac{0.85\,K}{F + 0.64\,K}$
早強ポルトランドセメントの場合	$X = \dfrac{0.47\,K}{F + 0.05\,K}$
高炉セメントの場合又はシリカセメントの場合	$X = \dfrac{1.4\,K}{F + 1.48\,K}$

この表においてF、K及びXは、それぞれ下記の数値を表わすものとする。
　F　第91条の表に掲げるコンクリートの4週圧縮強度
　K　日本工業規格R5210（ポルトランドセメント）によるモルタルの4週圧縮強度。但し、コンクリート打込み後2週間の期間が月平均気温摂氏10度以下の月に係る場合においては、その強度から1cm²につき50kgを減らしたもの
　X　水セメント比

3　コンクリートは、打上りが均質で密実になるようにその調合を定めなければならない。

改正：昭和31年政令第185号　　　施行：昭和31年7月1日
第74条　（コンクリートの調合）

1　略
2　コンクリートの水セメント比は、その構造耐力上必要な強度に応じて下の表の式によつて求めた数値以下としなければならない。但し、日本工業規格A1108（コンクリートの圧縮強度試験方法）による強度試験によつて定める場合においては、この限りでない。

| 普通ポルトランドセメントの場合 | 略 |
| 早強ポルトランドセメントの場合 | 略 |

令74条　改正：昭和31年政令第185号

| 高炉セメントの場合又はシリカセメントの場合 | 略 |

この表においてF、K及びXは、それぞれ下記の数値を表わすものとする。
　F　　第91条の表に掲げるコンクリートの４週圧縮強度
　K　　日本工業規格R5210（ポルトランドセメント）、同R5211（高炉セメント）又は同R5212（シリカセメント）によるモルタルの４週圧縮強度。但し、コンクリート打込み後２週間の期間が月平均気温摂氏10度以下の月に係る場合においては、その強度から１cm²につき50kgを減らしたもの
　X　　水セメント比

3　略

改正：昭和34年政令第344号　　　施行：昭和34年12月23日

第74条　（コンクリートの強度）

1　鉄筋コンクリート造に使用するコンクリートの４週圧縮強度は、１cm²につき120kg（軽量骨材を使用する場合においては、90kg）以上でなければならない。
2　前項に規定するコンクリートの４週圧縮強度を求める場合においては、日本工業規格A1108（コンクリートの圧縮強さ試験方法）による強度試験によらなければならない。
3　略

改正：昭和45年政令第333号　　　施行：昭和46年1月1日

第74条　（コンクリートの強度）

1　略
2　前項に規定するコンクリートの４週圧縮強度を求める場合においては、建設大臣の指定する日本工業規格による強度試験によらなければならない。
3　略

改正：昭和55年政令第196号　　　施行：昭和56年6月1日

第74条　（コンクリートの強度）

1　鉄筋コンクリート造に使用するコンクリートの強度は、次の各号に定めるものでなければならない。
　二　四週圧縮強度は、１cm²につき120kg（軽量骨材を使用する場合においては、90kg）以上であること。
　二　設計基準強度（設計に際し採用する圧縮強度をいう。以下同じ。）との関係において建設大臣が安全上必要であると認めて定める基準に適合するものであること。
2　前項に規定するコンクリートの強度を求める場合においては、建設大臣の指定する日本工業規格による強度試験によらなければならない。
3　コンクリートは、打上りが均質で密実になり、かつ、必要な強度が得られるようにその調合を定めなければならない。

改正：平成12年政令第211号　　　施行：平成12年6月1日

第74条　（コンクリートの強度）

1　鉄筋コンクリート造に使用するコンクリートの強度は、次に定めるものでなければならない。
　一　四週圧縮強度は、１mm²につき12N（軽量骨材を使用する場合においては、9N）以上であること。
　二　略
2　前項に規定するコンクリートの強度を求める場合においては、建設大臣が指定する強度試験によらなければならない。
3　略

改正：平成12年政令第312号　　　施行：平成13年1月6日

改正：昭和34年政令第344号 **令76条**

第74条　（コンクリートの強度）

1　鉄筋コンクリート造に使用するコンクリートの強度は、次に定めるものでなければならない。
　一　四週圧縮強度は、1mm²につき12N（軽量骨材を使用する場合においては、9N）以上であること。
　二　設計基準強度（設計に際し採用する圧縮強度をいう。以下同じ。）との関係において国土交通大臣が安全上必要であると認めて定める基準に適合するものであること。
2　前項に規定するコンクリートの強度を求める場合においては、国土交通大臣が指定する強度試験によらなければならない。
3　コンクリートは、打上りが均質で密実になり、かつ、必要な強度が得られるようにその調合を定めなければならない。

[現行]　第75条　（コンクリートの養生）

制定：昭和25年政令第338号　　施行：昭和25年11月23日
第75条　（コンクリートの養生）

1　コンクリート打込み中及び打込み後5日間は、コンクリートの温度が摂氏2度を下らないようにし、且つ、乾燥、震動等によつてコンクリートの凝結及び硬化が妨げられないように養生しなければならない。

改正：昭和34年政令第344号　　施行：昭和34年12月23日
第75条　（コンクリートの養生）

1　コンクリート打込み中及び打込み後5日間は、コンクリートの温度が2度を下らないようにし、かつ、乾燥、震動等によつてコンクリートの凝結及び硬化が妨げられないように養生しなければならない。

改正：昭和55年政令第196号　　施行：昭和56年6月1日
第75条　（コンクリートの養生）

1　コンクリート打込み中及び打込み後5日間は、コンクリートの温度が2度を下らないようにし、かつ、乾燥、震動等によつてコンクリートの凝結及び硬化が妨げられないように養生しなければならない。ただし、コンクリートの凝結及び硬化を促進するための特別の措置を講ずる場合においては、この限りでない。

[現行]　第76条　（型わく及び支柱の除去）

制定：昭和25年政令第338号　　施行：昭和25年11月23日
第76条　（仮わくの支柱の除去）

1　構造耐力上主要な部分であるはり又は床版の下の仮わくの支柱は、そのコンクリート打込み後6週間（屋根版の場合又はその直上に階がない場合においては、4週間）を経過するまでは、取りはずしてはならない。
2　前項の規定は、早強ポルトランドセメントを使用した場合又はその他のセメントを使用して同項の期間の2分の1以上を経過した場合において、建築主事が温度又は湿度の状況その他の条件が良好で構造耐力上支障がないと認めて承認したときは、適用しない。

改正：昭和34年政令第344号　　施行：昭和34年12月23日
第76条　（型わくの支柱の除去）

1　構造耐力上主要な部分である次の各号に掲げる部分の下の型わくの支柱は、そのコンクリートの打込み後、それぞれ当該各号に掲げる期間を経過するまでは、取りはずしてはならない。ただし、強度試験によつて構造耐力上支障がないことが確かめられた場合においては、この限りでない。
　一　はり又は床版　6週間（その直上に階がない場合においては、4週間）

建築基準法施行令　条文改正経過　| 779

令76条 改正：昭和34年政令第344号

　二　屋根版　4週間

改正：昭和45年政令第333号　　　施行：昭和46年1月1日
第76条　（型わく及び支柱の除去）

1　構造耐力上主要な部分に係る型わく及び支柱は、コンクリートが自重及び工事の施工中の荷重によつて著しい変形又はひび割れその他の損傷を受けない強度になるまでは、取りはずしてはならない。
2　前項の型わく及び支柱の取りはずしに関し必要な技術的基準は、建設大臣が定める。

改正：平成12年政令第312号　　　施行：平成13年1月6日
第76条　（型わく及び支柱の除去）

1　構造耐力上主要な部分に係る型わく及び支柱は、コンクリートが自重及び工事の施工中の荷重によつて著しい変形又はひび割れその他の損傷を受けない強度になるまでは、取りはずしてはならない。
2　前項の型わく及び支柱の取りはずしに関し必要な技術的基準は、国土交通大臣が定める。

［現行］　第77条　（柱の構造）

制定：昭和25年政令第338号　　　施行：昭和25年11月23日
第77条　（柱の構造）

1　構造耐力上主要な部分である柱は、下の各号に定める構造としなければならない。
　一　主筋は、4本以上とし、帯筋と緊結すること。
　二　帯筋の間隔は、30cm以下で、且つ、最も細い主筋の径の15倍以下とすること。
　三　柱の小径は、その構造耐力上主要な支点間の距離の15分の1以上とすること。但し、柱の有効細長比を考慮した構造計算によつて構造耐力上安全であることが確かめられた場合においては、この限りでない。
　四　主筋の断面積の和は、コンクリートの断面積（断面積が前号の規定又は構造計算による必要断面積をこえる場合においては、その必要断面積）の0.8％以上とすること。

改正：昭和34年政令第344号　　　施行：昭和34年12月23日
第77条　（柱の構造）

1　構造耐力上主要な部分である柱は、次の各号に定める構造としなければならない。
　一　略
　二　帯筋の間隔は、30cm以下で、かつ、最も細い主筋の径の15倍以下とすること。
　三　柱の小径は、その構造耐力上主要な支点間の距離の15分の1以上とすること。ただし、柱の有効細長比を考慮した構造計算によつて構造耐力上安全であることが確かめられた場合においては、この限りでない。
　四　略

改正：昭和45年政令第333号　　　施行：昭和46年1月1日
第77条　（柱の構造）

1　構造耐力上主要な部分である柱は、次の各号に定める構造としなければならない。
　一　略
　二　帯筋の径は、6mm以上とし、その間隔は、15cm（柱に接着する壁、はりその他の横架材から上方又は下方に柱の小径の2倍以内の距離にある部分においては、10cm）以下で、かつ、最も細い主筋の径の15倍以下とすること。
　三・四　略

改正：昭和55年政令第196号　　　施行：昭和56年6月1日
第77条　（柱の構造）

1　構造耐力上主要な部分である柱は、次の各号に定める構造としなければならない。ただし、第二号から第五号までの規定は、構造計算又は実験によつて構造耐力上安全であることが確かめられた場合においては、適用しない。
　　一・二　略
　　三　帯筋比（柱の軸を含むコンクリートの断面の面積に対する帯筋の断面積の和の割合として建設大臣が定める方法により算出した数値をいう。）は、0.2％以上とすること。
　　四　柱の小径は、その構造耐力上主要な支点間の距離の15分の1以上とすること。
　　五　主筋の断面積の和は、コンクリートの断面積の0.8％以上とすること。

改正：平成12年政令第211号　　　施行：平成12年6月1日
第77条　（柱の構造）

1　構造耐力上主要な部分である柱は、次に定める構造としなければならない。ただし、第二号から第五号までの規定は、建設大臣が定める基準に従つた構造計算によつて構造耐力上安全であることが確かめられた場合においては、適用しない。
　　一～五　略

改正：平成12年政令第312号　　　施行：平成13年1月6日
第77条　（柱の構造）

1　構造耐力上主要な部分である柱は、次に定める構造としなければならない。ただし、第二号から第五号までの規定は、国土交通大臣が定める基準に従つた構造計算によつて構造耐力上安全であることが確かめられた場合においては、適用しない。
　　一・二　略
　　三　帯筋比（柱の軸を含むコンクリートの断面の面積に対する帯筋の断面積の和の割合として国土交通大臣が定める方法により算出した数値をいう。）は、0.2％以上とすること。
　　四・五　略

改正：平成14年政令第393号　　　施行：平成15年7月1日
第77条　（柱の構造）

1　構造耐力上主要な部分である柱は、次に定める構造としなければならない。ただし、第二号から第六号までの規定は、国土交通大臣が定める基準に従つた構造計算によつて構造耐力上安全であることが確かめられた場合においては、適用しない。
　　一　主筋は、4本以上とすること。
　　二　主筋は、帯筋と緊結すること。
　　三　帯筋の径は、6mm以上とし、その間隔は、15cm（柱に接着する壁、はりその他の横架材から上方又は下方に柱の小径の2倍以内の距離にある部分においては、10cm）以下で、かつ、最も細い主筋の径の15倍以下とすること。
　　四　帯筋比（柱の軸を含むコンクリートの断面の面積に対する帯筋の断面積の和の割合として国土交通大臣が定める方法により算出した数値をいう。）は、0.2％以上とすること。
　　五　柱の小径は、その構造耐力上主要な支点間の距離の15分の1以上とすること。
　　六　主筋の断面積の和は、コンクリートの断面積の0.8％以上とすること。

改正：平成19年政令第49号　　　施行：平成19年6月20日
第77条　（柱の構造）

令77条 改正：平成19年政令第49号

> 1　構造耐力上主要な部分である柱は、次に定める構造としなければ<u>ならない。</u>
> 　一～六　略

改正：平成23年政令第46号　　　施行：平成23年5月1日
第77条　（柱の構造）

> 1　構造耐力上主要な部分である柱は、次に定める構造としなければならない。
> 　一　主筋は、4本以上とすること。
> 　二　主筋は、帯筋と緊結すること。
> 　三　帯筋の径は、6mm以上とし、その間隔は、15cm（柱に接着する壁、はりその他の横架材から上方又は下方に柱の小径の2倍以内の距離にある部分においては、10cm）以下で、かつ、最も細い主筋の径の15倍以下とすること。
> 　四　帯筋比（柱の軸を含むコンクリートの断面の面積に対する帯筋の断面積の和の割合として国土交通大臣が定める方法により算出した数値をいう。）は、0.2％以上とすること。
> 　五　柱の小径は、その構造耐力上主要な支点間の距離の15分の1以上とすること。<u>ただし、国土交通大臣が定める基準に従つた構造計算によつて構造耐力上安全であることが確かめられた場合においては、この限りでない。</u>
> 　六　主筋の断面積の和は、コンクリートの断面積の0.8％以上とすること。

[現行]　第77条の2　（床版の構造）

制定：昭和45年政令第333号　　　施行：昭和46年1月1日
第77条の2　（床版の構造）

> 1　構造耐力上主要な部分である現場打コンクリートの床版は、次の各号に定める構造としなければならない。ただし、構造計算又は実験によつて振動又は変形による使用上の支障が起こらないことが確かめられた場合においては、この限りでない。
> 　一　厚さは、8cm以上とし、かつ、短辺方向における有効張り間長さの40分の1以上とすること。
> 　二　最大曲げモーメントを受ける部分における引張り鉄筋の間隔は、短辺方向において20cm以下、長辺方向において30cm以下で、かつ、床版の厚さの3倍以下とすること。

改正：昭和55年政令第196号　　　施行：昭和56年6月1日
第77条の2　（床版の構造）

> 1　構造耐力上主要な部分である<u>床版</u>は、次の各号に定める構造としなければならない。ただし、構造計算又は実験によつて振動又は変形による使用上の支障が起こらないことが確かめられた場合においては、この限りでない。
> 　一　略
> 　二　最大曲げモーメントを受ける部分における<u>引張鉄筋</u>の間隔は、短辺方向において20cm以下、長辺方向において30cm以下で、かつ、床版の厚さの3倍以下とすること。
> <u>2　前項の床版のうちプレキャスト鉄筋コンクリートで造られた床版は、同項の規定によるほか、次の各号に定める構造としなければならない。ただし、構造計算又は実験によつて構造耐力上安全であることが確かめられた場合においては、この限りでない。</u>
> 　<u>一　周囲のはり等との接合部は、その部分の存在応力を伝えることができるものとすること。</u>
> 　<u>二　2以上の部材を組み合せるものにあつては、これらの部材相互を緊結すること。</u>

改正：平成12年政令第211号　　　施行：平成12年6月1日
第77条の2　（床版の構造）

> 1　構造耐力上主要な部分である床版は、<u>次に定める</u>構造としなければならない。ただし、<u>第82条第四号に掲</u>

改正：昭和55年政令第196号 **令78条**

げる構造計算によつて振動又は変形による使用上の支障が起こらないことが確かめられた場合においては、この限りでない。
　一・二　略
2　前項の床版のうちプレキャスト鉄筋コンクリートで造られた床版は、同項の規定によるほか、<u>次に定める構造としなければならない</u>。ただし、<u>建設大臣が定める基準に従つた構造計算</u>によつて構造耐力上安全であることが確かめられた場合においては、この限りでない。
　一　略
　二　2以上の部材を<u>組み合わせる</u>ものにあつては、これらの部材相互を緊結すること。

改正：平成12年政令第312号　　施行：平成13年1月6日
第77条の2　（床版の構造）

1　略
2　前項の床版のうちプレキャスト鉄筋コンクリートで造られた床版は、同項の規定によるほか、次に定める構造としなければならない。ただし、<u>国土交通大臣</u>が定める基準に従つた構造計算によつて構造耐力上安全であることが確かめられた場合においては、この限りでない。
　一・二　略

改正：平成19年政令第49号　　施行：平成19年6月20日
第77条の2　（床版の構造）

1　構造耐力上主要な部分である床版は、次に定める構造としなければならない。ただし、第82条第四号に掲げる構造計算によつて振動又は変形による使用上の支障が起こらないことが確かめられた場合においては、この限りでない。
　一　厚さは、8cm以上とし、かつ、短辺方向における有効張り間長さの40分の1以上とすること。
　二　最大曲げモーメントを受ける部分における引張鉄筋の間隔は、短辺方向において20cm以下、長辺方向において30cm以下で、かつ、床版の厚さの3倍以下とすること。
2　前項の床版のうちプレキャスト鉄筋コンクリートで造られた床版は、同項の規定によるほか、次に定める構造としなければ<u>ならない。</u>
　一　周囲のはり等との接合部は、その部分の存在応力を伝えることができるものとすること。
　二　2以上の部材を組み合わせるものにあつては、これらの部材相互を緊結すること。

[現行]　**第78条　（はりの構造）**

制定：昭和25年政令第338号　　施行：昭和25年11月23日
第78条　（はりの構造）

1　構造耐力上主要な部分であるはりは、複筋ばりとし、これにあばら筋をはりのたけの4分の3以下の間隔で配置しなければならない。

改正：昭和34年政令第344号　　施行：昭和34年12月23日
第78条　（はりの構造）

1　構造耐力上主要な部分であるはりは、複筋ばりとし、これにあばら筋をはりのたけの4分の3<u>（臥梁（がりよう）にあつては、30cm）</u>以下の間隔で配置しなければならない。

改正：昭和55年政令第196号　　施行：昭和56年6月1日
第78条　（はりの構造）

1　構造耐力上主要な部分であるはりは、複筋ばりとし、これにあばら筋を<u>はりの丈</u>の4分の3（臥梁（がり

建築基準法施行令　条文改正経過　| 783

令78条 改正：昭和55年政令第196号

よう）にあつては、30cm）以下の間隔で配置しなければならない。ただし、プレキャスト鉄筋コンクリートで造られたはりで2以上の部材を組み合せるものの接合部については、構造計算又は実験によつて構造耐力上安全であることが確かめられた場合においては、この限りでない。

改正：平成12年政令第211号　　　施行：平成12年6月1日
第78条　（はりの構造）

1　構造耐力上主要な部分であるはりは、複筋ばりとし、これにあばら筋をはりの丈の4分の3（臥梁（がりよう）にあつては、30cm）以下の間隔で配置しなければならない。ただし、プレキャスト鉄筋コンクリートで造られたはりで2以上の部材を組み合わせるものの接合部については、建設大臣が定める基準に従つた構造計算によつて構造耐力上安全であることが確かめられた場合においては、この限りでない。

改正：平成12年政令第312号　　　施行：平成13年1月6日
第78条　（はりの構造）

1　構造耐力上主要な部分であるはりは、複筋ばりとし、これにあばら筋をはりの丈の4分の3（臥梁（がりよう）にあつては、30cm）以下の間隔で配置しなければならない。ただし、プレキャスト鉄筋コンクリートで造られたはりで2以上の部材を組み合わせるものの接合部については、国土交通大臣が定める基準に従つた構造計算によつて構造耐力上安全であることが確かめられた場合においては、この限りでない。

改正：平成19年政令第49号　　　施行：平成19年6月20日
第78条　（はりの構造）

1　構造耐力上主要な部分であるはりは、複筋ばりとし、これにあばら筋をはりの丈の4分の3（臥梁（がりよう）にあつては、30cm）以下の間隔で配置しなければならない。

[現行]　第78条の2　（耐力壁）

制定：昭和55年政令第196号　　　施行：昭和56年6月1日
第78条の2　（耐力壁）

1　耐力壁は、次の各号に定める構造としなければならない。
　一　厚さは、12cm以上とすること。
　二　開口部周囲に径12mm以上の補強筋を配置すること。
　三　構造計算又は実験によつて構造耐力上安全であることが確かめられた場合を除き、径9mm以上の鉄筋を縦横に30cm（複配筋として配置する場合においては、45cm）以下の間隔で配置すること。ただし、平家建の建築物にあつては、その間隔を35cm（複配筋として配置する場合においては、50cm）以下とすることができる。
　四　周囲の柱及びはりとの接合部は、その部分の存在応力を伝えることができるものとすること。
2　壁式構造の耐力壁は、前項の規定によるほか、次の各号に定める構造としなければならない。
　一　長さは、45cm以上とすること。
　二　その端部及び隅（ぐう）角部に径12mm以上の鉄筋を縦に配置すること。
　三　各階の耐力壁は、その頂部及び脚部を当該耐力壁の厚さ以上の幅の壁ばり（最下階の耐力壁の脚部にあつては、布基礎又は基礎ばり）に緊結し、耐力壁の存在応力を相互に伝えることができるようにすること。

改正：平成12年政令第211号　　　施行：平成12年6月1日
第78条の2　（耐力壁）

1　耐力壁は、次に定める構造としなければならない。

一・二　略
三　建設大臣が定める基準に従つた構造計算によつて構造耐力上安全であることが確かめられた場合を除き、径9mm以上の鉄筋を縦横に30cm（複配筋として配置する場合においては、45cm）以下の間隔で配置すること。ただし、平家建ての建築物にあつては、その間隔を35cm（複配筋として配置する場合においては、50cm）以下とすることができる。
四　略
2　略

改正：平成12年政令第312号　　　施行：平成13年1月6日
第78条の2　（耐力壁）

1　耐力壁は、次に定める構造としなければならない。
一・二　略
三　国土交通大臣が定める基準に従つた構造計算によつて構造耐力上安全であることが確かめられた場合を除き、径9mm以上の鉄筋を縦横に30cm（複配筋として配置する場合においては、45cm）以下の間隔で配置すること。ただし、平家建ての建築物にあつては、その間隔を35cm（複配筋として配置する場合においては、50cm）以下とすることができる。
四　略
2　略

改正：平成19年政令第49号　　　施行：平成19年6月20日
第78条の2　（耐力壁）

1　耐力壁は、次に定める構造としなければならない。
一　厚さは、12cm以上とすること。
二　開口部周囲に径12mm以上の補強筋を配置すること。
三　径9mm以上の鉄筋を縦横に30cm（複配筋として配置する場合においては、45cm）以下の間隔で配置すること。ただし、平家建ての建築物にあつては、その間隔を35cm（複配筋として配置する場合においては、50cm）以下とすることができる。
四　周囲の柱及びはりとの接合部は、その部分の存在応力を伝えることができるものとすること。
2　壁式構造の耐力壁は、前項の規定によるほか、次に定める構造としなければならない。
一　長さは、45cm以上とすること。
二　その端部及び隅角部に径12mm以上の鉄筋を縦に配置すること。
三　各階の耐力壁は、その頂部及び脚部を当該耐力壁の厚さ以上の幅の壁ばり（最下階の耐力壁の脚部にあつては、布基礎又は基礎ばり）に緊結し、耐力壁の存在応力を相互に伝えることができるようにすること。

[現行]　第79条　（鉄筋のかぶり厚さ）

制定：昭和25年政令第338号　　　施行：昭和25年11月23日
第79条　（鉄筋のかぶり厚さ）

1　鉄筋に対するコンクリートのかぶり厚さは、耐力壁以外の壁又は床にあつては2cm以上、耐力壁、柱又ははりにあつては3cm（屋内に面する部分で、モルタル塗、しつくい塗、タイル張りその他これらに類する鉄筋の耐久上有効な仕上げをしたものにあつては2cm）以上、直接土に接する壁、柱、床又ははりにあつては4cm以上、基礎にあつては捨コンクリートの部分を除いて6cm以上としなければならない。

令79条 改正：昭和34年政令第344号

改正：昭和34年政令第344号　　　施行：昭和34年12月23日
第79条　（鉄筋のかぶり厚さ）

1　鉄筋に対するコンクリートのかぶり厚さは、耐力壁以外の壁又は床にあつては2cm以上、耐力壁、柱又ははりにあつては3cm以上、直接土に接する壁、柱、床又ははりにあつては4cm以上、基礎にあつては捨コンクリートの部分を除いて6cm以上としなければならない。

改正：昭和55年政令第196号　　　施行：昭和56年6月1日
第79条　（鉄筋のかぶり厚さ）

1　鉄筋に対するコンクリートのかぶり厚さは、耐力壁以外の壁又は床にあつては2cm以上、耐力壁、柱又ははりにあつては3cm以上、直接土に接する壁、柱、床若しくははり又は布基礎の立上り部分にあつては4cm以上、基礎（布基礎の立上り部分を除く。）にあつては捨コンクリートの部分を除いて6cm以上としなければならない。

改正：平成12年政令第211号　　　施行：平成12年6月1日
第79条　（鉄筋のかぶり厚さ）

1　略
2　前項の規定は、プレキャスト鉄筋コンクリートで造られた部材であつて、建設大臣が定めた構造方法を用いるものについては、適用しない。

改正：平成12年政令第312号　　　施行：平成13年1月6日
第79条　（鉄筋のかぶり厚さ）

1　略
2　前項の規定は、プレキャスト鉄筋コンクリートで造られた部材であつて、国土交通大臣が定めた構造方法を用いるものについては、適用しない。

改正：平成17年政令第192号　　　施行：平成17年6月1日
第79条　（鉄筋のかぶり厚さ）

1　鉄筋に対するコンクリートのかぶり厚さは、耐力壁以外の壁又は床にあつては2cm以上、耐力壁、柱又ははりにあつては3cm以上、直接土に接する壁、柱、床若しくははり又は布基礎の立上り部分にあつては4cm以上、基礎（布基礎の立上り部分を除く。）にあつては捨コンクリートの部分を除いて6cm以上としなければならない。
2　前項の規定は、水、空気、酸又は塩による鉄筋の腐食を防止し、かつ、鉄筋とコンクリートとを有効に付着させることにより、同項に規定するかぶり厚さとした場合と同等以上の耐久性及び強度を有するものとして、国土交通大臣が定めた構造方法を用いる部材及び国土交通大臣の認定を受けた部材については、適用しない。

[現行]　第6節の2　鉄骨鉄筋コンクリート造
（制定：昭和55年政令第196号）　第6節の2　鉄骨鉄筋コンクリート造

[現行]　第79条の2　（適用の範囲）

制定：昭和55年政令第196号　　　施行：昭和56年6月1日
第79条の2　（適用の範囲）

1　この節の規定は、鉄骨鉄筋コンクリート造の建築物又は鉄骨鉄筋コンクリート造と鉄筋コンクリート造そ

[現行]　第79条の3　（鉄骨のかぶり厚さ）

制定：昭和55年政令第196号　　　施行：昭和56年6月1日
第79条の3　（鉄骨のかぶり厚さ）

> 1　鉄骨に対するコンクリートのかぶり厚さは、5cm以上としなければならない。

改正：平成12年政令第211号　　　施行：平成12年6月1日
第79条の3　（鉄骨のかぶり厚さ）

> 1　略
> 2　<u>前項の規定は、プレキャスト鉄骨鉄筋コンクリートで造られた部材であつて、建設大臣が定めた構造方法を用いるものについては、適用しない。</u>

改正：平成12年政令第312号　　　施行：平成13年1月6日
第79条の3　（鉄骨のかぶり厚さ）

> 1　略
> 2　前項の規定は、プレキャスト鉄骨鉄筋コンクリートで造られた部材であつて、<u>国土交通大臣</u>が定めた構造方法を用いるものについては、適用しない。

改正：平成17年政令第192号　　　施行：平成17年6月1日
第79条の3　（鉄骨のかぶり厚さ）

> 1　鉄骨に対するコンクリートのかぶり厚さは、5cm以上としなければならない。
> 2　前項の規定は、<u>水、空気、酸又は塩による鉄骨の腐食を防止し、かつ、鉄骨とコンクリートとを有効に付着させることにより、同項に規定するかぶり厚さとした場合と同等以上の耐久性及び強度を有するものとして、国土交通大臣が定めた構造方法を用いる部材及び国土交通大臣の認定を受けた部材</u>については、適用しない。

[現行]　第79条の4　（鉄骨鉄筋コンクリート造に対する第5節及び第6節の規定の準用）

制定：昭和55年政令第196号　　　施行：昭和56年6月1日
第79条の4　（鉄骨鉄筋コンクリート造に対する第5節及び第6節の規定の準用）

> 1　鉄骨鉄筋コンクリート造の建築物又は建築物の構造部分については、前2節（第65条、第70条及び第77条第三号を除く。）の規定を準用する。この場合において、第72条第二号中「鉄筋相互間及び鉄筋とせき板」とあるのは「鉄骨及び鉄筋の間並びにこれらとせき板」と、第77条第五号中「主筋」とあるのは「鉄骨及び主筋」と読み替えるものとする。

改正：平成16年政令第210号　　　施行：平成16年7月1日
第79条の4　（鉄骨鉄筋コンクリート造に対する第5節及び第6節の規定の準用）

> 1　鉄骨鉄筋コンクリート造の建築物又は建築物の構造部分については、前2節（第65条、第70条及び<u>第77条第四号</u>を除く。）の規定を準用する。この場合において、第72条第二号中「鉄筋相互間及び鉄筋とせき板」とあるのは「鉄骨及び鉄筋の間並びにこれらとせき板」と、<u>第77条第六号</u>中「主筋」とあるのは「鉄骨及び主筋」と読み替えるものとする。

令80条　制定：昭和25年政令第338号

[現行]　第7節　無筋コンクリート造
（制定：昭和25年政令第338号）　第7節　無筋コンクリート造

[現行]　第80条　（無筋コンクリート造に対する第4節及び第6節の規定の準用）

制定：昭和25年政令第338号　　　施行：昭和25年11月23日
第80条　（無筋コンクリート造に対する第4節及び第6節の規定の準用）

1　無筋コンクリート造の建築物又は無筋コンクリート造とその他の構造とを併用する建築物の無筋コンクリート造の構造部分については、この章の第4節（第52条を除く。）の規定並びに第71条（第79条に関する部分を除く。）、第72条及び第74条から第76条までの規定を準用する。

[現行]　第7節の2　構造方法に関する補則
（制定：昭和39年政令第4号）　第7節の2　構造方法に関する補則

[現行]　第80条の2　（構造方法に関する補則）

制定：昭和39年政令第4号　　　施行：昭和39年1月15日
第80条の2　（構造方法に関する補則）

1　前6節に定めるものの外、建設大臣が、次の各号に掲げる建築物又は建築物の構造部分の構造方法に関し、安全上必要な技術的基準を定めた場合においては、それらの建築物又は建築物の構造部分は、その技術的基準に従つた構造としなければならない。
　一　木造、組積造、補強コンクリートブロック造、鉄骨造、鉄筋コンクリート造又は無筋コンクリート造の建築物又は建築物の構造部分で、特殊の構造方法によるもの
　二　木造、組積造、補強コンクリートブロック造、鉄骨造、鉄筋コンクリート造及び無筋コンクリート造以外の建築物又は建築物の構造部分

改正：昭和45年政令第333号　　　施行：昭和46年1月1日
第80条の2　（構造方法に関する補則）

1　前6節に定めるもののほか、建設大臣が、次の各号に掲げる建築物又は建築物の構造部分の構造方法に関し、安全上必要な技術的基準を定めた場合においては、それらの建築物又は建築物の構造部分は、その技術的基準に従つた構造としなければならない。
　一・二　略

改正：昭和55年政令第196号　　　施行：昭和56年6月1日
第80条の2　（構造方法に関する補則）

1　第3節から前節までに定めるもののほか、建設大臣が、次の各号に掲げる建築物又は建築物の構造部分の構造方法に関し、安全上必要な技術的基準を定めた場合においては、それらの建築物又は建築物の構造部分は、その技術的基準に従つた構造としなければならない。
　一　木造、組積造、補強コンクリートブロック造、鉄骨造、鉄筋コンクリート造、鉄骨鉄筋コンクリート造又は無筋コンクリート造の建築物又は建築物の構造部分で、特殊の構造方法によるもの
　二　木造、組積造、補強コンクリートブロック造、鉄骨造、鉄筋コンクリート造、鉄骨鉄筋コンクリート造及び無筋コンクリート造以外の建築物又は建築物の構造部分

改正：平成12年政令第312号　　　施行：平成13年1月6日
第80条の2　（構造方法に関する補則）

1　第3節から前節までに定めるもののほか、国土交通大臣が、次の各号に掲げる建築物又は建築物の構造部

分の構造方法に関し、安全上必要な技術的基準を定めた場合においては、それらの建築物又は建築物の構造部分は、その技術的基準に従つた構造としなければならない。
一　木造、組積造、補強コンクリートブロック造、鉄骨造、鉄筋コンクリート造、鉄骨鉄筋コンクリート造又は無筋コンクリート造の建築物又は建築物の構造部分で、特殊の構造方法によるもの
二　木造、組積造、補強コンクリートブロック造、鉄骨造、鉄筋コンクリート造、鉄骨鉄筋コンクリート造及び無筋コンクリート造以外の建築物又は建築物の構造部分

[現行]　第80条の3　（土砂災害特別警戒区域内における居室を有する建築物の構造方法）

制定：平成13年政令第85号　　　　施行：平成13年4月1日
第80条の3　（土砂災害特別警戒区域内における居室を有する建築物の構造方法）

1　土砂災害警戒区域等における土砂災害防止対策の推進に関する法律（平成12年法律第57号）第8条第1項に規定する土砂災害特別警戒区域（以下この条及び第82条の6第八号において「特別警戒区域」という。）内における居室を有する建築物の外壁及び構造耐力上主要な部分（当該特別警戒区域の指定において都道府県知事が同法第8条第2項及び土砂災害警戒区域等における土砂災害防止対策の推進に関する法律施行令（平成13年政令第84号）第4条の規定に基づき定めた土石等の高さ又は土石流の高さ（以下この条及び第82条の6第八号において「土石等の高さ等」という。）以下の部分であつて、当該特別警戒区域に係る同法第2条に規定する土砂災害の発生原因となる自然現象（以下この条及び第82条の6第八号において単に「自然現象」という。）により衝撃が作用すると想定される部分に限る。以下この条及び第82条の6第八号において「外壁等」という。）の構造は、自然現象の種類、当該特別警戒区域の指定において都道府県知事が同法第8条第2項及び同令第4条の規定に基づき定めた最大の力の大きさ又は力の大きさ（以下この条及び第82条の6第八号において「最大の力の大きさ等」という。）及び土石等の高さ等（当該外壁等の高さが土石等の高さ等未満であるときは、自然現象の種類、最大の力の大きさ等、土石等の高さ等及び当該外壁等の高さ）に応じて、当該自然現象により想定される衝撃が作用した場合においても破壊を生じないものとして国土交通大臣が定めた構造方法を用いるものとしなければならない。ただし、土石等の高さ等以上の高さの門又は塀（当該構造方法を用いる外壁等と同等以上の耐力を有するものとして国土交通大臣が定めた構造方法を用いるものに限る。）が当該自然現象により当該外壁等に作用すると想定される衝撃を遮るように設けられている場合においては、この限りでない。

改正：平成19年政令第49号　　　　施行：平成19年6月20日
第80条の3　（土砂災害特別警戒区域内における居室を有する建築物の構造方法）

1　土砂災害警戒区域等における土砂災害防止対策の推進に関する法律（平成12年法律第57号）第8条第1項に規定する土砂災害特別警戒区域（以下この条及び第82条の5第八号において「特別警戒区域」という。）内における居室を有する建築物の外壁及び構造耐力上主要な部分（当該特別警戒区域の指定において都道府県知事が同法第8条第2項及び土砂災害警戒区域等における土砂災害防止対策の推進に関する法律施行令（平成13年政令第84号）第4条の規定に基づき定めた土石等の高さ又は土石流の高さ（以下この条及び第82条の5第八号において「土石等の高さ等」という。）以下の部分であつて、当該特別警戒区域に係る同法第2条に規定する土砂災害の発生原因となる自然現象（以下この条及び第82条の5第八号において単に「自然現象」という。）により衝撃が作用すると想定される部分に限る。以下この条及び第82条の5第八号において「外壁等」という。）の構造は、自然現象の種類、当該特別警戒区域の指定において都道府県知事が同法第8条第2項及び同令第4条の規定に基づき定めた最大の力の大きさ又は力の大きさ（以下この条及び第82条の5第八号において「最大の力の大きさ等」という。）及び土石等の高さ等（当該外壁等の高さが土石等の高さ等未満であるときは、自然現象の種類、最大の力の大きさ等、土石等の高さ等及び当該外壁等の高さ）に応じて、当該自然現象により想定される衝撃が作用した場合においても破壊を生じないものとして国土交通大臣が定めた構造方法を用いるものとしなければならない。ただし、土石等の高さ等以上の高さの門又は塀（当該構造方法を用いる外壁等と同等以上の耐力を有するものとして国土交通大臣が定めた構造方法を用いるものに限る。）が当該自然現象により当該外壁等に作用すると想定される衝撃を遮るように設けられている場合においては、この限りでない。

令80条の3　改正：平成23年政令第10号

改正：平成23年政令第10号　　　施行：平成23年5月1日
第80条の3　（土砂災害特別警戒区域内における居室を有する建築物の構造方法）

1　土砂災害警戒区域等における土砂災害防止対策の推進に関する法律（平成12年法律第57号）第8条第1項に規定する土砂災害特別警戒区域（以下この条及び第82条の5第八号において「特別警戒区域」という。）内における居室を有する建築物の外壁及び構造耐力上主要な部分（当該特別警戒区域の指定において都道府県知事が同法第8条第2項及び土砂災害警戒区域等における土砂災害防止対策の推進に関する法律施行令（平成13年政令第84号）第4条の規定に基づき定めた土石等の高さ又は土石流の高さ（以下この条及び第82条の5第八号において「土石等の高さ等」という。）以下の部分であつて、当該特別警戒区域に係る同法第2条に規定する土砂災害の発生原因となる自然現象（河道閉塞による湛（たん）水を除く。以下この条及び第82条の5第八号において単に「自然現象」という。）により衝撃が作用すると想定される部分に限る。以下この条及び第82条の5第八号において「外壁等」という。）の構造は、自然現象の種類、当該特別警戒区域の指定において都道府県知事が同法第8条第2項及び同令第4条の規定に基づき定めた最大の力の大きさ又は力の大きさ（以下この条及び第82条の5第八号において「最大の力の大きさ等」という。）及び土石等の高さ等（当該外壁等の高さが土石等の高さ等未満であるときは、自然現象の種類、最大の力の大きさ等、土石等の高さ等及び当該外壁等の高さ）に応じて、当該自然現象により想定される衝撃が作用した場合においても破壊を生じないものとして国土交通大臣が定めた構造方法を用いるものとしなければならない。ただし、土石等の高さ等以上の高さの門又は塀（当該構造方法を用いる外壁等と同等以上の耐力を有するものとして国土交通大臣が定めた構造方法を用いるものに限る。）が当該自然現象により当該外壁等に作用すると想定される衝撃を遮るように設けられている場合においては、この限りでない。

改正：平成27年政令第6号　　　施行：平成27年1月18日
第80条の3　（土砂災害特別警戒区域内における居室を有する建築物の構造方法）

1　土砂災害警戒区域等における土砂災害防止対策の推進に関する法律（平成12年法律第57号）<u>第9条第1項</u>に規定する土砂災害特別警戒区域（以下この条及び第82条の5第八号において「特別警戒区域」という。）内における居室を有する建築物の外壁及び構造耐力上主要な部分（当該特別警戒区域の指定において都道府県知事が同法<u>第9条第2項</u>及び土砂災害警戒区域等における土砂災害防止対策の推進に関する法律施行令（平成13年政令第84号）第4条の規定に基づき定めた土石等の高さ又は土石流の高さ（以下この条及び第82条の5第八号において「土石等の高さ等」という。）以下の部分であつて、当該特別警戒区域に係る同法第2条に規定する土砂災害の発生原因となる自然現象（河道閉塞による湛（たん）水を除く。以下この条及び第82条の5第八号において単に「自然現象」という。）により衝撃が作用すると想定される部分に限る。以下この条及び第82条の5第八号において「外壁等」という。）の構造は、自然現象の種類、当該特別警戒区域の指定において都道府県知事が同法<u>第9条第2項</u>及び同令第4条の規定に基づき定めた最大の力の大きさ又は力の大きさ（以下この条及び第82条の5第八号において「最大の力の大きさ等」という。）及び土石等の高さ等（当該外壁等の高さが土石等の高さ等未満であるときは、自然現象の種類、最大の力の大きさ等、土石等の高さ等及び当該外壁等の高さ）に応じて、当該自然現象により想定される衝撃が作用した場合においても破壊を生じないものとして国土交通大臣が定めた構造方法を用いるものとしなければならない。ただし、土石等の高さ等以上の高さの門又は塀（当該構造方法を用いる外壁等と同等以上の耐力を有するものとして国土交通大臣が定めた構造方法を用いるものに限る。）が当該自然現象により当該外壁等に作用すると想定される衝撃を遮るように設けられている場合においては、この限りでない。

[現行]　第8節　構造計算
（制定：昭和25年政令第338号）　　第8節　構造計算

[現行]　第1款　総則
（制定：昭和25年政令第338号）　　第1款　総則

[現行]　第81条

制定：昭和25年政令第338号　　　施行：昭和25年11月23日
第81条　（適用）

1　法第20条第2項に規定する建築物の構造計算は、第9節の規定による場合を除き、この節の規定によらなければならない。但し、建設大臣がこの節に規定する構造計算と同等以上の正確さがあると認める構造計算による場合においては、この限りでない。

改正：昭和34年政令第344号　　　施行：昭和34年12月23日
第81条　（適用）

1　法第20条第2項に規定する建築物の構造計算は、この節の規定によらなければならない。ただし、建設大臣がこの節に規定する構造計算による場合と同等以上に安全さを確かめることができると認める構造計算による場合においては、この限りでない。

改正：昭和55年政令第196号　　　施行：昭和56年6月1日
第81条　（適用）

1　法第20条第2項に規定する建築物（高さが60mを超える建築物を除く。）の構造計算は、この節の規定によらなければならない。ただし、建設大臣がこの節に規定する構造計算による場合と同等以上に安全さを確かめることができると認める構造計算による場合においては、この限りでない。

2　2以上の部分がエキスパンションジョイントその他の相互に応力を伝えない構造方法のみで接している建築物の当該建築物の部分は、前項の規定の適用については、それぞれ別の建築物とみなす。

改正：平成12年政令第211号　　　施行：平成12年6月1日
第81条　（適用）

1　法第20条第二号に規定する建築物（超高層建築物を除く。）の構造計算は、次の各号のいずれかに定める構造計算によらなければならない。ただし、次の各号のいずれかに定める構造計算による場合と同等以上に安全さを確かめることができるものとして建設大臣が定める基準に従つた構造計算又は次条の規定により建設大臣が定める基準に従つた構造計算による場合においては、この限りでない。
　一　許容応力度等計算
　二　限界耐力計算
2　略

改正：平成12年政令第312号　　　施行：平成13年1月6日
第81条　（適用）

1　法第20条第二号に規定する建築物（超高層建築物を除く。）の構造計算は、次の各号のいずれかに定める構造計算によらなければならない。ただし、次の各号のいずれかに定める構造計算による場合と同等以上に安全さを確かめることができるものとして国土交通大臣が定める基準に従つた構造計算又は次条の規定により国土交通大臣が定める基準に従つた構造計算による場合においては、この限りでない。
　一・二　略
2　略

改正：平成19年政令第49号　　　施行：平成19年6月20日
第81条

1　法第20条第一号の政令で定める基準は、次のとおりとする。
　一　荷重及び外力によつて建築物の各部分に連続的に生ずる力及び変形を把握すること。

令81条 改正：平成19年政令第49号

　二　前号の規定により把握した力及び変形が当該建築物の各部分の耐力及び変形限度を超えないことを確かめること。
　三　屋根ふき材、外装材及び屋外に面する帳壁が、風圧並びに地震その他の震動及び衝撃に対して構造耐力上安全であることを確かめること。
　四　前3号に掲げるもののほか、建築物が構造耐力上安全であることを確かめるために必要なものとして国土交通大臣が定める基準に適合すること。
2　法第20条第二号イの政令で定める基準は、次の各号に掲げる建築物の区分に応じ、それぞれ当該各号に定める構造計算によるものであることとする。
　一　高さが31mを超える建築物　次のイ又はロのいずれかに該当する構造計算
　　イ　保有水平耐力計算又はこれと同等以上に安全性を確かめることができるものとして国土交通大臣が定める基準に従つた構造計算
　　ロ　限界耐力計算又はこれと同等以上に安全性を確かめることができるものとして国土交通大臣が定める基準に従つた構造計算
　二　高さが31m以下の建築物　次のイ又はロのいずれかに該当する構造計算
　　イ　許容応力度等計算又はこれと同等以上に安全性を確かめることができるものとして国土交通大臣が定める基準に従つた構造計算
　　ロ　前号に定める構造計算
3　法第20条第三号イの政令で定める基準は、次条各号及び第82条の4に定めるところによる構造計算又はこれと同等以上に安全性を確かめることができるものとして国土交通大臣が定める基準に従つた構造計算によるものであることとする。
4　2以上の部分がエキスパンションジョイントその他の相互に応力を伝えない構造方法のみで接している建築物の当該建築物の部分は、前3項の規定の適用については、それぞれ別の建築物とみなす。

改正：平成25年政令第217号　　　施行：平成26年4月1日
第81条

1　法第20条第一号の政令で定める基準は、次のとおりとする。
　一・二　略
　三　屋根ふき材、特定天井、外装材及び屋外に面する帳壁が、風圧並びに地震その他の震動及び衝撃に対して構造耐力上安全であることを確かめること。
　四　略
2～4　略

改正：平成27年政令第11号　　　施行：平成27年6月1日
第81条

1　法第20条第1項第一号の政令で定める基準は、次のとおりとする。
　一　荷重及び外力によつて建築物の各部分に連続的に生ずる力及び変形を把握すること。
　二　前号の規定により把握した力及び変形が当該建築物の各部分の耐力及び変形限度を超えないことを確かめること。
　三　屋根ふき材、特定天井、外装材及び屋外に面する帳壁が、風圧並びに地震その他の震動及び衝撃に対して構造耐力上安全であることを確かめること。
　四　前3号に掲げるもののほか、建築物が構造耐力上安全であることを確かめるために必要なものとして国土交通大臣が定める基準に適合すること。
2　法第20条第1項第二号イの政令で定める基準は、次の各号に掲げる建築物の区分に応じ、それぞれ当該各号に定める構造計算によるものであることとする。
　一　高さが31mを超える建築物　次のイ又はロのいずれかに該当する構造計算
　　イ　保有水平耐力計算又はこれと同等以上に安全性を確かめることができるものとして国土交通大臣が定める基準に従つた構造計算
　　ロ　限界耐力計算又はこれと同等以上に安全性を確かめることができるものとして国土交通大臣が定める

　　　　基準に従つた構造計算
　二　高さが31m以下の建築物　次のイ又はロのいずれかに該当する構造計算
　　イ　許容応力度等計算又はこれと同等以上に安全性を確かめることができるものとして国土交通大臣が定める基準に従つた構造計算
　　ロ　前号に定める構造計算
3　法第20条第1項第三号イの政令で定める基準は、次条各号及び第82条の4に定めるところによる構造計算又はこれと同等以上に安全性を確かめることができるものとして国土交通大臣が定める基準に従つた構造計算によるものであることとする。

[削除条文]

制定：昭和55年政令第196号　　　施行：昭和56年6月1日
旧　第81条の2　（高さが60mを超える建築物の特例）

1　高さが60mを超える建築物の構造計算は、建設大臣が当該建築物について構造耐力上安全であることを確かめることができると認める構造計算によらなければならない。

改正：平成12年政令第211号　　　施行：平成12年6月1日
旧　第81条の2　（超高層建築物の特例）

1　超高層建築物の構造計算は、建築物の構造方法、振動の性状等に応じて、荷重及び外力によつて建築物の各部分に生ずる力及び変形を連続的に把握することにより、建築物が構造耐力上安全であることを確かめることができるものとして建設大臣が定める基準に従つた構造計算によらなければならない。

改正：平成12年政令第312号　　　施行：平成13年1月6日
旧　第81条の2　（超高層建築物の特例）

1　超高層建築物の構造計算は、建築物の構造方法、振動の性状等に応じて、荷重及び外力によつて建築物の各部分に生ずる力及び変形を連続的に把握することにより、建築物が構造耐力上安全であることを確かめることができるものとして国土交通大臣が定める基準に従つた構造計算によらなければならない。

改正：平成19年政令第49号　　　施行：平成19年6月20日
旧　第81条の2　（超高層建築物の特例）　削除

令82条　制定：昭和25年政令第338号

[現行]　第1款の2　保有水平耐力計算
（制定：昭和55年政令第196号）　　第1款の2　構造計算の原則
（改正：平成12年政令第211号）　　第1款の2　<u>許容応力度等計算</u>
（改正：平成19年政令第49号）　　第1款の2　<u>保有水平耐力計算</u>

[現行]　第82条　（保有水平耐力計算）

制定：昭和25年政令第338号　　　施行：昭和25年11月23日
第82条　（構造計算の原則）

1　前条の規定によつて建築物の構造計算をするに当つては、下の各号に定めるところによらなければならない。
　一　第2款に規定する荷重及び外力によつて建築物の構造耐力上主要な部分に生ずる応力を計算すること。
　二　前号の構造耐力上主要な部分の断面に生ずる長期及び短期の各応力度を下の表に掲げる組合せによる各応力の合計によつて計算すること。

応力の種類	荷重及び外力について想定する状態	一般の場合	第86条第3項の規定によつて特定行政庁が指定する多雪区域における場合	備　考
長期の応力	常　時	G＋P	G＋P＋S	
	積雪時	G＋P＋S	G＋P＋S	
短期の応力	暴風時	G＋P＋W	G＋P＋S＋W	建築物の転倒、柱の引抜等を検討する場合においては、Pについては、建築物の実況に応じて積載荷重を減らした数値によるものとする。
	地震時	G＋P＋K	G＋P＋S＋K	

　この表において、G、P、S、W及びKは、それぞれ下記の応力（軸方向応力、曲げモーメント、せん断応力等の各々をいう。）を表わすものとする。
　　G　第84条に規定する固定荷重による応力
　　P　第85条に規定する積載荷重による応力
　　S　第86条に規定する積雪荷重による応力
　　W　第87条に規定する風圧力による応力
　　K　第88条に規定する地震力による応力

　三　前号の規定によつて計算した長期及び短期の各応力度が、それぞれ第3款の規定による長期の応力又は短期の応力に対する各許容応力度をこえないことを確かめること。
　四　必要がある場合においては、構造耐力上主要な部分である構造部材の変形によつて建築物の使用上の支障が起らないことを確かめること。

改正：昭和34年政令第344号　　　施行：昭和34年12月23日
第82条　（構造計算の原則）

1　前条の規定によつて建築物の構造計算をするに当つては、<u>次の</u>各号に定めるところによらなければならない。
　一　略
　二　前号の構造耐力上主要な部分の断面に生ずる長期及び短期の各応力度を<u>次の</u>表に掲げる組合せによる各応力の合計によつて計算すること。

応力の種類	荷重及び外力について想定する状態	一般の場合	第86条<u>第2項ただし書</u>の規定によつて特定行政庁が指定する多雪区域における場合	備　考
長期の応力	略			

	積雪時	G + P + S	G + P + S	建築物の転倒、柱の引抜等を検討する場合においては、Pについては、建築物の実況に応じて積載荷重を減らした数値によるものとする。
短期の応力	暴風時	G + P + W	G + P + W	
			G + P + S + W	
	地震時	G + P + K	G + P + S + K	

この表において、G、P、S、W及びKは、それぞれ次の応力(軸方向応力、曲げモーメント、剪(せん)断応力等の各々をいう。)を表わすものとする。
  G　第84条に規定する固定荷重による応力
  P　第85条に規定する積載荷重による応力
  S　第86条に規定する積雪荷重による応力
  W　第87条に規定する風圧力による応力
  K　第88条に規定する地震力による応力

三・四　略

改正：昭和45年政令第333号　　　施行：昭和46年1月1日
第82条　(構造計算の原則)

1　前条の規定によつて建築物の構造計算をするに当たつては、次の各号に定めるところによらなければならない。
　一　略
　二　前号の構造耐力上主要な部分の断面に生ずる長期及び短期の各応力度を次の表に掲げる組合せによる各応力の合計によつて計算すること。

応力の種類	荷重及び外力について想定する状態	一般の場合	第86条第2項ただし書の規定によつて特定行政庁が指定する多雪区域における場合	備　考
長期の応力	略			
短期の応力	略			

この表において、G、P、S、W及びKは、それぞれ次の応力(軸方向応力、曲げモーメント、剪(せん)断応力等のおのおのをいう。)を表わすものとする。
  G　第84条に規定する固定荷重による応力
  P　第85条に規定する積載荷重による応力
  S　第86条に規定する積雪荷重による応力
  W　第87条に規定する風圧力による応力
  K　第88条に規定する地震力による応力

　三　略
　四　必要がある場合においては、構造耐力上主要な部分である構造部材の変形又は振動によつて建築物の使用上の支障が起こらないことを確かめること。

改正：昭和55年政令第196号　　　施行：昭和56年6月1日
第82条　(応力度等)

1　第81条第1項の規定によつて建築物の構造計算をするに当たつては、次の各号に定めるところによらなければならない。
　一　第2款に規定する荷重及び外力によつて建築物の構造耐力上主要な部分に生ずる応力を計算すること。
　二　前号の構造耐力上主要な部分の断面に生ずる長期及び短期の各応力度を次の表に掲げる組合せによる各応力の合計によつて計算すること。

令82条　改正：昭和55年政令第196号

応力の種類	荷重及び外力について想定する状態	一般の場合	第86条第2項ただし書の規定によつて特定行政庁が指定する多雪区域における場合	備考
長期の応力		略		
短期の応力	積雪時	G＋P＋S	G＋P＋S	建築物の転倒、柱の引抜き等を検討する場合においては、Pについては、建築物の実況に応じて積載荷重を減らした数値によるものとする。
短期の応力	暴風時	G＋P＋W	G＋P＋W	
短期の応力	暴風時	G＋P＋W	G＋P＋S＋W	
短期の応力	地震時	G＋P＋K	G＋P＋S＋K	

この表において、G、P、S、W及びKは、それぞれ次の応力（軸方向応力、曲げモーメント、せん断応力等の各をいう。）を表すものとする。
　G　第84条に規定する固定荷重による応力
　P　第85条に規定する積載荷重による応力
　S　第86条に規定する積雪荷重による応力
　W　第87条に規定する風圧力による応力
　K　第88条に規定する地震力による応力

　三　前号の規定によつて計算した長期及び短期の各応力度が、それぞれ第3款の規定による長期の応力又は短期の応力に対する各許容応力度を超えないことを確かめること。
　四　略

改正：平成12年政令第211号　　　施行：平成12年6月1日
第82条　（許容応力度等計算）

1　第81条第1項第一号に規定する「許容応力度等計算」とは、次の各号及び第82条の2から第82条の5までに定めるところによりする構造計算をいう。
　一　第2款に規定する荷重及び外力によつて建築物の構造耐力上主要な部分に生ずる力を計算すること。
　二　前号の構造耐力上主要な部分の断面に生ずる長期及び短期の各応力度を次の表に掲げる式によつて計算すること。

力の種類	荷重及び外力について想定する状態	一般の場合	第86条第2項ただし書の規定によつて特定行政庁が指定する多雪区域における場合	備考
長期に生ずる力	常　時	G＋P	G＋P	
長期に生ずる力	積雪時	G＋P	G＋P＋0.7S	
短期の応力	積雪時	G＋P＋S	G＋P＋S	建築物の転倒、柱の引抜等を検討する場合においては、Pについては、建築物の実況に応じて積載荷重を減らした数値によるものとする。
短期の応力	暴風時	G＋P＋W	G＋P＋W	
短期の応力	暴風時	G＋P＋W	G＋P＋0.35S＋W	
短期の応力	地震時	G＋P＋K	G＋P＋0.35S＋K	

この表において、G、P、S、W及びKは、それぞれ次の力（軸方向力、曲げモーメント、せん断力等をいう。）を表すものとする。
　G　第84条に規定する固定荷重によつて生ずる力
　P　第85条に規定する積載荷重によつて生ずる力

S　第86条に規定する積雪荷重によつて生ずる力
　　W　第87条に規定する風圧力によつて生ずる力
　　K　第88条に規定する地震力によつて生ずる力
　三　第一号の構造耐力上主要な部分ごとに、前号の規定によつて計算した長期及び短期の各応力度が、それぞれ第3款の規定による長期に生ずる力又は短期に生ずる力に対する各許容応力度を超えないことを確かめること。
　四　建設大臣が定める場合においては、構造耐力上主要な部分である構造部材の変形又は振動によつて建築物の使用上の支障が起こらないことを建設大臣が定める方法によつて確かめること。

改正：平成12年政令第312号　　　施行：平成13年1月6日
第82条　（許容応力度等計算）

1　第81条第1項第一号に規定する「許容応力度等計算」とは、次の各号及び第82条の2から第82条の5までに定めるところによりする構造計算をいう。
　一～三　略
　四　国土交通大臣が定める場合においては、構造耐力上主要な部分である構造部材の変形又は振動によつて建築物の使用上の支障が起こらないことを国土交通大臣が定める方法によつて確かめること。

改正：平成17年政令第192号　　　施行：平成17年6月1日
第82条　（許容応力度等計算）

1　第81条第1項第一号に規定する「許容応力度等計算」とは、次の各号及び次条から第82条の5までに定めるところによりする構造計算をいう。
　一～四　略

改正：平成19年政令第49号　　　施行：平成19年6月20日
第82条　（保有水平耐力計算）

1　前条第2項第一号イに規定する保有水平耐力計算とは、次の各号及び次条から第82条の4までに定めるところによりする構造計算をいう。
　一　第2款に規定する荷重及び外力によつて建築物の構造耐力上主要な部分に生ずる力を国土交通大臣が定める方法により計算すること。
　二　前号の構造耐力上主要な部分の断面に生ずる長期及び短期の各応力度を次の表に掲げる式によつて計算すること。

力の種類	荷重及び外力について想定する状態	一般の場合	第86条第2項ただし書の規定によつて特定行政庁が指定する多雪区域における場合	備考
長期に生ずる力	常時	G+P	G+P	
	積雪時		G+P+0.7S	
短期の応力	積雪時	G+P+S	G+P+S	
	暴風時	G+P+W	G+P+W	建築物の転倒、柱の引抜等を検討する場合においては、Pについては、建築物の実況に応じて積載荷重を減らした数値によるものとする。
			G+P+0.35S+W	
	地震時	G+P+K	G+P+0.35S+K	

　この表において、G、P、S、W及びKは、それぞれ次の力（軸方向力、曲げモーメント、せん断力等をいう。）を表すものとする。
　　G　第84条に規定する固定荷重によつて生ずる力

令82条の2　改正：平成19年政令第49号

- P　第85条に規定する積載荷重によつて生ずる力
- S　第86条に規定する積雪荷重によつて生ずる力
- W　第87条に規定する風圧力によつて生ずる力
- K　第88条に規定する地震力によつて生ずる力

三　第一号の構造耐力上主要な部分ごとに、前号の規定によつて計算した長期及び短期の各応力度が、それぞれ第3款の規定による長期に生ずる力又は短期に生ずる力に対する各許容応力度を超えないことを確かめること。

四　国土交通大臣が定める場合においては、構造耐力上主要な部分である構造部材の変形又は振動によつて建築物の使用上の支障が起こらないことを国土交通大臣が定める方法によつて確かめること。

[現行]　第82条の2　（層間変形角）

制定：昭和55年政令第196号　　施行：昭和56年6月1日
第82条の2　（層間変形角）

1　第81条第1項の規定によつて木造の建築物及び組積造その他の構造の建築物で建設大臣が定めるもの（以下この款において「木造建築物等」という。）以外の建築物の構造計算をするに当たつては、前条の規定によるほか、建築物の地上部分について、第88条第1項に規定する地震力（以下この款において「地震力」という。）によつて各階に生ずる水平方向の層間変位の当該各階の高さに対する割合（次条において「層間変形角」という。）が200分の1（地震力による構造耐力上主要な部分の変形によつて建築物の部分に著しい損傷が生ずるおそれのない場合にあつては、120分の1）以内であることを確かめなければならない。

改正：昭和62年政令第348号　　施行：昭和62年11月16日
第82条の2　（層間変形角）

1　第81条第1項の規定によつて<u>建設大臣が定める建築物（以下この款において「特定建築物」という。）</u>の構造計算をするに当たつては、前条の規定によるほか、<u>特定建築物</u>の地上部分について、第88条第1項に規定する地震力（以下この款において「地震力」という。）によつて各階に生ずる水平方向の層間変位の当該各階の高さに対する割合（次条において「層間変形角」という。）が200分の1（地震力による構造耐力上主要な部分の変形によつて<u>特定建築物</u>の部分に著しい損傷が生ずるおそれのない場合にあつては、120分の1）以内であることを確かめなければならない。

改正：平成5年政令第170号　　施行：平成5年6月25日
第82条の2　（層間変形角）

1　第81条第1項の規定によつて建設大臣が定める建築物（以下この款において「特定建築物」という。）の構造計算をするに当たつては、前条の規定によるほか、特定建築物の地上部分について、第88条第1項に規定する地震力（以下この款において「地震力」という。）によつて各階に生ずる水平方向の層間変位の当該各階の高さに対する割合（次条<u>及び第109条の2</u>において「層間変形角」という。）が200分の1（地震力による構造耐力上主要な部分の変形によつて特定建築物の部分に著しい損傷が生ずるおそれのない場合にあつては、120分の1）以内であることを確かめなければならない。

改正：平成12年政令第211号　　施行：平成12年6月1日
第82条の2　（層間変形角）

1　<u>建設大臣が定める建築物（以下この款において「特定建築物」という。）については、前条各号の規定</u>によるほか、特定建築物の地上部分について、第88条第1項に規定する地震力（以下この款において「地震力」という。）によつて各階に生ずる水平方向の層間変位の当該各階の高さに対する割合（次条及び<u>第109条の2の2</u>において「層間変形角」という。）が200分の1（地震力による構造耐力上主要な部分の変形によつて特定建築物の部分に著しい損傷が生ずるおそれのない場合にあつては、120分の1）以内であることを確かめ

なければならない。

改正：平成12年政令第312号　　　施行：平成13年1月6日
第82条の2　（層間変形角）

> 1　<u>国土交通大臣が定める建築物（以下この款において「特定建築物」という。）については、前条各号の規定によるほか、特定建築物</u>の地上部分について、第88条第1項に規定する地震力（以下この款において「地震力」という。）によつて各階に生ずる水平方向の層間変位の当該各階の高さに対する割合（次条及び第109条の2の2において「層間変形角」という。）が200分の1（地震力による構造耐力上主要な部分の変形によつて<u>特定建築物の部分</u>に著しい損傷が生ずるおそれのない場合にあつては、120分の1）以内であることを確かめなければならない。

改正：平成19年政令第49号　　　施行：平成19年6月20日
第82条の2　（層間変形角）

> 1　<u>建築物の地上部分については、</u>第88条第1項に規定する地震力（以下この款において「地震力」という。）によつて各階に生ずる水平方向の層間変位を<u>国土交通大臣が定める方法により計算し、当該層間変位</u>の当該各階の高さに対する割合（<u>第82条の6第二号イ及び</u>第109条の2の2において「層間変形角」という。）が200分の1（地震力による構造耐力上主要な部分の変形によつて<u>建築物の部分</u>に著しい損傷が生ずるおそれのない場合にあつては、120分の1）以内であることを確かめなければならない。

改正：令和5年政令第280号　　　施行：令和6年4月1日
第82条の2　（層間変形角）

> 1　建築物の地上部分については、第88条第1項に規定する地震力（以下この款において「地震力」という。）によつて各階に生ずる水平方向の層間変位を国土交通大臣が定める方法により計算し、当該層間変位の当該各階の高さに対する割合（第82条の6第二号イ及び<u>第109条の2の2第1項</u>において「層間変形角」という。）が200分の1（地震力による構造耐力上主要な部分の変形によつて建築物の部分に著しい損傷が生ずるおそれのない場合にあつては、120分の1）以内であることを確かめなければならない。

[現行]　第82条の3　（保有水平耐力）

制定：昭和55年政令第196号　　　施行：昭和56年6月1日
旧　第82条の4　（保有水平耐力）

> 1　第81条第1項の規定によつて木造建築物等以外の建築物で高さが31mを超えるものの構造計算をするに当たつては、第82条及び第82条の2の規定によるほか、建築物の地上部分について、次の各号に定めるところによらなければならない。
> 一　第4款に規定する材料強度によつて各階の水平力に対する耐力（以下この条において「保有水平耐力」という。）を計算すること。
> 二　地震力に対する各階の必要保有水平耐力を次の式によつて計算すること。
> $$Q_{un} = D_s F_{es} Q_{ud}$$
>
>> この式において、Q_{un}、D_s、F_{es}及びQ_{ud}は、それぞれ次の数値を表すものとする。
>> Q_{un}　各階の必要保有水平耐力（単位　トン）
>> D_s　　各階の構造特性を表すものとして、建築物の振動に関する減衰性及び各階の靭（じん）性を考慮して建設大臣が定める方法により算出した数値
>> F_{es}　各階の形状特性を表すものとして、各階の剛性率及び偏心率に応じて建設大臣が定める方法により算出した数値
>> Q_{ud}　地震力によつて各階に生ずる水平力（単位　トン）

令旧82条の4　制定：昭和55年政令第196号

　三　第一号の規定によって計算した保有水平耐力が、前号の規定によって計算した必要保有水平耐力以上であることを確かめること。

改正：昭和62年政令第348号　　　施行：昭和62年11月16日
旧　第82条の4　（保有水平耐力）

1　第81条第1項の規定によつて<u>特定建築物</u>で高さが31mを超えるものの構造計算をするに当たつては、第82条及び第82条の2の規定によるほか、<u>特定建築物</u>の地上部分について、次の各号に定めるところによらなければならない。
　一　略
　二　地震力に対する各階の必要保有水平耐力を次の式によつて計算すること。
　　　Qun ＝ Ds Fes Qud

　　　　この式において、Qun、Ds、Fes及びQudは、それぞれ次の数値を表すものとする。
　　　　　Qun　各階の必要保有水平耐力（単位　トン）
　　　　　Ds　　各階の構造特性を表すものとして、<u>特定建築物</u>の振動に関する減衰性及び各階の靭（じん）性を考慮して建設大臣が定める方法により算出した数値
　　　　　Fes　各階の形状特性を表すものとして、各階の剛性率及び偏心率に応じて建設大臣が定める方法により算出した数値
　　　　　Qud　地震力によつて各階に生ずる水平力（単位　トン）

　三　略

改正：平成12年政令第211号　　　施行：平成12年6月1日
旧　第82条の4　（保有水平耐力）

1　<u>特定建築物で高さが31mを超えるものについては、第82条各号及び第82条の2の規定によるほか、特定建築物の地上部分について、第一号の規定によつて計算した各階の水平力に対する耐力（以下この条及び第82条の6において「保有水平耐力」という。）が、第二号の規定によつて計算した必要保有水平耐力以上であることを確かめなければならない。</u>
　一　第4款に規定する材料強度によつて<u>保有水平耐力</u>を計算すること。
　<u>二</u>　地震力に対する各階の必要保有水平耐力を次の式によつて計算すること。
　　　Qun ＝ Ds Fes Qud

　　　　この式において、Qun、Ds、Fes及びQudは、それぞれ次の数値を表すものとする。
　　　　　Qun　各階の必要保有水平耐力（単位　<u>kN</u>）
　　　　　Ds　　各階の構造特性を表すものとして、特定建築物の<u>構造耐力上主要な部分の構造方法に応じた</u>減衰性及び各階の靭（じん）性を<u>考慮して建設大臣が定める数値</u>
　　　　　Fes　各階の形状特性を表すものとして、各階の剛性率及び偏心率に応じて建設大臣が定める方法により算出した数値
　　　　　Qud　地震力によつて各階に生ずる水平力（単位　<u>kN</u>）

改正：平成12年政令第312号　　　施行：平成13年1月6日
旧　第82条の4　（保有水平耐力）

1　特定建築物で高さが31mを超えるものについては、第82条各号及び第82条の2の規定によるほか、特定建築物の地上部分について、第一号の規定によつて計算した各階の水平力に対する耐力（以下この条及び第82条の6において「保有水平耐力」という。）が、第二号の規定によつて計算した必要保有水平耐力以上であることを確かめなければならない。
　一　略
　二　地震力に対する各階の必要保有水平耐力を次の式によつて計算すること。

$$Q_{un} = D_s F_{es} Q_{ud}$$

　　　　この式において、Qun、Ds、Fes及びQudは、それぞれ次の数値を表すものとする。
　　　　　Qun　各階の必要保有水平耐力（単位　kN）
　　　　　Ds　　各階の構造特性を表すものとして、特定建築物の構造耐力上主要な部分の構造方法に応じた減衰性及び各階の靭（じん）性を考慮して国土交通大臣が定める数値
　　　　　Fes　各階の形状特性を表すものとして、各階の剛性率及び偏心率に応じて国土交通大臣が定める方法により算出した数値
　　　　　Qud　地震力によつて各階に生ずる水平力（単位　kN）

改正：平成19年政令第49号　　　　施行：平成19年6月20日
第82条の3　（保有水平耐力）

1　建築物の地上部分については、第一号の規定によつて計算した各階の水平力に対する耐力（以下この条及び第82条の5において「保有水平耐力」という。）が、第二号の規定によつて計算した必要保有水平耐力以上であることを確かめなければならない。
一　第4款に規定する材料強度によつて国土交通大臣が定める方法により保有水平耐力を計算すること。
二　地震力に対する各階の必要保有水平耐力を次の式によつて計算すること。

$$Q_{un} = D_s F_{es} Q_{ud}$$

　　　　この式において、Qun、Ds、Fes及びQudは、それぞれ次の数値を表すものとする。
　　　　　Qun　各階の必要保有水平耐力（単位　kN）
　　　　　Ds　　各階の構造特性を表すものとして、建築物の構造耐力上主要な部分の構造方法に応じた減衰性及び各階の靭（じん）性を考慮して国土交通大臣が定める数値
　　　　　Fes　各階の形状特性を表すものとして、各階の剛性率及び偏心率に応じて国土交通大臣が定める方法により算出した数値
　　　　　Qud　地震力によつて各階に生ずる水平力（単位　kN）

[現行]　**第82条の4　（屋根ふき材等の構造計算）**

制定：平成12年政令第211号　　　　施行：平成12年6月1日
旧　第82条の5　（屋根ふき材等の構造計算）

1　屋根ふき材、外装材及び屋外に面する帳壁については、建設大臣が定める基準に従つた構造計算によつて風圧に対して構造耐力上安全であることを確かめなければならない。

改正：平成12年政令第312号　　　　施行：平成13年1月6日
旧　第82条の5　（屋根ふき材等の構造計算）

1　屋根ふき材、外装材及び屋外に面する帳壁については、国土交通大臣が定める基準に従つた構造計算によつて風圧に対して構造耐力上安全であることを確かめなければならない。

改正：平成19年政令第49号　　　　施行：平成19年6月20日
第82条の4　（屋根ふき材等の構造計算）

1　屋根ふき材、外装材及び屋外に面する帳壁については、国土交通大臣が定める基準に従つた構造計算によつて風圧に対して構造耐力上安全であることを確かめなければならない。

令旧82条の6　制定：平成12年政令第211号

[現行]　第1款の3　限界耐力計算

(制定：平成12年政令第211号)　第1款の3　限界耐力計算

[現行]　第82条の5

制定：平成12年政令第211号　　　施行：平成12年6月1日
旧　第82条の6　（限界耐力計算）

1　第81条第1項第二号に規定する「限界耐力計算」とは、次に定めるところによりする構造計算をいう。
　一　地震時を除き、第82条第一号から第三号まで（地震に係る部分を除く。）に定めるところによること。
　二　積雪時又は暴風時に、建築物の構造耐力上主要な部分に生ずる力を次の表に掲げる式によつて計算し、当該構造耐力上主要な部分に生ずる力が、それぞれ第4款の規定による材料強度によつて計算した当該構造耐力上主要な部分の耐力を超えないことを確かめること。

荷重及び外力について想定する状態	一般の場合	第86条第2項ただし書の規定によつて特定行政庁が指定する多雪区域における場合	備　考
積雪時	G + P + 1.4 S	G + P + 1.4 S	建築物の転倒、柱の引抜き等を検討する場合においては、Pについては、建築物の実況に応じて積載荷重を減らした数値によるものとする。
暴風時	G + P + 1.6 W	G + P + 1.6 W	
		G + P + 0.35 S + 1.6 W	

　　この表において、G、P、S及びWは、それぞれ次の力（軸方向力、曲げモーメント、せん断力等をいう。）を表すものとする。
　　　G　第84条に規定する固定荷重によつて生ずる力
　　　P　第85条に規定する積載荷重によつて生ずる力
　　　S　第86条に規定する積雪荷重によつて生ずる力
　　　W　第87条に規定する風圧力によつて生ずる力

　三　地震による加速度によつて建築物の地上部分の各階に作用する地震力及び各階に生ずる層間変位を次に定めるところによつて計算し、当該地震力が、損傷限界耐力（建築物の各階の構造耐力上主要な部分の断面に生ずる応力度が第3款の規定による短期に生ずる力に対する許容応力度に達する場合の建築物の各階の水平力に対する耐力をいう。以下この号において同じ。）を超えないことを確かめるとともに、層間変位の当該各階の高さに対する割合が200分の1（地震力による構造耐力上主要な部分の変形によつて建築物の部分に著しい損傷が生ずるおそれのない場合にあつては、120分の1）を超えないことを確かめること。
　　イ　各階が、損傷限界耐力に相当する水平力その他のこれに作用する力に耐えている時に当該階に生ずる水平方向の層間変位（以下この号において「損傷限界変位」という。）を計算すること。
　　ロ　建築物のいずれかの階において、イによつて計算した損傷限界変位に相当する変位が生じている時の建築物の固有周期（以下この号及び第七号において「損傷限界固有周期」という。）を建設大臣が定める方法によつて計算すること。
　　ハ　地震により建築物の各階に作用する地震力を、損傷限界固有周期に応じて次の表に掲げる式によつて計算した当該階以上の各階に水平方向に生ずる力の総和として計算すること。

Td < 0.16 の場合	Pdi = (0.64 + 6 Td) mi Bdi Z Gs
0.16 ≦ Td < 0.64 の場合	Pdi = 1.6 mi Bdi Z Gs
0.64 ≦ Td の場合	Pdi = $\dfrac{1.024\ mi\ Bdi\ Z\ Gs}{Td}$

　　この表において、Td、Pdi、Mi、Bdi、Z及びGsは、それぞれ次の数値を表すものとする。

Td	建築物の損傷限界固有周期（単位　秒）
Pdi	各階に水平方向に生ずる力（単位　kN）
mi	各階の質量（各階の固定荷重及び積載荷重との和（第86条第2項ただし書の規定によつて特定行政庁が指定する多雪区域においては、更に積雪荷重を加えたものとする。）を重力加速度で除したもの）（単位　トン）
Bdi	建築物の各階に生ずる加速度の分布を表すものとして、損傷限界固有周期に応じて建設大臣が定める基準に従つて算出した数値
Z	第88条第1項に規定するZの数値
Gs	表層地盤による加速度の増幅率を表すものとして、表層地盤の種類に応じて建設大臣が定める方法により算出した数値

　ニ　各階が、ハによつて計算した地震力その他のこれに作用する力に耐えている時に当該階に生ずる水平方向の層間変位を計算すること。

四　第88条第4項に規定する地震力により建築物の地下部分の構造耐力上主要な部分の断面に生ずる応力度を第82条第一号及び第二号の規定によつて計算し、それぞれ第3款の規定による短期に生ずる力に対する許容応力度を超えないことを確かめること。

五　地震による加速度によつて建築物の各階に作用する地震力を次に定めるところによつて計算し、当該地震力が保有水平耐力を超えないことを確かめること。

　イ　各階が、保有水平耐力に相当する水平力その他のこれに作用する力に耐えている時に当該階に生ずる水平方向の最大の層間変位（以下この号において「安全限界変位」という。）を建設大臣が定める方法によつて計算すること。

　ロ　建築物のいずれかの階において、イによつて計算した安全限界変位に相当する変位が生じている時の建築物の周期（以下この号において「安全限界固有周期」という。）を建設大臣が定める方法によつて計算すること。

　ハ　地震により建築物の各階に作用する地震力を、安全限界固有周期に応じて次の表に掲げる式によつて計算した当該階以上の各階に水平方向に生ずる力の総和として計算すること。

Ts＜0.16 の場合	Psi ＝ （3.2 ＋30Ts）　mi Bsi Fh Z Gs
0.16 ≦Ts＜0.64 の場合	Psi ＝ 8 mi Bsi F h Z Gs
0.64 ≦Ts の場合	$Psi = \dfrac{5.12\ mi\ Bsi\ Fh\ Z\ Gs}{Ts}$

この表において、Ts、Psi、mi、Bsi、Fh、Z及びGsは、それぞれ次の数値を表すものとする。
Ts	建築物の安全限界固有周期（単位　秒）
Psi	各階に水平方向に生ずる力（単位　kN）
mi	第三号の表に規定するmiの数値
Bsi	各階に生ずる加速度の分布を表すものとして、安全限界固有周期に対応する振動特性に応じて建設大臣が定める基準に従つて算出した数値
Fh	安全限界固有周期における振動の減衰による加速度の低減率を表すものとして建設大臣が定める基準に従つて算出した数値
Z	第88条第1項に規定するZの数値
Gs	第三号の表に規定するGsの数値

六　第82条第四号の規定によること。

七　屋根ふき材、外装材及び屋外に面する帳壁が、第三号ニの規定によつて計算した建築物の各階に生ずる水平方向の層間変位及び同号ロの規定によつて計算した建築物の損傷限界固有周期に応じて建築物の各階に生ずる加速度を考慮して建設大臣が定める基準に従つた構造計算によつて風圧並びに地震その他の震動及び衝撃に対して構造耐力上安全であることを確かめること。

令旧82条の6　改正：平成12年政令第312号

改正：平成12年政令第312号　　施行：平成13年1月6日

旧　**第82条の6**　（限界耐力計算）

1　第81条第1項第二号に規定する「限界耐力計算」とは、次に定めるところによりする構造計算をいう。

　一・二　略

　三　地震による加速度によつて建築物の地上部分の各階に作用する地震力及び各階に生ずる層間変位を次に定めるところによつて計算し、当該地震力が、損傷限界耐力（建築物の各階の構造耐力上主要な部分の断面に生ずる応力度が第3款の規定による短期に生ずる力に対する許容応力度に達する場合の建築物の各階の水平力に対する耐力をいう。以下この号において同じ。）を超えないことを確かめるとともに、層間変位の当該各階の高さに対する割合が200分の1（地震力による構造耐力上主要な部分の変形によつて建築物の部分に著しい損傷が生ずるおそれのない場合にあつては、120分の1）を超えないことを確かめること。

　　イ　略

　　ロ　建築物のいずれかの階において、イによつて計算した損傷限界変位に相当する変位が生じている時の建築物の固有周期（以下この号及び第七号において「損傷限界固有周期」という。）を国土交通大臣が定める方法によつて計算すること。

　　ハ　地震により建築物の各階に作用する地震力を、損傷限界固有周期に応じて次の表に掲げる式によつて計算した当該階以上の各階に水平方向に生ずる力の総和として計算すること。

$T_d < 0.16$ の場合	$P_{di} = (0.64 + 6 T_d) m_i B_{di} Z G_s$
$0.16 \leq T_d < 0.64$ の場合	$P_{di} = 1.6 m_i B_{di} Z G_s$
$0.64 \leq T_d$ の場合	$P_{di} = \dfrac{1.024 m_i B_{di} Z G_s}{T_d}$

　　この表において、T_d、P_{di}、m_i、B_{di}、Z 及び G_s は、それぞれ次の数値を表すものとする。

　T_d　　建築物の損傷限界固有周期（単位　秒）
　P_{di}　　各階に水平方向に生ずる力（単位　kN）
　m_i　　各階の質量（各階の固定荷重及び積載荷重との和（第86条第2項ただし書の規定によつて特定行政庁が指定する多雪区域においては、更に積雪荷重を加えたものとする。）を重力加速度で除したもの）（単位　トン）
　B_{di}　　建築物の各階に生ずる加速度の分布を表すものとして、損傷限界固有周期に応じて国土交通大臣が定める基準に従つて算出した数値
　Z　　第88条第1項に規定するZの数値
　G_s　　表層地盤による加速度の増幅率を表すものとして、表層地盤の種類に応じて国土交通大臣が定める方法により算出した数値

　二　略
　四　略
　五　地震による加速度によつて建築物の各階に作用する地震力を次に定めるところによつて計算し、当該地震力が保有水平耐力を超えないことを確かめること。

　　イ　各階が、保有水平耐力に相当する水平力その他のこれに作用する力に耐えている時に当該階に生ずる水平方向の最大の層間変位（以下この号において「安全限界変位」という。）を国土交通大臣が定める方法によつて計算すること。

　　ロ　建築物のいずれかの階において、イによつて計算した安全限界変位に相当する変位が生じている時の建築物の周期（以下この号において「安全限界固有周期」という。）を国土交通大臣が定める方法によつて計算すること。

　　ハ　地震により建築物の各階に作用する地震力を、安全限界固有周期に応じて次の表に掲げる式によつて計算した当該階以上の各階に水平方向に生ずる力の総和として計算すること。

$T_s < 0.16$ の場合	$P_{si} = (3.2 + 30 T_s) m_i B_{si} F_h Z G_s$
$0.16 \leq T_s < 0.64$ の場合	$P_{si} = 8 m_i B_{si} F_h Z G_s$
$0.64 \leq T_s$ の場合	$P_{si} = \dfrac{5.12 m_i B_{si} F_h Z G_s}{T_s}$

> この表において、Ts、Psi、mi、Bsi、Fh、Z及びGsは、それぞれ次の数値を表すものとする。
>
> Ts　建築物の安全限界固有周期（単位　秒）
> Psi　各階に水平方向に生ずる力（単位　kN）
> mi　第三号の表に規定するmiの数値
> Bsi　各階に生ずる加速度の分布を表すものとして、安全限界固有周期に対応する振動特性に応じて<u>国土交通大臣</u>が定める基準に従つて算出した数値
> Fh　安全限界固有周期における振動の減衰による加速度の低減率を表すものとして<u>国土交通大臣</u>が定める基準に従つて算出した数値
> Z　第88条第1項に規定するZの数値
> Gs　第三号の表に規定するGsの数値

六　略

七　屋根ふき材、外装材及び屋外に面する帳壁が、第三号ニの規定によつて計算した建築物の各階に生ずる水平方向の層間変位及び同号ロの規定によつて計算した建築物の損傷限界固有周期に応じて建築物の各階に生ずる加速度を考慮して<u>国土交通大臣</u>が定める基準に従つた構造計算によつて風圧並びに地震その他の震動及び衝撃に対して構造耐力上安全であることを確かめること。

改正：平成13年政令第85号　　　施行：平成13年4月1日

旧　第82条の6　（限界耐力計算）

1　第81条第1項第二号に規定する「限界耐力計算」とは、次に定めるところによりする構造計算をいう。

一～七　略

<u>八　特別警戒区域内における居室を有する建築物の外壁等が、自然現象の種類、最大の力の大きさ等及び土石等の高さ等（当該外壁等の高さが土石等の高さ等未満であるときは、自然現象の種類、最大の力の大きさ等、土石等の高さ等及び当該外壁等の高さ）に応じて、国土交通大臣が定める基準に従つた構造計算によつて当該自然現象により想定される衝撃が作用した場合においても破壊を生じないものであることを確かめること。ただし、第80条の3ただし書に規定する場合はこの限りでない。</u>

改正：平成19年政令第49号　　　施行：平成19年6月20日

第82条の5

1　第81条第2項第一号ロに規定する限界耐力計算とは、次に定めるところによりする構造計算をいう。

一　略

二　積雪時又は暴風時に、建築物の構造耐力上主要な部分に生ずる力を次の表に掲げる式によつて計算し、当該構造耐力上主要な部分に生ずる力が、それぞれ第4款の規定による材料強度によつて計算した当該構造耐力上主要な部分の耐力を超えないことを確かめること。

荷重及び外力について想定する状態	一般の場合	第86条第2項ただし書の規定により特定行政庁が指定する多雪区域における場合	備　考
積雪時	G + P + 1.4 S	G + P + 1.4 S	建築物の転倒、柱の引抜き等を検討する場合においては、Pについては、建築物の実況に応じて積載荷重を減らした数値によるものとする。
暴風時	G + P + 1.6 W	G + P + 1.6 W	
		G + P + 0.35 S + 1.6 W	

　この表において、G、P、S及びWは、それぞれ次の力（軸方向力、曲げモーメント、せん断力等をいう。）を表すものとする。

令82条の5　改正：平成19年政令第49号

> G　第84条に規定する固定荷重によつて生ずる力
> P　第85条に規定する積載荷重によつて生ずる力
> S　第86条に規定する積雪荷重によつて生ずる力
> W　第87条に規定する風圧力によつて生ずる力

　三　地震による加速度によつて建築物の地上部分の各階に作用する地震力及び各階に生ずる層間変位を次に定めるところによつて計算し、当該地震力が、損傷限界耐力（建築物の各階の構造耐力上主要な部分の断面に生ずる応力度が第3款の規定による短期に生ずる力に対する許容応力度に達する場合の建築物の各階の水平力に対する耐力をいう。以下この号において同じ。）を超えないことを確かめるとともに、層間変位の当該各階の高さに対する割合が200分の1（地震力による構造耐力上主要な部分の変形によつて建築物の部分に著しい損傷が生ずるおそれのない場合にあつては、120分の1）を超えないことを確かめること。
　　イ　各階が、損傷限界耐力に相当する水平力その他のこれに作用する力に耐えている時に当該階に生ずる水平方向の層間変位（以下この号において「損傷限界変位」という。）を国土交通大臣が定める方法により計算すること。
　　ロ　建築物のいずれかの階において、イによつて計算した損傷限界変位に相当する変位が生じている時の建築物の固有周期（以下この号及び第七号において「損傷限界固有周期」という。）を国土交通大臣が定める方法により計算すること。
　　ハ　略
　　ニ　各階が、ハによつて計算した地震力その他のこれに作用する力に耐えている時に当該階に生ずる水平方向の層間変位を国土交通大臣が定める方法により計算すること。
　四　略
　五　地震による加速度によつて建築物の各階に作用する地震力を次に定めるところによつて計算し、当該地震力が保有水平耐力を超えないことを確かめること。
　　イ　各階が、保有水平耐力に相当する水平力その他のこれに作用する力に耐えている時に当該階に生ずる水平方向の最大の層間変位（以下この号において「安全限界変位」という。）を国土交通大臣が定める方法により計算すること。
　　ロ　建築物のいずれかの階において、イによつて計算した安全限界変位に相当する変位が生じている時の建築物の周期（以下この号において「安全限界固有周期」という。）を国土交通大臣が定める方法により計算すること。
　　ハ　略
　六～八　略

改正：平成25年政令第217号　　　施行：平成26年4月1日
第82条の5

1　第81条第2項第一号ロに規定する限界耐力計算とは、次に定めるところによりする構造計算をいう。
　一　地震時を除き、第82条第一号から第三号まで（地震に係る部分を除く。）に定めるところによること。
　二　積雪時又は暴風時に、建築物の構造耐力上主要な部分に生ずる力を次の表に掲げる式によつて計算し、当該構造耐力上主要な部分に生ずる力が、それぞれ第4款の規定による材料強度によつて計算した当該構造耐力上主要な部分の耐力を超えないことを確かめること。

荷重及び外力について想定する状態	一般の場合	第86条第2項ただし書の規定により特定行政庁が指定する多雪区域における場合	備　考
積雪時	G + P + 1.4 S	G + P + 1.4 S	建築物の転倒、柱の引抜き等を検討する場合においては、Pについては、建築物の実況に応じて積載荷重を減らした数値によるものとする。
暴風時	G + P + 1.6 W	G + P + 1.6 W	
		G + P + 0.35 S + 1.6 W	

　　この表において、G、P、S及びWは、それぞれ次の力（軸方向力、曲げモーメント、せん断力等

をいう。）を表すものとする。
　G　第84条に規定する固定荷重によつて生ずる力
　P　第85条に規定する積載荷重によつて生ずる力
　S　第86条に規定する積雪荷重によつて生ずる力
　W　第87条に規定する風圧力によつて生ずる力

三　地震による加速度によつて建築物の地上部分の各階に作用する地震力及び各階に生ずる層間変位を次に定めるところによつて計算し、当該地震力が、損傷限界耐力（建築物の各階の構造耐力上主要な部分の断面に生ずる応力度が第3款の規定による短期に生ずる力に対する許容応力度に達する場合の建築物の各階の水平力に対する耐力をいう。以下この号において同じ。）を超えないことを確かめるとともに、層間変位の当該各階の高さに対する割合が200分の1（地震力による構造耐力上主要な部分の変形によつて建築物の部分に著しい損傷が生ずるおそれのない場合にあつては、120分の1）を超えないことを確かめること。
　イ　各階が、損傷限界耐力に相当する水平力その他のこれに作用する力に耐えている時に当該階に生ずる水平方向の層間変位（以下この号において「損傷限界変位」という。）を国土交通大臣が定める方法により計算すること。
　ロ　建築物のいずれかの階において、イによつて計算した損傷限界変位に相当する変位が生じている時の建築物の固有周期（以下この号及び第七号において「損傷限界固有周期」という。）を国土交通大臣が定める方法により計算すること。
　ハ　地震により建築物の各階に作用する地震力を、損傷限界固有周期に応じて次の表に掲げる式によつて計算した当該階以上の各階に水平方向に生ずる力の総和として計算すること。

$T_d < 0.16$ の場合	$P_{di} = (0.64 + 6T_d) m_i B_{di} Z G_s$
$0.16 \leq T_d < 0.64$ の場合	$P_{di} = 1.6 m_i B_{di} Z G_s$
$0.64 \leq T_d$ の場合	$P_{di} = \dfrac{1.024 m_i B_{di} Z G_s}{T_d}$

　　この表において、T_d、P_{di}、m_i、B_{di}、Z及びG_sは、それぞれ次の数値を表すものとする。
　T_d　　建築物の損傷限界固有周期（単位　秒）
　P_{di}　　各階に水平方向に生ずる力（単位　kN）
　m_i　　各階の質量（各階の固定荷重及び積載荷重との和（第86条第2項ただし書の規定によつて特定行政庁が指定する多雪区域においては、更に積雪荷重を加えたものとする。）を重力加速度で除したもの）（単位　トン）
　B_{di}　　建築物の各階に生ずる加速度の分布を表すものとして、損傷限界固有周期に応じて国土交通大臣が定める基準に従つて算出した数値
　Z　　第88条第1項に規定するZの数値
　G_s　　表層地盤による加速度の増幅率を表すものとして、表層地盤の種類に応じて国土交通大臣が定める方法により算出した数値

　ニ　各階が、ハによつて計算した地震力その他のこれに作用する力に耐えている時に当該階に生ずる水平方向の層間変位を国土交通大臣が定める方法により計算すること。
四　第88条第4項に規定する地震力により建築物の地下部分の構造耐力上主要な部分の断面に生ずる応力度を第82条第一号及び第二号の規定によつて計算し、それぞれ第3款の規定による短期に生ずる力に対する許容応力度を超えないことを確かめること。
五　地震による加速度によつて建築物の各階に作用する地震力を次に定めるところによつて計算し、当該地震力が保有水平耐力を超えないことを確かめること。
　イ　各階が、保有水平耐力に相当する水平力その他のこれに作用する力に耐えている時に当該階に生ずる水平方向の最大の層間変位（以下この号において「安全限界変位」という。）を国土交通大臣が定める方法により計算すること。
　ロ　建築物のいずれかの階において、イによつて計算した安全限界変位に相当する変位が生じている時の建築物の周期（以下この号において「安全限界固有周期」という。）を国土交通大臣が定める方法によ

令82条の5　改正：平成25年政令第217号

　　　り計算すること。
　　ハ　地震により建築物の各階に作用する地震力を、安全限界固有周期に応じて次の表に掲げる式によつて計算した当該階以上の各階に水平方向に生ずる力の総和として計算すること。

Ts＜0.16の場合	Psi ＝ （32＋30Ts） mi Bsi Fh Z Gs
0.16≦Ts＜0.64の場合	Psi ＝ 8 mi Bsi Fh Z Gs
0.64≦Tsの場合	Psi ＝ $\dfrac{5.12 \; mi \; Bsi \; Fh \; Z \; Gs}{Ts}$

　　この表において、Ts、Psi、mi、Bsi、Fh、Z及びGsは、それぞれ次の数値を表すものとする。
　　　Ts　　建築物の安全限界固有周期（単位　秒）
　　　Psi　 各階に水平方向に生ずる力（単位　kN）
　　　mi　　第三号の表に規定するmiの数値
　　　Bsi　 各階に生ずる加速度の分布を表すものとして、安全限界固有周期に対応する振動特性に応じて国土交通大臣が定める基準に従つて算出した数値
　　　Fh　　安全限界固有周期における振動の減衰による加速度の低減率を表すものとして国土交通大臣が定める基準に従つて算出した数値
　　　Z　　　第88条第1項に規定するZの数値
　　　Gs　　第三号の表に規定するGsの数値
　六　第82条第四号の規定によること。
　七　屋根ふき材、特定天井、外装材及び屋外に面する帳壁が、第三号ニの規定によつて計算した建築物の各階に生ずる水平方向の層間変位及び同号ロの規定によつて計算した建築物の損傷限界固有周期に応じて建築物の各階に生ずる加速度を考慮して国土交通大臣が定める基準に従つた構造計算によつて風圧並びに地震その他の震動及び衝撃に対して構造耐力上安全であることを確かめること。
　八　特別警戒区域内における居室を有する建築物の外壁等が、自然現象の種類、最大の力の大きさ等及び土石等の高さ等（当該外壁等の高さが土石等の高さ等未満であるときは、自然現象の種類、最大の力の大きさ等、土石等の高さ等及び当該外壁等の高さ）に応じて、国土交通大臣が定める基準に従つた構造計算によつて当該自然現象により想定される衝撃が作用した場合においても破壊を生じないものであることを確かめること。ただし、第80条の3ただし書に規定する場合はこの限りでない。

[現行] 第1款の4　許容応力度等計算
（制定：平成19年政令第49号）　　第1款の4　許容応力度等計算

[現行]　第82条の6

制定：平成19年政令第49号　　　施行：平成19年6月20日
第82条の6
1　第81条第2項第二号イに規定する許容応力度等計算とは、次に定めるところによりする構造計算をいう。
　一　第82条各号、第82条の2及び第82条の4に定めるところによること。
　二　建築物の地上部分について、次に適合することを確かめること。
　　イ　次の式によつて計算した各階の剛性率が、それぞれ10分の6以上であること。

$$Rs = \dfrac{rs}{\overline{rs}}$$

　　　　この式において、Rs、rs及び$\overline{rs}$は、それぞれ次の数値を表すものとする。
　　　　　Rs　各階の剛性率
　　　　　rs　各階の層間変形角の逆数

制定：昭和55年政令第196号　　**令旧82条の３**

　　　　　$\overline{rs}$　当該建築物についてのrsの相加平均
　ロ　次の式によつて計算した各階の偏心率が、それぞれ100分の15を超えないこと。

$$Re = \frac{e}{re}$$

　　　この式において、Re、e及びreは、それぞれ次の数値を表すものとする。
　　　　Re　各階の偏心率
　　　　e　各階の構造耐力上主要な部分が支える固定荷重及び積載荷重（第86条第２項ただし書の規定により特定行政庁が指定する多雪区域にあつては、固定荷重、積載荷重及び積雪荷重）の重心と当該各階の剛心をそれぞれ同一水平面に投影させて結ぶ線を計算しようとする方向と直交する平面に投影させた線の長さ（単位　cm）
　　　　re　国土交通大臣が定める方法により算出した各階の剛心周りのねじり剛性の数値を当該各階の計算しようとする方向の水平剛性の数値で除した数値の平方根（単位　cm）
　三　前２号に定めるところによるほか、建築物の地上部分について、国土交通大臣がその構造方法に応じ、地震に対し、安全であることを確かめるために必要なものとして定める基準に適合すること。

[削除条文]

制定：昭和55年政令第196号　　　施行：昭和56年６月１日
旧　**第82条の３　（剛性率、偏心率等）**

１　第81条第１項の規定によつて木造建築物等以外の建築物で高さが31ｍ以下のものの構造計算をするに当たつては、前２条の規定によるほか、建築物の地上部分について、次の各号に定めるところによらなければならない。ただし、建築物の地上部分について次条各号に定める構造計算を行つた場合においては、この限りでない。
　一　各階の剛性率を次の式によつて計算し、それらの剛性率がそれぞれ10分の６以上であることを確かめること。

$$Rs = \frac{rs}{\overline{rs}}$$

　　　この式において、Rs、rs及び$\overline{rs}$は、それぞれ次の数値を表すものとする。
　　　　Rs　各階の剛性率
　　　　rs　各階の層間変形角の逆数
　　　　$\overline{rs}$　当該建築物についてのｒｓの相加平均

　二　各階の偏心率を次の式によつて計算し、それらの偏心率がそれぞれ100分の15を超えないことを確かめること。

$$Re = \frac{e}{re}$$

　　　この式において、Re、e及びreは、それぞれ次の数値を表すものとする。
　　　　Re　各階の偏心率
　　　　e　各階の構造耐力上主要な部分が支える固定荷重及び積載荷重（第86条第２項ただし書の規定によつて特定行政庁が指定する多雪区域にあつては、固定荷重、積載荷重及び積雪荷重）の重心と当該各階の剛心をそれぞれ同一水平面に投影させて結ぶ線を計算しようとする方向と直交する平面に投影させた線の長さ（単位　cm）
　　　　re　各階の剛心周りのねじり剛性の数値を当該各階の計算しようとする方向の水平剛性の数値で除した数値の平方根（単位　cm）

令旧82条の3　制定：昭和55年政令第196号

三　前2号に定めるもののほか、建設大臣が建築物の構造方法に応じ、地震に対し、安全上必要があると認めて定める基準に従つた構造計算を行うこと。

改正：昭和62年政令第348号　　施行：昭和62年11月16日
旧　第82条の3　（剛性率、偏心率等）

1　第81条第1項の規定によつて特定建築物で高さが31m以下のものの構造計算をするに当たつては、前2条の規定によるほか、特定建築物の地上部分について、次の各号に定めるところによらなければならない。ただし、特定建築物の地上部分について次条各号に定める構造計算を行つた場合においては、この限りでない。
一　各階の剛性率を次の式によつて計算し、それらの剛性率がそれぞれ10分の6以上であることを確かめること。

$$Rs = \frac{rs}{\overline{rs}}$$

この式において、Rs、rs及び$\overline{rs}$は、それぞれ次の数値を表すものとする。
Rs　各階の剛性率
rs　各階の層間変形角の逆数
$\overline{rs}$　当該特定建築物についてのrsの相加平均

二　略
三　前2号に定めるもののほか、建設大臣が特定建築物の構造方法に応じ、地震に対し、安全上必要があると認めて定める基準に従つた構造計算を行うこと。

改正：平成12年政令第211号　　施行：平成12年6月1日
旧　第82条の3　（剛性率、偏心率等）

1　特定建築物で高さが31m以下のものについては、第82条各号及び前条の規定によるほか、特定建築物の地上部分について、次の各号に適合することを確かめるとともに、建設大臣が特定建築物の構造方法に応じ、地震に対し、安全上必要があると認めて定める基準に従つた構造計算を行わなければならない。ただし、特定建築物の地上部分について次条各号に定める構造計算を行つた場合においては、この限りでない。
一　略
二　各階の偏心率を次の式によつて計算し、それらの偏心率がそれぞれ100分の15を超えないことを確かめること。

$$Re = \frac{e}{re}$$

この式において、Re、e及びreは、それぞれ次の数値を表すものとする。
Re　各階の偏心率
e　各階の構造耐力上主要な部分が支える固定荷重及び積載荷重（第86条第2項ただし書の規定によつて特定行政庁が指定する多雪区域にあつては、固定荷重、積載荷重及び積雪荷重）の重心と当該各階の剛心をそれぞれ同一水平面に投影させて結ぶ線を計算しようとする方向と直交する平面に投影させた線の長さ（単位cm）
re　各階の剛心周りのねじり剛性の数値を当該各階の計算しようとする方向の水平剛性の数値で除した数値の平方根（単位　cm）

改正：平成12年政令第312号　　施行：平成13年1月6日
旧　第82条の3　（剛性率、偏心率等）

1　特定建築物で高さが31m以下のものについては、第82条各号及び前条の規定によるほか、特定建築物の地上部分について、次の各号に適合することを確かめるとともに、国土交通大臣が特定建築物の構造方法に応じ、地震に対し、安全上必要があると認めて定める基準に従つた構造計算を行わなければならない。ただし、

改正：平成19年政令第49号　**令旧82条の３**

特定建築物の地上部分について次条各号に定める構造計算を行つた場合においては、この限りでない。
　一・二　略

改正：平成19年政令第49号　　　施行：平成19年6月20日
旧　第82条の３　（剛性率、偏心率等）　削除）

令83条 制定：昭和25年政令第338号

[現行] 第2款　荷重及び外力
(制定：昭和25年政令第338号)　　第2款　荷重及び外力

[現行]　第83条　(荷重及び外力の種類)

制定：昭和25年政令第338号　　　施行：昭和25年11月23日
第83条　(荷重及び外力の種類)
1　建築物に作用する荷重及び外力としては、下の各号に掲げるものを採用しなければならない。
　一　固定荷重
　二　積載荷重
　三　積雪荷重
　四　風圧力
　五　地震力
2　前項に掲げるものの外、建築物の実況に応じて、土圧、水圧、震動及び衝撃による外力を採用しなければならない。

改正：昭和34年政令第344号　　　施行：昭和34年12月23日
第83条　(荷重及び外力の種類)
1　建築物に作用する荷重及び外力としては、次の各号に掲げるものを採用しなければならない。
　一～五　略
2　略

改正：昭和45年政令第333号　　　施行：昭和46年1月1日
第83条　(荷重及び外力の種類)
1　建築物に作用する荷重及び外力としては、次の各号に掲げるものを採用しなければならない。
　一　固定荷重
　二　積載荷重
　三　積雪荷重
　四　風圧力
　五　地震力
2　前項に掲げるもののほか、建築物の実況に応じて、土圧、水圧、震動及び衝撃による外力を採用しなければならない。

[現行]　第84条　(固定荷重)

制定：昭和25年政令第338号　　　施行：昭和25年11月23日
第84条　(固定荷重)
1　建築物の各部の固定荷重は、下の表の数値によるか、又は当該建築物の実況に応じて計算しなければならない。

建築物の部分	種別		重量 (単位 kg/㎡)		備考
屋根	瓦ぶき	ふき土がない場合		65	下地及びたるきを含み、も屋を含まない
		も屋に直接ふく場合		25	も屋を含まない。
		その他の場合		35	下地及びたるきを含み、も屋を含まない
	波形鉄板ぶき	も屋に直接ふく場合	屋根面につき	5	も屋を含まない。

	薄鉄板ぶき			20	下地及びたるきを含み、もや屋を含まない。
	ガラス屋根			30	鉄製わくを含み、もや屋を含まない。
	厚形スレートぶき			45	下地及びたるきを含み、もや屋を含まない。
木造のもや屋	もや屋の支点間の距離が2m以下の場合		屋根面につき	5	
	もや屋の支点間の距離が4m以下の場合			10	
天井	さお縁		天井面につき	10	つり木、受木及びその他の下地を含む。
	繊維板張、打上げ板張、合板張又は金属板張			15	
	木毛セメント板張			20	
	ごう縁			30	
	しつくい塗			40	
	モルタル塗			60	
床	木造の床	板張	床面につき	15	根太を含む。
		畳敷		35	床板及び根太を含む。
		床ばり 張り間が4m以下の場合		10	
		床ばり 張り間が6m以下の場合		17	
		床ばり 張り間が8m以下の場合		25	
	コンクリート造の床の仕上げ	板張		20	根太及び大引を含む。
		フロアリングブロック張		15	仕上げ厚さ1cmごとに、そのセンチメートルの数値を乗ずるものとする。
		モルタル塗、人造石塗及びタイル張		20	
		アスファルト防水層		15	厚さ1cmごとに、そのセンチメートルの数値を乗ずるものとする。
		軽量コンクリート下地		20	
壁	木造の建築物の壁の軸組		壁面につき	15	柱、間柱及び筋かいを含む。
	木造の建築物の壁の仕上げ	下見板張、羽目板張又は繊維板張		10	下地を含み、軸組を含まない。
		木ずりしつくい塗		35	
		鉄網モルタル塗		65	
	木造の建築物の小舞壁			85	軸組を含む。
	コンクリート造の壁の仕上げ	しつくい塗		17	仕上げ厚さ1cmごとに、そのセンチメートルの数値を乗ずるものとする。
		モルタル塗及び人造石塗		20	
		タイル張		20	

改正：昭和26年政令第371号　　施行：昭和26年12月7日
第84条　（固定荷重）

令84条 改正：昭和26年政令第371号

1　建築物の各部の固定荷重は、下の表の数値によるか、又は当該建築物の実況に応じて計算しなければならない。

建築物の部分	種別		重量（単位 kg／㎡）	備　考
屋根	瓦ぶき	ふき土がない場合	屋根面につき	65	下地及びたるきを含み、も屋を含まない。
		ふき土がある場合		100	下地及びたるきを含み、も屋を含まない。
	石綿スレートぶき	も屋に直接ふく場合		25	も屋を含まない。
		その他の場合		35	下地及びたるきを含み、も屋を含まない。
	波形鉄板ぶき	も屋に直接ふく場合		5	も屋を含まない。
	薄鉄板ぶき			20	下地及びたるきを含み、も屋を含まない。
	ガラス屋根			30	鉄製わくを含み、も屋を含まない。
	厚形スレートぶき			45	下地及びたるきを含み、も屋を含まない。
木造のも屋	略				
天井	略				
床	略				
壁	略				

改正：昭和27年政令第164号　　　施行：昭和27年5月31日

第84条　（固定荷重）

1　建築物の各部の固定荷重は、下の表の数値によるか、又は当該建築物の実況に応じて計算しなければならない。

建築物の部分	種別			重量（単位 kg／㎡）	備　考
屋根	略				
木造のも屋	略				
天井	略				
床	木造の床	板張		床面につき	15	根太を含む。
		畳敷			35	床板及び根太を含む。
		床ばり	張り間が4m以下の場合		10	
			張り間が6m以下の場合		17	
			張り間が8m以下の場合		25	
	コンクリート造の床仕上げ	板張			20	根太及び大引を含む。
		フロアリングブロック張			15	仕上げ厚さ1cmごとに、そのセンチメートルの数値を乗ずるものとする。
		モルタル塗、人造石塗及びタイル張			20	厚さ1cmごとに、その

改正：平成12年政令第211号　**令84条**

		アスファルト防水層		15	センチメートルの数値を乗ずるものとする。
壁	略			

改正：昭和34年政令第344号　　　施行：昭和34年12月23日
第84条　（固定荷重）

1　建築物の各部の固定荷重は、次の表の数値によるか、又は当該建築物の実況に応じて計算しなければならない。

建築物の部分	種　別		重　量 (単位　kg/㎡)	備　考
屋根	瓦ぶき	ふき土がない場合	65	下地及びたるきを含み、もやを含まない。
		ふき土がある場合	100	下地及びたるきを含み、もやを含まない。
	石綿スレートぶき	もやに直接ふく場合	屋根面につき　25	もやを含まない。
		その他の場合	35	下地及びたるきを含み、もやを含まない。
	波形鉄板ぶき	もやに直接ふく場合	5	もやを含まない。
	薄鉄板ぶき		20	下地及びたるきを含み、もやを含まない。
	ガラス屋根		30	鉄製わくを含み、もやを含まない。
	厚形スレートぶき		45	下地及びたるきを含み、もやを含まない。
木造のもや	もやの支点間の距離が2m以下の場合		屋根面につき　5	
	もやの支点間の距離が4m以下の場合		10	
天井	さお縁		10	つり木、受木及びその他の下地を含む。
	繊維板張、打上げ板張、合板張又は金属板張		15	
	木毛セメント板張		天井面につき　20	
	格（ごう）縁		30	
	しつくい塗		40	
	モルタル塗		60	
床	略			
壁	略			

改正：平成12年政令第211号　　　施行：平成12年6月1日
第84条　（固定荷重）

1　建築物の各部の固定荷重は、当該建築物の実況に応じて計算しなければならない。ただし、次の表に掲げる建築物の部分の固定荷重については、それぞれ同表の単位面積当たり荷重の欄に定める数値に面積を乗じて計算することができる。

建築物の部分	種　別	単位面積当たり荷重 (単位　N/㎡)	備　考

令84条　改正：平成12年政令第211号

屋根	瓦ぶき	ふき土がない場合	屋根面につき	640	下地及びたるきを含み、もやを含まない。
		ふき土がある場合		980	下地及びたるきを含み、もやを含まない。
	石綿スレートぶき	もやに直接ふく場合		250	もやを含まない。
		その他の場合		340	下地及びたるきを含み、もやを含まない。
	波形鉄板ぶき	もやに直接ふく場合		50	もやを含まない。
	薄鉄板ぶき			200	下地及びたるきを含み、もやを含まない。
	ガラス屋根			290	鉄製枠を含み、もやを含まない。
	厚形スレートぶき			440	下地及びたるきを含み、もやを含まない。
木造のもや	もやの支点間の距離が2m以下の場合		屋根面につき	50	
	もやの支点間の距離が4m以下の場合			100	
天井	さお縁		天井面につき	100	つり木、受木及びその他の下地を含む。
	繊維板張、打上げ板張、合板張又は金属板張			150	
	木毛セメント板張			200	
	格（ごう）縁			290	
	しつくい塗			390	
	モルタル塗			590	
床	木造の床	板張	床面につき	150	根太を含む。
		畳敷		340	床板及び根太を含む。
		床ばり 張り間が4m以下の場合		100	
		床ばり 張り間が6m以下の場合		170	
		床ばり 張り間が8m以下の場合		250	
	コンクリート造の床の仕上げ	板張		200	根太及び大引を含む。
		フロアリングブロック張		150	仕上げ厚さ1cmごとに、そのセンチメートルの数値を乗ずるものとする。
		モルタル塗、人造石塗及びタイル張		200	
		アスファルト防水層		150	厚さ1cmごとに、そのセンチメートルの数値を乗ずるものとする。
壁	木造の建築物の壁の軸組		壁面につき	150	柱、間柱及び筋かいを含む。
	木造の建築物の壁の仕上げ	下見板張、羽目板張又は繊維板張		100	下地を含み、軸組を含まない。
		木ずりしつくい塗		340	
		鉄網モルタル塗		640	
	木造の建築物の小舞壁			830	軸組を含む。

建築物の部分	種別		単位面積当たり荷重	備考
コンクリート造の壁の仕上げ	しつくい塗		170	仕上げ厚さ1cmごとに、そのセンチメートルの数値を乗ずるものとする。
	モルタル塗及び人造石塗		200	
	タイル張		200	

改正：平成16年政令第210号　　　施行：平成16年10月1日

第84条　（固定荷重）

1　建築物の各部の固定荷重は、当該建築物の実況に応じて計算しなければならない。ただし、次の表に掲げる建築物の部分の固定荷重については、それぞれ同表の単位面積当たり荷重の欄に定める数値に面積を乗じて計算することができる。

建築物の部分	種別		単位面積当たり荷重（単位　N／㎡）	備考
屋根	瓦ぶき	ふき土がない場合	640	下地及びたるきを含み、もやを含まない。
		ふき土がある場合	980	下地及びたるきを含み、もやを含まない。
	波形鉄板ぶき	もやに直接ふく場合	50	もやを含まない。
	薄鉄板ぶき		屋根面につき　200	下地及びたるきを含み、もやを含まない。
	ガラス屋根		290	鉄製枠を含み、もやを含まない。
	厚形スレートぶき		440	下地及びたるきを含み、もやを含まない。
	厚形スレートぶき		45	下地及びたるきを含み、もやを含まない。
木造のもや	もやの支点間の距離が2m以下の場合		屋根面につき　50	
	もやの支点間の距離が4m以下の場合		100	
天井	さお縁		100	つり木、受木及びその他の下地を含む。
	繊維板張、打上げ板張、合板張又は金属板張		天井面につき　150	
	木毛セメント板張		200	
	格（ごう）縁		290	
	しつくい塗		390	
	モルタル塗		590	
床	木造の床	板張	150	根太を含む。
		畳敷	340	床板及び根太を含む。
		床ばり　張り間が4m以下の場合	100	
		床ばり　張り間が6m以下の場合	170	
		床ばり　張り間が8m以下の場合	床面につき　250	
	コンクリー	板張	200	根太及び大引を含む。
		フロアリングブロック張	150	仕上げ厚さ1cmごとに、そのセンチメートルの

	ト造の床の仕上げ	モルタル塗、人造石塗及びタイル張		200	数値を乗ずるものとする。
		アスファルト防水層		150	厚さ1cmごとに、そのセンチメートルの数値を乗ずるものとする。
壁	木造の建築物の壁の軸組			150	柱、間柱及び筋かいを含む。
	木造の建築物の壁の仕上げ	下見板張、羽目板張又は繊維板張	壁面につき	100	下地を含み、軸組を含まない。
		木ずりしっくい塗		340	
		鉄網モルタル塗		640	
	木造の建築物の小舞壁			830	軸組を含む。
	コンクリート造の壁の仕上げ	しっくい塗		170	仕上げ厚さ1cmごとに、そのセンチメートルの数値を乗ずるものとする。
		モルタル塗及び人造石塗		200	
		タイル張		200	

[現行] 第85条 （積載荷重）

制定：昭和25年政令第338号　　施行：昭和25年11月23日

第85条 （積載荷重）

1　建築物の各部の積載荷重は、当該建築物の実況に応じて計算しなければならない。但し、下の表に掲げる室の床の積載荷重については、それぞれ（い）、（ろ）又は（は）の欄に定める数値によつて計算することができる。

構造計算の対象 室の種類		（い） 床の構造計算をする場合 （単位 kg／㎡）	（ろ） 大ばり、柱又は基礎の構造計算をする場合 （単位 kg／㎡）	（は） 地震力を計算する場合 （単位 kg／㎡）
（1）	住宅の居室、住宅以外の建築物における寝室又は病室	180	130	60
（2）	事務室	300	180	80
（3）	教室	230	210	110
（4）	百貨店又は店舗の売場	300	240	130
（5）	劇場、映画館、演芸場、観覧場、公会堂、集会場その他これらに類する用途に供する建築物の客席又は集会室　固定席の場合	300	270	160
	その他の場合	360	330	210
（6）	自動車車庫及び自動車通路	550	400	200
（7）	廊下、玄関又は階段	（3）から（5）までに掲げる室に連絡するものにあつては、（5）の「その他の場合」の数値による。		
（8）	屋上広場又は露台	（1）の数値による。但し、学校又は百貨店の用途に供する建築物にあつては、（4）の数値による。		

2　柱又は基礎の垂直荷重による圧縮力を計算する場合においては、前項の表の（ろ）欄の数値は、そのささえる床の数に応じて、これに下の表の数値を乗じた数値まで減らすことができる。但し、同項の表の（5）に掲げる室の床の積載荷重については、この限りでない。

ささえる床の数	積載荷重を減らすために乗ずべき数値
2	0.95
3	0.9
4	0.85
5	0.8
6	0.75
7	0.7
8	0.65
9以上	0.6

3　倉庫業を営む倉庫における床の積載荷重は、第1項の規定によつて実況に応じて計算した数値が1㎡につき400kg未満の場合においても、400kgとしなければならない。

改正：昭和34年政令第344号　　　施行：昭和34年12月23日
第85条　（積載荷重）

1　建築物の各部の積載荷重は、当該建築物の実況に応じて計算しなければならない。ただし、次の表に掲げる室の床の積載荷重については、それぞれ（い）、（ろ）又は（は）の欄に定める数値によつて計算することができる。

構造計算の対象　室の種類	（い）床の構造計算をする場合（単位 kg／㎡）	（ろ）大ばり、柱又は基礎の構造計算をする場合（単位 kg／㎡）	（は）地震力を計算する場合（単位 kg／㎡）
（1）～（7）　略	略		
（8）　屋上広場又はバルコニー	（1）の数値による。ただし、学校又は百貨店の用途に供する建築物にあつては、（4）の数値による。		

2　柱又は基礎の垂直荷重による圧縮力を計算する場合においては、前項の表の（ろ）欄の数値は、そのささえる床の数に応じて、これに次の表の数値を乗じた数値まで減らすことができる。ただし、同項の表の（5）に掲げる室の床の積載荷重については、この限りでない。
　［表　略］
3　略

改正：平成12年政令第211号　　　施行：平成12年6月1日
第85条　（積載荷重）

1　建築物の各部の積載荷重は、当該建築物の実況に応じて計算しなければならない。ただし、次の表に掲げる室の床の積載荷重については、それぞれ同表の（い）、（ろ）又は（は）の欄に定める数値に床面積を乗じて計算することができる。

構造計算の対象　室の種類	（い）床の構造計算をする場合（単位 N／㎡）	（ろ）大ばり、柱又は基礎の構造計算をする場合（単位 N／㎡）	（は）地震力を計算する場合（単位 N／㎡）
（1）　住宅の居室、住宅以外の建築物における寝室又は病室	1,800	1,300	600

令85条　改正：平成12年政令第211号

（2）	事務室		2,900	1,800	800
（3）	教室		2,300	2,100	1,100
（4）	百貨店又は店舗の売場		2,900	2,400	1,300
（5）	劇場、映画館、演芸場、観覧場、公会堂、集会場その他これらに類する用途に供する建築物の客席又は集会室	固定席の場合	2,900	2,600	1,600
		その他の場合	3,500	3,200	2,100
（6）	自動車車庫及び自動車通路		5,400	3,900	2,000
（7）	廊下、玄関又は階段	（3）から（5）までに掲げる室に連絡するものにあつては、（5）の「その他の場合」の数値による。			
（8）	屋上広場又はバルコニー	（1）の数値による。ただし、学校又は百貨店の用途に供する建築物にあつては、（4）の数値による。			

2　柱又は基礎の垂直荷重による圧縮力を計算する場合においては、前項の表の（ろ）欄の数値は、そのささえる床の数に応じて、これに次の表の数値を乗じた数値まで減らすことができる。ただし、同項の表の（5）に掲げる室の床の積載荷重については、この限りでない。

ささえる床の数	積載荷重を減らすために乗ずべき数値
2	0.95
3	0.9
4	0.85
5	0.8
6	0.75
7	0.7
8	0.65
9以上	0.6

3　倉庫業を営む倉庫における床の積載荷重は、第1項の規定によつて実況に応じて計算した数値が1㎡につき3,900N未満の場合においても、3,900Nとしなければならない。

[現行]　第86条　（積雪荷重）

制定：昭和25年政令第338号　　　施行：昭和25年11月23日

第86条　（積雪荷重）

1　積雪荷重は、積雪の単位重量にその地方における垂直最深積雪量を乗じて計算しなければならない。
2　前項に規定する積雪の単位重量は、積雪量1cmごとに1㎡につき、多雪区域においては3kg以上、その他の区域においては2kg以上としなければならない。
3　第1項に規定する垂直最深積雪量は過去の積雪の記録に基いて状況の類似した区域ごとに、前項に規定する多雪区域は建設大臣が定める基準に基いて、それぞれ特定行政庁が規則で定める。
4　屋根の積雪荷重は、屋根に雪止めがある場合を除き、そのこう配が30度をこえ60度以下の場合においては、そのこう配に応じて第1項の積雪荷重に下の表の数値を乗じた数値とし、そのこう配が60度をこえる場合においては、これを採用しないことができる。

こう配	30度をこえ40度以下の場合	40度をこえ50度以下の場合	50度をこえ60度以下の場合
積雪荷重に乗ずべき数値	0.75	0.5	0.25

5　第3項に規定する多雪区域における常時荷重としての積雪荷重及び風圧力又は地震力と同時に採用する場合における積雪荷重は、前4項の規定によつて計算した数値のそれぞれ70％及び35％に相当する数値とすることができる。

6　屋根面における積雪量が不均等となるおそれのある場合においては、その影響を考慮して積雪荷重を計算しなければならない。

7　雪おろしを行う慣習のある地方においては、その地方における垂直最深積雪量が1mをこえる場合においても、積雪荷重は、雪おろしの実況に応じて垂直最深積雪量を1mまで減らして計算することができる。

改正：昭和34年政令第344号　　施行：昭和34年12月23日

第86条　（積雪荷重）

1　略

2　前項に規定する積雪の単位重量は、積雪量1cmごとに1㎡につき2kg以上としなければならない。ただし、特定行政庁は、規則で、建設大臣の定める基準に基いて多雪区域を指定し、その区域につきこれと異なる定をすることができる。

3　第1項に規定する垂直最深積雪量は、実況に応じた数値（特定行政庁が規則でその数値を定めた場合においては、その定めた数値）としなければならない。

4　屋根の積雪荷重は、屋根に雪止めがある場合を除き、その勾（こう）配が30度をこえ60度以下の場合においては、その勾（こう）配に応じて第1項の積雪荷重に次の表の数値（特定行政庁が屋根ふき材、雪の性状等を考慮して規則でこれと異なる数値を定めた場合においては、その定めた数値）を乗じた数値とし、その勾（こう）配が60度をこえる場合においては、これを採用しないことができる。

勾（こう）配	30度をこえ40度以下の場合	40度をこえ50度以下の場合	50度をこえ60度以下の場合
積雪荷重に乗ずべき数値	0.75	0.5	0.25

5　第2項ただし書の規定によつて特定行政庁が指定する多雪区域における常時荷重としての積雪荷重及び風圧力又は地震力と同時に採用する場合における積雪荷重は、前4項の規定によつて計算した数値のそれぞれ70％及び35％に相当する数値とすることができる。

6・7　略

改正：昭和45年政令第333号　　施行：昭和46年1月1日

第86条　（積雪荷重）

1　略

2　前項に規定する積雪の単位重量は、積雪量1cmごとに1㎡につき2kg以上としなければならない。ただし、特定行政庁は、規則で、建設大臣の定める基準に基づいて多雪区域を指定し、その区域につきこれと異なる定めをすることができる。

3～6　略

7　雪おろしを行なう慣習のある地方においては、その地方における垂直最深積雪量が1mをこえる場合においても、積雪荷重は、雪おろしの実況に応じて垂直最深積雪量を1mまで減らして計算することができる。

8　前項の規定により垂直最深積雪量を減らして積雪荷重を計算した建築物については、その出入口、主要な居室又はその他の見やすい場所に、その軽減の実況その他必要な事項を表示しなければならない。

改正：平成12年政令第211号　　施行：平成12年6月1日

第86条　（積雪荷重）

1　積雪荷重は、積雪の単位荷重に屋根の水平投影面積及びその地方における垂直積雪量を乗じて計算しなければならない。

2　前項に規定する積雪の単位荷重は、積雪量1cmごとに1㎡につき20N以上としなければならない。ただし、特定行政庁は、規則で、建設大臣が定める基準に基づいて多雪区域を指定し、その区域につきこれと異

令86条　改正：平成12年政令第211号

3　第1項に規定する垂直積雪量は、建設大臣が定める基準に基づいて特定行政庁が規則で定める数値としなければならない。
4　屋根の積雪荷重は、屋根に雪止めがある場合を除き、その勾（こう）配が60度以下の場合においては、その勾（こう）配に応じて第1項の積雪荷重に次の式によつて計算した屋根形状係数（特定行政庁が屋根ふき材、雪の性状等を考慮して規則でこれと異なる数値を定めた場合においては、その定めた数値）を乗じた数値とし、その勾（こう）配が60度を超える場合においては、0とすることができる。

$$\mu b = \sqrt{\cos(1.5\beta)}$$

　　この式において、μb及びβは、それぞれ次の数値を表すものとする。
　　　μb　屋根形状係数
　　　β　屋根勾（こう）配（単位　度）

5　屋根面における積雪量が不均等となるおそれのある場合においては、その影響を考慮して積雪荷重を計算しなければならない。
6　雪下ろしを行う慣習のある地方においては、その地方における垂直積雪量が1mを超える場合においても、積雪荷重は、雪下ろしの実況に応じて垂直積雪量を1mまで減らして計算することができる。
7　前項の規定により垂直積雪量を減らして積雪荷重を計算した建築物については、その出入口、主要な居室又はその他の見やすい場所に、その軽減の実況その他必要な事項を表示しなければならない。

改正：平成12年政令第312号　　　施行：平成13年1月6日

第86条　（積雪荷重）

1　積雪荷重は、積雪の単位荷重に屋根の水平投影面積及びその地方における垂直積雪量を乗じて計算しなければならない。
2　前項に規定する積雪の単位荷重は、積雪量1cmごとに1㎡につき20N以上としなければならない。ただし、特定行政庁は、規則で、国土交通大臣が定める基準に基づいて多雪区域を指定し、その区域につきこれと異なる定めをすることができる。
3　第1項に規定する垂直積雪量は、国土交通大臣が定める基準に基づいて特定行政庁が規則で定める数値としなければならない。
4　屋根の積雪荷重は、屋根に雪止めがある場合を除き、その勾（こう）配が60度以下の場合においては、その勾（こう）配に応じて第1項の積雪荷重に次の式によつて計算した屋根形状係数（特定行政庁が屋根ふき材、雪の性状等を考慮して規則でこれと異なる数値を定めた場合においては、その定めた数値）を乗じた数値とし、その勾（こう）配が60度を超える場合においては、0とすることができる。

$$\mu b = \sqrt{\cos(1.5\beta)}$$

　　この式において、μb及びβは、それぞれ次の数値を表すものとする。
　　　μb　屋根形状係数
　　　β　屋根勾（こう）配（単位　度）

5　屋根面における積雪量が不均等となるおそれのある場合においては、その影響を考慮して積雪荷重を計算しなければならない。
6　雪下ろしを行う慣習のある地方においては、その地方における垂直積雪量が1mを超える場合においても、積雪荷重は、雪下ろしの実況に応じて垂直積雪量を1mまで減らして計算することができる。
7　前項の規定により垂直積雪量を減らして積雪荷重を計算した建築物については、その出入口、主要な居室又はその他の見やすい場所に、その軽減の実況その他必要な事項を表示しなければならない。

［現行］　第87条　（風圧力）

制定：昭和25年政令第338号　　　施行：昭和25年11月23日

第87条　（風圧力）

1　風圧力は、速度圧に風力係数を乗じて計算しなければならない。
2　前項の速度圧は、下の式によつて計算しなければならない。但し、特定行政庁は、規則で、区域を指定し、建

設大臣がその地方における風の状況に応じて定める基準に基いて、その数値の60％（前条第３項に規定する多雪区域においては、40％）に相当する数値を下らない範囲において、その区域における速度圧を定めることができる。

$q = 60\sqrt{h}$

この式において、h及びqは、それぞれ下記の数値を表わすものとする。
h　地盤面からの高さ（単位　m）
q　速度圧（単位　kg／㎡）

3　建築物が海岸、河岸、山上、がけ上等直接強い風を受ける場所にある場合においては、その建築物に対する速度圧は、１㎡につき300kg以上としなければならない。
4　建築物に近接してその建築物を風の方向に対して有効にしやへいする他の建築物、防風林その他これらに類するものがある場合においては、その方向における速度圧は、前２項の規定による数値の２分の１まで減らすことができる。
5　第１項の風力係数は、建築物又は工作物の断面形状に応じて、下の図に掲げる数値としなければならない。

図　略

改正：昭和31年政令第185号　　　施行：昭和31年７月１日

第87条　（風圧力）

1～4　略
5　第１項の風力係数は、風洞試験によつて定める場合の外、下に掲げる断面形状の建築物又は工作物にあつてはそれぞれ当該図に示す数値とし、その他の断面形状のものにあつてはそれぞれ類似の断面形状のものの数値に準じて定めなければならない。

［図改定］

図　略

改正：昭和34年政令第344号　　　施行：昭和34年12月23日

第87条　（風圧力）

1　略
2　前項の速度圧は、次の式によつて計算しなければならない。ただし、特定行政庁は、規則で、区域を指定し、建設大臣がその地方における風の状況に応じて定める基準に基いて、その数値の60％（前条第２項ただし書の規定によつて特定行政庁が指定する多雪区域においては、40％）に相当する数値を下らない範囲において、その区域における速度圧を定めることができる。

$q = 60\sqrt{h}$

この式において、h及びqは、それぞれ次の数値を表わすものとする。
h　地盤面からの高さ（単位　m）
q　速度圧（単位　kg／㎡）

3　建築物に近接してその建築物を風の方向に対して有効にさえぎる他の建築物、防風林その他これらに類するものがある場合においては、その方向における速度圧は、前項の規定による数値の２分の１まで減らすことができる。
4　第１項の風力係数は、風洞試験によつて定める場合の外、次に掲げる断面形状の建築物又は工作物にあつてはそれぞれ当該図に示す数値とし、その他の断面形状のものにあつてはそれぞれ類似の断面形状のものの数値に準じて定めなければならない。

［図改定］

図　略

改正：昭和45年政令第333号　　　施行：昭和46年１月１日

第87条　（風圧力）

1　略
2　前項の速度圧は、次の式によつて計算しなければならない。ただし、特定行政庁は、規則で、区域を指

令87条　改正：昭和45年政令第333号

定し、建設大臣がその地方における風の状況に応じて定める基準に基づいて、その数値の60％（前条第2項ただし書の規定によつて特定行政庁が指定する多雪区域においては、40％）に相当する数値を下らない範囲において、その区域における速度圧を定めることができる。

$q = 60\sqrt{h}$

　この式において、h及びqは、それぞれ次の数値を表わすものとする。
　　　h　地盤面からの高さ（単位　m）
　　　q　速度圧（単位　kg／㎡）

3　略
4　第1項の風力係数は、風洞試験によつて定める場合のほか、次に掲げる断面形状の建築物又は工作物にあつてはそれぞれ当該図に示す数値とし、その他の断面形状のものにあつてはそれぞれ類似の断面形状のものの数値に準じて定めなければならない。

　　図　略

改正：昭和55年政令第196号　　　施行：昭和56年6月1日
第87条　（風圧力）

1　略
2　前項の速度圧は、次の表の式によつて計算しなければならない。ただし、特定行政庁は、規則で、区域を指定し、建設大臣がその地方における風の状況に応じて定める基準に基づいて、その数値の60％（前条第2項ただし書の規定によつて特定行政庁が指定する多雪区域においては、40％）に相当する数値を下らない範囲において、その区域における速度圧を定めることができる。

［表新設］

建築物の高さが16m以下の部分	$q = 60\sqrt{h}$
建築物の高さが16mを超える部分	$q = 120\sqrt[4]{h}$

この表において、q及びhは、それぞれ次の数値を表すものとする。
　　q　速度圧（単位　kg／㎡）
　　h　地盤面からの高さ（単位　m）

3・4　略

改正：平成12年政令第211号　　　施行：平成12年6月1日
第87条　（風圧力）

1　略
2　前項の速度圧は、次の式によつて計算しなければならない。

$q = 0.6 E V_0^2$

　この式において、q、E及びV_0は、それぞれ次の数値を表すものとする。
　　q　速度圧（単位　N／㎡）
　　E　当該建築物の屋根の高さ及び周辺の地域に存する建築物その他の工作物、樹木その他の風速に影響を与えるものの状況に応じて建設大臣が定める方法により算出した数値
　　V_0　その地方における過去の台風の記録に基づく風害の程度その他の風の性状に応じて30m毎秒から46m毎秒までの範囲内において建設大臣が定める風速（単位　m毎秒）

3　略
4　第1項の風力係数は、風洞試験によつて定める場合のほか、建築物又は工作物の断面及び平面の形状に応じて建設大臣が定める数値によらなければならない。

改正：平成12年政令第312号　　　施行：平成13年1月6日
第87条　（風圧力）

改正：昭和26年政令第371号 令88条

1　風圧力は、速度圧に風力係数を乗じて計算しなければならない。
2　前項の速度圧は、次の式によつて計算しなければならない。
　　$q = 0.6 E V_0^2$
　　この式において、q、E及びV_0は、それぞれ次の数値を表すものとする。
　　　　q　速度圧（単位　N／m²）
　　　　E　当該建築物の屋根の高さ及び周辺の地域に存する建築物その他の工作物、樹木その他の風速に影響を与えるものの状況に応じて国土交通大臣が定める方法により算出した数値
　　　　V_0　その地方における過去の台風の記録に基づく風害の程度その他の風の性状に応じて30m毎秒から46m毎秒までの範囲内において国土交通大臣が定める風速（単位　m毎秒）
3　建築物に近接してその建築物を風の方向に対して有効にさえぎる他の建築物、防風林その他これらに類するものがある場合においては、その方向における速度圧は、前項の規定による数値の2分の1まで減らすことができる。
4　第1項の風力係数は、風洞試験によつて定める場合のほか、建築物又は工作物の断面及び平面の形状に応じて国土交通大臣が定める数値によらなければならない。

[現行]　第88条　（地震力）

制定：昭和25年政令第338号　　　施行：昭和25年11月23日
第88条　（地震力）

1　地震力は、固定荷重と積載荷重との和（第86条第3項に規定する多雪区域においては、更に積雪荷重を加えるものとする。）に水平震度を乗じて計算しなければならない。
2　建築物の地上部分に作用する水平震度は、その地面からの高さに応じて、下の表の数値以上としなければならない。

	建築物又はその部分	水平震度
（1）	建築物の高さが16m以下の部分	0.2
（2）	建築物の高さが16mをこえる部分	高さ4m以内を増すごとに（1）の数値に0.01を加えた数値
（3）	地盤が著しく軟弱な区域における木造の建築物	0.3

3　前項の表の（3）に規定する地盤が著しく軟弱な区域は、特定行政庁が建設大臣の定める基準に基いて、規則で指定する。
4　建築物から独立している煙突又は屋上から突出する水そう若しくは煙突その他これらに類するものに作用する水平震度は、0.3以上としなければならない。但し、建築物から独立している煙突の基礎の計算については、これを0.2まで減らすことができる。
5　建築物又は建築物から独立している煙突若しくは屋上から突出する水そう、煙突その他これらに類するものが堅固な地盤にささえられ、それに作用する地震力が確実に小さいことが証明される場合においては、第2項の表の（1）若しくは（2）又は前項に規定する水平震度の数値は、建設大臣の定める基準に基いて、それぞれの2分の1以内を減らすことができる。

改正：昭和26年政令第371号　　　施行：昭和26年12月7日
第88条　（地震力）

1～4　略
5　第2項の表又は前項に規定する水平震度の数値は、建築物又は建築物から独立している煙突若しくは屋上から突出する水そう、煙突その他これらに類するものの構造及び地盤又はその地方における過去の地震の記録に基く震害の程度及び地震活動の状況その他地震の性状に応じて建設大臣が定める基準によつて、それぞれの2分の1以内を減らすことができる。

建築基準法施行令　条文改正経過　｜　825

令88条　改正：昭和34年政令第344号

改正：昭和34年政令第344号　　　施行：昭和34年12月23日
第88条　（地震力）

1　地震力は、固定荷重と積載荷重との和（第86条第２項ただし書の規定によつて特定行政庁が指定する多雪区域においては、更に積雪荷重を加えるものとする。）に水平震度を乗じて計算しなければならない。
2　建築物の地上部分に作用する水平震度は、その地面からの高さに応じて、次の表の数値以上としなければならない。
　　［表　略］
3　略
4　屋上から突出する水槽（そう）、煙突その他これらに類するものに作用する水平震度は、0.3以上としなければならない。
5　第２項の表又は前項に規定する水平震度の数値は、建築物又は屋上から突出する水槽（そう）、煙突その他これらに類するものの構造及び地盤又はその地方における過去の地震の記録に基く震害の程度及び地震活動の状況その他地震の性状に応じて建設大臣が定める基準によつて、それぞれの２分の１以内を減らすことができる。

改正：昭和45年政令第333号　　　施行：昭和46年１月１日
第88条　（地震力）

1　地震力は、固定荷重と積載荷重との和（第86条第２項ただし書の規定によつて特定行政庁が指定する多雪区域においては、更に積雪荷重を加えるものとする。）に水平震度を乗じて計算しなければならない。
2　建築物の地上部分に作用する水平震度は、その地面からの高さに応じて、次の表の数値以上としなければならない。

	建築物又はその部分	水平震度
（１）	建築物の高さが16ｍ以下の部分	0.2
（２）	建築物の高さが16ｍをこえる部分	高さ４ｍ以内を増すごとに（１）の数値に0.01を加えた数値
（３）	地盤が著しく軟弱な区域における木造の建築物	0.3

3　前項の表の（３）に規定する地盤が著しく軟弱な区域は、特定行政庁が建設大臣の定める基準に基づいて、規則で指定する。
4　屋上から突出する水槽（そう）、煙突その他これらに類するものに作用する水平震度は、0.3以上としなければならない。
5　第２項の表又は前項に規定する水平震度の数値は、建築物又は屋上から突出する水槽（そう）、煙突その他これらに類するものの構造及び地盤又はその地方における過去の地震の記録に基づく震害の程度及び地震活動の状況その他地震の性状に応じて建設大臣が定める基準によつて、それぞれの２分の１以内を減らすことができる。

改正：昭和55年政令第196号　　　施行：昭和56年６月１日
第88条　（地震力）

1　建築物の地上部分の地震力については、当該建築物の各部分の高さに応じ、当該高さの部分が支える部分に作用する全体の地震力として計算するものとし、その数値は、当該部分の固定荷重と積載荷重との和（第86条第２項ただし書の規定によつて特定行政庁が指定する多雪区域においては、更に積雪荷重を加えるものとする。）に当該高さにおける地震層せん断力係数を乗じて計算しなければならない。この場合において、地震層せん断力係数は、次の式によつて計算するものとする。

$$C_i = Z\ R_t\ A_i\ C_0$$

　　　この式において、C_i、Z、R_t、A_i及びC_0は、それぞれ次の数値を表すものとする。
　　　　C_i　建築物の地上部分の一定の高さにおける地震層せん断力係数
　　　　Z　その地方における過去の地震の記録に基づく震害の程度及び地震活動の状況その他地震の性状に応じて1.0から0.7までの範囲内において建設大臣が定める数値
　　　　R_t　建築物の振動特性を表すものとして、建築物の固有周期及び地盤の種類に応じて建

設大臣が定める方法により算出した数値
- Ai 建築物の振動特性に応じて地震層せん断力係数の建築物の高さ方向の分布を表すものとして建設大臣が定める方法により算出した数値
- C_0 標準せん断力係数

2 標準せん断力係数は、0.2以上としなければならない。ただし、地盤が著しく軟弱な区域として特定行政庁が建設大臣の定める基準に基づいて規則で指定する区域内における木造の建築物にあつては、0.3以上としなければならない。

3 第82条の4第二号の規定により必要保有水平耐力を計算する場合においては、前項の規定にかかわらず、標準せん断力係数は、1.0以上としなければならない。

4 建築物の地下部分の各部分に作用する地震力は、当該部分の固定荷重と積載荷重との和に次の式に適合する水平震度を乗じて計算しなければならない。ただし、地震時における建築物の振動の性状を適切に評価して計算をすることができる場合においては、当該計算によることができる。

$$k \geq 0.1 \left(1 - \frac{H}{40}\right) Z$$

この式において、k、H及びZは、それぞれ次の数値を表すものとする。
- k 水平震度
- H 建築物の地下部分の各部分の地盤面からの深さ（20を超えるときは20とする。）（単位 m）
- Z 第1項に規定するZの数値

改正：昭和62年政令第348号　　施行：昭和62年11月16日

第88条　（地震力）

1 略

2 標準せん断力係数は、0.2以上としなければならない。ただし、地盤が著しく軟弱な区域として特定行政庁が建設大臣の定める基準に基づいて規則で指定する区域内における木造の建築物（第46条第2項第一号イからホまでに掲げる基準に適合するものを除く。）にあつては、0.3以上としなければならない。

3・4 略

改正：平成12年政令第211号　　施行：平成12年6月1日

第88条　（地震力）

1 建築物の地上部分の地震力については、当該建築物の各部分の高さに応じ、当該高さの部分が支える部分に作用する全体の地震力として計算するものとし、その数値は、当該部分の固定荷重と積載荷重との和（第86条第2項ただし書の規定によつて特定行政庁が指定する多雪区域においては、更に積雪荷重を加えるものとする。）に当該高さにおける地震層せん断力係数を乗じて計算しなければならない。この場合において、地震層せん断力係数は、次の式によつて計算するものとする。

$C_i = Z R_t A_i C_0$

この式において、C_i、Z、R_t、A_i及びC_0は、それぞれ次の数値を表すものとする。
- C_i 建築物の地上部分の一定の高さにおける地震層せん断力係数
- Z その地方における過去の地震の記録に基づく震害の程度及び地震活動の状況その他地震の性状に応じて1.0から0.7までの範囲内において建設大臣が定める数値
- R_t 建築物の振動特性を表すものとして、建築物の弾性域における固有周期及び地盤の種類に応じて建設大臣が定める方法により算出した数値
- A_i 建築物の振動特性に応じて地震層せん断力係数の建築物の高さ方向の分布を表すものとして建設大臣が定める方法により算出した数値
- C_0 標準せん断力係数

2 標準せん断力係数は、0.2以上としなければならない。ただし、地盤が著しく軟弱な区域として特定行政庁が建設大臣の定める基準に基づいて規則で指定する区域内における木造の建築物（第46条第2項第一号に掲げる基準に適合するものを除く。）にあつては、0.3以上としなければならない。

改正：平成12年政令第211号

3・4　略

改正：平成12年政令第312号　　　施行：平成13年1月6日
第88条　（地震力）

1　建築物の地上部分の地震力については、当該建築物の各部分の高さに応じ、当該高さの部分が支える部分に作用する全体の地震力として計算するものとし、その数値は、当該部分の固定荷重と積載荷重との和（第86条第2項ただし書の規定によつて特定行政庁が指定する多雪区域においては、更に積雪荷重を加えるものとする。）に当該高さにおける地震層せん断力係数を乗じて計算しなければならない。この場合において、地震層せん断力係数は、次の式によつて計算するものとする。

$$C_i = Z\ R_t\ A_i\ C_0$$

この式において、C_i、Z、R_t、A_i及びC_0は、それぞれ次の数値を表すものとする。
　　C_i　の地上部分の一定の高さにおける地震層せん断力係数
　　Z　その地方における過去の地震の記録に基づく震害の程度及び地震活動の状況その他地震の性状に応じて1.0から0.7までの範囲内において国土交通大臣が定める数値
　　R_t　建築物の振動特性を表すものとして、建築物の弾性域における固有周期及び地盤の種類に応じて国土交通大臣が定める方法により算出した数値
　　A_i　建築物の振動特性に応じて地震層せん断力係数の建築物の高さ方向の分布を表すものとして国土交通大臣が定める方法により算出した数値
　　C_0　標準せん断力係数

2　標準せん断力係数は、0.2以上としなければならない。ただし、地盤が著しく軟弱な区域として特定行政庁が国土交通大臣の定める基準に基づいて規則で指定する区域内における木造の建築物（第46条第2項第一号に掲げる基準に適合するものを除く。）にあつては、0.3以上としなければならない。

3・4　略

改正：平成19年政令第49号　　　施行：平成19年6月20日
第88条　（地震力）

1　建築物の地上部分の地震力については、当該建築物の各部分の高さに応じ、当該高さの部分が支える部分に作用する全体の地震力として計算するものとし、その数値は、当該部分の固定荷重と積載荷重との和（第86条第2項ただし書の規定により特定行政庁が指定する多雪区域においては、更に積雪荷重を加えるものとする。）に当該高さにおける地震層せん断力係数を乗じて計算しなければならない。この場合において、地震層せん断力係数は、次の式によつて計算するものとする。

$$C_i = Z\ R_t\ A_i\ C_0$$

この式において、C_i、Z、R_t、A_i及びC_0は、それぞれ次の数値を表すものとする。
　　C_i　建築物の地上部分の一定の高さにおける地震層せん断力係数
　　Z　その地方における過去の地震の記録に基づく震害の程度及び地震活動の状況その他地震の性状に応じて1.0から0.7までの範囲内において国土交通大臣が定める数値
　　R_t　建築物の振動特性を表すものとして、建築物の弾性域における固有周期及び地盤の種類に応じて国土交通大臣が定める方法により算出した数値
　　A_i　建築物の振動特性に応じて地震層せん断力係数の建築物の高さ方向の分布を表すものとして国土交通大臣が定める方法により算出した数値
　　C_0　標準せん断力係数

2　標準せん断力係数は、0.2以上としなければならない。ただし、地盤が著しく軟弱な区域として特定行政庁が国土交通大臣の定める基準に基づいて規則で指定する区域内における木造の建築物（第46条第2項第一号に掲げる基準に適合するものを除く。）にあつては、0.3以上としなければならない。

3　第82条の3第二号の規定により必要保有水平耐力を計算する場合においては、前項の規定にかかわらず、標準せん断力係数は、1.0以上としなければならない。

4　建築物の地下部分の各部分に作用する地震力は、当該部分の固定荷重と積載荷重との和に次の式に適合す

る水平震度を乗じて計算しなければならない。ただし、地震時における建築物の振動の性状を適切に評価して計算をすることができる場合においては、当該計算によることができる。

$$k \geq 0.1 \left(1 - \frac{H}{40} Z\right)$$

> この式において、k、H及びZは、それぞれ次の数値を表すものとする。
> k　水平震度
> H　建築物の地下部分の各部分の地盤面からの深さ（20を超えるときは20とする。）（単位　m）
> Z　第1項に規定するZの数値

[現行] 第3款　許容応力度
（制定：昭和25年政令第338号）　第3款　許容応力度

[現行]　第89条　（木材）

制定：昭和25年政令第338号　　　施行：昭和25年11月23日
第89条　（木材）

1　木材に対する繊維方向の許容応力度は、下の表の数値によらなければならない。

木材の種類	許容応力度	長期応力に対する許容応力度（単位　kg／cm²）			短期応力に対する許容応力度（単位　kg／cm²）		
		圧縮	引張り又は曲げ	せん断	圧縮	引張り又は曲げ	せん断
針葉樹	すぎ、もみ、えぞまつ、とどまつ、からまつ、べいすぎ及びべいつが	60	70	5	長期応力に対する圧縮、引張り、曲げ又はせん断の許容応力度のそれぞれの数値の2倍とする。		
	ひば及びべいひ	70	80	6			
	ひのき、あかまつ、くろまつ、つが及びべいまつ	80	90	7			
かつ葉樹	くり、なら及びぶな	70	95	10			
	けやき	80	110	12			
	かし	90	125	14			

2　かた木で特に品質優良なものをしやち、込みせんの類に使用する場合においては、その許容応力度は、それぞれ前項の表の数値の2倍まで増大することができる。
3　基礎ぐい、水そう、浴室その他これらに類する常時湿潤状態にある部分に使用する場合においては、その許容応力度は、それぞれ第1項の表の数値の70％に相当する数値としなければならない。
4　針葉樹材の許容めり込応力度は、その繊維方向と加力方向とのなす角度に応じて、下の表の数値によらなければならない。

	繊維方向と加力方向とのなす角度	許容めり込応力度
（1）	10度以下の場合	第1項の表に掲げる許容圧縮応力度の数値
（2）	10度をこえ70度未満の場合	（1）と（3）とに掲げる数値を直線的に補間した数値
（3）	70度以上90度以下の場合	第1項の表に掲げる許容圧縮応力度の数値の5分の1（土台と柱の仕口その他これらに類するめり込変形によつて構造耐力上の支障を生ずるおそれのない仕口においては、4分の1）

令89条 制定：昭和25年政令第338号

5 圧縮材の許容ざ屈応力度は、その有効細長比に応じて、下の表の式によつて計算したものとしなければならない。

$\lambda \leq 100$ の場合	$fk = fc (1 - 0.007 \lambda)$
$\lambda > 100$ の場合	$fk = \dfrac{0.3 fc}{(\lambda / 100)^2}$

この表において、rk、fc及びλは、それぞれ下記の数値を表わすものとする。
 fk　許容ざ屈応力度（単位　kg／cm²）
 fc　繊維方向の許容圧縮応力度（単位　kg／cm²）
 λ　有効細長比

改正：昭和34年政令第344号　　施行：昭和34年12月23日
第89条　（木材）

1 木材に対する繊維方向の許容応力度は、強度試験の結果に基き定める場合の外、次の表の数値によらなければならない。
［表改定］

許容応力度　　　　　木材の種類	長期応力に対する許容応力度 (単位　kg／cm²) 圧縮	引張り又は曲げ	剪（せん）断	短期応力に対する許容応力度 (単位　kg／cm²) 圧縮	引張り又は曲げ	剪（せん）断
針葉樹　あかまつ、くろまつ、からまつ、ひば、ひのき、つが、べいまつ及びべいひ	80	90	7	長期応力に対する圧縮、引張り、曲げ又は剪（せん）断の許容応力度のそれぞれの数値の2倍とする。		
広葉樹　すぎ、もみ、えぞまつ、とどまつ、べいすぎ及びべいつが	60	70	5			
かし	90	130	14			
くり、なら、ぶな及びけやき	70	100	10			

2 かた木で特に品質優良なものをしやち、込み栓（せん）の類に使用する場合においては、その許容応力度は、それぞれ前項の表の数値の2倍まで増大することができる。

3 基礎ぐい、水槽（そう）、浴室その他これらに類する常時湿潤状態にある部分に使用する場合においては、その許容応力度は、それぞれ前2項の規定による数値の70％に相当する数値としなければならない。

4 針葉樹材の許容めり込応力度は、めり込試験の結果に基き定める場合の外、その繊維方向と加力方向とのなす角度に応じて、次の表の数値によらなければならない。
　［表　略］

5 圧縮材の許容座屈応力度は、その有効細長比に応じて、次の表の式によつて計算したものとしなければならない。

$\lambda \leq 100$ の場合	略
$\lambda > 100$ の場合	略

この表において、fk、fc及びλは、それぞれ次の数値を表わすものとする。
 fk　許容座屈応力度（単位　kg／cm²）
 fc　繊維方向の許容圧縮応力度（単位　kg／cm²）
 λ　有効細長比

改正：昭和45年政令第333号　　　施行：昭和46年1月1日
第89条　（木材）

1　木材に対する繊維方向の許容応力度は、強度試験の結果に基づき定める場合のほか、次の表の数値によらなければならない。
　［表　略］
2・3　略
4　針葉樹材の許容めり込応力度は、めり込試験の結果に基づき定める場合のほか、その繊維方向と加力方向とのなす角度に応じて、次の表の数値によらなければならない。
　［表　略］
5　略

改正：昭和55年政令第196号　　　施行：昭和56年6月1日
第89条　（木材）

1　木材の繊維方向の許容応力度は、強度試験の結果に基づき定める場合のほか、次の表の数値によらなければならない。
　［表改定］

種類		長期応力に対する許容応力度（単位 kg/cm²）			短期応力に対する許容応力度（単位 kg/cm²）
	許容応力度	圧縮	引張り又は曲げ	せん断	
針葉樹	あかまつ、くろまつ及びべいまつ	75	95	8	長期応力に対する圧縮、引張り、曲げ又はせん断の許容応力度のそれぞれの数値の2倍とする。
	からまつ、ひば、ひのき及びべいひ	70	90	7	
	つが及びべいつが	65	85	7	
	もみ、えぞまつ、とどまつ、べにまつ、すぎ、べいすぎ及びスプルース	60	75	6	
広葉樹	かし	90	130	14	
	くり、なら、ぶな及びけやき	70	100	10	

2　略
3　基礎ぐい、水槽（そう）、浴室その他これらに類する常時湿潤状態にある部分に使用する場合においては、その許容応力度は、それぞれ前2項の規定による数値の70％に相当する数値としなければならない。

改正：昭和62年政令第348号　　　施行：昭和62年11月16日
第89条　（木材）

1　木材の繊維方向の許容応力度は、強度試験の結果に基づき定める場合のほか、次の表の数値によらなければならない。
　［表改定］

種類		長期応力に対する許容応力度（単位 kg/cm²）				短期応力に対する許容応力度（単位 kg/cm²）			
	許容応力度	圧縮	引張り	曲げ	せん断	圧縮	引張り	曲げ	せん断
	あかまつ、くろまつ及びべいまつ	75	60	95	8				

令89条 改正：昭和62年政令第348号

針葉樹	からまつ、ひば、ひのき及びべいひ	70	55	90	7
	つが及びべいつが	65	50	85	7
	もみ、えぞまつ、とどまつ、べにまつ、すぎ、べいすぎ及びスプルース	60	45	75	6
広葉樹	かし	90	80	130	14
	くり、なら、ぶな及びけやき	70	60	100	10

長期応力に対する圧縮、引張り、曲げ又はせん断の許容応力度のそれぞれの数値の2倍とする。

2・3 略

改正：平成12年政令第211号　　施行：平成12年6月1日

第89条　（木材）

1　木材の繊維方向の許容応力度は、次の表の数値によらなければならない。ただし、第82条第一号から第三号までの規定によつて積雪時の構造計算をするに当たつては、長期に生ずる力に対する許容応力度は同表の数値に1.3を乗じて得た数値と、短期に生ずる力に対する許容応力度は同表の数値に0.8を乗じて得た数値としなければならない。
[表改定]

長期に生ずる力に対する許容応力度 (単位 N／mm²)				短期に生ずる力に対する許容応力度 (単位 N／mm²)			
圧縮	引張り	曲げ	せん断	圧縮	引張り	曲げ	せん断
$\dfrac{1.1\,Fc}{3}$	$\dfrac{1.1\,Ft}{3}$	$\dfrac{1.1\,Fb}{3}$	$\dfrac{1.1\,Fs}{3}$	$\dfrac{2\,Fc}{3}$	$\dfrac{2\,Ft}{3}$	$\dfrac{2\,Fb}{3}$	$\dfrac{2\,Fs}{3}$
この表において、Fc、Ft、Fb及びFsは、それぞれ木材の種類及び品質に応じて建設大臣が定める圧縮、引張り、曲げ及びせん断に対する基準強度（単位　N／mm²）を表すものとする。							

2・3 略

改正：平成12年政令第312号　　施行：平成13年1月6日

第89条　（木材）

1　木材の繊維方向の許容応力度は、次の表の数値によらなければならない。ただし、第82条第一号から第三号までの規定によつて積雪時の構造計算をするに当たつては、長期に生ずる力に対する許容応力度は同表の数値に1.3を乗じて得た数値と、短期に生ずる力に対する許容応力度は同表の数値に0.8を乗じて得た数値としなければならない。

長期に生ずる力に対する許容応力度 (単位 N／mm²)				短期に生ずる力に対する許容応力度 (単位 N／mm²)			
圧縮	引張り	曲げ	せん断	圧縮	引張り	曲げ	せん断
$\dfrac{1.1\,Fc}{3}$	$\dfrac{1.1\,Ft}{3}$	$\dfrac{1.1\,Fb}{3}$	$\dfrac{1.1\,Fs}{3}$	$\dfrac{2\,Fc}{3}$	$\dfrac{2\,Ft}{3}$	$\dfrac{2\,Fb}{3}$	$\dfrac{2\,Fs}{3}$
この表において、Fc、Ft、Fb及びFsは、それぞれ木材の種類及び品質に応じて国土交通大臣が定める圧縮、引張り、曲げ及びせん断に対する基準強度（単位　N／mm²）を表すものとする。							

2　かた木で特に品質優良なものをしやち、込み栓（せん）の類に使用する場合においては、その許容応力度は、それぞれ前項の表の数値の2倍まで増大することができる。

3　基礎ぐい、水槽（そう）、浴室その他これらに類する常時湿潤状態にある部分に使用する場合においては、

その許容応力度は、それぞれ前2項の規定による数値の70％に相当する数値としなければならない。

[現行] 第90条 （鋼材等）

制定：昭和25年政令第338号　　施行：昭和25年11月23日
第90条　（鉄材）

1　鉄材の許容応力度は、下の表の数値によらなければならない。

許容応力度 鉄材の種類	長期応力に対する許容応力度 （単位　kg／cm²）						短期応力に対する許容応力度 （単位　kg／cm²）					
	圧縮	引張り	曲げ	せん断	側圧	接触	圧縮	引張り	曲げ	せん断	側圧	接触
一般構造用鋼材	1,600	1,600	1,600	800	3,000	4,600	長期応力に対する圧縮、引張り、曲げ、せん断、側圧又は接触の許容応力度のそれぞれの数値の1.5倍とする。					
リベット鋼	－	1,600	－	1,200	－	－							
ボルト　黒皮	－	800	－	－	－	－							
ボルト　仕上げ	－	1,000	－	1,200	－	－							
鋳鋼	1,600	1,600	1,600	800	3,000	4,600							
鋳鉄	1,000	－	－	－	－	2,800							
鉄筋コンクリートに使用する鉄筋	1,600	1,600	－	－	－	－							

2　圧縮材の許容ざ屈応力度は、その有効細長比に応じて、下の表の式によつて計算したものとしなければならない。

$\lambda \leq 30$　の場合	$fk = fc$
$30 < \lambda \leq 100$　の場合	$fk = fc \{1 - 0.4(\lambda/100)^2\}$
$\lambda > 100$　の場合	$fk = \dfrac{0.6 fc}{(\lambda/100)^2}$

この表において、fk、fc及びλは、それぞれ下記の数値を表わすものとする。
　fk　許容ざ屈応力度（単位　kg／cm²）
　fc　許容圧縮応力度（単位　kg／cm²）
　λ　有効細長比

改正：昭和34年政令第344号　　施行：昭和34年12月23日
第90条　（鉄材）

1　鉄材の許容応力度は、<u>次</u>の表の数値によらなければならない。

許容応力度 鉄材の種類	長期応力に対する許容応力度 （単位　kg／cm²）						短期応力に対する許容応力度 （単位　kg／cm²）					
	圧縮	引張り	曲げ	剪せん断	側圧	接触	圧縮	引張り	曲げ	剪せん断	側圧	接触
一般構造用鋼材	1,600	1,600	1,600	800	3,000	4,600	長期応力に対する圧縮、引張					
リベット鋼	－	1,600	－	1,200	－	－							
ボ　黒皮	－	800	－	－	－	－							

令90条　改正：昭和34年政令第344号

ルト	仕上げ	–	1,000	–	1,200	–	–
	鋳　鋼	1,600	1,600	1,600	900	3,000	4,600
	鋳　鉄	1,000	–	–	–	–	2,800
鉄筋コンクリートに使用する鉄筋		1,600	1,600	–	–	–	–

り、曲げ、剪（せん）断、側圧又は接触の許容応力度のそれぞれの数値の1.5倍とする。

2　圧縮材の許容座屈応力度は、その有効細長比に応じて、次の表の式によつて計算したものとしなければならない。

$\lambda \leq 30$ の場合	略
$30 < \lambda \leq 100$ の場合	略
$\lambda > 100$ の場合	略

この表において、fk、fc及びλは、それぞれ次の数値を表わすものとする。
　　fk　許容座屈応力度（単位　kg／cm²）
　　fc　許容圧縮応力度（単位　kg／cm²）
　　λ　有効細長比

改正：昭和55年政令第196号　　　　施行：昭和56年6月1日
第90条　（鋼材等）

1　鋼材等の許容応力度は、次の表1又は表2の数値によらなければならない。
　1　[表改定]

許容応力度／種類	長期応力に対する許容応力度（単位　kg／cm²）				短期応力に対する許容応力度（単位　kg／cm²）			
	圧縮	引張り	曲げ	せん断	圧縮	引張り	曲げ	せん断
一般構造用鋼材 溶接構造用鋼材	$\frac{F}{1.5}$	$\frac{F}{1.5}$	$\frac{F}{1.5}$	$\frac{F}{1.5\sqrt{3}}$	長期応力に対する圧縮、引張り、曲げ又はせん断の許容応力度のそれぞれの数値の1.5倍とする。			
ボルト　黒皮	–	$\frac{F}{1.5}$	–	–				
ボルト　仕上げ	–	$\frac{F}{1.5}$	–	$\frac{F}{2}$				
リベット鋼	–	$\frac{F}{1.5}$	–	$\frac{F}{2}$				
鋳　鋼	$\frac{F}{1.5}$	$\frac{F}{1.5}$	$\frac{F}{1.5}$	$\frac{F}{1.5\sqrt{3}}$				
鋳　鉄	$\frac{F}{1.5}$	–	–	–				

この表において、Fは、鋼材等の種類及び品質に応じて建設大臣が定める基準強度（単位　kg／cm²）を表すものとする。

2　[表新設]

改正：平成5年政令第170号 令90条

種類 \ 許容応力度	長期応力に対する許容応力度 (単位 kg/cm²) 圧縮	長期応力に対する許容応力度 引張り せん断補強以外に用いる場合	長期応力に対する許容応力度 引張り せん断補強に用いる場合	短期応力に対する許容応力度 (単位 kg/cm²) 圧縮	短期応力に対する許容応力度 引張り せん断補強以外に用いる場合	短期応力に対する許容応力度 引張り せん断補強に用いる場合
丸鋼	$\dfrac{F}{1.5}$ (当該数値が1,600を超える場合には、1,600)	$\dfrac{F}{1.5}$ (当該数値が1,600を超える場合には、1,600)	$\dfrac{F}{1.5}$ (当該数値が2,000を超える場合には、2,000)	F	F	F (当該数値が3,000を超える場合には、3,000)
異形鉄筋 径28mm以下のもの	$\dfrac{F}{1.5}$ (当該数値が2,200を超える場合には、2,200)	$\dfrac{F}{1.5}$ (当該数値が2,200を超える場合には、2,200)	$\dfrac{F}{1.5}$ (当該数値が2,000を超える場合には、2,000)	F	F	F (当該数値が3,000を超える場合には、3,000)
異形鉄筋 径28mmを超えるもの	$\dfrac{F}{1.5}$ (当該数値が2,000を超える場合には、2,000)	$\dfrac{F}{1.5}$ (当該数値が2,000を超える場合には、2,000)	$\dfrac{F}{1.5}$ (当該数値が2,000を超える場合には、2,000)	F	F	F (当該数値が3,000を超える場合には、3,000)
鉄線の径が4mm以上の溶接金網	—	$\dfrac{F}{1.5}$	$\dfrac{F}{1.5}$	—	F (ただし、床版に用いる場合に限る。)	F

この表において、Fは、表1に規定する基準強度を表すものとする。

改正：平成5年政令第170号　　施行：平成5年6月25日
第90条　（鋼材等）

1　鋼材等の許容応力度は、次の表1又は表2の数値によらなければならない。
　1　［表　略］
　2

許容応力度	長期応力に対する許容応力度 (単位 kg/cm²) 圧縮	長期応力に対する許容応力度 引張り せん断補強以外に用いる	長期応力に対する許容応力度 引張り せん断補強に用いる場	短期応力に対する許容応力度 (単位 kg/cm²) 圧縮	短期応力に対する許容応力度 引張り せん断補強以外に用いる場	短期応力に対する許容応力度 引張り せん断補強に用いる場

令90条　改正：平成5年政令第170号

種類		る場合	合		合	合
丸鋼		略			略	
異形鉄筋	径28mm以下のもの	$\frac{F}{1.5}$（当該数値が2,200を超える場合には、2,200）	$\frac{F}{1.5}$（当該数値が2,200を超える場合には、2,200）	$\frac{F}{1.5}$（当該数値が2,000を超える場合には、2,000）	F	F	F（当該数値が4,000を超える場合には、4,000）
	径28mmを超えるもの	$\frac{F}{2.5}$（当該数値が2,000を超える場合には、2,000）	$\frac{F}{2.5}$（当該数値が2,000を超える場合には、2,000）	$\frac{F}{2.5}$（当該数値が2,000を超える場合には、2,000）	F	F	F（当該数値が4,000を超える場合には、4,000）
鉄線の径が4mm以上の溶接金網		略			略	

この表において、Fは、表1に規定する基準強度を表すものとする。

改正：平成12年政令第211号　　施行：平成12年6月1日

第90条　（鋼材等）

1　鋼材等の許容応力度は、次の表1又は表2の数値によらなければならない。
　1　［表改定］

種類	許容応力度	長期に生ずる力に対する許容応力度（単位　N／mm²）				短期に生ずる力に対する許容応力度（単位　N／mm²）			
		圧縮	引張り	曲げ	せん断	圧縮	引張り	曲げ	せん断
炭素鋼	構造用鋼材	$\frac{F}{1.5}$	$\frac{F}{1.5}$	$\frac{F}{1.5}$	$\frac{F}{1.5\sqrt{3}}$				
	黒皮	−	$\frac{F}{1.5}$	−	−				
	ボルト　仕上げ		$\frac{F}{1.5}$	−	$\frac{F}{2}$（Fが240を超えるボルトについて、建設大臣がこれと異なる数値を定めた場合は、その定めた数値）				
	構造用ケーブル	−	$\frac{F}{1.5}$	−	−				

	種類	圧縮	引張り	せん断	曲げ	長期に生ずる力に対する圧縮、引張り、曲げ又はせん断の許容応力度のそれぞれの数値の1.5倍とする。
ステンレス鋼	リベット鋼	–	$\dfrac{F}{1.5}$	–	$\dfrac{F}{2}$	
	鋳鋼	$\dfrac{F}{1.5}$	$\dfrac{F}{1.5}$	$\dfrac{F}{1.5}$	$\dfrac{F}{1.5\sqrt{3}}$	
	構造用鋼材	$\dfrac{F}{1.5}$	$\dfrac{F}{1.5}$	$\dfrac{F}{1.5}$	$\dfrac{F}{1.5\sqrt{3}}$	
	ボルト	–	$\dfrac{F}{1.5}$	–	$\dfrac{F}{1.5\sqrt{3}}$	
	構造用ケーブル	–	$\dfrac{F}{1.5}$	–	–	
	鋳鋼	$\dfrac{F}{1.5}$	$\dfrac{F}{1.5}$	$\dfrac{F}{1.5}$	$\dfrac{F}{1.5\sqrt{3}}$	
	鋳鉄	$\dfrac{F}{1.5}$	–	–	–	

この表において、Fは、鋼材等の種類及び品質に応じて建設大臣が定める基準強度(単位 N/mm²)を表すものとする。

2

種類	許容応力度	長期に生ずる力に対する許容応力度 (単位 N/mm²)			短期に生ずる力に対する許容応力度 (単位 N/mm²)		
		圧縮	引張り			圧縮	引張り	
			せん断補強以外に用いる場合	せん断補強に用いる場合		せん断補強以外に用いる場合	せん断補強に用いる場合
丸鋼		$\dfrac{F}{1.5}$ (当該数値が155を超える場合には、155)	$\dfrac{F}{1.5}$ (当該数値が155を超える場合には、155)	$\dfrac{F}{1.5}$ (当該数値が195を超える場合には、195)	F	F	F (当該数値が295を超える場合には、295)
異形鉄筋	径28mm以下のもの	$\dfrac{F}{1.5}$ (当該数値が215を超える場合には、215)	$\dfrac{F}{1.5}$ (当該数値が215を超える場合には、215)	$\dfrac{F}{1.5}$ (当該数値が195を超える場合には、195)	F	F	F (当該数値が390を超える場合には、390)
		$\dfrac{F}{1.5}$	$\dfrac{F}{1.5}$	$\dfrac{F}{1.5}$			F (当該数値

令90条 改正：平成12年政令第211号

	径28mmを超えるもの	（当該数値が195を超える場合には、195）	（当該数値が195を超える場合には、195）	（当該数値が195を超える場合には、195）	F	F	が390を超える場合には、390）
	鉄線の径が4mm以上の溶接金網	－	$\dfrac{F}{1.5}$	$\dfrac{F}{1.5}$	－	F（ただし、床版に用いる場合に限る。）	F

この表において、Fは、表1に規定する基準強度を表すものとする。

改正：平成12年政令第312号　　施行：平成13年1月6日

第90条　（鋼材等）

1　鋼材等の許容応力度は、次の表1又は表2の数値によらなければならない。

1

種類	許容応力度	長期に生ずる力に対する許容応力度（単位　N／mm²）				短期に生ずる力に対する許容応力度（単位　N／mm²）			
		圧縮	引張り	曲げ	せん断	圧縮	引張り	曲げ	せん断
炭素鋼	構造用鋼材	$\dfrac{F}{1.5}$	$\dfrac{F}{1.5}$	$\dfrac{F}{1.5}$	$\dfrac{F}{1.5\sqrt{3}}$	長期に生ずる力に対する圧縮、引張り、曲げ又はせん断の許容応力度のそれぞれの数値の1.5倍とする。			
	ボルト　黒皮	－	$\dfrac{F}{1.5}$	－	－				
	ボルト　仕上げ	－	$\dfrac{F}{1.5}$	－	$\dfrac{F}{2}$（Fが240を超えるボルトについて、国土交通大臣がこれと異なる数値を定めた場合は、その定めた数値）				
	構造用ケーブル	－	$\dfrac{F}{1.5}$	－	－				
	リベット鋼	－	$\dfrac{F}{1.5}$	－	$\dfrac{F}{2}$				
	鋳鋼	$\dfrac{F}{1.5}$	$\dfrac{F}{1.5}$	$\dfrac{F}{1.5}$	$\dfrac{F}{1.5\sqrt{3}}$				
	構造用鋼材	$\dfrac{F}{1.5}$	$\dfrac{F}{1.5}$	$\dfrac{F}{1.5}$	$\dfrac{F}{1.5\sqrt{3}}$				

		長期に生ずる力に対する許容応力度（単位 N/mm²）			短期に生ずる力に対する許容応力度（単位 N/mm²）	
		圧縮	引張り	せん断		
ステンレス鋼	ボルト	−	$\dfrac{F}{1.5}$	−	$\dfrac{F}{1.5\sqrt{3}}$	
	構造用ケーブル	−	$\dfrac{F}{1.5}$	−	−	
	鋳鋼	$\dfrac{F}{1.5}$	$\dfrac{F}{1.5}$	$\dfrac{F}{1.5}$	$\dfrac{F}{1.5\sqrt{3}}$	
	鋳鉄	$\dfrac{F}{1.5}$	−	−	−	

　この表において、Fは、鋼材等の種類及び品質に応じて<u>国土交通大臣</u>が定める基準強度（単位　N/mm²）を表すものとする。

2

種類	許容応力度	長期に生ずる力に対する許容応力度（単位 N/mm²）			短期に生ずる力に対する許容応力度（単位 N/mm²）		
		圧縮	引張り		圧縮	引張り	
			せん断補強以外に用いる場合	せん断補強に用いる場合		せん断補強以外に用いる場合	せん断補強に用いる場合
丸鋼		$\dfrac{F}{1.5}$（当該数値が155を超える場合には、155）	$\dfrac{F}{1.5}$（当該数値が155を超える場合には、155）	$\dfrac{F}{1.5}$（当該数値が195を超える場合には、195）	F	F	F（当該数値が295を超える場合には、295）
異形鉄筋	径28mm以下のもの	$\dfrac{F}{1.5}$（当該数値が215を超える場合には、215）	$\dfrac{F}{1.5}$（当該数値が215を超える場合には、215）	$\dfrac{F}{1.5}$（当該数値が195を超える場合には、195）	F	F	F（当該数値が390を超える場合には、390）
異形鉄筋	径28mmを超えるもの	$\dfrac{F}{1.5}$（当該数値が195を超える場合には、195）	$\dfrac{F}{1.5}$（当該数値が195を超える場合には、195）	$\dfrac{F}{1.5}$（当該数値が195を超える場合には、195）	F	F	F（当該数値が390を超える場合には、390）
鉄線の径が4mm以上の溶接金網		−	$\dfrac{F}{1.5}$	$\dfrac{F}{1.5}$	−	F（ただし、床版に用いる場合に限る。）	F

令91条　改正：平成12年政令第312号

> この表において、Fは、表１に規定する基準強度を表すものとする。

[現行]　第91条　（コンクリート）

制定：昭和25年政令第338号　　施行：昭和25年11月23日

第91条　（コンクリート）

1　コンクリートの許容応力度は、下の表の数値によらなければならない。

長期応力に対する許容応力度 （単位　kg／cm²）				短期応力に対する許容応力度 （単位　kg／cm²）			
圧縮	引張り	せん断	附着	圧縮	引張り	せん断	附着
使用するコンクリートの４週圧縮強度の３分の１で、且つ、70以下	圧縮の許容応力度のそれぞれ10分の１とする。		7	長期応力に対する圧縮、引張り、せん断又は附着の許容応力度のそれぞれの数値の２倍とする。			

改正：昭和34年政令第344号　　施行：昭和34年12月23日

第91条　（コンクリート）

1　コンクリートの許容応力度は、<u>次</u>の表の数値によらなければならない。<u>ただし、附着については、実験及び計算によつて確かめられた数値とすることができる。</u>

長期応力に対する許容応力度 （単位　kg／cm²）				短期応力に対する許容応力度 （単位　kg／cm²）			
圧縮	引張り	<u>剪（せん）断</u>	附着	圧縮	引張り	剪（せん）断	附着
<u>４週圧縮強度の３分の１</u>	圧縮の許容応力度のそれぞれ10分の１とする。		<u>7（軽量骨材を使用するものにあつては、6）</u>	長期応力に対する圧縮、引張り、剪（せん）断又は附着の許容応力度のそれぞれの数値の２倍とする。			

<u>2　特定行政庁がその地方の気候、骨材の性状等に応じて規則で長期応力に対する圧縮の許容応力度の上限の数値を定めた場合において、４週圧縮強度の３分の１がその数値をこえるときは、前項の表の適用に関しては、その数値を長期応力に対する圧縮の許容応力度とする。</u>

改正：昭和55年政令第196号　　施行：昭和56年６月１日

第91条　（コンクリート）

1　コンクリートの許容応力度は、次の表の数値によらなければならない。ただし、<u>付着</u>については、実験及び計算によつて確かめられた数値とすることができる。

　　［表改定］

長期応力に対する許容応力度 （単位　kg／cm²）				短期応力に対する許容応力度 （単位　kg／cm²）			
圧縮	引張り	せん断	付着	圧縮	引張り	せん断	付着
$\dfrac{F}{3}$		$\dfrac{F}{30}$	7（軽量骨材を使用するものにあつては、6）	長期応力に対する圧縮、引張り、せん断又は付着の許容応力度のそれぞれの数値の２倍とする。			

この表において、Fは、設計基準強度（単位　kg／cm²）を表すものとする。

2　特定行政庁がその地方の気候、骨材の性状等に応じて規則で設計基準強度の上限の数値を定めた場合において、設計基準強度が、その数値を超えるときは、前項の表の適用に関しては、その数値を設計基準強度とする。

改正：平成12年政令第211号　　　施行：平成12年6月1日
第91条　（コンクリート）

1　コンクリートの許容応力度は、次の表の数値によらなければならない。ただし、異形鉄筋を用いた付着について、建設大臣が異形鉄筋の種類及び品質に応じて別に数値を定めた場合は、当該数値によることができる。

長期に生ずる力に対する許容応力度（単位　N／mm²）				短期に生ずる力に対する許容応力度（単位　N／mm²）			
圧縮	引張り	せん断	付着	圧縮	引張り	せん断	付着
$\dfrac{F}{3}$	$\dfrac{F}{30}$（Fが21を超えるコンクリートについて、建設大臣がこれと異なる数値を定めた場合は、その定めた数値）		0.7（軽量骨材を使用するものにあつては、0.6）	長期に生ずる力に対する圧縮、引張り、せん断又は付着の許容応力度のそれぞれの数値の2倍（Fが21を超えるコンクリートの引張り及びせん断について、建設大臣がこれと異なる数値を定めた場合は、その定めた数値）とする。			

　この表において、Fは、設計基準強度（単位　N／mm²）を表すものとする。

2　略

改正：平成12年政令第312号　　　施行：平成13年1月6日
第91条　（コンクリート）

1　コンクリートの許容応力度は、次の表の数値によらなければならない。ただし、異形鉄筋を用いた付着について、国土交通大臣が異形鉄筋の種類及び品質に応じて別に数値を定めた場合は、当該数値によることができる。

長期に生ずる力に対する許容応力度（単位　N／mm²）				短期に生ずる力に対する許容応力度（単位　N／mm²）			
圧縮	引張り	せん断	付着	圧縮	引張り	せん断	付着
$\dfrac{F}{3}$	$\dfrac{F}{30}$（Fが21を超えるコンクリートについて、国土交通大臣がこれと異なる数値を定めた場合は、その定めた数値）		0.7（軽量骨材を使用するものにあつては、0.6）	長期に生ずる力に対する圧縮、引張り、せん断又は付着の許容応力度のそれぞれの数値の2倍（Fが21を超えるコンクリートの引張り及びせん断について、国土交通大臣がこれと異なる数値を定めた場合は、その定めた数値）とする。			

　この表において、Fは、設計基準強度（単位　N／mm²）を表すものとする。

2　特定行政庁がその地方の気候、骨材の性状等に応じて規則で設計基準強度の上限の数値を定めた場合において、設計基準強度が、その数値を超えるときは、前項の表の適用に関しては、その数値を設計基準強度とする。

令92条 制定：昭和25年政令第338号

[現行]　第92条　（溶接）

制定：昭和25年政令第338号　　施行：昭和25年11月23日

第92条　（溶接）

1　溶接継目ののど断面に対する許容応力度は、下の表の数値によらなければならない。

作業の方法		継目の形式	長期応力に対する許容応力度（単位　kg／cm²）				短期応力に対する許容応力度（単位　kg／cm²）
			圧縮	引張り	曲げ	せん断	
(1)	回転ジグ、ポジショナー等常に下向きで作業できるような設備をして作業する場合	突合せ	1,400	1,400	1,400	700	長期応力に対する圧縮、引張り、曲げ又はせん断の許容応力度のそれぞれの数値の1.5倍とする。
		すみ肉	800	800	800	800	
(2)	（1）以外の場合	突合せ	1,200	1,200	1,200	600	
		すみ肉	700	700	700	700	

改正：昭和34年政令第344号　　施行：昭和34年12月23日

第92条　（溶接）

1　溶接継目ののど断面に対する許容応力度は、次の表の数値によらなければならない。

作業の方法		継目の形式	長期応力に対する許容応力度（単位　kg／cm²）				短期応力に対する許容応力度（単位　kg／cm²）
			圧縮	引張り	曲げ	<u>剪（せん）断</u>	
(1)	回転ジグ、ポジショナー等常に下向きで作業できるような設備をして作業する場合	突合せ	1,400	1,400	1,400	<u>800</u>	長期応力に対する圧縮、引張り、曲げ又は<u>剪（せん）</u>断の許容応力度のそれぞれの数値の1.5倍とする。
		すみ肉	800	800	800	800	
(2)	（1）以外の場合	突合せ	1,200	1,200	1,200	<u>700</u>	
		すみ肉	700	700	700	700	

改正：昭和55年政令第196号　　施行：昭和56年6月1日

第92条　（溶接）

1　溶接継目ののど断面に対する許容応力度は、次の表の数値によらなければならない。
　［表改定］

改正：平成12年政令第312号 **令92条**

作業の方法	継目の形式	長期応力に対する許容応力度 (単位 kg/cm²) 圧縮	引張り	曲げ	せん断	短期応力に対する許容応力度 (単位 kg/cm²) 圧縮	引張り	曲げ	せん断
(1) 自動溶接装置等の設置その他の建設大臣が高度の品質を確保し得ると認めて定める条件によって作業する場合	突合せ	$\dfrac{F}{1.5}$			$\dfrac{F}{1.5\sqrt{3}}$	長期応力に対する圧縮、引張り、曲げ又はせん断の許容応力度のそれぞれの数値の1.5倍とする。			
	突合せ以外のもの	$\dfrac{F}{1.5\sqrt{3}}$			$\dfrac{F}{1.5\sqrt{3}}$				
(2) (1)以外の場合	突合せ	$\dfrac{0.9F}{1.5}$			$\dfrac{0.9F}{1.5\sqrt{3}}$				
	突合せ以外のもの	$\dfrac{0.9F}{1.5\sqrt{3}}$			$\dfrac{0.9F}{1.5\sqrt{3}}$				

この表において、Fは、溶接される鋼材の種類及び品質に応じて建設大臣が定める溶接部の基準強度（単位 kg/cm²）を表すものとする。

改正：平成12年政令第211号　　　施行：平成12年6月1日
第92条　（溶接）

1　溶接継目ののど断面に対する許容応力度は、次の表の数値によらなければならない。
［表改定］

継目の形式	長期に生ずる力に対する許容応力度 (単位 N/mm²) 圧縮	引張り	曲げ	せん断	短期に生ずる力に対する許容応力度 (単位 N/mm²) 圧縮	引張り	曲げ	せん断
突合せ	$\dfrac{F}{1.5}$			$\dfrac{F}{1.5\sqrt{3}}$	長期に生ずる力に対する圧縮、引張り、曲げ又はせん断の許容応力度のそれぞれの数値の1.5倍とする。			
突合せ以外のもの	$\dfrac{F}{1.5\sqrt{3}}$			$\dfrac{F}{1.5\sqrt{3}}$				

この表において、Fは、溶接される鋼材の種類及び品質に応じて建設大臣が定める溶接部の基準強度（単位 N/mm²）を表すものとする。

改正：平成12年政令第312号　　　施行：平成13年1月6日
第92条　（溶接）

1　溶接継目ののど断面に対する許容応力度は、次の表の数値によらなければならない。

継目の形式	長期に生ずる力に対する許容応力度 (単位 N/mm²) 圧縮	引張り	曲げ	せん断	短期に生ずる力に対する許容応力度 (単位 N/mm²) 圧縮	引張り	曲げ	せん断

突合せ	$\dfrac{F}{1.5}$	$\dfrac{F}{1.5\sqrt{3}}$	長期に生ずる力に対する圧縮、引張り、曲げ又はせん断の許容応力度のそれぞれの数値の1.5倍とする。
突合せ以外のもの	$\dfrac{F}{1.5\sqrt{3}}$	$\dfrac{F}{1.5\sqrt{3}}$	

この表において、Fは、溶接される鋼材の種類及び品質に応じて国土交通大臣が定める溶接部の基準強度（単位　N／mm²）を表すものとする。

[現行]　第92条の2　（高力ボルト接合）

制定：昭和55年政令第196号　　施行：昭和56年6月1日

第92条の2　（高力ボルト接合）

1　高力ボルト摩擦接合部の高力ボルトの軸断面に対する許容せん断応力度は、次の表の数値によらなければならない。

許容せん断応力度　種類	長期応力に対する許容せん断応力度（単位　kg/cm²）	短期応力に対する許容せん断応力度（単位　kg/cm²）
一面せん断	0.3　T₀	長期応力に対する許容せん断応力度の数値の1.5倍とする。
二面せん断	0.6　T₀	

この表において、T₀は、高力ボルトの品質に応じて建設大臣が定める基準張力（単位　kg/cm²）を表すものとする。

2　高力ボルトが引張力とせん断力とを同時に受けるときの高力ボルト摩擦接合部の高力ボルトの軸断面に対する許容せん断応力度は、前項の規定にかかわらず、次の式により計算したものとしなければならない。

$$f_{st} = f_{so}\left(1 - \dfrac{\sigma_t}{T_0}\right)$$

この式において、f_{st}、f_{so}、σ_t 及び T_0 は、それぞれ次の数値を表すものとする。
　　f_{st}　この項の規定による許容せん断応力度（単位　kg/cm²）
　　f_{so}　前項の規定による許容せん断応力度（単位　kg/cm²）
　　σ_t　高力ボルトに加わる外力により生ずる引張応力度（単位　kg/cm²）
　　T_0　前項の表に規定する基準張力

改正：平成12年政令第211号　　施行：平成12年6月1日

第92条の2　（高力ボルト接合）

1　高力ボルト摩擦接合部の高力ボルトの軸断面に対する許容せん断応力度は、次の表の数値によらなければならない。

許容せん断応力度　種類	長期に生ずる力に対する許容せん断応力度（単位　N／mm²）	短期に生ずる力に対する許容せん断応力度（単位　N／mm²）
一面せん断	0.3　T₀	長期に生ずる力に対する許容せん断応力度の数値の1.5倍とする。
二面せん断	0.6　T₀	

この表において、T０は、高力ボルトの品質に応じて建設大臣が定める基準張力（単位　N／mm²）を表すものとする。

2　高力ボルトが引張力とせん断力とを同時に受けるときの高力ボルト摩擦接合部の高力ボルトの軸断面に対する許容せん断応力度は、前項の規定にかかわらず、次の式により計算したものとしなければならない。

$$fst = fso \left(1 - \frac{\sigma t}{T_0}\right)$$

この式において、fst、fso、σt及びT_0は、それぞれ次の数値を表すものとする。
　　fst　　この項の規定による許容せん断応力度（単位　N／mm²）
　　fso　　前項の規定による許容せん断応力度（単位　N／mm²）
　　σt　　高力ボルトに加わる外力により生ずる引張応力度（単位　N／mm²）
　　T_0　　前項の表に規定する基準張力

改正：平成12年政令第312号　　　　施行：平成13年1月6日
第92条の2　（高力ボルト接合）

1　高力ボルト摩擦接合部の高力ボルトの軸断面に対する許容せん断応力度は、次の表の数値によらなければならない。

許容せん断 応力度 種　類	長期に生ずる力に対する 許容せん断応力度 （単位　N／mm²）	短期に生ずる力に対する 許容せん断応力度 （単位　N／mm²）
一面せん断	0.3　T_0	長期に生ずる力に対する許容せん断応力度の数値の1.5倍とする。
二面せん断	0.6　T_0	

この表において、T_0は、高力ボルトの品質に応じて<u>国土交通大臣</u>が定める基準張力（単位　N／mm²）を表すものとする。

2　高力ボルトが引張力とせん断力とを同時に受けるときの高力ボルト摩擦接合部の高力ボルトの軸断面に対する許容せん断応力度は、前項の規定にかかわらず、次の式により計算したものとしなければならない。

$$fst = fso \left(1 - \frac{\sigma t}{T_0}\right)$$

この式において、fst、fso、σt及びT_0は、それぞれ次の数値を表すものとする。
　　fst　　この項の規定による許容せん断応力度（単位　N／mm²）
　　fso　　前項の規定による許容せん断応力度（単位　N／mm²）
　　σt　　高力ボルトに加わる外力により生ずる引張応力度（単位　N／mm²）
　　T_0　　前項の表に規定する基準張力

[現行]　第93条　（地盤及び基礎ぐい）

制定：昭和25年政令第338号　　　　施行：昭和25年11月23日
第93条　（地盤及び基礎ぐい）

1　地盤の許容応力度は、荷重試験によつて定める場合の外、下の表の数値によらなければならない。

地　盤	長期応力に対する 許容応力度 （単位　トン／m²）	短期応力に対する 許容応力度 （単位　トン／m²）
硬岩　花こう岩、せん緑岩、片麻岩、安山岩等の火成岩及び	400	

令93条 制定：昭和25年政令第338号

盤	堅いれき岩等の岩盤		長期応力に対する許容応力度の それぞれの数値の2倍とする。
軟岩盤	板岩、片岩等の水成岩の岩盤	250	
	けつ岩、土丹盤等の岩盤	100	
砂利		30	
砂利と砂との混合物		20	
砂混りの粘土又はローム		15	
砂又は粘土		10	

2　前項の表に掲げる地盤以外の地盤については、それぞれ類似の地盤に準じて定めなければならない。

3　基礎ぐいの許容支持力は、荷重試験によつて定める場合の外、それぞれ下の表の式によつて計算した数値以下としなければならない。

くい打の方法	長期応力に対する許容支持力	短期応力に対する許容支持力
墜錘による場合	$R = \dfrac{0.18\,W\,(H - H')}{S - S'} \cdot \dfrac{W}{W + P}$	長期応力に対する許容支持力のそれぞれの場合における数値の2倍とする。
単働汽錘による場合	$R = \dfrac{0.225\,W\,(H - H')}{S - S'} \cdot \dfrac{W}{W + P}$	
複働汽錘による場合	$R = \dfrac{0.25\,W\,(F - F')}{S - S'} \cdot \dfrac{W}{W + P}$	

　この表において、R、W、P、H、F、S、H'、F'及びS'は、それぞれ下記の数値を表わすものとする。
　　R　くいの許容支持力（単位　トン）
　　W　錘の重量（単位　トン）
　　P　くいの重量（単位　トン）
　　H　錘の落下高（単位　cm）
　　F　複働汽錘の場合の錘撃エネルギー（単位　トン・cm）
　　S　くいの最終貫入量（単位　cm）
　　H'　くいの最終貫入量Sを測定した後、くいの貫入量S'がなるべく小さくなるように錘撃した場合における錘の落下高（単位　cm）
　　F'　くいの最終貫入量Sを測定した後、くいの貫入量S'がなるべく小さくなるように錘撃した場合における複働汽錘の場合の錘撃エネルギー（単位　トン・cm）
　　S'　くいの最終貫入量Sを測定した後、H'の落下高で、又はF'の錘撃エネルギーでくいを打ち込んだ場合におけるくいの貫入量（単位　cm）

改正：昭和31年政令第185号　　　施行：昭和31年7月1日
第93条　（地盤及び基礎ぐい）

1　地盤の許容応力度は、荷重試験、土質試験又は地下探査の結果に基き定める場合の外、下の表の数値によらなければならない。
　　［表　略］

2　略

3　基礎ぐいの許容支持力は、荷重試験又は土質に応じたくい耐力計算によつて定める場合の外、それぞれ下の表の式によつて計算した数値以下としなければならない。
　　［表　略］

改正：昭和34年政令第344号　　施行：昭和34年12月23日
第93条　（地盤及び基礎ぐい）

1　地盤の許容応力度は、荷重試験、土質試験又は地下探査の結果に基き定める場合の外、次の表の数値によらなければならない。

地盤		長期応力に対する 許容応力度 （単位　トン／㎡）	短期応力に対する 許容応力度 （単位　トン／㎡）
硬岩盤	花崗（こう）岩、閃（せん）緑岩、片麻岩、安山岩等の火成岩及び堅い礫（れき）岩等の岩盤	400	長期応力に対する許容応力度のそれぞれの数値の2倍とする。
軟岩盤	板岩、片岩等の水成岩の岩盤	250	
	頁（けつ）岩、土丹盤等の岩盤	100	
砂利		30	
砂利と砂との混合物		20	
砂混りの粘土又はローム		15	
砂又は粘土		10	

2　前項の表に掲げる地盤以外の地盤については、それぞれ類似の地盤に準じて定めなければならない。

3　基礎ぐいの許容支持力は、荷重試験又は土質に応じたくい耐力計算によつて定める場合の外、それぞれ次の表の式によつて計算した数値以下としなければならない。
　［表改定］

くい打の方法	長期応力に対する 許容支持力	短期応力に対する 許容支持力
ドロップハンマー又は単動くい打ハンマーによる場合	$R = \dfrac{WH}{5S + 0.1}$	長期応力に対する許容支持力のそれぞれの場合における数値の2倍とする。
複動くい打ハンマーによる場合	$R = \dfrac{F}{5S + 0.1}$	

この表において、R、W、H、F及びSは、それぞれ次の数値を表わすものとする。
　R　くいの許容支持力（単位　トン）
　W　ハンマーの重量（単位　トン）
　H　ハンマーの落下高（単位　m）
　F　複働くい打ハンマーの打撃エネルギー（単位　トン・m）
　S　くいの最終貫入量（単位　m）

改正：昭和45年政令第333号　　施行：昭和46年1月1日
第93条　（地盤及び基礎ぐい）

1　地盤の許容応力度及び基礎ぐいの許容支持力は、建設大臣が定める方法によつて、地盤調査を行ない、その結果に基づいて定めなければならない。ただし、次の表に掲げる地盤の許容応力度については、地盤の種類に応じて、それぞれ次の表の数値によることができる。
　［表改定］

地盤	長期応力に対する 許容応力度	短期応力に対する 許容応力度

令93条 改正：昭和45年政令第333号

地盤	（単位　トン／㎡）	（単位　トン／㎡）
岩盤	100	長期応力に対する許容応力度のそれぞれの数値の2倍とする。
固結した砂	50	
土丹盤	30	
密実な礫（れき）層	30	
密実な砂質地盤	20	
砂質地盤	5	
堅い粘土質地盤	10	
粘土質地盤	2	
堅いローム層	10	
ローム層	5	

改正：平成12年政令第211号　　施行：平成12年6月1日
第93条　（地盤及び基礎ぐい）

1　地盤の許容応力度及び基礎ぐいの許容支持力は、建設大臣が定める方法によつて、地盤調査を行い、その結果に基づいて定めなければならない。ただし、次の表に掲げる地盤の許容応力度については、地盤の種類に応じて、それぞれ次の表の数値によることができる。

地盤	長期に生ずる力に対する許容応力度（単位　kN／㎡）	短期に生ずる力に対する許容応力度（単位　kN／㎡）
岩盤	1,000	長期に生ずる力に対する許容応力度のそれぞれの数値の2倍とする。
固結した砂	500	
土丹盤	300	
密実な礫（れき）層	300	
密実な砂質地盤	200	
砂質地盤（地震時に液状化のおそれのないものに限る。）	50	
堅い粘土質地盤	100	
粘土質地盤	20	
堅いローム層	100	
ローム層	50	

改正：平成12年政令第312号　　施行：平成13年1月6日
第93条　（地盤及び基礎ぐい）

1　地盤の許容応力度及び基礎ぐいの許容支持力は、国土交通大臣が定める方法によつて、地盤調査を行い、その結果に基づいて定めなければならない。ただし、次の表に掲げる地盤の許容応力度については、地盤の種類に応じて、それぞれ次の表の数値によることができる。

地盤	長期に生ずる力に対する許容応力度（単位　kN／㎡）	短期に生ずる力に対する許容応力度（単位　kN／㎡）
岩盤	1,000	長期に生ずる力に対する許容応
固結した砂	500	
土丹盤	300	
密実な礫（れき）層	300	
密実な砂質地盤	200	

砂質地盤（地震時に液状化のおそれのないものに限る。）	50
堅い粘土質地盤	100
粘土質地盤	20
堅いローム層	100
ローム層	50

力度のそれぞれの数値の２倍とする。

[現行]　第94条　（補則）

制定：昭和55年政令第196号　　　施行：昭和56年６月１日
第94条　（補則）

1　第89条から前条までに定めるもののほか、構造耐力上主要な部分の材料の長期応力に対する許容応力度及び短期応力に対する許容応力度は、材料の種類及び品質に応じ、建設大臣が建築物の安全を確保するために必要なものとして定める数値によらなければならない。

改正：平成12年政令第211号　　　施行：平成12年６月１日
第94条　（補則）

1　第89条から前条までに定めるもののほか、構造耐力上主要な部分の材料の<u>長期に生ずる力</u>に対する許容応力度及び<u>短期に生ずる力</u>に対する許容応力度は、材料の種類及び品質に応じ、建設大臣が建築物の安全を確保するために必要なものとして定める数値によらなければならない。

改正：平成12年政令第312号　　　施行：平成13年１月６日
第94条　（補則）

1　第89条から前条までに定めるもののほか、構造耐力上主要な部分の材料の長期に生ずる力に対する許容応力度及び短期に生ずる力に対する許容応力度は、材料の種類及び品質に応じ、<u>国土交通大臣</u>が建築物の安全を確保するために必要なものとして定める数値によらなければならない。

[現行]　第４款　材料強度
（制定：昭和55年政令第196号）　　第４款　材料強度

[現行]　第95条　（木材）

制定：昭和55年政令第196号　　　施行：昭和56年６月１日
第95条　（木材）

1　木材の繊維方向の材料強度は、強度試験の結果に基づき定める場合のほか、次の表の数値によらなければならない。

種類		材料強度（単位　kg／cm²）		
		圧縮	引張り又は曲げ	せん断
針葉樹	あかまつ、くろまつ及びべいまつ	225	285	24
	からまつ、ひば、ひのき及びべいひ	210	270	21
	つが及びべいつが	195	255	21
	もみ、えぞまつ、とどまつ、べにまつ、すぎ、べいすぎ及びスプルース	180	225	18
広葉	かし	270	390	42

令95条 制定：昭和55年政令第196号

樹	くり、なら、ぶな及びけやき	210	300	30

2　第89条第2項及び第3項の規定は、木材の材料強度について準用する。

改正：昭和62年政令第348号　　　施行：昭和62年11月16日
第95条　（木材）

1　木材の繊維方向の材料強度は、強度試験の結果に基づき定める場合のほか、次の表の数値によらなければならない。
　［表改定］

種　　類	材料強度（単位　kg/cm²）			
	圧　縮	引張り	曲　げ	せん断
針葉樹 あかまつ、くろまつ及びべいまつ	225	180	285	24
針葉樹 からまつ、ひば、ひのき及びべいひ	210	165	270	21
針葉樹 つが及びべいつが	195	150	255	21
針葉樹 もみ、えぞまつ、とどまつ、べにまつ、すぎ、べいすぎ及びスプルース	180	135	225	18
広葉樹 かし	270	240	390	42
広葉樹 くり、なら、ぶな及びけやき	210	180	300	30

2　略

改正：平成12年政令第211号　　　施行：平成12年6月1日
第95条　（木材）

1　木材の繊維方向の材料強度は、次の表の数値によらなければならない。ただし、第82条の6第二号の規定によつて積雪時の構造計算をするに当たつては、同表の数値に0.8を乗じて得た数値としなければならない。
　［表改定］

材料強度（単位　N/mm²）			
圧　縮	引張り	曲　げ	せん断
Fc	Ft	Fb	Fs
この表において、Fc、Ft、Fb及びFsは、それぞれ第89条第1項の表に規定する基準強度を表すものとする。			

2　略

改正：平成19年政令第49号　　　施行：平成19年6月20日
第95条　（木材）

1　木材の繊維方向の材料強度は、次の表の数値によらなければならない。ただし、第82条の5第二号の規定によつて積雪時の構造計算をするに当たつては、同表の数値に0.8を乗じて得た数値としなければならない。

材料強度（単位　N/mm²）			
圧　縮	引張り	曲　げ	せん断
Fc	Ft	Fb	Fs
この表において、Fc、Ft、Fb及びFsは、それぞれ第89条第1項の表に規定する基準強度を表すものとする。			

2　第89条第2項及び第3項の規定は、木材の材料強度について準用する。

改正：平成5年政令第170号 **令96条**

[現行] 第96条 （鋼材等）

制定：昭和55年政令第196号　　施行：昭和56年6月1日
第96条　（鋼材等）

1　鋼材等の材料強度は、次の表1又は表2の数値によらなければならない。

1

種類		材料強度（単位　kg/cm²）			
		圧縮	引張り	曲げ	せん断
一般構造用鋼材 溶接構造用鋼材		F	F	F	$\frac{F}{\sqrt{3}}$
高力ボルト		－	F	－	$\frac{F}{\sqrt{3}}$
ボルト	黒皮	－	F	－	－
	仕上げ	－	F	－	$\frac{3F}{4}$
リベット鋼		－	F	－	$\frac{3F}{4}$
鋳鋼		F	F	F	$\frac{F}{\sqrt{3}}$
鋳鉄		F	－	－	－

この表において、Fは、第90条の表1に規定する基準強度を表すものとする。

2

種類	材料強度（単位　kg/cm²）		
	圧縮	引張り	
		せん断補強以外に用いる場合	せん断補強に用いる場合
丸鋼及び異形鉄筋	F	F	F（当該数値が3,000を超える場合には、3,000）
鉄線の径が4mm以上の溶接金網	－	F（ただし、床版に用いる場合に限る。）	F

この表において、Fは、第90条の表1に規定する基準強度を表すものとする。

改正：平成5年政令第170号　　施行：平成5年6月25日
第96条　（鋼材等）

1　鋼材等の材料強度は、次の表1又は表2の数値によらなければならない。
　　1　[表　略]
　　2

種類	材料強度（単位　kg/cm²）		
	圧縮	引張り	
		せん断補強以外に用いる場合	せん断補強に用いる場合

令96条　改正：平成5年政令第170号

丸　　　　鋼	F	F	F（当該数値が3,000を超える場合には、3,000）
異　形　鉄　筋	F	F	F（当該数値が4,000を超える場合には、4,000）
鉄線の径が4mm以上の溶接金網	－	F（ただし、床版に用いる場合に限る。）	F

この表において、Fは、第90条の表1に規定する基準強度を表すものとする。

改正：平成12年政令第211号　　　　施行：平成12年6月1日
第96条　（鋼材等）

1　鋼材等の材料強度は、次の表1又は表2の数値によらなければならない。
　1　[表改定]

種　　　類		材料強度（単位　N／mm²）			
		圧　縮	引張り	曲　げ	せん断
炭素鋼	構造用鋼材	F	F	F	$\dfrac{F}{\sqrt{3}}$
	高力ボルト	－	F	－	$\dfrac{F}{\sqrt{3}}$
	ボルト　黒皮	－	F	－	－
	ボルト　仕上げ	－	F	－	$\dfrac{3F}{4}$（Fが240を超えるボルトについて、建設大臣がこれと異なる数値を定めた場合は、その定めた数値）
	構造用ケーブル	－	F	－	－
	リベット鋼	－	F	－	$\dfrac{3F}{4}$
	鋳　　　鋼	F	F	F	$\dfrac{F}{\sqrt{3}}$
ステンレス鋼	構造用鋼材	F	F	F	$\dfrac{F}{\sqrt{3}}$
	高力ボルト	－	F	－	$\dfrac{F}{\sqrt{3}}$
	ボルト	－	F	－	$\dfrac{F}{\sqrt{3}}$
	構造用ケーブル	－	F	－	－

改正：平成12年政令第312号　令96条

種類				
鋳　　　　鋼	F	F	F	$\frac{F}{\sqrt{3}}$
鋳　　　　鉄	F	−	−	−

この表において、Fは、第90条の表1に規定する基準強度を表すものとする。

2

種類	材料強度（単位　N／mm²）		
	圧　縮	引　張　り	
		せん断補強以外に用いる場合	せん断補強に用いる場合
丸　　鋼	F	F	F（当該数値が295を超える場合には、295）
異　形　鉄　筋	F	F	F（当該数値が390を超える場合には、390）
鉄線の径が4mm以上の溶接金網	−	F（ただし、床版に用いる場合に限る。）	F

この表において、Fは、第90条の表1に規定する基準強度を表すものとする。

改正：平成12年政令第312号　　施行：平成13年1月6日

第96条　（鋼材等）

1　鋼材等の材料強度は、次の表1又は表2の数値によらなければならない。

1

種類			材料強度（単位　N／mm²）			
			圧　縮	引張り	曲　げ	せん断
炭素鋼	構　造　用　鋼　材		F	F	F	$\frac{F}{\sqrt{3}}$
	高　力　ボ　ル　ト		−	F	−	$\frac{F}{\sqrt{3}}$
	ボルト	黒　皮	−	F	−	−
		仕上げ	−	F	−	$\frac{3F}{4}$（Fが240を超えるボルトについて、国土交通大臣がこれと異なる数値を定めた場合は、その定めた数値）
	構造用ケーブル		−	F	−	−
	リ　ベ　ッ　ト　鋼		−	F	−	$\frac{3F}{4}$
	鋳　　　　鋼		F	F	F	$\frac{F}{\sqrt{3}}$

令96条 改正：平成12年政令第312号

ステンレス鋼	構 造 用 鋼 材	F	F	F	$\dfrac{F}{\sqrt{3}}$
	高 力 ボ ル ト	−	F	−	$\dfrac{F}{\sqrt{3}}$
	ボ ル ト	−	F	−	$\dfrac{F}{\sqrt{3}}$
	構造用ケーブル	−	F	−	−
	鋳 鋼	F	F	F	$\dfrac{F}{\sqrt{3}}$
	鋳 鉄	F	−	−	−

この表において、Fは、第90条の表1に規定する基準強度を表すものとする。

2

種　　　類	材料強度（単位　N／mm²）		
^	圧　縮	引　張　り	
^	^	せん断補強以外に用いる場合	せん断補強に用いる場合
丸　　　鋼	F	F	F（当該数値が295を超える場合には、295）
異 形 鉄 筋	F	F	F（当該数値が390を超える場合には、390）
鉄線の径が4mm以上の溶接金網	−	F（ただし、床版に用いる場合に限る。）	F

この表において、Fは、第90条の表1に規定する基準強度を表すものとする。

[現行] 第97条 （コンクリート）

制定：昭和55年政令第196号　　　施行：昭和56年6月1日
第97条 （コンクリート）

1 コンクリートの材料強度は、次の表の数値によらなければならない。ただし、せん断又は付着については、実験及び計算によつて確かめられた数値とすることができる。

材料強度（単位　kg／cm²）			
圧　縮	引張り	せん断	付　着
F	$\dfrac{F}{10}$		21（軽量骨材を使用する場合にあつては18）

この表において、Fは、設計基準強度（単位　kg／cm²）を表すものとする。

2 第91条第2項の規定は、前項の設計基準強度について準用する。

改正：平成12年政令第211号　　　施行：平成12年6月1日
第97条 （コンクリート）

制定：昭和55年政令第196号

1　コンクリートの材料強度は、次の表の数値によらなければならない。ただし、異形鉄筋を用いた付着について、建設大臣が異形鉄筋の種類及び品質に応じて別に数値を定めた場合は、当該数値によることができる。

材料強度（単位　N／mm²）			
圧　縮	引張り	せん断	付　着
F	$\dfrac{F}{10}$ （Fが21を超えるコンクリートについて、建設大臣がこれと異なる数値を定めた場合は、その定めた数値）		2.1（軽量骨材を使用する場合にあつては1.8）

この表において、Fは、設計基準強度（単位　N／mm²）を表すものとする。

2　略

改正：平成12年政令第312号　　　施行：平成13年1月6日
第97条　（コンクリート）

1　コンクリートの材料強度は、次の表の数値によらなければならない。ただし、異形鉄筋を用いた付着について、国土交通大臣が異形鉄筋の種類及び品質に応じて別に数値を定めた場合は、当該数値によることができる。

材料強度（単位　N／mm²）			
圧　縮	引張り	せん断	付　着
F	$\dfrac{F}{10}$ （Fが21を超えるコンクリートについて、国土交通大臣がこれと異なる数値を定めた場合は、その定めた数値）		2.1（軽量骨材を使用する場合にあつては1.8）

この表において、Fは、設計基準強度（単位　N／mm²）を表すものとする。

2　第91条第2項の規定は、前項の設計基準強度について準用する。

[現行]　第98条　（溶接）

制定：昭和55年政令第196号　　　施行：昭和56年6月1日
第98条　（溶接）

1　溶接継目ののど断面に対する材料強度は、次の表の数値によらなければならない。

作業の方法	継目の形式	材料強度（単位　kg／cm²）			
^	^	圧縮	引張り	曲げ	せん断
（1）自動溶接装置等の設置その他の建設大臣が高度の品質を確保し得ると認めて定める条件によつて作業する場合	突合せ	F	F	F	$\dfrac{F}{\sqrt{3}}$
^	突合せ以外のもの	$\dfrac{F}{\sqrt{3}}$			$\dfrac{F}{\sqrt{3}}$
（2）（1）以外の場合	突合せ	0.9 F			$\dfrac{0.9\,F}{\sqrt{3}}$
^	突合せ以外のもの	$\dfrac{0.9\,F}{\sqrt{3}}$			$\dfrac{0.9\,F}{\sqrt{3}}$

令98条 制定：昭和55年政令第196号

> この表において、Fは、第92条の表に規定する基準強度を表すものとする。

改正：平成12年政令第211号　　　施行：平成12年6月1日
第98条　（溶接）

1　溶接継目ののど断面に対する材料強度は、次の表の数値によらなければならない。

継目の形式	材料強度（単位 N／mm²）			
	圧縮	引張り	曲げ	せん断
突合せ	F	F	F	$\dfrac{F}{\sqrt{3}}$
突合せ以外のもの	$\dfrac{F}{\sqrt{3}}$	$\dfrac{F}{\sqrt{3}}$	$\dfrac{F}{\sqrt{3}}$	$\dfrac{F}{\sqrt{3}}$

この表において、Fは、第92条の表に規定する基準強度を表すものとする。

[現行]　第99条　（補則）

制定：昭和55年政令第196号　　　施行：昭和56年6月1日
第99条　（補則）

1　第95条から前条までに定めるもののほか、構造耐力上主要な部分の材料の材料強度は、材料の種類及び品質に応じ、建設大臣が地震に対して建築物の安全を確保するために必要なものとして定める数値によらなければならない。

改正：平成12年政令第312号　　　施行：平成13年1月6日
第99条　（補則）

1　第95条から前条までに定めるもののほか、構造耐力上主要な部分の材料の材料強度は、材料の種類及び品質に応じ、国土交通大臣が地震に対して建築物の安全を確保するために必要なものとして定める数値によらなければならない。

[削除条文]
（制定：昭和25年政令第338号）　　第9節　構造計算の特例
（改正：昭和34年政令第344号）　　第9節　構造計算の特例　削除

[削除条文]

制定：昭和25年政令第338号　　　施行：昭和25年11月23日
旧　第94条　（適用）

1　法第20条第2項に規定する建築物の構造計算は、前節の規定によらない場合においては、この節の規定によることができる。

改正：昭和34年政令第344号　　　施行：昭和34年12月23日

旧　第94条　（適用）　削除

[削除条文]

制定：昭和25年政令第338号　　施行：昭和25年11月23日
旧　第95条　（構造計算の原則）

1　前条の規定によつて建築物の構造計算をするに当つては、第96条に規定する荷重及び第97条に規定する地震力並びにその他の外力によつて建築物の構造耐力上主要な部分に生ずる応力度が、それぞれ第98条に規定する許容応力度をこえないことを確かめなければならない。

改正：昭和34年政令第344号　　施行：昭和34年12月23日
旧　第95条　（構造計算の原則）　削除

[削除条文]

制定：昭和25年政令第338号　　施行：昭和25年11月23日
旧　第96条　（荷重）

1　建築物各部の固定荷重は、下の表の数値によつて計算した数値以上としなければならない。

材　料	重量（単位　kg）
れん瓦積	1 m^3 につき　1,900
花こう岩及び安山岩	1 m^3 につき　2,500
砂利又は砕石を骨材としたコンクリート及び鉄筋コンクリート	1 m^3 につき　2,300
すぎ、えぞまつ、とどまつ、とうひ、べいすぎ及びべいつが	1 m^3 につき　450
ひば、べいひ、ひのき及びもみ	1 m^3 につき　500
あかまつ、くろまつ、つが及びべいまつ	1 m^3 につき　500
鋼	1 m^3 につき　7,850
ふき上げた瓦	1 m^3 につき　60
ふき土、壁土及びしつくい	1 m^3 につき　1,600

2　建築物の床の積載荷重は、下の表の数値によつて計算した数値以上としなければならない。

床の種類		積載荷重（単位　kg/m^2）
（1）	住宅の居室、住宅以外の建築物における寝室、病室その他これらに類するもの	200
（2）	事務室、店舗の売場、公衆食堂、クラブ室その他これらに類するもの	300
（3）	教室	350
（4）	体操室、舞踏室その他これらに類するもの	400
（5）	劇場、映画館、演芸場、観覧場、公会堂、集会場その他これらに類する用途に供する建築物の客席又は集会室、百貨店の売場その他これらに類するもの	450
（6）	自動車車庫	500
（7）	自動車通路	1,000
（8）	作業場	350
（9）	倉庫又は書庫	400

令旧96条　制定：昭和25年政令第338号

(10)	廊下、広間又は階段	住宅にあるもの	200
		（3）又は（4）に掲げる室に連絡するもの	350
		（5）に掲げる室に連絡するもの	450
		その他のもの	300
(11)	屋上広場又は露台	住宅にあるもの	150
		運動場に使用するもの	350
		（5）に掲げる室に連絡するもの	450
		その他のもの	250
(12)	（1）から（11）までに掲げるもの以外のもの		300

3　特に重い物を積載する床の積載荷重は、前項の表に掲げる数値にかかわらず、その実況に応じて、積載荷重の欄のそれぞれの数値を増して計算しなければならない。

4　衝撃又は振動の著しい機械設備を有する作業場その他の室の床の積載荷重は、前2項の表に掲げる積載荷重の欄のそれぞれの数値の4分の1以上を増して計算しなければならない。

5　前3項の規定によつて計算した積載荷重は、その実況に応じて、小ばりに対してはその10分の1以内、大ばりに対してはその10分の2以内、柱又は基礎の圧縮力に対してはそのささえる床の数に応じて下の表に掲げる割合以内、地震力計算に対してはその10分の5以内に相当する数値を、それぞれ減らすことができる。但し、劇場、映画館、演芸場、観覧場、公会堂、集会場その他これらに類する用途に供する建築物の客席又は集会室、倉庫、書庫その他これらに類するものについては、この限りでない。

ささえる床の数	減らすべき割合
1	0.2
2	0.25
3	0.3
4	0.35
5	0.4
6	0.45
7以上	0.5

6　自動車車庫、自動車通路、作業場その他これらに類するものの床で大きい集中荷重を受けるものについては、その影響を考慮して計算しなければならない。

改正：昭和34年政令第344号　　　施行：昭和34年12月23日
旧　第96条　（荷重）　削除

[削除条文]

制定：昭和25年政令第338号　　　施行：昭和25年11月23日
旧　第97条　（地震力）

1　地震の水平震度は、0.1以上としなければならない。但し、特定行政庁は、高さの高い建築物若しくは煙突その他の工作物又は著しく軟弱な地盤における建築物若しくは工作物について、規則で、その種類及び区域を定めて水平震度を増加することができる。

改正：昭和34年政令第344号　　　施行：昭和34年12月23日
旧　第97条　（地震力）　削除

[削除条文]

制定：昭和25年政令第338号　　施行：昭和25年11月23日
旧　第98条　（許容応力度）

1　建築物の材料の許容応力度は、下の表の数値によらなければならない。但し、圧延鋼で下降伏応力度が1 cm²につき3,500kg以上のもの又はリベットで引張り強度が1 cm²につき5,000kg以上のものの許容応力度については、この表に掲げる数値によらないことができる。

材　料	圧　縮 （単位　kg／cm²）	引張り （単位　kg／cm²）	せん断 （単位　kg／cm²）	曲　げ （単位　kg／cm²）
すぎ、えぞまつ、とどまつ、とうひ、べいすぎ及びべいつが	60	70	7	70
ひば及びべいひ	70	80	8	80
ひのき、あかまつ、くろまつ、つが及びべいまつ	80	90	9	90
くり、なら及びぶな	70	95	10	95
けやき	80	110	12	110
あかがし及びしらがし	90	125	14	125
花こう岩	110	－	－	15
硬質安山岩	80	－	－	9
れん瓦積	22	－	－	－
コンクリート（セメントと砂と砂利又は砕石との容積比が1対3対6のもの）	30	3	3	3
圧延鋼	1,400 リベットの側圧に対しては2,500	1,400	700 リベットについては1,000	1,400
鋳鉄	850	200	200	200

2　鉄筋コンクリート造に使用するコンクリートの許容応力度は、下の表の数値によらなければならない。

許容圧縮応力度 （単位kg／cm²）	許容引張り応力度 （単位kg／cm²）	許容せん断応力度 （単位kg／cm²）	許容附着応力度 （単位kg／cm²）
使用するコンクリートの4週圧縮強度の3分の1で、且つ、70以下	許容圧縮応力度の10分の1		7　（異形鉄筋を使用する場合においては10）

3　前項の表に掲げるコンクリートの4週圧縮強度は、下の式によつて計算した数値以下のものとしなければならない。但し、コンクリートの強度を試験した場合においては、この限りでない。
　　　F＝K（0.85X－0.64）
　　　　この式において、F、K及びXは、それぞれ下記の数値を表わすものとする。
　　　　F　コンクリートの4週圧縮強度（単位　kg／cm²）
　　　　K　日本工業規格R5210（ポルトランドセメント）によるモルタルの4週圧縮強度（単位 kg／cm²）
　　　　X　水に対するセメントの重量比

4　鉄筋コンクリート造の構造計算に使用するコンクリートのヤング係数に対する鉄のヤング係数の比は、15としなければならない。
5　墜錘を使用して打ち込むくいの許容支持力は、下の式によつて求めた数値以下のものとしなければならない。

令旧98条 制定：昭和25年政令第338号

$$P = \frac{WH}{5D + 0.1}$$

この式において、P、W、H、F及びDは、それぞれ下記の数値を表わすものとする。
　　P　許容支持力（単位　トン）
　　W　錘の重量（単位　トン）
　　H　錘の落下高（単位　m）
　　D　くいの最終貫入量（単位　m）

改正：昭和34年政令第344号　　　施行：昭和34年12月23日
旧　第98条　（許容応力度）　削除

[削除条文]

制定：昭和25年政令第338号　　　施行：昭和25年11月23日
旧　第99条　（鉄筋コンクリート造の計算に用いる張り間の測り方）

1　鉄筋コンクリート造におけるはり、屋根版又は床版の張り間は、その支持物間の中心距離をもつて測らなければならない。但し、支持物間の内のりにはりのたけ又は屋根版若しくは床版の厚さを加えたものをもつて、これに代えることができる。
2　はり、屋根版又は床版の端に持送りのある場合における張り間は、はり、屋根版又は床版の下端から測つて持送りの厚さがはりのたけ又は屋根版若しくは床版の厚さの2分の1に達する部分から測らなければならない。

改正：昭和34年政令第344号　　　施行：昭和34年12月23日
旧　第99条　（鉄筋コンクリート造の計算に用いる張り間の測り方）　削除

[現行]　第100条～第106条　削除

[削除条文]

制定：昭和25年政令第338号　　　施行：昭和25年11月23日
旧　第100条　（鉄筋コンクリート造の丁型ばり）

1　鉄筋コンクリート造においてはりと屋根版又は床版とを結合した場合においては、丁型ばりとみなすことができる。この場合においては、丁型ばりの幅は、その張り間の4分の1以内、且つ、屋根版又は床版の厚さの12倍以内のものとして計算しなければならない。

改正：昭和34年政令第344号　　　施行：昭和34年12月23日
旧　第100条　（鉄筋コンクリート造の丁型ばり）　削除

[削除条文]

制定：昭和25年政令第338号　　　施行：昭和25年11月23日
旧　第101条　（鉄筋コンクリート造の屋根又は床の荷重）

1　縦横に鉄筋を有する鉄筋コンクリート造の長方形の屋根版又は床版が、4辺を通じて支持物によつてささ

えられている場合においては、その等分布荷重は、下の各式によつて計算した数値を下らない範囲内で両張り間に分けて負担させることができる。

$$Wb = \frac{L^4}{L^4 + b^4} \cdot W$$

$$WL = \frac{b^4}{L^4 + b^4} \cdot W$$

　これらの式において、W、L、b、Wb及びWLは、それぞれ下記の数値を表わすものとする。
　　W　　等分布荷重
　　L　　一方の張り間
　　b　　Lに直角な方向の張り間
　　Wb　　bを張り間とするものに分けて負担させる等分布荷重
　　WL　　Lを張り間とするものに分けて負担させる等分布荷重

改正：昭和34年政令第344号　　　施行：昭和34年12月23日
旧　第101条　（鉄筋コンクリート造の屋根又は床の荷重）　削除

[削除条文]

制定：昭和25年政令第338号　　　施行：昭和25年11月23日
旧　第102条　（圧縮材の断面）

1　圧縮材に対する荷重は、その断面に対して、それぞれ下の表の式によつて計算した数値以下としなければならない。

鉄材に対する場合	$P = Afc\left(1 - C\dfrac{L}{r}\right)$
木材に対する場合	$P = Afc\left(1 - 0.02\dfrac{l}{d}\right)$
鉄筋コンクリートに対する場合	$P = fc\,(Ac + 15As)$

　この表において、P、A、fc、L、d、r、C、Ac及びAsは、それぞれ下記の数値を表わすものとする。
　　P　　荷重
　　A　　断面積
　　fc　　第98条に規定する許容圧縮応力度
　　L　　構造耐力上主要な支点間の距離
　　d　　断面の小径
　　r　　断面の最小二次率半径。但し、鉄柱でその周囲の構造によりたわみの方向に制限のあるものについては、その断面のたわむ方向に対応する軸に対する二次率半径とすることができる。
　　C　　鋼材にあつては0.003（両端が滑節構造の場合においては0.004）、鋳鉄にあつては0.005とする。
　　Ac　　コンクリートの有効断面積で、その主筋の外側線内の面積とする。
　　As　　主筋の断面積の合計

2　鉄筋コンクリート造の圧縮材で、適当な巻筋がある場合においては、前項の表の式におけるコンクリートに対する許容圧縮応力度は、その10分の2以内を増加することができる。但し、この場合における巻筋の中心距離は、8cm以下としなければならない。

令旧102条　制定：昭和25年政令第338号

3　鉄筋コンクリート造の圧縮材で、その構造耐力上主要な支点間の距離が材の小径の15倍をこえるものについては、第1項の表の式によつて計算してはならない。

改正：昭和34年政令第344号　　施行：昭和34年12月23日
旧　第102条　（圧縮材の断面）　削除

[削除条文]

制定：昭和25年政令第338号　　施行：昭和25年11月23日
旧　第103条　（曲げ材の断面）

1　曲げ材に対する曲げモーメントは、下の式によつて計算した数値以下としなければならない。

$$M = f_b S$$

この式において、M、f_b及びSは、それぞれ下記の数値を表わすものとする。
　　M　曲げモーメント
　　f_b　第98条に規定する許容曲げ応力度
　　S　断面係数

改正：昭和34年政令第344号　　施行：昭和34年12月23日
旧　第103条　（曲げ材の断面）　削除

[削除条文]

制定：昭和25年政令第338号　　施行：昭和25年11月23日
旧　第104条　（圧縮力と曲げモーメントを同時に受ける材の断面）

1　圧縮力と曲げモーメントとを同時に受ける材の合成応力度は、下の式によつて計算しなければならない。

$$f_c = \frac{M}{S} + \frac{P}{A} \cdot \frac{1}{1 - CL/r}$$

この式において、f_c、M、S、P、A、L、r及びCは、それぞれ下記の数値を表わすものとする。
　　f_c　合成圧縮応力度
　　M　曲げモーメント
　　S　圧縮側に対応する断面係数
　　P　圧縮力
　　A　断面積
　　L　構造耐力上主要な支点間の距離
　　r　曲げモーメントの方向に対応する断面の中立軸に対する二次率半径。但し、木材にあつては、曲げモーメントの方向に対応する断面の中立軸に直角な方向の径
　　C　鋼材にあつては0.003（両端が滑節構造の場合においては0.004）、鋳鉄にあつては0.005、木材にあつては0.02とする。

2　前項の合成圧縮応力度は、第98条に規定する許容圧縮応力度以下としなければならない。

改正：昭和34年政令第344号　　施行：昭和34年12月23日

制定：昭和25年政令第338号　**令旧106条**

旧　第104条　（圧縮力と曲げモーメントを同時に受ける材の断面）　削除

［削除条文］

制定：昭和25年政令第338号　　　施行：昭和25年11月23日
旧　第105条　（く形ばり又は丁型ばりの断面）

1　鉄筋コンクリート造の単筋く形ばり又は屋根版若しくは床版内に中立軸を有する単筋丁型ばりの曲げ剤に対する曲げモーメントは、下の各式によつて計算した数値以下としなければならない。

$$M = \frac{n_1(3 - n_1)}{6} \cdot f_c \, b \, d_2$$

$$M = \frac{3 - n_1}{3\,m} \cdot f_t \, b \, d_2$$

この式において、M、n_1、f_c、f_t、m、b及びdは、それぞれ下記の数値を表わすものとする。
　M　　曲げモーメント
　n_1　　中立軸比
　f_c　　第98条に規定するコンクリートの許容圧縮応力度
　f_t　　第98条に規定する鉄筋の許容引張り応力度
　m　　対筋比
　b　　はりの幅
　d　　はりの有効たけ

2　前項に規定する中立軸比は、下の式によつて計算しなければならない。

$$n_1 = \frac{15}{m}\left(\sqrt{1 + \frac{2m}{15}} - 1\right)$$

この式において、n_1及びmは、それぞれ下記の数値を表わすものとする。
　n_1　　中立軸比
　m　　対筋比

改正：昭和34年政令第344号　　　施行：昭和34年12月23日
旧　第105条　（く形ばり又は丁型ばりの断面）　削除

［削除条文］

制定：昭和25年政令第338号　　　施行：昭和25年11月23日
旧　第106条　（**せん**断力を受ける鉄筋コンクリート造の部材）

1　鉄筋コンクリート造の柱、はり又は屋根版若しくは床版の主筋の横断する面において、下の式によつて計算した**せん**断応力度は、コンクリートの4週圧縮強度の12分の1以下で、且つ、18kg／cm²以下としなければならない。

$$f_s = \frac{s}{b\,j}$$

この式においては、f_s、s、b及びjは、それぞれ下記の数値を表わすものとする。
　f_s　　コンクリートの**せん**断応力度

令旧106条 制定：昭和25年政令第338号

    s せん断力
    b はり又は屋根版若しくは床版の幅。但し、丁型ばりにおいては、はり腹の幅
    j 圧縮応力の中心から引張り応力の中心までの距離

2 前項の**せん**断応力度が第98条第２項に規定する許容**せん**断応力度をこえる場合においては、その部分に、下の各号の規定によつて、あばら筋又は帯筋を配置しなければならない。但し、主筋を適当に曲げたものは、その部分をあばら筋又は帯筋とみなすことができる。
 一 あばら筋又は帯筋は、**せん**断力の分布に従つて配置し、その間隔は、柱、はり又は屋根版若しくは床版のたけの３分の２以下とすること。
 二 あばら筋は、引張り鉄筋の外側から圧縮端の近くにまで達せしめ、且つ、定着すること。

改正：昭和34年政令第344号   施行：昭和34年12月23日
旧 第106条 （**せん**断力を受ける鉄筋コンクリート造の部材） 削除

令107条 制定：昭和25年政令第338号

[現行] 第4章　耐火構造、準耐火構造、防火構造、防火区画等
(制定：昭和25年政令第338号)　　第4章　耐火構造、防火構造、防火区画等
(改正：平成5年政令第170号)　　第4章　耐火構造、準耐火構造、防火構造、防火区画等

[現行]　第107条　（耐火性能に関する技術的基準）

制定：昭和25年政令第338号　　　　施行：昭和25年11月23日
第107条　（耐火構造）

1　法第2条第七号に規定する耐火構造は、下の各号に掲げるものとし、第一号、第三号及び第四号のそれぞれのハに掲げる鉄骨の部分を鉄網コンクリート、鉄網モルタル、コンクリート、モルタル又はしつくいでおおつた構造のものについては、その塗下地が不燃材料で造られていないものを、第二号イ若しくはロ又は第四号イ若しくはロに掲げる柱及びはりにあつては、その小径又は幅が25cm未満のものを除く。但し、かぶり厚さ又は第一号ハ若しくは第二号ハに掲げる厚さは、それぞれモルタル、しつくいその他これらに類する仕上材料の厚さを含むものとする。
　一　壁にあつては、下のイからホまでの一に該当するもの
　　イ　鉄筋コンクリート造又は鉄骨鉄筋コンクリート造
　　ロ　鉄骨コンクリート造で鉄骨に対するコンクリートのかぶり厚さが3cm以上のもの
　　ハ　軸組を鉄骨造とし、その両面を塗厚さが3cm以上の鉄網コンクリート若しくは鉄網モルタル又は厚さが4cm以上のれん瓦、石若しくはコンクリートブロックでおおつたもの
　　ニ　無筋コンクリート造、れん瓦造、石造又はコンクリートブロック造
　　ホ　鉄材によつて補強されたれん瓦造、石造又はコンクリートブロック造で、その鉄材に対するれん瓦、石又はコンクリートブロックのかぶり厚さが4cm以上のもの
　二　柱にあつては、下のイからホまでの一に該当するもの
　　イ　鉄筋コンクリート造又は鉄骨鉄筋コンクリート造
　　ロ　鉄骨コンクリート造で鉄骨に対するコンクリートのかぶり厚さが5cm以上のもの
　　ハ　鉄骨を厚さが7cm以上のれん瓦、石又はコンクリートブロックでおおつたもの
　　ニ　無筋コンクリート造、れん瓦造、石造又はコンクリートブロック造
　　ホ　鉄材によつて補強されたれん瓦造、石造又はコンクリートブロック造で、その鉄材に対するれん瓦、石又はコンクリートブロックのかぶり厚さが7cm以上のもの
　三　床にあつては、下のイからハまでの一に該当するもの
　　イ　鉄筋コンクリート造又は鉄骨鉄筋コンクリート造
　　ロ　無筋コンクリート造、れん瓦造、石造又は肉厚が3cm以上のコンクリートブロック造
　　ハ　鉄材によつて補強されたれん瓦造、石若しくは肉厚が3cm以上のコンクリートブロック造で、鉄材に対するれん瓦、石若しくはコンクリートブロックのかぶり厚さが4cm以上のもの又はその鉄材を塗厚さが3cm以上の鉄網モルタル若しくはしつくいでおおつたもの
　四　はりにあつては、下のイからハまでの一に該当するもの
　　イ　鉄筋コンクリート造又は鉄骨鉄筋コンクリート造
　　ロ　鉄骨コンクリート造で鉄骨に対するコンクリートのかぶり厚さが5cm以上のもの
　　ハ　鉄骨造の小屋組でその直下に天井がないもの、又はその直下に天井がある場合においては、その天井が塗厚さが2cm以上の鉄網モルタル若しくはしつくい又は網入ガラスで造られたもの
　五　屋根にあつては、下のイからニまでの一に該当するもの
　　イ　鉄筋コンクリート造又は鉄骨鉄筋コンクリート造
　　ロ　無筋コンクリート造、れん瓦造、石造又はコンクリートブロック造
　　ハ　鉄材によつて補強されたれん瓦造、石造又はコンクリートブロック造
　　ニ　塗厚さが3cm以上の鉄網コンクリート若しくは鉄網モルタル又は網入ガラスでふいたもの
　六　階段にあつては、下のイからニまでの一に該当するもの
　　イ　鉄筋コンクリート造又は鉄骨鉄筋コンクリート造
　　ロ　無筋コンクリート造、れん瓦造、石造又はコンクリートブロック造
　　ハ　鉄材によつて補強されたれん瓦造、石造又はコンクリートブロック造
　　ニ　鉄造

改正：昭和34年政令第344号　**令107条**

　七　前各号に掲げるものを除く外、建設大臣が国家消防庁長官の意見を聞いて、これらと同等以上の耐火性能を有すると認めて指定するもの
2　建築物の最上階から数えて二つ目の階以上の部分又は階数が4以下の建築物における柱又ははりについては、鉄骨造で下地を不燃材料で造り、塗厚さが5cm以上の鉄網コンクリート又は鉄網モルタルでおおつたものは、前項の耐火構造とみなす。

改正：昭和27年政令第164号　　施行：昭和27年5月31日
第107条　（耐火構造）

1　法第2条第七号に規定する耐火構造は、下の各号に掲げるものとし、第一号、第三号及び第四号のそれぞれのハに掲げる鉄骨の部分を鉄網コンクリート、鉄網モルタル、コンクリート、モルタル又はしつくいでおおつた構造のものについては、その塗下地が不燃材料で造られていないものを、第二号イ若しくはロ又は第四号イ若しくはロに掲げる柱及びはりにあつては、その小径又は幅が25cm未満のものを除く。但し、かぶり厚さ又は第一号ハ若しくは第二号ハに掲げる厚さは、それぞれモルタル、しつくいその他これらに類する仕上材料の厚さを含むものとする。
　一～三　略
　四　はりにあつては、下のイからハまでの一に該当するもの
　　イ・ロ　略
　　ハ　鉄骨造の小屋組でその直下に天井がないもの又はその直下に不燃材料で造られた天井があるもの
　五　屋根にあつては、下のイからニまでの一に該当するもの
　　イ～ハ　略
　　ニ　鉄網コンクリート若しくは鉄網モルタルでふいたもの又は鉄網コンクリート、鉄網モルタル若しくは網入ガラスで造られたもの
　六・七　略
2　建築物の最上階から数えて二つ目の階以上の部分又は階数が4以下の建築物における柱又ははりについては、建設大臣が指定する鉄筋コンクリート造、鉄骨鉄筋コンクリート造、鉄骨コンクリート造又は鉄骨造は、前項の規定にかかわらず、同項の耐火構造とみなす。

改正：昭和27年政令第353号　　施行：昭和27年8月20日
第107条　（耐火構造）

1　法第2条第七号に規定する耐火構造は、下の各号に掲げるものとし、第一号、第三号及び第四号のそれぞれのハに掲げる鉄骨の部分を鉄網コンクリート、鉄網モルタル、コンクリート、モルタル又はしつくいでおおつた構造のものについては、その塗下地が不燃材料で造られていないものを、第二号イ若しくはロ又は第四号イ若しくはロに掲げる柱及びはりにあつては、その小径又は幅が25cm未満のものを除く。但し、かぶり厚さ又は第一号ハ若しくは第二号ハに掲げる厚さは、それぞれモルタル、しつくいその他これらに類する仕上材料の厚さを含むものとする。
　一～六　略
　七　前各号に掲げるものを除く外、建設大臣が国家消防本部長の意見を聞いて、これらと同等以上の耐火性能を有すると認めて指定するもの
2　略

改正：昭和34年政令第344号　　施行：昭和34年12月23日
第107条　（耐火構造）

1　法第2条第七号に規定する耐火構造は、次の各号に掲げるものとし、第一号ハに掲げる壁及び第三号ハに掲げる床の鉄骨の部分を鉄網コンクリート、鉄網モルタル、コンクリート、モルタル又はしつくいでおおつた構造のものについては、その塗下地が不燃材料で造られていないものを、第二号イ又はロに掲げる柱及び第四号に掲げるはりにあつては、その小径又は幅が25cm未満のものを除く。ただし、かぶり厚さ又は第一号ハ若しくは第二号ハに掲げる厚さは、それぞれモルタル、しつくいその他これらに類する仕上材料の厚さ

令107条　改正：昭和34年政令第344号

を含むものとする。
一　壁にあつては、次のイからホまでの一に該当するもの
　　イ・ロ　略
　　ハ　軸組を鉄骨造とし、その両面を塗厚さが4cm以上の鉄網コンクリート若しくは鉄網モルタル又は厚さが5cm以上のれんが、石若しくはコンクリートブロックでおおつたもの
　　ニ　無筋コンクリート造、れんが造、石造又は肉厚が7cm以上のコンクリートブロック造
　　ホ　鉄材によつて補強されたれんが造、石造又はコンクリートブロック造で、その鉄材に対するれんが、石又はコンクリートブロックのかぶり厚さが5cm以上のもの
二　柱にあつては、次のイからニまでの一に該当するもの
　　イ・ロ　略
　　ハ　鉄骨を厚さが7cm以上のれんが、石又はコンクリートブロックでおおつたもの
　　ニ　鉄材によつて補強されたれんが造、石造又はコンクリートブロック造で、その鉄材に対するれんが、石又はコンクリートブロックのかぶり厚さが7cm以上のもの
三　床にあつては、次のイからハまでの一に該当するもの
　　イ　略
　　ロ　無筋コンクリート造、れんが造、石造又は肉厚が9cm以上のコンクリートブロック造
　　ハ　鉄材によつて補強されたれんが造、石造若しくは肉厚が7cm以上のコンクリートブロック造で、鉄材に対するれんが、石若しくはコンクリートブロックのかぶり厚さが7cm以上のもの又はその鉄材を塗厚さが5cm以上の鉄網モルタル若しくはしつくいでおおつたもの
四　はりにあつては、次のイ又はロの一に該当するもの
　　イ・ロ　略
五　屋根にあつては、次のイからニまでの一に該当するもの
　　イ　略
　　ロ　無筋コンクリート造、れんが造、石造又はコンクリートブロック造
　　ハ　鉄材によつて補強されたれんが造、石造又はコンクリートブロック造
　　ニ　鉄網コンクリート若しくは鉄網モルタルでふいたもの又は鉄網コンクリート、鉄網モルタル若しくは網入ガラスで造られたもの
六　階段にあつては、次のイからニまでの一に該当するもの
　　イ　略
　　ロ　無筋コンクリート造、れんが造、石造又はコンクリートブロック造
　　ハ　鉄材によつて補強されたれんが造、石造又はコンクリートブロック造
　　ニ　鉄造
七　略
2　建築物の最上階から数えて二つ目の階以上の部分又は階数が4以下の建築物における壁、柱、床又ははりについては、建設大臣が指定する鉄筋コンクリート造、鉄骨造その他の構造は、前項の規定にかかわらず、同項の耐火構造とみなす。

改正：昭和35年政令第185号　　　施行：昭和35年7月1日
第107条　（耐火構造）

1　法第2条第七号に規定する耐火構造は、次の各号に掲げるものとし、第一号ハに掲げる壁及び第三号ハに掲げる床の鉄骨の部分を鉄網コンクリート、鉄網モルタル、コンクリート、モルタル又はしつくいでおおつた構造のものについては、その塗下地が不燃材料で造られていないものを、第二号イ又はロに掲げる柱及び第四号に掲げるはりにあつては、その小径又は幅が25cm未満のものを除く。ただし、かぶり厚さ又は第一号ハ若しくは第二号ハに掲げる厚さは、それぞれモルタル、しつくいその他これらに類する仕上材料の厚さを含むものとする。
　一～六　略
　七　前各号に掲げるものを除く外、建設大臣が消防庁長官の意見を聞いて、これらと同等以上の耐火性能を有すると認めて指定するもの
2　略

改正：昭和39年政令第4号　　　施行：昭和39年1月15日
第107条　（耐火構造）

1　法第2条第七号に規定する耐火構造は、次の各号に掲げるものとする。
　二　壁、柱、床、はり及び屋根にあつては、建設大臣が、通常の火災時の加熱にそれぞれ次の表の時間以上耐える性能を有すると認めて指定するもの
　　［表新設］

建築物の部分 \ 建築物の階			最上階及び最上階から数えた階数が2以上で4以内の階	最上階から数えた階数が5以上で14以内の階	最上階から数えた階数が15以上の階
壁		間仕切壁	1時間	2時間	2時間
	外壁	耐力壁	1時間	2時間	2時間
		非耐力壁 延焼のおそれのある部分	1時間	1時間	1時間
		非耐力壁 延焼のおそれのある部分以外の部分	30分	30分	30分
柱			1時間	2時間	3時間
床			1時間	2時間	2時間
はり			1時間	2時間	3時間
屋根			30分		

　1　この表において、第2条第1項第七号の規定により階数に算入されない屋上部分がある建築物の部分の最上階は、当該屋上部分の直下階とする。
　2　前号の屋上部分については、この表中最上階の部分の耐火時間と同一の耐火時間によるものとする。
　3　この表における階数の算定については、第2条第1項第七号の規定にかかわらず、地階の部分の階数は、すべて算入するものとする。

　二　階数が3以下で延べ面積が1,000㎡以下の建築物（法別表第1（い）欄（1）項又は（4）項から（6）項までに掲げる用途に供するものを除く。）における壁、柱、床及びはりにあつては、前号に掲げるものを除く外、建設大臣が指定するもの
　三　階段にあつては、次のイからホまでの一に該当するもの
　　イ　鉄筋コンクリート造又は鉄骨鉄筋コンクリート造
　　ロ　無筋コンクリート造、れんが造、石造又はコンクリートブロック造
　　ハ　鉄材によつて補強されたれんが造、石造又はコンクリートブロック造
　　ニ　鉄造
　　ホ　イからニまでに掲げるものを除く外、建設大臣が、これらと同等以上の耐火性能を有すると認めて指定するもの

改正：昭和45年政令第333号　　　施行：昭和46年1月1日
第107条　（耐火構造）

1　法第2条第七号に規定する耐火構造は、次の各号に掲げるものとする。
　一　略
　二　階数が3以下で延べ面積が1,000㎡以下の建築物（法別表第1（い）欄（1）項又は（4）項から（6）項までに掲げる用途に供するものを除く。）における壁、柱、床及びはりにあつては、前号に掲げるものを除くほか、建設大臣が指定するもの
　三　略
　　イ～ニ　略
　　ホ　イからニまでに掲げるものを除くほか、建設大臣が、これらと同等以上の耐火性能を有すると認めて

令107条 改正：昭和45年政令第333号

指定するもの

改正：昭和52年政令第266号　　施行：昭和52年11月1日
第107条　（耐火構造）

1　法第2条第七号に規定する耐火構造は、次の各号に掲げるものとする。
　一　壁、柱、床、はり及び屋根にあつては、建設大臣が、通常の火災時の加熱にそれぞれ次の表の時間以上耐える性能を有すると認めて指定するもの

建築物の部分＼建築物の階	最上階及び最上階から数えた階数が2以上で4以内の階	最上階から数えた階数が5以上で14以内の階	最上階から数えた階数が15以上の階
略	略		

　1　この表において、第2条第1項第八号の規定により階数に算入されない屋上部分がある建築物の部分の最上階は、当該屋上部分の直下階とする。
　2　略
　3　この表における階数の算定については、第2条第1項第八号の規定にかかわらず、地階の部分の階数は、すべて算入するものとする。

　二・三　略

改正：平成12年政令第211号　　施行：平成12年6月1日
第107条　（耐火性能に関する技術的基準）

1　法第2条第七号の政令で定める技術的基準は、次に掲げるものとする。
　一　次の表に掲げる建築物の部分にあつては、当該部分に通常の火災による火熱がそれぞれ次の表に掲げる時間加えられた場合に、構造耐力上支障のある変形、溶融、破壊その他の損傷を生じないものであること。

建築物の部分＼建築物の階		最上階及び最上階から数えた階数が2以上で4以内の階	最上階から数えた階数が5以上で14以内の階	最上階から数えた階数が15以上の階
壁	間仕切壁（耐力壁に限る。）	1時間	2時間	2時間
	外壁（耐力壁に限る。）	1時間	2時間	2時間
柱		1時間	2時間	3時間
床		1時間	2時間	2時間
はり		1時間	2時間	3時間
屋根		30分間		
階段		30分間		

　1　第2条第1項第八号の規定により階数に算入されない屋上部分がある建築物の当該屋上部分は、この表の適用については、建築物の最上階に含まれるものとする。
　2　この表における階数の算定については、第2条第1項第八号の規定にかかわらず、地階の部分の階数は、全て算入するものとする。

　二　壁及び床にあつては、これらに通常の火災による火熱が1時間（非耐力壁である外壁の延焼のおそれのある部分以外の部分にあつては、30分間）加えられた場合に、当該加熱面以外の面（屋内に面するものに限る。）の温度が当該面に接する可燃物が燃焼するおそれのある温度として建設大臣が定める温度（以下「可燃物燃焼温度」という。）以上に上昇しないものであること。
　三　外壁及び屋根にあつては、これらに屋内において発生する通常の火災による火熱が1時間（非耐力壁である外壁の延焼のおそれのある部分以外の部分及び屋根にあつては、30分間）加えられた場合に、屋外に

火炎を出す原因となるき裂その他の損傷を生じないものであること。

改正：平成12年政令第312号　　　施行：平成13年1月6日
第107条　（耐火性能に関する技術的基準）
1　法第2条第七号の政令で定める技術的基準は、次に掲げるものとする。
　一　略
　二　壁及び床にあつては、これらに通常の火災による火熱が1時間（非耐力壁である外壁の延焼のおそれのある部分以外の部分にあつては、30分間）加えられた場合に、当該加熱面以外の面（屋内に面するものに限る。）の温度が当該面に接する可燃物が燃焼するおそれのある温度として国土交通大臣が定める温度（以下「可燃物燃焼温度」という。）以上に上昇しないものであること。
　三　略

改正：令和5年政令第34号　　　施行：令和5年4月1日
第107条　（耐火性能に関する技術的基準）
1　法第2条第七号の政令で定める技術的基準は、次に掲げるものとする。
　一　次の表の左欄に掲げる建築物の部分にあつては、当該各部分に通常の火災による火熱が同表の右欄に掲げる当該部分の存する階の区分に応じそれぞれ同欄に掲げる時間加えられた場合に、構造耐力上支障のある変形、溶融、破壊その他の損傷を生じないものであること。
　［表改訂］

建築物の部分		最上階及び最上階から数えた階数が2以上で4以内の階	最上階から数えた階数が5以上で9以内の階	最上階から数えた階数が10以上で14以内の階	最上階から数えた階数が15以上で19以内の階の階	最上階から数えた階数が20以上の階
壁	間仕切壁（耐力壁に限る。）	1時間	1.5時間	2時間	2時間	2時間
	外壁（耐力壁に限る。）	1時間	1.5時間	2時間	2時間	2時間
柱		1時間	1.5時間	2時間	2.5時間	3時間
床		1時間	1.5時間	2時間	2時間	2時間
はり		1時間	1.5時間	2時間	2.5時間	3時間
屋根		30分間			
階段		30分間			

備考
1　第2条第1項第八号の規定により階数に算入されない屋上部分がある建築物の当該屋上部分は、この表の適用については、建築物の最上階に含まれるものとする。
2　この表における階数の算定については、第2条第1項第八号の規定にかかわらず、地階の部分の階数は、全て算入するものとする。
　二　前号に掲げるもののほか、壁及び床にあつては、これらに通常の火災による火熱が1時間（非耐力壁である外壁の延焼のおそれのある部分以外の部分にあつては、30分間）加えられた場合に、当該加熱面以外の面（屋内に面するものに限る。）の温度が当該面に接する可燃物が燃焼するおそれのある温度として国土交通大臣が定める温度（以下「可燃物燃焼温度」という。）以上に上昇しないものであること。
　三　前2号に掲げるもののほか、外壁及び屋根にあつては、これらに屋内において発生する通常の火災による火熱が1時間（非耐力壁である外壁の延焼のおそれのある部分以外の部分及び屋根にあつては、30分間）加えられた場合に、屋外に火炎を出す原因となる亀裂その他の損傷を生じないものであること。

令107条の2 制定：平成5年政令第170号

[現行]　第107条の2　（準耐火性能に関する技術的基準）

制定：平成5年政令第170号　　　施行：平成5年6月25日

第107条の2　（準耐火構造）

1　法第2条第七号の二の規定により政令で定める耐火性能は、次の表の左欄に掲げる建築物の部分の種類ごとにそれぞれ通常の火災時の加熱に同表の右欄に定める時間以上耐える性能とする。

壁	間仕切壁			45分
	外壁	耐力壁		45分
		非耐力壁	延焼のおそれのある部分	45分
			延焼のおそれのある部分以外の部分	30分
柱				45分
床				45分
はり				45分
屋根				30分
階段				30分

2　建設大臣は、耐火構造以外の構造で、前項に規定する耐火性能を有すると認められるものを、準耐火構造として指定する。

改正：平成11年政令第5号　　　施行：平成11年5月1日

第107条の2　（準耐火構造）

1　法第2条第七号の二の規定により政令で定める耐火性能は、次の表の左欄に掲げる建築物の部分の種類ごとにそれぞれ通常の火災時の加熱に同表の右欄に定める時間以上耐える性能とする。

壁	間仕切壁			45分
	外壁	耐力壁		45分
		非耐力壁	延焼のおそれのある部分	45分
			延焼のおそれのある部分以外の部分	30分
柱				45分
床				45分
はり				45分
屋根	軒裏（外壁によつて小屋裏又は天井裏と防火上有効に遮られているものを除く。以下この表、第115条の2の2第1項及び第129条の2第1項において同じ。）の延焼のおそれのある部分			45分
階段				30分

2　建設大臣は、耐火構造以外の構造で、前項に規定する耐火性能を有すると認められるものを、準耐火構造として指定する。

改正：平成12年政令第211号　　　施行：平成12年6月1日

第107条の2　（準耐火性能に関する技術的基準）

1　法第2条第七号の二の政令で定める技術的基準は、次に掲げるものとする。
　一　次の表に掲げる建築物の部分にあつては、当該部分に通常の火災による火熱が加えられた場合に、加熱開始後それぞれ次の表に掲げる時間構造耐力上支障のある変形、溶融、破壊その他の損傷を生じないものであること。

壁	間仕切壁（耐力壁に限る。）	45分間
	外壁（耐力壁に限る。）	45分間
柱		45分間
床		45分間

改正：令和5年政令第280号 **令107条の2**

はり	45分間
屋根（軒裏を除く。）	30分間
階段	30分間

　二　壁、床及び軒裏（外壁によつて小屋裏又は天井裏と防火上有効に遮られているものを除き、延焼のおそれのある部分に限る。第115条の2の2第1項及び第129条の2の3第1項において同じ。）にあつては、これらに通常の火災による火熱が加えられた場合に、加熱開始後45分間（非耐力壁である外壁の延焼のおそれのある部分以外の部分及び軒裏（外壁によつて小屋裏又は天井裏と防火上有効に遮られているものを除き、延焼のおそれのある部分以外の部分に限る。）にあつては、30分間）当該加熱面以外の面（屋内に面するものに限る。）の温度が可燃物燃焼温度以上に上昇しないものであること。

　三　外壁及び屋根にあつては、これらに屋内において発生する通常の火災による火熱が加えられた場合に、加熱開始後45分間（非耐力壁である外壁の延焼のおそれのある部分以外の部分及び屋根にあつては、30分間）屋外に火炎を出す原因となるき裂その他の損傷を生じないものであること。

改正：平成27年政令第11号　　　　施行：平成27年6月1日
第107条の2　（準耐火性能に関する技術的基準）

1　法第2条第七号の二の政令で定める技術的基準は、次に掲げるものとする。
　一　次の表に掲げる建築物の部分にあつては、当該部分に通常の火災による火熱が加えられた場合に、加熱開始後それぞれ同表に掲げる時間構造耐力上支障のある変形、溶融、破壊その他の損傷を生じないものであること。
　　［表　略］
　二　壁、床及び軒裏（外壁によつて小屋裏又は天井裏と防火上有効に遮られているものを除き、延焼のおそれのある部分に限る。第129条の2の3第1項において同じ。）にあつては、これらに通常の火災による火熱が加えられた場合に、加熱開始後45分間（非耐力壁である外壁の延焼のおそれのある部分以外の部分及び軒裏（外壁によつて小屋裏又は天井裏と防火上有効に遮られているものを除き、延焼のおそれのある部分以外の部分に限る。）にあつては、30分間）当該加熱面以外の面（屋内に面するものに限る。）の温度が可燃物燃焼温度以上に上昇しないものであること。
　三　外壁及び屋根にあつては、これらに屋内において発生する通常の火災による火熱が加えられた場合に、加熱開始後45分間（非耐力壁である外壁の延焼のおそれのある部分以外の部分及び屋根にあつては、30分間）屋外に火炎を出す原因となる亀裂その他の損傷を生じないものであること。

改正：令和元年政令第30号　　　　施行：令和元年6月25日
第107条の2　（準耐火性能に関する技術的基準）

1　法第2条第七号の二の政令で定める技術的基準は、次に掲げるものとする。
　一　略
　二　壁、床及び軒裏（外壁によつて小屋裏又は天井裏と防火上有効に遮られているものを除く。以下この号において同じ。）にあつては、これらに通常の火災による火熱が加えられた場合に、加熱開始後45分間（非耐力壁である外壁及び軒裏（いずれも延焼のおそれのある部分以外の部分に限る。）にあつては、30分間）当該加熱面以外の面（屋内に面するものに限る。）の温度が可燃物燃焼温度以上に上昇しないものであること。
　三　外壁及び屋根にあつては、これらに屋内において発生する通常の火災による火熱が加えられた場合に、加熱開始後45分間（非耐力壁である外壁（延焼のおそれのある部分以外の部分に限る。）及び屋根にあつては、30分間）屋外に火炎を出す原因となる亀裂その他の損傷を生じないものであること。

改正：令和5年政令第280号　　　　施行：令和6年4月1日
第107条の2　（準耐火性能に関する技術的基準）

1　法第2条第七号の二の政令で定める技術的基準は、次に掲げるものとする。

令107条の2 改正：令和5年政令第280号

一　次の表の左欄に掲げる建築物の部分にあつては、当該部分に通常の火災による火熱が加えられた場合に、加熱開始後それぞれ同表の右欄に掲げる時間において構造耐力上支障のある変形、溶融、破壊その他の損傷を生じないものであること。

壁	間仕切壁（耐力壁に限る。）	45分間
	外壁（耐力壁に限る。）	45分間
柱		45分間
床		45分間
はり		45分間
屋根（軒裏を除く。）		30分間
階段		30分間

二　壁、床及び軒裏（外壁によつて小屋裏又は天井裏と防火上有効に遮られているものを除く。以下この号において同じ。）にあつては、これらに通常の火災による火熱が加えられた場合に、加熱開始後45分間（非耐力壁である外壁及び軒裏（いずれも延焼のおそれのある部分以外の部分に限る。）にあつては、30分間）当該加熱面以外の面（屋内に面するものに限る。）の温度が可燃物燃焼温度以上に上昇しないものであること。

三　外壁及び屋根にあつては、これらに屋内において発生する通常の火災による火熱が加えられた場合に、加熱開始後45分間（非耐力壁である外壁（延焼のおそれのある部分以外の部分に限る。）及び屋根にあつては、30分間）屋外に火炎を出す原因となる亀裂その他の損傷を生じないものであること。

[現行]　第108条　（防火性能に関する技術的基準）

制定：昭和25年政令第338号　　施行：昭和25年11月23日
第108条　（防火構造）

1　法第2条第八号に規定する防火構造は、下の各号の一に該当するものとする。
　一　鉄網モルタル塗又は木ずりしつくい塗で塗厚さが2cm以上のもの
　二　木毛セメント板張の上にモルタル又はしつくいを塗つたものでその厚さの合計が2.5cm以上のもの
　三　セメントモルタル塗の上にタイルを張つたものでその厚さの合計が2.5cm以上のもの
　四　セメント板張、マグネシヤセメント板張又は瓦張の上にセメントモルタルを塗つたものでその厚さの合計が2.5cm以上のもの
　五　土蔵造
　六　土塗真壁造で、裏返塗りをしたもの
　七　前各号に掲げるものを除く外、建設大臣が国家消防庁長官の意見を聞いて、これらと同等以上の防火性能を有すると認めて指定するもの
2　平家建の建築物における外壁で、軸組が不燃材料で造られ、表面に厚さが1.5cm以上の木毛セメント板又は厚さが0.9cm以上の防火木材の板を張り、その上を金属板でおおつたものは、前項の防火構造とみなす。

改正：昭和27年政令第353号　　施行：昭和27年8月20日
第108条　（防火構造）

1　法第2条第八号に規定する防火構造は、下の各号の一に該当するものとする。
　一〜六　略
　七　前各号に掲げるものを除く外、建設大臣が<u>国家消防本部長</u>の意見を聞いて、これらと同等以上の防火性能を有すると認めて指定するもの
2　略

改正：昭和34年政令第344号　　施行：昭和34年12月23日
第108条　（防火構造）

1　法第2条第八号に規定する防火構造は、<u>次の各号</u>に掲げるものとする。

二　間柱及び下地を不燃材料で造つた壁又は根太及び下地を不燃材料で造つた床にあつては、次のイからハまでの一に該当するもの
　　イ　鉄網モルタル塗で塗厚さが1.5cm以上のもの
　　ロ　木毛セメント板張又は石膏（こう）板張の上に厚さ１cm以上モルタル又はしつくいを塗つたもの
　　ハ　木毛セメント板の上にモルタル又はしつくいを塗り、その上に金属板を張つたもの
二　間柱若しくは下地を不燃材料以外の材料で造つた壁、根太若しくは下地を不燃材料以外の材料で造つた床又は軒裏にあつては、次のイからへまでの一に該当するもの
　　イ　鉄網モルタル塗又は木ずりしつくい塗で塗厚さが２cm以上のもの
　　ロ　木毛セメント板張又は石膏（こう）板張の上に厚さ1.5cm以上モルタル又はしつくいを塗つたもの
　　ハ　モルタル塗の上にタイルを張つたものでその厚さの合計が2.5cm以上のもの
　　ニ　セメント板張又は瓦張の上にモルタルを塗つたものでその厚さの合計が2.5cm以上のもの
　　ホ　土蔵造
　　へ　土塗真壁造で裏返塗りをしたもの
三　屋根にあつては、次のイからハまでの一に該当するもの。ただし、イ及びロに掲げるものにあつては、野地板及びたるきが不燃材料若しくは準不燃材料で造られている場合又は軒裏が前号イからへまでの一に該当する場合に限り、ハに掲げるものにあつては、金属板に接するたるき（たるきがない場合においては、もや）が不燃材料で造られている場合に限る。
　　イ　瓦又は石綿スレートでふいたもの
　　ロ　木毛セメント板の上に金属板をふいたもの
　　ハ　金属板でふいたもの
四　前各号に掲げるものを除く外、建設大臣が国家消防本部長の意見を聞いて、これらと同等以上の防火性能を有すると認めて指定するもの

改正：昭和35年政令第185号　　　施行：昭和35年７月１日
第108条　（防火構造）

1　法第２条第八号に規定する防火構造は、次の各号に掲げるものとする。
　一～三　略
　四　前各号に掲げるものを除く外、建設大臣が<u>消防庁長官</u>の意見を聞いて、これらと同等以上の防火性能を有すると認めて指定するもの

改正：昭和39年政令第４号　　　施行：昭和39年１月15日
第108条　（防火構造）

1　法第２条第八号に規定する防火構造は、次の各号に掲げるものとする。
　一　略
　二　間柱若しくは下地を不燃材料以外の材料で造つた壁、根太若しくは下地を不燃材料以外の材料で造つた床又は軒裏にあつては、次の<u>イからヌ</u>までの一に該当するもの
　　イ～へ　略
　　<u>ト　厚さが1.2cm以上の石膏（こう）板張の上に亜鉛鉄板又は石綿スレートを張つたもの</u>
　　<u>チ　厚さが2.5cm以上の岩綿保温板張の上に亜鉛鉄板又は石綿スレートを張つたもの</u>
　　<u>リ　厚さが2.5cm以上の木毛セメント板張の上に厚さが0.6cm以上の石綿スレートを張つたもの</u>
　　<u>ヌ　石綿スレート又は石綿パーライト板を２枚以上張つたもので、その厚さの合計が1.5cm以上のもの</u>
　三　屋根にあつては、次のイからハまでの一に該当するもの。ただし、イ及びロに掲げるものにあつては、野地板及びたるきが不燃材料若しくは準不燃材料で造られている場合又は軒裏が前号<u>イからヌ</u>までの一に該当する場合に限り、ハに掲げるものにあつては、金属板に接するたるき（たるきがない場合においては、もや）が不燃材料で造られている場合に限る。
　　イ～ハ　略
　四　略

令108条 改正：昭和45年政令第333号

改正：昭和45年政令第333号　　　　施行：昭和46年1月1日
第108条　（防火構造）

1　法第2条第八号に規定する防火構造は、次の各号に掲げるものとする。
　一　間柱及び下地を不燃材料で造つた壁又は根太及び下地を不燃材料で造つた床にあつては、次のイからハまでの一に該当するもの
　　イ　略
　　ロ　木毛セメント板張又は<u>石膏（こう）ボード</u>張の上に厚さ1cm以上モルタル又はしつくいを塗つたもの
　　ハ　略
　二　間柱若しくは下地を不燃材料以外の材料で造つた壁、根太若しくは下地を不燃材料以外の材料で造つた床又は軒裏にあつては、次のイからヌまでの一に該当するもの
　　イ　略
　　ロ　木毛セメント板張又は<u>石膏（こう）ボード</u>張の上に厚さ1.5cm以上モルタル又はしつくいを塗つたもの
　　ハ～ヘ　略
　　ト　厚さが1.2cm以上の<u>石膏（こう）ボード</u>張の上に亜鉛鉄板又は石綿スレートを張つたもの
　　チ～ヌ　略
　三　略
　四　前各号に掲げるものを<u>除く</u>ほか、建設大臣が消防庁長官の意見を聞いて、これらと同等以上の防火性能を有すると認めて指定するもの

改正：平成12年政令第211号　　　　施行：平成12年6月1日
第108条　（<u>防火性能に関する技術的基準</u>）

1　<u>法第2条第八号の政令で定める技術的基準は、次に掲げるものとする。</u>
　<u>一　耐力壁である外壁にあつては、これに建築物の周囲において発生する通常の火災による火熱が加えられた場合に、加熱開始後30分間構造耐力上支障のある変形、溶融、破壊その他の損傷を生じないものであること。</u>
　<u>二　外壁及び軒裏にあつては、これらに建築物の周囲において発生する通常の火災による火熱が加えられた場合に、加熱開始後30分間当該加熱面以外の面（屋内に面するものに限る。）の温度が可燃物燃焼温度以上に上昇しないものであること。</u>

[現行]　第108条の2　（不燃性能及びその技術的基準）

制定：昭和25年政令第338号　　　　施行：昭和25年11月23日
旧　**第111条　（防火上主要である材料）**

1　耐火構造若しくは防火構造の構造部分で主要構造部以外の構造部分又は防火戸に使用するセメント、メタルラス、ワイヤラス、木毛セメント板、防火木材、防火塗料その他これらに類する防火上主要である材料は、建設大臣が指定する日本工業規格に適合するものでなければならない。

改正：昭和34年政令第344号　　　　施行：昭和34年12月23日
旧　**第111条　（防火上主要である材料）**

1　耐火構造若しくは防火構造の構造部分で主要構造部以外の構造部分又は防火戸に使用するセメント、メタルラス、ワイヤラス、<u>木毛セメント板、防火塗料</u>その他これらに類する防火上主要である材料は、建設大臣が指定する日本工業規格に適合するものでなければならない。

改正：昭和45年政令第333号　　　　施行：昭和46年1月1日
第108条の2　（<u>不燃材料</u>）

1　<u>法第2条第九号に規定する政令で定める不燃性を有する建築材料</u>は、建設大臣が、通常の火災時の加熱に

制定：平成12年政令第211号 **令旧108条の3**

対して次の各号（建築物の外部の仕上げに用いるものにあつては、第二号を除く。）に掲げる性能を有すると認めて指定するものとする。
一　燃焼せず、かつ、防火上有害な変形、溶融、き裂その他の損傷を生じないこと。
二　防火上有害な煙又はガスを発生しないこと。

改正：平成12年政令第211号　　　施行：平成12年6月1日
第108条の2　（不燃性能及びその技術的基準）
1　法第2条第九号の政令で定める性能及びその技術的基準は、建築材料に、通常の火災による火熱が加えられた場合に、加熱開始後20分間次の各号（建築物の外部の仕上げに用いるものにあつては、第一号及び第二号）に掲げる要件を満たしていることとする。
一　燃焼しないものであること。
二　防火上有害な変形、溶融、き裂その他の損傷を生じないものであること。
三　避難上有害な煙又はガスを発生しないものであること。

[現行]　第108条の3　（主要構造部のうち防火上及び避難上支障がない部分）

制定：令和5年政令第280号　　　施行：令和6年4月1日
第108条の3　（主要構造部のうち防火上及び避難上支障がない部分）
1　法第2条第九号の二イの政令で定める部分は、主要構造部のうち、次の各号のいずれにも該当する部分とする。
一　当該部分が、床、壁又は第109条に規定する防火設備（当該部分において通常の火災が発生した場合に建築物の他の部分又は周囲への延焼を有効に防止できるものとして、国土交通大臣が定めた構造方法を用いるもの又は国土交通大臣の認定を受けたものに限る。）で区画されたものであること。
二　当該部分が避難の用に供する廊下その他の通路の一部となつている場合にあつては、通常の火災時において、建築物に存する者の全てが当該通路を経由しないで地上までの避難を終了することができるものであること。

[現行]　第108条の4　（耐火建築物の特定主要構造部に関する技術的基準）

制定：平成12年政令第211号　　　施行：平成12年6月1日
旧　**第108条の3　（耐火建築物の主要構造部に関する技術的基準）**
1　法第2条第九号の二イ（2）の政令で定める技術的基準は、主要構造部が、次の各号のいずれかに該当することとする。
一　主要構造部が、次のイ及びロ（外壁以外の主要構造部にあつては、イ）に掲げる基準に適合するものであることについて耐火性能検証法により確かめられたものであること。
　イ　主要構造部ごとに当該建築物の屋内において発生が予測される火災による火熱が加えられた場合に、当該主要構造部が次に掲げる要件を満たしていること。
　　（1）　耐力壁である壁、柱、床、はり、屋根及び階段にあつては、当該建築物の自重及び積載荷重（第86条第2項ただし書の規定によつて特定行政庁が指定する多雪区域における建築物の主要構造部にあつては、自重、積載荷重及び積雪荷重。以下この条において同じ。）により、構造耐力上支障のある変形、溶融、破壊その他の損傷を生じないものであること。
　　（2）　壁及び床にあつては、当該壁及び床の加熱面以外の面（屋内に面するものに限る。）の温度が可燃物燃焼温度以上に上昇しないものであること。
　　（3）　外壁及び屋根にあつては、屋外に火炎を出す原因となるき裂その他の損傷を生じないものであること。
　ロ　外壁が、当該建築物の周囲において発生する通常の火災による火熱が1時間（延焼のおそれのある部分以外の部分にあつては、30分間）加えられた場合に、次に掲げる要件を満たしていること。

建築基準法施行令　条文改正経過　| 877

令旧108条の3 制定：平成12年政令第211号

　　　（1）　耐力壁である外壁にあつては、当該外壁に当該建築物の自重及び積載荷重により、構造耐力上支障のある変形、溶融、破壊その他の損傷を生じないものであること。
　　　（2）　外壁の当該加熱面以外の面（屋内に面するものに限る。）の温度が可燃物燃焼温度以上に上昇しないものであること。
　二　前号イ及びロ（外壁以外の主要構造部にあつては、同号イ）に掲げる基準に適合するものとして建設大臣の認定を受けたものであること。
2　前項の「耐火性能検証法」とは、次に定めるところにより、当該建築物の主要構造部の耐火に関する性能を検証する方法をいう。
　一　当該建築物の屋内において発生が予測される火災の継続時間を当該建築物の室ごとに次の式により計算すること。

$$tf = \frac{Qr}{60qb}$$

　　　この式において、tf、Qr及びqbは、それぞれ次の数値を表すものとする。
　　　tf　　当該室における火災の継続時間（単位　分）
　　　Qr　　当該室の用途及び床面積並びに当該室の壁、床及び天井（天井のない場合においては、屋根）の室内に面する部分の表面積及び当該部分に使用する建築材料の種類に応じて建設大臣が定める方法により算出した当該室内の可燃物の発熱量（単位　メガジュール）
　　　qb　　当該室の用途及び床面積の合計並びに当該室の開口部の面積及び高さに応じて建設大臣が定める方法により算出した当該室内の可燃物の1秒間当たりの発熱量（単位　メガワット）

　二　主要構造部ごとに、当該主要構造部が、当該建築物の屋内において発生が予測される火災による火熱が加えられた場合に、前項第一号イに掲げる要件に該当して耐えることができる加熱時間（以下この項において「屋内火災保有耐火時間」という。）を、当該主要構造部の構造方法、当該建築物の自重及び積載荷重並びに当該火熱による主要構造部の表面の温度の推移に応じて建設大臣が定める方法により求めること。
　三　当該外壁が、当該建築物の周囲において発生する通常の火災時の火熱が加えられた場合に、前項第一号ロに掲げる要件に該当して耐えることができる加熱時間（以下この項において「屋外火災保有耐火時間」という。）を、当該外壁の構造方法並びに当該建築物の自重及び積載荷重に応じて建設大臣が定める方法により求めること。
　四　主要構造部ごとに、次のイ及びロ（外壁以外の主要構造部にあつては、イ）に該当するものであることを確かめること。
　　イ　各主要構造部の屋内火災保有耐火時間が、当該主要構造部が面する室について第一号に掲げる式によつて計算した火災の継続時間以上であること。
　　ロ　各外壁の屋外火災保有耐火時間が、1時間（延焼のおそれのある部分以外の部分にあつては、30分間）以上であること。
3　主要構造部が第1項第一号又は第二号に該当する建築物（次項に規定する建築物を除く。）に対する第112条第1項及び第5項から第16項まで、第114条第1項及び第2項、第117条第2項、第120条第1項、第2項及び第4項、第121条第2項、第122条第1項、第123条第1項及び第3項、第123条の2、第126条の2、第128条の4第4項、第129条第1項及び第4項、第129条の2第1項、第129条の2の2第1項、第129条の2の5第1項、第129条の13の2、第129条の13の3第3項及び第4項並びに第145条第1項第一号及び第2項の規定（次項において「耐火性能関係規定」という。）の適用については、当該建築物の部分で主要構造部であるものの構造は、耐火構造とみなす。
4　主要構造部が第1項第一号に該当する建築物（当該建築物の主要構造部である床又は壁（外壁を除く。）の開口部に設けられた防火設備が、当該防火設備に当該建築物の屋内において発生が予測される火災による火熱が加えられた場合に、当該加熱面以外の面に火炎を出さないものであることについて防火区画検証法により確かめられたものであるものに限る。）及び主要構造部が第1項第二号に該当する建築物（当該建築物の主要構造部である床又は壁（外壁を除く。）の開口部に設けられた防火設備が、当該防火設備に当該建築物の屋内において発生が予測される火災による火熱が加えられた場合に、当該加熱面以外の面に火炎を出さないものとして建設大臣の認定を受けたものであるものに限る。）に対する第112条第1項、第5項から第10

項まで、第12項から第14項まで及び第16項、第122条第1項、第123条第1項及び第3項、第126条の2、第129条第1項及び第4項、第129条の2の5第1項、第129条の13の2並びに第129条の13の3第3項の規定（以下この項において「防火区画等関係規定」という。）の適用については、これらの建築物の部分で主要構造部であるものの構造は耐火構造と、これらの防火設備の構造は特定防火設備とみなし、これらの建築物に対する防火区画等関係規定以外の耐火性能関係規定の適用については、これらの建築物の部分で主要構造部であるものの構造は耐火構造とみなす。

5 　前項の「防火区画検証法」とは、次に定めるところにより、開口部に設けられる防火設備（以下この項において「開口部設備」という。）の火災時における遮炎に関する性能を検証する方法をいう。
　一　開口部設備が設けられる開口部が面する室において発生が予測される火災の継続時間を第2項第一号に掲げる式により計算すること。
　二　開口部設備ごとに、当該開口部設備が、当該建築物の屋内において発生が予測される火災による火熱が加えられた場合に、当該加熱面以外の面に火炎を出すことなく耐えることができる加熱時間（以下この項において「保有遮炎時間」という。）を、当該開口部設備の構造方法及び当該火熱による開口部設備の表面の温度の推移に応じて建設大臣が定める方法により求めること。
　三　開口部設備ごとに、保有遮炎時間が第一号の規定によつて計算した火災の継続時間以上であることを確かめること。

改正：平成12年政令第312号　　　施行：平成13年1月6日
第108条の3　（耐火建築物の主要構造部に関する技術的基準）

1 　法第2条第九号の二イ（2）の政令で定める技術的基準は、主要構造部が、次の各号のいずれかに該当することとする。
　一　略
　二　前号イ及びロ（外壁以外の主要構造部にあつては、同号イ）に掲げる基準に適合するものとして国土交通大臣の認定を受けたものであること。

2 　前項の「耐火性能検証法」とは、次に定めるところにより、当該建築物の主要構造部の耐火に関する性能を検証する方法をいう。
　一　当該建築物の屋内において発生が予測される火災の継続時間を当該建築物の室ごとに次の式により計算すること。

$$tf = \frac{Qr}{60qb}$$

　　　この式において、tf，Qr及びqbは、それぞれ次の数値を表すものとする。
　　　tf　　当該室における火災の継続時間（単位　分）
　　　Qr　　当該室の用途及び床面積並びに当該室の壁、床及び天井（天井のない場合においては、屋根）の室内に面する部分の表面積及び当該部分に使用する建築材料の種類に応じて国土交通大臣が定める方法により算出した当該室内の可燃物の発熱量（単位　メガジュール）
　　　qb　　当該室の用途及び床面積の合計並びに当該室の開口部の面積及び高さに応じて国土交通大臣が定める方法により算出した当該室内の可燃物の1秒間当たりの発熱量（単位　メガワット）

　二　主要構造部ごとに、当該主要構造部が、当該建築物の屋内において発生が予測される火災による火熱が加えられた場合に、前項第一号イに掲げる要件に該当して耐えることができる加熱時間（以下この項において「屋内火災保有耐火時間」という。）を、当該主要構造部の構造方法、当該建築物の自重及び積載荷重並びに当該火熱による主要構造部の表面の温度の推移に応じて国土交通大臣が定める方法により求めること。
　三　当該外壁が、当該建築物の周囲において発生する通常の火災時の火熱が加えられた場合に、前項第一号ロに掲げる要件に該当して耐えることができる加熱時間（以下この項において「屋外火災保有耐火時間」という。）を、当該外壁の構造方法並びに当該建築物の自重及び積載荷重に応じて国土交通大臣が定める方法により求めること。

令108条の3 改正：平成12年政令第312号

　　四　略
3　略
4　主要構造部が第1項第一号に該当する建築物（当該建築物の主要構造部である床又は壁（外壁を除く。）の開口部に設けられた防火設備が、当該防火設備に当該建築物の屋内において発生が予測される火災による火熱が加えられた場合に、当該加熱面以外の面に火炎を出さないものであることについて防火区画検証法により確かめられたものであるものに限る。）及び主要構造部が第1項第二号に該当する建築物（当該建築物の主要構造部である床又は壁（外壁を除く。）の開口部に設けられた防火設備が、当該防火設備に当該建築物の屋内において発生が予測される火災による火熱が加えられた場合に、当該加熱面以外の面に火炎を出さないものとして国土交通大臣の認定を受けたものであるものに限る。）に対する第112条第1項、第5項から第10項まで、第12項から第14項まで及び第16項、第122条第1項、第123条第1項及び第3項、第126条の2、第129条第1項及び第4項、第129条の2の5第1項、第129条の13の2並びに第129条の13の3第3項の規定（以下この項において「防火区画等関係規定」という。）の適用については、これらの建築物の部分で主要構造部であるものの構造は耐火構造と、これらの防火設備の構造は特定防火設備とみなし、これらの建築物に対する防火区画等関係規定以外の耐火性能関係規定の適用については、これらの建築物の部分で主要構造部であるものの構造は耐火構造とみなす。
5　前項の「防火区画検証法」とは、次に定めるところにより、開口部に設けられる防火設備（以下この項において「開口部設備」という。）の火災時における遮炎に関する性能を検証する方法をいう。
　　一　略
　　二　開口部設備ごとに、当該開口部設備が、当該建築物の屋内において発生が予測される火災による火熱が加えられた場合に、当該加熱面以外の面に火炎を出すことなく耐えることができる加熱時間（以下この項において「保有遮炎時間」という。）を、当該開口部設備の構造方法及び当該火熱による開口部設備の表面の温度の推移に応じて国土交通大臣が定める方法により求めること。
　　三　略

改正：平成28年政令第6号　　　施行：平成28年6月1日
第108条の3　（耐火建築物の主要構造部に関する技術的基準）

1　法第2条第九号の二イ（2）の政令で定める技術的基準は、主要構造部が、次の各号のいずれかに該当することとする。
　一　主要構造部が、次のイ及びロ（外壁以外の主要構造部にあつては、イ）に掲げる基準に適合するものであることについて耐火性能検証法により確かめられたものであること。
　　イ　主要構造部ごとに当該建築物の屋内において発生が予測される火災による火熱が加えられた場合に、当該主要構造部が次に掲げる要件を満たしていること。
　　　（1）　略
　　　（2）　壁及び床にあつては、当該壁及び床の加熱面以外の面（屋内に面するものに限る。）の温度が可燃物燃焼温度（当該面が面する室において、国土交通大臣が定める基準に従い、内装の仕上げを不燃材料ですることその他これに準ずる措置が講じられている場合にあつては、国土交通大臣が別に定める温度）以上に上昇しないものであること。
　　　（3）　外壁及び屋根にあつては、屋外に火炎を出す原因となる亀裂その他の損傷を生じないものであること。
　　ロ　外壁が、当該建築物の周囲において発生する通常の火災による火熱が1時間（延焼のおそれのある部分以外の部分にあつては、30分間）加えられた場合に、次に掲げる要件を満たしていること。
　　　（1）　略
　　　（2）　外壁の当該加熱面以外の面（屋内に面するものに限る。）の温度が可燃物燃焼温度（当該面が面する室において、国土交通大臣が定める基準に従い、内装の仕上げを不燃材料ですることその他これに準ずる措置が講じられている場合にあつては、国土交通大臣が別に定める温度）以上に上昇しないものであること。
　二　略
2　略
3　主要構造部が第1項第一号又は第二号に該当する建築物（次項に規定する建築物を除く。）に対する第112

条第1項及び第5項から第16項まで、第114条第1項及び第2項、第117条第2項、第120条第1項、第2項及び第4項、第121条第2項、第122条第1項、第123条第1項及び第3項、第123条の2、第126条の2、第128条の4第4項、<u>第128条の5第1項及び第4項</u>、<u>第129条第1項、第129条の2第1項</u>、第129条の2の5第1項、第129条の13の2、第129条の13の3第3項及び第4項並びに第145条第1項第一号及び第2項の規定（次項において「耐火性能関係規定」という。）の適用については、当該建築物の部分で主要構造部であるものの構造は、耐火構造とみなす。

4　主要構造部が第1項第一号に該当する建築物（当該建築物の主要構造部である床又は壁（外壁を除く。）の開口部に設けられた防火設備が、当該防火設備に当該建築物の屋内において発生が予測される火災による火熱が加えられた場合に、当該加熱面以外の面に火炎を出さないものであることについて防火区画検証法により確かめられたものであるものに限る。）及び主要構造部が第1項第二号に該当する建築物（当該建築物の主要構造部である床又は壁（外壁を除く。）の開口部に設けられた防火設備が、当該防火設備に当該建築物の屋内において発生が予測される火災による火熱が加えられた場合に、当該加熱面以外の面に火炎を出さないものとして国土交通大臣の認定を受けたものであるものに限る。）に対する第112条第1項、第5項から第10項まで、第12項から第14項まで及び第16項、第122条第1項、第123条第1項及び第3項、第126条の2、<u>第128条の5第1項及び第4項</u>、第129条の2の5第1項、第129条の13の2並びに第129条の13の3第3項の規定（以下この項において「防火区画等関係規定」という。）の適用については、これらの建築物の部分で主要構造部であるものの構造は耐火構造と、これらの防火設備の構造は特定防火設備とみなし、これらの建築物に対する防火区画等関係規定以外の耐火性能関係規定の適用については、これらの建築物の部分で主要構造部であるものの構造は耐火構造とみなす。

5　略

改正：平成30年政令第255号　　　施行：平成30年9月25日
第108条の3　（耐火建築物の主要構造部に関する技術的基準）

1・2　略
3　主要構造部が第1項第一号又は第二号に該当する建築物（次項に規定する建築物を除く。）に対する第112条第1項及び第5項から<u>第15項</u>まで、第114条第1項及び第2項、第117条第2項、第120条第1項、第2項及び第4項、第121条第2項、第122条第1項、第123条第1項及び第3項、第123条の2、第126条の2、第128条の4第4項、第128条の5第1項及び第4項、第129条第1項、第129条の2第1項、第129条の2の5第1項、第129条の13の2、第129条の13の3第3項及び第4項並びに第145条第1項第一号及び第2項の規定（次項において「耐火性能関係規定」という。）の適用については、当該建築物の部分で主要構造部であるものの構造は、耐火構造とみなす。

4　主要構造部が第1項第一号に該当する建築物（当該建築物の主要構造部である床又は壁（外壁を除く。）の開口部に設けられた防火設備が、当該防火設備に当該建築物の屋内において発生が予測される火災による火熱が加えられた場合に、当該加熱面以外の面に火炎を出さないものであることについて防火区画検証法により確かめられたものであるものに限る。）及び主要構造部が<u>同項第二号</u>に該当する建築物（当該建築物の主要構造部である床又は壁（外壁を除く。）の開口部に設けられた防火設備が、当該防火設備に当該建築物の屋内において発生が予測される火災による火熱が加えられた場合に、当該加熱面以外の面に火炎を出さないものとして国土交通大臣の認定を受けたものであるものに限る。）に対する第112条第1項、第5項から第10項まで、<u>第12項、第13項及び第15項</u>、第122条第1項、第123条第1項及び第3項、第126条の2、第128条の5第1項及び第4項、第129条の2の5第1項、第129条の13の2並びに第129条の13の3第3項の規定（以下この項において「防火区画等関係規定」という。）の適用については、これらの建築物の部分で主要構造部であるものの構造は耐火構造と、これらの防火設備の構造は特定防火設備とみなし、これらの建築物に対する防火区画等関係規定以外の耐火性能関係規定の適用については、これらの建築物の部分で主要構造部であるものの構造は耐火構造とみなす。

5　略

改正：令和元年政令第30号　　　施行：令和元年6月25日
第108条の3　（耐火建築物の主要構造部に関する技術的基準）

令108条の3　改正：令和元年政令第30号

1・2　略

3　主要構造部が第1項第一号又は第二号に該当する建築物（次項に規定する建築物を除く。）に対する第112条第1項、<u>第6項から第10項まで及び第15項から第20項まで</u>、第114条第1項及び第2項、第117条第2項、第120条第1項、第2項及び第4項、第121条第2項、第122条第1項、第123条第1項及び第3項、第123条の2、第126条の2、<u>第128条の4第1項及び第4項</u>、第128条の5第1項及び第4項、第129条第1項、第129条の2第1項、<u>第129条の2の4第1項</u>、第129条の13の2、第129条の13の3第3項及び第4項、<u>第137条の14</u>並びに第145条第1項第一号及び第2項の規定（次項において「耐火性能関係規定」という。）の適用については、当該建築物の部分で主要構造部であるものの構造は、耐火構造とみなす。

4　主要構造部が第1項第一号に該当する建築物（当該建築物の主要構造部である床又は壁（外壁を除く。）の開口部に設けられた防火設備が、当該防火設備に当該建築物の屋内において発生が予測される火災による火熱が加えられた場合に、当該加熱面以外の面に火炎を出さないものであることについて防火区画検証法により確かめられたものであるものに限る。）及び主要構造部が同項第二号に該当する建築物（当該建築物の主要構造部である床又は壁（外壁を除く。）の開口部に設けられた防火設備が、当該防火設備に当該建築物の屋内において発生が予測される火災による火熱が加えられた場合に、当該加熱面以外の面に火炎を出さないものとして国土交通大臣の認定を受けたものであるものに限る。）に対する第112条第1項、<u>第6項から第10項まで</u>、<u>第15項、第17項、第18項及び第20項</u>、第122条第1項、第123条第1項及び第3項、第126条の2、第128条の5第1項及び第4項、<u>第129条の2の4第1項</u>、第129条の13の2、<u>第129条の13の3第3項並びに第137条の14</u>の規定（以下この項において「防火区画等関係規定」という。）の適用については、これらの建築物の部分で主要構造部であるものの構造は耐火構造と、これらの防火設備の構造は特定防火設備とみなし、これらの建築物に対する防火区画等関係規定以外の耐火性能関係規定の適用については、これらの建築物の部分で主要構造部であるものの構造は耐火構造とみなす。

5　略

改正：令和元年政令第181号　　　施行：令和2年4月1日

旧　第108条の3　（耐火建築物の主要構造部に関する技術的基準）

1・2　略

3　主要構造部が第1項第一号又は第二号に該当する建築物（次項に規定する建築物を除く。）に対する第112条第1項、<u>第3項、第7項から第11項まで及び第16項から第21項まで</u>、第114条第1項及び第2項、第117条第2項、第120条第1項、第2項及び第4項、第121条第2項、第122条第1項、第123条第1項及び第3項、第123条の2、第126条の2、第128条の4第1項及び第4項、第128条の5第1項及び第4項、<u>第128条の6第1項</u>、第129条第1項、第129条の2第1項、第129条の2の4第1項、第129条の13の2、第129条の13の3第3項及び第4項、第137条の14並びに第145条第1項第一号及び第2項の規定（次項において「耐火性能関係規定」という。）の適用については、当該建築物の部分で主要構造部であるものの構造は、耐火構造とみなす。

4　主要構造部が第1項第一号に該当する建築物（当該建築物の主要構造部である床又は壁（外壁を除く。）の開口部に設けられた防火設備が、当該防火設備に当該建築物の屋内において発生が予測される火災による火熱が加えられた場合に、当該加熱面以外の面に火炎を出さないものであることについて防火区画検証法により確かめられたものであるものに限る。）及び主要構造部が同項第二号に該当する建築物（当該建築物の主要構造部である床又は壁（外壁を除く。）の開口部に設けられた防火設備が、当該防火設備に当該建築物の屋内において発生が予測される火災による火熱が加えられた場合に、当該加熱面以外の面に火炎を出さないものとして国土交通大臣の認定を受けたものであるものに限る。）に対する第112条第1項、<u>第7項から第11項まで</u>、<u>第16項、18項、第19項及び第21項</u>、第122条第1項、第123条第1項及び第3項、第126条の2、第128条の5第1項及び第4項、<u>第128条の6第1項</u>、第129条の2の4第1項、第129条の13の2、第129条の13の3第3項並びに第137条の14の規定（以下この項において「防火区画等関係規定」という。）の適用については、これらの建築物の部分で主要構造部であるものの構造は耐火構造と、これらの防火設備の構造は特定防火設備とみなし、これらの建築物に対する防火区画等関係規定以外の耐火性能関係規定の適用については、これらの建築物の部分で主要構造部であるものの構造は耐火構造とみなす。

5　略

改正：令和5年政令第280号　施行：令和6年4月1日
第108条の4　（耐火建築物の特定主要構造部に関する技術的基準）

1　法第2条第九号の二イ(2)の政令で定める技術的基準は、特定主要構造部が、次の各号のいずれかに該当することとする。
　一　特定主要構造部が、次のイ及びロ（外壁以外の特定主要構造部にあつては、イ）に掲げる基準に適合するものであることについて耐火性能検証法により確かめられたものであること。
　　イ　特定主要構造部ごとに当該建築物の屋内において発生が予測される火災による火熱が加えられた場合に、当該特定主要構造部が次に掲げる要件を満たしていること。
　　　(1)　耐力壁である壁、柱、床、はり、屋根及び階段にあつては、当該建築物の自重及び積載荷重（第86条第2項ただし書の規定によつて特定行政庁が指定する多雪区域における建築物の特定主要構造部にあつては、自重、積載荷重及び積雪荷重。以下この条において同じ。）により、構造耐力上支障のある変形、溶融、破壊その他の損傷を生じないものであること。
　　　(2)　壁及び床にあつては、当該壁及び床の加熱面以外の面（屋内に面するものに限る。）の温度が可燃物燃焼温度（当該面が面する室において、国土交通大臣が定める基準に従い、内装の仕上げを不燃材料ですることその他これに準ずる措置が講じられている場合にあつては、国土交通大臣が別に定める温度）以上に上昇しないものであること。
　　　(3)　外壁及び屋根にあつては、屋外に火炎を出す原因となる亀裂その他の損傷を生じないものであること。
　　ロ　外壁が、当該建築物の周囲において発生する通常の火災による火熱が1時間（延焼のおそれのある部分以外の部分にあつては、30分間）加えられた場合に、次に掲げる要件を満たしていること。
　　　(1)　耐力壁である外壁にあつては、当該外壁に当該建築物の自重及び積載荷重により、構造耐力上支障のある変形、溶融、破壊その他の損傷を生じないものであること。
　　　(2)　外壁の当該加熱面以外の面（屋内に面するものに限る。）の温度が可燃物燃焼温度（当該面が面する室において、国土交通大臣が定める基準に従い、内装の仕上げを不燃材料ですることその他これに準ずる措置が講じられている場合にあつては、国土交通大臣が別に定める温度）以上に上昇しないものであること。
　二　前号イ及びロ（外壁以外の特定主要構造部にあつては、同号イ）に掲げる基準に適合するものとして国土交通大臣の認定を受けたものであること。
2　前項の「耐火性能検証法」とは、次に定めるところにより、当該建築物の特定主要構造部の耐火に関する性能を検証する方法をいう。
　一　当該建築物の屋内において発生が予測される火災の継続時間を当該建築物の室ごとに次の式により計算すること。

$$t_f = \frac{Q_r}{60 q_b}$$

　　　この式において、t_f、Q_r及びq_bは、それぞれ次の数値を表すものとする。
　　　t_f　当該室における火災の継続時間（単位　分）
　　　Q_r　当該室の用途及び床面積並びに当該室の壁、床及び天井（天井のない場合においては、屋根）の室内に面する部分の表面積及び当該部分に使用する建築材料の種類に応じて国土交通大臣が定める方法により算出した当該室内の可燃物の発熱量（単位　メガジュール）
　　　q_b　当該室の用途及び床面積の合計並びに当該室の開口部の面積及び高さに応じて国土交通大臣が定める方法により算出した当該室内の可燃物の1秒間当たりの発熱量（単位　メガワット）
　二　特定主要構造部ごとに、当該特定主要構造部が、当該建築物の屋内において発生が予測される火災による火熱が加えられた場合に、前項第一号イに掲げる要件に該当して耐えることができる加熱時間（以下この項において「屋内火災保有耐火時間」という。）を、当該特定主要構造部の構造方法、当該建築物の自重及び積載荷重並びに当該火熱による特定主要構造部の表面の温度の推移に応じて国土交通大臣が定める

令108条の4　改正：令和5年政令第280号

　　　方法により求めること。
　　三　当該外壁が、当該建築物の周囲において発生する通常の火災時の火熱が加えられた場合に、前項第一号ロに掲げる要件に該当して耐えることができる加熱時間（以下この項において「屋外火災保有耐火時間」という。）を、当該外壁の構造方法並びに当該建築物の自重及び積載荷重に応じて国土交通大臣が定める方法により求めること。
　　四　特定主要構造部ごとに、次のイ及びロ（外壁以外の特定主要構造部にあつては、イ）に該当するものであることを確かめること。
　　　イ　各特定主要構造部の屋内火災保有耐火時間が、当該特定主要構造部が面する室について第一号に掲げる式によつて計算した火災の継続時間以上であること。
　　　ロ　各外壁の屋外火災保有耐火時間が、1時間（延焼のおそれのある部分以外の部分にあつては、30分間）以上であること。
3　特定主要構造部が第1項第一号又は第二号に該当する建築物（次項に規定する建築物を除く。）に対する第112条第1項、第3項、第7項から第11項まで及び第16項から第21項まで、第114条第1項及び第2項、第117条第2項、第120条第1項、第2項及び第4項、第121条第2項、第122条第1項、第123条第1項及び第3項、第123条の2、第126条の2、第128条の4第1項及び第4項、第128条の5第1項及び第4項、第128条の7第1項、第129条第1項、第129条の2第1項、第129条の2の4第1項、第129条の13の2、第129条の13の3第3項及び第4項、第137条の14並びに第145条第1項第一号及び第2項の規定（次項において「耐火性能関係規定」という。）の適用については、当該建築物の部分で特定主要構造部であるものの構造は、耐火構造とみなす。
4　特定主要構造部が第1項第一号に該当する建築物（当該建築物の特定主要構造部である床又は壁（外壁を除く。）の開口部に設けられた防火設備が、当該防火設備に当該建築物の屋内において発生が予測される火災による火熱が加えられた場合に、当該加熱面以外の面に火炎を出さないものであることについて防火区画検証法により確かめられたものであるものに限る。）及び特定主要構造部が同項第二号に該当する建築物（当該建築物の特定主要構造部である床又は壁（外壁を除く。）の開口部に設けられた防火設備が、当該防火設備に当該建築物の屋内において発生が予測される火災による火熱が加えられた場合に、当該加熱面以外の面に火炎を出さないものとして国土交通大臣の認定を受けたものであるものに限る。）に対する第112条第1項、第7項から第11項まで、第16項、18項、第19項及び第21項、第122条第1項、第123条第1項及び第3項、第126条の2、第128条の5第1項及び第4項、第128条の7第1項、第129条の2の4第1項、第129条の13の2、第129条の13の3第3項並びに第137条の14の規定（以下この項において「防火区画等関係規定」という。）の適用については、これらの建築物の部分で特定主要構造部であるものの構造は耐火構造と、これらの防火設備の構造は第112条第1項に規定する特定防火設備とみなし、これらの建築物に対する防火区画等関係規定以外の耐火性能関係規定の適用については、これらの建築物の部分で特定主要構造部であるものの構造は耐火構造とみなす。
5　前項の「防火区画検証法」とは、次に定めるところにより、開口部に設けられる防火設備（以下この項において「開口部設備」という。）の火災時における遮炎に関する性能を検証する方法をいう。
　　一　開口部設備が設けられる開口部が面する室において発生が予測される火災の継続時間を第2項第一号に掲げる式により計算すること。
　　二　開口部設備ごとに、当該開口部設備が、当該建築物の屋内において発生が予測される火災による火熱が加えられた場合に、当該加熱面以外の面に火炎を出すことなく耐えることができる加熱時間（以下この項において「保有遮炎時間」という。）を、当該開口部設備の構造方法及び当該火熱による開口部設備の表面の温度の推移に応じて国土交通大臣が定める方法により求めること。
　　三　開口部設備ごとに、保有遮炎時間が第一号の規定によつて計算した火災の継続時間以上であることを確かめること。

[現行]　第109条　（防火戸その他の防火設備）

制定：昭和25年政令第338号　　　施行：昭和25年11月23日
第109条　（防火戸その他の防火設備）
1　法第64条に規定する防火戸その他の防火設備は、下の各号の一に該当するものとする。
　一　甲種防火戸

二　乙種防火戸
　　三　開口部に設けるドレンチヤーで国家消防庁の行う検定に合格したもの
　2　隣地境界線、道路中心線又は同一敷地内において2以上の棟（延べ面積の合計が500㎡以内の建築物は、1棟とみなす。）をなす建築物相互の外壁間の中心線のあらゆる部分で、開口部から1階にあつては3m以下、2階以上にあつては5m以下の距離にあるものと当該開口部とをしや断する耐火構造又は防火構造の外壁、そで壁、へいその他これらに類するものは、前項の防火設備とみなす。
　3　開口面積が100㎠以内の換気孔に設ける鉄板、モルタル板その他これらに類する材料で造られた防火おおい（地面からの高さが1m以下の換気孔については、網目2mm以下の金網で造られたものを含む。）は、第1項の防火設備とみなす。

改正：昭和27年政令第353号　　施行：昭和27年8月20日
第109条　（防火戸その他の防火設備）

　1　法第64条に規定する防火戸その他の防火設備は、下の各号の一に該当するものとする。
　　一・二　略
　　三　開口部に設けるドレンチヤーで国家消防本部の行う検定に合格したもの
　2・3　略

改正：昭和34年政令第344号　　施行：昭和34年12月23日
第109条　（防火戸その他の防火設備）

　1　法第2条第九号の二若しくは第九号の三又は法第64条の規定により政令で定める構造の防火戸その他の防火設備は、次の各号の一に該当するものとする。
　　一～三　略
　2　隣地境界線、道路中心線又は同一敷地内の2以上の建築物（延べ面積の合計が500㎡以内の建築物は、二の建築物とみなす。）相互の外壁間の中心線のあらゆる部分で、開口部から1階にあつては3m以下、2階以上にあつては5m以下の距離にあるものと当該開口部とをさえぎる耐火構造又は防火構造の外壁、そで壁、へいその他これらに類するものは、前項の防火設備とみなす。
　3　開口面積が100㎠以内の換気孔に設ける鉄板、モルタル板その他これらに類する材料で造られた防火おおい又は地面からの高さが1m以下の換気孔に設ける網目2mm以下の金網は、第1項の防火設備とみなす。

改正：昭和35年政令第185号　　施行：昭和35年7月1日
第109条　（防火戸その他の防火設備）

　1　法第2条第九号の二若しくは第九号の三又は法第64条の規定により政令で定める構造の防火戸その他の防火設備は、次の各号の一に該当するものとする。
　　一・二　略
　　三　開口部に設けるドレンチヤーで消防庁の行う検定に合格したもの
　2・3　略

改正：昭和45年政令第333号　　施行：昭和46年1月1日
第109条　（防火戸その他の防火設備）

　1　法第2条第九号の二若しくは第九号の三又は法第64条の規定により政令で定める構造の防火戸その他の防火設備は、次の各号の一に該当するものとする。
　　一・二　略
　　三　開口部に設けるドレンチヤーで消防庁の行なう検定に合格したもの
　2・3　略

令109条　改正：平成5年政令第170号

改正：平成5年政令第170号　　　施行：平成5年6月25日
第109条　（防火戸その他の防火設備）

1　略
2　隣地境界線、道路中心線又は同一敷地内の2以上の建築物（延べ面積の合計が500㎡以内の建築物は、一の建築物とみなす。）相互の外壁間の中心線のあらゆる部分で、開口部から1階にあつては3m以下、2階以上にあつては5m以下の距離にあるものと当該開口部とを遮る耐火構造、準耐火構造又は防火構造の外壁、そで壁、塀その他これらに類するものは、前項の防火設備とみなす。
3　略

改正：平成12年政令第211号　　　施行：平成12年6月1日
第109条　（防火戸その他の防火設備）

1　法第2条第九号の二ロ及び法第64条の政令で定める防火設備は、防火戸、ドレンチャーその他火炎を遮る設備とする。
2　隣地境界線、道路中心線又は同一敷地内の2以上の建築物（延べ面積の合計が500㎡以内の建築物は、一の建築物とみなす。）相互の外壁間の中心線のあらゆる部分で、開口部から1階にあつては3m以下、2階以上にあつては5m以下の距離にあるものと当該開口部とを遮る外壁、そで壁、塀その他これらに類するものは、前項の防火設備とみなす。

改正：平成27年政令第11号　　　施行：平成27年6月1日
第109条　（防火戸その他の防火設備）

1　法第2条第九号の二ロ、法第21条第2項第二号、法第27条第1項（法第87条第3項において準用する場合を含む。第110条から第110条の3までにおいて同じ。）及び法第64条の政令で定める防火設備は、防火戸、ドレンチャーその他火炎を遮る設備とする。
2　略

改正：平成28年政令第6号　　　施行：平成28年6月1日
第109条　（防火戸その他の防火設備）

1　法第2条第九号の二ロ、法第12条第1項、法第21条第2項第二号、法第27条第1項（法第87条第3項において準用する場合を含む。第110条から第110条の3までにおいて同じ。）及び法第64条の政令で定める防火設備は、防火戸、ドレンチャーその他火炎を遮る設備とする。
2　略

改正：令和元年政令第30号　　　施行：令和元年6月25日
第109条　（防火戸その他の防火設備）

1　法第2条第九号の二ロ、法第12条第1項、法第21条第2項第二号、法第27条第1項（法第87条第3項において準用する場合を含む。第110条から第110条の5までにおいて同じ。）、法第53条第3項第一号イ及び法第61条の政令で定める防火設備は、防火戸、ドレンチャーその他火炎を遮る設備とする。
2　略

改正：令和5年政令第280号　　　施行：令和6年4月1日
第109条　（防火戸その他の防火設備）

1　法第2条第九号の二ロ、法第12条第1項、法第21条第2項、法第27条第1項（法第87条第3項において準用する場合を含む。第110条から第110条の5までにおいて同じ。）、法第53条第3項第一号イ及び法第61条第1項の政令で定める防火設備は、防火戸、ドレンチャーその他火炎を遮る設備とする。

2　隣地境界線、道路中心線又は同一敷地内の2以上の建築物（延べ面積の合計が500㎡以内の建築物は、一の建築物とみなす。）相互の外壁間の中心線のあらゆる部分で、開口部から1階にあつては3m以下、2階以上にあつては5m以下の距離にあるものと当該開口部とを遮る外壁、袖壁、塀その他これらに類するものは、前項の防火設備とみなす。

[現行]　第109条の2　（遮炎性能に関する技術的基準）

制定：平成12年政令第211号　　　施行：平成12年6月1日
第109条の2　（遮炎性能に関する技術的基準）

1　法第2条第九号の二ロの政令で定める技術的基準は、防火設備に通常の火災による火熱が加えられた場合に、加熱開始後20分間当該加熱面以外の面に火炎を出さないものであることとする。

[現行]　第109条の2の2　（主要構造部を準耐火構造とした建築物等の層間変形角）

制定：平成5年政令第170号　　　施行：平成5年6月25日
旧　第109条の2　（主要構造部を準耐火構造等とした建築物の層間変形角）

1　法第2条第九号の三イに該当する建築物の地上部分の層間変形角は、150分の1以内でなければならない。ただし、主要構造部が防火上有害な変形、き裂その他の損傷を生じないことが計算又は実験によつて確かめられた場合においては、この限りでない。

改正：平成12年政令第211号　　　施行：平成12年6月1日
第109条の2の2　（主要構造部を準耐火構造とした建築物の層間変形角）

略

改正：平成27年政令第11号　　　施行：平成27年6月1日
第109条の2の2　（主要構造部を準耐火構造等とした建築物の層間変形角）

1　法第2条第九号の三イに該当する建築物及び法第27条第1項の規定に適合する特殊建築物（第110条第二号に掲げる基準に適合するものを除く。以下「特定避難時間倒壊等防止建築物」という。）の地上部分の層間変形角は、150分の1以内でなければならない。ただし、主要構造部が防火上有害な変形、亀裂その他の損傷を生じないことが計算又は実験によつて確かめられた場合においては、この限りでない。

改正：令和元年政令第30号　　　施行：令和元年6月25日
第109条の2の2　（主要構造部を準耐火構造等とした建築物の層間変形角）

1　法第2条第九号の三イに該当する建築物及び第136条の2第一号ロ又は第二号ロに掲げる基準に適合する建築物の地上部分の層間変形角は、150分の1以内でなければならない。ただし、主要構造部が防火上有害な変形、亀裂その他の損傷を生じないことが計算又は実験によつて確かめられた場合においては、この限りでない。

改正：令和5年政令第280号　　　施行：令和6年4月1日
第109条の2の2　（主要構造部を準耐火構造とした建築物等の層間変形角）

1　主要構造部を準耐火構造とした建築物（特定主要構造部を耐火構造とした建築物を含む。）及び第136条の2第一号ロ又は第二号ロに掲げる基準に適合する建築物の地上部分の層間変形角は、150分の1以内でなければならない。ただし、主要構造部が防火上有害な変形、亀裂その他の損傷を生じないことが計算又は実験によつて確かめられた場合においては、この限りでない。
2　建築物が第109条の8に規定する火熱遮断壁等で区画されている場合における当該火熱遮断壁等により分離

令109条の2の2 改正：令和5年政令第280号

> された部分は、前項の規定の適用については、それぞれ別の建築物とみなす。
> 3 法第26条第2項に規定する特定部分（以下この項において「特定部分」という。）を有する建築物であつて、当該建築物の特定部分が同条第2項第一号（同号に規定する基準に係る部分を除く。）又は第二号に該当するものに係る第1項の規定の適用については、当該建築物の特定部分及び他の部分をそれぞれ別の建築物とみなす。

[現行] 第109条の3 （主要構造部を準耐火構造とした建築物と同等の耐火性能を有する建築物の技術的基準）

制定：昭和34年政令第344号　　施行：昭和34年12月23日
旧　第109条の2　（簡易耐火建築物の屋根等の構造）

1　法第2条第九号の三イの規定により政令で定める防火性能を有する構造は、不燃材料で造り、又はふく外、法第86条第2項の場合を除き、屋根の延焼のおそれのある部分を耐火構造又は防火構造としたものとする。
2　法第2条第九号の三ロの規定により政令で定める不燃材料に準ずる材料は、準不燃材料とする。
3　法第2条第九号の三ロの規定により政令で定める防火性能を有する構造は、次の各号に掲げるものとする。
　一　外壁の延焼のおそれのある部分にあつては、耐火構造又は防火構造としたもの
　二　屋根にあつては、不燃材料で造り、若しくはふいたもの又は建設大臣が国家消防本部長の意見を聞いて、これらと同等以上の防火性能を有すると認めて指定するもの
　三　床にあつては、不燃材料又は準不燃材料で造る外、3階以上の階におけるもの（直下の天井を第108条第一号イからハまでの一に該当する構造又は建設大臣が国家消防本部長の意見を聞いて、これらと同等以上の防火性能を有すると認めて指定する構造とし、かつ、そのつり木、受木その他これらに類するものを不燃材料で造つた部分を除く。）を耐火構造又は防火構造としたもの

改正：昭和35年政令第185号　　施行：昭和35年7月1日
旧　第109条の2　（簡易耐火建築物の屋根等の構造）

1・2　略
3　法第2条第九号の三ロの規定により政令で定める防火性能を有する構造は、次の各号に掲げるものとする。
　一　略
　二　屋根にあつては、不燃材料で造り、若しくはふいたもの又は建設大臣が<u>消防庁長官</u>の意見を聞いて、これらと同等以上の防火性能を有すると認めて指定するもの
　三　床にあつては、不燃材料又は準不燃材料で造る外、3階以上の階におけるもの（直下の天井を第108条第一号イからハまでの一に該当する構造又は建設大臣が<u>消防庁長官</u>の意見を聞いて、これらと同等以上の防火性能を有すると認めて指定する構造とし、かつ、そのつり木、受木その他これらに類するものを不燃材料で造つた部分を除く。）を耐火構造又は防火構造としたもの

改正：昭和45年政令第333号　　施行：昭和46年1月1日
旧　第109条の2　（簡易耐火建築物の屋根等の構造）

1　法第2条第九号の三イの規定により政令で定める防火性能を有する構造は、不燃材料で造り、又はふく<u>ほか</u>、法第86条第2項の場合を除き、屋根の延焼のおそれのある部分を耐火構造又は防火構造としたものとする。
2　略
3　法第2条第九号の三ロの規定により政令で定める防火性能を有する構造は、次の各号に掲げるものとする。
　一・二　略
　三　床にあつては、不燃材料又は準不燃材料で造る<u>ほか</u>、3階以上の階におけるもの（直下の天井を第108条第一号イからハまでの一に該当する構造又は建設大臣が消防庁長官の意見を聞いて、これらと同等以上の防火性能を有すると認めて指定する構造とし、かつ、そのつり木、受木その他これらに類するものを不燃材料で造つた部分を除く。）を耐火構造又は防火構造としたもの

改正：昭和62年政令第348号　　　施行：昭和62年11月16日
旧　第109条の2　（簡易耐火建築物の屋根等の構造）

1　法第2条第九号の三イの規定により政令で定める防火性能を有する構造は、不燃材料で造り、又はふくほか、法第86条第7項の場合を除き、屋根の延焼のおそれのある部分を耐火構造又は防火構造としたものとする。
2　法第2条第九号の三ロの規定により政令で定める不燃材料に準ずる材料は、準不燃材料とする。
3　法第2条第九号の三ロの規定により政令で定める防火性能を有する構造は、次の各号に掲げるものとする。
　一　外壁の延焼のおそれのある部分にあつては、耐火構造又は防火構造としたもの
　二　屋根にあつては、不燃材料で造り、若しくはふいたもの又は建設大臣が消防庁長官の意見を聞いて、これらと同等以上の防火性能を有すると認めて指定するもの
　三　床にあつては、不燃材料又は準不燃材料で造るほか、3階以上の階におけるもの（直下の天井を第108条第一号イからハまでの一に該当する構造又は建設大臣が消防庁長官の意見を聞いて、これらと同等以上の防火性能を有すると認めて指定する構造とし、かつ、そのつり木、受木その他これらに類するものを不燃材料で造つた部分を除く。）を耐火構造又は防火構造としたもの

改正：平成5年政令第170号　　　施行：平成5年6月25日
第109条の3　（主要構造部を準耐火構造等とした建築物と同等の耐火性能を有する建築物の技術的基準）

1　法第2条第九号の三ロの政令で定める技術的基準は、次の各号の一に掲げるものとする。
　一　外壁が耐火構造であり、かつ、屋根が不燃材料で造られ、又はふかれているほか、法第86条第8項の場合を除き、屋根の延焼のおそれのある部分が耐火構造、準耐火構造又は防火構造であること。
　二　主要構造部である柱及びはりが不燃材料で、その他の主要構造部が不燃材料又は準不燃材料で造られ、外壁の延焼のおそれのある部分、屋根及び床が次に掲げる構造であること。
　　イ　外壁の延焼のおそれのある部分にあつては、耐火構造、準耐火構造又は防火構造としたもの
　　ロ　屋根にあつては、不燃材料で造り、若しくはふいたもの又は建設大臣が消防庁長官の意見を聴いて、これらと同等以上の防火性能を有すると認めて指定するもの
　　ハ　床にあつては、不燃材料又は準不燃材料で造るほか、3階以上の階におけるもの（直下の天井を第108条第一号イからハまでの一に該当する構造又は建設大臣が消防庁長官の意見を聴いて、これらと同等以上の防火性能を有すると認めて指定する構造とし、かつ、そのつり木、受木その他これらに類するものを不燃材料で造つた部分を除く。）を耐火構造、準耐火構造又は防火構造としたもの

改正：平成9年政令第325号　　　施行：平成9年11月8日
第109条の3　（主要構造部を準耐火構造等とした建築物と同等の耐火性能を有する建築物の技術的基準）

1　法第2条第九号の三ロの政令で定める技術的基準は、次の各号の一に掲げるものとする。
　一　外壁が耐火構造であり、かつ、屋根が不燃材料で造られ、又はふかれているほか、法第86条第9項の場合を除き、屋根の延焼のおそれのある部分が耐火構造、準耐火構造又は防火構造であること。
　二　略

改正：平成11年政令第5号　　　施行：平成11年5月1日
第109条の3　（主要構造部を準耐火構造等とした建築物と同等の耐火性能を有する建築物の技術的基準）

1　法第2条第九号の三ロの政令で定める技術的基準は、次の各号の一に掲げるものとする。
　一　外壁が耐火構造であり、かつ、屋根が不燃材料で造られ、又はふかれているほか、法第86条の4の場合を除き、屋根の延焼のおそれのある部分が耐火構造、準耐火構造又は防火構造であること。
　二　略

改正：平成12年政令第211号　　　施行：平成12年6月1日
第109条の3　（主要構造部を準耐火構造とした建築物と同等の耐火性能を有する建築物の技術的基準）

令109条の3　改正：平成12年政令第211号

1　法第２条第九号の三ロの政令で定める技術的基準は、次の各号のいずれかに掲げるものとする。
　一　外壁が耐火構造であり、かつ、屋根の構造が法第22条第１項に規定する構造であるほか、法第86条の４の場合を除き、屋根の延焼のおそれのある部分の構造が、当該部分に屋内において発生する通常の火災による火熱が加えられた場合に、加熱開始後20分間屋外に火炎を出す原因となるき裂その他の損傷を生じないものとして、建設大臣が定めた構造方法を用いるもの又は建設大臣の認定を受けたものであること。
　二　主要構造部である柱及びはりが不燃材料で、その他の主要構造部が準不燃材料で造られ、外壁の延焼のおそれのある部分、屋根及び床が次に掲げる構造であること。
　　イ　外壁の延焼のおそれのある部分にあつては、防火構造としたもの
　　ロ　屋根にあつては、法第22条第１項に規定する構造としたもの
　　ハ　床にあつては、準不燃材料で造るほか、３階以上の階における床又はその直下の天井の構造を、これらに屋内において発生する通常の火災による火熱が加えられた場合に、加熱開始後30分間構造耐力上支障のある変形、溶融、き裂その他の損傷を生じず、かつ、当該加熱面以外の面（屋内に面するものに限る。）の温度が可燃物燃焼温度以上に上昇しないものとして、建設大臣が定めた構造方法を用いるもの又は建設大臣の認定を受けたものとしたもの

改正：平成12年政令第312号　　　施行：平成13年１月６日
第109条の３　（主要構造部を準耐火構造とした建築物と同等の耐火性能を有する建築物の技術的基準）

1　法第２条第九号の三ロの政令で定める技術的基準は、次の各号のいずれかに掲げるものとする。
　一　外壁が耐火構造であり、かつ、屋根の構造が法第22条第１項に規定する構造であるほか、法第86条の４の場合を除き、屋根の延焼のおそれのある部分の構造が、当該部分に屋内において発生する通常の火災による火熱が加えられた場合に、加熱開始後20分間屋外に火炎を出す原因となるき裂その他の損傷を生じないものとして、国土交通大臣が定めた構造方法を用いるもの又は国土交通大臣の認定を受けたものであること。
　二　主要構造部である柱及びはりが不燃材料で、その他の主要構造部が準不燃材料で造られ、外壁の延焼のおそれのある部分、屋根及び床が次に掲げる構造であること。
　　イ　外壁の延焼のおそれのある部分にあつては、防火構造としたもの
　　ロ　屋根にあつては、法第22条第１項に規定する構造としたもの
　　ハ　床にあつては、準不燃材料で造るほか、３階以上の階における床又はその直下の天井の構造を、これらに屋内において発生する通常の火災による火熱が加えられた場合に、加熱開始後30分間構造耐力上支障のある変形、溶融、き裂その他の損傷を生じず、かつ、当該加熱面以外の面（屋内に面するものに限る。）の温度が可燃物燃焼温度以上に上昇しないものとして、国土交通大臣が定めた構造方法を用いるもの又は国土交通大臣の認定を受けたものとしたもの

[現行]　第109条の４　（法第21条第１項の政令で定める部分）

制定：平成12年政令第211号　　　施行：平成12年６月１日
第109条の４　（法第21条第１項の政令で定める部分）

1　法第21条第１項の政令で定める部分は、主要構造部のうち自重又は積載荷重（第86条第２項ただし書の規定によつて特定行政庁が指定する多雪区域における建築物の主要構造部にあつては、自重、積載荷重又は積雪荷重）を支える部分とする。

[現行]　第109条の５　（大規模の建築物の特定主要構造部の性能に関する技術的基準）

制定：令和元年政令第30号　　　施行：令和元年６月25日
第109条の５　（大規模の建築物の主要構造部の性能に関する技術的基準）

1　法第21条第１項本文の政令で定める技術的基準は、次の各号のいずれかに掲げるものとする。
　一　次に掲げる基準

イ 次の表に掲げる建築物の部分にあつては、当該部分に通常の火災による火熱が加えられた場合に、加熱開始後それぞれ同表に掲げる時間構造耐力上支障のある変形、溶融、破壊その他の損傷を生じないものであること。

壁	間仕切壁（耐力壁に限る。）	通常火災終了時間（通常火災終了時間が45分間未満である場合にあつては、45分間。以下この号において同じ。）
	外壁（耐力壁に限る。）	通常火災終了時間
柱		通常火災終了時間
床		通常火災終了時間
はり		通常火災終了時間
屋根（軒裏を除く。）		30分間
階段		30分間

ロ 壁、床及び屋根の軒裏（外壁によつて小屋裏又は天井裏と防火上有効に遮られているものを除く。以下このロにおいて同じ。）にあつては、これらに通常の火災による火熱が加えられた場合に、加熱開始後通常火災終了時間（非耐力壁である外壁及び屋根の軒裏（いずれも延焼のおそれのある部分以外の部分に限る。）にあつては、30分間）当該加熱面以外の面（屋内に面するものに限る。）の温度が可燃物燃焼温度以上に上昇しないものであること。

ハ 外壁及び屋根にあつては、これらに屋内において発生する通常の火災による火熱が加えられた場合に、加熱開始後通常火災終了時間（非耐力壁である外壁（延焼のおそれのある部分以外の部分に限る。）及び屋根にあつては、30分間）屋外に火炎を出す原因となる亀裂その他の損傷を生じないものであること。

二 第107条各号又は第108条の3第1項第一号イ及びロに掲げる基準

改正：令和5年政令第280号　　　施行：令和6年4月1日
第109条の5　（大規模の建築物の特定主要構造部の性能に関する技術的基準）

1 法第21条第1項本文の政令で定める技術的基準は、次の各号のいずれかに掲げるものとする。
　一 次に掲げる基準
　　イ 次の表の左欄に掲げる建築物の部分にあつては、当該部分に通常の火災による火熱が加えられた場合に、加熱開始後それぞれ同表の右欄に掲げる時間において構造耐力上支障のある変形、溶融、破壊その他の損傷を生じないものであること。

壁	間仕切壁（耐力壁に限る。）	通常火災終了時間（通常火災終了時間が45分間未満である場合にあつては、45分間。以下この号において同じ。）
	外壁（耐力壁に限る。）	通常火災終了時間
柱		通常火災終了時間
床		通常火災終了時間
はり		通常火災終了時間
屋根（軒裏を除く。）		30分間
階段		30分間

ロ 壁、床及び屋根の軒裏（外壁によつて小屋裏又は天井裏と防火上有効に遮られているものを除く。以下このロにおいて同じ。）にあつては、これらに通常の火災による火熱が加えられた場合に、加熱開始後通常火災終了時間（非耐力壁である外壁及び屋根の軒裏（いずれも延焼のおそれのある部分以外の部分に限る。）にあつては、30分間）当該加熱面以外の面（屋内に面するものに限る。）の温度が可燃物燃焼温度以上に上昇しないものであること。

ハ 外壁及び屋根にあつては、これらに屋内において発生する通常の火災による火熱が加えられた場合に、加熱開始後通常火災終了時間（非耐力壁である外壁（延焼のおそれのある部分以外の部分に限る。）及び屋根にあつては、30分間）屋外に火炎を出す原因となる亀裂その他の損傷を生じないものであること。

二 第107条各号又は第108条の4第1項第一号イ及びロに掲げる基準

令109条の6　制定：令和元年政令第30号

[現行]　第109条の6　（延焼防止上有効な空地の技術的基準）

制定：令和元年政令第30号　　　施行：令和元年6月25日
第109条の6　（延焼防止上有効な空地の技術的基準）

1　法第21条第1項ただし書の政令で定める技術的基準は、当該建築物の各部分から当該空地の反対側の境界線までの水平距離が、当該各部分の高さに相当する距離以上であることとする。

[現行]　第109条の7　（大規模の建築物の壁、柱、床その他の部分又は防火設備の性能に関する技術的基準）

制定：平成27年政令第11号　　　施行：平成27年6月1日
旧　**第109条の5**　（大規模の建築物の壁等の性能に関する技術的基準）

1　法第21条第2項第二号の政令で定める技術的基準は、次に掲げるものとする。
一　壁等に通常の火災による火熱が火災継続予測時間（建築物の構造、建築設備及び用途に応じて火災が継続することが予測される時間をいう。以下この条において同じ。）加えられた場合に、当該壁等が構造耐力上支障のある変形、溶融、破壊その他の損傷を生じないものであること。
二　壁等に通常の火災による火熱が火災継続予測時間加えられた場合に、当該加熱面以外の面（屋内に面するものに限り、防火上支障がないものとして国土交通大臣が定めるものを除く。）の温度が可燃物燃焼温度以上に上昇しないものであること。
三　壁等に屋内において発生する通常の火災による火熱が火災継続予測時間加えられた場合に、当該壁等が屋外に火炎を出す原因となる亀裂その他の損傷を生じないものであること。
四　壁等に通常の火災による当該壁等以外の建築物の部分の倒壊によつて生ずる応力が伝えられた場合に、当該壁等が倒壊しないものであること。
五　壁等が、通常の火災時において、当該壁等で区画された部分（当該壁等の部分を除く。）から屋外に出た火炎による当該壁等で区画された他の部分（当該壁等の部分を除く。）への延焼を有効に防止できるものであること。

改正：令和元年政令第30号　　　施行：令和元年6月25日
第109条の7　（大規模の建築物の壁等の性能に関する技術的基準）

略

改正：令和5年政令第280号　　　施行：令和6年4月1日
第109条の7　（大規模の建築物の壁、柱、床その他の部分又は防火設備の性能に関する技術的基準）

1　法第21条第2項の政令で定める技術的基準は、次の各号のいずれかに掲げるものとする。
一　主要構造部の部分及び袖壁、塀その他これらに類する建築物の部分並びに防火設備の構造が、当該建築物の周辺高火熱面積の規模を避難上及び消火上必要な機能の確保に支障を及ぼさないものとして国土交通大臣が定める規模以下とすることができるものであること。
二　特定主要構造部が第109条の5各号のいずれかに掲げる基準に適合するものであること。
2　前項第一号の「周辺高火熱面積」とは、建築物の屋内において発生する通常の火災による熱量により、当該建築物の用途及び規模並びに消火設備の設置の状況及び構造に応じて国土交通大臣が定める方法により算出した当該建築物の周囲の土地における熱量が、人の生命又は身体に危険を及ぼすおそれがあるものとして国土交通大臣が定める熱量を超えることとなる場合における当該土地の面積をいう。

[現行]　第109条の8　（別の建築物とみなすことができる部分）

制定：令和5年政令第280号　　　施行：令和6年4月1日
第109条の8　（別の建築物とみなすことができる部分）

1　法第21条第3項、法第27条第4項（法第87条第3項において準用する場合を含む。）及び法第61条第2項の政令で定める部分は、建築物が火熱遮断壁等（壁、柱、床その他の建築物の部分又は第109条に規定する防火設備（以下この条において「壁等」という。）のうち、次に掲げる技術的基準に適合するもので、国土交通大臣が定めた構造方法を用いるもの又は国土交通大臣の認定を受けたものをいう。以下同じ。）で区画されている場合における当該火熱遮断壁等により分離された部分とする。
一　当該壁等に通常の火災による火熱が火災継続予測時間（建築物の構造、建築設備及び用途に応じて火災が継続することが予測される時間をいう。以下この条において同じ。）加えられた場合に、当該壁等が構造耐力上支障のある変形、溶融、破壊その他の損傷を生じないものであること。
二　当該壁等に通常の火災による火熱が火災継続予測時間加えられた場合に、当該加熱面以外の面（屋内に面するものに限る。）のうち防火上支障がないものとして国土交通大臣が定めるもの以外のもの（ロにおいて「特定非加熱面」という。）の温度が、次のイ又はロに掲げる場合の区分に応じ、それぞれ当該イ又はロに定める温度以上に上昇しないものであること。
　　イ　ロに掲げる場合以外の場合　可燃物燃焼温度
　　ロ　当該壁等が第109条に規定する防火設備である場合において、特定非加熱面が面する室について、国土交通大臣が定める基準に従い、内装の仕上げを不燃材料でし、かつ、その下地を不燃材料で造ることその他これに準ずる措置が講じられているとき　可燃物燃焼温度を超える温度であつて当該措置によつて当該室における延焼を防止することができる温度として国土交通大臣が定める温度
三　当該壁等に屋内において発生する通常の火災による火熱が火災継続予測時間加えられた場合に、当該壁等が屋外に火炎を出す原因となる亀裂その他の損傷を生じないものであること。
四　当該壁等に通常の火災による当該壁等以外の建築物の部分の倒壊によつて生ずる応力が伝えられた場合に、当該壁等の一部が損傷してもなおその自立する構造が保持されることその他国土交通大臣が定める機能が確保されることにより、当該建築物の他の部分に防火上有害な変形、亀裂その他の損傷を生じさせないものであること。
五　当該壁等が、通常の火災時において、当該壁等以外の建築物の部分から屋外に出た火炎による当該建築物の他の部分への延焼を有効に防止できるものであること。

[現行]　第109条の9　（法第22条第1項の市街地の区域内にある建築物の屋根の性能に関する技術的基準）

制定：平成12年政令第211号　　　　施行：平成12年6月1日
旧　第109条の5　（法第22条第1項の市街地の区域内にある建築物の屋根の性能に関する技術的基準）

1　法第22条第1項の政令で定める技術的基準は、次の各号（不燃性の物品を保管する倉庫その他これに類するものとして建設大臣が定める用途に供する建築物又は建築物の部分で、屋根以外の主要構造部が準不燃材料で造られたものの屋根にあつては、第一号）に掲げるものとする。
一　屋根が、通常の火災による火の粉により、防火上有害な発炎をしないものであること。
二　屋根が、通常の火災による火の粉により、屋内に達する防火上有害な溶融、き裂その他の損傷を生じないものであること。

改正：平成12年政令第312号　　　　施行：平成13年1月6日
旧　第109条の5　（法第22条第1項の市街地の区域内にある建築物の屋根の性能に関する技術的基準）

1　法第22条第1項の政令で定める技術的基準は、次の各号（不燃性の物品を保管する倉庫その他これに類するものとして国土交通大臣が定める用途に供する建築物又は建築物の部分で、屋根以外の主要構造部が準不燃材料で造られたものの屋根にあつては、第一号）に掲げるものとする。
　一・二　略

改正：平成27年政令第11号　　　　施行：平成27年6月1日
旧　第109条の6　（法第22条第1項の市街地の区域内にある建築物の屋根の性能に関する技術的基準）

1　法第22条第1項の政令で定める技術的基準は、次の各号（不燃性の物品を保管する倉庫その他これに類す

令旧109条の6   改正：平成27年政令第11号

るものとして国土交通大臣が定める用途に供する建築物又は建築物の部分で、屋根以外の主要構造部が準不燃材料で造られたものの屋根にあつては、第一号）に掲げるものとする。
一　略
二　屋根が、通常の火災による火の粉により、屋内に達する防火上有害な溶融、亀裂その他の損傷を生じないものであること。

改正：平成28年政令第6号　　　施行：平成28年6月1日
旧　第109条の6　（法第22条第1項の市街地の区域内にある建築物の屋根の性能に関する技術的基準）

1　法第22条第1項の政令で定める技術的基準は、次の各号（不燃性の物品を保管する倉庫その他これに類するものとして国土交通大臣が定める用途に供する建築物又は建築物の部分で、通常の火災による火の粉が屋内に到達した場合に建築物の火災が発生するおそれのないものとして国土交通大臣が定めた構造方法を用いるものの屋根にあつては、第一号）に掲げるものとする。
一・二　略

改正：令和元年政令第30号　　　施行：令和元年6月25日
旧　第109条の8　（法第22条第1項の市街地の区域内にある建築物の屋根の性能に関する技術的基準）

1　法第22条第1項の政令で定める技術的基準は、次に掲げるもの（不燃性の物品を保管する倉庫その他これに類するものとして国土交通大臣が定める用途に供する建築物又は建築物の部分で、通常の火災による火の粉が屋内に到達した場合に建築物の火災が発生するおそれのないものとして国土交通大臣が定めた構造方法を用いるものの屋根にあつては、第一号に掲げるもの）とする。
一・二　略

改正：令和5年政令第280号　　　施行：令和6年4月1日
第109条の9　（法第22条第1項の市街地の区域内にある建築物の屋根の性能に関する技術的基準）

1　法第22条第1項の政令で定める技術的基準は、次に掲げるもの（不燃性の物品を保管する倉庫その他これに類するものとして国土交通大臣が定める用途に供する建築物又は建築物の部分で、通常の火災による火の粉が屋内に到達した場合に建築物の火災が発生するおそれのないものとして国土交通大臣が定めた構造方法を用いるものの屋根にあつては、第一号に掲げるもの）とする。
一　屋根が、通常の火災による火の粉により、防火上有害な発炎をしないものであること。
二　屋根が、通常の火災による火の粉により、屋内に達する防火上有害な溶融、亀裂その他の損傷を生じないものであること。

［現行］　第109条の10　（準防火性能に関する技術的基準）

制定：平成12年政令第211号　　　施行：平成12年6月1日
旧　第109条の6　（準防火性能に関する技術的基準）

1　法第23条の政令で定める技術的基準は、次に掲げるものとする。
一　耐力壁である外壁にあつては、これに建築物の周囲において発生する通常の火災による火熱が加えられた場合に、加熱開始後20分間構造耐力上支障のある変形、溶融、破壊その他の損傷を生じないものであること。
二　外壁にあつては、これに建築物の周囲において発生する通常の火災による火熱が加えられた場合に、加熱開始後20分間当該加熱面以外の面（屋内に面するものに限る。）の温度が可燃物燃焼温度以上に上昇しないものであること。

改正：平成27年政令第11号　　　施行：平成27年6月1日

旧　第109条の7　（準防火性能に関する技術的基準）

略

改正：令和元年政令第30号　　　施行：令和元年6月25日
旧　第109条の9　（準防火性能に関する技術的基準）

略

改正：令和5年政令第280号　　　施行：令和6年4月1日
第109条の10　（準防火性能に関する技術的基準）

1　法第23条の政令で定める技術的基準は、次に掲げるものとする。
　一　耐力壁である外壁にあつては、これに建築物の周囲において発生する通常の火災による火熱が加えられた場合に、加熱開始後20分間構造耐力上支障のある変形、溶融、破壊その他の損傷を生じないものであること。
　二　外壁にあつては、これに建築物の周囲において発生する通常の火災による火熱が加えられた場合に、加熱開始後20分間当該加熱面以外の面（屋内に面するものに限る。）の温度が可燃物燃焼温度以上に上昇しないものであること。

[現行]　第110条　（法第27条第1項に規定する特殊建築物の特定主要構造部の性能に関する技術的基準）

制定：平成27年政令第11号　　　施行：平成27年6月1日
第110条　（法第27条第1項に規定する特殊建築物の主要構造部の性能に関する技術的基準）

1　主要構造部の性能に関する法第27条第1項の政令で定める技術的基準は、次の各号のいずれかに掲げるものとする。
　一　次に掲げる基準
　　イ　次の表に掲げる建築物の部分にあつては、当該部分に通常の火災による火熱が加えられた場合に、加熱開始後それぞれ同表に掲げる時間構造耐力上支障のある変形、溶融、破壊その他の損傷を生じないものであること。

壁	間仕切壁（耐力壁に限る。）	特定避難時間（特殊建築物の構造、建築設備及び用途に応じて当該特殊建築物に存する者の全てが当該特殊建築物から地上までの避難を終了するまでに要する時間をいう。以下同じ。）
	外壁（耐力壁に限る。）	特定避難時間
柱		特定避難時間
床		特定避難時間
はり		特定避難時間
屋根（軒裏を除く。）		30分間（特定避難時間が30分間未満である場合にあつては、特定避難時間。以下この号において同じ。）
階段		30分間

　　ロ　壁、床及び屋根の軒裏（外壁によつて小屋裏又は天井裏と防火上有効に遮られているものを除き、延焼のおそれのある部分に限る。）にあつては、これらに通常の火災による火熱が加えられた場合に、加熱開始後特定避難時間（非耐力壁である外壁の延焼のおそれのある部分以外の部分及び屋根の軒裏（外壁によつて小屋裏又は天井裏と防火上有効に遮られているものを除き、延焼のおそれのある部分以外の部分に限る。）にあつては、30分間）当該加熱面以外の面（屋内に面するものに限る。）の温度が可燃物燃焼温度以上に上昇しないものであること。
　　ハ　外壁及び屋根にあつては、これらに屋内において発生する通常の火災による火熱が加えられた場合に、加熱開始後特定避難時間（非耐力壁である外壁の延焼のおそれのある部分以外の部分及び屋根にあつては、30分間）屋外に火炎を出す原因となる亀裂その他の損傷を生じないものであること。

二　第107条各号又は第108条の３第１項第一号イ及びロに掲げる基準

改正：令和元年政令第30号　　　施行：令和元年６月25日
第110条　（法第27条第１項に規定する特殊建築物の主要構造部の性能に関する技術的基準）

1　主要構造部の性能に関する法第27条第１項の政令で定める技術的基準は、次の各号のいずれかに掲げるものとする。
　一　次に掲げる基準
　　イ　次の表に掲げる建築物の部分にあつては、当該部分に通常の火災による火熱が加えられた場合に、加熱開始後それぞれ同表に掲げる時間構造耐力上支障のある変形、溶融、破壊その他の損傷を生じないものであること。

壁	間仕切壁（耐力壁に限る。）	特定避難時間（特殊建築物の構造、建築設備及び用途に応じて当該特殊建築物に存する者の全てが当壁該特殊建築物から地上までの避難を終了するまでに要する時間をいう。以下同じ。）　(特定避難時間が45分間未満である場合にあつては、45分間。以下この号において同じ。)
	外壁（耐力壁に限る。）	特定避難時間
柱		特定避難時間
床		特定避難時間
はり		特定避難時間
屋根（軒裏を除く。）		30分間
階段		30分間

　　ロ　壁、床及び屋根の軒裏（外壁によつて小屋裏又は天井裏と防火上有効に遮られているものを除く。以下このロにおいて同じ。）にあつては、これらに通常の火災による火熱が加えられた場合に、加熱開始後特定避難時間（非耐力壁である外壁及び屋根の軒裏（いずれも延焼のおそれのある部分以外の部分に限る。）にあつては、30分間）当該加熱面以外の面（屋内に面するものに限る。）の温度が可燃物燃焼温度以上に上昇しないものであること。
　　ハ　外壁及び屋根にあつては、これらに屋内において発生する通常の火災による火熱が加えられた場合に、加熱開始後特定避難時間（非耐力壁である外壁（延焼のおそれのある部分以外の部分に限る。）及び屋根にあつては、30分間）屋外に火炎を出す原因となる亀裂その他の損傷を生じないものであること。
　二　第107条各号又は第108条の３第１項第一号イ及びロに掲げる基準

改正：令和5年政令第280号　　　施行：令和6年4月１日
第110条　（法第27条第１項に規定する特殊建築物の特定主要構造部の性能に関する技術的基準）

1　特定主要構造部の性能に関する法第27条第１項の政令で定める技術的基準は、次の各号のいずれかに掲げるものとする。
　一　次に掲げる基準
　　イ　次の表の左欄に掲げる建築物の部分にあつては、当該部分に通常の火災による火熱が加えられた場合に、加熱開始後それぞれ同表の右欄に掲げる時間において構造耐力上支障のある変形、溶融、破壊その他の損傷を生じないものであること。

壁	間仕切壁（耐力壁に限る。）	特定避難時間（特殊建築物の構造、建築設備及び用途に応じて当該特殊建築物に存する者の全てが当壁該特殊建築物から地上までの避難を終了するまでに要する時間をいう。以下同じ。）（特定避難時間が45分間未満である場合にあつては、45分間。以下この号において同じ。）
	外壁（耐力壁に限る。）	特定避難時間
柱		特定避難時間
床		特定避難時間
はり		特定避難時間

屋根（軒裏を除く。）	30分間
階段	30分間

　　ロ　壁、床及び屋根の軒裏（外壁によつて小屋裏又は天井裏と防火上有効に遮られているものを除く。以下このロにおいて同じ。）にあつては、これらに通常の火災による火熱が加えられた場合に、加熱開始後特定避難時間（非耐力壁である外壁及び屋根の軒裏（いずれも延焼のおそれのある部分以外の部分に限る。）にあつては、30分間）当該加熱面以外の面（屋内に面するものに限る。）の温度が可燃物燃焼温度以上に上昇しないものであること。
　　ハ　外壁及び屋根にあつては、これらに屋内において発生する通常の火災による火熱が加えられた場合に、加熱開始後特定避難時間（非耐力壁である外壁（延焼のおそれのある部分以外の部分に限る。）及び屋根にあつては、30分間）屋外に火炎を出す原因となる亀裂その他の損傷を生じないものであること。
　二　第109条の5各号のいずれかに掲げる基準

[現行]　第110条の2　（延焼するおそれがある外壁の開口部）

制定：平成27年政令第11号　　　施行：平成27年6月1日
第110条の2　（延焼するおそれがある外壁の開口部）
1　法第27条第1項の政令で定める外壁の開口部は、次に掲げるものとする。
　一　延焼のおそれのある部分であるもの（法第86条の4第1項各号のいずれかに該当する建築物の外壁の開口部を除く。）
　二　他の外壁の開口部から通常の火災時における火炎が到達するおそれがあるものとして国土交通大臣が定めるもの（前号に掲げるものを除く。）

改正：令和元年政令第30号　　　施行：令和元年6月25日
第110条の2　（延焼するおそれがある外壁の開口部）
1　法第27条第1項の政令で定める外壁の開口部は、次に掲げるものとする。
　一　延焼のおそれのある部分であるもの（法第86条の4各号のいずれかに該当する建築物の外壁の開口部を除く。）
　二　他の外壁の開口部から通常の火災時における火炎が到達するおそれがあるものとして国土交通大臣が定めるもの（前号に掲げるものを除く。）

[現行]　第110条の3　（法第27条第1項に規定する特殊建築物の防火設備の遮炎性能に関する技術的基準）

制定：平成27年政令第11号　　　施行：平成27年6月1日
第110条の3　（法第27条第1項に規定する特殊建築物の防火設備の遮炎性能に関する技術的基準）
1　防火設備の遮炎性能に関する法第27条第1項の政令で定める技術的基準は、防火設備に通常の火災による火熱が加えられた場合に、加熱開始後20分間当該加熱面以外の面（屋内に面するものに限る。）に火炎を出さないものであることとする。

令110条の4　制定：令和元年政令第30号

[現行]　第110条の4　（警報設備を設けた場合に耐火建築物等とすることを要しないこととなる用途）

制定：令和元年政令第30号　　　施行：令和元年6月25日
第110条の4　（警報設備を設けた場合に耐火建築物等とすることを要しないこととなる用途）
1　法第27条第1項第一号の政令で定める用途は、病院、診療所（患者の収容施設があるものに限る。）、ホテル、旅館、下宿、共同住宅、寄宿舎及び児童福祉施設等（入所する者の寝室があるものに限る。）とする。

[現行]　第110条の5　（警報設備の技術的基準）

制定：令和元年政令第30号　　　施行：令和元年6月25日
第110条の5　（警報設備の技術的基準）
1　法第27条第1項第一号の政令で定める技術的基準は、当該建築物のいずれの室（火災の発生のおそれの少ないものとして国土交通大臣が定める室を除く。）で火災が発生した場合においても、有効かつ速やかに、当該火災の発生を感知し、当該建築物の各階に報知することができるよう、国土交通大臣が定めた構造方法を用いる警報設備が、国土交通大臣が定めるところにより適当な位置に設けられていることとする。

[削除条文]

制定：昭和25年政令第338号　　　施行：昭和25年11月23日
旧　第110条　（防火戸の構造）
1　前条第1項第一号の「甲種防火戸」とは、下の各号の一に該当する構造の戸とする。
　一　骨組を鉄製とし、両面にそれぞれ厚さが0.5mm以上の鉄板を張つたもの
　二　鉄製で鉄板の厚さが1.5mm以上のもの
　三　鉄骨コンクリート製又は鉄筋コンクリート製で厚さが3.5cm以上のもの
　四　土蔵造の戸で厚さが15cm以上のもの
　五　前各号に掲げるものを除く外、建設大臣が国家消防庁長官の意見を聞いて、これらと同等以上の防火性能を有すると認めて指定するもの
2　前条第1項第二号の「乙種防火戸」とは、下の各号の一に該当する構造の戸とする。
　一　鉄製で鉄板の厚さが1.5mm未満のもの
　二　鉄骨コンクリート製又は鉄筋コンクリート製で厚さが3.5cm未満のもの
　三　土蔵造の戸で厚さが15cm未満のもの
　四　鉄及び網入ガラスで造られたもの
　五　骨組を防火木材製とし、両面に亜鉛引鉄板を張つたもの
　六　骨組を防火木材製とし、屋内面に厚さが0.9cm以上の防火木材の板を張り、屋外面に亜鉛引鉄板を張つたもの
　七　前各号に掲げるものを除く外、建設大臣が国家消防庁長官の意見を聞いて、これらと同等以上の防火性能を有すると認めて指定するもの
3　開口面積が500cm²以内の開口部に設ける戸で、防火木材及び網入ガラスで造られたものは、前項の乙種防火戸とみなす。
4　防火戸がわく又は防火戸と接する部分は、相じやくりとし、又は定規縁若しくは戸当りを設ける等閉鎖した際にすき間が生じない構造とし、且つ、防火戸の取付金物は、取付部分が閉鎖した際に露出しないように取り付けなければならない。
5　第1項第一号若しくは第二号又は第2項第一号若しくは第四号に掲げる防火戸は、周囲の部分（防火戸から内側に15cm以内の間に設けられた建具がある場合においては、その建具を含む。）が不燃材料又は防火木材で造られた開口部に取り付けなければならない。

改正：昭和27年政令第353号　　　施行：昭和27年8月20日

改正：昭和45年政令第333号　**令旧110条**

旧　第110条　（防火戸の構造）

1　前条第1項第一号の「甲種防火戸」とは、下の各号の一に該当する構造の戸とする。
　一～四　略
　五　前各号に掲げるものを除く外、建設大臣が<u>国家消防本部長</u>の意見を聞いて、これらと同等以上の防火性能を有すると認めて指定するもの
2　前条第1項第二号の「乙種防火戸」とは、下の各号の一に該当する構造の戸とする。
　一～六　略
　七　前各号に掲げるものを除く外、建設大臣が<u>国家消防本部長</u>の意見を聞いて、これらと同等以上の防火性能を有すると認めて指定するもの
3～5　略

改正：昭和34年政令第344号　　　　施行：昭和34年12月23日
旧　第110条　（防火戸の構造）

1　<u>第109条</u>第1項第一号の「甲種防火戸」とは、<u>次</u>の各号の一に該当する構造の戸とする。
　一～五　略
2　<u>第109条</u>第1項第二号の「乙種防火戸」とは、<u>次</u>の各号の一に該当する構造の戸とする。
　一～四　略
　<u>五　骨組を防火塗料を塗布した木材製とし、屋内面に厚さが1.2cm以上の木毛セメント板又は厚さが0.9cm以上の石膏（こう）板を張り、屋外面に亜鉛引鉄板を張つたもの</u>
　六　前各号に掲げるものを除く外、建設大臣が国家消防本部長の意見を聞いて、これらと同等以上の防火性能を有すると認めて指定するもの
3　開口面積が<u>0.5㎡</u>以内の開口部に設ける戸で、<u>防火塗料を塗布した木材及び網入ガラスで造られたものは</u>、前項の乙種防火戸とみなす。
4　防火戸がわく又は防火戸と接する部分は、相じやくりとし、又は定規縁若しくは戸当りを設ける等閉鎖した際にすき間が生じない構造とし、<u>かつ</u>、防火戸の取付金物は、取付部分が閉鎖した際に露出しないように取り付けなければならない。
5　第1項第一号若しくは第二号又は第2項第一号若しくは第四号に掲げる防火戸は、周囲の部分（防火戸から内側に15cm以内の間に設けられた建具がある場合においては、その建具を含む。）が<u>不燃材料</u>で造られた開口部に取り付けなければならない。

改正：昭和35年政令第185号　　　　施行：昭和35年7月1日
旧　第110条　（防火戸の構造）

1　第109条第1項第一号の「甲種防火戸」とは、次の各号の一に該当する構造の戸とする。
　一～四　略
　五　前各号に掲げるものを除く外、建設大臣が<u>消防庁長官</u>の意見を聞いて、これらと同等以上の防火性能を有すると認めて指定するもの
2　第109条第1項第二号の「乙種防火戸」とは、次の各号の一に該当する構造の戸とする。
　一～五　略
　六　前各号に掲げるものを除く外、建設大臣が<u>消防庁長官</u>の意見を聞いて、これらと同等以上の防火性能を有すると認めて指定するもの
3～5　略

改正：昭和45年政令第333号　　　　施行：昭和46年1月1日
旧　第110条　（防火戸の構造）

1　第109条第1項第一号の「甲種防火戸」とは、次の各号の一に該当する構造の戸とする。
　一　骨組を鉄製とし、両面にそれぞれ厚さが0.5mm以上の鉄板を張つたもの

令旧110条 改正：昭和45年政令第333号

二　鉄製で鉄板の厚さが1.5mm以上のもの
三　鉄骨コンクリート製又は鉄筋コンクリート製で厚さが3.5cm以上のもの
四　土蔵造の戸で厚さが15cm以上のもの
五　前各号に掲げるものを除くほか、建設大臣が消防庁長官の意見を聞いて、これらと同等以上の防火性能を有すると認めて指定するもの

2　第109条第１項第二号の「乙種防火戸」とは、次の各号の一に該当する構造の戸とする。
一　鉄製で鉄板の厚さが0.8mm以上1.5mm未満のもの
二　鉄骨コンクリート製又は鉄筋コンクリート製で厚さが3.5cm未満のもの
三　土蔵造の戸で厚さが15cm未満のもの
四　鉄及び網入ガラスで造られたもの
五　骨組を防火塗料を塗布した木材製とし、屋内面に厚さが1.2cm以上の木毛セメント板又は厚さが0.9cm以上の石膏（こう）ボードを張り、屋外面に亜鉛引鉄板を張つたもの
六　前各号に掲げるものを除くほか、建設大臣が消防庁長官の意見を聞いて、これらと同等以上の防火性能を有すると認めて指定するもの

3　開口面積が0.5㎡以内の開口部に設ける戸で、防火塗料を塗布した木材及び網入ガラスで造られたものは、前項の乙種防火戸とみなす。

4　防火戸がわく又は防火戸と接する部分は、相じやくりとし、又は定規縁若しくは戸当りを設ける等閉鎖した際にすき間が生じない構造とし、かつ、防火戸の取付金物は、取付部分が閉鎖した際に露出しないように取り付けなければならない。

5　第１項第一号若しくは第二号又は第２項第一号若しくは第四号に掲げる防火戸は、周囲の部分（防火戸から内側に15cm以内の間に設けられた建具がある場合においては、その建具を含む。）が不燃材料で造られた開口部に取り付けなければならない。

改正：平成12年政令第211号　　　施行：平成12年６月１日
旧　第110条　（防火戸の構造）　削除

[現行]　第111条　（窓その他の開口部を有しない居室等）

制定：昭和45年政令第333号　　　施行：昭和46年１月１日
第111条　（窓その他の開口部を有しない居室等）

1　法第35条の３の規定により政令で定める窓その他の開口部を有しない居室は、次の各号の一に該当する窓その他の開口部を有しない居室とする。
一　面積（第20条第１項又は第２項の規定により計算した採光に有効な部分の面積に限る。）の合計が、当該居室の床面積の20分の１以上のもの
二　直接外気に接する避難上有効な構造のもので、かつ、その大きさが直径１m以上の円が内接することができるもの又はその幅及び高さが、それぞれ、75cm以上及び1.2m以上のもの

2　ふすま、障子その他随時開放することができるもので仕切られた２室は、前項の規定の適用については、１室とみなす。

改正：平成12年政令第211号　　　施行：平成12年６月１日
第111条　（窓その他の開口部を有しない居室等）

1　法第35条の３　（法第87条第３項において準用する場合を含む。）の規定により政令で定める窓その他の開口部を有しない居室は、次の各号のいずれかに該当する窓その他の開口部を有しない居室とする。
一　面積（第20条の規定により計算した採光に有効な部分の面積に限る。）の合計が、当該居室の床面積の20分の１以上のもの
二　略

2　略

改正：令和元年政令第181号　　　施行：令和2年4月1日
第111条　（窓その他の開口部を有しない居室等）

1　法第35条の3（法第87条第3項において準用する場合を含む。）の規定により政令で定める窓その他の開口部を有しない居室は、次の各号のいずれかに該当する窓その他の開口部を有しない居室<u>（避難階又は避難階の直上階若しくは直下階の居室その他の居室であつて、当該居室の床面積、当該居室の各部分から屋外への出口の一に至る歩行距離並びに警報設備の設置の状況及び構造に関し避難上支障がないものとして国土交通大臣が定める基準に適合するものを除く。）</u>とする。
　一・二　略
2　略

改正：令和5年政令第34号　　　施行：令和5年4月1日
第111条　（窓その他の開口部を有しない居室等）

1　法第35条の3（法第87条第3項において準用する場合を含む。）の規定により政令で定める窓その他の開口部を有しない居室は、次の各号のいずれかに該当する窓その他の開口部を有しない居室（避難階又は避難階の直上階若しくは直下階の居室その他の居室であつて、当該居室の床面積、当該居室<u>からの避難の用に供する廊下その他の通路の構造並びに消火設備、排煙設備、非常用の照明装置及び</u>警報設備の設置の状況及び構造に関し避難上支障がないものとして国土交通大臣が定める基準に適合するものを除く。）とする。
　一　面積（第20条の規定により計算した採光に有効な部分の面積に限る。）の合計が、当該居室の床面積の20分の1以上のもの
　二　直接外気に接する避難上有効な構造のもので、かつ、その大きさが直径1m以上の円が内接することができるもの又はその幅及び高さが、それぞれ、75cm以上及び1.2m以上のもの
2　ふすま、障子その他随時開放することができるもので仕切られた2室は、前項の規定の適用については、1室とみなす。

［現行］　第112条　（防火区画）

制定：昭和25年政令第338号　　　施行：昭和25年11月23日
第112条　（防火区画）

1　主要構造部が耐火構造又は不燃材料で造られた建築物で、延べ面積が1,500㎡をこえるものは、延べ面積1,500㎡以内ごとに耐火構造の床若しくは壁又は甲種防火戸で区画しなければならない。但し、スプリンクラーを設備した建築物の部分である場合又は劇場、映画館、演芸場、観覧場、公会堂若しくは集会場の客席、屋内運動場、工場その他これらに類する用途に供する建築物の部分でその用途上やむを得ない場合においては、この限りでない。
2　建築物の一部が法第24条第1項の各号の一に該当する場合においては、その部分とその他の部分とを耐火構造とした壁又は両面を防火構造とした壁又は甲種防火戸若しくは乙種防火戸（第110条第2項第三号及び第六号に掲げるものを除く。）で区画しなければならない。
3　建築物の一部が法第27条の各号の一に該当する場合においては、その部分とその他の部分とを耐火構造とした床若しくは壁又は甲種防火戸で区画しなければならない。

改正：昭和26年政令第371号　　　施行：昭和26年12月7日
第112条　（防火区画）

1　略
2　建築物の一部が法第24条第1項の各号の一に該当する場合においては、その部分とその他の部分とを耐火構造とした<u>壁若しくは</u>両面を防火構造とした壁又は甲種防火戸若しくは乙種防火戸（第110条第2項第三号及び第六号に掲げるものを除く。）で区画しなければならない。
3　略

令112条 改正：昭和31年政令第185号

改正：昭和31年政令第185号　　　施行：昭和31年7月1日
第112条　（防火区画）

1　略
2　前項の規定による耐火構造の床若しくは壁又は甲種防火戸に接する外壁については、当該外壁のうちこれらに接する部分を含み幅90cm以上の部分を耐火構造としなければならない。但し、外壁面から50cm以上突出した耐火構造のひさし、床、そで壁その他これらに類するもので防火上有効にしや断されている場合においては、この限りでない。
3　前項の規定によつて耐火構造としなければならない部分に開口部がある場合においては、その開口部に甲種防火戸若しくは乙種防火戸（第110条第2項第三号及び第六号に掲げるものを除く。以下次項において同様とする。）を設けなければならない。
4　建築物の一部が法第24条第1項の各号の一に該当する場合においては、その部分とその他の部分とを耐火構造とした壁若しくは両面を防火構造とした壁又は甲種防火戸若しくは乙種防火戸で区画しなければならない。
5　建築物の一部が法第27条の各号の一に該当する場合においては、その部分とその他の部分とを耐火構造とした床若しくは壁又は甲種防火戸で区画しなければならない。

改正：昭和33年政令第283号　　　施行：昭和34年1月1日
第112条　（防火区画）

1～5　略
6　給水管、配電管その他の管が第1項、第2項本文、第4項若しくは前項の規定による耐火構造若しくは防火構造の床若しくは壁又は第2項ただし書の場合における同項ただし書のひさし、床、そで壁その他これらに類するもの（以下この項及び第7項において「耐火構造等の防火区画」という。）を貫通する場合においては、当該管と耐火構造等の防火区画とのすき間をモルタルその他の不燃材料で埋めなければならない。
7　換気、暖房又は冷房の設備の風道が耐火構造等の防火区画を貫通する場合においては、当該風道の耐火構造等の防火区画を貫通する部分又はこれに近接する部分に防火上有効にダンパーを設けなければならない。

改正：昭和34年政令第344号　　　施行：昭和34年12月23日
第112条　（防火区画）

1　主要構造部を耐火構造とした建築物又は法第2条第九号の三イ若しくはロのいずれかに該当する建築物で、延べ面積（自動式スプリンクラーを設備した部分の床面積を除く。以下第2項及び第3項において同様とする。）が1,500㎡をこえるものは、床面積（自動式スプリンクラーを設備した部分の床面積を除く。以下第2項及び第3項において同様とする。）の合計1,500㎡以内ごとに耐火構造の床若しくは壁又は甲種防火戸で区画しなければならない。ただし、劇場、映画館、演芸場、観覧場、公会堂又は集会場の客席、体育館、工場その他これらに類する用途に供する建築物の部分でその用途上やむを得ない場合においては、この限りでない。
2　法第27条第2項又は法第62条第1項の規定により法第2条第九号の三イに該当する簡易耐火建築物とした建築物（法第2条第九号の三ロに該当するものを除く。）で、延べ面積が500㎡をこえるものについては、前項の規定にかかわらず、床面積の合計500㎡以内ごとに耐火構造の床若しくは壁又は甲種防火戸で区画し、かつ、防火上主要な間仕切壁を耐火構造又は防火構造とし、小屋裏又は天井裏に達せしめなければならない。
3　法第27条第2項又は法第62条第1項の規定により法第2条第九号の三ロに該当する簡易耐火建築物とした建築物で、延べ面積が1,000㎡をこえるものについては、第1項の規定にかかわらず、床面積の合計1,000㎡以内ごとに耐火構造の床若しくは壁又は甲種防火戸で区画しなければならない。
4　前2項の規定は、体育館、工場その他これらに類する用途に供する建築物の部分で、天井（天井のない場合においては、屋根）及び壁の室内に面する部分の仕上げを不燃材料又は準不燃材料でしたものについては、適用しない。
5　第1項から第3項までの規定による耐火構造の床若しくは壁（第2項に規定する防火上主要な間仕切壁を除く。）又は甲種防火戸に接する外壁については、当該外壁のうちこれらに接する部分を含み幅90cm以上の部分を耐火構造としなければならない。ただし、外壁面から50cm以上突出した耐火構造のひさし、床、そ

で壁その他これらに類するもので防火上有効にさえぎられている場合においては、この限りでない。
6　前項の規定によつて耐火構造としなければならない部分に開口部がある場合においては、その開口部に甲種防火戸若しくは乙種防火戸（第110条第２項第三号に掲げるものを除く。以下次項において同様とする。）を設けなければならない。
7　建築物の一部が法第24条各号の一に該当する場合においては、その部分とその他の部分とを耐火構造とした壁若しくは両面を防火構造とした壁又は甲種防火戸若しくは乙種防火戸で区画しなければならない。
8　建築物の一部が法第27条第１項各号の一又は同条第２項各号の一に該当する場合においては、その部分とその他の部分とを耐火構造とした床若しくは壁又は甲種防火戸で区画しなければならない。
9　給水管、配電管その他の管が第１項から第３項まで、第５項本文、第７項若しくは前項の規定による耐火構造若しくは防火構造の床若しくは壁又は第５項ただし書の場合における同項ただし書のひさし、床、そで壁その他これらに類するもの（以下この項及び第10項において「耐火構造等の防火区画」という。）を貫通する場合においては、当該管と耐火構造等の防火区画とのすき間をモルタルその他の不燃材料で埋めなければならない。
10　換気、暖房又は冷房の設備の風道が耐火構造等の防火区画を貫通する場合においては、当該風道の耐火構造等の防火区画を貫通する部分又はこれに近接する部分に防火上有効にダンパーを設けなければならない。

改正：昭和36年政令第396号　　　施行：昭和36年12月４日
第112条　（防火区画）

1　主要構造部を耐火構造とした建築物又は法第２条第九号の三イ若しくはロのいずれかに該当する建築物で、延べ面積（スプリンクラー設備、水噴霧消火設備、泡（あわ）消火設備その他これらに類するもので自動式のものを設けた部分の床面積を除く。以下第２項及び第３項において同様とする。）が1,500㎡をこえるものは、床面積（スプリンクラー設備、水噴霧消火設備、泡（あわ）消火設備その他これらに類するもので自動式のものを設けた部分の床面積を除く。以下第２項及び第３項において同様とする。）の合計1,500㎡以内ごとに耐火構造の床若しくは壁又は甲種防火戸で区画しなければならない。ただし、劇場、映画館、演芸場、観覧場、公会堂又は集会場の客席、体育館、工場その他これらに類する用途に供する建築物の部分でその用途上やむを得ない場合においては、この限りでない。
2〜10　略

改正：昭和39年政令第４号　　　施行：昭和39年１月15日
第112条　（防火区画）

1　主要構造部を耐火構造とした建築物又は法第２条第九号の三イ若しくはロのいずれかに該当する建築物で、延べ面積（スプリンクラー設備、水噴霧消火設備、泡（あわ）消火設備その他これらに類するもので自動式のものを設けた部分の床面積を除く。以下この条において同様とする。）が1,500㎡をこえるものは、床面積（スプリンクラー設備、水噴霧消火設備、泡（あわ）消火設備その他これらに類するもので自動式のものを設けた部分の床面積を除く。以下この条において同様とする。）の合計1,500㎡以内ごとに耐火構造の床若しくは壁又は甲種防火戸で区画しなければならない。ただし、劇場、映画館、演芸場、観覧場、公会堂又は集会場の客席、体育館、工場その他これらに類する用途に供する建築物の部分でその用途上やむを得ない場合においては、この限りでない。
2・3　略
4　前２項の規定は、体育館、工場その他これらに類する用途に供する建築物の部分で、天井（天井のない場合においては、屋根。以下第６項及び第７項において同様とする。）及び壁の室内に面する部分の仕上げを不燃材料又は準不燃材料でしたものについては、適用しない。
5　建築物の11階以上の部分で、各階の床面積の合計が100㎡をこえるものは、第１項の規定にかかわらず、床面積の合計100㎡以内ごとに耐火構造の床若しくは壁又は甲種防火戸若しくは乙種防火戸で区画しなければならない。
6　前項の建築物の部分で、当該部分の壁（床面からの高さが1.2m以下の部分を除く。以下次項において同様とする。）及び天井の室内に面する部分（回り縁、窓台その他これらに類する部分を除く。以下次項において同様とする。）の仕上げを不燃材料又は準不燃材料でし、かつ、その下地を不燃材料又は準不燃材料で

令112条 改正：昭和39年政令第4号

造つたものは、乙種防火戸で区画する場合を除き、前項の規定にかかわらず、床面積の合計200㎡以内ごとに区画すれば足りる。

7 　第5項の建築物の部分で、当該部分の壁及び天井の室内に面する部分の仕上げを不燃材料でし、かつ、その下地を不燃材料で造つたものは、乙種防火戸で区画する場合を除き、第5項の規定にかかわらず、床面積の合計500㎡以内ごとに区画すれば足りる。

8 　第1項から第3項まで又は第5項の規定による耐火構造の床若しくは壁（第2項に規定する防火上主要な間仕切壁を除く。）又は甲種防火戸に接する外壁については、当該外壁のうちこれらに接する部分を含み幅90cm以上の部分を耐火構造としなければならない。ただし、外壁面から50cm以上突出した耐火構造のひさし、床、そで壁その他これらに類するもので防火上有効にさえぎられている場合においては、この限りでない。

9 　前項の規定によつて耐火構造としなければならない部分に開口部がある場合においては、その開口部に甲種防火戸若しくは乙種防火戸（第110条第2項第三号に掲げるものを除く。以下次項において同様とする。）を設けなければならない。

10 　建築物の一部が法第24条各号の一に該当する場合においては、その部分とその他の部分とを耐火構造とした壁若しくは両面を防火構造とした壁又は甲種防火戸若しくは乙種防火戸で区画しなければならない。

11 　建築物の一部が法第27条第1項各号の一又は同条第2項各号の一に該当する場合においては、その部分とその他の部分とを耐火構造とした床若しくは壁又は甲種防火戸で区画しなければならない。

12 　給水管、配電管その他の管が第1項から第3項まで、第5項、第8項本文、第10項若しくは前項の規定による耐火構造若しくは防火構造の床若しくは壁又は第8項ただし書の場合における同項ただし書のひさし、床、そで壁その他これらに類するもの（以下この項及び次項において「耐火構造等の防火区画」という。）を貫通する場合においては、当該管と耐火構造等の防火区画とのすき間をモルタルその他の不燃材料で埋めなければならない。

13 　換気、暖房又は冷房の設備の風道が耐火構造等の防火区画を貫通する場合においては、当該風道の耐火構造等の防火区画を貫通する部分又はこれに近接する部分に防火上有効にダンパーを設けなければならない。

改正：昭和44年政令第8号　　　　施行：昭和44年5月1日
第112条　（防火区画）

1 　主要構造部を耐火構造とした建築物又は法第2条第九号の三イ若しくはロのいずれかに該当する建築物で、延べ面積（スプリンクラー設備、水噴霧消火設備、泡（あわ）消火設備その他これらに類するもので自動式のものを設けた部分の床面積の2分の1に相当する床面積を除く。以下この条において同様とする。）が1,500㎡をこえるものは、床面積（スプリンクラー設備、水噴霧消火設備、泡（あわ）消火設備その他これらに類するもので自動式のものを設けた部分の床面積の2分の1に相当する床面積を除く。以下この条において同様とする。）の合計1,500㎡以内ごとに耐火構造の床若しくは壁又は甲種防火戸で区画しなければならない。ただし、劇場、映画館、演芸場、観覧場、公会堂又は集会場の客席、体育館、工場その他これらに類する用途に供する建築物の部分でその用途上やむを得ない場合においては、この限りでない。

2・3 　略

4 　前2項の規定は、体育館、工場その他これらに類する用途に供する建築物の部分で、天井（天井のない場合においては、屋根。以下第6項から第8項までにおいて同様とする。）及び壁の室内に面する部分の仕上げを不燃材料又は準不燃材料でしたものについては、適用しない。

5～7 　略

8 　主要構造部を耐火構造とし、かつ、地階又は3階以上の階に居室を有する建築物の住戸の部分（住戸の階数が2以上であるものに限る。）、吹抜きとなつている部分、階段の部分、昇降機の昇降路の部分、ダクトスペースの部分その他これらに類する部分（当該部分からのみ人が出入することのできる公衆便所、公衆電話所その他これらに類するものを含む。）については、当該部分（当該部分が第1項ただし書に規定する用途に供する建築物の部分でその壁（床面からの高さが1.2m以下の部分を除く。）及び天井の室内に面する部分（回り縁、窓台その他これらに類する部分を除く。以下この項において同じ。）の仕上げを不燃材料又は準不燃材料でし、かつ、その下地を不燃材料又は準不燃材料で造つたものであつてその用途上区画することができない場合にあつては、当該建築物の部分）とその他の部分（直接外気に開放されている廊下、バルコニーその他これらに類する部分を除く。）とを耐火構造の床若しくは壁又は甲種防火戸若しくは乙種防火戸で区画しなければならない。ただし、避難階（直接地上へ通ずる出入口のある階をいう。以下同じ。）の直上階又は直下階のみに通ず

る吹抜きとなつている部分、階段の部分その他これらに類する部分でその壁及び天井の室内に面する部分の仕上げを不燃材料でし、かつ、その下地を不燃材料で造つたものについては、この限りでない。

9 　第1項から第3項まで、第5項若しくは前項の規定による耐火構造の床若しくは壁（第2項に規定する防火上主要な間仕切壁を除く。）若しくは甲種防火戸又は第5項若しくは前項の規定による乙種防火戸に接する外壁については、当該外壁のうちこれらに接する部分を含み幅90cm以上の部分を耐火構造としなければならない。ただし、外壁面から50cm以上突出した耐火構造のひさし、床、そで壁その他これらに類するもので防火上有効にさえぎられている場合においては、この限りでない。

10 　前項の規定によつて耐火構造としなければならない部分に開口部がある場合においては、その開口部に甲種防火戸若しくは乙種防火戸（第110条第2項第三号に掲げるものを除く。以下次項において同様とする。）を設けなければならない。

11 　建築物の一部が法第24条各号の一に該当する場合においては、その部分とその他の部分とを耐火構造とした壁若しくは両面を防火構造とした壁又は甲種防火戸若しくは乙種防火戸で区画しなければならない。

12 　建築物の一部が法第27条第1項各号の一又は同条第2項各号の一に該当する場合においては、その部分とその他の部分とを耐火構造とした床若しくは壁又は甲種防火戸で区画しなければならない。

13 　第1項から第3項まで、第5項、第8項又は前2項の規定による区画に用いる甲種防火戸及び第5項、第8項又は第11項の規定による区画に用いる乙種防火戸は、次の各号に定める構造としなければならない。
　一　随時閉鎖することができ、かつ、火災により温度が急激に上昇した場合に自動的に閉鎖すること。
　二　居室から地上に通ずる主たる廊下、階段その他の通路に設けるものにあつては、直接手で開くことができ、かつ、自動的に閉鎖する部分を有し、その部分の幅、高さ及び下端の床面からの高さが、それぞれ、75cm以上、1.8m以上及び15cm以下であること。

14 　給水管、配電管その他の管が第1項から第3項まで、第5項、第8項本文、第9項本文、第11項若しくは第12項の規定による耐火構造若しくは防火構造の床若しくは壁又は第9項ただし書の場合における同項ただし書のひさし、床、そで壁その他これらに類するもの（以下この項及び次項において「耐火構造等の防火区画」という。）を貫通する場合においては、当該管と耐火構造等の防火区画とのすき間をモルタルその他の不燃材料で埋めなければならない。

15 　換気、暖房又は冷房の設備の風道が耐火構造等の防火区画を貫通する場合においては、当該風道の耐火構造等の防火区画を貫通する部分又はこれに近接する部分に防火上有効にダンパーを設けなければならない。

改正：昭和45年政令第333号　　　　施行：昭和46年1月1日
第112条　（防火区画）

1 　主要構造部を耐火構造とした建築物又は法第2条第九号の三イ若しくはロのいずれかに該当する建築物で、延べ面積（スプリンクラー設備、水噴霧消火設備、泡（あわ）消火設備その他これらに類するもので自動式のものを設けた部分の床面積の2分の1に相当する床面積を除く。以下この条において同じ。）が1,500㎡をこえるものは、床面積（スプリンクラー設備、水噴霧消火設備、泡（あわ）消火設備その他これらに類するもので自動式のものを設けた部分の床面積の2分の1に相当する床面積を除く。以下この条において同じ。）の合計1,500㎡以内ごとに耐火構造の床若しくは壁又は甲種防火戸で区画しなければならない。ただし、次の各号の一に該当する建築物の部分でその用途上やむを得ない場合においては、この限りでない。
　二　劇場、映画館、演芸場、観覧場、公会堂又は集会場の客席、体育館、工場その他これらに類する用途に供する建築物の部分
　二　階段室の部分又は昇降機の昇降路の部分（当該昇降機の乗降のための乗降ロビーの部分を含む。）で耐火構造の床若しくは壁又は甲種防火戸で区画されたもの

2・3　略

4 　前2項の規定は、次の各号の一に該当する建築物の部分で、天井（天井のない場合においては、屋根。第6項、第7項及び第9項において同じ。）及び壁の室内に面する部分の仕上げを不燃材料又は準不燃材料でしたものについては、適用しない。
　一　体育館、工場その他これらに類する用途に供する建築物の部分
　二　第1項第二号に掲げる建築物の部分

5　略

6 　前項の建築物の部分で、当該部分の壁（床面からの高さが1.2m以下の部分を除く。次項において同じ。）

令112条　改正：昭和45年政令第333号

及び天井の室内に面する部分（回り縁、窓台その他これらに類する部分を除く。次項において同じ。）の仕上げを不燃材料又は準不燃材料でし、かつ、その下地を不燃材料又は準不燃材料で造つたものは、乙種防火戸で区画する場合を除き、前項の規定にかかわらず、床面積の合計200㎡以内ごとに区画すれば足りる。

7　略

8　前3項の規定は、階段室の部分若しくは昇降機の昇降路の部分（当該昇降機の乗降のための乗降ロビーの部分を含む。）又は廊下その他避難の用に供する部分で耐火構造の床若しくは壁又は甲種防火戸（第5項の規定により区画すべき建築物にあつては、乙種防火戸を含む。）で区画されたものについては、適用しない。

9　主要構造部を耐火構造とし、かつ、地階又は3階以上の階に居室を有する建築物の住戸の部分（住戸の階数が2以上であるものに限る。）、吹抜きとなつている部分、階段の部分、昇降機の昇降路の部分、ダクトスペースの部分その他これらに類する部分（当該部分からのみ人が出入することのできる公衆便所、公衆電話所その他これらに類するものを含む。）については、当該部分（当該部分が第1項ただし書に規定する用途に供する建築物の部分でその壁（床面からの高さが1.2m以下の部分を除く。）及び天井の室内に面する部分（回り縁、窓台その他これらに類する部分を除く。以下この項において同じ。）の仕上げを不燃材料又は準不燃材料でし、かつ、その下地を不燃材料又は準不燃材料で造つたものであつてその用途上区画することができない場合にあつては、当該建築物の部分）とその他の部分（直接外気に開放されている廊下、バルコニーその他これらに類する部分を除く。）とを耐火構造の床若しくは壁又は甲種防火戸若しくは乙種防火戸で区画しなければならない。ただし、次の各号の一に該当する建築物の部分については、この限りでない。

一　避難階からその直上階又は直下階のみに通ずる吹抜きとなつている部分、階段の部分その他これらに類する部分でその壁及び天井の室内に面する部分の仕上げを不燃材料でし、かつ、その下地を不燃材料で造つたもの

二　階数が3以下で延べ面積が200㎡以内の一戸建の住宅又は長屋の住戸における吹抜きとなつている部分、階段の部分その他これらに類する部分

10　第1項から第5項まで若しくは前項の規定による耐火構造の床若しくは壁（第2項に規定する防火上主要な間仕切壁を除く。）若しくは甲種防火戸又は第5項若しくは前項の規定による乙種防火戸に接する外壁については、当該外壁のうちこれらに接する部分を含み幅90cm以上の部分を耐火構造としなければならない。ただし、外壁面から50cm以上突出した耐火構造のひさし、床、そで壁その他これらに類するもので防火上有効にさえぎられている場合においては、この限りでない。

11　前項の規定によつて耐火構造としなければならない部分に開口部がある場合においては、その開口部に甲種防火戸若しくは乙種防火戸（第110条第2項第三号に掲げるものを除く。次項において同じ。）を設けなければならない。

12　建築物の一部が法第24条各号の一に該当する場合においては、その部分とその他の部分とを耐火構造とした壁若しくは両面を防火構造とした壁又は甲種防火戸若しくは乙種防火戸で区画しなければならない。

13　建築物の一部が法第27条第1項各号の一又は同条第2項各号の一に該当する場合においては、その部分とその他の部分とを耐火構造とした床若しくは壁又は甲種防火戸で区画しなければならない。

14　第1項から第5項まで、第8項、第9項又は前2項の規定による区画に用いる甲種防火戸及び第5項、第8項、第9項又は第12項の規定による区画に用いる乙種防火戸は、次の各号に定める構造としなければならない。

一　随時閉鎖することができ、かつ、火災により温度が急激に上昇した場合に自動的に閉鎖すること。

二　居室から地上に通ずる主たる廊下、階段その他の通路に設けるものにあつては、直接手で開くことができ、かつ、自動的に閉鎖する部分を有し、その部分の幅、高さ及び下端の床面からの高さが、それぞれ、75cm以上、1.8m以上及び15cm以下であること。

15　給水管、配電管その他の管が第1項から第5項まで、第8項、第9項本文、第10項本文、第12項若しくは第13項の規定による耐火構造若しくは防火構造の床若しくは壁又は第10項ただし書の場合における同項ただし書のひさし、床、そで壁その他これらに類するもの（以下この項及び次項において「耐火構造等の防火区画」という。）を貫通する場合においては、当該管と耐火構造等の防火区画とのすき間をモルタルその他の不燃材料で埋めなければならない。

16　換気、暖房又は冷房の設備の風道が耐火構造等の防火区画を貫通する場合においては、当該風道の耐火構造等の防火区画を貫通する部分又はこれに近接する部分に防火上有効にダンパーを設けなければならない。

改正：昭和48年政令第242号　　施行：昭和49年1月1日

改正：平成5年政令第170号 **令112条**

第112条 （防火区画）

1～13 略
14 第1項から第5項まで、第8項、第9項又は前2項の規定による区画に用いる甲種防火戸及び第5項、第8項、第9項又は第12項の規定による区画に用いる乙種防火戸は、面積が3㎡以内の常時閉鎖状態を保持する防火戸で、直接手で開くことができ、かつ、自動的に閉鎖するもの（以下「常時閉鎖式防火戸」という。）又はその他の防火戸で次の各号に定める構造のものとしなければならない。
　一　随時閉鎖することができること。
　二　居室から地上に通ずる主たる廊下、階段その他の通路に設けるものにあつては、当該戸に近接して当該通路に常時閉鎖式防火戸が設けられている場合を除き、直接手で開くことができ、かつ、自動的に閉鎖する部分を有し、その部分の幅、高さ及び下端の床面からの高さが、それぞれ、75cm以上、1.8m以上及び15cm以下であること。
　三　第1項本文、第2項、第3項若しくは第5項の規定による区画に用いる甲種防火戸又は同項の規定による区画に用いる乙種防火戸にあつては、建設大臣の定める基準に従つて、火災により煙が発生した場合又は火災により温度が急激に上昇した場合のいずれかの場合に、自動的に閉鎖する構造とすること。
　四　第1項第二号、第4項、第8項、第9項若しくは前2項の規定による区画に用いる甲種防火戸又は第8項、第9項若しくは第12項の規定による区画に用いる乙種防火戸にあつては、建設大臣の定める基準に従つて、火災により煙が発生した場合に自動的に閉鎖し、かつ、避難上及び防火上支障のない遮（しや）煙性能を有する構造とすること。
15　略
16　換気、暖房又は冷房の設備の風道が耐火構造等の防火区画を貫通する場合（建設大臣が防火上支障がないと認めて指定する場合を除く。）においては、当該風道の耐火構造等の防火区画を貫通する部分又はこれに近接する部分に次の各号に定める構造のダンパーを設けなければならない。
　一　鉄製で鉄板の厚さが1.5mm以上であること。
　二　火災により煙が発生した場合又は火災により温度が急激に上昇した場合のいずれかの場合に自動的に閉鎖すること。
　三　閉鎖した場合に防火上支障のあるすき間が生じないこと。
　四　前各号に定めるもののほか、建設大臣がダンパーとしての機能を確保するために必要があると認めて定める基準に適合する構造とすること。

改正：昭和55年政令第196号　　施行：昭和56年6月1日

第112条 （防火区画）

1～15 略
16　換気、暖房又は冷房の設備の風道が耐火構造等の防火区画を貫通する場合（建設大臣が防火上支障がないと認めて指定する場合を除く。）においては、当該風道の耐火構造等の防火区画を貫通する部分又はこれに近接する部分に次の各号に定める構造のダンパーを設けなければならない。
　一　略
　二　火災により煙が発生した場合又は火災により温度が急激に上昇した場合に自動的に閉鎖する構造のもので建設大臣の定める基準に適合するものであること。
　三・四　略

改正：平成5年政令第170号　　施行：平成5年6月25日

第112条 （防火区画）

1　主要構造部を耐火構造とした建築物又は法第2条第九号の三イ若しくはロのいずれかに該当する建築物で、延べ面積（スプリンクラー設備、水噴霧消火設備、泡消火設備その他これらに類するもので自動式のものを設けた部分の床面積の2分の1に相当する床面積を除く。以下この条において同じ。）が1,500㎡を超えるものは、床面積（スプリンクラー設備、水噴霧消火設備、泡消火設備その他これらに類するもので自動式のものを設けた部分の床面積の2分の1に相当する床面積を除く。以下この条において同じ。）の合計1,500

令112条　改正：平成5年政令第170号

㎡以内ごとに耐火構造若しくは第115条の2の2第1項第一号に掲げる技術的基準に適合する準耐火構造の床若しくは壁又は甲種防火戸で区画しなければならない。ただし、次の各号の一に該当する建築物の部分でその用途上やむを得ない場合においては、この限りでない。

一　略

二　階段室の部分又は昇降機の昇降路の部分（当該昇降機の乗降のための乗降ロビーの部分を含む。）で耐火構造若しくは第115条の2の2第1項第一号に掲げる技術的基準に適合する準耐火構造の床若しくは壁又は甲種防火戸で区画されたもの

2　法第27条第2項又は法第62条第1項の規定により準耐火建築物とした建築物（第109条の3第二号又は第115条の2の2第1項第一号に掲げる技術的基準に適合するものを除く。）で、延べ面積が500㎡を超えるものについては、前項の規定にかかわらず、床面積の合計500㎡以内ごとに耐火構造若しくは同号に掲げる技術的基準に適合する準耐火構造の床若しくは壁又は甲種防火戸で区画し、かつ、防火上主要な間仕切壁を耐火構造、準耐火構造又は防火構造とし、小屋裏又は天井裏に達せしめなければならない。

3　法第21条第1項ただし書、法第27条第1項ただし書、同条第2項若しくは法第62条第1項の規定により第115条の2の2第1項第一号に掲げる技術的基準に適合する建築物とした建築物又は法第27条第2項若しくは法第62条第1項の規定により第109条の3第二号に掲げる技術的基準に適合する準耐火建築物とした建築物で、延べ面積が1,000㎡を超えるものについては、第1項の規定にかかわらず、床面積の合計1,000㎡以内ごとに耐火構造若しくは第115条の2の2第1項第一号に掲げる技術的基準に適合する準耐火構造の床若しくは壁又は甲種防火戸で区画しなければならない。

4〜6　略

7　第5項の建築物の部分で、当該部分の壁及び天井の室内に面する部分の仕上げを不燃材料でし、かつ、その下地を不燃材料で造つたものは、乙種防火戸で区画する場合を除き、同項の規定にかかわらず、床面積の合計500㎡以内ごとに区画すれば足りる。

8　略

9　主要構造部を耐火構造又は準耐火構造とし、かつ、地階又は3階以上の階に居室を有する建築物の住戸の部分（住戸の階数が2以上であるものに限る。）、吹抜きとなつている部分、階段の部分、昇降機の昇降路の部分、ダクトスペースの部分その他これらに類する部分（当該部分からのみ人が出入りすることのできる公衆便所、公衆電話所その他これらに類するものを含む。）については、当該部分（当該部分が第1項ただし書に規定する用途に供する建築物の部分でその壁（床面からの高さが1.2m以下の部分を除く。）及び天井の室内に面する部分（回り縁、窓台その他これらに類する部分を除く。以下この項において同じ。）の仕上げを不燃材料又は準不燃材料でし、かつ、その下地を不燃材料又は準不燃材料で造つたものであつてその用途上区画することができない場合にあつては、当該建築物の部分）とその他の部分（直接外気に開放されている廊下、バルコニーその他これらに類する部分を除く。）とを耐火構造若しくは準耐火構造の床若しくは壁又は甲種防火戸若しくは乙種防火戸で区画しなければならない。ただし、次の各号の一に該当する建築物の部分については、この限りでない。

一・二　略

10　第1項から第5項まで若しくは前項の規定による耐火構造若しくは準耐火構造の床若しくは壁（第2項に規定する防火上主要な間仕切壁を除く。）若しくは甲種防火戸又は第5項若しくは前項の規定による乙種防火戸に接する外壁については、当該外壁のうちこれらに接する部分を含み幅90cm以上の部分を耐火構造又は準耐火構造としなければならない。ただし、外壁面から50cm以上突出した耐火構造又は準耐火構造のひさし、床、そで壁その他これらに類するもので防火上有効に遮られている場合においては、この限りでない。

11　前項の規定によつて耐火構造又は準耐火構造としなければならない部分に開口部がある場合においては、その開口部に甲種防火戸又は乙種防火戸（第110条第2項第三号に掲げるものを除く。次項において同じ。）を設けなければならない。

12　建築物の一部が法第24条各号の一に該当する場合においては、その部分とその他の部分とを耐火構造若しくは準耐火構造とした壁若しくは両面を防火構造とした壁又は甲種防火戸若しくは乙種防火戸で区画しなければならない。

13　建築物の一部が法第27条第1項各号の一又は同条第2項各号の一に該当する場合においては、その部分とその他の部分とを耐火構造若しくは第115条の2の2第1項第一号に掲げる技術的基準に適合する準耐火構造とした床若しくは壁又は甲種防火戸で区画しなければならない。

14　略

15　給水管、配電管その他の管が第 1 項から第 5 項まで、第 8 項、第 9 項本文、第10項本文、第12項若しくは第13項の規定による耐火構造、準耐火構造若しくは防火構造の床若しくは壁又は第10項ただし書の場合における同項ただし書のひさし、床、そで壁その他これらに類するもの（以下この項及び次項において「耐火構造等の防火区画」という。）を貫通する場合においては、当該管と耐火構造等の防火区画とのすき間をモルタルその他の不燃材料で埋めなければならない。
16　略

改正：平成 6 年政令第278号　　施行：平成 6 年 8 月26日
第112条　（防火区画）

1～8　略
9　主要構造部を耐火構造又は準耐火構造とし、かつ、地階又は 3 階以上の階に居室を有する建築物の住戸の部分（住戸の階数が 2 以上であるものに限る。）、吹抜きとなつている部分、階段の部分、昇降機の昇降路の部分、ダクトスペースの部分その他これらに類する部分（当該部分からのみ人が出入りすることのできる公衆便所、公衆電話所その他これらに類するものを含む。）については、当該部分（当該部分が第 1 項ただし書に規定する用途に供する建築物の部分でその壁（床面からの高さが1.2m以下の部分を除く。）及び天井の室内に面する部分（回り縁、窓台その他これらに類する部分を除く。以下この項において同じ。）の仕上げを不燃材料又は準不燃材料でし、かつ、その下地を不燃材料又は準不燃材料で造つたものであつてその用途上区画することができない場合にあつては、当該建築物の部分）とその他の部分（直接外気に開放されている廊下、バルコニーその他これらに類する部分を除く。）とを耐火構造若しくは準耐火構造の床若しくは壁又は甲種防火戸若しくは乙種防火戸で区画しなければならない。ただし、次の各号の一に該当する建築物の部分については、この限りでない。
　一　略
　二　階数が 3 以下で延べ面積が200㎡以内の一戸建ての住宅又は長屋の住戸における吹抜きとなつている部分、階段の部分、昇降機の昇降路の部分その他これらに類する部分
10～16　略

改正：平成12年政令第211号　　施行：平成12年 6 月 1 日
第112条　（防火区画）

1　主要構造部を耐火構造とした建築物又は法第 2 条第九号の三イ若しくはロのいずれかに該当する建築物で、延べ面積（スプリンクラー設備、水噴霧消火設備、泡消火設備その他これらに類するもので自動式のものを設けた部分の床面積の 2 分の 1 に相当する床面積を除く。以下この条において同じ。）が1,500㎡を超えるものは、床面積（スプリンクラー設備、水噴霧消火設備、泡消火設備その他これらに類するもので自動式のものを設けた部分の床面積の 2 分の 1 に相当する床面積を除く。以下この条において同じ。）の合計1,500㎡以内ごとに第115条の 2 の 2 第 1 項第一号に掲げる基準に適合する準耐火構造の床若しくは壁又は特定防火設備（第109条に規定する防火設備であつて、これに通常の火災による火熱が加えられた場合に、加熱開始後 1 時間当該加熱面以外の面に火炎を出さないものとして、建設大臣が定めた構造方法を用いるもの又は建設大臣の認定を受けたものをいう。以下同じ。）で区画しなければならない。ただし、次の各号のいずれかに該当する建築物の部分でその用途上やむを得ない場合においては、この限りでない。
　一　略
　二　階段室の部分又は昇降機の昇降路の部分（当該昇降機の乗降のための乗降ロビーの部分を含む。）で第115条の 2 の 2 第 1 項第一号に掲げる基準に適合する準耐火構造の床若しくは壁又は特定防火設備で区画されたもの
2　法第27条第 2 項又は法第62条第 1 項の規定により準耐火建築物とした建築物（第109条の 3 第二号又は第115条の 2 の 2 第 1 項第一号に掲げる基準に適合するものを除く。）で、延べ面積が500㎡を超えるものについては、前項の規定にかかわらず、床面積の合計500㎡以内ごとに同号に掲げる基準に適合する準耐火構造の床若しくは壁又は特定防火設備で区画し、かつ、防火上主要な間仕切壁を準耐火構造とし、小屋裏又は天井裏に達せしめなければならない。
3　法第21条第 1 項ただし書、法第27条第 1 項ただし書、同条第 2 項若しくは法第62条第 1 項の規定により第

令112条　改正：平成12年政令第211号

115条の2の2第1項第一号に掲げる基準に適合する建築物とした建築物又は法第27条第2項若しくは法第62条第1項の規定により第109条の3第二号に掲げる技術的基準に適合する準耐火建築物とした建築物で、延べ面積が1,000㎡を超えるものについては、第1項の規定にかかわらず、床面積の合計1,000㎡以内ごとに第115条の2の2第1項第一号に掲げる基準に適合する準耐火構造の床若しくは壁又は特定防火設備で区画しなければならない。

4　前2項の規定は、次の各号のいずれかに該当する建築物の部分で、天井（天井のない場合においては、屋根。第6項、第7項及び第9項において同じ。）及び壁の室内に面する部分の仕上げを準不燃材料でしたものについては、適用しない。
　一　体育館、工場その他これらに類する用途に供する建築物の部分
　二　第1項第二号に掲げる建築物の部分

5　建築物の11階以上の部分で、各階の床面積の合計が100㎡を超えるものは、第1項の規定にかかわらず、床面積の合計100㎡以内ごとに耐火構造の床若しくは壁又は法第2条第九号の二ロに規定する防火設備で区画しなければならない。

6　前項の建築物の部分で、当該部分の壁（床面からの高さが1.2m以下の部分を除く。次項において同じ。）及び天井の室内に面する部分（回り縁、窓台その他これらに類する部分を除く。次項において同じ。）の仕上げを準不燃材料でし、かつ、その下地を準不燃材料で造つたものは、特定防火設備以外の法第2条第九号の二ロに規定する防火設備で区画する場合を除き、前項の規定にかかわらず、床面積の合計200㎡以内ごとに区画すれば足りる。

7　第5項の建築物の部分で、当該部分の壁及び天井の室内に面する部分の仕上げを不燃材料でし、かつ、その下地を不燃材料で造つたものは、特定防火設備以外の法第2条第九号の二ロに規定する防火設備で区画する場合を除き、同項の規定にかかわらず、床面積の合計500㎡以内ごとに区画すれば足りる。

8　前3項の規定は、階段室の部分若しくは昇降機の昇降路の部分（当該昇降機の乗降のための乗降ロビーの部分を含む。）、廊下その他避難の用に供する部分又は床面積の合計が200㎡以内の共同住宅の住戸で、耐火構造の床若しくは壁又は特定防火設備（第5項の規定により区画すべき建築物にあつては、法第2条第九号の二ロに規定する防火設備）で区画されたものについては、適用しない。

9　主要構造部を準耐火構造とし、かつ、地階又は3階以上の階に居室を有する建築物の住戸の部分（住戸の階数が2以上であるものに限る。）、吹抜きとなつている部分、階段の部分、昇降機の昇降路の部分、ダクトスペースの部分その他これらに類する部分（当該部分からのみ人が出入りすることのできる公衆便所、公衆電話所その他これらに類するものを含む。）については、当該部分（当該部分が第1項ただし書に規定する用途に供する建築物の部分でその壁（床面からの高さが1.2m以下の部分を除く。）及び天井の室内に面する部分（回り縁、窓台その他これらに類する部分を除く。以下この項において同じ。）の仕上げを準不燃材料でし、かつ、その下地を準不燃材料で造つたものであつてその用途上区画することができない場合にあつては、当該建築物の部分）とその他の部分（直接外気に開放されている廊下、バルコニーその他これらに類する部分を除く。）とを準耐火構造の床若しくは壁又は法第2条第九号の二ロに規定する防火設備で区画しなければならない。ただし、次の各号のいずれかに該当する建築物の部分については、この限りでない。
　一　略
　二　階数が3以下で延べ面積が200㎡以内の一戸建ての住宅又は長屋若しくは共同住宅の住戸のうちその階数が3以下で、かつ、床面積の合計が200㎡以内であるものにおける吹抜きとなつている部分、階段の部分、昇降機の昇降路の部分その他これらに類する部分

10　第1項から第4項までの規定による第115条の2の2第1項第一号に掲げる基準に適合する準耐火構造の床若しくは壁（第2項に規定する防火上主要な間仕切壁を除く。）若しくは特定防火設備、第5項の規定による耐火構造の床若しくは壁若しくは法第2条第九号の二ロに規定する防火設備又は前項の規定による準耐火構造の床若しくは壁若しくは法第2条第九号の二ロに規定する防火設備に接する外壁については、当該外壁のうちこれらに接する部分を含み幅90cm以上の部分を準耐火構造としなければならない。ただし、外壁面から50cm以上突出した準耐火構造のひさし、床、そで壁その他これらに類するもので防火上有効に遮られている場合においては、この限りでない。

11　前項の規定によつて準耐火構造としなければならない部分に開口部がある場合においては、その開口部に法第2条第九号の二ロに規定する防火設備を設けなければならない。

12　建築物の一部が法第24条各号のいずれかに該当する場合においては、その部分とその他の部分とを準耐火構造とした壁又は法第2条第九号の二ロに規定する防火設備で区画しなければならない。

13　建築物の一部が法第27条第1項各号のいずれか又は同条第2項各号のいずれかに該当する場合においては、その部分とその他の部分とを第115条の2の2第1項第一号に掲げる基準に適合する準耐火構造とした床若しくは壁又は特定防火設備で区画しなければならない。

14　第1項から第5項まで、第8項又は第13項の規定による区画に用いる特定防火設備及び第5項、第8項、第9項又は第12項の規定による区画に用いる法第2条第九号の二ロに規定する防火設備は、次の各号に掲げる区分に応じそれぞれ当該各号に定める構造のものとしなければならない。

　一　第1項本文、第2項若しくは第3項の規定による区画に用いる特定防火設備又は第5項の規定による区画に用いる法第2条第九号の二ロに規定する防火設備　次に掲げる要件を満たすものとして、建設大臣が定めた構造方法を用いるもの又は建設大臣の認定を受けたもの
　　イ　常時閉鎖若しくは作動をした状態にあるか、又は随時閉鎖若しくは作動をできるものであること。
　　ロ　居室から地上に通ずる主たる廊下、階段その他の通路の通行の用に供する部分に設けるものにあつては、閉鎖又は作動をした状態において避難上支障がないものであること。
　　ハ　常時閉鎖又は作動をした状態にあるもの以外のものにあつては、火災により煙が発生した場合又は火災により温度が急激に上昇した場合のいずれかの場合に、自動的に閉鎖又は作動をするものであること。
　二　第1項第二号、第4項、第8項若しくは第13項の規定による区画に用いる特定防火設備又は第8項、第9項若しくは第12項の規定による区画に用いる法第2条第九号の二ロに規定する防火設備　次に掲げる要件を満たすものとして、建設大臣が定めた構造方法を用いるもの又は建設大臣の認定を受けたもの
　　イ　前号イ及びロに掲げる要件を満たしているものであること。
　　ロ　避難上及び防火上支障のない遮煙性能を有し、かつ、常時閉鎖又は作動をした状態にあるもの以外のものにあつては、火災により煙が発生した場合に自動的に閉鎖又は作動をするものであること。

15　給水管、配電管その他の管が第1項から第4項まで若しくは第13項の規定による第115条の2の2第1項第一号に掲げる基準に適合する準耐火構造の床若しくは壁、第5項若しくは第8項の規定による耐火構造の床若しくは壁、第9項本文、第10項本文若しくは第12項の規定による準耐火構造の床若しくは壁又は第10項ただし書の場合における同項ただし書のひさし、床、そで壁その他これらに類するもの（以下この項及び次項において「準耐火構造の防火区画」という。）を貫通する場合においては、当該管と準耐火構造の防火区画とのすき間をモルタルその他の不燃材料で埋めなければならない。

16　換気、暖房又は冷房の設備の風道が準耐火構造の防火区画を貫通する場合（建設大臣が防火上支障がないと認めて指定する場合を除く。）においては、当該風道の準耐火構造の防火区画を貫通する部分又はこれに近接する部分に、特定防火設備（法第2条第九号の二ロに規定する防火設備によつて区画すべき準耐火構造の防火区画を貫通する場合にあつては、法第2条第九号の二ロに規定する防火設備）であつて、次に掲げる要件を満たすものとして、建設大臣が定めた構造方法を用いるもの又は建設大臣の認定を受けたものを建設大臣が定める方法により設けなければならない。
　一　火災により煙が発生した場合又は火災により温度が急激に上昇した場合に自動的に閉鎖するものであること。
　二　閉鎖した場合に防火上支障のない遮煙性能を有するものであること。

改正：平成12年政令第312号　　　　　施行：平成13年1月6日

第112条　（防火区画）

1　主要構造部を耐火構造とした建築物又は法第2条第九号の三イ若しくはロのいずれかに該当する建築物で、延べ面積（スプリンクラー設備、水噴霧消火設備、泡消火設備その他これらに類するもので自動式のものを設けた部分の床面積の2分の1に相当する床面積を除く。以下この条において同じ。）が1,500㎡を超えるものは、床面積（スプリンクラー設備、水噴霧消火設備、泡消火設備その他これらに類するもので自動式のものを設けた部分の床面積の2分の1に相当する床面積を除く。以下この条において同じ。）の合計1,500㎡以内ごとに第115条の2の2第1項第一号に掲げる基準に適合する準耐火構造の床若しくは壁又は特定防火設備（第109条に規定する防火設備であつて、これに通常の火災による火熱が加えられた場合に、加熱開始後1時間当該加熱面以外の面に火炎を出さないものとして、国土交通大臣が定めた構造方法を用いるもの又は国土交通大臣の認定を受けたものをいう。以下同じ。）で区画しなければならない。ただし、次の各号のいずれかに該当する建築物の部分でその用途上やむを得ない場合においては、この限りでない。
　一・二　略

令112条 改正：平成12年政令第312号

2〜13　略
14　第１項から第５項まで、第８項又は第13項の規定による区画に用いる特定防火設備及び第５項、第８項、第９項又は第12項の規定による区画に用いる法第２条第九号の二ロに規定する防火設備は、次の各号に掲げる区分に応じそれぞれ当該各号に定める構造のものとしなければならない。
　一　第１項本文、第２項若しくは第３項の規定による区画に用いる特定防火設備又は第５項の規定による区画に用いる法第２条第九号の二ロに規定する防火設備　次に掲げる要件を満たすものとして、国土交通大臣が定めた構造方法を用いるもの又は国土交通大臣の認定を受けたもの
　　イ〜ハ　略
　二　第１項第二号、第４項、第８項若しくは第13項の規定による区画に用いる特定防火設備又は第８項、第９項若しくは第12項の規定による区画に用いる法第２条第九号の二ロに規定する防火設備　次に掲げる要件を満たすものとして、国土交通大臣が定めた構造方法を用いるもの又は国土交通大臣の認定を受けたもの
　　イ・ロ　略
15　略
16　換気、暖房又は冷房の設備の風道が準耐火構造の防火区画を貫通する場合（国土交通大臣が防火上支障がないと認めて指定する場合を除く。）においては、当該風道の準耐火構造の防火区画を貫通する部分又はこれに近接する部分に、特定防火設備（法第２条第九号の二ロに規定する防火設備によつて区画すべき準耐火構造の防火区画を貫通する場合にあつては、法第２条第九号の二ロに規定する防火設備）であつて、次に掲げる要件を満たすものとして、国土交通大臣が定めた構造方法を用いるもの又は国土交通大臣の認定を受けたものを国土交通大臣が定める方法により設けなければならない。
　一・二　略

改正：平成15年政令第523号　　　施行：平成15年12月19日
第112条　（防火区画）

1　略
2　法第27条第２項、法第62条第１項又は法第67条の２第１項の規定により準耐火建築物とした建築物（第109条の３第二号又は第115条の２の２第１項第一号に掲げる基準に適合するものを除く。）で、延べ面積が500㎡を超えるものについては、前項の規定にかかわらず、床面積の合計500㎡以内ごとに同号に掲げる基準に適合する準耐火構造の床若しくは壁又は特定防火設備で区画し、かつ、防火上主要な間仕切壁を準耐火構造とし、小屋裏又は天井裏に達せしめなければならない。
3　法第21条第１項ただし書の規定により第129条の２の３第１項第一号ロに掲げる基準に適合する建築物とした建築物、法第27条第１項ただし書の規定により第115条の２の２第１項第一号に掲げる基準に適合する建築物とした建築物又は法第27条第２項、法第62条第１項若しくは法第67条の２第１項の規定により第109条の３第二号若しくは第115条の２の２第１項第一号に掲げる基準に適合する準耐火建築物とした建築物で、延べ面積が1,000㎡を超えるものについては、第１項の規定にかかわらず、床面積の合計1,000㎡以内ごとに同号に掲げる基準に適合する準耐火構造の床若しくは壁又は特定防火設備で区画しなければならない。
4〜16　略

改正：平成17年政令第246号　　　施行：平成17年12月１日
第112条　（防火区画）

1〜13　略
14　第１項から第５項まで、第８項又は前項の規定による区画に用いる特定防火設備及び第５項、第８項、第９項又は第12項の規定による区画に用いる法第２条第九号の二ロに規定する防火設備は、次の各号に掲げる区分に応じ、それぞれ当該各号に定める構造のものとしなければならない。
　一　第１項本文、第２項若しくは第３項の規定による区画に用いる特定防火設備又は第５項の規定による区画に用いる法第２条第九号の二ロに規定する防火設備　次に掲げる要件を満たすものとして、国土交通大臣が定めた構造方法を用いるもの又は国土交通大臣の認定を受けたもの
　　イ　略
　　ロ　閉鎖又は作動をするに際して、当該特定防火設備又は防火設備の周囲の人の安全を確保することがで

ハ　居室から地上に通ずる主たる廊下、階段その他の通路の通行の用に供する部分に設けるものにあつては、閉鎖又は作動をした状態において避難上支障がないものであること。
　　ニ　常時閉鎖又は作動をした状態にあるもの以外のものにあつては、火災により煙が発生した場合又は火災により温度が急激に上昇した場合のいずれかの場合に、自動的に閉鎖又は作動をするものであること。
　二　第1項第二号、第4項、第8項若しくは前項の規定による区画に用いる特定防火設備又は第8項、第9項若しくは第12項の規定による区画に用いる法第2条第九号の二ロに規定する防火設備　次に掲げる要件を満たすものとして、国土交通大臣が定めた構造方法を用いるもの又は国土交通大臣の認定を受けたもの
　　イ　前号イからハまでに掲げる要件を満たしているものであること。
　　ロ　略
15・16　略

改正：平成26年政令第232号　　　施行：平成26年7月1日
第112条　（防火区画）

1　主要構造部を耐火構造とした建築物又は法第2条第九号の三イ若しくはロのいずれかに該当する建築物で、延べ面積（スプリンクラー設備、水噴霧消火設備、泡消火設備その他これらに類するもので自動式のものを設けた部分の床面積の2分の1に相当する床面積を除く。以下この条において同じ。）が1,500㎡を超えるものは、<u>床面積の合計（スプリンクラー設備、水噴霧消火設備、泡消火設備その他これらに類するもので自動式のものを設けた部分の床面積の2分の1に相当する床面積を除く。以下この条において同じ。）</u>1,500㎡以内ごとに第115条の2の2第1項第一号に掲げる基準に適合する準耐火構造の床若しくは壁又は特定防火設備（第109条に規定する防火設備であつて、これに通常の火災による火熱が加えられた場合に、加熱開始後1時間当該加熱面以外の面に火炎を出さないものとして、国土交通大臣が定めた構造方法を用いるもの又は国土交通大臣の認定を受けたものをいう。以下同じ。）で区画しなければならない。ただし、次の各号のいずれかに該当する建築物の部分でその用途上やむを得ない場合においては、この限りでない。
　一・二　略
2　法第27条第2項、法第62条第1項又は法第67条の2第1項の規定により準耐火建築物とした建築物（第109条の3第二号又は第115条の2の2第1項第一号に掲げる基準に適合するものを除く。）で、延べ面積が500㎡を超えるものについては、前項の規定にかかわらず、床面積の合計500㎡以内ごとに同号に掲げる基準に適合する準耐火構造の床若しくは壁又は特定防火設備で区画し、かつ、防火上主要な間仕切壁<u>（自動スプリンクラー設備等設置部分（床面積が200㎡以下の階又は床面積200㎡以内ごとに準耐火構造の壁若しくは法第2条第九号の二ロに規定する防火設備で区画されている部分で、スプリンクラー設備、水噴霧消火設備、泡消火設備その他これらに類するもので自動式のものを設けたものをいう。第114条第2項において同じ。）その他防火上支障がないものとして国土交通大臣が定める部分の間仕切壁を除く。）</u>を準耐火構造とし、小屋裏又は天井裏に達せしめなければならない。
3～16　略

改正：平成27年政令第11号　　　施行：平成27年6月1日
第112条　（防火区画）

1　主要構造部を耐火構造とした建築物又は法第2条第九号の三イ若しくはロのいずれかに該当する建築物で、延べ面積（スプリンクラー設備、水噴霧消火設備、泡消火設備その他これらに類するもので自動式のものを設けた部分の床面積の2分の1に相当する床面積を除く。以下この条において同じ。）が1,500㎡を超えるものは、床面積の合計（スプリンクラー設備、水噴霧消火設備、泡消火設備その他これらに類するもので自動式のものを設けた部分の床面積の2分の1に相当する床面積を除く。以下この条において同じ。）1,500㎡以内ごとに<u>1時間準耐火基準（第129条の2の3第1項第一号ロに掲げる基準（主要構造部である壁、柱、床、はり及び屋根の軒裏の構造が同号ロに規定する構造方法を用いるもの又は同号ロの規定による認定を受けたものであることに係る部分に限る。）をいう。以下同じ。）</u>に適合する準耐火構造の床若しくは壁又は特定防火設備（第109条に規定する防火設備であつて、これに通常の火災による火熱が加えられた場合に、加熱開始後1時間当該加熱面以外の面に火炎を出さないものとして、国土交通大臣が定めた構造方法を用いる

令112条　改正：平成27年政令第11号

もの又は国土交通大臣の認定を受けたものをいう。以下同じ。）で区画しなければならない。ただし、次の各号のいずれかに該当する建築物の部分でその用途上やむを得ない場合においては、この限りでない。

　一　略
　二　階段室の部分又は昇降機の昇降路の部分（当該昇降機の乗降のための乗降ロビーの部分を含む。）で<u>1時間準耐火基準に適合する準耐火構造の床若しくは壁又は特定防火設備</u>で区画されたもの

2　法第27条第1項の規定により<u>特定避難時間倒壊等防止建築物</u>（特定避難時間が1時間以上であるものを除く。）とした建築物又は同条第3項、法第62条第1項若しくは法第67条の3第1項の規定により準耐火建築物とした建築物（第109条の3第二号に掲げる基準又は<u>1時間準耐火基準に適合するものを除く。</u>）で、延べ面積が500㎡を超えるものについては、前項の規定にかかわらず、床面積の合計500㎡以内ごとに<u>1時間準耐火基準に適合する準耐火構造の床若しくは壁又は特定防火設備</u>で区画し、かつ、防火上主要な間仕切壁（自動スプリンクラー設備等設置部分（床面積が200㎡以下の階又は床面積200㎡以内ごとに準耐火構造の壁若しくは法第2条第九号の二ロに規定する防火設備で区画されている部分で、スプリンクラー設備、水噴霧消火設備、泡消火設備その他これらに類するもので自動式のものを設けたものをいう。第114条第2項において同じ。）その他防火上支障がないものとして国土交通大臣が定める部分の間仕切壁を除く。）を準耐火構造とし、小屋裏又は天井裏に達せしめなければならない。

3　法第21条第1項ただし書の規定により第129条の2の3第1項第一号ロに掲げる基準に適合する建築物、<u>法第27条第1項の規定により特定避難時間が1時間以上である特定避難時間倒壊等防止建築物とした建築物又は同条第3項、法第62条第1項若しくは法第67条の3第1項の規定により第109条の3第二号に掲げる基準若しくは1時間準耐火基準に適合する準耐火建築物とした建築物</u>で、延べ面積が1,000㎡を超えるものについては、第1項の規定にかかわらず、床面積の合計1,000㎡以内ごとに<u>1時間準耐火基準に適合する準耐火構造の床若しくは壁又は特定防火設備</u>で区画しなければならない。

4～8　略

9　主要構造部を<u>準耐火構造とした建築物又は特定避難時間倒壊等防止建築物</u>であつて、<u>地階又は3階以上の階に居室を有するもの</u>の住戸の部分（住戸の階数が2以上であるものに限る。）、吹抜きとなつている部分、階段の部分、昇降機の昇降路の部分、ダクトスペースの部分その他これらに類する部分（当該部分からのみ人が出入りすることのできる公衆便所、公衆電話所その他これらに類するものを含む。）については、当該部分（当該部分が第1項ただし書に規定する用途に供する建築物の部分でその壁（床面からの高さが1.2m以下の部分を除く。）及び天井の室内に面する部分（回り縁、窓台その他これらに類する部分を除く。以下この項において同じ。）の仕上げを準不燃材料でし、かつ、その下地を準不燃材料で造つたものであつてその用途上区画することができない場合にあつては、当該建築物の部分）とその他の部分（直接外気に開放されている廊下、バルコニーその他これらに類する部分を除く。）とを準耐火構造の床若しくは壁又は法第2条第九号の二ロに規定する防火設備で区画しなければならない。ただし、次の各号のいずれかに該当する建築物の部分については、この限りでない。

　一・二　略

10　第1項から第4項までの規定による<u>1時間準耐火基準に適合する準耐火構造の床若しくは壁</u>（第2項に規定する防火上主要な間仕切壁を除く。）若しくは特定防火設備、第5項の規定による耐火構造の床若しくは壁若しくは法第2条第九号の二ロに規定する防火設備又は前項の規定による準耐火構造の床若しくは壁若しくは法第2条第九号の二ロに規定する防火設備に接する外壁については、当該外壁のうちこれらに接する部分を含み幅90cm以上の部分を準耐火構造としなければならない。ただし、外壁面から50cm以上突出した準耐火構造のひさし、床、<u>袖壁</u>その他これらに類するもので防火上有効に遮られている場合においては、この限りでない。

11・12　略

13　建築物の一部が法第27条第1項各号、<u>第2項各号又は第3項各号</u>のいずれかに該当する場合においては、その部分とその他の部分とを<u>1時間準耐火基準に適合する準耐火構造とした床若しくは壁又は特定防火設備</u>で区画しなければならない。

14　略

15　給水管、配電管その他の管が第1項から第4項まで若しくは第13項の規定による<u>1時間準耐火基準に適合する準耐火構造の床若しくは壁</u>、第5項若しくは第8項の規定による耐火構造の床若しくは壁、第9項本文、第10項本文若しくは第12項の規定による準耐火構造の床若しくは壁又は第10項ただし書の場合における同項ただし書のひさし、床、<u>袖壁</u>その他これらに類するもの（以下この項及び次項において「準耐火構造の防火

改正：平成28年政令第６号　　　　施行：平成28年６月１日
第112条　（防火区画）

1　略
2　法第27条第１項の規定により特定避難時間倒壊等防止建築物（特定避難時間が１時間以上であるものを除く。）とした建築物又は同条第３項、法第62条第１項若しくは法第67条の３第１項の規定により準耐火建築物とした建築物（第109条の３第二号に掲げる基準又は１時間準耐火基準に適合するものを除く。）で、延べ面積が500㎡を超えるものについては、前項の規定にかかわらず、床面積の合計500㎡以内ごとに１時間準耐火基準に適合する準耐火構造の床若しくは壁又は特定防火設備で区画し、かつ、防火上主要な間仕切壁（自動スプリンクラー設備等設置部分（床面積が200㎡以下の階又は床面積200㎡以内ごとに準耐火構造の壁若しくは法第２条第九号の二ロに規定する防火設備で区画されている部分で、スプリンクラー設備、水噴霧消火設備、泡消火設備その他これらに類するもので自動式のものを設けたものをいう。第114条第２項において同じ。）その他防火上支障がないものとして国土交通大臣が定める部分の間仕切壁を除く。）を準耐火構造とし、次の各号のいずれかに該当する部分を除き、小屋裏又は天井裏に達せしめなければならない。
　一　天井の全部が強化天井（天井のうち、その下方からの通常の火災時の加熱に対してその上方への延焼を有効に防止することができるものとして、国土交通大臣が定めた構造方法を用いるもの又は国土交通大臣の認定を受けたものをいう。次号及び第114条第３項において同じ。）である階
　二　準耐火構造の壁又は法第２条第九号の二ロに規定する防火設備で区画されている部分で、当該部分の天井が強化天井であるもの
3～16　略

改正：平成30年政令第255号　　　　施行：平成30年９月25日
第112条　（防火区画）

1～11　略
12　建築物の一部が法第27条第１項各号、第２項各号又は第３項各号のいずれかに該当する場合においては、その部分とその他の部分とを１時間準耐火基準に適合する準耐火構造とした床若しくは壁又は特定防火設備で区画しなければならない。
13　第１項から第５項まで、第８項又は前項の規定による区画に用いる特定防火設備及び第５項、第８項又は第９項の規定による区画に用いる法第２条第九号の二ロに規定する防火設備は、次の各号に掲げる区分に応じ、それぞれ当該各号に定める構造のものとしなければならない。
　一　略
　二　第１項第二号、第４項、第８項若しくは前項の規定による区画に用いる特定防火設備又は第８項若しくは第９項の規定による区画に用いる法第２条第九号の二ロに規定する防火設備　次に掲げる要件を満たすものとして、国土交通大臣が定めた構造方法を用いるもの又は国土交通大臣の認定を受けたもの
　　イ・ロ　略
14　給水管、配電管その他の管が第１項から第４項まで若しくは第12項の規定による１時間準耐火基準に適合する準耐火構造の床若しくは壁、第５項若しくは第８項の規定による耐火構造の床若しくは壁、第９項本文若しくは第10項本文の規定による準耐火構造の床若しくは壁又は同項ただし書の場合における同項ただし書のひさし、床、袖壁その他これらに類するもの（以下この項及び次項において「準耐火構造の防火区画」という。）を貫通する場合においては、当該管と準耐火構造の防火区画との隙間をモルタルその他の不燃材料で埋めなければならない。
15　換気、暖房又は冷房の設備の風道が準耐火構造の防火区画を貫通する場合（国土交通大臣が防火上支障がないと認めて指定する場合を除く。）においては、当該風道の準耐火構造の防火区画を貫通する部分又はこれに近接する部分に、特定防火設備（法第２条第九号の二ロに規定する防火設備によつて区画すべき準耐火構造の防火区画を貫通する場合にあつては、法第２条第九号の二ロに規定する防火設備）であつて、次に掲

令112条 改正:平成30年政令第255号

げる要件を満たすものとして、国土交通大臣が定めた構造方法を用いるもの又は国土交通大臣の認定を受けたものを国土交通大臣が定める方法により設けなければならない。
一・二 略

改正:令和元年政令第30号　　施行:令和元年6月25日
第112条 (防火区画)

1 主要構造部を耐火構造とした建築物、法第2条第九号の三イ若しくはロのいずれかに該当する建築物又は第136条の2第一号ロ若しくは第二号ロに掲げる基準に適合する建築物で、延べ面積(スプリンクラー設備、水噴霧消火設備、泡消火設備その他これらに類するもので自動式のものを設けた部分の床面積の2分の1に相当する床面積を除く。以下この条において同じ。)が1,500㎡を超えるものは、床面積の合計(スプリンクラー設備、水噴霧消火設備、泡消火設備その他これらに類するもので自動式のものを設けた部分の床面積の2分の1に相当する床面積を除く。以下この条において同じ。)1,500㎡以内ごとに1時間準耐火基準に適合する準耐火構造の床若しくは壁又は特定防火設備(第109条に規定する防火設備であつて、これに通常の火災による火熱が加えられた場合に、加熱開始後1時間当該加熱面以外の面に火炎を出さないものとして、国土交通大臣が定めた構造方法を用いるもの又は国土交通大臣の認定を受けたものをいう。以下同じ。)で区画しなければならない。ただし、次の各号のいずれかに該当する建築物の部分でその用途上やむを得ない場合においては、この限りでない。
一 略
二 階段室の部分等(階段室の部分又は昇降機の昇降路の部分(当該昇降機の乗降のための乗降ロビーの部分を含む。)をいう。第13項において同じ。)で1時間準耐火基準に適合する準耐火構造の床若しくは壁又は特定防火設備で区画されたもの

2 前項の「1時間準耐火基準」とは、主要構造部である壁、柱、床、はり及び屋根の軒裏の構造が、次に掲げる基準に適合するものとして、国土交通大臣が定めた構造方法を用いるもの又は国土交通大臣の認定を受けたものであることとする。
一 次の表に掲げる建築物の部分にあつては、当該部分に通常の火災による火熱が加えられた場合に、加熱開始後それぞれ同表に定める時間構造耐力上支障のある変形、溶融、破壊その他の損傷を生じないものであること。

壁	間仕切壁(耐力壁に限る。)	1時間
	外壁(耐力壁に限る。)	1時間
柱		1時間
床		1時間
はり		1時間

二 壁(非耐力壁である外壁の延焼のおそれのある部分以外の部分を除く。)、床及び屋根の軒裏(外壁によつて小屋裏又は天井裏と防火上有効に遮られているものを除き、延焼のおそれのある部分に限る。)にあつては、これらに通常の火災による火熱が加えられた場合に、加熱開始後1時間当該加熱面以外の面(屋内に面するものに限る。)の温度が可燃物燃焼温度以上に上昇しないものであること。
三 外壁(非耐力壁である外壁の延焼のおそれのある部分以外の部分を除く。)にあつては、これに屋内において発生する通常の火災による火熱が加えられた場合に、加熱開始後1時間屋外に火炎を出す原因となる亀裂その他の損傷を生じないものであること。

3 法第21条第1項の規定により第109条の5第一号に掲げる基準に適合する建築物(通常火災終了時間が1時間以上であるものを除く。)とした建築物、法第27条第1項の規定により第110条第一号に掲げる基準に適合する特殊建築物(特定避難時間が1時間以上であるものを除く。)とした建築物、法第27条第3項の規定により準耐火建築物(第109条の3第二号に掲げる基準又は1時間準耐火基準(前項に規定する1時間準耐火基準をいう。以下同じ。)に適合するものを除く。)とした建築物、法第61条の規定により第136条の2第二号に定める基準に適合する建築物(準防火地域内にあるものに限り、第109条の3第二号に掲げる基準又は1時間準耐火基準に適合するものを除く。)とした建築物又は法第67条第1項の規定により準耐火建築物等(第109条の3第二号に掲げる基準又は1時間準耐火基準に適合するものを除く。)とした建築物で、延べ面積が500㎡を超えるものについては、第1項の規定にかかわらず、床面積の合計500㎡以内ごとに1時間準

耐火基準に適合する準耐火構造の床若しくは壁又は特定防火設備で区画し、かつ、防火上主要な間仕切壁（自動スプリンクラー設備等設置部分（床面積が200㎡以下の階又は床面積200㎡以内ごとに準耐火構造の壁若しくは法第2条第九号の二ロに規定する防火設備で区画されている部分で、スプリンクラー設備、水噴霧消火設備、泡消火設備その他これらに類するもので自動式のものを設けたものをいう。第114条第1項及び第2項において同じ。）その他防火上支障がないものとして国土交通大臣が定める部分の間仕切壁を除く。）を準耐火構造とし、次の各号のいずれかに該当する部分を除き、小屋裏又は天井裏に達せしめなければならない。
　　一・二　略
4　法第21条第1項の規定により第109条の5第一号に掲げる基準に適合する建築物（通常火災終了時間が1時間以上であるものに限る。）とした建築物、法第27条第1項の規定により第110条第一号に掲げる基準に適合する特殊建築物（特定避難時間が1時間以上であるものに限る。）とした建築物、法第27条第3項の規定により準耐火建築物（第109条の3第二号に掲げる基準又は1時間準耐火基準に適合するものに限る。）とした建築物、法第61条の規定により第136条の2第二号に定める基準に適合する建築物（準防火地域内にあり、かつ、第109条の3第二号に掲げる基準又は1時間準耐火基準に適合するものに限る。）とした建築物又は法第67条第1項の規定により準耐火建築物等（第109条の3第二号に掲げる基準又は1時間準耐火基準に適合するものに限る。）とした建築物で、延べ面積が1,000㎡を超えるものについては、第1項の規定にかかわらず、床面積の合計1,000㎡以内ごとに1時間準耐火基準に適合する準耐火構造の床若しくは壁又は特定防火設備で区画しなければならない。
5　前2項の規定は、次の各号のいずれかに該当する建築物の部分で、天井（天井のない場合においては、屋根。以下この条において同じ。）及び壁の室内に面する部分の仕上げを準不燃材料でしたものについては、適用しない。
　　一・二　略
6　建築物の11階以上の部分で、各階の床面積の合計が100㎡を超えるものは、第1項の規定にかかわらず、床面積の合計100㎡以内ごとに耐火構造の床若しくは壁又は法第2条第九号の二ロに規定する防火設備で区画しなければならない。
7　前項の建築物の部分で、当該部分の壁（床面からの高さが1.2m以下の部分を除く。次項及び第13項第一号において同じ。）及び天井の室内に面する部分（回り縁、窓台その他これらに類する部分を除く。以下この条において同じ。）の仕上げを準不燃材料でし、かつ、その下地を準不燃材料で造つたものは、特定防火設備以外の法第2条第九号の二ロに規定する防火設備で区画する場合を除き、前項の規定にかかわらず、床面積の合計200㎡以内ごとに区画すれば足りる。
8　第6項の建築物の部分で、当該部分の壁及び天井の室内に面する部分の仕上げを不燃材料でし、かつ、その下地を不燃材料で造つたものは、特定防火設備以外の法第2条第九号の二ロに規定する防火設備で区画する場合を除き、同項の規定にかかわらず、床面積の合計500㎡以内ごとに区画すれば足りる。
9　前3項の規定は、階段室の部分若しくは昇降機の昇降路の部分（当該昇降機の乗降のための乗降ロビーの部分を含む。）、廊下その他避難の用に供する部分又は床面積の合計が200㎡以内の共同住宅の住戸で、耐火構造の床若しくは壁又は特定防火設備（第6項の規定により区画すべき建築物にあつては、法第2条第九号の二ロに規定する防火設備）で区画されたものについては、適用しない。
10　主要構造部を準耐火構造とした建築物又は第136条の2第一号ロ若しくは第二号ロに掲げる基準に適合する建築物であつて、地階又は3階以上の階に居室を有するものの竪（たて）穴部分（長屋又は共同住宅の住戸でその階数が2以上であるもの、吹抜きとなつている部分、階段の部分（当該部分からのみ人が出入りすることのできる便所、公衆電話所その他これらに類するものを含む。）、昇降機の昇降路の部分、ダクトスペースの部分その他これらに類する部分をいう。以下この条において同じ。）については、当該竪（たて）穴部分以外の部分（直接外気に開放されている廊下、バルコニーその他これらに類する部分を除く。次項及び第12項において同じ。）と準耐火構造の床若しくは壁又は法第2条第九号の二ロに規定する防火設備で区画しなければならない。ただし、次の各号のいずれかに該当する竪（たて）穴部分については、この限りでない。
　　一・二　略
11　3階を病院、診療所（患者の収容施設があるものに限る。次項において同じ。）又は児童福祉施設等（入所する者の寝室があるものに限る。同項において同じ。）の用途に供する建築物のうち階数が3で延べ面積が200㎡未満のもの（前項に規定する建築物を除く。）の竪（たて）穴部分については、当該竪（たて）穴部分以外の部分と間仕切壁又は法第2条第九号の二ロに規定する防火設備で区画しなければならない。ただし、

居室、倉庫その他これらに類する部分にスプリンクラー設備その他これに類するものを設けた建築物の竪（たて）穴部分については、当該防火設備に代えて、10分間防火設備（第109条に規定する防火設備であつて、これに通常の火災による火熱が加えられた場合に、加熱開始後10分間当該加熱面以外の面に火炎を出さないものとして、国土交通大臣が定めた構造方法を用いるもの又は国土交通大臣の認定を受けたものをいう。第18項において同じ。）で区画することができる。

12　3階を法別表第1（い）欄（2）項に掲げる用途（病院、診療所又は児童福祉施設等を除く。）に供する建築物のうち階数が3で延べ面積が200㎡未満のもの（第10項に規定する建築物を除く。）の竪（たて）穴部分については、当該竪（たて）穴部分以外の部分と間仕切壁又は戸（ふすま、障子その他これらに類するものを除く。）で区画しなければならない。

13　竪（たて）穴部分及びこれに接する他の竪（たて）穴部分（いずれも第1項第一号に該当する建築物の部分又は階段室の部分等であるものに限る。）が次に掲げる基準に適合する場合においては、これらの竪（たて）穴部分を一の竪（たて）穴部分とみなして、前3項の規定を適用する。
　一　当該竪（たて）穴部分及び他の竪（たて）穴部分の壁及び天井の室内に面する部分の仕上げが準不燃材料でされ、かつ、その下地が準不燃材料で造られたものであること。
　二　当該竪（たて）穴部分と当該他の竪（たて）穴部分とが用途上区画することができないものであること。

14　第11項及び第12項の規定は、火災が発生した場合に避難上支障のある高さまで煙又はガスの降下が生じない建築物として、壁及び天井の仕上げに用いる材料の種類並びに消火設備及び排煙設備の設置の状況及び構造を考慮して国土交通大臣が定めるものの竪（たて）穴部分については、適用しない。

15　第1項若しくは第3項から第5項までの規定による1時間準耐火基準に適合する準耐火構造の床若しくは壁（第3項に規定する防火上主要な間仕切壁を除く。）若しくは特定防火設備、第6項の規定による耐火構造の床若しくは壁若しくは法第2条第九号の二ロに規定する防火設備又は第10項の規定による準耐火構造の床若しくは壁若しくは同号ロに規定する防火設備に接する外壁については、当該外壁のうちこれらに接する部分を含み幅90ｃｍ以上の部分を準耐火構造としなければならない。ただし、外壁面から50ｃｍ以上突出した準耐火構造のひさし、床、袖壁その他これらに類するもので防火上有効に遮られている場合においては、この限りでない。

16　前項の規定によつて準耐火構造としなければならない部分に開口部がある場合においては、その開口部に法第2条第九号の二ロに規定する防火設備を設けなければならない。

17　建築物の一部が法第27条第1項各号、第2項各号又は第3項各号のいずれかに該当する場合においては、その部分とその他の部分とを1時間準耐火基準に適合する準耐火構造とした床若しくは壁又は特定防火設備で区画しなければならない。

18　第1項、第3項、第4項、第9項又は前項の規定による区画に用いる特定防火設備、第6項、第9項、第10項又は第11項本文の規定による区画に用いる法第2条第九号の二ロに規定する防火設備、同項ただし書の規定による区画に用いる10分間防火設備及び第12項の規定による区画に用いる戸は、次の各号に掲げる区分に応じ、それぞれ当該各号に定める構造のものとしなければならない。
　一　第1項本文、第3項若しくは第4項の規定による区画に用いる特定防火設備又は第6項の規定による区画に用いる法第2条第九号の二ロに規定する防火設備　次に掲げる要件を満たすものとして、国土交通大臣が定めた構造方法を用いるもの又は国土交通大臣の認定を受けたもの
　　イ～ニ　略
　二　第1項第二号、第9項若しくは前項の規定による区画に用いる特定防火設備、第9項、第10項若しくは第11項本文の規定による区画に用いる法第2条第九号の二ロに規定する防火設備、同項ただし書の規定による区画に用いる10分間防火設備又は第12項の規定による区画に用いる戸　次に掲げる要件を満たすものとして、国土交通大臣が定めた構造方法を用いるもの又は国土交通大臣の認定を受けたもの
　　イ・ロ　略

19　給水管、配電管その他の管が第1項、第3項から第5項まで若しくは第17項の規定による1時間準耐火基準に適合する準耐火構造の床若しくは壁、第6項若しくは第9項の規定による耐火構造の床若しくは壁、第10項本文若しくは第15項本文の規定による準耐火構造の床若しくは壁又は同項ただし書の場合における同項ただし書のひさし、床、袖壁その他これらに類するもの（以下この条において「準耐火構造の防火区画」という。）を貫通する場合においては、当該管と準耐火構造の防火区画との隙間をモルタルその他の不燃材料で埋めなければならない。

20　換気、暖房又は冷房の設備の風道が準耐火構造の防火区画を貫通する場合（国土交通大臣が防火上支障が

ないと認めて指定する場合を除く。）においては、当該風道の準耐火構造の防火区画を貫通する部分又はこれに近接する部分に、特定防火設備（法第2条第九号の二ロに規定する防火設備によって区画すべき準耐火構造の防火区画を貫通する場合にあつては、<u>同号ロ</u>に規定する防火設備）であつて、次に掲げる要件を満たすものとして、国土交通大臣が定めた構造方法を用いるもの又は国土交通大臣の認定を受けたものを国土交通大臣が定める方法により設けなければならない。
　　一・二　略

改正：令和元年政令第181号　　　施行：令和2年4月1日
第112条　（防火区画）
1　主要構造部を耐火構造とした建築物、法第2条第九号の三イ若しくはロのいずれかに該当する建築物又は第136条の2第一号ロ若しくは第二号ロに掲げる基準に適合する建築物で、延べ面積（スプリンクラー設備、水噴霧消火設備、泡消火設備その他これらに類するもので自動式のものを設けた部分の床面積の2分の1に相当する床面積を除く。以下この条において同じ。）が1,500㎡を超えるものは、床面積の合計（スプリンクラー設備、水噴霧消火設備、泡消火設備その他これらに類するもので自動式のものを設けた部分の床面積の2分の1に相当する床面積を除く。以下この条において同じ。）1,500㎡以内ごとに1時間準耐火基準に適合する準耐火構造の床若しくは壁又は特定防火設備（第109条に規定する防火設備であつて、これに通常の火災による火熱が加えられた場合に、加熱開始後1時間当該加熱面以外の面に火炎を出さないものとして、国土交通大臣が定めた構造方法を用いるもの又は国土交通大臣の認定を受けたものをいう。以下同じ。）で区画しなければならない。ただし、次の各号のいずれかに該当する建築物の部分でその用途上やむを得ない場合においては、この限りでない。
　　一　略
　　二　階段室の部分等（階段室の部分又は昇降機の昇降路の部分（当該昇降機の乗降のための乗降ロビーの部分を含む。）をいう。<u>第14項</u>において同じ。）で1時間準耐火基準に適合する準耐火構造の床若しくは壁又は特定防火設備で区画されたもの
2　略
3　<u>主要構造部を耐火構造とした建築物の2以上の部分が当該建築物の吹抜きとなつている部分その他の一定の規模以上の空間が確保されている部分（以下この項において「空間部分」という。）に接する場合において、当該2以上の部分の構造が通常の火災時において相互に火熱による防火上有害な影響を及ぼさないものとして国土交通大臣が定めた構造方法を用いるもの又は国土交通大臣の認定を受けたものである場合においては、当該2以上の部分と当該空間部分とが特定防火設備で区画されているものとみなして、第1項の規定を適用する。</u>
4　法第21条第1項の規定により第109条の5第一号に掲げる基準に適合する建築物（通常火災終了時間が1時間以上であるものを除く。）とした建築物、法第27条第1項の規定により第110条第一号に掲げる基準に適合する特殊建築物（特定避難時間が1時間以上であるものを除く。）とした建築物、法第27条第3項の規定により準耐火建築物（第109条の3第二号に掲げる基準又は1時間準耐火基準（<u>第2項</u>に規定する1時間準耐火基準をいう。以下同じ。）に適合するものを除く。）とした建築物、法第61条の規定により第136条の2第二号に定める基準に適合する建築物（準防火地域内にあるものに限り、第109条の3第二号に掲げる基準又は1時間準耐火基準に適合するものを除く。）とした建築物又は法第67条第1項の規定により準耐火建築物等（第109条の3第二号に掲げる基準又は1時間準耐火基準に適合するものを除く。）とした建築物で、延べ面積が500㎡を超えるものについては、第1項の規定にかかわらず、床面積の合計500㎡以内ごとに1時間準耐火基準に適合する準耐火構造の床若しくは壁又は特定防火設備で区画し、かつ、防火上主要な間仕切壁（自動スプリンクラー設備等設置部分（床面積が200㎡以下の階又は床面積200㎡以内ごとに準耐火構造の壁若しくは法第2条第九号の二ロに規定する防火設備で区画されている部分で、スプリンクラー設備、水噴霧消火設備、泡消火設備その他これらに類するもので自動式のものを設けたものをいう。第114条第1項及び第2項において同じ。）その他防火上支障がないものとして国土交通大臣が定める部分の間仕切壁を除く。）を準耐火構造とし、次の各号に該当する部分を除き、小屋裏又は天井裏に達せしめなければならない。
　　一・二　略
5　法第21条第1項の規定により第109条の5第一号に掲げる基準に適合する建築物（通常火災終了時間が1時間以上であるものに限る。）とした建築物、法第27条第1項の規定により第110条第一号に掲げる基準に適合

令112条　改正：令和元年政令第181号

する特殊建築物（特定避難時間が1時間以上であるものに限る。）とした建築物、法第27条第3項の規定により準耐火建築物（第109条の3第二号に掲げる基準又は1時間準耐火基準に適合するものに限る。）とした建築物、法第61条の規定により第136条の2第二号に定める基準に適合する建築物（準防火地域内にあり、かつ、第109条の3第二号に掲げる基準又は1時間準耐火基準に適合するものに限る。）とした建築物又は法第67条第1項の規定により準耐火建築物等（第109条の3第二号に掲げる基準又は1時間準耐火基準に適合するものに限る。）とした建築物で、延べ面積が1,000㎡を超えるものについては、第1項の規定にかかわらず、床面積の合計1,000㎡以内ごとに1時間準耐火基準に適合する準耐火構造の床若しくは壁又は特定防火設備で区画しなければならない。

6　前2項の規定は、次の各号のいずれかに該当する建築物の部分で、天井（天井のない場合においては、屋根。以下この条において同じ。）及び壁の室内に面する部分の仕上げを準不燃材料でしたものについては、適用しない。
　　一・二　略

7　建築物の11階以上の部分で、各階の床面積の合計が100㎡を超えるものは、第1項の規定にかかわらず、床面積の合計100㎡以内ごとに耐火構造の床若しくは壁又は法第2条第九号の二ロに規定する防火設備で区画しなければならない。

8　前項の建築物の部分で、当該部分の壁（床面からの高さが1.2m以下の部分を除く。次項及び第14項第一号において同じ。）及び天井の室内に面する部分（回り縁、窓台その他これらに類する部分を除く。以下この条において同じ。）の仕上げを準不燃材料でし、かつ、その下地を準不燃材料で造つたものは、特定防火設備以外の法第2条第九号の二ロに規定する防火設備で区画する場合を除き、前項の規定にかかわらず、床面積の合計200㎡以内ごとに区画すれば足りる。

9　第7項のの建築物の部分で、当該部分の壁及び天井の室内に面する部分の仕上げを不燃材料でし、かつ、その下地を不燃材料で造つたものは、特定防火設備以外の法第2条第九号の二ロに規定する防火設備で区画する場合を除き、同項の規定にかかわらず、床面積の合計500㎡以内ごとに区画すれば足りる。

10　前3項の規定は、階段室の部分若しくは昇降機の昇降路の部分（当該昇降機の乗降のための乗降ロビーの部分を含む。）、廊下その他避難の用に供する部分又は床面積の合計が200㎡以内の共同住宅の住戸で、耐火構造の床若しくは壁又は特定防火設備（第7項の規定により区画すべき建築物にあつては、法第2条第九号の二ロに規定する防火設備）で区画されたものについては、適用しない。

11　主要構造部を準耐火構造とした建築物又は第136条の2第一号ロ若しくは第二号ロに掲げる基準に適合する建築物であつて、地階又は3階以上の階に居室を有するものの竪（たて）穴部分（長屋又は共同住宅の住戸でその階数が2以上であるもの、吹抜きとなつている部分、階段の部分（当該部分からのみ人が出入りすることのできる便所、公衆電話所その他これらに類するものを含む。）、昇降機の昇降路の部分、ダクトスペースの部分その他これらに類する部分をいう。以下この条において同じ。）については、当該竪（たて）穴部分以外の部分（直接外気に開放されている廊下、バルコニーその他これらに類する部分を除く。次項及び第13項において同じ。）と準耐火構造の床若しくは壁又は法第2条第九号の二ロに規定する防火設備で区画しなければならない。ただし、次の各号のいずれかに該当する竪（たて）穴部分については、この限りでない。
　　一・二　略

12　3階を病院、診療所（患者の収容施設があるものに限る。次項において同じ。）又は児童福祉施設等（入所する者の寝室があるものに限る。同項において同じ。）の用途に供する建築物のうち階数が3で延べ面積が200㎡未満のもの（前項に規定する建築物を除く。）の竪（たて）穴部分については、当該竪（たて）穴部分以外の部分と間仕切壁又は法第2条第九号の二ロに規定する防火設備で区画しなければならない。ただし、居室、倉庫その他これらに類する部分にスプリンクラー設備その他これに類するものを設けた建築物の竪（たて）穴部分については、当該防火設備に代えて、10分間防火設備（第109条に規定する防火設備であつて、これに通常の火災による火熱が加えられた場合に、加熱開始後10分間当該加熱面以外の面に火炎を出さないものとして、国土交通大臣が定めた構造方法を用いるもの又は国土交通大臣の認定を受けたものをいう。第19項及び第121条第4項第一号において同じ。）で区画することができる。

13　3階を法別表第1（い）欄⑵項に掲げる用途（病院、診療所又は児童福祉施設等を除く。）に供する建築物のうち階数が3で延べ面積が200㎡未満のもの（第11項に規定する建築物を除く。）の竪（たて）穴部分については、当該竪（たて）穴部分以外の部分と間仕切壁又は戸（ふすま、障子その他これらに類するものを除く。）で区画しなければならない。

14　竪（たて）穴部分及びこれに接する他の竪（たて）穴部分（いずれも第1項第一号に該当する建築物の部

分又は階段室の部分等であるものに限る。）が次に掲げる基準に適合する場合においては、これらの竪（たて）穴部分を一の竪（たて）穴部分とみなして、前3項の規定を適用する。
　一・二　略
15　第12項及び第13項の規定は、火災が発生した場合に避難上支障のある高さまで煙又はガスの降下が生じない建築物として、壁及び天井の仕上げに用いる材料の種類並びに消火設備及び排煙設備の設置の状況及び構造を考慮して国土交通大臣が定めるものの竪（たて）穴部分については、適用しない。
16　第1項若しくは第4項から第6項までの規定による1時間準耐火基準に適合する準耐火構造の床若しくは壁（第4項に規定する防火上主要な間仕切壁を除く。）若しくは特定防火設備、第7項の規定による耐火構造の床若しくは壁若しくは法第2条第九号の二ロに規定する防火設備又は第11項の規定による準耐火構造の床若しくは壁若しくは同号ロに規定する防火設備に接する外壁については、当該外壁のうちこれらに接する部分を含み幅90ｃｍ以上の部分を準耐火構造としなければならない。ただし、外壁面から50ｃｍ以上突出した準耐火構造のひさし、床、袖壁その他これらに類するもので防火上有効に遮られている場合においては、この限りでない。
17　前項の規定によつて準耐火構造としなければならない部分に開口部がある場合においては、その開口部に法第2条第九号の二ロに規定する防火設備を設けなければならない。
18　建築物の一部が法第27条第1項各号、第2項各号又は第3項各号のいずれかに該当する場合においては、その部分とその他の部分とを1時間準耐火基準に適合する準耐火構造とした床若しくは壁又は特定防火設備で区画しなければならない。ただし、国土交通大臣が定める基準に従い、警報設備を設けることその他これに準ずる措置が講じられている場合においては、この限りでない。
19　第1項、第4項、第5項、第10項又は前項の規定による区画に用いる特定防火設備、第7項、第10項、第11項又は第12項本文の規定による区画に用いる法第2条第九号の二ロに規定する防火設備、同項ただし書の規定による区画に用いる10分間防火設備及び第13項の規定による区画に用いる戸は、次の各号に掲げる区分に応じ、それぞれ当該各号に定める構造のものとしなければならない。
　一　第1項本文、第4項若しくは第5項の規定による区画に用いる特定防火設備又は第7項の規定による区画に用いる法第2条第九号の二ロに規定する防火設備　次に掲げる要件を満たすものとして、国土交通大臣が定めた構造方法を用いるもの又は国土交通大臣の認定を受けたもの
　　イ～ニ　略
　二　第1項第二号、第10項若しくは前項の規定による区画に用いる特定防火設備、第10項、第11項若しくは第12項本文の規定による区画に用いる法第2条第九号の二ロに規定する防火設備、同項ただし書の規定による区画に用いる10分間防火設備又は第13項の規定による区画に用いる戸　次に掲げる要件を満たすものとして、国土交通大臣が定めた構造方法を用いるもの又は国土交通大臣の認定を受けたもの
　　イ・ロ　略
20　給水管、配電管その他の管が第1項、第4項から第6項まで若しくは第18項の規定による1時間準耐火基準に適合する準耐火構造の床若しくは壁、第7項若しくは第10項の規定による耐火構造の床若しくは壁、第11項本文若しくは第16項本文の規定による準耐火構造の床若しくは壁又は同項ただし書の場合における同項ただし書のひさし、床、袖壁その他これらに類するもの（以下この条において「準耐火構造の防火区画」という。）を貫通する場合においては、当該管と準耐火構造の防火区画との隙間をモルタルその他の不燃材料で埋めなければならない。
21　換気、暖房又は冷房の設備の風道が準耐火構造の防火区画を貫通する場合（国土交通大臣が防火上支障がないと認めて指定する場合を除く。）においては、当該風道の準耐火構造の防火区画を貫通する部分又はこれに近接する部分に、特定防火設備（法第2条第九号の二ロに規定する防火設備によつて区画すべき準耐火構造の防火区画を貫通する場合にあつては、同号ロに規定する防火設備）であつて、次に掲げる要件を満たすものとして、国土交通大臣が定めた構造方法を用いるもの又は国土交通大臣の認定を受けたものを国土交通大臣が定める方法により設けなければならない。
　一・二　略

改正：令和5年政令第280号　　　施行：令和6年4月1日
第112条　（防火区画）
1　法第2条第九号の三イ若しくはロのいずれかに該当する建築物（特定主要構造部を耐火構造とした建築物

令112条　改正：令和5年政令第280号

を含む。）又は第136条の2第一号ロ若しくは第二号ロに掲げる基準に適合する建築物で、延べ面積（スプリンクラー設備、水噴霧消火設備、泡消火設備その他これらに類するもので自動式のものを設けた部分の床面積の2分の1に相当する床面積を除く。以下この条において同じ。）が1,500㎡を超えるものは、床面積の合計（スプリンクラー設備、水噴霧消火設備、泡消火設備その他これらに類するもので自動式のものを設けた部分の床面積の2分の1に相当する床面積を除く。以下この条において同じ。）1,500㎡以内ごとに1時間準耐火基準に適合する準耐火構造の床若しくは壁又は特定防火設備（第109条に規定する防火設備であつて、これに通常の火災による火熱が加えられた場合に、加熱開始後1時間当該加熱面以外の面に火炎を出さないものとして、国土交通大臣が定めた構造方法を用いるもの又は国土交通大臣の認定を受けたものをいう。以下同じ。）で区画しなければならない。ただし、次の各号のいずれかに該当する建築物の部分でその用途上やむを得ないものについては、この限りでない。

一　劇場、映画館、演芸場、観覧場、公会堂又は集会場の客席、体育館、工場その他これらに類する用途に供する建築物の部分

二　階段室の部分等（階段室の部分又は昇降機の昇降路の部分（当該昇降機の乗降のための乗降ロビーの部分を含む。）をいう。第14項において同じ。）で1時間準耐火基準に適合する準耐火構造の床若しくは壁又は特定防火設備で区画されたもの

2　前項の「1時間準耐火基準」とは、主要構造部である壁、柱、床、はり及び屋根の軒裏の構造が、次に掲げる基準に適合するものとして、国土交通大臣が定めた構造方法を用いるもの又は国土交通大臣の認定を受けたものであることとする。

一　次の表の左欄に掲げる建築物の部分にあつては、当該部分に通常の火災による火熱が加えられた場合に、加熱開始後それぞれ同表の右欄に掲げる時間において構造耐力上支障のある変形、溶融、破壊その他の損傷を生じないものであること。

壁	間仕切壁（耐力壁に限る。）	1時間
	外壁（耐力壁に限る。）	1時間
柱		1時間
床		1時間
はり		1時間

二　壁（非耐力壁である外壁の延焼のおそれのある部分以外の部分を除く。）、床及び屋根の軒裏（外壁によつて小屋裏又は天井裏と防火上有効に遮られているものを除き、延焼のおそれのある部分に限る。）にあつては、これらに通常の火災による火熱が加えられた場合に、加熱開始後1時間当該加熱面以外の面（屋内に面するものに限る。）の温度が可燃物燃焼温度以上に上昇しないものであること。

三　外壁（非耐力壁である外壁の延焼のおそれのある部分以外の部分を除く。）にあつては、これに屋内において発生する通常の火災による火熱が加えられた場合に、加熱開始後1時間屋外に火炎を出す原因となる亀裂その他の損傷を生じないものであること。

3　特定主要構造部を耐火構造とした建築物の2以上の部分が当該建築物の吹抜きとなつている部分その他の一定の規模以上の空間が確保されている部分（以下この項において「空間部分」という。）に接する場合において、当該2以上の部分の構造が通常の火災時において相互に火熱による防火上有害な影響を及ぼさないものとして、国土交通大臣が定めた構造方法を用いるもの又は国土交通大臣の認定を受けたものであるときは、当該2以上の部分と当該空間部分とが特定防火設備で区画されているものとみなして、第1項の規定を適用する。この場合において、同項ただし書中「ものに」とあるのは、「もの又は第3項の規定が適用される建築物の同項に規定する空間部分に」とする。

4　法第21条第1項若しくは第2項（これらの規定を同条第3項の規定によりみなして適用する場合を含む。次項において同じ。）若しくは法第27条第1項（同条第4項の規定によりみなして適用する場合を含む。以下この項及び次項において同じ。）の規定により第109条の5第一号に掲げる基準に適合する建築物（通常火災終了時間が1時間以上であるものを除く。）とした建築物、法第27条第1項の規定により第110条第一号に掲げる基準に適合する特殊建築物（特定避難時間が1時間以上であるものを除く。）とした建築物、法第27条第3項（同条第4項の規定によりみなして適用する場合を含む。次項において同じ。）の規定により準耐火建築物（第109条の3第二号に掲げる基準又は1時間準耐火基準（第2項に規定する1時間準耐火基準をいう。以下同じ。）に適合するものを除く。）とした建築物、法第61条第1項（同条第2項の規定によりみ

なして適用する場合を含む。次項において同じ。）の規定により第136条の2第二号に定める基準に適合する建築物（準防火地域内にあるものに限り、第109条の3第二号に掲げる基準又は1時間準耐火基準に適合するものを除く。）とした建築物又は法第67条第1項の規定により準耐火建築物等（第109条の3第二号に掲げる基準又は1時間準耐火基準に適合するものを除く。）とした建築物で、延べ面積が500㎡を超えるものについては、第1項の規定にかかわらず、床面積の合計500㎡以内ごとに1時間準耐火基準に適合する準耐火構造の床若しくは壁又は特定防火設備で区画し、かつ、防火上主要な間仕切壁（自動スプリンクラー設備等設置部分（床面積が200㎡以下の階又は床面積200㎡以内ごとに準耐火構造の壁若しくは法第2条第九号の二ロに規定する防火設備で区画されている部分で、スプリンクラー設備、水噴霧消火設備、泡消火設備その他これらに類するもので自動式のものを設けたものをいう。第114条第1項及び第2項において同じ。）その他防火上支障がないものとして国土交通大臣が定める部分の間仕切壁を除く。）を準耐火構造とし、次の各号のいずれかに該当する部分を除き、小屋裏又は天井裏に達せしめなければならない。

　一　天井の全部が強化天井（天井のうち、その下方からの通常の火災時の加熱に対してその上方への延焼を有効に防止することができるものとして、国土交通大臣が定めた構造方法を用いるもの又は国土交通大臣の認定を受けたものをいう。次号及び第114条第3項において同じ。）である階
　二　準耐火構造の壁又は法第2条第九号の二ロに規定する防火設備で区画されている部分で、当該部分の天井が強化天井であるもの

5　法第21条第1項若しくは第2項若しくは法第27条第1項の規定により第109条の5第一号に掲げる基準に適合する建築物（通常火災終了時間が1時間以上であるものに限る。）とした建築物、同項の規定により第110条第一号に掲げる基準に適合する特殊建築物（特定避難時間が1時間以上であるものに限る。）とした建築物、法第27条第3項の規定により準耐火建築物（第109条の3第二号に掲げる基準又は1時間準耐火基準に適合するものに限る。）とした建築物、法第61条第1項の規定により第136条の2第二号に定める基準に適合する建築物（準防火地域内にあり、かつ、第109条の3第二号に掲げる基準又は1時間準耐火基準に適合するものに限る。）とした建築物又は法第67条第1項の規定により準耐火建築物等（第109条の3第二号に掲げる基準又は1時間準耐火基準に適合するものに限る。）とした建築物で、延べ面積が1,000㎡を超えるものについては、第1項の規定にかかわらず、床面積の合計1,000㎡以内ごとに1時間準耐火基準に適合する準耐火構造の床若しくは壁又は特定防火設備で区画しなければならない。

6　前2項の規定は、次の各号のいずれかに該当する建築物の部分で、天井（天井のない場合においては、屋根。以下この条において同じ。）及び壁の室内に面する部分の仕上げを準不燃材料でしたものについては、適用しない。
　一　体育館、工場その他これらに類する用途に供する建築物の部分
　二　第1項第二号に掲げる建築物の部分

7　建築物の11階以上の部分で、各階の床面積の合計が100㎡を超えるものは、第1項の規定にかかわらず、床面積の合計100㎡以内ごとに耐火構造の床若しくは壁又は法第2条第九号の二ロに規定する防火設備で区画しなければならない。

8　前項の建築物の部分で、当該部分の壁（床面からの高さが1.2m以下の部分を除く。次項及び第14項第一号において同じ。）及び天井の室内に面する部分（回り縁、窓台その他これらに類する部分を除く。以下この条において同じ。）の仕上げを準不燃材料でし、かつ、その下地を準不燃材料で造つたものは、特定防火設備以外の法第2条第九号の二ロに規定する防火設備で区画する場合を除き、前項の規定にかかわらず、床面積の合計200㎡以内ごとに区画すれば足りる。

9　第7項の建築物の部分で、当該部分の壁及び天井の室内に面する部分の仕上げを不燃材料でし、かつ、その下地を不燃材料で造つたものは、特定防火設備以外の法第2条第九号の二ロに規定する防火設備で区画する場合を除き、同項の規定にかかわらず、床面積の合計500㎡以内ごとに区画すれば足りる。

10　前3項の規定は、階段室の部分若しくは昇降機の昇降路の部分（当該昇降機の乗降のための乗降ロビーの部分を含む。）、廊下その他避難の用に供する部分又は床面積の合計が200㎡以内の共同住宅の住戸で、耐火構造の床若しくは壁又は特定防火設備（第7項の規定により区画すべき建築物にあつては、法第2条第九号の二ロに規定する防火設備）で区画されたものについては、適用しない。

11　主要構造部を準耐火構造とした建築物（特定主要構造部を耐火構造とした建築物を含む。）又は第136条の2第一号ロ若しくは第二号ロに掲げる基準に適合する建築物であつて、地階又は3階以上の階に居室を有するものの竪（たて）穴部分（長屋又は共同住宅の住戸でその階数が2以上であるもの、吹抜きとなつている部分、階段の部分（当該部分からのみ人が出入りすることのできる便所、公衆電話所その他これらに類する

令112条 改正：令和5年政令第280号

ものを含む。)、昇降機の昇降路の部分、ダクトスペースの部分その他これらに類する部分をいう。以下この条において同じ。）については、当該竪（たて）穴部分以外の部分（直接外気に開放されている廊下、バルコニーその他これらに類する部分を除く。次項及び第13項において同じ。）と準耐火構造の床若しくは壁又は法第2条第九号の二ロに規定する防火設備で区画しなければならない。ただし、次の各号のいずれかに該当する竪（たて）穴部分については、この限りでない。

一　避難階からその直上階又は直下階のみに通ずる吹抜きとなつている部分、階段の部分その他これらに類する部分でその壁及び天井の室内に面する部分の仕上げを不燃材料でし、かつ、その下地を不燃材料で造つたもの

二　階数が3以下で延べ面積が200㎡以内の一戸建ての住宅又は長屋若しくは共同住宅の住戸のうちその階数が3以下で、かつ、床面積の合計が200㎡以内であるものにおける吹抜きとなつている部分、階段の部分、昇降機の昇降路の部分その他これらに類する部分

12　3階を病院、診療所（患者の収容施設があるものに限る。次項において同じ。）又は児童福祉施設等（入所する者の寝室があるものに限る。同項において同じ。）の用途に供する建築物のうち階数が3で延べ面積が200㎡未満のもの（前項に規定する建築物を除く。）の竪（たて）穴部分については、当該竪（たて）穴部分以外の部分と間仕切壁又は法第2条第九号の二ロに規定する防火設備で区画しなければならない。ただし、居室、倉庫その他これらに類する部分にスプリンクラー設備その他これに類するものを設けた建築物の竪（たて）穴部分については、当該防火設備に代えて、10分間防火設備（第109条に規定する防火設備であつて、これに通常の火災による火熱が加えられた場合に、加熱開始後10分間当該加熱面以外の面に火炎を出さないものとして、国土交通大臣が定めた構造方法を用いるもの又は国土交通大臣の認定を受けたものをいう。第19項及び第121条第4項第一号において同じ。）で区画することができる。

13　3階を法別表第1（い）欄(2)項に掲げる用途（病院、診療所又は児童福祉施設等を除く。）に供する建築物のうち階数が3で延べ面積が200㎡未満のもの（第11項に規定する建築物を除く。）の竪（たて）穴部分については、当該竪（たて）穴部分以外の部分と間仕切壁又は戸（ふすま、障子その他これらに類するものを除く。）で区画しなければならない。

14　竪（たて）穴部分及びこれに接する他の竪（たて）穴部分（いずれも第1項第一号に該当する建築物の部分又は階段室の部分等であるものに限る。）が次に掲げる基準に適合する場合においては、これらの竪（たて）穴部分を一の竪（たて）穴部分とみなして、前3項の規定を適用する。

一　当該竪（たて）穴部分及び他の竪（たて）穴部分の壁及び天井の室内に面する部分の仕上げが準不燃材料でされ、かつ、その下地が準不燃材料で造られたものであること。

二　当該竪（たて）穴部分と当該他の竪（たて）穴部分とが用途上区画することができないものであること。

15　第12項及び第13項の規定は、火災が発生した場合に避難上支障のある高さまで煙又はガスの降下が生じない建築物として、壁及び天井の仕上げに用いる材料の種類並びに消火設備及び排煙設備の設置の状況及び構造を考慮して国土交通大臣が定めるものの竪（たて）穴部分については、適用しない。

16　第1項若しくは第4項から第6項までの規定による1時間準耐火基準に適合する準耐火構造の床若しくは壁（第4項に規定する防火上主要な間仕切壁を除く。）若しくは特定防火設備、第7項の規定による耐火構造の床若しくは壁若しくは法第2条第九号の二ロに規定する防火設備又は第11項の規定による準耐火構造の床若しくは壁若しくは同号ロに規定する防火設備に接する外壁については、当該外壁のうちこれらに接する部分を含み幅90cm以上の部分を準耐火構造としなければならない。ただし、外壁面から50cm以上突出した準耐火構造のひさし、床、袖壁その他これらに類するもので防火上有効に遮られている場合においては、この限りでない。

17　前項の規定によつて準耐火構造としなければならない部分に開口部がある場合においては、その開口部に法第2条第九号の二ロに規定する防火設備を設けなければならない。

18　建築物の一部が法第27条第1項各号、第2項各号又は第3項各号のいずれかに該当する場合においては、その部分とその他の部分とを1時間準耐火基準に適合する準耐火構造とした床若しくは壁又は特定防火設備で区画しなければならない。ただし、国土交通大臣が定める基準に従い、警報設備を設けることその他これに準ずる措置が講じられている場合においては、この限りでない。

19　第1項、第4項、第5項、第10項又は前項の規定による区画に用いる特定防火設備、第7項、第10項、第11項又は第12項本文の規定による区画に用いる法第2条第九号の二ロに規定する防火設備、同項ただし書の規定による区画に用いる10分間防火設備及び第13項の規定による区画に用いる戸は、次の各号に掲げる区分に応じ、当該各号に定める構造のものとしなければならない。

一　第1項本文、第4項若しくは第5項の規定による区画に用いる特定防火設備又は第7項の規定による区画に用いる法第2条第九号の二ロに規定する防火設備　次に掲げる要件を満たすものとして、国土交通大臣が定めた構造方法を用いるもの又は国土交通大臣の認定を受けたもの
　　イ　常時閉鎖若しくは作動をした状態にあるか、又は随時閉鎖若しくは作動をできるものであること。
　　ロ　閉鎖又は作動をするに際して、当該特定防火設備又は防火設備の周囲の人の安全を確保することができるものであること。
　　ハ　居室から地上に通ずる主たる廊下、階段その他の通路の通行の用に供する部分に設けるものにあつては、閉鎖又は作動をした状態において避難上支障がないものであること。
　　ニ　常時閉鎖又は作動をした状態にあるもの以外のものにあつては、火災により煙が発生した場合又は火災により温度が急激に上昇した場合のいずれかの場合に、自動的に閉鎖又は作動をするものであること。
　二　第1項第二号、第10項若しくは前項の規定による区画に用いる特定防火設備、第10項、第11項若しくは第12項本文の規定による区画に用いる法第2条第九号の二ロに規定する防火設備、同項ただし書の規定による区画に用いる10分間防火設備又は第13項の規定による区画に用いる戸　次に掲げる要件を満たすものとして、国土交通大臣が定めた構造方法を用いるもの又は国土交通大臣の認定を受けたもの
　　イ　前号イからハまでに掲げる要件を満たしているものであること。
　　ロ　避難上及び防火上支障のない遮煙性能を有し、かつ、常時閉鎖又は作動をした状態にあるもの以外のものにあつては、火災により煙が発生した場合に自動的に閉鎖又は作動をするものであること。
20　給水管、配電管その他の管が第1項、第4項から第6項まで若しくは第18項の規定による1時間準耐火基準に適合する準耐火構造の床若しくは壁、第7項若しくは第10項の規定による耐火構造の床若しくは壁、第11項本文若しくは第16項本文の規定による準耐火構造の床若しくは壁又は同項ただし書の場合における同項ただし書のひさし、床、袖壁その他これらに類するもの（以下この条において「準耐火構造の防火区画」という。）を貫通する場合においては、当該管と準耐火構造の防火区画との隙間をモルタルその他の不燃材料で埋めなければならない。
21　換気、暖房又は冷房の設備の風道が準耐火構造の防火区画を貫通する場合（国土交通大臣が防火上支障がないと認めて指定する場合を除く。）においては、当該風道の準耐火構造の防火区画を貫通する部分又はこれに近接する部分に、特定防火設備（法第2条第九号の二ロに規定する防火設備によつて区画すべき準耐火構造の防火区画を貫通する場合にあつては、同号ロに規定する防火設備）であつて、次に掲げる要件を満たすものとして、国土交通大臣が定めた構造方法を用いるもの又は国土交通大臣の認定を受けたものを国土交通大臣が定める方法により設けなければならない。
　一　火災により煙が発生した場合又は火災により温度が急激に上昇した場合に自動的に閉鎖するものであること。
　二　閉鎖した場合に防火上支障のない遮煙性能を有するものであること。
22　建築物が火熱遮断壁等で区画されている場合における当該火熱遮断壁等により分離された部分は、第1項又は第11項から第13項までの規定の適用については、それぞれ別の建築物とみなす。
23　第109条の2の2第3項に規定する建築物に係る第1項又は第11項の規定の適用については、当該建築物の同条第3項に規定する特定部分及び他の部分をそれぞれ別の建築物とみなす。

［現行］　第113条　（木造等の建築物の防火壁及び防火床）

制定：昭和25年政令第338号　　　施行：昭和25年11月23日
第113条　（木造等の建築物の防火壁）
　1　防火壁は、下の各号に定める構造としなければならない。
　一　耐火構造とし、且つ、自立する構造とすること。
　二　木造の建築物においては、無筋コンクリート造又は組積造としないこと。
　三　防火壁の両端及び上端は、建築物の外壁面及び屋根面から50cm（防火壁の中心線からの距離が1.8m以内にある外壁及び軒裏又は屋根下地が防火構造で、且つ、これらの部分に開口部がない場合においては、10cm）以上突出させること。但し、防火壁を設けた部分の外壁又は屋根が防火壁を含みた行方向に幅3.6m以上にわたつて耐火構造であり、且つ、これらの部分に開口部がない場合又は開口部があつて、これに防火戸若し

令113条 制定：昭和25年政令第338号

　　くは防火木材製の網入ガラス入りのはめごろし戸が設けられている場合においては、この限りでない。
　四　防火壁に設ける開口部の幅及び高さは、それぞれ2.5m以下とし、且つ、これに甲種防火戸を設けること。
　五　給水管、配電管その他の管が防火壁を貫通する場合においては、防火壁とこれらの管とのすき間をモルタルで埋めること。

改正：昭和26年政令第371号　　　施行：昭和26年12月7日
第113条　（木造等の建築物の防火壁）

1　防火壁は、下の各号に定める構造としなければならない。
　一・二　略
　三　防火壁の両端及び上端は、建築物の外壁面及び屋根面から50cm（防火壁の中心線からの距離が1.8m以内にある外壁及び軒裏又は屋根下地が防火構造で、且つ、これらの部分に開口部がない場合においては、10cm）以上突出させること。但し、防火壁を設けた部分の外壁又は屋根が防火壁を含みけた行方向に幅3.6m以上にわたつて耐火構造であり、且つ、これらの部分に開口部がない場合又は開口部があつて、これに防火戸若しくは防火木材製の網入ガラス入りのはめごろし戸が設けられている場合においては、その部分については、この限りでない。
　四・五　略

改正：昭和33年政令第283号　　　施行：昭和34年1月1日
第113条　（木造等の建築物の防火壁）

1　防火壁は、下の各号に定める構造としなければならない。
　一～三　略
　四　防火壁に設ける開口部の幅及び高さは、それぞれ2.5m以下とし、且つ、これに甲種防火戸を設けること。
2　前条第6項の規定は給水管、配電管その他の管が防火壁を貫通する場合に、同条第7項の規定は換気、暖房又は冷房の設備の風道が防火壁を貫通する場合に準用する。

改正：昭和34年政令第344号　　　施行：昭和34年12月23日
第113条　（木造等の建築物の防火壁）

1　防火壁は、次の各号に定める構造としなければならない。
　一　耐火構造とし、かつ、自立する構造とすること。
　二　略
　三　防火壁の両端及び上端は、建築物の外壁面及び屋根面から50cm（防火壁の中心線からの距離が1.8m以内にある外壁及び軒裏又は屋根下地が防火構造で、かつ、これらの部分に開口部がない場合においては、10cm）以上突出させること。ただし、防火壁を設けた部分の外壁又は屋根が防火壁を含みけた行方向に幅3.6m以上にわたつて耐火構造であり、かつ、これらの部分に開口部がない場合又は開口部があつて、これに防火戸が設けられている場合においては、その部分については、この限りでない。
　四　防火壁に設ける開口部の幅及び高さは、それぞれ2.5m以下とし、かつ、これに甲種防火戸を設けること。
2　前条第9項の規定は給水管、配電管その他の管が防火壁を貫通する場合に、同条第10項の規定は換気、暖房又は冷房の設備の風道が防火壁を貫通する場合に準用する。

改正：昭和39年政令第4号　　　施行：昭和39年1月15日
第113条　（木造等の建築物の防火壁）

1　略
2　前条第12項の規定は給水管、配電管その他の管が防火壁を貫通する場合に、同条第13項の規定は換気、暖房又は冷房の設備の風道が防火壁を貫通する場合に準用する。

改正：昭和44年政令第8号　　　施行：昭和44年5月1日

改正：平成12年政令第312号　**令113条**

第113条　（木造等の建築物の防火壁）

1　防火壁は、次の各号に定める構造としなければならない。
　一～三　略
　四　防火壁に設ける開口部の幅及び高さは、それぞれ2.5m以下とし、かつ、これに前条第13項各号に定める構造の甲種防火戸を設けること。
2　前条第14項の規定は給水管、配電管その他の管が防火壁を貫通する場合に、同条第15項の規定は換気、暖房又は冷房の設備の風道が防火壁を貫通する場合に準用する。

改正：昭和45年政令第333号　　　施行：昭和46年1月1日

第113条　（木造等の建築物の防火壁）

1　防火壁は、次の各号に定める構造としなければならない。
　一～三　略
　四　防火壁に設ける開口部の幅及び高さは、それぞれ2.5m以下とし、かつ、これに前条第14項各号に定める構造の甲種防火戸を設けること。
2　前条第15項の規定は給水管、配電管その他の管が防火壁を貫通する場合に、同条第16項の規定は換気、暖房又は冷房の設備の風道が防火壁を貫通する場合に準用する。

改正：昭和48年政令第242号　　　施行：昭和49年1月1日

第113条　（木造等の建築物の防火壁）

1　防火壁は、次の各号に定める構造としなければならない。
　一～三　略
　四　防火壁に設ける開口部の幅及び高さは、それぞれ2.5m以下とし、かつ、これに常時閉鎖式防火戸である甲種防火戸又はその他の甲種防火戸で前条第14項第一号から第三号までに定める構造のものを設けること。
2　略

改正：平成12年政令第211号　　　施行：平成12年6月1日

第113条　（木造等の建築物の防火壁）

1　防火壁は、次に定める構造としなければならない。
　一・二　略
　三　防火壁の両端及び上端は、建築物の外壁面及び屋根面から50cm（防火壁の中心線からの距離が1.8m以内において、外壁が防火構造であり、かつ、屋根の構造が、屋根に屋内において発生する通常の火災による火熱が加えられた場合に、加熱開始後20分間屋外に火炎を出す原因となるき裂その他の損傷を生じないものとして、建設大臣が定めた構造方法を用いるもの又は建設大臣の認定を受けたものである場合において、これらの部分に開口部がないときにあつては、10cm）以上突出させること。ただし、防火壁を設けた部分の外壁又は屋根が防火壁を含みけた行方向に幅3.6m以上にわたつて耐火構造であり、かつ、これらの部分に開口部がない場合又は開口部があつて、これに法第2条第九号の二ロに規定する防火設備が設けられている場合においては、その部分については、この限りでない。
　四　防火壁に設ける開口部の幅及び高さは、それぞれ2.5m以下とし、かつ、これに特定防火設備で前条第14項第一号に規定する構造であるものを設けること。
2　略

改正：平成12年政令第312号　　　施行：平成13年1月6日

第113条　（木造等の建築物の防火壁）

1　防火壁は、次に定める構造としなければならない。
　一・二　略

令113条 改正：平成12年政令第312号

　三　防火壁の両端及び上端は、建築物の外壁面及び屋根面から50cm（防火壁の中心線からの距離が1.8m以内において、外壁が防火構造であり、かつ、屋根の構造が、屋根に屋内において発生する通常の火災による火熱が加えられた場合に、加熱開始後20分間屋外に火炎を出す原因となるき裂その他の損傷を生じないものとして、<u>国土交通大臣</u>が定めた構造方法を用いるもの又は<u>国土交通大臣</u>の認定を受けたものである場合において、これらの部分に開口部がないときにあつては、10cm）以上突出させること。ただし、防火壁を設けた部分の外壁又は屋根が防火壁を含みけた行方向に幅3.6m以上にわたつて耐火構造であり、かつ、これらの部分に開口部がない場合又は開口部があつて、これに法第２条第九号の二ロに規定する防火設備が設けられている場合においては、その部分については、この限りでない。
　四　略
２　略

改正：平成27年政令第11号　　　施行：平成27年６月１日
第113条　（木造等の建築物の防火壁）

１・２　略
３　<u>第109条の５に規定する技術的基準に適合する壁等で、法第21条第２項第二号に規定する構造方法を用いるもの又は同号の規定による認定を受けたものは、第１項の規定に適合する防火壁とみなす。</u>

改正：平成30年政令第255号　　　施行：平成30年９月25日
第113条　（木造等の建築物の防火壁）

１　防火壁は、次に定める構造としなければならない。
　一・二　略
　三　防火壁の両端及び上端は、建築物の外壁面及び屋根面から50cm（防火壁の中心線からの距離が1.8m以内において、外壁が防火構造であり、かつ、屋根の構造が、屋根に屋内において発生する通常の火災による火熱が加えられた場合に、加熱開始後20分間屋外に火炎を出す原因となる<u>亀裂</u>その他の損傷を生じないものとして、国土交通大臣が定めた構造方法を用いるもの又は国土交通大臣の認定を受けたものである場合において、これらの部分に開口部がないときにあつては、10cm）以上突出させること。ただし、防火壁を設けた部分の外壁又は屋根が防火壁を含み<u>桁行方向</u>に幅3.6m以上にわたつて耐火構造であり、かつ、これらの部分に開口部がない場合又は開口部があつて、これに法第２条第九号の二ロに規定する防火設備が設けられている場合においては、その部分については、この限りでない。
　四　防火壁に設ける開口部の幅及び高さは、それぞれ2.5m以下とし、かつ、これに特定防火設備で<u>前条第13項第一号</u>に規定する構造であるものを設けること。
２　<u>前条第14項</u>の規定は給水管、配電管その他の管が防火壁を貫通する場合に、<u>同条第15項</u>の規定は換気、暖房又は冷房の設備の風道が防火壁を貫通する場合に準用する。
３　略

改正：令和元年政令第30号　　　施行：令和元年６月25日
第113条　（木造等の建築物の防火壁及び防火床）

１　<u>防火壁及び防火床</u>は、次に定める構造としなければならない。
　一　<u>耐火構造とすること。</u>
　二　<u>通常の火災による当該防火壁又は防火床以外の建築物の部分の倒壊によつて生ずる応力が伝えられた場合に倒壊しないものとして国土交通大臣が定めた構造方法を用いるものとすること。</u>
　三　<u>通常の火災時において、当該防火壁又は防火床で区画された部分（当該防火壁又は防火床の部分を除く。）から屋外に出た火炎による当該防火壁又は防火床で区画された他の部分（当該防火壁又は防火床の部分を除く。）への延焼を有効に防止できるものとして国土交通大臣が定めた構造方法を用いるものとすること。</u>
　四　防火壁に設ける開口部の幅及び高さ<u>又は防火床に設ける開口部の幅及び長さ</u>は、それぞれ2.5m以下とし、かつ、これに特定防火設備で<u>前条第18項第一号</u>に規定する構造であるものを設けること。
２　<u>前条第19項</u>の規定は給水管、配電管その他の管が<u>防火壁又は防火床</u>を貫通する場合に、<u>同条第20項</u>の規定

は換気、暖房又は冷房の設備の風道が防火壁又は防火床を貫通する場合について準用する。
3 　第109条の7に規定する技術的基準に適合する壁等で、法第21条第2項第二号に規定する構造方法を用いるもの又は同号の規定による認定を受けたものは、第1項の規定に適合する防火壁又は防火床とみなす。

改正：令和元年政令第181号　　　施行：令和2年4月1日
第113条　（木造等の建築物の防火壁及び防火床）

1　防火壁及び防火床は、次に定める構造としなければならない。
　一～三　略
　四　防火壁に設ける開口部の幅及び高さ又は防火床に設ける開口部の幅及び長さは、それぞれ2.5m以下とし、かつ、これに特定防火設備で前条第19項第一号に規定する構造であるものを設けること。
2　前条第20項の規定は給水管、配電管その他の管が防火壁又は防火床を貫通する場合に、同条第21項の規定は換気、暖房又は冷房の設備の風道が防火壁又は防火床を貫通する場合について準用する。
3　略

改正：令和5年政令第280号　　　施行：令和6年4月1日
第113条　（木造等の建築物の防火壁及び防火床）

1　防火壁及び防火床は、次に掲げる構造としなければならない。
　一　耐火構造とすること。
　二　通常の火災による当該防火壁又は防火床以外の建築物の部分の倒壊によつて生ずる応力が伝えられた場合に倒壊しないものとして国土交通大臣が定めた構造方法を用いるものとすること。
　三　通常の火災時において、当該防火壁又は防火床で区画された部分（当該防火壁又は防火床の部分を除く。）から屋外に出た火炎による当該防火壁又は防火床で区画された他の部分（当該防火壁又は防火床の部分を除く。）への延焼を有効に防止できるものとして国土交通大臣が定めた構造方法を用いるものとすること。
　四　防火壁に設ける開口部の幅及び高さ又は防火床に設ける開口部の幅及び長さは、それぞれ2.5m以下とし、かつ、これに特定防火設備で前条第19項第一号に規定する構造であるものを設けること。
2　前条第20項の規定は給水管、配電管その他の管が防火壁又は防火床を貫通する場合に、同条第21項の規定は換気、暖房又は冷房の設備の風道が防火壁又は防火床を貫通する場合について準用する。
3　防火壁又は防火床で火熱遮断壁等に該当するものについては、第1項の規定は、適用しない。

[現行]　第114条　（建築物の界壁、間仕切壁及び隔壁）

制定：昭和25年政令第338号　　　施行：昭和25年11月23日
第114条　（建築物の界壁、間仕切壁及び隔壁）

1　長屋又は共同住宅の各戸の界壁は、耐火構造又は防火構造とし、小屋裏又は天井裏に達せしめなければならない。
2　学校、病院、診療所（患者の収容施設を有しないものを除く。）、ホテル、旅館、下宿、寄宿舎又はマーケットの用途に供する建築物の当該用途に供する部分については、その防火上主要な間仕切壁を耐火構造又は防火構造とし、小屋裏又は天井裏に達せしめなければならない。
3　建築面積が300㎡をこえる建築物の小屋組が木造である場合においては、けた行間隔12m以内ごとに小屋裏に耐火構造とした隔壁又は両面を防火構造とした隔壁を設けなければならない。
4　延べ面積がそれぞれ200㎡をこえる建築物相互を連絡する渡り廊下で、その小屋組が木造であり、且つ、けた行が4mをこえるものは、小屋裏に耐火構造とした隔壁又は両面を防火構造とした隔壁を設けなければならない。

改正：昭和34年政令第344号　　　施行：昭和34年12月23日
第114条　（建築物の界壁、間仕切壁及び隔壁）

令114条　改正：昭和34年政令第344号

1〜3　略
4　延べ面積がそれぞれ200㎡をこえる建築物で耐火建築物以外のもの相互を連絡する渡り廊下で、その小屋組が木造であり、かつ、けた行が４ｍをこえるものは、小屋裏に耐火構造とした隔壁又は両面を防火構造とした隔壁を設けなければならない。

改正：昭和44年政令第８号　　　　施行：昭和44年５月１日
第114条　（建築物の界壁、間仕切壁及び隔壁）

1〜4　略
5　第112条第14項の規定は給水管、配電管その他の管が第１項の界壁、第２項の間仕切壁又は前２項の隔壁を貫通する場合に、同条第15項の規定は換気、暖房又は冷房の設備の風道がこれらの界壁、間仕切壁又は隔壁を貫通する場合に準用する。

改正：昭和45年政令第333号　　　　施行：昭和46年１月１日
第114条　（建築物の界壁、間仕切壁及び隔壁）

1〜4　略
5　第112条第15項の規定は給水管、配電管その他の管が第１項の界壁、第２項の間仕切壁又は前２項の隔壁を貫通する場合に、同条第16項の規定は換気、暖房又は冷房の設備の風道がこれらの界壁、間仕切壁又は隔壁を貫通する場合に準用する。

改正：昭和62年政令第348号　　　　施行：昭和62年11月16日
　　　　　　　　　　　　　　　　　（第２項の改正規定は、昭和63年４月１日）
第114条　（建築物の界壁、間仕切壁及び隔壁）

1　略
2　学校、病院、診療所（患者の収容施設を有しないものを除く。)、児童福祉施設等、ホテル、旅館、下宿、寄宿舎又はマーケットの用途に供する建築物の当該用途に供する部分については、その防火上主要な間仕切壁を耐火構造又は防火構造とし、小屋裏又は天井裏に達せしめなければならない。
3　建築面積が300㎡を超える建築物の小屋組が木造である場合においては、けた行間隔12m以内ごとに小屋裏に耐火構造とした隔壁又は両面を防火構造とした隔壁を設けなければならない。ただし、次の各号の一に該当する建築物については、この限りでない。
　一　第115条の２第１項第七号の基準に適合するもの
　二　その周辺地域が農業上の利用に供され、又はこれと同様の状況にあつて、特定行政庁がその構造及び用途並びに周囲の状況により避難上及び延焼防止上支障がないと認める畜舎、堆（たい）肥舎並びに水産物の増殖場及び養殖場の上家
4・5　略

改正：平成５年政令第170号　　　　施行：平成５年６月25日
第114条　（建築物の界壁、間仕切壁及び隔壁）

1　長屋又は共同住宅の各戸の界壁は、耐火構造、準耐火構造又は防火構造とし、小屋裏又は天井裏に達せしめなければならない。
2　学校、病院、診療所（患者の収容施設を有しないものを除く。）、児童福祉施設等、ホテル、旅館、下宿、寄宿舎又はマーケットの用途に供する建築物の当該用途に供する部分については、その防火上主要な間仕切壁を耐火構造、準耐火構造又は防火構造とし、小屋裏又は天井裏に達せしめなければならない。
3　建築面積が300㎡を超える建築物の小屋組が木造である場合においては、けた行間隔12m以内ごとに小屋裏に耐火構造若しくは準耐火構造とした隔壁又は両面を防火構造とした隔壁を設けなければならない。ただし、次の各号の一に該当する建築物については、この限りでない。
　一・二　略

改正：平成12年政令第312号 **令114条**

4　延べ面積がそれぞれ200㎡を<u>超える</u>建築物で耐火建築物以外のもの相互を連絡する渡り廊下で、その小屋組が木造であり、かつ、けた行が４ｍを<u>超える</u>ものは、小屋裏に<u>耐火構造若しくは準耐火構造</u>とした隔壁又は両面を防火構造とした隔壁を設けなければならない。
5　略

改正：平成６年政令第278号　　　　施行：平成６年８月26日
第114条　（建築物の界壁、間仕切壁及び隔壁）

1・2　略
3　建築面積が300㎡を超える建築物の小屋組が木造である場合においては、けた行間隔12ｍ以内ごとに小屋裏に耐火構造若しくは準耐火構造とした隔壁又は両面を防火構造とした隔壁を設けなければならない。ただし、次の各号の一に該当する建築物については、この限りでない。
　一　略
　二　その周辺地域が農業上の利用に供され、又はこれと同様の<u>状況</u>にあつて、その構造及び用途並びに周囲の状況に関し避難上及び延焼防止上支障が<u>ない</u>ものとして建設大臣が定める基準に適合する畜舎、堆（たい）肥舎並びに水産物の増殖場及び養殖場の上家
4・5　略

改正：平成12年政令第211号　　　　施行：平成12年６月１日
第114条　（建築物の界壁、間仕切壁及び隔壁）

1　長屋又は共同住宅の各戸の界壁は、<u>準耐火構造</u>とし、小屋裏又は天井裏に達せしめなければならない。
2　学校、病院、診療所（患者の収容施設を有しないものを除く。）、児童福祉施設等、ホテル、旅館、下宿、寄宿舎又はマーケットの用途に供する建築物の当該用途に供する部分については、その防火上主要な間仕切壁を<u>準耐火構造</u>とし、小屋裏又は天井裏に達せしめなければならない。
3　建築面積が300㎡を超える建築物の小屋組が木造である場合においては、けた行間隔12ｍ以内ごとに小屋裏に<u>準耐火構造の</u>隔壁を設けなければならない。ただし、次の<u>各号のいずれか</u>に該当する建築物については、この限りでない。
　<u>一　法第２条第九号の二イに掲げる基準に適合する建築物</u>
　二　第115条の２第１項第七号の基準に適合するもの
　<u>三</u>　その周辺地域が農業上の利用に供され、又はこれと同様の状況にあつて、その構造及び用途並びに周囲の状況に関し避難上及び延焼防止上支障がないものとして建設大臣が定める基準に適合する畜舎、堆（たい）肥舎並びに水産物の増殖場及び養殖場の上家
4　延べ面積がそれぞれ200㎡を超える建築物で耐火建築物以外のもの相互を連絡する渡り廊下で、その小屋組が木造であり、かつ、けた行が４ｍを超えるものは、小屋裏に<u>準耐火構造の</u>隔壁を設けなければならない。
5　第112条第15項の規定は給水管、配電管その他の管が第１項の界壁、第２項の間仕切壁又は前２項の隔壁を貫通する場合に、同条第16項の規定は換気、暖房又は冷房の設備の風道がこれらの界壁、間仕切壁又は隔壁を貫通する場合に準用する。<u>この場合において、同項中「特定防火設備」とあるのは、「第109条に規定する防火設備であつて通常の火災による火熱が加えられた場合に、加熱開始後45分間加熱面以外の面に火炎を出さないものとして、建設大臣が定めた構造方法を用いるもの又は建設大臣の認定を受けたもの」と読み替えるものとする。</u>

改正：平成12年政令第312号　　　　施行：平成13年１月６日
第114条　（建築物の界壁、間仕切壁及び隔壁）

1・2　略
3　建築面積が300㎡を超える建築物の小屋組が木造である場合においては、けた行間隔12ｍ以内ごとに小屋裏に準耐火構造の隔壁を設けなければならない。ただし、次の各号のいずれかに該当する建築物については、この限りでない。
　一・二　略

令114条　改正：平成12年政令第312号

　三　その周辺地域が農業上の利用に供され、又はこれと同様の状況にあつて、その構造及び用途並びに周囲の状況に関し避難上及び延焼防止上支障がないものとして国土交通大臣が定める基準に適合する畜舎、堆（たい）肥舎並びに水産物の増殖場及び養殖場の上家

4　略

5　第112条第15項の規定は給水管、配電管その他の管が第1項の界壁、第2項の間仕切壁又は前2項の隔壁を貫通する場合に、同条第16項の規定は換気、暖房又は冷房の設備の風道がこれらの界壁、間仕切壁又は隔壁を貫通する場合に準用する。この場合において、同項中「特定防火設備」とあるのは、「第109条に規定する防火設備であつて通常の火災による火熱が加えられた場合に、加熱開始後45分間加熱面以外の面に火炎を出さないものとして、国土交通大臣が定めた構造方法を用いるもの又は国土交通大臣の認定を受けたもの」と読み替えるものとする。

改正：平成26年政令第232号　　　施行：平成26年7月1日

第114条　（建築物の界壁、間仕切壁及び隔壁）

1　略

2　学校、病院、診療所（患者の収容施設を有しないものを除く。）、児童福祉施設等、ホテル、旅館、下宿、寄宿舎又はマーケットの用途に供する建築物の当該用途に供する部分については、その防火上主要な間仕切壁（自動スプリンクラー設備等設置部分その他防火上支障がないものとして国土交通大臣が定める部分の間仕切壁を除く。）を準耐火構造とし、小屋裏又は天井裏に達せしめなければならない。

3～5　略

改正：平成28年政令第6号　　　施行：平成28年6月1日

第114条　（建築物の界壁、間仕切壁及び隔壁）

1　略

2　学校、病院、診療所（患者の収容施設を有しないものを除く。）、児童福祉施設等、ホテル、旅館、下宿、寄宿舎又はマーケットの用途に供する建築物の当該用途に供する部分については、その防火上主要な間仕切壁（自動スプリンクラー設備等設置部分その他防火上支障がないものとして国土交通大臣が定める部分の間仕切壁を除く。）を準耐火構造とし、第112条第2項各号のいずれかに該当する部分を除き、小屋裏又は天井裏に達せしめなければならない。

3　建築面積が300㎡を超える建築物の小屋組が木造である場合においては、小屋裏の直下の天井の全部を強化天井とするか、又は桁行間隔12m以内ごとに小屋裏（準耐火構造の隔壁で区画されている小屋裏の部分で、当該部分の直下の天井が強化天井であるものを除く。）に準耐火構造の隔壁を設けなければならない。ただし、次の各号のいずれかに該当する建築物については、この限りでない。

　一・二　略

　三　その周辺地域が農業上の利用に供され、又はこれと同様の状況にあつて、その構造及び用途並びに周囲の状況に関し避難上及び延焼防止上支障がないものとして国土交通大臣が定める基準に適合する畜舎、堆肥舎並びに水産物の増殖場及び養殖場の上家

4・5　略

改正：平成30年政令第255号　　　施行：平成30年9月25日

第114条　（建築物の界壁、間仕切壁及び隔壁）

1～4　略

5　第112条第14項の規定は給水管、配電管その他の管が第1項の界壁、第2項の間仕切壁又は前2項の隔壁を貫通する場合に、同条第15項の規定は換気、暖房又は冷房の設備の風道がこれらの界壁、間仕切壁又は隔壁を貫通する場合について準用する。この場合において、同項中「特定防火設備」とあるのは、「第109条に規定する防火設備であつて通常の火災による火熱が加えられた場合に、加熱開始後45分間加熱面以外の面に火炎を出さないものとして、国土交通大臣が定めた構造方法を用いるもの又は国土交通大臣の認定を受けたもの」と読み替えるものとする。

改正：令和元年政令第30号　　　施行：令和元年6月25日
第114条　（建築物の界壁、間仕切壁及び隔壁）

1　長屋又は共同住宅の各戸の界壁（自動スプリンクラー設備等設置部分その他防火上支障がないものとして国土交通大臣が定める部分の界壁を除く。）は、準耐火構造とし、第112条第3項各号のいずれかに該当する部分を除き、小屋裏又は天井裏に達せしめなければならない。
2　学校、病院、診療所（患者の収容施設を有しないものを除く。）、児童福祉施設等、ホテル、旅館、下宿、寄宿舎又はマーケットの用途に供する建築物の当該用途に供する部分については、その防火上主要な間仕切壁（自動スプリンクラー設備等設置部分その他防火上支障がないものとして国土交通大臣が定める部分の間仕切壁を除く。）を準耐火構造とし、第112条第3項各号のいずれかに該当する部分を除き、小屋裏又は天井裏に達せしめなければならない。
3・4　略
5　第112条第19項の規定は給水管、配電管その他の管が第1項の界壁、第2項の間仕切壁又は前2項の隔壁を貫通する場合に、同条第20項の規定は換気、暖房又は冷房の設備の風道がこれらの界壁、間仕切壁又は隔壁を貫通する場合について準用する。この場合において、同項中「特定防火設備」とあるのは、「第109条に規定する防火設備であつて、これに通常の火災による火熱が加えられた場合に、加熱開始後45分間当該加熱面以外の面に火炎を出さないものとして、国土交通大臣が定めた構造方法を用いるもの又は国土交通大臣の認定を受けたもの」と読み替えるものとする。

改正：令和元年政令第181号　　　施行：令和2年4月1日
第114条　（建築物の界壁、間仕切壁及び隔壁）

1　長屋又は共同住宅の各戸の界壁（自動スプリンクラー設備等設置部分その他防火上支障がないものとして国土交通大臣が定める部分の界壁を除く。）は、準耐火構造とし、第112条第4項各号のいずれかに該当する部分を除き、小屋裏又は天井裏に達せしめなければならない。
2　学校、病院、診療所（患者の収容施設を有しないものを除く。）、児童福祉施設等、ホテル、旅館、下宿、寄宿舎又はマーケットの用途に供する建築物の当該用途に供する部分については、その防火上主要な間仕切壁（自動スプリンクラー設備等設置部分その他防火上支障がないものとして国土交通大臣が定める部分の間仕切壁を除く。）を準耐火構造とし、第112条第4項各号のいずれかに該当する部分を除き、小屋裏又は天井裏に達せしめなければならない。
3・4　略
4　第112条第20項の規定は給水管、配電管その他の管が第1項の界壁、第2項の間仕切壁又は前2項の隔壁を貫通する場合に、同条第21項の規定は換気、暖房又は冷房の設備の風道がこれらの界壁、間仕切壁又は隔壁を貫通する場合について準用する。この場合において、同項中「特定防火設備」とあるのは、「第109条に規定する防火設備であつて、これに通常の火災による火熱が加えられた場合に、加熱開始後45分間当該加熱面以外の面に火炎を出さないものとして、国土交通大臣が定めた構造方法を用いるもの又は国土交通大臣の認定を受けたもの」と読み替えるものとする。

改正：令和5年政令第280号　　　施行：令和6年4月1日
第114条　（建築物の界壁、間仕切壁及び隔壁）

1　長屋又は共同住宅の各戸の界壁（自動スプリンクラー設備等設置部分その他防火上支障がないものとして国土交通大臣が定める部分の界壁を除く。）は、準耐火構造とし、第112条第4項各号のいずれかに該当する部分を除き、小屋裏又は天井裏に達せしめなければならない。
2　学校、病院、診療所（患者の収容施設を有しないものを除く。）、児童福祉施設等、ホテル、旅館、下宿、寄宿舎又はマーケットの用途に供する建築物の当該用途に供する部分については、その防火上主要な間仕切壁（自動スプリンクラー設備等設置部分その他防火上支障がないものとして国土交通大臣が定める部分の間仕切壁を除く。）を準耐火構造とし、第112条第4項各号のいずれかに該当する部分を除き、小屋裏又は天井裏に達せしめなければならない。
3　建築面積が300㎡を超える建築物の小屋組が木造である場合においては、小屋裏の直下の天井の全部を強

令114条 改正：令和5年政令第280号

化天井とするか、又は桁行間隔12m以内ごとに小屋裏（準耐火構造の隔壁で区画されている小屋裏の部分で、当該部分の直下の天井が強化天井であるものを除く。）に準耐火構造の隔壁を設けなければならない。ただし、次の各号のいずれかに該当する建築物については、この限りでない。
一　法第2条第九号の二イに掲げる基準に適合する建築物
二　第115条の2第1項第七号の基準に適合するもの
三　その周辺地域が農業上の利用に供され、又はこれと同様の状況にあつて、その構造及び用途並びに周囲の状況に関し避難上及び延焼防止上支障がないものとして国土交通大臣が定める基準に適合する畜舎、堆肥舎並びに水産物の増殖場及び養殖場の上家

4　延べ面積がそれぞれ200㎡を超える建築物で耐火建築物以外のもの相互を連絡する渡り廊下で、その小屋組が木造であり、かつ、けた行が4mを超えるものは、小屋裏に準耐火構造の隔壁を設けなければならない。

5　第112条第20項の規定は給水管、配電管その他の管が第1項の界壁、第2項の間仕切壁又は前2項の隔壁を貫通する場合に、同条第21項の規定は換気、暖房又は冷房の設備の風道がこれらの界壁、間仕切壁又は隔壁を貫通する場合について準用する。この場合において、同項中「特定防火設備」とあるのは、「第109条に規定する防火設備であつて、これに通常の火災による火熱が加えられた場合に、加熱開始後45分間当該加熱面以外の面に火炎を出さないものとして、国土交通大臣が定めた構造方法を用いるもの又は国土交通大臣の認定を受けたもの」と読み替えるものとする。

6　建築物が火熱遮断壁等で区画されている場合における当該火熱遮断壁等により分離された部分は、第3項又は第4項の規定の適用については、それぞれ別の建築物とみなす。

[現行]　第115条　（建築物に設ける煙突）

制定：昭和25年政令第338号　　　施行：昭和25年11月23日
第115条　（建築物に設ける煙突）

1　建築物に設ける煙突は、下の各号に定める構造としなければならない。
一　煙突の屋上突出部は、屋根面からの垂直距離を60cm以上とし、れん瓦造、石造又はコンクリートブロック造のものについては、鉄製の支わくを設けたものを除き、90cm以下とすること。
二　煙突の高さは、その先端からの水平距離1m以内に建築物がある場合で、その建築物に軒がある場合においては、その建築物の軒から60cm以上高くすること。
三　金属製又は石綿製煙突で小屋裏、天井裏、床裏等にある部分は、金属以外の不燃材料でおおうこと。
四　金属製又は石綿製煙突は、木材その他の可燃材料から15cm以上離して設けること。但し、厚さが10cm以上の金属以外の不燃材料でおおう部分は、この限りでない。
五　壁付暖炉の煙突で屋内にある部分は、厚さが15cm以上の鉄筋コンクリート造又は厚さが25cm以上の無筋コンクリート造、れん瓦造、石造若しくはコンクリートブロック造とし、れん瓦造、石造若しくはコンクリートブロック造の煙突には、その内部に陶管の煙道を差し込み、又はセメントモルタルを塗ること。
六　壁付暖炉の煙突における煙道の屈曲が120度以内の場合においては、その屈曲部に掃除口を設けること。

改正：昭和31年政令第185号　　　施行：昭和31年7月1日
第115条　（建築物に設ける煙突）

1　建築物に設ける煙突は、下の各号に定める構造としなければならない。
　一～六　略
七　ボイラーの煙突の地盤面からの高さは、15m以上（通常重油、軽油又はコークスを使用するボイラーにあつては、9m以上）とすること。
八　ボイラーの煙突における煙道の最小断面積とボイラーの火格子面から煙突の先端までの高さとの関係は、下の式に適合するものとすること。
$$(147A - 27\sqrt{A})\sqrt{H} \geq Q$$
この式において、A、H及びQは、それぞれ下記の数値を表わすものとする。
　A　煙道の最小断面積（単位　㎡）
　H　ボイラーの火格子面から煙突の先端までの高さ（単位　m）

　　　　　Q　建設大臣が通商産業大臣の意見をきいて定めるボイラーの燃料消費量
　　　　　　（単位　kg／時間）
2　前項第七号及び第八号の規定は、下の各号の一に該当する場合においては、適用しない。
一　法第6条第1項第四号に規定する建築物の確認を受けなければならない区域以外の地の建築物に設ける場合
二　前項第八号のボイラーの燃料消費量が1時間につき25kgをこえない
三　ストーカー、ガス発生器等特殊の装置の設置又は地形その他の周囲の状況により特定行政庁がこれらの規定によることを必要としないと認める場合

改正：昭和34年政令第344号　　　　施行：昭和34年12月23日
第115条　（建築物に設ける煙突）

1　建築物に設ける煙突は、次の各号に定める構造としなければならない。
一　煙突の屋上突出部は、屋根面からの垂直距離を60cm以上とし、れんが造、石造又はコンクリートブロック造のものについては、鉄製の支わくを設けたものを除き、90cm以下とすること。
二・三　略
四　金属製又は石綿製煙突は、木材その他の可燃材料から15cm以上離して設けること。ただし、厚さが10cm以上の金属以外の不燃材料でおおう部分は、この限りでない。
五　壁付暖炉の煙突で屋内にある部分は、厚さが15cm以上の鉄筋コンクリート造又は厚さが25cm以上の無筋コンクリート造、れんが造、石造若しくはコンクリートブロック造とし、れんが造、石造若しくはコンクリートブロック造の煙突には、その内部に陶管の煙道を差し込み、又はセメントモルタルを塗ること。
六・七　略
八　ボイラーの煙突における煙道の最小断面積とボイラーの火格子面から煙突の先端までの高さとの関係は、次の式に適合するものとすること。
　　　$(147A - 27\sqrt{A})\sqrt{H} \geq Q$
　　この式において、A、H及びQは、それぞれ次の数値を表わすものとする。
　　　　A　煙道の最小断面積（単位　㎡）
　　　　H　ボイラーの火格子面から煙突の先端までの高さ（単位　m）
　　　　Q　建設大臣が通商産業大臣の意見をきいて定めるボイラーの燃料消費量
　　　　　（単位　kg／時間）
2　前項第七号及び第八号の規定は、次の各号の一に該当する場合においては、適用しない。
一～三　略

改正：昭和55年政令第196号　　　　施行：昭和56年6月1日
第115条　（建築物に設ける煙突）

1　建築物に設ける煙突は、次の各号に定める構造としなければならない。
一　煙突の屋上突出部は、屋根面からの垂直距離を60cm以上とし、れんが造、石造又はコンクリートブロック造のものについては、鉄製の支わくを設けたものを除き、90cm以下とすること。
二　略
三　金属製又は石綿製煙突で小屋裏、天井裏、床裏等にある部分は、金属以外の不燃材料で覆うこと。
四　金属製又は石綿製煙突は、木材その他の可燃材料から15cm以上離して設けること。ただし、厚さが10cm以上の金属以外の不燃材料で覆う部分は、この限りでない。
五　壁付暖炉の煙突で屋内にある部分は、厚さが15cm以上の鉄筋コンクリート造又は厚さが25cm以上の無筋コンクリート造、れんが造、石造若しくはコンクリートブロック造とし、れんが造、石造若しくはコンクリートブロック造の煙突には、その内部に陶管の煙道を差し込み、又はセメントモルタルを塗ること。
六　略
七　煙突は、廃ガスその他の生成物の温度、組成その他の特性に応じて、安全上及び防火上支障のない構造とすること。
八　ボイラーの煙突は、前各号に定めるもののほか、煙道接続口の中心から頂部までの高さがボイラーの燃

令115条　改正：昭和55年政令第196号

料消費量（建設大臣が通商産業大臣の意見を聴いて定めるものとする。）に応じて建設大臣の定める基準に適合し、かつ、建設大臣が防火上必要があると認めて定める構造とすること。
2　前項第一号、第二号及び第四号の規定は、廃ガスその他の生成物の温度が低いことその他の理由により防火上支障がないと認めて建設大臣が指定する場合に該当する場合においては、適用しない。

改正：平成12年政令第211号　　　施行：平成12年6月1日
第115条　（建築物に設ける煙突）

1　建築物に設ける煙突は、次に定める構造としなければならない。
　一　煙突の屋上突出部は、屋根面からの垂直距離を60cm以上とすること
　二　略
　三　煙突は、次のイ又はロのいずれかに適合するものとすること。
　　イ　次に掲げる基準に適合するものであること。
　　　（1）　煙突の小屋裏、天井裏、床裏等にある部分は、金属製又は石綿製とし、かつ、金属以外の不燃材料で覆うこと又は厚さが10cm以上の金属以外の不燃材料で造ること。
　　　（2）　煙突は、建築物の部分である木材その他の可燃材料から15cm以上離して設けること。ただし、厚さが10cm以上の金属以外の不燃材料で造り、又は覆う部分は、この限りでない。
　　ロ　その周囲にある建築物の部分（小屋裏、天井裏、床裏等にある部分にあつては、煙突の上にたまるほこりを含む。）を煙突内の廃ガスその他の生成物の熱により燃焼させないものとして、建設大臣の認定を受けたものであること。
　四　壁付暖炉のれんが造、石造又はコンクリートブロック造の煙突（屋内にある部分に限る。）には、その内部に陶管の煙道を差し込み、又はセメントモルタルを塗ること。
　五　壁付暖炉の煙突における煙道の屈曲が120度以内の場合においては、その屈曲部に掃除口を設けること。
　六　煙突の廃ガスその他の生成物により、腐食又は腐朽のおそれのある部分には、腐食若しくは腐朽しにくい材料を用いるか、又は有効なさび止め若しくは防腐のための措置を講ずること。
　七　ボイラーの煙突は、前各号に定めるもののほか、煙道接続口の中心から頂部までの高さがボイラーの燃料消費量（建設大臣が通商産業大臣の意見を聴いて定めるものとする。）に応じて建設大臣が定める基準に適合し、かつ、防火上必要があるものとして建設大臣が定めた構造方法を用いるものであること。
2　前項第一号から第三号までの規定は、廃ガスその他の生成物の温度が低いことその他の理由により防火上支障がないものとして建設大臣が定める基準に適合する場合においては、適用しない。

改正：平成12年政令第312号　　　施行：平成13年1月6日
第115条　（建築物に設ける煙突）

1　建築物に設ける煙突は、次に定める構造としなければならない。
　一・二　略
　三　煙突は、次のイ又はロのいずれかに適合するものとすること。
　　イ　略
　　ロ　その周囲にある建築物の部分（小屋裏、天井裏、床裏等にある部分にあつては、煙突の上にたまるほこりを含む。）を煙突内の廃ガスその他の生成物の熱により燃焼させないものとして、国土交通大臣の認定を受けたものであること。
　四～六　略
　七　ボイラーの煙突は、前各号に定めるもののほか、煙道接続口の中心から頂部までの高さがボイラーの燃料消費量（国土交通大臣が経済産業大臣の意見を聴いて定めるものとする。）に応じて国土交通大臣が定める基準に適合し、かつ、防火上必要があるものとして国土交通大臣が定めた構造方法を用いるものであること。
2　前項第一号から第三号までの規定は、廃ガスその他の生成物の温度が低いことその他の理由により防火上支障がないものとして国土交通大臣が定める基準に適合する場合においては、適用しない。

改正：平成16年政令第210号　　　　施行：平成16年10月1日
第115条　（建築物に設ける煙突）

1　建築物に設ける煙突は、次に定める構造としなければならない。
　一　煙突の屋上突出部は、屋根面からの垂直距離を60cm以上とすること。
　二　煙突の高さは、その先端からの水平距離1m以内に建築物がある場合で、その建築物に軒がある場合においては、その建築物の軒から60cm以上高くすること。
　三　煙突は、次のイ又はロのいずれかに適合するものとすること。
　　イ　次に掲げる基準に適合するものであること。
　　　（1）　煙突の小屋裏、天井裏、床裏等にある部分は、<u>煙突の上又は周囲にたまるほこりを煙突内の廃ガスその他の生成物の熱により燃焼させないものとして国土交通大臣が定めた構造方法を用いるものとすること。</u>
　　　（2）　煙突は、建築物の部分である木材その他の可燃材料から15cm以上離して設けること。ただし、厚さが10cm以上の金属以外の不燃材料で造り、又は覆う部分<u>その他当該可燃材料を煙突内の廃ガスその他の生成物の熱により燃焼させないものとして国土交通大臣が定めた構造方法を用いる部分</u>は、この限りでない。
　　ロ　その周囲にある建築物の部分（小屋裏、天井裏、床裏等にある部分にあつては、煙突の<u>上又は周囲にたまるほこりを含む。</u>）を煙突内の廃ガスその他の生成物の熱により燃焼させないものとして、国土交通大臣の認定を受けたものであること。
　四　壁付暖炉のれんが造、石造又はコンクリートブロック造の煙突（屋内にある部分に限る。）には、その内部に陶管の煙道を差し込み、又はセメントモルタルを塗ること。
　五　壁付暖炉の煙突における煙道の屈曲が120度以内の場合においては、その屈曲部に掃除口を設けること。
　六　煙突の廃ガスその他の生成物により、腐食又は腐朽のおそれのある部分には、腐食若しくは腐朽しにくい材料を用いるか、又は有効なさび止め若しくは防腐のための措置を講ずること。
　七　ボイラーの煙突は、前各号に定めるもののほか、煙道接続口の中心から頂部までの高さがボイラーの燃料消費量（国土交通大臣が経済産業大臣の意見を聴いて定めるものとする。）に応じて国土交通大臣が定める基準に適合し、かつ、防火上必要があるものとして国土交通大臣が定めた構造方法を用いるものであること。
2　前項第一号から第三号までの規定は、廃ガスその他の生成物の温度が低いことその他の理由により防火上支障がないものとして国土交通大臣が定める基準に適合する場合においては、適用しない。

［現行］　第115条の2　（防火壁又は防火床の設置を要しない建築物に関する技術的基準等）

制定：昭和62年政令第348号　　　　施行：昭和62年11月16日
第115条の2　（防火壁の設置を要しない建築物に関する技術的基準等）

1　法第26条第二号ロの政令で定める技術的基準は、次のとおりとする。
　一　第46条第2項第一号イからニまでに掲げる基準に適合していること。
　二　地階を除く階数が2以下であること。
　三　2階の床面積（吹抜きとなつている部分に面する2階の通路その他部分の床で壁の室内に面する部分から内側に2m以内の間に設けられたもの（次号において「通路等の床」という。）の床面積を除く。）が1階の床面積の8分の1以下であること。
　四　外壁、軒裏、1階の床（直下に地階がある部分に限る。）及び2階の床（通路等の床を除く。）が防火構造であること。ただし、特定行政庁がその周囲の状況により延焼防止上支障がないと認める建築物の外壁及び軒裏については、この限りでない。
　五　地階の主要構造部が耐火構造であり、又は不燃材料で造られていること。
　六　調理室、浴室その他の室でかまど、こんろその他火を使用する設備又は器具を設けたものの部分が、その他の部分と耐火構造の床若しくは壁（これらの床又は壁を貫通する給水管、配電管その他の管の部分及びその周囲の部分の構造が建設大臣の定める基準に適合しているものに限る。）又は常時閉鎖式防火戸である甲種防火戸若しくはその他の甲種防火戸で第112条第14項第一号から第三号までに定める構造のもの

令115条の2　制定：昭和62年政令第348号

　　　　で区画されていること。
　　七　建築物の各室及び各通路について、壁（床面からの高さが1.2m以下の部分を除く。）及び天井（天井のない場合においては、屋根）の室内に面する部分（回り縁、窓台その他これらに類する部分を除く。）の仕上げが不燃材料、準不燃材料若しくは難燃材料でされ、又はスプリンクラー設備、水噴霧消火設備、泡消火設備その他これらに類するもので自動式のもの及び第126条の3の規定に適合する排煙設備が設けられていること。
　　八　主要構造部である柱又ははりを接合する継手又は仕口が、建設大臣の定める基準に従つて、通常の火災時の加熱に対して耐力の低下を有効に防止することができる構造であること。
　　九　建設大臣の定める基準に従つた構造計算によつて、通常の火災により建築物全体が容易に倒壊するおそれのないことが確かめられた構造であること。
　2　法第26条第三号の政令で定める用途は、畜舎、堆（たい）肥舎並びに水産物の増殖場及び養殖場の上家とする。

改正：平成12年政令第211号　　　　施行：平成12年6月1日
第115条の2　（防火壁の設置を要しない建築物に関する　技術的基準等）

　1　法第26条第二号ロの政令で定める技術的基準は、次のとおりとする。
　　一　第46条第2項第一号<u>イ及びロ</u>に掲げる基準に適合していること。
　　二・三　略
　　四　<u>外壁及び軒裏が防火構造であり、かつ、1階の床（直下に地階がある部分に限る。）及び2階の床（通路等の床を除く。）の構造が、これに屋内において発生する通常の火災による火熱が加えられた場合に、加熱開始後30分間構造耐力上支障のある変形、溶融、き裂その他の損傷を生じず、かつ、当該加熱面以外の面（屋内に面するものに限る。）の温度が可燃物燃焼温度以上に上昇しないものとして、建設大臣が定めた構造方法を用いるもの又は建設大臣の認定を受けたものであること。</u>ただし、特定行政庁がその周囲の状況により延焼防止上支障がないと認める建築物の外壁及び軒裏については、この限りでない。
　　五　略
　　六　調理室、浴室その他の室でかまど、こんろその他火を使用する設備又は器具を設けたものの部分が、その他の部分と耐火構造の床若しくは壁（これらの床又は壁を貫通する給水管、配電管その他の管の部分及びその周囲の部分の構造が<u>建設大臣が定めた構造方法を用いるものに限る。</u>）又は<u>特定防火設備で第112条第14項第一号に規定する構造であるもの</u>で区画されていること。
　　七　建築物の各室及び各通路について、壁（床面からの高さが1.2m以下の部分を除く。）及び天井（天井のない場合においては、屋根）の室内に面する部分（回り縁、窓台その他これらに類する部分を除く。）の仕上げが<u>難燃材料</u>でされ、又はスプリンクラー設備、水噴霧消火設備、泡消火設備その他これらに類するもので自動式のもの及び第126条の3の規定に適合する排煙設備が設けられていること。
　　八　主要構造部である柱又ははりを接合する継手又は<u>仕口の構造が</u>、通常の火災時の加熱に対して耐力の低下を有効に防止することができる<u>ものとして建設大臣が定めた構造方法を用いるもの</u>であること。
　　九　<u>建設大臣が定める基準に従つた構造計算によつて、通常の火災により建築物全体が容易に倒壊するおそれのないことが確かめられた構造であること。</u>
　2　略

改正：平成12年政令第312号　　　　施行：平成13年1月6日
第115条の2　（防火壁の設置を要しない建築物に関する技術的基準等）

　1　法第26条第二号ロの政令で定める技術的基準は、次のとおりとする。
　　一～三　略
　　四　外壁及び軒裏が防火構造であり、かつ、1階の床（直下に地階がある部分に限る。）及び2階の床（通路等の床を除く。）の構造が、これに屋内において発生する通常の火災による火熱が加えられた場合に、加熱開始後30分間構造耐力上支障のある変形、溶融、き裂その他の損傷を生じず、かつ、当該加熱面以外の面（屋内に面するものに限る。）の温度が可燃物燃焼温度以上に上昇しないものとして、<u>国土交通大臣</u>が定めた構造方法を用いるもの又は<u>国土交通大臣</u>の認定を受けたものであること。ただし、特定行政庁が

その周囲の状況により延焼防止上支障がないと認める建築物の外壁及び軒裏については、この限りでない。
　五　略
　六　調理室、浴室その他の室でかまど、こんろその他火を使用する設備又は器具を設けたものの部分が、その他の部分と耐火構造の床若しくは壁（これらの床又は壁を貫通する給水管、配電管その他の管の部分及びその周囲の部分の構造が<u>国土交通大臣</u>が定めた構造方法を用いるものに限る。）又は特定防火設備で第112条第14項第一号に規定する構造であるもので区画されていること。
　七　略
　八　主要構造部である柱又ははりを接合する継手又は仕口の構造が、通常の火災時の加熱に対して耐力の低下を有効に防止することができるものとして<u>国土交通大臣</u>が定めた構造方法を用いるものであること。
　九　<u>国土交通大臣</u>が定める基準に従つた構造計算によつて、通常の火災により建築物全体が容易に倒壊するおそれのないことが確かめられた構造であること。
2　略

改正：平成30年政令第255号　　　施行：平成30年9月25日
第115条の2　（防火壁の設置を要しない建築物に関する技術的基準等）

1　法第26条第二号ロの政令で定める技術的基準は、次のとおりとする。
　一～三　略
　四　外壁及び軒裏が防火構造であり、かつ、1階の床（直下に地階がある部分に限る。）及び2階の床（通路等の床を除く。）の構造が、これに屋内において発生する通常の火災による火熱が加えられた場合に、加熱開始後30分間構造耐力上支障のある変形、溶融、亀裂その他の損傷を生じず、かつ、当該加熱面以外の面（屋内に面するものに限る。）の温度が可燃物燃焼温度以上に上昇しないものとして、国土交通大臣が定めた構造方法を用いるもの又は国土交通大臣の認定を受けたものであること。ただし、特定行政庁がその周囲の状況により延焼防止上支障がないと認める建築物の外壁及び軒裏については、この限りでない。
　五　略
　六　調理室、浴室その他の室でかまど、こんろその他火を使用する設備又は器具を設けたものの部分が、その他の部分と耐火構造の床若しくは壁（これらの床又は壁を貫通する給水管、配電管その他の管の部分及びその周囲の部分の構造が国土交通大臣が定めた構造方法を用いるものに限る。）又は特定防火設備で<u>第112条第13項第一号</u>に規定する構造であるもので区画されていること。
　七～九　略
2　略

改正：令和元年政令第30号　　　施行：令和元年6月25日
第115条の2　（防火壁又は防火床の設置を要しない建築物に関する技術的基準等）

1　法第26条第二号ロの政令で定める技術的基準は、次のとおりとする。
　一～五　略
　六　調理室、浴室その他の室でかまど、こんろその他火を使用する設備又は器具を設けたものの部分が、その他の部分と耐火構造の床若しくは壁（これらの床又は壁を貫通する給水管、配電管その他の管の部分及びその周囲の部分の構造が国土交通大臣が定めた構造方法を用いるものに限る。）又は特定防火設備で<u>第112条第18項第一号</u>に規定する構造であるもので区画されていること。
　七～九　略
2　略

改正：令和元年政令第181号　　　施行：令和2年4月1日
第115条の2　（防火壁又は防火床の設置を要しない建築物に関する技術的基準等）

1　法第26条第二号ロの政令で定める技術的基準は、次のとおりとする。
　一～五　略
　六　調理室、浴室その他の室でかまど、こんろその他火を使用する設備又は器具を設けたものの部分が、そ

令115条の2　改正：令和元年政令第181号

　の他の部分と耐火構造の床若しくは壁（これらの床又は壁を貫通する給水管、配電管その他の管の部分及びその周囲の部分の構造が国土交通大臣が定めた構造方法を用いるものに限る。）又は特定防火設備で<u>第112条第19項第一号</u>に規定する構造であるもので区画されていること。
　七～九　略
2　略

改正：令和5年政令第280号　　　　施行：令和6年4月1日
第115条の2　（防火壁又は防火床の設置を要しない建築物に関する技術的基準等）

1　<u>法第26条第1項第二号ロの政令で定める技術的基準</u>は、次のとおりとする。
　一　第46条第2項第一号イ及びロに掲げる基準に適合していること。
　二　地階を除く階数が2以下であること。
　三　2階の床面積（吹抜きとなっている部分に面する2階の通路その他の部分の床で壁の室内に面する部分から内側に2m以内の間に設けられたもの（次号において「通路等の床」という。）の床面積を除く。）が1階の床面積の8分の1以下であること。
　四　外壁及び軒裏が防火構造であり、かつ、1階の床（直下に地階がある部分に限る。）及び2階の床（通路等の床を除く。）の構造が、これに屋内において発生する通常の火災による火熱が加えられた場合に、加熱開始後30分間構造耐力上支障のある変形、溶融、亀裂その他の損傷を生じず、かつ、当該加熱面以外の面（屋内に面するものに限る。）の温度が可燃物燃焼温度以上に上昇しないものとして、国土交通大臣が定めた構造方法を用いるもの又は国土交通大臣の認定を受けたものであること。ただし、特定行政庁がその周囲の状況により延焼防止上支障がないと認める建築物の外壁及び軒裏については、この限りでない。
　五　<u>地階について、その特定主要構造部が耐火構造であるか、又はその主要構造部が不燃材料で造られていること。</u>
　六　調理室、浴室その他の室でかまど、こんろその他火を使用する設備又は器具を設けたものの部分が、その他の部分と耐火構造の床若しくは壁（これらの床又は壁を貫通する給水管、配電管その他の管の部分及びその周囲の部分の構造が国土交通大臣が定めた構造方法を用いるものに限る。）又は特定防火設備で第112条第19項第一号に規定する構造であるもので区画されていること。
　七　建築物の各室及び各通路について、壁（床面からの高さが1.2m以下の部分を除く。）及び天井（天井のない場合においては、屋根）の室内に面する部分（回り縁、窓台その他これらに類する部分を除く。）の仕上げが難燃材料でされ、又はスプリンクラー設備、水噴霧消火設備、泡消火設備その他これらに類するもので自動式のもの及び第126条の3の規定に適合する排煙設備が設けられていること。
　八　主要構造部である柱又ははりを接合する継手又は仕口の構造が、通常の火災時の加熱に対して耐力の低下を有効に防止することができるものとして国土交通大臣が定めた構造方法を用いるものであること。
　九　国土交通大臣が定める基準に従つた構造計算によつて、通常の火災により建築物全体が容易に倒壊するおそれのないことが確かめられた構造であること。
2　<u>法第26条第1項第三号の政令で定める用途</u>は、畜舎、<u>堆肥舎</u>並びに水産物の増殖場及び養殖場の上家とする。

[削除条文]

制定：平成5年政令第170号　　　　施行：平成5年6月25日
旧　**第115条の2の2**　（耐火建築物とすることを要しない特殊建築物の技術的基準等）

1　法第27条第1項ただし書の政令で定める技術的基準は、次のとおりとする。
　一　主要構造部である壁、柱、床及びはりが、耐火構造又は建設大臣が通常の火災時の加熱にそれぞれ次の表の時間以上耐える性能を有すると認めて指定する準耐火構造であること。

壁	間仕切壁		1時間
	外壁	耐力壁	1時間
		非耐力壁の延焼のおそれのある部分	1時間

柱	1時間
床	1時間
はり	1時間

　二　下宿の各宿泊室、共同住宅の各住戸又は寄宿舎の各寝室（以下「各宿泊室等」という。）に避難上有効なバルコニーその他これに類するものが設けられていること。ただし、各宿泊室等から地上に通ずる主たる廊下、階段その他の通路が直接外気に開放されたものであり、かつ、各宿泊室等の当該通路に面する開口部に甲種防火戸又は乙種防火戸が設けられている場合においては、この限りでない。
　三　3階の各宿泊室等の外壁面（各宿泊室等から地上に通ずる主たる廊下、階段その他の通路に面するものを除く。）に窓その他の開口部（直径1m以上の円が内接することができるもの又はその幅及び高さが、それぞれ、75cm以上及び1.2m以上のもので、格子その他の屋外からの進入を妨げる構造を有しないものに限る。）が道又は道に通ずる幅員4m以上の通路その他の空地に面して設けられていること。
　四　建築物の周囲（道に接する部分を除く。）に幅員が3m以上の通路（敷地の接する道まで達するものに限る。）が設けられていること。ただし、次に掲げる基準に適合しているものについては、この限りでない。
　　イ　各宿泊室等に避難上有効なバルコニーその他これに類するものが設けられていること。
　　ロ　各宿泊室等から地上に通ずる主たる廊下、階段その他の通路が、直接外気に開放されたものであり、かつ、各宿泊室等の当該通路に面する開口部に甲種防火戸又は乙種防火戸が設けられていること。
　　ハ　外壁の開口部から当該開口部のある階の上階の開口部へ延焼するおそれがある場合においては、当該外壁の開口部の上部にひさしその他これに類するもので耐火構造、準耐火構造若しくは防火構造としたもの又は不燃材料で造られたものが防火上有効に設けられていること。
2　法第27条第1項ただし書の規定により法第2条第九号の三イに該当する準耐火建築物とした建築物については、次章第5節の規定は、適用しない。

改正：平成11年政令第5号　　　施行：平成11年5月1日
旧　第115条の2の2　（耐火建築物とすることを要しない特殊建築物の技術的基準等）

1　法第27条第1項ただし書の政令で定める技術的基準は、<u>準防火地域内にあるものにあつては次に掲げるもの</u>、防火地域及び準防火地域以外の区域内にあるものにあつては第一号から第四号までに掲げるものとする。
　一　主要構造部である壁、柱、<u>床、はり及び屋根の軒裏の延焼のおそれのある部分</u>が、耐火構造又は建設大臣が通常の火災時の加熱にそれぞれ次の表の時間以上耐える性能を有すると認めて指定する準耐火構造であること。

壁	間仕切壁		1時間
	外壁	耐力壁	1時間
		非耐力壁の延焼のおそれのある部分	1時間
柱			1時間
床			1時間
はり			1時間
<u>屋根の軒裏の延焼のおそれのある部分</u>			<u>1時間</u>

　二～四　略
　<u>五　3階の各宿泊室等（各宿泊室等の階数が2以上であるものにあつては2階以下の階の部分を含む。）の外壁の開口部及び当該各宿泊室等以外の部分に面する開口部（外壁の開口部又は直接外気に開放された廊下、階段その他の通路に面する開口部にあつては、当該開口部から90cm未満の部分に当該各宿泊室等以外の部分の開口部がないもの又は当該各宿泊室等以外の部分の開口部と50cm以上突出したひさし、そで壁その他これらに類するもので耐火構造、準耐火構造若しくは防火構造としたもの若しくは不燃材料で造られたもので防火上有効に遮られているものを除く。）に甲種防火戸又は乙種防火戸が設けられていること。</u>
2　略

改正：平成12年政令第211号　　　施行：平成12年6月1日
旧　第115条の2の2　（耐火建築物とすることを要しない特殊建築物の技術的基準等）

令旧115条の2の2　改正：平成12年政令第211号

1　法第27条第1項ただし書（法第87条第3項において準用する場合を含む。以下この条において同じ。）の政令で定める技術的基準は、準防火地域内にあるものにあつては次に掲げるもの、防火地域及び準防火地域以外の区域内にあるものにあつては第一号から第四号までに掲げるものとする。

一　主要構造部である壁、柱、床、はり及び屋根の軒裏の構造が、次に定める基準に適合するものとして、建設大臣が定めた構造方法を用いるもの又は建設大臣の認定を受けたものであること。

　イ　次の表に掲げる建築物の部分にあつては、当該部分に通常の火災による火熱が加えられた場合に、加熱開始後それぞれ同表に定める時間構造耐力上支障のある変形、溶融、破壊その他の損傷を生じないものであること。

壁	間仕切壁（耐力壁に限る。）	1時間
	外壁（耐力壁に限る。）	1時間
柱		1時間
床		1時間
はり		1時間

　ロ　壁（非耐力壁である外壁の延焼のおそれのある部分以外の部分を除く。）、床及び屋根の軒裏にあつては、これらに通常の火災による火熱が加えられた場合に、加熱開始後1時間当該加熱面以外の面（屋内に面するものに限る。）の温度が可燃物燃焼温度以上に上昇しないものであること。

　ハ　外壁（非耐力壁である外壁の延焼のおそれのある部分以外の部分を除く。）にあつては、これに屋内において発生する通常の火災による火熱が加えられた場合に、加熱開始後1時間屋外に火炎を出す原因となるき裂その他の損傷を生じないものであること。

二　下宿の各宿泊室、共同住宅の各住戸又は寄宿舎の各寝室（以下「各宿泊室等」という。）に避難上有効なバルコニーその他これに類するものが設けられていること。ただし、各宿泊室等から地上に通ずる主たる廊下、階段その他の通路が直接外気に開放されたものであり、かつ、各宿泊室等の当該通路に面する開口部に法第2条第九号の二ロに規定する防火設備が設けられている場合においては、この限りでない。

三　略

四　建築物の周囲（道に接する部分を除く。）に幅員が3m以上の通路（敷地の接する道まで達するものに限る。）が設けられていること。ただし、次に掲げる基準に適合しているものについては、この限りでない。

　イ　略

　ロ　各宿泊室等から地上に通ずる主たる廊下、階段その他の通路が、直接外気に開放されたものであり、かつ、各宿泊室等の当該通路に面する開口部に法第2条第九号の二ロに規定する防火設備が設けられていること。

　ハ　外壁の開口部から当該開口部のある階の上階の開口部へ延焼するおそれがある場合においては、当該外壁の開口部の上部にひさしその他これに類するもので、その構造が、これらに通常の火災による火熱が加えられた場合に、加熱開始後20分間当該加熱面以外の面に火炎を出す原因となるき裂その他の損傷を生じないものとして、建設大臣が定めた構造方法を用いるもの又は建設大臣の認定を受けたものであるものが、防火上有効に設けられていること。

五　3階の各宿泊室等（各宿泊室等の階数が2以上であるものにあつては2階以下の階の部分を含む。）の外壁の開口部及び当該各宿泊室等以外の部分に面する開口部（外壁の開口部又は直接外気に開放された廊下、階段その他の通路に面する開口部にあつては、当該開口部から90cm未満の部分に当該各宿泊室等以外の部分の開口部がないもの又は当該各宿泊室等以外の部分の開口部と50cm以上突出したひさし、そで壁その他これらに類するものでその構造が前号ハに規定する構造であるもので防火上有効に遮られているものを除く。）に法第2条第九号の二ロに規定する防火設備が設けられていること。

2　略

改正：平成12年政令第312号　　　施行：平成13年1月6日

旧　第115条の2の2　（耐火建築物とすることを要しない特殊建築物の技術的基準等）

1　法第27条第1項ただし書（法第87条第3項において準用する場合を含む。以下この条において同じ。）の政令で定める技術的基準は、準防火地域内にあるものにあつては次に掲げるもの、防火地域及び準防火地域

改正：平成27年政令第11号　**令旧115条の2の2**

一　主要構造部である壁、柱、床、はり及び屋根の軒裏の構造が、次に定める基準に適合するものとして、国土交通大臣が定めた構造方法を用いるもの又は国土交通大臣の認定を受けたものであること。
　　イ　次の表に掲げる建築物の部分にあつては、当該部分に通常の火災による火熱が加えられた場合に、加熱開始後それぞれ同表に定める時間構造耐力上支障のある変形、溶融、破壊その他の損傷を生じないものであること。

壁	間仕切壁（耐力壁に限る。）	1時間
	外壁（耐力壁に限る。）	1時間
柱		1時間
床		1時間
はり		1時間

　　ロ　壁（非耐力壁である外壁の延焼のおそれのある部分以外の部分を除く。）、床及び屋根の軒裏にあつては、これらに通常の火災による火熱が加えられた場合に、加熱開始後1時間当該加熱面以外の面（屋内に面するものに限る。）の温度が可燃物燃焼温度以上に上昇しないものであること。
　　ハ　外壁（非耐力壁である外壁の延焼のおそれのある部分以外の部分を除く。）にあつては、これに屋内において発生する通常の火災による火熱が加えられた場合に、加熱開始後1時間屋外に火炎を出す原因となるき裂その他の損傷を生じないものであること。
二　下宿の各宿泊室、共同住宅の各住戸又は寄宿舎の各寝室（以下「各宿泊室等」という。）に避難上有効なバルコニーその他これに類するものが設けられていること。ただし、各宿泊室等から地上に通ずる主たる廊下、階段その他の通路が直接外気に開放されたものであり、かつ、各宿泊室等の当該通路に面する開口部に法第2条第九号の二ロに規定する防火設備が設けられている場合においては、この限りでない。
三　3階の各宿泊室等の外壁面（各宿泊室等から地上に通ずる主たる廊下、階段その他の通路に面するものを除く。）に窓その他の開口部（直径1m以上の円が内接することができるもの又はその幅及び高さが、それぞれ、75cm以上及び1.2m以上のもので、格子その他の屋外からの進入を妨げる構造を有しないものに限る。）が道又は道に通ずる幅員4m以上の通路その他の空地に面して設けられていること。
四　建築物の周囲（道に接する部分を除く。）に幅員が3m以上の通路（敷地の接する道まで達するものに限る。）が設けられていること。ただし、次に掲げる基準に適合しているものについては、この限りでない。
　　イ　各宿泊室等に避難上有効なバルコニーその他これに類するものが設けられていること。
　　ロ　各宿泊室等から地上に通ずる主たる廊下、階段その他の通路が、直接外気に開放されたものであり、かつ、各宿泊室等の当該通路に面する開口部に法第2条第九号の二ロに規定する防火設備が設けられていること。
　　ハ　外壁の開口部から当該開口部のある階の上階の開口部へ延焼するおそれがある場合においては、当該外壁の開口部の上部にひさしその他これに類するもので、その構造が、これらに通常の火災による火熱が加えられた場合に、加熱開始後20分間当該加熱面以外の面に火炎を出す原因となるき裂その他の損傷を生じないものとして、国土交通大臣が定めた構造方法を用いるもの又は国土交通大臣の認定を受けたものであるものが、防火上有効に設けられていること。
五　3階の各宿泊室等（各宿泊室等の階数が2以上であるものにあつては2階以下の階の部分を含む。）の外壁の開口部及び当該各宿泊室等以外の部分に面する開口部（外壁の開口部又は直接外気に開放された廊下、階段その他の通路に面する開口部にあつては、当該開口部から90cm未満の部分に当該各宿泊室等以外の部分の開口部がないもの又は当該各宿泊室等以外の部分の開口部と50cm以上突出したひさし、そで壁その他これらに類するものでその構造が前号ハに規定する構造であるもので防火上有効に遮られているものを除く。）に法第2条第九号の二ロに規定する防火設備が設けられていること。
2　法第27条第1項ただし書の規定により法第2条第九号の三イに該当する準耐火建築物とした建築物については、次章第5節の規定は、適用しない。

改正：平成27年政令第11号　　　施行：平成27年6月1日
旧　第115条の2の2　（耐火建築物とすることを要しない特殊建築物の技術的基準等）　削除

令旧115条の2 制定：昭和45年政令第333号

[現行]　第115条の3　（耐火建築物等としなければならない特殊建築物）

制定：昭和45年政令第333号　　施行：昭和46年１月１日
旧　第115条の2　（耐火建築物又は簡易耐火建築物としなければならない特殊建築物）

1　法別表第１（い）欄の（２）項から（４）項まで及び（６）項に掲げる用途に類するもので政令で定めるものは、それぞれ次の各号に掲げるものとする。
一　（２）項の用途に類するもの　児童福祉施設等
二　（３）項の用途に類するもの　博物館、美術館、図書館、ボーリング場、スキー場、スケート場、水泳場又はスポーツの練習場
三　（４）項の用途に類するもの　公衆浴場、待合、料理店、飲食店又は物品販売業を営む店舗（床面積が10㎡以内のものを除く。）
四　（６）項の用途に類するもの　映画スタジオ又はテレビスタジオ

改正：昭和62年政令第348号　　施行：昭和62年11月16日
第115条の3　（耐火建築物又は簡易耐火建築物としなければならない特殊建築物）

略

改正：平成５年政令第170号　　施行：平成５年６月25日
第115条の3　（耐火建築物又は準耐火建築物としなければならない特殊建築物）

略

改正：平成12年政令第211号　　施行：平成12年６月１日
第115条の3　（耐火建築物又は準耐火建築物としなければならない特殊建築物）

1　法別表第１（い）欄の（２）項から（４）項まで及び（６）項（法第87条第３項において法第27条の規定を準用する場合を含む。）に掲げる用途に類するもので政令で定めるものは、それぞれ次の各号に掲げるものとする。
一～四　略

改正：平成26年政令第412号　　施行：平成27年４月１日
第115条の3　（耐火建築物又は準耐火建築物としなければならない特殊建築物）

1　法別表第１（い）欄の（２）項から（４）項まで及び（６）項（法第87条第３項において法第27条の規定を準用する場合を含む。）に掲げる用途に類するもので政令で定めるものは、それぞれ次の各号に掲げるものとする。
一　（２）項の用途に類するもの　児童福祉施設等（幼保連携型認定こども園を含む。以下同じ。）
二～四　略

改正：平成27年政令第11号　　施行：平成27年６月１日
第115条の3　（耐火建築物等としなければならない特殊建築物）

1　法別表第１（い）欄の（２）項から（４）項まで及び（６）項（法第87条第３項において法第27条の規定を準用する場合を含む。）に掲げる用途に類するもので政令で定めるものは、それぞれ次の各号に掲げるものとする。
一　（２）項の用途に類するもの　児童福祉施設等（幼保連携型認定こども園を含む。以下同じ。）
二　（３）項の用途に類するもの　博物館、美術館、図書館、ボーリング場、スキー場、スケート場、水泳場又はスポーツの練習場
三　（４）項の用途に類するもの　公衆浴場、待合、料理店、飲食店又は物品販売業を営む店舗（床面積が

　　　　10㎡以内のものを除く。）
　　四　（6）項の用途に類するもの　映画スタジオ又はテレビスタジオ

[現行]　第115条の4　（自動車車庫等の用途に供してはならない準耐火建築物）

制定：平成5年政令第170号　　　施行：平成5年6月25日
第115条の4　（自動車車庫等の用途に供してはならない準耐火建築物）

1　法第27条第2項の規定により政令で定める準耐火建築物は、第109条の3第一号に掲げる技術的基準に適合するもの（同条第二号に掲げる技術的基準に適合するものを除く。）とする。

改正：平成12年政令第211号　　　施行：平成12年6月1日
第115条の4　（自動車車庫等の用途に供してはならない準耐火建築物）

1　法第27条第2項（法第87条第3項において準用する場合を含む。次条第1項において同じ。）の規定により政令で定める準耐火建築物は、第109条の3第一号に掲げる技術的基準に適合するもの（同条第二号に掲げる技術的基準に適合するものを除く。）とする。

改正：平成27年政令第11号　　　施行：平成27年6月1日
第115条の4　（自動車車庫等の用途に供してはならない準耐火建築物）

1　法第27条第3項（法第87条第3項において準用する場合を含む。次条第1項において同じ。）の規定により政令で定める準耐火建築物は、第109条の3第一号に掲げる技術的基準に適合するもの（同条第二号に掲げる技術的基準に適合するものを除く。）とする。

[現行]　第116条　（危険物の数量）

制定：昭和25年政令第338号　　　施行：昭和25年11月23日
第116条　（危険物の数量）

1　法第27条第六号に規定する危険物の数量の限度は、下の表に定めるところによるものとする。

危険物品の種類		数　　量	
		常時貯蔵する場合	製造所又は他の事業を営む工場において処理する場合
火薬類	火薬	20トン	10トン
	爆薬	20トン	5トン
	工業雷管及び電気雷管	300万個	50万個
	猟銃雷管	1,000万個	500万個
	信号雷管	300万個	50万個
	実包	1,000万個	5万個
	空包	1,000万個	5万個
	信管及び火管	10万個	5万個
	導爆線	500km	500km
	導火線	2,500km	500km
	電気導火線	7万個	5万個
	信号焔管及び信号火せん	2トン	2トン
	煙火	2トン	2トン
	その他の火薬又は爆薬を使用した火工品	当該火工品の原料をなす火薬又は爆薬の数量に応じて、火薬又は爆薬の数量のそれぞれの限度による。	

塩素酸塩類		0.5トン	0.5トン
過塩素酸塩類		0.5トン	0.5トン
硝酸塩類		100トン	10トン
黄りん		0.2トン	0.2トン
赤りん		5トン	0.5トン
硫化りん		5トン	0.5トン
金属カリウム		0.05トン	0.05トン
金属ナトリウム		0.05トン	0.05トン
マグネシユーム		50トン	5トン
過酸化水素水		0.5トン	0.5トン
過酸化カリ		0.5トン	0.5トン
過酸化ソーダ		0.5トン	0.5トン
過酸化バリウム		0.5トン	0.5トン
二硫化炭素		500リツトル	500リツトル
メタノール		2,000リツトル	2,000リツトル
アルコール		2,000リツトル	2,000リツトル
エーテル		500リツトル	500リツトル
アセトン		1,000リツトル	1,000リツトル
さく酸エステル		2,000リツトル	2,000リツトル
ニトロセルローズ		0.1トン	0.1トン
ベンゾール		1,000リツトル	1,000リツトル
トルオール		1,000リツトル	1,000リツトル
キシロール		5,000リツトル	5,000リツトル
ピクリン酸		2トン	2トン
ピクリン酸塩類		2トン	2トン
テレピン油		5,000リツトル	5,000リツトル
石油類	第一石油類	1,000リツトル	1,000リツトル
	第二石油類	5,000リツトル	5,000リツトル
	第三石油類	20万リツトル	2万リツトル
マッチ		300マッチトン	300マッチトン
セルロイド		1.5トン	1.5トン
圧縮ガス		7,000㎥	20万㎥
液化ガス		70トン	2,000トン
可燃性ガス		700㎥	2万㎥
カーバイト		30トン	3トン

　この表において、圧縮ガス及び可燃性ガスの容積の数値は、温度が摂氏０度で、且つ、気圧が水銀柱で760mmの状態に換算した数値とする。

2　土木工事又はその他の事業に一時的に使用するためにその事業中臨時に貯蔵する危険物の数量の限度及び支燃性若しくは不燃性の圧縮ガス又は液化ガスの数量の限度は、無制限とする。

3　第１項の表に掲げる危険物の２種類以上を同一の建築物に貯蔵しようとする場合においては、第１項に規定する危険物の数量の限度は、それぞれ当該各欄の危険物の数量の限度の数値で貯蔵しようとする危険物の数値を除し、それらの商を加えた数値が１である場合とする。

改正：昭和34年政令第344号　　　施行：昭和34年12月23日
第116条　（危険物の数量）

1　法第27条第２項第二号（法第87条第３項において準用する場合を含む。）の規定により政令で定める危険物の数量の限度は、次の表に定めるところによるものとする。

	数　　量

危険物品の種類		常時貯蔵する場合	製造所又は他の事業を営む工場において処理する場合
火薬類	火薬　～　工業雷管及び電気雷管	略	
	銃用雷管	1,000万個	500万個
	信号雷管　～　電気導火線	略	
	信号炎管及び信号火箭（せん）	2トン	2トン
	煙火	略	
	その他の火薬又は爆薬を使用した火工品	略	
塩素酸塩類　～　硝酸塩類		略	
黄燐（りん）		0.2トン	0.2トン
赤燐（りん）		5トン	0.5トン
硫化燐（りん）		5トン	0.5トン
金属カリウム　～　アセトン		略	
酢（さく）酸エステル		2,000リットル	2,000リットル
ニトロセルローズ　～　テレピン油		略	
石油類	第一石油類	略	
	第二石油類	略	
	第三石油類	略	
マッチ　～　カーバイト		略	

　この表において、圧縮ガス及び可燃性ガスの容積の数値は、温度が０度で　、かつ、気圧が水銀柱で760mmの状態に換算した数値とする。

2　土木工事又はその他の事業に一時的に使用するためにその事業中臨時に貯蔵する危険物の数量の限度及び支燃性又は不燃性の圧縮ガス又は液化ガスの数量の限度は、無制限とする。
3　略

改正：昭和35年政令第272号　　　　施行：昭和36年２月１日
第116条　（危険物の数量）

1　法第27条第２項第二号（法第87条第３項において準用する場合を含む。）の規定により政令で定める危険物の数量の限度は、次の表に定めるところによるものとする。

危険物品の種類		数量	
		常時貯蔵する場合	製造所又は他の事業を営む工場において処理する場合
火薬類（玩（がん）具煙火を除く。）	火薬　～　煙火	略	
	その他の火薬又は爆薬を使用した火工品	略	
塩素酸塩類　～　カーバイト		略	

　この表において、圧縮ガス及び可燃性ガスの容積の数値は、温度が０度で、かつ、気圧が水銀柱で760mmの状態に換算した数値とする。

2・3　略

令116条 改正：昭和50年政令第2号

改正：昭和50年政令第2号　　施行：昭和50年4月1日

第116条　（危険物の数量）

1　法第27条第2項第二号（法第87条第3項において準用する場合を含む。）の規定により政令で定める危険物の数量の限度は、次の表に定めるところによるものとする。

危険物品の種類		数　　量	
^^	^^	常時貯蔵する場合	製造所又は他の事業を営む工場において処理する場合
火薬類（玩（がん）具煙火を除く。）	火薬　〜　煙火	略	
^^	その他の火薬又は爆薬を使用した火工品	略	
塩素酸塩類　〜　テレピン油		略	
石油類	第一石油類	1,000リットル	1,000リットル
^^	第二石油類	5,000リットル	5,000リットル
^^	第三石油類	20万リットル	2万リットル
^^	第四石油類	30万リットル	3万リットル
マッチ　〜　カーバイト		略	

　この表において、圧縮ガス及び可燃性ガスの容積の数値は、温度が0度で、かつ、気圧が水銀柱で760mmの状態に換算した数値とする。

2・3　略

改正：平成5年政令第170号　　施行：平成5年6月25日

第116条　（危険物の数量）

1　法第27条第2項第二号（法第87条第3項において準用する場合を含む。）の規定により政令で定める危険物の数量の限度は、次の表に定めるところによるものとする。

危険物品の種類		数　　量	
^^	^^	常時貯蔵する場合	製造所又は他の事業を営む工場において処理する場合
火薬類（玩（がん）具煙火を除く。）	火薬　〜　煙火	略	
^^	その他の火薬又は爆薬を使用した火工品	略	
消防法第2条第7項に規定する危険物		危険物の規制に関する政令（昭和34年政令第306号）別表第3の類別欄に掲げる類、同表の品名欄に掲げる品名及び同表の性質欄に掲げる性状に応じ、それぞれ同表の指定数量欄に定める数量の10倍の数量	危険物の規制に関する政令別表第3の類別欄に掲げる類、同表の品名欄に掲げる品名及び同表の性質欄に掲げる性状に応じ、それぞれ同表の指定数量欄に定める数量の10倍の数量
マッチ		300マッチトン	300マッチトン
可燃性ガス		700k	2万k
圧縮ガス		7,000k	20万k

| 液化ガス | 70トン | 2,000トン |

　この表において、<u>可燃性ガス及び圧縮ガス</u>の容積の数値は、温度が０度で、かつ、気圧が水銀柱で760mmの状態に換算した数値とする。

2・3　略

改正：平成12年政令第211号　　　施行：平成12年６月１日

第116条　（危険物の数量）

1　<u>法第27条第２項第二号の規定</u>により政令で定める危険物の数量の限度は、次の表に定めるところによるものとする。

　　［表　略］

2・3　略

改正：平成13年政令第42号　　　施行：平成13年４月１日

第116条　（危険物の数量）

1　法第27条第２項第二号の規定により政令で定める危険物の数量の限度は、次の表に定めるところによるものとする。

危険物品の種類	数　　　　　　量	
	常時貯蔵する場合	製造所又は他の事業を営む工場において処理する場合
略		

　この表において、可燃性ガス及び圧縮ガスの容積の数値は、温度が<u>０度で圧力が１気圧</u>の状態に換算した数値とする。

2・3　略

改正：平成27年政令第11号　　　施行：平成27年６月１日

第116条　（危険物の数量）

1　法第27条第３項第二号の規定により政令で定める危険物の数量の限度は、次の表に定めるところによるものとする。

危険物品の種類		数　　　　　　量	
		常時貯蔵する場合	製造所又は他の事業を営む工場において処理する場合
火薬類（玩具煙火を除く。）	火　薬	20トン	10トン
	爆　薬	20トン	5トン
	工業雷管及び電気雷管	300万個	50万個
	銃用雷管	1,000万個	500万個
	信号雷管	300万個	50万個
	実包	1,000万個	5万個
	空包	1,000万個	5万個
	信管及び火管	10万個	5万個
	導爆線	500km	500km
	導火線	2,500km	500km
	電気導火線	7万個	5万個
	信号炎管及び信号火箭（せん）	2トン	2トン
	煙火	2トン	2トン

令116条 改正：平成27年政令第11号

	その他の火薬又は爆薬を使用した火工品	当該火工品の原料をなす火薬又は爆薬の数量に応じて、火薬又は爆薬の数量のそれぞれの限度による。	
消防法第2条第7項に規定する危険物		危険物の規制に関する政令（昭和34年政令第306号）別表第3の類別欄に掲げる類、同表の品名欄に掲げる品名及び同表の性質欄に掲げる性状に応じ、それぞれ同表の指定数量欄に定める数量の10倍の数量	危険物の規制に関する政令別表第3の類別欄に掲げる類、同表の品名欄に掲げる品名及び同表の性質欄に掲げる性状に応じ、それぞれ同表の指定数量欄に定める数量の10倍の数量
マッチ		300マッチトン	300マッチトン
可燃性ガス		700㎥	2万㎥
圧縮ガス		7,000㎥	20万㎥
液化ガス		70トン	2,000トン
この表において、可燃性ガス及び圧縮ガスの容積の数値は、温度が0度で圧力が1気圧の状態に換算した数値とする。			

2　土木工事又はその他の事業に一時的に使用するためにその事業中臨時に貯蔵する危険物の数量の限度及び支燃性又は不燃性の圧縮ガス又は液化ガスの数量の限度は、無制限とする。

3　第1項の表に掲げる危険物の2種類以上を同一の建築物に貯蔵しようとする場合においては、第1項に規定する危険物の数量の限度は、それぞれ当該各欄の危険物の数量の限度の数値で貯蔵しようとする危険物の数値を除し、それらの商を加えた数値が1である場合とする。

令116条の2 制定：昭和45年政令第333号

[現行] 第5章　避難施設等
(制定：昭和25年政令第338号)　　第5章　避難施設
(改正：昭和44年政令第8号)　　　第5章　避難施設等

[現行] 第1節　総則
(制定：昭和45年政令第333号)　　第1節　総則

[現行]　第116条の2　（窓その他の開口部を有しない居室等）

制定：昭和45年政令第333号　　　施行：昭和46年1月1日
第116条の2　（窓その他の開口部を有しない居室等）
1　法第35条の規定により政令で定める窓その他の開口部を有しない居室は、次の各号の一に該当する窓その他の開口部を有しない居室とする。
一　面積（第20条第1項又は第2項の規定より計算した採光に有効な部分の面積に限る。）の合計が、当該居室の床面積の20分の1以上のもの
二　開放できる部分（天井又は天井から下方80cm以内の距離にある部分に限る。）の面積の合計が、当該居室の床面積の50分の1以上のもの
2　ふすま、障子その他随時開放することができるもので仕切られた2室は、前項の規定の適用については、1室とみなす。

改正：昭和55年政令第196号　　　施行：昭和56年6月1日
第116条の2　（窓その他の開口部を有しない居室等）
1　法第35条の規定により政令で定める窓その他の開口部を有しない居室は、次の各号に該当する窓その他の開口部を有しない居室とする。
一・二　略
2　略

改正：平成12年政令第211号　　　施行：平成12年6月1日
第116条の2　（窓その他の開口部を有しない居室等）
1　法第35条（法第87条第3項において準用する場合を含む。第127条において同じ。）の規定により政令で定める窓その他の開口部を有しない居室は、次の各号に該当する窓その他の開口部を有しない居室とする。
一　面積（第20条の規定より計算した採光に有効な部分の面積に限る。）の合計が、当該居室の床面積の20分の1以上のもの
二　開放できる部分（天井又は天井から下方80cm以内の距離にある部分に限る。）の面積の合計が、当該居室の床面積の50分の1以上のもの
2　ふすま、障子その他随時開放することができるもので仕切られた2室は、前項の規定の適用については、1室とみなす。

[現行] 第2節　廊下、避難階段及び出入口
(制定：昭和25年政令第338号)　　旧　第1節　廊下、避難階段及び出入口
(改正：昭和45年政令第333号)　　第2節　廊下、避難階段及び出入口

[現行]　第117条　（適用の範囲）

制定：昭和25年政令第338号　　　施行：昭和25年11月23日
第117条　（適用の範囲）
1　この節の規定は、法第35条に掲げる用途に供する特殊建築物又は居室の床面積の合計が1,000m²をこえる

建築物に限り適用する。但し、開口部のない耐火構造の壁で区画されている部分で、その部分における居室の床面積の合計が1,000㎡以下で、且つ、その部分を同条に掲げる用途に供しないものには、適用しない。

改正：昭和34年政令第344号　　　施行：昭和34年12月23日
第117条　（適用の範囲）

1　この節の規定は、法別表第1（い）欄（1）項から（4）項までに掲げる用途に供する特殊建築物、3階以上の階に居室を有する建築物、法第28条第1項ただし書に規定する居室で同項本文の規定に適合しないものを有する階又は居室の床面積の合計が1,000㎡をこえる建築物に限り適用する。
2　建築物が開口部のない耐火構造の床又は壁で区画されている場合においては、その区画された部分は、この節の規定の適用については、それぞれ別の建築物とみなす。

改正：昭和44年政令第8号　　　施行：昭和44年5月1日
第117条　（適用の範囲）

1　この節の規定は、法別表第1（い）欄（1）項から（4）項までに掲げる用途に供する特殊建築物、階数が3以上である建築物、法第28条第1項ただし書に規定する居室で同項本文の規定に適合しないものを有する階又は延べ面積が1,000㎡をこえる建築物に限り適用する。
2　略

改正：昭和45年政令第333号　　　施行：昭和46年1月1日
第117条　（適用の範囲）

1　この節の規定は、法別表第1（い）欄（1）項から（4）項までに掲げる用途に供する特殊建築物、階数が3以上である建築物、前条第1項第一号に該当する窓その他の開口部を有しない居室を有する階又は延べ面積が1,000㎡をこえる建築物に限り適用する。
2　略

改正：平成28年政令第6号　　　施行：平成28年6月1日
第117条　（適用の範囲）

1　略
2　次に掲げる建築物の部分は、この節の規定の適用については、それぞれ別の建築物とみなす。
　一　建築物が開口部のない耐火構造の床又は壁で区画されている場合における当該区画された部分
　二　建築物の2以上の部分の構造が通常の火災時において相互に火熱又は煙若しくはガスによる防火上有害な影響を及ぼさないものとして国土交通大臣が定めた構造方法を用いるものである場合における当該部分

改正：令和5年政令第280号　　　施行：令和6年4月1日
第117条　（適用の範囲）

1　この節の規定は、法別表第1（い）欄（1）項から（4）項までに掲げる用途に供する特殊建築物、階数が3以上である建築物、前条第1項第一号に該当する窓その他の開口部を有しない居室を有する階又は延べ面積が1,000㎡をこえる建築物に限り適用する。
2　次に掲げる建築物の部分は、この節の規定の適用については、それぞれ別の建築物とみなす。
　一　建築物が開口部のない耐火構造の床又は壁で区画されている場合における当該床又は壁により分離された部分
　二　建築物の2以上の部分の構造が通常の火災時において相互に火熱又は煙若しくはガスによる防火上有害な影響を及ぼさないものとして国土交通大臣が定めた構造方法を用いるものである場合における当該部分

令118条　制定：昭和25年政令第338号

[現行]　第118条　（客席からの出口の戸）

制定：昭和25年政令第338号　　施行：昭和25年11月23日
第118条　（客席からの出口の戸）

> 1　劇場、映画館、演芸場、観覧場若しくは公会堂又は集会場における客席からの出口の戸は、内開きとしてはならない。

改正：昭和34年政令第344号　　施行：昭和34年12月23日
第118条　（客席からの出口の戸）

> 1　劇場、映画館、演芸場、観覧場、公会堂又は集会場における客席からの出口の戸は、内開きとしてはならない。

[現行]　第119条　（廊下の幅）

制定：昭和25年政令第338号　　施行：昭和25年11月23日
第119条　（廊下の幅）

1　廊下の幅は、それぞれ下の表に掲げる数値以上としなければならない。

廊下の用途 ／ 廊下の配置	両側に居室がある廊下における場合（単位　m）	その他の廊下における場合（単位　m）
小学校、中学校又は高等学校における児童用又は生徒用のもの	2.3	1.8
病院における患者用のもの、共同住宅の住戸若しくは住室の床面積の合計が100㎡をこえる階における共用のもの又は3室以下の専用のものを除き居室の床面積の合計が200㎡をこえる階におけるもの	1.6	1.2

改正：昭和34年政令第344号　　施行：昭和34年12月23日
第119条　（廊下の幅）

1　廊下の幅は、それぞれ次の表に掲げる数値以上としなければならない。

廊下の用途 ／ 廊下の配置	両側に居室がある廊下における場合（単位　m）	その他の廊下における場合（単位　m）
略		
病院における患者用のもの、共同住宅の住戸若しくは住室の床面積の合計が100㎡をこえる階における共用のもの又は3室以下の専用のものを除き居室の床面積の合計が200㎡（地階にあつては、100㎡）をこえる階におけるもの	1.6	1.2

改正：平成10年政令第351号　　施行：平成11年4月1日
第119条　（廊下の幅）

1　廊下の幅は、それぞれ次の表に掲げる数値以上としなければならない。

廊下の用途 ／ 廊下の配置	両側に居室がある廊下に	その他の廊下における場合

改正：昭和31年政令第185号　令120条

廊下の用途	ける場合 （単位　m）	（単位　m）
小学校、中学校、高等学校又は中等教育学校における児童用又は生徒用のもの	2.3	1.8
略		

改正：平成27年政令第421号　　　　施行：平成28年4月1日

第119条　（廊下の幅）

1　廊下の幅は、それぞれ次の表に掲げる数値以上としなければならない。

廊下の配置 廊下の用途	両側に居室がある廊下における場合 （単位　m）	その他の廊下における場合 （単位　m）
小学校、中学校、義務教育学校、高等学校又は中等教育学校における児童用又は生徒用のもの	2.3	1.8
病院における患者用のもの、共同住宅の住戸若しくは住室の床面積の合計が100㎡を超える階における共用のもの又は3室以下の専用のものを除き居室の床面積の合計が200㎡（地階にあつては、100㎡）を超える階におけるもの	1.6	1.2

[現行]　**第120条　（直通階段の設置）**

制定：昭和25年政令第338号　　　　施行：昭和25年11月23日

第120条　（階段までの歩行距離）

1　建築物の避難階（直接地上へ通ずる出入口のある階をいう。以下同様とする。）以外の階においては、居室の各部分から、避難階に通ずる直通階段（傾斜路を含む。以下同様とする。）の一に至る歩行距離は、下の表の数値以下としなければならない。

	構造 居室の種類	主要構造部が耐火構造であるか又は不燃材料で造られている場合 （単位　m）	左欄に掲げる場合以外の場合 （単位　m）
（1）	百貨店の売場	30	30
（2）	病院の病室、ホテル、旅館若しくは下宿の宿泊室、共同住宅の居室または寄宿舎の寝室	50	30
（3）	（1）又は（2）に掲げる居室以外の居室	50	40

改正：昭和31年政令第185号　　　　施行：昭和31年7月1日

第120条　（直通階段の設置）

1　建築物の避難階（直接地上へ通ずる出入口のある階をいう。以下同様とする。）以外の階においては、避難階に通ずる直通階段（傾斜路を含む。以下同様とする。）を居室の各部分からその一に至る歩行距離が下の表の数値以下となるように設けなければならない。
　　［表　略］

令120条　改正：昭和34年政令第344号

改正：昭和34年政令第344号　　　施行：昭和34年12月23日

第120条　（直通階段の設置）

1　建築物の避難階（直接地上へ通ずる出入口のある階をいう。以下同様とする。）以外の階（地下街におけるものを除く。以下第121条第1項において同様とする。）においては、避難階又は地上に通ずる直通階段（傾斜路を含む。以下同様とする。）を居室の各部分からその一に至る歩行距離が次の表の数値以下となるように設けなければならない。

構造 居室の種類	主要構造部が耐火構造であるか又は不燃材料で造られている場合（単位　m）	左欄に掲げる場合以外の場合（単位　m）
（1）　法第28条第1項ただし書に規定する居室で同項本文の規定に適合しないもの又は百貨店の売場	30	30
（2）・（3）　略		

2　前項の規定は、主要構造部を耐火構造とした共同住宅の住戸でその階数が2であるものの上階については、その居室の各部分からその直下階にある避難階又は地上に通ずる直通階段の一に至る歩行距離が40m以下である場合においては、適用しない。

改正：昭和39年政令第4号　　　施行：昭和39年1月15日

第120条　（直通階段の設置）

1　略

2　主要構造部が耐火構造であるか又は不燃材料で造られている建築物の居室で、当該居室及びこれから地上に通ずる主たる廊下、階段その他の通路の壁（床面からの高さが1.2m以下の部分を除く。）及び天井（天井のない場合においては、屋根）の室内に面する部分（回り縁、窓台その他これらに類する部分を除く。）の仕上げを不燃材料又は準不燃材料でしたものについては、前項の表の数値に10を加えた数値を同項の表の数値とする。ただし、15階以上の階の居室については、この限りでない。

3　15階以上の階の居室については、前項本文の規定に該当するものを除き、第1項の表の数値から10を減じた数値を同項の表の数値とする。

4　第1項の規定は、主要構造部を耐火構造とした共同住宅の住戸でその階数が2であるものの上階については、その居室の各部分からその直下階にある避難階又は地上に通ずる直通階段の一に至る歩行距離が40m以下である場合においては、適用しない。

改正：昭和44年政令第8号　　　施行：昭和44年5月1日

第120条　（直通階段の設置）

1　建築物の避難階以外の階（地下街におけるものを除く。以下第121条第1項において同様とする。）においては、避難階又は地上に通ずる直通階段（傾斜路を含む。以下同様とする。）を居室の各部分からその一に至る歩行距離が次の表の数値以下となるように設けなければならない。

　［表　略］

2・3　略

4　第1項の規定は、主要構造部を耐火構造とした共同住宅の住戸でその階数が2又は3であり、かつ、出入口が一の階のみにあるものの当該出入口のある階以外の階については、その居室の各部分から避難階又は地上に通ずる直通階段の一に至る歩行距離が40m以下である場合においては、適用しない。

改正：昭和45年政令第333号　　　施行：昭和46年1月1日

第120条　（直通階段の設置）

1　建築物の避難階以外の階（地下街におけるものを除く。以下第121条第１項において同じ。）においては、避難階又は地上に通ずる直通階段（傾斜路を含む。以下同じ。）を居室の各部分からその一に至る歩行距離が次の表の数値以下となるように設けなければならない。

居室の種類	構造	主要構造部が耐火構造であるか又は不燃材料で造られている場合（単位　m）	左欄に掲げる場合以外の場合（単位　m）
（１）	第116条の２第１項第一号に該当する窓その他の開口部を有しない居室又は法別表第１（い）欄（４）項に掲げる用途に供する特殊建築物の主たる用途に供する居室	30	30
（２）	法別表第１（い）欄（２）項に掲げる用途に供する特殊建築物の主たる用途に供する居室	50	30
（３）	（１）又は（２）に掲げる居室以外の居室	50	40

2～4　略

改正：平成５年政令第170号　　　施行：平成５年６月25日
第120条　（直通階段の設置）

1　建築物の避難階以外の階（地下街におけるものを除く。次条第１項において同じ。）においては、避難階又は地上に通ずる直通階段（傾斜路を含む。以下同じ。）を居室の各部分からその一に至る歩行距離が次の表の数値以下となるように設けなければならない。

居室の種類	構造	主要構造部が耐火構造若しくは準耐火構造であるか又は不燃材料で造られている場合（単位　m）	左欄に掲げる場合以外の場合（単位　m）
（１）・（２）・（３）　略			

2　主要構造部が耐火構造若しくは準耐火構造であるか又は不燃材料で造られている建築物の居室で、当該居室及びこれから地上に通ずる主たる廊下、階段その他の通路の壁（床面からの高さが1.2m以下の部分を除く。）及び天井（天井のない場合においては、屋根）の室内に面する部分（回り縁、窓台その他これらに類する部分を除く。）の仕上げを不燃材料又は準不燃材料でしたものについては、前項の表の数値に10を加えた数値を同項の表の数値とする。ただし、15階以上の階の居室については、この限りでない。
3　略
4　第１項の規定は、主要構造部を耐火構造又は準耐火構造とした共同住宅の住戸でその階数が２又は３であり、かつ、出入口が一の階のみにあるものの当該出入口のある階以外の階については、その居室の各部分から避難階又は地上に通ずる直通階段の一に至る歩行距離が40m以下である場合においては、適用しない。

改正：平成12年政令第211号　　　施行：平成12年６月１日
第120条　（直通階段の設置）

1　建築物の避難階以外の階（地下街におけるものを除く。次条第１項において同じ。）においては、避難階又は地上に通ずる直通階段（傾斜路を含む。以下同じ。）を居室の各部分からその一に至る歩行距離が次の表の数値以下となるように設けなければならない。

居室の種類	構造	主要構造部が準耐火構造であるか又は不	左欄に掲げる場合以外の場合

令120条　改正：平成12年政令第211号

居室の種類	燃材料で造られている場合（単位　m）	（単位　m）
(1)・(2)・(3)　略		

2　主要構造部が準耐火構造であるか又は不燃材料で造られている建築物の居室で、当該居室及びこれから地上に通ずる主たる廊下、階段その他の通路の壁（床面からの高さが1.2m以下の部分を除く。）及び天井（天井のない場合においては、屋根）の室内に面する部分（回り縁、窓台その他これらに類する部分を除く。）の仕上げを準不燃材料でしたものについては、前項の表の数値に10を加えた数値を同項の表の数値とする。ただし、15階以上の階の居室については、この限りでない。

3　略

4　第1項の規定は、主要構造部を準耐火構造とした共同住宅の住戸でその階数が2又は3であり、かつ、出入口が一の階のみにあるものの当該出入口のある階以外の階については、その居室の各部分から避難階又は地上に通ずる直通階段の一に至る歩行距離が40m以下である場合においては、適用しない。

改正：令和5年政令第34号　　　施行：令和5年4月1日

第120条　（直通階段の設置）

1　建築物の避難階以外の階（地下街におけるものを除く。次条第1項において同じ。）においては、避難階又は地上に通ずる直通階段（傾斜路を含む。以下同じ。）を次の表の左欄に掲げる居室の種類の区分に応じ当該各居室からその一に至る歩行距離が同表の中欄又は右欄に掲げる場合の区分に応じそれぞれ同表の中欄又は右欄に掲げる数値以下となるように設けなければならない。

居室の種類	構造	主要構造部が準耐火構造であるか又は不燃材料で造られている場合（単位　m）	その他の場合（単位　m）
(1)	第116条の2第1項第一号に該当する窓その他の開口部を有しない居室（当該居室の床面積、当該居室からの避難の用に供する廊下その他の通路の構造並びに消火設備、排煙設備、非常用の照明装置及び警報設備の設置の状況及び構造に関し避難上支障がないものとして国土交通大臣が定める基準に適合するものを除く。）又は法別表第1（い）欄（4）項に掲げる用途に供する特殊建築物の主たる用途に供する居室	30	30
(2)	法別表第1（い）欄（2）項に掲げる用途に供する特殊建築物の主たる用途に供する居室	50	30
(3)	(1)の項又は(2)の項に掲げる居室以外の居室	50	40

2〜4　略

改正：令和5年政令第280号　　　施行：令和6年4月1日

第120条　（直通階段の設置）

1　建築物の避難階以外の階（地下街におけるものを除く。次条第1項において同じ。）においては、避難階又は地上に通ずる直通階段（傾斜路を含む。以下同じ。）を次の表の左欄に掲げる居室の種類の区分に応じ当該各居室からその一に至る歩行距離が同表の中欄又は右欄に掲げる場合の区分に応じそれぞれ同表の中欄又は右欄に掲げる数値以下となるように設けなければならない。

居室の種類	構造	主要構造部が準耐火構造である場合（特定主要構造部が耐火構

		造である場合を含む。）又は主要構造部が不燃材料で造られている場合 （単位　m）	その他の場合 （単位　m）
（1）	第116条の2第1項第一号に該当する窓その他の開口部を有しない居室（当該居室の床面積、当該居室からの避難の用に供する廊下その他の通路の構造並びに消火設備、排煙設備、非常用の照明装置及び警報設備の設置の状況及び構造に関し避難上支障がないものとして国土交通大臣が定める基準に適合するものを除く。）又は法別表第1（い）欄（4）項に掲げる用途に供する特殊建築物の主たる用途に供する居室	30	30
（2）	法別表第1（い）欄（2）項に掲げる用途に供する特殊建築物の主たる用途に供する居室	50	30
（3）	（1）の項又は（2）の項に掲げる居室以外の居室	50	40

2　主要構造部が準耐火構造である建築物（特定主要構造部が耐火構造である建築物を含む。次条第2項及び第122条第1項において同じ。）又は主要構造部が不燃材料で造られている建築物の居室で、当該居室及びこれから地上に通ずる主たる廊下、階段その他の通路の壁（床面からの高さが1.2m以下の部分を除く。）及び天井（天井のない場合においては、屋根）の室内に面する部分（回り縁、窓台その他これらに類する部分を除く。）の仕上げを準不燃材料でしたものについては、前項の表の数値に10を加えた数値を同項の表の数値とする。ただし、15階以上の階の居室については、この限りでない。

3　15階以上の階の居室については、前項本文の規定に該当するものを除き、第1項の表の数値から10を減じた数値を同項の表の数値とする。

4　第1項の規定は、主要構造部を準耐火構造とした共同住宅（特定主要構造部を耐火構造とした共同住宅を含む。第123条の2において同じ。）の住戸でその階数が2又は3であり、かつ、出入口が一の階のみにあるものの当該出入口のある階以外の階については、その居室の各部分から避難階又は地上に通ずる直通階段の一に至る歩行距離が40m以下である場合においては、適用しない。

[現行]　第121条　（2以上の直通階段を設ける場合）

制定：昭和25年政令第338号　　　施行：昭和25年11月23日
第121条　（直通階段の設置及び構造）

1　建築物の避難階以外の階が下の各号の一に該当する場合においては、その階から避難階に通ずる2以上の直通階段を設けなければならない。但し、第二号から第四号までに掲げるもので、その主要構造部が耐火構造であるか、又は不燃材料で造られているものについては、当該建築物の階でその階における居室の床面積の合計が400㎡をこえるものに限る。
　一　劇場、映画館、演芸場、観覧場、公会堂若しくは百貨店又は集会場の用途に供するもの
　二　病院又は診療所の用途に供する階でその階における病室の床面積の合計が50㎡をこえるもの
　三　ホテル、旅館若しくは下宿の用途に供する階でその階における宿泊室の床面積の合計、共同住宅の用途に供する階でその階における居室の床面積の合計又は寄宿舎の用途に供する階でその階における寝室の床面積の合計が、それぞれ100㎡をこえるもの
　四　前2号に掲げる階以外の階でその階における居室の床面積の合計が、避難階の直上又は直下の階にあつては200㎡を、その他の階にあつては100㎡をこえるもの
　五　主要構造部が耐火構造であるか、又は不燃材料で造られている建築物の階でその階における居室の床面積の合計が400㎡をこえるもの
2　前項各号の規定は、建築物が開口部のない耐火構造の壁で区画されている場合においては、その区画された部分のそれぞれについて適用する。

令121条 制定：昭和25年政令第338号

3 第1項の規定による直通階段で屋外に設けるものは、木造としてはならない。

改正：昭和31年政令第185号　　施行：昭和31年7月1日
第121条　（直通階段の設置及び構造）

1 建築物の避難階以外の階が下の各号の一に該当する場合においては、その階から避難階に通ずる2以上の直通階段を設けなければならない。
　一 劇場、映画館、演芸場、観覧場、公会堂若しくは百貨店又は集会場の用途に供する階でその階に客席、売場、集会室その他これらに類するものを有するもの
　二・三　略
　四 前各号に掲げる階以外の階でその階における居室の床面積の合計が、避難階の直上又は直下の階にあつては200㎡を、その他の階にあつては100㎡をこえるもの

2 主要構造部が耐火構造であるか、又は不燃材料で造られている建築物について前項の規定を適用する場合には、同項中「50㎡」とあるのは「100㎡」と、「100㎡」とあるのは「200㎡」と、「200㎡」とあるのは「400㎡」とする。

3 前2項の規定は、建築物が開口部のない耐火構造の壁で区画されている場合においては、その区画された部分のそれぞれについて適用する。

改正：昭和34年政令第344号　　施行：昭和34年12月23日
第121条　（2以上の直通階段を設ける場合）

1 建築物の避難階以外の階が次の各号の一に該当する場合においては、その階から避難階又は地上に通ずる2以上の直通階段を設けなければならない。
　一 劇場、映画館、演芸場、観覧場、公会堂、集会場又は百貨店の用途に供する階でその階に客席、集会室、売場その他これらに類するものを有するもの
　二・三　略
　四 前各号に掲げる階以外の階でその階における居室の床面積の合計が、避難階の直上階にあつては200㎡を、その他の階にあつては100㎡をこえるもの

2 主要構造部が耐火構造であるか、又は不燃材料で造られている建築物について前項の規定を適用する場合には、同項中「50㎡」とあるのは「100㎡」と、「100㎡」とあるのは「200㎡」と、「200㎡」とあるのは「400㎡」とする。

改正：昭和44年政令第8号　　施行：昭和44年5月1日
第121条　（2以上の直通階段を設ける場合）

1・2　略

3 第1項の規定により避難階又は地上に通ずる2以上の直通階段を設ける場合において、居室の各部分から各直通階段に至る通常の歩行経路のすべてに共通の重複区間があるときにおける当該重複区間の長さは、前条に規定する歩行距離の数値の2分の1をこえてはならない。ただし、居室の各部分から、当該重複区間を経由しないで、避難上有効なバルコニー、屋外通路その他これらに類するものに避難することができる場合は、この限りでない。

改正：昭和45年政令第333号　　施行：昭和46年1月1日
第121条　（2以上の直通階段を設ける場合）

1 建築物の避難階以外の階が次の各号の一に該当する場合においては、その階から避難階又は地上に通ずる2以上の直通階段を設けなければならない。
　一 劇場、映画館、演芸場、観覧場、公会堂、集会場又は物品販売業を営む店舗（床面積の合計が1,500㎡をこえるものに限る。第122条第2項、第124条第1項及び第125条第3項において同じ。）の用途に供する階でその階に客席、集会室、売場その他これらに類するものを有するもの
　二～四　略

改正：昭和48年政令第242号　　　施行：昭和49年1月1日
第121条　（2以上の直通階段を設ける場合）

1　建築物の避難階以外の階が次の各号の一に該当する場合においては、その階から避難階又は地上に通ずる2以上の直通階段を設けなければならない。
　一　略
　二　キヤバレー、カフエー、ナイトクラブ又はバーの用途に供する階でその階に客席を有するもの（5階以下の階で、その階の居室の床面積の合計が100㎡をこえず、かつ、その階に避難上有効なバルコニー、屋外通路その他これらに類するもの及びその階から避難階又は地上に通ずる直通階段で第123条第2項又は第3項の規定に適合するものが設けられているもの並びに避難階の直上階又は直下階である5階以下の階でその階の居室の床面積の合計が100㎡をこえないものを除く。）
　三　病院若しくは診療所の用途に供する階でその階における病室の床面積の合計又は児童福祉施設等の用途に供する階でその階における児童福祉施設等の主たる用途に供する居室の床面積の合計が、それぞれ50㎡をこえるもの
　四　ホテル、旅館若しくは下宿の用途に供する階でその階における宿泊室の床面積の合計、共同住宅の用途に供する階でその階における居室の床面積の合計又は寄宿舎の用途に供する階でその階における寝室の床面積の合計が、それぞれ100㎡をこえるもの
　五　前各号に掲げる階以外の階で次のイ又はロに該当するもの
　　イ　6階以上の階でその階に居室を有するもの（第一号から第三号までに掲げる用途に供する階以外の階で、その階の居室の床面積の合計が100㎡をこえず、かつ、その階に避難上有効なバルコニー、屋外通路その他これらに類するもの及びその階から避難階又は地上に通ずる直通階段で第123条第2項又は第3項の規定に適合するものが設けられているものを除く。）
　　ロ　5階以下の階でその階における居室の床面積の合計が避難階の直上階にあつては200㎡を、その他の階にあつては100㎡をこえるもの
2・3　略

改正：平成5年政令第170号　　　施行：平成5年6月25日
第121条　（2以上の直通階段を設ける場合）

1　略
2　主要構造部が耐火構造若しくは準耐火構造であるか、又は不燃材料で造られている建築物について前項の規定を適用する場合には、同項中「50㎡」とあるのは「100㎡」と、「100㎡」とあるのは「200㎡」と、「200㎡」とあるのは「400㎡」とする。
3　略

改正：平成12年政令第211号　　　施行：平成12年6月1日
第121条　（2以上の直通階段を設ける場合）

1　略
2　主要構造部が準耐火構造であるか、又は不燃材料で造られている建築物について前項の規定を適用する場合には、同項中「50㎡」とあるのは「100㎡」と、「100㎡」とあるのは「200㎡」と、「200㎡」とあるのは「400㎡」とする。
3　略

改正：平成14年政令第393号　　　施行：平成15年7月1日
第121条　（2以上の直通階段を設ける場合）

1　建築物の避難階以外の階が次の各号のいずれかに該当する場合においては、その階から避難階又は地上に通ずる2以上の直通階段を設けなければならない。

令121条 改正：平成14年政令第393号

　一　劇場、映画館、演芸場、観覧場、公会堂又は集会場の用途に供する階でその階に客席、集会室その他これらに類するものを有するもの
　二　物品販売業を営む店舗（床面積の合計が1,500㎡を超えるものに限る。第122条第2項、第124条第1項及び第125条第3項において同じ。）の用途に供する階でその階に売場を有するもの
　三　次に掲げる用途に供する階でその階に客席、客室その他これらに類するものを有するもの（5階以下の階で、その階の居室の床面積の合計が100㎡を超えず、かつ、その階に避難上有効なバルコニー、屋外通路その他これらに類するもの及びその階から避難階又は地上に通ずる直通階段で第123条第2項又は第3項の規定に適合するものが設けられているもの並びに避難階の直上階又は直下階である5階以下の階でその階の居室の床面積の合計が100㎡を超えないものを除く。）
　　イ　キャバレー、カフェー、ナイトクラブ又はバー
　　ロ　個室付浴場業その他客の性的好奇心に応じてその客に接触する役務を提供する営業を営む施設
　　ハ　ヌードスタジオその他これに類する興行場（劇場、映画館又は演芸場に該当するものを除く。）
　　ニ　専ら異性を同伴する客の休憩の用に供する施設
　　ホ　店舗型電話異性紹介営業その他これに類する営業を営む店舗
　四　病院若しくは診療所の用途に供する階でその階における病室の床面積の合計又は児童福祉施設等の用途に供する階でその階における児童福祉施設等の主たる用途に供する居室の床面積の合計が、それぞれ50㎡を超えるもの
　五　ホテル、旅館若しくは下宿の用途に供する階でその階における宿泊室の床面積の合計、共同住宅の用途に供する階でその階における居室の床面積の合計又は寄宿舎の用途に供する階でその階における寝室の床面積の合計が、それぞれ100㎡を超えるもの
　六　前各号に掲げる階以外の階で次のイ又はロに該当するもの
　　イ　6階以上の階でその階に居室を有するもの（第一号から第四号までに掲げる用途に供する階以外の階で、その階の居室の床面積の合計が100㎡を超えず、かつ、その階に避難上有効なバルコニー、屋外通路その他これらに類するもの及びその階から避難階又は地上に通ずる直通階段で第123条第2項又は第3項の規定に適合するものが設けられているものを除く。）
　　ロ　5階以下の階でその階における居室の床面積の合計が避難階の直上階にあつては200㎡を、その他の階にあつては100㎡を超えるもの
2・3　略

改正：令和元年政令第181号　　　施行：令和2年4月1日
第121条　（2以上の直通階段を設ける場合）

1～3　略
4　第1項（第四号及び第五号（第2項の規定が適用される場合にあつては、第四号）に係る部分に限る。）の規定は、階数が3以下で延べ面積が200㎡未満の建築物の避難階以外の階（以下この項において「特定階」という。）（階段の部分（当該部分からのみ人が出入りすることのできる便所、公衆電話所その他これらに類するものを含む。）と当該階段の部分以外の部分（直接外気に開放されている廊下、バルコニーその他これらに類する部分を除く。）とが間仕切壁若しくは次の各号に掲げる場合の区分に応じ当該各号に定める防火設備で第112条第19項第二号に規定する構造であるもので区画されている建築物又は同条第15項の国土交通大臣が定める建築物の特定階に限る。）については、適用しない。
　一　特定階を第1項第四号に規定する用途（児童福祉施設等については入所する者の寝室があるものに限る。）に供する場合　法第2条第九号の二ロに規定する防火設備（当該特定階がある建築物の居室、倉庫その他これらに類する部分にスプリンクラー設備その他これに類するものを設けた場合にあつては、10分間防火設備）
　二　特定階を児童福祉施設等（入所する者の寝室があるものを除く。）の用途又は第1項第五号に規定する用途に供する場合　戸（ふすま、障子その他これらに類するものを除く。）

改正：令和5年政令第280号　　　施行：令和6年4月1日
第121条　（2以上の直通階段を設ける場合）

1　建築物の避難階以外の階が次の各号のいずれかに該当する場合においては、その階から避難階又は地上に通ずる2以上の直通階段を設けなければならない。
　一　劇場、映画館、演芸場、観覧場、公会堂又は集会場の用途に供する階でその階に客席、集会室その他これらに類するものを有するもの
　二　物品販売業を営む店舗（床面積の合計が1,500㎡を超えるものに限る。第122条第2項、第124条第1項及び第125条第3項において同じ。）の用途に供する階でその階に売場を有するもの
　三　次に掲げる用途に供する階でその階に客席、客室その他これらに類するものを有するもの（5階以下の階で、その階の居室の床面積の合計が100㎡を超えず、かつ、その階に避難上有効なバルコニー、屋外通路その他これらに類するもの及びその階から避難階又は地上に通ずる直通階段で第123条第2項又は第3項の規定に適合するものが設けられているもの並びに避難階の直上階又は直下階である5階以下の階でその階の居室の床面積の合計が100㎡を超えないものを除く。）
　　イ　キャバレー、カフェー、ナイトクラブ又はバー
　　ロ　個室付浴場業その他客の性的好奇心に応じてその客に接触する役務を提供する営業を営む施設
　　ハ　ヌードスタジオその他これに類する興行場（劇場、映画館又は演芸場に該当するものを除く。）
　　ニ　専ら異性を同伴する客の休憩の用に供する施設
　　ホ　店舗型電話異性紹介営業その他これに類する営業を営む店舗
　四　病院若しくは診療所の用途に供する階でその階における病室の床面積の合計又は児童福祉施設等の用途に供する階でその階における児童福祉施設等の主たる用途に供する居室の床面積の合計が、それぞれ50㎡を超えるもの
　五　ホテル、旅館若しくは下宿の用途に供する階でその階における宿泊室の床面積の合計、共同住宅の用途に供する階でその階における居室の床面積の合計又は寄宿舎の用途に供する階でその階における寝室の床面積の合計が、それぞれ100㎡を超えるもの
　六　前各号に掲げる階以外の階で次のイ又はロに該当するもの
　　イ　6階以上の階でその階に居室を有するもの（第一号から第四号までに掲げる用途に供する階以外の階で、その階の居室の床面積の合計が100㎡を超えず、かつ、その階に避難上有効なバルコニー、屋外通路その他これらに類するもの及びその階から避難階又は地上に通ずる直通階段で第123条第2項又は第3項の規定に適合するものが設けられているものを除く。）
　　ロ　5階以下の階でその階における居室の床面積の合計が避難階の直上階にあつては200㎡を、その他の階にあつては100㎡を超えるもの
2　主要構造部が準耐火構造である建築物又は主要構造部が不燃材料で造られている建築物について前項の規定を適用する場合には、同項中「50㎡」とあるのは「100㎡」と、「100㎡」とあるのは「200㎡」と、「200㎡」とあるのは「400㎡」とする。
3　第1項の規定により避難階又は地上に通ずる2以上の直通階段を設ける場合において、居室の各部分から各直通階段に至る通常の歩行経路の全てに共通の重複区間があるときにおける当該重複区間の長さは、前条に規定する歩行距離の数値の2分の1をこえてはならない。ただし、居室の各部分から、当該重複区間を経由しないで、避難上有効なバルコニー、屋外通路その他これらに類するものに避難することができる場合は、この限りでない。
4　第1項（第四号及び第五号（第2項の規定が適用される場合にあつては、第四号）に係る部分に限る。）の規定は、階数が3以下で延べ面積が200㎡未満の建築物の避難階以外の階（以下この項において「特定階」という。）（階段の部分（当該部分からのみ人が出入りすることのできる便所、公衆電話所その他これらに類するものを含む。）と当該階段の部分以外の部分（直接外気に開放されている廊下、バルコニーその他これらに類する部分を除く。）とが間仕切壁若しくは次の各号に掲げる場合の区分に応じ当該各号に定める防火設備で第112条第19項第二号に規定する構造であるもので区画されている建築物又は同条第15項の国土交通大臣が定める建築物の特定階に限る。）については、適用しない。
　一　特定階を第1項第四号に規定する用途（児童福祉施設等については入所する者の寝室があるものに限る。）に供する場合　法第2条第九号の二ロに規定する防火設備（当該特定階がある建築物の居室、倉庫その他これらに類する部分にスプリンクラー設備その他これに類するものを設けた場合にあつては、10分間防火設備）
　二　特定階を児童福祉施設等（入所する者の寝室があるものを除く。）の用途又は第1項第五号に規定する

令121条の2 改正：令和5年政令第280号

用途に供する場合　戸（ふすま、障子その他これらに類するものを除く。）

[現行]　第121条の2　（屋外階段の構造）

制定：昭和31年政令第185号　　施行：昭和31年7月1日
第121条の2　（屋外階段の構造）

1　前2条の規定による直通階段で屋外に設けるものは、木造としてはならない

改正：平成5年政令第170号　　施行：平成5年6月25日
第121条の2　（屋外階段の構造）

1　前2条の規定による直通階段で屋外に設けるものは、木造（準耐火構造のうち有効な防腐措置を講じたものを除く。）としてはならない。

[現行]　第122条　（避難階段の設置）

制定：昭和25年政令第338号　　施行：昭和25年11月23日
第122条　（避難階段の設置）

1　地上の階数が5以上の建築物の5階以上の階に通ずる直通階段は、第123条の規定による避難階段又は特別避難階段としなければならない。
2　百貨店の用途に供する建築物で法第27条第四号に該当するものにあつては、各階の売場及び屋上広場に通ずる2以上の直通階段を設け、これを第123条の規定による避難階段又は特別避難階段としなければならない。
3　前項の直通階段で5階以上の売場に通ずるものは、その一以上を第123条第3項の規定による特別避難階段としなければならない。
4　建築物の5階以上の階で百貨店の用途に供する部分の床面積が3,000㎡をこえるものにあつては、その床面積3,000㎡ごとに4階以下の階の用に供しない第123条第3項の規定による特別避難階段を設けなければならない。

改正：昭和34年政令第344号　　施行：昭和34年12月23日
第122条　（避難階段の設置）

1　建築物の5階以上の階に通ずる直通階段は、第123条の規定による避難階段又は特別避難階段としなければならない。ただし、主要構造部が耐火構造であるか、若しくは不燃材料で造られている建築物で5階以上の階の床面積の合計が100㎡以下の場合又は主要構造部が耐火構造である建築物で床面積の合計100㎡以内ごとに耐火構造の床若しくは壁若しくは甲種防火戸（直接外気に開放されている階段室に面する換気のための窓で開口面積が0.2㎡以下のものに設けられる鉄製網入ガラス入りの戸を含む。）で区画されている場合においては、この限りでない。
2　3階以上の階を百貨店の用途に供する建築物にあつては、各階の売場及び屋上広場に通ずる2以上の直通階段を設け、これを第123条の規定による避難階段又は特別避難階段としなければならない。
3・4　略

改正：昭和39年政令第4号　　施行：昭和39年1月15日
第122条　（避難階段の設置）

1　建築物の5階以上の階に通ずる直通階段は第123条の規定による避難階段又は特別避難階段とし、建築物の15階以上の階に通ずる直通階段は同条第3項の規定による特別避難階段としなければならない。ただし、主要構造部が耐火構造であるか、若しくは不燃材料で造られている建築物で5階以上の階の床面積の合計が100

㎡以下の場合又は主要構造部が耐火構造である建築物で床面積の合計100㎡以内ごとに耐火構造の床若しくは壁若しくは甲種防火戸（直接外気に開放されている階段室に面する換気のための窓で開口面積が0.2㎡以下のものに設けられる鉄製網入ガラス入りの戸を含む。）で区画されている場合においては、この限りでない。
2　略
3　前項の直通階段で、5階以上の売場に通ずるものはその一以上を、15階以上の売場に通ずるものはそのすべてを第123条第3項の規定による特別避難階段としなければならない。
4　略

改正：昭和44年政令第8号　　　施行：昭和44年5月1日
第122条　（避難階段の設置）

1　建築物の5階以上の階又は地下2階以下の階に通ずる直通階段は第123条の規定による避難階段又は特別避難階段とし、建築物の15階以上の階又は地下3階以下の階に通ずる直通階段は同条第3項の規定による特別避難階段としなければならない。ただし、主要構造部が耐火構造であるか、若しくは不燃材料で造られている建築物で5階以上の階の床面積の合計が100㎡以下の場合又は主要構造部が耐火構造である建築物で床面積の合計100㎡以内ごとに耐火構造の床若しくは壁若しくは甲種防火戸（直接外気に開放されている階段室に面する換気のための窓で開口面積が0.2㎡以下のものに設けられる鉄製網入ガラス入りの戸を含む。）で区画されている場合においては、この限りでない。
2〜4　略

改正：昭和45年政令第333号　　　施行：昭和46年1月1日
第122条　（避難階段の設置）

1　略
2　3階以上の階を物品販売業を営む店舗の用途に供する建築物にあつては、各階の売場及び屋上広場に通ずる2以上の直通階段を設け、これを第123条の規定による避難階段又は特別避難階段としなければならない。
3　前項の直通階段で、5階以上の売場に通ずるものはその一以上を、15階以上の売場に通ずるものはそのすべてを第123条第3項の規定による特別避難階段としなければならない。

改正：平成5年政令第170号　　　施行：平成5年6月25日
第122条　（避難階段の設置）

1　建築物の5階以上の階又は地下2階以下の階に通ずる直通階段は次条の規定による避難階段又は特別避難階段とし、建築物の15階以上の階又は地下3階以下の階に通ずる直通階段は同条第3項の規定による特別避難階段としなければならない。ただし、主要構造部が耐火構造若しくは準耐火構造であるか、若しくは不燃材料で造られている建築物で5階以上の階の床面積の合計が100㎡以下の場合又は主要構造部が耐火構造である建築物で床面積の合計100㎡以内ごとに耐火構造の床若しくは壁若しくは甲種防火戸（直接外気に開放されている階段室に面する換気のための窓で開口面積が0.2㎡以下のものに設けられる鉄製網入ガラス入りの戸を含む。）で区画されている場合においては、この限りでない。
2　3階以上の階を物品販売業を営む店舗の用途に供する建築物にあつては、各階の売場及び屋上広場に通ずる2以上の直通階段を設け、これを次条の規定による避難階段又は特別避難階段としなければならない。
3　前項の直通階段で、5階以上の売場に通ずるものはその一以上を、15階以上の売場に通ずるものはそのすべてを次条第3項の規定による特別避難階段としなければならない。

改正：平成12年政令第211号　　　施行：平成12年6月1日
第122条　（避難階段の設置）

1　建築物の5階以上の階（その主要構造部が準耐火構造であるか、又は不燃材料で造られている建築物で5階以上の階の床面積の合計が100㎡以下である場合を除く。）又は地下2階以下の階（その主要構造部が準耐火構造であるか、又は不燃材料で造られている建築物で地下2階以下の階の床面積の合計が100㎡以下である

令122条　改正：平成12年政令第211号

場合を除く。）に通ずる直通階段は次条の規定による避難階段又は特別避難階段とし、建築物の15階以上の階又は地下3階以下の階に通ずる直通階段は同条第3項の規定による特別避難階段としなければならない。ただし、主要構造部が耐火構造である建築物（階段室の部分、昇降機の昇降路の部分（当該昇降機の乗降のための乗降ロビーの部分を含む。）及び廊下その他の避難の用に供する部分で耐火構造の床若しくは壁又は特定防火設備で区画されたものを除く。）で床面積の合計100㎡（共同住宅の住戸にあつては、200㎡）以内ごとに耐火構造の床若しくは壁又は特定防火設備（直接外気に開放されている階段室に面する換気のための窓で開口面積が0.2㎡以下のものに設けられる法第2条第九号の二ロに規定する防火設備を含む。）で区画されている場合においては、この限りでない。

2・3　略

改正：令和5年政令第280号　　　施行：令和6年4月1日
第122条　（避難階段の設置）

1　建築物の5階以上の階（主要構造部が準耐火構造である建築物又は主要構造部が不燃材料で造られている建築物で5階以上の階の床面積の合計が100㎡以下である場合を除く。）又は地下2階以下の階（主要構造部が準耐火構造である建築物又は主要構造部が不燃材料で造られている建築物で地下2階以下の階の床面積の合計が100㎡以下である場合を除く。）に通ずる直通階段は次条の規定による避難階段又は特別避難階段とし、建築物の15階以上の階又は地下3階以下の階に通ずる直通階段は同条第3項の規定による特別避難階段としなければならない。ただし、特定主要構造部が耐火構造である建築物（階段室の部分、昇降機の昇降路の部分（当該昇降機の乗降のための乗降ロビーの部分を含む。）及び廊下その他の避難の用に供する部分で耐火構造の床若しくは壁又は特定防火設備で区画されたものを除く。）で床面積の合計100㎡（共同住宅の住戸にあつては、200㎡）以内ごとに耐火構造の床若しくは壁又は特定防火設備（直接外気に開放されている階段室に面する換気のための窓で開口面積が0.2㎡以下のものに設けられる法第2条第九号の二ロに規定する防火設備を含む。）で区画されている場合においては、この限りでない。

2　3階以上の階を物品販売業を営む店舗の用途に供する建築物にあつては、各階の売場及び屋上広場に通ずる2以上の直通階段を設け、これを次条の規定による避難階段又は特別避難階段としなければならない。

3　前項の直通階段で、5階以上の売場に通ずるものはその一以上を、15階以上の売場に通ずるものはその全てを次条第3項の規定による特別避難階段としなければならない。

［現行］　第123条　（避難階段及び特別避難階段の構造）

制定：昭和25年政令第338号　　　施行：昭和25年11月23日
第123条　（避難階段及び特別避難階段の構造）

1　屋内に設ける避難階段は、下の各号に定める構造としなければならない。但し、最上部にあつては、第一号、第三号又は第四号の規定によらないことができる。
　一　階段室は、直接外気に接する部分又は第三号の窓若しくは第四号の出入口の部分を除き、耐火構造の壁で囲むこと。
　二　階段室には、窓その他の採光上有効な開口部又は予備電源を有する照明設備を設けること。
　三　階段室の屋内に面する壁に窓を設ける場合においては、その面積は、各1㎡以内とし、且つ、鉄製網入ガラス入りのはめごろし戸を設けること。
　四　屋内から階段に通ずる出入口には、随時開けることができる自動閉鎖の甲種防火戸又は鉄製網入ガラス入りの戸を設けること。
　五　前号の戸又はこれに設けるくぐり戸は、避難の方向に開くようにすること。
　六　階段は、耐火構造とし、避難階まで直通すること。

2　屋外に設ける避難階段は、下の各号に定める構造としなければならない。但し、最上部にあつては、第一号又は第二号の規定によらないことができる。
　一　階段は、その階段に通ずる出入口以外の開口部（開口面積が各1㎡以内で、鉄製網入ガラス入りのはめごろし戸のあるものを除く。）から2m以上の距離に設けること。
　二　屋内から階段に通ずる出入口には、随時開けることができる自動閉鎖の甲種防火戸又は鉄製網入ガラス

入りの戸を設けること。
　三　前号の戸又はこれに設けるくぐり戸は、避難の方向に開くようにすること。
　四　階段は、耐火構造とし、地上まで直通すること。
3　特別避難階段は、下の各号に定める構造としなければならない。但し、最上部にあつては、第一号、第二号、第四号又は第五号の規定によらないことができる。
　一　屋内と階段室とは、露台又は外気に向つて開けることができる窓を有する附室を通じて連絡すること。
　二　階段室及び附室は、直接外気に接する部分、第五号の窓の部分又は第七号若しくは第八号の出入口の部分を除き、耐火構造の壁で囲むこと。
　三　階段室には、附室に面する窓その他の採光上有効な開口部又は予備電源を有する照明設備を設けること。
　四　階段室には、露台及び附室に面する部分以外に屋内に面して開口部を設けないこと。
　五　階段室の露台又は附室に面する部分に窓を設ける場合においては、はめごろし戸を設けること。
　六　露台及び附室には、階段室以外の屋内に面する壁に出入口以外の開口部を設けないこと。
　七　屋内から露台又は附室に通ずる出入口には、随時開けることができる自動閉鎖の甲種防火戸を設けること。
　八　露台又は附室から階段室に通ずる出入口には、随時開けることができる自動閉鎖の戸を設けること。
　九　前2号の戸又はこれに設けるくぐり戸は、避難の方向に開くようにすること。
　十　階段は、耐火構造とし、避難階まで直通すること。

改正：昭和34年政令第344号　　　施行：昭和34年12月23日
第123条　（避難階段及び特別避難階段の構造）

1　屋内に設ける避難階段は、<u>次の各号</u>に定める構造としなければならない。<u>ただし</u>、最上部にあつては、第一号、第三号又は第四号の規定によらないことができる。
　一・二　略
　三　階段室の屋内に面する壁に窓を設ける場合においては、その面積は、各1㎡以内とし、<u>かつ</u>、鉄製網入ガラス入りのはめごろし戸を設けること。
　四〜六　略
2　屋外に設ける避難階段は、<u>次の各号</u>に定める構造としなければならない。<u>ただし</u>、最上部にあつては、第一号又は第二号の規定によらないことができる。
　一〜四　略
3　特別避難階段は、<u>次の各号</u>に定める構造としなければならない。<u>ただし</u>、最上部にあつては、第一号、第二号、第四号又は第五号の規定によらないことができる。
　一　屋内と階段室とは、<u>バルコニー</u>又は外気に向つて開けることができる窓を有する附室を通じて連絡すること。
　二・三　略
　四　階段室には、<u>バルコニー</u>及び附室に面する部分以外に屋内に面して開口部を設けないこと。
　五　階段室の<u>バルコニー</u>又は附室に面する部分に窓を設ける場合においては、はめごろし戸を設けること。
　六　<u>バルコニー</u>及び附室には、階段室以外の屋内に面する壁に出入口以外の開口部を設けないこと。
　七　屋内から<u>バルコニー</u>又は附室に通ずる出入口には、随時開けることができる自動閉鎖の甲種防火戸を設けること。
　八　<u>バルコニー</u>又は附室から階段室に通ずる出入口には、随時開けることができる自動閉鎖の戸を設けること。
　九・十　略

改正：昭和39年政令第4号　　　施行：昭和39年1月15日
第123条　（避難階段及び特別避難階段の構造）

1　屋内に設ける避難階段は、次の各号に定める構造としなければならない。ただし、最上部にあつては、第一号、<u>第四号</u>又は<u>第五号</u>の規定によらないことができる。
　一　階段室は、直接外気に接する部分又は<u>第四号</u>の窓若しくは<u>第五号</u>の出入口の部分を除き、耐火構造の壁で囲むこと。
　二　<u>階段室の天井及び壁の室内に面する部分は、仕上げを不燃材料でし、かつ、その下地を不燃材料で造ること</u>。

令123条　改正：昭和39年政令第4号

　三　階段室には、窓その他の採光上有効な開口部又は予備電源を有する照明設備を設けること。
　四　階段室の屋内に面する壁に窓を設ける場合においては、その面積は、各1㎡以内とし、かつ、鉄製網入ガラス入りのはめごろし戸を設けること。
　五　屋内から階段に通ずる出入口には、随時開けることができる自動閉鎖の甲種防火戸又は鉄製網入ガラス入りの戸を設けること。
　六　前号の戸又はこれに設けるくぐり戸は、避難の方向に開くようにすること。
　七　階段は、耐火構造とし、避難階まで直通すること。
2　略
3　特別避難階段は、次の各号に定める構造としなければならない。ただし、最上部にあつては、第一号、第二号、第五号又は第六号の規定によらないことができる。
　一　屋内と階段室とは、バルコニー又は外気に向つて開けることができる窓若しくは適当な排煙のための設備を有する附室を通じて連絡すること。
　二　階段室及び附室は、直接外気に接する部分、第六号の窓の部分又は第八号若しくは第九号の出入口の部分を除き、耐火構造の壁で囲むこと。
　三　階段室及び附室の天井及び壁の室内に面する部分は、仕上げを不燃材料でし、かつ、その下地を不燃材料で造ること。
　四　階段室には、附室に面する窓その他の採光上有効な開口部又は予備電源を有する照明設備を設けること。
　五　階段室には、バルコニー及び附室に面する部分以外に屋内に面して開口部を設けないこと。
　六　階段室のバルコニー又は附室に面する部分に窓を設ける場合においては、はめごろし戸を設けること。
　七　バルコニー及び附室には、階段室以外の屋内に面する壁に出入口以外の開口部を設けないこと。
　八　屋内からバルコニー又は附室に通ずる出入口には、随時開けることができる自動閉鎖の甲種防火戸を設けること。
　九　バルコニー又は附室から階段室に通ずる出入口には、随時開けることができる自動閉鎖の戸を設けること。
　十　前2号の戸又はこれに設けるくぐり戸は、避難の方向に開くようにすること。
　十一　階段は、耐火構造とし、避難階まで直通すること。
　十二　建築物の15階以上の階に通ずる特別避難階段の15階以上の各階における階段室及びこれと屋内とを連絡するバルコニー又は附室の床面積（バルコニーで床面積がないものにあつては、床部分の面積）の合計は、当該階に設ける各居室の床面積に、法別表第1（い）欄（1）項又は（4）項に掲げる用途に供する居室にあつては100分の8、その他の居室にあつては100分の3を乗じたものの合計以上とすること。

改正：昭和44年政令第8号　　　施行：昭和44年5月1日
第123条　（避難階段及び特別避難階段の構造）

1　屋内に設ける避難階段は、次の各号に定める構造としなければならない。
　一　階段室は、第四号の開口部、第五号の窓又は第六号の出入口の部分を除き、耐火構造の壁で囲むこと。
　二　階段室の天井（天井のない場合にあつては、屋根。第3項第三号において同じ。）及び壁の室内に面する部分は、仕上げを不燃材料でし、かつ、その下地を不燃材料で造ること。
　三　略
　四　階段室の屋外に面する壁に設ける開口部（開口面積が各1㎡以内で、鉄製網入ガラス入りのはめごろし戸のあるものを除く。）は、階段室以外の当該建築物の部分に設けた開口部並びに階段室以外の当該建築物の壁及び屋根（耐火構造の壁及び屋根を除く。）から90cm以上の距離に設けること。ただし、第112条第9項ただし書に規定する場合は、この限りでない。
　五　階段室の屋内に面する壁に窓を設ける場合においては、その面積は、各1㎡以内とし、かつ、鉄製網入ガラス入りのはめごろし戸を設けること。
　六　階段に通ずる出入口には、次の各号に定める構造の甲種防火戸又は鉄製網入ガラス入りの乙種防火戸を設けること。
　　イ　随時閉鎖することができ、かつ、火災により温度が急激に上昇した場合に自動的に閉鎖すること。
　　ロ　直接手で避難の方向に開くことができ、かつ、自動的に閉鎖する部分を有し、その部分の幅、高さ及び下端の床面からの高さが、それぞれ、75cm以上、1.8m以上及び15cm以下であること。
　七　略

2　屋外に設ける避難階段は、次の各号に定める構造としなければならない。
　一　略
　二　屋内から階段に通ずる出入口には、前項第六号の戸を設けること。
　三　階段は、耐火構造とし、地上まで直通すること。
3　特別避難階段は、次の各号に定める構造としなければならない。
　一　屋内と階段室とは、バルコニー又は外気に向つて開けることができる窓若しくは排煙設備であつて建設大臣の定める基準に適合するものを有する附室を通じて連絡すること。
　二　階段室、バルコニー及び附室は、第五号の開口部、第七号の窓又は第九号の出入口の部分を除き、耐火構造の壁で囲むこと。
　三・四　略
　五　階段室、バルコニー又は附室の屋外に面する壁に設ける開口部（開口面積が各1㎡以内で、鉄製網入ガラス入りのはめごろし戸のあるものを除く。）は、階段室、バルコニー又は附室以外の当該建築物の部分に設けた開口部並びに階段室、バルコニー又は附室以外の当該建築物の部分の壁及び屋根（耐火構造の壁及び屋根を除く。）から90cm以上の距離にある部分で、延焼のおそれのある部分以外の部分に設けること。ただし、第112条第9項ただし書に規定する場合は、この限りでない。
　六　階段室には、バルコニー及び附室に面する部分以外に屋内に面して開口部を設けないこと。
　七　階段室のバルコニー又は附室に面する部分に窓を設ける場合においては、はめごろし戸を設けること。
　八　バルコニー及び附室には、階段室以外の屋内に面する壁に出入口以外の開口部を設けないこと。
　九　屋内からバルコニー又は附室に通ずる出入口には第1項第六号の甲種防火戸を、バルコニー又は附室から階段室に通ずる出入口には同号イ及びロに定める甲種防火戸又は乙種防火戸を設けること。
　十　階段は、耐火構造とし、避難階まで直通すること。
　十一　建築物の15階以上の階又は地下3階以下の階に通ずる特別避難階段の15階以上の各階又は地下3階以下の各階における階段室及びこれと屋内とを連絡するバルコニー又は附室の床面積（バルコニーで床面積がないものにあつては、床部分の面積）の合計は、当該階に設ける各居室の床面積に、法別表第1（い）欄（1）項又は（4）項に掲げる用途に供する居室にあつては100分の8、その他の居室にあつては100分の3を乗じたものの合計以上とすること。

改正：昭和45年政令第333号　　　施行：昭和46年1月1日
第123条　（避難階段及び特別避難階段の構造）

1　屋内に設ける避難階段は、次の各号に定める構造としなければならない。
　一～三　略
　四　階段室の屋外に面する壁に設ける開口部（開口面積がおのおの1㎡以内で、鉄製網入ガラス入りのはめごろし戸のあるものを除く。）は、階段室以外の当該建築物の部分に設けた開口部並びに階段室以外の当該建築物の壁及び屋根（耐火構造の壁及び屋根を除く。）から90cm以上の距離に設けること。ただし、第112条第10項ただし書に規定する場合は、この限りでない。
　五　階段室の屋内に面する壁に窓を設ける場合においては、その面積は、おのおの1㎡以内とし、かつ、鉄製網入ガラス入りのはめごろし戸を設けること。
　六　階段に通ずる出入口には、次のイ及びロに定める構造の甲種防火戸又は鉄製網入ガラス入りの乙種防火戸を設けること。
　　　イ・ロ　略
　七　略
2　屋外に設ける避難階段は、次の各号に定める構造としなければならない。
　一　階段は、その階段に通ずる出入口以外の開口部（開口面積がおのおの1㎡以内で、鉄製網入ガラス入りのはめごろし戸のあるものを除く。）から2m以上の距離に設けること。
　二・三　略
3　特別避難階段は、次の各号に定める構造としなければならない。
　一　屋内と階段室とは、バルコニー又は外気に向かつて開くことができる窓若しくは排煙設備であつて建設大臣の定める基準に適合するものを有する附室を通じて連絡すること。
　二　階段室、バルコニー及び附室は、第五号の開口部、第七号の窓又は第九号の出入口の部分（第129条の

令123条 改正：昭和45年政令第333号

13の３第３項に規定する非常用エレベーターの乗降ロビーの用に供するバルコニー又は附室にあつては、当該エレベーターの昇降路の出入口の部分を含む。）を除き、耐火構造の壁で囲むこと。
三・四 略
五 階段室、バルコニー又は附室の屋外に面する壁に設ける開口部（開口面積が<u>おのおの１㎡以内</u>で、鉄製網入ガラス入りのはめごろし戸のあるものを除く。）は、階段室、バルコニー又は附室以外の当該建築物の部分に設けた開口部並びに階段室、バルコニー又は附室以外の当該建築物の部分の壁及び屋根（耐火構造の壁及び屋根を除く。）から90cm以上の距離にある部分で、延焼のおそれのある部分以外の部分に設けること。ただし、第112条<u>第10項</u>ただし書に規定する場合は、この限りでない。
六〜十一 略

改正：昭和48年政令第242号　　施行：昭和49年１月１日
第123条　（避難階段及び特別避難階段の構造）

１　屋内に設ける避難階段は、次の各号に定める構造としなければならない。
一〜五 略
<u>六　階段に通ずる出入口には、常時閉鎖式防火戸である甲種防火戸若しくは乙種防火戸又はその他の甲種防火戸若しくは乙種防火戸で第112条第14項第一号、第二号及び第四号に定める構造のものを設けること。この場合において、直接手で開くことができ、かつ、自動的に閉鎖する戸又は戸の部分は、避難の方向に開くことができるものとすること。</u>
七 略
２ 略
３　特別避難階段は、次の各号に定める構造としなければならない。
一〜八 略
九　屋内からバルコニー又は附室に通ずる出入口には第１項第六号の甲種防火戸を、バルコニー又は附室から階段室に通ずる出入口には<u>同号の戸</u>を設けること。
十・十一 略

改正：平成12年政令第211号　　施行：平成12年６月１日
第123条　（避難階段及び特別避難階段の構造）

１　屋内に設ける避難階段は、<u>次に</u>定める構造としなければならない。
一〜五 略
四　階段室の屋外に面する壁に設ける開口部（開口面積が<u>各々１㎡以内</u>で、<u>法第２条第九号の二ロに規定する防火設備ではめごろし戸であるものが設けられたものを除く。</u>）は、階段室以外の当該建築物の部分に設けた開口部並びに階段室以外の当該建築物の壁及び屋根（耐火構造の壁及び屋根を除く。）から90cm以上の距離に設けること。ただし、第112条第10項ただし書に規定する場合は、この限りでない。
五　階段室の屋内に面する壁に窓を設ける場合においては、その面積は、<u>各々１㎡以内</u>とし、かつ、<u>法第２条第九号の二ロに規定する防火設備ではめごろしであるもの</u>を設けること。
六　階段に通ずる出入口には、<u>法第２条第九号の二ロに規定する防火設備で第112条第14項第二号に規定する構造であるもの</u>を設けること。この場合において、直接手で開くことができ、かつ、自動的に閉鎖する戸又は戸の部分は、避難の方向に開くことができるものとすること。
七 略
２　屋外に設ける避難階段は、<u>次に</u>定める構造としなければならない。
一　階段は、その階段に通ずる出入口以外の開口部（開口面積が<u>各々１㎡以内</u>で、<u>法第２条第九号の二ロに規定する防火設備ではめごろし戸であるものが設けられたものを除く。</u>）から２m以上の距離に設けること。
二　屋内から階段に通ずる出入口には、前項第六号の<u>防火設備</u>を設けること。
三 略
３　特別避難階段は、<u>次に</u>定める構造としなければならない。
一　屋内と階段室とは、バルコニー又は外気に向かつて開くことができる窓若しくは排煙設備<u>（建設大臣が定めた構造方法を用いるものに限る。）</u>を有する<u>付室</u>を通じて連絡すること。

二　階段室、バルコニー及び付室は、第五号の開口部、第七号の窓又は第九号の出入口の部分（第129条の13の3第3項に規定する非常用エレベーターの乗降ロビーの用に供するバルコニー又は付室にあつては、当該エレベーターの昇降路の出入口の部分を含む。）を除き、耐火構造の壁で囲むこと。
三　階段室及び付室の天井及び壁の室内に面する部分は、仕上げを不燃材料でし、かつ、その下地を不燃材料で造ること。
四　階段室には、付室に面する窓その他の採光上有効な開口部又は予備電源を有する照明設備を設けること。
五　階段室、バルコニー又は付室の屋外に面する壁に設ける開口部（開口面積が各々1㎡以内で、法第2条第九号の二ロに規定する防火設備ではめごろし戸であるものが設けられたものを除く。）は、階段室、バルコニー又は付室以外の当該建築物の部分に設けた開口部並びに階段室、バルコニー又は付室以外の当該建築物の部分の壁及び屋根（耐火構造の壁及び屋根を除く。）から90cm以上の距離にある部分で、延焼のおそれのある部分以外の部分に設けること。ただし、第112条第10項ただし書に規定する場合は、この限りでない。
六　階段室には、バルコニー及び付室に面する部分以外に屋内に面して開口部を設けないこと。
七　階段室のバルコニー又は付室に面する部分に窓を設ける場合においては、はめごろし戸を設けること。
八　バルコニー及び付室には、階段室以外の屋内に面する壁に出入口以外の開口部を設けないこと。
九　屋内からバルコニー又は付室に通ずる出入口には第1項第六号の特定防火設備を、バルコニー又は付室から階段室に通ずる出入口には同号の防火設備を設けること。
十　略
十一　建築物の15階以上の階又は地下3階以下の階に通ずる特別避難階段の15階以上の各階又は地下3階以下の各階における階段室及びこれと屋内とを連絡するバルコニー又は付室の床面積（バルコニーで床面積がないものにあつては、床部分の面積）の合計は、当該階に設ける各居室の床面積に、法別表第1（い）欄（1）項又は（4）項に掲げる用途に供する居室にあつては100分の8、その他の居室にあつては100分の3を乗じたものの合計以上とすること。

改正：平成12年政令第312号　　　施行：平成13年1月6日
第123条　（避難階段及び特別避難階段の構造）

1・2　略
3　特別避難階段は、次に定める構造としなければならない。
　一　屋内と階段室とは、バルコニー又は外気に向かつて開くことができる窓若しくは排煙設備（国土交通大臣が定めた構造方法を用いるものに限る。）を有する付室を通じて連絡すること。
　二～十一　略

改正：平成28年政令第6号　　　施行：平成28年6月1日
第123条　（避難階段及び特別避難階段の構造）

1　屋内に設ける避難階段は、次に定める構造としなければならない。
　一　略
　二　階段室の天井（天井のない場合にあつては、屋根。第3項第四号において同じ。）及び壁の室内に面する部分は、仕上げを不燃材料でし、かつ、その下地を不燃材料で造ること。
　三～七　略
2　略
3　特別避難階段は、次に定める構造としなければならない。
　一　屋内と階段室とは、バルコニー又は付室を通じて連絡すること。
　二　屋内と階段室とが付室を通じて連絡する場合においては、階段室又は付室の構造が、通常の火災時に生ずる煙が付室を通じて階段室に流入することを有効に防止できるものとして、国土交通大臣が定めた構造方法を用いるもの又は国土交通大臣の認定を受けたものであること。
　三　階段室、バルコニー及び付室は、第六号の開口部、第八号の窓又は第十号の出入口の部分（第129条の13の3第3項に規定する非常用エレベーターの乗降ロビーの用に供するバルコニー又は付室にあつては、当該エレベーターの昇降路の出入口の部分を含む。）を除き、耐火構造の壁で囲むこと。

令123条　改正：平成28年政令第6号

四　階段室及び付室の天井及び壁の室内に面する部分は、仕上げを不燃材料でし、かつ、その下地を不燃材料で造ること。

五　階段室には、付室に面する窓その他の採光上有効な開口部又は予備電源を有する照明設備を設けること。

六　階段室、バルコニー又は付室の屋外に面する壁に設ける開口部（開口面積が各々1㎡以内で、法第2条第九号の二ロに規定する防火設備ではめごろし戸であるものが設けられたものを除く。）は、階段室、バルコニー又は付室以外の当該建築物の部分に設けた開口部並びに階段室、バルコニー又は付室以外の当該建築物の部分の壁及び屋根（耐火構造の壁及び屋根を除く。）から90cm以上の距離にある部分で、延焼のおそれのある部分以外の部分に設けること。ただし、第112条第10項ただし書に規定する場合は、この限りでない。

七　階段室には、バルコニー及び付室に面する部分以外に屋内に面して開口部を設けないこと。

八　階段室のバルコニー又は付室に面する部分に窓を設ける場合においては、はめごろし戸を設けること。

九　バルコニー及び付室には、階段室以外の屋内に面する壁に出入口以外の開口部を設けないこと。

十　屋内からバルコニー又は付室に通ずる出入口には第1項第六号の特定防火設備を、バルコニー又は付室から階段室に通ずる出入口には同号の防火設備を設けること。

十一　階段は、耐火構造とし、避難階まで直通すること。

十二　建築物の15階以上の階又は地下3階以下の階に通ずる特別避難階段の15階以上の各階又は地下3階以下の各階における階段室及びこれと屋内とを連絡するバルコニー又は付室の床面積（バルコニーで床面積がないものにあつては、床部分の面積）の合計は、当該階に設ける各居室の床面積に、法別表第1（い）欄（1）項又は（4）項に掲げる用途に供する居室にあつては100分の8、その他の居室にあつては100分の3を乗じたものの合計以上とすること。

改正：平成30年政令第255号　　　施行：平成30年9月25日
第123条　（避難階段及び特別避難階段の構造）

1　屋内に設ける避難階段は、次に定める構造としなければならない。
　一～五　略
　六　階段に通ずる出入口には、法第2条第九号の二ロに規定する防火設備で第112条第13項第二号に規定する構造であるものを設けること。この場合において、直接手で開くことができ、かつ、自動的に閉鎖する戸又は戸の部分は、避難の方向に開くことができるものとすること。
　七　略
2・3　略

改正：令和元年政令第30号　　　施行：令和元年6月25日
第123条　（避難階段及び特別避難階段の構造）

1　屋内に設ける避難階段は、次に定める構造としなければならない。
　一～三　略
　四　階段室の屋外に面する壁に設ける開口部（開口面積が各々1㎡以内で、法第2条第九号の二ロに規定する防火設備ではめごろし戸であるものが設けられたものを除く。）は、階段室以外の当該建築物の部分に設けた開口部並びに階段室以外の当該建築物の壁及び屋根（耐火構造の壁及び屋根を除く。）から90cm以上の距離に設けること。ただし、第112条第15項ただし書に規定する場合は、この限りでない。
　五　略
　六　階段に通ずる出入口には、法第2条第九号の二ロに規定する防火設備で第112条第18項第二号に規定する構造であるものを設けること。この場合において、直接手で開くことができ、かつ、自動的に閉鎖する戸又は戸の部分は、避難の方向に開くことができるものとすること。
　七　略
2　略
3　特別避難階段は、次に定める構造としなければならない。
　一～五　略
　六　階段室、バルコニー又は付室の屋外に面する壁に設ける開口部（開口面積が各々1㎡以内で、法第2条

第九号のニロに規定する防火設備ではめごろし戸であるものが設けられたものを除く。）は、階段室、バルコニー又は付室以外の当該建築物の部分に設けた開口部並びに階段室、バルコニー又は付室以外の当該建築物の部分の壁及び屋根（耐火構造の壁及び屋根を除く。）から90cm以上の距離にある部分で、延焼のおそれのある部分以外の部分に設けること。ただし、<u>第112条第15項ただし書</u>に規定する場合は、この限りでない。
　七～十二　略

改正：令和元年政令第181号　　　施行：令和2年4月1日
第123条　（避難階段及び特別避難階段の構造）

1　屋内に設ける避難階段は、次に定める構造としなければならない。
　一　階段室は、第四号の開口部、第五号の窓又は第六号の出入口の部分を除き、耐火構造の壁で囲むこと。
　二　階段室の天井（天井のない場合にあつては、屋根。第3項第四号において同じ。）及び壁の室内に面する部分は、仕上げを不燃材料でし、かつ、その下地を不燃材料で造ること。
　三　階段室には、窓その他の採光上有効な開口部又は予備電源を有する照明設備を設けること。
　四　階段室の屋外に面する壁に設ける開口部（開口面積が各々1㎡以内で、法第2条第九号のニロに規定する防火設備ではめごろし戸であるものが設けられたものを除く。）は、階段室以外の当該建築物の部分に設けた開口部並びに階段室以外の当該建築物の壁及び屋根（耐火構造の壁及び屋根を除く。）から90cm以上の距離に設けること。ただし、<u>第112条第16項ただし書</u>に規定する場合は、この限りでない。
　五　階段室の屋内に面する壁に窓を設ける場合においては、その面積は、各々1㎡以内とし、かつ、法第2条第九号のニロに規定する防火設備ではめごろしであるものを設けること。
　六　階段に通ずる出入口には、法第2条第九号のニロに規定する防火設備で<u>第112条第19項第二号</u>に規定する構造であるものを設けること。この場合において、直接手で開くことができ、かつ、自動的に閉鎖する戸又は戸の部分は、避難の方向に開くことができるものとすること。
　七　階段は、耐火構造とし、避難階まで直通すること。
2　屋外に設ける避難階段は、次に定める構造としなければならない。
　一　階段は、その階段に通ずる出入口以外の開口部（開口面積が各々1㎡以内で、法第2条第九号のニロに規定する防火設備ではめごろし戸であるものが設けられたものを除く。）から2m以上の距離に設けること。
　二　屋内から階段に通ずる出入口には、前項第六号の防火設備を設けること。
　三　階段は、耐火構造とし、地上まで直通すること。
3　特別避難階段は、次に定める構造としなければならない。
　一　屋内と階段室とは、バルコニー又は付室を通じて連絡すること。
　二　屋内と階段室とが付室を通じて連絡する場合においては、階段室又は付室の構造が、通常の火災時に生ずる煙が付室を通じて階段室に流入することを有効に防止できるものとして、国土交通大臣が定めた構造方法を用いるもの又は国土交通大臣の認定を受けたものであること。
　三　階段室、バルコニー及び付室は、第六号の開口部、第八号の窓又は第十号の出入口の部分（第129条の13の3第3項に規定する非常用エレベーターの乗降ロビーの用に供するバルコニー又は付室にあつては、当該エレベーターの昇降路の出入口の部分を含む。）を除き、耐火構造の壁で囲むこと。
　四　階段室及び付室の天井及び壁の室内に面する部分は、仕上げを不燃材料でし、かつ、その下地を不燃材料で造ること。
　五　階段室には、付室に面する窓その他の採光上有効な開口部又は予備電源を有する照明設備を設けること。
　六　階段室、バルコニー又は付室の屋外に面する壁に設ける開口部（開口面積が各々1㎡以内で、法第2条第九号のニロに規定する防火設備ではめごろし戸であるものが設けられたものを除く。）は、階段室、バルコニー又は付室以外の当該建築物の部分に設けた開口部並びに階段室、バルコニー又は付室以外の当該建築物の部分の壁及び屋根（耐火構造の壁及び屋根を除く。）から90cm以上の距離にある部分で、延焼のおそれのある部分以外の部分に設けること。ただし、<u>第112条第16項ただし書</u>に規定する場合は、この限りでない。
　七　階段室には、バルコニー及び付室に面する部分以外に屋内に面して開口部を設けないこと。
　八　階段室のバルコニー又は付室に面する部分に窓を設ける場合においては、はめごろし戸を設けること。
　九　バルコニー及び付室には、階段室以外の屋内に面する壁に出入口以外の開口部を設けないこと。

令123条 改正：令和元年政令第181号

十 屋内からバルコニー又は付室に通ずる出入口には第1項第六号の特定防火設備を、バルコニー又は付室から階段室に通ずる出入口には同号の防火設備を設けること。

十一 階段は、耐火構造とし、避難階まで直通すること。

十二 建築物の15階以上の階又は地下3階以下の階に通ずる特別避難階段の15階以上の各階又は地下3階以下の各階における階段室及びこれと屋内とを連絡するバルコニー又は付室の床面積（バルコニーで床面積がないものにあつては、床部分の面積）の合計は、当該階に設ける各居室の床面積に、法別表第1（い）欄（1）項又は（4）項に掲げる用途に供する居室にあつては100分の8、その他の居室にあつては100分の3を乗じたものの合計以上とすること。

[現行] 第123条の2 （共同住宅の住戸の床面積の算定等）

制定：昭和44年政令第8号　　　施行：昭和44年5月1日

第123条の2 （共同住宅の住戸の床面積の算定等）

1 主要構造部を耐火構造とした共同住宅の住戸でその階数が2又は3であり、かつ、出入口が一の階のみにあるものの当該出入口のある階以外の階は、その居室の各部分から避難階又は地上に通ずる直通階段の一に至る歩行距離が40m以下である場合においては、第119条、第121条第1項第三号（同条第2項の規定により読み替える場合を含む。）、第122条第1項及び前条第3項第十一号の規定の適用については、当該出入口のある階にあるものとみなす。

改正：昭和48年政令第242号　　　施行：昭和49年1月1日

第123条の2 （共同住宅の住戸の床面積の算定等）

1 主要構造部を耐火構造とした共同住宅の住戸でその階数が2又は3であり、かつ、出入口が一の階のみにあるものの当該出入口のある階以外の階は、その居室の各部分から避難階又は地上に通ずる直通階段の一に至る歩行距離が40m以下である場合においては、第119条、第121条第1項<u>第四号</u>（同条第2項の規定により読み替える場合を含む。）、第122条第1項及び前条第3項第十一号の規定の適用については、当該出入口のある階にあるものとみなす。

改正：平成5年政令第170号　　　施行：平成5年6月25日

第123条の2 （共同住宅の住戸の床面積の算定等）

1 主要構造部を<u>耐火構造又は準耐火構造</u>とした共同住宅の住戸でその階数が2又は3であり、かつ、出入口が一の階のみにあるものの当該出入口のある階以外の階は、その居室の各部分から避難階又は地上に通ずる直通階段の一に至る歩行距離が40m以下である場合においては、第119条、第121条第1項第四号（同条第2項の規定により読み替える場合を含む。）、第122条第1項及び前条第3項第十一号の規定の適用については、当該出入口のある階にあるもとみなす。

改正：平成12年政令第211号　　　施行：平成12年6月1日

第123条の2 （共同住宅の住戸の床面積の算定等）

1 主要構造部を<u>準耐火構造</u>とした共同住宅の住戸でその階数が2又は3であり、かつ、出入口が一の階のみにあるものの当該出入口のある階以外の階は、その居室の各部分から避難階又は地上に通ずる直通階段の一に至る歩行距離が40m以下である場合においては、第119条、第121条第1項第四号（同条第2項の規定により読み替える場合を含む。）、第122条第1項及び前条第3項第十一号の規定の適用については、当該出入口のある階にあるものとみなす。

改正：平成16年政令第210号　　　施行：平成16年7月1日

第123条の2 （共同住宅の住戸の床面積の算定等）

1 主要構造部を準耐火構造とした共同住宅の住戸でその階数が2又は3であり、かつ、出入口が一の階のみ

にあるものの当該出入口のある階以外の階は、その居室の各部分から避難階又は地上に通ずる直通階段の一に至る歩行距離が40m以下である場合においては、第119条、<u>第121条第1項第五号</u>（同条第2項の規定により読み替える場合を含む。）、第122条第1項及び前条第3項第十一号の規定の適用については、当該出入口のある階にあるものとみなす。

改正：平成28年政令第6号　　　　施行：平成28年6月1日
第123条の2　（共同住宅の住戸の床面積の算定等）

1　主要構造部を準耐火構造とした共同住宅の住戸でその階数が2又は3であり、かつ、出入口が一の階のみにあるものの当該出入口のある階以外の階は、その居室の各部分から避難階又は地上に通ずる直通階段の一に至る歩行距離が40m以下である場合においては、第119条、第121条第1項第五号（同条第2項の規定により読み替える場合を含む。）、第122条第1項及び<u>前条第3項第十二号</u>の規定の適用については、当該出入口のある階にあるものとみなす。

改正：令和元年政令第181号　　　　施行：令和2年4月1日
第123条の2　（共同住宅の住戸の床面積の算定等）

1　主要構造部を準耐火構造とした共同住宅の住戸でその階数が2又は3であり、かつ、出入口が一の階のみにあるものの当該出入口のある階以外の階は、その居室の各部分から避難階又は地上に通ずる直通階段の一に至る歩行距離が40m以下である場合においては、第119条、第121条第1項第五号<u>及び第六号イ（これらの規定を同条第2項の規定により読み替える場合を含む。</u>）、第122条第1項<u>並びに</u>前条第3項第十二号の規定の適用については、当該出入口のある階にあるものとみなす。

[現行]　第124条　（物品販売業を営む店舗における避難階段等の幅）

制定：昭和25年政令第338号　　　　施行：昭和25年11月23日
第124条　（百貨店における避難階段等の幅）

1　百貨店の用途に供する建築物における避難階段、特別避難階段及びこれらに通ずる出入口の幅は、下の各号に定めるところによらなければならない。
　一　各階における避難階段及び特別避難階段の幅の合計は、地上階にあつては、その避難階段及び特別避難階段を使用して避難すべきその直上階以上の各階の床面積（百貨店の用途に供する部分の床面積の合計とする。以下この条及び第125条において同様とする。）の合計100㎡につき6cm、且つ、その直上階の床面積100㎡につき30cm、地階にあつては、その階の床面積100㎡につき40cmの割合で計算した数値以上とすること。
　二　各階における避難階段及び特別避難階段に通ずる出入口の幅の合計は、各階ごとにその階の床面積100㎡につき、地上階にあつては27cm、地階にあつては36cmの割合で計算した数値以上とすること。
2　前項に規定する所要幅の計算に関しては、もつぱら1又は2の地上階から避難階に通ずる避難階段及び特別避難階段又はこれらに通ずる出入口については、その幅が1.5倍あるものとみなすことができる。
3　前2項の規定の適用に関しては、屋上広場は、階とみなす。

改正：昭和34年政令第344号　　　　施行：昭和34年12月23日
第124条　（百貨店における避難階段等の幅）

1　百貨店の用途に供する建築物における避難階段、特別避難階段及びこれらに通ずる出入口の幅は、<u>次の各</u>号に定めるところによらなければならない。
　一　各階における避難階段及び特別避難階段の幅の合計は、地上階にあつては、その避難階段及び特別避難階段を使用して避難すべきその直上階以上の各階の床面積（百貨店の用途に供する部分の床面積の合計とする。以下この条及び第125条において同様とする。）の合計100㎡につき6cm、<u>かつ</u>、その直上階の床面積100㎡につき30cm、地階にあつては、その階の床面積100㎡につき40cmの割合で計算した数値以上とす

令124条 改正：昭和34年政令第344号

ること。
二　略
2　前項に規定する所要幅の計算に関しては、もつぱら1若しくは2の地上階から避難階若しくは地上に通ずる避難階段及び特別避難階段又はこれらに通ずる出入口については、その幅が1.5倍あるものとみなすことができる。
3　略

改正：昭和45年政令第333号　　施行：昭和46年1月1日
第124条　（物品販売業を営む店舗における避難階段等の幅）

1　物品販売業を営む店舗の用途に供する建築物における避難階段、特別避難階段及びこれらに通ずる出入口の幅は、次の各号に定めるところによらなければならない。
　一　各階における避難階段及び特別避難階段の幅の合計は、その直上階以上の階のうち床面積が最大の階における床面積100㎡につき60cmの割合で計算した数値以上とすること。
　二　略
2・3　略

改正：昭和55年政令第196号　　施行：昭和56年6月1日
第124条　（物品販売業を営む店舗における避難階段等の幅）

1　物品販売業を営む店舗の用途に供する建築物における避難階段、特別避難階段及びこれらに通ずる出入口の幅は、次の各号に定めるところによらなければならない。
　一　各階における避難階段及び特別避難階段の幅の合計は、その直上階以上の階（地階にあつては、当該階以下の階）のうち床面積が最大の階における床面積100㎡につき60cmの割合で計算した数値以上とすること。
　二　各階における避難階段及び特別避難階段に通ずる出入口の幅の合計は、各階ごとにその階の床面積100㎡につき、地上階にあつては27cm、地階にあつては36cmの割合で計算した数値以上とすること。
2　前項に規定する所要幅の計算に関しては、もつぱら1若しくは2の地上階から避難階若しくは地上に通ずる避難階段及び特別避難階段又はこれらに通ずる出入口については、その幅が1.5倍あるものとみなすことができる。
3　前2項の規定の適用に関しては、屋上広場は、階とみなす。

[現行]　第125条　（屋外への出口）

制定：昭和25年政令第338号　　施行：昭和25年11月23日
第125条　（屋外への出口）

1　避難階においては、階段から屋外への出口の一に至る歩行距離は、第120条に規定する数値以下としなければならない。
2　劇場、映画館、演芸場、観覧場若しくは公会堂又は集会場の客用に供する屋外への出口の戸は、内開きとしてはならない。
3　百貨店の避難階に設ける屋外への出口の幅の合計は、各階の床面積の合計100㎡につき6cm、且つ、床面積が最大の階における床面積100㎡につき40cmの割合で計算した数値以上としなければならない。
4　前条第3項の規定は、前項の場合に準用する。

改正：昭和34年政令第344号　　施行：昭和34年12月23日
第125条　（屋外への出口）

1　略
2　劇場、映画館、演芸場、観覧場、公会堂又は集会場の客用に供する屋外への出口の戸は、内開きとしては

改正：平成12年政令第312号 **令125条の2**

　3　百貨店の避難階に設ける屋外への出口の幅の合計は、各階の床面積の合計100㎡につき6cm、<u>かつ、床面積が最大の階における床面積100㎡につき40cmの割合</u>で計算した数値以上としなければならない。
　4　略

改正：昭和44年政令第8号　　　施行：昭和44年5月1日
第125条　（屋外への出口）
　1　避難階においては、階段から屋外への出口の一に至る<u>歩行距離は第120条に規定する数値以下と、居室（避難上有効な開口部を有するものを除く。）の各部分から屋外への出口の一に至る歩行距離は同条に規定する数値の2倍以下</u>としなければならない。
　2～4　略

改正：昭和45年政令第333号　　　施行：昭和46年1月1日
第125条　（屋外への出口）
　1　避難階においては、階段から屋外への出口の一に至る歩行距離は第120条に規定する数値以下と、居室（避難上有効な開口部を有するものを除く。）の各部分から屋外への出口の一に至る歩行距離は同条に規定する数値の2倍以下としなければならない。
　2　劇場、映画館、演芸場、観覧場、公会堂又は集会場の客用に供する屋外への出口の戸は、内開きとしてはならない。
　3　<u>物品販売業を営む店舗</u>の避難階に設ける屋外への出口の幅の<u>合計は、床面積が最大の階における床面積100㎡につき<u>60cm</u>の割合で計算した数値以上としなければならない。
　4　前条第3項の規定は、前項の場合に準用する。

[現行]　**第125条の2　（屋外への出口等の施錠装置の構造等）**

制定：昭和45年政令第333号　　　施行：昭和46年1月1日
第125条の2　（屋外への出口等の施錠装置の構造等）
　1　次の各号に掲げる出口に設ける戸の施錠装置は、当該建築物が法令の規定により人を拘禁する目的に供せられるものである場合を除き、屋内からかぎを用いることなく解錠できるものとし、かつ、当該戸の近くの見やすい場所にその解錠方法を表示しなければならない。
　一　屋外に設ける避難階段に屋内から通ずる出口
　二　避難階段から屋外に通ずる出口
　三　前2号に掲げる出口以外の出口のうち、維持管理上常時鎖錠状態にある出口で、火災その他の非常の場合に避難の用に供すべきもの
　2　前項に規定するもののほか、同項の施錠装置の構造及び解錠方法の表示の基準は、建設大臣が定める。

改正：平成12年政令第312号　　　施行：平成13年1月6日
第125条の2　（屋外への出口等の施錠装置の構造等）
　1　次の各号に掲げる出口に設ける戸の施錠装置は、当該建築物が法令の規定により人を拘禁する目的に供せられるものである場合を除き、屋内からかぎを用いることなく解錠できるものとし、かつ、当該戸の近くの見やすい場所にその解錠方法を表示しなければならない。
　一　屋外に設ける避難階段に屋内から通ずる出口
　二　避難階段から屋外に通ずる出口
　三　前2号に掲げる出口以外の出口のうち、維持管理上常時鎖錠状態にある出口で、火災その他の非常の場合に避難の用に供すべきもの
　2　前項に規定するもののほか、同項の施錠装置の構造及び解錠方法の表示の基準は、<u>国土交通大臣</u>が定める。

令126条　制定：昭和25年政令第338号

［現行］　第126条　（屋上広場等）

制定：昭和25年政令第338号　　　施行：昭和25年11月23日
第126条　（屋上広場）
1　屋上広場の周囲には、安全上必要な高さが1.1m以上の手すり壁又は金網を設けなければならない。
2　建築物の5階以上の階を百貨店の売場の用途に供する場合においては、避難の用に供することができる屋上広場を設けなければならない。

改正：昭和34年政令第344号　　　施行：昭和34年12月23日
第126条　（屋上広場等）
1　屋上広場又は2階以上の階にあるバルコニーその他これに類するものの周囲には、安全上必要な高さが1.1m以上の手すり壁、さく又は金網を設けなければならない。
2　建築物の5階以上の階を百貨店の売場の用途に供する場合においては、避難の用に供することができる屋上広場を設けなければならない。

［現行］　第3節　排煙設備
（制定：昭和45年政令第333号）　第3節　排煙設備

［現行］　第126条の2　（設置）

制定：昭和45年政令第333号　　　施行：昭和46年1月1日
第126条の2　（設置）
1　法別表第1（い）欄（1）項から（4）項までに掲げる用途に供する特殊建築物で延べ面積が500㎡をこえるもの、階数が3以上で延べ面積が500㎡をこえる建築物（建築物の高さ31m以下の部分にある居室で、床面積100㎡以内ごとに、間仕切壁、天井面から50cm以上下方に突出した垂（た）れ壁その他これらと同等以上に煙の流動を妨げる効力のあるもので不燃材料で造り、又はおおわれたもの（以下「防煙壁」という。）によつて区画されたものを除く。）、第116条の2第1項第二号に該当する窓その他の開口部を有しない居室又は延べ面積が1,000㎡をこえる建築物の居室で、その床面積が200㎡をこえるもの（建築物の高さ31m以下の部分にある居室で、床面積100㎡以内ごとに防煙壁で区画されたものを除く。）には、排煙設備を設けなければならない。ただし、次の各号の一に該当する建築物又は建築物の部分については、この限りでない。
一　法別表第1（い）欄（2）項に掲げる用途に供する特殊建築物のうち、耐火構造の床若しくは壁又は甲種防火戸若しくは乙種防火戸で区画された部分で、その床面積が100㎡以内のもの
二　学校又は体育館
三　階段の部分、昇降機の昇降路の部分（当該昇降機の乗降のための乗降ロビーの部分を含む。）その他これらに類する建築物の部分
四　機械製作工場、不燃性の物品を保管する倉庫その他これらに類する用途に供する建築物で主要構造部が不燃材料で造られたものその他これらと同等以上に火災の発生のおそれの少ない構造のもの
2　建築物が開口部のない耐火構造の床若しくは壁又は煙感知器と連動して自動的に閉鎖する構造の甲種防火戸若しくは乙種防火戸で区画されている場合においては、その区画された部分は、この節の規定の適用については、それぞれ別の建築物とみなす。

改正：昭和48年政令第242号　　　施行：昭和49年1月1日
第126条の2　（設置）
1　略
2　建築物が開口部のない耐火構造の床若しくは壁又は常時閉鎖式防火戸である甲種防火戸若しくは乙種防火戸若しくはその他の甲種防火戸若しくは乙種防火戸で第112条第14項第一号及び第四号に定める構造のもので区画されている場合においては、その区画された部分は、この節の規定の適用については、それぞれ別の

建築物とみなす。

改正：昭和62年政令第348号　　　施行：昭和62年11月16日
第126条の2　（設置）

1　法別表第1（い）欄（1）項から（4）項までに掲げる用途に供する特殊建築物で延べ面積が500㎡を<u>超えるもの</u>、階数が3以上で延べ面積が500㎡を<u>超える</u>建築物（建築物の<u>高さが</u>31m以下の部分にある居室で、床面積100㎡以内ごとに、間仕切壁、天井面から50cm以上下方に突出した<u>垂れ壁</u>その他これらと同等以上に煙の流動を妨げる効力のあるもので不燃材料で造り、又は<u>覆われたもの</u>（以下「防煙壁」という。）によつて区画されたものを除く。）、第116条の2第1項第二号に該当する窓その他の開口部を有しない居室又は延べ面積が1,000㎡を<u>超える</u>建築物の居室で、その床面積が200㎡を<u>超える</u>もの（建築物の<u>高さが</u>31m以下の部分にある居室で、床面積100㎡以内ごとに防煙壁で区画されたものを除く。）には、排煙設備を設けなければならない。ただし、次の各号の一に該当する建築物又は建築物の部分については、この限りでない。
　一　法別表第1（い）欄（2）項に掲げる用途に供する特殊建築物のうち、耐火構造の床若しくは壁又は甲種防火戸若しくは乙種防火戸で区画された部分で、その床面積が100㎡<u>（高さが31m以下の部分にある共同住宅の住戸にあつては、200㎡）</u>以内のもの
　二　学校、<u>体育館、ボーリング場、スキー場、スケート場、水泳場又はスポーツの練習場（以下「学校等」という。）</u>
　三・四　略
2　略

改正：平成5年政令第170号　　　施行：平成5年6月25日
第126条の2　（設置）

1　法別表第1（い）欄（1）項から（4）項までに掲げる用途に供する特殊建築物で延べ面積が500㎡を超えるもの、階数が3以上で延べ面積が500㎡を超える建築物（建築物の高さが31m以下の部分にある居室で、床面積100㎡以内ごとに、間仕切壁、天井面から50cm以上下方に突出した垂れ壁その他これらと同等以上に煙の流動を妨げる効力のあるもので不燃材料で造り、又は覆われたもの（以下「防煙壁」という。）によつて区画されたものを除く。）、第116条の2第1項第二号に該当する窓その他の開口部を有しない居室又は延べ面積が1,000㎡を超える建築物の居室で、その床面積が200㎡を超えるもの（建築物の高さが31m以下の部分にある居室で、床面積100㎡以内ごとに防煙壁で区画されたものを除く。）には、排煙設備を設けなければならない。ただし、次の各号の一に該当する建築物又は建築物の部分については、この限りでない。
　一　法別表第1（い）欄（2）項に掲げる用途に供する特殊建築物のうち、<u>耐火構造若しくは準耐火構造</u>の床若しくは壁又は甲種防火戸若しくは乙種防火戸で区画された部分で、その床面積が100㎡（高さが31m以下の部分にある共同住宅の住戸にあつては、200㎡）以内のもの
　二～四　略
2　建築物が開口部のない<u>耐火構造若しくは準耐火構造</u>の床若しくは壁又は常時閉鎖式防火戸である甲種防火戸若しくは乙種防火戸若しくはその他の甲種防火戸若しくは乙種防火戸で第112条第14項第一号及び第四号に定める構造のもので<u>区画</u>されている場合においては、その区画された部分は、この節の規定の適用については、それぞれ別の建築物とみなす。

改正：平成12年政令第211号　　　施行：平成12年6月1日
第126条の2　（設置）

1　法別表第1（い）欄（1）項から（4）項までに掲げる用途に供する特殊建築物で延べ面積が500㎡を超えるもの、階数が3以上で延べ面積が500㎡を超える建築物（建築物の高さが31m以下の部分にある居室で、床面積100㎡以内ごとに、間仕切壁、天井面から50cm以上下方に突出した垂れ壁その他これらと同等以上に煙の流動を妨げる効力のあるもので不燃材料で造り、又は覆われたもの（以下「防煙壁」という。）によつて区画されたものを除く。）、第116条の2第1項第二号に該当する窓その他の開口部を有しない居室又は延べ面積が1,000㎡を超える建築物の居室で、その床面積が200㎡を超えるもの（建築物の高さが31m以下の部

令126条の2　改正：平成12年政令第211号

分にある居室で、床面積100㎡以内ごとに防煙壁で区画されたものを除く。）には、排煙設備を設けなければならない。ただし、次の各号のいずれかに該当する建築物又は建築物の部分については、この限りでない。
一　法別表第1（い）欄（2）項に掲げる用途に供する特殊建築物のうち、準耐火構造の床若しくは壁又は法第2条第九号の二ロに規定する防火設備で区画された部分で、その床面積が100㎡（共同住宅の住戸にあつては、200㎡）以内のもの
二～四　略
五　火災が発生した場合に避難上支障のある高さまで煙又はガスの降下が生じない建築物の部分として、天井の高さ、壁及び天井の仕上げに用いる材料の種類等を考慮して建設大臣が定めるもの
2　建築物が開口部のない準耐火構造の床若しくは壁又は法第2条第九号の二ロに規定する防火設備でその構造が第112条第14項第一号イ及び第二号ロに掲げる要件を満たすものとして、建設大臣が定めた構造方法を用いるもの又は建設大臣の認定を受けたもので区画されている場合においては、その区画された部分は、この節の規定の適用については、それぞれ別の建築物とみなす。

改正：平成12年政令第312号　　　施行：平成13年1月6日
第126条の2　（設置）

1　法別表第1（い）欄（1）項から（4）項までに掲げる用途に供する特殊建築物で延べ面積が500㎡を超えるもの、階数が3以上で延べ面積が500㎡を超える建築物（建築物の高さが31m以下の部分にある居室で、床面積100㎡以内ごとに、間仕切壁、天井面から50cm以上下方に突出した垂れ壁その他これらと同等以上に煙の流動を妨げる効力のあるもので不燃材料で造り、又は覆われたもの（以下「防煙壁」という。）によつて区画されたものを除く。）、第116条の2第1項第二号に該当する窓その他の開口部を有しない居室又は延べ面積が1,000㎡を超える建築物の居室で、その床面積が200㎡を超えるもの（建築物の高さが31m以下の部分にある居室で、床面積100㎡以内ごとに防煙壁で区画されたものを除く。）には、排煙設備を設けなければならない。ただし、次の各号のいずれかに該当する建築物又は建築物の部分については、この限りでない。
一～四　略
五　火災が発生した場合に避難上支障のある高さまで煙又はガスの降下が生じない建築物の部分として、天井の高さ、壁及び天井の仕上げに用いる材料の種類等を考慮して国土交通大臣が定めるもの
2　建築物が開口部のない準耐火構造の床若しくは壁又は法第2条第九号の二ロに規定する防火設備でその構造が第112条第14項第一号イ及び第二号ロに掲げる要件を満たすものとして、国土交通大臣が定めた構造方法を用いるもの又は国土交通大臣の認定を受けたもので区画されている場合においては、その区画された部分は、この節の規定の適用については、それぞれ別の建築物とみなす。

改正：平成17年政令第246号　　　施行：平成17年12月1日
第126条の2　（設置）

1　略
2　建築物が開口部のない準耐火構造の床若しくは壁又は法第2条第九号の二ロに規定する防火設備でその構造が第112条第14項第一号イ及びロ並びに第二号ロに掲げる要件を満たすものとして、国土交通大臣が定めた構造方法を用いるもの又は国土交通大臣の認定を受けたもので区画されている場合においては、その区画された部分は、この節の規定の適用については、それぞれ別の建築物とみなす。

改正：平成26年政令第412号　　　施行：平成27年4月1日
第126条の2　（設置）

1　法別表第1（い）欄（1）項から（4）項までに掲げる用途に供する特殊建築物で延べ面積が500㎡を超えるもの、階数が3以上で延べ面積が500㎡を超える建築物（建築物の高さが31m以下の部分にある居室で、床面積100㎡以内ごとに、間仕切壁、天井面から50cm以上下方に突出した垂れ壁その他これらと同等以上に煙の流動を妨げる効力のあるもので不燃材料で造り、又は覆われたもの（以下「防煙壁」という。）によつて区画されたものを除く。）、第116条の2第1項第二号に該当する窓その他の開口部を有しない居室又は延べ面積が1,000㎡を超える建築物の居室で、その床面積が200㎡を超えるもの（建築物の高さが31m以下の

部分にある居室で、床面積100㎡以内ごとに防煙壁で区画されたものを除く。）には、排煙設備を設けなければならない。ただし、次の各号のいずれかに該当する建築物又は建築物の部分については、この限りでない。
　一　略
　二　<u>学校（幼保連携型認定こども園を除く。）</u>、体育館、ボーリング場、スキー場、スケート場、水泳場又はスポーツの練習場（以下「学校等」という。）
　三〜五　略
２　略

改正：平成30年政令第255号　　　施行：平成30年9月25日
第126条の２　（設置）

１　略
２　建築物が開口部のない準耐火構造の床若しくは壁又は法第２条第九号の二ロに規定する防火設備でその構造が<u>第112条第13項第一号イ</u>及びロ並びに第二号ロに掲げる要件を満たすものとして、国土交通大臣が定めた構造方法を用いるもの又は国土交通大臣の認定を受けたもので区画されている場合においては、その区画された部分は、この節の規定の適用については、それぞれ別の建築物とみなす。

改正：令和元年政令第30号　　　施行：令和元年6月25日
第126条の２　（設置）

１　略
２　建築物が開口部のない準耐火構造の床若しくは壁又は法第２条第九号の二ロに規定する防火設備でその構造が<u>第112条第18項第一号イ</u>及びロ並びに第二号ロに掲げる要件を満たすものとして、国土交通大臣が定めた構造方法を用いるもの又は国土交通大臣の認定を受けたもので区画されている場合においては、その区画された部分は、この節の規定の適用については、それぞれ別の建築物とみなす。

改正：令和元年政令第181号　　　施行：令和2年4月1日
第126条の２　（設置）

１　略
２　<u>次に掲げる建築物の部分は、この節の規定の適用については、それぞれ別の建築物とみなす。</u>
　<u>一　建築物が開口部のない準耐火構造の床若しくは壁又は法第2条第九号の二ロに規定する防火設備でその構造が第112条第19項第一号イ及びロ並びに第二号ロに掲げる要件を満たすものとして、国土交通大臣が定めた構造方法を用いるもの若しくは国土交通大臣の認定を受けたもので区画されている場合における当該区画された部分</u>
　<u>二　建築物の２以上の部分の構造が通常の火災時において相互に煙又はガスによる避難上有害な影響を及ぼさないものとして国土交通大臣が定めた構造方法を用いるものである場合における当該部分</u>

改正：令和5年政令第280号　　　施行：令和6年4月1日
第126条の２　（設置）

１　法別表第１（い）欄（1）項から（4）項までに掲げる用途に供する特殊建築物で延べ面積が500㎡を超えるもの、階数が３以上で延べ面積が500㎡を超える建築物（建築物の高さが31m以下の部分にある居室で、床面積100㎡以内ごとに、間仕切壁、天井面から50ｃm以上下方に突出した垂れ壁その他これらと同等以上に煙の流動を妨げる効力のあるもので不燃材料で造り、又は覆われたもの（以下「防煙壁」という。）によつて区画されたものを除く。）、第116条の２第１項第二号に該当する窓その他の開口部を有しない居室又は延べ面積が1,000㎡を超える建築物の居室で、その床面積が200㎡を超えるもの（建築物の高さが31m以下の部分にある居室で、床面積100㎡以内ごとに防煙壁で区画されたものを除く。）には、排煙設備を設けなければならない。ただし、次の各号のいずれかに該当する建築物又は建築物の部分については、この限りでない。

令126条の2　改正：令和5年政令第280号

一　法別表第1（い）欄（2）項に掲げる用途に供する特殊建築物のうち、準耐火構造の床若しくは壁又は法第2条第九号の二ロに規定する防火設備で区画された部分で、その床面積が100㎡（共同住宅の住戸にあつては、200㎡）以内のもの
二　学校（幼保連携型認定こども園を除く。）、体育館、ボーリング場、スキー場、スケート場、水泳場又はスポーツの練習場（以下「学校等」という。）
三　階段の部分、昇降機の昇降路の部分（当該昇降機の乗降のための乗降ロビーの部分を含む。）その他これらに類する建築物の部分
四　機械製作工場、不燃性の物品を保管する倉庫その他これらに類する用途に供する建築物で主要構造部が不燃材料で造られたものその他これらと同等以上に火災の発生のおそれの少ない構造のもの
五　火災が発生した場合に避難上支障のある高さまで煙又はガスの降下が生じない建築物の部分として、天井の高さ、壁及び天井の仕上げに用いる材料の種類等を考慮して国土交通大臣が定めるもの

2　次に掲げる建築物の部分は、この節の規定の適用については、それぞれ別の建築物とみなす。
一　建築物が開口部のない準耐火構造の床若しくは壁又は法第2条第九号の二ロに規定する防火設備でその構造が第112条第19項第一号イ及びロ並びに第二号ロに掲げる要件を満たすものとして、国土交通大臣が定めた構造方法を用いるもの若しくは国土交通大臣の認定を受けたもので区画されている場合における当該床若しくは壁又は防火設備により分離された部分
二　建築物の2以上の部分の構造が通常の火災時において相互に煙又はガスによる避難上有害な影響を及ぼさないものとして国土交通大臣が定めた構造方法を用いるものである場合における当該部分

［現行］　第126条の3　（構造）

制定：昭和45年政令第333号　　　　施行：昭和46年1月1日

第126条の3　（構造）

1　前条第1項の排煙設備は、次の各号に定める構造としなければならない。
一　建築物をその床面積500㎡以内ごとに、防煙壁で区画すること。
二　排煙設備の排煙口、風道その他煙に接する部分は、不燃材料で造ること。
三　排煙口は、第一号の規定により区画された部分（以下「防煙区画部分」という。）のそれぞれについて、当該防煙区画部分の各部分から排煙口の一に至る水平距離が30m以下となるように、天井又は壁の上部（天井から80cm（たけの最も短い防煙壁のたけが80cmに満たないときは、その値）以内の距離にある部分をいう。）に設け、直接外気に接する場合を除き、排煙風道に直結すること。
四　排煙口には、手動開放装置を設けること。
五　前号の手動開放装置のうち手で操作する部分は、壁に設ける場合においては床面から80cm以上1.5m以下の高さの位置に、天井からつり下げて設ける場合においては床面からおおむね1.8mの高さの位置に設け、かつ、見やすい方法でその使用方法を表示すること。
六　排煙口には、第四号の手動開放装置若しくは煙感知器と連動する自動開放装置又は遠隔操作方式による開放装置により開放された場合を除き閉鎖状態を保持し、かつ、開放時に排煙に伴い生ずる気流により閉鎖されるおそれのない構造の戸その他これに類するものを設けること。
七　排煙風道は、第115条第1項第三号及び第四号に定める構造とし、かつ、防煙壁を貫通する場合においては、当該風道と防煙壁とのすき間をモルタルその他の不燃材料で埋めること。
八　排煙口が防煙区画部分の床面積の50分の1以上の開口面積を有し、かつ、直接外気に接する場合を除き、排煙機を設けること。
九　前号の排煙機は、一の排煙口の開放に伴い自動的に作動し、かつ、1分間に、120㎡以上で、かつ、防煙区画部分の床面積1㎡につき1㎡（2以上の防煙区画部分に係る排煙機にあつては、当該防煙区画部分のうち床面積の最大のものの床面積1㎡につき2㎡）以上の空気を排出する能力を有するものとすること。
十　電源を必要とする排煙設備には、予備電源を設けること。
十一　法第34条第2項に規定する建築物又は各構えの床面積の合計が1,000㎡をこえる地下街における排煙設備の制御及び作動状態の監視は、中央管理室において行なうことができるものとすること。
十二　前各号に定めるもののほか、建設大臣が火災時に生ずる煙を有効に排出するために必要があると認め

改正：平成12年政令第211号　　　施行：平成12年6月1日
第126条の3　（構造）

1　前条第1項の排煙設備は、次に定める構造としなければならない。
　一～六　略
　七　排煙風道は、第115条第1項第三号に定める構造とし、かつ、防煙壁を貫通する場合においては、当該風道と防煙壁とのすき間をモルタルその他の不燃材料で埋めること。
　八～十一　略
　十二　前各号に定めるもののほか、火災時に生ずる煙を有効に排出することができるものとして、建設大臣が定めた構造方法を用いるものとすること。
2　前項の規定は、送風機を設けた排煙設備その他の特殊な構造の排煙設備で、通常の火災時に生ずる煙を有効に排出することができるものとして建設大臣が定めた構造方法を用いるものについては、適用しない。

改正：平成12年政令第312号　　　施行：平成13年1月6日
第126条の3　（構造）

1　前条第1項の排煙設備は、次に定める構造としなければならない。
　一～十一　略
　十二　前各号に定めるもののほか、火災時に生ずる煙を有効に排出することができるものとして、国土交通大臣が定めた構造方法を用いるものとすること。
2　前項の規定は、送風機を設けた排煙設備その他の特殊な構造の排煙設備で、通常の火災時に生ずる煙を有効に排出することができるものとして国土交通大臣が定めた構造方法を用いるものについては、適用しない。

改正：平成20年政令第290号　　　施行：平成21年9月28日
第126条の3　（構造）

1　前条第1項の排煙設備は、次に定める構造としなければならない。
　一　建築物をその床面積500㎡以内ごとに、防煙壁で区画すること。
　二　排煙設備の排煙口、風道その他煙に接する部分は、不燃材料で造ること。
　三　排煙口は、第一号の規定により区画された部分（以下「防煙区画部分」という。）のそれぞれについて、当該防煙区画部分の各部分から排煙口の一に至る水平距離が30m以下となるように、天井又は壁の上部(天井から80cm（たけの最も短い防煙壁のたけが80cmに満たないときは、その値）以内の距離にある部分をいう。）に設け、直接外気に接する場合を除き、排煙風道に直結すること。
　四　排煙口には、手動開放装置を設けること。
　五　前号の手動開放装置のうち手で操作する部分は、壁に設ける場合においては床面から80cm以上1.5m以下の高さの位置に、天井から吊（つ）り下げて設ける場合においては床面からおおむね1.8mの高さの位置に設け、かつ、見やすい方法でその使用方法を表示すること。
　六　排煙口には、第四号の手動開放装置若しくは煙感知器と連動する自動開放装置又は遠隔操作方式による開放装置により開放された場合を除き閉鎖状態を保持し、かつ、開放時に排煙に伴い生ずる気流により閉鎖されるおそれのない構造の戸その他これに類するものを設けること。
　七　排煙風道は、第115条第1項第三号に定める構造とし、かつ、防煙壁を貫通する場合においては、当該風道と防煙壁とのすき間をモルタルその他の不燃材料で埋めること。
　八　排煙口が防煙区画部分の床面積の50分の1以上の開口面積を有し、かつ、直接外気に接する場合を除き、排煙機を設けること。
　九　前号の排煙機は、一の排煙口の開放に伴い自動的に作動し、かつ、1分間に、120㎡以上で、かつ、防煙区画部分の床面積1㎡につき1㎡（2以上の防煙区画部分に係る排煙機にあつては、当該防煙区画部分のうち床面積の最大のものの床面積1㎡につき2㎡）以上の空気を排出する能力を有するものとすること。

令126条の3　改正：平成20年政令第290号

　十　電源を必要とする排煙設備には、予備電源を設けること。
　十一　法第34条第２項に規定する建築物又は各構えの床面積の合計が1,000㎡を<u>超える</u>地下街における排煙設備の制御及び作動状態の監視は、中央管理室において<u>行う</u>ことができるものとすること。
　十二　前各号に定めるもののほか、火災時に生ずる煙を有効に排出することができるものとして、国土交通大臣が定めた構造方法を用いるものとすること。
２　前項の規定は、送風機を設けた排煙設備その他の特殊な構造の排煙設備で、通常の火災時に生ずる煙を有効に排出することができるものとして国土交通大臣が定めた構造方法を用いるものについては、適用しない。

[現行] 第4節　非常用の照明装置
(<u>制定</u>：昭和45年政令第333号)　　第4節　非常用の照明装置

[現行]　第126条の4　（設置）

制定：昭和45年政令第333号　　　施行：昭和46年１月１日
第126条の4　（設置）

１　法別表第１（い）欄（１）項から（４）項までに掲げる用途に供する特殊建築物の居室、階数が３以上で延べ面積が500㎡をこえる建築物の居室、第116条の２第１項第一号に該当する窓その他の開口部を有しない居室又は延べ面積が1,000㎡をこえる建築物の居室及びこれらの居室から地上に通ずる廊下、階段その他の通路（採光上有効に直接外気に開放された通路を除く。）並びにこれらに類する建築物の部分で照明装置の設置を通常要する部分には、非常用の照明装置を設けなければならない。ただし、次の各号の一に該当する建築物又は建築物の部分については、この限りでない。
　一　一戸建の住宅又は長屋若しくは共同住宅の住戸
　二　病院の病室、下宿の宿泊室又は寄宿舎の寝室その他これらに類する居室
　三　学校又は体育館

改正：昭和62年政令第348号　　　施行：昭和62年11月16日
第126条の4　（設置）

１　法別表第１（い）欄（１）項から（４）項までに掲げる用途に供する特殊建築物の居室、階数が３以上で延べ面積が500㎡を<u>超える</u>建築物の居室、第116条の２第１項第一号に該当する窓その他の開口部を有しない居室又は延べ面積が1,000㎡を<u>超える</u>建築物の居室及びこれらの居室から地上に通ずる廊下、階段その他の通路（採光上有効に直接外気に開放された通路を除く。）並びにこれらに類する建築物の部分で照明装置の設置を通常要する部分には、非常用の照明装置を設けなければならない。ただし、次の各号の一に該当する建築物又は建築物の部分については、この限りでない。
　一・二　略
　三　<u>学校等</u>

改正：平成12年政令第211号　　　施行：平成12年６月１日
第126条の4　（設置）

１　法別表第１（い）欄（１）項から（４）項までに掲げる用途に供する特殊建築物の居室、階数が３以上で延べ面積が500㎡を超える建築物の居室、第116条の２第１項第一号に該当する窓その他の開口部を有しない居室又は延べ面積が1,000㎡を超える建築物の居室及びこれらの居室から地上に通ずる廊下、階段その他の通路（採光上有効に直接外気に開放された通路を除く。）並びにこれらに類する建築物の部分で照明装置の設置を通常要する部分には、非常用の照明装置を設けなければならない。ただし、次の<u>各号のいずれかに該当する建築物又は建築物の部分については、この限りでない。
　一～三　略
　<u>四　避難階又は避難階の直上階若しくは直下階の居室で避難上支障がないものその他これらに類するものとして建設大臣が定めるもの</u>

改正：平成12年政令第312号　　　施行：平成13年1月6日
第126条の4　（設置）

1　法別表第1（い）欄（1）項から（4）項までに掲げる用途に供する特殊建築物の居室、階数が3以上で延べ面積が500㎡を超える建築物の居室、第116条の2第1項第一号に該当する窓その他の開口部を有しない居室又は延べ面積が1,000㎡を超える建築物の居室及びこれらの居室から地上に通ずる廊下、階段その他の通路（採光上有効に直接外気に開放された通路を除く。）並びにこれらに類する建築物の部分で照明装置の設置を通常要する部分には、非常用の照明装置を設けなければならない。ただし、次の各号のいずれかに該当する建築物又は建築物の部分については、この限りでない。
　一～三　略
　四　避難階又は避難階の直上階若しくは直下階の居室で避難上支障がないものその他これらに類するものとして国土交通大臣が定めるもの

改正：令和5年政令第280号　　　施行：令和6年4月1日
第126条の4　（設置）

1　法別表第1（い）欄（1）項から（4）項までに掲げる用途に供する特殊建築物の居室、階数が3以上で延べ面積が500㎡を超える建築物の居室、第116条の2第1項第一号に該当する窓その他の開口部を有しない居室又は延べ面積が1,000㎡を超える建築物の居室及びこれらの居室から地上に通ずる廊下、階段その他の通路（採光上有効に直接外気に開放された通路を除く。）並びにこれらに類する建築物の部分で照明装置の設置を通常要する部分には、非常用の照明装置を設けなければならない。ただし、次の各号のいずれかに該当する建築物又は建築物の部分については、この限りでない。
　一　一戸建の住宅又は長屋若しくは共同住宅の住戸
　二　病院の病室、下宿の宿泊室又は寄宿舎の寝室その他これらに類する居室
　三　学校等
　四　避難階又は避難階の直上階若しくは直下階の居室で避難上支障がないものその他これらに類するものとして国土交通大臣が定めるもの
2　第117条第2項各号に掲げる建築物の部分は、この節の規定の適用については、それぞれ別の建築物とみなす。

[現行]　第126条の5　（構造）

制定：昭和45年政令第333号　　　施行：昭和46年1月1日
第126条の5　（構造）

1　前条の非常用の照明装置は、次の各号に定める構造としなければならない。
　一　照明は、直接照明とし、床面において1ルックス以上の照度を確保することができるものとすること。
　二　照明器具（照明カバーその他照明器具に附属するものを含む。）のうち主要な部分は、不燃材料で造り、又はおおうこと。
　三　予備電源を設けること。
　四　前各号に定めるもののほか、建設大臣が非常の場合の照明を確保するために必要があると認めて定める基準に適合する構造とすること。

改正：平成12年政令第211号　　　施行：平成12年6月1日
第126条の5　（構造）

1　前条の非常用の照明装置は、次の各号のいずれかに定める構造としなければならない。
　一　次に定める構造とすること。
　　イ　照明は、直接照明とし、床面において1ルックス以上の照度を確保することができるものとすること。

令126条の5　改正：平成12年政令第211号

　　ロ　照明器具の構造は、火災時において温度が上昇した場合であつても著しく光度が低下しないものとして建設大臣が定めた構造方法を用いるものとすること。
　　ハ　予備電源を設けること。
　　ニ　イからハまでに定めるもののほか、非常の場合の照明を確保するために必要があるものとして建設大臣が定めた構造方法を用いるものとすること。
　二　火災時において、停電した場合に自動的に点灯し、かつ、避難するまでの間に、当該建築物の室内の温度が上昇した場合にあつても床面において1ルクス以上の照度を確保することができるものとして、建設大臣の認定を受けたものとすること。

改正：平成12年政令第312号　　　施行：平成13年1月6日
第126条の5　（構造）

1　前条の非常用の照明装置は、次の各号のいずれかに定める構造としなければならない。
　一　次に定める構造とすること。
　　イ　略
　　ロ　照明器具の構造は、火災時において温度が上昇した場合であつても著しく光度が低下しないものとして<u>国土交通大臣</u>が定めた構造方法を用いるものとすること。
　　ハ　略
　　ニ　イからハまでに定めるもののほか、非常の場合の照明を確保するために必要があるものとして<u>国土交通大臣</u>が定めた構造方法を用いるものとすること。
　二　火災時において、停電した場合に自動的に点灯し、かつ、避難するまでの間に、当該建築物の室内の温度が上昇した場合にあつても床面において1ルクス以上の照度を確保することができるものとして、<u>国土交通大臣</u>の認定を受けたものとすること。

改正：令和5年政令第280号　　　施行：令和6年4月1日
第126条の5　（構造）

1　<u>前条第1項</u>の非常用の照明装置は、次の各号のいずれかに定める構造としなければならない。
　一　次に定める構造とすること。
　　イ　照明は、直接照明とし、床面において1ルクス以上の照度を確保することができるものとすること。
　　ロ　照明器具の構造は、火災時において温度が上昇した場合であつても著しく光度が低下しないものとして国土交通大臣が定めた構造方法を用いるものとすること。
　　ハ　予備電源を設けること。
　　ニ　イからハまでに定めるもののほか、非常の場合の照明を確保するために必要があるものとして国土交通大臣が定めた構造方法を用いるものとすること。
　二　火災時において、停電した場合に自動的に点灯し、かつ、避難するまでの間に、当該建築物の室内の温度が上昇した場合にあつても床面において1ルクス以上の照度を確保することができるものとして、国土交通大臣の認定を受けたものとすること。

[現行]　第5節　非常用の進入口
（制定：昭和45年政令第333号）　　第5節　非常用の進入口

[現行]　第126条の6　（設置）

制定：昭和45年政令第333号　　　施行：昭和46年1月1日
第126条の6　（設置）

1　建築物の高さ31m以下の部分にある3階以上の階には、非常用の進入口を設けなければならない。ただし、次の各号の一に該当する場合においては、この限りでない。

一　第129条の13の3の規定に適合するエレベーターを設置している場合
　二　道又は道に通ずる幅員4m以上の通路その他の空地に面する各階の外壁面に窓その他の開口部（直径1m以上の円が内接することができるもの又はその幅及び高さが、それぞれ、75cm以上及び1.2m以上のもので、格子その他の屋外からの進入を妨げる構造を有しないものに限る。）を当該壁面の長さ10m以内ごとに設けている場合

改正：平成12年政令第211号　　　　施行：平成12年6月1日
第126条の6　（設置）

1　建築物の高さ31m以下の部分にある3階以上の階（不燃性の物品の保管その他これと同等以上に火災の発生のおそれの少ない用途に供する階又は<u>建設大臣</u>が定める特別の理由により屋外からの進入を防止する必要がある階で、その直上階又は<u>直下階</u>から進入することができるものを除く。）には、非常用の進入口を設けなければならない。ただし、次の<u>各号のいずれか</u>に該当する場合においては、この限りでない。
　一・二　略

改正：平成12年政令第312号　　　　施行：平成13年1月6日
第126条の6　（設置）

1　建築物の高さ31m以下の部分にある3階以上の階（不燃性の物品の保管その他これと同等以上に火災の発生のおそれの少ない用途に供する階又は<u>国土交通大臣</u>が定める特別の理由により屋外からの進入を防止する必要がある階で、その直上階又は直下階から進入することができるものを除く。）には、非常用の進入口を設けなければならない。ただし、次の各号のいずれかに該当する場合においては、この限りでない。
　一・二　略

改正：平成28年政令第6号　　　　施行：平成28年6月1日
第126条の6　（設置）

1　建築物の高さ31m以下の部分にある3階以上の階（不燃性の物品の保管その他これと同等以上に火災の発生のおそれの少ない用途に供する階又は国土交通大臣が定める特別の理由により屋外からの進入を防止する必要がある階で、その直上階又は直下階から進入することができるものを除く。）には、非常用の進入口を設けなければならない。ただし、次の各号のいずれかに該当する場合においては、この限りでない。
　一　第129条の13の3の規定に適合するエレベーターを設置している場合
　二　道又は道に通ずる幅員4m以上の通路その他の空地に面する各階の外壁面に窓その他の開口部（直径1m以上の円が内接することができるもの又はその幅及び高さが、それぞれ、75cm以上及び1.2m以上のもので、格子その他の屋外からの進入を妨げる構造を有しないものに限る。）を当該壁面の長さ10m以内ごとに設けている場合
　<u>三　吹抜きとなつている部分その他の一定の規模以上の空間で国土交通大臣が定めるものを確保し、当該空間から容易に各階に進入することができるよう、通路その他の部分であつて、当該空間との間に壁を有しないことその他の高い開放性を有するものとして、国土交通大臣が定めた構造方法を用いるもの又は国土交通大臣の認定を受けたものを設けている場合</u>

[現行]　第126条の7　（構造）

制定：昭和45年政令第333号　　　　施行：昭和46年1月1日
第126条の7　（構造）

1　前条の非常用の進入口は、次の各号に定める構造としなければならない。
　一　進入口は、道又は道に通ずる幅員4m以上の通路その他の空地に面する各階の外壁面に設けること。
　二　進入口の間隔は、40m以下であること。
　三　進入口の幅、高さ及び下端の床面からの高さが、それぞれ、75cm以上、1.2m以上及び80cm以下である

令126条の7 制定：昭和45年政令第333号

- 四　進入口は、外部から開放し、又は破壊して室内に進入できる構造とすること。
- 五　進入口には、奥行き1m以上、長さ4m以上のバルコニーを設けること。
- 六　進入口又はその近くに、外部から見やすい方法で赤色灯の標識を掲示し、及び非常用の進入口である旨を赤色で表示すること。
- 七　前各号に定めるもののほか、建設大臣が非常用の進入口としての機能を確保するために必要があると認めて定める基準に適合する構造とすること。

改正：平成12年政令第312号　　施行：平成13年1月6日
第126条の7　（構造）

1　前条の非常用の進入口は、次の各号に定める構造としなければならない。
- 一　進入口は、道又は道に通ずる幅員4m以上の通路その他の空地に面する各階の外壁面に設けること。
- 二　進入口の間隔は、40m以下であること。
- 三　進入口の幅、高さ及び下端の床面からの高さが、それぞれ、75cm以上、1.2m以上及び80cm以下であること。
- 四　進入口は、外部から開放し、又は破壊して室内に進入できる構造とすること。
- 五　進入口には、奥行き1m以上、長さ4m以上のバルコニーを設けること。
- 六　進入口又はその近くに、外部から見やすい方法で赤色灯の標識を掲示し、及び非常用の進入口である旨を赤色で表示すること。
- 七　前各号に定めるもののほか、<u>国土交通大臣</u>が非常用の進入口としての機能を確保するために必要があると認めて定める基準に適合する構造とすること。

[現行] 第6節　敷地内の避難上及び消火上必要な通路等
（制定：昭和25年政令第338号）　旧　第2節　敷地内の避難上及び消火上必要な通路等
（改正：昭和45年政令第333号）　<u>第6節</u>　敷地内の避難上及び消火上必要な通路等

[現行]　**第127条　（適用の範囲）**

制定：昭和25年政令第338号　　施行：昭和25年11月23日
第127条　（適用の範囲）

1　この節の規定は、法第35条に掲げる建築物に適用する。

[現行]　**第128条　（敷地内の通路）**

制定：昭和25年政令第338号　　施行：昭和25年11月23日
第128条　（敷地内の通路）

1　敷地内には、第123条第2項の屋外に設ける避難階段及び第125条第1項の出口から道又は公園、広場その他の空地に通ずる幅員が1.5m以上の通路を設けなければならない。

改正：令和元年政令第181号　　施行：令和2年4月1日
第128条　（敷地内の通路）

1　敷地内には、第123条第2項の屋外に設ける避難階段及び第125条第1項の出口から道又は公園、広場その他の空地に通ずる幅員が1.5m<u>（階数が3以下で延べ面積が200㎡未満の建築物の敷地内にあつては、90cm）</u>以上の通路を設けなければならない。

改正：昭和45年政令第333号 **令128条の2**

[現行]　第128条の2　（大規模な木造等の建築物の敷地内における通路）

制定：昭和25年政令第338号　　　施行：昭和25年11月23日
旧　第129条　（大規模な木造等の建築物の敷地内における通路）
1　主要構造部の全部が木造の建築物でその延べ面積が1,000㎡をこえる場合又は主要構造部の一部が木造の建築物でその延べ面積（主要構造部が耐火構造の部分を含む場合で、その部分とその他の部分とが耐火構造とした壁又は甲種防火戸で区画されているときは、その部分の床面積を除く。以下この条において同様とする。）が1,000㎡をこえる場合においては、その周囲（道に接する部分を除く。）に幅員が３ｍ以上の通路を設けなければならない。但し、延べ面積が3,000㎡以下の場合における隣地境界線に接する部分の通路は、その幅員を1.5ｍ以上とすることができる。
2　同一敷地内に２以上の棟をなす建築物（主要構造部が耐火構造であるか又は不燃材料で造られているもの及び延べ面積が1,000㎡をこえるものを除く。）がある場合で、その延べ面積の合計が1,000㎡をこえるときは、延べ面積の合計1,000㎡以内ごとの建築物に区画し、その周囲（道又は隣地境界線に接する部分を除く。）に幅員が３ｍ以上の通路を設けなければならない。
3　外壁（軒がある場合においては、軒裏を含む。）が耐火構造で、開口部の延焼のおそれのある部分に防火戸を有する建築物が延べ面積の合計1,000㎡以内ごとに区画された建築物を相互に防火上有効にしや断している場合においては、これらの建築物については、前項の規定は、適用しない。但し、これらの建築物の延べ面積の合計が3,000㎡をこえる場合においては、その延べ面積の合計3,000㎡以内ごとに、その周囲（道又は隣地境界線に接する部分を除く。）に幅員が３ｍ以上の通路を設けなければならない。
4　前各項の規定にかかわらず、通路は、下の各号の規定に該当する渡り廊下を横切ることができる。但し、通路が横切る部分における渡り廊下の開口の幅は2.5ｍ以上、高さは３ｍ以上としなければならない。
　一　幅が３ｍ以下であること。
　二　通行又は運搬以外の用途に供しないこと。
5　前各項の規定による通路は、敷地の接する道まで達しなければならない。

改正：昭和34年政令第344号　　　施行：昭和34年12月23日
第128条の2　（大規模な木造等の建築物の敷地内における通路）
1　主要構造部の全部が木造の建築物でその延べ面積が1,000㎡をこえる場合又は主要構造部の一部が木造の建築物でその延べ面積（主要構造部が耐火構造の部分を含む場合で、その部分とその他の部分とが耐火構造とした壁又は甲種防火戸で区画されているときは、その部分の床面積を除く。以下この条において同様とする。）が1,000㎡をこえる場合においては、その周囲（道に接する部分を除く。）に幅員が３ｍ以上の通路を設けなければならない。ただし、延べ面積が3,000㎡以下の場合における隣地境界線に接する部分の通路は、その幅員を1.5ｍ以上とすることができる。
2　同一敷地内に２以上の建築物（耐火建築物、簡易耐火建築物及び延べ面積が1,000㎡をこえるものを除く。）がある場合で、その延べ面積の合計が1,000㎡をこえるときは、延べ面積の合計1,000㎡以内ごとの建築物に区画し、その周囲（道又は隣地境界線に接する部分を除く。）に幅員が３ｍ以上の通路を設けなければならない。
3　耐火建築物又は簡易耐火建築物が延べ面積の合計1,000㎡以内ごとに区画された建築物を相互に防火上有効にさえぎつている場合においては、これらの建築物については、前項の規定は、適用しない。ただし、これらの建築物の延べ面積の合計が3,000㎡をこえる場合においては、その延べ面積の合計3,000㎡以内ごとに、その周囲（道又は隣地境界線に接する部分を除く。）に幅員が３ｍ以上の通路を設けなければならない。
4　前各項の規定にかかわらず、通路は、次の各号の規定に該当する渡り廊下を横切ることができる。ただし、通路が横切る部分における渡り廊下の開口の幅は2.5ｍ以上、高さは３ｍ以上としなければならない。
　一・二　略
5　略

改正：昭和45年政令第333号　　　施行：昭和46年１月１日
第128条の2　（大規模な木造等の建築物の敷地内における通路）

令128条の3 改正：昭和45年政令第333号

1　主要構造部の全部が木造の建築物でその延べ面積が1,000㎡をこえる場合又は主要構造部の一部が木造の建築物でその延べ面積（主要構造部が耐火構造の部分を含む場合で、その部分とその他の部分とが耐火構造とした壁又は甲種防火戸で区画されているときは、その部分の床面積を除く。以下この条において同じ。）が1,000㎡をこえる場合においては、その周囲（道に接する部分を除く。）に幅員が3m以上の通路を設けなければならない。ただし、延べ面積が3,000㎡以下の場合における隣地境界線に接する部分の通路は、その幅員を1.5m以上とすることができる。
2～5　略

改正：平成5年政令第170号　　　施行：平成5年6月25日
第128条の2　（大規模な木造等の建築物の敷地内における通路）

1　略
2　同一敷地内に2以上の建築物（耐火建築物、<u>準耐火建築物</u>及び延べ面積が1,000㎡を<u>超える</u>ものを除く。）がある場合で、その延べ面積の合計が1,000㎡を<u>超える</u>ときは、延べ面積の合計1,000㎡以内ごとの建築物に区画し、その周囲（道又は隣地境界線に接する部分を除く。）に幅員が3m以上の通路を設けなければならない。
3　耐火建築物又は<u>準耐火建築物</u>が延べ面積の合計1,000㎡以内ごとに区画された建築物を相互に防火上有効に<u>遮つて</u>いる場合においては、これらの建築物については、前項の規定は、適用しない。ただし、これらの建築物の延べ面積の合計が3,000㎡を<u>超える</u>場合においては、その延べ面積の合計3,000㎡以内ごとに、その周囲（道又は隣地境界線に接する部分を除く。）に幅員が3m以上の通路を設けなければならない。
4・5　略

改正：平成12年政令第211号　　　施行：平成12年6月1日
第128条の2　（大規模な木造等の建築物の敷地内における通路）

1　主要構造部の全部が木造の建築物<u>（法第2条第九号の二イに掲げる基準に適合する建築物を除く。）</u>でその延べ面積が1,000㎡を<u>超える</u>場合又は主要構造部の一部が木造の建築物でその延べ面積（主要構造部が耐火構造の部分を含む場合で、その部分とその他の部分とが耐火構造とした壁又は<u>特定防火設備</u>で区画されているときは、その部分の床面積を除く。以下この条において同じ。）が1,000㎡を<u>超える</u>場合においては、その周囲（道に接する部分を除く。）に幅員が3m以上の通路を設けなければならない。ただし、延べ面積が3,000㎡以下の場合における隣地境界線に接する部分の通路は、その幅員を1.5m以上とすることができる。
2　同一敷地内に2以上の建築物（耐火建築物、準耐火建築物及び延べ面積が1,000㎡を超えるものを除く。）がある場合で、その延べ面積の合計が1,000㎡を超えるときは、延べ面積の合計1,000㎡以内ごとの建築物に区画し、その周囲（道又は隣地境界線に接する部分を除く。）に幅員が3m以上の通路を設けなければならない。
3　耐火建築物又は準耐火建築物が延べ面積の合計1,000㎡以内ごとに区画された建築物を相互に防火上有効に遮つている場合においては、これらの建築物については、前項の規定は、適用しない。ただし、これらの建築物の延べ面積の合計が3,000㎡を超える場合においては、その延べ面積の合計3,000㎡以内ごとに、その周囲（道又は隣地境界線に接する部分を除く。）に幅員が3m以上の通路を設けなければならない。
4　前各項の規定にかかわらず、通路は、次の各号の規定に該当する渡り廊下を横切ることができる。ただし、通路が横切る部分における渡り廊下の開口の幅は2.5m以上、高さは3m以上としなければならない。
　一　幅が3m以下であること。
　二　通行又は運搬以外の用途に供しないこと。
5　前各項の規定による通路は、敷地の接する道まで達しなければならない。

［現行］　第128条の3　（地下街）

制定：昭和34年政令第344号　　　施行：昭和34年12月23日
第128条の3　（地下街）

改正：昭和45年政令第333号　**令128条の3**

1　地下街の各構えは、次の各号に該当する地下道に2m以上接しなければならない。ただし、公衆便所、公衆電話所その他これらに類するものにあつては、その接する長さを2m未満とすることができる。
　一　幅員5m以上、天井までの高さ3m以上で、かつ、段を有しないこと。
　二　長さが60mをこえる地下道にあつては、避難上安全な地上に通ずる直通階段で第23条第1項の表の（2）に適合するものを各構えの接する部分からその一に至る歩行距離が30m以下となるように設けていること。
　三　末端は、当該地下道の幅員以上の幅員の出入口で道に通ずること。ただし、その末端の出入口が2以上ある場合においては、それぞれの出入口の幅員の合計が当該地下道の幅員以上であること。
　四　予備電源を有する照明設備及び適当な排煙のための設備を設けていること。
2　地方公共団体は、他の工作物との関係その他周囲の状況に因り必要と認める場合においては、条例で、前項第一号から第三号までに定める事項につき、これらの規定と異なる定をすることができる。

改正：昭和44年政令第8号　　　施行：昭和44年5月1日
第128条の3　（地下街）

1　地下街の各構えは、次の各号に該当する地下道に2m以上接しなければならない。ただし、公衆便所、公衆電話所その他これらに類するものにあつては、その接する長さを2m未満とすることができる。
　一　壁、柱、床、はり及び床版は、建設大臣が定める耐火性能を有すること。
　二　幅員5m以上、天井までの高さ3m以上で、かつ、段及び8分の1をこえる勾（こう）配の傾斜路を有しないこと。
　三　天井及び壁の内面の仕上げを不燃材料でし、かつ、その下地を不燃材料で造つていること。
　四　長さが60mをこえる地下道にあつては、避難上安全な地上に通ずる直通階段で第23条第1項の表の（2）に適合するものを各構えの接する部分からその一に至る歩行距離が30m以下となるように設けていること。
　五　末端は、当該地下道の幅員以上の幅員の出入口で道に通ずること。ただし、その末端の出入口が2以上ある場合においては、それぞれの出入口の幅員の合計が当該地下道の幅員以上であること。
　六　建設大臣の定める基準に適合する非常用の照明設備、排煙設備及び排水設備を設けていること。
2　地下街の各構えが当該地下街の他の各構えに接する場合においては、当該各構えと当該他の各構えとを耐火構造の床若しくは壁又は第112条第13項各号に定める構造の甲種防火戸で区画しなければならない。
3　地下街の各構えは、地下道と耐火構造の床若しくは壁又は第112条第13項各号に定める構造の甲種防火戸で区画しなければならない。
4　地下街の各構えの居室の各部分から地下道（当該居室の各部分から直接地上へ通ずる通路を含む。）への出入口の一に至る歩行距離は、30m以下でなければならない。
5　第112条第5項から第10項まで及び第13項から第15項まで並びに第129条の2第十号（第112条第14項に関する部分に限る。）の規定は、地下街の各構えについて準用する。この場合において、第112条第5項中「建築物の11階以上の部分で、各階の」とあるのは「地下街の各構えの部分で」と、同条第6項及び第7項中「建築物」とあるのは「地下街の各構え」と、同条第8項中「主要構造部を耐火構造とし、かつ、地階又は3階以上の階に居室を有する建築物」とあるのは「地下街の各構え」と、「建築物の部分」とあるのは「地下街の各構えの部分」と読み替えるものとする。
6　地方公共団体は、他の工作物との関係その他周囲の状況により必要と認める場合においては、条例で、前各項に定める事項につき、これらの規定と異なる定めをすることができる。

改正：昭和45年政令第333号　　　施行：昭和46年1月1日
第128条の3　（地下街）

1　略
2　地下街の各構えが当該地下街の他の各構えに接する場合においては、当該各構えと当該他の各構えとを耐火構造の床若しくは壁又は第112条第14項各号に定める構造の甲種防火戸で区画しなければならない。
3　地下街の各構えは、地下道と耐火構造の床若しくは壁又は第112条第14項各号に定める構造の甲種防火戸

令128条の3　改正：昭和45年政令第333号

　　　で区画しなければならない。
　4　略
　5　第112条第5項から第11項まで及び第14項から第16項まで並びに第129条の2第1項第七号（第112条第15項に関する部分に限る。）の規定は、地下街の各構えについて準用する。この場合において、第112条第5項中「建築物の11階以上の部分で、各階の」とあるのは「地下街の各構えの部分で」と、同条第6項及び第7項中「建築物」とあるのは「地下街の各構え」と、同条第9項中「主要構造部を耐火構造とし、かつ、地階又は3階以上の階に居室を有する建築物」とあるのは「地下街の各構え」と、「建築物の部分」とあるのは「地下街の各構えの部分」と読み替えるものとする。
　6　略

改正：昭和48年政令第242号　　　施行：昭和49年1月1日
第128条の3　（地下街）

　1　略
　2　地下街の各構えが当該地下街の他の各構えに接する場合においては、当該各構えと当該他の各構えとを耐火構造の床若しくは壁又は常時閉鎖式防火戸である甲種防火戸若しくはその他の甲種防火戸で第112条第14項第一号、第二号及び第四号に定める構造のもので区画しなければならない。
　3　地下街の各構えは、地下道と耐火構造の床若しくは壁又は常時閉鎖式防火戸である甲種防火戸若しくはその他の甲種防火戸で第112条第14項第一号、第二号及び第四号に定める構造のもので区画しなければならない。
　4～6　略

改正：昭和62年政令第348号　　　施行：昭和62年11月16日
第128条の3　（地下街）

　1～4　略
　5　第112条第5項から第11項まで及び第14項から第16項まで並びに第129条の2の2第1項第七号（第112条第15項に関する部分に限る。）の規定は、地下街の各構えについて準用する。この場合において、第112条第5項中「建築物の11階以上の部分で、各階の」とあるのは「地下街の各構えの部分で」と、同条第6項及び第7項中「建築物」とあるのは「地下街の各構え」と、同条第9項中「主要構造部を耐火構造とし、かつ、地階又は3階以上の階に居室を有する建築物」とあるのは「地下街の各構え」と、「建築物の部分」とあるのは「地下街の各構えの部分」と読み替えるものとする。
　6　略

改正：平成5年政令第170号　　　施行：平成5年6月25日
第128条の3　（地下街）

　1～4　略
　5　第112条第5項から第11項まで及び第14項から第16項まで並びに第129条の2の2第1項第七号（第112条第15項に関する部分に限る。）の規定は、地下街の各構えについて準用する。この場合において、第112条第5項中「建築物の11階以上の部分で、各階の」とあるのは「地下街の各構えの部分で」と、同条第6項及び第7項中「建築物」とあるのは「地下街の各構え」と、同条第9項中「主要構造部を耐火構造又は準耐火構造とし、かつ、地階又は3階以上の階に居室を有する建築物」とあるのは「地下街の各構え」と、「建築物の部分」とあるのは「地下街の各構えの部分」と、「耐火構造若しくは準耐火構造」とあるのは「耐火構造」と、同条第10項中「耐火構造若しくは準耐火構造」とあり、及び「耐火構造又は準耐火構造」とあるのは「耐火構造」と、第129条の2の2第1項第七号中「耐火構造若しくは第115条の2の2第1項第一号に掲げる技術的基準に適合する準耐火構造」とあるのは「耐火構造」と読み替えるものとする。
　6　略

改正：平成12年政令第211号　　　施行：平成12年6月1日

改正：平成30年政令第255号　**令128条の3**

第128条の3　（地下街）

1　地下街の各構えは、次の各号に該当する地下道に2m以上接しなければならない。ただし、公衆便所、公衆電話所その他これらに類するものにあつては、その接する長さを2m未満とすることができる。
一　壁、柱、床、はり及び床版は、建設大臣が定める<u>耐火に関する性能</u>を有すること。
二～五　略
六　非常用の照明設備、排煙設備及び排水設備で建設大臣が定めた<u>構造方法</u>を用いるものを設けていること。

2　地下街の各構えが当該地下街の他の各構えに接する場合においては、当該各構えと当該他の各構えとを耐火構造の床若しくは壁又は<u>特定防火設備</u>で<u>第112条第14項第二号</u>に規定する構造であるもので区画しなければならない。

3　地下街の各構えは、地下道と耐火構造の床若しくは壁又は<u>特定防火設備</u>で<u>第112条第14項第二号</u>に規定する構造であるもので区画しなければならない。

4　略

5　第112条第5項から第11項まで及び第14項から第16項まで並びに<u>第129条の2の5第1項第七号</u>（第112条第15項に関する部分に限る。）の規定は、地下街の各構えについて準用する。この場合において、第112条第5項中「建築物の11階以上の部分で、各階の」とあるのは「地下街の各構えの部分で」と、同条第6項及び第7項中「建築物」とあるのは「地下街の各構え」と、同条第9項中「主要構造部を準耐火構造とし、かつ、地階又は3階以上の階に居室を有する建築物」とあるのは「地下街の各構え」と、「建築物の部分」とあるのは「地下街の各構えの部分」と、「準耐火構造」とあるのは「耐火構造」と、同条第10項中「準耐火構造」とあるのは「耐火構造」と、<u>第129条の2の5第1項第七号</u>中「<u>第115条の2の2第1項第一号</u>に掲げる基準に適合する準耐火構造」とあるのは「耐火構造」と読み替えるものとする。

6　略

改正：平成12年政令第312号　　　施行：平成13年1月6日
第128条の3　（地下街）

1　地下街の各構えは、次の各号に該当する地下道に2m以上接しなければならない。ただし、公衆便所、公衆電話所その他これらに類するものにあつては、その接する長さを2m未満とすることができる。
一　壁、柱、床、はり及び床版は、国土交通大臣が定める耐火に関する性能を有すること。
二～五　略
六　非常用の照明設備、排煙設備及び排水設備で<u>国土交通大臣</u>が定めた構造方法を用いるものを設けていること。

2～6　略

改正：平成27年政令第11号　　　施行：平成27年6月1日
第128条の3　（地下街）

1～4　略

5　第112条第5項から第11項まで及び第14項から第16項まで並びに第129条の2の5第1項第七号（第112条第15項に関する部分に限る。）の規定は、地下街の各構えについて準用する。この場合において、第112条第5項中「建築物の11階以上の部分で、各階の」とあるのは「地下街の各構えの部分で」と、同条第6項及び第7項中「建築物」とあるのは「地下街の各構え」と、同条第9項中「主要構造部を<u>準耐火構造とした建築物又は特定避難時間倒壊等防止建築物であつて、地階又は3階以上の階に居室を有するもの</u>」とあるのは「地下街の各構え」と、「建築物の部分」とあるのは「地下街の各構えの部分」と、「準耐火構造」とあるのは「耐火構造」と、同条第10項中「準耐火構造」とあるのは「耐火構造」と、第129条の2の5第1項第七号中「<u>1時間準耐火基準に適合する準耐火構造</u>」とあるのは「耐火構造」と読み替えるものとする。

6　略

改正：平成30年政令第255号　　　施行：平成30年9月25日
第128条の3　（地下街）

令128条の3　改正：平成30年政令第255号

1　略
2　地下街の各構えが当該地下街の他の各構えに接する場合においては、当該各構えと当該他の各構えとを耐火構造の床若しくは壁又は特定防火設備で第112条第13項第二号に規定する構造であるもので区画しなければならない。
3　地下街の各構えは、地下道と耐火構造の床若しくは壁又は特定防火設備で第112条第13項第二号に規定する構造であるもので区画しなければならない。
4　略
5　第112条第5項から第11項まで及び第13項から第15項まで並びに第129条の2の5第1項第七号（第112条第14項に関する部分に限る。）の規定は、地下街の各構えについて準用する。この場合において、第112条第5項中「建築物の11階以上の部分で、各階の」とあるのは「地下街の各構えの部分で」と、同条第6項及び第7項中「建築物」とあるのは「地下街の各構え」と、同条第9項中「主要構造部を準耐火構造とした建築物又は特定避難時間倒壊等防止建築物であつて、地階又は3階以上の階に居室を有するもの」とあるのは「地下街の各構え」と、「建築物の部分」とあるのは「地下街の各構えの部分」と、「準耐火構造」とあるのは「耐火構造」と、同条第10項中「準耐火構造」とあるのは「耐火構造」と、同号中「1時間準耐火基準に適合する準耐火構造」とあるのは「耐火構造」と読み替えるものとする。
6　略

改正：令和元年政令第30号　　　施行：令和元年6月25日
第128条の3　（地下街）

1　略
2　地下街の各構えが当該地下街の他の各構えに接する場合においては、当該各構えと当該他の各構えとを耐火構造の床若しくは壁又は特定防火設備で第112条第18項第二号に規定する構造であるもので区画しなければならない。
3　地下街の各構えは、地下道と耐火構造の床若しくは壁又は特定防火設備で第112条第18項第二号に規定する構造であるもので区画しなければならない。
4　略
5　第112条第6項から第10項まで、第13項、第15項、第16項及び第18項から第20項まで並びに第129条の2の4第1項第七号（第112条第19項に関する部分に限る。）の規定は、地下街の各構えについて準用する。この場合において、第112条第6項中「建築物の11階以上の部分で、各階の」とあるのは「地下街の各構えの部分で」と、同条第7項から第9項までの規定中「建築物」とあるのは「地下街の各構え」と、同条第10項中「主要構造部を準耐火構造とした建築物又は第136条の2第一号ロ若しくは第二号ロに掲げる基準に適合する建築物であつて、地階又は3階以上の階に居室を有するもの」とあるのは「地下街の各構え」と、「準耐火構造」とあるのは「耐火構造」と、同条第13項中「該当する建築物」とあるのは「規定する用途に供する地下街の各構え」と、同条第15項中「準耐火構造」とあるのは「耐火構造」と、同号中「1時間準耐火基準に適合する準耐火構造」とあるのは「耐火構造」と、「建築物」とあるのは「地下街の各構え」と読み替えるものとする。
6　略

改正：令和元年政令第181号　　　施行：令和2年4月1日
第128条の3　（地下街）

1　略
2　地下街の各構えが当該地下街の他の各構えに接する場合においては、当該各構えと当該他の各構えとを耐火構造の床若しくは壁又は特定防火設備で第112条第19項第二号に規定する構造であるもので区画しなければならない。
3　地下街の各構えは、地下道と耐火構造の床若しくは壁又は特定防火設備で第112条第19項第二号に規定する構造であるもので区画しなければならない。
4　略

5　第112条第7項から第11項まで、第14項、第16項、第17項及び第19項から第21項まで並びに第129条の2の4第1項第七号（第112条第20項に関する部分に限る。）の規定は、地下街の各構えについて準用する。この場合において、第112条第7項中「建築物の11階以上の部分で、各階の」とあるのは「地下街の各構えの部分で」と、同条第8項から第10項までの規定中「建築物」とあるのは「地下街の各構え」と、同条第11項中「主要構造部を準耐火構造とした建築物又は第136条の2第一号ロ若しくは第二号ロに掲げる基準に適合する建築物であつて、地階又は3階以上の階に居室を有するもの」とあるのは「地下街の各構え」と、「準耐火構造」とあるのは「耐火構造」と、同条第14項中「該当する建築物」とあるのは「規定する用途に供する地下街の各構え」と、同条第16項中「準耐火構造」とあるのは「耐火構造」と、同号中「1時間準耐火基準に適合する準耐火構造」とあるのは「耐火構造」と、「建築物」とあるのは「地下街の各構え」と読み替えるものとする。
6　略

改正：令和5年政令第280号　　　施行：令和6年4月1日
第128条の3　（地下街）

1　地下街の各構えは、次の各号に該当する地下道に2m以上接しなければならない。ただし、公衆便所、公衆電話所その他これらに類するものにあつては、その接する長さを2m未満とすることができる。
　一　壁、柱、床、はり及び床版は、国土交通大臣が定める耐火に関する性能を有すること。
　二　幅員5m以上、天井までの高さ3m以上で、かつ、段及び8分の1をこえる勾配の傾斜路を有しないこと。
　三　天井及び壁の内面の仕上げを不燃材料でし、かつ、その下地を不燃材料で造つていること。
　四　長さが60mをこえる地下道にあつては、避難上安全な地上に通ずる直通階段で第23条第1項の表の(2)に適合するものを各構えの接する部分からその一に至る歩行距離が30m以下となるように設けていること。
　五　末端は、当該地下道の幅員以上の幅員の出入口で道に通ずること。ただし、その末端の出入口が2以上ある場合においては、それぞれの出入口の幅員の合計が当該地下道の幅員以上であること。
　六　非常用の照明設備、排煙設備及び排水設備で国土交通大臣が定めた構造方法を用いるものを設けていること。
2　地下街の各構えが当該地下街の他の各構えに接する場合においては、当該各構えと当該他の各構えとを耐火構造の床若しくは壁又は特定防火設備で第112条第19項第二号に規定する構造であるもので区画しなければならない。
3　地下街の各構えは、地下道と耐火構造の床若しくは壁又は特定防火設備で第112条第19項第二号に規定する構造であるもので区画しなければならない。
4　地下街の各構えの居室の各部分から地下道（当該居室の各部分から直接地上へ通ずる通路を含む。）への出入口の一に至る歩行距離は、30m以下でなければならない。
5　第112条第7項から第11項まで、第14項、第16項、第17項及び第19項から第21項まで並びに第129条の2の4第1項第七号（第112条第20項に関する部分に限る。）の規定は、地下街の各構えについて準用する。この場合において、第112条第7項中「建築物の11階以上の部分で、各階の」とあるのは「地下街の各構えの部分で」と、同条第8項から第10項までの規定中「建築物」とあるのは「地下街の各構え」と、同条第11項中「主要構造部を準耐火構造とした建築物（特定主要構造部を耐火構造とした建築物を含む。）又は第136条の2第一号ロ若しくは第二号ロに掲げる基準に適合する建築物であつて、地階又は3階以上の階に居室を有するもの」とあるのは「地下街の各構え」と、「準耐火構造」とあるのは「耐火構造」と、同条第14項中「該当する建築物」とあるのは「規定する用途に供する地下街の各構え」と、同条第16項中「準耐火構造」とあるのは「耐火構造」と、同号中「1時間準耐火基準に適合する準耐火構造」とあるのは「耐火構造」と、「建築物」とあるのは「地下街の各構え」と読み替えるものとする。
6　地方公共団体は、他の工作物との関係その他周囲の状況により必要と認める場合においては、条例で、前各項に定める事項につき、これらの規定と異なる定めをすることができる。

令128条の3の2 制定：昭和45年政令第333号

[現行] 第5章の2　特殊建築物等の内装
(制定：昭和34年政令第344号)　第5章の2　特殊建築物等の内装

[現行]　第128条の3の2　（制限を受ける窓その他の開口部を有しない居室）

制定：昭和45年政令第333号　　　施行：昭和46年1月1日
第128条の3の2　（制限を受ける窓その他の開口部を有しない居室）

1　法第35条の2の規定により政令で定める窓その他の開口部を有しない居室は、次の各号の一に該当するものとする。
　一　床面積が50㎡をこえる居室で窓その他の開口部の開放できる部分（天井又は天井から下方80cm以内の距離にある部分に限る。）の面積の合計が、当該居室の床面積の50分の1未満のもの
　二　法第28条第1項ただし書に規定する温湿度調整を必要とする作業を行なう作業室その他用途上やむを得ない居室で同項本文の規定に適合しないもの

改正：昭和62年政令第348号　　　施行：昭和62年11月16日
第128条の3の2　（制限を受ける窓その他の開口部を有しない居室）

1　法第35条の2の規定により政令で定める窓その他の開口部を有しない居室は、次の各号の一に該当するもの（天井の高さが6mを超えるものを除く。）とする。
　一・二　略

改正：平成12年政令第211号　　　施行：平成12年6月1日
第128条の3の2　（制限を受ける窓その他の開口部を有しない居室）

1　法第35条の2（法第87条第3項において準用する場合を含む。次条において同じ。）の規定により政令で定める窓その他の開口部を有しない居室は、次の各号のいずれかに該当するもの（天井の高さが6mを超えるものを除く。）とする。
　一　床面積が50㎡を超える居室で窓その他の開口部の開放できる部分（天井又は天井から下方80cm以内の距離にある部分に限る。）の面積の合計が、当該居室の床面積の50分の1未満のもの
　二　法第28条第1項ただし書に規定する温湿度調整を必要とする作業を行う作業室その他用途上やむを得ない居室で同項本文の規定に適合しないもの

[現行]　第128条の4　（制限を受けない特殊建築物等）

制定：昭和34年政令第344号　　　施行：昭和34年12月23日
第128条の4　（制限を受けない特殊建築物等）

1　法第35条の2（法第87条第3項において準用する場合を含む。以下第2項において同様とする。）の規定により政令で定める特殊建築物は、次の各号に掲げるもの以外のものとする。
　一　次の表に掲げる特殊建築物

構造 用途	耐火建築物	簡易耐火建築物	その他の建築物
（1）法別表第1（い）欄（1）項に掲げる用途	客席の床面積の合計が400㎡以上のもの	客席の床面積の合計が100㎡以上のもの	客席の床面積の合計が100㎡以上のもの
（2）法別表第1（い）欄（2）項に掲げる用途	—	当該用途に供する2階の部分（病院については、その部分に患者の収容施設がある場合に限る。）の床面積の合計が300㎡	当該用途に供する部分の床面積の合計が200㎡以上のもの

改正：昭和44年政令第8号 **令128条の4**

			以上のもの	
（3）	法別表第1（い）欄（4）項に掲げる用途	－	当該用途に供する2階の部分の床面積の合計が500㎡以上のもの	当該用途に供する部分の床面積の合計が200㎡以上のもの

　　この表において、耐火建築物は、法第86条第2項の規定により耐火建築物とみなされるものを含み、簡易耐火建築物は、同項の規定により簡易耐火建築物とみなされるものを含む。

　二　自動車車庫の用途に供する特殊建築物
　三　地階又は地下工作物内に設ける居室その他これらに類する居室で法別表第1（い）欄（1）項、（2）項又は（4）項に掲げる用途に供するものを有する特殊建築物
2　法第35条の2の規定により政令で定める居室は、次の各号に掲げるもの以外のものとする。
　一　地階又は地下工作物内に設ける居室その他これらに類する居室で法第28条第1項本文の規定に適合しないもの
　二　法第28条第1項ただし書に規定する温湿度調整を必要とする作業を行う作業室その他用途上やむを得ない居室で同項本文の規定に適合しないもの。ただし、同一の建築物内において、当該居室の床面積の合計が、耐火建築物にあつては400㎡以上、その他の建築物にあつては100㎡以上である場合に限る。

改正：昭和36年政令第396号　　　施行：昭和36年12月4日
第128条の4　（制限を受けない特殊建築物等）

1　法第35条の2（法第87条第3項において準用する場合を含む。以下第2項において同様とする。）の規定により政令で定める特殊建築物は、次の各号に掲げるもの以外のものとする。
　一　次の表に掲げる特殊建築物

用途＼構造	耐火建築物	簡易耐火建築物	その他の建築物
（1）・（2）　略			
（3）法別表第1（い）欄（4）項に掲げる用途	<u>当該用途に供する3階以上の部分の床面積の合計が1,000㎡以上のもの</u>	当該用途に供する2階の部分の床面積の合計が500㎡以上のもの	当該用途に供する部分の床面積の合計が200㎡以上のもの

　　この表において、耐火建築物は、法第86条第2項の規定により耐火建築物とみなされるものを含み、簡易耐火建築物は、同項の規定により簡易耐火建築物とみなされるものを含む。

　二　自動車車庫<u>又は自動車修理工場</u>の用途に供する特殊建築物
　三　略
2　略

改正：昭和44年政令第8号　　　施行：昭和44年5月1日
第128条の4　（制限を受けない特殊建築物等）

1　法第35条の2（法第87条第3項において準用する場合を含む。以下第2項において同様とする。）の規定により政令で定める特殊建築物は、次の各号に掲げるもの以外のものとする。
　一　次の表に掲げる特殊建築物

用途＼構造	耐火建築物	簡易耐火建築物	その他の建築物
（1）　略			
（2）法別表第1（い）欄（2）項に掲げる用途	<u>当該用途に供する3階以上の部分の床面積の合計が300㎡以上のもの</u>	当該用途に供する2階の部分（病院については、その部分に患者の収容施設がある場合に限る。）	当該用途に供する部分の床面積の合計が200㎡以上のもの

令128条の4　改正：昭和44年政令第8号

		の床面積の合計が300㎡以上のもの	
（3）　略				

　　　この表において、耐火建築物は、法第86条第2項の規定により耐火建築物とみなされるものを含み、簡易耐火建築物は、同項の規定により簡易耐火建築物とみなされるものを含む。
　二・三　略
2　略

改正：昭和45年政令第333号　　　施行：昭和46年1月1日
第128条の4　（制限を受けない特殊建築物等）

1　法第35条の2（法第87条第3項において準用する場合を含む。<u>以下この条において同じ。</u>）の規定により政令で定める特殊建築物は、次の各号に掲げるもの以外のものとする。
　一　次の表に掲げる特殊建築物

用途＼構造	耐火建築物	簡易耐火建築物	その他の建築物
（1）～（3）　略			

　　　この表において、耐火建築物は、法第86条<u>第3項</u>の規定により耐火建築物とみなされるものを含み、簡易耐火建築物は、同項の規定により簡易耐火建築物とみなされるものを含む。
　二・三　略
2　法第35条の2の規定により政令で定める階数が3以上である建築物は、延べ面積が500㎡をこえるもの（学校又は体育館の用途に供するものを除く。）以外のものとする。
3　法第35条の2の規定により政令で定める延べ面積が1,000㎡をこえる建築物は、階数が2で延べ面積が1,000㎡をこえるもの又は階数が1で延べ面積が3,000㎡をこえるもの（学校又は体育館の用途に供するものを除く。）以外のものとする。
4　法第35条の2の規定により政令で定める建築物の調理室、浴室その他の室でかまど、こんろその他火を使用する設備又は器具を設けたものは、階数が2以上の住宅（住宅で事務所、店舗その他これらに類する用途を兼ねるものを含む。以下この項において同じ。）の用途に供する建築物（主要構造部を耐火構造としたものを除く。）の最上階以外の階又は住宅の用途に供する建築物以外の建築物（主要構造部を耐火構造としたものを除く。）に存する調理室、浴室、乾燥室、ボイラー室、作業室その他の室でかまど、こんろ、ストーブ、炉、ボイラー、内燃機関その他火を使用する設備又は器具を設けたもの（第129条において「内装の制限を受ける調理室等」という。）以外のものとする。

改正：昭和52年政令第266号　　　施行：昭和52年11月1日
第128条の4　（制限を受けない特殊建築物等）

1　法第35条の2（法第87条第3項において準用する場合を含む。以下この条において同じ。）の規定により政令で定める特殊建築物は、次の各号に掲げるもの以外のものとする。
　一　次の表に掲げる特殊建築物

用途＼構造	耐火建築物	簡易耐火建築物	その他の建築物
（1）　略			
（2）　法別表第1（い）欄（2）項に掲げる用途	当該用途に供する3階以上の部分の床面積の合計が300㎡以上のもの	当該用途に供する2階の部分（病院<u>又は診療所</u>については、その部分に患者の収容施設がある場合に限る。）の床面積の合計が300㎡以上のもの	当該用途に供する部分の床面積の合計が200㎡以上のもの

	（３）　略
	この表において、耐火建築物は、法第86条第２項の規定により耐火建築物とみなされるものを含み、簡易耐火建築物は、同項の規定により簡易耐火建築物とみなされるものを含む。

　二・三　略
２～４　略

改正：昭和62年政令第348号　　　　施行：昭和62年11月16日

第128条の４　（制限を受けない特殊建築物等）

１　法第35条の２（法第87条第３項において準用する場合を含む。以下この条において同じ。）の規定により政令で定める特殊建築物は、次の各号に掲げるもの以外のものとする。
　　一　次の表に掲げる特殊建築物

用途＼構造	耐火建築物	簡易耐火建築物	その他の建築物
（１）～（３）　略			
この表において、耐火建築物は、法第86条<u>第７項</u>の規定により耐火建築物とみなされるものを含み、簡易耐火建築物は、同項の規定により簡易耐火建築物とみなされるものを含む。			

　二・三　略
２　法第35条の２の規定により政令で定める階数が３以上である建築物は、延べ面積が500㎡を<u>超えるもの</u>（<u>学校等</u>の用途に供するものを除く。）以外のものとする。
３　法第35条の２の規定により政令で定める延べ面積が1,000㎡を<u>超える</u>建築物は、階数が２で延べ面積が1,000㎡を<u>超えるもの</u>又は階数が１で延べ面積が3,000㎡を<u>超えるもの</u>（<u>学校等</u>の用途に供するものを除く。）以外のものとする。
４　略

改正：平成５年政令第170号　　　　施行：平成５年６月25日

第128条の４　（制限を受けない特殊建築物等）

１　法第35条の２（法第87条第３項において準用する場合を含む。以下この条において同じ。）の規定により政令で定める特殊建築物は、<u>次</u>に掲げるもの以外のものとする。
　　一　次の表に掲げる特殊建築物

用途＼構造	耐火建築物	<u>準耐火建築物</u>	その他の建築物
（１）～（３）　略			
<u>一</u>　この表において、耐火建築物は、法第86条<u>第８項</u>の規定により耐火建築物とみなされるものを含み、<u>準耐火建築物</u>は、同項の規定により<u>準耐火建築物</u>とみなされるものを含む。			
<u>二</u>　この表において、<u>第115条の２の２第１項第一号に掲げる技術的基準に適合する準耐火建築物の下宿、共同住宅又は寄宿舎の用途に供する部分は、耐火建築物の部分とみなす。</u>			

　二・三　略
２～４　略

改正：平成９年政令第325号　　　　施行：平成９年11月８日

第128条の４　（制限を受けない特殊建築物等）

１　法第35条の２（法第87条第３項において準用する場合を含む。以下この条において同じ。）の規定により政令で定める特殊建築物は、次に掲げるもの以外のものとする。
　　一　次の表に掲げる特殊建築物

用途＼構造	耐火建築物	準耐火建築物	その他の建築物

令128条の4　改正：平成9年政令第325号

構造 用途			
（1）〜（3）略			
一　この表において、耐火建築物は、法第86条<u>第9項</u>の規定により耐火建築物とみなされるものを含み、準耐火建築物は、同項の規定により準耐火建築物とみなされるものを含む。 二　略			

　　二・三　略
2〜4　略

改正：平成11年政令第5号　　　施行：平成11年5月1日
第128条の4　（制限を受けない特殊建築物等）

1　法第35条の2（法第87条第3項において準用する場合を含む。以下この条において同じ。）の規定により政令で定める特殊建築物は、次に掲げるもの以外のものとする。
　一　次の表に掲げる特殊建築物

構造 用途	耐火建築物	準耐火建築物	その他の建築物
（1）〜（3）略			
一　この表において、耐火建築物は、<u>法第86条の4</u>の規定により耐火建築物とみなされるものを含み、準耐火建築物は、<u>同条</u>の規定により準耐火建築物とみなされるものを含む。 二　略			

　　二・三　略
2〜4　略

改正：平成12年政令第211号　　　施行：平成12年6月1日
第128条の4　（制限を受けない特殊建築物等）

1　<u>法第35条の2の規定により政令で定める特殊建築物は、次に掲げるもの以外のものとする。</u>
　一〜三　略
2〜4　略

改正：平成27年政令第11号　　　施行：平成27年6月1日
第128条の4　（制限を受けない特殊建築物等）

1　法第35条の2の規定により政令で定める特殊建築物は、次に掲げるもの以外のものとする。
　一　次の表に掲げる特殊建築物

構造 用途	<u>耐火建築物又は法第27条第1項の規定に適合する特殊建築物（特定避難時間が1時間未満である特定避難時間倒壊等防止建築物を除く。）</u>	<u>準耐火建築物又は特定避難時間が45分間以上1時間未満である特定避難時間倒壊等防止建築物</u>	その他の建築物
（1）〜（3）	略	略	略
<u>この表において、耐火建築物は、法第86条の4の規定により耐火建築物とみなされるものを含み、準耐火建築物は、同条の規定により準耐火建築物とみなされるものを含む。</u>			

　　二・三　略

2〜4　略

改正：平成28年政令第6号　　　施行：平成28年6月1日
第128条の4　（制限を受けない特殊建築物等）

1〜3　略
4　法第35条の2の規定により政令で定める建築物の調理室、浴室その他の室でかまど、こんろその他火を使用する設備又は器具を設けたものは、階数が2以上の住宅（住宅で事務所、店舗その他これらに類する用途を兼ねるものを含む。以下この項において同じ。）の用途に供する建築物（主要構造部を耐火構造としたものを除く。）の最上階以外の階又は住宅の用途に供する建築物以外の建築物（主要構造部を耐火構造としたものを除く。）に存する調理室、浴室、乾燥室、ボイラー室、作業室その他の室でかまど、こんろ、ストーブ、炉、ボイラー、内燃機関その他火を使用する設備又は器具を設けたもの（次条第6項において「内装の制限を受ける調理室等」という。）以外のものとする。

改正：令和元年政令第30号　　　施行：令和元年6月25日
第128条の4　（制限を受けない特殊建築物等）

1　法第35条の2の規定により政令で定める特殊建築物は、次に掲げるもの以外のものとする。
　一　次の表に掲げる特殊建築物

用途＼構造	主要構造部を耐火構造とした建築物又は法第2条第九号の三イに該当する建築物（1時間準耐火基準に適合するものに限る。）	法第2条第九号の三イ又はロのいずれかに該当する建築物（1時間準耐火基準に適合するものを除く。）	その他の建築物
(1) (2)	略	略	略	略
(3)	法別表第1（い）欄（4）項に掲げる用途	当該用途に供する3階以上の部分の床面積の合計が1,000㎡以上のもの	当該用途に供する2階の部分の床面積の合計が500㎡以上のもの	当該用途に供する部分の床面積の合計が200㎡以上のもの

　二・三　略
2〜4　略

改正：令和5年政令第280号　　　施行：令和6年4月1日
第128条の4　（制限を受けない特殊建築物等）

1　法第35条の2の規定により政令で定める特殊建築物は、次に掲げるもの以外のものとする。
　一　次の表に掲げる特殊建築物

用途＼構造	法第2条第九号の三イに該当する建築物（特定主要構造部を耐火構造とした建築物を含む。）であつて1時間準耐火基準に適合するもの	法第2条第九号の三イ又はロのいずれかに該当する建築物であつて1時間準耐火基準に適合しないもの	その他の建築物
(1)	法別表第1（い）欄（1）項に掲げる用途	客席の床面積の合計が400㎡以上のもの	客席の床面積の合計が100㎡以上のもの	客席の床面積の合計が100㎡以上のもの
(2)	法別表第1（い）欄（2）項に掲げる用途	当該用途に供する3階以上の部分の床面積の合計が300㎡以上のもの	当該用途に供する2階の部分（病院又は診療所については、その部分に患	当該用途に供する部分の床面積の合計が200㎡以上のもの

令128条の4　改正：令和5年政令第280号

			者の収容施設がある場合に限る。）の床面積の合計が300㎡以上のもの	
（3）	法別表第1（い）欄（4）項に掲げる用途	当該用途に供する3階以上の部分の床面積の合計が1,000㎡以上のもの	当該用途に供する2階の部分の床面積の合計が500㎡以上のもの	当該用途に供する部分の床面積の合計が200㎡以上のもの

　二　自動車車庫又は自動車修理工場の用途に供する特殊建築物
　三　地階又は地下工作物内に設ける居室その他これらに類する居室で法別表第1（い）欄（1）項、（2）項又は（4）項に掲げる用途に供するものを有する特殊建築物
2　法第35条の2の規定により政令で定める階数が3以上である建築物は、延べ面積が500㎡を超えるもの（学校等の用途に供するものを除く。）以外のものとする。
3　法第35条の2の規定により政令で定める延べ面積が1,000㎡を超える建築物は、階数が2で延べ面積が1,000㎡を超えるもの又は階数が1で延べ面積が3,000㎡を超えるもの（学校等の用途に供するものを除く。）以外のものとする。
4　法第35条の2の規定により政令で定める建築物の調理室、浴室その他の室でかまど、こんろその他火を使用する設備又は器具を設けたものは、階数が2以上の住宅（住宅で事務所、店舗その他これらに類する用途を兼ねるものを含む。以下この項において同じ。）の用途に供する建築物（<u>特定主要構造部を耐火構造としたものを除く。</u>）の最上階以外の階又は住宅の用途に供する建築物以外の建築物（<u>特定主要構造部を耐火構造としたものを除く。</u>）に存する調理室、浴室、乾燥室、ボイラー室、作業室その他の室でかまど、こんろ、ストーブ、炉、ボイラー、内燃機関その他火を使用する設備又は器具を設けたもの（次条第6項において「内装の制限を受ける調理室等」という。）以外のものとする。

［現行］　第128条の5　（特殊建築物等の内装）

制定：昭和34年政令第344号　　　施行：昭和34年12月23日
旧　129条　（特殊建築物等の内装）

1　前条第1項第一号に掲げる特殊建築物は、当該各用途に供する居室及びこれから地上に通ずる主たる廊下、階段その他の通路の壁（床面からの高さが1.2m以下の部分を除く。以下この条において同様とする。）及び天井（天井のない場合においては、屋根。以下この条において同じとする。）の室内に面する部分（回り縁、窓台その他これらに類する部分を除く。以下この条において同じとする。）の仕上げを不燃材料、準不燃材料又は難燃材料でしなければならない。
2　前条第1項第二号に掲げる特殊建築物は、当該用途に供する部分及びこれから地上に通ずる主たる通路の壁及び天井の室内に面する部分の仕上げを不燃材料又は準不燃材料でしなければならない。
3　前条第1項第三号に掲げる特殊建築物は、同号に規定する居室及びこれから地上に通ずる主たる廊下、階段その他の通路の壁及び天井の室内に面する部分の仕上げを不燃材料又は準不燃材料でしなければならない。
4　前条第2項各号に掲げる居室は、その壁及び天井の室内に面する部分の仕上げを不燃材料又は準不燃材料でしなければならない。ただし、同項第二号に掲げる居室で適当な排煙のための設備を設けたものについては、難燃材料ですることができる。
5　前各項の規定は、自動式スプリンクラーを設備した建築物の部分については、適用しない。

改正：昭和36年政令第396号　　　施行：昭和36年12月4日
旧　129条　（特殊建築物等の内装）

1　略
2　前条第1項第二号に掲げる特殊建築物は、<u>当該各用途</u>に供する部分及びこれから地上に通ずる主たる通路の壁及び天井の室内に面する部分の仕上げを<u>不燃材料</u>、<u>準不燃材料又は難燃材料</u>でしなければならない。
3・4　略

5　前各項の規定は、スプリンクラー設備、水噴霧消火設備、泡（あわ）消火設備その他これらに類するもので自動式のものを設けた建築物の部分については、適用しない。

改正：昭和39年政令第4号　　　施行：昭和39年1月15日
旧　第129条　（特殊建築物等の内装）

1～3　略
4　高さ31mをこえる建築物は、居室及びこれから地上に通ずる主たる廊下、階段その他の通路の壁及び天井の室内に面する部分の仕上げを不燃材料、準不燃材料又は難燃材料でしなければならない。ただし、地階を除く階数が14以下である建築物の10階以下の部分については、この限りでない。
5　前条第2項各号に掲げる居室は、その壁及び天井の室内に面する部分の仕上げを不燃材料又は準不燃材料でしなければならない。ただし、同項第二号に掲げる居室で適当な排煙のための設備を設けたものについては、難燃材料ですることができる。
6　前各項の規定は、スプリンクラー設備、水噴霧消火設備、泡（あわ）消火設備その他これらに類するもので自動式のものを設けた建築物の部分については、適用しない。

改正：昭和44年政令第8号　　　施行：昭和44年5月1日
旧　第129条　（特殊建築物等の内装）

1　前条第1項第一号に掲げる特殊建築物は、当該各用途に供する居室（法別表第1（い）欄（2）項に掲げる用途に供する特殊建築物が耐火建築物である場合にあつては、当該用途に供する特殊建築物の部分で床面積の合計100㎡以内ごとに耐火構造の床若しくは壁又は甲種防火戸若しくは乙種防火戸で区画されている部分の居室を除く。）の壁（床面からの高さが1.2m以下の部分を除く。以下この条において同様とする。）及び天井（天井のない場合においては、屋根。以下この条において同様とする。）の室内に面する部分（回り縁、窓台その他これらに類する部分を除く。以下この条において同様とする。）の仕上げを不燃材料、準不燃材料又は難燃材料で、当該各用途に供する居室から地上に通ずる主たる廊下、階段その他の通路の壁及び天井の室内に面する部分の仕上げを不燃材料又は準不燃材料でしなければならない。
2　前条第1項第二号に掲げる特殊建築物は、当該各用途に供する部分及びこれから地上に通ずる主たる通路の壁及び天井の室内に面する部分の仕上げを不燃材料又は準不燃材料でしなければならない。
3　略
4　高さ31mをこえる建築物は、居室の壁及び天井の室内に面する部分の仕上げを不燃材料、準不燃材料又は難燃材料で、居室から地上に通ずる主たる廊下、階段その他の通路の壁及び天井の室内に面する部分の仕上げを不燃材料又は準不燃材料でしなければならない。ただし、地階を除く階数が14以下である建築物の10階以下の部分については、この限りでない。
5　前条第2項各号に掲げる居室は、その壁及び天井の室内に面する部分の仕上げを不燃材料又は準不燃材料でしなければならない。
6　前各項の規定は、スプリンクラー設備、水噴霧消火設備、泡（あわ）消火設備その他これらに類するもので自動式のもの及び建設大臣の定める基準に適合する排煙設備を設けた建築物の部分については、適用しない。

改正：昭和45年政令第333号　　　施行：昭和46年1月1日
旧　第129条　（特殊建築物等の内装）

1　前条第1項第一号に掲げる特殊建築物は、当該各用途に供する居室（法別表第1（い）欄（2）項に掲げる用途に供する特殊建築物が耐火建築物である場合にあつては、当該用途に供する特殊建築物の部分で床面積の合計100㎡以内ごとに耐火構造の床若しくは壁又は甲種防火戸若しくは乙種防火戸で区画されている部分の居室を除く。）の壁（床面からの高さが1.2m以下の部分を除く。第4項において同じ。）及び天井（天井のない場合においては、屋根。以下この条において同じ。）の室内に面する部分（回り縁、窓台その他これらに類する部分を除く。以下この条において同じ。）の仕上げを不燃材料、準不燃材料又は難燃材料で、当該各用途に供する居室から地上に通ずる主たる廊下、階段その他の通路の壁及び天井の室内に面する部分

令旧129条　改正：昭和45年政令第333号

の仕上げを不燃材料又は準不燃材料でしなければならない。
2・3　略
4　階数が3以上で延べ面積が500㎡をこえる建築物、階数が2で延べ面積が1,000㎡をこえる建築物又は階数が1で延べ面積が3,000㎡をこえる建築物（学校又は体育館の用途に供するものを除く。）は、居室の壁及び天井の室内に面する部分の仕上げを不燃材料、準不燃材料又は難燃材料で、居室から地上に通ずる主たる廊下、階段その他の通路の壁及び天井の室内に面する部分の仕上げを不燃材料又は準不燃材料でしなければならない。ただし、法別表第1（い）欄（2）項に掲げる用途に供する特殊建築物の高さ31m以下の部分については、この限りでない。
5　第128条の3の2各号の一に該当する居室を有する建築物は、当該居室及びこれから地上に通ずる主たる廊下、階段その他の通路の壁及び天井の室内に面する部分の仕上げを不燃材料又は準不燃材料でしなければならない。
6　内装の制限を受ける調理室等は、その壁及び天井の室内に面する部分の仕上げを不燃材料又は準不燃材料でしなければならない。
7　前各項の規定は、スプリンクラー設備、水噴霧消火設備、泡（あわ）消火設備その他これらに類するもので自動式のもの及び第126条の3の規定に適合する排煙設備を設けた建築物の部分については、適用しない。

改正：昭和48年政令第242号　　施行：昭和49年1月1日
旧　第129条　（特殊建築物等の内装）

1　前条第1項第一号に掲げる特殊建築物は、当該各用途に供する居室（法別表第1（い）欄（2）項に掲げる用途に供する特殊建築物が耐火建築物である場合にあつては、当該用途に供する特殊建築物の部分で床面積の合計100㎡以内ごとに耐火構造の床若しくは壁又は甲種防火戸若しくは乙種防火戸で区画されている部分の居室を除く。）の壁（床面からの高さが1.2m以下の部分を除く。第4項において同じ。）及び天井（天井のない場合においては、屋根。以下この条において同じ。）の室内に面する部分（回り縁、窓台その他これらに類する部分を除く。以下この条において同じ。）の仕上げを不燃材料、準不燃材料又は難燃材料（3階以上の階に居室を有する建築物の当該各用途に供する居室の天井の室内に面する部分にあつては、不燃材料又は準不燃材料）で、当該各用途に供する居室から地上に通ずる主たる廊下、階段その他の通路の壁及び天井の室内に面する部分の仕上げを不燃材料又は準不燃材料でしなければならない。
2〜7　略

改正：昭和62年政令第348号　　施行：昭和62年11月16日
旧　第129条　（特殊建築物等の内装）

1　前条第1項第一号に掲げる特殊建築物は、当該各用途に供する居室（法別表第1（い）欄（2）項に掲げる用途に供する特殊建築物が耐火建築物である場合にあつては、当該用途に供する特殊建築物の部分で床面積の合計100㎡（共同住宅の住戸にあつては、200㎡）以内ごとに耐火構造の床若しくは壁又は甲種防火戸若しくは乙種防火戸で区画されている部分の居室を除く。）の壁（床面からの高さが1.2m以下の部分を除く。第4項において同じ。）及び天井（天井のない場合においては、屋根。以下この条において同じ。）の室内に面する部分（回り縁、窓台その他これらに類する部分を除く。以下この条において同じ。）の仕上げを不燃材料、準不燃材料又は難燃材料（3階以上の階に居室を有する建築物の当該各用途に供する居室の天井の室内に面する部分にあつては、不燃材料又は準不燃材料）で、当該各用途に供する居室から地上に通ずる主たる廊下、階段その他の通路の壁及び天井の室内に面する部分の仕上げを不燃材料又は準不燃材料でしなければならない。
2・3　略
4　階数が3以上で延べ面積が500㎡を超える建築物、階数が2で延べ面積が1,000㎡を超える建築物又は階数が1で延べ面積が3,000㎡を超える建築物（学校等の用途に供するものを除く。）は、居室（床面積の合計100㎡以内ごとに耐火構造の床若しくは壁又は常時閉鎖式防火戸である甲種防火戸若しくは乙種防火戸若しくはその他の甲種防火戸若しくは乙種防火戸で第112条第14項第一号、第二号及び第四号に定める構造のもので区画され、かつ、法別表第1（い）欄に掲げる用途に供しない部分の居室で、耐火建築物の高さが31m

以下の部分にあるものを除く。）の壁及び天井の室内に面する部分の仕上げを不燃材料、準不燃材料又は難燃材料で、居室から地上に通ずる主たる廊下、階段その他の通路の壁及び天井の室内に面する部分の仕上げを不燃材料又は準不燃材料でしなければならない。ただし、法別表第１（い）欄（２）項に掲げる用途に供する特殊建築物の高さ31m以下の部分については、この限りでない。

5　第128条の３の２に規定する居室を有する建築物は、当該居室及びこれから地上に通ずる主たる廊下、階段その他の通路の壁及び天井の室内に面する部分の仕上げを不燃材料又は準不燃材料でしなければならない。

6・7　略

改正：平成５年政令第170号　　　施行：平成５年６月25日
旧　第129条　（特殊建築物等の内装）

1　前条第１項第一号に掲げる特殊建築物は、当該各用途に供する居室（法別表第１（い）欄（２）項に掲げる用途に供する特殊建築物が耐火建築物又は法第２条第九号の三イに該当する準耐火建築物である場合にあつては、当該用途に供する特殊建築物の部分で床面積の合計100㎡（共同住宅の住戸にあつては、200㎡）以内ごとに耐火構造若しくは準耐火構造の床若しくは壁又は甲種防火戸若しくは乙種防火戸で区画されている部分の居室を除く。）の壁（床面からの高さが1.2m以下の部分を除く。第４項において同じ。）及び天井（天井のない場合においては、屋根。以下この条において同じ。）の室内に面する部分（回り縁、窓台その他これらに類する部分を除く。以下この条において同じ。）の仕上げを不燃材料、準不燃材料又は難燃材料（３階以上の階に居室を有する建築物の当該各用途に供する居室の天井の室内に面する部分にあつては、不燃材料又は準不燃材料）で、当該各用途に供する居室から地上に通ずる主たる廊下、階段その他の通路の壁及び天井の室内に面する部分の仕上げを不燃材料又は準不燃材料でしなければならない。

2・3　略

4　階数が３以上で延べ面積が500㎡を超える建築物、階数が２で延べ面積が1,000㎡を超える建築物又は階数が１で延べ面積が3,000㎡を超える建築物（学校等の用途に供するものを除く。）は、居室（床面積の合計100㎡以内ごとに耐火構造若しくは準耐火構造の床若しくは壁又は常時閉鎖式防火戸である甲種防火戸若しくは乙種防火戸若しくはその他の甲種防火戸若しくは乙種防火戸で第112条第14項第一号、第二号及び第四号に定める構造のもので区画され、かつ、法別表第１（い）欄に掲げる用途に供しない部分の居室で、耐火建築物又は法第２条第九号の三イに該当する準耐火建築物の高さが31m以下の部分にあるものを除く。）の壁及び天井の室内に面する部分の仕上げを不燃材料、準不燃材料又は難燃材料で、居室から地上に通ずる主たる廊下、階段その他の通路の壁及び天井の室内に面する部分の仕上げを不燃材料又は準不燃材料でしなければならない。ただし、同表（い）欄（２）項に掲げる用途に供する特殊建築物の高さ31m以下の部分については、この限りでない。

5～7　略

改正：平成12年政令第211号　　　施行：平成12年６月１日
旧　第129条　（特殊建築物等の内装）

1　前条第１項第一号に掲げる特殊建築物は、当該各用途に供する居室（法別表第１（い）欄（２）項に掲げる用途に供する特殊建築物が耐火建築物又は法第２条第九号の三イに該当する準耐火建築物である場合にあつては、当該用途に供する特殊建築物の部分で床面積の合計100㎡（共同住宅の住戸にあつては、200㎡）以内ごとに準耐火構造の床若しくは壁又は法第２条第九号の二ロに規定する防火設備で区画されている部分の居室を除く。）の壁（床面からの高さが1.2m以下の部分を除く。第４項において同じ。）及び天井（天井のない場合においては、屋根。以下この条において同じ。）の室内に面する部分（回り縁、窓台その他これらに類する部分を除く。以下この条において同じ。）の仕上げを第一号に掲げる仕上げと、当該各用途に供する居室から地上に通ずる主たる廊下、階段その他の通路の壁及び天井の室内に面する部分の仕上げを第二号に掲げる仕上げとしなければならない。
　一　次のイ又はロに掲げる仕上げ
　　イ　難燃材料（３階以上の階に居室を有する建築物の当該各用途に供する居室の天井の室内に面する部分にあつては、準不燃材料）でしたもの

令旧129条　改正：平成12年政令第211号

　　ロ　イに掲げる仕上げに準ずるものとして建設大臣が定める方法により建設大臣が定める材料の組合せによつてしたもの
　二　次のイ又はロに掲げる仕上げ
　　イ　準不燃材料でしたもの
　　ロ　イに掲げる仕上げに準ずるものとして建設大臣が定める方法により建設大臣が定める材料の組合せによつてしたもの
2　前条第1項第二号に掲げる特殊建築物は、当該各用途に供する部分及びこれから地上に通ずる主たる通路の壁及び天井の室内に面する部分の仕上げを<u>前項第二号に掲げる仕上げ</u>としなければならない。
3　前条第1項第三号に掲げる特殊建築物は、同号に規定する居室及びこれから地上に通ずる主たる廊下、階段その他の通路の壁及び天井の室内に面する部分の仕上げを<u>第1項第二号に掲げる仕上げ</u>としなければならない。
4　階数が3以上で延べ面積が500㎡を超える建築物、階数が2で延べ面積が1,000㎡を超える建築物又は階数が1で延べ面積が3,000㎡を超える建築物（学校等の用途に供するものを除く。）は、居室（床面積の合計100㎡以内ごとに<u>準耐火構造の床若しくは壁又は法第2条第九号の二ロに規定する防火設備で第112条第14項第二号に規定する構造であるもので区画され</u>、かつ、法別表第1（い）欄に掲げる用途に供しない部分の居室で、耐火建築物又は法第2条第九号の三イに該当する準耐火建築物の高さが31m以下の部分にあるものを除く。）の壁及び天井の室内に面する部分の仕上げを<u>次の各号のいずれかに掲げる仕上げ</u>と、居室から地上に通ずる主たる廊下、階段その他の通路の壁及び天井の室内に面する部分の仕上げを<u>第1項第二号に掲げる仕上げ</u>としなければならない。ただし、同表（い）欄（2）項に掲げる用途に供する特殊建築物の高さ31m以下の部分については、この限りでない。
　一　<u>難燃材料でしたもの</u>
　二　<u>前号に掲げる仕上げに準ずるものとして建設大臣が定める方法により建設大臣が定める材料の組合せでしたもの</u>
5　第128条の3の2に規定する居室を有する建築物は、当該居室及びこれから地上に通ずる主たる廊下、階段その他の通路の壁及び天井の室内に面する部分の仕上げを<u>第1項第二号に掲げる仕上げ</u>としなければならない。
6　内装の制限を受ける調理室等は、その壁及び天井の室内に面する部分の仕上げを<u>第1項第二号に掲げる仕上げ</u>としなければならない。
7　略

改正：平成12年政令第312号　　　施行：平成13年1月6日
旧　第129条　（特殊建築物等の内装）

1　前条第1項第一号に掲げる特殊建築物は、当該各用途に供する居室（法別表第1（い）欄（2）項に掲げる用途に供する特殊建築物が耐火建築物又は法第2条第九号の三イに該当する準耐火建築物である場合にあつては、当該用途に供する特殊建築物の部分で床面積の合計100㎡（共同住宅の住戸にあつては、200㎡）以内ごとに準耐火構造の床若しくは壁又は法第2条第九号の二ロに規定する防火設備で区画されている部分の居室を除く。）の壁（床面からの高さが1.2m以下の部分を除く。第4項において同じ。）及び天井（天井のない場合においては、屋根。以下この条において同じ。）の室内に面する部分（回り縁、窓台その他これらに類する部分を除く。以下この条において同じ。）の仕上げを第一号に掲げる仕上げと、当該各用途に供する居室から地上に通ずる主たる廊下、階段その他の通路の壁及び天井の室内に面する部分の仕上げを第二号に掲げる仕上げとしなければならない。
　一　次のイ又はロに掲げる仕上げ
　　イ　略
　　ロ　イに掲げる仕上げに準ずるものとして<u>国土交通大臣</u>が定める方法により<u>国土交通大臣</u>が定める材料の組合せによつてしたもの
　二　次のイ又はロに掲げる仕上げ
　　イ　略
　　ロ　イに掲げる仕上げに準ずるものとして<u>国土交通大臣</u>が定める方法により<u>国土交通大臣</u>が定める材料の組合せによつてしたもの

2・3 略
4 階数が3以上で延べ面積が500㎡を超える建築物、階数が2で延べ面積が1,000㎡を超える建築物又は階数が1で延べ面積が3,000㎡を超える建築物（学校等の用途に供するものを除く。）は、居室（床面積の合計100㎡以内ごとに準耐火構造の床若しくは壁又は法第2条第九号の二ロに規定する防火設備で第112条第14項第二号に規定する構造であるもので区画され、かつ、法別表第1（い）欄に掲げる用途に供しない部分の居室で、耐火建築物又は法第2条第九号の三イに該当する準耐火建築物の高さが31m以下の部分にあるものを除く。）の壁及び天井の室内に面する部分の仕上げを次の各号のいずれかに掲げる仕上げと、居室から地上に通ずる主たる廊下、階段その他の通路の壁及び天井の室内に面する部分の仕上げを第1項第二号に掲げる仕上げとしなければならない。ただし、同表（い）欄（2）項に掲げる用途に供する特殊建築物の高さ31m以下の部分については、この限りでない。
　一　略
　二　前号に掲げる仕上げに準ずるものとして国土交通大臣が定める方法により国土交通大臣が定める材料の組合せでしたもの
5～7　略

改正：平成27年政令第11号　　　施行：平成27年6月1日
旧　第129条　（特殊建築物等の内装）

1 前条第1項第一号に掲げる特殊建築物は、当該各用途に供する居室（法別表第1（い）欄（2）項に掲げる用途に供する特殊建築物が耐火建築物、法第2条第九号の三イに該当する準耐火建築物又は法第27条第1項の規定に適合する特殊建築物（特定避難時間が45分間未満である特定避難時間倒壊等防止建築物を除く。第4項において同じ。）である場合にあつては、当該用途に供する特殊建築物の部分で床面積の合計100㎡（共同住宅の住戸にあつては、200㎡）以内ごとに準耐火構造の床若しくは壁又は法第2条第九号の二ロに規定する防火設備で区画されている部分の居室を除く。）の壁（床面からの高さが1.2m以下の部分を除く。第4項において同じ。）及び天井（天井のない場合においては、屋根。以下この条において同じ。）の室内に面する部分（回り縁、窓台その他これらに類する部分を除く。以下この条において同じ。）の仕上げを第一号に掲げる仕上げと、当該各用途に供する居室から地上に通ずる主たる廊下、階段その他の通路の壁及び天井の室内に面する部分の仕上げを第二号に掲げる仕上げとしなければならない。
　一・二　略
2・3　略
4 階数が3以上で延べ面積が500㎡を超える建築物、階数が2で延べ面積が1,000㎡を超える建築物又は階数が1で延べ面積が3,000㎡を超える建築物（学校等の用途に供するものを除く。）は、居室（床面積の合計100㎡以内ごとに準耐火構造の床若しくは壁又は法第2条第九号の二ロに規定する防火設備で第112条第14項第二号に規定する構造であるもので区画され、かつ、法別表第1（い）欄に掲げる用途に供しない部分の居室で、耐火建築物、法第2条第九号の三イに該当する準耐火建築物又は法第27条第1項の規定に適合する特殊建築物の高さが31m以下の部分にあるものを除く。）の壁及び天井の室内に面する部分の仕上げを次の各号のいずれかに掲げる仕上げと、居室から地上に通ずる主たる廊下、階段その他の通路の壁及び天井の室内に面する部分の仕上げを第1項第二号に掲げる仕上げとしなければならない。ただし、同表（い）欄（2）項に掲げる用途に供する特殊建築物の高さ31m以下の部分については、この限りでない。
　一　難燃材料でしたもの
　二　前号に掲げる仕上げに準ずるものとして国土交通大臣が定める方法により国土交通大臣が定める材料の組合せでしたもの
5～7　略

改正：平成28年政令第6号　　　施行：平成28年6月1日
第128条の5　（特殊建築物等の内装）

1～6　略
7 前各項の規定は、スプリンクラー設備、水噴霧消火設備、泡消火設備その他これらに類するもので自動式のもの及び第126条の3の規定に適合する排煙設備を設けた建築物の部分については、適用しない。

令128条の5　改正：平成30年政令第255号

改正：平成30年政令第255号　　　施行：平成30年9月25日
第128条の5　（特殊建築物等の内装）

1～3　略
4　階数が3以上で延べ面積が500㎡を超える建築物、階数が2で延べ面積が1,000㎡を超える建築物又は階数が1で延べ面積が3,000㎡を超える建築物（学校等の用途に供するものを除く。）は、居室（床面積の合計100㎡以内ごとに準耐火構造の床若しくは壁又は法第2条第九号の二ロに規定する防火設備で<u>第112条第13項第二号</u>に規定する構造であるもので区画され、かつ、法別表第1（い）欄に掲げる用途に供しない部分の居室で、耐火建築物、法第2条第九号の三イに該当する準耐火建築物又は法第27条第1項の規定に適合する特殊建築物の高さが31ｍ以下の部分にあるものを除く。）の壁及び天井の室内に面する部分の仕上げを次の各号のいずれかに掲げる仕上げと、居室から地上に通ずる主たる廊下、階段その他の通路の壁及び天井の室内に面する部分の仕上げを第1項第二号に掲げる仕上げとしなければならない。ただし、同表（い）欄（2）項に掲げる用途に供する特殊建築物の高さ31ｍ以下の部分については、この限りでない。
　一　難燃材料でしたもの
　二　前号に掲げる仕上げに準ずるものとして国土交通大臣が定める方法により国土交通大臣が定める材料の組合せでしたもの
5～7　略

改正：令和元年政令第30号　　　施行：令和元年6月25日
第128条の5　（特殊建築物等の内装）

1　前条第1項第一号に掲げる特殊建築物は、当該各用途に供する居室（法別表第1（い）欄（2）項に掲げる用途に供する特殊建築物が<u>主要構造部を耐火構造とした建築物又は法第2条第九号の三イに該当する建築物</u>である場合にあつては、当該用途に供する特殊建築物の部分で床面積の合計100㎡（共同住宅の住戸にあつては、200㎡）以内ごとに準耐火構造の床若しくは壁又は法第2条第九号の二ロに規定する防火設備で区画されている部分の居室を除く。）の壁（床面からの高さが1.2ｍ以下の部分を除く。第4項において同じ。）及び天井（天井のない場合においては、屋根。以下この条において同じ。）の室内に面する部分（回り縁、窓台その他これらに類する部分を除く。以下この条において同じ。）の仕上げを第一号に掲げる仕上げと、当該各用途に供する居室から地上に通ずる主たる廊下、階段その他の通路の壁及び天井の室内に面する部分の仕上げを第二号に掲げる仕上げとしなければならない。
　一・二　略
2・3　略
4　階数が3以上で延べ面積が500㎡を超える建築物、階数が2で延べ面積が1,000㎡を超える建築物又は階数が1で延べ面積が3,000㎡を超える建築物（学校等の用途に供するものを除く。）は、居室（床面積の合計100㎡以内ごとに準耐火構造の床若しくは壁又は法第2条第九号の二ロに規定する防火設備で<u>第112条第18項第二号</u>に規定する構造であるもので区画され、かつ、法別表第1（い）欄に掲げる用途に供しない部分の居室で、<u>主要構造部を耐火構造とした建築物又は法第2条第九号の三イに該当する建築物</u>の高さが31ｍ以下の部分にあるものを除く。）の壁及び天井の室内に面する部分の仕上げを次の各号のいずれかに掲げる仕上げと、居室から地上に通ずる主たる廊下、階段その他の通路の壁及び天井の室内に面する部分の仕上げを第1項第二号に掲げる仕上げとしなければならない。ただし、同表（い）欄（2）項に掲げる用途に供する特殊建築物の高さ31ｍ以下の部分については、この限りでない。
　一・二　略
5～7　略

改正：令和元年政令第181号　　　施行：令和2年4月1日
第128条の5　（特殊建築物等の内装）

1～3　略
4　階数が3以上で延べ面積が500㎡を超える建築物、階数が2で延べ面積が1,000㎡を超える建築物又は階数が1で延べ面積が3,000㎡を超える建築物（学校等の用途に供するものを除く。）は、居室（床面積の合計100

㎡以内ごとに準耐火構造の床若しくは壁又は法第2条第九号の二ロに規定する防火設備で第112条第19項第二号に規定する構造であるもので区画され、かつ、法別表第1（い）欄に掲げる用途に供しない部分の居室で、主要構造部を耐火構造とした建築物又は法第2条第九号の三イに該当する建築物の高さが31m以下の部分にあるものを除く。）の壁及び天井の室内に面する部分の仕上げを次の各号のいずれかに掲げる仕上げと、居室から地上に通ずる主たる廊下、階段その他の通路の壁及び天井の室内に面する部分の仕上げを第1項第二号に掲げる仕上げとしなければならない。ただし、同表（い）欄（2）項に掲げる用途に供する特殊建築物の高さ31m以下の部分については、この限りでない。
　一・二　略
5・6　略
7　前各項の規定は、火災が発生した場合に避難上支障のある高さまで煙又はガスの降下が生じない建築物の部分として、床面積、天井の高さ並びに消火設備及び排煙設備の設置の状況及び構造を考慮して国土交通大臣が定めるものについては、適用しない。

改正：令和5年政令第280号　　　施行：令和6年4月1日
第128条の5　（特殊建築物等の内装）

1　前条第1項第一号に掲げる特殊建築物は、当該各用途に供する居室（法別表第1（い）欄（2）項に掲げる用途に供する特殊建築物が主要構造部を準耐火構造とした建築物（特定主要構造部を耐火構造とした建築物を含む。第4項において同じ。）である場合にあつては、当該用途に供する特殊建築物の部分で床面積の合計100㎡（共同住宅の住戸にあつては、200㎡）以内ごとに準耐火構造の床若しくは壁又は法第2条第九号の二ロに規定する防火設備で区画されている部分の居室を除く。）の壁（床面からの高さが1.2m以下の部分を除く。第4項において同じ。）及び天井（天井のない場合においては、屋根。以下この条において同じ。）の室内に面する部分（回り縁、窓台その他これらに類する部分を除く。以下この条において同じ。）の仕上げを第一号に掲げる仕上げと、当該各用途に供する居室から地上に通ずる主たる廊下、階段その他の通路の壁及び天井の室内に面する部分の仕上げを第二号に掲げる仕上げとしなければならない。
　一　次のイ又はロに掲げる仕上げ
　　イ　難燃材料（3階以上の階に居室を有する建築物の当該各用途に供する居室の天井の室内に面する部分にあつては、準不燃材料）でしたもの
　　ロ　イに掲げる仕上げに準ずるものとして国土交通大臣が定める方法により国土交通大臣が定める材料の組合せによつてしたもの
　二　次のイ又はロに掲げる仕上げ
　　イ　準不燃材料でしたもの
　　ロ　イに掲げる仕上げに準ずるものとして国土交通大臣が定める方法により国土交通大臣が定める材料の組合せによつてしたもの
2　前条第1項第二号に掲げる特殊建築物は、当該各用途に供する部分及びこれから地上に通ずる主たる通路の壁及び天井の室内に面する部分の仕上げを前項第二号に掲げる仕上げとしなければならない。
3　前条第1項第三号に掲げる特殊建築物は、同号に規定する居室及びこれから地上に通ずる主たる廊下、階段その他の通路の壁及び天井の室内に面する部分の仕上げを第1項第二号に掲げる仕上げとしなければならない。
4　階数が3以上で延べ面積が500㎡を超える建築物、階数が2で延べ面積が1,000㎡を超える建築物又は階数が1で延べ面積が3,000㎡を超える建築物（学校等の用途に供するものを除く。）は、居室（床面積の合計100㎡以内ごとに準耐火構造の床若しくは壁又は法第2条第九号の二ロに規定する防火設備で第112条第19項第二号に規定する構造であるもので区画され、かつ、法別表第1（い）欄に掲げる用途に供しない部分の居室で、主要構造部を準耐火構造とした建築物の高さが31m以下の部分にあるものを除く。）の壁及び天井の室内に面する部分の仕上げを次の各号のいずれかに掲げる仕上げと、居室から地上に通ずる主たる廊下、階段その他の通路の壁及び天井の室内に面する部分の仕上げを第1項第二号に掲げる仕上げとしなければならない。ただし、同表（い）欄（2）項に掲げる用途に供する特殊建築物の高さ31m以下の部分については、この限りでない。
　一　難燃材料でしたもの
　二　前号に掲げる仕上げに準ずるものとして国土交通大臣が定める方法により国土交通大臣が定める材料の

令128条の6　制定：令和5年政令第280号

　　　組合せでしたもの
5　第128条の3の2に規定する居室を有する建築物は、当該居室及びこれから地上に通ずる主たる廊下、階段その他の通路の壁及び天井の室内に面する部分の仕上げを第1項第二号に掲げる仕上げとしなければならない。
6　内装の制限を受ける調理室等は、その壁及び天井の室内に面する部分の仕上げを第1項第二号に掲げる仕上げとしなければならない。
7　前各項の規定は、火災が発生した場合に避難上支障のある高さまで煙又はガスの降下が生じない建築物の部分として、床面積、天井の高さ並びに消火設備及び排煙設備の設置の状況及び構造を考慮して国土交通大臣が定めるものについては、適用しない。

[現行]　第128条の6　（別の建築物とみなすことができる部分）

制定：令和5年政令第280号　　　　施行：令和6年4月1日
第128条の6　（別の建築物とみなすことができる部分）
1　第117条第2項各号に掲げる建築物の部分は、この章の規定の適用については、それぞれ別の建築物とみなす。

[現行] 第5章の3　避難上の安全の検証

(制定：平成12年政令第211号)　　第5章の2の2　避難上の安全の検証
(改正：令和元年政令第30号)　　<u>第5章の3</u>　　　避難上の安全の検証

[現行]　第128条の7　（避難上の安全の検証を行う区画部分に対する基準の適用）

制定：令和元年政令第181号　　　施行：令和2年4月1日
旧　第128条の6　（避難上の安全の検証を行う区画部分に対する基準の適用）
1　居室その他の建築物の部分で、準耐火構造の床若しくは壁又は法第2条第九号の二ロに規定する防火設備で第112条第19項第二号に規定する構造であるもので区画されたもの（2以上の階にわたつて区画されたものを除く。以下この条において「区画部分」という。）のうち、当該区画部分が区画避難安全性能を有するものであることについて、区画避難安全検証法により確かめられたもの（主要構造部が準耐火構造であるか又は不燃材料で造られた建築物の区画部分に限る。）又は国土交通大臣の認定を受けたものについては、第126条の2、第126条の3及び前条（第2項、第6項及び第7項並びに階段に係る部分を除く。）の規定は、適用しない。
2　前項の「区画避難安全性能」とは、当該区画部分のいずれの室（火災の発生のおそれの少ないものとして国土交通大臣が定める室を除く。以下この章において「火災室」という。）で火災が発生した場合においても、当該区画部分に存する者（当該区画部分を通らなければ避難することができない者を含む。次項第一号ニにおいて「区画部分に存する者」という。）の全てが当該区画部分から当該区画部分以外の部分等（次の各号に掲げる当該区画部分がある階の区分に応じ、当該各号に定める場所をいう。以下この条において同じ。）までの避難を終了するまでの間、当該区画部分の各居室及び各居室から当該区画部分以外の部分等に通ずる主たる廊下その他の建築物の部分において、避難上支障がある高さまで煙又はガスが降下しないものであることとする。
　一　避難階以外の階　当該区画部分以外の部分であつて、直通階段（避難階又は地上に通ずるものに限る。次条において同じ。）に通ずるもの
　二　避難階　地上又は地上に通ずる当該区画部分以外の部分
3　第1項の「区画避難安全検証法」とは、次の各号のいずれかに掲げる方法をいう。
　一　次に定めるところにより、火災発生時において当該区画部分からの避難が安全に行われることを当該区画部分からの避難に要する時間に基づき検証する方法
　　イ　当該区画部分の各居室ごとに、当該居室に存する者（当該居室を通らなければ避難することができない者を含む。）の全てが当該居室において火災が発生してから当該居室からの避難を終了するまでに要

する時間を、当該居室及び当該居室を通らなければ避難することができない建築物の部分（以下このイにおいて「当該居室等」という。）の用途及び床面積の合計、当該居室等の各部分から当該居室の出口（当該居室から当該区画部分以外の部分等に通ずる主たる廊下その他の通路に通ずる出口に限る。）の一に至る歩行距離、当該区画部分の各室の用途及び床面積並びに当該区画部分の各室の出口（当該居室の出口及びこれに通ずる出口に限る。）の幅に応じて国土交通大臣が定める方法により計算すること。

　ロ　当該区画部分の各居室ごとに、当該居室において発生した火災により生じた煙又はガスが避難上支障のある高さまで降下するために要する時間を、当該居室の用途、床面積及び天井の高さ、当該居室に設ける排煙設備の構造並びに当該居室の壁及び天井の仕上げに用いる材料の種類に応じて国土交通大臣が定める方法により計算すること。

　ハ　当該区画部分の各居室についてイの規定によつて計算した時間が、ロの規定によつて計算した時間を超えないことを確かめること。

　ニ　当該区画部分の各火災室ごとに、区画部分に存する者の全てが当該火災室で火災が発生してから当該区画部分からの避難を終了するまでに要する時間を、当該区画部分の各室及び当該区画部分を通らなければ避難することができない建築物の部分（以下このニにおいて「当該区画部分の各室等」という。）の用途及び床面積、当該区画部分の各室等の各部分から当該区画部分以外の部分等への出口の一に至る歩行距離並びに当該区画部分の各室等の出口（当該区画部分以外の部分等に通ずる出口及びこれに通ずるものに限る。）の幅に応じて国土交通大臣が定める方法により計算すること。

　ホ　当該区画部分の各火災室ごとに、当該火災室において発生した火災により生じた煙又はガスが、当該区画部分の各居室（当該火災室を除く。）及び当該居室から当該区画部分以外の部分等に通ずる主たる廊下その他の建築物の部分において避難上支障のある高さまで降下するために要する時間を、当該区画部分の各室の用途、床面積及び天井の高さ、各室の壁及びこれに設ける開口部の構造、各室に設ける排煙設備の構造並びに各室の壁及び天井の仕上げに用いる材料の種類に応じて国土交通大臣が定める方法により計算すること。

　ヘ　当該区画部分の各火災室についてニの規定によつて計算した時間が、ホの規定によつて計算した時間を超えないことを確かめること。

二　次に定めるところにより、火災発生時において当該区画部分からの避難が安全に行われることを火災により生じた煙又はガスの高さに基づき検証する方法

　イ　当該区画部分の各居室ごとに、前号イの規定によつて計算した時間が経過した時における当該居室において発生した火災により生じた煙又はガスの高さを、当該居室の用途、床面積及び天井の高さ、当該居室に設ける消火設備及び排煙設備の構造並びに当該居室の壁及び天井の仕上げに用いる材料の種類に応じて国土交通大臣が定める方法により計算すること。

　ロ　当該区画部分の各居室についてイの規定によつて計算した高さが、避難上支障のある高さとして国土交通大臣が定める高さを下回らないことを確かめること。

　ハ　当該区画部分の各火災室ごとに、前号ニの規定によつて計算した時間が経過した時における当該火災室において発生した火災により生じた煙又はガスの当該区画部分の各居室（当該火災室を除く。）及び当該居室から当該区画部分以外の部分等に通ずる主たる廊下その他の建築物の部分における高さを、当該区画部分の各室の用途、床面積及び天井の高さ、各室の壁及びこれに設ける開口部の構造、各室に設ける消火設備及び排煙設備の構造並びに各室の壁及び天井の仕上げに用いる材料の種類に応じて国土交通大臣が定める方法により計算すること。

　ニ　当該区画部分の各火災室についてハの規定によつて計算した高さが、避難上支障のある高さとして国土交通大臣が定める高さを下回らないことを確かめること。

改正：令和5年政令第280号　　　施行：令和6年4月1日

第128条の7　（避難上の安全の検証を行う区画部分に対する基準の適用）

1　居室その他の建築物の部分で、準耐火構造の床若しくは壁又は法第2条第九号の二ロに規定する防火設備で第112条第19項第二号に規定する構造であるもので区画されたもの（2以上の階にわたつて区画されたものを除く。以下この条において「区画部分」という。）のうち、当該区画部分が区画避難安全性能を有するものであることについて、区画避難安全検証法により確かめられたもの（主要構造部が準耐火構造である建築

令128条の7　改正：令和5年政令第280号

物（特定主要構造部が耐火構造である建築物を含む。次条第1項において同じ。）又は主要構造部が不燃材料で造られた建築物の区画部分に限る。）又は国土交通大臣の認定を受けたものについては、第126条の2、第126条の3及び<u>第128条の5</u>（第2項、第6項及び第7項並びに階段に係る部分を除く。）の規定は、適用しない。

2　前項の「区画避難安全性能」とは、当該区画部分のいずれの室（火災の発生のおそれの少ないものとして国土交通大臣が定める室を除く。以下この章において「火災室」という。）で火災が発生した場合においても、当該区画部分に存する者（当該区画部分を通らなければ避難することができない者を含む。次項第一号ニにおいて「区画部分に存する者」という。）の全てが当該区画部分から当該区画部分以外の部分等（次の各号に掲げる当該区画部分がある階の区分に応じ、当該各号に定める場所をいう。以下この条において同じ。）までの避難を終了するまでの間、当該区画部分の各居室及び各居室から当該区画部分以外の部分等に通ずる主たる廊下その他の建築物の部分において、避難上支障がある高さまで煙又はガスが降下しないものであることとする。

一　避難階以外の階　当該区画部分以外の部分であつて、直通階段（避難階又は地上に通ずるものに限る。次条において同じ。）に通ずるもの
二　避難階　地上又は地上に通ずる当該区画部分以外の部分

3　第1項の「区画避難安全検証法」とは、次の各号のいずれかに掲げる方法をいう。
一　次に定めるところにより、火災発生時において当該区画部分からの避難が安全に行われることを当該区画部分からの避難に要する時間に基づき検証する方法
　イ　当該区画部分の各居室ごとに、当該居室に存する者（当該居室を通らなければ避難することができない者を含む。）の全てが当該居室において火災が発生してから当該居室からの避難を終了するまでに要する時間を、当該居室及び当該居室を通らなければ避難することができない建築物の部分（以下このイにおいて「当該居室等」という。）の用途及び床面積の合計、当該居室等の各部分から当該居室の出口（当該居室から当該区画部分以外の部分等に通ずる主たる廊下その他の通路に通ずる出口に限る。）の一に至る歩行距離、当該区画部分の各室の用途及び床面積並びに当該区画部分の各室の出口（当該居室の出口及びこれに通ずる出口に限る。）の幅に応じて国土交通大臣が定める方法により計算すること。
　ロ　当該区画部分の各居室ごとに、当該居室において発生した火災により生じた煙又はガスが避難上支障のある高さまで降下するために要する時間を、当該居室の用途、床面積及び天井の高さ、当該居室に設ける排煙設備の構造並びに当該居室の壁及び天井の仕上げに用いる材料の種類に応じて国土交通大臣が定める方法により計算すること。
　ハ　当該区画部分の各居室についてイの規定によつて計算した時間が、ロの規定によつて計算した時間を超えないことを確かめること。
　ニ　当該区画部分の各火災室ごとに、区画部分に存する者の全てが当該火災室で火災が発生してから当該区画部分からの避難を終了するまでに要する時間を、当該区画部分の各室及び当該区画部分を通らなければ避難することができない建築物の部分（以下このニにおいて「当該区画部分の各室等」という。）の用途及び床面積、当該区画部分の各室等の各部分から当該区画部分以外の部分等への出口の一に至る歩行距離並びに当該区画部分の各室等の出口（当該区画部分以外の部分等に通ずる出口及びこれに通ずるものに限る。）の幅に応じて国土交通大臣が定める方法により計算すること。
　ホ　当該区画部分の各火災室ごとに、当該火災室において発生した火災により生じた煙又はガスが、当該区画部分の各居室（当該火災室を除く。）及び当該居室から当該区画部分以外の部分等に通ずる主たる廊下その他の建築物の部分において避難上支障のある高さまで降下するために要する時間を、当該区画部分の各室の用途、床面積及び天井の高さ、各室の壁及びこれに設ける開口部の構造、各室に設ける排煙設備の構造並びに各室の壁及び天井の仕上げに用いる材料の種類に応じて国土交通大臣が定める方法により計算すること。
　ヘ　当該区画部分の各火災室についてニの規定によつて計算した時間が、ホの規定によつて計算した時間を超えないことを確かめること。
二　次に定めるところにより、火災発生時において当該区画部分からの避難が安全に行われることを火災により生じた煙又はガスの高さに基づき検証する方法
　イ　当該区画部分の各居室ごとに、前号イの規定によつて計算した時間が経過した時における当該居室において発生した火災により生じた煙又はガスの高さを、当該居室の用途、床面積及び天井の高さ、当該居室に設ける消火設備及び排煙設備の構造並びに当該居室の壁及び天井の仕上げに用いる材料の種類に

応じて国土交通大臣が定める方法により計算すること。
　　ロ　当該区画部分の各居室についてイの規定によつて計算した高さが、避難上支障のある高さとして国土交通大臣が定める高さを下回らないことを確かめること。
　　ハ　当該区画部分の各火災室ごとに、前号ニの規定によつて計算した時間が経過した時における当該火災室において発生した火災により生じた煙又はガスの当該区画部分の各居室（当該火災室を除く。）及び当該居室から当該区画部分以外の部分等に通ずる主たる廊下その他の建築物の部分における高さを、当該区画部分の各室の用途、床面積及び天井の高さ、各室の壁及びこれに設ける開口部の構造、各室に設ける消火設備及び排煙設備の構造並びに各室の壁及び天井の仕上げに用いる材料の種類に応じて国土交通大臣が定める方法により計算すること。
　　ニ　当該区画部分の各火災室についてハの規定によつて計算した高さが、避難上支障のある高さとして国土交通大臣が定める高さを下回らないことを確かめること。

[現行]　第129条　（避難上の安全の検証を行う建築物の階に対する基準の適用）

制定：平成12年政令第211号　　　施行：平成12年6月1日
旧　第129条の2　（避難上の安全の検証を行う建築物の階に対する基準の適用）

1　建築物（主要構造部が準耐火構造であるか、又は不燃材料で造られたものに限る。）の階（物品販売業を営む店舗の用途に供する建築物にあつては、屋上広場を含む。以下この条及び次条において同じ。）のうち、当該階が階避難安全性能を有するものであることについて、階避難安全検証法により確かめられたもの又は建設大臣の認定を受けたものについては、第119条、第120条、第123条第3項第一号、第九号（屋内からバルコニー又は付室に通ずる出入口に係る部分に限る。）及び第十一号、第124条第1項第二号、第126条の2、第126条の3並びに第129条（第2項、第6項及び第7項並びに階段に係る部分を除く。）の規定は、適用しない。
2　前項の「階避難安全性能」とは、当該階のいずれの室（火災の発生のおそれの少ないものとして建設大臣が定める室を除く。以下この条及び次条において「火災室」という。）で火災が発生した場合においても、当該階に存する者（当該階を通らなければ避難することができない者を含む。以下この条において「階に存する者」という。）のすべてが当該階から直通階段（避難階又は地上に通ずるものに限り、避難階にあつては地上。以下この条において同じ。）の一までの避難を終了するまでの間、当該階の各居室及び各居室から直通階段に通ずる主たる廊下その他の建築物の部分において、避難上支障がある高さまで煙又はガスが降下しないものであることとする。
3　第1項の「階避難安全検証法」とは、次に定めるところにより、火災時において当該建築物の階からの避難が安全に行われることを検証する方法をいう。
　一　当該階の各居室ごとに、当該居室に存する者（当該居室を通らなければ避難することができない者を含む。以下この号において「在室者」という。）のすべてが当該居室において火災が発生してから当該居室からの避難を終了するまでに要する時間を、次に掲げる時間を合計して計算すること。
　　イ　当該居室及び当該居室を通らなければ避難することができない建築物の部分（以下この号において「当該居室等」という。）の床面積の合計に応じて建設大臣が定める方法により算出した火災が発生してから在室者が避難を開始するまでに要する時間（単位　分）
　　ロ　当該居室等の用途及び当該居室等の各部分から当該居室の出口（当該居室から直通階段に通ずる主たる廊下その他の通路に通ずる出口に限る。以下この号において同じ。）の一に至る歩行距離に応じて建設大臣が定める方法により算出した在室者が当該居室等の各部分から当該居室の出口の一に達するまでに要する歩行時間（単位　分）
　　ハ　当該階の各室の用途及び床面積並びに当該階の各室の出口（当該居室の出口及びこれに通ずる出口に限る。）の幅に応じて建設大臣が定める方法により算出した在室者が当該居室の出口を通過するために要する時間（単位　分）
　二　当該階の各居室ごとに、当該居室において発生した火災により生じた煙又はガスが避難上支障のある高さまで降下するために要する時間を、当該居室の用途、床面積及び天井の高さ、当該居室に設ける排煙設備の構造並びに当該居室の壁及び天井の仕上げに用いる材料の種類に応じて建設大臣が定める方法により計算すること。
　三　当該階の各居室について第一号の規定によつて計算した時間が、前号の規定によつて計算した時間を超

令旧129条の2　制定：平成12年政令第211号

　　　　えないことを確かめること。
　　四　当該階の各火災室ごとに、階に存する者のすべてが当該火災室で火災が発生してから当該階からの避難を終了するまでに要する時間を、次に掲げる時間を合計して計算すること。
　　　イ　当該階の各室及び当該階を通らなければ避難することができない建築物の部分（以下この号において「当該階の各室等」という。）の用途及び床面積の合計に応じて建設大臣が定める方法により算出した火災が発生してから階に存する者が避難を開始するまでに要する時間（単位　分）
　　　ロ　当該階の各室等の用途及び当該階の各室等の各部分から直通階段への出口の一に至る歩行距離に応じて建設大臣が定める方法により算出した階に存する者が当該階の各室等の各部分から直通階段の一に達するまでに要する歩行時間（単位　分）
　　　ハ　当該階の各室等の用途及び床面積並びに当該階の各室等の出口（直通階段に通ずる出口及びこれに通ずるものに限る。）の幅に応じて建設大臣が定める方法により算出した階に存する者が当該階から直通階段に通ずる出口を通過するために要する時間（単位　分）
　　五　当該階の各火災室ごとに、当該火災室において発生した火災により生じた煙又はガスが、当該階の各居室（当該火災室を除く。）及び当該居室から直通階段に通ずる主たる廊下その他の建築物の部分において避難上支障のある高さまで降下するために要する時間を、当該階の各室の用途、床面積及び天井の高さ、各室の壁及びこれに設ける開口部の構造、各室に設ける排煙設備の構造並びに各室の壁及び天井の仕上げに用いる材料の種類に応じて建設大臣が定める方法により計算すること。
　　六　当該階の各火災室について第四号の規定によつて計算した時間が、前号の規定によつて計算した時間を超えないことを確かめること。

改正：平成12年政令第312号　　　施行：平成13年1月6日
旧　第129条の2　（避難上の安全の検証を行う建築物の階に対する基準の適用）

1　建築物（主要構造部が準耐火構造であるか、又は不燃材料で造られたものに限る。）の階（物品販売業を営む店舗の用途に供する建築物にあつては、屋上広場を含む。以下この条及び次条において同じ。）のうち、当該階が階避難安全性能を有するものであることについて、階避難安全検証法により確かめられたもの又は国土交通大臣の認定を受けたものについては、第119条、第120条、第123条第3項第一号、第九号（屋内からバルコニー又は付室に通ずる出入口に係る部分に限る。）及び第十一号、第124条第1項第二号、第126条の2、第126条の3並びに第129条（第2項、第6項及び第7項並びに階段に係る部分を除く。）の規定は、適用しない。
2　前項の「階避難安全性能」とは、当該階のいずれの室（火災の発生のおそれの少ないものとして国土交通大臣が定める室を除く。以下この条及び次条において「火災室」という。）で火災が発生した場合においても、当該階に存する者（当該階を通らなければ避難することができない者を含む。以下この条において「階に存する者」という。）のすべてが当該階から直通階段（避難階又は地上に通ずるものに限り、避難階にあつては地上。以下この条において同じ。）の一までの避難を終了するまでの間、当該階の各居室及び各居室から直通階段に通ずる主たる廊下その他の建築物の部分において、避難上支障がある高さまで煙又はガスが降下しないものであることとする。
3　第1項の「階避難安全検証法」とは、次に定めるところにより、火災時において当該建築物の階からの避難が安全に行われることを検証する方法をいう。
　　一　当該階の各居室ごとに、当該居室に存する者（当該居室を通らなければ避難することができない者を含む。以下この号において「在室者」という。）のすべてが当該居室において火災が発生してから当該居室からの避難を終了するまでに要する時間を、次に掲げる時間を合計して計算すること。
　　　イ　当該居室及び当該居室を通らなければ避難することができない建築物の部分（以下この号において「当該居室等」という。）の床面積の合計に応じて国土交通大臣が定める方法により算出した火災が発生してから在室者が避難を開始するまでに要する時間（単位　分）
　　　ロ　当該居室等の用途及び当該居室等の各部分から当該居室の出口（当該居室から直通階段に通ずる主たる廊下その他の通路に通ずる出口に限る。以下この号において同じ。）の一に至る歩行距離に応じて国土交通大臣が定める方法により算出した在室者が当該居室等の各部分から当該居室の出口の一に達するまでに要する歩行時間（単位　分）
　　　ハ　当該階の各室の用途及び床面積並びに当該階の各室の出口（当該居室の出口及びこれに通ずる出口に

限る。）の幅に応じて国土交通大臣が定める方法により算出した在室者が当該居室の出口を通過するために要する時間（単位　分）
　二　当該階の各居室ごとに、当該居室において発生した火災により生じた煙又はガスが避難上支障のある高さまで降下するために要する時間を、当該居室の用途、床面積及び天井の高さ、当該居室に設ける排煙設備の構造並びに当該居室の壁及び天井の仕上げに用いる材料の種類に応じて国土交通大臣が定める方法により計算すること。
　三　略
　四　当該階の各火災室ごとに、階に存する者のすべてが当該火災室で火災が発生してから当該階からの避難を終了するまでに要する時間を、次に掲げる時間を合計して計算すること。
　　イ　当該階の各室及び当該階を通らなければ避難することができない建築物の部分（以下この号において「当該階の各室等」という。）の用途及び床面積の合計に応じて国土交通大臣が定める方法により算出した火災が発生してから階に存する者が避難を開始するまでに要する時間（単位　分）
　　ロ　当該階の各室等の用途及び当該階の各室等の各部分から直通階段への出口の一に至る歩行距離に応じて国土交通大臣が定める方法により算出した階に存する者が当該階の各室等の各部分から直通階段の一に達するまでに要する歩行時間（単位　分）
　　ハ　当該階の各室等の用途及び床面積並びに当該階の各室等の出口（直通階段に通ずる出口及びこれに通ずるものに限る。）の幅に応じて国土交通大臣が定める方法により算出した階に存する者が当該階から直通階段に通ずる出口を通過するために要する時間（単位　分）
　五　当該階の各火災室ごとに、当該火災室において発生した火災により生じた煙又はガスが、当該階の各居室（当該火災室を除く。）及び当該居室から直通階段に通ずる主たる廊下その他の建築物の部分において避難上支障のある高さまで降下するために要する時間を、当該階の各室の用途、床面積及び天井の高さ、各室の壁及びこれに設ける開口部の構造、各室に設ける排煙設備の構造並びに各室の壁及び天井の仕上げに用いる材料の種類に応じて国土交通大臣が定める方法により計算すること。
　六　略

改正：平成27年政令第11号　　　施行：平成27年6月1日
旧　第129条の2　（避難上の安全の検証を行う建築物の階に対する基準の適用）

1　建築物（主要構造部が準耐火構造であるか若しくは不燃材料で造られたもの又は特定避難時間倒壊等防止建築物であるものに限る。）の階（物品販売業を営む店舗の用途に供する建築物にあつては、屋上広場を含む。以下この条及び次条において同じ。）のうち、当該階が階避難安全性能を有するものであることについて、階避難安全検証法により確かめられたもの又は国土交通大臣の認定を受けたものについては、第119条、第120条、第123条第3項第一号、第九号（屋内からバルコニー又は付室に通ずる出入口に係る部分に限る。）及び第十一号、第124条第1項第二号、第126条の2、第126条の3並びに第129条（第2項、第6項及び第7項並びに階段に係る部分を除く。）の規定は、適用しない。
2・3　略

改正：平成28年政令第6号　　　施行：平成28年6月1日
第129条　（避難上の安全の検証を行う建築物の階に対する基準の適用）

1　建築物の階（物品販売業を営む店舗の用途に供する建築物にあつては、屋上広場を含む。以下この条及び次条において同じ。）のうち、当該階が階避難安全性能を有するものであることについて、階避難安全検証法により確かめられたもの（主要構造部が準耐火構造であるか若しくは不燃材料で造られた建築物又は特定避難時間倒壊等防止建築物の階に限る。）又は国土交通大臣の認定を受けたものについては、第119条、第120条、第123条第3項第一号、第二号、第十号（屋内からバルコニー又は付室に通ずる出入口に係る部分に限る。）及び第十二号、第124条第1項第二号、第126条の2、第126条の3並びに前条（第2項、第6項及び第7項並びに階段に係る部分を除く。）の規定は、適用しない。
2・3　略

改正：令和元年政令第30号　　　施行：令和元年6月25日

令129条 改正：令和元年政令第30号

> **第129条**　（避難上の安全の検証を行う建築物の階に対する基準の適用）
> 1　建築物の階（物品販売業を営む店舗の用途に供する建築物にあつては、屋上広場を含む。以下この条及び次条第4項において同じ。）のうち、当該階が階避難安全性能を有するものであることについて、階避難安全検証法により確かめられたもの（主要構造部が準耐火構造であるか又は不燃材料で造られた建築物の階に限る。）又は国土交通大臣の認定を受けたものについては、第119条、第120条、第123条第3項第一号、第二号、第十号（屋内からバルコニー又は付室に通ずる出入口に係る部分に限る。）及び十二号、第124条第1項第二号、第126条の2、第126条の3並びに前条（第2項、第6項及び第7項並びに階段に係る部分を除く。）の規定は、適用しない。
> 2・3　略

改正：令和元年政令第181号　　　施行：令和2年4月1日

第129条　（避難上の安全の検証を行う建築物の階に対する基準の適用）

1　建築物の階（物品販売業を営む店舗の用途に供する建築物にあつては、屋上広場を含む。以下この条及び次条第4項において同じ。）のうち、当該階が階避難安全性能を有するものであることについて、階避難安全検証法により確かめられたもの（主要構造部が準耐火構造であるか又は不燃材料で造られた建築物の階に限る。）又は国土交通大臣の認定を受けたものについては、第119条、第120条、第123条第3項第一号、第二号、第十号（屋内からバルコニー又は付室に通ずる出入口に係る部分に限る。）及び十二号、第124条第1項第二号、第126条の2、第126条の3並びに第128条の5（第2項、第6項及び第7項並びに階段に係る部分を除く。）の規定は、適用しない。

2　前項の「階避難安全性能」とは、当該階のいずれの火災室で火災が発生した場合においても、当該階に存する者（当該階を通らなければ避難することができない者を含む。次項第一号ニにおいて「階に存する者」という。）の全てが当該階から直通階段の一までの避難（避難階にあつては、地上までの避難）を終了するまでの間、当該階の各居室及び各居室から直通階段（避難階にあつては、地上。以下この条において同じ。）に通ずる主たる廊下その他の建築物の部分において、避難上支障がある高さまで煙又はガスが降下しないものであることとする。

3　第1項の「階避難安全検証法」とは、次の各号のいずれかに掲げる方法をいう。

二　次に定めるところにより、火災発生時において当該建築物の階からの避難が安全に行われることを当該階からの避難に要する時間に基づき検証する方法

　イ　当該階の各居室ごとに、当該居室に存する者（当該居室を通らなければ避難することができない者を含む。）の全てが当該居室において火災が発生してから当該居室からの避難を終了するまでに要する時間を、当該居室及び当該居室を通らなければ避難することができない建築物の部分（以下このイにおいて「当該居室等」という。）の用途及び床面積の合計、当該居室等の各部分から当該居室の出口（当該居室から直通階段に通ずる主たる廊下その他の通路に通ずる出口に限る。）の一に至る歩行距離、当該階の各室の用途及び床面積並びに当該階の各室の出口（当該居室の出口及びこれに通ずるものに限る。）の幅に応じて国土交通大臣が定める方法により計算すること。

　ロ　当該階の各居室ごとに、当該居室において発生した火災により生じた煙又はガスが避難上支障のある高さまで降下するために要する時間を、当該居室の用途、床面積及び天井の高さ、当該居室に設ける排煙設備の構造並びに当該居室の壁及び天井の仕上げに用いる材料の種類に応じて国土交通大臣が定める方法により計算すること。

　ハ　当該階の各居室についてイの規定によつて計算した時間が、ロの規定によつて計算した時間を超えないことを確かめること。

　ニ　当該階の各火災室ごとに、階に存する者の全てが当該火災室で火災が発生してから当該階からの避難を終了するまでに要する時間を、当該階の各室及び当該階を通らなければ避難することができない建築物の部分（以下このニにおいて「当該階の各室等」という。）の用途及び床面積、当該階の各室等の各部分から直通階段への出口の一に至る歩行距離並びに当該階の各室等の出口（直通階段に通ずる出口及びこれに通ずるものに限る。）の幅に応じて国土交通大臣が定める方法により計算すること。

　ホ　当該階の各火災室ごとに、当該火災室において発生した火災により生じた煙又はガスが、当該階の各居室（当該火災室を除く。）及び当該居室から直通階段に通ずる主たる廊下その他の建築物の部分にお

いて避難上支障のある高さまで降下するために要する時間を、当該階の各室の用途、床面積及び天井の高さ、各室の壁及びこれに設ける開口部の構造、各室に設ける排煙設備の構造並びに各室の壁及び天井の仕上げに用いる材料の種類に応じて国土交通大臣が定める方法により計算すること。
　　　ヘ　当該階の各火災室についてニの規定によつて計算した時間が、ホの規定によつて計算した時間を超えないことを確かめること。
　　二　次に定めるところにより、火災発生時において当該建築物の階からの避難が安全に行われることを火災により生じた煙又はガスの高さに基づき検証する方法
　　　イ　当該階の各居室ごとに、前号イの規定によつて計算した時間が経過した時における当該居室において発生した火災により生じた煙又はガスの高さを、当該居室の用途、床面積及び天井の高さ、当該居室に設ける消火設備及び排煙設備の構造並びに当該居室の壁及び天井の仕上げに用いる材料の種類に応じて国土交通大臣が定める方法により計算すること。
　　　ロ　当該階の各居室についてイの規定によつて計算した高さが、避難上支障のある高さとして国土交通大臣が定める高さを下回らないことを確かめること。
　　　ハ　当該階の各火災室ごとに、前号ニの規定によつて計算した時間が経過した時における当該火災室において発生した火災により生じた煙又はガスの当該階の各居室（当該火災室を除く。）及び当該居室から直通階段に通ずる主たる廊下その他の建築物の部分における高さを、当該階の各室の用途、床面積及び天井の高さ、各室の壁及びこれに設ける開口部の構造、各室に設ける消火設備及び排煙設備の構造並びに各室の壁及び天井の仕上げに用いる材料の種類に応じて国土交通大臣が定める方法により計算すること。
　　　ニ　当該階の各火災室についてハの規定によつて計算した高さが、避難上支障のある高さとして国土交通大臣が定める高さを下回らないことを確かめること。

改正：令和5年政令第280号　　　施行：令和6年4月1日
第129条　（避難上の安全の検証を行う建築物の階に対する基準の適用）

1　建築物の階（物品販売業を営む店舗の用途に供する建築物にあつては、屋上広場を含む。以下この条及び次条第4項において同じ。）のうち、当該階が階避難安全性能を有するものであることについて、階避難安全検証法により確かめられたもの（主要構造部が準耐火構造である建築物又は主要構造部が不燃材料で造られた建築物の階に限る。）又は国土交通大臣の認定を受けたものについては、第119条、第120条、第123条第3項第一号、第二号、第十号（屋内からバルコニー又は付室に通ずる出入口に係る部分に限る。）及び第十二号、第124条第1項第二号、第126条の2、第126条の3並びに第128条の5（第2項、第6項及び第7項並びに階段に係る部分を除く。）の規定は、適用しない。

2　前項の「階避難安全性能」とは、当該階のいずれの火災室で火災が発生した場合においても、当該階に存する者（当該階を通らなければ避難することができない者を含む。次項第一号ニにおいて「階に存する者」という。）の全てが当該階から直通階段の一までの避難（避難階にあつては、地上までの避難）を終了するまでの間、当該階の各居室及び各居室から直通階段（避難階にあつては、地上。以下この条において同じ。）に通ずる主たる廊下その他の建築物の部分において、避難上支障がある高さまで煙又はガスが降下しないものであることとする。

3　第1項の「階避難安全検証法」とは、次の各号のいずれかに掲げる方法をいう。
　一　次に定めるところにより、火災発生時において当該建築物の階からの避難が安全に行われることを当該階からの避難に要する時間に基づき検証する方法
　　　イ　当該階の各居室ごとに、当該居室に存する者（当該居室を通らなければ避難することができない者を含む。）の全てが当該居室において火災が発生してから当該居室からの避難を終了するまでに要する時間を、当該居室及び当該居室を通らなければ避難することができない建築物の部分（以下このイにおいて「当該居室等」という。）の用途及び床面積の合計、当該居室等の各部分から当該居室の出口（当該居室から直通階段に通ずる主たる廊下その他の通路に通ずる出口に限る。）の一に至る歩行距離、当該階の各室の用途及び床面積並びに当該階の各室の出口（当該居室の出口及びこれに通ずるものに限る。）の幅に応じて国土交通大臣が定める方法により計算すること。
　　　ロ　当該階の各居室ごとに、当該居室において発生した火災により生じた煙又はガスが避難上支障のある高さまで降下するために要する時間を、当該居室の用途、床面積及び天井の高さ、当該居室に設ける排

令129条 改正：令和5年政令第280号

　　　煙設備の構造並びに当該居室の壁及び天井の仕上げに用いる材料の種類に応じて国土交通大臣が定める方法により計算すること。
　　ハ　当該階の各居室についてイの規定によつて計算した時間が、ロの規定によつて計算した時間を超えないことを確かめること。
　　ニ　当該階の各火災室ごとに、階に存する者の全てが当該火災室で火災が発生してから当該階からの避難を終了するまでに要する時間を、当該階の各室及び当該階を通らなければ避難することができない建築物の部分（以下このニにおいて「当該階の各室等」という。）の用途及び床面積、当該階の各室等の各部分から直通階段への出口の一に至る歩行距離並びに当該階の各室等の出口（直通階段に通ずる出口及びこれに通ずるものに限る。）の幅に応じて国土交通大臣が定める方法により計算すること。
　　ホ　当該階の各火災室ごとに、当該火災室において発生した火災により生じた煙又はガスが、当該階の各居室（当該火災室を除く。）及び当該居室から直通階段に通ずる主たる廊下その他の建築物の部分において避難上支障のある高さまで降下するために要する時間を、当該階の各室の用途、床面積及び天井の高さ、各室の壁及びこれに設ける開口部の構造、各室に設ける排煙設備の構造並びに各室の壁及び天井の仕上げに用いる材料の種類に応じて国土交通大臣が定める方法により計算すること。
　　ヘ　当該階の各火災室についてニの規定によつて計算した時間が、ホの規定によつて計算した時間を超えないことを確かめること。
　二　次に定めるところにより、火災発生時において当該建築物の階からの避難が安全に行われることを火災により生じた煙又はガスの高さに基づき検証する方法
　　イ　当該階の各居室ごとに、前号イの規定によつて計算した時間が経過した時における当該居室において発生した火災により生じた煙又はガスの高さを、当該居室の用途、床面積及び天井の高さ、当該居室に設ける消火設備及び排煙設備の構造並びに当該居室の壁及び天井の仕上げに用いる材料の種類に応じて国土交通大臣が定める方法により計算すること。
　　ロ　当該階の各居室についてイの規定によつて計算した高さが、避難上支障のある高さとして国土交通大臣が定める高さを下回らないことを確かめること。
　　ハ　当該階の各火災室ごとに、前号ニの規定によつて計算した時間が経過した時における当該火災室において発生した火災により生じた煙又はガスの当該階の各居室（当該火災室を除く。）及び当該居室から直通階段に通ずる主たる廊下その他の建築物の部分における高さを、当該階の各室の用途、床面積及び天井の高さ、各室の壁及びこれに設ける開口部の構造、各室に設ける消火設備及び排煙設備の構造並びに各室の壁及び天井の仕上げに用いる材料の種類に応じて国土交通大臣が定める方法により計算すること。
　　ニ　当該階の各火災室についてハの規定によつて計算した高さが、避難上支障のある高さとして国土交通大臣が定める高さを下回らないことを確かめること。

[現行]　第129条の2　（避難上の安全の検証を行う建築物に対する基準の適用）

制定：平成12年政令第211号　　　施行：平成12年6月1日
旧　第129条の2の2　（避難上の安全の検証を行う建築物に対する基準の適用）

1　建築物（主要構造部が準耐火構造であるか、又は不燃材料で造られたものに限る。）で、当該建築物が全館避難安全性能を有するものであることについて、全館避難安全検証法により確かめられたもの又は国土交通大臣の認定を受けたものについては、第112条第5項、第9項、第12項及び第13項、第119条、第120条、第123条第1項第一号及び第六号、第2項第二号、第3項第一号、第二号、第九号及び第十一号、第124条第1項、第125条第1項及び第3項、第126条の2、第126条の3並びに第129条（第2項、第6項及び第7項並びに階段に係る部分を除く。）の規定は、適用しない。
2　前項の「全館避難安全性能」とは、当該建築物のいずれの火災室で火災が発生した場合においても、当該建築物に存する者（以下この条において「在館者」という。）のすべてが当該建築物から地上までの避難を終了するまでの間、当該建築物の各居室及び各居室から地上に通ずる主たる廊下、階段その他の建築物の部分において、避難上支障がある高さまで煙又はガスが降下しないものであることとする。
3　第1項の「全館避難安全検証法」とは、次に定めるところにより、火災時において当該建築物からの避難が安全に行われることを検証する方法をいう。

改正:平成12年政令第312号 **令旧129条の2の2**

一 各階が、前条第2項に規定する階避難安全性能を有するものであることについて、同条第1項の階避難安全検証法により確かめること。
二 当該建築物の各階における各火災室ごとに、在館者のすべてが、当該火災室で火災が発生してから当該建築物からの避難を終了するまでに要する時間を、次に掲げる時間を合計して計算すること。
　イ 当該建築物の各室の用途及び床面積の合計に応じて建設大臣が定める方法により算出した火災が発生してから在館者が避難を開始するまでに要する時間（単位　分）
　ロ 当該建築物の各室の用途及び当該建築物の各室の各部分から地上への出口の一に至る歩行距離に応じて建設大臣が定める方法により算出した在館者が当該建築物の各室の各部分から地上に至るまでに要する歩行時間（単位　分）
　ハ 当該建築物の各室の用途及び床面積並びに当該建築物の各室の出口（地上に通ずる出口及びこれに通ずるものに限る。）の幅に応じて建設大臣が定める方法により算出した在館者が当該建築物から地上に通ずる出口を通過するために要する時間（単位　分）
三 当該建築物の各階における各火災室ごとに、当該火災室において発生した火災により生じた煙又はガスが、階段の部分又は当該階の直上階以上の階の一に流入するために要する時間を、当該階の各室の用途、床面積及び天井の高さ、各室の壁及びこれに設ける開口部の構造、各室に設ける排煙設備の構造並びに各室の壁及び天井の仕上げに用いる材料の種類並びに当該階の階段の部分を区画する壁及びこれに設ける開口部の構造に応じて建設大臣が定める方法により計算すること。
四 当該建築物の各階における各火災室について、第二号の規定によつて計算した時間が、前号の規定によつて計算した時間を超えないことを確かめること。

改正:平成12年政令第312号　　施行:平成13年1月6日
旧　第129条の2の2　（避難上の安全の検証を行う建築物に対する基準の適用）

1 建築物（主要構造部が準耐火構造であるか、又は不燃材料で造られたものに限る。）で、当該建築物が全館避難安全性能を有するものであることについて、全館避難安全検証法により確かめられたもの又は国土交通大臣の認定を受けたものについては、第112条第5項、第9項、第12項及び第13項、第119条、第120条、第123条第1項第一号及び第六号、第2項第二号、第3項第一号、第二号、第九号及び第十一号、第124条第1項、第125条第1項及び第3項、第126条の2、第126条の3並びに第129条（第2項、第6項及び第7項並びに階段に係る部分を除く。）の規定は、適用しない。
2 略
3 第1項の「全館避難安全検証法」とは、次に定めるところにより、火災時において当該建築物からの避難が安全に行われることを検証する方法をいう。
　一 略
　二 当該建築物の各階における各火災室ごとに、在館者のすべてが、当該火災室で火災が発生してから当該建築物からの避難を終了するまでに要する時間を、次に掲げる時間を合計して計算すること。
　　イ 当該建築物の各室の用途及び床面積の合計に応じて国土交通大臣が定める方法により算出した火災が発生してから在館者が避難を開始するまでに要する時間（単位　分）
　　ロ 当該建築物の各室の用途及び当該建築物の各室の各部分から地上への出口の一に至る歩行距離に応じて国土交通大臣が定める方法により算出した在館者が当該建築物の各室の各部分から地上に至るまでに要する歩行時間（単位　分）
　　ハ 当該建築物の各室の用途及び床面積並びに当該建築物の各室の出口（地上に通ずる出口及びこれに通ずるものに限る。）の幅に応じて国土交通大臣が定める方法により算出した在館者が当該建築物から地上に通ずる出口を通過するために要する時間（単位　分）
　三 当該建築物の各階における各火災室ごとに、当該火災室において発生した火災により生じた煙又はガスが、階段の部分又は当該階の直上階以上の階の一に流入するために要する時間を、当該階の各室の用途、床面積及び天井の高さ、各室の壁及びこれに設ける開口部の構造、各室に設ける排煙設備の構造並びに各室の壁及び天井の仕上げに用いる材料の種類並びに当該階の階段の部分を区画する壁及びこれに設ける開口部の構造に応じて国土交通大臣が定める方法により計算すること。
　四 略

令旧129条の2の2　改正：平成27年政令第11号

改正：平成27年政令第11号　　　施行：平成27年6月1日
旧　第129条の2の2　（避難上の安全の検証を行う建築物に対する基準の適用）

1　建築物（主要構造部が準耐火構造であるか<u>若しくは不燃材料で造られたもの又は特定避難時間倒壊等防止建築物であるものに限る。</u>）で、当該建築物が全館避難安全性能を有するものであることについて、全館避難安全検証法により確かめられたもの又は国土交通大臣の認定を受けたものについては、第112条第5項、第9項、第12項及び第13項、第119条、第120条、第123条第1項第一号及び第六号、第2項第二号<u>並びに第3項第一号</u>、第二号、第九号及び第十一号、第124条第1項、第125条第1項及び第3項、第126条の2、第126条の3並びに第129条（第2項、第6項及び第7項並びに階段に係る部分を除く。）の規定は、適用しない。

2・3　略

改正：平成28年政令第6号　　　施行：平成28年6月1日
第129条の2　（避難上の安全の検証を行う建築物に対する基準の適用）

1　<u>建築物のうち、当該建築物が全館避難安全性能を有するものであることについて、全館避難安全検証法により確かめられたもの</u>（主要構造部が準耐火構造であるか若しくは不燃材料で造られたもの又は特定避難時間倒壊等防止建築物であるものに限る。）又は国土交通大臣の認定を受けたもの（次項において「<u>全館避難安全性能確認建築物</u>」という。）については、第112条第5項、第9項、第12項及び第13項、第119条、第120条、第123条第1項第一号及び第六号、第2項第二号並びに<u>第3項第一号から第三号まで、第十号及び第十二号</u>、第124条第1項、第125条第1項及び第3項、第126条の2、第126条の3並びに<u>第128条の5</u>（第2項、第6項及び第7項並びに階段に係る部分を除く。）の規定は、適用しない。

2　<u>全館避難安全性能確認建築物の屋内に設ける避難階段に対する第123条第1項第七号の規定の適用については、同号中「避難階」とあるのは、「避難階又は屋上広場その他これに類するもの（屋外に設ける避難階段が接続しているものに限る。）」とする。</u>

3　第1項の「全館避難安全性能」とは、当該建築物のいずれの火災室で火災が発生した場合においても、当該建築物に存する者（以下この条において「在館者」という。）の<u>全て</u>が当該建築物から地上までの避難を終了するまでの間、当該建築物の各居室及び各居室から地上に通ずる主たる廊下、階段その他の建築物の部分において、避難上支障がある高さまで煙又はガスが降下しないものであることとする。

4　第1項の「全館避難安全検証法」とは、次に定めるところにより、火災時において当該建築物からの避難が安全に行われることを検証する方法をいう。
　一　各階が、前条第2項に規定する階避難安全性能を有するものであることについて、同条第1項の階避難安全検証法により確かめること。
　二　当該建築物の各階における各火災室ごとに、在館者の<u>全て</u>が、当該火災室で火災が発生してから当該建築物からの避難を終了するまでに要する時間を、次に掲げる時間を合計して計算すること。
　　イ　当該建築物の各室の用途及び床面積の合計に応じて国土交通大臣が定める方法により算出した火災が発生してから在館者が避難を開始するまでに要する時間（単位　分）
　　ロ　当該建築物の各室の用途及び当該建築物の各室の各部分から地上への出口の一に至る歩行距離に応じて国土交通大臣が定める方法により算出した在館者が当該建築物の各室の各部分から地上に至るまでに要する歩行時間（単位　分）
　　ハ　当該建築物の各室の用途及び床面積並びに当該建築物の各室の出口（地上に通ずる出口及びこれに通ずるものに限る。）の幅に応じて国土交通大臣が定める方法により算出した在館者が当該建築物から地上に通ずる出口を通過するために要する時間（単位　分）
　三　当該建築物の各階における各火災室ごとに、当該火災室において発生した火災により生じた煙又はガスが、階段の部分又は当該階の直上階以上の階の一に流入するために要する時間を、当該階の各室の用途、床面積及び天井の高さ、各室の壁及びこれに設ける開口部の構造、各室に設ける排煙設備の構造並びに各室の壁及び天井の仕上げに用いる材料の種類並びに当該階の階段の部分を区画する壁及びこれに設ける開口部の構造に応じて国土交通大臣が定める方法により計算すること。
　四　当該建築物の各階における各火災室について、第二号の規定によつて計算した時間が、前号の規定によつて計算した時間を超えないことを確かめること。

改正：令和元年政令第181号　**令129条の2**

改正：平成30年政令第255号　　　施行：平成30年9月25日
第129条の2　（避難上の安全の検証を行う建築物に対する基準の適用）

1　建築物のうち、当該建築物が全館避難安全性能を有するものであることについて、全館避難安全検証法により確かめられたもの（主要構造部が準耐火構造であるか若しくは不燃材料で造られたもの又は特定避難時間倒壊等防止建築物であるものに限る。）又は国土交通大臣の認定を受けたもの（次項において「全館避難安全性能確認建築物」という。）については、第112条第5項、<u>第9項及び第12項</u>、第119条、第120条、第123条第1項第一号及び第六号、第2項第二号並びに第3項第一号から第三号まで、第十号及び第十二号、第124条第1項、第125条第1項及び第3項、第126条の2、第126条の3並びに第128条の5（第2項、第6項及び第7項並びに階段に係る部分を除く。）の規定は、適用しない。

2～4　略

改正：令和元年政令第30号　　　施行：令和元年6月25日
第129条の2　（避難上の安全の検証を行う建築物に対する基準の適用）

1　建築物のうち、当該建築物が全館避難安全性能を有するものであることについて、全館避難安全検証法により確かめられたもの（主要構造部が準耐火構造であるか<u>又は不燃材料で</u>造られたものに限る。）又は国土交通大臣の認定を受けたもの（次項において「全館避難安全性能確認建築物」という。）については、<u>第112条第6項、第10項から第12項まで及び第17項</u>、第119条、第120条、第123条第1項第一号及び第六号、第2項第二号並びに第3項第一号から第三号まで、第十号及び第十二号、第124条第1項、第125条第1項及び第3項、第126条の2、第126条の3並びに第128条の5（第2項、第6項及び第7項並びに階段に係る部分を除く。）の規定は、適用しない。

2～4　略

改正：令和元年政令第181号　　　施行：令和2年4月1日
第129条の2　（避難上の安全の検証を行う建築物に対する基準の適用）

1　建築物のうち、当該建築物が全館避難安全性能を有するものであることについて、全館避難安全検証法により確かめられたもの（主要構造部が準耐火構造であるか又は不燃材料で造られたものに限る。）又は国土交通大臣の認定を受けたもの（次項において「全館避難安全性能確認建築物」という。）については、<u>第112条第7項、第11項から第13項まで及び第18項</u>、第119条、第120条、第123条第1項第一号及び第六号、第2項第二号並びに第3項第一号から第三号まで、第十号及び第十二号、第124条第1項、第125条第1項及び第3項、第126条の2、第126条の3並びに第128条の5（第2項、第6項及び第7項並びに階段に係る部分を除く。）の規定は、適用しない。

2　略

3　第1項の「全館避難安全性能」とは、当該建築物のいずれの火災室で火災が発生した場合においても、当該建築物に存する者（<u>次項第一号ロ</u>において「在館者」という。）の全てが当該建築物から地上までの避難を終了するまでの間、当該建築物の各居室及び各居室から地上に通ずる主たる廊下、階段その他の建築物の部分において、避難上支障がある高さまで煙又はガスが降下しないものであることとする。

4　第1項の「全館避難安全検証法」とは、次の各号のいずれかに掲げる方法をいう。

一　次に定めるところにより、火災発生時において当該建築物からの避難が安全に行われることを当該建築物からの避難に要する時間に基づき検証する方法

イ　各階が、前条第2項に規定する階避難安全性能を有するものであることについて、同条第3項第一号に定めるところにより確かめること。

ロ　当該建築物の各階における各火災室ごとに、在館者の全てが、当該火災室で火災が発生してから当該建築物からの避難を終了するまでに要する時間を、当該建築物の各室の用途及び床面積、当該建築物の各室の各部分から地上への出口の一に至る歩行距離並びに当該建築物の各室の出口（地上に通ずる出口及びこれに通ずるものに限る。）の幅に応じて国土交通大臣が定める方法により計算すること。

ハ　当該建築物の各階における各火災室ごとに、当該火災室において発生した火災により生じた煙又はガ

令129条の2　改正：令和元年政令第181号

　　　　スが、階段の部分又は当該階の直上階以上の階の一に流入するために要する時間を、当該階の各室の用途、床面積及び天井の高さ、各室の壁及びこれに設ける開口部の構造、各室に設ける排煙設備の構造並びに各室の壁及び天井の仕上げに用いる材料の種類並びに当該階の階段の部分を区画する壁及びこれに設ける開口部の構造に応じて国土交通大臣が定める方法により計算すること。
　　ニ　当該建築物の各階における各火災室についてロの規定によつて計算した時間が、ハの規定によつて計算した時間を超えないことを確かめること。
　二　次に定めるところにより、火災発生時において当該建築物からの避難が安全に行われることを火災により生じた煙又はガスの高さに基づき検証する方法
　　イ　各階が、前条第2項に規定する階避難安全性能を有するものであることについて、同条第3項第二号に定めるところにより確かめること。
　　ロ　当該建築物の各階における各火災室ごとに、前号ロの規定によつて計算した時間が経過した時における当該火災室において発生した火災により生じた煙又はガスの階段の部分及び当該階の直上階以上の各階における高さを、当該階の各室の用途、床面積及び天井の高さ、各室の壁及びこれに設ける開口部の構造、各室に設ける消火設備及び排煙設備の構造並びに各室の壁及び天井の仕上げに用いる材料の種類並びに当該階の階段の部分を区画する壁及びこれに設ける開口部の構造に応じて国土交通大臣が定める方法により計算すること。
　　ハ　当該建築物の各階における各火災室についてロの規定によつて計算した高さが、避難上支障のある高さとして国土交通大臣が定める高さを下回らないことを確かめること。

改正：令和5年政令第280号　　　施行：令和6年4月1日
第129条の2　（避難上の安全の検証を行う建築物に対する基準の適用）

1　建築物のうち、当該建築物が全館避難安全性能を有するものであることについて、全館避難安全検証法により確かめられたもの（主要構造部が準耐火構造であるもの（特定主要構造部が耐火構造であるものを含む。）又は主要構造部が不燃材料で造られたものに限る。）又は国土交通大臣の認定を受けたもの（次項において「全館避難安全性能確認建築物」という。）については、第112条第7項、第11項から第13項まで及び第18項、第119条、第120条、第123条第1項第一号及び第六号、第2項第二号並びに第3項第一号から第三号まで、第十号及び第十二号、第124条第1項、第125条第1項及び第3項、第126条の2、第126条の3並びに第128条の5（第2項、第6項及び第7項並びに階段に係る部分を除く。）の規定は、適用しない。

2　全館避難安全性能確認建築物の屋内に設ける避難階段に対する第123条第1項第七号の規定の適用については、同号中「避難階」とあるのは、「避難階又は屋上広場その他これに類するもの（屋外に設ける避難階段が接続しているものに限る。）」とする。

3　第1項の「全館避難安全性能」とは、当該建築物のいずれの火災室で火災が発生した場合においても、当該建築物に存する者（次項第一号ロにおいて「在館者」という。）の全てが当該建築物から地上までの避難を終了するまでの間、当該建築物の各居室及び各居室から地上に通ずる主たる廊下、階段その他の建築物の部分において、避難上支障がある高さまで煙又はガスが降下しないものであることとする。

4　第1項の「全館避難安全検証法」とは、次の各号のいずれかに掲げる方法をいう。
　一　次に定めるところにより、火災発生時において当該建築物からの避難が安全に行われることを当該建築物からの避難に要する時間に基づき検証する方法
　　イ　各階が、前条第2項に規定する階避難安全性能を有するものであることについて、同条第3項第一号に定めるところにより確かめること。
　　ロ　当該建築物の各階における各火災室ごとに、在館者の全てが、当該火災室で火災が発生してから当該建築物からの避難を終了するまでに要する時間を、当該建築物の各室の用途及び床面積、当該建築物の各室の各部分から地上への出口の一に至る歩行距離並びに当該建築物の各室の出口（地上に通ずる出口及びこれに通ずるものに限る。）の幅に応じて国土交通大臣が定める方法により計算すること。
　　ハ　当該建築物の各階における各火災室ごとに、当該火災室において発生した火災により生じた煙又はガスが、階段の部分又は当該階の直上階以上の階の一に流入するために要する時間を、当該階の各室の用途、床面積及び天井の高さ、各室の壁及びこれに設ける開口部の構造、各室に設ける排煙設備の構造並びに各室の壁及び天井の仕上げに用いる材料の種類並びに当該階の階段の部分を区画する壁及びこれに設ける開口部の構造に応じて国土交通大臣が定める方法により計算すること。

ニ　当該建築物の各階における各火災室についてロの規定によつて計算した時間が、ハの規定によつて計算した時間を超えないことを確かめること。
　二　次に定めるところにより、火災発生時において当該建築物からの避難が安全に行われることを火災により生じた煙又はガスの高さに基づき検証する方法
　　イ　各階が、前条第2項に規定する階避難安全性能を有するものであることについて、同条第3項第二号に定めるところにより確かめること。
　　ロ　当該建築物の各階における各火災室ごとに、前号ロの規定によつて計算した時間が経過した時における当該火災室において発生した火災により生じた煙又はガスの階段の部分及び当該階の直上階以上の各階における高さを、当該階の各室の用途、床面積及び天井の高さ、各室の壁及びこれに設ける開口部の構造、各室に設ける消火設備及び排煙設備の構造並びに各室の壁及び天井の仕上げに用いる材料の種類並びに当該階の階段の部分を区画する壁及びこれに設ける開口部の構造に応じて国土交通大臣が定める方法により計算すること。
　　ハ　当該建築物の各階における各火災室についてロの規定によつて計算した高さが、避難上支障のある高さとして国土交通大臣が定める高さを下回らないことを確かめること。

[現行]　第129条の2の2　（別の建築物とみなす部分）

制定：平成28年政令第6号　　　　施行：平成28年6月1日
第129条の2の2　（別の建築物とみなす部分）

1　第117条第2項各号に掲げる建築物の部分は、この章の規定の適用については、それぞれ別の建築物とみなす。

旧　第5章の3　削除
（制定：昭和62年政令第348号）　　　第5章の3　主要構造部を木造とすることができる大規模の建築物
（改正：令和元年政令第30号）　　　　第5章の3　削除

[削除条文]

制定：昭和62年政令第348号　　　　施行：昭和62年11月16日
旧　第129条の2　（主要構造部を木造とすることができる大規模の建築物の技術的基準等）

1　法第21条第1項の政令で定める技術的基準は、第46条第2項第一号イからニまで及び第115条の2第1項各号（第一号及び第三号を除く。）に掲げる基準とする。
2　法第21条第1項の政令で定める用途は、倉庫及び自動車車庫とする。

改正：平成5年政令第170号　　　　施行：平成5年6月25日
旧　第129条の2　（主要構造部を木造とすることができる大規模の建築物の技術的基準等）

1　法第21条第1項の政令で定める技術的基準は、次の各号の一に掲げるものとする。
　一　次のイからハまでに掲げる基準
　　イ　地階を除く階数が3以下であること。
　　ロ　主要構造部が耐火構造又は準耐火構造（壁、柱、床及びはりにあつては、第115条の2の2第1項第一号に掲げる技術的基準に適合するものに限る。）であること。
　　ハ　建築物の周囲（道に接する部分を除く。）に幅員が3m以上の通路（敷地の接する道まで達するものに限る。）が設けられていること。ただし、次に掲げる基準に適合しているものについては、この限りでない。
　　　（1）　延べ面積が200㎡を超えるものについては、床面積の合計200㎡以内ごとに耐火構造若しくは第115条の2の2第1項第一号に掲げる技術的基準に適合する準耐火構造の床若しくは壁又は甲種防

令旧129条の2　改正：平成5年政令第170号

　　　　　火戸若しくは乙種防火戸で区画されていること。
　　　（2）　外壁の開口部から当該開口部のある階の上階の開口部へ延焼するおそれがある場合においては、当該外壁の開口部の上部にひさしその他これに類するもので耐火構造、準耐火構造若しくは防火構造としたもの又は不燃材料で造られたものが防火上有効に設けられていること。
　　二　第46条第2項第一号イからニまで及び第115条の2第1項各号（第一号及び第三号を除く。）に掲げる基準
2　略

改正：平成11年政令第5号　　　　施行：平成11年5月1日
旧　第129条の2　（主要構造部を木造とすることができる大規模の建築物の技術的基準等）

1　法第21条第1項の政令で定める技術的基準は、次の各号の一に掲げるものとする。
　一　次のイからハまでに掲げる基準
　　イ　略
　　ロ　主要構造部が耐火構造又は準耐火構造（壁、柱、床、はり及び屋根の軒裏の延焼のおそれのある部分にあつては、第115条の2の2第1項第一号に掲げる技術的基準に適合するものに限る。）であること。
　　ハ　略
　二　略
2　略

改正：平成12年政令第211号　　　施行：平成12年6月1日
旧　第129条の2の3　（主要構造部を木造とすることができる大規模の建築物の技術的基準等）

1　法第21条第1項の政令で定める技術的基準は、次の各号のいずれかに掲げるものとする。
　一　次に掲げる基準
　　イ　略
　　ロ　主要構造部が準耐火構造（壁、柱、床、はり及び屋根の軒裏にあつては、第115条の2の2第1項第一号に掲げる基準に適合するものに限る。）であること。
　　ハ　建築物の周囲（道に接する部分を除く。）に幅員が3m以上の通路（敷地の接する道まで達するものに限る。）が設けられていること。ただし、次に掲げる基準に適合しているものについては、この限りでない。
　　　（1）　延べ面積が200㎡を超えるものについては、床面積の合計200㎡以内ごとに第115条の2の2第1項第一号に掲げる基準に適合する準耐火構造の床若しくは壁又は法第2条第九号の二ロに規定する防火設備で区画されていること。
　　　（2）　外壁の開口部から当該開口部のある階の上階の開口部へ延焼するおそれがある場合においては、当該外壁の開口部の上部にひさしその他これに類するもので第115条の2の2第1項第四号ハに規定する構造であるものが防火上有効に設けられていること。
　二　第46条第2項第一号イ及びロ並びに第115条の2第1項各号（第一号及び第三号を除く。）に掲げる基準
2　略

改正：平成27年政令第11号　　　　施行：平成27年6月1日
旧　第129条の2の3　（主要構造部を木造とすることができる大規模の建築物の技術的基準等）

1　法第21条第1項の政令で定める技術的基準は、次の各号のいずれかに掲げるものとする。
　一　次に掲げる基準
　　イ　地階を除く階数が3以下であること。
　　ロ　主要構造部が準耐火構造（主要構造部である壁、柱、床、はり及び屋根の軒裏にあつては、その構造が次に定める基準に適合するものとして、国土交通大臣が定めた構造方法を用いるもの又は国土交通大臣の認定を受けたものに限る。）であること。
　　　（1）　次の表に掲げる建築物の部分にあつては、当該部分に通常の火災による火熱が加えられた場合に、

加熱開始後それぞれ同表に定める時間構造耐力上支障のある変形、溶融、破壊その他の損傷を生じないものであること。

壁	間仕切壁（耐力壁に限る。）	1時間
	外壁（耐力壁に限る。）	1時間
柱		1時間
床		1時間
はり		1時間

（2）　壁（非耐力壁である外壁の延焼のおそれのある部分以外の部分を除く。）、床及び屋根の軒裏にあつては、これらに通常の火災による火熱が加えられた場合に、加熱開始後1時間当該加熱面以外の面（屋内に面するものに限る。）の温度が可燃物燃焼温度以上に上昇しないものであること。

（3）　外壁（非耐力壁である外壁の延焼のおそれのある部分以外の部分を除く。）にあつては、これに屋内において発生する通常の火災による火熱が加えられた場合に、加熱開始後1時間屋外に火炎を出す原因となる亀裂その他の損傷を生じないものであること。

ハ　建築物の周囲（道に接する部分を除く。）に幅員が3m以上の通路（敷地の接する道まで達するものに限る。）が設けられていること。ただし、次に掲げる基準に適合しているものについては、この限りでない。

（1）　延べ面積が200㎡を超えるものについては、床面積の合計200㎡以内ごとに1時間準耐火基準に適合する準耐火構造の床若しくは壁又は法第2条第九号の二ロに規定する防火設備で区画されていること。

（2）　外壁の開口部から当該開口部のある階の上階の開口部へ延焼するおそれがある場合においては、当該外壁の開口部の上部にひさしその他これに類するもので、その構造が、これらに通常の火災による火熱が加えられた場合に、加熱開始後20分間当該加熱面以外の面に火炎を出す原因となる亀裂その他の損傷を生じないものとして、国土交通大臣が定めた構造方法を用いるもの又は国土交通大臣の認定を受けたものであるものが、防火上有効に設けられていること。

二　第46条第2項第一号イ及びロ並びに第115条の2第1項各号（第一号及び第三号を除く。）に掲げる基準

2　法第21条第1項の政令で定める用途は、倉庫及び自動車車庫とする。

改正：令和元年政令第30号　　　施行：令和元年6月25日
旧　第129条の2の3　（主要構造部を木造とすることができる大規模の建築物の技術的基準等）　削除

[現行]　第5章の4　建築設備等
（制定：昭和33年政令第283号）　　旧　第5章の3　建築設備
（改正：昭和44年政令第8号）　　　旧　第5章の3　建築設備等
（改正：昭和62年政令第348号）　　第5章の4　建築設備等

[現行]　第1節　建築設備の構造強度
（制定：平成12年政令第211号）　　第1節　建築設備の構造強度

[現行]　第129条の2の3

制定：平成12年政令第211号　　　施行：平成12年6月1日
旧　第129条の2の4

1　建築設備（昇降機を除く。）の構造は、構造耐力上安全なものとして建設大臣が定めた構造方法を用いるものでなければならない。

2　法第20条第二号イ又はロに規定する建築物に設ける屋上から突出する水槽、煙突その他これらに類するものは、建設大臣が定める基準に従つた構造計算により風圧並びに地震その他の震動及び衝撃に対して構造耐力上安全であることが確かめられたものでなければならない。

令旧129条の2の4 改正：平成12年政令第312号

改正：平成12年政令第312号　　　施行：平成13年１月６日
旧　第129条の2の4

1　建築設備（昇降機を除く。）の構造は、構造耐力上安全なものとして<u>国土交通大臣</u>が定めた構造方法を用いるものでなければならない。
2　法第20条第二号イ又はロに規定する建築物に設ける屋上から突出する水槽、煙突その他これらに類するものは、<u>国土交通大臣</u>が定める基準に従つた構造計算により風圧並びに地震その他の震動及び衝撃に対して構造耐力上安全であることが確かめられたものでなければならない。

改正：平成19年政令第49号　　　施行：平成19年６月20日
旧　第129条の2の4

1　<u>法第20条第一号、第二号イ、第三号イ及び第四号イの政令で定める技術的基準のうち建築設備に係るものは、次のとおりとする。</u>
　<u>一</u>　建築物に設ける第129条の3第1項第一号及び第二号に掲げる昇降機にあつては、第129条の4及び第129条の5（これらの規定を第129条の12第２項において準用する場合を含む。）、第129条の6第一号並びに第129条の8第1項の規定（第129条の3第２項第一号に掲げる昇降機にあつては、第129条の6第一号の規定を除く。）に適合すること。
　<u>二</u>　建築物に設ける昇降機以外の建築設備にあつては、構造耐力上安全なものとして国土交通大臣が定めた構造方法を用いること。
　<u>三</u>　法第20条第一号から第三号までに掲げる建築物に設ける屋上から突出する水槽、煙突その他これらに類するものにあつては、国土交通大臣が定める基準に従つた構造計算により風圧並びに地震その他の震動及び衝撃に対して構造耐力上安全であることを確かめること。

改正：平成25年政令第217号　　　施行：平成26年４月１日
旧　第129条の2の4

1　法第20条第一号、第二号イ、第三号イ及び第四号イの政令で定める技術的基準のうち建築設備に係るものは、次のとおりとする。
　一　建築物に設ける第129条の3第1項第一号及び第二号に掲げる昇降機にあつては、第129条の4及び第129条の5（これらの規定を第129条の12第２項において準用する場合を含む。）、第129条の6第一号、<u>第129条の8第1項並びに第129条の12第1項第六号の規定</u>（第129条の3第２項第一号に掲げる昇降機にあつては、第129条の6第一号の規定を除く。）に適合すること。
　二・三　略

改正：平成27年政令第11号　　　施行：平成27年６月１日
旧　第129条の2の4

1　<u>法第20条第1項第一号</u>、第二号イ、第三号イ及び第四号イの政令で定める技術的基準のうち建築設備に係るものは、次のとおりとする。
　一・二　略
　三　<u>法第20条第1項第一号</u>から第三号までに掲げる建築物に設ける屋上から突出する水槽、煙突その他これらに類するものにあつては、国土交通大臣が定める基準に従つた構造計算により風圧並びに地震その他の震動及び衝撃に対して構造耐力上安全であることを確かめること。

改正：令和元年政令第30号　　　施行：令和元年６月25日
第129条の2の3

1　法第20条第1項第一号、第二号イ、第三号イ及び第四号イの政令で定める技術的基準のうち建築設備に係るものは、次のとおりとする。

改正：昭和34年政令第344号　**令旧129条の2**

一　建築物に設ける第129条の3第1項第一号又は第二号に掲げる昇降機にあつては、第129条の4及び第129条の5（これらの規定を第129条の12第2項において準用する場合を含む。）、第129条の6第一号、第129条の8第1項並びに第129条の12第1項第六号の規定（第129条の3第2項第一号に掲げる昇降機にあつては、第129条の6第一号の規定を除く。）に適合すること。
二　建築物に設ける昇降機以外の建築設備にあつては、構造耐力上安全なものとして国土交通大臣が定めた構造方法を用いること。
三　法第20条第1項第一号から第三号までに掲げる建築物に設ける屋上から突出する水槽、煙突その他これらに類するものにあつては、国土交通大臣が定める基準に従つた構造計算により風圧並びに地震その他の震動及び衝撃に対して構造耐力上安全であることを確かめること。

[現行]　第1節の2　給水、排水その他の配管設備
（制定：昭和33年政令第283号）　　旧　第1節　給水、排水その他の配管設備
（改正：平成12年政令第211号）　　第1節の2　給水、排水その他の配管設備

[現行]　第129条の2の4　（給水、排水その他の配管設備の設置及び構造）

制定：昭和33年政令第283号　　　施行：昭和34年1月1日
旧　第129条の2　（給水、排水その他の配管設備の工法）

1　建築物に設ける給水、排水その他の配管設備は、次の各号（水道法（昭和32年法律第177号）第3条第8項に規定する給水装置に該当する配管設備にあつては、第四号から第七号までを除く。）に定める工法によらなければならない。
一　コンクリートへの埋設等により腐しよくするおそれのある部分には、その材質に応じ有効な防しよくのための措置を講ずること。
二　構造耐力上主要な部分を貫通して配管する場合においては、建築物の構造耐力上支障を生じないようにすること。
三　エレベーターの昇降路内に設けないこと。ただし、エレベーターに必要な配管設備は、この限りでない。
四　飲料水の配管設備（これと給水系統を同じくする配管設備を含む。以下この号から第六号までにおいて同様とする。）とその他の配管設備とは、直接連結させないこと。
五　水そう、流しその他水を入れ、又は受ける設備に給水する飲料水の配管設備の水せんの開口部にあつては、これらの設備のあふれ面と水せんの開口部との垂直距離を適当に保つ等有効な水の逆流防止のための措置を講ずること。
六　飲料水の配管設備の材質は、水が汚染されるおそれがないものとすること。
七　給水管の凍結による破壊のおそれのある部分には、有効な防凍のための措置を講ずること。
八　排水の配管設備は、排出すべき雨水又は汚水の量及び水質に応じ有効な容量、傾斜及び材質を有すること。

改正：昭和34年政令第344号　　　施行：昭和34年12月23日
旧　第129条の2　（給水、排水その他の配管設備の設置及び構造）

1　建築物に設ける給水、排水その他の<u>配管設備の設置及び構造</u>は、次の各号（水道法（昭和32年法律第177号）第3条第8項に規定する給水装置に該当する配管設備にあつては、第四号から第七号までを除く。）に定める<u>ところ</u>によらなければならない。
一　コンクリートへの埋設等により<u>腐食</u>するおそれのある部分には、その材質に応じ有効な<u>腐食防止</u>のための措置を講ずること。
二　略
三　エレベーターの昇降路内に設けないこと。ただし、エレベーターに必要な<u>配管設備の設置及び構造</u>は、この限りでない。
四　略
五　<u>水槽（そう）</u>、流しその他水を入れ、又は受ける設備に給水する飲料水の配管設備の<u>水栓（せん）</u>の開

令旧129条の2　改正：昭和34年政令第344号

　　口部にあつては、これらの設備のあふれ面と<u>水栓（せん）</u>の開口部との垂直距離を適当に保つ等有効な水の逆流防止のための措置を講ずること。
　六・七　略
　八　排水の<u>配管設備の設置及び構造</u>は、排出すべき雨水又は汚水の量及び水質に応じ有効な容量、傾斜及び材質を有すること。

改正：昭和39年政令第4号　　　施行：昭和39年1月15日
旧　第129条の2　（給水、排水その他の配管設備の設置及び構造）

1　建築物に設ける給水、排水その他の配管設備の設置及び構造は、次の各号（水道法（昭和32年法律第177号）第3条第8項に規定する給水装置に該当する配管設備にあつては、第四号から第七号までを除く。）に定めるところによらなければならない。
　一～八　略
　九　<u>地階を除く階数が11以上である建築物又は延べ面積が3,000㎡をこえる建築物に設ける換気、暖房又は冷房の設備の風道は、不燃材料で造ること。</u>

改正：昭和44年政令第8号　　　施行：昭和44年5月1日
旧　第129条の2　（給水、排水その他の配管設備の設置及び構造）

1　建築物に設ける給水、排水その他の配管設備の設置及び構造は、次の各号（水道法（昭和32年法律第177号）第3条第8項に規定する給水装置に該当する配管設備にあつては、第四号から第七号までを除く。）に定めるところによらなければならない。
　一～八　略
　九　地階を除く階数が<u>3</u>以上である建築物、<u>地階に居室を有する建築物</u>又は延べ面積が3,000㎡をこえる建築物に設ける換気、暖房又は冷房の設備の風道<u>及びダストシュート、メールシュート、リンネンシュートその他これらに類するもの（屋内に面する部分に限る。）</u>は、不燃材料で造ること。
　<u>十　給水管、配電管その他の管が、第112条第14項の耐火構造等の防火区画、第113条第1項の防火壁、第114条第1項の界壁、同条第2項の間仕切壁又は同条第3項若しくは第4項の隔壁を貫通する場合においては、これらの管の当該貫通する部分及び当該貫通する部分からそれぞれ両側に1m以内の距離にある部分を不燃材料で造ること。ただし、耐火構造の床若しくは壁若しくは甲種防火戸で建築物の他の部分と区画されたパイプシャフト、パイプダクトその他これらに類するものの中にある部分又は建設大臣が防火上支障がないと認めて定める基準に適合する部分については、この限りでない。</u>

改正：昭和45年政令第333号　　　施行：昭和46年1月1日
旧　第129条の2　（給水、排水その他の配管設備の設置及び構造）

1　建築物に設ける給水、排水その他の配管設備の設置及び構造は、次の<u>各号に定めるところによらなければ</u>ならない。
　一～三　略
　<u>四　圧力タンク及び給湯設備には、有効な安全装置を設けること。</u>
　<u>五　水質、温度その他の特性に応じて安全上、防火上及び衛生上支障のない構造とすること。</u>
　<u>六</u>　地階を除く階数が3以上である建築物、地階に居室を有する建築物又は延べ面積が3,000㎡をこえる建築物に設ける換気、暖房又は冷房の設備の風道及びダストシュート、メールシュート、リンネンシュートその他これらに類するもの（屋内に面する部分に限る。）は、不燃材料で造ること。
　<u>七</u>　給水管、配電管その他の管が、第112条<u>第15項</u>の耐火構造等の防火区画、第113条第1項の防火壁、第114条第1項の界壁、同条第2項の間仕切壁又は同条第3項若しくは第4項の隔壁を貫通する場合においては、これらの管の当該貫通する部分及び当該貫通する部分からそれぞれ両側に1m以内の距離にある部分を不燃材料で造ること。ただし、耐火構造の床若しくは壁若しくは甲種防火戸で建築物の他の部分と区画されたパイプシャフト、パイプダクトその他これらに類するものの中にある部分又は建設大臣が防火上支障がないと認めて定める基準に適合する部分については、この限りでない。

2　建築物に設ける飲料水の配管設備（水道法（昭和32年法律第177号）第3条第8項に規定する給水装置に該当する配管設備を除く。）の設置及び構造は、前項の規定によるほか、次の各号に定めるところによらなければならない。
　一　飲料水の配管設備（これと給水系統を同じくする配管設備を含む。この号から第3号までにおいて同じ。）とその他の配管設備とは、直接連結させないこと。
　二　水槽（そう）、流しその他水を入れ、又は受ける設備に給水する飲料水の配管設備の水栓（せん）の開口部にあつては、これらの設備のあふれ面と水栓（せん）の開口部との垂直距離を適当に保つ等有効な水の逆流防止のための措置を講ずること。
　三　飲料水の配管設備の材質は、不浸透質の耐水材料で水が汚染されるおそれのないものとすること。
　四　給水管の凍結による破壊のおそれのある部分には、有効な防凍のための措置を講ずること。
　五　給水タンク及び貯水タンクは、ほこりその他衛生上有害なものが入らない構造とし、金属性のものにあつては、衛生上支障のないように有効なさび止めのための措置を講ずること。
　六　前各号に定めるもののほか、建設大臣の定める基準に従つて安全上及び衛生上支障のない構造とすること。
3　建築物に設ける排水のための配管設備の設置及び構造は、第1項の規定によるほか、次の各号に定めるところによらなければならない。
　一　排出すべき雨水又は汚水の量及び水質に応じ有効な容量、傾斜及び材質を有すること。
　二　配管設備には、排水トラップ、通気管等を設置する等衛生上必要な措置を講ずること。
　三　配管設備の末端は、公共下水道、都市下水路その他の排水施設に排水上有効に連結すること。
　四　汚水に接する部分は、不浸透質の耐水材料で造ること。
　五　前各号に定めるもののほか、建設大臣の定める基準に従つて安全上及び衛生上支障のない構造とすること。

改正：昭和53年政令第123号　　　施行：昭和53年6月23日
旧　第129条の2　（給水、排水その他の配管設備の設置及び構造）

1　略
2　建築物に設ける飲料水の配管設備（水道法（昭和32年法律第177号）第3条第9項に規定する給水装置に該当する配管設備を除く。）の設置及び構造は、前項の規定によるほか、次の各号に定めるところによらなければならない。
　一～六　略
3　略

改正：昭和55年政令第196号　　　施行：昭和56年6月1日
旧　第129条の2　（給水、排水その他の配管設備の設置及び構造）

1　建築物に設ける給水、排水その他の配管設備の設置及び構造は、次の各号に定めるところによらなければならない。
　一～五　略
　六　地階を除く階数が3以上である建築物、地階に居室を有する建築物又は延べ面積が3,000㎡を超える建築物に設ける換気、暖房又は冷房の設備の風道及びダストシュート、メールシュート、リネンシュートその他これらに類するもの（屋内に面する部分に限る。）は、不燃材料で造ること。
　七　略
　八　風圧、土圧及び水圧並びに地震その他の震動及び衝撃に対して、安全上支障のない構造とすること。
　九　3階以上の階を共同住宅の用途に供する建築物の住戸に設けるガスの配管設備は、建設大臣が安全を確保するために必要があると認めて定める基準によること。
2・3　略

改正：昭和62年政令第348号　　　施行：昭和62年11月16日

令旧129条の2の2 改正：昭和62年政令第348号

旧　**第129条の2の2**　（給水、排水その他の配管設備の設置及び構造）

略

改正：平成5年政令第170号　　　施行：平成5年6月25日

旧　**第129条の2の2**　（給水、排水その他の配管設備の設置及び構造）

1　建築物に設ける給水、排水その他の配管設備の設置及び構造は、<u>次</u>に定めるところによらなければならない。
　一～六　略
　七　給水管、配電管その他の管が、第112条第15項の耐火構造等の防火区画、第113条第1項の防火壁、第114条第1項の界壁、同条第2項の間仕切壁又は同条第3項若しくは第4項の隔壁を貫通する場合においては、これらの管の当該貫通する部分及び当該貫通する部分からそれぞれ両側に1m以内の距離にある部分を不燃材料で造ること。ただし、<u>耐火構造若しくは第115条の2の2第1項第一号に掲げる技術的基準に適合する準耐火構造の床若しくは壁若しくは甲種防火戸で建築物の他の部分と区画されたパイプシャフト、パイプダクトその他これらに類するものの中にある部分又は建設大臣が防火上支障がないと認めて定める基準に適合する部分</u>については、この限りでない。
　八・九　略
2・3　略

改正：平成11年政令第5号　　　施行：平成11年5月1日

旧　**第129条の2の2**　（給水、排水その他の配管設備の設置及び構造）

1　略
2　建築物に設ける飲料水の配管設備（<u>水道法第3条第9項に規定する給水装置に該当する配管設備を除く。</u>）の設置及び構造は、前項の規定によるほか、次の各号に定めるところによらなければならない。
　一～六　略
3　略

改正：平成12年政令第211号　　　施行：平成12年6月1日

旧　**第129条の2の5**　（給水、排水その他の配管設備の設置及び構造）

1　建築物に設ける給水、排水その他の配管設備の設置及び構造は、次に定めるところによらなければならない。
　一～五　略
　六　地階を除く階数が3以上である建築物、地階に居室を有する建築物又は延べ面積が3,000㎡を超える建築物に設ける換気、暖房又は冷房の設備の風道及びダストシュート、メールシュート、リネンシュートその他これらに類するもの<u>（屋外に面する部分その他防火上支障がないものとして建設大臣が定める部分を除く。）</u>は、不燃材料で造ること。
　七　給水管、配電管その他の管が、第112条第15項の<u>準耐火構造</u>の防火区画、第113条第1項の防火壁、第114条第1項の界壁、同条第2項の間仕切壁又は同条第3項若しくは第4項の隔壁<u>（以下この号において「防火区画等」という。）</u>を貫通する場合においては、これらの管の<u>構造は、次のイからハまでのいずれかに適合するものとすること</u>。ただし、<u>第115条の2の2第1項第一号に掲げる基準に適合する準耐火構造の床若しくは壁又は特定防火設備</u>で建築物の他の部分と区画されたパイプシャフト、パイプダクトその他これらに類するものの中にある部分については、この限りでない。
　　イ　<u>給水管、配電管その他の管の貫通する部分及び当該貫通する部分からそれぞれ両側に1m以内の距離にある部分を不燃材料で造ること。</u>
　　ロ　<u>給水管、配電管その他の管の外径が、当該管の用途、材質その他の事項に応じて建設大臣が定める数値未満であること。</u>
　　ハ　<u>防火区画等を貫通する管に通常の火災による火熱が加えられた場合に、加熱開始後20分間（第112条</u>

第1項から第4項まで、同条第5項（同条第6項の規定により床面積の合計200㎡以内ごとに区画する場合又は同条第7項の規定により床面積の合計500㎡以内ごとに区画する場合に限る。）、同条第8項（同条第6項の規定により床面積の合計200㎡以内ごとに区画する場合又は同条第7項の規定により床面積の合計500㎡以内ごとに区画する場合に限る。）若しくは同条第13項の規定による準耐火構造の床若しくは壁又は第113条第1項の防火壁にあつては1時間、第114条第1項の界壁、同条第2項の間仕切壁又は同条第3項若しくは第4項の隔壁にあつては45分間）防火区画等の加熱側の反対側に火炎を出す原因となるき裂その他の損傷を生じないものとして、建設大臣の認定を受けたものであること。

　八　3階以上の階を共同住宅の用途に供する建築物の住戸に設けるガスの配管設備は、建設大臣が安全を確保するために必要があると認めて定める基準によること。

2　建築物に設ける飲料水の配管設備（水道法第3条第9項に規定する給水装置に該当する配管設備を除く。）の設置及び構造は、前項の規定によるほか、次に定めるところによらなければならない。
　一・二　略
　三　飲料水の配管設備の構造は、次に掲げる基準に適合するものとして、建設大臣が定めた構造方法を用いるもの又は建設大臣の認定を受けたものであること。
　　イ　当該配管設備から漏水しないものであること。
　　ロ　当該配管設備から溶出する物質によつて汚染されないものであること。
　四・五　略
　六　前各号に定めるもののほか、安全上及び衛生上支障のないものとして建設大臣が定めた構造方法を用いるものであること。

3　建築物に設ける排水のための配管設備の設置及び構造は、第1項の規定によるほか、次に定めるところによらなければならない。
　一～四　略
　五　前各号に定めるもののほか、安全上及び衛生上支障のないものとして建設大臣が定めた構造方法を用いるものであること。

改正：平成12年政令第312号　　　施行：平成13年1月6日
旧　第129条の2の5　（給水、排水その他の配管設備の設置及び構造）

1　建築物に設ける給水、排水その他の配管設備の設置及び構造は、次に定めるところによらなければならない。
　一～五　略
　六　地階を除く階数が3以上である建築物、地階に居室を有する建築物又は延べ面積が3,000㎡を超える建築物に設ける換気、暖房又は冷房の設備の風道及びダストシュート、メールシュート、リネンシュートその他これらに類するもの（屋外に面する部分その他防火上支障がないものとして国土交通大臣が定める部分を除く。）は、不燃材料で造ること。
　七　給水管、配電管その他の管が、第112条第15項の準耐火構造の防火区画、第113条第1項の防火壁、第114条第1項の界壁、同条第2項の間仕切壁又は同条第3項若しくは第4項の隔壁（以下この号において「防火区画等」という。）を貫通する場合においては、これらの管の構造は、次のイからハまでのいずれかに適合するものとすること。ただし、第115条の2の2第1項第一号に掲げる基準に適合する準耐火構造の床若しくは壁又は特定防火設備で建築物の他の部分と区画されたパイプシャフト、パイプダクトその他これらに類するものの中にある部分については、この限りでない。
　　イ　給水管、配電管その他の管の貫通する部分及び当該貫通する部分からそれぞれ両側に1m以内の距離にある部分を不燃材料で造ること。
　　ロ　給水管、配電管その他の管の外径が、当該管の用途、材質その他の事項に応じて国土交通大臣が定める数値未満であること。
　　ハ　防火区画等を貫通する管に通常の火災による火熱が加えられた場合に、加熱開始後20分間（第112条第1項から第4項まで、同条第5項（同条第6項の規定により床面積の合計200㎡以内ごとに区画する場合又は同条第7項の規定により床面積の合計500㎡以内ごとに区画する場合に限る。）、同条第8項（同条第6項の規定により床面積の合計200㎡以内ごとに区画する場合又は同条第7項の規定により床面積の合計500㎡以内ごとに区画する場合に限る。）若しくは同条第13項の規定による準耐火構造の床若し

令旧129条の2の5　改正：平成12年政令第312号

くは壁又は第113条第1項の防火壁にあつては1時間、第114条第1項の界壁、同条第2項の間仕切壁又は同条第3項若しくは第4項の隔壁にあつては45分間）防火区画等の加熱側の反対側に火炎を出す原因となるき裂その他の損傷を生じないものとして、<u>国土交通大臣</u>の認定を受けたものであること。

八　3階以上の階を共同住宅の用途に供する建築物の住戸に設けるガスの配管設備は、<u>国土交通大臣</u>が安全を確保するために必要があると認めて定める基準によること。

2　建築物に設ける飲料水の配管設備（水道法第3条第9項に規定する給水装置に該当する配管設備を除く。）の設置及び構造は、前項の規定によるほか、次に定めるところによらなければならない。

一・二　略

三　飲料水の配管設備の構造は、次に掲げる基準に適合するものとして、<u>国土交通大臣</u>が定めた構造方法を用いるもの又は<u>国土交通大臣</u>の認定を受けたものであること。

イ　当該配管設備から漏水しないものであること。

ロ　当該配管設備から溶出する物質によつて汚染されないものであること。

四・五　略

六　前各号に定めるもののほか、安全上及び衛生上支障のないものとして<u>国土交通大臣</u>が定めた構造方法を用いるものであること。

3　建築物に設ける排水のための配管設備の設置及び構造は、第1項の規定によるほか、次に定めるところによらなければならない。

一～四　略

五　前各号に定めるもののほか、安全上及び衛生上支障のないものとして<u>国土交通大臣</u>が定めた構造方法を用いるものであること。

改正：平成17年政令第192号　　　施行：平成17年6月1日

旧　第129条の2の5　（給水、排水その他の配管設備の設置及び構造）

1　建築物に設ける給水、排水その他の配管設備の設置及び構造は、次に定めるところによらなければならない。

一・二　略

三　<u>第129条の3第1項第一号又は第三号に掲げる昇降機の昇降路内に設けないこと。ただし、地震時においても昇降機のかご（人又は物を乗せ昇降する部分をいう。以下同じ。）の昇降、かご及び出入口の戸の開閉その他の昇降機の機能並びに配管設備の機能に支障が生じないものとして、国土交通大臣が定めた構造方法を用いるもの及び国土交通大臣の認定を受けたものは、この限りでない。</u>

四～八　略

2　略

3　建築物に設ける排水のための配管設備の設置及び構造は、第1項の規定によるほか、次に定めるところによらなければならない。

一　略

二　配管設備には、<u>排水トラップ</u>、通気管等を設置する等衛生上必要な措置を講ずること。

三～五　略

改正：平成27年政令第11号　　　施行：平成27年6月1日

旧　第129条の2の5　（給水、排水その他の配管設備の設置及び構造）

1　建築物に設ける給水、排水その他の配管設備の設置及び構造は、次に定めるところによらなければならない。

一・二　略

三　第129条の3第1項第一号又は第三号に掲げる昇降機の昇降路内に設けないこと。ただし、地震時においても昇降機の<u>籠</u>（人又は物を乗せ昇降する部分をいう。以下同じ。）の昇降、<u>籠</u>及び出入口の戸の開閉その他の昇降機の機能並びに配管設備の機能に支障が生じないものとして、国土交通大臣が定めた構造方法を用いるもの及び国土交通大臣の認定を受けたものは、この限りでない。

四～六　略

七　給水管、配電管その他の管が、第112条第15項の準耐火構造の防火区画、第113条第1項の防火壁、第114条第1項の界壁、同条第2項の間仕切壁又は同条第3項若しくは第4項の隔壁(以下この号において「防火区画等」という。)を貫通する場合においては、これらの管の構造は、次のイからハまでのいずれかに適合するものとすること。ただし、1時間準耐火基準に適合する準耐火構造の床若しくは壁又は特定防火設備で建築物の他の部分と区画されたパイプシャフト、パイプダクトその他これらに類するものの中にある部分については、この限りでない。
　　イ・ロ　略
　　ハ　防火区画等を貫通する管に通常の火災による火熱が加えられた場合に、加熱開始後20分間(第112条第1項から第4項まで、同条第5項(同条第6項の規定により床面積の合計200㎡以内ごとに区画する場合又は同条第7項の規定により床面積の合計500㎡以内ごとに区画する場合に限る。)、同条第8項(同条第6項の規定により床面積の合計200㎡以内ごとに区画する場合又は同条第7項の規定により床面積の合計500㎡以内ごとに区画する場合に限る。)若しくは同条第13項の規定による準耐火構造の床若しくは壁又は第113条第1項の防火壁にあつては1時間、第114条第1項の界壁、同条第2項の間仕切壁又は同条第3項若しくは第4項の隔壁にあつては45分間)防火区画等の加熱側の反対側に火炎を出す原因となる亀裂その他の損傷を生じないものとして、国土交通大臣の認定を受けたものであること。
　八　略
２・３　略

改正：平成30年政令第255号　　　施行：平成30年9月25日
旧　第129条の2の5　（給水、排水その他の配管設備の設置及び構造）

１　建築物に設ける給水、排水その他の配管設備の設置及び構造は、次に定めるところによらなければならない。
　一～六　略
　七　給水管、配電管その他の管が、第112条第14項の準耐火構造の防火区画、第113条第1項の防火壁、第114条第1項の界壁、同条第2項の間仕切壁又は同条第3項若しくは第4項の隔壁(以下この号において「防火区画等」という。)を貫通する場合においては、これらの管の構造は、次のイからハまでのいずれかに適合するものとすること。ただし、1時間準耐火基準に適合する準耐火構造の床若しくは壁又は特定防火設備で建築物の他の部分と区画されたパイプシャフト、パイプダクトその他これらに類するものの中にある部分については、この限りでない。
　　イ・ロ　略
　　ハ　防火区画等を貫通する管に通常の火災による火熱が加えられた場合に、加熱開始後20分間(第112条第1項から第4項まで、同条第5項(同条第6項の規定により床面積の合計200㎡以内ごとに区画する場合又は同条第7項の規定により床面積の合計500㎡以内ごとに区画する場合に限る。)、同条第8項(同条第6項の規定により床面積の合計200㎡以内ごとに区画する場合又は同条第7項の規定により床面積の合計500㎡以内ごとに区画する場合に限る。)若しくは同条第12項の規定による準耐火構造の床若しくは壁又は第113条第1項の防火壁にあつては1時間、第114条第1項の界壁、同条第2項の間仕切壁又は同条第3項若しくは第4項の隔壁にあつては45分間)防火区画等の加熱側の反対側に火炎を出す原因となる亀裂その他の損傷を生じないものとして、国土交通大臣の認定を受けたものであること。
　八　略
２・３　略

改正：令和元年政令第30号　　　施行：令和元年6月25日
第129条の2の4　（給水、排水その他の配管設備の設置及び構造）

１　略
２　建築物に設ける飲料水の配管設備（水道法第3条第9項に規定する給水装置に該当する配管設備を除く。）の設置及び構造は、前項の規定によるほか、次に定めるところによらなければならない。
　一　略
　二　水槽、流しその他水を入れ、又は受ける設備に給水する飲料水の配管設備の水栓の開口部にあつては、

令129条の2の4　改正：令和元年政令第30号

これらの設備のあふれ面と水栓の開口部との垂直距離を適当に保つことその他の有効な水の逆流防止のための措置を講ずること。
　三～六　略
3　略

改正：令和元年政令第181号　　　施行：令和2年4月1日
第129条の2の4　（給水、排水その他の配管設備の設置及び構造）

1　建築物に設ける給水、排水その他の配管設備の設置及び構造は、次に定めるところによらなければならない。
　一　コンクリートへの埋設等により腐食するおそれのある部分には、その材質に応じ有効な腐食防止のための措置を講ずること。
　二　構造耐力上主要な部分を貫通して配管する場合においては、建築物の構造耐力上支障を生じないようにすること。
　三　第129条の3第1項第一号又は第三号に掲げる昇降機の昇降路内に設けないこと。ただし、地震時においても昇降機の籠（人又は物を乗せ昇降する部分をいう。以下同じ。）の昇降、籠及び出入口の戸の開閉その他の昇降機の機能並びに配管設備の機能に支障が生じないものとして、国土交通大臣が定めた構造方法を用いるもの及び国土交通大臣の認定を受けたものは、この限りでない。
　四　圧力タンク及び給湯設備には、有効な安全装置を設けること。
　五　水質、温度その他の特性に応じて安全上、防火上及び衛生上支障のない構造とすること。
　六　地階を除く階数が3以上である建築物、地階に居室を有する建築物又は延べ面積が3,000㎡を超える建築物に設ける換気、暖房又は冷房の設備の風道及びダストシュート、メールシュート、リネンシュートその他これらに類するもの（屋外に面する部分その他防火上支障がないものとして国土交通大臣が定める部分を除く。）は、不燃材料で造ること。
　七　給水管、配電管その他の管が、第112条第20項の準耐火構造の防火区画、第113条第1項の防火壁若しくは防火床、第114条第1項の界壁、同条第2項の間仕切壁又は同条第3項若しくは第4項の隔壁（ハにおいて「防火区画等」という。）を貫通する場合においては、これらの管の構造は、次のイからハまでのいずれかに適合するものとすること。ただし、1時間準耐火基準に適合する準耐火構造の床若しくは壁又は特定防火設備で建築物の他の部分と区画されたパイプシャフト、パイプダクトその他これらに類するものの中にある部分については、この限りでない。
　　イ　給水管、配電管その他の管の貫通する部分及び当該貫通する部分からそれぞれ両側に1m以内の距離にある部分を不燃材料で造ること。
　　ロ　給水管、配電管その他の管の外径が、当該管の用途、材質その他の事項に応じて国土交通大臣が定める数値未満であること。
　　ハ　防火区画等を貫通する管に通常の火災による火熱が加えられた場合に、加熱開始後20分間（第112条第1項若しくは第4項から第6項まで、同条第7項（同条第8項の規定により床面積の合計200㎡以内ごとに区画する場合又は同条第9項の規定により床面積の合計500㎡以内ごとに区画する場合に限る。）、同条第10項（同条第8項の規定により床面積の合計200㎡以内ごとに区画する場合又は同条第9項の規定により床面積の合計500㎡以内ごとに区画する場合に限る。）若しくは同条第18項の規定による準耐火構造の床若しくは壁又は第113条第1項の防火壁若しくは防火床にあつては1時間、第114条第1項の界壁、同条第2項の間仕切壁又は同条第3項若しくは第4項の隔壁にあつては45分間）防火区画等の加熱側の反対側に火炎を出す原因となる亀裂その他の損傷を生じないものとして、国土交通大臣の認定を受けたものであること。
　八　3階以上の階を共同住宅の用途に供する建築物の住戸に設けるガスの配管設備は、国土交通大臣が安全を確保するために必要があると認めて定める基準によること。
2　建築物に設ける飲料水の配管設備（水道法第3条第9項に規定する給水装置に該当する配管設備を除く。）の設置及び構造は、前項の規定によるほか、次に定めるところによらなければならない。
　一　飲料水の配管設備（これと給水系統を同じくする配管設備を含む。以下この項において同じ。）とその他の配管設備とは、直接連結させないこと。
　二　水槽、流しその他水を入れ、又は受ける設備に給水する飲料水の配管設備の水栓の開口部にあつては、

制定：昭和45年政令第333号 **令旧129条の２の２**

　　　これらの設備のあふれ面と水栓の開口部との垂直距離を適当に保つことその他の有効な水の逆流防止のための措置を講ずること。
　　三　飲料水の配管設備の構造は、次に掲げる基準に適合するものとして、国土交通大臣が定めた構造方法を用いるもの又は国土交通大臣の認定を受けたものであること。
　　　イ　当該配管設備から漏水しないものであること。
　　　ロ　当該配管設備から溶出する物質によつて汚染されないものであること。
　　四　給水管の凍結による破壊のおそれのある部分には、有効な防凍のための措置を講ずること。
　　五　給水タンク及び貯水タンクは、ほこりその他衛生上有害なものが入らない構造とし、金属性のものにあつては、衛生上支障のないように有効なさび止めのための措置を講ずること。
　　六　前各号に定めるもののほか、安全上及び衛生上支障のないものとして国土交通大臣が定めた構造方法を用いるものであること。
　3　建築物に設ける排水のための配管設備の設置及び構造は、第1項の規定によるほか、次に定めるところによらなければならない。
　　一　排出すべき雨水又は汚水の量及び水質に応じ有効な容量、傾斜及び材質を有すること。
　　二　配管設備には、排水トラップ、通気管等を設置する等衛生上必要な措置を講ずること。
　　三　配管設備の末端は、公共下水道、都市下水路その他の排水施設に排水上有効に連結すること。
　　四　汚水に接する部分は、不浸透質の耐水材料で造ること。
　　五　前各号に定めるもののほか、安全上及び衛生上支障のないものとして国土交通大臣が定めた構造方法を用いるものであること。

[現行]　第129条の２の５　（換気設備）

制定：昭和45年政令第333号　　　施行：昭和46年1月1日
旧　第129条の２の２　（換気設備）

　1　建築物（換気設備を設けるべき調理室等を除く。以下この条において同じ。）に設ける自然換気設備は、次の各号に定める構造としなければならない。
　　一　換気上有効な給気口及び排気筒を有すること。
　　二　給気口は、居室の天井の高さの2分の1以下の高さの位置に設け、常時外気に開放された構造とすること。
　　三　排気口（排気筒の居室に面する開口部をいう。以下この項において同じ。）は、居室の天井又は天井から下方80cm以内の高さの位置に設け、常時開放された構造とし、かつ、排気筒の立上り部分に直結すること。
　　四　排気筒は、排気上有効な立上り部分を有し、その頂部は、外気の流れによつて排気が妨げられない構造とし、かつ、直接外気に開放すること。
　　五　排気筒には、その頂部及び排気口を除き、開口部を設けないこと。
　　六　給気口及び排気口並びに排気筒の頂部には、雨水又はねずみ、虫、ほこりその他衛生上有害なものを防ぐための設備をすること。
　2　建築物に設ける機械換気設備は、次の各号に定める構造としなければならない。
　　一　換気上有効な給気機及び排気機、換気上有効な給気機及び排気口又は換気上有効な給気口及び排気機を有すること。
　　二　給気口及び排気口の位置及び構造は、室内に取り入れられた空気の分布を均等にし、かつ、著しく局部的な空気の流れを生じないようにすること。
　　三　給気機の外気取り入れ口並びに直接外気に開放された給気口及び排気口には、雨水又はねずみ、虫、ほこりその他衛生上有害なものを防ぐための設備をすること。
　　四　直接外気に開放された給気口又は排気口に換気扇を設ける場合には、外気の流れによつて著しく換気能力が低下しない構造とすること。
　　五　風道は、空気を汚染するおそれのない材料で造ること。
　3　建築物に設ける中央管理方式の空気調和設備は、前項に定める構造とするほか、建設大臣が居室における次の表の各項の左欄に掲げる事項がおおむね当該各項の右欄に掲げる基準に適合するように空気を浄化し、

令旧129条の２の２　制定：昭和45年政令第333号

その温度、湿度又は流量を調節して供給することができる性能を有し、かつ、安全上、防火上及び衛生上支障がないと認めて定める構造としなければならない。

（1）	浮遊粉じんの量	空気１㎥につき0.15mg 以下
（2）	一酸化炭素の含有率	100万分の10以下
（3）	炭酸ガスの含有率	100万分の1,000 以下
（4）	温度	一　17度以上28度以下 二　居室における温度を外気の温度より低くする場合は、その差を著しくしないこと。
（5）	相対湿度	40％以上70％以下
（6）	気流	１秒間につき0.5ｍ以下

　この表の各項の右欄に掲げる基準を適用する場合における当該各項の左欄に掲げる事項についての測定方法は、建設省令で定める。

改正：昭和62年政令第348号　　　施行：昭和62年11月16日
旧　<u>第129条の２の３</u>　（換気設備）

略

改正：平成12年政令第211号　　　施行：平成12年６月１日
旧　<u>第129条の２の６</u>　（換気設備）

1　建築物（換気設備を設けるべき調理室等を除く。以下この条において同じ。）に設ける自然換気設備は、<u>次に定める構造</u>としなければならない。
　一・二　略
　三　排気口（排気筒の居室に面する開口部をいう。以下この項において同じ。）は、<u>給気口より高い位置に</u>設け、常時開放された構造とし、かつ、排気筒の立上り部分に直結すること。
　四～六　略
2　建築物に設ける機械換気設備は、<u>次に定める構造</u>としなければならない
　一　略
　二　給気口及び排気口の位置及び構造は、<u>当該居室内の人が通常活動することが想定される空間における空気の分布を均等にし</u>、かつ、著しく局部的な空気の流れを生じないようにすること。
　三～五　略
3　建築物に設ける中央管理方式の空気調和設備は、前項に定める構造とするほか、建設大臣が居室における次の表の各項の左欄に掲げる事項がおおむね当該各項の右欄に掲げる基準に適合するように空気を浄化し、その温度、湿度又は流量を調節して供給することができる性能を有し、かつ、安全上、防火上及び衛生上支障がない<u>構造として建設大臣が定めた構造方法を用いるもの</u>としなければならない。
　［表　略］

改正：平成12年政令第312号　　　施行：平成13年１月６日
旧　<u>第129条の２の６</u>　（換気設備）

1・2　略
3　建築物に設ける中央管理方式の空気調和設備は、前項に定める構造とするほか、<u>国土交通大臣</u>が居室における次の表の各項の左欄に掲げる事項がおおむね当該各項の右欄に掲げる基準に適合するように空気を浄化し、その温度、湿度又は流量を調節して供給することができる性能を有し、かつ、安全上、防火上及び衛生上支障がない構造として<u>国土交通大臣</u>が定めた構造方法を用いるものとしなければならない。

（1）	浮遊粉じんの量	空気１㎥につき0.15mg 以下
（2）	一酸化炭素の含有率	100万分の10以下
（3）	炭酸ガスの含有率	100万分の1,000以下

（4）	温度	一　17度以上28度以下 二　居室における温度を外気の温度より低くする場合は、その差を著しくしないこと。
（5）	相対湿度	40％以上70％以下
（6）	気流	1秒間につき0.5m以下

　この表の各項の右欄に掲げる基準を適用する場合における当該各項の左欄に掲げる事項についての測定方法は、<u>国土交通省令</u>で定める。

改正：令和元年政令第30号　　　施行：令和元年6月25日
第129条の2の5　（換気設備）

略

改正：令和5年政令第34号　　　施行：令和5年4月1日
第129条の2の5　（換気設備）

1　建築物（換気設備を設けるべき調理室等を除く。以下この条において同じ。）に設ける自然換気設備は、次に定める構造としなければならない。
　一　換気上有効な給気口及び排気筒を有すること。
　二　給気口は、居室の天井の高さの2分の1以下の高さの位置に設け、常時外気に開放された構造とすること。
　三　排気口（排気筒の居室に面する開口部をいう。以下この項において同じ。）は、給気口より高い位置に設け、常時開放された構造とし、かつ、排気筒の立上り部分に直結すること。
　四　排気筒は、排気上有効な立上り部分を有し、その頂部は、外気の流れによつて排気が妨げられない構造とし、かつ、直接外気に開放すること。
　五　排気筒には、その頂部及び排気口を除き、開口部を設けないこと。
　六　給気口及び排気口並びに排気筒の頂部には、雨水<u>の侵入</u>又はねずみ、虫、ほこりその他衛生上有害なもの<u>の侵入を防ぐための設備を</u><u>設ける</u>こと。
2　建築物に設ける機械換気設備は、次に定める構造としなければならない。
　一　換気上有効な給気機及び排気機、換気上有効な給気機及び排気口又は換気上有効な給気口及び排気機を有すること。
　二　給気口及び排気口の位置及び構造は、当該居室内の人が通常活動することが想定される空間における空気の分布を均等にし、かつ、著しく局部的な空気の流れを生じないようにすること。
　三　給気機の外気取入口並びに直接外気に開放された給気口及び排気口には、雨水<u>の侵入</u>又はねずみ、虫、ほこりその他衛生上有害なもの<u>の侵入を防ぐための設備を</u><u>設ける</u>こと。
　四　直接外気に開放された給気口又は排気口に換気扇を設ける場合には、外気の流れによつて著しく換気能力が低下しない構造とすること。
　五　風道は、空気を汚染するおそれのない材料で造ること。
3　建築物に設ける中央管理方式の空気調和設備<u>の構造</u>は、前項<u>の規定</u>によるほか、居室における次の表の<u>中欄に掲げる事項が</u>それぞれおおむね同表の右欄に掲げる基準に適合するように空気を浄化し、その温度、湿度又は流量を調節して<u>供給（排出を含む。）</u>をすることができる性能を有し、かつ、安全上、防火上及び衛生上支障<u>が</u><u>ないもの</u>として国土交通大臣が定めた構造方法を用いるものとしなければならない。

（1）	浮遊粉じんの量	空気1m³につき0.15mg以下<u>であること。</u>
（2）	一酸化炭素の含有率	<u>100万分の6以下であること。</u>
（3）	炭酸ガスの含有率	100万分の1,000以下であること。
（4）	温度	一　<u>18度以上28度以下であること。</u> 二　居室における温度を外気の温度より低くする場合は、その差を著しくしない<u>ものであること。</u>
（5）	相対湿度	40％以上70％以下<u>であること。</u>

令129条の2の5 改正：令和5年政令第34号

（6）	気流	1秒間につき0.5m以下であること。

[現行] 第129条の2の6 （冷却塔設備）

制定：昭和39年政令第4号　　　施行：昭和39年1月15日
旧　第129条の2の2　（冷却塔設備）

1　地階を除く階数が11以上である建築物の屋上に設ける冷房のための冷却塔設備は、次の各号に定める構造としなければならない。
　一　建築物の構造耐力上主要な部分に緊結し、建設大臣の定める基準に従つて地震力、風圧力その他の水平力によつて脱落しない構造とすること。
　二　主要な部分を不燃材料で造るか、又は建設大臣の定める防火上支障のない構造とすること。
　三　配管等を建設大臣の定める基準に従つて安全上支障のない構造とすること。

改正：昭和45年政令第333号　　　施行：昭和46年1月1日
旧　第129条の2の3　（冷却塔設備）

略

改正：昭和62年政令第348号　　　施行：昭和62年11月16日
旧　第129条の2の4　（冷却塔設備）

略

改正：平成12年政令第211号　　　施行：平成12年6月1日
旧　第129条の2の7　（冷却塔設備）

1　地階を除く階数が11以上である建築物の屋上に設ける冷房のための冷却塔設備の設置及び構造は、次の各号のいずれかに掲げるものとしなければならない。
　一　主要な部分を不燃材料で造るか、又は防火上支障がないものとして建設大臣が定めた構造方法を用いるものとすること。
　二　冷却塔の構造に応じ、建築物の他の部分までの距離を建設大臣が定める距離以上としたものとすること。
　三　冷却塔設備の内部が燃焼した場合においても建築物の他の部分を建設大臣が定める温度以上に上昇させないものとして建設大臣の認定を受けたものとすること。

改正：平成12年政令第312号　　　施行：平成13年1月6日
旧　第129条の2の7　（冷却塔設備）

1　地階を除く階数が11以上である建築物の屋上に設ける冷房のための冷却塔設備の設置及び構造は、次の各号のいずれかに掲げるものとしなければならない。
　一　主要な部分を不燃材料で造るか、又は防火上支障がないものとして国土交通大臣が定めた構造方法を用いるものとすること。
　二　冷却塔の構造に応じ、建築物の他の部分までの距離を国土交通大臣が定める距離以上としたものとすること。
　三　冷却塔設備の内部が燃焼した場合においても建築物の他の部分を国土交通大臣が定める温度以上に上昇させないものとして国土交通大臣の認定を受けたものとすること。

改正：令和元年政令第30号　　　　施行：令和元年6月25日
第129条の2の6　（冷却塔設備）

1　地階を除く階数が11以上である建築物の屋上に設ける冷房のための冷却塔設備の設置及び構造は、次の各号のいずれかに掲げるものとしなければならない。
　一　主要な部分を不燃材料で造るか、又は防火上支障がないものとして国土交通大臣が定めた構造方法を用いるものとすること。
　二　冷却塔の構造に応じ、建築物の他の部分までの距離を国土交通大臣が定める距離以上としたものとすること。
　三　冷却塔設備の内部が燃焼した場合においても建築物の他の部分を国土交通大臣が定める温度以上に上昇させないものとして国土交通大臣の認定を受けたものとすること。

[現行] 第2節　昇降機
（制定：昭和33年政令第283号）　第2節　昇降機

[現行]　第129条の3　（適用の範囲）

制定：昭和33年政令第283号　　　　施行：昭和34年1月1日
第129条の3　（適用の範囲）

1　この節の規定は、建築物に設けるエレベーター、エスカレーター及び電動ダムウエーターに適用する。ただし、特殊な構造によるエレベーター、エスカレーター又は電動ダムウエーターで、特定行政庁がその構造がこの節の規定による構造と同等以上の効力があると認めるものについては、適用しない。
2　電動ダムウエーターで、かごの床面積が1㎡をこえ、又は天井の高さが1.2mをこえるものは、エレベーターとみなす。

改正：昭和45年政令第333号　　　　施行：昭和46年1月1日
第129条の3　（適用の範囲）

1　この節の規定は、建築物に設けるエレベーター、エスカレーター及び電動ダムウエーターに適用する。ただし、次の各号に掲げるものについては、適用しない。
　一　油圧エレベーターその他特殊な構造のエレベーター、エスカレーター又は電動ダムウエーターで、建設大臣の定める基準に適合するもの
　二　用途又は構造が特殊な建築物に設けるエレベーター、エスカレーター又は電動ダムウエーターで、特定行政庁がその構造がこの節の規定による構造と同等以上の効力があると認めるもの
2　略

改正：昭和62年政令第348号　　　　施行：昭和62年11月16日
第129条の3　（適用の範囲）

1　この節の規定は、建築物に設けるエレベーター、エスカレーター及び電動ダムウエーターに適用する。ただし、次の各号に掲げるものについては、適用しない。
　一　油圧エレベーターその他特殊な構造又は使用形態のエレベーター、エスカレーター又は電動ダムウエーターで、建設大臣の定める基準に適合するもの
　二　用途又は構造が特殊な建築物に設けるエレベーター、エスカレーター又は電動ダムウエーターで、特定行政庁がその構造がこの節の規定による構造と同等以上の効力があると認めるもの
2　電動ダムウエーターで、かごの床面積が1㎡をこえ、又は天井の高さが1.2mをこえるものは、エレベーターとみなす。

改正：平成12年政令第211号　　　　施行：平成12年6月1日

令129条の3　改正：平成12年政令第211号

第129条の3　（適用の範囲）

1　この節の規定は、建築物に設ける次に掲げる昇降機に適用する。
　一　人又は人及び物を運搬する昇降機（次号に掲げるものを除く。）並びに物を運搬するための昇降機でかご（人又は物を乗せ昇降する部分をいう。以下同じ。）の水平投影面積が1㎡を超え、又は天井の高さが1.2mを超えるもの（以下「エレベーター」という。）
　二　エスカレーター
　三　物を運搬するための昇降機で、かごの水平投影面積が1㎡以下で、かつ、天井の高さが1.2m以下のもの（以下「小荷物専用昇降機」という。）

2　前項の規定にかかわらず、次の各号に掲げる昇降機については、それぞれ当該各号に掲げる規定は、適用しない。
　一　特殊な構造又は使用形態のエレベーターで建設大臣が定めた構造方法を用いるもの
　　　第129条の6、第129条の7、第129条の9、第129条の10第3項及び第129条の13の3の規定
　二　特殊な構造又は使用形態のエスカレーターで建設大臣が定めた構造方法を用いるもの
　　　第129条の12第1項の規定
　三　特殊な構造又は使用形態の小荷物専用昇降機で建設大臣が定めた構造方法を用いるもの
　　　第129条の13の規定

改正：平成12年政令第312号　　施行：平成13年1月6日

第129条の3　（適用の範囲）

1　略
2　前項の規定にかかわらず、次の各号に掲げる昇降機については、それぞれ当該各号に掲げる規定は、適用しない。
　一　特殊な構造又は使用形態のエレベーターで<u>国土交通大臣</u>が定めた構造方法を用いるもの
　　　第129条の6、第129条の7、第129条の9、第129条の10第3項及び第129条の13の3の規定
　二　特殊な構造又は使用形態のエスカレーターで<u>国土交通大臣</u>が定めた構造方法を用いるもの
　　　第129条の12第1項の規定
　三　特殊な構造又は使用形態の小荷物専用昇降機で<u>国土交通大臣</u>が定めた構造方法を用いるもの
　　　第129条の13の規定

改正：平成17年政令第192号　　施行：平成17年6月1日

第129条の3　（適用の範囲）

1　この節の規定は、建築物に設ける次に掲げる昇降機に適用する。
　一　人又は人及び物を運搬する昇降機（次号に掲げるものを除く。）並びに物を運搬するための昇降機で<u>かごの水平投影面積が1㎡を超え、又は天井の高さが1.2mを超えるもの（以下「エレベーター」という。）</u>
　二・三　略
2　略

改正：平成20年政令第290号　　施行：平成21年9月28日

第129条の3　（適用の範囲）

1　この節の規定は、建築物に設ける次に掲げる昇降機に適用する。
　一　人又は人及び物を運搬する昇降機（次号に掲げるものを除く。）並びに物を運搬するための昇降機でかごの水平投影面積が1㎡を超え、又は天井の高さが1.2mを超えるもの（以下「エレベーター」という。）
　二　エスカレーター
　三　物を運搬するための昇降機で、かごの水平投影面積が1㎡以下で、かつ、天井の高さが1.2m以下のもの（以下「小荷物専用昇降機」という。）
2　前項の規定にかかわらず、次の各号に掲げる昇降機については、それぞれ当該各号に掲げる規定は、適用

改正：昭和55年政令第196号 **令129条の4**

しない。
一 特殊な構造又は使用形態のエレベーターで国土交通大臣が定めた構造方法を用いるもの
第129条の6、第129条の7、<u>第129条の8第2項第二号</u>、第129条の9、第129条の10第3項<u>及び第4項並びに第129条の13の3</u>の規定
二 特殊な構造又は使用形態のエスカレーターで国土交通大臣が定めた構造方法を用いるもの
第129条の12第1項の規定
三 特殊な構造又は使用形態の小荷物専用昇降機で国土交通大臣が定めた構造方法を用いるもの
第129条の13の規定

[現行]　第129条の4　（エレベーターの構造上主要な部分）

制定：昭和33年政令第283号　　施行：昭和34年1月1日
第129条の4　（エレベーターの主索、綱車、巻胴、支持ばり及びレールの構造）

1　エレベーターの主索は、次の各号に定める構造としなければならない。
　一　日本工業規格G3525（鋼索）に定めるエレベーター用鋼索の規格に適合すること。
　二　直径は、12mm（かごの定格速度（積載荷重を作用させて上昇する場合の毎分の最高速度をいう。以下この節において同様とする。）が15m以下で、かつ、かごの床面積が1.5㎡以下のエレベーターにあつては、10mm）以上とすること。
　三　3本（巻胴式エレベーターにあつては、2本）以上とすること。
　四　端部は、1本ごとに鋼製ソケットにバビット詰とすること。ただし、巻胴式エレベーターにあつては、巻胴側の端部を1本ごとにクランプ止めとすることができる。
2　エレベーターの綱車又は巻胴の直径は、主索の直径の40倍以上としなければならない。
3　エレベーターの支持ばりは、鉄骨造又は鉄筋コンクリート造としなければならない。
4　エレベーターのレールは、鋼製とし、鋼製の支持金物で昇降路に取り付け、第129条の9第1項第七号に掲げる装置が作動した場合においても安全な構造としなければならない。

改正：昭和45年政令第333号　　施行：昭和46年1月1日
第129条の4　（エレベーターの主索、綱車、巻胴、支持ばり及びレールの構造）

1　エレベーターの主索は、次の各号に定める構造としなければならない。
　一　<u>建設大臣の指定する日本工業規格</u>に適合すること。
　二　直径は、12mm（かごの定格速度（積載荷重を作用させて上昇する場合の毎分の最高速度をいう。以下この節において<u>同じ</u>。）が15m以下で、かつ、かごの床面積が1.5㎡以下のエレベーターにあつては、10mm）以上とすること。
　三・四　略
2　エレベーターの綱車又は巻胴の直径は、主索の直径の40倍以上としなければならない。<u>ただし、綱車で、主索に接する部分の長さがその周の長さの4分の1以下であるものの直径は、主索の直径の36倍以上とすることができる。</u>
3・4　略

改正：昭和55年政令第196号　　施行：昭和56年6月1日
第129条の4　（エレベーターの主索、綱車、巻胴、支持ばり及びレールの構造）

1　エレベーターの主索は、次の各号に定める構造としなければならない。
　一　建設大臣の指定する日本工業規格に適合すること。
　二　直径は、12mm（かごの定格速度（積載荷重を作用させて上昇する場合の毎分の最高速度をいう。以下この節において同じ。）が15m以下で、かつ、かごの床面積が1.5㎡以下のエレベーターにあつては、10mm）以上とすること。
　三　3本（巻胴式エレベーターにあつては、2本）以上とすること。

令旧129条の４ 改正：昭和55年政令第196号

　四　端部は、１本ごとに鋼製ソケットにバビット詰とすること。ただし、巻胴式エレベーターにあつては、巻胴側の端部を１本ごとにクランプ止めとすることができる。

２　エレベーターの綱車又は巻胴は、次の各号に定める構造としなければならない。

　一　直径は、主索の直径の40倍以上とすること。ただし、綱車で、主索に接する部分の長さがその周の長さの４分の１以下であるものの直径は、主索の直径の36倍以上とすることができる。

　二　地震その他の震動によつて主索が外れないようにすること。

３　エレベーターの支持ばりは、鉄骨造、鉄筋コンクリート造又は鉄骨鉄筋コンクリート造としなければならない。

４　エレベーターのレールは、次の各号に定める構造としなければならない。

　一　鋼製とし、鋼製の支持金物で昇降路に取り付けること。

　二　第129条の９第１項第七号に掲げる装置が作動した場合においても安全なようにすること。

　三　エレベーターのかご又はつり合おもりが地震その他の震動によつて外れないようにすること。

改正：平成12年政令第211号　　施行：平成12年６月１日

第129条の４　（エレベーターの構造上主要な部分）

１　エレベーターのかご及びかごを支え、又はつる構造上主要な部分（以下この条において「主要な支持部分」という。）の構造は、次の各号のいずれかに適合するものとしなければならない。

　一　設置時及び使用時のかご及び主要な支持部分の構造が、次に掲げる基準に適合するものとして、通常の使用状態における摩損及び疲労破壊を考慮して建設大臣が定めた構造方法を用いるものであること。

　　イ　かごの昇降によつて摩損又は疲労破壊を生ずるおそれのある部分以外の部分は、通常の昇降時の衝撃及び安全装置が作動した場合の衝撃により損傷を生じないこと。

　　ロ　かごの昇降によつて摩損又は疲労破壊を生ずるおそれのある部分については、通常の使用状態において、通常の昇降時の衝撃及び安全装置が作動した場合の衝撃によりかごの落下をもたらすような損傷が生じないこと。

　二　かごを主索でつるエレベーター、油圧エレベーターその他建設大臣が定めるエレベーターにあつては、設置時及び使用時のかご及び主要な支持部分の構造が、通常の使用状態における摩損及び疲労破壊を考慮したエレベーター強度検証法により、前号イ及びロに掲げる基準に適合するものであることについて確かめられたものであること。

　三　設置時及び使用時のかご及び主要な支持部分の構造が、それぞれ第一号イ及びロに掲げる基準に適合することについて、通常の使用状態における摩損又は疲労破壊を考慮して行う建設大臣の認定を受けたものであること。

２　前項の「エレベーター強度検証法」とは、次に定めるところにより、エレベーターの設置時及び使用時のかご及び主要な支持部分の強度を検証する方法をいう。

　一　次条に規定する荷重によつて主要な支持部分並びにかごの床版及び枠（以下この条において「主要な支持部分等」という。）に生ずる力を計算すること。

　二　前号の主要な支持部分等の断面に生ずる常時及び安全装置の作動時の各応力度を次の表に掲げる式によつて計算すること。

［表新設］

荷重について想定する状態	式
常時	$G_1 + a_1 (G_2 + P)$
安全装置の作動時	$G_1 + a_2 (G_2 + P)$

　　この表において、G_1、G_2及びPはそれぞれ次の力を、a_1及びa_2はそれぞれ次の数値を表すものとする。

　　G_1　次条第１項に規定する固定荷重のうち昇降する部分以外の部分に係るものによつて生ずる力
　　G_2　次条第１項に規定する固定荷重のうち昇降する部分に係るものによつて生ずる力
　　P　　次条第２項に規定する積載荷重によつて生ずる力
　　a_1　通常の昇降時に昇降する部分に生ずる加速度を考慮して建設大臣が定める数値
　　a_2　安全装置が作動した場合に昇降する部分に生ずる加速度を考慮して建設大臣が定める数値

　三　前号の規定によつて計算した常時及び安全装置の作動時の各応力度が、それぞれ主要な支持部分等の材

料の破壊強度を安全率（エレベーターの設置時及び使用時の別に応じて、主要な支持部分等の材料の摩損又は疲労破壊による強度の低下を考慮して建設大臣が定めた数値をいう。）で除して求めた許容応力度を超えないことを確かめること。
　四　次項第二号に基づき設けられる独立してかごを支え、又はつることができる部分について、その一がないものとして第一号及び第二号に定めるところにより計算した各応力度が、当該部分の材料の破壊強度を建設大臣が定めた限界安全率（エレベーターの設置時及び使用時の別に応じて、当該部分にかごの落下をもたらすような損傷が生じないように材料の摩損又は疲労破壊による強度の低下を考慮して建設大臣が定めた数値をいう。）で除して求めた限界の許容応力度を超えないことを確かめること。
3　前2項に定めるもののほか、エレベーターのかご及び主要な支持部分の構造は、次に掲げる基準に適合するものとしなければならない。
　一　エレベーターのかご及び主要な支持部分のうち、腐食又は腐朽のおそれのあるものにあつては、腐食若しくは腐朽しにくい材料を用いるか、又は有効なさび止め若しくは防腐のための措置を講じたものであること。
　二　主要な支持部分のうち、摩損又は疲労破壊を生ずるおそれのあるものにあつては、2以上の部分で構成され、かつ、それぞれが独立してかごを支え、又はつることができるものであること。
　三　滑節構造とした接合部にあつては、地震その他の震動によつて外れるおそれがないものであること。
　四　滑車を使用してかごをつるエレベーターにあつては、地震その他の震動によつて索が滑車から外れないものであること。
　五　屋外に設けるエレベーターで昇降路の壁の全部又は一部を有しないものにあつては、建設大臣が定める基準に従つた構造計算により風圧に対して構造耐力上安全であることが確かめられたものであること。

改正：平成12年政令第312号　　　施行：平成13年1月6日
第129条の4　（エレベーターの構造上主要な部分）

1　エレベーターのかご及びかごを支え、又はつる構造上主要な部分（以下この条において「主要な支持部分」という。）の構造は、次の各号のいずれかに適合するものとしなければならない。
　一　設置時及び使用時のかご及び主要な支持部分の構造が、次に掲げる基準に適合するものとして、通常の使用状態における摩損及び疲労破壊を考慮して国土交通大臣が定めた構造方法を用いるものであること。
　　イ・ロ　略
　二　かごを主索でつるエレベーター、油圧エレベーターその他国土交通大臣が定めるエレベーターにあつては、設置時及び使用時のかご及び主要な支持部分の構造が、通常の使用状態における摩損及び疲労破壊を考慮したエレベーター強度検証法により、前号イ及びロに掲げる基準に適合するものであることについて確かめられたものであること。
　三　設置時及び使用時のかご及び主要な支持部分の構造が、それぞれ第一号イ及びロに掲げる基準に適合することについて、通常の使用状態における摩損又は疲労破壊を考慮して行う国土交通大臣の認定を受けたものであること。
2　前項の「エレベーター強度検証法」とは、次に定めるところにより、エレベーターの設置時及び使用時のかご及び主要な支持部分の強度を検証する方法をいう。
　一　略
　二　前号の主要な支持部分等の断面に生ずる常時及び安全装置の作動時の各応力度を次の表に掲げる式によつて計算すること。

荷重について想定する状態	式
常時	$G_1 + a_1 (G_2 + P)$
安全装置の作動時	$G_1 + a_2 (G_2 + P)$

　　この表において、G_1、G_2及びPはそれぞれ次の力を、a_1及びa_2はそれぞれ次の数値を表すものとする。
　　　G_1　次条第1項に規定する固定荷重のうち昇降する部分以外の部分に係るものによつて生ずる力
　　　G_2　次条第1項に規定する固定荷重のうち昇降する部分に係るものによつて生ずる力
　　　P　次条第2項に規定する積載荷重によつて生ずる力
　　　a_1　通常の昇降時に昇降する部分に生ずる加速度を考慮して国土交通大臣が定める数値

令129条の4 改正：平成12年政令第312号

　　　　a_2　安全装置が作動した場合に昇降する部分に生ずる加速度を考慮して国土交通大臣が定める数値
　三　前号の規定によつて計算した常時及び安全装置の作動時の各応力度が、それぞれ主要な支持部分等の材料の破壊強度を安全率（エレベーターの設置時及び使用時の別に応じて、主要な支持部分等の材料の摩損又は疲労破壊による強度の低下を考慮して国土交通大臣が定めた数値をいう。）で除して求めた許容応力度を超えないことを確かめること。
　四　次項第二号に基づき設けられる独立してかごを支え、又はつることができる部分について、その一がないものとして第一号及び第二号に定めるところにより計算した各応力度が、当該部分の材料の破壊強度を国土交通大臣が定めた限界安全率（エレベーターの設置時及び使用時の別に応じて、当該部分にかごの落下をもたらすような損傷が生じないように材料の摩損又は疲労破壊による強度の低下を考慮して国土交通大臣が定めた数値をいう。）で除して求めた限界の許容応力度を超えないことを確かめること。
3　前2項に定めるもののほか、エレベーターのかご及び主要な支持部分の構造は、次に掲げる基準に適合するものとしなければならない。
　一～四　略
　五　屋外に設けるエレベーターで昇降路の壁の全部又は一部を有しないものにあつては、国土交通大臣が定める基準に従つた構造計算により風圧に対して構造耐力上安全であることが確かめられたものであること。

改正：平成20年政令第290号　　　施行：平成21年9月28日
第129条の4　（エレベーターの構造上主要な部分）

1　エレベーターのかご及びかごを支え、又は吊（つ）る構造上主要な部分（以下この条において「主要な支持部分」という。）の構造は、次の各号のいずれかに適合するものとしなければならない。
　一　略
　二　かごを主索で吊（つ）るエレベーター、油圧エレベーターその他国土交通大臣が定めるエレベーターにあつては、設置時及び使用時のかご及び主要な支持部分の構造が、通常の使用状態における摩損及び疲労破壊を考慮したエレベーター強度検証法により、前号イ及びロに掲げる基準に適合するものであることについて確かめられたものであること。
　三　略
2　前項の「エレベーター強度検証法」とは、次に定めるところにより、エレベーターの設置時及び使用時のかご及び主要な支持部分の強度を検証する方法をいう。
　一～三　略
　四　次項第二号に基づき設けられる独立してかごを支え、又は吊（つ）ることができる部分について、その一がないものとして第一号及び第二号に定めるところにより計算した各応力度が、当該部分の材料の破壊強度を国土交通大臣が定めた限界安全率（エレベーターの設置時及び使用時の別に応じて、当該部分にかごの落下をもたらすような損傷が生じないように材料の摩損又は疲労破壊による強度の低下を考慮して国土交通大臣が定めた数値をいう。）で除して求めた限界の許容応力度を超えないことを確かめること。
3　前2項に定めるもののほか、エレベーターのかご及び主要な支持部分の構造は、次に掲げる基準に適合するものとしなければならない。
　一　略
　二　主要な支持部分のうち、摩損又は疲労破壊を生ずるおそれのあるものにあつては、2以上の部分で構成され、かつ、それぞれが独立してかごを支え、又は吊（つ）ることができるものであること。
　三　滑節構造とした接合部にあつては、地震その他の震動によつて外れるおそれがないものとして国土交通大臣が定めた構造方法を用いるものであること。
　四　滑車を使用してかごを吊（つ）るエレベーターにあつては、地震その他の震動によつて索が滑車から外れるおそれがないものとして国土交通大臣が定めた構造方法を用いるものであること。
　五　略

改正：平成25年政令第217号　　　施行：平成26年4月1日

第129条の4 （エレベーターの構造上主要な部分）

1 エレベーターのかご及びかごを支え、又は吊（つ）る構造上主要な部分（以下この条において「主要な支持部分」という。）の構造は、次の各号のいずれかに適合するものとしなければならない。
　一 設置時及び使用時のかご及び主要な支持部分の構造が、次に掲げる基準に適合するものとして、通常の使用状態における摩損及び疲労破壊を考慮して国土交通大臣が定めた構造方法を用いるものであること。
　　イ かごの昇降によつて摩損又は疲労破壊を生ずるおそれのある部分以外の部分は、通常の昇降時の衝撃及び安全装置が作動した場合の衝撃により損傷を生じないこと。
　　ロ かごの昇降によつて摩損又は疲労破壊を生ずるおそれのある部分については、通常の使用状態において、通常の昇降時の衝撃及び安全装置が作動した場合の衝撃によりかごの落下をもたらすような損傷が生じないこと。
　二 かごを主索で吊（つ）るエレベーター、油圧エレベーターその他国土交通大臣が定めるエレベーターにあつては、設置時及び使用時のかご及び主要な支持部分の構造が、通常の使用状態における摩損及び疲労破壊を考慮したエレベーター強度検証法により、前号イ及びロに掲げる基準に適合するものであることについて確かめられたものであること。
　三 設置時及び使用時のかご及び主要な支持部分の構造が、それぞれ第一号イ及びロに掲げる基準に適合することについて、通常の使用状態における摩損又は疲労破壊を考慮して行う国土交通大臣の認定を受けたものであること。

2 前項の「エレベーター強度検証法」とは、次に定めるところにより、エレベーターの設置時及び使用時のかご及び主要な支持部分の強度を検証する方法をいう。
　一 次条に規定する荷重によつて主要な支持部分並びにかごの床版及び枠（以下この条において「主要な支持部分等」という。）に生ずる力を計算すること。
　二 前号の主要な支持部分等の断面に生ずる常時及び安全装置の作動時の各応力度を次の表に掲げる式によつて計算すること。

荷重について想定する状態	式
常時	$G_1 + a_1(G_2 + P)$
安全装置の作動時	$G_1 + a_2(G_2 + P)$

　この表において、G_1、G_2及びPはそれぞれ次の力を、a_1及びa_2はそれぞれ次の数値を表すものとする。
　G_1　次条第1項に規定する固定荷重のうち昇降する部分以外の部分に係るものによつて生ずる力
　G_2　次条第1項に規定する固定荷重のうち昇降する部分に係るものによつて生ずる力
　P　次条第2項に規定する積載荷重によつて生ずる力
　a_1　通常の昇降時に昇降する部分に生ずる加速度を考慮して国土交通大臣が定める数値
　a_2　安全装置が作動した場合に昇降する部分に生ずる加速度を考慮して国土交通大臣が定める数値

　三 前号の規定によつて計算した常時及び安全装置の作動時の各応力度が、それぞれ主要な支持部分等の材料の破壊強度を安全率（エレベーターの設置時及び使用時の別に応じて、主要な支持部分等の材料の摩損又は疲労破壊による強度の低下を考慮して国土交通大臣が定めた数値をいう。）で除して求めた許容応力度を超えないことを確かめること。
　四 次項第二号に基づき設けられる独立してかごを支え、又は吊（つ）ることができる部分について、その一がないものとして第一号及び第二号に定めるところにより計算した各応力度が、当該部分の材料の破壊強度を限界安全率（エレベーターの設置時及び使用時の別に応じて、当該部分にかごの落下をもたらすような損傷が生じないように材料の摩損又は疲労破壊による強度の低下を考慮して国土交通大臣が定めた数値をいう。）で除して求めた限界の許容応力度を超えないことを確かめること。

3 前2項に定めるもののほか、エレベーターのかご及び主要な支持部分の構造は、次に掲げる基準に適合するものとしなければならない。
　一 エレベーターのかご及び主要な支持部分のうち、腐食又は腐朽のおそれのあるものにあつては、腐食若しくは腐朽しにくい材料を用いるか、又は有効なさび止め若しくは防腐のための措置を講じたものであること。
　二 主要な支持部分のうち、摩損又は疲労破壊を生ずるおそれのあるものにあつては、2以上の部分で構成

令129条の4　改正：平成25年政令第217号

　　　され、かつ、それぞれが独立してかごを支え、又は吊（つ）ることができるものであること。
　三　滑節構造とした接合部にあつては、地震その他の震動によつて外れるおそれがないものとして国土交通大臣が定めた構造方法を用いるものであること。
　四　滑車を使用してかごを吊（つ）るエレベーターにあつては、地震その他の震動によつて索が滑車から外れるおそれがないものとして国土交通大臣が定めた構造方法を用いるものであること。
　五　<u>釣合おもりを用いるエレベーターにあつては、地震その他の震動によつて釣合おもりが脱落するおそれがないものとして国土交通大臣が定めた構造方法を用いるものであること。</u>
　六　国土交通大臣が定める基準に従つた構造計算により地震その他の震動に対して構造耐力上安全であることが確かめられたものであること。
　七　屋外に設けるエレベーターで昇降路の壁の全部又は一部を有しないものにあつては、国土交通大臣が定める基準に従つた構造計算により風圧に対して構造耐力上安全であることが確かめられたものであること。

[現行]　第129条の5　（エレベーターの荷重）

制定：平成12年政令第211号　　　施行：平成12年6月1日
第129条の5　（エレベーターの荷重）
1　エレベーターの各部の固定荷重は、当該エレベーターの実況に応じて計算しなければならない。
2　エレベーターのかごの積載荷重は、当該エレベーターの実況に応じて定めなければならない。ただし、かごの種類に応じて、次の表に定める数値（用途が特殊なエレベーターで建設大臣が定めるものにあつては、当該用途に応じて建設大臣が定める数値）を下回つてはならない。

かごの種類		積載荷重（単位　N）
乗用エレベーター（人荷共用エレベーターを含み、寝台用エレベーターを除く。以下この節において同じ。）のかご	床面積が1.5㎡以下のもの	床面積1㎡につき3,600として計算した数値
	床面積が1.5㎡を超え3㎡以下のもの	床面積の1.5㎡を超える面積に対して1㎡につき4,900として計算した数値に5,400を加えた数値
	床面積が3㎡を超えるもの	床面積の3㎡を超える面積に対して1㎡につき5,900として計算した数値に13,000を加えた数値
乗用エレベーター以外のエレベーターのかご		床面積1㎡につき2,500（自動車運搬用エレベーターにあつては、1,500）として計算した数値

改正：平成12年政令第312号　　　施行：平成13年1月6日
第129条の5　（エレベーターの荷重）
1　エレベーターの各部の固定荷重は、当該エレベーターの実況に応じて計算しなければならない。
2　エレベーターのかごの積載荷重は、当該エレベーターの実況に応じて定めなければならない。ただし、かごの種類に応じて、次の表に定める数値（用途が特殊なエレベーターで<u>国土交通大臣</u>が定めるものにあつては、当該用途に応じて<u>国土交通大臣</u>が定める数値）を下回つてはならない。

かごの種類		積載荷重（単位　N）
乗用エレベーター（人荷共用エレベーターを含み、寝台用エレベーターを除く。以下こ	床面積が1.5㎡以下のもの	床面積1㎡につき3,600として計算した数値
	床面積が1.5㎡を超え3㎡以下のもの	床面積の1.5㎡を超える面積に対して1㎡につき4,900として計算した数値に5,400を加えた数値

	床面積が3㎡を超えるもの	床面積の3㎡を超える面積に対して1㎡につき5,900として計算した数値に13,000を加えた数値
乗用エレベーター以外のエレベーターのかご		床面積1㎡につき2,500（自動車運搬用エレベーターにあつては、1,500）として計算した数値

[現行] 第129条の6 （エレベーターのかごの構造）

制定：昭和33年政令第283号　　施行：昭和34年1月1日
旧　第129条の5　（エレベーターのかごの構造）

1　エレベーターのかごは、次の各号に定める構造としなければならない。
　一　各部は、かご内の人又は物による衝撃に対して安全なものとすること。
　二　構造上軽微な部分を除き、不燃材料（網入ガラス以外のガラスを除く。以下第129条の6において同様とする。）で造り、又はおおうこと。
　三　かご内の人又は物がつり合おもり、昇降路の壁等かご外の物に触れるおそれのない構造とした壁又は囲い及び出入口の戸を設けること。
　四　非常の場合においてかご内の人を安全にかご外に救出することができる開口部を設けること。
　五　乗用エレベーター（人荷共用エレベーターを含み、寝台用エレベーターを除く。以下この節において同様とする。）にあつては、出入口は、2以上設けないこと。
　六　用途及び積載荷重並びに乗用エレベーター及び寝台用エレベーターにあつては最大定員（1人当りの荷重を65kgとして計算した定員をいう。）を明示した標識をかご内の見易い場所に掲示すること。

改正：昭和34年政令第344号　　施行：昭和34年12月23日
旧　第129条の5　（エレベーターのかごの構造）

1　エレベーターのかごは、次の各号に定める構造としなければならない。
　一～五　略
　六　用途及び積載荷重並びに乗用エレベーター及び寝台用エレベーターにあつては最大定員（積載荷重を第129条の13第2項の表に定める数値とし、1人当りの荷重を65kgとして計算した定員をいう。）を明示した標識をかご内の見易い場所に掲示すること。

改正：昭和45年政令第333号　　施行：昭和46年1月1日
旧　第129条の5　（エレベーターのかごの構造）

1　エレベーターのかごは、次の各号に定める構造としなければならない。
　一　略
　二　構造上軽微な部分を除き、不燃材料（網入ガラス以外のガラスを除く。以下第129条の6において同じ。）で造り、又はおおうこと。
　三　略
　四　非常の場合においてかご内の人を安全にかご外に救出することができる開口部をかごの天井部に設けること。
　五　乗用エレベーター（人荷共用エレベーターを含み、寝台用エレベーターを除く。以下この節において同じ。）にあつては、出入口は、2以上設けないこと。
　六　用途及び積載荷重並びに乗用エレベーター及び寝台用エレベーターにあつては最大定員（積載荷重を第129条の13第2項の表に定める数値とし、1人当たりの荷重を65kgとして計算した定員をいう。以下この節において同じ。）を明示した標識をかご内の見やすい場所に掲示すること。

令129条の6 改正：平成12年政令第211号

改正：平成12年政令第211号　　　施行：平成12年6月1日
第129条の6　（エレベーターのかごの構造）

1　エレベーターのかごは、次に定める構造としなければならない。
　一　略
　二　構造上軽微な部分を除き、難燃材料で造り、又は覆うこと。ただし、地階又は3階以上の階に居室を有さない建築物に設けるエレベーターのかごその他防火上支障のないものとして建設大臣が定めるエレベーターのかごにあつては、この限りでない。
　三〜五　略
　六　用途及び積載量（キログラムで表した重量とする。以下同じ。）並びに乗用エレベーター及び寝台用エレベーターにあつては最大定員（積載荷重を第129条の5第2項の表に定める数値とし、重力加速度を9.8m毎秒毎秒と、1人当たりの体重を65kgとして計算した定員をいう。以下この節において同じ。）を明示した標識をかご内の見やすい場所に掲示すること。

改正：平成12年政令第312号　　　施行：平成13年1月6日
第129条の6　（エレベーターのかごの構造）

1　エレベーターのかごは、次に定める構造としなければならない。
　一　略
　二　構造上軽微な部分を除き、難燃材料で造り、又は覆うこと。ただし、地階又は3階以上の階に居室を有さない建築物に設けるエレベーターのかごその他防火上支障のないものとして国土交通大臣が定めるエレベーターのかごにあつては、この限りでない。
　三〜六　略

改正：平成13年政令第42号　　　施行：平成13年4月1日
第129条の6　（エレベーターのかごの構造）

1　エレベーターのかごは、次に定める構造としなければならない。
　一〜四　略
　五　用途及び積載量（キログラムで表した重量とする。以下同じ。）並びに乗用エレベーター及び寝台用エレベーターにあつては最大定員（積載荷重を第129条の5第2項の表に定める数値とし、重力加速度を9.8m毎秒毎秒と、1人当たりの体重を65kgとして計算した定員をいう。以下この節において同じ。）を明示した標識をかご内の見やすい場所に掲示すること。

改正：平成20年政令第290号　　　施行：平成21年9月28日
第129条の6　（エレベーターのかごの構造）

1　エレベーターのかごは、次に定める構造としなければならない。
　一　各部は、かご内の人又は物による衝撃に対して安全なものとして国土交通大臣が定めた構造方法を用いるものとすること。
　二　構造上軽微な部分を除き、難燃材料で造り、又は覆うこと。ただし、地階又は3階以上の階に居室を有さない建築物に設けるエレベーターのかごその他防火上支障のないものとして国土交通大臣が定めるエレベーターのかごにあつては、この限りでない。
　三　かご内の人又は物が釣合おもり、昇降路の壁その他のかご外の物に触れるおそれのないものとして国土交通大臣が定める基準に適合する壁又は囲い及び出入口の戸を設けること。
　四　非常の場合においてかご内の人を安全にかご外に救出することができる開口部をかごの天井部に設けること。
　五　用途及び積載量（キログラムで表した重量とする。以下同じ。）並びに乗用エレベーター及び寝台用エレベーターにあつては最大定員（積載荷重を前条第2項の表に定める数値とし、重力加速度を9.8m毎秒毎秒と、1人当たりの体重を65kgとして計算した定員をいう。第129条の13の3第3項第九号において

改正：昭和45年政令第333号　**令旧129条の6**

同じ。）を明示した標識をかご内の見やすい場所に掲示すること。

[現行]　第129条の7　（エレベーターの昇降路の構造）

制定：昭和33年政令第283号　　施行：昭和34年1月1日
旧　第129条の6　（エレベーターの昇降路の構造）

1　エレベーターの昇降路は、次の各号に定める構造としなければならない。
　一　昇降路外の人又は物がかご又はつり合おもりに触れるおそれのない構造とした丈夫な壁又は囲い及び出入口（非常口を含む。以下この節において同様とする。）の戸を設けること。
　二　一の階における出入口は、一のかごにつき2以上設けないこと。
　三　昇降路の壁又は囲い及び出入口の戸は、不燃材料で造り、又はおおうこと。
　四　出入口の床先とかごの床先との水平距離は、4cm以下とすること。
　五　かごが停止する最上階にこれが停止したときのかごのわくの上端から昇降路の頂部にある床又ははりの下端までの垂直距離（以下この号において「頂部すき間」という。）及びかごが停止する最下階の床面から昇降路の底部の床面までの垂直距離（以下この号において「ピットの深さ」という。）は、かごの定格速度に応じて、次の表に定める数値以上とすること。ただし、第129条の9第1項第九号に掲げる装置の構造等により安全上支障がない場合においては、この限りでない。

定格速度	頂部すき間（単位　m）	ピットの深さ（単位　m）
45m以下の場合	1.2	1.2
45mをこえ、60m以下の場合	1.4	1.5
60mをこえ、90m以下の場合	1.6	1.8
90mをこえ、120m以下の場合	1.8	2.1
120mをこえる場合	2.0	2.4

改正：昭和45年政令第333号　　施行：昭和46年1月1日
旧　第129条の6　（エレベーターの昇降路の構造）

1　エレベーターの昇降路は、次の各号に定める構造としなければならない。
　一　昇降路外の人又は物がかご又はつり合おもりに触れるおそれのない構造とした丈夫な壁又は囲い及び出入口（非常口を含む。以下この節において<u>同じ</u>。）の戸を設けること。
　二～四　略
　五　かごが停止する最上階にこれが停止したときのかごのわくの上端から昇降路の頂部にある床又ははりの下端までの垂直距離（以下この号において「頂部すき間」という。）及びかごが停止する最下階の床面から昇降路の底部の床面までの垂直距離（以下この号において「ピットの深さ」という。）は、かごの定格速度に応じて、次の表に定める数値以上とすること。ただし、第129条の9第1項第九号に掲げる装置の構造等により安全上支障がない場合においては、この限りでない。

定格速度	頂部すき間（単位　m）	ピットの深さ（単位　m）
120m以下の場合	略	
<u>120mをこえ、150m以下の場合</u>	<u>2.0</u>	<u>2.4</u>
<u>150mをこえ、180m以下の場合</u>	<u>2.3</u>	<u>2.7</u>
<u>180mをこえ、210m以下の場合</u>	<u>2.7</u>	<u>3.2</u>
<u>210mをこえ、240m以下の場合</u>	<u>3.3</u>	<u>3.8</u>
<u>240mをこえる場合</u>	<u>4.0</u>	<u>4.0</u>

令旧129条の6 改正：昭和55年政令第196号

改正：昭和55年政令第196号　　　施行：昭和56年6月1日
旧　第129条の6　（エレベーターの昇降路の構造）

1　エレベーターの昇降路は、次の各号に定める構造としなければならない。
　一・二　略
　三　昇降路の壁又は囲い及び出入口の戸は、不燃材料で造り、又は<u>覆う</u>こと。
　四　出入口の床先とかごの床先との水平距離は、4cm以下とし、乗用エレベーター及び寝台用エレベーターにあつては、かごの床先と昇降路壁との水平距離は、12.5cm以下とすること。
　五　かごが停止する最上階にこれが停止したときのかごのわくの上端から昇降路の頂部にある床又ははりの下端までの垂直距離（以下この号において「頂部すき間」という。）及びかごが停止する最下階の床面から昇降路の底部の床面までの垂直距離（以下この号において「ピットの深さ」という。）は、かごの定格速度に応じて、次の表に定める数値以上とすること。ただし、第129条の9第1項第九号に掲げる装置の構造等により安全上支障がない場合においては、この限りでない。

定格速度	頂部すき間 （単位　m）	ピットの深さ （単位　m）
45m以下の場合	1.2	1.2
45mを<u>超え</u>、60m以下の場合	1.4	1.5
60mを<u>超え</u>、90m以下の場合	1.6	1.8
90mを<u>超え</u>、120m以下の場合	1.8	2.1
120mを<u>超え</u>、150m以下の場合	2.0	2.4
150mを<u>超え</u>、180m以下の場合	2.3	2.7
180mを<u>超え</u>、210m以下の場合	2.7	3.2
210mを<u>超え</u>、240m以下の場合	3.3	3.8
240mを<u>超える</u>場合	4.0	4.0

　六　昇降路内には、レールブラケットその他のエレベーターの構造上昇降路内に設けることがやむを得ないものを除き、突出物を設けないこと。突出物を設ける場合においては、地震時に鋼索、電線その他のものの機能に支障が生じないような措置を講ずること。

改正：平成12年政令第211号　　　施行：平成12年6月1日
第129条の7　（エレベーターの昇降路の構造）

1　エレベーターの昇降路は、<u>次に定める構造としなければならない。</u>
　一　略
　二　<u>構造上軽微な部分を除き、</u>昇降路の壁又は囲い及び出入口の戸は、<u>難燃材料</u>で造り、又は覆うこと。<u>ただし、地階又は3階以上の階に居室を有さない建築物に設けるエレベーターの昇降路その他防火上支障のないものとして建設大臣が定めるエレベーターの昇降路にあつては、この限りでない。</u>
　三　出入口の床先とかごの床先との水平距離は、4cm以下とし、乗用エレベーター及び寝台用エレベーターにあつては、かごの床先と昇降路壁との水平距離は、12.5cm以下とすること。
　四　昇降路内には、レールブラケットその他のエレベーターの構造上昇降路内に設けることがやむを得ないものを除き、突出物を設けないこと。突出物を設ける場合においては、地震時に鋼索、電線その他のものの機能に支障が生じないような措置を講ずること。

改正：平成12年政令第312号　　　施行：平成13年1月6日
第129条の7　（エレベーターの昇降路の構造）

1　エレベーターの昇降路は、次に定める構造としなければならない。
　一　略
　二　構造上軽微な部分を除き、昇降路の壁又は囲い及び出入口の戸は、難燃材料で造り、又は覆うこと。ただし、地階又は3階以上の階に居室を有さない建築物に設けるエレベーターの昇降路その他防火上支障の

ないものとして国土交通大臣が定めるエレベーターの昇降路にあつては、この限りでない。
　三・四　略

改正：平成17年政令第192号　　　　施行：平成17年6月1日
第129条の7　（エレベーターの昇降路の構造）
1　エレベーターの昇降路は、次に定める構造としなければならない。
　一～三　略
　四　昇降路内には、次のいずれかに該当するものを除き、突出物を設けないこと。
　　イ　レールブラケットその他のエレベーターの構造上昇降路内に設けることがやむを得ないもの（ロに掲げる配管設備を除く。）であつて、地震時においても鋼索、電線その他のものの機能に支障が生じないように必要な措置が講じられたもの
　　ロ　第129条の2の5第1項第三号ただし書の配管設備で同条の規定に適合するもの

改正：平成20年政令第290号　　　　施行：平成21年9月28日
第129条の7　（エレベーターの昇降路の構造）
1　エレベーターの昇降路は、次に定める構造としなければならない。
　一　昇降路外の人又は物がかご又は釣合おもりに触れるおそれのないものとして国土交通大臣が定める基準に適合する壁又は囲い及び出入口（非常口を含む。以下この節において同じ。）の戸を設けること。
　二　略
　三　昇降路の出入口の戸には、かごがその戸の位置に停止していない場合において昇降路外の人又は物の昇降路内への落下を防止することができるものとして国土交通大臣が定める基準に適合する施錠装置を設けること。
　四　出入口の床先とかごの床先との水平距離は、4cm以下とし、乗用エレベーター及び寝台用エレベーターにあつては、かごの床先と昇降路壁との水平距離は、12.5cm以下とすること。
　五　昇降路内には、次のいずれかに該当するものを除き、突出物を設けないこと。
　　イ　レールブラケット又は横架材であつて、次に掲げる基準に適合するもの
　　　（1）地震時において主索その他の索が触れた場合においても、かごの昇降、かごの出入口の戸の開閉その他のエレベーターの機能に支障が生じないよう金網、鉄板その他これらに類するものが設置されていること。
　　　（2）（1）に掲げるもののほか、国土交通大臣の定める措置が講じられていること。
　　ロ　第129条の2の5第1項第三号ただし書の配管設備で同条の規定に適合するもの
　　ハ　イ又はロに掲げるもののほか、係合装置その他のエレベーターの構造上昇降路内に設けることがやむを得ないものであつて、地震時においても主索、電線その他のものの機能に支障が生じないように必要な措置が講じられたもの

改正：令和元年政令第30号　　　　施行：令和元年6月25日
第129条の7　（エレベーターの昇降路の構造）
1　エレベーターの昇降路は、次に定める構造としなければならない。
　一　昇降路外の人又は物が籠又は釣合おもりに触れるおそれのないものとして国土交通大臣が定める基準に適合する壁又は囲い及び出入口（非常口を含む。以下この節において同じ。）の戸を設けること。
　二　構造上軽微な部分を除き、昇降路の壁又は囲い及び出入口の戸は、難燃材料で造り、又は覆うこと。ただし、地階又は3階以上の階に居室を有さない建築物に設けるエレベーターの昇降路その他防火上支障のないものとして国土交通大臣が定めるエレベーターの昇降路にあつては、この限りでない。
　三　昇降路の出入口の戸には、籠がその戸の位置に停止していない場合において昇降路外の人又は物の昇降路内への落下を防止することができるものとして国土交通大臣が定める基準に適合する施錠装置を設けること。
　四　出入口の床先と籠の床先との水平距離は、4cm以下とし、乗用エレベーター及び寝台用エレベータ

令129条の7　改正：令和元年政令第30号

にあつては、かごの床先と昇降路壁との水平距離は、12.5cm以下とすること。
五　昇降路内には、次のいずれかに該当するものを除き、突出物を設けないこと。
　イ　レールブラケット又は横架材であつて、次に掲げる基準に適合するもの
　　（1）　地震時において主索その他の索が触れた場合においても、籠の昇降、籠の出入口の戸の開閉その他のエレベーターの機能に支障が生じないよう金網、鉄板その他これらに類するものが設置されていること。
　　（2）　（1）に掲げるもののほか、国土交通大臣の定める措置が講じられていること。
　ロ　第129条の2の4第1項第三号ただし書の配管設備で同条の規定に適合するもの
　ハ　イ又はロに掲げるもののほか、係合装置その他のエレベーターの構造上昇降路内に設けることがやむを得ないものであつて、地震時においても主索、電線その他のものの機能に支障が生じないように必要な措置が講じられたもの

[現行]　第129条の8　（エレベーターの駆動装置及び制御器）

制定：昭和33年政令第283号　　施行：昭和34年1月1日
旧　第129条の7　（エレベーターの原動機、制御器及び巻上機）

1　エレベーターの原動機、制御器及び巻上機は、エレベーターのかごごとに設けなければならない。

改正：昭和55年政令第196号　　施行：昭和56年6月1日
旧　第129条の7　（エレベーターの原動機、制御器及び巻上機）

1　エレベーターの原動機、制御器及び巻上機は、エレベーターのかごごとに設け、かつ、地震その他の震動によつて転倒又は移動しないようにしなければならない。

改正：平成12年政令第211号　　施行：平成12年6月1日
第129条の8　（エレベーターの駆動装置及び制御器）

1　エレベーターの駆動装置及び制御器は、地震その他の震動によつて転倒又は移動しないようにしなければならない。
2　エレベーターの制御器の構造は、かごに人が乗り又は物が積み込まれた場合に、かごの停止位置が著しく移動せず、かつ、エレベーターの保守点検を安全に行うために必要な制御ができるものとして、建設大臣が定めた構造方法を用いるもの又は建設大臣の認定を受けたものとしなければならない。

改正：平成12年政令第312号　　施行：平成13年1月6日
第129条の8　（エレベーターの駆動装置及び制御器）

1　略
2　エレベーターの制御器の構造は、かごに人が乗り又は物が積み込まれた場合に、かごの停止位置が著しく移動せず、かつ、エレベーターの保守点検を安全に行うために必要な制御ができるものとして、国土交通大臣が定めた構造方法を用いるもの又は国土交通大臣の認定を受けたものとしなければならない。

改正：平成20年政令第290号　　施行：平成21年9月28日
第129条の8　（エレベーターの駆動装置及び制御器）

1　エレベーターの駆動装置及び制御器は、地震その他の震動によつて転倒し又は移動するおそれがないものとして国土交通大臣が定める方法により設置しなければならない。
2　エレベーターの制御器の構造は、次に掲げる基準に適合するものとして、国土交通大臣が定めた構造方法を用いるもの又は国土交通大臣の認定を受けたものとしなければならない。
一　荷重の変動によりかごの停止位置が著しく移動しないこととするものであること。

二　かご及び昇降路のすべての出入口の戸が閉じた後、かごを昇降させるものであること。
　三　エレベーターの保守点検を安全に行うために必要な制御ができるものであること。

［現行］　第129条の9　（エレベーターの機械室）

制定：昭和33年政令第283号　　　施行：昭和34年1月1日
旧　第129条の8　（エレベーターの機械室）

1　エレベーターの機械室は、次の各号に定める構造としなければならない。
　一　床面積は、昇降路の水平投影面積の2倍以上とすること。ただし、機械の配置及び管理に支障がない場合においては、この限りでない。
　二　床面から天井又ははりの下端までの垂直距離は、2m以上とすること。

改正：昭和45年政令第333号　　　施行：昭和46年1月1日
旧　第129条の8　（エレベーターの機械室）

1　エレベーターの機械室は、次の各号に定める構造としなければならない。
　一　略
　二　床面から天井又ははりの下端までの垂直距離は、かごの定格速度に応じて、次の表に定める数値以上とすること。

［表新設］

定　格　速　度	垂　直　距　離　（単位　m）
60m以下の場合	2.0
60mをこえ、150m以下の場合	2.2
150mをこえ、210m以下の場合	2.5
210mをこえる場合	2.8

　三　換気上有効な開口部又は換気設備を設けること。
　四　出入口の幅及び高さは、それぞれ、70cm以上及び1.8m以上とし、施錠装置を有する鋼製の戸を設けること。
　五　機械室に通ずる階段のけあげ及び踏面は、それぞれ、23cm以下及び15cm以上とし、かつ、当該階段の両側に側壁又はこれに代わるものがない場合においては、手すりを設けること。

改正：平成12年政令第211号　　　施行：平成12年6月1日
第129条の9　（エレベーターの機械室）

1　エレベーターの機械室は、次に定める構造としなければならない。
　一　床面積は、昇降路の水平投影面積の2倍以上とすること。ただし、機械の配置及び管理に支障がない場合においては、この限りでない。
　二　床面から天井又ははりの下端までの垂直距離は、かごの定格速度（積載荷重を作用させて上昇する場合の毎分の最高速度をいう。以下この節において同じ。）に応じて、次の表に定める数値以上とすること。

定　格　速　度	垂　直　距　離　（単位　m）
60m以下の場合	2.0
60mをこえ、150m以下の場合	2.2
150mをこえ、210m以下の場合	2.5
210mをこえる場合	2.8

　三　換気上有効な開口部又は換気設備を設けること。
　四　出入口の幅及び高さは、それぞれ、70cm以上及び1.8m以上とし、施錠装置を有する鋼製の戸を設けること。

令旧129条の9　改正：平成12年政令第211号

　五　機械室に通ずる階段のけあげ及び踏面は、それぞれ、23cm以下及び15cm以上とし、かつ、当該階段の両側に側壁又はこれに代わるものがない場合においては、手すりを設けること。

[現行]　第129条の10　（エレベーターの安全装置）

制定：昭和33年政令第283号　　　施行：昭和34年1月1日
旧　第129条の9　（エレベーターの安全装置）

1　エレベーターには、次の各号に掲げる安全装置を設けなければならない。ただし、昇降行程が5m以下のエレベーターで、かごの定格速度が15m以下で、かつ、床面積が1.5㎡以下のものにあつては、第七号及び第九号に掲げる装置を設けないことができる。
　一　かご及び昇降路のすべての出入口の戸が閉じていなければ、かごを昇降させることができない装置
　二　昇降路の出入口の戸は、かごがその戸の位置に停止していない場合においては、かぎを用いなければ外から開くことができない装置
　三　操縦機の操作をする者が操作をやめた場合において操縦機がかごを停止させる状態に自動的に復する装置
　四　かごの内及びかごの上で動力を切ることができる装置
　五　かごの速度が異常に増大した場合において毎分の速度が定格速度に相当する速度の1.3倍（かごの定格速度が45m以下のエレベーターにあつては、60m）をこえないうちに動力を自動的に切る装置
　六　動力が切れたときに惰性による原動機の回転を自動的に制止する装置
　七　かごの降下する速度が第五号に掲げる装置が作動すべき速度をこえた場合（かごの定格速度が45m以下のエレベーターにあつては、かごの降下する速度が同号に掲げる装置が作動すべき速度に達し、又はこれをこえた場合）において毎分の速度が定格速度に相当する速度の1.4倍（かごの定格速度が45m以下のエレベーターにあつては、63m）をこえないうちにかごの降下を自動的に制止する装置
　八　かご又はつり合おもりが昇降路の底部に衝突しそうになつた場合においてこれに衝突しないうちにかごの昇降を自動的に制御し、及び制止する装置
　九　かご又はつり合おもりが第七号に掲げる装置が作動すべき速度で昇降路の底部に衝突した場合においても、かご内の人が安全であるように衝撃を緩和する装置
　十　停電等の非常の場合においてかご内からかご外に連絡することができる装置
　十一　巻胴式エレベーターにあつては、主索がゆるんだ場合において動力を自動的に切る装置
2　前項第七号に掲げる装置は、次第ぎき非常止め装置としなければならない。ただし、かごの定格速度が45m以下のエレベーターにあつては、早ぎき非常止め装置とすることができる。

改正：昭和34年政令第344号　　　施行：昭和34年12月23日
旧　第129条の9　（エレベーターの安全装置）

1　エレベーターには、次の各号に掲げる安全装置を設けなければならない。
　一～十一　略
2　略

改正：昭和45年政令第333号　　　施行：昭和46年1月1日
旧　第129条の9　（エレベーターの安全装置）

1　エレベーターには、次の各号に掲げる安全装置を設けなければならない。
　一～十一　略
　十二　乗用エレベーター又は寝台用エレベーターにあつては、次に掲げる安全装置
　　イ　積載荷重を著しくこえた場合において警報を発し、かつ、出入口の戸の閉鎖を自動的に制止する装置
　　ロ　停電の場合においても、床面で1ルックス以上の照度を確保することができる照明装置
　十三　乗用エレベーターにあつては、かごが必ず昇降路のすべての出入口ごとに停止し、かつ、かごの停止に伴いかご及び昇降路の当該出入口の戸が自動的に開くこととすることができる装置

2　略

改正：昭和55年政令第196号　　　施行：昭和56年6月1日
旧　第129条の9　（エレベーターの安全装置）

1　エレベーターには、次の各号に掲げる安全装置を設けなければならない。
　一　かご及び昇降路のすべての出入口の戸が閉じていなければ、かごを昇降させることができない装置
　二　昇降路の出入口の戸は、かごがその戸の位置に停止していない場合においては、かぎを用いなければ外から開くことができない装置
　三　操縦機の操作をする者が操作をやめた場合において操縦機がかごを停止させる状態に自動的に復する装置
　四　かごの内及びかごの上で動力を切ることができる装置
　五　かごの速度が異常に増大した場合において毎分の速度が定格速度に相当する速度の1.3倍（かごの定格速度が45m以下のエレベーターにあつては、63m）を超えないうちに動力を自動的に切る装置
　六　略
　七　かごの降下する速度が第五号に掲げる装置が作動すべき速度を超えた場合（かごの定格速度が45m以下のエレベーターにあつては、かごの降下する速度が同号に掲げる装置が作動すべき速度に達し、又はこれを超えた場合）において毎分の速度が定格速度に相当する速度の1.4倍（かごの定格速度が45m以下のエレベーターにあつては、68m）を超えないうちにかごの降下を自動的に制止する装置
　八　かご又はつり合おもりが昇降路の底部に衝突しそうになつた場合においてこれに衝突しないうちにかごの昇降を自動的に制御し、及び制止する装置
　九　かご又はつり合おもりが第七号に掲げる装置が作動すべき速度で昇降路の底部に衝突した場合においても、かご内の人が安全であるように衝撃を緩和する装置
　十　停電等の非常の場合においてかご内からかご外に連絡することができる装置
　十一　巻胴式エレベーターにあつては、主索が緩んだ場合において動力を自動的に切る装置
　十二　乗用エレベーター又は寝台用エレベーターにあつては、次に掲げる安全装置
　　イ　積載荷重を著しく超えた場合において警報を発し、かつ、出入口の戸の閉鎖を自動的に制止する装置
　　ロ　停電の場合においても、床面で1ルックス以上の照度を確保することができる照明装置
　十三　乗用エレベーターにあつては、かごが必ず昇降路のすべての出入口ごとに停止し、かつ、かごの停止に伴いかご及び昇降路の当該出入口の戸が自動的に開くこととすることができる装置
2　前項第七号に掲げる装置は、次第ぎき非常止め装置としなければならない。ただし、かごの定格速度が45m以下のエレベーターにあつては、早ぎき非常止め装置とすることができる。

改正：平成12年政令第211号　　　施行：平成12年6月1日
第129条の10　（エレベーターの安全装置）

1　エレベーターには、制動装置を設けなければならない。
2　前項のエレベーターの制動装置の構造は、次に掲げる基準に適合するものとして、建設大臣が定めた構造方法を用いるもの又は建設大臣の認定を受けたものとしなければならない。
　一　かごが昇降路の頂部又は底部に衝突するおそれがある場合に、自動的かつ段階的に作動し、これにより、かごに生ずる垂直方向の加速度が9.8m毎秒毎秒を、水平方向の加速度が5.0m毎秒毎秒を超えることなく安全にかごを制止させることができるものであること。
　二　保守点検をかごの上に人が乗り行うエレベーターにあつては、点検を行う者が昇降路の頂部とかごの間に挟まれることのないよう自動的にかごを制止させることができるものであること。
3　エレベーターには、前項に定める制動装置のほか、次に掲げる安全装置を設けなければならない。
　一　かご及び昇降路のすべての出入口の戸が閉じていなければ、かごを昇降させることができない装置
　二　昇降路の出入口の戸は、かごがその戸の位置に停止していない場合においては、かぎを用いなければ外から開くことができない装置
　三　停電等の非常の場合においてかご内からかご外に連絡することができる装置
　四　乗用エレベーター又は寝台用エレベーターにあつては、次に掲げる安全装置

令129条の10 改正：平成12年政令第211号

  イ 積載荷重を著しく超えた場合において警報を発し、かつ、出入口の戸の閉鎖を自動的に制止する装置
  ロ 停電の場合においても、床面で1ルクス以上の照度を確保することができる照明装置

改正：平成12年政令第312号   施行：平成13年1月6日

第129条の10 （エレベーターの安全装置）

1 略
2 前項のエレベーターの制動装置の構造は、次に掲げる基準に適合するものとして、<u>国土交通大臣</u>が定めた構造方法を用いるもの又は<u>国土交通大臣</u>の認定を受けたものとしなければならない。
 一・二 略
3 略

改正：平成20年政令第290号   施行：平成21年9月28日

第129条の10 （エレベーターの安全装置）

1 エレベーターには、制動装置を設けなければならない。
2 前項のエレベーターの制動装置の構造は、次に掲げる基準に適合するものとして、国土交通大臣が定めた構造方法を用いるもの又は国土交通大臣の認定を受けたものとしなければならない。
 一 かごが昇降路の頂部又は底部に衝突するおそれがある場合に、自動的かつ段階的に作動し、これにより、かごに生ずる垂直方向の加速度が9.8m毎秒毎秒を、水平方向の加速度が5.0m毎秒毎秒を超えることなく安全にかごを制止させることができるものであること。
 二 保守点検をかごの上に人が乗り行うエレベーターにあつては、点検を行う者が昇降路の頂部とかごの間に挟まれることのないよう自動的にかごを制止させることができるものであること。
3 エレベーターには、前項に定める制動装置のほか、次に掲げる安全装置を設けなければならない。
 <u>一 次に掲げる場合に自動的にかごを制止する装置</u>
  イ 駆動装置又は制御器に故障が生じ、かごの停止位置が著しく移動した場合
  ロ 駆動装置又は制御器に故障が生じ、かご及び昇降路のすべての出入口の戸が閉じる前にかごが昇降した場合
 二 地震その他の衝撃により生じた国土交通大臣が定める加速度を検知し、自動的に、かごを昇降路の出入口の戸の位置に停止させ、かつ、当該かごの出入口の戸及び昇降路の出入口の戸を開き、又はかご内の人がこれらの戸を開くことができることとする装置
 三 停電等の非常の場合においてかご内からかご外に連絡することができる装置
 四 乗用エレベーター又は寝台用エレベーターにあつては、次に掲げる安全装置
  イ <u>積載荷重に1.1を乗じて得た数値を超えた荷重</u>が作用した場合において警報を発し、かつ、出入口の戸の閉鎖を自動的に制止する装置
  ロ 停電の場合においても、床面で1ルクス以上の照度を確保することができる照明装置
4 <u>前項第一号及び第二号に掲げる装置の構造は、それぞれ、その機能を確保することができるものとして、国土交通大臣が定めた構造方法を用いるもの又は国土交通大臣の認定を受けたものとしなければならない。</u>

［現行］ 第129条の11 （適用の除外）

制定：昭和33年政令第283号   施行：昭和34年1月1日

旧 第129条の10 （適用の除外）

1 乗用エレベーター及び寝台用エレベーター以外のエレベーターについては、安全上支障がない場合においては、第129条の6第二号及び第四号並びに前条第1項第一号、第十号及び第十一号の規定は、適用しない。
2 寝台用エレベーターについては、安全上支障がない場合においては、第129条の6第二号の規定は、適用しない。

改正：昭和34年政令第344号　　　　施行：昭和34年12月23日
旧　第129条の10　（適用の除外）

1・2　略
3　次の各号に該当するエレベーターについては、前条第1項第五号、第七号及び第九号の規定は、適用しない。
一　昇降行程が5m以下であること。
二　かごの定格速度が15m以下であること。
三　かごの床面積が1.5㎡以下であること。
四　主索が切れた場合においてかごの降下を自動的に制止する装置が設けられていること。

改正：平成12年政令第211号　　　　施行：平成12年6月1日
第129条の11　（適用の除外）

1　乗用エレベーター及び寝台用エレベーター以外のエレベーターについては、安全上支障がない場合においては、第129条の7第三号並びに前条第3項第一号及び第三号の規定は、適用しない。

改正：平成20年政令第290号　　　　施行：平成21年9月28日
第129条の11　（適用の除外）

1　乗用エレベーター及び寝台用エレベーター以外のエレベーターについては、安全上支障がない場合においては、第129条の7第四号並びに第129条の8第2項第二号、前条第3項第一号から第三号までの規定は、適用しない。

改正：平成25年政令第217号　　　　施行：平成26年4月1日
第129条の11　（適用の除外）

1　第129条の7第四号、第129条の8第2項第二号又は前条第3項第一号から第三号までの規定は、乗用エレベーター及び寝台用エレベーター以外のエレベーターのうち、それぞれ昇降路、制御器又は安全装置について安全上支障がないものとして国土交通大臣が定めた構造方法を用いるものについては、適用しない。

［現行］　第129条の12　（エスカレーターの構造）

制定：昭和33年政令第283号　　　　施行：昭和34年1月1日
旧　第129条の11　（エスカレーターの構造）

1　エスカレーターは、次の各号に定める構造としなければならない。
一　人又は物がはさまれ、又は障害物に衝突することがないようにすること。
二　こう配は、30度以下とすること。
三　踏段の両側に手すりを設け、手すりの上端部が踏段と同一方向に同一速度で連動するようにすること。
四　踏段面から60cmの高さにおける手すり間の距離は、1.2m以下とすること。
五　踏段の定格速度は、30m以下とすること。
2　エスカレーターには、次の各号に掲げる安全装置を設けなければならない。
一　踏段くさりが切れたとき、動力が切れたとき、若しくは昇降口における床の開口部をおおう戸が閉じようとするときに、又は踏段の速度が異常に増大した場合において毎分の速度が定格速度に相当する速度の1.4倍をこえないうちに、踏段の昇降を自動的に制止する装置
二　昇降口において踏段の昇降を停止させることができる装置

改正：昭和34年政令第344号　　　　施行：昭和34年12月23日

令旧129条の11　改正：昭和34年政令第344号

旧　第129条の11　（エスカレーターの構造）
1　エスカレーターは、次の各号に定める構造としなければならない。
　一　略
　二　勾（こう）配は、30度以下とすること。
　三～五　略
2　エスカレーターには、次の各号に掲げる安全装置を設けなければならない。
　一　踏段くさりが切れたとき、動力が切れたとき、又は昇降口における床の開口部をおおう戸が閉じようとするときに、踏段の昇降を自動的に制止する装置
　二　略

改正：昭和55年政令第196号　　　施行：昭和56年6月1日

旧　第129条の11　（エスカレーターの構造）
1　略
2　エスカレーターには、次の各号に掲げる安全装置を設けなければならない。
　一　踏段くさりが切れたとき、動力が切れたとき、又は昇降口における床の開口部を覆う戸が閉じようとするときに、踏段の昇降を自動的に制止する装置
　二　略
　三　昇降口に近い位置において人又は物が踏段側面とスカートガードとの間に強くはさまれたときに、踏段の昇降を自動的に制止する装置
　四　人又は物がハンドレールの入込口に入り込んだときに、踏段の昇降を自動的に制止する装置

改正：平成12年政令第211号　　　施行：平成12年6月1日

第129条の12　（エスカレーターの構造）
1　エスカレーターは、次に定める構造としなければならない。
　一　建設大臣が定めるところにより、通常の使用状態において人又は物が挟まれ、又は障害物に衝突することがないようにすること。
　二　勾（こう）配は、30度以下とすること。
　三　踏段（人を乗せて昇降する部分をいう。以下同じ。）の両側に手すりを設け、手すりの上端部が踏段と同一方向に同一速度で連動するようにすること。
　四　踏段の幅は、1.1m以下とし、踏段の端から当該踏段の端の側にある手すりの上端部の中心までの水平距離は、25cm以下とすること。
　五　踏段の定格速度は、50m以下の範囲内において、エスカレーターの勾（こう）配に応じ建設大臣が定める毎分の速度以下とすること。
2　建築物に設けるエスカレーターについては、第129条の4（第3項第五号を除く。）及び第129条の5第1項の規定を準用する。この場合において、次の表の左欄に掲げる規定中同表の中欄に掲げる字句は、それぞれ同表の右欄に掲げる字句に読み替えるものとする。
　［表新設］

第129条の4の見出し、同条第1項各号列記以外の部分、第2項及び第3項並びに第129条の5の見出し及び同条第1項	エレベーター	エスカレーター
第129条の4	かご	踏段
第129条の4第1項第二号	主索でつるエレベーター、油圧エレベーターその他建設大臣が定めるエレベーター	くさりでつるエスカレーターその他建設大臣が定めるエスカレーター
第129条の4第1項第二号及び第2項	エレベーター強度検証法	エスカレーター強度検証法

| 第129条の4第2項第一号 | 次条 | 次条第1項及び第129条の12第3項 |
| 第129条の4第2項第二号 | 次条第2項に規定する積載荷重 | 第129条の12第3項に規定する積載荷重 |

3 エスカレーターの踏段の積載荷重は、次の式によつて計算した数値以上としなければならない。

$$P = 2,600 A$$

この式において、P及びAは、それぞれ次の数値を表すものとする。
　P　エスカレーターの積載荷重（単位　N）
　A　エスカレーターの踏段面の水平投影面積（単位　㎡）

4 エスカレーターには、制動装置及び昇降口において踏段の昇降を停止させることができる装置を設けなければならない。

5 前項の制動装置の構造は、動力が切れた場合、駆動装置に故障が生じた場合、人又は物が挟まれた場合その他の人が危害を受け又は物が損傷するおそれがある場合に自動的に作動し、踏段に生ずる進行方向の加速度が1.25m毎秒毎秒を超えることなく安全に踏段を制止させることができるものとして、建設大臣が定めた構造方法を用いるもの又は建設大臣の認定を受けたものとしなければならない。

改正：平成12年政令第312号　　施行：平成13年1月6日
第129条の12　（エスカレーターの構造）

1 エスカレーターは、次に定める構造としなければならない。
　一　国土交通大臣が定めるところにより、通常の使用状態において人又は物が挟まれ、又は障害物に衝突することがないようにすること。
　二～四　略
　五　踏段の定格速度は、50m以下の範囲内において、エスカレーターの勾（こう）配に応じ国土交通大臣が定める毎分の速度以下とすること。

2 建築物に設けるエスカレーターについては、第129条の4（第3項第五号を除く。）及び第129条の5第1項の規定を準用する。この場合において、次の表の左欄に掲げる規定中同表の中欄に掲げる字句は、それぞれ同表の右欄に掲げる字句に読み替えるものとする。

第129条の4の見出し、同条第1項各号列記以外の部分、第2項及び第3項並びに第129条の5の見出し及び同条第1項	エレベーター	エスカレーター
第129条の4	かご	踏段
第129条の4第1項第二号	主索でつるエレベーター、油圧エレベーターその他国土交通大臣が定めるエレベーター	くさりでつるエスカレーターその他国土交通大臣が定めるエスカレーター
略		

3・4　略

5 前項の制動装置の構造は、動力が切れた場合、駆動装置に故障が生じた場合、人又は物が挟まれた場合その他の人が危害を受け又は物が損傷するおそれがある場合に自動的に作動し、踏段に生ずる進行方向の加速度が1.25m毎秒毎秒を超えることなく安全に踏段を制止させることができるものとして、国土交通大臣が定めた構造方法を用いるもの又は国土交通大臣の認定を受けたものとしなければならない。

改正：平成20年政令第290号　　施行：平成21年9月28日
第129条の12　（エスカレーターの構造）

1 略

2 建築物に設けるエスカレーターについては、第129条の4（第3項第五号を除く。）及び第129条の5第1

令129条の12　改正：平成20年政令第290号

項の規定を準用する。この場合において、次の表の左欄に掲げる規定中同表の中欄に掲げる字句は、それぞれ同表の右欄に掲げる字句に読み替えるものとする。

第129条の4の見出し、同条第1項各号列記以外の部分、第2項及び第3項並びに第129条の5の見出し及び同条第1項	エレベーター	エスカレーター
第129条の4	かご	踏段
第129条の4第1項第二号	主索で吊（つ）るエレベーター、油圧エレベーターその他国土交通大臣が定めるエレベーター	くさりで吊（つ）るエスカレーターその他国土交通大臣が定めるエスカレーター
略		

3～5　略

改正：平成25年政令第217号　　施行：平成26年4月1日
第129条の12　（エスカレーターの構造）

1　エスカレーターは、次に定める構造としなければならない。
　一　国土交通大臣が定めるところにより、通常の使用状態において人又は物が挟まれ、又は障害物に衝突することがないようにすること。
　二　勾配は、30度以下とすること。
　三　踏段（人を乗せて昇降する部分をいう。以下同じ。）の両側に手すりを設け、手すりの上端部が踏段と同一方向に同一速度で連動するようにすること。
　四　踏段の幅は、1.1m以下とし、踏段の端から当該踏段の端の側にある手すりの上端部の中心までの水平距離は、25cm以下とすること。
　五　踏段の定格速度は、50m以下の範囲内において、エスカレーターの勾配に応じ国土交通大臣が定める毎分の速度以下とすること。
　六　地震その他の震動によつて脱落するおそれがないものとして、国土交通大臣が定めた構造方法を用いるもの又は国土交通大臣の認定を受けたものとすること。

2　建築物に設けるエスカレーターについては、第129条の4（第3項第五号から第七号までを除く。）及び第129条の5第1項の規定を準用する。この場合において、次の表の左欄に掲げる規定中同表の中欄に掲げる字句は、それぞれ同表の右欄に掲げる字句に読み替えるものとする。

第129条の4の見出し、同条第1項各号列記以外の部分、第2項及び第3項並びに第129条の5の見出し及び同条第1項	エレベーター	エスカレーター
第129条の4	かご	踏段
第129条の4第1項第二号	主索で吊（つ）るエレベーター、油圧エレベーターその他国土交通大臣が定めるエレベーター	くさりで吊（つ）るエスカレーターその他国土交通大臣が定めるエスカレーター
第129条の4第1項第二号及び第2項	エレベーター強度検証法	エスカレーター強度検証法
第129条の4第2項第一号	次条	次条第1項及び第129条の12第3項
第129条の4第2項第二号	次条第2項に規定する積載荷重	第129条の12第3項に規定する積載荷重

3　エスカレーターの踏段の積載荷重は、次の式によつて計算した数値以上としなければならない。
　　$P = 2,600A$
　　　この式において、P及びAは、それぞれ次の数値を表すものとする。

　　　　　P　　エスカレーターの積載荷重（単位　N）
　　　　　A　　エスカレーターの踏段面の水平投影面積（単位　㎡）
4　エスカレーターには、制動装置及び昇降口において踏段の昇降を停止させることができる装置を設けなければならない。
5　前項の制動装置の構造は、動力が切れた場合、駆動装置に故障が生じた場合、人又は物が挟まれた場合その他の人が危害を受け又は物が損傷するおそれがある場合に自動的に作動し、踏段に生ずる進行方向の加速度が1.25m毎秒毎秒を超えることなく安全に踏段を制止させることができるものとして、国土交通大臣が定めた構造方法を用いるもの又は国土交通大臣の認定を受けたものとしなければならない。

[現行]　第129条の13　（小荷物専用昇降機の構造）

制定：昭和33年政令第283号　　　施行：昭和34年1月1日
旧　第129条の12　（電動ダムウエーターの構造）

1　電動ダムウエーターは、次の各号に定める構造としなければならない。
一　昇降路には昇降路外の人又は物がかご又はつり合おもりに触れるおそれのない構造とした丈夫な壁又は囲い及び出し入れ口の戸を設けること。
二　昇降路の壁又は囲い及び出し入れ口の戸は、不燃材料で造り、又はおおうこと。
三　昇降路のすべての出し入れ口の戸が閉じていなければ、かごを昇降させることができない装置を設けること。

改正：平成12年政令第211号　　　施行：平成12年6月1日
第129条の13　（小荷物専用昇降機の構造）

1　小荷物専用昇降機は、次に定める構造としなければならない。
一　昇降路には昇降路外の人又は物がかご又はつり合おもりに触れるおそれのない構造とした丈夫な壁又は囲い及び出し入れ口の戸を設けること。
二　昇降路の壁又は囲い及び出し入れ口の戸は、難燃材料で造り、又は覆うこと。ただし、地階又は3階以上の階に居室を有さない建築物に設ける小荷物専用昇降機の昇降路その他防火上支障のないものとして建設大臣が定める小荷物専用昇降機の昇降路にあつては、この限りでない。
三　略
四　昇降路の出し入れ口の戸には、かごがその戸の位置に停止していない場合においては、かぎを用いなければ外から開くことができない装置を設けること。ただし、当該出し入れ口の下端が当該出し入れ口が設けられる室の床面より高い場合においては、この限りでない。

改正：平成12年政令第312号　　　施行：平成13年1月6日
第129条の13　（小荷物専用昇降機の構造）

1　小荷物専用昇降機は、次に定める構造としなければならない。
一　略
二　昇降路の壁又は囲い及び出し入れ口の戸は、難燃材料で造り、又は覆うこと。ただし、地階又は3階以上の階に居室を有さない建築物に設ける小荷物専用昇降機の昇降路その他防火上支障のないものとして国土交通大臣が定める小荷物専用昇降機の昇降路にあつては、この限りでない。
三・四　略

改正：平成20年政令第290号　　　施行：平成21年9月28日
第129条の13　（小荷物専用昇降機の構造）

1　小荷物専用昇降機は、次に定める構造としなければならない。
一　昇降路には昇降路外の人又は物がかご又は釣合おもりに触れるおそれのないものとして国土交通大臣が

令129条の13 改正：平成20年政令第290号

　　　定める基準に適合する壁又は囲い及び出し入れ口の戸を設けること。
　二　昇降路の壁又は囲い及び出し入れ口の戸は、難燃材料で造り、又は覆うこと。ただし、地階又は3階以上の階に居室を有さない建築物に設ける小荷物専用昇降機の昇降路その他防火上支障のないものとして国土交通大臣が定める小荷物専用昇降機の昇降路にあつては、この限りでない。
　三　昇降路のすべての出し入れ口の戸が閉じた後、かごを昇降させるものであること。
　四　昇降路の出し入れ口の戸には、かごがその戸の位置に停止していない場合においては、かぎを用いなければ外から開くことができない装置を設けること。ただし、当該出し入れ口の下端が当該出し入れ口が設けられる室の床面より高い場合においては、この限りでない。

［削除条文］

制定：昭和33年政令第283号　　　施行：昭和34年1月1日
旧　第129条の13　（エレベーター及びエスカレーターの構造計算）

1　エレベーター又はエスカレーターの構造計算をする場合においては、この条に規定する積載荷重及び許容応力度によらなければならない。
2　エレベーターのかごの積載荷重は、当該エレベーターの実況に応じて定めなければならない。ただし、かごの種類に応じて、次の表に定める数値を下つてはならない。

かごの種類		積載荷重（単位　kg）
乗用エレベーターのかご	床面積が1.5㎡以下のもの	床面積1㎡につき370として計算した数値
	床面積が1.5㎡をこえ3㎡以下のもの	床面積の1.5㎡をこえる面積に対して1㎡につき500として計算した数値に550を加えた数値
	床面積が3㎡をこえるもの	床面積の3㎡をこえる面積に対して1㎡につき600として計算した数値に1,300を加えた数値
乗用エレベーター以外のエレベーターのかご		床面積1㎡につき250（自動車運搬用エレベーターにあつては、150）として計算した数値

3　エレベーターの支持ばりの積載荷重は、次の式によつて計算した数値以上としなければならない。
　　$P = P_1 + 2P_2$
　　この式において、P、P_1 及び P_2 は、それぞれ次の数値を表わすものとする。
　　　　P　　エレベーターの支持ばりの積載荷重（単位　kg）
　　　　P_1　　巻上機その他支持ばりに固定して取り付けられるすべての装置の重量（単位　kg）
　　　　P_2　　主索の重量及びこれに作用する荷重（単位　kg）

4　エスカレーターの積載荷重は、次の式によつて計算した数値以上としなければならない。
　　$P = 270A$
　　この式において、P及びAは、それぞれ次の数値を表わすものとする。
　　　　P　　エスカレーターの積載荷重（単位　kg）
　　　　A　　エスカレーターの踏段面の水平投影面積（単位　㎡）

5　エレベーター及びエスカレーターの次の表の左欄に掲げる部分に使用する材料の許容応力度は、当該材料の破壊強度をそれぞれ同表の右欄に掲げる数値で除した数値によらなければならない。

乗用エレベーターのかご		7.5
乗用エレベーター以外のエレベーターのかご		6
エレベーターの主索		10
エレベーターの支持ばり	鋼材の部分	4
	コンクリートの部分	7

改正：平成12年政令第312号　**令129条の13の2**

エスカレーターのトラス又ははり	5
エスカレーターのくさり	10

改正：平成12年政令第211号　　　施行：平成12年6月1日
旧　第129条の13　（エレベーター及びエスカレーターの構造計算）　削除

[現行]　第129条の13の2　（非常用の昇降機の設置を要しない建築物）

制定：昭和45年政令第333号　　　施行：昭和46年1月1日
第129条の13の2　（非常用の昇降機の設置を要しない建築物）

1　法第34条第2項の規定により政令で定める建築物は、次の各号の一に該当するものとする。
一　高さ31mをこえる部分を階段室、昇降機その他の建築設備の機械室、装飾塔、物見塔、屋窓その他これらに類する用途に供する建築物
二　高さ31mをこえる部分の各階の床面積の合計が500㎡以下の建築物
三　高さ31mをこえる部分の階数が4以下の主要構造部を耐火構造とした建築物で、当該部分が床面積の合計100㎡以内ごとに耐火構造の床若しくは壁又は第123条第1項第六号イに規定する構造の甲種防火戸（廊下に面する窓で開口面積が1㎡以内のものに設けられる鉄製網入ガラス入りの戸を含む。）で区画されているもの
四　高さ31mをこえる部分を機械製作工場、不燃性の物品を保管する倉庫その他これらに類する用途に供する建築物で主要構造部が不燃材料で造られたものその他これと同等以上に火災の発生のおそれの少ない構造のもの

改正：昭和48年政令第242号　　　施行：昭和49年1月1日
第129条の13の2　（非常用の昇降機の設置を要しない建築物）

1　法第34条第2項の規定により政令で定める建築物は、次の各号の一に該当するものとする。
一・二　略
三　高さ31mをこえる部分の階数が4以下の主要構造部を耐火構造とした建築物で、当該部分が床面積の合計100㎡以内ごとに耐火構造の床若しくは壁又は常時閉鎖式防火戸である甲種防火戸若しくはその他の甲種防火戸で第112条第14項第一号及び第三号に定める構造のもの（廊下に面する窓で開口面積が1㎡以内のものに設けられる鉄製網入ガラス入りの戸を含む。）で区画されているもの
四　略

改正：平成12年政令第211号　　　施行：平成12年6月1日
第129条の13の2　（非常用の昇降機の設置を要しない建築物）

1　法第34条第2項の規定により政令で定める建築物は、次の各号のいずれかに該当するものとする。
一・二　略
三　高さ31mを超える部分の階数が4以下の主要構造部を耐火構造とした建築物で、当該部分が床面積の合計100㎡以内ごとに耐火構造の床若しくは壁又は特定防火設備でその構造が第112条第14項第一号イ及びハに掲げる要件を満たすものとして、建設大臣が定めた構造方法を用いるもの又は建設大臣の認定を受けたもの（廊下に面する窓で開口面積が1㎡以内のものに設けられる法第2条第九号の二ロに規定する防火設備を含む。）で区画されているもの
四　略

改正：平成12年政令第312号　　　施行：平成13年1月6日

令129条の13の2　改正：平成12年政令第312号

第129条の13の2　（非常用の昇降機の設置を要しない建築物）

1　法第34条第2項の規定により政令で定める建築物は、次の各号のいずれかに該当するものとする。
　一・二　略
　三　高さ31mを超える部分の階数が4以下の主要構造部を耐火構造とした建築物で、当該部分が床面積の合計100㎡以内ごとに耐火構造の床若しくは壁又は特定防火設備でその構造が第112条第14項第一号イ及びハに掲げる要件を満たすものとして、<u>国土交通大臣</u>が定めた構造方法を用いるもの又は<u>国土交通大臣</u>の認定を受けたもの（廊下に面する窓で開口面積が1㎡以内のものに設けられる法第2条第九号の二ロに規定する防火設備を含む。）で区画されているもの
　四　略

改正：平成17年政令第246号　　　施行：平成17年12月1日

第129条の13の2　（非常用の昇降機の設置を要しない建築物）

1　法第34条第2項の規定により政令で定める建築物は、次の各号のいずれかに該当するものとする。
　一　高さ31mを<u>超える</u>部分を階段室、昇降機その他の建築設備の機械室、装飾塔、物見塔、屋窓その他これらに類する用途に供する建築物
　二　高さ31mを<u>超える</u>部分の各階の床面積の合計が500㎡以下の建築物
　三　高さ31mを<u>超える</u>部分の階数が4以下の主要構造部を耐火構造とした建築物で、当該部分が床面積の合計100㎡以内ごとに耐火構造の床若しくは壁又は特定防火設備でその構造が第112条第14項第一号イ、<u>ロ及びニ</u>に掲げる要件を満たすものとして、国土交通大臣が定めた構造方法を用いるもの又は国土交通大臣の認定を受けたもの（廊下に面する窓で開口面積が1㎡以内のものに設けられる法第2条第九号の二ロに規定する防火設備を含む。）で区画されているもの
　四　高さ31mを<u>超える</u>部分を機械製作工場、不燃性の物品を保管する倉庫その他これらに類する用途に供する建築物で主要構造部が不燃材料で造られたものその他これと同等以上に火災の発生のおそれの少ない構造のもの

改正：平成30年政令第255号　　　施行：平成30年9月25日

第129条の13の2　（非常用の昇降機の設置を要しない建築物）

1　法第34条第2項の規定により政令で定める建築物は、次の各号のいずれかに該当するものとする。
　一・二　略
　三　高さ31mを超える部分の階数が4以下の主要構造部を耐火構造とした建築物で、当該部分が床面積の合計100㎡以内ごとに耐火構造の床若しくは壁又は特定防火設備でその構造が<u>第112条第13項第一号イ</u>、ロ及びニに掲げる要件を満たすものとして、国土交通大臣が定めた構造方法を用いるもの又は国土交通大臣の認定を受けたもの（廊下に面する窓で開口面積が1㎡以内のものに設けられる法第2条第九号の二ロに規定する防火設備を含む。）で区画されているもの
　四　略

改正：令和元年政令第30号　　　施行：令和元年6月25日

第129条の13の2　（非常用の昇降機の設置を要しない建築物）

1　法第34条第2項の規定により政令で定める建築物は、次の各号のいずれかに該当するものとする。
　一・二　略
　三　高さ31mを超える部分の階数が4以下の主要構造部を耐火構造とした建築物で、当該部分が床面積の合計100㎡以内ごとに耐火構造の床若しくは壁又は特定防火設備でその構造が<u>第112条第18項第一号イ</u>、ロ及びニに掲げる要件を満たすものとして、国土交通大臣が定めた構造方法を用いるもの又は国土交通大臣の認定を受けたもの（廊下に面する窓で開口面積が1㎡以内のものに設けられる法第2条第九号の二ロに規定する防火設備を含む。）で区画されているもの
　四　略

制定：昭和45年政令第333号　**令129条の13の3**

改正：令和元年政令第181号　　　施行：令和2年4月1日
第129条の13の2　（非常用の昇降機の設置を要しない建築物）

1　法第34条第2項の規定により政令で定める建築物は、次の各号のいずれかに該当するものとする。
　一・二　略
　三　高さ31mを超える部分の階数が4以下の主要構造部を耐火構造とした建築物で、当該部分が床面積の合計100㎡以内ごとに耐火構造の床若しくは壁又は特定防火設備でその構造が<u>第112条第19項第一号イ、ロ及びニ</u>に掲げる要件を満たすものとして、国土交通大臣が定めた構造方法を用いるもの又は国土交通大臣の認定を受けたもの（廊下に面する窓で開口面積が1㎡以内のものに設けられる法第2条第九号の二ロに規定する防火設備を含む。）で区画されているもの
　四　略

改正：令和5年政令第280号　　　施行：令和6年4月1日
第129条の13の2　（非常用の昇降機の設置を要しない建築物）

1　法第34条第2項の規定により政令で定める建築物は、次の各号のいずれかに該当するものとする。
　一　高さ31mを超える部分を階段室、昇降機その他の建築設備の機械室、装飾塔、物見塔、屋窓その他これらに類する用途に供する建築物
　二　高さ31mを超える部分の各階の床面積の合計が500㎡以下の建築物
　三　高さ31mを超える部分の階数が4以下の<u>特定主要構造部</u>を耐火構造とした建築物で、当該部分が床面積の合計100㎡以内ごとに耐火構造の床若しくは壁又は特定防火設備でその構造が第112条第19項第一号イ、ロ及びニに掲げる要件を満たすものとして、国土交通大臣が定めた構造方法を用いるもの又は国土交通大臣の認定を受けたもの（廊下に面する窓で開口面積が1㎡以内のものに設けられる法第2条第九号の二ロに規定する防火設備を含む。）で区画されているもの
　四　高さ31mを超える部分を機械製作工場、不燃性の物品を保管する倉庫その他これらに類する用途に供する建築物で主要構造部が不燃材料で造られたものその他これと同等以上に火災の発生のおそれの少ない構造のもの

[現行]　**第129条の13の3**　（非常用の昇降機の設置及び構造）

制定：昭和45年政令第333号　　　施行：昭和46年1月1日
第129条の13の3　（非常用の昇降機の設置及び構造）

1　法第34条第2項の規定による非常用の昇降機は、エレベーターとし、その設置及び構造は、第129条の4から第129条の9まで及び第129条の13の規定によるほか、この条に定めるところによらなければならない。
2　前項の非常用の昇降機であるエレベーター（以下「非常用エレベーター」という。）の数は、高さ31mをこえる部分の床面積が最大の階における床面積に応じて、次の表に定める数以上とし、2以上の非常用エレベーターを設置する場合には、避難上及び消火上有効な間隔を保つて配置しなければならない。

高さ31mをこえる部分の床面積が最大の階の床面積	非常用エレベーターの数
（1）　1,500㎡以下の場合	1
（2）　1,500㎡を超える場合	3,000㎡以内を増すごとに（1）の数に1を加えた数

3　乗降ロビーは、次の各号に定める構造としなければならない。
　一　各階（避難階を除く。）において屋内と連絡すること。
　二　バルコニー又は外気に向かつて開くことができる窓若しくは排煙設備であつて建設大臣の定める基準に適合するものを設けること。
　三　出入口（昇降路の出入口を除く。）には、第123条第1項第六号に規定する構造の甲種防火戸を設けるこ

令129条の13の3　制定：昭和45年政令第333号

と。
　四　窓若しくは排煙設備又は出入口を除き、耐火構造の床及び壁で囲むこと。
　五　天井及び壁の室内に面する部分は、仕上げを不燃材料でし、かつ、その下地を不燃材料で造ること。
　六　予備電源を有する照明設備を設けること。
　七　床面積は、非常用エレベーター１基について10㎡以上とすること。
　八　屋内消火栓（せん）、連結送水管の放水口、非常コンセント設備等の消火設備を設置できるものとすること。
　九　乗降ロビーには、見やすい方法で、積載荷重及び最大定員のほか、非常用エレベーターである旨、避難階における避難経路その他避難上必要な事項を明示した標識を掲示し、かつ、非常の用に供している場合においてその旨を明示することができる表示灯その他これに類するものを設けること。
4　非常用エレベーターの昇降路は、非常用エレベーター２基以内ごとに、乗降ロビーに通ずる出入口及び機械室に通ずる鋼索、電線その他のものの周囲を除き、耐火構造の床及び壁で囲まなければならない。
5　避難階においては、非常用エレベーターの昇降路の出入口（第３項に規定する構造の乗降ロビーを設けた場合には、その出入口）から屋外への出口（道又は道に通ずる幅員４m以上の通路、空地その他これらに類するものに接している部分に限る。）の一に至る歩行距離は、30m以下としなければならない。
6　非常用エレベーターのかご及びその出入口の寸法並びにかごの積載荷重は、建設大臣の指定する日本工業規格に定める数値以上としなければならない。
7　非常用エレベーターには、かごを呼び戻す装置（各階の乗降ロビー及び非常用エレベーターのかご内に設けられた通常の制御装置の機能を停止させ、かごを避難階又はその直上階若しくは直下階に呼び戻す装置をいう。）を設け、かつ、当該装置の作動は、避難階又はその直上階若しくは直下階の乗降ロビー及び中央管理室において行なうことができるものとしなければならない。
8　非常用エレベーターには、かご内と中央管理室とを連絡する電話装置を設けなければならない。
9　非常用エレベーターには、第129条の９第１項第一号に掲げる装置の機能を停止させ、かごの戸を開いたままかごを昇降させることができる装置を設けなければならない。
10　非常用エレベーターには、予備電源を設けなければならない。
11　非常用エレベーターのかごの定格速度は、60m以上としなければならない。
12　第２項から前項までの規定によるほか、建設大臣が非常用エレベーターの機能を確保するために必要があると認めて定める基準によらなければならない。

改正：昭和62年政令第348号　　　施行：昭和62年11月16日
第129条の13の3　（非常用の昇降機の設置及び構造）

1・2　略
3　乗降ロビーは、次の各号に定める構造としなければならない。
　一・二　略
　三　出入口（特別避難階段の階段室に通ずる出入口及び昇降路の出入口を除く。）には、第123条第１項第六号に規定する構造の甲種防火戸を設けること。
　四～九　略
4～12

改正：平成12年政令第211号　　　施行：平成12年６月１日
第129条の13の3　（非常用の昇降機の設置及び構造）

1　法第34条第２項の規定による非常用の昇降機は、エレベーターとし、その設置及び構造は、第129条の４から第129条の10までの規定によるほか、この条に定めるところによらなければならない。
2　略
3　乗降ロビーは、次に定める構造としなければならない。
　一　各階（屋内と連絡する乗降ロビーを設けることが構造上著しく困難である階で次のイからホまでのいずれかに該当するもの及び避難階を除く。）において屋内と連絡すること。

改正：平成12年政令第312号 **令129条の13の3**

イ　当該階及びその直上階（当該階が、地階である場合にあつては当該階及びその直下階、最上階又は地階の最下階である場合にあつては当該階）が次の（1）又は（2）のいずれかに該当し、かつ、当該階の直下階（当該階が地階である場合にあつては、その直上階）において乗降ロビーが設けられている階
　（1）　階段室、昇降機その他の建築設備の機械室その他これらに類する用途に供する階
　（2）　その主要構造部が不燃材料で造られた建築物その他これと同等以上に火災の発生のおそれの少ない構造の建築物の階で、機械製作工場、不燃性の物品を保管する倉庫その他これらに類する用途に供するもの
ロ　当該階以上の階の床面積の合計が500㎡以下の階
ハ　避難階の直上階又は直下階
ニ　その主要構造部が不燃材料で造られた建築物の地階（他の非常用エレベーターの乗降ロビーが設けられているものに限る。）で居室を有しないもの
ホ　当該階の床面積に応じ、次の表に定める数の他の非常用エレベーターの乗降ロビーが屋内と連絡している階
　［表新設］

当該階の床面積	当該階で乗降ロビーが屋内と連絡している他の非常用エレベーターの数
(1)　1,500㎡以下の場合	1
(2)　1,500㎡を超える場合	3,000㎡以内を増すごとに（1）の数に1を加えた数

二　バルコニー又は外気に向かつて開くことができる窓若しくは排煙設備（建設大臣が定めた構造方法を用いるものに限る。）を設けること。
三　出入口（特別避難階段の階段室に通ずる出入口及び昇降路の出入口を除く。）には、第123条第1項第六号に規定する構造の特定防火設備を設けること。
四～八　略
九　乗降ロビーには、見やすい方法で、積載量及び最大定員のほか、非常用エレベーターである旨、避難階における避難経路その他避難上必要な事項を明示した標識を掲示し、かつ、非常の用に供している場合においてその旨を明示することができる表示灯その他これに類するものを設けること。
4・5　略
6　非常用エレベーターのかご及びその出入口の寸法並びにかごの積載量は、建設大臣の指定する日本工業規格に定める数値以上としなければならない。
7・8　略
9　非常用エレベーターには、第129条の10第3項第一号に掲げる装置の機能を停止させ、かごの戸を開いたままかごを昇降させることができる装置を設けなければならない。
10・11　略
12　第2項から前項までの規定によるほか、非常用エレベーターの構造は、その機能を確保するために必要があるものとして建設大臣が定めた構造方法を用いるものとしなければならない。

改正：平成12年政令第312号　　　　施行：平成13年1月6日
第129条の13の3　（非常用の昇降機の設置及び構造）

1・2　略
3　乗降ロビーは、次に定める構造としなければならない。
　一　略
　二　バルコニー又は外気に向かつて開くことができる窓若しくは排煙設備（国土交通大臣が定めた構造方法を用いるものに限る。）を設けること。
　三～九　略
4～11　略
12　第2項から前項までの規定によるほか、非常用エレベーターの構造は、その機能を確保するために必要があるものとして国土交通大臣が定めた構造方法を用いるものとしなければならない。

令129条の13の3　改正：平成20年政令第290号

改正：平成20年政令第290号　　　施行：平成21年9月28日
第129条の13の3　（非常用の昇降機の設置及び構造）

1　略
2　前項の非常用の昇降機であるエレベーター（以下「非常用エレベーター」という。）の数は、高さ31mを<u>超える</u>部分の床面積が最大の階における床面積に応じて、次の表に定める数以上とし、2以上の非常用エレベーターを設置する場合には、避難上及び消火上有効な間隔を保つて配置しなければならない。

	高さ31mを<u>超える</u>部分の床面積が最大の階の床面積	非常用エレベーターの数
（1）	1,500㎡以下の場合	1
（2）	1,500㎡を<u>超える</u>場合	3,000㎡以内を増すごとに（1）の数に1を加えた数

3　略
4　非常用エレベーターの昇降路は、非常用エレベーター2基以内ごとに、乗降ロビーに通ずる出入口及び機械室に通ずる<u>主索</u>、電線その他のものの周囲を除き、耐火構造の床及び壁で囲まなければならない。
5・6　略
7　非常用エレベーターには、かごを呼び戻す装置（各階の乗降ロビー及び非常用エレベーターのかご内に設けられた通常の制御装置の機能を停止させ、かごを避難階又はその直上階若しくは直下階に呼び戻す装置をいう。）を設け、かつ、当該装置の作動は、避難階又はその直上階若しくは直下階の乗降ロビー及び中央管理室において<u>行う</u>ことができるものとしなければならない。
8　略
9　非常用エレベーターには、<u>第129条の8第2項第二号及び第129条の10第3項第二号</u>に掲げる装置の機能を停止させ、かごの戸を開いたままかごを昇降させることができる装置を設けなければならない。
10～12　略

改正：平成28年政令第6号　　　施行：平成28年6月1日
第129条の13の3　（非常用の昇降機の設置及び構造）

1・2　略
3　乗降ロビーは、次に定める構造としなければならない。
　一　略
　二　<u>バルコニーを設けること。</u>
　三～七　略
　八　<u>屋内消火栓</u>、連結送水管の放水口、非常コンセント設備等の消火設備を設置できるものとすること。
　九　略
4～12　略
<u>13　第3項第二号の規定は、非常用エレベーターの昇降路又は乗降ロビーの構造が、通常の火災時に生ずる煙が乗降ロビーを通じて昇降路に流入することを有効に防止できるものとして、国土交通大臣が定めた構造方法を用いるもの又は国土交通大臣の認定を受けたものである場合においては、適用しない。</u>

改正：令和元年政令第44号　　　施行：令和元年7月1日
第129条の13の3　（非常用の昇降機の設置及び構造）

1　法第34条第2項の規定による非常用の昇降機は、エレベーターとし、その設置及び構造は、第129条の4から第129条の10までの規定によるほか、この条に定めるところによらなければならない。
2　前項の非常用の昇降機であるエレベーター（以下「非常用エレベーター」という。）の数は、高さ31mを超える部分の床面積が最大の階における床面積に応じて、次の表に定める数以上とし、2以上の非常用エレベーターを設置する場合には、避難上及び消火上有効な間隔を保つて配置しなければならない。

	高さ31mを超える部分の床面積が最大の階の床面積	非常用エレベーターの数
（1）	1,500㎡以下の場合	1

| （2） | 1,500㎡を超える場合 | 3,000㎡以内を増すごとに（1）の数に1を加えた数 |

3　乗降ロビーは、次に定める構造としなければならない。
　一　各階（屋内と連絡する乗降ロビーを設けることが構造上著しく困難である階で次のイからホまでのいずれかに該当するもの及び避難階を除く。）において屋内と連絡すること。
　　イ　当該階及びその直上階（当該階が、地階である場合にあつては当該階及びその直下階、最上階又は地階の最下階である場合にあつては当該階）が次の（1）又は（2）のいずれかに該当し、かつ、当該階の直下階（当該階が地階である場合にあつては、その直上階）において乗降ロビーが設けられている階
　　　　（1）　階段室、昇降機その他の建築設備の機械室その他これらに類する用途に供する階
　　　　（2）　その主要構造部が不燃材料で造られた建築物その他これと同等以上に火災の発生のおそれの少ない構造の建築物の階で、機械製作工場、不燃性の物品を保管する倉庫その他これらに類する用途に供するもの
　　ロ　当該階以上の階の床面積の合計が500㎡以下の階
　　ハ　避難階の直上階又は直下階
　　ニ　その主要構造部が不燃材料で造られた建築物の地階（他の非常用エレベーターの乗降ロビーが設けられているものに限る。）で居室を有しないもの
　　ホ　当該階の床面積に応じ、次の表に定める数の他の非常用エレベーターの乗降ロビーが屋内と連絡している階

当該階の床面積	当該階で乗降ロビーが屋内と連絡している他の非常用エレベーターの数
（1）　1,500㎡以下の場合	1
（2）　1,500㎡を超える場合	3,000㎡以内を増すごとに（1）の数に1を加えた数

　二　バルコニーを設けること。
　三　出入口（特別避難階段の階段室に通ずる出入口及び昇降路の出入口を除く。）には、第123条第1項第六号に規定する構造の特定防火設備を設けること。
　四　窓若しくは排煙設備又は出入口を除き、耐火構造の床及び壁で囲むこと。
　五　天井及び壁の室内に面する部分は、仕上げを不燃材料でし、かつ、その下地を不燃材料で造ること。
　六　予備電源を有する照明設備を設けること。
　七　床面積は、非常用エレベーター1基について10㎡以上とすること。
　八　屋内消火栓、連結送水管の放水口、非常コンセント設備等の消火設備を設置できるものとすること。
　九　乗降ロビーには、見やすい方法で、積載量及び最大定員のほか、非常用エレベーターである旨、避難階における避難経路その他避難上必要な事項を明示した標識を掲示し、かつ、非常の用に供している場合においてその旨を明示することができる表示灯その他これに類するものを設けること。
4　非常用エレベーターの昇降路は、非常用エレベーター2基以内ごとに、乗降ロビーに通ずる出入口及び機械室に通ずる主索、電線その他のものの周囲を除き、耐火構造の床及び壁で囲まなければならない。
5　避難階においては、非常用エレベーターの昇降路の出入口（第3項に規定する構造の乗降ロビーを設けた場合には、その出入口）から屋外への出口（道又は道に通ずる幅員4m以上の通路、空地その他これらに類するものに接している部分に限る。）の一に至る歩行距離は、30m以下としなければならない。
6　非常用エレベーターの籠及びその出入口の寸法並びに籠の積載量は、国土交通大臣の指定する日本産業規格に定める数値以上としなければならない。
7　非常用エレベーターには、籠を呼び戻す装置（各階の乗降ロビー及び非常用エレベーターの籠内に設けられた通常の制御装置の機能を停止させ、籠を避難階又はその直上階若しくは直下階に呼び戻す装置をいう。）を設け、かつ、当該装置の作動は、避難階又はその直上階若しくは直下階の乗降ロビー及び中央管理室において行うことができるものとしなければならない。
8　非常用エレベーターには、籠内と中央管理室とを連絡する電話装置を設けなければならない。
9　非常用エレベーターには、第129条の8第2項第二号及び第129条の10第3項第二号に掲げる装置の機能を停止させ、籠の戸を開いたまま籠を昇降させることができる装置を設けなければならない。
10　非常用エレベーターには、予備電源を設けなければならない。
11　非常用エレベーターの籠の定格速度は、60m以上としなければならない。

令129条の13の3　改正：令和元年政令第44号

12　第2項から前項までの規定によるほか、非常用エレベーターの構造は、その機能を確保するために必要があるものとして国土交通大臣が定めた構造方法を用いるものとしなければならない。

13　第3項第二号の規定は、非常用エレベーターの昇降路又は乗降ロビーの構造が、通常の火災時に生ずる煙が乗降ロビーを通じて昇降路に流入することを有効に防止できるものとして、国土交通大臣が定めた構造方法を用いるもの又は国土交通大臣の認定を受けたものである場合においては、適用しない。

［現行］第3節　避雷設備
（制定：昭和34年政令第344号）　第3節　避雷設備

［現行］　第129条の14　（設置）

制定：昭和34年政令第344号　　　施行：昭和34年12月23日
第129条の14　（設置）

1　法第33条の規定による避雷設備は、建築物の高さ20mをこえる部分を雷撃から保護するように設けなければならない。

［現行］　第129条の15　（構造）

制定：昭和34年政令第344号　　　施行：昭和34年12月23日
第129条の15　（構造）

1　前条の避雷設備のうち避雷針（棟上導体、金網等によつて被保護物をおおうケージ及び架空地線を含む。）は、日本工業規格Ａ4201（避雷針）に定める構造としなければならない。

改正：昭和45年政令第333号　　　施行：昭和46年1月1日
第129条の15　（構造）

1　前条の避雷設備のうち避雷針（棟上導体、金網等によつて被保護物をおおうケージ及び架空地線を含む。）は、建設大臣が指定する日本工業規格に定める構造としなければならない。

改正：昭和55年政令第196号　　　施行：昭和56年6月1日
第129条の15　（構造）

1　前条の避雷設備は、建設大臣が指定する日本工業規格に定める構造としなければならない。

改正：平成12年政令第211号　　　施行：平成12年6月1日
第129条の15　（構造）

1　前条の避雷設備の構造は、次に掲げる基準に適合するものとしなければならない。
　一　雷撃によつて生ずる電流を建築物に被害を及ぼすことなく安全に地中に流すことができるものとして、建設大臣が定めた構造方法を用いるもの又は建設大臣の認定を受けたものであること。
　二　避雷設備の雨水等により腐食のおそれのある部分にあつては、腐食しにくい材料を用いるか、又は有効な腐食防止のための措置を講じたものであること。

改正：平成12年政令第312号　　　施行：平成13年1月6日
第129条の15　（構造）

1　前条の避雷設備の構造は、次に掲げる基準に適合するものとしなければならない。
　一　雷撃によつて生ずる電流を建築物に被害を及ぼすことなく安全に地中に流すことができるものとして、国土交通大臣が定めた構造方法を用いるもの又は国土交通大臣の認定を受けたものであること。
　二　避雷設備の雨水等により腐食のおそれのある部分にあつては、腐食しにくい材料を用いるか、又は有効な腐食防止のための措置を講じたものであること。

令130条 制定：平成5年政令第170号

[現行] 第6章 建築物の用途
（制定：昭和27年政令第164号）　　第6章　用途地域及び防火地域
（改正：昭和34年政令第344号）　　第6章　<u>用途地域</u>
（改正：平成13年政令第98号）　　　第6章　<u>建築物の用途</u>

[現行]　第130条（用途地域の制限に適合しない建築物の増築等の許可に当たり意見の聴取等を要しない場合等）

<u>制定：平成5年政令第170号</u>　　　施行：平成5年6月25日
第130条（用途地域の制限に適合しない建築物の増築等の許可に当たり聴聞等を要しない場合）

1　法第48条第13項の政令で定める場合は、次に掲げる要件に該当する場合とする。
一　増築、改築又は移転が法第48条各項（第13項及び第14項を除く。以下この条において同じ。）のただし書の規定による許可（以下この条において「特例許可」という。）を受けた際における敷地内におけるものであること。
二　増築又は改築後の法第48条各項の規定に適合しない用途に供する建築物の部分の床面積の合計が、特例許可を受けた際におけるその部分の床面積の合計を超えないこと。
三　法第48条各項の規定に適合しない事由が原動機の出力、機械の台数又は容器等の容量による場合においては、増築、改築又は移転後のそれらの出力、台数又は容量の合計が、特例許可を受けた際におけるそれらの出力、台数又は容量の合計を超えないこと。

改正：平成7年政令第214号　　　施行：平成7年5月25日
第130条（用途地域の制限に適合しない建築物の増築等の許可に当たり<u>意見の聴取</u>等を要しない場合）

略

改正：平成18年政令第350号　　　施行：平成19年11月30日
第130条（用途地域の制限に適合しない建築物の増築等の許可に当たり意見の聴取等を要しない場合）

1　法<u>第48条第14項</u>の政令で定める場合は、次に掲げる要件に該当する場合とする。
一　増築、改築又は移転が法第48条各項（<u>第14項</u>及び<u>第15項</u>を除く。以下この条において同じ。）のただし書の規定による許可（以下この条において「特例許可」という。）を受けた際における敷地内におけるものであること。
二・三　略

改正：平成29年政令第156号　　　施行：平成30年4月1日
第130条（用途地域の制限に適合しない建築物の増築等の許可に当たり意見の聴取等を要しない場合）

1　法<u>第48条第15項</u>の政令で定める場合は、次に掲げる要件に該当する場合とする。
一　増築、改築又は移転が法第48条各項（<u>第15項</u>及び<u>第16項</u>を除く。以下この条において同じ。）のただし書の規定による許可（以下この条において「特例許可」という。）を受けた際における敷地内におけるものであること。
二・三　略

改正：令和元年政令第30号　　　施行：令和元年6月25日
第130条（用途地域の制限に適合しない建築物の増築等の許可に当たり意見の聴取等を要しない<u>場合等</u>）

1　法<u>第48条第16項第一号</u>の政令で定める場合は、次に掲げる要件に該当する場合とする。
一　増築、改築又は移転が特例許可を受けた際における敷地内におけるものであること。
二　増築又は改築後の法第48条各項<u>（第15項から第17項までを除く。次号において同じ。）</u>の規定に適合しない用途に供する建築物の部分の床面積の合計が、特例許可を受けた際におけるその部分の床面積の合計を超えないこと。

改正：平成17年政令第192号 **令旧130条の2**

　三　法第48条各項の規定に適合しない事由が原動機の出力、機械の台数又は容器等の容量による場合においては、増築、改築又は移転後のそれらの出力、台数又は容量の合計が、特例許可を受けた際におけるそれらの出力、台数又は容量の合計を超えないこと。
2　法第48条第16項第二号の政令で定める建築物は、次に掲げるものとする。
　一　日用品の販売を主たる目的とする店舗で第一種低層住居専用地域又は第二種低層住居専用地域内にあるもの
　二　共同給食調理場（2以上の学校（法別表第2(い)項第四号に規定する学校に限る。）において給食を実施するために必要な施設をいう。）で第一種中高層住居専用地域、第二種中高層住居専用地域、第一種住居地域、第二種住居地域又は準住居地域内にあるもの
　三　自動車修理工場で第一種住居地域、第二種住居地域又は準住居地域内にあるもの

[削除条文]

制定：昭和34年政令第344号　　　施行：昭和34年12月23日
旧　第130条　（特別用途地区の指定）

1　法第52条第1項の規定により政令で定める特別用途地区は、次の各号に掲げるものとする。
　一　小売店舗地区
　二　事務所地区
　三　厚生地区
　四　娯楽地区
　五　観光地区

改正：昭和44年政令第158号　　　施行：昭和44年6月14日
旧　第130条　（特別用途地区の指定）　削除

[現行]　第130条の2　（特定用途制限地域内において条例で定める制限）

制定：平成13年政令第98号　　　施行：平成13年5月18日
第130条の2　（特定用途制限地域内において条例で定める制限）

1　法第49条の2の規定に基づく条例による建築物の用途の制限は、特定用途制限地域に関する都市計画に定められた用途の概要に即し、当該地域の良好な環境の形成又は保持に貢献する合理的な制限であることが明らかなものでなければならない。
2　法第49条の2の規定に基づく条例には、法第3条第2項の規定により当該条例の規定の適用を受けない建築物について、法第86条の7の規定の例により当該条例に定める制限の適用の除外に関する規定を定めるものとする。
3　法第49条の2の規定に基づく条例には、当該地方公共団体の長が、当該地域の良好な環境を害するおそれがないと認め、又は公益上やむを得ないと認めて許可したものについて、当該条例に定める制限の適用の除外に関する規定を定めるものとする。

改正：平成17年政令第192号　　　施行：平成17年6月1日
第130条の2　（特定用途制限地域内において条例で定める制限）

1　法第49条の2の規定に基づく条例による建築物の用途の制限は、特定用途制限地域に関する都市計画に定められた用途の概要に即し、当該地域の良好な環境の形成又は保持に貢献する合理的な制限であることが明らかなものでなければならない。
2　法第49条の2の規定に基づく条例には、法第3条第2項の規定により当該条例の規定の適用を受けない建築物について、法第86条の7第1項の規定の例により当該条例に定める制限の適用の除外に関する規定を定

建築基準法施行令　条文改正経過　**1073**

令旧130条の2 改正：平成17年政令第192号

めるものとする。
3 法第49条の2の規定に基づく条例には、当該地方公共団体の長が、当該地域の良好な環境を害するおそれがないと認め、又は公益上やむを得ないと認めて許可したものについて、当該条例に定める制限の適用の除外に関する規定を定めるものとする。

[現行] 第130条の2の2 （位置の制限を受ける処理施設）

制定：平成16年政令第210号　　施行：平成16年7月1日
第130条の2の2 （位置の制限を受ける処理施設）

1 法第51条本文（法第87条第2項又は第3項において準用する場合を含む。）の政令で定める処理施設は、次に掲げるものとする。
一 廃棄物の処理及び清掃に関する法律施行令（昭和46年政令第300号。以下「廃棄物処理法施行令」という。）第5条第1項のごみ処理施設（ごみ焼却場を除く。）
二 次に掲げる処理施設（工場その他の建築物に附属するもので、当該建築物において生じた廃棄物のみの処理を行うものを除く。以下「産業廃棄物処理施設」という。）
　イ 廃棄物処理法施行令第7条第一号から第十三号の二までに掲げる産業廃棄物の処理施設
　ロ 海洋汚染及び海上災害の防止に関する法律（昭和45年法律第136号）第3条第十四号に掲げる廃油処理施設

改正：平成20年政令第290号　　施行：平成21年9月28日
第130条の2の2 （位置の制限を受ける処理施設）

1 法第51条本文（法第87条第2項又は第3項において準用する場合を含む。）の政令で定める処理施設は、次に掲げるものとする。
一 廃棄物の処理及び清掃に関する法律施行令（昭和46年政令第300号。以下「廃棄物処理法施行令」という。）第5条第1項のごみ処理施設（ごみ焼却場を除く。）
二 次に掲げる処理施設（工場その他の建築物に附属するもので、当該建築物において生じた廃棄物のみの処理を行うものを除く。以下「産業廃棄物処理施設」という。）
　イ 廃棄物処理法施行令第7条第一号から第十三号の二までに掲げる産業廃棄物の処理施設
　ロ <u>海洋汚染等及び海上災害の防止に関する法律</u>（昭和45年法律第136号）第3条第十四号に掲げる廃油処理施設

[現行] 第130条の2の3 （卸売市場等の用途に供する特殊建築物の位置に対する制限の緩和）

制定：昭和34年政令第344号　　施行：昭和34年12月23日
旧 第130条の2 （卸売市場等の用途に供する特殊建築物の位置に対する制限の緩和）

1 法第54条ただし書（法第87条第2項又は第3項において準用する場合を含む。以下この条において同様とする。）の規定により政令で定める新築、増築又は用途変更の規模は、次の各号に定めるものとする。
一 住居地域及び工業専用地区以外の区域内における卸売市場の用途に供する建築物に係る新築、増築又は用途変更（第三号に該当するものを除く。）
　延べ面積の合計（増築又は用途変更の場合にあつては、増築又は用途変更後の延べ面積の合計）が500㎡以下のもの
二 汚物処理場又はごみ焼却場の用途に供する建築物に係る新築、増築又は用途変更（第四号に該当するものを除く。）
　処理能力（増築又は用途変更の場合にあつては、増築又は用途変更後の処理能力）が3,000人（総合的設計による一団地の住宅経営に関して当該団地内においてする場合にあつては、10,000人）以下のもの
三 法第54条ただし書の規定による許可を受けた卸売市場、と畜場若しくは火葬場の用途に供する建築物又は法第3条第2項の規定により法第54条の規定の適用を受けないこれらの用途に供する建築物に係る増築

改正：昭和45年政令第333号　**令旧130条の2**

又は用途変更
　　　増築又は用途変更後の延べ面積の合計がそれぞれイ若しくはロに掲げる延べ面積の合計の1.5倍以下又は750㎡以下のもの
　　　　イ　当該許可に係る建築又は用途変更後の延べ面積の合計
　　　　ロ　初めて法第54条の規定の適用を受けるに至つた際の延べ面積の合計
　　四　法第54条ただし書の規定による許可を受けた汚物処理場若しくはごみ焼却場の用途に供する建築物又は法第3条第2項の規定により法第54条の規定の適用を受けないこれらの用途に供する建築物に係る増築又は用途変更
　　　　増築又は用途変更後の処理能力がそれぞれイ若しくはロに掲げる処理能力の1.5倍以下又は4,500人（総合的設計による一団地の住宅経営に関して当該団地内においてする場合にあつては、15,000人）以下のもの
　　　　イ　当該許可に係る建築又は用途変更後の処理能力
　　　　ロ　初めて法第54条の規定の適用を受けるに至つた際の処理能力
2　特定行政庁が法第54条ただし書の規定による許可をする場合において、前項第三号又は第四号に規定する規模の範囲内において、増築し、又は用途を変更することができる規模を定めたときは、同項の規定にかかわらず、その規模を法第54条ただし書の規定により政令で定める規模とする。

改正：昭和44年政令第158号　　　施行：昭和44年6月14日
旧　第130条の2　（卸売市場等の用途に供する特殊建築物の位置に対する制限の緩和）

1　法第54条ただし書（法第87条第2項又は第3項において準用する場合を含む。以下この条において同様とする。）の規定により政令で定める新築、増築又は用途変更の規模は、次の各号に定めるものとする。
　　一　略
　　二　汚物処理場又はごみ焼却場の用途に供する建築物に係る新築、増築又は用途変更（第四号に該当するものを除く。）
　　　　処理能力（増築又は用途変更の場合にあつては、増築又は用途変更後の処理能力）が3,000人（総合的設計による一団地の住宅施設に関して当該団地内においてする場合にあつては、10,000人）以下のもの
　　三　略
　　四　法第54条ただし書の規定による許可を受けた汚物処理場若しくはごみ焼却場の用途に供する建築物又は法第3条第2項の規定により法第54条の規定の適用を受けないこれらの用途に供する建築物に係る増築又は用途変更
　　　　増築又は用途変更後の処理能力がそれぞれイ若しくはロに掲げる処理能力の1.5倍以下又は4,500人（総合的設計による一団地の住宅施設に関して当該団地内においてする場合にあつては、15,000人）以下のもの
　　　　イ　当該許可に係る建築又は用途変更後の処理能力
　　　　ロ　初めて法第54条の規定の適用を受けるに至つた際の処理能力
2　略

改正：昭和45年政令第333号　　　施行：昭和46年1月1日
旧　第130条の2　（卸売市場等の用途に供する特殊建築物の位置に対する制限の緩和）

1　法第51条ただし書（法第87条第2項又は第3項において準用する場合を含む。以下この条において同じ。）の規定により政令で定める新築、増築又は用途変更の規模は、次の各号に定めるものとする。
　　一　第一種住居専用地域、第二種住居専用地域、住居地域及び工業専用地域以外の区域内における卸売市場の用途に供する建築物に係る新築、増築又は用途変更（第三号に該当するものを除く。）
　　　　延べ面積の合計（増築又は用途変更の場合にあつては、増築又は用途変更後の延べ面積の合計）が500㎡以下のもの
　　二　略
　　三　法第51条ただし書の規定による許可を受けた卸売市場、と畜場若しくは火葬場の用途に供する建築物又は法第3条第2項の規定により法第51条の規定の適用を受けないこれらの用途に供する建築物に係る増築

令旧130条の2　改正：昭和45年政令第333号

又は用途変更

増築又は用途変更後の延べ面積の合計がそれぞれイ若しくはロに掲げる延べ面積の合計の1.5倍以下又は750㎡以下のもの

　　イ　当該許可に係る建築又は用途変更後の延べ面積の合計
　　ロ　初めて法第51条の規定の適用を受けるに至つた際の延べ面積の合計

四　法第51条ただし書の規定による許可を受けた汚物処理場若しくはごみ焼却場の用途に供する建築物又は法第3条第2項の規定により法第51条の規定の適用を受けないこれらの用途に供する建築物に係る増築又は用途変更

増築又は用途変更後の処理能力がそれぞれイ若しくはロに掲げる処理能力の1.5倍以下又は4,500人（総合的設計による一団地の住宅施設に関して当該団地内においてする場合にあつては、15,000人）以下のもの

　　イ　当該許可に係る建築又は用途変更後の処理能力
　　ロ　初めて法第51条の規定の適用を受けるに至つた際の処理能力

2　特定行政庁が法第51条ただし書の規定による許可をする場合において、前項第三号又は第四号に規定する規模の範囲内において、増築し、又は用途を変更することができる規模を定めたときは、同項の規定にかかわらず、その規模を法第51条ただし書の規定により政令で定める規模とする。

改正：平成5年政令第170号　　　施行：平成5年6月25日

旧　第130条の2　（卸売市場等の用途に供する特殊建築物の位置に対する制限の緩和）

1　法第51条ただし書（法第87条第2項又は第3項において準用する場合を含む。以下この条において同じ。）の規定により政令で定める新築、増築又は用途変更の規模は、次に定めるものとする。

一　第一種低層住居専用地域、第二種低層住居専用地域、第一種中高層住居専用地域、第二種中高層住居専用地域、第一種住居地域、第二種住居地域及び工業専用地域以外の区域内における卸売市場の用途に供する建築物に係る新築、増築又は用途変更（第四号に該当するものを除く。）

延べ面積の合計（増築又は用途変更の場合にあつては、増築又は用途変更後の延べ面積の合計）が500㎡以下のもの

二　汚物処理場又はごみ焼却場の用途に供する建築物に係る新築、増築又は用途変更（第五号に該当するものを除く。）

処理能力（増築又は用途変更の場合にあつては、増築又は用途変更後の処理能力）が3,000人（総合的設計による一団地の住宅施設に関して当該団地内においてする場合にあつては、10,000人）以下のもの

三　工業地域又は工業専用地域内における産業廃棄物（廃棄物の処理及び清掃に関する法律（昭和45年法律第137号）第2条第4項に規定する産業廃棄物をいう。以下この項において同じ。）の処理施設の用途に供する建築物に係る新築、増築又は用途変更（第六号に該当するものを除く。）

1日当たりの処理能力（増築又は用途変更の場合にあつては、増築又は用途変更後の処理能力）が当該処理施設の種類に応じてそれぞれ次に定める数値以下のもの

　　イ　汚泥の脱水施設　　30㎡
　　ロ　汚泥の乾燥施設（ハに掲げるものを除く。）　20㎡
　　ハ　汚泥の天日乾燥施設　120k
　　ニ　汚泥（ＰＣＢ処理物（廃棄物の処理及び清掃に関する法律施行令（昭和46年政令第300号。以下この号において「廃棄物処理法施行令」という。）第6条第四号イ（1）（イ）に掲げるＰＣＢ処理物をいう。以下この号において同じ。）であるものを除く。）の焼却施設　10k
　　ホ　廃油の油水分離施設　30k
　　ヘ　廃油（廃ＰＣＢ等（廃棄物処理法施行令第2条の2第五号イに掲げる廃ＰＣＢ等をいう。以下この号において同じ。）を除く。）の焼却施設　4k
　　ト　廃酸又は廃アルカリの中和施設　60k
　　チ　廃プラスチック類の破砕施設　6トン
　　リ　廃プラスチック類（ＰＣＢ汚染物（廃棄物処理法施行令第2条の2第五号ロに掲げるＰＣＢ汚染物をいう。以下この号において同じ。）であるものを除く。）の焼却施設　1トン
　　ヌ　廃棄物処理法施行令別表第5の下欄に掲げる物質を含む汚泥のコンクリート固型化施設　4k

ル	水銀又はその化合物を含む汚泥のばい焼施設	6k
ヲ	汚泥、廃酸又は廃アルカリに含まれるシアン化合物の分解施設	8k
ワ	廃ＰＣＢ等、ＰＣＢ汚染物又はＰＣＢ処理物の焼却施設	0.2トン
カ	ＰＣＢ汚染物の洗浄施設	0.2トン
ヨ	産業廃棄物の焼却施設（ニ、ヘ、リ及びワに掲げるものを除く。）	6トン

四　法第51条ただし書の規定による許可を受けた卸売市場、と畜場若しくは火葬場の用途に供する建築物又は法第３条第２項の規定により法第51条の規定の適用を受けないこれらの用途に供する建築物に係る増築又は用途変更

　　増築又は用途変更後の延べ面積の合計がそれぞれイ若しくはロに掲げる延べ面積の合計の1.5倍以下又は750㎡以下のもの
　　　イ　当該許可に係る建築又は用途変更後の延べ面積の合計
　　　ロ　初めて法第51条の規定の適用を受けるに至つた際の延べ面積の合計

五　法第51条ただし書の規定による許可を受けた汚物処理場若しくはごみ焼却場の用途に供する建築物又は法第３条第２項の規定により法第51条の規定の適用を受けないこれらの用途に供する建築物に係る増築又は用途変更

　　増築又は用途変更後の処理能力がそれぞれイ若しくはロに掲げる処理能力の1.5倍以下又は4,500人（総合的設計による一団地の住宅施設に関して当該団地内においてする場合にあつては、15,000人）以下のもの
　　　イ　当該許可に係る建築又は用途変更後の処理能力
　　　ロ　初めて法第51条の規定の適用を受けるに至つた際の処理能力

六　法第51条ただし書の規定による許可を受けた産業廃棄物の処理施設の用途に供する建築物又は法第３条第２項の規定により法第51条の規定の適用を受けない当該用途に供する建築物に係る増築又は用途変更

　　増築又は用途変更後の処理能力が、それぞれイ若しくはロに掲げる処理能力の1.5倍以下又は産業廃棄物の処理施設の種類に応じてそれぞれ第三号に掲げる処理能力の1.5倍以下のもの
　　　イ　当該許可に係る建築又は用途変更後の処理能力
　　　ロ　初めて法第51条の規定の適用を受けるに至つた際の処理能力

２　特定行政庁が法第51条ただし書の規定による許可をする場合において、前項第四号から第六号までに規定する規模の範囲内において、増築し、又は用途を変更することができる規模を定めたときは、同項の規定にかかわらず、その規模を同条ただし書の規定により政令で定める規模とする。

改正：平成５年政令第385号　　　施行：平成５年12月15日

旧　第130条の２　（卸売市場等の用途に供する特殊建築物の位置に対する制限の緩和）

１　法第51条ただし書（法第87条第２項又は第３項において準用する場合を含む。以下この条において同じ。）の規定により政令で定める新築、増築又は用途変更の規模は、次に定めるものとする。

　一・二　略
　三　工業地域又は工業専用地域内における産業廃棄物（廃棄物の処理及び清掃に関する法律（昭和45年法律第137号）第２条第４項に規定する産業廃棄物をいう。以下この項において同じ。）の処理施設の用途に供する建築物に係る新築、増築又は用途変更（第六号に該当するものを除く。）

　　　１日当たりの処理能力（増築又は用途変更の場合にあつては、増築又は用途変更後の処理能力）が当該処理施設の種類に応じてそれぞれ次に定める数値以下のもの
　　　　イ～ハ　略
　　　　ニ　汚泥（ＰＣＢ処理物（廃棄物の処理及び清掃に関する法律施行令（昭和46年政令第300号。以下この号において「廃棄物処理法施行令」という。）第６条第１項第四号イ（１）（イ）に掲げるＰＣＢ処理物をいう。以下この号において同じ。）であるものを除く。）の焼却施設　10k
　　　　ホ　略
　　　　ヘ　廃油（廃ＰＣＢ等（廃棄物処理法施行令第２条の４第五号イに掲げる廃ＰＣＢ等をいう。以下この号において同じ。）を除く。）の焼却施設　4k
　　　　ト・チ　略
　　　　リ　廃プラスチック類（ＰＣＢ汚染物（廃棄物処理法施行令第２条の４第五号ロに掲げるＰＣＢ汚染

令旧130条の2の2   改正：平成5年政令第385号

　　　　物をいう。以下この号において同じ。）であるものを除く。）の焼却施設　1トン
　　　　ヌ〜ヨ　略
　　四〜六　略
2　略

改正：平成11年政令第5号　　　　施行：平成11年5月1日

旧　第130条の2　（卸売市場等の用途に供する特殊建築物の位置に対する制限の緩和）

1　法第51条ただし書（法第87条第2項又は第3項において準用する場合を含む。以下この条において同じ。）の規定により政令で定める新築、増築又は用途変更の規模は、次に定めるものとする。
　　一・二　略
　　三　工業地域又は工業専用地域内における産業廃棄物（廃棄物の処理及び清掃に関する法律（昭和45年法律第137号）第2条第4項に規定する産業廃棄物をいう。以下この項において同じ。）の処理施設の用途に供する建築物に係る新築、増築又は用途変更（第六号に該当するものを除く。）
　　　　1日当たりの処理能力（増築又は用途変更の場合にあつては、増築又は用途変更後の処理能力）が当該処理施設の種類に応じてそれぞれ次に定める数値以下のもの
　　　　イ〜ハ　略
　　　　ニ　汚泥（PCB処理物（廃PCB等（廃棄物の処理及び清掃に関する法律施行令（昭和46年政令第300号。以下この号において「廃棄物処理法施行令」という。）第2条の4第五号イに掲げる廃PCB等をいう。以下この号において同じ。）又はPCB汚染物（同号ロに掲げるPCB汚染物をいう。以下この号において同じ。）を処分するために処理したものをいう。以下この号において同じ。）であるものを除く。）の焼却施設　10k
　　　　ホ　略
　　　　ヘ　廃油（廃PCB等を除く。）の焼却施設　4k
　　　　ト・チ　略
　　　　リ　廃プラスチック類（PCB汚染物であるものを除く。）の焼却施設　1トン
　　　　ヌ〜ヨ　略
　　四〜六　略
2　略

改正：平成13年政令第98号　　　　施行：平成13年5月18日

旧　第130条の2の2　（卸売市場等の用途に供する特殊建築物の位置に対する制限の緩和）

略

改正：平成13年政令第239号　　　　施行：平成13年7月15日

旧　第130条の2の2　（卸売市場等の用途に供する特殊建築物の位置に対する制限の緩和）

1　法第51条ただし書（法第87条第2項又は第3項において準用する場合を含む。以下この条において同じ。）の規定により政令で定める新築、増築又は用途変更の規模は、次に定めるものとする。
　　一・二　略
　　三　工業地域又は工業専用地域内における産業廃棄物（廃棄物の処理及び清掃に関する法律（昭和45年法律第137号）第2条第4項に規定する産業廃棄物をいう。以下この項において同じ。）の処理施設の用途に供する建築物に係る新築、増築又は用途変更（第六号に該当するものを除く。）
　　　　1日当たりの処理能力（増築又は用途変更の場合にあつては、増築又は用途変更後の処理能力）が当該処理施設の種類に応じてそれぞれ次に定める数値以下のもの
　　　　イ〜ハ　略
　　　　ニ　汚泥（ポリ塩化ビフェニル処理物（廃ポリ塩化ビフェニル等（廃棄物の処理及び清掃に関する法律施行令（昭和46年政令第300号。以下この号において「廃棄物処理法施行令」という。）第2条の4第五号イに掲げる廃ポリ塩化ビフェニル等をいう。以下この号において同じ。）又はポリ塩化ビ

フェニル汚染物（同号ロに掲げるポリ塩化ビフェニル汚染物をいう。以下この号において同じ。）を処分するために処理したものをいう。以下この号において同じ。）であるものを除く。）の焼却施設　10k
　　　　ホ　略
　　　　ヘ　廃油（廃ポリ塩化ビフェニル等を除く。）の焼却施設　4k
　　　　ト・チ　略
　　　　リ　廃プラスチック類（ポリ塩化ビフェニル汚染物であるものを除く。）の焼却施設　1トン
　　　　ヌ～ヲ　略
　　　　ワ　廃ポリ塩化ビフェニル等、ポリ塩化ビフェニル汚染物又はポリ塩化ビフェニル処理物の焼却施設　0.2トン
　　　　カ　ポリ塩化ビフェニル汚染物の洗浄施設　0.2トン
　　　　ヨ　略
　　四～六　略
２　略

改正：平成16年政令第210号　　　施行：平成16年7月1日
第130条の２の３　（卸売市場等の用途に供する特殊建築物の位置に対する制限の緩和）

1　法第51条ただし書（法第87条第２項又は第３項において準用する場合を含む。以下この条において同じ。）の規定により政令で定める新築、増築又は用途変更の規模は、次に定めるものとする。
　　一　略
　　二　汚物処理場又はごみ焼却場その他のごみ処理施設の用途に供する建築物に係る新築、増築又は用途変更（第五号に該当するものを除く。）
　　　　処理能力（増築又は用途変更の場合にあつては、増築又は用途変更後の処理能力）が3,000人（総合的設計による一団地の住宅施設に関して当該団地内においてする場合にあつては、10,000人）以下のもの
　　三　工業地域又は工業専用地域内における産業廃棄物処理施設の用途に供する建築物に係る新築、増築又は用途変更（第六号に該当するものを除く。）
　　　　１日当たりの処理能力（増築又は用途変更の場合にあつては、増築又は用途変更後の処理能力）が当該処理施設の種類に応じてそれぞれ次に定める数値以下のもの
　　　　イ～ハ　略
　　　　ニ　汚泥（ポリ塩化ビフェニル処理物（廃ポリ塩化ビフェニル等（廃棄物処理法施行令第２条の４第五号イに掲げる廃ポリ塩化ビフェニル等をいう。以下この号において同じ。）又はポリ塩化ビフェニル汚染物（同号ロに掲げるポリ塩化ビフェニル汚染物をいう。以下この号において同じ。）を処分するために処理したものをいう。以下この号において同じ。）であるものを除く。）の焼却施設　10k
　　　　ホ～チ　略
　　　　リ　廃プラスチック類（ポリ塩化ビフェニル汚染物又はポリ塩化ビフェニル処理物であるものを除く。）の焼却施設　1トン
　　　　ヌ　廃棄物処理法施行令第２条第二号に掲げる廃棄物（事業活動に伴つて生じたものに限る。）又はがれき類の破砕施設　100トン
　　　　ル　廃棄物処理法施行令別表第３の３に掲げる物質又はダイオキシン類を含む汚泥のコンクリート固型化施設　4k
　　　　ヲ　水銀又はその化合物を含む汚泥のばい焼施設　6k
　　　　ワ　汚泥、廃酸又は廃アルカリに含まれるシアン化合物の分解施設　8k
　　　　カ　廃ポリ塩化ビフェニル等、ポリ塩化ビフェニル汚染物又はポリ塩化ビフェニル処理物の焼却施設　0.2トン
　　　　ヨ　廃ポリ塩化ビフェニル等（ポリ塩化ビフェニル汚染物に塗布され、染み込み、付着し、又は封入されたポリ塩化ビフェニルを含む。）又はポリ塩化ビフェニル処理物の分解施設　0.2トン
　　　　タ　ポリ塩化ビフェニル汚染物又はポリ塩化ビフェニル処理物の洗浄施設又は分離施設　0.2トン
　　　　レ　焼却施設（ニ、ヘ、リ及びカに掲げるものを除く。）　6トン

令130条の2の3　改正：平成16年政令第210号

　　四　略
　五　法第51条ただし書の規定による許可を受けた汚物処理場若しくはごみ焼却場その他のごみ処理施設の用途に供する建築物又は法第3条第2項の規定により法第51条の規定の適用を受けないこれらの用途に供する建築物に係る増築又は用途変更
　　　増築又は用途変更後の処理能力がそれぞれイ若しくはロに掲げる処理能力の1.5倍以下又は4,500人（総合的設計による一団地の住宅施設に関して当該団地内においてする場合にあつては、15,000人）以下のもの
　　　　イ・ロ　略
　六　法第51条ただし書の規定による許可を受けた産業廃棄物処理施設の用途に供する建築物又は法第3条第2項の規定により法第51条の規定の適用を受けない当該用途に供する建築物に係る増築又は用途変更
　　　増築又は用途変更後の処理能力が、それぞれイ若しくはロに掲げる処理能力の1.5倍以下又は産業廃棄物の処理施設の種類に応じてそれぞれ第三号に掲げる処理能力の1.5倍以下のもの
　　　　イ・ロ　略
２　略

改正：平成29年政令第156号　　　施行：平成30年4月1日
第130条の2の3　（卸売市場等の用途に供する特殊建築物の位置に対する制限の緩和）

１　法第51条ただし書（法第87条第2項又は第3項において準用する場合を含む。以下この条において同じ。）の規定により政令で定める新築、増築又は用途変更の規模は、次に定めるものとする。
　一　第一種低層住居専用地域、第二種低層住居専用地域、第一種中高層住居専用地域、第二種中高層住居専用地域、第一種住居地域、第二種住居地域、田園住居地域及び工業専用地域以外の区域内における卸売市場の用途に供する建築物に係る新築、増築又は用途変更（第四号に該当するものを除く。）
　　　延べ面積の合計（増築又は用途変更の場合にあつては、増築又は用途変更後の延べ面積の合計）が500m²以下のもの
　二　汚物処理場又はごみ焼却場その他のごみ処理施設の用途に供する建築物に係る新築、増築又は用途変更（第五号に該当するものを除く。）
　　　処理能力（増築又は用途変更の場合にあつては、増築又は用途変更後の処理能力）が3,000人（総合的設計による一団地の住宅施設に関して当該団地内においてする場合にあつては、10,000人）以下のもの
　三　工業地域又は工業専用地域内における産業廃棄物処理施設の用途に供する建築物に係る新築、増築又は用途変更（第六号に該当するものを除く。）
　　　1日当たりの処理能力（増築又は用途変更の場合にあつては、増築又は用途変更後の処理能力）が当該処理施設の種類に応じてそれぞれ次に定める数値以下のもの
　　　　イ　汚泥の脱水施設　30m²
　　　　ロ　汚泥の乾燥施設（ハに掲げるものを除く。）　20m²
　　　　ハ　汚泥の天日乾燥施設　120m²
　　　　ニ　汚泥（ポリ塩化ビフェニル処理物（廃ポリ塩化ビフェニル等（廃棄物処理法施行令第2条の4第五号イに掲げる廃ポリ塩化ビフェニル等をいう。以下この号において同じ。）又はポリ塩化ビフェニル汚染物（同号ロに掲げるポリ塩化ビフェニル汚染物をいう。以下この号において同じ。）を処分するために処理したものをいう。以下この号において同じ。）であるものを除く。）の焼却施設　10m²
　　　　ホ　廃油の油水分離施設　30m²
　　　　ヘ　廃油（廃ポリ塩化ビフェニル等を除く。）の焼却施設　4m²
　　　　ト　廃酸又は廃アルカリの中和施設　60m²
　　　　チ　廃プラスチック類の破砕施設　6トン
　　　　リ　廃プラスチック類（ポリ塩化ビフェニル汚染物又はポリ塩化ビフェニル処理物であるものを除く。）の焼却施設　1トン
　　　　ヌ　廃棄物処理法施行令第2条第二号に掲げる廃棄物（事業活動に伴つて生じたものに限る。）又はがれき類の破砕施設　100トン
　　　　ル　廃棄物処理法施行令別表第3の3に掲げる物質又はダイオキシン類を含む汚泥のコンクリート固

　　　　　型化施設　4㎡
　　　ヲ　水銀又はその化合物を含む汚泥のばい焼施設　6㎡
　　　ワ　汚泥、廃酸又は廃アルカリに含まれるシアン化合物の分解施設　8㎡
　　　カ　廃ポリ塩化ビフェニル等、ポリ塩化ビフェニル汚染物又はポリ塩化ビフェニル処理物の焼却施設　0.2トン
　　　ヨ　廃ポリ塩化ビフェニル等（ポリ塩化ビフェニル汚染物に塗布され、染み込み、付着し、又は封入されたポリ塩化ビフェニルを含む。）又はポリ塩化ビフェニル処理物の分解施設　0.2トン
　　　タ　ポリ塩化ビフェニル汚染物又はポリ塩化ビフェニル処理物の洗浄施設又は分離施設　0.2トン
　　　レ　焼却施設（ニ、ヘ、リ及びカに掲げるものを除く。）　6トン
　四　法第51条ただし書の規定による許可を受けた卸売市場、と畜場若しくは火葬場の用途に供する建築物又は法第3条第2項の規定により法第51条の規定の適用を受けないこれらの用途に供する建築物に係る増築又は用途変更
　　　増築又は用途変更後の延べ面積の合計がそれぞれイ若しくはロに掲げる延べ面積の合計の1.5倍以下又は750㎡以下のもの
　　　イ　当該許可に係る建築又は用途変更後の延べ面積の合計
　　　ロ　初めて法第51条の規定の適用を受けるに至つた際の延べ面積の合計
　五　法第51条ただし書の規定による許可を受けた汚物処理場若しくはごみ焼却場その他のごみ処理施設の用途に供する建築物又は法第3条第2項の規定により法第51条の規定の適用を受けないこれらの用途に供する建築物に係る増築又は用途変更
　　　増築又は用途変更後の処理能力がそれぞれイ若しくはロに掲げる処理能力の1.5倍以下又は4,500人（総合的設計による一団地の住宅施設に関して当該団地内においてする場合にあつては、15,000人）以下のもの
　　　イ　当該許可に係る建築又は用途変更後の処理能力
　　　ロ　初めて法第51条の規定の適用を受けるに至つた際の処理能力
　六　法第51条ただし書の規定による許可を受けた産業廃棄物処理施設の用途に供する建築物又は法第3条第2項の規定により法第51条の規定の適用を受けない当該用途に供する建築物に係る増築又は用途変更
　　　増築又は用途変更後の処理能力が、それぞれイ若しくはロに掲げる処理能力の1.5倍以下又は産業廃棄物の処理施設の種類に応じてそれぞれ第三号に掲げる処理能力の1.5倍以下のもの
　　　イ　当該許可に係る建築又は用途変更後の処理能力
　　　ロ　初めて法第51条の規定の適用を受けるに至つた際の処理能力
2　特定行政庁が法第51条ただし書の規定による許可をする場合において、前項第四号から第六号までに規定する規模の範囲内において、増築し、又は用途を変更することができる規模を定めたときは、同項の規定にかかわらず、その規模を同条ただし書の規定により政令で定める規模とする。

[現行]　第130条の3　（第一種低層住居専用地域内に建築することができる兼用住宅）

制定：昭和45年政令第333号　　　施行：昭和46年1月1日
第130条の3　（第一種住居専用地域内に建築することができる兼用住宅）

1　法別表第2（い）項第二号（法第87条第2項又は第3項において法第48条第1項の規定を準用する場合を含む。）の規定により政令で定める住宅は、延べ面積の2分の1以上を居住の用に供し、かつ、次の各号の一に掲げる用途を兼ねるもの（これらの用途に供する部分の床面積の合計が50㎡をこえるものを除く。）とする。
　一　事務所（汚物運搬用自動車、危険物運搬用自動車その他これらに類する自動車で建設大臣の指定するもののための駐車施設を同一敷地内に設けて業務を運営するものを除く。）
　二　日用品の販売を主たる目的とする店舗又は食堂若しくは喫茶店
　三　理髪店、美容院、質屋、貸衣裳（しよう）屋、貸本屋、出力の合計が0.2kw以下の原動機を使用する洋服店、出力の合計が0.75kw以下の原動機を使用する畳屋、建具屋、自転車店、家庭電気器具店その他これらに類するサービス業を営む店舗
　四　出力の合計が0.75kw以下の原動機を使用して自家販売のために食品製造業（食品加工業を含む。第130

令130条の3 制定：昭和45年政令第333号

　　　条の6において同じ。）を営むパン屋、米屋、豆腐屋、菓子屋その他これらに類するもの
　五　学習塾（じゅく）、華道教室、囲碁教室その他これらに類する施設
　六　出力の合計が0.2kw以下の原動機を使用する美術品又は工芸品を製作するためのアトリエ又は工房

改正：平成5年政令第170号　　　施行：平成5年6月25日

第130条の3　（第一種低層住居専用地域内に建築することができる兼用住宅）

1　法別表第2（い）項第二号（法第87条第2項又は第3項において法第48条第1項の規定を準用する場合を含む。）の規定により政令で定める住宅は、延べ面積の2分の1以上を居住の用に供し、かつ、次の各号の一に掲げる用途を兼ねるもの（これらの用途に供する部分の床面積の合計が50㎡を超えるものを除く。）とする。
　一・二　略
　三　理髪店、美容院、クリーニング取次店、質屋、貸衣装屋、貸本屋その他これらに類するサービス業を営む店舗
　四　洋服店、畳屋、建具屋、自転車店、家庭電気器具店その他これらに類するサービス業を営む店舗（原動機を使用する場合にあつては、その出力の合計が0.75kw以下のものに限る。）
　五　自家販売のために食品製造業（食品加工業を含む。第130条の5の2第四号及び第130条の6において同じ。）を営むパン屋、米屋、豆腐屋、菓子屋その他これらに類するもの（原動機を使用する場合にあつては、その出力の合計が0.75kw以下のものに限る。）
　六　学習塾、華道教室、囲碁教室その他これらに類する施設
　七　美術品又は工芸品を製作するためのアトリエ又は工房（原動機を使用する場合にあつては、その出力の合計が0.75kw以下のものに限る。）

改正：平成12年政令第312号　　　施行：平成13年1月6日

第130条の3　（第一種低層住居専用地域内に建築することができる兼用住宅）

1　法別表第2（い）項第二号（法第87条第2項又は第3項において法第48条第1項の規定を準用する場合を含む。）の規定により政令で定める住宅は、延べ面積の2分の1以上を居住の用に供し、かつ、次の各号の一に掲げる用途を兼ねるもの（これらの用途に供する部分の床面積の合計が50㎡を超えるものを除く。）とする。
　一　事務所（汚物運搬用自動車、危険物運搬用自動車その他これらに類する自動車で国土交通大臣の指定するもののための駐車施設を同一敷地内に設けて業務を運営するものを除く。）
　二～七　略

改正：平成29年政令第156号　　　施行：平成30年4月1日

第130条の3　（第一種低層住居専用地域内に建築することができる兼用住宅）

1　法別表第2（い）項第二号（法第87条第2項又は第3項において法第48条第1項の規定を準用する場合を含む。）の規定により政令で定める住宅は、延べ面積の2分の1以上を居住の用に供し、かつ、次の各号のいずれかに掲げる用途を兼ねるもの（これらの用途に供する部分の床面積の合計が50㎡を超えるものを除く。）とする。
　一　事務所（汚物運搬用自動車、危険物運搬用自動車その他これらに類する自動車で国土交通大臣の指定するもののための駐車施設を同一敷地内に設けて業務を運営するものを除く。）
　二　日用品の販売を主たる目的とする店舗又は食堂若しくは喫茶店
　三　理髪店、美容院、クリーニング取次店、質屋、貸衣装屋、貸本屋その他これらに類するサービス業を営む店舗
　四　洋服店、畳屋、建具屋、自転車店、家庭電気器具店その他これらに類するサービス業を営む店舗（原動機を使用する場合にあつては、その出力の合計が0.75ｋｗ以下のものに限る。）
　五　自家販売のために食品製造業（食品加工業を含む。以下同じ。）を営むパン屋、米屋、豆腐屋、菓子屋その他これらに類するもの（原動機を使用する場合にあつては、その出力の合計が0.75kw以下のものに

限る。）
六　学習塾、華道教室、囲碁教室その他これらに類する施設
七　美術品又は工芸品を製作するためのアトリエ又は工房（原動機を使用する場合にあつては、その出力の合計が0.75kw以下のものに限る。）

[現行]　第130条の4（第一種低層住居専用地域内に建築することができる公益上必要な建築物）

制定：昭和45年政令第333号　　　施行：昭和46年1月1日
第130条の4　（第一種住居専用地域内に建築することができる公益上必要な建築物）

1　法別表第2（い）項第九号（法第87条第2項又は第3項において法第48条第1項の規定を準用する場合を含む。）の規定により政令で定める公益上必要な建築物は、次の各号に掲げるものとする。
　一　郵便局で延べ面積が500㎡以内のもの
　二　地方公共団体の支庁又は支所の用に供する建築物、老人福祉センター、児童厚生施設、精神薄弱児通園施設その他これらに類するもので延べ面積が600㎡以内のもの
　三　次のイからハまでの一に掲げる施設である建築物で建設大臣が指定するもの
　　イ　日本電信電話公社が公衆電気通信の用に供する施設
　　ロ　電気事業法（昭和39年法律第170号）第2条第5項に規定する電気事業の用に供する施設
　　ハ　ガス事業法（昭和29年法律第51号）第2条第5項に規定するガス事業の用に供する施設

改正：昭和47年政令第420号　　　施行：昭和47年12月20日
第130条の4　（第一種住居専用地域内に建築することができる公益上必要な建築物）

1　法別表第2（い）項第九号（法第87条第2項又は第3項において法第48条第1項の規定を準用する場合を含む。）の規定により政令で定める公益上必要な建築物は、次の各号に掲げるものとする。
　一・二　略
　三　次のイからニまでの一に掲げる施設である建築物で建設大臣が指定するもの
　　イ～ハ　略
　　ニ　熱供給事業法（昭和47年法律第88号）第2条第2項に規定する熱供給事業の用に供する施設

改正：昭和52年政令第266号　　　施行：昭和52年11月1日
第130条の4　（第一種住居専用地域内に建築することができる公益上必要な建築物）

1　法別表第2（い）項第九号（法第87条第2項又は第3項において法第48条第1項の規定を準用する場合を含む。）の規定により政令で定める公益上必要な建築物は、次の各号に掲げるものとする。
　一・二　略
　三　近隣に居住する者の利用に供する公園に設けられる公衆便所
　四　次のイからトまでの一に掲げる施設である建築物で建設大臣が指定するもの
　　イ　日本電信電話公社が公衆電気通信の用に供する施設
　　ロ　電気事業法（昭和39年法律第170号）第2条第5項に規定する電気事業の用に供する施設
　　ハ　ガス事業法（昭和29年法律第51号）第2条第5項に規定するガス事業の用に供する施設
　　ニ　水道法第3条第2項に規定する水道事業の用に供する施設
　　ホ　下水道法（昭和33年法律第79号）第2条第三号に規定する公共下水道の用に供する施設
　　ヘ　都市高速鉄道の用に供する施設
　　ト　熱供給事業法（昭和47年法律第88号）第2条第2項に規定する熱供給事業の用に供する施設

改正：昭和60年政令第31号　　　施行：昭和60年4月1日
第130条の4　（第一種住居専用地域内に建築することができる公益上必要な建築物）

1　法別表第2（い）項第九号（法第87条第2項又は第3項において法第48条第1項の規定を準用する場合を

令130条の4 改正：昭和60年政令第31号

含む。）の規定により政令で定める公益上必要な建築物は、次の各号に掲げるものとする。
一～三　略
四　次のイからトまでの一に掲げる施設である建築物で建設大臣が指定するもの
　　イ　電気通信事業法（昭和59年法律第86号）第12条第1項に規定する第一種電気通信事業者がその事業の用に供する施設
　　ロ～ト　略

改正：平成5年政令第170号　　　施行：平成5年6月25日
第130条の4　（第一種低層住居専用地域内に建築することができる公益上必要な建築物）

1　法別表第2（い）項第九号（法第87条第2項又は第3項において法第48条第1項の規定を準用する場合を含む。）の規定により政令で定める公益上必要な建築物は、次に掲げるものとする。
一　略
二　地方公共団体の支庁又は支所の用に供する建築物、老人福祉センター、児童厚生施設その他これらに類するもので延べ面積が600㎡以内のもの
三　近隣に居住する者の利用に供する公園に設けられる公衆便所又は休憩所
四　路線バスの停留所の上家
五　次のイからチまでの一に掲げる施設である建築物で建設大臣が指定するもの
　　イ　電気通信事業法（昭和59年法律第86号）第12条第1項に規定する第一種電気通信事業者がその事業の用に供する施設
　　ロ　電気事業法（昭和39年法律第170号）第2条第5項に規定する電気事業の用に供する施設
　　ハ　ガス事業法（昭和29年法律第51号）第2条第5項に規定するガス事業の用に供する施設
　　ニ　液化石油ガスの保安の確保及び取引の適正化に関する法律（昭和42年法律第149号）第2条第3項に規定する液化石油ガス販売事業の用に供する施設
　　ホ　水道法第3条第2項に規定する水道事業の用に供する施設
　　ヘ　下水道法（昭和33年法律第79号）第2条第三号に規定する公共下水道の用に供する施設
　　ト　都市高速鉄道の用に供する施設
　　チ　熱供給事業法（昭和47年法律第88号）第2条第2項に規定する熱供給事業の用に供する施設

改正：平成6年政令第411号　　　施行：平成7年3月1日
第130条の4　（第一種低層住居専用地域内に建築することができる公益上必要な建築物）

1　法別表第2（い）項第九号（法第87条第2項又は第3項において法第48条第1項の規定を準用する場合を含む。）の規定により政令で定める公益上必要な建築物は、次に掲げるものとする。
一～四　略
五　次のイからチまでの一に掲げる施設である建築物で建設大臣が指定するもの
　　イ・ロ　略
　　ハ　ガス事業法（昭和29年法律第51号）第2条第1項に規定する一般ガス事業又は同条第3項に規定する簡易ガス事業の用に供する施設
　　ニ～チ　略

改正：平成7年政令第359号　　　施行：平成7年12月1日
第130条の4　（第一種低層住居専用地域内に建築することができる公益上必要な建築物）

1　法別表第2（い）項第九号（法第87条第2項又は第3項において法第48条第1項の規定を準用する場合を含む。）の規定により政令で定める公益上必要な建築物は、次に掲げるものとする。
一～四　略
五　次のイからチまでの一に掲げる施設である建築物で建設大臣が指定するもの
　　イ　略
　　ロ　電気事業法（昭和39年法律第170号）第2条第1項第七号に規定する電気事業の用に供する施設

改正：平成16年政令第59号　**令130条の4**

改正：平成11年政令第5号　　　　施行：平成11年5月1日

第130条の4　（第一種低層住居専用地域内に建築することができる公益上必要な建築物）

1　法別表第2（い）項第九号（法第87条第2項又は第3項において法第48条第1項の規定を準用する場合を含む。）の規定により政令で定める公益上必要な建築物は、次に掲げるものとする。
　一～四　略
　五　次のイからチまでの一に掲げる施設である建築物で建設大臣が指定するもの
　　イ・ロ　略
　　ハ　<u>ガス事業法第2条第1項に規定する一般ガス事業又は同条第3項に規定する簡易ガス事業の用に供する施設</u>
　　ニ　<u>液化石油ガスの保安の確保及び取引の適正化に関する法律第2条第3項に規定する液化石油ガス販売事業の用に供する施設</u>
　　ホ　略
　　ヘ　<u>下水道法第2条第三号に規定する公共下水道の用に供する施設</u>
　　ト・チ　略

改正：平成11年政令第431号　　　　施行：平成12年3月21日

第130条の4　（第一種低層住居専用地域内に建築することができる公益上必要な建築物）

1　法別表第2（い）項第九号（法第87条第2項又は第3項において法第48条第1項の規定を準用する場合を含む。）の規定により政令で定める公益上必要な建築物は、次に掲げるものとする。
　一～四　略
　五　次のイからチまでの一に掲げる施設である建築物で建設大臣が指定するもの
　　イ　略
　　ロ　電気事業法（昭和39年法律第170号）第2条第1項<u>第九号</u>に規定する電気事業<u>（同項第七号に規定する特定規模電気事業を除く。）</u>の用に供する施設
　　ハ～チ　略

改正：平成12年政令第312号　　　　施行：平成13年1月6日

第130条の4　（第一種低層住居専用地域内に建築することができる公益上必要な建築物）

1　法別表第2（い）項第九号（法第87条第2項又は第3項において法第48条第1項の規定を準用する場合を含む。）の規定により政令で定める公益上必要な建築物は、次に掲げるものとする。
　一～四　略
　五　次のイからチまでの一に掲げる施設である建築物で<u>国土交通大臣</u>が指定するもの
　　イ～チ　略

改正：平成16年政令第59号　　　　施行：平成16年4月1日

第130条の4　（第一種低層住居専用地域内に建築することができる公益上必要な建築物）

1　法別表第2（い）項第九号（法第87条第2項又は第3項において法第48条第1項の規定を準用する場合を含む。）の規定により政令で定める公益上必要な建築物は、次に掲げるものとする。
　一～四　略
　五　次のイからチまでの<u>いずれかに</u>掲げる施設である建築物で国土交通大臣が指定するもの
　　イ　電気通信事業法（昭和59年法律第86号）<u>第120条第1項に規定する認定電気通信事業者が同項に規定する認定電気通信事業</u>の用に供する施設
　　ロ～チ　略

令130条の4　改正：平成19年政令第235号

改正：平成19年政令第235号　　　施行：平成19年10月1日
第130条の4　（第一種低層住居専用地域内に建築することができる公益上必要な建築物）

1　法別表第2（い）項第九号（法第87条第2項又は第3項において法第48条第1項の規定を準用する場合を含む。）の規定により政令で定める公益上必要な建築物は、次に掲げるものとする。
　一　郵便法（昭和22年法律第165号）の規定により行う郵便の業務（郵便窓口業務の委託等に関する法律（昭和24年法律第213号）第2条に規定する郵便窓口業務を含む。）の用に供する施設で延べ面積が500㎡以内のもの
　二～五　略

改正：平成24年政令第202号　　　施行：平成24年10月1日
第130条の4　（第一種低層住居専用地域内に建築することができる公益上必要な建築物）

1　法別表第2（い）項第九号（法第87条第2項又は第3項において法第48条第1項の規定を準用する場合を含む。）の規定により政令で定める公益上必要な建築物は、次に掲げるものとする。
　一　郵便法（昭和22年法律第165号）の規定により行う郵便の業務の用に供する施設で延べ面積が500㎡以内のもの
　二～五　略

改正：平成28年政令第43号　　　施行：平成28年4月1日
第130条の4　（第一種低層住居専用地域内に建築することができる公益上必要な建築物）

1　法別表第2（い）項第九号（法第87条第2項又は第3項において法第48条第1項の規定を準用する場合を含む。）の規定により政令で定める公益上必要な建築物は、次に掲げるものとする。
　一～四　略
　五　次のイからチまでのいずれかに掲げる施設である建築物で国土交通大臣が指定するもの
　　イ　略
　　ロ　電気事業法（昭和39年法律第170号）第2条第1項第十六号に規定する電気事業（同項第二号に規定する小売電気事業を除く。）の用に供する施設
　　ハ～チ　略

改正：平成29年政令第40号　　　施行：平成29年4月1日
第130条の4　（第一種低層住居専用地域内に建築することができる公益上必要な建築物）

1　法別表第2（い）項第九号（法第87条第2項又は第3項において法第48条第1項の規定を準用する場合を含む。）の規定により政令で定める公益上必要な建築物は、次に掲げるものとする。
　一　郵便法（昭和22年法律第165号）の規定により行う郵便の業務の用に供する施設で延べ面積が500㎡以内のもの
　二　地方公共団体の支庁又は支所の用に供する建築物、老人福祉センター、児童厚生施設その他これらに類するもので延べ面積が600㎡以内のもの
　三　近隣に居住する者の利用に供する公園に設けられる公衆便所又は休憩所
　四　路線バスの停留所の上家
　五　次のイからチまでのいずれかに掲げる施設である建築物で国土交通大臣が指定するもの
　　イ　電気通信事業法（昭和59年法律第86号）第120条第1項に規定する認定電気通信事業者が同項に規定する認定電気通信事業の用に供する施設
　　ロ　電気事業法（昭和39年法律第170号）第2条第1項第十六号に規定する電気事業（同項第二号に規定する小売電気事業を除く。）の用に供する施設
　　ハ　ガス事業法第2条第2項に規定するガス小売事業又は同条第5項に規定する一般ガス導管事業の用に供する施設
　　ニ　液化石油ガスの保安の確保及び取引の適正化に関する法律第2条第3項に規定する液化石油ガス販売事業の用に供する施設

ホ 水道法第3条第2項に規定する水道事業の用に供する施設
ヘ 下水道法第2条第三号に規定する公共下水道の用に供する施設
ト 都市高速鉄道の用に供する施設
チ 熱供給事業法（昭和47年法律第88号）第2条第2項に規定する熱供給事業の用に供する施設

[現行]　第130条の5　（第一種低層住居専用地域等内に建築してはならない附属建築物）

制定：昭和45年政令第333号　　　施行：昭和46年1月1日
第130条の5　（第一種住居専用地域内に建築してはならない附属建築物）

1　法別表第2（い）項第十号（法第87条第2項又は第3項において法第48条第1項の規定を準用する場合を含む。）の規定により政令で定める建築物は、次の各号に掲げるものとする。
一　自動車車庫で床面積の合計が300㎡（同一敷地内にある建築物の延べ面積の合計に3分の1を乗じた値が300㎡未満の場合においては、その値）をこえるもの及び2階以上の部分にあるもの
二　床面積の合計が15㎡をこえる畜舎
三　法別表第2（は）項第六号に掲げるもの

改正：平成5年政令第170号　　　施行：平成5年6月25日
第130条の5　（第一種低層住居専用地域及び第二種低層住居専用地域内に建築してはならない附属建築物）

1　法別表第2（い）項第十号及び（ろ）項第三号（法第87条第2項又は第3項において法第48条第1項及び第2項の規定を準用する場合を含む。）の規定により政令で定める建築物は、次に掲げるものとする。
一　自動車車庫で当該自動車車庫の床面積の合計に同一敷地内にある建築物に附属する自動車車庫の用途に供する工作物の築造面積（当該築造面積が50㎡以下である場合には、その値を減じた値）を加えた値が600㎡（同一敷地内にある建築物（自動車車庫の用途に供する部分を除く。）の延べ面積の合計が600㎡以下の場合においては、当該延べ面積の合計）を超えるもの（次号に掲げるものを除く。）
二　総合的設計による一団地の建築物に附属する自動車車庫で次のイ又はロのいずれかに該当するもの
　　イ　自動車車庫の床面積の合計に同一敷地内にある建築物に附属する自動車車庫の用途に供する工作物の築造面積を加えた値が2,000㎡を超えるもの
　　ロ　自動車車庫の床面積の合計に同一団地内にある建築物に附属する他の自動車車庫の床面積の合計及び当該団地内にある建築物に附属する自動車車庫の用途に供する工作物の築造面積を加えた値が、当該団地内の敷地ごとに前号の規定により算定される自動車車庫の床面積の合計の上限の値を合算した値を超えるもの
三　自動車車庫で2階以上の部分にあるもの
四　床面積の合計が15㎡を超える畜舎
五　法別表第2（と）項第四号に掲げるもの

改正：平成11年政令第5号　　　施行：平成11年5月1日
第130条の5　（第一種低層住居専用地域及び第二種低層住居専用地域内に建築してはならない附属建築物）

1　法別表第2（い）項第十号及び（ろ）項第三号（法第87条第2項又は第3項において法第48条第1項及び第2項の規定を準用する場合を含む。）の規定により政令で定める建築物は、次に掲げるものとする。
一　略
二　公告対象区域内の建築物に附属する自動車車庫で次のイ又はロのいずれかに該当するもの
　　イ　略
　　ロ　自動車車庫の床面積の合計に同一公告対象区域内にある建築物に附属する他の自動車車庫の床面積の合計及び当該公告対象区域内にある建築物に附属する自動車車庫の用途に供する工作物の築造面積を加えた値が、当該公告対象区域内の敷地ごとに前号の規定により算定される自動車車庫の床面積の合計の上限の値を合算した値を超えるもの
三～五　略

令130条の5　改正：平成29年政令第156号

改正：平成29年政令第156号　　　施行：平成30年4月1日
第130条の5　（第一種低層住居専用地域等内に建築してはならない附属建築物）

1　法別表第2（い）項第十号、（ろ）項第三号及び（ち）項第六号（法第87条第2項又は第3項において法第48条第1項、第2項及び第8項の規定を準用する場合を含む。）の規定により政令で定める建築物は、次に掲げるものとする。
　一　自動車車庫で当該自動車車庫の床面積の合計に同一敷地内にある建築物に附属する自動車車庫の用途に供する工作物の築造面積（当該築造面積が50㎡以下である場合には、その値を減じた値）を加えた値が600㎡（同一敷地内にある建築物（自動車車庫の用途に供する部分を除く。）の延べ面積の合計が600㎡以下の場合においては、当該延べ面積の合計）を超えるもの（次号に掲げるものを除く。）
　二　公告対象区域内の建築物に附属する自動車車庫で次のイ又はロのいずれかに該当するもの
　　イ　自動車車庫の床面積の合計に同一敷地内にある建築物に附属する自動車車庫の用途に供する工作物の築造面積を加えた値が2,000㎡を超えるもの
　　ロ　自動車車庫の床面積の合計に同一公告対象区域内にある建築物に附属する他の自動車車庫の床面積の合計及び当該公告対象区域内にある建築物に附属する自動車車庫の用途に供する工作物の築造面積を加えた値が、当該公告対象区域内の敷地ごとに前号の規定により算定される自動車車庫の床面積の合計の上限の値を合算した値を超えるもの
　三　自動車車庫で2階以上の部分にあるもの
　四　床面積の合計が15㎡を超える畜舎
　五　法別表第2（と）項第四号に掲げるもの

[現行]　第130条の5の2　（第二種低層住居専用地域及び田園住居地域内に建築することができる店舗、飲食店等の建築物）

制定：平成5年政令第170号　　　施行：平成5年6月25日
第130条の5の2　（第二種低層住居専用地域内に建築することができる店舗、飲食店等の建築物）

1　法別表第2（ろ）項第二号（法第87条第2項又は第3項において法第48条第2項の規定を準用する場合を含む。）の規定により政令で定める建築物は、次に掲げるものとする。
　一　日用品の販売を主たる目的とする店舗又は食堂若しくは喫茶店
　二　理髪店、美容院、クリーニング取次店、質屋、貸衣装屋、貸本屋その他これらに類するサービス業を営む店舗
　三　洋服店、畳屋、建具屋、自転車店、家庭電気器具店その他これらに類するサービス業を営む店舗で作業場の床面積の合計が50㎡以内のもの（原動機を使用する場合にあつては、その出力の合計が0.75kw以下のものに限る。）
　四　自家販売のために食品製造業を営むパン屋、米屋、豆腐屋、菓子屋その他これらに類するもので作業場の床面積の合計が50㎡以内のもの（原動機を使用する場合にあつては、その出力の合計が0.75kw以下のものに限る。）
　五　学習塾、華道教室、囲碁教室その他これらに類する施設

改正：平成29年政令第156号　　　施行：平成30年4月1日
第130条の5の2　（第二種低層住居専用地域及び田園住居地域内に建築することができる店舗、飲食店等の建築物）

1　法別表第2（ろ）項第二号及び（ち）項第五号（法第87条第2項又は第3項において法第48条第2項及び第8項の規定を準用する場合を含む。）の規定により政令で定める建築物は、次に掲げるものとする。
　一　日用品の販売を主たる目的とする店舗又は食堂若しくは喫茶店
　二　理髪店、美容院、クリーニング取次店、質屋、貸衣装屋、貸本屋その他これらに類するサービス業を営む店舗
　三　洋服店、畳屋、建具屋、自転車店、家庭電気器具店その他これらに類するサービス業を営む店舗で作業

場の床面積の合計が50㎡以内のもの（原動機を使用する場合にあつては、その出力の合計が0.75kw以下のものに限る。）
四　自家販売のために食品製造業を営むパン屋、米屋、豆腐屋、菓子屋その他これらに類するもので作業場の床面積の合計が50㎡以内のもの（原動機を使用する場合にあつては、その出力の合計が0.75kw以下のものに限る。）
五　学習塾、華道教室、囲碁教室その他これらに類する施設

[現行]　第130条の5の3　（第一種中高層住居専用地域内に建築することができる店舗、飲食店等の建築物）

制定：平成5年政令第170号　　　施行：平成5年6月25日
第130条の5の3　（第一種中高層住居専用地域内に建築することができる店舗、飲食店等の建築物）
1　法別表第2（は）項第五号（法第87条第2項又は第3項において法第48条第3項の規定を準用する場合を含む。）の規定により政令で定める建築物は、次に掲げるものとする。
一　前条第二号から第五号までに掲げるもの
二　物品販売業を営む店舗（専ら性的好奇心をそそる写真その他の物品の販売を行うものを除く。）又は飲食店
三　銀行の支店、損害保険代理店、宅地建物取引業を営む店舗その他これらに類するサービス業を営む店舗

[現行]　第130条の5の4　（第一種中高層住居専用地域内に建築することができる公益上必要な建築物）

制定：平成5年政令第170号　　　施行：平成5年6月25日
第130条の5の4　（第一種中高層住居専用地域内に建築することができる公益上必要な建築物）
1　法別表第2（は）項第七号（法第87条第2項又は第3項において法第48条第3項の規定を準用する場合を含む。）の規定により政令で定める建築物は、次に掲げるものとする。
一　税務署、郵便局、警察署、保健所、消防署その他これらに類するもの（法別表第2（い）項第九号に掲げるもの及び5階以上の部分をこれらの用途に供するものを除く。）
二　第130条の4第五号イからハまでの一に掲げる施設である建築物で建設大臣が指定するもの（法別表第2（い）項第九号に掲げるもの及び5階以上の部分をこれらの用途に供するものを除く。）

改正：平成12年政令第312号　　　施行：平成13年1月6日
第130条の5の4　（第一種中高層住居専用地域内に建築することができる公益上必要な建築物）
1　法別表第2（は）項第七号（法第87条第2項又は第3項において法第48条第3項の規定を準用する場合を含む。）の規定により政令で定める建築物は、次に掲げるものとする。
一　略
二　第130条の4第五号イからハまでの一に掲げる施設である建築物で国土交通大臣が指定するもの（法別表第2（い）項第九号に掲げるもの及び5階以上の部分をこれらの用途に供するものを除く。）

改正：平成19年政令第235号　　　施行：平成19年10月1日
第130条の5の4　（第一種中高層住居専用地域内に建築することができる公益上必要な建築物）
1　法別表第2（は）項第七号（法第87条第2項又は第3項において法第48条第3項の規定を準用する場合を含む。）の規定により政令で定める建築物は、次に掲げるものとする。
一　税務署、警察署、保健所、消防署その他これらに類するもの（法別表第2（い）項第九号に掲げるもの及び5階以上の部分をこれらの用途に供するものを除く。）
二　第130条の4第五号イからハまでの一に掲げる施設である建築物で国土交通大臣が指定するもの（法別表第2（い）項第九号に掲げるもの及び5階以上の部分をこれらの用途に供するものを除く。）

令130条の5の5　制定：平成5年政令第170号

[現行]　第130条の5の5　（第一種中高層住居専用地域内に建築してはならない附属建築物）

制定：平成5年政令第170号　　　施行：平成5年6月25日
第130条の5の5　（第一種中高層住居専用地域内に建築してはならない附属建築物）

1　法別表第2（は）項第八号（法第87条第2項又は第3項において法第48条第3項の規定を準用する場合を含む。）の規定により政令で定める建築物は、次に掲げるものとする。
　一　自動車車庫で当該自動車車庫の床面積の合計に同一敷地内にある建築物に附属する自動車車庫の用途に供する工作物の築造面積（当該築造面積が300㎡以下である場合には、その値を減じた値。第130条の7の2第三号及び第四号並びに第130条の8において同じ。）を加えた値が3,000㎡（同一敷地内にある建築物（自動車車庫の用途に供する部分を除く。）の延べ面積の合計が3,000㎡以下の場合においては、当該延べ面積の合計）を超えるもの（次号に掲げるものを除く。）
　二　総合的設計による一団地の建築物に附属する自動車車庫で次のイ又はロのいずれかに該当するもの
　　イ　自動車車庫の床面積の合計に同一敷地内にある建築物に附属する自動車車庫の用途に供する工作物の築造面積を加えた値が10,000㎡を超えるもの
　　ロ　自動車車庫の床面積の合計に同一団地内にある建築物に附属する他の自動車車庫の床面積の合計及び当該団地内にある建築物に附属する自動車車庫の用途に供する工作物の築造面積を加えた値が、当該団地内の敷地ごとに前号の規定により算定される自動車車庫の床面積の合計の上限の値を合算した値を超えるもの
　三　自動車車庫で3階以上の部分にあるもの
　四　第130条の5第四号及び第五号に掲げるもの

改正：平成11年政令第5号　　　施行：平成11年5月1日
第130条の5の5　（第一種中高層住居専用地域内に建築してはならない附属建築物）

1　法別表第2（は）項第八号（法第87条第2項又は第3項において法第48条第3項の規定を準用する場合を含む。）の規定により政令で定める建築物は、次に掲げるものとする。
　一　自動車車庫で当該自動車車庫の床面積の合計に同一敷地内にある建築物に附属する自動車車庫の用途に供する工作物の築造面積（当該築造面積が300㎡以下である場合には、その値を減じた値。第130条の7の2第三号及び第四号並びに第130条の8において同じ。）を加えた値が3,000㎡（同一敷地内にある建築物（自動車車庫の用途に供する部分を除く。）の延べ面積の合計が3,000㎡以下の場合においては、当該延べ面積の合計）を超えるもの（次号に掲げるものを除く。）
　二　<u>公告対象区域内</u>の建築物に附属する自動車車庫で次のイ又はロのいずれかに該当するもの
　　イ　自動車車庫の床面積の合計に同一敷地内にある建築物に附属する自動車車庫の用途に供する工作物の築造面積を加えた値が10,000㎡を超えるもの
　　ロ　自動車車庫の床面積の合計に同一<u>公告対象区域内</u>にある建築物に附属する他の自動車車庫の床面積の合計及び当該<u>公告対象区域内</u>にある建築物に附属する自動車車庫の用途に供する工作物の築造面積を加えた値が、当該<u>公告対象区域内</u>の敷地ごとに前号の規定により算定される自動車車庫の床面積の合計の上限の値を合算した値を超えるもの
　三　自動車車庫で3階以上の部分にあるもの
　四　第130条の5第四号及び第五号に掲げるもの

[現行]　第130条の6　（第二種中高層住居専用地域内に建築することができる工場）

制定：昭和45年政令第333号　　　施行：昭和46年1月1日
第130条の6　（第二種住居専用地域内に建築することができる工場）

1　法別表第2（ろ）項第二号（法第87条第2項又は第3項において法第48条第2項の規定を準用する場合を含む。）の規定により政令で定める工場は、作業場の床面積の合計が50㎡以内であり、かつ、出力の合計が0.75kw以下の原動機を使用するパン屋、米屋、豆腐屋、菓子屋その他これらに類する食品製造業を営むもの（法別表第2（は）項第三号（2の2）又は（4の4）に該当するものを除く。）とする。

改正：昭和45年政令第333号 **令130条の7**

改正：平成5年政令第170号　　　　施行：平成5年6月25日
第130条の6　（第二種中高層住居専用地域内に建築することができる工場）

1　法別表第2（に）項第二号（法第87条第2項又は第3項において法第48条第4項の規定を準用する場合を含む。）の規定により政令で定める工場は、パン屋、米屋、豆腐屋、菓子屋その他これらに類する食品製造業を営むもの（同表（と）項第三号（2の2）又は（4の4）に該当するものを除く。）で、作業場の床面積の合計が50㎡以内のもの（原動機を使用する場合にあつては、その出力の合計が0.75kw以下のものに限る。）とする。

[現行]　第130条の6の2　（第二種中高層住居専用地域及び工業専用地域内に建築してはならない運動施設）

制定：平成5年政令第170号　　　　施行：平成5年6月25日
第130条の6の2　（第二種中高層住居専用地域及び工業専用地域内に建築してはならない運動施設）

1　法別表第2（に）項第三号及び（を）項第七号（法第87条第2項又は第3項において法第48条第4項及び第12項の規定を準用する場合を含む。）の規定により政令で定める運動施設は、スキー場、ゴルフ練習場及びバッティング練習場とする。

改正：平成29年政令第156号　　　　施行：平成30年4月1日
第130条の6の2　（第二種中高層住居専用地域及び工業専用地域内に建築してはならない運動施設）

1　法別表第2（に）項第三号及び（わ）項第七号（法第87条第2項又は第3項において法第48条第4項及び第13項の規定を準用する場合を含む。）の規定により政令で定める運動施設は、スキー場、ゴルフ練習場及びバッティング練習場とする。

[現行]　第130条の7　（第二種中高層住居専用地域内に建築してはならない畜舎）

制定：昭和34年政令第344号　　　　施行：昭和34年12月23日
旧　第130条の4　（畜舎の指定）

1　法別表第3（い）項第八号（法第87条第2項又は第3項において法第50条第2項の規定を準用する場合を含む。）の規定により政令で定める畜舎は、床面積の合計が15㎡をこえるものとする。

改正：昭和37年政令第309号　　　　施行：昭和37年7月27日
旧　第130条の5　（畜舎の指定）

略

改正：昭和44年政令第158号　　　　施行：昭和44年6月14日
旧　第130条の5　（畜舎の指定）

1　法別表第3（い）項第八号（法第87条第2項又は第3項において法第50条第1項の規定を準用する場合を含む。）の規定により政令で定める畜舎は、床面積の合計が15㎡をこえるものとする。

改正：昭和45年政令第333号　　　　施行：昭和46年1月1日
第130条の7　（第二種住居専用地域内に建築してはならない畜舎）

1　法別表第2（ろ）項第七号（法第87条第2項又は第3項において法第48条第2項の規定を準用する場合を含む。）に規定する政令で定める規模の畜舎は、床面積の合計が15㎡をこえるものとする。

令130条の7　改正：平成5年政令第170号

改正：平成5年政令第170号　　　施行：平成5年6月25日

第130条の7　（第二種中高層住居専用地域内に建築してはならない畜舎）

1　法別表第2 <u>（に）</u>項第六号（法第87条第2項又は第3項において法第48条<u>第4項</u>の規定を準用する場合を含む。）に規定する政令で定める規模の畜舎は、床面積の合計が15㎡を<u>超える</u>ものとする。

[現行]　第130条の7の2　（第一種住居地域内に建築することができる大規模な建築物）

制定：昭和52年政令第266号　　　施行：昭和52年11月1日

旧　第130条の7の2　（第二種住居専用地域内に建築することができる3階以上の建築物）

1　法別表第2（ろ）項第八号（法第87条第2項又は第3項において法第48条第2項の規定を準用する場合を含む。）の規定により政令で定める建築物は、次の各号に掲げるものとする。
　一　大学、高等専門学校、専修学校その他これらに類するもの
　二　病院
　三　老人福祉センター、児童厚生施設、精神薄弱児通園施設その他これらに類するもの
　四　税務署、郵便局、警察署、保健所、消防署その他これらに類するもの（5階以上の部分をこれらの用途に供するものを除く。）
　五　日本電信電話公社が公衆電気通信の用に供する施設である建築物で建設大臣が指定するもの（5階以上の部分をこれらの用途に供するものを除く。）

旧　第130条の7の3　（第二種住居専用地域内に建築することができる大規模な建築物）

1　法別表第2（ろ）項第九号（法第87条第2項又は第3項において法第48条第2項の規定を準用する場合を含む。）の規定により政令で定める建築物は、次の各号に掲げるものとする。
　一　前条第一号から第三号までに掲げるもの
　二　税務署、郵便局、警察署、保健所、消防署その他これらに類するもの
　三　日本電信電話公社が公衆電気通信の用に供する施設である建築物で建設大臣が指定するもの

改正：昭和60年政令第31号　　　施行：昭和60年4月1日

旧　第130条の7の2　（第二種住居専用地域内に建築することができる3階以上の建築物）

1　法別表第2（ろ）項第八号（法第87条第2項又は第3項において法第48条第2項の規定を準用する場合を含む。）の規定により政令で定める建築物は、次の各号に掲げるものとする。
　一　大学、高等専門学校、専修学校その他これらに類するもの
　二　病院
　三　老人福祉センター、児童厚生施設、精神薄弱児通園施設その他これらに類するもの
　四　税務署、郵便局、警察署、保健所、消防署その他これらに類するもの（5階以上の部分をこれらの用途に供するものを除く。）
　五　<u>電気通信事業法第12条第1項に規定する第一種電気通信事業者がその事業の用に供する施設である建築物で建設大臣が指定するもの</u>（5階以上の部分をこれらの用途に供するものを除く。）

旧　第130条の7の3　（第二種住居専用地域内に建築することができる大規模な建築物）

1　法別表第2（ろ）項第九号（法第87条第2項又は第3項において法第48条第2項の規定を準用する場合を含む。）の規定により政令で定める建築物は、次の各号に掲げるものとする。
　一　前条第一号から第三号までに掲げるもの
　二　税務署、郵便局、警察署、保健所、消防署その他これらに類するもの
　三　<u>電気通信事業法第12条第1項に規定する第一種電気通信事業者がその事業の用に供する施設である建築物で建設大臣が指定するもの</u>

改正：平成5年政令第170号　　　施行：平成5年6月25日

改正:平成16年政令第59号　令130条の7の2

第130条の7の2　(第一種住居地域内に建築することができる大規模な建築物)

1　法別表第2(ほ)項第四号(法第87条第2項又は第3項において法第48条第5項の規定を準用する場合を含む。)の規定により政令で定める建築物は、次に掲げるものとする。
　一　税務署、郵便局、警察署、保健所、消防署その他これらに類するもの
　二　電気通信事業法第12条第1項に規定する第一種電気通信事業者がその事業の用に供する施設である建築物で建設大臣が指定するもの
　三　建築物に附属する自動車車庫で、当該自動車車庫の床面積の合計に同一敷地内にある建築物に附属する自動車車庫の用途に供する工作物の築造面積を加えた値が当該敷地内にある建築物(自動車車庫の用途に供する部分を除く。)の延べ面積の合計を超えないもの(3階以上の部分を自動車車庫の用途に供するものを除く。)
　四　総合的設計による一団地の建築物に附属する自動車車庫で、床面積の合計に同一団地内にある建築物に附属する他の自動車車庫の床面積の合計及び当該団地内にある建築物に附属する自動車車庫の用途に供する工作物の築造面積を加えた値が当該団地内の建築物(自動車車庫の用途に供する部分を除く。)の延べ面積の合計を超えないもの(3階以上の部分を自動車車庫の用途に供するものを除く。)
　五　自動車車庫で都市計画として決定されたもの

旧　第130条の7の3　削除

改正:平成11年政令第5号　　施行:平成11年5月1日

第130条の7の2　(第一種住居地域内に建築することができる大規模な建築物)

1　法別表第2(ほ)項第四号(法第87条第2項又は第3項において法第48条第5項の規定を準用する場合を含む。)の規定により政令で定める建築物は、次に掲げるものとする。
　一〜三　略
　四　<u>公告対象区域内</u>の建築物に附属する自動車車庫で、床面積の合計に同一<u>公告対象区域内</u>にある建築物に附属する他の自動車車庫の床面積の合計及び当該<u>公告対象区域内</u>にある建築物に附属する自動車車庫の用途に供する工作物の築造面積を加えた値が当該<u>公告対象区域内</u>の建築物(自動車車庫の用途に供する部分を除く。)の延べ面積の合計を超えないもの(3階以上の部分を自動車車庫の用途に供するものを除く。)
　五　略

改正:平成12年政令第312号　　施行:平成13年1月6日

第130条の7の2　(第一種住居地域内に建築することができる大規模な建築物)

1　法別表第2(ほ)項第四号(法第87条第2項又は第3項において法第48条第5項の規定を準用する場合を含む。)の規定により政令で定める建築物は、次に掲げるものとする。
　一　略
　二　電気通信事業法第12条第1項に規定する第一種電気通信事業者がその事業の用に供する施設である建築物で<u>国土交通大臣</u>が指定するもの
　三〜五　略

改正:平成16年政令第59号　　施行:平成16年4月1日

第130条の7の2　(第一種住居地域内に建築することができる大規模な建築物)

1　法別表第2(ほ)項第四号(法第87条第2項又は第3項において法第48条第5項の規定を準用する場合を含む。)の規定により政令で定める建築物は、次に掲げるものとする。
　一　税務署、郵便局、警察署、保健所、消防署その他これらに類するもの
　二　電気通信事業法<u>第120条</u>第1項に規定する<u>認定</u>電気通信事業者が同項に規定する<u>認定</u>電気通信事業の用に供する施設である建築物で国土交通大臣が指定するもの
　三〜五　略

令130条の7の2   改正：平成19年政令第235号

改正：平成19年政令第235号　　　　施行：平成19年10月1日
第130条の7の2　（第一種住居地域内に建築することができる大規模な建築物）

1　法別表第2（ほ）項第四号（法第87条第2項又は第3項において法第48条第5項の規定を準用する場合を含む。）の規定により政令で定める建築物は、次に掲げるものとする。
　一　税務署、警察署、保健所、消防署その他これらに類するもの
　二　電気通信事業法第120条第1項に規定する認定電気通信事業者が同項に規定する認定電気通信事業の用に供する施設である建築物で国土交通大臣が指定するもの
　三　建築物に附属する自動車車庫で、当該自動車車庫の床面積の合計に同一敷地内にある建築物に附属する自動車車庫の用途に供する工作物の築造面積を加えた値が当該敷地内にある建築物（自動車車庫の用途に供する部分を除く。）の延べ面積の合計を超えないもの（3階以上の部分を自動車車庫の用途に供するものを除く。）
　四　公告対象区域内の建築物に附属する自動車車庫で、床面積の合計に同一公告対象区域内にある建築物に附属する他の自動車車庫の床面積の合計及び当該公告対象区域内にある建築物に附属する自動車車庫の用途に供する工作物の築造面積を加えた値が当該公告対象区域内の建築物（自動車車庫の用途に供する部分を除く。）の延べ面積の合計を超えないもの（3階以上の部分を自動車車庫の用途に供するものを除く。）
　五　自動車車庫で都市計画として決定されたもの

[現行]　第130条の7の3　（第二種住居地域及び工業地域内に建築してはならない建築物）

制定：平成27年政令第382号　　　　施行：平成28年6月23日
第130条の7の3　（第二種住居地域及び工業地域内に建築してはならない建築物）

1　法別表第2（へ）項第三号及び（る）項第四号（法第87条第2項又は第3項において法第48条第6項及び第11項の規定を準用する場合を含む。）の規定により政令で定める建築物は、客にダンスをさせ、かつ、客に飲食をさせる営業（客の接待をするものを除く。）を営む施設（ナイトクラブを除く。）とする。

改正：平成29年政令第156号　　　　施行：平成30年4月1日
第130条の7の3　（第二種住居地域及び工業地域内に建築してはならない建築物）

1　法別表第2（へ）項第三号及び(を)項第四号（法第87条第2項又は第3項において法第48条第6項及び第12項の規定を準用する場合を含む。）の規定により政令で定める建築物は、客にダンスをさせ、かつ、客に飲食をさせる営業（客の接待をするものを除く。）を営む施設（ナイトクラブを除く。）とする。

[現行]　第130条の8　（第二種住居地域内に建築することができる附属自動車車庫）

制定：昭和37年政令第309号　　　　施行：昭和37年7月27日
旧　第130条の3　（建築物に附属する自動車車庫の指定）

1　法別表第2（い）項第四号（法第87条第2項又は第3項において法第49条第1項の規定を準用する場合を含む。）の規定により政令で定める建築物に附属する自動車車庫は、床面積の合計が当該自動車車庫の敷地にある建築物の延べ面積の合計の3分の1以内で、かつ、300㎡以内のものとする。ただし、2階以上の部分を自動車車庫の用途に供しない場合に限る。

改正：昭和45年政令第333号　　　　施行：昭和46年1月1日
第130条の8　（住居地域内に建築することができる附属自動車車庫）

1　法別表第2(は)項第四号（法第87条第2項又は第3項において法第48条第3項の規定を準用する場合を含む。）の規定により政令で定める建築物に附属する自動車車庫は、床面積の合計が当該自動車車庫の敷地

にある建築物の延べ面積の合計の3分の1以内のものとする。ただし、2階以上の部分を自動車車庫の用途に供しない場合に限る。

改正：平成5年政令第170号　　　施行：平成5年6月25日
第130条の8　（第二種住居地域内に建築することができる附属自動車車庫）

1　法別表第2（へ）項第四号（法第87条第2項又は第3項において法第48条第6項の規定を準用する場合を含む。）の規定により政令で定める建築物に附属する自動車車庫は、次に掲げるものとする。
一　床面積の合計に同一敷地内にある建築物に附属する自動車車庫の用途に供する工作物の築造面積を加えた値が当該敷地内にある建築物（自動車車庫の用途に供する部分を除く。）の延べ面積の合計を超えないもの（3階以上の部分を自動車車庫の用途に供するものを除く。）
二　総合的設計による一団地の建築物に附属する自動車車庫で、床面積の合計に同一団地内にある建築物に附属する他の自動車車庫の床面積の合計及び当該団地内にある建築物に附属する自動車車庫の用途に供する工作物の築造面積を加えた値が当該団地内の建築物（自動車車庫の用途に供する部分を除く。）の延べ面積の合計を超えないもの（3階以上の部分を自動車車庫の用途に供するものを除く。）

改正：平成11年政令第5号　　　施行：平成11年5月1日
第130条の8　（第二種住居地域内に建築することができる附属自動車車庫）

1　法別表第2（へ）項第四号（法第87条第2項又は第3項において法第48条第6項の規定を準用する場合を含む。）の規定により政令で定める建築物に附属する自動車車庫は、次に掲げるものとする。
一　床面積の合計に同一敷地内にある建築物に附属する自動車車庫の用途に供する工作物の築造面積を加えた値が当該敷地内にある建築物（自動車車庫の用途に供する部分を除く。）の延べ面積の合計を超えないもの（3階以上の部分を自動車車庫の用途に供するものを除く。）
二　公告対象区域内の建築物に附属する自動車車庫で、床面積の合計に同一公告対象区域内にある建築物に附属する他の自動車車庫の床面積の合計及び当該公告対象区域内にある建築物に附属する自動車車庫の用途に供する工作物の築造面積を加えた値が当該公告対象区域内の建築物（自動車車庫の用途に供する部分を除く。）の延べ面積の合計を超えないもの（3階以上の部分を自動車車庫の用途に供するものを除く。）

[現行]　第130条の8の2　（第二種住居地域等内に建築してはならない建築物の店舗、飲食店等に類する用途）

制定：平成18年政令第350号　　　施行：平成19年11月30日
第130条の8の2　（第二種住居地域等内に建築してはならない建築物の店舗、飲食店等に類する用途）

1　法別表第2（へ）項第六号及び（る）項第七号（法第87条第2項又は第3項において法第48条第6項及び第11項の規定を準用する場合を含む。）の規定により政令で定める用途は、場外勝舟投票券発売所とする。
2　法別表第2（と）項第六号及び（わ）項（法第87条第2項又は第3項において法第48条第7項及び第13項の規定を準用する場合を含む。）の規定により政令で定める用途は、場内車券売場及び勝舟投票券発売所とする。

改正：平成27年政令第382号　　　施行：平成28年6月23日
第130条の8の2　（第二種住居地域等内に建築してはならない建築物の店舗、飲食店等に類する用途）

1　略
2　法別表第2（と）項第六号及び（わ）項（法第87条第2項又は第3項において法第48条第7項及び第13項の規定を準用する場合を含む。）の規定により政令で定める店舗、飲食店、展示場、遊技場、勝馬投票券発売所及び場外車券売場に類する用途は、場内車券売場及び勝舟投票券発売所とする。

改正：平成29年政令第156号　　　施行：平成30年4月1日

令130条の8の2　改正：平成29年政令第156号

第130条の8の2　（第二種住居地域等内に建築してはならない建築物の店舗、飲食店等に類する用途）

1　法別表第2（へ）項第六号及び(を)項第七号（法第87条第2項又は第3項において法第48条第6項及び第12項の規定を準用する場合を含む。）の規定により政令で定める用途は、場外勝舟投票券発売所とする。

2　法別表第2（と）項第六号及び(か)項（法第87条第2項又は第3項において法第48条第7項及び第14項の規定を準用する場合を含む。）の規定により政令で定める店舗、飲食店、展示場、遊技場、勝馬投票券発売所及び場外車券売場に類する用途は、場内車券売場及び勝舟投票券発売所とする。

［現行］　第130条の8の3　（準住居地域内で営むことができる特殊の方法による事業）

制定：平成5年政令第170号　　施行：平成5年6月25日
旧　第130条の8の2　（準住居地域内で営むことができる特殊の方法による事業）

1　法別表第2（と）項第三号（法第87条第2項又は第3項において法第48条第7項の規定を準用する場合を含む。）の規定により政令で定める特殊の方法による事業は、同号（11）に掲げる事業のうち、建設大臣が防音上有効な構造と認めて指定する空気圧縮機で原動機の出力の合計が7.5kw以下のものを使用する事業とする。

改正：平成12年政令第312号　　施行：平成13年1月6日
旧　第130条の8の2　（準住居地域内で営むことができる特殊の方法による事業）

1　法別表第2（と）項第三号（法第87条第2項又は第3項において法第48条第7項の規定を準用する場合を含む。）の規定により政令で定める特殊の方法による事業は、同号（11）に掲げる事業のうち、国土交通大臣が防音上有効な構造と認めて指定する空気圧縮機で原動機の出力の合計が7.5kw以下のものを使用する事業とする。

改正：平成18年政令第350号　　施行：平成19年11月30日
第130条の8の3　（準住居地域内で営むことができる特殊の方法による事業）

1　法別表第2（と）項第三号（法第87条第2項又は第3項において法第48条第7項の規定を準用する場合を含む。）の規定により政令で定める特殊の方法による事業は、同号（11）に掲げる事業のうち、国土交通大臣が防音上有効な構造と認めて指定する空気圧縮機で原動機の出力の合計が7.5kw以下のものを使用する事業とする。

［現行］　第130条の9　（危険物の貯蔵又は処理に供する建築物）

制定：昭和34年政令第344号　　施行：昭和34年12月23日
旧　第130条の3　（危険物の貯蔵又は処理に供する建築物）

1　法別表第2（い）項第八号、（ろ）項第四号及び（は）項第二号（法第87条第2項又は第3項において法第49条第1項から第3項までの規定を準用する場合を含む。）の規定により政令で定める危険物の貯蔵又は処理に供する建築物は、次の表に定める数量をこえる危険物（同表に数量の定のない場合にあつてはその数量を問わないものとし、地下貯蔵槽（そう）により貯蔵される第二石油類及び第三石油類並びに容量の合計が50,000リットル以下の地下貯蔵槽（そう）により貯蔵される第一石油類を除く。）の貯蔵又は処理に供する建築物とする。

危険物 \ 用途地域	住居地域	商業地域	準工業地域
火薬	20kg	50kg	20トン
爆薬		25kg	10トン
工業雷管、電気			

改正：昭和35年政令第272号　　　　　　　　　　　　　　　　**令旧130条の3**

（1）	火薬類	雷管及び信号雷管		1万個	250万個
		銃用雷管	3万個	10万個	2,500万個
		実包及び空包	2,000個	3万個	1,000万個
		信管及び火管		3万個	50万個
		導爆線		1.5km	500km
		導火線	1 km	5 km	2,500km
		電気導火線		3万個	10万個
		信号炎管、信号火箭（せん）及び煙火	25kg	2トン	
		その他の火薬又は爆薬を使用した火工品	当該火工品の原料をなす火薬又は爆薬の数量に応じて、火薬又は爆薬の数量のそれぞれの限度による。		
（2）	マッチ、セルロイド、圧縮ガス、液化ガス又は可燃性ガス		A／20	A／10	A／2
（3）	石油類		A／2	A	5 A
（4）	（1）から（3）までに掲げる危険物以外のもの		A／10	A／5	2 A

　この表において、Aは、（2）に掲げるものについては第116条第1項の表中「常時貯蔵する場合」の欄に掲げる数量、（3）及び（4）に掲げるものについては同項の表中「製造所又は他の事業を営む工場において処理する場合」の欄に掲げる数量を表わすものとする。

2　第116条第2項及び第3項の規定は、前項の場合に準用する。ただし、同条第3項の規定については、住居地域又は商業地域における前項の表の（1）に掲げる危険物の貯蔵に関しては、この限りでない。

改正：昭和35年政令第272号　　　施行：昭和36年2月1日
旧　第130条の3　（危険物の貯蔵又は処理に供する建築物）

1　法別表第2（い）項第八号、（ろ）項第四号及び（は）項第二号（法第87条第2項又は第3項において法第49条第1項から第3項までの規定を準用する場合を含む。）の規定により政令で定める危険物の貯蔵又は処理に供する建築物は、次の表に定める数量をこえる危険物（同表に数量の定のない場合にあつてはその数量を問わないものとし、地下貯蔵槽（そう）により貯蔵される第二石油類及び第三石油類並びに容量の合計が50,000リットル以下の地下貯蔵槽（そう）により貯蔵される第一石油類を除く。）の貯蔵又は処理に供する建築物とする。

危険物 \ 用途地域			住居地域	商業地域	準工業地域
（1）	火薬類（玩（がん）具煙火を除く。）	火薬	20kg	50kg	20トン
		爆薬		25kg	10トン
		工業雷管、電気雷管及び信号雷管		1万個	250万個
		銃用雷管	3万個	10万個	2,500万個
		実包及び空包	2,000個	3万個	1,000万個
		信管及び火管		3万個	50万個
		導爆線		1.5km	500km
		導火線	1 km	5 km	2,500km
		電気導火線		3万個	10万個
		信号炎管、信号			

令旧130条の3　改正：昭和35年政令第272号

| | 火箭（せん）及び煙火 | 25kg | 2トン |
| | その他の火薬又は爆薬を使用した火工品 | 当該火工品の原料をなす火薬又は爆薬の数量に応じて、火薬又は爆薬の数量のそれぞれの限度による。 ||

（2）～（4）　略

　この表において、Aは、（2）に掲げるものについては第116条第1項の表中「常時貯蔵する場合」の欄に掲げる数量、（3）及び（4）に掲げるものについては同項の表中「製造所又は他の事業を営む工場において処理する場合」の欄に掲げる数量を表わすものとする。

2　略

改正：昭和37年政令第309号　　　施行：昭和37年7月27日

旧　第130条の4　（危険物の貯蔵又は処理に供する建築物）

略

改正：昭和45年政令第333号　　　施行：昭和46年1月1日

第130条の9　（危険物の貯蔵又は処理に供する建築物）

1　法別表第2（は）項第六号、（ほ）項第四号及び（へ）項第二号（法第87条第2項又は第3項において法第48条第3項、第5項及び第6項の規定を準用する場合を含む。）の規定により政令で定める危険物の貯蔵又は処理に供する建築物は、次の表に定める数量をこえる危険物（同表に数量の定めのない場合にあつてはその数量を問わないものとし、地下貯蔵槽（そう）により貯蔵される第二石油類及び第三石油類並びに容量の合計が50,000リットル以下の地下貯蔵槽（そう）により貯蔵される第一石油類を除く。）の貯蔵又は処理に供する建築物とする。

［表　略］

2　略

改正：昭和50年政令第2号　　　施行：昭和50年4月1日

第130条の9　（危険物の貯蔵又は処理に供する建築物）

1　法別表第2（は）項第六号、（ほ）項第四号及び（へ）項第二号（法第87条第2項又は第3項において法第48条第3項、第5項及び第6項の規定を準用する場合を含む。）の規定により政令で定める危険物の貯蔵又は処理に供する建築物は、次の表に定める数量を超える危険物（同表に数量の定めのない場合にあつてはその数量を問わないものとし、地下貯蔵槽（そう）により貯蔵される第二石油類、第三石油類及び第四石油類並びに容量の合計が50,000リットル以下の地下貯蔵槽（そう）により貯蔵される第一石油類を除く。）の貯蔵又は処理に供する建築物とする。

［表　略］

2　略

改正：平成5年政令第170号　　　施行：平成5年6月25日

第130条の9　（危険物の貯蔵又は処理に供する建築物）

1　法別表第2（と）項第四号、（り）項第四号及び（ぬ）項第二号（法第87条第2項又は第3項において法第48条第7項、第9項及び第10項の規定を準用する場合を含む。）の規定により政令で定める危険物の貯蔵又は処理に供する建築物は、次の表に定める数量を超える危険物（同表に数量の定めのない場合にあつてはその数量を問わないものとし、地下貯蔵槽により貯蔵される第二石油類（消防法別表の備考14に規定する第二石油類をいう。以下この項において同じ。）、第三石油類（同表の備考15に規定する第三石油類をいう。以下この項において同じ。）及び第四石油類（同表の備考16に規定する第四石油類をいう。以下この項において同じ。）並びに容量の合計が50,000リットル以下の地下貯蔵槽により貯蔵される第一石油類（同表の備考

12に規定する第一石油類をいう。以下この項において同じ。）及びアルコール類（同表の備考13に規定するアルコール類をいう。）を除く。）の貯蔵又は処理に供する建築物とする。

危険物＼用途地域	準住居地域	商業地域	準工業地域
（1）	略		
（2）マッチ、圧縮ガス、液化ガス又は可燃性ガス	A／20	A／10	A／2
（3）第一石油類、第二石油類、第三石油類又は第四石油類	A／2（危険物の規制に関する政令第2条第一号に規定する屋内貯蔵所のうち位置、構造及び設備について建設大臣が定める基準に適合するもの（以下この表において「特定屋内貯蔵所」という。）又は同令第3条第二号イに規定する第一種販売取扱所（以下この表において「第一種販売取扱所」という。）にあつては、3A／2）	A（特定屋内貯蔵所、第一種販売取扱所又は危険物の規制に関する政令第3条第二号ロに規定する第二種販売取扱所（以下この表において「第二種販売取扱所」という。）にあつては、3A）	5A
（4）（1）から（3）までに掲げる危険物以外のもの	A／10（特定屋内貯蔵所又は第一種販売取扱所にあつては、3A／10）	A／5（特定屋内貯蔵所又は第一種販売取扱所にあつては、3A／5）	2A（特定屋内貯蔵所、第一種販売取扱所又は第二種販売取扱所にあつては、5A）

　この表において、Aは、（2）に掲げるものについては第116条第1項の表中「常時貯蔵する場合」の欄に掲げる数量、（3）及び（4）に掲げるものについては同項の表中「製造所又は他の事業を営む工場において処理する場合」の欄に掲げる数量を表わすものとする。

2　第116条第2項及び第3項の規定は、前項の場合に準用する。ただし、同条第3項の規定については、準住居地域又は商業地域における前項の表の（1）に掲げる危険物の貯蔵に関しては、この限りでない。

改正：平成12年政令第312号　　　施行：平成13年1月6日
第130条の9　（危険物の貯蔵又は処理に供する建築物）

1　法別表第2（と）項第四号、（り）項第四号及び（ぬ）項第二号（法第87条第2項又は第3項において法第48条第7項、第9項及び第10項の規定を準用する場合を含む。）の規定により政令で定める危険物の貯蔵又は処理に供する建築物は、次の表に定める数量を超える危険物（同表に数量の定めのない場合にあつてはその数量を問わないものとし、地下貯蔵槽により貯蔵される第二石油類（消防法別表の備考14に規定する第二石油類をいう。以下この項において同じ。）、第三石油類（同表の備考15に規定する第三石油類をいう。以下この項において同じ。）及び第四石油類（同表の備考16に規定する第四石油類をいう。以下この項において同じ。）並びに容量の合計が50,000リットル以下の地下貯蔵槽により貯蔵される第一石油類（同表の備考12に規定する第一石油類をいう。以下この項において同じ。）及びアルコール類（同表の備考13に規定するアルコール類をいう。）を除く。）の貯蔵又は処理に供する建築物とする。

危険物＼用途地域	準住居地域	商業地域	準工業地域
（1）、（2）	略		
		A／2（危険物の規制に	A（特定屋内貯

令130条の9　改正：平成12年政令第312号

（3）	第一石油類、第二石油類、第三石油類又は第四石油類	関する政令第2条第一号に規定する屋内貯蔵所のうち位置、構造及び設備について国土交通大臣が定める基準に適合するもの（以下この表において「特定屋内貯蔵所」という。）又は同令第3条第二号イに規定する第一種販売取扱所（以下この表において「第一種販売取扱所」という。）にあつては、3A／2）	蔵所、第一種販売取扱所又は危険物の規制に関する政令第3条第二号ロに規定する第二種販売取扱所（以下この表において「第二種販売取扱所」という。）にあつては、3A）	5A
（4）	略		

　この表において、Aは、（2）に掲げるものについては第116条第1項の表中「常時貯蔵する場合」の欄に掲げる数量、（3）及び（4）に掲げるものについては同項の表中「製造所又は他の事業を営む工場において処理する場合」の欄に掲げる数量を表わすものとする。

2　略

改正：平成14年政令第331号　　　施行：平成15年1月1日

第130条の9　（危険物の貯蔵又は処理に供する建築物）

1　法別表第2（と）項第四号、（り）項第四号及び（ぬ）項第二号（法第87条第2項又は第3項において法第48条第7項、第9項及び第10項の規定を準用する場合を含む。）の規定により政令で定める危険物の貯蔵又は処理に供する建築物は、次の表に定める数量を超える危険物（同表に数量の定めのない場合にあつてはその数量を問わないものとし、地下貯蔵槽により貯蔵される<u>第一石油類（消防法別表の備考12に規定する第一石油類をいう。以下この項において同じ。）、アルコール類（同表の備考13に規定するアルコール類をいう。）、第二石油類（同表の備考14に規定する第二石油類をいう。以下この項において同じ。）</u>、第三石油類（同表の備考15に規定する第三石油類をいう。以下この項において同じ。）及び第四石油類（同表の備考16に規定する第四石油類をいう。以下この項において<u>同じ。）を除く。）</u>の貯蔵又は処理に供する建築物とする。
　［表　略］

2　略

改正：平成15年政令第523号　　　施行：平成15年12月19日

第130条の9　（危険物の貯蔵又は処理に供する建築物）

1　法別表第2（と）項第四号、（り）項第四号及び（ぬ）項第二号（法第87条第2項又は第3項において法第48条第7項、第9項及び第10項の規定を準用する場合を含む。）の規定により政令で定める危険物の貯蔵又は処理に供する建築物は、次の表に定める数量を超える危険物（同表に数量の定めのない場合にあつてはその数量を問わないものとし、地下貯蔵槽により貯蔵される第一石油類（消防法別表の備考12に規定する第一石油類をいう。以下この項において同じ。）、アルコール類（同表の備考13に規定するアルコール類をいう。）、第二石油類（同表の備考14に規定する第二石油類をいう。以下この項において同じ。）、第三石油類（同表の備考15に規定する第三石油類をいう。以下この項において同じ。）及び第四石油類（同表の備考16に規定する第四石油類をいう。以下この項において同じ。）<u>並びに国土交通大臣が安全上及び防火上支障がない構造と認めて指定する蓄電池により貯蔵される硫黄及びナトリウムを除く。）</u>の貯蔵又は処理に供する建築物とする。
　［表　略］

2　略

令130条の9

改正：平成16年政令第19号　　　施行：平成16年6月1日

第130条の9　（危険物の貯蔵又は処理に供する建築物）

1　法別表第2（と）項第四号、（り）項第四号及び（ぬ）項第二号（法第87条第2項又は第3項において法第48条第7項、第9項及び第10項の規定を準用する場合を含む。）の規定により政令で定める危険物の貯蔵又は処理に供する建築物は、次の表に定める数量を超える危険物（同表に数量の定めのない場合にあつてはその数量を問わないものとし、地下貯蔵槽により貯蔵される第一石油類（消防法別表第1の備考12に規定する第一石油類をいう。以下この項において同じ。）、アルコール類（同表の備考13に規定するアルコール類をいう。）、第二石油類（同表の備考14に規定する第二石油類をいう。以下この項において同じ。）、第三石油類（同表の備考15に規定する第三石油類をいう。以下この項において同じ。）及び第四石油類（同表の備考16に規定する第四石油類をいう。以下この項において同じ。）並びに国土交通大臣が安全上及び防火上支障がない構造と認めて指定する蓄電池により貯蔵される硫黄及びナトリウムを除く。）の貯蔵又は処理に供する建築物とする。

［表　略］

2　略

改正：平成26年政令第232号　　　施行：平成26年7月1日

第130条の9　（危険物の貯蔵又は処理に供する建築物）

1　法別表第2（と）項第四号、（り）項第四号及び（ぬ）項第二号（法第87条第2項又は第3項において法第48条第7項、第9項及び第10項の規定を準用する場合を含む。）の規定により政令で定める危険物の貯蔵又は処理に供する建築物は、次の表に定める数量を超える危険物（同表に数量の定めのない場合にあつてはその数量を問わないものとし、<u>圧縮ガス又は液化ガスを燃料電池又は内燃機関の燃料として用いる自動車にこれらのガスを充填するための設備（安全上及び防火上支障がないものとして国土交通大臣が定める基準に適合するものに限る。）により貯蔵し、又は処理される圧縮ガス及び液化ガス</u>、地下貯蔵槽により貯蔵される第一石油類（消防法別表第1の備考12に規定する第一石油類をいう。以下この項において同じ。）、アルコール類（同表の備考13に規定するアルコール類をいう。）、第二石油類（同表の備考14に規定する第二石油類をいう。以下この項において同じ。）、第三石油類（同表の備考15に規定する第三石油類をいう。以下この項において同じ。）及び第四石油類（同表の備考16に規定する第四石油類をいう。以下この項において同じ。）並びに国土交通大臣が安全上及び防火上支障がない構造と認めて指定する蓄電池により貯蔵される硫黄及びナトリウムを除く。）の貯蔵又は処理に供する建築物とする。

危険物		用途地域	準住居地域	商業地域	準工業地域
(1)	火薬類（玩具煙火を除く。）	火薬	20kg	50kg	20トン
		爆薬		25kg	10トン
		工業雷管、電気雷管及び信号雷管		1万個	250万個
		銃用雷管	3万個	10万個	2,500万個
		実包及び空包	2,000個	3万個	1,000万個
		信管及び火管		3万個	50万個
		導爆線		1.5km	500km
		導火線	1km	5km	2,500km
		電気導火線		3万個	10万個
		信号炎管、信号火箭（せん）及び煙火	25kg	2トン	

令130条の9 改正：平成26年政令第232

| | | その他の火薬又は爆薬を使用した火工品 | 当該火工品の原料をなす火薬又は爆薬の数量に応じて、火薬又は爆薬の数量のそれぞれの限度による。 |

（2）〜（4）　略

　　この表において、Aは、（2）に掲げるものについては第116条第1項の表中「常時貯蔵する場合」の欄に掲げる数量、（3）及び（4）に掲げるものについては同項の表中「製造所又は他の事業を営む工場において処理する場合」の欄に掲げる数量を表すものとする。

2　略

改正：平成29年政令第156号　　　施行：平成30年4月1日

第130条の9　（危険物の貯蔵又は処理に供する建築物）

1　法別表第2（と）項第四号、(ぬ)項第四号及び(る)項第二号（法第87条第2項又は第3項において法第48条第7項、第10項及び第11項の規定を準用する場合を含む。）の規定により政令で定める危険物の貯蔵又は処理に供する建築物は、次の表に定める数量を超える危険物（同表に数量の定めのない場合にあつてはその数量を問わないものとし、圧縮ガス又は液化ガスを燃料電池又は内燃機関の燃料として用いる自動車にこれらのガスを充填するための設備（安全上及び防火上支障がないものとして国土交通大臣が定める基準に適合するものに限る。）により貯蔵し、又は処理される圧縮ガス及び液化ガス、地下貯蔵槽により貯蔵される第一石油類（消防法別表第1の備考12に規定する第一石油類をいう。以下この項において同じ。）、アルコール類（同表の備考13に規定するアルコール類をいう。）、第二石油類（同表の備考14に規定する第二石油類をいう。以下この項において同じ。）、第三石油類（同表の備考15に規定する第三石油類をいう。以下この項において同じ。）及び第四石油類（同表の備考16に規定する第四石油類をいう。以下この項において同じ。）並びに国土交通大臣が安全上及び防火上支障がない構造と認めて指定する蓄電池により貯蔵される硫黄及びナトリウムを除く。）の貯蔵又は処理に供する建築物とする。

危険物		用途地域	準住居地域	商業地域	準工業地域
（1）	火薬類（玩具煙火を除く。）	火　薬	20kg	50kg	20トン
		爆　薬		25kg	10トン
		工業雷管、電気雷管及び信号雷管		1万個	250万個
		銃用雷管	3万個	10万個	2,500万個
		実包及び空包	2,000個	3万個	1,000万個
		信管及び火管		3万個	50万個
		導爆線		1.5km	500km
		導火線	1km	5km	2,500km
		電気導火線		3万個	10万個
		信号炎管、信号火箭（せん）及び煙火	25kg	2トン	
		その他の火薬又は爆薬を使用した火工品	当該火工品の原料をなす火薬又は爆薬の数量に応じて、火薬又は爆薬の数量のそれぞれの限度による。		

(2)	マッチ、圧縮ガス、液化ガス又は可燃性ガス	A／20	A／10	A／2
(3)	第一石油類、第二石油類、第三石油類又は第四石油類	A／2（危険物の規制に関する政令第2条第一号に規定する屋内貯蔵所のうち位置、構造及び設備について国土交通大臣が定める基準に適合するもの（以下この表において「特定屋内貯蔵所」という。）又は同令第3条第二号イに規定する第一種販売取扱所（以下この表において「第一種販売取扱所」という。）にあつては、3A／2）	A（特定屋内貯蔵所、第一種販売取扱所又は危険物の規制に関する政令第3条第二号ロに規定する第二種販売取扱所（以下この表において「第二種販売取扱所」という。）にあつては、3A）	5A
(4)	(1)から(3)までに掲げる危険物以外のもの	A／10（特定屋内貯蔵所又は第一種販売取扱所にあつては、3A／10）	A／5（特定屋内貯蔵所又は第一種販売取扱所にあつては、3A／5）	2A（特定屋内貯蔵所、第一種販売取扱所又は第二種販売取扱所にあつては、5A）

　　この表において、Aは、(2)に掲げるものについては第116条第1項の表中「常時貯蔵する場合」の欄に掲げる数量、(3)及び(4)に掲げるものについては同項の表中「製造所又は他の事業を営む工場において処理する場合」の欄に掲げる数量を表すものとする。

2　第116条第2項及び第3項の規定は、前項の場合に準用する。ただし、同条第3項の規定については、準住居地域又は商業地域における前項の表の(1)に掲げる危険物の貯蔵に関しては、この限りでない。

[現行]　第130条の9の2　（準住居地域及び用途地域の指定のない区域内に建築してはならない建築物のナイトクラブに類する用途）

制定：平成27年政令第382号　　　施行：平成28年6月23日
第130条の9の2　（準住居地域及び用途地域の指定のない区域内に建築してはならない建築物のナイトクラブに類する用途）

1　法別表第2（と）項第五号及び第六号並びに（わ）項（法第87条第2項又は第3項において法第48条第7項及び第13項の規定を準用する場合を含む。）の規定により政令で定めるナイトクラブに類する用途は、客にダンスをさせ、かつ、客に飲食をさせる営業（客の接待をするものを除く。）を営む施設（ナイトクラブを除く。）とする。

改正：平成29年政令第156号　　　施行：平成30年4月1日
第130条の9の2　（準住居地域及び用途地域の指定のない区域内に建築してはならない建築物のナイトクラブに類する用途）

1　法別表第2（と）項第五号及び第六号並びに　(か)　項（法第87条第2項又は第3項において法第48条第7項及び第14項の規定を準用する場合を含む。）の規定により政令で定めるナイトクラブに類する用途は、客にダンスをさせ、かつ、客に飲食をさせる営業（客の接待をするものを除く。）を営む施設（ナイトクラブを除く。）とする。

令旧130条の9の3 制定：平成29年政令第156号

[現行]　第130条の9の3　（田園住居地域内に建築してはならない建築物）

制定：平成29年政令第156号　　　　施行：平成30年4月1日
第130条の9の3　（田園住居地域内に建築してはならない建築物）

1　法別表第2（ち）項第二号（法第87条第2項又は第3項において法第48条第8項の規定を準用する場合を含む。）の規定により政令で定める建築物は、農産物の乾燥その他の農産物の処理に供する建築物のうち著しい騒音を発生するものとして国土交通大臣が指定するものとする。

[現行]　第130条の9の4　（田園住居地域内に建築することができる農業の利便を増進するために必要な店舗、飲食店等の建築物）

制定：平成29年政令第156号　　　　施行：平成30年4月1日
第130条の9の4　（田園住居地域内に建築することができる農業の利便を増進するために必要な店舗、飲食店等の建築物）

1　法別表第2（ち）項第四号（法第87条第2項又は第3項において法第48条第8項の規定を準用する場合を含む。）の規定により政令で定める建築物は、次に掲げるものとする。
一　田園住居地域及びその周辺の地域で生産された農産物の販売を主たる目的とする店舗
二　前号の農産物を材料とする料理の提供を主たる目的とする飲食店
三　自家販売のために食品製造業を営むパン屋、米屋、豆腐屋、菓子屋その他これらに類するもの（第一号の農産物を原材料とする食品の製造又は加工を主たる目的とするものに限る。）で作業場の床面積の合計が50㎡以内のもの（原動機を使用する場合にあつては、その出力の合計が0.75kw以下のものに限る。）

[現行]　第130条の9の5　（近隣商業地域及び準工業地域内に建築してはならない建築物）

制定：平成5年政令第170号　　　　施行：平成5年6月25日
旧　第130条の9の2　（近隣商業地域及び準工業地域内に建築してはならない建築物）

1　法別表第2（ち）項第四号及び（ぬ）項第三号（法第87条第2項又は第3項において法第48条第8項及び第10項の規定を準用する場合を含む。）の規定により政令で定める建築物は、ヌードスタジオ、のぞき劇場、ストリップ劇場、専ら異性を同伴する客の休憩の用に供する施設、専ら性的好奇心をそそる写真その他の物品の販売を目的とする店舗その他これらに類するものとする。

改正：平成18年政令第350号　　　　施行：平成19年11月30日
旧　第130条の9の2　（近隣商業地域及び準工業地域内に建築してはならない建築物）

1　法別表第2（ち）項第三号及び（ぬ）項第三号（法第87条第2項又は第3項において法第48条第8項及び第10項の規定を準用する場合を含む。）の規定により政令で定める建築物は、ヌードスタジオ、のぞき劇場、ストリップ劇場、専ら異性を同伴する客の休憩の用に供する施設、専ら性的好奇心をそそる写真その他の物品の販売を目的とする店舗その他これらに類するものとする。

改正：平成27年政令第382号　　　　施行：平成28年6月23日
旧　第130条の9の3　（近隣商業地域及び準工業地域内に建築してはならない建築物）

1　法別表第2（ち）項第三号及び（ぬ）項第三号（法第87条第2項又は第3項において法第48条第8項及び第10項の規定を準用する場合を含む。）の規定により政令で定める建築物は、ヌードスタジオ、のぞき劇場、ストリップ劇場、専ら異性を同伴する客の休憩の用に供する施設、専ら性的好奇心をそそる写真その他の物品の販売を目的とする店舗その他これらに類するものとする。

改正：平成29年政令第156号　　　施行：平成30年４月１日
第130条の９の５　（近隣商業地域及び準工業地域内に建築してはならない建築物）

1　法別表第２(り)項第三号及び(る)項第三号（法第87条第２項又は第３項において法第48条第９項及び第11項の規定を準用する場合を含む。）の規定により政令で定める建築物は、ヌードスタジオ、のぞき劇場、ストリップ劇場、専ら異性を同伴する客の休憩の用に供する施設、専ら性的好奇心をそそる写真その他の物品の販売を目的とする店舗その他これらに類するものとする。

[現行]　第130条の９の６　（商業地域内で営んではならない事業）

制定：平成５年政令第170号　　　施行：平成５年６月25日
旧　第130条の９の３　（商業地域内で営んではならない事業）

1　法別表第２（り）項第三号（20）（法第87条第２項又は第３項において法第48条第９項の規定を準用する場合を含む。）の規定により政令で定める事業は、スエージングマシン又はロールを用いる金属の鍛造とする。

改正：平成27年政令第382号　　　施行：平成28年６月23日
旧　第130条の９の４　（商業地域内で営んではならない事業）

略

改正：平成29年政令第156号　　　施行：平成30年４月１日
第130条の９の６　（商業地域内で営んではならない事業）

1　法別表第２(ぬ)項第三号（20）（法第87条第２項又は第３項において法第48条第10項の規定を準用する場合を含む。）の規定により政令で定める事業は、スエージングマシン又はロールを用いる金属の鍛造とする。

[現行]　第130条の９の７　（準工業地域内で営むことができる特殊の方法による事業）

制定：平成５年政令第170号　　　施行：平成５年６月25日
旧　第130条の９の４　（準工業地域内で営むことができる特殊の方法による事業）

1　法別表第２（ぬ）項第一号（法第87条第２項又は第３項において法第48条第10項の規定を準用する場合を含む。）の規定により政令で定める特殊の方法による事業は、次に掲げるものとする。
一　法別表第２（ぬ）項第一号（５）に掲げる銅アンモニアレーヨンの製造のうち、液化アンモニアガス及びアンモニア濃度が30％を超えるアンモニア水を用いないもの
二　法別表第２（ぬ）項第一号（16）に掲げる合成繊維の製造のうち、建設大臣が安全上及び防火上支障がないと認めて定める物質を原料とするもの又は建設大臣が安全上及び防火上支障がないと認めて定める工程によるもの
三　法別表第２（ぬ）項第一号（28）に掲げる事業のうち、スエージングマシン又はロールを用いるもの
四　法別表第２（ぬ）項第一号（30）に掲げる事業のうち、集じん装置の使用その他建設大臣が石綿の粉じんの飛散の防止上有効であると認めて定める方法により行われるもの

改正：平成12年政令第312号　　　施行：平成13年１月６日
旧　第130条の９の４　（準工業地域内で営むことができる特殊の方法による事業）

1　法別表第２（ぬ）項第一号（法第87条第２項又は第３項において法第48条第10項の規定を準用する場合を含む。）の規定により政令で定める特殊の方法による事業は、次に掲げるものとする。
一　略
二　法別表第２（ぬ）項第一号（16）に掲げる合成繊維の製造のうち、国土交通大臣が安全上及び防火上支

令旧130条の9の4　改正：平成12年政令第312号

　　　　障がないと認めて定める物質を原料とするもの又は国土交通大臣が安全上及び防火上支障がないと認めて
　　　　定める工程によるもの
　　　三　略
　　　四　法別表第２（ぬ）項第一号（30）に掲げる事業のうち、集じん装置の使用その他国土交通大臣が石綿の
　　　　粉じんの飛散の防止上有効であると認めて定める方法により行われるもの

改正：平成13年政令第98号　　　　　施行：平成13年５月18日
旧　第130条の９の４　（準工業地域内で営むことができる特殊の方法による事業）

　１　法別表第２（ぬ）項第一号（法第87条第２項又は第３項において法第48条第10項の規定を準用する場合を
　　　含む。）の規定により政令で定める特殊の方法による事業は、次に掲げるものとする。
　　　一　略
　　　二　法別表第２（ぬ）項第一号（12）に掲げる圧縮ガスの製造のうち、燃料として自動車に充てんするため
　　　　の圧縮天然ガスに係るもの
　　　三　法別表第２（ぬ）項第一号（16）に掲げる合成繊維の製造のうち、国土交通大臣が安全上及び防火上支
　　　　障がないと認めて定める物質を原料とするもの又は国土交通大臣が安全上及び防火上支障がないと認めて
　　　　定める工程によるもの
　　　四　法別表第２（ぬ）項第一号（28）に掲げる事業のうち、スエージングマシン又はロールを用いるもの
　　　五　法別表第２（ぬ）項第一号（30）に掲げる事業のうち、集じん装置の使用その他国土交通大臣が石綿の
　　　　粉じんの飛散の防止上有効であると認めて定める方法により行われるもの

改正：平成17年政令第74号　　　　　施行：平成17年３月25日
旧　第130条の９の４　（準工業地域内で営むことができる特殊の方法による事業）

　１　法別表第２（ぬ）項第一号（法第87条第２項又は第３項において法第48条第10項の規定を準用する場合を
　　　含む。）の規定により政令で定める特殊の方法による事業は、次に掲げるものとする。
　　　一　略
　　　二　法別表第２（ぬ）項第一号（12）に掲げる圧縮ガスの製造のうち、次のいずれかに該当するもの
　　　　イ　内燃機関の燃料として自動車に充てんするための圧縮天然ガスに係るもの
　　　　ロ　燃料電池又は内燃機関の燃料として自動車に充てんするための圧縮水素に係るものであつて、安全上
　　　　　及び防火上支障がないものとして国土交通大臣が定める基準に適合する製造設備を用いるもの
　　　三～五　略

改正：平成27年政令第382号　　　　施行：平成28年６月23日
旧　第130条の９の５　（準工業地域内で営むことができる特殊の方法による事業）

　１　法別表第２（ぬ）項第一号（法第87条第２項又は第３項において法第48条第10項の規定を準用する場合を
　　　含む。）の規定により政令で定める特殊の方法による事業は、次に掲げるものとする。
　　　一　略
　　　二　法別表第２（ぬ）項第一号（12）に掲げる圧縮ガスの製造のうち、次のいずれかに該当するもの
　　　　イ　内燃機関の燃料として自動車に充塡するための圧縮天然ガスに係るもの
　　　　ロ　燃料電池又は内燃機関の燃料として自動車に充塡するための圧縮水素に係るものであつて、安全上及
　　　　　び防火上支障がないものとして国土交通大臣が定める基準に適合する製造設備を用いるもの
　　　三～五　略

改正：平成29年政令第156号　　　　施行：平成30年４月１日
第130条の９の７　（準工業地域内で営むことができる特殊の方法による事業）

　１　法別表第２（る）項第一号（法第87条第２項又は第３項において法第48条第11項の規定を準用する場合を
　　　含む。）の規定により政令で定める特殊の方法による事業は、次に掲げるものとする。

改正：平成29年政令第156号 **令130条の9の8**

　一　法別表第2（る）項第一号（5）に掲げる銅アンモニアレーヨンの製造のうち、液化アンモニアガス及びアンモニア濃度が30％を超えるアンモニア水を用いないもの
　二　法別表第2（る）項第一号（12）に掲げる圧縮ガスの製造のうち、次のいずれかに該当するもの
　　イ　内燃機関の燃料として自動車に充塡するための圧縮天然ガスに係るもの
　　ロ　燃料電池又は内燃機関の燃料として自動車に充塡するための圧縮水素に係るものであつて、安全上及び防火上支障がないものとして国土交通大臣が定める基準に適合する製造設備を用いるもの
　三　法別表第2（る）項第一号（16）に掲げる合成繊維の製造のうち、国土交通大臣が安全上及び防火上支障がないと認めて定める物質を原料とするもの又は国土交通大臣が安全上及び防火上支障がないと認めて定める工程によるもの
　四　法別表第2（る）項第一号（28）に掲げる事業のうち、スエージングマシン又はロールを用いるもの
　五　法別表第2（る）項第一号（30）に掲げる事業のうち、集じん装置の使用その他国土交通大臣が石綿の粉じんの飛散の防止上有効であると認めて定める方法により行われるもの

[現行]　第130条の9の8　（準工業地域内で営むことができる可燃性ガスの製造）

制定：平成5年政令第170号　　　施行：平成5年6月25日
旧　第130条の9の5　（準工業地域内で営むことができる可燃性ガスの製造）

　1　法別表第2（ぬ）項第一号（11）（法第87条第2項又は第3項において法第48条第10項の規定を準用する場合を含む。）の規定により政令で定める可燃性ガスの製造は、次に掲げるものとする。
　一　アセチレンガスの製造
　二　ガス事業法第2条第5項に規定するガス事業として行われる可燃性ガスの製造

改正：平成6年政令第411号　　　施行：平成7年3月1日
旧　第130条の9の5　（準工業地域内で営むことができる可燃性ガスの製造）

　1　法別表第2（ぬ）項第一号（11）（法第87条第2項又は第3項において法第48条第10項の規定を準用する場合を含む。）の規定により政令で定める可燃性ガスの製造は、次に掲げるものとする。
　一　略
　二　ガス事業法第2条第1項に規定する一般ガス事業又は同条第3項に規定する簡易ガス事業として行われる可燃性ガスの製造

改正：平成27年政令第382号　　　施行：平成28年6月23日
旧　第130条の9の6　（準工業地域内で営むことができる可燃性ガスの製造）

　略

改正：平成29年政令第40号　　　施行：平成29年4月1日
旧　第130条の9の6　（準工業地域内で営むことができる可燃性ガスの製造）

　1　法別表第2（ぬ）項第一号（11）（法第87条第2項又は第3項において法第48条第10項の規定を準用する場合を含む。）の規定により政令で定める可燃性ガスの製造は、次に掲げるものとする。
　一　略
　二　ガス事業法第2条第2項に規定するガス小売事業又は同条第9項に規定するガス製造事業として行われる可燃性ガスの製造

改正：平成29年政令第156号　　　施行：平成30年4月1日
第130条の9の8　（準工業地域内で営むことができる可燃性ガスの製造）

　1　法別表第2（る）項第一号（11）（法第87条第2項又は第3項において法第48条第11項の規定を準用する

令131条の9の8 改正：平成29年政令第156号

場合を含む。）の規定により政令で定める可燃性ガスの製造は、次に掲げるものとする。
一　アセチレンガスの製造
二　ガス事業法第2条第2項に規定するガス小売事業又は同条第9項に規定するガス製造事業として行われる可燃性ガスの製造

[現行] 第7章　建築物の各部分の高さ等
（制定：昭和25年政令第338号）　　第7章　建築物の高さ
（改正：昭和34年政令第344号）　　第7章　建築物の<u>高さ等</u>
（改正：昭和45年政令第333号）　　第7章　建築物の<u>各部分の高さ等</u>

[現行]　第130条の10　（第一種低層住居専用地域等内における建築物の高さの制限の緩和に係る敷地内の空地等）

制定：昭和52年政令第266号　　　施行：昭和52年11月1日
第130条の10　（第一種住居専用地域内における建築物の高さの制限の緩和に係る敷地内の空地等）

1　法第55条<u>第2項第三号の規定</u>により政令で定める空地は、法第53条の規定により建築面積の敷地面積に対する割合の最高限度が定められている場合においては、当該空地の面積の敷地面積に対する割合が1から当該最高限度を減じた数値に10分の1を加えた数値以上であるものとし、同条の規定により建築面積の敷地面積に対する割合の最高限度が定められていない場合においては、当該空地の面積の敷地面積に対する割合が10分の1以上であるものとする。
2　法第55条<u>第2項第三号の規定</u>により政令で定める規模は、1,500㎡とする。ただし、特定行政庁は、街区の形状、宅地の規模その他土地の状況によりこれによることが不適当であると認める場合においては、規則で、750㎡以上1,500㎡未満の範囲内で、その規模を別に定めることができる。

改正：昭和62年政令第348号　　　施行：昭和62年11月16日
第130条の10　（第一種住居専用地域内における建築物の高さの制限の緩和に係る敷地内の空地等）

1　法第55条<u>第2項の規定</u>により政令で定める空地は、法第53条の規定により建築面積の敷地面積に対する割合の最高限度が定められている場合においては、当該空地の面積の敷地面積に対する割合が1から当該最高限度を減じた数値に10分の1を加えた数値以上であるものとし、同条の規定により建築面積の敷地面積に対する割合の最高限度が定められていない場合においては、当該空地の面積の敷地面積に対する割合が10分の1以上であるものとする。
2　法第55条<u>第2項の規定</u>により政令で定める規模は、1,500㎡とする。ただし、特定行政庁は、街区の形状、宅地の規模その他土地の状況によりこれによることが不適当であると認める場合においては、規則で、750㎡以上1,500㎡未満の範囲内で、その規模を別に定めることができる。

改正：平成5年政令第170号　　　施行：平成5年6月25日
第130条の10　（<u>第一種低層住居専用地域又は第二種低層住居専用地域内</u>における建築物の高さの制限の緩和に係る敷地内の空地等）

略

改正：平成13年政令第98号　　　施行：平成13年5月18日
第130条の10　（第一種低層住居専用地域又は第二種低層住居専用地域内における建築物の高さの制限の緩和に係る敷地内の空地等）

1　法第55条第2項の規定により政令で定める空地は、法第53条の規定により<u>建ぺい率の最高限度</u>が定められている場合においては、当該空地の面積の敷地面積に対する割合が1から当該最高限度を減じた数値に10分の1を加えた数値以上であるものとし、同条の規定により<u>建ぺい率の最高限度</u>が定められていない場合においては、当該空地の面積の敷地面積に対する割合が10分の1以上であるものとする。

2　略

改正：平成29年政令第156号　　　施行：平成30年4月1日
第130条の10　（第一種低層住居専用地域等内における建築物の高さの制限の緩和に係る敷地内の空地等）

1　法第55条第2項の規定により政令で定める空地は、法第53条の規定により建蔽率の最高限度が定められている場合においては、当該空地の面積の敷地面積に対する割合が1から当該最高限度を減じた数値に10分の1を加えた数値以上であるものとし、同条の規定により建蔽率の最高限度が定められていない場合においては、当該空地の面積の敷地面積に対する割合が10分の1以上であるものとする。
2　法第55条第2項の規定により政令で定める規模は、1,500㎡とする。ただし、特定行政庁は、街区の形状、宅地の規模その他土地の状況によりこれによることが不適当であると認める場合においては、規則で、750㎡以上1,500㎡未満の範囲内で、その規模を別に定めることができる。

[現行]　第130条の11　（建築物の敷地が2以上の地域、地区又は区域にわたる場合の法別表第3（は）欄に掲げる距離の適用の特例）

制定：昭和62年政令第348号　　　施行：昭和62年11月16日
第130条の11　（建築物の敷地が2以上の地域又は区域にわたる場合の法別表第3（は）欄に掲げる距離の適用の特例）

1　建築物の敷地が法別表第3（い）欄に掲げる地域又は区域の2以上にわたる場合における同表（は）欄に掲げる距離の適用については、同表（い）欄中「建築物がある地域又は区域」とあるのは、「建築物又は建築物の部分の前面道路に面する方向にある当該前面道路に接する敷地の部分の属する地域又は区域」とする。

改正：平成9年政令第274号　　　施行：平成9年9月1日
第130条の11　（建築物の敷地が2以上の地域、地区又は区域にわたる場合の法別表第3（は）欄に掲げる距離の適用の特例）

1　建築物の敷地が法別表第3（い）欄に掲げる地域、地区又は区域の2以上にわたる場合における同表（は）欄に掲げる距離の適用については、同表（い）欄中「建築物がある地域、地区又は区域」とあるのは、「建築物又は建築物の部分の前面道路に面する方向にある当該前面道路に接する敷地の部分の属する地域、地区又は区域」とする。

[現行]　第130条の12　（前面道路との関係についての建築物の各部分の高さの制限に係る建築物の後退距離の算定の特例）

制定：昭和62年政令第348号　　　施行：昭和62年11月16日
第130条の12　（前面道路との関係についての建築物の各部分の高さの制限に係る建築物の後退距離の算定の特例）

1　法第56条第2項の政令で定める建築物の部分は、次に掲げるものとする。
一　物置その他これに類する用途に供する建築物の部分で次に掲げる要件に該当するもの
　イ　軒の高さが2.3m以下で、かつ、床面積の合計が5㎡以内であること。
　ロ　当該部分の水平投影の前面道路に面する長さを敷地の前面道路に接する部分の水平投影の長さで除した数値が5分の1以下であること。
　ハ　当該部分から前面道路の境界線までの水平距離のうち最小のものが1m以上であること。
二　ポーチその他これに類する建築物の部分で、前号ロ及びハに掲げる要件に該当し、かつ、高さが5m以下であるもの
三　道路に沿つて設けられる高さが2m以下の門又は塀（高さが1.2mを超えるものにあつては、当該1.2mを超える部分が網状その他これに類する形状であるものに限る。）

令130条の12 制定：昭和62年政令第348号

四　隣地境界線に沿つて設けられる門又は塀
五　歩廊、渡り廊下その他これらに類する建築物の部分で、特定行政庁がその地方の気候若しくは風土の特殊性又は土地の状況を考慮して規則で定めたもの
六　前各号に掲げるもののほか、建築物の部分で高さが1.2m以下のもの

改正：平成7年政令第214号　　　施行：平成7年5月25日
第130条の12　（前面道路との関係についての建築物の各部分の高さの制限に係る建築物の後退距離の算定の特例）

1　法第56条第2項及び第4項の政令で定める建築物の部分は、次に掲げるものとする。
一　物置その他これに類する用途に供する建築物の部分で次に掲げる要件に該当するもの
　イ　軒の高さが2.3m以下で、かつ、床面積の合計が5㎡以内であること。
　ロ　当該部分の水平投影の前面道路に面する長さを敷地の前面道路に接する部分の水平投影の長さで除した数値が5分の1以下であること。
　ハ　当該部分から前面道路の境界線までの水平距離のうち最小のものが1m以上であること。
二　ポーチその他これに類する建築物の部分で、前号ロ及びハに掲げる要件に該当し、かつ、高さが5m以下であるもの
三　道路に沿つて設けられる高さが2m以下の門又は塀（高さが1.2mを超えるものにあつては、当該1.2mを超える部分が網状その他これに類する形状であるものに限る。）
四　隣地境界線に沿つて設けられる門又は塀
五　歩廊、渡り廊下その他これらに類する建築物の部分で、特定行政庁がその地方の気候若しくは風土の特殊性又は土地の状況を考慮して規則で定めたもの
六　前各号に掲げるもののほか、建築物の部分で高さが1.2m以下のもの

[現行]　第131条　（前面道路との関係についての建築物の各部分の高さの制限の緩和）

制定：昭和25年政令第338号　　　施行：昭和25年11月23日
第131条　（高さの緩和措置）

1　法第58条第3項の規定による同条第1項又は第2項の規定の適用の緩和に関する措置は、この章に定めるところによる。
2　土地区画整理を施行した地区その他これに準ずる街区の整つた地区で特定行政庁が指定する地区内の街区については、その街区の接する道路を前面道路とみなす。

改正：昭和31年政令第185号　　　施行：昭和31年7月1日
第131条　（高さの緩和措置）

1　略
2　土地区画整理事業を施行した地区その他これに準ずる街区の整つた地区で特定行政庁が指定する地区内の街区については、その街区の接する道路を前面道路とみなす。

改正：昭和34年政令第344号　　　施行：昭和34年12月23日
第131条　（高さの緩和措置）

1　法第58条第3項の規定による同条第1項又は第2項の規定の適用の緩和に関する措置は、第131条の2から第135条の2までに定めるところによる。

改正：昭和45年政令第333号　　　施行：昭和46年1月1日
第131条　（前面道路との関係についての建築物の各部分の高さの制限の緩和）

> 1　法第56条第2項の規定による同条第1項の規定の適用の緩和に関する措置で同項第一号に係るものは、第131条の2から第135条の2までに定めるところによる。

改正：昭和52年政令第266号　　　施行：昭和52年11月1日
第131条　（前面道路との関係についての建築物の各部分の高さの制限の緩和）

> 1　法第56条第3項の規定による同条第1項及び第2項の規定の適用の緩和に関する措置で同条第1項第一号に係るものは、第131条の2から第135条の2までに定めるところによる。

改正：昭和62年政令第348号　　　施行：昭和62年11月16日
第131条　（前面道路との関係についての建築物の各部分の高さの制限の緩和）

> 1　法第56条第4項の規定による同条第1項第一号及び第2項の規定の適用の緩和に関する措置は、第131条の2から第135条の2までに定めるところによる。

改正：平成7年政令第214号　　　施行：平成7年5月25日
第131条　（前面道路との関係についての建築物の各部分の高さの制限の緩和）

> 1　法第56条第6項の規定による同条第1項第一号及び第2項から第4項までの規定の適用の緩和に関する措置は、次条から第135条の2までに定めるところによる。

［現行］　第131条の2　（前面道路とみなす道路等）

制定：昭和34年政令第344号　　　施行：昭和34年12月23日
第131条の2　（前面道路とみなす道路等）

> 1　土地区画整理事業を施行した地区その他これに準ずる街区の整つた地区内の街区で特定行政庁が指定するものについては、その街区の接する道路を前面道路とみなす。
> 2　法第44条第2項に規定する計画道路で事業予定及び周囲の状況を考慮して特定行政庁が指定するもの（以下この項において「指定計画道路」という。）に接する敷地内の耐火建築物又はその一部に指定計画道路がある敷地の指定計画道路を除いた部分内の耐火建築物（当該部分内の建築物の建築面積又は延べ面積が、当該指定計画道路を道路とみなした場合において、法第55条又は法第56条第3項の規定に適合するときに限る。）については、当該指定計画道路を前面道路とみなすことができる。

改正：昭和39年政令第4号　　　施行：昭和39年1月15日
第131条の2　（前面道路とみなす道路等）

> 1　略
> 2　建築物の敷地が法第44条第2項に規定する計画道路（以下この項において「計画道路」という。）に接する場合又は当該敷地内に計画道路がある場合において、特定行政庁が交通上、安全上、防火上及び衛生上支障がないと認める建築物については、当該計画道路を前面道路とみなす。

改正：昭和44年政令第158号　　　施行：昭和44年6月14日
第131条の2　（前面道路とみなす道路等）

> 1　略
> 2　建築物の敷地が都市計画において定められた計画道路（法第42条第1項第四号に該当するものを除くものとし、以下この項において「計画道路」という。）に接する場合又は当該敷地内に計画道路がある場合において、特定行政庁が交通上、安全上、防火上及び衛生上支障がないと認める建築物については、当該計画道路を前面道路とみなす。

令131条の2　改正：平成5年政令第170号

改正：平成5年政令第170号　　　　施行：平成5年6月25日
第131条の2　（前面道路とみなす道路等）

1　略
2　建築物の敷地が都市計画において定められた計画道路（法第42条第1項第四号に該当するものを除くものとし、以下この項において「計画道路」という。）若しくは法第68条の7第1項の規定により指定された予定道路（以下この項において「予定道路」という。）に接する場合又は当該敷地内に計画道路若しくは予定道路がある場合において、特定行政庁が交通上、安全上、防火上及び衛生上支障がないと認める建築物については、当該計画道路又は予定道路を前面道路とみなす。

改正：平成7年政令第214号　　　　施行：平成7年5月25日
第131条の2　（前面道路とみなす道路等）

1・2　略
3　前面道路の境界線若しくはその反対側の境界線からそれぞれ後退して壁面線の指定がある場合又は前面道路の境界線若しくはその反対側の境界線からそれぞれ後退して法第68条の2第1項の規定に基づく条例で定める壁面の位置の制限（道路に面する建築物の壁又はこれに代わる柱の位置及び道路に面する高さ2mを超える門又は塀の位置を制限するものに限る。以下この項において「壁面の位置の制限」という。）がある場合において、当該壁面線又は当該壁面の位置の制限として定められた限度の線を越えない建築物（第135条の4の5各号に掲げる建築物の部分を除く。）で特定行政庁が交通上、安全上、防火上及び衛生上支障がないと認めるものについては、当該前面道路の境界線又はその反対側の境界線は、それぞれ当該壁面線又は当該壁面の位置の制限として定められた限度の線にあるものとみなす。

改正：平成9年政令第274号　　　　施行：平成9年9月1日
第131条の2　（前面道路とみなす道路等）

1・2　略
3　前面道路の境界線若しくはその反対側の境界線からそれぞれ後退して壁面線の指定がある場合又は前面道路の境界線若しくはその反対側の境界線からそれぞれ後退して法第68条の2第1項の規定に基づく条例で定める壁面の位置の制限（道路に面する建築物の壁又はこれに代わる柱の位置及び道路に面する高さ2mを超える門又は塀の位置を制限するものに限る。以下この項において「壁面の位置の制限」という。）がある場合において、当該壁面線又は当該壁面の位置の制限として定められた限度の線を越えない建築物（第135条の4の6各号に掲げる建築物の部分を除く。）で特定行政庁が交通上、安全上、防火上及び衛生上支障がないと認めるものについては、当該前面道路の境界線又はその反対側の境界線は、それぞれ当該壁面線又は当該壁面の位置の制限として定められた限度の線にあるものとみなす。

改正：平成14年政令第331号　　　　施行：平成15年1月1日
第131条の2　（前面道路とみなす道路等）

1・2　略
3　前面道路の境界線若しくはその反対側の境界線からそれぞれ後退して壁面線の指定がある場合又は前面道路の境界線若しくはその反対側の境界線からそれぞれ後退して法第68条の2第1項の規定に基づく条例で定める壁面の位置の制限（道路に面する建築物の壁又はこれに代わる柱の位置及び道路に面する高さ2mを超える門又は塀の位置を制限するものに限る。以下この項において「壁面の位置の制限」という。）がある場合において、当該壁面線又は当該壁面の位置の制限として定められた限度の線を越えない建築物（第135条の17各号に掲げる建築物の部分を除く。）で特定行政庁が交通上、安全上、防火上及び衛生上支障がないと認めるものについては、当該前面道路の境界線又はその反対側の境界線は、それぞれ当該壁面線又は当該壁面の位置の制限として定められた限度の線にあるものとみなす。

改正：平成17年政令第192号　　　施行：平成17年6月1日
第131条の2　（前面道路とみなす道路等）

1・2　略
3　前面道路の境界線若しくはその反対側の境界線からそれぞれ後退して壁面線の指定がある場合又は前面道路の境界線若しくはその反対側の境界線からそれぞれ後退して法第68条の2第1項の規定に基づく条例で定める壁面の位置の制限（道路に面する建築物の壁又はこれに代わる柱の位置及び道路に面する高さ2mを超える門又は塀の位置を制限するものに限る。以下この項において「壁面の位置の制限」という。）がある場合において、当該壁面線又は当該壁面の位置の制限として定められた限度の線を越えない建築物（第135条の18各号に掲げる建築物の部分を除く。）で特定行政庁が交通上、安全上、防火上及び衛生上支障がないと認めるものについては、当該前面道路の境界線又はその反対側の境界線は、それぞれ当該壁面線又は当該壁面の位置の制限として定められた限度の線にあるものとみなす。

改正：平成26年政令第232号　　　施行：平成26年7月1日
第131条の2　（前面道路とみなす道路等）

1　土地区画整理事業を施行した地区その他これに準ずる街区の整つた地区内の街区で特定行政庁が指定するものについては、その街区の接する道路を前面道路とみなす。
2　建築物の敷地が都市計画において定められた計画道路（法第42条第1項第四号に該当するものを除くものとし、以下この項において「計画道路」という。）若しくは法第68条の7第1項の規定により指定された予定道路（以下この項において「予定道路」という。）に接する場合又は当該敷地内に計画道路若しくは予定道路がある場合において、特定行政庁が交通上、安全上、防火上及び衛生上支障がないと認める建築物については、当該計画道路又は予定道路を前面道路とみなす。
3　前面道路の境界線若しくはその反対側の境界線からそれぞれ後退して壁面線の指定がある場合又は前面道路の境界線若しくはその反対側の境界線からそれぞれ後退して法第68条の2第1項の規定に基づく条例で定める壁面の位置の制限（道路に面する建築物の壁又はこれに代わる柱の位置及び道路に面する高さ2mを超える門又は塀の位置を制限するものに限る。以下この項において「壁面の位置の制限」という。）がある場合において、当該壁面線又は当該壁面の位置の制限として定められた限度の線を越えない建築物（第135条の19各号に掲げる建築物の部分を除く。）で特定行政庁が交通上、安全上、防火上及び衛生上支障がないと認めるものについては、当該前面道路の境界線又はその反対側の境界線は、それぞれ当該壁面線又は当該壁面の位置の制限として定められた限度の線にあるものとみなす。

[現行]　第132条　（2以上の前面道路がある場合）

制定：昭和25年政令第338号　　　施行：昭和25年11月23日
第132条　（2以上の前面道路がある場合）

1　建築物の前面道路が2以上ある場合においては、幅員の最大な前面道路の境界線からの水平距離がその前面道路の幅員の2倍以内で、且つ、35m以内の区域及びその他の前面道路の中心線からの水平距離が10mをこえる区域については、すべての前面道路が幅員の最大な前面道路と同じ幅員を有するものとみなす。
2　前項の区域外の区域のうち、一の前面道路の境界線からの水平距離がその前面道路の幅員の2倍以内で、且つ、35m以内の区域については、その前面道路のみを前面道路とする。
3　第1項の区域外の区域のうち、2以上の前面道路の境界線からの水平距離がそれぞれその前面道路の幅員の2倍以内で、且つ、35m以内の区域については、これらの前面道路のうち、幅員の小さい前面道路は、幅員の大きい前面道路と同じ幅員を有するものとみなす。

改正：昭和34年政令第344号　　　施行：昭和34年12月23日
第132条　（2以上の前面道路がある場合）

1　建築物の前面道路が2以上ある場合においては、幅員の最大な前面道路の境界線からの水平距離がその前

令132条 改正：昭和34年政令第344号

面道路の幅員の2倍以内で、かつ、35m以内の区域及びその他の前面道路の中心線からの水平距離が10mをこえる区域については、すべての前面道路が幅員の最大な前面道路と同じ幅員を有するものとみなす。

2 前項の区域外の区域のうち、2以上の前面道路の境界線からの水平距離がそれぞれその前面道路の幅員の2倍（幅員が4m未満の前面道路にあつては、10mからその幅員の2分の1を減じた数値）以内で、かつ、35m以内の区域については、これらの前面道路のみを前面道路とし、これらの前面道路のうち、幅員の小さい前面道路は、幅員の大きい前面道路と同じ幅員を有するものとみなす。

3 前2項の区域外の区域については、その接する前面道路のみを前面道路とする。

[現行] 第133条 削除

[削除条文]

制定：昭和25年政令第338号　　施行：昭和25年11月23日
旧　第133条　（敷地が公園、広場、水面その他これらに類するものに接する場合）

1 建築物の敷地が公園、広場、水面その他これらに類するものに接する場合においては、その建築物の各部分の高さは、前面道路の反対側の境界線からの水平距離の1.5倍（住居地域内においては、1.25倍）以下で、且つ、その前面道路の幅員の2倍（住居地域内においては、1.75倍）に8mを加えたもの以下、且つ、その公園、広場、水面その他これらに類するものの幅以下とすることができる。

改正：昭和34年政令第344号　　施行：昭和34年12月23日
旧　第133条　（敷地が公園、広場、水面その他これらに類するものに接する場合）

1 建築物の敷地が公園、広場、水面その他これらに類するものに接する場合においては、その建築物の各部分の高さは、前面道路の反対側の境界線からの水平距離の1.5倍（住居地域内においては、1.25倍）以下で、かつ、その前面道路の幅員の2倍（住居地域内においては、1.75倍）に8mを加えたもの以下、かつ、その公園、広場、水面その他これらに類するものの幅以下とすることができる。

改正：昭和45年政令第333号　　施行：昭和46年1月1日
旧　第133条　（敷地が公園、広場、水面その他これらに類するものに接する場合）　削除

[現行] 第134条 （前面道路の反対側に公園、広場、水面その他これらに類するものがある場合）

制定：昭和25年政令第338号　　施行：昭和25年11月23日
第134条　（前面道路の反対側に公園、広場、水面その他これらに類するものがある場合）

1 前面道路の反対側に公園、広場、水面その他これらに類するものがある場合においては、その建築物の各部分の高さは、その部分から、その公園、広場、水面その他これらに類するものの反対側の境界線までの水平距離の1.5倍（住居地域内においては、1.25倍）以下で、且つ、その前面道路の幅員の2倍（住居地域内においては、1.75倍）に8mを加えたもの以下としなければならない。

改正：昭和34年政令第344号　　施行：昭和34年12月23日
第134条　（前面道路の反対側に公園、広場、水面その他これらに類するものがある場合）

1 前面道路の反対側に公園、広場、水面その他これらに類するものがある場合においては、その建築物の各部分の高さは、その部分から、その公園、広場、水面その他これらに類するものの反対側の境界線までの水平距離の1.5倍（住居地域内においては、1.25倍）以下で、かつ、その前面道路の幅員の2倍（住居地域内においては、1.75倍）に8mを加えたもの以下としなければならない。

2 建築物の前面道路が2以上ある場合において、その反対側に公園、広場、水面その他これらに類するもの

がある前面道路があるときは、第132条第１項の規定によらないで、当該公園、広場、水面その他これらに類するものがある前面道路（２以上あるときは、そのうちの一）の境界線からの水平距離がその公園、広場、水面その他これらに類するものの反対側の境界線から当該前面道路の境界線までの水平距離の２倍以内で、かつ、35m以内の区域及びその他の前面道路の中心線からの水平距離が10mをこえる区域については、すべての前面道路を当該公園、広場、水面その他これらに類するものがある前面道路と同じ幅員を有し、かつ、その反対側に同様の公園、広場、水面その他これらに類するものがあるものとみなして、前項の規定によることができる。この場合においては、第132条第２項及び第３項の規定を準用する。

改正：昭和39年政令第４号　　　施行：昭和39年１月15日
第134条　（前面道路の反対側に公園、広場、水面その他これらに類するものがある場合）

　１　前面道路の反対側に公園、広場、水面その他これらに類するものがある場合においては、その建築物の各部分の高さは、その部分から、その公園、広場、水面その他これらに類するものの反対側の境界線までの水平距離の1.5倍（住居地域内においては、1.25倍）以下で、かつ、容積地区外においては、その前面道路の幅員の２倍（住居地域内においては、1.75倍）に８mを加えたもの以下としなければならない。

改正：昭和45年政令第333号　　　施行：昭和46年１月１日
第134条　（前面道路の反対側に公園、広場、水面その他これらに類するものがある場合）

　１　前面道路の反対側に公園、広場、水面その他これらに類するものがある場合においては、当該前面道路の反対側の境界線は、当該公園、広場、水面その他これらに類するものの反対側の境界線にあるものとみなす。
　２　建築物の前面道路が２以上ある場合において、その反対側に公園、広場、水面その他これらに類するものがある前面道路があるときは、第132条第１項の規定によらないで、当該公園、広場、水面その他これらに類するものがある前面道路（２以上あるときは、そのうちの一）の境界線からの水平距離がその公園、広場、水面その他これらに類するものの反対側の境界線から当該前面道路の境界線までの水平距離の２倍以内で、かつ、35m以内の区域及びその他の前面道路の中心線からの水平距離が10mをこえる区域については、すべての前面道路を当該公園、広場、水面その他これらに類するものがある前面道路と同じ幅員を有し、かつ、その反対側に同様の公園、広場、水面その他これらに類するものがあるものとみなして、前項の規定によることができる。この場合においては、第132条第２項及び第３項の規定を準用する。

［現行］　第135条　削除

［削除条文］

制定：昭和25年政令第338号　　　施行：昭和25年11月23日
旧　第135条　（前面道路の反対側の敷地に壁面線の指定がある場合）

　１　前面道路の反対側に道路境界線から後退して壁面線の指定がある場合においては、その建築物の各部分の高さは、その部分からその壁面線までの水平距離の1.5倍（住居地域内においては、1.25倍）以下で、且つ、その前面道路の幅員の1.5倍（住居地域内においては、1.25倍）に８mを加えたもの以下としなければならない。

改正：昭和34年政令第344号　　　施行：昭和34年12月23日
旧　第135条　（前面道路の反対側の敷地に壁面線の指定がある場合）

　１　前面道路の反対側に道路境界線から後退して壁面線の指定がある場合においては、その建築物の各部分の高さは、その部分からその壁面線までの水平距離の1.5倍（住居地域内においては、1.25倍）以下で、かつ、その前面道路の幅員の1.5倍（住居地域内においては、1.25倍）に８mを加えたもの以下としなければならない。

令旧135条 改正：昭和34年政令第344号

2　建築物の前面道路が２以上ある場合において、その反対側に道路境界線から後退して壁面線の指定がある前面道路があるときは、第132条第１項及び前条第２項前段の規定によらないで、当該壁面線の指定がある前面道路（２以上あるときは、そのうちの１）の境界線からの水平距離がその壁面線から当該前面道路の境界線までの水平距離の２倍以内で、かつ、35m以内の区域及びその他の前面道路の中心線からの水平距離が10mをこえる区域については、すべての前面道路を当該壁面線の指定がある前面道路と同じ幅員を有し、かつ、同様の壁面線の指定があるものとみなして、前項の規定によることができる。この場合においては、第132条第２項及び第３項の規定を準用する。

改正：昭和39年政令第４号　　　施行：昭和39年１月15日
旧　第135条　（前面道路の反対側の敷地に壁面線の指定がある場合）

1　前面道路の反対側に道路境界線から後退して壁面線の指定がある場合においては、その建築物の各部分の高さは、その部分からその壁面線までの水平距離の1.5倍（住居地域内においては、1.25倍）以下で、かつ、容積地区外においては、その前面道路の幅員の1.5倍（住居地域内においては、1.25倍）に８mを加えたもの以下としなければならない。
2　略

改正：昭和45年政令第333号　　　施行：昭和46年１月１日
旧　第135条　（前面道路の反対側に壁面線の指定がある場合）

1　前面道路の反対側に道路境界線から後退して壁面線の指定がある場合においては、当該前面道路の反対側の境界線は、当該壁面線にあるものとみなす。
2　略

改正：昭和56年政令第144号　　　施行：昭和56年４月25日
旧　第135条　（前面道路の反対側に壁面線の指定等がある場合）

1　前面道路の反対側に道路境界線から後退して壁面線の指定又は法第68条の２第１項の規定に基づく条例で定める壁面の位置の制限（以下この条において「壁面線の指定等」という。）がある場合においては、当該前面道路の反対側の境界線は、当該壁面線又は当該壁面の位置の制限として定められた限度の線にあるものとみなす。
2　建築物の前面道路が２以上ある場合において、その反対側に道路境界線から後退して壁面線の指定等がある前面道路があるときは、第132条第１項及び前条第２項前段の規定によらないで、当該壁面線の指定等がある前面道路（２以上あるときは、そのうちの１）の境界線からの水平距離がその壁面線又はその壁面の位置の制限として定められた限度の線から当該前面道路の境界線までの水平距離の２倍以内で、かつ、35m以内の区域及びその他の前面道路の中心線からの水平距離が10mを超える区域については、すべての前面道路を当該壁面線の指定等がある前面道路と同じ幅員を有し、かつ、同様の壁面線の指定等があるものとみなして、前項の規定によることができる。この場合においては、第132条第２項及び第３項の規定を準用する。

改正：昭和62年政令第348号　　　施行：昭和62年11月16日
旧　第135条　（前面道路の反対側に壁面線の指定等がある場合）　削除

[現行]　第135条の２　（道路面と敷地の地盤面に高低差がある場合）

制定：昭和25年政令第338号　　　施行：昭和25年11月23日
旧　第136条　（道路面と敷地の地盤面に高低差がある場合）

1　建築物の敷地の地盤面が前面道路より１m以上高い場合においては、その前面道路は、敷地の地盤面と前面道路との高低差から１mを減じたものの２分の１だけ高い位置にあるものとみなす。

2　特定行政庁は、地形の特殊性に因り前項の規定をそのまま適用することが著しく不適当であると認める場合においては、同項の規定にかかわらず、規則で、前面道路の位置を同項の規定による位置と敷地の地盤面の高さとの間において適当と認める高さに定めることができる。

改正：昭和34年政令第344号　　　施行：昭和34年12月23日
第135条の2　（道路面と敷地の地盤面に高低差がある場合）

略

改正：昭和45年政令第333号　　　施行：昭和46年1月1日
第135条の2　（道路面と敷地の地盤面に高低差がある場合）

1　建築物の敷地の地盤面が前面道路より1m以上高い場合においては、その前面道路は、敷地の地盤面と前面道路との高低差から1mを減じたものの2分の1だけ高い位置にあるものとみなす。
2　特定行政庁は、地形の特殊性により前項の規定をそのまま適用することが著しく不適当であると認める場合においては、同項の規定にかかわらず、規則で、前面道路の位置を同項の規定による位置と敷地の地盤面の高さとの間において適当と認める高さに定めることができる。

[現行]　第135条の3　（隣地との関係についての建築物の各部分の高さの制限の緩和）

制定：昭和39年政令第4号　　　施行：昭和39年1月15日
旧　第135条の4　（容積地区内における隣地との関係についての高さの制限の緩和）

1　法第59条の2第6項の規定による同条第5項の規定の適用の緩和に関する措置は、次の各号に定めるところによる。
　一　建築物の敷地が公園（都市公園法施行令（昭和31年政令第290号）第2条第一号に規定する児童公園を除く。）、広場、水面その他これらに類するものに接する場合においては、その公園、広場、水面その他これらに類するものに接する隣地境界線は、その公園、広場、水面その他これらに類するものの幅の2分の1だけ外側にあるものとみなす。
　二　建築物の敷地の地盤面が隣地の地盤面より1m以上低い場合においては、その建築物の敷地の地盤面は、当該隣地境界線との関係による建築物の高さの制限については、当該高低差から1mを減じたものの2分の1だけ高い位置にあるものとみなす。
　三　第131条の2第2項の規定により計画道路を前面道路とみなす場合においては、その計画道路内の隣地境界線は、ないものとみなす。
2　特定行政庁は、前項第二号の場合において、地形の特殊性により同号の規定をそのまま適用することが著しく不適当であると認めるときは、規則で、建築物の敷地の地盤面の位置を当該建築物の敷地の地盤面の位置と隣地の地盤面の位置との間において適当と認める高さに定めることができる。

改正：昭和44年政令第158号　　　施行：昭和44年6月14日
旧　第135条の4　（容積地区内における隣地との関係についての高さの制限の緩和）

1　法第59条の2第5項の規定による同条第4項の規定の適用の緩和に関する措置は、次の各号に定めるところによる。
　一～三　略
2　略

改正：昭和45年政令第333号　　　施行：昭和46年1月1日
第135条の3　（隣地との関係についての建築物の各部分の高さの制限の緩和）

1　法第56条第2項の規定による同条第1項の規定の適用の緩和に関する措置で同項第二号に係るものは、次

令135条の3 改正：昭和45年政令第333号

の各号に定めるところによる。
一　略
二　建築物の敷地の地盤面が隣地の地盤面(隣地に建築物がない場合においては、当該隣地の平均地表面をいう。次項において同じ。)より１ｍ以上低い場合においては、その建築物の敷地の地盤面は、当該高低差から１ｍを減じたものの２分の１だけ高い位置にあるものとみなす。
三　略
2　略

改正：昭和51年政令第228号　　　施行：昭和51年８月23日
第135条の3　(隣地との関係についての建築物の各部分の高さの制限の緩和)

1　法第56条第２項の規定による同条第１項の規定の適用の緩和に関する措置で同項第二号に係るものは、次の各号に定めるところによる。
一　建築物の敷地が公園(都市公園法施行令(昭和31年政令第290号)第２条第１項第一号に規定する児童公園を除く。)、広場、水面その他これらに類するものに接する場合においては、その公園、広場、水面その他これらに類するものに接する隣地境界線は、その公園、広場、水面その他これらに類するものの幅の２分の１だけ外側にあるものとみなす。
二・三　略
2　略

改正：昭和52年政令第266号　　　施行：昭和52年11月１日
第135条の3　(隣地との関係についての建築物の各部分の高さの制限の緩和)

1　法第56条第３項の規定による同条第１項及び第２項の規定の適用の緩和に関する措置で同条第１項第二号に係るものは、次の各号に定めるところによる。
一～三　略
2　略

改正：昭和62年政令第348号　　　施行：昭和62年11月16日
第135条の3　(隣地との関係についての建築物の各部分の高さの制限の緩和)

1　法第56条第４項の規定による同条第１項及び第３項の規定の適用の緩和に関する措置で同条第１項第二号に係るものは、次の各号に定めるところによる。
一～三　略
2　略

改正：平成５年政令第170号　　　施行：平成５年６月25日
第135条の3　(隣地との関係についての建築物の各部分の高さの制限の緩和)

1　法第56条第４項の規定による同条第１項及び第３項の規定の適用の緩和に関する措置で同条第１項第二号に係るものは、次に定めるところによる。
一・二　略
三　第131条の２第２項の規定により計画道路又は予定道路を前面道路とみなす場合においては、その計画道路又は予定道路内の隣地境界線は、ないものとみなす。
2　略

改正：平成５年政令第235号　　　施行：平成５年６月30日
第135条の3　(隣地との関係についての建築物の各部分の高さの制限の緩和)

1　法第56条第４項の規定による同条第１項及び第３項の規定の適用の緩和に関する措置で同条第１項第二号

に係るものは、次に定めるところによる。
一　建築物の敷地が公園（都市公園法施行令（昭和31年政令第290号）第2条第1項第一号に規定する都市公園を除く。）、広場、水面その他これらに類するものに接する場合においては、その公園、広場、水面その他これらに類するものに接する隣地境界線は、その公園、広場、水面その他これらに類するものの幅の2分の1だけ外側にあるものとみなす。
二・三　略
2　略

改正：平成7年政令第214号　　　施行：平成7年5月25日
第135条の3　（隣地との関係についての建築物の各部分の高さの制限の緩和）

1　法第56条第6項の規定による同条第1項及び第5項の規定の適用の緩和に関する措置で同条第1項第二号に係るものは、次に定めるところによる。
一　建築物の敷地が公園（都市公園法施行令（昭和31年政令第290号）第2条第1項第一号に規定する都市公園を除く。）、広場、水面その他これらに類するものに接する場合においては、その公園、広場、水面その他これらに類するものに接する隣地境界線は、その公園、広場、水面その他これらに類するものの幅の2分の1だけ外側にあるものとみなす。
二　建築物の敷地の地盤面が隣地の地盤面（隣地に建築物がない場合においては、当該隣地の平均地表面をいう。次項において同じ。）より1m以上低い場合においては、その建築物の敷地の地盤面は、当該高低差から1mを減じたものの2分の1だけ高い位置にあるものとみなす。
三　第131条の2第2項の規定により計画道路又は予定道路を前面道路とみなす場合においては、その計画道路又は予定道路内の隣地境界線は、ないものとみなす。
2　特定行政庁は、前項第二号の場合において、地形の特殊性により同号の規定をそのまま適用することが著しく不適当であると認めるときは、規則で、建築物の敷地の地盤面の位置を当該建築物の敷地の地盤面の位置と隣地の地盤面の位置との間において適当と認める高さに定めることができる。

［現行］　第135条の4　（北側の前面道路又は隣地との関係についての建築物の各部分の高さの制限の緩和）

制定：昭和45年政令第333号　　　施行：昭和46年1月1日
第135条の4　（北側の前面道路又は隣地との関係についての建築物の各部分の高さの制限の緩和）

1　法第56条第2項の規定による同条第1項の規定の適用の緩和に関する措置で同項第三号に係るものは、次の各号に定めるところによる。
一　北側の前面道路の反対側に水面、線路敷その他これらに類するものがある場合又は建築物の敷地が北側で水面、線路敷その他これらに類するものに接する場合においては、当該前面道路の反対側の境界線又は当該水面、線路敷その他これらに類するものに接する隣地境界線は、当該水面、線路敷その他これらに類するものの幅の2分の1だけ外側にあるものとみなす。
二　建築物の敷地の地盤面が北側の隣地（北側に前面道路がある場合においては、当該前面道路の反対側の隣接地をいう。以下この条において同じ。）の地盤面（隣地に建築物がない場合においては、当該隣地の平均地表面をいう。次項において同じ。）より1m以上低い場合においては、その建築物の敷地の地盤面は、当該高低差から1mを減じたものの2分の1だけ高い位置にあるものとみなす。
三　第131条の2第2項の規定により計画道路を前面道路とみなす場合においては、その計画道路内の隣地境界線は、ないものとみなす。
2　特定行政庁は、前項第二号の場合において、地形の特殊性により同号の規定をそのまま適用することが著しく不適当であると認めるときは、規則で、建築物の敷地の地盤面の位置を当該建築物の敷地の地盤面の位置と北側の隣地の地盤面の位置との間において適当と認める高さに定めることができる。

改正：昭和52年政令第266号　　　施行：昭和52年11月1日
第135条の4　（北側の前面道路又は隣地との関係についての建築物の各部分の高さの制限の緩和）

令135条の4　改正：昭和52年政令第266号

1　法第56条第3項の規定による同条第1項及び第2項の規定の適用の緩和に関する措置で同条第1項第三号に係るものは、次の各号に定めるところによる。
　一～三　略
2　略

改正：昭和62年政令第348号　　　施行：昭和62年11月16日
第135条の4　（北側の前面道路又は隣地との関係についての建築物の各部分の高さの制限の緩和）

1　法第56条第4項の規定による同条第1項及び第3項の規定の適用の緩和に関する措置で同条第1項第三号に係るものは、次の各号に定めるところによる。
　一～三　略
2　略

改正：平成5年政令第170号　　　施行：平成5年6月25日
第135条の4　（北側の前面道路又は隣地との関係についての建築物の各部分の高さの制限の緩和）

1　法第56条第4項の規定による同条第1項及び第3項の規定の適用の緩和に関する措置で同条第1項第三号に係るものは、次に定めるところによる。
　一・二　略
　三　第131条の2第2項の規定により計画道路又は予定道路を前面道路とみなす場合においては、その計画道路又は予定道路内の隣地境界線は、ないものとみなす。
2　略

改正：平成7年政令第214号　　　施行：平成7年5月25日
第135条の4　（北側の前面道路又は隣地との関係についての建築物の各部分の高さの制限の緩和）

1　法第56条第6項の規定による同条第1項及び第5項の規定の適用の緩和に関する措置で同条第1項第三号に係るものは、次に定めるところによる。
　一　北側の前面道路の反対側に水面、線路敷その他これらに類するものがある場合又は建築物の敷地が北側で水面、線路敷その他これらに類するものに接する場合においては、当該前面道路の反対側の境界線又は当該水面、線路敷その他これらに類するものに接する隣地境界線は、当該水面、線路敷その他これらに類するものの幅の2分の1だけ外側にあるものとみなす。
　二　建築物の敷地の地盤面が北側の隣地（北側に前面道路がある場合においては、当該前面道路の反対側の隣接地をいう。以下この条において同じ。）の地盤面（隣地に建築物がない場合においては、当該隣地の平均地表面をいう。次項において同じ。）より1m以上低い場合においては、その建築物の敷地の地盤面は、当該高低差から1mを減じたものの2分の1だけ高い位置にあるものとみなす。
　三　第131条の2第2項の規定により計画道路又は予定道路を前面道路とみなす場合においては、その計画道路又は予定道路内の隣地境界線は、ないものとみなす。
2　特定行政庁は、前項第二号の場合において、地形の特殊性により同号の規定をそのまま適用することが著しく不適当であると認めるときは、規則で、建築物の敷地の地盤面の位置を当該建築物の敷地の地盤面の位置と北側の隣地の地盤面の位置との間において適当と認める高さに定めることができる。

[現行]　第135条の5　（天空率）

制定：平成14年政令第331号　　　施行：平成15年1月1日
第135条の5　（天空率）

1　この章において「天空率」とは、次の式によつて計算した数値をいう。

改正：平成15年政令第523号　**令135条の6**

$$Rs = \frac{As - Ab}{As}$$

この式において、Rs、As及びAbは、それぞれ次の数値を表すものとする。
- Rs　天空率
- As　地上のある位置を中心としてその水平面上に想定する半球（以下この章において「想定半球」という。）の水平投影面積
- Ab　建築物及びその敷地の地盤をAsの想定半球と同一の想定半球に投影した投影面の水平投影面積

[現行]　第135条の6　（前面道路との関係についての建築物の各部分の高さの制限を適用しない建築物の基準等）

制定：平成14年政令第331号　　　施行：平成15年1月1日
第135条の6　（前面道路との関係についての建築物の各部分の高さの制限を適用しない建築物の基準等）

1　法第56条第7項の政令で定める基準で同項第一号に掲げる規定を適用しない建築物に係るものは、次のとおりとする。
　一　当該建築物（法第56条第7項第一号に掲げる規定による高さの制限（以下この章において「道路高さ制限」という。）が適用される範囲内の部分に限る。）の第135条の9に定める位置を想定半球の中心として算定する天空率が、当該建築物と同一の敷地内において道路高さ制限に適合するものとして想定する建築物（道路高さ制限が適用される範囲内の部分に限り、階段室、昇降機塔、装飾塔、物見塔、屋窓その他これらに類する建築物の屋上部分の水平投影面積の合計が建築物の建築面積の8分の1以内であつて、かつ、その部分の高さが12m以内であるもの（以下この章において「階段室等」という。）及び棟飾、防火壁の屋上突出部その他これらに類する屋上突出物（以下この章において「棟飾等」という。）を除く。以下この章において「道路高さ制限適合建築物」という。）の当該位置を想定半球の中心として算定する天空率以上であること。
　二　当該建築物の前面道路の境界線からの後退距離（法第56条第2項に規定する後退距離をいう。以下この号において同じ。）が、前号の道路高さ制限適合建築物と同一の道路高さ制限適合建築物の前面道路の境界線からの後退距離以上であること。
2　当該建築物の敷地が、道路高さ制限による高さの限度として水平距離に乗ずべき数値が異なる地域、地区又は区域（以下この章において「道路制限勾（こう）配が異なる地域等」という。）にわたる場合における前項第一号の規定の適用については、同号中「限る。）」とあるのは「限る。）の道路制限勾（こう）配が異なる地域等ごとの部分」と、「という。）の」とあるのは「という。）の道路制限勾（こう）配が異なる地域等ごとの部分の」とする。
3　当該建築物の前面道路が2以上ある場合における第1項第一号の規定の適用については、同号中「限る。）」とあるのは「限る。）の第132条又は第134条第2項に規定する区域ごとの部分」と、「という。）の」とあるのは「という。）の第132条又は第134条第2項に規定する区域ごとの部分の」とする。

改正：平成15年政令第523号　　　施行：平成15年12月19日
第135条の6　（前面道路との関係についての建築物の各部分の高さの制限を適用しない建築物の基準等）

1　法第56条第7項の政令で定める基準で同項第一号に掲げる規定を適用しない建築物に係るものは、次のとおりとする。
　一　当該建築物（法第56条第7項第一号に掲げる規定による高さの制限（以下この章において「道路高さ制限」という。）が適用される範囲内の部分に限る。）の第135条の9に定める位置を想定半球の中心として算定する天空率が、当該建築物と同一の敷地内において道路高さ制限に適合するものとして想定する建築物（道路高さ制限が適用される範囲内の部分に限り、階段室、昇降機塔、装飾塔、物見塔、屋窓その他これらに類する建築物の屋上部分でその水平投影面積の合計が建築物の建築面積の8分の1以内のものの頂部から12m以内の部分（以下この章において「階段室等」という。）及び棟飾、防火壁の屋上突出部その

令135条の6　改正：平成15年政令第523号

他これらに類する屋上突出物（以下この章において「棟飾等」という。）を除く。以下この章において「道路高さ制限適合建築物」という。）の当該位置を想定半球の中心として算定する天空率以上であること。

二　当該建築物の前面道路の境界線からの後退距離（法第56条第2項に規定する後退距離をいう。以下この号において同じ。）が、前号の道路高さ制限適合建築物と同一の道路高さ制限適合建築物の前面道路の境界線からの後退距離以上であること。

2　当該建築物の敷地が、道路高さ制限による高さの限度として水平距離に乗ずべき数値が異なる地域、地区又は区域（以下この章において「道路制限勾（こう）配が異なる地域等」という。）にわたる場合における前項第一号の規定の適用については、同号中「限る。）」とあるのは「限る。）の道路制限勾（こう）配が異なる地域等ごとの部分」と、「という。）の」とあるのは「という。）の道路制限勾（こう）配が異なる地域等ごとの部分の」とする。

3　当該建築物の前面道路が2以上ある場合における第1項第一号の規定の適用については、同号中「限る。）」とあるのは「限る。）の第132条又は第134条第2項に規定する区域ごとの部分」と、「という。）の」とあるのは「という。）の第132条又は第134条第2項に規定する区域ごとの部分の」とする。

［現行］　第135条の7　（隣地との関係についての建築物の各部分の高さの制限を適用しない建築物の基準等）

制定：平成14年政令第331号　　　施行：平成15年1月1日

第135条の7　（隣地との関係についての建築物の各部分の高さの制限を適用しない建築物の基準等）

1　法第56条第7項の政令で定める基準で同項第二号に掲げる規定を適用しない建築物に係るものは、次のとおりとする。

一　当該建築物（法第56条第7項第二号に掲げる規定による高さの制限（以下この章において「隣地高さ制限」という。）が適用される地域、地区又は区域内の部分に限る。）の第135条の10に定める位置を想定半球の中心として算定する天空率が、当該建築物と同一の敷地内の同一の地盤面において隣地高さ制限に適合するものとして想定する建築物（隣地高さ制限が適用される地域、地区又は区域内の部分に限り、階段室等及び棟飾等を除く。以下この章において「隣地高さ制限適合建築物」という。）の当該位置を想定半球の中心として算定する天空率以上であること。

二　当該建築物（法第56条第1項第二号イ又はニに定める数値が1.25とされている建築物にあつては高さが20mを、同号イからニまでに定める数値が2.5とされている建築物にあつては高さが31mを超える部分に限る。）の隣地境界線からの後退距離（同項に規定する水平距離のうち最小のものに相当する距離をいう。以下この号において同じ。）が、前号の隣地高さ制限適合建築物と同一の隣地高さ制限適合建築物（同項第二号イ又はニに定める数値が1.25とされている隣地高さ制限適合建築物にあつては高さが20mを、同号イからニまでに定める数値が2.5とされている隣地高さ制限適合建築物にあつては高さが31mを超える部分に限る。）の隣地境界線からの後退距離以上であること。

2　当該建築物の敷地が、隣地高さ制限による高さの限度として水平距離に乗ずべき数値が異なる地域、地区又は区域（以下この章において「隣地制限勾（こう）配が異なる地域等」という。）にわたる場合における前項第一号の規定の適用については、同号中「限る。）」とあるのは「限る。）の隣地制限勾（こう）配が異なる地域等ごとの部分」と、「という。）の」とあるのは「という。）の隣地制限勾（こう）配が異なる地域等ごとの部分の」とする。

3　当該建築物が周囲の地面と接する位置の高低差が3mを超える場合における第1項第一号の規定の適用については、同号中「限る。）」とあるのは「限る。）の周囲の地面と接する位置の高低差が3m以内となるようにその敷地を区分した区域（以下この章において「高低差区分区域」という。）ごとの部分」と、「地盤面」とあるのは「高低差区分区域ごとの地盤面」と、「という。）の」とあるのは「という。）の高低差区分区域ごとの部分の」とする。

［現行］　第135条の8　（北側の隣地との関係についての建築物の各部分の高さの制限を適用しない建築物の基準等）

制定：平成14年政令第331号　　　施行：平成15年1月1日

第135条の8　（北側の隣地との関係についての建築物の各部分の高さの制限を適用しない建築物の基準等）

制定：平成14年政令第331号　**令135条の10**

1　法第56条第7項の政令で定める基準で同項第三号に掲げる規定を適用しない建築物に係るものは、当該建築物（同号に掲げる規定による高さの制限（以下この章において「北側高さ制限」という。）が適用される地域内の部分に限る。）の第135条の11に定める位置を想定半球の中心として算定する天空率が、当該建築物と同一の敷地内の同一の地盤面において北側高さ制限に適合するものとして想定する建築物（北側高さ制限が適用される地域内の部分に限り、棟飾等を除く。）の当該位置を想定半球の中心として算定する天空率以上であることとする。
2　当該建築物の敷地が、北側高さ制限による高さの限度として加える高さが異なる地域（以下この章において「北側制限高さが異なる地域」という。）にわたる場合における前項の規定の適用については、同項中「限る。）」とあるのは「限る。）の北側制限高さが異なる地域ごとの部分」と、「除く。）」とあるのは「除く。）の北側制限高さが異なる地域ごとの部分」とする。
3　当該建築物が周囲の地面と接する位置の高低差が3mを超える場合における第1項の規定の適用については、同項中「限る。）」とあるのは「限る。）の高低差区分区域ごとの部分」と、「地盤面」とあるのは「高低差区分区域ごとの地盤面」と、「除く。）」とあるのは「除く。）の高低差区分区域ごとの部分」とする。

[現行]　第135条の9　（法第56条第7項第一号の政令で定める位置）

制定：平成14年政令第331号　　　　施行：平成15年1月1日
第135条の9　（法第56条第7項第一号の政令で定める位置）

1　法第56条第7項第一号の政令で定める位置は、前面道路の路面の中心の高さにある次に掲げる位置とする。
　一　当該建築物の敷地（道路高さ制限が適用される範囲内の部分に限る。）の前面道路に面する部分の両端から最も近い当該前面道路の反対側の境界線上の位置
　二　前号の位置の間の境界線の延長が当該前面道路の幅員の2分の1を超えるときは、当該位置の間の境界線上に当該前面道路の幅員の2分の1以内の間隔で均等に配置した位置
2　当該建築物の敷地が道路制限勾（こう）配が異なる地域等にわたる場合における前項の規定の適用については、同項第一号中「限る。）」とあるのは、「限る。）の道路制限勾（こう）配が異なる地域等ごと」とする。
3　当該建築物の前面道路が2以上ある場合における第1項の規定の適用については、同項第一号中「限る。）」とあるのは、「限る。）の第132条又は第134条第2項に規定する区域ごと」とする。
4　当該建築物の敷地の地盤面が前面道路の路面の中心の高さより1m以上高い場合においては、第1項に規定する前面道路の路面の中心は、当該高低差から1mを減じたものの2分の1だけ高い位置にあるものとみなす。
5　第135条の2第2項の規則で前面道路の位置の高さが別に定められている場合にあつては、前項の規定にかかわらず、当該高さを第1項に規定する前面道路の路面の中心の高さとみなす。

[現行]　第135条の10　（法第56条第7項第二号の政令で定める位置）

制定：平成14年政令第331号　　　　施行：平成15年1月1日
第135条の10　（法第56条第7項第二号の政令で定める位置）

1　法第56条第7項第二号の政令で定める位置は、当該建築物の敷地の地盤面の高さにある次に掲げる位置とする。
　一　法第56条第7項第二号に規定する外側の線（以下この条において「基準線」という。）の当該建築物の敷地（隣地高さ制限が適用される地域、地区又は区域内の部分に限る。）に面する部分の両端上の位置
　二　前号の位置の間の基準線の延長が、法第56条第1項第二号イ又はニに定める数値が1.25とされている建築物にあつては8m、同号イからニまでに定める数値が2.5とされている建築物にあつては6.2mを超えるときは、当該位置の間の基準線上に、同号イ又はニに定める数値が1.25とされている建築物にあつては8m、同号イからニまでに定める数値が2.5とされている建築物にあつては6.2m以内の間隔で均等に配置した位置
2　当該建築物の敷地が隣地制限勾（こう）配が異なる地域等にわたる場合における前項の規定の適用につい

令135条の10　制定：平成14年政令第331号

ては、同項第一号中「限る。)」とあるのは、「限る。)の隣地制限勾（こう）配が異なる地域等ごとの部分」とする。

3　当該建築物が周囲の地面と接する位置の高低差が3mを超える場合における第1項の規定の適用については、同項中「地盤面」とあるのは「高低差区分区域ごとの地盤面」と、同項第一号中「限る。)」とあるのは「限る。)の高低差区分区域ごとの部分」とする。

4　当該建築物の敷地の地盤面が隣地の地盤面（隣地に建築物がない場合においては、当該隣地の平均地表面をいう。）より1m以上低い場合においては、第1項に規定する当該建築物の敷地の地盤面は、当該高低差から1mを減じたものの2分の1だけ高い位置にあるものとみなす。

5　第135条の3第2項の規則で建築物の敷地の地盤面の位置の高さが別に定められている場合にあつては、前項の規定にかかわらず、当該高さを第1項に規定する当該建築物の敷地の地盤面の高さとみなす。

[現行]　第135条の11　(法第56条第7項第三号の政令で定める位置)

制定：平成14年政令第331号　　　　施行：平成15年1月1日

第135条の11　(法第56条第7項第三号の政令で定める位置)

1　法第56条第7項第三号の政令で定める位置は、当該建築物の敷地の地盤面の高さにある次に掲げる位置とする。
　一　当該建築物の敷地（北側高さ制限が適用される地域内の部分に限る。）の真北に面する部分の両端から真北方向の法第56条第7項第三号に規定する外側の線（以下この条において「基準線」という。）上の位置
　二　前号の位置の間の基準線の延長が、第一種低層住居専用地域又は第二種低層住居専用地域内の建築物にあつては1m、第一種中高層住居専用地域又は第二種中高層住居専用地域内の建築物にあつては2mを超えるときは、当該位置の間の基準線上に、第一種低層住居専用地域又は第二種低層住居専用地域内の建築物にあつては1m、第一種中高層住居専用地域又は第二種中高層住居専用地域内の建築物にあつては2m以内の間隔で均等に配置した位置

2　当該建築物の敷地が北側制限高さが異なる地域にわたる場合における前項の規定の適用については、同項第一号中「限る。)」とあるのは、「限る。)の北側制限高さが異なる地域ごと」とする。

3　当該建築物が周囲の地面と接する位置の高低差が3mを超える場合における第一項の規定の適用については、同項中「地盤面」とあるのは「高低差区分区域ごとの地盤面」と、同項第一号中「限る。)」とあるのは「限る。)の高低差区分区域ごと」とする。

4　当該建築物の敷地の地盤面が北側の隣地の地盤面（隣地に建築物がない場合においては、当該隣地の平均地表面をいう。）より1m以上低い場合においては、第1項に規定する当該建築物の敷地の地盤面は、当該高低差から1mを減じたものの2分の1だけ高い位置にあるものとみなす。

5　第135条の4第2項の規則で建築物の敷地の地盤面の位置の高さが別に定められている場合にあつては、前項の規定にかかわらず、当該高さを第1項に規定する当該建築物の敷地の地盤面の高さとみなす。

改正：平成29年政令第156号　　　　施行：平成30年4月1日

第135条の11　(法第56条第7項第三号の政令で定める位置)

1　法第56条第7項第三号の政令で定める位置は、当該建築物の敷地の地盤面の高さにある次に掲げる位置とする。
　一　当該建築物の敷地（北側高さ制限が適用される地域内の部分に限る。）の真北に面する部分の両端から真北方向の法第56条第7項第三号に規定する外側の線（以下この条において「基準線」という。）上の位置
　二　前号の位置の間の基準線の延長が、第一種低層住居専用地域、第二種低層住居専用地域又は田園住居地域内の建築物にあつては1m、第一種中高層住居専用地域又は第二種中高層住居専用地域内の建築物にあつては2mを超えるときは、当該位置の間の基準線上に、第一種低層住居専用地域、第二種低層住居専用地域又は田園住居地域内の建築物にあつては1m、第一種中高層住居専用地域又は第二種中高層住居専用地域内の建築物にあつては2m以内の間隔で均等に配置した位置

2 当該建築物の敷地が北側制限高さが異なる地域にわたる場合における前項の規定の適用については、同項第一号中「限る。)」とあるのは、「限る。)の北側制限高さが異なる地域ごと」とする。
3 当該建築物が周囲の地面と接する位置の高低差が3mを超える場合における第一項の規定の適用については、同項中「地盤面」とあるのは「高低差区分区域ごとの地盤面」と、同項第一号中「限る。)」とあるのは「限る。)の高低差区分区域ごと」とする。
4 当該建築物の敷地の地盤面が北側の隣地の地盤面（隣地に建築物がない場合においては、当該隣地の平均地表面をいう。）より1m以上低い場合においては、第1項に規定する当該建築物の敷地の地盤面は、当該高低差から1mを減じたものの2分の1だけ高い位置にあるものとみなす。
5 第135条の4第2項の規則で建築物の敷地の地盤面の位置の高さが別に定められている場合にあつては、前項の規定にかかわらず、当該高さを第1項に規定する当該建築物の敷地の地盤面の高さとみなす。

[現行] 第135条の12 （日影による中高層の建築物の高さの制限の適用除外等）

制定：昭和52年政令第266号　　施行：昭和52年11月1日
旧　第135条の4の2　（日影による中高層の建築物の高さの制限の緩和）

1 法第56条の2第3項の規定による同条第1項本文の規定の適用の緩和に関する措置は、次の各号に定めるところによる。
　一　建築物の敷地が道路、水面、線路敷その他これらに類するものに接する場合においては、当該道路、水面、線路敷その他これらに類するものに接する敷地境界線は、当該道路、水面、線路敷その他これらに類するものの幅の2分の1だけ外側にあるものとみなす。ただし、当該道路、水面、線路敷その他これらに類するものの幅が10mを超えるときは、当該道路、水面、線路敷その他これらに類するものの反対側の境界線から当該敷地の側に水平距離5mの線を敷地境界線とみなす。
　二　建築物の敷地の平均地盤面が隣地又はこれに連接する土地で日影の生ずるものの地盤面（隣地又はこれに連接する土地に建築物がない場合においては、当該隣地又はこれに連接する土地の平均地表面をいう。次項において同じ。）より1m以上低い場合においては、その建築物の敷地の平均地盤面は、当該高低差から1mを減じたものの2分の1だけ高い位置にあるものとみなす。
2 特定行政庁は、前項第二号の場合において、地形の特殊性により同号の規定をそのまま適用することが著しく不適当であると認めるときは、規則で、建築物の敷地の平均地盤面の位置を当該建築物の敷地の平均地盤面の位置と隣地又はこれに連接する土地で日影の生ずるものの地盤面の位置との間において適当と認める高さに定めることができる。

改正：平成14年政令第331号　　施行：平成15年1月1日
第135条の12　（日影による中高層の建築物の高さの制限の緩和）

略

改正：平成30年政令第255号　　施行：平成30年9月25日
第135条の12　（日影による中高層の建築物の高さの制限の適用除外等）

1 法第56条の2第1項ただし書の政令で定める位置は、同項ただし書の規定による許可を受けた際における敷地の区域とする。
2 法第56条の2第1項ただし書の政令で定める規模は、同項に規定する平均地盤面からの高さの水平面に、敷地境界線からの水平距離が5mを超える範囲において新たに日影となる部分を生じさせることのない規模とする。
3 法第56条の2第3項の規定による同条第1項本文の規定の適用の緩和に関する措置は、次の各号に定めるところによる。
　一　建築物の敷地が道路、水面、線路敷その他これらに類するものに接する場合においては、当該道路、水面、線路敷その他これらに類するものに接する敷地境界線は、当該道路、水面、線路敷その他これらに類するものの幅の2分の1だけ外側にあるものとみなす。ただし、当該道路、水面、線路敷その他これらに

令135条の12 改正：平成30年政令第255号

類するものの幅が10mを超えるときは、当該道路、水面、線路敷その他これらに類するものの反対側の境界線から当該敷地の側に水平距離5mの線を敷地境界線とみなす。
二　建築物の敷地の平均地盤面が隣地又はこれに連接する土地で日影の生ずるものの地盤面（隣地又はこれに連接する土地に建築物がない場合においては、当該隣地又はこれに連接する土地の平均地表面をいう。次項において同じ。）より1m以上低い場合においては、その建築物の敷地の平均地盤面は、当該高低差から1mを減じたものの2分の1だけ高い位置にあるものとみなす。

4　特定行政庁は、前項第二号の場合において、地形の特殊性により同号の規定をそのまま適用することが著しく不適当であると認めるときは、規則で、建築物の敷地の平均地盤面の位置を当該建築物の敷地の平均地盤面の位置と隣地又はこれに連接する土地で日影の生ずるものの地盤面の位置との間において適当と認める高さに定めることができる。

[現行]　第135条の13　（建築物が日影時間の制限の異なる区域の内外にわたる場合等の措置）

制定：昭和52年政令第266号　　施行：昭和52年11月1日
旧　第135条の4の3　（建築物が日影時間の制限の異なる区域の内外にわたる場合等の措置）

1　法第56条の2第1項に規定する対象区域（以下この条において「対象区域」という。）である第一種住居専用地域内にある部分の軒の高さが7mを超える建築物若しくは当該部分の地階を除く階数が3以上である建築物又は高さが10mを超える建築物（以下この条において「対象建築物」という。）が同項の規定による日影時間の制限の異なる区域の内外にわたる場合には当該対象建築物がある各区域内に、対象建築物が、冬至日において、対象区域のうち当該対象建築物がある区域外の土地に日影を生じさせる場合には当該対象建築物が日影を生じさせる各区域内に、それぞれ当該対象建築物があるものとして、同項の規定を適用する。

改正：平成5年政令第170号　　施行：平成5年6月25日
旧　第135条の4の3　（建築物が日影時間の制限の異なる区域の内外にわたる場合等の措置）

1　法第56条の2第1項に規定する対象区域（以下この条において「対象区域」という。）である<u>第一種低層住居専用地域若しくは第二種低層住居専用地域</u>内にある部分の軒の高さが7mを超える建築物若しくは当該部分の地階を除く階数が3以上である建築物又は高さが10mを超える建築物（以下この条において「対象建築物」という。）が同項の規定による日影時間の制限の異なる区域の内外にわたる場合には当該対象建築物がある各区域内に、対象建築物が、冬至日において、対象区域のうち当該対象建築物がある区域外の土地に日影を生じさせる場合には当該対象建築物が日影を生じさせる各区域内に、それぞれ当該対象建築物があるものとして、同項の規定を適用する。

改正：平成14年政令第331号　　施行：平成15年1月1日
第135条の13　（建築物が日影時間の制限の異なる区域の内外にわたる場合等の措置）

略

改正：平成17年政令第192号　　施行：平成17年6月1日
第135条の13　（建築物が日影時間の制限の異なる区域の内外にわたる場合等の措置）

1　法第56条の2第1項に規定する対象区域（以下この条において「対象区域」という。）である第一種低層住居専用地域<u>、第二種低層住居専用地域若しくは用途地域の指定のない区域</u>内にある部分の軒の高さが7mを超える建築物若しくは当該部分の地階を除く階数が3以上である建築物又は高さが10mを超える建築物（以下この条において「対象建築物」という。）が同項の規定による日影時間の制限の異なる区域の内外にわたる場合には当該対象建築物がある各区域内に、対象建築物が、冬至日において、対象区域のうち当該対象建築物がある区域外の土地に日影を生じさせる場合には当該対象建築物が日影を生じさせる各区域内に、それぞれ当該対象建築物があるものとして、同項の規定を適用する。

改正：平成29年政令第156号　　　施行：平成30年4月1日
第135条の13　（建築物が日影時間の制限の異なる区域の内外にわたる場合等の措置）

1　法第56条の2第1項に規定する対象区域（以下この条において「対象区域」という。）である第一種低層住居専用地域、第二種低層住居専用地域、田園住居地域若しくは用途地域の指定のない区域内にある部分の軒の高さが7mを超える建築物若しくは当該部分の地階を除く階数が3以上である建築物又は高さが10mを超える建築物（以下この条において「対象建築物」という。）が同項の規定による日影時間の制限の異なる区域の内外にわたる場合には当該対象建築物がある各区域内に、対象建築物が、冬至日において、対象区域のうち当該対象建築物がある区域外の土地に日影を生じさせる場合には当該対象建築物が日影を生じさせる各区域内に、それぞれ当該対象建築物があるものとして、同項の規定を適用する。

[現行]　第135条の14　（高層住居誘導地区内の建築物及び法第52条第8項に規定する建築物の容積率の上限の数値の算出方法）

制定：平成14年政令第331号　　　施行：平成15年1月1日
第135条の14　（高層住居誘導地区内の建築物及び法第52条第7項に規定する建築物の容積率の上限の数値の算出方法）

1　法第52条第1項第五号及び第7項の政令で定める方法は、次の式により計算する方法とする。

$$Vr = \frac{3\,Vc}{3 - R}$$

この式において、Vr、Vc及びRは、それぞれ次の数値を表すものとする。
　　Vr　　法第52条第1項第五号又は第7項の政令で定める方法により算出した数値
　　Vc　　建築物がある用途地域に関する都市計画において定められた容積率の数値
　　R　　建築物の住宅の用途に供する部分の床面積の合計のその延べ面積に対する割合

改正：平成17年政令第192号　　　施行：平成17年6月1日
第135条の14　（高層住居誘導地区内の建築物及び法第52条第8項に規定する建築物の容積率の上限の数値の算出方法）

1　法第52条第1項第五号及び第8項の政令で定める方法は、次の式により計算する方法とする。

$$Vr = \frac{3\,Vc}{3 - R}$$

この式において、Vr、Vc及びRは、それぞれ次の数値を表すものとする。
　　Vr　　法第52条第1項第五号又は第8項の政令で定める方法により算出した数値
　　Vc　　建築物がある用途地域に関する都市計画において定められた容積率の数値
　　R　　建築物の住宅の用途に供する部分の床面積の合計のその延べ面積に対する割合

令旧135条の4の4 制定：平成9年政令第274号

[削除条文]

制定：平成9年政令第274号　　　施行：平成9年9月1日
旧　第135条の4の4　（高層住居誘導地区内の建築物の延べ面積の敷地面積に対する割合の上限の数値の算出方法）

1　法第52条第1項第五号の政令で定める方法は、次の式により計算する方法とする。

$$V = \frac{12}{3 - R}$$

　この式において、V及びRは、それぞれ次の数値を表すものとする。
　　V　法第52条第1項第五号の政令で定める方法により算出した数値
　　R　建築物の住宅の用途に供する部分の床面積の合計のその延べ面積に対する割合

改正：平成13年政令第98号　　　施行：平成13年5月18日
旧　第135条の4の4　（高層住居誘導地区内の建築物の容積率の上限の数値の算出方法）

1　法第52条第1項第五号の政令で定める方法は、次の式により計算する方法とする。

$$V = \frac{12}{3 - R}$$

　この式において、V及びRは、それぞれ次の数値を表すものとする。
　　V　法第52条第1項第五号の政令で定める方法により算出した数値
　　R　建築物の住宅の用途に供する部分の床面積の合計のその延べ面積に対する割合

改正：平成14年政令第331号　　　施行：平成15年1月1日
旧　第135条の4の4　（高層住居誘導地区内の建築物の容積率の上限の数値の算出方法）　削除

[現行]　第135条の15　（条例で地盤面を別に定める場合の基準）

制定：平成17年政令第192号　　　施行：平成17年6月1日
第135条の15　（条例で地盤面を別に定める場合の基準）

1　法第52条第5項の政令で定める基準は、次のとおりとする。
　一　建築物が周囲の地面と接する位置のうち最も低い位置の高さ以上の高さに定めること。
　二　周囲の地面と接する位置の高低差が3mを超える建築物については、その接する位置のうち最も低い位置からの高さが3mを超えない範囲内で定めること。
　三　周囲の地面と接する位置の高低差が3m以下の建築物については、その接する位置の平均の高さを超えない範囲内で定めること。

[現行]　第135条の16　（容積率の算定の基礎となる延べ面積に昇降路の部分の床面積を算入しない昇降機）

制定：平成26年政令第232号　　　施行：平成26年7月1日
第135条の16　（容積率の算定の基礎となる延べ面積に昇降路の部分の床面積を算入しない昇降機）

1　法第52条第6項の政令で定める昇降機は、エレベーターとする。

改正：令和4年政令第351号　　　施行：令和5年4月1日
第135条の16　（容積率の算定の基礎となる延べ面積に昇降路の部分の床面積を算入しない昇降機）

1　法第52条第6項第一号の政令で定める昇降機は、エレベーターとする。

[現行]　**第135条の17**　（敷地内の空地の規模等）

制定：平成14年政令第331号　　　施行：平成15年1月1日
旧　第135条の15　（法第52条第7項第二号の政令で定める空地の規模等）

1　法第52条第7項第二号の政令で定める空地の規模は、次の表（い）欄に掲げる区分に応じて、当該建築物の敷地面積に同表（ろ）欄に掲げる数値を乗じて得た面積とする。ただし、地方公共団体は、土地利用の状況等を考慮し、条例で、同表（は）欄に掲げる数値の範囲内で、当該建築物の敷地面積に乗ずべき数値を別に定めることができる。

	（い）	（ろ）	（は）
（1）	法第53条の規定による建ぺい率の最高限度（以下この表において「建ぺい率限度」という。）が10分の4.5以下の場合	1から建ぺい率限度を減じた数値に10分の1.5を加えた数値	1から建ぺい率限度を減じた数値に10分の1.5を加えた数値を超え、10分の8.5以下の範囲
（2）	建ぺい率限度が10分の4.5を超え、10分の5以下の場合		1から建ぺい率限度を減じた数値に10分の1.5を加えた数値を超え、当該減じた数値に10分の3を加えた数値以下の範囲
（3）	建ぺい率限度が10分の5を超え、10分の5.5以下の場合	10分の6.5	10分の6.5を超え、1から建ぺい率限度を減じた数値に10分の3を加えた数値以下の範囲
（4）	建ぺい率限度が10分の5.5を超える場合	1から建ぺい率限度を減じた数値に10分の2を加えた数値	1から建ぺい率限度を減じた数値に10分の2を加えた数値を超え、当該減じた数値に10分の3を加えた数値以下の範囲
（5）	建ぺい率限度が定められていない場合	10分の2	10分の2を超え、10分の3以下の範囲

2　法第52条第7項第二号の政令で定める道路に接して有効な部分の規模は、前項の規定による空地の規模に2分の1を乗じて得たものとする。

3　法第52条第7項第二号の政令で定める敷地面積の規模は、次の表（い）欄に掲げる区分に応じて、同表（ろ）欄に掲げる数値とする。ただし、地方公共団体は、街区の形状、宅地の規模その他土地の状況により同欄に掲げる数値によることが不適当であると認める場合においては、条例で、同表（は）欄に掲げる数値の範囲内で、その規模を別に定めることができる。

	（い）地域	（ろ）敷地面積の規模（単位　㎡）	（は）条例で定めることができる敷地面積の規模（単位　㎡）
（1）	第一種住居地域、第二種住居地域、準住居地域又は準工業地域（高層住居誘導地区及び特定行政庁が都道府県都市計画審議会の議を経て指定する区域（以下この表において「高層住居誘導地区等」という。）を除く。）	2,000	500以上4,000未満
（2）	近隣商業地域（高層住居誘導地区等を除く。）又は商業地域（特定行政庁が都道府県都市計画審議	1,000	500以上

令旧135条の15　制定：平成14年政令第331号

	会の議を経て指定する区域を除く。）		2,000未満
備考	1　建築物の敷地がこの表（い）欄各項に掲げる地域とこれらの地域として指定されていない区域にわたる場合においては、その全部について、同欄各項に掲げる地域に関する同表の規定を適用する。 2　建築物の敷地がこの表（い）欄（1）の項に掲げる地域と同欄（2）の項に掲げる地域にわたる場合においては、その全部について、敷地の属する面積が大きい方の地域に関する同表の規定を適用する。			

改正：平成17年政令第192号　　　施行：平成17年6月1日

旧　**第135条の16**　（敷地内の空地の規模等）

1　法第52条第8項第二号の政令で定める空地の規模は、次の表（い）欄に掲げる区分に応じて、当該建築物の敷地面積に同表（ろ）欄に掲げる数値を乗じて得た面積とする。ただし、地方公共団体は、土地利用の状況等を考慮し、条例で、同表（は）欄に掲げる数値の範囲内で、当該建築物の敷地面積に乗ずべき数値を別に定めることができる。
［表　略］

2　法第52条第8項第二号の政令で定める道路に接して有効な部分の規模は、前項の規定による空地の規模に2分の1を乗じて得たものとする。

3　法第52条第8項第二号の政令で定める敷地面積の規模は、次の表（い）欄に掲げる区分に応じて、同表（ろ）欄に掲げる数値とする。ただし、地方公共団体は、街区の形状、宅地の規模その他土地の状況により同欄に掲げる数値によることが不適当であると認める場合においては、条例で、同表（は）欄に掲げる数値の範囲内で、その規模を別に定めることができる。
［表　略］

改正：平成26年政令第232号　　　施行：平成26年7月1日

第135条の17　（敷地内の空地の規模等）

1　法第52条第8項第二号の政令で定める空地の規模は、次の表（い）欄に掲げる区分に応じて、当該建築物の敷地面積に同表（ろ）欄に掲げる数値を乗じて得た面積とする。ただし、地方公共団体は、土地利用の状況等を考慮し、条例で、同表（は）欄に掲げる数値の範囲内で、当該建築物の敷地面積に乗ずべき数値を別に定めることができる。

	（い）	（ろ）	（は）
（1）	法第53条の規定による建蔽率の最高限度（以下この表において「建蔽率限度」という。）が10分の4.5以下の場合	1から建蔽率限度を減じた数値に10分の1.5を加えた数値	1から建蔽率限度を減じた数値に10分の1.5を加えた数値を超え、10分の8.5以下の範囲
（2）	建蔽率限度が10分の4.5を超え、10分の5以下の場合	1から建蔽率限度を減じた数値に10分の1.5を加えた数値	1から建蔽率限度を減じた数値に10分の1.5を加えた数値を超え、当該減じた数値に10分の3を加えた数値以下の範囲
（3）	建蔽率限度が10分の5を超え、10分の5.5以下の場合	10分の6.5	10分の6.5を超え、1から建蔽率限度を減じた数値に10分の3を加えた数値以下の範囲
（4）	建蔽率限度が10分の5.5を超える場合	1から建蔽率限度を減じた数値に10分の2を加えた数値	1から建蔽率限度を減じた数値に10分の2を加えた数値を超え、当該減じた数値に10分の3を加えた数値以下の範囲

（5）	建蔽率限度が定められていない場合	10分の2	10分の2を超え、10分の3以下の範囲

2　法第52条第8項第二号の政令で定める道路に接して有効な部分の規模は、前項の規定による空地の規模に2分の1を乗じて得たものとする。

3　法第52条第8項第二号の政令で定める敷地面積の規模は、次の表（い）欄に掲げる区分に応じて、同表（ろ）欄に掲げる数値とする。ただし、地方公共団体は、街区の形状、宅地の規模その他土地の状況により同欄に掲げる数値によることが不適当であると認める場合においては、条例で、同表（は）欄に掲げる数値の範囲内で、その規模を別に定めることができる。

	（い） 地　域	（ろ） 敷地面積の規模 （単位　㎡）	（は） 条例で定めることができる敷地面積の規模 （単位　㎡）
（1）	第一種住居地域、第二種住居地域、準住居地域又は準工業地域（高層住居誘導地区及び特定行政庁が都道府県都市計画審議会の議を経て指定する区域（以下この表において「高層住居誘導地区等」という。）を除く。）	2,000	500以上 4,000未満
（2）	近隣商業地域（高層住居誘導地区等を除く。）又は商業地域（特定行政庁が都道府県都市計画審議会の議を経て指定する区域を除く。）	1,000	500以上 2,000未満
備考	1　建築物の敷地がこの表（い）欄各項に掲げる地域とこれらの地域として指定されていない区域にわたる場合においては、その全部について、同欄各項に掲げる地域に関する同表の規定を適用する。 2　建築物の敷地がこの表（い）欄（1）の項に掲げる地域と同欄（2）の項に掲げる地域にわたる場合においては、その全部について、敷地の属する面積が大きい方の地域に関する同表の規定を適用する。		

[現行]　第135条の18　（容積率の制限について前面道路の幅員に加算する数値）

制定：昭和62年政令第348号　　　施行：昭和62年11月16日
旧　第135条の4の4　（延べ面積の敷地面積に対する割合の制限について前面道路の幅員に加算する数値）

1　法第52条第3項の政令で定める数値は、次の式によつて計算したものとする。

$$Wa = \frac{(12 - Wr)(70 - L)}{70}$$

この式において、Wa、Wr及びLは、それぞれ次の数値を表すものとする。
　　Wa　法第52条第3項の政令で定める数値（単位　m）
　　Wr　前面道路の幅員（単位　m）
　　L　　法第52条第3項の特定道路からその建築物の敷地が接する前面道路の部分の直近の端までの延長（単位　m）

改正：平成6年政令第193号　　　施行：平成6年6月29日
旧　第135条の4の4　（延べ面積の敷地面積に対する割合の制限について前面道路の幅員に加算する数値）

1　法第52条第5項の政令で定める数値は、次の式によつて計算したものとする。

令旧135条の4の4 改正：平成6年政令第193号

$$Wa = \frac{(12 - Wr)(70 - L)}{70}$$

この式において、Wa、Wr及びLは、それぞれ次の数値を表すものとする。
　Wa　法第52条第5項の政令で定める数値（単位　m）
　Wr　前面道路の幅員（単位　m）
　L　　法第52条第5項の特定道路からその建築物の敷地が接する前面道路の部分の直近の端までの延長（単位　m）

改正：平成9年政令第196号　　　施行：平成9年6月13日
旧　第135条の4の4　（延べ面積の敷地面積に対する割合の制限について前面道路の幅員に加算する数値）

1　法第52条第6項の政令で定める数値は、次の式によつて計算したものとする。

$$Wa = \frac{(12 - Wr)(70 - L)}{70}$$

この式において、Wa、Wr及びLは、それぞれ次の数値を表すものとする。
　Wa　法第52条第6項の政令で定める数値（単位　m）
　Wr　前面道路の幅員（単位　m）
　L　　法第52条第6項の特定道路からその建築物の敷地が接する前面道路の部分の直近の端までの延長（単位　m）

改正：平成9年政令第274号　　　施行：平成9年9月1日
旧　第135条の4の5　（延べ面積の敷地面積に対する割合の制限について前面道路の幅員に加算する数値）

略

改正：平成13年政令第98号　　　施行：平成13年5月18日
旧　第135条の4の5　（容積率の制限について前面道路の幅員に加算する数値）

略

改正：平成14年政令第331号　　　施行：平成15年1月1日
旧　第135条の16　（容積率の制限について前面道路の幅員に加算する数値）

1　法第52条第8項の政令で定める数値は、次の式によつて計算したものとする。

$$Wa = \frac{(12 - Wr)(70 - L)}{70}$$

この式において、Wa、Wr及びLは、それぞれ次の数値を表すものとする。
　Wa　法第52条第8項の政令で定める数値（単位　m）
　Wr　前面道路の幅員（単位　m）
　L　　法第52条第8項の特定道路からその建築物の敷地が接する前面道路の部分の直近の端までの延長（単位　m）

改正：平成9年政令第196号 **令旧135条の4の5**

改正：平成17年政令第192号　　　施行：平成17年6月1日
旧　**第135条の17**　（容積率の制限について前面道路の幅員に加算する数値）

1　法第52条第9項の政令で定める数値は、次の式によつて計算したものとする。

$$Wa = \frac{(12 - Wr)(70 - L)}{70}$$

この式において、Wa、Wr及びLは、それぞれ次の数値を表すものとする。
　Wa　法第52条第9項の政令で定める数値（単位　m）
　Wr　前面道路の幅員（単位　m）
　L　　法第52条第9項の特定道路からその建築物の敷地が接する前面道路の部分の直近の端までの延長（単位　m）

改正：平成26年政令第232号　　　施行：平成26年7月1日
第135条の18　（容積率の制限について前面道路の幅員に加算する数値）

1　法第52条第9項の政令で定める数値は、次の式によつて計算したものとする。

$$Wa = \frac{(12 - Wr)(70 - L)}{70}$$

この式において、Wa、Wr及びLは、それぞれ次の数値を表すものとする。
　Wa　法第52条第9項の政令で定める数値（単位　m）
　Wr　前面道路の幅員（単位　m）
　L　　法第52条第9項の特定道路からその建築物の敷地が接する前面道路の部分の直近の端までの延長（単位　m）

[現行]　**第135条の19**　（容積率の算定に当たり建築物から除かれる部分）

制定：平成7年政令第214号　　　施行：平成7年5月25日
旧　**第135条の4の5**　（延べ面積の敷地面積に対する割合の算定に当たり建築物から除かれる部分）

1　法第52条第8項の政令で定める建築物の部分は、次に掲げるものとする。
　一　ひさしその他これに類する建築物の部分で、次に掲げる要件に該当するもの
　　イ　高さが5m以下であること。
　　ロ　当該部分の水平投影の前面道路に面する長さを敷地の前面道路に接する部分の水平投影の長さで除した数値が5分の1以下であること。
　　ハ　当該部分から前面道路の境界線までの水平距離のうち最小のものが1m以上であること。
　二　建築物の地盤面下の部分
　三　道路に沿つて設けられる高さが2m以下の門又は塀（高さが1.2mを超えるものにあつては、当該1.2mを超える部分が網状その他これに類する形状であるものに限る。）
　四　隣地境界線に沿つて設けられる高さが2m以下の門又は塀
　五　歩廊、渡り廊下その他これらに類する建築物の部分で、特定行政庁がその地方の気候若しくは風土の特殊性又は土地の状況を考慮して規則で定めたもの

改正：平成9年政令第196号　　　施行：平成9年6月13日
旧　**第135条の4の5**　（延べ面積の敷地面積に対する割合の算定に当たり建築物から除かれる部分）

1　法第52条第9項の政令で定める建築物の部分は、次に掲げるものとする。

令旧135条の4の5　改正：平成9年政令第196号

　　一～五　略

改正：平成9年政令第274号　　　施行：平成9年9月1日
旧　第135条の4の6　（延べ面積の敷地面積に対する割合の算定に当たり建築物から除かれる部分）

略

改正：平成13年政令第98号　　　施行：平成13年5月18日
旧　第135条の4の6　（容積率の算定に当たり建築物から除かれる部分）

略

改正：平成14年政令第331号　　　施行：平成15年1月1日
旧　第135条の17　（容積率の算定に当たり建築物から除かれる部分）

1　法第52条第11項の政令で定める建築物の部分は、次に掲げるものとする。
　　一～五　略

改正：平成17年政令第192号　　　施行：平成17年6月1日
旧　第135条の18　（容積率の算定に当たり建築物から除かれる部分）

1　法第52条第12項の政令で定める建築物の部分は、次に掲げるものとする。
　　一～五　略

改正：平成26年政令第232号　　　施行：平成26年7月1日
第135条の19　（容積率の算定に当たり建築物から除かれる部分）

1　法第52条第12項の政令で定める建築物の部分は、次に掲げるものとする。
　一　ひさしその他これに類する建築物の部分で、次に掲げる要件に該当するもの
　　イ　高さが5m以下であること。
　　ロ　当該部分の水平投影の前面道路に面する長さを敷地の前面道路に接する部分の水平投影の長さで除した数値が5分の1以下であること。
　　ハ　当該部分から前面道路の境界線までの水平距離のうち最小のものが1m以上であること。
　二　建築物の地盤面下の部分
　三　道路に沿つて設けられる高さが2m以下の門又は塀（高さが1.2mを超えるものにあつては、当該1.2mを超える部分が網状その他これに類する形状であるものに限る。）
　四　隣地境界線に沿つて設けられる高さが2m以下の門又は塀
　五　歩廊、渡り廊下その他これらに類する建築物の部分で、特定行政庁がその地方の気候若しくは風土の特殊性又は土地の状況を考慮して規則で定めたもの

［現行］　第135条の20　（耐火建築物と同等以上の延焼防止性能を有する建築物等）

制定：令和元年政令第30号　　　施行：令和元年6月25日
第135条の20　（耐火建築物と同等以上の延焼防止性能を有する建築物等）

1　法第53条第3項第一号イの政令で定める建築物は、次に掲げる要件に該当する建築物とする。
　一　外壁の開口部で延焼のおそれのある部分に防火設備が設けられていること。
　二　壁、柱、床その他の建築物の部分及び前号の防火設備が第136条の2第一号ロに掲げる基準に適合し、かつ、法第61条に規定する構造方法を用いるもの又は同条の規定による認定を受けたものであること。
2　前項の規定は、法第53条第3項第一号ロの政令で定める建築物について準用する。この場合において、前

項第二号中「第136条の2第一号ロ」とあるのは、「第136条の2第二号ロ」と読み替えるものとする。

[現行] 第135条の21 （建蔽率の制限の緩和に当たり建築物から除かれる部分）

制定：平成13年政令第98号　　　施行：平成13年5月18日
旧　第135条の4の9 （建ぺい率の制限の緩和に当たり建築物から除かれる部分）

1　法第53条第4項の政令で定める建築物の部分は、次に掲げるものとする。
一　軒、ひさし、ぬれ縁及び国土交通省令で定める建築設備
二　建築物の地盤面下の部分
三　高さが2m以下の門又は塀

改正：平成14年政令第331号　　　施行：平成15年1月1日
旧　第135条の20 （建ぺい率の制限の緩和に当たり建築物から除かれる部分）

略

改正：平成17年政令第192号　　　施行：平成17年6月1日
旧　第135条の19 （建ぺい率の制限の緩和に当たり建築物から除かれる部分）

略

改正：平成26年政令第232号　　　施行：平成26年7月1日
旧　第135条の20 （建蔽率の制限の緩和に当たり建築物から除かれる部分）

略

改正：令和元年政令第30号　　　施行：令和元年6月25日
第135条の21 （建蔽率の制限の緩和に当たり建築物から除かれる部分）

1　法第53条第4項の政令で定める建築物の部分は、次に掲げるものとする。
一　軒、ひさし、ぬれ縁及び国土交通省令で定める建築設備
二　建築物の地盤面下の部分
三　高さが2m以下の門又は塀

[現行] 第135条の22 （第一種低層住居専用地域等内における外壁の後退距離に対する制限の緩和）

制定：昭和34年政令第344号　　　施行：昭和34年12月23日
旧　第136条 （空地地区内の隣地境界線までの距離に対する制限の緩和）

1　法第56条第4項の規定により政令で定める場合は、隣地境界線から法別表第4（に）欄の当該各項に掲げる距離に満たない距離にある建築物又は建築物の部分が次の各号の一に該当する場合とする。
一　外壁又はこれに代る柱の中心線の長さの合計が3m以下であること。
二　物置その他これに類する用途に供し、軒の高さが2.3m以下で、かつ、床面積の合計が5㎡以下であること。

改正：昭和36年政令第396号　　　施行：昭和36年12月4日
旧　第135条の3 （空地地区内の隣地境界線までの距離に対する制限の緩和）

略

令旧135条の3　改正：昭和44年政令第158号

改正：昭和44年政令第158号　　　施行：昭和44年6月14日

旧　第135条の3　（空地地区内の隣地境界線までの距離に対する制限の緩和）

1　法第56条第2項の規定により政令で定める場合は、隣地境界線から法別表第4（に）欄の当該各項に掲げる距離に満たない距離にある建築物又は建築物の部分が次の各号の一に該当する場合とする。
　一　外壁又はこれに代る柱の中心線の長さの合計が3m以下であること。
　二　物置その他これに類する用途に供し、軒の高さが2.3m以下で、かつ、床面積の合計が5㎡以下であること。

改正：昭和45年政令第333号　　　施行：昭和46年1月1日

旧　第135条の5　（第一種住居専用地域内における外壁の後退距離に対する制限の緩和）

1　法第54条第1項の規定により政令で定める場合は、当該地域に関する都市計画において定められた外壁の後退距離の限度に満たない距離にある建築物又は建築物の部分が次の各号の一に該当する場合とする。
　一　外壁又はこれに代わる柱の中心線の長さの合計が3m以下であること。
　二　物置その他これに類する用途に供し、軒の高さが2.3m以下で、かつ、床面積の合計が5㎡以内であること。

改正：平成5年政令第170号　　　施行：平成5年6月25日

旧　第135条の5　（第一種低層住居専用地域又は第二種低層住居専用地域内における外壁の後退距離に対する制限の緩和）

略

改正：平成14年政令第331号　　　施行：平成15年1月1日

旧　第135条の21　（第一種低層住居専用地域又は第二種低層住居専用地域内における外壁の後退距離に対する制限の緩和）

略

改正：平成17年政令第192号　　　施行：平成17年6月1日

旧　第135条の20　（第一種低層住居専用地域又は第二種低層住居専用地域内における外壁の後退距離に対する制限の緩和）

1　法第54条第1項の規定により政令で定める場合は、当該地域に関する都市計画において定められた外壁の後退距離の限度に満たない距離にある建築物又は建築物の部分が次の各号のいずれかに該当する場合とする。
　一・二　略

改正：平成26年政令第232号　　　施行：平成26年7月1日

旧　第135条の21　（第一種低層住居専用地域又は第二種低層住居専用地域内における外壁の後退距離に対する制限の緩和）

略

改正：平成29年政令第156号　　　施行：平成30年4月1日

旧　第135条の21　（第一種低層住居専用地域等内における外壁の後退距離に対する制限の緩和）

略

改正：令和元年政令第30号　　　施行：令和元年6月25日
第135条の22　（第一種低層住居専用地域等内における外壁の後退距離に対する制限の緩和）

1　法第54条第1項の規定により政令で定める場合は、当該地域に関する都市計画において定められた外壁の後退距離の限度に満たない距離にある建築物又は建築物の部分が次の各号のいずれかに該当する場合とする。
一　外壁又はこれに代わる柱の中心線の長さの合計が3m以下であること。
二　物置その他これに類する用途に供し、軒の高さが2.3m以下で、かつ、床面積の合計が5㎡以内であること。

[現行]　第135条の23　（特例容積率の限度の指定の申請について同意を得るべき利害関係者）

制定：平成17年政令第192号　　　施行：平成17年6月1日
旧　第135条の21　（特例容積率の限度の指定の申請について同意を得るべき利害関係者）

1　法第57条の2第2項の政令で定める利害関係を有する者は、所有権、対抗要件を備えた借地権（同条第1項に規定する借地権をいう。次条において同じ。）又は登記した先取特権、質権若しくは抵当権を有する者及びこれらの権利に関する仮登記、これらの権利に関する差押えの登記又はその土地に関する買戻しの特約の登記の登記名義人とする。

改正：平成26年政令第232号　　　施行：平成26年7月1日
旧　第135条の22　（特例容積率の限度の指定の申請について同意を得るべき利害関係者）

略

改正：令和元年政令第30号　　　施行：令和元年6月25日
第135条の23　（特例容積率の限度の指定の申請について同意を得るべき利害関係者）

1　法第57条の2第2項の政令で定める利害関係を有する者は、所有権、対抗要件を備えた借地権（同条第1項に規定する借地権をいう。次条において同じ。）又は登記した先取特権、質権若しくは抵当権を有する者及びこれらの権利に関する仮登記、これらの権利に関する差押えの登記又はその土地に関する買戻しの特約の登記の登記名義人とする。

[削除条文]

制定：平成13年政令第98号　　　施行：平成13年5月18日
旧　第135条の4の7　（特例容積率の限度の指定等の申請について同意を得るべき利害関係者）

1　法第52条の2第2項の政令で定める利害関係を有する者は、所有権、対抗要件を備えた借地権又は登記した先取特権、質権若しくは抵当権を有する者及びこれらの権利に関する仮登記、これらの権利に関する差押えの登記又はその土地に関する買戻しの特約の登記の登記名義人とする。

改正：平成14年政令第331号　　　施行：平成15年1月1日
旧　第135条の18　（特例容積率の限度の指定等の申請について同意を得るべき利害関係者）

1　法第52条の2第2項の政令で定める利害関係を有する者は、所有権、対抗要件を備えた借地権又は登記した先取特権、質権若しくは抵当権を有する者及びこれらの権利に関する仮登記、これらの権利に関する差押えの登記又はその土地に関する買戻しの特約の登記の登記名義人とする。

令旧135条の18 改正：平成17年政令第192号

改正：平成17年政令第192号　　　施行：平成17年6月1日
旧　第135条の18（特例容積率の限度の指定等の申請について同意を得るべき利害関係者）削除

[現行]　第135条の24　（特例容積率の限度の指定の取消しの申請について同意を得るべき利害関係者）

制定：平成17年政令第192号　　　施行：平成17年6月1日
旧　第135条の22（特例容積率の限度の指定の取消しの申請について同意を得るべき利害関係者）

1　法第57条の3第1項の政令で定める利害関係を有する者は、前条に規定する者（所有権又は借地権を有する者を除く。）とする。

改正：平成26年政令第232号　　　施行：平成26年7月1日
旧　第135条の23（特例容積率の限度の指定の取消しの申請について同意を得るべき利害関係者）

略

改正：令和元年政令第30号　　　施行：令和元年6月25日
第135条の24　（特例容積率の限度の指定の取消しの申請について同意を得るべき利害関係者）

1　法第57条の3第1項の政令で定める利害関係を有する者は、前条に規定する者（所有権又は借地権を有する者を除く。）とする。

[削除条文]

制定：平成13年政令第98号　　　施行：平成13年5月18日
旧　第135条の4の8

1　法第52条の3第1項の政令で定める利害関係を有する者は、前条に規定する者（所有権又は借地権を有する者を除く。）とする。

改正：平成14年政令第331号　　　施行：平成15年1月1日
旧　第135条の19

1　法第52条の3第1項の政令で定める利害関係を有する者は、前条に規定する者（所有権又は借地権を有する者を除く。）とする。

改正：平成17年政令第192号　　　施行：平成17年6月1日
旧　第135条の19　削除

[現行]　第136条　（敷地内の空地及び敷地面積の規模）

制定：昭和45年政令第333号　　　施行：昭和46年1月1日
第136条の2　（防火地域又は準防火地域内の建築物の壁、柱、床その他の部分及び防火設備の性能に関する技術的基準）

1　法第52条第3項第三号、法第55条第1項第三号及び法第56条第3項の規定により政令で定める空地は、法第53条の規定により建築面積の敷地面積に対する割合の最高限度が定められている場合においては、当該最高限度に応じて、当該空地の面積の敷地面積に対する割合が次の表に定める数値以上であるものとし、同条の規定により建築面積の敷地面積に対する割合の最高限度が定められていない場合においては、当該空地の

面積の敷地面積に対する割合が10分の2以上であるものとする。

	法第53条の規定による建築面積の敷地面積に対する割合の最高限度	空地の面積の敷地面積に対する割合
（1）	10分の3	10分の8.5
（2）	10分の4	10分の7.5
（3）	10分の5	10分の6.5
（4）	10分の6	10分の6
（5）	10分の7	10分の5
（6）	10分の8	10分の4
（7）	10分の9	10分の3

2　法第52条第3項第三号、法第55条第1項第三号及び法第56条第3項の規定により政令で定める規模は、次の表の（い）欄に掲げる区分に応じて、同表（ろ）欄に掲げる数値とする。ただし、特定行政庁は、街区の形状、宅地の規模その他土地の状況により同欄に掲げる数値によることが不適当であると認める場合においては、規則で、同表（は）欄に掲げる数値の範囲内で、その規模を別に定めることができる。

	（い）地域又は区域	（ろ）敷地面積の規模（単位　㎡）	（は）規則で定めることができる敷地面積の規模（単位　㎡）
（1）	第一種住居専用地域	5,000	2,500以上5,000未満
（2）	第二種住居専用地域、住居地域、準工業地域、工業地域又は工業専用地域	2,000	1,000以上2,000未満
（3）	近隣商業地域又は商業地域	1,000	500以上1,000未満
（4）	用途地域の指定のない区域	2,000	1,000以上2,000未満

改正：昭和48年政令第242号　　　施行：昭和48年8月23日
第136条　（敷地内の空地及び敷地面積の規模）

1　略

2　法第52条第3項第三号、法第55条第1項第三号及び法第56条第3項の規定により政令で定める規模は、次の表の（い）欄に掲げる区分に応じて、同表（ろ）欄に掲げる数値とする。ただし、特定行政庁は、街区の形状、宅地の規模その他土地の状況により同欄に掲げる数値によることが不適当であると認める場合においては、規則で、同表（は）欄に掲げる数値の範囲内で、その規模を別に定めることができる。

	（い）地域又は区域	（ろ）敷地面積の規模（単位　㎡）	（は）規則で定めることができる敷地面積の規模（単位　㎡）
（1）	第一種住居専用地域	<u>3,000</u>	<u>1,500以上3,000未満</u>
（2）～（4）	略		

改正：昭和52年政令第266号　　　施行：昭和52年11月1日
第136条　（敷地内の空地及び敷地面積の規模）

1　法第59条の2第1項の規定により政令で定める空地は、法第53条の規定により建築面積の敷地面積に対する割合の最高限度が定められている場合においては、当該最高限度に応じて、当該空地の面積の敷地面積に対する割合が次の表に定める数値以上であるものとし、同条の規定により建築面積の敷地面積に対する割合の最高限度が定められていない場合においては、当該空地の面積の敷地面積に対する割合が10分の2以上であるものとする。

［表改正］

令136条 改正：昭和52年政令第266号

	法第53条の規定による建築面積の敷地面積に対する割合の最高限度	空地の面積の敷地面積に対する割合
(1)	10分の5以下の場合	1から法第53条の規定による建築面積の敷地面積に対する割合の最高限度を減じた数値に10分の1.5を加えた数値
(2)	10分の5を超え、10分の5.5以下の場合	10分の6.5
(3)	10分の5.5を超える場合	1から法第53条の規定による建築面積の敷地面積に対する割合の最高限度を減じた数値に10分の2を加えた数値

2　法第59条の2第1項の規定により政令で定める規模は、次の表の（い）欄に掲げる区分に応じて、同表（ろ）欄に掲げる数値とする。ただし、特定行政庁は、街区の形状、宅地の規模その他土地の状況により同欄に掲げる数値によることが不適当であると認める場合においては、規則で、同表（は）欄に掲げる数値の範囲内で、その規模を別に定めることができる。
［表　略］

改正：昭和57年政令第302号　　　施行：昭和57年11月24日
第136条　（敷地内の空地及び敷地面積の規模）

1　略

2　法第59条の2第1項の規定により政令で定める規模は、次の表の（い）欄に掲げる区分に応じて、同表（ろ）欄に掲げる数値とする。ただし、特定行政庁は、街区の形状、宅地の規模その他土地の状況により同欄に掲げる数値によることが不適当であると認める場合においては、規則で、同表（は）欄に掲げる数値の範囲内で、その規模を別に定めることができる。

	（い）地域又は区域	（ろ）敷地面積の規模（単位 ㎡）	（は）規則で定めることができる敷地面積の規模（単位 ㎡）
(1)	第一種住居専用地域	3,000	1,000以上3,000未満
(2)	第二種住居専用地域、住居地域、準工業地域、工業地域又は工業専用地域	2,000	500以上2,000未満
(3)、(4)	略		

改正：昭和62年政令第348号　　　施行：昭和62年11月16日
第136条　（敷地内の空地及び敷地面積の規模）

1　略

2　法第59条の2第1項の規定によりその各部分の高さのみを法第55条第1項又は法第56条の規定による限度を超えるものとする建築物に対する前項の規定の適用については、同項中「10分の2」とあるのは「10分の1.5」と、「10分の1.5」とあるのは「10分の1」と、「10分の6.5」とあるのは「10分の6」とする。

3　法第59条の2第1項の規定により政令で定める規模は、次の表の（い）欄に掲げる区分に応じて、同表（ろ）欄に掲げる数値とする。ただし、特定行政庁は、街区の形状、宅地の規模その他土地の状況により同欄に掲げる数値によることが不適当であると認める場合においては、規則で、同表（は）欄に掲げる数値の範囲内で、その規模を別に定めることができる。

	（い）地域又は区域	（ろ）敷地面積の規模（単位 ㎡）	（は）規則で定めることができる敷地面積の規模（単位 ㎡）
(1)	第一種住居専用地域	3,000	1,000以上3,000未満

	（い）	（ろ）	（は）
（2）	第二種住居専用地域、住居地域、準工業地域、工業地域又は工業専用地域	2,000	500以上2,000未満
（3）	近隣商業地域又は商業地域	1,000	500以上1,000未満
（4）	用途地域の指定のない区域	2,000	1,000以上2,000未満

改正：平成5年政令第170号　　　施行：平成5年6月25日
第136条　（敷地内の空地及び敷地面積の規模）

1・2　略

3　法第59条の2第1項の規定により政令で定める規模は、次の表の（い）欄に掲げる区分に応じて、同表（ろ）欄に掲げる数値とする。ただし、特定行政庁は、街区の形状、宅地の規模その他土地の状況により同欄に掲げる数値によることが不適当であると認める場合においては、規則で、同表（は）欄に掲げる数値の範囲内で、その規模を別に定めることができる。

	（い） 地域又は区域	（ろ） 敷地面積の規模 （単位 ㎡）	（は） 規則で定めることができる敷地面積の規模（単位 ㎡）
（1）	第一種低層住居専用地域又は第二種低層住居専用地域	3,000	1,000以上3,000未満
（2）	第一種中高層住居専用地域、第二種中高層住居専用地域、第一種住居地域、第二種住居地域、準住居地域、準工業地域、工業地域又は工業専用地域	2,000	500以上2,000未満
（3）、（4）　略			

改正：平成13年政令第98号　　　施行：平成13年5月18日
第136条　（敷地内の空地及び敷地面積の規模）

1　法第59条の2第1項の規定により政令で定める空地は、法第53条の規定により建ぺい率の最高限度が定められている場合においては、当該最高限度に応じて、当該空地の面積の敷地面積に対する割合が次の表に定める数値以上であるものとし、同条の規定により建ぺい率の最高限度が定められていない場合においては、当該空地の面積の敷地面積に対する割合が10分の2以上であるものとする。

	法第53条の規定による建築面積の敷地面積に対する割合の最高限度	空地の面積の敷地面積に対する割合
（1）	10分の5以下の場合	1から法第53条の規定による建ぺい率の最高限度を減じた数値に10分の1.5を加えた数値
（2）	10分の5を超え、10分の5.5以下の場合	10分の6.5
（3）	10分の5.5を超える場合	1から法第53条の規定による建ぺい率の最高限度を減じた数値に10分の2を加えた数値

2　略

3　法第59条の2第1項の規定により政令で定める規模は、次の表の（い）欄に掲げる区分に応じて、同表（ろ）欄に掲げる数値とする。ただし、特定行政庁は、街区の形状、宅地の規模その他土地の状況により同欄に掲げる数値によることが不適当であると認める場合においては、規則で、同表（は）欄に掲げる数値の範囲内で、その規模を別に定めることができる。

	（い）	（ろ）	（は）

令136条 改正：平成13年政令第98号

	地域又は区域	敷地面積の規模 （単位 ㎡）	規則で定めることができる敷地面積の規模（単位 ㎡）
（1）	第一種低層住居専用地域又は第二種低層住居専用地域	3,000	1,000以上3,000未満
（2）	第一種中高層住居専用地域、第二種中高層住居専用地域、第一種住居地域、第二種住居地域、準住居地域、準工業地域、工業地域又は工業専用地域	2,000	500以上2,000未満
（3）、（4） 略			

改正：平成29年政令第156号　　　施行：平成30年4月1日

第136条　（敷地内の空地及び敷地面積の規模）

1　法第59条の2第1項の規定により政令で定める空地は、法第53条の規定により建蔽率の最高限度が定められている場合においては、当該最高限度に応じて、当該空地の面積の敷地面積に対する割合が次の表に定める数値以上であるものとし、同条の規定により建蔽率の最高限度が定められていない場合においては、当該空地の面積の敷地面積に対する割合が10分の2以上であるものとする。

	法第53条の規定による建蔽率の最高限度	空地の面積の敷地面積に対する割合
（1）	10分の5以下の場合	1から法第53条の規定による建蔽率の最高限度を減じた数値に10分の1.5を加えた数値
（2）	10分の5を超え、10分の5.5以下の場合	10分の6.5
（3）	10分の5.5を超える場合	1から法第53条の規定による建蔽率の最高限度を減じた数値に10分の2を加えた数値

2　法第59条の2第1項の規定によりその各部分の高さのみを法第55条第1項又は法第56条の規定による限度を超えるものとする建築物に対する前項の規定の適用については、同項中「10分の2」とあるのは「10分の1.5」と、「10分の1.5」とあるのは「10分の1」と、「10分の6.5」とあるのは「10分の6」とする。

3　法第59条の2第1項の規定により政令で定める規模は、次の表の（い）欄に掲げる区分に応じて、同表（ろ）欄に掲げる数値とする。ただし、特定行政庁は、街区の形状、宅地の規模その他土地の状況により同欄に掲げる数値によることが不適当であると認める場合においては、規則で、同表（は）欄に掲げる数値の範囲内で、その規模を別に定めることができる。

	（い） 地域又は区域	（ろ） 敷地面積の規模 （単位 ㎡）	（は） 規則で定めることができる敷地面積の規模（単位 ㎡）
（1）	第一種低層住居専用地域、第二種低層住居専用地域又は田園住居地域	3,000	1,000以上3,000未満
（2）	第一種中高層住居専用地域、第二種中高層住居専用地域、第一種住居地域、第二種住居地域、準住居地域、準工業地域、工業地域又は工業専用地域	2,000	500以上2,000未満
（3）	近隣商業地域又は商業地域	1,000	500以上1,000未満
（4）	用途地域の指定のない区域	2,000	1,000以上2,000未満

[削除条文]

制定：昭和36年政令第396号　　　施行：昭和36年12月4日
旧　第136条　（特定街区の指定の申出につき同意を要する者）

1　法第59条の2第2項後段の規定により政令で定める利害関係を有する者は、当該関係市町村の申出に係る法別表第5（い）欄の各項に掲げる特定街区内の土地について所有権、建物の所有を目的とする対抗要件を備えた地上権若しくは賃借権（地下の部分のみの使用を目的とするものを除く。）又は登記した先取特権、質権若しくは抵当権を有する者及びこれらの権利に関する仮登記、これらの権利に関する差押えの登記又はその土地に関する買戻しの特約の登記の登記名義人とする。

改正：昭和39年政令第4号　　　施行：昭和39年1月15日
旧　第136条　（特定街区の指定の申出につき同意を要する者）

1　法第59条の3第2項後段の規定により政令で定める利害関係を有する者は、当該関係市町村の申出に係る特定街区内の土地について所有権、建物の所有を目的とする対抗要件を備えた地上権若しくは賃借権又は登記した先取特権、質権若しくは抵当権を有する者及びこれらの権利に関する仮登記、これらの権利に関する差押えの登記又はその土地に関する買戻しの特約の登記の登記名義人とする。

改正：昭和45年政令第333号　　　施行：昭和46年1月1日
旧　第136条　（特定街区の指定の申出につき同意を要する者）　削除

[現行] 第7章の2　防火地域又は準防火地域内の建築物
（制定：昭和62年政令第348号）　第7章の2　準防火地域内の建築物
（改正：平成12年政令第211号）　第7章の2　防火地域又は準防火地域内の建築物

[現行]　第136条の2　（防火地域又は準防火地域内の建築物の壁、柱、床その他の部分及び防火設備の性能に関する技術的基準）

制定：昭和62年政令第348号　　　施行：昭和62年11月16日
第136条の2　（地階を除く階数が3である建築物の技術的基準）

1　法第62条第1項の政令で定める技術的基準は、次のとおりとする。
一　隣地境界線又は当該建築物と同一敷地内の他の建築物（同一敷地内の建築物の延べ面積の合計が500㎡以内である場合における当該他の建築物を除く。）との外壁間の中心線（以下この条において「隣地境界線等」という。）に面する外壁の開口部（防火上有効な公園、広場、川等の空地若しくは水面又は耐火構造の壁その他これらに類するものに面するものを除く。以下この条において同じ。）で当該隣地境界線等からの水平距離が1m以下のものについて、当該外壁の開口部に常時閉鎖式防火戸である甲種防火戸若しくは乙種防火戸、その他の甲種防火戸若しくは乙種防火戸で第112条第14項第一号及び第三号に定める構造のもの又ははめごろし戸である乙種防火戸が設けられていること。ただし、換気孔又は居室以外の室（かまど、こんろその他火を使用する設備又は器具を設けた室を除く。）に設ける換気のための窓で、開口面積が各々0.2㎡以内のものについては、この限りでない。
二　隣地境界線等又は道路中心線に面する外壁の開口部で当該隣地境界線等又は道路中心線からの水平距離が5m以下のものについて、当該外壁の開口部の面積が当該隣地境界線等又は道路中心線からの水平距離に応じて建設大臣が延焼防止上必要があると認めて定める基準に適合していること。
三　外壁が、防火構造であり、かつ、建設大臣の定める基準に従つてその屋内側からの通常の火災時における炎及び火熱を有効に遮ることができる構造であること。
四　軒裏が防火構造であること。
五　主要構造部である柱及びはりその他建設大臣が指定する建築物の部分が、建設大臣の定める基準に従つて通常の火災により建築物全体が容易に倒壊するおそれのない構造であること。

令136条の2 制定：昭和62年政令第348号

六　床（最下階の床を除く。）又はその直下の天井が、建設大臣の定める基準に従つてそれらの下方からの通常の火災時の加熱に対してそれらの上方への延焼を有効に防止することができる構造であること。
七　屋根又はその直下の天井が、建設大臣の定める基準に従つてそれらの屋内側からの通常の火災時における炎及び火熱を有効に遮ることができる構造であること。
八　3階の室の部分とそれ以外の部分とが間仕切壁又は戸（ふすま、障子その他これらに類するものを除く。）で区画されていること。

改正：平成12年政令第211号　　施行：平成12年6月1日
第136条の2　（地階を除く階数が3である建築物の技術的基準）

1　法第62条第1項の政令で定める技術的基準は、次のとおりとする。
一　隣地境界線又は当該建築物と同一敷地内の他の建築物（同一敷地内の建築物の延べ面積の合計が500㎡以内である場合における当該他の建築物を除く。）との外壁間の中心線（以下この条において「隣地境界線等」という。）に面する外壁の開口部（防火上有効な公園、広場、川等の空地若しくは水面又は耐火構造の壁その他これらに類するものに面するものを除く。以下この条において同じ。）で当該隣地境界線等からの水平距離が1m以下のものについて、当該外壁の開口部に<u>法第2条第九号の二ロに規定する防火設備でその構造が第112条第14項第一号イ及びハに掲げる要件を満たすものとして、建設大臣が定めた構造方法を用いるもの若しくは建設大臣の認定を受けたもの又は法第2条第九号の二ロに規定する防火設備</u>であるはめごろし戸が設けられていること。ただし、換気孔又は居室以外の室（かまど、こんろその他火を使用する設備又は器具を設けた室を除く。）に設ける換気のための窓で、開口面積が各々0.2㎡以内のものについては、この限りでない。
二　略
三　外壁が、防火構造であり、かつ、<u>その構造が屋内側からの通常の火災時における炎及び火熱を有効に遮ることができるものとして建設大臣が定めた構造方法を用いるもの</u>であること。
四　略
五　主要構造部である柱及びはりその他建設大臣が指定する建築物の部分<u>の構造が、</u>通常の火災により建築物全体が容易に倒壊するおそれのない<u>ものとして建設大臣が定めた構造方法を用いるもの</u>であること。
六　床（最下階の床を除く。）又はその直下の天井<u>の構造が、</u>それらの下方からの通常の火災時の加熱に対してそれらの上方への延焼を有効に防止することができる<u>ものとして建設大臣が定めた構造方法を用いるもの</u>であること。
七　屋根又はその直下の天井<u>の構造が、</u>それらの屋内側からの通常の火災時における炎及び火熱を有効に遮ることができる<u>ものとして建設大臣が定めた構造方法を用いるもの</u>であること。
八　略

改正：平成12年政令第312号　　施行：平成13年1月6日
第136条の2　（地階を除く階数が3である建築物の技術的基準）

1　法第62条第1項の政令で定める技術的基準は、次のとおりとする。
一　隣地境界線又は当該建築物と同一敷地内の他の建築物（同一敷地内の建築物の延べ面積の合計が500㎡以内である場合における当該他の建築物を除く。）との外壁間の中心線（以下この条において「隣地境界線等」という。）に面する外壁の開口部（防火上有効な公園、広場、川等の空地若しくは水面又は耐火構造の壁その他これらに類するものに面するものを除く。以下この条において同じ。）で当該隣地境界線等からの水平距離が1m以下のものについて、当該外壁の開口部に法第2条第九号の二ロに規定する防火設備でその構造が第112条第14項第一号イ及びハに掲げる要件を満たすものとして、<u>国土交通大臣</u>が定めた構造方法を用いるもの若しくは<u>国土交通大臣</u>の認定を受けたもの又は法第2条第九号の二ロに規定する防火設備であるはめごろし戸が設けられていること。ただし、換気孔又は居室以外の室（かまど、こんろその他火を使用する設備又は器具を設けた室を除く。）に設ける換気のための窓で、開口面積が各々0.2㎡以内のものについては、この限りでない。
二　隣地境界線等又は道路中心線に面する外壁の開口部で当該隣地境界線等又は道路中心線からの水平距離が5m以下のものについて、当該外壁の開口部の面積が当該隣地境界線等又は道路中心線からの水平距離

に応じて国土交通大臣が延焼防止上必要があると認めて定める基準に適合していること。
三 外壁が、防火構造であり、かつ、その構造が屋内側からの通常の火災時における炎及び火熱を有効に遮ることができるものとして国土交通大臣が定めた構造方法を用いるものであること。
四 略
五 主要構造部である柱及びはりその他国土交通大臣が指定する建築物の部分の構造が、通常の火災により建築物全体が容易に倒壊するおそれのないものとして国土交通大臣が定めた構造方法を用いるものであること。
六 床(最下階の床を除く。)又はその直下の天井の構造が、それらの下方からの通常の火災時の加熱に対してそれらの上方への延焼を有効に防止することができるものとして国土交通大臣が定めた構造方法を用いるものであること。
七 屋根又はその直下の天井の構造が、それらの屋内側からの通常の火災時における炎及び火熱を有効に遮ることができるものとして国土交通大臣が定めた構造方法を用いるものであること。
八 略

改正：平成17年政令第246号　　施行：平成17年12月1日
第136条の2　（地階を除く階数が3である建築物の技術的基準）

1　法第62条第1項の政令で定める技術的基準は、次のとおりとする。
一 隣地境界線又は当該建築物と同一敷地内の他の建築物（同一敷地内の建築物の延べ面積の合計が500㎡以内である場合における当該他の建築物を除く。）との外壁間の中心線（以下この条において「隣地境界線等」という。）に面する外壁の開口部（防火上有効な公園、広場、川等の空地若しくは水面又は耐火構造の壁その他これらに類するものに面するものを除く。以下この条において同じ。）で当該隣地境界線等からの水平距離が1m以下のものについて、当該外壁の開口部に法第2条第九号のニロに規定する防火設備でその構造が第112条第14項第一号イ、ロ及びニに掲げる要件を満たすものとして、国土交通大臣が定めた構造方法を用いるもの若しくは国土交通大臣の認定を受けたもの又は法第2条第九号のニロに規定する防火設備であるはめごろし戸が設けられていること。ただし、換気孔又は居室以外の室（かまど、こんろその他火を使用する設備又は器具を設けた室を除く。）に設ける換気のための窓で、開口面積が各々0.2㎡以内のものについては、この限りでない。
二～八 略

改正：平成30年政令第255号　　施行：平成30年9月25日
第136条の2　（地階を除く階数が3である建築物の技術的基準）

1　法第62条第1項の政令で定める技術的基準は、次のとおりとする。
一 隣地境界線又は当該建築物と同一敷地内の他の建築物（同一敷地内の建築物の延べ面積の合計が500㎡以内である場合における当該他の建築物を除く。）との外壁間の中心線（以下この条において「隣地境界線等」という。）に面する外壁の開口部（防火上有効な公園、広場、川その他の空地又は水面、耐火構造の壁その他これらに類するものに面するものを除く。以下この条において同じ。）で当該隣地境界線等からの水平距離が1m以下のものについて、当該外壁の開口部に法第2条第九号のニロに規定する防火設備でその構造が第112条第13項第一号イ、ロ及びニに掲げる要件を満たすものとして、国土交通大臣が定めた構造方法を用いるもの若しくは国土交通大臣の認定を受けたもの又は法第2条第九号のニロに規定する防火設備であるはめごろし戸が設けられていること。ただし、換気孔又は居室以外の室（かまど、こんろその他火を使用する設備又は器具を設けた室を除く。）に設ける換気のための窓で、開口面積が各々0.2㎡以内のものについては、この限りでない。
二 隣地境界線等又は道路中心線に面する外壁の開口部で当該隣地境界線等又は道路中心線からの水平距離が5m以下のものについて、当該外壁の開口部の面積が当該隣地境界線等又は道路中心線からの水平距離に応じて国土交通大臣が延焼防止上必要があると認めて定める基準に適合していること。
三 外壁が、防火構造であり、かつ、その構造が屋内側からの通常の火災時における炎及び火熱を有効に遮ることができるものとして国土交通大臣が定めた構造方法を用いるものであること。
四 軒裏が防火構造であること。

令136条の2   改正：平成30年政令第255号

五　主要構造部である柱及びはりその他国土交通大臣が指定する建築物の部分の構造が、通常の火災により建築物全体が容易に倒壊するおそれのないものとして国土交通大臣が定めた構造方法を用いるものであること。

六　床（最下階の床を除く。）又はその直下の天井の構造が、それらの下方からの通常の火災時の加熱に対してそれらの上方への延焼を有効に防止することができるものとして国土交通大臣が定めた構造方法を用いるものであること。

七　屋根又はその直下の天井の構造が、それらの屋内側からの通常の火災時における炎及び火熱を有効に遮ることができるものとして国土交通大臣が定めた構造方法を用いるものであること。

八　3階の室の部分とそれ以外の部分とが間仕切壁又は戸（ふすま、障子その他これらに類するものを除く。）で区画されていること。

改正：令和元年政令第30号　　　施行：令和元年6月25日
第136条の2　（防火地域又は準防火地域内の建築物の壁、柱、床その他の部分及び防火設備の性能に関する技術的基準）

1　法第61条の政令で定める技術的基準は、次の各号に掲げる建築物の区分に応じ、それぞれ当該各号に定めるものとする。

一　防火地域内にある建築物で階数が3以上のもの若しくは延べ面積が100㎡を超えるもの又は準防火地域内にある建築物で地階を除く階数が4以上のもの若しくは延べ面積が1,500㎡を超えるもの　次のイ又はロのいずれかに掲げる基準

イ　主要構造部が第107条各号又は第108条の3第1項第一号イ及びロに掲げる基準に適合し、かつ、外壁開口部設備（外壁の開口部で延焼のおそれのある部分に設ける防火設備をいう。以下この条において同じ。）が第109条の2に規定する基準に適合するものであること。ただし、準防火地域内にある建築物で法第86条の4各号のいずれかに該当するものの外壁開口部設備については、この限りでない。

ロ　当該建築物の主要構造部、防火設備及び消火設備の構造に応じて算出した延焼防止時間（建築物が通常の火災による周囲への延焼を防止することができる時間をいう。以下この条において同じ。）が、当該建築物の主要構造部及び外壁開口部設備（以下このロ及び次号ロにおいて「主要構造部等」という。）がイに掲げる基準に適合すると仮定した場合における当該主要構造部等の構造に応じて算出した延焼防止時間以上であること。

二　防火地域内にある建築物のうち階数が2以下で延べ面積が100㎡以下のもの又は準防火地域内にある建築物のうち地階を除く階数が3で延べ面積が1,500㎡以下のもの若しくは地階を除く階数が2以下で延べ面積が500㎡を超え1,500㎡以下のもの　次のイ又はロのいずれかに掲げる基準

イ　主要構造部が第107条の2各号又は第109条の3第一号若しくは第二号に掲げる基準に適合し、かつ、外壁開口部設備が前号イに掲げる基準（外壁開口部設備に係る部分に限る。）に適合するものであること。

ロ　当該建築物の主要構造部、防火設備及び消火設備の構造に応じて算出した延焼防止時間が、当該建築物の主要構造部等がイに掲げる基準に適合すると仮定した場合における当該主要構造部等の構造に応じて算出した延焼防止時間以上であること。

三　準防火地域内にある建築物のうち地階を除く階数が2以下で延べ面積が500㎡以下のもの（木造建築物等に限る。）　次のイ又はロのいずれかに掲げる基準

イ　外壁及び軒裏で延焼のおそれのある部分が第108条各号に掲げる基準に適合し、かつ、外壁開口部設備に建築物の周囲において発生する通常の火災による火熱が加えられた場合に、当該外壁開口部設備が加熱開始後20分間当該加熱面以外の面（屋内に面するものに限る。）に火炎を出さないものであること。ただし、法第86条の4各号のいずれかに該当する建築物の外壁開口部設備については、この限りでない。

ロ　当該建築物の主要構造部、防火設備及び消火設備の構造に応じて算出した延焼防止時間が、当該建築物の外壁及び軒裏で延焼のおそれのある部分並びに外壁開口部設備（以下このロにおいて「特定外壁部分等」という。）がイに掲げる基準に適合すると仮定した場合における当該特定外壁部分等の構造に応じて算出した延焼防止時間以上であること。

四　準防火地域内にある建築物のうち地階を除く階数が2以下で延べ面積が500㎡以下のもの（木造建築物

等を除く。） 次のイ又はロのいずれかに掲げる基準
　　イ　外壁開口部設備が前号イに掲げる基準（外壁開口部設備に係る部分に限る。）に適合するものであること。
　　ロ　当該建築物の主要構造部、防火設備及び消火設備の構造に応じて算出した延焼防止時間が、当該建築物の外壁開口部設備がイに掲げる基準に適合すると仮定した場合における当該外壁開口部設備の構造に応じて算出した延焼防止時間以上であること。
　五　高さ2mを超える門又は塀で、防火地域内にある建築物に附属するもの又は準防火地域内にある木造建築物等に附属するもの　延焼防止上支障のない構造であること。

改正：令和5年政令第280号　　　　施行：令和6年4月1日
第136条の2　（防火地域又は準防火地域内の建築物の壁、柱、床その他の部分及び防火設備の性能に関する技術的基準）

1　法第61条第1項の政令で定める技術的基準は、次の各号に掲げる建築物の区分に応じ、当該各号に定めるものとする。
　一　防火地域内にある建築物で階数が3以上のもの若しくは延べ面積が100㎡を超えるもの又は準防火地域内にある建築物で地階を除く階数が4以上のもの若しくは延べ面積が1,500㎡を超えるもの　次のイ又はロのいずれかに掲げる基準
　　イ　特定主要構造部が第107条各号又は第108条の4第1項第一号イ及びロに掲げる基準に適合し、かつ、外壁開口部設備（外壁の開口部で延焼のおそれのある部分に設ける防火設備をいう。以下この条において同じ。）が第109条の2に規定する基準に適合するものであること。ただし、準防火地域内にある建築物で法第86条の4各号のいずれかに該当するものの外壁開口部設備については、この限りでない。
　　ロ　当該建築物の特定主要構造部、防火設備及び消火設備の構造に応じて算出した延焼防止時間（建築物が通常の火災による周囲への延焼を防止することができる時間をいう。以下この条において同じ。）が、当該建築物の特定主要構造部及び外壁開口部設備がイに掲げる基準に適合すると仮定した場合における当該特定主要構造部及び外壁開口部設備の構造に応じて算出した延焼防止時間以上であること。
　二　防火地域内にある建築物のうち階数が2以下で延べ面積が100㎡以下のもの又は準防火地域内にある建築物のうち地階を除く階数が3で延べ面積が1,500㎡以下のもの若しくは地階を除く階数が2以下で延べ面積が500㎡を超え1,500㎡以下のもの　次のイ又はロのいずれかに掲げる基準
　　イ　主要構造部が第107条の2各号又は第109条の3第一号若しくは第二号に掲げる基準に適合し、かつ、外壁開口部設備が前号イに掲げる基準（外壁開口部設備に係る部分に限る。）に適合するものであること。
　　ロ　当該建築物の主要構造部、防火設備及び消火設備の構造に応じて算出した延焼防止時間が、当該建築物の主要構造部及び外壁開口部設備がイに掲げる基準に適合すると仮定した場合における当該主要構造部及び外壁開口部設備の構造に応じて算出した延焼防止時間以上であること。
　三　準防火地域内にある建築物のうち地階を除く階数が2以下で延べ面積が500㎡以下のもの（木造建築物等に限る。）　次のイ又はロのいずれかに掲げる基準
　　イ　外壁及び軒裏で延焼のおそれのある部分が第108条各号に掲げる基準に適合し、かつ、外壁開口部設備に建築物の周囲において発生する通常の火災による火熱が加えられた場合に、当該外壁開口部設備が加熱開始後20分間当該加熱面以外の面（屋内に面するものに限る。）に火炎を出さないものであること。ただし、法第86条の4各号のいずれかに該当する建築物の外壁開口部設備については、この限りでない。
　　ロ　当該建築物の主要構造部、防火設備及び消火設備の構造に応じて算出した延焼防止時間が、当該建築物の外壁及び軒裏で延焼のおそれのある部分並びに外壁開口部設備（以下このロにおいて「特定外壁部分等」という。）がイに掲げる基準に適合すると仮定した場合における当該特定外壁部分等の構造に応じて算出した延焼防止時間以上であること。
　四　準防火地域内にある建築物のうち地階を除く階数が2以下で延べ面積が500㎡以下のもの（木造建築物等を除く。）次のイ又はロのいずれかに掲げる基準
　　イ　外壁開口部設備が前号イに掲げる基準（外壁開口部設備に係る部分に限る。）に適合するものであ

令旧136条の2 改正：令和5年政令第280号

　　　こと。
　　ロ　当該建築物の主要構造部、防火設備及び消火設備の構造に応じて算出した延焼防止時間が、当該建築物の外壁開口部設備がイに掲げる基準に適合すると仮定した場合における当該外壁開口部設備の構造に応じて算出した延焼防止時間以上であること。
　五　高さ2mを超える門又は塀で、防火地域内にある建築物に附属するもの又は準防火地域内にある木造建築物等に附属するもの　延焼防止上支障のない構造であること。

[現行]　第136条の2の2　（防火地域又は準防火地域内の建築物の屋根の性能に関する技術的基準）

制定：平成12年政令第211号　　　施行：平成12年6月1日
第136条の2の2　（防火地域又は準防火地域内の建築物の屋根の性能に関する技術的基準）

1　法第63条の政令で定める技術的基準は、次の各号（不燃性の物品を保管する倉庫その他これに類するものとして建設大臣が定める用途に供する建築物又は建築物の部分でその屋根以外の主要構造部が準不燃材料で造られたものの屋根にあつては、第一号）に掲げるものとする。
　一　屋根が、市街地における通常の火災による火の粉により、防火上有害な発炎をしないものであること。
　二　屋根が、市街地における通常の火災による火の粉により、屋内に達する防火上有害な溶融、き裂その他の損傷を生じないものであること。

改正：平成12年政令第312号　　　施行：平成13年1月6日
第136条の2の2　（防火地域又は準防火地域内の建築物の屋根の性能に関する技術的基準）

1　法第63条の政令で定める技術的基準は、次の各号（不燃性の物品を保管する倉庫その他これに類するものとして<u>国土交通大臣</u>が定める用途に供する建築物又は建築物の部分でその屋根以外の主要構造部が準不燃材料で造られたものの屋根にあつては、第一号）に掲げるものとする。
　一・二　略

改正：平成28年政令第6号　　　施行：平成28年6月1日
第136条の2の2　（防火地域又は準防火地域内の建築物の屋根の性能に関する技術的基準）

1　法第63条の政令で定める技術的基準は、次の各号（不燃性の物品を保管する倉庫その他これに類するものとして国土交通大臣が定める用途に供する建築物又は建築物の部分で、<u>市街地における通常の火災による火の粉が屋内に到達した場合に建築物の火災が発生するおそれのないものとして国土交通大臣が定めた構造方法を用いるものの屋根にあつては、第一号</u>）に掲げるものとする。
　一　略
　二　屋根が、市街地における通常の火災による火の粉により、屋内に達する防火上有害な溶融、<u>亀裂</u>その他の損傷を生じないものであること。

改正：令和元年政令第30号　　　施行：令和元年6月25日
第136条の2の2　（防火地域又は準防火地域内の建築物の屋根の性能に関する技術的基準）

1　法<u>第62条</u>の政令で定める技術的基準は、<u>次に掲げるもの</u>（不燃性の物品を保管する倉庫その他これに類するものとして国土交通大臣が定める用途に供する建築物又は建築物の部分で、市街地における通常の火災による火の粉が屋内に到達した場合に建築物の火災が発生するおそれのないものとして国土交通大臣が定めた構造方法を用いるものの屋根にあつては、<u>第一号に掲げるもの</u>）とする。
　一　屋根が、市街地における通常の火災による火の粉により、防火上有害な発炎をしないものであること。
　二　屋根が、市街地における通常の火災による火の粉により、屋内に達する防火上有害な溶融、亀裂その他の損傷を生じないものであること。

改正：令和元年政令第30号 **令136条の２の４**

[現行] 第136条の２の３　削除

[削除条文]

制定：平成12年政令第211号　　　施行：平成12年６月１日
旧　第136条の２の３　（準遮炎性能に関する技術的基準）

1　法第64条の政令で定める技術的基準は、防火設備に建築物の周囲において発生する通常の火災による火熱が加えられた場合に、加熱開始後20分間当該加熱面以外の面（屋内に面するものに限る。）に火炎を出さないものであることとする。

改正：令和元年政令第30号　　　施行：令和元年６月25日
旧　第136条の２の３　（準遮炎性能に関する技術的基準）　削除

[現行] 第７章の２の２　特定防災街区整備地区内の建築物
（制定：平成15年政令第523号）　第７章の２の２　特定防災街区整備地区内の建築物

[現行]　第136条の２の４　（建築物の防災都市計画施設に係る間口率及び高さの算定）

制定：平成15年政令第523号　　　施行：平成15年12月19日
第136条の２の４　（建築物の防災都市計画施設に係る間口率及び高さの算定）

1　法第67条の２第６項に規定する建築物の防災都市計画施設に係る間口率の算定の基礎となる次の各号に掲げる長さの算定方法は、当該各号に定めるところによる。
　一　防災都市計画施設に面する部分の長さ　建築物の周囲の地面に接する外壁又はこれに代わる柱の面で囲まれた部分の水平投影の防災都市計画施設に面する長さによる。
　二　敷地の防災都市計画施設に接する部分の長さ　敷地の防災都市計画施設に接する部分の水平投影の長さによる。
2　法第67条の２第６項に規定する建築物の高さの算定については、建築物の防災都市計画施設に面する方向の鉛直投影の各部分（同項に規定する建築物の防災都市計画施設に係る間口率の最低限度を超える部分を除く。）の防災都市計画施設と敷地との境界線からの高さによる。

改正：平成27年政令第11号　　　施行：平成27年６月１日
第136条の２の４　（建築物の防災都市計画施設に係る間口率及び高さの算定）

1　法<u>第67条の３</u>第６項に規定する建築物の防災都市計画施設に係る間口率の算定の基礎となる次の各号に掲げる長さの算定方法は、当該各号に定めるところによる。
　一・二　略
2　法<u>第67条の３</u>第６項に規定する建築物の高さの算定については、建築物の防災都市計画施設に面する方向の鉛直投影の各部分（同項に規定する建築物の防災都市計画施設に係る間口率の最低限度を超える部分を除く。）の防災都市計画施設と敷地との境界線からの高さによる。

改正：令和元年政令第30号　　　施行：令和元年６月25日
第136条の２の４　（建築物の防災都市計画施設に係る間口率及び高さの算定）

1　法<u>第67条</u>第６項に規定する建築物の防災都市計画施設に係る間口率の算定の基礎となる次の各号に掲げる長さの算定方法は、当該各号に定めるところによる。
　一　防災都市計画施設に面する部分の長さ　建築物の周囲の地面に接する外壁又はこれに代わる柱の面で囲まれた部分の水平投影の防災都市計画施設に面する長さによる。

令136条の2の4　改正：令和元年政令第30号

　二　敷地の防災都市計画施設に接する部分の長さ　敷地の防災都市計画施設に接する部分の水平投影の長さによる。
2　法第67条第6項に規定する建築物の高さの算定については、建築物の防災都市計画施設に面する方向の鉛直投影の各部分（同項に規定する建築物の防災都市計画施設に係る間口率の最低限度を超える部分を除く。）の防災都市計画施設と敷地との境界線からの高さによる。

[現行] 第7章の3　地区計画等の区域
（制定：昭和55年政令第273号）　　旧　第7章の2　地区計画等の区域内における制限の基準
（改正：昭和62年政令第348号）　　　第7章の3　地区計画等の区域内における制限の基準
（改正：平成2年政令第323号）　　　第7章の3　地区計画等の区域

[現行]　第136条の2の5　（地区計画等の区域内において条例で定める制限）

制定：昭和55年政令第273号　　　　施行：昭和55年10月25日
旧　第136条の2　（制限の基準）

1　法第68条の2第2項の規定により政令で定める基準に関しては、この章に定めるところによる。

旧　第136条の2の2　（沿道整備計画の区域内において条例で定める制限）

1　法第68条の2第1項の規定に基づく条例で制限として定めることができる事項は、沿道整備計画の内容として定められたもののうち、建築物の沿道整備道路（幹線道路の沿道の整備に関する法律（昭和55年法律第34号）第2条第2号に規定する沿道整備道路をいう。以下同じ。）に面する部分の長さの敷地の沿道整備道路に接する部分の長さに対する割合（以下この条において「間口率」という。）の最低限度、建築物の高さの最低限度（遮（しや）音上の効果を有しないものを除く。第3項において同じ。）、建築物の構造に関する遮（しや）音上必要な制限及び建築物の構造に関する防音上必要な制限とする。
2　前項の間口率の算定については、次の各号に掲げる長さの算定方法は、それぞれ当該各号に定めるところによる。
　一　建築物の沿道整備道路に面する部分の長さ　建築物の周囲の地面に接する外壁又はこれに代わる柱の面で囲まれた部分の水平投影の沿道整備道路に面する長さによる。
　二　敷地の沿道整備道路に接する部分の長さ　敷地の沿道整備道路に接する部分の水平投影の長さによる。
3　第1項の規定による制限は、次の各号に掲げる事項について、それぞれ当該各号に適合するものでなければならない。
　一　間口率の最低限度　10分の7以上10分の9以下の範囲内のものであること。
　二　建築物の高さの最低限度　その敷地が沿道整備道路に接する建築物の沿道整備道路に面する方向の鉛直投影の各部分（間口率の最低限度を超える部分を除く。）の沿道整備道路の路面の中心からの高さの最低限度が5mとされるものであること。
　三　建築物の構造に関する遮（しや）音上必要な制限　その敷地が沿道整備道路に接する建築物（間口率の最低限度を超える部分を除く。）の沿道整備道路の路面の中心からの高さが5m未満の範囲を空隙（げき）のない壁が設けられたものとする等遮（しや）音上有効な構造としなければならないとされるものであること。
　四　建築物の構造に関する防音上必要な制限　学校、病院、診療所、住宅、寄宿舎、下宿その他の静穏を必要とする建築物で、道路交通騒音により生ずる障害を防止し、又は軽減するため、防音上有効な構造とする必要があるものの居室及び居室との間に区画となる間仕切壁又は戸（ふすま、障子その他これに類するものを除く。）がなく当該居室と一体とみなされる建築物の部分の窓、出入口、排気口、給気口、排気筒、給気筒、屋根及び壁で、直接外気に接するものに関して、次のイからハまでに掲げる構造としなければならないとされるものであること。
　　イ　窓及び出入口は、閉鎖した際防音上有害な空隙（げき）が生じないものであり、これらに設けられる戸は、ガラスの厚さ（当該戸が二重以上になつている場合は、それぞれの戸のガラスの厚さの合計）が0.5cm以上であるガラス入りの金属製のもの又はこれと防音上同等以上の効果のあるものであること。

ロ　排気口、給気口、排気筒及び給気筒は、開閉装置を設ける等防音上効果のある措置を講じたものであること。
　　ハ　屋根及び壁は、防音上有害な空隙（げき）のないものであるとともに、防音上支障がない構造のものであること。
4　法第68条の2第1項の規定に基づく条例において、前項第一号から第三号までに掲げる事項に関する制限を定めようとするときは、これらをすべて定めるものとする。
5　法第68条の2第1項に規定する条例で第3項第一号から第三号までに掲げる事項に関する制限を定める場合においては、当該条例に、建築物の敷地の地盤面が沿道整備道路の路面の中心より低い建築物について同項第二号に掲げる事項に関する制限を適用した結果、当該建築物の高さが地階を除く階数が2である建築物の通常の高さを超えるものとなる場合におけるこれらの制限の適用の除外に関する規定を定めるものとする。
6　法第68条の2第1項の規定に基づく条例には、市町村長が、建築物の位置、構造、用途等の特殊性により防音上若しくは遮（しゃ）音上支障がないと認め、又は公益上必要な建築物で用途上若しくは構造上やむを得ないと認めて許可した建築物について、当該条例に定める制限の適用の除外に関する規定を定めるものとする。

改正：昭和56年政令第144号　　　施行：昭和56年4月25日
旧　第136条の2　（地区計画等の区域内において条例で定める制限）
1　法第68条の2第1項の規定に基づく条例による制限は、次の各号に掲げる事項で地区計画又は沿道整備計画（以下「地区計画等」という。）の内容として定められたものについて、それぞれ当該各号に適合するものでなければならない。
　一　建築物の用途の制限　次に掲げるものであること。
　　イ　地区計画の区域にあつては、当該区域の用途構成の適正化、各街区ごとの住居の環境の保持、商業その他の業務の利便の増進等による良好な環境の街区の形成に貢献する合理的な制限であることが明らかなもの
　　ロ　沿道整備計画の区域にあつては、商業その他幹線道路の沿道としての当該区域の特性にふさわしい業務の利便の増進等に貢献し、かつ、道路交通騒音により生ずる障害を防止する観点から見て合理的な制限であることが明らかなもの
　二　建築物の延べ面積の敷地面積に対する割合の最高限度　10分の5以上の数値であること。
　三　建築物の建築面積の敷地面積に対する割合の最高限度　10分の3以上の数値であること。
　四　建築物の敷地面積の最低限度　建築物の敷地が細分化されることにより、又は建築物が密集することにより、住宅等の敷地内に必要とされる空地の確保又は建築物の安全、防火若しくは衛生の目的を達成することが著しく困難となる区域について、当該区域の良好な住居等の環境の維持増進に貢献する合理的な数値であること。
　五　壁面の位置の制限　建築物の壁若しくはこれに代わる柱の位置の制限又は当該制限と併せて定められた建築物に附属する門若しくはへいで高さ2mを超えるものの位置の制限であること。
　六　建築物の高さの最高限度　地階を除く階数が2である建築物の通常の高さを下回らない数値であること。
　七　建築物の高さの最低限度　建築物の延べ面積の敷地面積に対する割合の最低限度及び建築物の建築面積の最低限度　商業その他の業務又は住居の用に供する中高層の建築物を集合して一体的に整備すべき区域その他の土地の合理的かつ健全な高度利用を図るべき区域について、当該区域の高度利用を促進するに足りる合理的な数値であること。
　八　建築物の形態又は意匠の制限　建築物の屋根又は外壁の形態又は意匠をその形状又は材料によって定めた制限であること。
　九　かき又はさくの構造の制限　建築物に附属する門又はへいの構造をその高さ、形状又は材料によつて定めた制限であること。
　十　建築物の沿道整備道路（幹線道路の沿道の整備に関する法律（昭和55年法律第34号）第2条第二号に規定する沿道整備道路をいう。以下この条において同じ。）に面する部分の長さの敷地の沿道整備道路に接する部分の長さに対する割合（以下この条において「間口率」という。）の最低限度　10分の7以上10分

令旧136条の2　改正：昭和56年政令第144号

　　　　の9以下の範囲内の数値であること。
　　十一　建築物の構造に関する遮（しゃ）音上必要な制限　その敷地が沿道整備道路に接する建築物（間口率の最低限度を超える部分を除く。）の沿道整備道路の路面の中心からの高さが5m未満の範囲を空隙（げき）のない壁が設けられたものとする等遮（しゃ）音上有効な構造としなければならないとされるものであること。
　　十二　建築物の構造に関する防音上必要な制限　学校、病院、診療所、住宅、寄宿舎、下宿その他の静穏を必要とする建築物で、道路交通騒音により生ずる障害を防止し、又は軽減するため、防音上有効な構造とする必要があるものの居室及び居室との間に区画となる間仕切壁又は戸（ふすま、障子その他これらに類するものを除く。）がなく当該居室と一体とみなされる建築物の部分の窓、出入口、排気口、給気口、排気筒、給気筒、屋根及び壁で、直接外気に接するものに関して、次のイからハまでに掲げる構造としなければならないとされるものであること。
　　　イ　窓及び出入口は、閉鎖した際防音上有害な空隙（げき）が生じないものであり、これらに設けられる戸は、ガラスの厚さ（当該戸が二重以上になっている場合は、それぞれの戸のガラスの厚さの合計）が0.5cm以上であるガラス入りの金属製のもの又はこれと防音上同等以上の効果のあるものであること。
　　　ロ　排気口、給気口、排気筒及び給気筒は、開閉装置を設ける等防音上効果のある措置を講じたものであること。
　　　ハ　屋根及び壁は、防音上有害な空隙（げき）のないものであるとともに、防音上支障がない構造のものであること。
2　法第68条の2第1項の規定に基づく条例で建築物の高さの最低限度に係る制限を定める場合において遮（しゃ）音上の観点から必要があるときは、前項の規定にかかわらず、沿道整備計画の内容として定められたその敷地が沿道整備道路に接する建築物に係る当該建築物の沿道整備道路に面する方向の鉛直投影の各部分（間口率の最低限度を超える部分を除く。）の沿道整備道路の路面の中心からの高さの最低限度が5mとされる制限（同項第七号に規定する区域については当該制限及び同号の建築物の高さの最低限度の数値に係る制限）を定めることができる。
3　間口率の算定については、次の各号に掲げる長さの算定方法は、それぞれ当該各号に定めるところによる。
　　一　建築物の沿道整備道路に面する部分の長さ　建築物の周囲の地面に接する外壁又はこれに代わる柱の面で囲まれた部分の水平投影の沿道整備道路に面する長さによる。
　　二　敷地の沿道整備道路に接する部分の長さ　敷地の沿道整備道路に接する部分の水平投影の長さによる。
4　建築物の延べ面積の敷地面積に対する割合の最高限度若しくは最低限度又は建築物の建築面積の敷地面積に対する割合の最高限度の算定に当たつては、同一敷地内に2以上の建築物がある場合においては、建築物の延べ面積又は建築面積は、当該建築物の延べ面積又は建築面積の合計とする。
5　沿道整備計画の区域内において法第68条の2第1項の規定に基づく条例で第1項第十号若しくは第十一号の制限又は第2項に規定する高さの最低限度が5mとされる制限を定めようとするときは、これらをすべて定めるものとする。
6　前項の場合においては、当該条例に、建築物の敷地の地盤面が沿道整備道路の路面の中心より低い建築物について第2項に規定する高さの最低限度が5mとされる制限を適用した結果、当該建築物の高さが地階を除く階数が2である建築物の通常の高さを超えるものとなる場合における前項に規定する制限の適用の除外に関する規定を定めるものとする。
7　法第68条の2第1項の規定に基づく条例には、法第3条第2項の規定により当該条例の規定の適用を受けない建築物について、法第86条の2の規定の例により当該条例に定める制限の適用の除外に関する規定を定めるものとする。
8　法第68条の2第1項の規定に基づく条例には、市町村長が、公益上必要な建築物で用途上又は構造上やむを得ないと認めて許可したもの及び沿道整備計画の内容として防音上又は遮（しゃ）音上の制限が定められた建築物でその位置、構造、用途等の特殊性により防音上又は遮（しゃ）音上支障がないと認めて許可したものについて、当該条例に定める制限の全部又は一部の適用の除外に関する規定を定めるものとする。

改正：昭和62年政令第348号　　施行：昭和62年11月16日
旧　第136条の2の2　（地区計画等の区域内において条例で定める制限）

略

改正：昭和63年政令第25号　　　施行：昭和63年3月1日

旧　第136条の2の2　（地区計画等の区域内において条例で定める制限）

1　法第68条の2第1項の規定に基づく条例による制限は、次の各号に掲げる事項で<u>地区計画等</u>の内容として定められたものについて、それぞれ当該各号に適合するものでなければならない。
　一　建築物の用途の制限　次に掲げるものであること。
　　イ・ロ　略
　　<u>ハ　集落地区計画の区域にあつては、当該集落地区計画の区域の特性にふさわしい良好な住居の環境の保持等に貢献する合理的な制限であることが明らかなもの</u>
　二・三　略
　四　建築物の敷地面積の最低限度　次に掲げるものであること。
　　<u>イ　地区計画又は沿道整備計画の区域にあつては、建築物の敷地が細分化されることにより、又は建築物が密集することにより、住宅等の敷地内に必要とされる空地の確保又は建築物の安全、防火若しくは衛生の目的を達成することが著しく困難となる区域について、当該区域の良好な住居等の環境の維持増進に貢献する合理的な数値であること。</u>
　　<u>ロ　集落地区計画の区域にあつては、建築物の敷地が細分化されることにより、住宅等の敷地内に必要とされる空地の確保又は建築物の安全、防火若しくは衛生の目的を達成することが著しく困難となる区域について、当該集落地区計画の区域の特性にふさわしい良好な住居の環境の保持等に貢献する合理的な数値であること。</u>
　五～十二　略

2～8　略

改正：昭和63年政令第322号　　　施行：昭和63年11月15日

旧　第136条の2の2　（地区計画等の区域内において条例で定める制限）

1　法第68条の2第1項の規定に基づく条例による制限は、次の各号に掲げる事項で地区計画等の内容として定められたものについて、それぞれ当該各号に適合するものでなければならない。
　一　建築物の用途の制限　次に掲げるものであること。
　　イ　略
　　<u>ロ　再開発地区計画の区域にあつては、当該再開発地区計画の区域にふさわしい良好な住居の環境の確保、商業その他の業務の利便の増進等に貢献する合理的な制限であることが明らかなもの</u>
　　<u>ハ　沿道整備計画の区域にあつては、商業その他幹線道路の沿道としての当該区域の特性にふさわしい業務の利便の増進等に貢献し、かつ、道路交通騒音により生ずる障害を防止する観点から見て合理的な制限であることが明らかなもの</u>
　　<u>ニ　集落地区計画の区域にあつては、当該集落地区計画の区域の特性にふさわしい良好な住居の環境の保持等に貢献する合理的な制限であることが明らかなもの</u>
　二・三　略
　四　建築物の敷地面積の最低限度　次に掲げるものであること。
　　イ　<u>地区計画、再開発地区計画</u>又は沿道整備計画の区域にあつては、建築物の敷地が細分化されることにより、又は建築物が密集することにより、住宅等の敷地内に必要とされる空地の確保又は建築物の安全、防火若しくは衛生の目的を達成することが著しく困難となる区域について、当該区域の良好な住居等の環境の維持増進に貢献する合理的な数値であること。
　　ロ　略
　五～十二　略

2～8　略

改正：平成元年政令第309号　　　施行：平成元年11月22日

令旧136条の2の2　改正：平成元年政令第309号

旧　第136条の2の2　（地区計画等の区域内において条例で定める制限）

1　法第68条の2第1項の規定に基づく条例による制限は、次の各号に掲げる事項で地区計画等の内容として定められたものについて、それぞれ当該各号に適合するものでなければならない。
　一～九　略
　十　<u>建築物の建築の限界　都市計画法第12条の4第6項又は都市再開発法（昭和44年法律第38号）第7条の8の2第4項に規定する都市計画施設である道路の整備上合理的に必要な建築の限界であること。</u>
　十一　建築物の沿道整備道路（幹線道路の沿道の整備に関する法律（昭和55年法律第34号）第2条第二号に規定する沿道整備道路をいう。以下この条において同じ。）に面する部分の長さの敷地の沿道整備道路に接する部分の長さに対する割合（以下この条において「間口率」という。）の最低限度　10分の7以上10分の9以下の範囲内の数値であること。
　十二　建築物の構造に関する遮（しゃ）音上必要な制限　その敷地が沿道整備道路に接する建築物（間口率の最低限度を超える部分を除く。）の沿道整備道路の路面の中心からの高さが5m未満の範囲を空隙（げき）のない壁が設けられたものとする等遮（しゃ）音上有効な構造としなければならないとされるものであること。
　十三　建築物の構造に関する防音上必要な制限　学校、病院、診療所、住宅、寄宿舎、下宿その他の静穏を必要とする建築物で、道路交通騒音により生ずる障害を防止し、又は軽減するため、防音上有効な構造とする必要があるものの居室及び居室との間に区画となる間仕切壁又は戸（ふすま、障子その他これらに類するものを除く。）がなく当該居室と一体とみなされる建築物の部分の窓、出入口、排気口、給気口、排気筒、給気筒、屋根及び壁で、直接外気に接するものに関して、次のイからハまでに掲げる構造としなければならないとされるものであること。
　　イ　窓及び出入口は、閉鎖した際防音上有害な空隙（げき）が生じないものであり、これらに設けられる戸は、ガラスの厚さ（当該戸が二重以上になつている場合は、それぞれの戸のガラスの厚さの合計）が0.5cm以上であるガラス入りの金属製のもの又はこれと防音上同等以上の効果のあるものであること。
　　ロ　排気口、給気口、排気筒及び給気筒は、開閉装置を設ける等防音上効果のある措置を講じたものであること。
　　ハ　屋根及び壁は、防音上有害な空隙（げき）のないものであるとともに、防音上支障がない構造のものであること。
2～4　略
5　沿道整備計画の区域内において法第68条の2第1項の規定に基づく条例で第1項<u>第十一号若しくは第十二号</u>の制限又は第2項に規定する高さの最低限度が5mとされる制限を定めようとするときは、これらをすべて定めるものとする。
6～8　略

改正：平成2年政令第323号　　　施行：平成2年11月20日

旧　第136条の2の2　（地区計画等の区域内において条例で定める制限）

1　法第68条の2第1項の規定に基づく条例による制限は、次の各号に掲げる事項で地区計画等の内容として定められたものについて、それぞれ当該各号に適合するものでなければならない。
　一　建築物の用途の制限　次に掲げるものであること。
　　イ　略
　　<u>ロ　住宅地高度利用地区計画の区域にあつては、当該住宅地高度利用地区計画の区域にふさわしい良好な住居の環境の確保等に貢献する合理的な制限であることが明らかなもの</u>
　　<u>ハ</u>　再開発地区計画の区域にあつては、当該再開発地区計画の区域にふさわしい良好な住居の環境の確保、商業その他の業務の利便の増進等に貢献する合理的な制限であることが明らかなもの
　　<u>ニ</u>　沿道整備計画の区域にあつては、商業その他幹線道路の沿道としての当該区域の特性にふさわしい業務の利便の増進等に貢献し、かつ、道路交通騒音により生ずる障害を防止する観点から見て合理的な制限であることが明らかなもの
　　<u>ホ</u>　集落地区計画の区域にあつては、当該集落地区計画の区域の特性にふさわしい良好な住居の環境の保持等に貢献する合理的な制限であることが明らかなもの

改正：平成8年政令第308号　**令旧136条の2の2**

> 　二・三　略
> 　四　建築物の敷地面積の最低限度　次に掲げるものであること。
> 　　イ　<u>地区計画、住宅地高度利用地区計画</u>、再開発地区計画又は沿道整備計画の区域にあつては、建築物の敷地が細分化されることにより、又は建築物が密集することにより、住宅等の敷地内に必要とされる空地の確保又は建築物の安全、防火若しくは衛生の目的を達成することが著しく困難となる区域について、当該区域の良好な住居等の環境の維持増進に貢献する合理的な数値であること。
> 　　ロ　略
> 　五～九　略
> 　十　建築物の建築の限界　都市計画法<u>第12条の5第5項</u>又は都市再開発法（昭和44年法律第38号）第7条の8の2第4項に規定する都市計画施設である道路の整備上合理的に必要な建築の限界であること。
> 　十一～十三　略
> 2～8　略

改正：平成5年政令第170号　　　施行：平成5年6月25日
旧　第136条の2の2　（地区計画等の区域内において条例で定める制限）

> 1　法第68条の2第1項の規定に基づく条例による制限は、次の各号に掲げる事項で地区計画等の内容として定められたものについて、それぞれ当該各号に適合するものでなければならない。
> 　一～四　略
> 　五　壁面の位置の制限　建築物の壁若しくはこれに代わる柱の位置の制限又は当該制限と併せて定められた建築物に附属する門若しくは<u>塀</u>で高さ2mを超えるものの位置の制限であること。
> 　六～八　略
> 　九　<u>垣又はさくの構造の制限　建築物に附属する門又は塀の構造をその高さ、形状又は材料によって定めた制限であること。</u>
> 　十　建築物の建築の限界　都市計画法第12条の5<u>第7項</u>又は都市再開発法（昭和44年法律第38号）第7条の8の2第4項に規定する都市計画施設である道路の整備上合理的に必要な建築の限界であること。
> 　十一　略
> 　十二　建築物の構造に関する<u>遮音</u>上必要な制限　その敷地が沿道整備道路に接する建築物（間口率の最低限度を超える部分を除く。）の沿道整備道路の路面の中心からの高さが5m未満の範囲を空隙（げき）のない壁が設けられたものとする等<u>遮音</u>上有効な構造としなければならないとされるものであること。
> 　十三　略
> 2～8　略

改正：平成7年政令第214号　　　施行：平成7年5月25日
旧　第136条の2の2　（地区計画等の区域内において条例で定める制限）

> 1　法第68条の2第1項の規定に基づく条例による制限は、次の各号に掲げる事項で地区計画等の内容として定められたものについて、それぞれ当該各号に適合するものでなければならない。
> 　一～九　略
> 　十　建築物の建築の限界　都市計画法第12条の5<u>第8項</u>又は都市再開発法（昭和44年法律第38号）第7条の8の2第4項に規定する都市計画施設である道路の整備上合理的に必要な建築の限界であること。
> 　十一～十三　略
> 2～8　略

改正：平成8年政令第308号　　　施行：平成8年11月10日
旧　第136条の2の2　（地区計画等の区域内において条例で定める制限）

> 1　法第68条の2第1項の規定に基づく条例による制限は、次の各号に掲げる事項で地区計画等の内容として定められたものについて、それぞれ当該各号に適合するものでなければならない。
> 　一　建築物の用途の制限　次に掲げるものであること。

令旧136条の２の２　改正：平成８年政令第308号

　　　イ〜ハ　略
　　　ニ　<u>沿道地区計画</u>の区域にあつては、商業その他幹線道路の沿道としての当該区域の特性にふさわしい業務の利便の増進等に貢献し、かつ、道路交通騒音により生ずる障害を防止する観点から見て合理的な制限であることが明らかなもの
　　　ホ　略
　　二・三　略
　　四　建築物の敷地面積の最低限度　次に掲げるものであること。
　　　イ　地区計画、住宅地高度利用地区計画、再開発地区計画又は<u>沿道地区計画</u>の区域にあつては、建築物の敷地が細分化されることにより、又は建築物が密集することにより、住宅等の敷地内に必要とされる空地の確保又は建築物の安全、防火若しくは衛生の目的を達成することが著しく困難となる区域について、当該区域の良好な住居等の環境の維持増進に貢献する合理的な数値であること。
　　　ロ　略
　　五〜十三　略
２　法第68条の２第１項の規定に基づく条例で建築物の高さの最低限度に係る制限を定める場合において<u>遮音上の観点</u>から必要があるときは、前項の規定にかかわらず、<u>沿道地区計画</u>の内容として定められたその敷地が沿道整備道路に接する建築物に係る当該建築物の沿道整備道路に面する方向の鉛直投影の各部分（間口率の最低限度を超える部分を除く。）の沿道整備道路の路面の中心からの高さの最低限度が５mとされる制限（同項第七号に規定する区域については、<u>当該制限及び同号の建築物の高さの最低限度の数値に係る制限</u>）を定めることができる。
３・４　略
５　<u>沿道地区計画</u>の区域内において法第68条の２第１項の規定に基づく条例で第１項第十一号若しくは第十二号の制限又は第２項に規定する高さの最低限度が５mとされる制限を定めようとするときは、これらをすべて定めるものとする。
６・７　略
８　法第68条の２第１項の規定に基づく条例には、市町村長が、公益上必要な建築物で用途上又は構造上やむを得ないと認めて許可したもの及び<u>沿道地区計画</u>の内容として防音上又は<u>遮音上</u>の制限が定められた建築物でその位置、構造、用途等の特殊性により防音上又は<u>遮音上</u>支障がないと認めて許可したものについて、当該条例に定める制限の全部又は一部の適用の除外に関する規定を定めるものとする。

改正：平成９年政令第325号　　　施行：平成９年11月８日
旧　第136条の２の２　（地区計画等の区域内において条例で定める制限）

１　法第68条の２第１項の規定に基づく条例による制限は、次の各号に掲げる事項で地区計画等の内容として定められたものについて、それぞれ当該各号に適合するものでなければならない。
　　一　建築物の用途の制限　次に掲げるものであること。
　　　イ〜ハ　略
　　　ニ　<u>防災街区整備地区計画</u>の区域にあつては、<u>当該区域にふさわしい良好な住居の環境の確保</u>、商業その他の業務の利便の増進等に貢献し、かつ、<u>当該区域における特定防災機能（密集市街地における防災街区の整備の促進に関する法律（平成９年法律第49号）第２条第三号に規定する特定防災機能をいう。以下この条において同じ。）を確保する観点</u>から見て合理的な制限であることが明らかなもの
　　　ホ　沿道地区計画の区域にあつては、商業その他幹線道路の沿道としての当該区域の特性にふさわしい業務の利便の増進等に貢献し、かつ、道路交通騒音により生ずる障害を防止する観点から見て合理的な制限であることが明らかなもの
　　　ヘ　集落地区計画の区域にあつては、当該集落地区計画の区域の特性にふさわしい良好な住居の環境の保持等に貢献する合理的な制限であることが明らかなもの
　　二・三　略
　　四　建築物の敷地面積の最低限度　次に掲げるものであること。
　　　イ　地区計画、住宅地高度利用地区計画、再開発地区計画、<u>防災街区整備地区計画</u>又は沿道地区計画の区域にあつては、建築物の敷地が細分化されることにより、又は建築物が密集することにより、住宅等の敷地内に必要とされる空地の確保又は建築物の安全、防火若しくは衛生の目的を達成することが著しく

困難となる区域について、当該区域の良好な住居等の環境の維持増進に貢献する合理的な数値であること。
　　ロ　略
　五～十　略
　十一　建築物の特定地区防災施設（密集市街地における防災街区の整備の促進に関する法律第32条第2項第二号に規定する特定地区防災施設をいう。以下この条において同じ。）に面する部分の長さの敷地の当該特定地区防災施設に接する部分の長さに対する割合（以下この条において「特定地区防災施設に係る間口率」という。）の最低限度　10分の7以上10分の9以下の範囲内の数値であること。
　十二　建築物の構造に関する防火上必要な制限　次に掲げるものであること。
　　イ　特定建築物地区整備計画の区域内に存する建築物に関して、次の（1）及び（2）に掲げる構造としなければならないとされるものであること。
　　　（1）　耐火建築物又は準耐火建築物であること。
　　　（2）　その敷地が特定地区防災施設に接する建築物（特定地区防災施設に係る間口率の最低限度を超える部分を除く。）の当該特定地区防災施設の当該敷地との境界線からの高さ（次項において「特定地区防災施設からの高さ」という。）が5m未満の範囲は、空隙（げき）のない壁が設けられる等防火上有効な構造であること。
　　ロ　防災街区整備地区整備計画の区域内に存する建築物（耐火建築物又は準耐火建築物を除く。）に関して、次の（1）及び（2）に掲げる構造としなければならないとされるものであること。
　　　（1）　その屋根が不燃材料で造られ、又はふかれたものであること。
　　　（2）　当該建築物が木造建築物である場合にあつては、その外壁及び軒裏で延焼のおそれのある部分が防火構造であること。
　十三　建築物の沿道整備道路（幹線道路の沿道の整備に関する法律（昭和55年法律第34号）第2条第二号に規定する沿道整備道路をいう。以下この条において同じ。）に面する部分の長さの敷地の沿道整備道路に接する部分の長さに対する割合（以下この条において「沿道整備道路に係る間口率」という。）の最低限度　10分の7以上10分の9以下の範囲内の数値であること。
　十四　建築物の構造に関する遮音上必要な制限　その敷地が沿道整備道路に接する建築物（沿道整備道路に係る間口率の最低限度を超える部分を除く。）の沿道整備道路の路面の中心からの高さが5m未満の範囲を空隙（げき）のない壁が設けられたものとする等遮音上有効な構造としなければならないとされるものであること。
　十五　建築物の構造に関する防音上必要な制限　学校、病院、診療所、住宅、寄宿舎、下宿その他の静穏を必要とする建築物で、道路交通騒音により生ずる障害を防止し、又は軽減するため、防音上有効な構造とする必要があるものの居室及び居室との間に区画となる間仕切壁又は戸（ふすま、障子その他これらに類するものを除く。）がなく当該居室と一体とみなされる建築物の部分の窓、出入口、排気口、給気口、排気筒、給気筒、屋根及び壁で、直接外気に接するものに関して、次のイからハまでに掲げる構造としなければならないとされるものであること。
　　イ　窓及び出入口は、閉鎖した際防音上有害な空隙（げき）が生じないものであり、これらに設けられる戸は、ガラスの厚さ（当該戸が二重以上になつている場合は、それぞれの戸のガラスの厚さの合計）が0.5cm以上であるガラス入りの金属製のもの又はこれと防音上同等以上の効果のあるものであること。
　　ロ　排気口、給気口、排気筒及び給気筒は、開閉装置を設ける等防音上効果のある措置を講じたものであること。
　　ハ　屋根及び壁は、防音上有害な空隙（げき）のないものであるとともに、防音上支障がない構造のものであること。
2　法第68条の2第1項の規定に基づく条例で建築物の高さの最低限度に係る制限を定める場合において防災街区整備地区計画の区域における特定防災機能の確保の観点から必要があるときは、前項の規定にかかわらず、特定建築物地区整備計画の内容として定められたその敷地が特定地区防災施設に接する建築物に係る当該建築物の特定地区防災施設に面する方向の鉛直投影の各部分（特定地区防災施設に係る間口率の最低限度を超える部分を除く。）の特定地区防災施設からの高さの最低限度が5mとされる制限（同項第七号に規定する区域については、当該制限及び同号の建築物の高さの最低限度の数値に係る制限）を定めることができる。
3　法第68条の2第1項の規定に基づく条例で建築物の高さの最低限度に係る制限を定める場合において遮音

令旧136条の２の２ 改正：平成９年政令第325号

　上の観点から必要があるときは、第１項の規定にかかわらず、沿道地区計画の内容として定められたその敷地が沿道整備道路に接する建築物に係る当該建築物の沿道整備道路に面する方向の鉛直投影の各部分（沿道整備道路に係る間口率の最低限度を超える部分を除く。）の沿道整備道路の路面の中心からの高さの最低限度が５ｍとされる制限（同項第七号に規定する区域については、当該制限及び同号の建築物の高さの最低限度の数値に係る制限）を定めることができる。

４　特定地区防災施設に係る間口率及び沿道整備道路に係る間口率の算定については、次の各号に掲げる長さの算定方法は、それぞれ当該各号に定めるところによる。

一　建築物の特定地区防災施設に面する部分の長さ　建築物の周囲の地面に接する外壁又はこれに代わる柱の面で囲まれた部分の水平投影の特定地区防災施設に面する長さによる。

二　敷地の特定地区防災施設に接する部分の長さ　敷地の特定地区防災施設に接する部分の水平投影の長さによる。

三　建築物の沿道整備道路に面する部分の長さ　建築物の周囲の地面に接する外壁又はこれに代わる柱の面で囲まれた部分の水平投影の沿道整備道路に面する長さによる。

四　敷地の沿道整備道路に接する部分の長さ　敷地の沿道整備道路に接する部分の水平投影の長さによる。

５　建築物の延べ面積の敷地面積に対する割合の最高限度若しくは最低限度又は建築物の建築面積の敷地面積に対する割合の最高限度の算定に当たつては、同一敷地内に２以上の建築物がある場合においては、建築物の延べ面積又は建築面積は、当該建築物の延べ面積又は建築面積の合計とする。

６　特定建築物地区整備計画の区域内において法第68条の２第１項の規定に基づく条例で第１項第十一号若しくは第十二号の制限又は第２項に規定する高さの最低限度が５ｍとされる制限を定めようとするときは、これらをすべて定めるものとする。

７　前項の場合においては、当該条例に、建築物の敷地の地盤面が特定地区防災施設の当該敷地との境界線より低い建築物について第２項に規定する高さの最低限度が５ｍとされる制限を適用した結果、当該建築物の高さが地階を除く階数が２である建築物の通常の高さを超えるものとなる場合における前項に規定する制限（第１項第十二号の制限で同号イ（１）に掲げるものを除く。）の適用の除外に関する規定を定めるものとする。

８　沿道地区計画の区域内において法第68条の２第１項の規定に基づく条例で第１項第十三号若しくは第十四号の制限又は第３項に規定する高さの最低限度が５ｍとされる制限を定めようとするときは、これらをすべて定めるものとする。

９　前項の場合においては、当該条例に、建築物の敷地の地盤面が沿道整備道路の路面の中心より低い建築物について第３項に規定する高さの最低限度が５ｍとされる制限を適用した結果、当該建築物の高さが地階を除く階数が２である建築物の通常の高さを超えるものとなる場合における前項に規定する制限の適用の除外に関する規定を定めるものとする。

10　法第68条の２第１項の規定に基づく条例には、法第３条第２項の規定により当該条例の規定の適用を受けない建築物について、法第86条の２の規定の例により当該条例に定める制限の適用の除外に関する規定を定めるものとする。

11　法第68条の２第１項の規定に基づく条例には、市町村長が、公益上必要な建築物で用途上又は構造上やむを得ないと認めて許可したもの及び防災街区整備地区計画の内容として防火上の制限が定められた建築物又は沿道地区計画の内容として防音上若しくは遮音上の制限が定められた建築物でその位置、構造、用途等の特殊性により防火上又は防音上若しくは遮音上支障がないと認めて許可したものについて、当該条例に定める制限の全部又は一部の適用の除外に関する規定を定めるものとする。

改正：平成11年政令第５号　　　施行：平成11年５月１日

旧　第136条の２の２　（地区計画等の区域内において条例で定める制限）

１〜９　略

10　法第68条の２第１項の規定に基づく条例には、法第３条第２項の規定により当該条例の規定の適用を受けない建築物について、法第86条の７の規定の例により当該条例に定める制限の適用の除外に関する規定を定めるものとする。

11　略

改正：平成14年政令第331号 **令旧136条の2の4**

改正：平成12年政令第211号　　　　施行：平成12年6月1日
旧　第136条の2の4　（地区計画等の区域内において条例で定める制限）

略

改正：平成13年政令第98号　　　　施行：平成13年5月18日
旧　第136条の2の4　（地区計画等の区域内において条例で定める制限）

1　法第68条の2第1項の規定に基づく条例による制限は、次の各号に掲げる事項で地区計画等の内容として定められたものについて、それぞれ当該各号に適合するものでなければならない。
　一　略
　二　建築物の容積率の最高限度　10分の5以上の数値であること。
　三　建築物の建ぺい率の最高限度　10分の3以上の数値であること。
　四〜六　略
　七　建築物の高さの最低限度、建築物の容積率の最低限度及び建築物の建築面積の最低限度　商業その他の業務又は住居の用に供する中高層の建築物を集合して一体的に整備すべき区域その他の土地の合理的かつ健全な高度利用を図るべき区域について、当該区域の高度利用を促進するに足りる合理的な数値であること。
　八〜十五　略
2〜4　略
5　建築物の容積率の最高限度若しくは最低限度又は建築物の建ぺい率の最高限度の算定に当たつては、同一敷地内に2以上の建築物がある場合においては、建築物の延べ面積又は建築面積は、当該建築物の延べ面積又は建築面積の合計とする。
6〜9　略
10　法第68条の2第1項の規定に基づく条例については、第130条の2第2項の規定を準用する。
11　略

改正：平成14年政令第331号　　　　施行：平成15年1月1日
旧　第136条の2の4　（地区計画等の区域内において条例で定める制限）

1　法第68条の2第1項の規定に基づく条例による制限は、次の各号に掲げる事項で地区計画等の内容として定められたものについて、それぞれ当該各号に適合するものでなければならない。
　一　建築物の用途の制限　次に掲げるものであること。
　　イ　地区計画の区域（再開発等促進区を除く。）にあつては、当該区域の用途構成の適正化、各街区ごとの住居の環境の保持、商業その他の業務の利便の増進等による良好な環境の街区の形成に貢献する合理的な制限であることが明らかなもの
　　ロ　地区計画の区域のうち再開発等促進区にあつては、当該再開発等促進区にふさわしい良好な住居の環境の確保、商業その他の業務の利便の増進等に貢献する合理的な制限であることが明らかなもの
　　ハ　防災街区整備地区計画の区域にあつては、当該区域にふさわしい良好な住居の環境の確保、商業その他の業務の利便の増進等に貢献し、かつ、当該区域における特定防災機能（密集市街地における防災街区の整備の促進に関する法律（平成9年法律第49号）第2条第三号に規定する特定防災機能をいう。以下この条において同じ。）を確保する観点から見て合理的な制限であることが明らかなもの
　　ニ　沿道地区計画の区域にあつては、商業その他幹線道路の沿道としての当該区域の特性にふさわしい業務の利便の増進等に貢献し、かつ、道路交通騒音により生ずる障害を防止する観点から見て合理的な制限であることが明らかなもの
　　ホ　集落地区計画の区域にあつては、当該集落地区計画の区域の特性にふさわしい良好な住居の環境の保持等に貢献する合理的な制限であることが明らかなもの
　二・三　略
　四　建築物の敷地面積の最低限度　次に掲げるものであること。
　　イ　地区計画、防災街区整備地区計画又は沿道地区計画の区域にあつては、建築物の敷地が細分化される

令旧136条の2の4　改正：平成14年政令第331号

　　　ことにより、又は建築物が密集することにより、住宅等の敷地内に必要とされる空地の確保又は建築物の安全、防火若しくは衛生の目的を達成することが著しく困難となる区域について、当該区域の良好な住居等の環境の維持増進に貢献する合理的な数値であること。
　　ロ　略
　五～九　略
　十　建築物の建築の限界　都市計画法第12条の11に規定する都市計画施設である道路の整備上合理的に必要な建築の限界であること。
　十一～十五　略
2～11　略

改正：平成15年政令第523号　　　施行：平成15年12月19日
第136条の2の5　（地区計画等の区域内において条例で定める制限）

1　法第68条の2第1項の規定に基づく条例による制限は、次の各号に掲げる事項で地区計画等の内容として定められたものについて、それぞれ当該各号に適合するものでなければならない。
　一～十一　略
　十二　建築物の構造に関する防火上必要な制限　次に掲げるものであること。
　　イ　略
　　ロ　防災街区整備地区整備計画の区域内に存する建築物に関して、次の（1）に掲げる構造としなければならないとされるものであること又は耐火建築物及び準耐火建築物以外の建築物については次の（2）及び（3）に掲げる構造としなければならないとされるものであること。
　　　（1）　耐火建築物又は準耐火建築物であること。
　　　（2）　その屋根が不燃材料で造られ、又はふかれたものであること。
　　　（3）　当該建築物が木造建築物である場合にあつては、その外壁及び軒裏で延焼のおそれのある部分が防火構造であること。
　十三～十五　略
2～11　略

改正：平成17年政令第182号　　　施行：平成17年6月1日
第136条の2の5　（地区計画等の区域内において条例で定める制限）

1　法第68条の2第1項の規定に基づく条例による制限は、次の各号に掲げる事項で地区計画等の内容として定められたものについて、それぞれ当該各号に適合するものでなければならない。
　一～七　略
　八　建築物の形態又は意匠の制限　地区計画等の区域（景観法（平成16年法律第110号）第76条第1項の規定に基づく条例の規定による制限が行われている区域を除く。）内に存する建築物に関して、その屋根又は外壁の形態又は意匠をその形状又は材料によつて定めた制限であること。
　九～十五　略
2～11　略

改正：平成17年政令第192号　　　施行：平成17年6月1日
第136条の2の5　（地区計画等の区域内において条例で定める制限）

1～9　略
10　法第68条の2第1項の規定に基づく条例については、第130条の2第2項の規定を準用する。この場合において、同項中「第3条第2項」とあるのは、「第3条第2項（法第86条の9第1項において準用する場合を含む。）」と読み替えるものとする。
11　法第68条の2第1項の規定に基づく条例で建築物の敷地面積の最低限度に関する制限を定める場合においては、当該条例に、法第86条の9第1項各号に掲げる事業の施行による建築物の敷地面積の減少により、当該事業の施行の際現に建築物の敷地として使用されている土地で当該制限に適合しなくなるもの及び当該事

業の施行の際現に存する所有権その他の権利に基づいて建築物の敷地として使用するならば当該制限に適合しないこととなる土地のうち、次に掲げる土地以外のものについて、その全部を一の敷地として使用する場合の適用の除外に関する規定を定めるものとする。
二　法第86条の9第1項各号に掲げる事業の施行により面積が減少した際、当該面積の減少がなくとも建築物の敷地面積の最低限度に関する制限に違反していた建築物の敷地及び所有権その他の権利に基づいて建築物の敷地として使用するならば当該制限に違反することとなつた土地
三　当該条例で定める建築物の敷地面積の最低限度に関する制限に適合するに至つた建築物の敷地及び所有権その他の権利に基づいて建築物の敷地として使用するならば当該制限に適合することとなるに至つた土地
12　法第68条の2第1項の規定に基づく条例には、市町村長が、公益上必要な建築物で用途上又は構造上やむを得ないと認めて許可したもの及び防災街区整備地区計画の内容として防火上の制限が定められた建築物又は沿道地区計画の内容として防音上若しくは遮音上の制限が定められた建築物でその位置、構造、用途等の特殊性により防火上又は防音上若しくは遮音上支障がないと認めて許可したものについて、当該条例に定める制限の全部又は一部の適用の除外に関する規定を定めるものとする。

改正：平成18年政令第350号　　　施行：平成19年11月30日
第136条の2の5　（地区計画等の区域内において条例で定める制限）

1　法第68条の2第1項の規定に基づく条例による制限は、次の各号に掲げる事項で地区計画等の内容として定められたものについて、それぞれ当該各号に適合するものでなければならない。
一　建築物の用途の制限　次に掲げるものであること。
　イ　地区計画の区域（再開発等促進区及び開発整備促進区を除く。）にあつては、当該区域の用途構成の適正化、各街区ごとの住居の環境の保持、商業その他の業務の利便の増進等による良好な環境の街区の形成に貢献する合理的な制限であることが明らかなもの
　ロ　地区計画の区域のうち再開発等促進区又は開発整備促進区にあつては、当該再開発等促進区又は開発整備促進区にふさわしい良好な住居の環境の確保、商業その他の業務の利便の増進等に貢献する合理的な制限であることが明らかなもの
　ハ〜ホ　略
二〜十五　略
2〜12　略

改正：平成20年政令第338号　　　施行：平成20年11月4日
第136条の2の5　（地区計画等の区域内において条例で定める制限）

1　法第68条の2第1項の規定に基づく条例による制限は、次の各号に掲げる事項で地区計画等の内容として定められたものについて、それぞれ当該各号に適合するものでなければならない。
一　建築物の用途の制限　次に掲げるものであること。
　イ　地区計画の区域（再開発等促進区及び開発整備促進区を除く。）にあつては、当該区域の用途構成の適正化、各街区ごとの住居の環境の保持、商業その他の業務の利便の増進その他適正な土地利用の確保及び都市機能の増進による良好な環境の街区の形成に貢献する合理的な制限であることが明らかなもの
　ロ　地区計画の区域のうち再開発等促進区又は開発整備促進区にあつては、当該再開発等促進区又は開発整備促進区にふさわしい良好な住居の環境の確保、商業その他の業務の利便の増進その他適正な土地利用の確保及び都市機能の増進に貢献する合理的な制限であることが明らかなもの
　ハ　防災街区整備地区計画の区域にあつては、当該区域にふさわしい良好な住居の環境の確保、商業その他の業務の利便の増進その他適正な土地利用の確保及び都市機能の増進に貢献し、かつ、当該区域における特定防災機能（密集市街地における防災街区の整備の促進に関する法律（平成9年法律第49号）第2条第三号に規定する特定防災機能をいう。次項において同じ。）を確保する観点から見て合理的な制限であることが明らかなもの
　ニ　歴史的風致維持向上地区計画の区域にあつては、当該区域にふさわしい良好な住居の環境の確保、商業その他の業務の利便の増進その他適正な土地利用の確保及び都市機能の増進に貢献し、かつ、当該区

令136条の2の5　改正：平成20年政令第338号

　　　域における歴史的風致（地域における歴史的風致の維持及び向上に関する法律（平成20年法律第40号）第1条に規定する歴史的風致をいう。）の維持及び向上を図る観点から見て合理的な制限であることが明らかなもの
　　ホ　沿道地区計画の区域にあつては、商業その他幹線道路の沿道としての当該区域の特性にふさわしい業務の利便の増進その他適正な土地利用の確保及び都市機能の増進に貢献し、かつ、道路交通騒音により生ずる障害を防止する観点から見て合理的な制限であることが明らかなもの
　　ヘ　集落地区計画の区域にあつては、当該区域の特性にふさわしい良好な住居の環境の保持その他適正な土地利用の確保に貢献する合理的な制限であることが明らかなもの
　二・三　略
　四　建築物の敷地面積の最低限度　次に掲げるものであること。
　　イ　地区計画等（集落地区計画を除く。）の区域にあつては、建築物の敷地が細分化されることにより、又は建築物が密集することにより、住宅その他の建築物の敷地内に必要とされる空地の確保又は建築物の安全、防火若しくは衛生の目的を達成することが著しく困難となる区域について、当該区域の良好な住居の環境の確保その他市街地の環境の維持増進に貢献する合理的な数値であること。
　　ロ　集落地区計画の区域にあつては、建築物の敷地が細分化されることにより、住宅その他の建築物の敷地内に必要とされる空地の確保又は建築物の安全、防火若しくは衛生の目的を達成することが著しく困難となる区域について、当該集落地区計画の区域の特性にふさわしい良好な住居の環境の保持その他適正な土地利用の確保に貢献する合理的な数値であること。
　五～十五　略
　2～12　略

改正：平成23年政令第282号　　　施行：平成23年8月30日
第136条の2の5　（地区計画等の区域内において条例で定める制限）

1　法第68条の2第1項の規定に基づく条例による制限は、次の各号に掲げる事項で地区計画等の内容として定められたものについて、それぞれ当該各号に適合するものでなければならない。
　一～八　略
　九　垣又は柵の構造の制限　建築物に附属する門又は塀の構造をその高さ、形状又は材料によつて定めた制限であること。
　十　略
　十一　建築物の特定地区防災施設（密集市街地における防災街区の整備の促進に関する法律第32条第2項第一号に規定する特定地区防災施設をいう。以下この条において同じ。）に面する部分の長さの敷地の当該特定地区防災施設に接する部分の長さに対する割合（以下この条において「特定地区防災施設に係る間口率」という。）の最低限度　10分の7以上10分の9以下の範囲内の数値であること。
　十二　建築物の構造に関する防火上必要な制限　次に掲げるものであること。
　　イ　特定建築物地区整備計画の区域内に存する建築物に関して、次の（1）及び（2）に掲げる構造としなければならないとされるものであること。
　　　（1）　耐火建築物又は準耐火建築物であること。
　　　（2）　その敷地が特定地区防災施設に接する建築物（特定地区防災施設に係る間口率の最低限度を超える部分を除く。）の当該特定地区防災施設の当該敷地との境界線からの高さ（次項において「特定地区防災施設からの高さ」という。）が5m未満の範囲は、空隙のない壁が設けられる等防火上有効な構造であること。
　　ロ　略
　十三　略
　十四　建築物の構造に関する遮音上必要な制限　その敷地が沿道整備道路に接する建築物（沿道整備道路に係る間口率の最低限度を超える部分を除く。）の沿道整備道路の路面の中心からの高さが5m未満の範囲を空隙のない壁が設けられたものとする等遮音上有効な構造としなければならないとされるものであること。
　十五　建築物の構造に関する防音上必要な制限　学校、病院、診療所、住宅、寄宿舎、下宿その他の静穏を必要とする建築物で、道路交通騒音により生ずる障害を防止し、又は軽減するため、防音上有効な構造と

する必要があるものの居室及び居室との間に区画となる間仕切壁又は戸（ふすま、障子その他これらに類するものを除く。）がなく当該居室と一体とみなされる建築物の部分の窓、出入口、排気口、給気口、排気筒、給気筒、屋根及び壁で、直接外気に接するものに関して、次のイからハまでに掲げる構造としなければならないとされるものであること。
 イ　窓及び出入口は、閉鎖した際防音上有害な空隙が生じないものであり、これらに設けられる戸は、ガラスの厚さ（当該戸が二重以上になつている場合は、それぞれの戸のガラスの厚さの合計）が0.5cm以上であるガラス入りの金属製のもの又はこれと防音上同等以上の効果のあるものであること。
 ロ　略
 ハ　屋根及び壁は、防音上有害な空隙のないものであるとともに、防音上支障がない構造のものであること。
2～12　略

改正：平成26年政令第221号　　　施行：平成26年6月30日
第136条の2の5　（地区計画等の区域内において条例で定める制限）

1　法第68条の2第1項の規定に基づく条例による制限は、次の各号に掲げる事項で地区計画等の内容として定められたものについて、それぞれ当該各号に適合するものでなければならない。
 一・二　略
 三　建築物の建蔽率の最高限度　10分の3以上の数値であること。
 四～九　略
 十　建築物の建築の限界　都市計画法第12条の11に規定する道路の整備上合理的に必要な建築の限界であること。
 十一～十五　略
2～12　略

改正：平成29年政令第156号　　　施行：平成30年4月1日
第136条の2の5　（地区計画等の区域内において条例で定める制限）

1～4　略
5　建築物の容積率の最高限度若しくは最低限度又は建築物の建蔽率の最高限度の算定に当たつては、同一敷地内に2以上の建築物がある場合においては、建築物の延べ面積又は建築面積は、当該建築物の延べ面積又は建築面積の合計とする。
6～12　略

改正：令和元年政令第30号　　　施行：令和元年6月25日
第136条の2の5　（地区計画等の区域内において条例で定める制限）

1　法第68条の2第1項の規定に基づく条例による制限は、次の各号に掲げる事項で地区計画等の内容として定められたものについて、それぞれ当該各号に適合するものでなければならない。
 一～十一　略
 十二　建築物の構造に関する防火上必要な制限　次に掲げるものであること。
  イ　特定建築物地区整備計画の区域内に存する建築物に関して、次の(1)及び(2)に掲げる構造としなければならないとされるものであること。
   (1)　耐火建築物等（法第53条第3項第一号イに規定する耐火建築物等をいう。ロにおいて同じ。）又は準耐火建築物等（同号ロに規定する準耐火建築物等をいう。ロにおいて同じ。）であること。
   (2)　その敷地が特定地区防災施設に接する建築物（特定地区防災施設に係る間口率の最低限度を超える部分を除く。）の当該特定地区防災施設の当該敷地との境界線からの高さ（次項において「特定地区防災施設からの高さ」という。）が5m未満の範囲は、空隙のない壁が設けられていることその他の防火上有効な構造であること。
  ロ　防災街区整備地区整備計画の区域内に存する建築物に関して、(1)に掲げる構造としなければならなら

令136条の2の5　改正：令和元年政令第30号

ないとされるものであること又は耐火建築物等及び準耐火建築物等以外の建築物については(２)及び(３)に掲げる構造としなければならないとされるものであること。
(１)　耐火建築物等又は準耐火建築物等であること。
(２)、(３)　略
十三　略
十四　建築物の構造に関する遮音上必要な制限　その敷地が沿道整備道路に接する建築物（沿道整備道路に係る間口率の最低限度を超える部分を除く。）の沿道整備道路の路面の中心からの高さが5m未満の範囲は、空隙のない壁が設けられたものとすることその他の遮音上有効な構造としなければならないとされるものであること。
十五　建築物の構造に関する防音上必要な制限　学校、病院、診療所、住宅、寄宿舎、下宿その他の静穏を必要とする建築物で、道路交通騒音により生ずる障害を防止し、又は軽減するため、防音上有効な構造とする必要があるものの居室及び居室との間に区画となる間仕切壁又は戸（ふすま、障子その他これらに類するものを除く。）がなく当該居室と一体とみなされる建築物の部分の窓、出入口、排気口、給気口、排気筒、給気筒、屋根及び壁で、直接外気に接するものに関して、次のイからハまでに掲げる構造としなければならないとされるものであること。
イ　略
ロ　排気口、給気口、排気筒及び給気筒は、開閉装置を設けることその他の防音上効果のある措置を講じたものであること。
ハ　略
２～12　略

改正：令和3年政令第205号　　　施行：令和3年7月15日
第136条の2の5　（地区計画等の区域内において条例で定める制限）

1　法第68条の2第1項の規定に基づく条例による制限は、次の各号に掲げる事項で地区計画等の内容として定められたものについて、それぞれ当該各号に適合するものでなければならない。
一　建築物の用途の制限　次に掲げるものであること。
イ　地区計画の区域（再開発等促進区及び開発整備促進区を除く。）にあつては、当該区域の用途構成の適正化、各街区ごとの住居の環境の保持、商業その他の業務の利便の増進その他適正な土地利用の確保及び都市機能の増進による良好な環境の街区の形成に貢献する合理的な制限であることが明らかなもの
ロ　地区計画の区域のうち再開発等促進区又は開発整備促進区にあつては、当該再開発等促進区又は開発整備促進区にふさわしい良好な住居の環境の確保、商業その他の業務の利便の増進その他適正な土地利用の確保及び都市機能の増進に貢献する合理的な制限であることが明らかなもの
ハ　防災街区整備地区計画の区域にあつては、当該区域にふさわしい良好な住居の環境の確保、商業その他の業務の利便の増進その他適正な土地利用の確保及び都市機能の増進に貢献し、かつ、当該区域における特定防災機能（密集市街地における防災街区の整備の促進に関する法律（平成9年法律第49号）第2条第三号に規定する特定防災機能をいう。次項において同じ。）を確保する観点から見て合理的な制限であることが明らかなもの
ニ　歴史的風致維持向上地区計画の区域にあつては、当該区域にふさわしい良好な住居の環境の確保、商業その他の業務の利便の増進その他適正な土地利用の確保及び都市機能の増進に貢献し、かつ、当該区域における歴史的風致（地域における歴史的風致の維持及び向上に関する法律（平成20年法律第40号）第1条に規定する歴史的風致をいう。）の維持及び向上を図る観点から見て合理的な制限であることが明らかなもの
ホ　沿道地区計画の区域にあつては、商業その他幹線道路の沿道としての当該区域の特性にふさわしい業務の利便の増進その他適正な土地利用の確保及び都市機能の増進に貢献し、かつ、道路交通騒音により生ずる障害を防止する観点から見て合理的な制限であることが明らかなもの
ヘ　集落地区計画の区域にあつては、当該区域の特性にふさわしい良好な住居の環境の保持その他適正な土地利用の確保に貢献する合理的な制限であることが明らかなもの
二　建築物の容積率の最高限度　10分の5以上の数値であること。
三　建築物の建蔽率の最高限度　10分の3以上の数値であること。

四 建築物の敷地面積の最低限度 次に掲げるものであること。
  イ 地区計画等（集落地区計画を除く。）の区域にあつては、建築物の敷地が細分化されることにより、又は建築物が密集することにより、住宅その他の建築物の敷地内に必要とされる空地の確保又は建築物の安全、防火若しくは衛生の目的を達成することが著しく困難となる区域について、当該区域の良好な住居の環境の確保その他市街地の環境の維持増進に貢献する合理的な数値であること。
  ロ 集落地区計画の区域にあつては、建築物の敷地が細分化されることにより、住宅その他の建築物の敷地内に必要とされる空地の確保又は建築物の安全、防火若しくは衛生の目的を達成することが著しく困難となる区域について、当該集落地区計画の区域の特性にふさわしい良好な住居の環境の保持その他適正な土地利用の確保に貢献する合理的な数値であること。
五 壁面の位置の制限 建築物の壁若しくはこれに代わる柱の位置の制限又は当該制限と併せて定められた建築物に附属する門若しくは塀で高さ2mを超えるものの位置の制限であること。
六 建築物の高さの最高限度 地階を除く階数が2である建築物の通常の高さを下回らない数値であること。
七 建築物の高さの最低限度、建築物の容積率の最低限度及び建築物の建築面積の最低限度 商業その他の業務又は住居の用に供する中高層の建築物を集合して一体的に整備すべき区域その他の土地の合理的かつ健全な高度利用を図るべき区域について、当該区域の高度利用を促進するに足りる合理的な数値であること。
八 建築物の敷地の地盤面の高さの最低限度及び建築物の居室の床面の高さの最低限度 洪水、雨水出水（水防法（昭和24年法律第193号）第2条第1項に規定する雨水出水をいう。）、津波又は高潮が発生した場合には建築物が損壊し、又は浸水し、住民その他の者の生命、身体又は財産に著しい被害（以下この号において「洪水等による被害」という。）が生ずるおそれがあると認められる土地の区域について、当該区域における洪水等による被害を防止し、又は軽減する観点から見て合理的な数値であること。
九 建築物の形態又は意匠の制限 地区計画等の区域（景観法（平成16年法律第110号）第76条第1項の規定に基づく条例の規定による制限が行われている区域を除く。）内に存する建築物に関して、その屋根又は外壁の形態又は意匠をその形状又は材料によつて定めた制限であること。
十 垣又は柵の構造の制限 建築物に附属する門又は塀の構造をその高さ、形状又は材料によつて定めた制限であること。
十一 建築物の建築の限界 都市計画法第12条の11に規定する道路の整備上合理的に必要な建築の限界であること。
十二 建築物の特定地区防災施設（密集市街地における防災街区の整備の促進に関する法律第32条第2項第一号に規定する特定地区防災施設をいう。以下この条において同じ。）に面する部分の長さの敷地の当該特定地区防災施設に接する部分の長さに対する割合（以下この条において「特定地区防災施設に係る間口率」という。）の最低限度 10分の7以上10分の9以下の範囲内の数値であること。
十三 建築物の構造に関する防火上必要な制限 次に掲げるものであること。
  イ 特定建築物地区整備計画の区域内に存する建築物に関して、次の（1）及び（2）に掲げる構造としなければならないとされるものであること。
    （1）耐火建築物等（法第53条第3項第一号イに規定する耐火建築物等をいう。ロにおいて同じ。）又は準耐火建築物等（同号ロに規定する準耐火建築物等をいう。ロにおいて同じ。）であること。
    （2）その敷地が特定地区防災施設に接する建築物（特定地区防災施設に係る間口率の最低限度を超える部分を除く。）の当該特定地区防災施設の当該敷地との境界線からの高さ（次項において「特定地区防災施設からの高さ」という。）が5m未満の範囲は、空隙のない壁が設けられていることその他の防火上有効な構造であること。
  ロ 防災街区整備地区整備計画の区域内に存する建築物に関して、（1）に掲げる構造としなければならないとされるものであること又は耐火建築物等及び準耐火建築物等以外の建築物については（2）及び（3）に掲げる構造としなければならないとされるものであること。
    （1）耐火建築物等又は準耐火建築物等であること。
    （2）その屋根が不燃材料で造られ、又はふかれたものであること。
    （3）当該建築物が木造建築物である場合にあつては、その外壁及び軒裏で延焼のおそれのある部分が防火構造であること。
十四 建築物の沿道整備道路（幹線道路の沿道の整備に関する法律（昭和55年法律第34号）第2条第二号に

令136条の2の5　改正：令和3年政令第205号

規定する沿道整備道路をいう。以下この条において同じ。）に面する部分の長さの敷地の沿道整備道路に接する部分の長さに対する割合（以下この条において「沿道整備道路に係る間口率」という。）の最低限度　10分の7以上10分の9以下の範囲内の数値であること。

十五　建築物の構造に関する遮音上必要な制限　その敷地が沿道整備道路に接する建築物（沿道整備道路に係る間口率の最低限度を超える部分を除く。）の沿道整備道路の路面の中心からの高さが5m未満の範囲は、空隙のない壁が設けられたものとすることその他の遮音上有効な構造としなければならないとされるものであること。

十六　建築物の構造に関する防音上必要な制限　学校、病院、診療所、住宅、寄宿舎、下宿その他の静穏を必要とする建築物で、道路交通騒音により生ずる障害を防止し、又は軽減するため、防音上有効な構造とする必要があるものの居室及び居室との間に区画となる間仕切壁又は戸（ふすま、障子その他これらに類するものを除く。）がなく当該居室と一体とみなされる建築物の部分の窓、出入口、排気口、給気口、排気筒、給気筒、屋根及び壁で、直接外気に接するものに関して、次のイからハまでに掲げる構造としなければならないとされるものであること。

　　イ　窓及び出入口は、閉鎖した際防音上有害な空隙が生じないものであり、これらに設けられる戸は、ガラスの厚さ（当該戸が二重以上になつている場合は、それぞれの戸のガラスの厚さの合計）が0.5ｃｍ以上であるガラス入りの金属製のもの又はこれと防音上同等以上の効果のあるものであること。

　　ロ　排気口、給気口、排気筒及び給気筒は、開閉装置を設けることその他の防音上効果のある措置を講じたものであること。

　　ハ　屋根及び壁は、防音上有害な空隙のないものであるとともに、防音上支障がない構造のものであること。

2　法第68条の2第1項の規定に基づく条例で建築物の高さの最低限度に係る制限を定める場合において防災街区整備地区計画の区域における特定防災機能の確保の観点から必要があるときは、前項の規定にかかわらず、特定建築物地区整備計画の内容として定められたその敷地が特定地区防災施設に接する建築物に係る当該建築物の特定地区防災施設に面する方向の鉛直投影の各部分（特定地区防災施設に係る間口率の最低限度を超える部分を除く。）の特定地区防災施設からの高さの最低限度が5mとされる制限（同項第七号に規定する区域については、当該制限及び同号の建築物の高さの最低限度の数値に係る制限）を定めることができる。

3　法第68条の2第1項の規定に基づく条例で建築物の高さの最低限度に係る制限を定める場合において遮音上の観点から必要があるときは、第1項の規定にかかわらず、沿道地区計画の内容として定められたその敷地が沿道整備道路に接する建築物に係る当該建築物の沿道整備道路に面する方向の鉛直投影の各部分（沿道整備道路に係る間口率の最低限度を超える部分を除く。）の沿道整備道路の路面の中心からの高さの最低限度が5mとされる制限（同項第七号に規定する区域については、当該制限及び同号の建築物の高さの最低限度の数値に係る制限）を定めることができる。

4　特定地区防災施設に係る間口率及び沿道整備道路に係る間口率の算定については、次の各号に掲げる長さの算定方法は、それぞれ当該各号に定めるところによる。

　一　建築物の特定地区防災施設に面する部分の長さ　建築物の周囲の地面に接する外壁又はこれに代わる柱の面で囲まれた部分の水平投影の特定地区防災施設に面する長さによる。

　二　敷地の特定地区防災施設に接する部分の長さ　敷地の特定地区防災施設に接する部分の水平投影の長さによる。

　三　建築物の沿道整備道路に面する部分の長さ　建築物の周囲の地面に接する外壁又はこれに代わる柱の面で囲まれた部分の水平投影の沿道整備道路に面する長さによる。

　四　敷地の沿道整備道路に接する部分の長さ　敷地の沿道整備道路に接する部分の水平投影の長さによる。

5　建築物の容積率の最高限度若しくは最低限度又は建築物の建蔽率の最高限度の算定に当たつては、同一敷地内に2以上の建築物がある場合においては、建築物の延べ面積又は建築面積は、当該建築物の延べ面積又は建築面積の合計とする。

6　特定建築物地区整備計画の区域内において法第68条の2第1項の規定に基づく条例で第1項第十二号若しくは第十三号の制限又は第2項に規定する高さの最低限度が5mとされる制限を定めようとするときは、これらを全て定めるものとする。

7　前項の場合においては、当該条例に、建築物の敷地の地盤面が特定地区防災施設の当該敷地との境界線より低い建築物について第2項に規定する高さの最低限度が5mとされる制限を適用した結果、当該建築物の高さが地階を除く階数が2である建築物の通常の高さを超えるものとなる場合における前項に規定する制限

（第１項第十三号の制限で同号イ（１）に掲げるものを除く。）の適用の除外に関する規定を定めるものとする。
8 沿道地区計画の区域内において法第68条の２第１項の規定に基づく条例で第１項第十四号若しくは第十五号の制限又は第３項に規定する高さの最低限度が5mとされる制限を定めようとするときは、これらを全て定めるものとする。
9 前項の場合においては、当該条例に、建築物の敷地の地盤面が沿道整備道路の路面の中心より低い建築物について第３項に規定する高さの最低限度が5mとされる制限を適用した結果、当該建築物の高さが地階を除く階数が２である建築物の通常の高さを超えるものとなる場合における前項に規定する制限の適用の除外に関する規定を定めるものとする。
10 法第68条の２第１項の規定に基づく条例については、第130条の２第２項の規定を準用する。この場合において、同項中「第３条第２項」とあるのは、「第３条第２項（法第86条の９第１項において準用する場合を含む。）」と読み替えるものとする。
11 法第68条の２第１項の規定に基づく条例で建築物の敷地面積の最低限度に関する制限を定める場合においては、当該条例に、法第86条の９第１項各号に掲げる事業の施行による建築物の敷地面積の減少により、当該事業の施行の際現に建築物の敷地として使用されている土地で当該制限に適合しなくなるもの及び当該事業の施行の際現に存する所有権その他の権利に基づいて建築物の敷地として使用するならば当該制限に適合しないこととなる土地のうち、次に掲げる土地以外のものについて、その全部を一の敷地として使用する場合の適用の除外に関する規定を定めるものとする。
一 法第86条の９第１項各号に掲げる事業の施行により面積が減少した際、当該面積の減少がなくとも建築物の敷地面積の最低限度に関する制限に違反していた建築物の敷地及び所有権その他の権利に基づいて建築物の敷地として使用するならば当該制限に違反することとなつた土地
二 当該条例で定める建築物の敷地面積の最低限度に関する制限に適合するに至つた建築物の敷地及び所有権その他の権利に基づいて建築物の敷地として使用するならば当該制限に適合することとなるに至つた土地
12 法第68条の２第１項の規定に基づく条例には、市町村長が、公益上必要な建築物で用途上又は構造上やむを得ないと認めて許可したもの及び防災街区整備地区計画の内容として防火上の制限が定められた建築物又は沿道地区計画の内容として防音上若しくは遮音上の制限が定められた建築物でその位置、構造、用途等の特殊性により防火上又は防音上若しくは遮音上支障がないと認めて許可したものについて、当該条例に定める制限の全部又は一部の適用の除外に関する規定を定めるものとする。

[現行] 第136条の２の６ （再開発等促進区等内において高さの制限の緩和を受ける建築物の敷地面積の規模）

制定：平成２年政令第323号　　　施行：平成２年11月20日
旧　第136条の２の３　（住宅地高度利用地区計画の区域内において高さの制限の緩和を受ける建築物の敷地面積の規模）

1 法第68条の４第３項の政令で定める規模は、300㎡とする。

改正：平成12年政令第211号　　　施行：平成12年６月１日
旧　第136条の２の５　（住宅地高度利用地区計画の区域内において高さの制限の緩和を受ける建築物の敷地面積の規模）

略

改正：平成14年政令第331号　　　施行：平成15年１月１日
旧　第136条の２の５　（再開発等促進区等内において高さの制限の緩和を受ける建築物の敷地面積の規模）

1 法第68条の３第３項の政令で定める規模は、300㎡とする。

改正：平成15年政令第523号　　　施行：平成15年12月19日

令旧136条の2の6　改正：平成15年政令第523号

第136条の2の6　（再開発等促進区等内において高さの制限の緩和を受ける建築物の敷地面積の規模）
1　法第68条の3第3項の政令で定める規模は、300㎡とする。

[現行]　第136条の2の7　（予定道路の指定の基準）

制定：昭和56年政令第144号　　　施行：昭和56年4月25日
旧　第136条の2の2　（予定道路の指定の基準）

1　法第68条の4第1項に規定する予定道路の指定は、次の各号に掲げるところに従い、行うものとする。
　一　予定道路となる土地の区域及びその周辺の地域における地形、土地利用の動向、道路（法第42条に規定する道路をいう。第144条の4において同じ。）の整備の現状及び将来の見通し、建築物の敷地境界線、建築物の位置等を考慮して特に必要なものについて行うこと。
　二　予定道路となる土地の区域内に建築物の建築等が行われることにより、通行上、安全上、防火上又は衛生上地区計画等の区域の利便又は環境が著しく妨げられることとなる場合において行うこと。
　三　幅員が4m以上となるものについて行うこと。

改正：昭和62年政令第348号　　　施行：昭和62年11月16日
旧　第136条の2の3　（予定道路の指定の基準）

略

改正：昭和63年政令第322号　　　施行：昭和63年11月15日
旧　第136条の2の3　（予定道路の指定の基準）

1　法第68条の5第1項に規定する予定道路の指定は、次の各号に掲げるところに従い、行うものとする。
　一～三　略

改正：平成2年政令第323号　　　施行：平成2年11月20日
旧　第136条の2の4　（予定道路の指定の基準）

1　法第68条の7第1項に規定する予定道路の指定は、次に掲げるところに従い、行うものとする。
　一～三　略

改正：平成12年政令第211号　　　施行：平成12年6月1日
旧　第136条の2の6　（予定道路の指定の基準）

略

改正：平成15年政令第523号　　　施行：平成15年12月19日
第136条の2の7　（予定道路の指定の基準）

1　法第68条の7第1項に規定する予定道路の指定は、次に掲げるところに従い、行うものとする。
　一　予定道路となる土地の区域及びその周辺の地域における地形、土地利用の動向、道路（法第42条に規定する道路をいう。第144条の4において同じ。）の整備の現状及び将来の見通し、建築物の敷地境界線、建築物の位置等を考慮して特に必要なものについて行うこと。
　二　予定道路となる土地の区域内に建築物の建築等が行われることにより、通行上、安全上、防火上又は衛生上地区計画等の区域の利便又は環境が著しく妨げられることとなる場合において行うこと。
　三　幅員が4m以上となるものについて行うこと。

[現行] 第136条の2の8 （予定道路の指定について同意を得るべき利害関係者）

制定：昭和56年政令第144号　　施行：昭和56年4月25日
旧　第136条の2の3　（予定道路の指定について同意を得るべき利害関係者）

1　法第68条の4第1項第一号の政令で定める利害関係を有する者は、同号の土地について所有権、建築物の所有を目的とする対抗要件を備えた地上権若しくは賃借権又は登記した先取特権、質権若しくは抵当権を有する者及びこれらの権利に関する仮登記、これらの権利に関する差押えの登記又はその土地に関する買戻しの特約の登記の登記名義人とする。

改正：昭和62年政令第348号　　施行：昭和62年11月16日
旧　第136条の2の4　（予定道路の指定について同意を得るべき利害関係者）

略

改正：昭和63年政令第322号　　施行：昭和63年11月15日
旧　第136条の2の4　（予定道路の指定について同意を得るべき利害関係者）

1　法第68条の5第1項第一号の政令で定める利害関係を有する者は、同号の土地について所有権、建築物の所有を目的とする対抗要件を備えた地上権若しくは賃借権又は登記した先取特権、質権若しくは抵当権を有する者及びこれらの権利に関する仮登記、これらの権利に関する差押えの登記又はその土地に関する買戻しの特約の登記の登記名義人とする。

改正：平成2年政令第323号　　施行：平成2年11月20日
旧　第136条の2の5　（予定道路の指定について同意を得るべき利害関係者）

1　法第68条の7第1項第一号の政令で定める利害関係を有する者は、同号の土地について所有権、建築物の所有を目的とする対抗要件を備えた地上権若しくは賃借権又は登記した先取特権、質権若しくは抵当権を有する者及びこれらの権利に関する仮登記、これらの権利に関する差押えの登記又はその土地に関する買戻しの特約の登記の登記名義人とする。

改正：平成12年政令第211号　　施行：平成12年6月1日
旧　第136条の2の7　（予定道路の指定について同意を得るべき利害関係者）

略

改正：平成15年政令第523号　　施行：平成15年12月19日
第136条の2の8　（予定道路の指定について同意を得るべき利害関係者）

1　法第68条の7第1項第一号の政令で定める利害関係を有する者は、同号の土地について所有権、建築物の所有を目的とする対抗要件を備えた地上権若しくは賃借権又は登記した先取特権、質権若しくは抵当権を有する者及びこれらの権利に関する仮登記、これらの権利に関する差押えの登記又はその土地に関する買戻しの特約の登記の登記名義人とする。

令旧136条の2の9　制定：平成5年政令第170号

[現行] 第7章の4　都市計画区域及び準都市計画区域以外の区域内の建築物の敷地及び構造
（制定：平成5年政令第170号）　第7章の4　都市計画区域以外の区域内の建築物の敷地及び構造
（改正：平成13年政令第98号）　第7章の4　都市計画区域及び準都市計画区域以外の区域内の建築物の敷地及び構造

[現行]　第136条の2の9　（都道府県知事が指定する区域内の建築物に係る制限）

制定：平成5年政令第170号　　　施行：平成5年6月25日
旧　第136条の2の6　（都市計画区域以外の区域内の建築物に係る制限）

1　法第68条の9の規定に基づく条例による制限は、次の各号に掲げる事項のうち必要なものについて、それぞれ当該各号に適合するものでなければならない。
　一　建築物又はその敷地と道路との関係　法第43条から第45条までの規定による制限より厳しいものでないこと。
　二　建築物の延べ面積の敷地面積に対する割合の最高限度　用途地域の指定のない区域内の建築物についての法第52条の規定による制限より厳しいものでないこと。
　三　建築物の建築面積の敷地面積に対する割合の最高限度　用途地域の指定のない区域内の建築物についての法第53条の規定による制限より厳しいものでないこと。
　四　建築物の高さの最高限度　地階を除く階数が2である建築物の通常の高さを下回らない数値であること。
　五　建築物の各部分の高さの最高限度　用途地域の指定のない区域内の建築物についての法第56条の規定による制限より厳しいものでないこと。
　六　日影による中高層の建築物の高さの制限　用途地域の指定のない区域内の建築物についての法第56条の2の規定による制限より厳しいものでないこと。
2　法第68条の9の規定に基づく条例については、第136条の2の2第7項の規定を準用する。
3　法第68条の9の規定に基づく条例には、公益上必要な建築物で用途上又は構造上やむを得ないと認められるものについて、当該条例に定める制限の全部又は一部の適用の除外に関する規定を定めるものとする。

改正：平成11年政令第5号　　　施行：平成11年5月1日
旧　第136条の2の6　（都市計画区域以外の区域内の建築物に係る制限）

1　略
2　法第68条の9の規定に基づく条例については、第136条の2の2第10項の規定を準用する。
3　略

改正：平成12年政令第211号　　　施行：平成12年6月1日
旧　第136条の2の8　（都市計画区域以外の区域内の建築物に係る制限）

1　略
2　法第68条の9の規定に基づく条例については、第136条の2の4第10項の規定を準用する。
3　略

改正：平成13年政令第98号　　　施行：平成13年5月18日
旧　第136条の2の8　（都市計画区域及び準都市計画区域以外の区域内の建築物に係る制限）

1　法第68条の9の規定に基づく条例による制限は、次の各号に掲げる事項のうち必要なものについて、それぞれ当該各号に適合するものでなければならない。
　一　略
　二　建築物の容積率の最高限度　用途地域の指定のない区域内の建築物についての法第52条の規定による制限より厳しいものでないこと。

三　建築物の建ぺい率の最高限度　用途地域の指定のない区域内の建築物についての法第53条の規定による制限より厳しいものでないこと。
四～六　略
2　法第68条の9の規定に基づく条例については、<u>第130条の2第2項の規定を準用する。</u>
3　略

改正：平成15年政令第523号　　　　施行：平成15年12月19日
<u>第136条の2の9</u>　（都市計画区域及び準都市計画区域以外の区域内の建築物に係る制限）

略

改正：平成17年政令第182号　　　　施行：平成17年6月1日
第136条の2の9　（都道府県知事が<u>指定する区域内の建築物に係る制限</u>）

1　<u>法第68条の9第1項</u>の規定に基づく条例による制限は、次の各号に掲げる事項のうち必要なものについて、それぞれ当該各号に適合するものでなければならない。
一～六　略
2　<u>法第68条の9第1項</u>の規定に基づく条例については、第130条の2第2項の規定を準用する。
3　<u>法第68条の9第1項</u>の規定に基づく条例には、公益上必要な建築物で用途上又は構造上やむを得ないと認められるものについて、当該条例に定める制限の全部又は一部の適用の除外に関する規定を定めるものとする。

改正：平成17年政令第192号　　　　施行：平成17年6月1日
第136条の2の9　（都道府県知事が指定する区域内の建築物に係る制限）

1　略
2　法第68条の9第1項の規定に基づく条例については、第130条の2第2項の規定を準用する。<u>この場合において、同項中「第3条第2項」とあるのは、「第3条第2項（法第86条の9第1項において準用する場合を含む。）」と読み替えるものとする。</u>
3　略

改正：平成29年政令第156号　　　　施行：平成30年4月1日
第136条の2の9　（都道府県知事が指定する区域内の建築物に係る制限）

1　法第68条の9第1項の規定に基づく条例による制限は、次の各号に掲げる事項のうち必要なものについて、それぞれ当該各号に適合するものでなければならない。
一　建築物又はその敷地と道路との関係　法第43条から第45条までの規定による制限より厳しいものでないこと。
二　建築物の容積率の最高限度　用途地域の指定のない区域内の建築物についての法第52条の規定による制限より厳しいものでないこと。
三　建築物の<u>建蔽</u>率の最高限度　用途地域の指定のない区域内の建築物についての法第53条の規定による制限より厳しいものでないこと。
四　建築物の高さの最高限度　地階を除く階数が2である建築物の通常の高さを下回らない数値であること。
五　建築物の各部分の高さの最高限度　用途地域の指定のない区域内の建築物についての法第56条の規定による制限より厳しいものでないこと。
六　日影による中高層の建築物の高さの制限　用途地域の指定のない区域内の建築物についての法第56条の2の規定による制限より厳しいものでないこと。
2　法第68条の9第1項の規定に基づく条例については、第130条の2第2項の規定を準用する。この場合に

令136条の2の9 改正：平成29年政令第156号

おいて、同項中「第3条第2項」とあるのは、「第3条第2項（法第86条の9第1項において準用する場合を含む。）」と読み替えるものとする。
3　法第68条の9第1項の規定に基づく条例には、公益上必要な建築物で用途上又は構造上やむを得ないと認められるものについて、当該条例に定める制限の全部又は一部の適用の除外に関する規定を定めるものとする。

[現行]　第136条の2の10　（準景観地区内の建築物に係る制限）

制定：平成17年政令第182号　　　施行：平成17年6月1日
第136条の2の10　（準景観地区内の建築物に係る制限）
1　法第68条の9第2項の規定に基づく条例による制限は、次の各号に掲げる事項のうち必要なものについて、それぞれ当該各号に適合するものでなければならない。
　一　建築物の高さの最高限度　地域の特性に応じた高さを有する建築物を整備し又は保全することが良好な景観の保全を図るために特に必要と認められる区域、当該地域が連続する山の山の稜（りょう）線線その他その背景と一体となつて構成している良好な景観を保全するために特に必要と認められる区域その他一定の高さを超える建築物の建築を禁止することが良好な景観の保全を図るために特に必要と認められる区域について、当該区域における良好な景観の保全に貢献する合理的な数値であり、かつ、地階を除く階数が2である建築物の通常の高さを下回らない数値であること。
　二　建築物の高さの最低限度　地域の特性に応じた高さを有する建築物を整備し又は保全することが良好な景観の保全を図るために特に必要と認められる区域について、当該区域における良好な景観の保全に貢献する合理的な数値であること。
　三　壁面の位置の制限　建築物の位置を整えることが良好な景観の保全を図るために特に必要と認められる区域について、当該区域における良好な景観の保全に貢献する合理的な制限であり、かつ、建築物の壁若しくはこれに代わる柱の位置の制限又は当該制限と併せて定められた建築物に附属する門若しくは塀で高さ2mを超えるものの位置の制限であること。
　四　建築物の敷地面積の最低限度　建築物の敷地が細分化されることを防止することが良好な景観の保全を図るために特に必要と認められる区域について、当該区域における良好な景観の保全に貢献する合理的な数値であること。
2　法第68条の9第2項の規定に基づく条例で建築物の敷地面積の最低限度を定める場合においては、当該条例に、当該条例の規定の施行又は適用の際、現に建築物の敷地として使用されている土地で当該規定に適合しないもの及び現に存する所有権その他の権利に基づいて建築物の敷地として使用するならば当該規定に適合しないこととなる土地について、その全部を一の敷地として使用する場合の適用の除外に関する規定（法第3条第3項第一号及び第五号の規定に相当する規定を含む。）を定めるものとする。
3　法第68条の9第2項の規定に基づく条例については、第130条の2第2項及び前条第3項の規定を準用する。

改正：平成17年政令第192号　　　施行：平成17年6月1日
第136条の2の10　（準景観地区内の建築物に係る制限）
1　法第68条の9第2項の規定に基づく条例による制限は、次の各号に掲げる事項のうち必要なものについて、それぞれ当該各号に適合するものでなければならない。
　一　建築物の高さの最高限度　地域の特性に応じた高さを有する建築物を整備し又は保全することが良好な景観の保全を図るために特に必要と認められる区域、当該地域が連続する山の稜（りょう）線その他その背景と一体となつて構成している良好な景観を保全するために特に必要と認められる区域その他一定の高さを超える建築物の建築を禁止することが良好な景観の保全を図るために特に必要と認められる区域について、当該区域における良好な景観の保全に貢献する合理的な数値であり、かつ、地階を除く階数が2である建築物の通常の高さを下回らない数値であること。
　二　建築物の高さの最低限度　地域の特性に応じた高さを有する建築物を整備し又は保全することが良好な景観の保全を図るために特に必要と認められる区域について、当該区域における良好な景観の保全に貢献

する合理的な数値であること。
　三　壁面の位置の制限　建築物の位置を整えることが良好な景観の保全を図るために特に必要と認められる区域について、当該区域における良好な景観の保全に貢献する合理的な制限であり、かつ、建築物の壁若しくはこれに代わる柱の位置の制限又は当該制限と併せて定められた建築物に附属する門若しくは塀で高さ２mを超えるものの位置の制限であること。
　四　建築物の敷地面積の最低限度　建築物の敷地が細分化されることを防止することが良好な景観の保全を図るために特に必要と認められる区域について、当該区域における良好な景観の保全に貢献する合理的な数値であること。
２　法第68条の９第２項の規定に基づく条例で建築物の敷地面積の最低限度を定める場合においては、当該条例に、当該条例の規定の施行又は適用の際、現に建築物の敷地として使用されている土地で当該規定に適合しないもの及び現に存する所有権その他の権利に基づいて建築物の敷地として使用するならば当該規定に適合しないこととなる土地について、その全部を一の敷地として使用する場合の適用の除外に関する規定（法第３条第３項第一号及び第五号の規定に相当する規定を含む。）を定めるものとする。
３　法第68条の９第２項の規定に基づく条例については、第130条の２第２項、第136条の２の５第11項及び前条第３項の規定を準用する。

［現行］第７章の５　型式適合認定等
（制定：平成12年政令第211号）　　第７章の５　型式適合認定等

［現行］　第136条の２の11　（型式適合認定の対象とする建築物の部分及び一連の規定）

制定：平成12年政令第211号　　　施行：平成12年６月１日
旧　第136条の２の９　（型式適合認定の対象とする建築物の部分及び一連の規定）

１　法第68条の10第１項に規定する政令で定める建築物の部分は、次の各号に掲げる建築物の部分とし、同項に規定する政令で定める一連の規定は、それぞれ当該各号に掲げる規定とする。
　一　建築物の部分で、門、塀、改良便槽及び屎（し）尿浄化槽並びに給水タンク及び貯水タンクその他これらに類するもの（屋上又は屋内にあるものを除く。）以外のもの　次に掲げる規定
　　イ　法第20条第二号、法第21条から法第27条まで、法第28条（第１項を除く。）、法第29条、法第30条、法第31条第１項、法第33条、法第34条、法第35条の２、法第35条の３、法第37条、法第３章第５節（法第61条及び法第62条第２項中門及び塀に係る部分並びに法第66条を除く。）及び法第84条の２の規定
　　ロ　第２章（第19条、第20条及び第31条から第34条までを除く。）、第３章（第52条第１項、第61条、第62条の８、第74条第２項、第75条及び第76条を除き、第80条の２にあつては建設大臣が定めた安全上必要な技術的基準のうちその指定する基準に係る部分に限る。）、第４章、第５章（第６節を除く。）、第５章の２から第５章の３まで、第５章の４（第129条の２の５第３項第三号を除き、第129条の２の４第１項及び第129条の２の５第２項第六号にあつては建設大臣が定めた構造方法のうちその指定する構造方法に係る部分に限る。）、第７章の２及び第７章の９の規定
　二　次の表の建築物の部分の欄の各項に掲げる建築物の部分　同表の一連の規定の欄の当該各項に掲げる規定（これらの規定中建築物の部分の構造に係る部分に限る。）

	建築物の部分	一連の規定
（１）	防火設備	イ　法第２条第九号の二ロ、法第37条及び法第64条の規定 ロ　第109条第１項、第109条の２、第112条第１項、第14項及び第16項、第114条第５項並びに第136条の２の３の規定
（２）	屎（し）尿浄化槽	イ　法第31条第２項及び法第37条の規定 ロ　第32条及び第129条の２の４第１項（建設大臣が定めた構造方法のうちその指定する構造方法に係る部分に限る。）の規定
（３）	非常用の照明装置	イ　法第35条及び法第37条の規定 ロ　第126条の５の規定
		イ　法第37条の規定

令旧136条の2の9　制定：平成12年政令第211号

	建築物の部分	一連の規定
（4）	給水タンク又は貯水タンク	ロ　第129条の2の4第1項（建設大臣が定めた構造方法のうちその指定する構造方法に係る部分に限る。）並びに第129条の2の5第1項第四号及び第五号並びに第2項第二号、第三号、第五号及び第六号（建設大臣が定めた構造方法のうちその指定する構造方法に係る部分に限る。）の規定
（5）	冷却塔設備	イ　法第37条の規定 ロ　第129条の2の4第1項（建設大臣が定めた構造方法のうちその指定する構造方法に係る部分に限る。）及び第129条の2の7（第二号を除く。）の規定
（6）	エレベーターの部分で昇降路及び機械室以外のもの	イ　法第37条の規定 ロ　第129条の3、第129条の4（第3項第五号を除く。）、第129条の5、第129条の6、第129条の8、第129条の10、第129条の11並びに第129条の13の3第6項から第11項まで及び第12項（建設大臣が定める構造方法のうちその指定する構造方法に係る部分に限る。）の規定
（7）	エスカレーター	イ　法第37条の規定 ロ　第129条の3及び第129条の12（第1項第一号を除く。）の規定
（8）	避雷設備	イ　法第37条の規定 ロ　第129条の15の規定

改正：平成12年政令第312号　　施行：平成13年1月6日

旧　第136条の2の9　（型式適合認定の対象とする建築物の部分及び一連の規定）

1　法第68条の10第1項に規定する政令で定める建築物の部分は、次の各号に掲げる建築物の部分とし、同項に規定する政令で定める一連の規定は、それぞれ当該各号に掲げる規定とする。

一　建築物の部分で、門、塀、改良便槽及び屎（し）尿浄化槽並びに給水タンク及び貯水タンクその他これらに類するもの（屋上又は屋内にあるものを除く。）以外のもの　次に掲げる規定
　イ　略
　ロ　第2章（第19条、第20条及び第31条から第34条までを除く。）、第3章（第52条第1項、第61条、第62条の8、第74条第2項、第75条及び第76条を除き、第80条の2にあつては国土交通大臣が定めた安全上必要な技術的基準のうちその指定する基準に係る部分に限る。）、第4章、第5章（第6節を除く。）、第5章の2から第5章の3まで、第5章の4（第129条の2の5第3項第三号を除き、第129条の2の4第1項及び第129条の2の5第2項第六号にあつては国土交通大臣が定めた構造方法のうちその指定する構造方法に係る部分に限る。）、第7章の2及び第7章の9の規定

二　次の表の建築物の部分の欄の各項に掲げる建築物の部分　同表の一連の規定の欄の当該各項に掲げる規定（これらの規定中建築物の部分の構造に係る部分に限る。）

	建築物の部分	一連の規定
（1）	略	
（2）	屎（し）尿浄化槽	イ　法第31条第2項及び法第37条の規定 ロ　第32条及び第129条の2の4第1項（国土交通大臣が定めた構造方法のうちその指定する構造方法に係る部分に限る。）の規定
（3）	略	
（4）	給水タンク又は貯水タンク	イ　法第37条の規定 ロ　第129条の2の4第1項（国土交通大臣が定めた構造方法のうちその指定する構造方法に係る部分に限る。）並びに第129条の2の5第1項第四号及び第五号並びに第2項第二号、第三号、第五号及び第六号（国土交通大臣が定めた構造方法のうちその指定する構造方法に係る部分に限る。）の規定
（5）	冷却塔設備	イ　法第37条の規定 ロ　第129条の2の4第1項（国土交通大臣が定めた構造方法のうちその指定する構造方法に係る部分に限る。）及び第129条の2の7（第二号を除

改正：平成13年政令第42号　**令旧136条の2の9**

	建築物の部分	一連の規定
（6）	エレベーターの部分で昇降路及び機械室以外のもの	く。）の規定 イ　法第37条の規定 ロ　第129条の3、第129条の4（第3項第五号を除く。）、第129条の5、第129条の6、第129条の8、第129条の10、第129条の11並びに第129条の13の3第6項から第11項まで及び第12項（<u>国土交通大臣</u>が定める構造方法のうちその指定する構造方法に係る部分に限る。）の規定
（7）、（8）　略		

改正：平成13年政令第42号　　　施行：平成13年4月1日

旧　**第136条の2の9**　（型式適合認定の対象とする建築物の部分及び一連の規定）

1　法第68条の10第1項に規定する政令で定める建築物の部分は、次の各号に掲げる建築物の部分とし、同項に規定する政令で定める一連の規定は、それぞれ当該各号に掲げる規定とする。
　一　建築物の部分で、門、塀、改良便槽、<u>屎（し）尿浄化槽及び合併処理浄化槽</u>並びに給水タンク及び貯水タンクその他これらに類するもの（屋上又は屋内にあるものを除く。）以外のもの　次に掲げる規定
　　イ　略
　　ロ　第2章（第19条、第20条及び第31条から<u>第35条</u>までを除く。）、第3章（第52条第1項、第61条、第62条の8、第74条第2項、第75条及び第76条を除き、第80条の2にあつては国土交通大臣が定めた安全上必要な技術的基準のうちその指定する基準に係る部分に限る。）、第4章、第5章（第6節を除く。）、第5章の2から第5章の3まで、第5章の4（第129条の2の5第3項第三号を除き、第129条の2の4第1項及び第129条の2の5第2項第六号にあつては国土交通大臣が定めた構造方法のうちその指定する構造方法に係る部分に限る。）、第7章の2及び第7章の9の規定
　二　次の表の建築物の部分の欄の各項に掲げる建築物の部分　同表の一連の規定の欄の当該各項に掲げる規定（これらの規定中建築物の部分の構造に係る部分に限る。）

	建築物の部分	一連の規定
（1）、（2）　略		
<u>（3）</u>	<u>合併処理浄化槽</u>	<u>イ　法第37条の規定</u> <u>ロ　第32条、第35条第1項及び第129条の2の4第1項（国土交通大臣が定めた構造方法のうちその指定する構造方法に係る部分に限る。）の規定</u>
<u>（4）</u>	非常用の照明装置	イ　法第35条及び法第37条の規定 ロ　第126条の5の規定
<u>（5）</u>	給水タンク又は貯水タンク	イ　法第37条の規定 ロ　第129条の2の4第1項（国土交通大臣が定めた構造方法のうちその指定する構造方法に係る部分に限る。）並びに第129条の2の5第1項第四号及び第五号並びに第2項第二号、第三号、第五号及び第六号（国土交通大臣が定めた構造方法のうちその指定する構造方法に係る部分に限る。）の規定
<u>（6）</u>	冷却塔設備	イ　法第37条の規定 ロ　第129条の2の4第1項（国土交通大臣が定めた構造方法のうちその指定する構造方法に係る部分に限る。）及び第129条の2の7（第二号を除く。）の規定
<u>（7）</u>	エレベーターの部分で昇降路及び機械室以外のもの	イ　法第37条の規定 ロ　第129条の3、第129条の4（第3項第五号を除く。）、第129条の5、第129条の6、第129条の8、第129条の10、第129条の11並びに第129条の13の3第6項から第11項まで及び第12項（国土交通大臣が定める構造方法のうちその指定する構造方法に係る部分に限る。）の規定
<u>（8）</u>	エスカレーター	イ　法第37条の規定 ロ　第129条の3及び第129条の12（第1項第一号を除く。）の規定

令旧136条の2の9　改正：平成13年政令第42号

（9）	避雷設備	イ　法第37条の規定 ロ　第129条の15の規定

改正：平成14年政令第393号　　　施行：平成15年7月1日

旧　第136条の2の9　（型式適合認定の対象とする建築物の部分及び一連の規定）

1　法第68条の10第1項に規定する政令で定める建築物の部分は、次の各号に掲げる建築物の部分とし、同項に規定する政令で定める一連の規定は、それぞれ当該各号に掲げる規定とする。
一　建築物の部分で、門、塀、改良便槽、屎（し）尿浄化槽及び合併処理浄化槽並びに給水タンク及び貯水タンクその他これらに類するもの（屋上又は屋内にあるものを除く。）以外のもの　次に掲げる規定
　　イ　法第20条第二号、法第21条から法第27条まで、法第28条（第1項を除く。）、<u>法第28条の2から法第30条まで</u>、法第31条第1項、法第33条、法第34条、法第35条の2、法第35条の3、法第37条、法第3章第5節（法第61条及び法第62条第2項中門及び塀に係る部分並びに法第66条を除く。）及び法第84条の2の規定
　　ロ　略
二　次の表の建築物の部分の欄の各項に掲げる建築物の部分　同表の一連の規定の欄の当該各項に掲げる規定（これらの規定中建築物の部分の構造に係る部分に限る。）

	建築物の部分	一連の規定
（1）	略	
（2）	換気設備	<u>イ　法第28条の2及び法第37条の規定</u> <u>ロ　第20条の6第1項第一号（国土交通大臣が定めた構造方法のうちその指定する構造方法に係る部分に限る。）の規定</u>
（3）	屎（し）尿浄化槽	イ　法第31条第2項及び法第37条の規定 ロ　第32条及び第129条の2の4第1項（国土交通大臣が定めた構造方法のうちその指定する構造方法に係る部分に限る。）の規定
（4）	合併処理浄化槽	イ　法第37条の規定 ロ　第32条、第35条第1項及び第129条の2の4第1項（国土交通大臣が定めた構造方法のうちその指定する構造方法に係る部分に限る。）の規定
（5）	非常用の照明装置	イ　法第35条及び法第37条の規定 ロ　第126条の5の規定
（6）	給水タンク又は貯水タンク	イ　法第37条の規定 ロ　第129条の2の4第1項（国土交通大臣が定めた構造方法のうちその指定する構造方法に係る部分に限る。）並びに第129条の2の5第1項第四号及び第五号並びに第2項第二号、第三号、第五号及び第六号（国土交通大臣が定めた構造方法のうちその指定する構造方法に係る部分に限る。）の規定
（7）	冷却塔設備	イ　法第37条の規定 ロ　第129条の2の4第1項（国土交通大臣が定めた構造方法のうちその指定する構造方法に係る部分に限る。）及び第129条の2の7（第二号を除く。）の規定
（8）	エレベーターの部分で昇降路及び機械室以外のもの	イ　法第37条の規定 ロ　第129条の3、第129条の4（第3項第五号を除く。）、第129条の5、第129条の6、第129条の8、第129条の10、第129条の11並びに第129条の13の3第6項から第11項まで及び第12項（国土交通大臣が定める構造方法のうちその指定する構造方法に係る部分に限る。）の規定
（9）	エスカレーター	イ　法第37条の規定 ロ　第129条の3及び第129条の12（第1項第一号を除く。）の規定
		イ　法第37条の規定

| (10) | 避雷設備 | ロ　第129条の15の規定 |

改正：平成15年政令第523号　　　　施行：平成15年12月19日
旧　第136条の2の10　（型式適合認定の対象とする建築物の部分及び一連の規定）

1　法第68条の10第1項に規定する政令で定める建築物の部分は、次の各号に掲げる建築物の部分とし、同項に規定する政令で定める一連の規定は、それぞれ当該各号に掲げる規定とする。
　一　建築物の部分で、門、塀、改良便槽、屎（し）尿浄化槽及び合併処理浄化槽並びに給水タンク及び貯水タンクその他これらに類するもの（屋上又は屋内にあるものを除く。）以外のもの　次に掲げる規定
　　イ　法第20条第二号、法第21条から法第27条まで、法第28条（第1項を除く。）、法第28条の2から法第30条まで、法第31条第1項、法第33条、法第34条、法第35条の2、法第35条の3、法第37条、法第3章第5節（法第61条及び法第62条第2項中門及び塀に係る部分並びに法第66条を除く。）、法第67条の2第1項（門及び塀に係る部分を除く。）及び法第84条の2の規定
　　ロ　略
　二　略

改正：平成17年政令第182号　　　　施行：平成17年6月1日
第136条の2の11　（型式適合認定の対象とする建築物の部分及び一連の規定）

略

改正：平成18年政令第308号　　　　施行：平成18年10月1日
第136条の2の11　（型式適合認定の対象とする建築物の部分及び一連の規定）

1　法第68条の10第1項に規定する政令で定める建築物の部分は、次の各号に掲げる建築物の部分とし、同項に規定する政令で定める一連の規定は、それぞれ当該各号に掲げる規定とする。
　一　略
　二　次の表の建築物の部分の欄の各項に掲げる建築物の部分　同表の一連の規定の欄の当該各項に掲げる規定（これらの規定中建築物の部分の構造に係る部分に限る。）

	建築物の部分	一連の規定
（1）	防火設備	イ　法第2条第九号の二ロ、法第28条の2（第三号を除く。）、法第37条及び法第64条の規定 ロ　第109条第1項、第109条の2、第112条第1項、第14項及び第16項、第114条第5項並びに第136条の2の3の規定
（2）	換気設備	イ　法第28条の2及び法第37条の規定 ロ　第20条の8第1項第一号（国土交通大臣が定めた構造方法のうちその指定する構造方法に係る部分に限る。）の規定
（3）	屎（し）尿浄化槽	イ　法第28条の2（第三号を除く。）、法第31条第2項及び法第37条の規定 ロ　第32条及び第129条の2の4第1項（国土交通大臣が定めた構造方法のうちその指定する構造方法に係る部分に限る。）の規定
（4）	合併処理浄化槽	イ　法第28条の2（第三号を除く。）及び法第37条の規定 ロ　第32条、第35条第1項及び第129条の2の4第1項（国土交通大臣が定めた構造方法のうちその指定する構造方法に係る部分に限る。）の規定
（5）	非常用の照明装置	イ　法第28条の2（第三号を除く。）、法第35条及び法第37条の規定 ロ　第126条の5の規定
		イ　法第28条の2（第三号を除く。）及び法第37条の規定 ロ　第129条の2の4第1項（国土交通大臣が定めた構造方法のうちその

令136条の2の11 改正：平成18年政令第308号

（6）	給水タンク又は貯水タンク	指定する構造方法に係る部分に限る。）並びに第129条の2の5第1項第四号及び第五号並びに第2項第二号、第三号、第五号及び第六号（国土交通大臣が定めた構造方法のうちその指定する構造方法に係る部分に限る。）の規定
（7）	冷却塔設備	イ　法第28条の2（第三号を除く。）及び法第37条の規定 ロ　第129条の2の4第1項（国土交通大臣が定めた構造方法のうちその指定する構造方法に係る部分に限る。）及び第129条の2の7（第二号を除く。）の規定
（8）	エレベーターの部分で昇降路及び機械室以外のもの	イ　法第28条の2（第三号を除く。）及び法第37条の規定 ロ　第129条の3、第129条の4（第3項第五号を除く。）、第129条の5、第129条の6、第129条の8、第129条の10、第129条の11並びに第129条の13の3第6項から第11項まで及び第12項（国土交通大臣が定める構造方法のうちその指定する構造方法に係る部分に限る。）の規定
（9）	エスカレーター	イ　法第28条の2（第三号を除く。）及び法第37条の規定 ロ　第129条の3及び第129条の12（第1項第一号を除く。）の規定
（10）	避雷設備	イ　法第28条の2（第三号を除く。）及び法第37条の規定 ロ　第129条の15の規定

改正：平成19年政令第49号　　　施行：平成19年6月20日

第136条の2の11　（型式適合認定の対象とする建築物の部分及び一連の規定）

1　法第68条の10第1項に規定する政令で定める建築物の部分は、次の各号に掲げる建築物の部分とし、同項に規定する政令で定める一連の規定は、それぞれ当該各号に定める規定とする。
一　建築物の部分で、門、塀、改良便槽、屎（し）尿浄化槽及び合併処理浄化槽並びに給水タンク及び貯水タンクその他これらに類するもの（屋上又は屋内にあるものを除く。）以外のもの　次に掲げる規定
　　イ　法第20条（第一号後段、第二号イ後段及び第三号イ後段に係る部分に限る。）、法第21条から法第24条まで、法第25条から法第27条まで、法第28条（第1項を除く。）、法第28条の2から法第30条まで、法第31条第1項、法第33条、法第34条、法第35条の2、法第35条の3、法第37条、法第3章第5節（法第61条及び法第62条第2項中門及び塀に係る部分並びに法第66条を除く。）、法第67条の2第1項（門及び塀に係る部分を除く。）及び法第84条の2の規定
　　ロ　第2章（第19条、第20条及び第31条から第35条までを除く。）、第3章（第52条第1項、第61条、第62条の8、第74条第2項、第75条及び第76条を除き、第80条の2にあつては国土交通大臣が定めた安全上必要な技術的基準のうちその指定する基準に係る部分に限る。）、第4章、第5章（第6節を除く。）、第5章の2から第5章の3まで、第5章の4（第129条の2の5第3項第三号を除き、第129条の2の4第二号及び第129条の2の5第2項第六号にあつては国土交通大臣が定めた構造方法のうちその指定する構造方法に係る部分に限る。）、第7章の2及び第7章の9の規定
二　次の表の建築物の部分の欄の各項に掲げる建築物の部分　同表の一連の規定の欄の当該各項に掲げる規定（これらの規定中建築物の部分の構造に係る部分に限る。）

	建築物の部分	一連の規定
（1）、（2）	略	
（3）	屎（し）尿浄化槽	イ　法第28条の2（第三号を除く。）、法第31条第2項及び法第37条の規定 ロ　第32条及び第129条の2の4第二号（国土交通大臣が定めた構造方法のうちその指定する構造方法に係る部分に限る。）の規定
（4）	合併処理浄化槽	イ　法第28条の2（第三号を除く。）及び法第37条の規定 ロ　第32条、第35条第1項及び第129条の2の4第二号（国土交通大臣が定めた構造方法のうちその指定する構造方法に係る部分に限る。）の規定
（5）	略	
		イ　法第28条の2（第三号を除く。）及び法第37条の規定 ロ　第129条の2の4第二号（国土交通大臣が定めた構造方法のうちその

改正：平成27年政令第11号 **令136条の２の11**

	建築物の部分	一連の規定
（６）	給水タンク又は貯水タンク	指定する構造方法に係る部分に限る。）並びに第129条の２の５第１項第四号及び第五号並びに第２項第二号、第三号、第五号及び第六号（国土交通大臣が定めた構造方法のうちその指定する構造方法に係る部分に限る。）の規定
（７）	冷却塔設備	イ　法第28条の２（第三号を除く。）及び法第37条の規定 ロ　<u>第129条の２の４第二号</u>（国土交通大臣が定めた構造方法のうちその指定する構造方法に係る部分に限る。）及び第129条の２の７（第二号を除く。）の規定
（８）～（10） 略		

改正：平成25年政令第217号　　　施行：平成26年４月１日

第136条の２の11（型式適合認定の対象とする建築物の部分及び一連の規定）

1　法第68条の10第１項に規定する政令で定める建築物の部分は、次の各号に掲げる建築物の部分とし、同項に規定する政令で定める一連の規定は、それぞれ当該各号に定める規定とする。
　一　略
　二　次の表の建築物の部分の欄の各項に掲げる建築物の部分　同表の一連の規定の欄の当該各項に掲げる規定（これらの規定中建築物の部分の構造に係る部分に限る。）

	建築物の部分	一連の規定
（１）～（７）　略		
（８）	エレベーターの部分で昇降路及び機械室以外のもの	イ　法第28条の２（第三号を除く。）及び法第37条の規定 ロ　第129条の３、第129条の４（<u>第３項第七号を除く。</u>）、第129条の５、第129条の６、第129条の８、第129条の10、第129条の11並びに第129条の13の３第６項から第11項まで及び第12項（国土交通大臣が定める構造方法のうちその指定する構造方法に係る部分に限る。）の規定
（９）	エスカレーター	イ　法第28条の２（第三号を除く。）及び法第37条の規定 ロ　第129条の３及び第129条の12（第１項第一号<u>及び第六号</u>を除く。）の規定
（10）　略		

改正：平成27年政令第11号　　　施行：平成27年６月１日

第136条の２の11（型式適合認定の対象とする建築物の部分及び一連の規定）

1　法第68条の10第１項に規定する政令で定める建築物の部分は、次の各号に掲げる建築物の部分とし、同項に規定する政令で定める一連の規定は、それぞれ当該各号に定める規定とする。
　一　建築物の部分で、門、塀、改良便槽、屎（し）尿浄化槽及び合併処理浄化槽並びに給水タンク及び貯水タンクその他これらに類するもの（屋上又は屋内にあるものを除く。）以外のもの　次に掲げる規定
　　イ　法第20条（<u>第１項第一号後段</u>、第二号イ後段及び第三号イ後段に係る部分に限る。）、法第21条から法第24条まで、法第25条から法第27条まで、法第28条（第１項を除く。）、法第28条の２から法第30条まで、法第31条第１項、法第33条、法第34条、法第35条の２、法第35条の３、法第37条、法第３章第５節（法第61条及び法第62条第２項中門及び塀に係る部分並びに法第66条を除く。）、<u>法第67条の３第１項</u>（門及び塀に係る部分を除く。）及び法第84条の２の規定
　　ロ　略
　二　次の表の建築物の部分の欄の各項に掲げる建築物の部分　同表の一連の規定の欄の当該各項に掲げる規定（これらの規定中建築物の部分の構造に係る部分に限る。）

	建築物の部分	一連の規定
		イ　法第２条第九号の二ロ、<u>法第27条第１項</u>、法第28条の２（第三号を除

令136条の2の11 改正：平成27年政令第11号

（1）	防火設備	く。）、法第37条及び法第64条の規定 ロ　第109条第1項、第109条の2、第110条の3、第112条第1項、第14項及び第16項、第114条第5項並びに第136条の2の3の規定
（2）〜（10）　略		

改正：平成28年政令第6号　　　施行：平成28年6月1日

第136条の2の11　（型式適合認定の対象とする建築物の部分及び一連の規定）

1　法第68条の10第1項に規定する政令で定める建築物の部分は、次の各号に掲げる建築物の部分とし、同項に規定する政令で定める一連の規定は、それぞれ当該各号に定める規定とする。

一　建築物の部分で、門、塀、改良便槽、屎（し）尿浄化槽及び合併処理浄化槽並びに給水タンク及び貯水タンクその他これらに類するもの（屋上又は屋内にあるものを除く。）以外のもの　次のいずれかに掲げる規定

　　イ　次に掲げる全ての規定
　　　（1）　法第20条（第1項第一号後段、第二号イ後段及び第三号イ後段に係る部分に限る。）、法第21条から法第24条まで、法第25条から法第27条まで、法第28条の2（第三号を除く。）、法第29条、法第30条、法第35条の2、法第35条の3、法第37条、法第3章第5節（法第61条及び法第62条第2項中門及び塀に係る部分、法第66条並びに法第67条の2を除く。）、法第67条の3第1項（門及び塀に係る部分を除く。）及び法第84条の2の規定
　　　（2）　第2章（第1節、第1節の2、第20条の8及び第4節を除く。）、第3章（第52条第1項、第61条、第62条の8、第74条第2項、第75条、第76条及び第80条の3を除き、第80条の2にあつては国土交通大臣が定めた安全上必要な技術的基準のうちその指定する基準に係る部分に限る。）、第4章（第115条を除く。）、第5章（第3節、第4節及び第6節を除く。）、第5章の2から第5章の3まで、第7章の2及び第7章の9の規定

　　ロ　次に掲げる全ての規定
　　　（1）　イ（1）に掲げる規定並びに法第28条（第1項を除く。）、法第28条の2第三号、法第31条第1項、法第33条及び法第34条の規定
　　　（2）　イ（2）に掲げる規定並びに第2章第1節の2、第20条の8、第28条から第30条まで、第115条、第5章第3節及び第4節並びに第5章の4（第129条の2の5第3項第三号を除き、第129条の2の4第二号及び第129条の2の5第2項第六号にあつては国土交通大臣が定めた構造方法のうちその指定する構造方法に係る部分に限る。）の規定

二　略

改正：平成30年政令第255号　　　施行：平成30年9月25日

第136条の2の11　（型式適合認定の対象とする建築物の部分及び一連の規定）

1　法第68条の10第1項に規定する政令で定める建築物の部分は、次の各号に掲げる建築物の部分とし、同項に規定する政令で定める一連の規定は、それぞれ当該各号に定める規定とする。

一　建築物の部分で、門、塀、改良便槽、屎（し）尿浄化槽及び合併処理浄化槽並びに給水タンク及び貯水タンクその他これらに類するもの（屋上又は屋内にあるものを除く。）以外のもの　次のいずれかに掲げる規定

　　イ　次に掲げる全ての規定
　　　（1）　法第20条（第1項第一号後段、第二号イ後段及び第三号イ後段に係る部分に限る。）、法第21条から法第23条まで、法第25条から法第27条まで、法第28条の2（第三号を除く。）、法第29条、法第30条、法第35条の2、法第35条の3、法第37条、法第3章第5節（法第61条及び法第62条第2項中門及び塀に係る部分、法第66条並びに法第67条の2を除く。）、法第67条の3第1項（門及び塀に係る部分を除く。）及び法第84条の2の規定
　　　（2）　略
　　ロ　略

二　次の表の建築物の部分の欄の各項に掲げる建築物の部分　同表の一連の規定の欄の当該各項に掲げる規定（これらの規定中建築物の部分の構造に係る部分に限る。）

	建築物の部分	一連の規定
（1）	防火設備	イ　法第2条第九号の二ロ、法第27条第1項、法第28条の2（第三号を除く。）、法第37条及び法第64条の規定 ロ　第109条第1項、第109条の2、第110条の3、第112条第1項、第13項及び第15項、第114条第5項並びに第136条の2の3の規定
（2）～（10）	略	

改正：令和元年政令第30号　　施行：令和元年6月25日
第136条の2の11　（型式適合認定の対象とする建築物の部分及び一連の規定）

1　法第68条の10第1項に規定する政令で定める建築物の部分は、次の各号に掲げる建築物の部分とし、同項に規定する政令で定める一連の規定は、それぞれ当該各号に定める規定とする。
　一　建築物の部分で、門、塀、改良便槽、屎（し）尿浄化槽及び合併処理浄化槽並びに給水タンク及び貯水タンクその他これらに類するもの（屋上又は屋内にあるものを除く。）以外のもの　次のいずれかに掲げる規定
　　イ　次に掲げる全ての規定
　　　（1）　法第20条（第1項第一号後段、第二号イ後段及び第三号イ後段に係る部分に限る。）、法第21条から法第23条まで、法第25条から法第27条まで、法第28条の2（第三号を除く。）、法第29条、法第30条、法第35条の2、法第35条の3、法第37条、法第3章第5節（法第61条中門及び塀に係る部分、法第64条並びに法第66条を除く。）、法第67条第1項（門及び塀に係る部分を除く。）及び法第84条の2の規定
　　　（2）　第2章（第1節、第1節の2、第20条の8及び第4節を除く。）、第3章（第52条第1項、第61条、第62条の8、第74条第2項、第75条、第76条及び第80条の3を除き、第80条の2にあつては国土交通大臣が定めた安全上必要な技術的基準のうちその指定する基準に係る部分に限る。）、第4章（第115条を除く。）、第5章（第3節、第4節及び第6節を除く。）、第5章の2、第5章の3、第7章の2及び第7章の9の規定
　　ロ　次に掲げる全ての規定
　　　（1）　略
　　　（2）　イ（2）に掲げる規定並びに第2章第1節の2、第20条の8、第28条から第30条まで、第115条、第5章第3節及び第4節並びに第5章の4（第129条の2の4第3項第三号を除き、第129条の2の3第二号及び第129条の2の4第2項第六号にあつては国土交通大臣が定めた構造方法のうちその指定する構造方法に係る部分に限る。）の規定
　二　次の表の建築物の部分の欄の各項に掲げる建築物の部分　同表の一連の規定の欄の当該各項に掲げる規定（これらの規定中建築物の部分の構造に係る部分に限る。）

	建築物の部分	一連の規定
（1）	防火設備	イ　法第2条第九号の二ロ、法第27条第1項、法第28条の2（第三号を除く。）及び法第37条の規定 ロ　第109条第1項、第109条の2、第110条の3、第112条第1項、第11項ただし書、第18項及び第20項、第114条第5項、第136条の2第三号イ並びに第137条の10第四号の規定
（2）	略	
（3）	屎（し）尿浄化槽	イ　略 ロ　第32条及び第129条の2の3第二号（国土交通大臣が定めた構造方法のうちその指定する構造方法に係る部分に限る。）の規定

令136条の2の11　改正：令和元年政令第30号

（4）	合併処理浄化槽	イ　略 ロ　第32条、第35条第１項及び第129条の２の３第二号（国土交通大臣が定めた構造方法のうちその指定する構造方法に係る部分に限る。）の規定
（5）	略	
（6）	給水タンク又は貯水タンク	イ　略 ロ　第129条の２の３第二号（国土交通大臣が定めた構造方法のうちその指定する構造方法に係る部分に限る。）並びに第129条の２の４第１項第四号及び第五号並びに第２項第二号、第三号、第五号及び第六号（国土交通大臣が定めた構造方法のうちその指定する構造方法に係る部分に限る。）の規定
（7）	冷却塔設備	イ　略 ロ　第129条の２の３第二号（国土交通大臣が定めた構造方法のうちその指定する構造方法に係る部分に限る。）及び第129条の２の６（第二号を除く。）の規定
（8）～（10）	略	

改正：令和元年政令第181号　　　施行：令和２年４月１日
第136条の２の11　（型式適合認定の対象とする建築物の部分及び一連の規定）

1　法第68条の10第１項に規定する政令で定める建築物の部分は、次の各号に掲げる建築物の部分とし、同項に規定する政令で定める一連の規定は、それぞれ当該各号に定める規定とする。
一　建築物の部分で、門、塀、改良便槽、屎（し）尿浄化槽及び合併処理浄化槽並びに給水タンク及び貯水タンクその他これらに類するもの（屋上又は屋内にあるものを除く。）以外のもの　次のいずれかに掲げる規定
　　イ　次に掲げる全ての規定
　　　（1）　法第20条（第１項第一号後段、第二号イ後段及び第三号イ後段に係る部分に限る。）、法第21条から法第23条まで、法第25条から法第27条まで、法第28条の２（第三号を除く。）、法第29条、法第30条、法第35条の２、法第35条の３、法第37条、法第３章第５節（法第61条中門及び塀に係る部分、法第64条並びに法第66条を除く。）、法第67条第１項（門及び塀に係る部分を除く。）及び法第84条の２の規定
　　　（2）　第２章（第１節、第１節の２、第20条の８及び第４節を除く。）、第３章（52条第１項、第61条、第62条の８、第74条第２項、第75条、第76条及び第80条の３を除き、第80条の２にあつては国土交通大臣が定めた安全上必要な技術的基準のうちその指定する基準に係る部分に限る。）、第４章（第115条を除く。）、第５章（第３節、第４節及び第６節を除く。）、第５章の２、第５章の３、第７章の２及び第７章の９の規定
　　ロ　次に掲げる全ての規定
　　　（1）　イ（1）に掲げる規定並びに法第28条（第１項を除く。）、法第28条の２第三号、法第31条第１項、法第33条及び法第34条の規定
　　　（2）　イ（2）に掲げる規定並びに第２章第１節の２、第20条の８、第28条から第30条まで、第115条、第５章第３節及び第４節並びに第５章の４（第129条の２の４第３項第三号を除き、第129条の２の３第二号及び第129条の２の４第２項第六号にあつては国土交通大臣が定めた構造方法のうちその指定する構造方法に係る部分に限る。）の規定
二　次の表の建築物の部分の欄の各項に掲げる建築物の部分　同表の一連の規定の欄の当該各項に掲げる規定（これらの規定中建築物の部分の構造に係る部分に限る。）

建築物の部分	一連の規定
	イ　法第２条第九号の二ロ、法第27条第１項、法第28条の２（第三号を除く。）

(1)	防火設備	及び法第37条の規定 ロ　第109条第1項、第109条の2、第110条の3、第112条第1項、<u>第12項ただし書、第19項及び第21項</u>、第114条第5項、第136条の2第三号イ並びに第137条の10第四号の規定
(2)	換気設備	イ　法第28条の2及び法第37条の規定 ロ　第20条の8第1項第一号（国土交通大臣が定めた構造方法のうちその指定する構造方法に係る部分に限る。）の規定
(3)	屎（し）尿浄化槽	イ　法第28条の2（第三号を除く。）、法第31条第2項及び法第37条の規定 ロ　第32条及び第129条の2の3第二号（国土交通大臣が定めた構造方法のうちその指定する構造方法に係る部分に限る。）の規定
(4)	合併処理浄化槽	イ　法第28条の2（第三号を除く。）及び法第37条の規定 ロ　第32条、第35条第1項及び第129条の2の3第二号（国土交通大臣が定めた構造方法のうちその指定する構造方法に係る部分に限る。）の規定
(5)	非常用の照明装置	イ　法第28条の2（第三号を除く。）、法第35条及び法第37条の規定 ロ　第126条の5の規定
(6)	給水タンク又は貯水タンク	イ　法第28条の2（第三号を除く。）及び法第37条の規定 ロ　第129条の2の3第二号（国土交通大臣が定めた構造方法のうちその指定する構造方法に係る部分に限る。）並びに第129条の2の4第1項第四号及び第五号並びに第2項第二号、第三号、第五号及び第六号（国土交通大臣が定めた構造方法のうちその指定する構造方法に係る部分に限る。）の規定
(7)	冷却塔設備	イ　法第28条の2（第三号を除く。）及び法第37条の規定 ロ　第129条の2の3第二号（国土交通大臣が定めた構造方法のうちその指定する構造方法に係る部分に限る。）及び第129条の2の6（第二号を除く。）の規定
(8)	エレベーターの部分で昇降路及び機械室以外のもの	イ　法第28条の2（第三号を除く。）及び法第37条の規定 ロ　第129条の3、第129条の4（第3項第七号を除く。）、第129条の5、第129条の6、第129条の8、第129条の10、第129条の11並びに第129条の13の3第6項から第11項まで及び第12項（国土交通大臣が定める構造方法のうちその指定する構造方法に係る部分に限る。）の規定
(9)	エスカレーター	イ　法第28条の2（第三号を除く。）及び法第37条の規定 ロ　第129条の3及び第129条の12（第1項第一号及び第六号を除く。）の規定
(10)	避雷設備	イ　法第28条の2（第三号を除く。）及び法第37条の規定 ロ　第129条の15の規定

[現行]　第136条の2の12　（型式部材等製造者等に係る認証の有効期間）

制定：平成12年政令第211号　　　施行：平成12年6月1日
旧　第136条の2の10　（型式部材等製造者等に係る認証の有効期間）

> 1　法第68条の14第1項（法第68条の23第2項において準用する場合を含む。）（これらの規定を法第88条第1項において準用する場合を含む。）の政令で定める期間は、5年とする。

改正：平成15年政令第523号　　　施行：平成15年12月19日

令旧136条の2の11 改正：平成15年政令第523号

旧　**第136条の2の11**　（型式部材等製造者等に係る認証の有効期間）

略

改正：平成17年政令第182号　　施行：平成17年6月1日
第136条の2の12　（型式部材等製造者等に係る認証の有効期間）

略

改正：平成27年政令第11号　　施行：平成27年6月1日
第136条の2の12　（型式部材等製造者等に係る認証の有効期間）

1　法第68条の14第1項（法第68条の22第2項において準用する場合を含む。）（これらの規定を法第88条第1項において準用する場合を含む。）の政令で定める期間は、5年とする。

[現行]　第136条の2の13　（認証外国型式部材等製造者の工場等における検査等に要する費用の負担）

制定：平成12年政令第211号　　施行：平成12年6月1日
旧　**第136条の2の11**　（認証外国型式部材等製造者の工場等における検査に要する費用の負担）

1　法第68条の24第4項（法第88条第1項において準用する場合を含む。）の政令で定める費用は、法第68条の23第2項において準用する法第68条の21第1項の検査のため同項の職員がその検査に係る工場、営業所、事務所、倉庫その他の事業場の所在地に出張をするのに要する旅費の額に相当するものとする。この場合において、その出張をする職員を2人とし、その旅費の額の計算に関し必要な細目は、建設省令で定める。

改正：平成12年政令第312号　　施行：平成13年1月6日
旧　**第136条の2の11**　（認証外国型式部材等製造者の工場等における検査に要する費用の負担）

1　法第68条の24第4項（法第88条第1項において準用する場合を含む。）の政令で定める費用は、法第68条の23第2項において準用する法第68条の21第1項の検査のため同項の職員がその検査に係る工場、営業所、事務所、倉庫その他の事業場の所在地に出張をするのに要する旅費の額に相当するものとする。この場合において、その出張をする職員を2人とし、その旅費の額の計算に関し必要な細目は、国土交通省令で定める。

改正：平成15年政令第523号　　施行：平成15年12月19日
旧　**第136条の2の12**　（認証外国型式部材等製造者の工場等における検査に要する費用の負担）

略

改正：平成17年政令第182号　　施行：平成17年6月1日
第136条の2の13　（認証外国型式部材等製造者の工場等における検査に要する費用の負担）

略

改正：平成27年政令第11号　　施行：平成27年6月1日
第136条の2の13　（認証外国型式部材等製造者の工場等における検査等に要する費用の負担）

1　法第68条の23第4項（法第88条第1項において準用する場合を含む。）の政令で定める費用は、法第15条の2第1項の規定による検査又は試験のため同項の職員がその検査又は試験に係る工場、営業所、事務所、倉庫その他の事業場の所在地に出張をするのに要する旅費の額に相当するものとする。この場合において、

その出張をする職員を2人とし、その旅費の額の計算に関し必要な細目は、国土交通省令で定める。

[現行] 第7章の6　指定確認検査機関等
（制定：平成11年政令第5号）　　旧　第7章の5　指定確認検査機関
（改正：平成12年政令第211号）　　第7章の6　指定確認検査機関等

[現行]　第136条の2の14　（親会社等）

制定：平成19年政令第49号　　　施行：平成19年6月20日
第136条の2の14　（親会社等）
1　法第77条の19第十号の政令で定める者は、法第77条の18第1項又は法第77条の35の2に規定する指定を受けようとする者に対して、それぞれ次のいずれかの関係（次項において「特定支配関係」という。）を有する者とする。
　一　その総株主（株主総会において決議をすることができる事項の全部につき議決権を行使することができない株主を除く。）又は総出資者の議決権の3分の1を超える数を有していること。
　二　その役員（理事、取締役、執行役、業務を執行する社員又はこれらに準ずる者をいう。以下この項において同じ。）に占める自己の役員又は職員（過去2年間に役員又は職員であつた者を含む。次号において同じ。）の割合が3分の1を超えていること。
　三　その代表権を有する役員の地位を自己又はその役員若しくは職員が占めていること。
2　ある者に対して特定支配関係を有する者に対して特定支配関係を有する者は、その者に対して特定支配関係を有する者とみなして、この条の規定を適用する。

改正：平成27年政令第11号　　　施行：平成27年6月1日
第136条の2の14　（親会社等）
1　法第77条の19第十号の政令で定める者は、法第77条の18第1項又は法第77条の35の2第1項に規定する指定を受けようとする者に対して、それぞれ次のいずれかの関係（次項において「特定支配関係」という。）を有する者とする。
　一～三　略
2　略

改正：令和元年政令第91号　　　施行：令和元年9月14日
第136条の2の14　（親会社等）
1　法第77条の19第十一号の政令で定める者は、法第77条の18第1項又は法第77条の35の2第1項に規定する指定を受けようとする者に対して、それぞれ次のいずれかの関係（次項において「特定支配関係」という。）を有する者とする。
　一　その総株主（株主総会において決議をすることができる事項の全部につき議決権を行使することができない株主を除く。）又は総出資者の議決権の3分の1を超える数を有していること。
　二　その役員（理事、取締役、執行役、業務を執行する社員又はこれらに準ずる者をいう。以下この項において同じ。）に占める自己の役員又は職員（過去2年間に役員又は職員であつた者を含む。次号において同じ。）の割合が3分の1を超えていること。
　三　その代表権を有する役員の地位を自己又はその役員若しくは職員が占めていること。
2　ある者に対して特定支配関係を有する者に対して特定支配関係を有する者は、その者に対して特定支配関係を有する者とみなして、この条の規定を適用する。

令旧136条の2の7 制定：平成11年政令第5号

[現行]　第136条の2の15　（指定確認検査機関に係る指定の有効期間）

制定：平成11年政令第5号　　　施行：平成11年5月1日
旧　第136条の2の7　（指定確認検査機関に係る指定の有効期間）

1　法第77条の23第1項の政令で定める期間は、5年とする。

改正：平成12年政令第211号　　　施行：平成12年6月1日
旧　第136条の2の12　（指定確認検査機関に係る指定の有効期間）

略

改正：平成12年政令第211号　　　施行：平成12年6月1日
旧　第136条の2の13　（指定確認検査機関に係る指定の有効期間）

略

改正：平成17年政令第182号　　　施行：平成17年6月1日
旧　第136条の2の14　（指定確認検査機関に係る指定の有効期間）

略

改正：平成19年政令第49号　　　施行：平成19年6月20日
第136条の2の15　（指定確認検査機関に係る指定の有効期間）

1　法第77条の23第1項の政令で定める期間は、5年とする。

[現行]　第136条の2の16　（指定構造計算適合性判定機関に係る指定の有効期間）

制定：平成19年政令第49号　　　施行：平成19年6月20日
第136条の2の16　（指定構造計算適合性判定機関に係る指定の有効期間）

1　法第77条の35の6第1項の政令で定める期間は、5年とする。

改正：平成27年政令第11号　　　施行：平成27年6月1日
第136条の2の16　（指定構造計算適合性判定機関に係る指定の有効期間）

1　法第77条の35の7第1項の政令で定める期間は、5年とする。

[現行]　第136条の2の17　（指定認定機関等に係る指定等の有効期間）

制定：平成12年政令第211号　　　施行：平成12年6月1日
旧　第136条の2の13　（指定認定機関等に係る指定等の有効期間）

1　法第77条の41第1項（法第77条の54第2項、法第77条の56第2項又は法第77条の57第2項において準用する場合を含む。）の政令で定める期間は、5年とする。

改正：平成15年政令第523号　　　施行：平成15年12月19日
旧　第136条の2の14　（指定認定機関等に係る指定等の有効期間）

略

改正:平成19年政令第49号 **令旧136条の2の18**

改正:平成17年政令第182号　　施行:平成17年6月1日

旧　第136条の2の15　（指定認定機関等に係る指定等の有効期間）

略

改正:平成19年政令第49号　　施行:平成19年6月20日

第136条の2の17　（指定認定機関等に係る指定等の有効期間）

1　法第77条の41第1項（法第77条の54第2項、法第77条の56第2項又は法第77条の57第2項において準用する場合を含む。）の政令で定める期間は、5年とする。

[現行]　第136条の2の18　（承認認定機関等の事務所における検査に要する費用の負担）

制定:平成12年政令第211号　　施行:平成12年6月1日

旧　第136条の2の14　（承認認定機関等の事務所における検査に要する費用の負担）

1　法第77条の55第3項（法第77条の57第2項において準用する場合を含む。）の政令で定める費用は、法第77条の54第2項（承認性能評価機関にあつては、法第77条の57第2項）において準用する法第77条の49第1項の検査のため同項の職員がその検査に係る事務所の所在地に出張をするのに要する旅費の額に相当するものとする。この場合において、その出張をする職員を2人とし、その旅費の額の計算に関し必要な細目は、建設省令で定める。

改正:平成12年政令第312号　　施行:平成13年1月6日

旧　第136条の2の14　（承認認定機関等の事務所における検査に要する費用の負担）

1　法第77条の55第3項（法第77条の57第2項において準用する場合を含む。）の政令で定める費用は、法第77条の54第2項（承認性能評価機関にあつては、法第77条の57第2項）において準用する法第77条の49第1項の検査のため同項の職員がその検査に係る事務所の所在地に出張をするのに要する旅費の額に相当するものとする。この場合において、その出張をする職員を2人とし、その旅費の額の計算に関し必要な細目は、国土交通省令で定める。

改正:平成15年政令第523号　　施行:平成15年12月19日

旧　第136条の2の15　（承認認定機関等の事務所における検査に要する費用の負担）

略

改正:平成17年政令第182号　　施行:平成17年6月1日

旧　第136条の2の16　（承認認定機関等の事務所における検査に要する費用の負担）

略

改正:平成19年政令第49号　　施行:平成19年6月20日

第136条の2の18　（承認認定機関等の事務所における検査に要する費用の負担）

1　法第77条の55第3項（法第77条の57第2項において準用する場合を含む。）の政令で定める費用は、法第77条の54第2項（承認性能評価機関にあつては、法第77条の57第2項）において準用する法第77条の49第1項の検査のため同項の職員がその検査に係る事務所の所在地に出張をするのに要する旅費の額に相当するものとする。この場合において、その出張をする職員を2人とし、その旅費の額の計算に関し必要な細目は、国土交通省令で定める。

令旧136条の2の8 制定：平成11年政令第5号

[現行] 第7章の7　建築基準適合判定資格者等の登録手数料
(制定：平成11年政令第5号)　　旧　第7章の6　建築基準適合判定資格者の登録手数料
(改正：平成12年政令第211号)　　第7章の7　建築基準適合判定資格者の登録手数料
(改正：平成27年政令第11号)　　第7章の7　建築基準適合判定資格者等の登録手数料

[現行]　第136条の2の19

制定：平成11年政令第5号　　施行：平成11年5月1日
旧　第136条の2の8　（登録手数料）

1　法第77条の42に規定する登録又は登録証の訂正若しくは再交付の申請に係る手数料の額は、12,000円とする。

改正：平成11年政令第352号　　施行：平成12年4月1日
旧　第136条の2の8　（登録手数料）

1　法第77条の43に規定する登録又は登録証の訂正若しくは再交付の申請に係る手数料の額は、12,000円とする。

改正：平成12年政令第211号　　施行：平成12年6月1日
旧　第136条の2の15　（登録手数料）

1　法第77条の65に規定する登録又は登録証の訂正若しくは再交付の申請に係る手数料の額は、12,000円とする。

改正：平成15年政令第523号　　施行：平成15年12月19日
旧　第136条の2の16　（登録手数料）

略

改正：平成17年政令第182号　　施行：平成17年6月1日
旧　第136条の2の17　（登録手数料）

略

改正：平成19年政令第49号　　施行：平成19年6月20日
第136条の2の19

1　法第77条の65の政令で定める手数料の額は、12,000円とする。

改正：平成27年政令第11号　　施行：平成27年6月1日
第136条の2の19

1　法第77条の65（法第77条の66第2項において準用する場合を含む。）の政令で定める手数料の額は、12,000円とする。

改正：令和5年政令第293号　　施行：令和6年4月1日
第136条の2の19

1　法第77条の65の政令で定める手数料の額は、15,000円とする。
2　法第77条の66第2項において準用する法第77条の65の政令で定める手数料の額は、12,000円とする。

改正：昭和62年政令第348号 **令旧136条の2の5**

[現行] 第7章の8　工事現場の危害の防止

(制定：昭和33年政令第283号)	旧　第7章の2	工事現場の危害の防止
(改正：昭和55年政令第273号)	旧　第7章の3	工事現場の危害の防止
(改正：昭和62年政令第348号)	旧　第7章の4	工事現場の危害の防止
(改正：平成5年政令第170号)	旧　第7章の5	工事現場の危害の防止
(改正：平成11年政令第5号)	旧　第7章の7	工事現場の危害の防止
(改正：平成12年政令第211号)	第7章の8	工事現場の危害の防止

[現行]　第136条の2の20　（仮囲い）

制定：昭和33年政令第283号　　　施行：昭和34年1月1日
旧　第136条の2　（仮囲い）

1　木造以外の建築物で2以上の階数を有するものについて、建築、修繕、模様替又は除却のための工事（以下この章において「建築工事等」という。）を行う場合においては、工事期間中工事現場の周囲にその地盤面（その地盤面が工事現場の周辺の地盤面より低い場合においては、工事現場の周辺の地盤面）からの高さが1.8m以上の板べいその他これに類する仮囲いを設けなければならない。ただし、これらと同等以上の効力を有する他の囲いがある場合又は工事現場の周辺若しくは工事の状況により危害防止上支障がない場合においては、この限りでない。

改正：昭和45年政令第333号　　　施行：昭和46年1月1日
旧　第136条の2　（仮囲い）

1　木造以外の建築物で2以上の階数を有するものについて、建築、修繕、模様替又は除却のための工事（以下この章において「建築工事等」という。）を<u>行なう</u>場合においては、工事期間中工事現場の周囲にその地盤面（その地盤面が工事現場の周辺の地盤面より低い場合においては、工事現場の周辺の地盤面）からの高さが1.8m以上の板べいその他これに類する仮囲いを設けなければならない。ただし、これらと同等以上の効力を有する他の囲いがある場合又は工事現場の周辺若しくは工事の状況により危害防止上支障がない場合においては、この限りでない。

改正：昭和55年政令第273号　　　施行：昭和55年10月25日
旧　<u>第136条の2の3</u>　（仮囲い）

1　木造以外の建築物で2以上の階数を有するものについて、建築、修繕、模様替又は除却のための工事（以下この章において「建築工事等」という。）を<u>行う</u>場合においては、工事期間中工事現場の周囲にその地盤面（その地盤面が工事現場の周辺の地盤面より低い場合においては、工事現場の周辺の地盤面）からの高さが1.8m以上の板べいその他これに類する仮囲いを設けなければならない。ただし、これらと同等以上の効力を有する他の囲いがある場合又は工事現場の周辺若しくは工事の状況により危害防止上支障がない場合においては、この限りでない。

改正：昭和56年政令第144号　　　施行：昭和56年4月25日
旧　<u>第136条の2の4</u>　（仮囲い）

略

改正：昭和62年政令第348号　　　施行：昭和62年11月16日
旧　<u>第136条の2の5</u>　（仮囲い）

1　<u>木造の建築物で高さが13m若しくは軒の高さが9mを超えるもの又は木造以外の建築物で2以上の階数を</u>有するものについて、建築、修繕、模様替又は除却のための工事（以下この章において「建築工事等」という。）を行う場合においては、工事期間中工事現場の周囲にその地盤面（その地盤面が工事現場の周辺の地

令旧136条の2の5　改正：昭和62年政令第348号

盤面より低い場合においては、工事現場の周辺の地盤面）からの高さが1.8m以上の板塀その他これに類する仮囲いを設けなければならない。ただし、これらと同等以上の効力を有する他の囲いがある場合又は工事現場の周辺若しくは工事の状況により危害防止上支障がない場合においては、この限りでない。

改正：平成2年政令第323号　　　施行：平成2年11月20日
旧　第136条の2の6　（仮囲い）

略

改正：平成5年政令第170号　　　施行：平成5年6月25日
旧　第136条の2の7　（仮囲い）

略

改正：平成11年政令第5号　　　施行：平成11年5月1日
旧　第136条の2の9　（仮囲い）

略

改正：平成12年政令第211号　　　施行：平成12年6月1日
旧　第136条の2の16　（仮囲い）

略

改正：平成15年政令第523号　　　施行：平成15年12月19日
旧　第136条の2の17　（仮囲い）

略

改正：平成17年政令第182号　　　施行：平成17年6月1日
旧　第136条の2の18　（仮囲い）

略

改正：平成19年政令第49号　　　施行：平成19年6月20日
第136条の2の20　（仮囲い）

1　木造の建築物で高さが13m若しくは軒の高さが9mを超えるもの又は木造以外の建築物で2以上の階数を有するものについて、建築、修繕、模様替又は除却のための工事（以下この章において「建築工事等」という。）を行う場合においては、工事期間中工事現場の周囲にその地盤面（その地盤面が工事現場の周辺の地盤面より低い場合においては、工事現場の周辺の地盤面）からの高さが1.8m以上の板塀その他これに類する仮囲いを設けなければならない。ただし、これらと同等以上の効力を有する他の囲いがある場合又は工事現場の周辺若しくは工事の状況により危害防止上支障がない場合においては、この限りでない。

[現行]　第136条の3　（根切り工事、山留め工事等を行う場合の危害の防止）

制定：昭和33年政令第283号　　　施行：昭和34年1月1日
第136条の3　（根切り工事、山留め工事等を行う場合の危害の防止）

1　建築工事等において根切り工事、山留め工事、ウエル工事、ケーソン工事その他基礎工事を行う場合においては、あらかじめ、地下に埋設されたガス管、電らん、水道管及び下水道管の損壊による危害の発生を防

止するための措置を講じなければならない。
2　建築工事等における地階の根切り工事その他の深い根切り工事（これに伴う山留め工事を含む。）は、地盤調査による地層及び地下水の状況に応じて作成した施工図に基いて行わなければならない。
3　建築工事等において建築物その他の工作物に近接して根切り工事その他土地の掘さくを行う場合においては、当該工作物の基礎又は地盤を補強して構造耐力の低下を防止し、急激な排水を避ける等その傾斜又は倒壊による危害の発生を防止するための措置を講じなければならない。
4　建築工事等において深さ1.5m以上の根切り工事を行う場合においては、地盤が崩壊するおそれがないとき、及び周辺の状況により危害防止上支障がないときを除き、山留めを設けなければならない。この場合において、山留めの根入れは、周辺の地盤の安定を保持するために相当な深さとしなければならない。
5　前項の規定により設ける山留めの切ばり、矢板、腹おこしその他の主要な部分は、土圧に対して、次の各号に定める方法による構造計算によつた場合に安全であることが確かめられる最低の耐力以上の耐力を有する構造としなければならない。
　一　次に掲げる方法によつて土圧を計算すること。
　　イ　土質及び工法に応じた数値によること。ただし、深さ3m以内の根切り工事を行う場合においては、土を水と仮定した場合の圧力の50％を下らない範囲でこれと異なる数値によることができる。
　　ロ　建築物その他の工作物に近接している部分については、イの数値に当該工作物の荷重による影響に相当する数値を加えた数値によること。
　二　前号の規定によつて計算した土圧によつて山留めの主要な部分の断面に生ずる応力度を計算すること。
　三　前号の規定によつて計算した応力度が、次に定める許容応力度をこえないことを確かめること。
　　イ　木材の場合にあつては、第89条（第3項を除く。）に規定する長期応力に対する許容応力度と短期応力に対する許容応力度との平均値。ただし、腹おこしに用いる木材のせん断又はめり込については、それぞれ同条第1項又は第4項に規定する短期応力に対する許容応力度によることができる。
　　ロ　鉄材又はコンクリートの場合にあつては、それぞれ第90条若しくは第91条に規定する短期応力に対する許容応力度
6　建築工事等における根切り及び山留めについては、その工事の施工中必要に応じて点検を行い、山留めを補強し、排水を適当に行う等これを安全な状態に維持するための措置を講ずるとともに、矢板等の抜取りに際しては、周辺の地盤の沈下による危害を防止するための措置を講じなければならない。

改正：昭和34年政令第344号　　　施行：昭和34年12月23日
第136条の3　（根切り工事、山留め工事等を行う場合の危害の防止）

1　建築工事等において根切り工事、山留め工事、ウエル工事、ケーソン工事その他基礎工事を行う場合においては、あらかじめ、地下に埋設されたガス管、ケーブル、水道管及び下水道管の損壊による危害の発生を防止するための措置を講じなければならない。
2　略
3　建築工事等において建築物その他の工作物に近接して根切り工事その他土地の掘削を行う場合においては、当該工作物の基礎又は地盤を補強して構造耐力の低下を防止し、急激な排水を避ける等その傾斜又は倒壊による危害の発生を防止するための措置を講じなければならない。
4　略
5　前項の規定により設ける山留めの切ばり、矢板、腹おこしその他の主要な部分は、土圧に対して、次の各号に定める方法による構造計算によつた場合に安全であることが確かめられる最低の耐力以上の耐力を有する構造としなければならない。
　一・二　略
　三　前号の規定によつて計算した応力度が、次に定める許容応力度をこえないことを確かめること。
　　イ　木材の場合にあつては、第89条（第3項を除く。）に規定する長期応力に対する許容応力度と短期応力に対する許容応力度との平均値。ただし、腹おこしに用いる木材の剪断又はめり込については、それぞれ同条第1項又は第4項に規定する短期応力に対する許容応力度によることができる。
　　ロ　略
6　略

令136条の3　改正：昭和45年政令第333号

改正：昭和45年政令第333号　　　施行：昭和46年1月1日
第136条の3　（根切り工事、山留め工事等を行なう場合の危害の防止）

1　建築工事等において根切り工事、山留め工事、ウエル工事、ケーソン工事その他基礎工事を行なう場合においては、あらかじめ、地下に埋設されたガス管、ケーブル、水道管及び下水道管の損壊による危害の発生を防止するための措置を講じなければならない。
2　建築工事等における地階の根切り工事その他の深い根切り工事（これに伴う山留め工事を含む。）は、地盤調査による地層及び地下水の状況に応じて作成した施工図に基づいて行なわなければならない。
3　建築工事等において建築物その他の工作物に近接して根切り工事その他土地の掘削を行なう場合においては、当該工作物の基礎又は地盤を補強して構造耐力の低下を防止し、急激な排水を避ける等その傾斜又は倒壊による危害の発生を防止するための措置を講じなければならない。
4　建築工事等において深さ1.5m以上の根切り工事を行なう場合においては、地盤が崩壊するおそれがないとき、及び周辺の状況により危害防止上支障がないときを除き、山留めを設けなければならない。この場合において、山留めの根入れは、周辺の地盤の安定を保持するために相当な深さとしなければならない。
5　前項の規定により設ける山留めの切ばり、矢板、腹おこしその他の主要な部分は、土圧に対して、次の各号に定める方法による構造計算によつた場合に安全であることが確かめられる最低の耐力以上の耐力を有する構造としなければならない。
　一　次に掲げる方法によつて土圧を計算すること。
　　　イ　土質及び工法に応じた数値によること。ただし、深さ3m以内の根切り工事を行なう場合においては、土を水と仮定した場合の圧力の50％を下らない範囲でこれと異なる数値によることができる。
　　　ロ　略
　二・三　略
6　建築工事等における根切り及び山留めについては、その工事の施工中必要に応じて点検を行ない、山留めを補強し、排水を適当に行なう等これを安全な状態に維持するための措置を講ずるとともに、矢板等の抜取りに際しては、周辺の地盤の沈下による危害を防止するための措置を講じなければならない。

改正：昭和55年政令第196号　　　施行：昭和56年6月1日
第136条の3　（根切り工事、山留め工事等を行なう場合の危害の防止）

1～4　略
5　前項の規定により設ける山留めの切ばり、矢板、腹起しその他の主要な部分は、土圧に対して、次の各号に定める方法による構造計算によつた場合に安全であることが確かめられる最低の耐力以上の耐力を有する構造としなければならない。
　一　次に掲げる方法によつて土圧を計算すること。
　　　イ　土質及び工法に応じた数値によること。ただし、深さ3m以内の根切り工事を行う場合においては、土を水と仮定した場合の圧力の50％を下らない範囲でこれと異なる数値によることができる。
　　　ロ　略
　二　略
　三　前号の規定によつて計算した応力度が、次に定める許容応力度を超えないことを確かめること。
　　　イ　木材の場合にあつては、第89条（第3項を除く。）又は第94条の規定による長期応力に対する許容応力度と短期応力に対する許容応力度との平均値。ただし、腹起しに用いる木材の許容応力度については、建設大臣が定める許容応力度によることができる。
　　　ロ　鋼材又はコンクリートの場合にあつては、それぞれ第90条若しくは第94条又は第91条の規定による短期応力に対する許容応力度
6　略

改正：平成12年政令第211号　　　施行：平成12年6月1日
第136条の3　（根切り工事、山留め工事等を行う場合の危害の防止）

1～4　略

制定：平成5年政令第170号　**令136条の4**

5　前項の規定により設ける山留めの切ばり、矢板、腹起しその他の主要な部分は、土圧に対して、<u>次に定める方法による構造計算によつた場合に安全であることが確かめられる最低の耐力以上の耐力を有する構造としなければならない。
　一・二　略
　三　前号の規定によつて計算した応力度が、次に定める許容応力度を超えないことを確かめること。
　　イ　木材の場合にあつては、第89条（第3項を除く。）又は第94条の規定による<u>長期に生ずる力</u>に対する許容応力度と<u>短期に生ずる力</u>に対する許容応力度との平均値。ただし、腹起しに用いる木材の許容応力度については、建設大臣が定める許容応力度によることができる。
　　ロ　鋼材又はコンクリートの場合にあつては、それぞれ第90条若しくは第94条又は第91条の規定による<u>短期に生ずる力</u>に対する許容応力度
6　略

改正：平成12年政令第312号　　　　施行：平成13年1月6日
第136条の3　（根切り工事、山留め工事等を行う場合の危害の防止）

1　建築工事等において根切り工事、山留め工事、ウエル工事、ケーソン工事その他基礎工事を行なう場合においては、あらかじめ、地下に埋設されたガス管、ケーブル、水道管及び下水道管の損壊による危害の発生を防止するための措置を講じなければならない。
2　建築工事等における地階の根切り工事その他の深い根切り工事（これに伴う山留め工事を含む。）は、地盤調査による地層及び地下水の状況に応じて作成した施工図に基づいて行なわなければならない。
3　建築工事等において建築物その他の工作物に近接して根切り工事その他土地の掘削を行なう場合においては、当該工作物の基礎又は地盤を補強して構造耐力の低下を防止し、急激な排水を避ける等その傾斜又は倒壊による危害の発生を防止するための措置を講じなければならない。
4　建築工事等において深さ1.5m以上の根切り工事を行なう場合においては、地盤が崩壊するおそれがないとき、及び周辺の状況により危害防止上支障がないときを除き、山留めを設けなければならない。この場合において、山留めの根入れは、周辺の地盤の安定を保持するために相当な深さとしなければならない。
5　前項の規定により設ける山留めの切ばり、矢板、腹起しその他の主要な部分は、土圧に対して、次に定める方法による構造計算によつた場合に安全であることが確かめられる最低の耐力以上の耐力を有する構造としなければならない。
　一　次に掲げる方法によつて土圧を計算すること。
　　イ　土質及び工法に応じた数値によること。ただし、深さ3m以内の根切り工事を行う場合においては、土を水と仮定した場合の圧力の50％を下らない範囲でこれと異なる数値によることができる。
　　ロ　建築物その他の工作物に近接している部分については、イの数値に当該工作物の荷重による影響に相当する数値を加えた数値によること。
　二　前号の規定によつて計算した土圧によつて山留めの主要な部分の断面に生ずる応力度を計算すること。
　三　前号の規定によつて計算した応力度が、次に定める許容応力度を超えないことを確かめること。
　　イ　木材の場合にあつては、第89条（第3項を除く。）又は第94条の規定による長期に生ずる力に対する許容応力度と短期に生ずる力に対する許容応力度との平均値。ただし、腹起しに用いる木材の許容応力度については、<u>国土交通大臣</u>が定める許容応力度によることができる。
　　ロ　鋼材又はコンクリートの場合にあつては、それぞれ第90条若しくは第94条又は第91条の規定による短期に生ずる力に対する許容応力度
6　建築工事等における根切り及び山留めについては、その工事の施工中必要に応じて点検を行ない、山留めを補強し、排水を適当に行なう等これを安全な状態に維持するための措置を講ずるとともに、矢板等の抜取りに際しては、周辺の地盤の沈下による危害を防止するための措置を講じなければならない。

[現行]　第136条の4　（基礎工事用機械等の転倒による危害の防止）

制定：平成5年政令第170号　　　　施行：平成5年6月25日
第136条の4　（基礎工事用機械等の転倒による危害の防止）

令136条の4　制定：平成5年政令第170号

1　建築工事等において次に掲げる基礎工事用機械（動力を用い、かつ、不特定の場所に自走することができるものに限る。）又は移動式クレーン（つり上げ荷重が0.5トン以上のものに限る。）を使用する場合においては、敷板、敷角等の使用等によりその転倒による工事現場の周辺への危害を防止するための措置を講じなければならない。ただし、地盤の状況等により危害防止上支障がない場合においては、この限りでない。
　一　くい打機
　二　くい抜機
　三　アース・ドリル
　四　リバース・サーキュレーション・ドリル
　五　せん孔機（チュービングマシンを有するものに限る。）
　六　アース・オーガー
　七　ペーパー・ドレーン・マシン
　八　前各号に掲げるもののほか、これらに類するものとして建設大臣が定める基礎工事用機械

改正：平成12年政令第312号　　　施行：平成13年1月6日
第136条の4　（基礎工事用機械等の転倒による危害の防止）

1　建築工事等において次に掲げる基礎工事用機械（動力を用い、かつ、不特定の場所に自走することができるものに限る。）又は移動式クレーン（つり上げ荷重が0.5トン以上のものに限る。）を使用する場合においては、敷板、敷角等の使用等によりその転倒による工事現場の周辺への危害を防止するための措置を講じなければならない。ただし、地盤の状況等により危害防止上支障がない場合においては、この限りでない。
　一～七　略
　八　前各号に掲げるもののほか、これらに類するものとして<u>国土交通大臣</u>が定める基礎工事用機械

改正：平成20年政令第290号　　　施行：平成21年9月28日
第136条の4　（基礎工事用機械等の転倒による危害の防止）

1　建築工事等において次に掲げる基礎工事用機械（動力を用い、かつ、不特定の場所に自走することができるものに限る。）又は移動式クレーン（<u>吊（つ）り上げ荷重が0.5トン以上のものに限る。</u>）を使用する場合においては、敷板、敷角等の使用等によりその転倒による工事現場の周辺への危害を防止するための措置を講じなければならない。ただし、地盤の状況等により危害防止上支障がない場合においては、この限りでない。
　一　くい打機
　二　くい抜機
　三　アース・ドリル
　四　リバース・サーキュレーション・ドリル
　五　せん孔機（チュービングマシンを有するものに限る。）
　六　アース・オーガー
　七　ペーパー・ドレーン・マシン
　八　前各号に掲げるもののほか、これらに類するものとして国土交通大臣が定める基礎工事用機械

[現行]　**第136条の5　（落下物に対する防護）**

制定：昭和33年政令第283号　　　施行：昭和34年1月1日
旧　**第136条の4　（落下物に対する防護）**

1　建築工事等において工事現場の境界線からの水平距離が5m以内で、かつ、地盤面からの高さが3m以上の場所から屑、ごみその他飛散するおそれのある物を投下する場合においては、ダストシユートを用いる等当該屑、ごみ等が工事現場の周辺に飛散することを防止するための措置を講じなければならない。
2　建築工事等を行う場合において、建築のための工事をする部分が工事現場の境界線から水平距離が5m以内で、かつ、地盤面から高さが7m以上にあるとき、その他はつり、除却、外壁の修繕等に伴う落下物によ

つて工事現場の周辺に危害を生ずるおそれがあるときは、工事現場の周囲その他危害防止上必要な部分を鉄網又は帆布でおおう等落下物による危害を防止するための措置を講じなければならない。

改正：昭和39年政令第4号　　　施行：昭和39年1月15日
旧　第136条の4　（落下物に対する防護）

1　略
2　建築工事等を行う場合において、建築のための工事をする部分が工事現場の境界線から水平距離が5m以内で、かつ、地盤面から高さが7m以上にあるとき、その他はつり、除却、外壁の修繕等に伴う落下物によつて工事現場の周辺に危害を生ずるおそれがあるときは、<u>建設大臣の定める基準に従つて</u>、工事現場の周囲その他危害防止上必要な部分を鉄網又は帆布でおおう等落下物による危害を防止するための措置を講じなければならない。

改正：昭和45年政令第333号　　　施行：昭和46年1月1日
旧　第136条の4　（落下物に対する防護）

1　建築工事等において工事現場の境界線からの水平距離が5m以内で、かつ、地盤面からの高さが3m以上の場所から<u>くず</u>、ごみその他飛散するおそれのある物を投下する場合においては、ダストシユートを用いる等当該<u>くず</u>、ごみ等が工事現場の周辺に飛散することを防止するための措置を講じなければならない。
2　建築工事等を<u>行なう</u>場合において、建築のための工事をする部分が工事現場の境界線から水平距離が5m以内で、かつ、地盤面から高さが7m以上にあるとき、その他はつり、除却、外壁の修繕等に伴う落下物によつて工事現場の周辺に危害を生ずるおそれがあるときは、建設大臣の定める基準に従つて、工事現場の周囲その他危害防止上必要な部分を鉄網又は帆布でおおう等落下物による危害を防止するための措置を講じなければならない。

改正：平成5年政令第170号　　　施行：平成5年6月25日
第136条の5　（落下物に対する防護）

略

改正：平成12年政令第312号　　　施行：平成13年1月6日
第136条の5　（落下物に対する防護）

1　建築工事等において工事現場の境界線からの水平距離が5m以内で、かつ、地盤面からの高さが3m以上の場所からくず、ごみその他飛散するおそれのある物を投下する場合においては、ダストシユートを用いる等当該くず、ごみ等が工事現場の周辺に飛散することを防止するための措置を講じなければならない。
2　建築工事等を行なう場合において、建築のための工事をする部分が工事現場の境界線から水平距離が5m以内で、かつ、地盤面から高さが7m以上にあるとき、その他はつり、除却、外壁の修繕等に伴う落下物によつて工事現場の周辺に危害を生ずるおそれがあるときは、<u>国土交通大臣</u>の定める基準に従つて、工事現場の周囲その他危害防止上必要な部分を鉄網又は帆布でおおう等落下物による危害を防止するための措置を講じなければならない。

［現行］　第136条の6　（建て方）

制定：昭和33年政令第283号　　　施行：昭和34年1月1日
旧　第136条の5　（建て方）

1　建築物の建て方を行うに当つては、仮筋かいを取り付ける等その倒壊を防止するための措置を講じなければならない。
2　鉄骨造の建築物の建て方の仮締は、荷重に対して安全なものとしなければならない。

令旧136条の5　改正：昭和45年政令第333号

改正：昭和45年政令第333号　　　施行：昭和46年1月1日
旧　第136条の5　（建て方）

> 1　建築物の建て方を<u>行なうに当たつては</u>、仮筋かいを取り付ける<u>等荷重又は外力による倒壊</u>を防止するための措置を講じなければならない。
> 2　鉄骨造の建築物の建て方の仮締は、<u>荷重及び外力</u>に対して安全なものとしなければならない。

改正：平成5年政令第170号　　　施行：平成5年6月25日
第136条の<u>6</u>　（建て方）

> 1　建築物の建て方を行なうに当たつては、仮筋かいを取り付ける等荷重又は外力による倒壊を防止するための措置を講じなければならない。
> 2　鉄骨造の建築物の建て方の仮締は、荷重及び外力に対して安全なものとしなければならない。

[現行]　第136条の7　（工事用材料の集積）

制定：昭和33年政令第283号　　　施行：昭和34年1月1日
旧　第136条の6　（工事用材料の集積）

> 1　建築工事等における工事用材料の集積は、その倒壊、崩落等による危害の少ない場所に安全にしなければならない。
> 2　建築工事等において山留めの周辺又は架構の上に工事用材料を集積する場合においては、当該山留め又は架構に予定した荷重以上の荷重を与えないようにしなければならない。

改正：平成5年政令第170号　　　施行：平成5年6月25日
第136条の<u>7</u>　（工事用材料の集積）

> 1　建築工事等における工事用材料の集積は、その倒壊、崩落等による危害の少ない場所に安全にしなければならない。
> 2　建築工事等において山留めの周辺又は架構の上に工事用材料を集積する場合においては、当該山留め又は架構に予定した荷重以上の荷重を与えないようにしなければならない。

[現行]　第136条の8　（火災の防止）

制定：昭和33年政令第283号　　　施行：昭和34年1月1日
旧　第136条の7　（火災の防止）

> 1　建築工事等において火気を使用する場合においては、その場所に不燃材料の囲いを設ける等防火上必要な措置を講じなければならない。

改正：平成5年政令第170号　　　施行：平成5年6月25日
第136条の<u>8</u>　（火災の防止）

> 1　建築工事等において火気を使用する場合においては、その場所に不燃材料の囲いを設ける等防火上必要な措置を講じなければならない。

[現行]　第7章の9　簡易な構造の建築物に対する制限の緩和

（<u>制定：平成5年政令第170号</u>）　　旧　第7章の6　簡易な構造の建築物に対する制限の緩和
（改正：平成11年政令第5号）　　　旧　<u>第7章の8</u>　簡易な構造の建築物に対する制限の緩和
（改正：平成12年政令第211号）　　<u>第7章の9</u>　簡易な構造の建築物に対する制限の緩和

改正：平成12年政令第312号　**令136条の9**

[現行]　第136条の9　（簡易な構造の建築物の指定）

制定：平成5年政令第170号　　　　施行：平成5年6月25日
第136条の9　（簡易な構造の建築物の指定）

1　法第84条の2の規定により政令で指定する簡易な構造の建築物又は建築物の部分は、次に掲げるもの（建築物の部分にあつては、耐火構造若しくは準耐火構造の壁若しくは両面を防火構造とした壁（これらの壁を貫通する給水管、配電管その他の管の部分及びその周囲の部分の構造が建設大臣の定める基準に適合しているものに限る。）又は常時閉鎖式防火戸である甲種防火戸若しくは乙種防火戸若しくはその他の甲種防火戸若しくは乙種防火戸で第112条第14項第一号及び第四号に定める構造のもので区画された部分に限る。）とする。
　一　壁を有しない建築物その他の建設大臣が高い開放性を有すると認めて指定する構造の建築物又は建築物の部分（間仕切壁を有しないものに限る。）であつて、次のイからニまでのいずれかに該当し、かつ、階数が1で床面積が1,500㎡以内であるもの（次条において「開放的簡易建築物」という。）
　　イ　自動車車庫の用途に供するもの
　　ロ　スケート場、水泳場、スポーツの練習場その他これらに類する運動施設
　　ハ　不燃性の物品の保管その他これと同等以上に火災の発生のおそれの少ない用途に供するもの
　　ニ　畜舎、堆（たい）肥舎並びに水産物の増殖場及び養殖場
　二　屋根及び外壁が帆布その他これに類する材料で造られている建築物又は建築物の部分（間仕切壁を有しないものに限る。）で、前号ロからニまでのいずれかに該当し、かつ、階数が1で床面積が1,000㎡以内であるもの

改正：平成12年政令第211号　　　　施行：平成12年6月1日
第136条の9　（簡易な構造の建築物の指定）

1　法第84条の2の規定により政令で指定する簡易な構造の建築物又は建築物の部分は、次に掲げるもの（建築物の部分にあつては、<u>準耐火構造の壁</u>（これらの壁を貫通する給水管、配電管その他の管の部分及びその周囲の部分の構造が<u>建設大臣が定めた構造方法を用いるものに限る。）又は<u>第126条の2第2項に規定する防火設備</u>で区画された部分に限る。）とする。
　一　壁を有しない建築物その他の建設大臣が高い開放性を有すると認めて指定する構造の建築物又は建築物の部分（間仕切壁を有しないものに限る。）であつて、次のイからニまでのいずれかに該当し、かつ、階数が1で床面積が<u>3,000㎡</u>以内であるもの（次条において「開放的簡易建築物」という。）
　　イ〜ニ　略
　二　屋根及び外壁が帆布その他これに類する材料で造られている建築物又は建築物の部分（間仕切壁を有しないものに限る。）で、前号ロからニまでのいずれかに該当し、かつ、階数が1で床面積が<u>3,000㎡</u>以内であるもの

改正：平成12年政令第312号　　　　施行：平成13年1月6日
第136条の9　（簡易な構造の建築物の指定）

1　法第84条の2の規定により政令で指定する簡易な構造の建築物又は建築物の部分は、次に掲げるもの（建築物の部分にあつては、準耐火構造の壁（これらの壁を貫通する給水管、配電管その他の管の部分及びその周囲の部分の構造が<u>国土交通大臣</u>が定めた構造方法を用いるものに限る。）又は第126条の2第2項に規定する防火設備で区画された部分に限る。）とする。
　一　壁を有しない建築物その他の<u>国土交通大臣</u>が高い開放性を有すると認めて指定する構造の建築物又は建築物の部分（間仕切壁を有しないものに限る。）であつて、次のイからニまでのいずれかに該当し、かつ、階数が1で床面積が3,000㎡以内であるもの（次条において「開放的簡易建築物」という。）
　　イ〜ニ　略
　二　略

令136条の9　改正：令和元年政令第181号

改正：令和元年政令第181号　　　　施行：令和2年4月1日
第136条の9　（簡易な構造の建築物の指定）

1　法第84条の2の規定により政令で指定する簡易な構造の建築物又は建築物の部分は、次に掲げるもの（建築物の部分にあつては、準耐火構造の壁（これらの壁を貫通する給水管、配電管その他の管の部分及びその周囲の部分の構造が国土交通大臣が定めた構造方法を用いるものに限る。）又は第126条の2第2項第一号に規定する防火設備で区画された部分に限る。）とする。
　一　壁を有しない建築物その他の国土交通大臣が高い開放性を有すると認めて指定する構造の建築物又は建築物の部分（間仕切壁を有しないものに限る。）であつて、次のイからニまでのいずれかに該当し、かつ、階数が1で床面積が3,000㎡以内であるもの（次条において「開放的簡易建築物」という。）
　　イ　自動車車庫の用途に供するもの
　　ロ　スケート場、水泳場、スポーツの練習場その他これらに類する運動施設
　　ハ　不燃性の物品の保管その他これと同等以上に火災の発生のおそれの少ない用途に供するもの
　　ニ　畜舎、堆肥舎並びに水産物の増殖場及び養殖場
　二　屋根及び外壁が帆布その他これに類する材料で造られている建築物又は建築物の部分（間仕切壁を有しないものに限る。）で、前号ロからニまでのいずれかに該当し、かつ、階数が1で床面積が3,000㎡以内であるもの

[現行]　第136条の10　（簡易な構造の建築物の基準）

制定：平成5年政令第170号　　　　施行：平成5年6月25日
第136条の10　（簡易な構造の建築物の基準）

1　法第84条の2の規定により政令で定める基準は、次に掲げるものとする。
　一　主要構造部である柱及びはりが次に掲げる基準に適合していること。
　　イ　防火地域又は準防火地域内にある建築物又は建築物の部分（準防火地域内にあるものにあつては、床面積が500㎡を超えるものに限る。）にあつては、耐火構造若しくは準耐火構造であるか、又は不燃材料で造られていること。
　　ロ　準防火地域内にある建築物若しくは建築物の部分で床面積が500㎡以内のもの、法第22条第1項の市街地の区域内にある建築物若しくは建築物の部分又は防火地域、準防火地域及び同項の市街地の区域以外の区域内にある建築物若しくは建築物の部分で床面積が1,000㎡を超えるものにあつては、延焼のおそれのある部分が耐火構造若しくは準耐火構造であるか、又は不燃材料で造られていること。
　二　前号イ又はロに規定する建築物又は建築物の部分にあつては、外壁（同号ロに規定する建築物又は建築物の部分にあつては、延焼のおそれのある部分に限る。）及び屋根が、耐火構造若しくは準耐火構造であるか、不燃材料で造られているか、又は建設大臣の定める防火上支障のない構造であること。
　三　前条第一号イに該当する開放的簡易建築物にあつては、前2号の規定にかかわらず、次に掲げる基準に適合していること。ただし、防火地域、準防火地域及び法第22条第1項の市街地の区域以外の区域内にあるもので床面積が150㎡未満のものにあつては、この限りでない。
　　イ　主要構造部である柱及びはり（準防火地域又は法第22条第1項の市街地の区域内にある開放的簡易建築物で床面積が150㎡未満のものにあつては、延焼のおそれのある部分に限る。）が耐火構造若しくは準耐火構造であるか、又は不燃材料で造られており、かつ、外壁（準防火地域又は同項の市街地の区域内にある開放的簡易建築物で床面積が150㎡未満のものにあつては、延焼のおそれのある部分に限る。）及び屋根が耐火構造若しくは準耐火構造であるか、不燃材料で造られているか、又は建設大臣の定める防火上支障のない構造であること。
　　ロ　隣地境界線又は当該開放的簡易建築物と同一敷地内の他の建築物（同一敷地内の建築物の延べ面積の合計が500㎡以内である場合における当該他の建築物を除く。）との外壁間の中心線（以下ロにおいて「隣地境界線等」という。）に面する外壁の開口部（防火上有効な公園、広場、川等の空地若しくは水面又は耐火構造の壁その他これらに類するものに面するものを除く。以下ロにおいて同じ。）及び屋上（自動車車庫の用途に供する部分に限る。以下ロにおいて同じ。）の周囲で当該隣地境界線等からの水平距離がそれぞれ1m以下の部分について、当該外壁の開口部と隣地境界線等との間及び当該屋上の周囲

に、塀その他これに類するもので建設大臣が通常の火災時における炎及び火熱を遮る上で有効と認めて定める基準に適合するものが設けられていること。
　　ハ　屋上を自動車車庫の用途に供し、かつ、床面積が1,000㎡を超える場合にあつては、屋根が、建設大臣がその屋内側からの通常の火災時における炎及び火熱を遮る上で有効と認めて定める基準に適合しているとともに、屋上から地上に通ずる2以上の直通階段（誘導車路を含む。）が設けられていること。

改正：平成12年政令第211号　　　　施行：平成12年6月1日
第136条の10　（簡易な構造の建築物の基準）

1　法第84条の2の規定により政令で定める基準は、次に掲げるものとする。
　一　主要構造部である柱及びはりが次に掲げる基準に適合していること。
　　イ　防火地域又は準防火地域内にある建築物又は建築物の部分（準防火地域内にあるものにあつては、床面積が500㎡を超えるものに限る。）にあつては、<u>準耐火構造</u>であるか、又は不燃材料で造られていること。
　　ロ　準防火地域内にある建築物若しくは建築物の部分で床面積が500㎡以内のもの、法第22条第1項の市街地の区域内にある建築物若しくは建築物の部分又は防火地域、準防火地域及び同項の市街地の区域以外の区域内にある建築物若しくは建築物の部分で床面積が1,000㎡を超えるものにあつては、延焼のおそれのある部分が準耐火構造であるか、又は不燃材料で造られていること。
　二　前号イ又はロに規定する建築物又は建築物の部分にあつては、外壁（同号ロに規定する建築物又は建築物の部分にあつては、延焼のおそれのある部分に限る。）及び屋根が、<u>準耐火構造</u>であるか、不燃材料で造られているか、又は<u>建設大臣が</u>定める防火上支障のない構造であること。
　三　前条第一号イに該当する開放的簡易建築物にあつては、前2号の規定にかかわらず、次に掲げる基準に適合していること。ただし、防火地域、準防火地域及び法第22条第1項の市街地の区域以外の区域内にあるもので床面積が150㎡未満のものにあつては、この限りでない。
　　イ　主要構造部である柱及びはり（準防火地域又は法第22条第1項の市街地の区域内にある開放的簡易建築物で床面積が150㎡未満のものにあつては、延焼のおそれのある部分に限る。）が<u>準耐火構造</u>であるか、又は不燃材料で造られており、かつ、外壁（準防火地域又は同項の市街地の区域内にある開放的簡易建築物で床面積が150㎡未満のものにあつては、延焼のおそれのある部分に限る。）及び屋根が<u>準耐火構造</u>であるか、不燃材料で造られているか、又は<u>建設大臣が</u>定める防火上支障のない構造であること。
　　ロ・ハ　略

改正：平成12年政令第312号　　　　施行：平成13年1月6日
第136条の10　（簡易な構造の建築物の基準）

1　法第84条の2の規定により政令で定める基準は、次に掲げるものとする。
　一　略
　二　前号イ又はロに規定する建築物又は建築物の部分にあつては、外壁（同号ロに規定する建築物又は建築物の部分にあつては、延焼のおそれのある部分に限る。）及び屋根が、準耐火構造であるか、不燃材料で造られているか、又は<u>国土交通大臣</u>が定める防火上支障のない構造であること。
　三　前条第一号イに該当する開放的簡易建築物にあつては、前2号の規定にかかわらず、次に掲げる基準に適合していること。ただし、防火地域、準防火地域及び法第22条第1項の市街地の区域以外の区域内にあるもので床面積が150㎡未満のものにあつては、この限りでない。
　　イ　主要構造部である柱及びはり（準防火地域又は法第22条第1項の市街地の区域内にある開放的簡易建築物で床面積が150㎡未満のものにあつては、延焼のおそれのある部分に限る。）が準耐火構造であるか、又は不燃材料で造られており、かつ、外壁（準防火地域又は同項の市街地の区域内にある開放的簡易建築物で床面積が150㎡未満のものにあつては、延焼のおそれのある部分に限る。）及び屋根が準耐火構造であるか、不燃材料で造られているか、又は<u>国土交通大臣</u>が定める防火上支障のない構造であること。
　　ロ　隣地境界線又は当該開放的簡易建築物と同一敷地内の他の建築物（同一敷地内の建築物の延べ面積の合計が500㎡以内である場合における当該他の建築物を除く。）との外壁間の中心線（以下ロにおいて「隣地境界線等」という。）に面する外壁の開口部（防火上有効な公園、広場、川等の空地若しくは水面

令136条の10 改正：平成12年政令第312号

又は耐火構造の壁その他これらに類するものに面するものを除く。以下ロにおいて同じ。）及び屋上（自動車車庫の用途に供する部分に限る。以下ロにおいて同じ。）の周囲で当該隣地境界線等からの水平距離がそれぞれ1m以下の部分について、当該外壁の開口部と隣地境界線等との間及び当該屋上の周囲に、塀その他これに類するもので国土交通大臣が通常の火災時における炎及び火熱を遮る上で有効と認めて定める基準に適合するものが設けられていること。

　　ハ　屋上を自動車車庫の用途に供し、かつ、床面積が1,000㎡を超える場合にあつては、屋根が、国土交通大臣がその屋内側からの通常の火災時における炎及び火熱を遮る上で有効と認めて定める基準に適合しているとともに、屋上から地上に通ずる2以上の直通階段（誘導車路を含む。）が設けられていること。

改正：平成15年政令第523号　　　施行：平成15年12月19日
第136条の10　（簡易な構造の建築物の基準）

1　法第84条の2の規定により政令で定める基準は、次に掲げるものとする。
　一　主要構造部である柱及びはりが次に掲げる基準に適合していること。
　　イ　防火地域又は準防火地域内にある建築物又は建築物の部分（準防火地域（特定防災街区整備地区を除く。）内にあるものにあつては、床面積が500㎡を超えるものに限る。）にあつては、準耐火構造であるか、又は不燃材料で造られていること。
　　ロ　準防火地域（特定防災街区整備地区を除く。）内にある建築物若しくは建築物の部分で床面積が500㎡以内のもの、法第22条第1項の市街地の区域内にある建築物若しくは建築物の部分又は防火地域、準防火地域及び同項の市街地の区域以外の区域内にある建築物若しくは建築物の部分で床面積が1,000㎡を超えるものにあつては、延焼のおそれのある部分が準耐火構造であるか、又は不燃材料で造られていること。
　二　前号イ又はロに規定する建築物又は建築物の部分にあつては、外壁（同号ロに規定する建築物又は建築物の部分にあつては、延焼のおそれのある部分に限る。）及び屋根が、準耐火構造であるか、不燃材料で造られているか、又は国土交通大臣が定める防火上支障のない構造であること。
　三　前条第一号イに該当する開放的簡易建築物にあつては、前2号の規定にかかわらず、次に掲げる基準に適合していること。ただし、防火地域、準防火地域及び法第22条第1項の市街地の区域以外の区域内にあるもので床面積が150㎡未満のものにあつては、この限りでない。
　　イ　主要構造部である柱及びはり（準防火地域（特定防災街区整備地区を除く。）又は法第22条第1項の市街地の区域内にある開放的簡易建築物で床面積が150㎡未満のものにあつては、延焼のおそれのある部分に限る。）が準耐火構造であるか、又は不燃材料で造られており、かつ、外壁（準防火地域（特定防災街区整備地区を除く。）又は同項の市街地の区域内にある開放的簡易建築物で床面積が150㎡未満のものにあつては、延焼のおそれのある部分に限る。）及び屋根が準耐火構造であるか、不燃材料で造られているか、又は国土交通大臣が定める防火上支障のない構造であること。
　　ロ　隣地境界線又は当該開放的簡易建築物と同一敷地内の他の建築物（同一敷地内の建築物の延べ面積の合計が500㎡以内である場合における当該他の建築物を除く。）との外壁間の中心線（以下ロにおいて「隣地境界線等」という。）に面する外壁の開口部（防火上有効な公園、広場、川等の空地若しくは水面又は耐火構造の壁その他これらに類するものに面するものを除く。以下ロにおいて同じ。）及び屋上（自動車車庫の用途に供する部分に限る。以下ロにおいて同じ。）の周囲で当該隣地境界線等からの水平距離がそれぞれ1m以下の部分について、当該外壁の開口部と隣地境界線等との間及び当該屋上の周囲に、塀その他これに類するもので国土交通大臣が通常の火災時における炎及び火熱を遮る上で有効と認めて定める基準に適合するものが設けられていること。
　　ハ　屋上を自動車車庫の用途に供し、かつ、床面積が1,000㎡を超える場合にあつては、屋根が、国土交通大臣がその屋内側からの通常の火災時における炎及び火熱を遮る上で有効と認めて定める基準に適合しているとともに、屋上から地上に通ずる2以上の直通階段（誘導車路を含む。）が設けられていること。

[現行] 第136条の11 （防火区画等に関する規定の適用の除外）

制定：平成5年政令第170号　　　施行：平成5年6月25日
第136条の11　（防火区画等に関する規定の適用の除外）

1　第136条の9に規定する建築物又は建築物の部分で前条に規定する基準に適合するものについては、第112条、第114条及び第5章の2の規定は、適用しない。

[現行] 第7章の10　一の敷地とみなすこと等による制限の緩和
（制定：平成14年政令第331号）　　第7章の10　一定の複数建築物に対する制限の特例
（改正：平成17年政令第192号）　　第7章の10　<u>一の敷地とみなすこと等による制限の緩和</u>

[現行] 第136条の12　（一団地内の空地及び一団地の面積の規模）

制定：平成14年政令第331号　　　施行：平成15年1月1日
第136条の12　（一団地内の空地及び一団地の面積の規模）

1　第136条第1項及び第2項の規定は、法第86条第3項及び第4項並びに法第86条の2第2項の政令で定める空地について準用する。
2　第136条第3項の規定は、法第86条第3項の政令で定める一団地の規模、同条第4項の政令で定める一定の一団の土地の区域の規模及び法第86条の2第2項の政令で定める公告認定対象区域の規模について準用する。

[現行] 第8章　既存の建築物に対する制限の緩和等
（制定：昭和34年政令第344号）　　第8章　既存の建築物に対する制限の緩和
（改正：昭和52年政令第266号）　　第8章　既存の建築物に対する制限の<u>緩和等</u>

[現行] 第137条　（基準時）

制定：昭和34年政令第344号　　　施行：昭和34年12月23日
第137条　（基準時）

1　この章において「基準時」とは、法第3条第2項の規定により法第26条、法第27条、法第49条第1項から第4項まで、法第50条第2項若しくは第4項、法第61条又は法第62条第1項の規定の適用を受けない建築物について、法第3条第2項の規定により引き続きそれらの規定（それらの規定が改正された場合においては改正前の規定を含むものとし、法第49条第1項から第4項までの各項の規定又は法第61条と法第62条第1項の規定は、それぞれ同一の規定とみなす。）の適用を受けない期間の始期をいう。

改正：昭和39年政令第4号　　　施行：昭和39年1月15日
第137条　（基準時）

1　この章において「基準時」とは、法第3条第2項の規定により法第26条、法第27条、法第49条第1項から第4項まで、法第50条第2項若しくは第4項、<u>法第59条の2第2項</u>、法第61条又は法第62条第1項の規定の適用を受けない建築物について、法第3条第2項の規定により引き続きそれらの規定（それらの規定が改正された場合においては改正前の規定を含むものとし、法第49条第1項から第4項までの各項の規定又は法第61条と法第62条第1項の規定は、それぞれ同一の規定とみなす。）の適用を受けない期間の始期をいう。

改正：昭和44年政令第158号　　　施行：昭和44年6月14日0
第137条　（基準時）

1　この章において「基準時」とは、法第3条第2項の規定により法第26条、法第27条、法第49条第1項から

令137条 改正：昭和44年政令第158号

第4項まで、<u>法第50条、法第59条の2第1項</u>、法第61条又は法第62条第1項の規定の適用を受けない建築物について、法第3条第2項の規定により引き続きそれらの規定（それらの規定が改正された場合においては改正前の規定を含むものとし、法第49条第1項から第4項までの各項の規定又は法第61条と法第62条第1項の規定は、それぞれ同一の規定とみなす。）の適用を受けない期間の始期をいう。

改正：昭和44年政令第232号　　　施行：昭和44年8月26日

第137条　（基準時）

1　この章において「基準時」とは、法第3条第2項の規定により法第26条、法第27条、法第49条第1項から第4項まで、法第50条、法第59条の2第1項、<u>法第59条の3第1項</u>、法第61条又は法第62条第1項の規定の適用を受けない建築物について、法第3条第2項の規定により引き続きそれらの規定（それらの規定が改正された場合においては改正前の規定を含むものとし、法第49条第1項から第4項までの各項の規定又は法第61条と法第62条第1項の規定は、それぞれ同一の規定とみなす。）の適用を受けない期間の始期をいう。

改正：昭和45年政令第333号　　　施行：昭和46年1月1日

第137条　（基準時）

1　この章において「基準時」とは、法第3条第2項の規定により法第26条、法第27条、<u>法第30条の2、法第34条第2項、法第48条第1項から第8項まで、法第52条第1項、法第59条第1項</u>、法第61条又は法第62条第1項の規定の適用を受けない建築物について、法第3条第2項の規定により引き続きそれらの規定（それらの規定が改正された場合においては改正前の規定を含むものとし、<u>法第48条第1項から第8項までの各項の</u>規定又は法第61条と法第62条第1項の規定は、それぞれ同一の規定とみなす。）の適用を受けない期間の始期をいう。

改正：昭和52年政令第266号　　　施行：昭和52年11月1日

第137条　（基準時）

1　この章において「基準時」とは、法第3条第2項の規定により法第26条、法第27条、法第30条の2、法第34条第2項、法第48条第1項から第8項まで、法第52条第1項<u>若しくは第2項</u>、法第59条第1項、法第61条又は法第62条第1項の規定の適用を受けない建築物について、法第3条第2項の規定により引き続きそれらの規定（それらの規定が改正された場合においては改正前の規定を含むものとし、法第48条第1項から第8項までの各項の規定又は法第61条と法第62条第1項の規定は、それぞれ同一の規定とみなす。）の適用を受けない期間の始期をいう。

改正：昭和62年政令第348号　　　施行：昭和62年11月16日

第137条　（基準時）

1　この章において「基準時」とは、法第3条第2項の規定により法第26条、法第27条、法第30条の2、法第34条第2項、法第48条第1項から第8項まで、法第52条<u>第1項から第3項まで</u>、法第59条第1項、法第61条又は法第62条第1項の規定の適用を受けない建築物について、法第3条第2項の規定により引き続きそれらの規定（それらの規定が改正された場合においては改正前の規定を含むものとし、法第48条第1項から第8項までの各項の規定又は法第61条と法第62条第1項の規定は、それぞれ同一の規定とみなす。）の適用を受けない期間の始期をいう。

改正：平成5年政令第170号　　　施行：平成5年6月25日

第137条　（基準時）

1　この章において「基準時」とは、法第3条第2項の規定により法第26条、法第27条、法第30条の2、法第34条第2項、法第48条第1項から<u>第12項</u>まで、法第52条第1項から第3項まで、法第59条第1項、法第61条又は法第62条第1項の規定の適用を受けない建築物について、法第3条第2項の規定により引き続きそれら

の規定(それらの規定が改正された場合においては改正前の規定を含むものとし、法第48条第1項から<u>第12項</u>までの各項の規定又は法第61条と法第62条第1項の規定は、それぞれ同一の規定とみなす。)の適用を受けない期間の始期をいう。

改正：平成6年政令第193号　　　施行：平成6年6月29日
第137条　（基準時）

1　この章において「基準時」とは、法第3条第2項の規定により法第26条、法第27条、法第30条の2、法第34条第2項、法第48条第1項から第12項まで、法第52条第1項から<u>第5項</u>まで、法第59条第1項、法第61条又は法第62条第1項の規定の適用を受けない建築物について、法第3条第2項の規定により引き続きそれらの規定(それらの規定が改正された場合においては改正前の規定を含むものとし、法第48条第1項から第12項までの各項の規定又は法第61条と法第62条第1項の規定は、それぞれ同一の規定とみなす。)の適用を受けない期間の始期をいう。

改正：平成9年政令第196号　　　施行：平成9年6月13日
第137条　（基準時）

1　この章において「基準時」とは、法第3条第2項の規定により法第26条、法第27条、法第30条の2、法第34条第2項、法第48条第1項から第12項まで、法第52条第1項から<u>第6項</u>まで、法第59条第1項、法第61条又は法第62条第1項の規定の適用を受けない建築物について、法第3条第2項の規定により引き続きそれらの規定(それらの規定が改正された場合においては改正前の規定を含むものとし、法第48条第1項から第12項までの各項の規定又は法第61条と法第62条第1項の規定は、それぞれ同一の規定とみなす。)の適用を受けない期間の始期をいう。

改正：平成11年政令第5号　　　施行：平成11年5月1日
第137条　（基準時）

1　この章において「基準時」とは、法第3条第2項の規定により法第26条、法第27条、<u>法第30条</u>、法第34条第2項、法第48条第1項から第12項まで、法第52条第1項から第6項まで、法第59条第1項、法第61条又は法第62条第1項の規定の適用を受けない建築物について、法第3条第2項の規定により引き続きそれらの規定(それらの規定が改正された場合においては改正前の規定を含むものとし、法第48条第1項から第12項までの各項の規定又は法第61条と法第62条第1項の規定は、それぞれ同一の規定とみなす。)の適用を受けない期間の始期をいう。

改正：平成14年政令第191号　　　施行：平成14年6月1日
第137条　（基準時）

1　この章において「基準時」とは、法第3条第2項の規定により法第26条、法第27条、法第30条、法第34条第2項、法第48条第1項から第12項まで、法第52条第1項から第6項まで、法第59条第1項、<u>法第60条の2第1項</u>、法第61条又は法第62条第1項の規定の適用を受けない建築物について、法第3条第2項の規定により引き続きそれらの規定(それらの規定が改正された場合においては改正前の規定を含むものとし、法第48条第1項から第12項までの各項の規定又は法第61条と法第62条第1項の規定は、それぞれ同一の規定とみなす。)の適用を受けない期間の始期をいう。

改正：平成14年政令第331号　　　施行：平成15年1月1日
第137条　（基準時）

1　この章において「基準時」とは、法第3条第2項の規定により法第26条、法第27条、法第30条、法第34条第2項、法第48条第1項から第12項まで、法第52条第1項から<u>第8項</u>まで、法第59条第1項、法第60条の2第1項、法第61条又は法第62条第1項の規定の適用を受けない建築物について、法第3条第2項の規定によ

令137条 改正：平成14年政令第331号

り引き続きそれらの規定（それらの規定が改正された場合においては改正前の規定を含むものとし、法第48条第1項から第12項までの各項の規定又は法第61条と法第62条第1項の規定は、それぞれ同一の規定とみなす。）の適用を受けない期間の始期をいう。

改正：平成15年政令第523号　　施行：平成15年12月19日

第137条　（基準時）

1　この章において「基準時」とは、法第3条第2項の規定により法第26条、法第27条、法第30条、法第34条第2項、法第48条第1項から第12項まで、法第52条第1項から第8項まで、法第59条第1項、法第60条の2第1項、法第61条、<u>法第62条第1項又は法第67条の2第1項</u>の規定の適用を受けない建築物について、法第3条第2項の規定により引き続きそれらの規定（それらの規定が改正された場合においては改正前の規定を含むものとし、法第48条第1項から第12項までの各項の規定又は法第61条と法第62条第1項の規定は、それぞれ同一の規定とみなす。）の適用を受けない期間の始期をいう。

改正：平成17年政令第192号　　施行：平成17年6月1日

第137条　（基準時）

1　この章において「基準時」とは、法第3条第2項（法第86条の9第1項において準用する場合を含む。以下この条、第137条の8、第137条の9及び第137条の12第2項において同じ。）の規定により法第20条、法第26条、法第27条、法第30条、法第34条第2項、<u>法第47条</u>、法第48条第1項から第12項まで、<u>法第51条、法第52条第1項、第2項若しくは第7項、法第53条第1項若しくは第2項、法第54条第1項、法第55条第1項、法第56条第1項、法第56条の2第1項、法第57条の4第1項、法第57条の5第1項、法第58条、法第59条第1項若しくは第2項、法第60条第1項若しくは第2項、法第60条の2第1項若しくは第2項</u>、法第61条、法第62条第1項、<u>法第67条の2第1項若しくは第5項から第7項まで又は法第68条第1項若しくは第2項</u>の規定の適用を受けない建築物について、法第3条第2項の規定により引き続きそれらの規定（それらの規定が改正された場合においては改正前の規定を含むものとし、法第48条第1項から第12項までの各項の規定又は法第61条と法第62条第1項の規定は、それぞれ同一の規定とみなす。）の適用を受けない期間の始期をいう。

改正：平成18年政令第308号　　施行：平成18年10月1日

第137条　（基準時）

1　この章において「基準時」とは、法第3条第2項（法第86条の9第1項において準用する場合を含む。以下この条、第137条の8、第137条の9及び第137条の12第2項において同じ。）の規定により法第20条、法第26条、法第27条、<u>法第28条の2</u>、法第30条、法第34条第2項、法第47条、法第48条第1項から第12項まで、法第51条、法第52条第1項、第2項若しくは第7項、法第53条第1項若しくは第2項、法第54条第1項、法第55条第1項、法第56条第1項、法第56条の2第1項、法第57条の4第1項、法第57条の5第1項、法第58条、法第59条第1項若しくは第2項、法第60条第1項若しくは第2項、法第60条の2第1項若しくは第2項、法第61条、法第62条第1項、法第67条の2第1項若しくは第5項から第7項まで又は法第68条第1項若しくは第2項の規定の適用を受けない建築物について、法第3条第2項の規定により引き続きそれらの規定（それらの規定が改正された場合においては改正前の規定を含むものとし、法第48条第1項から第12項までの各項の規定又は法第61条と法第62条第1項の規定は、それぞれ同一の規定とみなす。）の適用を受けない期間の始期をいう。

改正：平成18年政令第350号　　施行：平成19年11月30日

第137条　（基準時）

1　この章において「基準時」とは、法第3条第2項（法第86条の9第1項において準用する場合を含む。以下この条、第137条の8、第137条の9及び第137条の12第2項において同じ。）の規定により法第20条、法第26条、法第27条、法第28条の2、法第30条、法第34条第2項、法第47条、法第48条第1項から<u>第13項</u>まで、

第55条第1項、法第56条第1項、法第56条の2第1項、法第57条の4第1項、法第57条の5第1項、法第58条、法第59条第1項若しくは第2項、法第60条第1項若しくは第2項、法第60条の2第1項若しくは第2項、法第61条、法第62条第1項、法第67条の2第1項若しくは第5項から第7項まで又は法第68条第1項若しくは第2項の規定の適用を受けない建築物について、法第3条第2項の規定により引き続きそれらの規定（それらの規定が改正された場合においては改正前の規定を含むものとし、法第48条第1項から第13項までの各項の規定又は法第61条と法第62条第1項の規定は、それぞれ同一の規定とみなす。）の適用を受けない期間の始期をいう。

改正：平成26年政令第239号　　施行：平成26年8月1日

第137条　（基準時）

1　この章において「基準時」とは、法第3条第2項（法第86条の9第1項において準用する場合を含む。以下この条、第137条の8、第137条の9及び第137条の12第2項において同じ。）の規定により法第20条、法第26条、法第27条、法第28条の2、法第30条、法第34条第2項、法第47条、法第48条第1項から第13項まで、法第51条、法第52条第1項、第2項若しくは第7項、法第53条第1項若しくは第2項、法第54条第1項、法第55条第1項、法第56条第1項、法第56条の2第1項、法第57条の4第1項、法第57条の5第1項、法第58条、法第59条第1項若しくは第2項、法第60条第1項若しくは第2項、法第60条の2第1項若しくは第2項、第60条の3第1項、法第61条、法第62条第1項、法第67条の2第1項若しくは第5項から第7項まで又は法第68条第1項若しくは第2項の規定の適用を受けない建築物について、法第3条第2項の規定により引き続きそれらの規定（それらの規定が改正された場合においては改正前の規定を含むものとし、法第48条第1項から第13項までの各項の規定又は法第61条と法第62条第1項の規定は、それぞれ同一の規定とみなす。）の適用を受けない期間の始期をいう。

改正：平成27年政令第11号　　施行：平成27年6月1日

第137条　（基準時）

1　この章において「基準時」とは、法第3条第2項（法第86条の9第1項において準用する場合を含む。以下この条、第137条の8、第137条の9及び第137条の12第2項において同じ。）の規定により法第20条、法第26条、法第27条、法第28条の2、法第30条、法第34条第2項、法第47条、法第48条第1項から第13項まで、法第51条、法第52条第1項、第2項若しくは第7項、法第53条第1項若しくは第2項、法第54条第1項、法第55条第1項、法第56条第1項、法第56条の2第1項、法第57条の4第1項、法第57条の5第1項、法第58条、法第59条第1項若しくは第2項、法第60条第1項若しくは第2項、法第60条の2第1項若しくは第2項、第60条の3第1項、法第61条、法第62条第1項、法第67条の3第1項若しくは第5項から第7項まで又は法第68条第1項若しくは第2項の規定の適用を受けない建築物について、法第3条第2項の規定により引き続きそれらの規定（それらの規定が改正された場合においては改正前の規定を含むものとし、法第48条第1項から第13項までの各項の規定又は法第61条と法第62条第1項の規定は、それぞれ同一の規定とみなす。）の適用を受けない期間の始期をいう。

改正：平成28年政令第288号　　施行：平成28年9月1日

第137条　（基準時）

1　この章において「基準時」とは、法第3条第2項（法第86条の9第1項において準用する場合を含む。以下この条、第137条の8、第137条の9及び第137条の12第2項において同じ。）の規定により法第20条、法第26条、法第27条、法第28条の2、法第30条、法第34条第2項、法第47条、法第48条第1項から第13項まで、法第51条、法第52条第1項、第2項若しくは第7項、法第53条第1項若しくは第2項、法第54条第1項、法第55条第1項、法第56条第1項、法第56条の2第1項、法第57条の4第1項、法第57条の5第1項、法第58条、法第59条第1項若しくは第2項、法第60条第1項若しくは第2項、法第60条の2第1項若しくは第2項、第60条の3第1項若しくは第2項、法第61条、法第62条第1項、法第67条の3第1項若しくは第5項から第7項まで又は法第68条第1項若しくは第2項の規定の適用を受けない建築物について、法第3条第2項の規定により引き続きそれらの規定（それらの規定が改正された場合においては改正前の規定を含むものとし、

令137条 改正：平成28年政令第288号

法第48条第 1 項から第13項までの各項の規定又は法第61条と法第62条第 1 項の規定は、それぞれ同一の規定とみなす。）の適用を受けない期間の始期をいう。

改正：平成29年政令第156号　　　施行：平成30年 4 月 1 日
第137条　（基準時）

1　この章において「基準時」とは、法第 3 条第 2 項（法第86条の 9 第 1 項において準用する場合を含む。以下この条、第137条の 8 、第137条の 9 及び第137条の12第 2 項において同じ。）の規定により法第20条、法第26条、法第27条、法第28条の 2 、法第30条、法第34条第 2 項、法第47条、法第48条第 1 項から第14項まで、法第51条、法第52条第 1 項、第 2 項若しくは第 7 項、法第53条第 1 項若しくは第 2 項、法第54条第 1 項、法第55条第 1 項、法第56条第 1 項、法第56条の 2 第 1 項、法第57条の 4 第 1 項、法第57条の 5 第 1 項、法第58条、法第59条第 1 項若しくは第 2 項、法第60条第 1 項若しくは第 2 項、法第60条の 2 第 1 項若しくは第 2 項、第60条の 3 第 1 項若しくは第 2 項、法第61条、法第62条第 1 項、法第67条の 3 第 1 項若しくは第 5 項から第 7 項まで又は法第68条第 1 項若しくは第 2 項の規定の適用を受けない建築物について、法第 3 条第 2 項の規定により引き続きそれらの規定（それらの規定が改正された場合においては改正前の規定を含むものとし、法第48条第 1 項から第14項までの各項の規定又は法第61条と法第62条第 1 項の規定は、それぞれ同一の規定とみなす。）の適用を受けない期間の始期をいう。

改正：令和元年政令第30号　　　施行：令和元年 6 月25日
第137条　（基準時）

1　この章において「基準時」とは、法第 3 条第 2 項（法第86条の 9 第 1 項において準用する場合を含む。以下この条、第137条の 8 、第137条の 9 及び第137条の12第 2 項において同じ。）の規定により法第20条、法第26条、法第27条、法第28条の 2 、法第30条、法第34条第 2 項、法第47条、法第48条第 1 項から第14項まで、法第51条、法第52条第 1 項、第 2 項若しくは第 7 項、法第53条第 1 項若しくは第 2 項、法第54条第 1 項、法第55条第 1 項、法第56条第 1 項、法第56条の 2 第 1 項、法第57条の 4 第 1 項、法第57条の 5 第 1 項、法第58条、法第59条第 1 項若しくは第 2 項、法第60条第 1 項若しくは第 2 項、法第60条の 2 第 1 項若しくは第 2 項、第60条の 3 第 1 項若しくは第 2 項、法第61条、法第67条第 1 項若しくは第 5 項から第 7 項まで又は法第68条第 1 項若しくは第 2 項の規定の適用を受けない建築物について、法第 3 条第 2 項の規定により引き続きそれらの規定（それらの規定が改正された場合においては改正前の規定を含むものとし、法第48条第 1 項から第14項までの各項の規定は同一の規定とみなす。）の適用を受けない期間の始期をいう。

改正：令和 2 年政令第268号　　　施行：令和 2 年 9 月 7 日
第137条　（基準時）

1　この章において「基準時」とは、法第 3 条第 2 項（法第86条の 9 第 1 項において準用する場合を含む。以下この条、第137条の 8 、第137条の 9 及び第137条の12第 2 項において同じ。）の規定により法第20条、法第26条、法第27条、法第28条の 2 、法第30条、法第34条第 2 項、法第47条、法第48条第 1 項から第14項まで、法第51条、法第52条第1項、第 2 項若しくは第 7 項、法第53条第 1 項若しくは第 2 項、法第54条第1項、法第55条第1項、法第56条第1項、法第56条の 2 第1項、法第57条の 4 第1項、法第57条の 5 第1項、法第58条、法第59条第1項若しくは第 2 項、法第60条第1項若しくは第 2 項、法第60条の 2 第1項若しくは第 2 項、法第60条の 2 の 2 第1項から第 3 項まで、第60条の 3 第1項若しくは第 2 項、法第61条、法第67条第1項若しくは第5項から第7項まで又は法第68条第1項若しくは第 2 項の規定の適用を受けない建築物について、法第 3 条第 2 項の規定により引き続きそれらの規定（それらの規定が改正された場合においては改正前の規定を含むものとし、法第48条第1項から第14項までの各項の規定は同一の規定とみなす。）の適用を受けない期間の始期をいう。

改正：令和4年政令第351号　　　施行：令和5年4月1日
第137条　（基準時）

1　この章において「基準時」とは、法第 3 条第 2 項（法第86条の 9 第1項において準用する場合を含む。以

下この条、第137条の8、第137条の9及び第137条の12第2項において同じ。）の規定により法第20条、法第26条、法第27条、法第28条の2、法第30条、法第34条第2項、法第47条、法第48条第1項から第14項まで、法第51条、法第52条第1項、第2項若しくは第7項、法第53条第1項若しくは第2項、法第54条第1項、法第55条第1項、法第56条第1項、法第56条の2第1項、法第57条の4第1項、法第57条の5第1項、法第58条第1項、法第59条第1項若しくは第2項、法第60条第1項若しくは第2項、法第60条の2第1項若しくは第2項、法第60条の2の2第1項から第3項まで、第60条の3第1項若しくは第2項、法第61条、法第67条第1項若しくは第5項から第7項まで又は法第68条第1項若しくは第2項の規定の適用を受けない建築物について、法第3条第2項の規定により引き続きそれらの規定（それらの規定が改正された場合においては改正前の規定を含むものとし、法第48条第1項から第14項までの各項の規定は同一の規定とみなす。）の適用を受けない期間の始期をいう。

改正：令和5年政令第280号　　　施行：令和6年4月1日
第137条　（基準時）

1　この章において「基準時」とは、法第3条第2項（法第86条の9第1項において準用する場合を含む。以下この条、第137条の8、第137条の9及び第137条の12第2項において同じ。）の規定により法第20条、<u>法第21条、法第22条第1項、法第23条、法第25条から法第27条まで</u>、法第28条の2、法第30条、法第34条第2項、<u>法第35条、法第36条、法第43条第1項、法第44条第1項</u>、法第47条、法第48条第1項から第14項まで、法第51条、法第52条第1項、第2項若しくは第7項、法第53条第1項若しくは第2項、法第54条第1項、法第55条第1項、法第56条第1項、法第56条の2第1項、法第57条の4第1項、法第57条の5第1項、法第58条第1項、法第59条第1項若しくは第2項、法第60条第1項若しくは第2項、法第60条の2第1項若しくは第2項、法第60条の2の2第1項から第3項まで、第60条の3第1項若しくは第2項、法第61条、<u>法第62条</u>、法第67条第1項若しくは第5項から第7項まで又は法第68条第1項若しくは第2項の規定の適用を受けない建築物について、法第3条第2項の規定により引き続きそれらの規定（それらの規定が改正された場合においては改正前の規定を含むものとし、法第48条第1項から第14項までの各項の規定は同一の規定とみなす。）の適用を受けない期間の始期をいう。

[現行]　第137条の2　（構造耐力関係）

制定：平成17年政令第192号　　　施行：平成17年6月1日
第137条の2　（構造耐力関係）

1　法第3条第2項の規定により法第20条の規定の適用を受けない建築物（超高層建築物及び法第86条の7第2項の規定により法第20条の規定の適用を受けない部分を除く。第137条の12第1項において同じ。）について法第86条の7第1項の規定により政令で定める範囲は、増築及び改築については、次の各号のいずれかに該当することとする。
一　増築又は改築に係る部分の床面積の合計が基準時における延べ面積の2分の1を超えず、かつ、増築又は改築後の建築物の構造方法が次のいずれかに該当するものであること。
　イ　耐久性等関係規定に適合し、かつ、自重、積載荷重、積雪、風圧、土圧及び水圧並びに地震その他の震動及び衝撃による当該建築物の倒壊及び崩落並びに屋根ふき材、外装材及び屋外に面する帳壁の脱落のおそれがないものとして国土交通大臣が定める基準に適合する構造方法
　ロ　第3章第1節から第7節の2まで（第36条及び第38条第2項から第4項までを除く。）の規定に適合し、かつ、その基礎の補強について国土交通大臣が定める基準に適合する構造方法（法第20条第二号イ又はロに掲げる建築物以外の建築物である場合に限る。）
二　増築又は改築に係る部分の床面積の合計が基準時における延べ面積の20分の1（50㎡を超える場合にあつては、50㎡）を超えず、かつ、増築又は改築後の建築物の構造方法が次のいずれにも適合するものであること。
　イ　増築又は改築に係る部分が第3章の規定及び法第40条の規定に基づく条例の構造耐力に関する制限を定めた規定に適合すること。
　ロ　増築又は改築に係る部分以外の部分の構造耐力上の危険性が増大しないこと。

令137条の2 改正：平成19年政令第49号

改正：平成19年政令第49号　　　施行：平成19年6月20日
第137条の2　（構造耐力関係）

1　法第3条第2項の規定により法第20条の規定の適用を受けない建築物（同条第一号に掲げる建築物及び法第86条の7第2項の規定により法第20条の規定の適用を受けない部分を除く。第137条の12第1項において同じ。）について法第86条の7第1項の規定により政令で定める範囲は、増築及び改築については、次の各号のいずれかに該当することとする。
　一　増築又は改築に係る部分の床面積の合計が基準時における延べ面積の2分の1を超えず、かつ、増築又は改築後の建築物の構造方法が次のいずれかに該当するものであること。
　　イ　耐久性等関係規定に適合し、かつ、自重、積載荷重、積雪荷重、風圧、土圧及び水圧並びに地震その他の震動及び衝撃による当該建築物の倒壊及び崩落並びに屋根ふき材、外装材及び屋外に面する帳壁の脱落のおそれがないものとして国土交通大臣が定める基準に適合する構造方法
　　ロ　第3章第1節から第7節の2まで（第36条及び第38条第2項から第4項までを除く。）の規定に適合し、かつ、その基礎の補強について国土交通大臣が定める基準に適合する構造方法（法第20条第四号に掲げる建築物である場合に限る。）
　二　略

改正：平成24年政令第239号　　　施行：平成24年9月20日
第137条の2　（構造耐力関係）

1　法第3条第2項の規定により法第20条の規定の適用を受けない建築物（同条第一号に掲げる建築物及び法第86条の7第2項の規定により法第20条の規定の適用を受けない部分を除く。第137条の12第1項において同じ。）について法第86条の7第1項の規定により政令で定める範囲は、増築及び改築については、次の各号のいずれかに該当することとする。
　一　増築又は改築後の建築物の構造方法が次のいずれにも適合するものであること。
　　イ　第3章第8節の規定に適合すること。
　　ロ　増築又は改築に係る部分が第3章第1節から第7節の2まで及び第129条の2の4の規定並びに法第40条の規定に基づく条例の構造耐力に関する制限を定めた規定に適合すること。
　　ハ　増築又は改築に係る部分以外の部分が耐久性等関係規定に適合し、かつ、自重、積載荷重、積雪荷重、風圧、土圧及び水圧並びに地震その他の震動及び衝撃による当該建築物の倒壊及び崩落並びに屋根ふき材、外装材及び屋外に面する帳壁の脱落のおそれがないものとして国土交通大臣が定める基準に適合すること。
　二　増築又は改築に係る部分がそれ以外の部分とエキスパンションジョイントその他の相互に応力を伝えない構造方法のみで接し、かつ、増築又は改築後の建築物の構造方法が次のいずれにも適合するものであること。
　　イ　増築又は改築に係る部分が第3章及び第129条の2の4の規定並びに法第40条の規定に基づく条例の構造耐力に関する制限を定めた規定に適合すること。
　　ロ　増築又は改築に係る部分以外の部分が耐久性等関係規定に適合し、かつ、自重、積載荷重、積雪荷重、風圧、土圧及び水圧並びに地震その他の震動及び衝撃による当該建築物の倒壊及び崩落並びに屋根ふき材、外装材及び屋外に面する帳壁の脱落のおそれがないものとして国土交通大臣が定める基準に適合すること。
　三　増築又は改築に係る部分の床面積の合計が基準時における延べ面積の2分の1を超えず、かつ、増築又は改築後の建築物の構造方法が次のいずれかに該当するものであること。
　　イ・ロ　略
　四　増築又は改築に係る部分の床面積の合計が基準時における延べ面積の20分の1（50㎡を超える場合にあつては、50㎡）を超えず、かつ、増築又は改築後の建築物の構造方法が次のいずれにも適合するものであること。
　　イ　増築又は改築に係る部分が第3章及び第129条の2の4の規定並びに法第40条の規定に基づく条例の構造耐力に関する制限を定めた規定に適合すること。
　　ロ　略

改正：平成25年政令第217号　　　施行：平成26年4月1日
第137条の2　（構造耐力関係）

1　法第3条第2項の規定により法第20条の規定の適用を受けない建築物（同条第一号に掲げる建築物及び法第86条の7第2項の規定により法第20条の規定の適用を受けない部分を除く。第137条の12第1項において同じ。）について法第86条の7第1項の規定により政令で定める範囲は、増築及び改築については、次の各号のいずれかに該当することとする。
一　増築又は改築後の建築物の構造方法が次のいずれにも適合するものであること。
　　イ・ロ　略
　　ハ　増築又は改築に係る部分以外の部分が耐久性等関係規定に適合し、かつ、自重、積載荷重、積雪荷重、風圧、土圧及び水圧並びに地震その他の震動及び衝撃による当該建築物の倒壊及び崩落、屋根ふき材、特定天井、外装材及び屋外に面する帳壁の脱落並びにエレベーターのかごの落下及びエスカレーターの脱落のおそれがないものとして国土交通大臣が定める基準に適合すること。
二　増築又は改築に係る部分がそれ以外の部分とエキスパンションジョイントその他の相互に応力を伝えない構造方法のみで接し、かつ、増築又は改築後の建築物の構造方法が次のいずれにも適合するものであること。
　　イ　略
　　ロ　増築又は改築に係る部分以外の部分が耐久性等関係規定に適合し、かつ、自重、積載荷重、積雪荷重、風圧、土圧及び水圧並びに地震その他の震動及び衝撃による当該建築物の倒壊及び崩落、屋根ふき材、特定天井、外装材及び屋外に面する帳壁の脱落並びにエレベーターのかごの落下及びエスカレーターの脱落のおそれがないものとして国土交通大臣が定める基準に適合すること。
三　増築又は改築に係る部分の床面積の合計が基準時における延べ面積の2分の1を超えず、かつ、増築又は改築後の建築物の構造方法が次のいずれかに該当するものであること。
　　イ　耐久性等関係規定に適合し、かつ、自重、積載荷重、積雪荷重、風圧、土圧及び水圧並びに地震その他の震動及び衝撃による当該建築物の倒壊及び崩落、屋根ふき材、特定天井、外装材及び屋外に面する帳壁の脱落並びにエレベーターのかごの落下及びエスカレーターの脱落のおそれがないものとして国土交通大臣が定める基準に適合する構造方法
　　ロ　略
四　略

改正：平成27年政令第11号　　　施行：平成27年6月1日
第137条の2　（構造耐力関係）

1　法第3条第2項の規定により法第20条の規定の適用を受けない建築物（同条第1項第一号に掲げる建築物及び法第86条の7第2項の規定により法第20条の規定の適用を受けない部分を除く。第137条の12第1項において同じ。）について法第86条の7第1項の規定により政令で定める範囲は、増築及び改築については、次の各号に掲げる範囲とし、同項の政令で定める基準は、それぞれ当該各号に定める基準とする。
一　増築又は改築の全て（次号及び第三号に掲げる範囲を除く。）　増築又は改築後の建築物の構造方法が次のいずれかに適合するものであること。
　　イ　次に掲げる基準に適合するものであること。
　　　（1）　第3章第8節の規定に適合すること。
　　　（2）　増築又は改築に係る部分が第3章第1節から第7節の2まで及び第129条の2の4の規定並びに法第40条の規定に基づく条例の構造耐力に関する制限を定めた規定に適合すること。
　　　（3）　増築又は改築に係る部分以外の部分が耐久性等関係規定に適合し、かつ、自重、積載荷重、積雪荷重、風圧、土圧及び水圧並びに地震その他の震動及び衝撃による当該建築物の倒壊及び崩落、屋根ふき材、特定天井、外装材及び屋外に面する帳壁の脱落並びにエレベーターの籠の落下及びエスカレーターの脱落のおそれがないものとして国土交通大臣が定める基準に適合すること。
　　ロ　次に掲げる基準に適合するものであること。
　　　（1）　増築又は改築に係る部分がそれ以外の部分とエキスパンションジョイントその他の相互に応力を伝えない構造方法のみで接すること。

（2）　増築又は改築に係る部分が第3章及び第129条の2の4の規定並びに法第40条の規定に基づく条例の構造耐力に関する制限を定めた規定に適合すること。
　　　（3）　増築又は改築に係る部分以外の部分が耐久性等関係規定に適合し、かつ、自重、積載荷重、積雪荷重、風圧、土圧及び水圧並びに地震その他の震動及び衝撃による当該建築物の倒壊及び崩落、屋根ふき材、特定天井、外装材及び屋外に面する帳壁の脱落並びにエレベーターの籠の落下及びエスカレーターの脱落のおそれがないものとして国土交通大臣が定める基準に適合すること。
　二　増築又は改築に係る部分の床面積の合計が基準時における延べ面積の20分の1（50㎡を超える場合にあつては、50㎡）を超え、2分の1を超えないこと　増築又は改築後の建築物の構造方法が次のいずれかに適合するものであること。
　　イ　耐久性等関係規定に適合し、かつ、自重、積載荷重、積雪荷重、風圧、土圧及び水圧並びに地震その他の震動及び衝撃による当該建築物の倒壊及び崩落、屋根ふき材、特定天井、外装材及び屋外に面する帳壁の脱落並びにエレベーターの籠の落下及びエスカレーターの脱落のおそれがないものとして国土交通大臣が定める基準に適合するものであること。
　　ロ　第3章第1節から第7節の2まで（第36条及び第38条第2項から第4項までを除く。）の規定に適合し、かつ、その基礎の補強について国土交通大臣が定める基準に適合するものであること。（法第20条第1項第四号に掲げる建築物である場合に限る。）
　　ハ　前号に定める基準に適合するものであること。
　三　増築又は改築に係る部分の床面積の合計が基準時における延べ面積の20分の1（50㎡を超える場合にあつては、50㎡）を超えないこと　増築又は改築後の建築物の構造方法が次のいずれかに適合するものであること。
　　イ　次に掲げる基準に適合するものであること。
　　　（1）　増築又は改築に係る部分が第3章及び第129条の2の4の規定並びに法第40条の規定に基づく条例の構造耐力に関する制限を定めた規定に適合すること。
　　　（2）　増築又は改築に係る部分以外の部分の構造耐力上の危険性が増大しないこと。
　　ロ　前2号に定める基準のいずれかに適合するものであること。

改正：平成28年政令第6号　　　施行：平成28年6月1日
第137条の2　（構造耐力関係）

1　法第3条第2項の規定により法第20条の規定の適用を受けない建築物（法第86条の7第2項の規定により法第20条の規定の適用を受けない部分を除く。第137条の12第1項において同じ。）について法第86条の7第1項の規定により政令で定める範囲は、増築及び改築については、次の各号に掲げる範囲とし、同項の政令で定める基準は、それぞれ当該各号に定める基準とする。
　一～三　略

改正：令和元年政令第30号　　　施行：令和元年6月25日
第137条の2　（構造耐力関係）

1　法第3条第2項の規定により法第20条の規定の適用を受けない建築物（法第86条の7第2項の規定により法第20条の規定の適用を受けない部分を除く。第137条の12第1項において同じ。）について法第86条の7第1項の規定により政令で定める範囲は、増築及び改築については、次の各号に掲げる範囲とし、同項の政令で定める基準は、それぞれ当該各号に定める基準とする。
　一　増築又は改築の全て（次号及び第三号に掲げる範囲を除く。）　増築又は改築後の建築物の構造方法が次のいずれかに適合するものであること。
　　イ　次に掲げる基準に適合するものであること。
　　　（1）　第3章第8節の規定に適合すること。
　　　（2）　増築又は改築に係る部分が第3章第1節から第7節の2まで及び第129条の2の3の規定並びに法第40条の規定に基づく条例の構造耐力に関する制限を定めた規定に適合すること。
　　　（3）　増築又は改築に係る部分以外の部分が耐久性等関係規定に適合し、かつ、自重、積載荷重、積雪荷重、風圧、土圧及び水圧並びに地震その他の震動及び衝撃による当該建築物の倒壊及び崩

落、屋根ふき材、特定天井、外装材及び屋外に面する帳壁の脱落並びにエレベーターの籠の落下及びエスカレーターの脱落のおそれがないものとして国土交通大臣が定める基準に適合すること。
    ロ　次に掲げる基準に適合するものであること。
        （１）　増築又は改築に係る部分がそれ以外の部分とエキスパンションジョイントその他の相互に応力を伝えない構造方法のみで接すること。
        （２）　増築又は改築に係る部分が第３章及び第129条の２の３の規定並びに法第40条の規定に基づく条例の構造耐力に関する制限を定めた規定に適合すること。
        （３）　増築又は改築に係る部分以外の部分が耐久性等関係規定に適合し、かつ、自重、積載荷重、積雪荷重、風圧、土圧及び水圧並びに地震その他の震動及び衝撃による当該建築物の倒壊及び崩落、屋根ふき材、特定天井、外装材及び屋外に面する帳壁の脱落並びにエレベーターの籠の落下及びエスカレーターの脱落のおそれがないものとして国土交通大臣が定める基準に適合すること。
二　増築又は改築に係る部分の床面積の合計が基準時における延べ面積の20分の１（50㎡を超える場合にあつては、50㎡）を超え、２分の１を超えないこと　増築又は改築後の建築物の構造方法が次のいずれかに適合するものであること。
    イ　耐久性等関係規定に適合し、かつ、自重、積載荷重、積雪荷重、風圧、土圧及び水圧並びに地震その他の震動及び衝撃による当該建築物の倒壊及び崩落、屋根ふき材、特定天井、外装材及び屋外に面する帳壁の脱落並びにエレベーターの籠の落下及びエスカレーターの脱落のおそれがないものとして国土交通大臣が定める基準に適合するものであること。
    ロ　第３章第１節から第７節の２まで(第36条及び第38条第２項から第４項までを除く。)の規定に適合し、かつ、その基礎の補強について国土交通大臣が定める基準に適合するものであること。（法第20条第１項第四号に掲げる建築物である場合に限る。）
    ハ　前号に定める基準に適合するものであること。
三　増築又は改築に係る部分の床面積の合計が基準時における延べ面積の20分の１（50㎡を超える場合にあつては、50㎡）を超えないこと　増築又は改築後の建築物の構造方法が次のいずれかに適合するものであること。
    イ　次に掲げる基準に適合するものであること。
        （１）　増築又は改築に係る部分が第３章及び第129条の２の３の規定並びに法第40条の規定に基づく条例の構造耐力に関する制限を定めた規定に適合すること。
        （２）　増築又は改築に係る部分以外の部分の構造耐力上の危険性が増大しないこと。
    ロ　前２号に定める基準のいずれかに適合するものであること。

[現行]　第137条の２の２　（大規模の建築物の主要構造部等関係）

制定：令和5年政令第280号　　　　施行：令和6年4月1日
第137条の２の２　（大規模の建築物の主要構造部等関係）
1　法第３条第２項の規定により法第21条第１項の規定の適用を受けない建築物についての法第86条の７第１項の政令で定める範囲は、増築及び改築については、次の各号のいずれかに該当する増築又は改築に係る部分とする。
一　次のイ及びロに該当するものであること。
    イ　増築又は改築に係る部分が火熱遮断壁等で区画されるものであること。
    ロ　増築又は改築に係る部分の特定主要構造部（法第21条第１項に規定する性能と同等の性能を有すべきものとして国土交通大臣が定める部分に限る。）が、第109条の５各号のいずれかに掲げる基準に適合するもので、国土交通大臣が定めた構造方法を用いるもの又は国土交通大臣の認定を受けたものであること。
二　増築又は改築に係る部分の対象床面積（当該部分の床面積から階段室、機械室その他の火災の発生のおそれの少ないものとして国土交通大臣が定める用途に供する部分の床面積を減じた面積をいう。以下この章において同じ。）の合計が基準時における延べ面積の20分の１（50㎡を超える場合にあつては、50㎡。以下この章において同じ。）を超えず、かつ、当該増築又は改築が当該増築又は改築に係る部分以外の部分

令旧137条の2の2　制定：令和5年政令第280号

における倒壊及び延焼の危険性を増大させないものであること。

2　法第3条第2項の規定により法第21条第2項の規定の適用を受けない建築物についての法第86条の7第1項の政令で定める範囲は、増築及び改築については、次の各号のいずれかに該当する増築又は改築に係る部分とする。

一　次のイ及びロに該当するものであること。
　　イ　増築又は改築に係る部分が火熱遮断壁等で区画されるものであること。
　　ロ　増築又は改築に係る部分（法第21条第2項に規定する性能と同等の性能を有すべきものとして国土交通大臣が定める部分に限る。）が、第109条の7第1項各号のいずれかに掲げる基準に適合するもので、国土交通大臣が定めた構造方法を用いるもの又は国土交通大臣の認定を受けたものであること。
二　工事の着手が基準時以後である増築又は改築に係る部分の対象床面積の合計が50㎡を超えないものであること。

[現行]　第137条の2の3　（屋根関係）

制定：令和5年政令第280号　　　施行：令和6年4月1日
第137条の2の3　（屋根関係）

1　法第3条第2項の規定により法第22条第1項の規定の適用を受けない建築物についての法第86条の7第1項の政令で定める範囲は、増築及び改築については、増築又は改築に係る部分の対象床面積の合計が基準時における延べ面積の20分の1を超えず、かつ、当該増築又は改築が当該増築又は改築に係る部分以外の部分の屋根における延焼の危険性を増大させないものである増築又は改築に係る部分とする。

[現行]　第137条の2の4　（外壁関係）

制定：令和5年政令第280号　　　施行：令和6年4月1日
第137条の2の4　（外壁関係）

1　法第3条第2項の規定により法第23条の規定の適用を受けない木造建築物等についての法第86条の7第1項の政令で定める範囲は、増築及び改築については、次の各号のいずれかに該当する増築又は改築に係る部分とする。

一　次のイ及びロに該当するものであること。
　　イ　増築又は改築に係る部分が火熱遮断壁等で区画されるものであること。
　　ロ　増築又は改築に係る部分の外壁（法第23条に規定する準防火性能を有すべきものとして国土交通大臣が定める外壁に限る。）が、第109条の9に掲げる基準に適合するもので、国土交通大臣が定めた構造方法を用いるもの又は国土交通大臣の認定を受けたものであること。
二　増築又は改築に係る部分の対象床面積の合計が基準時における延べ面積の20分の1を超えず、かつ、当該増築又は改築が当該増築又は改築に係る部分以外の部分の外壁における延焼の危険性を増大させないものであること。

[現行]　第137条の2の5　（大規模の木造建築物等の外壁等関係）

制定：令和5年政令第280号　　　施行：令和6年4月1日
第137条の2の5　（大規模の木造建築物等の外壁等関係）

1　法第3条第2項の規定により法第25条の規定の適用を受けない木造建築物等についての法第86条の7第1項の政令で定める範囲は、増築及び改築については、増築又は改築に係る部分の対象床面積の合計が基準時における延べ面積の20分の1を超えず、かつ、当該増築又は改築が当該増築又は改築に係る部分以外の部分の外壁及び軒裏並びに屋根における延焼の危険性を増大させないものである増築又は改築に係る部分とする。

[現行] 第137条の3 （防火壁及び防火床関係）

制定：昭和34年政令第344号　　　施行：昭和34年12月23日
旧　第137条の2　（防火壁関係）

1　法第3条第2項の規定により法第26条の規定の適用を受けない建築物について法第86条の2の規定により政令で定める範囲は、増築及び改築については、工事の着手が基準時以後である増築及び改築に係る部分の床面積の合計が50㎡をこえないこととする。

改正：平成11年政令第5号　　　施行：平成11年5月1日
旧　第137条の2　（防火壁関係）

1　法第3条第2項の規定により法第26条の規定の適用を受けない建築物について法第86条の7の規定により政令で定める範囲は、増築及び改築については、工事の着手が基準時以後である増築及び改築に係る部分の床面積の合計が50㎡を超えないこととする。

改正：平成17年政令第192号　　　施行：平成17年6月1日
第137条の3　（防火壁関係）

1　法第3条第2項の規定により法第26条の規定の適用を受けない建築物について法第86条の7第1項の規定により政令で定める範囲は、増築及び改築については、工事の着手が基準時以後である増築及び改築に係る部分の床面積の合計が50㎡を超えないこととする。

改正：令和元年政令第30号　　　施行：令和元年6月25日
第137条の3　（防火壁及び防火床関係）

略

改正：令和5年政令第280号　　　施行：令和6年4月1日
第137条の3　（防火壁及び防火床関係）

1　法第3条第2項の規定により法第26条の規定の適用を受けない建築物についての法第86条の7第1項の政令で定める範囲は、増築及び改築については、次の各号のいずれかに該当する増築又は改築に係る部分とする。
　一　次のイ及びロに該当するものであること。
　　イ　増築又は改築に係る部分が火熱遮断壁等で区画されるものであること。
　　ロ　増築又は改築に係る部分が、法第26条第1項に規定する基準に相当する建築物の部分に関する基準として国土交通大臣が定めるものに従い、防火上有効な構造の防火壁又は防火床によつて有効に区画されるものであること。
　二　工事の着手が基準時以後である増築又は改築に係る部分の対象床面積の合計が50㎡を超えないものであること。

[現行] 第137条の4 （耐火建築物等としなければならない特殊建築物関係）

制定：昭和34年政令第344号　　　施行：昭和34年12月23日
旧　第137条の3　（耐火建築物等としなければならない特殊建築物関係）

1　法第3条第2項の規定により法第27条の規定の適用を受けない特殊建築物について法第86条の2の規定により政令で定める範囲は、増築（劇場の客席、病院の病室、学校の教室その他の当該特殊建築物の主たる用途に供する部分以外の部分に係るものに限る。）及び改築については、工事の着手が基準時以後である増築及び改築に係る部分の床面積の合計が50㎡をこえないこととする。

令旧137条の3 改正：平成11年政令第5号

改正：平成11年政令第5号　　　施行：平成11年5月1日
旧　第137条の3　（耐火建築物等としなければならない特殊建築物関係）

1　法第3条第2項の規定により法第27条の規定の適用を受けない特殊建築物について法第86条の7の規定により政令で定める範囲は、増築（劇場の客席、病院の病室、学校の教室その他の当該特殊建築物の主たる用途に供する部分以外の部分に係るものに限る。）及び改築については、工事の着手が基準時以後である増築及び改築に係る部分の床面積の合計が50㎡を超えないこととする。

改正：平成17年政令第192号　　　施行：平成17年6月1日
第137条の4　（耐火建築物等としなければならない特殊建築物関係）

1　法第3条第2項の規定により法第27条の規定の適用を受けない特殊建築物について法第86条の7第1項の規定により政令で定める範囲は、増築（劇場の客席、病院の病室、学校の教室その他の当該特殊建築物の主たる用途に供する部分以外の部分に係るものに限る。）及び改築については、工事の着手が基準時以後である増築及び改築に係る部分の床面積の合計が50㎡を超えないこととする。

改正：令和5年政令第280号　　　施行：令和6年4月1日
第137条の4　（耐火建築物等としなければならない特殊建築物関係）

1　法第3条第2項の規定により法第27条の規定の適用を受けない特殊建築物についての法第86条の7第1項の政令で定める範囲は、増築及び改築については、次の各号のいずれか（劇場の客席、病院の病室、学校の教室その他の当該特殊建築物の主たる用途に供する部分に係る増築にあつては、第一号）に該当する増築又は改築に係る部分とする。
一　次のイ及びロに該当するものであること。
　イ　増築又は改築に係る部分が火熱遮断壁等で区画されるものであること。
　ロ　増築又は改築に係る部分が、法第27条第1項から第3項までに規定する基準に相当する建築物の部分に関する基準として国土交通大臣が定めるものに適合するもので、国土交通大臣の定めた構造方法を用いるもの又は国土交通大臣の認定を受けたものであること。
二　工事の着手が基準時以後である増築又は改築に係る部分の対象床面積の合計が50㎡を超えないものであること。

[削除条文]

制定：平成18年政令第308号　　　施行：平成18年10月1日
旧　第137条の4の2　（増築等をする場合に適用されない物質の飛散又は発散に対する衛生上の措置に関する基準）

1　法第86条の7第1項及び法第88条第1項の政令で定める基準は、法第28条の2第一号及び第二号に掲げる基準とする。

改正：令和5年政令第280号　　　施行：令和6年4月1日
旧　第137条の4の2　（増築等をする場合に適用されない物質の飛散又は発散に対する衛生上の措置に関する基準）削除

[現行]　第137条の4の2　（石綿関係）

制定：平成18年政令第308号　　　施行：平成18年10月1日
旧　第137条の4の3　（石綿関係）

1　法第3条第2項の規定により法第28条の2（前条に規定する基準に係る部分に限る。第137条の12第3項

において同じ。）の規定の適用を受けない建築物について法第86条の７第1項の規定により政令で定める範囲は、増築及び改築については、次に定めるところによる。
一　増築又は改築に係る部分の床面積の合計が基準時における延べ面積の２分の１を超えないこと。
二　増築又は改築に係る部分が前条に規定する基準に適合すること。
三　増築又は改築に係る部分以外の部分が、建築材料から石綿を飛散させるおそれがないものとして石綿が添加された建築材料を被覆し又は添加された石綿を建築材料に固着する措置について国土交通大臣が定める基準に適合すること。

改正：令和5年政令第280号　　　施行：令和6年4月1日
第137条の４の２　（石綿関係）

1　法第３条第２項の規定により法第28条の２（同条第一号及び第二号に掲げる基準に係る部分に限る。）の規定の適用を受けない建築物についての法第86条の７第1項の政令で定める範囲は、増築及び改築については、次の各号のいずれにも該当する増築又は改築に係る部分とする。
一　増築又は改築に係る部分の床面積の合計が基準時における延べ面積の２分の1を超えないものであること。
二　増築又は改築に係る部分が法第28条の２第一号及び第二号に掲げる基準に適合するものであること。
三　増築又は改築に係る部分以外の部分が、建築材料から石綿を飛散させるおそれがないものとして石綿が添加された建築材料を被覆し又は添加された石綿を建築材料に固着する措置について国土交通大臣が定める基準に適合するものであること。

[現行]　**第137条の５**　（長屋又は共同住宅の各戸の界壁関係）

制定：昭和45年政令第333号　　　施行：昭和46年1月1日
旧　第137条の３の２　（長屋又は共同住宅の各戸の界壁関係）

1　法第３条第２項の規定により法第30条の２の規定の適用を受けない長屋又は共同住宅について法第86条の２の規定により政令で定める範囲は、増築については増築後の延べ面積が基準時における延べ面積の1.5倍をこえないこととし、改築については改築に係る部分の床面積が基準時における延べ面積の２分の１をこえないこととする。

改正：平成11年政令第5号　　　施行：平成11年5月1日
旧　第137条の３の２　（長屋又は共同住宅の各戸の界壁関係）

1　法第３条第２項の規定により法第30条の規定の適用を受けない長屋又は共同住宅について法第86条の７の規定により政令で定める範囲は、増築については増築後の延べ面積が基準時における延べ面積の1.5倍を超えないこととし、改築については改築に係る部分の床面積が基準時における延べ面積の２分の１を超えないこととする。

改正：平成17年政令第192号　　　施行：平成17年6月1日
第137条の５　（長屋又は共同住宅の各戸の界壁関係）

1　法第３条第２項の規定により法第30条の規定の適用を受けない長屋又は共同住宅について法第86条の７第１項の規定により政令で定める範囲は、増築については増築後の延べ面積が基準時における延べ面積の1.5倍を超えないこととし、改築については改築に係る部分の床面積が基準時における延べ面積の２分の１を超えないこととする。

[現行]　**第137条の６**　（非常用の昇降機関係）

制定：昭和45年政令第333号　　　施行：昭和46年1月1日

令旧137条の3の3 制定：昭和45年政令第333号

旧　第137条の3の3　（非常用の昇降機関係）

1　法第3条第2項の規定により法第34条第2項の規定の適用を受けない高さ31mをこえる建築物について法第86条の2の規定により政令で定める範囲は、増築及び改築については、次の各号に定めるところによる。
　一　増築に係る部分の建築物の高さが31mをこえず、かつ、増築に係る部分の床面積の合計が基準時における延べ面積の2分の1をこえないこと。
　二　改築に係る部分の床面積の合計が基準時における延べ面積の5分の1をこえず、かつ、改築に係る部分の建築物の高さが基準時における当該部分の高さをこえないこと。

改正：平成11年政令第5号　　　施行：平成11年5月1日

旧　第137条の3の3　（非常用の昇降機関係）

1　法第3条第2項の規定により法第34条第2項の規定の適用を受けない高さ31mを<u>超える</u>建築物について法<u>第86条の7</u>の規定により政令で定める範囲は、増築及び改築については、次の各号に定めるところによる。
　一　増築に係る部分の建築物の高さが31mを<u>超えず</u>、かつ、増築に係る部分の床面積の合計が基準時における延べ面積の2分の1を<u>超えない</u>こと。
　二　改築に係る部分の床面積の合計が基準時における延べ面積の5分の1を<u>超えず</u>、かつ、改築に係る部分の建築物の高さが基準時における当該部分の高さを<u>超えない</u>こと。

改正：平成17年政令第192号　　　施行：平成17年6月1日

第137条の6　（非常用の昇降機関係）

1　法第3条第2項の規定により法第34条第2項の規定の適用を受けない高さ31mを超える建築物について法<u>第86条の7第1項</u>の規定により政令で定める範囲は、増築及び改築については、<u>次に</u>定めるところによる。
　一　増築に係る部分の建築物の高さが31mを超えず、かつ、増築に係る部分の床面積の合計が基準時における延べ面積の2分の1を超えないこと。
　二　改築に係る部分の床面積の合計が基準時における延べ面積の5分の1を超えず、かつ、改築に係る部分の建築物の高さが基準時における当該部分の高さを超えないこと。

[現行]　第137条の6の2　（階段等関係）

制定：令和5年政令第280号　　　施行：令和6年4月1日

第137条の6の2　（階段等関係）

1　法第86条の7第1項の政令で定める階段、出入口その他の避難施設及び排煙設備に関する技術的基準は、第5章第2節（第119条を除く。）及び第3節に規定する技術的基準とする。
2　法第3条第2項の規定により法第35条（前項に規定する技術的基準に係る部分に限る。）の規定の適用を受けない建築物についての法第86条の7第1項の政令で定める範囲は、増築及び改築については、次の各号のいずれか（居室の部分に係る増築にあつては、第一号）に該当する増築又は改築に係る部分とする。
　一　次のイ及びロに該当するものであること。
　　イ　増築又は改築に係る部分及びその他の部分が、増築又は改築後において、それぞれ第117条第2項各号（法第35条（第5章第3節に規定する技術的基準に係る部分に限る。）の規定の適用を受けない建築物について増築又は改築を行う場合にあつては、第126条の2第2項各号）のいずれかに掲げる建築物の部分となるものであること。
　　ロ　増築又は改築に係る部分が、前項に規定する技術的基準に相当する建築物の部分に関する基準として国土交通大臣が定めるものに適合するものであること。
　二　増築又は改築に係る部分の対象床面積の合計が基準時における延べ面積の20分の1を超えず、かつ、当該増築又は改築が当該増築又は改築に係る部分以外の部分における避難の安全上支障とならないものであること。

[現行]　第137条の6の3　（敷地内の避難上及び消火上必要な通路関係）

制定：令和5年政令第280号　　施行：令和6年4月1日
第137条の6の3　（敷地内の避難上及び消火上必要な通路関係）
1　法第86条の7第1項の政令で定める敷地内の避難上及び消火上必要な通路に関する技術的基準は、第5章第6節（第128条の3を除く。）に規定する技術的基準とする。
2　法第3条第2項の規定により法第35条（前項に規定する技術的基準に係る部分に限る。）の規定の適用を受けない建築物についての法第86条の7第1項の政令で定める範囲は、増築（居室の部分に係るものを除く。以下この項において同じ。）及び改築については、増築又は改築に係る部分の対象床面積の合計が基準時における延べ面積の20分の1を超えず、かつ、当該増築又は改築が当該増築又は改築に係る部分以外の部分における避難及び消火の安全上支障とならないものである増築又は改築に係る部分とする。

[現行]　第137条の6の4　（防火壁及び防火区画関係）

制定：令和5年政令第280号　　施行：令和6年4月1日
第137条の6の4　（防火壁及び防火区画関係）
1　法第86条の7第1項の政令で定める防火壁及び防火区画の設置及び構造に関する技術的基準は、第112条及び第114条に規定する技術的基準（第112条第11項から第13項までに規定する竪（たて）穴部分の技術的基準のうち、当該竪（たて）穴部分が第120条又は第121条の規定による直通階段に該当する場合に適用されることとなるもの（次項第二号において「特定竪（たて）穴基準」という。）を除く。）とする。
2　法第3条第2項の規定により法第36条（前項に規定する技術的基準に係る部分に限る。）の規定の適用を受けない建築物についての法第86条の7第1項の政令で定める範囲は、増築及び改築については、次の各号に掲げる建築物の区分に応じ、当該各号に定める要件に該当する増築又は改築に係る部分とする。
一　次号に掲げる建築物以外の建築物　次のイ又はロのいずれかに該当するものであること。
　イ　次の(1)及び(2)に該当するものであること。
　　(1)　増築又は改築に係る部分が火熱遮断壁等で区画されるものであること。
　　(2)　増築又は改築に係る部分が、前項に規定する技術的基準に相当する建築物の部分に関する基準として国土交通大臣が定めるものに適合するものであること。
　ロ　増築又は改築に係る部分の対象床面積の合計が基準時における延べ面積の20分の1を超えず、かつ、当該増築又は改築が当該増築又は改築に係る部分以外の部分における延焼の危険性を増大させないものであること。
二　第112条第11項から第13項までに規定する竪（たて）穴部分の技術的基準（特定竪（たて）穴基準を除く。）に適合しない建築物　前号ロに該当するものであること。

[現行]　第137条の7　（用途地域等関係）

制定：昭和25年政令第338号　　施行：昭和25年11月23日
旧　第130条　（既存建築物に対する制限の緩和）
1　法第49条又は法第50条第2項若しくは第4項の規定に適合しない既存建築物を増築し、改築し、又はその用途を変更できる範囲は、当該建築物がこれらの規定に適合しなくなつた時（以下この条において「基準時」という。）を基準として、下の各号に定めるところによる。
一　増築又は改築が基準時における敷地内におけるものであり、且つ、増築又は改築後における建築面積又は延べ面積の合計が基準時における敷地面積に対して、それぞれ法第55条又は法第56条に規定する割合をこえないこと。
二　基準時以後において増築によつて増加する延べ面積（増築する建築物が2以上の棟をなす場合又は数回にわたつて増築する場合においては、これらの増築によつて増加する延べ面積の合計）は、基準時における延べ面積（同一敷地内において2以上の棟をなす建築物がある場合においては、その延べ面積の合計）の2分の1をこえないこと。

令旧130条　制定：昭和25年政令第338号

　三　基準時以後において増築又は用途の変更によつて増加する法第49条又は法第50条第２項若しくは第４項の規定に適合しない用途に供する建築物の部分の床面積の合計（数回にわたつて増築し、又は用途を変更する場合においては、これらの増築又は用途の変更によつて増加するその床面積の合計）は、基準時におけるその床面積の合計の２分の１をこえないこと。
　四　法第49条の規定に適合しなくなつた事由が原動機の馬力数又は機械の台数によるものにあつては、基準時以後において増築又は用途の変更によつて増加する原動機の馬力数又は機械の台数の合計（数回にわたつて増加する場合にあつては、これらの合計）は、基準時における原動機の馬力数又は機械の台数の合計の２分の１をこえないこと。

改正：昭和27年政令第164号　　　施行：昭和27年５月31日
旧　第130条　（用途地域又は専用地区内における既存建築物に対する制限の緩和）

１　法第49条又は法第50条第２項若しくは第４項の規定に適合しない既存建築物を増築し、改築し、又はその用途を変更できる範囲は、当該建築物がこれらの規定に適合しなくなつた時（以下この条において「基準時」という。）を基準として、下の各号に定めるところによる。
　一　増築又は改築が基準時における敷地内におけるものであり、且つ、増築又は改築後における建築面積又は延べ面積の合計が基準時における敷地面積に対して、それぞれ法第55条又は法第56条に規定する割合をこえないこと。
　二　基準時以後において増築によつて増加する延べ面積（増築する建築物が２以上の棟をなす場合又は数回にわたつて増築する場合においては、これらの増築によつて増加する延べ面積の合計）は、基準時における延べ面積（同一敷地内において２以上の棟をなす建築物がある場合においては、その延べ面積の合計）の２分の１をこえないこと。
　三　基準時以後において増築又は用途の変更によつて増加する法第49条又は法第50条第２項若しくは第４項の規定に適合しない用途に供する建築物の部分の床面積の合計（数回にわたつて増築し、又は用途を変更する場合においては、これらの増築又は用途の変更によつて増加するその床面積の合計）は、基準時におけるその床面積の合計の２分の１をこえないこと。
　四　法第49条の規定に適合しなくなつた事由が原動機の馬力数又は機械の台数によるものにあつては、基準時以後において増築又は用途の変更によつて増加する原動機の馬力数又は機械の台数の合計（数回にわたつて増加する場合にあつては、これらの合計）は、基準時における原動機の馬力数又は機械の台数の合計の２分の１をこえないこと。

改正：昭和34年政令第344号　　　施行：昭和34年12月23日
旧　第137条の４　（用途地域等関係）

１　法第３条第２項の規定により法第49条第１項から第４項まで又は法第50条第２項若しくは第４項の規定の適用を受けない建築物について法第86条の２の規定により政令で定める範囲は、増築及び改築については、次の各号に定めるところによる。
　一　増築又は改築が基準時における敷地内におけるものであり、かつ、増築又は改築後における建築面積又は延べ面積が基準時における敷地面積に対してそれぞれ法第55条又は法第56条第３項の規定に適合すること。
　二　増築後の床面積の合計は、基準時における床面積の合計の1.5倍をこえないこと。
　三　増築後の法第49条第１項から第４項まで又は法第50条第２項若しくは第４項の規定に適合しない用途に供する建築物の部分の床面積の合計は、基準時におけるその部分の床面積の合計の1.5倍をこえないこと。
　四　法第49条の規定に適合しない事由が原動機の出力、機械の台数又は容器等の容量による場合においては、増築後のそれらの出力、台数又は容量の合計は、基準時におけるそれらの出力、台数又は容量の合計の1.5倍をこえないこと。

改正：昭和44年政令第158号　　　施行：昭和44年６月14日
旧　第137条の４　（用途地域等関係）

改正：昭和56年政令第144号 **令旧137条の4**

1 法第3条第2項の規定により法第49条第1項から第4項まで又は法第50条の規定の適用を受けない建築物について法第86条の2の規定により政令で定める範囲は、増築及び改築については、次の各号に定めるところによる。
　一　増築又は改築が基準時における敷地内におけるものであり、かつ、増築又は改築後における建築面積又は延べ面積が基準時における敷地面積に対してそれぞれ法第55条又は法第56条第1項の規定に適合すること。
　二　略
　三　増築後の法第49条第1項から第4項まで又は法第50条の規定に適合しない用途に供する建築物の部分の床面積の合計は、基準時におけるその部分の床面積の合計の1.5倍をこえないこと。
　四　略

改正：昭和45年政令第333号　　　施行：昭和46年1月1日
旧　第137条の4　（用途地域等関係）

1 法第3条第2項の規定により法第48条第1項から第8項までの規定の適用を受けない建築物について法第86条の2の規定により政令で定める範囲は、増築及び改築については、次の各号に定めるところによる。
　一　増築又は改築が基準時における敷地内におけるものであり、かつ、増築又は改築後における延べ面積及び建築面積が基準時における敷地面積に対してそれぞれ法第52条第1項及び法第53条の規定に適合すること。
　二　増築後の床面積の合計は、基準時における床面積の合計の1.2倍をこえないこと。
　三　増築後の法第48条第1項から第8項までの規定に適合しない用途に供する建築物の部分の床面積の合計は、基準時におけるその部分の床面積の合計の1.2倍をこえないこと。
　四　法第48条第1項から第8項までの規定に適合しない事由が原動機の出力、機械の台数又は容器等の容量による場合においては、増築後のそれらの出力、台数又は容量の合計は、基準時におけるそれらの出力、台数又は容量の合計の1.2倍をこえないこと。

改正：昭和52年政令第266号　　　施行：昭和52年11月1日
旧　第137条の4　（用途地域等関係）

1 法第3条第2項の規定により法第48条第1項から第8項までの規定の適用を受けない建築物について法第86条の2の規定により政令で定める範囲は、増築及び改築については、次の各号に定めるところによる。
　一　増築又は改築が基準時における敷地内におけるものであり、かつ、増築又は改築後における延べ面積及び建築面積が基準時における敷地面積に対してそれぞれ法第52条第1項又は第2項及び法第53条の規定に適合すること。
　二～四　略

改正：昭和56年政令第144号　　　施行：昭和56年4月25日
旧　第137条の4　（用途地域等関係）

1 法第3条第2項の規定により法第48条第1項から第8項までの規定の適用を受けない建築物について法第86条の2の規定により政令で定める範囲は、増築及び改築については、次の各号に定めるところによる。
　一　増築又は改築が基準時における敷地内におけるものであり、かつ、増築又は改築後における延べ面積及び建築面積が基準時における敷地面積に対してそれぞれ法第52条第1項又は第2項及び法第53条の規定並びに法第68条の2第1項の規定に基づく条例の第136条の2第1項第二号及び第三号の制限を定めた規定に適合すること。
　二　増築後の床面積の合計は、基準時における床面積の合計の1.2倍を超えないこと。
　三　増築後の法第48条第1項から第8項までの規定に適合しない用途に供する建築物の部分の床面積の合計は、基準時におけるその部分の床面積の合計の1.2倍を超えないこと。
　四　法第48条第1項から第8項までの規定に適合しない事由が原動機の出力、機械の台数又は容器等の容量

令旧137条の4　改正：昭和56年政令第144号

による場合においては、増築後のそれらの出力、台数又は容量の合計は、基準時におけるそれらの出力、台数又は容量の合計の1.2倍を<u>超えない</u>こと。

改正：昭和62年政令第348号　　　施行：昭和62年11月16日
旧　第137条の4　（用途地域等関係）

1　法第3条第2項の規定により法第48条第1項から第8項までの規定の適用を受けない建築物について法第86条の2の規定により政令で定める範囲は、増築及び改築については、次の各号に定めるところによる。
　一　増築又は改築が基準時における敷地内におけるものであり、かつ、増築又は改築後における延べ面積及び建築面積が基準時における敷地面積に対してそれぞれ法第52条<u>第1項から第3項まで</u>及び法第53条の規定並びに法第68条の2第1項の規定に基づく条例の<u>第136条の2の2</u>第1項第二号及び第三号の制限を定めた規定に適合すること。
　二〜四　略

改正：平成5年政令第170号　　　施行：平成5年6月25日
旧　第137条の4　（用途地域等関係）

1　法第3条第2項の規定により法第48条第1項から<u>第12項</u>までの規定の適用を受けない建築物について法第86条の2の規定により政令で定める範囲は、増築及び改築については、<u>次</u>に定めるところによる。
　一・二　略
　三　増築後の法第48条第1項から<u>第12項</u>までの規定に適合しない用途に供する建築物の部分の床面積の合計は、基準時におけるその部分の床面積の合計の1.2倍を超えないこと。
　四　法第48条第1項から<u>第12項</u>までの規定に適合しない事由が原動機の出力、機械の台数又は容器等の容量による場合においては、増築後のそれらの出力、台数又は容量の合計は、基準時におけるそれらの出力、台数又は容量の合計の1.2倍を超えないこと。

改正：平成6年政令第193号　　　施行：平成6年6月29日
旧　第137条の4　（用途地域等関係）

1　法第3条第2項の規定により法第48条第1項から第12項までの規定の適用を受けない建築物について法第86条の2の規定により政令で定める範囲は、増築及び改築については、次に定めるところによる。
　一　増築又は改築が基準時における敷地内におけるものであり、かつ、増築又は改築後における延べ面積及び建築面積が基準時における敷地面積に対してそれぞれ法第52条第1項から<u>第5項</u>まで及び法第53条の規定並びに法第68条の2第1項の規定に基づく条例の第136条の2の2第1項第二号及び第三号の制限を定めた規定に適合すること。
　二〜四　略

改正：平成9年政令第196号　　　施行：平成9年6月13日
旧　第137条の4　（用途地域等関係）

1　法第3条第2項の規定により法第48条第1項から第12項までの規定の適用を受けない建築物について法第86条の2の規定により政令で定める範囲は、増築及び改築については、次に定めるところによる。
　一　増築又は改築が基準時における敷地内におけるものであり、かつ、増築又は改築後における延べ面積及び建築面積が基準時における敷地面積に対してそれぞれ法第52条第1項から<u>第6項</u>まで及び法第53条の規定並びに法第68条の2第1項の規定に基づく条例の第136条の2の2第1項第二号及び第三号の制限を定めた規定に適合すること。
　二〜四　略

改正：平成11年政令第5号　　　施行：平成11年5月1日

改正：平成17年政令第192号　**令旧137条の7**

旧　第137条の4　（用途地域等関係）

1　法第３条第２項の規定により法第48条第１項から第12項までの規定の適用を受けない建築物について法第86条の7の規定により政令で定める範囲は、増築及び改築については、次に定めるところによる。
　一～四　略

改正：平成12年政令第211号　　　施行：平成12年６月１日

旧　第137条の4　（用途地域等関係）

1　法第３条第２項の規定により法第48条第１項から第12項までの規定の適用を受けない建築物について法第86条の7の規定により政令で定める範囲は、増築及び改築については、次に定めるところによる。
　一　増築又は改築が基準時における敷地内におけるものであり、かつ、増築又は改築後における延べ面積及び建築面積が基準時における敷地面積に対してそれぞれ法第52条第１項から第６項まで及び法第53条の規定並びに法第68条の2第１項の規定に基づく条例の第136条の２の４第１項第二号及び第三号の制限を定めた規定に適合すること。
　二～四　略

改正：平成14年政令第331号　　　施行：平成15年１月１日

旧　第137条の4　（用途地域等関係）

1　法第３条第２項の規定により法第48条第１項から第12項までの規定の適用を受けない建築物について法第86条の7の規定により政令で定める範囲は、増築及び改築については、次に定めるところによる。
　一　増築又は改築が基準時における敷地内におけるものであり、かつ、増築又は改築後における延べ面積及び建築面積が基準時における敷地面積に対してそれぞれ法第52条第１項から第８項まで及び法第53条の規定並びに法第68条の2第１項の規定に基づく条例の第136条の２の４第１項第二号及び第三号の制限を定めた規定に適合すること。
　二～四　略

改正：平成15年政令第523号　　　施行：平成15年12月19日

旧　第137条の4　（用途地域等関係）

1　法第３条第２項の規定により法第48条第１項から第12項までの規定の適用を受けない建築物について法第86条の7の規定により政令で定める範囲は、増築及び改築については、次に定めるところによる。
　一　増築又は改築が基準時における敷地内におけるものであり、かつ、増築又は改築後における延べ面積及び建築面積が基準時における敷地面積に対してそれぞれ法第52条第１項から第８項まで及び法第53条の規定並びに法第68条の2第１項の規定に基づく条例の第136条の２の５第１項第二号及び第三号の制限を定めた規定に適合すること。
　二～四　略

改正：平成17年政令第192号　　　施行：平成17年６月１日

第137条の7　（用途地域等関係）

1　法第３条第２項の規定により法第48条第１項から第12項までの規定の適用を受けない建築物について法第86条の7第１項の規定により政令で定める範囲は、増築及び改築については、次に定めるところによる。
　一　増築又は改築が基準時における敷地内におけるものであり、かつ、増築又は改築後における延べ面積及び建築面積が基準時における敷地面積に対してそれぞれ法第52条第１項、第２項及び第７項並びに法第53条の規定並びに法第68条の2第１項の規定に基づく条例の第136条の２の５第１項第二号及び第三号の制限を定めた規定に適合すること。
　二～四　略
　五　用途の変更（第137条の18第２項に規定する範囲内のものを除く。）を伴わないこと。

令旧137条の7　改正：平成18年政令第350号

改正：平成18年政令第350号　　　施行：平成19年11月30日
第137条の7　（用途地域等関係）

1　法第3条第2項の規定により法第48条第1項から第13項までの規定の適用を受けない建築物について法第86条の7第1項の規定により政令で定める範囲は、増築及び改築については、次に定めるところによる。
　一・二　略
　三　増築後の法第48条第1項から第13項までの規定に適合しない用途に供する建築物の部分の床面積の合計は、基準時におけるその部分の床面積の合計の1.2倍を超えないこと。
　四　法第48条第1項から第13項までの規定に適合しない事由が原動機の出力、機械の台数又は容器等の容量による場合においては、増築後のそれらの出力、台数又は容量の合計は、基準時におけるそれらの出力、台数又は容量の合計の1.2倍を超えないこと。
　五　略

改正：平成27年政令第11号　　　施行：平成27年6月1日
第137条の7　（用途地域等関係）

1　法第3条第2項の規定により法第48条第1項から第13項までの規定の適用を受けない建築物について法第86条の7第1項の規定により政令で定める範囲は、増築及び改築については、次に定めるところによる。
　一～四　略
　五　用途の変更（第137条の19第2項に規定する範囲内のものを除く。）を伴わないこと。

改正：平成29年政令第156号　　　施行：平成30年4月1日
第137条の7　（用途地域等関係）

1　法第3条第2項の規定により法第48条第1項から第14項までの規定の適用を受けない建築物について法第86条の7第1項の規定により政令で定める範囲は、増築及び改築については、次に定めるところによる。
　一　増築又は改築が基準時における敷地内におけるものであり、かつ、増築又は改築後における延べ面積及び建築面積が基準時における敷地面積に対してそれぞれ法第52条第1項、第2項及び第7項並びに法第53条の規定並びに法第68条の2第1項の規定に基づく条例の第136条の2の5第1項第二号及び第三号の制限を定めた規定に適合すること。
　二　増築後の床面積の合計は、基準時における床面積の合計の1.2倍を超えないこと。
　三　増築後の法第48条第1項から第14項までの規定に適合しない用途に供する建築物の部分の床面積の合計は、基準時におけるその部分の床面積の合計の1.2倍を超えないこと。
　四　法第48条第1項から第14項までの規定に適合しない事由が原動機の出力、機械の台数又は容器等の容量による場合においては、増築後のそれらの出力、台数又は容量の合計は、基準時におけるそれらの出力、台数又は容量の合計の1.2倍を超えないこと。
　五　用途の変更（第137条の19第2項に規定する範囲内のものを除く。）を伴わないこと。

[現行]　第137条の8　（容積率関係）

制定：昭和39年政令第4号　　　施行：昭和39年1月15日
旧　第137条の5　（容積地区関係）

1　法第3条第2項の規定により法第59条の2第2項の規定の適用を受けない建築物について法第86条の2の規定により政令で定める範囲は、増築及び改築については、次の各号に定めるところによる。
　一　増築又は改築に係る部分が増築又は改築後に第2条第1項に規定するもつぱら自動車の停留又は駐車のための施設（以下この条において「自動車車庫等」という。）の用途に供するものであること。
　二　増築前における自動車車庫等の用途に供しない部分の床面積の合計が基準時における自動車車庫等の用途に供しない部分の床面積の合計をこえないものであること。
　三　増築又は改築後における自動車車庫等の用途に供する部分の床面積の合計が増築又は改築後における当

該建築物の床面積の合計の5分の1（改築の場合において、基準時における自動車車庫等の用途に供する部分の床面積の合計が基準時における当該建築物の床面積の合計の5分の1をこえているときは、基準時における自動車車庫等の用途に供する部分の床面積の合計）をこえないものであること。

改正：昭和44年政令第158号　　施行：昭和44年6月14日
旧　第137条の5　（容積地区関係）

1　法第3条第2項の規定により法第59条の2第1項の規定の適用を受けない建築物について法第86条の2の規定により政令で定める範囲は、増築及び改築については、次の各号に定めるところによる。
　一～三　略

改正：昭和45年政令第333号　　施行：昭和46年1月1日
旧　第137条の5　（延べ面積の敷地面積に対する割合関係）

1　法第3条第2項の規定により法第52条第1項の規定の適用を受けない建築物について法第86条の2の規定により政令で定める範囲は、増築及び改築については、次の各号に定めるところによる。
　一～三　略

改正：昭和52年政令第266号　　施行：昭和52年11月1日
旧　第137条の5　（延べ面積の敷地面積に対する割合関係）

1　法第3条第2項の規定により法第52条第1項又は第2項の規定の適用を受けない建築物について法第86条の2の規定により政令で定める範囲は、増築及び改築については、次の各号に定めるところによる。
　一～三　略

改正：昭和62年政令第348号　　施行：昭和62年11月16日
旧　第137条の5　（延べ面積の敷地面積に対する割合関係）

1　法第3条第2項の規定により法第52条第1項から第3項までの規定の適用を受けない建築物について法第86条の2の規定により政令で定める範囲は、増築及び改築については、次の各号に定めるところによる。
　一　増築又は改築に係る部分が増築又は改築後に第2条第1項に規定する専ら自動車又は自転車の停留又は駐車のための施設（以下この条において「自動車車庫等」という。）の用途に供するものであること。
　二・三　略

改正：平成6年政令第193号　　施行：平成6年6月29日
旧　第137条の5　（延べ面積の敷地面積に対する割合関係）

1　法第3条第2項の規定により法第52条第1項から第5項までの規定の適用を受けない建築物について法第86条の2の規定により政令で定める範囲は、増築及び改築については、次に定めるところによる。
　一　略
　二　増築前における自動車車庫等の用途に供しない部分の床面積の合計が基準時における自動車車庫等の用途に供しない部分の床面積の合計を超えないものであること。
　三　増築又は改築後における自動車車庫等の用途に供する部分の床面積の合計が増築又は改築後における当該建築物の床面積の合計の5分の1（改築の場合において、基準時における自動車車庫等の用途に供する部分の床面積の合計が基準時における当該建築物の床面積の合計の5分の1を超えているときは、基準時における自動車車庫等の用途に供する部分の床面積の合計）を超えないものであること。

改正：平成9年政令第196号　　施行：平成9年6月13日
旧　第137条の5　（延べ面積の敷地面積に対する割合関係）

令旧137条の5　改正：平成9年政令第196号

1　法第3条第2項の規定により法第52条第1項から第6項までの規定の適用を受けない建築物について法第86条の2の規定により政令で定める範囲は、増築及び改築については、次に定めるところによる。
　一～三　略

改正：平成11年政令第5号　　　施行：平成11年5月1日
旧　第137条の5　（延べ面積の敷地面積に対する割合関係）

1　法第3条第2項の規定により法第52条第1項から第6項までの規定の適用を受けない建築物について法第86条の7の規定により政令で定める範囲は、増築及び改築については、次に定めるところによる。
　一～三　略

改正：平成13年政令第98号　　　施行：平成13年5月18日
旧　第137条の5　（容積率関係）

略

改正：平成14年政令第331号　　　施行：平成15年1月1日
旧　第137条の5　（容積率関係）

1　法第3条第2項の規定により法第52条第1項から第8項までの規定の適用を受けない建築物について法第86条の7の規定により政令で定める範囲は、増築及び改築については、次に定めるところによる。
　一～三　略

改正：平成17年政令第192号　　　施行：平成17年6月1日
第137条の8　（容積率関係）

1　法第3条第2項の規定により法第52条第1項、第2項若しくは第7項又は法第60条第1項（建築物の高さに係る部分を除く。）の規定の適用を受けない建築物について法第86条の7第1項の規定により政令で定める範囲は、増築及び改築については、次に定めるところによる。
　一～三　略

改正：平成24年政令第239号　　　施行：平成24年9月20日
第137条の8　（容積率関係）

1　法第3条第2項の規定により法第52条第1項、第2項若しくは第7項又は法第60条第1項（建築物の高さに係る部分を除く。）の規定の適用を受けない建築物について法第86条の7第1項の規定により政令で定める範囲は、増築及び改築については、次に定めるところによる。
　一　増築又は改築に係る部分が増築又は改築後において自動車車庫等部分、備蓄倉庫部分、蓄電池設置部分、自家発電設備設置部分又は貯水槽設置部分となること。
　二　増築前における自動車車庫等部分、備蓄倉庫部分、蓄電池設置部分、自家発電設備設置部分及び貯水槽設置部分以外の部分の床面積の合計が基準時における当該部分の床面積の合計を超えないものであること。
　三　増築又は改築後における自動車車庫等部分の床面積の合計、備蓄倉庫部分の床面積の合計、蓄電池設置部分の床面積の合計、自家発電設備設置部分の床面積の合計又は貯水槽設置部分の床面積の合計（以下この号において「対象部分の床面積の合計」という。）が、第2条第3項各号に掲げる建築物の部分の区分に応じ、増築又は改築後における当該建築物の床面積の合計に当該各号に定める割合を乗じて得た面積(改築の場合において、基準時における対象部分の床面積の合計が同項各号に掲げる建築物の部分の区分に応じ基準時における当該建築物の床面積の合計に当該各号に定める割合を乗じて得た面積を超えているときは、基準時における対象部分の床面積の合計）を超えないものであること。

改正：平成26年政令第232号　　　施行：平成26年7月1日

第137条の8　（容積率関係）

1　法第3条第2項の規定により法第52条第1項、第2項若しくは第7項又は法第60条第1項（建築物の高さに係る部分を除く。）の規定の適用を受けない建築物について法第86条の7第1項の規定により政令で定める範囲は、増築及び改築については、次に定めるところによる。
　一　増築又は改築に係る部分が増築又は改築後においてエレベーターの昇降路の部分（当該エレベーターの設置に付随して設けられる共同住宅の共用の廊下又は階段の用に供する部分を含む。）、自動車車庫等部分、備蓄倉庫部分、蓄電池設置部分、自家発電設備設置部分又は貯水槽設置部分となること。
　二　増築前におけるエレベーターの昇降路の部分、共同住宅の共用の廊下又は階段の用に供する部分、自動車車庫等部分、備蓄倉庫部分、蓄電池設置部分、自家発電設備設置部分及び貯水槽設置部分以外の部分の床面積の合計が基準時における当該部分の床面積の合計を超えないものであること。
　三　略

改正：平成30年政令第255号　　　施行：平成30年9月25日

第137条の8　（容積率関係）

1　法第3条第2項の規定により法第52条第1項、第2項若しくは第7項又は法第60条第1項（建築物の高さに係る部分を除く。）の規定の適用を受けない建築物について法第86条の7第1項の規定により政令で定める範囲は、増築及び改築については、次に定めるところによる。
　一　増築又は改築に係る部分が増築又は改築後においてエレベーターの昇降路の部分（当該エレベーターの設置に付随して設けられる共同住宅又は老人ホーム等（法第52条第3項に規定する老人ホーム等をいう。次号において同じ。）の共用の廊下又は階段の用に供する部分を含む。）、自動車車庫等部分、備蓄倉庫部分、蓄電池設置部分、自家発電設備設置部分、貯水槽設置部分又は宅配ボックス設置部分となること。
　二　増築前におけるエレベーターの昇降路の部分、共同住宅又は老人ホーム等の共用の廊下又は階段の用に供する部分、自動車車庫等部分、備蓄倉庫部分、蓄電池設置部分、自家発電設備設置部分、貯水槽設置部分及び宅配ボックス設置部分以外の部分の床面積の合計が基準時における当該部分の床面積の合計を超えないものであること。
　三　増築又は改築後における自動車車庫等部分の床面積の合計、備蓄倉庫部分の床面積の合計、蓄電池設置部分の床面積の合計、自家発電設備設置部分の床面積の合計、貯水槽設置部分の床面積の合計又は宅配ボックス設置部分の床面積の合計（以下この号において「対象部分の床面積の合計」という。）が、第2条第3項各号に掲げる建築物の部分の区分に応じ、増築又は改築後における当該建築物の床面積の合計に当該各号に定める割合を乗じて得た面積（改築の場合において、基準時における対象部分の床面積の合計が同項各号に掲げる建築物の部分の区分に応じ基準時における当該建築物の床面積の合計に当該各号に定める割合を乗じて得た面積を超えているときは、基準時における対象部分の床面積の合計）を超えないものであること。

改正：令和4年政令第351号　　　施行：令和5年4月1日

第137条の8　（容積率関係）

1　法第3条第2項の規定により法第52条第1項、第2項若しくは第7項又は法第60条第1項（建築物の高さに係る部分を除く。）の規定の適用を受けない建築物について法第86条の7第1項の規定により政令で定める範囲は、増築及び改築については、次に定めるところによる。
　一　増築又は改築に係る部分が増築又は改築後においてエレベーターの昇降路の部分（当該エレベーターの設置に付随して設けられる共同住宅又は老人ホーム等（法第52条第3項に規定する老人ホーム等をいう。次号において同じ。）の共用の廊下又は階段の用に供する部分を含む。）、同条第6項第三号に掲げる建築物の部分、自動車車庫等部分、備蓄倉庫部分、蓄電池設置部分、自家発電設備設置部分、貯水槽設置部分又は宅配ボックス設置部分となること。
　二　増築前におけるエレベーターの昇降路の部分、共同住宅又は老人ホーム等の共用の廊下又は階段の用に供する部分、法第52条第6項第三号に掲げる建築物の部分、自動車車庫等部分、備蓄倉庫部分、蓄電池設置部分、自家発電設備設置部分、貯水槽設置部分及び宅配ボックス設置部分以外の部分の床面積の合計が

令旧137条の8　改正：令和4年政令第351号

　　　基準時における当該部分の床面積の合計を超えないものであること。
　三　増築又は改築後における自動車車庫等部分の床面積の合計、備蓄倉庫部分の床面積の合計、蓄電池設置部分の床面積の合計、自家発電設備設置部分の床面積の合計、貯水槽設置部分の床面積の合計又は宅配ボックス設置部分の床面積の合計（以下この号において「対象部分の床面積の合計」という。）が、第2条第3項各号に掲げる建築物の部分の区分に応じ、増築又は改築後における当該建築物の床面積の合計に当該各号に定める割合を乗じて得た面積（改築の場合において、基準時における対象部分の床面積の合計が同項各号に掲げる建築物の部分の区分に応じ基準時における当該建築物の床面積の合計に当該各号に定める割合を乗じて得た面積を超えているときは、基準時における対象部分の床面積の合計）を超えないものであること。

[現行]　第137条の9　（高度利用地区等関係）

制定：昭和44年政令第232号　　　施行：昭和44年8月26日
旧　　第137条の6　（高度利用地区関係）

1　法第3条第2項の規定により法第59条の3第1項の規定の適用を受けない建築物について法第86条の2の規定により政令で定める範囲は、増築及び改築については、次の各号に定めるところによる。
　一　増築後の建築面積及び延べ面積が基準時における建築面積及び延べ面積の1.5倍をこえないこと。
　二　増築後の建築面積が高度利用地区に関する都市計画において定められた建築面積の最低限度の3分の2をこえないこと。
　三　増築後の延べ面積の敷地面積に対する割合が高度利用地区に関する都市計画において定められた延べ面積の敷地面積に対する割合の最低限度の3分の2をこえないこと。
　四　改築に係る部分の床面積が基準時における延べ面積の2分の1をこえないこと。

改正：昭和45年政令第333号　　　施行：昭和46年1月1日
旧　　第137条の6　（高度利用地区関係）

1　法第3条第2項の規定により法第59条第1項の規定の適用を受けない建築物について法第86条の2の規定により政令で定める範囲は、増築及び改築については、次の各号に定めるところによる。
　一～四　略

改正：昭和50年政令第304号　　　施行：昭和50年11月1日
旧　　第137条の6　（高度利用地区関係）

1　法第3条第2項の規定により法第59条第1項の規定の適用を受けない建築物について法第86条の2の規定により政令で定める範囲は、その適合しない部分が、当該建築物の延べ面積の敷地面積に対する割合の最低限度又は建築面積に係る場合の増築及び改築については次の各号に、当該建築物の延べ面積の敷地面積に対する割合の最高限度及び建築面積に係る場合の増築及び改築については次の各号及び前条各号に、当該建築物の延べ面積の敷地面積に対する割合の最高限度に係る場合の増築及び改築については同条各号に定めるところによる。
　一　増築後の建築面積及び延べ面積が基準時における建築面積及び延べ面積の1.5倍を超えないこと。
　二　増築後の建築面積が高度利用地区に関する都市計画において定められた建築面積の最低限度の3分の2を超えないこと。
　三　増築後の延べ面積の敷地面積に対する割合が高度利用地区に関する都市計画において定められた延べ面積の敷地面積に対する割合の最低限度の3分の2を超えないこと。
　四　改築に係る部分の床面積が基準時における延べ面積の2分の1を超えないこと。

改正：平成11年政令第5号　　　施行：平成11年5月1日
旧　　第137条の6　（高度利用地区関係）

改正：平成28年政令第288号　**令旧137条の9**

1　法第3条第2項の規定により法第59条第1項の規定の適用を受けない建築物について法第86条の7の規定により政令で定める範囲は、その適合しない部分が、当該建築物の延べ面積の敷地面積に対する割合の最低限度又は建築面積に係る場合の増築及び改築については次の各号に、当該建築物の延べ面積の敷地面積に対する割合の最高限度及び建築面積に係る場合の増築及び改築については次の各号及び前条各号に、当該建築物の延べ面積の敷地面積に対する割合の最高限度に係る場合の増築及び改築については同条各号に定めるところによる。
　一～四　略

改正：平成13年政令第98号　　　施行：平成13年5月18日
旧　第137条の6　（高度利用地区関係）

1　法第3条第2項の規定により法第59条第1項の規定の適用を受けない建築物について法第86条の7の規定により政令で定める範囲は、その適合しない部分が、当該建築物の容積率の最低限度又は建築面積に係る場合の増築及び改築については次の各号に、当該建築物の容積率の最高限度及び建築面積に係る場合の増築及び改築については次の各号及び前条各号に、当該建築物の容積率の最高限度に係る場合の増築及び改築については同条各号に定めるところによる。
　一・二　略
　三　増築後の容積率が高度利用地区に関する都市計画において定められた容積率の最低限度の3分の2を超えないこと。
　四　略

改正：平成14年政令第191号　　　施行：平成14年6月1日
旧　第137条の6　（高度利用地区又は都市再生特別地区関係）

1　法第3条第2項の規定により法第59条第1項又は法第60条の2第1項の規定の適用を受けない建築物について法第86条の7の規定により政令で定める範囲は、その適合しない部分が、当該建築物の容積率の最低限度又は建築面積に係る場合の増築及び改築については次の各号に、当該建築物の容積率の最高限度及び建築面積に係る場合の増築及び改築については次の各号及び前条各号に、当該建築物の容積率の最高限度に係る場合の増築及び改築については同条各号に定めるところによる。
　一　略
　二　増築後の建築面積が高度利用地区又は都市再生特別地区に関する都市計画において定められた建築面積の最低限度の3分の2を超えないこと。
　三　増築後の容積率が高度利用地区又は都市再生特別地区に関する都市計画において定められた容積率の最低限度の3分の2を超えないこと。
　四　略

改正：平成17年政令第192号　　　施行：平成17年6月1日
第137条の9　（高度利用地区又は都市再生特別地区関係）

1　法第3条第2項の規定により法第59条第1項（建築物の建ぺい率に係る部分を除く。）又は法第60条の2第1項（建築物の建ぺい率及び高さに係る部分を除く。）の規定の適用を受けない建築物について法第86条の7第1項の規定により政令で定める範囲は、その適合しない部分が、当該建築物の容積率の最低限度又は建築面積に係る場合の増築及び改築については次の各号に、当該建築物の容積率の最高限度及び建築面積に係る場合の増築及び改築については次の各号及び前条各号に、当該建築物の容積率の最高限度に係る場合の増築及び改築については同条各号に定めるところによる。
　一～四　略

改正：平成28年政令第288号　　　施行：平成28年9月1日
第137条の9　（高度利用地区等関係）

令旧137条の9　改正：平成28年政令第288号

1　法第3条第2項の規定により法第59条第1項（建築物の建ぺい率に係る部分を除く。）、法第60条の2第1項（建築物の建ぺい率及び高さに係る部分を除く。）又は法第60条の3第1項の規定の適用を受けない建築物について法第86条の7第1項の規定により政令で定める範囲は、その適合しない部分が、当該建築物の容積率の最低限度又は建築面積に係る場合の増築及び改築については次の各号に、当該建築物の容積率の最高限度及び建築面積に係る場合の増築及び改築については次の各号及び前条各号に、当該建築物の容積率の最高限度に係る場合の増築及び改築については同条各号に定めるところによる。
　一　略
　二　増築後の建築面積が高度利用地区、都市再生特別地区又は特定用途誘導地区に関する都市計画において定められた建築面積の最低限度の3分の2を超えないこと。
　三　増築後の容積率が高度利用地区、都市再生特別地区又は特定用途誘導地区に関する都市計画において定められた容積率の最低限度の3分の2を超えないこと。
　四　略

改正：平成29年政令第156号　　施行：平成30年4月1日
第137条の9　（高度利用地区等関係）

1　法第3条第2項の規定により法第59条第1項（建築物の建蔽率に係る部分を除く。）、法第60条の2第1項（建築物の建蔽率及び高さに係る部分を除く。）又は法第60条の3第1項の規定の適用を受けない建築物について法第86条の7第1項の規定により政令で定める範囲は、その適合しない部分が、当該建築物の容積率の最低限度又は建築面積に係る場合の増築及び改築については次の各号に、当該建築物の容積率の最高限度及び建築面積に係る場合の増築及び改築については次の各号及び前条各号に、当該建築物の容積率の最高限度に係る場合の増築及び改築については同条各号に定めるところによる。
　一　増築後の建築面積及び延べ面積が基準時における建築面積及び延べ面積の1.5倍を超えないこと。
　二　増築後の建築面積が高度利用地区、都市再生特別地区又は特定用途誘導地区に関する都市計画において定められた建築面積の最低限度の3分の2を超えないこと。
　三　増築後の容積率が高度利用地区、都市再生特別地区又は特定用途誘導地区に関する都市計画において定められた容積率の最低限度の3分の2を超えないこと。
　四　改築に係る部分の床面積が基準時における延べ面積の2分の1を超えないこと。

［現行］　第137条の10　（防火地域関係）

制定：昭和27年政令第164号　　施行：昭和27年5月31日
旧　第130条の2　（防火地域内における既存建築物に対する制限の緩和）

1　法第61条の規定に適合しない既存建築物（木造の建築物にあつては、外壁又はその屋内面及び軒裏が防火構造のものに限る。）については、下の各号に定める範囲内において増築し、又は改築する場合においては、同条の規定は、適用しない。
　一　既存建築物が法第61条の規定に適合しなくなつた時（以下この号において「基準時」という。）以後において増築し、又は改築する同条の規定に適合しない建築物の部分の床面積の合計（数回にわたつて増築し、又は改築する場合においては、これらの増築又は改築に係る部分の床面積の合計）が50㎡以下で、且つ、基準時におけるその床面積の合計をこえないこと。
　二　増築又は改築後における当該建築物の階数が2以下で、且つ、延べ面積が500㎡をこえないこと。
　三　増築又は改築に係る部分の外壁及び軒裏は、耐火構造又は防火構造とすること。

改正：昭和34年政令第344号　　施行：昭和34年12月23日
旧　第137条の5　（防火地域関係）

1　法第3条第2項の規定により法第61条の規定の適用を受けない建築物（木造の建築物にあつては、外壁又はその屋内面及び軒裏が耐火構造又は防火構造のものに限る。）について法第86条の2の規定により政令で定める範囲は、増築及び改築については、次の各号に定めるところによる。
　二　工事の着手が基準時以後である増築及び改築に係る部分の床面積の合計（当該増築又は改築に係る建築

物が同一敷地内に2以上ある場合においては、これらの増築又は改築に係る部分の床面積の合計）は、50㎡をこえず、かつ、基準時における当該建築物の延べ面積の合計をこえないこと。
二 増築又は改築後における階数が2以下で、かつ、延べ面積が500㎡をこえないこと。
三 増築又は改築に係る部分の外壁及び軒裏は、耐火構造又は防火構造とすること。

改正：昭和39年政令第4号　　施行：昭和39年1月15日
旧　第137条の6　（防火地域関係）

略

改正：昭和44年政令第232号　　施行：昭和44年8月26日
旧　第137条の7　（防火地域関係）

略

改正：平成5年政令第170号　　施行：平成5年6月25日
旧　第137条の7　（防火地域関係）

1　法第3条第2項の規定により法第61条の規定の適用を受けない建築物（木造の建築物にあつては、外壁又はその屋内面及び軒裏が<u>耐火構造、準耐火構造</u>又は防火構造のものに限る。）について法第86条の2の規定により政令で定める範囲は、増築及び改築については、<u>次</u>に定めるところによる。
一　工事の着手が基準時以後である増築及び改築に係る部分の床面積の合計（当該増築又は改築に係る建築物が同一敷地内に2以上ある場合においては、これらの増築又は改築に係る部分の床面積の合計）は、50㎡を<u>超えず</u>、かつ、基準時における当該建築物の延べ面積の合計を超えないこと。
二　増築又は改築後における階数が2以下で、かつ、延べ面積が500㎡を<u>超えない</u>こと。
三　増築又は改築に係る部分の外壁及び軒裏は、<u>耐火構造、準耐火構造</u>又は防火構造とすること。

改正：平成11年政令第5号　　施行：平成11年5月1日
旧　第137条の7　（防火地域関係）

1　法第3条第2項の規定により法第61条の規定の適用を受けない建築物（木造の建築物にあつては、外壁又はその屋内面及び軒裏が耐火構造、準耐火構造又は防火構造のものに限る。）について<u>法第86条の7</u>の規定により政令で定める範囲は、増築及び改築については、次に定めるところによる。
一～三　略

改正：平成12年政令第211号　　施行：平成12年6月1日
旧　第137条の7　（防火地域関係）

1　法第3条第2項の規定により法第61条の規定の適用を受けない建築物（木造の建築物にあつては、<u>外壁及び軒裏が防火構造</u>のものに限る。）について法第86条の7の規定により政令で定める範囲は、増築及び改築については、次に定めるところによる。
一　工事の着手が基準時以後である増築及び改築に係る部分の床面積の合計（当該増築又は改築に係る建築物が同一敷地内に2以上ある場合においては、これらの増築又は改築に係る部分の床面積の合計）は、50㎡を超えず、かつ、基準時における当該建築物の延べ面積の合計を超えないこと。
二　増築又は改築後における階数が2以下で、かつ、延べ面積が500㎡を超えないこと。
三　増築又は改築に係る部分の外壁及び軒裏は、<u>防火構造</u>とすること。

改正：平成15年政令第523号　　施行：平成15年12月19日
旧　第137条の7　（<u>防火地域及び特定防災街区整備地区関係</u>）

令旧137条の7　改正：平成15年政令第523号

> 1　法第3条第2項の規定により法第61条又は法第67条の2第1項の規定の適用を受けない建築物（木造の建築物にあつては、外壁及び軒裏が防火構造のものに限る。）について法第86条の7の規定により政令で定める範囲は、増築及び改築については、次に定めるところによる。
> 　一～三　略

改正：平成17年政令第192号　　　施行：平成17年6月1日
第137条の10　（防火地域及び特定防災街区整備地区関係）

> 1　法第3条第2項の規定により法第61条又は法第67条の2第1項の規定の適用を受けない建築物（木造の建築物にあつては、外壁及び軒裏が防火構造のものに限る。）について法第86条の7第1項の規定により政令で定める範囲は、増築及び改築については、次に定めるところによる。
> 　一～三　略

改正：平成27年政令第11号　　　施行：平成27年6月1日
第137条の10　（防火地域及び特定防災街区整備地区関係）

> 1　法第3条第2項の規定により法第61条又は法第67条の3第1項の規定の適用を受けない建築物（木造の建築物にあつては、外壁及び軒裏が防火構造のものに限る。）について法第86条の7第1項の規定により政令で定める範囲は、増築及び改築については、次に定めるところによる。
> 　一～三　略

改正：令和元年政令第30号　　　施行：令和元年6月25日
第137条の10　（防火地域及び特定防災街区整備地区関係）

> 1　法第3条第2項の規定により法第61条（防火地域内にある建築物に係る部分に限る。）又は法第67条第1項の規定の適用を受けない建築物（木造の建築物にあつては、外壁及び軒裏が防火構造のものに限る。）について法第86条の7第1項の規定により政令で定める範囲は、増築及び改築については、次に定めるところによる。
> 　一～三　略
> 　四　増築又は改築に係る部分の外壁の開口部（法第86条の4各号のいずれかに該当する建築物の外壁の開口部を除く。以下同じ。）で延焼のおそれのある部分に、20分間防火設備（第109条に規定する防火設備であつて、これに建築物の周囲において発生する通常の火災による火熱が加えられた場合に、加熱開始後20分間当該加熱面以外の面（屋内に面するものに限る。）に火炎を出さないものとして、国土交通大臣が定めた構造方法を用いるもの又は国土交通大臣の認定を受けたものをいう。以下同じ。）を設けること。
> 　五　増築又は改築に係る部分以外の部分の外壁の開口部で延焼のおそれのある部分に、20分間防火設備が設けられていること。

改正：令和5年政令第280号　　　施行：令和6年4月1日
第137条の10　（防火地域関係）

> 1　法第3条第2項の規定により法第61条（防火地域内にある建築物に係る部分に限る。）の規定の適用を受けない建築物についての法第86条の7第1項の政令で定める範囲は、増築及び改築については、次の各号に掲げる建築物の区分に応じ、当該各号に定める要件に該当する増築又は改築に係る部分とする。
> 　二　次号に掲げる建築物以外の建築物　次のイ又はロのいずれかに該当するものであること。
> 　　イ　次の(1)及び(2)に該当するものであること。
> 　　　(1)　増築又は改築に係る部分が火熱遮断壁等で区画されるものであること。
> 　　　(2)　増築又は改築に係る部分が、第136条の2各号に定める基準（防火地域内にある建築物に係るものに限る。）に相当する建築物の部分に関する基準として国土交通大臣が定めるものに適合するもので、国土交通大臣の定めた構造方法を用いるもの又は国土交通大臣の認定を受けたものであること。
> 　　ロ　次の(1)から(5)までに該当するものであること。

改正：平成5年政令第170号　**令137条の8**

　　　(1)　工事の着手が基準時以後である増築及び改築に係る部分の対象床面積の合計（当該増築又は改築に係る建築物が同一敷地内に2以上ある場合においては、これらの増築又は改築に係る部分の床面積の合計）は、50㎡を超えず、かつ、基準時における当該建築物の延べ面積の合計を超えないこと。
　　　(2)　増築又は改築後における建築物の階数が2以下で、かつ、延べ面積が500㎡を超えないこと。
　　　(3)　増築又は改築に係る部分の外壁及び軒裏は、防火構造であること。
　　　(4)　増築又は改築に係る部分の外壁の開口部（法第86条の4各号のいずれかに該当する建築物の外壁の開口部を除く。(5)及び第137条の12第9項において同じ。）で延焼のおそれのある部分に、20分間防火設備（第109条に規定する防火設備であつて、これに建築物の周囲において発生する通常の火災による火熱が加えられた場合に、加熱開始後20分間当該加熱面以外の面（屋内に面するものに限る。）に火炎を出さないものとして、国土交通大臣が定めた構造方法を用いるもの又は国土交通大臣の認定を受けたものをいう。(5)及び同項において同じ。）を設けること。
　　　(5)　増築又は改築に係る部分以外の部分の外壁の開口部で延焼のおそれのある部分に、20分間防火設備が設けられていること。
　　二　木造の建築物のうち、外壁及び軒裏が防火構造のもの以外のもの　前号イに該当するものであること。

[現行]　第137条の11　（準防火地域関係）

制定：昭和34年政令第344号　　　施行：昭和34年12月23日
旧　第137条の6　（準防火地域関係）

　1　法第3条第2項の規定により法第62条第1項の規定の適用を受けない建築物（木造の建築物にあつては、外壁又はその屋内面及び軒裏が耐火構造又は防火構造のものに限る。）について法第86条の2の規定により政令で定める範囲は、増築及び改築については、次の各号に定めるところによる。
　　一　工事の着手が基準時以後である増築及び改築に係る部分の床面積の合計（当該増築又は改築に係る建築物が同一敷地内に2以上ある場合においては、これらの増築又は改築に係る部分の床面積の合計）は、50㎡をこえないこと。
　　二　増築又は改築後における階数が2以下であること。
　　三　増築又は改築に係る部分の外壁及び軒裏は、耐火構造又は防火構造とすること。

改正：昭和39年政令第4号　　　施行：昭和39年1月15日
旧　第137条の7　（準防火地域関係）

略

改正：昭和44年政令第232号　　　施行：昭和44年8月26日
旧　第137条の8　（準防火地域関係）

略

改正：平成5年政令第170号　　　施行：平成5年6月25日
旧　第137条の8　（準防火地域関係）

　1　法第3条第2項の規定により法第62条第1項の規定の適用を受けない建築物（木造の建築物にあつては、外壁又はその屋内面及び軒裏が耐火構造、準耐火構造又は防火構造のものに限る。）について法第86条の2の規定により政令で定める範囲は、増築及び改築については、次に定めるところによる。
　　一　工事の着手が基準時以後である増築及び改築に係る部分の床面積の合計（当該増築又は改築に係る建築物が同一敷地内に2以上ある場合においては、これらの増築又は改築に係る部分の床面積の合計）は、50㎡を超えないこと。
　　二　略
　　三　増築又は改築に係る部分の外壁及び軒裏は、耐火構造、準耐火構造又は防火構造とすること。

令旧137条の8 改正：平成11年政令第5号

改正：平成11年政令第5号　　　施行：平成11年5月1日
旧　第137条の8　（準防火地域関係）

1　法第3条第2項の規定により法第62条第1項の規定の適用を受けない建築物（木造の建築物にあつては、外壁又はその屋内面及び軒裏が耐火構造、準耐火構造又は防火構造のものに限る。）について法第86条の7の規定により政令で定める範囲は、増築及び改築については、次に定めるところによる。
　一～三　略

改正：平成12年政令第211号　　　施行：平成12年6月1日
旧　第137条の8　（準防火地域関係）

1　法第3条第2項の規定により法第62条第1項の規定の適用を受けない建築物（木造の建築物にあつては、外壁及び軒裏が防火構造のものに限る。）について法第86条の7の規定により政令で定める範囲は、増築及び改築については、次に定めるところによる。
　一・二　略
　三　増築又は改築に係る部分の外壁及び軒裏は、防火構造とすること。

改正：平成17年政令第192号　　　施行：平成17年6月1日
第137条の11　（準防火地域関係）

1　法第3条第2項の規定により法第62条第1項の規定の適用を受けない建築物（木造の建築物にあつては、外壁及び軒裏が防火構造のものに限る。）について法第86条の7第1項の規定により政令で定める範囲は、増築及び改築については、次に定めるところによる。
　一～三　略

改正：令和元年政令第30号　　　施行：令和元年6月25日
第137条の11　（準防火地域関係）

1　法第3条第2項の規定により法第61条（準防火地域内にある建築物に係る部分に限る。）の規定の適用を受けない建築物（木造の建築物にあつては、外壁及び軒裏が防火構造のものに限る。）について法第86条の7第1項の規定により政令で定める範囲は、増築及び改築については、次に定めるところによる。
　一～三　略
　四　増築又は改築に係る部分の外壁の開口部で延焼のおそれのある部分に、20分間防火設備を設けること。
　五　増築又は改築に係る部分以外の部分の外壁の開口部で延焼のおそれのある部分に、20分間防火設備が設けられていること。

改正：令和5年政令第280号　　　施行：令和6年4月1日
第137条の11　（準防火地域関係）

1　法第3条第2項の規定により法第61条（準防火地域内にある建築物に係る部分に限る。）の規定の適用を受けない建築物についての法第86条の7第1項の政令で定める範囲は、増築及び改築については、次の各号に掲げる建築物の区分に応じ、当該各号に定める要件に該当する増築又は改築に係る部分とする。
　一　次号に掲げる建築物以外の建築物　次のイ又はロのいずれかに該当するものであること。
　　イ　次の(1)及び(2)に該当するものであること。
　　　(1)　増築又は改築に係る部分が火熱遮断壁等で区画されるものであること。
　　　(2)　増築又は改築に係る部分が、第136条の2各号に定める基準（準防火地域内にある建築物に係るものに限る。）に相当する建築物の部分に関する基準として国土交通大臣が定めるものに適合するもので、国土交通大臣の定めた構造方法を用いるもの又は国土交通大臣の認定を受けたものであること。
　　ロ　次の(1)及び(2)並びに前条第一号ロ(3)から(5)までに該当するものであること。

(1) 工事の着手が基準時以後である増築及び改築に係る部分の対象床面積の合計（当該増築又は改築に係る建築物が同一敷地内に２以上ある場合においては、これらの増築又は改築に係る部分の床面積の合計）は、50㎡を超えないこと。
(2) 増築又は改築後における建築物の階数が２以下であること。
二　木造の建築物のうち、外壁及び軒裏が防火構造のもの以外のもの　前号イに該当するものであること。

[現行]　第137条の11の2　（防火地域及び準防火地域内の建築物の屋根関係）

制定：令和5年政令第280号　　施行：令和6年4月1日
第137条の11の2　（防火地域及び準防火地域内の建築物の屋根関係）

1　法第３条第２項の規定により法第62条の規定の適用を受けない建築物（木造の建築物にあつては、外壁及び軒裏が防火構造のものに限る。）についての法第86条の７第1項の政令で定める範囲は、増築及び改築については、次の各号のいずれにも該当する増築又は改築に係る部分とする。
一　工事の着手が基準時以後である増築及び改築に係る部分の対象床面積の合計（当該増築又は改築に係る建築物が同一敷地内に２以上ある場合においては、これらの増築又は改築に係る部分の床面積の合計）は、50㎡を超えず、かつ、基準時における当該建築物の延べ面積の合計を超えないものであること。
二　増築又は改築が当該増築又は改築に係る部分以外の部分の屋根における延焼の危険性を増大させないものであること。

[現行]　第137条の11の3　（特定防災街区整備地区関係）

制定：令和5年政令第280号　　施行：令和6年4月1日
第137条の11の3　（特定防災街区整備地区関係）

1　法第３条第２項の規定により法第67条第1項の規定の適用を受けない建築物（木造の建築物にあつては、外壁及び軒裏が防火構造のものに限る。）についての法第86条の７第1項の政令で定める範囲は、増築及び改築については、第137条の10第一号ロに該当する増築又は改築に係る部分とする。

[現行]　第137条の12　（大規模の修繕又は大規模の模様替）

制定：昭和34年政令第344号　　施行：昭和34年12月23日
旧　第137条の7　（大規模の修繕又は大規模の模様替）

1　法第３条第２項の規定により法第26条、法第27条、法第61条又は法第62条第１項の規定の適用を受けない建築物について法第86条の２の規定により政令で定める範囲は、大規模の修繕又は大規模の模様替については、これらの修繕又は模様替のすべてとする。

改正：昭和39年政令第４号　　施行：昭和39年１月15日
旧　第137条の8　（大規模の修繕又は大規模の模様替）

1　法第３条第２項の規定により法第26条、法第27条、法第59条の2第2項、法第61条又は法第62条第１項の規定の適用を受けない建築物について法第86条の２の規定により政令で定める範囲は、大規模の修繕又は大規模の模様替については、これらの修繕又は模様替のすべてとする。

改正：昭和44年政令第158号　　施行：昭和44年６月14日
旧　第137条の8　（大規模の修繕又は大規模の模様替）

1　法第３条第２項の規定により法第26条、法第27条、法第59条の2第1項、法第61条又は法第62条第１項の

令旧137条の8　改正：昭和44年政令第158号

規定の適用を受けない建築物について法第86条の2の規定により政令で定める範囲は、大規模の修繕又は大規模の模様替については、これらの修繕又は模様替のすべてとする。

改正：昭和44年政令第232号　　　施行：昭和44年8月26日
旧　**第137条の9**　（大規模の修繕又は大規模の模様替）

1　法第3条第2項の規定により法第26条、法第27条、<u>法第59条の3第1項</u>、法第61条又は法第62条第1項の規定の適用を受けない建築物について法第86条の2の規定により政令で定める範囲は、大規模の修繕又は大規模の模様替については、これらの修繕又は模様替のすべてとする。

改正：昭和45年政令第333号　　　施行：昭和46年1月1日
旧　**第137条の9**　（大規模の修繕又は大規模の模様替）

1　法第3条第2項の規定により法第26条、法第27条、<u>法第30条の2</u>、法第34条第2項、法第52条第1項、法第59条第1項、法第61条又は法第62条第1項の規定の適用を受けない建築物について法第86条の2の規定により政令で定める範囲は、大規模の修繕又は大規模の模様替については、これらの修繕又は模様替のすべてとする。

改正：昭和52年政令第266号　　　施行：昭和52年11月1日
旧　**第137条の9**　（大規模の修繕又は大規模の模様替）

1　法第3条第2項の規定により法第26条、法第27条、法第30条の2、法第34条第2項、法第52条第1項<u>若しくは第2項</u>、法第59条第1項、法第61条又は法第62条第1項の規定の適用を受けない建築物について法第86条の2の規定により政令で定める範囲は、大規模の修繕又は大規模の模様替については、これらの修繕又は模様替のすべてとする。

改正：昭和62年政令第348号　　　施行：昭和62年11月16日
旧　**第137条の9**　（大規模の修繕又は大規模の模様替）

1　法第3条第2項の規定により法第26条、法第27条、法第30条の2、法第34条第2項、法第52条<u>第1項から第3項まで</u>、法第59条第1項、法第61条又は法第62条第1項の規定の適用を受けない建築物について法第86条の2の規定により政令で定める範囲は、大規模の修繕又は大規模の模様替については、これらの修繕又は模様替のすべてとする。

改正：平成6年政令第193号　　　施行：平成6年6月29日
旧　**第137条の9**　（大規模の修繕又は大規模の模様替）

1　法第3条第2項の規定により法第26条、法第27条、法第30条の2、法第34条第2項、法第52条第1項から<u>第5項</u>まで、法第59条第1項、法第61条又は法第62条第1項の規定の適用を受けない建築物について法第86条の2の規定により政令で定める範囲は、大規模の修繕又は大規模の模様替については、これらの修繕又は模様替のすべてとする。

改正：平成9年政令第196号　　　施行：平成9年6月13日
旧　**第137条の9**　（大規模の修繕又は大規模の模様替）

1　法第3条第2項の規定により法第26条、法第27条、法第30条の2、法第34条第2項、法第52条第1項から<u>第6項</u>まで、法第59条第1項、法第61条又は法第62条第1項の規定の適用を受けない建築物について法第86条の2の規定により政令で定める範囲は、大規模の修繕又は大規模の模様替については、これらの修繕又は模様替のすべてとする。

改正：平成11年政令第5号　　　　施行：平成11年5月1日
旧　第137条の9　（大規模の修繕又は大規模の模様替）

1　法第3条第2項の規定により法第26条、法第27条、法第30条、法第34条第2項、法第52条第1項から第6項まで、法第59条第1項、法第61条又は法第62条第1項の規定の適用を受けない建築物について法第86条の7の規定により政令で定める範囲は、大規模の修繕又は大規模の模様替については、これらの修繕又は模様替のすべてとする。

改正：平成14年政令第191号　　　　施行：平成14年6月1日
旧　第137条の9　（大規模の修繕又は大規模の模様替）

1　法第3条第2項の規定により法第26条、法第27条、法第30条、法第34条第2項、法第52条第1項から第6項まで、法第59条第1項、法第60条の2第1項、法第61条又は法第62条第1項の規定の適用を受けない建築物について法第86条の7の規定により政令で定める範囲は、大規模の修繕又は大規模の模様替については、これらの修繕又は模様替のすべてとする。

改正：平成14年政令第331号　　　　施行：平成15年1月1日
旧　第137条の9　（大規模の修繕又は大規模の模様替）

1　法第3条第2項の規定により法第26条、法第27条、法第30条、法第34条第2項、法第52条第1項から第8項まで、法第59条第1項、法第60条の2第1項、法第61条又は法第62条第1項の規定の適用を受けない建築物について法第86条の7の規定により政令で定める範囲は、大規模の修繕又は大規模の模様替については、これらの修繕又は模様替のすべてとする。

改正：平成15年政令第523号　　　　施行：平成15年12月19日
旧　第137条の9　（大規模の修繕又は大規模の模様替）

1　法第3条第2項の規定により法第26条、法第27条、法第30条、法第34条第2項、法第52条第1項から第8項まで、法第59条第1項、法第60条の2第1項、法第61条、法第62条第1項又は法第67条の2第1項の規定の適用を受けない建築物について法第86条の7の規定により政令で定める範囲は、大規模の修繕又は大規模の模様替については、これらの修繕又は模様替のすべてとする。

改正：平成17年政令第192号　　　　施行：平成17年6月1日
第137条の12　（大規模の修繕又は大規模の模様替）

1　法第3条第2項の規定により法第20条の規定の適用を受けない建築物について法第86条の7第1項の規定により政令で定める範囲は、大規模の修繕又は大規模の模様替については、当該建築物の構造耐力上の危険性が増大しないこれらの修繕又は模様替のすべてとする。
2　法第3条第2項の規定により法第26条、法第27条、法第30条、法第34条第2項、法第47条、法第51条、法第52条第1項、第2項若しくは第7項、法第53条第1項若しくは第2項、法第54条第1項、法第55条第1項、法第56条第1項、法第56条の2第1項、法第57条の4第1項、法第57条の5第1項、法第58条、法第59条第1項若しくは第2項、法第60条第1項若しくは第2項、法第60条の2第1項若しくは第2項、法第61条、法第62条第1項、法第67条の2第1項若しくは第5項から第7項まで又は法第68条第1項若しくは第2項の規定の適用を受けない建築物について法第86条の7第1項の規定により政令で定める範囲は、大規模の修繕又は大規模の模様替については、これらの修繕又は模様替のすべてとする。
3　法第3条第2項の規定により法第48条第1項から第12項までの規定の適用を受けない建築物について法第86条の7第1項の規定により政令で定める範囲は、大規模の修繕又は大規模の模様替については、当該建築物の用途の変更（第137条の18第2項に規定する範囲内のものを除く。）を伴わないこれらの修繕又は模様替のすべてとする。

令137条の12 改正：平成18年政令第308号

改正：平成18年政令第308号　　　施行：平成18年10月1日
第137条の12　（大規模の修繕又は大規模の模様替）

1　略
2　法第3条第2項の規定により法第26条、法第27条、法第30条、法第34条第2項、法第47条、法第51条、法第52条第1項、第2項若しくは第7項、法第53条第1項若しくは第2項、法第54条第1項、法第55条第1項、法第56条第1項、法第56条の2第1項、法第57条の4第1項、法第57条の5第1項、法第58条、法第59条第1項若しくは第2項、法第60条第1項若しくは第2項、法第60条の2第1項若しくは第2項、法第61条、法第62条第1項、法第67条の2第1項若しくは第5項から第7項まで又は<u>法第68条第1項若しくは第2項</u>の規定の適用を受けない建築物について法第86条の7第1項の規定により政令で定める範囲は、大規模の修繕又は大規模の模様替については、これらの修繕又は模様替のすべてとする。
3　法第3条第2項の規定により法第28条の2の規定の適用を受けない建築物について法第86条の7第1項の規定により政令で定める範囲は、大規模の修繕及び大規模の模様替については、次に定めるところによる。
　一　大規模の修繕又は大規模の模様替に係る部分が第137条の4の2に規定する基準に適合すること。
　二　大規模の修繕又は大規模の模様替に係る部分以外の部分が第137条の4の3第三号の国土交通大臣が定める基準に適合すること。
4　法第3条第2項の規定により法第48条第1項から第12項までの規定の適用を受けない建築物について法第86条の7第1項の規定により政令で定める範囲は、大規模の修繕又は大規模の模様替については、当該建築物の用途の変更（第137条の18第2項に規定する範囲内のものを除く。）を伴わないこれらの修繕又は模様替のすべてとする。

改正：平成18年政令第350号　　　施行：平成19年11月30日
第137条の12　（大規模の修繕又は大規模の模様替）

1〜3　略
4　法第3条第2項の規定により法第48条第1項から<u>第13項</u>までの規定の適用を受けない建築物について法第86条の7第1項の規定により政令で定める範囲は、大規模の修繕又は大規模の模様替については、当該建築物の用途の変更（第137条の18第2項に規定する範囲内のものを除く。）を伴わないこれらの修繕又は模様替のすべてとする。

改正：平成26年政令第239号　　　施行：平成26年8月1日
第137条の12　（大規模の修繕又は大規模の模様替）

1　略
2　法第3条第2項の規定により法第26条、法第27条、法第30条、法第34条第2項、法第47条、法第51条、法第52条第1項、第2項若しくは第7項、法第53条第1項若しくは第2項、法第54条第1項、法第55条第1項、法第56条第1項、法第56条の2第1項、法第57条の4第1項、法第57条の5第1項、法第58条、法第59条第1項若しくは第2項、法第60条第1項若しくは第2項、法第60条の2第1項若しくは第2項、<u>法第60条の3第1項</u>、法第61条、法第62条第1項、法第67条の2第1項若しくは第5項から第7項まで又は法第68条第1項若しくは第2項の規定の適用を受けない建築物について法第86条の7第1項の規定により政令で定める範囲は、大規模の修繕又は大規模の模様替については、これらの修繕又は模様替の<u>全て</u>とする。
3・4　略

改正：平成27年政令第11号　　　施行：平成27年6月1日
第137条の12　（大規模の修繕又は大規模の模様替）

1　略
2　法第3条第2項の規定により法第26条、法第27条、法第30条、法第34条第2項、法第47条、法第51条、法第52条第1項、第2項若しくは第7項、法第53条第1項若しくは第2項、法第54条第1項、法第55条第1項、法第56条第1項、法第56条の2第1項、法第57条の4第1項、法第57条の5第1項、法第58条、法第59条第

1項若しくは第2項、法第60条第1項若しくは第2項、法第60条の2第1項若しくは第2項、法第60条の3第1項、法第61条、法第62条第1項、法第67条の3第1項若しくは第5項から第7項まで又は法第68条第1項若しくは第2項の規定の適用を受けない建築物について法第86条の7第1項の規定により政令で定める範囲は、大規模の修繕又は大規模の模様替については、これらの修繕又は模様替の全てとする。
3　略
4　法第3条第2項の規定により法第48条第1項から第13項までの規定の適用を受けない建築物について法第86条の7第1項の規定により政令で定める範囲は、大規模の修繕又は大規模の模様替については、当該建築物の用途の変更（第137条の19第2項に規定する範囲内のものを除く。）を伴わないこれらの修繕又は模様替のすべてとする。

改正：平成28年政令第288号　　　施行：平成28年9月1日
第137条の12　（大規模の修繕又は大規模の模様替）
1　略
2　法第3条第2項の規定により法第26条、法第27条、法第30条、法第34条第2項、法第47条、法第51条、法第52条第1項、第2項若しくは第7項、法第53条第1項若しくは第2項、法第54条第1項、法第55条第1項、法第56条第1項、法第56条の2第1項、法第57条の4第1項、法第57条の5第1項、法第58条、法第59条第1項若しくは第2項、法第60条第1項若しくは第2項、法第60条の2第1項若しくは第2項、法第60条の3第1項若しくは第2項、法第61条、法第62条第1項、法第67条の3第1項若しくは第5項から第7項まで又は法第68条第1項若しくは第2項の規定の適用を受けない建築物について法第86条の7第1項の規定により政令で定める範囲は、大規模の修繕又は大規模の模様替については、これらの修繕又は模様替の全てとする。
3・4　略

改正：平成29年政令第156号　　　施行：平成30年4月1日
第137条の12　（大規模の修繕又は大規模の模様替）
1～3　略
4　法第3条第2項の規定により法第48条第1項から第14項までの規定の適用を受けない建築物について法第86条の7第1項の規定により政令で定める範囲は、大規模の修繕又は大規模の模様替については、当該建築物の用途の変更（第137条の19第2項に規定する範囲内のものを除く。）を伴わないこれらの修繕又は模様替のすべてとする。

改正：令和元年政令第30号　　　施行：令和元年6月25日
第137条の12　（大規模の修繕又は大規模の模様替）
1　略
2　法第3条第2項の規定により法第26条、法第27条、法第30条、法第34条第2項、法第47条、法第51条、法第52条第1項、第2項若しくは第7項、法第53条第1項若しくは第2項、法第54条第1項、法第55条第1項、法第56条第1項、法第56条の2第1項、法第57条の4第1項、法第57条の5第1項、法第58条、法第59条第1項若しくは第2項、法第60条第1項若しくは第2項、法第60条の2第1項若しくは第2項、法第60条の3第1項若しくは第2項、法第67条第1項若しくは第5項から第7項まで又は法第68条第1項若しくは第2項の規定の適用を受けない建築物について法第86条の7第1項の規定により政令で定める範囲は、大規模の修繕又は大規模の模様替については、これらの修繕又は模様替の全てとする。
3・4　略
5　法第3条第2項の規定により法第61条の規定の適用を受けない建築物について法第86条の7第1項の規定により政令で定める範囲は、大規模の修繕及び大規模の模様替については、次に定めるところによる。
　一　大規模の修繕又は大規模の模様替に係る部分の外壁の開口部で延焼のおそれのある部分に、20分間防火設備を設けること。
　二　大規模の修繕又は大規模の模様替に係る部分以外の部分の外壁の開口部で延焼のおそれのある部分に、20分間防火設備が設けられていること。

令137条の12　改正：令和2年政令第268号

改正：令和2年政令第268号　　　施行：令和2年9月7日
第137条の12　（大規模の修繕又は大規模の模様替）

1　略
2　法第3条第2項の規定により法第26条、法第27条、法第30条、法第34条第2項、法第47条、法第51条、法第52条第1項、第2項若しくは第7項、法第53条第1項若しくは第2項、法第54条第1項、法第55条第1項、法第56条第1項、法第56条の2第1項、法第57条の4第1項、法第57条の5第1項、法第58条、法第59条第1項若しくは第2項、法第60条第1項若しくは第2項、法第60条の2第1項若しくは第2項、<u>法第60条の2の2第1項から第3項まで</u>、法第60条の3第1項若しくは第2項、法第67条第1項若しくは第5項から第7項まで又は法第68条第1項若しくは第2項の規定の適用を受けない建築物について法第86条の7第1項の規定により政令で定める範囲は、大規模の修繕又は大規模の模様替については、これらの修繕又は模様替の全てとする。
3～5　略

改正：令和4年政令第351号　　　施行：令和5年4月1日
第137条の12　（大規模の修繕又は大規模の模様替）

1　略
2　法第3条第2項の規定により法第26条、法第27条、法第30条、法第34条第2項、法第47条、法第51条、法第52条第1項、第2項若しくは第7項、法第53条第1項若しくは第2項、法第54条第1項、法第55条第1項、法第56条第1項、法第56条の2第1項、法第57条の4第1項、法第57条の5第1項、<u>法第58条第1項</u>、法第59条第1項若しくは第2項、法第60条第1項若しくは第2項、法第60条の2第1項若しくは第2項、法第60条の2の2第1項から第3項まで、法第60条の3第1項若しくは第2項、法第67条第1項若しくは第5項から第7項まで又は法第68条第1項若しくは第2項の規定の適用を受けない建築物について法第86条の7第1項の規定により政令で定める範囲は、大規模の修繕又は大規模の模様替については、これらの修繕又は模様替の全てとする。
3～5　略

改正：令和5年政令第280号　　　施行：令和6年4月1日
第137条の12　（大規模の修繕又は大規模の模様替）

1　法第3条第2項の規定により法第20条の規定の適用を受けない建築物について<u>の法第86条の7第1項の政令で定める範囲は、大規模の修繕又は大規模の模様替については、<u>当該建築物における</u>当該建築物の構造耐力上の危険性を増大させない</u>全ての大規模の修繕又は大規模の模様替とする。
2　法第3条第2項の規定により法第26条、法第27条、法第30条、法第34条第2項、法第47条、法第51条、法第52条第1項、第2項若しくは第7項、法第53条第1項若しくは第2項、法第54条第1項、法第55条第1項、法第56条第1項、法第56条の2第1項、法第57条の4第1項、法第57条の5第1項、法第58条第1項、法第59条第1項若しくは第2項、法第60条第1項若しくは第2項、法第60条の2第1項若しくは第2項、法第60条の2の2第1項から第3項まで、法第60条の3第1項若しくは第2項、法第67条第1項若しくは第5項から第7項まで又は法第68条第1項若しくは第2項の規定の適用を受けない建築物について<u>の法第86条の7第1項の政令で定める範囲は、大規模の修繕又は大規模の模様替については、<u>当該建築物における</u>全ての大規模の修繕又は大規模の模様替</u>とする。
3　法第3条第2項の規定により法第28条の2<u>（同条第一号及び第二号に掲げる基準に係る部分に限る。）</u>の規定の適用を受けない建築物の<u>法第86条の7第1項の</u>政令で定める範囲は、大規模の修繕及び大規模の模様替については、<u>当該建築物における次の各号のいずれにも該当する</u>大規模の修繕及び大規模の模様替とする。
一　大規模の修繕又は大規模の模様替に係る部分が<u>法第28条の2第一号及び第二号に掲げる基準に適合する</u><u>もの</u>であること。
二　大規模の修繕又は大規模の模様替に係る部分以外の部分が<u>第137条の4の2第三号の国土交通大臣が定める基準に適合する</u><u>もの</u>であること。
4　<u>法第3条第2項の規定により法第35条（第137条の6の2第1項又は第137条の6の3第1項に規定する技術的基準に係る部分に限る。）の規定の適用を受けない建築物についての法第86条の7第1項の政令で定める範囲は、大規模の修繕又は大規模の模様替については、当該建築物における屋根又は外壁に係る大規模の修繕</u>

又は大規模の模様替であつて、当該建築物の避難の安全上支障とならないものとする。
5　法第3条第2項の規定により法第36条（第137条の6の4第1項に規定する技術的基準に係る部分に限る。）の規定の適用を受けない建築物についての法第86条の7第1項の政令で定める範囲は、大規模の修繕又は大規模の模様替については、当該建築物における屋根又は外壁に係る全ての大規模の修繕又は大規模の模様替とする。
6　法第3条第2項の規定により法第43条第1項の規定の適用を受けない建築物についての法第86条の7第1項の政令で定める範囲は、大規模の修繕又は大規模の模様替については、当該建築物における当該建築物の用途の変更（当該変更後に当該建築物の利用者の増加が見込まれないものを除く。）を伴わない大規模の修繕又は大規模の模様替であつて、特定行政庁が交通上、安全上、防火上及び衛生上支障がないと認めるものとする。
7　法第3条第2項の規定により法第44条第1項の規定の適用を受けない建築物についての法第86条の7第1項の政令で定める範囲は、大規模の修繕又は大規模の模様替については、当該建築物における当該建築物の形態の変更（他の建築物の利便その他周囲の環境の維持又は向上のため必要なものを除く。）を伴わない大規模の修繕又は大規模の模様替であつて、特定行政庁が通行上、安全上、防火上及び衛生上支障がないと認めるものとする。
8　法第3条第2項の規定により法第48条第1項から第14項までの規定の適用を受けない建築物についての法第86条の7第1項の政令で定める範囲は、大規模の修繕又は大規模の模様替については、当該建築物における当該建築物の用途の変更（第137条の19第2項に規定する範囲内のものを除く。）を伴わない全ての大規模の修繕又は大規模の模様替とする。
9　法第3条第2項の規定により法第61条の規定の適用を受けない建築物についての法第86条の7第1項の政令で定める範囲は、大規模の修繕及び大規模の模様替については、当該建築物における次の各号のいずれにも該当する大規模の修繕又は大規模の模様替とする。
一　大規模の修繕又は大規模の模様替に係る部分の外壁の開口部で延焼のおそれのある部分に、20分間防火設備を設けるものであること。
二　大規模の修繕又は大規模の模様替に係る部分以外の部分の外壁の開口部で延焼のおそれのある部分に、20分間防火設備が設けられているものであること。

[現行]　第137条の13　（技術的基準から除かれる防火区画）

制定：平成17年政令第192号　　　施行：平成17年6月1日
第137条の13　（増築等をする独立部分以外の独立部分に対して適用されない技術的基準）
1　法第86条の7第2項（法第87条第4項において準用する場合を含む。次条において同じ。）の政令で定める技術的基準は、第5章第2節（第117条第2項を除く。）、第3節（第126条の2第2項を除く。）及び第4節に規定する技術的基準とする。

改正：令和5年政令第280号　　　施行：令和6年4月1日
第137条の13　（技術的基準から除かれる防火区画）
1　法第86条の7第2項の政令で定める防火区画は、第112条第11項から第13項までの規定による竪（たて）穴部分の防火区画（当該竪（たて）穴部分が第120条又は第121条の規定による直通階段に該当する場合のものを除く。）とする。

[現行]　第137条の14　（独立部分）

制定：平成17年政令第192号　　　施行：平成17年6月1日
第137条の14　（独立部分）
1　法第86条の7第2項（法第88条第1項において準用する場合を含む。）の政令で定める部分は、次の各号に掲げる建築物の部分の区分に応じ、当該各号に定める部分とする。

令137条の14 制定：平成17年政令第192号

　　一　法第20条に規定する基準の適用上一の建築物であつても別の建築物とみなすことができる部分　建築物の２以上の部分がエキスパンションジョイントその他の相互に応力を伝えない構造方法のみで接している場合における当該建築物の部分
　　二　法第35条（第５章第２節（第117条第２項を除く。）及び第４節に規定する技術的基準に係る部分に限る。）に規定する基準の適用上一の建築物であつても別の建築物とみなすことができる部分　建築物が開口部のない耐火構造の床又は壁で区画されている場合における当該区画された部分
　　三　法第35条（第５章第３節（第126条の２第２項を除く。）に規定する技術的基準に係る部分に限る。）に規定する基準の適用上一の建築物であつても別の建築物とみなすことができる部分　建築物が次のいずれかに該当するもので区画されている場合における当該区画された部分
　　　イ　開口部のない準耐火構造の床又は壁
　　　ロ　法第２条第九号の二ロに規定する防火設備でその構造が第112条第14項第一号イ及び第二号ロに掲げる要件を満たすものとして、国土交通大臣が定めた構造方法を用いるもの又は国土交通大臣の認定を受けたもの

改正：平成17年政令第246号　　　施行：平成17年12月１日
第137条の14　（独立部分）

　１　法第86条の７第２項（法第88条第１項において準用する場合を含む。）の政令で定める部分は、次の各号に掲げる建築物の部分の区分に応じ、当該各号に定める部分とする。
　　一・二　略
　　三　法第35条（第５章第３節（第126条の２第２項を除く。）に規定する技術的基準に係る部分に限る。）に規定する基準の適用上一の建築物であつても別の建築物とみなすことができる部分　建築物が次のいずれかに該当するもので区画されている場合における当該区画された部分
　　　イ　略
　　　ロ　法第２条第九号の二ロに規定する防火設備でその構造が第112条第14項第一号イ及びロ並びに第二号ロに掲げる要件を満たすものとして、国土交通大臣が定めた構造方法を用いるもの又は国土交通大臣の認定を受けたもの

改正：平成27年政令第11号　　　施行：平成27年６月１日
第137条の14　（独立部分）

　１　法第86条の７第２項（法第88条第１項において準用する場合を含む。）の政令で定める部分は、次の各号に掲げる建築物の部分の区分に応じ、当該各号に定める部分とする。
　　一　法第20条第１項に規定する基準の適用上一の建築物であつても別の建築物とみなすことができる部分　第36条の４に規定する建築物の部分
　　二・三　略

改正：平成28年政令第６号　　　施行：平成28年６月１日
第137条の14　（独立部分）

　１　法第86条の７第２項（法第88条第１項において準用する場合を含む。）の政令で定める部分は、次の各号に掲げる建築物の部分の区分に応じ、当該各号に定める部分とする。
　　一　略
　　二　法第35条（第５章第２節（第117条第２項を除く。）及び第４節に規定する技術的基準に係る部分に限る。）に規定する基準の適用上一の建築物であつても別の建築物とみなすことができる部分　第117条第２項各号に掲げる建築物の部分
　　三　略

改正：平成30年政令第255号　　　施行：平成30年９月25日

第137条の14　(独立部分)

1　法第86条の7第2項(法第88条第1項において準用する場合を含む。)の政令で定める部分は、次の各号に掲げる建築物の部分の区分に応じ、当該各号に定める部分とする。
　　一・二　略
　　三　法第35条(第5章第3節(第126条の2第2項を除く。)に規定する技術的基準に係る部分に限る。)に規定する基準の適用上一の建築物であつても別の建築物とみなすことができる部分　建築物が次のいずれかに該当するもので区画されている場合における当該区画された部分
　　　イ　略
　　　ロ　法第2条第九号の二ロに規定する防火設備でその構造が第112条第13項第一号イ及びロ並びに第二号ロに掲げる要件を満たすものとして、国土交通大臣が定めた構造方法を用いるもの又は国土交通大臣の認定を受けたもの

改正：令和元年政令第30号　　　施行：令和元年6月25日

第137条の14　(独立部分)

1　法第86条の7第2項(法第88条第1項において準用する場合を含む。)の政令で定める部分は、次の各号に掲げる建築物の部分の区分に応じ、当該各号に定める部分とする。
　　一・二　略
　　三　法第35条(第5章第3節(第126条の2第2項を除く。)に規定する技術的基準に係る部分に限る。)に規定する基準の適用上一の建築物であつても別の建築物とみなすことができる部分　建築物が次のいずれかに該当するもので区画されている場合における当該区画された部分
　　　イ　略
　　　ロ　法第2条第九号の二ロに規定する防火設備でその構造が第112条第18項第一号イ及びロ並びに第二号ロに掲げる要件を満たすものとして、国土交通大臣が定めた構造方法を用いるもの又は国土交通大臣の認定を受けたもの

改正：令和元年政令第181号　　　施行：令和2年4月1日

第137条の14　(独立部分)

1　法第86条の7第2項(法第88条第1項において準用する場合を含む。)の政令で定める部分は、次の各号に掲げる建築物の部分の区分に応じ、当該各号に定める部分とする。
　　一・二　略
　　三　法第35条(第5章第3節(第126条の2第2項を除く。)に規定する技術的基準に係る部分に限る。)に規定する基準の適用上一の建築物であつても別の建築物とみなすことができる部分　第126条の2第2項各号に掲げる建築物の部分

改正：令和5年政令第280号　　　施行：令和6年4月1日

第137条の14　(独立部分)

1　法第86条の7第2項(法第87条第4項及び法第88条第1項において準用する場合を含む。)の政令で定める部分は、次の各号に掲げる建築物の部分の区分に応じ、当該各号に定める部分とする。
　　一　法第20条第1項に規定する基準の適用上一の建築物であつても別の建築物とみなすことができる部分　第36条の4に規定する建築物の部分
　　二　法第21条第1項若しくは第2項、法第23条、法第26条第1項、法第27条第1項から第3項まで、法第36条(法第86条の7第2項に規定する防火壁等に関する技術的基準に係る部分に限る。)又は法第61条第1項に規定する基準の適用上一の建築物であつても別の建築物とみなすことができる部分　第109条の8に規定する建築物の部分
　　三　法第35条(第5章第2節(第117条第2項及び第119条を除く。)に規定する技術的基準に係る部分に限る。)に規定する基準の適用上一の建築物であつても別の建築物とみなすことができる部分　第117条第2項各

令137条の14 改正：令和5年政令第280号

号に掲げる建築物の部分
　　四　法第35条（第5章第3節（第126条の2第2項を除く。）に規定する技術的基準に係る部分に限る。）に規定する基準の適用上一の建築物であつても別の建築物とみなすことができる部分　第126条の2第2項各号に掲げる建築物の部分

[現行]　第137条の15　（増築等をする部分以外の部分に対して適用されない基準）

制定：平成17年政令第192号　　　　施行：平成17年6月1日
第137条の15　（増築等をする部分以外の居室に対して適用されない技術的基準）
　1　法第86条の7第3項の政令で定める技術的基準は、第20条の5（第1項第一号及び第二号を除く。）から第20条の7までに規定する技術的基準とする。

改正：平成18年政令第308号　　　　施行：平成18年10月1日
第137条の15　（増築等をする部分以外の居室に対して適用されない<u>基準</u>）
　1　法第86条の7第3項の政令で定める<u>基準</u>は、<u>法第28条の2第三号に掲げる基準（第20条の7から第20条の9までに規定する技術的基準に係る部分に限る。）</u>とする。

改正：令和5年政令第280号　　　　施行：令和6年4月1日
第137条の15　（増築等をする部分以外の<u>部分</u>に対して適用されない<u>基準</u>）
　1　法第86条の7第3項の政令で定める基準は、法第28条の2第三号に掲げる<u>基準のうち、</u>第20条の7から第20条の9までに規定する技術的基準に<u>係る部分とする。</u>
　2　<u>法第86条の7第3項の政令で定める技術的基準は、第119条並びに第5章第4節及び第5節に規定する技術的基準とする。</u>

[現行]　第137条の16　（移転）

制定：平成27年政令第11号　　　　施行：平成27年6月1日
第137条の16　（移転）
　1　法第86条の7第4項の政令で定める範囲は、次の各号のいずれかに該当することとする。
　　一　移転が同一敷地内におけるものであること。
　　二　移転が交通上、安全上、防火上、避難上、衛生上及び市街地の環境の保全上支障がないと特定行政庁が認めるものであること。

[現行]　第137条の17　（公共事業の施行等による敷地面積の減少について法第3条等の規定を準用する事業）

制定：平成17年政令第192号　　　　施行：平成17年6月1日
旧　第137条の16　（公共事業の施行等による敷地面積の減少について法第3条等の規定を準用する事業）
　1　法第86条の9第1項第二号の政令で定める事業は、次に掲げるものとする。
　　一　土地区画整理法（昭和29年法律第119号）による土地区画整理事業（同法第3条第1項の規定により施行するものを除く。）
　　二　都市再開発法（昭和44年法律第38号）による第1種市街地再開発事業（同法第2条の2第1項の規定により施行するものを除く。）
　　三　大都市地域における住宅及び住宅地の供給の促進に関する特別措置法（昭和50年法律第67号）による住宅街区整備事業（同法第29条第1項の規定により施行するものを除く。）
　　四　密集市街地における防災街区の整備の促進に関する法律による防災街区整備事業（同法第119条第1項

改正：昭和34年政令第344号　**令旧137条の8**

改正：平成27年政令第11号　　　施行：平成27年6月1日
<u>第137条の17</u>　（公共事業の施行等による敷地面積の減少について法第3条等の規定を準用する事業）

1　法第86条の9第1項第二号の政令で定める事業は、次に掲げるものとする。
　一　土地区画整理法（昭和29年法律第119号）による土地区画整理事業（同法第3条第1項の規定により施行するものを除く。）
　二　都市再開発法（昭和44年法律第38号）による第1種市街地再開発事業（同法第2条の2第1項の規定により施行するものを除く。）
　三　大都市地域における住宅及び住宅地の供給の促進に関する特別措置法（昭和50年法律第67号）による住宅街区整備事業（同法第29条第1項の規定により施行するものを除く。）
　四　密集市街地における防災街区の整備の促進に関する法律による防災街区整備事業（同法第119条第1項の規定により施行するものを除く。）

［現行］　第137条の18　（建築物の用途を変更して特殊建築物とする場合に建築主事の確認等を要しない類似の用途）
［現行］　第137条の19　（建築物の用途を変更する場合に法第27条等の規定を準用しない類似の用途等）

制定：昭和25年政令第338号　　　施行：昭和25年11月23日
旧　第137条　（類似の用途）

1　法第87条第2項但書に規定する類似の用途相互間とは、既存建築物の場合において、下の各号の同一の号に列記する用途相互間をいう。
　一　劇場、映画館、演芸場、公会堂、集会場
　二　百貨店、マーケット
　三　ホテル、旅館
　四　共同住宅、寄宿舎、下宿、病院、診療所（患者の収容施設を有しないものを除く。）
2　法第49条又は法第50条第2項若しくは第4項の規定の適用に関しては、前項の規定にかかわらず、既存建築物の場合において、法別表第1（（い）項一号、（ろ）項一号並びに（は）項二号中一号（1）号、（2）号、（3）号、（4）号及び（12）号の物品に関する部分を除く。）の各号（号名に括弧を付した号がある場合においては、その号をいい、（は）項一号（1）号、（2）号、（3）号、（4）号及び（12）号については、「製造」とあるのは、処理及び貯蔵を含むものとする。）及び法別表第2の各号の同一の号に列記する用途相互間をいう。
3　法第87条第2項の規定によつて同項に掲げる条例の規定を準用する場合における同項但書に規定する類似の用途の指定については、第1項の規定にかかわらず、当該条例で、別段の定をすることができる。

改正：昭和32年政令第99号　　　施行：昭和32年5月15日
旧　第137条の2　（類似の用途）

略

改正：昭和34年政令第344号　　　施行：昭和34年12月23日
旧　<u>第137条の8</u>　<u>（類似の用途等）</u>

1　<u>法第87条第3項第二号の規定により政令で指定する類似の用途は、次の各号の一に列記する各用途につき当該各号に列記する他の用途とする。ただし、法第49条第1項から第4項まで又は法第50条第2項若しくは第4項の規定の準用に関しては、この限りでない。</u>
　一・二　略
　<u>三　病院、診療所（患者の収容施設を有しないものを除く。）、ホテル、旅館、下宿、共同住宅、寄宿舎</u>

令旧137条の8　改正：昭和34年政令第344号

2　法第87条第3項第三号の規定により政令で定める範囲は、次の各号に定めるものとする。

　一　法別表第2（い）項第三号中（1）から（7）までの一、同項第四号から第七号までの一、同表（ろ）項第三号中（1）から（19）までの一若しくは同表（は）項第一号中（1）から（29）まで（（1）から（4）まで及び（12）中「製造」とあるのは、「製造、貯蔵又は処理」とする。）の一のそれぞれに列記する用途相互間、可燃性ガス若しくはカーバイドの製造、貯蔵若しくは処理の用途相互間（可燃性ガスの製造とカーバイドの製造相互間を除く。）又は法別表第3（ろ）項各号の一のそれぞれに列記する用途相互間におけるものであること。

　二　法第49条の規定に適合しない事由が原動機の出力、機械の台数又は容器等の容量による場合においては、用途変更後のそれらの出力、台数又は容量の合計は、基準時におけるそれらの出力、台数又は容量の合計の1.5倍をこえないこと。

3　法第87条第3項の規定によつて同項に掲げる条例の規定を準用する場合における同項第二号に規定する類似の用途の指定については、第1項の規定にかかわらず、当該条例で、別段の定をすることができる。

改正：昭和36年政令第396号　　　施行：昭和36年12月4日

旧　第137条の8　（類似の用途等）

1　法第87条第3項第二号の規定により政令で指定する類似の用途は、次の各号の一に列記する各用途につき当該各号に列記する他の用途とする。ただし、法第49条第1項から第4項まで又は法第50条第2項若しくは第4項の規定の準用に関しては、この限りでない。

　一・二　略
　三　キヤバレー、カフエー、ナイトクラブ、バー、舞踏場
　四　病院、診療所（患者の収容施設を有しないものを除く。）、ホテル、旅館、下宿、共同住宅、寄宿舎

2・3　略

改正：昭和39年政令第4号　　　施行：昭和39年1月15日

旧　第137条の9　（類似の用途等）

略

改正：昭和44年政令第158号　　　施行：昭和44年6月14日

旧　第137条の9　（類似の用途等）

1　法第87条第3項第二号の規定により政令で指定する類似の用途は、次の各号の一に列記する各用途につき当該各号に列記する他の用途とする。ただし、法第49条第1項から第4項まで又は法第50条の規定の準用に関しては、この限りでない。

　一～四　略

2・3　略

改正：昭和44年政令第232号　　　施行：昭和44年8月26日

旧　第137条の10　（類似の用途等）

略

改正：昭和45年政令第333号　　　施行：昭和46年1月1日

旧　第137条の10　（類似の用途等）

1　法第87条第3項第二号の規定により政令で指定する類似の用途は、次の各号の一に列記する各用途につき当該各号に列記する他の用途とする。ただし、法第48条第1項から第8項までの規定の準用に関しては、この限りでない。

一～四　略
2　法第87条第3項第三号の規定により政令で定める範囲は、次の各号に定めるものとする。
　一　法別表第2（ろ）項第三号から第七号までの一、同表（は）項第三号中（1）から（12）までの一、同項第四号若しくは第五号、同表（に）項第二号から第四号までの一、同表（ほ）項第三号中（1）から（19）までの一、同表（へ）項第一号中（1）から（29）まで（（1）から（4）まで及び（12）中「製造」とあるのは、「製造、貯蔵又は処理」とする。）の一、同表（と）項第五号若しくは第六号若しくは同表（ち）項第二号から第五号までの一のそれぞれに列記する用途相互間又は可燃性ガス若しくはカーバイドの製造、貯蔵若しくは処理の用途相互間（可燃性ガスの製造とカーバイドの製造相互間を除く。）におけるものであること。
　二　法第48条第1項から第8項までの規定に適合しない事由が原動機の出力、機械の台数又は容器等の容量による場合においては、用途変更後のそれらの出力、台数又は容量の合計は、基準時におけるそれらの出力、台数又は容量の合計の1.2倍をこえないこと。
　三　用途変更後の法第48条第1項から第8項までの規定に適合しない用途に供する建築物の部分の床面積の合計は、基準時におけるその部分の床面積の合計の1.2倍をこえないこと。
3　法第87条第3項の規定によつて同項に掲げる条例の規定を準用する場合における同項第二号に規定する類似の用途の指定については、第1項の規定にかかわらず、当該条例で、別段の定めをすることができる。

改正：昭和52年政令第266号　　　施行：昭和52年11月1日
旧　第137条の9の2　（類似の用途等）

1　法第87条第1項の規定により政令で指定する類似の用途は、次の各号の一に列記する各用途につき当該各号に列記する他の用途とする。ただし、第三号若しくは第六号に列記する用途に供する建築物が第一種住居専用地域内にある場合又は第七号に列記する用途に供する建築物が第二種住居専用地域若しくは工業専用地域内にある場合については、この限りでない。
　一　劇場、映画館、演芸場
　二　公会堂、集会場
　三　診療所（患者の収容施設があるものに限る。）、児童福祉施設等
　四　ホテル、旅館
　五　下宿、寄宿舎
　六　博物館、美術館、図書館
　七　体育館、ボーリング場、スケート場、水泳場
　八　百貨店、マーケット、その他の物品販売業を営む店舗
　九　キャバレー、カフエー、ナイトクラブ、バー
　十　待合、料理店
　十一　映画スタジオ、テレビスタジオ

旧　第137条の10

1　法第87条第3項第二号の規定により政令で指定する類似の用途は、前条第八号から第十一号まで及び次の各号の一に列記する各用途につき当該各号に列記する他の用途とする。ただし、法第48条第1項から第8項までの規定の準用に関しては、この限りでない。
　一　略
　二　病院、診療所（患者の収容施設があるものに限る。）、児童福祉施設等
　三　ホテル、旅館、下宿、共同住宅、寄宿舎
　四　博物館、美術館、図書館
2・3　略

改正：平成5年政令第170号　　　施行：平成5年6月25日
旧　第137条の9の2　（類似の用途等）

令旧137条の9の2　改正：平成5年政令第170号

1　法第87条第1項の規定により政令で指定する類似の用途は、次の各号の一に列記する各用途につき当該各号に列記する他の用途とする。ただし、第三号若しくは第六号に列記する用途に供する建築物が<u>第一種低層住居専用地域若しくは第二種低層住居専用地域</u>内にある場合又は第七号に列記する用途に供する建築物が<u>第一種中高層住居専用地域、第二種中高層住居専用地域若しくは工業専用地域</u>内にある場合については、この限りでない。
　一～六　略
　七　体育館、ボーリング場、スケート場、<u>水泳場</u>、スキー場、ゴルフ練習場、バッティング練習場
　八　略
　九　キャバレー、<u>カフェー</u>、ナイトクラブ、バー
　十・十一　略

旧　第137条の10

1　法第87条第3項第二号の規定により政令で指定する類似の用途は、前条第八号から第十一号まで及び次の各号の一に列記する各用途につき当該各号に列記する他の用途とする。ただし、法第48条第1項から<u>第12項</u>までの規定の準用に関しては、この限りでない。
　一～四　略
2　法第87条第3項第三号の規定により政令で定める範囲は、<u>次に定めるものとする。</u>
　<u>一　法別表第2（に）項第三号から第六号までの一、同表（ほ）項第二号若しくは第三号、同表（へ）項第四号若しくは第五号、同表（と）項第三号中（1）から（16）までの一、同表（ち）項第二号若しくは第三号、同表（り）項第三号中（1）から（20）までの一、同表（ぬ）項第一号中（1）から（31）まで（（1）から（3）まで、（11）及び（12）中「製造」とあるのは、「製造、貯蔵又は処理」とする。）の一、同表（る）項第五号若しくは第六号又は同表（を）項第二号から第六号までの一のそれぞれに列記する用途相互間におけるものであること。</u>
　二　法第48条第1項から<u>第12項</u>までの規定に適合しない事由が原動機の出力、機械の台数又は容器等の容量による場合においては、用途変更後のそれらの出力、台数又は容量の合計は、基準時におけるそれらの出力、台数又は容量の合計の1.2倍を<u>超えない</u>こと。
　三　用途変更後の法第48条第1項から<u>第12項</u>までの規定に適合しない用途に供する建築物の部分の床面積の合計は、基準時におけるその部分の床面積の合計の1.2倍を<u>超えない</u>こと。
3　略

改正：平成17年政令第192号　　　施行：平成17年6月1日

旧　第137条の17　（建築物の用途を変更して特殊建築物とする場合に建築主事の確認等を要しない類似の用途）

1　法第87条第1項の規定により政令で指定する類似の用途は、<u>当該建築物が次の各号のいずれかに掲げる用途である場合において、それぞれ当該各号に掲げる他の用途</u>とする。ただし、第三号若しくは第六号に<u>掲げる用途</u>に供する建築物が第一種低層住居専用地域若しくは第二種低層住居専用地域内にある場合又は第七号に<u>掲げる用途</u>に供する建築物が第一種中高層住居専用地域、第二種中高層住居専用地域若しくは工業専用地域内にある場合については、この限りでない。
　一～十一　略

旧　第137条の18　（建築物の用途を変更する場合に法第24条等の規定を準用しない類似の用途等）

1　法第87条第3項第二号の規定により政令で指定する類似の用途は、<u>当該建築物が前条第八号から第十一号まで及び次の各号のいずれかに掲げる用途である場合において、それぞれ当該各号に掲げる他の用途</u>とする。ただし、法第48条第1項から第12項までの規定の準用に関しては、この限りでない。
　一～四　略
2　法第87条第3項第三号の規定により政令で定める範囲は、次に定めるものとする。
　一　<u>次のイからホまでのいずれかに掲げる用途である場合において、それぞれ当該イからホまでに掲げる用途相互間におけるものであること。</u>
　　イ　<u>法別表第2（に）項第三号から第六号までに掲げる用途</u>
　　ロ　<u>法別表第2（ほ）項第二号若しくは第三号、同表（へ）項第四号若しくは第五号又は同表（と）項第</u>

改正：平成27年政令第382号　**令137条の18**

　　　　三号（1）から（16）までに掲げる用途
　　ハ　法別表第2（ち）項第二号若しくは第三号又は同表（り）項第三号（1）から（20）までに掲げる用途
　　ニ　法別表第2（ぬ）項第一号（1）から（31）までに掲げる用途（この場合において、同号（1）から（3）まで、（11）及び（12）中「製造」とあるのは、「製造、貯蔵又は処理」とする。）
　　ホ　法別表第2（る）項第五号若しくは第六号又は同表（を）項第二号から第六号までに掲げる用途
　二・三
3　略

改正：平成18年政令第350号　　施行：平成19年11月30日

旧　第137条の17　（建築物の用途を変更して特殊建築物とする場合に建築主事の確認等を要しない類似の用途）

略

旧　第137条の18　（建築物の用途を変更する場合に法第24条等の規定を準用しない類似の用途等）

1　法第87条第3項第二号の規定により政令で指定する類似の用途は、当該建築物が前条第八号から第十一号まで及び次の各号のいずれかに掲げる用途である場合において、それぞれ当該各号に掲げる他の用途とする。ただし、法第48条第1項から第13項までの規定の準用に関しては、この限りでない。
　一〜四　略
2　法第87条第3項第三号の規定により政令で定める範囲は、次に定めるものとする。
　一　次のイからホまでのいずれかに掲げる用途である場合において、それぞれ当該イからホまでに掲げる用途相互間におけるものであること。
　　イ・ロ　略
　　ハ　法別表第2（ち）項第二号又は同表（り）項第三号（1）から（20）までに掲げる用途
　　ニ・ホ　略
　二　法第48条第1項から第13項までの規定に適合しない事由が原動機の出力、機械の台数又は容器等の容量による場合においては、用途変更後のそれらの出力、台数又は容量の合計は、基準時におけるそれらの出力、台数又は容量の合計の1.2倍を超えないこと。
　三　用途変更後の法第48条第1項から第13項までの規定に適合しない用途に供する建築物の部分の床面積の合計は、基準時におけるその部分の床面積の合計の1.2倍を超えないこと。
3　略

改正：平成27年政令第11号　　施行：平成27年6月1日

第137条の18　（建築物の用途を変更して特殊建築物とする場合に建築主事の確認等を要しない類似の用途）

略

第137条の19　（建築物の用途を変更する場合に法第24条等の規定を準用しない類似の用途等）

略

改正：平成27年政令第382号　　施行：平成28年6月23日

第137条の18　（建築物の用途を変更して特殊建築物とする場合に建築主事の確認等を要しない類似の用途）

1　法第87条第1項の規定により政令で指定する類似の用途は、当該建築物が次の各号のいずれかに掲げる用途である場合において、それぞれ当該各号に掲げる他の用途とする。ただし、第三号若しくは第六号に掲げる用途に供する建築物が第一種低層住居専用地域若しくは第二種低層住居専用地域内にある場合、第七号に掲げる用途に供する建築物が第一種中高層住居専用地域、第二種中高層住居専用地域若しくは工業専用地域内にある場合又は第九号に掲げる用途に供する建築物が準住居地域若しくは近隣商業地域内にある場合については、この限りでない。
　一〜十一　略

令137条の18 改正：平成27年政令第382号

第137条の19 （建築物の用途を変更する場合に法第24条等の規定を準用しない類似の用途等）

略

改正：平成29年政令第156号　　施行：平成30年4月1日

第137条の18 （建築物の用途を変更して特殊建築物とする場合に建築主事の確認等を要しない類似の用途）

1　法第87条第1項の規定により政令で指定する類似の用途は、当該建築物が次の各号のいずれかに掲げる用途である場合において、それぞれ当該各号に掲げる他の用途とする。ただし、第三号若しくは第六号に掲げる用途に供する建築物が第一種低層住居専用地域、<u>第二種低層住居専用地域若しくは田園住居地域</u>内にある場合、第七号に掲げる用途に供する建築物が第一種中高層住居専用地域、第二種中高層住居専用地域若しくは工業専用地域内にある場合又は第九号に掲げる用途に供する建築物が準住居地域若しくは近隣商業地域内にある場合については、この限りでない。
　一〜十一　略

第137条の19 （建築物の用途を変更する場合に法第24条等の規定を準用しない類似の用途等）

1　法第87条第3項第二号の規定により政令で指定する類似の用途は、当該建築物が前条第八号から第十一号まで及び次の各号のいずれかに掲げる用途である場合において、それぞれ当該各号に掲げる他の用途とする。ただし、法第48条第1項から<u>第14項</u>までの規定の準用に関しては、この限りでない。
　一〜四　略

2　法第87条第3項第三号の規定により政令で定める範囲は、次に定めるものとする。
　一　次のイからホまでのいずれかに掲げる用途である場合において、それぞれ当該イからホまでに掲げる用途相互間におけるものであること。
　　イ・ロ　略
　　ハ　法別表第2<u>（り）</u>項第二号又は同表<u>（ぬ）</u>項第三号（1）から（20）までに掲げる用途
　　ニ　法別表第2<u>（る）</u>項第一号（1）から（31）までに掲げる用途（この場合において、同号（1）から（3）まで、（11）及び（12）中「製造」とあるのは、「製造、貯蔵又は処理」とする。）
　　ホ　法別表第2<u>（を）</u>項第五号若しくは第六号又は同表<u>（わ）</u>項第二号から第六号までに掲げる用途
　二　法第48条第1項から<u>第14項</u>までの規定に適合しない事由が原動機の出力、機械の台数又は容器等の容量による場合においては、用途変更後のそれらの出力、台数又は容量の合計は、基準時におけるそれらの出力、台数又は容量の合計の1.2倍を超えないこと。
　三　用途変更後の法第48条第1項から<u>第14項</u>までの規定に適合しない用途に供する建築物の部分の床面積の合計は、基準時におけるその部分の床面積の合計の1.2倍を超えないこと。
3　略

改正：平成30年政令第255号　　施行：平成30年9月25日

第137条の18 （建築物の用途を変更して特殊建築物とする場合に建築主事の確認等を要しない類似の用途）

1　法第87条第1項の規定により政令で指定する類似の用途は、当該建築物が次の各号のいずれかに掲げる用途である場合において、それぞれ当該各号に掲げる他の用途とする。ただし、第三号若しくは第六号に掲げる用途に供する建築物が第一種低層住居専用地域、第二種低層住居専用地域若しくは田園住居地域内にある場合、第七号に掲げる用途に供する建築物が第一種中高層住居専用地域、第二種中高層住居専用地域若しくは工業専用地域内にある場合又は第九号に掲げる用途に供する建築物が準住居地域若しくは近隣商業地域内にある場合については、この限りでない。
　一　劇場、映画館、演芸場
　二　公会堂、集会場
　三　診療所（患者の収容施設があるものに限る。）、児童福祉施設等
　四　ホテル、旅館
　五　下宿、寄宿舎
　六　博物館、美術館、図書館
　七　体育館、ボーリング場、スケート場、水泳場、スキー場、ゴルフ練習場、バッティング練習場

八　百貨店、マーケット、その他の物品販売業を営む店舗
九　キャバレー、カフェー、ナイトクラブ、バー
十　待合、料理店
十一　映画スタジオ、テレビスタジオ

第137条の19　（建築物の用途を変更する場合に法第27条等の規定を準用しない類似の用途等）

1　法第87条第3項第二号の規定により政令で指定する類似の用途は、当該建築物が前条第八号から第十一号まで及び次の各号のいずれかに掲げる用途である場合において、それぞれ当該各号に掲げる他の用途とする。ただし、法第48条第1項から第14項までの規定の準用に関しては、この限りでない。
一　劇場、映画館、演芸場、公会堂、集会場
二　病院、診療所（患者の収容施設があるものに限る。）、児童福祉施設等
三　ホテル、旅館、下宿、共同住宅、寄宿舎
四　博物館、美術館、図書館
2　法第87条第3項第三号の規定により政令で定める範囲は、次に定めるものとする。
一　次のイからホまでのいずれかに掲げる用途である場合において、それぞれ当該イからホまでに掲げる用途相互間におけるものであること。
　イ　法別表第2（に）項第三号から第六号までに掲げる用途
　ロ　法別表第2（ほ）項第二号若しくは第三号、同表（へ）項第四号若しくは第五号又は同表（と）項第三号（1）から（16）までに掲げる用途
　ハ　法別表第2（り）項第二号又は同表（ぬ）項第三号（1）から（20）までに掲げる用途
　ニ　法別表第2（る）項第一号（1）から（31）までに掲げる用途（この場合において、同号（1）から（3）まで、（11）及び（12）中「製造」とあるのは、「製造、貯蔵又は処理」とする。）
　ホ　法別表第2（を）項第五号若しくは第六号又は同表（わ）項第二号から第六号までに掲げる用途
二　法第48条第1項から第14項までの規定に適合しない事由が原動機の出力、機械の台数又は容器等の容量による場合においては、用途変更後のそれらの出力、台数又は容量の合計は、基準時におけるそれらの出力、台数又は容量の合計の1.2倍を超えないこと。
三　用途変更後の法第48条第1項から第14項までの規定に適合しない用途に供する建築物の部分の床面積の合計は、基準時におけるその部分の床面積の合計の1.2倍を超えないこと。
3　法第87条第3項の規定によつて同項に掲げる条例の規定を準用する場合における同項第二号に規定する類似の用途の指定については、第1項の規定にかかわらず、当該条例で、別段の定めをすることができる。

[現行] 第9章　工作物
（制定：昭和34年政令第344号）　第9章　工作物

[現行] 第138条　（工作物の指定等）

制定：昭和25年政令第338号　　施行：昭和25年11月23日
第138条　（工作物の指定）

1　法第88条第1項の規定によつて下の各号に掲げる工作物（鉄道及び軌道の線路敷地内の運転保安に関するものを除く。）を指定する。
一　高さが6mをこえる煙突（支わく及び支線がある場合においては、これらを含み、ストーブの煙突を除く。）
二　高さが15mをこえる鉄筋コンクリート造の柱、鉄柱、木柱その他これらに類するもの（旗ざお及び架空電線路用のものを除く。）
三　高さが4mをこえる広告塔、広告板、装飾塔、記念塔その他これらに類するもの
四　高さが8mをこえる高架水そう、サイロ、物見塔その他これらに類するもの
五　高さが2mをこえる擁壁

改正：昭和34年政令第344号　　施行：昭和34年12月23日

令138条 改正：昭和34年政令第344号

第138条　（工作物の指定）

1　煙突、広告塔、高架水槽（そう）、擁壁その他これらに類する工作物で法第88条第1項の規定により政令で指定するものは、次の各号に掲げるもの（鉄道及び軌道の線路敷地内の運転保安に関するものを除く。）とする。
　一　略
　二　高さが15mをこえる鉄筋コンクリート造の柱、鉄柱、木柱その他これらに類するもの（旗ざお並びに架空電線路用及び電気事業者の保安通信設備用のものを除く。）
　三　略
　四　高さが8mをこえる高架水槽（そう）、サイロ、物見塔その他これらに類するもの
　五　略

2　昇降機、ウオーターシュート、飛行塔その他これらに類する工作物で法第88条第1項の規定により政令で指定するものは、次の各号に掲げるものとする。
　一　乗用エレベーター又はエスカレーターで観光のためのもの（一般交通の用に供するものを除く。）
　二　ウオーターシュート、コースターその他これらに類する高架の遊戯施設
　三　メリーゴーラウンド、観覧車、オクトパス、飛行塔その他これらに類する回転運動をする遊戯施設で原動機を使用するもの

改正：昭和50年政令第2号　　　施行：昭和50年4月1日
第138条　（工作物の指定）

1　煙突、広告塔、高架水槽（そう）、擁壁その他これらに類する工作物で法第88条第1項の規定により政令で指定するものは、次の各号に掲げるもの（鉄道及び軌道の線路敷地内の運転保安に関するものを除く。）とする。
　一　高さが6mを<u>超える</u>煙突（支わく及び支線がある場合においては、これらを含み、ストーブの煙突を除く。）
　二　高さが15mを<u>超える</u>鉄筋コンクリート造の柱、鉄柱、木柱その他これらに類するもの（旗ざお並びに架空電線路用及び電気事業者の保安通信設備用のものを除く。）
　三　高さが4mを<u>超える</u>広告塔、広告板、装飾塔、記念塔その他これらに類するもの
　四　高さが8mを<u>超える</u>高架水槽（そう）、サイロ、物見塔その他これらに類するもの
　五　高さが2mを<u>超える</u>擁壁

2　略

3　製造施設、貯蔵施設、遊戯施設等の工作物で法第88条第2項の規定により政令で指定するものは、次の各号に掲げる工作物（土木事業その他の事業に一時的に使用するためにその事業中臨時にあるもの及び第一号又は第五号に掲げるもので建築物の敷地（法第3条第2項の規定により法第48条第1項から第8項までの規定の適用を受けない建築物については、第137条に規定する基準時における敷地をいう。）と同一の敷地内にあるものを除く。）とする。
　一　法別表第2（ほ）項第三号（13）又は（13の2）の用途に供する工作物で用途地域（準工業地域、工業地域及び工業専用地域を除く。）内にあるもの及び同表（へ）項第一号（21）の用途に供する工作物で用途地域（工業地域及び工業専用地域を除く。）内にあるもの
　二　自動車車庫の用途に供する工作物で次のイからハまでに掲げるもの
　　イ　築造面積が50㎡を超えるもので第一種住居専用地域、第二種住居専用地域又は住居地域内にあるもの（建築物に附属するものを除く。）
　　ロ　第一種住居専用地域内にある建築物に附属するもので築造面積が300㎡（同一敷地内にある建築物（自動車車庫の用途に供する部分を除く。）の延べ面積の合計に2分の1を乗じた値が、50㎡を超え300㎡未満の場合においてはその値、50㎡以下の場合に50㎡）を超えるもの
　　ハ　第二種住居専用地域又は住居地域内にある建築物に附属するもので築造面積が同一敷地内にある建築物（自動車車庫の用途に供する部分を除く。）の延べ面積の合計の2分の1を超えるもの（築造面積が50㎡以下のものを除く。）
　三　高さが8mを超えるサイロその他これに類する工作物のうち飼料、肥料、セメントその他これらに類す

改正：平成5年政令第170号　**令138条**

　　　るものを貯蔵するもので第一種住居専用地域内にあるもの
　四　前項各号に掲げる工作物で第一種住居専用地域内にあるもの
　五　汚物処理場、ごみ焼却場その他の処理施設の用途に供する工作物で都市計画区域内にあるもの

改正：昭和52年政令第266号　　　施行：昭和52年11月1日
第138条　（工作物の指定）

1・2　略
3　製造施設、貯蔵施設、遊戯施設等の工作物で法第88条第2項の規定により政令で指定するものは、次の各号に掲げる工作物（土木事業その他の事業に一時的に使用するためにその事業中臨時にあるもの及び第一号又は第五号に掲げるもので建築物の敷地（法第3条第2項の規定により法第48条第1項から第8項までの規定の適用を受けない建築物については、第137条に規定する基準時における敷地をいう。）と同一の敷地内にあるものを除く。）とする。
　一　略
　二　自動車車庫の用途に供する工作物で次のイからニまでに掲げるもの
　　イ・ロ　略
　　ハ　第二種住居専用地域内にある建築物に附属するもので築造面積が1,500㎡（同一敷地内にある建築物（自動車車庫の用途に供する部分を除く。）の延べ面積の合計に2分の1を乗じた値が50㎡を超え1,500㎡未満の場合においてはその値、50㎡以下の場合においては50㎡を超えるもの
　　ニ　住居地域内にある建築物に附属するもので築造面積が同一敷地内にある建築物（自動車車庫の用途に供する部分を除く。）の延べ面積の合計の2分の1を超えるもの（築造面積が50㎡以下のものを除く。）
　三～五　略

改正：平成5年政令第170号　　　施行：平成5年6月25日
第138条　（工作物の指定）

1・2　略
3　製造施設、貯蔵施設、遊戯施設等の工作物で法第88条第2項の規定により政令で指定するものは、次に掲げる工作物（土木事業その他の事業に一時的に使用するためにその事業中臨時にあるもの及び第一号又は第五号に掲げるもので建築物の敷地（法第3条第2項の規定により法第48条第1項から第12項までの規定の適用を受けない建築物については、第137条に規定する基準時における敷地をいう。）と同一の敷地内にあるものを除く。）とする。
　一　法別表第2（り）項第三号（13）又は（13の2）の用途に供する工作物で用途地域（準工業地域、工業地域及び工業専用地域を除く。）内にあるもの及び同表（ぬ）項第一号（21）の用途に供する工作物で用途地域（工業地域及び工業専用地域を除く。）内にあるもの
　二　自動車車庫の用途に供する工作物で次のイからチまでに掲げるもの
　　イ　築造面積が50㎡を超えるもので第一種低層住居専用地域又は第二種低層住居専用地域内にあるもの（建築物に附属するものを除く。）
　　ロ　築造面積が300㎡を超えるもので第一種中高層住居専用地域、第二種中高層住居専用地域、第一種住居地域又は第二種住居地域内にあるもの（建築物に附属するものを除く。）
　　ハ　第一種低層住居専用地域又は第二種低層住居専用地域内にある建築物に附属するもので築造面積に同一敷地内にある建築物に附属する自動車車庫の用途に供する建築物の部分の延べ面積の合計を加えた値が600㎡（同一敷地内にある建築物（自動車車庫の用途に供する部分を除く。）の延べ面積の合計が600㎡以下の場合においては、当該延べ面積の合計）を超えるもの（築造面積が50㎡以下のもの及びニに掲げるものを除く。）
　　ニ　第一種低層住居専用地域又は第二種低層住居専用地域内にある総合的設計による一団地の建築物に附属するもので次の（1）又は（2）のいずれかに該当するもの
　　　（1）　築造面積に同一敷地内にある建築物に附属する自動車車庫の用途に供する建築物の部分の延べ面積の合計を加えた値が2,000㎡を超えるもの
　　　（2）　築造面積に同一団地内にある建築物に附属する他の自動車車庫の用途に供する工作物の築造面

令138条　改正：平成5年政令第170号

　　　　　　積及び当該団地内にある建築物に附属する自動車車庫の用途に供する建築物の部分の延べ面積の合計を加えた値が、当該団地内の敷地ごとにハの規定により算定される自動車車庫の用途に供する工作物の築造面積の上限の値を合算した値を超えるもの
　　　ホ　第一種中高層住居専用地域又は第二種中高層住居専用地域内にある建築物に附属するもので築造面積に同一敷地内にある建築物に附属する自動車車庫の用途に供する建築物の部分の延べ面積の合計を加えた値が3,000㎡（同一敷地内にある建築物（自動車車庫の用途に供する部分を除く。）の延べ面積の合計が3,000㎡以下の場合においては、当該延べ面積の合計）を超えるもの（築造面積が300㎡以下のもの及びヘに掲げるものを除く。）
　　　ヘ　第一種中高層住居専用地域又は第二種中高層住居専用地域内にある総合的設計による一団地の建築物に附属するもので次の（1）又は（2）のいずれかに該当するもの
　　　　（1）　築造面積に同一敷地内にある建築物に附属する自動車車庫の用途に供する建築物の部分の延べ面積の合計を加えた値が10,000㎡を超えるもの
　　　　（2）　築造面積に同一団地内にある建築物に附属する他の自動車車庫の用途に供する工作物の築造面積及び当該団地内にある建築物に附属する自動車車庫の用途に供する建築物の部分の延べ面積の合計を加えた値が、当該団地内の敷地ごとにホの規定により算定される自動車車庫の用途に供する工作物の築造面積の上限の値を合算した値を超えるもの
　　　ト　第一種住居地域又は第二種住居地域内にある建築物に附属するもので築造面積に同一敷地内にある建築物に附属する自動車車庫の用途に供する建築物の部分の延べ面積の合計を加えた値が、当該敷地内にある建築物（自動車車庫の用途に供する部分を除く。）の延べ面積の合計を超えるもの（築造面積が300㎡以下のもの及びチに掲げるものを除く。）
　　　チ　第一種住居地域又は第二種住居地域内にある総合的設計による一団地の建築物に附属するもので、築造面積に同一団地内にある建築物に附属する他の自動車車庫の用途に供する工作物の築造面積及び当該団地内にある建築物に附属する自動車車庫の用途に供する建築物の部分の延べ面積の合計を加えた値が、当該団地内の敷地ごとにトの規定により算定される自動車車庫の用途に供する工作物の築造面積の上限の値を合算した値を超えるもの
　三　高さが8mを超えるサイロその他これに類する工作物のうち飼料、肥料、セメントその他これらに類するものを貯蔵するもので第一種低層住居専用地域又は第二種低層住居専用地域内にあるもの
　四　前項各号に掲げる工作物で第一種低層住居専用地域又は第二種低層住居専用地域内にあるもの
　五　略

改正：平成7年政令第359号　　　　施行：平成7年12月1日
第138条　（工作物の指定）

1　煙突、広告塔、高架水槽、擁壁その他これらに類する工作物で法第88条第1項の規定により政令で指定するものは、次に掲げるもの（鉄道及び軌道の線路敷地内の運転保安に関するものを除く。）とする。
　一　高さが6mを超える煙突（支枠及び支線がある場合においては、これらを含み、ストーブの煙突を除く。）
　二　高さが15mを超える鉄筋コンクリート造の柱、鉄柱、木柱その他これらに類するもの（旗ざお並びに架空電線路用並びに電気事業法第2条第1項第八号に規定する電気事業者及び同項第十号に規定する卸供給事業者の保安通信設備用のものを除く。）
　三　略
　四　高さが8mを超える高架水槽、サイロ、物見塔その他これらに類するもの
　五　略
2・3　略

改正：平成11年政令第5号　　　　施行：平成11年5月1日
第138条　（工作物の指定）

1・2　略
3　製造施設、貯蔵施設、遊戯施設等の工作物で法第88条第2項の規定により政令で指定するものは、次に掲げる工作物（土木事業その他の事業に一時的に使用するためにその事業中臨時にあるもの及び第一号又は第

五号に掲げるもので建築物の敷地（法第3条第2項の規定により法第48条第1項から第12項までの規定の適用を受けない建築物については、第137条に規定する基準時における敷地をいう。）と同一の敷地内にあるものを除く。）とする。
一　略
二　自動車車庫の用途に供する工作物で次のイからチまでに掲げるもの
　イ～ハ　略
　ニ　第一種低層住居専用地域又は第二種低層住居専用地域内にある公告対象区域内の建築物に附属するもので次の（1）又は（2）のいずれかに該当するもの
　　（1）　築造面積に同一敷地内にある建築物に附属する自動車車庫の用途に供する建築物の部分の延べ面積の合計を加えた値が2,000㎡を超えるもの
　　（2）　築造面積に同一公告対象区域内にある建築物に附属する他の自動車車庫の用途に供する工作物の築造面積及び当該公告対象区域内にある建築物に附属する自動車車庫の用途に供する建築物の部分の延べ面積の合計を加えた値が、当該公告対象区域内の敷地ごとにハの規定により算定される自動車車庫の用途に供する工作物の築造面積の上限の値を合算した値を超えるもの
　ホ　略
　ヘ　第一種中高層住居専用地域又は第二種中高層住居専用地域内にある公告対象区域内の建築物に附属するもので次の（1）又は（2）のいずれかに該当するもの
　　（1）　築造面積に同一敷地内にある建築物に附属する自動車車庫の用途に供する建築物の部分の延べ面積の合計を加えた値が10,000㎡を超えるもの
　　（2）　築造面積に同一公告対象区域内にある建築物に附属する他の自動車車庫の用途に供する工作物の築造面積及び当該公告対象区域内にある建築物に附属する自動車車庫の用途に供する建築物の部分の延べ面積の合計を加えた値が、当該公告対象区域内の敷地ごとにホの規定により算定される自動車車庫の用途に供する工作物の築造面積の上限の値を合算した値を超えるもの
　ト　略
　チ　第一種住居地域又は第二種住居地域内にある公告対象区域内の建築物に附属するもので、築造面積に同一公告対象区域内にある建築物に附属する他の自動車車庫の用途に供する工作物の築造面積及び当該公告対象区域内にある建築物に附属する自動車車庫の用途に供する建築物の部分の延べ面積の合計を加えた値が、当該公告対象区域内の敷地ごとにトの規定により算定される自動車車庫の用途に供する工作物の築造面積の上限の値を合算した値を超えるもの
三～五　略

改正：平成11年政令第431号　　　施行：平成12年3月21日
第138条　（工作物の指定）

1　煙突、広告塔、高架水槽、擁壁その他これらに類する工作物で法第88条第1項の規定により政令で指定するものは、次に掲げるもの（鉄道及び軌道の線路敷地内の運転保安に関するものを除く。）とする。
一　略
二　高さが15mを超える鉄筋コンクリート造の柱、鉄柱、木柱その他これらに類するもの（旗ざお並びに架空電線路用並びに電気事業法第2条第1項第十号に規定する電気事業者及び同項第十二号に規定する卸供給事業者の保安通信設備用のものを除く。）
三～五　略
2・3　略

改正：平成13年政令第98号　　　施行：平成13年5月18日
第138条　（工作物の指定）

1・2　略
3　製造施設、貯蔵施設、遊戯施設等の工作物で法第88条第2項の規定により政令で指定するものは、次に掲げる工作物（土木事業その他の事業に一時的に使用するためにその事業中臨時にあるもの及び第一号又は第五号に掲げるもので建築物の敷地（法第3条第2項の規定により法第48条第1項から第12項までの規定の適

令138条　改正：平成13年政令第98号

用を受けない建築物については、第137条に規定する基準時における敷地をいう。）と同一の敷地内にあるものを除く。）とする。
一・二　略
三　高さが８ｍを超えるサイロその他これに類する工作物のうち飼料、肥料、セメントその他これらに類するものを貯蔵するもので第一種低層住居専用地域、第二種低層住居専用地域又は第一種中高層住居専用地域内にあるもの
四　前項各号に掲げる工作物で第一種低層住居専用地域、第二種低層住居専用地域又は第一種中高層住居専用地域内にあるもの
五　汚物処理場、ごみ焼却場その他の処理施設の用途に供する工作物で都市計画区域又は準都市計画区域（準都市計画区域にあつては、第一種低層住居専用地域、第二種低層住居専用地域又は第一種中高層住居専用地域に限る。）内にあるもの
六　特定用途制限地域内にある工作物で当該特定用途制限地域に係る法第88条第２項において準用する法第49条の２の規定に基づく条例において制限が定められた用途に供するもの

改正：平成16年政令第210号　　　　施行：平成16年７月１日
第138条　（工作物の指定）

1・2　略
3　製造施設、貯蔵施設、遊戯施設等の工作物で法第88条第２項の規定により政令で指定するものは、次に掲げる工作物（土木事業その他の事業に一時的に使用するためにその事業中臨時にあるもの及び第一号又は第五号に掲げるもので建築物の敷地（法第３条第２項の規定により法第48条第１項から第12項までの規定の適用を受けない建築物については、第137条に規定する基準時における敷地をいう。）と同一の敷地内にあるものを除く。）とする。
一～四　略
五　汚物処理場、ごみ焼却場又は第130条の２の２各号に掲げる処理施設の用途に供する工作物で都市計画区域又は準都市計画区域（準都市計画区域にあつては、第一種低層住居専用地域、第二種低層住居専用地域又は第一種中高層住居専用地域に限る。）内にあるもの
六　略

改正：平成18年政令第350号　　　　施行：平成19年11月30日
第138条　（工作物の指定）

1・2　略
3　製造施設、貯蔵施設、遊戯施設等の工作物で法第88条第２項の規定により政令で指定するものは、次に掲げる工作物（土木事業その他の事業に一時的に使用するためにその事業中臨時にあるもの及び第一号又は第五号に掲げるもので建築物の敷地（法第３条第２項の規定により法第48条第１項から第13項までの規定の適用を受けない建築物については、第137条に規定する基準時における敷地をいう。）と同一の敷地内にあるものを除く。）とする。
一～六　略

改正：平成23年政令第46号　　　　施行：平成23年10月１日
第138条　（工作物の指定）

1　煙突、広告塔、高架水槽、擁壁その他これらに類する工作物で法第88条第１項の規定により政令で指定するものは、次に掲げるもの（鉄道及び軌道の線路敷地内の運転保安に関するものその他の法令の規定により法及びこれに基づく命令の規定による規制と同等の規制を受けるものとして国土交通大臣が指定するものを除く。）とする。
一　略
二　高さが15ｍを超える鉄筋コンクリート造の柱、鉄柱、木柱その他これらに類するもの（旗ざおを除く。）
三～五　略

2・3　略

改正：平成29年政令第156号　　　施行：平成30年4月1日
第138条　（工作物の指定）
1・2　略
3　製造施設、貯蔵施設、遊戯施設等の工作物で法第88条第2項の規定により政令で指定するものは、次に掲げる工作物（土木事業その他の事業に一時的に使用するためにその事業中臨時にあるもの及び第一号又は第五号に掲げるもので建築物の敷地（法第3条第2項の規定により法第48条第1項から第14項までの規定の適用を受けない建築物については、第137条に規定する基準時における敷地をいう。）と同一の敷地内にあるものを除く。）とする。
一　法別表第2（ぬ）項第三号（13）又は（13の2）の用途に供する工作物で用途地域（準工業地域、工業地域及び工業専用地域を除く。）内にあるもの及び同表（る）項第一号（21）の用途に供する工作物で用途地域（工業地域及び工業専用地域を除く。）内にあるもの
二　自動車車庫の用途に供する工作物で次のイからチまでに掲げるもの
　　イ　築造面積が50㎡を超えるもので第一種低層住居専用地域、第二種低層住居専用地域又は田園住居地域内にあるもの（建築物に附属するものを除く。）
　　ロ　築造面積が300㎡を超えるもので第一種中高層住居専用地域、第二種中高層住居専用地域、第一種住居地域又は第二種住居地域内にあるもの（建築物に附属するものを除く。）
　　ハ　第一種低層住居専用地域、第二種低層住居専用地域又は田園住居地域内にある建築物に附属するもので築造面積に同一敷地内にある建築物に附属する自動車車庫の用途に供する建築物の部分の延べ面積の合計を加えた値が600㎡（同一敷地内にある建築物（自動車車庫の用途に供する部分を除く。）の延べ面積の合計が600㎡以下の場合においては、当該延べ面積の合計）を超えるもの（築造面積が50㎡以下のもの及びニに掲げるものを除く。）
　　ニ　第一種低層住居専用地域、第二種低層住居専用地域又は田園住居地域内にある公告対象区域内の建築物に附属するもので次の（1）又は（2）のいずれかに該当するもの
　　　（1）　築造面積に同一敷地内にある建築物に附属する自動車車庫の用途に供する建築物の部分の延べ面積の合計を加えた値が2,000㎡を超えるもの
　　　（2）　築造面積に同一公告対象区域内にある建築物に附属する他の自動車車庫の用途に供する工作物の築造面積及び当該公告対象区域内にある建築物に附属する自動車車庫の用途に供する建築物の部分の延べ面積の合計を加えた値が、当該公告対象区域内の敷地ごとにハの規定により算定される自動車車庫の用途に供する工作物の築造面積の上限の値を合算した値を超えるもの
　　ホ～チ　略
三　高さが8mを超えるサイロその他これに類する工作物のうち飼料、肥料、セメントその他これらに類するものを貯蔵するもので第一種低層住居専用地域、第二種低層住居専用地域、第一種中高層住居専用地域又は田園住居地域内にあるもの
四　前項各号に掲げる工作物で第一種低層住居専用地域、第二種低層住居専用地域、第一種中高層住居専用地域又は田園住居地域内にあるもの
五　汚物処理場、ごみ焼却場又は第130条の2の2各号に掲げる処理施設の用途に供する工作物で都市計画区域又は準都市計画区域（準都市計画区域にあつては、第一種低層住居専用地域、第二種低層住居専用地域、第一種中高層住居専用地域又は田園住居地域に限る。）内にあるもの
六　略

改正：令和5年政令第280号　　　施行：令和6年4月1日
第138条　（工作物の指定等）
1　煙突、広告塔、高架水槽、擁壁その他これらに類する工作物で法第88条第1項の規定により政令で指定するものは、次に掲げるもの（鉄道及び軌道の線路敷地内の運転保安に関するものその他他の法令の規定により法及びこれに基づく命令の規定による規制と同等の規制を受けるものとして国土交通大臣が指定するものを除く。）とする。

令138条　改正：令和5年政令第280号

一　高さが6mを超える煙突（支枠及び支線がある場合においては、これらを含み、ストーブの煙突を除く。）
二　高さが15mを超える鉄筋コンクリート造の柱、鉄柱、木柱その他これらに類するもの（旗ざおを除く。）
三　高さが4mを超える広告塔、広告板、装飾塔、記念塔その他これらに類するもの
四　高さが8mを超える高架水槽、サイロ、物見塔その他これらに類するもの
五　高さが2mを超える擁壁

2　昇降機、ウオーターシユート、飛行塔その他これらに類する工作物で法第88条第1項の規定により政令で指定するものは、次の各号に掲げるものとする。
一　乗用エレベーター又はエスカレーターで観光のためのもの（一般交通の用に供するものを除く。）
二　ウオーターシユート、コースターその他これらに類する高架の遊戯施設
三　メリーゴーラウンド、観覧車、オクトパス、飛行塔その他これらに類する回転運動をする遊戯施設で原動機を使用するもの

3　法第88条第1項の政令で定める基準は、法第28条の2第一号及び第二号に掲げる基準とする。

4　製造施設、貯蔵施設、遊戯施設等の工作物で法第88条第2項の規定により政令で指定するものは、次に掲げる工作物（土木事業その他の事業に一時的に使用するためにその事業中臨時にあるもの及び第一号又は第五号に掲げるもので建築物の敷地（法第3条第2項の規定により法第48条第1項から第14項までの規定の適用を受けない建築物については、第137条に規定する基準時における敷地をいう。）と同一の敷地内にあるものを除く。）とする。

一　法別表第2（ぬ）項第三号（13）又は（13の2）の用途に供する工作物で用途地域（準工業地域、工業地域及び工業専用地域を除く。）内にあるもの及び同表（る）項第一号（21）の用途に供する工作物で用途地域（工業地域及び工業専用地域を除く。）内にあるもの
二　自動車車庫の用途に供する工作物で次のイからチまでに掲げるもの
　　イ　築造面積が50㎡を超えるもので第一種低層住居専用地域、第二種低層住居専用地域又は田園住居地域内にあるもの（建築物に附属するものを除く。）
　　ロ　築造面積が300㎡を超えるもので第一種中高層住居専用地域、第二種中高層住居専用地域、第一種住居地域又は第二種住居地域内にあるもの（建築物に附属するものを除く。）
　　ハ　第一種低層住居専用地域、第二種低層住居専用地域又は田園住居地域内にある建築物に附属するもので築造面積に同一敷地内にある建築物に附属する自動車車庫の用途に供する建築物の部分の延べ面積の合計を加えた値が600㎡（同一敷地内にある建築物（自動車車庫の用途に供する部分を除く。）の延べ面積の合計が600㎡以下の場合においては、当該延べ面積の合計）を超えるもの（築造面積が50㎡以下のもの及びニに掲げるものを除く。）
　　ニ　第一種低層住居専用地域、第二種低層住居専用地域又は田園住居地域内にある公告対象区域内の建築物に附属するもので次の（1）又は（2）のいずれかに該当するもの
　　　（1）築造面積に同一敷地内にある建築物に附属する自動車車庫の用途に供する建築物の部分の延べ面積の合計を加えた値が2,000㎡を超えるもの
　　　（2）築造面積に同一公告対象区域内にある建築物に附属する他の自動車車庫の用途に供する工作物の築造面積及び当該公告対象区域内にある建築物に附属する自動車車庫の用途に供する建築物の部分の延べ面積の合計を加えた値が、当該公告対象区域内の敷地ごとにハの規定により算定される自動車車庫の用途に供する工作物の築造面積の上限の値を合算した値を超えるもの
　　ホ　第一種中高層住居専用地域又は第二種中高層住居専用地域内にある建築物に附属するもので築造面積に同一敷地内にある建築物に附属する自動車車庫の用途に供する建築物の部分の延べ面積の合計を加えた値が3,000㎡（同一敷地内にある建築物（自動車車庫の用途に供する部分を除く。）の延べ面積の合計が3,000㎡以下の場合においては、当該延べ面積の合計）を超えるもの（築造面積が300㎡以下のもの及びヘに掲げるものを除く。）
　　ヘ　第一種中高層住居専用地域又は第二種中高層住居専用地域内にある公告対象区域内の建築物に附属するもので次の（1）又は（2）のいずれかに該当するもの
　　　（1）築造面積に同一敷地内にある建築物に附属する自動車車庫の用途に供する建築物の部分の延べ面積の合計を加えた値が10,000㎡を超えるもの
　　　（2）築造面積に同一公告対象区域内にある建築物に附属する他の自動車車庫の用途に供する工作物の築造面積及び当該公告対象区域内にある建築物に附属する自動車車庫の用途に供する建築物の部分の延べ面積の合計を加えた値が、当該公告対象区域内の敷地ごとにホの規定により算定される自動

車車庫の用途に供する工作物の築造面積の上限の値を合算した値を超えるもの
　　ト　第一種住居地域又は第二種住居地域内にある建築物に附属するもので築造面積に同一敷地内にある建築物に附属する自動車車庫の用途に供する建築物の部分の延べ面積の合計を加えた値が、当該敷地内にある建築物（自動車車庫の用途に供する部分を除く。）の延べ面積の合計を超えるもの（築造面積が300㎡以下のもの及びチに掲げるものを除く。）
　　チ　第一種住居地域又は第二種住居地域内にある公告対象区域内の建築物に附属するもので、築造面積に同一公告対象区域内にある建築物に附属する他の自動車車庫の用途に供する工作物の築造面積及び当該公告対象区域内にある建築物に附属する自動車車庫の用途に供する建築物の部分の延べ面積の合計を加えた値が、当該公告対象区域内の敷地ごとにトの規定により算定される自動車車庫の用途に供する工作物の築造面積の上限の値を合算した値を超えるもの
　三　高さが8mを超えるサイロその他これに類する工作物のうち飼料、肥料、セメントその他これらに類するものを貯蔵するもので第一種低層住居専用地域、第二種低層住居専用地域、第一種中高層住居専用地域又は田園住居地域内にあるもの
　四　第2項各号に掲げる工作物で第一種低層住居専用地域、第二種低層住居専用地域、第一種中高層住居専用地域又は田園住居地域内にあるもの
　五　汚物処理場、ごみ焼却場又は第130条の2の2各号に掲げる処理施設の用途に供する工作物で都市計画区域又は準都市計画区域（準都市計画区域にあつては、第一種低層住居専用地域、第二種低層住居専用地域、第一種中高層住居専用地域又は田園住居地域に限る。）内にあるもの
　六　特定用途制限地域内にある工作物で当該特定用途制限地域に係る法第88条第2項において準用する法第49条の2の規定に基づく条例において制限が定められた用途に供するもの

[現行]　第138条の2　（工作物に関する確認の特例）

制定：平成12年政令第211号　　　施行：平成12年6月1日
第138条の2　（工作物に関する確認の特例）

1　法第88条第1項において準用する法第6条の3第1項の規定により読み替えて適用される法第6条第1項の政令で定める規定は、第144条の2の表の工作物の部分の欄の各項に掲げる工作物の部分の区分に応じ、それぞれ同表の一連の規定の欄の当該各項に掲げる規定（これらの規定中工作物の部分の構造に係る部分が、法第88条第1項において準用する法第68条の10第1項の認定を受けた工作物の部分に適用される場合に限る。）とする。

改正：平成27年政令第11号　　　施行：平成27年6月1日
第138条の2　（工作物に関する確認の特例）

1　法第88条第1項において準用する法第6条の4第1項の規定により読み替えて適用される法第6条第1項の政令で定める規定は、第144条の2の表の工作物の部分の欄の各項に掲げる工作物の部分の区分に応じ、それぞれ同表の一連の規定の欄の当該各項に掲げる規定（これらの規定中工作物の部分の構造に係る部分が、法第88条第1項において準用する法第68条の10第1項の認定を受けた工作物の部分に適用される場合に限る。）とする。

[現行]　第138条の3　（維持保全に関する準則の作成等を要する昇降機等）

制定：平成28年政令第6号　　　施行：平成28年6月1日
第138条の3　（定期報告を要する昇降機等）

1　法第88条第1項において準用する法第12条第1項の安全上、防火上又は衛生上特に重要であるものとして政令で定める昇降機等及び法第88条第1項において準用する法第12条第3項の政令で定める昇降機等は、第138条第2項各号に掲げるものとする。

令138条の3 　制定：平成28年政令第6号

改正：令和元年政令第30号　　　施行：令和元年6月25日

第138条の3　（維持保全に関する準則の作成等を要する昇降機等）

1　法第88条第1項において準用する法第8条第2項第一号の政令で定める昇降機等、法第88条第1項において準用する法第12条第1項の安全上、防火上又は衛生上特に重要であるものとして政令で定める昇降機等及び法第88条第1項において準用する法第12条第3項の政令で定める昇降機は、第138条第2項各号に掲げるものとする。

[現行]　第139条　（煙突及び煙突の支線）

制定：昭和25年政令第338号　　　施行：昭和25年11月23日

第139条　（煙突及び煙突の支線）

1　前条第一号に掲げる煙突については、第36条、第37条、第40条、第41条、第47条、第51条第1項、第52条、第53条、第5節、第6節（第76条から第78条までを除く。）及び第7節（第51条第1項、第53条、第71条、第72条、第74条及び第75条の準用に関する部分に限る。）の規定を準用する外、その構造に応じて、それぞれ下の各号に定めるところによらなければならない。
　一　陶管、コンクリート管その他これらに類する管で造られた煙突は、管と管とをセメントモルタルで接合し、且つ、煙突をささえることができる支わく又は支わくと支線を設けて、これに緊結すること。但し、高さが10mをこえるものにあつては、その支わくを鉄製とし、支線を要しない構造とすること。
　二　組積造又は無筋コンクリート造の煙突は、崩落を防ぐことができる鉄材の支わくを設けること。
　三　鉄筋コンクリート造の煙突は、鉄筋に対するコンクリートのかぶり厚さを5cm以上とすること。
　四　高さが16mをこえる煙突は、鉄筋コンクリート造又は鉄造とし、支線を要しない構造とすること。
2　煙突の支線の端部は、鉄筋コンクリート造のくいその他腐るおそれのない建築物若しくは工作物又は防腐の措置を講じた木ぐいに緊結しなければならない。

改正：昭和33年政令第283号　　　施行：昭和34年1月1日

第139条　（煙突及び煙突の支線）

1　前条第一号に掲げる煙突については、第36条、第37条、第40条、第41条、第47条、第51条第1項、第52条、第53条、<u>第3章第5節</u>、第6節（第76条から第78条までを除く。）及び第7節（第51条第1項、第53条、第71条、第72条、第74条及び第75条の準用に関する部分に限る。）<u>並びに第7章の2の規定</u>を準用する外、その構造に応じて、それぞれ下の各号に定めるところによらなければならない。
　一〜四　略
2　略

改正：昭和34年政令第344号　　　施行：昭和34年12月23日

第139条　（煙突及び煙突の支線）

1　<u>前条第1項第一号</u>に掲げる煙突については、第36条、<u>第37条</u>、<u>第51条第1項</u>、第52条、第53条、第3章第5節<u>（第70条の2を除く。）</u>、第6節（第76条から第78条までを除く。）及び第7節（第51条第1項、第53条、第71条、第72条、第74条及び第75条の準用に関する部分に限る。）、<u>第115条（第1項第一号から第六号までを除く。）、第5章の3第3節</u>並びに第7章の2の規定を準用する外、その構造に応じて、それぞれ<u>次</u>の各号に定めるところによらなければならない。
　一　陶管、コンクリート管その他これらに類する管で造られた煙突は、管と管とをセメントモルタルで接合し、<u>かつ</u>、煙突をささえることができる支わく又は支わくと支線を設けて、これに緊結すること。<u>ただし</u>、高さが10mをこえるものにあつては、その支わくを鉄製とし、支線を要しない構造とすること。
　二〜四　略

2　略
3　煙突は、水平震度を0.3として計算した地震力に耐える構造としなければならない。ただし、基礎については、水平震度を0.2として計算した地震力に耐える構造とすることができる。
4　前項に規定する水平震度の数値については、第88条第5項の規定を準用する。

改正：昭和45年政令第333号　　　施行：昭和46年1月1日
第139条　（煙突及び煙突の支線）

1　前条第1項第一号に掲げる煙突については、第36条から第39条まで、第51条第1項、第52条、第53条、第3章第5節（第70条を除く。）、第6節（第76条から第78条までを除く。）及び第7節（第51条第1項、第53条、第71条、第72条、第74条及び第75条の準用に関する部分に限る。）、第115条（第1項第一号から第六号までを除く。）、第5章の3第3節並びに第7章の2の規定を準用するほか、その構造に応じて、それぞれ次の各号に定めるところによらなければならない。
　一～四　略
2～4　略

改正：昭和55年政令第273号　　　施行：昭和55年10月25日
第139条　（煙突及び煙突の支線）

1　前条第1項第一号に掲げる煙突については、第36条から第39条まで、第51条第1項、第52条、第53条、第3章第5節（第70条を除く。）、第6節（第76条から第78条までを除く。）及び第7節（第51条第1項、第53条、第71条、第72条、第74条及び第75条の準用に関する部分に限る。）、第115条（第1項第一号から第六号までを除く。）、第5章の3第3節並びに第7章の3の規定を準用するほか、その構造に応じて、それぞれ次の各号に定めるところによらなければならない。
　一～四　略
2～4　略

改正：昭和55年政令第196号　　　施行：昭和56年6月1日
第139条　（煙突及び煙突の支線）

1　前条第1項第一号に掲げる煙突については、第36条から第39条の2まで、第51条第1項、第52条、第53条、第3章第5節（第70条を除く。）、第6節（第76条から第78条の2までを除く。）、第6節の2（第79条の4の規定中第76条から第78条の2までの準用に関する部分を除く。）及び第7節（第51条第1項、第53条、第71条、第72条、第74条及び第75条の準用に関する部分に限る。）、第115条第1項第七号及び第八号、第5章の3第3節並びに第7章の3の規定を準用するほか、その構造に応じて、それぞれ次の各号に定めるところによらなければならない。
　一　陶管、コンクリート管その他これらに類する管で造られた煙突は、管と管とをセメントモルタルで接合し、かつ、煙突を支えることができる支わく又は支わくと支線を設けて、これに緊結すること。ただし、高さが10mを超えるものにあつては、その支わくを鋼製とし、支線を要しない構造とすること。
　二　組積造又は無筋コンクリート造の煙突は、崩落を防ぐことができる鋼材の支わくを設けること。
　三　略
　四　高さが16mを超える煙突は、鉄筋コンクリート造、鉄骨鉄筋コンクリート造又は鋼造とし、支線を要しない構造とすること。
2　煙突の支線の端部は、鉄筋コンクリート造のくいその他腐るおそれのない建築物若しくは工作物又は防腐の措置を講じた木ぐいに緊結しなければならない。

改正：昭和62年政令第348号　　　施行：昭和62年11月16日
第139条　（煙突及び煙突の支線）

令139条　改正：昭和62年政令第348号

1　前条第1項第一号に掲げる煙突については、第36条から第39条の2まで、第51条第1項、第52条、第53条、第3章第5節（第70条を除く。）、第6節（第76条から第78条の2までを除く。）、第6節の2（第79条の4の規定中第76条から第78条の2までの準用に関する部分を除く。）及び第7節（第51条第1項、第53条、第71条、第72条、第74条及び第75条の準用に関する部分に限る。）、第115条第1項第七号及び第八号、第5章の4第3節並びに第7章の4の規定を準用するほか、その構造に応じて、それぞれ次の各号に定めるところによらなければならない。
　　一～四　略
2　略

改正：平成5年政令第170号　　　　施行：平成5年6月25日
第139条　（煙突及び煙突の支線）

1　前条第1項第一号に掲げる煙突については、第36条から第39条の2まで、第51条第1項、第52条、第53条、第3章第5節（第70条を除く。）、第6節（第76条から第78条の2までを除く。）、第6節の2（第79条の4の規定中第76条から第78条の2までの準用に関する部分を除く。）及び第7節（第51条第1項、第53条、第71条、第72条、第74条及び第75条の準用に関する部分に限る。）、第115条第1項第七号及び第八号、第5章の4第3節並びに第7章の5の規定を準用するほか、その構造に応じて、それぞれ次に定めるところによらなければならない。
　　一　陶管、コンクリート管その他これらに類する管で造られた煙突は、管と管とをセメントモルタルで接合し、かつ、煙突を支えることができる支枠又は支枠と支線を設けて、これに緊結すること。ただし、高さが10mを超えるものにあつては、その支枠を鋼製とし、支線を要しない構造とすること。
　　二　組積造又は無筋コンクリート造の煙突は、崩落を防ぐことができる鋼材の支枠を設けること。
　　三・四　略
2　略

改正：平成11年政令第5号　　　　施行：平成11年5月1日
第139条　（煙突及び煙突の支線）

1　前条第1項第一号に掲げる煙突については、第36条から第39条の2まで、第51条第1項、第52条、第53条、第3章第5節（第70条を除く。）、第6節（第76条から第78条の2までを除く。）、第6節の2（第79条の4の規定中第76条から第78条の2までの準用に関する部分を除く。）及び第7節（第51条第1項、第53条、第71条、第72条、第74条及び第75条の準用に関する部分に限る。）、第115条第1項第七号及び第八号、第5章の4第3節並びに第7章の7の規定を準用するほか、その構造に応じて、それぞれ次に定めるところによらなければならない。
　　一～四　略
2　略

改正：平成12年政令第211号　　　　施行：平成12年6月1日
第139条　（煙突及び煙突の支線）

1　前条第1項第一号に掲げる煙突については、第36条の2から第39条まで、第51条第1項、第52条、第3章第5節（第70条を除く。）、第6節（第76条から第78条の2までを除く。）、第6節の2（第79条の4の規定中第76条から第78条の2までの準用に関する部分を除く。）及び第7節（第51条第1項、第71条、第72条、第74条及び第75条の準用に関する部分に限る。）、第80条の2、第115条第1項第六号及び第七号、第5章の4第3節並びに第7章の8の規定を準用するほか、次の各号のいずれかに適合するものとしなければならない。
　　一　煙突の構造に応じて、それぞれ次に定めるところによること。
　　　イ　陶管、コンクリート管その他これらに類する管で造られた煙突は、管と管とをセメントモルタル

で接合し、かつ、煙突を支えることができる支枠又は支枠と支線を設けて、これに緊結すること。ただし、高さが10mを超えるものにあつては、その支枠を鋼製とし、支線を要しない構造とすること。
　　ロ　組積造又は無筋コンクリート造の煙突は、崩落を防ぐことができる鋼材の支枠を設けること。
　　ハ　鉄筋コンクリート造の煙突は、鉄筋に対するコンクリートのかぶり厚さを5cm以上とすること。
　　ニ　高さが16mを超える煙突は、鉄筋コンクリート造、鉄骨鉄筋コンクリート造又は鋼造とし、支線を要しない構造とすること。
　二　煙突の構造が、その崩落及び倒壊を防止することができるものとして建設大臣が定めた構造方法を用いるものであること。
2　煙突の支線の端部は、鉄筋コンクリート造のくいその他腐るおそれのない建築物若しくは工作物又は有効なさび止め若しくは防腐の措置を講じたくいに緊結しなければならない。
3　第1項に掲げるものは、建設大臣が定める基準に従つた構造計算によつて自重、積載荷重、積雪、風圧、土圧及び水圧並びに地震その他の震動及び衝撃に対して構造耐力上安全であることが確かめられたものとしなければならない。

改正：平成12年政令第312号　　　施行：平成13年1月6日
第139条　（煙突及び煙突の支線）

1　第138条第1項第一号に掲げる煙突については、第36条の2から第39条まで、第51条第1項、第52条、第3章第5節（第70条を除く。）、第6節（第76条から第78条の2までを除く。）、第6節の2（第79条の4の規定中第76条から第78条の2までの準用に関する部分を除く。）及び第7節（第51条第1項、第71条、第72条、第74条及び第75条の準用に関する部分に限る。）、第80条の2、第115条第1項第六号及び第七号、第5章の4第3節並びに第7章の8の規定を準用するほか、次の各号のいずれかに適合するものとしなければならない。
　一　煙突の構造に応じて、それぞれ次に定めるところによること。
　　イ　陶管、コンクリート管その他これらに類する管で造られた煙突は、管と管とをセメントモルタルで接合し、かつ、煙突を支えることができる支枠又は支枠と支線を設けて、これに緊結すること。ただし、高さが10mを超えるものにあつては、その支枠を鋼製とし、支線を要しない構造とすること。
　　ロ　組積造又は無筋コンクリート造の煙突は、崩落を防ぐことができる鋼材の支枠を設けること。
　　ハ　鉄筋コンクリート造の煙突は、鉄筋に対するコンクリートのかぶり厚さを5cm以上とすること。
　　ニ　高さが16mを超える煙突は、鉄筋コンクリート造、鉄骨鉄筋コンクリート造又は鋼造とし、支線を要しない構造とすること。
　二　煙突の構造が、その崩落及び倒壊を防止することができるものとして国土交通大臣が定めた構造方法を用いるものであること。
2　煙突の支線の端部は、鉄筋コンクリート造のくいその他腐るおそれのない建築物若しくは工作物又は有効なさび止め若しくは防腐の措置を講じたくいに緊結しなければならない。
3　第1項に掲げるものは、国土交通大臣が定める基準に従つた構造計算によつて自重、積載荷重、積雪、風圧、土圧及び水圧並びに地震その他の震動及び衝撃に対して構造耐力上安全であることが確かめられたものとしなければならない。

改正：平成19年政令第49号　　　施行：平成19年6月20日
第139条　（煙突及び煙突の支線）

1　第138条第1項に規定する工作物のうち同項第一号に掲げる煙突（以下この条において単に「煙突」という。）に関する法第88条第1項において読み替えて準用する法第20条の政令で定める技術的基準は、次のとおりとする。
　一　次に掲げる基準に適合する構造方法又はこれと同等以上に煙突の崩落及び倒壊を防止することができるものとして国土交通大臣が定めた構造方法を用いること。
　　イ　高さが16mを超える煙突は、鉄筋コンクリート造、鉄骨鉄筋コンクリート造又は鋼造とし、支線を要しない構造とすること。

令139条 改正：平成19年政令第49号

　　　　ロ　鉄筋コンクリート造の煙突は、鉄筋に対するコンクリートのかぶり厚さを5cm以上とすること。
　　　　ハ　陶管、コンクリート管その他これらに類する管で造られた煙突は、次に定めるところによること。
　　　　　（1）　管と管とをセメントモルタルで接合すること。
　　　　　（2）　高さが10m以下のものにあつては、その煙突を支えることができる支枠又は支枠及び支線を設けて、これに緊結すること。
　　　　　（3）　高さが10mを超えるものにあつては、その煙突を支えることができる鋼製の支枠を設けて、これに緊結すること。
　　　　ニ　組積造又は無筋コンクリート造の煙突は、その崩落を防ぐことができる鋼材の支枠を設けること。
　　　　ホ　煙突の支線の端部にあつては、鉄筋コンクリート造のくいその他腐食するおそれのない建築物若しくは工作物又は有効なさび止め若しくは防腐の措置を講じたくいに緊結すること。
　　二　次項において準用する規定（第7章の8の規定を除く。）に適合する構造方法を用いること。
　　三　高さが60mを超える煙突にあつては、その用いる構造方法が、荷重及び外力によつて煙突の各部分に連続的に生ずる力及び変形を把握することその他の国土交通大臣が定める基準に従つた構造計算によつて安全性が確かめられたものとして国土交通大臣の認定を受けたものであること。
　　四　高さが60m以下の煙突にあつては、その用いる構造方法が、次のイ又はロのいずれかに適合すること。
　　　　イ　国土交通大臣が定める基準に従つた構造計算によつて確かめられる安全性を有すること。
　　　　ロ　前号の国土交通大臣が定める基準に従つた構造計算によつて安全性が確かめられたものとして国土交通大臣の認定を受けたものであること。
2　煙突については、第36条の3から第39条まで、第51条第1項、第52条、第3章第5節（第70条を除く。）、第6節（第76条から第78条の2までを除く。）、第6節の2（第79条の4（第76条から第78条の2までの準用に関する部分に限る。）を除く。）及び第80条（第51条第1項、第71条、第72条、第74条及び第75条の準用に関する部分に限る。）、第80条の2、第115条第1項第六号及び第七号、第5章の4第3節並びに第7章の8の規定を準用する。

改正：平成23年政令第46号　　　施行：平成23年5月1日
第139条　（煙突及び煙突の支線）

1　第138条第1項に規定する工作物のうち同項第一号に掲げる煙突(以下この条において単に「煙突」という。)に関する法第88条第1項において読み替えて準用する法第20条の政令で定める技術的基準は、次のとおりとする。
　　一　略
　　二　次項から第4項までにおいて準用する規定（第7章の8の規定を除く。）に適合する構造方法を用いること。
　　三・四　略
2　煙突については、第115条第1項第六号及び第七号、第5章の4第3節並びに第7章の8の規定を準用する。
3　第1項第三号又は第四号ロの規定により国土交通大臣の認定を受けた構造方法を用いる煙突については、前項に規定するもののほか、耐久性等関係規定（第36条、第36条の2、第41条、第49条、第70条及び第76条（第79条の4及び第80条において準用する場合を含む。）の規定を除く。）を準用する。
4　前項に規定する煙突以外の煙突については、第2項に規定するもののほか、第36条の3から第39条まで、第51条第1項、第52条、第3章第5節（第70条を除く。）、第6節（第76条から第78条の2までを除く。）及び第6節の2（第79条の4（第76条から第78条の2までの準用に関する部分に限る。）を除く。）、第80条（第51条第1項、第71条、第72条、第74条及び第75条の準用に関する部分に限る。）並びに第80条の2の規定を準用する。

改正：平成25年政令第217号　　　施行：平成26年4月1日
第139条　（煙突及び煙突の支線）

1・2　略
3　第1項第三号又は第四号ロの規定により国土交通大臣の認定を受けた構造方法を用いる煙突については、前項に規定するもののほか、耐久性等関係規定（第36条、第36条の2、第39条第4項、第41条、第49条、第70条及び第76条（第79条の4及び第80条において準用する場合を含む。）の規定を除く。）を準用する。

4　前項に規定する煙突以外の煙突については、第2項に規定するもののほか、第36条の3から第38条まで、第39条第1項及び第2項、第51条第1項、第52条、第3章第5節（第70条を除く。）、第6節（第76条から第78条の2までを除く。）及び第6節の2（第79条の4（第76条から第78条の2までの準用に関する部分に限る。）を除く。）、第80条（第51条第1項、第71条、第72条、第74条及び第75条の準用に関する部分に限る。）並びに第80条の2の規定を準用する。

改正：平成27年政令第11号　　施行：平成27年6月1日

第139条　（煙突及び煙突の支線）

1　第138条第1項に規定する工作物のうち同項第一号に掲げる煙突（以下この条において単に「煙突」という。）に関する法第88条第1項において読み替えて準用する法第20条第1項の政令で定める技術的基準は、次のとおりとする。
　一　次に掲げる基準に適合する構造方法又はこれと同等以上に煙突の崩落及び倒壊を防止することができるものとして国土交通大臣が定めた構造方法を用いること。
　　イ　高さが16mを超える煙突は、鉄筋コンクリート造、鉄骨鉄筋コンクリート造又は鋼造とし、支線を要しない構造とすること。
　　ロ　鉄筋コンクリート造の煙突は、鉄筋に対するコンクリートのかぶり厚さを5cm以上とすること。
　　ハ　陶管、コンクリート管その他これらに類する管で造られた煙突は、次に定めるところによること。
　　　（1）　管と管とをセメントモルタルで接合すること。
　　　（2）　高さが10m以下のものにあつては、その煙突を支えることができる支枠又は支枠及び支線を設けて、これに緊結すること。
　　　（3）　高さが10mを超えるものにあつては、その煙突を支えることができる鋼製の支枠を設けて、これに緊結すること。
　　ニ　組積造又は無筋コンクリート造の煙突は、その崩落を防ぐことができる鋼材の支枠を設けること。
　　ホ　煙突の支線の端部にあつては、鉄筋コンクリート造のくいその他腐食するおそれのない建築物若しくは工作物又は有効なさび止め若しくは防腐の措置を講じたくいに緊結すること。
　二　次項から第4項までにおいて準用する規定（第7章の8の規定を除く。）に適合する構造方法を用いること。
　三　高さが60mを超える煙突にあつては、その用いる構造方法が、荷重及び外力によつて煙突の各部分に連続的に生ずる力及び変形を把握することその他の国土交通大臣が定める基準に従つた構造計算によつて安全性が確かめられたものとして国土交通大臣の認定を受けたものであること。
　四　高さが60m以下の煙突にあつては、その用いる構造方法が、次のイ又はロのいずれかに適合すること。
　　イ　国土交通大臣が定める基準に従つた構造計算によつて確かめられる安全性を有すること。
　　ロ　前号の国土交通大臣が定める基準に従つた構造計算によつて安全性が確かめられたものとして国土交通大臣の認定を受けたものであること。
2　煙突については、第115条第1項第六号及び第七号、第5章の4第3節並びに第7章の8の規定を準用する。
3　第1項第三号又は第四号ロの規定により国土交通大臣の認定を受けた構造方法を用いる煙突については、前項に規定するもののほか、耐久性等関係規定（第36条、第36条の2、第39条第4項、第41条、第49条、第70条及び第76条（第79条の4及び第80条において準用する場合を含む。）の規定を除く。）を準用する。
4　前項に規定する煙突以外の煙突については、第2項に規定するもののほか、第36条の3、第37条、第38条、第39条第1項及び第2項、第51条第1項、第52条、第3章第5節（第70条を除く。）、第6節（第76条から第78条の2までを除く。）及び第6節の2（第79条の4（第76条から第78条の2までの準用に関する部分に限る。）を除く。）、第80条（第51条第1項、第71条、第72条、第74条及び第75条の準用に関する部分に限る。）並びに第80条の2の規定を準用する。

[現行]　第140条　（鉄筋コンクリート造の柱等）

制定：昭和25年政令第338号　　施行：昭和25年11月23日

第140条　（鉄筋コンクリート造の柱等）

令140条　制定：昭和25年政令第338号

> 1　第138条第二号に掲げるものについては、第36条、第37条、第40条、第41条、第47条、第5節及び第6節（第76条から第78条までを除く。）の規定を準用する。

改正：昭和33年政令第283号　　　施行：昭和34年1月1日
第140条　（鉄筋コンクリート造の柱等）

> 1　第138条第二号に掲げるものについては、第36条、第37条、第40条、第41条、第47条、<u>第3章第5節</u>及び第6節（第76条から第78条までを除く。）<u>並びに第7章の2</u>の規定を準用する。

改正：昭和34年政令第344号　　　施行：昭和34年12月23日
第140条　（鉄筋コンクリート造の柱等）

> 1　<u>第138条第1項第二号</u>に掲げるものについては、第36条、第37条、第40条、第41条、第47条、第3章第5節<u>（第70条の2を除く。）</u>及び第6節（第76条から第78条までを除く。）、<u>第5章の3第3節</u>並びに第7章の2の規定を準用する。

改正：昭和45年政令第333号　　　施行：昭和46年1月1日
第140条　（鉄筋コンクリート造の柱等）

> 1　第138条第1項第二号に掲げるものについては、第36条<u>から第41条まで</u>、第47条、第3章第5節（<u>第70条</u>を除く。）及び第6節（第76条から第78条までを除く。）、第5章の3第3節並びに第7章の2の規定を準用する。

改正：昭和55年政令第273号　　　施行：昭和55年10月25日
第140条　（鉄筋コンクリート造の柱等）

> 1　第138条第1項第二号に掲げるものについては、第36条から第41条まで、第47条、第3章第5節（第70条を除く。）及び第6節（第76条から第78条までを除く。）、第5章の3第3節並びに<u>第7章の3</u>の規定を準用する。

改正：昭和55年政令第196号　　　施行：昭和56年6月1日
第140条　（鉄筋コンクリート造の柱等）

> 1　第138条第1項第二号に掲げるものについては、第36条から第41条まで、第47条、第3章第5節（第70条を除く。）<u>、第6節（第76条から<u>第78条の2</u>までを除く。）及び第6節の2（第79条の4の規定中第76条から第78条の2までの準用に関する部分を除く。）</u>、第5章の3第3節並びに第7章の3の規定を準用する。

改正：昭和62年政令第348号　　　施行：昭和62年11月16日
第140条　（鉄筋コンクリート造の柱等）

> 1　第138条第1項第二号に掲げるものについては、第36条から第41条まで、第47条、第3章第5節（第70条を除く。）、第6節（第76条から第78条の2までを除く。）及び第6節の2（第79条の4の規定中第76条から第78条の2までの準用に関する部分を除く。）、<u>第5章の4第3節</u>並びに<u>第7章の4</u>の規定を準用する。

改正：平成5年政令第170号　　　施行：平成5年6月25日
第140条　（鉄筋コンクリート造の柱等）

> 1　第138条第1項第二号に掲げるものについては、第36条から第41条まで、第47条、第3章第5節（第70条を除く。）、第6節（第76条から第78条の2までを除く。）及び第6節の2（第79条の4の規定中第76条から第78条の2までの準用に関する部分を除く。）、第5章の4第3節並びに<u>第7章の5</u>の規定を準用する。

改正：平成11年政令第5号　　　施行：平成11年5月1日
第140条　（鉄筋コンクリート造の柱等）

1　第138条第1項第二号に掲げるものについては、第36条から41条まで、第47条、第3章第5節（第70条を除く。）、第6節（第76条から第78条の2までを除く。）及び第6節の2（第79条の4の規定中第76条から第78条の2までの準用に関する部分を除く。）、第5章の4第3節並びに第7章の7の規定を準用する。

改正：平成12年政令第211号　　　施行：平成12年6月1日
第140条　（鉄筋コンクリート造の柱等）

1　第138条第1項第二号に掲げるものについては、第36条の2から第41条まで、第47条、第3章第5節（第70条を除く。）、第6節（第76条から第78条の2までを除く。）及び第6節の2（第79条の4の規定中第76条から第78条の2までの準用に関する部分を除く。）、第80条の2、第5章の4第3節、第7章の8並びに第139条第3項の規定を準用する。

改正：平成13年政令第42号　　　施行：平成13年4月1日
第140条　（鉄筋コンクリート造の柱等）

1　第138条第1項第二号に掲げるものについては、第36条の2から第41条まで、第47条、第3章第5節（第70条を除く。）、第6節（第76条から第78条の2までを除く。）及び第6節の2（第79条の4の規定中第76条から第78条の2までの準用に関する部分を除く。）、第80条の2、第5章の4第3節、第7章の8並びに前条第3項の規定を準用する。

改正：平成19年政令第49号　　　施行：平成19年6月20日
第140条　（鉄筋コンクリート造の柱等）

1　第138条第1項に規定する工作物のうち同項第二号に掲げる工作物に関する法第88条第1項において読み替えて準用する法第20条の政令で定める技術的基準は、次項において準用する規定（第7章の8の規定を除く。）に適合する構造方法を用いることとする。
2　前項に規定する工作物については、第36条の3から第41条まで、第47条、第3章第5節（第70条を除く。）、第6節（第76条から第78条の2までを除く。）及び第6節の2（第79条の4（第76条から第78条の2までの準用に関する部分に限る。）を除く。）、第80条の2、第5章の4第3節、第7章の8並びに前条第1項第三号及び第四号の規定を準用する。

改正：平成23年政令第46号　　　施行：平成23年5月1日
第140条　（鉄筋コンクリート造の柱等）

1　第138条第1項に規定する工作物のうち同項第二号に掲げる工作物に関する法第88条第1項において読み替えて準用する法第20条の政令で定める技術的基準は、次項から第4項までにおいて準用する規定（第7章の8の規定を除く。）に適合する構造方法を用いることとする。
2　前項に規定する工作物については、第5章の4第3節、第7章の8並びに前条第1項第三号及び第四号の規定を準用する。
3　第1項に規定する工作物のうち前項において準用する前条第1項第三号又は第四号ロの規定により国土交通大臣の認定を受けた構造方法を用いるものについては、前項に規定するもののほか、耐久性等関係規定（第36条、第36条の2、第49条、第70条、第76条（第79条の4及び第80条において準用する場合を含む。）並びに第80条において準用する第72条、第74条及び第75条の規定を除く。）を準用する。
4　第1項に規定する工作物のうち前項に規定するもの以外のものについては、第2項に規定するもののほか、第36条の3から第41条まで、第47条、第3章第5節（第70条を除く。）、第6節（第76条から第78条の2までを除く。）及び第6節の2（第79条の4（第76条から第78条の2までの準用に関する部分に限る。）を除く。）並びに第80条の2の規定を準用する。

令140条　改正：平成25年政令第217号

改正：平成25年政令第217号　　　　施行：平成26年4月1日
第140条　（鉄筋コンクリート造の柱等）

　1・2　略
　3　第1項に規定する工作物のうち前項において準用する前条第1項第三号又は第四号ロの規定により国土交通大臣の認定を受けた構造方法を用いるものについては、前項に規定するもののほか、耐久性等関係規定（第36条、第36条の2、<u>第39条第4項</u>、第49条、第70条、第76条（第79条の4及び第80条において準用する場合を含む。）並びに第80条において準用する第72条、第74条及び第75条の規定を除く。）を準用する。
　4　第1項に規定する工作物のうち前項に規定するもの以外のものについては、第2項に規定するもののほか、第36条の3から<u>第38条まで</u>、<u>第39条第1項及び第2項</u>、<u>第40条</u>、<u>第41条</u>、第47条、第3章第5節（第70条を除く。）、第6節（第76条から第78条の2までを除く。）及び第6節の2（第79条の4（第76条から第78条の2までの準用に関する部分に限る。）を除く。）並びに第80条の2の規定を準用する。

改正：平成27年政令第11号　　　　施行：平成27年6月1日
第140条　（鉄筋コンクリート造の柱等）

　1　第138条第1項に規定する工作物のうち同項第二号に掲げる工作物に関する法第88条第1項において読み替えて準用する法<u>第20条第1項</u>の政令で定める技術的基準は、次項から第4項までにおいて準用する規定（第7章の8の規定を除く。）に適合する構造方法を用いることとする。
　2　前項に規定する工作物については、第5章の4第3節、第7章の8並びに前条第1項第三号及び第四号の規定を準用する。
　3　第1項に規定する工作物のうち前項において準用する前条第1項第三号又は第四号ロの規定により国土交通大臣の認定を受けた構造方法を用いるものについては、前項に規定するもののほか、耐久性等関係規定（第36条、第36条の2、第39条第4項、第49条、第70条、第76条（第79条の4及び第80条において準用する場合を含む。）並びに第80条において準用する第72条、第74条及び第75条の規定を除く。）を準用する。
　4　第1項に規定する工作物のうち前項に規定するもの以外のものについては、第2項に規定するもののほか、第36条の3、<u>第37条</u>、<u>第38条</u>、第39条第1項及び第2項、第40条、第41条、第47条、第3章第5節（第70条を除く。）、第6節（第76条から第78条の2までを除く。）及び第6節の2（第79条の4（第76条から第78条の2までの準用に関する部分に限る。）を除く。）並びに第80条の2の規定を準用する。

［現行］　第141条　（広告塔又は高架水槽等）

制定：昭和25年政令第338号　　　　施行：昭和25年11月23日
第141条　（広告塔又は高架水そう等）

　1　第138条第三号又は第四号に掲げるものについては、これを組積造及び無筋コンクリート造以外の構造としなければならない。
　2　前項に掲げるものについては、第36条、第37条、第40条から第42条まで、第44条、第46条第1項、第47条、第5節及び第6節の規定を準用する。

改正：昭和33年政令第283号　　　　施行：昭和34年1月1日
第141条　（広告塔又は高架水そう等）

　1　略
　2　前項に掲げるものについては、第36条、第37条、第40条から第42条まで、第44条、第46条第1項、第47条、<u>第3章第5節及び第6節並びに第7章の2</u>の規定を準用する。

改正：昭和34年政令第344号　　　　施行：昭和34年12月23日
第141条　（広告塔又は<u>高架水槽（そう）</u>等）

1 <u>第138条第1項第三号又は第四号に掲げるものについては、その主要な部分を組積造及び無筋コンクリート造以外の構造としなければならない。</u>
2 　前項に掲げるものについては、第36条、第37条、第40条から第42条まで、第44条、第46条第1項、第47条、第3章第5節及び第6節、<u>第5章の3第3節</u>並びに第7章の2の規定を準用する。

改正：昭和45年政令第333号　　　施行：昭和46年1月1日
第141条　（広告塔又は高架水槽（そう）等）

1 　略
2 　前項に掲げるものについては、<u>第36条</u>から<u>第42条</u>まで、第44条、第46条第1項、第47条、第3章第5節及び第6節、第5章の3第3節並びに第7章の2の規定を準用する。

改正：昭和55年政令第273号　　　施行：昭和55年10月25日
第141条　（広告塔又は高架水槽（そう）等）

1 　略
2 　前項に掲げるものについては、第36条から第42条まで、第44条、第46条第1項、第47条、第3章第5節及び第6節、第5章の3第3節並びに<u>第7章の3</u>の規定を準用する。

改正：昭和55年政令第196号　　　施行：昭和56年6月1日
第141条　（広告塔又は高架水槽（そう）等）

1 　略
2 　前項に掲げるものについては、第36条から第42条まで、第44条、第46条第1項、第47条、第3章第5節<u>、第6節及び第6節の2</u>、第5章の3第3節並びに第7章の3の規定を準用する。

改正：昭和62年政令第348号　　　施行：昭和62年11月16日
第141条　（広告塔又は高架水槽等）

1 　略
2 　前項に掲げるものについては、第36条から第42条まで、第44条、第46条<u>第1項及び第2項</u>、第47条、第3章第5節、第6節並びに第6節の2、<u>第5章の4</u>第3節並びに<u>第7章の4</u>の規定を準用する。この場合において、第46条第2項第一号中「イからホまで」とあるのは、「イからニまで」と読み替えるものとする。

改正：平成5年政令第170号　　　施行：平成5年6月25日
第141条　（広告塔又は高架水槽等）

1 　略
2 　前項に掲げるものについては、第36条から第42条まで、第44条、第46条第1項及び第2項、第47条、第3章第5節、第6節並びに第6節の2、第5章の4第3節並びに<u>第7章の5</u>の規定を準用する。この場合において、第46条第2項第一号中「イからホまで」とあるのは、「イからニまで」と読み替えるものとする。

改正：平成11年政令第5号　　　施行：平成11年5月1日
第141条　（広告塔又は高架水槽等）

1 　略
2 　前項に掲げるものについては、第36条から第42条まで、第44条、第46条第1項及び第2項、第47条、第3章第5節、第6節並びに第6節の2、第5章の4第3節並びに<u>第7章の7</u>の規定を準用する。この場合において、第46条第2項第一号中「イからホまで」とあるのは、「イからニまで」と読み替えるものとする。

令141条　改正：平成12年政令第211号

改正：平成12年政令第211号　　　施行：平成12年6月1日
第141条　（広告塔又は高架水槽等）

1　第138条第1項第三号又は第四号に掲げるものについては、その主要な部分を組積造及び無筋コンクリート造以外の構造としなければならない。ただし、建設大臣が定める構造方法により、鉄筋、鉄骨又は鉄筋コンクリートによつて補強した場合は、この限りでない。
2　前項に掲げるものについては、第36条の2から第42条まで、第44条、第46条第1項及び第2項、第47条、第3章第5節、第6節並びに第6節の2、第80条の2、第5章の4第3節、第7章の8並びに139条第3項の規定を準用する。

改正：平成12年政令第312号　　　施行：平成13年1月6日
第141条　（広告塔又は高架水槽等）

1　第138条第1項第三号又は第四号に掲げるものについては、その主要な部分を組積造及び無筋コンクリート造以外の構造としなければならない。ただし、国土交通大臣が定める構造方法により、鉄筋、鉄骨又は鉄筋コンクリートによつて補強した場合は、この限りでない。
2　略

改正：平成19年政令第49号　　　施行：平成19年6月20日
第141条　（広告塔又は高架水槽等）

1　第138条第1項に規定する工作物のうち同項第三号及び第四号に掲げる工作物に関する法第88条第1項において読み替えて準用する法第20条の政令で定める技術的基準は、次のとおりとする。
　一　国土交通大臣が定める構造方法により鉄筋、鉄骨又は鉄筋コンクリートによつて補強した場合を除き、その主要な部分を組積造及び無筋コンクリート造以外の構造とすること。
　二　次項において準用する規定（第7章の8の規定を除く。）に適合する構造方法を用いること。
2　前項に規定する工作物については、第36条の3から第42条まで、第44条、第46条第1項及び第2項、第47条、第3章第5節、第6節及び第6節の2、第80条の2、第5章の4第3節、第7章の8並びに第139条第1項第三号及び第四号の規定を準用する。

改正：平成23年政令第46号　　　施行：平成23年5月1日
第141条　（広告塔又は高架水槽等）

1　第138条第1項に規定する工作物のうち同項第三号及び第四号に掲げる工作物に関する法第88条第1項において読み替えて準用する法第20条の政令で定める技術的基準は、次のとおりとする。
　一　略
　二　次項から第4項までにおいて準用する規定（第7章の8の規定を除く。）に適合する構造方法を用いること。
2　前項に規定する工作物については、第5章の4第3節、第7章の8並びに第139条第1項第三号及び第四号の規定を準用する。
3　第1項に規定する工作物のうち前項において準用する第139条第1項第三号又は第四号ロの規定により国土交通大臣の認定を受けた構造方法を用いるものについては、前項に規定するもののほか、耐久性等関係規定（第36条、第36条の2、第49条並びに第80条において準用する第72条及び第74条から第76条までの規定を除く。）を準用する。
4　第1項に規定する工作物のうち前項に規定するもの以外のものについては、第2項に規定するもののほか、第36条の3から第42条まで、第44条、第46条第1項及び第2項、第47条、第3章第5節、第6節及び第6節の2並びに第80条の2の規定を準用する。

改正：平成25年政令第217号　　　施行：平成26年4月1日
第141条　（広告塔又は高架水槽等）

1・2　略
3　第1項に規定する工作物のうち前項において準用する第139条第1項第三号又は第四号ロの規定により国土交通大臣の認定を受けた構造方法を用いるものについては、前項に規定するもののほか、耐久性等関係規定（第36条、第36条の2、<u>第39条第4項</u>、第49条並びに第80条において準用する第72条及び第74条から第76条までの規定を除く。）を準用する。
4　第1項に規定する工作物のうち前項に規定するもの以外のものについては、第2項に規定するもののほか、第36条の3から<u>第38条まで</u>、<u>第39条第1項及び第2項</u>、第40条から第42条まで、第44条、第46条第1項及び第2項、第47条、第3章第5節、第6節及び第6節の2並びに第80条の2の規定を準用する。

改正：平成27年政令第11号　　　施行：平成27年6月1日
第141条　（広告塔又は高架水槽等）

1　第138条第1項に規定する工作物のうち同項第三号及び第四号に掲げる工作物に関する法第88条第1項において読み替えて準用する<u>法第20条第1項</u>の政令で定める技術的基準は、次のとおりとする。
　一　国土交通大臣が定める構造方法により鉄筋、鉄骨又は鉄筋コンクリートによつて補強した場合を除き、その主要な部分を組積造及び無筋コンクリート造以外の構造とすること。
　二　次項から第4項までにおいて準用する規定（第7章の8の規定を除く。）に適合する構造方法を用いること。
2　前項に規定する工作物については、第5章の4第3節、第7章の8並びに第139条第1項第三号及び第四号の規定を準用する。
3　第1項に規定する工作物のうち前項において準用する第139条第1項第三号又は第四号ロの規定により国土交通大臣の認定を受けた構造方法を用いるものについては、前項に規定するもののほか、耐久性等関係規定（第36条、第36条の2、第39条第4項、第49条並びに第80条において準用する第72条及び第74条から第76条までの規定を除く。）を準用する。
4　第1項に規定する工作物のうち前項に規定するもの以外のものについては、第2項に規定するもののほか、第36条の3、<u>第37条、第38条</u>、第39条第1項及び第2項、第40条から第42条まで、第44条、第46条第1項及び第2項、第47条、第3章第5節、第6節及び第6節の2並びに第80条の2の規定を準用する。

［現行］　第142条　（擁壁）

制定：昭和25年政令第338号　　　施行：昭和25年11月23日
第142条　（擁壁）

1　第138条第五号に掲げる擁壁については、第36条、第37条第3項、第51条第1項、第62条、第71条第1項、第72条、第73条第1項、第74条、第75条、第79条及び第7節（第51条第1項、第62条、第71条第1項、第72条、第74条及び第75条の準用に関する部分に限る。）の規定を準用する外、その構造は、下の各号に定めるところによらなければならない。
　一　鉄筋コンクリート造、石造その他これらに類する腐らない材料を用いた構造とすること。
　二　石造の擁壁は、裏込めにコンクリートを用い、石と石とを充分に結合すること。
　三　擁壁の裏面の排水をよくするために水抜穴を設けること。

改正：昭和33年政令第283号　　　施行：昭和34年1月1日
第142条　（擁壁）

1　第138条第五号に掲げる擁壁については、第36条、第37条第3項、第51条第1項、第62条、第71条第1項、第72条、第73条第1項、第74条、第75条、<u>第79条</u>、<u>第3章第7節</u>（第51条第1項、第62条、第71条第1項、第72条、第74条及び第75条の準用に関する部分に限る。）<u>及び第7章の2（第136条の5を除く。）</u>の規定を準用する外、その構造は、下の各号に定めるところによらなければならない。
　一～三　略

改正：昭和34年政令第344号　　施行：昭和34年12月23日
第142条　（擁壁）

1　第138条第1項第五号に掲げる擁壁については、第36条、第37条第3項、第51条第1項、第62条、第71条第1項、第72条、第73条第1項、第74条、第75条、第79条、第3章第7節（第51条第1項、第62条、第71条第1項、第72条、第74条及び第75条の準用に関する部分に限る。）及び第7章の2（第136条の5を除く。）の規定を準用する外、その構造は、次の各号に定めるところによらなければならない。
　一・二　略
　三　擁壁の裏面の排水をよくするために水抜穴を設け、擁壁の裏面で水抜穴の周辺に砂利等をつめること。

改正：昭和45年政令第333号　　施行：昭和46年1月1日
第142条　（擁壁）

1　第138条第1項第五号に掲げる擁壁については、第36条から第39条まで、第51条第1項、第62条、第71条第1項、第72条、第73条第1項、第74条、第75条、第79条、第3章第7節（第51条第1項、第62条、第71条第1項、第72条、第74条及び第75条の準用に関する部分に限る。）及び第7章の2（第136条の5を除く。）の規定を準用するほか、その構造は、次の各号に定めるところによらなければならない。
　一～三　略

改正：昭和55年政令第273号　　施行：昭和55年10月25日
第142条　（擁壁）

1　第138条第1項第五号に掲げる擁壁については、第36条から第39条まで、第51条第1項、第62条、第71条第1項、第72条、第73条第1項、第74条、第75条、第79条、第3章第7節（第51条第1項、第62条、第71条第1項、第72条、第74条及び第75条の準用に関する部分に限る。）及び第7章の3（第136条の5を除く。）の規定を準用するほか、その構造は、次の各号に定めるところによらなければならない。
　一～三　略

改正：昭和62年政令第348号　　施行：昭和62年11月16日
第142条　（擁壁）

1　第138条第1項第五号に掲げる擁壁については、第36条から第39条まで、第51条第1項、第62条、第71条第1項、第72条、第73条第1項、第74条、第75条、第79条、第3章第7節（第51条第1項、第62条、第71条第1項、第72条、第74条及び第75条の準用に関する部分に限る。）及び第7章の4（第136条の5を除く。）の規定を準用するほか、その構造は、次の各号に定めるところによらなければならない。
　一～三　略

改正：平成5年政令第170号　　施行：平成5年6月25日
第142条　（擁壁）

1　第138条第1項第五号に掲げる擁壁については、第36条から第39条まで、第51条第1項、第62条、第71条第1項、第72条、第73条第1項、第74条、第75条、第79条、第3章第7節（第51条第1項、第62条、第71条第1項、第72条、第74条及び第75条の準用に関する部分に限る。）及び第7章の5（第136条の6を除く。）の規定を準用するほか、その構造は、次に定めるところによらなければならない。
　一～三　略

改正：平成11年政令第5号　　施行：平成11年5月1日
第142条　（擁壁）

1　第138条第1項第五号に掲げる擁壁については、第36条から第39条まで、第51条第1項、第62条、第71条第1項、第72条、第73条第1項、第74条、第75条、第79条、第3章第7節（第51条第1項、第62条、第71条

第 1 項、第72条、第74条及び第75条の準用に関する部分に限る。）及び第7章の7（第136条の 6 を除く。）の規定を準用するほか、その構造は、次に定めるところによらなければならない。
一～三　略

改正：平成12年政令第211号　　　施行：平成12年6月1日
第142条　（擁壁）

1　第138条第 1 項第五号に掲げる擁壁については、第36条の 2 から第39条まで、第51条第 1 項、第62条、第71条第 1 項、第72条、第73条第 1 項、第74条、第75条、第79条、第 3 章第 7 節（第51条第 1 項、第62条、第71条第 1 項、第72条、第74条及び第75条の準用に関する部分に限る。）、第80条の 2 、第 7 章の 8 （第136条の 6 を除く。）及び第139条第 3 項の規定を準用するほか、次の各号のいずれかに適合するものとしなければならない。
二　その構造が、次に定めるところによること。
　イ　鉄筋コンクリート造、石造その他これらに類する腐らない材料を用いた構造とすること。
　ロ　石造の擁壁は、裏込めにコンクリートを用い、石と石とを充分に結合すること。
　ハ　擁壁の裏面の排水をよくするために水抜穴を設け、擁壁の裏面で水抜穴の周辺に砂利等を詰めること。
二　擁壁の構造が、その破壊及び転倒を防止することができるものとして建設大臣が定めた構造方法を用いるものであること。

改正：平成12年政令第312号　　　施行：平成13年1月6日
第142条　（擁壁）

1　第138条第 1 項第五号に掲げる擁壁については、第36条の 2 から第39条まで、第51条第 1 項、第62条、第71条第 1 項、第72条、第73条第 1 項、第74条、第75条、第79条、第 3 章第 7 節（第51条第 1 項、第62条、第71条第 1 項、第72条、第74条及び第75条の準用に関する部分に限る。）、第80条の 2 、第 7 章の 8 （第136条の 6 を除く。）及び第139条第 3 項の規定を準用するほか、次の各号のいずれかに適合するものとしなければならない。
一　略
二　擁壁の構造が、その破壊及び転倒を防止することができるものとして国土交通大臣が定めた構造方法を用いるものであること。

改正：平成19年政令第49号　　　施行：平成19年6月20日
第142条　（擁壁）

1　第138条第 1 項に規定する工作物のうち同項第五号に掲げる擁壁（以下この条において単に「擁壁」という。）に関する法第88条第 1 項において読み替えて準用する法第20条の政令で定める技術的基準は、次に掲げる基準に適合する構造方法又はこれと同等以上に擁壁の破壊及び転倒を防止することができるものとして国土交通大臣が定めた構造方法を用いることとする。
一　鉄筋コンクリート造、石造その他これらに類する腐食しない材料を用いた構造とすること。
二　石造の擁壁にあつては、コンクリートを用いて裏込めし、石と石とを十分に結合すること。
三　擁壁の裏面の排水を良くするため、水抜穴を設け、かつ、擁壁の裏面の水抜穴の周辺に砂利その他これに類するものを詰めること。
四　次項において準用する規定（第 7 章の 8 （第136条の 6 を除く。）の規定を除く。）に適合する構造方法を用いること。
五　その用いる構造方法が、国土交通大臣が定める基準に従つた構造計算によつて確かめられる安全性を有すること。
2　擁壁については、第36条の 3 から第39条まで、第51条第 1 項、第62条、第71条第 1 項、第72条、第73条第 1 項、第74条、第75条、第79条、第80条（第51条第 1 項、第62条、第71条第 1 項、第72条、第74条及び第75条の準用に関する部分に限る。）、第80条の 2 及び第 7 章の 8 （第136条の 6 を除く。）の規定を準用する。

令142条　改正：平成25年政令第217号

改正：平成25年政令第217号　　　施行：平成26年4月1日
第142条　（擁壁）

1　略
2　擁壁については、第36条の3から<u>第38条まで、第39条第1項及び第2項</u>、第51条第1項、第62条、第71条第1項、第72条、第73条第1項、第74条、第75条、第79条、第80条（第51条第1項、第62条、第71条第1項、第72条、第74条及び第75条の準用に関する部分に限る。）、第80条の2<u>並びに第7章の8</u>（第136条の6を除く。）の規定を準用する。

改正：平成27年政令第11号　　　施行：平成27年6月1日
第142条　（擁壁）

1　第138条第1項に規定する工作物のうち同項第五号に掲げる擁壁（以下この条において単に「擁壁」という。）に関する法第88条第1項において読み替えて準用する<u>法第20条第1項</u>の政令で定める技術的基準は、次に掲げる基準に適合する構造方法又はこれと同等以上に擁壁の破壊及び転倒を防止することができるものとして国土交通大臣が定めた構造方法を用いることとする。
一　鉄筋コンクリート造、石造その他これらに類する腐食しない材料を用いた構造とすること。
二　石造の擁壁にあつては、コンクリートを用いて裏込めし、石と石とを十分に結合すること。
三　擁壁の裏面の排水を良くするため、水抜穴を設け、かつ、擁壁の裏面の水抜穴の周辺に砂利その他これに類するものを詰めること。
四　次項において準用する規定（第7章の8（第136条の6を除く。）の規定を除く。）に適合する構造方法を用いること。
五　その用いる構造方法が、国土交通大臣が定める基準に従つた構造計算によつて確かめられる安全性を有すること。
2　擁壁については、第36条の3、<u>第37条、第38条</u>、第39条第1項及び第2項、第51条第1項、第62条、第71条第1項、第72条、第73条第1項、第74条、第75条、第79条、第80条（第51条第1項、第62条、第71条第1項、第72条、第74条及び第75条の準用に関する部分に限る。）、第80条の2並びに第7章の8（第136条の6を除く。）の規定を準用する。

［現行］　第143条　（乗用エレベーター又はエスカレーター）

制定：昭和34年政令第344号　　　施行：昭和34年12月23日
第143条　（乗用エレベーター又はエスカレーター）

1　第138条第2項第一号に掲げるものについては、第36条から第38条まで、第3章第5節及び第6節、第129条の4から第129条の9まで、第129条の10第3項、第129条の11、第129条の13並びに第7章の2の規定を準用する。

改正：昭和45年政令第333号　　　施行：昭和46年1月1日
第143条　（乗用エレベーター又はエスカレーター）

1　第138条第2項第一号に掲げるものについては、第36条から<u>第39条</u>まで、第3章第5節及び第6節、第129条の4から第129条の9まで、第129条の10第3項、第129条の11、第129条の13並びに第7章の2の規定を準用する。

改正：昭和55年政令第273号　　　施行：昭和55年10月25日
第143条　（乗用エレベーター又はエスカレーター）

1　第138条第2項第一号に掲げるものについては、第36条から第39条まで、第3章第5節及び第6節、第129条の4から第129条の9まで、第129条の10第3項、第129条の11、第129条の13並びに<u>第7章の3</u>の規定を準

改正：昭和55年政令第196号　　　施行：昭和56年6月1日
第143条　（乗用エレベーター又はエスカレーター）

1　第138条第2項第一号に掲げるものについては、第36条から第39条まで、第3章第5節、第6節及び第6節の2、第129条の4から第129条の9まで、第129条の10第3項、第129条の11、第129条の13並びに第7章の3の規定を準用する。

改正：昭和62年政令第348号　　　施行：昭和62年11月16日
第143条　（乗用エレベーター又はエスカレーター）

1　第138条第2項第一号に掲げるものについては、第36条から第39条まで、第3章第5節、第6節及び第6節の2、第129条の4から第129条の9まで、第129条の10第3項、第129条の11、第129条の13並びに第7章の4の規定を準用する。

改正：平成5年政令第170号　　　施行：平成5年6月25日
第143条　（乗用エレベーター又はエスカレーター）

1　第138条第2項第一号に掲げるものについては、第36条から第39条まで、第3章第5節、第6節及び第6節の2、第129条の4から第129条の9まで、第129条の10第3項、第129条の11、第129条の13並びに第7章の5の規定を準用する。

改正：平成11年政令第5号　　　施行：平成11年5月1日
第143条　（乗用エレベーター又はエスカレーター）

1　第138条第2項第一号に掲げるものについては、第36条から第39条まで、第3章第5節、第6節及び第6節の2、第129条の4から第129条の9まで、第129条の10第3項、第129条の11、第129条の13並びに第7章の7の規定を準用する。

改正：平成12年政令第211号　　　施行：平成12年6月1日
第143条　（乗用エレベーター又はエスカレーター）

1　第138条第2項第一号に掲げるものについては、第36条の2から第39条まで、第3章第5節、第6節及び第6節の2、第80条の2、第129条の3から第129条の10まで、第129条の12、第7章の8並びに第139条第3項の規定を準用する。

改正：平成19年政令第49号　　　施行：平成19年6月20日
第143条　（乗用エレベーター又はエスカレーター）

1　第138条第2項第一号に掲げる乗用エレベーター又はエスカレーターに関する法第88条第1項において読み替えて準用する法第20条の政令で定める技術的基準は、次項において準用する規定（第7章の8の規定を除く。）に適合する構造方法を用いることとする。

2　前項に規定する乗用エレベーター又はエスカレーターについては、第36条の3から第39条まで、第3章第5節、第6節及び第6節の2、第80条の2、第129条の3から第129条の10まで、第129条の12、第7章の8並びに第139条第1項第三号及び第四号の規定を準用する。

改正：平成23年政令第46号　　　施行：平成23年5月1日
第143条　（乗用エレベーター又はエスカレーター）

令143条　改正：平成23年政令第46号

1　第138条第２項第一号に掲げる乗用エレベーター又はエスカレーターに関する法第88条第１項において読み替えて準用する法第20条の政令で定める技術的基準は、<u>次項から第４項までにおいて準用する規定（第７章の８の規定を除く。）</u>に適合する構造方法を用いることとする。
2　前項に規定する乗用エレベーター又はエスカレーターについては、<u>第129条の３から</u>第129条の10まで、第129条の12、第７章の８並びに第139条第１項第三号及び第四号の規定を準用する。
<u>3　第１項に規定する乗用エレベーター又はエスカレーターのうち前項において準用する第139条第１項第三号又は第四号ロの規定により国土交通大臣の認定を受けた構造方法を用いるものについては、前項に規定するもののほか、耐久性等関係規定（第36条、第36条の２、第41条、第49条並びに第80条において準用する第72条及び第74条から第76条までの規定を除く。）を準用する。
4　第１項に規定する乗用エレベーター又はエスカレーターのうち前項に規定するもの以外のものについては、第２項に規定するもののほか、第36条の３から第39条まで、第３章第５節、第６節及び第６節の２並びに第80条の２の規定を準用する。</u>

改正：平成25年政令第217号　　　施行：平成26年４月１日
第143条　（乗用エレベーター又はエスカレーター）

1・2　略
3　第１項に規定する乗用エレベーター又はエスカレーターのうち前項において準用する第139条第１項第三号又は第四号ロの規定により国土交通大臣の認定を受けた構造方法を用いるものについては、前項に規定するもののほか、耐久性等関係規定（第36条、第36条の２、<u>第39条第４項</u>、第41条、第49条並びに第80条において準用する第72条及び第74条から第76条までの規定を除く。）を準用する。
4　第１項に規定する乗用エレベーター又はエスカレーターのうち前項に規定するもの以外のものについては、第２項に規定するもののほか、第36条の３から<u>第38条まで</u>、<u>第39条第１項及び第２項</u>、第３章第５節、第６節及び第６節の２並びに第80条の２の規定を準用する。

改正：平成27年政令第11号　　　施行：平成27年６月１日
第143条　（乗用エレベーター又はエスカレーター）

1　第138条第２項第一号に掲げる乗用エレベーター又はエスカレーターに関する法第88条第１項において読み替えて準用する法第20条第１項の政令で定める技術的基準は、次項から第４項までにおいて準用する規定（第７章の８の規定を除く。）に適合する構造方法を用いることとする。
2　前項に規定する乗用エレベーター又はエスカレーターについては、第129条の３から第129条の10まで、第129条の12、第７章の８並びに第139条第１項第三号及び第四号の規定を準用する。
3　第１項に規定する乗用エレベーター又はエスカレーターのうち前項において準用する第139条第１項第三号又は第四号ロの規定により国土交通大臣の認定を受けた構造方法を用いるものについては、前項に規定するもののほか、耐久性等関係規定（第36条、第36条の２、第39条第４項、第41条、第49条並びに第80条において準用する第72条及び第74条から第76条までの規定を除く。）を準用する。
4　第１項に規定する乗用エレベーター又はエスカレーターのうち前項に規定するもの以外のものについては、第２項に規定するもののほか、第36条の３、<u>第37条</u>、<u>第38条</u>、第39条第１項及び第２項、第３章第５節、第６節及び第６節の２並びに第80条の２の規定を準用する。

[現行]　第144条　（遊戯施設）

制定：昭和34年政令第344号　　　施行：昭和34年12月23日
第144条　（遊戯施設）

1　第138条第２項第二号及び第三号に掲げるものについては、第36条から第38条まで、第３章第５節及び第６節並びに第７章の２の規定を準用する外、次の各号に定めるところによらなければならない。
　一　かご、車両その他人を乗せる部分（以下この条において「客席部分」という。）をささえ、又はつる構造上主要な部分は、鉄造又は鉄筋コンクリート造とすること。

二 客席部分は、堅固で、かつ、客席にいる人が落下し又は他の構造部分に触れることにより危害を受けるおそれのない構造とすること。
三 滑節構造とした接合部は、はずれるおそれのない構造とすること。
四 軌条又は索条を用いるものにあつては、客席部分が当該軌条又は索条からはずれるおそれのない構造とすること。
五 滑車を使用して客席部分をつり上げるものにあつては、その索は２本以上とし、索が滑車からはずれるおそれのない構造とすること。

改正：昭和45年政令第333号　　施行：昭和46年１月１日
第144条　（遊戯施設）

1　第138条第２項第二号及び第三号に掲げるものについては、第36条から第39条まで、第３章第５節及び第６節並びに第７章の２の規定を準用するほか、次の各号に定めるところによらなければならない。
一～五　略
六　客席部分には、定員を明示した標識を見やすい場所に掲示すること。
七　動力が切れた場合、駆動装置に故障が生じた場合その他客席にいる人が危害を受けるおそれのある事故が発生し、又は発生するおそれのある場合に自動的に作動する非常止め装置を設けること。
八　前各号に定めるもののほか、建設大臣が安全上必要があると認めて定める基準によること。

改正：昭和55年政令第273号　　施行：昭和55年10月25日
第144条　（遊戯施設）

1　第138条第２項第二号及び第三号に掲げるものについては、第36条から第39条まで、第３章第５節及び第６節並びに第７章の３の規定を準用するほか、次の各号に定めるところによらなければならない。
一～八　略

改正：昭和55年政令第196号　　施行：昭和56年６月１日
第144条　（遊戯施設）

1　第138条第２項第二号及び第三号に掲げるものについては、第36条から第39条まで、第３章第５節、第６節及び第６節の２並びに第７章の３の規定を準用するほか、次の各号に定めるところによらなければならない。
一　かご、車両その他人を乗せる部分（以下この条において「客席部分」という。）を支え、又はつる構造上主要な部分は、鋼造、鉄筋コンクリート造又は鉄骨鉄筋コンクリート造とすること。
二　客席部分は、堅固で、かつ、客席に居る人が落下し又は他の構造部分に触れることにより危害を受けるおそれのない構造とすること。
三　滑節構造とした接合部は、外れるおそれのない構造とすること。
四　軌条又は索条を用いるものにあつては、客席部分が当該軌条又は索条から外れるおそれのない構造とすること。
五　滑車を使用して客席部分をつり上げるものにあつては、その索は２本以上とし、索が滑車から外れるおそれのない構造とすること。
六　略
七　動力が切れた場合、駆動装置に故障が生じた場合その他客席に居る人が危害を受けるおそれのある事故が発生し、又は発生するおそれのある場合に自動的に作動する非常止め装置を設けること。
八　略

改正：昭和62年政令第348号　　施行：昭和62年11月16日
第144条　（遊戯施設）

1　第138条第２項第二号及び第三号に掲げるものについては、第36条から第39条まで、第３章第５節、第６節及び第６節の２並びに第７章の４の規定を準用するほか、次の各号に定めるところによらなければならな

令144条　改正：昭和62年政令第348号

　　　い。
　　一～八　略

改正：平成５年政令第170号　　　施行：平成５年６月25日
第144条　（遊戯施設）

1　第138条第２項第二号及び第三号に掲げるものについては、第36条から第39条まで、第３章第５節、第６節及び第６節の２並びに第７章の５の規定を準用するほか、次に定めるところによらなければならない。
　　一～八　略

改正：平成11年政令第５号　　　施行：平成11年５月１日
第144条　（遊戯施設）

1　第138条第２項第二号及び第三号に掲げるものについては、第36条から第39条まで、第３章第５節、第６節及び第６節の２並びに第７章の７の規定を準用するほか、次に定めるところによらなければならない。
　　一～八　略

改正：平成12年政令第211号　　　施行：平成12年６月１日
第144条　（遊戯施設）

1　第138条第２項第二号及び第三号に掲げるものについては、第７章の８の規定を準用するほか、次に定めるところによらなければならない。
　一　かご、車両その他人を乗せる部分（以下この条において「客席部分」という。）を支え、又はつる構造上主要な部分（以下この条において「主要な支持部分」という。）のうち摩損又は疲労破壊が生ずるおそれのある部分以外の部分の構造は、次に掲げる基準に適合するものとすること。
　　イ　構造耐力上安全なものとして建設大臣が定めた構造方法を用いるものであること。
　　ロ　建設大臣が定める基準に従つた構造計算により自重、積載荷重、積雪、風圧、土圧及び水圧並びに地震その他の震動及び衝撃に対して構造耐力上安全であることが確かめられたものであること。
　二　主要な支持部分のうち摩損又は疲労破壊が生ずるおそれのある部分については、第129条の４（第１項第一号イを除く。）及び第129条の５第１項の規定を準用する。この場合において、次の表の左欄に掲げる規定中同表の中欄に掲げる字句は、それぞれ同表の右欄に掲げる字句に読み替えるものとする。
　　［表新設］

第129条の４の見出し、同条第１項各号列記以外の部分、第２項及び第３項（第五号を除く。）並びに第129条の５の見出し及び同条第１項	エレベーター	遊戯施設
第129条の４	かご	客席部分
第129条の４第１項	構造上主要な部分	構造上主要な部分（摩損又は疲労破壊を生ずるおそれのある部分に限る。）
	イ及びロ	ロ
第129条の４第１項第一号及び第２項第二号	昇降	走行又は回転
	通常の昇降時	通常の走行又は回転時
第129条の４第１項第二号	エレベーター、油圧エレベーターその他建設大臣が定めるエレベーター	遊戯施設その他建設大臣が定める遊戯施設
第129条の４第１項第二号及び第２項	エレベーター強度検証法	遊戯施設強度検証法
第129条の４第２項第一号	次条に規定する荷重	次条第１項に規定する荷重及び建設大臣が定める

| 第129条の4第2項第二号 | 次条第2項に規定する積載荷重 | 積載荷重 建設大臣が定める積載荷重 |
| 第129条の4第3項第五号 | エレベーターで昇降路の壁の全部又は一部を有しないもの | 遊戯施設 |

三　軌条又は索条を用いるものにあつては、客席部分が当該軌条又は索条から外れるおそれのない構造とすること。
四　遊戯施設の客席部分の構造は、次に掲げる基準に適合するものとすること。
　イ　走行又は回転時の衝撃及び非常止め装置の作動時の衝撃が加えられた場合に、客席にいる人を落下させないものとして、建設大臣が定めた構造方法を用いるもの又は建設大臣の認定を受けたものであること。
　ロ　客席部分は、堅固で、かつ、客席にいる人が他の構造部分に触れることにより危害を受けるおそれのない構造であること。
　ハ　客席部分には、定員を明示した標識を見やすい場所に掲示すること。
五　動力が切れた場合、駆動装置に故障が生じた場合その他客席に居る人が危害を受けるおそれのある事故が発生し、又は発生するおそれのある場合に自動的に作動する非常止め装置を設けること。
六　前号の非常止め装置の構造は、自動的に作動し、かつ、当該客席部分以外の遊戯施設の部分に衝突することなく制止できるものとして、建設大臣が定めた構造方法を用いるもの又は建設大臣の認定を受けたものとすること。
七　前各号に定めるもののほか、客席にいる人その他当該遊戯施設の周囲の人の安全を確保することができるものとして建設大臣が定めた構造方法を用いるものであること。

改正：平成12年政令第312号　　　施行：平成13年1月6日
第144条　（遊戯施設）

1　第138条第2項第二号及び第三号に掲げるものについては、第7章の8の規定を準用するほか、次に定めるところによらなければならない。
一　かご、車両その他人を乗せる部分（以下この条において「客席部分」という。）を支え、又はつる構造上主要な部分（以下この条において「主要な支持部分」という。）のうち摩損又は疲労破壊が生ずるおそれのある部分以外の部分の構造は、次に掲げる基準に適合するものとすること。
　イ　構造耐力上安全なものとして国土交通大臣が定めた構造方法を用いるものであること。
　ロ　国土交通大臣が定める基準に従つた構造計算により自重、積載荷重、積雪、風圧、土圧及び水圧並びに地震その他の震動及び衝撃に対して構造耐力上安全であることが確かめられたものであること。
二　主要な支持部分のうち摩損又は疲労破壊が生ずるおそれのある部分については、第129条の4（第1項第一号イを除く。）及び第129条の5第1項の規定を準用する。この場合において、次の表の左欄に掲げる規定中同表の中欄に掲げる字句は、それぞれ同表の右欄に掲げる字句に読み替えるものとする。

第129条の4の見出し、同条第1項各号列記以外の部分、第2項及び第3項（第五号を除く。）並びに第129条の5の見出し及び同条第1項	略	
第129条の4	略	
第129条の4第1項	略	
第129条の4第1項第一号及び第2項第二号	略	
第129条の4第1項第二号	エレベーター、油圧エレベーターその他国土交通大臣が定めるエレベーター	遊戯施設その他国土交通大臣が定める遊戯施設
第129条の4第1項第二号及び第2項	略	
		次条第1項に規定する荷

令144条 改正：平成12年政令第312号

第129条の４第２項第一号	次条に規定する荷重	重及び<u>国土交通大臣</u>が定める積載荷重
第129条の４第２項第二号	次条第２項に規定する積載荷重	<u>国土交通大臣</u>が定める積載荷重
第129条の４第３項第五号	略	

　三　略
　四　遊戯施設の客席部分の構造は、次に掲げる基準に適合するものとすること。
　　イ　走行又は回転時の衝撃及び非常止め装置の作動時の衝撃が加えられた場合に、客席にいる人を落下させないものとして、<u>国土交通大臣</u>が定めた構造方法を用いるもの又は<u>国土交通大臣</u>の認定を受けたものであること。
　　ロ・ハ　略
　五　略
　六　前号の非常止め装置の構造は、自動的に作動し、かつ、当該客席部分以外の遊戯施設の部分に衝突することなく制止できるものとして、<u>国土交通大臣</u>が定めた構造方法を用いるもの又は<u>国土交通大臣</u>の認定を受けたものとすること。
　七　前各号に定めるもののほか、客席にいる人その他当該遊戯施設の周囲の人の安全を確保することができるものとして<u>国土交通大臣</u>が定めた構造方法を用いるものであること。

改正：平成19年政令第49号　　　施行：平成19年６月20日
第144条　（遊戯施設）

　1　第138条第２項第二号又は第三号に掲げる遊戯施設（以下この条において単に「遊戯施設」という。）に関する法第88条第１項において読み替えて準用する法第20条の政令で定める技術的基準は、次のとおりとする。
　一　かご、車両その他人を乗せる部分（以下この条において「客席部分」という。）を支え、又は吊（つ）る構造上主要な部分（以下この条において「主要な支持部分」という。）のうち摩損又は疲労破壊が生ずるおそれのある部分以外の部分の構造は、次に掲げる基準に適合するものとすること。
　　イ　略
　　ロ　<u>高さが60mを超える遊戯施設にあつては、その用いる構造方法が、荷重及び外力によつて主要な支持部分に連続的に生ずる力及び変形を把握することその他の国土交通大臣が定める基準に従つた構造計算によつて安全性が確かめられたものとして国土交通大臣の認定を受けたものであること。</u>
　　ハ　<u>高さが60m以下の遊戯施設にあつては、その用いる構造方法が、次の（１）又は（２）のいずれかに適合するものであること。</u>
　　　<u>（１）　国土交通大臣が定める基準に従つた構造計算によつて確かめられる安全性を有すること。</u>
　　　<u>（２）　ロの国土交通大臣が定める基準に従つた構造計算によつて安全性が確かめられたものとして国土交通大臣の認定を受けたものであること。</u>
　二　軌条又は索条を用いるものにあつては、客席部分が当該軌条又は索条から<u>脱落</u>するおそれのない構造とすること。
　三　遊戯施設の客席部分の構造は、次に掲げる基準に適合するものとすること。
　　イ～ハ　略
　四　動力が切れた場合、駆動装置に故障が生じた場合その他客席に居る人が危害を受けるおそれのある事故が発生し、又は発生するおそれのある場合に自動的に作動する非常止め装置を設けること。
　五　前号の非常止め装置の構造は、自動的に作動し、かつ、当該客席部分以外の遊戯施設の部分に衝突することなく制止できるものとして、国土交通大臣が定めた構造方法を用いるもの又は国土交通大臣の認定を受けたものとすること。
　六　前各号に定めるもののほか、客席にいる人その他当該遊戯施設の周囲の人の安全を確保することができるものとして国土交通大臣が定めた構造方法を用いるものであること。
　七　<u>次項において読み替えて準用する第129条の４（第１項第一号イを除く。）及び第129条の５第１項の規定に適合する構造方法を用いること。</u>

2 遊戯施設については第7章の8の規定を、その主要な支持部分のうち摩損又は疲労破壊が生ずるおそれのある部分については第129条の4（第1項第一号イを除く。）及び第129条の5第1項の規定を準用する。この場合において、次の表の左欄に掲げる規定中同表の中欄に掲げる字句は、それぞれ同表の右欄に掲げる字句に読み替えるものとする。

第129条の4の見出し、同条第1項（第二号を除く。）、第2項第三号及び第四号並びに第3項（第五号を除く。）並びに第129条の5の見出し及び同条第1項	エレベーター	遊戯施設
第129条の4	かご	客席部分
第129条の4第1項	構造上主要な部分（	構造上主要な部分（摩損又は疲労破壊を生ずるおそれのある部分に限る。
第129条の4第1項第一号ロ	昇降に	走行又は回転に
第129条の4第1項第一号ロ及び第2項第二号	通常の昇降時	通常の走行又は回転時
第129条の4第1項第二号	エレベーター、油圧エレベーターその他国土交通大臣が定めるエレベーター	遊戯施設その他国土交通大臣が定める遊戯施設
	前号イ及びロ	前号ロ
第129条の4第1項第二号及び第2項	エレベーター強度検証法	遊戯施設強度検証法
第129条の4第1項第三号	第一号イ及びロ	第一号ロ
第129条の4第2項	、エレベーター	、遊戯施設
第129条の4第2項第一号	次条に規定する荷重	次条第1項に規定する固定荷重及び国土交通大臣が定める積載荷重
第129条の4第2項第二号	昇降する	走行し、又は回転する
	次条第2項に規定する	国土交通大臣が定める
第129条の4第3項第五号	エレベーターで昇降路の壁の全部又は一部を有しないもの	遊戯施設

改正：平成25年政令第217号　　　施行：平成26年4月1日

第144条　（遊戯施設）

1　略

2　遊戯施設については第7章の8の規定を、その主要な支持部分のうち摩損又は疲労破壊が生ずるおそれのある部分については第129条の4（第1項第一号イを除く。）及び第129条の5第1項の規定を準用する。この場合において、次の表の左欄に掲げる規定中同表の中欄に掲げる字句は、それぞれ同表の右欄に掲げる字句に読み替えるものとする。

第129条の4の見出し、同条第1項（第二号を除く。）、第2項第三号及び第四号並びに第3項（第七号を除く。）並びに第129条の5の見出し及び同条第1項	エレベーター	遊戯施設
第129条の4第1項	かご及びかごを支え、又は吊（つ）る構造上主要な部分	客席部分を支え、又は吊（つ）る構造上主要な部分（摩損又は疲労破壊を生ずるおそれのある部分に限

令144条 改正：平成25年政令第217号

		る。
第129条の4	かご及び主要な支持部分	主要な支持部分
第129条の4第1項第一号ロ、第2項第四号並びに第3項第二号及び第四号	かご	客席部分
第129条の4第1項第一号ロ	昇降に	走行又は回転に
第129条の4第1項第一号ロ及び第2項第二号	通常の昇降時	通常の走行又は回転時
第129条の4第1項第二号	かごを主索で吊（つ）るエレベーター、油圧エレベーターその他国土交通大臣が定めるエレベーター	客席部分を主索で吊（つ）る遊戯施設その他国土交通大臣が定める遊戯施設
	前号イ及びロ	前号ロ
第129条の4第1項第二号及び第2項	エレベーター強度検証法	遊戯施設強度検証法
第129条の4第1項第三号	第一号イ及びロ	第一号ロ
第129条の4第2項	、エレベーター	、遊戯施設
第129条の4第2項第一号	次条に規定する荷重	次条第1項に規定する固定荷重及び国土交通大臣が定める積載荷重
	主要な支持部分並びにかごの床版及び枠（以下この条において「主要な支持部分等」という。）	主要な支持部分
第129条の4第2項第二号及び第三号	主要な支持部分等	主要な支持部分
第129条の4第2項第二号	昇降する	走行し、又は回転する
	次条第2項に規定する	国土交通大臣が定める
第129条の4第3項第二号	主要な支持部分のうち、摩損又は疲労破壊を生ずるおそれのあるものにあつては、2以上	2以上
第129条の4第3項第七号	エレベーターで昇降路の壁の全部又は一部を有しないもの	遊戯施設

改正：平成27年政令第11号　　　施行：平成27年6月1日
第144条　（遊戯施設）

1　第138条第2項第二号又は第三号に掲げる遊戯施設（以下この条において単に「遊戯施設」という。）に関する法第88条第1項において読み替えて準用する法第20条第1項の政令で定める技術的基準は、次のとおりとする。
　一　籠、車両その他人を乗せる部分（以下この条において「客席部分」という。）を支え、又は吊（つ）る構造上主要な部分（以下この条において「主要な支持部分」という。）のうち摩損又は疲労破壊が生ずるおそれのある部分以外の部分の構造は、次に掲げる基準に適合するものとすること。
　　イ～ハ　略
　二～七　略
2　略

改正：令和元年政令第181号　　　施行：令和2年4月1日
第144条　（遊戯施設）

1　第138条第2項第二号又は第三号に掲げる遊戯施設（以下この条において単に「遊戯施設」という。）に関する法第88条第1項において読み替えて準用する法第20条第1項の政令で定める技術的基準は、次のとおりとする。
　一　籠、車両その他人を乗せる部分（以下この条において「客席部分」という。）を支え、又は吊（つ）る

構造上主要な部分（以下この条において「主要な支持部分」という。）のうち摩損又は疲労破壊が生ずるおそれのある部分以外の部分の構造は、次に掲げる基準に適合するものとすること。
　イ　構造耐力上安全なものとして国土交通大臣が定めた構造方法を用いるものであること。
　ロ　高さが60mを超える遊戯施設にあつては、その用いる構造方法が、荷重及び外力によつて主要な支持部分に連続的に生ずる力及び変形を把握することその他の国土交通大臣が定める基準に従つた構造計算によつて安全性が確かめられたものとして国土交通大臣の認定を受けたものであること。
　ハ　高さが60m以下の遊戯施設にあつては、その用いる構造方法が、次の（1）又は（2）のいずれかに適合するものであること。
　　（1）　国土交通大臣が定める基準に従つた構造計算によつて確かめられる安全性を有すること。
　　（2）　ロの国土交通大臣が定める基準に従つた構造計算によつて安全性が確かめられたものとして国土交通大臣の認定を受けたものであること。
二　軌条又は索条を用いるものにあつては、客席部分が当該軌条又は索条から脱落するおそれのない構造とすること。
三　遊戯施設の客席部分の構造は、次に掲げる基準に適合するものとすること。
　イ　走行又は回転時の衝撃及び非常止め装置の作動時の衝撃が加えられた場合に、客席にいる人を落下させないものとして、国土交通大臣が定めた構造方法を用いるもの又は国土交通大臣の認定を受けたものであること。
　ロ　客席部分は、堅固で、かつ、客席にいる人が他の構造部分に触れることにより危害を受ける<u>おそれのないものとして国土交通大臣が定めた構造方法を用いるもの</u>であること。
　ハ　客席部分には、定員を明示した標識を見やすい場所に掲示すること。
四　動力が切れた場合、駆動装置に故障が生じた場合その他客席に<u>いる</u>人が危害を受けるおそれのある事故が発生し、又は発生するおそれのある場合に自動的に作動する非常止め装置を設けること。
五　前号の非常止め装置の構造は、自動的に作動し、かつ、当該客席部分以外の遊戯施設の部分に衝突することなく制止できるものとして、国土交通大臣が定めた構造方法を用いるもの又は国土交通大臣の認定を受けたものとすること。
六　前各号に定めるもののほか、客席にいる人その他当該遊戯施設の周囲の人の安全を確保することができるものとして国土交通大臣が定めた構造方法を用いるものであること。
七　次項において読み替えて準用する第129条の４（第１項第一号イを除く。）及び第129条の５第１項の規定に適合する構造方法を用いること。
2　遊戯施設については第７章の８の規定を、その主要な支持部分のうち摩損又は疲労破壊が生ずるおそれのある部分については第129条の４（第１項第一号イを除く。）及び第129条の５第１項の規定を準用する。この場合において、次の表の左欄に掲げる規定中同表の中欄に掲げる字句は、それぞれ同表の右欄に掲げる字句に読み替えるものとする。

第129条の４の見出し、同条第１項（第二号を除く。）、第２項第三号及び第四号並びに第３項（第七号を除く。）並びに第129条の５の見出し及び同条第１項	エレベーター	遊戯施設
第129条の４第１項	かご及びかごを支え、又は吊（つ）る構造上主要な部分	客席部分を支え、又は吊（つ）る構造上主要な部分（摩損又は疲労破壊を生ずるおそれのある部分に限る。
第129条の４	かご及び主要な支持部分	主要な支持部分
第129条の４第１項第一号ロ、第２項第四号並びに第３項第二号及び第四号	かご	客席部分
第129条の４第１項第一号ロ	昇降に	走行又は回転に
第129条の４第１項第一号ロ及び第２項第二号	通常の昇降時	通常の走行又は回転時

令144条　改正：令和元年政令第181号

第129条の4第1項第二号	かごを主索で吊（つ）るエレベーター、油圧エレベーターその他国土交通大臣が定めるエレベーター	客席部分を主索で吊（つ）る遊戯施設その他国土交通大臣が定める遊戯施設
	前号イ及びロ	前号ロ
第129条の4第1項第二号及び第2項	エレベーター強度検証法	遊戯施設強度検証法
第129条の4第1項第三号	第一号イ及びロ	第一号ロ
第129条の4第2項	、エレベーター	、遊戯施設
第129条の4第2項第一号	次条に規定する荷重	次条第1項に規定する固定荷重及び国土交通大臣が定める積載荷重
	主要な支持部分並びにかごの床版及び枠（以下この条において「主要な支持部分等」という。）	主要な支持部分
第129条の4第2項第二号及び第三号	主要な支持部分等	主要な支持部分
第129条の4第3項第二号	昇降する	走行し、又は回転する
	次条第2項に規定する	国土交通大臣が定める
第129条の4第3項第二号	主要な支持部分のうち、摩損又は疲労破壊を生ずるおそれのあるものにあつては、2以上	2以上
第129条の4第3項第七号	エレベーターで昇降路の壁の全部又は一部を有しないもの	遊戯施設

[現行]　第144条の2　（型式適合認定の対象とする工作物の部分及び一連の規定）

制定：平成12年政令第211号　　　施行：平成12年6月1日
第144条の2　（型式適合認定の対象とする工作物の部分及び一連の規定）

1　法第88条第1項において準用する法第68条の10第1項に規定する政令で定める工作物の部分は、次の表の工作物の部分の欄の各項に掲げる工作物の部分とし、法第88条第1項において準用する法第68条の10第1項に規定する政令で定める一連の規定は、同表の一連の規定の欄の当該各項に掲げる規定（これらの規定中工作物の部分の構造に係る部分に限る。）とする。

	工作物の部分	一連の規定
（1）	乗用エレベーターで観光のためのもの（一般交通の用に供するものを除く。）の部分で、昇降路及び機械室以外のもの	イ　法第88条第1項において準用する法第37条の規定 ロ　第143条（第129条の3、第129条の4（第3項第五号を除く。）、第129条の5、第129条の6、第129条の8及び第129条の10の規定の準用に関する部分に限る。）の規定
（2）	エスカレーターで観光のためのもの（一般交通の用に供するものを除く。）の部分で、トラス又ははりを支える部分以外のもの	イ　法第88条第1項において準用する法第37条の規定 ロ　第143条（第129条の3及び第129条の12（第1項第一号を除く。）の規定の準用に関する部分に限る。）の規定
（3）	ウォーターシュート、コースターその他これらに類する高架の遊戯施設又はメリーゴーラウンド、観覧車、オクトパス、飛行塔その他これらに類する回転運動をする遊戯施設で原動機を使用するものの部分のうち、かご、車両その他人を乗せる部分及びこれを支え、	イ　法第88条第1項において準用する法第37条の規定 ロ　第144条（第7章の8の規定の準用に関する部分を除き、同条第一号イ及び第七号にあつては建設大臣が定めた構造方法のうちその指定する構造

改正：平成18年政令第308号 **令144条の2**

工作物の部分	一連の規定
又はつる構造上主要な部分並びに非常止め装置の部分	方法に係る部分に限る。）の規定

改正：平成12年政令第312号　　施行：平成13年1月6日
第144条の2　（型式適合認定の対象とする工作物の部分及び一連の規定）

1　法第88条第1項において準用する法第68条の10第1項に規定する政令で定める工作物の部分は、次の表の工作物の部分の欄の各項に掲げる工作物の部分とし、法第88条第1項において準用する法第68条の10第1項に規定する政令で定める一連の規定は、同表の一連の規定の欄の当該各項に掲げる規定（これらの規定中工作物の部分の構造に係る部分に限る。）とする。

	工作物の部分	一連の規定
（1）	略	
（2）	略	
（3）	ウォーターシュート、コースターその他これらに類する高架の遊戯施設又はメリーゴーラウンド、観覧車、オクトパス、飛行塔その他これらに類する回転運動をする遊戯施設で原動機を使用するものの部分のうち、かご、車両その他人を乗せる部分及びこれを支え、又はつる構造上主要な部分並びに非常止め装置の部分	イ　法第88条第1項において準用する法第37条の規定 ロ　第144条（第7章の8の規定の準用に関する部分を除き、同条第一号イ及び第七号にあつては<u>国土交通大臣</u>が定めた構造方法のうちその指定する構造方法に係る部分に限る。）の規定

改正：平成18年政令第308号　　施行：平成18年10月1日
第144条の2　（型式適合認定の対象とする工作物の部分及び一連の規定）

1　法第88条第1項において準用する法第68条の10第1項に規定する政令で定める工作物の部分は、次の表の工作物の部分の欄の各項に掲げる工作物の部分とし、法第88条第1項において準用する法第68条の10第1項に規定する政令で定める一連の規定は、同表の一連の規定の欄の当該各項に掲げる規定（これらの規定中工作物の部分の構造に係る部分に限る。）とする。

	工作物の部分	一連の規定
（1）	乗用エレベーターで観光のためのもの（一般交通の用に供するものを除く。）の部分で、昇降路及び機械室以外のもの	イ　法第88条第1項において準用する<u>法第28条の2（第三号を除く。）及び法第37条</u>の規定 ロ　第143条（第129条の3、第129条の4（第3項第五号を除く。）、第129条の5、第129条の6、第129条の8及び第129条の10の規定の準用に関する部分に限る。）の規定
（2）	エスカレーターで観光のためのもの（一般交通の用に供するものを除く。）の部分で、トラス又ははりを支える部分以外のもの	イ　法第88条第1項において準用する<u>法第28条の2（第三号を除く。）及び法第37条</u>の規定 ロ　第143条（第129条の3及び第129条の12（第1項第一号を除く。）の規定の準用に関する部分に限る。）の規定
（3）	ウォーターシュート、コースターその他これらに類する高架の遊戯施設又はメリーゴーラウンド、観覧車、オクトパス、飛行塔その他これらに類する回転運動をする遊戯施設で原動機を使用するものの部分のうち、かご、車両そ	イ　法第88条第1項において準用する<u>法第28条の2（第三号を除く。）及び法第37条</u>の規定 ロ　<u>前条</u>（第7章の8の規定の準用に関する部分を除き、同条第一号イ及び第七号にあつては国土交通大臣が定めた構造方法のうちその指定する構造

令144条の2 改正：平成18年政令第308号

	の他人を乗せる部分及びこれを支え、又はつる構造上主要な部分並びに非常止め装置の部分	方法に係る部分に限る。）の規定

改正：平成19年政令第49号　　　施行：平成19年6月20日

第144条の2　（型式適合認定の対象とする工作物の部分及び一連の規定）

1　法第88条第1項において準用する法第68条の10第1項に規定する政令で定める工作物の部分は、次の表の工作物の部分の欄の各項に掲げる工作物の部分とし、法第88条第1項において準用する法第68条の10第1項に規定する政令で定める一連の規定は、同表の一連の規定の欄の当該各項に掲げる規定（これらの規定中工作物の部分の構造に係る部分に限る。）とする。

	工作物の部分	一連の規定
（1）	乗用エレベーターで観光のためのもの（一般交通の用に供するものを除く。）の部分で、昇降路及び機械室以外のもの	イ　法第88条第1項において準用する法第28条の2（第三号を除く。）及び法第37条の規定 ロ　第143条第2項（第129条の3、第129条の4（第3項第五号を除く。）、第129条の5、第129条の6、第129条の8及び第129条の10の規定の準用に関する部分に限る。）の規定
（2）	エスカレーターで観光のためのもの（一般交通の用に供するものを除く。）の部分で、トラス又ははりを支える部分以外のもの	イ　法第88条第1項において準用する法第28条の2（第三号を除く。）及び法第37条の規定 ロ　第143条第2項（第129条の3及び第129条の12（第1項第一号を除く。）の規定の準用に関する部分に限る。）の規定
（3）	ウォーターシュート、コースターその他これらに類する高架の遊戯施設又はメリーゴーラウンド、観覧車、オクトパス、飛行塔その他これらに類する回転運動をする遊戯施設で原動機を使用するものの部分のうち、かご、車両その他人を乗せる部分及びこれを支え、又は吊（つ）る構造上主要な部分並びに非常止め装置の部分	イ　法第88条第1項において準用する法第28条の2（第三号を除く。）及び法第37条の規定 ロ　前条第1項（同項第一号イ及び第六号にあつては、国土交通大臣が定めた構造方法のうちその指定する構造方法に係る部分に限る。）の規定

改正：平成25年政令第217号　　　施行：平成26年4月1日

第144条の2　（型式適合認定の対象とする工作物の部分及び一連の規定）

1　法第88条第1項において準用する法第68条の10第1項に規定する政令で定める工作物の部分は、次の表の工作物の部分の欄の各項に掲げる工作物の部分とし、法第88条第1項において準用する法第68条の10第1項に規定する政令で定める一連の規定は、同表の一連の規定の欄の当該各項に掲げる規定（これらの規定中工作物の部分の構造に係る部分に限る。）とする。

	工作物の部分	一連の規定
（1）	乗用エレベーターで観光のためのもの（一般交通の用に供するものを除く。）の部分で、昇降路及び機械室以外のもの	イ　法第88条第1項において準用する法第28条の2（第三号を除く。）及び法第37条の規定 ロ　第143条第2項（第129条の3、第129条の4（第3項第七号を除く。）、第129条の5、第129条の6、第129条の8及び第129条の10の規定の準用に関す

		る部分に限る。）の規定
（2）	エスカレーターで観光のためのもの（一般交通の用に供するものを除く。）の部分で、トラス又ははりを支える部分以外のもの	イ　法第88条第1項において準用する法第28条の2（第三号を除く。）及び法第37条の規定 ロ　第143条第2項（第129条の3及び第129条の12（第1項第一号及び第六号を除く。）の規定の準用に関する部分に限る。）の規定
（3）	ウォーターシュート、コースターその他これらに類する高架の遊戯施設又はメリーゴーラウンド、観覧車、オクトパス、飛行塔その他これらに類する回転運動をする遊戯施設で原動機を使用するものの部分のうち、かご、車両その他人を乗せる部分及びこれを支え、又は吊（つ）る構造上主要な部分並びに非常止め装置の部分	イ　法第88条第1項において準用する法第28条の2（第三号を除く。）及び法第37条の規定 ロ　前条第1項（同項第一号イ及び第六号にあつては、国土交通大臣が定めた構造方法のうちその指定する構造方法に係る部分に限る。）の規定

[現行]　第144条の2の2　（製造施設、貯蔵施設、遊戯施設等）

制定：昭和50年政令第2号　　　施行：昭和50年4月1日
旧　第144条の2　（製造施設、貯蔵施設、遊戯施設等）

1　第138条第3項第一号から第四号までに掲げるものについては、第137条中法第48条第1項から第8項までに関する部分、第137条の4及び第137条の10第2項（第三号を除く。）の規定を準用する。この場合において、第137条の4第二号及び第三号中「床面積の合計」とあるのは、「築造面積」と読み替えるものとする。
2　第138条第3項第五号に掲げるものについては、第130条の2（第1項第一号及び第三号を除く。）の規定を準用する。

改正：平成5年政令第170号　　　施行：平成5年6月25日
旧　第144条の2　（製造施設、貯蔵施設、遊戯施設等）

1　第138条第3項第一号から第四号までに掲げるものについては、第137条中法第48条第1項から第12項までに関する部分、第137条の4及び第137条の10第2項（第三号を除く。）の規定を準用する。この場合において、第137条の4第二号及び第三号中「床面積の合計」とあるのは、「築造面積」と読み替えるものとする。
2　第138条第3項第五号に掲げるものについては、第130条の2（第1項第一号及び第四号を除く。）の規定を準用する。

改正：平成12年政令第211号　　　施行：平成12年6月1日
第144条の2の2　（製造施設、貯蔵施設、遊戯施設等）

略

改正：平成13年政令第98号　　　施行：平成13年5月18日
第144条の2の2　（製造施設、貯蔵施設、遊戯施設等）

1　第138条第3項第一号から第四号までに掲げるものについては、第137条中法第48条第1項から第12項までに関する部分、第137条の4及び第137条の10第2項（第三号を除く。）の規定を準用する。この場合において、第137条の4第二号及び第三号中「床面積の合計」とあるのは、「築造面積」と読み替えるものとする。

令144条の2の2　改正：平成17年政令第192号

改正：平成17年政令第192号　　　　　施行：平成17年6月1日
第144条の2の2　（製造施設、貯蔵施設、遊戯施設等）

1　第138条第3項第一号から第四号までに掲げるものについては、<u>第137条（法第48条第1項から第12項までに係る部分に限る。）</u>、<u>第137条の7</u>、<u>第137条の12第3項</u>及び<u>第137条の18第2項</u>（第三号を除く。）の規定を準用する。この場合において、<u>第137条の7</u>第二号及び第三号中「床面積の合計」とあるのは、「築造面積」と読み替えるものとする。

改正：平成18年政令第308号　　　　　施行：平成18年10月1日
第144条の2の2　（製造施設、貯蔵施設、遊戯施設等）

1　第138条第3項第一号から第四号までに掲げるものについては、第137条（法第48条第1項から第12項までに係る部分に限る。）、第137条の7、第137条の12<u>第4項</u>及び第137条の18第2項（第三号を除く。）の規定を準用する。この場合において、第137条の7第二号及び第三号中「床面積の合計」とあるのは、「築造面積」と読み替えるものとする。

改正：平成18年政令第350号　　　　　施行：平成19年11月30日
第144条の2の2　（製造施設、貯蔵施設、遊戯施設等）

1　第138条第3項第一号から第四号までに掲げるものについては、第137条（法第48条第1項から<u>第13項</u>までに係る部分に限る。）、第137条の7、第137条の12第4項及び第137条の18第2項（第三号を除く。）の規定を準用する。この場合において、第137条の7第二号及び第三号中「床面積の合計」とあるのは、「築造面積」と読み替えるものとする。

改正：平成27年政令第11号　　　　　施行：平成27年6月1日
第144条の2の2　（製造施設、貯蔵施設、遊戯施設等）

1　第138条第3項第一号から第四号までに掲げるものについては、第137条（法第48条第1項から第13項までに係る部分に限る。）、第137条の7、第137条の12第4項及び<u>第137条の19第2項</u>（第三号を除く。）の規定を準用する。この場合において、第137条の7第二号及び第三号中「床面積の合計」とあるのは、「築造面積」と読み替えるものとする。

改正：平成29年政令第156号　　　　　施行：平成30年4月1日
第144条の2の2　（製造施設、貯蔵施設、遊戯施設等）

1　第138条第3項第一号から第四号までに掲げるものについては、第137条（法第48条第1項から<u>第14項</u>までに係る部分に限る。）、第137条の7、第137条の12第4項及び第137条の19第2項（第三号を除く。）の規定を準用する。この場合において、第137条の7第二号及び第三号中「床面積の合計」とあるのは、「築造面積」と読み替えるものとする。

改正：令和5年政令第280号　　　　　施行：令和6年4月1日
第144条の2の2　（製造施設、貯蔵施設、遊戯施設等）

1　<u>第138条第4項</u>第一号から第四号までに掲げるものについては、第137条（法第48条第1項から第14項までに係る部分に限る。）、第137条の7、<u>第137条の12第8項</u>及び第137条の19第2項（第三号を除く。）の規定を準用する。この場合において、第137条の7第二号及び第三号中「床面積の合計」とあるのは、「築造面積」と読み替えるものとする。

[現行] 第144条の2の3 （処理施設）

制定：平成13年政令第98号　　施行：平成13年5月18日
第144条の2の3　（処理施設）

1　第138条第3項第五号に掲げるもの（都市計画区域内にあるものに限る。）については、第130条の2の2（第1項第一号及び第四号を除く。）の規定を準用する。

改正：平成16年政令第210号　　施行：平成16年7月1日
第144条の2の3　（処理施設）

1　第138条第3項第五号に掲げるもの（都市計画区域内にあるものに限る。）については、第130条の2の3（第1項第一号及び第四号を除く。）の規定を準用する。

改正：平成17年政令第192号　　施行：平成17年6月1日
第144条の2の3　（処理施設）

1　第138条第3項第五号に掲げるもの（都市計画区域内にあるものに限る。）については、第130条の2の3（第1項第一号及び第四号を除く。）及び第137条の12第2項（法第51条に係る部分に限る。）の規定を準用する。

改正：令和5年政令第280号　　施行：令和6年4月1日
第144条の2の3　（処理施設）

1　第138条第4項第五号に掲げるもの（都市計画区域内にあるものに限る。）については、第130条の2の3（第1項第一号及び第四号を除く。）及び第137条の12第2項（法第51条に係る部分に限る。）の規定を準用する。

[現行] 第144条の2の4 （特定用途制限地域内の工作物）

制定：平成13年政令第98号　　施行：平成13年5月18日
第144条の2の4　（特定用途制限地域内の工作物）

1　第138条第3項第六号に掲げるものについては、第130条の2の規定を準用する。
2　第138条第3項第六号に掲げるものについての法第88条第2項において準用する法第87条第3項の規定によつて法第49条の2の規定に基づく条例の規定を準用する場合における同項第二号に規定する類似の用途の指定については、当該条例で定めるものとする。

改正：令和5年政令第280号　　施行：令和6年4月1日
第144条の2の4　（特定用途制限地域内の工作物）

1　第138条第4項第六号に掲げるものについては、第130条の2の規定を準用する。
2　第138条第4項第六号に掲げるものについての法第88条第2項において準用する法第87条第3項の規定によつて法第49条の2の規定に基づく条例の規定を準用する場合における同項第二号に規定する類似の用途の指定については、当該条例で定めるものとする。

令旧144条の2　制定：昭和45年政令第333号

[現行] 第10章　雑則
（制定：昭和25年政令第338号）　　旧　第８章　雑則
（改正：昭和34年政令第344号）　　第10章　雑則

[現行]　第144条の3　（安全上、防火上又は衛生上重要である建築物の部分）

制定：昭和45年政令第333号　　　施行：昭和46年1月1日
旧　第144条の2　（安全上、防火上又は衛生上重要である建築物の部分）

1　法第37条の規定により政令で定める安全上、防火上又は衛生上重要である建築物の部分は、次の各号に掲げるものとする。
　一　耐火構造又は防火構造の構造部分で主要構造部以外のもの
　二　防火戸その他の防火設備若しくは防火ダンパー又はこれらの部分
　三　建築物の内装又は外装の部分で安全上又は防火上重要であるもの
　四　主要構造部以外の間仕切壁、揚げ床、最下階の床、小ばり、ひさし、局部的な小階段、屋外階段、バルコニーその他これらに類する部分
　五　建築設備又はその部分（消防法第21条の2第1項に規定する消防用機械器具等、ガス事業法第2条第7項に規定するガス工作物及び同法第39条の2に規定するガス用品、電気用品取締法（昭和36年法律第234号）第2条第1項に規定する電気用品並びに液化石油ガスの保安の確保及び取引の適正化に関する法律（昭和42年法律第149号）第2条第4項に規定する液化石油ガス器具等を除く。）

改正：昭和50年政令第2号　　　施行：昭和50年4月1日
第144条の3　（安全上、防火上又は衛生上重要である建築物の部分）

略

改正：昭和56年政令第144号　　　施行：昭和56年4月25日
第144条の3　（安全上、防火上又は衛生上重要である建築物の部分）

1　法第37条の規定により政令で定める安全上、防火上又は衛生上重要である建築物の部分は、次の各号に掲げるものとする。
　一～四　略
　五　建築設備又はその部分（消防法第21条の2第1項に規定する消防用機械器具等、ガス事業法第2条第7項に規定するガス工作物及び同法第39条の2に規定するガス用品、電気用品取締法（昭和36年法律第234号）第2条第1項に規定する電気用品並びに液化石油ガスの保安の確保及び取引の適正化に関する法律（昭和42年法律第149号）第2条第7項に規定する液化石油ガス器具等を除く。）

改正：昭和55年政令第196号　　　施行：昭和56年6月1日
第144条の3　（安全上、防火上又は衛生上重要である建築物の部分）

1　法第37条の規定により政令で定める安全上、防火上又は衛生上重要である建築物の部分は、次の各号に掲げるものとする。
　一　構造耐力上主要な部分で基礎及び主要構造部以外のもの
　二　耐火構造又は防火構造の構造部分で主要構造部以外のもの
　三　防火戸その他の防火設備若しくは防火ダンパー又はこれらの部分
　四　建築物の内装又は外装の部分で安全上又は防火上重要であるもの
　五　主要構造部以外の間仕切壁、揚げ床、最下階の床、小ばり、ひさし、局部的な小階段、屋外階段、バルコニーその他これらに類する部分
　六　建築設備又はその部分（消防法第21条の2第1項に規定する消防用機械器具等、ガス事業法第2条第7項に規定するガス工作物及び同法第39条の2に規定するガス用品、電気用品取締法（昭和36年法律第234号）第2条第1項に規定する電気用品並びに液化石油ガスの保安の確保及び取引の適正化に関する法律

（昭和42年法律第149号）第2条第7項に規定する液化石油ガス器具等を除く。）

改正：昭和61年政令第17号　　　施行：昭和61年3月1日
第144条の3　（安全上、防火上又は衛生上重要である建築物の部分）

1　法第37条の規定により政令で定める安全上、防火上又は衛生上重要である建築物の部分は、次の各号に掲げるものとする。
　一～五　略
　六　建築設備又はその部分（消防法第21条の2第1項に規定する消防用機械器具等、ガス事業法第2条第7項に規定するガス工作物及び同法第39条の2第1項に規定するガス用品、電気用品取締法（昭和36年法律第234号）第2条第1項に規定する電気用品並びに液化石油ガスの保安の確保及び取引の適正化に関する法律（昭和42年法律第149号）第2条第7項に規定する液化石油ガス器具等を除く。）

改正：昭和61年政令第274号　　　施行：昭和61年12月1日
第144条の3　（安全上、防火上又は衛生上重要である建築物の部分）

1　法第37条の規定により政令で定める安全上、防火上又は衛生上重要である建築物の部分は、次の各号に掲げるものとする。
　一～五　略
　六　建築設備又はその部分（消防法第21条の2第1項に規定する検定対象機械器具等及び同法第21条の16の2に規定する自主表示対象機械器具等、ガス事業法第2条第7項に規定するガス工作物及び同法第39条の2第1項に規定するガス用品、電気用品取締法（昭和36年法律第234号）第2条第1項に規定する電気用品並びに液化石油ガスの保安の確保及び取引の適正化に関する法律（昭和42年法律第149号）第2条第7項に規定する液化石油ガス器具等を除く。）

改正：平成5年政令第170号　　　施行：平成5年6月25日
第144条の3　（安全上、防火上又は衛生上重要である建築物の部分）

1　法第37条の規定により政令で定める安全上、防火上又は衛生上重要である建築物の部分は、次に掲げるものとする。
　一　略
　二　耐火構造、準耐火構造又は防火構造の構造部分で主要構造部以外のもの
　三～五　略
　六　建築設備又はその部分（消防法第21条の2第1項に規定する検定対象機械器具等及び同法第21条の16の2に規定する自主表示対象機械器具等、ガス事業法第2条第7項に規定するガス工作物及び同法第39条の2第1項に規定するガス用品、電気用品取締法（昭和36年法律第234号）第2条第1項に規定する電気用品並びに液化石油ガスの保安の確保及び取引の適正化に関する法律第2条第7項に規定する液化石油ガス器具等を除く。）

改正：平成6年政令第411号　　　施行：平成7年3月1日
第144条の3　（安全上、防火上又は衛生上重要である建築物の部分）

1　法第37条の規定により政令で定める安全上、防火上又は衛生上重要である建築物の部分は、次に掲げるものとする。
　一～五　略
　六　建築設備又はその部分（消防法第21条の2第1項に規定する検定対象機械器具等及び同法第21条の16の2に規定する自主表示対象機械器具等、ガス事業法第2条第10項に規定するガス工作物及び同法第39条の2第1項に規定するガス用品、電気用品取締法（昭和36年法律第234号）第2条第1項に規定する電気用品並びに液化石油ガスの保安の確保及び取引の適正化に関する法律第2条第7項に規定する液化石油ガス器具等を除く。）

令144条の3　改正：平成11年政令第371号

改正：平成11年政令第371号　　　施行：平成11年11月19日
第144条の3　（安全上、防火上又は衛生上重要である建築物の部分）

1　法第37条の規定により政令で定める安全上、防火上又は衛生上重要である建築物の部分は、次に掲げるものとする。
　一～五　略
　六　建築設備又はその部分（消防法第21条の2第1項に規定する検定対象機械器具等及び同法第21条の16の2に規定する自主表示対象機械器具等、ガス事業法第2条第12項に規定するガス工作物及び同法第39条の2第1項に規定するガス用品、電気用品取締法（昭和36年法律第234号）第2条第1項に規定する電気用品並びに液化石油ガスの保安の確保及び取引の適正化に関する法律第2条第7項に規定する液化石油ガス器具等を除く。）

改正：平成12年政令第211号　　　施行：平成12年6月1日
第144条の3　（安全上、防火上又は衛生上重要である建築物の部分）

1　法第37条の規定により政令で定める安全上、防火上又は衛生上重要である建築物の部分は、次に掲げるものとする。
　一・二　略
　三　第109条に定める防火設備又はこれらの部分
　四　建築物の内装又は外装の部分で安全上又は防火上重要であるものとして建設大臣が定めるもの
　五　主要構造部以外の間仕切壁、揚げ床、最下階の床、小ばり、ひさし、局部的な小階段、屋外階段、バルコニーその他これらに類する部分で防火上重要であるものとして建設大臣が定めるもの
　六　建築設備又はその部分（消防法第21条の2第1項に規定する検定対象機械器具等及び同法第21条の16の2に規定する自主表示対象機械器具等、ガス事業法第2条第12項に規定するガス工作物及び同法第39条の2第1項に規定するガス用品、電気用品取締法（昭和36年法律第234号）第2条第1項に規定する電気用品、液化石油ガスの保安の確保及び取引の適正化に関する法律第2条第7項に規定する液化石油ガス器具等並びに安全上、防火上又は衛生上支障がないものとして建設大臣が定めるものを除く。）

改正：平成12年政令第312号　　　施行：平成13年1月6日
第144条の3　（安全上、防火上又は衛生上重要である建築物の部分）

1　法第37条の規定により政令で定める安全上、防火上又は衛生上重要である建築物の部分は、次に掲げるものとする。
　一～三　略
　四　建築物の内装又は外装の部分で安全上又は防火上重要であるものとして国土交通大臣が定めるもの
　五　主要構造部以外の間仕切壁、揚げ床、最下階の床、小ばり、ひさし、局部的な小階段、屋外階段、バルコニーその他これらに類する部分で防火上重要であるものとして国土交通大臣が定めるもの
　六　建築設備又はその部分（消防法第21条の2第1項に規定する検定対象機械器具等及び同法第21条の16の2に規定する自主表示対象機械器具等、ガス事業法第2条第12項に規定するガス工作物及び同法第39条の2第1項に規定するガス用品、電気用品取締法（昭和36年法律第234号）第2条第1項に規定する電気用品、液化石油ガスの保安の確保及び取引の適正化に関する法律第2条第7項に規定する液化石油ガス器具等並びに安全上、防火上又は衛生上支障がないものとして国土交通大臣が定めるものを除く。）

改正：平成12年政令第434号　　　施行：平成13年4月1日
第144条の3　（安全上、防火上又は衛生上重要である建築物の部分）

1　法第37条の規定により政令で定める安全上、防火上又は衛生上重要である建築物の部分は、次に掲げるものとする。
　一～五　略
　六　建築設備又はその部分（消防法第21条の2第1項に規定する検定対象機械器具等及び同法第21条の16の

2に規定する自主表示対象機械器具等、ガス事業法第2条第12項に規定するガス工作物及び同法第39条の2第1項に規定するガス用品、電気用品安全法（昭和36年法律第234号）第2条第1項に規定する電気用品、液化石油ガスの保安の確保及び取引の適正化に関する法律第2条第7項に規定する液化石油ガス器具等並びに安全上、防火上又は衛生上支障がないものとして国土交通大臣が定めるものを除く。）

改正：平成15年政令第476号　　　施行：平成16年4月1日
第144条の3　（安全上、防火上又は衛生上重要である建築物の部分）

1　法第37条の規定により政令で定める安全上、防火上又は衛生上重要である建築物の部分は、次に掲げるものとする。
　一～五　略
　六　建築設備又はその部分（消防法第21条の2第1項に規定する検定対象機械器具等及び同法第21条の16の2に規定する自主表示対象機械器具等、ガス事業法第2条<u>第13項</u>に規定するガス工作物及び同法第39条の2第1項に規定するガス用品、電気用品安全法（昭和36年法律第234号）第2条第1項に規定する電気用品、液化石油ガスの保安の確保及び取引の適正化に関する法律第2条第7項に規定する液化石油ガス器具等並びに安全上、防火上又は衛生上支障がないものとして国土交通大臣が定めるものを除く。）

改正：平成29年政令第40号　　　施行：平成29年4月1日
第144条の3　（安全上、防火上又は衛生上重要である建築物の部分）

1　法第37条の規定により政令で定める安全上、防火上又は衛生上重要である建築物の部分は、次に掲げるものとする。
　一　構造耐力上主要な部分で基礎及び主要構造部以外のもの
　二　耐火構造、準耐火構造又は防火構造の構造部分で主要構造部以外のもの
　三　第109条に定める防火設備又はこれらの部分
　四　建築物の内装又は外装の部分で安全上又は防火上重要であるものとして国土交通大臣が定めるもの
　五　主要構造部以外の間仕切壁、揚げ床、最下階の床、小ばり、ひさし、局部的な小階段、屋外階段、バルコニーその他これらに類する部分で防火上重要であるものとして国土交通大臣が定めるもの
　六　建築設備又はその部分（消防法第21条の2第1項に規定する検定対象機械器具等及び同法第21条の16の2に規定する自主表示対象機械器具等、ガス事業法第2条第13項に規定するガス工作物及び同法<u>第137条第1項</u>に規定するガス用品、電気用品安全法（昭和36年法律第234号）第2条第1項に規定する電気用品、液化石油ガスの保安の確保及び取引の適正化に関する法律第2条第7項に規定する液化石油ガス器具等並びに安全上、防火上又は衛生上支障がないものとして国土交通大臣が定めるものを除く。）

[現行]　第144条の4　（道に関する基準）

制定：昭和45年政令第333号　　　施行：昭和46年1月1日
旧　第144条の3　（道に関する基準）

1　法第42条第1項第五号の規定により政令で定める基準は、次の各号に掲げるものとする。
　一　両端が他の道路（法第42条に規定する道路をいう。以下この条において同じ。）に接続したものであること。ただし、次のイからホまでの一に該当する場合においては、袋路状道路（その一端のみが他の道路に接続したものをいう。以下この条において同じ。）とすることができる。
　　イ　延長（既存の幅員6m未満の袋路状道路に接続する道にあつては、当該袋路状道路が他の道路に接続するまでの部分の延長を含む。ハにおいて同じ。）が35m以下の場合
　　ロ　終端が公園、広場その他これらに類するもので自動車の転回に支障がないものに接続している場合
　　ハ　延長が35mをこえる場合で、終端及び区間35m以内ごとに建設大臣の定める基準に適合する自動車の転回広場が設けられている場合
　　ニ　幅員が6m以上の場合
　　ホ　イからニまでに準ずる場合で、特定行政庁が周囲の状況により避難及び通行の安全上支障がないと認

令旧144条の3　制定：昭和45年政令第333号

めた場合
二　道が同一平面で交差し、若しくは接続し、又は屈曲する箇所（交差、接続又は屈曲により生ずる内角が120度以上の場合を除く。）は、角地の隅（ぐう）角をはさむ辺の長さ2ｍの二等辺三角形の部分を道に含むすみ切りを設けたものであること。ただし、特定行政庁が周囲の状況によりやむを得ないと認め、又はその必要がないと認めた場合においては、この限りでない。
三　砂利敷その他ぬかるみとならない構造であること。
四　縦断勾（こう）配が12％以下であり、かつ、階段状でないものであること。ただし、特定行政庁が周囲の状況により避難及び通行の安全上支障がないと認めた場合においては、この限りでない。
五　道及びこれに接する敷地内の排水に必要な側溝（こう）、街渠（きよ）その他の施設を設けたものであること。

2　特定行政庁は、その地方の気候若しくは風土の特殊性又は土地の状況により必要と認める場合においては、規則で、区域を限り、前項各号に掲げる基準と異なる基準を定めることができる。
3　特定行政庁は、前項の規定により第1項各号に掲げる基準を緩和する場合においては、あらかじめ、建設大臣の承認を得なければならない。

改正：昭和50年政令第2号　　　施行：昭和50年4月1日
第144条の4　（道に関する基準）

略

改正：昭和56年政令第144号　　　施行：昭和56年4月25日
第144条の4　（道に関する基準）

1　法第42条第1項第五号の規定により政令で定める基準は、次の各号に掲げるものとする。
一　両端が<u>他の道路</u>に接続したものであること。ただし、次のイからホまでの一に該当する場合においては、袋路状道路（その一端のみが他の道路に接続したものをいう。以下この条において同じ。）とすることができる。
　　イ・ロ　略
　　ハ　延長が35mを<u>超える</u>場合で、終端及び区間35m以内ごとに建設大臣の定める基準に適合する自動車の転回広場が設けられている場合
　　ニ・ホ　略
二〜五　略
2・3　略

改正：平成12年政令第312号　　　施行：平成13年1月6日
第144条の4　（道に関する基準）

1　法第42条第1項第五号の規定により政令で定める基準は、次の各号に掲げるものとする。
一　両端が他の道路に接続したものであること。ただし、次のイからホまでの一に該当する場合においては、袋路状道路（その一端のみが他の道路に接続したものをいう。以下この条において同じ。）とすることができる。
　　イ・ロ　略
　　ハ　延長が35mを超える場合で、終端及び区間35m以内ごとに<u>国土交通大臣</u>の定める基準に適合する自動車の転回広場が設けられている場合
　　ニ・ホ　略
二〜五　略
2　略
3　特定行政庁は、前項の規定により第1項各号に掲げる基準を緩和する場合においては、あらかじめ、<u>国土交通大臣</u>の承認を得なければならない。

改正：昭和50年政令第2号 **令旧144条の5**

改正：平成14年政令第329号　　施行：平成15年4月1日
第144条の4　（道に関する基準）

> 1　略
> 2　地方公共団体は、その地方の気候若しくは風土の特殊性又は土地の状況により必要と認める場合においては、条例で、区域を限り、前項各号に掲げる基準と異なる基準を定めることができる。
> 3　地方公共団体は、前項の規定により第1項各号に掲げる基準を緩和する場合においては、あらかじめ、国土交通大臣の承認を得なければならない。

改正：平成30年政令第255号　　施行：平成30年9月25日
第144条の4　（道に関する基準）

> 1　法第42条第1項第五号の規定により政令で定める基準は、次の各号に掲げるものとする。
> 　一　両端が他の道路に接続したものであること。ただし、次のイからホまでのいずれかに該当する場合においては、袋路状道路（法第43条第3項第五号に規定する袋路状道路をいう。以下この条において同じ。）とすることができる。
> 　　イ　延長（既存の幅員6m未満の袋路状道路に接続する道にあつては、当該袋路状道路が他の道路に接続するまでの部分の延長を含む。ハにおいて同じ。）が35m以下の場合
> 　　ロ　終端が公園、広場その他これらに類するもので自動車の転回に支障がないものに接続している場合
> 　　ハ　延長が35mを超える場合で、終端及び区間35m以内ごとに国土交通大臣の定める基準に適合する自動車の転回広場が設けられている場合
> 　　ニ　幅員が6m以上の場合
> 　　ホ　イからニまでに準ずる場合で、特定行政庁が周囲の状況により避難及び通行の安全上支障がないと認めた場合
> 　二　道が同一平面で交差し、若しくは接続し、又は屈曲する箇所（交差、接続又は屈曲により生ずる内角が120度以上の場合を除く。）は、角地の隅角を挟む辺の長さ2mの二等辺三角形の部分を道に含む隅切りを設けたものであること。ただし、特定行政庁が周囲の状況によりやむを得ないと認め、又はその必要がないと認めた場合においては、この限りでない。
> 　三　砂利敷その他ぬかるみとならない構造であること。
> 　四　縦断勾配が12％以下であり、かつ、階段状でないものであること。ただし、特定行政庁が周囲の状況により避難及び通行の安全上支障がないと認めた場合においては、この限りでない。
> 　五　道及びこれに接する敷地内の排水に必要な側溝、街渠（きよ）その他の施設を設けたものであること。
> 2　地方公共団体は、その地方の気候若しくは風土の特殊性又は土地の状況により必要と認める場合においては、条例で、区域を限り、前項各号に掲げる基準と異なる基準を定めることができる。
> 3　地方公共団体は、前項の規定により第1項各号に掲げる基準を緩和する場合においては、あらかじめ、国土交通大臣の承認を得なければならない。

［現行］　第144条の5　（窓その他の開口部を有しない居室）

制定：昭和45年政令第333号　　施行：昭和46年1月1日
旧　**第144条の4　（窓その他の開口部を有しない居室）**

> 1　法第43条第2項の規定により政令で定める窓その他の開口部を有しない居室は、第116条の2に規定するものとする。

改正：昭和50年政令第2号　　施行：昭和50年4月1日
旧　**第144条の5　（窓その他の開口部を有しない居室）**

> 略

建築基準法施行令　条文改正経過　|1293

令旧144条の6 改正：平成元年政令第309号

改正：平成元年政令第309号　　　施行：平成元年11月22日

旧　第144条の6　（窓その他の開口部を有しない居室）

> 略

改正：平成30年政令第202号　　　施行：平成30年7月15日

第144条の5　（窓その他の開口部を有しない居室）

> 略

改正：平成30年政令第255号　　　施行：平成30年9月25日

第144条の5　（窓その他の開口部を有しない居室）

> 1　法第43条第3項第三号の規定により政令で定める窓その他の開口部を有しない居室は、第116条の2に規定するものとする。

[削除条文]

制定：平成元年政令第309号　　　施行：平成元年11月22日

旧　第144条の5　（特定高架道路等に関する基準）

> 1　法第43条第1項第二号の政令で定める基準は、次のとおりとする。
> 　一　路面と隣地の地表面との高低差（道路の部分にあつては、建設省令で定める路面と道路の他の部分の路面又は隣地の地表面との高低差。以下この条において同じ。）が50cm以上であること。
> 　二　路面と隣地の地表面との高低差がある区間で延長300m以上のものの内にあり、かつ、その延長が100m以上であること。
> 　三　路面と隣地の地表面との高低差が5m以上の区間を有すること。ただし、道路構造令（昭和45年政令第320号）第2条第九号の二に掲げる副道を両側に有する道路（幅員が40m以上のものに限る。）の部分にあつては、この限りでない。
> 　四　前3号に定めるもののほか、法（のり）面その他の構造が、自動車の沿道への出入りができない構造として建設大臣の定める構造の基準に適合するものであること。
> 2　前条第2項及び第3項の規定は、前項各号に掲げる基準について準用する。

改正：平成12年政令第312号　　　施行：平成13年1月6日

旧　第144条の5　（特定高架道路等に関する基準）

> 1　法第43条第1項第二号の政令で定める基準は、次のとおりとする。
> 　一　路面と隣地の地表面との高低差（道路の部分にあつては、国土交通省令で定める路面と道路の他の部分の路面又は隣地の地表面との高低差。以下この条において同じ。）が50cm以上であること。
> 　二・三　略
> 　四　前3号に定めるもののほか、法（のり）面その他の構造が、自動車の沿道への出入りができない構造として国土交通大臣の定める構造の基準に適合するものであること。
> 2　略

改正：平成15年政令第321号　　　施行：平成15年7月24日

旧　第144条の5　（特定高架道路等に関する基準）

> 1　法第43条第1項第二号の政令で定める基準は、次のとおりとする。
> 　一　路面と隣地の地表面との高低差（道路の部分にあつては、国土交通省令で定める路面と道路の他の部分の路面又は隣地の地表面との高低差。以下この条において同じ。）が50cm以上であること。

二 路面と隣地の地表面との高低差がある区間で延長300m以上のものの内にあり、かつ、その延長が100m以上であること。
三 路面と隣地の地表面との高低差が5m以上の区間を有すること。ただし、道路構造令（昭和45年政令第320号）第2条第十一号に掲げる副道を両側に有する道路（幅員が40m以上のものに限る。）の部分にあつては、この限りでない。
四 前3号に定めるもののほか、法（のり）面その他の構造が、自動車の沿道への出入りができない構造として国土交通大臣の定める構造の基準に適合するものであること。
2 前条第2項及び第3項の規定は、前項各号に掲げる基準について準用する。

改正：平成30年政令第202号　　　施行：平成30年7月15日
旧　第144条の5　（特定高架道路等に関する基準）　削除

[現行]　第145条　（道路内に建築することができる建築物に関する基準等）

制定：昭和32年政令第99号　　　施行：昭和32年5月15日
旧　第137条　（道路内に建築することができる建築物）

1 法第44条第1項但書に規定する政令で定める建築物は、道路の上空に設けられる渡り廊下その他の通行又は運搬の用途に供する建築物で、下の各号の一に該当するものであり、且つ、主要構造部が耐火構造であり、又は不燃材料で造られている建築物に設けられるものとする。
一 学校、病院、養老院その他これらに類する用途に供する建築物に設けられるもので、生徒、患者、老人等の通行の危険を防止するために必要なもの
二 地上の階数が5以上の建築物の5階以上の階に設けられるもので、その建築物の避難施設として必要なもの
三 多数人の通行又は多量の物品の運搬の用途に供するもので、道路の交通の緩和に寄与するもの
2 前項の渡り廊下その他の通行又は運搬の用途に供する建築物の構造は、下の各号に定めるところによらなければならない。
一 構造耐力上主要な部分は、鉄骨造、鉄筋コンクリート造又は鉄骨鉄筋コンクリート造とし、その他の部分は、不燃材料で造ること。
二 屋外に面する部分には、ガラス（網入ガラスを除く。）、瓦、タイル、コンクリートブロック、飾石、テラコッタその他これらに類する材料を用いないこと。
三 側面には、床面からの高さが1.5m以上の壁を設けること。その壁の床面からの高さが1.5m以下の部分に開口部を設ける場合においては、これにはめごろし戸を設けること。

改正：昭和33年政令第318号　　　施行：昭和33年11月24日
旧　第137条　（道路内に建築することができる建築物）

1 法第44条第1項但書に規定する政令で定める建築物は、道路の上空に設けられる渡り廊下その他の通行又は運搬の用途に供する建築物で、下の各号の一に該当するものであり、且つ、主要構造部が耐火構造であり、又は不燃材料で造られている建築物に設けられるもの及び高架の道路の路面下に設けられる建築物とする。
一～三　略
2　略

改正：昭和34年政令第344号　　　施行：昭和34年12月23日
第145条　（道路内に建築することができる建築物）

1 法第44条第1項ただし書の規定により政令で定める建築物は、道路の上空に設けられる渡り廊下その他の通行又は運搬の用途に供する建築物で、次の各号の一に該当するものであり、かつ、主要構造部が耐火構造であり、又は不燃材料で造られている建築物に設けられるもの及び高架の道路の路面下に設けられる建築物

令145条　改正：昭和34年政令第344号

とする。
一　略
二　建築物の５階以上の階に設けられるもので、その建築物の避難施設として必要なもの
三　略

2　前項の渡り廊下その他の通行又は運搬の用途に供する建築物の構造は、次の各号に定めるところによらなければならない。
一・二　略
三　側面には、床面からの高さが1.5m以上の壁を設け、その壁の床面からの高さが1.5m以下の部分に開口部を設ける場合においては、これにはめごろし戸を設けること。

改正：昭和37年政令第332号　　　施行：昭和37年８月24日

第145条　（道路内に建築することができる建築物）

1　法第44条第１項ただし書の規定により政令で定める建築物は、道路（建築物の高さの最低限度が定められている高度地区内の自動車のみの交通の用に供するものを除く。）の上空に設けられる渡り廊下その他の通行又は運搬の用途に供する建築物で、次の各号の一に該当するものであり、かつ、主要構造部が耐火構造であり、又は不燃材料で造られている建築物に設けられるもの、建築物の高さの最低限度が定められている高度地区内の自動車のみの交通の用に供する道路の上空に設けられる建築物及び高架の道路の路面下に設けられる建築物とする。
一～三　略

2　前項の道路の上空に設けられる建築物の構造は、次の各号に定めるところによらなければならない。
一　略
二　屋外に面する部分には、ガラス（網入ガラスを除く。）、瓦、タイル、コンクリートブロック、飾石、テラコッタその他これらに類する材料を用いないこと。ただし、これらの材料が道路上に落下するおそれがない部分については、この限りでない。
三　道路の上空に設けられる建築物が渡り廊下その他の通行又は運搬の用途に供する建築物である場合においては、その側面には、床面からの高さが1.5m以上の壁を設け、その壁の床面からの高さが1.5m以下の部分に開口部を設けるときは、これにはめごろし戸を設けること。

改正：昭和42年政令第335号　　　施行：昭和42年10月26日

第145条　（道路内に建築することができる建築物）

1　法第44条第１項ただし書の規定により政令で定める建築物は、道路（建築物の高さの最低限度が定められている高度地区内の自動車のみの交通の用に供するものを除く。）の上空に設けられる渡り廊下その他の通行又は運搬の用途に供する建築物で、次の各号の一に該当するものであり、かつ、主要構造部が耐火構造であり、又は不燃材料で造られている建築物に設けられるもの、建築物の高さの最低限度が定められている高度地区内の自動車のみの交通の用に供する道路の上空に設けられる建築物、高架の道路の路面下に設けられる建築物及び自動車のみの交通の用に供する道路に設けられる建築物である休憩所、給油所及び自動車修理所（建築物の高さの最低限度が定められている高度地区内の自動車のみの交通の用に供する道路の上空に設けられるもの及び高架の道路の路面下に設けられるものを除く。）とする。
一～三　略

2　前項の建築物のうち、道路の上空に設けられるものの構造は、次の各号に定めるところによらなければならない。
一～三　略

改正：平成元年政令第309号　　　施行：平成元年11月22日

第145条　（道路内に建築することができる建築物に関する基準等）

1　法第44条第１項第三号の政令で定める基準は、次のとおりとする。
一　主要構造部が耐火構造であること。

二　耐火構造とした床若しくは壁又は常時閉鎖式防火戸である甲種防火戸若しくは次に定める構造の甲種防火戸で道路と区画されていること。
　　イ　随時閉鎖することができること。
　　ロ　直接手で開くことができ、かつ、自動的に閉鎖する部分を有し、その部分の幅、高さ及び下端の床面からの高さが、それぞれ75cm以上、1.8m以上及び15cm以下であること。ただし、当該戸に近接して道路に面する部分に常時閉鎖式防火戸である甲種防火戸が設けられている場合は、この限りでない。
　　ハ　建設大臣の定める基準に従つて、火災により煙が発生した場合に自動的に閉鎖し、かつ、避難上及び防火上支障のない遮煙性能を有すること。
三　道路の上空に設けられる建築物にあつては、屋外に面する部分に、ガラス（網入りガラスを除く。）、瓦（かわら）、タイル、コンクリートブロック、飾石、テラコッタその他これらに類する材料が用いられていないこと。ただし、これらの材料が道路上に落下するおそれがない部分については、この限りでない。

2　法第44条第1項第四号の規定により政令で定める建築物は、道路（建築物の高さの最低限度が定められている高度地区又は高度利用地区内の自動車のみの交通の用に供するものを除く。）の上空に設けられる渡り廊下その他の通行又は運搬の用に供する建築物で、次の各号の一に該当するものであり、かつ、主要構造部が耐火構造であり、又は不燃材料で造られている建築物に設けられるもの、建築物の高さの最低限度が定められている高度地区又は高度利用地区内の自動車のみの交通の用に供する道路の上空に設けられる建築物、高架の道路の路面下に設けられる建築物並びに自動車のみの交通の用に供する道路に設けられる建築物である休憩所、給油所及び自動車修理所（建築物の高さの最低限度が定められている高度地区又は高度利用地区内の自動車のみの交通の用に供する道路の上空に設けられるもの及び高架の道路の路面下に設けられるものを除く。）とする。
一　学校、病院、養老院その他これらに類する用途に供する建築物に設けられるもので、生徒、患者、老人等の通行の危険を防止するために必要なもの
二　建築物の5階以上の階に設けられるもので、その建築物の避難施設として必要なもの
三　多数人の通行又は多量の物品の運搬の用に供するもので、道路の交通の緩和に寄与するもの

3　前項の建築物のうち、道路の上空に設けられるものの構造は、次の各号に定めるところによらなければならない。
一　構造耐力上主要な部分は、鉄骨造、鉄筋コンクリート造又は鉄骨鉄筋コンクリート造とし、その他の部分は、不燃材料で造ること。
二　屋外に面する部分には、ガラス（網入ガラスを除く。）、瓦、タイル、コンクリートブロック、飾石、テラコッタその他これらに類する材料を用いないこと。ただし、これらの材料が道路上に落下するおそれがない部分については、この限りでない。
三　道路の上空に設けられる建築物が渡り廊下その他の通行又は運搬の用に供する建築物である場合においては、その側面には、床面からの高さが1.5m以上の壁を設け、その壁の床面からの高さが1.5m以下の部分に開口部を設けるときは、これにはめごろし戸を設けること。

改正：平成5年政令第170号　　　施行：平成5年6月25日
第145条　（道路内に建築することができる建築物に関する基準等）

1　略
2　法第44条第1項第四号の規定により政令で定める建築物は、道路（建築物の高さの最低限度が定められている高度地区又は高度利用地区内の自動車のみの交通の用に供するものを除く。）の上空に設けられる渡り廊下その他の通行又は運搬の用に供する建築物で、次の各号の一に該当するものであり、かつ、主要構造部が耐火構造であり、又は不燃材料で造られている建築物に設けられるもの、建築物の高さの最低限度が定められている高度地区又は高度利用地区内の自動車のみの交通の用に供する道路の上空に設けられる建築物、高架の道路の路面下に設けられる建築物並びに自動車のみの交通の用に供する道路に設けられる建築物である休憩所、給油所及び自動車修理所（建築物の高さの最低限度が定められている高度地区又は高度利用地区内の自動車のみの交通の用に供する道路の上空に設けられるもの及び高架の道路の路面下に設けられるものを除く。）とする。
一　学校、病院、老人ホームその他これらに類する用途に供する建築物に設けられるもので、生徒、患者、老人等の通行の危険を防止するために必要なもの

令145条 改正：平成5年政令第170号

　　二・三　略
　3　略

改正：平成12年政令第211号　　　施行：平成12年6月1日
第145条　（道路内に建築することができる建築物に関する基準等）

1　法第44条第1項第三号の政令で定める基準は、次のとおりとする。
　一　略
　二　耐火構造とした床若しくは壁又は特定防火設備のうち、次に掲げる要件を満たすものとして、建設大臣が定めた構造方法を用いるもの又は建設大臣の認定を受けたもので道路と区画されていること。
　　イ　第112条第14項第一号イ及び第二号ロに掲げる要件を満たしていること。
　　ロ　閉鎖又は作動をした状態において避難上支障がないものであること。
　三　略
2・3　略

改正：平成12年政令第312号　　　施行：平成13年1月6日
第145条　（道路内に建築することができる建築物に関する基準等）

1　法第44条第1項第三号の政令で定める基準は、次のとおりとする。
　一　略
　二　耐火構造とした床若しくは壁又は特定防火設備のうち、次に掲げる要件を満たすものとして、国土交通大臣が定めた構造方法を用いるもの又は国土交通大臣の認定を受けたもので道路と区画されていること。
　　イ・ロ　略
　三　略
2・3　略

改正：平成14年政令第191号　　　施行：平成14年6月1日
第145条　（道路内に建築することができる建築物に関する基準等）

1　略
2　法第44条第1項第四号の規定により政令で定める建築物は、道路（高度地区（建築物の高さの最低限度が定められているものに限る。以下この項において同じ。）、高度利用地区又は都市再生特別地区内の自動車のみの交通の用に供するものを除く。）の上空に設けられる渡り廊下その他の通行又は運搬の用途に供する建築物で、次の各号のいずれかに該当するものであり、かつ、主要構造部が耐火構造であり、又は不燃材料で造られている建築物に設けられるもの、高度地区、高度利用地区又は都市再生特別地区内の自動車のみの交通の用に供する道路の上空に設けられる建築物、高架の道路の路面下に設けられる建築物並びに自動車のみの交通の用に供する道路に設けられる建築物である休憩所、給油所及び自動車修理所（高度地区、高度利用地区又は都市再生特別地区内の自動車のみの交通の用に供する道路の上空に設けられるもの及び高架の道路の路面下に設けられるものを除く。）とする。
　一〜三　略
3　略

改正：平成17年政令第246号　　　施行：平成17年12月1日
第145条　（道路内に建築することができる建築物に関する基準等）

1　法第44条第1項第三号の政令で定める基準は、次のとおりとする。
　一　略
　二　耐火構造とした床若しくは壁又は特定防火設備のうち、次に掲げる要件を満たすものとして、国土交通大臣が定めた構造方法を用いるもの又は国土交通大臣の認定を受けたもので道路と区画されていること。
　　イ　第112条第14項第一号イ及びロ並びに第二号ロに掲げる要件を満たしていること。

ロ　略
　　三　略
2　略
3　前項の建築物のうち、道路の上空に設けられるものの構造は、次の各号に定めるところによらなければならない。
　　一　略
　　二　屋外に面する部分には、ガラス（網入ガラスを除く。）、瓦（かわら）、タイル、コンクリートブロック、飾石、テラコッタその他これらに類する材料を用いないこと。ただし、これらの材料が道路上に落下するおそれがない部分については、この限りでない。
　　三　略

改正：平成30年政令第255号　　　　施行：平成30年９月25日
第145条　（道路内に建築することができる建築物に関する基準等）

1　法第44条第１項第三号の政令で定める基準は、次のとおりとする。
　　一　略
　　二　耐火構造とした床若しくは壁又は特定防火設備のうち、次に掲げる要件を満たすものとして、国土交通大臣が定めた構造方法を用いるもの又は国土交通大臣の認定を受けたもので道路と区画されていること。
　　　イ　第112条第13項第一号イ及びロ並びに第二号ロに掲げる要件を満たしていること。
　　　ロ　略
　　三　道路の上空に設けられる建築物にあつては、屋外に面する部分に、ガラス（網入りガラスを除く。）、瓦、タイル、コンクリートブロック、飾石、テラコッタその他これらに類する材料が用いられていないこと。ただし、これらの材料が道路上に落下するおそれがない部分については、この限りでない。
2・3　略

改正：令和元年政令第30号　　　　施行：令和元年６月25日
第145条　（道路内に建築することができる建築物に関する基準等）

1　法第44条第１項第三号の政令で定める基準は、次のとおりとする。
　　一　略
　　二　耐火構造とした床若しくは壁又は特定防火設備のうち、次に掲げる要件を満たすものとして、国土交通大臣が定めた構造方法を用いるもの又は国土交通大臣の認定を受けたもので道路と区画されていること。
　　　イ　第112条第18項第一号イ及びロ並びに第二号ロに掲げる要件を満たしていること。
　　　ロ　略
　　三　略
2・3　略

改正：令和元年政令第181号　　　　施行：令和2年4月1日
第145条　（道路内に建築することができる建築物に関する基準等）

1　法第44条第1項第三号の政令で定める基準は、次のとおりとする。
　　一　略
　　二　耐火構造とした床若しくは壁又は特定防火設備のうち、次に掲げる要件を満たすものとして、国土交通大臣が定めた構造方法を用いるもの又は国土交通大臣の認定を受けたもので道路と区画されていること。
　　　イ　第112条第19項第一号イ及びロ並びに第二号ロに掲げる要件を満たしていること。
　　　ロ　略
　　三　略
2・3　略

令145条　改正：令和5年政令第280号

改正：令和5年政令第280号　　　施行：令和6年4月1日
第145条　（道路内に建築することができる建築物に関する基準等）

1　法第44条第1項第三号の政令で定める基準は、次のとおりとする。
　一　特定主要構造部が耐火構造であること。
　二・三　略
2　法第44条第1項第四号の規定により政令で定める建築物は、道路（高度地区（建築物の高さの最低限度が定められているものに限る。以下この項において同じ。）、高度利用地区又は都市再生特別地区内の自動車のみの交通の用に供するものを除く。）の上空に設けられる渡り廊下その他の通行又は運搬の用途に供する建築物で、次の各号のいずれかに該当するものであり、かつ、特定主要構造部が耐火構造であるか、又は主要構造部が不燃材料で造られている建築物に設けられるもの、高度地区、高度利用地区又は都市再生特別地区内の自動車のみの交通の用に供する道路の上空に設けられる建築物、高架の道路の路面下に設けられる建築物並びに自動車のみの交通の用に供する道路に設けられる建築物である休憩所、給油所及び自動車修理所（高度地区、高度利用地区又は都市再生特別地区内の自動車のみの交通の用に供する道路の上空に設けられるもの及び高架の道路の路面下に設けられるものを除く。）とする。
　一～三　略
3　略

改正：令和5年政令第324号　　　施行：令和6年4月1日
第145条　（道路内に建築することができる建築物に関する基準等）

1　法第44条第1項第三号の政令で定める基準は、次のとおりとする。
　一　特定主要構造部が耐火構造であること。
　二　耐火構造とした床若しくは壁又は特定防火設備のうち、次に掲げる要件を満たすものとして、国土交通大臣が定めた構造方法を用いるもの又は国土交通大臣の認定を受けたもので道路と区画されていること。
　　イ　第112条第19項第一号イ及びロ並びに第二号ロに掲げる要件を満たしていること。
　　ロ　閉鎖又は作動をした状態において避難上支障がないものであること。
　三　道路の上空に設けられる建築物にあつては、屋外に面する部分に、ガラス（網入りガラスを除く。）、瓦、タイル、コンクリートブロック、飾石、テラコッタその他これらに類する材料が用いられていないこと。ただし、これらの材料が道路上に落下するおそれがない部分については、この限りでない。
2　法第44条第1項第四号の規定により政令で定める建築物は、道路（高度地区（建築物の高さの最低限度が定められているものに限る。以下この項において同じ。）、高度利用地区又は都市再生特別地区内の自動車のみの交通の用に供するものを除く。）の上空に設けられる渡り廊下その他の通行又は運搬の用途に供する建築物で、次の各号のいずれかに該当するものであり、かつ、特定主要構造部が耐火構造であるか、又は主要構造部が不燃材料で造られている建築物に設けられるもの、高度地区、高度利用地区又は都市再生特別地区内の自動車のみの交通の用に供する道路の上空に設けられる建築物、高架の道路の路面下に設けられる建築物並びに自動車のみの交通の用に供する道路に設けられる建築物である休憩所、給油所その他の自動車に燃料又は動力源としての電気を供給するための施設及び自動車修理所（高度地区、高度利用地区又は都市再生特別地区内の自動車のみの交通の用に供する道路の上空に設けられるもの及び高架の道路の路面下に設けられるものを除く。）とする。
　一　学校、病院、老人ホームその他これらに類する用途に供する建築物に設けられるもので、生徒、患者、老人等の通行の危険を防止するために必要なもの
　二　建築物の5階以上の階に設けられるもので、その建築物の避難施設として必要なもの
　三　多数人の通行又は多量の物品の運搬の用途に供するもので、道路の交通の緩和に寄与するもの
3　前項の建築物のうち、道路の上空に設けられるものの構造は、次の各号に定めるところによらなければならない。
　一　構造耐力上主要な部分は、鉄骨造、鉄筋コンクリート造又は鉄骨鉄筋コンクリート造とし、その他の部分は、不燃材料で造ること。
　二　屋外に面する部分には、ガラス（網入ガラスを除く。）、瓦、タイル、コンクリートブロック、飾石、テラコッタその他これらに類する材料を用いないこと。ただし、これらの材料が道路上に落下するおそれが

ない部分については、この限りでない。
　三　道路の上空に設けられる建築物が渡り廊下その他の通行又は運搬の用途に供する建築物である場合においては、その側面には、床面からの高さが1.5m以上の壁を設け、その壁の床面からの高さが1.5m以下の部分に開口部を設けるときは、これにはめごろし戸を設けること。

[現行]　第146条　（確認等を要する建築設備）

制定：昭和34年政令第344号　　　施行：昭和34年12月23日
第146条　（確認等を要する建築設備）

1　法第87条の２第１項の規定により政令で指定する建築設備は、次の各号に掲げるものとする。
　一　エレベーター及びエスカレーター
　二　法第12条第２項の規定により特定行政庁が指定する建築設備（屎（し）尿浄化槽（そう）を除く。）
2　第７章の２の規定は、前項各号に掲げる建築設備について準用する。

改正：昭和55年政令第273号　　　施行：昭和55年10月25日
第146条　（確認等を要する建築設備）

1　略
2　第７章の３の規定は、前項各号に掲げる建築設備について準用する。

改正：昭和62年政令第348号　　　施行：昭和62年11月16日
第146条　（確認等を要する建築設備）

1　略
2　第７章の４の規定は、前項各号に掲げる建築設備について準用する。

改正：平成５年政令第170号　　　施行：平成５年６月25日
第146条　（確認等を要する建築設備）

1　略
2　第７章の５の規定は、前項各号に掲げる建築設備について準用する。

改正：平成11年政令第５号　　　施行：平成11年５月１日
第146条　（確認等を要する建築設備）

1　略
2　第７章の７の規定は、前項各号に掲げる建築設備について準用する。

改正：平成11年政令第352号　　　施行：平成12年４月１日
第146条　（確認等を要する建築設備）

1　法第87条の２の規定により政令で指定する建築設備は、次の各号に掲げるものとする。
　一・二　略
2　略

改正：平成12年政令第211号　　　施行：平成12年６月１日
第146条　（確認等を要する建築設備）

1　法第87条の２（法第88条第１項及び第２項において準用する場合を含む。）の規定により政令で指定する

令146条 改正：平成12年政令第211号

　　建築設備は、次に掲げるものとする。
　一・二　略
2　第7章の8の規定は、前項各号に掲げる建築設備について準用する。

改正：平成13年政令第42号　　施行：平成13年4月1日
第146条　（確認等を要する建築設備）

1　法第87条の2（法第88条第1項及び第2項において準用する場合を含む。）の規定により政令で指定する建築設備は、次に掲げるものとする。
　一　エレベーター及びエスカレーター
　二　法第12条第2項の規定により特定行政庁が指定する建築設備（屎（し）尿浄化槽及び合併処理浄化槽を除く。）
2　第7章の8の規定は、前項各号に掲げる建築設備について準用する。

改正：平成17年政令第192号　　施行：平成17年6月1日
第146条　（確認等を要する建築設備）

1　法第87条の2（法第88条第1項及び第2項において準用する場合を含む。）の規定により政令で指定する建築設備は、次に掲げるものとする。
　一　略
　二　法第12条第3項の規定により特定行政庁が指定する建築設備（屎（し）尿浄化槽及び合併処理浄化槽を除く。）
2　略

改正：平成28年政令第6号　　施行：平成28年6月1日
第146条　（確認等を要する建築設備）

1　法第87条の2（法第88条第1項及び第2項において準用する場合を含む。）の規定により政令で指定する建築設備は、次に掲げるものとする。
　一　略
　二　小荷物専用昇降機（昇降路の出し入れ口の下端が当該出し入れ口が設けられる室の床面より高いことその他の理由により人が危害を受けるおそれのある事故が発生するおそれの少ないものとして国土交通大臣が定めるものを除く。）
　三　法第12条第3項の規定により特定行政庁が指定する建築設備（屎（し）尿浄化槽及び合併処理浄化槽を除く。）
2　略

改正：令和元年政令第30号　　施行：令和元年6月25日
第146条　（確認等を要する建築設備）

1　法第87条の4（法第88条第1項及び第2項において準用する場合を含む。）の規定により政令で指定する建築設備は、次に掲げるものとする。
　一〜三　略　エレベーター及びエスカレーター
2　略

改正：令和6年政令第172号　　施行：令和7年4月1日
第146条　（確認等を要する建築設備）

1　法第87条の4（法第88条第1項及び第2項において準用する場合を含む。）の規定により政令で指定する建築設備は、次に掲げるものとする。

一　エレベーター（使用頻度が低く劣化が生じにくいことその他の理由により人が危害を受けるおそれのある事故が発生するおそれの少ないものとして国土交通大臣が定めるものを除く。）及びエスカレーター
二　小荷物専用昇降機（昇降路の出し入れ口の下端が当該出し入れ口が設けられる室の床面より高いことその他の理由により人が危害を受けるおそれのある事故が発生するおそれの少ないものとして国土交通大臣が定めるものを除く。）
三　法第12条第3項の規定により特定行政庁が指定する建築設備（屎（し）尿浄化槽及び合併処理浄化槽を除く。）

2　第7章の8の規定は、前項各号に掲げる建築設備について準用する。

[現行]　第147条　（仮設建築物等に対する制限の緩和）

制定：昭和25年政令第338号　　　施行：昭和25年11月23日
旧　第143条　（仮設建築物に対する制限の緩和）

1　下の表の左欄に掲げる仮設建築物については、それぞれ当該右欄に掲げる規定は、適用しない。

仮設建築物の種類	適用しない規定
法第85条第2項に規定する仮設建築物	第22条、第29条、第30条、第35条、第37条、第38条、第46条、第48条、第49条、第67条、第70条、第112条、第114条及び第5章から第7章までの規定
法第85条第4項に規定する仮設建築物	第22条、第29条、第30条、第35条、第37条、第38条、第46条、第49条、第67条、第70条、第112条、第114条、第6章及び第7章の規定
法第85条第5項に規定する仮設建築物	第22条、第29条、第30条、第35条、第37条、第38条、第46条、第49条、第67条、第70条、第6章及び第7章の規定

2　第138条第一号から第四号までに掲げる工作物でその存続期間が2年以内のものについては、第139条から第141条までの規定中第37条、第67条及び第70条の規定の準用に関する部分は、適用しない。

改正：昭和34年政令第344号　　　施行：昭和34年12月23日
第147条　（仮設建築物等に対する制限の緩和）

1　法第85条第2項又は第4項に規定する仮設建築物については、第22条、第28条から第30条まで、第37条、第38条、第46条、第49条、第67条、第70条、第70条の2、第3章第8節、第112条、第114条及び第5章の2の規定は適用せず、法第85条第2項に規定する仮設建築物については、第41条から第43条まで、第48条及び第5章の規定は適用しない。
2　第138条第1項第一号から第四号までに掲げる工作物でその存続期間が2年以内のものについては、第139条から第141条までの規定中第37条、第67条、第70条及び第70条の2の規定の準用に関する部分は、適用しない。

改正：昭和45年政令第333号　　　施行：昭和46年1月1日
第147条　（仮設建築物等に対する制限の緩和）

1　法第85条第2項又は第4項に規定する仮設建築物については、第22条、第28条から第30条まで、第37条、第46条、第49条、第67条、第70条、第3章第8節、第112条、第114条、第5章の2、第129条の13の2及び第129条の13の3の規定は適用せず、法第85条第2項に規定する仮設建築物については、第41条から第43条まで、第48条及び第5章の規定は適用しない。
2　第138条第1項第一号から第四号までに掲げる工作物でその存続期間が2年以内のものについては、第139条から第141条までの規定中第37条、第38条第5項、第67条及び第70条の規定の準用に関する部分は、適用しない。

令147条　改正：昭和55年政令第196号

改正：昭和55年政令第196号　　　　施行：昭和56年6月1日
第147条　（仮設建築物等に対する制限の緩和）

1　法第85条第2項又は第4項に規定する仮設建築物については、第22条、第28条から第30条まで、第37条、<u>第39条の2</u>、第46条、第49条、第67条、第70条、第3章第8節、第112条、第114条、第5章の2、第129条の13の2及び第129条の13の3の規定は適用せず、法第85条第2項に規定する仮設建築物については、第41条から第43条まで、第48条及び第5章の規定は適用しない。

2　第138条第1項第一号から第四号までに掲げる工作物でその存続期間が2年以内のものについては、第139条から第141条までの規定中第37条、第38条第5項、<u>第39条の2</u>、第67条及び第70条の規定の準用に関する部分は、適用しない。

改正：平成12年政令第211号　　　　施行：平成12年6月1日
第147条　（仮設建築物等に対する制限の緩和）

1　法第85条第2項又は第4項に規定する仮設建築物については、第22条、第28条から第30条まで、<u>第37条、第46条</u>、第49条、第67条、第70条、第3章第8節、第112条、第114条、第5章の2、<u>第129条の2の4（屋上から突出する水槽、煙突その他これらに類するものに係る部分に限る。）</u>、第129条の13の2及び第129条の13の3の規定は適用せず、法第85条第2項に規定する仮設建築物については、第41条から第43条まで、第48条及び第5章の規定は適用しない。

2　第138条第1項<u>第一号</u>に掲げる工作物でその存続期間が2年以内のものについては、<u>第139条第1項（第37条、第38条第6項及び第67条の規定の準用に関する部分に限る。）及び第139条第3項の規定は、適用しない。</u>

<u>3</u>　第138条第1項<u>第二号から第四号まで</u>に掲げる工作物でその存続期間が2年以内のものについては、<u>第140条及び第141条第2項（これらの規定中第37条、第38条第6項、第67条、第70条及び第139条第3項の規定の準用に関する部分に限る。）は、適用しない。</u>

改正：平成17年政令第192号　　　　施行：平成17年6月1日
第147条　（仮設建築物等に対する制限の緩和）

1　法第85条第2項又は<u>第5項</u>に規定する仮設建築物については、第22条、第28条から第30条まで、第37条、第46条、第49条、第67条、第70条、第3章第8節、第112条、第114条、第5章の2、第129条の2の4（屋上から突出する水槽、煙突その他これらに類するものに係る部分に限る。）、第129条の13の2及び第129条の13の3の規定は適用せず、法第85条第2項に規定する仮設建築物については、第41条から第43条まで、第48条及び第5章の規定は適用しない。

2・3　略

改正：平成19年政令第49号　　　　施行：平成19年6月20日
第147条　（仮設建築物等に対する制限の緩和）

1　法第85条第2項又は第5項に規定する仮設建築物<u>（高さが60m以下のものに限る。）</u>については、第22条、第28条から第30条まで、第37条、第46条、第49条、第67条、第70条、第3章第8節、第112条、第114条、第5章の2、第129条の2の4（屋上から突出する水槽、煙突その他これらに類するものに係る部分に限る。）、第129条の13の2及び第129条の13の3の規定は適用せず、法第85条第2項に規定する仮設建築物については、第41条から第43条まで、第48条及び第5章の規定は適用しない。

2　<u>第138条第1項に規定する工作物のうち同項第一号に掲げる煙突（高さが60m以下のものに限る。）</u>でその存続期間が2年以内のものについては、<u>第139条第1項第四号及び第2項（第37条、第38条第6項及び第67条の規定の準用に関する部分に限る。）</u>の規定は、適用しない。

3　<u>第138条第1項に規定する工作物のうち同項第二号から第四号までに掲げる工作物（高さが60m以下のものに限る。）</u>でその存続期間が2年以内のものについては、<u>第140条第2項（第37条、第38条第6項、第67条及び第139条第1項第四号の規定の準用に関する部分に限る。）</u>及び第141条第2項<u>（第37条、第38条第6項、第67条、第70条及び第139条第1項第四号の規定の準用に関する部分に限る。）</u>は、適用しない。

改正：平成23年政令第46号　　　施行：平成23年5月1日
第147条　（仮設建築物等に対する制限の緩和）

1　略
2　第138条第1項に規定する工作物のうち同項第一号に掲げる煙突（高さが60m以下のものに限る。）でその存続期間が2年以内のものについては、第139条第1項第四号、<u>第3項（第37条及び第38条第6項の規定の準用に関する部分に限る。）及び第4項</u>(第37条、第38条第6項及び第67条の規定の準用に関する部分に限る。)の規定は、適用しない。
3　第138条第1項に規定する工作物のうち同項<u>第二号に掲げる工作物（高さが60m以下のものに限る。）でその存続期間が2年以内のものについては、第140条第2項において準用する第139条第1項第四号、第140条第3項（第37条及び第38条第6項の規定の準用に関する部分に限る。）及び第140条第4項</u>(第37条、第38条第6項及び第67条の規定の準用に関する部分に限る。)の規定は、適用しない。
4　第138条第1項に規定する工作物のうち同項第三号及び第四号に掲げる工作物（高さが60m以下のものに限る。）でその存続期間が2年以内のものについては、第141条第2項において準用する第139条第1項第四号、第141条第3項（第37条、第38条第6項及び第70条の規定の準用に関する部分に限る。）及び第141条第4項（第37条、第38条第6項、第67条及び第70条の規定の準用に関する部分に限る。）の規定は、適用しない。

改正：平成30年政令第255号　　　施行：平成30年9月25日
第147条　（仮設建築物等に対する制限の緩和）

1　法第85条第2項、<u>第5項又は第6項</u>に規定する仮設建築物（高さが60m以下のものに限る。）については、第22条、第28条から第30条まで、第37条、第46条、第49条、第67条、第70条、第3章第8節、第112条、第114条、第5章の2、第129条の2の4（屋上から突出する水槽、煙突その他これらに類するものに係る部分に限る。）、第129条の13の2及び第129条の13の3の規定は適用せず、法第85条第2項に規定する仮設建築物については、第41条から第43条まで、第48条及び第5章の規定は適用しない。
2～4　略

改正：令和元年政令第30号　　　施行：令和元年6月25日
第147条　（仮設建築物等に対する制限の緩和）

1　法第85条第2項、第5項又は第6項に規定する仮設建築物（高さが60m以下のものに限る。）については、第22条、第28条から第30条まで、第37条、第46条、第49条、第67条、第70条、第3章第8節、第112条、第114条、第5章の2、<u>第129条の2の3</u>（屋上から突出する水槽、煙突その他これらに類するものに係る部分に限る。）、第129条の13の2及び第129条の13の3の規定は適用せず、法第85条第2項に規定する仮設建築物については、第41条から第43条まで、第48条及び第5章の規定は適用しない。
<u>2　災害があつた場合において建築物の用途を変更して法第87条の3第2項に規定する公益的建築物として使用するときにおける当該公益的建築物（以下この項において単に「公益的建築物」という。）、建築物の用途を変更して同条第5項に規定する興行場等とする場合における当該興行場等及び建築物の用途を変更して同条第6項に規定する特別興行場等とする場合における当該特別興行場等（いずれも高さが60m以下のものに限る。）については、第22条、第28条から第30条まで、第46条、第49条、第112条、第114条、第5章の2、第129条の13の2及び第129条の13の3の規定は適用せず、公益的建築物については、第41条から第43条まで及び第5章の規定は適用しない。</u>
3　第138条第1項に規定する工作物のうち同項第一号に掲げる煙突（高さが60m以下のものに限る。）でその存続期間が2年以内のものについては、第139条第1項第四号、第3項（第37条及び第38条第6項の規定の準用に関する部分に限る。）及び第4項(第37条、第38条第6項及び第67条の規定の準用に関する部分に限る。)の規定は、適用しない。
4　第138条第1項に規定する工作物のうち同項第二号に掲げる工作物（高さが60m以下のものに限る。）でその存続期間が2年以内のものについては、第140条第2項において準用する第139条第1項第四号、第140条第3項（第37条及び第38条第6項の規定の準用に関する部分に限る。）及び第140条第4項（第37条、第38条第6項及び第67条の規定の準用に関する部分に限る。）の規定は、適用しない。

令147条　改正：令和元年政令第30号

5　第138条第1項に規定する工作物のうち同項第三号又は第四号に掲げる工作物（高さが60m以下のものに限る。）でその存続期間が2年以内のものについては、第141条第2項において準用する第139条第1項第四号、第141条第3項（第37条、第38条第6項及び第70条の規定の準用に関する部分に限る。）及び第141条第4項（第37条、第38条第6項、第67条及び第70条の規定の準用に関する部分に限る。）の規定は、適用しない。

改正：令和4年政令第203号　　　施行：令和4年5月31日
第147条　（仮設建築物等に対する制限の緩和）

1　法第85条第2項の規定の適用を受ける建築物（以下この項において「応急仮設建築物等」という。）又は同条第6項若しくは第7項の規定による許可を受けた建築物（いずれも高さが60m以下のものに限る。）については、第22条、第28条から第30条まで、第37条、第46条、第49条、第67条、第70条、第3章第8節、第112条、第114条、第5章の2、第129条の2の3（屋上から突出する水槽、煙突その他これらに類するものに係る部分に限る。）、第129条の13の2及び第129条の13の3の規定は適用せず、応急仮設建築物等については、第41条から第43条まで、第48条及び第5章の規定は適用しない。

2　災害があつた場合において建築物の用途を変更して法第87条の3第2項に規定する公益的建築物として使用するときにおける当該公益的建築物（以下この項において「公益的建築物」という。）、建築物の用途を変更して同条第6項に規定する興行場等とする場合における当該興行場等及び建築物の用途を変更して同条第7項に規定する特別興行場等とする場合における当該特別興行場等（いずれも高さが60m以下のものに限る。）については、第22条、第28条から第30条まで、第46条、第49条、第112条、第114条、第5章の2、第129条の13の2及び第129条の13の3の規定は適用せず、公益的建築物については、第41条から第43条まで及び第5章の規定は適用しない。

3～5　略

改正：令和4年政令第295号　　　施行：令和4年10月1日
第147条　（仮設建築物等に対する制限の緩和）

1・2　略

3　第138条第1項に規定する工作物のうち同項第一号に掲げる煙突でその存続期間が2年以内のもの（高さが60mを超えるものにあつては、その構造及び周囲の状況に関し安全上支障がないものとして国土交通大臣が定める基準に適合するものに限る。）については、第139条第1項第三号及び第四号の規定並びに同条第4項において準用する第37条、第38条第6項及び第67条の規定は適用しない。

4　第138条第1項に規定する工作物のうち同項第二号に掲げる工作物でその存続期間が2年以内のもの（高さが60mを超えるものにあつては、その構造及び周囲の状況に関し安全上支障がないものとして国土交通大臣が定める基準に適合するものに限る。）については、第140条第2項において準用する第139条第1項第三号及び第四号の規定並びに第140条第4項において準用する第37条、第38条第6項及び第67条の規定は、適用しない。

5　第138条第1項に規定する工作物のうち同項第三号又は第四号に掲げる工作物でその存続期間が2年以内のもの（高さが60mを超えるものにあつては、その構造及び周囲の状況に関し安全上支障がないものとして国土交通大臣が定める基準に適合するものに限る。）については、第141条第2項において準用する第139条第1項第三号及び第四号の規定並びに第141条第4項において準用する第37条、第38条第6項、第67条及び第70条の規定は、適用しない。

改正：令和6年政令第172号　　　施行：令和7年4月1日
第147条　（仮設建築物等に対する制限の緩和）

1　法第85条第2項の規定の適用を受ける建築物（以下この項において「応急仮設建築物等」という。）又は同条第6項若しくは第7項の規定による許可を受けた建築物（いずれも高さが60m以下のものに限る。）については、第22条、第28条から第30条まで、第37条、第46条、第49条、第67条、第70条、第3章第8節、第112条、第114条、第5章の2、第129条の2の3（屋上から突出する水槽、煙突その他これらに類するものに係る部分に限る。）、第129条の13の2及び第129条の13の3の規定は適用せず、応急仮設建築物等については、第41条から第43条まで及び第5章の規定は適用しない。

2　災害があつた場合において建築物の用途を変更して法第87条の3第2項に規定する公益的建築物として使用するときにおける当該公益的建築物（以下この項において「公益的建築物」という。）、建築物の用途を変更して同条第6項に規定する興行場等とする場合における当該興行場等及び建築物の用途を変更して同条第7項に規定する特別興行場等とする場合における当該特別興行場等（いずれも高さが60m以下のものに限る。）については、第22条、第28条から第30条まで、第46条、第49条、第112条、第114条、第5章の2、第129条の13の2及び第129条の13の3の規定は適用せず、公益的建築物については、第41条から第43条まで及び第5章の規定は適用しない。

3　第138条第1項に規定する工作物のうち同項第一号に掲げる煙突でその存続期間が2年以内のもの（高さが60mを超えるものにあつては、その構造及び周囲の状況に関し安全上支障がないものとして国土交通大臣が定める基準に適合するものに限る。）については、第139条第1項第三号及び第四号の規定並びに同条第4項において準用する第37条、第38条第6項及び第67条の規定は、適用しない。

4　第138条第1項に規定する工作物のうち同項第二号に掲げる工作物でその存続期間が2年以内のもの（高さが60mを超えるものにあつては、その構造及び周囲の状況に関し安全上支障がないものとして国土交通大臣が定める基準に適合するものに限る。）については、第140条第2項において準用する第139条第1項第三号及び第四号の規定並びに第140条第4項において準用する第37条、第38条第6項及び第67条の規定は、適用しない。

5　第138条第1項に規定する工作物のうち同項第三号又は第四号に掲げる工作物でその存続期間が2年以内のもの（高さが60mを超えるものにあつては、その構造及び周囲の状況に関し安全上支障がないものとして国土交通大臣が定める基準に適合するものに限る。）については、第141条第2項において準用する第139条第1項第三号及び第四号の規定並びに第141条第4項において準用する第37条、第38条第6項、第67条及び第70条の規定は、適用しない。

[現行]　第147条の2　（工事中における安全上の措置等に関する計画の届出を要する建築物）

制定：昭和52年政令第266号　　施行：昭和52年11月1日

第147条の2　（工事中における安全上の措置等に関する計画の届出を要する建築物）

1　法第90条の3の政令で定める建築物は、次の各号に掲げるものとする。
　一　百貨店、マーケットその他の物品販売業を営む店舗（床面積が10m²以内のものを除く。）又は展示場の用途に供する建築物で3階以上の階又は地階におけるその用途に供する部分の床面積の合計が1,500m²を超えるもの
　二　病院、診療所（患者の収容施設があるものに限る。）又は児童福祉施設等の用途に供する建築物で5階以上の階におけるその用途に供する部分の床面積の合計が1,500m²を超えるもの
　三　劇場、映画館、演芸場、観覧場、公会堂、集会場、ホテル、旅館、キャバレー、カフエー、ナイトクラブ、バー、舞踏場、遊技場、公衆浴場、待合、料理店若しくは飲食店の用途又は前2号に掲げる用途に供する建築物で5階以上の階又は地階におけるその用途に供する部分の床面積の合計が2,000m²を超えるもの
　四　地下の工作物内に設ける建築物で居室の床面積の合計が1,500m²を超えるもの

改正：平成7年政令第214号　　施行：平成7年5月25日

第147条の2　（工事中における安全上の措置等に関する計画の届出を要する建築物）

1　法第90条の3の政令で定める建築物は、次に掲げるものとする。
　一・二　略
　三　劇場、映画館、演芸場、観覧場、公会堂、集会場、ホテル、旅館、キャバレー、カフェー、ナイトクラブ、バー、ダンスホール、遊技場、公衆浴場、待合、料理店若しくは飲食店の用途又は前2号に掲げる用途に供する建築物で5階以上の階又は地階におけるその用途に供する部分の床面積の合計が2,000m²を超えるもの
　四　略

令147条の2 改正：平成12年政令第211号

改正：平成12年政令第211号　　　　施行：平成12年6月1日
第147条の2（工事中における安全上の措置等に関する計画の届出を要する建築物）

1　法第90条の3（法第87条の2において準用する場合を含む。）の政令で定める建築物は、次に掲げるものとする。
　一～四　略

改正：令和元年政令第30号　　　　施行：令和元年6月25日
第147条の2（工事中における安全上の措置等に関する計画の届出を要する建築物）

1　法第90条の3（法第87条の4において準用する場合を含む。）の政令で定める建築物は、次に掲げるものとする。
　一　百貨店、マーケットその他の物品販売業を営む店舗（床面積が10㎡以内のものを除く。）又は展示場の用途に供する建築物で3階以上の階又は地階におけるその用途に供する部分の床面積の合計が1,500㎡を超えるもの
　二　病院、診療所（患者の収容施設があるものに限る。）又は児童福祉施設等の用途に供する建築物で5階以上の階におけるその用途に供する部分の床面積の合計が1,500㎡を超えるもの
　三　劇場、映画館、演芸場、観覧場、公会堂、集会場、ホテル、旅館、キャバレー、カフェー、ナイトクラブ、バー、ダンスホール、遊技場、公衆浴場、待合、料理店若しくは飲食店の用途又は前2号に掲げる用途に供する建築物で5階以上の階又は地階におけるその用途に供する部分の床面積の合計が2,000㎡を超えるもの
　四　地下の工作物内に設ける建築物で居室の床面積の合計が1,500㎡を超えるもの

［現行］　第147条の3（消防長等の同意を要する住宅）

制定：昭和59年政令第15号　　　　施行：昭和59年4月1日
第147条の3（消防長等の同意を要する住宅）

1　法第93条第1項ただし書の政令で定める住宅は、次に掲げるものとする。
　一　法第6条第1項第一号から第三号までに掲げる建築物に該当する一戸建ての住宅で次のイ又はロに掲げるもの
　　イ　住宅の用途以外の用途に供する部分を有するもの
　　ロ　法第6条の2第1項第一号に掲げる住宅以外のもの
　二　法第6条第1項第四号に掲げる建築物に該当する一戸建ての住宅で次のイ又はロに掲げるもの
　　イ　住宅の用途以外の用途に供する部分の床面積の合計が、延べ面積の2分の1以上であるもの又は50㎡を超えるもの
　　ロ　法第6条の2第1項第二号に掲げる建築物以外のもの

改正：平成11年政令第5号　　　　施行：平成11年5月1日
第147条の3（消防長等の同意を要する住宅）

1　法第93条第1項ただし書の政令で定める住宅は、一戸建ての住宅で住宅の用途以外の用途に供する部分の床面積の合計が延べ面積の2分の1以上であるもの又は50㎡を超えるものとする。

［現行］　第147条の4（映像等の送受信による通話の方法による口頭審査）

制定：平成27年政令第392号　　　　施行：平成28年4月1日
第147条の4（映像等の送受信による通話の方法による口頭審査）

1　法第94条第3項の口頭審査については、行政不服審査法施行令（平成27年政令第391号）第2条の規定に

より読み替えられた同令第8条の規定を準用する。この場合において、同条中「総務省令」とあるのは、「国土交通省令」と読み替えるものとする。

[現行]　第147条の5　（権限の委任）

制定：平成12年政令第312号　　　施行：平成13年1月6日
旧　第147条の4　（権限の委任）

> 1　この政令に規定する国土交通大臣の権限は、国土交通省令で定めるところにより、その一部を地方整備局長又は北海道開発局長に委任することができる。

改正：平成27年政令第392号　　　施行：平成28年4月1日
第147条の5　（権限の委任）

> 1　この政令に規定する国土交通大臣の権限は、国土交通省令で定めるところにより、その一部を地方整備局長又は北海道開発局長に委任することができる。

[現行]　第148条　（市町村の建築主事等の特例）

制定：昭和31年政令第265号　　　施行：昭和31年9月1日
旧　第144条　（大都市の特例）

> 1　地方自治法（昭和22年法律第67号）第252条の19第1項の指定都市（以下「指定都市」という。）において法第97条の2の規定により、指定都市の市長又は指定都市の建築主事が行う事務については、地方自治法施行令（昭和22年政令第16号）第174条の41に定めるところによる。

改正：昭和34年政令第344号　　　施行：昭和34年12月23日
第148条　（大都市の特例）

> 1　地方自治法（昭和22年法律第67号）第252条の19第1項の指定都市（以下「指定都市」という。）において法第97条の2の規定により、指定都市の市長又は指定都市の建築主事が行う事務については、地方自治法施行令（昭和22年政令第16号）第174条の41に定めるところによる。

改正：昭和45年政令第333号　　　施行：昭和46年1月1日
第148条　（市町村の建築主事等の特例）

> 1　法第97条の2第1項に規定する建築主事の権限に属するものとされている事務で政令で定めるものは、法の規定により建築主事の権限に属するものとされている事務のうち、次の各号に掲げる建築物又は工作物（その新築、改築若しくは増築又は築造に関して、法律並びにこれに基づく命令及び条例の規定により都道府県知事の許可を必要とするものを除く。）に係る事務とする。
> 　一　法第6条第1項第四号に掲げる建築物
> 　二　第138条第1項第一号若しくは第三号に掲げる工作物で高さが10m以下のもの又は同項第五号に掲げる工作物で高さが3m以下のもの（前号に規定する建築物以外の建築物の敷地内に築造するものを除く。）
> 2　法第97条の2第3項の規定により政令で定める規定は、法第78条第1項の規定とする。
> 3　法第97条の2第4項に規定する都道府県知事たる特定行政庁の権限に属する事務で政令で定めるものは、次に掲げる事務とする。
> 　一　法第9条（法第88条第1項及び第3項並びに法第90条第3項において準用する場合を含む。）、法第9条の2（法第88条第1項及び第3項並びに法第90条第3項において準用する場合を含む。）、法第9条の3（法第88条第1項及び第3項並びに法第90条第3項において準用する場合を含む。）、法第10条（法第88条第1項及び第3項において準用する場合を含む。）、法第11条第1項（法第88条第1項及び第3項において

令148条　改正：昭和45年政令第333号

準用する場合を含む。）、法第12条（法第88条第１項及び第３項において準用する場合を含む。）、法第18条第９項（法第88条第１項及び第３項並びに法第90条第３項において準用する場合を含む。）、法第85条第３項及び第４項、法第86条並びに法第93条の２に規定する都道府県知事たる特定行政庁の権限に属する事務のうち、第１項各号に掲げる建築物又は工作物に係る事務
　二　法第42条第１項第五号、同条第２項（幅員1.8m以上の道の指定に限る。）及び法第45条に規定する都道府県知事たる特定行政庁の権限に属する事務
４　法第97条の２第４項の場合においては、この政令中都道府県知事たる特定行政庁に関する規定は、同条第１項の規定により建築主事を置く市町村の長に関する規定として当該市町村の長に適用があるものとする。

改正：昭和50年政令第２号　　　　施行：昭和50年４月１日
第148条　（市町村の建築主事等の特例）

１・２　略
３　法第97条の２第４項に規定する都道府県知事たる特定行政庁の権限に属する事務で政令で定めるものは、次に掲げる事務とする。
　一　法第９条（法第88条第１項及び第４項並びに法第90条第３項において準用する場合を含む。）、法第９条の２（法第88条第１項及び第４項並びに法第90条第３項において準用する場合を含む。）、法第９条の３（法第88条第１項及び第４項並びに法第90条第３項において準用する場合を含む。）、法第10条（法第88条第１項及び第４項において準用する場合を含む。）、法第11条第１項（法第88条第１項及び第４項において準用する場合を含む。）、法第12条（法第88条第１項及び第４項において準用する場合を含む。）、法第18条第９項（法第88条第１項及び第４項並びに法第90条第３項において準用する場合を含む。）、法第85条第３項及び第４項、法第86条並びに法第93条の２に規定する都道府県知事たる特定行政庁の権限に属する事務のうち、第１項各号に掲げる建築物又は工作物に係る事務
　二　略
４　略

改正：昭和56年政令第144号　　　　施行：昭和56年４月25日
第148条　（市町村の建築主事等の特例）

１・２　略
３　法第97条の２第４項に規定する都道府県知事たる特定行政庁の権限に属する事務で政令で定めるものは、次に掲げる事務とする。
　一　略
　二　法第42条第１項第五号、同条第２項（幅員1.8m以上の道の指定に限る。）、法第45条及び法第68条の４第１項（同項第一号に該当する場合に限る。）に規定する都道府県知事たる特定行政庁の権限に属する事務
４　略

改正：昭和57年政令第302号　　　　施行：昭和58年４月１日
第148条　（市町村の建築主事等の特例）

１　法第97条の２第１項に規定する建築主事の権限に属するものとされている事務で政令で定めるものは、法の規定により建築主事の権限に属するものとされている事務のうち、次の各号に掲げる建築物又は工作物（その新築、改築、増築、移転、築造又は用途の変更に関して、法律並びにこれに基づく命令及び条例の規定により都道府県知事の許可を必要とするものを除く。）に係る事務とする。
　一・二　略
２〜４　略

改正：昭和62年政令第348号　　　　施行：昭和62年11月16日
第148条　（市町村の建築主事等の特例）

改正：平成5年政令第170号　**令148条**

1・2　略
3　法第97条の2第4項に規定する都道府県知事たる特定行政庁の権限に属する事務で政令で定めるものは、次に掲げる事務とする。
　一　法第9条（法第88条第1項及び第4項並びに法第90条第3項において準用する場合を含む。）、法第9条の2（法第88条第1項及び第4項並びに法第90条第3項において準用する場合を含む。）、法第9条の3（法第88条第1項及び第4項並びに法第90条第3項において準用する場合を含む。）、法第10条（法第88条第1項及び第4項において準用する場合を含む。）、法第11条第1項（法第88条第1項及び第4項において準用する場合を含む。）、法第12条（法第88条第1項及び第4項において準用する場合を含む。）、法第18条第9項（法第88条第1項及び第4項並びに法第90条第3項において準用する場合を含む。）、法第26条、法第85条第3項及び第4項、法第86条並びに法第93条の2に規定する都道府県知事たる特定行政庁の権限に属する事務のうち、第1項各号に掲げる建築物又は工作物に係る事務
　二　略
4　略

改正：昭和63年政令第322号　　　施行：昭和63年11月15日
第148条　（市町村の建築主事等の特例）

1・2　略
3　法第97条の2第4項に規定する都道府県知事たる特定行政庁の権限に属する事務で政令で定めるものは、次に掲げる事務とする。
　一　略
　二　法第42条第1項第五号、同条第2項（幅員1.8m以上の道の指定に限る。）、法第45条及び法第68条の5第1項（同項第一号に該当する場合に限る。）に規定する都道府県知事たる特定行政庁の権限に属する事務
4　略

改正：平成2年政令第323号　　　施行：平成2年11月20日
第148条　（市町村の建築主事等の特例）

1・2　略
3　法第97条の2第4項に規定する都道府県知事たる特定行政庁の権限に属する事務で政令で定めるものは、次に掲げる事務とする。
　一　略
　二　法第42条第1項第五号、同条第2項（幅員1.8m以上の道の指定に限る。）、法第45条及び法第68条の7第1項（同項第一号に該当する場合に限る。）に規定する都道府県知事たる特定行政庁の権限に属する事務
4　略

改正：平成5年政令第170号　　　施行：平成5年6月25日
第148条　（市町村の建築主事等の特例）

1・2　略
3　法第97条の2第4項に規定する都道府県知事たる特定行政庁の権限に属する事務で政令で定めるものは、次に掲げる事務とする。
　一　略
　二　法第42条第1項第五号、同条第2項（幅員1.8m未満の道の指定を除く。）、同条第4項（幅員1.8m未満の道の指定を除く。）、法第45条及び法第68条の7第1項（同項第一号に該当する場合に限る。）に規定する都道府県知事たる特定行政庁の権限に属する事務
4　略

令148条　改正：平成6年政令第278号

改正：平成6年政令第278号　　　施行：平成6年8月26日
第148条　（市町村の建築主事等の特例）

　1・2　略
　3　法第97条の2第4項に規定する都道府県知事たる特定行政庁の権限に属する事務で政令で定めるものは、次に掲げる事務とする。
　　一　法第9条（法第88条第1項及び第4項並びに法第90条第3項において準用する場合を含む。）、法第9条の2（法第88条第1項及び第4項並びに法第90条第3項において準用する場合を含む。）、法第9条の3（法第88条第1項及び第4項並びに法第90条第3項において準用する場合を含む。）、法第10条（法第88条第1項及び第4項において準用する場合を含む。）、法第11条第1項（法第88条第1項及び第4項において準用する場合を含む。）、法第12条（法第88条第1項及び第4項において準用する場合を含む。）、法第18条第9項（法第88条第1項及び第4項並びに法第90条第3項において準用する場合を含む。）、法第85条第3項及び第4項、法第86条並びに法第93条の2に規定する都道府県知事たる特定行政庁の権限に属する事務のうち、第1項各号に掲げる建築物又は工作物に係る事務
　　二　略
　4　略

改正：平成11年政令第5号　　　施行：平成11年5月1日
第148条　（市町村の建築主事等の特例）

　1・2　略
　3　法第97条の2第4項に規定する都道府県知事たる特定行政庁の権限に属する事務で政令で定めるものは、次に掲げる事務とする。
　　一　法第9条（法第88条第1項及び第4項並びに法第90条第3項において準用する場合を含む。）、法第9条の2（法第88条第1項及び第4項並びに法第90条第3項において準用する場合を含む。）、法第9条の3（法第88条第1項及び第4項並びに法第90条第3項において準用する場合を含む。）、法第10条（法第88条第1項及び第4項において準用する場合を含む。）、法第11条第1項（法第88条第1項及び第4項において準用する場合を含む。）、法第12条（法第88条第1項及び第4項において準用する場合を含む。）、<u>法第18条第14項</u>（法第88条第1項及び第4項並びに法第90条第3項において準用する場合を含む。）、法第85条第3項及び第4項、<u>法第86条、法第86条の2、法第86条の5、法第86条の6</u>並びに法第93条の2に規定する都道府県知事たる特定行政庁の権限に属する事務のうち、第1項各号に掲げる建築物又は工作物に係る事務
　　二　略
　4　略

改正：平成11年政令第352号　　　施行：平成12年4月1日
第148条　（市町村の建築主事等の特例）

　1　略
　<u>2</u>　法第97条の2第4項に規定する都道府県知事たる特定行政庁の権限に属する事務で政令で定めるものは、次に掲げる事務<u>（建築審査会が置かれていない市町村の長にあつては、第一号及び第三号に掲げる事務）</u>とする。
　　一　<u>法第6条の2第4項及び第5項（法第88条第1項においてこれらの規定を準用する場合を含む。）、法第7条の2第7項（法第88条第1項において準用する場合を含む。）、法第7条の4第7項（法第88条第1項において準用する場合を含む。）、</u>法第9条（法第88条第1項及び<u>第3項</u>並びに法第90条第3項において準用する場合を含む。）、法第9条の2（法第88条第1項及び<u>第3項</u>並びに法第90条第3項において準用する場合を含む。）、法第9条の3（法第88条第1項及び<u>第3項</u>並びに法第90条第3項において準用する場合を含む。）、法第10条（法第88条第1項及び<u>第3項</u>において準用する場合を含む。）、法第11条第1項（法第88条第1項及び<u>第3項</u>において準用する場合を含む。）、法第12条（法第88条第1項及び<u>第3項</u>において準用する場合を含む。）、法第18条第14項（法第88条第1項及び<u>第3項</u>並びに法第90条第3項において準用する場合を含む。）、法第85条第3項及び第4項、法第86条、法第86条の2、法第86条の5、法第86条の6並びに法第93条の2に規定する都道府県知事たる特定行政庁の権限に属する事務のうち、<u>前項各号</u>に掲げる建

築物又は工作物に係る事務
　二　法第43条第1項、法第44条第1項第二号、法第52条第11項（同項第二号に該当する場合に限る。）、法第53条第4項、法第54条の2第1項及び法第68条の7第5項に規定する都道府県知事たる特定行政庁の権限に属する事務のうち、前項各号に掲げる建築物又は工作物に係る事務
　三　法第42条第1項第五号、同条第2項（幅員1.8m未満の道の指定を除く。）、同条第4項（幅員1.8m未満の道の指定を除く。）、法第45条及び法第68条の7第1項（同項第一号に該当する場合に限る。）に規定する都道府県知事たる特定行政庁の権限に属する事務
　四　法第42条第2項（幅員1.8m未満の道の指定に限る。）、第3項及び第4項（幅員1.8m未満の道の指定に限る。）並びに法第68条の7第1項（同項第一号に該当する場合を除く。）に規定する都道府県知事たる特定行政庁の権限に属する事務
3　法第97条の2第4項の場合においては、この政令中都道府県知事たる特定行政庁に関する規定は、同条第1項の規定により建築主事を置く市町村の長に関する規定として当該市町村の長に適用があるものとする。

改正：平成13年政令第98号　　施行：平成13年5月18日
第148条　（市町村の建築主事等の特例）
1　略
2　法第97条の2第4項に規定する都道府県知事たる特定行政庁の権限に属する事務で政令で定めるものは、次に掲げる事務（建築審査会が置かれていない市町村の長にあつては、第一号及び第三号に掲げる事務）とする。
　一　略
　二　法第43条第1項、法第44条第1項第二号、法第52条第11項（同項第二号に該当する場合に限る。）、法第53条第5項、法第54条の2第1項及び法第68条の7第5項に規定する都道府県知事たる特定行政庁の権限に属する事務のうち、前項各号に掲げる建築物又は工作物に係る事務
　三・四　略
3　略

改正：平成14年政令第331号　　施行：平成15年1月1日
第148条　（市町村の建築主事等の特例）
1　略
2　法第97条の2第4項に規定する都道府県知事たる特定行政庁の権限に属する事務で政令で定めるものは、次に掲げる事務（建築審査会が置かれていない市町村の長にあつては、第一号及び第三号に掲げる事務）とする。
　一　法第6条の2第4項及び第5項（法第88条第1項においてこれらの規定を準用する場合を含む。）、法第7条の2第7項（法第88条第1項において準用する場合を含む。）、法第7条の4第7項（法第88条第1項において準用する場合を含む。）、法第9条（法第88条第1項及び第3項並びに法第90条第3項において準用する場合を含む。）、法第9条の2（法第88条第1項及び第3項並びに法第90条第3項において準用する場合を含む。）、法第9条の3（法第88条第1項及び第3項並びに法第90条第3項において準用する場合を含む。）、法第10条（法第88条第1項及び第3項において準用する場合を含む。）、法第11条第1項（法第88条第1項及び第3項において準用する場合を含む。）、法第12条（法第88条第1項及び第3項において準用する場合を含む。）、法第18条第14項（法第88条第1項及び第3項並びに法第90条第3項において準用する場合を含む。）、法第85条第3項及び第4項、法第86条第1項、第2項及び第8項（同条第1項又は第2項の規定による認定に係る部分に限る。）、法第86条の2第1項及び第6項（同条第1項の規定による認定に係る部分に限る。）、法第86条の5第2項及び第4項（同条第2項の規定による認定の取消しに係る部分に限る。）、法第86条の6並びに法第93条の2に規定する都道府県知事たる特定行政庁の権限に属する事務のうち、前項各号に掲げる建築物又は工作物に係る事務
　二　法第43条第1項、法第44条第1項第二号、法第52条第13項（同項第二号に該当する場合に限る。）、法第53条第5項、法第53条の2第1項及び法第68条の7第5項に規定する都道府県知事たる特定行政庁の権限に属する事務のうち、前項各号に掲げる建築物又は工作物に係る事務

令148条 改正：平成14年政令第331号

　　三・四　略
　3　略

改正：平成15年政令第523号　　　施行：平成15年12月19日
第148条　（市町村の建築主事等の特例）

　1　略
　2　法第97条の2第4項に規定する都道府県知事たる特定行政庁の権限に属する事務で政令で定めるものは、次に掲げる事務（建築審査会が置かれていない市町村の長にあつては、第一号及び第三号に掲げる事務）とする。
　　一　略
　　二　法第43条第1項、法第44条第1項第二号、法第52条第13項（同項第二号に該当する場合に限る。）、法第53条第5項、法第53条の2第1項、<u>法第67条の2第3項第二号</u>及び法第68条の7第5項に規定する都道府県知事たる特定行政庁の権限に属する事務のうち、前項各号に掲げる建築物又は工作物に係る事務
　　三・四　略
　3　略

改正：平成17年政令第182号　　　施行：平成17年6月1日
第148条　（市町村の建築主事等の特例）

　1　略
　2　法第97条の2第4項に規定する都道府県知事たる特定行政庁の権限に属する事務で政令で定めるものは、次に掲げる事務（建築審査会が置かれていない市町村の長にあつては、第一号及び第三号に掲げる事務）とする。
　　一　略
　　二　法第43条第1項、法第44条第1項第二号、法第52条第13項（同項第二号に該当する場合に限る。）、法第53条第5項、法第53条の2第1項、法第67条の2第3項第二号、<u>法第68条第3項第二号</u>及び法第68条の7第5項に規定する都道府県知事たる特定行政庁の権限に属する事務のうち、前項各号に掲げる建築物又は工作物に係る事務
　　三・四　略
　3　略

改正：平成17年政令第192号　　　施行：平成17年6月1日
第148条　（市町村の建築主事等の特例）

　1　法第97条の2第1項に規定する建築主事の権限に属するものとされている事務で政令で定めるものは、法の規定により建築主事の権限に属するものとされている事務のうち、<u>次に掲げる建築物又は工作物</u>（その新築、改築、増築、移転、築造又は用途の変更に関して、法律並びにこれに基づく命令及び条例の規定により都道府県知事の許可を必要とするものを除く。）に係る事務とする。
　　一・二　略
　2　法第97条の2第4項に規定する都道府県知事たる特定行政庁の権限に属する事務で政令で定めるものは、次に掲げる事務（建築審査会が置かれていない市町村の長にあつては、第一号及び第三号に掲げる事務）とする。
　　一　法第6条の2第4項及び第5項（法第88条第1項においてこれらの規定を準用する場合を含む。）、法第7条の2第7項（法第88条第1項において準用する場合を含む。）、法第7条の4第7項（法第88条第1項において準用する場合を含む。）、法第9条（法第88条第1項及び第3項並びに法第90条第3項において準用する場合を含む。）、法第9条の2（法第88条第1項及び第3項並びに法第90条第3項において準用する場合を含む。）、法第9条の3（法第88条第1項及び第3項並びに法第90条第3項において準用する場合を含む。）、法第10条（法第88条第1項及び第3項において準用する場合を含む。）、法第11条第1項（法第88条第1項及び第3項において準用する場合を含む。）、法第12条（法第88条第1項及び第3項において準用

する場合を含む。）、法第18条第14項（法第88条第１項及び第３項並びに法第90条第３項において準用する場合を含む。）、法第85条第３項及び<u>第５項</u>、法第86条第１項、第２項及び第８項（同条第１項又は第２項の規定による認定に係る部分に限る。）、法第86条の２第１項及び第６項（同条第１項の規定による認定に係る部分に限る。）、法第86条の５第２項及び第４項（同条第２項の規定による認定の取消しに係る部分に限る。）、法第86条の６、<u>法第86条の８（第２項を除く。）</u>並びに法第93条の２に規定する都道府県知事たる特定行政庁の権限に属する事務のうち、前項各号に掲げる建築物又は工作物に係る事務
　二　法第43条第１項、法第44条第１項第二号、法第52条<u>第14項</u>（同項第二号に該当する場合に限る。）、法第53条第５項、法第53条の２第１項、法第67条の２第３項第二号、法第68条第３項第二号及び法第68条の７第５項に規定する都道府県知事たる特定行政庁の権限に属する事務のうち、前項各号に掲げる建築物又は工作物に係る事務
　三・四　略
３　略

改正：平成19年政令第49号　　　施行：平成19年６月20日
第148条　（市町村の建築主事等の特例）

１　法第97条の２第１項<u>の政令</u>で定める<u>事務</u>は、法の規定により建築主事の権限に属するものとされている事務のうち、次に掲げる建築物又は工作物（<u>当該建築物又は工作物の新築</u>、改築、増築、移転、築造又は用途の変更に関して、法律並びにこれに基づく命令及び条例の規定により都道府県知事の許可を必要とするものを除く。）に係る事務とする。
　一　略
　二　<u>第138条第１項に規定する工作物のうち同項第一号に掲げる煙突若しくは同項第三号に掲げる</u>工作物で高さが10m以下のもの又は同項第五号に掲げる<u>擁壁</u>で高さが３m以下のもの（<u>いずれも前号に規定する建</u>築物以外の建築物の敷地内に築造するものを除く。）
２　法第97条の２第４項<u>の政令</u>で定める<u>事務</u>は、次に掲げる事務（建築審査会が置かれていない市町村の長にあつては、第一号及び第三号に掲げる事務）とする。
　一　<u>法第６条の２第11項及び第12項（これらの規定を法第88条第１項において準用する場合を含む。）</u>、法第７条の２第７項（法第88条第１項において準用する場合を含む。）、法第７条の４第７項（法第88条第１項において準用する場合を含む。）、法第９条（法第88条第１項及び第３項並びに法第90条第３項において準用する場合を含む。）、法第９条の２（法第88条第１項及び第３項並びに法第90条第３項において準用する場合を含む。）、法第９条の３（法第88条第１項及び第３項並びに法第90条第３項において準用する場合を含む。）、法第10条（法第88条第１項及び第３項において準用する場合を含む。）、法第11条第１項（法第88条第１項及び第３項において準用する場合を含む。）、法第12条（法第88条第１項及び第３項において準用する場合を含む。）、<u>法第18条第23項</u>（法第88条第１項及び第３項並びに法第90条第３項において準用する場合を含む。）、法第85条第３項及び第５項、法第86条第１項、第２項及び第８項（同条第１項又は第２項の規定による認定に係る部分に限る。）、法第86条の２第１項及び第６項（同条第１項の規定による認定に係る部分に限る。）、法第86条の５第２項及び第４項（同条第２項の規定による認定の取消しに係る部分に限る。）、法第86条の６、法第86条の８（第２項を除く。）並びに法第93条の２に規定する都道府県知事たる特定行政庁の権限に属する事務のうち、前項各号に掲げる建築物又は工作物に係る事務
　二～四　略
３　略

改正：平成27年政令第11号　　　施行：平成27年６月１日
第148条　（市町村の建築主事等の特例）

１　略
２　法第97条の２第４項の政令で定める事務は、次に掲げる事務（建築審査会が置かれていない市町村の長にあつては、第一号及び第三号に掲げる事務）とする。
　一　法<u>第６条の２第６項及び第７項</u>（これらの規定を法第88条第１項において準用する場合を含む。）、法第７条の２第７項（法第88条第１項において準用する場合を含む。）、法第７条の４第７項（法第88条第１

令148条　改正：平成27年政令第11号

において準用する場合を含む。）、法第 9 条（法第88条第 1 項及び第 3 項並びに法第90条第 3 項において準用する場合を含む。）、法第 9 条の 2 （法第88条第 1 項及び第 3 項並びに法第90条第 3 項において準用する場合を含む。）、法第 9 条の 3 （法第88条第 1 項及び第 3 項並びに法第90条第 3 項において準用する場合を含む。）、法第10条（法第88条第 1 項及び第 3 項において準用する場合を含む。）、法第11条第 1 項（法第88条第 1 項及び第 3 項において準用する場合を含む。）、法第12条（法第88条第 1 項及び第 3 項において準用する場合を含む。）、法第18条第25項（法第88条第 1 項及び第 3 項並びに法第90条第 3 項において準用する場合を含む。）、法第85条第 3 項及び第 5 項、法第86条第 1 項、第 2 項及び第 8 項（同条第 1 項又は第 2 項の規定による認定に係る部分に限る。）、法第86条の 2 第 1 項及び第 6 項（同条第 1 項の規定による認定に係る部分に限る。）、法第86条の 5 第 2 項及び第 4 項（同条第 2 項の規定による認定の取消しに係る部分に限る。）、法第86条の 6 、法第86条の 8 （第 2 項を除く。）並びに法第93条の 2 に規定する都道府県知事たる特定行政庁の権限に属する事務のうち、前項各号に掲げる建築物又は工作物に係る事務

二　法第43条第 1 項、法第44条第 1 項第二号、法第52条第14項（同項第二号に該当する場合に限る。）、法第53条第 5 項、法第53条の 2 第 1 項、法第67条の 3 第 3 項第二号、法第68条第 3 項第二号及び法第68条の 7 第 5 項に規定する都道府県知事たる特定行政庁の権限に属する事務のうち、前項各号に掲げる建築物又は工作物に係る事務

三・四　略

3　略

改正：平成30年政令第255号　　　施行：平成30年 9 月25日

第148条　（市町村の建築主事等の特例）

1　略

2　法第97条の 2 第 4 項の政令で定める事務は、次に掲げる事務（建築審査会が置かれていない市町村の長にあつては、第一号及び第三号に掲げる事務）とする。

一　法第 6 条の 2 第 6 項及び第 7 項（これらの規定を法第88条第 1 項において準用する場合を含む。）、法第 7 条の 2 第 7 項（法第88条第 1 項において準用する場合を含む。）、法第 7 条の 4 第 7 項（法第88条第 1 項において準用する場合を含む。）、法第 9 条（法第88条第 1 項及び第 3 項並びに法第90条第 3 項において準用する場合を含む。）、法第 9 条の 2 （法第88条第 1 項及び第 3 項並びに法第90条第 3 項において準用する場合を含む。）、法第 9 条の 3 （法第88条第 1 項及び第 3 項並びに法第90条第 3 項において準用する場合を含む。）、法第10条（法第88条第 1 項及び第 3 項において準用する場合を含む。）、法第11条第 1 項（法第88条第 1 項及び第 3 項において準用する場合を含む。）、法第12条（法第88条第 1 項及び第 3 項において準用する場合を含む。）、法第18条第25項（法第88条第 1 項及び第 3 項並びに法第90条第 3 項において準用する場合を含む。）、法第43条第 2 項第一号、法第85条第 3 項及び第 5 項、法第86条第 1 項、第 2 項及び第 8 項（同条第 1 項又は第 2 項の規定による認定に係る部分に限る。）、法第86条の 2 第 1 項及び第 6 項（同条第 1 項の規定による認定に係る部分に限る。）、法第86条の 5 第 2 項及び第 4 項（同条第 2 項の規定による認定の取消しに係る部分に限る。）、法第86条の 6 、法第86条の 8 （第 2 項を除く。）並びに法第93条の 2 に規定する都道府県知事たる特定行政庁の権限に属する事務のうち、前項各号に掲げる建築物又は工作物に係る事務

二　法第43条第 2 項第二号、法第44条第 1 項第二号、法第52条第14項（同項第二号に該当する場合に限る。）、法第53条第 5 項、法第53条の 2 第 1 項、法第67条の 3 第 3 項第二号、法第68条第 3 項第二号及び法第68条の 7 第 5 項に規定する都道府県知事たる特定行政庁の権限に属する事務のうち、前項各号に掲げる建築物又は工作物に係る事務

三・四　略

3　略

改正：令和元年政令第30号　　　施行：令和元年 6 月25日

第148条　（市町村の建築主事等の特例）

1　略

2　法第97条の 2 第 4 項の政令で定める事務は、次に掲げる事務（建築審査会が置かれていない市町村の長に

あつては、第一号及び第三号に掲げる事務)とする。
一 法第6条の2第6項及び第7項(これらの規定を法第88条第1項において準用する場合を含む。)、法第7条の2第7項(法第88条第1項において準用する場合を含む。)、法第7条の4第7項(法第88条第1項において準用する場合を含む。)、法第9条(法第88条第1項及び第3項並びに法第90条第3項において準用する場合を含む。)、法第9条の2(法第88条第1項及び第3項並びに法第90条第3項において準用する場合を含む。)、法第9条の3(法第88条第1項及び第3項並びに法第90条第3項において準用する場合を含む。)、法第9条の4(法第88条第1項及び第3項において準用する場合を含む。)、法第10条(法第88条第1項及び第3項において準用する場合を含む。)、法第11条第1項(法第88条第1項及び第3項において準用する場合を含む。)、法第12条(法第88条第1項及び第3項において準用する場合を含む。)、法第18条第25号(法第88条第1項及び第3項並びに法第90条第3項において準用する場合を含む。)、法第43条第2項第一号、法第85条第3項及び第5項、法第86条第1項、第2項及び第8項(同条第1項又は第2項の規定による認定に係る部分に限る。)、法第86条の2第1項及び第6項(同条第1項の規定による認定に係る部分に限る。)、法第86条の5第2項及び第4項(同条第2項の規定による認定の取消しに係る部分に限る。)、法第86条の6、法第86条の8(第2項を除き、法第87条の2第2項において準用する場合を含む。)、法第87条の2第1項、法第87条の3第3項及び第5項並びに法第93条の2に規定する都道府県知事たる特定行政庁の権限に属する事務のうち、前項各号に掲げる建築物又は工作物に係る事務
二 法第43条第2項第二号、法第44条第1項第二号、法第52条第14項(同項第二号に該当する場合に限る。)、法第53条第6項、法第53条の2第1項、法第67条第3項第二号、法第68条第3項第二号及び法第68条の7第5項に規定する都道府県知事たる特定行政庁の権限に属する事務のうち、前項各号に掲げる建築物又は工作物に係る事務
三・四 略
3 略

改正：令和4年政令第203号　　施行：令和4年5月31日
第148条　（市町村の建築主事等の特例）

1 略
2 法第97条の2第4項の政令で定める事務は、次に掲げる事務(建築審査会が置かれていない市町村の長にあつては、第一号及び第三号に掲げる事務)とする。
一 法第6条の2第6項及び第7項(これらの規定を法第88条第1項において準用する場合を含む。)、法第7条の2第7項(法第88条第1項において準用する場合を含む。)、法第7条の4第7項(法第88条第1項において準用する場合を含む。)、法第9条(法第88条第1項及び第3項並びに法第90条第3項において準用する場合を含む。)、法第9条の2(法第88条第1項及び第3項並びに法第90条第3項において準用する場合を含む。)、法第9条の3(法第88条第1項及び第3項並びに法第90条第3項において準用する場合を含む。)、法第9条の4(法第88条第1項及び第3項において準用する場合を含む。)、法第10条(法第88条第1項及び第3項において準用する場合を含む。)、法第11条第1項(法第88条第1項及び第3項において準用する場合を含む。)、法第12条(法第88条第1項及び第3項において準用する場合を含む。)、法第18条第25号(法第88条第1項及び第3項並びに法第90条第3項において準用する場合を含む。)、法第43条第2項第一号、法第85条第3項、第5項、第6項及び第8項(同条第5項の規定により許可の期間を延長する場合に係る部分に限る。)、法第86条第1項、第2項及び第8項(同条第1項又は第2項の規定による認定に係る部分に限る。)、法第86条の2第1項及び第6項(同条第1項の規定による認定に係る部分に限る。)、法第86条の5第2項及び第4項(同条第2項の規定による認定の取消しに係る部分に限る。)、法第86条の6、法第86条の8(第2項を除き、法第87条の2第2項において準用する場合を含む。)、法第87条の2第1項、第87条の3第3項、第5項、第6項及び第8項(同条第5項の規定により許可の期間を延長する場合に係る部分に限る。)並びに法第93条の2に規定する都道府県知事たる特定行政庁の権限に属する事務のうち、前項各号に掲げる建築物又は工作物に係る事務
二 法第43条第2項第二号、法第44条第1項第二号、法第52条第14項(同項第二号に該当する場合に限る。以下この号において同じ。)、同条第15項(同条第14項の規定による許可をする場合に係る部分に限る。)において準用する法第44条第2項、法第53条第6項第三号、同条第9項(同号の規定による許可をする場合に係る部分に限る。)において準用する法第44条第2項、法第53条の2第1項第三号及び第四号、同条第

令148条　改正：令和4年政令第203号

　　4項において準用する法第44条第2項、法第67条第3項第二号、同条第10項（同号の規定による許可をする場合に係る部分に限る。）において準用する法第44条第2項、法第68条第3項第二号、同条第6項（同号の規定による許可をする場合に係る部分に限る。）において準用する法第44条第2項、法第68条の7第5項並びに同条第6項において準用する法第44条第2項に規定する都道府県知事たる特定行政庁の権限に属する事務のうち、前項各号に掲げる建築物又は工作物に係る事務
　　三　略
　　四　法第42条第2項（幅員1.8m未満の道の指定に限る。）、第3項、第4項（幅員1.8m未満の道の指定に限る。）及び第6項並びに法第68条の7第1項（同項第一号に該当する場合を除く。）及び第2項に規定する都道府県知事たる特定行政庁の権限に属する事務
3　法第97条の2第4項の規定により同項に規定する市町村の長が前項第一号に掲げる事務のうち法第12条第4項ただし書、法第85条第8項又は法第87条の3第8項の規定に係るものを行う場合におけるこれらの規定の適用については、これらの規定中「建築審査会」とあるのは、「建築審査会（建築審査会が置かれていない市町村にあつては、当該市町村を包括する都道府県の建築審査会）」とする。
4　法第97条の2第4項の場合においては、この政令中都道府県知事たる特定行政庁に関する規定は、同条第1項の規定により建築主事を置く市町村の長に関する規定として当該市町村の長に適用があるものとする。

改正：令和5年政令第293号　　　施行：令和6年4月1日
第148条　（市町村の建築主事等の特例）

1　略
2　前項の規定は、法第97条の2第2項の政令で定める事務について準用する。この場合において、前項中「建築主事」とあるのは、「建築副主事」と読み替えるものとする。
3　法第97条の2第5項の　政令で定める事務は、次に掲げる事務（建築審査会が置かれていない市町村の長にあつては、第一号及び第三号に掲げる事務）とする。
　　一　法第6条の2第6項及び第7項（これらの規定を法第88条第1項において準用する場合を含む。）、法第7条の2第7項（法第88条第1項において準用する場合を含む。）、法第7条の4第7項（法第88条第1項において準用する場合を含む。）、法第9条（法第88条第1項及び第3項並びに法第90条第3項において準用する場合を含む。）、法第9条の2（法第88条第1項及び第3項並びに法第90条第3項において準用する場合を含む。）、法第9条の3（法第88条第1項及び第3項並びに法第90条第3項において準用する場合を含む。）、法第9条の4（法第88条第1項及び第3項において準用する場合を含む。）、法第10条（法第88条第1項及び第3項において準用する場合を含む。）、法第11条第1項（法第88条第1項及び第3項において準用する場合を含む。）、法第12条（法第88条第1項及び第3項において準用する場合を含む。）、法第18条第25項（法第88条第1項及び第3項並びに法第90条第3項において準用する場合を含む。）、法第43条第2項第一号、法第85条第3項、第5項、第6項及び第8項（同条第5項の規定により許可の期間を延長する場合に係る部分に限る。）、法第86条第1項、第2項及び第8項（同条第1項又は第2項の規定による認定に係る部分に限る。）、法第86条の2第1項及び第6項（同条第1項の規定による認定に係る部分に限る。）、法第86条の5第2項及び第4項（同条第2項の規定による認定の取消しに係る部分に限る。）、法第86条の6、法第86条の8（第2項を除き、法第87条の2第2項において準用する場合を含む。）、法第87条の2第1項、第87条の3第3項、第5項、第6項及び第8項（同条第5項の規定により許可の期間を延長する場合に係る部分に限る。）並びに法第93条の2に規定する都道府県知事たる特定行政庁の権限に属する事務のうち、第1項各号に掲げる建築物又は工作物に係る事務
　　二　法第43条第2項第二号、法第44条第1項第二号、法第52条第14項（同項第二号に該当する場合に限る。以下この号において同じ。）、同条第15項（同条第14項の規定による許可をする場合に係る部分に限る。）において準用する法第44条第2項、法第53条第6項第三号、同条第9項（同号の規定による許可をする場合に係る部分に限る。）において準用する法第44条第2項、法第53条の2第1項第三号及び第四号、同条第4項において準用する法第44条第2項、法第67条第3項第二号、同条第10項（同号の規定による許可をする場合に係る部分に限る。）において準用する法第44条第2項、法第68条第3項第二号、同条第6項（同号の規定による許可をする場合に係る部分に限る。）において準用する法第44条第2項、法第68条の7第5項並びに同条第6項において準用する法第44条第2項に規定する都道府県知事たる特定行政庁の権限に属する事務のうち、第1項各号に掲げる建築物又は工作物に係る事務

三・四　略
4　法第97条の2第5項の規定により同項に規定する市町村の長が前項第一号に掲げる事務のうち法第12条第4項ただし書、法第85条第8項又は法第87条の3第8項の規定に係るものを行う場合におけるこれらの規定の適用については、これらの規定中「建築審査会」とあるのは、「建築審査会（建築審査会が置かれていない市町村にあつては、当該市町村を包括する都道府県の建築審査会）」とする。
5　法第97条の2第5項の場合においては、この政令中都道府県知事たる特定行政庁に関する規定は、同条第1項又は第2項の規定により建築主事又は建築副主事を置く市町村の長に関する規定として当該市町村の長に適用があるものとする。

改正：令和6年政令第312号　　　施行：令和6年11月1日
第148条　（市町村の建築主事等の特例）
1・2　略
3　法第97条の2第5項の政令で定める事務は、次に掲げる事務（建築審査会が置かれていない市町村の長にあつては、第一号及び第三号に掲げる事務）とする。
　一　法第6条の2第6項及び第7項（これらの規定を法第88条第1項において準用する場合を含む。）、法第7条の2第7項（法第88条第1項において準用する場合を含む。）、法第7条の4第7項（法第88条第1項において準用する場合を含む。）、法第9条（法第88条第1項及び第3項並びに法第90条第3項において準用する場合を含む。）、法第9条の2（法第88条第1項及び第3項並びに法第90条第3項において準用する場合を含む。）、法第9条の3（法第88条第1項及び第3項並びに法第90条第3項において準用する場合を含む。）、法第9条の4（法第88条第1項及び第3項において準用する場合を含む。）、法第10条（法第88条第1項及び第3項において準用する場合を含む。）、法第11条第1項（法第88条第1項及び第3項において準用する場合を含む。）、法第12条（法第88条第1項及び第3項において準用する場合を含む。）、法第18条第19項（法第88条第1項において準用する場合を含む。）、第18条第41項（法第88条第1項及び第3項並びに法第90条第3項において準用する場合を含む。）、法第43条第2項第一号、法第85条第3項、第5項、第6項及び第8項（同条第5項の規定により許可の期間を延長する場合に係る部分に限る。）、法第86条第1項、第2項及び第8項（同条第1項又は第2項の規定による認定に係る部分に限る。）、法第86条の2第1項及び第6項（同条第1項の規定による認定に係る部分に限る。）、法第86条の5第2項及び第4項（同条第2項の規定による認定の取消しに係る部分に限る。）、法第86条の6、法第86条の8（第2項を除き、法第87条の2第2項において準用する場合を含む。）、法第87条の2第1項、第87条の3第3項、第5項、第6項及び第8項（同条第5項の規定により許可の期間を延長する場合に係る部分に限る。）並びに法第93条の2に規定する都道府県知事たる特定行政庁の権限に属する事務のうち、第1項各号に掲げる建築物又は工作物に係る事務
　二～四　略
4・5　略

改正：令和6年政令第172号　　　施行：令和7年4月1日
第148条　（市町村の建築主事等の特例）
1　法第97条の2第1項の政令で定める事務は、法の規定により建築主事の権限に属するものとされている事務のうち、次に掲げる建築物又は工作物（当該建築物又は工作物の新築、改築、増築、移転、築造又は用途の変更に関して、法律並びにこれに基づく命令及び条例の規定により都道府県知事の許可を必要とするものを除く。）に係る事務とする。
　一　法第6条第1項第二号に掲げる建築物のうち、木造の建築物（地階を除く階数が3以上であるもの、延べ面積が300㎡を超えるもの及び高さが16mを超えるものを除く。）
　二　法第6条第1項第三号に掲げる建築物
　三　第138条第1項に規定する工作物のうち、同項第一号に掲げる煙突若しくは同項第三号に掲げる工作物で高さが10m以下のもの又は同項第五号に掲げる擁壁で高さが3m以下のもの（いずれも前2号に規定する建築物以外の建築物の敷地内に築造するものを除く。）
2　前項の規定は、法第97条の2第2項の政令で定める事務について準用する。この場合において、前項中「建

令148条 改正：令和6年政令第172号

築主事」とあるのは、「建築副主事」と読み替えるものとする。

3 法第97条の2第5項の政令で定める事務は、次に掲げる事務（建築審査会が置かれていない市町村の長にあつては、第一号及び第三号に掲げる事務）とする。

一 法第6条の2第6項及び第7項（これらの規定を法第87条の4及び法第88条第1項において準用する場合を含む。）、法第7条の2第7項（法第87条の4及び法第88条第1項において準用する場合を含む。）、法第7条の4第7項（法第87条の4及び法第88条第1項において準用する場合を含む。）、法第7条の6第1項第一号及び第4項（これらの規定を法第87条の4において準用する場合を含む。）、法第9条第1項及び第10項（これらの規定を法第88条第1項及び第3項並びに法第90条第3項において準用する場合を含む。）、法第9条第2項から第9項まで、第11項、第12項及び第15項（これらの規定を法第88条第1項及び第3項、法第90条第3項並びに法第90条の2第2項において準用する場合を含む。）、法第9条第13項及び第14項（これらの規定を法第88条第1項及び第3項並びに法第90条の2第2項において準用する場合を含む。）、法第9条の2（法第88条第1項及び第3項並びに法第90条第3項において準用する場合を含む。）、法第9条の3（法第88条第1項及び第3項並びに法第90条第3項において準用する場合を含む。）、法第9条の4（法第88条第1項及び第3項において準用する場合を含む。）、法第10条（法第88条第1項及び第3項において準用する場合を含む。）、法第11条第1項（法第88条第1項及び第3項において準用する場合を含む。）、法第12条（法第88条第1項及び第3項において準用する場合を含む。）、法第18条第24項第一号（法第87条の4において準用する場合を含む。）及び第25項（法第88条第1項及び第3項並びに法第90条第3項において準用する場合を含む。）、法第43条第2項第一号、法第85条第3項、第5項、第6項及び第8項（同条第5項の規定により許可の期間を延長する場合に係る部分に限る。）、法第86条第1項、第2項及び第8項（同条第1項又は第2項の規定による認定に係る部分に限る。）、法第86条の2第1項及び第6項（同条第1項の規定による認定に係る部分に限る。）、法第86条の5第2項及び第4項（同条第2項の規定による認定の取消しに係る部分に限る。）、法第86条の6、法第86条の8第1項、同条第3項から第6項まで（これらの規定を法第87条の2第2項において準用する場合を含む。）、法第87条の2第1項、第87条の3第3項、第5項、第6項及び第8項（同条第5項の規定により許可の期間を延長する場合に係る部分に限る。）、法第90条の2第1項（法第87条の4において準用する場合を含む。）並びに法第93条の2に規定する都道府県知事たる特定行政庁の権限に属する事務のうち、第1項各号に掲げる建築物又は工作物に係る事務

二 法第43条第2項第二号、法第44条第1項第二号、法第52条第14項（同項第二号に該当する場合に限る。以下この号において同じ。）、同条第15項（同条第14項の規定による許可をする場合に係る部分に限る。）において準用する法第44条第2項、法第53条第6項第三号、同条第9項（同号の規定による許可をする場合に係る部分に限る。）において準用する法第44条第2項、法第53条の2第1項第三号及び第四号、同条第4項において準用する法第44条第2項、法第67条第3項第二号、同条第10項（同号の規定による許可をする場合に係る部分に限る。）において準用する法第44条第2項、法第68条第3項第二号、同条第6項（同号の規定による許可をする場合に係る部分に限る。）において準用する法第44条第2項、法第68条の7第5項並びに同条第6項において準用する法第44条第2項に規定する都道府県知事たる特定行政庁の権限に属する事務のうち、第1項各号に掲げる建築物又は工作物に係る事務

三 法第42条第1項第五号、同条第2項（幅員1.8m未満の道の指定を除く。）、同条第4項（幅員1.8m未満の道の指定を除く。）、法第45条及び法第68条の7第1項（同項第一号に該当する場合に限る。）に規定する都道府県知事たる特定行政庁の権限に属する事務

四 法第42条第2項（幅員1.8m未満の道の指定に限る。）、第3項、第4項（幅員1.8m未満の道の指定に限る。）及び第6項並びに法第68条の7第1項（同項第一号に該当する場合を除く。）及び第2項に規定する都道府県知事たる特定行政庁の権限に属する事務

4 法第97条の2第5項の規定により同項に規定する市町村の長が前項第一号に掲げる事務のうち法第12条第4項ただし書、法第85条第8項又は法第87条の3第8項の規定に係るものを行う場合におけるこれらの規定の適用については、これらの規定中「建築審査会」とあるのは、「建築審査会（建築審査会が置かれていない市町村にあつては、当該市町村を包括する都道府県の建築審査会）」とする。

5 法第97条の2第5項の場合においては、この政令中都道府県知事たる特定行政庁に関する規定は、同条第1項又は第2項の規定により建築主事又は建築副主事を置く市町村の長に関する規定として当該市町村の長に適用があるものとする。

改正：昭和45年政令第333号　**令149条**

[現行]　第149条　（特別区の特例）

制定：昭和39年政令第347号　　　施行：昭和40年4月1日
第149条　（特別区の特例）

1　法第97条の3第1項に規定する建築主事の権限に属するものとされている事務で政令で定めるものは、法中建築主事の権限に属するものとされている事務のうち、次の各号に掲げる建築物、工作物又は建築設備に係る事務以外の事務とする。
　一　建築物の主要構造部について、法第38条の規定により建設大臣が認める構造方法を用い、又は第81条の規定により建設大臣が認める構造計算による建築物
　二　特定街区内の建築物
　三　第146条第1項第一号に掲げる建築設備を設ける建築物
　四　その新築、改築又は増築に関して、法律並びにこれに基づく命令及び条例の規定により都知事の許可を必要とする建築物又は工作物（地方自治法第281条の3第4項の規定により都知事がその許可に関する事務を特別区の長に委任した場合における当該建築物又は工作物を除く。）
　五　建築物用地下水の採取の規制に関する法律（昭和37年法律第100号）第4条第1項の規定により都知事の許可を必要とする揚水設備を設ける建築物又は工作物（地方自治法第281条の3第4項の規定により都知事がその許可に関する事務を特別区の長に委任した場合における当該建築物又は工作物を除く。）
　六　駐車場法（昭和32年法律第106号）の規定に基づく条例により駐車施設を附置しなければならない。
　七　第138条第1項各号に掲げる工作物で前各号に掲げる建築物に附置するもの
　八　第138条第1項第一号から第四号までに掲げる工作物でその高さが20mをこえるもの、同項第五号に掲げる工作物でその高さが5mをこえるもの及び同条第2項各号に掲げる工作物
　九　第146条第1項第一号に掲げる建築設備
2　法第97条の3第3項に規定する都道府県知事たる特定行政庁の権限に属する事務で政令で定めるものは、次に掲げる事務とする。
　一　法第9条（法第88条第1項及び第3項並びに法第90条第3項において準用する場合を含む。）、法第10条（法第88条第1項及び第3項において準用する場合を含む。）、法第11条第1項（法第88条第1項及び第3項において準用する場合を含む。）、法第12条（法第88条第1項及び第3項において準用する場合を含む。）及び法第18条第9項（法第88条第1項及び第3項並びに法第90条第3項において準用する場合を含む。）に規定する都知事たる特定行政庁の権限に属する事務のうち、前項各号に掲げる建築物、工作物又は建築設備に係る事務以外の事務
　二　法第42条第1項第五号並びに法第85条第3項及び第4項に規定する都知事たる特定行政庁の権限に属する事務
3　法第97条の3第3項の場合においては、この政令中都道府県知事たる特定行政庁に関する規定は、特別区の長に関する規定として特別区の長に適用があるものとする。

改正：昭和45年政令第333号　　　施行：昭和46年1月1日
第149条　（特別区の特例）

1　法第97条の3第1項に規定する建築主事の権限に属するものとされている事務で政令で定めるものは、<u>法の規定により建築主事の権限に属するものとされている事務</u>のうち、次の各号に掲げる建築物、工作物又は建築設備に係る事務以外の事務とする。
　一〜三　略
　四　その新築、改築又は増築に関して、法律並びにこれに基づく命令及び条例の規定により都知事の許可を必要とする建築物又は工作物（地方自治法<u>（昭和22年法律第67号）</u>第281条の3第4項の規定により都知事がその許可に関する事務を特別区の長に委任した場合における当該建築物又は工作物を除く。）
　五〜九　略
2　法第97条の3第3項に規定する都道府県知事たる特定行政庁の権限に属する事務で政令で定めるものは、次に掲げる事務とする。
　一　法第9条（法第88条第1項及び第3項並びに法第90条第3項において準用する場合を含む。）、<u>法第9条の2（法第88条第1項及び第3項並びに法第90条第3項において準用する場合を含む。）、法第9条の3</u>

令149条 改正：昭和45年政令第333号

（法第88条第1項及び第3項並びに法第90条第3項において準用する場合を含む。）、法第10条（法第88条第1項及び第3項において準用する場合を含む。）、法第11条第1項（法第88条第1項及び第3項において準用する場合を含む。）、法第12条（法第88条第1項及び第3項において準用する場合を含む。）、法第18条第9項（法第88条第1項及び第3項並びに法第90条第3項において準用する場合を含む。）及び法第93条の2に規定する都知事たる特定行政庁の権限に属する事務のうち、前項各号に掲げる建築物、工作物又は建築設備に係る事務以外の事務
　二　略
3　略

改正：昭和49年政令第203号　　施行：昭和50年4月1日

第149条　（特別区の特例）

1　法第97条の3第1項に規定する建築主事の権限に属するものとされている事務で政令で定めるものは、法の規定により建築主事の権限に属するものとされている事務のうち、次の各号に掲げる建築物、工作物又は建築設備に係る事務以外の事務とする。
　一　特定街区内の建築物
　二　第146条第1項第一号に掲げる建築設備を設ける建築物で延べ面積が5,000㎡を超えるもの
　三　地下の工作物内に設ける建築物で居室の床面積の合計が1,500㎡を超えるもの
　四　その新築、改築又は増築に関して、法律並びにこれに基づく命令及び条例の規定により都知事の許可を必要とする建築物又は工作物（地方自治法（昭和22年法律第67号）第281条の3第3項の規定により都知事がその許可に関する事務を特別区の長に委任した場合における当該建築物又は工作物を除く。）
　五　第138条第1項各号に掲げる工作物で前各号に掲げる建築物に附置するもの
　六　第138条第2項各号に掲げる工作物
　七　第146条第1項第一号に掲げる建築設備で第一号から第四号までに掲げる建築物に設けるもの

2　法第97条の3第3項に規定する都道府県知事たる特定行政庁の権限に属する事務で政令で定めるものは、次に掲げる事務とする。
　一　法第9条（法第88条第1項及び第3項並びに法第90条第3項において準用する場合を含む。）、法第9条の2（法第88条第1項及び第3項並びに法第90条第3項において準用する場合を含む。）、法第9条の3（法第88条第1項及び第3項並びに法第90条第3項において準用する場合を含む。）、法第10条（法第88条第1項及び第3項において準用する場合を含む。）、法第11条第1項（法第88条第1項及び第3項において準用する場合を含む。）、法第12条（法第88条第1項及び第3項において準用する場合を含む。）、法第18条第9項（法第88条第1項及び第3項並びに法第90条第3項において準用する場合を含む。）、法第57条第1項、法第86条及び法第93条の2に規定する都知事たる特定行政庁の権限に属する事務のうち、前項各号に掲げる建築物、工作物又は建築設備に係る事務以外の事務
　二　法第42条第1項第五号、同条第2項（幅員1.8m以上の道の指定に限る。）、法第45条並びに法第85条第3項及び第4項に規定する都知事たる特定行政庁の権限に属する事務
3　略

改正：昭和50年政令第2号　　施行：昭和50年4月1日

第149条　（特別区の特例）

1　法第97条の3第1項に規定する建築主事の権限に属するものとされている事務で政令で定めるものは、法の規定により建築主事の権限に属するものとされている事務のうち、次の各号に掲げる建築物、工作物又は建築設備に係る事務以外の事務とする。
　一～四　略
　五　第138条第1項各号に掲げる工作物で前各号に掲げる建築物に附置するもの及び同条第3項第二号ロ又はハに掲げる工作物で前各号に掲げる建築物に附属するもの
　六・七　略

2　法第97条の3第3項に規定する都道府県知事たる特定行政庁の権限に属する事務で政令で定めるものは、次に掲げる事務とする。

一　法第9条（法第88条第1項、第2項及び第4項並びに法第90条第3項において準用する場合を含む。）、法第9条の2（法第88条第1項、第2項及び第4項並びに法第90条第3項において準用する場合を含む。）、法第9条の3（法第88条第1項、第2項及び第4項並びに法第90条第3項において準用する場合を含む。）、法第10条（法第88条第1項及び第4項において準用する場合を含む。）、法第11条第1項（法第88条第1項、第2項及び第4項において準用する場合を含む。）、法第12条（法第88条第1項、第2項及び第4項において準用する場合を含む。）、法第18条第9項（法第88条第1項、第2項及び第4項並びに法第90条第3項において準用する場合を含む。）、法第57条第1項、法第86条及び法第93条の2（法第88条第2項において準用する場合を含む。）に規定する都知事たる特定行政庁の権限に属する事務のうち、前項各号に掲げる建築物、工作物又は建築設備に係る事務以外の事務

二　略

3　略

改正：昭和52年政令第266号　　施行：昭和52年11月1日

第149条　（特別区の特例）

1　略

2　法第97条の3第3項に規定する都道府県知事たる特定行政庁の権限に属する事務で政令で定めるものは、次に掲げる事務とする。

一　法第7条の2（法第87条の2第1項並びに法第88条第1項及び第2項において準用する場合を含む。）、法第9条（法第88条第1項、第2項及び第4項並びに法第90条第3項において準用する場合を含む。）、法第9条の2（法第88条第1項、第2項及び第4項並びに法第90条第3項において準用する場合を含む。）、法第9条の3（法第88条第1項、第2項及び第4項並びに法第90条第3項において準用する場合を含む。）、法第10条（法第88条第1項及び第4項において準用する場合を含む。）、法第11条第1項（法第88条第1項、第2項及び第4項において準用する場合を含む。）、法第12条（法第88条第1項、第2項及び第4項において準用する場合を含む。）、法第18条第9項（法第88条第1項、第2項及び第4項並びに法第90条第3項において準用する場合を含む。）、法第55条第2項第三号、法第57条第1項、法第86条、法第90条の2（法第87条の2第1項において準用する場合を含む。）、法第90条の3（法第87条の2第1項において準用する場合を含む。）及び法第93条の2（法第88条第2項において準用する場合を含む。）に規定する都知事たる特定行政庁の権限に属する事務のうち、前項各号に掲げる建築物、工作物又は建築設備に係る事務以外の事務

二　略

3　略

改正：昭和56年政令第144号　　施行：昭和56年4月25日

第149条　（特別区の特例）

1　法第97条の3第1項に規定する建築主事の権限に属するものとされている事務で政令で定めるものは、法の規定により建築主事の権限に属するものとされている事務のうち、次の各号に掲げる建築物、工作物又は建築設備に係る事務以外の事務とする。

一〜四　略

五　第138条第1項各号に掲げる工作物で前各号に掲げる建築物に附置するもの及び同条第3項第二号ロ、ハ又はニに掲げる工作物で前各号に掲げる建築物に附置するもの

六・七　略

2　法第97条の3第3項に規定する都道府県知事たる特定行政庁の権限に属する事務で政令で定めるものは、次に掲げる事務とする。

一　略

二　法第42条第1項第五号、同条第2項（幅員1.8m以上の道の指定に限る。）、法第45条、法第68条の4第1項（同項第一号に該当する場合に限る。）並びに法第85条第3項及び第4項に規定する都知事たる特定行政庁の権限に属する事務

3　略

令149条 改正：昭和57年政令第302号

改正：昭和57年政令第302号　　施行：昭和58年4月1日
第149条　（特別区の特例）

1　法第97条の3第1項に規定する建築主事の権限に属するものとされている事務で政令で定めるものは、法の規定により建築主事の権限に属するものとされている事務のうち、次の各号に掲げる建築物、工作物又は建築設備に係る事務以外の事務とする。
　一～三　略
　四　その新築、改築、増築、移転、築造又は用途の変更に関して、法律並びにこれに基づく命令及び条例の規定（法第44条、法第47条、法第48条（法第87条第2項及び第3項並びに法第88条第2項において準用する場合を含む。）、法第52条、法第55条、法第56条の2、法第59条及び法第59条の2の規定を除く。）により都知事の許可を必要とする建築物又は工作物（地方自治法（昭和22年法律第67号）第281条の3第3項の規定により都知事がその許可に関する事務を特別区の長に委任した場合における当該建築物又は工作物を除く。）
　五～七　略
2　法第97条の3第3項に規定する都道府県知事たる特定行政庁の権限に属する事務で政令で定めるものは、次に掲げる事務とする。
　一　法第3条、法第7条の3（法第87条の2第1項並びに法第88条第1項及び第2項において準用する場合を含む。）、法第9条（法第88条第1項、第2項及び第4項並びに法第90条第3項において準用する場合を含む。）、法第9条の2（法第88条第1項、第2項及び第4項並びに法第90条第3項において準用する場合を含む。）、法第9条の3（法第88条第1項、第2項及び第4項並びに法第90条第3項において準用する場合を含む。）、法第10条（法第88条第1項及び第4項において準用する場合を含む。）、法第11条第1項（法第88条第1項、第2項及び第4項において準用する場合を含む。）、法第12条（法第88条第1項、第2項及び第4項において準用する場合を含む。）、法第18条（法第87条の2第1項、法第88条第1項、第2項及び第4項並びに法第90条第3項において準用する場合を含む。）、法第44条、法第47条、法第48条（法第87条第2項及び第3項並びに法第88条第2項において準用する場合を含む。）、法第52条第3項から第5項まで、法第53条、法第55条、法第56条の2、法第57条第1項、法第59条、法第59条の2、法第86条、法第90条の2（法第87条の2第1項において準用する場合を含む。）、法第90条の3（法第87条の2第1項において準用する場合を含む。）及び法第93条の2（法第88条第2項において準用する場合を含む。）に規定する都知事たる特定行政庁の権限に属する事務のうち、前項各号に掲げる建築物、工作物又は建築設備に係る事務以外の事務
　二　法第42条、法第45条、法第46条、法第68条の4、法第70条、法第73条から法第74条の2まで、法第75条の2、法第76条、法第76条の3並びに法第85条第3項及び第4項に規定する都知事たる特定行政庁の権限に属する事務
3　法第97条の3第3項の場合においては、この政令中都道府県知事たる特定行政庁に関する規定（第130条の10第2項ただし書、第135条の4の2第2項及び第136条第2項ただし書の規定を除く。）は、特別区の長に関する規定として特別区の長に適用があるものとする。

改正：昭和62年政令第348号　　施行：昭和62年11月16日
第149条　（特別区の特例）

1　略
2　法第97条の3第3項に規定する都道府県知事たる特定行政庁の権限に属する事務で政令で定めるものは、次に掲げる事務とする。
　一　法第3条、法第7条の3（法第87条の2第1項並びに法第88条第1項及び第2項において準用する場合を含む。）、法第9条（法第88条第1項、第2項及び第4項並びに法第90条第3項において準用する場合を含む。）、法第9条の2（法第88条第1項、第2項及び第4項並びに法第90条第3項において準用する場合を含む。）、法第9条の3（法第88条第1項、第2項及び第4項並びに法第90条第3項において準用する場合を含む。）、法第10条（法第88条第1項及び第4項において準用する場合を含む。）、法第11条第1項（法第88条第1項、第2項及び第4項において準用する場合を含む。）、法第12条（法第88条第1項、第2項及び第4項において準用する場合を含む。）、法第18条（法第87条の2第1項、法第88条第1項、第2項及び

第4項並びに法第90条第3項において準用する場合を含む。)、法第26条、法第44条、法第47条、法第48条(法第87条第2項及び第3項並びに法第88条第2項において準用する場合を含む。)、法第52条第4項から第7項まで、法第53条、法第55条、法第56条の2、法第57条第1項、法第59条、法第59条の2、法第86条、法第90条の2(法第87条の2第1項において準用する場合を含む。)、法第90条の3(法第87条の2第1項において準用する場合を含む。)及び法第93条の2(法第88条第2項において準用する場合を含む。)に規定する都知事たる特定行政庁の権限に属する事務のうち、前項各号に掲げる建築物、工作物又は建築設備に係る事務以外の事務
　二　略
3　法第97条の3第3項の場合においては、この政令中都道府県知事たる特定行政庁に関する規定（第130条の10第2項ただし書、第135条の4の2第2項及び第136条第3項ただし書の規定を除く。)は、特別区の長に関する規定として特別区の長に適用があるものとする。

改正：昭和63年政令第322号　　施行：昭和63年11月15日
第149条　（特別区の特例）

1　法第97条の3第1項に規定する建築主事の権限に属するものとされている事務で政令で定めるものは、法の規定により建築主事の権限に属するものとされている事務のうち、次の各号に掲げる建築物、工作物又は建築設備（第四号又は第五号に掲げる建築物又は工作物にあつては、地方自治法（昭和22年法律第67号）第281条の3第3項の規定により都知事が第四号又は第五号に規定する処分に関する事務を特別区の長に委任した場合における当該建築物又は工作物を除く。)に係る事務以外の事務とする。
　一～三　略
　四　その新築、改築、増築、移転、築造又は用途の変更に関して、法律並びにこれに基づく命令及び条例の規定（法第44条、法第47条、法第48条（法第87条第2項及び第3項並びに法第88条第2項において準用する場合を含む。)、法第52条、法第55条、法第56条の2、法第59条及び法第59条の2の規定を除く。)により都知事の許可を必要とする建築物又は工作物
　五　再開発地区計画の区域（再開発地区整備計画が定められている区域に限る。)内の建築物又は工作物で次のイ又はロに掲げるもの
　　イ　その新築、改築、増築、移転、築造又は用途の変更に関して、法第48条第1項から第8項まで（法第87条第2項及び第3項並びに法第88条第2項において準用する場合を含む。)の規定により都知事の許可を必要とする建築物又は工作物
　　ロ　その新築、改築、増築又は移転に関して、法第68条の3第1項の規定により都知事が交通上、安全上、防火上及び衛生上支障がないと認めることを必要とする建築物
　六　第138条第1項各号に掲げる工作物で前各号に掲げる建築物に附置するもの及び同条第3項第二号ロ、ハ又はニに掲げる工作物で前各号に掲げる建築物に附属するもの
　七　第138条第2項各号に掲げる工作物
　八　第146条第1項第一号に掲げる建築設備で第一号から第四号までに掲げる建築物に設けるもの
2　法第97条の3第3項に規定する都道府県知事たる特定行政庁の権限に属する事務で政令で定めるものは、次に掲げる事務とする。
　一　法第3条、法第7条の3（法第87条の2第1項並びに法第88条第1項及び第2項において準用する場合を含む。)、法第9条（法第88条第1項、第2項及び第4項並びに法第90条第3項において準用する場合を含む。)、法第9条の2（法第88条第1項、第2項及び第4項並びに法第90条第3項において準用する場合を含む。)、法第9条の3（法第88条第1項、第2項及び第4項並びに法第90条第3項において準用する場合を含む。)、法第10条（法第88条第1項及び第4項において準用する場合を含む。)、法第11条第1項（法第88条第1項、第2項及び第4項において準用する場合を含む。)、法第12条（法第88条第1項、第2項及び第4項において準用する場合を含む。)、法第18条（法第87条の2第1項、法第88条第1項、第2項及び第4項並びに法第90条第3項において準用する場合を含む。)、法第26条、法第44条、法第47条、法第48条（法第87条第2項及び第3項並びに法第88条第2項において準用する場合を含む。以下この号において同じ。)、法第52条第4項から第7項まで、法第53条、法第55条、法第56条の2、法第57条第1項、法第59条、法第59条の2、法第86条、法第90条の2（法第87条の2第1項において準用する場合を含む。)、法第90条の3（法第87条の2第1項において準用する場合を含む。)及び法第93条の2（法第88条第2項において

令149条　改正：昭和63年政令第322号

準用する場合を含む。）に規定する都知事たる特定行政庁の権限に属する事務（法第48条に規定する都知事たる特定行政庁の権限に属する事務にあつては、再開発地区計画の区域（再開発地区整備計画が定められている区域に限る。）内の建築物又は工作物に係るものを除く。）のうち、前項各号に掲げる建築物、工作物又は建築設備に係る事務以外の事務

　二　法第42条、法第45条、法第46条、法第68条の5、法第70条、法第73条から法第74条の2まで、法第75条の2、法第76条、法第76条の3並びに法第85条第3項及び第4項に規定する都知事たる特定行政庁の権限に属する事務（法第68条の5に規定する都知事たる特定行政庁の権限に属する事務にあつては、再開発地区計画の区域における予定道路の指定に係るものを除く。）

3　略

改正：平成元年政令第309号　　　施行：平成元年11月22日
第149条　（特別区の特例）

1　法第97条の3第1項に規定する建築主事の権限に属するものとされている事務で政令で定めるものは、法の規定により建築主事の権限に属するものとされている事務のうち、次の各号に掲げる建築物、工作物又は建築設備（第四号又は第五号に掲げる建築物又は工作物にあつては、地方自治法（昭和22年法律第67号）第281条の3第3項の規定により都知事が第四号又は第五号に規定する処分に関する事務を特別区の長に委任した場合における当該建築物又は工作物を除く。）に係る事務以外の事務とする。

　一～四　略
　五　再開発地区計画の区域（再開発地区整備計画が定められている区域に限る。）内の建築物又は工作物で次のイからハまでに掲げるもの
　　イ　その新築、改築、増築又は移転に関して、法第44条第1項第三号の規定により都知事が安全上、防火上及び衛生上支障がないと認めることを必要とする建築物
　　ロ　その新築、改築、増築、移転、築造又は用途の変更に関して、法第48条第1項から第8項まで（法第87条第2項及び第3項並びに法第88条第2項において準用する場合を含む。）の規定により都知事の許可を必要とする建築物又は工作物
　　ハ　その新築、改築、増築又は移転に関して、法第68条の3第1項の規定により都知事が交通上、安全上、防火上及び衛生上支障がないと認めることを必要とする建築物
　六～八　略

2　法第97条の3第3項に規定する都道府県知事たる特定行政庁の権限に属する事務で政令で定めるものは、次に掲げる事務とする。

　一　法第3条、法第7条の3（法第87条の2第1項並びに法第88条第1項及び第2項において準用する場合を含む。）、法第9条（法第88条第1項、第2項及び第4項並びに法第90条第3項において準用する場合を含む。）、法第9条の2（法第88条第1項、第2項及び第4項並びに法第90条第3項において準用する場合を含む。）、法第9条の3（法第88条第1項、第2項及び第4項並びに法第90条第3項において準用する場合を含む。）、法第10条（法第88条第1項及び第4項において準用する場合を含む。）、法第11条第1項（法第88条第1項、第2項及び第4項において準用する場合を含む。）、法第12条（法第88条第1項、第2項及び第4項において準用する場合を含む。）、法第18条（法第87条の2第1項、法第88条第1項、第2項及び第4項並びに法第90条第3項において準用する場合を含む。）、法第26条、法第44条、法第47条、法第48条（法第87条第2項及び第3項並びに法第88条第2項において準用する場合を含む。以下この号において同じ。）、法第52条第4項から第7項まで、法第53条、法第55条、法第56条の2、法第57条第1項、法第59条、法第59条の2、法第86条、法第90条の2（法第87条の2第1項において準用する場合を含む。）、法第90条の3（法第87条の2第1項において準用する場合を含む。）及び法第93条の2（法第88条第2項において準用する場合を含む。）に規定する都知事たる特定行政庁の権限に属する事務（法第44条第1項第三号又は法第48条に規定する都知事たる特定行政庁の権限に属する事務にあつては、再開発地区計画の区域（再開発地区整備計画が定められている区域に限る。）内の建築物又は工作物に係るものを除く。）のうち、前項各号に掲げる建築物、工作物又は建築設備に係る事務以外の事務
　二　略
3　略

改正：平成2年政令第323号　　　施行：平成2年11月20日
第149条　（特別区の特例）

1　法第97条の3第1項に規定する建築主事の権限に属するものとされている事務で政令で定めるものは、法の規定により建築主事の権限に属するものとされている事務のうち、次に掲げる建築物、工作物又は建築設備（第四号から第六号までに掲げる建築物又は工作物にあつては、地方自治法（昭和22年法律第67号）第281条の3第3項の規定により都知事が第四号から第六号までに規定する処分に関する事務を特別区の長に委任した場合における当該建築物又は工作物を除く。）に係る事務以外の事務とする。
　一～四　略
　五　住宅地高度利用地区計画の区域（住宅地高度利用地区整備計画が定められている区域に限る。）内の建築物又は工作物で次のイ又はロに掲げるもの
　　イ　その新築、改築、増築、移転、築造又は用途の変更に関して、法第48条第1項又は第2項（法第87条第2項及び第3項並びに法第88条第2項においてこれらの規定を準用する場合を含む。）の規定により都知事の許可を必要とする建築物又は工作物
　　ロ　その新築、改築、増築又は移転に関して、法第68条の4第1項から第3項までの規定により都知事が交通上、安全上、防火上及び衛生上支障がないと認めることを必要とする建築物
　六　再開発地区計画の区域（再開発地区整備計画が定められている区域に限る。）内の建築物又は工作物で次のイからハまでに掲げるもの
　　イ・ロ　略
　　ハ　その新築、改築、増築又は移転に関して、法第68条の5第1項の規定により都知事が交通上、安全上、防火上及び衛生上支障がないと認めることを必要とする建築物
　七　第138条第1項各号に掲げる工作物で前各号に掲げる建築物に附置するもの及び同条第3項第二号ロからニまでに掲げる工作物で前各号に掲げる建築物に附属するもの
　八　第138条第2項各号に掲げる工作物
　九　第146条第1項第一号に掲げる建築設備で第一号から第四号までに掲げる建築物に設けるもの
2　法第97条の3第3項に規定する都道府県知事たる特定行政庁の権限に属する事務で政令で定めるものは、次に掲げる事務とする。
　一　法第3条、法第7条の3（法第87条の2第1項並びに法第88条第1項及び第2項において準用する場合を含む。）、法第9条（法第88条第1項、第2項及び第4項並びに法第90条第3項において準用する場合を含む。）、法第9条の2（法第88条第1項、第2項及び第4項並びに法第90条第3項において準用する場合を含む。）、法第9条の3（法第88条第1項、第2項及び第4項並びに法第90条第3項において準用する場合を含む。）、法第10条（法第88条第1項及び第4項において準用する場合を含む。）、法第11条第1項（法第88条第1項、第2項及び第4項において準用する場合を含む。）、法第12条（法第88条第1項、第2項及び第4項において準用する場合を含む。）、法第18条（法第87条の2第1項、法第88条第1項、第2項及び第4項並びに法第90条第3項において準用する場合を含む。）、法第26条、法第44条、法第47条、法第48条（法第87条第2項及び第3項並びに法第88条第2項において準用する場合を含む。以下この号において同じ。）、法第52条第4項から第7項まで、法第53条、法第55条、法第56条の2、法第57条第1項、法第59条、法第59条の2、法第86条、法第90条の2（法第87条の2第1項において準用する場合を含む。）、法第90条の3（法第87条の2第1項において準用する場合を含む。）及び法第93条の2（法第88条第2項において準用する場合を含む。）に規定する都知事たる特定行政庁の権限に属する事務（法第44条第1項第三号に規定する都知事たる特定行政庁の権限に属する事務にあつては再開発地区計画の区域（再開発地区整備計画が定められている区域に限る。以下この号において同じ。）内の建築物に係るものを、法第48条に規定する都知事たる特定行政庁の権限に属する事務にあつては住宅地高度利用地区計画の区域（住宅地高度利用地区整備計画が定められている区域に限る。）又は再開発地区計画の区域内の建築物又は工作物に係るものをそれぞれ除く。）のうち、前項各号に掲げる建築物、工作物又は建築設備に係る事務以外の事務
　二　法第42条、法第45条、法第46条、法第68条の7、法第70条、法第73条から法第74条の2まで、法第75条の2、法第76条、法第76条の3並びに法第85条第3項及び第4項に規定する都知事たる特定行政庁の権限に属する事務（法第68条の7に規定する都知事たる特定行政庁の権限に属する事務にあつては、住宅地高度利用地区計画又は再開発地区計画の区域における予定道路の指定に係るものを除く。）
3　略

令149条　改正：平成5年政令第170号

改正：平成5年政令第170号　　　施行：平成5年6月25日

第149条　（特別区の特例）

1　法第97条の3第1項に規定する建築主事の権限に属するものとされている事務で政令で定めるものは、法の規定により建築主事の権限に属するものとされている事務のうち、次に掲げる建築物、工作物又は建築設備（第四号から第六号までに掲げる建築物又は工作物にあつては、地方自治法（昭和22年法律第67号）第281条の3第3項の規定により都知事が第四号から第六号までに規定する処分に関する事務を特別区の長に委任した場合における当該建築物又は工作物を除く。）に係る事務以外の事務とする。

　一～三　略

　四　その新築、改築、増築、移転、築造又は用途の変更に関して、法律並びにこれに基づく命令及び条例の規定（法第44条、法第47条、法第48条（法第87条第2項及び第3項並びに法第88条第2項において準用する場合を含む。）、法第52条、法第54条の2、法第55条、法第56条の2、法第59条及び法第59条の2の規定を除く。）により都知事の許可を必要とする建築物又は工作物

　五　住宅地高度利用地区計画の区域（住宅地高度利用地区整備計画が定められている区域に限る。）内の建築物又は工作物で次のイ又はロに掲げるもの

　　イ　その新築、改築、増築、移転、築造又は用途の変更に関して、法第48条第1項から第4項まで（法第87条第2項及び第3項並びに法第88条第2項においてこれらの規定を準用する場合を含む。）の規定により都知事の許可を必要とする建築物又は工作物

　　ロ　略

　六　再開発地区計画の区域（再開発地区整備計画が定められている区域に限る。）内の建築物又は工作物で次のイからハまでに掲げるもの

　　イ　略

　　ロ　その新築、改築、増築、移転、築造又は用途の変更に関して、法第48条第1項から第12項まで（法第87条第2項及び第3項並びに法第88条第2項において準用する場合を含む。）の規定により都知事の許可を必要とする建築物又は工作物

　　ハ　略

　七　第138条第1項各号に掲げる工作物で前各号に掲げる建築物に附置するもの及び同条第3項第二号ハからチまでに掲げる工作物で前各号に掲げる建築物に附属するもの

　八・九　略

2　法第97条の3第3項に規定する都道府県知事たる特定行政庁の権限に属する事務で政令で定めるものは、次に掲げる事務とする。

　一　法第3条、法第7条の3（法第87条の2第1項並びに法第88条第1項及び第2項において準用する場合を含む。）、法第9条（法第88条第1項、第2項及び第4項並びに法第90条第3項において準用する場合を含む。）、法第9条の2（法第88条第1項、第2項及び第4項並びに法第90条第3項において準用する場合を含む。）、法第9条の3（法第88条第1項、第2項及び第4項並びに法第90条第3項において準用する場合を含む。）、法第10条（法第88条第1項及び第4項において準用する場合を含む。）、法第11条第1項（法第88条第1項、第2項及び第4項において準用する場合を含む。）、法第12条（法第88条第1項、第2項及び第4項において準用する場合を含む。）、法第18条（法第87条の2第1項、法第88条第1項、第2項及び第4項並びに法第90条第3項において準用する場合を含む。）、法第26条、法第44条、法第47条、法第48条（法第87条第2項及び第3項並びに法第88条第2項において準用する場合を含む。以下この号において同じ。）、法第52条第4項から第7項まで、法第53条、法第54条の2、法第55条、法第56条の2、法第57条第1項、法第59条、法第59条の2、法第68条の3第1項、法第86条、法第90条の2（法第87条の2第1項において準用する場合を含む。）、法第90条の3（法第87条の2第1項において準用する場合を含む。）及び法第93条の2（法第88条第2項において準用する場合を含む。）に規定する都知事たる特定行政庁の権限に属する事務（法第44条第1項第三号に規定する都知事たる特定行政庁の権限に属する事務にあつては再開発地区計画の区域（再開発地区整備計画が定められている区域に限る。以下この号において同じ。）内の建築物に係るものを、法第48条に規定する都知事たる特定行政庁の権限に属する事務にあつては住宅地高度利用地区計画の区域（住宅地高度利用地区整備計画が定められている区域に限る。）又は再開発地区計画の区域内の建築物又は工作物に係るものをそれぞれ除く。）のうち、前項各号に掲げる建築物、工作物又は建築設備に係る事務以外の事務

二　略
3　略

改正：平成6年政令第193号　　　施行：平成6年6月29日
第149条　（特別区の特例）
1　略
2　法第97条の3第3項に規定する都道府県知事たる特定行政庁の権限に属する事務で政令で定めるものは、次に掲げる事務とする。
　一　法第3条、法第7条の3（法第87条の2第1項並びに法第88条第1項及び第2項において準用する場合を含む。）、法第9条（法第88条第1項、第2項及び第4項並びに法第90条第3項において準用する場合を含む。）、法第9条の2（法第88条第1項、第2項及び第4項並びに法第90条第3項において準用する場合を含む。）、法第9条の3（法第88条第1項、第2項及び第4項並びに法第90条第3項において準用する場合を含む。）、法第10条（法第88条第1項及び第4項において準用する場合を含む。）、法第11条第1項（法第88条第1項、第2項及び第4項において準用する場合を含む。）、法第12条（法第88条第1項、第2項及び第4項において準用する場合を含む。）、法第18条（法第87条の2第1項、法第88条第1項、第2項及び第4項並びに法第90条第3項において準用する場合を含む。）、法第26条、法第44条、法第47条、法第48条（法第87条第2項及び第3項並びに法第88条第2項において準用する場合を含む。以下この号において同じ。）、法第52条第6項から第9項まで、法第53条、法第54条の2、法第55条、法第56条の2、法第57条第1項、法第59条、法第59条の2、法第68条の3第1項、法第86条、法第90条の2（法第87条の2第1項において準用する場合を含む。）、法第90条の3（法第87条の2第1項において準用する場合を含む。）及び法第93条の2（法第88条第2項において準用する場合を含む。）に規定する都知事たる特定行政庁の権限に属する事務（法第44条第1項第三号に規定する都知事たる特定行政庁の権限に属する事務にあつては再開発地区計画の区域（再開発地区整備計画が定められている区域に限る。以下この号において同じ。）内の建築物に係るものを、法第48条に規定する都知事たる特定行政庁の権限に属する事務にあつては住宅地高度利用地区計画の区域（住宅地高度利用地区整備計画が定められている区域に限る。）又は再開発地区計画の区域内の建築物又は工作物に係るものをそれぞれ除く。）のうち、前項各号に掲げる建築物、工作物又は建築設備に係る事務以外の事務
　二　略
3　略

改正：平成6年政令第278号　　　施行：平成6年8月26日
第149条　（特別区の特例）
1　略
2　法第97条の3第3項に規定する都道府県知事たる特定行政庁の権限に属する事務で政令で定めるものは、次に掲げる事務とする。
　一　法第3条、法第7条の3（法第87条の2第1項並びに法第88条第1項及び第2項において準用する場合を含む。）、法第9条（法第88条第1項、第2項及び第4項並びに法第90条第3項において準用する場合を含む。）、法第9条の2（法第88条第1項、第2項及び第4項並びに法第90条第3項において準用する場合を含む。）、法第9条の3（法第88条第1項、第2項及び第4項並びに法第90条第3項において準用する場合を含む。）、法第10条（法第88条第1項及び第4項において準用する場合を含む。）、法第11条第1項（法第88条第1項、第2項及び第4項において準用する場合を含む。）、法第12条（法第88条第1項、第2項及び第4項において準用する場合を含む。）、法第18条（法第87条の2第1項、法第88条第1項、第2項及び第4項並びに法第90条第3項において準用する場合を含む。）、法第44条、法第47条、法第48条（法第87条第2項及び第3項並びに法第88条第2項において準用する場合を含む。以下この号において同じ。）、法第52条第6項から第9項まで、法第53条、法第54条の2、法第55条、法第56条の2、法第57条第1項、法第59条、法第59条の2、法第68条の3第1項、法第86条、法第90条の2（法第87条の2第1項において準用する場合を含む。）、法第90条の3（法第87条の2第1項において準用する場合を含む。）及び法第93条の2（法第88条第2項において準用する場合を含む。）に規定する都知事たる特定行政庁の権限に属する事

令149条 改正：平成6年政令第278号

務（法第44条第1項第三号に規定する都知事たる特定行政庁の権限に属する事務にあつては再開発地区計画の区域（再開発地区整備計画が定められている区域に限る。以下この号において同じ。）内の建築物に係るものを、法第48条に規定する都知事たる特定行政庁の権限に属する事務にあつては住宅地高度利用地区計画の区域（住宅地高度利用地区整備計画が定められている区域に限る。）又は再開発地区計画の区域内の建築物又は工作物に係るものをそれぞれ除く。）のうち、前項各号に掲げる建築物、工作物又は建築設備に係る事務以外の事務
　　二　略
　3　略

改正：平成7年政令第214号　　　施行：平成7年5月25日
第149条　（特別区の特例）

　1　略
　2　法第97条の3第3項に規定する都道府県知事たる特定行政庁の権限に属する事務で政令で定めるものは、次に掲げる事務とする。
　　一　法第3条、法第7条の3（法第87条の2第1項並びに法第88条第1項及び第2項において準用する場合を含む。）、法第9条（法第88条第1項、第2項及び第4項並びに法第90条第3項において準用する場合を含む。）、法第9条の2（法第88条第1項、第2項及び第4項並びに法第90条第3項において準用する場合を含む。）、法第9条の3（法第88条第1項、第2項及び第4項並びに法第90条第3項において準用する場合を含む。）、法第10条（法第88条第1項及び第4項において準用する場合を含む。）、法第11条第1項（法第88条第1項、第2項及び第4項において準用する場合を含む。）、法第12条（法第88条第1項、第2項及び第4項において準用する場合を含む。）、法第18条（法第87条の2第1項、法第88条第1項、第2項及び第4項並びに法第90条第3項において準用する場合を含む。）、法第44条、法第47条、法第48条（法第87条第2項及び第3項並びに法第88条第2項において準用する場合を含む。以下この号において同じ。）、法第52条第6項、<u>第7項、第10項及び第11項</u>、法第53条、法第54条の2、法第55条、法第56条の2、法第57条第1項、法第59条、法第59条の2、法第68条の3第1項、<u>第4項及び第5項</u>、法第86条、法第90条の2（法第87条の2第1項において準用する場合を含む。）、法第90条の3（法第87条の2第1項において準用する場合を含む。）並びに法第93条の2（法第88条第2項において準用する場合を含む。）に規定する都知事たる特定行政庁の権限に属する事務（法第44条第1項第三号に規定する都知事たる特定行政庁の権限に属する事務にあつては再開発地区計画の区域（再開発地区整備計画が定められている区域に限る。以下この号において同じ。）内の建築物に係るものを、法第48条に規定する都知事たる特定行政庁の権限に属する事務にあつては住宅地高度利用地区計画の区域（住宅地高度利用地区整備計画が定められている区域に限る。）又は再開発地区計画の区域内の建築物又は工作物に係るものをそれぞれ除く。）のうち、前項各号に掲げる建築物、工作物又は建築設備に係る事務以外の事務
　　二　略
　3　略

改正：平成9年政令第196号　　　施行：平成9年6月13日
第149条　（特別区の特例）

　1　略
　2　法第97条の3第3項に規定する都道府県知事たる特定行政庁の権限に属する事務で政令で定めるものは、次に掲げる事務とする。
　　一　法第3条、法第7条の3（法第87条の2第1項並びに法第88条第1項及び第2項において準用する場合を含む。）、法第9条（法第88条第1項、第2項及び第4項並びに法第90条第3項において準用する場合を含む。）、法第9条の2（法第88条第1項、第2項及び第4項並びに法第90条第3項において準用する場合を含む。）、法第9条の3（法第88条第1項、第2項及び第4項並びに法第90条第3項において準用する場合を含む。）、法第10条（法第88条第1項及び第4項において準用する場合を含む。）、法第11条第1項（法第88条第1項、第2項及び第4項において準用する場合を含む。）、法第12条（法第88条第1項、第2項及び第4項において準用する場合を含む。）、法第18条（法第87条の2第1項、法第88条第1項、第2項及び

第4項並びに法第90条第3項において準用する場合を含む。)、法第44条、法第47条、法第48条（法第87条第2項及び第3項並びに法第88条第2項において準用する場合を含む。以下この号において同じ。)、法第52条第7項、第8項、第11項及び第12項、法第53条、法第54条の2、法第55条、法第56条の2、法第57条第1項、法第59条、法第59条の2、法第68条の3第1項、第4項及び第5項、法第86条、法第90条の2（法第87条の2第1項において準用する場合を含む。)、法第90条の3（法第87条の2第1項において準用する場合を含む。) 並びに法第93条の2（法第88条第2項において準用する場合を含む。) に規定する都知事たる特定行政庁の権限に属する事務（法第44条第1項第三号に規定する都知事たる特定行政庁の権限に属する事務にあつては再開発地区計画の区域（再開発地区整備計画が定められている区域に限る。以下この号において同じ。) 内の建築物に係るものを、法第48条に規定する都知事たる特定行政庁の権限に属する事務にあつては住宅地高度利用地区計画の区域（住宅地高度利用地区整備計画が定められている区域に限る。) 又は再開発地区計画の区域内の建築物又は工作物に係るものをそれぞれ除く。) のうち、前項各号に掲げる建築物、工作物又は建築設備に係る事務以外の事務

二　略
3　略

改正：平成9年政令第274号　　施行：平成9年9月1日
第149条　（特別区の特例）

1　法第97条の3第1項に規定する建築主事の権限に属するものとされている事務で政令で定めるものは、法の規定により建築主事の権限に属するものとされている事務のうち、次に掲げる建築物、工作物又は建築設備（第四号から第六号までに掲げる建築物又は工作物にあつては、地方自治法（昭和22年法律第67号）第281条の3第3項の規定により都知事が第四号から第六号までに規定する処分に関する事務を特別区の長に委任した場合における当該建築物又は工作物を除く。) に係る事務以外の事務とする。

一〜三　略

四　その新築、改築、増築、移転、築造又は用途の変更に関して、法律並びにこれに基づく命令及び条例の規定（法第44条、法第47条、法第48条（法第87条第2項及び第3項並びに法第88条第2項において準用する場合を含む。)、法第52条、法第54条の2（法第57条の2第3項において準用する場合を含む。)、法第55条、法第56条の2、法第59条及び法第59条の2の規定を除く。) により都知事の許可を必要とする建築物又は工作物

五〜九　略

2　法第97条の3第3項に規定する都道府県知事たる特定行政庁の権限に属する事務で政令で定めるものは、次に掲げる事務とする。

一　法第3条、法第7条の3（法第87条の2第1項並びに法第88条第1項及び第2項において準用する場合を含む。)、法第9条（法第88条第1項、第2項及び第4項並びに法第90条第3項において準用する場合を含む。)、法第9条の2（法第88条第1項、第2項及び第4項並びに法第90条第3項において準用する場合を含む。)、法第9条の3（法第88条第1項、第2項及び第4項並びに法第90条第3項において準用する場合を含む。)、法第10条（法第88条第1項及び第4項において準用する場合を含む。)、法第11条第1項（法第88条第1項、第2項及び第4項において準用する場合を含む。)、法第12条（法第88条第1項、第2項及び第4項において準用する場合を含む。)、法第18条（法第87条の2第1項、法第88条第1項、第2項及び第4項並びに法第90条第3項において準用する場合を含む。)、法第44条、法第47条、法第48条（法第87条第2項及び第3項並びに法第88条第2項において準用する場合を含む。以下この号において同じ。)、法第52条第7項、第8項、第11項及び第12項、法第53条、第54条の2（法第57条の2第3項において準用する場合を含む。)、法第55条、法第56条の2、法第57条第1項、法第59条、法第59条の2、法第68条の3第1項、第4項及び第5項、法第86条、法第90条の2（法第87条の2第1項において準用する場合を含む。)、法第90条の3（法第87条の2第1項において準用する場合を含む。) 並びに法第93条の2（法第88条第2項において準用する場合を含む。) に規定する都知事たる特定行政庁の権限に属する事務（法第44条第1項第三号に規定する都知事たる特定行政庁の権限に属する事務にあつては再開発地区計画の区域（再開発地区整備計画が定められている区域に限る。以下この号において同じ。) 内の建築物に係るものを、法第48条に規定する都知事たる特定行政庁の権限に属する事務にあつては住宅地高度利用地区計画の区域（住宅地高度利用地区整備計画が定められている区域に限る。) 又は再開発地区計画の区域内の建築物又は工

令149条 改正：平成9年政令第274号

作物に係るものをそれぞれ除く。）のうち、前項各号に掲げる建築物、工作物又は建築設備に係る事務以外の事務
　二　略
3　略

改正：平成11年政令第5号　　　施行：平成11年5月1日
第149条　（特別区の特例）

1　法第97条の3第1項に規定する建築主事の権限に属するものとされている事務で政令で定めるものは、法の規定により建築主事の権限に属するものとされている事務のうち、次に掲げる建築物、工作物又は建築設備（第四号から第六号まに掲げる建築物又は工作物にあつては、地方自治法（昭和22年法律第67号）第281条の3第3項の規定により都知事が第四号から第六号までに規定する処分に関する事務を特別区の長に委任した場合における当該建築物又は工作物を除く。）に係る事務以外の事務とする。
　一～三　略
　四　その新築、改築、増築、移転、築造又は用途の変更に関して、法律並びにこれに基づく命令及び条例の規定（法第43条第1項、法第44条、法第47条、法第48条（法第87条第2項及び第3項並びに法第88条第2項において準用する場合を含む。）、法第52条、法第53条、法第54条の2（法第57条の2第3項において準用する場合を含む。）、法第55条、法第56条の2、法第59条、法第59条の2及び法第68条の7の規定を除く。）により都知事の許可を必要とする建築物又は工作物
　五～九　略

2　法第97条の3第3項に規定する都道府県知事たる特定行政庁の権限に属する事務で政令で定めるものは、次に掲げる事務とする。
　一　法第3条、法第7条の6（法第87条の2第1項並びに法第88条第1項及び第2項において準用する場合を含む。）、法第9条（法第88条第1項、第2項及び第4項並びに法第90条第3項において準用する場合を含む。）、法第9条の2（法第88条第1項、第2項及び第4項並びに法第90条第3項において準用する場合を含む。）、法第9条の3（法第88条第1項、第2項及び第4項並びに法第90条第3項において準用する場合を含む。）、法第10条（法第88条第1項及び第4項において準用する場合を含む。）、法第11条第1項（法第88条第1項、第2項及び第4項において準用する場合を含む。）、法第12条（法第88条第1項、第2項及び第4項において準用する場合を含む。）、法第18条（法第87条の2第1項、法第88条第1項、第2項及び第4項並びに法第90条第3項において準用する場合を含む。）、法第43条第1項、法第44条、法第47条、法第48条（法第87条第2項及び第3項並びに法第88条第2項において準用する場合を含む。以下この号において同じ。）、法第52条第7項、第8項、第11項及び第12項、法第53条、第54条の2（法第57条の2第3項において準用する場合を含む。）、法第55条、法第56条の2、法第57条第1項、法第59条、法第59条の2、法第68条の3第1項、第4項及び第5項、法第68条の7第5項及び第6項、法第86条、法第86条の2、法第86条の5、法第86条の6、法第90条の2（法第87条の2第1項において準用する場合を含む。）、法第90条の3（法第87条の2第1項において準用する場合を含む。）並びに法第93条の2（法第88条第2項において準用する場合を含む。）に規定する都知事たる特定行政庁の権限に属する事務（法第44条第1項第三号に規定する都知事たる特定行政庁の権限に属する事務にあつては再開発地区計画の区域（再開発地区整備計画が定められている区域に限る。以下この号において同じ。）内の建築物に係るものを、法第48条に規定する都知事たる特定行政庁の権限に属する事務にあつては住宅地高度利用地区計画の区域（住宅地高度利用地区整備計画が定められている区域に限る。）又は再開発地区計画の区域内の建築物又は工作物に係るものをそれぞれ除く。）のうち、前項各号に掲げる建築物、工作物又は建築設備に係る事務以外の事務
　二　法第42条、法第45条、法第46条、法第68条の7第1項から第3項まで、法第70条、法第73条から法第74条の2まで、法第75条の2、法第76条、法第76条の3並びに法第85条第3項及び第4項に規定する都知事たる特定行政庁の権限に属する事務（法第68条の7第1項から第3項までに規定する都知事たる特定行政庁の権限に属する事務にあつては、住宅地高度利用地区計画又は再開発地区計画の区域における予定道路の指定に係るものを除く。）
3　略

改正：平成11年政令第312号　　　施行：平成12年4月1日
第149条　（特別区の特例）

1　法第97条の3第1項に規定する建築主事の権限に属するものとされている事務で政令で定めるものは、法の規定により建築主事の権限に属するものとされている事務のうち、次に掲げる建築物、工作物又は建築設備（第二号に掲げる建築物又は工作物にあつては、地方自治法（昭和22年法律第67号）第153条第2項の規定により都知事が同号に規定する処分に関する事務を特別区の長に委任した場合における当該建築物又は工作物を除く。）に係る事務以外の事務とする。
　一　延べ面積が10,000㎡を超える建築物
　二　その新築、改築、増築、移転、築造又は用途の変更に関して、法第51条（法第87条第2項及び第3項並びに法第88条第2項において準用する場合を含む。以下この条において同じ。）並びに法以外の法律並びにこれに基づく命令及び条例の規定により都知事の許可を必要とする建築物又は工作物
　三　第138条第1項各号に掲げる工作物で前2号に掲げる建築物に附置するもの及び同条第3項第二号ハからチまでに掲げる工作物で前2号に掲げる建築物に附属するもの
　四　第146条第1項第一号に掲げる建築設備で第一号及び第二号に掲げる建築物に設けるもの
2　法第97条の3第3項に規定する都道府県知事たる特定行政庁の権限に属する事務で政令で定めるものは、法の規定により都知事たる特定行政庁の権限に属する事務（法第7条の3（法第87条の2第1項及び法第88条第1項において準用する場合を含む。）、法第22条、法第42条第1項（各号列記以外の部分に限る。）、法第51条、法第52条第1項、法第53条第1項、法第84条及び法第85条第1項に規定する事務を除く。）のうち、前項各号に掲げる建築物、工作物又は建築設備に係る事務以外の事務とする。
3　略

改正：平成11年政令第352号　　　施行：平成12年4月1日
第149条　（特別区の特例）

1　法第97条の3第1項に規定する建築主事の権限に属するものとされている事務で政令で定めるものは、法の規定により建築主事の権限に属するものとされている事務のうち、次に掲げる建築物、工作物又は建築設備（第二号に掲げる建築物又は工作物にあつては、地方自治法第252条の17の2第1項の規定により同号に規定する処分に関する事務を特別区が処理することとされた場合における当該建築物又は工作物を除く。）に係る事務以外の事務とする。
　一　略
　二　その新築、改築、増築、移転、築造又は用途の変更に関して、法第51条（法第87条第2項及び第3項並びに法第88条第2項において準用する場合を含む。以下この条において同じ。）（市町村都市計画審議会が置かれている特別区の建築主事にあつては、卸売市場、と畜場及びその他の処理施設（産業廃棄物処理施設に限る。）に係る部分に限る。）並びに法以外の法律並びにこれに基づく命令及び条例の規定により都知事の許可を必要とする建築物又は工作物
　三・四　略
2　法第97条の3第3項に規定する都道府県知事たる特定行政庁の権限に属する事務で政令で定めるものは、前項各号に掲げる建築物、工作物又は建築設備に係る事務以外の事務であつて法の規定により都知事たる特定行政庁の権限に属する事務のうち、次の各号に掲げる区分に応じ、当該各号に定める事務以外の事務とする。
　一　市町村都市計画審議会が置かれていない特別区の長　法第7条の3（法第87条の2及び法第88条第1項において準用する場合を含む。以下この項において同じ。）、法第22条、法第42条第1項（各号列記以外の部分に限る。）、法第51条、法第52条第1項、法第53条第1項、法第84条及び法第85条第1項に規定する事務
　二　市町村都市計画審議会が置かれている特別区の長　法第7条の3、法第51条（卸売市場、と畜場及びその他の処理施設（産業廃棄物処理施設に限る。）に係る部分に限る。）、法第84条及び法第85条第1項に規定する事務
3　略

令149条　改正：平成13年政令第98号

改正：平成13年政令第98号　　　　施行：平成13年5月18日
第149条　（特別区の特例）

1　略
2　法第97条の3第3項に規定する都道府県知事たる特定行政庁の権限に属する事務で政令で定めるものは、前項各号に掲げる建築物、工作物又は建築設備に係る事務以外の事務であつて法の規定により都知事たる特定行政庁の権限に属する事務のうち、次の各号に掲げる区分に応じ、当該各号に定める事務以外の事務とする。
　一　市町村都市計画審議会が置かれていない特別区の長　法第7条の3（法第87条の2及び法第88条第1項において準用する場合を含む。以下この項において同じ。）、法第22条、法第42条第1項（各号列記以外の部分に限る。）、法第51条、法第52条第1項、法第52条の2第3項及び第4項、法第52条の3第2項及び第3項、法第53条第1項、法第56条第1項、法第84条、法第85条第1項並びに法別表第3に規定する事務
　二　市町村都市計画審議会が置かれている特別区の長　法第7条の3、法第51条（卸売市場、と畜場及びその他の処理施設（産業廃棄物処理施設に限る。）に係る部分に限る。）、法第52条第1項第六号、法第52条の2第3項及び第4項、法第52条の3第2項及び第3項、法第53条第1項、法第56条第1項、法第84条、法第85条第1項並びに法別表第3に規定する事務
3　略

改正：平成14年政令第331号　　　　施行：平成15年1月1日
第149条　（特別区の特例）

1　略
2　法第97条の3第3項に規定する都道府県知事たる特定行政庁の権限に属する事務で政令で定めるものは、前項各号に掲げる建築物、工作物又は建築設備に係る事務以外の事務であつて法の規定により都知事たる特定行政庁の権限に属する事務のうち、次の各号に掲げる区分に応じ、当該各号に定める事務以外の事務とする。
　一　市町村都市計画審議会が置かれていない特別区の長　法第7条の3（法第87条の2及び法第88条第1項において準用する場合を含む。以下この項において同じ。）、法第22条、法第42条第1項（各号列記以外の部分に限る。）、法第51条、法第52条第1項、第2項及び第7項、法第52条の2第3項及び第4項、法第52条の3第2項及び第3項、法第53条第1項、法第56条第1項、法第84条、法第85条第1項並びに法別表第3に規定する事務
　二　市町村都市計画審議会が置かれている特別区の長　法第7条の3、法第51条（卸売市場、と畜場及びその他の処理施設（産業廃棄物処理施設に限る。）に係る部分に限る。）、法第52条第1項及び第7項、法第52条の2第3項及び第4項、法第52条の3第2項及び第3項、法第53条第1項、法第56条第1項第二号ニ、法第84条、法第85条第1項並びに法別表第3（に）欄5の項に規定する事務
3　法第97条の3第3項の場合においては、この政令中都道府県知事たる特定行政庁に関する規定（第130条の10第2項ただし書、第135条の12第2項及び第136条第3項ただし書の規定を除く。）は、特別区の長に関する規定として特別区の長に適用があるものとする。

改正：平成16年政令第210号　　　　施行：平成16年7月1日
第149条　（特別区の特例）

1　法第97条の3第1項に規定する建築主事の権限に属するものとされている事務で政令で定めるものは、法の規定により建築主事の権限に属するものとされている事務のうち、次に掲げる建築物、工作物又は建築設備（第二号に掲げる建築物又は工作物にあつては、地方自治法第252条の17の2第1項の規定により同号に規定する処分に関する事務を特別区が処理することとされた場合における当該建築物又は工作物を除く。）に係る事務以外の事務とする。
　一　略
　二　その新築、改築、増築、移転、築造又は用途の変更に関して、法第51条（法第87条第2項及び第3項並びに法第88条第2項において準用する場合を含む。以下この条において同じ。）（市町村都市計画審議会が

置かれている特別区の建築主事にあつては、卸売市場、と畜場及び産業廃棄物処理施設に係る部分に限る。）並びに法以外の法律並びにこれに基づく命令及び条例の規定により都知事の許可を必要とする建築物又は工作物
　　三・四　略
　2　法第97条の3第3項に規定する都道府県知事たる特定行政庁の権限に属する事務で政令で定めるものは、前項各号に掲げる建築物、工作物又は建築設備に係る事務以外の事務であつて法の規定により都知事たる特定行政庁の権限に属する事務のうち、次の各号に掲げる区分に応じ、当該各号に定める事務以外の事務とする。
　　一　略
　　二　市町村都市計画審議会が置かれている特別区の長　法第7条の3、法第51条（卸売市場、と畜場及び産業廃棄物処理施設に係る部分に限る。）、法第52条第1項及び第7項、法第52条の2第3項及び第4項、法第52条の3第2項及び第3項、法第53条第1項、法第56条第1項第二号ニ、法第84条、法第85条第1項並びに法別表第3（に）欄5の項に規定する事務
　3　略

改正：平成17年政令第192号　　施行：平成17年6月1日
第149条　（特別区の特例）
　1　略
　2　法第97条の3第3項に規定する都道府県知事たる特定行政庁の権限に属する事務で政令で定めるものは、前項各号に掲げる建築物、工作物又は建築設備に係る事務以外の事務であつて法の規定により都知事たる特定行政庁の権限に属する事務のうち、次の各号に掲げる区分に応じ、当該各号に定める事務以外の事務とする。
　　一　市町村都市計画審議会が置かれていない特別区の長　法第7条の3（法第87条の2及び法第88条第1項において準用する場合を含む。以下この項において同じ。）、法第22条、法第42条第1項（各号列記以外の部分に限る。）、法第51条、法第52条第1項、第2項及び第8項、法第53条第1項、法第56条第1項、法第57条の2第3項及び第4項、法第57条の3第2項及び第3項、法第84条、法第85条第1項並びに法別表第3に規定する事務
　　二　市町村都市計画審議会が置かれている特別区の長　法第7条の3、法第51条（卸売市場、と畜場及び産業廃棄物処理施設に係る部分に限る。）、法第52条第1項及び第8項、法第53条第1項、法第56条第1項第二号ニ、法第57条の2第3項及び第4項、法第57条の3第2項及び第3項、法第84条、法第85条第1項並びに法別表第3（に）欄5の項に規定する事務
　3　略

改正：平成19年政令第49号　　施行：平成19年6月20日
第149条　（特別区の特例）
　1　法第97条の3第1項の政令で定める事務は、法の規定により建築主事の権限に属するものとされている事務のうち、次に掲げる建築物、工作物又は建築設備（第二号に掲げる建築物又は工作物にあつては、地方自治法第252条の17の2第1項の規定により同号に規定する処分に関する事務を特別区が処理することとされた場合における当該建築物又は工作物を除く。）に係る事務以外の事務とする。
　　一・二　略
　　三　第138条第1項に規定する工作物で前2号に掲げる建築物に附置するもの及び同条第3項に規定する工作物のうち同項第二号ハからチまでに掲げる工作物で前2号に掲げる建築物に附属するもの
　　四　略
　2・3　略

改正：平成30年政令第255号　　施行：平成30年9月25日
第149条　（特別区の特例）

令149条 改正：平成30年政令第255号

1・2 略
3 法第97条の3第3項の場合においては、この政令中都道府県知事たる特定行政庁に関する規定（第130条の10第2項ただし書、<u>第135条の12第4項</u>及び第136条第3項ただし書の規定を除く。）は、特別区の長に関する規定として特別区の長に適用があるものとする。

改正：令和元年政令第30号　　施行：令和元年6月25日
第149条　（特別区の特例）

1 略
2 法第97条の3第3項に規定する都道府県知事たる特定行政庁の権限に属する事務で政令で定めるものは、前項各号に掲げる建築物、工作物又は建築設備に係る事務以外の事務であつて法の規定により都知事たる特定行政庁の権限に属する事務のうち、次の各号に掲げる区分に応じ、当該各号に定める事務以外の事務とする。
　一　市町村都市計画審議会が置かれていない特別区の長　法第7条の3（<u>法第87条の4</u>及び法第88条第1項において準用する場合を含む。<u>次号</u>において同じ。）、法第22条、法第42条第1項（各号列記以外の部分に限る。）、法第51条、法第52条第1項、第2項及び第8項、法第53条第1項、法第56条第1項、法第57条の2第3項及び第4項、法第57条の3第2項及び第3項、法第84条、法第85条第1項並びに法別表第3に規定する事務
　二　略
3 略

改正：令和5年政令第280号　　施行：令和6年4月1日
第149条　（特別区の特例）

1 法第97条の3第1項の政令で定める事務は、法の規定により建築主事の権限に属するものとされている事務のうち、次に掲げる建築物、工作物又は建築設備（第二号に掲げる建築物又は工作物にあつては、地方自治法第252条の17の2第1項の規定により同号に規定する処分に関する事務を特別区が処理することとされた場合における当該建築物又は工作物を除く。）に係る事務以外の事務とする。
　一・二　略
　三　第138条第1項に規定する工作物で前2号に掲げる建築物に附置するもの及び<u>同条第4項</u>に規定する工作物のうち同項第二号ハからチまでに掲げる工作物で前2号に掲げる建築物に附属するもの
　四　略
2・3　略

改正：令和5年政令第293号　　施行：令和6年4月1日
第149条　（特別区の特例）

1 法第97条の3第1項の政令で定める事務は、法の規定により建築主事の権限に属するものとされている事務のうち、次に掲げる建築物、工作物又は建築設備（第二号に掲げる建築物又は工作物にあつては、地方自治法第252条の17の2第1項の規定により同号に規定する処分に関する事務を特別区が処理することとされた場合における当該建築物又は工作物を除く。）に係る事務以外の事務とする。
　一　延べ面積が10,000㎡を超える建築物
　二　その新築、改築、増築、移転、築造又は用途の変更に関して、法第51条（法第87条第2項及び第3項並びに法第88条第2項において準用する場合を含む。以下この条において同じ。）（市町村都市計画審議会が置かれている特別区の建築主事にあつては、卸売市場、と畜場及び産業廃棄物処理施設に係る部分に限る。）並びに法以外の法律並びにこれに基づく命令及び条例の規定により都知事の許可を必要とする建築物又は工作物
　三　第138条第1項に規定する工作物で前2号に掲げる建築物に附置するもの及び同条第4項に規定する工作物のうち同項第二号ハからチまでに掲げる工作物で前2号に掲げる建築物に附属するもの
　四　第146条第1項第一号に掲げる建築設備で第一号及び第二号に掲げる建築物に設けるもの
2 前項の規定は、法第97条の3第2項の政令で定める事務について準用する。この場合において、前項中「建

築主事」とあるのは「建築副主事」と、同項第一号中「建築物」とあるのは「建築物又は延べ面積が10,000㎡以下の建築物のうち建築士法第３条第１項各号に掲げる建築物に該当するもの」と読み替えるものとする。

3　法第97条の３第4項の政令で定める事務は、第1項各号に掲げる建築物、工作物又は建築設備に係る事務以外の事務であつて法の規定により都知事たる特定行政庁の権限に属する事務のうち、次の各号に掲げる区分に応じ、当該各号に定める事務以外の事務とする。

一　市町村都市計画審議会が置かれていない特別区の長　法第7条の3（法第87条の４及び法第88条第1項において準用する場合を含む。次号において同じ。）、法第22条、法第42条第1項（各号列記以外の部分に限る。）、法第51条、法第52条第1項、第2項及び第8項、法第53条第1項、法第56条第1項、法第57条の２第3項及び第4項、法第57条の３第2項及び第3項、法第84条、法第85条第1項並びに法別表第3に規定する事務

二　市町村都市計画審議会が置かれている特別区の長　法第7条の3、法第51条（卸売市場、と畜場及び産業廃棄物処理施設に係る部分に限る。）、法第52条第1項及び第8項、法第53条第1項、法第56条第1項第二号ニ、法第57条の２第3項及び第4項、法第57条の３第2項及び第3項、法第84条、法第85条第1項並びに法別表第３（に）欄５の項に規定する事務

4　法第97条の３第4項の場合においては、この政令中都道府県知事たる特定行政庁に関する規定（第130条の10第2項ただし書、第135条の12第4項及び第136条第3項ただし書の規定を除く。）は、特別区の長に関する規定として特別区の長に適用があるものとする。

[現行]　第150条　（両罰規定の対象となる多数の者が利用する建築物）

制定：平成17年政令第192号　　施行：平成17年6月1日
第150条　（是正命令の違反に係る両罰規定の対象となる建築物）

1　法第103条第一号の政令で定める建築物は、第14条の2に規定する建築物とする。

改正：平成19年政令第49号　　施行：平成19年6月20日
第150条　（両罰規定の対象となる多数の者が利用する建築物）

1　法第104条第一号の政令で定める建築物は、第14条の2に規定する建築物とする。

改正：平成27年政令第11号　　施行：平成27年6月1日
第150条　（両罰規定の対象となる多数の者が利用する建築物）

1　法第105条第一号の政令で定める建築物は、第14条の2に規定する建築物とする。

改正：令和5年政令第34号　　施行：令和5年4月1日
第150条　（両罰規定の対象となる多数の者が利用する建築物）

1　法第105条第一号の政令で定める建築物は、次に掲げるものとする。

一　法別表第1（い）欄に掲げる用途に供する特殊建築物のうち階数が3以上でその用途に供する部分の床面積の合計が100㎡を超え200㎡以下のもの

二　事務所その他これに類する用途に供する建築物（法第6条第1項第一号に掲げる建築物を除く。）のうち階数が5以上で延べ面積が1,000㎡を超えるもの

建築基準法施行規則　改正経過

制定・改正省令番号	名　　称	施行年月日
昭和25年省令第40号	建築基準法施行規則	昭和25年11月23日
昭和26年省令第26号	建築基準法施行規則の一部を改正する省令	昭和26年8月1日
昭和27年省令第10号	建築基準法施行規則の一部を改正する省令	昭和27年4月1日
昭和29年省令第18号	建築基準法施行規則の一部を改正する省令	昭和29年6月1日 昭和29年7月1日
昭和30年省令第11号	建築基準法施行規則の一部を改正する省令	昭和30年6月1日
昭和31年省令第1号	建築士法施行規則の一部を改正する省令	昭和31年2月21日
昭和31年省令第27号	建築基準法施行規則の一部を改正する省令	昭和31年9月1日
昭和33年省令第14号	建築基準法施行規則の一部を改正する省令	昭和33年5月1日
昭和34年省令第34号	建築基準法施行規則の一部を改正する省令	昭和34年12月23日
昭和37年省令第31号	建築基準法施行規則の一部を改正する省令	昭和37年10月22日
昭和38年省令第26号	建築動態統計調査規則の一部を改正する省令	昭和39年1月1日
昭和39年省令第1号	建築基準法施行規則の一部を改正する省令	昭和39年1月15日
昭和39年省令第15号	建築基準法施行規則の一部を改正する省令	昭和39年4月1日
昭和41年省令第12号	土地又は建物に関する計量単位の統一に伴う建設省令の整理に関する省令	昭和41年4月1日
昭和44年省令第42号	都市計画法施行規則	昭和44年6月14日
昭和44年省令第53号	都市計画法施行規則の一部を改正する省令	昭和44年11月13日
昭和45年省令第27号	建築基準法施行規則の一部を改正する省令 （注）用途地域等に関する3年間の経過措置	昭和46年1月1日
昭和47年省令第37号	建築基準法施行規則の一部を改正する省令	昭和48年1月1日
昭和50年省令第3号	都市計画法施行規則及び建築基準法施行規則の一部を改正する省令	昭和50年4月1日
昭和50年省令第20号	大都市地域における住宅地等の供給の促進に関する特別措置法施行規則	昭和50年12月23日
昭和52年省令第9号	建築基準法施行規則の一部を改正する省令	昭和52年11月1日
昭和55年省令第12号	幹線道路の沿道の整備に関する法律施行規則	昭和55年10月25日
昭和56年省令第9号	建築基準法施行規則の一部を改正する省令	昭和56年6月1日
昭和56年省令第19号	建築基準法施行規則の一部を改正する省令	昭和57年4月1日
昭和59年省令第2号	建築基準法施行規則の一部を改正する省令	昭和59年4月1日
昭和62年省令第5号	建築基準法施行規則の一部を改正する省令	昭和62年4月1日
昭和62年省令第25号	建築基準法施行規則の一部を改正する省令	昭和62年11月16日
平成元年省令第3号	水害予防組合法による予算調整の式及び費目流用その他財務に関する件等の一部を改正する省令	平成元年3月27日
平成元年省令第17号	道路法施行規則の一部を改正する省令	平成元年11月22日
平成2年省令第10号	都市計画法施行規則及び建築基準法施行規則の一部を改正する省令	平成2年11月20日
平成5年省令第1号	建築基準法施行規則の一部を改正する省令	平成5年2月15日
平成5年省令第8号	都市計画法施行規則及び建築基準法施行規則の一部を改正する省令　（注）用途地域等に関する3年間の経過措置	平成5年6月25日
平成5年省令第14号	都市公園法施行規則の一部を改正する省令	平成5年6月30日
平成6年省令第19号	建築基準法施行規則の一部を改正する省令	平成6年6月29日
平成7年省令第15号	建築基準法施行規則の一部を改正する省令	平成7年5月25日
平成7年省令第28号	建築物の耐震改修の促進に関する法律施行規則	平成7年12月25日

制定・改正省令番号	名　　称	施行年月日
平成9年省令第9号	建築基準法施行規則の一部を改正する省令	平成9年6月13日
平成9年省令第13号	建築基準法施行規則の一部を改正する省令	平成9年9月1日
平成9年省令第16号	建築基準法施行規則等の一部を改正する省令	平成9年11月8日
平成11年省令第13号	建築基準法に基づく指定資格検定機関等に関する省令	平成11年5月1日
平成11年省令第14号	建築基準法施行規則の一部を改正する省令	平成11年5月1日
平成12年省令第10号	水利組合法第82条による水利組合吏員服務紀律等の一部を改正する省令	平成12年4月1日
平成12年省令第19号	建築士法施行規則等の一部を改正する省令	平成12年4月1日
平成12年省令第26号	建築基準法施行規則の一部を改正する省令	平成12年6月1日
平成12年省令第41号	中央省庁等改革のための関係建設省令の整備に関する省令	平成13年1月6日
平成13年省令第72号	海洋汚染及び海上災害の防止に関する法律施行規則等の一部を改正する省令	平成13年4月1日
平成13年省令第74号	建築基準法施行規則及び建築基準法に基づく指定資格検定機関等に関する省令の一部を改正する省令	平成13年4月1日
平成13年省令第90号	建築基準法施行規則及び建築基準法に基づく指定資格検定機関等に関する省令の一部を改正する省令	平成13年5月18日
平成13年省令第128号	建築基準法施行規則及び建築基準法に基づく指定資格検定機関等に関する省令の一部を改正する省令	平成13年10月15日
平成14年省令第66号	都市再生特別措置法施行規則	平成14年6月1日
平成14年省令第120号	建築基準法施行規則等の一部を改正する省令	平成15年1月1日
平成15年省令第10号	建築基準法施行規則の一部を改正する省令	平成15年4月1日
平成15年省令第16号	建築基準法施行規則等の一部を改正する省令	平成15年7月1日 平成15年9月1日
平成15年省令第116号	密集市街地における防災街区の整備の促進に関する法律施行規則等の一部を改正する省令	平成15年12月19日
平成16年省令第34号	国土交通省の所管する法令に係る行政手続等における情報通信の技術の利用に関する法律施行規則等の一部を改正する省令	平成16年3月31日
平成16年省令第67号	建築士法施行規則等の一部を改正する省令	平成16年5月27日 平成16年10月1日
平成16年省令第70号	独立行政法人都市再生機構に関する省令	平成16年7月1日
平成16年省令第99号	都市緑地保全法施行規則等の一部を改正する省令	平成16年12月17日
平成16年省令第101号	都市計画法施行規則等の一部を改正する省令	平成16年12月17日
平成17年省令第12号	鉄道抵当法施行規則等の一部を改正する省令	平成17年3月7日
平成17年省令第24号	海難審判法施行規則等の一部を改正する省令	平成17年4月1日
平成17年省令第58号	景観法施行規則の一部を改正する省令	平成17年6月1日
平成17年省令第59号	建築物の安全性及び市街地の防災機能の確保等を図るための建築基準法等の一部を改正する法律の施行に伴う国土交通省関係省令の整備等に関する省令	平成17年6月1日
平成18年省令第17号	建築士法施行規則及び建築基準法施行規則の一部を改正する省令	平成18年3月29日
平成18年省令第58号	会社法及び会社法の施行に伴う関係法律の整備等に関する法律の施行に伴う国土交通省関係省令の整備に関する省令	平成18年5月1日
平成18年省令第67号	建築基準法施行規則の一部を改正する省令	平成18年6月1日
平成18年省令第90号	宅地造成等規制法施行規則等の一部を改正する省令	平成18年9月30日
平成18年省令第96号	建築基準法施行規則等の一部を改正する省令	平成18年10月1日 平成19年4月1日

制定・改正省令番号	名　　称	施行年月日
平成19年省令第20号	独立行政法人住宅金融支援機構法の施行に伴う国土交通省関係省令の整備に関する省令	平成19年4月1日
平成19年省令第27号	学校教育法の一部を改正する法律の施行に伴う国土交通省関係省令の整備に関する省令	平成19年4月1日
平成19年省令第13号	建築基準法施行規則及び建築基準法に基づく指定資格検定機関等に関する省令の一部を改正する省令	平成19年6月20日
平成19年省令第66号	建築基準法施行規則等の一部を改正する省令	平成19年6月20日
平成19年省令第84号	都市再生特別措置法施行規則等の一部を改正する省令	平成19年9月28日
平成19年省令第75号	郵政民営化法等の施行に伴う関係法律の整備等に関する法律の施行に伴う国土交通省関係省令の整備に関する省令	平成19年10月1日
平成19年省令第88号	建築基準法施行規則の一部を改正する省令	平成19年11月14日
平成20年省令第7号	建築基準法施行規則の一部を改正する省令	平成20年4月1日
平成20年省令第13号	建築基準法施行規則の一部を改正する省令	平成20年4月1日
平成20年省令第32号	建築基準法施行規則等の一部を改正する省令の一部を改正する省令	平成20年4月15日
平成20年省令第36号	建築基準法施行規則の一部を改正する省令	平成20年5月27日
平成20年省令第89号	建築士法施行規則及び建築基準法施行規則の一部を改正する省令	平成20年11月28日
平成21年省令第37号	建築基準法施行規則及び建築士法施行規則の一部を改正する省令	平成21年5月19日
平成20年省令第95号	建築基準法施行規則及び建築基準法に基づく指定資格検定機関等に関する省令の一部を改正する省令	平成21年9月28日
平成21年省令第61号	建築基準法施行規則の一部を改正する省令	平成21年11月27日
平成19年省令第66号	建築基準法施行規則等の一部を改正する省令	平成22年4月1日
平成20年省令第32号	建築基準法施行規則等の一部を改正する省令の一部を改正する省令	平成22年4月1日
平成22年省令第7号	建築基準法施行規則の一部を改正する省令	平成22年6月1日
平成23年省令第37号	建築基準法施行規則の一部を改正する省令	平成23年5月1日
平成24年省令第8号	建築基準法施行規則の一部を改正する省令	平成24年4月1日
平成24年省令第76号	建築基準法施行規則等の一部を改正する省令	平成24年9月20日
平成24年省令第82号	建築基準法施行規則の一部を改正する省令	平成24年10月1日
平成25年省令第49号	建築基準法施行規則の一部を改正する省令	平成25年7月1日
平成25年省令第61号	建築基準法施行規則及び建築基準法に基づく指定資格検定機関等に関する省令の一部を改正する省令	平成26年4月1日
平成26年省令第43号	建築基準法施行規則の一部を改正する省令	平成26年4月1日
平成26年省令第58号	建築基準法施行規則等の一部を改正する省令	平成26年7月1日
平成26年省令第67号	都市再生特別措置法等の一部を改正する法律の施行に伴う国土交通省関係省令の整備に関する省令	平成26年8月1日
平成26年省令第71号	建築基準法施行規則の一部を改正する省令	平成26年8月22日
平成27年省令第13号	子ども・子育て支援法等の施行に伴う国土交通省関係省令の整備に関する省令	平成27年4月1日
平成27年省令第5号	建築基準法の一部を改正する法律の施行に伴う国土交通省関係省令の整備等に関する省令	平成27年6月1日
平成27年省令第8号	建築士法施行規則及び建築基準法施行規則の一部を改正する省令	平成27年6月25日

制定・改正省令番号	名　　称	施行年月日
平成27年省令第54号	水防法等の一部を改正する法律の施行に伴う国土交通省関係省令の整備等に関する省令	平成27年7月19日
平成27年省令第81号	建築基準法施行規則及び建築基準法に基づく指定建築基準適合判定資格者検定機関等に関する省令の一部を改正する省令	平成27年12月31日
平成27年省令第71号	建築基準法施行規則の一部を改正する省令	平成28年4月1日
平成28年省令第4号	学校教育法等の一部を改正する法律の施行に伴う国土交通省関係省令の整備に関する省令	平成28年4月1日
平成28年省令第23号	行政不服審査法及び行政不服審査法の施行に伴う関係法律の整備等に関する法律の施行に伴う国土交通省関係省令の整備に関する省令	平成28年4月1日
平成28年省令第10号	建築基準法施行規則等の一部を改正する省令	平成28年6月1日
平成28年省令第61号	都市再生特別措置法施行規則等の一部を改正する省令	平成28年9月1日
平成28年省令第72号	建築基準法施行規則の一部を改正する省令	平成28年10月3日
平成28年省令第80号	建築物のエネルギー消費性能の向上に関する法律の一部の施行に伴う国土交通省関係省令の整備等に関する省令	平成29年4月1日
平成29年省令第19号	電気事業法等の一部を改正する等の法律の施行に伴う国土交通省関係省令の整備に関する省令	平成29年4月1日
平成29年省令第49号	都市緑地法施行規則等の一部を改正する省令	平成30年4月1日
平成30年省令第58号	都市再生特別措置法等の一部を改正する法律の施行に伴う国土交通省関係省令の整備に関する省令	平成30年7月15日
平成30年省令第69号	建築基準法施行規則及び建築基準法に基づく指定建築基準適合判定資格者検定機関等に関する省令の一部を改正する省令	平成30年9月25日
令和元年省令第1号	水害予防組合法による予算調製の式及び費目流用その他財務に関する件等の一部を改正する省令	令和元年5月7日
令和元年省令第15号	建築基準法の一部を改正する法律等の施行に伴う国土交通省関係省令の整備等に関する省令	令和元年6月25日
令和元年省令第20号	不正競争防止法の一部を改正する法律の施行に伴う国土交通省関係省令の整理等に関する省令	令和元年7月1日
令和元年省令第34号	成年被後見人等の権利の制限に係る措置の適正化等を図るための関係法律の整備に関する法律等の施行に伴う国土交通省関係省令の整備等に関する省令	令和元年9月14日
令和元年省令第37号	建築基準法施行規則の一部を改正する省令	令和元年10月1日
令和元年省令第47号	情報通信技術の活用による行政手続等に係る関係者の利便性の向上並びに行政運営の簡素化及び効率化を図るための行政手続等における情報通信の技術の利用に関する法律等の一部を改正する法律の施行に伴う国土交通省関係省令の整備等に関する省令	令和元年12月16日
令和元年省令第37号	建築基準法施行規則の一部を改正する省令	令和2年4月1日
令和2年省令第13号	建築基準法施行規則及び建築基準法に基づく指定建築基準適合判定資格者検定機関等に関する省令の一部を改正する省令	令和2年4月1日
令和2年省令第74号	都市再生特別措置法等の一部を改正する法律の施行に伴う国土交通省関係省令の整備等に関する省令	令和2年9月7日
令和2年省令第98号	押印を求める手続の見直し等のための国土交通省関係省令の一部を改正する省令	令和3年1月1日
令和2年省令第75号	建築物のエネルギー消費性能の向上に関する法律の一部の施行に伴う国土交通省関係省令の整備等に関する省令	令和3年4月1日

制定・改正省令番号	名　　称	施行年月日
令和3年省令第46号	建築士法施行規則等の一部を改正する省令	令和3年8月26日
令和3年省令第53号	デジタル社会の形成を図るための関係法律の整備に関する法律の施行に伴う国土交通省関係省令の整備等に関する省令	令和3年9月1日
令和3年省令第68号	国土交通省の所管する法律の規定に基づく立入検査等の際に携帯する職員の身分を示す証明書の様式の特例に関する省令	令和3年10月22日
令和3年省令第69号	特定都市河川浸水被害対策法等の一部を改正する法律の施行に伴う国土交通省関係省令の整備等に関する省令	令和3年11月1日
令和3年省令第27号	建築基準法施行規則及び建築動態統計調査規則の一部を改正する省令	令和4年4月1日
令和4年省令第4号	建築基準法施行規則の一部を改正する省令	令和4年4月1日
令和4年省令第48号	建築基準法施行規則の一部を改正する省令	令和4年5月31日
令和4年省令第90号	港湾法施行規則及び建築基準法施行規則の一部を改正する省令	令和4年12月16日
令和4年省令第7号	写真のサイズ等の見直し等のための国土交通省関係省令の一部を改正する省令	令和5年2月28日
令和4年省令第92号	脱炭素社会の実現に資するための建築物のエネルギー消費性能の向上に関する法律等の一部を改正する法律の一部の施行に伴う国土交通省関係省令の整備等に関する省令	令和5年4月1日
令和5年省令第5号	建築基準法施行規則等の一部を改正する省令	令和5年4月1日
令和5年省令第30号	宅地造成等規制法の一部を改正する法律の施行に伴う国土交通省関係省令の整備に関する省令	令和5年5月26日
令和5年省令第93号	建築基準法施行規則の一部を改正する省令	令和5年12月13日
令和5年省令第98号	磁気ディスク等の記録媒体を指定する規定の見直しのための国土交通省関係省令の一部を改正する省令	令和5年12月28日
令和6年省令第5号	建築基準法施行規則等の一部を改正する省令	令和6年1月29日
令和5年省令第95号	建築基準法施行規則等の一部を改正する省令	令和6年4月1日
令和6年省令第18号	地域の自主性及び自立性を高めるための改革の推進を図るための関係法律の整備に関する法律の一部の施行に伴う国土交通省関係省令の整備に関する省令	令和6年4月1日
令和6年省令第21号	建築基準法施行規則及び建築基準法に基づく指定建築基準適合判定資格者検定機関等に関する省令の一部を改正する省令	令和6年4月1日
令和6年省令第26号	国土交通省の所管する法律の規定に基づく立入検査等の際に携帯する職員の身分を示す証明書の様式の特例に関する省令の一部を改正する省令	令和6年4月1日
令和6年省令第89号	建築基準法施行規則及び建築動態統計調査規則の一部を改正する省令	令和6年10月1日
令和6年省令第92号	地域の自主性及び自立性を高めるための改革の推進を図るための関係法律の整備に関する法律の一部の施行に伴う国土交通省関係省令の整備に関する省令	令和6年11月1日
令和6年省令第21号	建築基準法施行規則及び建築基準法に基づく指定建築基準適合判定資格者検定機関等に関する省令の一部を改正する省令	令和7年1月1日
令和6年省令第68号	脱炭素社会の実現に資するための建築物のエネルギー消費性能の向上に関する法律等の一部を改正する法律の施行に伴う国土交通省関係省令の整備等に関する省令	令和7年4月1日
令和6年省令第111号	建築基準法施行規則等の一部を改正する省令	令和7年4月1日
令和6年省令第100号	高齢者、障害者等の移動等の円滑化の促進に関する法律施行規則等の一部を改正する省令	令和7年6月1日

制定・改正省令番号	名　　称	施行年月日
令和6年省令第68号	脱炭素社会の実現に資するための建築物のエネルギー消費性能の向上に関する法律等の一部を改正する法律の施行に伴う国土交通省関係省令の整備等に関する省令	令和8年4月1日

Chapter 2 Contents

建築基準法施行規則
（制定：昭和 25 年建設省令第 40 号・施行：昭和 25 年 11 月 23 日）

目次
第 1 条（建築基準適合判定資格者検定の受検申込書）
第 1 条の 2（受検者の不正行為に対する報告）
第 1 条の 2 の 2（構造計算適合判定資格者検定の受検申込書）
第 1 条の 2 の 3（準用）
第 1 条の 3（確認申請書の様式）
第 1 条の 4（建築主事等による留意事項の通知）
第 2 条（確認済証等の様式等）
第 2 条の 2（建築設備に関する確認申請書及び確認済証の様式）
第 3 条（工作物に関する確認申請書及び確認済証等の様式）
第 3 条の 2（計画の変更に係る確認を要しない軽微な変更）
第 3 条の 3（指定確認検査機関に対する確認の申請等）
第 3 条の 4（指定確認検査機関が交付する確認済証等の様式等）
第 3 条の 5（確認審査報告書）
第 3 条の 6（適合しないと認める旨の通知書の様式）
第 3 条の 7（構造計算適合性判定の申請書の様式）
第 3 条の 8（都道府県知事による留意事項の通知）
第 3 条の 9（適合判定通知書等の様式等）
第 3 条の 10（指定構造計算適合性判定機関に対する構造計算適合性判定の申請等）
第 3 条の 11（指定構造計算適合性判定機関が交付する適合判定通知書等の様式等）
第 3 条の 12（適合判定通知書又はその写しの提出）
第 3 条の 13（構造計算に関する高度の専門的知識及び技術を有する者等）
第 3 条の 14（特定建築基準適合判定資格者講習の登録の申請）
第 3 条の 15（欠格事項）
第 3 条の 16（登録の要件等）
第 3 条の 17（登録の更新）
第 3 条の 18（登録特定建築基準適合判定資格者講習事務の実施に係る義務）
第 3 条の 19（登録事項の変更の届出）
第 3 条の 20（登録特定建築基準適合判定資格者講習事務規程）
第 3 条の 21（登録特定建築基準適合判定資格者講習事務の休廃止）
第 3 条の 22（財務諸表等の備付け及び閲覧等）
第 3 条の 23（適合命令）
第 3 条の 24（改善命令）
第 3 条の 25（登録の取消し等）
第 3 条の 26（帳簿の記載等）
第 3 条の 27（報告の徴収）
第 3 条の 28（公示）
第 4 条（完了検査申請書の様式）
第 4 条の 2（用途変更に関する工事完了届の様式等）
第 4 条の 3（申請できないやむを得ない理由）
第 4 条の 3 の 2（検査済証を交付できない旨の通知）
第 4 条の 4（検査済証の様式）
第 4 条の 4 の 2（指定確認検査機関に対する完了検査の申請）
第 4 条の 5（完了検査引受証及び完了検査引受通知書の様式）

第4条の5の2（検査済証を交付できない旨の通知）
第4条の6（指定確認検査機関が交付する検査済証の様式）
第4条の7（完了検査報告書）
第4条の8（中間検査申請書の様式）
第4条の9（中間検査合格証を交付できない旨の通知）
第4条の10（中間検査合格証の様式）
第4条の11（特定工程の指定に関する事項）
第4条の11の2（指定確認検査機関に対する中間検査の申請）
第4条の12（中間検査引受証及び中間検査引受通知書の様式）
第4条の12の2（中間検査合格証を交付できない旨の通知）
第4条の13（指定確認検査機関が交付する中間検査合格証の様式）
第4条の14（中間検査報告書）
第4条の15（建築物に関する検査の特例）
第4条の16（仮使用の認定の申請等）
第4条の16の2（仮使用認定報告書）
第4条の16の3（適合しないと認める旨の通知書の様式）
第4条の17（違反建築物の公告の方法）
第4条の18 削除
第4条の19（違反建築物の設計者等の通知）
第5条（建築物の定期報告）
第5条の2（国の機関の長等による建築物の点検）
第6条（建築設備等の定期報告）
第6条の2（国の機関の長等による建築設備等の点検）
第6条の2の2（工作物の定期報告）
第6条の2の3（国の機関の長等による工作物の点検）
第6条の3（台帳の記載事項等）
第6条の4（都道府県知事による台帳の記載等）
第6条の5（建築物調査員資格者証等の種類）
第6条の6（建築物等の種類等）
第6条の7（特定建築物調査員講習の登録の申請）
第6条の8（登録の要件）
第6条の9（登録特定建築物調査員講習事務の実施に係る義務）
第6条の10（準用）
第6条の11（建築設備検査員講習の登録の申請）
第6条の12（準用）
第6条の13（防火設備検査員講習の登録の申請）
第6条の14（準用）
第6条の15（昇降機等検査員講習の登録の申請）
第6条の16（準用）
第6条の16の2（心身の故障により調査等の業務を適正に行うことができない者）
第6条の16の3（治療等の考慮）
第6条の17（特定建築物調査員資格者証の交付の申請）
第6条の18（特定建築物調査員資格者証の条件）
第6条の19（特定建築物調査員資格者証の交付）
第6条の20（特定建築物調査員資格者証の再交付）
第6条の20の2（心身の故障により認知等を適切に行うことができない状態となつた場合の届出）
第6条の21（特定建築物調査員資格者証の返納の命令等）

Chapter ❷ Contents 建築基準法施行規則 （制定：昭和 25 年建設省令第 40 号・施行：昭和 25 年 11 月 23 日）

第 6 条の 22（建築設備検査員資格者証の交付の申請）
第 6 条の 23（準用）
第 6 条の 24（防火設備検査員資格者証の交付の申請）
第 6 条の 25（準用）
第 6 条の 26（昇降機等検査員資格者証の交付の申請）
第 6 条の 27（準用）
第 7 条（身分証明書の様式）
第 8 条（建築工事届及び建築物除却届）
第 8 条の 2（国の機関の長等による建築主事等又は指定確認検査機関に対する通知等）
第 8 条の 2 の 2（準用）
第 8 条の 2 の 3（指定構造計算適合性判定機関に対する構造計算適合性判定の通知等）
第 8 条の 2 の 4（国の機関の長等による用途変更に関する通知等）
第 8 条の 2 の 5（国の機関の長等による建築設備に関する通知等）
第 8 条の 2 の 6（国の機関の長等による工作物に関する通知等）
第 8 条の 3（枠組壁工法を用いた建築物等の構造方法）
第 8 条の 4（主要構造部のうち防火上及び避難上支障がない部分の位置等の表示）
第 9 条（道路の位置の指定の申請）
第 10 条（指定道路等の公告及び通知）
第 10 条の 2（指定道路図及び指定道路調書）
第 10 条の 3（敷地と道路との関係の特例の基準）
第 10 条の 4（許可申請書及び許可通知書の様式）
第 10 条の 4 の 2（認定申請書及び認定通知書の様式）
第 10 条の 4 の 3（住居の環境の悪化を防止するために必要な措置）
第 10 条の 4 の 4（容積率の算定の基礎となる延べ面積に床面積を算入しない機械室等に設置される給湯設備その他の建築設備）
第 10 条の 4 の 5（市街地の環境を害するおそれがない機械室等の基準）
第 10 条の 4 の 6（容積率の制限の緩和を受ける構造上やむを得ない建築物）
第 10 条の 4 の 7（建蔽率の制限の緩和に当たり建築物から除かれる建築設備）
第 10 条の 4 の 8（建蔽率の制限の緩和を受ける構造上やむを得ない建築物）
第 10 条の 4 の 9（第一種低層住居専用地域等内における建築物の高さの制限の緩和を受ける構造上やむを得ない建築物）
第 10 条の 4 の 10（特例容積率の限度の指定の申請等）
第 10 条の 4 の 11（特例容積率の限度の指定に関する公告事項等）
第 10 条の 4 の 12（特例容積率の限度の指定に係る公告の方法）
第 10 条の 4 の 13（指定の取消しの申請等）
第 10 条の 4 の 14（指定の取消しに係る公告の方法）
第 10 条の 4 の 15（高度地区内における建築物の高さの制限の緩和を受ける構造上やむを得ない建築物）
第 10 条の 5 削除
第 10 条の 5 の 2（型式適合認定の申請）
第 10 条の 5 の 3（型式適合認定に係る認定書の通知等）
第 10 条の 5 の 4（型式部材等）
第 10 条の 5 の 5（型式部材等製造者の認証の申請）
第 10 条の 5 の 6（型式部材等製造者認証申請書の記載事項）
第 10 条の 5 の 7（認証書の通知等）
第 10 条の 5 の 8（型式適合認定を受けることが必要な型式部材等の型式）
第 10 条の 5 の 9（品質保持に必要な生産条件）
第 10 条の 5 の 10（届出を要しない軽微な変更）
第 10 条の 5 の 11（認証型式部材等製造者等に係る変更の届出）
第 10 条の 5 の 12（認証型式部材等製造者等に係る製造の廃止の届出）

第10条の5の13（型式適合義務が免除される場合）
第10条の5の14（検査方法等）
第10条の5の15（特別な表示）
第10条の5の16（認証型式部材等に関する検査の特例）
第10条の5の17（認証の取消しに係る公示）
第10条の5の18（旅費の額）
第10条の5の19（在勤官署の所在地）
第10条の5の20（旅費の額の計算に係る細目）
第10条の5の21（構造方法等の認定の申請）
第10条の5の22（構造方法等の認定書の通知等）
第10条の5の23（特殊構造方法等認定の申請）
第10条の5の24（特殊構造方法等認定書の通知等）
第10条の6（建築協定区域隣接地に関する基準）
第10条の6の2（建築基準適合判定資格者の登録資格）
第10条の7（建築基準適合判定資格者の登録の申請）
第10条の8（登録）
第10条の9（登録事項）
第10条の9の2（心身の故障により確認検査の業務を適正に行うことができない者）
第10条の9の3（治療等の考慮）
第10条の10（変更の登録）
第10条の11（登録証の再交付）
第10条の11の2（心身の故障により確認検査の業務を適正に行うことができない場合）
第10条の12（死亡等の届出）
第10条の13（登録の消除の申請及び一級登録証又は二級登録証の返納））
第10条の14（登録の消除）
第10条の15（一級登録証又は二級登録証の領置）
第10条の15の2（処分の公告）
第10条の15の3（構造計算適合判定資格者の登録を受けることができる者）
第10条の15の4（構造計算適合判定資格者の登録の申請）
第10条の15の5（登録事項）
第10条の15の6（準用）
第10条の15の7（委員の任期の基準）
第10条の16（一の敷地とみなすこと等による制限の緩和に係る認定又は許可の申請等）
第10条の17（一定の一団の土地の区域内の現に存する建築物を前提として総合的見地からする設計の基準）
第10条の18（対象区域内の建築物の位置及び構造に関する計画）
第10条の19（一の敷地とみなすこと等による制限の緩和の認定又は許可に関する公告事項等）
第10条の20（一の敷地とみなすこと等による制限の緩和の認定又は許可に係る公告の方法）
第10条の21（認定又は許可の取消しの申請等）
第10条の22（認定の取消しに係る公告の方法）
第10条の22の2（認定の取消しに係る公告）
第10条の22の3（許可の取消しに係る公告）
第10条の23（全体計画認定の申請等）
第10条の24（全体計画認定の変更の申請等）
第10条の25（全体計画の変更に係る認定を要しない軽微な変更）
第11条（工事現場の確認の表示の様式）
第11条の2（安全上の措置等に関する計画届の様式）
第11条の2の2（手数料の納付の方法）

Chapter 2 Contents 建築基準法施行規則 （制定：昭和25年建設省令第40号・施行：昭和25年11月23日）

第 11 条の 2 の 3（手数料の額）
第 11 条の 3（書類の閲覧等）
第 11 条の 4（映像等の送受信による通話の方法による口頭審査）
第 12 条（権限の委任）

別表第 1
別表第 2
別表第 3
別記
別紙

旧規則第1条　確認申請書の様式

建築基準法施行規則（制定時）

制定：昭和25年建設省令第40号　　公布：昭和25年11月16日
　　　　　　　　　　　　　　　　施行：昭和25年11月23日

第1条　（確認申請書の様式）

1　建築基準法（以下「法」という。）第6條第1項の規定による確認の申請書は、別記第1号様式による正本及び副本に、それぞれ、同項第四号に掲げる建築物については下の表の（い）項に掲げる図書を、同項第一号に掲げる建築物については（い）項及び（ろ）項に掲げる図書を、同項第二号及び第三号に掲げる建築物については（い）項、（ろ）項及び（は）項に掲げる図書を添えたものとする。但し、（い）項に掲げる図書は、あわせて作成することができる。

	図書の種類	明示すべき事項
（い）	附近見取図	方位、道路及び目標となる地物
	配置図	縮尺、方位、敷地の境界線、敷地内における建築物の位置、申請に係る建築物と他の建築物との別、擁壁及び井戸の位置並びに敷地の接する道路の位置及び幅員
	各階平面図	縮尺、方位、間取、各室の用途、壁及び筋かいの位置及び種類、通し柱、開口部及び防火戸の位置並びに延焼のおそれのある部分の外壁の構造
（ろ）	2面以上の立面図	縮尺、開口部の位置並びに延焼のおそれのある部分の外壁及び軒裏の構造
	2面以上の断面図	縮尺、床の高さ、各階の天井の高さ、軒及びひさしの出並びに軒の高さ及び建築物の高さ
（は）	基礎伏図　各階床伏図　小屋伏図　構造詳細図　構造計算書	縮尺並びに構造耐力上主要な部分の材料の種別及び寸法

2　前項の表に掲げる図書に明示すべき事項を他の図書に明示してその図書を同項の申請書に添える場合においては、同項の規定にかかわらず、当該図書に明示することを要しない。

3　特定行政庁は、申請に係る建築物が法第39條第2項、第40條、第43條第2項、第52條第3項及第68條第3項の規定に基く條例の規定に適合するものであることについての確認をするために特に必要があると認める場合においては、規則で、同項の規定に定めるものの外、申請書に添えるべき図書について必要な規定を設けることができる。

4　申請に係る建築物の工事計画が建築士の作成した設計図書によるものである場合においては、特定行政庁は、第1項の規定にかかわらず、規則で、同項の表の（は）項に掲げる図書の全部又は一部を添えることを要しない旨を規定することができる。

第2条　（確認通知書の様式）

1　法第6條第2項の規定による確認の通知書は、前條第1項の確認申請書の副本の確認通知欄に所要の記載をしたものとする。

2　法第6條第3項の規定による適合しないことを認めた旨の通知は、別記第2号様式による通知書に前條第1項の確認申請書の副本及びその添付図書を添えて行うものとする。

3　法第6條第3項の規定による適合するかどうかを決定することができない旨の通知書の様式は、別記第3号様式による。

第3条　（工作物に関する確認申請書及び確認通知書の様式）

1　建築基準法施行令（以下「令」という。）第138條に掲げる工作物を築造しようとする場合に建築主事に提出する確認申請書は、別記第4号様式による正本及び副本に、それぞれ、下の表に掲げる図書を添えたものとする。

図書の種類	明示すべき事項
附近見取図	方位、道路及び目標となる地物
配置図	縮尺、方位、敷地境界線及び申請に係る工作物の位置
平面図又は横断面図	縮尺、主要部分の材料の種別及び寸法
側面図又は縦断面図	縮尺、工作物の高さ並びに主要部分の材料の種別及び寸法
構造詳細図	縮尺、主要部分の材料の種別及び寸法

2　工作物に関する確認申請を建築物に関する確認申請とあわせてする場合においては、前項の確認申請書に代えて、第1條第1項の確認申請書に別記第4号様式中の「工作物の概要」の欄に記載すべき事項を記載した書類及び前項の表に掲げる図書（附近見取図又は配置図に明示すべき事項を第1條第1項の附近見取図又は配置図に明示した場合においては、附近見取図又は配置図を除く。）を添えて申請しなければならない。

3　申請に係る工作物の工事計画が建築士の設計した設計図書によるものである場合においては、特定行政庁は、前2項の規定にかかわらず、規則で、第1項の表に掲げる構造詳細図を添えることを要しない旨を規定することができる。

4　工作物の確認に関する通知については、前條の規定を準用する。

第4条　（工事完了届及び検査済証の様式）

1　法第7條第1項の規定による工事を完了した旨の届出書（工事完了届）及び同條第3項に規定する検査済証の様式は、それぞれ別記第5号様式及び別記第6号様式による。

第5条　（身分証明書の様式）

1　法第13條の規定によつて建築主事又は特定行政庁の命令若しくは建築主事の委任を受けた当該市町村若しくは都道府県の吏員の携帯する身分証明書の様式は、別記第7号様式による。

第6条　（着工届及び除却届）

1　法第15條第1項の規定による建築の工事に着手しようとする旨の届出（着工届）及び建築物を除却した旨の届出（除却届）は、それぞれ別記第8号様式及び第9号様式により、建築主事を経由して行うものとする。

第7条　（道路の位置の指定の申請）

1　法第42條第1項第五号に規定する道路の位置の指定を受けようとする者は、申請書正副2通に、それぞれ下の表に掲げる図面及び指定を受けようとする道路の敷地となる土地（以下「土地」という。）の所有者及びその土地又はその土地にある建築物若しくは工作物に関して権利を有する者の承諾書を添えて特定行政庁に提出するものとする。

図面の種類	明示すべき事項
附近見取図	方位、道路及び目標となる地物
地籍図	縮尺、方位、指定を受けようとする道路の位置、延長及び幅員、土地の境界、地番、地目、土地の所有者及びその土地又はその土地にある建築物若しくは工作物に関して権利を有する者の氏名、土地内にある建築物、工作物、道路及び水路の位置並びに土地の高低その他地形上特記すべき事項

旧規則第8条　道路の位置の指定の公告及び通知

第8条　（道路の位置の指定の公告及び通知）

1　特定行政庁は、前條第1項の申請に基いて道路の位置を指定した場合においては、その旨を公告し、且つ、申請者に通知するものとする。

第9条　（工事現場の確認の表示の様式）

1　法第89條第1項の規定による工事現場における確認の表示の様式は、別記第10号様式による。

第10条　（資格検定の申込書の様式）

1　令第9條の規定による建築主事資格検定の申込書の様式は、別記第11号様式による。

著者プロフィール

武藤康正［むとう・やすまさ］
名古屋市住宅都市局建築指導部勤務
1950年名古屋市生まれ。'73年名古屋大学工学部建築学科卒業、'74年名古屋大学工学部建築学科助手、'75年名古屋市入庁、'79年名古屋市建築局指導部配属、2003年住宅・都市整備公団派遣、'06年(財)名古屋都市整備公社派遣、'08年名古屋市住宅都市局建築指導部監察課長、'10年日本ERI(株)名古屋支店((株)ERIアカデミー兼務)、'20年から現職。一級建築士、建築基準適合判定資格者

主な業績等
1998年　(社)土質工学会中部支部編著「最新名古屋地盤図」出版に参加・執筆
1995年　建築知識特集　建築基準法「告示・通達」キーワードINDEXを著作。その他建築基準法関連特集号に多数執筆
1996年　日本建築主事会議編集・(財)日本建築センター発行「建築物の防火避難規定に係る運用指針(初版)」出版に参加・執筆
2006年　「都市計画情報の検索サービス」をネット公開
2008年　(株)エクスナレッジ発行「建築確認申請【条文改正経過】スーパーチェックシート」を著作(2016年、2020年、2025改訂)
2012年　(株)エクスナレッジ発行「[用途別]建築法規エンサイクロペディア」を共同監修(2016年改訂)
2013年　建築知識特集　「[確認申請]を一発で通す方法」を執筆
2014年　日本ERI(株)著「これで完璧！確認申請」を一部著作・監修

建築確認申請【条文改正経過】スーパーチェックシート 第5版

2025年4月28日　初版第一刷発行

著　者　　武藤康正
発行者　　三輪浩之
発行所　　株式会社エクスナレッジ
　　　　　〒106-0032
　　　　　東京都港区六本木7-2-26
　　　　　https://www.xknowledge.co.jp/
編集部　　TEL：03-3403-1381
　　　　　FAX：03-3403-1345
　　　　　info@xknowledge.co.jp
販売部　　TEL：03-3403-1321
　　　　　FAX：03-3403-1829

無断転載の禁止
本書の内容(本文、図表、写真等)を、方法の如何を問わず、当社および著作権者の承諾なしに無断で転載(翻訳、複写、データベースへの入力、インターネットでの掲載等)することを禁じます。